2024

法律法规全书系列

中华人民共和国上市公司法律法规全书

（含发行监管问答）

中国法制出版社
CHINA LEGAL PUBLISHING HOUSE

出 版 说 明

　　随着中国特色社会主义法律体系的建成，中国的立法进入了"修法时代"。在这一时期，为了使法律体系进一步保持内部的科学、和谐、统一，会频繁出现对法律各层级文件的适时清理。目前，清理工作已经全面展开且取得了阶段性的成果，但这一清理过程在未来几年仍将持续。这对于读者如何了解最新法律修改信息、如何准确适用法律带来了使用上的不便。基于这一考虑，我们精心编辑出版了本书，一方面重在向读者展示我国立法的成果与现状，另一方面旨在帮助读者在法律文件修改频率较高的时代准确适用法律。

　　本书独具以下四重价值：

　　1. **文本权威，内容全面**。本书涵盖上市公司领域相关的常用法律、行政法规、国务院文件、部门规章、规范性文件、司法解释及示范文本，独家梳理和收录人大代表建议、政协委员提案的重要答复；书中收录文件均为经过清理修改的现行有效文本，方便读者及时掌握最新法律文件。

　　2. **查找方便，附录实用**。全书法律文件按照紧密程度排列，方便读者对某一类问题的集中查找；重点法律附加条旨，指引读者快速找到目标条文；附录发行监管问答、信息披露规制、上市公司监管指引、监管规制适用指引。同时，本书采用可平摊使用的独特开本，避免因书籍太厚难以摊开使用的弊端。

　　3. **免费增补，动态更新**。为保持本书与新法的同步更新，避免读者因部分法律的修改而反复购买同类图书，我们为读者专门设置了以下服务：(1) 扫码添加书后"法规编辑部"公众号→点击菜单栏→进入资料下载栏→选择法律法规全书资料项→点击网址或扫码下载，即可获取本书每次改版修订内容的电子版文件；(2) 通过"法规编辑部"公众号，及时了解最新立法信息，并可线上留言，编辑团队会就图书相关疑问动态解答。

　　4. **目录赠送，配套使用**。赠送本书目录的电子版，与纸书配套，立体化、电子化使用，便于检索、快速定位；同时实现将本书装进电脑，随时随地查。

修 订 说 明

《中华人民共和国上市公司法律法规全书》自出版以来，深受广大读者的欢迎和好评。本书在上一版的基础之上，根据国家法律、行政法规、部门规章、司法解释等相关文件的制定和修改情况，进行了相应的增删和修订。修订情况如下：

更新了相应的法律文件共计 51 件：《中华人民共和国公司法》《优先股试点管理办法》《证券公司风险处置条例》《上海证券交易所股票上市规则》《深圳证券交易所股票上市规则》《深圳证券交易所创业板股票上市规则》《上市公司证券发行注册管理办法》《首次公开发行股票注册管理办法》《公司债券发行与交易管理办法》《北京证券交易所上市公司证券发行注册管理办法》《证券公司北京证券交易所股票做市交易业务特别规定》《证券发行上市保荐业务管理办法》《证券发行与承销管理办法》《境内企业境外发行证券和上市管理试行办法》《存托凭证发行与交易管理办法（试行）》《企业信息公示暂行条例》《上市公司股份回购规则》《上市公司重大资产重组管理办法》《上市公司章程指引》《上市公司独立董事管理办法》《欺诈发行上市股票责令回购实施办法（试行）》，等等。

总目录

一、综合 ……………………………… (1)
　（一）公司法 ……………………… (1)
　（二）证券法 ……………………… (42)
　（三）破产法 ……………………… (245)
　（四）国有资产法 ………………… (263)
二、境内上市发行 …………………… (286)
　（一）发行 ………………………… (286)
　　1. 综合 …………………………… (286)
　　2. 公开发行 ……………………… (302)
　　　（1）主板 ……………………… (302)
　　　（2）创业板 …………………… (308)
　　　（3）债券 ……………………… (311)
　　　（4）B股 ……………………… (325)
　　　（5）科创板 …………………… (329)
　　　（6）北京证券交易所 ………… (331)
　　3. 非公开发行 …………………… (347)
　（二）上市保荐 …………………… (347)
　（三）承销 ………………………… (357)
　（四）资金管理 …………………… (364)
三、境外上市公司 …………………… (367)
四、信息披露 ………………………… (382)
五、股权变动 ………………………… (396)
　1. 增持与减持 …………………… (396)
　2. 并购重组 ……………………… (404)
　3. 股权分置改革 ………………… (450)
六、上市公司治理 …………………… (459)
　1. 综合 …………………………… (459)
　2. 股东与股东大会 ……………… (487)
　3. 董事、监事与高级管理人员 … (495)
　4. 股权激励 ……………………… (502)
七、上市公司监管 …………………… (516)
八、法律责任 ………………………… (535)
　1. 民事 …………………………… (535)
　2. 行政 …………………………… (543)
　3. 刑事 …………………………… (560)
附录 …………………………………… (571)
　1. 发行监管问答 ………………… (571)
　2. 信息披露规则 ………………… (574)
　　（1）公开发行证券的公司信息披露
　　　　内容与格式准则 …………… (574)
　　（2）公开发行证券的公司信息披露
　　　　编报规则 …………………… (747)
　　（3）公开发行证券的公司信息披露
　　　　解释性公告 ………………… (780)
　3. 上市公司监管指引 …………… (783)
　4. 监管规则适用指引 …………… (796)
　5. 人大代表建议、政协委员提案
　　答复 …………………………… (807)

目 录*

一、综 合

（一）公司法

中华人民共和国公司法 ……………………（1）
　　（2023 年 12 月 29 日）
最高人民法院关于适用《中华人民共和国公司
　　法》若干问题的规定（一）………………（22）
　　（2014 年 2 月 20 日）
最高人民法院关于适用《中华人民共和国公司
　　法》若干问题的规定（二）………………（23）
　　（2020 年 12 月 29 日）
最高人民法院关于适用《中华人民共和国公司
　　法》若干问题的规定（三）………………（25）
　　（2020 年 12 月 29 日）
最高人民法院关于适用《中华人民共和国公司
　　法》若干问题的规定（四）………………（28）
　　（2020 年 12 月 29 日）
最高人民法院关于适用《中华人民共和国公司
　　法》若干问题的规定（五）………………（30）
　　（2020 年 12 月 29 日）
中华人民共和国市场主体登记管理条例 ………（31）
　　（2021 年 7 月 27 日）
中华人民共和国市场主体登记管理条例实施细
　　则 …………………………………………（35）
　　（2022 年 3 月 1 日）

（二）证券法

中华人民共和国证券法 ……………………（42）
　　（2019 年 12 月 28 日）
中华人民共和国证券投资基金法 ……………（62）
　　（2015 年 4 月 24 日）
国务院关于开展优先股试点的指导意见 ………（75）
　　（2013 年 11 月 30 日）

优先股试点管理办法 ………………………（77）
　　（2023 年 2 月 17 日）
证券市场禁入规定 …………………………（82）
　　（2021 年 6 月 15 日）
证券交易所管理办法 ………………………（85）
　　（2021 年 10 月 30 日）
证券公司风险处置条例 ……………………（93）
　　（2023 年 7 月 20 日）
上海证券交易所股票上市规则 ………………（98）
　　（2023 年 8 月）
深圳证券交易所股票上市规则 ………………（152）
　　（2023 年 8 月）
深圳证券交易所创业板股票上市规则 …………（206）
　　（2023 年 8 月）

（三）破产法

中华人民共和国企业破产法 ………………（245）
　　（2006 年 8 月 27 日）
最高人民法院关于适用《中华人民共和国企业
　　破产法》若干问题的规定（一）…………（256）
　　（2011 年 9 月 9 日）
最高人民法院关于适用《中华人民共和国企业
　　破产法》若干问题的规定（二）…………（256）
　　（2020 年 12 月 29 日）
最高人民法院关于适用《中华人民共和国企业
　　破产法》若干问题的规定（三）…………（261）
　　（2020 年 12 月 29 日）

（四）国有资产法

中华人民共和国企业国有资产法 ……………（263）
　　（2008 年 10 月 28 日）

---

* 编者按：本目录中的时间为法律文件的公布时间或最后一次修正、修订公布时间。

国有资产评估管理办法 …………… (268)
　　(2020 年 11 月 29 日)
企业国有资产监督管理暂行条例 …… (270)
　　(2019 年 3 月 2 日)
企业国有资产交易监督管理办法 …… (273)
　　(2016 年 6 月 24 日)
上市公司国有股权监督管理办法 …… (278)
　　(2018 年 5 月 16 日)

二、境内上市发行

(一) 发行
1. 综合
股票发行与交易管理暂行条例 …… (286)
　　(1993 年 4 月 22 日)
上市公司证券发行注册管理办法 …… (294)
　　(2023 年 2 月 17 日)
2. 公开发行
(1) 主板
首次公开发行股票注册管理办法 …… (302)
　　(2023 年 2 月 17 日)
(2) 创业板
境内企业申请到香港创业板上市审批与监管
　　指引 ……………………………… (308)
　　(1999 年 9 月 21 日)
创业板上市公司持续监管办法(试行) … (309)
　　(2020 年 6 月 12 日)
(3) 债券
企业债券管理条例 ………………… (311)
　　(2011 年 1 月 8 日)
上市公司股东发行可交换公司债券试行规定 … (313)
　　(2008 年 10 月 17 日)
公司债券发行与交易管理办法 …… (315)
　　(2023 年 10 月 20 日)
上市公司向特定对象发行可转换公司债券购买
　　资产规则 ……………………… (322)
　　(2023 年 11 月 14 日)
关于深化债券注册制改革的指导意见 … (324)
　　(2023 年 6 月 20 日)
(4) B 股
国务院关于股份有限公司境内上市外资股的
　　规定 …………………………… (325)
　　(1995 年 12 月 25 日)
关于企业发行 B 股有关问题的通知 … (328)
　　(1999 年 5 月 19 日)

关于境内居民个人投资境内上市外资股若干问
　　题的通知 ……………………… (328)
　　(2001 年 2 月 21 日)
(5) 科创板
科创板上市公司持续监管办法(试行) … (329)
　　(2019 年 3 月 1 日)
(6) 北京证券交易所
北京证券交易所上市公司证券发行注册管理办
　　法 ……………………………… (331)
　　(2023 年 2 月 17 日)
北京证券交易所向不特定合格投资者公开发行
　　股票注册管理办法 …………… (338)
　　(2023 年 2 月 17 日)
证券公司北京证券交易所股票做市交易业务特
　　别规定 ………………………… (344)
　　(2023 年 9 月 1 日)
· 文书范本 ·
申请发行境内上市外资股(B 股)公司报送
　　材料标准格式 ………………… (345)

3. 非公开发行

(二) 上市保荐
证券发行上市保荐业务管理办法 …… (347)
　　(2023 年 2 月 17 日)
证券发行上市保荐业务工作底稿指引 … (355)
　　(2022 年 5 月 27 日)
关于进一步加强保荐业务监管有关问题的意
　　见 ……………………………… (356)
　　(2012 年 3 月 15 日)

(三) 承销
证券发行与承销管理办法 ………… (357)
　　(2023 年 2 月 17 日)

（四）资金管理

关于进一步做好清理大股东占用上市公司资金工作的通知 …………（364）
（2006年11月7日）

关于推动国有股东与所控股上市公司解决同业竞争规范关联交易的指导意见 …………（365）
（2013年8月20日）

三、境外上市公司

境内企业境外发行证券和上市管理试行办法 …（367）
（2023年2月17日）

上市公司分拆规则（试行） …………（370）
（2022年1月5日）

关于加强境内企业境外发行证券和上市相关保密和档案管理工作的规定 …………（371）
（2023年2月24日）

国家外汇管理局关于境外上市外汇管理有关问题的通知 …………（373）
（2014年12月26日）

存托凭证发行与交易管理办法（试行） …………（375）
（2023年2月17日）

四、信息披露

企业信息公示暂行条例 …………（382）
（2024年3月10日）

上市公司信息披露管理办法 …………（384）
（2021年3月18日）

公司信用类债券信息披露管理办法 …………（390）
（2020年12月25日）

中国证券监督管理委员会关于首次公开发行股票并上市公司招股说明书财务报告审计截止日后主要财务信息及经营状况信息披露指引 …………（394）
（2023年8月10日）

关于首发及再融资、重大资产重组摊薄即期回报有关事项的指导意见 …………（395）
（2015年12月30日）

五、股权变动

1. 增持与减持

上市公司股份回购规则 …………（396）
（2023年12月15日）

关于上市公司控股股东在股权分置改革后增持社会公众股份有关问题的通知 …………（399）
（2005年6月16日）

关于上市公司实施员工持股计划试点的指导意见 …………（399）
（2014年6月20日）

上市公司股东、董监高减持股份的若干规定 …（401）
（2017年5月26日）

上市公司创业投资基金股东减持股份的特别规定 …………（403）
（2020年3月6日）

关于支持上市公司回购股份的意见 …………（403）
（2018年11月9日）

2. 并购重组

国务院关于促进企业兼并重组的意见 …………（404）
（2010年8月28日）

国务院关于进一步优化企业兼并重组市场环境的意见 …………（406）
（2014年3月7日）

上市公司收购管理办法 …………… （409）
　　（2020 年 3 月 20 日）
上市公司重大资产重组管理办法 …… （420）
　　（2023 年 2 月 17 日）
关于规范上市公司重大资产重组若干问题的
　　规定 ………………………………… （429）
　　（2016 年 9 月 9 日）
上市公司并购重组财务顾问业务管理办法 … （430）
　　（2008 年 6 月 3 日）
最高人民法院关于人民法院为企业兼并重组提
　　供司法保障的指导意见 …………… （436）
　　（2014 年 6 月 3 日）
外国投资者对上市公司战略投资管理办法 …… （439）
　　（2015 年 10 月 28 日）
商务部关于外国投资者并购境内企业的规定 … （442）
　　（2009 年 6 月 22 日）

国务院办公厅关于建立外国投资者并购境内企
　　业安全审查制度的通知 ……………… （448）
　　（2011 年 2 月 3 日）

3. 股权分置改革

上市公司股权分置改革管理办法 ………… （450）
　　（2005 年 9 月 4 日）
上市公司股权分置改革相关会计处理暂行规
　　定 …………………………………… （454）
　　（2005 年 11 月 14 日）
关于上市公司股权分置改革的指导意见 …… （455）
　　（2005 年 8 月 23 日）
关于上市公司股权分置改革涉及外资管理有关
　　问题的通知 ………………………… （458）
　　（2005 年 10 月 26 日）

六、上市公司治理

1. 综合

上市公司章程指引 …………………… （459）
　　（2023 年 12 月 15 日）
上市公司治理准则 …………………… （476）
　　（2018 年 9 月 30 日）
国务院批转证监会关于提高上市公司质量意见
　　的通知 ……………………………… （481）
　　（2005 年 10 月 19 日）
国务院关于进一步提高上市公司质量的意见 … （484）
　　（2020 年 10 月 5 日）

2. 股东与股东大会

上市公司投资者关系管理工作指引 ………… （487）
　　（2022 年 4 月 11 日）
上市公司股东大会规则 ………………… （489）
　　（2022 年 1 月 5 日）
关于进一步落实上市公司现金分红有关事项的
　　通知 ………………………………… （494）
　　（2012 年 5 月 4 日）

3. 董事、监事与高级管理人员

关于上市公司总经理及高层管理人员不得在控
　　股股东单位兼职的通知 ……………… （495）
　　（1999 年 5 月 6 日）
上市公司独立董事管理办法 ……………… （496）
　　（2023 年 8 月 1 日）
上市公司董事、监事和高级管理人员所持本公
　　司股份及其变动管理规则 ………… （501）
　　（2022 年 1 月 5 日）

4. 股权激励

上市公司股权激励管理办法 ……………… （502）
　　（2018 年 8 月 15 日）
国有控股上市公司（境内）实施股权激励试
　　行办法 ……………………………… （509）
　　（2006 年 9 月 30 日）
关于规范国有控股上市公司实施股权激励制度
　　有关问题的通知 …………………… （512）
　　（2008 年 10 月 21 日）

七、上市公司监管

上市公司现场检查规则 …………………（516）
　　（2022年1月5日）
中国证券监督管理委员会限制证券买卖实施办法 ………………………………………（518）
　　（2020年10月30日）
中国证券监督管理委员会冻结、查封实施办法 ………………………………………（519）
　　（2020年3月20日）
国务院批转国务院证券委、中国人民银行、国家经贸委《关于严禁国有企业和上市公司炒作股票的规定》的通知 ……………（521）
　　（1997年5月21日）
国务院办公厅关于严厉打击非法发行股票和非法经营证券业务有关问题的通知 ………（522）
　　（2006年12月12日）

国务院办公厅转发证监会等部门关于依法打击和防控资本市场内幕交易意见的通知 ………（523）
　　（2010年11月16日）
关于整治非法证券活动有关问题的通知 ………（524）
　　（2008年1月2日）
国务院国有资产监督管理委员会关于加强上市公司国有股东内幕信息管理有关问题的通知 ……（525）
　　（2011年10月28日）
创新企业境内发行股票或存托凭证上市后持续监管实施办法（试行）………………（526）
　　（2018年6月14日）
北京证券交易所上市公司持续监管办法（试行）………………………………………（530）
　　（2021年10月30日）
欺诈发行上市股票责令回购实施办法（试行）…（533）
　　（2023年2月17日）

八、法律责任

1. 民事
最高人民法院关于冻结、拍卖上市公司国有股和社会法人股若干问题的规定 ………（535）
　　（2001年9月21日）
最高人民法院关于审理证券市场虚假陈述侵权民事赔偿案件的若干规定 ……………（536）
　　（2022年1月21日）
最高人民法院、中国证券监督管理委员会关于适用《最高人民法院关于审理证券市场虚假陈述侵权民事赔偿案件的若干规定》有关问题的通知 ………………………………（540）
　　（2022年1月21日）
最高人民法院关于审理与企业改制相关的民事纠纷案件若干问题的规定 ……………（541）
　　（2020年12月29日）

2. 行政
证券期货行政执法当事人承诺制度实施办法 …（543）
　　（2021年10月26日）

证券期货行政执法当事人承诺制度实施规定 …（545）
　　（2022年1月1日）
证券期货违法行为行政处罚办法 ……………（547）
　　（2021年7月14日）
中国证券监督管理委员会行政处罚听证规则 …（550）
　　（2015年11月2日）
中国证券监督管理委员会行政复议办法 ……（553）
　　（2010年5月4日）
信息披露违法行为行政责任认定规则 ………（558）
　　（2011年4月29日）

3. 刑事
中华人民共和国刑法（节录）………………（560）
　　（2023年12月29日）
全国人民代表大会常务委员会关于《中华人民共和国刑法》第一百五十八条、第一百五十九条的解释 ……………………………（567）
　　（2014年4月24日）

最高人民法院、最高人民检察院、公安部、中国证监会关于办理证券期货违法犯罪案件工作若干问题的意见 …………… (568)
（2011年4月27日）

最高人民法院、最高人民检察院关于办理内幕交易、泄露内幕信息刑事案件具体应用法律若干问题的解释 …………… (568)
（2012年3月29日）

附　录

1. **发行监管问答**

发行监管问答——关于《证券发行与承销管理办法》第十七条相关问题的解答 …………… (571)
（2014年8月1日）

发行监管问答——中小商业银行发行上市审核 …………… (571)
（2015年5月29日）

发行监管问答——首次公开发行股票申请审核过程中有关中止审查等事项的要求 …………… (572)
（2017年12月7日）

发行监管问答——关于申请首发企业执行新收入准则相关事项的问答 …………… (574)
（2020年1月16日）

2. **信息披露规则**

（1）公开发行证券的公司信息披露内容与格式准则

第2号——年度报告的内容与格式 …………… (574)
（2021年6月28日）

第3号——半年度报告的内容与格式 …………… (588)
（2021年6月28日）

第5号——公司股份变动报告的内容与格式 …………… (596)
（2022年1月5日）

第15号——权益变动报告书 …………… (601)
（2020年3月20日）

第16号——上市公司收购报告书 …………… (606)
（2020年3月20日）

第17号——要约收购报告书 …………… (612)
（2022年1月5日）

第18号——被收购公司董事会报告书 …………… (619)
（2020年3月20日）

第24号——公开发行公司债券申请文件（2023年修订） …………… (621)
（2023年10月20日）

第26号——上市公司重大资产重组 …………… (622)
（2023年10月27日）

第32号——发行优先股申请文件 …………… (641)
（2023年2月17日）

第33号——发行优先股预案和发行情况报告书 … (642)
（2023年2月17日）

第34号——发行优先股募集说明书 …………… (646)
（2023年2月17日）

第40号——试点红筹企业公开发行存托凭证并上市申请文件 …………… (653)
（2023年2月17日）

第46号——北京证券交易所公司招股说明书 … (653)
（2023年2月17日）

第47号——向不特定合格投资者公开发行股票并在北京证券交易所上市申请文件 …………… (664)
（2023年2月17日）

第48号——北京证券交易所上市公司向不特定合格投资者公开发行股票募集说明书 …………… (664)
（2023年2月17日）

第49号——北京证券交易所上市公司向特定对象发行股票募集说明书和发行情况报告书 …… (673)
（2023年2月17日）

第50号——北京证券交易所上市公司向特定对象发行可转换公司债券募集说明书和发行情况报告书 …………… (678)
（2023年2月17日）

第51号——北京证券交易所上市公司向特定对象发行优先股募集说明书和发行情况报告书 …… (682)
（2023年2月17日）

第52号——北京证券交易所上市公司发行证券申请文件 …………… (686)
（2023年2月17日）

第53号——北京证券交易所上市公司年度报告 …………… (687)
（2021年10月30日）

第54号——北京证券交易所上市公司中期报告 …………… (695)
（2021年10月30日）

第 55 号——北京证券交易所上市公司权益变动报告书、上市公司收购报告书、要约收购报告书、被收购公司董事会报告书 ………… (701)
（2021 年 10 月 30 日）

第 56 号——北京证券交易所上市公司重大资产重组 ……………………………… (710)
（2023 年 2 月 17 日）

第 57 号——招股说明书 ……………… (718)
（2023 年 2 月 17 日）

第 58 号——首次公开发行股票并上市申请文件 ………………………………… (732)
（2023 年 2 月 17 日）

第 59 号——上市公司发行证券申请文件 ……… (733)
（2023 年 2 月 17 日）

第 60 号——上市公司向不特定对象发行证券募集说明书 ……………………………… (734)
（2023 年 2 月 17 日）

第 61 号——上市公司向特定对象发行证券募集说明书和发行情况报告书 ………… (742)
（2023 年 2 月 17 日）

（2）公开发行证券的公司信息披露编报规则

第 4 号——保险公司信息披露特别规定 ……… (747)
（2022 年 1 月 5 日）

第 10 号——从事房地产开发业务的公司招股说明书内容与格式特别规定 ……… (749)
（2001 年 2 月 6 日）

第 11 号——从事房地产开发业务的公司财务报表附注特别规定 ……………… (750)
（2001 年 2 月 6 日）

第 12 号——公开发行证券的法律意见书和律师工作报告 ………………………… (751)
（2001 年 3 月 1 日）

第 14 号——非标准审计意见及其涉及事项的处理 ……………………………… (756)
（2020 年 3 月 20 日）

第 15 号——财务报告的一般规定（2023 年修订） ……………………………… (757)
（2023 年 12 月 22 日）

第 19 号——财务信息的更正及相关披露 ……… (768)
（2020 年 3 月 20 日）

第 21 号——年度内部控制评价报告的一般规定 ………………………………… (769)
（2014 年 1 月 3 日）

第 23 号——试点红筹企业公开发行存托凭证招股说明书内容与格式指引 ……… (770)
（2020 年 3 月 20 日）

第 24 号——注册制下创新试点红筹企业财务报告信息特别规定 ……………… (774)
（2020 年 4 月 28 日）

第 25 号——从事药品及医疗器械业务的公司招股说明书内容与格式指引 ……… (775)
（2022 年 7 月 29 日）

第 26 号——商业银行信息披露特别规定 ……… (778)
（2022 年 1 月 5 日）

（3）公开发行证券的公司信息披露解释性公告

第 1 号——非经常性损益（2023 年修订） …… (780)
（2023 年 12 月 22 日）

第 2 号——财务报表附注中政府补助相关信息的披露 …………………………… (781)
（2013 年 9 月 12 日）

第 4 号——财务报表附注中分步实现企业合并相关信息的披露 ………………… (782)
（2013 年 12 月 23 日）

第 5 号——财务报表附注中分步处置对子公司投资至丧失控制权相关信息的披露 …… (783)
（2013 年 12 月 23 日）

3. 上市公司监管指引

第 1 号——上市公司实施重大资产重组后存在未弥补亏损情形的监管要求 ……… (783)
（2012 年 3 月 23 日）

第 2 号——上市公司募集资金管理和使用的监管要求 …………………………… (784)
（2022 年 1 月 5 日）

第 3 号——上市公司现金分红（2023 年修订） … (785)
（2023 年 12 月 15 日）

第 4 号——上市公司及其相关方承诺 ………… (787)
（2022 年 1 月 5 日）

第 5 号——上市公司内幕信息知情人登记管理制度 ……………………………… (789)
（2022 年 1 月 5 日）

第 6 号——上市公司董事长谈话制度实施办法 …… (790)
（2022 年 1 月 5 日）

第 7 号——上市公司重大资产重组相关股票异常交易监管 ……………………… (791)
（2023 年 2 月 17 日）

第 8 号——上市公司资金往来、对外担保的监管要求 …………………………………（793）
（2022 年 1 月 28 日）
第 9 号——上市公司筹划和实施重大资产重组的监管要求 …………………（795）
（2023 年 2 月 17 日）

4. 监管规则适用指引
监管规则适用指引——上市类第 1 号…………（796）
（2020 年 7 月 31 日）
监管规则适用指引——关于申请首发上市企业股东信息披露 …………………（803）
（2021 年 2 月 9 日）
监管规则适用指引——机构类第 1 号（2021 年 11 月修订）………………………………（804）
（2021 年 11 月 26 日）
监管规则适用指引——发行类第 8 号：股票发行上市注册工作规程 ………………………（804）
（2023 年 2 月 17 日）

5. 人大代表建议、政协委员提案答复
对十三届全国人大四次会议第 3534 号建议的答复 …………………………………（807）
——关于优化我国上市公司中小股东权益保障机制的建议
（2021 年 7 月 5 日）
对十三届全国人大四次会议第 3757 号建议的答复 …………………………………（809）
——关于完善上市公司经营质量评价和相关信息披露的建议
（2021 年 7 月 6 日）
对十三届全国人大四次会议第 4642 号建议的答复 …………………………………（810）
——关于企业上市相关条款解限的建议
（2021 年 7 月 2 日）

关于十三届全国人大四次会议第 6457 号建议的答复 …………………………………（811）
——关于规范《中华人民共和国企业破产法》中的重整拯救机制持续优化营商环境的建议
（2021 年 7 月 2 日）
对十四届全国人大一次会议第 2424 号建议的答复 …………………………………（811）
——关于进一步推进证券行业数字化转型的建议
（2023 年 7 月 10 日）
关于政协十三届全国委员会第四次会议第 0187 号（财税金融类 35 号）提案答复的函 …（812）
——关于试点"一带一路"沿线国家优质企业在我国 A 股上市的提案
（2021 年 7 月 5 日）
关于政协十三届全国委员会第四次会议 1514 号（财税金融类 150 号）提案答复的函 ……（814）
——关于对上市公司的财务造假责任人，必须予以刑事与民事并处的提案
（2021 年 8 月 9 日）
关于政协十四届全国委员会第一次会议第 01265 号（财税金融类 094 号）提案答复的函 …………………………………………（815）
——关于支持中小型民营企业上市融资助推企业科技创新的提案
（2023 年 8 月 18 日）
关于政协十四届全国委员会第一次会议第 04483 号（财税金融类 277 号）提案答复的函 …………………………………………（817）
——关于分类统一制定地方交易场所监管规则的提案
（2023 年 8 月 3 日）

一、综　合

(一)公司法

中华人民共和国公司法

- 1993年12月29日第八届全国人民代表大会常务委员会第五次会议通过
- 根据1999年12月25日第九届全国人民代表大会常务委员会第十三次会议《关于修改〈中华人民共和国公司法〉的决定》第一次修正
- 根据2004年8月28日第十届全国人民代表大会常务委员会第十一次会议《关于修改〈中华人民共和国公司法〉的决定》第二次修正
- 2005年10月27日第十届全国人民代表大会常务委员会第十八次会议第一次修订
- 根据2013年12月28日第十二届全国人民代表大会常务委员会第六次会议《关于修改〈中华人民共和国海洋环境保护法〉等七部法律的决定》第三次修正
- 根据2018年10月26日第十三届全国人民代表大会常务委员会第六次会议《关于修改〈中华人民共和国公司法〉的决定》第四次修正
- 2023年12月29日第十四届全国人民代表大会常务委员会第七次会议第二次修订
- 2023年12月29日中华人民共和国主席令第15号公布
- 自2024年7月1日起施行

第一章　总　则

第一条　【立法目的】[①]为了规范公司的组织和行为，保护公司、股东、职工和债权人的合法权益，完善中国特色现代企业制度，弘扬企业家精神，维护社会经济秩序，促进社会主义市场经济的发展，根据宪法，制定本法。

第二条　【调整对象】本法所称公司，是指依照本法在中华人民共和国境内设立的有限责任公司和股份有限公司。

第三条　【公司法律地位】公司是企业法人，有独立的法人财产，享有法人财产权。公司以其全部财产对公司的债务承担责任。

公司的合法权益受法律保护，不受侵犯。

第四条　【股东有限责任及股东权利】有限责任公司的股东以其认缴的出资额为限对公司承担责任；股份有限公司的股东以其认购的股份为限对公司承担责任。

公司股东对公司依法享有资产收益、参与重大决策和选择管理者等权利。

第五条　【公司章程】设立公司应当依法制定公司章程。公司章程对公司、股东、董事、监事、高级管理人员具有约束力。

第六条　【公司名称】公司应当有自己的名称。公司名称应当符合国家有关规定。

公司的名称权受法律保护。

第七条　【公司名称中的组织形式】依照本法设立的有限责任公司，应当在公司名称中标明有限责任公司或者有限公司字样。

依照本法设立的股份有限公司，应当在公司名称中标明股份有限公司或者股份公司字样。

第八条　【公司住所】公司以其主要办事机构所在地为住所。

第九条　【公司经营范围】公司的经营范围由公司章程规定。公司可以修改公司章程，变更经营范围。

公司的经营范围中属于法律、行政法规规定须经批准的项目，应当依法经过批准。

第十条　【公司法定代表人的担任及辞任】公司的法定代表人按照公司章程的规定，由代表公司执行公司事务的董事或者经理担任。

担任法定代表人的董事或者经理辞任的，视为同时辞去法定代表人。

法定代表人辞任的，公司应当在法定代表人辞任之日起三十日内确定新的法定代表人。

第十一条　【法定代表人代表行为的法律后果】法定代表人以公司名义从事的民事活动，其法律后果由公司承受。

公司章程或者股东会对法定代表人职权的限制，不

[①] 条文主旨为编者所加，下同。

得对抗善意相对人。

法定代表人因执行职务造成他人损害的,由公司承担民事责任。公司承担民事责任后,依照法律或者公司章程的规定,可以向有过错的法定代表人追偿。

第十二条 【公司形式变更】有限责任公司变更为股份有限公司,应当符合本法规定的股份有限公司的条件。股份有限公司变更为有限责任公司,应当符合本法规定的有限责任公司的条件。

有限责任公司变更为股份有限公司的,或者股份有限公司变更为有限责任公司的,公司变更前的债权、债务由变更后的公司承继。

第十三条 【子公司与分公司】公司可以设立子公司。子公司具有法人资格,依法独立承担民事责任。

公司可以设立分公司。分公司不具有法人资格,其民事责任由公司承担。

第十四条 【转投资】公司可以向其他企业投资。

法律规定公司不得成为对所投资企业的债务承担连带责任的出资人的,从其规定。

第十五条 【公司投资或者提供担保的限制】公司向其他企业投资或者为他人提供担保,按照公司章程的规定,由董事会或者股东会决议;公司章程对投资或者担保的总额及单项投资或者担保的数额有限额规定的,不得超过规定的限额。

公司为公司股东或者实际控制人提供担保的,应当经股东会决议。

前款规定的股东或者受前款规定的实际控制人支配的股东,不得参加前款规定事项的表决。该项表决由出席会议的其他股东所持表决权的过半数通过。

第十六条 【职工权益保护与职业教育】公司应当保护职工的合法权益,依法与职工签订劳动合同,参加社会保险,加强劳动保护,实现安全生产。

公司应当采用多种形式,加强公司职工的职业教育和岗位培训,提高职工素质。

第十七条 【工会和公司民主管理】公司职工依照《中华人民共和国工会法》组织工会,开展工会活动,维护职工合法权益。公司应当为本公司工会提供必要的活动条件。公司工会代表职工就职工的劳动报酬、工作时间、休息休假、劳动安全卫生和保险福利等事项依法与公司签订集体合同。

公司依照宪法和有关法律的规定,建立健全以职工代表大会为基本形式的民主管理制度,通过职工代表大会或者其他形式,实行民主管理。

公司研究决定改制、解散、申请破产以及经营方面的重大问题、制定重要的规章制度时,应当听取公司工会的意见,并通过职工代表大会或者其他形式听取职工的意见和建议。

第十八条 【党组织】在公司中,根据中国共产党章程的规定,设立中国共产党的组织,开展党的活动。公司应当为党组织的活动提供必要条件。

第十九条 【合法合规诚信经营】公司从事经营活动,应当遵守法律法规,遵守社会公德、商业道德,诚实守信,接受政府和社会公众的监督。

第二十条 【承担社会责任】公司从事经营活动,应当充分考虑公司职工、消费者等利益相关者的利益以及生态环境保护等社会公共利益,承担社会责任。

国家鼓励公司参与社会公益活动,公布社会责任报告。

第二十一条 【禁止滥用股东权利】公司股东应当遵守法律、行政法规和公司章程,依法行使股东权利,不得滥用股东权利损害公司或者其他股东的利益。

公司股东滥用股东权利给公司或者其他股东造成损失的,应当承担赔偿责任。

第二十二条 【不得利用关联关系损害公司利益】公司的控股股东、实际控制人、董事、监事、高级管理人员不得利用关联关系损害公司利益。

违反前款规定,给公司造成损失的,应当承担赔偿责任。

第二十三条 【公司法人人格否认】公司股东滥用公司法人独立地位和股东有限责任,逃避债务,严重损害公司债权人利益的,应当对公司债务承担连带责任。

股东利用其控制的两个以上公司实施前款规定行为的,各公司应当对任一公司的债务承担连带责任。

只有一个股东的公司,股东不能证明公司财产独立于股东自己的财产的,应当对公司债务承担连带责任。

第二十四条 【电子通信方式开会】公司股东会、董事会、监事会召开会议和表决可以采用电子通信方式,公司章程另有规定的除外。

第二十五条 【股东会、董事会决议的无效】公司股东会、董事会的决议内容违反法律、行政法规的无效。

第二十六条 【股东会、董事会决议的撤销】公司股东会、董事会的会议召集程序、表决方式违反法律、行政法规或者公司章程,或者决议内容违反公司章程的,股东自决议作出之日起六十日内,可以请求人民法院撤销。但是,股东会、董事会的会议召集程序或者表决方式仅有轻微瑕疵,对决议未产生实质影响的除外。

未被通知参加股东会会议的股东自知道或者应当知道股东会决议作出之日起六十日内,可以请求人民法院撤销;自决议作出之日起一年内没有行使撤销权的,撤销权消灭。

第二十七条 【股东会、董事会决议不成立】有下列情形之一的,公司股东会、董事会的决议不成立:

(一)未召开股东会、董事会会议作出决议;

(二)股东会、董事会会议未对决议事项进行表决;

(三)出席会议的人数或者所持表决权数未达到本法或者公司章程规定的人数或者所持表决权数;

(四)同意决议事项的人数或者所持表决权数未达到本法或者公司章程规定的人数或者所持表决权数。

第二十八条 【决议被宣告无效、被撤销、被确认不成立的后果】公司股东会、董事会决议被人民法院宣告无效、撤销或者确认不成立的,公司应当向公司登记机关申请撤销根据该决议已办理的登记。

股东会、董事会议被人民法院宣告无效、撤销或者确认不成立的,公司根据该决议与善意相对人形成的民事法律关系不受影响。

第二章 公司登记

第二十九条 【公司设立登记】设立公司,应当依法向公司登记机关申请设立登记。

法律、行政法规规定设立公司必须报经批准的,应当在公司登记前依法办理批准手续。

第三十条 【设立公司申请材料】申请设立公司,应当提交设立登记申请书、公司章程等文件,提交的相关材料应当真实、合法和有效。

申请材料不齐全或者不符合法定形式的,公司登记机关应当一次性告知需要补正的材料。

第三十一条 【公司设立登记】申请设立公司,符合本法规定的设立条件的,由公司登记机关分别登记为有限责任公司或者股份有限公司;不符合本法规定的设立条件的,不得登记为有限责任公司或者股份有限公司。

第三十二条 【公司登记事项及公示】公司登记事项包括:

(一)名称;

(二)住所;

(三)注册资本;

(四)经营范围;

(五)法定代表人的姓名;

(六)有限责任公司股东、股份有限公司发起人的姓名或者名称。

公司登记机关应当将前款规定的公司登记事项通过国家企业信用信息公示系统向社会公示。

第三十三条 【公司营业执照】依法设立的公司,由公司登记机关发给公司营业执照。公司营业执照签发日期为公司成立日期。

公司营业执照应当载明公司的名称、住所、注册资本、经营范围、法定代表人姓名等事项。

公司登记机关可以发给电子营业执照。电子营业执照与纸质营业执照具有同等法律效力。

第三十四条 【公司变更登记】公司登记事项发生变更的,应当依法办理变更登记。

公司登记事项未经登记或者未经变更登记,不得对抗善意相对人。

第三十五条 【公司变更登记所需材料】公司申请变更登记,应当向公司登记机关提交公司法定代表人签署的变更登记申请书、依法作出的变更决议或者决定等文件。

公司变更登记事项涉及修改公司章程的,应当提交修改后的公司章程。

公司变更法定代表人的,变更登记申请书由变更后的法定代表人签署。

第三十六条 【变更登记换发营业执照】公司营业执照记载的事项发生变更的,公司办理变更登记后,由公司登记机关换发营业执照。

第三十七条 【公司注销登记】公司因解散、被宣告破产或者其他法定事由需要终止的,应当依法向公司登记机关申请注销登记,由公司登记机关公告公司终止。

第三十八条 【设立分公司登记】公司设立分公司,应当向公司登记机关申请登记,领取营业执照。

第三十九条 【应当撤销公司登记的情形】虚报注册资本、提交虚假材料或者采取其他欺诈手段隐瞒重要事实取得公司设立登记的,公司登记机关应当依照法律、行政法规的规定予以撤销。

第四十条 【企业信息公示系统公示事项】公司应当按照规定通过国家企业信用信息公示系统公示下列事项:

(一)有限责任公司股东认缴和实缴的出资额、出资方式和出资日期,股份有限公司发起人认购的股份数;

(二)有限责任公司股东、股份有限公司发起人的股权、股份变更信息;

(三)行政许可取得、变更、注销等信息;

（四）法律、行政法规规定的其他信息。

公司应当确保前款公示信息真实、准确、完整。

第四十一条　【优化公司登记服务】公司登记机关应当优化公司登记办理流程，提高公司登记效率，加强信息化建设，推行网上办理等便捷方式，提升公司登记便利化水平。

国务院市场监督管理部门根据本法和有关法律、行政法规的规定，制定公司登记注册的具体办法。

第三章　有限责任公司的设立和组织机构

第一节　设　立

第四十二条　【有限责任公司的股东人数】有限责任公司由一个以上五十个以下股东出资设立。

第四十三条　【有限责任公司的设立协议】有限责任公司设立时的股东可以签订设立协议，明确各自在公司设立过程中的权利和义务。

第四十四条　【有限责任公司设立时的股东责任】有限责任公司设立时的股东为设立公司从事的民事活动，其法律后果由公司承受。

公司未成立的，其法律后果由公司设立时的股东承受；设立时的股东为二人以上的，享有连带债权，承担连带债务。

设立时的股东为设立公司以自己的名义从事民事活动产生的民事责任，第三人有权选择请求公司或者公司设立时的股东承担。

设立时的股东因履行公司设立职责造成他人损害的，公司或者无过错的股东承担赔偿责任后，可以向有过错的股东追偿。

第四十五条　【公司章程制定】设立有限责任公司，应当由股东共同制定公司章程。

第四十六条　【公司章程内容】有限责任公司章程应当载明下列事项：

（一）公司名称和住所；

（二）公司经营范围；

（三）公司注册资本；

（四）股东的姓名或者名称；

（五）股东的出资额、出资方式和出资日期；

（六）公司的机构及其产生办法、职权、议事规则；

（七）公司法定代表人的产生、变更办法；

（八）股东会认为需要规定的其他事项。

股东应当在公司章程上签名或者盖章。

第四十七条　【注册资本】有限责任公司的注册资本为在公司登记机关登记的全体股东认缴的出资额。全体股东认缴的出资额由股东按照公司章程的规定自公司成立之日起五年内缴足。

法律、行政法规以及国务院决定对有限责任公司注册资本实缴、注册资本最低限额、股东出资期限另有规定的，从其规定。

第四十八条　【股东出资方式】股东可以用货币出资，也可以用实物、知识产权、土地使用权、股权、债权等可以用货币估价并可以依法转让的非货币财产作价出资；但是，法律、行政法规规定不得作为出资的财产除外。

对作为出资的非货币财产应当评估作价，核实财产，不得高估或者低估作价。法律、行政法规对评估作价有规定的，从其规定。

第四十九条　【股东出资义务】股东应当按期足额缴纳公司章程规定的各自所认缴的出资额。

股东以货币出资的，应当将货币出资足额存入有限责任公司在银行开设的账户；以非货币财产出资的，应当依法办理其财产权的转移手续。

股东未按期足额缴纳出资的，除应当向公司足额缴纳外，还应当对给公司造成的损失承担赔偿责任。

第五十条　【股东虚假出资或不足额出资的责任】有限责任公司设立时，股东未按照公司章程规定实际缴纳出资，或者实际出资的非货币财产的实际价额显著低于所认缴的出资额的，设立时的其他股东与该股东在出资不足的范围内承担连带责任。

第五十一条　【董事会催缴义务及其赔偿责任】有限责任公司成立后，董事会应当对股东的出资情况进行核查，发现股东未按期足额缴纳公司章程规定的出资的，应当由公司向该股东发出书面催缴书，催缴出资。

未及时履行前款规定的义务，给公司造成损失的，负有责任的董事应当承担赔偿责任。

第五十二条　【股东催缴失权制度】股东未按照公司章程规定的出资日期缴纳出资，公司依照前条第一款规定发出书面催缴书催缴出资的，可以载明缴纳出资的宽限期；宽限期自公司发出催缴书之日起，不得少于六十日。宽限期届满，股东仍未履行出资义务的，公司经董事会决议可以向该股东发出失权通知，通知应当以书面形式发出。自通知发出之日起，该股东丧失其未缴纳出资的股权。

依照前款规定丧失的股权应当依法转让，或者相应减少注册资本并注销该股权；六个月内未转让或者注销的，由公司其他股东按照其出资比例足额缴纳相应出资。

股东对失权有异议的,应当自接到失权通知之日起三十日内,向人民法院提起诉讼。

第五十三条 【股东抽逃出资的法律责任】公司成立后,股东不得抽逃出资。

违反前款规定的,股东应当返还抽逃的出资;给公司造成损失的,负有责任的董事、监事、高级管理人员应当与该股东承担连带赔偿责任。

第五十四条 【股东出资加速到期】公司不能清偿到期债务的,公司或者已到期债权的债权人有权要求已认缴出资但未届出资期限的股东提前缴纳出资。

第五十五条 【出资证明书】有限责任公司成立后,应当向股东签发出资证明书,记载下列事项:

(一)公司名称;
(二)公司成立日期;
(三)公司注册资本;
(四)股东的姓名或者名称、认缴和实缴的出资额、出资方式和出资日期;
(五)出资证明书的编号和核发日期。

出资证明书由法定代表人签名,并由公司盖章。

第五十六条 【股东名册】有限责任公司应当置备股东名册,记载下列事项:

(一)股东的姓名或者名称及住所;
(二)股东认缴和实缴的出资额、出资方式和出资日期;
(三)出资证明书编号;
(四)取得和丧失股东资格的日期。

记载于股东名册的股东,可以依股东名册主张行使股东权利。

第五十七条 【股东查阅、复制权】股东有权查阅、复制公司章程、股东名册、股东会会议记录、董事会会议决议、监事会会议决议和财务会计报告。

股东可以要求查阅公司会计账簿、会计凭证。股东要求查阅公司会计账簿、会计凭证的,应当向公司提出书面请求,说明目的。公司有合理根据认为股东查阅会计账簿、会计凭证有不正当目的,可能损害公司合法利益的,可以拒绝提供查阅,并应当自股东提出书面请求之日起十五日内书面答复股东并说明理由。公司拒绝提供查阅的,股东可以向人民法院提起诉讼。

股东查阅前款规定的材料,可以委托会计师事务所、律师事务所等中介机构进行。

股东及其委托的会计师事务所、律师事务所等中介机构查阅、复制有关材料,应当遵守有关保护国家秘密、商业秘密、个人隐私、个人信息等法律、行政法规的规定。

股东要求查阅、复制公司全资子公司相关材料的,适用前四款的规定。

第二节 组织机构

第五十八条 【股东会的组成与地位】有限责任公司股东会由全体股东组成。股东会是公司的权力机构,依照本法行使职权。

第五十九条 【股东会的职权与书面议事方式】股东会行使下列职权:

(一)选举和更换董事、监事,决定有关董事、监事的报酬事项;
(二)审议批准董事会的报告;
(三)审议批准监事会的报告;
(四)审议批准公司的利润分配方案和弥补亏损方案;
(五)对公司增加或者减少注册资本作出决议;
(六)对发行公司债券作出决议;
(七)对公司合并、分立、解散、清算或者变更公司形式作出决议;
(八)修改公司章程;
(九)公司章程规定的其他职权。

股东会可以授权董事会对发行公司债券作出决议。

对本条第一款所列事项股东以书面形式一致表示同意的,可以不召开股东会会议,直接作出决定,并由全体股东在决定文件上签名或者盖章。

第六十条 【一人公司的股东决定】只有一个股东的有限责任公司不设股东会。股东作出前条第一款所列事项的决定时,应当采用书面形式,并由股东签名或者盖章后置备于公司。

第六十一条 【首次股东会会议】首次股东会会议由出资最多的股东召集和主持,依照本法规定行使职权。

第六十二条 【定期会议和临时会议】股东会会议分为定期会议和临时会议。

定期会议应当按照公司章程的规定按时召开。代表十分之一以上表决权的股东、三分之一以上的董事或者监事会提议召开临时会议的,应当召开临时会议。

第六十三条 【股东会会议的召集和主持】股东会会议由董事会召集,董事长主持;董事长不能履行职务或者不履行职务的,由副董事长主持;副董事长不能履行职务或者不履行职务的,由过半数的董事共同推举一名董事主持。

董事会不能履行或者不履行召集股东会会议职责

的，由监事会召集和主持；监事会不召集和主持的，代表十分之一以上表决权的股东可以自行召集和主持。

第六十四条 【股东会会议的通知和记录】召开股东会会议，应当于会议召开十五日前通知全体股东；但是，公司章程另有规定或者全体股东另有约定的除外。

股东会应当对所议事项的决定作成会议记录，出席会议的股东应当在会议记录上签名或者盖章。

第六十五条 【股东表决权】股东会会议由股东按照出资比例行使表决权；但是，公司章程另有规定的除外。

第六十六条 【股东会的议事方式和表决程序】股东会的议事方式和表决程序，除本法有规定的外，由公司章程规定。

股东会作出决议，应当经代表过半数表决权的股东通过。

股东会作出修改公司章程、增加或者减少注册资本的决议，以及公司合并、分立、解散或者变更公司形式的决议，应当经代表三分之二以上表决权的股东通过。

第六十七条 【董事会的职权】有限责任公司设董事会，本法第七十五条另有规定的除外。

董事会行使下列职权：

（一）召集股东会会议，并向股东会报告工作；

（二）执行股东会的决议；

（三）决定公司的经营计划和投资方案；

（四）制订公司的利润分配方案和弥补亏损方案；

（五）制订公司增加或者减少注册资本以及发行公司债券的方案；

（六）制订公司合并、分立、解散或者变更公司形式的方案；

（七）决定公司内部管理机构的设置；

（八）决定聘任或者解聘公司经理及其报酬事项，并根据经理的提名决定聘任或者解聘公司副经理、财务负责人及其报酬事项；

（九）制定公司的基本管理制度；

（十）公司章程规定或者股东会授予的其他职权。

公司章程对董事会职权的限制不得对抗善意相对人。

第六十八条 【董事会的组成】有限责任公司董事会成员为三人以上，其成员中可以有公司职工代表。职工人数三百人以上的有限责任公司，除依法设监事会并有公司职工代表的外，其董事会成员中应当有公司职工代表。董事会中的职工代表由公司职工通过职工代表大会、职工大会或者其他形式民主选举产生。

董事会设董事长一人，可以设副董事长。董事长、副董事长的产生办法由公司章程规定。

第六十九条 【审计委员会】有限责任公司可以按照公司章程的规定在董事会中设置由董事组成的审计委员会，行使本法规定的监事会的职权，不设监事会或者监事。公司董事会成员中的职工代表可以成为审计委员会成员。

第七十条 【董事任期、选任和辞任】董事任期由公司章程规定，但每届任期不得超过三年。董事任期届满，连选可以连任。

董事任期届满未及时改选，或者董事在任期内辞任导致董事会成员低于法定人数的，在改选出的董事就任前，原董事仍应当依照法律、行政法规和公司章程的规定，履行董事职务。

董事辞任的，应当以书面形式通知公司，公司收到通知之日辞任生效，但存在前款规定情形的，董事应当继续履行职务。

第七十一条 【董事的解任和赔偿】股东会可以决议解任董事，决议作出之日解任生效。

无正当理由，在任期届满前解任董事的，该董事可以要求公司予以赔偿。

第七十二条 【董事会会议的召集和主持】董事会会议由董事长召集和主持；董事长不能履行职务或者不履行职务的，由副董事长召集和主持；副董事长不能履行职务或者不履行职务的，由过半数的董事共同推举一名董事召集和主持。

第七十三条 【董事会的议事方式、表决程序和会议记录】董事会的议事方式和表决程序，除本法有规定的外，由公司章程规定。

董事会会议应当有过半数的董事出席方可举行。董事会作出决议，应当经全体董事的过半数通过。

董事会决议的表决，应当一人一票。

董事会应当对所议事项的决定作成会议记录，出席会议的董事应当在会议记录上签名。

第七十四条 【经理的任免和职权】有限责任公司可以设经理，由董事会决定聘任或者解聘。

经理对董事会负责，根据公司章程的规定或者董事会的授权行使职权。经理列席董事会会议。

第七十五条 【设董事不设董事会的情形】规模较小或者股东人数较少的有限责任公司，可以不设董事会，设一名董事，行使本法规定的董事会的职权。该董事可以兼任公司经理。

第七十六条　【监事会的设置、组成和监事会会议】有限责任公司设监事会，本法第六十九条、第八十三条另有规定的除外。

监事会成员为三人以上。监事会成员应当包括股东代表和适当比例的公司职工代表，其中职工代表的比例不得低于三分之一，具体比例由公司章程规定。监事会中的职工代表由公司职工通过职工代表大会、职工大会或者其他形式民主选举产生。

监事会设主席一人，由全体监事过半数选举产生。监事会主席召集和主持监事会会议；监事会主席不能履行职务或者不履行职务的，由过半数的监事共同推举一名监事召集和主持监事会会议。

董事、高级管理人员不得兼任监事。

第七十七条　【监事的任期、选任和辞任】监事的任期每届为三年。监事任期届满，连选可以连任。

监事任期届满未及时改选，或者监事在任期内辞任导致监事会成员低于法定人数的，在改选出的监事就任前，原监事仍应当依照法律、行政法规和公司章程的规定，履行监事职务。

第七十八条　【监事会的一般职权】监事会行使下列职权：

（一）检查公司财务；

（二）对董事、高级管理人员执行职务的行为进行监督，对违反法律、行政法规、公司章程或者股东会决议的董事、高级管理人员提出解任的建议；

（三）当董事、高级管理人员的行为损害公司的利益时，要求董事、高级管理人员予以纠正；

（四）提议召开临时股东会会议，在董事会不履行本法规定的召集和主持股东会会议职责时召集和主持股东会会议；

（五）向股东会会议提出提案；

（六）依照本法第一百八十九条的规定，对董事、高级管理人员提起诉讼；

（七）公司章程规定的其他职权。

第七十九条　【监事的质询权、建议权和监事会的调查权】监事可以列席董事会会议，并对董事会决议事项提出质询或者建议。

监事会发现公司经营情况异常，可以进行调查；必要时，可以聘请会计师事务所等协助其工作，费用由公司承担。

第八十条　【监事会有权要求董事、高级管理人员提交执行职务报告】监事会可以要求董事、高级管理人员提交执行职务的报告。

董事、高级管理人员应当如实向监事会提供有关情况和资料，不得妨碍监事会或者监事行使职权。

第八十一条　【监事会会议】监事会每年度至少召开一次会议，监事可以提议召开临时监事会会议。

监事会的议事方式和表决程序，除本法有规定的外，由公司章程规定。

监事会决议应当经全体监事的过半数通过。

监事会决议的表决，应当一人一票。

监事会应当对所议事项的决定作成会议记录，出席会议的监事应当在会议记录上签名。

第八十二条　【监事会履职费用的承担】监事会行使职权所必需的费用，由公司承担。

第八十三条　【不设监事会、监事的情形】规模较小或者股东人数较少的有限责任公司，可以不设监事会，设一名监事，行使本法规定的监事会的职权；经全体股东一致同意，也可以不设监事。

第四章　有限责任公司的股权转让

第八十四条　【股权转让规则及优先购买权】有限责任公司的股东之间可以相互转让其全部或者部分股权。

股东向股东以外的人转让股权的，应当将股权转让的数量、价格、支付方式和期限等事项书面通知其他股东，其他股东在同等条件下有优先购买权。股东自接到书面通知之日起三十日内未答复的，视为放弃优先购买权。两个以上股东行使优先购买权的，协商确定各自的购买比例；协商不成的，按照转让时各自的出资比例行使优先购买权。

公司章程对股权转让另有规定的，从其规定。

第八十五条　【强制执行程序中的优先购买权】人民法院依照法律规定的强制执行程序转让股东的股权时，应当通知公司及全体股东，其他股东在同等条件下有优先购买权。其他股东自人民法院通知之日起满二十日不行使优先购买权的，视为放弃优先购买权。

第八十六条　【股东名册变更】股东转让股权的，应当书面通知公司，请求变更股东名册；需要办理变更登记的，并请求公司向公司登记机关办理变更登记。公司拒绝或者在合理期限内不予答复的，转让人、受让人可以依法向人民法院提起诉讼。

股权转让的，受让人自记载于股东名册时起可以向公司主张行使股东权利。

第八十七条 【转让股权后的变更记载】依照本法转让股权后,公司应当及时注销原股东的出资证明书,向新股东签发出资证明书,并相应修改公司章程和股东名册中有关股东及其出资额的记载。对公司章程的该项修改不需再由股东会表决。

第八十八条 【瑕疵出资股权转让的责任承担】股东转让已认缴出资但未届出资期限的股权的,由受让人承担缴纳该出资的义务;受让人未按期足额缴纳出资的,转让人对受让人未按期缴纳的出资承担补充责任。

未按照公司章程规定的出资日期缴纳出资或者作为出资的非货币财产的实际价额显著低于所认缴的出资额的股东转让股权的,转让人与受让人在出资不足的范围内承担连带责任;受让人不知道且不应当知道存在上述情形的,由转让人承担责任。

第八十九条 【公司股权回购的情形】有下列情形之一的,对股东会该项决议投反对票的股东可以请求公司按照合理的价格收购其股权:

(一)公司连续五年不向股东分配利润,而公司该五年连续盈利,并且符合本法规定的分配利润条件;

(二)公司合并、分立、转让主要财产;

(三)公司章程规定的营业期限届满或者章程规定的其他解散事由出现,股东会通过决议修改章程使公司存续。

自股东会决议作出之日起六十日内,股东与公司不能达成股权收购协议的,股东可以自股东会决议作出之日起九十日内向人民法院提起诉讼。

公司的控股股东滥用股东权利,严重损害公司或者其他股东利益的,其他股东有权请求公司按照合理的价格收购其股权。

公司因本条第一款、第三款规定的情形收购的本公司股权,应当在六个月内依法转让或者注销。

第九十条 【股东资格的继承】自然人股东死亡后,其合法继承人可以继承股东资格;但是,公司章程另有规定的除外。

第五章 股份有限公司的设立和组织机构

第一节 设 立

第九十一条 【设立方式】设立股份有限公司,可以采取发起设立或者募集设立的方式。

发起设立,是指由发起人认购设立公司时应发行的全部股份而设立公司。

募集设立,是指由发起人认购设立公司时应发行股份的一部分,其余股份向特定对象募集或者向社会公开募集而设立公司。

第九十二条 【发起人的限制】设立股份有限公司,应当有一人以上二百人以下为发起人,其中应当有半数以上的发起人在中华人民共和国境内有住所。

第九十三条 【发起人的义务】股份有限公司发起人承担公司筹办事务。

发起人应当签订发起人协议,明确各自在公司设立过程中的权利和义务。

第九十四条 【公司章程制定】设立股份有限公司,应当由发起人共同制订公司章程。

第九十五条 【公司章程内容】股份有限公司章程应当载明下列事项:

(一)公司名称和住所;

(二)公司经营范围;

(三)公司设立方式;

(四)公司注册资本、已发行的股份数和设立时发行的股份数,面额股的每股金额;

(五)发行类别股的,每一类别股的股份数及其权利和义务;

(六)发起人的姓名或者名称、认购的股份数、出资方式;

(七)董事会的组成、职权和议事规则;

(八)公司法定代表人的产生、变更办法;

(九)监事会的组成、职权和议事规则;

(十)公司利润分配办法;

(十一)公司的解散事由与清算办法;

(十二)公司的通知和公告办法;

(十三)股东会认为需要规定的其他事项。

第九十六条 【注册资本】股份有限公司的注册资本为在公司登记机关登记的已发行股份的股本总额。在发起人认购的股份缴足前,不得向他人募集股份。

法律、行政法规以及国务院决定对股份有限公司注册资本最低限额另有规定的,从其规定。

第九十七条 【发起人认购股份】以发起设立方式设立股份有限公司的,发起人应当认足公司章程规定的公司设立时应发行的股份。

以募集设立方式设立股份有限公司的,发起人认购的股份不得少于公司章程规定的公司设立时应发行股份总数的百分之三十五;但是,法律、行政法规另有规定的,从其规定。

第九十八条 【足额缴纳股款与出资方式】发起人

应当在公司成立前按照其认购的股份全额缴纳股款。

发起人的出资，适用本法第四十八条、第四十九条第二款关于有限责任公司股东出资的规定。

第九十九条 【发起人的连带责任】发起人不按照其认购的股份缴纳股款，或者作为出资的非货币财产的实际价额显著低于所认购的股份的，其他发起人与该发起人在出资不足的范围内承担连带责任。

第一百条 【募集股份的公告和认股书】发起人向社会公开募集股份，应当公告招股说明书，并制作认股书。认股书应当载明本法第一百五十四条第二款、第三款所列事项，由认股人填写认购的股份数、金额、住所，并签名或者盖章。认股人应当按照所认购股份足额缴纳股款。

第一百零一条 【验资】向社会公开募集股份的股款缴足后，应当经依法设立的验资机构验资并出具证明。

第一百零二条 【股东名册】股份有限公司应当制作股东名册并置备于公司。股东名册应当记载下列事项：

（一）股东的姓名或者名称及住所；
（二）各股东所认购的股份种类及股份数；
（三）发行纸面形式的股票的，股票的编号；
（四）各股东取得股份的日期。

第一百零三条 【公司成立大会的召开】募集设立股份有限公司的发起人应当自公司设立时应发行股份的股款缴足之日起三十日内召开公司成立大会。发起人应当在成立大会召开十五日前将会议日期通知各认股人或者予以公告。成立大会应当有持有表决权过半数的认股人出席，方可举行。

以发起设立方式设立股份有限公司成立大会的召开和表决程序由公司章程或者发起人协议规定。

第一百零四条 【公司成立大会的职权和表决程序】公司成立大会行使下列职权：

（一）审议发起人关于公司筹办情况的报告；
（二）通过公司章程；
（三）选举董事、监事；
（四）对公司的设立费用进行审核；
（五）对发起人非货币财产出资的作价进行审核；
（六）发生不可抗力或者经营条件发生重大变化直接影响公司设立的，可以作出不设立公司的决议。

成立大会对前款所列事项作出决议，应当经出席会议的认股人所持表决权过半数通过。

第一百零五条 【返还股款、不得任意抽回股本】公司设立时应发行的股份未募足，或者发行股份的股款缴足后，发起人在三十日内未召开成立大会的，认股人可以按照所缴股款并加算银行同期存款利息，要求发起人返还。

发起人、认股人缴纳股款或者交付非货币财产出资后，除未按期募足股份、发起人未按期召开成立大会或者成立大会决议不设立公司的情形外，不得抽回其股本。

第一百零六条 【申请设立登记】董事会应当授权代表，于公司成立大会结束后三十日内向公司登记机关申请设立登记。

第一百零七条 【有限责任公司中适用于股份有限公司的规定】本法第四十四条、第四十九条第三款、第五十一条、第五十二条、第五十三条的规定，适用于股份有限公司。

第一百零八条 【有限责任公司变更为股份有限公司】有限责任公司变更为股份有限公司时，折合的实收股本总额不得高于公司净资产额。有限责任公司变更为股份有限公司，为增加注册资本公开发行股份时，应当依法办理。

第一百零九条 【重要资料的置备】股份有限公司应当将公司章程、股东名册、股东会会议记录、董事会会议记录、监事会会议记录、财务会计报告、债券持有人名册置备于本公司。

第一百一十条 【股东的查阅、复制、建议、质询权】股东有权查阅、复制公司章程、股东名册、股东会会议记录、董事会会议决议、监事会会议决议、财务会计报告，对公司的经营提出建议或者质询。

连续一百八十日以上单独或者合计持有公司百分之三以上股份的股东要求查阅公司的会计账簿、会计凭证的，适用本法第五十七条第二款、第三款、第四款的规定。公司章程对持股比例有较低规定的，从其规定。

股东要求查阅、复制公司全资子公司相关材料的，适用前两款的规定。

上市公司股东查阅、复制相关材料的，应当遵守《中华人民共和国证券法》等法律、行政法规的规定。

第二节　股东会

第一百一十一条 【股东会的组成与地位】股份有限公司股东会由全体股东组成。股东会是公司的权力机构，依照本法行使职权。

第一百一十二条 【股东会的职权】本法第五十九条第一款、第二款关于有限责任公司股东会职权的规定，适用于股份有限公司股东会。

本法第六十条关于只有一个股东的有限责任公司不设股东会的规定,适用于只有一个股东的股份有限公司。

第一百一十三条　【股东会和临时股东会的召开】股东会应当每年召开一次年会。有下列情形之一的,应当在两个月内召开临时股东会会议:

(一)董事人数不足本法规定人数或者公司章程所定人数的三分之二时;

(二)公司未弥补的亏损达股本总额三分之一时;

(三)单独或者合计持有公司百分之十以上股份的股东请求时;

(四)董事会认为必要时;

(五)监事会提议召开时;

(六)公司章程规定的其他情形。

第一百一十四条　【股东会会议的召集和主持】股东会会议由董事会召集,董事长主持;董事长不能履行职务或者不履行职务的,由副董事长主持;副董事长不能履行职务或者不履行职务的,由过半数的董事共同推举一名董事主持。

董事会不能履行或者不履行召集股东会会议职责的,监事会应当及时召集和主持;监事会不召集和主持的,连续九十日以上单独或者合计持有公司百分之十以上股份的股东可以自行召集和主持。

单独或者合计持有公司百分之十以上股份的股东请求召开临时股东会会议的,董事会、监事会应当在收到请求之日起十日内作出是否召开临时股东会会议的决定,并书面答复股东。

第一百一十五条　【股东会的通知期限、临时议案】召开股东会会议,应当将会议召开的时间、地点和审议的事项于会议召开二十日前通知各股东;临时股东会会议应当于会议召开十五日前通知各股东。

单独或者合计持有公司百分之一以上股份的股东,可以在股东会会议召开十日前提出临时提案并书面提交董事会。临时提案应当有明确议题和具体决议事项。董事会应当在收到提案后二日内通知其他股东,并将该临时提案提交股东会审议;但临时提案违反法律、行政法规或者公司章程的规定,或者不属于股东会职权范围的除外。公司不得提高提出临时提案股东的持股比例。

公开发行股份的公司,应当以公告方式作出前两款规定的通知。

股东会不得对通知中未列明的事项作出决议。

第一百一十六条　【股东表决权和决议比例】股东出席股东会会议,所持每一股份有一表决权,类别股股东除外。公司持有的本公司股份没有表决权。

股东会作出决议,应当经出席会议的股东所持表决权过半数通过。

股东会作出修改公司章程、增加或者减少注册资本的决议,以及公司合并、分立、解散或者变更公司形式的决议,应当经出席会议的股东所持表决权的三分之二以上通过。

第一百一十七条　【累积投票制】股东会选举董事、监事,可以按照公司章程的规定或者股东会的决议,实行累积投票制。

本法所称累积投票制,是指股东会选举董事或者监事时,每一股份拥有与应选董事或者监事人数相同的表决权,股东拥有的表决权可以集中使用。

第一百一十八条　【出席股东会会议的代理】股东委托代理人出席股东会会议的,应当明确代理人代理的事项、权限和期限;代理人应当向公司提交股东授权委托书,并在授权范围内行使表决权。

第一百一十九条　【股东会会议记录】股东会应当对所议事项的决定作成会议记录,主持人、出席会议的董事应当在会议记录上签名。会议记录应当与出席股东的签名册及代理出席的委托书一并保存。

第三节　董事会、经理

第一百二十条　【董事会的组成、任期及职权】股份有限公司设董事会,本法第一百二十八条另有规定的除外。

本法第六十七条、第六十八条第一款、第七十条、第七十一条的规定,适用于股份有限公司。

第一百二十一条　【审计委员会】股份有限公司可以按照公司章程的规定在董事会中设置由董事组成的审计委员会,行使本法规定的监事会的职权,不设监事会或者监事。

审计委员会成员为三名以上,过半数成员不得在公司担任除董事以外的其他职务,且不得与公司存在任何可能影响其独立客观判断的关系。公司董事会成员中的职工代表可以成为审计委员会成员。

审计委员会作出决议,应当经审计委员会成员的过半数通过。

审计委员会决议的表决,应当一人一票。

审计委员会的议事方式和表决程序,除本法有规定的外,由公司章程规定。

公司可以按照公司章程的规定在董事会中设置其他委员会。

第一百二十二条 【董事长的产生及职权】董事会设董事长一人,可以设副董事长。董事长和副董事长由董事会以全体董事的过半数选举产生。

董事长召集和主持董事会会议,检查董事会决议的实施情况。副董事长协助董事长工作,董事长不能履行职务或者不履行职务的,由副董事长履行职务;副董事长不能履行职务或者不履行职务的,由过半数的董事共同推举一名董事履行职务。

第一百二十三条 【董事会会议的召集】董事会每年度至少召开两次会议,每次会议应当于会议召开十日前通知全体董事和监事。

代表十分之一以上表决权的股东、三分之一以上董事或者监事会,可以提议召开临时董事会会议。董事长应当自接到提议后十日内,召集和主持董事会会议。

董事会召开临时会议,可以另定召集董事会的通知方式和通知时限。

第一百二十四条 【董事会会议的议事规则】董事会会议应当有过半数的董事出席方可举行。董事会作出决议,应当经全体董事的过半数通过。

董事会决议的表决,应当一人一票。

董事会应当对所议事项的决定作成会议记录,出席会议的董事应当在会议记录上签名。

第一百二十五条 【董事会会议的出席及责任承担】董事会会议,应当由董事本人出席;董事因故不能出席,可以书面委托其他董事代为出席,委托书应当载明授权范围。

董事应当对董事会的决议承担责任。董事会的决议违反法律、行政法规或者公司章程、股东会决议,给公司造成严重损失的,参与决议的董事对公司负赔偿责任;经证明在表决时曾表明异议并记载于会议记录的,该董事可以免除责任。

第一百二十六条 【经理的任免及职权】股份有限公司设经理,由董事会决定聘任或者解聘。

经理对董事会负责,根据公司章程的规定或者董事会的授权行使职权。经理列席董事会会议。

第一百二十七条 【董事会成员兼任经理】公司董事会可以决定由董事会成员兼任经理。

第一百二十八条 【设董事不设董事会的情形】规模较小或者股东人数较少的股份有限公司,可以不设董事会,设一名董事,行使本法规定的董事会的职权。该董事可以兼任公司经理。

第一百二十九条 【高级管理人员的报酬披露】公司应当定期向股东披露董事、监事、高级管理人员从公司获得报酬的情况。

第四节 监事会

第一百三十条 【监事会的组成及任期】股份有限公司设监事会,本法第一百二十一条第一款、第一百三十三条另有规定的除外。

监事会成员为三人以上。监事会成员应当包括股东代表和适当比例的公司职工代表,其中职工代表的比例不得低于三分之一,具体比例由公司章程规定。监事会中的职工代表由公司职工通过职工代表大会、职工大会或者其他形式民主选举产生。

监事会设主席一人,可以设副主席。监事会主席和副主席由全体监事过半数选举产生。监事会主席召集和主持监事会会议;监事会主席不能履行职务或者不履行职务的,由监事会副主席召集和主持监事会会议;监事会副主席不能履行职务或者不履行职务的,由过半数的监事共同推举一名监事召集和主持监事会会议。

董事、高级管理人员不得兼任监事。

本法第七十七条关于有限责任公司监事任期的规定,适用于股份有限公司监事。

第一百三十一条 【监事会的职权及费用】本法第七十八条至第八十条的规定,适用于股份有限公司监事会。

监事会行使职权所必需的费用,由公司承担。

第一百三十二条 【监事会会议】监事会每六个月至少召开一次会议。监事可以提议召开临时监事会会议。

监事会的议事方式和表决程序,除本法有规定的外,由公司章程规定。

监事会决议应当经全体监事的过半数通过。

监事会决议的表决,应当一人一票。

监事会应当对所议事项的决定作成会议记录,出席会议的监事应当在会议记录上签名。

第一百三十三条 【设监事不设监事会的情形】规模较小或者股东人数较少的股份有限公司,可以不设监事会,设一名监事,行使本法规定的监事会的职权。

第五节 上市公司组织机构的特别规定

第一百三十四条 【上市公司的定义】本法所称上市公司,是指其股票在证券交易所上市交易的股份有限公司。

第一百三十五条 【特别事项的通过】上市公司在

一年内购买、出售重大资产或者向他人提供担保的金额超过公司资产总额百分之三十的,应当由股东会作出决议,并经出席会议的股东所持表决权的三分之二以上通过。

第一百三十六条 【独立董事】上市公司设独立董事,具体管理办法由国务院证券监督管理机构规定。

上市公司的公司章程除载明本法第九十五条规定的事项外,还应当依照法律、行政法规的规定载明董事会专门委员会的组成、职权以及董事、监事、高级管理人员薪酬考核机制等事项。

第一百三十七条 【上市公司审计委员会职权】上市公司在董事会中设置审计委员会的,董事会对下列事项作出决议前应当经审计委员会全体成员过半数通过:

(一)聘用、解聘承办公司审计业务的会计师事务所;
(二)聘任、解聘财务负责人;
(三)披露财务会计报告;
(四)国务院证券监督管理机构规定的其他事项。

第一百三十八条 【董事会秘书】上市公司设董事会秘书,负责公司股东会和董事会会议的筹备、文件保管以及公司股东资料的管理,办理信息披露事务等事宜。

第一百三十九条 【会议决议的关联关系董事不得表决】上市公司董事与董事会会议决议事项所涉及的企业或者个人有关联关系的,该董事应当及时向董事会书面报告。有关联关系的董事不得对该项决议行使表决权,也不得代理其他董事行使表决权。该董事会会议由过半数的无关联关系董事出席即可举行,董事会会议所作决议须经无关联关系董事过半数通过。出席董事会会议的无关联关系董事人数不足三人的,应当将该事项提交上市公司股东会审议。

第一百四十条 【依法信息披露及禁止违法代持】上市公司应当依法披露股东、实际控制人的信息,相关信息应当真实、准确、完整。

禁止违反法律、行政法规的规定代持上市公司股票。

第一百四十一条 【禁止交叉持股】上市公司控股子公司不得取得该上市公司的股份。

上市公司控股子公司因公司合并、质权行使等原因持有上市公司股份的,不得行使所持股份对应的表决权,并应当及时处分相关上市公司股份。

第六章 股份有限公司的股份发行和转让

第一节 股份发行

第一百四十二条 【股份及其形式】公司的资本划分为股份。公司的全部股份,根据公司章程的规定择一采用面额股或者无面额股。采用面额股的,每一股的金额相等。

公司可以根据公司章程的规定将已发行的面额股全部转换为无面额股或者将无面额股全部转换为面额股。

采用无面额股的,应当将发行股份所得股款的二分之一以上计入注册资本。

第一百四十三条 【股份发行的原则】股份的发行,实行公平、公正的原则,同类别的每一股份应当具有同等权利。

同次发行的同类别股份,每股的发行条件和价格应当相同;认购人所认购的股份,每股应当支付相同价额。

第一百四十四条 【类别股的发行】公司可以按照公司章程的规定发行下列与普通股权利不同的类别股:

(一)优先或者劣后分配利润或者剩余财产的股份;
(二)每一股的表决权数多于或者少于普通股的股份;
(三)转让须经公司同意等转让受限的股份;
(四)国务院规定的其他类别股。

公开发行股份的公司不得发行前款第二项、第三项规定的类别股;公开发行前已发行的除外。

公司发行本条第一款第二项规定的类别股的,对于监事或者审计委员会成员的选举和更换,类别股与普通股每一股的表决权数相同。

第一百四十五条 【类别股的章程记载】发行类别股的公司,应当在公司章程中载明以下事项:

(一)类别股分配利润或者剩余财产的顺序;
(二)类别股的表决权数;
(三)类别股的转让限制;
(四)保护中小股东权益的措施;
(五)股东会认为需要规定的其他事项。

第一百四十六条 【类别股股东表决权的行使规则】发行类别股的公司,有本法第一百一十六条第三款规定的事项等可能影响类别股股东权利的,除应当依照第一百一十六条第三款的规定经股东会决议外,还应当经出席类别股股东会议的股东所持表决权的三分之二以上通过。

公司章程可以对需经类别股股东会议决议的其他事项作出规定。

第一百四十七条 【公司股票及记名股票】公司的股份采取股票的形式。股票是公司签发的证明股东所持股份的凭证。

公司发行的股票,应当为记名股票。

第一百四十八条　【股票发行的价格】面额股股票的发行价格可以按票面金额,也可以超过票面金额,但不得低于票面金额。

第一百四十九条　【股票的形式及载明事项】股票采用纸面形式或者国务院证券监督管理机构规定的其他形式。

股票采用纸面形式的,应当载明下列主要事项:

(一)公司名称;

(二)公司成立日期或者股票发行的时间;

(三)股票种类、票面金额及代表的股份数,发行无面额股的,股票代表的股份数。

股票采用纸面形式的,还应当载明股票的编号,由法定代表人签名,公司盖章。

发起人股票采用纸面形式的,应当标明发起人股票字样。

第一百五十条　【股票的交付】股份有限公司成立后,即向股东正式交付股票。公司成立前不得向股东交付股票。

第一百五十一条　【发行新股的决议】公司发行新股,股东会应当对下列事项作出决议:

(一)新股种类及数额;

(二)新股发行价格;

(三)新股发行的起止日期;

(四)向原有股东发行新股的种类及数额;

(五)发行无面额股的,新股发行所得股款计入注册资本的金额。

公司发行新股,可以根据公司经营情况和财务状况,确定其作价方案。

第一百五十二条　【授权董事会发行新股】公司章程或者股东会可以授权董事会在三年内决定发行不超过已发行股份百分之五十的股份。但以非货币财产作价出资的,应当经股东会决议。

董事会依照前款规定决定发行股份导致公司注册资本、已发行股份数发生变化的,对公司章程该项记载事项的修改不需再由股东会表决。

第一百五十三条　【授权董事会发行新股决议的通过】公司章程或者股东会授权董事会决定发行新股的,董事会决议应当经全体董事三分之二以上通过。

第一百五十四条　【公开募集股份及招股说明书内容】公司向社会公开募集股份,应当经国务院证券监督管理机构注册,公告招股说明书。

招股说明书应当附有公司章程,并载明下列事项:

(一)发行的股份总数;

(二)面额股的票面金额和发行价格或者无面额股的发行价格;

(三)募集资金的用途;

(四)认股人的权利和义务;

(五)股份种类及其权利和义务;

(六)本次募股的起止日期及逾期未募足时认股人可以撤回所认股份的说明。

公司设立时发行股份的,还应当载明发起人认购的股份数。

第一百五十五条　【股票承销】公司向社会公开募集股份,应当由依法设立的证券公司承销,签订承销协议。

第一百五十六条　【代收股款】公司向社会公开募集股份,应当同银行签订代收股款协议。

代收股款的银行应当按照协议代收和保存股款,向缴纳股款的认股人出具收款单据,并负有向有关部门出具收款证明的义务。

公司发行股份募足股款后,应予公告。

第二节　股份转让

第一百五十七条　【股份转让】股份有限公司的股东持有的股份可以向其他股东转让,也可以向股东以外的人转让;公司章程对股份转让有限制的,其转让按照公司章程的规定进行。

第一百五十八条　【股份转让场所和方式】股东转让其股份,应当在依法设立的证券交易场所进行或者按照国务院规定的其他方式进行。

第一百五十九条　【股票转让】股票的转让,由股东以背书方式或者法律、行政法规规定的其他方式进行;转让后由公司将受让人的姓名或者名称及住所记载于股东名册。

股东会会议召开前二十日内或者公司决定分配股利的基准日前五日内,不得变更股东名册。法律、行政法规或者国务院证券监督管理机构对上市公司股东名册变更另有规定的,从其规定。

第一百六十条　【股份转让限制】公司公开发行股份前已发行的股份,自公司股票在证券交易所上市交易之日起一年内不得转让。法律、行政法规或者国务院证券监督管理机构对上市公司的股东、实际控制人转让其所持有的本公司股份另有规定的,从其规定。

公司董事、监事、高级管理人员应当向公司申报所持有的本公司的股份及其变动情况，在就任时确定的任职期间每年转让的股份不得超过其所持有本公司股份总数的百分之二十五；所持本公司股份自公司股票上市交易之日起一年内不得转让。上述人员离职后半年内，不得转让其所持有的本公司股份。公司章程可以对公司董事、监事、高级管理人员转让其所持有的本公司股份作出其他限制性规定。

股份在法律、行政法规规定的限制转让期限内出质的，质权人不得在限制转让期限内行使质权。

第一百六十一条 【异议股东股份回购请求权】有下列情形之一的，对股东会该项决议投反对票的股东可以请求公司按照合理的价格收购其股份，公开发行股份的公司除外：

（一）公司连续五年不向股东分配利润，而公司该五年连续盈利，并且符合本法规定的分配利润条件；

（二）公司转让主要财产；

（三）公司章程规定的营业期限届满或者章程规定的其他解散事由出现，股东会通过决议修改章程使公司存续。

自股东会决议作出之日起六十日内，股东与公司不能达成股份收购协议的，股东可以自股东会决议作出之日起九十日内向人民法院提起诉讼。

公司因本条第一款规定的情形收购的本公司股份，应当在六个月内依法转让或者注销。

第一百六十二条 【公司回购股份的情形及要求】公司不得收购本公司股份。但是，有下列情形之一的除外：

（一）减少公司注册资本；

（二）与持有本公司股份的其他公司合并；

（三）将股份用于员工持股计划或者股权激励；

（四）股东因对股东会作出的公司合并、分立决议持异议，要求公司收购其股份；

（五）将股份用于转换公司发行的可转换为股票的公司债券；

（六）上市公司为维护公司价值及股东权益所必需。

公司因前款第一项、第二项规定的情形收购本公司股份的，应当经股东会决议；公司因前款第三项、第五项、第六项规定的情形收购本公司股份的，可以按照公司章程或者股东会的授权，经三分之二以上董事出席的董事会会议决议。

公司依照本条第一款规定收购本公司股份后，属于第一项情形的，应当自收购之日起十日内注销；属于第二项、第四项情形的，应当在六个月内转让或者注销；属于第三项、第五项、第六项情形的，公司合计持有的本公司股份数不得超过本公司已发行股份总数的百分之十，并应当在三年内转让或者注销。

上市公司收购本公司股份的，应当依照《中华人民共和国证券法》的规定履行信息披露义务。上市公司因本条第一款第三项、第五项、第六项规定的情形收购本公司股份的，应当通过公开的集中交易方式进行。

公司不得接受本公司的股份作为质权的标的。

第一百六十三条 【禁止财务资助】公司不得为他人取得本公司或者其母公司的股份提供赠与、借款、担保以及其他财务资助，公司实施员工持股计划的除外。

为公司利益，经股东会决议，或者董事会按照公司章程或者股东会的授权作出决议，公司可以为他人取得本公司或者其母公司的股份提供财务资助，但财务资助的累计总额不得超过已发行股本总额的百分之十。董事会作出决议应当经全体董事的三分之二以上通过。

违反前两款规定，给公司造成损失的，负有责任的董事、监事、高级管理人员应当承担赔偿责任。

第一百六十四条 【股票丢失的救济】股票被盗、遗失或者灭失，股东可以依照《中华人民共和国民事诉讼法》规定的公示催告程序，请求人民法院宣告该股票失效。人民法院宣告该股票失效后，股东可以向公司申请补发股票。

第一百六十五条 【上市公司的股票交易】上市公司的股票，依照有关法律、行政法规及证券交易所交易规则上市交易。

第一百六十六条 【上市公司的信息披露】上市公司应当依照法律、行政法规的规定披露相关信息。

第一百六十七条 【股东资格的继承】自然人股东死亡后，其合法继承人可以继承股东资格；但是，股份转让受限的股份有限公司的章程另有规定的除外。

第七章 国家出资公司组织机构的特别规定

第一百六十八条 【国家出资公司的概念】国家出资公司的组织机构，适用本章规定；本章没有规定的，适用本法其他规定。

本法所称国家出资公司，是指国家出资的国有独资公司、国有资本控股公司，包括国家出资的有限责任公司、股份有限公司。

第一百六十九条 【代表国家出资人的职责和权益】国家出资公司，由国务院或者地方人民政府分别代表国家依法履行出资人职责，享有出资人权益。国务院或者地方人民政府可以授权国有资产监督管理机构或者其他部门、机构代表本级人民政府对国家出资公司履行出资人职责。

代表本级人民政府履行出资人职责的机构、部门,以下统称为履行出资人职责的机构。

第一百七十条　【国家出资公司的党组织】国家出资公司中中国共产党的组织,按照中国共产党章程的规定发挥领导作用,研究讨论公司重大经营管理事项,支持公司的组织机构依法行使职权。

第一百七十一条　【国有独资公司章程】国有独资公司章程由履行出资人职责的机构制定。

第一百七十二条　【国有独资公司股东会职权的行使】国有独资公司不设股东会,由履行出资人职责的机构行使股东会职权。履行出资人职责的机构可以授权公司董事会行使股东会的部分职权,但公司章程的制定和修改,公司的合并、分立、解散、申请破产,增加或者减少注册资本,分配利润,应当由履行出资人职责的机构决定。

第一百七十三条　【国有独资公司的董事会】国有独资公司的董事会依照本法规定行使职权。

国有独资公司的董事会成员中,应当过半数为外部董事,并应当有公司职工代表。

董事会成员由履行出资人职责的机构委派;但是,董事会成员中的职工代表由公司职工代表大会选举产生。

董事会设董事长一人,可以设副董事长。董事长、副董事长由履行出资人职责的机构从董事会成员中指定。

第一百七十四条　【国有独资公司的经理】国有独资公司的经理由董事会聘任或者解聘。

经履行出资人职责的机构同意,董事会成员可以兼任经理。

第一百七十五条　【国有独资公司高层人员的兼职禁止】国有独资公司的董事、高级管理人员,未经履行出资人职责的机构同意,不得在其他有限责任公司、股份有限公司或者其他经济组织兼职。

第一百七十六条　【国有独资公司不设监事会和监事的情形】国有独资公司在董事会中设置由董事组成的审计委员会行使本法规定的监事会职权的,不设监事会或者监事。

第一百七十七条　【国家出资公司加强内部合规管理】国家出资公司应当依法建立健全内部监督管理和风险控制制度,加强内部合规管理。

第八章　公司董事、监事、高级管理人员的资格和义务

第一百七十八条　【董事、监事、高级管理人员的资格禁止】有下列情形之一的,不得担任公司的董事、监事、高级管理人员:

(一)无民事行为能力或者限制民事行为能力;

(二)因贪污、贿赂、侵占财产、挪用财产或者破坏社会主义市场经济秩序,被判处刑罚,或者因犯罪被剥夺政治权利,执行期满未逾五年,被宣告缓刑的,自缓刑考验期满之日起未逾二年;

(三)担任破产清算的公司、企业的董事或者厂长、经理,对该公司、企业的破产负有个人责任的,自该公司、企业破产清算完结之日起未逾三年;

(四)担任因违法被吊销营业执照、责令关闭的公司、企业的法定代表人,并负有个人责任的,自该公司、企业被吊销营业执照、责令关闭之日起未逾三年;

(五)个人因所负数额较大债务到期未清偿被人民法院列为失信被执行人。

违反前款规定选举、委派董事、监事或者聘任高级管理人员的,该选举、委派或者聘任无效。

董事、监事、高级管理人员在任职期间出现本条第一款所列情形的,公司应当解除其职务。

第一百七十九条　【董事、监事、高级管理人员的守法合规义务】董事、监事、高级管理人员应当遵守法律、行政法规和公司章程。

第一百八十条　【董事、监事、高级管理人员的忠实义务和勤勉义务】董事、监事、高级管理人员对公司负有忠实义务,应当采取措施避免自身利益与公司利益冲突,不得利用职权牟取不正当利益。

董事、监事、高级管理人员对公司负有勤勉义务,执行职务应当为公司的最大利益尽到管理者通常应有的合理注意。

公司的控股股东、实际控制人不担任公司董事但实际执行公司事务的,适用前两款规定。

第一百八十一条　【董事、监事、高级管理人员的禁止行为】董事、监事、高级管理人员不得有下列行为:

(一)侵占公司财产、挪用公司资金;

(二)将公司资金以其个人名义或者以其他个人名义开立账户存储;

(三)利用职权贿赂或者收受其他非法收入;

(四)接受他人与公司交易的佣金归为己有;

(五)擅自披露公司秘密;

（六）违反对公司忠实义务的其他行为。

第一百八十二条 【董事、监事、高级管理人员自我交易和关联交易的限制】董事、监事、高级管理人员，直接或者间接与本公司订立合同或者进行交易，应当就与订立合同或者进行交易有关的事项向董事会或者股东会报告，并按照公司章程的规定经董事会或者股东会决议通过。

董事、监事、高级管理人员的近亲属，董事、监事、高级管理人员或者其近亲属直接或者间接控制的企业，以及与董事、监事、高级管理人员有其他关联关系的关联人，与公司订立合同或者进行交易，适用前款规定。

第一百八十三条 【禁止董事、监事、高级管理人员谋取公司商业机会】董事、监事、高级管理人员，不得利用职务便利为自己或者他人谋取属于公司的商业机会。但是，有下列情形之一的除外：

（一）向董事会或者股东会报告，并按照公司章程的规定经董事会或者股东会决议通过；

（二）根据法律、行政法规或者公司章程的规定，公司不能利用该商业机会。

第一百八十四条 【董事、监事、高级管理人员同业竞争的限制】董事、监事、高级管理人员未向董事会或者股东会报告，并按照公司章程的规定经董事会或者股东会决议通过，不得自营或者为他人经营与其任职公司同类的业务。

第一百八十五条 【关联董事表决权】董事会对本法第一百八十二条至第一百八十四条规定的事项决议时，关联董事不得参与表决，其表决权不计入表决权总数。出席董事会会议的无关联关系董事人数不足三人的，应当将该事项提交股东会审议。

第一百八十六条 【董事、监事、高级管理人员违法所得收入应当归公司所有】董事、监事、高级管理人员违反本法第一百八十一条至第一百八十四条规定所得的收入应当归公司所有。

第一百八十七条 【董事、监事、高级管理人员列席股东会】股东会要求董事、监事、高级管理人员列席会议的，董事、监事、高级管理人员应当列席并接受股东的质询。

第一百八十八条 【董事、监事、高级管理人员的损害赔偿责任】董事、监事、高级管理人员执行职务违反法律、行政法规或者公司章程的规定，给公司造成损失的，应当承担赔偿责任。

第一百八十九条 【公司权益受损的股东救济】董事、高级管理人员有前条规定的情形的，有限责任公司的股东、股份有限公司连续一百八十日以上单独或者合计持有公司百分之一以上股份的股东，可以书面请求监事会向人民法院提起诉讼；监事有前条规定的情形的，前述股东可以书面请求董事会向人民法院提起诉讼。

监事会或者董事会收到前款规定的股东书面请求后拒绝提起诉讼，或者自收到请求之日起三十日内未提起诉讼，或者情况紧急、不立即提起诉讼将会使公司利益受到难以弥补的损害的，前款规定的股东有权为公司利益以自己的名义直接向人民法院提起诉讼。

他人侵犯公司合法权益，给公司造成损失的，本条第一款规定的股东可以依照前两款的规定向人民法院提起诉讼。

公司全资子公司的董事、监事、高级管理人员有前条规定情形，或者他人侵犯公司全资子公司合法权益造成损失的，有限责任公司的股东、股份有限公司连续一百八十日以上单独或者合计持有公司百分之一以上股份的股东，可以依照前三款规定书面请求全资子公司的监事会、董事会向人民法院提起诉讼或者以自己的名义直接向人民法院提起诉讼。

第一百九十条 【股东权益受损的直接诉讼】董事、高级管理人员违反法律、行政法规或者公司章程的规定，损害股东利益的，股东可以向人民法院提起诉讼。

第一百九十一条 【董事、高级管理人员与公司的连带责任】董事、高级管理人员执行职务，给他人造成损害的，公司应当承担赔偿责任；董事、高级管理人员存在故意或者重大过失的，也应当承担赔偿责任。

第一百九十二条 【控股股东、实际控制人的连带责任】公司的控股股东、实际控制人指示董事、高级管理人员从事损害公司或者股东利益的行为的，与该董事、高级管理人员承担连带责任。

第一百九十三条 【董事责任保险】公司可以在董事任职期间为董事因执行公司职务承担的赔偿责任投保责任保险。

公司为董事投保责任保险或者续保后，董事会应当向股东会报告责任保险的投保金额、承保范围及保险费率等内容。

第九章 公司债券

第一百九十四条 【公司债券的定义、发行与交易】本法所称公司债券，是指公司发行的约定按期还本付息的有价证券。

公司债券可以公开发行，也可以非公开发行。

公司债券的发行和交易应当符合《中华人民共和国证券法》等法律、行政法规的规定。

第一百九十五条 【公司债券募集办法】公开发行公司债券，应当经国务院证券监督管理机构注册，公告公司债券募集办法。

公司债券募集办法应当载明下列主要事项：

（一）公司名称；

（二）债券募集资金的用途；

（三）债券总额和债券的票面金额；

（四）债券利率的确定方式；

（五）还本付息的期限和方式；

（六）债券担保情况；

（七）债券的发行价格、发行的起止日期；

（八）公司净资产额；

（九）已发行的尚未到期的公司债券总额；

（十）公司债券的承销机构。

第一百九十六条 【公司债券的票面记载事项】公司以纸面形式发行公司债券的，应当在债券上载明公司名称、债券票面金额、利率、偿还期限等事项，并由法定代表人签名，公司盖章。

第一百九十七条 【公司债券应记名】公司债券应当为记名债券。

第一百九十八条 【公司债券持有人名册】公司发行公司债券应当置备公司债券持有人名册。

发行公司债券的，应当在公司债券持有人名册上载明下列事项：

（一）债券持有人的姓名或者名称及住所；

（二）债券持有人取得债券的日期及债券的编号；

（三）债券总额，债券的票面金额、利率、还本付息的期限和方式；

（四）债券的发行日期。

第一百九十九条 【公司债券的登记结算】公司债券的登记结算机构应当建立债券登记、存管、付息、兑付等相关制度。

第二百条 【公司债券转让】公司债券可以转让，转让价格由转让人与受让人约定。

公司债券的转让应当符合法律、行政法规的规定。

第二百零一条 【公司债券的转让方式】公司债券由债券持有人以背书方式或者法律、行政法规规定的其他方式转让；转让后由公司将受让人的姓名或者名称及住所记载于公司债券持有人名册。

第二百零二条 【可转换公司债券的发行】股份有限公司经股东会决议，或者经公司章程、股东会授权由董事会决议，可以发行可转换为股票的公司债券，并规定具体的转换办法。上市公司发行可转换为股票的公司债券，应当经国务院证券监督管理机构注册。

发行可转换为股票的公司债券，应当在债券上标明可转换公司债券字样，并在公司债券持有人名册上载明可转换公司债券的数额。

第二百零三条 【可转换公司债券的转换】发行可转换为股票的公司债券的，公司应当按照其转换办法向债券持有人换发股票，但债券持有人对转换股票或者不转换股票有选择权。法律、行政法规另有规定的除外。

第二百零四条 【债券持有人会议】公开发行公司债券的，应当为同期债券持有人设立债券持有人会议，并在债券募集办法中对债券持有人会议的召集程序、会议规则和其他重要事项作出规定。债券持有人会议可以对与债券持有人有利害关系的事项作出决议。

除公司债券募集办法另有约定外，债券持有人会议决议对同期全体债券持有人发生效力。

第二百零五条 【聘请债券受托管理人】公开发行公司债券的，发行人应当为债券持有人聘请债券受托管理人，由其为债券持有人办理受领清偿、债权保全、与债券相关的诉讼以及参与债务人破产程序等事项。

第二百零六条 【债券受托管理人的职责与责任】债券受托管理人应当勤勉尽责，公正履行受托管理职责，不得损害债券持有人利益。

受托管理人与债券持有人存在利益冲突可能损害债券持有人利益的，债券持有人会议可以决议变更债券受托管理人。

债券受托管理人违反法律、行政法规或者债券持有人会议决议，损害债券持有人利益的，应当承担赔偿责任。

第十章 公司财务、会计

第二百零七条 【公司财务与会计制度】公司应当依照法律、行政法规和国务院财政部门的规定建立本公司的财务、会计制度。

第二百零八条 【财务会计报告】公司应当在每一会计年度终了时编制财务会计报告，并依法经会计师事务所审计。

财务会计报告应当依照法律、行政法规和国务院财政部门的规定制作。

第二百零九条 【财务会计报告的公示】有限责任公司应当按照公司章程规定的期限将财务会计报告送交

各股东。

股份有限公司的财务会计报告应当在召开股东会年会的二十日前置备于本公司,供股东查阅;公开发行股份的股份有限公司应当公告其财务会计报告。

第二百一十条　【法定公积金、任意公积金与利润分配】公司分配当年税后利润时,应当提取利润的百分之十列入公司法定公积金。公司法定公积金累计额为公司注册资本的百分之五十以上的,可以不再提取。

公司的法定公积金不足以弥补以前年度亏损的,在依照前款规定提取法定公积金之前,应当先用当年利润弥补亏损。

公司从税后利润中提取法定公积金后,经股东会决议,还可以从税后利润中提取任意公积金。

公司弥补亏损和提取公积金后所余税后利润,有限责任公司按照股东实缴的出资比例分配利润,全体股东约定不按照出资比例分配利润的除外;股份有限公司按照股东所持有的股份比例分配利润,公司章程另有规定的除外。

公司持有的本公司股份不得分配利润。

第二百一十一条　【违法利润分配的法律责任】公司违反本法规定向股东分配利润的,股东应当将违反规定分配的利润退还公司;给公司造成损失的,股东及负有责任的董事、监事、高级管理人员应当承担赔偿责任。

第二百一十二条　【利润分配期限】股东会作出分配利润的决议的,董事会应当在股东会决议作出之日起六个月内进行分配。

第二百一十三条　【股份有限公司资本公积金】公司以超过股票票面金额的发行价格发行股份所得的溢价款、发行无面额股所得股款未计入注册资本的金额以及国务院财政部门规定列入资本公积金的其他项目,应当列为公司资本公积金。

第二百一十四条　【公积金的用途】公司的公积金用于弥补公司的亏损、扩大公司生产经营或者转为增加公司注册资本。

公积金弥补公司亏损,应当先使用任意公积金和法定公积金;仍不能弥补的,可以按照规定使用资本公积金。

法定公积金转为增加注册资本时,所留存的该项公积金不得少于转增前公司注册资本的百分之二十五。

第二百一十五条　【聘用、解聘会计师事务所】公司聘用、解聘承办公司审计业务的会计师事务所,按照公司章程的规定,由股东会、董事会或者监事会决定。

公司股东会、董事会或者监事会就解聘会计师事务所进行表决时,应当允许会计师事务所陈述意见。

第二百一十六条　【真实提供会计资料】公司应当向聘用的会计师事务所提供真实、完整的会计凭证、会计账簿、财务会计报告及其他会计资料,不得拒绝、隐匿、谎报。

第二百一十七条　【会计账簿】公司除法定的会计账簿外,不得另立会计账簿。

对公司资金,不得以任何个人名义开立账户存储。

第十一章　公司合并、分立、增资、减资

第二百一十八条　【公司合并】公司合并可以采取吸收合并或者新设合并。

一个公司吸收其他公司为吸收合并,被吸收的公司解散。两个以上公司合并设立一个新的公司为新设合并,合并各方解散。

第二百一十九条　【简易合并】公司与其持股百分之九十以上的公司合并,被合并的公司不需经股东会决议,但应当通知其他股东,其他股东有权请求公司按照合理的价格收购其股权或者股份。

公司合并支付的价款不超过本公司净资产百分之十的,可以不经股东会决议;但是,公司章程另有规定的除外。

公司依照前两款规定合并不经股东会决议的,应当经董事会决议。

第二百二十条　【公司合并的程序】公司合并,应当由合并各方签订合并协议,并编制资产负债表及财产清单。公司应当自作出合并决议之日起十日内通知债权人,并于三十日内在报纸上或者国家企业信用信息公示系统公告。债权人自接到通知之日起三十日内,未接到通知的自公告之日起四十五日内,可以要求公司清偿债务或者提供相应的担保。

第二百二十一条　【公司合并前债权债务的承继】公司合并时,合并各方的债权、债务,应当由合并后存续的公司或者新设的公司承继。

第二百二十二条　【公司分立】公司分立,其财产作相应的分割。

公司分立,应当编制资产负债表及财产清单。公司应当自作出分立决议之日起十日内通知债权人,并于三十日内在报纸上或者国家企业信用信息公示系统公告。

第二百二十三条　【公司分立前的债务承担】公司分立前的债务由分立后的公司承担连带责任。但是,公司在分立前与债权人就债务清偿达成的书面协议另有约

定的除外。

第二百二十四条 【公司减资】公司减少注册资本，应当编制资产负债表及财产清单。

公司应当自股东会作出减少注册资本决议之日起十日内通知债权人，并于三十日内在报纸上或者国家企业信用信息公示系统公告。债权人自接到通知之日起三十日内、未接到通知的自公告之日起四十五日内，有权要求公司清偿债务或者提供相应的担保。

公司减少注册资本，应当按照股东出资或者持有股份的比例相应减少出资额或者股份，法律另有规定、有限责任公司全体股东另有约定或者股份有限公司章程另有规定的除外。

第二百二十五条 【简易减资】公司依照本法第二百一十四条第二款的规定弥补亏损后，仍有亏损的，可以减少注册资本弥补亏损。减少注册资本弥补亏损的，公司不得向股东分配，也不得免除股东缴纳出资或者股款的义务。

依照前款规定减少注册资本的，不适用前条第二款的规定，但应当自股东会作出减少注册资本决议之日起三十日内在报纸上或者国家企业信用信息公示系统公告。

公司依照前两款的规定减少注册资本后，在法定公积金和任意公积金累计额达到公司注册资本百分之五十前，不得分配利润。

第二百二十六条 【违法减资的法律后果】违反本法规定减少注册资本的，股东应当退还其收到的资金，减免股东出资的应当恢复原状；给公司造成损失的，股东及负有责任的董事、监事、高级管理人员应当承担赔偿责任。

第二百二十七条 【增资优先认缴（购）权】有限责任公司增加注册资本时，股东在同等条件下有权优先按照实缴的出资比例认缴出资。但是，全体股东约定不按照出资比例优先认缴出资的除外。

股份有限公司为增加注册资本发行新股时，股东不享有优先认购权，公司章程另有规定或者股东会决议决定股东享有优先认购权的除外。

第二百二十八条 【公司增资】有限责任公司增加注册资本时，股东认缴新增资本的出资，依照本法设立有限责任公司缴纳出资的有关规定执行。

股份有限公司为增加注册资本发行新股时，股东认购新股，依照本法设立股份有限公司缴纳股款的有关规定执行。

第十二章 公司解散和清算

第二百二十九条 【公司解散的事由及公示】公司因下列原因解散：

（一）公司章程规定的营业期限届满或者公司章程规定的其他解散事由出现；

（二）股东会决议解散；

（三）因公司合并或者分立需要解散；

（四）依法被吊销营业执照、责令关闭或者被撤销；

（五）人民法院依照本法第二百三十一条的规定予以解散。

公司出现前款规定的解散事由，应当在十日内将解散事由通过国家企业信用信息公示系统予以公示。

第二百三十条 【特定解散情形下的公司存续】公司有前条第一款第一项、第二项情形，且尚未向股东分配财产的，可以通过修改公司章程或者经股东会决议而存续。

依照前款规定修改公司章程或者经股东会决议，有限责任公司须经持有三分之二以上表决权的股东通过，股份有限公司须经出席股东会会议的股东所持表决权的三分之二以上通过。

第二百三十一条 【司法强制解散公司】公司经营管理发生严重困难，继续存续会使股东利益受到重大损失，通过其他途径不能解决的，持有公司百分之十以上表决权的股东，可以请求人民法院解散公司。

第二百三十二条 【清算义务人和清算组】公司因本法第二百二十九条第一款第一项、第二项、第四项、第五项规定而解散的，应当清算。董事为公司清算义务人，应当在解散事由出现之日起十五日内组成清算组进行清算。

清算组由董事组成，但是公司章程另有规定或者股东会决议另选他人的除外。

清算义务人未及时履行清算义务，给公司或者债权人造成损失的，应当承担赔偿责任。

第二百三十三条 【法院指定清算组】公司依照前条第一款的规定应当清算，逾期不成立清算组进行清算或者成立清算组后不清算的，利害关系人可以申请人民法院指定有关人员组成清算组进行清算。人民法院应当受理该申请，并及时组织清算组进行清算。

公司因本法第二百二十九条第一款第四项的规定而解散的，作出吊销营业执照、责令关闭或者撤销决定的部门或者公司登记机关，可以申请人民法院指定有关人员组成清算组进行清算。

第二百三十四条 【清算组的职权】清算组在清算期间行使下列职权：

（一）清理公司财产，分别编制资产负债表和财产清单；

（二）通知、公告债权人；

（三）处理与清算有关的公司未了结的业务；

（四）清缴所欠税款以及清算过程中产生的税款；

（五）清理债权、债务；

（六）分配公司清偿债务后的剩余财产；

（七）代表公司参与民事诉讼活动。

第二百三十五条 【债权人申报债权】清算组应当自成立之日起十日内通知债权人，并于六十日内在报纸上或者国家企业信用信息公示系统公告。债权人应当自接到通知之日起三十日内，未接到通知的自公告之日起四十五日内，向清算组申报其债权。

债权人申报债权，应当说明债权的有关事项，并提供证明材料。清算组应当对债权进行登记。

在申报债权期间，清算组不得对债权人进行清偿。

第二百三十六条 【清算程序】清算组在清理公司财产、编制资产负债表和财产清单后，应当制订清算方案，并报股东会或者人民法院确认。

公司财产在分别支付清算费用、职工的工资、社会保险费用和法定补偿金，缴纳所欠税款，清偿公司债务后的剩余财产，有限责任公司按照股东的出资比例分配，股份有限公司按照股东持有的股份比例分配。

清算期间，公司存续，但不得开展与清算无关的经营活动。公司财产在未依照前款规定清偿前，不得分配给股东。

第二百三十七条 【破产申请】清算组在清理公司财产、编制资产负债表和财产清单后，发现公司财产不足清偿债务的，应当依法向人民法院申请破产清算。

人民法院受理破产申请后，清算组应当将清算事务移交给人民法院指定的破产管理人。

第二百三十八条 【清算组成员的义务和责任】清算组成员履行清算职责，负有忠实义务和勤勉义务。

清算组成员怠于履行清算职责，给公司造成损失的，应当承担赔偿责任；因故意或者重大过失给债权人造成损失的，应当承担赔偿责任。

第二百三十九条 【清算结束后公司的注销】公司清算结束后，清算组应当制作清算报告，报股东会或者人民法院确认，并报送公司登记机关，申请注销公司登记。

第二百四十条 【简易注销】公司在存续期间未产生债务，或者已清偿全部债务的，经全体股东承诺，可以按照规定通过简易程序注销公司登记。

通过简易程序注销公司登记，应当通过国家企业信用信息公示系统予以公告，公告期限不少于二十日。公告期限届满后，未有异议的，公司可以在二十日内向公司登记机关申请注销公司登记。

公司通过简易程序注销公司登记，股东对本条第一款规定的内容承诺不实，应当对注销登记前的债务承担连带责任。

第二百四十一条 【强制注销】公司被吊销营业执照、责令关闭或者被撤销，满三年未向公司登记机关申请注销公司登记的，公司登记机关可以通过国家企业信用信息公示系统予以公告，公告期限不少于六十日。公告期限届满后，未有异议的，公司登记机关可以注销公司登记。

依照前款规定注销公司登记的，原公司股东、清算义务人的责任不受影响。

第二百四十二条 【破产清算】公司被依法宣告破产的，依照有关企业破产的法律实施破产清算。

第十三章 外国公司的分支机构

第二百四十三条 【外国公司的概念】本法所称外国公司，是指依照外国法律在中华人民共和国境外设立的公司。

第二百四十四条 【外国公司分支机构的设立程序】外国公司在中华人民共和国境内设立分支机构，应当向中国主管机关提出申请，并提交其公司章程、所属国的公司登记证书等有关文件，经批准后，向公司登记机关依法办理登记，领取营业执照。

外国公司分支机构的审批办法由国务院另行规定。

第二百四十五条 【外国公司分支机构的设立条件】外国公司在中华人民共和国境内设立分支机构，应当在中华人民共和国境内指定负责该分支机构的代表人或者代理人，并向该分支机构拨付与其所从事的经营活动相适应的资金。

对外国公司分支机构的经营资金需要规定最低限额的，由国务院另行规定。

第二百四十六条 【外国公司分支机构的名称】外国公司的分支机构应当在其名称中标明该外国公司的国籍及责任形式。

外国公司的分支机构应当在本机构中置备该外国公司章程。

**第二百四十七条 【外国公司分支机构的法律地

位】外国公司在中华人民共和国境内设立的分支机构不具有中国法人资格。

外国公司对其分支机构在中华人民共和国境内进行经营活动承担民事责任。

第二百四十八条　【外国公司分支机构的活动原则】经批准设立的外国公司分支机构，在中华人民共和国境内从事业务活动，应当遵守中国的法律，不得损害中国的社会公共利益，其合法权益受中国法律保护。

第二百四十九条　【外国公司分支机构的撤销和清算】外国公司撤销其在中华人民共和国境内的分支机构时，应当依法清偿债务，依照本法有关公司清算程序的规定进行清算。未清偿债务之前，不得将其分支机构的财产转移至中华人民共和国境外。

第十四章　法律责任

第二百五十条　【欺诈登记的法律责任】违反本法规定，虚报注册资本、提交虚假材料或者采取其他欺诈手段隐瞒重要事实取得公司登记的，由公司登记机关责令改正，对虚报注册资本的公司，处以虚报注册资本金额百分之五以上百分之十五以下的罚款；对提交虚假材料或者采取其他欺诈手段隐瞒重要事实的公司，处以五万元以上二百万元以下的罚款；情节严重的，吊销营业执照；对直接负责的主管人员和其他直接责任人员处以三万元以上三十万元以下的罚款。

第二百五十一条　【未依法公示有关信息的法律责任】公司未依照本法第四十条规定公示有关信息的，或者不如实公示有关信息的，由公司登记机关责令改正，可以处以一万元以上五万元以下的罚款。情节严重的，处以五万元以上二十万元以下的罚款；对直接负责的主管人员和其他直接责任人员处以一万元以上十万元以下的罚款。

第二百五十二条　【虚假出资的法律责任】公司的发起人、股东虚假出资，未交付或者未按期交付作为出资的货币或者非货币财产的，由公司登记机关责令改正，可以处以五万元以上二十万元以下的罚款；情节严重的，处以虚假出资或者未出资金额百分之五以上百分之十五以下的罚款；对直接负责的主管人员和其他直接责任人员处以一万元以上十万元以下的罚款。

第二百五十三条　【抽逃出资的法律责任】公司的发起人、股东在公司成立后，抽逃其出资的，由公司登记机关责令改正，处以所抽逃出资金额百分之五以上百分之十五以下的罚款；对直接负责的主管人员和其他直接责任人员处以三万元以上三十万元以下的罚款。

第二百五十四条　【另立会计账簿、提供虚假财务会计报告的法律责任】有下列行为之一的，由县级以上人民政府财政部门依照《中华人民共和国会计法》等法律、行政法规的规定处罚：

（一）在法定的会计账簿以外另立会计账簿；

（二）提供存在虚假记载或者隐瞒重要事实的财务会计报告。

第二百五十五条　【不按规定通知债权人的法律责任】公司在合并、分立、减少注册资本或者进行清算时，不依照本法规定通知或者公告债权人的，由公司登记机关责令改正，对公司处以一万元以上十万元以下的罚款。

第二百五十六条　【清算时隐匿分配公司财产的法律责任】公司在进行清算时，隐匿财产，对资产负债表或者财产清单作虚假记载，或者在未清偿债务前分配公司财产的，由公司登记机关责令改正，对公司处以隐匿财产或者未清偿债务前分配公司财产金额百分之五以上百分之十以下的罚款；对直接负责的主管人员和其他直接责任人员处以一万元以上十万元以下的罚款。

第二百五十七条　【承担资产评估、验资或者验证的机构违法的法律责任】承担资产评估、验资或者验证的机构提供虚假材料或者提供有重大遗漏的报告的，由有关部门依照《中华人民共和国资产评估法》、《中华人民共和国注册会计师法》等法律、行政法规的规定处罚。

承担资产评估、验资或者验证的机构因其出具的评估结果、验资或者验证证明不实，给公司债权人造成损失的，除能够证明自己没有过错的外，在其评估或者证明不实的金额范围内承担赔偿责任。

第二百五十八条　【公司登记机关违法的法律责任】公司登记机关违反法律、行政法规规定未履行职责或者履行职责不当的，对负有责任的领导人员和直接责任人员依法给予政务处分。

第二百五十九条　【冒用公司名义的法律责任】未依法登记为有限责任公司或者股份有限公司，而冒用有限责任公司或者股份有限公司名义的，或者未依法登记为有限责任公司或者股份有限公司的分公司，而冒用有限责任公司或者股份有限公司的分公司名义的，由公司登记机关责令改正或者予以取缔，可以并处十万元以下的罚款。

第二百六十条　【逾期开业、不当停业及未依法办理变更登记的法律责任】公司成立后无正当理由超过六个月未开业的，或者开业后自行停业连续六个月以上的，公司登记机关可以吊销营业执照，但公司依法办理歇业的除外。

公司登记事项发生变更时，未依照本法规定办理有关变更登记的，由公司登记机关责令限期登记；逾期不登记的，处以一万元以上十万元以下的罚款。

第二百六十一条　【外国公司擅自设立分支机构的法律责任】外国公司违反本法规定，擅自在中华人民共和国境内设立分支机构的，由公司登记机关责令改正或者关闭，可以并处五万元以上二十万元以下的罚款。

第二百六十二条　【利用公司名义危害国家安全与社会公共利益的法律责任】利用公司名义从事危害国家安全、社会公共利益的严重违法行为的，吊销营业执照。

第二百六十三条　【民事赔偿优先】公司违反本法规定，应当承担民事赔偿责任和缴纳罚款、罚金的，其财产不足以支付时，先承担民事赔偿责任。

第二百六十四条　【刑事责任】违反本法规定，构成犯罪的，依法追究刑事责任。

第十五章　附　则

第二百六十五条　【本法相关用语的含义】本法下列用语的含义：

（一）高级管理人员，是指公司的经理、副经理、财务负责人，上市公司董事会秘书和公司章程规定的其他人员。

（二）控股股东，是指其出资额占有限责任公司资本总额超过百分之五十或者其持有的股份占股份有限公司股本总额超过百分之五十的股东；出资额或者持有股份的比例虽然低于百分之五十，但依其出资额或者持有的股份所享有的表决权已足以对股东会的决议产生重大影响的股东。

（三）实际控制人，是指通过投资关系、协议或者其他安排，能够实际支配公司行为的人。

（四）关联关系，是指公司控股股东、实际控制人、董事、监事、高级管理人员与其直接或者间接控制的企业之间的关系，以及可能导致公司利益转移的其他关系。但是，国家控股的企业之间不仅因为同受国家控股而具有关联关系。

第二百六十六条　【施行日期】本法自 2024 年 7 月 1 日起施行。

本法施行前已登记设立的公司，出资期限超过本法规定的期限的，除法律、行政法规或者国务院另有规定外，应当逐步调整至本法规定的期限以内；对于出资期限、出资额明显异常的，公司登记机关可以依法要求其及时调整。具体实施办法由国务院规定。

最高人民法院关于适用《中华人民共和国公司法》若干问题的规定（一）

· 2006 年 3 月 27 日最高人民法院审判委员会第 1382 次会议通过
· 根据 2014 年 2 月 17 日最高人民法院审判委员会第 1607 次会议《关于修改关于适用〈中华人民共和国公司法〉若干问题的规定的决定》修正
· 2014 年 2 月 20 日最高人民法院公告公布
· 自 2014 年 3 月 1 日起施行
· 法释〔2014〕2 号

为正确适用 2005 年 10 月 27 日十届全国人大常委会第十八次会议修订的《中华人民共和国公司法》，对人民法院在审理相关的民事纠纷案件中，具体适用公司法的有关问题规定如下：

第一条　公司法实施后，人民法院尚未审结的和新受理的民事案件，其民事行为或事件发生在公司法实施以前的，适用当时的法律法规和司法解释。

第二条　因公司法实施前有关民事行为或者事件发生纠纷起诉到人民法院的，如当时的法律法规和司法解释没有明确规定时，可参照适用公司法的有关规定。

第三条　原告以公司法第二十二条第二款、第七十四条第二款规定事由，向人民法院提起诉讼时，超过公司法规定期限的，人民法院不予受理。

第四条　公司法第一百五十一条规定的 180 日以上连续持股期间，应为股东向人民法院提起诉讼时，已期满的持股时间；规定的合计持有公司百分之一以上股份，是指两个以上股东持股份额的合计。

第五条　人民法院对公司法实施前已经终审的案件依法进行再审时，不适用公司法的规定。

第六条　本规定自公布之日起实施。

最高人民法院关于适用《中华人民共和国公司法》若干问题的规定(二)

- 2008年5月5日最高人民法院审判委员会第1447次会议通过
- 根据2014年2月17日最高人民法院审判委员会第1607次会议《关于修改关于适用〈中华人民共和国公司法〉若干问题的规定的决定》第一次修正
- 根据2020年12月23日最高人民法院审判委员会第1823次会议通过的《最高人民法院关于修改〈最高人民法院关于破产企业国有划拨土地使用权应否列入破产财产等问题的批复〉等二十九件商事类司法解释的决定》第二次修正
- 2020年12月29日最高人民法院公告公布
- 自2021年1月1日起施行
- 法释〔2020〕18号

为正确适用《中华人民共和国公司法》,结合审判实践,就人民法院审理公司解散和清算案件适用法律问题作出如下规定。

第一条 单独或者合计持有公司全部股东表决权百分之十以上的股东,以下列事由之一提起解散公司诉讼,并符合公司法第一百八十二条规定的,人民法院应予受理:

(一)公司持续两年以上无法召开股东会或者股东大会,公司经营管理发生严重困难的;

(二)股东表决时无法达到法定或者公司章程规定的比例,持续两年以上不能做出有效的股东会或者股东大会决议,公司经营管理发生严重困难的;

(三)公司董事长期冲突,且无法通过股东会或者股东大会解决,公司经营管理发生严重困难的;

(四)经营管理发生其他严重困难,公司继续存续会使股东利益受到重大损失的情形。

股东以知情权、利润分配请求权等权益受到损害,或者公司亏损、财产不足以偿还全部债务,以及公司被吊销企业法人营业执照未进行清算等为由,提起解散公司诉讼的,人民法院不予受理。

第二条 股东提起解散公司诉讼,同时又申请人民法院对公司进行清算的,人民法院对其提出的清算申请不予受理。人民法院可以告知原告,在人民法院判决解散公司后,依据民法典第七十条、公司法第一百八十三条和本规定第七条的规定,自行组织清算或者另行申请人民法院对公司进行清算。

第三条 股东提起解散公司诉讼时,向人民法院申请财产保全或者证据保全的,在股东提供担保且不影响公司正常经营的情形下,人民法院可予以保全。

第四条 股东提起解散公司诉讼应当以公司为被告。

原告以其他股东为被告一并提起诉讼的,人民法院应当告知原告将其他股东变更为第三人;原告坚持不予变更的,人民法院应当驳回原告对其他股东的起诉。

原告提起解散公司诉讼应当告知其他股东,或者由人民法院通知其参加诉讼。其他股东或者有关利害关系人申请以共同原告或者第三人身份参加诉讼的,人民法院应予准许。

第五条 人民法院审理解散公司诉讼案件,应当注重调解。当事人协商同意由公司或者股东收购股份,或者以减资等方式使公司存续,且不违反法律、行政法规强制性规定的,人民法院应予支持。当事人不能协商一致使公司存续的,人民法院应当及时判决。

经人民法院调解公司收购原告股份的,公司应当自调解书生效之日起六个月内将股份转让或者注销。股份转让或者注销之前,原告不得以公司收购其股份为由对抗公司债权人。

第六条 人民法院关于解散公司诉讼作出的判决,对公司全体股东具有法律约束力。

人民法院判决驳回解散公司诉讼请求后,提起该诉讼的股东或者其他股东又以同一事实和理由提起解散公司诉讼的,人民法院不予受理。

第七条 公司应当依照民法典第七十条、公司法第一百八十三条的规定,在解散事由出现之日起十五日内成立清算组,开始自行清算。

有下列情形之一,债权人、公司股东、董事或其他利害关系人申请人民法院指定清算组进行清算的,人民法院应予受理:

(一)公司解散逾期不成立清算组进行清算的;

(二)虽然成立清算组但故意拖延清算的;

(三)违法清算可能严重损害债权人或者股东利益的。

第八条 人民法院受理公司清算案件,应当及时指定有关人员组成清算组。

清算组成员可以从下列人员或者机构中产生:

(一)公司股东、董事、监事、高级管理人员;

(二)依法设立的律师事务所、会计师事务所、破产清算事务所等社会中介机构;

(三)依法设立的律师事务所、会计师事务所、破产清算事务所等社会中介机构中具备相关专业知识并取得执业资格的人员。

第九条 人民法院指定的清算组成员有下列情形之一的,人民法院可以根据债权人、公司股东、董事或其他利害关系人的申请,或者依职权更换清算组成员:

(一)有违反法律或者行政法规的行为;

(二)丧失执业能力或者民事行为能力;

(三)有严重损害公司或者债权人利益的行为。

第十条 公司依法清算结束并办理注销登记前,有关公司的民事诉讼,应当以公司的名义进行。

公司成立清算组的,由清算组负责人代表公司参加诉讼;尚未成立清算组的,由原法定代表人代表公司参加诉讼。

第十一条 公司清算时,清算组应当按照公司法第一百八十五条的规定,将公司解散清算事宜书面通知全体已知债权人,并根据公司规模和营业地域范围在全国或者公司注册登记地省级有影响的报纸上进行公告。

清算组未按照前款规定履行通知和公告义务,导致债权人未及时申报债权而未获清偿,债权人主张清算组成员对因此造成的损失承担赔偿责任的,人民法院应依法予以支持。

第十二条 公司清算时,债权人对清算组核定的债权有异议的,可以要求清算组重新核定。清算组不予重新核定,或者债权人对重新核定的债权仍有异议,债权人以公司为被告向人民法院提起诉讼请求确认的,人民法院应予受理。

第十三条 债权人在规定的期限内未申报债权,在公司清算程序终结前补充申报的,清算组应予登记。

公司清算程序终结,是指清算报告经股东会、股东大会或者人民法院确认完毕。

第十四条 债权人补充申报的债权,可以在公司尚未分配财产中依法清偿。公司尚未分配财产不能全额清偿,债权人主张股东以其在剩余财产分配中已经取得的财产予以清偿的,人民法院应予支持;但债权人因重大过错未在规定期限内申报债权的除外。

债权人或者清算组,以公司尚未分配财产和股东在剩余财产分配中已经取得的财产,不能全额清偿补充申报的债权为由,向人民法院提出破产清算申请的,人民法院不予受理。

第十五条 公司自行清算的,清算方案应当报股东会或者股东大会决议确认;人民法院组织清算的,清算方案应当报人民法院确认。未经确认的清算方案,清算组不得执行。

执行未经确认的清算方案给公司或者债权人造成损失,公司、股东、董事、公司其他利害关系人或者债权人主张清算组成员承担赔偿责任的,人民法院应依法予以支持。

第十六条 人民法院组织清算的,清算组应当自成立之日起六个月内清算完毕。

因特殊情况无法在六个月内完成清算的,清算组应当向人民法院申请延长。

第十七条 人民法院指定的清算组在清理公司财产、编制资产负债表和财产清单时,发现公司财产不足清偿债务的,可以与债权人协商制作有关债务清偿方案。

债务清偿方案经全体债权人确认且不损害其他利害关系人利益的,人民法院可依清算组的申请裁定予以认可。清算组依据该清偿方案清偿债务后,应当向人民法院申请裁定终结清算程序。

债权人对债务清偿方案不予确认或者人民法院不予认可的,清算组应当依法向人民法院申请宣告破产。

第十八条 有限责任公司的股东、股份有限公司的董事和控股股东未在法定期限内成立清算组开始清算,导致公司财产贬值、流失、毁损或者灭失,债权人主张其在造成损失范围内对公司债务承担赔偿责任的,人民法院应依法予以支持。

有限责任公司的股东、股份有限公司的董事和控股股东因怠于履行义务,导致公司主要财产、账册、重要文件等灭失,无法进行清算,债权人主张其对公司债务承担连带清偿责任的,人民法院应依法予以支持。

上述情形系实际控制人原因造成,债权人主张实际控制人对公司债务承担相应民事责任的,人民法院应依法予以支持。

第十九条 有限责任公司的股东、股份有限公司的董事和控股股东,以及公司的实际控制人在公司解散后,恶意处置公司财产给债权人造成损失,或者未经依法清算,以虚假的清算报告骗取公司登记机关办理法人注销登记,债权人主张其对公司债务承担相应赔偿责任的,人民法院应依法予以支持。

第二十条 公司解散应当在依法清算完毕后,申请办理注销登记。公司未经清算即办理注销登记,导致公司无法进行清算,债权人主张有限责任公司的股东、股份有限公司的董事和控股股东,以及公司的实际控制人对公司债务承担清偿责任的,人民法院应依法予以支持。

公司未经依法清算即办理注销登记,股东或者第三人在公司登记机关办理注销登记时承诺对公司债务承担责任,债权人主张其对公司债务承担相应民事责任的,人民法院应依法予以支持。

第二十一条 按照本规定第十八条和第二十条第一款的规定应当承担责任的有限责任公司的股东、股份有限公司的董事和控股股东,以及公司的实际控制人为二人以上的,其中一人或者数人依法承担民事责任后,主张其他人员按照过错大小分担责任的,人民法院应依法予以支持。

第二十二条 公司解散时,股东尚未缴纳的出资均应作为清算财产。股东尚未缴纳的出资,包括到期应缴未缴的出资,以及依照公司法第二十六条和第八十条的规定分期缴纳尚未届满缴纳期限的出资。

公司财产不足以清偿债务时,债权人主张未缴出资股东,以及公司设立时的其他股东或者发起人在未缴出资范围内对公司债务承担连带清偿责任的,人民法院应依法予以支持。

第二十三条 清算组成员从事清算事务时,违反法律、行政法规或者公司章程给公司或者债权人造成损失,公司或者债权人主张其承担赔偿责任的,人民法院应依法予以支持。

有限责任公司的股东、股份有限公司连续一百八十日以上单独或者合计持有公司百分之一以上股份的股东,依据公司法第一百五十一条第三款的规定,以清算组成员有前款所述行为为由向人民法院提起诉讼的,人民法院应予受理。

公司已经清算完毕注销,上述股东参照公司法第一百五十一条第三款的规定,直接以清算组成员为被告、其他股东为第三人向人民法院提起诉讼的,人民法院应予受理。

第二十四条 解散公司诉讼案件和公司清算案件由公司住所地人民法院管辖。公司住所地是指公司主要办事机构所在地。公司办事机构所在地不明确的,由其注册地人民法院管辖。

基层人民法院管辖县、县级市或者区的公司登记机关核准登记公司的解散诉讼案件和公司清算案件;中级人民法院管辖地区、地级市以上的公司登记机关核准登记公司的解散诉讼案件和公司清算案件。

最高人民法院关于适用《中华人民共和国公司法》若干问题的规定(三)

- 2010年12月6日最高人民法院审判委员会第1504次会议通过
- 根据2014年2月17日最高人民法院审判委员会第1607次会议《关于修改关于适用〈中华人民共和国公司法〉若干问题的规定的决定》第一次修正
- 根据2020年12月23日最高人民法院审判委员会第1823次会议通过的《最高人民法院关于修改〈最高人民法院关于破产企业国有划拨土地使用权应否列入破产财产等问题的批复〉等二十九件商事类司法解释的决定》第二次修正
- 2020年12月29日最高人民法院公告公布
- 自2021年1月1日起施行
- 法释〔2020〕18号

为正确适用《中华人民共和国公司法》,结合审判实践,就人民法院审理公司设立、出资、股权确认等纠纷案件适用法律问题作出如下规定。

第一条 为设立公司而签署公司章程、向公司认购出资或者股份并履行公司设立职责的人,应当认定为公司的发起人,包括有限责任公司设立时的股东。

第二条 发起人为设立公司以自己名义对外签订合同,合同相对人请求该发起人承担合同责任的,人民法院应予支持;公司成立后合同相对人请求公司承担合同责任的,人民法院应予支持。

第三条 发起人以设立中公司名义对外签订合同,公司成立后合同相对人请求公司承担合同责任的,人民法院应予支持。

公司成立后有证据证明发起人利用设立中公司的名义为自己的利益与相对人签订合同,公司以此为由主张不承担合同责任的,人民法院应予支持,但相对人为善意的除外。

第四条 公司因故未成立,债权人请求全体或者部分发起人对设立公司行为所产生的费用和债务承担连带清偿责任的,人民法院应予支持。

部分发起人依照前款规定承担责任后,请求其他发起人分担的,人民法院应当判令其他发起人按照约定的责任承担比例分担责任;没有约定责任承担比例的,按照约定的出资比例分担责任;没有约定出资比例的,按照均等份额分担责任。

因部分发起人的过错导致公司未成立,其他发起人主张其承担设立行为所产生的费用和债务的,人民法院应当根据过错情况,确定过错一方的责任范围。

第五条 发起人因履行公司设立职责造成他人损害,公司成立后受害人请求公司承担侵权赔偿责任的,人民法院应予支持;公司未成立,受害人请求全体发起人承担连带赔偿责任的,人民法院应予支持。

公司或者无过错的发起人承担赔偿责任后,可以向有过错的发起人追偿。

第六条 股份有限公司的认股人未按期缴纳所认股份的股款,经公司发起人催缴后在合理期间内仍未缴纳,公司发起人对该股份另行募集的,人民法院应当认定该募集行为有效。认股人延期缴纳股款给公司造成损失,公司请求该认股人承担赔偿责任的,人民法院应予支持。

第七条 出资人以不享有处分权的财产出资,当事人之间对于出资行为效力产生争议的,人民法院可以参照民法典第三百一十一条的规定予以认定。

以贪污、受贿、侵占、挪用等违法犯罪所得的货币出资后取得股权的,对违法犯罪行为予以追究、处罚时,应当采取拍卖或者变卖的方式处置其股权。

第八条 出资人以划拨土地使用权出资,或者以设定权利负担的土地使用权出资,公司、其他股东或者公司债权人主张认定出资人未履行出资义务的,人民法院应当责令当事人在指定的合理期间内办理土地变更手续或者解除权利负担;逾期未办理或者未解除的,人民法院应当认定出资人未依法全面履行出资义务。

第九条 出资人以非货币财产出资,未依法评估作价,公司、其他股东或者公司债权人请求认定出资人未履行出资义务的,人民法院应当委托具有合法资格的评估机构对该财产评估作价。评估确定的价额显著低于公司章程所定价额的,人民法院应当认定出资人未依法全面履行出资义务。

第十条 出资人以房屋、土地使用权或者需要办理权属登记的知识产权等财产出资,已经交付公司使用但未办理权属变更手续,公司、其他股东或者公司债权人主张认定出资人未履行出资义务的,人民法院应当责令当事人在指定的合理期间内办理权属变更手续;在前述期间内办理了权属变更手续的,人民法院应当认定其已经履行了出资义务;出资人主张自其实际交付财产给公司使用时享有相应股东权利的,人民法院应予支持。

出资人以前款规定的财产出资,已经办理权属变更手续但未交付给公司使用,公司或者其他股东主张其向公司交付、并在实际交付之前不享有相应股东权利的,人民法院应予支持。

第十一条 出资人以其他公司股权出资,符合下列条件的,人民法院应当认定出资人已履行出资义务:

(一)出资的股权由出资人合法持有并依法可以转让;

(二)出资的股权无权利瑕疵或者权利负担;

(三)出资人已履行关于股权转让的法定手续;

(四)出资的股权已依法进行了价值评估。

股权出资不符合前款第(一)、(二)、(三)项的规定,公司、其他股东或者公司债权人请求认定出资人未履行出资义务的,人民法院应当责令该出资人在指定的合理期间内采取补正措施,以符合上述条件;逾期未补正的,人民法院应当认定其未依法全面履行出资义务。

股权出资不符合本条第一款第(四)项的规定,公司、其他股东或者公司债权人请求认定出资人未履行出资义务的,人民法院应当按照本规定第九条的规定处理。

第十二条 公司成立后,公司、股东或者公司债权人以相关股东的行为符合下列情形之一且损害公司权益为由,请求认定该股东抽逃出资的,人民法院应予支持:

(一)制作虚假财务会计报表虚增利润进行分配;

(二)通过虚构债权债务关系将其出资转出;

(三)利用关联交易将出资转出;

(四)其他未经法定程序将出资抽回的行为。

第十三条 股东未履行或者未全面履行出资义务,公司或者其他股东请求其向公司依法全面履行出资义务的,人民法院应予支持。

公司债权人请求未履行或者未全面履行出资义务的股东在未出资本息范围内对公司债务不能清偿的部分承担补充赔偿责任的,人民法院应予支持;未履行或者未全面履行出资义务的股东已经承担上述责任,其他债权人提出相同请求的,人民法院不予支持。

股东在公司设立时未履行或者未全面履行出资义务,依照本条第一款或者第二款提起诉讼的原告,请求公司的发起人与被告股东承担连带责任的,人民法院应予支持;公司的发起人承担责任后,可以向被告股东追偿。

股东在公司增资时未履行或者未全面履行出资义务,依照本条第一款或者第二款提起诉讼的原告,请求未尽公司法第一百四十七条第一款规定的义务而使出资未缴足的董事、高级管理人员承担相应责任的,人民法院应予支持;董事、高级管理人员承担责任后,可以向被告股东追偿。

第十四条 股东抽逃出资,公司或者其他股东请求其向公司返还出资本息、协助抽逃出资的其他股东、董事、高级管理人员或者实际控制人对此承担连带责任的，人民法院应予支持。

公司债权人请求抽逃出资的股东在抽逃出资本息范围内对公司债务不能清偿的部分承担补充赔偿责任、协助抽逃出资的其他股东、董事、高级管理人员或者实际控制人对此承担连带责任的，人民法院应予支持；抽逃出资的股东已经承担上述责任，其他债权人提出相同请求的，人民法院不予支持。

第十五条 出资人以符合法定条件的非货币财产出资后，因市场变化或者其他客观因素导致出资财产贬值，公司、其他股东或者公司债权人请求该出资人承担补足出资责任的，人民法院不予支持。但是，当事人另有约定的除外。

第十六条 股东未履行或者未全面履行出资义务或者抽逃出资，公司根据公司章程或者股东会决议对其利润分配请求权、新股优先认购权、剩余财产分配请求权等股东权利作出相应的合理限制，该股东请求认定该限制无效的，人民法院不予支持。

第十七条 有限责任公司的股东未履行出资义务或者抽逃全部出资，经公司催告缴纳或者返还，其在合理期间内仍未缴纳或者返还出资，公司以股东会决议解除该股东的股东资格，该股东请求确认该解除行为无效的，人民法院不予支持。

在前款规定的情形下，人民法院在判决时应当释明，公司应当及时办理法定减资程序或者由其他股东或者第三人缴纳相应的出资。在办理法定减资程序或者其他股东或者第三人缴纳相应的出资之前，公司债权人依照本规定第十三条或者第十四条请求相关当事人承担相应责任的，人民法院应予支持。

第十八条 有限责任公司的股东未履行或者未全面履行出资义务即转让股权，受让人对此知道或者应当知道，公司请求该股东履行出资义务、受让人对此承担连带责任的，人民法院应予支持；公司债权人依照本规定第十三条第二款向该股东提起诉讼，同时请求前述受让人对此承担连带责任的，人民法院应予支持。

受让人根据前款规定承担责任后，向该未履行或者未全面履行出资义务的股东追偿的，人民法院应予支持。但是，当事人另有约定的除外。

第十九条 公司股东未履行或者未全面履行出资义务或者抽逃出资，公司或者其他股东请求其向公司全面履行出资义务或者返还出资，被告股东以诉讼时效为由进行抗辩的，人民法院不予支持。

公司债权人的债权未过诉讼时效期间，其依照本规定第十三条第二款、第十四条第二款的规定请求未履行或者未全面履行出资义务或者抽逃出资的股东承担赔偿责任，被告股东以出资义务或者返还出资义务超过诉讼时效期间为由进行抗辩的，人民法院不予支持。

第二十条 当事人之间对是否已履行出资义务发生争议，原告提供对股东履行出资义务产生合理怀疑证据的，被告股东应当就其已履行出资义务承担举证责任。

第二十一条 当事人向人民法院起诉请求确认其股东资格的，应当以公司为被告，与案件争议股权有利害关系的人作为第三人参加诉讼。

第二十二条 当事人之间对股权归属发生争议，一方请求人民法院确认其享有股权的，应当证明以下事实之一：

（一）已经依法向公司出资或者认缴出资，且不违反法律法规强制性规定；

（二）已经受让或者以其他形式继受公司股权，且不违反法律法规强制性规定。

第二十三条 当事人依法履行出资义务或者依法继受取得股权后，公司未根据公司法第三十一条、第三十二条的规定签发出资证明书、记载于股东名册并办理公司登记机关登记，当事人请求公司履行上述义务的，人民法院应予支持。

第二十四条 有限责任公司的实际出资人与名义出资人订立合同，约定由实际出资人出资并享有投资权益，以名义出资人为名义股东，实际出资人与名义股东对该合同效力发生争议的，如无法律规定的无效情形，人民法院应当认定该合同有效。

前款规定的实际出资人与名义股东因投资权益的归属发生争议，实际出资人以其实际履行了出资义务为由向名义股东主张权利的，人民法院应予支持。名义股东以公司股东名册记载、公司登记机关登记为由否认实际出资人权利的，人民法院不予支持。

实际出资人未经公司其他股东半数以上同意，请求公司变更股东、签发出资证明书、记载于股东名册、记载于公司章程并办理公司登记机关登记的，人民法院不予支持。

第二十五条 名义股东将登记于其名下的股权转让、质押或者以其他方式处分，实际出资人以其对于股权享有实际权利为由，请求认定处分股权行为无效的，人民法院可以参照民法典第三百一十一条的规定处理。

名义股东处分股权造成实际出资人损失，实际出资人请求名义股东承担赔偿责任的,人民法院应予支持。

第二十六条　公司债权人以登记于公司登记机关的股东未履行出资义务为由,请求其对公司债务不能清偿的部分在未出资本息范围内承担补充赔偿责任,股东以其仅为名义股东而非实际出资人为由进行抗辩的,人民法院不予支持。

名义股东根据前款规定承担赔偿责任后,向实际出资人追偿的,人民法院应予支持。

第二十七条　股权转让后尚未向公司登记机关办理变更登记,原股东将仍登记于其名下的股权转让、质押或者以其他方式处分,受让股东以其对于股权享有实际权利为由,请求认定处分股权行为无效的,人民法院可以参照民法典第三百一十一条的规定处理。

原股东处分股权造成受让股东损失,受让股东请求原股东承担赔偿责任、对于未及时办理变更登记有过错的董事、高级管理人员或者实际控制人承担相应责任的,人民法院应予支持;受让股东对于未及时办理变更登记也有过错的,可以适当减轻上述董事、高级管理人员或者实际控制人的责任。

第二十八条　冒用他人名义出资并将该他人作为股东在公司登记机关登记的,冒名登记行为人应当承担相应责任;公司、其他股东或者公司债权人以未履行出资义务为由,请求被冒名登记为股东的承担补足出资责任或者对公司债务不能清偿部分的赔偿责任的,人民法院不予支持。

最高人民法院关于适用《中华人民共和国公司法》若干问题的规定(四)

- 2016年12月5日最高人民法院审判委员会第1702次会议通过
- 根据2020年12月23日最高人民法院审判委员会第1823次会议通过的《最高人民法院关于修改〈最高人民法院关于破产企业国有划拨土地使用权应否列入破产财产等问题的批复〉等二十九件商事类司法解释的决定》修正
- 2020年12月29日最高人民法院公告公布
- 自2021年1月1日起施行
- 法释〔2020〕18号

为正确适用《中华人民共和国公司法》,结合人民法院审判实践,现就公司决议效力、股东知情权、利润分配权、优先购买权和股东代表诉讼等案件适用法律问题作出如下规定。

第一条　公司股东、董事、监事等请求确认股东会或者股东大会、董事会决议无效或者不成立的,人民法院应当依法予以受理。

第二条　依据民法典第八十五条、公司法第二十二条第二款请求撤销股东会或者股东大会、董事会决议的原告,应当在起诉时具有公司股东资格。

第三条　原告请求确认股东会或者股东大会、董事会决议不成立、无效或者撤销决议的案件,应当列公司为被告。对决议涉及的其他利害关系人,可以依法列为第三人。

一审法庭辩论终结前,其他有原告资格的人以相同的诉讼请求申请参加前款规定诉讼的,可以列为共同原告。

第四条　股东请求撤销股东会或者股东大会、董事会决议,符合民法典第八十五条、公司法第二十二条第二款规定的,人民法院应当予以支持,但会议召集程序或者表决方式仅有轻微瑕疵,且对决议未产生实质影响的,人民法院不予支持。

第五条　股东会或者股东大会、董事会决议存在下列情形之一,当事人主张决议不成立的,人民法院应当予以支持:

(一)公司未召开会议的,但依据公司法第三十七条第二款或者公司章程规定可以不召开股东会或者股东大会而直接作出决定,并由全体股东在决定文件上签名、盖章的除外;

(二)会议未对决议事项进行表决的;

(三)出席会议的人数或者股东所持表决权不符合公司法或者公司章程规定的;

(四)会议的表决结果未达到公司法或者公司章程规定的通过比例的;

(五)导致决议不成立的其他情形。

第六条　股东会或者股东大会、董事会决议被人民法院判决确认无效或者撤销的,公司依据该决议与善意相对人形成的民事法律关系不受影响。

第七条　股东依据公司法第三十三条、第九十七条或者公司章程的规定,起诉请求查阅或者复制公司特定文件材料的,人民法院应当依法予以受理。

公司有证据证明前款规定的原告在起诉时不具有公司股东资格的,人民法院应当驳回起诉,但原告有初步证据证明在持股期间其合法权益受到损害,请求依法查阅或者复制其持股期间的公司特定文件材料的除外。

第八条　有限责任公司有证据证明股东存在下列情

形之一的,人民法院应当认定股东有公司法第三十三条第二款规定的"不正当目的":

(一)股东自营或者为他人经营与公司主营业务有实质性竞争关系业务的,但公司章程另有规定或者全体股东另有约定的除外;

(二)股东为了向他人通报有关信息查阅公司会计账簿,可能损害公司合法利益的;

(三)股东在向公司提出查阅请求之日前的三年内,曾通过查阅公司会计账簿,向他人通报有关信息损害公司合法利益的;

(四)股东有不正当目的的其他情形。

第九条 公司章程、股东之间的协议等实质性剥夺股东依据公司法第三十三条、第九十七条规定查阅或者复制公司文件材料的权利,公司以此为由拒绝股东查阅或者复制的,人民法院不予支持。

第十条 人民法院审理股东请求查阅或者复制公司特定文件材料的案件,对原告诉讼请求予以支持的,应当在判决中明确查阅或者复制公司特定文件材料的时间、地点和特定文件材料的名录。

股东依据人民法院生效判决查阅公司文件材料的,在该股东在场的情况下,可以由会计师、律师等依法或者依据执业行为规范负有保密义务的中介机构执业人员辅助进行。

第十一条 股东行使知情权后泄露公司商业秘密导致公司合法利益受到损害,公司请求该股东赔偿相关损失的,人民法院应当予以支持。

根据本规定第十条辅助股东查阅公司文件材料的会计师、律师等泄露公司商业秘密导致公司合法利益受到损害,公司请求其赔偿相关损失的,人民法院应当予以支持。

第十二条 公司董事、高级管理人员等未依法履行职责,导致公司未依法制作或者保存公司法第三十三条、第九十七条规定的公司文件材料,给股东造成损失,股东依法请求负有相应责任的公司董事、高级管理人员承担民事赔偿责任的,人民法院应当予以支持。

第十三条 股东请求公司分配利润案件,应当列公司为被告。

一审法庭辩论终结前,其他股东基于同一分配方案请求分配利润并申请参加诉讼的,应当列为共同原告。

第十四条 股东提交载明具体分配方案的股东会或者股东大会的有效决议,请求公司分配利润,公司拒绝分配利润且其关于无法执行决议的抗辩理由不成立的,人民法院应当判决公司按决议载明的具体分配方案向股东分配利润。

第十五条 股东未提交载明具体分配方案的股东会或者股东大会决议,请求公司分配利润的,人民法院应当驳回其诉讼请求,但违反法律规定滥用股东权利导致公司不分配利润,给其他股东造成损失的除外。

第十六条 有限责任公司的自然人股东因继承发生变化时,其他股东主张依据公司法第七十一条第三款规定行使优先购买权的,人民法院不予支持,但公司章程另有规定或者全体股东另有约定的除外。

第十七条 有限责任公司的股东向股东以外的人转让股权,应就其股权转让事项以书面或者其他能够确认收悉的合理方式通知其他股东征求同意。其他股东半数以上不同意转让,不同意的股东不购买的,人民法院应当认定视为同意转让。

经股东同意转让的股权,其他股东主张转让股东应当向其以书面或者其他能够确认收悉的合理方式通知转让股权的同等条件的,人民法院应当予以支持。

经股东同意转让的股权,在同等条件下,转让股东以外的其他股东主张优先购买的,人民法院应当予以支持,但转让股东依据本规定第二十条放弃转让的除外。

第十八条 人民法院在判断是否符合公司法第七十一条第三款及本规定所称的"同等条件"时,应当考虑转让股权的数量、价格、支付方式及期限等因素。

第十九条 有限责任公司的股东主张优先购买转让股权的,应当在收到通知后,在公司章程规定的行使期间内提出购买请求。公司章程没有规定行使期间或者规定不明确的,以通知确定的期间为准,通知确定的期间短于三十日或者未明确行使期间的,行使期间为三十日。

第二十条 有限责任公司的转让股东,在其他股东主张优先购买后又不同意转让股权的,对其他股东优先购买的主张,人民法院不予支持,但公司章程另有规定或者全体股东另有约定的除外。其他股东主张转让股东赔偿其损失合理的,人民法院应当予以支持。

第二十一条 有限责任公司的股东向股东以外的人转让股权,未就其股权转让事项征求其他股东意见,或者以欺诈、恶意串通等手段,损害其他股东优先购买权,其他股东主张按照同等条件购买该转让股权的,人民法院应予以支持,但其他股东自知道或者应当知道行使优先购买权的同等条件之日起三十日内没有主张,或者自股权变更登记之日起超过一年的除外。

前款规定的其他股东仅提出确认股权转让合同及股权变动效力等请求,未同时主张按照同等条件购买转让股权的,人民法院不予支持,但其他股东非因自身原因导致无法行使优先购买权,请求损害赔偿的除外。

股东以外的股权受让人,因股东行使优先购买权而不能实现合同目的的,可以依法请求转让股东承担相应民事责任。

第二十二条 通过拍卖向股东以外的人转让有限责任公司股权的,适用公司法第七十一条第二款、第三款或者第七十二条规定的"书面通知""通知""同等条件"时,根据相关法律、司法解释确定。

在依法设立的产权交易场所转让有限责任公司国有股权的,适用公司法第七十一条第二款、第三款或者第七十二条规定的"书面通知""通知""同等条件"时,可以参照产权交易场所的交易规则。

第二十三条 监事会或者不设监事会的有限责任公司的监事依据公司法第一百五十一条第一款规定对董事、高级管理人员提起诉讼的,应当列公司为原告,依法由监事会主席或者不设监事会的有限责任公司的监事代表公司进行诉讼。

董事会或者不设董事会的有限责任公司的执行董事依据公司法第一百五十一条第一款规定对监事提起诉讼的,或者依据公司法第一百五十一条第三款规定对他人提起诉讼的,应当列公司为原告,依法由董事长或者执行董事代表公司进行诉讼。

第二十四条 符合公司法第一百五十一条第一款规定条件的股东,依据公司法第一百五十一条第二款、第三款规定,直接对董事、监事、高级管理人员或者他人提起诉讼的,应当列公司为第三人参加诉讼。

一审法庭辩论终结前,符合公司法第一百五十一条第一款规定条件的其他股东,以相同的诉讼请求申请参加诉讼的,应当列为共同原告。

第二十五条 股东依据公司法第一百五十一条第二款、第三款规定直接提起诉讼的案件,胜诉利益归属于公司。股东请求被告直接向其承担民事责任的,人民法院不予支持。

第二十六条 股东依据公司法第一百五十一条第二款、第三款规定直接提起诉讼的案件,其诉讼请求部分或者全部得到人民法院支持的,公司应当承担股东因参加诉讼支付的合理费用。

第二十七条 本规定自2017年9月1日起施行。

本规定施行后尚未终审的案件,适用本规定;本规定施行前已经终审的案件,或者适用审判监督程序再审的案件,不适用本规定。

最高人民法院关于适用《中华人民共和国公司法》若干问题的规定(五)

- 2019年4月22日最高人民法院审判委员会第1766次会议审议通过
- 根据2020年12月23日最高人民法院审判委员会第1823次会议通过的《最高人民法院关于修改〈最高人民法院关于破产企业国有划拨土地使用权应否列入破产财产等问题的批复〉等二十九件商事类司法解释的决定》修正
- 2020年12月29日最高人民法院公告公布
- 自2021年1月1日起施行
- 法释〔2020〕18号

为正确适用《中华人民共和国公司法》,结合人民法院审判实践,就股东权益保护等纠纷案件适用法律问题作出如下规定。

第一条 关联交易损害公司利益,原告公司依据民法典第八十四条、公司法第二十一条规定请求控股股东、实际控制人、董事、监事、高级管理人员赔偿所造成的损失,被告仅以该交易已经履行了信息披露、经股东会或者股东大会同意等法律、行政法规或者公司章程规定的程序为由抗辩的,人民法院不予支持。

公司没有提起诉讼的,符合公司法第一百五十一条第一款规定条件的股东,可以依据公司法第一百五十一条第二款、第三款规定向人民法院提起诉讼。

第二条 关联交易合同存在无效、可撤销或者对公司不发生效力的情形,公司没有起诉合同相对方的,符合公司法第一百五十一条第一款规定条件的股东,可以依据公司法第一百五十一条第二款、第三款规定向人民法院提起诉讼。

第三条 董事任期届满前被股东会或者股东大会有效决议解除职务,其主张解除不发生法律效力的,人民法院不予支持。

董事职务被解除后,因补偿与公司发生纠纷提起诉讼的,人民法院应当依据法律、行政法规、公司章程的规定或者合同的约定,综合考虑解除的原因、剩余任期、董事薪酬等因素,确定是否补偿以及补偿的合理数额。

第四条 分配利润的股东会或者股东大会决议作出后,公司应当在决议载明的时间内完成利润分配。决议没有载明时间的,以公司章程规定的为准。决议、章程中均未规定时间或者时间超过一年的,公司应当自决议作出之日起一年内完成利润分配。

决议中载明的利润分配完成时间超过公司章程规定

时间的,股东可以依据民法典第八十五条、公司法第二十二条第二款规定请求人民法院撤销决议中关于该时间的规定。

第五条 人民法院审理涉及有限责任公司股东重大分歧案件时,应当注重调解。当事人协商一致以下列方式解决分歧,且不违反法律、行政法规的强制性规定的,人民法院应予支持:

(一)公司回购部分股东股份;
(二)其他股东受让部分股东股份;
(三)他人受让部分股东股份;
(四)公司减资;
(五)公司分立;
(六)其他能够解决分歧,恢复公司正常经营,避免公司解散的方式。

第六条 本规定自2019年4月29日起施行。

本规定施行后尚未终审的案件,适用本规定;本规定施行前已经终审的案件,或者适用审判监督程序再审的案件,不适用本规定。

本院以前发布的司法解释与本规定不一致的,以本规定为准。

中华人民共和国市场主体登记管理条例

· 2021年7月27日中华人民共和国国务院令第746号公布
· 自2022年3月1日起施行

第一章 总 则

第一条 为了规范市场主体登记管理行为,推进法治化市场建设,维护良好市场秩序和市场主体合法权益,优化营商环境,制定本条例。

第二条 本条例所称市场主体,是指在中华人民共和国境内以营利为目的从事经营活动的下列自然人、法人及非法人组织:

(一)公司、非公司企业法人及其分支机构;
(二)个人独资企业、合伙企业及其分支机构;
(三)农民专业合作社(联合社)及其分支机构;
(四)个体工商户;
(五)外国公司分支机构;
(六)法律、行政法规规定的其他市场主体。

第三条 市场主体应当依照本条例办理登记。未经登记,不得以市场主体名义从事经营活动。法律、行政法规规定无需办理登记的除外。

市场主体登记包括设立登记、变更登记和注销登记。

第四条 市场主体登记管理应当遵循依法合规、规范统一、公开透明、便捷高效的原则。

第五条 国务院市场监督管理部门主管全国市场主体登记管理工作。

县级以上地方人民政府市场监督管理部门主管本辖区市场主体登记管理工作,加强统筹指导和监督管理。

第六条 国务院市场监督管理部门应当加强信息化建设,制定统一的市场主体登记数据和系统建设规范。

县级以上地方人民政府承担市场主体登记工作的部门(以下称登记机关)应当优化市场主体登记办理流程,提高市场主体登记效率,推行当场办结、一次办结、限时办结等制度,实现集中办理、就近办理、网上办理、异地可办,提升市场主体登记便利化程度。

第七条 国务院市场监督管理部门和国务院有关部门应当推动市场主体登记信息与其他政府信息的共享和运用,提升政府服务效能。

第二章 登记事项

第八条 市场主体的一般登记事项包括:

(一)名称;
(二)主体类型;
(三)经营范围;
(四)住所或者主要经营场所;
(五)注册资本或者出资额;
(六)法定代表人、执行事务合伙人或者负责人姓名。

除前款规定外,还应当根据市场主体类型登记下列事项:

(一)有限责任公司股东、股份有限公司发起人、非公司企业法人出资人的姓名或者名称;
(二)个人独资企业的投资人姓名及居所;
(三)合伙企业的合伙人名称或者姓名、住所、承担责任方式;
(四)个体工商户的经营者姓名、住所、经营场所;
(五)法律、行政法规规定的其他事项。

第九条 市场主体的下列事项应当向登记机关办理备案:

(一)章程或者合伙协议;
(二)经营期限或者合伙期限;
(三)有限责任公司股东或者股份有限公司发起人认缴的出资数额,合伙企业合伙人认缴或者实际缴付的出资数额、缴付期限和出资方式;
(四)公司董事、监事、高级管理人员;
(五)农民专业合作社(联合社)成员;

(六)参加经营的个体工商户家庭成员姓名;

(七)市场主体登记联络员、外商投资企业法律文件送达接受人;

(八)公司、合伙企业等市场主体受益所有人相关信息;

(九)法律、行政法规规定的其他事项。

第十条 市场主体只能登记一个名称,经登记的市场主体名称受法律保护。

市场主体名称由申请人依法自主申报。

第十一条 市场主体只能登记一个住所或者主要经营场所。

电子商务平台内的自然人经营者可以根据国家有关规定,将电子商务平台提供的网络经营场所作为经营场所。

省、自治区、直辖市人民政府可以根据有关法律、行政法规的规定和本地区实际情况,自行或者授权下级人民政府对住所或者主要经营场所作出更加便利市场主体从事经营活动的具体规定。

第十二条 有下列情形之一的,不得担任公司、非公司企业法人的法定代表人:

(一)无民事行为能力或者限制民事行为能力;

(二)因贪污、贿赂、侵占财产、挪用财产或者破坏社会主义市场经济秩序被判处刑罚,执行期满未逾5年,或者因犯罪被剥夺政治权利,执行期满未逾5年;

(三)担任破产清算的公司、非公司企业法人的法定代表人、董事或者厂长、经理,对破产负有个人责任的,自破产清算完结之日起未逾3年;

(四)担任因违法被吊销营业执照、责令关闭的公司、非公司企业法人的法定代表人,并负有个人责任的,自被吊销营业执照之日起未逾3年;

(五)个人所负数额较大的债务到期未清偿;

(六)法律、行政法规规定的其他情形。

第十三条 除法律、行政法规或者国务院决定另有规定外,市场主体的注册资本或者出资额实行认缴登记制,以人民币表示。

出资方式应当符合法律、行政法规的规定。公司股东、非公司企业法人出资人、农民专业合作社(联合社)成员不得以劳务、信用、自然人姓名、商誉、特许经营权或者设定担保的财产等作价出资。

第十四条 市场主体的经营范围包括一般经营项目和许可经营项目。经营范围中属于在登记前依法须经批准的许可经营项目,市场主体应当在申请登记时提交有关批准文件。

市场主体应当按照登记机关公布的经营项目分类标准办理经营范围登记。

第三章 登记规范

第十五条 市场主体实行实名登记。申请人应当配合登记机关核验身份信息。

第十六条 申请办理市场主体登记,应当提交下列材料:

(一)申请书;

(二)申请人资格文件、自然人身份证明;

(三)住所或者主要经营场所相关文件;

(四)公司、非公司企业法人、农民专业合作社(联合社)章程或者合伙企业合伙协议;

(五)法律、行政法规和国务院市场监督管理部门规定提交的其他材料。

国务院市场监督管理部门应当根据市场主体类型分别制定登记材料清单和文书格式样本,通过政府网站、登记机关服务窗口等向社会公开。

登记机关能够通过政务信息共享平台获取的市场主体登记相关信息,不得要求申请人重复提供。

第十七条 申请人应当对提交材料的真实性、合法性和有效性负责。

第十八条 申请人可以委托其他自然人或者中介机构代其办理市场主体登记。受委托的自然人或者中介机构代为办理登记事宜应当遵守有关规定,不得提供虚假信息和材料。

第十九条 登记机关应当对申请材料进行形式审查。对申请材料齐全、符合法定形式的予以确认并当场登记。不能当场登记的,应当在3个工作日内予以登记;情形复杂的,经登记机关负责人批准,可以再延长3个工作日。

申请材料不齐全或者不符合法定形式的,登记机关应当一次性告知申请人需要补正的材料。

第二十条 登记申请不符合法律、行政法规规定,或者可能危害国家安全、社会公共利益的,登记机关不予登记并说明理由。

第二十一条 申请人申请市场主体设立登记,登记机关依法予以登记的,签发营业执照。营业执照签发日期为市场主体的成立日期。

法律、行政法规或者国务院决定规定设立市场主体须经批准的,应当在批准文件有效期内向登记机关申请登记。

第二十二条 营业执照分为正本和副本,具有同等法律效力。

电子营业执照与纸质营业执照具有同等法律效力。

营业执照样式、电子营业执照标准由国务院市场监督管理部门统一制定。

第二十三条 市场主体设立分支机构,应当向分支机构所在地的登记机关申请登记。

第二十四条 市场主体变更登记事项,应当自作出变更决议、决定或者法定变更事项发生之日起30日内向登记机关申请变更登记。

市场主体变更登记事项属于依法须经批准的,申请人应当在批准文件有效期内向登记机关申请变更登记。

第二十五条 公司、非公司企业法人的法定代表人在任职期间发生本条例第十二条所列情形之一的,应当向登记机关申请变更登记。

第二十六条 市场主体变更经营范围,属于依法须经批准的项目的,应当自批准之日起30日内申请变更登记。许可证或者批准文件被吊销、撤销或者有效期届满的,应当自许可证或者批准文件被吊销、撤销或者有效期届满之日30日内向登记机关申请变更登记或者办理注销登记。

第二十七条 市场主体变更住所或者主要经营场所跨登记机关辖区的,应当在迁入新的住所或者主要经营场所前,向迁入地登记机关申请变更登记。迁出地登记机关无正当理由不得拒绝移交市场主体档案等相关材料。

第二十八条 市场主体变更登记涉及营业执照记载事项的,登记机关应当及时为市场主体换发营业执照。

第二十九条 市场主体变更本条例第九条规定的备案事项的,应当自作出变更决议、决定或者法定变更事项发生之日起30日内向登记机关办理备案。农民专业合作社(联合社)成员发生变更的,应当自本会计年度终了之日起90日内向登记机关办理备案。

第三十条 因自然灾害、事故灾难、公共卫生事件、社会安全事件等原因造成经营困难的,市场主体可以自主决定在一定时期内歇业。法律、行政法规另有规定的除外。

市场主体应当在歇业前与职工依法协商劳动关系处理等有关事项。

市场主体应当在歇业前向登记机关办理备案。登记机关通过国家企业信用信息公示系统向社会公示歇业期限、法律文书送达地址等信息。

市场主体歇业的期限最长不得超过3年。市场主体在歇业期间开展经营活动的,视为恢复营业,市场主体应当通过国家企业信用信息公示系统向社会公示。

市场主体歇业期间,可以以法律文书送达地址代替住所或者主要经营场所。

第三十一条 市场主体因解散、被宣告破产或者其他法定事由需要终止的,应当依法向登记机关申请注销登记。经登记机关注销登记,市场主体终止。

市场主体注销依法须经批准的,应当经批准后向登记机关申请注销登记。

第三十二条 市场主体注销登记前依法应当清算的,清算组应当自成立之日起10日内将清算组成员、清算组负责人名单通过国家企业信用信息公示系统公告。清算组可以通过国家企业信用信息公示系统发布债权人公告。

清算组应当自清算结束之日起30日内向登记机关申请注销登记。市场主体申请注销登记前,应当依法办理分支机构注销登记。

第三十三条 市场主体未发生债权债务或者已将债权债务清偿完结,未发生或者已结清清偿费用、职工工资、社会保险费用、法定补偿金、应缴纳税款(滞纳金、罚款),并由全体投资人书面承诺对上述情况的真实性承担法律责任的,可以按照简易程序办理注销登记。

市场主体应当将承诺书及注销登记申请通过国家企业信用信息公示系统公示,公示期为20日。在公示期内无相关部门、债权人及其他利害关系人提出异议的,市场主体可以于公示期届满之日起20日内向登记机关申请注销登记。

个体工商户按照简易程序办理注销登记的,无需公示,由登记机关将个体工商户的注销登记申请推送至税务等有关部门,有关部门在10日内没有提出异议的,可以直接办理注销登记。

市场主体注销依法须经批准的,或者市场主体被吊销营业执照、责令关闭、撤销,或者被列入经营异常名录的,不适用简易注销程序。

第三十四条 人民法院裁定强制清算或者裁定宣告破产的,有关清算组、破产管理人可以持人民法院终结强制清算程序的裁定或者终结破产程序的裁定,直接向登记机关申请办理注销登记。

第四章 监督管理

第三十五条 市场主体应当按照国家有关规定公示年度报告和登记相关信息。

第三十六条 市场主体应当将营业执照置于住所或者主要经营场所的醒目位置。从事电子商务经营的市场主体应当在其首页显著位置持续公示营业执照信息或者相关链接标识。

第三十七条 任何单位和个人不得伪造、涂改、出租、出借、转让营业执照。

营业执照遗失或者毁坏的,市场主体应当通过国家企业信用信息公示系统声明作废,申请补领。

登记机关依法作出变更登记、注销登记和撤销登记决定的,市场主体应当缴回营业执照。拒不缴回或者无法缴回营业执照的,由登记机关通过国家企业信用信息公示系统公告营业执照作废。

第三十八条 登记机关应当根据市场主体的信用风险状况实施分级分类监管。

登记机关应当采取随机抽取检查对象、随机选派执法检查人员的方式,对市场主体登记事项进行监督检查,并及时向社会公开监督检查结果。

第三十九条 登记机关对市场主体涉嫌违反本条例规定的行为进行查处,可以行使下列职权:

(一)进入市场主体的经营场所实施现场检查;

(二)查阅、复制、收集与市场主体经营活动有关的合同、票据、账簿以及其他资料;

(三)向与市场主体经营活动有关的单位和个人调查了解情况;

(四)依法责令市场主体停止相关经营活动;

(五)依法查询涉嫌违法的市场主体的银行账户;

(六)法律、行政法规规定的其他职权。

登记机关行使前款第四项、第五项规定的职权的,应当经登记机关主要负责人批准。

第四十条 提交虚假材料或者采取其他欺诈手段隐瞒重要事实取得市场主体登记的,受虚假市场主体登记影响的自然人、法人和其他组织可以向登记机关提出撤销市场主体登记的申请。

登记机关受理申请后,应当及时开展调查。经调查认定存在虚假市场主体登记情形的,登记机关应当撤销市场主体登记。相关市场主体和人员无法联系或者拒不配合的,登记机关可以将相关市场主体的登记时间、登记事项等通过国家企业信用信息公示系统向社会公示,公示期为45日。相关市场主体及其利害关系人在公示期内没有提出异议的,登记机关可以撤销市场主体登记。

因虚假市场主体登记被撤销的市场主体,其直接责任人自市场主体登记被撤销之日起3年内不得再次申请市场主体登记。登记机关应当通过国家企业信用信息公示系统予以公示。

第四十一条 有下列情形之一的,登记机关可以不予撤销市场主体登记:

(一)撤销市场主体登记可能对社会公共利益造成重大损害;

(二)撤销市场主体登记后无法恢复到登记前的状态;

(三)法律、行政法规规定的其他情形。

第四十二条 登记机关或者其上级机关认定撤销市场主体登记决定错误的,可以撤销该决定,恢复原登记状态,并通过国家企业信用信息公示系统公示。

第五章 法律责任

第四十三条 未经设立登记从事经营活动的,由登记机关责令改正,没收违法所得;拒不改正的,处1万元以上10万元以下的罚款;情节严重的,依法责令关闭停业,并处10万元以上50万元以下的罚款。

第四十四条 提交虚假材料或者采取其他欺诈手段隐瞒重要事实取得市场主体登记的,由登记机关责令改正,没收违法所得,并处5万元以上20万元以下的罚款;情节严重的,处20万元以上100万元以下的罚款,吊销营业执照。

第四十五条 实行注册资本实缴登记制的市场主体虚报注册资本取得市场主体登记的,由登记机关责令改正,处虚报注册资本金额5%以上15%以下的罚款;情节严重的,吊销营业执照。

实行注册资本实缴登记制的市场主体的发起人、股东虚假出资,未交付或者未按期交付作为出资的货币或者非货币财产的,或者在市场主体成立后抽逃出资的,由登记机关责令改正,处虚假出资金额5%以上15%以下的罚款。

第四十六条 市场主体未依照本条例办理变更登记的,由登记机关责令改正;拒不改正的,处1万元以上10万元以下的罚款;情节严重的,吊销营业执照。

第四十七条 市场主体未依照本条例办理备案的,由登记机关责令改正;拒不改正的,处5万元以下的罚款。

第四十八条 市场主体未依照本条例将营业执照置于住所或者主要经营场所醒目位置的,由登记机关责令改正;拒不改正的,处3万元以下的罚款。

从事电子商务经营的市场主体未在其首页显著位置持续公示营业执照信息或者相关链接标识的,由登记机关依照《中华人民共和国电子商务法》处罚。

市场主体伪造、涂改、出租、出借、转让营业执照的，由登记机关没收违法所得，处10万元以下的罚款；情节严重的，处10万元以上50万元以下的罚款，吊销营业执照。

第四十九条 违反本条例规定的，登记机关确定罚款金额时，应当综合考虑市场主体的类型、规模、违法情节等因素。

第五十条 登记机关及其工作人员违反本条例规定未履行职责或者履行职责不当的，对直接负责的主管人员和其他直接责任人员依法给予处分。

第五十一条 违反本条例规定，构成犯罪的，依法追究刑事责任。

第五十二条 法律、行政法规对市场主体登记管理违法行为处罚另有规定的，从其规定。

第六章 附 则

第五十三条 国务院市场监督管理部门可以依照本条例制定市场主体登记和监督管理的具体办法。

第五十四条 无固定经营场所摊贩的管理办法，由省、自治区、直辖市人民政府根据当地实际情况另行规定。

第五十五条 本条例自2022年3月1日起施行。《中华人民共和国公司登记管理条例》、《中华人民共和国企业法人登记管理条例》、《中华人民共和国合伙企业登记管理办法》、《农民专业合作社登记管理条例》、《企业法人法定代表人登记管理规定》同时废止。

中华人民共和国市场主体登记管理条例实施细则

· 2022年3月1日国家市场监督管理总局令第52号公布
· 自公布之日起施行

第一章 总 则

第一条 根据《中华人民共和国市场主体登记管理条例》(以下简称《条例》)等有关法律法规，制定本实施细则。

第二条 市场主体登记管理应当遵循依法合规、规范统一、公开透明、便捷高效的原则。

第三条 国家市场监督管理总局主管全国市场主体统一登记管理工作，制定市场主体登记管理的制度措施，推进登记全程电子化，规范登记行为，指导地方登记机关依法有序开展登记管理工作。

县级以上地方市场监督管理部门主管本辖区市场主体登记管理工作，加强对辖区内市场主体登记管理工作的统筹指导和监督管理，提升登记管理水平。

县级市场监督管理部门的派出机构可以依法承担个体工商户等市场主体的登记管理职责。

各级登记机关依法履行登记管理职责，执行全国统一的登记管理政策文件和规范要求，使用统一的登记材料、文书格式，以及省级统一的市场主体登记管理系统，优化登记办理流程，推行网上办理等便捷方式，健全数据安全管理制度，提供规范化、标准化登记管理服务。

第四条 省级以上人民政府或者其授权的国有资产监督管理机构履行出资人职责的公司，以及该公司投资设立并持有50%以上股权或者股份的公司的登记管理由省级登记机关负责；股份有限公司的登记管理由地市级以上地方登记机关负责。

除前款规定的情形外，省级市场监督管理部门依法对本辖区登记管辖作出统一规定；上级登记机关在特定情形下，可以依法将部分市场主体登记管理工作交由下级登记机关承担，或者承担下级登记机关的部分登记管理工作。

外商投资企业登记管理由国家市场监督管理总局或者其授权的地方市场监督管理部门负责。

第五条 国家市场监督管理总局应当加强信息化建设，统一登记管理业务规范、数据标准和平台服务接口，归集全国市场主体登记管理信息。

省级市场监督管理部门主管本辖区登记管理信息化建设，建立统一的市场主体登记管理系统，归集市场主体登记管理信息，规范市场主体登记注册流程，提升政务服务水平，强化部门间信息共享和业务协同，提升市场主体登记管理便利化程度。

第二章 登记事项

第六条 市场主体应当按照类型依法登记下列事项：

(一)公司：名称、类型、经营范围、住所、注册资本、法定代表人姓名、有限责任公司股东或者股份有限公司发起人姓名或者名称。

(二)非公司企业法人：名称、类型、经营范围、住所、出资额、法定代表人姓名、出资人(主管部门)名称。

(三)个人独资企业：名称、类型、经营范围、住所、出资额、投资人姓名及居所。

(四)合伙企业：名称、类型、经营范围、主要经营场所、出资额、执行事务合伙人名称或者姓名，合伙人名称或者姓名、住所、承担责任方式。执行事务合伙人是法人或者其他组织的,登记事项还应当包括其委派的代表姓名。

(五)农民专业合作社(联合社):名称、类型、经营范围、住所、出资额、法定代表人姓名。

(六)分支机构:名称、类型、经营范围、经营场所、负责人姓名。

(七)个体工商户:组成形式、经营范围、经营场所、经营者姓名、住所。个体工商户使用名称的,登记事项还应当包括名称。

(八)法律、行政法规规定的其他事项。

第七条 市场主体应当按照类型依法备案下列事项:

(一)公司:章程、经营期限、有限责任公司股东或者股份有限公司发起人认缴的出资数额、董事、监事、高级管理人员、登记联络员、外商投资公司法律文件送达接受人。

(二)非公司企业法人:章程、经营期限、登记联络员。

(三)个人独资企业:登记联络员。

(四)合伙企业:合伙协议、合伙期限、合伙人认缴或者实际缴付的出资数额、缴付期限和出资方式、登记联络员、外商投资合伙企业法律文件送达接受人。

(五)农民专业合作社(联合社):章程、成员、登记联络员。

(六)分支机构:登记联络员。

(七)个体工商户:家庭参加经营的家庭成员姓名、登记联络员。

(八)公司、合伙企业等市场主体受益所有人相关信息。

(九)法律、行政法规规定的其他事项。

上述备案事项由登记机关在设立登记时一并进行信息采集。

受益所有人信息管理制度由中国人民银行会同国家市场监督管理总局另行制定。

第八条 市场主体名称由申请人依法自主申报。

第九条 申请人应当依法申请登记下列市场主体类型:

(一)有限责任公司、股份有限公司;

(二)全民所有制企业、集体所有制企业、联营企业;

(三)个人独资企业;

(四)普通合伙(含特殊普通合伙)企业、有限合伙企业;

(五)农民专业合作社、农民专业合作社联合社;

(六)个人经营的个体工商户、家庭经营的个体工商户。

分支机构应当按所属市场主体类型注明分公司或者相应的分支机构。

第十条 申请人应当根据市场主体类型依法向其住所(主要经营场所、经营场所)所在地具有登记管辖权的登记机关办理登记。

第十一条 申请人申请登记市场主体法定代表人、执行事务合伙人(含委派代表),应当符合章程或者协议约定。

合伙协议未约定或者全体合伙人未决定委托执行事务合伙人的,除有限合伙人外,申请人应当将其他合伙人均登记为执行事务合伙人。

第十二条 申请人应当按照国家市场监督管理总局发布的经营范围规范目录,根据市场主体主要行业或者经营特征自主选择一般经营项目和许可经营项目,申请办理经营范围登记。

第十三条 申请人申请登记的市场主体注册资本(出资额)应当符合章程或者协议约定。

市场主体注册资本(出资额)以人民币表示。外商投资企业的注册资本(出资额)可以用可自由兑换的货币表示。

依法以境内公司股权或者债权出资的,应当权属清楚、权能完整,依法可以评估、转让,符合公司章程规定。

第三章 登记规范

第十四条 申请人可以自行或者指定代表人、委托代理人办理市场主体登记、备案事项。

第十五条 申请人应当在申请材料上签名或者盖章。

申请人可以通过全国统一电子营业执照系统等电子签名工具和途径进行电子签名或者电子签章。符合法律规定的可靠电子签名、电子签章与手写签名或者盖章具有同等法律效力。

第十六条 在办理登记、备案事项时,申请人应当配合登记机关通过实名认证系统,采用人脸识别等方式对下列人员进行实名验证:

(一)法定代表人、执行事务合伙人(含委派代表)、负责人;

(二)有限责任公司股东、股份有限公司发起人、公司董事、监事及高级管理人员;

(三)个人独资企业投资人、合伙企业合伙人、农民专业合作社(联合社)成员、个体工商户经营者；

（四）市场主体登记联络员、外商投资企业法律文件送达接受人；

（五）指定的代表人或者委托代理人。

因特殊原因，当事人无法通过实名认证系统核验身份信息的，可以提交经依法公证的自然人身份证明文件，或者由本人持身份证件到现场办理。

第十七条 办理市场主体登记、备案事项，申请人可以到登记机关现场提交申请，也可以通过市场主体登记注册系统提出申请。

申请人对申请材料的真实性、合法性、有效性负责。

办理市场主体登记、备案事项，应当遵守法律法规，诚实守信，不得利用市场主体登记，牟取非法利益，扰乱市场秩序，危害国家安全、社会公共利益。

第十八条 申请材料齐全、符合法定形式的，登记机关予以确认，并当场登记，出具登记通知书，及时制发营业执照。

不予当场登记的，登记机关应当向申请人出具接收申请材料凭证，并在3个工作日内对申请材料进行审查；情形复杂的，经登记机关负责人批准，可以延长3个工作日，并书面告知申请人。

申请材料不齐全或者不符合法定形式的，登记机关应当将申请材料退还申请人，并一次性告知申请人需要补正的材料。申请人补正后，应当重新提交申请材料。

不属于市场主体登记范畴或者不属于本登记机关登记管辖范围的事项，登记机关应当告知申请人向有关行政机关申请。

第十九条 市场主体登记申请不符合法律、行政法规或者国务院决定规定，或者可能危害国家安全、社会公共利益的，登记机关不予登记，并出具不予登记通知书。

利害关系人就市场主体申请材料的真实性、合法性、有效性或者其他有关实体权利提起诉讼或者仲裁，对登记机关依法登记造成影响的，申请人应当在诉讼或者仲裁终结后，向登记机关申请办理登记。

第二十条 市场主体法定代表人依法受到任职资格限制的，在申请办理其他变更登记时，应当依法及时申请办理法定代表人变更登记。

市场主体因通过登记的住所(主要经营场所、经营场所)无法取得联系被列入经营异常名录的，在申请办理其他变更登记时，应当依法及时申请办理住所(主要经营场所、经营场所)变更登记。

第二十一条 公司或者农民专业合作社(联合社)合并、分立的，可以通过国家企业信用信息公示系统公告，公告期45日，应当于公告期届满后申请办理登记。

非公司企业法人合并、分立的，应当经出资人(主管部门)批准，自批准之日起30日内申请办理登记。

市场主体设立分支机构的，应当自决定作出之日起30日内向分支机构所在地登记机关申请办理登记。

第二十二条 法律、行政法规或者国务院决定规定市场主体申请登记、备案事项前需要审批的，在办理登记、备案时，应当在有效期内提交有关批准文件或者许可证书。有关批准文件或者许可证书未规定有效期限，自批准之日起超过90日的，申请人应当报审批机关确认其效力或者另行报批。

市场主体设立后，前款规定批准文件或者许可证书内容有变化、被吊销、撤销或者有效期届满的，应当自批准文件、许可证书重新批准之日或者被吊销、撤销、有效期届满之日起30日内申请办理变更登记或者注销登记。

第二十三条 市场主体营业执照应当载明名称、法定代表人(执行事务合伙人、个人独资企业投资人、经营者或者负责人)姓名、类型(组成形式)、注册资本(出资额)、住所(主要经营场所、经营场所)、经营范围、登记机关、成立日期、统一社会信用代码。

电子营业执照与纸质营业执照具有同等法律效力，市场主体可以凭电子营业执照开展经营活动。

市场主体在办理涉及营业执照记载事项变更登记或者申请注销登记时，需要在提交申请时一并缴回纸质营业执照正、副本。对于市场主体营业执照拒不缴回或者无法缴回的，登记机关在完成变更登记或者注销登记后，通过国家企业信用信息公示系统公告营业执照作废。

第二十四条 外国投资者在中国境内设立外商投资企业，其主体资格文件或者自然人身份证明应当经所在国家公证机关公证并经中国驻该国使(领)馆认证。中国与有关国家缔结或者共同参加的国际条约对认证另有规定的除外。

香港特别行政区、澳门特别行政区和台湾地区投资者的主体资格文件或者自然人身份证明应当按照专项规定或者协议，依法提供当地公证机构的公证文件。按照国家有关规定，无需提供公证文件的除外。

第四章 设立登记

第二十五条 申请办理设立登记，应当提交下列材料：

（一）申请书；

（二）申请人主体资格文件或者自然人身份证明；

（三）住所（主要经营场所、经营场所）相关文件；

（四）公司、非公司企业法人、农民专业合作社（联合社）章程或者合伙企业合伙协议。

第二十六条 申请办理公司设立登记，还应当提交法定代表人、董事、监事和高级管理人员的任职文件和自然人身份证明。

除前款规定的材料外，募集设立股份有限公司还应当提交依法设立的验资机构出具的验资证明；公开发行股票的，还应当提交国务院证券监督管理机构的核准或者注册文件。涉及发起人首次出资属于非货币财产的，还应当提交已办理财产权转移手续的证明文件。

第二十七条 申请设立非公司企业法人，还应当提交法定代表人的任职文件和自然人身份证明。

第二十八条 申请设立合伙企业，还应当提交下列材料：

（一）法律、行政法规规定设立特殊的普通合伙企业需要提交合伙人的职业资格文件的，提交相应材料；

（二）全体合伙人决定委托执行事务合伙人的，应当提交全体合伙人的委托书和执行事务合伙人的主体资格文件或者自然人身份证明。执行事务合伙人是法人或者其他组织的，还应当提交其委派代表的委托书和自然人身份证明。

第二十九条 申请设立农民专业合作社（联合社），还应当提交下列材料：

（一）全体设立人签名或者盖章的设立大会纪要；

（二）法定代表人、理事的任职文件和自然人身份证明；

（三）成员名册和出资清单，以及成员主体资格文件或者自然人身份证明。

第三十条 申请办理分支机构设立登记，还应当提交负责人的任职文件和自然人身份证明。

第五章 变更登记

第三十一条 市场主体变更登记事项，应当自作出变更决议、决定或者法定变更事项发生之日起30日内申请办理变更登记。

市场主体登记事项变更涉及分支机构登记事项变更的，应当自市场主体登记事项变更登记之日起30日内申请办理分支机构变更登记。

第三十二条 申请办理变更登记，应当提交申请书，并根据市场主体类型及具体变更事项分别提交下列材料：

（一）公司变更事项涉及章程修改的，应当提交修改后的章程或者章程修正案；需要对修改章程作出决议决定的，还应当提交相关决议决定；

（二）合伙企业应当提交全体合伙人或者合伙协议约定的人员签署的变更决定书；变更事项涉及修改合伙协议的，应当提交由全体合伙人签署或者合伙协议约定的人员签署修改或者补充的合伙协议；

（三）农民专业合作社（联合社）应当提交成员大会或者成员代表大会作出的变更决议；变更事项涉及章程修改的应当提交修改后的章程或者章程修正案。

第三十三条 市场主体更换法定代表人、执行事务合伙人（含委派代表）、负责人的变更登记申请由新任法定代表人、执行事务合伙人（含委派代表）、负责人签署。

第三十四条 市场主体变更名称，可以自主申报名称并在保留期届满前申请变更登记，也可以直接申请变更登记。

第三十五条 市场主体变更住所（主要经营场所、经营场所），应当在迁入新住所（主要经营场所、经营场所）前向迁入地登记机关申请变更登记，并提交新的住所（主要经营场所、经营场所）使用相关文件。

第三十六条 市场主体变更注册资本或者出资额的，应当办理变更登记。

公司增加注册资本，有限责任公司股东认缴新增资本的出资和股份有限公司的股东认购新股的，应当按照设立时缴纳出资和缴纳股款的规定执行。股份有限公司以公开发行新股方式或者上市公司以非公开发行新股方式增加注册资本，还应当提交国务院证券监督管理机构的核准或者注册文件。

公司减少注册资本，可以通过国家企业信用信息公示系统公告，公告期45日，应当于公告期届满后申请变更登记。法律、行政法规或者国务院决定对公司注册资本有最低限额规定的，减少后的注册资本应当不少于最低限额。

外商投资企业注册资本（出资额）币种发生变更，应当向登记机关申请变更登记。

第三十七条 公司变更类型，应当按照拟变更公司类型的设立条件，在规定的期限内申请变更登记，并提交有关材料。

非公司企业法人申请改制为公司，应当按照拟变更的公司类型设立条件，在规定期限内申请变更登记，并提交有关材料。

个体工商户申请转变为企业组织形式，应当按照拟变更的企业类型设立条件申请登记。

第三十八条 个体工商户变更经营者,应当在办理注销登记后,由新的经营者重新申请办理登记。双方经营者同时申请办理的,登记机关可以合并办理。

第三十九条 市场主体变更备案事项的,应当按照《条例》第二十九条规定办理备案。

农民专业合作社因成员发生变更,农民成员低于法定比例的,应当自事由发生之日起6个月内采取吸收新的农民成员入社等方式使农民成员达到法定比例。农民专业合作社联合社成员退社,成员数低于联合社设立法定条件的,应当自事由发生之日起6个月内采取吸收新的成员入社等方式使农民专业合作社联合社成员达到法定条件。

第六章 歇业

第四十条 因自然灾害、事故灾难、公共卫生事件、社会安全事件等原因造成经营困难的,市场主体可以自主决定在一定时期内歇业。法律、行政法规另有规定的除外。

第四十一条 市场主体决定歇业,应当在歇业前向登记机关办理备案。登记机关通过国家企业信用信息公示系统向社会公示歇业期限、法律文书送达地址等信息。

以法律文书送达地址代替住所(主要经营场所、经营场所)的,应当提交法律文书送达地址确认书。

市场主体延长歇业期限,应当于期限届满前30日内按规定办理。

第四十二条 市场主体办理歇业备案后,自主决定开展或者已实际开展经营活动的,应当于30日内在国家企业信用信息公示系统上公示终止歇业。

市场主体恢复营业时,登记、备案事项发生变化的,应当及时办理变更登记或者备案。以法律文书送达地址代替住所(主要经营场所、经营场所)的,应当及时办理住所(主要经营场所、经营场所)变更登记。

市场主体备案的歇业期限届满,或者累计歇业满3年,视为自动恢复经营,决定不再经营的,应当及时办理注销登记。

第四十三条 歇业期间,市场主体以法律文书送达地址代替原登记的住所(主要经营场所、经营场所)的,不改变歇业市场主体的登记管辖。

第七章 注销登记

第四十四条 市场主体因解散、被宣告破产或者其他法定事由需要终止的,应当依法向登记机关申请注销登记。依法需要清算的,应当自清算结束之日起30日内申请注销登记。依法不需要清算的,应当自决定作出之日起30日内申请注销登记。市场主体申请注销后,不得从事与注销无关的生产经营活动。自登记机关予以注销登记之日起,市场主体终止。

第四十五条 市场主体注销登记前依法应当清算的,清算组应当自成立之日起10日内将清算组成员、清算组负责人名单通过国家企业信用信息公示系统公告。清算组可以通过国家企业信用信息公示系统发布债权人公告。

第四十六条 申请办理注销登记,应当提交下列材料:

(一)申请书;

(二)依法作出解散、注销的决议或者决定,或者被行政机关吊销营业执照、责令关闭、撤销的文件;

(三)清算报告、负责清理债权债务的文件或者清理债务完结的证明;

(四)税务部门出具的清税证明。

除前款规定外,人民法院指定清算人、破产管理人进行清算的,应当提交人民法院指定证明;合伙企业分支机构申请注销登记,还应当提交全体合伙人签署的注销分支机构决定书。

个体工商户申请注销登记的,无需提交第二项、第三项材料;因合并、分立而申请市场主体注销登记的,无需提交第三项材料。

第四十七条 申请办理简易注销登记,应当提交申请书和全体投资人承诺书。

第四十八条 有下列情形之一的,市场主体不得申请办理简易注销登记:

(一)在经营异常名录或者市场监督管理严重违法失信名单中的;

(二)存在股权(财产份额)被冻结、出质或者动产抵押,或者对其他市场主体存在投资的;

(三)正在被立案调查或者采取行政强制措施,正在诉讼或者仲裁程序中的;

(四)被吊销营业执照、责令关闭、撤销的;

(五)受到罚款等行政处罚尚未执行完毕的;

(六)不符合《条例》第三十三条规定的其他情形。

第四十九条 申请办理简易注销登记,市场主体应当将承诺书及注销登记申请通过国家企业信用信息公示系统公示,公示期为20日。

在公示期内无相关部门、债权人及其他利害关系人提出异议的,市场主体可以于公示期届满之日起20日内向登记机关申请注销登记。

第八章 撤销登记

第五十条 对涉嫌提交虚假材料或者采取其他欺诈手段隐瞒重要事实取得市场主体登记的行为，登记机关可以根据当事人申请或者依职权主动进行调查。

第五十一条 受虚假登记影响的自然人、法人和其他组织，可以向登记机关提出撤销市场主体登记申请。涉嫌冒用自然人身份的虚假登记，被冒用人应当配合登记机关通过线上或者线下途径核验身份信息。

涉嫌虚假登记市场主体的登记机关发生变更的，由现登记机关负责处理撤销登记，原登记机关应当协助进行调查。

第五十二条 登记机关收到申请后，应当在3个工作日内作出是否受理的决定，并书面通知申请人。

有下列情形之一的，登记机关可以不予受理：

（一）涉嫌冒用自然人身份的虚假登记，被冒用人未能通过身份信息核验的；

（二）涉嫌虚假登记的市场主体已注销的，申请撤销注销登记的除外；

（三）其他依法不予受理的情形。

第五十三条 登记机关受理申请后，应当于3个月内完成调查，并及时作出撤销或者不予撤销市场主体登记的决定。情形复杂的，经登记机关负责人批准，可以延长3个月。

在调查期间，相关市场主体和人员无法联系或者拒不配合的，登记机关可以将涉嫌虚假登记市场主体的登记时间、登记事项，以及登记机关联系方式等信息通过国家企业信用信息公示系统向社会公示，公示期45日。相关市场主体及其利害关系人在公示期内没有提出异议的，登记机关可以撤销市场主体登记。

第五十四条 有下列情形之一的，经当事人或者其他利害关系人申请，登记机关可以中止调查：

（一）有证据证明与涉嫌虚假登记相关的民事权利存在争议的；

（二）涉嫌虚假登记的市场主体正在诉讼或者仲裁程序中的；

（三）登记机关收到有关部门出具的书面意见，证明涉嫌虚假登记的市场主体或者其法定代表人、负责人存在违法案件尚未结案，或者尚未履行相关法定义务的。

第五十五条 有下列情形之一的，登记机关可以不予撤销市场主体登记：

（一）撤销市场主体登记可能对社会公共利益造成重大损害；

（二）撤销市场主体登记后无法恢复到登记前的状态；

（三）法律、行政法规规定的其他情形。

第五十六条 登记机关作出撤销登记决定后，应当通过国家企业信用信息公示系统向社会公示。

第五十七条 同一登记包含多个登记事项，其中部分登记事项被认定为虚假，撤销虚假的登记事项不影响市场主体存续的，登记机关可以仅撤销虚假的登记事项。

第五十八条 撤销市场主体备案事项的，参照本章规定执行。

第九章 档案管理

第五十九条 登记机关应当负责建立市场主体登记管理档案，对在登记、备案过程中形成的具有保存价值的文件依法分类，有序收集管理，推动档案电子化、影像化，提供市场主体登记管理档案查询服务。

第六十条 申请查询市场主体登记管理档案，应当按照下列要求提交材料：

（一）公安机关、国家安全机关、检察机关、审判机关、纪检监察机关、审计机关等国家机关进行查询，应当出具本部门公函及查询人员的有效证件；

（二）市场主体查询自身登记管理档案，应当出具授权委托书及查询人员的有效证件；

（三）律师查询与承办法律事务有关市场主体登记管理档案，应当出具执业证书、律师事务所证明以及相关承诺书。

除前款规定情形外，省级以上市场监督管理部门可以结合工作实际，依法对档案查询范围以及提交材料作出规定。

第六十一条 登记管理档案查询内容涉及国家秘密、商业秘密、个人信息的，应当按照有关法律法规规定办理。

第六十二条 市场主体发生住所（主要经营场所、经营场所）迁移的，登记机关应当于3个月内将所有登记管理档案移交迁入地登记机关管理。档案迁出、迁入应当记录备案。

第十章 监督管理

第六十三条 市场主体应当于每年1月1日至6月30日，通过国家企业信用信息公示系统报送上一年度年度报告，并向社会公示。

个体工商户可以通过纸质方式报送年度报告，并自主选择年度报告内容是否向社会公示。

歇业的市场主体应当按时公示年度报告。

第六十四条 市场主体应当将营业执照（含电子营业执照）置于住所（主要经营场所、经营场所）的醒目位置。

从事电子商务经营的市场主体应当在其首页显著位置持续公示营业执照信息或者其链接标识。

营业执照记载的信息发生变更时，市场主体应当于15日内完成对应信息的更新公示。市场主体被吊销营业执照的，登记机关应当将吊销情况标注于电子营业执照中。

第六十五条 登记机关应当对登记注册、行政许可、日常监管、行政执法中的相关信息进行归集，根据市场主体的信用风险状况实施分级分类监管，并强化信用风险分类结果的综合应用。

第六十六条 登记机关应当随机抽取检查对象、随机选派执法检查人员，对市场主体的登记备案事项、公示信息情况等进行抽查，并将抽查检查结果通过国家企业信用信息公示系统向社会公示。必要时可以委托会计师事务所、税务师事务所、律师事务所等专业机构开展审计、验资、咨询等相关工作，依法使用其他政府部门作出的检查、核查结果或者专业机构作出的专业结论。

第六十七条 市场主体被撤销设立登记、吊销营业执照、责令关闭，6个月内未办理清算组公告或者未申请注销登记的，登记机关可以在国家企业信用信息公示系统上对其作出特别标注并予以公示。

第十一章 法律责任

第六十八条 未经设立登记从事一般经营活动的，由登记机关责令改正，没收违法所得；拒不改正的，处1万元以上10万元以下的罚款；情节严重的，依法责令关闭停业，并处10万元以上50万元以下的罚款。

第六十九条 未经设立登记从事许可经营活动或者未依法取得许可从事经营活动的，由法律、法规或者国务院决定规定的部门予以查处；法律、法规或者国务院决定没有规定或者规定不明确的，由省、自治区、直辖市人民政府确定的部门予以查处。

第七十条 市场主体未按照法律、行政法规规定的期限公示或者报送年度报告的，由登记机关列入经营异常名录，可以处1万元以下的罚款。

第七十一条 提交虚假材料或者采取其他欺诈手段隐瞒重要事实取得市场主体登记的，由登记机关依法责令改正，没收违法所得，并处5万元以上20万元以下的罚款；情节严重的，处20万元以上100万元以下的罚款，吊销营业执照。

明知或者应当知道申请人提交虚假材料或者采取其他欺诈手段隐瞒重要事实进行市场主体登记，仍接受委托代为办理，或者协助其进行虚假登记的，由登记机关没收违法所得，处10万元以下的罚款。

虚假市场主体登记的直接责任人自市场主体登记被撤销之日起3年内不得再次申请市场主体登记。登记机关应当通过国家企业信用信息公示系统予以公示。

第七十二条 市场主体未按规定办理变更登记的，由登记机关责令改正；拒不改正的，处1万元以上10万元以下的罚款；情节严重的，吊销营业执照。

第七十三条 市场主体未按规定办理备案的，由登记机关责令改正；拒不改正的，处5万元以下的罚款。

依法应当办理受益所有人信息备案的市场主体，未办理备案的，按照前款规定处理。

第七十四条 市场主体未按照本实施细则第四十二条规定公示终止歇业的，由登记机关责令改正；拒不改正的，处3万元以下的罚款。

第七十五条 市场主体未按规定将营业执照置于住所（主要经营场所、经营场所）醒目位置的，由登记机关责令改正；拒不改正的，处3万元以下的罚款。

电子商务经营者未在首页显著位置持续公示营业执照信息或者相关链接标识的，由登记机关依照《中华人民共和国电子商务法》处罚。

市场主体伪造、涂改、出租、出借、转让营业执照的，由登记机关没收违法所得，处10万元以下的罚款；情节严重的，处10万元以上50万元以下的罚款，吊销营业执照。

第七十六条 利用市场主体登记，牟取非法利益，扰乱市场秩序，危害国家安全、社会公共利益的，法律、行政法规有规定的，依照其规定；法律、行政法规没有规定的，由登记机关处10万元以下的罚款。

第七十七条 违反本实施细则规定，登记机关确定罚款幅度时，应当综合考虑市场主体的类型、规模、违法情节等因素。

情节轻微并及时改正，没有造成危害后果的，依法不予行政处罚。初次违法且危害后果轻微并及时改正的，可以不予行政处罚。当事人有证据足以证明没有主观过错的，不予行政处罚。

第十二章 附则

第七十八条 本实施细则所指申请人，包括设立登记时的申请人、依法设立后的市场主体。

第七十九条 人民法院办理案件需要登记机关协助执行的,登记机关应当按照人民法院的生效法律文书和协助执行通知书,在法定职责范围内办理协助执行事项。

第八十条 国家市场监督管理总局根据法律、行政法规、国务院决定及本实施细则,制定登记注册前置审批目录、登记材料和文书格式。

第八十一条 法律、行政法规或者国务院决定对登记管理另有规定的,从其规定。

第八十二条 本实施细则自公布之日起施行。1988年11月3日原国家工商行政管理局令第1号公布的《中华人民共和国企业法人登记管理条例施行细则》,2000年1月13日原国家工商行政管理局令第94号公布的《个人独资企业登记管理办法》,2011年9月30日原国家工商行政管理总局令第56号公布的《个体工商户登记管理办法》,2014年2月20日原国家工商行政管理总局令第64号公布的《公司注册资本登记管理规定》,2015年8月27日原国家工商行政管理总局令第76号公布的《企业经营范围登记管理规定》同时废止。

(二)证券法

中华人民共和国证券法

- 1998年12月29日第九届全国人民代表大会常务委员会第六次会议通过
- 根据2004年8月28日第十届全国人民代表大会常务委员会第十一次会议《关于修改〈中华人民共和国证券法〉的决定》第一次修正
- 2005年10月27日第十届全国人民代表大会常务委员会第十八次会议第一次修订
- 根据2013年6月29日第十二届全国人民代表大会常务委员会第三次会议《关于修改〈中华人民共和国文物保护法〉等十二部法律的决定》第二次修正
- 根据2014年8月31日第十二届全国人民代表大会常务委员会第十次会议《关于修改〈中华人民共和国保险法〉等五部法律的决定》第三次修正
- 2019年12月28日第十三届全国人民代表大会常务委员会第十五次会议第二次修订
- 2019年12月28日中华人民共和国主席令第37号公布
- 自2020年3月1日起施行

第一章 总 则

第一条 为了规范证券发行和交易行为,保护投资者的合法权益,维护社会经济秩序和社会公共利益,促进社会主义市场经济的发展,制定本法。

第二条 在中华人民共和国境内,股票、公司债券、存托凭证和国务院依法认定的其他证券的发行和交易,适用本法;本法未规定的,适用《中华人民共和国公司法》和其他法律、行政法规的规定。

政府债券、证券投资基金份额的上市交易,适用本法;其他法律、行政法规另有规定的,适用其规定。

资产支持证券、资产管理产品发行、交易的管理办法,由国务院依照本法的原则规定。

在中华人民共和国境外的证券发行和交易活动,扰乱中华人民共和国境内市场秩序,损害境内投资者合法权益的,依照本法有关规定处理并追究法律责任。

第三条 证券的发行、交易活动,必须遵循公开、公平、公正的原则。

第四条 证券发行、交易活动的当事人具有平等的法律地位,应当遵守自愿、有偿、诚实信用的原则。

第五条 证券的发行、交易活动,必须遵守法律、行政法规;禁止欺诈、内幕交易和操纵证券市场的行为。

第六条 证券业和银行业、信托业、保险业实行分业经营、分业管理,证券公司与银行、信托、保险业务机构分别设立。国家另有规定的除外。

第七条 国务院证券监督管理机构依法对全国证券市场实行集中统一监督管理。

国务院证券监督管理机构根据需要可以设立派出机构,按照授权履行监督管理职责。

第八条 国家审计机关依法对证券交易场所、证券公司、证券登记结算机构、证券监督管理机构进行审计监督。

第二章 证券发行

第九条 公开发行证券,必须符合法律、行政法规定的条件,并依法报经国务院证券监督管理机构或者国务院授权的部门注册。未经依法注册,任何单位和个人不得公开发行证券。证券发行注册制的具体范围、实施步骤,由国务院规定。

有下列情形之一的,为公开发行:

(一)向不特定对象发行证券;

(二)向特定对象发行证券累计超过二百人,但依法实施员工持股计划的员工人数不计算在内;

(三)法律、行政法规规定的其他发行行为。

非公开发行证券,不得采用广告、公开劝诱和变相公开方式。

第十条 发行人申请公开发行股票、可转换为股票的公司债券,依法采取承销方式的,或者公开发行法律、行政法规规定实行保荐制度的其他证券的,应当聘请证券公司担任保荐人。

保荐人应当遵守业务规则和行业规范,诚实守信,勤勉尽责,对发行人的申请文件和信息披露资料进行审慎核查,督导发行人规范运作。

保荐人的管理办法由国务院证券监督管理机构规定。

第十一条 设立股份有限公司公开发行股票,应当符合《中华人民共和国公司法》规定的条件和经国务院批准的国务院证券监督管理机构规定的其他条件,向国务院证券监督管理机构报送募股申请和下列文件:

(一)公司章程;
(二)发起人协议;
(三)发起人姓名或者名称,发起人认购的股份数、出资种类及验资证明;
(四)招股说明书;
(五)代收股款银行的名称及地址;
(六)承销机构名称及有关的协议。

依照本法规定聘请保荐人的,还应当报送保荐人出具的发行保荐书。

法律、行政法规规定设立公司必须报经批准的,还应当提交相应的批准文件。

第十二条 公司首次公开发行新股,应当符合下列条件:

(一)具备健全且运行良好的组织机构;
(二)具有持续经营能力;
(三)最近三年财务会计报告被出具无保留意见审计报告;
(四)发行人及其控股股东、实际控制人最近三年不存在贪污、贿赂、侵占财产、挪用财产或者破坏社会主义市场经济秩序的刑事犯罪;
(五)经国务院批准的国务院证券监督管理机构规定的其他条件。

上市公司发行新股,应当符合经国务院批准的国务院证券监督管理机构规定的条件,具体管理办法由国务院证券监督管理机构规定。

公开发行存托凭证的,应当符合首次公开发行新股的条件以及国务院证券监督管理机构规定的其他条件。

第十三条 公司公开发行新股,应当报送募股申请和下列文件:

(一)公司营业执照;
(二)公司章程;
(三)股东大会决议;
(四)招股说明书或者其他公开发行募集文件;
(五)财务会计报告;
(六)代收股款银行的名称及地址。

依照本法规定聘请保荐人的,还应当报送保荐人出具的发行保荐书。依照本法规定实行承销的,还应当报送承销机构名称及有关的协议。

第十四条 公司对公开发行股票所募集资金,必须按照招股说明书或者其他公开发行募集文件所列资金用途使用;改变资金用途,必须经股东大会作出决议。擅自改变用途,未作纠正的,或者未经股东大会认可的,不得公开发行新股。

第十五条 公开发行公司债券,应当符合下列条件:

(一)具备健全且运行良好的组织机构;
(二)最近三年平均可分配利润足以支付公司债券一年的利息;
(三)国务院规定的其他条件。

公开发行公司债券筹集的资金,必须按照公司债券募集办法所列资金用途使用;改变资金用途,必须经债券持有人会议作出决议。公开发行公司债券筹集的资金,不得用于弥补亏损和非生产性支出。

上市公司发行可转换为股票的公司债券,除应当符合第一款规定的条件外,还应当遵守本法第十二条第二款的规定。但是,按照公司债券募集办法,上市公司通过收购本公司股份的方式进行公司债券转换的除外。

第十六条 申请公开发行公司债券,应当向国务院授权的部门或者国务院证券监督管理机构报送下列文件:

(一)公司营业执照;
(二)公司章程;
(三)公司债券募集办法;
(四)国务院授权的部门或者国务院证券监督管理机构规定的其他文件。

依照本法规定聘请保荐人的,还应当报送保荐人出具的发行保荐书。

第十七条 有下列情形之一的,不得再次公开发行公司债券:

(一)对已公开发行的公司债券或者其他债务有违约或者延迟支付本息的事实,仍处于继续状态;
(二)违反本法规定,改变公开发行公司债券所募资金的用途。

第十八条 发行人依法申请公开发行证券所报送的申请文件的格式、报送方式，由依法负责注册的机构或者部门规定。

第十九条 发行人报送的证券发行申请文件，应当充分披露投资者作出价值判断和投资决策所必需的信息，内容应当真实、准确、完整。

为证券发行出具有关文件的证券服务机构和人员，必须严格履行法定职责，保证所出具文件的真实性、准确性和完整性。

第二十条 发行人申请首次公开发行股票的，在提交申请文件后，应当按照国务院证券监督管理机构的规定预先披露有关申请文件。

第二十一条 国务院证券监督管理机构或者国务院授权的部门依照法定条件负责证券发行申请的注册。证券公开发行注册的具体办法由国务院规定。

按照国务院的规定，证券交易所等可以审核公开发行证券申请，判断发行人是否符合发行条件、信息披露要求，督促发行人完善信息披露内容。

依照前两款规定参与证券发行申请注册的人员，不得与发行申请人有利害关系，不得直接或者间接接受发行申请人的馈赠，不得持有所注册的发行申请的证券，不得私下与发行申请人进行接触。

第二十二条 国务院证券监督管理机构或者国务院授权的部门应当自受理证券发行申请文件之日起三个月内，依照法定条件和法定程序作出予以注册或者不予注册的决定，发行人根据要求补充、修改发行申请文件的时间不计算在内。不予注册的，应当说明理由。

第二十三条 证券发行申请经注册后，发行人应当依照法律、行政法规的规定，在证券公开发行前公告公开发行募集文件，并将该文件置备于指定场所供公众查阅。

发行证券的信息依法公开前，任何知情人不得公开或者泄露该信息。

发行人不得在公告公开发行募集文件前发行证券。

第二十四条 国务院证券监督管理机构或者国务院授权的部门对已作出的证券发行注册的决定，发现不符合法定条件或者法定程序，尚未发行证券的，应当予以撤销，停止发行。已经发行尚未上市的，撤销发行注册决定，发行人应当按照发行价并加算银行同期存款利息返还证券持有人；发行人的控股股东、实际控制人以及保荐人，应当与发行人承担连带责任，但是能够证明自己没有过错的除外。

股票的发行人在招股说明书等证券发行文件中隐瞒重要事实或者编造重大虚假内容，已经发行并上市的，国务院证券监督管理机构可以责令发行人回购证券，或者责令负有责任的控股股东、实际控制人买回证券。

第二十五条 股票依法发行后，发行人经营与收益的变化，由发行人自行负责；由此变化引致的投资风险，由投资者自行负责。

第二十六条 发行人向不特定对象发行的证券，法律、行政法规规定应当由证券公司承销的，发行人应当同证券公司签订承销协议。证券承销业务采取代销或者包销方式。

证券代销是指证券公司代发行人发售证券，在承销期结束时，将未售出的证券全部退还给发行人的承销方式。

证券包销是指证券公司将发行人的证券按照协议全部购入或者在承销期结束时将售后剩余证券全部自行购入的承销方式。

第二十七条 公开发行证券的发行人有权依法自主选择承销的证券公司。

第二十八条 证券公司承销证券，应当同发行人签订代销或者包销协议，载明下列事项：

（一）当事人的名称、住所及法定代表人姓名；
（二）代销、包销证券的种类、数量、金额及发行价格；
（三）代销、包销的期限及起止日期；
（四）代销、包销的付款方式及日期；
（五）代销、包销的费用和结算办法；
（六）违约责任；
（七）国务院证券监督管理机构规定的其他事项。

第二十九条 证券公司承销证券，应当对公开发行募集文件的真实性、准确性、完整性进行核查。发现有虚假记载、误导性陈述或者重大遗漏的，不得进行销售活动；已经销售的，必须立即停止销售活动，并采取纠正措施。

证券公司承销证券，不得有下列行为：

（一）进行虚假的或者误导投资者的广告宣传或者其他宣传推介活动；
（二）以不正当竞争手段招揽承销业务；
（三）其他违反证券承销业务规定的行为。

证券公司有前款所列行为，给其他证券承销机构或者投资者造成损失的，应当依法承担赔偿责任。

第三十条 向不特定对象发行证券聘请承销团承销的，承销团应当由主承销和参与承销的证券公司组成。

第三十一条 证券的代销、包销期限最长不得超过九十日。

证券公司在代销、包销期内，对所代销、包销的证券应当保证先行出售给认购人，证券公司不得为本公司预留所代销的证券和预先购入并留存所包销的证券。

第三十二条 股票发行采取溢价发行的，其发行价格由发行人与承销的证券公司协商确定。

第三十三条 股票发行采用代销方式，代销期限届满，向投资者出售的股票数量未达到拟公开发行股票数量百分之七十的，为发行失败。发行人应当按照发行价并加算银行同期存款利息返还股票认购人。

第三十四条 公开发行股票，代销、包销期限届满，发行人应当在规定的期限内将股票发行情况报国务院证券监督管理机构备案。

第三章 证券交易

第一节 一般规定

第三十五条 证券交易当事人依法买卖的证券，必须是依法发行并交付的证券。

非依法发行的证券，不得买卖。

第三十六条 依法发行的证券，《中华人民共和国公司法》和其他法律对其转让期限有限制性规定的，在限定的期限内不得转让。

上市公司持有百分之五以上股份的股东、实际控制人、董事、监事、高级管理人员，以及其他持有发行人首次公开发行前发行的股份或者上市公司向特定对象发行的股份的股东，转让其持有的本公司股份的，不得违反法律、行政法规和国务院证券监督管理机构关于持有期限、卖出时间、卖出数量、卖出方式、信息披露等规定，并应当遵守证券交易所的业务规则。

第三十七条 公开发行的证券，应当在依法设立的证券交易所上市交易或者在国务院批准的其他全国性证券交易场所交易。

非公开发行的证券，可以在证券交易所、国务院批准的其他全国性证券交易场所、按照国务院规定设立的区域性股权市场转让。

第三十八条 证券在证券交易所上市交易，应当采用公开的集中交易方式或者国务院证券监督管理机构批准的其他方式。

第三十九条 证券交易当事人买卖的证券可以采用纸面形式或者国务院证券监督管理机构规定的其他形式。

第四十条 证券交易场所、证券公司和证券登记结算机构的从业人员，证券监督管理机构的工作人员以及法律、行政法规规定禁止参与股票交易的其他人员，在任期或者法定限期内，不得直接或者以化名、借他人名义持有、买卖股票或者其他具有股权性质的证券，也不得收受他人赠送的股票或者其他具有股权性质的证券。

任何人在成为前款所列人员时，其原已持有的股票或者其他具有股权性质的证券，必须依法转让。

实施股权激励计划或者员工持股计划的证券公司的从业人员，可以按照国务院证券监督管理机构的规定持有、卖出本公司股票或者其他具有股权性质的证券。

第四十一条 证券交易场所、证券公司、证券登记结算机构、证券服务机构及其工作人员应当依法为投资者的信息保密，不得非法买卖、提供或者公开投资者的信息。

证券交易场所、证券公司、证券登记结算机构、证券服务机构及其工作人员不得泄露所知悉的商业秘密。

第四十二条 为证券发行出具审计报告或者法律意见书等文件的证券服务机构和人员，在该证券承销期内和期满后六个月内，不得买卖该证券。

除前款规定外，为发行人及其控股股东、实际控制人，或者收购人、重大资产交易方出具审计报告或者法律意见书等文件的证券服务机构和人员，自接受委托之日起至上述文件公开后五日内，不得买卖该证券。实际开展上述有关工作之日早于接受委托之日的，自实际开展上述有关工作之日起至上述文件公开后五日内，不得买卖该证券。

第四十三条 证券交易的收费必须合理，并公开收费项目、收费标准和管理办法。

第四十四条 上市公司、股票在国务院批准的其他全国性证券交易场所交易的公司持有百分之五以上股份的股东、董事、监事、高级管理人员，将其持有的该公司的股票或者其他具有股权性质的证券在买入后六个月内卖出，或者在卖出后六个月内又买入，由此所得收益归该公司所有，公司董事会应当收回其所得收益。但是，证券公司因购入包销售后剩余股票而持有百分之五以上股份，以及有国务院证券监督管理机构规定的其他情形的除外。

前款所称董事、监事、高级管理人员、自然人股东持有的股票或者其他具有股权性质的证券，包括其配偶、父母、子女持有的及利用他人账户持有的股票或者其他具有股权性质的证券。

公司董事会不按照第一款规定执行的,股东有权要求董事会在三十日内执行。公司董事会未在上述期限内执行的,股东有权为了公司的利益以自己的名义直接向人民法院提起诉讼。

公司董事会不按照第一款的规定执行的,负有责任的董事依法承担连带责任。

第四十五条 通过计算机程序自动生成或者下达交易指令进行程序化交易的,应当符合国务院证券监督管理机构的规定,并向证券交易所报告,不得影响证券交易所系统安全或者正常交易秩序。

第二节 证券上市

第四十六条 申请证券上市交易,应当向证券交易所提出申请,由证券交易所依法审核同意,并由双方签订上市协议。

证券交易所根据国务院授权的部门的决定安排政府债券上市交易。

第四十七条 申请证券上市交易,应当符合证券交易所上市规则规定的上市条件。

证券交易所上市规则规定的上市条件,应当对发行人的经营年限、财务状况、最低公开发行比例和公司治理、诚信记录等提出要求。

第四十八条 上市交易的证券,有证券交易所规定的终止上市情形的,由证券交易所按照业务规则终止其上市交易。

证券交易所决定终止证券上市交易的,应当及时公告,并报国务院证券监督管理机构备案。

第四十九条 对证券交易所作出的不予上市交易、终止上市交易决定不服的,可以向证券交易所设立的复核机构申请复核。

第三节 禁止的交易行为

第五十条 禁止证券交易内幕信息的知情人和非法获取内幕信息的人利用内幕信息从事证券交易活动。

第五十一条 证券交易内幕信息的知情人包括:

(一)发行人及其董事、监事、高级管理人员;

(二)持有公司百分之五以上股份的股东及其董事、监事、高级管理人员,公司的实际控制人及其董事、监事、高级管理人员;

(三)发行人控股或者实际控制的公司及其董事、监事、高级管理人员;

(四)由于所任公司职务或者因与公司业务往来可以获取公司有关内幕信息的人员;

(五)上市公司收购人或者重大资产交易方及其控股股东、实际控制人、董事、监事和高级管理人员;

(六)因职务、工作可以获取内幕信息的证券交易场所、证券公司、证券登记结算机构、证券服务机构的有关人员;

(七)因职责、工作可以获取内幕信息的证券监督管理机构工作人员;

(八)因法定职责对证券的发行、交易或者对上市公司及其收购、重大资产交易进行管理可以获取内幕信息的有关主管部门、监管机构的工作人员;

(九)国务院证券监督管理机构规定的可以获取内幕信息的其他人员。

第五十二条 证券交易活动中,涉及发行人的经营、财务或者对该发行人证券的市场价格有重大影响的尚未公开的信息,为内幕信息。

本法第八十条第二款、第八十一条第二款所列重大事件属于内幕信息。

第五十三条 证券交易内幕信息的知情人和非法获取内幕信息的人,在内幕信息公开前,不得买卖该公司的证券,或者泄露该信息,或者建议他人买卖该证券。

持有或者通过协议、其他安排与他人共同持有公司百分之五以上股份的自然人、法人、非法人组织收购上市公司的股份,本法另有规定的,适用其规定。

内幕交易行为给投资者造成损失的,应当依法承担赔偿责任。

第五十四条 禁止证券交易场所、证券公司、证券登记结算机构、证券服务机构和其他金融机构的从业人员、有关监管部门或者行业协会的工作人员,利用因职务便利获取的内幕信息以外的其他未公开的信息,违反规定,从事与该信息相关的证券交易活动,或者明示、暗示他人从事相关交易活动。

利用未公开信息进行交易给投资者造成损失的,应当依法承担赔偿责任。

第五十五条 禁止任何人以下列手段操纵证券市场,影响或者意图影响证券交易价格或者证券交易量:

(一)单独或者通过合谋,集中资金优势、持股优势或者利用信息优势联合或者连续买卖;

(二)与他人串通,以事先约定的时间、价格和方式相互进行证券交易;

(三)在自己实际控制的账户之间进行证券交易;

(四)不以成交为目的,频繁或者大量申报并撤销申报;

（五）利用虚假或者不确定的重大信息，诱导投资者进行证券交易；

（六）对证券、发行人公开作出评价、预测或者投资建议，并进行反向证券交易；

（七）利用在其他相关市场的活动操纵证券市场；

（八）操纵证券市场的其他手段。

操纵证券市场行为给投资者造成损失的，应当依法承担赔偿责任。

第五十六条 禁止任何单位和个人编造、传播虚假信息或者误导性信息，扰乱证券市场。

禁止证券交易场所、证券公司、证券登记结算机构、证券服务机构及其从业人员，证券业协会、证券监督管理机构及其工作人员，在证券交易活动中作出虚假陈述或者信息误导。

各种传播媒介传播证券市场信息必须真实、客观，禁止误导。传播媒介及其从事证券市场信息报道的工作人员不得从事与其工作职责发生利益冲突的证券买卖。

编造、传播虚假信息或者误导性信息，扰乱证券市场，给投资者造成损失的，应当依法承担赔偿责任。

第五十七条 禁止证券公司及其从业人员从事下列损害客户利益的行为：

（一）违背客户的委托为其买卖证券；

（二）不在规定时间内向客户提供交易的确认文件；

（三）未经客户的委托，擅自为客户买卖证券，或者假借客户的名义买卖证券；

（四）为牟取佣金收入，诱使客户进行不必要的证券买卖；

（五）其他违背客户真实意思表示，损害客户利益的行为。

违反前款规定给客户造成损失的，应当依法承担赔偿责任。

第五十八条 任何单位和个人不得违反规定，出借自己的证券账户或者借用他人的证券账户从事证券交易。

第五十九条 依法拓宽资金入市渠道，禁止资金违规流入股市。

禁止投资者违规利用财政资金、银行信贷资金买卖证券。

第六十条 国有独资企业、国有独资公司、国有资本控股公司买卖上市交易的股票，必须遵守国家有关规定。

第六十一条 证券交易场所、证券公司、证券登记结算机构、证券服务机构及其从业人员对证券交易中发现的禁止的交易行为，应当及时向证券监督管理机构报告。

第四章 上市公司的收购

第六十二条 投资者可以采取要约收购、协议收购及其他合法方式收购上市公司。

第六十三条 通过证券交易所的证券交易，投资者持有或者通过协议、其他安排与他人共同持有一个上市公司已发行的有表决权股份达到百分之五时，应当在该事实发生之日起三日内，向国务院证券监督管理机构、证券交易所作出书面报告，通知该上市公司，并予公告，在上述期限内不得再行买卖该上市公司的股票，但国务院证券监督管理机构规定的情形除外。

投资者持有或者通过协议、其他安排与他人共同持有一个上市公司已发行的有表决权股份达到百分之五后，其所持该上市公司已发行的有表决权股份比例每增加或者减少百分之五，应当依照前款规定进行报告和公告，在该事实发生之日起至公告后三日内，不得再行买卖该上市公司的股票，但国务院证券监督管理机构规定的情形除外。

投资者持有或者通过协议、其他安排与他人共同持有一个上市公司已发行的有表决权股份达到百分之五后，其所持该上市公司已发行的有表决权股份比例每增加或者减少百分之一，应当在该事实发生的次日通知该上市公司，并予公告。

违反第一款、第二款规定买入上市公司有表决权的股份的，在买入后的三十六个月内，对该超过规定比例部分的股份不得行使表决权。

第六十四条 依照前条规定所作的公告，应当包括下列内容：

（一）持股人的名称、住所；

（二）持有的股票的名称、数额；

（三）持股达到法定比例或者持股增减变化达到法定比例的日期、增持股份的资金来源；

（四）在上市公司中拥有有表决权的股份变动的时间及方式。

第六十五条 通过证券交易所的证券交易，投资者持有或者通过协议、其他安排与他人共同持有一个上市公司已发行的有表决权股份达到百分之三十时，继续进行收购的，应当依法向该上市公司所有股东发出收购上市公司全部或者部分股份的要约。

收购上市公司部分股份的要约应当约定，被收购公司股东承诺出售的股份数额超过预定收购的股份数额的，收购人按比例进行收购。

第六十六条 依照前条规定发出收购要约,收购人必须公告上市公司收购报告书,并载明下列事项:
(一)收购人的名称、住所;
(二)收购人关于收购的决定;
(三)被收购的上市公司名称;
(四)收购目的;
(五)收购股份的详细名称和预定收购的股份数额;
(六)收购期限、收购价格;
(七)收购所需资金额及资金保证;
(八)公告上市公司收购报告书时持有被收购公司股份数占该公司已发行的股份总数的比例。

第六十七条 收购要约约定的收购期限不得少于三十日,并不得超过六十日。

第六十八条 在收购要约确定的承诺期限内,收购人不得撤销其收购要约。收购人需要变更收购要约的,应当及时公告,载明具体变更事项,且不得存在下列情形:
(一)降低收购价格;
(二)减少预定收购股份数额;
(三)缩短收购期限;
(四)国务院证券监督管理机构规定的其他情形。

第六十九条 收购要约提出的各项收购条件,适用于被收购公司的所有股东。

上市公司发行不同种类股份的,收购人可以针对不同种类股份提出不同的收购条件。

第七十条 采取要约收购方式的,收购人在收购期限内,不得卖出被收购公司的股票,也不得采取要约规定以外的形式和超出要约的条件买入被收购公司的股票。

第七十一条 采取协议收购方式的,收购人可以依照法律、行政法规的规定同被收购公司的股东以协议方式进行股份转让。

以协议方式收购上市公司时,达成协议后,收购人必须在三日内将该收购协议向国务院证券监督管理机构及证券交易所作出书面报告,并予公告。

在公告前不得履行收购协议。

第七十二条 采取协议收购方式的,协议双方可以临时委托证券登记结算机构保管协议转让的股票,并将资金存放于指定的银行。

第七十三条 采取协议收购方式的,收购人收购或者通过协议、其他安排与他人共同收购一个上市公司已发行的有表决权股份达到百分之三十时,继续进行收购的,应当依法向该上市公司所有股东发出收购上市公司全部或者部分股份的要约。但是,按照国务院证券监督管理机构的规定免除发出要约的除外。

收购人依照前款规定以要约方式收购上市公司股份,应当遵守本法第六十五条第二款、第六十六条至第七十条的规定。

第七十四条 收购期限届满,被收购公司股权分布不符合证券交易所规定的上市交易要求的,该上市公司的股票应当由证券交易所依法终止上市交易;其余仍持有被收购公司股票的股东,有权向收购人以收购要约的同等条件出售其股票,收购人应当收购。

收购行为完成后,被收购公司不再具备股份有限公司条件的,应当依法变更企业形式。

第七十五条 在上市公司收购中,收购人持有的被收购的上市公司的股票,在收购行为完成后的十八个月内不得转让。

第七十六条 收购行为完成后,收购人与被收购公司合并,并将该公司解散的,被解散公司的原有股票由收购人依法更换。

收购行为完成后,收购人应当在十五日内将收购情况报告国务院证券监督管理机构和证券交易所,并予公告。

第七十七条 国务院证券监督管理机构依照本法制定上市公司收购的具体办法。

上市公司分立或者被其他公司合并,应当向国务院证券监督管理机构报告,并予公告。

第五章 信息披露

第七十八条 发行人及法律、行政法规和国务院证券监督管理机构规定的其他信息披露义务人,应当及时依法履行信息披露义务。

信息披露义务人披露的信息,应当真实、准确、完整,简明清晰,通俗易懂,不得有虚假记载、误导性陈述或者重大遗漏。

证券同时在境内境外公开发行、交易的,其信息披露义务人在境外披露的信息,应当在境内同时披露。

第七十九条 上市公司、公司债券上市交易的公司、股票在国务院批准的其他全国性证券交易场所交易的公司,应当按照国务院证券监督管理机构和证券交易场所规定的内容和格式编制定期报告,并按照以下规定报送和公告:
(一)在每一会计年度结束之日起四个月内,报送并公告年度报告,其中的年度财务会计报告应当经符合本法规定的会计师事务所审计;

（二）在每一会计年度的上半年结束之日起二个月内，报送并公告中期报告。

第八十条 发生可能对上市公司、股票在国务院批准的其他全国性证券交易场所交易的公司的股票交易价格产生较大影响的重大事件，投资者尚未得知时，公司应当立即将有关该重大事件的情况向国务院证券监督管理机构和证券交易场所报送临时报告，并予公告，说明事件的起因、目前的状态和可能产生的法律后果。

前款所称重大事件包括：

（一）公司的经营方针和经营范围的重大变化；

（二）公司的重大投资行为，公司在一年内购买、出售重大资产超过公司资产总额百分之三十，或者公司营业用主要资产的抵押、质押、出售或者报废一次超过该资产的百分之三十；

（三）公司订立重要合同、提供重大担保或者从事关联交易，可能对公司的资产、负债、权益和经营成果产生重要影响；

（四）公司发生重大债务和未能清偿到期重大债务的违约情况；

（五）公司发生重大亏损或者重大损失；

（六）公司生产经营的外部条件发生的重大变化；

（七）公司的董事、三分之一以上监事或者经理发生变动，董事长或者经理无法履行职责；

（八）持有公司百分之五以上股份的股东或者实际控制人持有股份或者控制公司的情况发生较大变化，公司的实际控制人及其控制的其他企业从事与公司相同或者相似业务的情况发生较大变化；

（九）公司分配股利、增资的计划，公司股权结构的重要变化，公司减资、合并、分立、解散及申请破产的决定，或者依法进入破产程序、被责令关闭；

（十）涉及公司的重大诉讼、仲裁，股东大会、董事会决议被依法撤销或者宣告无效；

（十一）公司涉嫌犯罪被依法立案调查，公司的控股股东、实际控制人、董事、监事、高级管理人员涉嫌犯罪被依法采取强制措施；

（十二）国务院证券监督管理机构规定的其他事项。

公司的控股股东或者实际控制人对重大事件的发生、进展产生较大影响的，应当及时将其知悉的有关情况书面告知公司，并配合公司履行信息披露义务。

第八十一条 发生可能对上市交易公司债券的交易价格产生较大影响的重大事件，投资者尚未得知时，公司应当立即将有关该重大事件的情况向国务院证券监督管理机构和证券交易场所报送临时报告，并予公告，说明事件的起因、目前的状态和可能产生的法律后果。

前款所称重大事件包括：

（一）公司股权结构或者生产经营状况发生重大变化；

（二）公司债券信用评级发生变化；

（三）公司重大资产抵押、质押、出售、转让、报废；

（四）公司发生未能清偿到期债务的情况；

（五）公司新增借款或者对外提供担保超过上年末净资产的百分之二十；

（六）公司放弃债权或者财产超过上年末净资产的百分之十；

（七）公司发生超过上年末净资产百分之十的重大损失；

（八）公司分配股利，作出减资、合并、分立、解散及申请破产的决定，或者依法进入破产程序、被责令关闭；

（九）涉及公司的重大诉讼、仲裁；

（十）公司涉嫌犯罪被依法立案调查，公司的控股股东、实际控制人、董事、监事、高级管理人员涉嫌犯罪被依法采取强制措施；

（十一）国务院证券监督管理机构规定的其他事项。

第八十二条 发行人的董事、高级管理人员应当对证券发行文件和定期报告签署书面确认意见。

发行人的监事会应当对董事会编制的证券发行文件和定期报告进行审核并提出书面审核意见。监事应当签署书面确认意见。

发行人的董事、监事和高级管理人员应当保证发行人及时、公平地披露信息，所披露的信息真实、准确、完整。

董事、监事和高级管理人员无法保证证券发行文件和定期报告内容的真实性、准确性、完整性或者有异议的，应当在书面确认意见中发表意见并陈述理由，发行人应当披露。发行人不予披露的，董事、监事和高级管理人员可以直接申请披露。

第八十三条 信息披露义务人披露的信息应当同时向所有投资者披露，不得提前向任何单位和个人泄露。但是，法律、行政法规另有规定的除外。

任何单位和个人不得非法要求信息披露义务人提供依法需要披露但尚未披露的信息。任何单位和个人提前获知的前述信息，在依法披露前应当保密。

第八十四条 除依法需要披露的信息之外，信息披露义务人可以自愿披露与投资者作出价值判断和投资决策有关的信息，但不得与依法披露的信息相冲突，不得误导投资者。

发行人及其控股股东、实际控制人、董事、监事、高级管理人员等作出公开承诺的,应当披露。不履行承诺给投资者造成损失的,应当依法承担赔偿责任。

第八十五条 信息披露义务人未按照规定披露信息,或者公告的证券发行文件、定期报告、临时报告及其他信息披露资料存在虚假记载、误导性陈述或者重大遗漏,致使投资者在证券交易中遭受损失的,信息披露义务人应当承担赔偿责任;发行人的控股股东、实际控制人、董事、监事、高级管理人员和其他直接责任人员以及保荐人、承销的证券公司及其直接责任人员,应当与发行人承担连带赔偿责任,但是能够证明自己没有过错的除外。

第八十六条 依法披露的信息,应当在证券交易场所的网站和符合国务院证券监督管理机构规定条件的媒体发布,同时将其置备于公司住所、证券交易场所,供社会公众查阅。

第八十七条 国务院证券监督管理机构对信息披露义务人的信息披露行为进行监督管理。

证券交易场所应当对其组织交易的证券的信息披露义务人的信息披露行为进行监督,督促其依法及时、准确地披露信息。

第六章 投资者保护

第八十八条 证券公司向投资者销售证券、提供服务时,应当按照规定充分了解投资者的基本情况、财产状况、金融资产状况、投资知识和经验、专业能力等相关信息;如实说明证券、服务的重要内容,充分揭示投资风险;销售、提供与投资者上述状况相匹配的证券、服务。

投资者在购买证券或者接受服务时,应当按照证券公司明示的要求提供前款所列真实信息。拒绝提供或者未按照要求提供信息的,证券公司应当告知其后果,并按照规定拒绝向其销售证券、提供服务。

证券公司违反第一款规定导致投资者损失的,应当承担相应的赔偿责任。

第八十九条 根据财产状况、金融资产状况、投资知识和经验、专业能力等因素,投资者可以分为普通投资者和专业投资者。专业投资者的标准由国务院证券监督管理机构规定。

普通投资者与证券公司发生纠纷的,证券公司应当证明其行为符合法律、行政法规以及国务院证券监督管理机构的规定,不存在误导、欺诈等情形。证券公司不能证明的,应当承担相应的赔偿责任。

第九十条 上市公司董事会、独立董事、持有百分之一以上有表决权股份的股东或者依照法律、行政法规或者国务院证券监督管理机构的规定设立的投资者保护机构(以下简称投资者保护机构),可以作为征集人,自行或者委托证券公司、证券服务机构,公开请求上市公司股东委托其代为出席股东大会,并代为行使提案权、表决权等股东权利。

依照前款规定征集股东权利的,征集人应当披露征集文件,上市公司应当予以配合。

禁止以有偿或者变相有偿的方式公开征集股东权利。

公开征集股东权利违反法律、行政法规或者国务院证券监督管理机构有关规定,导致上市公司或者其股东遭受损失的,应当依法承担赔偿责任。

第九十一条 上市公司应当在章程中明确分配现金股利的具体安排和决策程序,依法保障股东的资产收益权。

上市公司当年税后利润,在弥补亏损及提取法定公积金后有盈余的,应当按照公司章程的规定分配现金股利。

第九十二条 公开发行公司债券的,应当设立债券持有人会议,并应当在募集说明书中说明债券持有人会议的召集程序、会议规则和其他重要事项。

公开发行公司债券的,发行人应当为债券持有人聘请债券受托管理人,并订立债券受托管理协议。受托管理人应当由本次发行的承销机构或者其他经国务院证券监督管理机构认可的机构担任,债券持有人会议可以决议变更债券受托管理人。债券受托管理人应当勤勉尽责,公正履行受托管理职责,不得损害债券持有人利益。

债券发行人未能按期兑付债券本息的,债券受托管理人可以接受全部或者部分债券持有人的委托,以自己名义代表债券持有人提起、参加民事诉讼或者清算程序。

第九十三条 发行人因欺诈发行、虚假陈述或者其他重大违法行为给投资者造成损失的,发行人的控股股东、实际控制人、相关的证券公司可以委托投资者保护机构,就赔偿事宜与受到损失的投资者达成协议,予以先行赔付。先行赔付后,可以依法向发行人以及其他连带责任人追偿。

第九十四条 投资者与发行人、证券公司等发生纠纷的,双方可以向投资者保护机构申请调解。普通投资者与证券公司发生证券业务纠纷,普通投资者提出调解请求的,证券公司不得拒绝。

投资者保护机构对损害投资者利益的行为,可以依法支持投资者向人民法院提起诉讼。

发行人的董事、监事、高级管理人员执行公司职务时违反法律、行政法规或者公司章程的规定给公司造成损失，发行人的控股股东、实际控制人等侵犯公司合法权益给公司造成损失，投资者保护机构持有该公司股份的，可以为公司的利益以自己的名义向人民法院提起诉讼，持股比例和持股期限不受《中华人民共和国公司法》规定的限制。

第九十五条 投资者提起虚假陈述等证券民事赔偿诉讼时，诉讼标的是同一种类，且当事人一方人数众多的，可以依法推选代表人进行诉讼。

对按照前款规定提起的诉讼，可能存在有相同诉讼请求的其他众多投资者的，人民法院可以发出公告，说明该诉讼请求的案件情况，通知投资者在一定期间向人民法院登记。人民法院作出的判决、裁定，对参加登记的投资者发生效力。

投资者保护机构受五十名以上投资者委托，可以作为代表人参加诉讼，并为经证券登记结算机构确认的权利人依照前款规定向人民法院登记，但投资者明确表示不愿意参加该诉讼的除外。

第七章 证券交易场所

第九十六条 证券交易所、国务院批准的其他全国性证券交易场所为证券集中交易提供场所和设施，组织和监督证券交易，实行自律管理，依法登记，取得法人资格。

证券交易所、国务院批准的其他全国性证券交易场所的设立、变更和解散由国务院决定。

国务院批准的其他全国性证券交易场所的组织机构、管理办法等，由国务院规定。

第九十七条 证券交易所、国务院批准的其他全国性证券交易场所可以根据证券品种、行业特点、公司规模等因素设立不同的市场层次。

第九十八条 按照国务院规定设立的区域性股权市场为非公开发行证券的发行、转让提供场所和设施，具体管理办法由国务院规定。

第九十九条 证券交易所履行自律管理职能，应当遵守社会公共利益优先原则，维护市场的公平、有序、透明。

设立证券交易所必须制定章程。证券交易所章程的制定和修改，必须经国务院证券监督管理机构批准。

第一百条 证券交易所必须在其名称中标明证券交易所字样。其他任何单位或者个人不得使用证券交易所或者近似的名称。

第一百零一条 证券交易所可以自行支配的各项费用收入，应当首先用于保证其证券交易场所和设施的正常运行并逐步改善。

实行会员制的证券交易所的财产积累归会员所有，其权益由会员共同享有，在其存续期间，不得将其财产积累分配给会员。

第一百零二条 实行会员制的证券交易所设理事会、监事会。

证券交易所设总经理一人，由国务院证券监督管理机构任免。

第一百零三条 有《中华人民共和国公司法》第一百四十六条规定的情形或者下列情形之一的，不得担任证券交易所的负责人：

（一）因违法行为或者违纪行为被解除职务的证券交易场所、证券登记结算机构的负责人或者证券公司的董事、监事、高级管理人员，自被解除职务之日起未逾五年；

（二）因违法行为或者违纪行为被吊销执业证书或者被取消资格的律师、注册会计师或者其他证券服务机构的专业人员，自被吊销执业证书或者被取消资格之日起未逾五年。

第一百零四条 因违法行为或者违纪行为被开除的证券交易场所、证券公司、证券登记结算机构、证券服务机构的从业人员和被开除的国家机关工作人员，不得招聘为证券交易所的从业人员。

第一百零五条 进入实行会员制的证券交易所参与集中交易的，必须是证券交易所的会员。证券交易所不得允许非会员直接参与股票的集中交易。

第一百零六条 投资者应当与证券公司签订证券交易委托协议，并在证券公司实名开立账户，以书面、电话、自助终端、网络等方式，委托该证券公司代其买卖证券。

第一百零七条 证券公司为投资者开立账户，应当按照规定对投资者提供的身份信息进行核对。

证券公司不得将投资者的账户提供给他人使用。

投资者应当使用实名开立的账户进行交易。

第一百零八条 证券公司根据投资者的委托，按照证券交易规则提出交易申报，参与证券交易所场内的集中交易，并根据成交结果承担相应的清算交收责任。证券登记结算机构根据成交结果，按照清算交收规则，与证券公司进行证券和资金的清算交收，并为证券公司客户办理证券的登记过户手续。

第一百零九条 证券交易所应当为组织公平的集中

交易提供保障,实时公布证券交易即时行情,并按交易日制作证券市场行情表,予以公布。

证券交易即时行情的权益由证券交易所依法享有。未经证券交易所许可,任何单位和个人不得发布证券交易即时行情。

第一百一十条 上市公司可以向证券交易所申请其上市交易股票的停牌或者复牌,但不得滥用停牌或者复牌损害投资者的合法权益。

证券交易所可以按照业务规则的规定,决定上市交易股票的停牌或者复牌。

第一百一十一条 因不可抗力、意外事件、重大技术故障、重大人为差错等突发性事件而影响证券交易正常进行时,为维护证券交易正常秩序和市场公平,证券交易所可以按照业务规则采取技术性停牌、临时停市等处置措施,并应当及时向国务院证券监督管理机构报告。

因前款规定的突发性事件导致证券交易结果出现重大异常,按交易结果进行交收将对证券交易正常秩序和市场公平造成重大影响的,证券交易所按照业务规则可以采取取消交易、通知证券登记结算机构暂缓交收等措施,并应当及时向国务院证券监督管理机构报告并公告。

证券交易所对其依照本条规定采取措施造成的损失,不承担民事赔偿责任,但存在重大过错的除外。

第一百一十二条 证券交易所对证券交易实行实时监控,并按照国务院证券监督管理机构的要求,对异常的交易情况提出报告。

证券交易所根据需要,可以按照业务规则对出现重大异常交易情况的证券账户的投资者限制交易,并及时报告国务院证券监督管理机构。

第一百一十三条 证券交易所应当加强对证券交易的风险监测,出现重大异常波动的,证券交易所可以按照业务规则采取限制交易、强制停牌等处置措施,并向国务院证券监督管理机构报告;严重影响证券市场稳定的,证券交易所可以按照业务规则采取临时停市等处置措施并公告。

证券交易所对其依照本条规定采取措施造成的损失,不承担民事赔偿责任,但存在重大过错的除外。

第一百一十四条 证券交易所应当从其收取的交易费用和会员费、席位费中提取一定比例的金额设立风险基金。风险基金由证券交易所理事会管理。

风险基金提取的具体比例和使用办法,由国务院证券监督管理机构会同国务院财政部门规定。

证券交易所应当将收存的风险基金存入开户银行专门账户,不得擅自使用。

第一百一十五条 证券交易所依照法律、行政法规和国务院证券监督管理机构的规定,制定上市规则、交易规则、会员管理规则和其他有关业务规则,并报国务院证券监督管理机构批准。

在证券交易所从事证券交易,应当遵守证券交易所依法制定的业务规则。违反业务规则的,由证券交易所给予纪律处分或者采取其他自律管理措施。

第一百一十六条 证券交易所的负责人和其他从业人员执行与证券交易有关的职务时,与其本人或者其亲属有利害关系的,应当回避。

第一百一十七条 按照依法制定的交易规则进行的交易,不得改变其交易结果,但本法第一百一十一条第二款规定的除外。对交易中违规交易者应负的民事责任不得免除;在违规交易中所获利益,依照有关规定处理。

第八章 证券公司

第一百一十八条 设立证券公司,应当具备下列条件,并经国务院证券监督管理机构批准:

(一)有符合法律、行政法规规定的公司章程;

(二)主要股东及公司的实际控制人具有良好的财务状况和诚信记录,最近三年无重大违法违规记录;

(三)有符合本法规定的公司注册资本;

(四)董事、监事、高级管理人员、从业人员符合本法规定的条件;

(五)有完善的风险管理与内部控制制度;

(六)有合格的经营场所、业务设施和信息技术系统;

(七)法律、行政法规和经国务院批准的国务院证券监督管理机构规定的其他条件。

未经国务院证券监督管理机构批准,任何单位和个人不得以证券公司名义开展证券业务活动。

第一百一十九条 国务院证券监督管理机构应当自受理证券公司设立申请之日起六个月内,依照法定条件和法定程序并根据审慎监管原则进行审查,作出批准或者不予批准的决定,并通知申请人;不予批准的,应当说明理由。

证券公司设立申请获得批准的,申请人应当在规定的期限内向公司登记机关申请设立登记,领取营业执照。

证券公司应当自领取营业执照之日起十五日内,向国务院证券监督管理机构申请经营证券业务许可证。未取得经营证券业务许可证,证券公司不得经营证券业务。

第一百二十条 经国务院证券监督管理机构核准,

取得经营证券业务许可证，证券公司可以经营下列部分或者全部证券业务：

（一）证券经纪；

（二）证券投资咨询；

（三）与证券交易、证券投资活动有关的财务顾问；

（四）证券承销与保荐；

（五）证券融资融券；

（六）证券做市交易；

（七）证券自营；

（八）其他证券业务。

国务院证券监督管理机构应当自受理前款规定事项申请之日起三个月内，依照法定条件和程序进行审查，作出核准或者不予核准的决定，并通知申请人；不予核准的，应当说明理由。

证券公司经营证券资产管理业务的，应当符合《中华人民共和国证券投资基金法》等法律、行政法规的规定。

除证券公司外，任何单位和个人不得从事证券承销、证券保荐、证券经纪和证券融资融券业务。

证券公司从事证券融资融券业务，应当采取措施，严格防范和控制风险，不得违反规定向客户出借资金或者证券。

第一百二十一条 证券公司经营本法第一百二十条第一款第（一）项至第（三）项业务的，注册资本最低限额为人民币五千万元；经营第（四）项至第（八）项业务之一的，注册资本最低限额为人民币一亿元；经营第（四）项至第（八）项业务中两项以上的，注册资本最低限额为人民币五亿元。证券公司的注册资本应当是实缴资本。

国务院证券监督管理机构根据审慎监管原则和各项业务的风险程度，可以调整注册资本最低限额，但不得少于前款规定的限额。

第一百二十二条 证券公司变更证券业务范围，变更主要股东或者公司的实际控制人，合并、分立、停业、解散、破产，应当经国务院证券监督管理机构核准。

第一百二十三条 国务院证券监督管理机构应当对证券公司净资本和其他风险控制指标作出规定。

证券公司除依照规定为其客户提供融资融券外，不得为其股东或者股东的关联人提供融资或者担保。

第一百二十四条 证券公司的董事、监事、高级管理人员，应当正直诚实、品行良好，熟悉证券法律、行政法规，具有履行职责所需的经营管理能力。证券公司任免董事、监事、高级管理人员，应当报国务院证券监督管理机构备案。

有《中华人民共和国公司法》第一百四十六条规定的情形或者下列情形之一的，不得担任证券公司的董事、监事、高级管理人员：

（一）因违法行为或者违纪行为被解除职务的证券交易场所、证券登记结算机构的负责人或者证券公司的董事、监事、高级管理人员，自被解除职务之日起未逾五年；

（二）因违法行为或者违纪行为被吊销执业证书或者被取消资格的律师、注册会计师或者其他证券服务机构的专业人员，自被吊销执业证书或者被取消资格之日起未逾五年。

第一百二十五条 证券公司从事证券业务的人员应当品行良好，具备从事证券业务所需的专业能力。

因违法行为或者违纪行为被开除的证券交易场所、证券公司、证券登记结算机构、证券服务机构的从业人员和被开除的国家机关工作人员，不得招聘为证券公司的从业人员。

国家机关工作人员和法律、行政法规规定的禁止在公司中兼职的其他人员，不得在证券公司中兼任职务。

第一百二十六条 国家设立证券投资者保护基金。证券投资者保护基金由证券公司缴纳的资金及其他依法筹集的资金组成，其规模以及筹集、管理和使用的具体办法由国务院规定。

第一百二十七条 证券公司从每年的业务收入中提取交易风险准备金，用于弥补证券经营的损失，其提取的具体比例由国务院证券监督管理机构会同国务院财政部门规定。

第一百二十八条 证券公司应当建立健全内部控制制度，采取有效隔离措施，防范公司与客户之间、不同客户之间的利益冲突。

证券公司必须将其证券经纪业务、证券承销业务、证券自营业务、证券做市业务和证券资产管理业务分开办理，不得混合操作。

第一百二十九条 证券公司的自营业务必须以自己的名义进行，不得假借他人名义或者以个人名义进行。

证券公司的自营业务必须使用自有资金和依法筹集的资金。

证券公司不得将其自营账户借给他人使用。

第一百三十条 证券公司应当依法审慎经营，勤勉尽责，诚实守信。

证券公司的业务活动，应当与其治理结构、内部控制、合规管理、风险管理以及风险控制指标、从业人员构成等情况相适应，符合审慎监管和保护投资者合法权益的要求。

证券公司依法享有自主经营的权利，其合法经营不受干涉。

第一百三十一条 证券公司客户的交易结算资金应当存放在商业银行，以每个客户的名义单独立户管理。

证券公司不得将客户的交易结算资金和证券归入其自有财产。禁止任何单位或者个人以任何形式挪用客户的交易结算资金和证券。证券公司破产或者清算时，客户的交易结算资金和证券不属于其破产财产或者清算财产。非因客户本身的债务或者法律规定的其他情形，不得查封、冻结、扣划或者强制执行客户的交易结算资金和证券。

第一百三十二条 证券公司办理经纪业务，应当置备统一制定的证券买卖委托书，供委托人使用。采取其他委托方式的，必须作出委托记录。

客户的证券买卖委托，不论是否成交，其委托记录应当按照规定的期限，保存于证券公司。

第一百三十三条 证券公司接受证券买卖的委托，应当根据委托书载明的证券名称、买卖数量、出价方式、价格幅度等，按照交易规则代理买卖证券，如实进行交易记录；买卖成交后，应当按照规定制作买卖成交报告单交付客户。

证券交易中确认交易行为及其交易结果的对账单必须真实，保证账面证券余额与实际持有的证券相一致。

第一百三十四条 证券公司办理经纪业务，不得接受客户的全权委托而决定证券买卖、选择证券种类、决定买卖数量或者买卖价格。

证券公司不得允许他人以证券公司的名义直接参与证券的集中交易。

第一百三十五条 证券公司不得对客户证券买卖的收益或者赔偿证券买卖的损失作出承诺。

第一百三十六条 证券公司的从业人员在证券交易活动中，执行所属的证券公司的指令或者利用职务违反交易规则的，由所属的证券公司承担全部责任。

证券公司的从业人员不得私下接受客户委托买卖证券。

第一百三十七条 证券公司应当建立客户信息查询制度，确保客户能够查询其账户信息、委托记录、交易记录以及其他与接受服务或者购买产品有关的重要信息。

证券公司应当妥善保存客户开户资料、委托记录、交易记录和与内部管理、业务经营有关的各项信息，任何人不得隐匿、伪造、篡改或者毁损。上述信息的保存期限不得少于二十年。

第一百三十八条 证券公司应当按照规定向国务院证券监督管理机构报送业务、财务等经营管理信息和资料。国务院证券监督管理机构有权要求证券公司及其主要股东、实际控制人在指定的期限内提供有关信息、资料。

证券公司及其主要股东、实际控制人向国务院证券监督管理机构报送或者提供的信息、资料，必须真实、准确、完整。

第一百三十九条 国务院证券监督管理机构认为有必要时，可以委托会计师事务所、资产评估机构对证券公司的财务状况、内部控制状况、资产价值进行审计或者评估。具体办法由国务院证券监督管理机构会同有关主管部门制定。

第一百四十条 证券公司的治理结构、合规管理、风险控制指标不符合规定的，国务院证券监督管理机构应当责令其限期改正；逾期未改正，或者其行为严重危及该证券公司的稳健运行、损害客户合法权益的，国务院证券监督管理机构可以区别情形，对其采取下列措施：

（一）限制业务活动，责令暂停部分业务，停止核准新业务；

（二）限制分配红利，限制向董事、监事、高级管理人员支付报酬、提供福利；

（三）限制转让财产或者在财产上设定其他权利；

（四）责令更换董事、监事、高级管理人员或者限制其权利；

（五）撤销有关业务许可；

（六）认定负有责任的董事、监事、高级管理人员为不适当人选；

（七）责令负有责任的股东转让股权，限制负有责任的股东行使股东权利。

证券公司整改后，应当向国务院证券监督管理机构提交报告。国务院证券监督管理机构经验收，治理结构、合规管理、风险控制指标符合规定的，应当自验收完毕之日起三日内解除对其采取的前款规定的有关限制措施。

第一百四十一条 证券公司的股东有虚假出资、抽逃出资行为的，国务院证券监督管理机构应当责令其限期改正，并可责令其转让所持证券公司的股权。

在前款规定的股东按照要求改正违法行为、转让所持证券公司的股权前，国务院证券监督管理机构可以限制其股东权利。

第一百四十二条 证券公司的董事、监事、高级管理人员未能勤勉尽责，致使证券公司存在重大违法违规行为或者重大风险的，国务院证券监督管理机构可以责令证券公司予以更换。

第一百四十三条 证券公司违法经营或者出现重大风险，严重危害证券市场秩序、损害投资者利益的，国务院证券监督管理机构可以对该证券公司采取责令停业整顿、指定其他机构托管、接管或者撤销等监管措施。

第一百四十四条 在证券公司被责令停业整顿、被依法指定托管、接管或者清算期间，或者出现重大风险时，经国务院证券监督管理机构批准，可以对该证券公司直接负责的董事、监事、高级管理人员和其他直接责任人员采取以下措施：

（一）通知出境入境管理机关依法阻止其出境；

（二）申请司法机关禁止其转移、转让或者以其他方式处分财产，或者在财产上设定其他权利。

第九章 证券登记结算机构

第一百四十五条 证券登记结算机构为证券交易提供集中登记、存管与结算服务，不以营利为目的，依法登记，取得法人资格。

设立证券登记结算机构必须经国务院证券监督管理机构批准。

第一百四十六条 设立证券登记结算机构，应当具备下列条件：

（一）自有资金不少于人民币二亿元；

（二）具有证券登记、存管和结算服务所必须的场所和设施；

（三）国务院证券监督管理机构规定的其他条件。

证券登记结算机构的名称中应当标明证券登记结算字样。

第一百四十七条 证券登记结算机构履行下列职能：

（一）证券账户、结算账户的设立；

（二）证券的存管和过户；

（三）证券持有人名册登记；

（四）证券交易的清算和交收；

（五）受发行人的委托派发证券权益；

（六）办理与上述业务有关的查询、信息服务；

（七）国务院证券监督管理机构批准的其他业务。

第一百四十八条 在证券交易所和国务院批准的其他全国性证券交易场所交易的证券的登记结算，应当采取全国集中统一的运营方式。

前款规定以外的证券，其登记、结算可以委托证券登记结算机构或者其他依法从事证券登记、结算业务的机构办理。

第一百四十九条 证券登记结算机构应当依法制定章程和业务规则，并经国务院证券监督管理机构批准。证券登记结算业务参与人应当遵守证券登记结算机构制定的业务规则。

第一百五十条 在证券交易所或者国务院批准的其他全国性证券交易场所交易的证券，应当全部存管在证券登记结算机构。

证券登记结算机构不得挪用客户的证券。

第一百五十一条 证券登记结算机构应当向证券发行人提供证券持有人名册及有关资料。

证券登记结算机构应当根据证券登记结算的结果，确认证券持有人持有证券的事实，提供证券持有人登记资料。

证券登记结算机构应当保证证券持有人名册和登记过户记录真实、准确、完整，不得隐匿、伪造、篡改或者毁损。

第一百五十二条 证券登记结算机构应当采取下列措施保证业务的正常进行：

（一）具有必备的服务设备和完善的数据安全保护措施；

（二）建立完善的业务、财务和安全防范等管理制度；

（三）建立完善的风险管理系统。

第一百五十三条 证券登记结算机构应当妥善保存登记、存管和结算的原始凭证及有关文件和资料。其保存期限不得少于二十年。

第一百五十四条 证券登记结算机构应当设立证券结算风险基金，用于垫付或者弥补因违约交收、技术故障、操作失误、不可抗力造成的证券登记结算机构的损失。

证券结算风险基金从证券登记结算机构的业务收入和收益中提取，并可以由结算参与人按照证券交易业务量的一定比例缴纳。

证券结算风险基金的筹集、管理办法，由国务院证券监督管理机构会同国务院财政部门规定。

第一百五十五条 证券结算风险基金应当存入指定银行的专门账户，实行专项管理。

证券登记结算机构以证券结算风险基金赔偿后，应当向有关责任人追偿。

第一百五十六条 证券登记结算机构申请解散,应当经国务院证券监督管理机构批准。

第一百五十七条 投资者委托证券公司进行证券交易,应当通过证券公司申请在证券登记结算机构开立证券账户。证券登记结算机构应当按照规定为投资者开立证券账户。

投资者申请开立账户,应当持有证明中华人民共和国公民、法人、合伙企业身份的合法证件。国家另有规定的除外。

第一百五十八条 证券登记结算机构作为中央对手方提供证券结算服务的,是结算参与人共同的清算交收对手,进行净额结算,为证券交易提供集中履约保障。

证券登记结算机构为证券交易提供净额结算服务时,应当要求结算参与人按照货银对付的原则,足额交付证券和资金,并提供交收担保。

在交收完成之前,任何人不得动用用于交收的证券、资金和担保物。

结算参与人未按时履行交收义务的,证券登记结算机构有权按照业务规则处理前款所述财产。

第一百五十九条 证券登记结算机构按照业务规则收取的各类结算资金和证券,必须存放于专门的清算交收账户,只能按业务规则用于已成交的证券交易的清算交收,不得被强制执行。

第十章　证券服务机构

第一百六十条 会计师事务所、律师事务所以及从事证券投资咨询、资产评估、资信评级、财务顾问、信息技术系统服务的证券服务机构,应当勤勉尽责、恪尽职守,按照相关业务规则为证券的交易及相关活动提供服务。

从事证券投资咨询服务业务,应当经国务院证券监督管理机构核准;未经核准,不得为证券的交易及相关活动提供服务。从事其他证券服务业务,应当报国务院证券监督管理机构和国务院有关主管部门备案。

第一百六十一条 证券投资咨询机构及其从业人员从事证券服务业务不得有下列行为:

(一)代理委托人从事证券投资;

(二)与委托人约定分享证券投资收益或者分担证券投资损失;

(三)买卖本证券投资咨询机构提供服务的证券;

(四)法律、行政法规禁止的其他行为。

有前款所列行为之一,给投资者造成损失的,应当依法承担赔偿责任。

第一百六十二条 证券服务机构应当妥善保存客户委托文件、核查和验证资料、工作底稿以及与质量控制、内部管理、业务经营有关的信息和资料,任何人不得泄露、隐匿、伪造、篡改或者毁损。上述信息和资料的保存期限不得少于十年,自业务委托结束之日起算。

第一百六十三条 证券服务机构为证券的发行、上市、交易等证券业务活动制作、出具审计报告及其他鉴证报告、资产评估报告、财务顾问报告、资信评级报告或者法律意见书等文件,应当勤勉尽责,对所依据的文件资料内容的真实性、准确性、完整性进行核查和验证。其制作、出具的文件有虚假记载、误导性陈述或者重大遗漏,给他人造成损失的,应当与委托人承担连带赔偿责任,但是能够证明自己没有过错的除外。

第十一章　证券业协会

第一百六十四条 证券业协会是证券业的自律性组织,是社会团体法人。

证券公司应当加入证券业协会。

证券业协会的权力机构为全体会员组成的会员大会。

第一百六十五条 证券业协会章程由会员大会制定,并报国务院证券监督管理机构备案。

第一百六十六条 证券业协会履行下列职责:

(一)教育和组织会员及其从业人员遵守证券法律、行政法规,组织开展证券行业诚信建设,督促证券行业履行社会责任;

(二)依法维护会员的合法权益,向证券监督管理机构反映会员的建议和要求;

(三)督促会员开展投资者教育和保护活动,维护投资者合法权益;

(四)制定和实施证券行业自律规则,监督、检查会员及其从业人员行为,对违反法律、行政法规、自律规则或者协会章程的,按照规定给予纪律处分或者实施其他自律管理措施;

(五)制定证券行业业务规范,组织从业人员的业务培训;

(六)组织会员就证券行业的发展、运作及有关内容进行研究,收集整理、发布证券相关信息,提供会员服务,组织行业交流,引导行业创新发展;

(七)对会员之间、会员与客户之间发生的证券业务纠纷进行调解;

(八)证券业协会章程规定的其他职责。

第一百六十七条 证券业协会设理事会。理事会成员依章程的规定由选举产生。

第十二章 证券监督管理机构

第一百六十八条 国务院证券监督管理机构依法对证券市场实行监督管理，维护证券市场公开、公平、公正，防范系统性风险，维护投资者合法权益，促进证券市场健康发展。

第一百六十九条 国务院证券监督管理机构在对证券市场实施监督管理中履行下列职责：

（一）依法制定有关证券市场监督管理的规章、规则，并依法进行审批、核准、注册，办理备案；

（二）依法对证券的发行、上市、交易、登记、存管、结算等行为，进行监督管理；

（三）依法对证券发行人、证券公司、证券服务机构、证券交易场所、证券登记结算机构的证券业务活动，进行监督管理；

（四）依法制定从事证券业务人员的行为准则，并监督实施；

（五）依法监督检查证券发行、上市、交易的信息披露；

（六）依法对证券业协会的自律管理活动进行指导和监督；

（七）依法监测并防范、处置证券市场风险；

（八）依法开展投资者教育；

（九）依法对证券违法行为进行查处；

（十）法律、行政法规规定的其他职责。

第一百七十条 国务院证券监督管理机构依法履行职责，有权采取下列措施：

（一）对证券发行人、证券公司、证券服务机构、证券交易场所、证券登记结算机构进行现场检查；

（二）进入涉嫌违法行为发生场所调查取证；

（三）询问当事人和与被调查事件有关的单位和个人，要求其对与被调查事件有关的事项作出说明；或者要求其按照指定的方式报送与被调查事件有关的文件和资料；

（四）查阅、复制与被调查事件有关的财产权登记、通讯记录等文件和资料；

（五）查阅、复制当事人和与被调查事件有关的单位和个人的证券交易记录、登记过户记录、财务会计资料及其他相关文件和资料；对可能被转移、隐匿或者毁损的文件和资料，可以予以封存、扣押；

（六）查询当事人和与被调查事件有关的单位和个人的资金账户、证券账户、银行账户以及其他具有支付、托管、结算等功能的账户信息，可以对有关文件和资料进行复制；对有证据证明已经或者可能转移或者隐匿违法资金、证券等涉案财产或者隐匿、伪造、毁损重要证据的，经国务院证券监督管理机构主要负责人或者其授权的其他负责人批准，可以冻结或者查封，期限为六个月；因特殊原因需要延长的，每次延长期限不得超过三个月，冻结、查封期限最长不得超过二年；

（七）在调查操纵证券市场、内幕交易等重大证券违法行为时，经国务院证券监督管理机构主要负责人或者其授权的其他负责人批准，可以限制被调查的当事人的证券买卖，但限制的期限不得超过三个月；案情复杂的，可以延长三个月；

（八）通知出入境管理机关依法阻止涉嫌违法人员、涉嫌违法单位的主管人员和其他直接责任人员出境。

为防范证券市场风险，维护市场秩序，国务院证券监督管理机构可以采取责令改正、监管谈话、出具警示函等措施。

第一百七十一条 国务院证券监督管理机构对涉嫌证券违法的单位或者个人进行调查期间，被调查的当事人书面申请，承诺在国务院证券监督管理机构认可的期限内纠正涉嫌违法行为，赔偿有关投资者损失，消除损害或者不良影响的，国务院证券监督管理机构可以决定中止调查。被调查的当事人履行承诺的，国务院证券监督管理机构可以决定终止调查；被调查的当事人未履行承诺或者有国务院规定的其他情形的，应当恢复调查。具体办法由国务院规定。

国务院证券监督管理机构决定中止或者终止调查的，应当按照规定公开相关信息。

第一百七十二条 国务院证券监督管理机构依法履行职责，进行监督检查或者调查，其监督检查、调查的人员不得少于二人，并应当出示合法证件和监督检查、调查通知书或者其他执法文书。监督检查、调查的人员少于二人或者未出示合法证件和监督检查、调查通知书或者其他执法文书，被检查、调查的单位和个人有权拒绝。

第一百七十三条 国务院证券监督管理机构依法履行职责，被检查、调查的单位和个人应当配合，如实提供有关文件和资料，不得拒绝、阻碍和隐瞒。

第一百七十四条 国务院证券监督管理机构制定的规章、规则和监督管理工作制度应当依法公开。

国务院证券监督管理机构依据调查结果，对证券违法行为作出的处罚决定，应当公开。

第一百七十五条 国务院证券监督管理机构应当与国务院其他金融监督管理机构建立监督管理信息共享机

制。

国务院证券监督管理机构依法履行职责,进行监督检查或者调查时,有关部门应当予以配合。

第一百七十六条 对涉嫌证券违法、违规行为,任何单位和个人有权向国务院证券监督管理机构举报。

对涉嫌重大违法、违规行为的实名举报线索经查证属实的,国务院证券监督管理机构按照规定给予举报人奖励。

国务院证券监督管理机构应当对举报人的身份信息保密。

第一百七十七条 国务院证券监督管理机构可以和其他国家或者地区的证券监督管理机构建立监督管理合作机制,实施跨境监督管理。

境外证券监督管理机构不得在中华人民共和国境内直接进行调查取证等活动。未经国务院证券监督管理机构和国务院有关主管部门同意,任何单位和个人不得擅自向境外提供与证券业务活动有关的文件和资料。

第一百七十八条 国务院证券监督管理机构依法履行职责,发现证券违法行为涉嫌犯罪的,应当依法将案件移送司法机关处理;发现公职人员涉嫌职务违法或者职务犯罪的,应当依法移送监察机关处理。

第一百七十九条 国务院证券监督管理机构工作人员必须忠于职守、依法办事、公正廉洁,不得利用职务便利牟取不正当利益,不得泄露所知悉的有关单位和个人的商业秘密。

国务院证券监督管理机构工作人员在任职期间,或者离职后在《中华人民共和国公务员法》规定的期限内,不得到与原工作业务直接相关的企业或者其他营利性组织任职,不得从事与原工作业务直接相关的营利性活动。

第十三章 法律责任

第一百八十条 违反本法第九条的规定,擅自公开或者变相公开发行证券的,责令停止发行,退还所募资金并加算银行同期存款利息,处以非法所募资金金额百分之五以上百分之五十以下的罚款;对擅自公开或者变相公开发行证券设立的公司,由依法履行监督管理职责的机构或者部门会同县级以上地方人民政府予以取缔。对直接负责的主管人员和其他直接责任人员给予警告,并处以五十万元以上五百万元以下的罚款。

第一百八十一条 发行人在其公告的证券发行文件中隐瞒重要事实或者编造重大虚假内容,尚未发行证券的,处以二百万元以上二千万元以下的罚款;已经发行证券的,处以非法所募资金金额百分之十以上一倍以下的罚款。对直接负责的主管人员和其他直接责任人员,处以一百万元以上一千万元以下的罚款。

发行人的控股股东、实际控制人组织、指使从事前款违法行为的,没收违法所得,并处以违法所得百分之十以上一倍以下的罚款;没有违法所得或者违法所得不足二千万元的,处以二百万元以上二千万元以下的罚款。对直接负责的主管人员和其他直接责任人员,处以一百万元以上一千万元以下的罚款。

第一百八十二条 保荐人出具有虚假记载、误导性陈述或者重大遗漏的保荐书,或者不履行其他法定职责的,责令改正,给予警告,没收业务收入,并处以业务收入一倍以上十倍以下的罚款;没有业务收入或者业务收入不足一百万元的,处以一百万元以上一千万元以下的罚款;情节严重的,并处暂停或者撤销保荐业务许可。对直接负责的主管人员和其他直接责任人员给予警告,并处以五十万元以上五百万元以下的罚款。

第一百八十三条 证券公司承销或者销售擅自公开发行或者变相公开发行的证券的,责令停止承销或者销售,没收违法所得,并处以违法所得一倍以上十倍以下的罚款;没有违法所得或者违法所得不足一百万元的,处以一百万元以上一千万元以下的罚款;情节严重的,并处暂停或者撤销相关业务许可。给投资者造成损失的,应当与发行人承担连带赔偿责任。对直接负责的主管人员和其他直接责任人员给予警告,并处以五十万元以上五百万元以下的罚款。

第一百八十四条 证券公司承销证券违反本法第二十九条规定的,责令改正,给予警告,没收违法所得,可以并处五十万元以上五百万元以下的罚款;情节严重的,暂停或者撤销相关业务许可。对直接负责的主管人员和其他直接责任人员给予警告,可以并处以二十万元以上二百万元以下的罚款;情节严重的,并处以五十万元以上五百万元以下的罚款。

第一百八十五条 发行人违反本法第十四条、第十五条的规定擅自改变公开发行证券所募集资金的用途的,责令改正,处以五十万元以上五百万元以下的罚款;对直接负责的主管人员和其他直接责任人员给予警告,并处以十万元以上一百万元以下的罚款。

发行人的控股股东、实际控制人从事或者组织、指使从事前款违法行为的,给予警告,并处以五十万元以上五百万元以下的罚款;对直接负责的主管人员和其他直接责任人员,处以十万元以上一百万元以下的罚款。

第一百八十六条 违反本法第三十六条的规定,在限制转让期内转让证券，或者转让股票不符合法律、行政法规和国务院证券监督管理机构规定的，责令改正，给予警告，没收违法所得，并处以买卖证券等值以下的罚款。

第一百八十七条 法律、行政法规规定禁止参与股票交易的人员，违反本法第四十条的规定，直接或者以化名、借他人名义持有、买卖股票或者其他具有股权性质的证券的，责令依法处理非法持有的股票、其他具有股权性质的证券，没收违法所得，并处以买卖证券等值以下的罚款；属于国家工作人员的，还应当依法给予处分。

第一百八十八条 证券服务机构及其从业人员，违反本法第四十二条的规定买卖证券的，责令依法处理非法持有的证券，没收违法所得，并处以买卖证券等值以下的罚款。

第一百八十九条 上市公司、股票在国务院批准的其他全国性证券交易场所交易的公司的董事、监事、高级管理人员、持有该公司百分之五以上股份的股东，违反本法第四十四条的规定，买卖该公司股票或者其他具有股权性质的证券的，给予警告，并处以十万元以上一百万元以下的罚款。

第一百九十条 违反本法第四十五条的规定，采取程序化交易影响证券交易所系统安全或者正常交易秩序的，责令改正，并处以五十万元以上五百万元以下的罚款。对直接负责的主管人员和其他直接责任人员给予警告，并处以十万元以上一百万元以下的罚款。

第一百九十一条 证券交易内幕信息的知情人或者非法获取内幕信息的人违反本法第五十三条的规定从事内幕交易的，责令依法处理非法持有的证券，没收违法所得，并处以违法所得一倍以上十倍以下的罚款；没有违法所得或者违法所得不足五十万元的，处以五十万元以上五百万元以下的罚款。单位从事内幕交易的，还应当对直接负责的主管人员和其他直接责任人员给予警告，并处以二十万元以上二百万元以下的罚款。国务院证券监督管理机构工作人员从事内幕交易的，从重处罚。

违反本法第五十四条的规定，利用未公开信息进行交易的，依照前款的规定处罚。

第一百九十二条 违反本法第五十五条的规定，操纵证券市场的，责令依法处理其非法持有的证券，没收违法所得，并处以违法所得一倍以上十倍以下的罚款；没有违法所得或者违法所得不足一百万元的，处以一百万元以上一千万元以下的罚款。单位操纵证券市场的，还应当对直接负责的主管人员和其他直接责任人员给予警告，并处以五十万元以上五百万元以下的罚款。

第一百九十三条 违反本法第五十六条第一款、第三款的规定，编造、传播虚假信息或者误导性信息，扰乱证券市场的，没收违法所得，并处以违法所得一倍以上十倍以下的罚款；没有违法所得或者违法所得不足二十万元的，处以二十万元以上二百万元以下的罚款。

违反本法第五十六条第二款的规定，在证券交易活动中作出虚假陈述或者信息误导的，责令改正，处以二十万元以上二百万元以下的罚款；属于国家工作人员的，还应当依法给予处分。

传播媒介及其从事证券市场信息报道的工作人员违反本法第五十六条第三款的规定，从事与其工作职责发生利益冲突的证券买卖的，没收违法所得，并处以买卖证券等值以下的罚款。

第一百九十四条 证券公司及其从业人员违反本法第五十七条的规定，有损害客户利益的行为的，给予警告，没收违法所得，并处以违法所得一倍以上十倍以下的罚款；没有违法所得或者违法所得不足十万元的，处以十万元以上一百万元以下的罚款；情节严重的，暂停或者撤销相关业务许可。

第一百九十五条 违反本法第五十八条的规定，出借自己的证券账户或者借用他人的证券账户从事证券交易的，责令改正，给予警告，可以处五十万元以下的罚款。

第一百九十六条 收购人未按照本法规定履行上市公司收购的公告、发出收购要约义务的，责令改正，给予警告，并处以五十万元以上五百万元以下的罚款。对直接负责的主管人员和其他直接责任人员给予警告，并处以二十万元以上二百万元以下的罚款。

收购人及其控股股东、实际控制人利用上市公司收购，给被收购公司及其股东造成损失的，应当依法承担赔偿责任。

第一百九十七条 信息披露义务人未按照本法规定报送有关报告或者履行信息披露义务的，责令改正，给予警告，并处以五十万元以上五百万元以下的罚款；对直接负责的主管人员和其他直接责任人员给予警告，并处以二十万元以上二百万元以下的罚款。发行人的控股股东、实际控制人组织、指使从事上述违法行为，或者隐瞒相关事项导致发生上述情形的，处以五十万元以上五百万元以下的罚款；对直接负责的主管人员和其他直接责任人员，处以二十万元以上二百万元以下的罚款。

信息披露义务人报送的报告或者披露的信息有虚假记载、误导性陈述或者重大遗漏的，责令改正，给予警告，并处以一百万元以上一千万元以下的罚款；对直接负责的主管人员和其他直接责任人员给予警告,并处以五十万元以上五百万元以下的罚款。发行人的控股股东、实际控制人组织、指使从事上述违法行为,或者隐瞒相关事项导致发生上述情形的,处以一百万元以上一千万元以下的罚款;对直接负责的主管人员和其他直接责任人员,处以五十万元以上五百万元以下的罚款。

第一百九十八条 证券公司违反本法第八十八条的规定未履行或者未按照规定履行投资者适当性管理义务的,责令改正,给予警告,并处以十万元以上一百万元以下的罚款。对直接负责的主管人员和其他直接责任人员给予警告,并处以二十万元以下的罚款。

第一百九十九条 违反本法第九十条的规定征集股东权利的,责令改正,给予警告,可以处五十万元以下的罚款。

第二百条 非法开设证券交易场所的,由县级以上人民政府予以取缔,没收违法所得,并处以违法所得一倍以上十倍以下的罚款;没有违法所得或者违法所得不足一百万元的,处以一百万元以上一千万元以下的罚款。对直接负责的主管人员和其他直接责任人员给予警告,并处以二十万元以上二百万元以下的罚款。

证券交易所违反本法第一百零五条的规定,允许非会员直接参与股票的集中交易的,责令改正,可以并处五十万元以下的罚款。

第二百零一条 证券公司违反本法第一百零七条第一款的规定,未对投资者开立账户提供的身份信息进行核对的,责令改正,给予警告,并处以五万元以上五十万元以下的罚款。对直接负责的主管人员和其他直接责任人员给予警告,并处以十万元以下的罚款。

证券公司违反本法第一百零七条第二款的规定,将投资者的账户提供给他人使用的,责令改正,给予警告,并处以十万元以上一百万元以下的罚款。对直接负责的主管人员和其他直接责任人员给予警告,并处以二十万元以下的罚款。

第二百零二条 违反本法第一百一十八条、第一百二十条第一款、第四款的规定,擅自设立证券公司、非法经营证券业务或者未经批准以证券公司名义开展证券业务活动的,责令改正,没收违法所得,并处以违法所得一倍以上十倍以下的罚款;没有违法所得或者违法所得不足一百万元的,处以一百万元以上一千万元以下的罚款。对直接负责的主管人员和其他直接责任人员给予警告,并处以二十万元以上二百万元以下的罚款。对擅自设立的证券公司,由国务院证券监督管理机构予以取缔。

证券公司违反本法第一百二十条第五款规定提供证券融资融券服务的,没收违法所得,并处以融资融券等值以下的罚款;情节严重的,禁止其在一定期限内从事证券融资融券业务。对直接负责的主管人员和其他直接责任人员给予警告,并处以二十万元以上二百万元以下的罚款。

第二百零三条 提交虚假证明文件或者采取其他欺诈手段骗取证券公司设立许可、业务许可或者重大事项变更核准的,撤销相关许可,并处以一百万元以上一千万元以下的罚款。对直接负责的主管人员和其他直接责任人员给予警告,并处以二十万元以上二百万元以下的罚款。

第二百零四条 证券公司违反本法第一百二十二条的规定,未经核准变更证券业务范围,变更主要股东或者公司的实际控制人,合并、分立、停业、解散、破产的,责令改正,给予警告,没收违法所得,并处以违法所得一倍以上十倍以下的罚款;没有违法所得或者违法所得不足五十万元的,处以五十万元以上五百万元以下的罚款;情节严重的,并处撤销相关业务许可。对直接负责的主管人员和其他直接责任人员给予警告,并处以二十万元以上二百万元以下的罚款。

第二百零五条 证券公司违反本法第一百二十三条第二款的规定,为其股东或者股东的关联人提供融资或者担保的,责令改正,给予警告,并处以五十万元以上五百万元以下的罚款。对直接负责的主管人员和其他直接责任人员给予警告,并处以十万元以上一百万元以下的罚款。股东有过错的,在按照要求改正前,国务院证券监督管理机构可以限制其股东权利;拒不改正的,可以责令其转让所持证券公司股权。

第二百零六条 证券公司违反本法第一百二十八条的规定,未采取有效隔离措施防范利益冲突,或者未分开办理相关业务、混合操作的,责令改正,给予警告,没收违法所得,并处以违法所得一倍以上十倍以下的罚款;没有违法所得或者违法所得不足五十万元的,处以五十万元以上五百万元以下的罚款;情节严重的,并处撤销相关业务许可。对直接负责的主管人员和其他直接责任人员给予警告,并处以二十万元以上二百万元以下的罚款。

第二百零七条 证券公司违反本法第一百二十九条的规定从事证券自营业务的,责令改正,给予警告,没收违法所得,并处以违法所得一倍以上十倍以下的罚款;没有违法所得或者违法所得不足五十万元的,处以五十万元以上五百万元以下的罚款;情节严重的,并处撤销相关业务许可或者责令关闭。对直接负责的主管人员和其他直接责任人员给予警告,并处以二十万元以上二百万元以下的罚款。

第二百零八条 违反本法第一百三十一条的规定,将客户的资金和证券归入自有财产,或者挪用客户的资金和证券的,责令改正,给予警告,没收违法所得,并处以违法所得一倍以上十倍以下的罚款;没有违法所得或者违法所得不足一百万元的,处以一百万元以上一千万元以下的罚款;情节严重的,并处撤销相关业务许可或者责令关闭。对直接负责的主管人员和其他直接责任人员给予警告,并处以五十万元以上五百万元以下的罚款。

第二百零九条 证券公司违反本法第一百三十四条第一款的规定接受客户的全权委托买卖证券的,或者违反本法第一百三十五条的规定对客户的收益或者赔偿客户的损失作出承诺的,责令改正,给予警告,没收违法所得,并处以违法所得一倍以上十倍以下的罚款;没有违法所得或者违法所得不足五十万元的,处以五十万元以上五百万元以下的罚款;情节严重的,并处撤销相关业务许可。对直接负责的主管人员和其他直接责任人员给予警告,并处以二十万元以上二百万元以下的罚款。

证券公司违反本法第一百三十四条第二款的规定,允许他人以证券公司的名义直接参与证券的集中交易的,责令改正,并可并处五十万元以下的罚款。

第二百一十条 证券公司的从业人员违反本法第一百三十六条的规定,私下接受客户委托买卖证券的,责令改正,给予警告,没收违法所得,并处以违法所得一倍以上十倍以下的罚款;没有违法所得的,处以五十万元以下的罚款。

第二百一十一条 证券公司及其主要股东、实际控制人违反本法第一百三十八条的规定,未报送、提供信息和资料,或者报送、提供的信息和资料有虚假记载、误导性陈述或者重大遗漏,责令改正,给予警告,并处以一百万元以下的罚款;情节严重的,并处撤销相关业务许可。对直接负责的主管人员和其他直接责任人员,给予警告,并处以五十万元以下的罚款。

第二百一十二条 违反本法第一百四十五条的规定,擅自设立证券登记结算机构的,由国务院证券监督管理机构予以取缔,没收违法所得,并处以违法所得一倍以上十倍以下的罚款;没有违法所得或者违法所得不足五十万元的,处以五十万元以上五百万元以下的罚款。对直接负责的主管人员和其他直接责任人员给予警告,并处以二十万元以上二百万元以下的罚款。

第二百一十三条 证券投资咨询机构违反本法第一百六十条第二款的规定擅自从事证券服务业务,或者从事证券服务业务有本法第一百六十一条规定行为的,责令改正,没收违法所得,并处以违法所得一倍以上十倍以下的罚款;没有违法所得或者违法所得不足五十万元的,处以五十万元以上五百万元以下的罚款。对直接负责的主管人员和其他直接责任人员,给予警告,并处以二十万元以上二百万元以下的罚款。

会计师事务所、律师事务所以及从事资产评估、资信评级、财务顾问、信息技术系统服务的机构违反本法第一百六十条第二款的规定,从事证券服务业务未报备案的,责令改正,可以处二十万元以下的罚款。

证券服务机构违反本法第一百六十三条的规定,未勤勉尽责,所制作、出具的文件有虚假记载、误导性陈述或者重大遗漏的,责令改正,没收业务收入,并处以业务收入一倍以上十倍以下的罚款,没有业务收入或者业务收入不足五十万元的,处以五十万元以上五百万元以下的罚款;情节严重的,并处暂停或者禁止从事证券服务业务。对直接负责的主管人员和其他直接责任人员给予警告,并处以二十万元以上二百万元以下的罚款。

第二百一十四条 发行人、证券登记结算机构、证券公司、证券服务机构未按照规定保存有关文件和资料的,责令改正,给予警告,并处以十万元以上一百万元以下的罚款;泄露、隐匿、伪造、篡改或者毁损有关文件和资料的,给予警告,并处以二十万元以上二百万元以下的罚款;情节严重的,处以五十万元以上五百万元以下的罚款,并处暂停、撤销相关业务许可或者禁止从事相关业务。对直接负责的主管人员和其他直接责任人员给予警告,并处以十万元以上一百万元以下的罚款。

第二百一十五条 国务院证券监督管理机构依法将有关市场主体遵守本法的情况纳入证券市场诚信档案。

第二百一十六条 国务院证券监督管理机构或者国务院授权的部门有下列情形之一的,对直接负责的主管人员和其他直接责任人员,依法给予处分:

(一)对不符合本法规定的发行证券、设立证券公司等申请予以核准、注册、批准的;

(二)违反本法规定采取现场检查、调查取证、查询、冻结或者查封等措施的;

(三)违反本法规定对有关机构和人员采取监督管理措施的;

(四)违反本法规定对有关机构和人员实施行政处罚的;

（五）其他不依法履行职责的行为。

第二百一十七条 国务院证券监督管理机构或者国务院授权的部门的工作人员，不履行本法规定的职责，滥用职权、玩忽职守，利用职务便利牟取不正当利益，或者泄露所知悉的有关单位和个人的商业秘密的，依法追究法律责任。

第二百一十八条 拒绝、阻碍证券监督管理机构及其工作人员依法行使监督检查、调查职权，由证券监督管理机构责令改正，处以十万元以上一百万元以下的罚款，并由公安机关依法给予治安管理处罚。

第二百一十九条 违反本法规定，构成犯罪的，依法追究刑事责任。

第二百二十条 违反本法规定，应当承担民事赔偿责任和缴纳罚款、罚金、违法所得，违法行为人的财产不足以支付的，优先用于承担民事赔偿责任。

第二百二十一条 违反法律、行政法规或者国务院证券监督管理机构的有关规定，情节严重的，国务院证券监督管理机构可以对有关责任人员采取证券市场禁入的措施。

前款所称证券市场禁入，是指在一定期限内直至终身不得从事证券业务、证券服务业务，不得担任证券发行人的董事、监事、高级管理人员，或者一定期限内不得在证券交易所、国务院批准的其他全国性证券交易场所交易证券的制度。

第二百二十二条 依照本法收缴的罚款和没收的违法所得，全部上缴国库。

第二百二十三条 当事人对证券监督管理机构或者国务院授权的部门的处罚决定不服的，可以依法申请行政复议，或者依法直接向人民法院提起诉讼。

第十四章 附 则

第二百二十四条 境内企业直接或者间接到境外发行证券或者将其证券在境外上市交易，应当符合国务院的有关规定。

第二百二十五条 境内公司股票以外币认购和交易的，具体办法由国务院另行规定。

第二百二十六条 本法自2020年3月1日起施行。

中华人民共和国证券投资基金法

· 2003年10月28日第十届全国人民代表大会常务委员会第五次会议通过
· 2012年12月28日第十一届全国人民代表大会常务委员会第三十次会议修订
· 根据2015年4月24日第十二届全国人民代表大会常务委员会第十四次会议《关于修改〈中华人民共和国港口法〉等七部法律的决定》修正

第一章 总 则

第一条 为了规范证券投资基金活动，保护投资人及相关当事人的合法权益，促进证券投资基金和资本市场的健康发展，制定本法。

第二条 在中华人民共和国境内，公开或者非公开募集资金设立证券投资基金（以下简称基金），由基金管理人管理，基金托管人托管，为基金份额持有人的利益，进行证券投资活动，适用本法；本法未规定的，适用《中华人民共和国信托法》、《中华人民共和国证券法》和其他有关法律、行政法规的规定。

第三条 基金管理人、基金托管人和基金份额持有人的权利、义务，依照本法在基金合同中约定。

基金管理人、基金托管人依照本法和基金合同的约定，履行受托职责。

通过公开募集方式设立的基金（以下简称公开募集基金）的基金份额持有人按其所持基金份额享受收益和承担风险，通过非公开募集方式设立的基金（以下简称非公开募集基金）的收益分配和风险承担由基金合同约定。

第四条 从事证券投资基金活动，应当遵循自愿、公平、诚实信用的原则，不得损害国家利益和社会公共利益。

第五条 基金财产的债务由基金财产本身承担，基金份额持有人以其出资为限对基金财产的债务承担责任。但基金合同依照本法另有约定的，从其约定。

基金财产独立于基金管理人、基金托管人的固有财产。基金管理人、基金托管人不得将基金财产归入其固有财产。

基金管理人、基金托管人因基金财产的管理、运用或者其他情形而取得的财产和收益，归入基金财产。

基金管理人、基金托管人因依法解散、被依法撤销或者被依法宣告破产等原因进行清算的，基金财产不属于其清算财产。

第六条 基金财产的债权，不得与基金管理人、基金托管人固有财产的债务相抵销；不同基金财产的债权债务,不得相互抵销。

第七条 非因基金财产本身承担的债务,不得对基金财产强制执行。

第八条 基金财产投资的相关税收,由基金份额持有人承担,基金管理人或者其他扣缴义务人按照国家有关税收征收的规定代扣代缴。

第九条 基金管理人、基金托管人管理、运用基金财产,基金服务机构从事基金服务活动,应当恪尽职守,履行诚实信用、谨慎勤勉的义务。

基金管理人运用基金财产进行证券投资,应当遵守审慎经营规则,制定科学合理的投资策略和风险管理制度,有效防范和控制风险。

基金从业人员应当具备基金从业资格,遵守法律、行政法规,恪守职业道德和行为规范。

第十条 基金管理人、基金托管人和基金服务机构,应当依照本法成立证券投资基金行业协会(以下简称基金行业协会),进行行业自律,协调行业关系,提供行业服务,促进行业发展。

第十一条 国务院证券监督管理机构依法对证券投资基金活动实施监督管理;其派出机构依照授权履行职责。

第二章 基金管理人

第十二条 基金管理人由依法设立的公司或者合伙企业担任。

公开募集基金的基金管理人,由基金管理公司或者经国务院证券监督管理机构按照规定核准的其他机构担任。

第十三条 设立管理公开募集基金的基金管理公司,应当具备下列条件,并经国务院证券监督管理机构批准:

(一)有符合本法和《中华人民共和国公司法》规定的章程;

(二)注册资本不低于一亿元人民币,且必须为实缴货币资本;

(三)主要股东应当具有经营金融业务或者管理金融机构的良好业绩、良好的财务状况和社会信誉,资产规模达到国务院规定的标准,最近三年没有违法记录;

(四)取得基金从业资格的人员达到法定人数;

(五)董事、监事、高级管理人员具备相应的任职条件;

(六)有符合要求的营业场所、安全防范设施和与基金管理业务有关的其他设施;

(七)有良好的内部治理结构、完善的内部稽核监控制度、风险控制制度;

(八)法律、行政法规规定的和经国务院批准的国务院证券监督管理机构规定的其他条件。

第十四条 国务院证券监督管理机构应当自受理基金管理公司设立申请之日起六个月内依照本法第十三条规定的条件和审慎监管原则进行审查,作出批准或者不予批准的决定,并通知申请人;不予批准的,应当说明理由。

基金管理公司变更持有百分之五以上股权的股东,变更公司的实际控制人,或者变更其他重大事项,应当报经国务院证券监督管理机构批准。国务院证券监督管理机构应当自受理申请之日起六十日内作出批准或者不予批准的决定,并通知申请人;不予批准的,应当说明理由。

第十五条 有下列情形之一的,不得担任公开募集基金的基金管理人的董事、监事、高级管理人员和其他从业人员:

(一)因犯有贪污贿赂、渎职、侵犯财产罪或者破坏社会主义市场经济秩序罪,被判处刑罚的;

(二)对所任职的公司、企业因经营不善破产清算或者因违法被吊销营业执照负有个人责任的董事、监事、厂长、高级管理人员,自该公司、企业破产清算终结或者被吊销营业执照之日起未逾五年的;

(三)个人所负债务数额较大,到期未清偿的;

(四)因违法行为被开除的基金管理人、基金托管人、证券交易所、证券公司、证券登记结算机构、期货交易所、期货公司及其他机构的从业人员和国家机关工作人员;

(五)因违法行为被吊销执业证书或者被取消资格的律师、注册会计师和资产评估机构、验证机构的从业人员、投资咨询从业人员;

(六)法律、行政法规规定不得从事基金业务的其他人员。

第十六条 公开募集基金的基金管理人的董事、监事和高级管理人员,应当熟悉证券投资方面的法律、行政法规,具有三年以上与其所任职务相关的工作经历;高级管理人员还应当具备基金从业资格。

第十七条 公开募集基金的基金管理人的董事、监事、高级管理人员和其他从业人员,其本人、配偶、利害关系人进行证券投资,应当事先向基金管理人申报,并不得与基金份额持有人发生利益冲突。

公开募集基金的基金管理人应当建立前款规定人员

进行证券投资的申报、登记、审查、处置等管理制度,并报国务院证券监督管理机构备案。

第十八条 公开募集基金的基金管理人的董事、监事、高级管理人员和其他从业人员,不得担任基金托管人或者其他基金管理人的任何职务,不得从事损害基金财产和基金份额持有人利益的证券交易及其他活动。

第十九条 公开募集基金的基金管理人应当履行下列职责:

(一)依法募集资金,办理基金份额的发售和登记事宜;

(二)办理基金备案手续;

(三)对所管理的不同基金财产分别管理、分别记账,进行证券投资;

(四)按照基金合同的约定确定基金收益分配方案,及时向基金份额持有人分配收益;

(五)进行基金会计核算并编制基金财务会计报告;

(六)编制中期和年度基金报告;

(七)计算并公告基金资产净值,确定基金份额申购、赎回价格;

(八)办理与基金财产管理业务活动有关的信息披露事项;

(九)按照规定召集基金份额持有人大会;

(十)保存基金财产管理业务活动的记录、账册、报表和其他相关资料;

(十一)以基金管理人名义,代表基金份额持有人利益行使诉讼权利或者实施其他法律行为;

(十二)国务院证券监督管理机构规定的其他职责。

第二十条 公开募集基金的基金管理人及其董事、监事、高级管理人员和其他从业人员不得下列行为:

(一)将其固有财产或者他人财产混同于基金财产从事证券投资;

(二)不公平地对待其管理的不同基金财产;

(三)利用基金财产或者职务之便为基金份额持有人以外的人牟取利益;

(四)向基金份额持有人违规承诺收益或者承担损失;

(五)侵占、挪用基金财产;

(六)泄露因职务便利获取的未公开信息、利用该信息从事或者明示、暗示他人从事相关的交易活动;

(七)玩忽职守,不按照规定履行职责;

(八)法律、行政法规和国务院证券监督管理机构规定禁止的其他行为。

第二十一条 公开募集基金的基金管理人应当建立良好的内部治理结构,明确股东会、董事会、监事会和高级管理人员的职责权限,确保基金管理人独立运作。

公开募集基金的基金管理人可以实行专业人士持股计划,建立长效激励约束机制。

公开募集基金的基金管理人的股东、董事、监事和高级管理人员在行使权利或者履行职责时,应当遵循基金份额持有人利益优先的原则。

第二十二条 公开募集基金的基金管理人应当从管理基金的报酬中计提风险准备金。

公开募集基金的基金管理人因违法违规、违反基金合同等原因给基金财产或者基金份额持有人合法权益造成损失,应当承担赔偿责任的,可以优先使用风险准备金予以赔偿。

第二十三条 公开募集基金的基金管理人的股东、实际控制人应当按照国务院证券监督管理机构的规定及时履行重大事项报告义务,并不得有下列行为:

(一)虚假出资或者抽逃出资;

(二)未依法经股东会或者董事会决议擅自干预基金管理人的基金经营活动;

(三)要求基金管理人利用基金财产为自己或者他人牟取利益,损害基金份额持有人利益;

(四)国务院证券监督管理机构规定禁止的其他行为。

公开募集基金的基金管理人的股东、实际控制人有前款行为或者股东不再符合法定条件的,国务院证券监督管理机构应当责令其限期改正,并可视情节责令其转让所持有或者控制的基金管理人的股权。

在前款规定的股东、实际控制人按照要求改正违法行为、转让所持有或者控制的基金管理人的股权前,国务院证券监督管理机构可以限制有关股东行使股东权利。

第二十四条 公开募集基金的基金管理人违法违规,或者其内部治理结构、稽核监控和风险控制管理不符合规定的,国务院证券监督管理机构应当责令其限期改正;逾期未改正,或者其行为严重危及该基金管理人的稳健运行、损害基金份额持有人合法权益的,国务院证券监督管理机构可以区别情形,对其采取下列措施:

(一)限制业务活动,责令暂停部分或者全部业务;

(二)限制分配红利,限制向董事、监事、高级管理人员支付报酬、提供福利;

(三)限制转让固有财产或者在固有财产上设定其他权利;

（四）责令更换董事、监事、高级管理人员或者限制其权利；

（五）责令有关股东转让股权或者限制有关股东行使股东权利。

公开募集基金的基金管理人整改后，应当向国务院证券监督管理机构提交报告。国务院证券监督管理机构经验收，符合有关要求的，应当自验收完毕之日起三日内解除对其采取的有关措施。

第二十五条　公开募集基金的基金管理人的董事、监事、高级管理人员未能勤勉尽责，致使基金管理人存在重大违法违规行为或者重大风险的，国务院证券监督管理机构可以责令更换。

第二十六条　公开募集基金的基金管理人违法经营或者出现重大风险，严重危害证券市场秩序、损害基金份额持有人利益的，国务院证券监督管理机构可以对该基金管理人采取责令停业整顿、指定其他机构托管、接管、取消基金管理资格或者撤销等监管措施。

第二十七条　在公开募集基金的基金管理人被责令停业整顿、被依法指定托管、接管或者清算期间，或者出现重大风险时，经国务院证券监督管理机构批准，可以对该基金管理人直接负责的董事、监事、高级管理人员和其他直接责任人员采取下列措施：

（一）通知出境管理机关依法阻止其出境；

（二）申请司法机关禁止其转移、转让或者以其他方式处分财产，或者在财产上设定其他权利。

第二十八条　有下列情形之一的，公开募集基金的基金管理人职责终止：

（一）被依法取消基金管理资格；

（二）被基金份额持有人大会解任；

（三）依法解散、被依法撤销或者被依法宣告破产；

（四）基金合同约定的其他情形。

第二十九条　公开募集基金的基金管理人职责终止的，基金份额持有人大会应当在六个月内选任新基金管理人；新基金管理人产生前，由国务院证券监督管理机构指定临时基金管理人。

公开募集基金的基金管理人职责终止的，应当妥善保管基金管理业务资料，及时办理基金管理业务的移交手续，新基金管理人或者临时基金管理人应当及时接收。

第三十条　公开募集基金的基金管理人职责终止的，应当按照规定聘请会计师事务所对基金财产进行审计，并将审计结果予以公告，同时报国务院证券监督管理机构备案。

第三十一条　对非公开募集基金的基金管理人进行规范的具体办法，由国务院金融监督管理机构依照本章的原则制定。

第三章　基金托管人

第三十二条　基金托管人由依法设立的商业银行或者其他金融机构担任。

商业银行担任基金托管人的，由国务院证券监督管理机构会同国务院银行业监督管理机构核准；其他金融机构担任基金托管人的，由国务院证券监督管理机构核准。

第三十三条　担任基金托管人，应当具备下列条件：

（一）净资产和风险控制指标符合有关规定；

（二）设有专门的基金托管部门；

（三）取得基金从业资格的专职人员达到法定人数；

（四）有安全保管基金财产的条件；

（五）有安全高效的清算、交割系统；

（六）有符合要求的营业场所、安全防范设施和与基金托管业务有关的其他设施；

（七）有完善的内部稽核监控制度和风险控制制度；

（八）法律、行政法规规定的和经国务院批准的国务院证券监督管理机构、国务院银行业监督管理机构规定的其他条件。

第三十四条　本法第十五条、第十七条、第十八条的规定，适用于基金托管人的专门基金托管部门的高级管理人员和其他从业人员。

本法第十六条的规定，适用于基金托管人的专门基金托管部门的高级管理人员。

第三十五条　基金托管人与基金管理人不得为同一机构，不得相互出资或者持有股份。

第三十六条　基金托管人应当履行下列职责：

（一）安全保管基金财产；

（二）按照规定开设基金财产的资金账户和证券账户；

（三）对所托管的不同基金财产分别设置账户，确保基金财产的完整与独立；

（四）保存基金托管业务活动的记录、账册、报表和其他相关资料；

（五）按照基金合同的约定，根据基金管理人的投资指令，及时办理清算、交割事宜；

（六）办理与基金托管业务活动有关的信息披露事项；

（七）对基金财务会计报告、中期和年度基金报告出具意见；

（八）复核、审查基金管理人计算的基金资产净值和基金份额申购、赎回价格；

（九）按照规定召集基金份额持有人大会；

（十）按照规定监督基金管理人的投资运作；

（十一）国务院证券监督管理机构规定的其他职责。

第三十七条　基金托管人发现基金管理人的投资指令违反法律、行政法规和其他有关规定，或者违反基金合同约定的，应当拒绝执行，立即通知基金管理人，并及时向国务院证券监督管理机构报告。

基金托管人发现基金管理人依据交易程序已经生效的投资指令违反法律、行政法规和其他有关规定，或者违反基金合同约定的，应当立即通知基金管理人，并及时向国务院证券监督管理机构报告。

第三十八条　本法第二十条、第二十二条的规定，适用于基金托管人。

第三十九条　基金托管人不再具备本法规定的条件，或者未能勤勉尽责，在履行本法规定的职责时存在重大失误的，国务院证券监督管理机构、国务院银行业监督管理机构应当责令其改正；逾期未改正，或者其行为严重影响所托管基金的稳健运行、损害基金份额持有人利益的，国务院证券监督管理机构、国务院银行业监督管理机构可以区别情形，对其采取下列措施：

（一）限制业务活动，责令暂停办理新的基金托管业务；

（二）责令更换负有责任的专门基金托管部门的高级管理人员。

基金托管人整改后，应当向国务院证券监督管理机构、国务院银行业监督管理机构提交报告；经验收，符合有关要求的，应当自验收完毕之日起三日内解除对其采取的有关措施。

第四十条　国务院证券监督管理机构、国务院银行业监督管理机构对有下列情形之一的基金托管人，可以取消其基金托管资格：

（一）连续三年没有开展基金托管业务的；

（二）违反本法规定，情节严重的；

（三）法律、行政法规规定的其他情形。

第四十一条　有下列情形之一的，基金托管人职责终止：

（一）被依法取消基金托管资格的；

（二）被基金份额持有人大会解任的；

（三）依法解散、被依法撤销或者被依法宣告破产的；

（四）基金合同约定的其他情形。

第四十二条　基金托管人职责终止的，基金份额持有人大会应当在六个月内选任新基金托管人；新基金托管人产生前，由国务院证券监督管理机构指定临时基金托管人。

基金托管人职责终止的，应当妥善保管基金财产和基金托管业务资料，及时办理基金财产和基金托管业务的移交手续，新基金托管人或者临时基金托管人应当及时接收。

第四十三条　基金托管人职责终止的，应当按照规定聘请会计师事务所对基金财产进行审计，并将审计结果予以公告，同时报国务院证券监督管理机构备案。

第四章　基金的运作方式和组织

第四十四条　基金合同应当约定基金的运作方式。

第四十五条　基金的运作方式可以采用封闭式、开放式或者其他方式。

采用封闭式运作方式的基金（以下简称封闭式基金），是指基金份额总额在基金合同期限内固定不变，基金份额持有人不得申请赎回的基金；采用开放式运作方式的基金（以下简称开放式基金），是指基金份额总额不固定，基金份额可以在基金合同约定的时间和场所申购或者赎回的基金。

采用其他运作方式的基金的基金份额发售、交易、申购、赎回的办法，由国务院证券监督管理机构另行规定。

第四十六条　基金份额持有人享有下列权利：

（一）分享基金财产收益；

（二）参与分配清算后的剩余基金财产；

（三）依法转让或者申请赎回其持有的基金份额；

（四）按照规定要求召开基金份额持有人大会或者召集基金份额持有人大会；

（五）对基金份额持有人大会审议事项行使表决权；

（六）对基金管理人、基金托管人、基金服务机构损害其合法权益的行为依法提起诉讼；

（七）基金合同约定的其他权利。

公开募集基金的基金份额持有人有权查阅或者复制公开披露的基金信息资料；非公开募集基金的基金份额持有人对涉及自身利益的情况，有权查阅基金的财务会计账簿等财务资料。

第四十七条　基金份额持有人大会由全体基金份额持有人组成，行使下列职权：

（一）决定基金扩募或者延长基金合同期限；

（二）决定修改基金合同的重要内容或者提前终止基金合同；

（三）决定更换基金管理人、基金托管人；

（四）决定调整基金管理人、基金托管人的报酬标准；

（五）基金合同约定的其他职权。

第四十八条 按照基金合同约定，基金份额持有人大会可以设立日常机构，行使下列职权：

（一）召集基金份额持有人大会；

（二）提请更换基金管理人、基金托管人；

（三）监督基金管理人的投资运作、基金托管人的托管活动；

（四）提请调整基金管理人、基金托管人的报酬标准；

（五）基金合同约定的其他职权。

前款规定的日常机构，由基金份额持有人大会选举产生的人员组成；其议事规则，由基金合同约定。

第四十九条 基金份额持有人大会及其日常机构不得直接参与或者干涉基金的投资管理活动。

第五章 基金的公开募集

第五十条 公开募集基金，应当经国务院证券监督管理机构注册。未经注册，不得公开或者变相公开募集基金。

前款所称公开募集基金，包括向不特定对象募集资金、向特定对象募集资金累计超过二百人，以及法律、行政法规规定的其他情形。

公开募集基金应当由基金管理人管理，基金托管人托管。

第五十一条 注册公开募集基金，由拟任基金管理人向国务院证券监督管理机构提交下列文件：

（一）申请报告；

（二）基金合同草案；

（三）基金托管协议草案；

（四）招募说明书草案；

（五）律师事务所出具的法律意见书；

（六）国务院证券监督管理机构规定提交的其他文件。

第五十二条 公开募集基金的基金合同应当包括下列内容：

（一）募集基金的目的和基金名称；

（二）基金管理人、基金托管人的名称和住所；

（三）基金的运作方式；

（四）封闭式基金的基金份额总额和基金合同期限，或者开放式基金的最低募集份额总额；

（五）确定基金份额发售日期、价格和费用的原则；

（六）基金份额持有人、基金管理人和基金托管人的权利、义务；

（七）基金份额持有人大会召集、议事及表决的程序和规则；

（八）基金份额发售、交易、申购、赎回的程序、时间、地点、费用计算方式，以及给付赎回款项的时间和方式；

（九）基金收益分配原则、执行方式；

（十）基金管理人、基金托管人报酬的提取、支付方式与比例；

（十一）与基金财产管理、运用有关的其他费用的提取、支付方式；

（十二）基金财产的投资方向和投资限制；

（十三）基金资产净值的计算方法和公告方式；

（十四）基金募集未达到法定要求的处理方式；

（十五）基金合同解除和终止的事由、程序以及基金财产清算方式；

（十六）争议解决方式；

（十七）当事人约定的其他事项。

第五十三条 公开募集基金的基金招募说明书应当包括下列内容：

（一）基金募集申请的准予注册文件名称和注册日期；

（二）基金管理人、基金托管人的基本情况；

（三）基金合同和基金托管协议的内容摘要；

（四）基金份额的发售日期、价格、费用和期限；

（五）基金份额的发售方式、发售机构及登记机构名称；

（六）出具法律意见书的律师事务所和审计基金财产的会计师事务所的名称和住所；

（七）基金管理人、基金托管人报酬及其他有关费用的提取、支付方式与比例；

（八）风险警示内容；

（九）国务院证券监督管理机构规定的其他内容。

第五十四条 国务院证券监督管理机构应当自受理公开募集基金的募集注册申请之日起六个月内依照法律、行政法规及国务院证券监督管理机构的规定进行审查，作出注册或者不予注册的决定，并通知申请人；不予注册的，应当说明理由。

第五十五条 基金募集申请经注册后，方可发售基金份额。

基金份额的发售，由基金管理人或者其委托的基金销售机构办理。

第五十六条 基金管理人应当在基金份额发售的三日前公布招募说明书、基金合同及其他有关文件。

前款规定的文件应当真实、准确、完整。

对基金募集所进行的宣传推介活动，应当符合有关法律、行政法规的规定，不得有本法第七十七条所列行为。

第五十七条 基金管理人应当自收到准予注册文件之日起六个月内进行基金募集。超过六个月开始募集，原注册的事项未发生实质性变化的，应当报国务院证券监督管理机构备案；发生实质性变化的，应当向国务院证券监督管理机构重新提交注册申请。

基金募集不得超过国务院证券监督管理机构准予注册的基金募集期限。基金募集期限自基金份额发售之日起计算。

第五十八条 基金募集期限届满，封闭式基金募集的基金份额总额达到准予注册规模的百分之八十以上，开放式基金募集的基金份额总额超过准予注册的最低募集份额总额，并且基金份额持有人人数符合国务院证券监督管理机构规定的，基金管理人应当自募集期限届满之日起十日内聘请法定验资机构验资，自收到验资报告之日起十日内，向国务院证券监督管理机构提交验资报告，办理基金备案手续，并予以公告。

第五十九条 基金募集期间募集的资金应当存入专门账户，在基金募集行为结束前，任何人不得动用。

第六十条 投资人交纳认购的基金份额的款项时，基金合同成立；基金管理人依照本法第五十八条的规定向国务院证券监督管理机构办理基金备案手续，基金合同生效。

基金募集期限届满，不能满足本法第五十八条规定的条件的，基金管理人应当承担下列责任：

（一）以其固有财产承担因募集行为而产生的债务和费用；

（二）在基金募集期限届满后三十日内返还投资人已交纳的款项，并加计银行同期存款利息。

第六章　公开募集基金的基金份额的交易、申购与赎回

第六十一条 申请基金份额上市交易，基金管理人应当向证券交易所提出申请，证券交易所依法审核同意的，双方应当签订上市协议。

第六十二条 基金份额上市交易，应当符合下列条件：

（一）基金的募集符合本法规定；

（二）基金合同期限为五年以上；

（三）基金募集金额不低于二亿元人民币；

（四）基金份额持有人不少于一千人；

（五）基金份额上市交易规则规定的其他条件。

第六十三条 基金份额上市交易规则由证券交易所制定，报国务院证券监督管理机构批准。

第六十四条 基金份额上市交易后，有下列情形之一的，由证券交易所终止其上市交易，并报国务院证券监督管理机构备案：

（一）不再具备本法第六十二条规定的上市交易条件；

（二）基金合同期限届满；

（三）基金份额持有人大会决定提前终止上市交易；

（四）基金合同约定的或者基金份额上市交易规则规定的终止上市交易的其他情形。

第六十五条 开放式基金的基金份额的申购、赎回、登记，由基金管理人或者其委托的基金服务机构办理。

第六十六条 基金管理人应当在每个工作日办理基金份额的申购、赎回业务；基金合同另有约定的，从其约定。

投资人交付申购款项，申购成立；基金份额登记机构确认基金份额时，申购生效。

基金份额持有人递交赎回申请，赎回成立；基金份额登记机构确认赎回时，赎回生效。

第六十七条 基金管理人应当按时支付赎回款项，但是下列情形除外：

（一）因不可抗力导致基金管理人不能支付赎回款项；

（二）证券交易场所依法决定临时停市，导致基金管理人无法计算当日基金资产净值；

（三）基金合同约定的其他特殊情形。

发生上述情形之一的，基金管理人应当在当日报国务院证券监督管理机构备案。

本条第一款规定的情形消失后，基金管理人应当及时支付赎回款项。

第六十八条 开放式基金应当保持足够的现金或者政府债券，以备支付基金份额持有人的赎回款项。基金财产中应当保持的现金或者政府债券的具体比例，由国务院证券监督管理机构规定。

第六十九条 基金份额的申购、赎回价格，依据申购、赎回日基金份额净值加、减有关费用计算。

第七十条 基金份额净值计价出现错误时,基金管理人应当立即纠正,并采取合理的措施防止损失进一步扩大。计价错误达到基金份额净值百分之零点五时,基金管理人应当公告,并报国务院证券监督管理机构备案。

因基金份额净值计价错误造成基金份额持有人损失的,基金份额持有人有权要求基金管理人、基金托管人予以赔偿。

第七章 公开募集基金的投资与信息披露

第七十一条 基金管理人运用基金财产进行证券投资,除国务院证券监督管理机构另有规定外,应当采用资产组合的方式。

资产组合的具体方式和投资比例,依照本法和国务院证券监督管理机构的规定在基金合同中约定。

第七十二条 基金财产应当用于下列投资:
(一)上市交易的股票、债券;
(二)国务院证券监督管理机构规定的其他证券及其衍生品种。

第七十三条 基金财产不得用于下列投资或者活动:
(一)承销证券;
(二)违反规定向他人贷款或者提供担保;
(三)从事承担无限责任的投资;
(四)买卖其他基金份额,但是国务院证券监督管理机构另有规定的除外;
(五)向基金管理人、基金托管人出资;
(六)从事内幕交易、操纵证券交易价格及其他不正当的证券交易活动;
(七)法律、行政法规和国务院证券监督管理机构规定禁止的其他活动。

运用基金财产买卖基金管理人、基金托管人及其控股股东、实际控制人或者与其有其他重大利害关系的公司发行的证券或承销期内承销的证券,或者从事其他重大关联交易的,应当遵循基金份额持有人利益优先的原则,防范利益冲突,符合国务院证券监督管理机构的规定,并履行信息披露义务。

第七十四条 基金管理人、基金托管人和其他基金信息披露义务人应当依法披露基金信息,并保证所披露信息的真实性、准确性和完整性。

第七十五条 基金信息披露义务人应当确保应予披露的基金信息在国务院证券监督管理机构规定时间内披露,并保证投资人能够按照基金合同约定的时间和方式查阅或者复制公开披露的信息资料。

第七十六条 公开披露的基金信息包括:
(一)基金招募说明书、基金合同、基金托管协议;
(二)基金募集情况;
(三)基金份额上市交易公告书;
(四)基金资产净值、基金份额净值;
(五)基金份额申购、赎回价格;
(六)基金财产的资产组合季度报告、财务会计报告及中期和年度基金报告;
(七)临时报告;
(八)基金份额持有人大会决议;
(九)基金管理人、基金托管人的专门基金托管部门的重大人事变动;
(十)涉及基金财产、基金管理业务、基金托管业务的诉讼或者仲裁;
(十一)国务院证券监督管理机构规定应予披露的其他信息。

第七十七条 公开披露基金信息,不得有下列行为:
(一)虚假记载、误导性陈述或者重大遗漏;
(二)对证券投资业绩进行预测;
(三)违规承诺收益或者承担损失;
(四)诋毁其他基金管理人、基金托管人或者基金销售机构;
(五)法律、行政法规和国务院证券监督管理机构规定禁止的其他行为。

第八章 公开募集基金的基金合同的变更、终止与基金财产清算

第七十八条 按照基金合同的约定或者基金份额持有人大会的决议,基金可以转换运作方式或者与其他基金合并。

第七十九条 封闭式基金扩募或者延长基金合同期限,应当符合下列条件,并报国务院证券监督管理机构备案:
(一)基金运营业绩良好;
(二)基金管理人最近二年内没有因违法违规行为受到行政处罚或者刑事处罚;
(三)基金份额持有人大会决议通过;
(四)本法规定的其他条件。

第八十条 有下列情形之一的,基金合同终止:
(一)基金合同期限届满而未延期;
(二)基金份额持有人大会决定终止;
(三)基金管理人、基金托管人职责终止,在六个月内没有新基金管理人、新基金托管人承接;

(四)基金合同约定的其他情形。

第八十一条 基金合同终止时,基金管理人应当组织清算组对基金财产进行清算。

清算组由基金管理人、基金托管人以及相关的中介服务机构组成。

清算组作出的清算报告经会计师事务所审计,律师事务所出具法律意见书后,报国务院证券监督管理机构备案并公告。

第八十二条 清算后的剩余基金财产,应当按照基金份额持有人所持份额比例进行分配。

第九章 公开募集基金的基金份额持有人权利行使

第八十三条 基金份额持有人大会由基金管理人召集。基金份额持有人大会设立日常机构的,由该日常机构召集;该日常机构未召集的,由基金管理人召集。基金管理人未按规定召集或者不能召集的,由基金托管人召集。

代表基金份额百分之十以上的基金份额持有人就同一事项要求召开基金份额持有人大会,而基金份额持有人大会的日常机构、基金管理人、基金托管人都不召集的,代表基金份额百分之十以上的基金份额持有人有权自行召集,并报国务院证券监督管理机构备案。

第八十四条 召开基金份额持有人大会,召集人应当至少提前三十日公告基金份额持有人大会的召开时间、会议形式、审议事项、议事程序和表决方式等事项。

基金份额持有人大会不得就未经公告的事项进行表决。

第八十五条 基金份额持有人大会可以采取现场方式召开,也可以采取通讯等方式召开。

每一基金份额具有一票表决权,基金份额持有人可以委托代理人出席基金份额持有人大会并行使表决权。

第八十六条 基金份额持有人大会应当有代表二分之一以上基金份额的持有人参加,方可召开。

参加基金份额持有人大会的持有人的基金份额低于前款规定比例的,召集人可以在原公告的基金份额持有人大会召开时间的三个月以后、六个月以内,就原定审议事项重新召集基金份额持有人大会。重新召集的基金份额持有人大会应当有代表三分之一以上基金份额的持有人参加,方可召开。

基金份额持有人大会就审议事项作出决定,应当经参加大会的基金份额持有人所持表决权的二分之一以上通过;但是,转换基金的运作方式、更换基金管理人或者基金托管人、提前终止基金合同、与其他基金合并,应当经参加大会的基金份额持有人所持表决权的三分之二以上通过。

基金份额持有人大会决定的事项,应当依法报国务院证券监督管理机构备案,并予以公告。

第十章 非公开募集基金

第八十七条 非公开募集基金应当向合格投资者募集,合格投资者累计不得超过二百人。

前款所称合格投资者,是指达到规定资产规模或者收入水平,并且具备相应的风险识别能力和风险承担能力,其基金份额认购金额不低于规定限额的单位和个人。

合格投资者的具体标准由国务院证券监督管理机构规定。

第八十八条 除基金合同另有约定外,非公开募集基金应当由基金托管人托管。

第八十九条 担任非公开募集基金的基金管理人,应当按照规定向基金行业协会履行登记手续,报送基本情况。

第九十条 未经登记,任何单位或者个人不得使用"基金"或者"基金管理"字样或者近似名称进行证券投资活动;但是,法律、行政法规另有规定的除外。

第九十一条 非公开募集基金,不得向合格投资者之外的单位和个人募集资金,不得通过报刊、电台、电视台、互联网等公众传播媒体或者讲座、报告会、分析会等方式向不特定对象宣传推介。

第九十二条 非公开募集基金,应当制定并签订基金合同。基金合同应当包括下列内容:

(一)基金份额持有人、基金管理人、基金托管人的权利、义务;

(二)基金的运作方式;

(三)基金的出资方式、数额和认缴期限;

(四)基金的投资范围、投资策略和投资限制;

(五)基金收益分配原则、执行方式;

(六)基金承担的有关费用;

(七)基金信息提供的内容、方式;

(八)基金份额的认购、赎回或者转让的程序和方式;

(九)基金合同变更、解除和终止的事由、程序;

(十)基金财产清算方式;

(十一)当事人约定的其他事项。

基金份额持有人转让基金份额的,应当符合本法第八十七条、第九十一条的规定。

第九十三条 按照基金合同约定,非公开募集基金可以由部分基金份额持有人作为基金管理人负责基金的投资管理活动，并在基金财产不足以清偿其债务时对基金财产的债务承担无限连带责任。

前款规定的非公开募集基金，其基金合同还应载明：

（一）承担无限连带责任的基金份额持有人和其他基金份额持有人的姓名或者名称、住所；

（二）承担无限连带责任的基金份额持有人的除名条件和更换程序；

（三）基金份额持有人增加、退出的条件、程序以及相关责任；

（四）承担无限连带责任的基金份额持有人和其他基金份额持有人的转换程序。

第九十四条 非公开募集基金募集完毕，基金管理人应当向基金行业协会备案。对募集的资金总额或者基金份额持有人的人数达到规定标准的基金，基金行业协会应当向国务院证券监督管理机构报告。

非公开募集基金财产的证券投资，包括买卖公开发行的股份有限公司股票、债券、基金份额，以及国务院证券监督管理机构规定的其他证券及其衍生品种。

第九十五条 基金管理人、基金托管人应当按照基金合同的约定，向基金份额持有人提供基金信息。

第九十六条 专门从事非公开募集基金管理业务的基金管理人，其股东、高级管理人员、经营期限、管理的基金资产规模等符合规定条件的，经国务院证券监督管理机构核准，可以从事公开募集基金管理业务。

第十一章 基金服务机构

第九十七条 从事公开募集基金的销售、销售支付、份额登记、估值、投资顾问、评价、信息技术系统服务等基金服务业务的机构，应当按照国务院证券监督管理机构的规定进行注册或者备案。

第九十八条 基金销售机构应当向投资人充分揭示投资风险，并根据投资人的风险承担能力销售不同风险等级的基金产品。

第九十九条 基金销售支付机构应当按照规定办理基金销售结算资金的划付，确保基金销售结算资金安全、及时划付。

第一百条 基金销售结算资金、基金份额独立于基金销售机构、基金销售支付机构或者基金份额登记机构的自有财产。基金销售机构、基金销售支付机构或者基金份额登记机构破产或者清算时，基金销售结算资金、基金份额不属于其破产财产或者清算财产。非因投资人本身的债务或者法律规定的其他情形，不得查封、冻结、扣划或者强制执行基金销售结算资金、基金份额。

基金销售机构、基金销售支付机构、基金份额登记机构应当确保基金销售结算资金、基金份额的安全、独立，禁止任何单位或者个人以任何形式挪用基金销售结算资金、基金份额。

第一百零一条 基金管理人可以委托基金服务机构代为办理基金的份额登记、核算、估值、投资顾问等事项，基金托管人可以委托基金服务机构代为办理基金的核算、估值、复核等事项，但基金管理人、基金托管人依法应当承担的责任不因委托而免除。

第一百零二条 基金份额登记机构以电子介质登记的数据，是基金份额持有人权利归属的根据。基金份额持有人以基金份额出质的，质权自基金份额登记机构办理出质登记时设立。

基金份额登记机构应当妥善保存登记数据，并将基金份额持有人名称、身份信息及基金份额明细等数据备份至国务院证券监督管理机构认定的机构。其保存期限自基金账户销户之日起不得少于二十年。

基金份额登记机构应当保证登记数据的真实、准确、完整，不得隐匿、伪造、篡改或者毁损。

第一百零三条 基金投资顾问机构及其从业人员提供基金投资顾问服务，应当具有合理的依据，对其服务能力和经营业绩进行如实陈述，不得以任何方式承诺或者保证投资收益，不得损害服务对象的合法权益。

第一百零四条 基金评价机构及其从业人员应当客观公正，按照依法制定的业务规则开展基金评价业务，禁止误导投资人，防范可能发生的利益冲突。

第一百零五条 基金管理人、基金托管人、基金服务机构的信息技术系统，应当符合规定的要求。国务院证券监督管理机构可以要求信息技术系统服务机构提供该信息技术系统的相关资料。

第一百零六条 律师事务所、会计师事务所接受基金管理人、基金托管人的委托，为有关基金业务活动出具法律意见书、审计报告、内部控制评价报告等文件，应当勤勉尽责，对所依据的文件资料内容的真实性、准确性、完整性进行核查和验证。其制作、出具的文件有虚假记载、误导性陈述或者重大遗漏，给他人财产造成损失的，应当与委托人承担连带赔偿责任。

第一百零七条 基金服务机构应当勤勉尽责、恪尽职守，建立应急等风险管理制度和灾难备份系统，不得泄露与基金份额持有人、基金投资运作相关的非公开信息。

第十二章　基金行业协会

第一百零八条　基金行业协会是证券投资基金行业的自律性组织,是社会团体法人。

基金管理人、基金托管人应当加入基金行业协会,基金服务机构可以加入基金行业协会。

第一百零九条　基金行业协会的权力机构为全体会员组成的会员大会。

基金行业协会设理事会。理事会成员依章程的规定由选举产生。

第一百一十条　基金行业协会章程由会员大会制定,并报国务院证券监督管理机构备案。

第一百一十一条　基金行业协会履行下列职责:

(一)教育和组织会员遵守有关证券投资的法律、行政法规,维护投资人合法权益;

(二)依法维护会员的合法权益,反映会员的建议和要求;

(三)制定和实施行业自律规则,监督、检查会员及其从业人员的执业行为,对违反自律规则和协会章程的,按照规定给予纪律处分;

(四)制定行业执业标准和业务规范,组织基金从业人员的从业考试、资质管理和业务培训;

(五)提供会员服务,组织行业交流,推动行业创新,开展行业宣传和投资人教育活动;

(六)对会员之间、会员与客户之间发生的基金业务纠纷进行调解;

(七)依法办理非公开募集基金的登记、备案;

(八)协会章程规定的其他职责。

第十三章　监督管理

第一百一十二条　国务院证券监督管理机构依法履行下列职责:

(一)制定有关证券投资基金活动监督管理的规章、规则,并行使审批、核准或者注册权;

(二)办理基金备案;

(三)对基金管理人、基金托管人及其他机构从事证券投资基金活动进行监督管理,对违法行为进行查处,并予以公告;

(四)制定基金从业人员的资格标准和行为准则,并监督实施;

(五)监督检查基金信息的披露情况;

(六)指导和监督基金行业协会的活动;

(七)法律、行政法规规定的其他职责。

第一百一十三条　国务院证券监督管理机构依法履行职责,有权采取下列措施:

(一)对基金管理人、基金托管人、基金服务机构进行现场检查,并要求其报送有关的业务资料;

(二)进入涉嫌违法行为发生场所调查取证;

(三)询问当事人和与被调查事件有关的单位和个人,要求其对与被调查事件有关的事项作出说明;

(四)查阅、复制与被调查事件有关的财产权登记、通讯记录等资料;

(五)查阅、复制当事人和与被调查事件有关的单位和个人的证券交易记录、登记过户记录、财务会计资料及其他相关文件和资料;对可能被转移、隐匿或者毁损的文件和资料,可以予以封存;

(六)查询当事人和与被调查事件有关的单位和个人的资金账户、证券账户和银行账户;对有证据证明已经或者可能转移或者隐匿违法资金、证券等涉案财产或者隐匿、伪造、毁损重要证据的,经国务院证券监督管理机构主要负责人批准,可以冻结或者查封;

(七)在调查操纵证券市场、内幕交易等重大证券违法行为时,经国务院证券监督管理机构主要负责人批准,可以限制被调查事件当事人的证券买卖,但限制的期限不得超过十五个交易日;案情复杂的,可以延长十五个交易日。

第一百一十四条　国务院证券监督管理机构工作人员依法履行职责,进行调查或者检查时,不得少于二人,并应当出示合法证件;对调查或者检查中知悉的商业秘密负有保密的义务。

第一百一十五条　国务院证券监督管理机构工作人员应当忠于职守,依法办事,公正廉洁,接受监督,不得利用职务牟取私利。

第一百一十六条　国务院证券监督管理机构依法履行职责时,被调查、检查的单位和个人应当配合,如实提供有关文件和资料,不得拒绝、阻碍和隐瞒。

第一百一十七条　国务院证券监督管理机构依法履行职责,发现违法行为涉嫌犯罪的,应当将案件移送司法机关处理。

第一百一十八条　国务院证券监督管理机构工作人员在任职期间,或者离职后在《中华人民共和国公务员法》规定的期限内,不得在被监管的机构中担任职务。

第十四章　法律责任

第一百一十九条　违反本法规定,未经批准擅自设立基金管理公司或者未经核准从事公开募集基金管理业务的,由证券监督管理机构予以取缔或者责令改正,没收违法所得,并处违法所得一倍以上五倍以下罚款;没有违法所得或者违法所得不足一百万元的,并处十万元以上一百万元以下罚款。对直接负责的主管人员和其他直接责任人员给予警告,并处三万元以上三十万元以下罚款。

基金管理公司违反本法规定,擅自变更持有百分之五以上股权的股东、实际控制人或者其他重大事项的,责令改正,没收违法所得,并处违法所得一倍以上五倍以下罚款;没有违法所得或者违法所得不足五十万元的,并处五万元以上五十万元以下罚款。对直接负责的主管人员给予警告,并处三万元以上十万元以下罚款。

第一百二十条 基金管理人的董事、监事、高级管理人员和其他从业人员,基金托管人的专门基金托管部门的高级管理人员和其他从业人员,未按照本法第十七条第一款规定申报的,责令改正,处三万元以上十万元以下罚款。

基金管理人、基金托管人违反本法第十七条第二款规定的,责令改正,处十万元以上一百万元以下罚款;对直接负责的主管人员和其他直接责任人员给予警告,暂停或者撤销基金从业资格,并处三万元以上三十万元以下罚款。

第一百二十一条 基金管理人的董事、监事、高级管理人员和其他从业人员,基金托管人的专门基金托管部门的高级管理人员和其他从业人员违反本法第十八条规定的,责令改正,没收违法所得,并处违法所得一倍以上五倍以下罚款;没有违法所得或者违法所得不足一百万元的,并处十万元以上一百万元以下罚款;情节严重的,撤销基金从业资格。

第一百二十二条 基金管理人、基金托管人违反本法规定,未对基金财产实行分别管理或者分账保管,责令改正,处五万元以上五十万元以下罚款;对直接负责的主管人员和其他直接责任人员给予警告,暂停或者撤销基金从业资格,并处三万元以上三十万元以下罚款。

第一百二十三条 基金管理人、基金托管人及其董事、监事、高级管理人员和其他从业人员有本法第二十条所列行为之一的,责令改正,没收违法所得,并处违法所得一倍以上五倍以下罚款;没有违法所得或者违法所得不足一百万元的,并处十万元以上一百万元以下罚款;基金管理人、基金托管人有上述行为的,还应当对其直接负责的主管人员和其他直接责任人员给予警告,暂停或者撤销基金从业资格,并处三万元以上三十万元以下罚款。

基金管理人、基金托管人及其董事、监事、高级管理人员和其他从业人员侵占、挪用基金财产而取得的财产和收益,归入基金财产。但是,法律、行政法规另有规定的,依照其规定。

第一百二十四条 基金管理人的股东、实际控制人违反本法第二十三条规定的,责令改正,没收违法所得,并处违法所得一倍以上五倍以下罚款;没有违法所得或者违法所得不足一百万元的,并处十万元以上一百万元以下罚款;对直接负责的主管人员和其他直接责任人员给予警告,暂停或者撤销基金或证券从业资格,并处三万元以上三十万元以下罚款。

第一百二十五条 未经核准,擅自从事基金托管业务的,责令停止,没收违法所得,并处违法所得一倍以上五倍以下罚款;没有违法所得或者违法所得不足一百万元的,并处十万元以上一百万元以下罚款;对直接负责的主管人员和其他直接责任人员给予警告,并处三万元以上三十万元以下罚款。

第一百二十六条 基金管理人、基金托管人违反本法规定,相互出资或者持有股份的,责令改正,可以处十万元以下罚款。

第一百二十七条 违反本法规定,擅自公开或者变相公开募集基金的,责令停止,返还所募资金和加计的银行同期存款利息,没收违法所得,并处所募资金金额百分之一以上百分之五以下罚款。对直接负责的主管人员和其他直接责任人员给予警告,并处五万元以上五十万元以下罚款。

第一百二十八条 违反本法第五十九条规定,动用募集的资金的,责令返还,没收违法所得,并处违法所得一倍以上五倍以下罚款;没有违法所得或者违法所得不足五十万元的,并处五万元以上五十万元以下罚款;对直接负责的主管人员和其他直接责任人员给予警告,并处三万元以上三十万元以下罚款。

第一百二十九条 基金管理人、基金托管人有本法第七十三条第一款第一项至第五项和第七项所列行为之一,或者违反本法第七十三条第二款规定的,责令改正,处十万元以上一百万元以下罚款;对直接负责的主管人员和其他直接责任人员给予警告,暂停或者撤销基金从业资格,并处三万元以上三十万元以下罚款。

基金管理人、基金托管人有前款行为,运用基金财产而取得的财产和收益,归入基金财产。但是,法律、行政法规另有规定的,依照其规定。

第一百三十条 基金管理人、基金托管人有本法第七十三条第一款第六项规定行为的,除依照《中华人民共和国证券法》的有关规定处罚外,对直接负责的主管人员和其他直接责任人员暂停或者撤销基金从业资格。

第一百三十一条　基金信息披露义务人不依法披露基金信息或者披露的信息有虚假记载、误导性陈述或者重大遗漏的,责令改正,没收违法所得,并处十万元以上一百万元以下罚款;对直接负责的主管人员和其他直接责任人员给予警告,暂停或者撤销基金从业资格,并处三万元以上三十万元以下罚款。

第一百三十二条　基金管理人或者基金托管人不按照规定召集基金份额持有人大会的,责令改正,可以处五万元以下罚款;对直接负责的主管人员和其他直接责任人员给予警告,暂停或者撤销基金从业资格。

第一百三十三条　违反本法规定,未经登记,使用"基金"或者"基金管理"字样或者近似名称进行证券投资活动的,没收违法所得,并处违法所得一倍以上五倍以下罚款;没有违法所得或者违法所得不足一百万元的,并处十万元以上一百万元以下罚款。对直接负责的主管人员和其他直接责任人员给予警告,并处三万元以上三十万元以下罚款。

第一百三十四条　违反本法规定,非公开募集基金募集完毕,基金管理人未备案的,处十万元以上三十万元以下罚款。对直接负责的主管人员和其他直接责任人员给予警告,并处三万元以上十万元以下罚款。

第一百三十五条　违反本法规定,向合格投资者之外的单位或者个人非公开募集资金或者转让基金份额的,没收违法所得,并处违法所得一倍以上五倍以下罚款;没有违法所得或者违法所得不足一百万元的,并处十万元以上一百万元以下罚款。对直接负责的主管人员和其他直接责任人员给予警告,并处三万元以上三十万元以下罚款。

第一百三十六条　违反本法规定,擅自从事公开募集基金的基金服务业务的,责令改正,没收违法所得,并处违法所得一倍以上五倍以下罚款;没有违法所得或者违法所得不足三十万元的,并处十万元以上三十万元以下罚款。对直接负责的主管人员和其他直接责任人员给予警告,并处三万元以上十万元以下罚款。

第一百三十七条　基金销售机构未向投资人充分揭示投资风险并误导其购买与其风险承担能力不相当的基金产品的,处十万元以上三十万元以下罚款;情节严重的,责令其停止基金服务业务。对直接负责的主管人员和其他直接责任人员给予警告,撤销基金从业资格,并处三万元以上十万元以下罚款。

第一百三十八条　基金销售支付机构未按照规定划付基金销售结算资金的,处十万元以上三十万元以下罚款;情节严重的,责令其停止基金服务业务。对直接负责的主管人员和其他直接责任人员给予警告,撤销基金从业资格,并处三万元以上十万元以下罚款。

第一百三十九条　挪用基金销售结算资金或者基金份额的,责令改正,没收违法所得,并处违法所得一倍以上五倍以下罚款;没有违法所得或者违法所得不足一百万元的,并处十万元以上一百万元以下罚款。对直接负责的主管人员和其他直接责任人员给予警告,并处三万元以上三十万元以下罚款。

第一百四十条　基金份额登记机构未妥善保存或者备份基金份额登记数据的,责令改正,给予警告,并处十万元以上三十万元以下罚款;情节严重的,责令其停止基金服务业务。对直接负责的主管人员和其他直接责任人员给予警告,撤销基金从业资格,并处三万元以上十万元以下罚款。

基金份额登记机构隐匿、伪造、篡改、毁损基金份额登记数据的,责令改正,处十万元以上一百万元以下罚款,并责令其停止基金服务业务。对直接负责的主管人员和其他直接责任人员给予警告,撤销基金从业资格,并处三万元以上三十万元以下罚款。

第一百四十一条　基金投资顾问机构、基金评价机构及其从业人员违反本法规定开展投资顾问、基金评价服务的,处十万元以上三十万元以下罚款;情节严重的,责令其停止基金服务业务。对直接负责的主管人员和其他直接责任人员给予警告,撤销基金从业资格,并处三万元以上十万元以下罚款。

第一百四十二条　信息技术系统服务机构未按照规定向国务院证券监督管理机构提供相关信息技术系统资料,或者提供的信息技术系统资料虚假、有重大遗漏的,责令改正,处三万元以上十万元以下罚款。对直接负责的主管人员和其他直接责任人员给予警告,并处一万元以上三万元以下罚款。

第一百四十三条　会计师事务所、律师事务所未勤勉尽责,所出具的文件有虚假记载、误导性陈述或者重大遗漏的,责令改正,没收业务收入,暂停或者撤销相关业务许可,并处业务收入一倍以上五倍以下罚款。对直接负责的主管人员和其他直接责任人员给予警告,并处三万元以上十万元以下罚款。

第一百四十四条　基金服务机构未建立应急等风险管理制度和灾难备份系统,或者泄露与基金份额持有人、基金投资运作相关的非公开信息的,处十万元以上三十万元以下罚款;情节严重的,责令其停止基金服务业务。对直接负责的主管人员和其他直接责任人员给予警告,撤销基金从业资格,并处三万元以上十万元以下罚款。

第一百四十五条 违反本法规定,给基金财产、基金份额持有人或者投资人造成损害的,依法承担赔偿责任。

基金管理人、基金托管人在履行各自职责的过程中,违反本法规定或者基金合同约定,给基金财产或者基金份额持有人造成损害的,应当分别对各自的行为依法承担赔偿责任;因共同行为给基金财产或者基金份额持有人造成损害的,应当承担连带赔偿责任。

第一百四十六条 证券监督管理机构工作人员玩忽职守、滥用职权、徇私舞弊或者利用职务上的便利索取或者收受他人财物的,依法给予行政处分。

第一百四十七条 拒绝、阻碍证券监督管理机构及其工作人员依法行使监督检查、调查职权未使用暴力、威胁方法的,依法给予治安管理处罚。

第一百四十八条 违反法律、行政法规或者国务院证券监督管理机构的有关规定,情节严重的,国务院证券监督管理机构可以对有关责任人员采取证券市场禁入的措施。

第一百四十九条 违反本法规定,构成犯罪的,依法追究刑事责任。

第一百五十条 违反本法规定,应当承担民事赔偿责任和缴纳罚款、罚金,其财产不足以同时支付时,先承担民事赔偿责任。

第一百五十一条 依照本法规定,基金管理人、基金托管人、基金服务机构应当承担的民事赔偿责任和缴纳的罚款、罚金,由基金管理人、基金托管人、基金服务机构以其固有财产承担。

依法收缴的罚款、罚金和没收的违法所得,应当全部上缴国库。

第十五章 附 则

第一百五十二条 在中华人民共和国境内募集投资境外证券的基金,以及合格境外投资者在境内进行证券投资,应当经国务院证券监督管理机构批准,具体办法由国务院证券监督管理机构会同国务院有关部门规定,报国务院批准。

第一百五十三条 公开或者非公开募集资金,以进行证券投资活动为目的设立的公司或者合伙企业,资产由基金管理人或者普通合伙人管理的,其证券投资活动适用本法。

第一百五十四条 本法自2013年6月1日起施行。

国务院关于开展优先股试点的指导意见

·2013年11月30日
·国发〔2013〕46号

各省、自治区、直辖市人民政府,国务院各部委、各直属机构:

为贯彻落实党的十八大、十八届三中全会精神,深化金融体制改革,支持实体经济发展,依照公司法、证券法相关规定,国务院决定开展优先股试点。开展优先股试点,有利于进一步深化企业股份制改革,为发行人提供灵活的直接融资工具,优化企业财务结构,推动企业兼并重组;有利于丰富证券品种,为投资者提供多元化的投资渠道,提高直接融资比重,促进资本市场稳定发展。为稳妥有序开展优先股试点,现提出如下指导意见。

一、优先股股东的权利与义务

(一)优先股的含义。优先股是指依照公司法,在一般规定的普通种类股份之外,另行规定的其他种类股份,其股份持有人优先于普通股股东分配公司利润和剩余财产,但参与公司决策管理等权利受到限制。

除本指导意见另有规定以外,优先股股东的权利、义务以及优先股股份的管理应当符合公司法的规定。试点期间不允许发行在股息分配和剩余财产分配上具有不同优先顺序的优先股,但允许发行在其他条款上具有不同设置的优先股。

(二)优先分配利润。优先股股东按照约定的票面股息率,优先于普通股股东分配公司利润。公司应当以现金的形式向优先股股东支付股息,在完全支付约定的股息之前,不得向普通股股东分配利润。

公司应当在公司章程中明确以下事项:(1)优先股股息率是采用固定股息率还是浮动股息率,并相应明确固定股息率水平或浮动股息率计算方法。(2)公司在有可分配税后利润的情况下是否必须分配利润。(3)如果公司因本会计年度可分配利润不足而未向优先股股东足额派发股息,差额部分是否累积到下一会计年度。(4)优先股股东按照约定的股息率分配股息后,是否有权同普通股股东一起参加剩余利润分配。(5)优先股利润分配涉及的其他事项。

(三)优先分配剩余财产。公司因解散、破产等原因进行清算时,公司财产在按照公司法和破产法有关规定进行清偿后的剩余财产,应当优先向优先股股东支付未派发的股息和公司章程约定的清算金额,不足以支付的按照优先股股东持股比例分配。

（四）优先股转换和回购。公司可以在公司章程中规定优先股转换为普通股、发行人回购优先股的条件、价格和比例。转换选择权或回购选择权可规定由发行人或优先股股东行使。发行人要求回购优先股的，必须完全支付所欠股息，但商业银行发行优先股补充资本的除外。优先股回购后相应减记发行在外的优先股股份总数。

（五）表决权限制。除以下情况外，优先股股东不出席股东大会会议，所持股份没有表决权：（1）修改公司章程中与优先股相关的内容；（2）一次或累计减少公司注册资本超过百分之十；（3）公司合并、分立、解散或变更公司形式；（4）发行优先股；（5）公司章程规定的其他情形。上述事项的决议，除须经出席会议的普通股股东（含表决权恢复的优先股股东）所持表决权的三分之二以上通过之外，还须经出席会议的优先股股东（不含表决权恢复的优先股股东）所持表决权的三分之二以上通过。

（六）表决权恢复。公司累计3个会计年度或连续2个会计年度未按约定支付优先股股息的，优先股股东有权出席股东大会，每股优先股股份享有公司章程规定的表决权。对于股息可累积到下一会计年度的优先股，表决权恢复直至公司全额支付所欠股息。对于股息不可累积的优先股，表决权恢复直至公司全额支付当年股息。公司章程可规定优先股表决权恢复的其他情形。

（七）与股份种类相关的计算。以下事项计算持股比例时，仅计算普通股和表决权恢复的优先股：（1）根据公司法第一百零一条，请求召开临时股东大会；（2）根据公司法第一百零二条，召集和主持股东大会；（3）根据公司法第一百零三条，提交股东大会临时提案；（4）根据公司法第二百一十七条，认定控股股东。

二、优先股发行与交易

（八）发行人范围。公开发行优先股的发行人限于证监会规定的上市公司，非公开发行优先股的发行人限于上市公司（含注册地在境内的境外上市公司）和非上市公众公司。

（九）发行条件。公司已发行的优先股不得超过公司普通股股份总数的百分之五十，且筹资金额不得超过发行前净资产的百分之五十，已回购、转换的优先股不纳入计算。公司公开发行优先股以及上市公司非公开发行优先股的其他条件适用证券法的规定。非上市公众公司非公开发行优先股的条件由证监会另行规定。

（十）公开发行。公司公开发行优先股的，应当在公司章程中规定以下事项：（1）采取固定股息率；（2）在有可分配税后利润的情况下必须向优先股股东分配股息；（3）未向优先股股东足额派发股息的差额部分应当累积到下一会计年度；（4）优先股股东按照约定的股息率分配股息后，不再同普通股股东一起参加剩余利润分配。商业银行发行优先股补充资本的，可就第（2）项和第（3）项事项另行规定。

（十一）交易转让及登记存管。优先股应当在证券交易所、全国中小企业股份转让系统或者在国务院批准的其他证券交易场所交易或转让。优先股应当在中国证券登记结算公司集中登记存管。优先股交易或转让环节的投资者适当性标准应当与发行环节一致。

（十二）信息披露。公司应当在发行文件中详尽说明优先股股东的权利义务，充分揭示风险。同时，应按规定真实、准确、完整、及时、公平地披露或者提供信息，不得有虚假记载、误导性陈述或重大遗漏。

（十三）公司收购。优先股可以作为并购重组支付手段。上市公司收购要约适用于被收购公司的所有股东，但可以针对优先股股东和普通股股东提出不同的收购条件。根据证券法第八十六条计算收购人持有上市公司已发行股份比例，以及根据证券法第八十八条和第九十六条计算触发要约收购义务时，表决权未恢复的优先股不计入持股数额和股本总额。

（十四）与持股数额相关的计算。以下事项计算持股数额时，仅计算普通股和表决权恢复的优先股：（1）根据证券法第五十四条和第六十六条，认定持有公司股份最多的前十名股东的名单和持股数额；（2）根据证券法第四十七条、第六十七条和第七十四条，认定持有公司百分之五以上股份的股东。

三、组织管理和配套政策

（十五）加强组织管理。证监会应加强与有关部门的协调配合，积极稳妥地组织开展优先股试点工作。证监会应当根据公司法、证券法和本指导意见，制定并发布优先股试点的具体规定，指导证券自律组织完善相关业务规则。

证监会应当加强市场监管，督促公司认真履行信息披露义务，督促中介机构诚实守信、勤勉尽责，依法查处违法违规行为，切实保护投资者合法权益。

（十六）完善配套政策。优先股相关会计处理和财务报告，应当遵循财政部发布的企业会计准则及其他相关会计标准。企业投资优先股获得的股息、红利等投资收益，符合税法规定条件的，可以作为企业所得税免税收入。全国社会保障基金、企业年金投资优先股的比例不受现行证券品种投资比例的限制，具体政策由国务院主管部门制定。外资行业准入管理中外资持股比例优先股与普通股合并计算。试点中需要配套制定的其他政策事项，由证监会根据试点进展情况提出，商有关部门办理，重大事项报告国务院。

优先股试点管理办法

- 2013年12月9日中国证券监督管理委员会第16次主席办公会会议审议通过
- 根据2021年6月11日中国证券监督管理委员会《关于修改部分证券期货规章的决定》修正
- 2023年2月17日中国证券监督管理委员会第2次委务会议修订
- 2023年2月17日中国证券监督管理委员会令第209号公布
- 自公布之日起施行

第一章 总则

第一条 为规范优先股发行和交易行为，保护投资者合法权益，根据《中华人民共和国公司法》(以下简称《公司法》)、《中华人民共和国证券法》(以下简称《证券法》)、《国务院关于开展优先股试点的指导意见》及相关法律法规，制定本办法。

第二条 本办法所称优先股是指依照《公司法》，在一般规定的普通种类股份之外，另行规定的其他种类股份，其股份持有人优先于普通股股东分配公司利润和剩余财产，但参与公司决策管理等权利受到限制。

第三条 上市公司可以发行优先股，非上市公众公司可以向特定对象发行优先股。

第四条 优先股试点应当符合《公司法》《证券法》《国务院关于开展优先股试点的指导意见》和本办法的相关规定，并遵循公开、公平、公正的原则，禁止欺诈、内幕交易和操纵市场的行为。

第五条 证券公司及其他证券服务机构参与优先股试点，应当遵守法律法规及中国证券监督管理委员会(以下简称中国证监会)相关规定，遵循行业公认的业务标准和行为规范，诚实守信、勤勉尽责。

第六条 试点期间不允许发行在股息分配和剩余财产分配上具有不同优先顺序的优先股，但允许发行在其他条款上具有不同设置的优先股。

同一公司既发行强制分红优先股，又发行不含强制分红条款优先股的，不属于发行在股息分配上具有不同优先顺序的优先股。

第七条 相同条款的优先股应当具有同等权利。同次发行的相同条款优先股，每股发行的条件、价格和票面股息率应当相同；任何单位或者个人认购的股份，每股应当支付相同价额。

第二章 优先股股东权利的行使

第八条 发行优先股的公司除按《国务院关于开展优先股试点的指导意见》制定章程有关条款外，还应当按本办法在章程中明确优先股股东的有关权利和义务。

第九条 优先股股东按照约定的股息率分配股息后，有权同普通股股东一起参加剩余利润分配的，公司章程应明确优先股股东参与剩余利润分配的比例、条件等事项。

第十条 出现以下情况之一的，公司召开股东大会会议应通知优先股股东，并遵循《公司法》及公司章程通知普通股股东的规定程序。优先股股东有权出席股东大会会议，就以下事项与普通股股东分类表决，其所持每一优先股有一表决权，但公司持有的本公司优先股没有表决权：

(一)修改公司章程中与优先股相关的内容；

(二)一次或累计减少公司注册资本超过百分之十；

(三)公司合并、分立、解散或变更公司形式；

(四)发行优先股；

(五)公司章程规定的其他情形。

上述事项的决议，除须经出席会议的普通股股东(含表决权恢复的优先股股东)所持表决权的三分之二以上通过之外，还须经出席会议的优先股股东(不含表决权恢复的优先股股东)所持表决权的三分之二以上通过。

第十一条 公司股东大会可授权公司董事会按公司章程的约定向优先股支付股息。公司累计三个会计年度或连续两个会计年度未按约定支付优先股股息的，股东大会批准当年不按约定分配利润的方案次日起，优先股股东有权出席股东大会与普通股股东共同表决，每股优先股股份享有公司章程规定的一定比例表决权。

对于股息可累积到下一会计年度的优先股，表决权恢复直至公司全额支付所欠股息。对于股息不可累积的优先股，表决权恢复直至公司全额支付当年股息。公司章程可规定优先股表决权恢复的其他情形。

第十二条 优先股股东有权查阅公司章程、股东名册、公司债券存根、股东大会会议记录、董事会会议决议、监事会会议决议、财务会计报告。

第十三条 发行人回购优先股包括发行人要求赎回优先股和投资者要求回售优先股两种情况，并应在公司章程和招股文件中规定其具体条件。发行人要求赎回优先股的，必须完全支付所欠股息，但商业银行发行优先股补充资本的除外。优先股回购后相应减记发行在外的优先股股份总数。

第十四条 公司董事、监事、高级管理人员应当向公司申报所持有的本公司优先股及其变动情况,在任职期间每年转让的股份不得超过其所持本公司优先股股份总数的百分之二十五。公司章程可以对公司董事、监事、高级管理人员转让其所持有的本公司优先股股份作出其他限制性规定。

第十五条 除《国务院关于开展优先股试点的指导意见》规定的事项外,计算股东人数和持股比例时应分别计算普通股和优先股。

第十六条 公司章程中规定优先股采用固定股息率的,可以在优先股存续期内采取相同的固定股息率,或明确每年的固定股息率,各年度的股息率可以不同;公司章程中规定优先股采用浮动股息率的,应当明确优先股存续期内票面股息率的计算方法。

第三章 上市公司发行优先股
第一节 一般规定

第十七条 上市公司应当与控股股东或实际控制人的人员、资产、财务分开,机构、业务独立。

第十八条 上市公司内部控制制度健全,能够有效保证公司运行效率、合法合规和财务报告的可靠性,内部控制的有效性应当不存在重大缺陷。

第十九条 上市公司发行优先股,最近三个会计年度实现的年均可分配利润应当不少于优先股一年的股息。

第二十条 上市公司最近三年现金分红情况应当符合公司章程及中国证监会的有关监管规定。

第二十一条 上市公司报告期不存在重大会计违规事项。向不特定对象发行优先股,最近三年财务报表被注册会计师出具的审计报告应当为标准审计报告或带强调事项段的无保留意见的审计报告;向特定对象发行优先股,最近一年财务报表被注册会计师出具的审计报告为非标准审计报告的,所涉及事项对公司无重大不利影响或者在发行前重大不利影响已经消除。

第二十二条 上市公司发行优先股募集资金应有明确用途,与公司业务范围、经营规模相匹配,募集资金用途符合国家产业政策和有关环境保护、土地管理等法律和行政法规的规定。

除金融类企业外,本次募集资金使用项目不得为持有交易性金融资产和可供出售的金融资产、借予他人等财务性投资,不得直接或间接投资于以买卖有价证券为主要业务的公司。

第二十三条 上市公司已发行的优先股不得超过公司普通股股份总数的百分之五十,且筹资金额不得超过发行前净资产的百分之五十,已回购、转换的优先股不纳入计算。

第二十四条 上市公司同一次发行的优先股,条款应当相同。每次优先股发行完毕前,不得再次发行优先股。

第二十五条 上市公司存在下列情形之一的,不得发行优先股:

(一)本次发行申请文件有虚假记载、误导性陈述或重大遗漏;

(二)最近十二个月内受到过中国证监会的行政处罚;

(三)因涉嫌犯罪正被司法机关立案侦查或涉嫌违法违规正被中国证监会立案调查;

(四)上市公司的权益被控股股东或实际控制人严重损害且尚未消除;

(五)上市公司及其附属公司违规对外提供担保且尚未解除;

(六)存在可能严重影响公司持续经营的担保、诉讼、仲裁、市场重大质疑或其他重大事项;

(七)其董事和高级管理人员不符合法律、行政法规和规章规定的任职资格;

(八)严重损害投资者合法权益和社会公共利益的其他情形。

第二节 向不特定对象发行的特别规定

第二十六条 上市公司向不特定对象发行优先股,应当符合以下情形之一:

(一)其普通股为上证50指数成份股;

(二)以向不特定对象发行优先股作为支付手段收购或吸收合并其他上市公司;

(三)以减少注册资本为目的回购普通股的,可以向不特定对象发行优先股作为支付手段,或者在回购方案实施完毕后,可向不特定对象发行不超过回购减资总额的优先股。

中国证监会同意向不特定对象发行优先股注册后不再符合本条第(一)项情形的,上市公司仍可实施本次发行。

第二十七条 上市公司最近三个会计年度应当连续盈利。扣除非经常性损益后的净利润与扣除前的净利润相比,以孰低者作为计算依据。

第二十八条 上市公司向不特定对象发行优先股应当在公司章程中规定以下事项:

(一)采取固定股息率;

(二)在有可分配税后利润的情况下必须向优先股股东分配股息;

(三)未向优先股股东足额派发股息的差额部分应当累积到下一会计年度;

(四)优先股股东按照约定的股息率分配股息后,不再同普通股股东一起参加剩余利润分配。

商业银行发行优先股补充资本的,可就第(二)项和第(三)项事项另行约定。

第二十九条 上市公司向不特定对象发行优先股的,可以向原股东优先配售。

第三十条 除本办法第二十五条的规定外,上市公司最近三十六个月内因违反工商、税收、土地、环保、海关法律、行政法规或规章,受到行政处罚且情节严重的,不得向不特定对象发行优先股。

第三十一条 上市公司向不特定对象发行优先股,公司及其控股股东或实际控制人最近十二个月内应当不存在违反向投资者作出的公开承诺的行为。

第三节 其他规定

第三十二条 优先股每股票面金额为一百元。

优先股发行价格和票面股息率应当公允、合理,不得损害股东或其他利益相关方的合法利益,发行价格不得低于优先股票面金额。

向不特定对象发行优先股的价格或票面股息率以市场询价或中国证监会认可的其他公开方式确定。向特定对象发行优先股的票面股息率不得高于最近两个会计年度的年均加权平均净资产收益率。

第三十三条 上市公司不得发行可转换为普通股的优先股。但商业银行可根据商业银行资本监管规定,向特定对象发行触发事件发生时强制转换为普通股的优先股,并遵守有关规定。

第三十四条 上市公司向特定对象发行优先股仅向本办法规定的合格投资者发行,每次发行对象不得超过二百人,且相同条款优先股的发行对象累计不得超过二百人。

发行对象为境外战略投资者的,还应当符合国务院相关部门的规定。

第四节 发行程序

第三十五条 上市公司申请发行优先股,董事会应当按照中国证监会有关信息披露规定,公开披露本次优先股发行预案,并依法就以下事项作出决议,提请股东大会批准。

(一)本次优先股的发行方案;

(二)向特定对象发行优先股且发行对象确定的,上市公司与相应发行对象签订的附条件生效的优先股认购合同。认购合同应当载明发行对象拟认购优先股的数量、认购价格或定价原则、票面股息率或其确定原则,以及其他必要条款。认购合同应当约定发行对象不得以竞价方式参与认购,且本次发行一经上市公司董事会、股东大会批准并经中国证监会注册,该合同即应生效;

(三)向特定对象发行优先股且发行对象尚未确定的,决议应包括发行对象的范围和资格、定价原则、发行数量或数量区间。

上市公司的控股股东、实际控制人或其控制的关联人参与认购本次向特定对象发行优先股的,按照前款第(二)项执行。

第三十六条 上市公司独立董事应当就上市公司本次发行对公司各类股东权益的影响发表专项意见,并与董事会决议一同披露。

第三十七条 上市公司股东大会就发行优先股进行审议,应当就下列事项逐项进行表决:

(一)本次发行优先股的种类和数量;

(二)发行方式、发行对象及向原股东配售的安排;

(三)票面金额、发行价格或其确定原则;

(四)优先股股东参与分配利润的方式,包括:票面股息率或其确定原则、股息发放的条件、股息支付方式、股息是否累积、是否可以参与剩余利润分配等;

(五)回购条款,包括回购的条件、期间、价格及其确定原则、回购选择权的行使主体等(如有);

(六)募集资金用途;

(七)公司与发行对象签订的附条件生效的优先股认购合同(如有);

(八)决议的有效期;

(九)公司章程关于优先股股东和普通股股东利润分配、剩余财产分配、优先股表决权恢复等相关政策条款的修订方案;

(十)对董事会办理本次发行具体事宜的授权;

(十一)其他事项。

上述决议,须经出席会议的普通股股东(含表决权恢复的优先股股东)所持表决权的三分之二以上通过。已发行优先股的,还须经出席会议的优先股股东(不含表决权恢复的优先股股东)所持表决权的三分之二以上通过。上市公司向公司特定股东及其关联人发行优先股的,股东大会就发行方案进行表决时,关联股东应当回避。

第三十八条 上市公司就发行优先股事项召开股东大会,应当提供网络投票,还可以通过中国证监会认可的其他方式为股东参加股东大会提供便利。

第三十九条 上市公司申请发行优先股应当由保荐人保荐并向证券交易所申报,其申请、审核、注册、发行等相关程序参照《上市公司证券发行注册管理办法》和《证券发行与承销管理办法》或《北京证券交易所上市公司证券发行注册管理办法》的规定。

第四十条 上市公司发行优先股,可以申请一次注册,分次发行,不同次发行的优先股除票面股息率外,其他条款应当相同。自中国证监会同意注册之日起,公司应在六个月内实施首次发行,剩余数量应当在二十四个月内发行完毕。超过注册文件时限的,须申请中国证监会重新注册。首次发行数量应当不少于总发行数量的百分之五十,剩余各次发行的数量由公司自行确定,每次发行完毕后五个工作日内报中国证监会备案。

第四章 非上市公众公司向特定对象发行优先股

第四十一条 非上市公众公司向特定对象发行优先股应符合下列条件:
(一)合法规范经营;
(二)公司治理机制健全;
(三)依法履行信息披露义务。

第四十二条 非上市公众公司向特定对象发行优先股应当遵守本办法第二十三条、第二十四条、第二十五条、第三十二条、第三十三条的规定。

第四十三条 非上市公众公司向特定对象发行优先股仅向本办法规定的合格投资者发行,每次发行对象不得超过二百人,且相同条款优先股的发行对象累计不得超过二百人。

第四十四条 非上市公众公司拟发行优先股的,董事会应依法就具体方案、本次发行对公司各类股东权益的影响、发行优先股的目的、募集资金的用途及其他必须明确的事项作出决议,并提请股东大会批准。

董事会决议确定具体发行对象的,董事会决议应当确定具体的发行对象名称及其认购价格或定价原则、认购数量或数量区间等;同时应在召开董事会前与相应发行对象签订附条件生效的股份认购合同。董事会决议未确定具体发行对象的,董事会决议应当明确发行对象的范围和资格、定价原则等。

第四十五条 非上市公众公司股东大会就发行优先股进行审议,表决事项参照本办法第三十七条执行。发行优先股决议,须经出席会议的普通股股东(含表决权恢复的优先股股东)所持表决权的三分之二以上通过。已发行优先股的,还须经出席会议的优先股股东(不含表决权恢复的优先股股东)所持表决权的三分之二以上通过。非上市公众公司向公司特定股东及其关联人发行优先股的,股东大会就发行方案进行表决时,关联股东应当回避,公司普通股股东(不含表决权恢复的优先股股东)人数少于二百人的除外。

第四十六条 非上市公众公司发行优先股的申请、审核、注册(豁免)、发行等相关程序应按照《非上市公众公司监督管理办法》等相关规定办理。

第五章 交易转让和登记结算

第四十七条 优先股发行后可以申请上市交易或转让,不设限售期。

向不特定对象发行的优先股可以在证券交易所上市交易。上市公司向特定对象发行的优先股可以在证券交易所转让,非上市公众公司向特定对象发行的优先股可以在全国中小企业股份转让系统转让,转让范围仅限合格投资者。交易或转让的具体办法由证券交易所或全国中小企业股份转让系统另行制定。

第四十八条 优先股交易或转让环节的投资者适当性标准应当与发行环节保持一致;向特定对象发行的相同条款优先股经交易或转让后,投资者不得超过二百人。

第四十九条 中国证券登记结算公司为优先股提供登记、存管、清算、交收等服务。

第六章 信息披露

第五十条 公司应当按照中国证监会有关信息披露规则编制募集优先股说明书或其他信息披露文件,依法履行信息披露义务。上市公司相关信息披露程序和要求参照《上市公司证券发行注册管理办法》《北京证券交易所上市公司证券发行注册管理办法》及有关监管指引的规定。非上市公众公司向特定对象发行优先股的信息披露程序和要求参照《非上市公众公司监督管理办法》及有关监管指引的规定。

第五十一条 发行优先股的公司披露定期报告时,应当以专门章节披露已发行优先股情况、持有公司优先股股份最多的前十名股东的名单和持股数额、优先股股东的利润分配情况、优先股的回购情况、优先股股东表决权恢复及行使情况、优先股会计处理情况及其他与优先股有关的情况,具体内容与格式由中国证监会规定。

第五十二条 发行优先股的上市公司,发生表决权恢复、回购普通股等事项,以及其他可能对其普通股或优先股交易或转让价格产生较大影响事项,上市公司应当按照《证券法》第八十条以及中国证监会的相关规定,履行临时报告、公告等信息披露义务。

第五十三条 发行优先股的非上市公众公司按照《非上市公众公司监督管理办法》《非上市公众公司信息披露管理办法》及有关监管指引的规定履行日常信息披露义务。

第七章 回购与并购重组

第五十四条 上市公司可以向特定对象发行优先股作为支付手段,向公司特定股东回购普通股。上市公司回购普通股的价格应当公允、合理,不得损害股东或其他利益相关方的合法利益。

第五十五条 上市公司以减少注册资本为目的回购普通股向不特定对象发行优先股的,以及以向特定对象发行优先股为支付手段向公司特定股东回购普通股的,除应当符合优先股发行条件和程序,还应符合以下规定:

(一)上市公司回购普通股应当由董事会依法作出决议并提交股东大会批准;

(二)上市公司股东大会就回购普通股作出的决议,应当包括下列事项:回购普通股的价格区间,回购普通股的数量和比例,回购普通股的期限,决议的有效期,对董事会办理本次回购股份事宜的具体授权,其他相关事项。以发行优先股作为支付手段的,应当包括拟用于支付的优先股总金额以及支付比例;回购方案实施完毕之日起一年内向不特定对象发行优先股的,应当包括回购的资金总额以及资金来源;

(三)上市公司股东大会就回购普通股作出决议,必须经出席会议的普通股股东(含表决权恢复的优先股股东)所持表决权的三分之二以上通过;

(四)上市公司应当在股东大会作出回购普通股决议后的次日公告该决议;

(五)依法通知债权人。

本办法未做规定的应当符合中国证监会有关上市公司回购的其他规定。

第五十六条 上市公司收购要约适用于被收购公司的所有股东,但可以针对优先股股东和普通股股东提出不同的收购条件。

第五十七条 上市公司可以按照《上市公司重大资产重组管理办法》规定的条件发行优先股购买资产,同时应当遵守本办法第三十三条,以及第三十五条至第三十八条的规定,依法披露有关信息、履行相应程序。

第五十八条 上市公司发行优先股作为支付手段购买资产的,可以同时募集配套资金。

第五十九条 非上市公众公司发行优先股的方案涉及重大资产重组的,应当符合中国证监会有关重大资产重组的规定。

第八章 监管措施和法律责任

第六十条 公司及其控股股东或实际控制人,公司董事、监事、高级管理人员以及其他直接责任人员,相关市场中介机构及责任人员,以及优先股试点的其他市场参与者违反本办法规定的,依照《公司法》《证券法》和中国证监会的有关规定处理;涉嫌犯罪的,依法移送司法机关,追究其刑事责任。

第六十一条 上市公司、非上市公众公司违反本办法规定,存在未按规定制定有关章程条款、不按照约定召集股东大会恢复优先股股东表决权等损害优先股股东和中小股东权益等行为的,中国证监会应当责令改正,对上市公司、非上市公众公司和其直接负责的主管人员和其他直接责任人员,可以采取相应的行政监管措施以及警告、三万元以下罚款等行政处罚。

第六十二条 上市公司违反本办法第二十二条第二款规定的,中国证监会可以责令改正,并可以对有关责任人员采取证券市场禁入的措施。

第六十三条 上市公司、非上市公众公司向特定对象发行优先股,相关投资者为本办法规定的合格投资者以外的投资者的,中国证监会应当责令改正,并可以自确认之日起对有关责任人员采取证券市场禁入的措施。

第六十四条 承销机构在承销向特定对象发行的优先股时,将优先股配售给不符合本办法合格投资者规定的对象的,中国证监会可以责令改正,并可以对有关责任人员采取证券市场禁入的措施。

第六十五条 证券交易所负责对发行人及其控股股东、实际控制人、保荐人、承销商、证券服务机构等进行自律监管。

证券交易所发现发行上市过程中存在违反自律监管规则的行为,可以对有关单位和责任人员采取一定期限内不接受与证券发行相关的文件、认定为不适当人选等自律监管措施或者纪律处分。

第九章 附 则

第六十六条 本办法所称合格投资者包括:

（一）经有关金融监管部门批准设立的金融机构，包括商业银行、证券公司、基金管理公司、信托公司和保险公司等；

（二）上述金融机构面向投资者发行的理财产品，包括但不限于银行理财产品、信托产品、投连险产品、基金产品、证券公司资产管理产品等；

（三）实收资本或实收股本总额不低于人民币五百万元的企业法人；

（四）实缴出资总额不低于人民币五百万元的合伙企业；

（五）合格境外机构投资者（QFII）、人民币合格境外机构投资者（RQFII）、符合国务院相关部门规定的境外战略投资者；

（六）除发行人董事、高级管理人员及其配偶以外的，名下各类证券账户、资金账户、资产管理账户的资产总额不低于人民币五百万元的个人投资者；

（七）经中国证监会认可的其他合格投资者。

第六十七条 非上市公众公司首次公开发行普通股并同时向特定对象发行优先股的，其优先股的发行与信息披露应符合本办法中关于上市公司向特定对象发行优先股的有关规定。

第六十八条 注册在境内的境外上市公司在境外发行优先股，应当符合境外募集股份及上市的有关规定。

注册在境内的境外上市公司在境内发行优先股，参照执行本办法关于非上市公众公司发行优先股的规定，以及《非上市公众公司监督管理办法》等相关规定，其优先股可以在全国中小企业股份转让系统进行转让。

第六十九条 本办法下列用语含义如下：

（一）强制分红：公司在有可分配税后利润的情况下必须向优先股股东分配股息；

（二）可分配税后利润：发行人股东依法享有的未分配利润；

（三）加权平均净资产收益率：按照《公开发行证券的公司信息披露编报规则第9号——净资产收益率和每股收益的计算及披露》计算的加权平均净资产收益率；

（四）上证50指数：中证指数有限公司发布的上证50指数。

第七十条 本办法中计算合格投资者人数时，同一资产管理机构以其管理的两只以上产品认购或受让优先股的，视为一人。

第七十一条 本办法自公布之日起施行。

证券市场禁入规定

· 2021年6月15日中国证券监督管理委员会令第185号公布
· 自2021年7月19日起施行

第一条 为了维护证券市场秩序，保护投资者合法权益和社会公众利益，促进证券市场健康稳定发展，根据《中华人民共和国证券法》《中华人民共和国证券投资基金法》《中华人民共和国行政处罚法》等法律、行政法规，制定本规定。

第二条 中国证券监督管理委员会（以下简称中国证监会）及其派出机构（以下统称执法单位）对违反法律、行政法规或者中国证监会有关规定的有关责任人员采取证券市场禁入措施，以事实为依据，遵循公开、公平、公正的原则。

第三条 下列人员违反法律、行政法规或者中国证监会有关规定，情节严重的，执法单位可以根据情节严重的程度，采取证券市场禁入措施：

（一）证券发行人的董事、监事、高级管理人员，其他信息披露义务人或者其他信息披露义务人的董事、监事、高级管理人员，证券发行人、其他信息披露义务人持股百分之五以上的股东、实际控制人，证券发行人、其他信息披露义务人持股百分之五以上的股东、实际控制人的董事、监事、高级管理人员，或者执法单位认定的其他对欺诈发行或信息披露违法行为直接负责的主管人员或其他直接责任人员；

（二）证券公司及其依法设立的子公司的董事、监事、高级管理人员及工作人员，证券公司的股东、实际控制人或者股东、实际控制人的董事、监事、高级管理人员；

（三）证券服务机构、债券受托管理人的董事、监事、高级管理人员、合伙人、负责人及工作人员，证券服务机构、债券受托管理人的股东、实际控制人或者股东、实际控制人的董事、监事、高级管理人员；

（四）公开募集证券投资基金（以下简称基金）管理公司及其依法设立的子公司、其他公募基金管理人、基金托管人及其设立的基金托管部门、基金服务机构的董事、监事、高级管理人员及工作人员，基金管理公司、其他公募基金管理人和基金服务机构的股东、实际控制人或者股东、实际控制人的董事、监事、高级管理人员；

（五）私募投资基金管理人、私募投资基金托管人、私募投资基金销售机构及其他私募服务机构的董事、监事、高级管理人员、工作人员，私募投资基金管理人的股东、实际控制人、合伙人、负责人；

（六）直接或者间接在证券交易所、国务院批准的其他全国性证券交易场所（以下统称证券交易场所）进行投资的自然人或者机构投资者的交易决策人；

（七）编造、传播虚假信息或者误导性信息的有关责任人员；

（八）执法单位及相关自律组织的工作人员；

（九）执法单位认定的其他违反法律、行政法规或者中国证监会有关规定的有关责任人员。

第四条 执法单位可以采取的市场禁入种类包括：

（一）不得从事证券业务、证券服务业务，不得担任证券发行人的董事、监事、高级管理人员；

（二）不得在证券交易场所交易证券。

执法单位可以根据有关责任人员的身份职责、违法行为类型、违法行为的社会危害性和违法情节严重的程度，单独或者合并适用前款规定的不同种类市场禁入措施。

第五条 被采取本规定第四条第一款第一项证券市场禁入措施的人员，在禁入期间内，除不得继续在原机构从事证券业务、证券服务业务或者担任原证券发行人的董事、监事、高级管理人员职务外，也不得在其他任何机构中从事证券业务、证券服务业务或者担任其他证券发行人的董事、监事、高级管理人员职务。

被采取本规定第四条第一款第一项证券市场禁入措施的人员，应当在收到证券市场禁入决定后立即停止从事证券业务、证券服务业务或者停止履行证券发行人董事、监事、高级管理人员职务，并由其所在机构按规定的程序解除其被禁止担任的职务。

第六条 被采取本规定第四条第一款第二项证券市场禁入措施的人员，在禁入期间内，不得直接或者以化名、借他人名义在证券交易场所交易上市或者挂牌的所有证券。但在禁入期间存在以下情形的除外：

（一）有关责任人员被依据《中华人民共和国证券法》和中国证监会有关规定责令回购或者买回证券；

（二）有关责任人员被责令依法处理非法持有的证券；

（三）有关责任人员持有的证券被依法强制扣划、卖出或转让；

（四）根据相关法律、行政法规、中国证监会规定或者依法制定的证券交易场所相关业务规则，为防范和化解信用类业务风险需要继续交易证券；

（五）为履行在被禁入前已经报送或者已经公开披露的材料中约定的义务需要继续交易证券；

（六）卖出被禁入前已经持有的证券；

（七）法律、行政法规、中国证监会或者依法制定的证券交易场所业务规则规定，或者中国证监会认定的其他情形。

被采取本规定第四条第一款第二项证券市场禁入措施的人员，应当在收到证券市场禁入决定后立即停止证券交易活动。

证券交易场所应当做好相配套的限制证券账户交易权限工作，证券登记结算机构和证券公司应当予以配合。

第七条 违反法律、行政法规或者中国证监会有关规定，情节严重的，可以对有关责任人员采取3年以上5年以下本规定第四条第一款第一项规定的证券市场禁入措施；行为恶劣、严重扰乱证券市场秩序、严重损害投资者利益或者在重大违法活动中起主要作用等情节较为严重的，可以对有关责任人员采取6年以上10年以下本规定第四条第一款第一项规定的证券市场禁入措施；有下列情形之一的，可以对有关责任人员终身采取本规定第四条第一款第一项规定的证券市场禁入措施：

（一）严重违反法律、行政法规或者中国证监会有关规定，被人民法院生效司法裁判认定构成犯罪的；

（二）从业人员等负有法定职责的人员，故意不履行法律、行政法规或者中国证监会规定的义务，并造成特别恶劣社会影响，或者致使投资者利益受到特别严重损害，或者导致其他特别严重后果的；

（三）在报送或者公开披露的材料中，隐瞒、编造或者篡改重要事实、重要财务数据或者其他重要信息，或者组织、指使从事前述行为或者隐瞒相关事项导致发生上述情形，严重扰乱证券市场秩序，或者造成特别恶劣社会影响，或者致使投资者利益受到特别严重损害的；

（四）违反法律、行政法规或者中国证监会有关规定，从事欺诈发行、内幕交易、操纵证券市场等违法行为，严重扰乱证券市场秩序并造成特别恶劣社会影响，或者获取违法所得等不当利益数额特别巨大，或者致使投资者利益受到特别严重损害的；

（五）违反法律、行政法规或者中国证监会有关规定，情节严重，应当采取证券市场禁入措施，且存在故意出具虚假重要证据，隐瞒、毁损重要证据等阻碍、抗拒执法单位及其工作人员依法行使监督检查、调查职权行为的；

（六）因违反法律、行政法规或者中国证监会有关规定，5年内曾经被执法单位给予行政处罚2次以上，或者5年内曾经被采取本规定第四条第一款第一项规定的证

券市场禁入措施的;

（七）组织、策划、领导或者实施重大违反法律、行政法规或者中国证监会有关规定的活动的;

（八）其他违反法律、行政法规或者中国证监会有关规定,情节特别严重的。

违反法律、行政法规或者中国证监会有关规定,影响证券交易秩序或者交易公平,情节严重的,可以对有关责任人员采取本规定第四条第一款第二项规定的证券市场禁入措施,禁止交易的持续时间不超过5年。

第八条 违反法律、行政法规或者中国证监会有关规定,情节严重的,可以单独对有关责任人员采取证券市场禁入措施,或者一并依法进行行政处罚;涉嫌犯罪的,依法移送有关部门,并可同时采取证券市场禁入措施。

第九条 有下列情形之一的,应当对有关责任人员从轻、减轻采取证券市场禁入措施:

（一）主动消除或者减轻违法行为危害后果的;

（二）配合查处违法行为有立功表现的;

（三）受他人胁迫或者诱骗实施违法行为的;

（四）在执法单位依法作出行政处罚决定或者证券市场禁入决定前主动交代违法行为的;

（五）其他依法应当从轻、减轻采取证券市场禁入措施的。

违法情节轻微并及时纠正,没有造成危害后果的,免予采取证券市场禁入措施。初次违法并且危害后果轻微并及时纠正的,可以免予采取证券市场禁入措施。

第十条 共同违反法律、行政法规或者中国证监会有关规定,需要采取证券市场禁入措施的,对负次要责任的人员,可以比照负主要责任的人员,适当从轻、减轻或者免予采取证券市场禁入措施。

第十一条 执法单位采取证券市场禁入措施前,应当告知当事人采取证券市场禁入措施的事实、理由及依据,并告知当事人有陈述、申辩和要求举行听证的权利。具体程序按照《中国证券监督管理委员会行政处罚听证规则》等规定执行。

第十二条 被采取证券市场禁入措施的人员因同一违法行为同时被人民法院生效司法裁判认定构成犯罪或者进行行政处罚的,如果对其所作人民法院生效刑事司法裁判或行政处罚决定被依法撤销或者变更,并因此影响证券市场禁入措施的事实基础或者合法性、适当性的,依法撤销或者变更证券市场禁入措施。

第十三条 被执法单位采取证券市场禁入措施的人员,执法单位将通过中国证监会或者相关派出机构网站、或者指定媒体向社会公布,并记入证券市场诚信档案。

第十四条 有关责任人员违反执法单位依法作出的证券市场禁入决定或者所在机构及相关工作人员不配合履行证券市场禁入决定的,执法单位可依据相关法律法规进行处罚,相关法律法规没有规定的,给予警告并处国务院规定限额以下的罚款;涉嫌犯罪的,依法移送有关部门追究刑事责任。

第十五条 执法单位依法宣布个人或者单位的直接责任人员为期货市场禁止进入者的,可以参照本规定执行。

第十六条 本规定下列用语具有如下含义:

（一）证券发行人:包括上市公司、非上市公众公司、公司债券发行人和法律、行政法规以及中国证监会规定的其他证券发行人;

（二）信用类业务:包括融资融券、股票质押、债券质押式回购以及其他由法律、行政法规、中国证监会或者证券交易场所业务规则规定的,由投资者提供担保品进行资金或证券融通的交易活动;

（三）从业人员:包括本规定第三条第二项、第三项、第四项、第五项和第八项规定的人员,或者执法单位认定的其他人员;

（四）立即:本规定第五条第二款所称"立即"是指证券市场禁入决定送达之日的次一工作日,本规定第六条第二款所称"立即"是指证券市场禁入决定送达之日的次一交易日,法律、行政法规或者中国证监会另有规定的除外;

（五）本规定所称以上、以下、不超过,均包括本数。

第十七条 本规定自2021年7月19日起施行。2006年7月10日中国证监会发布施行的《证券市场禁入规定》(2006年3月7日中国证券监督管理委员会第173次主席办公会议审议通过,根据2015年5月18日中国证券监督管理委员会《关于修改〈证券市场禁入规定〉的决定》修订,以下简称原规定)同时废止。

对于本规定实施前发生的应予证券市场禁入的违法行为,依照原规定办理,但适用本规定对有关责任人员有利的,适用本规定。

对发生于本规定实施以前,继续或者连续到本规定实施以后的行为,依照本规定办理。

证券交易所管理办法

- 2021年10月30日中国证券监督管理委员会令第192号公布
- 自公布之日起施行

第一章 总 则

第一条 为加强对证券交易所的管理，促进证券交易所依法全面履行一线监管职能和服务职能，维护证券市场的正常秩序，保护投资者的合法权益，促进证券市场的健康稳定发展，根据《中华人民共和国证券法》（以下简称《证券法》）、《中华人民共和国公司法》（以下简称《公司法》），制定本办法。

第二条 本办法所称的证券交易所是指经国务院决定设立的证券交易所。

第三条 证券交易所根据《中国共产党章程》设立党组织，发挥领导作用，把方向、管大局、保落实，依照规定讨论和决定交易所重大事项，保证监督党和国家的方针、政策在交易所得到全面贯彻落实。

第四条 证券交易所由中国证券监督管理委员会（以下简称中国证监会）监督管理。

第五条 证券交易所的名称，应当标明证券交易所字样。其他任何单位和个人不得使用证券交易所或者近似名称。

第二章 证券交易所的职能

第六条 证券交易所组织和监督证券交易，实施自律管理，应当遵循社会公共利益优先原则，维护市场的公平、有序、透明。

第七条 证券交易所的职能包括：

（一）提供证券交易的场所、设施和服务；
（二）制定和修改证券交易所的业务规则；
（三）依法审核公开发行证券申请；
（四）审核、安排证券上市交易，决定证券终止上市和重新上市；
（五）提供非公开发行证券转让服务；
（六）组织和监督证券交易；
（七）对会员进行监管；
（八）对证券上市交易公司及相关信息披露义务人进行监管；
（九）对证券服务机构为证券上市、交易等提供服务的行为进行监管；
（十）管理和公布市场信息；
（十一）开展投资者教育和保护；
（十二）法律、行政法规规定的以及中国证监会许可、授权或者委托的其他职能。

第八条 证券交易所不得直接或者间接从事：

（一）新闻出版业；
（二）发布对证券价格进行预测的文字和资料；
（三）为他人提供担保；
（四）未经中国证监会批准的其他业务。

第九条 证券交易所可以根据证券市场发展的需要，创新交易品种和交易方式，设立不同的市场层次。

第十条 证券交易所制定或者修改业务规则，应当符合法律、行政法规、部门规章对其自律管理职责的要求。

证券交易所制定或者修改下列业务规则时，应当由证券交易所理事会或者董事会通过，并报中国证监会批准：

（一）证券交易、上市、会员管理和其他有关业务规则；
（二）涉及上市新的证券交易品种或者对现有上市证券交易品种作出较大调整；
（三）以联网等方式为非本所上市的品种提供交易服务；
（四）涉及证券交易方式的重大创新或者对现有证券交易方式作出较大调整；
（五）涉及港澳台及境外机构的重大事项；
（六）中国证监会认为需要批准的其他业务规则。

对于非会员理事的反对或者弃权表决意见，证券交易所应当在向中国证监会报送的请示或者报告中作出说明。

第十一条 证券交易所制定的业务规则对证券交易业务活动的各参与主体具有约束力。对违反业务规则的行为，证券交易所给予纪律处分或者采取其他自律管理措施。

第十二条 证券交易所应当按照章程、协议以及业务规则的规定，对违法违规行为采取自律监管措施或者纪律处分，履行自律管理职责。

第十三条 证券交易所应当在业务规则中明确自律监管措施或者纪律处分的具体类型、适用情形和适用程序。

证券交易所采取纪律处分的，应当依据纪律处分委员会的审核意见作出。纪律处分决定作出前，当事人按照业务规则的规定申请听证的，证券交易所应当组织听证。

第十四条 市场参与主体对证券交易所作出的相关

自律监管措施或者纪律处分不服的,可以按照证券交易所业务规则的规定申请复核。

证券交易所应当设立复核委员会,依据其审核意见作出复核决定。

第十五条 证券交易所应当建立风险管理和风险监测机制,依法监测、监控、预警并防范市场风险,维护证券市场安全稳定运行。

证券交易所应当以风险基金、一般风险准备等形式储备充足的风险准备资源,用于垫付或者弥补因技术故障、操作失误、不可抗力及其他风险事件造成的损失。

第十六条 证券交易所应当同其他交易场所、登记结算机构、行业协会等证券期货业组织建立资源共享、相互配合的长效合作机制,联合依法监察证券市场违法违规行为。

第三章 证券交易所的组织

第十七条 实行会员制的证券交易所设会员大会、理事会、总经理和监事会。

实行有限责任公司制的证券交易所设股东会、董事会、总经理和监事会。证券交易所为一人有限责任公司的,不设股东会,由股东行使股东会的职权。

第十八条 会员大会为会员制证券交易所的最高权力机构。会员大会行使下列职权:

(一)制定和修改证券交易所章程;
(二)选举和罢免会员理事、会员监事;
(三)审议和通过理事会、监事会和总经理的工作报告;
(四)审议和通过证券交易所的财务预算、决算报告;
(五)法律、行政法规、部门规章和证券交易所章程规定的其他重大事项。

股东会为公司制证券交易所的最高权力机构。股东会行使下列职权:

(一)修改证券交易所章程;
(二)选举和更换非由职工代表担任的董事、监事;
(三)审议和通过董事会、监事会的工作报告;
(四)审议和通过证券交易所的财务预算、决算报告;
(五)法律、行政法规、部门规章和证券交易所章程规定的其他职权。

第十九条 会员制证券交易所章程应当包括下列事项:

(一)设立目的;
(二)名称;
(三)主要办公及交易场所和设施所在地;
(四)职能范围;
(五)会员的资格和加入、退出程序;
(六)会员的权利和义务;
(七)对会员的纪律处分;
(八)组织机构及其职权;
(九)理事、监事、高级管理人员的产生、任免及其职责;
(十)资本和财务事项;
(十一)解散的条件和程序;
(十二)其他需要在章程中规定的事项。

公司制证券交易所章程应当包括下列事项:

(一)前款第(一)项至第(四)项、第(八)项、第(十)项和第(十一)项规定的事项;
(二)董事、监事、高级管理人员的产生、任免及其职责;
(三)其他需要在章程中规定的事项。

会员制证券交易所章程的制定和修改经会员大会通过后,报中国证监会批准。公司制证券交易所的章程由股东共同制定,并报中国证监会批准;章程的修改由股东会通过后,报中国证监会批准。

第二十条 会员大会每年召开一次,由理事会召集,理事长主持。理事长因故不能履行职责时,由理事长指定的副理事长或者其他理事主持。有下列情形之一的,应当召开临时会员大会:

(一)理事人数不足本办法规定的最低人数;
(二)三分之一以上会员提议;
(三)理事会或者监事会认为必要。

股东会会议由董事会召集。股东会会议的召开应当符合证券交易所章程的规定。

第二十一条 会员大会应当有三分之二以上的会员出席,其决议须经出席会议的会员过半数表决通过。

股东会会议的议事规则应当符合证券交易所章程的规定。

会员大会或者股东会会议结束后十个工作日内,证券交易所应当将大会全部文件及有关情况向中国证监会报告。

第二十二条 理事会是会员制证券交易所的决策机构,行使下列职权:

(一)召集会员大会,并向会员大会报告工作;
(二)执行会员大会的决议;
(三)审定总经理提出的工作计划;
(四)审定总经理提出的年度财务预算、决算方案;

（五）审定对会员的接纳和退出；

（六）审定取消会员资格的纪律处分；

（七）审定证券交易所业务规则；

（八）审定证券交易所上市新的证券交易品种或者对现有上市证券交易品种作出较大调整；

（九）审定证券交易所收费项目、收费标准及收费管理办法；

（十）审定证券交易所重大财务管理事项；

（十一）审定证券交易所重大风险管理和处置事项，管理证券交易所风险基金；

（十二）审定重大投资者教育和保护工作事项；

（十三）决定高级管理人员的聘任、解聘及薪酬事项，但中国证监会任免的除外；

（十四）会员大会授予和证券交易所章程规定的其他职权。

董事会是公司制证券交易所的决策机构，行使下列职权：

（一）召集股东会会议，并向股东会报告工作；

（二）执行股东会的决议；

（三）制订年度财务预算、决算方案；

（四）前款第（三）项、第（五）项至第（十三）项规定的职权；

（五）股东会授予和证券交易所章程规定的其他职权。

第二十三条 证券交易所理事会由七至十三人组成，其中非会员理事人数不少于理事会成员总数的三分之一，不超过理事会成员总数的二分之一。

理事每届任期三年。会员理事由会员大会选举产生，非会员理事由中国证监会委派。

董事会由三至十三人组成。董事每届任期不得超过三年。

第二十四条 理事会会议至少每季度召开一次。会议须有三分之二以上理事出席，其决议应当经出席会议的三分之二以上理事表决同意方为有效。理事会决议应当在会议结束后两个工作日内向中国证监会报告。

董事会会议的召开和议事规则应当符合证券交易所章程的规定。董事会决议应当在会议结束后两个工作日内向中国证监会报告。

第二十五条 理事会设理事长一人，可以设副理事长一至二人。总经理应当是理事会成员。

董事会设董事长一人，可以设副董事长一至二人。总经理应当是董事会成员。董事长、副董事长的任免，由中国证监会提名，董事会通过。

理事长、董事长是证券交易所的法定代表人。

第二十六条 理事长负责召集和主持理事会会议。理事长因故临时不能履行职责时，由副理事长或者其他理事代其履行职责。

董事长负责召集和主持董事会会议。董事长因故临时不能履行职责时，由副董事长代为履行职责；副董事长不能履行职责时，由半数以上董事共同推举一名董事召集和主持。

理事长、董事长不得兼任证券交易所总经理。

第二十七条 证券交易所的总经理、副总经理、首席专业技术管理人员每届任期三年。总经理由中国证监会任免。副总经理按照中国证监会相关规定任免或者聘任。

总经理因故临时不能履行职责时，由总经理指定的副总经理代其履行职责。

第二十八条 会员制证券交易所的总经理行使下列职权：

（一）执行会员大会和理事会决议，并向其报告工作；

（二）主持证券交易所的日常工作；

（三）拟订并组织实施证券交易所工作计划；

（四）拟订证券交易所年度财务预算、决算方案；

（五）审定业务细则及其他制度性规定；

（六）审定除取消会员资格以外的其他纪律处分；

（七）审定除应当由理事会审定外的其他财务管理事项；

（八）理事会授予和证券交易所章程规定的其他职权。

公司制证券交易所的总经理行使下列职权：

（一）执行董事会决议，并向其报告工作；

（二）前款第（二）项至第（六）项规定的职权；

（三）审定除应当由董事会审定外的其他财务管理事项；

（四）董事会授予和证券交易所章程规定的其他职权。

第二十九条 监事会是证券交易所的监督机构，行使下列职权：

（一）检查证券交易所财务；

（二）检查证券交易所风险基金的使用和管理；

（三）监督证券交易所理事或者董事、高级管理人员执行职务行为；

（四）监督证券交易所遵守法律、行政法规、部门规章和证券交易所章程、协议、业务规则以及风险预防与控制的情况；

（五）当理事或者董事、高级管理人员的行为损害证券交易所利益时，要求理事或者董事、高级管理人员予以纠正；

（六）提议召开临时会员大会或者股东会会议；

（七）提议会员制证券交易所召开临时理事会；

（八）向会员大会或者股东会会议提出提案；

（九）会员大会或者股东会授予和证券交易所章程规定的其他职权。

第三十条　证券交易所监事会人员不得少于五人，其中职工监事不得少于两名，专职监事不得少于一名。

监事每届任期三年。职工监事由职工大会、职工代表大会或者其他形式民主选举产生，专职监事由中国证监会委派。证券交易所理事或者董事、高级管理人员不得兼任监事。

会员制证券交易所的监事会，会员监事不得少于两名，由会员大会选举产生。

第三十一条　监事会设监事长一人，由中国证监会提名，监事会通过。

监事长负责召集和主持监事会会议。会员制证券交易所监事长因故不能履行职责时，由其指定的专职监事或者其他监事代为履行职务。公司制证券交易所监事长因故不能履行职责时，由半数以上监事共同推举一名监事代为履行职务。

第三十二条　会员制证券交易所的监事会至少每六个月召开一次会议。监事长、三分之一以上监事可以提议召开临时监事会议。监事会决议应当经半数以上监事通过。

公司制证券交易所监事会会议的召开和议事规则应当符合《公司法》及证券交易所章程的规定。

监事会决议应当在会议结束后两个工作日内向中国证监会报告。

第三十三条　理事会、董事会、监事会根据需要设立专门委员会。各专门委员会的职责、任期和人员组成等事项，由证券交易所章程具体规定。

各专门委员会的经费应当纳入证券交易所的预算。

第三十四条　证券交易所的从业人员应当正直诚实、品行良好、具备履行职责所必需的专业知识与能力。因违法行为或者违纪行为被开除的证券交易场所、证券公司、证券登记结算机构、证券服务机构的从业人员和被开除的国家机关工作人员，不得招聘为证券交易所的从业人员。

有《公司法》第一百四十六条规定的情形或者下列情形之一的，不得担任证券交易所理事、董事、监事、高级管理人员：

（一）犯有贪污、贿赂、侵占财产、挪用财产罪或者破坏社会经济秩序罪，或者因犯罪被剥夺政治权利；

（二）因违法行为或者违纪行为被解除职务的证券交易场所、证券登记结算机构的负责人，自被解除职务之日起未逾五年；

（三）因违法行为或者违纪行为被解除职务的证券公司董事、监事、高级管理人员，自被解除职务之日起未逾五年；

（四）因违法行为或者违纪行为被吊销执业证书或者被取消资格的律师、注册会计师或者其他证券服务机构的专业人员，自被吊销执业证书或者被取消资格之日起未逾五年；

（五）担任因违法行为被吊销营业执照的公司、企业的法定代表人并对该公司、企业被吊销营业执照负有个人责任的，自被吊销营业执照之日起未逾五年；

（六）担任因经营管理不善而破产的公司、企业的董事、厂长或者经理并对该公司、企业的破产负有个人责任的，自破产之日起未逾五年；

（七）法律、行政法规、部门规章规定的其他情形。

第三十五条　证券交易所理事、董事、监事、高级管理人员的产生、聘任有不正当情况，或者前述人员在任期内有违反法律、行政法规、部门规章和证券交易所章程、业务规则的行为，或者由于其他原因，不适宜继续担任其所担任的职务时，中国证监会有权解除或者提议证券交易所解除有关人员的职务，并按照规定任命新的人选。

第四章　证券交易所对证券交易活动的监管

第三十六条　证券交易所应当制定具体的交易规则。其内容包括：

（一）证券交易的基本原则；

（二）证券交易的场所、品种和时间；

（三）证券交易方式、交易流程、风险控制和规范事项；

（四）证券交易监督；

（五）清算交收事项；

（六）交易纠纷的解决；

（七）暂停、恢复与取消交易；

（八）交易异常情况的认定和处理；

（九）投资者准入和适当性管理的基本要求；
（十）对违反交易规则行为的处理规定；
（十一）证券交易信息的提供和管理；
（十二）指数的编制方法和公布方式；
（十三）其他需要在交易规则中规定的事项。

第三十七条 参与证券交易所集中交易的，必须是证券交易所的会员，非会员不得直接参与股票的集中交易。会员应当依据证券交易所相关业务规则，对客户证券交易行为进行管理。

第三十八条 证券交易所应当实时公布即时行情，并按日制作证券市场行情表，记载并公布下列事项：
（一）上市证券的名称；
（二）开盘价、最高价、最低价、收盘价；
（三）与前一交易日收盘价比较后的涨跌情况；
（四）成交量、成交金额的分计及合计；
（五）证券交易所市场基准指数及其涨跌情况；
（六）中国证监会要求公布或者证券交易所认为需要公布的其他事项。

证券交易所即时行情的权益由证券交易所依法享有。证券交易所对市场交易形成的基础信息和加工产生的信息产品享有专属权利。未经证券交易所同意，任何单位和个人不得发布证券交易即时行情，不得以商业目的使用。经许可使用交易信息的机构和个人，未经证券交易所同意，不得将该信息提供给其他机构和个人使用。

第三十九条 证券交易所应当就其市场内的成交情况编制日报表、周报表、月报表和年报表，并及时向市场公布。

证券交易所可以根据监管需要，对其市场内特定证券的成交情况进行分类统计，并向市场公布。

第四十条 证券交易所应当保证投资者有平等机会获取证券市场的交易行情和其他公开披露的信息，并有平等的交易机会。

第四十一条 因不可抗力、意外事件、重大技术故障、重大人为差错等突发性事件而影响证券交易正常进行时，为维护证券交易正常秩序和市场公平，证券交易所可以按照业务规则采取技术性停牌、临时停市等处置措施，并应当及时向中国证监会报告。

因前款规定的突发性事件导致证券交易结果出现重大异常，按交易结果进行交收将对证券交易正常秩序和市场公平造成重大影响的，证券交易所按照业务规则可以采取取消交易、通知证券登记结算机构暂缓交收等措施，并应当及时向中国证监会报告并公告。

第四十二条 证券交易所对证券交易进行实时监控，及时发现和处理违反业务规则的异常交易行为。

证券交易所应当对可能误导投资者投资决策、可能对证券交易价格或证券交易量产生不当影响等异常交易行为进行重点监控。

第四十三条 证券交易所应当按照维护市场交易秩序，保障市场稳定运行，保证投资者公平交易机会，防范和化解市场风险的原则，制定异常交易行为认定和处理的业务规则，并报中国证监会批准。

第四十四条 对于严重影响证券交易秩序或者交易公平的异常交易行为，证券交易所可以按照业务规则实施限制投资者交易等措施，并向中国证监会报告。

证券交易所发现异常交易行为涉嫌违反法律、行政法规、部门规章的，应当及时向中国证监会报告。

第四十五条 证券交易所应当加强对证券交易的风险监测。出现重大异常波动的，证券交易所可以按照业务规则采取限制交易、强制停牌等处置措施，并向中国证监会报告；严重影响证券市场稳定的，证券交易所可以按照业务规则采取临时停市等处置措施并公告。

第四十六条 证券交易所应当妥善保存证券交易中产生的交易记录，并制定相应的保密管理措施。交易记录等重要文件的保存期不少于二十年。

证券交易所应当要求并督促会员妥善保存与证券交易有关的委托资料、交易记录、清算文件等，并建立相应的查询和保密制度。

第四十七条 证券交易所应当建立符合证券市场监管和实时监控要求的技术系统，并设立负责证券市场监管工作的专门机构。

证券交易所应当保障交易系统、通信系统及相关信息技术系统的安全、稳定和持续运行。

第四十八条 通过计算机程序自动生成或者下达交易指令进行程序化交易的，应当符合中国证监会的规定，并向证券交易所报告，不得影响证券交易所系统安全或者正常交易秩序。证券交易所应当制定业务规则，对程序化交易进行监管。

第五章 证券交易所对会员的监管

第四十九条 证券交易所应当制定会员管理规则。其内容包括：
（一）会员资格的取得和管理；
（二）席位（如有）与交易单元管理；
（三）与证券交易业务有关的会员合规管理及风险控制要求；

(四)会员客户交易行为管理、适当性管理及投资者教育要求;

(五)会员业务报告制度;

(六)对会员的日常管理和监督检查;

(七)对会员采取的收取惩罚性违约金、取消会员资格等自律监管措施和纪律处分;

(八)其他需要在会员管理规则中规定的事项。

第五十条　证券交易所接纳的会员应当是经批准设立并具有法人地位的境内证券经营机构。

境外证券经营机构设立的驻华代表处,经申请可以成为证券交易所的特别会员。

证券交易所的会员种类、会员资格及权利、义务由证券交易所章程和业务规则规定。

第五十一条　证券交易所决定接纳或者开除会员应当在决定后的五个工作日内向中国证监会报告。

第五十二条　证券交易所应当限定席位(如有)的数量。

会员可以通过购买或者受让的方式取得席位。经证券交易所同意,席位可以转让,但不得用于出租和质押。

第五十三条　证券交易所应当对交易单元实施严格管理,设定、调整和限制会员参与证券交易的品种及方式。

会员参与证券交易的,应当向证券交易所申请设立交易单元。经证券交易所同意,会员将交易单元提供给他人使用的,会员应当对其进行管理。会员不得允许他人以其名义直接参与证券的集中交易。具体管理办法由证券交易所规定。

第五十四条　证券交易所应当制定技术管理规范,明确会员交易系统接入证券交易所和运行管理等技术要求,督促会员按照技术要求规范运作,保障交易及相关系统的安全稳定。

证券交易所为了防范系统性风险,可以要求会员建立和实施相应的风险控制系统和监测模型。

第五十五条　证券交易所应当按照章程、业务规则的规定,对会员遵守证券交易所章程和业务规则的情况进行检查,并将检查结果报告中国证监会。

证券交易所可以根据章程、业务规则要求会员提供与证券交易活动有关的业务报表、账册、交易记录和其他文件资料。

第五十六条　证券交易所应当建立会员客户交易行为管理制度,要求会员了解客户并在协议中约定对委托交易指令的核查和对异常交易指令的拒绝等内容,指导和督促会员完善客户交易行为监控系统,并定期进行考核评价。

会员管理的客户出现严重异常交易行为或者在一定时期内多次出现异常交易行为的,证券交易所应当对会员客户交易行为管理情况进行现场或者非现场检查,并将检查结果报告中国证监会。

会员未按规定履行客户管理职责的,证券交易所可以采取自律监管措施或者纪律处分。

第五十七条　证券交易所应当按照章程、业务规则对会员通过证券自营及资产管理等业务进行的证券交易实施监管。

证券交易所应当按照章程、业务规则要求会员报备其通过自营及资产管理账户开展产品业务创新的具体情况以及账户实际控制人的有关文件资料。

第五十八条　证券交易所应当督促会员建立并执行客户适当性管理制度,要求会员向客户推荐产品或者服务时充分揭示风险,并不得向客户推荐与其风险承受能力不适应的产品或者服务。

第五十九条　会员出现违法违规行为的,证券交易所可以按照章程、业务规则的规定采取暂停受理或者办理相关业务、限制交易权限、收取惩罚性违约金、取消会员资格等自律监管措施或者纪律处分。

第六十条　证券交易所会员应当接受证券交易所的监管,并主动报告有关问题。

第六章　证券交易所对证券上市交易公司的监管

第六十一条　证券交易所应当制定证券上市规则。其内容包括:

(一)证券上市的条件、程序和披露要求;

(二)信息披露的主体、内容及具体要求;

(三)证券停牌、复牌的标准和程序;

(四)终止上市、重新上市的条件和程序;

(五)对违反上市规则行为的处理规定;

(六)其他需要在上市规则中规定的事项。

第六十二条　证券交易所应当与申请证券上市交易的公司订立上市协议,确定相互间的权利义务关系。上市协议的内容与格式应当符合法律、行政法规、部门规章的规定。

上市协议应当包括下列内容:

(一)上市证券的品种、名称、代码、数量和上市时间;

(二)上市费用的收取;

(三)证券交易所对证券上市交易公司及相关主体进行自律管理的主要手段和方式,包括现场和非现场检查等内容；

（四）违反上市协议的处理，包括惩罚性违约金等内容；

（五）上市协议的终止情形；

（六）争议解决方式；

（七）证券交易所认为需要在上市协议中明确的其他内容。

第六十三条 证券交易所应当依法建立上市保荐制度。

证券交易所应当监督保荐人及相关人员的业务行为，督促其切实履行法律、行政法规、部门规章以及业务规则中规定的相关职责。

第六十四条 证券交易所按照章程、协议以及上市规则决定证券终止上市和重新上市。

证券交易所按照业务规则对出现终止上市情形的证券实施退市，督促证券上市交易公司充分揭示终止上市风险，并应当及时公告，报中国证监会备案。

第六十五条 证券交易所应当按照章程、协议以及业务规则，督促证券上市交易公司及相关信息披露义务人依法披露上市公告书、定期报告、临时报告等信息披露文件。

证券交易所对信息披露文件进行审核，可以要求证券上市交易公司及相关信息披露义务人、上市保荐人、证券服务机构等作出补充说明并予以公布，发现问题应当按照有关规定及时处理，情节严重的，报告中国证监会。

第六十六条 证券交易所应当依据业务规则和证券上市交易公司的申请，决定上市交易证券的停牌或者复牌。证券上市交易的公司不得滥用停牌或复牌损害投资者合法权益。

证券交易所为维护市场秩序可以根据业务规则拒绝证券上市交易公司的停复牌申请，或者决定证券强制停复牌。

中国证监会为维护市场秩序可以要求证券交易所对证券实施停复牌。

第六十七条 证券交易所应当按照章程、协议以及业务规则，对上市公司控股股东、持股百分之五以上股东、其他相关股东以及董事、监事、高级管理人员等持有本公司股票的变动及信息披露情况进行监管。

第六十八条 发行人、证券上市交易公司及相关信息披露义务人等出现违法违规行为的，证券交易所可以按照章程、协议以及业务规则的规定，采取通报批评、公开谴责、收取惩罚性违约金、向相关主管部门出具监管建议函等自律监管措施或者纪律处分。

第六十九条 证券交易所应当比照本章的有关规定，对证券在本证券交易所发行或者交易的其他主体进行监管。

第七章　管理与监督

第七十条 证券交易所不得以任何方式转让其依照本办法取得的设立及业务许可。

第七十一条 证券交易所的理事、董事、监事、高级管理人员对其任职机构负有诚实信用的义务。

证券交易所的总经理离任时，应当按照有关规定接受离任审计。

第七十二条 证券交易所的总经理、副总经理未经批准，不得在任何营利性组织、团体和机构以及公益性社会团体、基金会、高等院校和科研院所中兼职。会员制证券交易所的非会员理事和非会员监事、公司制证券交易所的董事和监事以及其他工作人员不得以任何形式在证券交易所会员公司兼职。

第七十三条 证券交易所的理事、董事、监事、高级管理人员及其他工作人员不得以任何方式泄露或者利用内幕信息，不得以任何方式违规从证券交易所的会员、证券上市交易公司获取利益。

第七十四条 证券交易所的理事、董事、监事、高级管理人员及其他工作人员在履行职责时，遇到与本人或者其亲属等有利害关系情形的，应当回避。具体回避事项由其章程、业务规则规定。

第七十五条 证券交易所应当建立健全财务管理制度，收取的各种资金和费用应当严格按照规定用途使用，不得挪作他用。

证券交易所的各项收益安排应当以保证交易场所和设施安全运行为前提，合理设置利润留成项目，做好长期资金安排。

会员制证券交易所的收支结余不得分配给会员。

第七十六条 证券交易所应当履行下列报告义务：

（一）证券交易所经符合《证券法》规定的会计师事务所审计的年度财务报告，该报告应于每一财政年度终了后三个月内向中国证监会提交；

（二）关于业务情况的季度和年度工作报告，应当分别于每一季度结束后十五日内和每一年度结束后三十日内向中国证监会报告；

（三）法律、行政法规、部门规章及本办法其他条款中规定的报告事项；

（四）中国证监会要求报告的其他事项。

第七十七条 遇有重大事项,证券交易所应当随时向中国证监会报告。

前款所称重大事项包括:

(一)发现证券交易所会员、证券上市交易公司、投资者和证券交易所工作人员存在或者可能存在严重违反法律、行政法规、部门规章的行为;

(二)发现证券市场中存在产生严重违反法律、行政法规、部门规章行为的潜在风险;

(三)证券市场中出现法律、行政法规、部门规章未作明确规定,但会对证券市场产生重大影响的事项;

(四)执行法律、行政法规、部门规章过程中,需由证券交易所作出重大决策的事项;

(五)证券交易所认为需要报告的其他事项;

(六)中国证监会规定的其他事项。

第七十八条 遇有以下事项之一的,证券交易所应当及时向中国证监会报告,同时抄报交易所所在地人民政府,并采取适当方式告知交易所会员和投资者:

(一)发生影响证券交易所安全运转的情况;

(二)因不可抗力、意外事件、重大技术故障、重大人为差错等突发性事件而影响证券交易正常进行时,证券交易所为维护证券交易正常秩序和市场公平采取技术性停牌、临时停市、取消交易或者通知证券登记结算机构暂缓交收等处理措施;

(三)因重大异常波动,证券交易所为维护市场稳定,采取限制交易、强制停牌、临时停市等处置措施。

第七十九条 中国证监会有权要求证券交易所提供证券市场信息、业务文件以及其他有关的数据、资料。

第八十条 中国证监会有权要求证券交易所对其章程和业务规则进行修改。

第八十一条 中国证监会有权对证券交易所业务规则制定与执行情况、自律管理职责的履行情况、信息技术系统建设维护情况以及财务和风险管理等制度的建立及执行情况进行评估和检查。

中国证监会开展前款所述评估和检查,可以采取要求证券交易所进行自查、要求证券交易所聘请中国证监会认可的专业机构进行核查、中国证监会组织现场核查等方式进行。

第八十二条 中国证监会依法查处证券市场的违法违规行为时,证券交易所应当予以配合。

第八十三条 证券交易所涉及诉讼或者证券交易所理事、董事、监事、高级管理人员因履行职责涉及诉讼或者依照法律、行政法规、部门规章应当受到解除职务的处分时,证券交易所应当及时向中国证监会报告。

第八章　法律责任

第八十四条 证券交易所违反本办法第八条的规定,从事未经中国证监会批准的其他业务的,由中国证监会责令限期改正;构成犯罪的,由司法机关依法追究刑事责任。

第八十五条 证券交易所违反本办法第十条的规定,上市新的证券交易品种或者对现有上市证券交易品种作出较大调整未制定修改业务规则或者未履行相关程序的,由中国证监会责令停止该交易品种的交易,并对有关负责人采取处理措施。

第八十六条 证券交易所违反本办法第十条的规定,制定或者修改业务规则应当报中国证监会批准而未履行相关程序的,中国证监会有权要求证券交易所进行修改、暂停适用或者予以废止,并对有关负责人采取处理措施。

第八十七条 证券交易所违反规定,允许非会员直接参与股票集中交易的,中国证监会依据《证券法》作出行政处罚。

第八十八条 证券交易所违反本办法规定,在监管工作中不履行职责,或者不履行本办法规定的有关报告义务,中国证监会可以采取监管谈话、出具警示函、通报批评、责令限期改正等监管措施。

第八十九条 证券交易所存在下列情况时,由中国证监会对有关高级管理人员视情节轻重分别给予警告、记过、记大过、撤职等行政处分,并责令证券交易所对有关的业务部门负责人给予纪律处分;造成严重后果的,由中国证监会按本办法第三十五条的规定处理;构成犯罪的,由司法机关依法追究有关责任人员的刑事责任:

(一)对国家有关法律、法规、规章、政策和中国证监会颁布的制度、办法、规定不传达、不执行;

(二)对工作不负责任,管理混乱,致使有关业务制度和操作规程不健全、不落实;

(三)对中国证监会的监督检查工作不接受、不配合,对工作中发现的重大隐患、漏洞不重视、不报告、不及时解决;

(四)对在证券交易所内发生的违规行为未能及时采取有效措施予以制止或者查处不力。

第九十条 证券交易所的任何工作人员有责任拒绝执行任何人员向其下达的违反法律、行政法规、部门规章和证券交易所有关规定的工作任务,并有责任向其更高一级领导和中国证监会报告具体情况。没有拒绝执行上述工作任务,或者虽拒绝执行但没有报告的,应当承担相应责任。

第九十一条 证券交易所会员、证券上市交易公司违反法律、行政法规、部门规章和证券交易所章程、业务规则的规定,并且证券交易所没有履行规定的监管责任的,中国证监会有权按照本办法的有关规定,追究证券交易所和证券交易所有关理事、董事、监事、高级管理人员和直接责任人的责任。

第九十二条 证券交易所应当在其职责范围内,及时向中国证监会报告其会员、证券上市交易公司及其他人员违反法律、行政法规、部门规章的情况;按照证券交易所章程、业务规则等证券交易所可以采取自律监管措施和纪律处分的,证券交易所有权按照有关规定予以处理,并报中国证监会备案;法律、行政法规、部门规章规定由中国证监会处罚的,证券交易所可以向中国证监会提出处罚建议。

中国证监会可以要求证券交易所按照业务规则对其会员、证券上市交易公司等采取自律监管措施或者纪律处分。

第九十三条 证券交易所、证券交易所会员、证券上市交易公司违反本办法规定,直接责任人以及与直接责任人有直接利益关系者因此而形成非法获利或者避损的,由中国证监会依法予以行政处罚。

第九章 附 则

第九十四条 本办法由中国证监会负责解释。

第九十五条 本办法自公布之日起施行。2017年11月17日中国证监会公布的《证券交易所管理办法》同时废止。

证券公司风险处置条例

· 2008年4月23日中华人民共和国国务院令第523号公布
· 根据2016年2月6日《国务院关于修改部分行政法规的决定》第一次修订
· 根据2023年7月20日《国务院关于修改和废止部分行政法规的决定》第二次修订

第一章 总 则

第一条 为了控制和化解证券公司风险,保护投资者合法权益和社会公共利益,保障证券业健康发展,根据《中华人民共和国证券法》(以下简称《证券法》)、《中华人民共和国企业破产法》(以下简称《企业破产法》),制定本条例。

第二条 国务院证券监督管理机构依法对处置证券公司风险工作进行组织、协调和监督。

第三条 国务院证券监督管理机构应当会同中国人民银行、国务院财政部门、国务院公安部门、国务院其他金融监督管理机构以及省级人民政府建立处置证券公司风险的协调配合与快速反应机制。

第四条 处置证券公司风险过程中,有关地方人民政府应当采取有效措施维护社会稳定。

第五条 处置证券公司风险过程中,应当保障证券经纪业务正常进行。

第二章 停业整顿、托管、接管、行政重组

第六条 国务院证券监督管理机构发现证券公司存在重大风险隐患,可以派出风险监控现场工作组对证券公司进行专项检查,对证券公司划拨资金、处置资产、调配人员、使用印章、订立以及履行合同等经营、管理活动进行监控,并及时向有关地方人民政府通报情况。

第七条 证券公司风险控制指标不符合有关规定,在规定期限内未能完成整改的,国务院证券监督管理机构可以责令证券公司停止部分或者全部业务进行整顿。停业整顿的期限不超过3个月。

证券经纪业务被责令停业整顿的,证券公司在规定的期限内可以将其证券经纪业务委托给国务院证券监督管理机构认可的证券公司管理,或者将客户转移到其他证券公司。证券公司逾期未按照要求委托证券经纪业务或者未转移客户的,国务院证券监督管理机构应当将客户转移到其他证券公司。

第八条 证券公司有下列情形之一的,国务院证券监督管理机构可以对其证券经纪等涉及客户的业务进行托管;情节严重的,可以对该证券公司进行接管:

(一)治理混乱,管理失控;
(二)挪用客户资产并且不能自行弥补;
(三)在证券交易结算中多次发生交收违约或者交收违约数额较大;
(四)风险控制指标不符合规定,发生重大财务危机;
(五)其他可能影响证券公司持续经营的情形。

第九条 国务院证券监督管理机构决定对证券公司证券经纪等涉及客户的业务进行托管的,应当按照规定程序选择证券公司等专业机构成立托管组,行使被托管证券公司的证券经纪等涉及客户的业务的经营管理权。

托管组自托管之日起履行下列职责:

(一)保障证券公司证券经纪业务正常合规运行,必

要时依照规定垫付营运资金和客户的交易结算资金；

（二）采取有效措施维护托管期间客户资产的安全；

（三）核查证券公司存在的风险，及时向国务院证券监督管理机构报告业务运行中出现的紧急情况，并提出解决方案；

（四）国务院证券监督管理机构要求履行的其他职责。

托管期限一般不超过12个月。满12个月，确需继续托管的，国务院证券监督管理机构可以决定延长托管期限，但延长托管期限最长不得超过12个月。

第十条 被托管证券公司应当承担托管费用和托管期间的营运费用。国务院证券监督管理机构应当对托管费用和托管期间的营运费用进行审核。

托管组不承担被托管证券公司的亏损。

第十一条 国务院证券监督管理机构决定对证券公司进行接管的，应当按照规定程序组织专业人员成立接管组，行使被接管证券公司的经营管理权，接管组负责人行使被接管证券公司法定代表人职权，被接管证券公司的股东会或者股东大会、董事会、监事会以及经理、副经理停止履行职责。

接管组自接管之日起履行下列职责：

（一）接管证券公司的财产、印章和账簿、文书等资料；

（二）决定证券公司的管理事务；

（三）保障证券公司证券经纪业务正常合规运行，完善内控制度；

（四）清查证券公司财产，依法保全、追收资产；

（五）控制证券公司风险，提出风险化解方案；

（六）核查证券公司有关人员的违法行为；

（七）国务院证券监督管理机构要求履行的其他职责。

接管期限一般不超过12个月。满12个月，确需继续接管的，国务院证券监督管理机构可以决定延长接管期限，但延长接管期限最长不得超过12个月。

第十二条 证券公司出现重大风险，但具备下列条件的，可以由国务院证券监督管理机构对其进行行政重组：

（一）财务信息真实、完整；

（二）省级人民政府或者有关方面予以支持；

（三）整改措施具体，有可行的重组计划。

被停业整顿、托管、接管的证券公司，具备前款规定条件的，也可以由国务院证券监督管理机构对其进行行政重组。

第十三条 证券公司进行行政重组，可以采取注资、股权重组、债务重组、资产重组、合并或者其他方式。

行政重组期限一般不超过12个月。满12个月，行政重组未完成的，国务院证券监督管理机构可以决定延长行政重组期限，但延长行政重组期限最长不得超过6个月。

国务院证券监督管理机构对证券公司的行政重组进行协调和指导。

第十四条 国务院证券监督管理机构对证券公司做出责令停业整顿、托管、接管、行政重组的处置决定，应当予以公告，并将公告张贴于被处置证券公司的营业场所。

处置决定包括被处置证券公司的名称、处置措施、事由以及范围等有关事项。

处置决定的公告日期为处置日，处置决定自公告之时生效。

第十五条 证券公司被责令停业整顿、托管、接管、行政重组的，其债权债务关系不因处置决定而变化。

第十六条 证券公司经停业整顿、托管、接管或者行政重组在规定期限内达到正常经营条件的，经国务院证券监督管理机构批准，可以恢复正常经营。

第十七条 证券公司经停业整顿、托管、接管或者行政重组在规定期限内仍达不到正常经营条件，但能够清偿到期债务的，国务院证券监督管理机构依法撤销其证券业务许可。

第十八条 被撤销证券业务许可的证券公司应当停止经营证券业务，按照客户自愿的原则将客户安置到其他证券公司，安置过程中相关各方应当采取必要措施保证客户证券交易的正常进行。

被撤销证券业务许可的证券公司有未安置客户等情形的，国务院证券监督管理机构可以比照本条例第三章的规定，成立行政清理组，清理账户、安置客户、转让证券类资产。

第三章　撤　销

第十九条 证券公司同时有下列情形的，国务院证券监督管理机构可以直接撤销该证券公司：

（一）违法经营情节特别严重、存在巨大经营风险；

（二）不能清偿到期债务，并且资产不足以清偿全部债务或者明显缺乏清偿能力；

（三）需要动用证券投资者保护基金。

第二十条 证券公司经停业整顿、托管、接管或者行政重组在规定期限内仍达不到正常经营条件，并且有本条例第十九条第(二)项或者第(三)项规定情形的,国务院证券监督管理机构应当撤销该证券公司。

第二十一条 国务院证券监督管理机构撤销证券公司,应当做出撤销决定,并按照规定程序选择律师事务所、会计师事务所等专业机构成立行政清理组,对该证券公司进行行政清理。

撤销决定应当予以公告,撤销决定的公告日期为处置日,撤销决定自公告之时生效。

本条例施行前,国务院证券监督管理机构已经对证券公司进行行政清理的,行政清理的公告日期为处置日。

第二十二条 行政清理期间,行政清理组负责人行使被撤销证券公司法定代表人职权。

行政清理组履行下列职责:

(一)管理证券公司的财产、印章和账簿、文书等资料;

(二)清理账户,核实资产负债有关情况,对符合国家规定的债权进行登记;

(三)协助甄别确认、收购符合国家规定的债权;

(四)协助证券投资者保护基金管理机构弥补客户的交易结算资金;

(五)按照客户自愿的原则安置客户;

(六)转让证券类资产;

(七)国务院证券监督管理机构要求履行的其他职责。

前款所称证券类资产,是指证券公司为维持证券经纪业务正常进行所必需的计算机信息管理系统、交易系统、通信网络系统、交易席位等资产。

第二十三条 被撤销证券公司的股东会或者股东大会、董事会、监事会以及经理、副经理停止履行职责。

行政清理期间,被撤销证券公司的股东不得自行组织清算,不得参与行政清理工作。

第二十四条 行政清理期间,被撤销证券公司的证券经纪等涉及客户的业务,由国务院证券监督管理机构按照规定程序选择证券公司等专业机构进行托管。

第二十五条 证券公司设立或者实际控制的关联公司,其资产、人员、财务或者业务与被撤销证券公司混合的,经国务院证券监督管理机构审查批准,纳入行政清理范围。

第二十六条 证券公司的债权债务关系不因其被撤销而变化。

自证券公司被撤销之日起,证券公司的债务停止计算利息。

第二十七条 行政清理组清理被撤销证券公司账户的结果,应当经具有证券、期货相关业务资格的会计师事务所审计,并报国务院证券监督管理机构认定。

行政清理组根据经国务院证券监督管理机构认定的账户清理结果,向证券投资者保护基金管理机构申请弥补客户的交易结算资金的资金。

第二十八条 行政清理组应当自成立之日起10日内,将债权人需要登记的相关事项予以公告。

符合国家有关规定的债权人应当自公告之日起90日内,持相关证明材料向行政清理组申报债权,行政清理组按照规定登记。无正当理由逾期申报的,不予登记。

已登记债权经甄别确认符合国家收购规定的,行政清理组应当及时按照国家有关规定申请收购资金并协助收购;经甄别确认不符合国家收购规定的,行政清理组应当告知申报的债权人。

第二十九条 行政清理组应当在具备证券业务经营资格的机构中,采用招标、公开询价等公开方式转让证券类资产。证券类资产转让方案应当报国务院证券监督管理机构批准。

第三十条 行政清理组不得转让证券类资产以外的资产,但经国务院证券监督管理机构批准,易贬损并可能遭受损失的资产或者确为保护客户和债权人利益的其他情形除外。

第三十一条 行政清理组不得对债务进行个别清偿,但为保护客户和债权人利益的下列情形除外:

(一)因行政清理组请求对方当事人履行双方均未履行完毕的合同所产生的债务;

(二)为维持业务正常进行而应当支付的职工劳动报酬和社会保险费用等正常支出;

(三)行政清理组履行职责所产生的其他费用。

第三十二条 为保护债权人利益,经国务院证券监督管理机构批准,行政清理组可以向人民法院申请对处置前被采取查封、扣押、冻结等强制措施的证券类资产以及其他资产进行变现处置,变现后的资金应当予以冻结。

第三十三条 行政清理费用经国务院证券监督管理机构审核后,从被处置证券公司财产中随时清偿。

前款所称行政清理费用,是指行政清理组管理、转让证券公司财产所需的费用,行政清理组履行职务和聘用专业机构的费用等。

第三十四条 行政清理期限一般不超过12个月。满12个月,行政清理未完成的,国务院证券监督管理机构可以决定延长行政清理期限,但延长行政清理期限最长不得超过 12 个月。

第三十五条 行政清理期间，被处置证券公司免缴行政性收费和增值税、营业税等行政法规规定的税收。

第三十六条 证券公司被国务院证券监督管理机构依法责令关闭，需要进行行政清理的，比照本章的有关规定执行。

第四章 破产清算和重整

第三十七条 证券公司被依法撤销、关闭时，有《企业破产法》第二条规定情形的，行政清理工作完成后，国务院证券监督管理机构或者其委托的行政清理组依照《企业破产法》的有关规定，可以向人民法院申请对被撤销、关闭证券公司进行破产清算。

第三十八条 证券公司有《企业破产法》第二条规定情形的，国务院证券监督管理机构可以直接向人民法院申请对该证券公司进行重整。

证券公司或者其债权人依照《企业破产法》的有关规定，可以向人民法院提出对证券公司进行破产清算或者重整的申请，但应当依照《证券法》第一百二十二条的规定报经国务院证券监督管理机构批准。

第三十九条 对不需要动用证券投资者保护基金的证券公司，国务院证券监督管理机构应当在批准破产清算前撤销其证券业务许可。证券公司应当依照本条例第十八条的规定停止经营证券业务，安置客户。

对需要动用证券投资者保护基金的证券公司，国务院证券监督管理机构对该证券公司或者其债权人的破产清算申请不予批准，并依照本条例第三章的规定撤销该证券公司，进行行政清理。

第四十条 人民法院裁定受理证券公司重整或者破产清算申请的，国务院证券监督管理机构可以向人民法院推荐管理人人选。

第四十一条 证券公司进行破产清算的，行政清理时已登记的不符合国家收购规定的债权，管理人可以直接予以登记。

第四十二条 人民法院裁定证券公司重整的，证券公司或者管理人应当同时向债权人会议、国务院证券监督管理机构和人民法院提交重整计划草案。

第四十三条 自债权人会议各表决组通过重整计划草案之日起10日内，证券公司或者管理人应当向人民法院提出批准重整计划的申请。重整计划涉及《证券法》第一百二十二条规定相关事项的，证券公司或者管理人应当同时向国务院证券监督管理机构提出批准相关事项的申请，国务院证券监督管理机构应当自收到申请之日起15日内做出批准或者不予批准的决定。

第四十四条 债权人会议部分表决组未通过重整计划草案，但重整计划草案符合《企业破产法》第八十七条第二款规定条件的，证券公司或者管理人可以申请人民法院批准重整计划草案。重整计划草案涉及《证券法》第一百二十二条规定相关事项的，证券公司或者管理人应当同时向国务院证券监督管理机构提出批准相关事项的申请，国务院证券监督管理机构应当自收到申请之日起15日内做出批准或者不予批准的决定。

第四十五条 经批准的重整计划由证券公司执行，管理人负责监督。监督期届满，管理人应当向人民法院和国务院证券监督管理机构提交监督报告。

第四十六条 重整计划的相关事项未获国务院证券监督管理机构批准，或者重整计划未获人民法院批准的，人民法院裁定终止重整程序，并宣告证券公司破产。

第四十七条 重整程序终止，人民法院宣告证券公司破产的，国务院证券监督管理机构应当对证券公司做出撤销决定，人民法院依照《企业破产法》的规定组织破产清算。涉及税收事项，依照《企业破产法》和《中华人民共和国税收征收管理法》的规定执行。

人民法院认为应当对证券公司进行行政清理的，国务院证券监督管理机构比照本条例第三章的规定成立行政清理组，负责清理账户，协助甄别确认、收购符合国家规定的债权，协助证券投资者保护基金管理机构弥补客户的交易结算资金，转让证券类资产等。

第五章 监督协调

第四十八条 国务院证券监督管理机构在处置证券公司风险工作中，履行下列职责：

（一）制订证券公司风险处置方案并组织实施；

（二）派驻风险处置现场工作组，对被处置证券公司、托管组、接管组、行政清理组、管理人以及参与风险处置的其他机构和人员进行监督和指导；

（三）协调证券交易所、证券登记结算机构、证券投资者保护基金管理机构，保障被处置证券公司证券经纪业务正常进行；

（四）对证券公司的违法行为立案稽查并予以处罚；

（五）及时向公安机关等通报涉嫌刑事犯罪的情况，按照有关规定移送涉嫌犯罪的案件；

（六）向有关地方人民政府通报证券公司风险状况以及影响社会稳定的情况；

（七）法律、行政法规要求履行的其他职责。

第四十九条 处置证券公司风险过程中，发现涉嫌犯罪的案件，属公安机关管辖的，应当由国务院公安部门统一组织依法查处。有关地方人民政府应当予以支持和配合。

风险处置现场工作组、行政清理组和管理人需要从公安机关扣押资料中查询、复制与其工作有关资料的，公安机关应当支持和配合。证券公司进入破产程序的，公安机关应当依法将冻结的涉案资产移送给受理破产案件的人民法院，并留存必需的相关证据材料。

第五十条 国务院证券监督管理机构依照本条例第二章、第三章对证券公司进行处置的，可以向人民法院提出申请中止以该证券公司以及其分支机构为被告、第三人或者被执行人的民事诉讼程序或者执行程序。

证券公司设立或者实际控制的关联公司，其资产、人员、财务或者业务与被处置证券公司混合的，国务院证券监督管理机构可以向人民法院提出申请中止以该关联公司为被告、第三人或者被执行人的民事诉讼程序或者执行程序。

采取前两款规定措施期间，除本条例第三十一条规定的情形外，不得对被处置证券公司债务进行个别清偿。

第五十一条 被处置证券公司或者其关联客户可能转移、隐匿违法资金、证券，或者证券公司违反本条例规定可能对债务进行个别清偿的，国务院证券监督管理机构可以禁止相关资金账户、证券账户的资金和证券转出。

第五十二条 被处置证券公司以及其分支机构所在地人民政府，应当按照国家有关规定配合证券公司风险处置工作，制订维护社会稳定的预案，排查、预防和化解不稳定因素，维护被处置证券公司正常的营业秩序。

被处置证券公司以及其分支机构所在地人民政府，应当组织相关单位的人员成立个人债权甄别确认小组，按照国家规定对已登记的个人债权进行甄别确认。

第五十三条 证券投资者保护基金管理机构应当按照国家规定，收购债权、弥补客户的交易结算资金。

证券投资者保护基金管理机构可以对证券投资者保护基金的使用情况进行检查。

第五十四条 被处置证券公司的股东、实际控制人、债权人以及与被处置证券公司有关的机构和人员，应当配合证券公司风险处置工作。

第五十五条 被处置证券公司的董事、监事、高级管理人员以及其他有关人员应当妥善保管其使用和管理的证券公司财产、印章和账簿、文书等资料以及其他物品，按照要求向托管组、接管组、行政清理组或者管理人移交，并配合风险处置现场工作组、托管组、接管组、行政清理组的调查工作。

第五十六条 托管组、接管组、行政清理组以及被责令停业整顿、托管和行政重组的证券公司，应当按照规定向国务院证券监督管理机构报告工作情况。

第五十七条 托管组、接管组、行政清理组以及其工作人员应当勤勉尽责，忠实履行职责。

被处置证券公司的股东以及债权人有证据证明托管组、接管组、行政清理组以及其工作人员未依法履行职责的，可以向国务院证券监督管理机构投诉。经调查核实，由国务院证券监督管理机构责令托管组、接管组、行政清理组以及其工作人员改正或者对其予以更换。

第五十八条 有下列情形之一的机构或者人员，禁止参与处置证券公司风险工作：

（一）曾受过刑事处罚或者涉嫌犯罪正在被立案侦查、起诉；

（二）涉嫌严重违法正在被行政管理部门立案稽查或者曾因严重违法行为受到行政处罚未逾3年；

（三）仍处于证券市场禁入期；

（四）内部控制薄弱，存在重大风险隐患；

（五）与被处置证券公司处置事项有利害关系；

（六）国务院证券监督管理机构认定不宜参与处置证券公司风险工作的其他情形。

第六章 法律责任

第五十九条 证券公司的董事、监事、高级管理人员等对该证券公司被处置负有主要责任，情节严重的，可以按照规定对其采取证券市场禁入的措施。

第六十条 被处置证券公司的董事、监事、高级管理人员等有关人员有下列情形之一的，处以其年收入1倍以上2倍以下的罚款；情节严重的，处以其年收入2倍以上5倍以下的罚款，并可以按照规定对其采取证券市场禁入的措施：

（一）拒绝配合现场工作组、托管组、接管组、行政清理组依法履行职责；

（二）拒绝向托管组、接管组、行政清理组移交财产、印章或者账簿、文书等资料；

（三）隐匿、销毁、伪造有关资料，或者故意提供虚假情况；

（四）隐匿财产，擅自转移、转让财产；

（五）妨碍证券公司正常经营管理秩序和业务运行，诱发不稳定因素；

（六）妨碍处置证券公司风险工作正常进行的其他情形。

证券公司控股股东或者实际控制人指使董事、监事、高级管理人员有前款规定的违法行为的，对控股股东、实际控制人依照前款规定从重处罚。

第七章 附 则

第六十一条 证券公司因分立、合并或者出现公司章程规定的解散事由需要解散的，应当向国务院证券监督管理机构提出解散申请，并附解散理由和转让证券类资产、了结证券业务、安置客户等方案，经国务院证券监督管理机构批准后依法解散并清算，清算过程接受国务院证券监督管理机构的监督。

第六十二条 期货公司风险处置参照本条例的规定执行。

第六十三条 本条例自公布之日起施行。

上海证券交易所股票上市规则

- 1998年1月实施
- 2000年5月第一次修订
- 2001年6月第二次修订
- 2002年2月第三次修订
- 2004年12月第四次修订
- 2006年5月第五次修订
- 2008年9月第六次修订
- 2012年7月第七次修订
- 2013年12月第八次修订
- 2014年10月第九次修订
- 2018年4月第十次修订
- 2018年6月第十一次修订
- 2018年11月第十二次修订
- 2019年4月第十三次修订
- 2020年12月第十四次修订
- 2022年1月第十五次修订
- 2023年2月第十六次修订
- 2023年8月第十七次修订

第一章 总 则

1.1 为了规范股票、存托凭证、可转换为股票的公司债券（以下简称可转换公司债券）及其他衍生品种（以下统称股票及其衍生品种）的上市行为，以及发行人、上市公司及其他信息披露义务人的信息披露行为，维护证券市场秩序，保护投资者的合法权益，推动提高上市公司质量，促进资本市场健康发展，根据《中华人民共和国公司法》（以下简称《公司法》）、《中华人民共和国证券法》（以下简称《证券法》）、《证券交易所管理办法》等相关法律、行政法规、部门规章、规范性文件（以下统称法律法规）以及《上海证券交易所章程》，制定本规则。

1.2 在上海证券交易所（以下简称本所）主板上市的股票及其衍生品种的上市、信息披露、停复牌、退市等事宜，适用本规则。本规则未作规定的，适用本所其他相关规定。

中国证券监督管理委员会（以下简称中国证监会）和本所对境内外证券交易所互联互通存托凭证在本所的上市、信息披露、停复牌、退市等事宜另有规定的，适用其规定。

1.3 发行人申请股票及其衍生品种在本所上市的，应当经本所审核并由中国证监会作出予以注册决定。发行人首次公开发行股票或者存托凭证在本所上市的，应当在上市前与本所签订上市协议，明确双方的权利、义务和其他事项。

1.4 发行人、上市公司及其董事、监事、高级管理人员、股东或者存托凭证持有人、实际控制人、收购人及其他权益变动主体，重大资产重组、再融资、重大交易、破产事项等有关各方，为前述主体提供服务的中介机构及其相关人员，以及法律法规规定的对上市、信息披露、停复牌、退市等事项承担相关义务的其他主体，应当遵守法律法规、本规则及本所其他规定。

1.5 本所根据法律法规、本所相关规定和上市协议、声明与承诺，对本规则第1.4条规定的主体进行自律监管。

第二章 信息披露的基本原则和一般规定

第一节 基本原则

2.1.1 上市公司及相关信息披露义务人应当按照法律法规、本规则以及本所其他规定，及时、公平地披露信息，并保证所披露的信息真实、准确、完整，简明清晰、通俗易懂，不得有虚假记载、误导性陈述或者重大遗漏。

本规则所称相关信息披露义务人，是指本规则第1.4条规定的除上市公司以外的承担信息披露义务的主体。

2.1.2 上市公司董事、监事和高级管理人员应当保证公司及时、公平地披露信息，以及信息披露内容的真实、准确、完整，不存在虚假记载、误导性陈述或者重大遗漏。

公司董事、监事和高级管理人员不能保证公司披露的信息内容真实、准确、完整或者对公司所披露的信息存在异议的，应当在公告中作出相应声明并说明理由，公司应当予以披露。

2.1.3 相关信息披露义务人应当按照有关规定履行信息披露义务，并积极配合上市公司做好信息披露工作，及时告知公司已发生或者拟发生的可能对公司股票及其衍生品种交易价格产生较大影响的事项（以下简称重大事项或者重大信息）。

相关信息披露义务人通过上市公司披露信息的，公司应当予以协助。

2.1.4 上市公司及相关信息披露义务人披露信息，应当以客观事实或者具有事实基础的判断和意见为依据，如实反映实际情况，不得有虚假记载。

2.1.5 上市公司及相关信息披露义务人披露信息，应当客观，使用明确、贴切的语言和文字，不得夸大其词，不得有误导性陈述。

公司披露预测性信息及其他涉及公司未来经营和财务状况等信息，应当合理、谨慎、客观。

2.1.6 上市公司及相关信息披露义务人披露信息，应当内容完整，充分披露对公司股票及其衍生品种交易价格有较大影响的信息，揭示可能产生的重大风险，不得有选择地披露部分信息，不得有重大遗漏。

信息披露文件材料应当齐备，格式符合规定要求。

2.1.7 上市公司及相关信息披露义务人应当在本规则规定的期限内披露重大信息，不得有意选择披露时点。

2.1.8 上市公司及相关信息披露义务人应当同时向所有投资者公开披露重大信息，确保所有投资者可以平等地获取同一信息，不得提前向任何单位和个人泄露。

2.1.9 上市公司及相关信息披露义务人披露信息，应当使用事实描述性的语言，简洁明了、逻辑清晰、语言浅白、易于理解，不得含有宣传、广告、恭维、诋毁等性质的词句。

第二节 一般规定

2.2.1 上市公司及相关信息披露义务人应当按照法律法规及本所相关规定编制公告并披露，并按照规定提供相关材料供本所查验。公司及相关信息披露义务人不得以定期报告形式代替应当披露的临时报告。

前款所述公告和材料应当采用中文文本。同时采用外文文本的，信息披露义务人应当保证两种文本的内容一致。两种文本发生歧义时，以中文文本为准。

2.2.2 上市公司公告应当由董事会发布并加盖公司或者董事会公章，监事会决议公告可以加盖监事会公章，法律法规或者本所另有规定的除外。

2.2.3 上市公司及相关信息披露义务人的公告应当在本所网站和符合中国证监会规定条件的媒体（以下统称符合条件的媒体）披露。

公司及相关信息披露义务人应当保证披露的信息内容与向本所提交的公告材料内容一致。公司披露的公告内容与提供给本所的材料内容不一致的，应当立即向本所报告并及时更正。

2.2.4 上市公司及相关信息披露义务人应当在涉及的重大事项触及下列任一时点及时履行信息披露义务：

（一）董事会或者监事会作出决议；

（二）签署意向书或者协议（无论是否附加条件或期限）；

（三）公司（含任一董事、监事或者高级管理人员）知悉或者应当知悉该重大事项发生；

重大事项尚处于筹划阶段，但在前款规定的时点之前出现下列情形之一的，公司及相关信息披露义务人应当及时披露相关筹划情况和既有事实：

（一）该重大事项难以保密；

（二）该重大事项已经泄露或者出现市场传闻（以下简称传闻）；

（三）公司股票及其衍生品种的交易发生异常波动。

2.2.5 上市公司在规定时间无法按规定披露重大事项的详细情况的，可以先披露提示性公告说明该重大事项的基本情况，解释未能按要求披露的原因，并承诺在2个交易日内披露符合要求的公告。

2.2.6 上市公司及相关信息披露义务人筹划重大事项，持续时间较长的，应当按规定分阶段披露进展情况，及时提示相关风险，不得仅以相关事项结果尚不确定为由不予披露。

已披露的事项发生重大变化，可能对公司股票及其衍生品种交易价格产生较大影响的，公司及相关信息披露义务人应当及时披露进展公告。

2.2.7 上市公司及相关信息披露义务人拟披露的信息被依法认定为国家秘密，按照本规则披露或者履行相关义务可能导致其违反法律法规或者危害国家安全的，可以按照本所相关规定豁免披露。

上市公司及相关信息披露义务人拟披露的信息属于商业秘密、商业敏感信息，按照本规则披露或者履行相关义务可能引致不当竞争、损害公司及投资者利益或者误导投资者的，可以按照本所相关规定暂缓或者豁免披露该信息。

2.2.8 上市公司按照本规则第2.2.7条规定暂缓

披露或豁免披露其信息的,应当符合以下条件:

(一)相关信息未泄露;

(二)有关内幕信息知情人已书面承诺保密;

(三)公司股票及其衍生品种交易未发生异常波动。

暂缓、豁免披露的原因已经消除的,公司应当及时披露相关信息,并说明未及时披露的原因、公司就暂缓或者豁免披露已履行的决策程序和已采取的保密措施等情况。

公司暂缓、豁免信息披露不符合本条第一款和本规则第 2.2.7 条要求的,公司应当及时履行信息披露及相关义务。

2.2.9 上市公司及相关信息披露义务人不得通过股东大会、投资者说明会、分析师会议、路演、接受投资者调研、接受媒体采访等形式,向任何单位和个人提供公司尚未披露的重大信息。

公司及相关信息披露义务人确有需要的,可以在非交易时段通过新闻发布会、媒体专访、公司网站、网络自媒体等方式对外发布重大信息,但应当于最近一个信息披露时段内披露相关公告。

2.2.10 上市公司控股子公司及控制的其他主体发生本规则规定的相关重大事项,视同上市公司发生的重大事项,适用本规则。

上市公司的参股公司发生本规则规定的相关重大事项,可能对公司股票及其衍生品种交易价格产生较大影响的,应当参照本规则相关规定,履行信息披露义务。

法律法规或者本所另有规定的,从其规定。

2.2.11 上市公司发生的或者与之有关的事项没有达到本规则规定的披露标准,或者本规则没有具体规定,但该事项对公司股票及其衍生品种交易价格可能产生较大影响的,公司应当参照本规则及时披露。

2.2.12 除依法应当披露的信息之外,上市公司及相关信息披露义务人可以自愿披露与投资者作出价值判断和投资决策有关的信息,但不得与依法披露的信息相冲突,不得误导投资者。

公司及相关信息披露义务人自愿披露的信息,应当真实、准确、完整,遵守公平原则,保持信息披露的持续性和一致性,不得进行选择性披露。

公司及相关信息披露义务人自愿披露信息的,应当审慎、客观,不得利用该等信息不当影响公司股票及其衍生品种交易价格、从事内幕交易、市场操纵或者其他违法违规行为。

第三节 信息披露管理制度

2.3.1 上市公司应当制定并严格执行信息披露事务管理制度,信息披露事务管理制度应当经公司董事会审议通过并披露。

2.3.2 上市公司应当配备信息披露所必需的通讯设备,建立与本所的有效沟通渠道,并保证对外咨询电话的畅通。

2.3.3 上市公司应当制定规范董事、监事和高级管理人员及其他相关主体对外发布信息的行为规范,明确发布程序、方式等事项。

公司控股股东、实际控制人应当比照前款要求,规范与上市公司有关的信息发布行为。

2.3.4 上市公司应当建立和执行内幕信息知情人登记管理制度,内幕信息知情人登记管理制度应当经公司董事会审议通过并披露。

公司及相关信息披露义务人和其他内幕信息知情人在信息披露前,应当将该信息的知情人控制在最小范围内。

内幕信息知情人在内幕信息依法披露前,不得公开或者泄露内幕信息、买卖或者建议他人买卖公司股票及其衍生品种。

2.3.5 上市公司及相关信息披露义务人应当关注关于本公司的媒体报道、传闻以及本公司股票及其衍生品种的交易情况,及时向有关方了解真实情况。

媒体报道、传闻可能对公司股票及其衍生品种的交易情况产生较大影响的,公司及相关信息披露义务人应当向相关方核实情况,及时披露公告予以澄清说明。

2.3.6 上市公司信息披露采用直通披露和非直通披露两种方式。

信息披露原则上采用直通披露方式,本所可以根据公司信息披露质量、规范运作情况等,调整直通披露公司范围。

直通披露的公告范围由本所确定,本所可以根据业务需要进行调整。

2.3.7 本所根据法律法规及本所相关规定,对上市公司及相关信息披露义务人披露的信息进行形式审查,对其内容的真实性不承担责任。

第三章 股票及其衍生品种的上市与变动管理
第一节 首次公开发行股票上市

3.1.1 境内发行人申请首次公开发行股票并在本所上市,应当符合下列条件:

（一）符合《证券法》、中国证监会规定的发行条件；

（二）发行后的股本总额不低于5000万元；

（三）公开发行的股份达到公司股份总数的25%以上；公司股本总额超过4亿元的，公开发行股份的比例为10%以上；

（四）市值及财务指标符合本规则规定的标准；

（五）本所要求的其他条件。

本所可以根据市场情况，经中国证监会批准，对上市条件和具体标准进行调整。

3.1.2 境内发行人申请在本所上市，市值及财务指标应当至少符合下列标准中的一项：

（一）最近3年净利润均为正，且最近3年净利润累计不低于1.5亿元，最近一年净利润不低于6000万元，最近3年经营活动产生的现金流量净额累计不低于1亿元或营业收入累计不低于10亿元；

（二）预计市值不低于50亿元，且最近一年净利润为正，最近一年营业收入不低于6亿元，最近3年经营活动产生的现金流量净额累计不低于1.5亿元；

（三）预计市值不低于80亿元，且最近一年净利润为正，最近一年营业收入不低于8亿元。

本节所称净利润以扣除非经常性损益前后的孰低者为准，净利润、营业收入、经营活动产生的现金流量净额均指经审计的数值。本节所称预计市值，是指股票公开发行后按照总股本乘以发行价格计算出来的发行人股票名义总价值。

3.1.3 符合《国务院办公厅转发证监会关于开展创新企业境内发行股票或存托凭证试点若干意见的通知》（国办发〔2018〕21号）等相关规定的红筹企业，可以申请发行股票或者存托凭证并在本所上市。

红筹企业申请首次公开发行股票或者存托凭证并在本所上市，应当符合下列条件：

（一）符合《证券法》、中国证监会规定的发行条件；

（二）发行股票的，发行后的股份总数不低于5000万股；发行存托凭证的，发行后的存托凭证总份数不低于5000万份；

（三）发行股票的，公开发行（含已公开发行）的股份达到公司股份总数的25%以上；公司股份总数超过4亿股的，公开发行（含已公开发行）股份的比例为10%以上。发行存托凭证的，公开发行（含已公开发行）的存托凭证对应基础股份达到公司股份总数的25%以上；发行后的存托凭证总份数超过4亿份的，公开发行（含已公开发行）的存托凭证对应基础股份的比例为10%以上；

（四）市值及财务指标符合本规则规定的标准；

（五）本所要求的其他条件。

本所可以根据市场情况，经中国证监会批准，对上市条件和具体标准进行调整。

3.1.4 已在境外上市的红筹企业，申请发行股票或者存托凭证并在本所上市的，应当至少符合下列标准中的一项：

（一）市值不低于2000亿元；

（二）市值200亿元以上，且拥有自主研发、国际领先技术，科技创新能力较强，在同行业竞争中处于相对优势地位。

3.1.5 未在境外上市的红筹企业，申请发行股票或者存托凭证并在本所上市的，应当至少符合下列标准中的一项：

（一）预计市值不低于200亿元，且最近一年营业收入不低于30亿元；

（二）营业收入快速增长，拥有自主研发、国际领先技术，在同行业竞争中处于相对优势地位，且预计市值不低于100亿元；

（三）营业收入快速增长，拥有自主研发、国际领先技术，在同行业竞争中处于相对优势地位，且预计市值不低于50亿元，最近一年营业收入不低于5亿元。

前款规定的营业收入快速增长，应当符合下列标准之一：

（一）最近一年营业收入不低于5亿元的，最近3年营业收入复合增长率10%以上；

（二）最近一年营业收入低于5亿元的，最近3年营业收入复合增长率20%以上；

（三）受行业周期性波动等因素影响，行业整体处于下行周期的，发行人最近3年营业收入复合增长率高于同行业可比公司同期平均增长水平。

处于研发阶段的红筹企业和对国家创新驱动发展战略有重要意义的红筹企业，不适用"营业收入快速增长"的上述要求。

3.1.6 发行人具有表决权差异安排的，市值及财务指标应当至少符合下列标准中的一项：

（一）预计市值不低于200亿元，且最近一年净利润为正；

（二）预计市值不低于100亿元，且最近一年净利润为正，最近一年营业收入不低于10亿元。

拥有特别表决权的股份（以下简称特别表决权股份）持有人资格、公司章程关于表决权差异安排的具体规定,应当符合本规则第四章第六节的规定。

3.1.7 发行人首次公开发行股票经中国证监会予以注册并完成股份公开发行后,向本所提出股票上市申请的,应当提交下列文件:

(一)上市申请书;

(二)中国证监会予以注册的决定;

(三)首次公开发行结束后发行人全部股票已经中国证券登记结算有限责任公司上海分公司(以下简称中国结算)登记的证明文件;

(四)首次公开发行结束后会计师事务所出具的验资报告;

(五)发行人、控股股东、实际控制人、董事、监事和高级管理人员等根据本所相关规定要求出具的证明、声明及承诺;

(六)首次公开发行后至上市前,按规定新增的财务资料和有关重大事项的说明(如适用);

(七)本所要求的其他文件。

3.1.8 发行人及其董事、监事和高级管理人员应当保证向本所提交的上市申请文件真实、准确、完整,不存在虚假记载、误导性陈述或者重大遗漏。

3.1.9 发行人首次公开发行股票前已发行的股份,自发行人股票上市之日起1年内不得转让。

3.1.10 发行人向本所申请其首次公开发行股票上市时,其控股股东和实际控制人应当承诺:自发行人股票上市之日起36个月内,不转让或者委托他人管理其直接和间接持有的发行人首次公开发行股票前已发行的股份,也不由发行人回购该部分股份。发行人应当在上市公告书中披露上述承诺。

自发行人股票上市之日起1年后,出现下列情形之一的,经上述承诺主体申请并经本所同意,可以豁免遵守上述承诺:

(一)转让双方存在实际控制关系,或者均受同一实际控制人所控制,且受让方承诺继续遵守上述承诺;

(二)因上市公司陷入危机或者面临严重财务困难,受让人提出挽救公司的方案获得该公司股东大会审议通过和有关部门批准,且受让人承诺继续遵守上述承诺;

(三)本所认定的其他情形。

发行人没有或者难以认定控股股东、实际控制人的,按照相关规定承诺所持首次公开发行前股份自发行人股票上市之日起36个月内不得转让的股东,适用前款第(一)项规定。

3.1.11 本所在收到发行人提交的本规则第3.1.7条所列全部上市申请文件后5个交易日内,作出是否同意上市的决定。出现特殊情况时,本所可以暂缓作出决定。

3.1.12 首次公开发行的股票上市申请获得本所同意后,发行人应当于其股票上市前5个交易日内,在符合条件的媒体披露下列文件:

(一)上市公告书;

(二)公司章程;

(三)本所要求的其他文件。

上述文件应当置备于公司住所,供公众查阅。

发行人在提出上市申请期间,未经本所同意,不得擅自披露与上市有关的信息。

3.1.13 发行人应当在披露招股意向书或者招股说明书后,持续关注媒体报道、传闻,及时向有关方面了解真实情况。相关媒体报道、传闻可能对公司股票及其衍生品种交易价格或者投资决策产生较大影响的,应当在上市首日披露风险提示公告,对相关问题进行说明澄清并提示公司存在的主要风险。

第二节 上市公司股票及其衍生品种的发行与上市

3.2.1 上市公司向本所申请办理向不特定对象发行股票或者可转换公司债券等证券发行事宜时,应当提交下列文件:

(一)中国证监会予以注册的决定;

(二)发行的预计时间安排;

(三)发行具体实施方案和发行公告;

(四)招股说明书或者其他发行募集文件;

(五)本所要求的其他文件。

3.2.2 上市公司应当按照中国证监会有关规定,编制并及时披露涉及新股、可转换公司债券等证券发行的相关公告。

3.2.3 发行完成后,上市公司可以向本所申请所发行股票、可转换公司债券等证券上市。

3.2.4 上市公司股东认购公司发行的新股,应当遵守法律法规及本所相关规定中关于股份转让的限制性规定,在规定的期限内不得转让,但同一实际控制人控制的不同主体之间转让公司股份且受让方承继不得转让股份义务的除外。

股东认购公司发行的新股,就限制股份转让作出承诺的,在承诺的期限内不得转让,但依法依规履行承诺变更程序的除外。

3.2.5 上市公司申请新股、可转换公司债券在本所上市时,仍应当符合股票、可转换公司债券的相关发行条件。

3.2.6 上市公司向本所申请向不特定对象发行的股票上市,应当提交下列文件:

(一)上市申请书;

(二)按照有关规定编制的上市公告书;

(三)发行结束后经会计师事务所出具的验资报告;

(四)中国结算对新增股份已登记托管的书面确认文件;

(五)董事、监事和高级管理人员持股情况变动的报告;

(六)本所要求的其他文件。

3.2.7 上市公司向本所申请可转换公司债券上市,应当提交下列文件:

(一)上市申请书;

(二)按照有关规定编制的上市公告书;

(三)发行结束后经会计师事务所出具的验资报告;

(四)中国结算对新增可转换公司债券已登记托管的书面确认文件;

(五)受托管理协议;

(六)本所要求的其他文件。

3.2.8 上市公司应当在向不特定对象发行的股票或者可转换公司债券等证券上市至少 3 个交易日前,在符合条件的媒体披露下列文件和事项:

(一)上市公告书;

(二)本所要求的其他文件和事项。

第三节 股票及其衍生品种解除限售

3.3.1 投资者持有的下列有限售条件的股票及其衍生品种解除限售适用本节规定:

(一)首次公开发行前已经发行的股份;

(二)上市公司向特定对象发行的股票及其衍生品种;

(三)其他根据法律法规及本所相关规定存在限售条件的股票及其衍生品种。

3.3.2 投资者出售已解除限售的股票及其衍生品种应当严格遵守所作出的各项承诺,其出售股票及其衍生品种的行为不得影响所作承诺的继续履行。

3.3.3 上市公司及其投资者应当关注股票及其衍生品种的限售期限及相关承诺截至申请解除限售前的履行情况。

保荐人及其保荐代表人、独立财务顾问及其主办人应当按照有关规定督导相关投资者严格履行其作出的各项承诺,规范股票及其衍生品种解除限售行为。

保荐人及其保荐代表人、独立财务顾问及其主办人应当对本次解除限售事项的合规性进行核查,并对本次解除限售数量、解除限售时间是否符合有关法律法规、本所相关规定和投资者承诺,相关信息披露是否真实、准确、完整发表结论性意见。

3.3.4 投资者申请限售股票及其衍生品种解除限售的,应当委托上市公司办理相关手续,并满足下列条件:

(一)限售期已满;

(二)解除限售不影响该投资者履行其作出的有关承诺;

(三)申请解除限售的投资者不存在对公司的资金占用,公司对该投资者不存在违规担保等损害公司利益的行为;

(四)不存在法律法规及本所相关规定中规定的限制转让情形。

3.3.5 上市公司应当在有关股票及其衍生品种解除限售的 3 个交易日前申请解除限售,并披露解除限售的公告。

公告内容包括但不限于限售股票及其衍生品种的流通时间、数量及占总股本的比例、有关投资者所作出的限售承诺及其履行情况、本次解除限售后公司的股本结构。

公司申请股权分置改革后股份解除限售的,参照上述规定执行,本所另有规定的从其规定。

3.3.6 本所对股票及其衍生品种的解除限售事宜另有规定的,从其规定。

第四节 股票及其衍生品种变动管理

3.4.1 上市公司投资者、董事、监事和高级管理人员等所持股票及其衍生品种的变动事宜,应当遵守法律法规、本所相关规定以及公司章程等规定。

投资者及董事、监事和高级管理人员等对持有比例、持有期限、变动方式、变动价格等作出承诺的,应当严格履行所作出的承诺。

3.4.2 在一个上市公司中拥有权益的股份达到该公司已发行的有表决权股份的 5%以上,或者其后拥有权益的股份变动涉及《证券法》《上市公司收购管理办法》等规定的收购或者股份权益变动情形的,该股东、实际控制人及其他相关信息披露义务人应当按照《证券法》《上市公司收购管理办法》等规定通知上市公司,并履行公告义务。

前述投资者违反《证券法》第六十三条第一款、第二款的规定买入公司有表决权的股份的,在买入后的 36 个月内,对该超过规定比例部分的股份不得行使表决权。公司应当按照《证券法》的规定,不得将前述股份计入出席股东大会有表决权的股份总数。

公司应当配合投资者履行信息披露义务。公司股东、实际控制人及其他相关信息披露义务人未履行报告和公告义务的,公司董事会应当自知悉之日起作出报告和公告,并督促相关股东、实际控制人及其他相关信息披露义务人履行公告义务。

3.4.3 上市公司涉及被要约收购或者被公司董事、监事、高级管理人员、员工或者其所控制或者委托的法人、其他组织收购的,应当按照《证券法》《上市公司收购管理办法》等规定披露公告并履行相关义务。

3.4.4 持有上市公司 5% 以上股份的契约型基金、信托计划或者资产管理计划,应当在权益变动文件中披露支配股份表决权的主体,以及该主体与上市公司控股股东、实际控制人是否存在关联关系。

契约型基金、信托计划或者资产管理计划成为公司控股股东、第一大股东或者实际控制人的,除应当履行前款规定义务外,还应当在权益变动文件中穿透披露至最终投资者。

3.4.5 因上市公司股本变动,导致投资者在该公司中拥有权益的股份变动涉及《证券法》《上市公司收购管理办法》等规定的收购或者股份权益变动情形的,公司应当自完成股本变更登记之日起 2 个交易日内就因此导致的公司股东权益的股份变动情况作出公告。

3.4.6 上市公司股东、实际控制人及其他相关信息披露义务人未履行报告和公告义务,拒不履行相关配合义务,或者股东、实际控制人存在不得收购公司的情形的,公司董事会应当拒绝接受该股东、实际控制人或受其支配的股东向董事会提交的提案或者临时提案,并及时报告本所及有关监管部门。

3.4.7 上市公司董事、监事和高级管理人员所持本公司股份在下列情形下不得转让:

(一)本公司股票上市交易之日起 1 年内;
(二)离职后半年内;
(三)承诺一定期限内不转让并在该期限内的;
(四)法律法规、本所规定的其他情形。

公司董事、监事和高级管理人员应当在公司股票上市前、任命生效及新增持有公司股份时,按照本所的有关规定申报上述股份的信息。

3.4.8 上市公司董事、监事和高级管理人员所持本公司股份发生变动的,应当自该事实发生之日起 2 个交易日内,在本所网站上公开本次变动前持股数量、本次股份变动的日期、数量、价格、本次变动后的持股数量等。

3.4.9 投资者持有上市公司已发行的可转换公司债券达到发行总量的 20% 时,应当在事实发生之日起 2 个交易日内通知公司并予以公告。

投资者持有公司已发行的可转换公司债券达到发行总量的 20% 后,每增加或者减少 10% 时,应当按照前款规定履行报告和公告义务。

3.4.10 上市公司应当在可转换公司债券转换为股票的数额累计达到可转换公司债券开始转股前公司已发行股份总额的 10% 时及时披露公告。

公司应当在每一季度结束后及时披露因可转换公司债券转换为股份所引起的股份变动情况。

3.4.11 上市公司董事、监事、高级管理人员和持有公司 5% 以上股份的股东违反《证券法》相关规定,将其所持本公司股票或者其他具有股权性质的证券在买入后 6 个月内卖出,或者在卖出后 6 个月内又买入的,公司董事会应当收回其所得收益,并及时披露相关人员违规买卖的情况、收益的金额、公司采取的处理措施和公司收回收益的具体情况等。

前款所称董事、监事、高级管理人员和自然人股东持有的股票或者其他具有股权性质的证券,包括其配偶、父母、子女持有的及利用他人账户持有的股票或者其他具有股权性质的证券。

3.4.12 上市公司控股股东、持有公司 5% 以上股份的股东及其一致行动人、董事、监事和高级管理人员披露增持股份计划的,应当明确增持数量或者金额,如设置数量区间或者金额区间的,应当审慎合理确定上限和下限。

3.4.13 上市公司持有 5% 以上股份的股东及其一致行动人、实际控制人、董事、监事和高级管理人员,以及本所相关规定规范的其他持股主体,转让其持有的本公司股份的,应当遵守法律法规、本所相关规定关于持有期限、转让时间、转让价格、转让数量、转让方式、信息披露等规定。

3.4.14 发行人的高级管理人员参与设立的专项资产管理计划,通过集中竞价、大宗交易方式减持参与战略配售获配股份的,应当参照本所关于上市公司股东减持首次公开发行前股份的规定履行相应信息披露义务。

3.4.15 上市公司控股子公司不得取得该上市公司发行的股份。确因特殊原因持有股份的,应当在 1 年内消除该情形。前述情形消除前,相关子公司不得行使所持股份对应的表决权。

第四章　公司治理
第一节　一般规定

4.1.1　上市公司应当建立健全有效的治理结构，建立完善独立董事制度，形成科学有效的职责分工和制衡机制，强化内部和外部监督制衡，保证内部控制制度的完整性、合理性及有效性。

公司应当确保股东大会、董事会、监事会等机构合法运作和科学决策，明确股东、董事、监事和高级管理人员的权利和义务，保障股东充分行使其合法权利，尊重利益相关者的基本权益，保证公司经营管理合法合规、资金资产安全、信息披露真实、准确、完整，切实防范财务造假、资金占用、违规担保等违法违规行为，维护公司及股东的合法权益。

4.1.2　上市公司董事会、监事会和其他内部机构应当独立运作，独立行使决策权、经营管理权，不得与控股股东、实际控制人及其关联人存在机构混同等影响公司独立经营的情形，保证人员、资产、财务分开，保证机构、业务独立。

4.1.3　上市公司与董事、监事、高级管理人员、控股股东、实际控制人及其他关联人发生资金往来、担保等，应当遵守法律法规、本所相关规定和公司章程，不得损害公司利益。

因关联人占用或者转移公司资金、资产或者其他资源而给公司造成损失或者可能造成损失的，董事会应当及时采取诉讼、财产保全等措施避免或者减少损失，并追究有关人员的责任。

关联人强令、指使或者要求公司违规提供资金或者担保的，公司及其董事、监事和高级管理人员应当拒绝，不得协助、配合、默许。

4.1.4　上市公司应当积极践行可持续发展理念，主动承担社会责任，维护社会公共利益，重视生态环境保护。

公司应当按规定编制和披露社会责任报告等非财务报告。出现违背社会责任等重大事项时，公司应当充分评估潜在影响并及时披露，说明原因和解决方案。

4.1.5　上市公司应当重视和加强投资者关系管理工作，为投资者关系管理工作设置必要的信息交流渠道，建立与投资者之间良好的沟通机制和平台，增进投资者对公司的了解。

公司投资者关系管理工作应当遵循公开、公平、公正原则，真实、准确、完整地介绍和反映公司的实际状况。

公司应当避免在投资者关系活动中出现发布或者泄露未公开重大信息、过度宣传误导投资者决策、对公司股票及其衍生品种价格作出预期或者承诺等违反信息披露规则或者涉嫌操纵股票及其衍生品种价格的行为。

公司董事会应当负责制定投资者关系管理工作制度，并指定董事会秘书负责投资者关系管理工作。监事会应当对投资者关系管理工作制度实施情况进行监督。

4.1.6　因上市公司欺诈发行、虚假陈述等信息披露违法违规行为导致证券群体纠纷的，公司应当积极通过证券纠纷多元化解机制等方式及时化解纠纷，降低投资者维权成本。

第二节　股东大会、董事会和监事会

4.2.1　上市公司股东大会的召集、召开、表决等应当遵守法律法规、本所相关规定及公司章程，应当平等对待全体股东，不得以利益输送、利益交换等方式影响股东的表决，操纵表决结果，损害其他股东的合法权益。

4.2.2　股东自行召集股东大会的，应当在发出股东大会通知前书面通知上市公司董事会并将有关文件报送本所。对于股东依法自行召集的股东大会，公司董事会和董事会秘书应当予以配合，提供必要的支持，并及时履行信息披露义务。

在股东大会决议披露前，召集股东持股比例不得低于公司总股本的10%。召集股东应当在不晚于发出股东大会通知时披露公告，并承诺在提议召开股东大会之日至股东大会召开日期间，其持股比例不低于公司总股本的10%。

4.2.3　召集人应当按照法律法规规定的股东大会通知期限，以公告方式向股东发出股东大会通知。

股东大会通知中应当列明会议召开的时间、地点、方式以及会议召集人和股权登记日等事项，并充分、完整地披露所有提案的具体内容。股东大会的提案内容应当符合法律法规、本所相关规定和公司章程，属于股东大会职权范围，并有明确议题和具体决议事项。

召集人应当在召开股东大会5日前披露有助于股东对拟讨论的事项作出合理决策所必需的资料。需对股东大会会议资料进行补充的，召集人应当在股东大会召开日前予以披露。

4.2.4　上市公司股东大会应当设置会场，以现场会议与网络投票相结合的方式召开。现场会议时间、地点的选择应当便于股东参加。发出股东大会通知后，无正当理由，股东大会现场会议召开地点不得变更。确需变更的，召集人应当在现场会议召开日前至少2个交易日

公告并说明原因。

公司应当提供网络投票方式为股东参加股东大会提供便利。股东通过上述方式参加股东大会的，视为出席。

4.2.5 上市公司董事会、独立董事、持有1%以上有表决权股份的股东或者依照法律法规设立的投资者保护机构公开请求股东委托其代为行使提案权、表决权等的，征集人应当依法依规披露征集公告和相关征集文件，公司应当予以配合。征集人不得以有偿或者变相有偿方式公开征集股东权利。

4.2.6 发出股东大会通知后，无正当理由，股东大会不得延期或者取消，股东大会通知中列明的提案不得取消。一旦出现股东大会延期或者取消、提案取消的情形，召集人应当在原定会议召开日前至少2个交易日发布公告，说明延期或者取消的具体原因。延期召开股东大会的，还应当披露延期后的召开日期。

4.2.7 股东依法依规提出临时提案的，召集人应当在规定时间内发出股东大会补充通知，披露提出临时提案的股东姓名或者名称、持股比例和新增提案的内容。

4.2.8 召集人应当在股东大会结束后的规定时间内披露股东大会决议公告。股东大会决议公告应当包括会议召开的时间、地点、方式、召集人、出席会议的股东（代理人）人数、所持（代理）股份及占上市公司有表决权股份总数的比例、每项提案的表决方式、每项提案的表决结果、法律意见书的结论性意见等。

股东大会审议影响中小投资者利益的重大事项时，应当对除上市公司董事、监事和高级管理人员以及单独或者合计持有公司5%以上股份的股东以外的其他股东的表决单独计票并披露。

律师应当勤勉尽责，对股东大会的召集、召开、表决等事项是否符合法律法规发表意见。法律意见书应当与股东大会决议公告同时披露，内容应当包括对会议的召集、召开程序、出席会议人员的资格、召集人资格、表决程序（股东回避等情况）以及表决结果等事项是否合法、有效出具的意见。

本所要求提供股东大会会议记录的，召集人应当按本所要求提供。

4.2.9 上市公司及其股东、董事、监事和高级管理人员等在股东大会上不得透露、泄露未公开重大信息。

4.2.10 上市公司董事会应当按照法律法规、本所相关规定和公司章程履行职责。董事的人数及人员构成应当符合法律法规、本所相关规定和公司章程，董事会成员应当具备履行职责所必需的知识、技能和素质，具备良好的职业道德。

4.2.11 上市公司应当按照法律法规、本所相关规定和公司章程召集、召开董事会。董事会决议应当经与会董事签字确认。本所要求提供董事会会议记录的，公司应当按本所要求提供。

公司按照本所相关规定应当披露董事会决议的，公告内容应当包括会议通知发出的时间和方式、会议召开的时间、地点和方式、委托他人出席和缺席的董事人数和姓名、缺席的理由和受托董事姓名、每项议案的表决结果以及有关董事反对或者弃权的理由等内容。

董事会决议涉及须经股东大会审议的事项，或者法律法规、本规则所述重大事项，公司应当分别披露董事会决议公告和相关重大事项公告。重大事项应当按照中国证监会有关规定或者本所制定的公告格式进行公告。

4.2.12 上市公司应当在董事会中设置审计委员会。公司可以在董事会中设置战略、提名、薪酬与考核等专门委员会，按照公司章程和董事会授权履行职责。

专门委员会成员全部由董事组成，其中审计委员会、提名委员会、薪酬与考核委员会中独立董事应当过半数并担任召集人；审计委员会成员应当为不在上市公司担任高级管理人员的董事，召集人应当为会计专业人士。

审计委员会负责审核公司财务信息及其披露、监督及评估内外部审计工作和内部控制，下列事项应当经审计委员会全体成员过半数同意后，提交董事会审议：

（一）披露财务会计报告及定期报告中的财务信息、内部控制评价报告；

（二）聘用或者解聘承办上市公司审计业务的会计师事务所；

（三）聘任或者解聘上市公司财务负责人；

（四）因会计准则变更以外的原因作出会计政策、会计估计变更或者重大会计差错更正；

（五）法律法规、本所相关规定及公司章程规定的其他事项。

提名委员会、薪酬与考核委员会应当按照法律法规、本所相关规定、公司章程和董事会的规定履行职责，就相关事项向董事会提出建议。董事会对相关建议未采纳或者未完全采纳的，应当在董事会决议中记载相关意见及未采纳的具体理由，并进行披露。

4.2.13 上市公司监事会应当严格按照法律法规、本所相关规定和公司章程，切实履行监督职责。监事会的人员和结构应当确保能够独立有效地履行职责。监事应当具有相应的专业知识或者工作经验，具备相应的履职能力和良好的职业道德。公司董事、高级管理人员不得兼任监事。

4.2.14 上市公司应当按照法律法规、本所相关规定和公司章程召集、召开监事会，并及时披露监事会决议。监事会决议应当经与会监事签字确认。本所要求提供监事会会议记录的，公司应当按本所要求提供。

监事会决议公告应当包括会议通知发出的时间和方式、会议召开的时间、地点和方式、委托他人出席和缺席的监事情况、每项议案的表决结果以及有关监事反对或者弃权的理由、审议事项的具体内容和会议形成的决议等。

4.2.15 上市公司股东大会、董事会或者监事会不能正常召开或者决议效力存在争议的，应当及时披露相关事项、争议各方的主张、公司现状等有助于投资者了解公司实际情况的信息，以及律师出具的专项法律意见书。

出现前款规定情形的，公司董事会应当维护公司正常生产经营秩序，保护公司及全体股东利益，公平对待所有股东。

第三节 董事、监事和高级管理人员

4.3.1 上市公司董事、监事和高级管理人员应当遵守并保证公司遵守法律法规、本所相关规定和公司章程，忠实、勤勉履职，严格履行其作出的各项声明和承诺，切实履行报告和信息披露义务，维护上市公司和全体股东利益，并积极配合本所的日常监管。

独立董事应当在董事会中充分发挥参与决策、监督制衡、专业咨询作用。

4.3.2 董事每届任期不得超过3年，任期届满可连选连任。董事由股东大会选举产生的，股东大会可以在董事任期届满前解除其职务。

4.3.3 候选人存在下列情形之一的，不得被提名担任上市公司董事、监事和高级管理人员：

（一）根据《公司法》等法律法规及其他有关规定，不得担任董事、监事和高级管理人员的情形；

（二）被中国证监会采取不得担任上市公司董事、监事和高级管理人员的证券市场禁入措施，期限尚未届满；

（三）被证券交易场所公开认定为不适合担任上市公司董事、监事和高级管理人员，期限尚未届满；

（四）法律法规、本所规定的其他情形。

上述期间以公司董事会、股东大会等有权机构审议董事、监事和高级管理人员候选人聘任议案的日期为截止日。

董事、监事和高级管理人员在任职期间出现第一款第（一）项、第（二）项情形或者独立董事出现不符合独立性条件情形的，相关董事、监事和高级管理人员应当立即停止履职并由公司按相应规定解除其职务。

董事、监事和高级管理人员在任职期间出现第一款第（三）项、第（四）项情形的，公司应当在该事实发生之日起30日内解除其职务，本所另有规定的除外。

相关董事、监事应被解除职务但仍未解除，参加董事会及其专门委员会会议、独立董事专门会议、监事会会议并投票的，其投票无效。

4.3.4 上市公司的董事、监事和高级管理人员在公司股票首次公开发行并上市前，新任董事、监事和高级管理人员在获得任命后1个月内，应当按照本所相关规定签署《董事（监事、高级管理人员）声明及承诺书》，并报送本所和公司董事会。声明与承诺事项发生重大变化的（持有本公司的股票情况除外），董事、监事和高级管理人员应当在5个交易日内更新并报送本所和公司董事会。

董事、监事和高级管理人员应当保证声明事项的真实、准确、完整，不存在虚假记载、误导性陈述或者重大遗漏。上述人员签署《董事（监事、高级管理人员）声明及承诺书》时，应当由律师见证。

董事会秘书应当督促董事、监事和高级管理人员及时签署《董事（监事、高级管理人员）声明及承诺书》，并按本所规定的途径和方式提交。

4.3.5 上市公司董事应当积极作为，对公司负有忠实义务和勤勉义务。

公司董事应当履行以下忠实义务和勤勉义务：

（一）公平对待所有股东；

（二）保护公司资产的安全、完整，不得利用职务之便为公司实际控制人、股东、员工、本人或者其他第三方的利益而损害公司利益；

（三）未经股东大会同意，不得为本人及其关系密切的家庭成员谋取属于公司的商业机会，不得自营、委托他人经营公司同类业务；

（四）保守商业秘密，不得泄露公司尚未披露的重大信息，不得利用内幕信息获取不当利益，离职后应当履行与公司约定的竞业禁止义务；

（五）保证有足够的时间和精力参与公司事务，原则上应当亲自出席董事会，因故不能亲自出席董事会的，应当审慎地选择受托人，授权事项和决策意向应当具体明确，不得全权委托；

（六）审慎判断公司董事会审议事项可能产生的风

险和收益,对所议事项表达明确意见;在公司董事会投反对票或者弃权票的,应当明确披露投票意向的原因、依据、改进建议或者措施;

(七)认真阅读公司的各项经营、财务报告和媒体报道,及时了解并持续关注公司业务经营管理状况和公司已发生或者可能发生的重大事项及其影响,及时向董事会报告公司经营活动中存在的问题,不得以不直接从事经营管理或者不知悉、不熟悉为由推卸责任;

(八)关注公司是否存在被关联人或者潜在关联人占用资金等侵占公司利益的问题,如发现异常情况,及时向董事会报告并采取相应措施;

(九)认真阅读公司财务会计报告,关注财务会计报告是否存在重大编制错误或者遗漏,主要会计数据和财务指标是否发生大幅波动及波动原因的解释是否合理;对财务会计报告有疑问的,应当主动调查或者要求董事会补充提供所需的资料或者信息;

(十)积极推动公司规范运行,督促公司依法依规履行信息披露义务,及时纠正和报告公司的违规行为,支持公司履行社会责任;

(十一)法律法规、本所相关规定和公司章程规定的其他忠实义务和勤勉义务。

公司监事和高级管理人员应当参照前款规定履行职责。

4.3.6 上市公司董事、监事和高级管理人员应当关注公司控股股东及其一致行动人质押股份情况,按规定审慎核查、评估公司控股股东及其一致行动人的高比例质押行为可能对公司控制权和生产经营稳定性、股权结构、公司治理、业绩补偿义务履行等产生的影响。

4.3.7 上市公司最迟应当在发布召开关于选举独立董事的股东大会通知公告时,将所有独立董事候选人的有关材料(包括但不限于提名人声明与承诺、候选人声明与承诺、独立董事履历表)报送本所,并保证报送材料的真实、准确、完整。提名人应当在声明与承诺中承诺,被提名人与其不存在利害关系或者其他可能影响被提名人独立履职的情形。

公司董事会对独立董事候选人的有关情况有异议的,应当同时报送董事会的书面意见。

在召开股东大会选举独立董事时,公司董事会应当对独立董事候选人是否被本所提出异议的情况进行说明。对于本所提出异议的独立董事候选人,公司不得提交股东大会选举。

4.3.8 独立董事履行下列职责:

(一)参与董事会决策并对所议事项发表明确意见;

(二)按照《上市公司独立董事管理办法》的有关规定,对上市公司与其控股股东、实际控制人、董事、高级管理人员之间的潜在重大利益冲突事项进行监督,促使董事会决策符合上市公司整体利益,保护中小股东的合法权益;

(三)对上市公司经营发展提供专业、客观的建议,促进提升董事会决策水平;

(四)法律法规、本所相关规定以及公司章程等规定的其他职责。

上市公司独立董事应当独立、公正地履行职责,不受上市公司及其主要股东、实际控制人等单位或者个人的影响。

4.3.9 独立董事行使下列特别职权:

(一)独立聘请中介机构,对上市公司具体事项进行审计、咨询或者核查;

(二)向董事会提议召开临时股东大会;

(三)提议召开董事会;

(四)依法公开向股东征集股东权利;

(五)对可能损害上市公司或者中小股东权益的事项发表独立意见;

(六)法律法规、本所相关规定及公司章程规定的其他职权。

独立董事行使前款第(一)项至第(三)项所列职权,应当经全体独立董事过半数同意。

独立董事行使本条第一款所列职权的,上市公司应当及时披露。上述职权不能正常行使的,公司应当披露具体情况和理由。

4.3.10 下列事项应当经全体独立董事过半数同意后,提交董事会审议:

(一)应当披露的关联交易;

(二)上市公司及相关方变更或者豁免承诺;

(三)被收购上市公司董事会针对收购所作出的决策及采取的措施;

(四)法律法规、本所相关规定及公司章程规定的其他事项。

4.3.11 上市公司应当建立独立董事专门会议制度,定期或者不定期召开全部由独立董事参加的会议,对第4.3.9条第一款第(一)项至第(三)项和第4.3.10条规定的相关事项进行审议。

独立董事专门会议可以根据需要研究讨论上市公司其他事项。

公司应当由过半数独立董事共同推举1名独立董事召集和主持独立董事专门会议；召集人不履职或者不能履职时，2名及以上独立董事可以自行召集并推举一名代表主持。

公司应当为独立董事专门会议召开提供便利和支持。

4.3.12 上市公司监事应当对公司董事、高级管理人员遵守法律法规、本所相关规定和公司章程以及执行公司职务、股东大会决议等行为进行监督。董事、高级管理人员应当如实向监事提供有关情况和资料，不得妨碍监事行使职权。

监事在履行监督职责过程中，对违反前款相关规定或者决议的董事、高级管理人员，可以提出罢免建议。

监事发现公司董事、高级管理人员违反本条第一款相关规定或者决议，或者存在其他损害公司利益行为的，已经或者可能给公司造成重大损失的，应当及时向董事会、监事会报告，要求相关方予以纠正，并向本所报告。

4.3.13 上市公司董事、监事和高级管理人员辞职应当提交书面辞职报告。高级管理人员的辞职自辞职报告送达董事会时生效。除下列情形外，董事或者监事的辞职自辞职报告送达董事会或者监事会时生效：

（一）董事、监事辞职导致董事会、监事会成员低于法定最低人数；

（二）职工代表监事辞职导致职工代表监事人数少于监事会成员的三分之一；

（三）独立董事辞职导致上市公司董事会或者其专门委员会中独立董事所占比例不符合法律法规或者公司章程规定，或者独立董事中欠缺会计专业人士。

出现前款情形的，辞职报告应当在下任董事或者监事填补因其辞职产生的空缺后方能生效。在辞职报告生效前，拟辞职董事或者监事仍应当按照法律法规、本所相关规定和公司章程继续履行职责，但存在本规则第4.3.3条规定情形的除外。

第四节 董事会秘书

4.4.1 上市公司应当设立董事会秘书，作为公司与本所之间的指定联络人。

公司应当设立由董事会秘书负责管理的信息披露事务部门。

4.4.2 董事会秘书对上市公司和董事会负责，履行如下职责：

（一）负责公司信息披露事务，协调公司信息披露工作，组织制定公司信息披露事务管理制度，督促公司及相关信息披露义务人遵守信息披露相关规定；

（二）负责投资者关系管理，协调公司与证券监管机构、投资者及实际控制人、中介机构、媒体等之间的信息沟通；

（三）筹备组织董事会会议和股东大会会议，参加股东大会会议、董事会会议、监事会会议及高级管理人员相关会议，负责董事会会议记录工作并签字；

（四）负责公司信息披露的保密工作，在未公开重大信息泄露时，立即向本所报告并披露；

（五）关注媒体报道并主动求证真实情况，督促公司等相关主体及时回复本所问询；

（六）组织公司董事、监事和高级管理人员就相关法律法规、本所相关规定进行培训，协助前述人员了解各自在信息披露中的职责；

（七）督促董事、监事和高级管理人员遵守法律法规、本所相关规定和公司章程，切实履行其所作出的承诺；在知悉公司、董事、监事和高级管理人员作出或者可能作出违反有关规定的决议时，应当予以提醒并立即如实向本所报告；

（八）负责公司股票及其衍生品种变动管理事务；

（九）法律法规和本所要求履行的其他职责。

4.4.3 上市公司应当为董事会秘书履行职责提供便利条件，董事、监事、财务负责人及其他高级管理人员和相关工作人员应当支持、配合董事会秘书的工作。

董事会秘书为履行职责，有权了解公司的财务和经营情况，参加涉及信息披露的有关会议，查阅相关文件，并要求公司有关部门和人员及时提供相关资料和信息。

董事会秘书在履行职责的过程中受到不当妨碍或者严重阻挠时，可以直接向本所报告。

4.4.4 上市公司董事会秘书应当具备履行职责所必需的财务、管理、法律等专业知识，具有良好的职业道德和个人品质。具有下列情形之一的人士不得担任董事会秘书：

（一）本规则第4.3.3条规定的不得担任上市公司董事、监事或者高级管理人员的情形；

（二）最近3年受到过中国证监会的行政处罚；

（三）最近3年受到过证券交易所公开谴责或者3次以上通报批评；

（四）本公司现任监事；

（五）本所认定不适合担任董事会秘书的其他情形。

4.4.5 上市公司应当在首次公开发行的股票上市后3个月内或者原任董事会秘书离职后3个月内聘任董

事会秘书。

4.4.6 上市公司董事会秘书空缺期间，董事会应当及时指定一名董事或者高级管理人员代行董事会秘书的职责并公告，同时尽快确定董事会秘书的人选。公司指定代行董事会秘书职责的人员之前，由公司董事长代行董事会秘书职责。

公司董事会秘书空缺时间超过3个月的，董事长应当代行董事会秘书职责，并在6个月内完成董事会秘书的聘任工作。

4.4.7 上市公司应当聘任证券事务代表协助董事会秘书履行职责。在董事会秘书不能履行职责时，证券事务代表应当代为履行职责。在此期间，并不当然免除董事会秘书对公司信息披露等事务所负有的责任。

证券事务代表的任职条件参照本规则第4.4.4条执行。

4.4.8 上市公司聘任董事会秘书、证券事务代表后，应当及时公告并向本所提交下列资料：

（一）董事会推荐书，包括董事会秘书、证券事务代表符合本规则规定的任职条件的说明、现任职务、工作表现、个人品德等内容；

（二）董事会秘书、证券事务代表个人简历和学历证明复印件；

（三）董事会秘书、证券事务代表聘任书或者相关董事会决议；

（四）董事会秘书、证券事务代表的通讯方式，包括办公电话、移动电话、传真、通信地址及专用电子邮箱地址等。

上述有关通讯方式的资料发生变更时，公司应当及时向本所提交变更后的资料。

4.4.9 上市公司解聘董事会秘书应当有充分的理由，不得无故将其解聘。

董事会秘书被解聘或者辞职时，公司应当及时向本所报告，说明原因并公告。

董事会秘书可以就被公司不当解聘或者辞职有关的情况，向本所提交个人陈述报告。

4.4.10 董事会秘书具有下列情形之一的，上市公司应当自相关事实发生之日起1个月内将其解聘：

（一）出现本规则第4.4.4条规定的任何一种情形；

（二）连续3个月以上不能履行职责；

（三）在履行职责时出现重大错误或者疏漏，给公司、投资者造成重大损失；

（四）违反法律法规、本所相关规定和公司章程等，给公司、投资者造成重大损失。

4.4.11 上市公司应当指派董事会秘书和代行董事会秘书职责的人员、证券事务代表负责与本所联系，以上市公司名义办理信息披露、股票及其衍生品种变动管理等事务。

第五节　控股股东和实际控制人

4.5.1 上市公司控股股东、实际控制人应当诚实守信，依法依规行使股东权利、履行股东义务，严格履行承诺，维护公司和全体股东的共同利益。

控股股东、实际控制人应当维护公司独立性，不得利用对公司的控制地位谋取非法利益、占用公司资金和其他资源。

公司控股股东、实际控制人不得妨碍公司或者相关信息披露义务人披露信息，不得组织、指使公司或者相关信息披露义务人从事信息披露违法行为。

4.5.2 上市公司控股股东、实际控制人应当履行下列职责：

（一）遵守并促使公司遵守法律法规、本所相关规定和公司章程，接受本所监管；

（二）依法行使股东权利，不滥用控制权损害公司或者其他股东的合法权益；

（三）严格履行所作出的公开声明和各项承诺，不擅自变更或者解除；

（四）严格按照有关规定履行信息披露义务；

（五）不得以任何方式违法违规占用公司资金；

（六）不得强令、指使或者要求上市公司及相关人员违法违规提供担保；

（七）不得利用公司未公开重大信息谋取利益，不得以任何方式泄露与公司有关的未公开重大信息，不得从事内幕交易、短线交易、操纵市场等违法违规行为；

（八）不得通过非公允的关联交易、利润分配、资产重组、对外投资等任何方式损害公司和其他股东的合法权益；

（九）保证公司资产完整、人员独立、财务独立、机构独立和业务独立，不得以任何方式影响公司的独立性；

（十）本所认为应当履行的其他职责。

控股股东、实际控制人应当明确承诺，如存在控股股东、实际控制人及其关联人占用公司资金、要求公司违法违规提供担保的，在占用资金全部归还、违规担保全部解除前不转让所持有、控制的公司股份，但转让所持有、控制的公司股份所得资金用以清偿占用资金、解除违规担保的除外。

4.5.3 上市公司控股股东、实际控制人应当履行信息披露义务，并保证披露信息的真实、准确、完整、及时、公平，不得有虚假记载、误导性陈述或者重大遗漏。控股股东、实际控制人收到公司问询的，应当及时了解情况并回复，保证回复内容真实、准确和完整。

控股股东、实际控制人出现下列情形之一的，应当及时告知上市公司，并配合公司履行信息披露义务：

（一）持有股份或者控制公司的情况发生较大变化，公司的实际控制人及其控制的其他企业从事与公司相同或者相似业务的情况发生较大变化；

（二）法院裁决禁止转让其所持股份，所持公司5%以上股份被质押、冻结、司法标记、司法拍卖、托管、设定信托或者被依法限制表决权等，或者出现被强制过户风险；

（三）拟对公司进行重大资产重组、债务重组或者业务重组；

（四）因经营状况恶化进入破产或者解散程序；

（五）出现与控股股东、实际控制人有关的传闻，对公司股票及其衍生品种交易价格可能产生较大影响；

（六）受到刑事处罚，涉嫌违法违规被中国证监会立案调查或者受到中国证监会行政处罚，或者受到其他有权机关重大行政处罚；

（七）涉嫌严重违纪违法或者职务犯罪被纪检监察机关采取留置措施且影响其履行职责；

（八）涉嫌犯罪被采取强制措施；

（九）其他可能对公司股票及其衍生品种交易价格产生较大影响的情形。

前款规定的事项出现重大进展或者变化的，控股股东、实际控制人应当将其知悉的有关情况书面告知公司，并配合公司履行信息披露义务。

4.5.4 上市公司控股股东、实际控制人应当结合自身履约能力和资信情况，充分评估股票质押可能存在的风险，审慎开展股票质押特别是限售股票质押、高比例质押业务，维护公司控制权稳定。

4.5.5 上市公司控股股东、实际控制人应当依法依规行使股东权利、履行股东义务，不得隐瞒其控股股东、实际控制人身份，规避相关义务和责任。

通过签署一致行动协议控制公司的，应当在协议中明确相关控制安排及解除机制。

公司应当根据股东持股比例、董事会成员构成及其推荐和提名主体、过往决策实际情况、股东之间的一致行动协议或者约定、表决权安排等情况，客观、审慎、真实地认定公司控制权的归属，无正当、合理理由不得认定为无控股股东、无实际控制人。

4.5.6 上市公司无控股股东、实际控制人的，公司第一大股东及其最终控制人应当比照控股股东、实际控制人，遵守本节的规定。

第六节 表决权差异安排

4.6.1 上市公司具有表决权差异安排的，应当充分、详细披露相关情况特别是风险、公司治理等信息，以及依法落实保护投资者合法权益规定的各项措施。

4.6.2 发行人首次公开发行并上市前设置表决权差异安排的，应当经出席股东大会的股东所持三分之二以上的表决权通过。

发行人在首次公开发行并上市前不具有表决权差异安排的，不得在首次公开发行并上市后以任何方式设置此类安排。

4.6.3 持有特别表决权股份的股东应当为对上市公司发展或者业务增长等作出重大贡献，并且在公司上市前及上市后持续担任公司董事的人员或者该等人员实际控制的持股主体。

持有特别表决权股份的股东在上市公司中拥有权益的股份合计应当达到公司全部已发行有表决权股份的10%以上。

4.6.4 上市公司章程应当规定每份特别表决权股份的表决权数量。

每份特别表决权股份的表决权数量应当相同，且不得超过每份普通股份的表决权数量的10倍。

4.6.5 除公司章程规定的表决权差异外，普通股份与特别表决权股份具有的其他股东权利应当完全相同。

4.6.6 上市公司股票在本所上市后，除同比例配股、转增股本、分配股票股利情形外，不得在境内外发行特别表决权股份，不得提高特别表决权比例。

上市公司因股份回购等原因，可能导致特别表决权比例提高的，应当同时采取将相应数量特别表决权股份转换为普通股份等措施，保证特别表决权比例不高于原有水平。

本规则所称特别表决权比例，是指全部特别表决权股份的表决权数量占上市公司全部已发行股份表决权数量的比例。

4.6.7 上市公司应当保证普通表决权比例不低于10%；单独或者合计持有公司10%以上已发行有表决权股份的股东有权提议召开临时股东大会；单独或者合计持有公司3%以上已发行有表决权股份的股东有权提出

股东大会议案。

本规则所称普通表决权比例，是指全部普通股份的表决权数量占上市公司全部已发行股份表决权数量的比例。

4.6.8　特别表决权股份不得在二级市场进行交易，但可以按照本所有关规定进行转让。

4.6.9　出现下列情形之一的，特别表决权股份应当按照1：1的比例转换为普通股份：

（一）持有特别表决权股份的股东不再符合本规则第4.6.3条规定的资格和最低持股要求，或者丧失相应履职能力、离任、死亡；

（二）实际持有特别表决权股份的股东失去对相关持股主体的实际控制；

（三）持有特别表决权股份的股东向他人转让所持有的特别表决权股份，或者将特别表决权股份的表决权委托他人行使；

（四）公司的控制权发生变更。

发生前款第（四）项情形的，上市公司已发行的全部特别表决权股份均应当转换为普通股份。

发生本条第一款情形的，特别表决权股份自相关情形发生时即转换为普通股份，相关股东应当立即通知上市公司，公司应当及时披露具体情形、发生时间、转换为普通股份的股份数量、剩余特别表决权股份数量等情况。

4.6.10　上市公司股东对下列事项行使表决权时，每一特别表决权股份享有的表决权数量应当与每一普通股份的表决权数量相同：

（一）修改公司章程；

（二）改变特别表决权股份享有的表决权数量；

（三）聘请或者解聘独立董事；

（四）聘请或者解聘监事；

（五）聘请或者解聘为上市公司定期报告出具审计意见的会计师事务所；

（六）公司合并、分立、解散或者变更公司形式。

公司章程应当规定，股东大会应当对前款第（一）项、第（二）项、第（六）项事项作出决议，并经出席会议的股东所持表决权的三分之二以上通过。但根据第4.6.6条、第4.6.9条的规定，将相应数量特别表决权股份转换为普通股份的除外。

4.6.11　上市公司应当在股东大会通知中列明持有特别表决权股份的股东、所持特别表决权股份数量及对应的表决权数量、股东大会议案是否涉及第4.6.10条规定事项等情况。

4.6.12　上市公司表决权差异安排出现重大变化或者调整的，公司和相关信息披露义务人应当及时予以披露，包括但不限于股东所持有的特别表决权股份被质押、冻结、司法标记、司法拍卖、托管、设定信托或者被依法限制表决权等，或者出现被强制过户风险。

公司具有表决权差异安排的，应当在定期报告中披露该等安排在报告期内的实施和变化情况，以及该等安排下保护投资者合法权益有关措施的实施情况。

4.6.13　上市公司具有表决权差异安排的，监事会应当在年度报告中，就下列事项出具专项意见：

（一）持有特别表决权股份的股东是否持续符合本规则第4.6.3条的要求；

（二）特别表决权股份是否出现本规则第4.6.9条规定的情形并及时转换为普通股份；

（三）特别表决权比例是否持续符合本规则的规定；

（四）持有特别表决权股份的股东是否存在滥用特别表决权或者其他损害投资者合法权益的情形；

（五）公司及持有特别表决权股份的股东遵守本节其他规定的情况。

持续督导期内，保荐人应当对上市公司特别表决权事项履行持续督导义务，在年度保荐工作报告中对前款规定的事项发表意见，发现股东存在滥用特别表决权或者其他损害投资者合法权益情形时，应当及时督促相关股东改正，并向本所报告。

4.6.14　持有特别表决权股份的股东应当按照所适用的法律法规以及公司章程行使权利，不得滥用特别表决权，不得利用特别表决权损害投资者的合法权益。

出现前款情形，损害投资者合法权益的，本所可以要求公司或者持有特别表决权股份的股东予以改正。

4.6.15　上市公司或者持有特别表决权股份的股东应当按照本所及中国结算的有关规定，办理特别表决权股份登记和转换成普通股份登记事宜。

4.6.16　已在境外上市的红筹企业的表决权差异安排与本节规定存在差异的，可以按照公司注册地公司法等法律法规、境外上市地相关规则和公司章程的规定执行。公司应当详细说明差异情况和原因，以及依法落实保护投资者合法权益要求的对应措施。

第五章　定期报告

第一节　业绩预告和业绩快报

5.1.1　上市公司预计年度经营业绩和财务状况将

出现下列情形之一的,应当在会计年度结束后1个月内进行预告:

(一)净利润为负值;

(二)净利润实现扭亏为盈;

(三)实现盈利,且净利润与上年同期相比上升或者下降50%以上;

(四)扣除非经常性损益前后的净利润孰低者为负值,且扣除与主营业务无关的业务收入和不具备商业实质的收入后的营业收入低于1亿元;

(五)期末净资产为负值;

(六)本所认定的其他情形。

公司预计半年度经营业绩将出现前款第(一)项至第(三)项情形之一的,应当在半年度结束后15日内进行预告。

5.1.2 上市公司预计报告期实现盈利且净利润与上年同期相比上升或者下降50%以上,但存在下列情形之一的,可以免于按照本规则第5.1.1条第一款第(三)项的规定披露相应业绩预告:

(一)上一年年度每股收益绝对值低于或者等于0.05元;

(二)上一年半年度每股收益绝对值低于或者等于0.03元。

5.1.3 上市公司因本规则第9.3.2条规定的情形,其股票已被实施退市风险警示的,应当于会计年度结束后1个月内预告全年营业收入、扣除与主营业务无关的业务收入和不具备商业实质的收入后的营业收入、净利润、扣除非经常性损益后的净利润和期末净资产。

5.1.4 上市公司应当合理、谨慎、客观、准确地披露业绩预告,公告内容应当包括盈亏金额或者区间、业绩变动范围、经营业绩或者财务状况发生重大变动的主要原因等。

如存在不确定因素可能影响业绩预告准确性的,公司应当在业绩预告中披露不确定因素的具体情况及其影响程度。

5.1.5 上市公司披露业绩预告后,如预计本期经营业绩或者财务状况与已披露的业绩预告存在下列重大差异情形之一的,应当及时披露业绩预告更正公告,说明具体差异及造成差异的原因:

(一)因本规则第5.1.1条第一款第(一)项至第(三)项情形披露业绩预告的,最新预计的净利润与已披露的业绩预告发生方向性变化的,或者较原预计金额或者范围差异较大;

(二)因本规则第5.1.1条第一款第(四)项、第(五)项情形披露业绩预告的,最新预计不触及第5.1.1条第一款第(四)项、第(五)项的情形;

(三)因本规则第5.1.3条情形披露业绩预告的,最新预计的相关财务指标与已披露的业绩预告发生方向性变化的,或者较原预计金额或者范围差异较大;

(四)本所规定的其他情形。

5.1.6 上市公司可以在定期报告公告前披露业绩快报。出现下列情形之一的,公司应当及时披露业绩快报:

(一)在定期报告披露前向有关机关报送未公开的定期财务数据,预计无法保密的;

(二)在定期报告披露前出现业绩泄露,或者因业绩传闻导致公司股票及其衍生品种交易异常波动的;

(三)拟披露第一季度业绩,但上年度年度报告尚未披露。

出现前款第(三)项情形的,公司应当在不晚于第一季度业绩相关公告发布时披露上一年度的业绩快报。

5.1.7 上市公司披露业绩快报的,业绩快报应当包括公司本期及上年同期营业收入、营业利润、利润总额、净利润、扣除非经常性损益后的净利润、总资产、净资产、每股收益、每股净资产和净资产收益率等数据和指标。

5.1.8 上市公司披露业绩快报后,如预计本期业绩或者财务状况与已披露的业绩快报数据和指标差异幅度达到20%以上,或者最新预计的报告期净利润、扣除非经常性损益后的净利润或者期末净资产与已披露的业绩快报发生方向性变化的,应当及时披露业绩快报更正公告,说明具体差异及造成差异的原因。

5.1.9 上市公司预计本期业绩与已披露的盈利预测有重大差异的,董事会应当在盈利预测更正公告中说明更正盈利预测的依据及过程是否适当和审慎,以及会计师事务所关于实际情况与盈利预测存在差异的专项说明。

5.1.10 上市公司董事、监事和高级管理人员应当及时、全面了解和关注公司经营情况和财务信息,并和会计师事务所进行必要的沟通,审慎判断是否应当披露业绩预告。

公司及其董事、监事和高级管理人员应当对业绩预告及更正公告、业绩快报及更正公告、盈利预测及更正公告披露的准确性负责,确保披露情况与公司实际情况不存在重大差异。

第二节　年度报告、半年度报告和季度报告

5.2.1　上市公司定期报告包括年度报告、半年度报告和季度报告。

公司应当在法律法规以及本所规定的期限内，按照中国证监会及本所的有关规定编制并披露定期报告。

5.2.2　上市公司应当在每个会计年度结束后4个月内披露年度报告，应当在每个会计年度的上半年结束后2个月内披露半年度报告，应当在每个会计年度前3个月、前9个月结束后1个月内披露季度报告。

公司第一季度季度报告的披露时间不得早于上一年度的年度报告披露时间。

公司预计不能在规定期限内披露定期报告的，应当及时公告不能按期披露的原因、解决方案及延期披露的最后期限。

5.2.3　上市公司应当向本所预约定期报告的披露时间，本所根据均衡披露原则统筹安排。

公司应当按照预约时间办理定期报告披露事宜。因故需要变更披露时间的，应当至少提前5个交易日向本所提出申请，说明变更的理由和变更后的披露时间，本所视情形决定是否予以调整。本所原则上只接受一次变更申请。

公司未在前述规定期限内提出定期报告披露预约时间变更申请的，应当及时公告定期报告披露时间变更，说明变更理由，并明确变更后的披露时间。

5.2.4　上市公司董事会应当确保公司按时披露定期报告。

公司不得披露未经董事会审议通过的定期报告。半数以上的董事无法保证定期报告内容的真实性、准确性、完整性的，视为未审议通过。

定期报告未经董事会审议、审议未通过或者因故无法形成有关董事会决议的，公司应当披露相关情况，说明无法形成董事会决议的原因和存在的风险、董事会的专项说明。

5.2.5　上市公司董事会应当按照中国证监会和本所关于定期报告的相关规定，组织有关人员安排落实定期报告的编制和披露工作。

公司总经理、财务负责人、董事会秘书等高级管理人员应当及时编制定期报告草案并提交董事会审议。

5.2.6　上市公司董事、高级管理人员应当对定期报告签署书面确认意见，说明董事会的编制和审议程序是否符合法律法规、本所相关规定的要求，定期报告的内容是否能够真实、准确、完整地反映上市公司的实际情况。

公司监事会应当对董事会编制的定期报告进行审核并提出书面审核意见。监事应当签署书面确认意见。监事会对定期报告出具的书面审核意见，应当说明董事会的编制和审议程序是否符合法律法规、本所相关规定的要求，定期报告的内容是否能够真实、准确、完整地反映公司的实际情况。

公司董事、监事无法保证定期报告内容的真实性、准确性、完整性或者有异议的，应当在董事会或者监事会审议、审核定期报告时投反对票或者弃权票。

公司董事、监事和高级管理人员无法保证定期报告内容的真实性、准确性、完整性或者有异议的，应当在书面确认意见中发表意见并陈述理由，公司应当披露。公司不予披露的，董事、监事和高级管理人员可以直接申请披露。

公司董事、监事和高级管理人员发表的异议理由应当明确、具体，与定期报告披露内容具有相关性。公司董事、监事和高级管理人员按照前款规定发表意见，应当遵循审慎原则，其保证定期报告内容的真实性、准确性、完整性的责任不仅因发表意见而当然免除。

董事、监事和高级管理人员不得以任何理由拒绝对定期报告签署书面意见。

5.2.7　上市公司年度报告中的财务会计报告应当经会计师事务所审计。

公司半年度报告中的财务会计报告可以不经审计，但有下列情形之一的，应当经过审计：

（一）拟依据半年度财务数据派发股票股利、进行公积金转增股本或者弥补亏损；

（二）中国证监会或者本所认为应当进行审计的其他情形。

公司季度报告中的财务资料无须审计，但中国证监会或者本所另有规定的除外。

5.2.8　上市公司应当在董事会审议通过定期报告后，及时向本所报送并提交下列文件：

（一）年度报告全文及其摘要、半年度报告全文及其摘要或者季度报告；

（二）审计报告（如适用）；

（三）董事会和监事会决议；

（四）董事、监事和高级管理人员书面确认意见；

（五）按照本所要求制作的载有定期报告和财务数据的电子文件；

（六）本所要求的其他文件。

5.2.9　上市公司财务会计报告被出具非标准审计

意见的,应当按照中国证监会《公开发行证券的公司信息披露编报规则第14号——非标准审计意见及其涉及事项的处理》(以下简称第14号编报规则)的规定,在报送定期报告的同时,向本所提交下列文件并披露:

(一)董事会针对该审计意见涉及事项所做的符合第14号编报规则要求的专项说明,审议此专项说明的董事会决议和决议所依据的材料;

(二)监事会对董事会专项说明的意见和相关决议;

(三)负责审计的会计师事务所和注册会计师出具的符合第14号编报规则要求的专项说明;

(四)中国证监会和本所要求的其他文件。

5.2.10 上市公司出现本规则第5.2.9条所述非标准审计意见涉及事项如属于明显违反会计准则及相关信息披露规范规定的,应当对有关事项进行纠正,并及时披露经纠正的财务会计资料和会计师事务所出具的审计报告或者专项鉴证报告等有关材料。

公司未及时披露、采取措施消除相关事项及其影响的,本所将对其采取监管措施或者予以纪律处分,或者报中国证监会调查处理。

5.2.11 上市公司应当认真对待本所对其定期报告的事后审查意见,按期回复本所的问询,并按要求对定期报告有关内容作出解释和说明。如需披露更正或者补充公告并修改定期报告的,公司应当在履行相应程序后及时公告。

5.2.12 上市公司因已披露的定期报告存在差错或者虚假记载被责令改正,或者董事会决定进行更正的,应当在被责令改正或者董事会作出相应决定后及时披露,涉及财务信息的按照中国证监会《公开发行证券的公司信息披露编报规则第19号——财务信息的更正及相关披露》等有关规定的要求更正及披露。

5.2.13 发行可转换公司债券的上市公司,其年度报告和半年度报告还应当包括以下内容:

(一)转股价格历次调整、修正的情况,经调整、修正后的最新转股价格;

(二)可转换公司债券发行后累计转股的情况;

(三)前10名可转换公司债券持有人的名单和持有量;

(四)担保人盈利能力、资产状况和信用状况发生重大变化的情况;(如适用)

(五)公司的负债情况、资信变化情况以及在未来年度偿债的现金安排;

(六)中国证监会和本所规定的其他内容。

5.2.14 上市公司未在规定期限内披露定期报告,或者因财务会计报告存在重大会计差错或者虚假记载被中国证监会责令改正但未在规定期限内改正的,公司股票及其衍生品种按照本规则第八章的有关规定进行停牌与复牌。

第三节 利润分配和资本公积金转增股本

5.3.1 上市公司应当积极回报股东,综合考虑所处行业特点、发展阶段、自身经营模式、盈利水平以及是否有重大资金支出安排等因素,科学、审慎决策,合理确定利润分配政策。

公司应当按照《公司法》和公司章程的规定弥补亏损(如有),提取法定公积金、任意公积金,确定股本基数、分配比例、分配总额及资金来源。

公司派发股票股利、资本公积转增股本的,应当遵守法律法规、《企业会计准则》、本所相关规定及公司章程等,其股份送转比例应当与业绩增长相匹配。

公司派发现金红利同时派发股票股利的,应当结合公司发展阶段、成长性、每股净资产的摊薄和重大资金支出安排等因素,说明派发现金红利在本次利润分配中所占比例及其合理性。

5.3.2 上市公司制定利润分配方案时,应当以母公司报表中可供分配利润为依据。

5.3.3 上市公司在报告期结束后,至利润分配、资本公积金转增股本方案公布前股本总额发生变动的,应当以最新股本总额作为分配或者转增的股本基数。

公司董事会在审议利润分配、资本公积金转增股本方案时,应当明确在股本总额发生变动时的方案调整原则。

5.3.4 拟发行证券的公司存在利润分配、资本公积金转增股本方案尚未提交股东大会表决或者虽经股东大会表决通过但未实施的,应当在方案实施后发行。相关方案实施前,主承销商不得承销公司发行的证券。

5.3.5 上市公司应当在董事会审议通过利润分配或者资本公积金转增股本方案后,及时披露方案的具体内容,并说明该等方案是否符合公司章程规定的利润分配政策和公司已披露的股东回报规划等。

5.3.6 上市公司应当于实施方案的股权登记日前3至5个交易日内披露方案实施公告。

5.3.7 方案实施公告应当包括以下内容:

(一)通过方案的股东大会届次和日期;

(二)派发现金股利、股票股利、资本公积金转增股本的比例(以每10股表述)、股本基数(按实施前实际股

本计算)以及是否含税和扣税情况等;

(三)股权登记日、除权(息)日、新增股份上市日;

(四)方案实施办法;

(五)股本变动结构表(按变动前总股本、本次派发股票股利股数、本次转增股本数、变动后总股本、占总股本比例等项目列示);

(六)派发股票股利、资本公积金转增股本后,需要调整的衍生品种行权(转股)价、行权(转股)比例、承诺的最低减持价情况等(如适用);

(七)派发股票股利、资本公积金转增股本后,按新股本摊薄计算的上年度每股收益或者本年半年度每股收益;

(八)中国证监会和本所要求的其他内容。

5.3.8 上市公司应当在股东大会审议通过方案后2个月内,完成利润分配及公积金转增股本事宜。

第六章 应当披露的交易
第一节 重大交易

6.1.1 本节所称重大交易,包括除上市公司日常经营活动之外发生的下列类型的事项:

(一)购买或者出售资产;

(二)对外投资(含委托理财、对子公司投资等);

(三)提供财务资助(含有息或者无息借款、委托贷款等);

(四)提供担保(含对控股子公司担保等);

(五)租入或者租出资产;

(六)委托或者受托管理资产和业务;

(七)赠与或者受赠资产;

(八)债权、债务重组;

(九)签订许可使用协议;

(十)转让或者受让研发项目;

(十一)放弃权利(含放弃优先购买权、优先认缴出资权等);

(十二)本所认定的其他交易。

6.1.2 除本规则第6.1.9条、第6.1.10条规定以外,上市公司发生的交易达到下列标准之一的,应当及时披露:

(一)交易涉及的资产总额(同时存在账面值和评估值的,以高者为准)占上市公司最近一期经审计总资产的10%以上;

(二)交易标的(如股权)涉及的资产净额(同时存在账面值和评估值的,以高者为准)占上市公司最近一期经审计净资产的10%以上,且绝对金额超过1000万元;

(三)交易的成交金额(包括承担的债务和费用)占上市公司最近一期经审计净资产的10%以上,且绝对金额超过1000万元;

(四)交易产生的利润占上市公司最近一个会计年度经审计净利润的10%以上,且绝对金额超过100万元;

(五)交易标的(如股权)在最近一个会计年度相关的营业收入占上市公司最近一个会计年度经审计营业收入的10%以上,且绝对金额超过1000万元;

(六)交易标的(如股权)在最近一个会计年度相关的净利润占上市公司最近一个会计年度经审计净利润的10%以上,且绝对金额超过100万元。

上述指标涉及的数据如为负值,取其绝对值计算。

6.1.3 除本规则第6.1.9条、第6.1.10条规定以外,上市公司发生的交易达到下列标准之一的,上市公司除应当及时披露外,还应当提交股东大会审议:

(一)交易涉及的资产总额(同时存在账面值和评估值的,以高者为准)占上市公司最近一期经审计总资产的50%以上;

(二)交易标的(如股权)涉及的资产净额(同时存在账面值和评估值的,以高者为准)占上市公司最近一期经审计净资产的50%以上,且绝对金额超过5000万元;

(三)交易的成交金额(包括承担的债务和费用)占上市公司最近一期经审计净资产的50%以上,且绝对金额超过5000万元;

(四)交易产生的利润占上市公司最近一个会计年度经审计净利润的50%以上,且绝对金额超过500万元;

(五)交易标的(如股权)在最近一个会计年度相关的营业收入占上市公司最近一个会计年度经审计营业收入的50%以上,且绝对金额超过5000万元;

(六)交易标的(如股权)在最近一个会计年度相关的净利润占上市公司最近一个会计年度经审计净利润的50%以上,且绝对金额超过500万元。

上述指标涉及的数据如为负值,取绝对值计算。

6.1.4 上市公司发生下列情形之一交易的,可以免于按照本规则第6.1.3条的规定提交股东大会审议,但仍应当按照规定履行信息披露义务:

(一)公司发生受赠现金资产、获得债务减免等不涉及对价支付,不附有任何义务的交易;

(二)公司发生的交易仅达到本规则第6.1.3条第一款第(四)项或者第(六)项标准,且公司最近一个会计年度每股收益的绝对值低于0.05元的。

6.1.5　上市公司购买或者出售股权的,应当按照上市公司所持标的公司股权变动比例计算相关财务指标适用本规则第6.1.2条、第6.1.3条的规定。

交易将导致上市公司合并报表范围发生变更的,应当将该股权所对应的标的公司的相关财务指标作为计算基础,适用本规则第6.1.2条、第6.1.3条的规定。

因租入或者租出资产、委托或者受托管理资产和业务等,导致上市公司合并报表范围发生变更的,参照适用前款规定。

6.1.6　上市公司发生交易达到本规则第6.1.3条规定标准,交易标的为公司股权的,应当披露标的资产经会计师事务所审计的最近一年又一期财务会计报告。会计师事务所发表的审计意见应当为标准无保留意见,审计截止日距审议相关交易事项的股东大会召开日不得超过6个月。

公司发生交易达到本规则第6.1.3条规定标准,交易标的为公司股权以外的其他资产的,应当披露标的资产由资产评估机构出具的评估报告。评估基准日距审议相关交易事项的股东大会召开日不得超过一年。

中国证监会、本所根据审慎原则要求,公司依据其章程或者其他法律法规等规定,以及公司自愿提交股东大会审议的交易事项,应当适用前两款规定。

6.1.7　上市公司发生交易达到本规则第6.1.2条规定的标准,交易对方以非现金资产作为交易对价或者抵偿上市公司债务的,上市公司应当参照本规则第6.1.6条的规定披露涉及资产的审计报告或者评估报告。

6.1.8　上市公司购买或出售交易标的少数股权,因上市公司在交易前后均无法对交易标的形成控制、共同控制或重大影响等客观原因,导致确实无法对交易标的最近一年又一期财务会计报告进行审计的,可以在披露相关情况后免于按照本规则第6.1.6条的规定披露审计报告,中国证监会或本所另有规定的除外。

6.1.9　上市公司发生"财务资助"交易事项,除应当经全体董事的过半数审议通过外,还应当经出席董事会会议的三分之二以上董事审议通过,并及时披露。

财务资助事项属于下列情形之一的,还应当在董事会审议通过后提交股东大会审议:

(一)单笔财务资助金额超过上市公司最近一期经审计净资产的10%;

(二)被资助对象最近一期财务报表数据显示资产负债率超过70%;

(三)最近12个月内财务资助金额累计计算超过公司最近一期经审计净资产的10%;

(四)本所或者公司章程规定的其他情形。

资助对象为公司合并报表范围内的控股子公司,且该控股子公司其他股东中不包含上市公司的控股股东、实际控制人及其关联人的,可以免于适用前两款规定。

6.1.10　上市公司发生"提供担保"交易事项,除应当经全体董事的过半数审议通过外,还应当经出席董事会会议的三分之二以上董事审议通过,并及时披露。

担保事项属于下列情形之一的,还应当在董事会审议通过后提交股东大会审议:

(一)单笔担保额超过上市公司最近一期经审计净资产10%的担保;

(二)上市公司及其控股子公司对外提供的担保总额,超过上市公司最近一期经审计净资产50%以后提供的任何担保;

(三)上市公司及其控股子公司对外提供的担保总额,超过上市公司最近一期经审计总资产30%以后提供的任何担保;

(四)按照担保金额连续12个月内累计计算原则,超过上市公司最近一期经审计总资产30%的担保;

(五)为资产负债率超过70%的担保对象提供的担保;

(六)对股东、实际控制人及其关联人提供的担保;

(七)本所或者公司章程规定的其他担保。

上市公司股东大会审议前款第(四)项担保时,应当经出席会议的股东所持表决权的三分之二以上通过。

6.1.11　对于达到披露标准的担保,如果被担保人于债务到期后15个交易日内未履行还款义务,或者被担保人出现破产、清算或者其他严重影响其还款能力的情形,上市公司应当及时披露。

6.1.12　上市公司进行委托理财,因交易频次和时效要求等原因难以对每次投资交易履行审议程序和披露义务的,可以对投资范围、额度及期限等进行合理预计,以额度计算占净资产的比例,适用本规则第6.1.2条、第6.1.3条的规定。

相关额度的使用期限不应超过12个月,期限内任一时点的交易金额(含前述投资的收益进行再投资的相关金额)不应超过投资额度。

6.1.13　上市公司租入或租出资产的,应当以约定的全部租赁费用或者租赁收入适用本规则第6.1.2条、第6.1.3条的规定。

6.1.14　上市公司直接或者间接放弃对控股子公司

或者控制的其他主体的优先购买或者认缴出资等权利，导致合并报表范围发生变更的，应当以放弃金额与该主体的相关财务指标，适用本规则第6.1.2条、第6.1.3条的规定。

上市公司放弃权利未导致上市公司合并报表范围发生变更，但相比于未放弃权利，所拥有该主体权益的比例下降的，应当以放弃金额与按权益变动比例计算的相关财务指标，适用本规则第6.1.2条、第6.1.3条的规定。

上市公司部分放弃权利的，还应当以前两款规定的金额和指标与实际受让或者出资金额，适用本规则第6.1.2条、第6.1.3条的规定。

6.1.15 上市公司进行"提供担保"、"提供财务资助"、"委托理财"等之外的其他交易时，应当对相同交易类别下标的相关的各项交易，按照连续12个月内累计计算的原则，分别适用第6.1.2条、第6.1.3条的规定。已经按照第6.1.2条、6.1.3条履行相关义务的，不再纳入相关的累计计算范围。

除前款规定外，公司发生"购买或者出售资产"交易，不论交易标的是否相关，若所涉及的资产总额或者成交金额在连续12个月内经累计计算超过公司最近一期经审计总资产30%的，除应当披露并参照第6.1.6条进行审计或者评估外，还应当提交股东大会审议，并经出席会议的股东所持表决权的三分之二以上通过。

6.1.16 上市公司发生的交易按照本节的规定适用连续12个月累计计算原则时，达到本节规定的披露标准的，可以仅将本次交易事项按照本所相关要求披露，并在公告中说明前期累计未达到披露标准的交易事项；达到本节规定的应当提交股东大会审议标准的，可以仅将本次交易事项提交股东大会审议，并在公告中说明前期未履行股东大会审议程序的交易事项。

公司已按照本规则第6.1.2条、第6.1.3条规定履行相关义务的，不再纳入对应的累计计算范围。公司已披露但未履行股东大会审议程序的交易事项，仍应当纳入相应累计计算范围以确定应当履行的审议程序。

6.1.17 上市公司发生交易，相关安排涉及未来可能支付或者收取对价等有条件确定金额的，应当以可能支付或收取的最高金额作为成交金额，适用本规则第6.1.2条、第6.1.3条的规定。

6.1.18 上市公司分期实施本规则第6.1.1条规定的交易的，应当以协议约定的全部金额为标准适用本规则第6.1.2条、第6.1.3条的规定。

6.1.19 上市公司与同一交易方同时发生本规则第6.1.1条第(二)项至第(四)项以外各项中方向相反的两个相关交易时，应当按照其中单个方向的交易涉及指标中较高者适用本规则第6.1.2条、第6.1.3条的规定。

6.1.20 上市公司发生交易，在期限届满后与原交易对方续签合约、进行展期的，应当按照本节的规定重新履行审议程序和披露义务。

6.1.21 上市公司应当根据交易类型，按照本所相关规定披露交易的相关信息，包括交易对方、交易标的、交易协议的主要内容、交易定价及依据、有关部门审批文件(如有)、中介机构意见(如适用)等。

6.1.22 上市公司与其合并报表范围内的控股子公司、控制的其他主体发生的或者上述控股子公司、控制的其他主体之间发生的交易，可以免于按照本章规定披露和履行相应程序，中国证监会或者本所另有规定的除外。

第二节 日常交易

6.2.1 本节所称"日常交易"，是指上市公司发生与日常经营相关的以下类型的交易：

(一)购买原材料、燃料和动力；

(二)接受劳务；

(三)出售产品、商品；

(四)提供劳务；

(五)工程承包；

(六)与日常经营相关的其他交易。

资产置换中涉及前款交易的，适用本章第一节的规定。

6.2.2 上市公司签署日常交易相关合同，达到下列标准之一的，应当及时披露：

(一)涉及本规则第6.2.1条第一款第(一)项、第(二)项事项的，合同金额占上市公司最近一期经审计总资产50%以上，且绝对金额超过5亿元；

(二)涉及本规则第6.2.1条第一款第(三)项至(五)项事项的，合同金额占上市公司最近一个会计年度经审计主营业务收入50%以上，且绝对金额超过5亿元；

(三)公司或者本所认为可能对上市公司财务状况、经营成果产生重大影响的其他合同。

6.2.3 上市公司与他人共同承接建设工程项目，公司作为总承包人的，应当以承接项目的全部合同金额适用本规则第6.2.2条的规定；作为非总承包人的，应当以公司实际承担的合同金额适用本规则第6.2.2条的规定。

6.2.4 上市公司参加工程承包、商品采购等项目的投标，合同金额达到本规则第6.2.2条规定标准的，在已进入公示期但尚未取得中标通知书或者相关证明文件时,应当及时发布提示性公告,并按照本所相关规定披露中标公示的主要内容。

公示期结束后取得中标通知书的,公司应当及时按照本所相关规定披露项目中标有关情况。预计无法取得中标通知书的,公司应当及时披露进展情况并充分提示风险。

6.2.5 上市公司应当按照本所相关规定披露日常交易的相关信息,包括交易各方、合同主要内容、合同履行对公司的影响、合同的审议程序、有关部门审批文件(如有)、风险提示等。

第三节 关联交易

6.3.1 上市公司应当保证关联交易的合法性、必要性、合理性和公允性,保持公司的独立性,不得利用关联交易调节财务指标,损害公司利益。交易各方不得隐瞒关联关系或者采取其他手段,规避公司的关联交易审议程序和信息披露义务。

6.3.2 上市公司的关联交易,是指上市公司、控股子公司及控制的其他主体与上市公司关联人之间发生的转移资源或者义务的事项,包括:

(一)本规则第6.1.1条规定的交易事项;
(二)购买原材料、燃料、动力;
(三)销售产品、商品;
(四)提供或者接受劳务;
(五)委托或者受托销售;
(六)存贷款业务;
(七)与关联人共同投资;
(八)其他通过约定可能引致资源或者义务转移的事项。

6.3.3 上市公司的关联人包括关联法人(或者其他组织)和关联自然人。

具有以下情形之一的法人(或者其他组织),为上市公司的关联法人(或者其他组织):

(一)直接或者间接控制上市公司的法人(或者其他组织);
(二)由前项所述法人(或者其他组织)直接或者间接控制的除上市公司、控股子公司及控制的其他主体以外的法人(或者其他组织);
(三)关联自然人直接或者间接控制的、或者担任董事(不含同为双方的独立董事)、高级管理人员的,除上市公司、控股子公司及控制的其他主体以外的法人(或者其他组织);

(四)持有上市公司5%以上股份的法人(或者其他组织)及其一致行动人;

具有以下情形之一的自然人,为上市公司的关联自然人:

(一)直接或者间接持有上市公司5%以上股份的自然人;
(二)上市公司董事、监事和高级管理人员;
(三)直接或者间接地控制上市公司的法人(或者其他组织)的董事、监事和高级管理人员;
(四)本款第(一)项、第(二)项所述人士的关系密切的家庭成员。

在过去12个月内或者相关协议或者安排生效后的12个月内,存在本条第二款、第三款所述情形之一的法人(或者其他组织)、自然人,为上市公司的关联人。

中国证监会、本所或者上市公司可以根据实质重于形式的原则,认定其他与上市公司有特殊关系,可能或者已经造成上市公司对其利益倾斜的法人(或者其他组织)或者自然人为上市公司的关联人。

6.3.4 上市公司与本规则第6.3.3条第二款第(二)项所列法人(或者其他组织)受同一国有资产管理机构控制而形成该项所述情形的,不因此构成关联关系,但其法定代表人、董事长、总经理或者半数以上的董事兼任上市公司董事、监事或者高级管理人员的除外。

6.3.5 上市公司董事、监事、高级管理人员、持有公司5%以上股份的股东及其一致行动人、实际控制人应当及时向上市公司董事会报送上市公司关联人名单及关联关系的说明,由公司做好登记管理工作。

6.3.6 除本规则第6.3.11条的规定外,上市公司与关联人发生的交易达到下列标准之一的,应当履行相关决策程序后及时披露:

(一)与关联自然人发生的交易金额(包括承担的债务和费用)在30万元以上的交易;
(二)与关联法人(或者其他组织)发生的交易金额(包括承担的债务和费用)在300万元以上,且占上市公司最近一期经审计净资产绝对值0.5%以上的交易。

6.3.7 除本规则第6.3.11条的规定外,上市公司与关联人发生的交易金额(包括承担的债务和费用)在3000万元以上,且占上市公司最近一期经审计净资产绝对值5%以上的,应当按照本规则第6.1.6条的规定披露审计报告或者评估报告,并将该交易提交股东大会审议。

本规则第6.3.17条规定的日常关联交易可以不进行审计或者评估。

上市公司与关联人共同出资设立公司，上市公司出资额达到本条第一款规定的标准，如果所有出资均全部以现金出资，且按照出资额比例确定各方在所设立公司的股权比例的，可以豁免适用提交股东大会审议的规定。

公司关联交易事项未达到本条第一款规定的标准，但中国证监会、本所根据审慎原则要求，或者公司按照其章程或者其他规定，以及自愿提交股东大会审议的，应当按照第一款规定履行审议程序和披露义务，并适用有关审计或者评估的要求。

6.3.8 上市公司董事会审议关联交易事项时，关联董事应当回避表决，也不得代理其他董事行使表决权。该董事会会议由过半数的非关联董事出席即可举行，董事会会议所作决议须经非关联董事过半数通过。出席董事会会议的非关联董事人数不足 3 人的，公司应当将交易提交股东大会审议。

前款所称关联董事包括下列董事或者具有下列情形之一的董事：

（一）为交易对方；

（二）拥有交易对方直接或者间接控制权的；

（三）在交易对方任职，或者在能直接或间接控制该交易对方的法人或其他组织、该交易对方直接或者间接控制的法人或其他组织任职；

（四）为交易对方或者其直接或者间接控制人的关系密切的家庭成员；

（五）为交易对方或者其直接或者间接控制人的董事、监事或高级管理人员的关系密切的家庭成员；

（六）中国证监会、本所或者上市公司基于实质重于形式原则认定的其独立商业判断可能受到影响的董事。

6.3.9 上市公司股东大会审议关联交易事项时，关联股东应当回避表决，也不得代理其他股东行使表决权。

前款所称关联股东包括下列股东或者具有下列情形之一的股东：

（一）为交易对方；

（二）拥有交易对方直接或者间接控制权的；

（三）被交易对方直接或者间接控制；

（四）与交易对方受同一法人或者其他组织或者自然人直接或者间接控制；

（五）在交易对方任职，或者在能直接或间接控制该交易对方的法人或其他组织、该交易对方直接或者间接控制的法人或其他组织任职；

（六）为交易对方或者其直接或者间接控制人的关系密切的家庭成员；

（七）因与交易对方或者其关联人存在尚未履行完毕的股权转让协议或者其他协议而使其表决权受到限制和影响的股东；

（八）中国证监会或者本所认定的可能造成上市公司利益对其倾斜的股东。

6.3.10 上市公司不得为本规则第 6.3.3 条规定的关联人提供财务资助，但向非由上市公司控股股东、实际控制人控制的关联参股公司提供财务资助，且该参股公司的其他股东按出资比例提供同等条件财务资助的情形除外。

公司向前款规定的关联参股公司提供财务资助的，除应当经全体非关联董事的过半数审议通过外，还应当经出席董事会会议的非关联董事的三分之二以上董事审议通过，并提交股东大会审议。

6.3.11 上市公司为关联人提供担保的，除应当经全体非关联董事的过半数审议通过外，还应当经出席董事会会议的非关联董事的三分之二以上董事审议同意并作出决议，并提交股东大会审议。公司为控股股东、实际控制人及其关联人提供担保的，控股股东、实际控制人及其关联人应当提供反担保。

公司因交易或者关联交易导致被担保方成为公司的关联人，在实施该交易或者关联交易的同时，应当就存续的关联担保履行相应审议程序和信息披露义务。

董事会或者股东大会未审议通过前款规定的关联担保事项的，交易各方应当采取提前终止担保等有效措施。

6.3.12 上市公司与关联人共同出资设立公司，应当以上市公司的出资额作为交易金额，适用本规则第 6.3.6 条、第 6.3.7 条的规定。

6.3.13 上市公司因放弃权利导致与其关联人发生关联交易的，应当按照本规则第 6.1.14 条的标准，适用本规则第 6.3.6 条、第 6.3.7 条的规定。

6.3.14 上市公司与关联人发生交易的相关安排涉及未来可能支付或者收取对价等有条件确定金额的，以预计的最高金额为成交金额，适用本规则第 6.3.6 条、第 6.3.7 条的规定。

6.3.15 上市公司在连续 12 个月内发生的以下关联交易，应当按照累计计算的原则，分别适用本规则第 6.3.6 条、第 6.3.7 条的规定：

（一）与同一关联人进行的交易；

（二）与不同关联人进行的相同交易类别下标的相关的交易。

上述同一关联人，包括与该关联人受同一主体控制，或者相互存在股权控制关系的其他关联人。

根据本节规定连续12个月累计计算达到本节规定的披露标准或者股东大会审议标准的，参照适用本规则第6.1.16条的规定。

6.3.16 上市公司与关联人之间进行委托理财的，如因交易频次和时效要求等原因难以对每次投资交易履行审议程序和披露义务的，可以对投资范围、投资额度及期限等进行合理预计，以额度作为计算标准，适用本规则第6.3.6条、第6.3.7条的规定。

相关额度的使用期限不应超过12个月，期限内任一时点的交易金额（含前述投资的收益进行再投资的相关金额）不应超过投资额度。

6.3.17 上市公司与关联人发生本规则第6.3.2条第（二）项至第（六）项所列日常关联交易时，按照下述规定履行审议程序并披露：

（一）已经股东大会或者董事会审议通过且正在执行的日常关联交易协议，如果执行过程中主要条款未发生重大变化的，公司应当在年度报告和半年度报告中按要求披露各协议的实际履行情况，并说明是否符合协议的规定；如果协议在执行过程中主要条款发生重大变化或协议期满需要续签的，公司应当将新修订或者续签的日常关联交易协议，根据协议涉及的总交易金额提交董事会或者股东大会审议，协议没有具体总交易金额的，应当提交股东大会审议；

（二）首次发生的日常关联交易，公司应当根据协议涉及的总交易金额，履行审议程序并及时披露；协议没有具体总交易金额的，应当提交股东大会审议；如果协议在履行过程中主要条款发生重大变化或协议期满需要续签，按照本款前述规定处理；

（三）公司可以按类别合理预计当年度日常关联交易金额，履行审议程序并披露；实际执行超出预计金额的，应当按照超出金额重新履行审议程序并披露；

（四）公司年度报告和半年度报告应当分类汇总披露日常关联交易的实际履行情况；

（五）公司与关联人签订的日常关联交易协议期限超过3年的，应当每3年根据本章的规定重新履行相关审议程序和披露义务。

6.3.18 上市公司与关联人发生的下列交易，可以免于按照关联交易的方式审议和披露：

（一）上市公司单方面获得利益且不支付对价、不附任何义务的交易，包括受赠现金资产、获得债务减免、无偿接受担保和财务资助等；

（二）关联人向上市公司提供资金，利率水平不高于贷款市场报价利率，且上市公司无需提供担保；

（三）一方以现金方式认购另一方公开发行的股票、公司债券或企业债券、可转换公司债券或者其他衍生品种；

（四）一方作为承销团成员承销另一方公开发行的股票、公司债券或企业债券、可转换公司债券或者其他衍生品种；

（五）一方依据另一方股东大会决议领取股息、红利或者报酬；

（六）一方参与另一方公开招标、拍卖等，但是招标、拍卖等难以形成公允价格的除外；

（七）上市公司按与非关联人同等交易条件，向本规则第6.3.3条第三款第（二）项至第（四）项规定的关联自然人提供产品和服务；

（八）关联交易定价为国家规定；

（九）本所认定的其他交易。

6.3.19 上市公司应当根据关联交易事项的类型，按照本所相关规定披露关联交易的有关内容，包括交易对方、交易标的、交易各方的关联关系说明和关联人基本情况、交易协议的主要内容、交易定价及依据、有关部门审批文件（如有）、中介机构意见（如适用）。

6.3.20 上市公司与关联人进行交易时涉及的相关义务、披露和审议标准，本节没有规定的，适用本章第一节的规定。

第七章 应当披露的其他重大事项

第一节 股票交易异常波动和传闻澄清

7.1.1 上市公司股票交易出现本所业务规则规定或者本所认定的异常波动的，本所可以根据异常波动程度和监管需要，采取下列措施：

（一）要求上市公司披露股票交易异常波动公告；
（二）要求上市公司停牌核查并披露核查公告；
（三）向市场提示异常波动股票投资风险；
（四）本所认为必要的其他措施。

7.1.2 上市公司股票交易根据相关规定被认定为异常波动的，公司应当于次一交易日披露股票交易异常波动公告。

7.1.3 上市公司披露的股票交易异常波动公告应当包括以下内容：

（一）股票交易异常波动情况的说明；

（二）董事会对重要问题的关注、核实情况说明；

（三）向控股股东、实际控制人等的函询情况；

（四）是否存在应当披露而未披露信息的声明；

（五）本所要求的其他内容。

7.1.4 上市公司股票交易出现本所业务规则规定的严重异常波动的，应当于次一交易日披露核查公告；无法披露的，应当申请其股票及其衍生品种自次一交易日起停牌核查。公司股票及其衍生品种应当自披露核查公告之日起复牌。

7.1.5 上市公司出现股票交易严重异常波动，公司或者相关信息披露义务人应当核查下列事项：

（一）是否存在导致股价严重异常波动的未披露事项；

（二）股价是否严重偏离同行业上市公司合理估值；

（三）是否存在重大风险事项；

（四）其他可能导致股价严重异常波动的事项。

公司应当在核查公告中充分提示公司股价严重异常波动的交易风险。

保荐人及其保荐代表人应当督促公司按照本节规定及时进行核查，履行相应信息披露义务。

7.1.6 上市公司股票交易出现严重异常波动，经公司核查后无应披露而未披露的重大事项，也无法对异常波动原因作出合理解释的，本所可以向市场公告，提示股票交易风险，并视情况实施停牌。

7.1.7 传闻可能或者已经对上市公司股票及其衍生品种交易价格产生较大影响的，公司应当及时核实相关情况，并按照法律法规、本所相关规定披露情况说明公告或者澄清公告。

7.1.8 上市公司披露的澄清公告应当包括以下内容：

（一）传闻内容及其来源；

（二）传闻所涉及事项的真实情况；

（三）相关风险提示（如适用）；

（四）本所要求的其他内容。

第二节 可转换公司债券涉及的重大事项

7.2.1 发生以下可能对可转换公司债券交易或者转让价格产生较大影响的重大事项之一时，上市公司应当及时披露：

（一）《证券法》第八十条第二款、第八十一条第二款规定的重大事项；

（二）因配股、增发、送股、派息、分立、减资及其他原因引起发行人股份变动，需要调整转股价格，或者依据募集说明书或者重组报告书约定的转股价格修正条款修正转股价格；

（三）向不特定对象发行的可转换公司债券未转换的面值总额少于 3000 万元；

（四）公司信用状况发生重大变化，可能影响如期偿还债券本息；

（五）可转换公司债券担保人发生重大资产变动、重大诉讼，或者涉及合并、分立等情况；

（六）资信评级机构对可转换公司债券的信用或者公司的信用进行评级并已出具信用评级结果；

（七）中国证监会和本所规定的其他情形。

7.2.2 上市公司应当在可转换公司债券约定的付息日前 3 至 5 个交易日内披露付息公告；在可转换公司债券期满前 3 至 5 个交易日内披露本息兑付公告。

7.2.3 上市公司应当在可转换公司债券开始转股前 3 个交易日披露实施转股的公告。

7.2.4 上市公司应当持续关注可转换公司债券约定的赎回条件是否满足，预计可能满足赎回条件的，应当在预计赎回条件满足的 5 个交易日前披露提示性公告，向市场充分提示风险。

公司应当在满足可转换公司债券赎回条件的当日决定是否赎回并于次一交易日披露。如决定行使赎回权的，公司应当在满足赎回条件后每 5 个交易日至少披露 1 次赎回提示性公告，并在赎回期结束后公告赎回结果及其影响；如决定不行使赎回权的，公司应当充分说明不赎回的具体原因。

7.2.5 上市公司应当在满足可转换公司债券回售条件的次一交易日披露回售公告，并在满足回售条件后每 5 个交易日至少披露 1 次回售提示性公告。回售期结束后，公司应当公告回售结果及其影响。

变更可转换公司债券募集资金用途的，公司应当在股东大会通过决议后 20 个交易日内赋予可转换公司债券持有人 1 次回售的权利，有关回售提示性公告至少发布 3 次。其中，在回售实施前、股东大会决议公告后 5 个交易日内至少发布 1 次，在回售实施期间至少发布 1 次，余下 1 次回售提示性公告的发布时间视需要而定。

7.2.6 上市公司在可转换公司债券转换期结束的 20 个交易日前，应当至少发布 3 次提示性公告，提醒投资者有关在可转换公司债券转换期结束前的 3 个交易日停止交易或者转让的事项。

公司出现可转换公司债券按规定须停止交易或者转让的其他情形时，应当在获悉有关情形后及时披露其可转换公司债券将停止交易或者转让的公告。

7.2.7 发行可转换公司债券的上市公司涉及下列事项时,应当向本所申请暂停可转换公司债券的转股:

(一)修正或者调整转股价格;

(二)实施利润分配或者资本公积金转增股本方案;

(三)中国证监会和本所规定应当暂停转股的其他事项。

7.2.8 可转换公司债券出现下列情形之一的,应当停止交易或者转让:

(一)向不特定对象发行的可转换公司债券流通面值总额少于3000万元,且上市公司发布相关公告3个交易日后。公司行使赎回权期间发生前述情形的,可转换公司债券不停止交易;

(二)转换期结束之前的第3个交易日起;

(三)中国证监会和本所规定的其他情况。

第三节 合并、分立、分拆

7.3.1 上市公司实施合并、分立、分拆上市的,应当遵守法律法规、本所相关规定,履行相应的审议程序和信息披露义务。

公司按照前款规定召开股东大会审议相关议案的,应当经出席股东大会的股东所持表决权的三分之二以上通过。分拆上市的,还应当经出席会议的除公司董事、监事和高级管理人员以及单独或者合计持有公司5%以上股份的股东以外的其他股东所持表决权的三分之二以上通过。

7.3.2 合并完成后,公司应当办理股份变更登记,按照本规则第三章规定向本所申请合并后的公司股票及其衍生品种上市。被合并上市公司按照本规则第九章规定终止其股票及其衍生品种的上市。

7.3.3 上市公司所属子公司拟首次公开发行股票并上市的,上市公司董事会应当就所属子公司本次股票发行的具体方案作出决议,并提请股东大会审议。

所属子公司拟重组上市的,上市公司董事会应当就本次重组上市的具体方案作出决议,并提请股东大会审议。

7.3.4 上市公司分拆所属子公司上市的,应当在首次披露分拆相关公告后,及时公告本次分拆上市进展情况。

第四节 重大诉讼和仲裁

7.4.1 上市公司发生的下列诉讼、仲裁事项应当及时披露:

(一)涉案金额超过1000万元,并且占公司最近一期经审计净资产绝对值10%以上;

(二)涉及公司股东大会、董事会决议被申请撤销或者宣告无效的诉讼;

(三)证券纠纷代表人诉讼。

未达到前款标准或者没有具体涉案金额的诉讼、仲裁事项,可能对公司股票及其衍生品种交易价格产生较大影响的,公司也应当及时披露。

7.4.2 上市公司连续12个月内发生的诉讼和仲裁事项涉案金额累计达到第7.4.1条第一款第(一)项所述标准的,适用该条规定。

已经按照第7.4.1条规定履行披露义务的,不再纳入累计计算范围。

7.4.3 上市公司关于重大诉讼、仲裁事项的公告应当包括以下内容:

(一)案件受理情况和基本案情;

(二)案件对公司本期利润或者期后利润的影响;

(三)公司是否还存在尚未披露的其他诉讼、仲裁事项;

(四)本所要求的其他内容。

7.4.4 上市公司应当及时披露重大诉讼、仲裁事项的重大进展情况及其对公司的影响,包括但不限于诉讼案件的一审和二审裁判结果、仲裁案件的裁决结果以及裁判、裁决执行情况、对公司的影响等。

第五节 破产事项

7.5.1 上市公司发生重整、和解、清算等破产事项(以下统称破产事项)的,应当按照法律法规、本所相关规定履行相应审议程序和信息披露义务。

公司实施预重整等事项的,参照本节规定履行信息披露义务。

7.5.2 上市公司控股股东、第一大股东、对上市公司经营具有重要影响的子公司或者参股公司发生破产事项,可能对上市公司股票及其衍生品种交易价格产生较大影响的,应当参照本节规定及时履行信息披露义务。

7.5.3 上市公司出现本规则第九章规定的退市风险警示或者终止上市情形的,应当按照本所相关规定履行信息披露和申请停复牌等义务。

7.5.4 上市公司应当在董事会作出向法院申请重整、和解或者破产清算的决定时,或者知悉债权人向法院申请公司重整或者破产清算时,及时披露申请情况以及对公司的影响,并充分提示风险。

在法院裁定是否受理破产事项之前,公司应当每月披露进展情况。

7.5.5　法院受理重整、和解或者破产清算申请的，上市公司应当及时披露法院裁定的主要内容、指定管理人的基本情况，并明确公司进入破产程序后信息披露事务的责任人情况。

7.5.6　重整计划涉及引入重整投资人的，上市公司应当及时披露重整投资人的产生机制、基本情况以及投资协议的主要内容等事项。

重整投资人拟取得上市公司股份的，还应当充分披露取得股份的对价、定价依据及其公允性、股份锁定安排等相关事项。

7.5.7　上市公司或者管理人应当及时披露债权人会议通知、会议议案的主要内容。在债权人会议审议通过重整计划或者和解协议后，及时披露重整计划、和解协议的全文。

重整计划涉及财产变价方案及经营方案，达到本规则规定披露标准的，公司或者管理人应当就相关方案单独履行信息披露义务，详细说明方案的具体情况。

7.5.8　重整计划草案涉及出资人权益调整等与股东权利密切相关的重大事项时，应当设出资人组对相关事项进行表决。

出资人组对出资人权益调整相关事项作出决议，必须经出席会议的出资人所持表决权三分之二以上通过。

出资人组会议的召开程序应当参照适用中国证监会及本所关于召开股东大会的相关规定，上市公司或者管理人应当提供网络投票方式，为出资人行使表决权提供便利，但法院另有要求的除外。

7.5.9　上市公司或者管理人应当在发出出资人组会议通知时单独披露出资人权益调整方案并充分说明出资人权益调整的必要性、范围、内容、除权（息）处理原则、是否有利于保护上市公司及中小投资者权益等事项。

出资人组会议召开后，公司应当及时披露表决结果和律师事务所出具的法律意见书。

7.5.10　法院裁定批准重整计划、和解协议的，上市公司或者管理人应当及时公告裁定内容，并披露重整计划、和解协议全文。如重整计划、和解协议与前次披露内容存在差异，应当说明差异内容及原因。

重整计划或者和解协议未获批准的，公司或者管理人应当及时公告裁定内容及未获批准的原因，并充分提示因被法院宣告破产公司股票及其衍生品种可能被终止上市的风险。

7.5.11　上市公司在重整计划、和解协议执行期间应当及时披露进展情况。重整计划、和解协议执行完毕后，公司应当及时披露相关情况及对公司的主要影响、管理人监督报告和法院裁定内容。

公司不能执行或者不执行重整计划、和解协议的，应当及时披露具体原因、责任归属、后续安排等相关情况，并充分提示因被法院宣告破产公司股票及其衍生品种可能被终止上市的风险。

7.5.12　上市公司采取管理人管理运作模式的，管理人及其成员应当按照《证券法》以及最高人民法院、中国证监会和本所的相关规定，真实、准确、完整、及时地履行信息披露义务，并确保对公司所有债权人和股东公平地披露信息。

公司披露的定期报告应当由管理人的成员签署书面确认意见，公司披露的临时报告应当由管理人发布并加盖管理人公章。

7.5.13　上市公司采取管理人监督运作模式的，公司及其董事、监事和高级管理人员应当继续按照本所相关规定履行信息披露义务。

管理人应当及时将涉及信息披露的所有事项告知公司董事会，并督促公司董事、监事和高级管理人员勤勉尽责履行相关义务。

7.5.14　在破产事项中，股东、债权人、重整投资人等持有上市公司股份权益发生变动的，应当按照法律法规和本所相关规定履行信息披露义务。

第六节　会计政策、会计估计变更及资产减值

7.6.1　上市公司不得利用会计政策变更和会计估计变更操纵营业收入、净利润、净资产等财务指标。

7.6.2　上市公司按照法律法规或者国家统一的会计制度的要求变更会计政策的，会计政策变更公告日期最迟不得晚于会计政策变更生效当期的定期报告披露日期。

7.6.3　上市公司会计政策变更公告应当包含本次会计政策变更情况概述、会计政策变更对公司的影响、因会计政策变更对公司最近2年已披露的年度财务报告进行追溯调整导致已披露的报告年度出现盈亏性质改变的说明（如有）等。

公司自主变更会计政策的，除应当在董事会审议通过后及时按照前款规定披露外，还应当披露董事会、审计委员会和监事会对会计政策变更是否符合相关规定的意见。需股东大会审议的，还应当披露会计师事务所出具的专项意见。

7.6.4　上市公司变更重要会计估计的，应当在变更

生效当期的定期报告披露前将变更事项提交董事会审议,并在董事会审议通过后比照自主变更会计政策履行披露义务。

7.6.5　上市公司计提资产减值准备或者核销资产,对公司当期损益的影响占公司最近一个会计年度经审计净利润绝对值的比例在10%以上且绝对金额超过100万元的,应当及时披露。

第七节　其　他

7.7.1　上市公司因减少注册资本、实施股权激励或者员工持股计划、将股份用于转换上市公司发行的可转换公司债券以及为维护公司价值及股东权益所必需等而进行的回购,应当遵守中国证监会和本所相关规定。

7.7.2　上市公司实施股权激励、员工持股计划的,应当按照相关法律法规及本所相关规定,履行相应的审议程序和信息披露义务。

7.7.3　上市公司应当建立完善的募集资金管理制度,按照法律法规、本所相关规定以及招股说明书、其他募集发行文件等所列用途使用募集资金,并履行相应的审议程序和信息披露义务。

7.7.4　上市公司和第三方办理现金选择权业务的,应当遵守法律法规和本所、中国结算的相关规定和公司章程的规定,确保相关股东顺利行使现金选择权。

第三方办理现金选择权业务的,应当授权公司代为向本所申请。

7.7.5　上市公司及相关信息披露义务人应当严格遵守承诺事项,按照中国证监会和本所相关规定履行承诺义务。

公司应当将公司及相关信息披露义务人承诺事项从相关信息披露文件中单独摘出,逐项在本所网站上予以公开。承诺事项发生变化的,公司应当在本所网站及时予以更新。

公司未履行承诺的,应当及时披露未履行承诺的原因以及相关人员可能承担的法律责任;相关信息披露义务人未履行承诺的,公司应当主动询问相关信息披露义务人,并及时披露未履行承诺的原因,以及董事会拟采取的措施。

公司应当在定期报告中披露承诺事项的履行进展。

7.7.6　上市公司出现下列重大风险情形之一的,应当及时披露相关情况及对公司的影响:

(一)发生重大亏损或者遭受重大损失;

(二)发生重大债务和未能清偿到期重大债务的违约情况;

(三)可能依法承担重大违约责任或者大额赔偿责任;

(四)公司决定解散或者被有权机关依法责令关闭;

(五)重大债权到期未获清偿,或者主要债务人出现资不抵债或者进入破产程序;

(六)公司营业用主要资产被查封、扣押、冻结、抵押、质押或者报废超过总资产的30%;

(七)公司主要银行账户被冻结;

(八)主要或者全部业务陷入停顿;

(九)公司涉嫌犯罪被依法立案调查,公司的控股股东、实际控制人、董事、监事和高级管理人员涉嫌犯罪被依法采取强制措施;

(十)公司或者其控股股东、实际控制人、董事、监事和高级管理人员受到刑事处罚,涉嫌违法违规被中国证监会立案调查或者受到中国证监会行政处罚,或者受到其他有权机关重大行政处罚;

(十一)公司的控股股东、实际控制人、董事、监事和高级管理人员涉嫌严重违纪违法或者职务犯罪被纪检监察机关采取留置措施且影响其履行职责;

(十二)公司董事长或者总经理无法履行职责。除董事长、总经理外的其他董事、监事和高级管理人员因身体、工作安排等原因无法正常履行职责达到或者预计达到3个月以上,或者因涉嫌违法违规被有权机关采取强制措施且影响其履行职责;

(十三)本所或者公司认定的其他重大风险情况。

7.7.7　上市公司出现本规则第7.7.6条第(九)项、第(十)项情形且可能触及重大违法强制退市情形的,公司应当在知悉被相关行政机关立案调查或者被人民检察院提起公诉时及时对外披露,并在其后的每月披露1次风险提示公告,说明相关情况进展,并就其股票可能被实施重大违法强制退市进行风险提示。本所或者公司董事会认为有必要的,可以增加风险提示公告的披露次数,并视情况对公司股票及其衍生品种的停牌与复牌作出相应安排。

7.7.8　上市公司出现下列情形之一的,应当及时披露:

(一)变更公司名称、股票简称、公司章程、注册资本、注册地址、主要办公地址和联系电话等。公司章程发生变更的,还应当将经股东大会审议通过的公司章程在本所网站上披露;

(二)经营方针和经营范围发生重大变化;

(三)依据中国证监会关于行业分类的相关规定,上市公司行业分类发生变更；

（四）董事会就公司发行新股、可转换公司债券、优先股、公司债券等境内外融资方案形成相关决议；

（五）公司发行新股或者其他境内外发行融资申请、重大资产重组事项等收到相应的审核意见；

（六）生产经营情况、外部条件或者生产环境发生重大变化（包括行业政策、产品价格、原材料采购、销售方式等发生重大变化）；

（七）订立重要合同，可能对公司的资产、负债、权益和经营成果产生重大影响；

（八）公司的董事、三分之一以上监事、总经理或者财务负责人发生变动；

（九）法院裁定禁止公司控股股东转让其所持本公司股份；

（十）任一股东所持公司5%以上的股份被质押、冻结、司法标记、司法拍卖、托管、设定信托或者限制表决权等，或者出现被强制过户风险；

（十一）持有公司5%以上股份的股东或者实际控制人持股情况或者控制公司的情况发生较大变化；公司的实际控制人及其控制的其他企业从事与公司相同或者相似业务的情况发生较大变化；

（十二）获得对当期损益产生重大影响的额外收益，可能对公司的资产、负债、权益或者经营成果产生重要影响；

（十三）本所或者公司认定的其他情形。

7.7.9 上市公司根据经营及业务发展需要自主变更公司全称或者证券简称的，应当根据实际经营业务情况审慎对待，不得随意变更。

公司变更后的公司名称应当与公司主营业务相匹配，不得利用变更名称影响公司股票及其衍生品种价格、误导投资者，不得违反有关法律法规和本所相关规定。

公司的证券简称应当来源于公司全称，拟变更的证券简称不得与已有的证券简称相同或过度相似，不得使用与公司实际情况不符的区域性、行业性通用名词。

公司应当在披露董事会审议变更证券简称的公告时，向本所提出变更证券简称书面申请。本所在5个交易日内未提出异议的，公司可以办理实施证券简称变更。

公司办理实施证券简称变更的，应在变更日前3个交易日发布相应的变更实施公告。

7.7.10 上市公司应当按规定披露履行社会责任的情况。公司出现下列情形之一的，应当披露事件概况、发生原因、影响、应对措施或者解决方案：

（一）发生重大环境、生产及产品安全事故；

（二）收到相关部门整改重大违规行为、停产、搬迁、关闭的决定或通知；

（三）不当使用科学技术或者违反科学伦理；

（四）其他不当履行社会责任的重大事故或者负面影响事项。

7.7.11 本节事项涉及具体金额的，应当参照适用本规则第6.1.2条、第6.1.3条的规定和本所其他规定。

持有上市公司5%以上股份的股东对本节事项的发生、进展产生较大影响的，应当及时将其知悉的有关情况书面告知公司，并配合公司履行信息披露义务。

第八章 停牌与复牌

8.1 上市公司发生本章规定的停牌、复牌事项，应当向本所申请对其股票及其衍生品种停牌与复牌。

本章未有明确规定的，公司可以以本所认为合理的理由，向本所申请对其股票及其衍生品种停牌与复牌，本所视情况决定公司股票及其衍生品种的停牌与复牌事宜。

8.2 上市公司股票被本所实行风险警示，或者出现终止上市情形的，公司股票及其衍生品种应当按照本规则第九章的有关规定停牌与复牌。

8.3 上市公司未在法定期限内披露年度报告或者半年度报告的，或者公司半数以上董事无法保证年度报告或者半年度报告真实、准确、完整且在法定期限届满前仍有半数以上董事无法保证的，股票及其衍生品种应当自相关定期报告披露期限届满后次一交易日起停牌，停牌期限不超过2个月。在此期间内依规改正的，公司股票及其衍生品种复牌。未在2个月内依规改正的，按照本规则第九章相关规定执行。

8.4 上市公司财务会计报告因存在重大会计差错或者虚假记载，被中国证监会责令改正但未在规定期限内改正的，公司股票及其衍生品种应当自期限届满后次一交易日起停牌，停牌期限不超过2个月。在此期间内依规改正的，公司股票及其衍生品种复牌。未在2个月内依规改正的，按照本规则第九章相关规定执行。

8.5 上市公司信息披露或者规范运作等方面存在重大缺陷，被本所要求改正但未在要求期限内改正的，公司股票及其衍生品种应当停牌，停牌期限不超过2个月。在此期间内依规改正的，公司股票及其衍生品种复牌。未在2个月内依规改正的，按照本规则第九章相关规定执行。

公司在规范运作和信息披露方面涉嫌违反法律法规

及本所相关规定,情节严重而被有关部门调查的,本所在调查期间视情况决定公司股票及其衍生品种的停牌与复牌。

8.6 上市公司因股本总额、股权分布发生变化导致连续20个交易日不具备上市条件的,本所将于前述交易日届满的次一交易日起对公司股票及其衍生品种实施停牌,停牌期限不超过1个月。在此期间内公司披露股本总额、股权分布重新符合上市条件公告的,公司股票及其衍生品种复牌。未在1个月内披露的,按照本规则第九章相关规定执行。

8.7 上市公司因收购人履行要约收购义务,或者收购人以终止上市公司上市地位为目的而发出全面要约的,要约收购期满至要约收购结果公告前,公司股票及其衍生品种应当停牌。

根据收购结果,被收购上市公司股本总额、股权分布具备上市条件的,公司股票及其衍生品种应当于要约结果公告后复牌。股本总额、股权分布不具备上市条件,且收购人以终止上市公司上市地位为目的的,公司股票及其衍生品种应当于要约结果公告日继续停牌,直至本所终止其上市。股本总额、股权分布不具备上市条件,但收购人不以终止上市公司上市地位为目的的,公司股票及其衍生品种应当于要约结果公告日继续停牌,公司披露股本总额、股权分布重新符合上市条件公告后复牌。停牌1个月后股本总额、股权分布仍不具备上市条件的,参照第九章第四节有关股本总额、股权分布不具备上市条件的规定执行。

8.8 媒体报道或者传闻中出现上市公司尚未披露的信息,可能或者已经对公司股票及其衍生品种交易价格产生较大影响的,本所可以在交易时间对公司股票及其衍生品种实施停牌,公司披露相关公告后复牌。

8.9 上市公司出现股票交易重大异常情形,本所可以对公司股票及其衍生品种实施停牌,并要求公司进行核查,公司披露相关公告后复牌。

公司出现股票衍生品种交易重大异常情形,本所可以对该衍生品种实施停牌,并要求公司进行核查,公司披露相关公告后复牌。

8.10 上市公司实施现金选择权业务的,应当向本所申请其股票及其衍生品种停牌。

8.11 上市公司筹划重大事项确有必要申请停牌的,应当按照中国证监会及本所相关规定,向本所申请停牌。

公司应当审慎申请停牌,明确停牌事由,合理确定停牌时间,尽可能缩短停牌时长,并及时申请复牌。

8.12 上市公司在其股票及其衍生品种被实施停牌期间,应当每5个交易日披露一次未能复牌的原因和相关事项进展情况,本所另有规定的除外。

8.13 除上述规定外,本所可以按照中国证监会的要求或者基于保护投资者合法权益、维护市场秩序的需要,作出上市公司股票及其衍生品种停牌与复牌的决定。

第九章 退市与风险警示
第一节 一般规定

9.1.1 上市公司触及本规则规定的退市情形,导致其股票存在被终止上市风险的,本所对该公司股票启动退市程序。

本规则所称的退市包括强制终止上市(以下简称强制退市)和主动终止上市(以下简称主动退市)。强制退市分为交易类强制退市、财务类强制退市、规范类强制退市和重大违法类强制退市等四类情形。

9.1.2 上市公司出现财务状况异常情况或者其他异常情况,导致其股票存在被强制终止上市的风险,或者投资者难以判断公司前景,投资者权益可能受到损害,存在其他重大风险的,本所对该公司股票实施风险警示。

9.1.3 风险警示分为警示存在强制终止上市风险的风险警示(以下简称退市风险警示)和警示存在其他重大风险的其他风险警示。

9.1.4 上市公司股票被实施退市风险警示的,在公司股票简称前冠以"*ST"字样;上市公司股票被实施其他风险警示的,在公司股票简称前冠以"ST"字样。

公司股票同时被实施退市风险警示和其他风险警示的,在公司股票简称前冠以"*ST"字样。

9.1.5 本所设立风险警示板,上市公司股票被实施风险警示或者处于退市整理期的,进入该板进行交易。

风险警示板的具体事项,由本所另行规定。

9.1.6 上市公司应当按照本章规定和要求履行信息披露和办理停复牌等义务。公司未按本章规定履行信息披露义务的,本所知悉有关情况后可以对其股票及其衍生品种实施停复牌、风险警示或终止上市等,并向市场公告。

9.1.7 上市公司存在股票被实施风险警示或者股票终止上市风险的,应当按照本章相关规定披露风险提示公告。

本所可以视情况要求公司增加风险提示公告的披露次数。

9.1.8 上市公司出现股票被实施风险警示情形的，应当按照本章要求披露公司股票被实施风险警示的公告，公告应当包括实施风险警示的起始日、触及情形、实施风险警示的主要原因、董事会关于争取撤销风险警示的意见及具体措施、股票可能被终止上市的风险提示（如适用）、实施风险警示期间公司接受投资者咨询的主要方式以及本所要求的其他内容。

9.1.9 上市公司申请撤销风险警示的，应当向本所提交申请书、董事会决议、符合撤销风险警示条件的说明及相应证明材料等文件。

9.1.10 本所上市审核委员会（以下简称上市委员会）对上市公司股票终止上市事宜进行审议，作出独立的专业判断并形成审议意见。本所根据上市委员会的意见，作出是否终止股票上市的决定。

9.1.11 本所在作出是否撤销风险警示、终止股票上市决定、撤销对公司股票终止上市的决定前，可以要求上市公司提供补充材料，公司应当在本所要求期限内提供补充材料，补充材料期间不计入本所作出相关决定的期限。

公司未在本所要求期限内提交补充材料的，本所继续对相关事项进行审核，并按照本规则作出相关决定。

本所在作出是否撤销风险警示、终止股票上市决定、撤销对公司股票终止上市的决定前，可以自行或委托相关机构就公司有关情况进行调查核实，调查核实期间不计入本所作出相关决定的期限。

9.1.12 本所决定不对上市公司股票实施终止上市的，公司应当在收到本所相关决定后及时公告。

9.1.13 本所作出上市公司股票终止上市决定的，在2个交易日内通知公司并发布相关公告，同时报中国证监会备案。

本所决定对公司股票实施终止上市的，公司应当在收到本所相关决定后，及时披露股票终止上市公告，公告应当包括终止上市的日期、终止上市决定的主要内容、终止上市后股票转让安排、公司联系方式等内容。

9.1.14 上市公司股票被本所强制终止上市后，进入退市整理期，因触及交易类退市情形终止上市的除外。

9.1.15 上市公司股票被强制终止上市后，应当聘请具有主办券商业务资格的证券公司，在本所作出终止其股票上市决定后立即安排股票转入全国中小企业股份转让系统等证券交易场所进行股份转让相关事宜，保证公司股票在摘牌之日起45个交易日内可以转让。公司未聘请证券公司或者证券公司不接受其聘请的，本所可以为其临时指定。

主动终止上市公司可以选择在证券交易场所交易或转让其股票，或者依法作出其他安排。

9.1.16 上市公司出现两项以上风险警示、终止上市情形的，本所按照先触及先适用的原则对其股票实施风险警示、终止上市。

公司同时存在两项以上退市风险警示情形的，已满足其中一项退市风险警示撤销条件的，公司应当在规定期限内申请撤销相关情形对应的退市风险警示，经本所审核同意的，不再适用该情形对应的终止上市程序。

公司同时存在两项以上风险警示情形的，须满足全部风险警示情形的撤销条件，方可撤销风险警示。

公司虽满足撤销退市风险警示条件，但还存在其他风险警示情形的，本所对公司股票实施其他风险警示。

9.1.17 上市公司股票被终止上市的，其发行的可转换公司债券及其他衍生品种应当终止上市。

可转换公司债券及其他衍生品种终止上市事宜，参照股票终止上市的有关规定执行。

本所对可转换公司债券及其他衍生品种的终止上市事宜另有规定的，从其规定。

9.1.18 本所作出强制终止上市决定前，上市公司可以向本所申请听证。

第二节 交易类强制退市

9.2.1 上市公司出现下列情形之一的，本所决定终止其股票上市：

（一）在本所仅发行A股股票的上市公司，连续120个交易日通过本所交易系统实现的累计股票成交量低于500万股，或者连续20个交易日的每日股票收盘价均低于1元；

（二）在本所仅发行B股股票的上市公司，连续120个交易日通过本所交易系统实现的累计股票成交量低于100万股，或者连续20个交易日的每日股票收盘价均低于1元；

（三）在本所既发行A股股票又发行B股股票的上市公司，其A、B股股票的成交量或者收盘价同时触及第（一）项和第（二）项规定的标准；

（四）上市公司股东数量连续20个交易日（不含公司首次公开发行股票上市之日起20个交易日）每日均低于2000人；

（五）上市公司连续20个交易日在本所的每日股票收盘总市值均低于3亿元；

（六）本所认定的其他情形。

在本所发行存托凭证的红筹企业出现下列情形之一的，本所决定终止其存托凭证上市：

（一）连续120个交易日通过本所交易系统实现的累计存托凭证成交量低于500万份；

（二）连续20个交易日每日存托凭证收盘价乘以存托凭证与基础股票转换比例后的数值（以下简称基础股票数值）均低于1元；

（三）连续20个交易日在本所的每日存托凭证收盘市值均低于3亿元；

（四）本所认定的其他情形。

前两款规定的交易日，不包含公司股票或者存托凭证的全天停牌日。

9.2.2 在本所仅发行A股股票的上市公司，出现连续90个交易日（不包含公司股票停牌日）通过本所交易系统实现的累计股票成交量低于375万股的，应当在次一交易日发布公司股票可能被终止上市的风险提示公告，其后每个交易日披露1次，直至自上述起算时点起连续120个交易日（不包含公司股票停牌日）内通过本所交易系统实现的累计成交量达到500万股以上或者本所作出公司股票终止上市的决定之日止（以先达到的日期为准）。

在本所仅发行B股股票的上市公司，出现连续90个交易日（不包含公司股票停牌日）通过本所交易系统实现的累计股票成交量低于75万股的，应当在次一交易日发布公司股票可能被终止上市的风险提示公告，其后每个交易日披露1次，直至自上述起算时点起连续120个交易日（不包含公司股票停牌日）内通过本所交易系统实现的累计成交量达到100万股以上或者本所作出公司股票终止上市的决定之日止（以先达到的日期为准）。

在本所既发行A股股票又发行B股股票的上市公司，其A、B股股票的成交量同时触及前两款规定的标准的，应当在次一交易日发布公司股票可能被终止上市的风险提示公告，其后每个交易日披露1次，直至自上述起算时点起连续120个交易日（不包含公司股票停牌日）内A股股票通过本所交易系统实现的累计成交量达到500万股以上或者B股股票通过本所交易系统实现的累计成交量达到100万股以上，或者本所作出公司股票终止上市的决定之日止（以先达到的日期为准）。

在本所发行存托凭证的红筹企业出现连续90个交易日（不包含公司存托凭证停牌日）通过本所交易系统实现的累计存托凭证成交量低于375万份的，应当在次一交易日发布公司存托凭证可能被终止上市的风险提示公告，其后每个交易日披露1次，直至自上述起算时点起连续120个交易日（不包含公司存托凭证停牌日）内通过本所交易系统实现的累计成交量达到500万份以上或者本所作出公司存托凭证终止上市的决定之日止（以先达到的日期为准）。

本所可以根据实际情况，对上述风险提示标准进行调整。

9.2.3 在本所仅发行A股股票或者B股股票的上市公司，首次出现股票收盘价低于1元的，应当在次一交易日发布公司股票可能被终止上市的风险提示公告；出现连续10个交易日（不包含公司股票停牌日）每日股票收盘价均低于1元的，应当在次一交易日发布公司股票可能被终止上市的风险提示公告，其后每个交易日披露1次，直至公司股票收盘价低于1元的情形消除或者本所作出公司股票终止上市的决定之日止（以先达到的日期为准）。

在本所既发行A股股票又发行B股股票的上市公司，其A、B股股票首次同时出现股票收盘价均低于1元的，应当在次一交易日发布公司股票可能被终止上市的风险提示公告；A、B股股票同时出现连续10个交易日（不包含公司股票停牌日）每日股票收盘价均低于1元的，应当在次一交易日发布公司股票可能被终止上市的风险提示公告，其后每个交易日披露1次，直至公司A、B股股票收盘价均低于1元的情形消除或者本所作出公司股票终止上市的决定之日止（以先达到的日期为准）。

在本所发行存托凭证的红筹企业首次出现基础股票数值低于1元的，应当在次一交易日发布公司存托凭证可能被终止上市的风险提示公告；出现连续10个交易日（不包含公司存托凭证停牌日）每日基础股票数值均低于1元的，应当在次一交易日发布公司存托凭证可能被终止上市的风险提示公告，其后每个交易日披露1次，直至红筹企业基础股票数值低于1元的情形消除或者本所作出红筹企业存托凭证终止上市的决定之日止（以先达到的日期为准）。

本所可以根据实际情况，对上述风险提示标准进行调整。

9.2.4 上市公司股东数量连续10个交易日（不含公司首次公开发行股票上市之日起20个交易日和公司股票停牌日）每日均低于2000人的，应当在次一交易日发布公司股票可能被终止上市的风险提示公告，其后每个交易日披露1次，直至公司股东数量低于2000人的情形消除或者本所作出公司股票终止上市的决定之日止

(以先达到的日期为准)。

本所可以根据实际情况,对上述风险提示标准进行调整。

9.2.5 上市公司连续10个交易日(不含公司股票停牌日)在本所的每日股票收盘总市值均低于3亿元,或者发行存托凭证的红筹企业连续10个交易日(不含存托凭证停牌日)在本所的每日存托凭证收盘市值均低于3亿元的,应当在次一交易日发布公司股票或者存托凭证可能被终止上市的风险提示公告,其后每个交易日披露1次,直至公司股票收盘总市值或者存托凭证收盘市值低于3亿元的情形消除或者本所作出公司股票或者存托凭证终止上市的决定之日止(以先达到的日期为准)。

本所可以根据实际情况,对上述风险提示标准进行调整。

9.2.6 上市公司出现第9.2.1条第一款规定情形之一的,其股票及其衍生品种自该情形出现的次一交易日起开始停牌。红筹企业出现第9.2.1条第二款规定情形之一的,其存托凭证自该情形出现的次一交易日起开始停牌。

本所自公司触及该情形之后5个交易日内,向公司发出拟终止其股票或者存托凭证上市的事先告知书。公司应当在收到本所事先告知书后及时披露。

9.2.7 本所自上市公司触及第9.2.1条第一款或者第二款规定情形之日后15个交易日内,根据上市委员会的审议意见,作出是否终止公司股票或者存托凭证上市的决定。

公司向本所申请听证的,自本所收到公司听证申请至听证程序结束期间不计入前述期限。

9.2.8 本所决定不对上市公司股票实施终止上市的,公司应当在收到本所相关决定后,及时披露并申请股票及其衍生品种复牌。

9.2.9 本所在公告上市公司股票终止上市决定之日后5个交易日内对其予以摘牌,公司股票终止上市。

第三节 财务类强制退市

9.3.1 上市公司最近一个会计年度经审计的财务会计报告相关财务指标触及本节规定的财务类强制退市情形的,本所对其股票实施退市风险警示。上市公司最近连续两个会计年度经审计的财务会计报告相关财务指标触及本节规定的财务类强制退市情形的,本所决定终止其股票上市。

9.3.2 上市公司出现下列情形之一的,本所对其股票实施退市风险警示:

(一)最近一个会计年度经审计的净利润为负值且营业收入低于1亿元,或追溯重述后最近一个会计年度净利润为负值且营业收入低于1亿元;

(二)最近一个会计年度经审计的期末净资产为负值,或追溯重述后最近一个会计年度期末净资产为负值;

(三)最近一个会计年度的财务会计报告被出具无法表示意见或否定意见的审计报告;

(四)中国证监会行政处罚决定书表明公司已披露的最近一个会计年度经审计的年度报告存在虚假记载、误导性陈述或者重大遗漏,导致该年度相关财务指标实际已触及第(一)项、第(二)项情形的;

(五)本所认定的其他情形。

本节所述"净利润"以扣除非经常性损益前后孰低为准,所述"营业收入"应当扣除与主营业务无关的业务收入和不具备商业实质的收入。

公司最近一个会计年度经审计的扣除非经常性损益前后的净利润孰低者为负值的,公司应当在年度报告或者更正公告中披露营业收入扣除情况及扣除后的营业收入金额;负责审计的会计师事务所应当就公司营业收入扣除事项是否符合前述规定及扣除后的营业收入金额出具专项核查意见。

公司未按本条第二款规定扣除相关收入的,本所可以要求公司扣除,并按照扣除后营业收入金额决定是否对公司股票实施退市风险警示。

公司因追溯重述或者本条第一款第(四)项规定情形导致相关财务指标触及本条第一款第(一)项、第(二)项规定情形的,最近一个会计年度指最近一个已经披露经审计财务会计报告的年度。

9.3.3 上市公司预计将出现第9.3.2条第一款规定情形之一的,应当在相应的会计年度结束后1个月内,发布股票可能被实施退市风险警示的风险提示公告,并在披露年度报告前至少再发布2次风险提示公告。

公司预计因追溯重述导致可能出现第9.3.2条第一款第(一)项、第(二)项规定情形的,或者可能出现第9.3.2条第一款第(四)项规定情形的,应当在知悉相关风险情况时,及时发布股票可能被实施退市风险警示的风险提示公告。

9.3.4 上市公司出现第9.3.2条第一款第(一)项至第(三)项规定情形的,应当在董事会审议通过年度报告或者财务会计报告更正事项后及时向本所报告,提交董事会的书面意见。公司股票及其衍生品种于年度报告或者财务会计报告更正公告披露日起开始停牌。披露日为非交易日的,于次一交易日起开始停牌。

上市公司出现第9.3.2条第一款第(四)项规定情形的,应当在收到行政处罚决定书后及时向本所报告,提交董事会的书面意见。公司股票及其衍生品种于行政处罚决定书披露日起开始停牌。披露日为非交易日的,于次一交易日起开始停牌。

公司根据第9.3.2条规定纠正前期营业收入扣除事项或本所根据第9.3.2条规定要求公司扣除相关营业收入,且扣除后公司触及第9.3.2条规定退市风险警示情形的,公司应当立即披露纠正情况或在收到本所通知的次一交易日披露有关内容,公司股票于公告披露日起停牌。披露日为非交易日的,于次一交易日起停牌。

本所在公司股票及其衍生品种停牌之日后5个交易日内,根据实际情况,对公司股票实施退市风险警示。公司应当按照本所要求在其股票被实施退市风险警示之前一个交易日作出公告。公司股票及其衍生品种自公告披露日后的次一交易日起复牌。自复牌之日起,本所对公司股票实施退市风险警示。

9.3.5 上市公司股票因第9.3.2条第一款第(一)项至第(三)项规定情形被实施退市风险警示的,公司应当在其股票被实施退市风险警示当年的会计年度结束后1个月内,发布股票可能被终止上市的风险提示公告,并在披露该年年度报告前至少再发布2次风险提示公告。

公司因追溯重述导致触及第9.3.2条第一款第(一)项、第(二)项规定情形,或者第9.3.2条第(四)项规定情形,股票被实施退市风险警示的,应当在披露年度报告前至少发布2次股票可能被终止上市的风险提示公告。

9.3.6 上市公司股票因第9.3.2条规定情形被实施退市风险警示后,公司同时满足下列条件的,可以在年度报告披露后5个交易日内,向本所申请撤销对其股票实施的退市风险警示:

(一)最近一个会计年度经审计的财务会计报告不存在本规则第9.3.2条第一款第(一)项至第(三)项规定的任一情形;

(二)最近一个会计年度经审计的财务会计报告未被出具保留意见审计报告;

(三)已在法定期限内披露最近一年年度报告;

(四)超过半数董事保证公司所披露年度报告的真实性、准确性和完整性。

公司因追溯重述或者本规则第9.3.2条第一款第(四)项规定情形导致相关财务指标触及本规则第9.3.2条第一款第(一)项、第(二)项规定情形,股票被实施退市风险警示的,最近一个会计年度指前述财务指标所属会计年度的下一个会计年度。

9.3.7 上市公司股票因本规则第9.3.2条规定情形被实施退市风险警示的,在退市风险警示期间,公司根据中国证监会相关规定进行重大资产重组且同时满足以下条件的,可以向本所申请撤销对其股票实施的退市风险警示:

(一)根据中国证监会有关上市公司重大资产重组规定,出售全部经营性资产和负债,同时购买其他资产且已实施完毕;

(二)通过购买进入公司的资产是一个完整经营主体,该经营主体在进入公司前已在同一管理层之下持续经营3年以上;

(三)会计师事务所出具专项说明显示,预计公司完成重大资产重组当年的年度财务会计报告符合第9.3.6条第一款规定的撤销退市风险警示条件;

(四)已披露完成重大资产重组后的最近一期定期报告;

(五)本所规定的其他条件。

9.3.8 上市公司向本所申请撤销对其股票实施的退市风险警示时,应当同时作出公告。

公司因第9.3.2条规定情形被实施退市风险警示,按照第9.3.6条第一款规定向本所申请撤销退市风险警示,如其扣除非经常性损益前后的净利润孰低者为负值的,应当同时披露负责审计的会计师事务所出具的对营业收入扣除事项是否符合规定的专项核查意见,就公司是否存在应当扣除的营业收入及扣除后的营业收入金额进行说明。本所自收到公司申请之日后10个交易日内,根据实际情况,决定是否撤销对其股票实施的退市风险警示。

9.3.9 本所决定撤销退市风险警示的,上市公司应当按照本所要求在撤销退市风险警示之前1个交易日作出公告。公司股票及其衍生品种于公告日停牌1天。自复牌之日起,本所撤销对公司股票实施的退市风险警示。

9.3.10 本所决定不予撤销退市风险警示的,上市公司应当在收到本所有关书面通知后的次一交易日发布公司股票可能被终止上市的风险提示公告。公司未按规定公告的,本所可以向市场公告。

9.3.11 上市公司股票因第9.3.2条规定情形被实施退市风险警示后,公司出现下列情形之一的,本所决定终止其股票上市:

（一）公司披露的最近一个会计年度经审计的财务会计报告存在第9.3.2条第一款第（一）项至第（三）项规定的任一情形或财务会计报告被出具保留意见审计报告；

（二）公司未在法定期限内披露最近一年年度报告；

（三）公司未在第9.3.6条第一款规定的期限内向本所申请撤销退市风险警示；

（四）半数以上董事无法保证公司所披露最近一年年度报告的真实性、准确性和完整性，且未在法定期限内改正；

（五）公司撤销退市风险警示申请未被本所同意。

公司因追溯重述或者第9.3.2条第一款第（四）项规定情形导致相关财务指标触及第9.3.2条第一款第（一）项、第（二）项规定情形，股票被实施退市风险警示的，最近一个会计年度指前述财务指标所属会计年度的下一个会计年度。

公司未按第9.3.2条第二款规定在营业收入中扣除与主营业务无关的业务收入和不具备商业实质的收入的，本所可以要求公司扣除，并按照扣除后营业收入金额决定是否对公司股票实施终止上市。

9.3.12 上市公司出现第9.3.11条第一款第（一）项规定情形的，应当在董事会审议通过年度报告后及时向本所报告并披露年度报告，同时发布公司股票可能被终止上市的风险提示公告。本所自年度报告披露之日起，对公司股票及其衍生品种实施停牌。披露日为非交易日的，自披露后的第一个交易日起停牌。

公司出现第9.3.11条第一款第（二）项规定情形的，公司应当及时发布公司股票可能被终止上市的风险提示公告。本所自法定期限届满的次一交易日起，对公司股票及其衍生品种实施停牌。

公司出现第9.3.11条第一款第（三）项规定情形的，公司应当在规定的撤销退市风险警示申请期限届满后，及时发布公司股票可能被终止上市的风险提示公告。本所自规定的撤销退市风险警示申请期限届满的次一交易日起，对公司股票及其衍生品种实施停牌。

公司股票因第9.3.2条规定情形被实施退市风险警示后，披露的年度报告出现半数以上董事无法保证所披露年度报告的真实性、准确性和完整性情形，导致公司可能出现第9.3.11条第一款第（四）项规定情形的，公司应当在披露年度报告的同时披露公司股票可能被终止上市的风险提示公告。年度报告法定披露期限届满仍未改正的，公司应当在法定期限届满后，及时发布公司股票

可能被终止上市的风险提示公告。本所自法定期限届满的次一交易日起，对公司股票及其衍生品种实施停牌。

公司出现第9.3.11条第一款第（五）项规定情形的，公司应当在收到本所通知后的次一交易日发布公司股票可能被终止上市的风险提示公告，本所自公告披露之日起，对公司股票及其衍生品种实施停牌。

9.3.13 本所自上市公司触及第9.3.11条第一款第（一）项至第（四）项规定情形之日后5个交易日内，向公司发出拟终止其股票上市的事先告知书。公司应当在收到本所事先告知书后及时披露。

本所决定不予撤销退市风险警示的，同时向公司发出拟终止其股票上市的事先告知书，公司应当及时披露。

9.3.14 本所自上市公司触及第9.3.11条第一款规定情形之日后15个交易日内，根据上市委员会的审议意见，作出是否终止公司股票上市的决定。

公司向本所申请听证的，自本所收到公司听证申请至听证程序结束期间不计入前述期限。

9.3.15 本所决定不对上市公司股票实施终止上市的，公司应当在收到本所相关决定后，及时披露并申请股票及其衍生品种复牌。公司股票不存在其他的退市风险警示情形的，自复牌之日起，本所撤销对公司股票实施的退市风险警示。

第四节 规范类强制退市

9.4.1 上市公司出现下列情形之一的，本所对其股票实施退市风险警示：

（一）因财务会计报告存在重大会计差错或者虚假记载，被中国证监会责令改正但公司未在规定期限内改正，公司股票及其衍生品种自前述期限届满的次一交易日起停牌，此后公司在股票及其衍生品种停牌2个月内仍未改正；

（二）未在法定期限内披露半年度报告或者经审计的年度报告，公司股票及其衍生品种自前述期限届满的次一交易日起停牌，此后公司在股票及其衍生品种停牌2个月内仍未披露；

（三）因半数以上董事无法保证公司所披露半年度报告或年度报告的真实性、准确性和完整性，且未在法定期限内改正，公司股票及其衍生品种自前述期限届满的次一交易日起停牌，此后公司在股票及其衍生品种停牌2个月内仍未改正；

（四）因信息披露或者规范运作等方面存在重大缺陷，被本所要求限期改正但公司未在规定期限内改正，公司股票及其衍生品种自前述期限届满的次一交易日起停

牌,此后公司在股票及其衍生品种停牌2个月内仍未改正;

(五)因公司股本总额、股权分布发生变化,导致连续20个交易日不再具备上市条件,公司股票及其衍生品种自前述期限届满的次一交易日起停牌,此后公司在股票及其衍生品种停牌1个月内仍未解决;

(六)公司可能被依法强制解散;

(七)法院依法受理公司重整、和解和破产清算申请;

(八)本所认定的其他情形。

9.4.2 本规则第9.4.1条第(四)项规定的信息披露或者规范运作等方面存在重大缺陷,具体包括以下情形:

(一)本所失去公司有效信息来源;

(二)公司拒不披露应当披露的重大信息;

(三)公司严重扰乱信息披露秩序,并造成恶劣影响;

(四)本所认为公司存在信息披露或者规范运作重大缺陷的其他情形。

对于公司是否触及前述情形,本所可以提请上市委员会审议,并根据上市委员会的审议意见作出认定。

9.4.3 上市公司出现第9.4.1条第(一)项至第(四)项规定情形之一的,公司应在股票及其衍生品种停牌2个月届满的次一交易日披露股票被实施退市风险警示的公告。公司股票及其衍生品种自公告披露日后的次一交易日起复牌。自复牌之日起,本所对公司股票实施退市风险警示。

停牌期间,公司应当至少发布3次风险提示公告。停牌期间前述情形消除的,公司应当及时披露并申请股票及其衍生品种复牌。

9.4.4 上市公司出现第9.4.1条第(五)项规定情形的,公司应在股票及其衍生品种自停牌1个月届满的次一交易日披露股票被实施退市风险警示的公告。公司股票及其衍生品种自公告披露日后的次一交易日起复牌。自复牌之日起,本所对公司股票实施退市风险警示。

停牌期间,公司应当至少发布3次风险提示公告。停牌期间股本总额、股权分布重新具备上市条件的,公司应当及时披露并申请股票及其衍生品种复牌。

9.4.5 上市公司出现第9.4.1条第(六)项至第(八)项规定情形之一的,应当及时披露相关情况,公司股票及其衍生品种自该情形出现的次一交易日起停牌。本所在停牌之日后5个交易日内,根据实际情况,对公司股票实施退市风险警示。

公司应当按照本所要求在其股票被实施退市风险警示之前一个交易日作出公告。公司股票及其衍生品种自公告披露日后的次一交易日起复牌。自复牌之日起,本所对公司股票实施退市风险警示。

9.4.6 上市公司股票因第9.4.1条第(一)项至第(六)项规定情形之一被实施退市风险警示的,在股票被实施退市风险警示期间,公司应当每5个交易日披露1次风险提示公告,提示公司股票可能终止上市的风险。

9.4.7 上市公司股票因第9.4.1条第(七)项规定情形被实施退市风险警示的,公司应当分阶段及时披露法院裁定批准公司重整计划、和解协议或者终止重整、和解程序等重整事项的进展,并充分提示相关风险。

上市公司破产重整的停牌与复牌应当遵守本所相关规定。

9.4.8 上市公司股票因第9.4.1条第(一)项至第(六)项规定情形之一被实施退市风险警示后,符合下列对应条件的,可以向本所申请撤销对其股票实施的退市风险警示:

(一)因第9.4.1条第(一)项规定情形被实施退市风险警示之日后2个月内,披露经改正的财务会计报告;

(二)因第9.4.1条第(二)项规定情形被实施退市风险警示之日后2个月内,披露相关半年度报告或者经审计的年度报告,且不存在半数以上董事无法保证真实性、准确性和完整性的情形;

(三)因第9.4.1条第(三)项规定情形被实施退市风险警示之日后2个月内,超过半数董事保证公司所披露半年度报告或年度报告的真实性、准确性和完整性;

(四)因第9.4.1条第(四)项规定情形被实施退市风险警示之日后2个月内,公司已按要求完成整改,具备健全的治理结构,运作规范,信息披露和内控制度无重大缺陷;

(五)因第9.4.1条第(五)项规定情形被实施退市风险警示之日后6个月内,解决股本总额、股权分布问题,股本总额、股权分布重新具备上市条件;

(六)因第9.4.1条第(六)项规定情形被实施退市风险警示后,公司可能被依法强制解散的情形已消除。

公司出现前款第(四)项规定情形的,本所可以提请上市委员会审议,并根据上市委员会的审议意见作出认定。

上市委员会审议期间不计入本所作出相应决定的期限。

9.4.9 上市公司股票因第9.4.1条第(七)项规定情形被实施退市风险警示后,符合下列条件之一的,公司可以向本所申请撤销对其股票实施的退市风险警示:

(一)重整计划执行完毕;

(二)和解协议执行完毕;

(三)法院受理破产申请后至破产宣告前,依据《中华人民共和国企业破产法》(以下简称《企业破产法》)作出驳回破产申请的裁定,且申请人在法定期限内未提起上诉;

(四)因公司已清偿全部到期债务、第三人为公司提供足额担保或者清偿全部到期债务,法院受理破产申请后至破产宣告前,依据《企业破产法》作出终结破产程序的裁定。

公司因前款第(一)项和第(二)项规定情形向本所申请撤销对其股票实施的退市风险警示,应当提交法院指定管理人出具的监督报告、律师事务所出具的对公司重整计划或和解协议执行情况的法律意见书,以及本所要求的其他说明文件。

9.4.10 上市公司符合第9.4.8条、第9.4.9条规定条件的,应当于相关情形出现后及时披露。公司可以在披露之日后的5个交易日内,向本所申请撤销对其股票实施的退市风险警示。

公司按照第9.4.8条第一款第(一)项、第(三)项至第(五)项规定向本所申请撤销退市风险警示的,本所可以要求公司同时提交中介机构出具的专项核查意见。

公司向本所申请撤销对其股票实施的退市风险警示,应当同时作出公告。

本所自收到公司申请之日后10个交易日内,根据实际情况,决定是否撤销对其股票实施的退市风险警示。

9.4.11 本所决定撤销退市风险警示的,上市公司应当按照本所要求在撤销退市风险警示之前1个交易日作出公告。公司股票及其衍生品种于公告披露日停牌1天。自复牌之日起,本所对公司股票实施的退市风险警示。

9.4.12 本所决定不予撤销退市风险警示的,上市公司应当在收到本所有关书面通知后的次一交易日发布公司股票可能被终止上市的风险提示公告。公司未按规定公告的,本所可以向市场公告。

9.4.13 上市公司出现下列情形之一的,本所决定终止其股票上市:

(一)公司股票因第9.4.1条第(一)项规定情形被实施退市风险警示之日后2个月内,仍未披露经改正的财务会计报告;

(二)公司股票因第9.4.1条第(二)项规定情形被实施退市风险警示之日后2个月内,仍未披露符合要求的年度报告或者半年度报告;

(三)公司股票因第9.4.1条第(三)项规定情形被实施退市风险警示之日后2个月内,半数以上董事仍然无法保证公司所披露半年度报告或年度报告的真实性、准确性和完整性;

(四)公司股票因第9.4.1条第(四)项规定情形被实施退市风险警示之日后2个月内,仍未按要求完成整改;

(五)公司股票因第9.4.1条第(五)项规定情形被实施退市风险警示之日后6个月内,仍未解决股本总额、股权分布问题;

(六)公司股票因第9.4.1条第(六)项、第(七)项规定情形被实施退市风险警示后,公司依法被吊销营业执照、被责令关闭或者被撤销等强制解散条件成就,或者法院裁定公司破产;

(七)公司未在规定期限内向本所申请撤销退市风险警示;

(八)公司撤销退市风险警示申请未被本所同意。

9.4.14 上市公司出现第9.4.13条第(一)项至第(五)项规定情形的,公司应当及时发布公司股票可能被终止上市的风险提示公告。本所自相应期限届满的次一交易日起,对公司股票及其衍生品种实施停牌。

上市公司出现第9.4.13条第(六)项规定情形的,公司应当最迟于知悉公司依法被吊销营业执照、被责令关闭或者被撤销等强制解散条件成就,或者收到法院宣告公司破产的裁定书的次一交易日披露有关情况,同时发布公司股票可能被终止上市的风险提示公告。公司股票及其衍生品种自披露之日起停牌。

上市公司出现第9.4.13条第(七)项规定情形的,公司应当在规定的撤销退市风险警示申请期限届满后,及时发布公司股票可能被终止上市的风险提示公告。本所自规定的撤销退市风险警示申请期限届满的次一交易日起,对公司股票及其衍生品种实施停牌。

上市公司出现第9.4.13条第(八)项规定情形的,公司应当在收到本所通知后的次一交易日发布公司股票可能被终止上市的风险提示公告。本所自公告披露之日起,对公司股票及其衍生品种实施停牌。

9.4.15 本所自上市公司触及第9.4.13条第(一)项至第(七)项规定情形之日后5个交易日内,向公司发出拟终止其股票上市的事先告知书，公司应当在收到本所事先告知书后及时披露。

本所决定不予撤销退市风险警示的，同时向公司发出拟终止其股票上市的事先告知书，公司应当及时披露。

9.4.16　本所自上市公司触及第9.4.13条规定情形之日后15个交易日内，根据上市委员会的审议意见，作出是否终止公司股票上市的决定。

公司向本所申请听证的，自本所收到公司听证申请至听证程序结束期间不计入前述期限。

9.4.17　本所决定不对上市公司股票实施终止上市的，公司应当在收到本所相关决定后，及时披露并申请股票及其衍生品种复牌。公司股票不存在其他的退市风险警示情形的，自复牌之日起，本所撤销对公司股票实施的退市风险警示。

第五节　重大违法类强制退市

9.5.1　本规则所称重大违法类强制退市，包括下列情形：

（一）上市公司存在欺诈发行、重大信息披露违法或者其他严重损害证券市场秩序的重大违法行为，且严重影响上市地位，其股票应当被终止上市的情形；

（二）上市公司存在涉及国家安全、公共安全、生态安全、生产安全和公众健康安全等领域的违法行为，情节恶劣，严重损害国家利益、社会公共利益，或者严重影响上市地位，其股票应当被终止上市的情形。

9.5.2　上市公司涉及第9.5.1条第（一）项规定的重大违法行为，存在下列情形之一的，由本所决定终止其股票上市：

（一）公司首次公开发行股票申请或者披露文件存在虚假记载、误导性陈述或者重大遗漏，被中国证监会依据《证券法》第一百八十一条作出行政处罚决定，或者被人民法院依据《刑法》第一百六十条作出有罪生效判决；

（二）公司发行股份购买资产并构成重组上市，申请或者披露文件存在虚假记载、误导性陈述或者重大遗漏，被中国证监会依据《证券法》第一百八十一条作出行政处罚决定，或者被人民法院依据《刑法》第一百六十条作出有罪生效判决；

（三）公司披露的年度报告存在虚假记载、误导性陈述或者重大遗漏，根据中国证监会行政处罚决定认定的事实，导致2015年度至2020年度内的任意连续会计年度财务类指标已实际触及相应年度的终止上市情形，或者导致2020年度及以后年度的任意连续会计年度财务类指标已实际触及本章第三节规定的终止上市情形；

（四）根据中国证监会行政处罚决定认定的事实，公司披露的营业收入连续2年均存在虚假记载，虚假记载的营业收入金额合计达到5亿元以上，且超过该2年披露的年度营业收入合计金额的50%；或者公司披露的净利润连续2年均存在虚假记载，虚假记载的净利润金额合计达到5亿元以上，且超过该2年披露的年度净利润合计金额的50%；或者公司披露的利润总额连续2年均存在虚假记载，虚假记载的利润总额金额合计达到5亿元以上，且超过该2年披露的年度利润总额合计金额的50%；或者公司披露的资产负债表连续2年均存在虚假记载，资产负债表虚假记载金额合计达到5亿元以上，且超过该2年披露的年度期末净资产合计金额的50%（计算前述合计数时，相关财务数据为负值的，则先取其绝对值再合计计算；本项情形以2020年度作为首个起算年度）；

（五）本所根据上市公司违法行为的事实、性质、情节及社会影响等因素认定的其他严重损害证券市场秩序的情形。

前款第（一）项、第（二）项统称欺诈发行强制退市情形，前款第（三）项至第（五）项统称重大信息披露违法强制退市情形。

9.5.3　本节第9.5.2条第一款第（三）项所称2015年度至2020年度内的任意连续会计年度财务类指标已实际触及相应年度的终止上市情形，是指以下情形之一：

（一）连续3个会计年度经审计的净利润为负值，第4个会计年度存在扣除非经常性损益前后的净利润孰低者为负值、期末净资产为负值、营业收入低于1000万元或者被会计师事务所出具保留意见、无法表示意见、否定意见的审计报告等四种情形之一；

（二）连续2个会计年度经审计的期末净资产为负值，第3个会计年度存在扣除非经常性损益前后的净利润孰低者为负值、期末净资产为负值、营业收入低于1000万元或者被会计师事务所出具保留意见、无法表示意见、否定意见的审计报告等四种情形之一；

（三）连续2个会计年度经审计的营业收入低于1000万元，第3个会计年度存在扣除非经常性损益前后的净利润孰低者为负值、期末净资产为负值、营业收入低于1000万元或者被会计师事务所出具保留意见、无法表示意见、否定意见的审计报告等四种情形之一；

（四）连续2个会计年度的财务会计报告被会计师事务所出具无法表示意见或否定意见的审计报告，第3个会计年度存在扣除非经常性损益前后的净利润孰低者为负值、期末净资产为负值、营业收入低于1000万元或者被会计师事务所出具保留意见、无法表示意见、否定意见的审计报告等四种情形之一；

（五）相应年度的《上海证券交易所股票上市规则》规定的其他与财务类指标相关的终止上市情形。

9.5.4 上市公司涉及第9.5.1条第（二）项规定的重大违法行为，存在下列情形之一的，由本所决定终止其股票上市：

（一）上市公司或其主要子公司被依法吊销营业执照、责令关闭或者被撤销；

（二）上市公司或其主要子公司被依法吊销主营业务生产经营许可证，或者存在丧失继续生产经营法律资格的其他情形；

（三）本所根据上市公司重大违法行为损害国家利益、社会公共利益的严重程度，结合公司承担法律责任类型、对公司生产经营和上市地位的影响程度等情形，认为公司股票应当终止上市的。

9.5.5 上市公司可能触及重大违法类强制退市情形的，应当于知悉相关行政机关行政处罚事先告知书或者人民法院作出司法裁判当日，及时披露有关内容，并就其股票可能被实施重大违法类强制退市进行特别风险提示。公司股票及其衍生品种于公告披露日停牌1天，公告披露日为非交易日的，自披露日后的第一个交易日停牌1天。自复牌之日起，本所对公司股票实施退市风险警示。

公司股票因前款情形被实施退市风险警示期间，公司应当每5个交易日披露1次相关事项进展情况，并就公司股票可能被实施重大违法类强制退市进行特别风险提示。

9.5.6 上市公司在股票被实施退市风险警示期间，收到相关行政机关相应行政处罚决定或者人民法院生效司法裁判，未触及本节规定的重大违法类强制退市情形，且不存在其他的退市风险警示情形的，应当及时披露有关内容，公司股票及其衍生品种于公告披露日停牌1天，公告披露日为非交易日的，于披露日后的次一交易日停牌1天。自复牌之日起，本所撤销对公司股票实施的退市风险警示。

9.5.7 上市公司在股票被实施退市风险警示期间，收到相关行政机关相应行政处罚决定或者人民法院生效司法裁判，可能触及本节规定的重大违法类强制退市情形的，应当向本所申请股票及其衍生品种停牌，并及时披露有关内容，就其股票可能被实施重大违法类强制退市进行特别风险提示。公司股票及其衍生品种自公告披露日起停牌；公告披露日为非交易日的，自披露日后的次一交易日起停牌。

本所在公司披露或者本所向市场公告相关行政机关行政处罚决定或者人民法院生效司法裁判后5个交易日内，向公司发出拟终止其股票上市的事先告知书，公司应当在收到本所事先告知书后及时披露。

9.5.8 上市公司可能触及本节规定的重大违法类强制退市情形的，本所在公司披露或者本所向市场公告相关行政机关行政处罚决定或者人民法院生效司法裁判后15个交易日内，作出是否终止公司股票上市的决定。

公司向本所申请听证的，自本所收到公司听证申请至听证程序结束期间不计入前述期限。

9.5.9 本所上市委员会对上市公司是否触及重大违法类强制退市情形并终止上市进行审议，作出独立的专业判断并形成审议意见。

本所根据上市委员会的审议意见，作出公司股票是否终止上市的决定。

9.5.10 本所决定不对上市公司股票实施重大违法类强制退市的，公司应当在收到本所相关决定后，及时披露并申请股票及其衍生品种复牌。公司股票不存在其他的退市风险警示情形的，自复牌之日起，本所撤销对公司股票实施的退市风险警示。

9.5.11 上市公司可能触及本节规定的重大违法类强制退市情形的，自相关行政处罚事先告知书或者司法裁判作出之日起，至下列任一情形发生前，其控股股东、实际控制人、董事、监事和高级管理人员，以及上述主体的一致行动人不得减持公司股份：

（一）公司股票终止上市并摘牌；

（二）公司收到相关行政机关相应行政处罚决定或者人民法院生效司法裁判，显示公司未触及重大违法类强制退市情形。

公司披露无控股股东、实际控制人的，其第一大股东及第一大股东的实际控制人应当遵守前款规定。

第六节 退市整理期

9.6.1 上市公司股票被本所作出强制终止上市决定后，自本所公告终止上市决定之日后5个交易日届满的次一交易日复牌，进入退市整理期交易，并在股票简称前冠以"退市"标识。

交易类强制退市公司股票和主动退市公司股票不进入退市整理期交易。

9.6.2 退市整理期的交易期限为15个交易日。上市公司股票及其衍生品种在退市整理期内全天停牌的，停牌期间不计入退市整理期，但停牌天数累计不得超过5个交易日。

累计停牌达到5个交易日后，本所不再接受公司的停牌申请；公司未在累计停牌期满前申请复牌的，本所于累计停牌期满后的次一交易日恢复公司股票交易。

9.6.3 上市公司有限售条件股份的限售期限在退市整理期间连续计算。限售期限未届满的，相关股份在退市整理期内不得流通。

9.6.4 上市公司股票进入退市整理期的，公司及相关信息披露义务人仍应当遵守法律、行政法规、部门规章、其他规范性文件、本规则及本所其他规定，并履行相关义务。

9.6.5 上市公司应当在收到本所关于终止其股票上市的决定后及时披露股票终止上市公告，并同时披露其股票进入退市整理期交易相关情况。相关公告应至少包括如下内容：

（一）终止上市的股票种类、证券简称、证券代码；

（二）终止上市决定的主要内容；

（三）终止上市后公司股票登记、转让和管理事宜；

（四）终止上市后公司的联系人、联系地址、电话和其他通讯方式；

（五）公司股票在退市整理期间的证券代码、证券简称及涨跌幅限制；

（六）公司股票退市整理期交易期限及预计最后交易日期；

（七）公司股票在退市整理期交易期间公司将不筹划或者实施重大资产重组事项的说明；

（八）本所要求披露的其他内容。

9.6.6 上市公司应当于退市整理期交易首日，发布公司股票已被本所作出终止上市决定的风险提示公告，说明公司股票在退市整理期交易的起始日和终止日等事项。

公司应当在退市整理期前10个交易日内，每5个交易日发布1次股票将被终止上市的风险提示公告，在最后5个交易日内每日发布1次股票将被终止上市的风险提示公告。

9.6.7 退市整理股票在一段时期内偏离同期可比指数涨跌幅较大，且期间上市公司未有重大事项公告的，本所可以要求上市公司进行停牌核查。上市公司应当对公司信息披露情况和相关媒体报道、传闻等进行核查，并及时予以公告。

9.6.8 上市公司应当在其股票的退市整理期届满当日再次发布终止上市公告，对公司股票进入全国中小企业股份转让系统等证券交易场所的具体事宜，包括拟进入的市场名称、进入日期、股份重新确认、登记、托管等股票终止上市后续安排作出说明。

9.6.9 上市公司在退市整理期间对外发布公告时，应当在公告的"重要提示"中特别说明："本公司股票将在退市整理期交易15个交易日，截至本公告日已交易XX个交易日，剩余YY个交易日，交易期满将被终止上市，敬请投资者审慎投资、注意风险"。

9.6.10 退市整理期届满后5个交易日内，本所对上市公司股票予以摘牌，公司股票终止上市。

9.6.11 上市公司股票进入退市整理期的，公司在退市整理期间不得筹划或者实施重大资产重组事项。

9.6.12 上市公司股票存在可能被强制退市情形，且董事会已审议通过并公告筹划重大资产重组事项的，公司董事会应及时召开股东大会，决定公司股票在终止上市后是否进入退市整理期交易。

9.6.13 上市公司董事会根据第9.6.12条规定召开股东大会的，应当选择下述议案之一提交股东大会审议：

（一）公司股票被作出终止上市决定后进入退市整理期并终止重大资产重组事项；

（二）公司股票被作出终止上市决定后不进入退市整理期并继续推进重大资产重组事项。

前述议案应当经出席会议股东所持表决权的三分之二以上通过。对于单独或者合计持有上市公司5%以下股份的股东表决情况，应当进行单独计票并披露。

上市公司应当在股东大会召开通知中充分披露前述议案通过或者不通过的后果、相关风险及后续安排。

选择本条第一款第（一）项议案的，上市公司董事会应当在股东大会通知中明确：如经股东大会审议通过该议案的，公司股票将在被作出终止上市决定后5个交易日届满的次一交易日进入退市整理期交易；如审议未通过的，公司股票将在被作出终止上市决定后5个交易日届满的次一交易日起，直接终止上市，不再进入退市整理期交易。

选择本条第一款第（二）项议案的，上市公司董事会应当在股东大会通知中明确：如经股东大会审议通过该议案的，公司股票将在被作出终止上市决定后5个交易日届满的次一交易日起，直接终止上市，不再进入退市整理期交易；如审议未通过的，公司股票将在被作出终止上市决定后5个交易日届满的次一交易日起，进入退市整理期交易。

9.6.14 上市公司处于破产重整期间，且经法院或者破产管理人认定，公司股票进入退市整理期交易将与破产程序或者法院批准的公司重整计划的执行存在冲突的，公司股票可以不进入退市整理期交易。

第七节 主动退市

9.7.1 上市公司出现下列情形之一的，可以向本所申请主动终止上市：

（一）公司股东大会决议主动撤回其股票在本所的交易，并决定不再在本所交易；

（二）公司股东大会决议主动撤回其股票在本所的交易，并转而申请在其他交易场所交易或转让；

（三）公司向所有股东发出回购全部股份或部分股份的要约，导致公司股本总额、股权分布等发生变化不再具备上市条件；

（四）公司股东向所有其他股东发出收购全部股份或部分股份的要约，导致公司股本总额、股权分布等发生变化不再具备上市条件；

（五）除公司股东外的其他收购人向所有股东发出收购全部股份或部分股份的要约，导致公司股本总额、股权分布等发生变化不再具备上市条件；

（六）公司因新设合并或者吸收合并，不再具有独立主体资格并被注销；

（七）公司股东大会决议公司解散；

（八）中国证监会和本所认可的其他主动终止上市情形。

已在本所发行A股和B股股票的上市公司，根据前款规定申请主动终止上市的，应当申请其A、B股股票同时终止上市，但存在特殊情况的除外。

9.7.2 本规则第9.7.1条第一款第（一）项、第（二）项规定的股东大会决议事项，除须经出席会议的全体股东所持有效表决权的三分之二以上通过外，还须经出席会议的除下列股东以外的其他股东所持有效表决权的三分之二以上通过：

（一）上市公司的董事、监事和高级管理人员；

（二）单独或者合计持有上市公司5%以上股份的股东。

9.7.3 上市公司应当在第9.7.1条第一款第（一）项、第（二）项规定的股东大会召开通知发布之前，充分披露主动终止上市方案、退市原因及退市后的发展战略，包括并购重组安排、经营发展计划、重新上市安排、异议股东保护的专项说明等。

公司应当聘请财务顾问和律师为主动终止上市提供专业服务，发表专业意见并与股东大会召开通知一并公告。

股东大会对主动终止上市事项进行审议后，公司应当及时披露股东大会决议公告，说明议案的审议及通过情况。

9.7.4 上市公司因第9.7.1条第一款第（三）项至第（七）项规定的回购、收购、公司合并以及自愿解散等情形引发主动终止上市的，应当遵守《公司法》《证券法》《上市公司收购管理办法》《上市公司重大资产重组管理办法》等有关规定及本所业务规则，严格履行决策、实施程序和信息披露义务，并及时向本所申请公司股票及其衍生品种停牌或复牌。

公司以自愿解散形式申请主动终止上市的，除遵守法律法规等有关规定外，还应遵守第9.7.2条和第9.7.3条的规定。

9.7.5 上市公司根据第9.7.1条第一款第（一）项、第（二）项规定情形申请主动终止上市的，应当向本所申请其股票及其衍生品种自股东大会股权登记日的次一交易日起停牌，并于股东大会作出终止上市决议后15个交易日内，向本所提交主动终止上市申请。

公司因第9.7.1条第一款第（三）项至第（七）项规定情形引发主动终止上市的，公司应当按照相关规定，及时向本所提交主动终止上市申请。

公司应当在提出申请后，及时发布相关公告。

9.7.6 上市公司向本所提出主动终止上市申请的，至少应当提交以下文件：

（一）主动终止上市申请书；

（二）董事会决议；

（三）股东大会决议（如适用）；

（四）主动终止上市的方案；

（五）主动终止上市后去向安排的说明；

（六）异议股东保护的专项说明；

（七）财务顾问出具的关于公司主动终止上市的专项意见；

（八）律师出具的关于公司主动终止上市的专项法律意见；

（九）本所要求的其他材料。

9.7.7 上市公司主动终止上市事项未获股东大会审议通过的，公司应当及时向本所申请其股票及其衍生品种自股东大会决议公告之日起复牌。

9.7.8　本所在收到上市公司提交的主动终止上市申请文件之日后5个交易日内，作出是否受理的决定并通知公司。公司应当在收到决定后及时披露决定的有关内容，并发布其股票是否可能终止上市的风险提示公告。

9.7.9　本所在受理上市公司主动终止上市申请之日后15个交易日内，作出是否同意其股票终止上市的决定。在此期间，本所要求公司提供补充材料的，公司提供补充材料期间不计入上述作出有关决定的期限，但累计不得超过30个交易日。

9.7.10　本所上市委员会对上市公司股票主动终止上市事宜进行审议，重点从保护投资者特别是中小投资者合法权益的角度，在审查上市公司决策程序合规性的基础上，作出独立的专业判断并形成审议意见。

本所根据上市委员会的审议意见，作出是否终止股票上市的决定。

9.7.11　主动终止上市公司股票不进入退市整理期交易，本所在公告公司股票终止上市决定之日后5个交易日内对其予以摘牌，公司股票终止上市。

9.7.12　上市公司因出现第9.7.1条第一款规定情形，本所对其股票终止上市的，公司及相关各方应当对公司股票退市后的转让或者交易、异议股东保护措施等作出妥善安排，保护投资者特别是中小投资者的合法权益。

第八节　其他风险警示

9.8.1　上市公司出现以下情形之一，本所对其股票实施其他风险警示：

（一）公司被控股股东（无控股股东的，则为第一大股东）及其关联人非经营性占用资金，余额达到最近一期经审计净资产绝对值5%以上，或者金额超过1000万元，未能在1个月内完成清偿或整改；或者公司违反规定决策程序对外提供担保（担保对象为上市公司合并报表范围内子公司的除外），余额达到最近一期经审计净资产绝对值5%以上，或者金额超过1000万元，未能在1个月内完成清偿或整改；

（二）董事会、股东大会无法正常召开会议并形成有效决议；

（三）最近一个会计年度内部控制被出具无法表示意见或否定意见审计报告，或未按照规定披露内部控制审计报告；

（四）公司生产经营活动受到严重影响且预计在3个月内不能恢复正常；

（五）主要银行账户被冻结；

（六）最近连续3个会计年度扣除非经常性损益前后净利润孰低者均为负值，且最近一个会计年度财务会计报告的审计报告显示公司持续经营能力存在不确定性；

（七）公司存在严重失信，或持续经营能力明显存在重大不确定性等投资者难以判断公司前景，导致投资者权益可能受到损害的其他情形。

9.8.2　上市公司出现第9.8.1条第（一）项至第（六）项规定情形之一的，应当在事实发生之日及时向本所报告，提交董事会的书面意见，同时进行公告并申请其股票及其衍生品种于事实发生次一交易日起开始停牌。本所在收到公司报告之日后5个交易日内，根据实际情况，对公司股票实施其他风险警示。

9.8.3　上市公司股票因9.8.1条第（一）项规定情形被实施其他风险警示的，在被实施其他风险警示期间，公司应当至少每月发布1次提示性公告，披露资金占用或违规担保的解决进展情况。

9.8.4　上市公司股票因9.8.1条第（二）项至第（五）项规定情形被实施其他风险警示的，在被实施其他风险警示期间，公司应当至少每月发布1次提示性公告，分阶段披露涉及事项的解决进展情况。

9.8.5　上市公司股票因9.8.1条第（一）项规定情形被实施其他风险警示后，相关情形已完全消除的，公司应当及时公告，并可以向本所申请撤销对其股票实施的其他风险警示。

公司关联人资金占用情形已完全消除，向本所申请撤销对其股票实施的其他风险警示的，应当提交会计师事务所出具的专项审核报告等文件。

公司违规担保情形已完全消除，向本所申请撤销对其股票实施的其他风险警示的，应当提交律师事务所出具的法律意见书。

9.8.6　上市公司股票因第9.8.1条第（二）项至第（七）项规定情形被实施其他风险警示后，相关情形已完全消除的，公司应当及时公告，并可以向本所申请撤销对其股票实施的其他风险警示。

公司股票因第9.8.1条第（三）项规定情形被实施其他风险警示后，公司内部控制缺陷整改完成，内控有效运行，向本所申请撤销对其股票实施的其他风险警示的，应当提交会计师事务所对其最近一年内部控制出具的标准无保留意见的审计报告等文件。

公司股票因第9.8.1条第（六）项规定情形被实施其他风险警示后，公司最近一年经审计的财务报告显示，其扣除非经常性损益前后的净利润孰低者为正值或者持续经营能力不确定性已消除，向本所申请撤销对其股票实施的其他风险警示的，应当提交会计师事务所出具的最近一年审计报告等文件。

9.8.7 上市公司股票因第 9.8.1 条规定情形被实施其他风险警示的，在其他风险警示期间，公司按照中国证监会相关规定进行重大资产重组且同时满足以下条件的，可以向本所申请撤销对其股票实施的其他风险警示：

（一）根据中国证监会有关上市公司重大资产重组规定，出售全部经营性资产和负债，同时购买其他资产且已实施完毕；

（二）通过购买进入公司的资产是一个完整经营主体，该经营主体在进入公司前已在同一管理层之下持续经营 3 年以上；

（三）会计师事务所出具专项说明显示，预计公司完成重大资产重组当年的年度财务会计报告符合本节规定的撤销其他风险警示条件；

（四）已披露完成重大资产重组后的最近一期定期报告；

（五）本所规定的其他条件。

9.8.8 上市公司向本所申请撤销对其股票实施的其他风险警示，应当同时作出公告。

本所于收到公司申请后 10 个交易日内，根据实际情况，决定是否撤销对其股票实施的其他风险警示。

9.8.9 本所决定撤销其他风险警示的，上市公司应当按照本所要求在撤销其他风险警示的前一个交易日作出公告。

公司股票及其衍生品种在公告披露日停牌 1 天。自复牌之日起，本所撤销对公司股票实施的其他风险警示。

9.8.10 本所决定不予撤销其他风险警示的，上市公司应当在收到本所有关书面通知后的次一交易日作出公告。公司未按规定公告的，本所可以向市场公告。

第十章 重新上市
第一节 一般规定

10.1.1 上市公司在其股票终止上市后，申请其股票重新上市的，应当符合本章规定的重新上市条件，本所依据本章规定的程序审议和决定其股票重新上市事宜。

10.1.2 公司申请重新上市，应当及时、公平地披露或者申报信息，并保证所披露或者申报信息的真实、准确、完整，不得有虚假记载、误导性陈述或者重大遗漏。

公司董事、监事和高级管理人员应当勤勉尽责，保证公司所披露或者申报信息的及时、公平、真实、准确、完整，并声明承担相应的法律责任。

10.1.3 保荐人及其保荐代表人应当勤勉尽责、诚实守信，认真履行审慎核查和辅导义务，并声明对其所出具文件的真实性、准确性、完整性承担相应的法律责任。

为公司重新上市提供有关文件或者服务的其他中介机构和人员，应当严格履行职责，并声明对所出具文件的真实性、准确性和完整性承担责任。

10.1.4 本所同意公司股票重新上市的决定，不表明对该股票的投资价值或者投资者的收益作出实质性判断或者保证。投资者应自行承担投资风险。

第二节 重新上市申请

10.2.1 本所上市公司的股票被终止上市后，其终止上市情形（不包括交易类终止上市情形）已消除，且同时符合下列条件的，可以向本所申请重新上市：

（一）符合《证券法》、中国证监会规定的发行条件；

（二）公司股本总额不低于 5000 万元；

（三）社会公众股东持有的股份占公司股份总数的比例达到 25% 以上；公司股本总额超过 4 亿元的，社会公众股东持有的股份的比例为 10% 以上；

（四）市值及财务指标符合本规则第三章第一节规定的相应标准；

（五）公司董事、监事和高级管理人员具备法律法规、本所相关规定及公司章程规定的任职资格，且不存在影响其任职的情形；

（六）本所要求的其他条件。

前款第（五）项所称"影响其任职的情形"，包括：

（一）被中国证监会采取证券市场禁入措施，期限尚未届满；

（二）最近 36 个月内受到中国证监会行政处罚，或者最近 12 个月内受到证券交易场所公开谴责；

（三）因涉嫌犯罪被司法机关立案侦查或者涉嫌违法违规被中国证监会立案调查，尚未有明确结论意见；

（四）本所规定的其他情形。

10.2.2 主动退市公司可以随时向本所提出重新上市申请。

强制退市公司向本所申请重新上市的，其申请时间应当符合下列规定：

（一）因市场交易类指标强制退市的公司，自其股票进入全国中小企业股份转让系统等证券交易场所转让之日起满 3 个月；

（二）因欺诈发行被实施重大违法类强制退市的公司，其股票被终止上市后，不得向本所申请重新上市；

（三）因欺诈发行之外的其他违法行为被实施重大

违法类强制退市的公司,除第 10.3.8 条规定的情形外,自其股票进入全国中小企业股份转让系统等证券交易场所转让之日起满 5 个完整会计年度;

(四)除上述第(一)项、第(二)项、第(三)项强制退市公司之外的其他强制退市公司,自其股票进入全国中小企业股份转让系统等证券交易场所转让之日起满 12 个月。

10.2.3　强制退市公司出现下列情形的,自其股票进入全国中小企业股份转让系统等证券交易场所转让之日起 36 个月内,本所不受理其股票重新上市的申请:

(一)上市公司股票可能被强制退市但其董事会已审议通过并公告筹划重大资产重组事项的,公司董事会未按规定及时召开股东大会,决定公司股票在终止上市后是否进入退市整理期交易;

(二)在退市整理期间未按本所规定履行信息披露及其他相关义务;

(三)未按本所规定安排股份转入全国中小企业股份转让系统等证券交易场所进行转让;

(四)其他拒不履行本所规定的义务、不配合退市相关工作的情形。

10.2.4　因欺诈发行之外的其他违法行为被实施重大违法类强制退市的公司,未同时符合下列条件的,本所不受理其重新上市申请:

(一)已全面纠正重大违法行为并符合下列要求:

1. 公司已就重大信息披露违法行为所涉事项披露补充或更正公告;

2. 对重大违法行为的责任追究已处理完毕;

3. 公司已就重大违法行为所涉事项补充履行相关决策程序;

4. 公司控股股东、实际控制人等相关责任主体对公司因重大违法行为发生的损失已作出补偿;

5. 重大违法行为可能引发的与公司相关的风险因素已消除。

(二)已撤换下列与重大违法行为有关的责任人员:

1. 被人民法院判决有罪的有关人员;

2. 被相关行政机关行政处罚的有关人员;

3. 被相关行政机关依法移送公安机关立案调查的有关人员;

4. 中国证监会、本所认定的与重大违法行为有关的其他责任人员。

(三)已对相关民事赔偿承担作出妥善安排并符合下列要求:

1. 相关赔偿事项已由人民法院作出判决的,该判决已执行完毕;

2. 相关赔偿事项未由人民法院作出判决,但已达成和解的,该和解协议已执行完毕;

3. 相关赔偿事项未由人民法院作出判决,且也未达成和解的,公司及相关责任主体已按预计最高索赔金额计提赔偿基金,并将足额资金划入专项账户,且公司的控股股东和实际控制人已承诺:若赔偿基金不足赔付,其将予以补足。

(四)不存在本规则规定的终止上市情形。

(五)公司聘请的重新上市保荐人、律师已对前述 4 项条件所述情况进行核查验证,并出具专项核查意见,明确认定公司已完全符合前述 4 项条件。

10.2.5　退市公司拟申请重新上市的,应当召开董事会和股东大会,就申请重新上市事宜作出决议。股东大会决议须经出席会议的股东所持表决权的三分之二以上通过。

10.2.6　公司应当提供按照企业会计准则编制并经会计师事务所审计的最近 3 年财务会计报告。

前述财务会计报告的审计报告自最近一期审计截止日后 6 个月内有效。超过 6 个月的,公司应当补充提供最近一期经审计的财务会计报告。

10.2.7　退市公司申请重新上市,应当由保荐人保荐,并向本所申报重新上市申请文件及重新上市申请书。重新上市申请文件及重新上市申请书的格式与内容由本所另行规定。

本所可以根据审核情况,要求公司在规定的期限内补充提供有关材料。

10.2.8　保荐人应当对退市公司申请重新上市情况进行尽职调查,并制作尽职调查工作底稿。尽职调查工作底稿的格式与内容由本所另行规定。

保荐人应当在尽职调查基础上出具重新上市保荐书和保荐工作报告。重新上市保荐书和保荐工作报告的格式与内容由本所另行规定。

10.2.9　申请重新上市的退市公司应当聘请律师对其重新上市申请的合法性、合规性及相关申请文件的真实性、准确性、完整性进行尽职调查。

律师应当在尽职调查基础上出具法律意见书和律师工作报告。法律意见书和律师工作报告的格式与内容由本所另行规定。

10.2.10　本所收到重新上市申请文件后,在 5 个交易日内作出是否受理其申请的决定。

公司按照本所要求提供补充材料期间不计入上述期限,但补充材料的期限累计不得超过 15 个交易日。

10.2.11 存在下列情形之一的,本所不予受理公司的重新上市申请:

(一)重新上市报告书、重新上市保荐书、法律意见书等重新上市申请文件不齐备且未按要求补正;

(二)公司及其控股股东、实际控制人、董事、监事、高级管理人员,保荐人、中介机构及其主办人员因证券违法违规被中国证监会采取认定为不适当人选、限制业务活动、证券市场禁入,被证券交易所、国务院批准的其他全国性证券交易场所采取一定期限内不接受其出具的相关文件、公开认定不适合担任公司董事、监事、高级管理人员,或者被证券业协会采取认定不适合从事相关业务等相关措施,尚未解除;

(三)法律、行政法规及中国证监会规定的其他情形。

10.2.12 退市公司的重新上市申请未获得本所同意的,可于本所作出相应决定之日起 6 个月后再次提出重新上市申请。

第三节 重新上市审核

10.3.1 主动退市公司申请重新上市的,本所自受理申请之日起 30 个交易日内,作出是否同意其股票重新上市的决定。

强制退市公司申请重新上市的,本所自受理申请之日起 60 个交易日内,作出是否同意其股票重新上市的决定。

公司按照本所要求提供补充材料的期间和落实上市委员会意见的期间不计入上述期限,但补充材料的期限和落实上市委员会意见的期限分别累计不得超过 30 个交易日。

公司未按本所要求在前述期限内提交补充材料的,本所在该期限届满后继续对其重新上市申请进行审核,并根据本规则作出是否同意其股票重新上市的决定。

本所在作出是否同意公司股票重新上市决定前,可以自行或委托相关机构就公司申请重新上市有关情况进行调查核实,并将核查结果提交上市委员会审议。调查核实期间不计入本条规定的本所作出有关决定的期限内。

重新上市审核过程中,出现中止审核、暂缓审议、处理会后事项等情形的,相关期间不计入本条规定的本所作出有关决定的期限内。

10.3.2 重新上市审核过程中出现下列情形之一的,公司、保荐人等中介机构应当及时告知本所,本所将中止重新上市审核,通知公司及其保荐人:

(一)公司及其控股股东、实际控制人涉嫌贪污、贿赂、侵占财产、挪用财产或者破坏社会主义市场经济秩序的犯罪,或者涉嫌欺诈发行、重大信息披露违法或其他涉及国家安全、公共安全、生态安全、生产安全、公众健康安全等领域的重大违法行为,正在被立案调查,或者正在被司法机关立案侦查,尚未结案;

(二)公司的保荐人等中介机构被中国证监会依法采取限制业务活动、责令停业整顿、指定其他机构托管或者接管等措施,尚未解除;

(三)保荐代表人、其他中介机构主办人员被中国证监会依法采取认定为不适当人选、证券市场禁入等措施,被中国证券业协会采取认定不适合从事相关业务的纪律处分,尚未解除;

(四)保荐人及其保荐代表人、其他中介机构及其主办人员,被证券交易所、国务院批准的其他全国性证券交易场所实施一定期限内不接受其出具的相关文件的纪律处分,尚未解除;

(五)公司重新上市申请文件中记载的财务资料已过有效期,需要补充提交;

(六)公司及保荐人主动要求中止重新上市审核,理由正当且经本所同意;

(七)本所认为应当中止审核的其他情形。

出现本条第一款第(一)项至第(五)项所列情形,公司、保荐人等中介机构未及时告知本所,本所经核实符合中止审核情形的,将直接中止审核。

因本条第一款第(二)项至第(四)项中止审核,公司按照规定需要更换保荐人等中介机构的,更换后的保荐人等中介机构应当自中止审核之日起 3 个月内完成尽职调查,重新出具相关文件,并对原保荐人等中介机构出具的文件进行复核,出具复核意见,对差异情况作出说明。公司按照规定无需更换保荐人等机构的,保荐人等中介机构应当及时向本所出具复核报告。

因本条第一款第(二)项至第(四)项中止审核,公司更换保荐代表人或者其他中介机构主办人员的,更换后的保荐代表人或者其他中介机构主办人员应当自中止审核之日起 1 个月内,对原保荐代表人或者其他中介机构主办人员签字的文件进行复核,出具复核意见,对差异情况作出说明。

因本条第一款第(五)项、第(六)项中止审核的,公司应当在中止审核后 3 个月内补充提交有效文件或者消除主动要求中止审核的相关情形。

本条第一款所列中止审核的情形消除或者在本条第三款至第五款规定的时限内完成相关事项的，本所经审核确认后，恢复对公司的重新上市审核，并通知公司及其保荐人。

10.3.3 重新上市审核过程中出现下列情形之一的，本所将终止重新上市审核，通知公司及其保荐人：

（一）重新上市申请文件内容存在重大缺陷，严重影响投资者理解和本所审核；

（二）公司撤回重新上市申请或者保荐人撤销保荐；

（三）重新上市申请文件被认定存在虚假记载、误导性陈述或者重大遗漏；

（四）公司阻碍或者拒绝中国证监会、本所依法对公司实施的检查；

（五）公司及其关联人以不正当手段严重干扰重新上市审核工作；

（六）公司法人资格终止；

（七）第10.3.2条第一款规定的中止审核情形未能在3个月内消除，或者未能在第10.3.2条第三款至第五款规定的时限内完成相关事项；

（八）其他本所认为应当终止审核的情形。

10.3.4 本所上市委员会对退市公司的重新上市申请进行审议，作出独立的专业判断并形成审议意见。

10.3.5 本所根据上市委员会的审议意见，作出是否同意公司股票重新上市的决定。

10.3.6 本所作出同意或者不同意公司重新上市决定后的，在2个交易日内通知公司，并报中国证监会备案。

10.3.7 本所作出正式决定后至公司股票重新上市前，发生不符合公司股票重新上市条件、触及中止审核或终止审核情形，或者其他可能对投资价值及投资决策判断构成重大影响的事项，公司及其保荐人应当及时向本所报告，并按要求更新重新上市申请文件。公司的保荐人等中介机构应当持续履行尽职调查职责，并向本所提交专项核查意见。

因前款所述事项可能导致公司不具备重新上市条件的，本所可以将公司的重新上市申请重新提交上市委员会审议，并根据上市委员会的意见作出是否维持同意其股票重新上市的决定。

10.3.8 上市公司因重大违法类强制退市，其股票被终止上市后，作为上市公司重大违法类强制退市认定依据的行政处罚决定、司法裁判被依法撤销、确认无效或被依法变更的，公司可以在知悉相关行政机关相应决定或者人民法院生效司法裁判后10个交易日内，向本所申请撤销对公司股票作出的终止上市决定。本所在收到公司申请后15个交易日内，根据相关行政机关相应决定或者人民法院生效司法裁判，作出是否撤销对公司股票作出的终止上市决定。公司可以在本所决定撤销对公司作出的终止上市决定之日起20个交易日内向本所申请其股票重新上市。

前述公司同时触及重大违法类强制退市情形之外的风险警示、终止上市情形的，本所对其股票相应予以实施风险警示或者终止上市。

10.3.9 符合第10.3.8条规定的公司可以不适用第10.2.1条规定的条件，向本所申请重新上市，恢复其上市地位。

公司根据前款规定申请重新上市的，应按照第10.2.5条的规定履行相关决策程序。

10.3.10 重大违法类退市公司按照第10.3.9条规定申请重新上市的，可以向本所申请免于适用第10.2.6条关于财务报表审计、第10.2.7条中关于保荐的规定，但应提供相关申请文件。

10.3.11 重大违法类退市公司按照第10.3.9条规定申请重新上市的，本所收到重新上市申请文件后，在5个交易日内作出是否受理其申请的决定，并于受理后15个交易日内作出是否同意其股票重新上市的决定。

10.3.12 重大违法类退市公司按照第10.3.9条规定申请重新上市并获得本所同意后，公司可以申请免于适用本章关于股份限售、持续督导的规定。

10.3.13 重大违法类退市公司按照第10.3.9条规定申请重新上市的，本节未作规定的事项，适用本章其他规定。

10.3.14 公司因相关行政处罚决定认定的事实，触及财务类强制退市情形其股票被终止上市的，相关行政处罚决定被依法撤销或确认无效，或者因对违法行为性质、违法事实等的认定发生重大变化被依法变更，公司申请撤销本所对其股票实施的财务类强制退市决定，以及申请重新上市，参照第10.3.8条和第10.3.9条规定的程序办理。

第四节 重新上市安排

10.4.1 退市公司的重新上市申请获得本所同意后，应当在3个月内办理完毕公司股份的重新确认、登记、托管等相关手续。本所在公司办理完成相关手续后安排其股票上市交易。

公司未在上述期间内办理完毕重新上市相关手续的,应当向本所提交申请延期重新上市的说明并公告,本所可以根据具体情况决定是否同意延期。

公司未在上述期间内办理完毕重新上市相关手续,也未获得本所同意延期的,本所关于同意公司股票重新上市的决定自期限届满之日起失效,公司可于该决定失效之日起 6 个月后再次提出重新上市申请。

10.4.2 退市公司重新上市申请获得本所同意后,应当在其股票重新上市前与本所签订重新上市协议,明确双方的权利、义务及其他有关事项,并按照本所规定于股票重新上市前缴纳相关费用。

10.4.3 公司应当在其股票重新上市前向本所提交以下文件:
(一)公司董事、监事和高级管理人员签署的《董事(监事、高级管理人员)声明及承诺书》;
(二)公司全部股份已经中国结算托管的证明文件;
(三)公司行业分类的情况说明;
(四)本所要求的其他文件。

10.4.4 公司股票重新上市首日的开盘参考价原则上应为其在全国中小企业股份转让系统等证券交易场所最后一个转让日或者交易日的收盘价。

公司认为需要调整上述开盘参考价的,需由重新上市保荐人出具专项核查意见,充分说明理由并对外披露。

主动退市公司退市后其股票未转入全国中小企业股份转让系统等证券交易场所交易或转让的,重新上市保荐人应就开盘参考价的确定方法及其依据出具核查意见并对外披露。

10.4.5 公司控股股东和实际控制人应当承诺:自公司股票重新上市之日起 36 个月内,不转让或者委托他人管理其直接和间接持有的公司股份,也不由公司回购该部分股份。

公司无控股股东或者实际控制人的,其第一大股东及其最终控制人比照执行前款规定。

公司董事、监事及高级管理人员应当承诺:自公司股票重新上市之日起 12 个月内,不转让其直接和间接持有的公司股份,也不由公司回购该部分股份。

10.4.6 除第 10.4.5 条规定的情形外,公司退市期间发行的新增股份,除已通过证券竞价交易等方式公开转让的股份之外,自重新上市之日起 12 个月内不得转让。

10.4.7 退市公司重新上市后,其终止上市前的有限售条件流通股,在退市期间未以证券竞价交易等方式公开转让的,其限售期限自重新上市之日起连续计算。

10.4.8 公司在退市期间因配股、资本公积金转增股本或者送股而相应增加的股份,其限售期与原对应的股份相同。

10.4.9 终止上市前未进行股权分置改革的公司,其非流通股股份须待相关股东通过股东会议等形式就其上市交易事项作出相关安排后,方可流通。

10.4.10 公司应当在股票重新上市前 5 个交易日内披露重新上市公告、重新上市报告书(重新上市报告书的格式与内容由本所另行规定)、修订后的重新上市保荐书和法律意见书。

重新上市公告应当包括以下内容:
(一)重新上市日期;
(二)重新上市股票的种类、证券简称、证券代码和涨跌幅限制;
(三)本所关于股票重新上市的决定;
(四)股本结构及重新上市后可交易股份数量,以及本次不能上市交易股票的限售情况(若有);
(五)本所要求的其他内容。

10.4.11 退市公司重新上市后,其保荐人应当在公司重新上市后当年及其后的 2 个完整会计年度内履行持续督导职责,并于每一年度报告披露后 10 个交易日内向本所提交持续督导总结报告并公告。

第十一章 红筹企业和境内外事项的协调
第一节 红筹企业特别规定

11.1.1 红筹企业申请发行股票或者存托凭证并在本所上市的,适用中国证监会、本所关于发行上市审核注册程序的规定。

11.1.2 红筹企业申请其在境内首次公开发行的股票或者存托凭证上市的,应当根据《上海证券交易所股票发行上市审核规则》的规定,取得本所出具的同意发行上市审核意见并由中国证监会作出予以注册决定。

11.1.3 红筹企业申请其在境内首次公开发行的股票上市的,应当按照本所相关规定提交上市申请文件,以及本次境内发行股票已经中国结算存管的证明文件、公司在境内设立的证券事务机构及聘任的信息披露境内代表等有关资料。

红筹企业在境内发行存托凭证并上市的,还应当提交本次发行的存托凭证已经中国结算存管的证明文件、经签署的存托协议、托管协议文本以及托管人出具的存托凭证所对应基础证券的托管凭证等文件。

根据公司注册地公司法等法律法规和公司章程或者章程性文件规定，红筹企业无需就本次境内发行上市事宜提交股东大会审议的，其申请上市时可以不提交股东大会决议，但应当提交相关董事会决议。

11.1.4　红筹企业在境内发行股票或者存托凭证并在本所上市，股权结构、公司治理、运行规范等事项适用境外注册地公司法等法律法规的，其投资者权益保护水平，包括资产收益、参与重大决策、剩余财产分配等权益，总体上应不低于境内法律法规规定的要求，并保障境内存托凭证持有人实际享有的权益与境外基础证券持有人的权益相当。

11.1.5　红筹企业提交的上市申请文件和持续信息披露文件，应当使用中文。

红筹企业及相关信息披露义务人应当按照中国证监会和本所规定，在符合规定条件的媒体披露上市和持续信息披露文件。

11.1.6　红筹企业具有协议控制架构或者类似特殊安排的，应当充分、详细披露相关情况，特别是风险、公司治理等信息，以及依法落实保护投资者合法权益规定的各项措施。

红筹企业应当在年度报告中披露协议控制架构或者类似特殊安排在报告期内的实施和变化情况，以及该等安排下保护境内投资者合法权益有关措施的实施情况。

前款规定事项出现重大变化或者调整，可能对公司股票、存托凭证交易价格产生较大影响的，公司及相关信息披露义务人应当及时予以披露。

11.1.7　红筹企业应当在境内设立证券事务机构，并聘任信息披露境内代表，负责办理公司股票或者存托凭证上市期间的信息披露和监管联络事宜。信息披露境内代表应当具备境内上市公司董事会秘书的相应任职能力，熟悉境内信息披露规定和要求，并能够熟练使用中文。

红筹企业应当建立与境内投资者、监管机构及本所的有效沟通渠道，按照规定保障境内投资者的合法权益，保持与境内监管机构及本所的畅通联系。

11.1.8　红筹企业进行本规则规定需提交股东大会审议的重大交易、关联交易等事项，可以按照其已披露的境外注册地公司法等法律法规和公司章程或者章程性文件规定的权限和程序执行，法律法规另有规定的除外。

红筹企业按照前款规定将相关事项提交股东大会审议的，应当及时予以披露。

11.1.9　红筹企业注册地公司法等法律法规或者实践中普遍认同的标准对公司董事会、独立董事职责有不同规定或者安排，导致董事会、独立董事无法按照本所规定履行职责或者发表意见的，红筹企业应当详细说明情况和原因，并聘请律师事务所就上述事项出具法律意见。

11.1.10　红筹企业在本所上市存托凭证的，应当在年度报告和半年度报告中披露存托、托管相关安排在报告期内的实施和变化情况以及报告期末前10名境内存托凭证持有人的名单和持有量。发生下列情形之一的，公司应当及时披露：

（一）存托人、托管人发生变化；

（二）存托的基础财产发生被质押、挪用、司法冻结或者其他权属变化；

（三）对存托协议、托管协议作出重大修改；

（四）存托凭证与基础证券的转换比例发生变动；

（五）中国证监会和本所要求披露的其他情形。

红筹企业变更存托凭证与基础证券的转换比例的，应当经本所同意。

发生本条第一款第（一）项、第（二）项规定的情形，或者托管协议发生重大修改的，存托人应当及时告知红筹企业，公司应当及时进行披露。

11.1.11　红筹企业、存托人应当合理安排存托凭证持有人权利行使的时间和方式，保障其有足够时间和便利条件行使相应权利，并根据存托协议的约定及时披露存托凭证持有人权利行使的时间、方式、具体要求和权利行使结果。

红筹企业、存托人通过本所或者本所子公司提供的网络系统征集存托凭证持有人投票意愿的，具体业务流程按照本所相关规定或者业务协议的约定办理，并由公司、存托人按照存托协议的约定向市场公告。

11.1.12　红筹企业及相关信息披露义务人适用本规则相关信息披露要求和持续监管规定，可能导致其难以符合公司注册地、境外上市地有关规定及市场实践中普遍认同的标准的，可以向本所申请调整适用，但应当说明原因和替代方案，并聘请律师事务所出具法律意见。本所认为依法不应调整适用的，红筹企业及相关信息披露义务人应当执行本规则相关规定。

11.1.13　已在境外上市的红筹企业的持续信息披露事宜，参照适用《上海证券交易所试点创新企业股票或者存托凭证上市交易实施办法》等相关规则的规定。

第二节　境内外事务协调

11.2.1　在本所上市的公司同时有股票及其衍生品种在境外证券交易所上市的，公司及相关信息披露义务人应当保证境外证券交易所要求其披露的信息,同时在符合条件的媒体按照本所相关规定披露。

公司及相关信息披露义务人在境外市场进行信息披露时,不在本所规定的信息披露时段内的,应当在本所最近一个信息披露时段内披露。

11.2.2 上市公司及相关信息披露义务人就同一事项向境外证券交易所提供的报告和公告应当与向本所提供的内容一致。出现重大差异时,上市公司及相关信息披露义务人应当向本所作出专项说明,并披露更正或者补充公告。

11.2.3 上市公司的股票及其衍生品种在境外证券交易所被要求停牌或者拟申请停牌的,应当及时向本所报告停牌的事项和原因,并提交是否需要向本所申请停牌的书面说明,并予以披露。

11.2.4 本章未尽事宜,适用法律法规、本所相关规定以及本所与其他证券交易所签署的监管合作备忘录的规定。

第十二章 中介机构
第一节 一般规定

12.1.1 上市公司及相关信息披露义务人聘请的为其提供证券服务的保荐人、会计师事务所、律师事务所、资产评估机构、财务顾问和资信评级机构等中介机构,应当符合《证券法》的规定。

中介机构应当承办与自身规模、执业能力、风险承担能力匹配的业务。

12.1.2 中介机构及其相关人员应当勤勉尽责、诚实守信、恪尽职守,按照相关业务规则、行业执业规范和职业道德准则为上市公司及相关信息披露义务人提供证券服务。

12.1.3 中介机构应当建立并保持有效的质量控制体系、独立性管理和投资者保护机制,严格执行内部控制制度,对相关业务事项进行核查验证,审慎发表专业意见。

12.1.4 中介机构为上市公司及相关信息披露义务人的证券业务活动制作和出具上市保荐书、持续督导跟踪报告、审计报告、鉴证报告、资产评估报告、估值报告、法律意见书、财务顾问报告、资信评级报告等文件,应当对所依据文件资料内容的真实性、准确性、完整性进行核查和验证,获取充分、适当的证据,制作、出具的文件不得有虚假记载、误导性陈述或者重大遗漏,结论意见应当合理、明确。

12.1.5 上市公司及相关信息披露义务人应当配合中介机构及其相关人员的工作,向其聘用的中介机构及其相关人员提供与执业相关的所有资料,并确保资料的真实、准确、完整,不得拒绝提供、隐匿或者谎报。

中介机构在为上市公司及相关信息披露义务人出具专项文件时,发现其提供的材料有虚假记载、误导性陈述、重大遗漏或者其他重大违法行为的,应当要求其补充、纠正。上市公司及相关信息披露义务人不予补充、纠正的,中介机构应当及时向本所报告。

12.1.6 中介机构应当建立健全工作底稿制度,为每一项目建立独立的工作底稿并妥善保存。工作底稿应当内容完整、记录清晰、结论明确,真实、准确、完整地反映证券服务的全过程和所有重要事项。

本所可以根据监管需要调阅、检查工作底稿、证券业务活动记录及相关资料。

12.1.7 中介机构应当配合本所的信息披露要求,按本所要求在规定期限内提供、报送相关资料和信息,如实回复本所就相关事项提出的问询,不得以有关事项存在不确定性等为由拒不回复。中介机构应当保证其提供、报送或者回复的资料、信息真实、准确、完整,不存在虚假记载、误导性陈述或者重大遗漏,结论意见应当合理、明确。

12.1.8 中介机构及其相关人员不得利用因职务便利获得的上市公司尚未披露的信息进行内幕交易,为自己或者他人谋取利益。

第二节 保荐人

12.2.1 本所实行股票及其衍生品种上市保荐制度。发行人、上市公司向本所申请股票及其衍生品种在本所上市,以及股票被终止上市后公司申请其股票重新上市的,应当由保荐人保荐。中国证监会和本所另有规定的除外。

保荐人应当为同时具有保荐业务资格和本所会员资格的证券公司。

12.2.2 保荐人应当与发行人、上市公司签订保荐协议,明确双方在公司申请上市期间、申请重新上市期间和持续督导期间的权利和义务。

首次公开发行股票的,持续督导期间为股票上市当年剩余时间及其后2个完整会计年度;上市后发行新股、可转换公司债券的,持续督导期间为股票、可转换公司债券上市当年剩余时间及其后1个完整会计年度;申请重新上市的,持续督导期间为股票重新上市当年剩余时间及其后2个完整会计年度。持续督导期间自股票、可转换公司债券上市之日起计算。中国证监会和本所对其他衍生品种持续督导另有规定的，从其规定。

持续督导期届满，上市公司及相关信息披露义务人存在尚未完结的督导事项的，保荐人应当就相关事项继续履行督导义务，直至相关事项全部完成。

12.2.3 保荐人应当在签订保荐协议时指定 2 名保荐代表人具体负责保荐工作，作为保荐人与本所之间的指定联络人。

12.2.4 保荐人保荐股票及其衍生品种上市时，应当向本所提交上市保荐书、保荐协议、保荐人和保荐代表人相关证明文件、保荐代表人专项授权书，以及与上市保荐工作有关的其他文件。

保荐人保荐股票重新上市时应当提交的文件及其内容，按照本所关于重新上市的有关规定执行。

12.2.5 保荐人应当督促发行人、上市公司建立健全并有效执行公司治理、内部控制和信息披露等制度，督促发行人、上市公司规范运作。

12.2.6 保荐人应当督导上市公司及相关信息披露义务人按照本规则的规定履行信息披露及其他相关义务，并履行其作出的承诺。

12.2.7 保荐人应当对上市公司募集资金使用情况、限售股票及其衍生品种解除限售进行核查并发表专项意见。

持续督导期间，保荐人应当按照本所相关规定对发行人、上市公司的相关披露事项进行核查并发表专项意见。

12.2.8 控股股东、实际控制人及其一致行动人出现下列情形的，保荐人及其保荐代表人应当就相关事项对上市公司控制权稳定和日常经营的影响、是否存在侵害上市公司利益的情形以及其他未披露重大风险发表意见并披露：

（一）所持上市公司股份被司法冻结；

（二）质押上市公司股份比例超过所持股份 80% 或者被强制平仓的；

（三）本所或者保荐人认为应当发表意见的其他情形。

12.2.9 持续督导期间，保荐人应当按照本所相关规定对上市公司的相关事项进行定期现场检查。

上市公司应当按照下列要求，积极配合保荐人履行持续督导职责：

（一）根据保荐人和保荐代表人的要求，及时提供履行持续督导职责必需的相关信息；

（二）发生应当披露的重大事项或者出现重大风险的，及时告知保荐人和保荐代表人；

（三）根据保荐人和保荐代表人的督导意见，及时履行信息披露义务或者采取相应整改措施；

（四）协助保荐人和保荐代表人披露持续督导意见；

（五）为保荐人和保荐代表人履行持续督导职责提供其他必要的条件和便利。

上市公司不配合保荐机构、保荐代表人持续督导工作的，保荐机构、保荐代表人应当督促公司改正，并及时报告本所。

12.2.10 持续督导期内，保荐人及其保荐代表人应当重点关注上市公司是否存在如下事项：

（一）存在重大财务造假嫌疑；

（二）控股股东、实际控制人及其关联人涉嫌资金占用；

（三）可能存在重大违规担保；

（四）控股股东、实际控制人及其关联人、董事、监事和高级管理人员涉嫌侵占公司利益；

（五）资金往来或者现金流存在重大异常；

（六）本所或者保荐人认为应当进行现场核查的其他事项。

出现上述情形的，保荐人及其保荐代表人应当督促公司核实并披露，同时应当自知道或者应当知道之日起 15 日内按规定进行专项现场核查。公司未及时披露的，保荐人应当及时向本所报告。

12.2.11 保荐人应当在发行人、上市公司向本所报送信息披露文件及其他文件之前，或者履行信息披露义务后 5 个交易日内，完成对有关文件的审阅工作，对存在问题的信息披露文件应当及时督促发行人更正或者补充，并向本所报告。

保荐人履行保荐职责发表的意见应当及时告知发行人、上市公司，同时在保荐工作底稿中保存。

12.2.12 保荐人在履行保荐职责期间有充分理由确信发行人、上市公司可能存在违反本所相关规定的，应当督促发行人、上市公司作出说明并限期纠正；情节严重的，应当向本所报告。

保荐人按照有关规定对发行人、上市公司违法违规事项公开发表声明的，应当于披露前向本所报告。

12.2.13 保荐人有充分理由确信其他中介机构及其签名人员按规定出具的专业意见可能存在虚假记载、误导性陈述或者重大遗漏等违法违规情形或者其他不当情形的，应当及时发表意见；情节严重的，应当向本所报告。

12.2.14　保荐人被撤销保荐资格的，发行人、上市公司应当在1个月内另行聘请保荐人，履行剩余期限的持续督导职责。

发行人、上市公司和保荐人终止保荐协议或者另行聘请保荐人的，应当及时公告。新聘请的保荐人应当及时向本所提交本规则第12.2.4条规定的有关文件。

保荐人更换保荐代表人的，应当通知发行人、上市公司及时披露保荐代表人变更事宜。

12.2.15　持续督导工作结束后，保荐人应当在上市公司公告年度报告之日起的10个交易日内出具保荐总结报告书，并通知上市公司及时披露。

第三节　会计师事务所

12.3.1　上市公司聘请或者解聘会计师事务所必须由股东大会决定，董事会不得在股东大会决定前委托会计师事务所开展工作。

公司解聘或者不再续聘会计师事务所时，应当在董事会决议后及时通知会计师事务所。公司股东大会就解聘会计师事务所进行表决时或者会计师事务所提出辞聘的，会计师事务所可以陈述意见。

12.3.2　上市公司应当合理安排新聘或者续聘会计师事务所的时间，不得因未能及时聘请会计师事务所影响定期报告的按期披露。

公司董事、监事和高级管理人员以及控股股东、实际控制人等应当向会计师提供必要的工作条件，包括允许会计师接触与编制财务报表相关的所有信息，向会计师提供审计所需的其他信息，允许会计师在获取审计证据时不受限制地接触其认为必要的内部人员和其他相关人员，保证定期报告的按期披露。

会计师事务所及其相关人员，应当严格按照注册会计师执业准则和相关规定，发表恰当的审计意见，不得无故拖延审计工作，影响上市公司定期报告按期披露。

12.3.3　会计师事务所及其相关人员应当秉承风险导向审计理念，严格执行注册会计师执业准则、职业道德守则和相关规定，保持职业怀疑态度，完善鉴证程序，科学选用鉴证方法和技术，充分了解被鉴证单位及其环境，审慎关注重大错报风险，获取充分、适当的证据，合理发表鉴证结论。

12.3.4　上市公司在聘请会计师事务所进行年度审计的同时，应当要求会计师事务所对财务报告内部控制的有效性进行审计并出具审计报告，法律法规另有规定的除外。

第四节　其他中介机构

12.4.1　上市公司应当聘请独立财务顾问就重大资产重组、发行股份购买资产（以下统称重大资产重组）出具意见。

独立财务顾问为公司提供服务时，应当关注重组事项的交易必要性、定价合理性、相关承诺和业绩补偿（如有）的合规性、合理性和可实现性，以及标的资产的协同性和公司控制、整合标的资产的能力，出具明确、恰当的意见。

12.4.2　上市公司和独立财务顾问应当根据重大资产重组业绩承诺的期限、所涉及股份的锁定期限、配套募集资金使用计划等合理确定持续督导期限。持续督导期届满，上市公司及相关信息披露义务人存在尚未完结的督导事项的，独立财务顾问应当依法依规继续履行督导义务，直至相关事项全部完成。

持续督导期内，独立财务顾问应当督促公司有效控制并整合标的资产，督促重大资产重组有关各方切实履行相关承诺和保障措施。发现交易标的财务会计报告存在虚假记载、重大风险等事项，可能损害公司利益情况的，独立财务顾问应当督促有关各方提供解决方案；情节严重的，应当及时向本所报告。

12.4.3　独立财务顾问应当对重大资产重组涉及的募集资金使用情况、限售股票及其衍生品种解除限售进行核查并发表专项意见。

独立财务顾问应当督促和检查重大资产重组相关各方落实重大资产重组方案后续计划，切实履行其作出的承诺。

重大资产重组持续督导期间，独立财务顾问应当按照本所相关规定对上市公司发生的相关事项进行核查并发表专项意见。

12.4.4　重大资产重组持续督导期间，独立财务顾问应当按照本所相关规定对上市公司进行现场检查。

12.4.5　上市公司在重大资产重组及持续督导期内变更独立财务顾问的，应当及时披露，并说明原因以及对交易的影响。

12.4.6　收购人聘请的财务顾问认为收购人利用上市公司的收购损害被收购公司及其股东合法权益的，应当拒绝为收购人提供财务顾问服务。

公司聘请的独立财务顾问应当对收购人的主体资格、资信情况及收购意图进行调查，对要约条件进行分析，对股东是否接受要约提出建议，并对本次收购的公正性和合法性发表专业意见。

公司和财务顾问应当根据收购人股份限售的期限等合理确定持续督导期限。在公司收购过程中和持续督导期间，独立财务顾问和财务顾问应当关注被收购公司是否存在为收购人及其关联人提供担保或者借款等损害公司利益的情形，发现有违法或者不当行为的，应当及时督促其纠正，并向本所报告。

持续督导期届满，公司及相关信息披露义务人存在尚未完结的督导事项的，财务顾问应当依法依规继续履行督导义务，直至相关事项全部完成。

12.4.7 资产评估机构及其相关人员应当严格执行评估准则或者其他评估规范，恰当选择评估方法，评估中提出的假设条件应当符合实际情况，对评估对象所涉及交易、收入、支出、投资等业务的合法性、未来预测的可靠性取得充分证据，充分考虑未来各种可能性发生的概率及其影响，形成合理的评估结论。

评估过程中，资产评估机构及其相关人员应当审慎关注所依赖资料的真实性和权威性，合理确定评估参数，不得以预先设定的价值作为评估结论，不得配合委托方人为虚增或者压低评估值。

12.4.8 律师事务所及其指派的律师，应当合理运用查验方式，充分了解委托方的经营情况、面临的风险和问题，对委托方的相关事项进行查验，在确保获得充分、有效证据并对证据进行综合分析的基础上，作出独立判断，出具明确的法律意见。

律师在出具法律意见时，对于查验事项受到客观条件的限制，无法取得直接证据，且无其他有效替代查验方法的，应当在法律意见书中予以说明，并充分揭示其对相关事项的影响程度及风险。

12.4.9 资信评级机构开展评级业务时，应当正确收集和使用评级信息，甄别基础资料来源的合法性和合规性，根据评级对象外部经营环境、内部运营及财务状况等情况，以及前次评级报告提及的风险因素（如有）进行分析，并密切关注与评级对象相关的信息，在出具的评级报告中充分提示风险。

发生影响前次评级报告结论的重大事项的，资信评级机构应当按照执业要求及时进行不定期跟踪评级。

第十三章 日常监管和违规处理
第一节 日常监管

13.1.1 本所可以对本规则第1.4条规定的监管对象，单独或者合并采取下列日常监管工作措施：

（一）要求对有关问题作出解释和说明；
（二）要求提供相关文件或者材料；
（三）要求相关中介机构进行核查并发表意见；
（四）发出各种通知和函件等；
（五）约见有关人员；
（六）调阅、查看工作底稿、证券业务活动记录及相关资料；
（七）要求公开更正、澄清或者说明；
（八）要求限期召开投资者说明会；
（九）要求上市公司董事会追偿损失；
（十）向中国证监会报告有关情况；
（十一）向有关单位通报相关情况；
（十二）向市场说明有关情况；
（十三）其他措施。

13.1.2 本所根据中国证监会及本所相关规定和监管需要，可以对上市公司及相关主体进行现场检查，公司及相关主体应当积极配合。

前款所述现场检查，是指本所在上市公司及相关主体的生产、经营、管理场所以及其他相关场所，采取查阅、复制文件和资料、查看实物、谈话及询问等方式，对公司及相关主体的信息披露、公司治理等情况进行监督检查的行为。

13.1.3 本所认为必要的，可以公开对监管对象采取的日常监管工作措施，上市公司应当按照本所要求及时披露有关事项。

13.1.4 本规则第1.4条规定的监管对象应当积极配合本所日常监管，在规定期限内按要求提交回复、说明及其他相关文件，或者按规定披露相关公告等，不得以有关事项存在不确定性为由不履行报告、公告和回复本所问询的义务。

第二节 违规处理

13.2.1 本规则第1.4条规定的监管对象违反本所相关规定或者其所作出的承诺的，本所可以视情节轻重，对其单独或者合并采取监管措施或者实施纪律处分。

13.2.2 本所可以根据本规则及本所其他规定采取下列监管措施：

（一）口头警示；
（二）书面警示；
（三）监管谈话；
（四）要求限期改正；
（五）要求公开致歉；
（六）要求聘请中介机构进行核查并发表意见；
（七）建议更换相关任职人员；

（八）暂停投资者账户交易；

（九）向相关主管部门出具监管建议函；

（十）其他监管措施。

13.2.3 本所可以根据本规则及本所其他规定实施下列纪律处分：

（一）通报批评；

（二）公开谴责；

（三）公开认定一定期限内不适合担任上市公司董事、监事和高级管理人员或者境外发行人信息披露境内代表；

（四）建议法院更换上市公司破产管理人或者管理人成员；

（五）暂不接受发行上市申请文件；

（六）暂不接受中介机构或者其从业人员出具的相关业务文件；

（七）限制投资者账户交易；

（八）收取惩罚性违约金；

（九）其他纪律处分。

本所实施前款第（六）项纪律处分的，同时将该决定通知监管对象所在单位（如适用）及聘请其执业的本所上市公司或者其他监管对象。在暂不接受文件期间，本所可以决定是否对该监管对象出具且已接受的其他文件中止审查。

13.2.4 本所设立纪律处分委员会对违反本规则的纪律处分事项进行审核，作出独立的专业判断并形成审核意见。

本所根据纪律处分委员会的审核意见，作出是否给予纪律处分的决定。

13.2.5 相关纪律处分决定作出前，当事人可以按照本所有关业务规则规定的受理范围和程序申请听证。

13.2.6 监管对象被本所采取监管措施或者实施纪律处分，应当予以积极配合，及时落实完成。本所要求其自查整改的，监管对象应当及时报送并按要求披露相关自查整改报告。

第十四章 申请复核

14.1 发行人、上市公司、申请股票重新上市的公司或者其他监管对象（以下统称申请人）对本所作出的决定不服，相关决定事项属于本所有关业务规则规定的复核受理范围的，可以在收到本所有关决定或者本所公告有关决定之日（以在先者为准）后，在相关规则规定的期限内，以书面形式向本所申请复核。

14.2 申请人申请复核，应当有明确的复核请求、事实依据和异议理由。

申请人及相关机构和人员，应当保证所提交的复核申请材料及相关材料不存在虚假记载、误导性陈述或者隐瞒重要事实。

14.3 复核期间，本所决定不停止执行，但本所另有规定或者本所认为需要停止执行的除外。

14.4 本所在收到申请人提交的复核申请文件之日后的5个交易日内，作出是否受理的决定并通知申请人。

不符合本章和本所其他规定，或者未按规定提交复核申请文件的，本所不受理其复核申请。

14.5 本所设立复核委员会，对申请人的复核申请进行审议，作出独立的专业判断并形成审核意见。

14.6 本所在受理复核申请之日后的30个交易日内，依据复核委员会的审核意见作出复核决定。存在特殊情形的，经复核委员会同意可延长复核决定期限，延长期限不超过30个交易日。该决定为终局决定。

在此期间，本所要求申请人提供补充材料的，申请人应当按要求予以提供。申请人提供补充材料期间不计入本所作出有关决定的期限。

申请人提供补充材料的期限累计不得超过30个交易日。申请人未按本所要求在前述期限内提交补充材料的，本所在该期限届满后可以继续对其所提申请进行审核，并根据本规则对其作出复核决定。

本所可以自行或者委托相关机构就公司有关情况进行调查核实，并将核查结果提交复核委员会审议，调查核实期间不计入本所作出有关决定的期限。

14.7 申请人对本所作出的不予上市、终止上市、不同意主动终止上市决定申请复核的，应当在向本所提出复核申请之日后的次一交易日披露有关内容。

前述当事人在收到本所是否受理其复核申请的决定后，以及收到本所作出的复核决定后，应当及时披露决定的有关内容，并提示相关风险。

14.8 本所对申请复核的相关事宜另有规定的，从其规定。

第十五章 释 义

15.1 本规则下列用语具有如下含义：

（一）披露或者公告：指上市公司或者相关信息披露义务人按照法律、行政法规、部门规章、规范性文件、本规则及本所其他规定在本所网站和符合中国证监会规定条件的媒体发布信息。

（二）及时披露：指自起算日起或者触及本规则披露时点的2个交易日内披露。

（三）重大事项：指对上市公司股票及其衍生品种交易价格可能产生较大影响的事项。

（四）独立董事：指不在上市公司担任除董事外的其他职务，并与其所受聘的上市公司及其主要股东、实际控制人不存在直接或间接利害关系，或者其他可能影响其进行独立客观判断关系的董事。

（五）高级管理人员：指公司总经理、副总经理、董事会秘书、财务负责人及公司章程规定的其他人员。

（六）控股股东：指其持有的股份占公司股本总额50%以上的股东；或者持有股份的比例虽然不足50%，但依其持有的股份所享有的表决权已足以对股东大会的决议产生重大影响的股东。

（七）实际控制人：指通过投资关系、协议或者其他安排，能够实际支配公司行为的自然人、法人或者其他组织。

（八）上市公司控股子公司：指上市公司持有其50%以上的股份，或者能够决定其董事会半数以上成员的当选，或者通过协议或其他安排能够实际控制的公司。

（九）关系密切的家庭成员：包括配偶、父母、年满18周岁的子女及其配偶、兄弟姐妹及其配偶，配偶的父母、兄弟姐妹，子女配偶的父母。

（十）股权分布不具备上市条件：指社会公众股东持有的股份低于公司总股本的25%，公司股本总额超过4亿元的，低于公司总股本的10%。

上述社会公众股东是指除下列股东以外的上市公司其他股东：

1. 持有上市公司10%以上股份的股东及其一致行动人；

2. 上市公司的董事、监事和高级管理人员及其关联人。

（十一）营业收入：指上市公司利润表列报的营业收入；上市公司编制合并财务报表的，为合并利润表列报的营业总收入。本规则第九章对营业收入另有规定的，从其规定。

（十二）利润总额：指上市公司利润表列报的利润总额；上市公司编制合并财务报表的，为合并利润表列报的利润总额。

（十三）净利润：指上市公司利润表列报的净利润；上市公司编制合并财务报表的，为合并利润表列报的归属于母公司所有者的净利润，不包括少数股东损益。

（十四）净资产：指上市公司资产负债表列报的所有者权益；上市公司编制合并财务报表的，为合并资产负债表列报的归属于母公司所有者权益，不包括少数股东权益。

（十五）每股收益：指根据中国证监会有关规定计算的基本每股收益。

（十六）净资产收益率：指根据中国证监会有关规定计算的净资产收益率。

（十七）破产程序：指《企业破产法》所规范的重整、和解或者破产清算程序。

（十八）管理人管理运作模式：指经法院裁定由管理人负责管理上市公司财产和营业事务的运作模式。

（十九）管理人监督运作模式：指经法院裁定由公司在管理人的监督下自行管理财产和营业事务的运作模式。

（二十）中介机构：指为上市公司及相关信息披露义务人出具上市保荐书、持续督导报告、审计报告、鉴证报告、资产评估报告、资信评级报告、法律意见书、财务顾问报告等文件的保荐人、会计师事务所、律师事务所、资产评估机构、财务顾问和资信评级机构等。

（二十一）追溯重述：指因财务会计报告存在重大会计差错或者虚假记载，上市公司主动改正或者被中国证监会责令改正后，对此前披露的年度财务会计报告进行的差错更正。

（二十二）公司股票停牌日：指本所对上市公司股票全天予以停牌的交易日。

（二十三）B股股票每日股票收盘价均低于1元：指B股股票的每日收盘价换算成人民币计价后的收盘价低于1元（按本所编制上证综指采用的美元对人民币汇率中间价换算）。计算结果按照四舍五入原则取至价格最小变动单位。

（二十四）在本所的每日股票收盘总市值：指根据上市公司在本所上市股票的每日收盘价格与其各自对应的股本计算的股票价值合计，股票数量包括流通股股份数和非流通股股份数，含已回购未注销的股份。

（二十五）无保留意见：指当注册会计师认为财务报表在所有重大方面按照适用的财务报告编制基础的规定编制并实现公允反映时发表的审计意见。

（二十六）非标准审计意见：指注册会计师对财务报表发表的非无保留意见或带有解释性说明的无保留意见。前述非无保留意见，是指注册会计师对财务报表发表的保留意见、否定意见或无法表示意见。前述带有解释性说明的无保留意见，是指对财务报表发表的带有强调事项段、持续经营重大不确定性段落的无保留意见或者其他信息段落中包含其他信息未更正重大错报说明的无保留意见。

（二十七）现金选择权：指当上市公司拟实施合并、分立、收购、主动退市等重大事项时，该上市公司的股东按事先约定的价格在规定期限内将其所持有的上市公司股份出售给提供现金选择权的相关当事人（或其指定的第三方）的权利。

（二十八）表决权差异安排：指发行人根据《公司法》的相关规定，在一般规定的普通股份之外，发行特别表决权股份。每一特别表决权股份拥有的表决权数量大于每一普通股份拥有的表决权数量，其他股东权利与普通股份相同。

（二十九）协议控制架构：指红筹企业通过协议方式实际控制境内实体运营企业的一种投资结构。

15.2 本规则未定义的用语的含义，按照有关法律、行政法规、部门规章、规范性文件和本所相关规定确定。

15.3 本规则所称以上含本数，超过、少于、低于、以下不含本数。

15.4 本规则所称"元"，如无特指，均指人民币元。

第十六章 附 则

16.1 本规则经本所理事会会议审议通过并报中国证监会批准后生效，修改时亦同。

16.2 本规则由本所负责解释。

16.3 本规则自2023年9月4日起施行。自本规则施行之日起的一年为过渡期。过渡期内，上市公司董事会及其专门委员会的设置、独立董事专门会议机制等事项与本规则不一致的，应当逐步调整至符合本规则的规定。

深圳证券交易所股票上市规则

- 1998年1月实施
- 2000年5月第一次修订
- 2001年6月第二次修订
- 2002年2月第三次修订
- 2004年12月第四次修订
- 2006年5月第五次修订
- 2008年9月第六次修订
- 2012年7月第七次修订
- 2014年10月第八次修订
- 2018年4月第九次修订
- 2018年11月第十次修订
- 2020年12月第十一次修订
- 2022年1月第十二次修订
- 2023年2月第十三次修订
- 2023年8月第十四次修订

第一章 总 则

1.1 为了规范股票、存托凭证、可转换为股票的公司债券（以下简称可转换公司债券）及其他衍生品种（以下统称股票及其衍生品种）上市行为，以及发行人、上市公司及其他信息披露义务人的信息披露行为，维护证券市场秩序，保护投资者的合法权益，推动提高上市公司质量，促进资本市场健康发展，根据《中华人民共和国公司法》（以下简称《公司法》）、《中华人民共和国证券法》（以下简称《证券法》）、《证券交易所管理办法》等法律、行政法规、部门规章、规范性文件（以下统称法律法规）及《深圳证券交易所章程》，制定本规则。

1.2 在深圳证券交易所（以下简称本所）主板上市的股票及其衍生品种的上市、信息披露、停牌、复牌、退市等事宜，适用本规则。本规则未作规定的，适用本所其他有关规定。

中国证券监督管理委员会（以下简称中国证监会）和本所对境内外证券交易所互联互通存托凭证在本所的上市、信息披露、停牌、复牌、退市等事宜另有规定的，适用其规定。

1.3 发行人申请股票及其衍生品种在本所上市的，应当经本所审核同意。发行人首次公开发行股票或者存托凭证在本所上市的，应当在上市前与本所签订上市协议，明确双方的权利、义务和其他事项。

1.4 发行人、上市公司及其董事、监事、高级管理人员、股东或者存托凭证持有人、实际控制人、收购人及其他权益变动主体、重大资产重组、再融资、重大交易、破产事项等有关各方，为前述主体提供服务的中介机构及其相关人员，以及法律法规规定的对上市、信息披露、停牌、复牌、退市等事项承担相关义务的其他主体，应当遵守法律法规、本规则及本所其他规定。

1.5 本所依据法律法规、本规则、本所其他规定和上市协议、声明与承诺，对本规则第1.4条规定的主体进行自律监管。

第二章 信息披露的基本原则及一般规定
第一节 基本原则

2.1.1 上市公司及相关信息披露义务人应当根据法律法规、本规则及本所其他规定，及时、公平地披露信息，并保证所披露的信息真实、准确、完整，简明清晰、通俗易懂，不得有虚假记载、误导性陈述或者重大遗漏。

本规则所称相关信息披露义务人，是指本规则第1.4条规定的除上市公司外的承担信息披露义务的主体。

2.1.2 上市公司董事、监事、高级管理人员应当保证公司及时、公平地披露信息，以及信息披露内容的真实、准确、完整，不存在虚假记载、误导性陈述或者重大遗漏。

公司董事、监事、高级管理人员不能保证公司所披露的信息真实、准确、完整或者对公司所披露的信息存在异议的，应当在公告中作出声明并说明理由，公司应当予以披露。

2.1.3 相关信息披露义务人应当按照有关规定履行信息披露义务，并积极配合上市公司做好信息披露工作，及时告知公司已发生或者拟发生的可能对公司股票及其衍生品种交易价格产生较大影响的事项（以下简称重大事项或者重大信息）。

公司应当协助相关信息披露义务人履行信息披露义务。

2.1.4 上市公司及相关信息披露义务人披露信息，应当以客观事实或者具有事实基础的判断和意见为依据，如实反映客观情况，不得有虚假记载。

2.1.5 上市公司及相关信息披露义务人披露信息，应当客观，使用明确、贴切的语言和文字，不得有误导性陈述。

公司披露预测性信息及其他涉及公司未来经营和财务状况等信息，应当合理、谨慎、客观。

2.1.6 上市公司及相关信息披露义务人披露信息，应当内容完整，充分披露可能对上市公司股票及其衍生品种交易价格有较大影响的信息，揭示可能产生的重大风险，不得选择性披露部分信息，不得有重大遗漏。

信息披露文件材料应当齐备，格式符合规定要求。

2.1.7 上市公司及相关信息披露义务人应当在本规则规定的期限内披露重大信息，不得有意选择披露时点。

2.1.8 上市公司及相关信息披露义务人应当同时向所有投资者公开披露重大信息，确保所有投资者可以平等地获取同一信息，不得提前向任何单位和个人泄露。

2.1.9 上市公司及相关信息披露义务人披露信息，应当使用事实描述性的语言，简洁明了、逻辑清晰、语言浅白、易于理解。

第二节 一般规定

2.2.1 上市公司及相关信息披露义务人应当披露的信息包括定期报告、临时报告等。公司及相关信息披露义务人应当按照法律法规、本规则及本所其他规定编制公告并披露，并按规定报送相关备查文件。公司及相关信息披露义务人不得以定期报告形式代替应当履行的临时公告义务。

前款所述公告和材料应当采用中文文本。同时采用外文文本的，公司及相关信息披露义务人应当保证两种文本的内容一致。

两种文本发生歧义时，以中文文本为准。

公司及相关信息披露义务人应当保证所披露的信息与提交的公告内容一致。公司披露的公告内容与提供给本所的材料内容不一致的，应当立即向本所报告并及时更正。

2.2.2 上市公司公告应当由董事会发布并加盖公司或者董事会公章，监事会决议公告可以加盖监事会公章，法律法规或者本所另有规定的除外。

2.2.3 上市公司及相关信息披露义务人的公告应当在本所网站和符合中国证监会规定条件的媒体（以下统称符合条件媒体）上披露。

公司及相关信息披露义务人不得以公告的形式滥用符合条件媒体披露含有宣传、广告、诋毁、恭维等性质的内容。

2.2.4 上市公司及相关信息披露义务人应当在涉及的重大事项触及下列任一时点及时履行信息披露义务：

（一）董事会或者监事会作出决议时；

（二）签署意向书或者协议（无论是否附加条件或者期限）时；

（三）公司（含任一董事、监事或者高级管理人员）知悉重大事项发生时；

（四）发生重大事项的其他情形。

在前款规定的时点之前出现下列情形之一的，公司应当及时披露相关事项的现状、可能影响事件进展的风险因素：

（一）该重大事项难以保密；

（二）该重大事项已经泄露或者出现媒体报道、市场传闻（以下统称传闻）；

（三）公司股票及其衍生品种交易异常波动。

2.2.5　上市公司及相关信息披露义务人筹划重大事项，持续时间较长的，可以按规定分阶段披露进展情况，提示相关风险。

已披露的事项发生变化，可能对公司股票及其衍生品种交易价格产生较大影响的，公司及相关信息披露义务人应当及时披露进展公告。

2.2.6　上市公司及相关信息披露义务人拟披露的信息被依法认定为国家秘密等，及时披露或者履行相关义务可能危害国家安全、损害公司利益或者导致违反法律法规的，可以免于按照本所有关规定披露或者履行相关义务。

公司及相关信息披露义务人拟披露的信息属于商业秘密等，及时披露或者履行相关义务可能引致不正当竞争、损害公司利益或者导致违反法律法规的，可以暂缓或者免于按照本所有关规定披露或者履行相关义务。

公司及相关信息披露义务人暂缓披露临时性商业秘密的期限原则上不超过两个月。

2.2.7　上市公司及相关信息披露义务人依据本规则第2.2.6条规定暂缓披露、免于披露其信息的，应当符合下列条件：

（一）相关信息未泄露；

（二）有关内幕信息知情人已书面承诺保密；

（三）公司股票及其衍生品种交易未发生异常波动。

不符合本规则第2.2.6条和前款要求，或者暂缓披露的期限届满的，公司及相关信息披露义务人应当及时履行信息披露及相关义务。

暂缓、免于披露的原因已经消除的，公司及相关信息披露义务人应当及时披露，并说明已履行的审议程序、已采取的保密措施等情况。

2.2.8　上市公司及相关信息披露义务人通过股东大会、业绩说明会、分析师会议、路演、接受投资者调研等形式，与任何单位和个人进行沟通时，不得透露、泄露尚未披露的重大信息。

公司及相关信息披露义务人确有需要的，可以在非交易时段通过新闻发布会、媒体专访、公司网站、网络自媒体等方式对外发布重大信息，但公司应当于下一交易时段开始前披露相关公告。

公司及相关信息披露义务人向公司股东、实际控制人或者其他第三方报送文件或者传递信息涉及未公开重大信息的，应当及时履行信息披露义务。

2.2.9　上市公司控股子公司发生本规则第六章、第七章规定的重大事项，视同上市公司发生的重大事项，适用本规则前述各章的规定。

上市公司参股公司发生本规则第六章、第七章规定的重大事项，可能对公司股票及其衍生品种交易价格产生较大影响的，应当参照本规则前述各章的规定履行信息披露义务。

法律法规或者本所另有规定的，适用其规定。

2.2.10　上市公司发生的或者与之有关的事项没有达到本规则规定的披露标准，或者本规则没有具体规定，但该事项对公司股票及其衍生品种交易价格可能产生较大影响的，公司应当参照本规则及时披露。

2.2.11　除依规需要披露的信息之外，上市公司及相关信息披露义务人可以自愿披露与投资者作出价值判断和投资决策有关的信息，但不得与依规披露的信息相冲突，不得误导投资者。

公司及相关信息披露义务人自愿披露信息，应当真实、准确、完整，遵守公平原则，保持信息披露的持续性和一致性，不得进行选择性披露。

公司及相关信息披露义务人自愿披露信息，应当审慎、客观，不得利用该等信息不当影响公司股票及其衍生品种交易价格、从事内幕交易或者其他违法违规行为。

第三节　信息披露管理制度

2.3.1　上市公司应当制定并严格执行信息披露事务管理制度。信息披露事务管理制度应当经公司董事会审议通过并披露。

2.3.2　上市公司应当配备信息披露所必需的通讯设备，建立与本所的有效沟通渠道，并保证对外咨询电话的畅通。

2.3.3　上市公司应当制定董事、监事、高级管理人员及其他相关主体对外发布信息的行为规范，明确发布程序、方式和未经公司董事会许可不得对外发布的情形等事项。

公司控股股东、实际控制人应当比照前款要求，规范与上市公司有关的信息发布行为。

2.3.4 上市公司应当建立和执行内幕信息知情人登记管理制度。内幕信息知情人登记管理制度应当经公司董事会审议通过并披露。

公司及相关信息披露义务人和其他知情人在信息披露前，应当将该信息的知情者控制在最小范围内。

内幕信息知情人在内幕信息依法披露前，不得公开或者泄露内幕信息、买卖或者建议他人买卖公司股票及其衍生品种。

2.3.5 上市公司及相关信息披露义务人应当关注关于本公司的传闻以及本公司股票及其衍生品种的交易情况，及时向相关方了解真实情况。

传闻可能对公司股票及其衍生品种的交易情况产生较大影响的，公司及相关信息披露义务人应当向相关方核实情况，及时披露公告予以澄清说明。

2.3.6 上市公司信息披露采用直通披露和非直通披露两种方式。

信息披露原则上采用直通披露方式，本所可以根据公司信息披露质量、规范运作情况等，调整直通披露公司范围。

直通披露的公告范围由本所确定，本所可以根据业务需要进行调整。

2.3.7 本所根据法律法规、本规则及本所其他规定，对上市公司及相关信息披露义务人披露的信息进行形式审查，对其实质内容不承担责任。

第三章 股票及其衍生品种的上市与变动管理
第一节 首次公开发行股票上市

3.1.1 境内企业申请首次公开发行股票并在本所上市，应当符合下列条件：

（一）符合《证券法》、中国证监会规定的发行条件。

（二）发行后股本总额不低于5000万元。

（三）公开发行的股份达到公司股份总数的25%以上；公司股本总额超过4亿元的，公开发行股份的比例为10%以上。

（四）市值及财务指标符合本规则规定的标准。

（五）本所要求的其他条件。

本所可以根据市场情况，经中国证监会批准，对上市条件和具体标准进行调整。

3.1.2 境内企业申请在本所上市，市值及财务指标应当至少符合下列标准中的一项：

（一）最近三年净利润均为正，且最近三年净利润累计不低于1.5亿元，最近一年净利润不低于6000万元，最近三年经营活动产生的现金流量净额累计不低于1亿元或者营业收入累计不低于10亿元；

（二）预计市值不低于50亿元，且最近一年净利润为正，最近一年营业收入不低于6亿元，最近三年经营活动产生的现金流量净额累计不低于1.5亿元；

（三）预计市值不低于80亿元，且最近一年净利润为正，最近一年营业收入不低于8亿元。

本节所称净利润以扣除非经常性损益前后的孰低者为准，净利润、营业收入、经营活动产生的现金流量净额均指经审计的数值。本节所称预计市值，是指股票公开发行后按照总股本乘以发行价格计算出来的发行人股票名义总价值。

3.1.3 符合《国务院办公厅转发证监会关于开展创新企业境内发行股票或存托凭证试点若干意见的通知》（国办发〔2018〕21号）等有关规定的红筹企业，可以申请发行股票或者存托凭证并在本所上市。

红筹企业申请首次公开发行股票或者存托凭证并在本所上市，应当符合下列条件：

（一）符合《证券法》、中国证监会规定的发行条件。

（二）发行股票的，发行后股份总数不低于5000万股；发行存托凭证的，发行后存托凭证总份数不低于5000万份。

（三）发行股票的，公开发行（含已公开发行）的股份达到公司股份总数的25%以上；公司股份总数超过4亿股的，公开发行（含已公开发行）股份的比例为10%以上。发行存托凭证的，公开发行（含已公开发行）的存托凭证对应基础股份达到公司股份总数的25%以上；发行后存托凭证总份数超过4亿份的，公开发行（含已公开发行）的存托凭证对应基础股份达到公司股份总数的10%以上。

（四）市值及财务指标符合本规则规定的标准。

（五）本所要求的其他条件。

本所可以根据市场情况，经中国证监会批准，对上市条件和具体标准进行调整。

3.1.4 已在境外上市的红筹企业，申请发行股票或者存托凭证并在本所上市的，应当至少符合下列标准中的一项：

（一）市值不低于2000亿元；

（二）市值200亿元以上，且拥有自主研发、国际领先技术，科技创新能力较强，在同行业竞争中处于相对优势地位。

3.1.5 未在境外上市的红筹企业,申请发行股票或者存托凭证并在本所上市的,应当至少符合下列标准中的一项:

(一)预计市值不低于200亿元,且最近一年营业收入不低于30亿元;

(二)营业收入快速增长,拥有自主研发、国际领先技术,在同行业竞争中处于相对优势地位,且预计市值不低于100亿元;

(三)营业收入快速增长,拥有自主研发、国际领先技术,在同行业竞争中处于相对优势地位,且预计市值不低于50亿元,最近一年营业收入不低于5亿元。

前款规定的营业收入快速增长,应当符合下列标准之一:

(一)最近一年营业收入不低于5亿元的,最近三年营业收入复合增长率10%以上;

(二)最近一年营业收入低于5亿元的,最近三年营业收入复合增长率20%以上;

(三)受行业周期性波动等因素影响,行业整体处于下行周期,发行人最近三年营业收入复合增长率高于同行业可比公司同期平均增长水平。

处于研发阶段的红筹企业和对国家创新驱动发展战略有重要意义的红筹企业,不适用"营业收入快速增长"的上述要求。

3.1.6 发行人具有表决权差异安排的,市值及财务指标应当至少符合下列标准中的一项:

(一)预计市值不低于200亿元,且最近一年净利润为正;

(二)预计市值不低于100亿元,且最近一年净利润为正,最近一年营业收入不低于10亿元。

拥有特别表决权的股份(以下简称特别表决权股份)的持有人资格、公司章程关于表决权差异安排的具体规定,应当符合本规则第四章第六节的规定。

3.1.7 发行人首次公开发行股票经中国证监会予以注册并完成公开发行后,向本所提出上市申请的,应当提交下列文件:

(一)上市申请书;

(二)中国证监会予以注册的决定;

(三)首次公开发行结束后,发行人全部股票已经中国证券登记结算有限责任公司深圳分公司(以下简称结算公司)登记的证明文件;

(四)首次公开发行结束后,会计师事务所出具的验资报告;

(五)发行人、控股股东、实际控制人、董事、监事和高级管理人员等根据本规则及本所其他有关规定要求出具的证明、声明及承诺;

(六)首次公开发行后至上市前,按规定新增的财务资料和有关重大事项的说明文件(如适用);

(七)本所要求的其他文件。

3.1.8 发行人及其董事、监事、高级管理人员应当保证向本所提交的上市申请文件内容真实、准确、完整,不存在虚假记载、误导性陈述或者重大遗漏。

3.1.9 发行人首次公开发行股票前已发行的股份(以下简称首发前股份),自发行人股票上市之日起一年内不得转让。

3.1.10 发行人向本所申请其首次公开发行的股票上市时,其控股股东和实际控制人应当承诺:自发行人股票上市之日起三十六个月内,不转让或者委托他人管理其直接或者间接持有的发行人首发前股份,也不由发行人回购其直接或者间接持有的发行人首发前股份。发行人应当在上市公告书中公告上述承诺。

自发行人股票上市之日起一年后,出现下列情形之一的,经上述承诺主体申请并经本所同意,可以豁免遵守上述承诺:

(一)转让双方存在实际控制关系,或者均受同一控制人所控制,且受让人承诺继续遵守上述承诺;

(二)因上市公司陷入危机或者面临严重财务困难,受让人提出的挽救公司的方案获得该公司股东大会审议通过和有关部门批准,且受让人承诺继续遵守上述承诺;

(三)本所认定的其他情形。

发行人没有或者难以认定控股股东、实际控制人的,按照有关规定承诺所持首发前股份自发行人股票上市之日起三十六个月内不得转让的股东,适用前款第(一)项规定。

3.1.11 本所在收到发行人提交的本规则第3.1.7条所列全部上市申请文件后五个交易日内,作出是否同意其股票上市的决定。出现特殊情况时,本所可以暂缓作出决定。

3.1.12 首次公开发行的股票上市申请获得本所同意后,发行人应当于其股票上市前五个交易日内,在符合条件媒体披露下列文件:

(一)上市公告书;

(二)公司章程;

(三)本所要求的其他文件。

上述文件应当置备于公司住所,供公众查阅。

发行人在提出上市申请期间,未经本所同意,不得擅自披露与上市有关的信息。

3.1.13 发行人应当在披露招股意向书或者招股说明书后,持续关注有关公司的传闻,及时向有关方面了解真实情况。传闻可能对公司股票及其衍生品种交易价格或者投资决策产生较大影响的,应当在上市首日披露风险提示公告,对相关问题进行说明澄清并提示公司存在的主要风险。

第二节 上市公司股票及其衍生品种的发行与上市

3.2.1 上市公司向本所申请办理向不特定对象发行股票、可转换公司债券等证券发行事宜时,应当提交下列文件:

(一)中国证监会予以注册的决定;
(二)发行的预计时间安排;
(三)发行具体实施方案和发行公告;
(四)招股说明书或者其他发行募集文件;
(五)本所要求的其他文件。

3.2.2 上市公司应当按照中国证监会有关规定,编制并及时披露涉及新股、可转换公司债券等证券发行的相关公告。

3.2.3 发行完成后,上市公司可以向本所申请所发行股票、可转换公司债券等证券上市。

3.2.4 上市公司股东认购公司发行的新股,应当遵守法律法规、本规则及本所其他规定中关于股份转让的限制性规定,在规定的期限内不得转让,但同一实际控制人控制的不同主体之间转让公司股份并承继不得转让限制的除外。

股东认购公司发行的新股,就限制股份转让作出承诺的,在承诺的期限内不得转让,但依法依规履行承诺变更程序的除外。

3.2.5 上市公司申请新股、可转换公司债券在本所上市时,仍应当符合股票、可转换公司债券的相关发行条件。

3.2.6 上市公司向本所申请新股上市,应当提交下列文件:

(一)上市申请书;
(二)按照有关规定编制的上市公告书;
(三)发行结束后,会计师事务所出具的验资报告;
(四)结算公司对新增股份已登记托管的书面确认文件;
(五)董事、监事和高级管理人员持股情况变动的报告(如适用);

(六)本所要求的其他文件。

3.2.7 上市公司向本所申请可转换公司债券上市,应当提交下列文件:

(一)上市申请书;
(二)按照有关规定编制的上市公告书;
(三)发行结束后,会计师事务所出具的验资报告;
(四)结算公司对可转换公司债券已登记托管的书面确认文件;
(五)受托管理协议;
(六)本所要求的其他文件。

3.2.8 上市公司在本所同意其新股、可转换公司债券等证券上市的申请后,应当于其证券上市前五个交易日内,在符合条件媒体披露下列文件:

(一)上市公告书;
(二)股份变动报告书(适用于新股上市);
(三)本所要求的其他文件和事项。

第三节 股票及其衍生品种解除限售

3.3.1 投资者持有的下列有限售条件的股票及其衍生品种解除限售,适用本节规定:

(一)首发前股份;
(二)上市公司向特定对象发行的股票及其衍生品种;
(三)其他根据法律法规、本规则及本所其他规定存在限售条件的股票及其衍生品种。

3.3.2 投资者出售已解除限售的股票及其衍生品种应当严格遵守所作出的各项承诺,其股份出售不得影响未履行完毕承诺的继续履行。

3.3.3 上市公司及其投资者应当关注限售股票及其衍生品种的限售期限及相关承诺截至申请解除限售前的履行情况。

保荐人或者独立财务顾问应当对本次解除限售事项的合规性进行核查,并对本次解除限售数量、解除限售时间是否符合有关法律法规、本所有关规定和有关承诺,相关信息披露是否真实、准确、完整发表结论性意见。

3.3.4 投资者申请限售股票及其衍生品种解除限售的,应当委托上市公司办理相关手续,并满足下列条件:

(一)限售期已满;
(二)解除限售不影响该投资者履行作出的有关承诺;
(三)申请解除限售的投资者不存在对公司资金占用,公司对该主体不存在违规担保等损害公司利益的行为；

（四）不存在法律法规、本规则及本所其他规定中规定的限制转让情形。

3.3.5 上市公司应当在本所受理股票及其衍生品种解除限售申请后，及时办理完毕有关登记手续，并在限售股票及其衍生品种解除限售前三个交易日内披露提示性公告。公告内容包括解除限售时间、解除限售数量及占总股本的比例，有关投资者所作出的限售承诺及其履行情况，本次解除限售后公司的股本结构等。

3.3.6 本所对股票及其衍生品种的解除限售事宜另有规定的，适用其规定。

第四节 股票及其衍生品种变动管理

3.4.1 上市公司投资者、董事、监事、高级管理人员等所持股票及其衍生品种变动事宜，应当遵守法律法规、本规则、本所其他规定、公司章程等规定。

投资者及董事、监事、高级管理人员等对持有比例、持有期限、变动方式、变动价格等作出承诺的，应当严格履行所作出的承诺。

3.4.2 在一个上市公司中拥有权益的股份达到该公司已发行的有表决权股份的5%以上，或者其后拥有权益的股份变动涉及《证券法》《上市公司收购管理办法》规定的收购或者股份权益变动情形的，该股东、实际控制人及其他信息披露义务人应当按照《证券法》《上市公司收购管理办法》等规定通知上市公司，并履行公告义务。

前述投资者违反《证券法》第六十三条第一款、第二款的规定买入上市公司有表决权的股份的，在买入后的三十六个月内，该超过规定比例部分的股份不得行使表决权，且不得计入出席上市公司股东大会有表决权的股份总数。

公司应当配合投资者履行信息披露义务。公司股东、实际控制人及其他信息披露义务人未履行报告和公告义务的，公司董事会应当自知悉之日起及时报告和公告，并督促相关股东、实际控制人及其他信息披露义务人履行公告义务。

3.4.3 因上市公司股本变动，导致投资者在该上市公司中拥有权益的股份变动涉及《证券法》《上市公司收购管理办法》规定的收购或者股份权益变动情形的，公司应当自完成股本变动的变更登记之日起两个交易日内就因此导致的投资者的权益变动情况作出公告。

3.4.4 持有上市公司5%以上股份的契约型基金、信托计划或者资产管理计划，应当在权益变动文件中披露支配股份表决权的主体，以及该主体与上市公司控股股东、实际控制人、董事、监事、高级管理人员是否存在关联关系。

契约型基金、信托计划或者资产管理计划成为上市公司控股股东、第一大股东或者实际控制人的，除应当履行前款规定义务外，还应当在权益变动文件中穿透披露至最终投资者。

3.4.5 投资者持有一个上市公司已发行的可转换公司债券达到发行总量的20%时，应当在事实发生之日起两个交易日内通知该上市公司并予以公告。

持有上市公司已发行的可转换公司债券20%以上的投资者，其所持上市公司已发行的可转换公司债券比例每增加或者减少10%时，应当在事实发生之日起两个交易日内通知该上市公司并予以公告。

3.4.6 上市公司应当在可转换公司债券转换为股票的数额累计达到可转换公司债券开始转股前公司已发行股份总额的10%时及时披露。

公司应当在每一季度结束后及时披露因可转换公司债券转换为股份所引起的股份变动情况。

3.4.7 上市公司涉及被要约收购，或者被公司董事、监事、高级管理人员、员工或者其所控制或者委托的法人、其他组织收购的，应当按照《证券法》《上市公司收购管理办法》等规定披露公告并履行相关义务。

3.4.8 上市公司股东、实际控制人及其他信息披露义务人未履行收购、权益变动相关的报告和公告义务，拒不履行相关配合义务，或者存在不得收购上市公司的情形的，公司董事会应当拒绝接受该股东、实际控制人或受其支配的股东向董事会提交的提案或者临时议案，并及时报告本所。

3.4.9 上市公司董事、监事和高级管理人员所持本公司股份为下列情形之一的，不得转让：

（一）本公司股票上市交易之日起一年内；

（二）离职后半年内；

（三）承诺一定期限内不转让并在该期限内；

（四）法律法规、本所规定的其他情形。

公司董事、监事和高级管理人员应当在公司股票上市前、任命生效时及新增持有公司股份时，按照本所的有关规定申报并申请锁定其所持的本公司股份。

3.4.10 上市公司董事、监事和高级管理人员在买卖本公司股票的两个交易日内，本所在网站上公开本次变动前持股数量，本次股份变动的日期、数量、价格，以及本次变动后的持股数量等。

3.4.11 上市公司董事、监事、高级管理人员和持有公司5%以上股份的股东违反《证券法》有关规定，将其所持本公司股票或者其他具有股权性质的证券在买入后六个月内卖出，或者在卖出后六个月内又买入的，公司董事会应当收回其所得收益，并及时披露相关人员前述买卖的情况、收益的金额、公司采取的处理措施和公司收回收益的具体情况等。

前款所称董事、监事、高级管理人员和自然人股东持有的股票或者其他具有股权性质的证券，包括其配偶、父母、子女持有的及利用他人账户持有的股票或者其他具有股权性质的证券。

3.4.12 上市公司控股股东、持有5%以上股份的股东及其一致行动人、董事、监事、高级管理人员披露增持股份计划的，应当明确披露增持数量或者金额，设置数量区间或者金额区间的，应当审慎合理确定上限和下限。

3.4.13 上市公司持有5%以上股份的股东及其一致行动人、实际控制人、董事、监事、高级管理人员，以及本所有关规定规范的其他持股主体，转让其持有的本公司股份的，应当遵守法律法规、本规则及本所其他规定关于持有期限、转让时间、转让数量、转让方式、信息披露、转让限制等规定。

公司存在本规则第九章规定的重大违法强制退市情形的，其控股股东、实际控制人、董事、监事、高级管理人员，以及上述主体的一致行动人，应当遵守本规则第9.5.14条关于不得减持公司股份的规定。

3.4.14 发行人的高级管理人员设立的专项资产管理计划，通过集中竞价方式减持参与战略配售获配股份的，应当参照《深圳证券交易所上市公司股东及董事、监事、高级管理人员减持股份实施细则》关于高级管理人员减持股份的规定履行信息披露义务。

3.4.15 上市公司控股子公司不得取得该上市公司发行的股份。确因特殊原因持有股份的，应当在一年内消除该情形，在消除前，上市公司控股子公司不得对其持有的股份行使表决权。

第四章 公司治理
第一节 一般规定

4.1.1 上市公司应当健全治理机制、建立有效的治理结构，建立完善独立董事制度，形成科学有效的职责分工和制衡机制，强化内部和外部监督，保证内部控制制度的完整性、合理性及有效性。

公司应当确保股东大会、董事会、监事会等机构合法运作和科学决策，明确股东、董事、监事和高级管理人员的权利和义务，保障股东充分行使其合法权利，尊重利益相关者的基本权益，保证公司经营管理合法合规、资金资产安全、信息披露真实、准确、完整，切实防范财务造假、资金占用、违规担保等违法违规行为，维护公司及股东的合法权益。

4.1.2 上市公司董事会、监事会和其他内部机构应当独立运作，独立行使决策权、经营管理权，不得与控股股东、实际控制人及其关联人存在机构混同等影响公司独立经营的情形，保证人员、资产、财务分开，保证机构、业务独立。

4.1.3 上市公司与董事、监事、高级管理人员、控股股东、实际控制人及其他关联人发生资金往来、担保等事项应当遵守法律法规、本规则、本所其他规定和公司章程的规定，不得损害上市公司利益。

因上市公司关联人占用或者转移公司资金、资产或者其他资源而给公司造成损失或者可能造成损失的，公司董事会应当及时采取诉讼、财产保全等措施避免或者减少损失，并追究有关人员的责任。

关联人强令、指使或者要求公司违规提供资金或者担保的，公司及其董事、监事、高级管理人员应当拒绝，不得协助、配合或者默许。

4.1.4 上市公司应当积极践行可持续发展理念，主动承担社会责任，维护社会公共利益，重视环境保护。

公司应当按规定编制和披露社会责任报告等文件。出现违背社会责任等重大事项时，公司应当充分评估潜在影响并及时披露，说明原因和解决方案。

4.1.5 上市公司应当重视和加强投资者关系管理工作，为投资者关系管理工作设置必要的信息交流渠道，建立与投资者之间良好的沟通机制和平台，增进投资者对公司的了解。

公司投资者关系管理工作应当遵循公开、公平、公正原则，真实、准确、完整地介绍和反映公司的实际状况，避免在投资者关系活动中出现透露、泄露未公开重大信息、过度宣传误导投资者决策、对公司股票及其衍生品种价格公开作出预期或者承诺等违反信息披露规则或者涉嫌操纵股票及其衍生品种价格的行为。

公司董事会应当负责制定投资者关系管理工作制度，并指定董事会秘书负责组织和协调投资者关系管理工作。监事会应当对投资者关系管理工作制度实施情况进行监督。

第二节 股东大会、董事会和监事会

4.2.1 上市公司股东大会的召集、召开、表决等应

当符合法律法规、本所有关规定和公司章程的要求,应当平等对待全体股东,不得以利益输送、利益交换等方式影响股东的表决,操纵表决结果,损害其他股东的合法权益。

4.2.2　股东自行召集股东大会的,应当在发出股东大会通知前书面通知上市公司董事会并将有关文件报送本所。对于股东依法自行召集的股东大会,公司及其董事会秘书应当予以配合,提供必要的支持,并及时履行信息披露义务。

在股东大会决议公告前,召集股东持股比例不得低于公司总股本的10%。召集股东应当在不晚于发出股东大会通知时,承诺自提议召开股东大会之日至股东大会召开日期间不减持其所持该上市公司股份并披露。

4.2.3　上市公司召开股东大会,应当按照法律法规规定的股东大会通知期限,以公告方式向股东发出股东大会通知。

股东大会通知中应当列明会议召开的时间、地点、方式以及会议召集人和股权登记日等事项,并充分、完整地披露所有提案的具体内容。股东大会的提案内容应当符合法律法规、本规则、本所其他规定和公司章程,属于股东大会职权范围,并有明确议题和具体决议事项。

有助于股东对拟讨论的事项作出合理决策所需的资料,应当在不晚于发出股东大会通知时披露。

4.2.4　上市公司股东大会应当设置会场,以现场会议与网络投票相结合的方式召开。现场会议时间、地点的选择应当便于股东参加。股东大会通知发出后,无正当理由,股东大会现场会议召开地点不得变更。确需变更的,召集人应当于现场会议召开日两个交易日前发布通知并说明具体原因。

4.2.5　上市公司董事会、独立董事、持有1%以上有表决权股份的股东或者依照法律法规设立的投资者保护机构公开请求股东委托其代为行使提案权、表决权等的,征集人应当依规披露征集公告和相关征集文件,不得以有偿或者变相有偿方式公开征集股东权利,上市公司应当予以配合。

4.2.6　发出股东大会通知后,无正当理由,上市公司股东大会不得延期或者取消,股东大会通知中列明的提案不得取消。一旦出现股东大会延期或者取消、提案取消的情形,召集人应当在原定会议召开日两个交易日前发布公告,说明延期或者取消的具体原因;延期召开股东大会的,还应当披露延期后的召开日期。

4.2.7　股东大会召开前股东依法依规提出临时提案的,召集人应当在规定时间内发出股东大会补充通知,披露提出临时提案的股东姓名或者名称、持股比例和新增提案的内容。

4.2.8　召集人应当在股东大会结束当日,披露股东大会决议公告。股东大会决议公告应当包括会议召开的时间、地点、方式、召集人、出席会议的股东(代理人)人数、所持(代理)股份及占上市公司有表决权股份总数的比例、每项提案的表决方式、每项提案的表决结果、法律意见书的结论性意见等。

股东大会审议影响中小投资者利益的重大事项时,应当对除上市公司董事、监事、高级管理人员以及单独或者合计持有上市公司5%以上股份的股东以外的其他股东的表决单独计票并披露。

上市公司股东大会应当由律师对会议的召集、召开、出席会议人员的资格、召集人资格、表决程序(股东回避等情况)以及表决结果等事项是否合法、有效发表意见。法律意见书应当与股东大会决议公告同时披露。

本所要求提供股东大会会议记录的,召集人应当按本所要求提供。

4.2.9　上市公司及其股东、董事、监事、高级管理人员等在股东大会上不得透露、泄露未公开重大信息。

4.2.10　上市公司董事会应当按照法律法规、本所有关规定和公司章程履行职责,公平对待所有股东,并维护其他利益相关者的合法权益。

董事会的人数和人员构成应当符合法律法规、本规则、本所其他规定、公司章程等的要求,董事会成员应当具备履行职责所必需的知识、技能和素质,具备良好的职业道德。

4.2.11　上市公司应当依据法律法规、本所有关规定和公司章程召集、召开董事会,并在会议结束后及时将董事会决议报送本所。董事会决议应当经与会董事签字确认。本所要求提供董事会会议记录的,公司应当按本所要求提供。

公司董事会决议涉及须经股东大会审议的事项或者法律法规、本规则所述重大事项的,公司应当披露董事会决议和相关重大事项公告,本所另有规定的除外。

董事会决议公告应当包括会议通知发出的时间和方式、会议召开的时间、地点和方式、委托他人出席和缺席的董事人数和姓名、缺席的理由和受托董事姓名、每项议案的表决结果以及有关董事反对或者弃权的理由等。重大事项公告应当按照中国证监会有关规定、本所有关规定及本所制定的公告格式予以披露。

4.2.12 上市公司应当在董事会中设置审计委员会，并可以设置战略、提名、薪酬与考核等专门委员会，按照公司章程和董事会授权履行职责。

专门委员会成员全部由董事组成，其中审计委员会、提名委员会、薪酬与考核委员会中独立董事应当过半数并担任召集人；审计委员会成员应当为不在上市公司担任高级管理人员的董事，召集人应当为会计专业人士。

审计委员会负责审核公司财务信息及其披露、监督及评估内外部审计工作和内部控制。下列事项应当经审计委员会全体成员过半数同意后，方可提交董事会审议：

（一）披露财务会计报告及定期报告中的财务信息、内部控制评价报告；

（二）聘用、解聘承办上市公司审计业务的会计师事务所；

（三）聘任或者解聘上市公司财务负责人；

（四）因会计准则变更以外的原因作出会计政策、会计估计变更或者重大会计差错更正；

（五）法律法规、本所有关规定及公司章程规定的其他事项。

提名委员会、薪酬与考核委员会应当按照法律法规、本所有关规定、公司章程和董事会的规定履行职责，就相关事项向董事会提出建议。董事会对相关建议未采纳或者未完全采纳的，应当在董事会决议中记载相关意见及未采纳的具体理由，并进行披露。

4.2.13 上市公司监事会应当按照有关法律法规、本所有关规定和公司章程履行监督职责，维护公司及股东合法权益。

监事会的人员和结构应当确保能够独立有效地履行职责。监事应当具有相应的专业知识或者工作经验，具备有效履职能力和良好的职业道德。公司董事、高级管理人员不得兼任监事。

4.2.14 上市公司应当依据法律法规、本所有关规定和公司章程召集、召开监事会，并在会议结束后及时将监事会决议报送本所。监事会决议应当经与会监事签字确认。本所要求提供监事会会议记录的，公司应当按本所要求提供。

公司依据本所有关规定披露监事会决议的，监事会决议公告应当包括会议通知发出的时间和方式、会议召开的时间、地点和方式、委托他人出席和缺席的监事情况、每项议案的表决结果以及有关监事反对或者弃权的理由、审议事项的具体内容和会议形成的决议等。

4.2.15 上市公司股东大会、董事会、监事会不能正常召开、在召开期间出现异常情况或者决议效力存在争议的，应当立即向本所报告，说明原因并披露相关事项、争议各方的主张、公司现状等有助于投资者了解公司实际情况的信息，以及律师出具的专项法律意见书。

出现前款规定情形的，公司董事会应当维护公司正常生产经营秩序，保护公司及全体股东利益，公平对待所有股东。

第三节 董事、监事和高级管理人员

4.3.1 上市公司董事、监事和高级管理人员应当遵守并保证公司遵守法律法规、本所有关规定和公司章程，忠实、勤勉履职，严格履行其作出的各项声明和承诺，切实履行报告和信息披露义务，维护上市公司和全体股东利益，并积极配合本所的日常监管。

独立董事应当在董事会中充分发挥参与决策、监督制衡、专业咨询作用。

4.3.2 上市公司董事由股东大会选举和更换，并可以在任期届满前由股东大会解除其职务。

董事每届任期不得超过三年，任期届满可以连选连任。

4.3.3 候选人存在下列情形之一的，不得被提名担任上市公司董事、监事和高级管理人员：

（一）根据《公司法》等法律法规及其他有关规定不得担任董事、监事、高级管理人员的情形；

（二）被中国证监会采取不得担任上市公司董事、监事、高级管理人员的证券市场禁入措施，期限尚未届满；

（三）被证券交易场所公开认定为不适合担任上市公司董事、监事、高级管理人员，期限尚未届满；

（四）法律法规、本所规定的其他情形。

上述期限计算至公司董事会审议高级管理人员候选人聘任议案的日期，以及股东大会或者职工代表大会审议董事、监事候选人聘任议案的日期。

公司董事、监事和高级管理人员在任职期间出现第一款第（一）项、第（二）项情形或者独立董事出现不符合独立性条件情形的，相关董事、监事和高级管理人员应当立即停止履职并由公司按相应规定解除其职务。公司董事、监事和高级管理人员在任职期间出现第一款第（三）项、第（四）项情形的，公司应当在该事实发生之日起三十日内解除其职务。本所另有规定的除外。

相关董事、监事应被解除职务但仍未解除，参加董事会及其专门委员会会议、独立董事专门会议、监事会会议并投票的，其投票无效。

4.3.4 上市公司的董事、监事和高级管理人员在公

司股票首次公开发行并上市前，新任董事、监事和高级管理人员在获得任命后一个月内，应当按照本所有关规定签署《董事（监事、高级管理人员）声明及承诺书》，并报送本所和公司董事会。声明与承诺事项发生重大变化（持有本公司的股票情况除外）的，董事、监事和高级管理人员应当在五个交易日内更新并报送本所和公司董事会。

上述人员签署《董事（监事、高级管理人员）声明及承诺书》时，应当由律师见证。董事、监事和高级管理人员应当保证声明事项的真实、准确、完整，不存在虚假记载、误导性陈述或者重大遗漏。

董事会秘书应当督促董事、监事和高级管理人员及时签署《董事（监事、高级管理人员）声明及承诺书》，并按本所规定的途径和方式提交。

4.3.5　上市公司董事应当积极作为，对公司负有忠实义务和勤勉义务。

上市公司董事应当履行下列忠实义务和勤勉义务：

（一）公平对待所有股东。

（二）保护公司资产的安全、完整，不得利用职务之便为公司实际控制人、股东、员工、本人或者其他第三方的利益而损害公司利益。

（三）未经股东大会同意，不得为本人及其关系密切的家庭成员谋取属于上市公司的商业机会，不得自营、委托他人经营上市公司同类业务。

（四）保守商业秘密，不得泄露公司尚未披露的重大信息，不得利用内幕信息获取不当利益，离职后应当履行与公司约定的竞业禁止义务。

（五）保证有足够的时间和精力参与上市公司事务，原则上应当亲自出席董事会，因故不能亲自出席董事会的，应当审慎地选择受托人，授权事项和决策意向应当具体明确，不得全权委托。

（六）审慎判断公司董事会审议事项可能产生的风险和收益，对所议事项表达明确意见；在公司董事会投反对票或者弃权票的，应当明确披露投票意向的原因、依据、改进建议或者措施。

（七）认真阅读上市公司的各项经营、财务报告和有关公司的传闻，及时了解并持续关注公司业务经营管理状况和公司已发生或者可能发生的重大事项及其影响，及时向董事会报告公司经营活动中存在的问题，不得以不直接从事经营管理或者不知悉、不熟悉为由推卸责任。

（八）关注公司是否存在被关联人或者潜在关联人占用资金等公司利益被侵占问题，如发现异常情况，及时向董事会报告并采取相应措施。

（九）认真阅读公司财务会计报告，关注财务会计报告是否存在重大编制错误或者遗漏，主要会计数据和财务指标是否发生大幅波动及波动原因的解释是否合理；对财务会计报告有疑问的，应当主动调查或者要求董事会补充提供所需的资料或者信息。

（十）积极推动公司规范运行，督促公司依法依规履行信息披露义务，及时纠正和报告公司的违规行为，支持公司履行社会责任。

（十一）法律法规、本规则及本所其他规定、公司章程要求的其他忠实义务和勤勉义务。

上市公司监事和高级管理人员应当参照前款规定履行职责。

4.3.6　上市公司董事、监事和高级管理人员应当关注公司控股股东及其一致行动人质押股份情况，按规定审慎核查、评估公司控股股东及其一致行动人的高比例质押行为可能对公司控制权和生产经营稳定性、股权结构、公司治理、业绩补偿义务履行等产生的影响。

4.3.7　上市公司最迟应当在发布召开关于选举独立董事的股东大会通知公告时，将所有独立董事候选人的有关材料（包括提名人声明与承诺、候选人声明与承诺、独立董事履历表等）报送本所，并保证报送材料的真实、准确、完整。提名人应当在声明与承诺中承诺，被提名人与其不存在利害关系或者其他可能影响被提名人独立履职的情形。

公司董事会对独立董事候选人的有关情况有异议的，应当同时报送董事会的书面意见。

在召开股东大会选举独立董事时，公司董事会应当对独立董事候选人是否被本所提出异议的情况进行说明。对于本所提出异议的独立董事候选人，上市公司不得提交股东大会选举。

4.3.8　独立董事履行下列职责：

（一）参与董事会决策并对所议事项发表明确意见；

（二）按照《上市公司独立董事管理办法》的有关规定，对上市公司与其控股股东、实际控制人、董事、高级管理人员之间的潜在重大利益冲突事项进行监督，促使董事会决策符合公司整体利益，保护中小股东的合法权益；

（三）对上市公司经营发展提供专业、客观的建议，促进提升董事会决策水平；

（四）法律法规、中国证监会规定、本所相关规定和公司章程规定的其他职责。

独立董事应当独立、公正地履行职责，不受上市公司及其主要股东、实际控制人等单位或者个人的影响。

4.3.9 独立董事行使下列特别职权：

（一）独立聘请中介机构，对上市公司具体事项进行审计、咨询或者核查；

（二）向董事会提请召开临时股东大会；

（三）提议召开董事会会议；

（四）依法公开向股东征集股东权利；

（五）对可能损害上市公司或者中小股东权益的事项发表独立意见；

（六）法律法规、中国证监会和公司章程规定的其他职权。

独立董事行使前款第一项至第三项职权的，应当经全体独立董事过半数同意。

独立董事行使本条第一款所列职权的，上市公司应当及时披露。上述职权不能正常行使的，公司应当披露具体情况和理由。

4.3.10 下列事项应当经上市公司全体独立董事过半数同意后，提交董事会审议：

（一）应当披露的关联交易；

（二）上市公司及相关方变更或者豁免承诺的方案；

（三）被收购上市公司董事会针对收购所作出的决策及采取的措施；

（四）法律法规、本所有关规定及公司章程规定的其他事项。

4.3.11 上市公司应当建立独立董事专门会议制度，定期或者不定期召开全部由独立董事参加的会议，对本规则第4.3.9条第一款第一项至第三项和第4.3.10条规定的相关事项进行审议。

独立董事专门会议可以根据需要研究讨论上市公司其他事项。

独立董事专门会议应当由过半数独立董事共同推举一名独立董事召集和主持；召集人不履职或者不能履职时，两名及以上独立董事可以自行召集并推举一名代表主持。

上市公司应当为独立董事专门会议的召开提供便利和支持。

4.3.12 上市公司监事应当对公司董事、高级管理人员遵守有关法律法规、本规则、本所其他规定和公司章程以及执行公司职务、股东大会决议等行为进行监督。董事、高级管理人员应当如实向监事提供有关情况和资料，不得妨碍监事行使职权。

监事在履行监督职责过程中，对违反前款有关规定或者决议的董事、高级管理人员，可以提出罢免建议。

监事发现公司董事、高级管理人员违反第一款有关规定或者决议，或者存在其他损害公司利益行为的，已经或者可能给公司造成重大损失的，应当及时向董事会、监事会报告，要求相关方予以纠正，并向本所报告。

4.3.13 上市公司董事、监事和高级管理人员辞职应当提交书面辞职报告。高级管理人员的辞职自辞职报告送达董事会时生效。

除下列情形外，董事和监事的辞职自辞职报告送达董事会或者监事会时生效：

（一）董事、监事辞职导致董事会、监事会成员低于法定最低人数；

（二）职工代表监事辞职导致职工代表监事人数少于监事会成员的三分之一；

（三）独立董事辞职导致上市公司董事会或者其专门委员会中独立董事所占比例不符合法律法规或者公司章程规定，或者独立董事中欠缺会计专业人士。

出现前款规定情形的，辞职应当在下任董事或者监事填补因相关董事、监事辞职产生的空缺后方能生效；在辞职生效前，拟辞职董事或者监事仍应当按照有关法律法规、本规则、本所其他规定和公司章程的规定继续履行职责，但存在本规则第4.3.3条规定情形的除外。

第四节 董事会秘书

4.4.1 上市公司应当设立董事会秘书，作为公司与本所之间的指定联络人。

公司应当设立由董事会秘书负责管理的信息披露事务部门。

4.4.2 董事会秘书对上市公司和董事会负责，履行如下职责：

（一）负责公司信息披露事务，协调公司信息披露工作，组织制定公司信息披露事务管理制度，督促上市公司及相关信息披露义务人遵守信息披露有关规定。

（二）负责组织和协调公司投资者关系管理工作，协调公司与证券监管机构、股东及实际控制人、中介机构、媒体等之间的信息沟通。

（三）组织筹备董事会会议和股东大会会议，参加股东大会、董事会、监事会及高级管理人员相关会议，负责董事会会议记录工作并签字。

（四）负责公司信息披露的保密工作，在未公开重大信息泄露时，及时向本所报告并公告。

（五）关注有关公司的传闻并主动求证真实情况，督促董事会等有关主体及时回复本所问询。

（六）组织董事、监事和高级管理人员进行相关法律法规、本规则及本所其他规定要求的培训，协助前述人员了解各自在信息披露中的职责。

（七）督促董事、监事和高级管理人员遵守法律法规、本规则、本所其他规定和公司章程，切实履行其所作出的承诺；在知悉公司、董事、监事和高级管理人员作出或者可能作出违反有关规定的决议时，应当予以提醒并立即如实向本所报告。

（八）负责公司股票及其衍生品种变动的管理事务等。

（九）法律法规、本所要求履行的其他职责。

4.4.3 上市公司应当为董事会秘书履行职责提供便利条件，董事、监事、财务负责人及其他高级管理人员和公司相关人员应当支持、配合董事会秘书工作。

董事会秘书为履行职责，有权了解公司的财务和经营情况，参加涉及信息披露的有关会议，查阅相关文件，并要求公司有关部门和人员及时提供相关资料和信息。

董事会秘书在履行职责过程中受到不当妨碍和严重阻挠时，可以直接向本所报告。

4.4.4 上市公司董事会秘书应当具备履行职责所必需的财务、管理、法律专业知识，具有良好的职业道德和个人品德。有下列情形之一的人士不得担任公司董事会秘书：

（一）最近三十六个月受到中国证监会行政处罚；

（二）最近三十六个月受到证券交易所公开谴责或者三次以上通报批评；

（三）本公司现任监事；

（四）本所认定不适合担任董事会秘书的其他情形。

4.4.5 上市公司原则上应当在首次公开发行股票并上市后三个月内或者原任董事会秘书离职后三个月内聘任董事会秘书。

4.4.6 上市公司董事会秘书空缺期间，董事会应当指定一名董事或者高级管理人员代行董事会秘书的职责并公告，同时尽快确定董事会秘书人选。公司指定代行董事会秘书职责的人员之前，由董事长代行董事会秘书职责。

公司董事会秘书空缺期间超过三个月的，董事长应当代行董事会秘书职责，并在六个月内完成董事会秘书的聘任工作。

4.4.7 上市公司在聘任董事会秘书的同时，还应当聘任证券事务代表，协助董事会秘书履行职责。在董事会秘书不能履行职责时，由证券事务代表行使其权利并履行其职责，在此期间，并不当然免除董事会秘书对公司信息披露事务所负有的责任。

证券事务代表的任职条件参照本规则第4.4.4条执行。

4.4.8 上市公司聘任董事会秘书、证券事务代表后应当及时公告，并向本所提交下列资料：

（一）董事会秘书、证券事务代表聘任书或者相关董事会决议、聘任说明文件，包括符合本规则任职条件、职务、工作表现及个人品德等；

（二）董事会秘书、证券事务代表个人简历、学历证明（复印件）；

（三）董事会秘书、证券事务代表的通讯方式，包括办公电话、移动电话、传真、通信地址及专用电子邮件信箱地址等。

上述有关通讯方式的资料发生变更时，公司应当及时向本所提交变更后的资料。

4.4.9 上市公司解聘董事会秘书应当具有充分理由，不得无故解聘。

董事会秘书被解聘或者辞职时，公司应当及时向本所报告，说明原因并公告。

董事会秘书可以就被公司不当解聘或者与辞职有关的情况，向本所提交个人陈述报告。

4.4.10 董事会秘书有下列情形之一的，上市公司应当自实发生之日起一个月内解聘董事会秘书：

（一）出现本规则第4.4.4条所规定情形之一；

（二）连续三个月以上不能履行职责；

（三）在履行职责时出现重大错误或者疏漏，给投资者造成重大损失；

（四）违反法律法规、本规则、本所其他规定或者公司章程，给公司、投资者造成重大损失。

4.4.11 上市公司应当指派董事会秘书、证券事务代表或者本规则规定代行董事会秘书职责的人员负责与本所联系，办理信息披露与股票及其衍生品变动管理事务。

第五节 控股股东和实际控制人

4.5.1 上市公司控股股东、实际控制人应当诚实守信，依法依规行使股东权利、履行股东义务，严格履行承诺，维护上市公司和全体股东的共同利益。

控股股东、实际控制人应当维护上市公司独立性，不得利用对上市公司的控制地位谋取非法利益、占用上市公司资金和其他资源。

4.5.2 上市公司控股股东、实际控制人在公司股票首次公开发行并上市前或者控制权变更完成后一个月内，应当按照本所有关规定签署《控股股东、实际控制人声明及承诺书》，并报送本所和公司董事会。声明与承诺事项发生重大变化的，控股股东、实际控制人应当在五个交易日内更新并报送本所和公司董事会。

控股股东、实际控制人签署《控股股东、实际控制人声明及承诺书》时，应当由律师见证。控股股东、实际控制人应当保证声明事项的真实、准确、完整，不存在虚假记载、误导性陈述或者重大遗漏。

董事会秘书应当督促控股股东、实际控制人及时签署《控股股东、实际控制人声明及承诺书》，并按本所规定的途径和方式提交。

4.5.3 上市公司控股股东、实际控制人应当遵守下列要求：

（一）遵守并促使上市公司遵守法律法规、本规则、本所其他规定和公司章程，接受本所监管；

（二）依法行使股东权利，不滥用控制权损害公司或者其他股东的合法权益；

（三）严格履行所作出的公开声明和各项承诺，不擅自变更或者解除；

（四）严格按照有关规定履行信息披露义务，积极主动配合公司做好信息披露工作，及时告知公司已发生或者拟发生的重大事项；

（五）不得以任何方式占用公司资金；

（六）不得强令、指使或者要求公司及相关人员违法违规提供担保；

（七）不得利用公司未公开重大信息谋取利益，不得以任何方式泄露公司的未公开重大信息，不得从事内幕交易、操纵市场等违法违规行为；

（八）不得通过非公允的关联交易、利润分配、资产重组、对外投资等任何方式损害公司和其他股东的合法权益；

（九）保证公司资产完整、人员独立、财务独立、机构独立和业务独立，不得以任何方式影响公司的独立性；

（十）本所认为应当履行的其他职责。

控股股东、实际控制人应当明确承诺，存在控股股东或者控股股东关联人占用公司资金、要求公司违法违规提供担保的，在占用资金全部归还、违规担保全部解除前不转让所持有、控制的公司股份，但转让所持有、控制的公司股份所得资金用以清偿占用资金、解除违规担保的除外。

4.5.4 上市公司控股股东、实际控制人应当履行信息披露义务，并保证所披露信息的真实、准确、完整、及时、公平，不得有虚假记载、误导性陈述或者重大遗漏。

公司控股股东、实际控制人出现下列情形之一的，应当及时告知公司，并配合公司履行信息披露义务：

（一）所持公司股份涉及本规则第 7.7.9 条所列的事项；

（二）公司的实际控制人及其控制的其他主体从事与公司相同或者相似业务的情况发生较大变化；

（三）拟对上市公司进行重大资产重组、债务重组或者业务重组；

（四）因经营状况恶化进入破产或者解散程序；

（五）出现与控股股东、实际控制人有关传闻，对上市公司股票及其衍生品种交易价格可能产生较大影响；

（六）其他可能对上市公司股票及其衍生品种交易价格产生较大影响的情形。

前款规定的事项出现重大进展或者变化的，控股股东、实际控制人应当将其知悉的有关情况书面告知公司，并配合公司履行信息披露义务。

控股股东、实际控制人收到公司问询的，应当及时了解情况并回复，保证回复内容真实、准确和完整。

4.5.5 上市公司控股股东、实际控制人应当结合自身履约能力和资信情况，充分评估股票质押可能存在的风险，审慎开展股票质押特别是限售股份质押、高比例质押业务，维护公司控制权稳定。

4.5.6 上市公司控股股东、实际控制人应当依法依规行使股东权利、履行股东义务，不得隐瞒其控股股东、实际控制人身份，规避相关义务和责任。

通过签署一致行动协议控制公司的，应当在协议中明确相关控制安排及解除机制。

公司应当根据股权结构、股东持股比例、董事会成员构成及董事的提名任免、过往决策实际情况、股东之间的一致行动协议或者约定等情况，真实、客观、审慎地认定公司控制权归属，无正当、合理理由不得认定为无控股股东、实际控制人。

4.5.7 上市公司披露无控股股东、实际控制人的，公司第一大股东及其最终控制人应当比照控股股东、实际控制人，遵守本节规定。

第六节 表决权差异安排

4.6.1 发行人首次公开发行上市前设置表决权差异安排的，应当经出席股东大会的股东所持表决权的三分之二以上通过。

发行人在首次公开发行上市前不具有表决权差异安

排的,不得在首次公开发行上市后以任何方式设置此类安排。

4.6.2 除公司章程规定的表决权差异外,普通股份与特别表决权股份具有的其他股东权利应当完全相同。

4.6.3 持有特别表决权股份的股东应当为对上市公司发展作出重大贡献,并且在公司上市前及上市后持续担任公司董事的人员或者该等人员实际控制的持股主体。

持有特别表决权股份的股东在上市公司中拥有权益的股份合计应当达到公司全部已发行有表决权股份的10%以上。

4.6.4 上市公司章程应当规定每份特别表决权股份的表决权数量。

每份特别表决权股份的表决权数量应当相同,且不得超过每份普通股份的表决权数量的10倍。

4.6.5 上市公司股票在本所上市后,除同比例配股、转增股本、分配股票股利情形外,不得在境内外发行特别表决权股份,不得提高特别表决权比例。

上市公司因股份回购等原因,可能导致特别表决权比例提高的,应当同时采取将相应数量特别表决权股份转换为普通股份等措施,保证特别表决权比例不高于原有水平。

本规则所称特别表决权比例,是指全部特别表决权股份的表决权数量占上市公司全部已发行股份表决权数量的比例。

4.6.6 上市公司应当保证普通表决权比例不低于10%;单独或者合计持有公司10%以上已发行有表决权股份的股东有权提议召开临时股东大会;单独或者合计持有公司3%以上已发行有表决权股份的股东有权提出股东大会议案。

本规则所称普通表决权比例,是指全部普通股份的表决权数量占上市公司全部已发行股份表决权数量的比例。

4.6.7 特别表决权股份不得在二级市场进行交易,但可以按照本所有关规定进行转让。

4.6.8 出现下列情形之一的,特别表决权股份应当按照1:1的比例转换为普通股份:

(一)持有特别表决权股份的股东不再符合本规则第4.6.3条规定的资格和最低持股要求,或者丧失相应履职能力、离任、死亡;

(二)实际持有特别表决权股份的股东失去对相关持股主体的实际控制;

(三)持有特别表决权股份的股东向他人转让所持有的特别表决权股份,或者将特别表决权股份的表决权委托他人行使,但转让或者委托给受该特别表决权股东实际控制的主体除外;

(四)公司的控制权发生变更。

发生前款第(四)项情形的,上市公司已发行的全部特别表决权股份应当转换为普通股份。

4.6.9 上市公司股东对下事事项行使表决权时,每一特别表决权股份享有的表决权数量应当与每一普通股份的表决权数量相同:

(一)修改公司章程;
(二)改变特别表决权股份享有的表决权数量;
(三)聘请或者解聘独立董事;
(四)聘请或者解聘监事;
(五)聘请或者解聘为上市公司定期报告出具审计意见的会计师事务所;
(六)公司合并、分立、解散或者变更公司形式。

上市公司章程应当规定,股东大会应当对前款第(一)项、第(二)项、第(六)项事项作出决议,并经出席会议的股东所持表决权的三分之二以上通过。但根据第4.6.5条、第4.6.8条的规定,将相应数量特别表决权份转换为普通股份的除外。

4.6.10 上市公司应当在股东大会通知中列明持有特别表决权股份的股东、所持特别表决权股份数量及对应的表决权数量、股东大会议案是否涉及第4.6.9条规定事项等情况。

4.6.11 上市公司具有表决权差异安排的,应当在定期报告中披露该等安排在报告期内的实施、股份变动、表决权恢复及行使情况等,特别是风险、公司治理等信息,以及该等安排下保护投资者合法权益有关措施的实施情况。

4.6.12 出现下列情形之一的,相关股东应当立即通知上市公司,公司应当及时披露:

(一)特别表决权股份转换成普通股份;
(二)股东所持有的特别表决权股份被质押、冻结、司法标记、司法拍卖、托管、设定信托或者被依法限制表决权等,或者出现被强制过户的风险;
(三)其他重大变化或者调整。

相关公告应当包含具体情形、发生时间、转换为普通股份的特别表决权股份数量(如适用)、剩余特别表决权股份数量(如适用)等内容。

4.6.13 上市公司具有表决权差异安排的,监事会

应当在年度报告中,就下列事项出具专项意见:

(一)持有特别表决权股份的股东是否持续符合本规则第 4.6.3 条的要求;

(二)特别表决权股份是否出现本规则第 4.6.8 条规定的情形并及时转换为普通股份;

(三)特别表决权比例是否持续符合本规则的规定;

(四)持有特别表决权股份的股东是否存在滥用特别表决权或者其他损害投资者合法权益的情形;

(五)上市公司及持有特别表决权股份的股东遵守本节其他规定的情况。

持续督导期内,保荐人应当对上市公司特别表决权事项履行持续督导义务,在年度保荐工作报告中对前款规定的事项发表意见,发现股东存在滥用特别表决权或者其他损害投资者合法权益情形时,应当及时督促相关股东改正,并向本所报告。

4.6.14 持有特别表决权股份的股东应当按照所适用的法律法规以及公司章程行使权利,不得滥用特别表决权,不得利用特别表决权损害投资者的合法权益。

出现前款情形,损害投资者合法权益的,本所可以要求公司或者持有特别表决权股份的股东予以改正。

4.6.15 上市公司或者持有特别表决权股份的股东应当按照本所及结算公司的有关规定,办理特别表决权股份登记和转换成普通股份登记事宜。

4.6.16 已在境外上市的红筹企业的表决权差异安排与本节规定存在差异的,可以按照公司注册地公司法等法律法规、境外上市地相关规则和公司章程的规定执行。公司应当详细说明差异情况和原因,以及依法落实保护投资者合法权益要求的对应措施。

第五章 定期报告

第一节 业绩预告和业绩快报

5.1.1 上市公司预计年度经营业绩和财务状况出现下列情形之一的,应当在会计年度结束之日起一个月内进行预告:

(一)净利润为负值;

(二)净利润实现扭亏为盈;

(三)实现盈利,且净利润与上年同期相比上升或者下降 50%以上;

(四)扣除非经常性损益前后的净利润孰低者为负值,且扣除与主营业务无关的业务收入和不具备商业实质的收入后的营业收入低于 1 亿元;

(五)期末净资产为负值;

(六)公司股票交易因触及本规则第 9.3.1 条第一款规定的情形被实施退市风险警示后的首个会计年度;

(七)本所认定的其他情形。

公司预计半年度经营业绩将出现前款第(一)项至第(三)项情形之一的,应当在半年度结束之日起十五日内进行预告。

公司因第一款第(六)项情形进行年度业绩预告的,应当预告全年营业收入、扣除与主营业务无关的业务收入和不具备商业实质的收入后的营业收入、净利润、扣除非经常性损益后的净利润和期末净资产。

5.1.2 上市公司预计报告期实现盈利且净利润与上年同期相比上升或者下降 50%以上,但存在下列情形之一的,可以免于披露相应业绩预告:

(一)上一年年度每股收益绝对值低于或者等于 0.05 元,可免于披露年度业绩预告;

(二)上一年半年度每股收益绝对值低于或者等于 0.03 元,可免于披露半年度业绩预告。

5.1.3 上市公司应当合理、谨慎、客观、准确地披露业绩预告,公告内容应当包括盈亏金额区间、业绩变动范围、经营业绩或者财务状况发生重大变动的主要原因等。

存在不确定因素可能影响业绩预告准确性的,公司应当在业绩预告公告中披露不确定因素的具体情况及其影响程度。

5.1.4 上市公司披露业绩预告后,最新预计经营业绩或者财务状况与已披露的业绩预告相比存在下列情形之一的,应当按照本所有关规定及时披露业绩预告修正公告,说明具体差异及造成差异的原因:

(一)因本规则第 5.1.1 条第一款第(一)项至第(三)项披露业绩预告的,最新预计的净利润方向与已披露的业绩预告不一致,或者较原预计金额或区间范围差异幅度较大;

(二)因本规则第 5.1.1 条第一款第(四)项、第(五)项披露业绩预告的,最新预计不触及第 5.1.1 条第一款第(四)项、第(五)项的情形;

(三)因本规则第 5.1.1 条第一款第(六)项披露业绩预告的,最新预计第 5.1.1 条第三款所列指标与原预计方向不一致,或者较原预计金额或区间范围差异幅度较大;

(四)本所规定的其他情形。

5.1.5 上市公司出现下列情形之一的,应当及时披露业绩快报:

(一)在定期报告披露前向有关机关报送未公开的

定期财务数据，预计无法保密；

（二）在定期报告披露前出现业绩泄露，或者因业绩传闻导致公司股票及其衍生品种交易异常波动；

（三）拟披露第一季度业绩但上年度年度报告尚未披露。

出现前款第（三）项情形的，公司应当在不晚于第一季度业绩相关公告发布时披露上一年度的业绩快报。

除出现第一款情形外，公司可以在定期报告披露前发布业绩快报。

5.1.6　上市公司披露业绩快报的，业绩快报应当包括公司本期及上年同期营业收入、营业利润、利润总额、净利润、扣除非经常性损益后的净利润、总资产、净资产、每股收益、每股净资产和净资产收益率等数据和指标。

5.1.7　上市公司披露业绩快报后，预计本期业绩或者财务状况与已披露的业绩快报的数据和指标差异幅度达到20%以上，或者最新预计的报告期净利润、扣除非经常性损益后的净利润或者期末净资产方向与已披露的业绩快报不一致的，应当及时披露业绩快报修正公告，说明具体差异及造成差异的原因。

5.1.8　上市公司预计本期业绩与已披露的盈利预测数据有重大差异的，应当及时披露盈利预测修正公告，并披露会计师事务所关于实际情况与盈利预测存在差异的专项说明。

5.1.9　上市公司董事、监事、高级管理人员应当及时、全面了解和关注公司经营情况和财务信息，并和会计师事务所进行必要的沟通，审慎判断是否应当披露业绩预告。

公司及其董事、监事、高级管理人员应当对业绩预告及修正公告、业绩快报及修正公告、盈利预测及修正公告披露的准确性负责，确保披露情况与公司实际情况不存在重大差异。

第二节　年度报告、半年度报告和季度报告

5.2.1　上市公司应当披露的定期报告包括年度报告、半年度报告和季度报告。

公司应当在法律法规、本规则规定的期限内，按照中国证监会及本所有关规定编制并披露定期报告。

5.2.2　上市公司应当在每个会计年度结束之日起四个月内披露年度报告，应当在每个会计年度的上半年结束之日起两个月内披露半年度报告，应当在每个会计年度的前三个月、前九个月结束之日起一个月内披露季度报告。

公司第一季度季度报告的披露时间不得早于上一年度的年度报告披露时间。

公司预计不能在第一款规定的期限内披露定期报告的，应当及时公告不能按期披露的原因、解决方案及延期披露的最后期限。

5.2.3　上市公司应当向本所预约定期报告的披露时间，本所根据均衡披露原则统筹安排。

公司应当按照预约时间办理定期报告披露事宜。因故需变更披露时间的，应当较原预约日期至少提前五个交易日向本所提出申请，说明变更理由，并明确变更后的披露时间，本所视情况决定是否予以调整。本所原则上只接受一次变更申请。

公司未在前款规定的期限内提出定期报告披露预约时间变更申请的，还应当及时公告定期报告披露时间变更，说明变更理由，并明确变更后的披露时间。

5.2.4　上市公司董事会应当确保公司定期报告的按时披露。

公司定期报告应当经董事会审议通过，未经董事会审议通过的定期报告不得披露。

定期报告未经董事会审议、董事会审议未通过或者因故无法形成有关董事会决议的，公司应当披露具体原因和存在的风险以及董事会的专项说明。

5.2.5　上市公司董事会应当按照中国证监会和本所有关规定，组织有关人员安排落实定期报告的编制和披露工作。

公司高级管理人员应当及时编制定期报告草案并提交董事会审议。

5.2.6　上市公司董事、高级管理人员应当对定期报告签署书面确认意见，说明董事会的编制和审议程序是否符合法律法规、本所有关规定的要求，定期报告的内容是否能够真实、准确、完整地反映上市公司的实际情况。

公司监事会应当对董事会编制的定期报告进行审核并提出书面审核意见。监事应当签署书面确认意见。监事会对定期报告出具的书面审核意见，应当说明董事会的编制和审议程序是否符合法律法规、本所有关规定的要求，定期报告的内容是否能够真实、准确、完整地反映上市公司的实际情况。

公司董事、监事无法保证定期报告内容的真实性、准确性、完整性或者有异议的，应当在董事会或者监事会审议、审核定期报告时投反对票或者弃权票。

公司董事、监事和高级管理人员无法保证定期报告内容的真实性、准确性、完整性或者有异议的，应当在书面确认意见中发表意见并陈述理由，公司应当披露。公

司不予披露的,董事、监事和高级管理人员可以直接申请披露。

董事、监事和高级管理人员按照前款规定发表意见,应当遵循审慎原则,其保证定期报告内容的真实性、准确性、完整性的责任不仅因发表意见而当然免除。

董事、监事、高级管理人员不得以任何理由拒绝对定期报告签署书面意见。

5.2.7 上市公司年度报告中的财务会计报告应当经会计师事务所审计。

公司半年度报告中的财务会计报告可以不经审计,但有下列情形之一的,公司应当审计:

(一)拟依据半年度财务数据派发股票股利、进行公积金转增股本或者弥补亏损;

(二)中国证监会或者本所认为应当进行审计的其他情形。

公司季度报告中的财务资料无须审计,但中国证监会或者本所另有规定的除外。

5.2.8 上市公司应当在定期报告经董事会审议通过后及时向本所提交下列文件:

(一)年度报告全文及其摘要、半年度报告全文及其摘要或者季度报告;

(二)审计报告(如适用);

(三)董事会和监事会决议;

(四)董事、监事、高级管理人员书面确认意见;

(五)按要求制作的载有定期报告和财务数据的电子文件;

(六)本所要求的其他文件。

5.2.9 上市公司财务会计报告被出具非标准审计意见的,应当按照中国证监会《公开发行证券的公司信息披露编报规则第14号—非标准审计意见及其涉及事项的处理》(以下简称第14号编报规则)的规定,在报送定期报告的同时,向本所提交下列文件并披露:

(一)董事会针对该审计意见涉及事项所做的符合第14号编报规则要求的专项说明,审议此专项说明的董事会决议以及决议所依据的材料;

(二)监事会对董事会有关说明的意见和相关决议;

(三)负责审计的会计师事务所及注册会计师出具的符合第14号编报规则要求的专项说明;

(四)中国证监会和本所要求的其他文件。

5.2.10 上市公司出现本规则第5.2.9条所述非标准审计意见涉及事项属于明显违反会计准则及相关信息披露规范性规定的,公司应当对有关事项进行纠正,并及时披露纠正后的财务会计资料和会计师事务所出具的审计报告或者专项鉴证报告等有关文件。

公司未及时披露、采取措施消除相关事项及其影响的,本所可以对其采取监管措施或者纪律处分,或者报中国证监会调查处理。

5.2.11 上市公司应当认真对待本所对其定期报告的事后审查意见,按期回复本所的问询,并按要求对定期报告有关内容作出解释和说明。需披露更正或者补充公告并修改定期报告的,公司应当在履行相应程序后及时公告。

5.2.12 上市公司因已披露的定期报告存在差错或者虚假记载被责令改正,或者董事会决定进行更正的,应当在被责令改正或者董事会作出相应决定后及时披露,涉及财务信息的,应当按照中国证监会《公开发行证券的公司信息披露编报规则第19号——财务信息的更正及相关披露》等有关规定的要求更正及披露。

5.2.13 发行可转换公司债券的上市公司,还应当在年度报告和半年度报告中披露下列内容:

(一)转股价格历次调整、修正的情况,经调整、修正后的最新转股价格;

(二)可转换公司债券发行后累计转股的情况;

(三)前十名可转换公司债券持有人的名单和持有量;

(四)担保人盈利能力、资产状况和信用状况发生重大变化的情况(如适用);

(五)公司的负债情况、资信变化情况以及在未来年度偿债的现金安排;

(六)中国证监会和本所规定的其他内容。

5.2.14 上市公司未在规定期限内披露定期报告,或者因财务会计报告存在重大会计差错或者虚假记载被中国证监会责令改正但未在规定期限内改正的,公司股票及其衍生品种应当按照本规则第八章的有关规定进行停牌与复牌。

第三节 利润分配和资本公积金转增股本

5.3.1 上市公司应当积极回报股东,综合考虑所处行业特点、发展阶段、自身经营模式、盈利水平以及资金支出安排等,科学、审慎决策,合理确定利润分配政策。

公司应当按照《公司法》和公司章程的规定弥补亏损(如有),提取法定公积金、任意公积金,确定股本基数、分配比例、分配总额及其来源。

公司进行股票股利分配、资本公积金转增股本的,应当符合法律法规、《企业会计准则》、本规则、本所其他规定、公司章程等有关规定,其股份送转比例应当与业绩增长相匹配。

公司现金分红同时分配股票股利的,应当结合公司发展阶段、成长性、每股净资产的摊薄和重大资金支出安排等因素,说明现金分红在本次利润分配中所占比例及其合理性。

5.3.2 上市公司利润分配应当以母公司报表中可供分配利润为依据。同时,为避免出现超分配的情况,公司应当以合并报表、母公司报表中可供分配利润孰低的原则来确定具体的利润分配比例。

5.3.3 上市公司在报告期结束后,至利润分配、资本公积金转增股本方案公告前股本总额发生变动的,应当以最新股本总额作为分配或者转增的股本基数。

公司董事会在审议利润分配、资本公积金转增股本方案时,应当明确在利润分配、资本公积金转增股本方案公告后至实施前,出现股权激励行权、可转债转股、股份回购等股本总额发生变动情形时的方案调整原则。

5.3.4 上市公司存在利润分配、资本公积金转增股本方案尚未提交股东大会审议或者虽经股东大会审议通过但未实施,拟发行证券的,应当在方案实施后发行。

5.3.5 上市公司应当在董事会审议通过利润分配或资本公积金转增股本方案后,及时披露方案的具体内容,并说明该等方案是否符合公司章程规定的利润分配政策和公司已披露的股东回报规划等。

5.3.6 上市公司应当于实施方案的股权登记日前三至五个交易日内披露方案实施公告。

5.3.7 方案实施公告应当包括下列内容:
(一)通过方案的股东大会届次和日期;
(二)派发现金股利、股票股利、资本公积金转增股本的比例(以每10股表述)、股本基数(按实施前实际股本计算)以及是否含税和扣税情况等;
(三)股权登记日、除权(息)日、新增股份上市日;
(四)方案实施办法;
(五)股本变动结构表(按变动前总股本、本次派发股票股利数、本次转增股本数、变动后总股本、占总股本比例等项目列示);
(六)派发股票股利、资本公积金转增股本后,需要调整的衍生品种行权(转股)价、行权(转股)比例、承诺的最低减持价情况等(如适用);
(七)派发股票股利、资本公积金转增股本后,按新股本摊薄计算的上年度每股收益或者本年半年度每股收益;

(八)中国证监会和本所要求的其他内容。

5.3.8 上市公司应当在股东大会审议通过方案后两个月内,完成利润分配及资本公积金转增股本事宜。

第六章 应当披露的交易
第一节 重大交易

6.1.1 本节所称重大交易,包括除上市公司日常经营活动之外发生的下列类型的事项:
(一)购买资产;
(二)出售资产;
(三)对外投资(含委托理财、对子公司投资等);
(四)提供财务资助(含委托贷款等);
(五)提供担保(含对控股子公司担保等);
(六)租入或者租出资产;
(七)委托或者受托管理资产和业务;
(八)赠与或者受赠资产;
(九)债权或者债务重组;
(十)转让或者受让研发项目;
(十一)签订许可协议;
(十二)放弃权利(含放弃优先购买权、优先认缴出资权利等);
(十三)本所认定的其他交易。

6.1.2 除本规则第6.1.9条、第6.1.10条的规定外,上市公司发生的交易达到下列标准之一的,应当及时披露:
(一)交易涉及的资产总额占上市公司最近一期经审计总资产的10%以上,该交易涉及的资产总额同时存在账面值和评估值的,以较高者为准;
(二)交易标的(如股权)涉及的资产净额占上市公司最近一期经审计净资产的10%以上,且绝对金额超过1000万元,该交易涉及的资产净额同时存在账面值和评估值的,以较高者为准;
(三)交易标的(如股权)在最近一个会计年度相关的营业收入占上市公司最近一个会计年度经审计营业收入的10%以上,且绝对金额超过1000万元;
(四)交易标的(如股权)在最近一个会计年度相关的净利润占上市公司最近一个会计年度经审计净利润的10%以上,且绝对金额超过100万元;
(五)交易的成交金额(含承担债务和费用)占上市公司最近一期经审计净资产的10%以上,且绝对金额超过1000万元;
(六)交易产生的利润占上市公司最近一个会计年

度经审计净利润的 10%以上，且绝对金额超过 100 万元。

上述指标计算中涉及数据为负值的，取其绝对值计算。

6.1.3　除本规则第 6.1.9 条、第 6.1.10 条的规定外，上市公司发生的交易达到下列标准之一的，应当及时披露并提交股东大会审议：

（一）交易涉及的资产总额占上市公司最近一期经审计总资产的 50%以上，该交易涉及的资产总额同时存在账面值和评估值的，以较高者为准；

（二）交易标的（如股权）涉及的资产净额占上市公司最近一期经审计净资产的 50%以上，且绝对金额超过 5000 万元，该交易涉及的资产净额同时存在账面值和评估值的，以较高者为准；

（三）交易标的（如股权）在最近一个会计年度相关的营业收入占上市公司最近一个会计年度经审计营业收入的 50%以上，且绝对金额超过 5000 万元；

（四）交易标的（如股权）在最近一个会计年度相关的净利润占上市公司最近一个会计年度经审计净利润的 50%以上，且绝对金额超过 500 万元；

（五）交易的成交金额（含承担债务和费用）占上市公司最近一期经审计净资产的 50%以上，且绝对金额超过 5000 万元；

（六）交易产生的利润占上市公司最近一个会计年度经审计净利润的 50%以上，且绝对金额超过 500 万元。

上述指标计算涉及的数据为负值的，取其绝对值计算。

6.1.4　上市公司发生的交易属于下列情形之一的，可以免于按照本规则第 6.1.3 条的规定提交股东大会审议，但仍应当按照有关规定履行信息披露义务：

（一）公司发生受赠现金资产、获得债务减免等不涉及对价支付、不附有任何义务的交易；

（二）公司发生的交易仅达到本规则第 6.1.3 条第一款第（四）项或者第（六）项标准，且上市公司最近一个会计年度每股收益的绝对值低于 0.05 元。

6.1.5　上市公司购买或者出售股权的，应当按照公司所持权益变动比例计算相关财务指标适用本规则第 6.1.2 条和第 6.1.3 条的规定。

交易导致上市公司合并报表范围发生变更的，应当以该股权对应标的公司的相关财务指标适用本规则第 6.1.2 条和第 6.1.3 条的规定。

因委托或者受托管理资产和业务等，导致上市公司合并报表范围发生变更的，参照适用前款规定。

6.1.6　上市公司发生交易达到本规则第 6.1.3 条规定标准，交易标的为公司股权的，应当披露标的资产经审计的最近一年又一期财务会计报告。会计师事务所发表的审计意见应当为无保留意见，审计基准日距审议相关交易事项的股东大会召开日不得超过六个月。

公司发生交易达到本规则第 6.1.3 条规定标准，交易标的为公司股权以外的其他资产的，应当披露标的资产由资产评估机构出具的评估报告。评估基准日距审议相关交易事项的股东大会召开日不得超过一年。

公司依据其他法律法规或其公司章程提交股东大会审议，或者自愿提交股东大会审议的，应当适用前两款规定，本所另有规定的除外。

公司发生交易达到本规则第 6.1.2 条、第 6.1.3 条规定的标准，交易对方以非现金资产作为交易对价或者抵偿上市公司债务的，应当披露所涉及资产的符合第一款、第二款要求的审计报告或者评估报告。相关交易无需提交股东大会审议的，审计基准日或者评估基准日距审议相关事项的董事会召开日或者相关事项的公告日不得超过第一款、第二款要求的时限。

公司发生交易虽未达到本规则第 6.1.3 条规定的标准，中国证监会、本所根据审慎原则可以要求公司披露所涉及资产的符合第一款、第二款要求的审计报告或者评估报告。

6.1.7　上市公司购买或者出售交易标的少数股权，因在交易前后均无法对交易标的形成控制、共同控制或者重大影响等客观原因，导致确实无法对交易标的最近一年又一期财务会计报告进行审计的，可以披露相关情况并免于按照本规则第 6.1.6 条的规定披露审计报告，中国证监会或者本所另有规定的除外。

6.1.8　上市公司发生本规则第 6.1.1 条规定的购买资产或者出售资产时，应当以资产总额和成交金额中的较高者为准，按交易事项的类型在连续十二个月内累计计算。经累计计算金额超过上市公司最近一期经审计总资产 30%的，公司应当及时披露相关交易事项以及符合本规则第 6.1.6 条要求的该交易标的审计报告或者评估报告，提交股东大会审议并经由出席会议的股东所持表决权的三分之二以上通过。

已按照前款规定履行相关义务的，不再纳入相关的累计计算范围。

6.1.9　上市公司提供财务资助，除应当经全体董事的过半数审议通过外，还应当经出席董事会会议的三分之二以上董事审议同意并作出决议，并及时对外披露。

财务资助事项属于下列情形之一的,应当在董事会审议通过后提交股东大会审议,本所另有规定的除外:

(一)单笔财务资助金额超过上市公司最近一期经审计净资产的10%;

(二)被资助对象最近一期财务报表数据显示资产负债率超过70%;

(三)最近十二个月内财务资助金额累计计算超过上市公司最近一期经审计净资产的10%;

(四)本所或者公司章程规定的其他情形。

公司提供资助对象为公司合并报表范围内且持股比例超过50%的控股子公司,且该控股子公司其他股东中不包含上市公司的控股股东、实际控制人及其关联人的,可以免于适用前两款规定。

6.1.10 上市公司提供担保,除应当经全体董事的过半数审议通过外,还应当经出席董事会会议的三分之二以上董事审议同意并作出决议,并及时对外披露。

上市公司提供担保属于下列情形之一的,还应当在董事会审议通过后提交股东大会审议:

(一)单笔担保额超过上市公司最近一期经审计净资产10%;

(二)上市公司及其控股子公司对外提供的担保总额,超过上市公司最近一期经审计净资产50%以后提供的任何担保;

(三)上市公司及其控股子公司对外提供的担保总额,超过上市公司最近一期经审计总资产30%以后提供的任何担保;

(四)被担保对象最近一期财务报表数据显示资产负债率超过70%;

(五)最近十二个月内担保金额累计计算超过公司最近一期经审计总资产的30%;

(六)对股东、实际控制人及其关联人提供的担保;

(七)本所或者公司章程规定的其他情形。

上市公司股东大会审议前款第(五)项担保事项时,应经出席会议的股东所持表决权的三分之二以上通过。

6.1.11 上市公司的对外担保事项出现下列情形之一时,应当及时披露:

(一)被担保人于债务到期后十五个交易日内未履行还款义务的;

(二)被担保人出现破产、清算及其他严重影响还款能力情形的。

6.1.12 上市公司进行委托理财,因交易频次和时效要求等原因难以对每次投资交易履行审议程序和披露义务的,可以对投资范围、额度及期限等进行合理预计,以额度计算占净资产的比例,适用本规则第6.1.2条和第6.1.3条的规定。

相关额度的使用期限不应超过十二个月,期限内任一时点的交易金额(含前述投资的收益进行再投资的相关金额)不应超过投资额度。

6.1.13 上市公司租入或者租出资产的,应当以约定的全部租赁费用或者租赁收入适用本规则第6.1.2条和第6.1.3条的规定。

6.1.14 上市公司直接或者间接放弃对控股子公司的优先购买或者认缴出资等权利,导致合并报表范围发生变更的,应当以放弃金额与该主体的相关财务指标,适用本规则第6.1.2条和第6.1.3条的规定。

公司放弃权利未导致上市公司合并报表范围发生变更,但相比于未放弃权利,所拥有该主体权益的比例下降的,应当以放弃金额与按权益变动比例计算的相关财务指标,适用本规则第6.1.2条和第6.1.3条的规定。

公司部分放弃权利的,还应当以放弃金额、该主体的相关财务指标或者按权益变动比例计算的相关财务指标,以及实际受让或者出资金额,适用本规则第6.1.2条和第6.1.3条的规定。

6.1.15 上市公司发生除委托理财等本所对累计原则另有规定的事项外的其他交易时,应当对交易标的相关的同一类别交易,按照连续十二个月累计计算的原则,适用本规则第6.1.2条和第6.1.3条的规定。

公司发生的交易按照本节的规定适用连续十二个月累计计算原则时,达到本节规定的披露标准的,可以仅将本次交易事项按照本所有关规定披露,并在公告中说明前期累计未达到披露标准的交易事项。

公司发生的交易按照本节的规定适用连续十二个月累计计算原则时,达到本节规定的应当提交股东大会审议标准的,可以仅将本次交易事项提交股东大会审议,并在公告中说明前期未履行股东大会审议程序的交易事项。公司披露的前述本次交易事项的公告,应当包括符合本规则第6.1.6条要求的审计报告或者评估报告。

公司已按照本规则第6.1.2条或者第6.1.3条规定履行相关义务的,不再纳入累计计算范围。公司已披露但未履行股东大会审议程序的交易事项,仍应当纳入累计计算范围以确定应当履行的审议程序。

6.1.16 上市公司发生交易,相关安排涉及未来支付或者收取或有对价的,应当以预计的最高金额作为成交金额,适用本规则第6.1.2条和第6.1.3条的规定。

6.1.17 上市公司分期实施本规则第6.1.1条规定的各项交易的,应当以协议约定的全部金额为准,适用本规则第6.1.2条和第6.1.3条的规定。

6.1.18 上市公司与同一交易对方同时发生第6.1.1条第一款第(三)项至第(五)项以外方向相反的交易时,应当以其中单个方向的交易涉及的财务指标中较高者为准,适用本规则第6.1.2条和第6.1.3条的规定。

6.1.19 上市公司发生交易,在期限届满后与原交易对方续签协议、展期交易的,应当按照本节的规定再次履行审议程序和信息披露义务。

6.1.20 上市公司应当根据交易类型,按照本所有关规定披露交易的相关信息,包括交易对方、交易标的、交易协议的主要内容、交易定价及依据、有关部门审批文件(如有)、中介机构意见(如适用)等。

6.1.21 上市公司与其合并报表范围内的控股子公司发生的或者上述控股子公司之间发生的交易,可以免于按照本节规定披露和履行相应程序,中国证监会或者本所另有规定的除外。

第二节 日常交易

6.2.1 本节所称日常交易,是指上市公司发生与日常经营相关的下列类型的事项:

(一)购买原材料、燃料和动力;
(二)接受劳务;
(三)出售产品、商品;
(四)提供劳务;
(五)工程承包;
(六)与公司日常经营相关的其他交易。

资产置换中涉及前款规定交易的,适用本章第一节的规定。

6.2.2 上市公司签署日常交易相关合同,达到下列标准之一的,应当及时披露:

(一)涉及本规则第6.2.1条第一款第(一)项、第(二)项事项的,合同金额占上市公司最近一期经审计总资产50%以上,且绝对金额超过5亿元;

(二)涉及本规则第6.2.1条第一款第(三)项至第(五)项事项的,合同金额占上市公司最近一个会计年度经审计主营业务收入50%以上,且绝对金额超过5亿元;

(三)公司或者本所认为可能对上市公司财务状况、经营成果产生重大影响的其他合同。

6.2.3 上市公司与他人共同承接建设工程项目,公司作为总承包人的,应当以项目的全部投资金额适用本规则第6.2.2条的规定;作为非总承包人的,应当以公司实际承担的投资金额适用本规则第6.2.2条的规定。

6.2.4 上市公司参加工程承包、商品采购等项目的投标,合同金额或者合同履行预计产生的收入达到本规则第6.2.2条规定标准的,在获悉已被确定为中标单位并已进入公示期、但尚未取得中标通知书或者相关证明文件时,应当及时发布提示性公告,并按照本所有关规定披露中标公示的主要内容。

公示期结束后取得中标通知书的,公司应当及时按照本所有关规定披露项目中标相关情况。预计无法取得中标通知书的,公司应当及时披露进展情况并提示风险。

6.2.5 上市公司应当按照本所有关规定披露日常交易的相关信息,包括交易各方、合同主要内容、合同履行对公司的影响、合同的审议程序、有关部门审批文件(如有)、风险提示等。

6.2.6 已按照本规则第6.2.2条披露日常交易相关合同的,上市公司应当关注合同履行进展,与合同约定出现重大差异且影响合同金额30%以上的,应当及时披露并说明原因。

第三节 关联交易

6.3.1 上市公司进行关联交易,应当保证关联交易的合法合规性、必要性和公允性,保持公司的独立性,不得利用关联交易调节财务指标,损害公司利益。交易各方不得隐瞒关联关系或者采取其他手段,规避公司的关联交易审议程序和信息披露义务。

6.3.2 上市公司的关联交易,是指上市公司或者其控股子公司与上市公司关联人之间发生的转移资源或者义务的事项,包括:

(一)本规则第6.1.1条规定的交易事项;
(二)购买原材料、燃料、动力;
(三)销售产品、商品;
(四)提供或者接受劳务;
(五)委托或者受托销售;
(六)存贷款业务;
(七)与关联人共同投资;
(八)其他通过约定可能造成资源或者义务转移的事项。

6.3.3 上市公司的关联人包括关联法人(或者其他组织)和关联自然人。

具有下列情形之一的法人或者其他组织,为上市公司的关联法人(或者其他组织):

(一)直接或者间接地控制上市公司的法人(或者其

他组织）；

（二）由前项所述法人（或者其他组织）直接或者间接控制的除上市公司及其控股子公司以外的法人（或者其他组织）；

（三）持有上市公司5%以上股份的法人（或者其他组织）及其一致行动人；

（四）由上市公司关联自然人直接或者间接控制的，或者担任董事（不含同为双方的独立董事）、高级管理人员的，除上市公司及其控股子公司以外的法人（或其他组织）。

具有下列情形之一的自然人，为上市公司的关联自然人：

（一）直接或者间接持有上市公司5%以上股份的自然人；

（二）上市公司董事、监事及高级管理人员；

（三）直接或者间接地控制上市公司的法人（或者其他组织）的董事、监事及高级管理人员；

（四）本款第（一）项、第（二）项所述人士的关系密切的家庭成员。

在过去十二个月内或者根据相关协议安排在未来十二个月内，存在第二款、第三款所述情形之一的法人（或者其他组织）、自然人，为上市公司的关联人。

中国证监会、本所或者上市公司根据实质重于形式的原则，认定其他与上市公司有特殊关系、可能或者已经造成上市公司对其利益倾斜的自然人、法人（或者其他组织），为上市公司的关联人。

6.3.4　上市公司与本规则第6.3.3条第二款第（二）项所列法人（或者其他组织）受同一国有资产管理机构控制而形成该项所述情形的，不因此构成关联关系，但其法定代表人、董事长、总经理或者半数以上的董事兼任上市公司董事、监事或者高级管理人员的除外。

6.3.5　上市公司董事、监事、高级管理人员、持股5%以上的股东及其一致行动人、实际控制人应当及时向公司董事会报送公司关联人名单及关联关系的说明，由公司做好登记管理工作。

6.3.6　除本规则第6.3.13条的规定外，上市公司与关联人发生的交易达到下列标准之一的，应当履行相应决策程序后及时披露：

（一）与关联自然人发生的成交金额超过30万元的交易；

（二）与关联法人（或者其他组织）发生的成交金额超过300万元，且占上市公司最近一期经审计净资产绝对值超过0.5%的交易。

6.3.7　除本规则第6.3.13条的规定外，上市公司与关联人发生的成交金额超过3000万元，且占上市公司最近一期经审计净资产绝对值超过5%的，应当及时披露并提交股东大会审议，还应当披露符合本规则第6.1.6条要求的审计报告或者评估报告。

公司关联交易事项虽未达到前款规定的标准，中国证监会、本所根据审慎原则可以要求公司提交股东大会审议，并按照前款规定适用有关审计或者评估的要求。

公司依据其他法律法规或其公司章程提交股东大会审议，或者自愿提交股东大会审议的，应当披露符合本规则第6.1.6条要求的审计报告或者评估报告，本所另有规定的除外。

公司与关联人发生下列情形之一的交易时，可以免于审计或者评估：

（一）本规则第6.3.19条规定的日常关联交易；

（二）与关联人等各方均以现金出资，且按照出资比例确定各方在所投资主体的权益比例；

（三）本所规定的其他情形。

6.3.8　上市公司董事会审议关联交易事项时，关联董事应当回避表决，也不得代理其他董事行使表决权。该董事会会议由过半数的非关联董事出席即可举行，董事会会议所作决议须经非关联董事过半数通过。出席董事会会议的非关联董事人数不足三人的，公司应当将该交易提交股东大会审议。

前款所称关联董事包括具有下列情形之一的董事：

（一）交易对方；

（二）在交易对方任职，或者在能直接或者间接控制该交易对方的法人（或者其他组织）、该交易对方直接或者间接控制的法人（或者其他组织）任职；

（三）拥有交易对方的直接或者间接控制权；

（四）交易对方或者其直接、间接控制人的关系密切的家庭成员；

（五）交易对方或者其直接、间接控制人的董事、监事和高级管理人员的关系密切的家庭成员；

（六）中国证监会、本所或者上市公司认定的因其他原因使其独立的商业判断可能受到影响的董事。

6.3.9　上市公司股东大会审议关联交易事项时，关联股东应当回避表决，并且不得代理其他股东行使表决权。

前款所称关联股东包括具有下列情形之一的股东：

（一）交易对方；

（二）拥有交易对方直接或者间接控制权；

（三）被交易对方直接或者间接控制；

（四）与交易对方受同一法人（或者其他组织）或者自然人直接或者间接控制；

（五）在交易对方任职，或者在能直接或者间接控制该交易对方的法人（或者其他组织）、该交易对方直接或者间接控制的法人（或者其他组织）任职；

（六）交易对方及其直接、间接控制人的关系密切的家庭成员；

（七）因与交易对方或者其关联人存在尚未履行完毕的股权转让协议或者其他协议而使其表决权受到限制或者影响；

（八）中国证监会或者本所认定的可能造成上市公司对其利益倾斜的股东。

6.3.10 上市公司与关联人发生的下列交易，应当按照本节规定履行关联交易信息披露义务以及本章第一节的规定履行审议程序，并可以向本所申请豁免按照本规则第6.3.7条的规定提交股东大会审议：

（一）面向不特定对象的公开招标、公开拍卖或者挂牌的（不含邀标等受限方式），但招标、拍卖等难以形成公允价格的除外；

（二）上市公司单方面获得利益且不支付对价、不附任何义务的交易，包括受赠现金资产、获得债务减免等；

（三）关联交易定价由国家规定；

（四）关联人向上市公司提供资金，利率不高于贷款市场报价利率，且上市公司无相应担保。

6.3.11 上市公司与关联人发生的下列交易，可以免于按照本节规定履行相关义务，但属于本章第一节规定的应当履行披露义务和审议程序情形的仍应履行相关义务：

（一）一方以现金方式认购另一方公开发行的股票及其衍生品种、公司债券或者企业债券，但提前确定的发行对象包含关联人的除外；

（二）一方作为承销团成员承销另一方公开发行的股票及其衍生品种、公司债券或者企业债券；

（三）一方依据另一方股东大会决议领取股息、红利或者报酬；

（四）上市公司按与非关联人同等交易条件，向本规则第6.3.3条第三款第（二）项至第（四）项规定的关联自然人提供产品和服务；

（五）本所认定的其他情形。

6.3.12 上市公司不得为本规则第6.3.3条规定的关联人提供财务资助，但向关联参股公司（不包括由上市公司控股股东、实际控制人控制的主体）提供财务资助，且该参股公司的其他股东按出资比例提供同等条件财务资助的情形除外。

公司向前款规定的关联参股公司提供财务资助的，除应当经全体非关联董事的过半数审议通过外，还应当经出席董事会会议的非关联董事的三分之二以上董事审议通过，并提交股东大会审议。

本条所称关联参股公司，是指由上市公司参股且属于本规则第6.3.3条规定的上市公司的关联法人（或者其他组织）。

6.3.13 上市公司为关联人提供担保的，除应当经全体非关联董事的过半数审议通过外，还应当经出席董事会会议的非关联董事的三分之二以上董事审议同意并作出决议，并提交股东大会审议。公司为控股股东、实际控制人及其关联人提供担保的，控股股东、实际控制人及其关联人应当提供反担保。

公司因交易导致被担保方成为公司的关联人的，在实施该交易或者关联交易的同时，应当就存续的关联担保履行相应审议程序和信息披露义务。

董事会或者股东大会未审议通过前款规定的关联担保事项的，交易各方应当采取提前终止担保等有效措施。

6.3.14 上市公司与关联人之间进行委托理财等，如因交易频次和时效要求等原因难以对每次投资交易履行审议程序和披露义务的，可以对投资范围、投资额度及期限等进行合理预计，以额度作为计算标准，适用本规则第6.3.6条和第6.3.7条的规定。

相关额度的使用期限不应超过十二个月，期限内任一时点的交易金额（含前述投资的收益进行再投资的相关金额）不应超过投资额度。

6.3.15 上市公司与关联人发生涉及金融机构的存款、贷款等业务，应当以存款或者贷款的利息为准，适用第6.3.6条和第6.3.7条的规定。对于上市公司与财务公司发生的关联存款、贷款等业务，由本所另行规定。

6.3.16 上市公司因放弃权利导致与其关联人发生关联交易的，应当按照本规则第6.1.14条的标准，适用本规则第6.3.6条和第6.3.7条的规定。

6.3.17 上市公司与关联人共同投资，应当以上市公司的投资额作为交易金额，适用本规则第6.3.6条和第6.3.7条的规定。

6.3.18 上市公司关联人单方面受让上市公司拥有权益主体的其他股东的股权或者投资份额等，涉及有关放弃权利情形的,应当按照本规则第 6.1.14 条的标准,适用本规则第 6.3.6 条和第 6.3.7 条的规定;不涉及放弃权利情形,但可能对上市公司的财务状况、经营成果构成重大影响或者导致上市公司与该主体的关联关系发生变化的,上市公司应当及时披露。

6.3.19　上市公司与关联人发生本规则第 6.3.2 条第(二)项至第(六)项所列的与日常经营相关的关联交易事项,应当按照下列标准适用本规则第 6.3.6 条和第 6.3.7 条的规定及时披露和履行审议程序:

(一)首次发生的日常关联交易,公司应当根据协议涉及的交易金额,履行审议程序并及时披露;协议没有具体交易金额的,应当提交股东大会审议。

(二)实际执行时协议主要条款发生重大变化或者协议期满需要续签的,应当根据新修订或者续签协议涉及交易金额为准,履行审议程序并及时披露。

(三)对于每年发生的数量众多的日常关联交易,因需要经常订立新的日常关联交易协议而难以按照本款第(一)项规定将每份协议提交董事会或者股东大会审议的,公司可以按类别合理预计日常关联交易年度金额,履行审议程序并及时披露;实际执行超出预计金额的,应当以超出金额为准及时履行审议程序并披露。

(四)公司与关联人签订的日常关联交易协议期限超过三年的,应当每三年重新履行相关审议程序并披露。

公司应当在年度报告和半年度报告中分类汇总披露日常关联交易的实际履行情况。

6.3.20　上市公司在连续十二个月内发生的下列关联交易,应当按照累计计算的原则分别适用本规则第 6.3.6 条和第 6.3.7 条的规定:

(一)与同一关联人进行的交易;

(二)与不同关联人进行的与同一交易标的的交易。

上述同一关联人包括与该关联人受同一主体控制或者相互存在股权控制关系的其他关联人。

6.3.21　上市公司与关联人发生交易或者相关安排涉及未来可能支付或者收取或有对价的,以预计的最高金额为成交金额,适用本规则第 6.3.6 条和第 6.3.7 条的规定。

6.3.22　上市公司应当根据关联交易事项的类型披露关联交易的有关内容,包括交易对方、交易标的、交易各方的关联关系说明和关联人基本情况、交易协议的主要内容、交易定价及依据、有关部门审批文件(如有)、中介机构意见(如适用)等。

6.3.23　上市公司与关联人进行交易时涉及相关义

务、相关指标计算标准等,本节未规定的,适用本章第一节的规定。

第七章　应当披露的其他重大事项

第一节　股票交易异常波动和传闻澄清

7.1.1　上市公司股票交易根据有关规定被认定为异常波动的,公司应当于次一交易日开市前披露股票交易异常波动公告。

7.1.2　上市公司披露的股票交易异常波动公告应当包括下列内容:

(一)股票交易异常波动情况的说明;

(二)董事会对重要问题的关注、核实情况说明;

(三)向控股股东、实际控制人等的函询情况;

(四)是否存在应披露而未披露信息的声明;

(五)本所要求的其他内容。

7.1.3　上市公司股票交易出现本所业务规则规定的严重异常波动的,应当于次一交易日披露核查公告;无法披露的,应当申请其股票自次一交易日起停牌核查。公司股票应当自披露核查公告之日起复牌。披露日为非交易日的,自次一交易日起复牌。

公司股票交易出现严重异常波动,经公司核查后无应披露而未披露的重大事项,也无法对异常波动原因作出合理解释的,本所可以向市场公告,提示股票交易风险,并视情况实施停牌。

7.1.4　上市公司股票交易出现严重异常波动情形的,公司或者相关信息披露义务人应当核查下列事项:

(一)是否存在导致股票交易严重异常波动的未披露事项;

(二)股价是否严重偏离同行业上市公司合理估值;

(三)是否存在重大风险事项;

(四)其他可能导致股票交易严重异常波动的事项。

公司应当在核查公告中充分提示公司股价严重异常波动的交易风险。

持续督导期内,保荐人及其保荐代表人应当督促上市公司按照本节规定及时进行核查,履行相应信息披露义务。

7.1.5　上市公司股票交易出现本所业务规则规定或者本所认定的异常波动的,本所可以根据异常波动程度和监管需要,采取下列措施:

(一)要求上市公司披露股票交易异常波动公告;

(二)要求上市公司停牌核查并披露核查公告;

(三)向市场提示异常波动股票投资风险;

（四）本所认为必要的其他措施。

7.1.6 传闻可能或者已经对上市公司股票及其衍生品种交易价格产生较大影响的，公司应当及时核实相关情况，并依规披露情况说明公告或者澄清公告。

7.1.7 上市公司披露的澄清公告应当包括下列内容：

（一）传闻内容及其来源；

（二）传闻所涉及事项的真实情况；

（三）相关风险提示（如适用）；

（四）本所要求的其他内容。

第二节 可转换公司债券涉及的重大事项

7.2.1 发生下列可能对可转换公司债券交易或者转让价格产生较大影响的重大事项之一时，上市公司应当及时披露：

（一）《证券法》第八十条第二款、第八十一条第二款规定的重大事项；

（二）因配股、增发、送股、派息、分立、减资及其他原因引起发行人股份变动，需要调整转股价格，或者依据募集说明书或者重组报告书约定的转股价格修正条款修正转股价格；

（三）向不特定对象发行的可转换公司债券未转换的面值总额少于 3000 万元；

（四）公司信用状况发生重大变化，可能影响如期偿还债券本息；

（五）可转换公司债券担保人发生重大资产变动、重大诉讼、合并、分立等情况；

（六）资信评级机构对可转换公司债券的信用或者公司的信用进行评级并已出具信用评级结果；

（七）本所或者公司认定的其他情形。

7.2.2 上市公司应当在可转换公司债券约定的付息日前三至五个交易日内披露付息公告，在可转换公司债券期满前三至五个交易日内披露本息兑付公告。

7.2.3 上市公司应当在可转换公司债券开始转股前三个交易日内披露实施转股的公告。

7.2.4 上市公司应当持续关注可转换公司债券约定的赎回条件是否满足，预计可能触发赎回条件的，应当在预计赎回条件触发日的五个交易日前至少发布一次风险提示公告。

公司应当在满足可转换公司债券赎回条件的当日决定是否赎回并于次一交易日开市前披露。公司决定行使赎回权的，还应当在满足赎回条件后每五个交易日至少发布一次赎回提示性公告，并在赎回期结束后公告赎回结果及其影响；决定不行使赎回权的，公司应当公告不赎回的具体原因。

7.2.5 上市公司应当在满足可转换公司债券回售条件的次一交易日开市前披露回售公告，此后每五个交易日至少发布一次回售提示性公告，并在回售期结束后公告回售结果及其影响。

经股东大会批准变更募集资金投资项目的，公司应当在股东大会通过后二十个交易日内赋予可转换公司债券持有人一次回售的权利，有关回售公告至少发布三次。其中，在回售实施前、股东大会决议公告后五个交易日内至少发布一次，在回售实施期间至少发布一次，余下一次回售公告的发布时间视需要而定。

7.2.6 发行可转换公司债券的上市公司涉及本所规定应当停止交易或者转让、暂停转股的情形的，应当及时向本所申请并公告。

第三节 合并、分立和分拆

7.3.1 上市公司实施合并、分立、分拆上市的，应当遵守法律法规、本所有关规定，履行相应审议程序和信息披露义务。

公司依据前款规定召开股东大会审议相关议案的，应当经出席股东大会的股东所持表决权的三分之二以上通过。分拆上市的，还应当经出席会议的除上市公司董事、监事、高级管理人员以及单独或者合计持有上市公司 5% 以上股份的股东以外的其他股东所持表决权的三分之二以上通过。

7.3.2 合并完成后，公司应当办理股份变更登记，按照本规则第三章的规定向本所申请合并后公司的股票及其衍生品种上市。被合并上市公司应当按照本规则第九章的规定终止其股票及其衍生品种的上市。

7.3.3 上市公司拟分拆所属子公司在境内或境外市场上市的，在上市公司首次披露分拆相关公告后，应当及时公告本次分拆上市进展情况。

7.3.4 上市公司所属子公司拟首次公开发行股票并上市的，上市公司董事会应当就所属子公司本次股票发行的具体方案作出决议并提请股东大会审议。

所属子公司拟重组上市的，上市公司董事会应当就本次重组上市的具体方案作出决议并提请股东大会审议。

第四节 重大诉讼和仲裁

7.4.1 上市公司发生的下列诉讼、仲裁事项应当及时披露：

（一）涉案金额超过 1000 万元，且占上市公司最近一期经审计净资产绝对值 10%以上；

（二）涉及上市公司股东大会、董事会决议被申请撤销或者宣告无效的诉讼；

（三）证券纠纷代表人诉讼。

未达到前款标准或者没有具体涉案金额的诉讼、仲裁事项，可能对上市公司股票及其衍生品种交易价格产生较大影响的，公司也应当及时披露。

7.4.2 上市公司连续十二个月内发生的诉讼、仲裁事项，涉案金额累计达到本规则第 7.4.1 条第一款第（一）项所述标准的，适用本规则第 7.4.1 条的规定。

已经按照本规则第 7.4.1 条规定履行披露义务的，不再纳入累计计算范围。

7.4.3 上市公司关于重大诉讼、仲裁事项的公告应当包括下列内容：

（一）案件受理情况和基本案情；

（二）案件对公司本期利润或者期后利润的影响，预计负债计提情况；

（三）公司是否还存在尚未披露的其他诉讼、仲裁事项；

（四）本所要求的其他内容。

7.4.4 上市公司应当及时披露诉讼、仲裁事项的重大进展情况，包括诉讼案件的一审和二审裁判结果、仲裁裁决结果以及裁判、裁决执行情况、对公司的影响等。

第五节 破产事项

7.5.1 上市公司发生重整、和解、清算等破产事项（以下统称破产事项）的，应当按照法律法规、本所有关规定履行相应审议程序和信息披露义务。

上市公司实施预重整等事项的，参照本节规定履行信息披露义务。

7.5.2 上市公司的控股股东、第一大股东、对上市公司经营具有重要影响的子公司或者参股公司发生破产事项，可能对上市公司股票及其衍生品种交易价格产生较大影响的，应当参照本节规定履行信息披露义务。

7.5.3 上市公司出现本规则第九章规定的退市风险警示或者终止上市情形的，应当依据本所有关规定和要求提供相关材料，履行信息披露和申请停牌、复牌等义务。

7.5.4 上市公司应当在董事会作出向法院申请重整、和解或者破产清算的决定时，或者知悉债权人向法院申请公司重整或者破产清算时，及时披露申请情况以及对公司的影响，并作风险提示。

在法院裁定是否受理破产事项前，公司应当每月披露相关进展情况。

7.5.5 法院受理重整、和解或者破产清算申请的，上市公司应当及时披露法院作出裁定的主要内容、指定管理人的基本情况，并明确公司进入破产程序后信息披露事务的责任人。

7.5.6 重整计划涉及引入重整投资人的，上市公司应当及时披露重整投资人的产生机制、基本情况以及投资协议的主要内容等事项。

重整投资人拟取得上市公司股份的，还应当充分披露取得股份的对价、定价依据及公允性、股份锁定安排等相关事项。

7.5.7 上市公司或者管理人应当及时披露债权人会议通知、会议议案的主要内容。在债权人会议审议通过重整计划或者和解协议后，及时披露重整计划、和解协议全文。

重整计划涉及财产变价方案及经营方案，达到本规则规定披露标准的，公司或者管理人应当就相关方案单独履行信息披露义务，并说明方案的具体情况。

7.5.8 重整计划草案涉及出资人权益调整等与股东权利密切相关的重大事项时，应当设出资人组对相关事项进行表决。

出资人组对出资人权益调整相关事项作出决议，必须经出席会议的出资人所持表决权三分之二以上通过。

出资人组会议的召开程序应当参照中国证监会及本所关于召开股东大会的有关规定，公司或者管理人应当提供网络投票方式，为出资人行使表决权提供便利，但法院另有要求的除外。

7.5.9 上市公司或者管理人应当在发出出资人组会议通知时单独披露出资人权益调整方案并说明出资人权益调整的必要性、范围、内容、除权（息）处理原则、是否有利于保护上市公司及中小投资者权益等。

出资人组会议召开后，公司应当及时披露表决结果和律师事务所出具的法律意见书。

7.5.10 法院裁定批准重整计划、和解协议的，上市公司或者管理人应当及时公告裁定内容，并披露重整计划、和解协议全文。重整计划、和解协议与前次披露内容存在差异的，应当说明差异内容及原因。

重整计划或者和解协议未获批准的，公司或者管理人应当及时公告裁定内容及未获批准的原因，并提示公司因被法院宣告破产而股票及其衍生品种可能被终止上市的风险。

7.5.11 在重整计划、和解协议执行期间，上市公司应当及时披露进展情况。重整计划、和解协议执行完毕后，公司应当及时披露相关情况，说明破产事项对公司的影响，并及时披露管理人监督报告和法院裁定内容。

公司不能执行或者不执行重整计划、和解协议的，应当及时披露，说明具体原因、相关责任归属、后续安排等，并提示公司因被法院宣告破产而股票及其衍生品种可能被终止上市的风险。

7.5.12 上市公司采取管理人管理运作模式的，管理人及其成员应当按照《证券法》以及最高人民法院、中国证监会和本所有关规定，真实、准确、完整、及时地履行信息披露义务，并确保对公司所有债权人和股东公平地披露信息。

公司披露的定期报告应当由管理人的成员签署书面确认意见，公司披露的临时报告应当由管理人发布并加盖管理人公章。

7.5.13 上市公司采取管理人监督运作模式的，公司应当继续按照本规则及本所其他规定履行信息披露义务。

管理人应当及时将涉及信息披露的所有事项告知公司董事会，并督促公司董事、监事和高级管理人员勤勉尽责地履行相关义务。

7.5.14 在破产事项中，股东、债权人、重整投资人等持有上市公司股份权益发生变动的，应当按照法律法规和本所有关规定履行信息披露义务。

第六节 会计政策、会计估计变更和资产减值

7.6.1 上市公司不得利用会计政策变更和会计估计变更操纵营业收入、净利润、净资产等财务指标。

7.6.2 上市公司根据法律、行政法规或者国家统一的会计制度的要求变更会计政策的，会计政策变更公告日期不得晚于会计政策变更生效当期的定期报告披露日期。

7.6.3 上市公司自主变更会计政策应当经董事会审议通过，会计政策变更的影响金额达到下列标准之一的，还应当在定期报告披露前提交股东大会审议：

（一）对上市公司最近一个会计年度经审计净利润的影响比例超过50%；

（二）对上市公司最近一期经审计净资产的影响比例超过50%。

本节所述会计政策变更对最近一个会计年度经审计净利润、最近一期经审计净资产的影响比例，是指公司因变更会计政策对最近一个会计年度、最近一期经审计的财务报告进行追溯调整后的公司净利润、净资产与原披露数据的差额除以原披露数据，净资产、净利润为负数的取其绝对值。

7.6.4 上市公司会计政策变更公告应当包括本次会计政策变更情况概述、本次会计政策变更对公司的影响、因会计政策变更对公司最近两年已披露的年度财务报告进行追溯调整导致已披露的报告年度出现盈亏性质改变的说明（如有）等。

公司自主变更会计政策的，除应当在董事会审议通过后及时按照前款规定披露外，还应当公告董事会、审计委员会和监事会对会计政策变更是否符合有关规定的意见；需股东大会审议的，还应当披露会计师事务所出具的专项意见。

7.6.5 上市公司变更重要会计估计的，应当在变更生效当期的定期报告披露前将变更事项提交董事会审议，并在董事会审议通过后比照自主变更会计政策履行披露义务。

会计估计变更的影响金额达到下列标准之一的，公司应当在变更生效当期的定期报告披露前将会计估计变更事项提交股东大会审议，并在不晚于发出股东大会通知时披露会计师的专项意见：

（一）对上市公司最近一个会计年度经审计净利润的影响比例超过50%；

（二）对上市公司最近一期经审计的净资产的影响比例超过50%。

本节所述会计估计变更对最近一个会计年度经审计净利润、最近一期经审计的净资产的影响比例，是指假定公司变更后的会计估计已在最近一个会计年度、最近一期经审计财务报告中适用，据此计算的公司净利润、净资产与原披露数据的差额除以原披露数据，净资产、净利润为负数的取其绝对值。

7.6.6 上市公司计提资产减值准备或者核销资产，对公司当期损益的影响占上市公司最近一个会计年度经审计净利润绝对值的比例达到10%以上且绝对金额超过100万元的，应当及时披露。

第七节 其 他

7.7.1 上市公司及有关各方应当依照《上市公司重大资产重组管理办法》及中国证监会其他有关规定、本规则及本所其他有关规定，实施重大资产重组。

7.7.2 上市公司因减少注册资本、实施股权激励或者员工持股计划、将股份用于转换上市公司发行的可转换公司债券以及为维护公司价值及股东权益所必需等而

进行的回购，应当依据中国证监会和本所有关规定执行。

7.7.3 上市公司实施股权激励、员工持股计划的，应当符合有关法律法规及本所有关规定，履行相应审议程序和信息披露义务。

7.7.4 上市公司应当建立完善募集资金管理相关制度，按照有关法律法规、本所有关规定以及招股说明书或者其他募集发行文件等所列用途规范使用募集资金，并履行相应审议程序和信息披露义务。

7.7.5 上市公司办理现金选择权业务的，应当遵守法律法规和本所、结算公司的有关规定和公司章程的规定，确保相关股东可以顺利行使现金选择权。

第三方办理现金选择权业务的，应当授权公司代为向本所申请。

7.7.6 上市公司及相关信息披露义务人应当严格遵守承诺事项，按照中国证监会和本所有关规定履行承诺义务。

公司应当将公司和相关信息披露义务人承诺事项从相关信息披露文件中单独摘出，及时逐项在本所网站上予以公开。承诺事项发生变化的，公司应当在本所网站及时更新。

公司未履行承诺的，应当及时披露未履行承诺的原因以及相关人员可能承担的法律责任；相关信息披露义务人未履行承诺的，公司应当主动询问相关信息披露义务人，并及时披露未履行承诺的原因以及董事会拟采取的措施。

公司应当在定期报告中披露承诺事项的履行进展。

7.7.7 上市公司出现下列使公司面临重大风险情形之一的，应当及时披露相关情况及对公司的影响：

（一）发生重大亏损或者遭受重大损失；

（二）发生重大债务和未能清偿到期重大债务的违约情况；

（三）可能依法承担的重大违约责任或者大额赔偿责任；

（四）公司决定解散或者被有权机关依法责令关闭；

（五）重大债权到期未获清偿，或者主要债务人出现资不抵债或者进入破产程序；

（六）公司营业用主要资产被查封、扣押、冻结、抵押、质押或者报废超过总资产的30%；

（七）主要或者全部业务陷入停顿；

（八）公司涉嫌犯罪被依法立案调查，公司的控股股东、实际控制人、董事、监事、高级管理人员涉嫌犯罪被依法采取强制措施；

（九）公司或者其控股股东、实际控制人、董事、监事、高级管理人员受到刑事处罚，涉嫌违法违规被中国证监会立案调查或者受到中国证监会行政处罚，或者受到其他有权机关重大行政处罚；

（十）公司的控股股东、实际控制人、董事、监事、高级管理人员涉嫌严重违纪违法或者职务犯罪被纪检监察机关采取留置措施且影响其履行职责；

（十一）公司董事长或者总经理无法履行职责，除董事长、总经理外的其他公司董事、监事、高级管理人员因身体、工作安排等原因无法正常履行职责达到或者预计达到三个月以上，或者因涉嫌违法违规被有权机关采取强制措施且影响其履行职责；

（十二）本所或者公司认定的其他重大风险情况。

7.7.8 上市公司出现本规则第7.7.7条第（八）项、第（九）项情形且可能触及重大违法强制退市情形的，应当在知悉被相关行政机关立案调查或者被人民检察院提起公诉时及时披露，在其后每月披露一次风险提示公告，说明相关情况进展，并就其股票可能被实施重大违法强制退市进行风险提示。本所或者公司董事会认为有必要的，可以增加风险提示公告的披露次数，并视情况对公司股票及其衍生品种的停牌与复牌作出相应安排。

7.7.9 上市公司出现下列情形之一的，应当及时披露：

（一）变更公司章程、公司名称、股票简称、注册资本、注册地址、办公地址和联系电话等。公司章程发生变更的，还应当将新的公司章程在符合条件媒体披露；

（二）经营方针和经营范围发生重大变化；

（三）依据中国证监会关于行业分类的有关规定，上市公司行业分类发生变更；

（四）董事会审议通过发行新股、可转换公司债券、优先股、公司债券等境内外融资方案；

（五）公司发行新股或者其他境内外发行融资申请、重大资产重组事项收到相应的审核意见；

（六）生产经营情况、外部条件或者生产环境发生重大变化（包括行业政策、产品价格、原材料采购、销售方式等发生重大变化）；

（七）订立重要合同，可能对公司的资产、负债、权益和经营成果产生重大影响；

（八）公司实际控制人或者持有公司5%以上股份的股东持股情况或者控制公司的情况发生或者拟发生较大变化；

（九）法院裁决禁止公司控股股东转让其所持公司

股份；

（十）公司的董事、三分之一以上监事、总经理或者财务负责人发生变动；

（十一）任一股东所持公司 5% 以上股份被质押、冻结、司法标记、司法拍卖、托管、设定信托或者限制表决权等，或者出现被强制过户风险；

（十二）获得额外收益，可能对公司的资产、负债、权益或者经营成果产生重大影响；

（十三）本所或者公司认定的其他情形。

7.7.10　上市公司根据经营及业务发展需要自主变更公司全称或者证券简称的，应当根据实际经营业务情况审慎对待，不得随意变更。

公司变更后的公司名称应当与公司主营业务相匹配，不得利用变更名称影响公司股票及其衍生品种交易价格、误导投资者，不得违反有关法律法规、本规则及本所其他规定。

公司的证券简称应当来源于公司全称，拟变更的证券简称不得与其他上市公司的证券简称相同或者相似，不得出现仅以行业通用名称作为证券简称等情形。

拟变更的证券简称不符合前述规定的，本所可以要求公司纠正，在公司未按要求纠正前，本所不予办理公司证券简称变更事宜。

7.7.11　上市公司应当按规定披露履行社会责任的情况。

公司出现下列情形之一的，应当披露事项概况、发生原因、影响、应对措施或者解决方案：

（一）发生重大环境、生产及产品安全事故；

（二）收到相关部门整改重大违规行为、停产、搬迁、关闭的决定或者通知；

（三）不当使用科学技术或者违反科学伦理；

（四）其他不当履行社会责任的重大事故或者具有负面影响的事项。

7.7.12　本节规定的事项涉及具体金额的，应当参照适用本规则第 6.1.2 条的规定。

持有上市公司 5% 以上股份的股东对本节规定事项的发生、进展产生较大影响的，应当及时将其知悉的有关情况书面告知公司，并配合公司履行信息披露义务。

第八章　停牌与复牌

8.1　上市公司发生本规则规定的停牌、复牌事项，应当向本所申请对其股票及其衍生品种停牌与复牌。

本章未有明确规定的，公司可以以本所认为合理的理由，向本所申请对其股票及其衍生品种停牌与复牌，本所视情况决定公司股票及其衍生品种的停牌与复牌事宜。

8.2　上市公司股票被本所实行风险警示或者出现终止上市情形的，公司股票应当按照本规则第九章的有关规定停牌与复牌。

公司股票按本规则第九章规定停牌、复牌的，其衍生品种的停牌、复牌应当与公司股票保持一致。

8.3　上市公司未在法定期限内披露年度报告、半年度报告的，本所于相关定期报告披露期限届满后次一交易日，对该公司股票及其衍生品种实施停牌，后续事宜按照本规则第九章有关规定执行。

公司半数以上董事无法保证年度报告或者半年度报告真实、准确、完整且在相关定期报告披露的法定期限届满前仍有半数以上董事无法保证的，本所于相关定期报告披露期限届满后次一交易日，对该公司股票及其衍生品种实施停牌，后续事宜按照本规则第九章有关规定执行。

8.4　上市公司因财务会计报告存在重大会计差错或者虚假记载，被中国证监会责令改正但未在要求期限内改正的，本所自要求期限届满后次一个交易日起对公司股票及其衍生品种实施停牌，后续事宜按照本规则第九章有关规定执行。

8.5　上市公司信息披露或者规范运作等方面存在重大缺陷，被本所要求改正但未在要求期限内改正的，本所自要求期限届满后次一个交易日起对公司股票及其衍生品种实施停牌，后续事宜按照本规则第九章有关规定执行。

8.6　上市公司出现股本总额发生变化或者因要约收购以外的其他原因导致连续二十个交易日股本总额、股权分布不再具备上市条件的，本所在二十个交易日届满后次一交易日起，对该公司股票及其衍生品种实施停牌，后续事宜按照本规则第九章有关规定执行。

8.7　上市公司因收购人履行要约收购义务，或者收购人以终止上市公司上市地位为目的而发出全面要约的，要约收购期限届满至要约收购结果公告前，公司股票及其衍生品种应当停牌。

根据收购结果，被收购上市公司股本总额、股权分布具备上市条件的，公司股票及其衍生品种于要约收购结果公告后复牌。

根据收购结果，被收购上市公司股本总额、股权分布不再具备上市条件且收购人以终止公司上市地位为收购目的的，公司股票及其衍生品种于要约收购结果公告后继续停牌,并按照本规则第九章有关规定执行。

根据收购结果,被收购上市公司股本总额、股权分布不再具备上市条件但收购人不以终止公司上市地位为收购目的的,公司股票及其衍生品种于要约收购结果公告后继续停牌,并参照本规则第9.4.8条及后续程序执行。

8.8 上市公司股东大会无法正常召开会议并形成决议,且未披露相关情况的,本所于股东大会原定召开日的次一交易日,对该公司股票及其衍生品种实施停牌,公司披露相关信息后复牌。

8.9 传闻出现上市公司尚未披露的信息,可能或者已经对公司股票及其衍生品种交易价格产生较大影响的,本所可以在交易时间对公司股票及其衍生品种实施停牌,公司披露相关公告后复牌。

8.10 上市公司出现股票交易重大异常情形,本所可以对公司股票及其衍生品种实施停牌,并要求公司进行核查,公司披露相关公告后复牌。

公司出现股票衍生品种交易重大异常情形,本所可以对该衍生品种实施停牌,并要求公司进行核查,公司披露相关公告后复牌。

8.11 上市公司实施现金选择权的,可以向本所申请其股票及其衍生品种停牌,并在披露相关公告后复牌。

8.12 上市公司筹划重大事项确有必要申请停牌的,应当根据中国证监会及本所有关规定,向本所申请停牌。

公司应当审慎申请停牌,明确停牌事由,合理确定停牌时间,尽可能缩短停牌时长,并及时申请复牌。

8.13 上市公司在其股票及其衍生品种被实施停牌期间,应当至少每五个交易日披露一次未能复牌的原因和相关事项进展情况,本所另有规定的除外。

8.14 除上述规定外,本所可以依据中国证监会的要求或者基于保护投资者合法权益、维护市场秩序的需要,作出上市公司股票及其衍生品种停牌与复牌的决定。

第九章 退市与风险警示
第一节 一般规定

9.1.1 上市公司触及本章规定终止上市情形的,本所依据本章规定的程序审议和决定其股票终止上市事宜。

本规则所称的退市包括强制终止上市(以下简称强制退市)和主动终止上市。强制退市分为交易类强制退市、财务类强制退市、规范类强制退市和重大违法类强制退市四类情形。

9.1.2 上市公司出现财务状况或者其他状况异常,导致其股票存在终止上市风险,或者投资者难以判断公司前景,其投资权益可能受到损害,存在其他重大风险的,本所依据本章规定程序审议和决定其股票风险警示事宜。

本规则所称的风险警示包括提示存在强制退市风险的风险警示(以下简称退市风险警示)和提示存在其他重大风险的其他风险警示(以下简称其他风险警示)。

公司股票交易被实施退市风险警示的,在股票简称前冠以*ST字样;被实施其他风险警示的,在股票简称前冠以ST字样,以区别于其他股票。公司同时存在退市风险警示和其他风险警示情形的,在股票简称前冠以*ST字样。

退市风险警示股票和其他风险警示股票进入风险警示板交易。

9.1.3 上市公司应当依据本所有关规定和要求提供材料,履行信息披露、停复牌申请等义务。公司未按照有关规定提交公告及相关文件的,本所可以向市场公告,并按照规定对其股票实施停牌、复牌、风险警示或者终止上市等。

9.1.4 上市公司存在股票交易被实施风险警示或者终止上市风险的,应当按照本章有关规定披露风险提示公告。

本所可以视情况要求公司增加风险提示公告的披露次数。

9.1.5 上市公司出现股票交易被实施风险警示情形的,应当披露公司股票交易被实施风险警示公告,公司股票于公告后停牌一个交易日,自复牌之日起,本所对其股票交易实施风险警示。

公司股票交易被实施风险警示公告应当包括股票的种类、简称、证券代码以及实施风险警示的起始日、触及情形;实施风险警示的主要原因;董事会关于争取撤销风险警示的意见及具体措施;股票可能被终止上市的风险提示(如适用);实施风险警示期间公司接受投资者咨询的主要方式等。

9.1.6 上市公司出现两项以上退市风险警示、终止上市情形的,本所按照先触及先适用的原则对其股票交易实施退市风险警示、终止其股票上市交易。

公司同时存在两项以上退市风险警示情形,其中一项退市风险警示情形已符合撤销条件的,公司应当在规定期限内申请撤销相关退市风险警示情形,经本所审核同意的,不再适用该情形对应的终止上市程序。

公司须符合全部退市风险警示情形的撤销条件，且不存在新增退市风险警示情形的，方可撤销退市风险警示。

公司股票撤销退市风险警示，但还存在应实施其他风险警示情形的，本所根据本章第八节的规定对其股票交易实施其他风险警示。

9.1.7　上市公司认为其出现的其他风险警示情形已消除的，应当及时公告，并可以向本所申请撤销相关其他风险警示情形。

公司全部其他风险警示情形均符合撤销条件，且不存在新增其他风险警示情形的，方可撤销其他风险警示。

公司股票撤销其他风险警示，但还存在应实施退市风险警示情形的，本所根据本章有关规定对其股票交易实施退市风险警示。

9.1.8　上市公司申请撤销风险警示的，应当向本所提交下列文件：

（一）公司关于撤销对其股票交易实施风险警示的申请书；

（二）公司董事会关于申请撤销对公司股票交易实施风险警示的决议；

（三）公司就其符合撤销风险警示条件的说明及有关证明材料；

（四）本所要求的其他有关材料。

9.1.9　上市公司出现本所规定的强制退市情形之一的，本所在规定期限内向公司发出拟终止其股票上市的事先告知书。公司应当在收到本所终止上市事先告知书后及时披露。

9.1.10　上市公司可以在收到或者本所公告送达终止上市事先告知书之日（以在先者为准，下同）起五个交易日内，以书面形式向本所提出听证要求，并载明具体事项及理由。有关听证程序和相关事宜，适用本所有关规定。

公司对终止上市有异议的，可以在收到或者本所公告终止上市事先告知书之日起十个交易日内，向本所提交相关书面陈述和申辩，并提供相关文件。

公司未在本条规定期限内提出听证要求、书面陈述和申辩的，视为放弃相应权利。

9.1.11　本所上市审核委员会（以下简称上市委员会）对上市公司股票终止上市事宜进行审议，作出独立的专业判断并形成审议意见。

上市公司在本规则第9.1.10条规定期限内提出听证要求的，由本所上市委员会按照有关规定组织召开听证会，并在听证程序结束后十五个交易日内就是否终止公司股票上市事宜形成审议意见。

公司未在规定期限内提出听证申请的，本所上市委员会在陈述和申辩提交期限届满后十五个交易日内，就是否终止公司股票上市事宜形成审议意见。

本所根据上市委员会的意见，作出是否终止股票上市的决定。

9.1.12　本所在作出是否撤销风险警示、终止股票上市决定、撤销对公司股票终止上市的决定前，可以要求上市公司提供补充材料，公司应当在本所要求期限内提供有关材料，补充材料期间不计入本所作出有关决定的期限。

公司未在本所要求期限内提交补充材料的，本所继续对相关事项进行审核，并根据本规则作出相关决定。

本所在作出是否撤销风险警示、终止股票上市决定、撤销对公司股票终止上市的决定前，可以自行或者委托相关单位就公司有关情况进行调查核实，调查核实期间不计入本所作出有关决定的期限。

9.1.13　本所在作出终止上市公司股票上市决定之日起两个交易日内，通知上市公司并以交易所公告形式发布相关决定，同时报中国证监会备案。

公司应当在收到本所关于终止其股票上市的决定后，及时披露股票终止上市公告。股票终止上市公告应当包括终止上市股票的种类、简称、证券代码以及终止上市的日期；终止上市决定的主要内容；终止上市后其股票登记、转让、管理事宜；终止上市后公司的联系人、联系地址、电话和其他通讯方式等。

本所决定不对公司股票实施终止上市的，公司应当在收到本所相关决定后，及时披露并申请股票复牌。公司股票不存在其他退市风险警示情形的，自复牌之日起，本所撤销对公司股票实施的退市风险警示。

9.1.14　上市公司股票被终止上市的，其发行的可转换公司债券及其他衍生品种应当终止上市，相关终止上市事宜参照股票终止上市有关规定办理。

本所对可转换公司债券及其他衍生品种的终止上市事宜另有规定的，适用其规定。

9.1.15　上市公司股票被本所强制退市后，进入退市整理期，因触及交易类强制退市情形而终止上市的除外。

9.1.16　强制退市公司应当在本所作出终止其股票上市决定后立即安排股票转入全国中小企业股份转让系统等证券交易场所转让的相关事宜，保证公司股票在摘牌之日起四十五个交易日内可以转让。

强制退市公司在股票被摘牌前，应当与符合规定条件的证券公司（以下简称主办券商）签订协议，聘请该机构在公司股票被终止上市后为公司提供股份转让服务，并授权其办理证券交易所市场登记结算系统的股份退出登记、股份重新确认及登记结算等事宜。

强制退市公司未聘请主办券商的，本所可以为其指定主办券商，并通知公司和该机构。公司应当在两个交易日内就上述事项披露相关公告（公司不再具备法人资格的情形除外）。

主动终止上市公司可以选择在全国中小企业股份转让系统等证券交易场所交易或转让其股票，或者依法作出其他安排。

第二节　交易类强制退市

9.2.1　上市公司出现下列情形之一的，本所终止其股票上市交易：

（一）在本所仅发行 A 股股票的公司，通过本所交易系统连续一百二十个交易日股票累计成交量低于 500 万股；

（二）在本所仅发行 B 股股票的公司，通过本所交易系统连续一百二十个交易日股票累计成交量低于 100 万股；

（三）在本所既发行 A 股股票又发行 B 股股票的公司，通过本所交易系统连续一百二十个交易日其 A 股股票累计成交量低于 500 万股且其 B 股股票累计成交量低于 100 万股；

（四）在本所仅发行 A 股股票或者仅发行 B 股股票的公司，通过本所交易系统连续二十个交易日的每日股票收盘价均低于 1 元；

（五）在本所既发行 A 股股票又发行 B 股股票的公司，通过本所交易系统连续二十个交易日的 A 股和 B 股每日股票收盘价同时均低于 1 元；

（六）公司连续二十个交易日在本所的股票收盘市值均低于 3 亿元；

（七）公司连续二十个交易日股东人数均少于 2000 人；

（八）本所认定的其他情形。

在本所发行存托凭证的红筹企业出现下列情形之一的，本所决定终止其存托凭证上市交易：

（一）通过本所交易系统连续一百二十个交易日存托凭证累计成交量低于 500 万份；

（二）通过本所交易系统连续二十个交易日每日存托凭证收盘价乘以存托凭证与基础股票转换比例后的数值均低于 1 元；

（三）连续二十个交易日在本所的每日存托凭证收盘市值均低于 3 亿元；

（四）本所认定的其他情形。

本节规定的连续交易日，不包含公司股票或者存托凭证全天停牌日和公司首次公开发行股票或者存托凭证上市之日起的二十个交易日。

证券市场出现重大异常波动等情形的，本所可以根据实际情况调整本条规定的指标。

9.2.2　在本所仅发行 A 股股票的上市公司，出现连续九十个交易日通过本所交易系统实现的累计股票成交量低于 500 万股的，应当在次一交易日开市前披露公司股票可能被终止上市的风险提示公告，其后每个交易日披露一次，直至自上述九十个交易日的起算时点起连续一百二十个交易日内通过本所交易系统实现的累计成交量达到 500 万股以上或者本所作出公司股票终止上市的决定之日止（以在先者为准）。

在本所仅发行 B 股股票的公司，出现连续九十个交易日通过本所交易系统实现的累计股票成交量低于 100 万股的，应当在次一交易日开市前披露公司股票可能被终止上市的风险提示公告，其后每个交易日披露一次，直至自上述九十个交易日的起算时点起连续一百二十个交易日内通过本所交易系统实现的累计成交量达到 100 万股以上或者本所作出公司股票终止上市的决定之日止（以在先者为准）。

在本所既发行 A 股股票又发行 B 股股票的公司，出现连续九十个交易日通过本所交易系统实现的 A 股股票累计成交量低于 500 万股且 B 股股票累计成交量低于 100 万股的，应当在次一交易日开市前披露公司股票可能被终止上市的风险提示公告，其后每个交易日披露一次，直至自上述九十个交易日的起算时点起连续一百二十个交易日内 A 股股票通过本所交易系统实现的累计成交量达到 500 万股以上或者 B 股股票通过本所交易系统实现的累计成交量达到 100 万股以上，或者本所作出公司股票终止上市的决定之日止（以在先者为准）。

在本所发行存托凭证的红筹企业，出现连续九十个交易日通过本所交易系统实现的存托凭证累计成交量低于 500 万份的，应当在次一交易日开市前披露公司存托凭证可能被终止上市的风险提示公告，其后每个交易日披露一次，直至自上述九十个交易日的起算时点起连续一百二十个交易日内通过本所交易系统实现的累计成交量达到 500 万份以上或者本所作出公司存托凭证终止上市的决定之日止(以在先者为准)。

本所可以根据实际情况,对上述风险提示标准进行调整。

9.2.3 上市公司连续十个交易日出现下列情形之一的,应当在次一交易日开市前披露公司股票可能被终止上市的风险提示公告,其后每个交易日披露一次,直至相应的情形消除或者本所作出公司股票终止上市的决定之日止(以在先者为准):

(一)每日股票收盘价均低于 1 元;

(二)每日在本所的股票收盘市值均低于 3 亿元;

(三)每日公司股东人数均低于 2000 人。

在本所发行存托凭证的红筹企业连续十个交易日出现下列情形之一的,应当在次一交易日开市前披露公司存托凭证可能被终止上市的风险提示公告,其后每个交易日披露一次,直至相应的情形消除或者本所作出公司存托凭证终止上市的决定之日止(以在先者为准):

(一)每日存托凭证收盘价乘以存托凭证与基础股票转换比例后的数值均低于 1 元;

(二)每日在本所的存托凭证收盘市值均低于 3 亿元。

本所可以根据实际情况,对上述风险提示标准进行调整。

9.2.4 上市公司出现本规则第 9.2.1 条第一款或者在本所发行存托凭证的红筹企业出现本规则第 9.2.1 条第二款规定情形之一的,应当在事实发生的次一交易日开市前披露,公司股票或者存托凭证于公告后停牌。

本所自公司股票或者存托凭证停牌之日起五个交易日内,向公司发出拟终止其股票或者存托凭证上市的事先告知书。

9.2.5 上市公司收到终止上市事先告知书后,可以根据本章第一节的规定申请听证,提出陈述和申辩。

本所上市委员会就是否终止公司股票或者存托凭证上市事宜进行审议。本所根据上市委员会的审议意见作出是否终止公司股票或者存托凭证上市的决定。

第三节 财务类强制退市

9.3.1 上市公司出现下列情形之一的,本所对其股票交易实施退市风险警示:

(一)最近一个会计年度经审计的净利润为负值且营业收入低于 1 亿元,或者追溯重述后最近一个会计年度净利润为负值且营业收入低于 1 亿元;

(二)最近一个会计年度经审计的期末净资产为负值,或者追溯重述后最近一个会计年度期末净资产为负值;

(三)最近一个会计年度的财务会计报告被出具无法表示意见或者否定意见的审计报告;

(四)中国证监会行政处罚决定书表明公司已披露的最近一个会计年度财务报告存在虚假记载、误导性陈述或者重大遗漏,导致该年度相关财务指标实际已触及本款第(一)项、第(二)项情形;

(五)本所认定的其他情形。

本节所述净利润以扣除非经常性损益前后孰低者为准。本节所述营业收入应当扣除与主营业务无关的业务收入和不具备商业实质的收入。本节所述最近一个会计年度是指最近一个已经披露经审计财务会计报告的年度。

公司最近一个会计年度经审计净利润为负值的,公司应当在年度报告中披露营业收入扣除情况及扣除后的营业收入金额;负责审计的会计师事务所应当就公司营业收入扣除事项是否符合前述规定及扣除后的营业收入金额出具专项核查意见。

公司未按本条第二款规定扣除相关收入的,本所可以要求公司扣除,并按照扣除后营业收入决定是否对公司股票实施退市风险警示、终止上市。

9.3.2 上市公司预计将出现本规则第 9.3.1 条第一款第(一)项至第(三)项情形的,应当在相应的会计年度结束后一个月内,披露公司股票交易可能被实施退市风险警示的风险提示公告,并在披露年度报告前至少再披露两次风险提示公告。

公司因追溯重述导致可能出现本规则第 9.3.1 条第一款第(一)项、第(二)项情形,或者相关行政处罚事先告知书表明公司可能出现本规则第 9.3.1 条第一款第(四)项情形的,应当在知悉相关风险情况时立即披露公司股票交易可能被实施退市风险警示的风险提示公告。

9.3.3 上市公司出现本规则第 9.3.1 条第一款第(一)项至第(三)项情形的,应当在披露年度报告或者追溯重述的财务数据的同时,披露公司股票交易被实施退市风险警示公告。公司股票于公告后停牌一个交易日,自复牌之日起,本所对公司股票交易实施退市风险警示。

9.3.4 上市公司出现本规则第 9.3.1 条第一款第(四)项情形的,应当在收到行政处罚决定书后,立即披露相关情况及公司股票交易被实施退市风险警示公告。公司股票于公告后停牌一个交易日,自复牌之日起,本所对公司股票交易实施退市风险警示。

9.3.5 上市公司因出现本规则第9.3.1条第一款第(一)项至第(三)项情形,其股票交易被实施退市风险警示的,应当在其股票交易被实施退市风险警示当年会计年度结束后一个月内,披露股票可能被终止上市的风险提示公告,并在披露该年年度报告前至少再披露两次风险提示公告。

公司因追溯重述导致出现本规则第9.3.1条第一款第(一)项、第(二)项情形,或者出现本规则第9.3.1条第一款第(四)项情形,其股票交易被实施退市风险警示的,应当在披露实际触及退市风险警示指标相应年度次一年度的年度报告前至少披露两次风险提示公告。

9.3.6 上市公司股票交易因本规则第9.3.1条规定情形被本所实施退市风险警示的,在退市风险警示期间,公司进行重大资产重组且符合下列全部条件的,可以向本所申请对其股票交易

撤销退市风险警示:

(一)根据中国证监会有关重大资产重组规定出售全部经营性资产和负债、购买其他资产且已实施完毕;

(二)通过购买进入公司的资产是一个完整经营主体,该经营主体在进入公司前已在同一管理层之下持续经营三年以上;

(三)公司模拟财务报表(经会计师事务所出具专项说明)的财务数据不存在本规则第9.3.1条第一款规定的情形;

(四)本所要求的其他条件。

9.3.7 上市公司因触及本规则第9.3.1条第一款第(一)项至第(三)项情形,其股票交易被实施退市风险警示后,首个会计年度的年度报告表明公司符合不存在本规则第9.3.11条第一款第(一)项至第(四)项任一情形的条件的,公司可以向本所申请对其股票交易撤销退市风险警示。

公司追溯重述导致出现本规则第9.3.1条第一款第(一)项、第(二)项情形,或者因触及本规则9.3.1条第一款第(四)项情形,其股票交易被实施退市风险警示后,实际触及退市风险警示指标相应年度次一年度的年度报告表明公司符合不存在本规则第9.3.11条第一款第(一)项至第(四)项任一情形的条件的,公司可以向本所申请对其股票交易撤销退市风险警示。

9.3.8 上市公司符合本规则第9.3.7条规定条件的,应当于年度报告披露的同时说明是否将向本所申请撤销退市风险警示。公司拟申请撤销退市风险警示的,应当在披露之日起五个交易日内向本所提交申请。

公司向本所申请对其股票交易撤销退市风险警示的,应当于提交申请的次一交易日开市前披露相关公告。

公司提交完备的撤销退市风险警示申请材料的,本所在十五个交易日内决定是否撤销退市风险警示。

9.3.9 本所决定撤销退市风险警示的,上市公司应当及时披露公司股票撤销退市风险警示公告,公司股票于公告后停牌一个交易日,自复牌之日起,本所撤销对公司股票交易的退市风险警示。

9.3.10 本所决定不予撤销退市风险警示的,上市公司应当在收到本所有关书面通知的次一交易日开市前披露公告。

9.3.11 上市公司因触及本规则第9.3.1条第一款第(一)项至第(三)项情形其股票交易被实施退市风险警示后,首个会计年度出现下列情形之一的,本所决定终止其股票上市交易:

(一)经审计的净利润为负值且营业收入低于1亿元,或者追溯重述后最近一个会计年度净利润为负值且营业收入低于1亿元;

(二)经审计的期末净资产为负值,或者追溯重述后最近一个会计年度期末净资产为负值;

(三)财务会计报告被出具保留意见、无法表示意见或者否定意见的审计报告;

(四)未在法定期限内披露过半数董事保证真实、准确、完整的年度报告;

(五)虽符合第9.3.7条的规定,但未在规定期限内向本所申请撤销退市风险警示;

(六)因不符合第9.3.7条的规定,其撤销退市风险警示申请未被本所审核同意。

公司追溯重述导致出现本规则第9.3.1条第一款第(一)项、第(二)项情形,或者因触及9.3.1条第一款第(四)项情形其股票交易被实施退市风险警示后,出现前款第(四)项至第(六)项情形或者实际触及退市风险警示指标相应年度的次一年度出现前款第(一)项至第(三)项情形的,本所决定终止其股票上市交易。

9.3.12 上市公司出现本规则第9.3.11条第一款第(一)项至第(三)项情形的,应当在年度报告披露的同时披露公司股票可能被终止上市的风险提示公告。公司股票于公告后停牌。

公司出现本规则第9.3.11条第一款第(四)项至第(六)项情形的,应当在发生上述情形次一交易日开市前披露公司股票可能被终止上市的风险提示公告。公司股票于公告后停牌。

公司出现本规则第9.3.11条第二款情形的,按照本条前两款执行。

9.3.13 本所根据本规则第9.3.12条对公司股票实施停牌的,自停牌之日起五个交易日内,向公司发出拟终止其股票上市的事先告知书。

9.3.14 上市公司收到终止上市事先告知书后,可以根据本章第一节的规定申请听证,提出陈述和申辩。

本所上市委员会就是否终止公司股票上市事宜进行审议。本所根据上市委员会的审议意见作出是否终止公司股票上市的决定。

9.3.15 上市公司因触及本规则第9.3.11条第二款有关情形其股票被终止上市,相关行政处罚决定被依法撤销或者确认无效,或者因对违法行为性质、违法事实等的认定发生重大变化被依法变更的,参照本规则第9.5.9条至第9.5.13条规定的程序办理。

第四节 规范类强制退市

9.4.1 上市公司出现下列情形之一的,本所对其股票交易实施退市风险警示:

(一)未在法定期限内披露年度报告或者半年度报告,且在公司股票停牌两个月内仍未披露;

(二)半数以上董事无法保证年度报告或者半年度报告真实、准确、完整,且在公司股票停牌两个月内仍有半数以上董事无法保证;

(三)因财务会计报告存在重大会计差错或者虚假记载,被中国证监会责令改正但未在要求期限内改正,且在公司股票停牌两个月内仍未改正;

(四)因信息披露或者规范运作等方面存在重大缺陷,被本所要求改正但未在要求期限内改正,且在公司股票停牌两个月内仍未改正;

(五)因公司股本总额或者股权分布发生变化,导致连续二十个交易日股本总额、股权分布不再具备上市条件,在规定期限内仍未解决;

(六)公司可能被依法强制解散;

(七)法院依法受理公司重整、和解或者破产清算申请;

(八)本所认定的其他情形。

9.4.2 本规则第9.4.1条第(四)项所述信息披露或者规范运作等方面存在重大缺陷,为下列情形之一:

(一)公司已经失去信息披露联系渠道;

(二)公司拒不披露应当披露的重大信息;

(三)公司严重扰乱信息披露秩序,并造成恶劣影响;

(四)本所认为公司存在信息披露或者规范运作重大缺陷的其他情形。

9.4.3 上市公司是否存在信息披露或者规范运作重大缺陷,及前述重大缺陷是否改正,由本所上市委员会予以认定。上市委员会认定期间不计入公司改正期限。

9.4.4 上市公司出现下列情形之一的,应当立即披露股票交易可能被实施退市风险警示的风险提示公告:

(一)未在法定期限内披露年度报告或者半年度报告;

(二)半数以上董事无法保证年度报告或者半年度报告真实、准确、完整;

(三)因财务会计报告存在重大会计差错或者虚假记载,被中国证监会责令改正;

(四)因信息披露或者规范运作等方面存在重大缺陷,被本所要求改正;

(五)连续十个交易日股本总额或者股权分布不再具备上市条件;

(六)连续二十个交易日股本总额或者股权分布不再具备上市条件。

公司按照前款第(一)项至第(四)项、第(六)项规定披露风险提示公告后,应当至少每十个交易日披露一次相关进展情况和风险提示公告,直至相应情形消除或者公司股票交易被本所实施退市风险警示。

9.4.5 上市公司出现本规则第9.4.1条第(一)项情形的,公司应当在其股票停牌两个月届满的次一交易日开市前披露公司股票交易被实施退市风险警示公告。公司股票于公告后继续停牌一个交易日,自复牌之日起,本所对公司股票交易实施退市风险警示。

公司在股票停牌后两个月内披露过半数董事保证真实、准确、完整的年度报告、半年度报告的,公司股票于公告后复牌。

9.4.6 上市公司出现本规则第9.4.1条第(二)项情形的,公司应当在其股票停牌两个月届满的次一交易日开市前披露公司股票交易被实施退市风险警示公告。公司股票于公告后继续停牌一个交易日,自复牌之日起,本所对公司股票交易实施退市风险警示。

公司在股票停牌后两个月内过半数董事保证年度报告、半年度报告真实、准确、完整的,应当及时公告,公司股票于公告后复牌。

9.4.7 上市公司出现本规则第9.4.1条第(三)项、第(四)项情形的,公司应当在其股票停牌两个月届满的次一交易日开市前披露公司股票交易被实施退市风险警示公告。公司股票于公告后继续停牌一个交易日,自复牌之日起,本所对公司股票交易实施退市风险警示。

公司在股票停牌后两个月内按照有关规定和要求改正的,应当及时公告,公司股票于公告后复牌。

9.4.8 上市公司连续二十个交易日股本总额、股权分布不再具备上市条件的,应当于停牌之日起一个月内披露股本总额、股权分布问题的解决方案。

公司在股票停牌后一个月内披露解决方案的,应当同时披露公司股票交易被实施退市风险警示公告;未在股票停牌后一个月内披露解决方案的,应当在一个月期限届满的次一交易日开市前披露公司股票交易被实施退市风险警示公告。公司股票于公告后继续停牌一个交易日,自复牌之日起,本所对公司股票交易实施退市风险警示。

股票停牌期间,公司股本总额、股权分布重新具备上市条件的,应当及时公告,公司股票于公告后复牌。

9.4.9 上市公司出现本规则第9.4.1条第(六)项至第(八)项情形之一的,应当立即披露相关情况及公司股票交易被实施退市风险警示公告。公司股票于公告后停牌一个交易日,自复牌之日起,本所对公司股票交易实施退市风险警示。

9.4.10 上市公司股票交易因本节规定被实施退市风险警示期间,应当至少每五个交易日披露一次公司股票可能被终止上市的风险提示公告,直至相应情形消除或者本所终止其股票上市。

9.4.11 上市公司因本规则第9.4.1条第(七)项情形其股票交易被实施退市风险警示的,应当分阶段及时披露法院裁定批准公司重整计划、和解协议或者终止重整、和解程序等重整事项的进展,并提示相关风险。

9.4.12 上市公司因本规则第9.4.1条第(一)项至第(六)项情形其股票交易被实施退市风险警示后,符合下列对应条件的,可以向本所申请对其股票交易撤销退市风险警示:

(一)因第9.4.1条第(一)项情形被实施退市风险警示之日起的两个月内,披露相关年度报告、半年度报告,且不存在半数以上董事无法保证真实、准确、完整情形;

(二)因第9.4.1条第(二)项情形被实施退市风险警示之日起的两个月内,过半数董事保证相关年度报告、半年度报告真实、准确、完整;

(三)因第9.4.1条第(三)项情形被实施退市风险警示之日起的两个月内,按有关规定和要求披露经改正的财务会计报告;

(四)因第9.4.1条第(四)项情形被实施退市风险警示之日起的两个月内,公司已改正,公司信息披露和规范运作无重大缺陷;

(五)因第9.4.1条第(五)项情形被实施退市风险警示之日起的六个月内,公司股本总额、股权分布重新具备上市条件;

(六)因第9.4.1条第(六)项情形被实施退市风险警示后,公司可能被依法强制解散的情形已消除。

公司因符合前款第(四)项情形向本所申请对其股票交易撤销退市风险警示的,应当按照本所要求同时披露中介机构专项核查意见,说明公司信息披露、规范运作无重大缺陷,本所提请上市委员会审议,并根据上市委员会的审议意见作出是否撤销退市风险警示的决定。

上市委员会审议期间不计入本所作出相应决定的期限。

9.4.13 上市公司因第9.4.1条第(七)项情形其股票交易被实施退市风险警示后,符合下列条件之一的,可以向本所申请对其股票交易撤销退市风险警示:

(一)重整计划执行完毕;

(二)和解协议执行完毕;

(三)法院受理破产申请后至破产宣告前,依据《企业破产法》作出驳回破产申请的裁定且裁定已生效;

(四)因公司已清偿全部到期债务、第三人为公司提供足额担保或者清偿全部到期债务,法院受理破产申请后至破产宣告前,依据《企业破产法》作出终结破产程序的裁定。

公司因前款第(一)项、第(二)项情形向本所申请撤销对其股票交易实施的退市风险警示的,应当提交法院指定管理人出具的监督报告、律师事务所出具的对公司重整计划或者和解协议执行情况的法律意见书,以及本所要求的其他说明文件。

9.4.14 上市公司符合本规则第9.4.12条、第9.4.13条规定条件的,应当于相关情形出现后及时披露,并说明是否向本所申请撤销退市风险警示。公司拟申请撤销退市风险警示的,应当在披露之日起五个交易日内向本所提交申请。

公司向本所申请对其股票交易撤销退市风险警示的,应当于提交申请的次一交易日开市前披露相关公告。

公司提交完备的撤销退市风险警示申请材料的,本所在十五个交易日内作出是否同意其股票交易撤销退市风险警示的决定。

9.4.15 本所决定撤销退市风险警示的,公司应当及时披露撤销退市风险警示公告。公司股票于公告后停牌一个交易日,自复牌之日起,本所撤销对公司股票交易的退市风险警示。

9.4.16 本所决定不予撤销退市风险警示的,上市公司应当在收到本所有关书面通知的次一交易日开市前披露公告。

9.4.17 上市公司出现下列情形之一的,本所决定终止其股票上市交易:

(一)因第9.4.1条第(一)项情形其股票交易被实施退市风险警示之日起的两个月内未披露过半数董事保证真实、准确、完整的相关年度报告或者半年度报告;

(二)因第9.4.1条第(二)项情形其股票交易被实施退市风险警示之日起的两个月内仍有半数以上董事无法保证年度报告或者半年度报告的真实、准确、完整;

(三)因第9.4.1条第(三)项情形其股票交易被实施退市风险警示之日起的两个月仍未披露经改正的财务会计报告;

(四)因第9.4.1条第(四)项情形其股票交易被实施退市风险警示之日起的两个月内仍未改正的;

(五)因第9.4.1条第(五)项情形其股票交易被实施退市风险警示之日起的六个月内股本总额或者股权分布仍不具备上市条件的;

(六)因第9.4.1条第(六)项、第(七)项情形其股票交易被实施退市风险警示,公司依法被吊销营业执照、被责令关闭或者被撤销等强制解散条件成就,或者法院裁定公司破产的;

(七)虽符合第9.4.12条和第9.4.13条规定的条件,但未在规定期限内向本所申请撤销退市风险警示;

(八)因不符合第9.4.12条和第9.4.13条规定的条件,其撤销退市风险警示申请未被本所审核同意。

9.4.18 上市公司出现本规则第9.4.17条情形的,应当在次一交易日开市前披露公司股票可能被终止上市的风险提示公告,公司股票于公告后停牌。

9.4.19 本所根据本规则第9.4.18条对公司股票实施停牌的,自停牌之日起五个交易日内,向公司发出拟终止其股票上市的事先告知书。

9.4.20 上市公司收到终止上市事先告知书后,可以根据本章第一节的规定申请听证,提出陈述和申辩。

本所上市委员会就是否终止公司股票上市事宜进行审议。本所根据上市委员会的审议意见作出是否终止公司股票上市的决定。

第五节 重大违法强制退市

9.5.1 本规则所称重大违法强制退市,包括下列情形:

(一)上市公司存在欺诈发行、重大信息披露违法或者其他严重损害证券市场秩序的重大违法行为,其股票应当被终止上市的情形;

(二)公司存在涉及国家安全、公共安全、生态安全、生产安全和公众健康安全等领域的违法行为,情节恶劣,严重损害国家利益、社会公共利益,或者严重影响上市地位,其股票应当被终止上市的情形。

9.5.2 上市公司涉及本规则第9.5.1条第(一)项规定的重大违法行为,存在下列情形之一的,本所决定终止其股票上市交易:

(一)公司首次公开发行股票申请或者披露文件存在虚假记载、误导性陈述或者重大遗漏,被中国证监会依据《证券法》第一百八十一条作出行政处罚决定,或者被人民法院依据《刑法》第一百六十条作出有罪裁判且生效;

(二)公司发行股份购买资产并构成重组上市,申请或者披露文件存在虚假记载、误导性陈述或者重大遗漏,被中国证监会依据《证券法》第一百八十一条作出行政处罚决定,或者被人民法院依据《刑法》第一百六十条作出有罪裁判且生效;

(三)根据中国证监会行政处罚决定认定的事实,公司披露的年度报告存在虚假记载、误导性陈述或者重大遗漏,导致公司2015年度至2020年度内的任意连续会计年度财务类指标已实际触及相应年度的终止上市情形,或者导致公司2020年度及以后年度的任意连续会计年度财务类指标已实际触及本章第三节规定的终止上市情形;

(四)根据中国证监会行政处罚决定认定的事实,公司披露的2020年度及以后年度营业收入连续两年均存在虚假记载,虚假记载的营业收入金额合计达到5亿元以上,且超过该两年披露的年度营业收入合计金额的50%;或者公司披露的2020年度及以后年度净利润连续两年均存在虚假记载,虚假记载的净利润金额合计达到5亿元以上,且超过该两年披露的年度净利润合计金额的50%;或者公司披露的2020年度及以后年度利润总额连续两年均存在虚假记载,虚假记载的利润总额金额合计达到5亿元以上,且超过该两年披露的年度利润总额合计金额的50%;或者公司披露的2020年度及以后年度资产负债表连续两年均存在虚假记载,资产负债表虚假记载金额合计达到5亿元以上，且超过该两年披露的年度期末净资产合计金额的50%。计算前述合计数时，相关财务数据为负值的，先取其绝对值后再合计计算。

（五）本所根据公司违法行为的事实、性质、情节及社会影响等因素认定的其他严重损害证券市场秩序的情形。

前款第（一）项、第（二）项统称欺诈发行强制退市情形，第（三）项至第（五）项统称重大信息披露违法强制退市情形。

9.5.3 本节第9.5.2条第一款第（三）项所称2015年度至2020年度内的任意连续会计年度财务类指标已实际触及相应年度的终止上市情形，是指下列情形之一：

（一）连续三个会计年度经审计的净利润为负值，第四个会计年度存在扣除非经常性损益前后的净利润孰低者为负值、期末净资产为负值、营业收入低于1000万元或者被会计师事务所出具保留意见、无法表示意见、否定意见的审计报告等四种情形之一；

（二）连续两个会计年度经审计的期末净资产为负值，第三个会计年度存在扣除非经常性损益前后的净利润孰低者为负值、期末净资产为负值、营业收入低于1000万元或者被会计师事务所出具保留意见、无法表示意见、否定意见的审计报告等四种情形之一；

（三）连续两个会计年度经审计的营业收入低于1000万元，第三个会计年度存在扣除非经常性损益前后的净利润孰低者为负值、期末净资产为负值、营业收入低于1000万元或者被会计师事务所出具保留意见、无法表示意见、否定意见的审计报告等四种情形之一；

（四）连续两个会计年度的财务会计报告被会计师事务所出具无法表示意见或者否定意见的审计报告，第三个会计年度存在扣除非经常性损益前后的净利润孰低者为负值、期末净资产为负值、营业收入低于1000万元或者被会计师事务所出具保留意见、无法表示意见、否定意见的审计报告等四种情形之一；

（五）相应年度的《深圳证券交易所股票上市规则》规定的其他与财务类指标相关的终止上市情形。

9.5.4 上市公司涉及本规则第9.5.1条第（二）项规定的重大违法行为，存在下列情形之一的，本所决定终止其股票上市交易：

（一）公司或者其主要子公司被依法吊销营业执照、责令关闭或者被撤销；

（二）公司或者其主要子公司被依法吊销主营业务生产经营许可证，或者存在丧失继续生产经营法律资格的其他情形；

（三）本所根据公司重大违法行为损害国家利益、社会公共利益的严重程度，结合公司承担法律责任类型、对公司生产经营和上市地位的影响程度等情形，认为公司股票应当终止上市的。

9.5.5 依据相关行政处罚事先告知书、人民法院裁判认定的事实，上市公司可能触及本规则第9.5.2条或者第9.5.4条规定情形的，公司应当在知悉相关行政机关向其送达行政处罚事先告知书或者知悉人民法院作出有罪裁判后立即披露相关情况及公司股票交易被实施退市风险警示公告。公司股票于公告后停牌一个交易日，自复牌之日起，本所对公司股票交易实施退市风险警示。

公司因前款情形其股票交易被实施退市风险警示期间，应当每五个交易日披露一次相关事项进展情况并就公司股票可能被实施重大违法强制退市进行风险提示。

9.5.6 依据相关行政机关行政处罚决定、人民法院生效裁判认定的事实，上市公司可能触及本规则第9.5.2条或者第9.5.4条规定情形的，公司应当在收到相关行政机关行政处罚决定书，或者人民法院裁判生效后立即披露相关情况及公司股票可能被终止上市的风险提示公告，公司股票于公告后停牌。

公司未触及本规则第9.5.2条、第9.5.4条规定情形的，应当及时披露相关情况。公司股票于公告披露后停牌一个交易日，自复牌之日起，本所撤销对公司股票交易的退市风险警示。

9.5.7 上市公司触及本节规定的重大违法强制退市情形的，本所在公司披露或者本所向市场公告相关行政机关行政处罚决定书或者人民法院生效裁判后的十五个交易日内，向公司发出终止上市事先告知书。

本所在发出终止上市事先告知书前可以要求公司补充材料，公司应当在本所要求期限内提供有关材料，补充材料期间不计入前款所述十五个交易日。未在要求期限内补充材料的，本所将在要求期限届满后按照前款规定发出终止上市事先告知书。本所可以自行或者委托相关单位就公司相关情况进行调查核实，调查核实期间不计入前款所述十五个交易日。

9.5.8 上市公司收到终止上市事先告知书后，可以根据本章第一节的规定申请听证，提出陈述和申辩。

本所上市委员会就是否终止公司股票上市事宜进行审议。本所根据上市委员会的审议意见作出是否终止公司股票上市的决定。

9.5.9 上市公司因触及重大违法强制退市情形，其股票被终止上市后，出现下列情形之一的，可以向本所申请撤销对其股票终止上市的决定：

（一）相关行政处罚决定被依法撤销或者确认无效，或者因对违法行为性质、违法事实等的认定发生重大变化，被依法变更；

（二）人民法院有罪裁判被依法撤销，且未作出新的有罪裁判。

公司向本所申请撤销对其股票终止上市的，应当在收到相关文件或者法律文书后的三十个交易日内向本所提交下列文件：

（一）公司关于撤销对其股票终止上市的申请书；

（二）公司董事会关于申请撤销对公司股票终止上市的决议；

（三）相关行政处罚决定书被依法撤销、确认无效或者变更的证明文件，或者人民法院的相关裁判文书；

（四）法律意见书；

（五）本所要求的其他有关材料。

9.5.10 本所自收到上市公司按照本规则第9.5.9条规定提出的撤销申请之日起的十五个交易日内，召开上市委员会会议，审议是否撤销对公司股票作出的终止上市决定，并形成审议意见。

本所根据上市委员会的审议意见，作出是否撤销对公司股票终止上市的决定。

9.5.11 本所同意撤销对公司股票终止上市决定的，在作出撤销决定之日起两个交易日内通知公司，同时报中国证监会备案。

9.5.12 在收到本所撤销决定后的二十个交易日内，公司可以向本所提出恢复其股票正常交易的书面申请，并向本所提交下列申请文件：

（一）公司关于恢复其股票正常交易的申请书；

（二）公司董事会关于申请恢复其股票正常交易的决议；

（三）公司股东大会关于申请恢复其股票正常交易的决议；

（四）保荐人出具的保荐意见；

（五）法律意见书；

（六）公司最近一年又一期经审计财务报告；

（七）公司前十大股东名册和公司持股5%以上股东的营业执照或者有关身份证明文件；

（八）公司全部股份在结算公司托管的证明文件；

（九）公司董事、监事及高级管理人员持有本公司股份情况说明；

（十）本所要求的其他材料。

公司股份已经转入全国中小企业股份转让系统等证券交易场所转让或者存在其他合理情况的，经本所同意，可以在本所要求的期限内办理完毕其股份的重新确认、登记、托管等相关手续或者有关事项后，补充提交相应申请文件。

本所自收到公司完备申请材料后的五个交易日内，作出是否受理的决定并通知公司。

公司股票同时存在其他终止上市情形的，本所对其实施终止上市。

9.5.13 本所自作出恢复公司股票正常交易的决定后两个交易日内通知公司，同时报中国证监会备案。

公司应当在收到上述决定后及时公告，并按本所要求办理恢复股票正常交易的相关手续。

公司应当在其股票恢复正常交易前与本所重新签订上市协议，明确双方的权利、义务及其他有关事项。

公司控股股东、实际控制人、董事、监事和高级管理人员等应当签署并提交相应声明及承诺书，其所持股份在公司股票恢复正常交易时的流通或者限售安排，应当按照法律法规及本所有关规定执行。

公司股票恢复公司股票正常交易的同时存在风险警示情形的，本所对其实施相应的风险警示。

9.5.14 上市公司可能触及本节规定的重大违法强制退市情形的，自相关行政处罚事先告知书或者司法裁判作出之日起，至下列任一情形发生前，其控股股东、实际控制人、董事、监事、高级管理人员，以及上述主体的一致行动人，不得减持公司股份：

（一）公司股票终止上市并摘牌；

（二）公司收到相关行政机关相应行政处罚决定或者人民法院生效司法裁判，显示公司未触及重大违法强制退市情形。

公司披露无控股股东、实际控制人的，其第一大股东及第一大股东的实际控制人应当遵守前款规定。

第六节　退市整理期

9.6.1 上市公司股票被本所根据本章第三节至第五节的规定作出终止上市决定的，自本所公告终止上市决定之日起五个交易日后的次一交易日复牌并进入退市整理期交易。退市整理期间，公司的证券代码不变，股票简称后冠以退标识，退市整理股票进入风险警示板交易。

9.6.2 退市整理期的交易期限为十五个交易日。退市整理期间，上市公司股票原则上不停牌。公司因特殊原因向本所申请其股票全天停牌的，停牌期间不计入退市整理期,且停牌天数累计不得超过五个交易日。

公司未在累计停牌期满前申请复牌的,本所于停牌期满后的次一交易日对公司股票复牌。

9.6.3 退市整理期间,上市公司股东所持有限售条件股份的限售期限连续计算,限售期限届满前相关股份不能流通。

9.6.4 上市公司股票进入退市整理期的,公司及相关信息披露义务人仍应当遵守法律法规、本规则及本所其他规定,履行信息披露及相关义务。

9.6.5 上市公司股票进入退市整理期的,公司应当在披露股票终止上市公告的同时披露股票进入退市整理期交易的公告,包括下列内容:

(一)公司股票在退市整理期间的证券简称、证券代码及涨跌幅限制;

(二)公司股票在退市整理期间的起始日、交易期限及预计最后交易日期;

(三)退市整理期公司不筹划、不进行重大资产重组等重大事项的声明;

(四)本所要求披露的其他内容。

9.6.6 上市公司按照本规则第9.6.5条规定披露公告时应当向本所提交下列材料:

(一)公司董事会关于变更证券简称的申请;

(二)公司董事会关于退市整理期间不筹划重大资产重组等事项的承诺函;

(三)本所要求的其他材料。

9.6.7 上市公司应当于退市整理期首日开市前,披露公司股票已被本所作出终止上市决定的风险提示公告,说明公司股票进入退市整理期的起始日和终止日等事项。

退市整理期间,公司应当每五个交易日披露一次股票将被摘牌的风险提示公告,在最后的五个交易日内应当每日披露一次股票将被摘牌的风险提示公告。

9.6.8 上市公司在退市整理期间披露公告时,应当在公告中说明公司股票摘牌时间,并特别提示终止上市风险。

9.6.9 退市整理期间,上市公司董事会应当关注其股票交易、传闻,必要时应当及时作出澄清或者说明。

9.6.10 上市公司股票于退市整理期届满的次一交易日摘牌,公司股票终止上市。

公司股票被本所根据本章第二节的规定作出终止上市决定后,公司股票于十五个交易日内摘牌,公司股票终止上市。

公司应当于股票摘牌当日开市前披露摘牌公告,对公司股票摘牌后进入全国中小企业股份转让系统等证券交易场所转让的具体事宜作出说明,包括进入日期、股份重新确认、登记托管、交易制度等情况。

9.6.11 退市整理期间,上市公司不得筹划或者实施重大资产重组等重大事项。

9.6.12 上市公司股票存在可能被强制退市情形,且公司已公告筹划重大资产重组事项的,公司董事会应当审慎评估并决定如被本所作出终止上市决定后是否进入整理期交易、是否继续推进该重大资产重组事项。不进入退市整理期继续推进重大资产重组的,应当及时召开股东大会,审议继续推进重大资产重组等重大事项且股票不进入退市整理期交易的议案;进入退市整理期不继续推进重大资产重组的,应当及时履行审议程序和披露义务。

公司董事会决定继续推进重大资产重组的,应当在相应股东大会通知中明确:公司如被本所作出终止上市决定,股东大会审议通过该议案的,将不再安排退市整理期交易,公司股票自本所公告终止上市决定之日起五个交易日内予以摘牌,公司股票终止上市;该议案未审议通过的,公司股票将自本所公告终止上市决定之日起五个交易日后的次一交易日复牌并进入退市整理期交易。

公司依据前款规定召开股东大会审议相关议案的,应当经出席会议的股东所持表决权的三分之二以上通过。公司应当对除单独或者合计持有上市公司5%以上股份的股东和上市公司董事、监事、高级管理人员以外的其他股东的投票情况单独统计并披露。

9.6.13 进入破产重整程序或者已经完成破产重整的公司触及强制退市情形的,经人民法院或者其他有权方认定,如公司股票进入退市整理期交易,将导致与破产重整程序或者经人民法院批准的公司重整计划的执行存在冲突等后果的,公司股票可以不进入退市整理期交易。

9.6.14 不进入退市整理期交易的公司应当承诺公司股票如被终止上市,将进入全国中小企业股份转让系统等证券交易场所转让股份。

第七节 主动终止上市

9.7.1 上市公司出现下列情形之一的,可以向本所申请主动终止其股票上市交易:

(一)公司股东大会决议主动撤回其股票在本所上市交易,并决定不再在交易所交易;

(二)公司股东大会决议主动撤回其股票在本所上市交易,并转而申请在其他交易场所交易或者转让;

（三）公司股东大会决议解散；

（四）公司因新设合并或者吸收合并，不再具有独立主体资格并被注销；

（五）公司以终止公司股票上市为目的，向公司所有股东发出回购全部股份或者部分股份的要约，导致公司股本总额、股权分布等发生变化不再具备上市条件；

（六）公司股东以终止公司股票上市为目的，向公司所有其他股东发出收购全部股份或者部分股份的要约，导致公司股本总额、股权分布等发生变化不再具备上市条件；

（七）公司股东以外的其他收购人以终止公司股票上市为目的，向公司所有股东发出收购全部股份或者部分股份的要约，导致公司股本总额、股权分布等发生变化不再具备上市条件；

（八）中国证监会或者本所认可的其他主动终止上市情形。

A股股票和B股股票同时在本所上市交易的公司，依照前款规定申请主动终止上市的，原则上其A股股票和B股股票应当同时终止上市。

9.7.2 本规则第9.7.1条第一款第（一）项、第（二）项规定的股东大会决议事项，应当经出席会议的全体股东所持有效表决权的三分之二以上通过，且经出席会议的除单独或者合计持有上市公司5%以上股份的股东和上市公司董事、监事、高级管理人员以外的其他股东所持表决权的三分之二以上通过。

9.7.3 上市公司因本规则第9.7.1条第一款第（一）项至第（五）项情形召开股东大会的，应当及时向本所提交下列文件并公告：

（一）董事会关于申请主动终止上市的决议；

（二）召开股东大会通知；

（三）主动终止上市预案；

（四）财务顾问报告（如适用）；

（五）法律意见书（如适用）；

（六）法律法规、本规则及公司章程要求的其他文件。

前款第（三）项所称主动终止上市预案，应当包括公司终止上市原因、终止上市方式、终止上市后经营发展计划、并购重组安排、重新上市安排、代办股份转让安排、异议股东保护措施，以及公司董事会关于主动终止上市对公司长远发展和全体股东利益的影响分析等相关内容。

第一款第（四）项、第（五）项所称财务顾问报告和法律意见书，指财务顾问和律师事务所为主动终止上市提供专业服务，并发表专业意见。其中，第9.7.1条第一款第（一）项、第（二）项、第（五）项情形不适用法律意见书，第（三）项情形不适用财务顾问报告和法律意见书。股东大会对主动终止上市事项进行审议后，上市公司应当及时披露股东大会决议公告，说明议案的审议及通过情况。

9.7.4 上市公司根据本规则第9.7.1条第一款第（一）项、第（二）项情形，申请主动终止上市的，公司应当向本所申请其股票自股东大会股权登记日的次一交易日起停牌，并在股东大会审议通过主动终止上市决议后及时披露决议情况。公司可以在股东大会决议后的十五个交易日内向本所提交主动终止上市的书面申请。

公司根据本规则第9.7.1条第一款第（三）项至第（七）项情形，申请主动终止上市的，应当遵守《公司法》《证券法》《上市公司收购管理办法》《上市公司重大资产重组管理办法》等有关规定及本所有关规定，严格履行决策、实施程序和信息披露义务，并及时向本所申请公司股票停牌和复牌。同时，按照有关规定，及时向本所提交主动终止上市申请。

公司应当在提交申请后，及时披露相关公告。

9.7.5 上市公司主动终止上市事项未获股东大会审议通过的，公司应当及时向本所申请其股票自公司股东大会决议公告后复牌。

9.7.6 上市公司出现本规则第9.7.1条第一款第（六）项、第（七）项情形的，其股票自公司披露收购结果公告或者其他相关权益变动公告后继续停牌，直至本所终止其股票上市。

9.7.7 上市公司依据本规则第9.7.1条的规定向本所申请其股票终止上市的，应当向本所提交下列文件：

（一）终止上市申请书；

（二）股东大会决议（如适用）；

（三）相关终止上市方案；

（四）财务顾问报告；

（五）法律意见书；

（六）本所要求的其他文件。

9.7.8 本所在收到上市公司提交的终止上市申请文件后五个交易日内作出是否受理的决定并通知公司。

公司未能按本节的要求提供申请文件的，本所不受理其股票终止上市申请。

公司应当在收到本所关于是否受理其终止上市申请的决定后，及时披露决定的有关情况并提示其股票可能终止上市的风险。

9.7.9　本所上市委员会对公司股票终止上市的申请进行审议，重点从保护投资者特别是中小投资者权益的角度，在审查上市公司决策程序合规性的基础上，作出独立的专业判断并形成审议意见。

公司依据本规则第9.7.1条的规定申请其股票终止上市的，本所在受理公司申请后的十五个交易日内，本所上市委员会形成审议意见。

本所根据上市委员会的审议意见作出是否终止公司股票终止上市的决定。

9.7.10　因本规则第9.7.1条规定情形其股票被终止上市、且法人主体资格将存续的公司，应当对公司股票终止上市后转让或者交易、异议股东保护措施作出具体安排，保护中小投资者的合法权益。

9.7.11　上市公司主动终止上市的，不设退市整理期，公司股票自本所公告终止上市决定之日起五个交易日内予以摘牌，公司股票终止上市。

第八节　其他风险警示

9.8.1　上市公司出现下列情形之一的，本所对其股票交易实施其他风险警示：

（一）公司存在资金占用且情形严重；

（二）公司违反规定程序对外提供担保且情形严重；

（三）公司董事会、股东大会无法正常召开会议并形成决议；

（四）公司最近一年被出具无法表示意见或者否定意见的内部控制审计报告或者鉴证报告；

（五）公司生产经营活动受到严重影响且预计在三个月内不能恢复正常；

（六）公司主要银行账号被冻结；

（七）公司最近三个会计年度扣除非经常性损益前后净利润孰低者均为负值，且最近一年审计报告显示公司持续经营能力存在不确定性；

（八）本所认定的其他情形。

9.8.2　本规则第9.8.1条（一）项所述存在资金占用且情形严重，是指上市公司被控股股东或者控股股东关联人占用资金的余额在1000万元以上，或者占公司最近一期经审计净资产的5%以上，且无可行的解决方案或者虽提出解决方案但预计无法在一个月内解决。

本规则第9.8.1条（二）项所述违反规定程序对外提供担保且情形严重，是指上市公司违反规定程序对外提供担保的余额（担保对象为上市公司合并报表范围内子公司的除外）在1000万元以上，或者占上市公司最近一期经审计净资产的5%以上，且无可行的解决方案或者虽提出解决方案但预计无法在一个月内解决。

公司无控股股东、实际控制人的，被第一大股东或者第一大股东关联人占用资金的，按照本节规定执行。

9.8.3　上市公司生产经营活动受到严重影响，或者出现本规则第9.8.2条情形的，应当及时披露，说明公司是否能在相应期限内解决，同时披露公司股票交易可能被实施其他风险警示的提示性公告。

公司应当至少每月披露一次相关进展情况和风险提示公告，直至相应情形消除或者公司股票交易被本所实施其他风险警示。

9.8.4　上市公司因触及本规则第9.8.1条第（一）项、第（二）项情形其股票交易被实施其他风险警示的，在风险警示期间，应当至少每月披露一次进展公告，披露资金占用或者违反规定程序对外担保的解决进展情况，直至相应情形消除。公司没有采取措施或者相关工作没有进展的，也应当披露并说明具体原因。

公司因触及本规则第9.8.1条第（一）项、第（二）项以外的情形其股票交易被实施其他风险警示的，应当在相关事项取得重大进展或者发生重大变化时及时披露。

9.8.5　上市公司资金占用情形已消除，向本所申请对其股票交易撤销其他风险警示的，应当提交会计师事务所出具的专项审核报告等文件。

公司违反规定程序对外担保情形已消除，向本所申请对其股票交易撤销其他风险警示的，应当提交律师事务所出具的法律意见书等文件。

公司内部控制缺陷整改完成，内部控制能有效运行，向本所申请对其股票交易撤销其他风险警示的，应当提交会计师事务所对其最近一年内部控制出具的标准无保留意见的审计报告或者鉴证报告等文件。

公司最近一年经审计的财务报告显示，其扣除非经常性损益前后的净利润孰低者为正值或者持续经营能力不确定性已消除，向本所申请对其股票交易撤销其他风险警示的，应当提交会计师事务所出具的最近一年审计报告等文件。

9.8.6　上市公司股票交易因触及本规则第9.8.1条第（四）项、第（七）项情形被本所实施其他风险警示的，在风险警示期间，公司进行重大资产重组且符合下列全部条件的，可以向本所申请对其股票交易撤销其他风险警示：

（一）根据中国证监会有关重大资产重组规定出售全部经营性资产和负债、购买其他资产且已实施完毕；

（二）通过购买进入公司的资产是一个完整经营主

体,该经营主体在进入公司前已在同一管理层之下持续经营三年以上;

(三)模拟财务报表(经会计师出具专项说明)的主体不存在本规则第9.8.1条规定的情形;

(四)本所要求的其他条件。

9.8.7 上市公司向本所申请对其股票交易撤销其他风险警示的,应当于提交申请的次一交易日开市前披露相关公告。

公司提交完备的撤销其他风险警示申请材料的,本所在十五个交易日内决定是否撤销其他风险警示。

9.8.8 本所决定撤销其他风险警示的,上市公司应当及时披露股票交易撤销其他风险警示公告,公司股票于公告后停牌一个交易日,自复牌之日起,本所对公司股票交易撤销其他风险警示。

9.8.9 本所决定不予撤销其他风险警示的,上市公司应当于收到本所书面通知的次一交易日开市前披露相关公告。

第十章 重新上市

第一节 一般规定

10.1.1 上市公司在其股票终止上市后,申请其股票重新上市的,应当符合本章规定的重新上市条件,本所依据本章规定的程序审议和决定其股票重新上市事宜。

10.1.2 申请重新上市的公司应当根据本章有关规定申报材料和披露信息。公司及其董事、监事和高级管理人员应当保证所申报材料和披露的信息真实、准确、完整,不存在虚假记载、误导性陈述或者重大遗漏。

10.1.3 公司申请重新上市,应当由保荐人保荐,并向本所提交按本所有关规定编制的重新上市申请及相关申请文件。

保荐人及其保荐代表人应当认真履行审慎核查和辅导义务,对公司申请重新上市情况进行尽职调查,按照本所要求编制尽职调查工作报告,并出具重新上市保荐书。

10.1.4 公司申请重新上市,应当聘请律师事务所对其重新上市申请的合法性、合规性以及相关申请文件的真实性、有效性进行尽职调查,出具法律意见书和律师工作报告。

10.1.5 为公司重新上市出具有关文件的中介机构和人员应当勤勉尽责、诚实守信,严格履行职责,并对其所出具文件的真实性、准确性、完整性负责。

10.1.6 本所作出同意公司股票重新上市的决定,不表明对该公司股票的投资价值或者投资者的投资收益作出实质性判断或者保证。

第二节 重新上市申请

10.2.1 上市公司在其股票终止上市后,其终止上市情形(交易类强制退市情形除外)已消除,且同时符合下列条件的,可以向本所申请重新上市:

(一)符合《证券法》、中国证监会规定的发行条件;

(二)公司股本总额不低于5000万元;

(三)社会公众持有的股份占公司股份总数的比例为25%以上;公司股本总额超过4亿元的,社会公众持有的股份占公司股份总数的比例为10%以上;

(四)市值及财务指标符合本规则第三章第一节规定的相应标准;

(五)公司董事、监事、高级管理人员具备法律法规、本所有关规定及公司章程规定的任职条件,且不存在影响其任职的情形;

(六)本所要求的其他条件。

前款第(五)项所称影响其任职的情形,包括:

(一)被中国证监会采取不得担任上市公司董事、监事、高级管理人员的证券市场禁入措施,期限尚未届满;

(二)最近三十六个月内受到中国证监会行政处罚,或者最近十二个月内受到证券交易所公开谴责;

(三)因涉嫌犯罪被司法机关立案侦查或者涉嫌违法违规被中国证监会立案调查,尚未有明确结论意见;

(四)本所规定的其他情形。

公司在终止上市前未完成股权分置改革的,应当按照股权分置改革有关规定的要求就非流通股可以上市交易作出安排。

10.2.2 上市公司因触及重大违法强制退市情形,其股票被本所终止上市后,符合本规则第10.2.1条规定的重新上市条件拟向本所申请其股票重新上市的,还应当符合下列条件:

(一)已全面纠正违法行为并符合下列要求:

1. 公司就重大违法行为所涉事项已进行补充披露或者更正公告;

2. 对重大违法行为的责任追究已处理完毕;

3. 公司就重大违法行为所涉事项已补充履行相关决策程序;

4. 公司因重大违法行为发生的损失已获得相关责任主体弥补;

5. 重大违法行为可能引发的与公司相关的风险因素已消除。

(二)已及时撤换下列有关责任人员:

1. 被人民法院判决有罪的有关人员；

2. 被相关行政机关行政处罚的有关人员；

3. 被相关行政机关依法移送公安机关立案调查的有关人员；

4. 中国证监会、本所认定的对重大违法行为负有重要责任的其他人员。

（三）已对民事赔偿责任作出妥善安排并符合下列要求：

1. 相关赔偿事项已由人民法院作出判决的，该判决已执行完毕；

2. 相关赔偿事项未由人民法院作出判决，但已达成和解的，该和解协议已执行完毕；

3. 相关赔偿事项未由人民法院作出判决，且未达成和解的，已按预计最高索赔金额计提赔偿基金，并将足额资金划入基金专户存储；公司的控股股东及其实际控制人或者第三方已承诺：将对赔偿基金不足或者未予赔偿的部分代为赔付等。

（四）不存在本所规定的终止上市情形。

公司应当聘请律师事务所对前款所述事项进行逐项核查，就公司是否具备申请重新上市的主体资格、是否符合重新上市的条件出具专门意见。

重新上市保荐人应当在重新上市保荐书中对第一款所述事项逐项说明，并就公司重大违法行为影响已基本消除、风险已得到控制，公司符合申请重新上市的条件明确发表意见。

10.2.3　上市公司因触及欺诈发行强制退市情形，其股票被本所终止上市的，不得在本所重新上市。

10.2.4　主动终止上市公司符合本章规定的重新上市条件的，可以随时向本所提出重新上市的申请。

强制退市公司（欺诈发行强制退市情形除外）依据本规则第10.2.1条的规定向本所申请其股票重新上市的，其申请时间应当符合下列规定：

（一）公司因重大违法类强制退市情形（欺诈发行强制退市情形除外）其股票被终止上市的，首次提出重新上市申请与其股票终止上市后进入全国中小企业股份转让系统等证券交易场所的时间间隔应当不少于五个完整的会计年度；

（二）公司因交易类强制退市情形其股票被终止上市的，首次提出重新上市申请与其股票终止上市后进入全国中小企业股份转让系统等证券交易场所的时间间隔应当不少于三个月；

（三）公司因前述两项情形之外的其他强制退市情形其股票被终止上市的，首次提出重新上市申请与其股票终止上市后进入全国中小企业股份转让系统等证券交易场所的时间间隔应当不少于十二个月。

10.2.5　上市公司在其股票终止上市过程中存在下列情形之一的，本所自公司股票终止上市后三十六个月内不受理其重新上市的申请：

（一）上市公司股票可能被强制退市但其董事会已审议通过并公告筹划重大资产重组事项的，公司董事会未按规定及时召开股东大会，决定公司股票在终止上市后是否进入退市整理期交易；

（二）在退市整理期间未按本所有关规定履行信息披露及其他相关义务；

（三）未按本所有关规定安排股份转入全国中小企业股份转让系统等证券交易场所进行转让；

（四）其他拒不履行本所规定的义务、不配合退市相关工作的情形。

10.2.6　公司申请其股票重新上市的，应当经公司董事会同意后提交股东大会审议。股东大会就该事项作出决议应当经出席会议的股东所持表决权三分之二以上通过。

10.2.7　本所在收到公司重新上市申请文件后的五个交易日内作出是否受理的决定。

公司按照本所要求提供补充材料的时间不计入上述期限内，但补充材料的期限累计不得超过十五个交易日。

10.2.8　公司应当提供按照企业会计准则编制并经会计师事务所审计的最近三个会计年度财务会计报告。

前述财务会计报告的截止日距公司重新上市的申请日间隔应当不超过六个月，超过六个月的，公司应当补充提供最近一期经审计的财务会计报告。

10.2.9　存在下列情形之一的，本所不予受理公司的重新上市申请文件：

（一）重新上市报告书、重新上市保荐书、法律意见书等重新上市申请文件不齐备且未按要求补正；

（二）公司及其控股股东、实际控制人、董事、监事、高级管理人员，中介机构及其主办人员因证券违法违规被中国证监会采取认定为不适当人选、限制业务活动、证券市场禁入，被证券交易所、国务院批准的其他全国性证券交易场所采取一定期限内不接受其出具的相关文件、公开认定不适合担任公司董事、监事、高级管理人员，或者被中国证券业协会采取认定不适合从事相关业务等相关措施，尚未解除；

（三）法律、行政法规及中国证监会规定的其他情形。

第三节 重新上市审核

10.3.1 本所上市委员会对公司股票重新上市的申请进行审议，作出独立的专业判断并形成审议意见。本所根据上市委员会的审议意见，作出是否同意公司股票重新上市的决定。

10.3.2 主动终止上市公司申请其股票重新上市的，本所将在受理公司股票重新上市申请后的三十个交易日内，作出是否同意其股票重新上市申请的决定。

强制退市公司申请其股票重新上市的，本所将在受理公司股票重新上市申请后的六十个交易日内，作出是否同意其股票重新上市申请的决定。

在此期间，本所要求提供补充材料的，公司应当按照本所要求提供。公司补充材料的时间不计入上述期限内，但累计不得超过三十个交易日。本所可以自行或委托相关单位就公司相关情况进行调查核实，调查核实期间不计入本所作出是否同意其股票重新上市申请的期限内。

本章规定的中止审核、暂缓审议、处理会后事项等情形，并要求公司及中介机构补充、修订更新申请文件的，不计入本所作出是否同意其股票重新上市申请的期限内。

公司未按本所要求在前述期限内提交补充材料的，本所在该期限届满后继续对其重新上市申请进行审核，并根据本规则作出是否同意其股票重新上市的决定。

10.3.3 重新上市审核过程中出现下列情形之一的，公司、中介机构应当及时告知本所，本所将中止重新上市审核，通知公司及其保荐人：

（一）公司及其控股股东、实际控制人涉嫌贪污、贿赂、侵占财产、挪用财产或者破坏社会主义市场经济秩序的犯罪，或者涉嫌欺诈发行、重大信息披露违法或者其他涉及国家安全、公共安全、生态安全、生产安全、公众健康安全等领域的重大违法行为，正在被立案调查，或者正在被司法机关立案侦查，尚未结案；

（二）公司的中介机构被中国证监会依法采取限制业务活动、责令停业整顿、指定其他机构托管或者接管等措施，尚未解除；

（三）中介机构主办人员被中国证监会依法采取认定为不适当人选等监管措施或者证券市场禁入的措施，被中国证券业协会采取认定不适合从事相关业务的纪律处分，尚未解除；

（四）中介机构及其主办人员，被证券交易所、国务院批准的其他全国性证券交易场所实施一定期限内不接

受其出具的相关文件的纪律处分，尚未解除；

（五）本所审核过程中，公司出现明显不符合本规则第10.2.1条规定的重新上市条件的情形；

（六）公司重新上市申请文件中记载的财务资料已过有效期，需要补充提交；

（七）公司及保荐人主动要求中止重新上市审核，理由正当且经本所同意；

（八）其他本所认为应当中止审核的情形。

出现前款第（一）项至第（六）项所列情形，公司、中介机构未及时告知本所，本所经核实符合中止审核情形的，将直接中止审核。

因第一款第（二）项至第（四）项中止审核，公司根据规定需要更换中介机构的，更换后的中介机构应当自中止审核之日起三个月内完成尽职调查，重新出具相关文件，并对原中介机构出具的文件进行复核，出具复核意见，对差异情况作出说明。公司根据规定无需更换中介机构的，中介机构应当及时向本所出具复核报告。

因第一款第（二）项至第（四）项中止审核，公司更换中介机构主办人员的，更换后的中介机构主办人员应当自中止审核之日起一个月内，对原中介机构主办人员签字的文件进行复核，出具复核意见，对差异情况作出说明。

因第一款第（五）项至第（八）项中止审核的，公司应当在中止审核后三个月内补充提交有效文件或者消除主动要求中止审核的相关情形。

第一款所列中止审核的情形消除或者在第三款至第五款规定的时限内完成相关事项的，本所经审核确认后，恢复对公司的重新上市审核，并通知公司及其保荐人。

10.3.4 重新上市审核过程中出现下列情形之一的，本所将终止重新上市审核，通知公司及其保荐人：

（一）重新上市申请文件内容存在重大缺陷，严重影响投资者理解和本所审核；

（二）公司撤回重新上市申请或者保荐人撤销保荐；

（三）公司未在规定时限内回复本所审核问询或者未对重新上市申请文件作出解释说明、补充修改；

（四）重新上市申请文件存在虚假记载、误导性陈述或者重大遗漏；

（五）公司阻碍或者拒绝中国证监会、本所依法对公司实施的检查；

（六）公司及其关联人以不正当手段严重干扰重新上市审核工作；

（七）公司法人资格终止；

（八）本规则第 10.3.3 条第一款规定的中止审核情形未能在三个月内消除，或者中介机构及其主办人员未能在规定的时限内完成复核事项；

（九）同一次重新上市审核过程中，公司中止审核总时长超过六个月；

（十）其他本所认为应当终止审核的情形。

10.3.5 本所在作出是否同意公司重新上市决定后的两个交易日内通知公司，并报中国证监会备案。

10.3.6 公司重新上市申请未获本所同意的，自本所作出决定之日起六个月内公司不得再次向本所提出重新上市的申请。

10.3.7 本所作出同意公司股票重新上市申请决定后至公司股票重新上市前，发生不符合公司股票重新上市条件、触及中止审核或者终止审核情形、或者其他可能对投资价值及投资决策判断构成重大影响的事项的，公司及其保荐人应当及时向本所报告，并按要求更新发行上市申请文件。公司的中介机构应当持续履行尽职调查职责，并向本所提交专项核查意见。

前款规定的期后事项材料显示，相关事项可能影响公司重新上市条件的，本所可以视情况决定重新提交上市委员会审议，并根据上市委员会的意见作出是否同意其股票重新上市的决定。

第四节 重新上市安排

10.4.1 公司重新上市申请获得本所同意的，应当自本所作出同意其股票重新上市决定之日起三个月内办理完毕公司股份的重新确认、登记、托管等相关手续。本所在公司办理完成相关手续后安排其股票上市交易。公司遇特殊情形需延长办理期限的，应当向本所申请并获本所同意。

公司股票未在上述规定期限内上市交易的，本所关于同意其股票重新上市的文件失效，公司可以于该决定失效之日起的六个月后再次提出重新上市申请。

10.4.2 公司重新上市申请获得本所同意后，应当在其股票重新上市前与本所签订上市协议，并缴纳相关费用。

10.4.3 公司应当在其股票重新上市前向本所提交下列文件：

（一）公司董事、监事和高级管理人员签署的《董事（监事和高级管理人员）声明及承诺书》；

（二）公司控股股东、实际控制人签署的《控股股东、实际控制人声明及承诺书》；

（三）公司全部股份已经结算公司托管的证明文件；

（四）公司行业分类的情况说明；

（五）本所要求的其他文件。

10.4.4 公司股票重新上市首日的开盘参考价原则上为公司股票在全国中小企业股份转让系统等证券交易场所的最后一个交易日的收盘价，重新上市首日不实行股票价格涨跌幅限制。公司股票重新上市首日交易相关事宜应当遵守本所《交易规则》等有关规定。

公司认为有必要调整上述开盘参考定价的，可以向本所提出申请并说明理由，重新上市保荐人应当对此发表专门意见。经本所同意的，公司应当对外披露具体情况。

主动终止上市公司其股票未进入全国中小企业股份转让系统等证券交易场所挂牌转让的，公司应当就其股票开盘参考价的确定方法及其依据等情况进行公告，重新上市保荐人对此发表专门意见。

10.4.5 公司控股股东和实际控制人应当承诺：自公司股票重新上市之日起三十六个月内，不转让或者委托他人管理其直接或者间接持有的公司股份，也不由公司回购其直接或者间接持有的公司股份。

公司无控股股东或者实际控制人的，其第一大股东及其最终控制人比照执行前款规定。

公司董事、监事及高级管理人员应当承诺：自公司股票重新上市之日起十二个月内，不转让或者委托他人管理其直接或者间接持有的公司股份，也不由公司回购其直接或者间接持有的公司股份。

10.4.6 公司股东所持股份在公司申请其股票重新上市时属于下列情形之一的，将分别按照下列规定限售：

（一）股东所持股份为终止上市前的有限售条件且重新上市时限售期尚未届满的，除已通过证券竞价交易等方式公开转让的股份之外，其限售期自公司股票重新上市之日起连续计算直至限售期届满；

（二）股东所持股份为退市期间发行的股份，除已通过证券竞价交易等方式公开转让的股份之外，自股票重新上市之日起至少限售十二个月。

10.4.7 公司在退市期间因配股、资本公积金转增股本或者送股而相应增加的股份，其限售期与原对应的股份相同。

10.4.8 经本所审核同意其股票重新上市的，公司应当及时在符合条件媒体公告相关情况，并在其股票重新上市前五个交易日内，在符合条件媒体披露下列文件：

（一）重新上市报告书；

（二）重新上市提示性公告；

（三）重新上市保荐书和法律意见书；
（四）本所要求的其他文件。

第十一章 红筹企业和境内外上市事务
第一节 红筹企业特别规定

11.1.1 红筹企业申请发行股票或者存托凭证并在本所上市的，适用中国证监会、本所关于发行上市审核注册程序的规定。

11.1.2 红筹企业申请其在境内首次公开发行的股票或者存托凭证上市的，应当根据《深圳证券交易所股票发行上市审核规则》的规定，取得本所出具的发行人符合发行条件、上市条件和信息披露要求的审核意见并由中国证监会作出予以注册决定。

11.1.3 红筹企业申请其在境内首次公开发行的股票上市的，应当按照本所有关规定提交上市申请文件，以及本次境内发行股票已经结算公司存管的证明文件、公司在境内设立的证券事务机构及聘任的信息披露境内代表等有关资料。

红筹企业在境内发行存托凭证并上市的，还应当提交本次发行的存托凭证已经结算公司存管的证明文件、经签署的存托协议、托管协议文本以及托管人出具的存托凭证所对应基础证券的托管凭证等文件。

根据公司注册地公司法等法律法规和公司章程或者章程性文件的规定，红筹企业无需就本次境内发行上市事宜提交股东大会审议的，其申请上市时可以不提交股东大会决议，但应当提交相关董事会决议。

11.1.4 红筹企业的股权结构、公司治理、运行规范等事项适用境外注册地公司法等法律法规的，其投资者权益保护水平，包括资产收益、参与重大决策、剩余财产分配等权益，总体上应当不低于境内法律法规规定的要求，并保障境内存托凭证持有人实际享有的权益与境外基础证券持有人的权益相当。

11.1.5 红筹企业提交的上市申请文件和持续信息披露文件，应当使用中文。

红筹企业和相关信息披露义务人应当按照中国证监会和本所规定，在符合条件媒体披露上市和持续信息披露文件。

11.1.6 红筹企业应当在境内设立证券事务机构，并聘任信息披露境内代表，负责办理公司股票或者存托凭证上市期间的信息披露和监管联络事宜。信息披露境内代表应当具备境内上市公司董事会秘书的相应任职能力，熟悉境内信息披露规定和要求，并能够熟练使用中文。

红筹企业应当建立与境内投资者、监管机构及本所的有效沟通渠道，按照规定保障境内投资者的合法权益，保持与境内监管机构及本所的畅通联系。

11.1.7 红筹企业具有协议控制架构或者类似特殊安排的，应当充分、详细披露相关情况，特别是风险和公司治理等信息，以及依法落实保护投资者合法权益规定的各项措施。

红筹企业应当在年度报告中披露协议控制架构或者类似特殊安排在报告期内的实施和变化情况，以及该等安排下保护境内投资者合法权益有关措施的实施情况。

前款规定事项出现重大变化或者调整，可能对公司股票、存托凭证交易价格产生较大影响的，公司和相关信息披露义务人应当及时披露。

11.1.8 红筹企业进行本规则规定需提交股东大会审议的重大交易、关联交易等事项，可以按照其已披露的境外注册地公司法等法律法规和公司章程或者章程性文件规定的权限和程序执行，法律法规另有规定的除外。

红筹企业按照前款规定将相关事项提交股东大会审议的，应当及时披露。

11.1.9 红筹企业注册地公司法等法律法规或者实践中普遍认同的标准对公司董事会、独立董事职责有不同规定或者安排，导致董事会、独立董事无法按照本所规定履行职责或者发表意见的，红筹企业应当详细说明情况和原因，并聘请律师事务所就上述事项出具法律意见。

11.1.10 红筹企业存托凭证在本所上市的，应当在年度报告及半年度报告中披露存托、托管相关安排在报告期内的实施和变化情况以及报告期末前十名境内存托凭证持有人的名单和持有量。发生下列情形之一的，应当及时履行信息披露义务：

（一）存托人、托管人发生变化；
（二）存托的基础财产发生被质押、挪用、司法冻结或者其他权属变化；
（三）对存托协议、托管协议作出重大修改；
（四）存托凭证与基础证券的转换比例发生变动；
（五）中国证监会和本所认为需要披露的其他情形。

存托凭证上市后，未经本所同意，红筹企业不得改变存托凭证与基础证券之间的转换比例。

发生本条第一款第（一）项、第（二）项规定的情形，或者托管协议发生重大修改的，存托人应当及时告知红筹企业，公司应当及时进行披露。

11.1.11 红筹企业、存托人应当合理安排存托凭证持有人权利行使的时间和方式,保障其有足够时间和便利条件行使相应权利,并根据存托协议的约定及时披露存托凭证持有人权利行使的时间、方式、具体要求和权利行使结果。

红筹企业、存托人通过本所股东大会网络投票系统征集存托凭证持有人投票意愿的,具体业务流程参照《深圳证券交易所上市公司股东大会网络投票实施细则》办理,并由公司、存托人按照存托协议的约定向市场公告。

11.1.12 红筹企业和相关信息披露义务人适用本规则相关信息披露要求和持续监管规定,可能导致其难以符合公司注册地、境外上市地有关规定及市场实践中普遍认同的标准的,可以向本所申请调整适用,但应当说明原因和替代方案,并聘请律师事务所出具法律意见。本所认为依法不应调整适用的,红筹企业和相关信息披露义务人应当执行本规则有关规定。

11.1.13 已在境外上市的红筹企业的持续信息披露事宜,参照适用《深圳证券交易所试点创新企业股票或存托凭证上市交易实施办法》等相关规则的规定。

第二节 境内外上市事务

11.2.1 在本所上市的公司同时有股票及其衍生品种在境外证券交易所上市的,公司及相关信息披露义务人应当保证境外证券交易所要求其披露的信息,同时在符合条件媒体上按照本规则及本所其他规定的要求对外披露。

公司及相关信息披露义务人在境外市场进行信息披露时,不属于本所市场信息披露时段的,应当在本所市场最近一个信息披露时段内予以披露。

11.2.2 上市公司及相关信息披露义务人就同一事项履行报告和公告义务时,应当保证同时向本所和境外证券交易所报告,公告内容应当一致。出现重大差异时,公司及相关信息披露义务人应当向本所说明,并披露更正或者补充公告。

11.2.3 上市公司的股票及其衍生品种在境外上市地涉及停牌或者终止上市事项的,应当及时向本所报告相关事项和原因,并提交是否需要向本所申请其股票及其衍生品种停牌、终止上市的书面说明,并予以披露。

11.2.4 本章未尽事宜,适用法律法规、本所有关规定以及本所与其他证券交易所签署的监管合作备忘录的规定。

第十二章 中介机构

第一节 一般规定

12.1.1 上市公司及相关信息披露义务人聘请的为其提供证券服务的保荐人、会计师事务所、律师事务所、资产评估机构、财务顾问和资信评级机构等中介机构,应当符合《证券法》的规定。

中介机构应当承办与自身规模、执业能力、风险承担能力匹配的业务,不得超出胜任能力执业。

12.1.2 中介机构及其相关人员应当勤勉尽责、诚实守信、恪尽职守,按照相关业务规则、行业执业规范和职业道德准则为上市公司及相关信息披露义务人提供证券服务。

12.1.3 中介机构应当建立并保持有效的质量控制体系、独立性管理和投资者保护机制,严格执行内部控制制度,对相关业务事项进行核查验证,审慎发表专业意见。

12.1.4 中介机构为上市公司及相关信息披露义务人的证券业务活动制作和出具上市保荐书、持续督导跟踪报告、审计报告、鉴证报告、资产评估报告、估值报告、法律意见书、财务顾问报告、资信评级报告等文件,应当对所依据文件资料内容的真实性、准确性、完整性进行核查和验证,获取充分、适当的证据,制作、出具的文件不得有虚假记载、误导性陈述或者重大遗漏,结论意见应当合理、明确。

12.1.5 上市公司及相关信息披露义务人应当配合中介机构及其相关人员的工作,向其聘用的中介机构及其相关人员提供与执业相关的所有资料,并确保资料的真实、准确、完整,不得拒绝、隐匿或者谎报。

中介机构在为上市公司及相关信息披露义务人出具专项文件时,发现其提供的材料有虚假记载、误导性陈述、重大遗漏或者其他重大违法行为的,应当要求其补充、纠正。上市公司及相关信息披露义务人不予补充、纠正的,中介机构应当及时向本所报告。

12.1.6 中介机构应当建立健全工作底稿制度,为每一项目建立独立的工作底稿并妥善保存。工作底稿应当内容完整、记录清晰、结论明确,真实、完整地反映证券服务的全过程和所有重要事项。

本所可以根据监管需要调阅、检查工作底稿、证券业务活动记录及相关资料。

12.1.7 中介机构应当在规定期限内如实回复本所就相关事项提出的问询,不得以有关事项存在不确定性等为由不回复本所问询。中介机构回复问询的文件应当符合本所要求,不存在虚假记载、误导性陈述或者重大遗漏,结论意见应当合理、明确。

12.1.8 中介机构及其相关人员不得利用因职务便

利获得的上市公司尚未披露的信息进行内幕交易，为自己或者他人谋取利益。

第二节 保荐人

12.2.1 本所实行股票及其衍生品种上市保荐制度。发行人、上市公司向本所申请股票及其衍生品种在本所上市，以及股票被终止上市后公司申请其股票重新上市的，应当由保荐人保荐。中国证监会和本所另有规定的除外。

保荐人应当为同时具有保荐业务资格和本所会员资格的证券公司。

12.2.2 保荐人应当与发行人、上市公司签订保荐协议，明确双方在公司申请上市期间、申请重新上市期间和持续督导期间的权利和义务。

首次公开发行股票的，持续督导期间为股票上市当年剩余时间及其后两个完整会计年度；上市后发行新股、可转换公司债券的，持续督导期间为股票、可转换公司债券上市当年剩余时间及其后一个完整会计年度；重新上市的，持续督导期间为股票重新上市当年剩余时间及其后两个完整会计年度。持续督导期间自股票、可转换公司债券上市之日起计算。中国证监会和本所对其他衍生品种持续督导另有规定的，适用其规定。

持续督导期届满，上市公司及相关信息披露义务人存在尚未完结的督导事项，保荐人应当就相关事项继续履行督导义务，直至相关事项全部完成。

12.2.3 保荐人应当在签订保荐协议时指定两名保荐代表人具体负责保荐工作，作为保荐人与本所之间的指定联络人。

12.2.4 保荐人保荐股票及其衍生品种上市时，应当向本所提交上市保荐书、保荐协议、保荐人和保荐代表人的相关证明文件、保荐代表人专项授权书，以及与上市保荐工作有关的其他文件。

保荐人保荐股票重新上市时应当提交的文件及其内容，按照本所关于重新上市的有关规定执行。

12.2.5 保荐人应当督促发行人、上市公司建立健全并有效执行公司治理、内部控制和信息披露等制度，督促发行人、上市公司规范运作。

12.2.6 保荐人应当督导发行人、上市公司及其董事、监事、高级管理人员、控股股东和实际控制人，以及其他信息披露义务人按照本规则的规定履行信息披露等义务，并履行其作出的承诺。

12.2.7 保荐人应当对发行人、上市公司募集资金使用情况、限售股票及其衍生品种解除限售进行核查并发表专项意见。

持续督导期间，保荐人应当按照本所有关规定的要求对上市公司及相关信息披露义务人的相关披露事项进行核查并发表专项意见。

12.2.8 持续督导期间，保荐人应当按照本所有关规定的要求对发行人、上市公司的相关事项进行定期现场检查。

12.2.9 持续督导期间，保荐人应当重点关注上市公司是否存在控股股东、实际控制人及其关联人资金占用、违规担保，以及资金往来、现金流重大异常等情况。发现异常情况的，应当督促公司核实并披露，同时按规定及时进行专项现场核查。公司未及时披露的，保荐人应当及时向本所报告。

12.2.10 保荐人应当在上市公司及相关信息披露义务人向本所报送信息披露文件及其他文件之前，或者履行信息披露义务后五个交易日内，完成对有关文件的审阅工作，对存在问题的信息披露文件应当及时督促发行人更正或者补充，并向本所报告。

保荐人履行保荐职责发表的意见应当及时告知发行人、上市公司，同时在保荐工作底稿中保存。

上市公司应当按照中国证监会及本所有关规定，积极配合保荐人、保荐代表人履行持续督导职责。上市公司不配合保荐人、保荐代表人持续督导工作的，保荐人、保荐代表人应当督促改正，并及时向本所报告。

12.2.11 保荐人在履行保荐职责期间有充分理由确信发行人、上市公司可能存在违反本所有关规定的，应当督促发行人、上市公司作出说明并限期纠正；情节严重的，应当向本所报告。

保荐人按照有关规定对发行人、上市公司违法违规事项公开发表声明的，应当于披露前向本所报告。

12.2.12 保荐人有充分理由确信其他中介机构及其签名人员按规定出具的专业意见可能存在虚假记载、误导性陈述或者重大遗漏等违法违规情形或者其他不当情形的，应当及时发表意见；

情节严重的，应当向本所报告。

12.2.13 保荐人被撤销保荐资格的，发行人、上市公司应当另行聘请保荐人。

发行人、上市公司和保荐人终止保荐协议或者另行聘请保荐人的，应当及时公告。新聘请的保荐人应当及时向本所提交本规则第12.2.4条规定的有关文件。

保荐人更换保荐代表人的，应当通知发行人、上市公司及时披露保荐代表人变更事宜。

12.2.14 持续督导工作结束后,保荐人应当在发行人、上市公司年度报告披露后的十个交易日内出具保荐总结报告书,并通知发行人、上市公司及时披露。

第三节 会计师事务所

12.3.1 上市公司聘请或者解聘会计师事务所必须由股东大会决定,董事会不得在股东大会决定前委任会计师事务所开展工作。

公司解聘或者不再续聘会计师事务所时,应当在董事会决议后及时通知会计师事务所。公司股东大会就解聘会计师事务所进行表决时,或者会计师事务所提出辞聘的,会计师事务所可以陈述意见。

12.3.2 上市公司应当合理安排新聘或者续聘会计师事务所的时间,不得因未能及时聘请会计师事务所影响定期报告的按期披露。

公司董事、监事、高级管理人员以及控股股东、实际控制人应当向会计师提供必要的工作条件,包括允许会计师接触与编制财务报表相关的所有信息,向会计师提供审计所需的其他信息,允许会计师在获取审计证据时不受限制地接触其认为必要的内部人员和其他相关人员,保证定期报告的按期披露。

会计师事务所及其主办人员,应当严格按照注册会计师执业准则和有关规定,发表恰当的审计意见,不得无故拖延审计工作影响上市公司定期报告的按期披露。

12.3.3 会计师事务所及其主办人员应当秉承风险导向审计理念,严格执行注册会计师执业准则、职业道德守则及有关规定,保持职业怀疑态度,完善鉴证程序,科学选用鉴证方法和技术,充分了解被鉴证单位及其环境,审慎关注重大错报风险,获取充分、适当的证据,合理发表鉴证结论。

12.3.4 上市公司在聘请会计师事务所进行年度审计的同时,应当要求会计师事务所对财务报告内部控制的有效性进行审计并出具审计报告,法律法规另有规定的除外。

第四节 其他中介机构

12.4.1 上市公司应当聘请独立财务顾问就重大资产重组、发行股份购买资产(以下统称重大资产重组)出具意见。

独立财务顾问为公司提供服务时,应当关注重组事项的交易必要性、定价合理性、相关承诺和业绩补偿(如有)的合规性、合理性和可实现性,以及标的资产的协同性和公司控制、整合标的资产的能力,出具明确、恰当的意见。

12.4.2 上市公司和独立财务顾问应当根据重大资产重组业绩承诺的期限、所涉及股份的锁定期限、配套募集资金使用计划等合理确定持续督导期限。持续督导届满,上市公司及相关信息披露义务人存在尚未完结的督导事项的,独立财务顾问应当依规继续履行督导义务,直至相关事项全部完成。

持续督导期间,独立财务顾问应当督促公司有效控制并整合标的资产,督促重大资产重组有关各方切实履行相关承诺和保障措施。发现交易标的财务会计报告存在虚假记载、重大风险等事项,可能损害公司利益情况的,独立财务顾问应当督促有关各方提供解决方案;情节严重的,应当及时向本所报告。

12.4.3 独立财务顾问应当对重大资产重组涉及的募集资金使用情况、股票及其衍生品种解除限售进行核查并发表专项意见。

独立财务顾问应当督促和检查重大资产重组相关各方落实重大资产重组方案后续计划,切实履行其作出的承诺。

重大资产重组持续督导期间,独立财务顾问应当按照本所有关规定对上市公司发生的相关事项进行核查并发表专项意见。

12.4.4 重大资产重组持续督导期间,独立财务顾问应当按照本所有关规定对上市公司进行现场检查,并出具现场检查报告。

12.4.5 上市公司在重大资产重组及持续督导期内变更独立财务顾问的,应当及时披露,并说明原因以及对交易的影响。

12.4.6 收购人聘请的财务顾问认为收购人利用上市公司的收购损害被收购公司及其股东合法权益的,应当拒绝为收购人提供财务顾问服务。

上市公司聘请的独立财务顾问应当对收购人的主体资格、资信情况、收购意图等进行调查,对要约条件进行分析,对股东是否接受要约提出建议,并对本次收购的公正性和合法性发表专业意见。

收购人和财务顾问应当根据收购人股份限售的期限等合理确定持续督导期限。在上市公司收购过程中和持续督导期间,财务顾问应当关注被收购公司是否存在为收购人及其关联人违规提供担保或者借款等损害上市公司利益的情形,发现有违法或者不当行为的,应当及时督促其纠正,并向本所报告。

持续督导期届满,收购人存在尚未完结的督导事项的,财务顾问应当依规继续履行督导义务,直至相关事项全部完成。

12.4.7 资产评估机构及其主办人员应当严格执行评估准则或者其他评估规范,恰当选择评估方法,评估中提出的假设条件应当符合实际情况,对评估对象所涉及交易、收入、支出、投资等业务的合法性、未来预测的可靠性取得充分证据,充分考虑未来各种可能性发生的概率及其影响,形成合理的评估结论。

评估过程中,资产评估机构及其主办人员应当审慎关注所依赖资料的真实性和权威性,合理确定评估参数,不得以预先设定的价值作为评估结论,不得配合委托方人为虚增或者压低评估值。

12.4.8 律师事务所及其主办人员,应当合理运用查验方式,充分了解委托方的经营情况、面临的风险和问题,对委托方的相关事项进行查验,在确保获得充分、有效证据并对证据进行综合分析的基础上,作出独立判断,出具明确的法律意见。

律师在出具法律意见时,查验事项受到客观条件的限制,无法取得直接证据,且无其他有效替代查验方法的,应当在法律意见书中予以说明,并充分揭示其对相关事项的影响程度及风险。

12.4.9 资信评级机构开展评级业务时,应当正确收集和使用评级信息,甄别基础资料来源的合法性和合规性,根据评级对象外部经营环境、内部运营及财务状况等情况,以及前次评级报告提及的风险因素(如有)进行分析,并密切关注与评级对象相关的信息,在出具的评级报告中进行风险提示。

发生影响前次评级报告结论的重大事项的,资信评级机构应当按照执业要求及时进行不定期跟踪评级。

第十三章 日常监管和违规处理
第一节 日常监管

13.1.1 本所可以对本规则第1.4条规定的监管对象,单独或者合并采取下列日常工作措施:

(一)要求对有关问题作出解释和说明;
(二)要求提供相关文件或者材料;
(三)要求中介机构进行核查并发表意见;
(四)发出各种通知和函件等;
(五)约见有关人员;
(六)要求公开更正、澄清或者说明;
(七)要求限期召开投资者说明会;
(八)要求上市公司董事会追偿损失;

(九)调阅、查看工作底稿、证券业务活动记录及相关资料;
(十)向中国证监会报告有关情况;
(十一)向有关单位通报相关情况;
(十二)向市场说明有关情况;
(十三)其他措施。

13.1.2 本所根据中国证监会及本所有关规定和监管需要,可以对上市公司及相关主体进行现场检查。

13.1.3 本所认为必要的,可以公开对监管对象所采取的日常工作措施,上市公司应当按照本所要求及时披露有关事项。

13.1.4 本规则第1.4条规定的监管对象应当积极配合本所日常监管,在规定期限内按要求提交回复、说明及其他相关文件,或者按规定披露相关公告等,不得以有关事项存在不确定性等为由不履行报告、公告和回复本所问询的义务。

第二节 违规处理

13.2.1 本规则第1.4条规定的监管对象违反本规则、本所其他规定的,本所可以视情节轻重,对其单独或者合并采取自律监管措施或者实施纪律处分。

13.2.2 本所可以根据本规则及本所其他规定采取下列自律监管措施:

(一)口头警示;
(二)书面警示;
(三)约见谈话;
(四)要求限期改正;
(五)要求公开致歉;
(六)要求聘请中介机构对存在的问题进行核查并发表意见;
(七)建议更换相关任职人员;
(八)限制交易;
(九)向相关主管部门出具监管建议函;
(十)其他自律监管措施。

13.2.3 本所可以根据本规则及本所其他规定实施下列纪律处分:

(一)通报批评;
(二)公开谴责;
(三)公开认定一定期限内不适合担任上市公司董事、监事、高级管理人员或者境外发行人信息披露境内代表;
(四)建议法院更换上市公司破产管理人或者管理人成员;

（五）暂不接受发行上市申请文件；

（六）暂不受理中介机构或者其从业人员出具的相关业务文件；

（七）收取惩罚性违约金；

（八）其他纪律处分。

13.2.4　本所设立纪律处分委员会对纪律处分事项进行审议，作出独立的专业判断并形成审议意见，由本所作出是否给予纪律处分的决定。

13.2.5　相关纪律处分决定作出前，当事人可以按照本所有关业务规则规定的受理范围和程序申请听证。

13.2.6　监管对象被本所实施自律监管措施或者纪律处分，应当予以积极配合，及时落实完成。本所要求其自查整改的，监管对象应当及时报送并按要求披露相关自查整改报告。

第十四章　申请复核

14.1　发行人、上市公司、申请股票重新上市的公司或者其他监管对象（以下统称申请人）对本所作出决定不服，相关决定事项属于本所有关规则规定的复核受理范围的，可以在收到本所有关决定或者本所公告有关决定之日（以在先者为准）起十五个交易日内，以书面形式向本所申请复核。

14.2　申请人申请复核，应当有明确的复核请求、事实依据和异议理由。

申请人及相关机构和人员，应当保证所提交的复核申请材料及相关材料不存在虚假记载、误导性陈述或者隐瞒重要事实。

14.3　复核期间，本所决定不停止执行，但本所另有规定或者本所认为需要停止执行的除外。

14.4　申请人对本所作出的不予上市、终止上市、不予重新上市、不同意主动终止上市决定申请复核的，本所自收到申请人提交的复核申请后五个交易日内作出是否受理的决定并通知申请人。

不符合本章和本所其他规定，或者未按规定提交复核申请材料的，本所不受理其复核申请。

14.5　本所设立上诉复核委员会，对申请人的复核申请进行审议，作出独立的专业判断并形成审议意见。

14.6　本所在受理复核申请后三十个交易日内，依据上诉复核委员会的审议意见作出复核决定。该决定为终局决定。

在此期间，本所可以要求申请人提供补充材料，申请人应当在本所要求期限内提供有关材料，补充材料期间不计入本所作出有关决定的期限。

本所可以自行或者委托相关单位就公司有关情况进行调查核实，并将核查结果提交上诉复核委员会审议，调查核实期间不计入本所作出有关决定的期限。

14.7　申请人对本所作出的不予上市、终止上市、不同意主动终止上市决定申请复核的，应当在向本所提出复核申请的次一交易日开市前披露有关内容。

前述当事人在收到本所是否受理其复核申请的决定后，以及收到本所作出的复核决定后，应当及时披露决定的有关内容，并提示相关风险。

14.8　本所依据上诉复核委员会的审议意见作出撤销终止上市决定的，参照本规则第9.5.12条、第9.5.13条规定的程序办理。

14.9　复核程序和其他相关事宜，适用本所有关规定。

第十五章　释　义

15.1　本规则下列用语具有如下含义：

（一）披露或者公告：指上市公司或者相关信息披露义务人按法律、行政法规、部门规章、规范性文件、本规则及本所其他规定在本所网站和符合中国证监会规定条件的媒体上发布信息。

（二）独立董事：指不在上市公司担任除董事外的其他职务，并与其所受聘的上市公司及其主要股东、实际控制人不存在直接或者间接利害关系，或者其他可能影响其进行独立客观判断关系的董事。

（三）高级管理人员：指公司总经理、副总经理、董事会秘书、财务负责人及公司章程规定的其他人员。

（四）控股股东：指拥有上市公司控制权的股东。

（五）实际控制人：指通过投资关系、协议或者其他安排，能够实际支配公司行为的自然人、法人或者其他组织。

（六）中介机构：指为上市公司及相关信息披露义务人出具上市保荐书、持续督导报告、审计报告、鉴证报告、资产评估报告、资信评级报告、法律意见书、财务顾问报告等文件的保荐人、会计师事务所、律师事务所、资产评估机构、财务顾问和资信评级机构等。

（七）重大事项：指对上市公司股票及其衍生品种交易价格可能产生较大影响的事项。

（八）及时披露：指自起算日起或者触及本规则披露时点的两个交易日内披露。

（九）上市公司控股子公司：指上市公司能够控制或者实际控制的公司或者其他主体。此处控制，是指投资方拥有对被投资方的权力，通过参与被投资方的相关活动而享有可变回报,并且有能力运用对被投资方的权力影响其回报金额。

(十)营业收入:指上市公司利润表列报的营业收入;上市公司编制合并财务报表的,为合并利润表列报的营业总收入。本规则第九章对营业收入另有规定的,适用其规定。

(十一)利润总额:指上市公司利润表列报的利润总额;上市公司编制合并财务报表的,为合并利润表列报的利润总额。

(十二)净利润:指上市公司利润表列报的净利润;上市公司编制合并财务报表的,为合并利润表列报的归属于母公司所有者的净利润,不包括少数股东损益。

(十三)净资产:指上市公司资产负债表列报的所有者权益;上市公司编制合并财务报表的,为合并资产负债表列报的归属于母公司所有者权益,不包括少数股东权益。

(十四)每股收益:指根据中国证监会有关规定计算的基本每股收益。

(十五)净资产收益率:指根据中国证监会有关规定计算的净资产收益率。

(十六)无保留意见:指当注册会计师认为财务报表在所有重大方面按照适用的财务报告编制基础的规定编制并实现公允反映时发表的审计意见。

(十七)非标准审计意见:指注册会计师对财务报表发表的非无保留意见或带有解释性说明的无保留意见。前述非无保留意见,是指注册会计师对财务报表发表的保留意见、否定意见或无法表示意见。前述带有解释性说明的无保留意见,是指对财务报表发表的带有强调事项段、持续经营重大不确定性段落的无保留意见或者其他信息段落中包含其他信息未更正重大错报说明的无保留意见。

(十八)追溯重述:指公司因财务会计报告存在重大会计差错或者虚假记载,主动或者被中国证监会责令对此前披露的财务会计报告进行的差错更正。

(十九)破产程序:指《企业破产法》所规范的重整、和解或者破产清算程序。

(二十)管理人管理运作模式:指经法院裁定由管理人负责管理上市公司财产和营业事务的运作模式。

(二十一)管理人监督运作模式:指经法院裁定由公司在管理人的监督下自行管理财产和营业事务的运作模式。

(二十二)现金选择权:指当上市公司实施合并、分立等重大事项或者被收购时,相关股东按照事先约定的价格在规定期限内将其所持有的上市公司股份出售给第三方或者上市公司,以获得现金的权利。

(二十三)被控股股东或者控股股东关联人占用资金:指上市公司为前述主体垫支工资、福利、保险、广告等费用、承担成本和其他支出,代其偿还债务,有偿或者无偿地拆借公司的资金(含委托贷款)给其使用,委托其进行投资活动,为其开具没有真实交易背景的商业承兑汇票,在没有商品和劳务对价情况下或者明显有悖商业逻辑情况下以采购款、资产转让款、预付款等方式向其提供资金,或者证券监管机构认定的其他非经营性占用行为。

控股股东关联人是指上市公司实际控制人,以及上市公司控股股东、实际控制人控制的主体。

(二十四)违反规定程序对外提供担保:指上市公司违反本规则规定的审议程序要求而进行的对外担保行为。

(二十五)股权分布不再具备上市条件:指社会公众持有的股份低于公司股份总数的25%;公司股本总额超过4亿元的,社会公众持有的股份低于公司股份总数的10%。

上述社会公众是指除了下列股东之外的上市公司其他股东:

1. 持有上市公司10%以上股份的股东及其一致行动人;

2. 上市公司的董事、监事、高级管理人员及其关系密切的家庭成员,上市公司董事、监事、高级管理人员直接或者间接控制的法人或者其他组织。

(二十六)关系密切的家庭成员:包括配偶、父母、年满十八周岁的子女及其配偶、兄弟姐妹及其配偶、配偶的父母、配偶的兄弟姐妹和子女配偶的父母。

(二十七)B股每日股票收盘价:指B股股票每日港币计价的收盘价按本所收市行情报表中发布的汇率(即本所计算深证综指所使用的港币与人民币兑换汇率)换算成人民币计价后的收盘价,计算结果按照四舍五入原则取至价格最小变动单位。

(二十八)在本所的股票收盘市值:指公司在本所上市的各类型股票按其股数量与对应的每日收盘价格计算的股票价值总额。股份数量包括流通股股份数和非流通股股份数,含已回购未注销的股份。

(二十九)表决权差异安排:指发行人依照《公司法》的有关规定,在一般规定的普通股份之外,发行特别表决权股份。每一特别表决权股份拥有的表决权数量大于每一普通股份拥有的表决权数量,其他股东权利与普通股份相同。

（三十）协议控制架构:指红筹企业通过协议方式实际控制境内实体运营企业的一种投资结构。

15.2　本规则未定义的用语的含义,依照国家有关法律、行政法规、部门规章、规范性文件及本所有关规定确定。

15.3　本规则所称"以上"含本数,"超过""少于""低于"不含本数。

15.4　本规则所称"元",如无特指,均指人民币元。

第十六章　附　则

16.1　本规则的制定和修改经本所理事会审议通过,并报中国证监会批准。

16.2　本规则由本所负责解释。

16.3　本规则自 2023 年 9 月 4 日起施行。本所 2022 年 1 月 7 日发布的《深圳证券交易所股票上市规则（2022 年修订）》（深证上〔2022〕12 号）和 2023 年 2 月 17 日发布的《深圳证券交易所股票上市规则（2023 年修订）》（深证上〔2023〕92 号）同时废止。本所此前发布的其他业务规则中有关独立董事的规定与本规则不一致的,以本规则为准。

自本规则施行之日起的一年为过渡期。过渡期内,上市公司董事会及其专门委员会的设置、独立董事专门会议机制等事项与本规则不一致的,应当逐步调整至符合本规则的规定。

深圳证券交易所创业板股票上市规则

- 2009 年 7 月实施
- 2012 年 4 月第一次修订
- 2014 年 10 月第二次修订
- 2018 年 4 月第三次修订
- 2018 年 11 月第四次修订
- 2020 年 6 月第五次修订
- 2020 年 12 月第六次修订
- 2023 年 2 月第七次修订
- 2023 年 8 月第八次修订

第一章　总　则

1.1　为了规范公司股票、存托凭证、可转换为股票的公司债券（以下简称可转换公司债券）及其他衍生品种（以下统称股票及其衍生品种）的上市行为,以及发行人、上市公司及相关信息披露义务人的信息披露行为,维护证券市场秩序,保护投资者的合法权益,根据《中华人民共和国公司法》（以下简称《公司法》）、《中华人民共和国证券法》（以下简称《证券法》）、《创业板上市公司持续监管办法（试行）》等法律、行政法规、部门规章、规范性文件及《深圳证券交易所章程》,制定本规则。

1.2　股票及其衍生品种在本所创业板的上市和持续监管事宜,适用本规则;本规则未作规定的,适用本所其他相关规定。

1.3　发行人申请股票及其衍生品种在本所创业板上市,应当经本所审核同意,并在上市前与本所签订上市协议,明确双方的权利、义务和有关事项。

1.4　发行人、上市公司及其董事、监事、高级管理人员、股东或存托凭证持有人、实际控制人、收购人、重大资产重组有关各方等自然人、机构及其相关人员,破产管理人及其成员,以及保荐机构及其保荐代表人、证券服务机构及其相关人员应当遵守法律、行政法规、部门规章、规范性文件、本规则和本所发布的细则、指引、通知、办法、指南等相关规定（以下简称本所其他相关规定）,诚实守信,勤勉尽责。

1.5　本所依据法律、行政法规、部门规章、规范性文件、本规则、本所其他相关规定和上市协议、相关主体的声明与承诺,对第 1.4 条规定的主体进行自律监管。

第二章　股票及其衍生品种上市和交易

第一节　首次公开发行的股票上市

2.1.1　发行人申请在本所创业板上市,应当符合下列条件:

（一）符合中国证券监督管理委员会（以下简称中国证监会）规定的创业板发行条件;

（二）发行后股本总额不低于 3000 万元;

（三）公开发行的股份达到公司股份总数的 25%以上;公司股本总额超过 4 亿元的,公开发行股份的比例为 10%以上;

（四）市值及财务指标符合本规则规定的标准;

（五）本所要求的其他上市条件。

红筹企业发行股票的,前款第二项调整为发行后的股份总数不低于 3000 万股,前款第三项调整为公开发行的股份达到公司股份总数的 25%以上;公司股本总额超过 4 亿股的,公开发行股份的比例为 10%以上。红筹企业发行存托凭证的,前款第二项调整为发行后的存托凭证总份数不低于 3000 万份,前款第三项调整为公开发行的存托凭证对应基础股份达到公司股份总数的 25%以上；发行后的存托凭证总份数超过 4 亿份的，公开发行存托凭证对应基础股份达到公司股份总数的 10% 以上。

本所可以根据市场情况，经中国证监会批准，对上市条件和具体标准进行调整。

2.1.2 发行人为境内企业且不存在表决权差异安排的，市值及财务指标应当至少符合下列标准中的一项：

（一）最近两年净利润均为正，且累计净利润不低于 5000 万元；

（二）预计市值不低于 10 亿元，最近一年净利润为正且营业收入不低于 1 亿元；

（三）预计市值不低于 50 亿元，且最近一年营业收入不低于 3 亿元。

2.1.3 符合《国务院办公厅转发证监会关于开展创新企业境内发行股票或存托凭证试点若干意见的通知》（国办发〔2018〕21号）等相关规定的红筹企业，可以申请其股票或存托凭证在创业板上市。

营业收入快速增长，拥有自主研发、国际领先技术，同行业竞争中处于相对优势地位的尚未在境外上市红筹企业，申请在创业板上市的，市值及财务指标应当至少符合下列标准中的一项：

（一）预计市值不低于 100 亿元；

（二）预计市值不低于 50 亿元，且最近一年营业收入不低于 5 亿元。

前款所称营业收入快速增长，指符合下列标准之一：

（一）最近一年营业收入不低于 5 亿元的，最近三年营业收入复合增长率 10% 以上；

（二）最近一年营业收入低于 5 亿元的，最近三年营业收入复合增长率 20% 以上；

（三）受行业周期性波动等因素影响，行业整体处于下行周期的，发行人最近三年营业收入复合增长率高于同行业可比公司同期平均增长水平。

处于研发阶段的红筹企业和对国家创新驱动发展战略有重要意义的红筹企业，不适用"营业收入快速增长"的规定。

2.1.4 发行人具有表决权差异安排的，市值及财务指标应当至少符合下列标准中的一项：

（一）预计市值不低于 100 亿元；

（二）预计市值不低于 50 亿元，且最近一年营业收入不低于 5 亿元。

发行人特别表决权股份的持有人资格、公司章程关于表决权差异安排的具体要求，应当符合本规则第四章第四节的规定。

2.1.5 本节所称净利润以扣除非经常性损益前后的孰低者为准，所称净利润、营业收入均指经审计的数值。本节所称预计市值，是指股票公开发行后按照总股本乘以发行价格计算出来的发行人股票名义总价值。

2.1.6 发行人在境内首次公开发行股票经中国证监会予以注册并完成公开发行后，向本所提出上市申请的，应当提交下列文件：

（一）上市申请书；

（二）中国证监会予以注册的决定；

（三）首次公开发行股票结束后发行人全部股票已经中国证券登记结算有限责任公司深圳分公司（以下简称结算公司）登记的证明文件；

（四）首次公开发行结束后，符合《证券法》规定的会计师事务所出具的验资报告；

（五）发行人、控股股东、实际控制人、董事、监事和高级管理人员根据本规则及本所其他相关规定要求出具的证明、声明及承诺；

（六）首次公开发行后至上市前，按规定新增的财务资料和有关重大事项的说明（如适用）；

（七）本所要求的其他文件。

2.1.7 发行人及其董事、监事和高级管理人员应当保证上市申请文件真实、准确、完整，不存在虚假记载、误导性陈述或者重大遗漏。

2.1.8 本所收到发行人完备的上市申请文件后五个交易日内，作出是否同意上市的决定。

发行人发生重大事项，对是否符合上市条件和信息披露要求产生重大影响的，本所可提请上市审核委员会（以下简称上市委员会）进行审议，审议时间不计入前款规定期限。

2.1.9 发行人应当于股票上市前五个交易日内，在本所网站和符合中国证监会规定条件的媒体（以下统称符合条件媒体）披露下列文件：

（一）上市公告书；

（二）公司章程；

（三）本所要求的其他文件。

2.1.10 刊登招股意向书或者招股说明书后，发行人应当持续关注媒体（包括报纸、网站、股票论坛、自媒体等）对公司的相关报道或者传闻，及时向有关方面了解真实情况，相关报道或者传闻可能对公司股票及其衍生品种交易价格或者投资决策产生较大影响的，应当在上市首日刊登风险提示公告，对相关问题进行说明澄清并提示公司存在的主要风险。

第二节　上市公司股票及其衍生品种的发行与上市

2.2.1　上市公司依法向不特定对象发行股票或者可转换公司债券的，应当按照中国证监会及本所有关规定及时披露涉及新股或者可转换公司债券发行的相关公告，并向本所申请办理发行事宜。

2.2.2　上市公司股票或者可转换公司债券发行结束完成登记后，应当按照本所有关规定披露上市公告等相关文件，并向本所申请办理上市事宜。

2.2.3　上市公司申请股票、可转换公司债券在本所上市时仍应当符合相应的发行条件。

2.2.4　上市公司在本所同意其新股或者可转换公司债券的上市申请后，应当在新股或者可转换公司债券上市前五个交易日内，在符合条件媒体披露下列文件：

（一）上市公告书；

（二）股份变动报告书（适用于新股上市）；

（三）本所要求的其他文件。

第三节　股份变动管理

2.3.1　上市公司股东以及董事、监事和高级管理人员所持股份的限售、减持及其他股份变动事宜，应当遵守《公司法》《证券法》、中国证监会相关规定、本所《上市公司股东及董事、监事、高级管理人员减持股份实施细则》（以下简称《减持细则》）、《上市公司创业投资基金股东减持股份实施细则》等相关规定及公司章程。

上市公司股东可以通过向特定机构投资者询价转让、配售方式转让首次公开发行前已发行的股份（以下简称首发前股份），转让的方式、程序、价格、比例以及后续转让等事项，由本所另行规定，报中国证监会批准后实施。

2.3.2　上市公司股东持有的首发前股份，可以在公司上市前托管在为公司提供首次公开发行上市保荐服务的保荐机构，并由保荐机构按照本所业务规则的规定，对股东减持首发前股份的交易委托进行监督管理。

2.3.3　公司股东持有的首发前股份，自发行人股票上市之日起十二个月内不得转让。

2.3.4　上市公司控股股东、实际控制人及其一致行动人减持本公司首发前股份的，应当遵守下列规定：

（一）自公司股票上市之日起三十六个月内，不得转让或者委托他人管理其直接和间接持有的首发前股份，也不得提议由上市公司回购该部分股份；

（二）法律法规、中国证监会规定、本规则以及本所业务规则对控股股东、实际控制人股份转让的其他规定。

发行人向本所申请其股票首次公开发行并上市时，控股股东、实际控制人及其一致行动人应当承诺遵守前款规定。

转让双方存在控制关系或者受同一实际控制人控制的，自发行人股票上市之日起十二个月后，可豁免遵守本条第一款规定。

2.3.5　公司上市时未盈利的，在实现盈利前，控股股东、实际控制人及其一致行动人自公司股票上市之日起三个完整会计年度内，不得减持首发前股份；自公司股票上市之日起第四个和第五个完整会计年度内，每年减持的首发前股份不得超过公司股份总数的2%，并应当符合《减持细则》关于减持股份的相关规定。

公司上市时未盈利的，在实现盈利前，董事、监事、高级管理人员自公司股票上市之日起三个完整会计年度内，不得减持首发前股份；在前述期间内离职的，应当继续遵守本款规定。

公司实现盈利后，前两款规定的股东可以自当年年度报告披露后次日起减持首发前股份，但应当遵守本节其他规定。

2.3.6　上市公司申请有限售条件的股份上市流通，应当按照本所相关规定办理，并在股份上市流通前三个交易日内披露提示性公告。

2.3.7　上市公司控股股东、实际控制人在限售期满后减持首发前股份的，应当明确并披露未来十二个月的控制权安排，保证公司持续稳定经营。

2.3.8　上市公司董事、监事和高级管理人员应当按照本所有关规定申报并申请锁定其所持的本公司股份。

公司董事、监事、高级管理人员所持本公司股份发生变动的（因公司派发股票股利和资本公积转增股本导致的变动除外），应当及时向公司报告并由公司在本所网站公告。

2.3.9　上市公司可能触及本规则第十章规定的重大违法强制退市情形的，自相关行政处罚事先告知书或者司法裁判作出之日起至下列任一情形发生前，公司控股股东及其一致行动人、实际控制人以及董事、监事、高级管理人员不得减持公司股份：

（一）公司股票终止上市并摘牌；

（二）公司收到相关行政处罚决定或者人民法院司法裁判生效，显示公司未触及重大违法强制退市情形。

公司披露无控股股东、实际控制人的，其第一大股东及第一大股东的实际控制人应当遵守前款规定。

2.3.10　投资者及其一致行动人在上市公司拥有权

益的股份变动涉及《证券法》《上市公司收购管理办法》等规定的收购或者股份权益变动情形的，应当按照规定履行报告和公告义务，并及时通知公司发布提示性公告。

公司应当在知悉上述收购或者股份权益变动时，及时对外发布公告。

2.3.11 因上市公司减少股本，导致投资者及其一致行动人拥有权益的公司股份达到《证券法》《上市公司收购管理办法》等规定的股份权益变动情形的，公司应当自完成减少股本的变更登记之日起两个交易日内对外发布公告。

2.3.12 上市公司控股子公司不得取得该上市公司发行的股份。确因特殊原因持有股份的，应当在一年内消除该情形，在消除前，上市公司控股子公司不得对其持有的股份行使表决权。

2.3.13 持有上市公司5%以上股份的契约型基金、信托计划或者资产管理计划，应当在权益变动文件中披露支配股份表决权的主体，以及该主体与上市公司控股股东、实际控制人、董事、监事、高级管理人员是否存在关联关系。

契约型基金、信托计划或者资产管理计划成为上市公司控股股东、第一大股东或者实际控制人的，除应当履行前款规定义务外，还应当在权益变动文件中穿透披露至最终投资者。

2.3.14 上市公司无控股股东、实际控制人的，上市公司第一大股东及其最终控制人应当参照适用本节关于控股股东、实际控制人的规定。

发行人的高级管理人员设立的专项资产管理计划，通过集中竞价方式减持参与战略配售获配股份的，应当参照《减持细则》关于高级管理人员减持股份的规定履行信息披露义务。

第三章　上市保荐和持续督导
第一节　一般规定

3.1.1 发行人向本所申请其首次公开发行的股票、存托凭证和上市后发行的新股、存托凭证、可转换公司债券在本所上市，应当由保荐机构保荐，根据相关规定无需保荐的除外。

保荐机构应当为同时具有保荐业务资格和本所会员资格的证券公司。

3.1.2 保荐机构应当与发行人签订保荐协议，明确双方在公司发行的股票、存托凭证、可转换公司债券申请上市期间和持续督导期间的权利和义务。

首次公开发行股票的，持续督导期间为股票上市当年剩余时间及其后三个完整会计年度；上市后发行新股、可转换公司债券的，持续督导期间为股票、可转换公司债券上市当年剩余时间及其后两个完整会计年度。持续督导期间自股票、可转换公司债券上市之日起计算。

对于在信息披露、规范运作、公司治理、内部控制等方面存在重大缺陷或者违规行为，或者实际控制人、董事会、管理层发生重大变化等风险较大的公司，保荐机构应当督促公司解决相关问题或者消除相关风险。持续督导期届满但相关问题尚未解决或者相关风险尚未消除的，本所可以要求保荐机构继续履行持续督导职责。

3.1.3 保荐机构应当在签订保荐协议时指定两名保荐代表人具体负责保荐工作，作为保荐机构与本所之间的指定联络人。

3.1.4 保荐机构保荐股票、存托凭证、可转换公司债券上市时，应当向本所提交上市保荐书、保荐机构经中国证监会核准经营证券承销与保荐业务的证明文件，以及与上市保荐工作有关的其他文件。

3.1.5 保荐机构应当建立健全并有效执行持续督导业务管理制度。保荐机构和保荐代表人在持续督导期间应当针对上市公司的具体情况，制定履行各项持续督导职责的实施方案，履行持续督导职责。

3.1.6 刊登证券发行募集文件以后直至持续督导工作结束，保荐机构和发行人不得终止保荐协议，但存在合理理由的情形除外。发行人因再次申请发行证券另行聘请保荐机构的，应当终止保荐协议。保荐机构被中国证监会撤销保荐业务资格的，发行人应当终止保荐协议并另行聘请保荐机构。

保荐机构和发行人终止保荐协议的，发行人应当自终止之日起五个交易日内披露，说明原因。

发行人另行聘请保荐机构的，应当及时公告。新聘请的保荐机构应当及时向本所提交本规则第3.1.4条规定的有关文件。

3.1.7 保荐机构更换保荐代表人的，应当及时通知上市公司。

上市公司应当在收到通知后及时披露保荐代表人变更事宜。

第二节　持续督导职责的履行

3.2.1 保荐机构应当督导上市公司建立健全并有效执行公司治理制度、财务内控制度和信息披露制度，以及督导上市公司按照本规则的规定履行信息披露及其他相关义务，审阅信息披露文件及其他相关文件，并保证制作、出具的文件真实、准确、完整，没有虚假记载、误导性陈述或者重大遗漏。

保荐机构和保荐代表人应当督导上市公司的控股股东、实际控制人、董事、监事和高级管理人员遵守本规则及本所其他相关规定，并履行其所作出的承诺。

3.2.2 保荐机构应当在上市公司向本所报送信息披露文件及其他文件，或者履行信息披露义务后，完成对有关文件的审阅工作。发现信息披露文件存在问题的，应当及时督促公司更正或者补充。

3.2.3 上市公司股票交易出现本所业务规则规定的严重异常波动情形的，保荐机构、保荐代表人应当督促上市公司及时按照本规则履行信息披露义务。

3.2.4 上市公司临时报告披露的信息涉及募集资金、关联交易、委托理财、提供担保、对外提供财务资助等重大事项的，保荐机构应当按照中国证监会和本所相关规定发表意见。

3.2.5 上市公司日常经营出现以下情形的，保荐机构应当就相关事项对公司日常经营的影响以及是否存在其他未披露重大风险发表意见并披露：

（一）主要业务停滞或者出现可能导致主要业务停滞的重大风险事件；

（二）主要资产被查封、扣押或冻结；

（三）未清偿到期重大债务；

（四）控股股东、实际控制人、董事、监事或者高级管理人员涉嫌犯罪被司法机关采取强制措施；

（五）本所或者保荐机构认为应当发表意见的其他情形。

3.2.6 上市公司出现下列使公司的核心竞争力面临重大风险情形的，保荐机构应当就相关事项对公司核心竞争力和日常经营的影响以及是否存在其他未披露重大风险发表意见并披露：

（一）公司核心技术团队或者关键技术人员等对公司核心竞争力有重大影响的人员辞职或者发生较大变动；

（二）公司在用的核心商标、专利、专有技术、特许经营权等重要资产或者核心技术许可到期、出现重大纠纷、被限制使用或者发生其他重大不利变化；

（三）主要产品、核心技术、关键设备、经营模式等面临被替代或者被淘汰的风险；

（四）重要研发项目研发失败、终止、未获有关部门批准，或者公司放弃对重要核心技术项目的继续投资或者控制权；

（五）本所或者保荐机构认为应当发表意见的其他情形。

3.2.7 上市公司出现下列情形之一的，保荐机构和保荐代表人应当在知悉或者理应知悉之日起十五日内进行专项现场核查：

（一）存在重大财务造假嫌疑；

（二）控股股东、实际控制人、董事、监事或者高级管理人员涉嫌侵占上市公司利益；

（三）可能存在重大违规担保；

（四）资金往来或者现金流存在重大异常；

（五）本所或者保荐机构认为应当进行现场核查的其他事项。

保荐机构进行现场核查的，应当告知上市公司现场核查结果及提请公司注意的事项，并在现场核查结束后十个交易日内披露现场核查报告。

3.2.8 持续督导期内，保荐机构应当自上市公司披露年度报告、半年度报告后十五个交易日内按照中国证监会和本所相关规定在符合条件媒体披露跟踪报告。

保荐机构应当对上市公司进行必要的现场检查，以保证所发表的意见不存在虚假记载、误导性陈述或者重大遗漏。

3.2.9 保荐机构履行保荐职责发表的意见应当及时告知上市公司，并记录于保荐工作档案。

上市公司应当按照中国证监会及本所相关规定，积极配合保荐机构、保荐代表人履行持续督导职责。上市公司不配合保荐机构、保荐代表人持续督导工作的，保荐机构、保荐代表人应当督促改正，并及时向本所报告。

3.2.10 保荐机构在履行保荐职责期间有充分理由确信上市公司可能存在违反本规则规定的行为的，应当督促上市公司作出说明和限期纠正，并向本所报告。

保荐机构按照有关规定对上市公司违法违规事项公开发表声明的，应当于披露前向本所书面报告，经本所审查后在符合条件媒体公告。本所对上述公告进行形式审查，对其内容的真实性不承担责任。

3.2.11 保荐机构有充分理由确信相关证券服务机构及其签字人员出具的专业意见可能存在虚假记载、误导性陈述或者重大遗漏等违法违规情形或者其他不当情形的，应当及时发表意见并向本所报告。

3.2.12 持续督导工作结束后，保荐机构应当在上市公司年度报告披露之日起的十个交易日内披露保荐总结报告书。

3.2.13 持续督导期届满，上市公司募集资金尚未使用完毕的，保荐机构应继续履行募集资金相关的持续督导职责，如有其他尚未完结的保荐工作，保荐机构应当继续完成。

第四章 公司治理

第一节 股东大会、董事会和监事会

4.1.1 上市公司应当建立健全并实施有效的内部控制制度，建立完善独立董事制度，形成科学有效的职责分工和制衡机制，确保股东大会、董事会、监事会等机构合法运作和科学决策，保证公司经营管理合法合规、资金资产安全、信息披露真实、准确、完整。

4.1.2 上市公司应当依据法律法规和公司章程召开股东大会。对于股东提议要求召开股东大会的书面提案，公司董事会应当在规定期限内提出是否同意召开股东大会的书面反馈意见，不得无故拖延。

股东自行召集股东大会的，应当在发出股东大会通知前书面通知上市公司董事会并将有关文件报送本所备案。在发出股东大会通知至股东大会结束当日期间，召集股东的持股比例不得低于10%。

对于股东依法自行召集的股东大会，公司董事会和董事会秘书应当予以配合，提供必要的支持，并及时履行信息披露义务。

4.1.3 上市公司召开股东大会应当平等对待全体股东，不得以利益输送、利益交换等方式影响股东的表决，操纵表决结果，损害其他股东的合法权益。股东大会审议影响中小投资者利益的重大事项时，应当对中小投资者的表决单独计票并披露。

4.1.4 上市公司年度股东大会应当于召开二十日前，临时股东大会应当于召开十五日前，以公告方式向股东发出股东大会通知。股东大会通知中应当列明会议召开的时间、地点、方式，以及会议召集人和股权登记日等事项，充分、完整地披露所有提案的具体内容，同时在符合条件媒体披露有助于股东对拟讨论的事项作出合理判断所必需的其他资料。

上市公司股东大会应当设置会场，以现场会议形式召开。现场会议时间、地点的选择应当便于股东参加。股东大会通知发出后，无正当理由的，股东大会现场会议召开地点不得变更。确需变更的，召集人应当于现场会议召开两个交易日前发布通知并说明具体原因。

上市公司应当以网络投票的方式为股东参加股东大会提供便利。股东通过上述方式参加股东大会的，视为出席。

4.1.5 股东大会通知发出后，无正当理由的，不得延期或者取消，股东大会通知中列明的提案不得取消。一旦出现延期或者取消的情形，应当于原定召开日两个交易日前发布通知，说明延期或者取消的具体原因。延期召开股东大会的，应当在通知中公布延期后的召开日期。

4.1.6 股东大会应当聘请律师事务所对会议的召集、召开程序、出席会议人员及召集人的资格、会议的表决程序及结果等事项是否合法有效出具法律意见书。

股东大会决议及法律意见书应当在股东大会结束当日在符合条件媒体披露。

4.1.7 上市公司应当依据法律法规和公司章程召开董事会，董事会决议涉及须经股东大会审议的事项，或者本规则所述重大事项，上市公司应当分别披露董事会决议公告和相关重大事项公告。

4.1.8 上市公司应当依据法律法规和公司章程召开监事会，会议结束后及时披露监事会决议公告。

4.1.9 上市公司应当在董事会中设置审计委员会，并可以设置战略、提名、薪酬与考核等专门委员会，按照公司章程和董事会授权履行职责。

专门委员会成员全部由董事组成，其中审计委员会、提名委员会、薪酬与考核委员会中独立董事应当过半数并担任召集人；审计委员会成员应当为不在上市公司担任高级管理人员的董事，召集人应当为会计专业人士。

审计委员会负责审核公司财务信息及其披露、监督及评估内外部审计工作和内部控制。下列事项应当经审计委员会全体成员过半数同意后，方可提交董事会审议：

（一）披露财务会计报告及定期报告中的财务信息、内部控制评价报告；

（二）聘用、解聘承办上市公司审计业务的会计师事务所；

（三）聘任或者解聘上市公司财务负责人；

（四）因会计准则变更以外的原因作出会计政策、会计估计变更或者重大会计差错更正；

（五）法律法规、中国证监会规定、本所有关规定和公司章程规定的其他事项。

提名委员会、薪酬与考核委员会应当按照法律法规、中国证监会规定、本所有关规定、公司章程和董事会的规定履行职责，就相关事项向董事会提出建议。董事会对相关建议未采纳或者未完全采纳的，应当在董事会决议中记载相关意见及未采纳的具体理由，并进行披露。

4.1.10 股东大会、董事会或者监事会不能正常召

开,或者决议效力存在争议的,上市公司应当及时披露相关事项、争议各方的主张、公司现状等有助于投资者了解公司实际情况的信息,以及律师出具的专项法律意见书。

出现前款规定情形的,上市公司董事会应当维护公司正常生产经营秩序,保护公司及全体股东利益,公平对待所有股东。

第二节　董事、监事和高级管理人员

4.2.1　上市公司的董事、监事和高级管理人员应当在公司首次公开发行股票上市前,新任董事、监事和高级管理人员应当在其任命后一个月内,签署《董事(监事、高级管理人员)声明及承诺书》,并向本所和公司董事会报备。

上述人员在签署《董事(监事、高级管理人员)声明及承诺书》时,应当由律师见证,由律师解释该文件的内容,在充分理解后签字盖章,并保证《董事(监事、高级管理人员)声明及承诺书》中声明事项的真实、准确、完整,不存在虚假记载、误导性陈述或者重大遗漏。

声明事项发生重大变化(持股情况除外)的,上述人员应当在五个交易日内更新,并向本所和公司董事会报备。

4.2.2　上市公司董事应当遵守法律法规和公司章程有关规定,履行以下忠实、勤勉义务,维护上市公司利益:

(一)保护公司资产的安全、完整,不得挪用公司资金和侵占公司财产,不得利用职务之便为公司实际控制人、股东、员工、本人或者其他第三方的利益损害公司利益;

(二)未经股东大会同意,不得为本人及其关系密切的家庭成员(具体范围参见本规则第7.2.5条第四项的规定)谋取属于公司的商业机会,不得自营、委托他人经营公司同类业务;

(三)保证有足够的时间和精力参与公司事务,持续关注对公司生产经营可能造成重大影响的事件,及时向董事会报告公司经营活动中存在的问题,不得以不直接从事经营管理或者不知悉为由推卸责任;

(四)原则上应当亲自出席董事会,审慎判断审议事项可能产生的风险和收益;因故不能亲自出席董事会的,应当审慎选择受托人;

(五)积极推动公司规范运行,督促公司真实、准确、完整、公平、及时履行信息披露义务,及时纠正和报告公司违法违规行为;

(六)获悉公司股东、实际控制人及其关联人侵占公司资产、滥用控制权等损害公司或者其他股东利益的情形时,及时向董事会报告并督促公司履行信息披露义务;

(七)严格履行作出的各项承诺;

(八)法律法规、中国证监会规定、本规则及本所其他规定、公司章程规定的其他忠实和勤勉义务。

上市公司监事和高级管理人员应当参照上述要求履行职责。

4.2.3　上市公司最迟应当在发布召开关于选举独立董事的股东大会通知公告时,将所有独立董事候选人的有关材料(包括提名人声明与承诺、候选人声明与承诺、独立董事履历表等)报送本所,并保证报送材料的真实、准确、完整。提名人应当在声明与承诺中承诺,被提名人与其不存在利害关系或者其他可能影响被提名人独立履职的情形。

公司董事会对独立董事候选人的有关情况有异议的,应当同时报送董事会的书面意见。

在召开股东大会选举独立董事时,公司董事会应当对独立董事候选人是否被本所提出异议的情况进行说明。对于本所提出异议的独立董事候选人,上市公司不得提交股东大会选举。

4.2.4　独立董事应当在董事会中充分发挥参与决策、监督制衡、专业咨询作用,按照法律法规、中国证监会和公司章程的规定,履行下列职责:

(一)参与董事会决策并对所议事项发表明确意见;

(二)按照《上市公司独立董事管理办法》的有关规定,对上市公司与其控股股东、实际控制人、董事、高级管理人员之间的潜在重大利益冲突事项进行监督,促使董事会决策符合公司整体利益,保护中小股东的合法权益;

(三)对上市公司经营发展提供专业、客观的建议,促进提升董事会决策水平;

(四)法律法规、中国证监会规定、本所相关规定和公司章程规定的其他职责。

独立董事应当独立、公正地履行职责,不受上市公司及其主要股东、实际控制人等单位或者个人的影响。

4.2.5　独立董事行使下列特别职权:

(一)独立聘请中介机构,对上市公司具体事项进行审计、咨询或者核查;

(二)向董事会提请召开临时股东大会;

(三)提议召开董事会会议;

(四)依法公开向股东征集股东权利;

(五)对可能损害上市公司或者中小股东权益的事项发表独立意见;

（六）法律法规、中国证监会和公司章程规定的其他职权。

独立董事行使前款第一项至第三项职权的，应当经全体独立董事过半数同意。

独立董事行使本条第一款所列职权的，上市公司应当及时披露。上述职权不能正常行使的，公司应当披露具体情况和理由。

4.2.6 下列事项应当经上市公司全体独立董事过半数同意后，提交董事会审议：

（一）应当披露的关联交易；

（二）上市公司及相关方变更或者豁免承诺的方案；

（三）被收购上市公司董事会针对收购所作出的决策及采取的措施；

（四）法律法规、中国证监会规定、本所相关规定和公司章程规定的其他事项。

4.2.7 上市公司应当建立独立董事专门会议制度，定期或者不定期召开全部由独立董事参加的会议，对本规则第4.2.5条第一款第一项至第三项、第4.2.6条规定的相关事项进行审议。

独立董事专门会议可以根据需要研究讨论公司其他事项。

独立董事专门会议应当由过半数独立董事共同推举一名独立董事召集和主持；召集人不履职或者不能履职时，两名及以上独立董事可以自行召集并推举一名代表主持。

公司应当为独立董事专门会议的召开提供便利和支持。

4.2.8 上市公司董事由股东大会选举或更换，并可在任期届满前由股东大会解除其职务。董事每届任期不得超过三年，任期届满可连选连任。

4.2.9 上市公司应当设立董事会秘书，作为公司与本所之间的指定联络人。

公司应当设立信息披露事务部门，由董事会秘书负责管理。

4.2.10 上市公司原则上应当在首次公开发行股票上市后三个月内或者原任董事会秘书离职后三个月内聘任董事会秘书。董事会秘书空缺期间，董事会应当指定一名董事或者高级管理人员代行董事会秘书的职责，空缺超过三个月的，董事长应当代行董事会秘书职责。

4.2.11 上市公司应当聘任证券事务代表，协助董事会秘书履行职责。在董事会秘书不能履行职责时，由证券事务代表行使其权利并履行其职责，在此期间，并不

当然免除董事会秘书对公司信息披露事务负有的责任。

第三节 控股股东和实际控制人

4.3.1 上市公司的控股股东、实际控制人应当在公司首次公开发行股票上市前，或者控制权变更完成后一个月内，签署《控股股东、实际控制人声明及承诺书》，并向本所和公司董事会报备。

控股股东、实际控制人在签署《控股股东、实际控制人声明及承诺书》时，应当由律师见证，由律师解释该文件的内容，在充分理解后签字盖章，并保证《控股股东、实际控制人声明及承诺书》中声明事项的真实、准确、完整，不存在虚假记载、误导性陈述或者重大遗漏。

声明事项发生重大变化（持股情况除外）的，控股股东、实际控制人应当在五个交易日内更新，并向本所和公司董事会报备。

4.3.2 上市公司控股股东、实际控制人应当诚实守信，依法行使股东权利，不滥用控制权损害公司或者其他股东的利益，履行以下义务：

（一）遵守并促使公司遵守国家法律、行政法规、部门规章、规范性文件、本规则和本所其他相关规定、公司章程，接受本所监管；

（二）不以任何方式违法违规占用公司资金或者要求公司违法违规提供担保；

（三）不通过非公允的关联交易、利润分配、资产重组、对外投资等任何方式损害公司和其他股东的合法权益；

（四）不利用公司未公开重大信息谋取利益，不以任何方式泄露有关公司的未公开重大信息，不从事内幕交易、短线交易、操纵市场等违法违规行为；

（五）保证公司资产完整、人员独立、财务独立、机构独立和业务独立，不以任何方式影响公司的独立性；

（六）严格履行作出的公开声明和各项承诺，不擅自变更或者解除；

（七）严格按照有关规定履行信息披露义务，并保证披露的信息真实、准确、完整，不存在虚假记载、误导性陈述或者重大遗漏；积极主动配合公司做好信息披露工作，及时告知公司已发生或者拟发生的重大事项，并如实回答本所的相关问询；

（八）本所认为应当履行的其他义务。

4.3.3 上市公司控股股东应当审慎质押所持公司股份，合理使用融入资金，维持公司控制权和生产经营稳定。

4.3.4 上市公司应当根据股权结构、董事的提名任

免以及其他内部治理情况,客观、审慎地认定控制权归属。

签署一致行动协议共同控制公司的,应当在协议中明确共同控制安排及解除机制。

第四节 表决权差异安排

4.4.1 发行人首次公开发行上市前设置表决权差异安排的,应当经出席股东大会的股东所持表决权的三分之二以上通过。

发行人在首次公开发行上市前不具有表决权差异安排的,不得在首次公开发行上市后以任何方式设置此类安排。

4.4.2 除公司章程规定的表决权差异外,普通股份与特别表决权股份具有的其他股东权利应当完全相同。

4.4.3 持有特别表决权股份的股东应当为对上市公司发展作出重大贡献,并且在公司上市前及上市后持续担任公司董事的人员或者该等人员实际控制的持股主体。

持有特别表决权股份的股东在上市公司中拥有权益的股份合计应当达到公司全部已发行有表决权股份的10%以上。

4.4.4 上市公司章程应当规定每份特别表决权股份的表决权数量。每份特别表决权股份的表决权数量应当相同,且不得超过每份普通股份的表决权数量的10倍。

4.4.5 上市公司股票在本所上市后,除同比例配股、转增股本、分配股票股利情形外,不得在境内外发行特别表决权股份,不得提高特别表决权比例。

上市公司因股份回购等原因,可能导致特别表决权比例提高的,应当同时采取将相应数量特别表决权股份转换为普通股份等措施,保证特别表决权比例不高于原有水平。

本规则所称特别表决权比例,是指全部特别表决权股份的表决权数量占上市公司全部已发行股份表决权数量的比例。

4.4.6 上市公司应当保证普通表决权比例不低于10%;单独或者合计持有公司10%以上已发行有表决权股份的股东有权提议召开临时股东大会;单独或者合计持有公司3%以上已发行有表决权股份的股东有权提出股东大会议案。

本规则所称普通表决权比例,是指全部普通股份的表决权数量占上市公司全部已发行股份表决权数量的比例。

4.4.7 特别表决权股份不得在二级市场进行交易,但可以按照本所有关规定进行转让。

4.4.8 出现下列情形之一的,特别表决权股份应当按照1:1的比例转换为普通股份:

(一)持有特别表决权股份的股东不再符合本规则第4.4.3条规定的资格和最低持股要求,或者丧失相应履职能力、离任、死亡;

(二)实际持有特别表决权股份的股东失去对相关持股主体的实际控制;

(三)持有特别表决权股份的股东向他人转让所持有的特别表决权股份,或者将特别表决权股份的表决权委托他人行使,但转让或者委托给受该特别表决权股东实际控制的主体除外;

(四)公司的控制权发生变更。

发生前款第四项情形的,上市公司已发行的全部特别表决权股份应当转换为普通股份。

4.4.9 上市公司股东对下列事项行使表决权时,每一特别表决权股份享有的表决权数量应当与每一普通股份的表决权数量相同:

(一)修改公司章程;

(二)改变特别表决权股份享有的表决权数量;

(三)聘请或者解聘独立董事;

(四)聘请或者解聘监事;

(五)聘请或者解聘为上市公司定期报告出具审计意见的会计师事务所;

(六)公司合并、分立、解散或者变更公司形式。

上市公司章程应当规定,股东大会对前款第一项、第二项、第六项事项作出决议,应当经出席会议的股东所持表决权的三分之二以上通过。

4.4.10 上市公司具有表决权差异安排的,应当在定期报告中披露该等安排在报告期内的实施、股份变动、表决权恢复及行使情况等,特别是风险、公司治理等信息,以及该等安排下保护投资者合法权益有关措施的实施情况。

4.4.11 出现下列情形之一的,相关股东应当立即通知上市公司,公司应当及时披露:

(一)特别表决权股份转换成普通股份;

(二)股东所持有的特别表决权股份被质押、冻结、司法拍卖、托管、设定信托或被依法限制表决权;

(三)其他重大变化或者调整。

相关公告应当包含具体情形、发生时间、转换为普通股份的特别表决权股份数量、剩余特别表决权股份数量等内容。

4.4.12 上市公司具有表决权差异安排的,监事会应当在年度报告中,就下列事项出具专项意见:

(一)持有特别表决权股份的股东是否持续符合本规则第4.4.3条的要求;

(二)特别表决权股份是否出现本规则第4.4.8条规定的情形并及时转换为普通股份;

(三)特别表决权比例是否持续符合本规则的规定;

(四)持有特别表决权股份的股东是否存在滥用特别表决权或者其他损害投资者合法权益的情形;

(五)上市公司及持有特别表决权股份的股东遵守本节其他规定的情况。

4.4.13 持续督导期内,保荐机构应当在年度跟踪报告中对第4.4.12条规定的事项发表意见。

保荐机构在持续督导期间应当对上市公司特别表决权事项履行持续督导义务,发现股东存在滥用特别表决权或者其他损害投资者合法权益情形时,应当及时督促相关股东改正,并向本所报告。

4.4.14 上市公司应当在股东大会通知中列明持有特别表决权股份的股东、所持特别表决权股份数量及对应的表决权数量、股东大会议案是否涉及第4.4.9条规定事项等情况。

4.4.15 持有特别表决权股份的股东应当按照所适用的法律法规以及公司章程行使权利,不得滥用特别表决权,不得利用特别表决权损害投资者的合法权益。

出现前款情形,损害投资者合法权益的,本所可以要求公司或者持有特别表决权股份的股东予以改正。

4.4.16 上市公司或者持有特别表决权股份的股东应当按照本所及结算公司的有关规定,办理特别表决权股份登记和转换成普通股份登记事宜。

第五章 信息披露一般规定
第一节 信息披露基本原则

5.1.1 上市公司及相关信息披露义务人应当根据法律、行政法规、部门规章、规范性文件、本规则及本所其他相关规定,及时、公平地披露所有可能对公司股票及其衍生品种交易价格或投资决策产生较大影响的信息或事项(以下简称重大信息、重大事件或者重大事项),并保证所披露的信息真实、准确、完整,简明清晰,通俗易懂,不得有虚假记载、误导性陈述或者重大遗漏。

5.1.2 上市公司董事、监事和高级管理人员应当保证公司所披露的信息真实、准确、完整、及时、公平,不能保证披露的信息内容真实、准确、完整的,应当在公告中作出相应声明并说明理由。

5.1.3 本规则所称真实,是指上市公司及相关信息披露义务人披露的信息应当以客观事实或者具有事实基础的判断和意见为依据,如实反映客观情况,不得有虚假记载和不实陈述。

5.1.4 本规则所称准确,是指上市公司及相关信息披露义务人披露的信息应当使用明确、贴切的语言和简明扼要、通俗易懂的文字,内容应易于理解,不得含有任何宣传、广告、恭维或者夸大等性质的词句,不得有误导性陈述。

公司披露预测性信息及其他涉及公司未来经营和财务状况等信息时,应当合理、谨慎、客观,并充分披露相关信息所涉及的风险因素,以明确的警示性文字提示投资者可能出现的风险和不确定性。

5.1.5 本规则所称完整,是指上市公司及相关信息披露义务人披露的信息应当内容完整、文件齐备,格式符合规定要求,不得有重大遗漏。

5.1.6 本规则所称及时,是指上市公司及相关信息披露义务人应当在本规则规定的期限内披露重大信息。

5.1.7 本规则所称公平,是指上市公司及相关信息披露义务人应当同时向所有投资者公开披露重大信息,确保所有投资者可以平等地获取同一信息,不得实行差别对待政策,不得提前向特定对象单独披露、透露或者泄露未公开重大信息。

第二节 信息披露一般要求

5.2.1 上市公司披露的信息包括定期报告和临时报告。

公司及相关信息披露义务人应当通过本所上市公司网上业务专区和本所认可的其他方式,将公告文稿和相关备查文件及时报送本所,报送文件应当符合本所要求。

公司及相关信息披露义务人报送的公告文稿和相关备查文件应当采用中文文本,同时采用外文文本的,信息披露义务人应当保证两种文本的内容一致。两种文本发生歧义时,以中文文本为准。

5.2.2 上市公司公告文件应当通过符合条件媒体对外披露。上市公司公告(监事会公告除外)应当加盖董事会公章并向本所报备。

公司未能按照既定时间披露,或者在符合条件媒体披露的文件内容与报送本所登记的文件内容不一致的,应当立即向本所报告并披露。

5.2.3 上市公司信息披露采用直通披露(事后审

查)和非直通披露(事前审查)两种方式。

信息披露原则上采用直通披露方式,本所可以根据公司信息披露质量、规范运作情况等,调整直通披露公司范围。

直通披露的公告范围由本所确定,本所可以根据业务需要进行调整。

5.2.4 上市公司披露的信息应当前后一致,财务信息应当具有合理的勾稽关系,非财务信息应当能相互印证,不存在矛盾。如披露的信息与已披露的信息存在重大差异的,应当充分披露原因并作出合理解释。

5.2.5 上市公司的公告文稿应当重点突出、逻辑清晰,避免使用大量专业术语、过于晦涩的表达方式和外文及其缩写,避免模糊、空洞、模板化和冗余重复的信息。

5.2.6 除依法需要披露的信息之外,上市公司及相关信息披露义务人可以自愿披露与投资者作出价值判断和投资决策有关的信息。

公司及相关信息披露义务人进行自愿性信息披露的,应当遵守公平信息披露原则,保持信息披露的完整性、持续性和一致性,避免选择性信息披露,不得与依法披露的信息相冲突,不得误导投资者。已披露的信息发生重大变化,有可能影响投资决策的,应当及时披露进展公告,直至该事项完全结束。

公司及相关信息披露义务人按照前款规定披露信息的,在发生类似事件时,应当按照同一标准予以披露。

5.2.7 上市公司应当在涉及的重大事项最先触及下列任一时点后及时履行披露义务:

(一)董事会、监事会作出决议时;

(二)签署意向书或者协议(无论是否附加条件或者期限)时;

(三)公司(含任一董事、监事或者高级管理人员)知悉或者理应知悉重大事项发生时;

(四)筹划阶段事项难以保密、发生泄露、引起公司股票及其衍生品种交易异常波动时。

5.2.8 上市公司筹划重大事项,持续时间较长的,应当分阶段披露进展情况,及时提示相关风险,不得仅以相关事项结果不确定为由不予披露。

已披露的事项发生重大变化,可能对公司股票及其衍生品种交易价格或者投资决策产生较大影响的,公司应当及时披露进展公告。

5.2.9 上市公司及相关信息披露义务人拟披露的信息属于国家秘密、商业秘密等情形,按照本规则披露或者履行相关义务可能导致其违反境内外法律法规、引致不当竞争、损害公司及投资者利益或者误导投资者的,可以按照本所相关规定豁免披露。

上市公司拟披露的信息存在不确定性、属于临时性商业秘密等情形,及时披露可能会损害公司利益或者误导投资者,且有关内幕信息知情人已书面承诺保密的,公司可以按照本所相关规定暂缓披露。

上市公司及相关信息披露义务人应当审慎确定信息披露暂缓、豁免事项,不得随意扩大暂缓、豁免事项的范围。

暂缓披露的信息确实难以保密、已经泄露或者出现市场传闻,导致公司股票及其衍生品种交易价格发生大幅波动的,公司应当立即披露相关事项筹划和进展情况。

5.2.10 上市公司及相关信息披露义务人不得以新闻发布或者答记者问等其他形式代替信息披露或者泄露未公开重大信息。

上市公司及相关信息披露义务人确有需要的,可以在非交易时段通过新闻发布会、媒体专访、公司网站、网络自媒体等方式对外发布应披露的信息,但公司应当于下一交易时段开始前披露相关公告。

5.2.11 上市公司及相关信息披露义务人通过业绩说明会、分析师会议、路演、接受投资者调研等形式,与特定对象沟通时,不得提供公司未公开重大信息。

上市公司向股东、实际控制人及其他第三方报送文件,涉及未公开重大信息的,应当依照本规则披露。

5.2.12 上市公司及相关信息披露义务人适用本所相关信息披露要求,可能导致其难以反映经营活动的实际情况、难以符合行业监管要求或者公司注册地有关规定的,可以向本所申请调整适用,但应当说明原因和替代方案。

本所认为不应当调整适用的,上市公司及相关信息披露义务人应当执行本所相关规定。

5.2.13 上市公司控股子公司发生本规则规定的重大事项,视同上市公司发生的重大事项,适用本规则的规定。

上市公司参股公司发生本规则规定的重大事项,原则上按照上市公司在该参股公司的持股比例计算相关数据适用本规则的规定;上市公司参股公司发生的重大事项虽未达到本规则规定的标准但可能对上市公司股票及其衍生品种交易价格或者投资决策产生重大影响的,应当参照本规则的规定履行信息披露义务。

5.2.14 上市公司可以根据本规则及本所其他相关规定向本所申请其股票及其衍生品种停牌和复牌。

本所可以根据本规则及本所其他相关规定决定对公司股票及其衍生品种实施停牌或者复牌。

公司应当维护证券交易的连续性，谨慎申请停牌，不得以停牌代替公司及有关各方在筹划重大事项过程中的信息保密义务，不得滥用停牌或者复牌损害投资者的合法权益。

证券市场交易出现极端异常情况的，本所可以根据中国证监会的决定或者市场实际情况，暂停办理上市公司停牌申请，维护市场交易的连续性和流动性，维护投资者正当的交易权利。

5.2.15 上市公司出现下列情形的，本所可以视情况决定公司股票及其衍生品种的停牌和复牌：

（一）严重违反法律法规、本规则及本所其他相关规定，且在规定期限内拒不按要求改正；

（二）信息披露存在重大遗漏或者误导性陈述，且拒不按照要求就有关内容进行更正、解释或者补充；

（三）公司运作和信息披露方面涉嫌违反法律法规、本规则或者本所其他相关规定，情节严重而被有关部门调查；

（四）无法保证与本所的有效联系，或者拒不履行信息披露义务；

（五）其他本所认为应当停牌或者复牌的情形。

5.2.16 上市公司收购人履行要约收购义务，要约收购期限届满至要约收购结果公告前，公司股票及其衍生品种应当停牌。

根据收购结果，被收购上市公司股权分布仍符合上市条件的，公司股票及其衍生品种应当于要约收购结果公告日复牌。公告日为非交易日的，自次一交易日起复牌。

根据收购结果，被收购上市公司股权分布不再符合上市条件，且收购人以终止公司上市地位为收购目的的，公司股票及其衍生品种应当于要约收购结果公告日继续停牌，并依照本规则第十章第八节有关规定执行；收购人不以终止公司上市地位为收购目的的，公司股票及其衍生品种应当于要约收购结果公告日继续停牌，并参照本规则第10.4.1条第五项情形相应的程序执行。

第三节 信息披露管理制度及监管

5.3.1 上市公司应当制定并严格执行信息披露事务管理制度。

信息披露事务管理制度应当经董事会审议并披露。

5.3.2 上市公司应当制定董事、监事、高级管理人员以及其他相关人员对外发布信息的内部规范制度，明确发布程序、方式和未经董事会许可不得对外发布的情形等事项。

5.3.3 上市公司应当建立健全内幕信息知情人登记管理制度，加强未公开重大信息内部流转过程中的保密工作，尽量缩小知情人员范围，防止泄露未公开重大信息。

内幕信息知情人在重大信息公开前，不得买卖公司股票、泄露内幕信息或者建议他人买卖公司股票。

5.3.4 上市公司股东、实际控制人、收购人等相关信息披露义务人，应当按照有关规定履行信息披露义务，及时告知公司已发生或者拟发生的重大事项，主动配合公司做好信息披露工作。

5.3.5 上市公司及相关信息披露义务人应当密切关注媒体关于公司的报道，以及公司股票及其衍生品种的交易情况，及时向有关方面了解真实情况。

5.3.6 本所根据有关法律、行政法规、部门规章、规范性文件、本规则以及本所其他相关规定，对上市公司及相关信息披露义务人披露的信息进行形式审查，对其内容的真实性不承担责任。

本所经审查认为信息披露文件存在问题的，可以提出问询。公司及相关信息披露义务人应当在规定期限内如实回复本所问询，并按照本规则的规定和本所要求及时、真实、准确、完整地就相关情况作出公告，不得以有关事项存在不确定性或者需要保密等为由不履行报告、公告和回复本所问询的义务；未在规定期限内回复或披露有关公告的，或者本所认为必要的，本所可以采取交易所公告等形式向市场说明有关情况。

5.3.7 保荐机构及其保荐代表人、证券服务机构及其相关人员应当及时制作工作底稿，完整保存发行人、上市公司及相关信息披露义务人的证券业务活动记录及相关资料。

5.3.8 本所可以根据监管需要调阅、检查工作底稿、证券业务活动记录及相关资料，相关主体应当积极配合。

第六章 定期报告
第一节 一般规定

6.1.1 上市公司应当披露的定期报告包括年度报告、半年度报告和季度报告。

公司应当按照中国证监会及本所有关规定编制并披露定期报告。

6.1.2 上市公司应当在每个会计年度结束之日起

四个月内披露年度报告,在每个会计年度的上半年结束之日起两个月内披露半年度报告,在每个会计年度的前三个月、前九个月结束后的一个月内披露季度报告。

公司第一季度报告的披露时间不得早于上一年度的年度报告披露时间。

公司预计不能在规定期限内披露定期报告的,应当及时向本所报告,并公告不能按期披露的原因、解决方案及延期披露的最后期限。

6.1.3 上市公司应当与本所约定定期报告的披露时间,本所根据均衡披露原则统筹安排各公司定期报告披露顺序。

公司应当按照本所安排的时间办理定期报告披露事宜。因故需变更披露时间的,应当提前五个交易日向本所提出书面申请,陈述变更理由,并明确变更后的披露时间,本所视情形决定是否予以调整。本所原则上只接受一次变更申请。

6.1.4 上市公司董事会应当确保公司定期报告按时披露。定期报告未经董事会审议、董事会审议未通过或者因故无法形成有关董事会决议的,公司应当披露具体原因和存在的风险、董事会的专项说明。

公司不得披露未经董事会审议通过的定期报告。

6.1.5 上市公司董事、监事、高级管理人员应当依法对公司定期报告签署书面确认意见;公司监事会应当依法对董事会编制的公司定期报告进行审核并提出书面审核意见,说明董事会对定期报告的编制和审核程序是否符合法律法规、中国证监会和本所的规定,报告的内容是否真实、准确、完整地反映公司的实际情况。

董事、监事、高级管理人员无法保证定期报告内容的真实性、准确性、完整性或者有异议的,应当在书面意见中发表意见并陈述理由,上市公司应当披露。上市公司不予披露的,董事、监事、高级管理人员可以直接申请披露。

6.1.6 上市公司的董事、监事和高级管理人员不得以任何理由拒绝对公司定期报告签署书面意见,影响定期报告的按时披露。

6.1.7 上市公司聘请的为其提供财务会计报告审计、净资产验证及其他相关服务的会计师事务所应当符合《证券法》的规定。

公司聘请或者解聘会计师事务所必须由股东大会决定,董事会不得在股东大会决定前委任会计师事务所。

公司解聘或者不再续聘会计师事务所时,应当事先通知会计师事务所。公司股东大会就解聘会计师事务所

进行表决时,会计师事务所可以陈述意见。会计师事务所提出辞聘的,应当向股东大会说明公司有无不当情形。

6.1.8 上市公司年度报告中的财务会计报告必须经审计。

公司半年度报告中的财务会计报告可以不经审计,但有下列情形之一的,公司应当聘请会计师事务所进行审计:

(一)拟依据半年度报告进行利润分配(仅进行现金分红的除外)、公积金转增股本或者弥补亏损的;

(二)中国证监会或者本所认为应当进行审计的其他情形。

公司季度报告中的财务资料无须审计,但中国证监会或者本所另有规定的除外。

6.1.9 上市公司的财务会计报告被注册会计师出具非标准审计意见的,公司应当按照中国证监会《公开发行证券的公司信息披露编报规则第14号——非标准审计意见及其涉及事项的处理》(以下简称第14号编报规则)的规定,在报送定期报告的同时向本所提交下列文件:

(一)董事会针对该审计意见涉及事项所出具的符合第14号编报规则要求的专项说明,审议此专项说明的董事会决议以及决议所依据的材料;

(二)监事会对董事会有关说明的意见和相关的决议;

(三)负责审计的会计师事务所及注册会计师出具的符合第14号编报规则要求的专项说明;

(四)中国证监会和本所要求的其他文件。

6.1.10 上市公司出现本规则第6.1.9条所述非标准审计意见涉及事项如属于明显违反企业会计准则及相关信息披露规定的,公司应当对有关事项进行纠正,并及时披露纠正后的财务会计资料和会计师出具的审计报告或者专项鉴证报告等有关资料。

公司未及时披露、采取措施消除相关事项及其影响的,本所可以对其采取监管措施或纪律处分,或者报中国证监会调查处理。

6.1.11 上市公司最近一个会计年度的财务会计报告被注册会计师出具否定或者无法表示意见的审计报告,应当于其后披露的首个半年度报告和三季度报告中说明导致否定或者无法表示意见的情形是否已经消除。

6.1.12 上市公司因前期已公开披露的财务会计报告存在差错或者虚假记载被责令改正,或者经董事会决定改正的,应当在被责令改正或者董事会作出相应决定

时，及时予以披露，并按照中国证监会《公开发行证券的公司信息披露编报规则第19号——财务信息的更正及相关披露》等有关规定的要求更正及披露。

6.1.13 上市公司未在规定期限内披露季度报告的，公司股票及其衍生品种应当于规定期限届满的次一交易日停牌一天。

公司未披露季度报告的同时存在未披露年度报告或者半年度报告情形的，公司股票及其衍生品种应当按照本规则第十章有关规定停牌与复牌。

第二节 业绩预告和业绩快报

6.2.1 上市公司应当严格按照本所相关业务规则合理、谨慎、客观、准确地披露业绩预告、业绩快报及修正公告，不得使用夸大、模糊或者误导性陈述，不得利用该等信息不当影响公司股票及其衍生品种的交易价格。

6.2.2 上市公司预计年度经营业绩或者财务状况将出现下列情形之一的，应当在会计年度结束之日起一个月内进行预告（以下简称业绩预告）：

（一）净利润为负；

（二）净利润与上年同期相比上升或者下降50%以上；

（三）实现扭亏为盈；

（四）期末净资产为负。

6.2.3 上市公司因本规则第10.3.1条第一款规定的情形，其股票被实施退市风险警示的，应当于会计年度结束之日起一个月内预告全年营业收入、净利润、扣除非经常性损益后的净利润和净资产。

6.2.4 本所鼓励上市公司在定期报告公告前披露业绩快报。

上市公司在定期报告披露前向国家有关机关报送未公开的定期财务数据，预计无法保密的，应当及时披露业绩快报。

上市公司在定期报告披露前出现业绩泄露，或者因业绩传闻导致公司股票及其衍生品种交易异常波动的，应当及时披露业绩快报。

6.2.5 上市公司董事会预计实际业绩或者财务状况与已披露的业绩预告或业绩快报差异较大的，应当及时披露修正公告。

第七章 应披露的交易与关联交易
第一节 重大交易

7.1.1 本章所称"交易"，包括下列类型的事项：

（一）购买或者出售资产；

（二）对外投资（含委托理财、对子公司投资等，设立或者增资全资子公司除外）；

（三）提供财务资助（含委托贷款）；

（四）提供担保（指上市公司为他人提供的担保，含对控股子公司的担保）；

（五）租入或者租出资产；

（六）签订管理方面的合同（含委托经营、受托经营等）；

（七）赠与或者受赠资产；

（八）债权或者债务重组；

（九）研究与开发项目的转移；

（十）签订许可协议；

（十一）放弃权利（含放弃优先购买权、优先认缴出资权利等）；

（十二）本所认定的其他交易。

上市公司下列活动不属于前款规定的事项：

（一）购买与日常经营相关的原材料、燃料和动力（不含资产置换中涉及购买、出售此类资产）；

（二）出售产品、商品等与日常经营相关的资产（不含资产置换中涉及购买、出售此类资产）；

（三）虽进行前款规定的交易事项但属于公司的主营业务活动。

7.1.2 上市公司发生的交易（提供担保、提供财务资助除外）达到下列标准之一的，应当及时披露：

（一）交易涉及的资产总额占上市公司最近一期经审计总资产的10%以上，该交易涉及的资产总额同时存在账面值和评估值的，以较高者作为计算依据；

（二）交易标的（如股权）在最近一个会计年度相关的营业收入占上市公司最近一个会计年度经审计营业收入的10%以上，且绝对金额超过1000万元；

（三）交易标的（如股权）在最近一个会计年度相关的净利润占上市公司最近一个会计年度经审计净利润的10%以上，且绝对金额超过100万元；

（四）交易的成交金额（含承担债务和费用）占上市公司最近一期经审计净资产的10%以上，且绝对金额超过1000万元；

（五）交易产生的利润占上市公司最近一个会计年度经审计净利润的10%以上，且绝对金额超过100万元。

上述指标计算中涉及的数据如为负值，取其绝对值计算。

7.1.3 上市公司发生的交易（提供担保、提供财务资助除外）达到下列标准之一的，应当提交股东大会审议：

（一）交易涉及的资产总额占上市公司最近一期经审计总资产的50%以上，该交易涉及的资产总额同时存在账面值和评估值的，以较高者作为计算依据；

（二）交易标的（如股权）在最近一个会计年度相关的营业收入占上市公司最近一个会计年度经审计营业收入的50%以上，且绝对金额超过5000万元；

（三）交易标的（如股权）在最近一个会计年度相关的净利润占上市公司最近一个会计年度经审计净利润的50%以上，且绝对金额超过500万元；

（四）交易的成交金额（含承担债务和费用）占上市公司最近一期经审计净资产的50%以上，且绝对金额超过5000万元；

（五）交易产生的利润占上市公司最近一个会计年度经审计净利润的50%以上，且绝对金额超过500万元。

上述指标计算中涉及的数据如为负值，取其绝对值计算。

7.1.4 除提供担保、委托理财等本规则及本所其他业务规则另有规定事项外，上市公司进行第7.1.1条规定的同一类别且标的相关的交易时，应当按照连续十二个月累计计算的原则，适用第7.1.2条和第7.1.3条的规定。

已按照第7.1.2条或者第7.1.3条履行义务的，不再纳入相关的累计计算范围。

7.1.5 上市公司与同一交易方同时发生本规则第7.1.1条第一款第二项至第四项以外各项中方向相反的两个交易时，应当按照其中单个方向的交易涉及指标中较高者作为计算标准，适用第7.1.2条和第7.1.3条的规定。

7.1.6 上市公司连续十二个月滚动发生委托理财的，以该期间最高余额为交易金额，适用第7.1.2条和第7.1.3条的规定。

7.1.7 上市公司对外投资设立有限责任公司、股份有限公司或者其他组织，应当以协议约定的全部出资额为标准，适用第7.1.2条和第7.1.3条的规定。

7.1.8 交易标的为股权，且购买或者出售该股权将导致上市公司合并报表范围发生变更的，应当以该股权对应公司的全部资产和营业收入作为计算标准，适用第7.1.2条和第7.1.3条的规定。

前述股权交易未导致合并报表范围发生变更的，应当按照公司所持权益变动比例计算相关财务指标，适用第7.1.2条和第7.1.3条的规定。

7.1.9 上市公司直接或者间接放弃控股子公司股权的优先购买或认缴出资等权利，导致合并报表范围发生变更的，应当以该控股子公司的相关财务指标作为计算标准，适用第7.1.2条和第7.1.3条的规定。

上市公司放弃或部分放弃控股子公司或者参股公司股权的优先购买或认缴出资等权利，未导致合并报表范围发生变更，但持有该公司股权比例下降的，应当以所持权益变动比例计算的相关财务指标与实际受让或出资金额的较高者作为计算标准，适用第7.1.2条和第7.1.3条的规定。

上市公司对其下属非公司制主体、合作项目等放弃或部分放弃优先购买或认缴出资等权利的，参照适用前两款规定。

7.1.10 交易标的为公司股权且达到本规则第7.1.3条规定标准的，上市公司应当披露交易标的最近一年又一期的审计报告，审计截止日距审议该交易事项的股东大会召开日不得超过六个月；交易标的为股权以外的非现金资产的，应当提供评估报告，评估基准日距审议该交易事项的股东大会召开日不得超过一年。

前款规定的审计报告和评估报告应当由符合《证券法》规定的证券服务机构出具。

交易虽未达到第7.1.3条规定的标准，但本所认为有必要的，公司应当按照前款规定，披露审计或者评估报告。

7.1.11 上市公司购买、出售资产交易，应当以资产总额和成交金额中的较高者作为计算标准，按交易类型连续十二个月内累计金额达到最近一期经审计总资产30%的，除应当披露并参照第7.1.10条进行审计或者评估外，还应当提交股东大会审议，经出席会议的股东所持表决权的三分之二以上通过。

已按照前款规定履行相关义务的，不再纳入相关的累计计算范围。

7.1.12 上市公司单方面获得利益的交易，包括受赠现金资产、获得债务减免等，可免于按照第7.1.3条的规定履行股东大会审议程序。

上市公司发生的交易仅达到第7.1.3条第三项或者第五项标准，且公司最近一个会计年度每股收益的绝对值低于0.05元的，可免于按照第7.1.3条的规定履行股东大会审议程序。

7.1.13 上市公司提供财务资助，应当经出席董事会会议的三分之二以上董事同意并作出决议，及时履行信息披露义务。

财务资助事项属于下列情形之一的，应当在董事会审议通过后提交股东大会审议：

（一）被资助对象最近一期经审计的资产负债率超过70%；

（二）单次财务资助金额或者连续十二个月内提供财务资助累计发生金额超过公司最近一期经审计净资产的10%；

（三）本所或者公司章程规定的其他情形。

上市公司以对外提供借款、贷款等融资业务为其主营业务，或者资助对象为公司合并报表范围内且持股比例超过50%的控股子公司，免于适用前两款规定。

7.1.14　上市公司提供担保的，应当经董事会审议后及时对外披露。

担保事项属于下列情形之一的，应当在董事会审议通过后提交股东大会审议：

（一）单笔担保额超过公司最近一期经审计净资产10%的担保；

（二）公司及其控股子公司的提供担保总额，超过公司最近一期经审计净资产50%以后提供的任何担保；

（三）为资产负债率超过70%的担保对象提供的担保；

（四）连续十二个月内担保金额超过公司最近一期经审计净资产的50%且绝对金额超过5000万元；

（五）连续十二个月内担保金额超过公司最近一期经审计总资产的30%；

（六）对股东、实际控制人及其关联人提供的担保；

（七）本所或者公司章程规定的其他担保情形。

董事会审议担保事项时，必须经出席董事会会议的三分之二以上董事审议同意。股东大会审议前款第五项担保事项时，必须经出席会议的股东所持表决权的三分之二以上通过。

股东大会在审议为股东、实际控制人及其关联人提供的担保议案时，该股东或者受该实际控制人支配的股东，不得参与该项表决，该项表决由出席股东大会的其他股东所持表决权的半数以上通过。

7.1.15　上市公司为全资子公司提供担保，或者为控股子公司提供担保且控股子公司其他股东按所享有的权益提供同等比例担保，属于第7.1.14条第二款第一项至第四项情形的，可以豁免提交股东大会审议，但是公司章程另有规定除外。

7.1.16　对于已披露的担保事项，上市公司应当在出现下列情形之一时及时披露：

（一）被担保人于债务到期后十五个交易日内未履行还款义务；

（二）被担保人出现破产、清算或者其他严重影响还款能力情形。

7.1.17　上市公司与其合并范围内的控股子公司发生的或者上述控股子公司之间发生的交易，除中国证监会或者本章另有规定外，可以豁免按照本节规定披露和履行相应程序。

第二节　关联交易

7.2.1　上市公司的关联交易，是指上市公司或者其控股子公司与上市公司关联人之间发生的转移资源或者义务的事项，包括：

（一）本规则第7.1.1条第一款规定的交易事项；

（二）购买原材料、燃料、动力；

（三）销售产品、商品；

（四）提供或者接受劳务；

（五）委托或者受托销售；

（六）关联双方共同投资；

（七）其他通过约定可能造成资源或者义务转移的事项。

7.2.2　上市公司的关联人包括关联法人和关联自然人。

7.2.3　具有下列情形之一的法人或者其他组织，为上市公司的关联法人：

（一）直接或者间接控制上市公司的法人或者其他组织；

（二）由前项所述法人直接或者间接控制的除上市公司及其控股子公司以外的法人或者其他组织；

（三）由本规则第7.2.5条所列上市公司的关联自然人直接或者间接控制的，或者担任董事（独立董事除外）、高级管理人员的，除上市公司及其控股子公司以外的法人或者其他组织；

（四）持有上市公司5%以上股份的法人或者一致行动人；

（五）中国证监会、本所或者上市公司根据实质重于形式的原则认定的其他与上市公司有特殊关系，可能造成上市公司对其利益倾斜的法人或者其他组织。

7.2.4　上市公司与本规则第7.2.3条第二项所列法人受同一国有资产管理机构控制而形成第7.2.3条第二项所述情形的，不因此构成关联关系，但该法人的董事长、经理或者半数以上的董事属于本规则第7.2.5条第二项所列情形者除外。

7.2.5 具有下列情形之一的自然人，为上市公司的关联自然人：

（一）直接或者间接持有上市公司5%以上股份的自然人；

（二）上市公司董事、监事及高级管理人员；

（三）直接或者间接控制上市公司的法人或者其他组织的董事、监事及高级管理人员；

（四）本条第一项至第三项所述人士的关系密切的家庭成员，包括配偶、父母、配偶的父母、兄弟姐妹及其配偶、年满十八周岁的子女及其配偶、配偶的兄弟姐妹和子女配偶的父母；

（五）中国证监会、本所或者上市公司根据实质重于形式的原则认定的其他与上市公司有特殊关系，可能造成上市公司对其利益倾斜的自然人。

7.2.6 具有下列情形之一的法人或者自然人，视同为上市公司的关联人：

（一）因与上市公司或者其关联人签署协议或者作出安排，在协议或者安排生效后，或者在未来十二个月内，具有本规则第7.2.3条或者第7.2.5条规定情形之一的；

（二）过去十二个月内，曾经具有第7.2.3条或者第7.2.5条规定情形之一的。

7.2.7 上市公司与关联人发生的交易（提供担保、提供财务资助除外）达到下列标准之一的，应当及时披露：

（一）与关联自然人发生的成交金额超过30万元的交易；

（二）与关联法人发生的成交金额超过300万元，且占公司最近一期经审计净资产绝对值0.5%以上的交易。

7.2.8 上市公司与关联人发生的交易（提供担保除外）金额超过3000万元，且占公司最近一期经审计净资产绝对值5%以上的，应当提交股东大会审议，并参照本规则第7.1.10条的规定披露评估或者审计报告。

与日常经营相关的关联交易可免于审计或者评估。

关联交易虽未达到本条第一款规定的标准，但本所认为有必要的，公司应当按照第一款规定，披露审计或者评估报告。

7.2.9 上市公司董事会审议关联交易事项时，关联董事应当回避表决，也不得代理其他董事行使表决权。该董事会会议由过半数的非关联董事出席即可举行，董事会会议所做决议经非关联董事过半数通过。出席董事会的非关联董事人数不足三人的，公司应当将该交易提交股东大会审议。

前款所称关联董事包括下列董事或者具有下列情形之一的董事：

（一）交易对方；

（二）在交易对方任职，或者在能直接或者间接控制该交易对方的法人或者其他组织、该交易对方直接或者间接控制的法人或者其他组织任职；

（三）拥有交易对方的直接或者间接控制权的；

（四）交易对方或者其直接或者间接控制人的关系密切的家庭成员（具体范围参见本规则第7.2.5条第四项的规定）；

（五）交易对方或者其直接或者间接控制人的董事、监事和高级管理人员的关系密切的家庭成员（具体范围参见本规则第7.2.5条第四项的规定）；

（六）中国证监会、本所或者上市公司认定的因其他原因使其独立的商业判断可能受到影响的人士。

7.2.10 上市公司股东大会审议关联交易事项时，关联股东应当回避表决，并且不得代理其他股东行使表决权。

前款所称关联股东包括下列股东或者具有下列情形之一的股东：

（一）交易对方；

（二）拥有交易对方直接或者间接控制权的；

（三）被交易对方直接或者间接控制的；

（四）与交易对方受同一法人或者自然人直接或者间接控制的；

（五）交易对方或者其直接或者间接控制人的关系密切的家庭成员（具体范围参见本规则第7.2.5条第四项的规定）；

（六）在交易对方任职，或者在能直接或者间接控制该交易对方的法人单位或者该交易对方直接或者间接控制的法人单位任职的（适用于股东为自然人的情形）；

（七）因与交易对方或者其关联人存在尚未履行完毕的股权转让协议或者其他协议而使其表决权受到限制或者影响的；

（八）中国证监会或者本所认定的可能造成上市公司对其利益倾斜的法人或者自然人。

7.2.11 上市公司在连续十二个月内发生的以下关联交易，应当按照累计计算原则适用第7.2.7条和第7.2.8条的规定：

（一）与同一关联人进行的交易；

（二）与不同关联人进行的与同一交易标的相关的

交易。

上述同一关联人包括与该关联人受同一主体控制或者相互存在股权控制关系的其他关联人。

已按照第7.2.7条或者第7.2.8条的规定履行相关义务的，不再纳入相关的累计计算范围。

7.2.12　上市公司不得为董事、监事、高级管理人员、控股股东、实际控制人及其控股子公司等关联人提供资金等财务资助。

上市公司应当审慎向关联方提供财务资助或者委托理财。

上市公司向关联方委托理财的，应当以发生额作为披露的计算标准，按交易类型连续十二个月内累计计算，适用第7.2.7条和第7.2.8条的规定。

已按照第7.2.7条或者第7.2.8条的规定履行相关义务的，不再纳入相关的累计计算范围。

7.2.13　上市公司为关联人提供担保的，应当在董事会审议通过后及时披露，并提交股东大会审议。

上市公司为控股股东、实际控制人及其关联方提供担保的，控股股东、实际控制人及其关联方应当提供反担保。

7.2.14　上市公司达到披露标准的关联交易，应当经全体独立董事过半数同意后，提交董事会审议并及时披露。

7.2.15　上市公司与关联人进行日常关联交易时，按照下列规定披露和履行审议程序：

（一）上市公司可以按类划合理预计日常关联交易年度金额，履行审议程序并披露；实际执行超出预计金额，应当根据超出金额重新履行相关审议程序和披露义务；

（二）上市公司年度报告和半年度报告应当分类汇总披露日常关联交易；

（三）上市公司与关联人签订的日常关联交易协议期限超过三年的，应当每三年重新履行相关审议程序和披露义务。

7.2.16　日常关联交易协议至少应当包括交易价格、定价原则和依据、交易总量或者其确定方法、付款方式等主要条款。

7.2.17　上市公司与关联人发生的下列交易，可以豁免按照第7.2.8条的规定提交股东大会审议：

（一）上市公司参与面向不特定对象的公开招标、公开拍卖的(不含邀标等受限方式)；

（二）上市公司单方面获得利益的交易，包括受赠现

金资产、获得债务减免、接受担保和资助等；

（三）关联交易定价为国家规定的；

（四）关联人向上市公司提供资金，利率不高于中国人民银行规定的同期贷款利率标准；

（五）上市公司按与非关联人同等交易条件，向董事、监事、高级管理人员提供产品和服务的。

7.2.18　上市公司与关联人发生的下列交易，可以免予按照关联交易的方式履行相关义务：

（一）一方以现金方式认购另一方公开发行的股票、公司债券或者企业债券、可转换公司债券或者其他衍生品种；

（二）一方作为承销团成员承销另一方公开发行的股票、公司债券或者企业债券、可转换公司债券或者其他衍生品种；

（三）一方依据另一方股东大会决议领取股息、红利或者薪酬；

（四）本所认定的其他交易。

7.2.19　上市公司董事、监事、高级管理人员、持股5%以上的股东及其一致行动人、实际控制人，应当将与其存在关联关系的关联人情况及时告知上市公司。

7.2.20　上市公司计算披露或者审议关联交易的相关金额，本节没有规定的，适用本章第一节的规定。

第八章　其他重大事项

第一节　股票交易异常波动和澄清

8.1.1　股票交易被中国证监会或者本所根据有关规定、业务规则认定为异常波动的，上市公司应当于次一交易日披露股票交易异常波动公告。

股票交易异常波动的计算从公告之日起重新起算。

8.1.2　上市公司股票交易出现本所业务规则规定的严重异常波动的，应当于次一交易日披露核查公告；无法披露的，应当申请其股票自次一交易日起停牌核查。核查发现存在未披露重大事项的，公司应当召开投资者说明会。公司股票应当自披露核查结果公告、投资者说明会公告(如有)之日起复牌。披露日为非交易日的，自次一交易日起复牌。

上市公司股票交易出现严重异常波动，经公司核查后无应披露未披露重大事项，也无法对异常波动原因作出合理解释的，本所可以向市场公告，提示股票交易风险，并视情况实施特别停牌。

8.1.3　上市公司股票出现严重异常波动情形的，公司或相关信息披露义务人应当核查下列事项：

（一）是否存在导致股票交易严重异常波动的未披露事项；

（二）股价是否严重偏离同行业上市公司合理估值；

（三）是否存在重大风险事项；

（四）其他可能导致股票交易严重异常波动的事项。

上市公司应当在核查公告中充分提示公司股价严重异常波动的交易风险。

保荐机构和保荐代表人应当督促上市公司按照本节规定及时进行核查，履行相应信息披露义务。

8.1.4 本所可以根据异常波动程度和监管需要，采取下列措施：

（一）要求上市公司披露股票交易异常波动公告；

（二）要求上市公司停牌核查并披露核查公告；

（三）向市场提示异常波动股票投资风险；

（四）本所认为必要的其他措施。

8.1.5 媒体传闻可能或者已经对上市公司股票及其衍生品种交易价格或者投资决策产生较大影响的，公司应当及时核实，并披露或者澄清。

本所认为相关传闻可能对公司股票及其衍生品种交易价格或者投资决策产生较大影响的，可以要求公司予以核实、澄清。

公司应当在本所要求的期限内核实，并及时披露或者澄清。

第二节 行业信息及风险事项

8.2.1 上市公司应当在年度报告、半年度报告中披露对公司股票及其衍生品种交易价格或者投资决策有重大影响的行业信息，

包括但不限于：

（一）报告期内公司所属行业的基本特点、发展状况、技术趋势以及公司所处的行业地位等；

（二）行业主管部门在报告期内发布的重要政策及对公司的影响；

（三）结合主要业务的行业关键指标、市场变化情况、市场份额变化情况等因素，分析公司的主要行业优势和劣势，并说明相关变化对公司未来经营业绩和盈利能力的影响。

8.2.2 上市公司年度净利润或营业收入与上年同期相比下降50%以上，或者净利润为负值的，应当在年度报告中披露下列信息，并说明公司改善盈利能力的各项措施：

（一）业绩大幅下滑或者亏损的具体原因；

（二）主营业务、核心竞争力、主要财务指标是否发生重大不利变化，是否与行业趋势一致；

（三）所处行业景气情况，是否存在产能过剩、持续衰退或者技术替代等情形；

（四）持续经营能力是否存在重大风险；

（五）对公司具有重大影响的其他信息。

8.2.3 上市公司应当在年度报告中，遵循关联性和重要性原则，披露下列可能对公司产生重大不利影响的风险因素：

（一）核心竞争力风险，包括技术更迭、产品更新换代或竞争加剧导致市场占有率和用户规模下降，研发投入超出预期或进程未达预期，核心技术、关键设备、经营模式等可能被替代或者被淘汰，核心技术人员发生较大变动等；

（二）经营风险，包括单一客户依赖、原材料价格上涨、产品或服务价格下降等；

（三）债务与流动性风险，包括资产负债率上升、流动比率下降、财务费用增加、债务违约、债权人提前收回借款或提高借款条件等；

（四）行业风险，包括行业出现周期性衰退、产能过剩、市场容量下滑或者增长停滞、行业上下游供求关系发生重大不利变化等；

（五）宏观环境风险，包括相关法律、税收、外汇、贸易等政策发生重大不利变化；

（六）本所或者公司认定的其他重大风险。

8.2.4 上市时未盈利的公司，在实现盈利前应当在年度报告显著位置提示尚未盈利风险，披露公司核心竞争力和经营活动面临的重大风险。

上市公司应当结合行业特点，充分披露尚未盈利的原因，以及对公司现金流、业务拓展、人才吸引、团队稳定性、研发投入、战略性投入、生产经营可持续性等方面的影响。

8.2.5 上市公司出现下列风险事项，应当立即披露相关情况及对公司的影响：

（一）发生重大亏损或者遭受重大损失；

（二）发生重大债务、未清偿到期重大债务或者重大债权到期未获清偿；

（三）可能依法承担重大违约责任或者大额赔偿责任；

（四）计提大额资产减值准备；

（五）公司决定解散或者被有权机关依法吊销营业执照、责令关闭或者强制解散；

（六）预计出现净资产为负值；

（七）主要债务人出现资不抵债或者进入破产程序，上市公司对相应债权未计提足额坏账准备；

（八）营业用主要资产被查封、扣押、冻结，被抵押、质押或者报废超过该资产的30%；

（九）公司因涉嫌违法违规被有权机关调查或者受到重大行政处罚、刑事处罚，控股股东、实际控制人涉嫌违法违规被有权机关调查、采取强制措施或者受到重大行政处罚、刑事处罚；

（十）公司董事、监事和高级管理人员无法正常履行职责，或者因涉嫌违法违规被有权机关调查、采取强制措施，或者受到重大行政处罚、刑事处罚；

（十一）公司核心技术团队或者关键技术人员等对公司核心竞争力有重大影响的人员辞职或者发生较大变动；

（十二）公司在用的核心商标、专利、专有技术、特许经营权等重要资产或者核心技术许可到期、出现重大纠纷、被限制使用或者发生其他重大不利变化；

（十三）主要产品、核心技术、关键设备、经营模式等面临被替代或者被淘汰的风险；

（十四）重要研发项目研发失败、终止、未获有关部门批准，或者公司放弃对重要核心技术项目的继续投资或者控制权；

（十五）发生重大环境、生产及产品安全事故；

（十六）收到政府部门限期治理、停产、搬迁、关闭的决定通知；

（十七）不当使用科学技术、违反科学伦理；

（十八）本所或者公司认定的其他重大风险情况、重大事故或者负面事件。

上述事项涉及具体金额的，应当比照适用本规则第7.1.2条的规定。

8.2.6　上市公司因涉嫌违法违规被有权行政机关立案调查或者被人民检察院提起公诉，且可能触及本规则第10.5.1条规定的重大违法强制退市情形的，公司应当在知悉被立案调查或者被提起公诉时及时对外披露，其后每月披露一次相关情况进展，并就其股票可能被实施重大违法强制退市进行风险提示。

第三节　可转换公司债券涉及的重大事项

8.3.1　发行可转换公司债券的上市公司出现下列情形之一的，应当及时披露：

（一）因发行新股、送股、分立或者其他原因引起股份变动，需要调整转股价格，或者依据募集说明书约定的转股价格向下修正条款修正转股价格的；

（二）可转换公司债券转换为股票的数额累计达到可转换公

司债券开始转股前公司已发行股份总额的10%的；

（三）公司信用状况发生重大变化，可能影响按期偿还债券本息的；

（四）可转换公司债券担保人发生重大资产变动、重大诉讼、合并、分立等情况的；

（五）未转换的可转换公司债券总额少于3000万元的；

（六）符合《证券法》规定的信用评级机构对可转换公司债券的信用或者公司的信用进行评级，并已出具信用评级结果的；

（七）公司重大资产抵押、质押、出售、转让、报废；

（八）公司发生未能清偿到期债务的情况；

（九）公司新增借款或者对外提供担保超过上年末净资产的20%；

（十）公司放弃债权或者财产超过上年末净资产的10%；

（十一）公司发生超过上年末净资产10%的重大损失；

（十二）可能对可转换公司债券交易价格产生较大影响的其他重大事件；

（十三）中国证监会和本所规定的其他情形。

8.3.2　投资者持有上市公司已发行的可转换公司债券达到发行总量的20%时，应当在事实发生之日起两个交易日内通知公司予以公告。

持有上市公司已发行的可转换公司债券20%及以上的投资者，其所持公司已发行的可转换公司债券比例每增加或者减少10%时，应当依照前款规定履行通知公告义务。

8.3.3　上市公司应当在可转换公司债券约定的付息日前三至五个交易日内披露付息公告，在可转换公司债券期满前三至五个交易日内披露本息兑付公告。

8.3.4　上市公司应当在可转换公司债券开始转股前三个交易日内披露实施转股的公告。

8.3.5　上市公司应当在满足赎回条件的次一交易日发布公告，明确披露是否使赎回权。如决定行使赎回权的，公司应当在满足赎回条件后的五个交易日内至少发布三次赎回公告。赎回期结束，公司应当公告赎回结果及影响。

8.3.6　上市公司应当在满足回售条件的次一交易日发布回售公告，并在满足回售条件后的五个交易日内至少发布三次回售公告。回售期结束,公司应当公告回售结果及其影响。

8.3.7 经股东大会批准变更募集资金投资项目的,上市公司应当在股东大会通过后二十个交易日内赋予可转换公司债券持有人一次回售的权利。有关回售公告至少发布三次,其中,在回售实施前、股东大会决议公告后五个交易日内至少发布一次,在回售实施期间至少发布一次,余下一次回售公告发布的时间视需要而定。

8.3.8 上市公司应当在每一季度结束后及时披露因可转换公司债券转换为股份所引起的股份变动情况。

8.3.9 上市公司出现可转换公司债券按规定须停止交易的情形时,应当在获悉有关情形后及时披露其可转换公司债券将停止交易的公告。

第四节 股权激励

8.4.1 上市公司以本公司股票为标的,采用限制性股票、股票期权或者本所认可的其他方式,对董事、高级管理人员及其他员工进行长期性激励的,应当遵守本节规定,按照相关规定履行相应审议程序和信息披露义务。

8.4.2 激励对象可以包括上市公司的董事、高级管理人员、核心技术人员或者核心业务人员,以及公司认为应当激励的对公司经营业绩和未来发展有直接影响的其他员工,独立董事和监事除外。

单独或合计持有上市公司5%以上股份的股东或实际控制人及其配偶、父母、子女以及上市公司外籍员工,在上市公司担任董事、高级管理人员、核心技术人员或者核心业务人员的,可以成为激励对象。上市公司应当充分说明前述人员成为激励对象的必要性、合理性。

下列人员不得成为激励对象:

(一)最近十二个月内被证券交易所认定为不适当人选;

(二)最近十二个月内被中国证监会及其派出机构认定为不适当人选;

(三)最近十二个月内因重大违法违规行为被中国证监会及其派出机构行政处罚或者采取市场禁入措施;

(四)具有《公司法》规定的不得担任公司董事、高级管理人员情形的;

(五)法律法规规定不得参与上市公司股权激励的;

(六)中国证监会认定的其他情形。

8.4.3 上市公司授予激励对象限制性股票,包括下列类型:

(一)激励对象按照股权激励计划规定的条件,获得的转让等部分权利受到限制的本公司股票;

(二)符合股权激励计划授予条件的激励对象,在满足相应获益条件后分次获得并登记的本公司股票。

8.4.4 上市公司授予激励对象限制性股票的授予价格,低于股权激励计划草案公布前一个交易日、二十个交易日、六十个交易日或者一百二十个交易日公司股票交易均价的50%的,应当说明定价依据及定价方式。

出现前款规定情形的,公司应当聘请独立财务顾问,对股权激励计划的可行性、相关定价依据和定价方法的合理性、是否有利于公司持续发展、是否损害股东利益等发表意见。

8.4.5 上市公司可以同时实施多项股权激励计划。上市公司全部在有效期内的股权激励计划所涉及的标的股票总数,累计不得超过公司股本总额的20%。

8.4.6 上市公司授予激励对象第8.4.3条第二项所述限制性股票,应当就激励对象分次获益设立条件,并在满足各次获益条件时分批进行股份登记。当次获益条件不满足的,不得进行股份登记。

公司应当在股权激励计划中明确披露分次授予权益的数量、获益条件、股份授予或者登记时间及相关限售安排。

获益条件包含十二个月以上的任职期限的,实际授予的权益进行登记后,可不再设置限售期。

第五节 重大资产重组

8.5.1 上市公司及有关各方应当依照《上市公司重大资产重组管理办法》及中国证监会其他相关规定、本规则及本所其他相关规定,实施重大资产重组。

8.5.2 上市公司实施发行股份购买资产、合并、分立等涉及发行股票的并购重组,由本所审核,并经中国证监会注册后实施。

8.5.3 上市公司实施重大资产重组、发行股份购买资产(以下统称重大资产重组),应当符合国家产业政策和相关法律法规,有利于提高上市公司持续经营能力,不得存在损害上市公司和投资者合法权益的情形。

8.5.4 上市公司应当确保能够对购买的标的资产实施有效控制,保证标的资产合规运行,督促重大资产重组有关各方履行承诺。

8.5.5 上市公司应当聘请证券服务机构就重大资产重组出具意见。

独立财务顾问应当就上市公司控制标的资产的能力发表明确意见,并在持续督导期间督促公司有效控制并整合标的资产。

第六节 其他

8.6.1 上市公司及相关信息披露义务人应当严格遵守承诺事项。公司应当及时将公司和相关信息披露义务人的承诺事项单独公告。

公司应当在定期报告中专项披露上述承诺事项的履行情况。如出现公司或者相关信息披露义务人不能履行承诺的情形，公司应当及时披露具体原因和董事会拟采取的措施。

8.6.2 上市公司应当积极回报股东，根据自身条件和发展阶段，制定并执行现金分红、股份回购等股东回报政策。

公司应当在董事会审议通过利润分配或者资本公积金转增股本方案后，及时披露方案的具体内容。

公司实施利润分配或者资本公积金转增股本方案的，应当在实施方案的股权登记日前三至五个交易日内披露方案实施公告。

公司应当在股东大会审议通过方案后两个月内，完成利润分配或者资本公积金转增股本事宜。

8.6.3 上市公司发生的重大诉讼、仲裁事项属于下列情形之一的，应当及时披露相关情况：

（一）涉案金额占公司最近一期经审计净资产绝对值10%以上，且绝对金额超过1000万元的；

（二）涉及公司股东大会、董事会决议被申请撤销或者宣告无效的；

（三）可能对公司生产经营、控制权稳定、公司股票及其衍生品种交易价格或者投资决策产生较大影响的；

（四）本所认为有必要的其他情形。

上市公司发生的重大诉讼、仲裁事项应当采取连续十二个月累计计算的原则，经累计计算达到前款标准的，适用前款规定。

已经按照上述规定履行披露义务的，不再纳入累计计算范围。

上市公司应当及时披露重大诉讼、仲裁事项的重大进展情况及其对公司的影响，包括但不限于诉讼案件的一审和二审判决结果、仲裁裁决结果以及判决、裁决执行情况等。

8.6.4 上市公司出现下列情形之一的，应当及时披露：

（一）变更公司名称、证券简称、公司章程、注册资本、注册地址、办公地址和联系电话等，其中公司章程发生变更的，还应当将新的公司章程在符合条件媒体披露；

（二）经营方针、经营范围或者公司主营业务发生重大变化；

（三）变更会计政策、会计估计；

（四）董事会通过发行新股或者其他境内外发行融资方案；

（五）公司发行新股或者其他境内外发行融资申请、重大资产重组事项收到相应的审核意见；

（六）持有公司5%以上股份的股东或者实际控制人持股情况或者控制公司的情况发生或者拟发生较大变化；

（七）公司的实际控制人及其控制的其他企业从事与公司相同或者相似业务的情况发生较大变化；

（八）公司董事长、经理、董事（含独立董事）或者三分之一以上监事提出辞职或者发生变动；

（九）生产经营情况、外部条件或者生产环境发生重大变化（包括主要产品价格或市场容量、原材料采购、销售方式、重要供应商或者客户发生重大变化等）；

（十）订立重要合同，可能对公司的资产、负债、权益或者经营成果产生重大影响；

（十一）法律、行政法规、部门规章、规范性文件、政策、市场环境、贸易条件等外部宏观环境发生变化，可能对公司经营产生重大影响；

（十二）聘任、解聘为公司提供审计服务的会计师事务所；

（十三）法院裁定禁止控股股东转让其所持股份；

（十四）任一股东所持公司5%以上股份被质押、冻结、司法拍卖、托管、设定信托或者被依法限制表决权；

（十五）获得大额政府补贴等额外收益；

（十六）发生可能对公司的资产、负债、权益或者经营成果产生重大影响的其他事项；

（十七）中国证监会和本所认定的其他情形。

8.6.5 上市公司一次性签署与日常生产经营相关的采购、销售、工程承包或者提供劳务等合同的金额占公司最近一个会计年度经审计主营业务收入或者总资产50%以上，且绝对金额超过1亿元的，应当及时披露。

公司应当及时披露重大合同的进展情况，包括但不限于合同生效、合同履行发生重大变化或者出现重大不确定性、合同提前解除、合同终止等。

8.6.6 上市公司独立或者与第三方合作研究、开发新技术、新产品、新业务、新服务或者对现有技术进行改造，相关事项对公司盈利或者未来发展有重要影响的，公司应当及时披露。

8.6.7 上市公司申请或者被债权人申请破产重整、

和解或破产清算的,应当及时披露下列进展事项:

(一)法院裁定受理重整、和解或破产清算申请;

(二)重整、和解或破产清算程序的重大进展或法院审理裁定;

(三)法院裁定批准公司破产重整计划、和解协议或清算;

(四)破产重整计划、和解协议的执行情况。

进入破产程序的上市公司,除应当及时披露上述信息外,还应当及时披露定期报告和临时报告。

8.6.8 进入破产程序的上市公司采取管理人管理运作模式的,管理人及其成员应当按照《证券法》以及最高人民法院、中国证监会和本所的相关规定,真实、准确、完整、及时地履行信息披露义务,并确保对公司所有债权人和股东公平地披露信息。

公司披露的定期报告应当由管理人的成员签署书面确认意见,公司披露的临时报告应当由管理人发布并加盖管理人公章。

8.6.9 进入破产程序的上市公司采取管理人监督运作模式的,公司董事会、监事会和高级管理人员应当继续按照本规则和本所有关规定履行信息披露义务。

管理人应当及时将涉及信息披露的所有事项告知公司董事会,并督促公司董事、监事和高级管理人员勤勉尽责地履行信息披露义务。

第九章 风险警示

9.1 上市公司出现财务状况或者其他状况异常,导致其股票存在终止上市风险,或者投资者难以判断公司前景,其投资权益可能受到损害的,本所对该公司股票交易实施风险警示。

9.2 本规则所称风险警示分为提示存在终止上市风险的风险警示(以下简称退市风险警示)和其他风险警示。

上市公司股票交易被实施退市风险警示的,在股票简称前冠以"*ST"字样,被实施其他风险警示的,在股票简称前冠以"ST"字样,以区别于其他股票。公司同时存在退市风险警示和其他风险警示情形的,在公司股票简称前冠以"*ST"字样。

退市风险警示股票和其他风险警示股票进入风险警示板交易。

退市风险警示有关具体事项,按照本规则第十章规定执行。

9.3 上市公司同时存在两项以上其他风险警示情形的,须满足全部其他风险警示情形的撤销条件,方可撤销其他风险警示。

9.4 上市公司出现下列情形之一的,本所对其股票交易实施其他风险警示:

(一)公司生产经营活动受到严重影响且预计在三个月以内不能恢复正常;

(二)公司主要银行账号被冻结;

(三)公司董事会、股东大会无法正常召开会议并形成决议;

(四)公司最近一年被出具无法表示意见或否定意见的内部控制审计报告或鉴证报告;

(五)公司向控股股东或者其关联人提供资金或者违反规定程序对外提供担保且情形严重的;

(六)公司最近三个会计年度扣除非经常性损益前后净利润孰低者均为负值,且最近一年审计报告显示公司持续经营能力存在不确定性;

(七)本所认定的其他情形。

9.5 本规则第9.4条第五项所述"向控股股东或者其关联人提供资金或者违反规定程序对外提供担保且情形严重",是指上市公司存在下列情形之一且无可行的解决方案或者虽提出解决方案但预计无法在一个月内解决的:

(一)上市公司向控股股东或者其关联人提供资金的余额在1000万元以上,或者占上市公司最近一期经审计净资产的5%以上;

(二)上市公司违反规定程序对外提供担保的余额(担保对象为上市公司合并报表范围内子公司的除外)在1000万元以上,或者占上市公司最近一期经审计净资产的5%以上。

公司无控股股东、实际控制人的,其向第一大股东或者其关联人提供资金,按照本章规定执行。

9.6 上市公司生产经营活动受到严重影响,或者出现本规则

第9.5条所述情形的,应当及时对外披露,说明公司是否能在相应期限内解决,同时披露公司股票交易可能被实施其他风险警示的风险提示公告,并至少每月披露一次相关进展情况和风险提示公告,直至相应情形消除或公司股票交易被本所实施其他风险警示。

9.7 上市公司出现本规则第9.4条规定情形的,应当及时对外披露,同时按照本所的要求披露股票交易将被实施其他风险警示的公告,说明被实施其他风险警示的起始日期、主要原因并提示相关风险。公司股票及其衍生品种于公告披露后停牌一天,自复牌之日起,本所对

公司股票交易实施其他风险警示的。

公司触及第9.4条情形但未按前款规定公告的,本所可以对公司股票交易实施其他风险警示,并向市场公告。

9.8 上市公司因本规则第9.4条第一项至第五项情形被实施其他风险警示的,应当至少每月披露一次进展公告,说明相关情形对公司的影响、公司为消除相关情形已经和将要采取的措施及有关工作进展情况,直至相应情形消除,公司没有采取措施或者相关工作没有进展的,也应当披露并说明具体原因。

9.9 上市公司认为其出现的本规则第9.4条规定的相应情形已消除的,应当及时公告,同时说明是否将向本所申请撤销其他风险警示。公司拟申请撤销其他风险警示的,应当在披露之日起五个交易日内向本所提交申请。

公司向控股股东或者其关联人提供资金的情形已消除,向本所申请撤销其他风险警示的,应当提交会计师事务所出具的专项审核报告等文件。

公司违规对外担保事项已消除,向本所申请撤销其他风险警示的,应当提交律师事务所出具的法律意见书等文件。

公司内部控制缺陷整改完成,内部控制能有效运行,向本所申请撤销其他风险警示的,应当提交会计师事务所对其最近一年内部控制出具的标准无保留意见的审计报告或者鉴证报告等文件。

公司最近一年经审计的财务报告显示,其扣除非经常性损益前后的净利润孰低者为正值或者持续经营能力不确定性已消除,向本所申请撤销其他风险警示的,应当提交会计师事务所出具的最近一年审计报告等文件。

9.10 上市公司因出现第9.4条第四项、第六项情形,其股票交易被本所实施其他风险警示的,在风险警示期间,公司进行重大资产重组且满足以下全部条件的,可以向本所申请撤销其他风险警示:

(一)根据中国证监会有关重大资产重组规定出售全部经营性资产和负债、购买其他资产且已实施完毕;

(二)通过购买进入公司的资产是一个完整经营主体,该经营主体在进入公司前已在同一管理层之下持续经营两年以上;

(三)模拟财务报表的主体不存在第9.4条规定的情形;

(四)本所要求的其他条件。

9.11 上市公司向本所申请撤销其他风险警示的,应当于次一交易日披露相关公告。

公司提交完备的申请材料的,本所在十五个交易日内决定是否撤销其他风险警示。在此期间,本所要求公司提供补充材料的,公司应当在本所规定期限内提供。公司补充材料期间不计入本所作出有关决定的期限。

本所可以自行或委托相关机构就公司相关情况进行调查核实,调查核实期间不计入本所作出有关决定的期限内。

9.12 本所决定撤销其他风险警示的,上市公司应当于次一交易日披露撤销其他风险警示的公告,公司股票及其衍生品种于公告后停牌一天,自复牌之日起,本所撤销对公司股票交易的其他风险警示。

9.13 本所决定不予撤销其他风险警示的,上市公司应当于收到本所书面通知的次一交易日披露相关公告。

第十章 退 市
第一节 一般规定

10.1.1 上市公司触及本章规定的退市风险警示、终止上市情形的,本所依程序审议和决定其股票退市风险警示、终止上市事宜。

10.1.2 上市公司出现本章规定的退市风险警示或终止上市情形的,应当依据本所有关规定和要求提供相关材料,履行信息披露和申请停复牌等义务。公司未按照相关规定报告或提交公告及相关文件的,本所可以向市场公告,并按照规定对其股票实施停复牌、退市风险警示或终止上市等。

10.1.3 上市公司股票存在被实施退市风险警示或者终止上市风险的,应当按照本章有关规定披露相关风险提示公告。本所可以视情况要求公司调整风险提示公告的披露时点和次数。

10.1.4 上市公司股票交易将被实施退市风险警示的,应当披露公司股票交易将被实施退市风险警示的公告,说明被实施退市风险警示的起始日期、主要原因并提示相关风险。公司股票于公告后停牌一天,自复牌之日起,本所对其股票交易实施退市风险警示。

10.1.5 上市公司出现两项以上退市风险警示、终止上市情形的,其股票按照先触及先适用的原则实施退市风险警示、终止上市。

公司同时存在两项以上退市风险警示情形,其中一项退市风险警示情形已满足撤销条件的,公司应当在规定期限内申请撤销相关退市风险警示情形,经本所审核同意的,不再适用对应情形的终止上市程序。

公司同时存在两项以上退市风险警示情形的,须满足全部退市风险警示情形的撤销条件,方可撤销退市风险警示。

公司股票交易撤销退市风险警示,但还存在其他的风险警示情形的,本所对公司股票交易实施相应的风险警示。

10.1.6　上市公司申请撤销退市风险警示的,应当向本所提交下列文件:

(一)公司关于撤销对其股票交易实施退市风险警示的申请书;

(二)公司董事会关于申请撤销对公司股票交易实施退市风险警示的决议;

(三)公司就其符合撤销退市风险警示条件的说明及有关证明材料;

(四)本所要求的其他有关材料。

10.1.7　上市公司向本所申请撤销退市风险警示,本所要求公司提供补充材料的,公司应当在本所要求期限内提供有关材料。

公司补充材料期间不计入本所作出有关决定的期限内。

本所可以自行或委托相关机构就公司相关情况进行调查核实。调查核实期间不计入本所作出有关决定的期限内。

10.1.8　本所在作出上市公司股票终止上市决定之日起两个交易日内,通知公司并发布相关公告,同时报中国证监会备案。

公司应当在收到本所关于终止其股票上市决定后,及时披露股票终止上市公告。

10.1.9　上市公司股票被终止上市的,其发行的可转换公司债券及其他衍生品种应当终止上市,相关终止上市事宜参照股票终止上市有关规定办理。

第二节　交易类强制退市

10.2.1　上市公司出现下列情形之一的,本所决定终止其股票上市交易:

(一)连续一百二十个交易日通过本所交易系统实现的股票累计成交量低于200万股;

(二)连续二十个交易日每日股票收盘价均低于1元;

(三)连续二十个交易日每日股票收盘市值均低于3亿元;

(四)连续二十个交易日每日公司股东人数均少于400人;

(五)本所认定的其他情形。

前款规定的交易日,不包含公司股票全天停牌日和公司首次公开发行股票上市之日起的二十个交易日。

红筹企业发行存托凭证的,第一款第一项调整为连续一百二十个交易日通过本所交易系统实现的存托凭证累计成交量低于200万份;第一款第二项调整为连续二十个交易日每日存托凭证收盘价乘以存托凭证与基础股票转换比例后的数值均低于1元;第一款第三项调整为连续二十个交易日每日存托凭证市值均低于3亿元;不适用第一款第四项的规定。

证券市场出现重大异常波动等情形的,本所可以根据实际情况调整本条规定的指标。

10.2.2　上市公司连续九十个交易日通过本所交易系统实现的股票累计成交量低于150万股的,应当在次一交易日披露公司股票可能被终止上市的风险提示公告,其后每个交易日披露一次,直至自上述起算时点起连续一百二十个交易日内通过本所交易系统实现的股票累计成交量达到200万股以上或者本所作出公司股票终止上市的决定(以在先者为准)。

10.2.3　上市公司连续十个交易日出现下列情形之一的,应当在次一交易日披露公司股票可能被终止上市的风险提示公告,其后每个交易日披露一次,直至相应的情形消除或者本所作出公司股票终止上市的决定(以在先者为准):

(一)每日股票收盘价均低于1元;

(二)每日股票收盘市值均低于3亿元;

(三)每日股东人数均少于400人。

10.2.4　上市公司出现第10.2.1条规定情形之一的,应当在相应情形出现的次一交易日披露,公司股票及其衍生品种自公告之日起停牌。

本所自公司股票停牌之日起五个交易日内,向公司发出拟终止其股票上市的事先告知书。公司应当在收到本所终止上市事先告知书后及时披露。

10.2.5　上市公司收到终止上市事先告知书后,可以根据本章第六节的规定申请听证,提出陈述和申辩。

公司未在规定期限内提出听证申请的,本所上市委员会在陈述和申辩提交期限届满后十五个交易日内,就是否终止公司股票上市事宜进行审议,作出独立的专业判断并形成审核意见;公司在规定期限内提出听证申请的,本所上市委员会在听证程序结束后十五个交易日内形成审核意见。

本所根据上市委员会的审核意见，作出是否终止公司股票上市的决定。

第三节　财务类强制退市

10.3.1　上市公司出现下列情形之一的，本所对其股票交易实施退市风险警示：

（一）最近一个会计年度经审计的净利润为负值且营业收入低于1亿元，或追溯重述后最近一个会计年度净利润为负值且营业收入低于1亿元；

（二）最近一个会计年度经审计的期末净资产为负值，或追溯重述后最近一个会计年度期末净资产为负值；

（三）最近一个会计年度的财务会计报告被出具无法表示意见或者否定意见的审计报告；

（四）中国证监会行政处罚决定表明公司已披露的最近一个会计年度财务报告存在虚假记载、误导性陈述或者重大遗漏，导致该年度相关财务指标实际已触及本款第一项、第二项情形；

（五）本所认定的其他情形。

本节所述净利润以扣除非经常性损益前后孰低者为准。本节所述营业收入应当扣除与主营业务无关的业务收入和不具备商业实质的收入。本节所述最近一个会计年度是指最近一个已经披露经审计财务会计报告的年度。

公司最近一个会计年度经审计净利润为负值的，应当在年度报告中披露营业收入扣除情况及扣除后的营业收入金额；负责审计的会计师事务所应当就公司营业收入扣除事项是否符合前述规定及扣除后的营业收入金额出具专项核查意见。

公司未按本条第二款规定扣除相关收入的，本所可以要求公司扣除，并按照扣除后营业收入决定是否对公司股票实施退市风险警示、终止上市。

本所可以根据实际情况调整本条第一款第一项、第二项规定的指标。

10.3.2　上市公司预计将出现第10.3.1条第一款第一项至第三项情形的，应当在相应的会计年度结束后一个月内，披露公司股票交易可能被实施退市风险警示的风险提示公告，并在披露年度报告前至少再发布两次风险提示公告。

公司可能因追溯重述导致出现第10.3.1条第一款第一项、第二项情形，或者相关行政处罚事先告知书表明公司可能出现第10.3.1条第一款第四项情形的，应当在知悉相关风险情况时立即披露公司股票交易可能被实施退市风险警示的风险提示公告。

10.3.3　上市公司出现第10.3.1条第一款第一项至第三项情形的，应当在披露年度报告或者财务会计报告更正公告的同时，披露公司股票交易将被实施退市风险警示的公告。公司股票及其衍生品种于公告后停牌一天。自复牌之日起，本所对公司股票交易实施退市风险警示。

上市公司出现第10.3.1条第一款第四项情形的，应当在收到相关行政处罚决定书后，立即披露相关情况和公司股票交易将被实施退市风险警示的公告。公司股票及其衍生品种于公告披露后停牌一天。自复牌之日起，本所对公司股票交易实施退市风险警示。

10.3.4　上市公司因出现第10.3.1条第一款第一项至第三项情形，其股票交易被实施退市风险警示的，应当在其股票被实施退市风险警示当年的会计年度结束后一个月内，发布股票可能被终止上市的风险提示公告，并在披露该年年度报告前至少再发布两次风险提示公告。

公司追溯重述导致出现第10.3.1条第一款第一项、第二项情形，或者因出现第10.3.1条第一款第四项情形，其股票交易被实施退市风险警示的，应当在披露实际触及退市风险警示指标相应年度次一年度的年度报告前至少发布两次风险提示公告。

10.3.5　上市公司股票因出现第10.3.1条情形，其股票交易被本所实施退市风险警示的，在退市风险警示期间，公司进行重大资产重组且满足以下全部条件的，可以向本所申请撤销退市风险警示：

（一）根据中国证监会有关重大资产重组规定出售全部经营性资产和负债、购买其他资产且已实施完毕；

（二）通过购买进入公司的资产是一个完整经营主体，该经营主体在进入公司前已在同一管理层之下持续经营两年以上；

（三）公司模拟财务报表的财务数据不存在第10.3.1条第一款规定的情形；

（四）本所要求的其他条件。

10.3.6　上市公司因出现第10.3.1条第一款第一项至第三项情形，其股票交易被实施退市风险警示后，首个会计年度审计结果表明公司未出现第10.3.10条第一款第一项至第四项规定的任一情形的，公司可以向本所申请撤销退市风险警示。公司应当在披露年度报告同时说明是否将向本所申请撤销退市风险警示。公司拟申请撤销退市风险警示的，应当在披露之日起五个交易日内，向本所提交申请。

公司追溯重述导致出现第10.3.1条第一款第一项、

第二项情形,或者因出现第 10.3.1 条第一款第四项情形,其股票交易被实施退市风险警示后,实际触及退市风险警示指标相应年度次一年度的年度报告表明公司未出现 10.3.10 条第一款第一项至第四项规定的任一情形的,公司可以向本所申请撤销退市风险警示。公司应当在披露年度报告同时说明是否将向本所申请撤销退市风险警示。公司拟申请撤销退市风险警示的,应当在披露之日起五个交易日内,向本所申请撤销退市风险警示。

10.3.7　上市公司向本所提交撤销退市风险警示的申请后,应当在次一交易日作出公告。

公司提交完备的申请材料的,本所在十五个交易日内决定是否撤销退市风险警示。

10.3.8　本所决定撤销退市风险警示的,公司应当披露公司股票撤销退市风险警示公告,公司股票及其衍生品种在公告后停牌一天。自复牌之日起,本所撤销对公司股票交易的退市风险警示。

10.3.9　本所决定不予撤销退市风险警示的,上市公司应当在收到本所有关书面通知次一交易日披露公告。

10.3.10　上市公司因第 10.3.1 条第一款第一项至第三项情形其股票交易被实施退市风险警示后,首个会计年度出现以下情形之一的,本所决定终止其股票上市交易:

(一)经审计的净利润为负值且营业收入低于 1 亿元,或者追溯重述后最近一个会计年度净利润为负值且营业收入低于 1 亿元;

(二)经审计的期末净资产为负值,或者追溯重述后最近一个会计年度期末净资产为负值;

(三)财务会计报告被出具保留意见、无法表示意见或者否定意见的审计报告;

(四)未在法定期限内披露过半数董事保证真实、准确、完整的年度报告;

(五)虽满足第 10.3.6 条规定的条件,但未在规定期限内向本所申请撤销退市风险警示;

(六)因不满足第 10.3.6 条规定的条件,其撤销退市风险警示申请未被审核同意。

公司追溯重述导致出现 10.3.1 条第一款第一项、第二项情形,或者因 10.3.1 条第一款第四项情形其股票交易被实施退市风险警示后,出现前款第四项至第六项情形或实际触及退市风险警示指标相应年度的次一年度出现前款第一项至第三项情形的,本所决定终止其股票上市交易。

10.3.11　上市公司出现第 10.3.10 条第一款第一项至第三项情形的,应当在披露年度报告的同时披露公司股票可能被终止上市的风险提示公告。公司股票及其衍生品种于公告后停牌。

公司出现第 10.3.10 条第一款第四项至第六项情形的,应当在相应情形发生的次一交易日披露公司股票可能被终止上市的风险提示公告。公司股票及其衍生品种于公告后停牌。

公司出现第 10.3.10 条第二款情形的,按照本条前两款执行。

10.3.12　本所根据第 10.3.11 条对上市公司股票及其衍生品种实施停牌的,自停牌之日起五个交易日内,向公司发出拟终止其股票上市的事先告知书。公司应当在收到本所终止上市事先告知书后及时披露。

10.3.13　上市公司收到终止上市事先告知书后,可以根据本章第六节的规定申请听证,提出陈述和申辩。

上市公司未在规定期限内提出听证申请的,本所上市委员会在陈述和申辩提交期限届满后十五个交易日内,就是否终止公司股票上市事宜进行审议,作出独立的专业判断并形成审核意见;公司在规定期限内提出听证申请的,本所上市委员会在听证程序结束后十五个交易日内形成上述审核意见。

本所根据上市委员会的审核意见,作出是否终止股票上市的决定。

10.3.14　上市公司因触及第 10.3.10 条第二款有关情形其股票被终止上市,相关行政处罚决定被依法撤销或确认无效,或者因对违法行为性质、违法事实等的认定发生重大变化被依法变更的,参照第 10.5.8 条至 10.5.12 条规定的程序办理。

第四节　规范类强制退市

10.4.1　上市公司出现下列情形之一的,本所对其股票交易实施退市风险警示:

(一)未在法定期限内披露年度报告或者半年度报告,且在公司股票停牌两个月内仍未披露;

(二)半数以上董事无法保证年度报告或者半年度报告真实、准确、完整,且在公司股票停牌两个月内仍有半数以上董事无法保证的;

(三)因财务会计报告存在重大会计差错或者虚假记载,被中国证监会责令改正但公司未在要求期限内改正,且在公司股票停牌两个月内仍未改正;

(四)因信息披露或者规范运作等方面存在重大缺陷,被本所要求改正但未在要求期限内改正,且在公司股票停牌两个月内仍未改正；

（五）因公司股本总额或者股权分布发生变化，导致连续二十个交易日不再符合上市条件，在规定期限内仍未解决；

（六）公司可能被依法强制解散；

（七）法院依法受理公司重整、和解和破产清算申请；

（八）本所认定的其他情形。

10.4.2 本规则第10.4.1条第四项情形，具体包括以下情形：

（一）公司已经失去信息披露联系渠道；

（二）公司拒不披露应当披露的重大信息；

（三）公司严重扰乱信息披露秩序，并造成恶劣影响；

（四）本所认为公司信息披露或者规范运作存在重大缺陷的其他情形。

10.4.3 上市公司信息披露或规范运作是否存在重大缺陷及重大缺陷是否改正，由本所上市委员会认定。上市委员会认定期间不计入公司改正的期限。

10.4.4 上市公司出现下列情形之一的，应当立即披露股票交易可能被实施退市风险警示的风险提示公告：

（一）未在法定期限内披露年度报告或者半年度报告；

（二）半数以上董事无法保证年度报告或者半年度报告真实、准确、完整；

（三）因财务会计报告存在重大会计差错或者虚假记载，被中国证监会责令改正；

（四）因信息披露或者规范运作等方面存在重大缺陷，被本所要求改正；

（五）股本总额或者股权分布连续十个交易日不符合上市条件。

公司按照前款规定披露风险提示公告后，应当至少每十个交易日披露一次相关进展情况和风险提示公告，直至相应情形消除或公司股票交易被本所实施退市风险警示。

10.4.5 上市公司出现第10.4.1条第一项规定的未在法定期限内披露相关年度报告或者半年度报告情形的，公司股票及其衍生品种在相应期限届满的次一交易日起停牌。

公司在股票停牌后两个月内披露过半数董事保证真实、准确、完整的相应定期报告的，公司股票及其衍生品种于公告披露后复牌。

公司在股票停牌后两个月内仍未披露过半数董事保证真实、准确、完整的定期报告的，应当在其股票停牌两个月届满的次一交易日披露股票交易将被实施退市风险警示的公告，公司股票及其衍生品种于公告后继续停牌一天，自复牌之日起，本所对公司股票交易实施退市风险警示。

10.4.6 上市公司出现第10.4.1条第二项规定的半数以上董事无法保证年度报告或者半年度报告真实、准确、完整情形的，公司股票及其衍生品种在相应定期报告法定披露期限届满的次一交易日起停牌。

在股票停牌后两个月内，公司过半数董事保证相关定期报告真实、准确、完整的，公司应当及时公告，公司股票及其衍生品种于公告披露后复牌。

在股票停牌后两个月内，公司半数以上董事仍无法保证相关定期报告真实、准确、完整的，公司应当在其股票停牌两个月届满的次一交易日披露股票交易将被实施退市风险警示的公告，公司股票及其衍生品种于公告后继续停牌一天，自复牌之日起，本所对公司股票交易实施退市风险警示。

10.4.7 上市公司出现第10.4.1条第三项、第四项规定的未在规定期限改正情形的，公司股票及其衍生品种在相应改正期限届满的次一交易日起停牌。

公司在股票停牌后两个月内按照相关规定和要求完成改正的，应当及时公告，公司股票及其衍生品种于公告披露后复牌。

公司在股票停牌后两个月内仍未按照相关规定和要求完成改正的，公司应当在其股票停牌两个月届满的次一交易日披露股票交易将被实施退市风险警示的公告，公司股票及其衍生品种于公告后继续停牌一天，自复牌之日起，本所对公司股票交易实施退市风险警示。

10.4.8 上市公司出现第10.4.1条第五项规定的股本总额或者股权分布连续二十个交易日不符合上市条件的，公司股票及其衍生品种自前述情形出现的次一交易日起停牌并披露公司股票交易可能被实施退市风险警示的风险提示公告。公司应当于停牌之日起一个月内披露股本总额或者股权分布问题的解决方案并提示相关风险。

公司在股票停牌后一个月内披露解决方案的，应当同时披露股票交易将被实施退市风险警示的公告，公司股票及其衍生品种于公告后继续停牌一天；公司未在股票停牌后一个月内披露解决方案的，自一个月期限届满的次一交易日披露股票交易将被实施退市风险警示的公告，公司股票及其衍生品种自公告后继续停牌一天。自复牌之日起，本所对公司股票交易实施退市风险警示。

停牌期间股本总额或者股权分布重新符合上市条件的，公司应当及时披露，公司股票及其衍生品种于公告披露后复牌。

10.4.9 上市公司出现第10.4.1条第六项至第八项规定情形之一的，公司应当在该情形出现的次一交易日披露，公司股票及其衍生品种于公告后继续停牌一天。自复牌之日起，本所对公司股票交易实施退市风险警示。

10.4.10 上市公司股票交易被实施退市风险警示期间，应当每五个交易日披露一次风险提示公告，提示其股票可能被终止上市的风险，直至相应情形消除或本所终止其股票上市。

10.4.11 上市公司因第10.4.1条第七项情形其股票交易被实施退市风险警示的，公司应当分阶段及时披露法院裁定批准公司重整计划、和解协议或者终止重整、和解程序等重整事项的进展，并充分提示相关风险。

上市公司破产重整的停复牌应当遵守本所相关规定。

10.4.12 上市公司因第10.4.1条第一项至第六项情形其股票交易被实施退市风险警示后，符合下列对应条件的，可以向本所申请撤销退市风险警示：

（一）因第10.4.1条第一项情形被实施退市风险警示之日起的两个月内，披露过半数董事保证真实、准确、完整的相关年度报告或者半年度报告；

（二）因第10.4.1条第二项情形被实施退市风险警示之日起的两个月内，过半数董事保证相关定期报告真实、准确、完整的；

（三）因第10.4.1条第三项情形被实施退市风险警示之日起的两个月内，按相关规定和要求披露经改正的财务会计报告；

（四）因第10.4.1条第四项情形被实施退市风险警示之日起两个月内，公司已按要求完成改正，信息披露和规范运作无重大缺陷；

（五）因第10.4.1条第五项情形被实施退市风险警示之日起的六个月内，解决股本总额或股权分布问题，且其股本总额或股权分布重新符合上市条件；

（六）因第10.4.1条第六项情形被实施退市风险警示后，公司可能被依法强制解散的情形已消除。

公司满足前款第四项情形向本所申请对其股票交易撤销退市风险警示的，应当按照本所要求同时披露中介机构专项核查意见，说明公司已按要求完成改正，信息披露、规范运作无重大缺陷。本所提请上市委员会审议，并根据上市委员会的审核意见作出是否撤销退市风险警示的决定。

10.4.13 上市公司因第10.4.1条第七项情形其股票交易被实施退市风险警示后，符合下列条件之一的，公司可以向本所申请撤销退市风险警示：

（一）重整计划执行完毕；

（二）和解协议执行完毕；

（三）法院受理破产申请后至破产宣告前，依据《中华人民共和国企业破产法》（以下简称《企业破产法》）作出驳回破产申请的裁定，且申请人在法定期限内未提起上诉；

（四）因公司已清偿全部到期债务、第三人为公司提供足额担保或者清偿全部到期债务，法院受理破产申请后至破产宣告前，依据《企业破产法》作出终结破产程序的裁定。

公司因前款第一项、第二项情形向本所申请撤销对其股票实施的退市风险警示，应当提交法院指定管理人出具的监督报告、律师事务所出具的对公司重整计划或者和解协议执行情况的法律意见书，以及本所要求的其他说明文件。

10.4.14 上市公司符合第10.4.12条、第10.4.13条规定条件的，应当于相关情形出现后及时披露，并说明是否将向本所申请撤销退市风险警示。公司拟申请撤销退市风险警示的，应当在披露之日起五个交易日内向本所提交申请。

公司向本所申请对其股票交易撤销退市风险警示后，应当于次一交易日披露相关公告。

公司提交完备的撤销退市风险警示申请材料的，本所在十五个交易日内决定是否撤销退市风险警示。

10.4.15 本所决定撤销退市风险警示的，公司应当披露撤销退市风险警示的公告。公司股票及其衍生品种在公告后停牌一天。

自复牌之日起，本所撤销对公司股票交易的退市风险警示。

10.4.16 本所决定不予撤销退市风险警示的，上市公司应当在收到本所有关书面通知之日作出公告。

10.4.17 上市公司出现下列情形之一的，本所决定终止其股票上市交易：

（一）因第10.4.1条第一项情形被实施退市风险警示之日起的两个月内仍未披露过半数董事保证真实、准确、完整的相关年度报告或者半年度报告；

（二）因第 10.4.1 条第二项情形其股票交易被实施退市风险警示之日起的两个月内仍有半数以上董事无法保证年度报告或者半年度报告真实、准确、完整；

（三）因第 10.4.1 条第三项情形被实施退市风险警示之日起的两个月内仍未披露经改正的财务会计报告；

（四）因第 10.4.1 条第四项情形被实施退市风险警示之日起的两个月内仍未按要求完成改正；

（五）因第 10.4.1 条第五项情形被实施退市风险警示之日起的六个月内仍未解决股本总额或股权分布问题；

（六）因第 10.4.1 条第六项、第七项情形其股票被实施退市风险警示的，公司依法被吊销营业执照、被责令关闭或者被撤销等强制解散条件成就，或者法院裁定公司破产；

（七）虽满足第 10.4.12 条、第 10.4.13 条规定的条件，但未在规定期限内向本所申请撤销退市风险警示；

（八）因不满足第 10.4.12 条、第 10.4.13 条规定的条件，其撤销退市风险警示申请未被审核同意。

10.4.18　上市公司出现第 10.4.17 条情形的，应当在次一交易日披露公司股票可能被终止上市的风险提示公告，本所自公告披露之日起，对公司股票及其衍生品种实施停牌。

10.4.19　本所根据第 10.4.18 条对上市公司股票及其衍生品种实施停牌的，自停牌之日起五个交易日内，向公司发出拟终止其股票上市的事先告知书。公司应当在收到本所终止上市事先告知书后及时披露。

10.4.20　上市公司收到终止上市事先告知书后，可以根据本章第六节的规定申请听证、提出陈述和申辩。

公司未在规定期限内提出听证申请的，本所上市委员会在陈述和申辩提交期限届满后十五个交易日内，就是否终止公司股票上市事宜进行审议，作出独立的专业判断并形成审核意见；公司在规定期限内提出听证申请的，本所上市委员会在听证程序结束后十五个交易日内形成上述审核意见。

本所根据上市委员会的审核意见，作出是否终止公司股票上市的决定。

第五节　重大违法强制退市

10.5.1　本规则所称重大违法强制退市，包括下列情形：

（一）上市公司存在欺诈发行、重大信息披露违法或者其他严重损害证券市场秩序的重大违法行为，其股票应当被终止上市的情形；

（二）上市公司存在涉及国家安全、公共安全、生态安全、生产安全和公众健康安全等领域的违法行为，情节恶劣，严重损害国家利益、社会公共利益，或者严重影响上市地位，其股票应当被终止上市的情形。

10.5.2　上市公司涉及第 10.5.1 条第一项规定的重大违法行为，存在下列情形之一的，本所决定终止其股票上市交易：

（一）公司首次公开发行股票申请或者披露文件存在虚假记载、误导性陈述或者重大遗漏，被中国证监会依据《证券法》第一百八十一条作出行政处罚决定，或者被人民法院依据《刑法》第一百六十条作出有罪裁判且生效；

（二）公司发行股份购买资产并构成重组上市，申请或者披露文件存在虚假记载、误导性陈述或者重大遗漏，被中国证监会依据《证券法》第一百八十一条作出行政处罚决定，或者被人民法院依据《刑法》第一百六十条作出有罪裁判且生效；

（三）根据中国证监会行政处罚决定认定的事实，公司披露的年度报告存在虚假记载、误导性陈述或者重大遗漏，导致公司连续会计年度财务类指标已实际触及本章第三节规定的终止上市标准。

（四）根据中国证监会行政处罚决定认定的事实，公司披露的营业收入连续两年均存在虚假记载，虚假记载的营业收入金额合计达到 5 亿元以上，且超过该两年披露的年度营业收入合计金额的 50%；或者公司披露的净利润连续两年均存在虚假记载，虚假记载的净利润金额合计达到 5 亿元以上，且超过该两年披露的年度净利润合计金额的 50%；或者公司披露的利润总额连续两年均存在虚假记载，虚假记载的利润总额金额合计达到 5 亿元以上，且超过该两年披露的年度利润总额合计金额的 50%；或者公司披露的资产负债表连续两年均存在虚假记载，资产负债表虚假记载金额合计达到 5 亿元以上，且超过该两年披露的年度期末净资产合计金额的 50%。（计算前述合计数时，相关财务数据为负值的，先取其绝对值后再合计计算。）

（五）本所根据公司违法行为的事实、性质、情节及社会影响等因素认定的其他严重损害证券市场秩序的情形。

前款第一项、第二项统称欺诈发行强制退市情形，第三项至第五项统称重大信息披露违法强制退市情形。

10.5.3　上市公司涉及第 10.5.1 条第二项规定的

重大违法行为,存在下列情形之一的,本所决定终止其股票上市交易:

(一)上市公司或其主要子公司被依法吊销营业执照、责令关闭或者被撤销;

(二)上市公司或其主要子公司被依法吊销主营业务生产经营许可证,或者存在丧失继续生产经营法律资格的其他情形;

(三)本所根据上市公司重大违法行为损害国家利益、社会公共利益的严重程度,结合公司承担法律责任类型、对公司生产经营和上市地位的影响程度等情形,认为公司股票应当终止上市的。

10.5.4 依据相关行政机关行政处罚决定、人民法院生效裁判认定的事实,上市公司可能触及本规则第10.5.2条、第10.5.3条规定情形的,应当在知悉相关行政机关向其送达行政处罚事先告知书或者知悉人民法院作出有罪裁判后立即披露相关情况及公司股票交易将被实施退市风险警示的公告。公司股票及其衍生品种于公告后停牌一天。自复牌之日起,本所对公司股票交易实施退市风险警示。

公司因前款情形其股票交易被实施退市风险警示期间,应当每五个交易日披露一次相关事项进展并就公司股票可能被实施重大违法强制退市进行特别风险提示。

10.5.5 依据相关行政机关行政处罚决定、人民法院生效裁判认定的事实,上市公司可能触及本规则第10.5.2条、第10.5.3条规定情形的,应当在收到相关行政机关行政处罚决定书,或者人民法院裁判生效后立即披露相关情况及公司股票可能被终止上市的风险提示公告。公司股票及其衍生品种于公告披露后停牌。

公司未触及本规则第10.5.2条、第10.5.3条规定情形,且不存在其他的退市风险警示情形的,公司股票及其衍生品种于前述公告披露后停牌一天。自复牌之日起,本所撤销对公司股票交易的退市风险警示。

10.5.6 上市公司触及本节规定的重大违法强制退市情形的,本所将在公司披露或者本所向市场公告相关行政机关行政处罚决定书或者人民法院生效裁判后的十五个交易日内,向公司发出拟终止其股票上市的事先告知书。公司应当在收到本所终止上市事先告知书后及时披露。

本所在发出终止上市事先告知书前可以要求公司补充材料,公司应当在本所要求期限内提供有关材料,补充材料期间不计入前款所述十五个交易日。公司未在要求的期限内补充材料的,本所将在期限届满后按照前款规定发出终止上市事先告知书。

本所可以自行或委托相关机构就公司相关情况进行调查核实,调查核实期间不计入前款所述十五个交易日。

10.5.7 上市公司收到终止上市事先告知书后,可以根据本章第六节的规定申请听证、提出陈述和申辩。

公司未在规定期限内提出听证申请的,本所上市委员会在陈述和申辩提交期限届满后十五个交易日内,就是否终止公司股票上市事宜进行审议,作出独立的专业判断并形成审核意见;上市公司在规定期限内提出听证申请的,本所上市委员会在听证程序结束后十五个交易日内形成审核意见。

本所根据上市委员会的审核意见,在五个交易日内作出是否终止公司股票上市的决定。

10.5.8 上市公司因重大违法强制退市情形,其股票被终止上市后,出现下列情形之一的,可以向本所申请撤销对其股票终止上市的决定:

(一)相关行政处罚决定被依法撤销或确认无效,或者因对违法行为性质、违法事实等的认定发生重大变化,被依法变更;

(二)人民法院有罪裁判被依法撤销,且未作出新的有罪裁判。

公司向本所申请撤销对其股票终止上市的,应当在收到相关文件或法律文书后的三十个交易日内向本所提交下列文件:

(一)公司关于撤销对其股票终止上市的申请书;

(二)公司董事会关于申请撤销对公司股票终止上市的决议;

(三)相关行政处罚决定书被依法撤销、确认无效或变更的证明文件,或者人民法院的相关裁判文书;

(四)法律意见书;

(五)本所要求的其他有关材料。

10.5.9 本所自收到上市公司按照第10.5.8条规定提出的撤销申请之日起的十五个交易日内,召开上市委员会会议,审议是否撤销对公司股票作出的终止上市决定,并形成审核意见。在此期间,本所要求公司提供补充材料的,公司应当按要求提供有关材料,公司补充材料期间不计入前述期限。本所可以自行或委托相关机构就公司相关情况进行调查核实,调查核实期间不计入审议期限。

本所根据上市委员会的审核意见,作出是否撤销对公司股票终止上市的决定。

公司股票同时存在其他的风险警示或终止上市情形

的,本所对其实施相应的风险警示或终止上市。

10.5.10 本所同意撤销对公司股票终止上市的,在作出撤销决定之日起两个交易日内通知公司并发布相关公告,同时报中国证监会备案。

10.5.11 在收到本所撤销决定后的二十个交易日内,公司可以向本所提出恢复其股票正常交易的书面申请,并向本所提交下列申请文件:

(一)公司关于恢复其股票正常交易的申请书;

(二)公司董事会关于申请恢复其股票正常交易的决议;

(三)公司股东大会关于申请恢复其股票正常交易的决议;

(四)保荐机构出具的保荐意见;

(五)法律意见书;

(六)公司最近一年又一期经审计财务报告;

(七)公司前十大股东名册和公司持股5%以上股东的营业执照或有关身份证明文件;

(八)公司全部股份在结算公司托管的证明文件;

(九)公司董事、监事及高级管理人员持有本公司股份情况说明;

(十)本所要求的其他材料。

公司股份已经转入全国中小企业股份转让系统等证券交易场所转让或存在其他合理情况的,经本所同意,可以在本所要求的期限内办理完毕其股份的重新确认、登记、托管等相关手续或有关事项后,补充提交相应申请文件。

本所在收到公司完备申请材料后的五个交易日内,作出是否受理的决定并通知公司。公司应当及时对外发布相关公告。

10.5.12 本所在作出恢复公司股票正常交易的决定后两个交易日内通知公司,并报告中国证监会。

公司应当在收到上述决定后及时公告,并按本所要求办理恢复股票正常交易的相关手续。

公司应当在其股票恢复正常交易前与本所重新签订上市协议,明确双方的权利、义务及其他有关事项。

公司控股股东、实际控制人、董事、监事和高级管理人员等应当签署并提交相应声明与承诺,其所持股份在公司股票恢复正常交易时的流通或限售安排,应当按照法律、行政法规、部门规章、规范性文件及本所有关规定执行。

第六节 听证与复核

10.6.1 上市公司可以在收到或者本所公告送达终止上市事先告知书之日(以在先者为准,下同)起五个交易日内,以书面形式向本所提出听证要求,并载明具体事项及理由。有关听证程序和相关事宜,适用本所有关规定。

公司对终止上市有异议的,可以在收到或者本所公告终止上市事先告知书之日起十个交易日内,向本所提交相关书面陈述和申辩,并提供相关文件。

公司未在本条规定期限内提出听证要求、书面陈述或者申辩的,视为放弃相应权利。

公司在本条规定期限内提出听证要求的,由本所上市委员会按照有关规定组织召开听证会。

10.6.2 上市委员会组织召开听证和审议期间,可以要求上市公司和相关中介机构提供补充材料,补充材料期间不计入听证及审议期限,公司和相关中介机构未在本所要求期限内提交补充材料的,本所上市委员会继续进行听证或者审议。

本所可以自行或者委托相关机构就公司有关情况进行调查核实,并将核查结果提交上市委员会审议。调查核实期间不计入审议期限。

10.6.3 上市公司可以在收到或者本所公告送达终止上市决定之日(以在先者为准)起十五个交易日内,以书面形式向本所申请复核。有关复核程序和相关事宜,适用本所有关规定。

公司应当在向本所提出复核申请之日的次一交易日披露有关内容。

10.6.4 本所在收到申请人提交的复核申请文件之日后的五个交易日内,作出是否受理的决定并通知申请人。

申请人应当在收到本所是否受理其复核申请的决定后,及时披露决定的有关内容并提示相关风险。

10.6.5 本所设立上诉复核委员会,对申请人的复核申请进行审议,作出独立的专业判断并形成审核意见。

10.6.6 本所在受理复核申请后三十个交易日内,依据上诉复核委员会的审核意见作出维持或者撤销终止上市的决定。

在此期间,本所要求申请人提供补充材料的,申请人应当在本所规定期限内提供有关材料。申请人提供补充材料期间不计入本所作出有关决定的期限。

本所可以自行或者委托相关机构就公司有关情况进行调查核实,并将核查结果提交复核委员会审议,调查核实期间不计入审议期限。

申请人应当在收到本所的复核决定后,及时披露决定的有关内容。

10.6.7　本所依据上诉复核委员会的审核意见作出撤销终止上市决定的,参照本规则第 10.5.11 条至 10.5.12 条规定的程序办理。

第七节　退市整理期

10.7.1　上市公司股票被本所根据本章第三节至第五节的规定作出终止上市决定后,自公告终止上市决定之日起五个交易日后的次一交易日起复牌并进入退市整理期交易。退市整理期间,上市公司的证券代码不变,股票简称应当变更为"XX 退"。

退市整理股票进入风险警示板交易。

上市公司股票被本所根据本章第二节规定作出终止上市决定的,不进入退市整理期。

10.7.2　退市整理期的交易期限为十五个交易日。公司股票在退市整理期内原则上不停牌,因特殊原因申请全天停牌的,停牌期间不计入退市整理期,但停牌天数累计不得超过五个交易日。

公司未在累计停牌期满前申请复牌的,本所于停牌期满后的次一交易日对公司股票复牌。

10.7.3　上市公司股票进入退市整理期的,公司及相关信息披露义务人仍应当遵守法律法规、本规则及本所有关规定,履行信息披露及相关义务。

10.7.4　退市整理期间,上市公司股东所持有限售条件股份的限售期限连续计算,限售期限届满前相关股份不能流通。

10.7.5　上市公司应当在收到本所终止其股票上市决定后及时披露股票终止上市公告,并同时披露其股票进入退市整理期交易相关情况,相关公告应当包括以下内容:

(一)终止上市股票的种类、证券简称、证券代码以及终止上市决定的主要内容;

(二)公司股票在退市整理期间的证券代码、证券简称及涨跌幅限制;

(三)公司股票在退市整理期间的起始日、交易期限及预计最后交易日期;

(四)退市整理期公司不筹划、不进行重大资产重组等重大事项的声明;

(五)终止上市后公司股票登记、转让、管理等事宜;

(六)终止上市后公司的联系人、联系地址、电话和其他通讯方式;

(七)本所要求披露的其他内容。

10.7.6　上市公司应当于退市整理期的第一天,发布公司股票已被本所作出终止上市决定的风险提示公告,说明公司股票进入退市整理期的起始日和终止日等事项。

退市整理期间,公司应当每五个交易日发布一次股票将被摘牌的风险提示公告,在最后五个交易日内每日发布一次股票将被摘牌的风险提示公告。

10.7.7　上市公司在退市整理期间发布公告时,应当在公告中说明公司股票摘牌时间,并特别提示终止上市风险。

10.7.8　退市整理期间,上市公司董事会应当关注其股票交易、媒体报道和市场传闻,必要时应当及时作出澄清说明。

10.7.9　上市公司股票于退市整理期届满的次一交易日摘牌,公司股票终止上市。

公司股票被本所根据本章第二节的规定作出终止上市决定后,公司股票在十五个交易日内摘牌,公司股票终止上市。

公司应当于股票摘牌当日披露摘牌公告,对公司股票摘牌后进入全国中小企业股份转让系统等证券交易场所转让的具体事宜作出说明,包括进入日期、股份重新确认、登记托管、交易制度等情况。

10.7.10　上市公司应当在本所作出终止其股票上市决定后,立即安排股票转入全国中小企业股份转让系统等证券交易场所转让的相关事宜,保证公司股票在摘牌之日起四十五个交易日内可以转让。

10.7.11　上市公司在股票被摘牌前,应当与符合《证券法》规定的证券公司(以下简称主办券商)签订协议,聘请该机构在公司股票被终止上市后为公司提供股份转让服务,并授权其办理证券交易所市场登记结算系统的股份退出登记、股份重新确认及登记结算等事宜。

公司未聘请主办券商的,本所可以为其指定主办券商,并通知公司和该机构。公司应当在两个交易日内就上述事项发布相关公告(公司不再具备法人资格的情形除外)。

10.7.12　退市整理期间,上市公司不得筹划或者实施重大资产重组等重大事项。

10.7.13　上市公司股票存在可能被强制退市情形,且公司已公告筹划重大资产重组事项的,公司董事会应当审慎评估并决定是否继续推进该重大资产重组事项。不进入退市整理期继续推进重大资产重组的,应当及时召开股东大会,审议继续推进重大资产重组等重大事项且股票不进入退市整理期交易的议案;进入退市整理期不继续推进重大资产重组的,应当及时履行审议程序和披露义务。

公司董事会决定继续推进重大资产重组的,应当在相应股东大会通知中明确:股东大会审议通过该议案的,不再安排退市整理期交易,公司股票自本所公告终止上市决定之日起十五个交易日内予以摘牌,公司股票终止上市;该议案未审议通过的,公司股票自公告终止上市决定之日起五个交易日后的次一交易日复牌并进入退市整理期交易。

公司依据前款规定召开股东大会审议相关议案的,应当经出席会议的股东所持表决权的三分之二以上通过。公司应当对除单独或者合计持有上市公司5%以上股份的股东和上市公司董事、监事、高级管理人员以外的其他股东的投票情况单独统计并披露。

10.7.14 进入破产重整程序或者已经完成破产重整的公司触及强制退市情形的,经人民法院或者其他有权方认定,如公司股票进入退市整理期交易,将导致与破产重整程序或者经人民法院批准的公司重整计划的执行存在冲突等后果的,公司股票可以不进入退市整理期交易。

10.7.15 不进入退市整理期交易的公司应当承诺公司股票如被终止上市,将进入全国中小企业股份转让系统等证券交易场所转让股份。

10.7.16 上市公司股票进入退市整理期交易的,应当在收到本所关于终止其股票上市决定后的两个交易日内,向本所提交以下材料:

(一)公司董事会关于变更证券简称的申请;

(二)公司董事会关于退市整理期间不筹划重大资产重组等事项的承诺函;

(三)退市整理期股票交易的风险提示公告;

(四)本所要求的其他材料。

第八节 主动终止上市

10.8.1 上市公司出现下列情形之一的,可以向本所申请主动终止其股票上市交易:

(一)上市公司股东大会决议主动撤回其股票在本所上市交易,并决定不再在证券交易所交易;

(二)上市公司股东大会决议主动撤回其股票在本所上市交易,并转而申请在其他交易场所交易或转让;

(三)上市公司股东大会决议解散;

(四)上市公司因新设合并或者吸收合并,不再具有独立主体资格并被注销;

(五)上市公司以终止公司股票上市为目的,向所有股东发出回购全部股份或者部分股份的要约,导致公司股本总额、股权分布等发生变化不再符合上市条件;

(六)上市公司股东以终止公司股票上市为目的,向公司所有其他股东发出收购全部股份或者部分股份的要约,导致公司股本总额、股权分布等发生变化不再符合上市条件;

(七)上市公司股东以外的其他收购人以终止公司股票上市为目的,向公司所有股东发出收购全部股份或者部分股份的要约,导致公司股本总额、股权分布等发生变化不再符合上市条件;

(八)中国证监会或本所认可的其他主动终止上市情形。

10.8.2 本规则第10.8.1条第一项、第二项规定的股东大会决议事项,除须经出席会议的全体股东所持有效表决权的三分之二以上通过外,还须经出席会议的除下列股东以外的其他股东所持有效表决权的三分之二以上通过:

(一)上市公司的董事、监事、高级管理人员;

(二)单独或者合计持有上市公司5%以上股份的股东。

10.8.3 上市公司因本规则第10.8.1条第一项至第五项规定情形召开股东大会的,应当及时向本所提交下列文件并公告:

(一)董事会关于申请主动终止上市的决议;

(二)召开股东大会通知;

(三)主动终止上市预案;

(四)财务顾问报告(如适用);

(五)法律意见书(如适用);

(六)法律、行政法规、部门规章、规范性文件、本所及公司章程要求的其他文件。

前款第三项所称"主动终止上市预案",应当包括但不限于:公司终止上市原因、终止上市方式、终止上市后经营发展计划、并购重组安排、股份转让安排、异议股东保护措施,以及公司董事会关于主动终止上市对公司长远发展和全体股东利益的影响分析等相关内容。

第一款第四项、第五项所称"财务顾问报告"和"法律意见书",指财务顾问和律师事务所为主动终止上市提供专业服务,并发表专业意见。上市公司出现第10.8.1条除第三项以外情形的,应当提交财务顾问报告,出现第10.8.1条第四项、第六项至第八情形的,还应当提交法律意见书。

股东大会对主动终止上市事项进行审议后,上市公司应当及时披露股东大会决议公告,说明议案的审议及通过情况。

10.8.4　上市公司根据第10.8.1第一项、第二项规定的情形,申请主动终止上市的,公司应当向本所申请其股票及其衍生品种自股东大会股权登记日的次一交易日起停牌,并在股东大会审议通过主动终止上市决议后及时披露决议情况。公司可以在股东大会决议后的十五个交易日内向本所提交主动终止上市的书面申请。

上市公司因自愿解散、公司合并、回购股份或要约收购等情形根据本规则第10.8.1条第三项至第七项的规定申请其股票终止上市的,应当同时遵守《公司法》《证券法》、中国证监会、本所及公司章程关于上市公司解散、重组、回购、收购等相关规定的要求,履行相应审议程序和披露义务,安排公司股票及其衍生品种的停复牌,及时向本所提交主动终止上市的书面申请。

公司应当在提交申请后,及时披露相关公告。

10.8.5　公司主动终止上市决议未获股东大会审议通过的,应当及时向本所申请其股票及其衍生品种自公司股东大会决议公告当日起复牌。

10.8.6　上市公司出现本规则第10.8.1条第六项、第七项规定情形的,其股票及其衍生品种自公司披露收购结果公告或者其他相关股权变动公告后继续停牌。

10.8.7　上市公司依据本规则第10.8.1条的规定向本所申请其股票终止上市的,应当向本所提交下列文件:

(一)终止上市申请书;
(二)股东大会决议(如适用);
(三)相关终止上市方案;
(四)财务顾问报告;
(五)法律意见书;
(六)本所要求的其他文件。

10.8.8　本所将在收到上市公司提交的终止上市申请文件后五个交易日内作出是否受理的决定并通知公司。

公司应当在收到本所关于是否受理其终止上市申请的决定后,及时披露决定的有关情况并提示其股票可能终止上市的风险。

10.8.9　本所上市委员会对公司股票终止上市的申请进行审议,重点从保护投资者特别是中小投资者权益的角度,在审查上市公司决策程序合规性的基础上,作出独立的专业判断并形成审核意见。

上市公司依据本规则第10.8.1条第一项、第二项的

规定申请其股票终止上市的,本所将在受理公司申请后的十五个交易日内,依据上市委员会意见作出是否同意公司股票终止上市申请的决定。

上市公司因自愿解散、公司合并、回购股份、要约收购等情形依据本规则第10.8.1条第三项至第七项的规定申请其股票终止上市的,除另有规定外,本所将在上市公司披露解散决议公告、合并交易完成公告、回购或者收购结果公告后的十五个交易日内,依据上市委员会意见作出是否同意公司股票终止上市申请的决定。

10.8.10　在本所受理公司申请至作出决定期间,本所要求公司提供补充材料的,公司应当在本所规定期限内提供有关材料。公司提供补充材料的期限累计不得超过三十个交易日。公司补充材料期间不计入本所作出有关决定的期限。

公司未能在本所规定的期限内提供补充材料的,本所将在规定的期限届满后作出是否同意公司股票终止上市申请的决定。

10.8.11　本所在作出同意公司股票终止上市决定后两个交易日内通知公司并发布相关公告,并报中国证监会备案。

10.8.12　因本规则第10.8.1条规定情形其股票被终止上市、且法人主体资格将存续的公司,应当对公司股票终止上市后转让或交易、异议股东保护措施作出具体安排,保护中小投资者的合法权益。

10.8.13　上市公司应当在收到本所关于终止其股票上市决定后及时披露股票终止上市公告。公司股票不进入退市整理期交易。

股票终止上市公告应当包括以下内容:
(一)终止上市股票的种类、简称、证券代码以及终止上市的日期;
(二)终止上市决定的主要内容;
(三)公司股票终止上市后相关安排、异议股东保护措施落实情况等;
(四)终止上市后其股票登记、转让、管理事宜(如适用);
(五)终止上市后公司的联系人、联系地址、电话和其他通讯方式;
(六)中国证监会和本所要求的其他内容。

10.8.14　上市公司主动终止上市的,本所在公司公告股票终止上市决定之日起五个交易日内对其予以摘牌,公司股票终止上市。

第九节　重新上市

10.9.1　上市公司在其股票终止上市后，符合本所规定条件的，可以向本所申请重新上市。

10.9.2　上市公司因触及本规则第10.5.2条第一款第一项、第二项规定的欺诈发行情形，其股票被终止上市的，本所不受理其重新上市申请。

上市公司因触及本规则第10.5.2条第一款第三项至第五项和第10.5.3条规定的重大违法情形，其股票被终止上市的，自其股票进入全国中小企业股份转让系统等证券交易场所转让之日起的五个完整会计年度内，本所不受理其重新上市申请。公司提交重新上市申请的，应当同时符合下列条件：

（一）已全面纠正重大违法行为并符合下列要求：

1. 公司已就重大信息披露违法行为所涉事项披露补充或者更正公告；

2. 对重大违法行为的责任追究已处理完毕；

3. 公司已就重大违法行为所涉事项补充履行相关决策程序；

4. 公司控股股东、实际控制人等相关责任主体对公司因重大违法行为发生的损失已作出补偿；

5. 重大违法行为可能引发的与公司相关的风险因素已消除。

（二）已撤换下列与重大违法行为有关的责任人员：

1. 被人民法院判决有罪的有关人员；

2. 被相关行政机关行政处罚的有关人员；

3. 被相关行政机关依法移送公安机关立案调查的有关人员；

4. 中国证监会、本所认定的与重大违法行为有关的其他责任人员。

（三）已对相关民事赔偿承担做出妥善安排并符合下列要求：

1. 相关赔偿事项已由人民法院作出判决的，该判决已执行完毕；

2. 相关赔偿事项未由人民法院作出判决，但已达成和解的，该和解协议已执行完毕；

3. 相关赔偿事项未由人民法院作出判决，且也未达成和解的，公司及相关责任主体已按预计最高索赔金额计提赔偿基金，并将足额资金划入专项账户，且公司的控股股东和实际控制人已承诺：

若赔偿基金不足赔付，其将予以补足。

（四）不存在本规则规定的终止上市情形。

（五）公司聘请的重新上市保荐机构、律师事务所已对前述四项条件所述情况进行核查验证，并出具专项核查意见，明确认定公司已完全符合前述四项条件。

10.9.3　上市公司股票被强制退市后，公司不配合退市相关工作，或者未按本规则的规定履行相关义务的，本所自其股票进入全国中小企业股份转让系统等证券交易场所转让之日起三十六个月内不受理其重新上市申请。

10.9.4　上市公司主动退市的，可以随时向本所提出重新上市申请。

10.9.5　退市公司申请重新上市，应当按照中国证监会、本所有关规定制作申请文件，依法由保荐机构保荐并向本所申报。

10.9.6　重新上市的具体条件和其他事宜，由本所另行规定。

第十一章　红筹企业和境内外事项的协调

第一节　红筹企业特别规定

11.1.1　红筹企业申请发行股票或者存托凭证并在创业板上市的，适用中国证监会、本所关于发行上市审核注册程序的规定。

11.1.2　红筹企业申请其在境内首次公开发行的股票或者存托凭证上市的，应当根据本所《股票发行上市审核规则》的规定，取得本所出具的同意发行上市审核意见并由中国证监会作出予以注册决定。

红筹企业在境内发行存托凭证并上市的，还应当提交本次发行的存托凭证已经结算公司存管的证明文件、经签署的存托协议、托管协议文本以及托管人出具的存托凭证所对应基础证券的托管凭证等文件。

根据公司注册地公司法等法律法规和公司章程或者章程性文件（以下简称公司章程）的规定，红筹企业无需就本次境内发行上市事宜提交股东大会审议的，其申请上市时可以不提交股东大会决议，但应当提交相关董事会决议。

11.1.3　红筹企业的股权结构、公司治理、运行规范等事项适用境外注册地公司法等法律法规的，其投资者权益保护水平，包括资产收益、参与重大决策、剩余财产分配等权益，总体上应不低于境内法律法规规定的要求，并保障境内存托凭证持有人实际享有的权益与境外基础证券持有人的权益相当。

11.1.4　红筹企业提交的上市申请文件和持续信息披露文件，应当使用中文。

红筹企业和相关信息披露义务人应当按照中国证监

会和本所规定,在符合条件媒体披露上市和持续信息披露文件。

11.1.5 红筹企业应当在境内设立证券事务机构,并聘任信息披露境内代表,负责办理公司股票或者存托凭证上市期间的信息披露和监管联络事宜。信息披露境内代表应当具备境内上市公司董事会秘书的相应任职能力,熟悉境内信息披露规定和要求,并能够熟练使用中文。

红筹企业应当建立与境内投资者、监管机构及本所的有效沟通渠道,按照规定保障境内投资者的合法权益,保持与境内监管机构及本所的畅通联系。

11.1.6 红筹企业具有协议控制架构或者类似特殊安排的,应当充分、详细披露相关情况,特别是风险和公司治理等信息,以及依法落实保护投资者合法权益规定的各项措施。

红筹企业应当在年度报告中披露协议控制架构或者类似特殊安排在报告期内的实施和变化情况,以及该等安排下保护境内投资者合法权益有关措施的实施情况。

前款规定事项出现重大变化或者调整,可能对公司股票、存托凭证交易价格产生较大影响的,公司和相关信息披露义务人应当及时披露。

11.1.7 红筹企业进行本规则规定需提交股东大会审议的重大交易、关联交易等事项,可以按照其已披露的境外注册地公司法等法律法规和公司章程规定的权限和程序执行,法律法规另有规定的除外。

公司按照前款规定将相关事项提交股东大会审议的,应当及时披露。

11.1.8 红筹企业注册地公司法等法律法规或者实践中普遍认同的标准对公司董事会、独立董事职责有不同规定或者安排,导致董事会、独立董事无法按照本所规定履行职责或者发表意见的,红筹企业应当详细说明情况和原因,并聘请律师事务所就上述事项出具法律意见。

11.1.9 红筹企业存托凭证在本所上市的,应当在年度报告及半年度报告中披露存托、托管相关安排在报告期内的实施和变化情况以及报告期末前十名境内存托凭证持有人的名单和持有量。

发生以下情形之一的,应当及时履行信息披露义务:

(一)存托人、托管人发生变化;

(二)存托的基础财产发生被质押、挪用、司法冻结或者其他权属变化;

(三)对存托协议、托管协议作出重大修改;

(四)存托凭证与基础证券的转换比例发生变动;

(五)中国证监会和本所认为需要披露的其他情形。

存托凭证上市后,未经本所同意,红筹企业不得改变存托凭证与基础证券之间的转换比例。

发生本条第一款第一项、第二项规定的情形,或者托管协议发生重大修订的,存托人应当及时告知红筹企业,公司应当及时进行披露。

11.1.10 红筹企业、存托人应当合理安排存托凭证持有人权利行使的时间和方式,保障其有足够时间和便利条件行使相应权利,并根据存托协议的约定及时披露存托凭证持有人权利行使的时间、方式、具体要求和权利行使结果。

红筹企业、存托人通过本所股东大会网络投票系统征集存托凭证持有人投票意愿的,具体业务流程参照本所《上市公司股东大会网络投票实施细则》办理,并由公司、存托人按照存托协议的约定向市场公告。

11.1.11 红筹企业和相关信息披露义务人适用本规则相关信息披露要求和持续监管规定,可能导致其难以符合公司注册地、境外上市地有关规定及市场实践中普遍认同的标准的,可以向本所申请调整适用,但应当说明原因和替代方案,并聘请律师事务所出具法律意见。本所认为依法不应调整适用的,红筹企业和相关信息披露义务人应当执行本规则相关规定。

第二节 境内外事项的协调

11.2.1 上市公司及相关信息披露义务人应当保证境外证券交易所要求其披露的信息,同时在符合条件媒体按照本规则和本所其他相关规定的要求披露。

公司及相关信息披露义务人在境外市场进行信息披露时,不属于本所市场信息披露时段的,应当在本所市场最近一个信息披露时段内予以披露。

11.2.2 上市公司就同一事件向境外证券交易所提供的报告和公告,应当与向本所提供的内容一致。出现重大差异时,公司应当向本所说明,并按照本所要求披露更正或者补充公告。

11.2.3 上市公司股票及其衍生品种在境外上市地被要求停牌或者被暂停上市、终止上市的,应当及时通知本所并进行披露,本所视情况予以处理。

为保证信息披露的及时、公平,本所可以根据公司申请或者实际情况,决定公司境内股票或者存托凭证的停牌与复牌事宜。

11.2.4 本节未尽事宜,适用法律、行政法规、部门规章、规范性文件、本所其他相关规定以及本所与其他证券交易所签署的监管合作备忘录的规定。

第十二章 日常监管和违规处理

12.1 本所对本规则第1.4条规定的监管对象实施日常监管，具体措施包括：

（一）要求作出解释和说明；

（二）要求提供相关备查文件或者材料；

（三）要求聘请保荐机构、相关证券服务机构进行核查并发表意见；

（四）约见有关人员；

（五）调阅、查看工作底稿、证券业务活动记录及相关资料；

（六）发出规范运作建议书；

（七）向中国证监会报告有关情况；

（八）向有关单位通报相关情况；

（九）其他措施。

12.2 本所根据本规则及本所其他相关规定和监管需要，可对上市公司及相关主体进行现场检查，相关主体应当积极配合。

前款所述现场检查，指本所在上市公司及相关主体的生产、经营、管理场所以及其他相关场所，采取查阅、复制文件和资料、查看实物、谈话及询问等方式，对上市公司及相关主体的信息披露、公司治理等规范运作情况进行监督检查的行为。

12.3 本规则第1.4条规定的监管对象违反本规则、本所其他相关规定或者其所作出的承诺的，本所可对其实施以下自律监管措施：

（一）口头警示；

（二）书面警示；

（三）约见谈话；

（四）要求限期改正；

（五）要求公开更正、澄清或说明；

（六）要求公开致歉；

（七）要求限期召开投资者说明会；

（八）要求上市公司董事会追偿损失；

（九）对未按要求改正的上市公司股票及其衍生品种实施停牌；

（十）建议更换相关任职人员；

（十一）暂停适用信息披露直通车业务；

（十二）限制交易；

（十三）向相关主管部门出具监管建议函；

（十四）其他自律监管措施。

12.4 发行人、上市公司、相关信息披露义务人及相关人员违反本规则、本所其他相关规定或者其所作出的承诺的，本所视情节轻重给予以下处分：

（一）通报批评；

（二）公开谴责。

12.5 上市公司控股股东、实际控制人违反本规则、本所其他相关规定或者其所作出的承诺的，本所视情节轻重给予以下处分：

（一）通报批评；

（二）公开谴责；

（三）公开认定其不适合担任上市公司董事、监事、高级管理人员。

以上第二项、第三项处分可以并处。

12.6 上市公司董事、监事、高级管理人员违反本规则、本所其他相关规定或者其所作出的承诺的，本所视情节轻重给予以下处分：

（一）通报批评；

（二）公开谴责；

（三）公开认定其不适合担任上市公司董事、监事、高级管理人员、董事会秘书。

以上第二项、第三项处分可以并处。

12.7 保荐机构及其保荐代表人、证券服务机构及其相关人员出具的相关文件存在虚假记载、误导性陈述或者重大遗漏，或者存在违反本规则、本所其他相关规定或者其所作出的承诺的其他情形的，本所视情节轻重给予以下处分：

（一）通报批评；

（二）公开谴责；

（三）暂不受理其出具的相关文件。

以上第一项、第二项可以与第三项并处。

12.8 破产管理人或者管理人成员违反本规则或者本所其他相关规定的，本所视情节轻重给予以下处分：

（一）通报批评；

（二）公开谴责；

（三）建议法院更换管理人或者管理人成员。

以上第二项、第三项处分可以并处。

12.9 发行人、上市公司、相关信息披露义务人和其他责任人违反本规则、与本所签订的协议或者向本所作出的承诺的，本所可以视情节轻重采取向其收取惩罚性违约金的纪律处分。

收取惩罚性违约金的具体事宜，由本所另行规定。

12.10 本所设立纪律处分委员会对涉及本规则第1.4条规定的监管对象的纪律处分事项进行审核，作出独立的专业判断并形成审核意见。

本所根据纪律处分委员会的审核意见,作出是否给予纪律处分的决定。

12.11 相关纪律处分决定作出前,当事人可以按照本所有关业务规则规定的受理范围和程序申请听证。

当事人对本所作出的相关纪律处分决定不服的,可以按照本所有关业务规则规定的受理范围和程序申请复核。

12.12 监管对象被本所实施自律监管措施或者纪律处分,本所要求其自查整改的,监管对象应当及时报送并按要求披露相关自查整改报告。

第十三章 释 义

13.1 本规则下列用语具有以下含义:

(一)披露:指上市公司或者相关信息披露义务人按法律、行政法规、部门规章、规范性文件、本规则和本所其他相关规定在符合条件媒体上公告信息。

(二)及时:指自起算日起或者触及本规则披露时点的两个交易日内。

(三)相关信息披露义务人:包括发行人、上市公司及其董事、监事、高级管理人员、股东或存托凭证持有人、实际控制人、收购人、重大资产重组有关各方等自然人、机构及其相关人员、破产管理人及其成员等。

(四)独立董事:指不在上市公司担任除董事外的其他职务,并与其所受聘的上市公司及其主要股东、实际控制人不存在直接或者间接利害关系,或者其他可能影响其进行独立客观判断关系的董事。

(五)高级管理人员:指公司经理、副经理、董事会秘书、财务负责人及公司章程规定的其他人员。

(六)控股股东:指其持有的股份占公司股本总额50%以上的股东;或者持有股份的比例虽然不足50%,但依其持有的股份所享有的表决权已足以对股东大会的决议产生重大影响的股东。

(七)实际控制人:指通过投资关系、协议或者其他安排,能够实际支配公司行为的人。

(八)控制:指有权决定一个企业的财务和经营政策,并能据以从该企业的经营活动中获取利益。有下列情形之一的,为拥有上市公司控制权:

1. 为上市公司持股50%以上的控股股东;
2. 可以实际支配上市公司股份表决权超过30%;
3. 通过实际支配上市公司股份表决权能够决定公司董事会半数以上成员选任;
4. 依其可实际支配的上市公司股份表决权足以对公司股东大会的决议产生重大影响;

5. 中国证监会或者本所认定的其他情形。

(九)上市公司控股子公司:指上市公司持有其50%以上股份,或者能够决定其董事会半数以上成员组成,或者通过协议或者其他安排能够实际控制的公司。

(十)承诺:指上市公司及相关信息披露义务人在招股说明书、配股说明书、募集说明书、定期报告、临时报告、整改报告或者承诺函等文件中就重要事项所作出的保证和提出的相关解决措施。

(十一)净资产:指归属于公司普通股股东的期末净资产,不包括少数股东权益金额。

(十二)净利润:指归属于公司普通股股东的净利润,不包括少数股东损益金额。

(十三)利润总额:指上市公司利润表列报的利润总额;上市公司编制合并财务报表的为合并利润表列报的利润总额。

(十四)营业收入:指上市公司利润表列报的营业收入;上市公司编制合并财务报表的为合并利润表列报的营业总收入。

(十五)每股收益:指根据中国证监会有关规定计算的基本每股收益。

(十六)净资产收益率:指根据中国证监会有关规定计算的净资产收益率。

(十七)证券服务机构:指为证券发行、上市、交易等证券业务活动制作、出具审计报告、资产评估报告、法律意见书、财务顾问报告、资信评级报告等文件的会计师事务所、资产评估机构、律师事务所、财务顾问机构、资信评级机构、投资咨询机构。

(十八)上市时未盈利:指公司上市前一个会计年度经审计扣除非经常性损益前后净利润孰低者为负。

(十九)实现盈利:指上市时未盈利的企业上市后首次在一个完整会计年度实现盈利。

(二十)红筹企业:指注册地在境外,主要经营活动在境内的企业。

(二十一)协议控制架构:指红筹企业通过协议方式实际控制境内实体运营企业的一种投资结构。

(二十二)表决权差异安排:是指发行人依照《公司法》第一百三十一条的规定,在一般规定的普通股份之外,发行拥有特别表决权的股份。每一特别表决权股份拥有的表决权数量大于每一普通股份拥有的表决权数量,其他股东权利与普通股份相同。

(二十三)破产程序:指《企业破产法》所规范的重整、和解或者破产清算程序。

(二十四)管理人管理运作模式：指经法院裁定由管理人负责管理上市公司财产和营业事务的运作模式。

(二十五)管理人监督运作模式：指经法院裁定由公司在管理人的监督下自行管理财产和营业事务的运作模式。

(二十六)股权分布不符合上市条件：指社会公众持有的公司股份连续二十个交易日低于公司股份总数的25%；公司股本总额超过4亿元的，社会公众持股的比例连续二十个交易日低于公司股份总数的10%。

上述社会公众是指除了以下股东之外的上市公司其他股东：

1. 持有上市公司10%以上股份的股东及其一致行动人；

2. 上市公司的董事、监事、高级管理人员及其关系密切的家庭成员（具体范围参见本规则第7.2.5条第四项的规定），上市公司董事、监事、高级管理人员直接或者间接控制的法人或者其他组织。

(二十七)追溯重述：指因财务会计报告存在重大会计差错或者虚假记载，公司主动改正或者被中国证监会责令改正后，对此前披露的年度财务会计报告进行的调整。

(二十八)非标准审计意见：指注册会计师对财务报表发表的非无保留意见或带有解释性说明的无保留意见。前述非无保留意见，是指注册会计师对财务报表发表的保留意见、否定意见或无法表示意见。前述带有解释性说明的无保留意见，是指对财务报表发表的带有强调事项段、持续经营重大不确定性段落的无保留意见或者其他信息段落中包含其他信息未更正重大错报说明的无保留意见。

(二十九)一致行动人：指《上市公司收购管理办法》规定的一致行动人。

13.2 本规则未定义的用语的含义，依照国家有关法律、行政法规、部门规章、规范性文件及本所有关业务规则、细则、指引和通知确定。

13.3 本规则所称"以上""以内""以下"都含本数，"超过""少于""低于"不含本数。

13.4 本规则所称"元"，如无特指，均指人民币元。

第十四章 附 则

14.1 本规则的制定和修改经本所理事会审议通过，并报中国证监会批准。

14.2 本规则由本所负责解释。

14.3 红筹企业存托凭证的上市、交易等各项费用，参照本所创业板A股相关标准收取。

14.4 本规则自2023年9月4日起施行。本所2023年2月17日发布的《深圳证券交易所创业板股票上市规则（2023年修订）》（深证上〔2023〕93号）同时废止。本所此前发布的其他业务规则中有关独立董事的规定与本规则不一致的，以本规则为准。

自本规则施行之日起的一年为过渡期。过渡期内，上市公司董事会及其专门委员会的设置、独立董事专门会议机制等事项与本规则不一致的，应当逐步调整至符合本规则的规定。

(三)破产法

中华人民共和国企业破产法

- 2006年8月27日第十届全国人民代表大会常务委员会第二十三次会议通过
- 2006年8月27日中华人民共和国主席令第54号公布
- 2007年6月1日起施行

第一章 总 则

第一条 【立法宗旨】为规范企业破产程序，公平清理债权债务，保护债权人和债务人的合法权益，维护社会主义市场经济秩序，制定本法。

第二条 【清理债务与重整】企业法人不能清偿到期债务，并且资产不足以清偿全部债务或者明显缺乏清偿能力的，依照本法规定清理债务。

企业法人有前款规定情形，或者有明显丧失清偿能力可能的，可以依照本法规定进行重整。

第三条 【破产案件的管辖】破产案件由债务人住所地人民法院管辖。

第四条 【程序的法律适用】破产案件审理程序，本法没有规定的，适用民事诉讼法的有关规定。

第五条 【破产程序的效力】依照本法开始的破产程序，对债务人在中华人民共和国领域外的财产发生效力。

对外国法院作出的发生法律效力的破产案件的判决、裁定，涉及债务人在中华人民共和国领域内的财产，申请或者请求人民法院承认和执行的，人民法院依照中华人民共和国缔结或者参加的国际条约，或者按照互惠原则进行审查，认为不违反中华人民共和国法律的基本原则，不损害国家主权、安全和社会公共利益，不损害中华人民共和国领域内债权人的合法权益的，裁定承认和执行。

第六条 【企业职工权益的保障与企业经营管理人员法律责任的追究】人民法院审理破产案件,应当依法保障企业职工的合法权益,依法追究破产企业经营管理人员的法律责任。

第二章 申请和受理
第一节 申 请

第七条 【申请主体】债务人有本法第二条规定的情形,可以向人民法院提出重整、和解或者破产清算申请。

债务人不能清偿到期债务,债权人可以向人民法院提出对债务人进行重整或者破产清算的申请。

企业法人已解散但未清算或者未清算完毕,资产不足以清偿债务的,依法负有清算责任的人应当向人民法院申请破产清算。

第八条 【破产申请书与证据】向人民法院提出破产申请,应当提交破产申请书和有关证据。

破产申请书应当载明下列事项:
(一)申请人、被申请人的基本情况;
(二)申请目的;
(三)申请的事实和理由;
(四)人民法院认为应当载明的其他事项。

债务人提出申请的,还应当向人民法院提交财产状况说明、债务清册、债权清册、有关财务会计报告、职工安置预案以及职工工资的支付和社会保险费用的缴纳情况。

第九条 【破产申请的撤回】人民法院受理破产申请前,申请人可以请求撤回申请。

第二节 受 理

第十条 【破产申请的受理】债权人提出破产申请的,人民法院应当自收到申请之日起五日内通知债务人。债务人对申请有异议的,应当自收到人民法院的通知之日起七日内向人民法院提出。人民法院应当自异议期满之日起十日内裁定是否受理。

除前款规定的情形外,人民法院应当自收到破产申请之日起十五日内裁定是否受理。

有特殊情况需要延长前两款规定的裁定受理期限的,经上一级人民法院批准,可以延长十五日。

第十一条 【裁定受理与债务人提交材料】人民法院受理破产申请的,应当自裁定作出之日起五日内送达申请人。

债权人提出申请的,人民法院应当自裁定作出之日起五日内送达债务人。债务人应当自裁定送达之日起十五日内,向人民法院提交财产状况说明、债务清册、债权清册、有关财务会计报告以及职工工资的支付和社会保险费用的缴纳情况。

第十二条 【裁定不受理与驳回申请】人民法院裁定不受理破产申请的,应当自裁定作出之日起五日内送达申请人并说明理由。申请人对裁定不服的,可以自裁定送达之日起十日内向上一级人民法院提起上诉。

人民法院受理破产申请后至破产宣告前,经审查发现债务人不符合本法第二条规定情形的,可以裁定驳回申请。申请人对裁定不服的,可以自裁定送达之日起十日内向上一级人民法院提起上诉。

第十三条 【指定管理人】人民法院裁定受理破产申请的,应当同时指定管理人。

第十四条 【通知债权人与公告】人民法院应当自裁定受理破产申请之日起二十五日内通知已知债权人,并予以公告。

通知和公告应当载明下列事项:
(一)申请人、被申请人的名称或者姓名;
(二)人民法院受理破产申请的时间;
(三)申报债权的期限、地点和注意事项;
(四)管理人的名称或者姓名及其处理事务的地址;
(五)债务人的债务人或者财产持有人应当向管理人清偿债务或者交付财产的要求;
(六)第一次债权人会议召开的时间和地点;
(七)人民法院认为应当通知和公告的其他事项。

第十五条 【债务人的有关人员的义务】自人民法院受理破产申请的裁定送达债务人之日起至破产程序终结之日,债务人的有关人员承担下列义务:
(一)妥善保管其占有和管理的财产、印章和账簿、文书等资料;
(二)根据人民法院、管理人的要求进行工作,并如实回答询问;
(三)列席债权人会议并如实回答债权人的询问;
(四)未经人民法院许可,不得离开住所地;
(五)不得新任其他企业的董事、监事、高级管理人员。

前款所称有关人员,是指企业的法定代表人;经人民法院决定,可以包括企业的财务管理人员和其他经营管理人员。

第十六条 【债务人个别清偿的无效】人民法院受理破产申请后,债务人对个别债权人的债务清偿无效。

第十七条 【债务人的债务人或者财产持有人的义务】人民法院受理破产申请后,债务人的债务人或者财产持有人应当向管理人清偿债务或者交付财产。

债务人的债务人或者财产持有人故意违反前款规定向债务人清偿债务或者交付财产,使债权人受到损失的,不免除其清偿债务或者交付财产的义务。

第十八条 【破产申请受理前成立的合同的继续履行与解除】人民法院受理破产申请后,管理人对破产申请受理前成立而债务人和对方当事人均未履行完毕的合同有权决定解除或者继续履行,并通知对方当事人。管理人自破产申请受理之日起二个月内未通知对方当事人,或者自收到对方当事人催告之日起三十日内未答复的,视为解除合同。

管理人决定继续履行合同的,对方当事人应当履行;但是,对方当事人有权要求管理人提供担保。管理人不提供担保的,视为解除合同。

第十九条 【保全措施解除与执行程序中止】人民法院受理破产申请后,有关债务人财产的保全措施应当解除,执行程序应当中止。

第二十条 【民事诉讼或仲裁的中止与继续】人民法院受理破产申请后,已经开始而尚未终结的有关债务人的民事诉讼或者仲裁应当中止;在管理人接管债务人的财产后,该诉讼或者仲裁继续进行。

第二十一条 【债务人的民事诉讼的管辖】人民法院受理破产申请后,有关债务人的民事诉讼,只能向受理破产申请的人民法院提起。

第三章 管理人

第二十二条 【管理人的指定与更换】管理人由人民法院指定。

债权人会议认为管理人不能依法、公正执行职务或者有其他不能胜任职务情形的,可以申请人民法院予以更换。

指定管理人和确定管理人报酬的办法,由最高人民法院规定。

第二十三条 【管理人的义务】管理人依照本法规定执行职务,向人民法院报告工作,并接受债权人会议和债权人委员会的监督。

管理人应当列席债权人会议,向债权人会议报告职务执行情况,并回答询问。

第二十四条 【管理人的资格】管理人可以由有关部门、机构的人员组成的清算组或者依法设立的律师事务所、会计师事务所、破产清算事务所等社会中介机构担任。

人民法院根据债务人的实际情况,可以在征询有关社会中介机构的意见后,指定该机构具备相关专业知识并取得执业资格的人员担任管理人。

有下列情形之一的,不得担任管理人:
(一)因故意犯罪受过刑事处罚;
(二)曾被吊销相关专业执业证书;
(三)与本案有利害关系;
(四)人民法院认为不宜担任管理人的其他情形。

个人担任管理人的,应当参加执业责任保险。

第二十五条 【管理人的职责】管理人履行下列职责:
(一)接管债务人的财产、印章和账簿、文书等资料;
(二)调查债务人财产状况,制作财产状况报告;
(三)决定债务人的内部管理事务;
(四)决定债务人的日常开支和其他必要开支;
(五)在第一次债权人会议召开之前,决定继续或者停止债务人的营业;
(六)管理和处分债务人的财产;
(七)代表债务人参加诉讼、仲裁或者其他法律程序;
(八)提议召开债权人会议;
(九)人民法院认为管理人应当履行的其他职责。

本法对管理人的职责另有规定的,适用其规定。

第二十六条 【第一次债权人会议前管理人行为的许可】在第一次债权人会议召开之前,管理人决定继续或者停止债务人的营业或者有本法第六十九条规定行为之一的,应当经人民法院许可。

第二十七条 【管理人的忠实义务】管理人应当勤勉尽责,忠实执行职务。

第二十八条 【管理人聘任工作人员与管理人的报酬】管理人经人民法院许可,可以聘用必要的工作人员。

管理人的报酬由人民法院确定。债权人会议对管理人的报酬有异议的,有权向人民法院提出。

第二十九条 【管理人的辞职】管理人没有正当理由不得辞去职务。管理人辞去职务应当经人民法院许可。

第四章 债务人财产

第三十条 【债务人财产】破产申请受理时属于债务人的全部财产,以及破产申请受理后至破产程序终结前债务人取得的财产,为债务人财产。

第三十一条 【受理破产申请前一年内行为的撤销】人民法院受理破产申请前一年内,涉及债务人财产的

下列行为,管理人有权请求人民法院予以撤销:

(一)无偿转让财产的;

(二)以明显不合理的价格进行交易的;

(三)对没有财产担保的债务提供财产担保的;

(四)对未到期的债务提前清偿的;

(五)放弃债权的。

第三十二条　【受理破产申请前六个月内行为的撤销】人民法院受理破产申请前六个月内,债务人有本法第二条第一款规定的情形,仍对个别债权人进行清偿的,管理人有权请求人民法院予以撤销。但是,个别清偿使债务人财产受益的除外。

第三十三条　【无效行为】涉及债务人财产的下列行为无效:

(一)为逃避债务而隐匿、转移财产的;

(二)虚构债务或者承认不真实的债务的。

第三十四条　【追回因被撤销或无效行为取得的债务人的财产】因本法第三十一条、第三十二条或者第三十三条规定的行为而取得的债务人的财产,管理人有权追回。

第三十五条　【债务人的出资人缴纳出资】人民法院受理破产申请后,债务人的出资人尚未完全履行出资义务的,管理人应当要求该出资人缴纳所认缴的出资,而不受出资期限的限制。

第三十六条　【管理人员非正常收入和财产的追回】债务人的董事、监事和高级管理人员利用职权从企业获取的非正常收入和侵占的企业财产,管理人应当追回。

第三十七条　【管理人取回质物、留置物】人民法院受理破产申请后,管理人可以通过清偿债务或者提供为债权人接受的担保,取回质物、留置物。

前款规定的债务清偿或者替代担保,在质物或者留置物的价值低于被担保的债权额时,以该质物或者留置物当时的市场价值为限。

第三十八条　【权利人财产的取回】人民法院受理破产申请后,债务人占有的不属于债务人的财产,该财产的权利人可以通过管理人取回。但是,本法另有规定的除外。

第三十九条　【在途运输标的物的取回与交付】人民法院受理破产申请时,出卖人已将买卖标的物向作为买受人的债务人发运,债务人尚未收到且未付清全部价款的,出卖人可以取回在运途中的标的物。但是,管理人可以支付全部价款,请求出卖人交付标的物。

第四十条　【抵销权】债权人在破产申请受理前对债务人负有债务的,可以向管理人主张抵销。但是,有下列情形之一的,不得抵销:

(一)债务人的债务人在破产申请受理后取得他人对债务人的债权的;

(二)债权人已知债务人有不能清偿到期债务或者破产申请的事实,对债务人负担债务的;但是,债权人因为法律规定或者有破产申请一年前所发生的原因而负担债务的除外;

(三)债务人的债务人已知债务人有不能清偿到期债务或者破产申请的事实,对债务人取得债权的;但是,债务人的债务人因为法律规定或者有破产申请一年前所发生的原因而取得债权的除外。

第五章　破产费用和共益债务

第四十一条　【破产费用】人民法院受理破产申请后发生的下列费用,为破产费用:

(一)破产案件的诉讼费用;

(二)管理、变价和分配债务人财产的费用;

(三)管理人执行职务的费用、报酬和聘用工作人员的费用。

第四十二条　【共益债务】人民法院受理破产申请后发生的下列债务,为共益债务:

(一)因管理人或者债务人请求对方当事人履行双方均未履行完毕的合同所产生的债务;

(二)债务人财产受无因管理所产生的债务;

(三)因债务人不当得利所产生的债务;

(四)为债务人继续营业而应支付的劳动报酬和社会保险费用以及由此产生的其他债务;

(五)管理人或者相关人员执行职务致人损害所产生的债务;

(六)债务人财产致人损害所产生的债务。

第四十三条　【破产费用和共益债务的清偿】破产费用和共益债务由债务人财产随时清偿。

债务人财产不足以清偿所有破产费用和共益债务的,先行清偿破产费用。

债务人财产不足以清偿所有破产费用或者共益债务的,按照比例清偿。

债务人财产不足以清偿破产费用的,管理人应当提请人民法院终结破产程序。人民法院应当自收到请求之日起十五日内裁定终结破产程序,并予以公告。

第六章　债权申报

第四十四条　【债权人依法定程序行使权利】人民法院受理破产申请时对债务人享有债权的债权人,依照本法规定的程序行使权利。

第四十五条 【债权申报期限】人民法院受理破产申请后,应当确定债权人申报债权的期限。债权申报期限自人民法院发布受理破产申请公告之日起计算,最短不得少于三十日,最长不得超过三个月。

第四十六条 【未到期的债权与附利息的债权的算定】未到期的债权,在破产申请受理时视为到期。

附利息的债权自破产申请受理时起停止计息。

第四十七条 【附条件、附期限债权与未决债权的申报】附条件、附期限的债权和诉讼、仲裁未决的债权,债权人可以申报。

第四十八条 【申报债权的公示与异议】债权人应当在人民法院确定的债权申报期限内向管理人申报债权。

债务人所欠职工的工资和医疗、伤残补助、抚恤费用,所欠的应当划入职工个人账户的基本养老保险、基本医疗保险费用,以及法律、行政法规规定应当支付给职工的补偿金,不必申报,由管理人调查后列出清单并予以公示。职工对清单记载有异议的,可以要求管理人更正;管理人不予更正的,职工可以向人民法院提起诉讼。

第四十九条 【申报债权的书面说明】债权人申报债权时,应当书面说明债权的数额和有无财产担保,并提交有关证据。申报的债权是连带债权的,应当说明。

第五十条 【连带债权人申报债权】连带债权人可以由其中一人代表全体连带债权人申报债权,也可以共同申报债权。

第五十一条 【连带债务人申报债权】债务人的保证人或者其他连带债务人已经代替债务人清偿债务的,以其对债务人的求偿权申报债权。

债务人的保证人或者其他连带债务人尚未代替债务人清偿债务的,以其对债务人的将来求偿权申报债权。但是,债权人已经向管理人申报全部债权的除外。

第五十二条 【连带债务人的债权人申报债权】连带债务人数人被裁定适用本法规定的程序的,其债权人有权就全部债权分别在各破产案件中申报债权。

第五十三条 【解除合同后对方当事人申报债权】管理人或者债务人依照本法规定解除合同的,对方当事人以因合同解除所产生的损害赔偿请求权申报债权。

第五十四条 【受托人申报债权】债务人是委托合同的委托人,被裁定适用本法规定的程序,受托人不知该事实,继续处理委托事务,受托人以由此产生的请求权申报债权。

第五十五条 【票据付款人申报债权】债务人是票据的出票人,被裁定适用本法规定的程序,该票据的付款人继续付款或者承兑的,付款人以由此产生的请求权申报债权。

第五十六条 【补充申报债权】在人民法院确定的债权申报期限内,债权人未申报债权的,可以在破产财产最后分配前补充申报;但是,此前已进行的分配,不再对其补充分配。为审查和确认补充申报债权的费用,由补充申报人承担。

债权人未依照本法规定申报债权的,不得依照本法规定的程序行使权利。

第五十七条 【债权表】管理人收到债权申报材料后,应当登记造册,对申报的债权进行审查,并编制债权表。

债权表和债权申报材料由管理人保存,供利害关系人查阅。

第五十八条 【债权表的核查、确认与异议】依照本法第五十七条规定编制的债权表,应当提交第一次债权人会议核查。

债务人、债权人对债权表记载的债权无异议的,由人民法院裁定确认。

债务人、债权人对债权表记载的债权有异议的,可以向受理破产申请的人民法院提起诉讼。

第七章 债权人会议

第一节 一般规定

第五十九条 【债权人会议的组成】依法申报债权的债权人为债权人会议的成员,有权参加债权人会议,享有表决权。

债权尚未确定的债权人,除人民法院能够为其行使表决权而临时确定债权额的外,不得行使表决权。

对债务人的特定财产享有担保权的债权人,未放弃优先受偿权利的,对于本法第六十一条第一款第七项、第十项规定的事项不享有表决权。

债权人可以委托代理人出席债权人会议,行使表决权。代理人出席债权人会议,应当向人民法院或者债权人会议主席提交债权人的授权委托书。

债权人会议应当有债务人的职工和工会的代表参加,对有关事项发表意见。

第六十条 【债权人会议主席】债权人会议设主席一人,由人民法院从有表决权的债权人中指定。

债权人会议主席主持债权人会议。

第六十一条 【债权人会议的职权】债权人会议行使下列职权：

（一）核查债权；

（二）申请人民法院更换管理人，审查管理人的费用和报酬；

（三）监督管理人；

（四）选任和更换债权人委员会成员；

（五）决定继续或者停止债务人的营业；

（六）通过重整计划；

（七）通过和解协议；

（八）通过债务人财产的管理方案；

（九）通过破产财产的变价方案；

（十）通过破产财产的分配方案；

（十一）人民法院认为应当由债权人会议行使的其他职权。

债权人会议应当对所议事项的决议作成会议记录。

第六十二条 【债权人会议的召开】第一次债权人会议由人民法院召集，自债权申报期限届满之日起十五日内召开。

以后的债权人会议，在人民法院认为必要时，或者管理人、债权人委员会、占债权总额四分之一以上的债权人向债权人会议主席提议时召开。

第六十三条 【通知债权人】召开债权人会议，管理人应当提前十五日通知已知的债权人。

第六十四条 【债权人会议的决议】债权人会议的决议，由出席会议的有表决权的债权人过半数通过，并且其所代表的债权额占无财产担保债权总额的二分之一以上。但是，本法另有规定的除外。

债权人认为债权人会议的决议违反法律规定，损害其利益的，可以自债权人会议作出决议之日起十五日内，请求人民法院裁定撤销该决议，责令债权人会议依法重新作出决议。

债权人会议的决议，对于全体债权人均有约束力。

第六十五条 【法院裁定事项】本法第六十一条第一款第八项、第九项所列事项，经债权人会议表决未通过的，由人民法院裁定。

本法第六十一条第一款第十项所列事项，经债权人会议二次表决仍未通过的，由人民法院裁定。

对前两款规定的裁定，人民法院可以在债权人会议上宣布或者另行通知债权人。

第六十六条 【债权人申请复议】债权人对人民法院依照本法第六十五条第一款作出的裁定不服的，债权额占无财产担保债权总额二分之一以上的债权人对人民法院依照本法第六十五条第二款作出的裁定不服的，可以自裁定宣布之日或者收到通知之日起十五日内向该人民法院申请复议。复议期间不停止裁定的执行。

第二节　债权人委员会

第六十七条 【债权人委员会的组成】债权人会议可以决定设立债权人委员会。债权人委员会由债权人会议选任的债权人代表和一名债务人的职工代表或者工会代表组成。债权人委员会成员不得超过九人。

债权人委员会成员应当经人民法院书面决定认可。

第六十八条 【债权人委员会的职权】债权人委员会行使下列职权：

（一）监督债务人财产的管理和处分；

（二）监督破产财产分配；

（三）提议召开债权人会议；

（四）债权人会议委托的其他职权。

债权人委员会执行职务时，有权要求管理人、债务人的有关人员对其职权范围内的事务作出说明或者提供有关文件。

管理人、债务人的有关人员违反本法规定拒绝接受监督的，债权人委员会有权就监督事项请求人民法院作出决定；人民法院应当在五日内作出决定。

第六十九条 【管理人行为的告知】管理人实施下列行为，应当及时报告债权人委员会：

（一）涉及土地、房屋等不动产权益的转让；

（二）探矿权、采矿权、知识产权等财产权的转让；

（三）全部库存或者营业的转让；

（四）借款；

（五）设定财产担保；

（六）债权和有价证券的转让；

（七）履行债务人和对方当事人均未履行完毕的合同；

（八）放弃权利；

（九）担保物的取回；

（十）对债权人利益有重大影响的其他财产处分行为。

未设立债权人委员会的，管理人实施前款规定的行为应当及时报告人民法院。

第八章　重　整

第一节　重整申请和重整期间

第七十条 【重整申请】债务人或者债权人可以依照本法规定，直接向人民法院申请对债务人进行重整。

债权人申请对债务人进行破产清算的，在人民法院受理破产申请后、宣告债务人破产前,债务人或者出资额占债务人注册资本十分之一以上的出资人,可以向人民法院申请重整。

第七十一条　【裁定重整与公告】人民法院经审查认为重整申请符合本法规定的,应当裁定债务人重整,并予以公告。

第七十二条　【重整期间】自人民法院裁定债务人重整之日起至重整程序终止,为重整期间。

第七十三条　【债务人自行管理与营业】在重整期间,经债务人申请,人民法院批准,债务人可以在管理人的监督下自行管理财产和营业事务。

有前款规定情形的,依照本法规定已接管债务人财产和营业事务的管理人应当向债务人移交财产和营业事务,本法规定的管理人的职权由债务人行使。

第七十四条　【管理人管理与营业】管理人负责管理财产和营业事务的,可以聘任债务人的经营管理人员负责营业事务。

第七十五条　【重整期间担保权的行使与借款】在重整期间,对债务人的特定财产享有的担保权暂停行使。但是,担保物有损坏或者价值明显减少的可能,足以危害担保权人权利的,担保权人可以向人民法院请求恢复行使担保权。

在重整期间,债务人或者管理人为继续营业而借款的,可以为该借款设定担保。

第七十六条　【重整期间的取回权】债务人合法占有的他人财产,该财产的权利人在重整期间要求取回的,应当符合事先约定的条件。

第七十七条　【重整期间对出资人收益分配与董事、监事、高级管理人员持股转让的限制】在重整期间,债务人的出资人不得请求投资收益分配。

在重整期间,债务人的董事、监事、高级管理人员不得向第三人转让其持有的债务人的股权。但是,经人民法院同意的除外。

第七十八条　【重整终止与破产宣告】在重整期间,有下列情形之一的,经管理人或者利害关系人请求,人民法院应当裁定终止重整程序,并宣告债务人破产:

(一)债务人的经营状况和财产状况继续恶化,缺乏挽救的可能性;

(二)债务人有欺诈、恶意减少债务人财产或者其他显著不利于债权人的行为;

(三)由于债务人的行为致使管理人无法执行职务。

第二节　重整计划的制定和批准

第七十九条　【重整计划草案的提交期限】债务人或者管理人应当自人民法院裁定债务人重整之日起六个月内,同时向人民法院和债权人会议提交重整计划草案。

前款规定的期限届满,经债务人或者管理人请求,有正当理由的,人民法院可以裁定延期三个月。

债务人或者管理人未按期提出重整计划草案的,人民法院应当裁定终止重整程序,并宣告债务人破产。

第八十条　【重整计划草案的制作主体】债务人自行管理财产和营业事务的,由债务人制作重整计划草案。

管理人负责管理财产和营业事务的,由管理人制作重整计划草案。

第八十一条　【重整计划草案的内容】重整计划草案应当包括下列内容:

(一)债务人的经营方案;
(二)债权分类;
(三)债权调整方案;
(四)债权受偿方案;
(五)重整计划的执行期限;
(六)重整计划执行的监督期限;
(七)有利于债务人重整的其他方案。

第八十二条　【债权分类与重整计划草案分组表决】下列各类债权的债权人参加讨论重整计划草案的债权人会议,依照下列债权分类,分组对重整计划草案进行表决:

(一)对债务人的特定财产享有担保权的债权;
(二)债务人所欠职工的工资和医疗、伤残补助、抚恤费用,所欠的应当划入职工个人账户的基本养老保险、基本医疗保险费用,以及法律、行政法规规定应当支付给职工的补偿金;
(三)债务人所欠税款;
(四)普通债权。

人民法院在必要时可以决定在普通债权组中设小额债权组对重整计划草案进行表决。

第八十三条　【不得减免的费用】重整计划不得规定减免债务人欠缴的本法第八十二条第一款第二项规定以外的社会保险费用;该项费用的债权人不参加重整计划草案的表决。

第八十四条　【重整计划草案的表决】人民法院应当自收到重整计划草案之日起三十日内召开债权人会议,对重整计划草案进行表决。

出席会议的同一表决组的债权人过半数同意重整计

划草案,并且其所代表的债权额占该组债权总额的三分之二以上的,即为该组通过重整计划草案。

债务人或者管理人应当向债权人会议就重整计划草案作出说明,并回答询问。

第八十五条 【出资人代表列席会议与出资人组表决】债务人的出资人代表可以列席讨论重整计划草案的债权人会议。

重整计划草案涉及出资人权益调整事项的,应当设出资人组,对该事项进行表决。

第八十六条 【表决通过重整计划与重整程序终止】各表决组均通过重整计划草案时,重整计划即为通过。

自重整计划通过之日起十日内,债务人或者管理人应当向人民法院提出批准重整计划的申请。人民法院经审查认为符合本法规定的,应当自收到申请之日起三十日内裁定批准,终止重整程序,并予以公告。

第八十七条 【裁定批准重整计划与重整程序终止】部分表决组未通过重整计划草案的,债务人或者管理人可以同未通过重整计划草案的表决组协商。该表决组可以在协商后再表决一次。双方协商的结果不得损害其他表决组的利益。

未通过重整计划草案的表决组拒绝再次表决或者再次表决仍未通过重整计划草案,但重整计划草案符合下列条件的,债务人或者管理人可以申请人民法院批准重整计划草案:

(一)按照重整计划草案,本法第八十二条第一款第一项所列债权就该特定财产将获得全额清偿,其因延期清偿所受的损失将得到公平补偿,并且其担保权未受到实质性损害,或者该表决组已经通过重整计划草案;

(二)按照重整计划草案,本法第八十二条第一款第二项、第三项所列债权将获得全额清偿,或者相应表决组已经通过重整计划草案;

(三)按照重整计划草案,普通债权所获得的清偿比例,不低于其在重整计划草案被提请批准时依照破产清算程序所能获得的清偿比例,或者该表决组已经通过重整计划草案;

(四)重整计划草案对出资人权益的调整公平、公正,或者出资人组已经通过重整计划草案;

(五)重整计划草案公平对待同一表决组的成员,并且所规定的债权清偿顺序不违反本法第一百一十三条的规定;

(六)债务人的经营方案具有可行性。

人民法院经审查认为重整计划草案符合前款规定的,应当自收到申请之日起三十日内裁定批准,终止重整程序,并予以公告。

第八十八条 【重整程序的非正常终止】重整计划草案未获得通过且未依照本法第八十七条的规定获得批准,或者通过的重整计划未获得批准的,人民法院应当裁定终止重整程序,并宣告债务人破产。

第三节 重整计划的执行

第八十九条 【重整计划的执行主体】重整计划由债务人负责执行。

人民法院裁定批准重整计划后,已接管财产和营业事务的管理人应当向债务人移交财产和营业事务。

第九十条 【重整计划执行的监督与报告】自人民法院裁定批准重整计划之日起,在重整计划规定的监督期内,由管理人监督重整计划的执行。

在监督期内,债务人应当向管理人报告重整计划执行情况和债务人财务状况。

第九十一条 【监督报告与监督期限的延长】监督期届满时,管理人应当向人民法院提交监督报告。自监督报告提交之日起,管理人的监督职责终止。

管理人向人民法院提交的监督报告,重整计划的利害关系人有权查阅。

经管理人申请,人民法院可以裁定延长重整计划执行的监督期限。

第九十二条 【重整计划的约束力】经人民法院裁定批准的重整计划,对债务人和全体债权人均有约束力。

债权人未依照本法规定申报债权的,在重整计划执行期间不得行使权利;在重整计划执行完毕后,可以按照重整计划规定的同类债权的清偿条件行使权利。

债权人对债务人的保证人和其他连带债务人所享有的权利,不受重整计划的影响。

第九十三条 【重整计划的终止】债务人不能执行或者不执行重整计划的,人民法院经管理人或者利害关系人请求,应当裁定终止重整计划的执行,并宣告债务人破产。

人民法院裁定终止重整计划执行的,债权人在重整计划中作出的债权调整的承诺失去效力。债权人因执行重整计划所受的清偿仍然有效,债权未受清偿的部分作为破产债权。

前款规定的债权人,只有在其他同顺位债权人同自己所受的清偿达到同一比例时,才能继续接受分配。

有本条第一款规定情形的,为重整计划的执行提的担保继续有效。

第九十四条 【重整计划减免的债务不再清偿】按照重整计划减免的债务，自重整计划执行完毕时起，债务人不再承担清偿责任。

第九章 和 解

第九十五条 【和解申请】债务人可以依照本法规定，直接向人民法院申请和解；也可以在人民法院受理破产申请后、宣告债务人破产前，向人民法院申请和解。

债务人申请和解，应当提出和解协议草案。

第九十六条 【裁定和解】人民法院经审查认为和解申请符合本法规定的，应当裁定和解，予以公告，并召集债权人会议讨论和解协议草案。

对债务人的特定财产享有担保权的权利人，自人民法院裁定和解之日起可以行使权利。

第九十七条 【通过和解协议】债权人会议通过和解协议的决议，由出席会议的有表决权的债权人过半数同意，并且其所代表的债权额占无财产担保债权总额的三分之二以上。

第九十八条 【裁定认可和解协议并终止和解程序】债权人会议通过和解协议的，由人民法院裁定认可，终止和解程序，并予以公告。管理人应当向债务人移交财产和营业事务，并向人民法院提交执行职务的报告。

第九十九条 【和解协议的否决与宣告破产】和解协议草案经债权人会议表决未获得通过，或者已经债权人会议通过的和解协议未获得人民法院认可的，人民法院应当裁定终止和解程序，并宣告债务人破产。

第一百条 【和解协议的约束力】经人民法院裁定认可的和解协议，对债务人和全体和解债权人均有约束力。

和解债权人是指人民法院受理破产申请时对债务人享有无财产担保债权的人。

和解债权人未依照本法规定申报债权的，在和解协议执行期间不得行使权利；在和解协议执行完毕后，可以按照和解协议规定的清偿条件行使权利。

第一百零一条 【和解协议的影响】和解债权人对债务人的保证人和其他连带债务人所享有的权利，不受和解协议的影响。

第一百零二条 【债务人履行和解协议的义务】债务人应当按照和解协议规定的条件清偿债务。

第一百零三条 【和解协议无效与宣告破产】因债务人的欺诈或者其他违法行为而成立的和解协议，人民法院应当裁定无效，并宣告债务人破产。

有前款规定情形的，和解债权人因执行和解协议所受的清偿，在其他债权人所受清偿同等比例的范围内，不予返还。

第一百零四条 【终止执行和解协议与宣告破产】债务人不能执行或者不执行和解协议的，人民法院经和解债权人请求，应当裁定终止和解协议的执行，并宣告债务人破产。

人民法院裁定终止和解协议执行的，和解债权人在和解协议中作出的债权调整的承诺失去效力。和解债权人因执行和解协议所受的清偿仍然有效，和解债权未受清偿的部分作为破产债权。

前款规定的债权人，只有在其他债权人同自己所受的清偿达到同一比例时，才能继续接受分配。

有本条第一款规定情形的，为和解协议的执行提供的担保继续有效。

第一百零五条 【自行和解与破产程序终结】人民法院受理破产申请后，债务人与全体债权人就债权债务的处理自行达成协议的，可以请求人民法院裁定认可，并终结破产程序。

第一百零六条 【和解协议减免债务不再清偿】按照和解协议减免的债务，自和解协议执行完毕时起，债务人不再承担清偿责任。

第十章 破产清算

第一节 破产宣告

第一百零七条 【破产宣告】人民法院依照本法规定宣告债务人破产的，应当自裁定作出之日起五日内送达债务人和管理人，自裁定作出之日起十日内通知已知债权人，并予以公告。

债务人被宣告破产后，债务人称为破产人，债务人财产称为破产财产，人民法院受理破产申请时对债务人享有的债权称为破产债权。

第一百零八条 【破产宣告前的破产程序终结】破产宣告前，有下列情形之一的，人民法院应当裁定终结破产程序，并予以公告：

（一）第三人为债务人提供足额担保或者为债务人清偿全部到期债务的；

（二）债务人已清偿全部到期债务的。

第一百零九条 【别除权】对破产人的特定财产享有担保权的权利人，对该特定财产享有优先受偿的权利。

第一百一十条 【别除权的不完全实现与放弃】享有本法第一百零九条规定权利的债权人行使优先受偿权

利未能完全受偿的,其未受偿的债权作为普通债权;放弃优先受偿权利的,其债权作为普通债权。

第二节 变价和分配

第一百一十一条 【破产财产变价方案】管理人应当及时拟订破产财产变价方案,提交债权人会议讨论。

管理人应当按照债权人会议通过的或者人民法院依照本法第六十五条第一款规定裁定的破产财产变价方案,适时变价出售破产财产。

第一百一十二条 【变价出售方式】变价出售破产财产应当通过拍卖进行。但是,债权人会议另有决议的除外。

破产企业可以全部或者部分变价出售。企业变价出售时,可以将其中的无形资产和其他财产单独变价出售。

按照国家规定不能拍卖或者限制转让的财产,应当按照国家规定的方式处理。

第一百一十三条 【破产财产的清偿顺序】破产财产在优先清偿破产费用和共益债务后,依照下列顺序清偿:

(一)破产人所欠职工的工资和医疗、伤残补助、抚恤费用,所欠的应当划入职工个人账户的基本养老保险、基本医疗保险费用,以及法律、行政法规规定应当支付给职工的补偿金;

(二)破产人欠缴的除前项规定以外的社会保险费用和破产人所欠税款;

(三)普通破产债权。

破产财产不足以清偿同一顺序的清偿要求的,按照比例分配。

破产企业的董事、监事和高级管理人员的工资按照该企业职工的平均工资计算。

第一百一十四条 【破产财产的分配方式】破产财产的分配应当以货币分配方式进行。但是,债权人会议另有决议的除外。

第一百一十五条 【破产财产的分配方案】管理人应当及时拟订破产财产分配方案,提交债权人会议讨论。

破产财产分配方案应当载明下列事项:

(一)参加破产财产分配的债权人名称或者姓名、住所;

(二)参加破产财产分配的债权额;

(三)可供分配的破产财产数额;

(四)破产财产分配的顺序、比例及数额;

(五)实施破产财产分配的方法。

债权人会议通过破产财产分配方案后,由管理人将该方案提请人民法院裁定认可。

第一百一十六条 【破产财产分配方案的执行】破产财产分配方案经人民法院裁定认可后,由管理人执行。

管理人按照破产财产分配方案实施多次分配的,应当公告本次分配的财产额和债权额。管理人实施最后分配的,应当在公告中指明,并载明本法第一百一十七条第二款规定的事项。

第一百一十七条 【附条件债权的分配】对于附生效条件或者解除条件的债权,管理人应当将其分配额提存。

管理人依照前款规定提存的分配额,在最后分配公告日,生效条件未成就或者解除条件成就的,应当分配给其他债权人;在最后分配公告日,生效条件成就或者解除条件未成就的,应当交付给债权人。

第一百一十八条 【未受领的破产财产的分配】债权人未受领的破产财产分配额,管理人应当提存。债权人自最后分配公告之日起满二个月仍不领取的,视为放弃受领分配的权利,管理人或者人民法院应当将提存的分配额分配给其他债权人。

第一百一十九条 【诉讼或仲裁未决债权的分配】破产财产分配时,对于诉讼或者仲裁未决的债权,管理人应当将其分配额提存。自破产程序终结之日起满二年仍不能受领分配的,人民法院应当将提存的分配额分配给其他债权人。

第三节 破产程序的终结

第一百二十条 【破产程序的终结及公告】破产人无财产可供分配的,管理人应当请求人民法院裁定终结破产程序。

管理人在最后分配完结后,应当及时向人民法院提交破产财产分配报告,并提请人民法院裁定终结破产程序。

人民法院应当自收到管理人终结破产程序的请求之日起十五日内作出是否终结破产程序的裁定。裁定终结的,应当予以公告。

第一百二十一条 【破产人的注销登记】管理人应当自破产程序终结之日起十日内,持人民法院终结程序的裁定,向破产人的原登记机关办理注销登记。

第一百二十二条 【管理人执行职务的终止】管理人于办理注销登记完毕的次日终止执行职务。但是,存在诉讼或者仲裁未决情况的除外。

第一百二十三条 【破产程序终结后的追加分配】自破产程序依照本法第四十三条第四款或者第一百二十

条的规定终结之日起二年内,有下列情形之一的,债权人可以请求人民法院按照破产财产分配方案进行追加分配:

(一)发现有依照本法第三十一条、第三十二条、第三十三条、第三十六条规定应当追回的财产的;

(二)发现破产人有应当供分配的其他财产的。

有前款规定情形,但财产数量不足以支付分配费用的,不再进行追加分配,由人民法院将其上交国库。

第一百二十四条 【对未受偿债权的清偿责任】破产人的保证人和其他连带债务人,在破产程序终结后,对债权人依照破产清算程序未受清偿的债权,依法继续承担清偿责任。

第十一章 法律责任

第一百二十五条 【破产企业董事、监事和高级管理人员的法律责任】企业董事、监事或者高级管理人员违反忠实义务、勤勉义务,致使所在企业破产的,依法承担民事责任。

有前款规定情形的人员,自破产程序终结之日起三年内不得担任任何企业的董事、监事、高级管理人员。

第一百二十六条 【有义务列席债权人会议的债务人的有关人员的法律责任】有义务列席债权人会议的债务人的有关人员,经人民法院传唤,无正当理由拒不列席债权人会议的,人民法院可以拘传,并依法处以罚款。债务人的有关人员违反本法规定,拒不陈述、回答,或者作虚假陈述、回答的,人民法院可以依法处以罚款。

第一百二十七条 【不履行法定义务的直接责任人员的法律责任】债务人违反本法规定,拒不向人民法院提交或者提交不真实的财产状况说明、债务清册、债权清册、有关财务会计报告以及职工工资的支付情况和社会保险费用的缴纳情况的,人民法院可以对直接责任人员依法处以罚款。

债务人违反本法规定,拒不向管理人移交财产、印章和账簿、文书等资料的,或者伪造、销毁有关财产证据材料而使财产状况不明的,人民法院可以对直接责任人员依法处以罚款。

第一百二十八条 【债务人的法定代表人和其他直接责任人员的法律责任】债务人有本法第三十一条、第三十二条、第三十三条规定的行为,损害债权人利益的,债务人的法定代表人和其他直接责任人员依法承担赔偿责任。

第一百二十九条 【债务人的有关人员擅自离开住所地的法律责任】债务人的有关人员违反本法规定,擅自离开住所地的,人民法院可以予以训诫、拘留,可以依法并处罚款。

第一百三十条 【管理人的法律责任】管理人未依照本法规定勤勉尽责,忠实执行职务的,人民法院可以依法处以罚款;给债权人、债务人或者第三人造成损失的,依法承担赔偿责任。

第一百三十一条 【刑事责任】违反本法规定,构成犯罪的,依法追究刑事责任。

第十二章 附 则

第一百三十二条 【别除权适用的例外】本法施行后,破产人在本法公布之日前所欠职工的工资和医疗、伤残补助、抚恤费用,所欠的应当划入职工个人账户的基本养老保险、基本医疗保险费用,以及法律、行政法规规定应当支付给职工的补偿金,依照本法第一百一十三条的规定清偿后不足以清偿的部分,以本法第一百零九条规定的特定财产优先于对该特定财产享有担保权的权利人受偿。

第一百三十三条 【本法施行前国务院规定范围内企业破产的特别规定】在本法施行前国务院规定的期限和范围内的国有企业实施破产的特殊事宜,按照国务院有关规定办理。

第一百三十四条 【金融机构破产的特别规定】商业银行、证券公司、保险公司等金融机构有本法第二条规定情形的,国务院金融监督管理机构可以向人民法院提出对该金融机构进行重整或者破产清算的申请。国务院金融监督管理机构依法对出现重大经营风险的金融机构采取接管、托管等措施的,可以向人民法院申请中止以该金融机构为被告或者被执行人的民事诉讼程序或者执行程序。

金融机构实施破产的,国务院可以依据本法和其他有关法律的规定制定实施办法。

第一百三十五条 【企业法人以外组织破产的准用规定】其他法律规定企业法人以外的组织的清算,属于破产清算的,参照适用本法规定的程序。

第一百三十六条 【施行日期】本法自2007年6月1日起施行,《中华人民共和国企业破产法(试行)》同时废止。

最高人民法院关于适用《中华人民共和国企业破产法》若干问题的规定（一）

- 2011年8月29日最高人民法院审判委员会第1527次会议通过
- 2011年9月9日最高人民法院公告公布
- 自2011年9月26日起施行
- 法释〔2011〕22号

为正确适用《中华人民共和国企业破产法》，结合审判实践，就人民法院依法受理企业破产案件适用法律问题作出如下规定。

第一条 债务人不能清偿到期债务并且具有下列情形之一的，人民法院应当认定其具备破产原因：

（一）资产不足以清偿全部债务；

（二）明显缺乏清偿能力。

相关当事人以对债务人的债务负有连带责任的人未丧失清偿能力为由，主张债务人不具备破产原因的，人民法院应不予支持。

第二条 下列情形同时存在的，人民法院应当认定债务人不能清偿到期债务：

（一）债权债务关系依法成立；

（二）债务履行期限已经届满；

（三）债务人未完全清偿债务。

第三条 债务人的资产负债表，或者审计报告、资产评估报告等显示其全部资产不足以偿付全部负债的，人民法院应当认定债务人资产不足以清偿全部债务，但有相反证据足以证明债务人资产能够偿付全部负债的除外。

第四条 债务人账面资产虽大于负债，但存在下列情形之一的，人民法院应当认定其明显缺乏清偿能力：

（一）因资金严重不足或者财产不能变现等原因，无法清偿债务；

（二）法定代表人下落不明且无其他人员负责管理财产，无法清偿债务；

（三）经人民法院强制执行，无法清偿债务；

（四）长期亏损且经营扭亏困难，无法清偿债务；

（五）导致债务人丧失清偿能力的其他情形。

第五条 企业法人已解散但未清算或者未在合理期限内清算完毕，债权人申请债务人破产清算的，除债务人在法定异议期限内举证证明其未出现破产原因外，人民法院应当受理。

第六条 债权人申请债务人破产的，应当提交债务人不能清偿到期债务的有关证据。债务人对债权人的申请未在法定期限内向人民法院提出异议，或者异议不成立的，人民法院应当依法裁定受理破产申请。

受理破产申请后，人民法院应当责令债务人依法提交其财产状况说明、债务清册、债权清册、财务会计报告等有关材料，债务人拒不提交的，人民法院可以对债务人的直接责任人员采取罚款等强制措施。

第七条 人民法院收到破产申请时，应当向申请人出具收到申请及所附证据的书面凭证。

人民法院收到破产申请后应当及时对申请人的主体资格、债务人的主体资格和破产原因，以及有关材料和证据等进行审查，并依据企业破产法第十条的规定作出是否受理的裁定。

人民法院认为申请人应当补充、补正相关材料的，应当自收到破产申请之日起五日内告知申请人。当事人补充、补正相关材料的期间不计入企业破产法第十条规定的期限。

第八条 破产案件的诉讼费用，应根据企业破产法第四十三条的规定，从债务人财产中拨付。相关当事人以申请人未预先交纳诉讼费用为由，对破产申请提出异议的，人民法院不予支持。

第九条 申请人向人民法院提出破产申请，人民法院未接收其申请，或者未按本规定第七条执行的，申请人可以向上一级人民法院提出破产申请。

上一级人民法院接到破产申请后，应当责令下级法院依法审查并及时作出是否受理的裁定；下级法院仍不作出是否受理裁定的，上一级人民法院可以径行作出裁定。

上一级人民法院裁定受理破产申请的，可以同时指令下级人民法院审理该案件。

最高人民法院关于适用《中华人民共和国企业破产法》若干问题的规定（二）

- 2013年7月29日最高人民法院审判委员会第1586次会议通过
- 根据2020年12月23日最高人民法院审判委员会第1823次会议通过的《最高人民法院关于修改〈最高人民法院关于破产企业国有划拨土地使用权应否列入破产财产等问题的批复〉等二十九件商事类司法解释的决定》修正
- 2020年12月29日最高人民法院公告公布
- 自2021年1月1日起施行
- 法释〔2020〕18号

根据《中华人民共和国民法典》《中华人民共和国企业破产法》等相关法律，结合审判实践，就人民法院审理企业破产案件中认定债务人财产相关的法律适用问题,制定本规定。

第一条 除债务人所有的货币、实物外,债务人依法享有的可以用货币估价并可以依法转让的债权、股权、知识产权、用益物权等财产和财产权益,人民法院均应认定为债务人财产。

第二条 下列财产不应认定为债务人财产:

(一)债务人基于仓储、保管、承揽、代销、借用、寄存、租赁等合同或者其他法律关系占有、使用的他人财产;

(二)债务人在所有权保留买卖中尚未取得所有权的财产;

(三)所有权专属于国家且不得转让的财产;

(四)其他依照法律、行政法规不属于债务人的财产。

第三条 债务人已依法设定担保物权的特定财产,人民法院应当认定为债务人财产。

对债务人的特定财产在担保物权消灭或者实现担保物权后的剩余部分,在破产程序中可用以清偿破产费用、共益债务和其他破产债务。

第四条 债务人对按份享有所有权的共有财产的相关份额,或者共同享有所有权的共有财产的相应财产权利,以及依法分割共有财产所得部分,人民法院均应认定为债务人财产。

人民法院宣告债务人破产清算,属于共有财产分割的法定事由。人民法院裁定债务人重整或者和解的,共有财产的分割应当依据民法典第三百零三条的规定进行;基于重整或者和解的需要必须分割共有财产,管理人请求分割的,人民法院应予准许。

因分割共有财产导致其他共有人损害产生的债务,其他共有人请求作为共益债务清偿的,人民法院应予支持。

第五条 破产申请受理后,有关债务人财产的执行程序未依照企业破产法第十九条的规定中止的,采取执行措施的相关单位应当依法予以纠正。依法执行回转的财产,人民法院应当认定为债务人财产。

第六条 破产申请受理后,对于可能因有关利益相关人的行为或者其他原因,影响破产程序依法进行的,受理破产申请的人民法院可以根据管理人的申请或者依职权,对债务人的全部或者部分财产采取保全措施。

第七条 对债务人财产已采取保全措施的相关单位,在知悉人民法院已裁定受理有关债务人的破产申请后,应当依照企业破产法第十九条的规定及时解除对债务人财产的保全措施。

第八条 人民法院受理破产申请后至破产宣告前裁定驳回破产申请,或者依据企业破产法第一百零八条的规定裁定终结破产程序的,应当及时通知原已采取保全措施并已依法解除保全措施的单位按照原保全顺位恢复相关保全措施。

在已依法解除保全的单位恢复保全措施或者表示不再恢复之前,受理破产申请的人民法院不得解除对债务人财产的保全措施。

第九条 管理人依据企业破产法第三十一条和第三十二条的规定提起诉讼,请求撤销涉及债务人财产的相关行为并由相对人返还债务人财产的,人民法院应予支持。

管理人因过错未依法行使撤销权导致债务人财产不当减损,债权人提起诉讼主张管理人对其损失承担相应赔偿责任的,人民法院应予支持。

第十条 债务人经过行政清理程序转入破产程序的,企业破产法第三十一条和第三十二条规定的可撤销行为的起算点,为行政监管机构作出撤销决定之日。

债务人经过强制清算程序转入破产程序的,企业破产法第三十一条和第三十二条规定的可撤销行为的起算点,为人民法院裁定受理强制清算申请之日。

第十一条 人民法院根据管理人的请求撤销涉及债务人财产的以明显不合理价格进行的交易的,买卖双方应当依法返还从对方获取的财产或者价款。

因撤销该交易,对于债务人应返还受让人已支付价款所产生的债务,受让人请求作为共益债务清偿的,人民法院应予支持。

第十二条 破产申请受理前一年内债务人提前清偿的未到期债务,在破产申请受理前已经到期,管理人请求撤销该清偿行为的,人民法院不予支持。但是,该清偿行为发生在破产申请受理前六个月内且债务人有企业破产法第二条第一款规定情形的除外。

第十三条 破产申请受理后,管理人未依据企业破产法第三十一条的规定请求撤销债务人无偿转让财产、以明显不合理价格交易、放弃债权行为的,债权人依据民法典第五百三十八条、第五百三十九条等规定提起诉讼,请求撤销债务人上述行为并将因此追回的财产归入债务人财产的,人民法院应予受理。

相对人以债权人行使撤销权的范围超出债权人的债权抗辩的,人民法院不予支持。

第十四条 债务人对以自有财产设定担保物权的债权进行的个别清偿,管理人依据企业破产法第三十二条的规定请求撤销的,人民法院不予支持。但是,债务清偿时担保财产的价值低于债权额的除外。

第十五条 债务人经诉讼、仲裁、执行程序对债权人进行的个别清偿,管理人依据企业破产法第三十二条的规定请求撤销的,人民法院不予支持。但是,债务人与债权人恶意串通损害其他债权人利益的除外。

第十六条 债务人对债权人进行的以下个别清偿,管理人依据企业破产法第三十二条的规定请求撤销的,人民法院不予支持:

(一)债务人为维系基本生产需要而支付水费、电费等的;

(二)债务人支付劳动报酬、人身损害赔偿金的;

(三)使债务人财产受益的其他个别清偿。

第十七条 管理人依据企业破产法第三十三条的规定提起诉讼,主张被隐匿、转移财产的实际占有人返还债务人财产,或者主张债务人虚构债务或者承认不真实债务的行为无效并返还债务人财产的,人民法院应予支持。

第十八条 管理人代表债务人依据企业破产法第一百二十八条的规定,以债务人的法定代表人和其他直接责任人员对所涉债务人财产的相关行为存在故意或者重大过失,造成债务人财产损失为由提起诉讼,主张上述责任人员承担相应赔偿责任的,人民法院应予支持。

第十九条 债务人对外享有债权的诉讼时效,自人民法院受理破产申请之日起中断。

债务人无正当理由未对其到期债权及时行使权利,导致其对外债权在破产申请受理前一年内超过诉讼时效期间的,人民法院受理破产申请之日起重新计算上述债权的诉讼时效期间。

第二十条 管理人代表债务人提起诉讼,主张出资人向债务人依法缴付未履行的出资或者返还抽逃的出资本息,出资人以认缴出资尚未届至公司章程规定的缴纳期限或者违反出资义务已经超过诉讼时效为由抗辩的,人民法院不予支持。

管理人依据公司法的相关规定代表债务人提起诉讼,主张公司的发起人和负有监督股东履行出资义务的董事、高级管理人员,或者协助抽逃出资的其他股东、董事、高级管理人员、实际控制人等,对股东违反出资义务或者抽逃出资承担相应责任,并将财产归入债务人财产的,人民法院应予支持。

第二十一条 破产申请受理前,债权人就债务人财产提起下列诉讼,破产申请受理时案件尚未审结的,人民法院应当中止审理:

(一)主张次债务人代替债务人直接向其偿还债务的;

(二)主张债务人的出资人、发起人和负有监督股东履行出资义务的董事、高级管理人员,或者协助抽逃出资的其他股东、董事、高级管理人员、实际控制人等直接向其承担出资不实或者抽逃出资责任的;

(三)以债务人的股东与债务人法人人格严重混同为由,主张债务人的股东直接向其偿还债务人对其所负债务的;

(四)其他就债务人财产提起的个别清偿诉讼。

债务人破产宣告后,人民法院应当依照企业破产法第四十四条的规定判决驳回债权人的诉讼请求。但是,债权人一审中变更其诉讼请求为追收的相关财产归入债务人财产的除外。

债务人破产宣告前,人民法院依据企业破产法第十二条或者第一百零八条的规定裁定驳回破产申请或者终结破产程序的,上述中止审理的案件应当依法恢复审理。

第二十二条 破产申请受理前,债权人就债务人财产向人民法院提起本规定第二十一条第一款所列诉讼,人民法院已经作出生效民事判决书或者调解书但尚未执行完毕的,破产申请受理后,相关执行行为应依据企业破产法第十九条的规定中止,债权人应当依法向管理人申报相关债权。

第二十三条 破产申请受理后,债权人就债务人财产向人民法院提起本规定第二十一条第一款所列诉讼的,人民法院不予受理。

债权人通过债权人会议或者债权人委员会,要求管理人依法向次债务人、债务人的出资人等追收债务人财产,管理人无正当理由拒绝追收,债权人会议依据企业破产法第二十二条的规定,申请人民法院更换管理人的,人民法院应予支持。

管理人不予追收,个别债权人代表全体债权人提起相关诉讼,主张次债务人或者债务人的出资人等向债务人清偿或者返还债务人财产,或者依法申请合并破产的,人民法院应予受理。

第二十四条 债务人有企业破产法第二条第一款规定的情形时,债务人的董事、监事和高级管理人员利用职权获取的以下收入,人民法院应当认定为企业破产法第三十六条规定的非正常收入:

(一)绩效奖金;

(二)普遍拖欠职工工资情况下获取的工资性收入；

(三)其他非正常收入。

债务人的董事、监事和高级管理人员拒不向管理人返还上述债务人财产，管理人主张上述人员予以返还的，人民法院应予支持。

债务人的董事、监事和高级管理人员因返还第一款第(一)项、第(三)项非正常收入形成的债权，可以作为普通破产债权清偿。因返还第一款第(二)项非正常收入形成的债权，依据企业破产法第一百一十三条第三款的规定，按照该企业职工平均工资计算的部分作为拖欠职工工资清偿；高出该企业职工平均工资计算的部分，可以作为普通破产债权清偿。

第二十五条　管理人拟通过清偿债务或者提供担保取回质物、留置物，或者与质权人、留置权人协议以质物、留置物折价清偿债务等方式，进行对债权人利益有重大影响的财产处分行为的，应当及时报告债权人委员会。未设立债权人委员会的，管理人应当及时报告人民法院。

第二十六条　权利人依据企业破产法第三十八条的规定行使取回权，应当在破产财产变价方案或者和解协议、重整计划草案提交债权人会议表决前向管理人提出。权利人在上述期限后主张取回相关财产的，应当承担延迟行使取回权增加的相关费用。

第二十七条　权利人依据企业破产法第三十八条的规定向管理人主张取回相关财产，管理人不予认可，权利人以债务人为被告向人民法院提起诉讼请求行使取回权的，人民法院应予受理。

权利人依据人民法院或者仲裁机关的相关生效法律文书向管理人主张取回所涉争议财产，管理人以生效法律文书错误为由拒绝其行使取回权的，人民法院不予支持。

第二十八条　权利人行使取回权时未依法向管理人支付相关的加工费、保管费、托运费、委托费、代销费等费用，管理人拒绝其取回相关财产的，人民法院应予支持。

第二十九条　对债务人占有的权属不清的鲜活易腐等不易保管的财产或者不及时变现价值将严重贬损的财产，管理人及时变价并提存变价款后，有关权利人就该变价款行使取回权的，人民法院应予支持。

第三十条　债务人占有的他人财产被违法转让给第三人，依据民法典第三百一十一条的规定第三人已善意取得财产所有权，原权利人无法追回该财产的，人民法院应当按照以下规定处理：

(一)转让行为发生在破产申请受理前的，原权利人因财产损失形成的债权，作为普通破产债权清偿；

(二)转让行为发生在破产申请受理后的，因管理人或者相关人员执行职务导致原权利人损害产生的债务，作为共益债务清偿。

第三十一条　债务人占有的他人财产被违法转让给第三人，第三人已向债务人支付了转让价款，但依据民法典第三百一十一条的规定未取得财产所有权，原权利人依法追回转让财产的，对因第三人已支付对价而产生的债务，人民法院应当按照以下规定处理：

(一)转让行为发生在破产申请受理前的，作为普通破产债权清偿；

(二)转让行为发生在破产申请受理后的，作为共益债务清偿。

第三十二条　债务人占有的他人财产毁损、灭失，因此获得的保险金、赔偿金、代偿物尚未交付给债务人，或者代偿物虽已交付给债务人但能与债务人财产予以区分的，权利人主张取回就此获得的保险金、赔偿金、代偿物的，人民法院应予支持。

保险金、赔偿金已经交付给债务人，或者代偿物已经交付给债务人且不能与债务人财产予以区分的，人民法院应当按照以下规定处理：

(一)财产毁损、灭失发生在破产申请受理前的，权利人因财产损失形成的债权，作为普通破产债权清偿；

(二)财产毁损、灭失发生在破产申请受理后的，因管理人或者相关人员执行职务导致权利人损害产生的债务，作为共益债务清偿。

债务人占有的他人财产毁损、灭失，没有获得相应的保险金、赔偿金、代偿物，或者保险金、赔偿物、代偿物不足以弥补其损失的部分，人民法院应当按照本条第二款的规定处理。

第三十三条　管理人或者相关人员在执行职务过程中，因故意或者重大过失不当转让他人财产或者造成他人财产毁损、灭失，导致他人损害产生的债务作为共益债务，由债务人财产随时清偿不足弥补损失，权利人向管理人或者相关人员主张承担补充赔偿责任的，人民法院应予支持。

上述债务作为共益债务由债务人财产随时清偿后，债权人以管理人或者相关人员执行职务不当导致债务人财产减少给其造成损失为由提起诉讼，主张管理人或者相关人员承担相应赔偿责任的，人民法院应予支持。

第三十四条　买卖合同双方当事人在合同中约定标的物所有权保留，在标的物所有权未依法转移给买受人前,一方当事人破产的,该买卖合同属于双方均未履行完毕的合同,管理人有权依据企业破产法第十八条的规定决定解除或者继续履行合同。

第三十五条 出卖人破产,其管理人决定继续履行所有权保留买卖合同的,买受人应当按照原买卖合同的约定支付价款或者履行其他义务。

买受人未依约支付价款或者履行完毕其他义务,或者将标的物出卖、出质或者作出其他不当处分,给出卖人造成损害,出卖人管理人依法主张取回标的物的,人民法院应予支持。但是,买受人已经支付标的物总价款百分之七十五以上或者第三人善意取得标的物所有权或者其他物权的除外。

因本条第二款规定未能取回标的物,出卖人管理人依法主张买受人继续支付价款、履行完毕其他义务,以及承担相应赔偿责任的,人民法院应予支持。

第三十六条 出卖人破产,其管理人决定解除所有权保留买卖合同,并依据企业破产法第十七条的规定要求买受人向其交付买卖标的物的,人民法院应予支持。

买受人以其不存在未依约支付价款或者履行完毕其他义务,或者将标的物出卖、出质或者作出其他不当处分情形抗辩的,人民法院不予支持。

买受人依法履行合同义务并依据本条第一款将买卖标的物交付出卖人管理人后,买受人已支付价款损失形成的债权作为共益债务清偿。但是,买受人违反合同约定,出卖人管理人主张上述债权作为普通破产债权清偿的,人民法院应予支持。

第三十七条 买受人破产,其管理人决定继续履行所有权保留买卖合同的,原买卖合同中约定的买受人支付价款或者履行其他义务的期限在破产申请受理时视为到期,买受人管理人应当及时向出卖人支付价款或者履行其他义务。

买受人管理人无正当理由未及时支付价款或者履行完毕其他义务,或者将标的物出卖、出质或者作出其他不当处分,给出卖人造成损害,出卖人依据民法典第六百四十一条等规定主张取回标的物的,人民法院应予支持。但是,买受人已支付标的物总价款百分之七十五以上或者第三人善意取得标的物所有权或者其他物权的除外。

因本条第二款规定未能取回标的物,出卖人依法主张买受人继续支付价款、履行完毕其他义务,以及承担相应赔偿责任的,人民法院应予支持。对因买受人未支付价款或者未履行完毕其他义务,以及买受人管理人将标的物出卖、出质或者作出其他不当处分导致出卖人损害产生的债务,出卖人主张作为共益债务清偿的,人民法院应予支持。

第三十八条 买受人破产,其管理人决定解除所有权保留买卖合同,出卖人依据企业破产法第三十八条的规定主张取回买卖标的物的,人民法院应予支持。

出卖人取回买卖标的物,买受人管理人主张出卖人返还已支付价款的,人民法院应予支持。取回的标的物价值明显减少给出卖人造成损失的,出卖人可从买受人已支付价款中优先予以抵扣后,将剩余部分返还给买受人;对买受人已支付价款不足以弥补出卖人标的物价值减损损失形成的债权,出卖人主张作为共益债务清偿的,人民法院应予支持。

第三十九条 出卖人依据企业破产法第三十九条的规定,通过通知承运人或者实际占有人中止运输、返还货物、变更到达地,或者将货物交给其他收货人等方式,对在运途中标的物主张了取回权但未能实现,或者在货物未达管理人前已向管理人主张取回在运途中标的物,在买卖标的物到达管理人后,出卖人向管理人主张取回的,管理人应予准许。

出卖人对在运途中标的物未及时行使取回权,在买卖标的物到达管理人后向管理人行使在运途中标的物取回权的,管理人不应准许。

第四十条 债务人重整期间,权利人要求取回债务人合法占有的权利人的财产,不符合双方事先约定条件的,人民法院不予支持。但是,因管理人或者自行管理的债务人违反约定,可能导致取回物被转让、毁损、灭失或者价值明显减少的除外。

第四十一条 债权人依据企业破产法第四十条的规定行使抵销权,应当向管理人提出抵销主张。

管理人不得主动抵销债务人与债权人的互负债务,但抵销使债务人财产受益的除外。

第四十二条 管理人收到债权人提出的主张债务抵销的通知后,经审查无异议的,抵销自管理人收到通知之日起生效。

管理人对抵销主张有异议的,应当在约定的异议期限内或者自收到主张债务抵销的通知之日起三个月内向人民法院提起诉讼。无正当理由逾期提起的,人民法院不予支持。

人民法院判决驳回管理人提起的抵销无效诉讼请求的,该抵销自管理人收到主张债务抵销的通知之日起生效。

第四十三条 债权人主张抵销,管理人以下列理由提出异议的，人民法院不予支持：

（一）破产申请受理时，债务人对债权人负有的债务尚未到期；

（二）破产申请受理时，债权人对债务人负有的债务尚未到期；

（三）双方互负债务标的物种类、品质不同。

第四十四条 破产申请受理前六个月内，债务人有企业破产法第二条第一款规定的情形，债务人与个别债权人以抵销方式对个别债权人清偿，其抵销的债权债务属于企业破产法第四十条第（二）、（三）项规定的情形之一，管理人在破产申请受理之日起三个月内向人民法院提起诉讼，主张该抵销无效的，人民法院应予支持。

第四十五条 企业破产法第四十条所列不得抵销情形的债权人，主张以其对债务人特定财产享有优先受偿权的债权，与债务人对其不享有优先受偿权的债权抵销，债务人管理人以抵销存在企业破产法第四十条规定的情形提出异议的，人民法院不予支持。但是，用以抵销的债权大于债权人享有优先受偿权财产价值的除外。

第四十六条 债务人的股东主张以下列债务与债务人对其负有的债务抵销，债务人管理人提出异议的，人民法院应予支持：

（一）债务人股东因欠缴债务人的出资或者抽逃出资对债务人所负的债务；

（二）债务人股东滥用股东权利或者关联关系损害公司利益对债务人所负的债务。

第四十七条 人民法院受理破产申请后，当事人提起的有关债务人的民事诉讼案件，应当依据企业破产法第二十一条的规定，由受理破产申请的人民法院管辖。

受理破产申请的人民法院管辖的有关债务人的第一审民事案件，可以依据民事诉讼法第三十八条的规定，由上级人民法院提审，或者报请上级人民法院批准后交下级人民法院审理。

受理破产申请的人民法院，如对有关债务人的海事纠纷、专利纠纷、证券市场因虚假陈述引发的民事赔偿纠纷等案件不能行使管辖权的，可以依据民事诉讼法第三十七条的规定，由上级人民法院指定管辖。

第四十八条 本规定施行前本院发布的有关企业破产的司法解释，与本规定相抵触的，自本规定施行之日起不再适用。

最高人民法院关于适用《中华人民共和国企业破产法》若干问题的规定（三）

- 2019年2月25日最高人民法院审判委员会第1762次会议通过
- 根据2020年12月23日最高人民法院审判委员会第1823次会议通过的《最高人民法院关于修改〈最高人民法院关于破产企业国有划拨土地使用权应否列入破产财产等问题的批复〉等二十九件商事类司法解释的决定》修正
- 2020年12月29日最高人民法院公告公布
- 自2021年1月1日起施行
- 法释〔2020〕18号

为正确适用《中华人民共和国企业破产法》，结合审判实践，就人民法院审理企业破产案件中有关债权人权利行使等相关法律适用问题，制定本规定。

第一条 人民法院裁定受理破产申请的，此前债务人尚未支付的公司强制清算费用、未终结的执行程序中产生的评估费、公告费、保管费等执行费用，可以参照企业破产法关于破产费用的规定，由债务人财产随时清偿。

此前债务人尚未支付的案件受理费、执行申请费，可以作为破产债权清偿。

第二条 破产申请受理后，经债权人会议决议通过，或者第一次债权人会议召开前经人民法院许可，管理人或者自行管理的债务人可以为债务人继续营业而借款。提供借款的债权人主张参照企业破产法第四十二条第四项的规定优先于普通破产债权清偿的，人民法院应予支持，但其主张优先于此前已就债务人特定财产享有担保的债权清偿的，人民法院不予支持。

管理人或者自行管理的债务人可以为前述借款设定抵押担保，抵押物在破产申请受理前已为其他债权人设定抵押的，债权人主张按照民法典第四百一十四条规定的顺序清偿，人民法院应予支持。

第三条 破产申请受理后，债务人欠缴款项产生的滞纳金，包括债务人未履行生效法律文书应当加倍支付的迟延利息和劳动保险金的滞纳金，债权人作为破产债权申报的，人民法院不予确认。

第四条 保证人被裁定进入破产程序的，债权人有权申报其对保证人的保证债权。

主债务未到期的，保证债权在保证人破产申请受理时视为到期。一般保证的保证人主张行使先诉抗辩权的，人民法院不予支持，但债权人在一般保证人破产程序中的分配额应予提存，待一般保证人应承担的保证责任确定后再按照破产清偿比例予以分配。

保证人被确定应当承担保证责任的,保证人的管理人可以就保证人实际承担的清偿额向主债务人或其他债务人行使求偿权。

第五条 债务人、保证人均被裁定进入破产程序的,债权人有权向债务人、保证人分别申报债权。

债权人向债务人、保证人均申报全部债权的,从一方破产程序中获得清偿后,其对另一方的债权额不作调整,但债权人的受偿额不得超出其债权总额。保证人履行保证责任后不再享有求偿权。

第六条 管理人应当依照企业破产法第五十七条的规定对所申报的债权进行登记造册,详尽记载申报人的姓名、单位、代理人、申报债权额、担保情况、证据、联系方式等事项,形成债权申报登记册。

管理人应当依照企业破产法第五十七条的规定对债权的性质、数额、担保财产、是否超过诉讼时效期间、是否超过强制执行期间等情况进行审查、编制债权表并提交债权人会议核查。

债权表、债权申报登记册及债权申报材料在破产期间由管理人保管,债权人、债务人、债务人职工及其他利害关系人有权查阅。

第七条 已经生效法律文书确定的债权,管理人应当予以确认。

管理人认为债权人据以申报债权的生效法律文书确定的债权错误,或者有证据证明债权人与债务人恶意通过诉讼、仲裁或公证机关赋予强制执行力公证文书的形式虚构债权债务的,应当依法通过审判监督程序向作出该判决、裁定、调解书的人民法院或者上一级人民法院申请撤销生效法律文书,或者向受理破产申请的人民法院申请撤销或者不予执行仲裁裁决、不予执行公证债权文书后,重新确定债权。

第八条 债务人、债权人对债权表记载的债权有异议的,应当说明理由和法律依据。经管理人解释或调整后,异议人仍然不服的,或者管理人不予解释或调整的,异议人应当在债权人会议核查结束后十五日内向人民法院提起债权确认的诉讼。当事人之间在破产申请受理前订立有仲裁条款或仲裁协议的,应当向选定的仲裁机构申请确认债权债务关系。

第九条 债务人对债权表记载的债权有异议向人民法院提起诉讼的,应将被异议债权人列为被告。债权人对债权表记载的他人债权有异议的,应将被异议债权人列为被告;债权人对债权表记载的本人债权有异议的,应将债务人列为被告。

对同一笔债权存在多个异议人,其他异议人申请参加诉讼的,应当列为共同原告。

第十条 单个债权人有权查阅债务人财产状况报告、债权人会议决议、债权人委员会决议、管理人监督报告等参与破产程序所必需的债务人财务和经营信息资料。管理人无正当理由不予提供的,债权人可以请求人民法院作出决定;人民法院应当在五日内作出决定。

上述信息资料涉及商业秘密的,债权人应当依法承担保密义务或者签署保密协议;涉及国家秘密的应当依照相关法律规定处理。

第十一条 债权人会议的决议除现场表决外,可以由管理人事先将相关决议事项告知债权人,采取通信、网络投票等非现场方式进行表决。采取非现场方式进行表决的,管理人应当在债权人会议召开后的三日内,以信函、电子邮件、公告等方式将表决结果告知参与表决的债权人。

根据企业破产法第八十二条规定,对重整计划草案进行分组表决时,权益因重整计划草案受到调整或者影响的债权人或者股东,有权参加表决;权益未受到调整或者影响的债权人或者股东,参照企业破产法第八十三条的规定,不参加重整计划草案的表决。

第十二条 债权人会议的决议具有以下情形之一,损害债权人利益,债权人申请撤销的,人民法院应予支持:

(一)债权人会议的召开违反法定程序;

(二)债权人会议的表决违反法定程序;

(三)债权人会议的决议内容违法;

(四)债权人会议的决议超出债权人会议的职权范围。

人民法院可以裁定撤销全部或者部分事项决议,责令债权人会议依法重新作出决议。

债权人申请撤销债权人会议决议的,应当提出书面申请。债权人会议采取通信、网络投票等非现场方式进行表决的,债权人申请撤销的期限自债权人收到通知之日起算。

第十三条 债权人会议可以依照企业破产法第六十八条第一款第四项的规定,委托债权人委员会行使企业破产法第六十一条第一款第二、三、五项规定的债权人会议职权。债权人会议不得作出概括性授权,委托其行使债权人会议所有职权。

第十四条 债权人委员会决定所议事项应获得全体

成员过半数通过,并作成议事记录。债权人委员会成员对所议事项的决议有不同意见的,应当在记录中载明。

债权人委员会行使职权应当接受债权人会议的监督,以适当的方式向债权人会议及时汇报工作,并接受人民法院的指导。

第十五条 管理人处分企业破产法第六十九条规定的债务人重大财产的,应当事先制作财产管理或者变价方案并提交债权人会议进行表决,债权人会议表决未通过的,管理人不得处分。

管理人实施处分前,应当根据企业破产法第六十九条的规定,提前十日书面报告债权人委员会或者人民法院。债权人委员会可以依照企业破产法第六十八条第二款的规定,要求管理人对处分行为作出相应说明或者提供有关文件依据。

债权人委员会认为管理人实施的处分行为不符合债权人会议通过的财产管理或变价方案的,有权要求管理人纠正。管理人拒绝纠正的,债权人委员会可以请求人民法院作出决定。

人民法院认为管理人实施的处分行为不符合债权人会议通过的财产管理或变价方案的,应当责令管理人停止处分行为。管理人应当予以纠正,或者提交债权人会议重新表决通过后实施。

第十六条 本规定自 2019 年 3 月 28 日起实施。

实施前本院发布的有关企业破产的司法解释,与本规定相抵触的,自本规定实施之日起不再适用。

(四) 国有资产法

中华人民共和国企业国有资产法

- 2008 年 10 月 28 日第十一届全国人民代表大会常务委员会第五次会议通过
- 2008 年 10 月 28 日中华人民共和国主席令第 5 号公布
- 自 2009 年 5 月 1 日起施行

第一章 总 则

第一条 为了维护国家基本经济制度,巩固和发展国有经济,加强对国有资产的保护,发挥国有经济在国民经济中的主导作用,促进社会主义市场经济发展,制定本法。

第二条 本法所称企业国有资产(以下称国有资产),是指国家对企业各种形式的出资所形成的权益。

第三条 国有资产属于国家所有即全民所有。国务院代表国家行使国有资产所有权。

第四条 国务院和地方人民政府依照法律、行政法规的规定,分别代表国家对国家出资企业履行出资人职责,享有出资人权益。

国务院确定的关系国民经济命脉和国家安全的大型国家出资企业,重要基础设施和重要自然资源等领域的国家出资企业,由国务院代表国家履行出资人职责。其他的国家出资企业,由地方人民政府代表国家履行出资人职责。

第五条 本法所称国家出资企业,是指国家出资的国有独资企业、国有独资公司,以及国有资本控股公司、国有资本参股公司。

第六条 国务院和地方人民政府应当按照政企分开、社会公共管理职能与国有资产出资人职能分开、不干预企业依法自主经营的原则,依法履行出资人职责。

第七条 国家采取措施,推动国有资本向关系国民经济命脉和国家安全的重要行业和关键领域集中,优化国有经济布局和结构,推进国有企业的改革和发展,提高国有经济的整体素质,增强国有经济的控制力、影响力。

第八条 国家建立健全与社会主义市场经济发展要求相适应的国有资产管理与监督体制,建立健全国有资产保值增值考核和责任追究制度,落实国有资产保值增值责任。

第九条 国家建立健全国有资产基础管理制度。具体办法按照国务院的规定制定。

第十条 国有资产受法律保护,任何单位和个人不得侵害。

第二章 履行出资人职责的机构

第十一条 国务院国有资产监督管理机构和地方人民政府按照国务院的规定设立的国有资产监督管理机构,根据本级人民政府的授权,代表本级人民政府对国家出资企业履行出资人职责。

国务院和地方人民政府根据需要,可以授权其他部门、机构代表本级人民政府对国家出资企业履行出资人职责。

代表本级人民政府履行出资人职责的机构、部门,以下统称履行出资人职责的机构。

第十二条 履行出资人职责的机构代表本级人民政府对国家出资企业依法享有资产收益、参与重大决策和选择管理者等出资人权利。

履行出资人职责的机构依照法律、行政法规的规定,制定或者参与制定国家出资企业的章程。

履行出资人职责的机构对法律、行政法规和本级人民政府规定须经本级人民政府批准的履行出资人职责的重大事项,应当报请本级人民政府批准。

第十三条 履行出资人职责的机构委派的股东代表参加国有资本控股公司、国有资本参股公司召开的股东会会议、股东大会会议,应当按照委派机构的指示提出提案、发表意见、行使表决权,并将其履行职责的情况和结果及时报告委派机构。

第十四条 履行出资人职责的机构应当依照法律、行政法规以及企业章程履行出资人职责,保障出资人权益,防止国有资产损失。

履行出资人职责的机构应当维护企业作为市场主体依法享有的权利,除依法履行出资人职责外,不得干预企业经营活动。

第十五条 履行出资人职责的机构对本级人民政府负责,向本级人民政府报告履行出资人职责的情况,接受本级人民政府的监督和考核,对国有资产的保值增值负责。

履行出资人职责的机构应当按照国家有关规定,定期向本级人民政府报告有关国有资产总量、结构、变动、收益等汇总分析的情况。

第三章 国家出资企业

第十六条 国家出资企业对其动产、不动产和其他财产依照法律、行政法规以及企业章程享有占有、使用、收益和处分的权利。

国家出资企业依法享有的经营自主权和其他合法权益受法律保护。

第十七条 国家出资企业从事经营活动,应当遵守法律、行政法规,加强经营管理,提高经济效益,接受人民政府及其有关部门、机构依法实施的管理和监督,接受社会公众的监督,承担社会责任,对出资人负责。

国家出资企业应当依法建立和完善法人治理结构,建立健全内部监督管理和风险控制制度。

第十八条 国家出资企业应当依照法律、行政法规和国务院财政部门的规定,建立健全财务、会计制度,设置会计账簿,进行会计核算,依照法律、行政法规以及企业章程的规定向出资人提供真实、完整的财务、会计信息。

国家出资企业应当依照法律、行政法规以及企业章程的规定,向出资人分配利润。

第十九条 国有独资公司、国有资本控股公司和国有资本参股公司依照《中华人民共和国公司法》的规定设立监事会。国有独资企业由履行出资人职责的机构按照国务院的规定委派监事组成监事会。

国家出资企业的监事会依照法律、行政法规以及企业章程的规定,对董事、高级管理人员执行职务的行为进行监督,对企业财务进行监督检查。

第二十条 国家出资企业依照法律规定,通过职工代表大会或者其他形式,实行民主管理。

第二十一条 国家出资企业对其所出资企业依法享有资产收益、参与重大决策和选择管理者等出资人权利。

国家出资企业对其所出资企业,应当依照法律、行政法规的规定,通过制定或者参与制定所出资企业的章程,建立权责明确、有效制衡的企业内部监督管理和风险控制制度,维护其出资人权益。

第四章 国家出资企业管理者的选择与考核

第二十二条 履行出资人职责的机构依照法律、行政法规以及企业章程的规定,任免或者建议任免国家出资企业的下列人员:

(一)任免国有独资企业的经理、副经理、财务负责人和其他高级管理人员;

(二)任免国有独资公司的董事长、副董事长、董事、监事会主席和监事;

(三)向国有资本控股公司、国有资本参股公司的股东会、股东大会提出董事、监事人选。

国家出资企业中应当由职工代表出任的董事、监事,依照有关法律、行政法规的规定由职工民主选举产生。

第二十三条 履行出资人职责的机构任命或者建议任命的董事、监事、高级管理人员,应当具备下列条件:

(一)有良好的品行;

(二)有符合职位要求的专业知识和工作能力;

(三)有能够正常履行职责的身体条件;

(四)法律、行政法规规定的其他条件。

董事、监事、高级管理人员在任职期间出现不符合前款规定情形或者出现《中华人民共和国公司法》规定的不得担任公司董事、监事、高级管理人员情形的,履行出资人职责的机构应当依法予以免职或者提出免职建议。

第二十四条 履行出资人职责的机构对拟任命或者建议任命的董事、监事、高级管理人员的人选,应当按照规定的条件和程序进行考察。考察合格的,按照规定的权限和程序任命或者建议任命。

第二十五条 未经履行出资人职责的机构同意,国有独资企业、国有独资公司的董事、高级管理人员不得在其他企业兼职。未经股东会、股东大会同意,国有资本控股公司、国有资本参股公司的董事、高级管理人员不得在经营同类业务的其他企业兼职。

未经履行出资人职责的机构同意,国有独资公司的董事长不得兼任经理。未经股东会、股东大会同意,国有资本控股公司的董事长不得兼任经理。

董事、高级管理人员不得兼任监事。

第二十六条 国家出资企业的董事、监事、高级管理人员,应当遵守法律、行政法规以及企业章程,对企业负有忠实义务和勤勉义务,不得利用职权收受贿赂或者取得其他非法收入和不当利益,不得侵占、挪用企业资产,不得超越职权或者违反程序决定企业重大事项,不得有其他侵害国有资产出资人权益的行为。

第二十七条 国家建立国家出资企业管理者经营业绩考核制度。履行出资人职责的机构应当对其任命的企业管理者进行年度和任期考核,并依据考核结果决定对企业管理者的奖惩。

履行出资人职责的机构应当按照国家有关规定,确定其任命的国家出资企业管理者的薪酬标准。

第二十八条 国有独资企业、国有独资公司和国有资本控股公司的主要负责人,应当接受依法进行的任期经济责任审计。

第二十九条 本法第二十二条第一款第一项、第二项规定的企业管理者,国务院和地方人民政府规定由本级人民政府任免的,依照其规定。履行出资人职责的机构依照本章规定对上述企业管理者进行考核、奖惩并确定其薪酬标准。

第五章 关系国有资产出资人权益的重大事项

第一节 一般规定

第三十条 国家出资企业合并、分立、改制、上市,增加或者减少注册资本,发行债券,进行重大投资,为他人提供大额担保,转让重大财产,进行大额捐赠,分配利润,以及解散、申请破产等重大事项,应当遵守法律、行政法规以及企业章程的规定,不得损害出资人和债权人的权益。

第三十一条 国有独资企业、国有独资公司合并、分立,增加或者减少注册资本,发行债券,分配利润,以及解散、申请破产,由履行出资人职责的机构决定。

第三十二条 国有独资企业、国有独资公司有本法第三十条所列事项的,除依照本法第三十一条和有关法律、行政法规以及企业章程的规定,由履行出资人职责的机构决定的以外,国有独资企业由企业负责人集体讨论决定,国有独资公司由董事会决定。

第三十三条 国有资本控股公司、国有资本参股公司有本法第三十条所列事项的,依照法律、行政法规以及公司章程的规定,由公司股东会、股东大会或者董事会决定。由股东会、股东大会决定的,履行出资人职责的机构委派的股东代表应当依照本法第十三条的规定行使权利。

第三十四条 重要的国有独资企业、国有独资公司、国有资本控股公司的合并、分立、解散、申请破产以及法律、行政法规和本级人民政府规定应当由履行出资人职责的机构报经本级人民政府批准的重大事项,履行出资人职责的机构在作出决定或者向其委派参加国有资本控股公司股东会会议、股东大会会议的股东代表作出指示前,应当报请本级人民政府批准。

本法所称的重要的国有独资企业、国有独资公司和国有资本控股公司,按照国务院的规定确定。

第三十五条 国家出资企业发行债券、投资等事项,有关法律、行政法规规定应当报经人民政府或者人民政府有关部门、机构批准、核准或者备案的,依照其规定。

第三十六条 国家出资企业投资应当符合国家产业政策,并按照国家规定进行可行性研究;与他人交易应当公平、有偿,取得合理对价。

第三十七条 国家出资企业的合并、分立、改制、解散、申请破产等重大事项,应当听取企业工会的意见,并通过职工代表大会或者其他形式听取职工的意见和建议。

第三十八条 国有独资企业、国有独资公司、国有资本控股公司对其所出资企业的重大事项参照本章规定履行出资人职责。具体办法由国务院规定。

第二节 企业改制

第三十九条 本法所称企业改制是指:

(一)国有独资企业改为国有独资公司;

(二)国有独资企业、国有独资公司改为国有资本控股公司或者非国有资本控股公司;

(三)国有资本控股公司改为非国有资本控股公司。

第四十条 企业改制应当依照法定程序,由履行出资人职责的机构决定或者由公司股东会、股东大会决定。

重要的国有独资企业、国有独资公司、国有资本控股公司的改制,履行出资人职责的机构在作出决定或者向其委派参加国有资本控股公司股东会会议、股东大会会议的股东代表作出指示前,应当将改制方案报请本级人民政府批准。

第四十一条 企业改制应当制定改制方案,载明改制后的企业组织形式、企业资产和债权债务处理方案、股权变动方案、改制的操作程序、资产评估和财务审计等中介机构的选聘等事项。

企业改制涉及重新安置企业职工的，还应当制定职工安置方案，并经职工代表大会或者职工大会审议通过。

第四十二条 企业改制应当按照规定进行清产核资、财务审计、资产评估，准确界定和核实资产，客观、公正地确定资产的价值。

企业改制涉及以企业的实物、知识产权、土地使用权等非货币财产折算为国有资本出资或者股份的，应当按照规定对折价财产进行评估，以评估确认价格作为确定国有资本出资额或者股份数额的依据。不得将财产低价折股或者有其他损害出资人权益的行为。

第三节 与关联方的交易

第四十三条 国家出资企业的关联方不得利用与国家出资企业之间的交易，谋取不当利益，损害国家出资企业利益。

本法所称关联方，是指本企业的董事、监事、高级管理人员及其近亲属，以及这些人员所有或者实际控制的企业。

第四十四条 国有独资企业、国有独资公司、国有资本控股公司不得无偿向关联方提供资金、商品、服务或者其他资产，不得以不公平的价格与关联方进行交易。

第四十五条 未经履行出资人职责的机构同意，国有独资企业、国有独资公司不得有下列行为：

（一）与关联方订立财产转让、借款的协议；

（二）为关联方提供担保；

（三）与关联方共同出资设立企业，或者向董事、监事、高级管理人员或者其近亲属所有或者实际控制的企业投资。

第四十六条 国有资本控股公司、国有资本参股公司与关联方的交易，依照《中华人民共和国公司法》和有关行政法规以及公司章程的规定，由公司股东会、股东大会或者董事会决定。由公司股东会、股东大会决定的，履行出资人职责的机构委派的股东代表，应当依照本法第十三条的规定行使权利。

公司董事会对公司与关联方的交易作出决议时，该交易涉及的董事不得行使表决权，也不得代理其他董事行使表决权。

第四节 资产评估

第四十七条 国有独资企业、国有独资公司和国有资本控股公司合并、分立、改制，转让重大财产，以非货币财产对外投资，清算或者有法律、行政法规以及企业章程规定应当进行资产评估的其他情形的，应当按照规定对有关资产进行评估。

第四十八条 国有独资企业、国有独资公司和国有资本控股公司应当委托依法设立的符合条件的资产评估机构进行资产评估；涉及应当报经履行出资人职责的机构决定的事项的，应当将委托资产评估机构的情况向履行出资人职责的机构报告。

第四十九条 国有独资企业、国有独资公司、国有资本控股公司及其董事、监事、高级管理人员应当向资产评估机构如实提供有关情况和资料，不得与资产评估机构串通评估作价。

第五十条 资产评估机构及其工作人员受托评估有关资产，应当遵守法律、行政法规以及评估执业准则，独立、客观、公正地对受托评估的资产进行评估。资产评估机构应当对其出具的评估报告负责。

第五节 国有资产转让

第五十一条 本法所称国有资产转让，是指依法将国家对企业的出资所形成的权益转移给其他单位或者个人的行为；按照国家规定无偿划转国有资产的除外。

第五十二条 国有资产转让应当有利于国有经济布局和结构的战略性调整，防止国有资产损失，不得损害交易各方的合法权益。

第五十三条 国有资产转让由履行出资人职责的机构决定。履行出资人职责的机构决定转让全部国有资产的，或者转让部分国有资产致使国家对该企业不再具有控股地位的，应当报ца本级人民政府批准。

第五十四条 国有资产转让应当遵循等价有偿和公开、公平、公正的原则。

除按照国家规定可以直接协议转让的以外，国有资产转让应当在依法设立的产权交易场所公开进行。转让方应当如实披露有关信息，征集受让方；征集产生的受让方为两个以上的，转让应当采用公开竞价的交易方式。

转让上市交易的股份依照《中华人民共和国证券法》的规定进行。

第五十五条 国有资产转让应当以依法评估的、经履行出资人职责的机构认可或者由履行出资人职责的机构报经本级人民政府核准的价格为依据，合理确定最低转让价格。

第五十六条 法律、行政法规或者国务院国有资产监督管理机构规定可以向本企业的董事、监事、高级管理人员或者其近亲属，或者这些人员所有或者实际控制的企业转让的国有资产，在转让时，上述人员或者企业参与受让的，应当与其他受让参与者平等竞买；转让方应当按照国家有关规定，如实披露有关信息；相关的董事、监事和高级管理人员不得参与转让方案的制定和组织实施的各项工作。

第五十七条　国有资产向境外投资者转让的，应当遵守国家有关规定，不得危害国家安全和社会公共利益。

第六章　国有资本经营预算

第五十八条　国家建立健全国有资本经营预算制度，对取得的国有资本收入及其支出实行预算管理。

第五十九条　国家取得的下列国有资本收入，以及下列收入的支出，应当编制国有资本经营预算：

（一）从国家出资企业分得的利润；

（二）国有资产转让收入；

（三）从国家出资企业取得的清算收入；

（四）其他国有资本收入。

第六十条　国有资本经营预算按年度单独编制，纳入本级人民政府预算，报本级人民代表大会批准。

国有资本经营预算支出按照当年预算收入规模安排，不列赤字。

第六十一条　国务院和有关地方人民政府财政部门负责国有资本经营预算草案的编制工作，履行出资人职责的机构向财政部门提出由其履行出资人职责的国有资本经营预算建议草案。

第六十二条　国有资本经营预算管理的具体办法和实施步骤，由国务院规定，报全国人民代表大会常务委员会备案。

第七章　国有资产监督

第六十三条　各级人民代表大会常务委员会通过听取和审议本级人民政府履行出资人职责的情况和国有资产监督管理情况的专项工作报告，组织对本法实施情况的执法检查等，依法行使监督职权。

第六十四条　国务院和地方人民政府应当对其授权履行出资人职责的机构履行职责的情况进行监督。

第六十五条　国务院和地方人民政府审计机关依照《中华人民共和国审计法》的规定，对国有资本经营预算的执行情况和属于审计监督对象的国家出资企业进行审计监督。

第六十六条　国务院和地方人民政府应当依法向社会公布国有资产状况和国有资产监督管理工作情况，接受社会公众的监督。

任何单位和个人有权对造成国有资产损失的行为进行检举和控告。

第六十七条　履行出资人职责的机构根据需要，可以委托会计师事务所对国有独资企业、国有独资公司的年度财务会计报告进行审计，或者通过国有资本控股公司的股东会、股东大会决议，由国有资本控股公司聘请会计师事务所对公司的年度财务会计报告进行审计，维护出资人权益。

第八章　法律责任

第六十八条　履行出资人职责的机构有下列行为之一的，对其直接负责的主管人员和其他直接责任人员依法给予处分：

（一）不按照法定的任职条件，任命或者建议任命国家出资企业管理者的；

（二）侵占、截留、挪用国家出资企业的资金或者应当上缴的国有资本收入的；

（三）违反法定的权限、程序，决定国家出资企业重大事项，造成国有资产损失的；

（四）有其他不依法履行出资人职责的行为，造成国有资产损失的。

第六十九条　履行出资人职责的机构的工作人员玩忽职守、滥用职权、徇私舞弊，尚不构成犯罪的，依法给予处分。

第七十条　履行出资人职责的机构委派的股东代表未按照委派机构的指示履行职责，造成国有资产损失的，依法承担赔偿责任；属于国家工作人员的，并依法给予处分。

第七十一条　国家出资企业的董事、监事、高级管理人员有下列行为之一，造成国有资产损失的，依法承担赔偿责任；属于国家工作人员的，并依法给予处分：

（一）利用职权收受贿赂或者取得其他非法收入和不当利益的；

（二）侵占、挪用企业资产的；

（三）在企业改制、财产转让等过程中，违反法律、行政法规和公平交易规则，将企业财产低价转让、低价折股的；

（四）违反本法规定与本企业进行交易的；

（五）不如实向资产评估机构、会计师事务所提供有关情况和资料，或者与资产评估机构、会计师事务所串通出具虚假资产评估报告、审计报告的；

（六）违反法律、行政法规和企业章程规定的决策程序，决定企业重大事项的；

（七）有其他违反法律、行政法规和企业章程执行职务行为的。

国家出资企业的董事、监事、高级管理人员因前款所列行为取得的收入，依法予以追缴或者归国家出资企业所有。

履行出资人职责的机构任命或者建议任命的董事、监事、高级管理人员有本条第一款所列行为之一，造成国有资产重大损失的，由履行出资人职责的机构依法予以免职或者提出免职建议。

第七十二条 在涉及关联方交易、国有资产转让等交易活动中，当事人恶意串通，损害国有资产权益的，该交易行为无效。

第七十三条 国有独资企业、国有独资公司、国有资本控股公司的董事、监事、高级管理人员违反本法规定，造成国有资产重大损失，被免职的，自免职之日起五年内不得担任国有独资企业、国有独资公司、国有资本控股公司的董事、监事、高级管理人员；造成国有资产特别重大损失，或者因贪污、贿赂、侵占财产、挪用财产或者破坏社会主义市场经济秩序被判处刑罚的，终身不得担任国有独资企业、国有独资公司、国有资本控股公司的董事、监事、高级管理人员。

第七十四条 接受委托对国家出资企业进行资产评估、财务审计的资产评估机构、会计师事务所违反法律、行政法规的规定和执业准则，出具虚假的资产评估报告或者审计报告的，依照有关法律、行政法规的规定追究法律责任。

第七十五条 违反本法规定，构成犯罪的，依法追究刑事责任。

第九章 附 则

第七十六条 金融企业国有资产的管理与监督，法律、行政法规另有规定的，依照其规定。

第七十七条 本法自2009年5月1日起施行。

国有资产评估管理办法

·1991年11月16日中华人民共和国国务院令第91号发布
·根据2020年11月29日《国务院关于修改和废止部分行政法规的决定》修订

第一章 总 则

第一条 为了正确体现国有资产的价值量，保护国有资产所有者和经营者、使用者的合法权益，制定本办法。

第二条 国有资产评估，除法律、法规另有规定外，适用本办法。

第三条 国有资产占有单位（以下简称占有单位）有下列情形之一的，应当进行资产评估：

（一）资产拍卖、转让；
（二）企业兼并、出售、联营、股份经营；
（三）与外国公司、企业和其他经济组织或者个人开办外商投资企业；
（四）企业清算；
（五）依照国家有关规定需要进行资产评估的其他情形。

第四条 占有单位有下列情形之一，当事人认为需要的，可以进行资产评估：

（一）资产抵押及其他担保；
（二）企业租赁；
（三）需要进行资产评估的其他情形。

第五条 全国或者特定行业的国有资产评估，由国务院决定。

第六条 国有资产评估范围包括：固定资产、流动资产、无形资产和其他资产。

第七条 国有资产评估应当遵循真实性、科学性、可行性原则，依照国家规定的标准、程序和方法进行评定和估算。

第二章 组织管理

第八条 国有资产评估工作，按国有资产管理权限，由国有资产管理行政主管部门负责管理和监督。

国有资产评估组织工作，按照占有单位的隶属关系，由行业主管部门负责。

国有资产管理行政主管部门和行业主管部门不直接从事国有资产评估业务。

第九条 持有国务院或者省、自治区、直辖市人民政府国有资产管理行政主管部门颁发的国有资产评估资格证书的资产评估公司、会计师事务所、审计事务所、财务咨询公司，经国务院或者省、自治区、直辖市人民政府国有资产管理行政主管部门认可的临时评估机构（以下统称资产评估机构），可以接受占有单位的委托，从事国有资产评估业务。

前款所列资产评估机构的管理办法，由国务院国有资产管理行政主管部门制定。

第十条 占有单位委托资产评估机构进行资产评估时，应当如实提供有关情况和资料。资产评估机构应当对占有单位提供的有关情况和资料保守秘密。

第十一条 资产评估机构进行资产评估,实行有偿服务。资产评估收费办法,由国务院国有资产管理行政主管部门会同财政部门、物价主管部门制定。

第三章 评估程序

第十二条 国有资产评估按照下列程序进行:

(一)申请立项;

(二)资产清查;

(三)评定估算;

(四)验证确认。

第十三条 依照本办法第三条、第四条规定进行资产评估的占有单位,经其主管部门审查同意后,应当向同级国有资产管理行政主管部门提交资产评估立项申请书,并附财产目录和有关会计报表等资料。

经国有资产管理行政主管部门授权或者委托,占有单位的主管部门可以审批资产评估立项申请。

第十四条 国有资产管理行政主管部门应当自收到资产评估立项申请书之日起10日内进行审核,并作出是否准予资产评估立项的决定,通知申请单位及其主管部门。

第十五条 国务院决定对全国或者特定行业进行国有资产评估的,视为已经准予资产评估立项。

第十六条 申请单位收到准予资产评估立项通知书后,可以委托资产评估机构评估资产。

第十七条 受占有单位委托的资产评估机构应当在对委托单位的资产、债权、债务进行全面清查的基础上,核实资产账面与实际是否相符,经营成果是否真实,据以作出鉴定。

第十八条 受占有单位委托的资产评估机构应当根据本办法的规定,对委托单位被评估资产的价值进行评定和估算,并向委托单位提出资产评估结果报告书。

委托单位收到资产评估机构的资产评估结果报告书后,应当报其主管部门审查;主管部门审查同意后,报同级国有资产管理行政主管部门确认资产评估结果。

经国有资产管理行政主管部门授权或者委托,占有单位的主管部门可以确认资产评估结果。

第十九条 国有资产管理行政主管部门应当自收到占有单位报送的资产评估结果报告书之日起45日内组织审核、验证、协商,确认资产评估结果,并下达确认通知书。

第二十条 占有单位对确认通知书有异议的,可以自收到通知书之日起15日内向上一级国有资产管理行政主管部门申请复核。上一级国有资产管理行政主管部门应当自收到复核申请之日起30日内作出裁定,并下达裁定通知书。

第二十一条 占有单位收到确认通知书或者裁定通知书后,应当根据国家有关财务、会计制度进行账务处理。

第四章 评估方法

第二十二条 国有资产重估价值,根据资产原值、净值、新旧程度、重置成本、获利能力等因素和本办法规定的资产评估方法评定。

第二十三条 国有资产评估方法包括:

(一)收益现值法;

(二)重置成本法;

(三)现行市价法;

(四)清算价格法;

(五)国务院国有资产管理行政主管部门规定的其他评估方法。

第二十四条 用收益现值法进行资产评估的,应当根据被评估资产合理的预期获利能力和适当的折现率,计算出资产的现值,并以此评定重估价值。

第二十五条 用重置成本法进行资产评估的,应当根据该项资产在全新情况下的重置成本,减去按重置成本计算的已使用年限的累积折旧额,考虑资产功能变化、成新率等因素,评定重估价值;或者根据资产的使用期限,考虑资产功能变化等因素重新确定成新率,评定重估价值。

第二十六条 用现行市价法进行资产评估的,应当参照相同或者类似资产的市场价格,评定重估价值。

第二十七条 用清算价格法进行资产评估的,应当根据企业清算时其资产可变现的价值,评定重估价值。

第二十八条 对流动资产中的原材料、在制品、协作件、库存商品、低值易耗品等进行评估时,应当根据该项资产的现行市场价格、计划价格,考虑购置费用、产品完工程度、损耗等因素,评定重估价值。

第二十九条 对有价证券的评估,参照市场价格评定重估价值;没有市场价格的,考虑票面价值、预期收益等因素,评定重估价值。

第三十条 对占有单位的无形资产,区别下列情况评定重估价值:

(一)外购的无形资产,根据购入成本及该项资产具有的获利能力;

(二)自创或者自身拥有的无形资产,根据其形成时所需实际成本及该项资产具有的获利能力;

(三)自创或者自身拥有的未单独计算成本的无形

资产,根据该项资产具有的获利能力。

第五章 法律责任

第三十一条 占有单位违反本办法的规定,提供虚假情况和资料,或者与资产评估机构串通作弊,致使资产评估结果失实的,国有资产管理行政主管部门可以宣布资产评估结果无效,并可以根据情节轻重,单处或者并处下列处罚:

(一)通报批评;

(二)限期改正,并可以处以相当于评估费用以下的罚款;

(三)提请有关部门对单位主管人员和直接责任人员给予行政处分,并可以处以相当于本人3个月基本工资以下的罚款。

第三十二条 资产评估机构作弊或者玩忽职守,致使资产评估结果失实的,国有资产管理行政主管部门可以宣布资产评估结果无效,并可以根据情节轻重,对该资产评估机构给予下列处罚:

(一)警告;

(二)停业整顿;

(三)吊销国有资产评估资格证书。

第三十三条 被处罚的单位和个人对依照本办法第三十一条、第三十二条规定作出的处罚决定不服的,可以在收到处罚通知之日起15日内,向上一级国有资产管理行政主管部门申请复议。上一级国有资产管理行政主管部门应当自收到复议申请之日起60日内作出复议决定。申请人对复议决定不服的,可以自收到复议通知之日起15日内,向人民法院提起诉讼。

第三十四条 国有资产管理行政主管部门或者行业主管部门工作人员违反本办法,利用职权谋取私利,或者玩忽职守,造成国有资产损失的,国有资产管理行政主管部门或者行业主管部门可以按照干部管理权限,给予行政处分,并可以处以相当于本人3个月基本工资以下的罚款。

违反本办法,利用职权谋取私利的,由有查处权的部门依法追缴其非法所得。

第三十五条 违反本办法,情节严重,构成犯罪的,由司法机关依法追究刑事责任。

第六章 附 则

第三十六条 境外国有资产的评估,不适用本办法。

第三十七条 有关国有自然资源有偿使用、开采的评估办法,由国务院另行规定。

第三十八条 本办法由国务院国有资产管理行政主管部门负责解释。本办法的施行细则由国务院国有资产管理行政主管部门制定。

第三十九条 本办法自发布之日起施行。

企业国有资产监督管理暂行条例

- 2003年5月27日中华人民共和国国务院令第378号公布
- 根据2011年1月8日《国务院关于废止和修改部分行政法规的决定》第一次修订
- 根据2019年3月2日《国务院关于修改部分行政法规的决定》第二次修订

第一章 总 则

第一条 为建立适应社会主义市场经济需要的国有资产监督管理体制,进一步搞好国有企业,推动国有经济布局和结构的战略性调整,发展和壮大国有经济,实现国有资产保值增值,制定本条例。

第二条 国有及国有控股企业、国有参股企业中的国有资产的监督管理,适用本条例。

金融机构中的国有资产的监督管理,不适用本条例。

第三条 本条例所称企业国有资产,是指国家对企业各种形式的投资和投资所形成的权益,以及依法认定为国家所有的其他权益。

第四条 企业国有资产属于国家所有。国家实行由国务院和地方人民政府分别代表国家履行出资人职责,享有所有者权益,权利、义务和责任相统一,管资产和管人、管事相结合的国有资产管理体制。

第五条 国务院代表国家对关系国民经济命脉和国家安全的大型国有及国有控股、国有参股企业,重要基础设施和重要自然资源等领域的国有及国有控股、国有参股企业,履行出资人职责。国务院履行出资人职责的企业,由国务院确定、公布。

省、自治区、直辖市人民政府和设区的市、自治州级人民政府分别代表国家对由国务院履行出资人职责以外的国有及国有控股、国有参股企业,履行出资人职责。其中,省、自治区、直辖市人民政府履行出资人职责的国有及国有控股、国有参股企业,由省、自治区、直辖市人民政府确定、公布,并报国务院国有资产监督管理机构备案;其他由设区的市、自治州级人民政府履行出资人职责的国有及国有控股、国有参股企业,由设区的市、自治州级人民政府确定、公布,并报省、自治区、直辖市人民政府国有资产监督管理机构备案。

国务院,省、自治区、直辖市人民政府,设区的市、自治州级人民政府履行出资人职责的企业,以下统称所出资企业。

第六条 国务院,省、自治区、直辖市人民政府,设区的市、自治州级人民政府,分别设立国有资产监督管理机构。国有资产监督管理机构根据授权,依法履行出资人职责,依法对企业国有资产进行监督管理。

企业国有资产较少的设区的市、自治州,经省、自治区、直辖市人民政府批准,可以不单独设立国有资产监督管理机构。

第七条 各级人民政府应当严格执行国有资产管理法律、法规,坚持政府的社会公共管理职能与国有资产出资人职能分开,坚持政企分开,实行所有权与经营权分离。

国有资产监督管理机构不行使政府的社会公共管理职能,政府其他机构、部门不履行企业国有资产出资人职责。

第八条 国有资产监督管理机构应当依照本条例和其他有关法律、行政法规的规定,建立健全内部监督制度,严格执行法律、行政法规。

第九条 发生战争、严重自然灾害或者其他重大、紧急情况时,国家可以依法统一调用、处置企业国有资产。

第十条 所出资企业及其投资设立的企业,享有有关法律、行政法规规定的企业经营自主权。

国有资产监督管理机构应当支持企业依法自主经营,除履行出资人职责以外,不得干预企业的生产经营活动。

第十一条 所出资企业应当努力提高经济效益,对其经营管理的企业国有资产承担保值增值责任。

所出资企业应当接受国有资产监督管理机构依法实施的监督管理,不得损害企业国有资产所有者和其他出资人的合法权益。

第二章 国有资产监督管理机构

第十二条 国务院国有资产监督管理机构是代表国务院履行出资人职责、负责监督管理企业国有资产的直属特设机构。

省、自治区、直辖市人民政府国有资产监督管理机构,设区的市、自治州级人民政府国有资产监督管理机构是代表本级政府履行出资人职责、负责监督管理企业国有资产的直属特设机构。

上级政府国有资产监督管理机构依法对下级政府的国有资产监督管理工作进行指导和监督。

第十三条 国有资产监督管理机构的主要职责是:

(一)依照《中华人民共和国公司法》等法律、法规,对所出资企业履行出资人职责,维护所有者权益;

(二)指导推进国有及国有控股企业的改革和重组;

(三)依照规定向所出资企业委派监事;

(四)依照法定程序对所出资企业的企业负责人进行任免、考核,并根据考核结果对其进行奖惩;

(五)通过统计、稽核等方式对企业国有资产的保值增值情况进行监管;

(六)履行出资人的其他职责和承办本级政府交办的其他事项。

国务院国有资产监督管理机构除前款规定职责外,可以制定企业国有资产监督管理的规章、制度。

第十四条 国有资产监督管理机构的主要义务是:

(一)推进国有资产合理流动和优化配置,推动国有经济布局和结构的调整;

(二)保持和提高关系国民经济命脉和国家安全领域国有经济的控制力和竞争力,提高国有经济的整体素质;

(三)探索有效的企业国有资产经营体制和方式,加强企业国有资产监督管理工作,促进企业国有资产保值增值,防止企业国有资产流失;

(四)指导和促进国有及国有控股企业建立现代企业制度,完善法人治理结构,推进管理现代化;

(五)尊重、维护国有及国有控股企业经营自主权,依法维护企业合法权益,促进企业依法经营管理,增强企业竞争力;

(六)指导和协调解决国有及国有控股企业改革与发展中的困难和问题。

第十五条 国有资产监督管理机构应当向本级政府报告企业国有资产监督管理工作、国有资产保值增值状况和其他重大事项。

第三章 企业负责人管理

第十六条 国有资产监督管理机构应当建立健全适应现代企业制度要求的企业负责人的选用机制和激励约束机制。

第十七条 国有资产监督管理机构依照有关规定,任免或者建议任免所出资企业的企业负责人:

(一)任免国有独资企业的总经理、副总经理、总会计师及其他企业负责人;

(二)任免国有独资公司的董事长、副董事长、董事,并向其提出总经理、副总经理、总会计师等的任免建议;

(三)依照公司章程,提出向国有控股的公司派出的

董事、监事人选,推荐国有控股的公司的董事长、副董事长和监事会主席人选,并向其提出总经理、副总经理、总会计师人选的建议;

(四)依照公司章程,提出向国有参股的公司派出的董事、监事人选。

国务院,省、自治区、直辖市人民政府,设区的市、自治州级人民政府,对所出资企业的企业负责人的任免另有规定的,按照有关规定执行。

第十八条 国有资产监督管理机构应当建立企业负责人经营业绩考核制度,与其任命的企业负责人签订业绩合同,根据业绩合同对企业负责人进行年度考核和任期考核。

第十九条 国有资产监督管理机构应当依照有关规定,确定所出资企业中的国有独资企业、国有独资公司的企业负责人的薪酬;依据考核结果,决定其向所出资企业派出的企业负责人的奖惩。

第四章 企业重大事项管理

第二十条 国有资产监督管理机构负责指导国有及国有控股企业建立现代企业制度,审核批准其所出资企业中的国有独资企业、国有独资公司的重组、股份制改造方案和所出资企业中的国有独资公司的章程。

第二十一条 国有资产监督管理机构依照法定程序决定其所出资企业中的国有独资企业、国有独资公司的分立、合并、破产、解散、增减资本、发行公司债券等重大事项。其中,重要的国有独资企业、国有独资公司分立、合并、破产、解散的,应当由国有资产监督管理机构审核后,报本级人民政府批准。

国有资产监督管理机构依照法定程序审核、决定国防科技工业领域其所出资企业中的国有独资企业、国有独资公司的有关重大事项时,按照国家有关法律、规定执行。

第二十二条 国有资产监督管理机构依照公司法的规定,派出股东代表、董事,参加国有控股的公司、国有参股的公司的股东会、董事会。

国有控股的公司、国有参股的公司的股东会、董事会决定公司的分立、合并、破产、解散、增减资本、发行公司债券、任免企业负责人等重大事项时,国有资产监督管理机构派出的股东代表、董事,应当按照国有资产监督管理机构的指示发表意见、行使表决权。

国有资产监督管理机构派出的股东代表、董事,应当将其履行职责的有关情况及时向国有资产监督管理机构报告。

第二十三条 国有资产监督管理机构决定其所出资企业的国有股权转让。其中,转让全部国有股权或者转让部分国有股权致使国家不再拥有控股地位的,报本级人民政府批准。

第二十四条 所出资企业投资设立的重要子企业的重大事项,需由所出资企业报国有资产监督管理机构批准的,管理办法由国务院国有资产监督管理机构另行制定,报国务院批准。

第二十五条 国有资产监督管理机构依照国家有关规定组织协调所出资企业中的国有独资企业、国有独资公司的兼并破产工作,并配合有关部门做好企业下岗职工安置等工作。

第二十六条 国有资产监督管理机构依照国家有关规定拟订所出资企业收入分配制度改革的指导意见,调控所出资企业工资分配的总体水平。

第二十七条 国有资产监督管理机构可以对所出资企业中具备条件的国有独资企业、国有独资公司进行国有资产授权经营。

被授权的国有独资企业、国有独资公司对其全资、控股、参股企业中国家投资形成的国有资产依法进行经营、管理和监督。

第二十八条 被授权的国有独资企业、国有独资公司应当建立和完善规范的现代企业制度,并承担企业国有资产的保值增值责任。

第五章 企业国有资产管理

第二十九条 国有资产监督管理机构依照国家有关规定,负责企业国有资产的产权界定、产权登记、资产评估监管、清产核资、资产统计、综合评价等基础管理工作。

国有资产监督管理机构协调其所出资企业之间的企业国有资产产权纠纷。

第三十条 国有资产监督管理机构应当建立企业国有资产产权交易监督管理制度,加强企业国有资产产权交易的监督管理,促进企业国有资产的合理流动,防止企业国有资产流失。

第三十一条 国有资产监督管理机构对其所出资企业的企业国有资产收益依法履行出资人职责;对其所出资企业的重大投融资规划、发展战略和规划,依照国家发展规划和产业政策履行出资人职责。

第三十二条 所出资企业中的国有独资企业、国有独资公司的重大资产处置,需由国有资产监督管理机构批准的,依照有关规定执行。

第六章 企业国有资产监督

第三十三条 国有资产监督管理机构依法对所出资企业财务进行监督,建立和完善国有资产保值增值指标体系,维护国有资产出资人的权益。

第三十四条 国有及国有控股企业应当加强内部监督和风险控制,依照国家有关规定建立健全财务、审计、企业法律顾问和职工民主监督等制度。

第三十五条 所出资企业中的国有独资企业、国有独资公司应当按照规定定期向国有资产监督管理机构报告财务状况、生产经营状况和国有资产保值增值状况。

第七章 法律责任

第三十六条 国有资产监督管理机构不按规定任免或者建议任免所出资企业的企业负责人,或者违法干预所出资企业的生产经营活动,侵犯其合法权益,造成企业国有资产损失或者其他严重后果的,对直接负责的主管人员和其他直接责任人员依法给予行政处分;构成犯罪的,依法追究刑事责任。

第三十七条 所出资企业中的国有独资企业、国有独资公司未按照规定向国有资产监督管理机构报告财务状况、生产经营状况和国有资产保值增值状况的,予以警告;情节严重的,对直接负责的主管人员和其他直接责任人员依法给予纪律处分。

第三十八条 国有及国有控股企业的企业负责人滥用职权、玩忽职守,造成企业国有资产损失的,应负赔偿责任,并对其依法给予纪律处分;构成犯罪的,依法追究刑事责任。

第三十九条 对企业国有资产损失负有责任受到撤职以上纪律处分的国有及国有控股企业的企业负责人,5年内不得担任任何国有及国有控股企业的企业负责人;造成企业国有资产重大损失或者被判处刑罚的,终身不得担任任何国有及国有控股企业的企业负责人。

第八章 附 则

第四十条 国有及国有控股企业、国有参股企业的组织形式、组织机构、权利和义务等,依照《中华人民共和国公司法》等法律、行政法规和本条例的规定执行。

第四十一条 国有及国有控股企业、国有参股企业中中国共产党基层组织建设、社会主义精神文明建设和党风廉政建设,依照《中国共产党章程》和有关规定执行。

国有及国有控股企业、国有参股企业中工会组织依照《中华人民共和国工会法》和《中国工会章程》的有关规定执行。

第四十二条 国务院国有资产监督管理机构,省、自治区、直辖市人民政府可以依据本条例制定实施办法。

第四十三条 本条例施行前制定的有关企业国有资产监督管理的行政法规与本条例不一致的,依照本条例的规定执行。

第四十四条 政企尚未分开的单位,应当按照国务院的规定,加快改革,实现政企分开。政企分开后的企业,由国有资产监督管理机构依法履行出资人职责,依法对企业国有资产进行监督管理。

第四十五条 本条例自公布之日起施行。

企业国有资产交易监督管理办法

- 2016年6月24日国务院国有资产监督管理委员会、财政部令第32号公布
- 自公布之日起施行

第一章 总 则

第一条 为规范企业国有资产交易行为,加强企业国有资产交易监督管理,防止国有资产流失,根据《中华人民共和国企业国有资产法》、《中华人民共和国公司法》、《企业国有资产监督管理暂行条例》等有关法律法规,制定本办法。

第二条 企业国有资产交易应当遵守国家法律法规和政策规定,有利于国有经济布局和结构调整优化,充分发挥市场配置资源作用,遵循等价有偿和公开公平公正的原则,在依法设立的产权交易机构中公开进行,国家法律法规另有规定的从其规定。

第三条 本办法所称企业国有资产交易行为包括:

(一)履行出资人职责的机构、国有及国有控股企业、国有实际控制企业转让其对企业各种形式出资所形成权益的行为(以下称企业产权转让);

(二)国有及国有控股企业、国有实际控制企业增加资本的行为(以下称企业增资),政府以增加资本金方式对国家出资企业的投入除外;

(三)国有及国有控股企业、国有实际控制企业的重大资产转让行为(以下称企业资产转让)。

第四条 本办法所称国有及国有控股企业、国有实际控制企业包括:

(一)政府部门、机构、事业单位出资设立的国有独资企业(公司),以及上述单位、企业直接或间接合计持股为100%的国有全资企业;

（二）本条第（一）款所列单位、企业单独或共同出资，合计拥有产（股）权比例超过50%，且其中之一为最大股东的企业；

（三）本条第（一）、（二）款所列企业对外出资，拥有股权比例超过50%的各级子企业；

（四）政府部门、机构、事业单位、单一国有及国有控股企业直接或间接持股比例未超过50%，但为第一大股东，并且通过股东协议、公司章程、董事会决议或者其他协议安排能够对其实际支配的企业。

第五条 企业国有资产交易标的应当权属清晰，不存在法律法规禁止或限制交易的情形。已设定担保物权的国有资产交易，应当符合《中华人民共和国物权法》、《中华人民共和国担保法》等有关法律法规规定。涉及政府社会公共管理事项的，应当依法报政府有关部门审核。

第六条 国有资产监督管理机构（以下简称国资监管机构）负责所监管企业的国有资产交易监督管理；国家出资企业负责其各级子企业国有资产交易的管理，定期向同级国资监管机构报告本企业的国有资产交易情况。

第二章 企业产权转让

第七条 国资监管机构负责审核国家出资企业的产权转让事项。其中，因产权转让致使国家不再拥有所出资企业控股权的，须由国资监管机构报本级人民政府批准。

第八条 国家出资企业应当制定其子企业产权转让管理制度，确定审批管理权限。其中，对主业处于关系国家安全、国民经济命脉的重要行业和关键领域，主要承担重大专项任务子企业的产权转让，须由国家出资企业报同级国资监管机构批准。

转让方为多家国有股东共同持股的企业，由其中持股比例最大的国有股东负责履行相关批准程序；各国有股东持股比例相同的，由相关股东协商后确定其中一家股东负责履行相关批准程序。

第九条 产权转让应当由转让方按照企业章程和企业内部管理制度进行决策，形成书面决议。国有控股和国有实际控制企业中国有股东委派的股东代表，应当按照本办法规定和委派单位的指示发表意见、行使表决权，并将履职情况和结果及时报告委派单位。

第十条 转让方应当按照企业发展战略做好产权转让的可行性研究和方案论证。产权转让涉及职工安置事项的，安置方案应当经职工代表大会或职工大会审议通过；涉及债权债务处置事项的，应当符合国家相关法律法规的规定。

第十一条 产权转让事项经批准后，由转让方委托会计师事务所对转让标的企业进行审计。涉及参股权转让不宜单独进行专项审计的，转让方应当取得转让标的企业最近一期年度审计报告。

第十二条 对按照有关法律法规要求必须进行资产评估的产权转让事项，转让方应当委托具有相应资质的评估机构对转让标的进行资产评估，产权转让价格应以经核准或备案的评估结果为基础确定。

第十三条 产权转让原则上通过产权市场公开进行。转让方可以根据企业实际情况和工作进度安排，采取信息预披露和正式披露相结合的方式，通过产权交易机构网站分阶段对外披露产权转让信息，公开征集受让方。其中正式披露信息时间不得少于20个工作日。

因产权转让导致转让标的企业的实际控制权发生转移的，转让方应当在转让行为获批后10个工作日内，通过产权交易机构进行信息预披露，时间不得少于20个工作日。

第十四条 产权转让原则上不得针对受让方设置资格条件，确需设置的，不得有明确指向性或违反公平竞争原则，所设资格条件相关内容应当在信息披露前报同级国资监管机构备案，国资监管机构在5个工作日内未反馈意见的视为同意。

第十五条 转让方披露信息包括但不限于以下内容：

（一）转让标的基本情况；

（二）转让标的企业的股东结构；

（三）产权转让行为的决策及批准情况；

（四）转让标的企业最近一个年度审计报告和最近一期财务报表中的主要财务指标数据，包括但不限于资产总额、负债总额、所有者权益、营业收入、净利润等（转让参股权的，披露最近一个年度审计报告中的相应数据）；

（五）受让方资格条件（适用于对受让方有特殊要求的情形）；

（六）交易条件、转让底价；

（七）企业管理层是否参与受让，有限责任公司原股东是否放弃优先受让权；

（八）竞价方式，受让方选择的相关评判标准；

（九）其他需要披露的事项。

其中信息预披露应当包括但不限于以上（一）、（二）、（三）、（四）、（五）款内容。

第十六条　转让方应当按照要求向产权交易机构提供披露信息内容的纸质文档材料，并对披露内容和所提供材料的真实性、完整性、准确性负责。产权交易机构应当对信息披露的规范性负责。

第十七条　产权转让项目首次正式信息披露的转让底价，不得低于经核准或备案的转让标的评估结果。

第十八条　信息披露期满未征集到意向受让方的，可以延期或在降低转让底价、变更受让条件后重新进行信息披露。

降低转让底价或变更受让条件后重新披露信息的，披露时间不得少于20个工作日。新的转让底价低于评估结果的90%时，应当经转让行为批准单位书面同意。

第十九条　转让项目自首次正式披露信息之日起超过12个月未征集到合格受让方的，应重新履行审计、资产评估以及信息披露等产权转让工作程序。

第二十条　在正式披露信息期间，转让方不得变更产权转让公告中公布的内容，由于非转让方原因或其他不可抗力因素导致可能对转让标的价值判断造成影响的，转让方应当及时调整补充披露信息内容，并相应延长信息披露时间。

第二十一条　产权交易机构负责意向受让方的登记工作，对意向受让方是否符合受让条件提出意见并反馈转让方。产权交易机构与转让方意见不一致的，由转让行为批准单位决定意向受让方是否符合受让条件。

第二十二条　产权转让信息披露期满、产生符合条件的意向受让方的，按照披露的竞价方式组织竞价。竞价可以采取拍卖、招投标、网络竞价以及其他竞价方式，且不得违反国家法律法规的规定。

第二十三条　受让方确定后，转让方与受让方应当签订产权交易合同，交易双方不得以交易期间企业经营性损益等理由对已达成的交易条件和交易价格进行调整。

第二十四条　产权转让导致国有股东持有上市公司股份间接转让的，应当同时遵守上市公司国有股权管理以及证券监管相关规定。

第二十五条　企业产权转让涉及交易主体资格审查、反垄断审查、特许经营权、国有划拨土地使用权、探矿权和采矿权等政府审批事项的，按照相关规定执行。

第二十六条　受让方为境外投资者的，应当符合外商投资产业指导目录和负面清单管理要求，以及外商投资安全审查有关规定。

第二十七条　交易价款应当以人民币计价，通过产权交易机构以货币进行结算。因特殊情况不能通过产权交易机构结算的，转让方应当向产权交易机构提供转让行为批准单位的书面意见以及受让方付款凭证。

第二十八条　交易价款原则上应当自合同生效之日起5个工作日内一次付清。

金额较大、一次付清确有困难的，可以采取分期付款方式。采用分期付款方式的，首期付款不得低于总价款的30%，并在合同生效之日起5个工作日内支付；其余款项应当提供转让方认可的合法有效担保，并按同期银行贷款利率支付延期付款期间的利息，付款期限不得超过1年。

第二十九条　产权交易合同生效后，产权交易机构应当将交易结果通过交易机构网站对外公告，公告内容包括交易标的名称、转让标的评估结果、转让底价、交易价格，公告期不少于5个工作日。

第三十条　产权交易合同生效，并且受让方按照合同约定支付交易价款后，产权交易机构应当及时为交易双方出具交易凭证。

第三十一条　以下情形的产权转让可以采取非公开协议转让方式：

（一）涉及主业处于关系国家安全、国民经济命脉的重要行业和关键领域企业的重组整合，对受让方有特殊要求，企业产权需要在国有及国有控股企业之间转让的，经国资监管机构批准，可以采取非公开协议转让方式；

（二）同一国家出资企业及其各级控股企业或实际控制企业之间因实施内部重组整合进行产权转让的，经该国家出资企业审议决策，可以采取非公开协议转让方式。

第三十二条　采取非公开协议转让方式转让企业产权，转让价格不得低于经核准或备案的评估结果。

以下情形按照《中华人民共和国公司法》、企业章程履行决策程序后，转让价格可以资产评估报告或最近一期审计报告确认的净资产值为基础确定，且不得低于经评估或审计的净资产值：

（一）同一国家出资企业内部实施重组整合，转让方和受让方为该国家出资企业及其直接或间接全资拥有的子企业；

（二）同一国有控股企业或国有实际控制企业内部实施重组整合，转让方和受让方为该国有控股企业或国有实际控制企业及其直接、间接全资拥有的子企业。

第三十三条　国资监管机构批准、国家出资企业审议决策采取非公开协议方式的企业产权转让行为时，应当审核下列文件：

（一）产权转让的有关决议文件；
（二）产权转让方案；
（三）采取非公开协议方式转让产权的必要性以及受让方情况；
（四）转让标的企业审计报告、资产评估报告及其核准或备案文件。其中属于第三十二条（一）、（二）款情形的，可以仅提供企业审计报告；
（五）产权转让协议；
（六）转让方、受让方和转让标的企业的国家出资企业产权登记表（证）；
（七）产权转让行为的法律意见书；
（八）其他必要的文件。

第三章 企业增资

第三十四条 国资监管机构负责审核国家出资企业的增资行为。其中，因增资致使国家不再拥有所出资企业控股权的，须由国资监管机构报本级人民政府批准。

第三十五条 国家出资企业决定其子企业的增资行为。其中，对主业处于关系国家安全、国民经济命脉的重要行业和关键领域，主要承担重大专项任务的子企业的增资行为，须由国家出资企业报同级国资监管机构批准。

增资企业为多家国有股东共同持股的企业，由其中持股比例最大的国有股东负责履行相关批准程序；各国有股东持股比例相同的，由相关股东协商后确定其中一家股东负责履行相关批准程序。

第三十六条 企业增资应当符合国家出资企业的发展战略，做好可行性研究，制定增资方案，明确募集资金金额、用途、投资方应具备的条件、选择标准和遴选方式等。增资后企业的股东数量须符合国家相关法律法规的规定。

第三十七条 企业增资应当由增资企业按照企业章程和内部管理制度进行决策，形成书面决议。国有控股、国有实际控制企业中国有股东委派的股东代表，应当按照本办法规定和委派单位的指示发表意见、行使表决权，并将履职情况和结果及时报告委派单位。

第三十八条 企业增资在完成决策批准程序后，应当由增资企业委托具有相应资质的中介机构开展审计和资产评估。

以下情形按照《中华人民共和国公司法》、企业章程履行决策程序后，可以依据评估报告或最近一期审计报告确定企业资本及股权比例：
（一）增资企业原股东同比例增资的；
（二）履行出资人职责的机构对国家出资企业增资的；
（三）国有控股或国有实际控制企业对其独资子企业增资的；
（四）增资企业和投资方均为国有独资或国有全资企业的。

第三十九条 企业增资通过产权交易机构网站对外披露信息公开征集投资方，时间不得少于40个工作日。信息披露内容包括但不限于：
（一）企业的基本情况；
（二）企业目前的股权结构；
（三）企业增资行为的决策及批准情况；
（四）近三年企业审计报告中的主要财务指标；
（五）企业拟募集资金金额和增资后的企业股权结构；
（六）募集资金用途；
（七）投资方的资格条件，以及投资金额和持股比例要求等；
（八）投资方的遴选方式；
（九）增资终止的条件；
（十）其他需要披露的事项。

第四十条 企业增资涉及上市公司实际控制人发生变更的，应当同时遵守上市公司国有股权管理以及证券监管相关规定。

第四十一条 产权交易机构接受增资企业的委托提供项目推介服务，负责意向投资方的登记工作，协助企业开展投资方资格审查。

第四十二条 通过资格审查的意向投资方数量较多时，可以采用竞价、竞争性谈判、综合评议等方式进行多轮次遴选。产权交易机构负责统一接收意向投资方的投标和报价文件，协助企业开展投资方遴选有关工作。企业董事会或股东会以资产评估结果为基础，结合意向投资方的条件和报价等因素审议选定投资方。

第四十三条 投资方以非货币资产出资的，应当经增资企业董事会或股东会审议同意，并委托具有相应资质的评估机构进行评估，确认投资方的出资金额。

第四十四条 增资协议签订并生效后，产权交易机构应当出具交易凭证，通过交易机构网站对外公告结果，公告内容包括投资方名称、投资金额、持股比例等，公告期不少于5个工作日。

第四十五条 以下情形经同级国资监管机构批准，可以采取非公开协议方式进行增资：
（一）因国有资本布局结构调整需要，由特定的国有及国有控股企业或国有实际控制企业参与增资；

（二）因国家出资企业与特定投资方建立战略合作伙伴或利益共同体需要，由该投资方参与国家出资企业或其子企业增资。

第四十六条 以下情形经国家出资企业审议决策，可以采取非公开协议方式进行增资：

（一）国家出资企业直接或指定其控股、实际控制的其他子企业参与增资；

（二）企业债权转为股权；

（三）企业原股东增资。

第四十七条 国资监管机构批准、国家出资企业审议决策采取非公开协议方式的企业增资行为时，应当审核下列文件：

（一）增资的有关决议文件；

（二）增资方案；

（三）采取非公开协议方式增资的必要性以及投资方情况；

（四）增资企业审计报告、资产评估报告及其核准或备案文件。其中属于第三十八条（一）、（二）、（三）、（四）款情形的，可以仅提供企业审计报告；

（五）增资协议；

（六）增资企业的国家出资企业产权登记表（证）；

（七）增资行为的法律意见书；

（八）其他必要的文件。

第四章 企业资产转让

第四十八条 企业一定金额以上的生产设备、房产、在建工程以及土地使用权、债权、知识产权等资产对外转让，应当按照企业内部管理制度履行相应决策程序后，在产权交易机构公开进行。涉及国家出资企业内部或特定行业的资产转让，确需在国有及国有控股、国有实际控制企业之间非公开转让的，由转让方逐级报国家出资企业审核批准。

第四十九条 国家出资企业负责制定本企业不同类型资产转让行为的内部管理制度，明确责任部门、管理权限、决策程序、工作流程，对其中应当在产权交易机构公开转让的资产种类、金额标准等作出具体规定，并报同级国资监管机构备案。

第五十条 转让方应当根据转让标的情况合理确定转让底价和转让信息公告期：

（一）转让底价高于100万元、低于1000万元的资产转让项目，信息公告期应不少于10个工作日；

（二）转让底价高于1000万元的资产转让项目，信息公告期应不少于20个工作日。

企业资产转让的具体工作流程参照本办法关于企业产权转让的规定执行。

第五十一条 除国家法律法规或相关规定另有要求的外，资产转让不得对受让方设置资格条件。

第五十二条 资产转让价款原则上一次性付清。

第五章 监督管理

第五十三条 国资监管机构及其他履行出资人职责的机构对企业国有资产交易履行以下监管职责：

（一）根据国家有关法律法规，制定企业国有资产交易监管制度和办法；

（二）按照本办法规定，审核批准企业产权转让、增资等事项；

（三）选择从事企业国有资产交易业务的产权交易机构，并建立对交易机构的检查评审机制；

（四）对企业国有资产交易制度的贯彻落实情况进行监督检查；

（五）负责企业国有资产交易信息的收集、汇总、分析和上报工作；

（六）履行本级人民政府赋予的其他监管职责。

第五十四条 省级以上国资监管机构应当在全国范围选择开展企业国有资产交易业务的产权交易机构，并对外公布名单。选择的产权交易机构应当满足以下条件：

（一）严格遵守国家法律法规，未从事政府明令禁止开展的业务，未发生重大违法违规行为；

（二）交易管理制度、业务规则、收费标准等向社会公开，交易规则符合国有资产交易制度规定；

（三）拥有组织交易活动的场所、设施、信息发布渠道和专业人员，具备实施网络竞价的条件；

（四）具有较强的市场影响力，服务能力和水平能够满足企业国有资产交易的需要；

（五）信息化建设和管理水平满足国资监管机构对交易业务动态监测的要求；

（六）相关交易业务接受国资监管机构的监督检查。

第五十五条 国资监管机构应当对产权交易机构开展企业国有资产交易业务的情况进行动态监督。交易机构出现以下情形的，视情节轻重对其进行提醒、警告、通报、暂停直至停止委托从事相关业务：

（一）服务能力和服务水平较差，市场功能未得到充分发挥；

（二）在日常监管和定期检查评审中发现问题较多，

且整改不及时或整改效果不明显；

（三）因违规操作、重大过失等导致企业国有资产在交易过程中出现损失；

（四）违反相关规定，被政府有关部门予以行政处罚而影响业务开展；

（五）拒绝接受国资监管机构对其相关业务开展监督检查；

（六）不能满足国资监管机构监管要求的其他情形。

第五十六条 国资监管机构发现转让方或增资企业未执行或违反相关规定、侵害国有权益的，应当责成其停止交易活动。

第五十七条 国资监管机构及其他履行出资人职责的机构应定期对国家出资企业及其控股和实际控制企业的国有资产交易情况进行检查和抽查，重点检查国家法律法规政策和企业内部管理制度的贯彻执行情况。

第六章 法律责任

第五十八条 企业国有资产交易过程中交易双方发生争议时，当事方可以向产权交易机构申请调解；调解无效时可以按照约定向仲裁机构申请仲裁或向人民法院提起诉讼。

第五十九条 企业国有资产交易应当严格执行"三重一大"决策机制。国资监管机构、国有及国有控股企业、国有实际控制企业的有关人员违反规定越权决策、批准相关交易事项，或者玩忽职守、以权谋私致使国有权益受到侵害的，由有关单位按照人事和干部管理权限给予相关责任人员相应处分；造成国有资产损失的，相关责任人员应当承担赔偿责任；构成犯罪的，依法追究其刑事责任。

第六十条 社会中介机构在为企业国有资产交易提供审计、资产评估和法律服务中存在违规执业行为的，有关国有企业应及时报告同级国资监管机构，国资监管机构可要求国有及国有控股企业、国有实际控制企业不得再委托其开展相关业务；情节严重的，由国资监管机构将有关情况通报其行业主管部门，建议给予其相应处罚。

第六十一条 产权交易机构在企业国有资产交易中弄虚作假或者玩忽职守、给企业造成损失的，应当承担赔偿责任，并依法追究直接责任人员的责任。

第七章 附 则

第六十二条 政府部门、机构、事业单位持有的企业国有资产交易，按照现行监管体制，比照本办法管理。

第六十三条 金融、文化类国家出资企业的国有资产交易和上市公司的国有股权转让等行为，国家另有规定的，依照其规定。

第六十四条 国有资本投资、运营公司对各级子企业资产交易的监督管理，相应由各级人民政府或国资监管机构另行授权。

第六十五条 境外国有及国有控股企业、国有实际控制企业在境内投资企业的资产交易，比照本办法规定执行。

第六十六条 政府设立的各类股权投资基金投资形成企业产（股）权对外转让，按照有关法律法规规定执行。

第六十七条 本办法自发布之日起施行，现行企业国有资产交易监管相关规定与本办法不一致的，以本办法为准。

上市公司国有股权监督管理办法

- 2018年5月16日国务院国有资产监督管理委员会、财政部、中国证券监督管理委员会令第36号公布
- 自2018年7月1日起施行

第一章 总 则

第一条 为规范上市公司国有股权变动行为，推动国有资源优化配置，平等保护各类投资者合法权益，防止国有资产流失，根据《中华人民共和国公司法》、《中华人民共和国证券法》、《中华人民共和国企业国有资产法》、《企业国有资产监督管理暂行条例》等法律法规，制定本办法。

第二条 本办法所称上市公司国有股权变动行为，是指上市公司国有股权持股主体、数量或比例等发生变化的行为，具体包括：国有股东所持上市公司股份通过证券交易系统转让、公开征集转让、非公开协议转让、无偿划转、间接转让、国有股东发行可交换公司债券；国有股东通过证券交易系统增持、协议受让、间接受让、要约收购上市公司股份和认购上市公司发行股票；国有股东所控股上市公司吸收合并、发行证券；国有股东与上市公司进行资产重组等行为。

第三条 本办法所称国有股东是指符合以下情形之一的企业和单位，其证券账户标注"SS"：

（一）政府部门、机构、事业单位、境内国有独资或全资企业；

（二）第一款中所述单位或企业独家持股比例超过50%，或合计持股比例超过50%，且其中之一为第一大股

东的境内企业；

（三）第二款中所述企业直接或间接持股的各级境内独资或全资企业。

第四条 上市公司国有股权变动行为应坚持公开、公平、公正原则，遵守国家有关法律、行政法规和规章制度规定，符合国家产业政策和国有经济布局结构调整方向，有利于国有资本保值增值，提高企业核心竞争力。

第五条 上市公司国有股权变动涉及的股份应当权属清晰，不存在受法律法规规定限制的情形。

第六条 上市公司国有股权变动的监督管理由省级以上国有资产监督管理机构负责。省级国有资产监督管理机构报经省级人民政府同意，可以将地市级以下有关上市公司国有股权变动的监督管理交由地市级国有资产监督管理机构负责。省级国有资产监督管理机构需建立相应的监督检查工作机制。

上市公司国有股权变动涉及政府社会公共管理事项的，应当依法报政府有关部门审核。受让方为境外投资者的，应当符合外商投资产业指导目录或负面清单管理的要求，以及外商投资安全审查的规定，涉及该类情形的，各审核主体在接到相关申请后，应就转让行为是否符合吸收外商投资政策向同级商务部门征求意见，具体申报程序由省级以上国有资产监督管理机构商同级商务部门按《关于上市公司国有股向外国投资者及外商投资企业转让申报程序有关问题的通知》（商资字〔2004〕1号）确定的原则制定。

按照法律、行政法规和本级人民政府有关规定，须经本级人民政府批准的上市公司国有股权变动事项，国有资产监督管理机构应当履行报批程序。

第七条 国家出资企业负责管理以下事项：

（一）国有股东通过证券交易系统转让所持上市公司股份，未达到本办法第十二条规定的比例或数量的事项；

（二）国有股东所持上市公司股份在本企业集团内部进行的无偿划转、非公开协议转让事项；

（三）国有控股股东所持上市公司股份公开征集转让、发行可交换公司债券及所控股上市公司发行证券，未导致其持股比例低于合理持股比例的事项；国有参股股东所持上市公司股份公开征集转让、发行可交换公司债券事项；

（四）国有股东通过证券交易系统增持、协议受让、认购上市公司发行股票等未导致上市公司控股权转移的事项；

（五）国有股东与所控股上市公司进行资产重组，不属于中国证监会规定的重大资产重组范围的事项。

第八条 国有控股股东的合理持股比例（与国有控股股东属于同一控制人的，其所持股份的比例应合并计算）由国家出资企业研究确定，并报国有资产监督管理机构备案。

确定合理持股比例的具体办法由省级以上国有资产监督管理机构另行制定。

第九条 国有股东所持上市公司股份变动应在作充分可行性研究的基础上制定方案，严格履行决策、审批程序，规范操作，按照证券监管的相关规定履行信息披露等义务。在上市公司国有股权变动信息披露前，各关联方要严格遵守保密规定。违反保密规定的，应依法依规追究相关人员责任。

第十条 上市公司国有股权变动应当根据证券市场公开交易价格、可比公司股票交易价格、每股净资产值等因素合理定价。

第十一条 国有资产监督管理机构通过上市公司国有股权管理信息系统（以下简称管理信息系统）对上市公司国有股权变动实施统一监管。

国家出资企业应通过管理信息系统，及时、完整、准确将所持上市公司股份变动情况报送国有资产监督管理机构。

其中，按照本办法规定由国家出资企业审核批准的变动事项须通过管理信息系统作备案管理，并取得统一编号的备案表。

第二章 国有股东所持上市公司股份通过证券交易系统转让

第十二条 国有股东通过证券交易系统转让上市公司股份，按照国家出资企业内部决策程序决定，有以下情形之一的，应报国有资产监督管理机构审核批准：

（一）国有控股股东转让上市公司股份可能导致持股比例低于合理持股比例的；

（二）总股本不超过10亿股的上市公司，国有控股股东拟于一个会计年度内累计净转让（累计转让股份扣除累计增持股份后的余额，下同）达到总股本5%及以上的；总股本超过10亿股的上市公司，国有控股股东拟于一个会计年度内累计净转让数量达到5000万股及以上的；

（三）国有参股股东拟于一个会计年度内累计净转让达到上市公司总股本5%及以上的。

第十三条 国家出资企业、国有资产监督管理机构决定或批准国有股东通过证券交易系统转让上市公司股

份时,应当审核以下文件:

(一)国有股东转让上市公司股份的内部决策文件;

(二)国有股东转让上市公司股份方案,内容包括但不限于:转让的必要性、国有股东及上市公司基本情况、主要财务数据,拟转让股份权属情况,转让底价及确定依据,转让数量、转让时限等;

(三)上市公司股份转让的可行性研究报告;

(四)国家出资企业、国有资产监督管理机构认为必要的其他文件。

第三章 国有股东所持上市公司股份公开征集转让

第十四条 公开征集转让是指国有股东依法公开披露信息,征集受让方转让上市公司股份的行为。

第十五条 国有股东拟公开征集转让上市公司股份的,在履行内部决策程序后,应书面告知上市公司,由上市公司依法披露,进行提示性公告。国有控股股东公开征集转让上市公司股份可能导致上市公司控股权转移的,应当一并通知上市公司申请停牌。

第十六条 上市公司发布提示性公告后,国有股东应及时将转让方案、可行性研究报告、内部决策文件、拟发布的公开征集信息等内容通过管理信息系统报送国有资产监督管理机构。

第十七条 公开征集信息内容包括但不限于:拟转让股份权属情况、数量,受让方应当具备的资格条件,受让方的选择规则,公开征集期限等。

公开征集信息对受让方的资格条件不得设定指向性或违反公平竞争要求的条款,公开征集期限不得少于10个交易日。

第十八条 国有资产监督管理机构通过管理信息系统对公开征集转让事项出具意见。国有股东在获得国有资产监督管理机构同意意见后书面通知上市公司发布公开征集信息。

第十九条 国有股东收到拟受让方提交的受让申请及受让方案后,应当成立由内部职能部门人员以及法律、财务等独立外部专家组成的工作小组,严格按照已公告的规则选择确定受让方。

第二十条 公开征集转让可能导致上市公司控股权转移的,国有股东应当聘请具有上市公司并购重组财务顾问业务资格的证券公司、证券投资咨询机构或者其他符合条件的财务顾问机构担任财务顾问(以下简称财务顾问)。财务顾问应当具有良好的信誉,近三年内无重大违法违规记录,且与受让方不存在利益关联。

第二十一条 财务顾问应当勤勉尽责,遵守行业规范和职业道德,对上市公司股份的转让方式、转让价格、股份转让对国有股东和上市公司的影响等方面出具专业意见;并对拟受让方进行尽职调查,出具尽职调查报告。尽职调查应当包括但不限于以下内容:

(一)拟受让方受让股份的目的;

(二)拟受让方的经营情况、财务状况、资金实力及是否有重大违法违规记录和不良诚信记录;

(三)拟受让方是否具有及时足额支付转让价款的能力、受让资金的来源及合法性;

(四)拟受让方是否具有促进上市公司持续发展和改善上市公司法人治理结构的能力。

第二十二条 国有股东确定受让方后,应当及时与受让方签订股份转让协议。股份转让协议应当包括但不限于以下内容:

(一)转让方、上市公司、拟受让方的名称、法定代表人及住所;

(二)转让方持股数量、拟转让股份数量及价格;

(三)转让方、受让方的权利和义务;

(四)股份转让价款支付方式及期限;

(五)股份登记过户的条件;

(六)协议生效、变更和解除条件、争议解决方式、违约责任等。

第二十三条 国有股东公开征集转让上市公司股份的价格不得低于下列两者之中的较高者:

(一)提示性公告日前30个交易日的每日加权平均价格的算术平均值;

(二)最近一个会计年度上市公司经审计的每股净资产值。

第二十四条 国有股东与受让方签订协议后,属于本办法第七条规定情形的,由国家出资企业审核批准,其他情形由国有资产监督管理机构审核批准。

第二十五条 国家出资企业、国有资产监督管理机构批准国有股东所持上市公司股份公开征集转让时,应当审核以下文件:

(一)受让方的征集及选择情况;

(二)国有股东基本情况、受让方基本情况及上一年度经审计的财务会计报告;

(三)股份转让协议及股份转让价格的定价说明;

(四)受让方与国有股东、上市公司之间在最近12个月内股权转让、资产置换、投资等重大情况及债权债务情况;

(五)律师事务所出具的法律意见书;

（六）财务顾问出具的尽职调查报告（适用于上市公司控股权转移的）；

（七）国家出资企业、国有资产监督管理机构认为必要的其他文件。

第二十六条 国有股东应在股份转让协议签订后5个工作日内收取不低于转让价款30%的保证金，其余价款应在股份过户前全部结清。在全部转让价款支付完毕或交由转让双方共同认可的第三方妥善保管前，不得办理股份过户登记手续。

第二十七条 国有资产监督管理机构关于国有股东公开征集转让上市公司股份的批准文件或国有资产监督管理机构、管理信息系统出具的统一编号的备案表和全部转让价款支付凭证是证券交易所、中国证券登记结算有限责任公司办理上市公司股份过户登记手续的必备文件。

上市公司股份过户前，原则上受让方人员不能提前进入上市公司董事会和经理层，不得干预上市公司正常生产经营。

第四章 国有股东所持上市公司股份非公开协议转让

第二十八条 非公开协议转让是指不公开征集受让方，通过直接签订协议转让上市公司股份的行为。

第二十九条 符合以下情形之一的，国有股东可以非公开协议转让上市公司股份：

（一）上市公司连续两年亏损并存在退市风险或严重财务危机，受让方提出重大资产重组计划及具体时间表的；

（二）企业主业处于关系国家安全、国民经济命脉的重要行业和关键领域，主要承担重大专项任务，对受让方有特殊要求的；

（三）为实施国有资源整合或资产重组，在国有股东、潜在国有股东（经本次国有资源整合或资产重组后成为上市公司国有股东的，以下统称国有股东）之间转让的；

（四）上市公司回购股份涉及国有股东所持股份的；

（五）国有股东因接受要约收购方式转让其所持上市公司股份的；

（六）国有股东因解散、破产、减资、被依法责令关闭等原因转让其所持上市公司股份的；

（七）国有股东以所持上市公司股份出资的。

第三十条 国有股东在履行内部决策程序后，应当及时与受让方签订股份转让协议。涉及上市公司控股权转移的，在转让协议签订前，应按本办法第二十条、第二十一条规定聘请财务顾问，对拟受让方进行尽职调查，出具尽职调查报告。

第三十一条 国有股东与受让方签订协议后，属于本办法第七条规定情形的，由国家出资企业审核批准，其他情形由国有资产监督管理机构审核批准。

第三十二条 国有股东非公开协议转让上市公司股份的价格不得低于下列两者之中的较高者：

（一）提示性公告日前30个交易日的每日加权平均价格的算术平均值；

（二）最近一个会计年度上市公司经审计的每股净资产值。

第三十三条 国有股东非公开协议转让上市公司股份存在下列特殊情形的，可按以下原则确定股份转让价格：

（一）国有股东为实施资源整合或重组上市公司，并在其所持上市公司股份转让完成后全部回购上市公司主业资产的，股份转让价格由国有股东根据中介机构出具的该上市公司股票价格的合理估值结果确定；

（二）为实施国有资源整合或资产重组，在国有股东之间转让且上市公司中的国有权益并不因此减少的，股份转让价格应当根据上市公司股票的每股净资产值、净资产收益率、合理的市盈率等因素合理确定。

第三十四条 国家出资企业、国有资产监督管理机构批准国有股东非公开协议转让上市公司股份时，应当审核以下文件：

（一）国有股东转让上市公司股份的决策文件；

（二）国有股东转让上市公司股份的方案，内容包括但不限于：不公开征集受让方的原因、转让价格及确定依据、转让的数量、转让收入的使用计划等；

（三）国有股东基本情况、受让方基本情况及上一年度经审计的财务会计报告；

（四）可行性研究报告；

（五）股份转让协议；

（六）以非货币资产支付的说明；

（七）拟受让方与国有股东、上市公司之间在最近12个月内股权转让、资产置换、投资等重大情况及债权债务情况；

（八）律师事务所出具的法律意见书；

（九）财务顾问出具的尽职调查报告（适用于上市公司控股权转移的）；

（十）国家出资企业、国有资产监督管理机构认为必要的其他文件。

第三十五条　以现金支付股份转让价款的,转让价款收取按照本办法第二十六条规定办理;以非货币资产支付股份转让价款的,应当符合国家相关规定。

第三十六条　国有资产监督管理机构关于国有股东非公开协议转让上市公司股份的批准文件或国有资产监督管理机构、管理信息系统出具的统一编号的备案表和全部转让价款支付凭证(包括非货币资产的交割凭证)是证券交易所、中国证券登记结算有限责任公司办理上市公司股份过户登记手续的必备文件。

第五章　国有股东所持上市公司股份无偿划转

第三十七条　政府部门、机构、事业单位、国有独资或全资企业之间可以依法无偿划转所持上市公司股份。

第三十八条　国有股东所持上市公司股份无偿划转属于本办法第七条规定情形的,由国家出资企业审核批准,其他情形由国有资产监督管理机构审核批准。

第三十九条　国家出资企业、国有资产监督管理机构批准国有股东所持上市公司股份无偿划转时,应当审核以下文件:

(一)国有股东无偿划转上市公司股份的内部决策文件;

(二)国有股东无偿划转上市公司股份的方案和可行性研究报告;

(三)上市公司股份无偿划转协议;

(四)划转双方基本情况、上一年度经审计的财务会计报告;

(五)划出方债务处置方案及或有负债的解决方案,及主要债权人对无偿划转的无异议函;

(六)划入方未来12个月内对上市公司的重组计划或未来三年发展规划(适用于上市公司控股权转移的);

(七)律师事务所出具的法律意见书;

(八)国家出资企业、国有资产监督管理机构认为必要的其他文件。

第四十条　国有资产监督管理机构关于国有股东无偿划转上市公司股份的批准文件或国有资产监督管理机构、管理信息系统出具的统一编号的备案表是证券交易所、中国证券登记结算有限责任公司办理股份过户登记手续的必备文件。

第六章　国有股东所持上市公司股份间接转让

第四十一条　本办法所称国有股东所持上市公司股份间接转让是指因国有产权转让或增资扩股等原因导致国有股东不再符合本办法第三条规定情形的行为。

第四十二条　国有股东拟间接转让上市公司股份的,履行内部决策程序后,应书面通知上市公司进行信息披露,涉及国有控股股东的,应当一并通知上市公司申请停牌。

第四十三条　国有股东所持上市公司股份间接转让应当按照本办法第二十三条规定确定其所持上市公司股份价值,上市公司股份价值确定的基准日应与国有股东资产评估的基准日一致,且与国有股东产权直接持有单位对该产权变动决策的日期相差不得超过一个月。

国有产权转让或增资扩股到产权交易机构挂牌时,因上市公司股份发生大幅变化等原因,导致资产评估报告的结论已不能反映交易标的真实价值的,原决策机构应对间接转让行为重新审议。

第四十四条　国有控股股东所持上市公司股份间接转让,应当按本办法第二十条、第二十一条规定聘请财务顾问,对国有产权拟受让方或投资人进行尽职调查,并出具尽职调查报告。

第四十五条　国有股东所持上市公司股份间接转让的,国有股东应在产权转让或增资扩股协议签订后,产权交易机构出具交易凭证前报国有资产监督管理机构审核批准。

第四十六条　国有资产监督管理机构批准国有股东所持上市公司股份间接转让时,应当审核以下文件:

(一)产权转让或增资扩股决策文件、资产评估结果核准、备案文件及可行性研究报告;

(二)经批准的产权转让或增资扩股方案;

(三)受让方或投资人征集、选择情况;

(四)国有产权转让协议或增资扩股协议;

(五)国有股东资产作价金额,包括国有股东所持上市公司股份的作价说明;

(六)受让方或投资人基本情况及上一年度经审计的财务会计报告;

(七)财务顾问出具的尽职调查报告(适用于国有控股股东国有产权变动的);

(八)律师事务所出具的法律意见书;

(九)国有资产监督管理机构认为必要的其他文件。

第四十七条　国有股东产权转让或增资扩股未构成间接转让的,其资产评估涉及上市公司股份作价按照本办法第四十三条规定确定。

第七章　国有股东发行可交换公司债券

第四十八条　本办法所称国有股东发行可交换公司债券,是指上市公司国有股东依法发行、在一定期限内依据约定条件可以交换成该股东所持特定上市公司股份的公司债券的行为。

第四十九条 国有股东发行的可交换公司债券交换为上市公司每股股份的价格,应不低于债券募集说明书公告日前1个交易日、前20个交易日、前30个交易日该上市公司股票均价中的最高者。

第五十条 国有股东发行的可交换公司债券,其利率应当在参照同期银行贷款利率、银行票据利率、同行业其他企业发行的债券利率,以及标的公司股票每股交换价格、上市公司未来发展前景等因素的前提下,通过市场询价合理确定。

第五十一条 国有股东发行可交换公司债券属于本办法第七条规定情形的,由国家出资企业审核批准,其他情形由国有资产监督管理机构审核批准。

第五十二条 国家出资企业、国有资产监督管理机构批准国有股东发行可交换公司债券时,应当审核以下文件:

(一)国有股东发行可交换公司债券的内部决策文件;

(二)国有股东发行可交换公司债券的方案,内容包括但不限于:国有股东、上市公司基本情况及主要财务数据,预备用于交换的股份数量及保证方式,风险评估论证情况、偿本付息及应对债务风险的具体方案,对国有股东控股地位影响的分析等;

(三)可行性研究报告;

(四)律师事务所出具的法律意见书;

(五)国家出资企业、国有资产监督管理机构认为必要的其他文件。

第八章 国有股东受让上市公司股份

第五十三条 本办法所称国有股东受让上市公司股份行为主要包括国有股东通过证券交易系统增持、协议受让、间接受让、要约收购上市公司股份和认购上市公司发行股票等。

第五十四条 国有股东受让上市公司股份属于本办法第七条规定情形的,由国家出资企业审核批准,其他情形由国有资产监督管理机构审核批准。

第五十五条 国家出资企业、国有资产监督管理机构批准国有股东受让上市公司股份时,应当审核以下文件:

(一)国有股东受让上市公司股份的内部决策文件;

(二)国有股东受让上市公司股份方案,内容包括但不限于:国有股东及上市公司的基本情况、主要财务数据、价格上限及确定依据、数量及受让时限等;

(三)可行性研究报告;

(四)股份转让协议(适用于协议受让的)、产权转让或增资扩股协议(适用于间接受让的);

(五)财务顾问出具的尽职调查报告和上市公司估值报告(适用于取得控股权的);

(六)律师事务所出具的法律意见书;

(七)国家出资企业、国有资产监督管理机构认为必要的其他文件。

第五十六条 国有股东将其持有的可转换公司债券或可交换公司债券转换、交换成上市公司股票的,通过司法机关强制执行手续取得上市公司股份的,按照相关法律、行政法规及规章制度的规定办理,并在上述行为完成后10个工作日内将相关情况通过管理信息系统按程序报告国有资产监督管理机构。

第九章 国有股东所控股上市公司吸收合并

第五十七条 本办法所称国有股东所控股上市公司吸收合并,是指国有控股上市公司之间或国有控股上市公司与非国有控股上市公司之间的吸收合并。

第五十八条 国有股东所控股上市公司应当聘请财务顾问,对吸收合并的双方进行尽职调查和内部核查,并出具专业意见。

第五十九条 国有股东应指导上市公司根据股票交易价格,并参考可比交易案例,合理确定上市公司换股价格。

第六十条 国有股东应当在上市公司董事会审议吸收合并方案前,将该方案报国有资产监督管理机构审核批准。

第六十一条 国有资产监督管理机构批准国有股东所控股上市公司吸收合并时,应当审核以下文件:

(一)国家出资企业、国有股东的内部决策文件;

(二)国有股东所控股上市公司吸收合并的方案,内容包括但不限于:国有控股股东及上市公司基本情况、换股价格的确定依据、现金选择权安排、吸收合并后的股权结构、债务处置、职工安置、市场应对预案等;

(三)可行性研究报告;

(四)律师事务所出具的法律意见书;

(五)国有资产监督管理机构认为必要的其他文件。

第十章 国有股东所控股上市公司发行证券

第六十二条 本办法所称国有股东所控股上市公司发行证券包括上市公司采用公开方式向原股东配售股

份、向不特定对象公开募集股份、采用非公开方式向特定对象发行股份以及发行可转换公司债券等行为。

第六十三条 国有股东所控股上市公司发行证券,应当在股东大会召开前取得批准。属于本办法第七条规定情形的,由国家出资企业审核批准,其他情形报国有资产监督管理机构审核批准。

第六十四条 国家出资企业、国有资产监管机构批准国有股东所控股上市公司发行证券时,应当审核以下文件:

(一)上市公司董事会决议;

(二)国有股东所控股上市公司发行证券的方案,内容包括但不限于:相关国有股东、上市公司基本情况,发行方式、数量、价格,募集资金用途,对国有股东控股地位影响的分析,发行可转换公司债券的风险评估论证情况、偿本付息及应对债务风险的具体方案等;

(三)可行性研究报告;

(四)律师事务所出具的法律意见书;

(五)国家出资企业、国有资产监督管理机构认为必要的其他文件。

第十一章　国有股东与上市公司进行资产重组

第六十五条 本办法所称国有股东与上市公司进行资产重组是指国有股东向上市公司注入、购买或置换资产并涉及国有股东所持上市公司股份发生变化的情形。

第六十六条 国有股东就资产重组事项进行内部决策后,应书面通知上市公司,由上市公司依法披露,并申请股票停牌。在上市公司董事会审议资产重组方案前,应当将可行性研究报告报国家出资企业、国有资产监督管理机构预审核,并由国有资产监督管理机构通过管理信息系统出具意见。

第六十七条 国有股东与上市公司进行资产重组方案经上市公司董事会审议通过后,应当在上市公司股东大会召开前获得相应批准。属于本办法第七条规定情形的,由国家出资企业审核批准,其他情形由国有资产监督管理机构审核批准。

第六十八条 国家出资企业、国有资产监督管理机构批准国有股东与上市公司进行资产重组时,应当审核以下文件:

(一)国有股东决策文件和上市公司董事会决议;

(二)资产重组的方案,内容包括但不限于:资产重组的原因及目的,涉及标的资产范围、业务情况及近三年损益情况、未来盈利预测及其依据,相关资产作价的说明,资产重组对国有股东及上市公司权益、盈利水平和未来发展的影响等;

(三)资产重组涉及相关资产的评估备案表或核准文件;

(四)律师事务所出具的法律意见书;

(五)国家出资企业、国有资产监督管理机构认为必要的其他文件。

第六十九条 国有股东参股的非上市企业参与非国有控股上市公司的资产重组事项由国家出资企业按照内部决策程序自主决定。

第十二章　法律责任

第七十条 在上市公司国有股权变动中,相关方有下列行为之一的,国有资产监督管理机构或国家出资企业应要求终止上市公司股权变动行为,必要时应向人民法院提起诉讼:

(一)不履行相应的内部决策程序、批准程序或者超越权限,擅自变动上市公司国有股权的;

(二)向中介机构提供虚假资料,导致审计、评估结果失真,造成国有资产损失的;

(三)相关方恶意串通,签订显失公平的协议,造成国有资产损失的;

(四)相关方采取欺诈、隐瞒等手段变动上市公司国有股权,造成国有资产损失的;

(五)相关方未在约定期限内履行承诺义务的;

(六)违反上市公司信息披露规定,涉嫌内幕交易的。

第七十一条 违反有关法律、法规或本办法的规定变动上市公司国有股权并造成国有资产损失的,国有资产监督管理机构可以责令国有股东采取措施限期纠正;国有股东、上市公司负有直接责任的主管人员和其他直接责任人员,由国有资产监督管理机构或者相关企业按照权限给予纪律处分,造成国有资产损失的,应负赔偿责任;涉嫌犯罪的,依法移送司法机关处理。

第七十二条 社会中介机构在上市公司国有股权变动的审计、评估、咨询和法律等服务中违规执业的,由国有资产监督管理机构将有关情况通报其行业主管部门,建议给予相应处罚;情节严重的,国有股东三年内不得再委托其开展相关业务。

第七十三条 上市公司国有股权变动批准机构及其有关人员违反有关法律、法规或本办法的规定,擅自批准或者在批准中以权谋私,造成国有资产损失的,由有关部门按照权限给予纪律处分;涉嫌犯罪的,依法移送司法机关处理。

国有资产监督管理机构违反有关法律、法规或本办法的规定审核批准上市公司国有股权变动并造成国有资产损失的,对直接负责的主管人员和其他责任人员给予纪律处分;涉嫌犯罪的,依法移送司法机关处理。

第十三章 附 则

第七十四条 不符合本办法规定的国有股东标准,但政府部门、机构、事业单位和国有独资或全资企业通过投资关系、协议或者其他安排,能够实际支配其行为的境内外企业,证券账户标注为"CS",所持上市公司股权变动行为参照本办法管理。

第七十五条 政府部门、机构、事业单位及其所属企业持有的上市公司国有股权变动行为,按照现行监管体制,比照本办法管理。

第七十六条 金融、文化类上市公司国有股权的监督管理,国家另有规定的,依照其规定。

第七十七条 国有或国有控股的专门从事证券业务的证券公司及基金管理公司转让、受让上市公司股份的监督管理按照相关规定办理。

第七十八条 国有出资的有限合伙企业不作国有股东认定,其所持上市公司股份的监督管理另行规定。

第七十九条 本办法自2018年7月1日起施行。

二、境内上市发行

(一) 发行

1. 综合

股票发行与交易管理暂行条例

· 1993年4月22日中华人民共和国国务院令第112号发布
· 自发布之日起施行

第一章 总则

第一条 为了适应发展社会主义市场经济的需要，建立和发展全国统一、高效的股票市场，保护投资者的合法权益和社会公共利益，促进国民经济的发展，制定本条例。

第二条 在中华人民共和国境内从事股票发行、交易及其相关活动，必须遵守本条例。

本条例关于股票的规定适用于具有股票性质、功能的证券。

第三条 股票的发行与交易，应当遵循公开、公平和诚实信用的原则。

第四条 股票的发行与交易，应当维护社会主义公有制的主体地位，保障国有资产不受侵害。

第五条 国务院证券委员会（以下简称"证券委"）是全国证券市场的主管机构，依照法律、法规的规定对全国证券市场进行统一管理。中国证券监督管理委员会（以下简称"证监会"）是证券委的监督管理执行机构，依照法律、法规的规定对证券发行与交易的具体活动进行管理和监督。

第六条 人民币特种股票发行与交易的具体办法另行制定。

境内企业直接或者间接到境外发行股票、将其股票在境外交易，必须经证券委审批，具体办法另行制定。

第二章 股票的发行

第七条 股票发行人必须是具有股票发行资格的股份有限公司。

前款所称股份有限公司，包括已经成立的股份有限公司和经批准拟成立的股份有限公司。

第八条 设立股份有限公司申请公开发行股票，应当符合下列条件：

（一）其生产经营符合国家产业政策；

（二）其发行的普通股限于一种，同股同权；

（三）发起人认购的股本数额不少于公司拟发行的股本总额的百分之三十五；

（四）在公司拟发行的股本总额中，发起人认购的部分不少于人民币3000万元，但是国家另有规定的除外；

（五）向社会公众发行的部分不少于公司拟发行的股本总额的百分之二十五，其中公司职工认购的股本数额不得超过拟向社会公众发行的股本总额的百分之十；公司拟发行的股本总额超过人民币4亿元的，证监会按照规定可以酌情降低向社会公众发行的部分的比例，但是最低不少于公司拟发行的股本总额的百分之十；

（六）发起人在近3年内没有重大违法行为；

（七）证券委规定的其他条件。

第九条 原有企业改组设立股份有限公司申请公开发行股票，除应当符合本条例第八条所列条件外，还应当符合下列条件：

（一）发行前一年末，净资产在总资产中所占比例不低于百分之三十，无形资产在净资产中所占比例不高于百分之二十，但是证券委另有规定的除外；

（二）近3年连续盈利。

国有企业改组设立股份有限公司公开发行股票的，国家拥有的股份在公司拟发行的股本总额中所占的比例由国务院或者国务院授权的部门规定。

第十条 股份有限公司增资申请公开发行股票，除应当符合本条例第八条和第九条所列条件外，还应当符合下列条件：

（一）前一次公开发行股票所得资金的使用与其招股说明书所述的用途相符，并且资金使用效益良好；

（二）距前一次公开发行股票的时间不少于12个月；

（三）从前一次公开发行股票到本次申请期间没有重大违法行为；

（四）证券委规定的其他条件。

第十一条 定向募集公司申请公开发行股票，除应当符合本条例第八条和第九条所列条件外，还应当符合下列条件：

（一）定向募集所得资金的使用与其招股说明书所述的用途相符，并且资金使用效益良好；

（二）距最近一次定向募集股份的时间不少于12个月；

（三）从最近一次定向募集到本次公开发行期间没有重大违法行为；

（四）内部职工股权证按照规定范围发放，并且已交国家指定的证券机构集中托管；

（五）证券委规定的其他条件。

第十二条 申请公开发行股票，按照下列程序办理：

（一）申请人聘请会计师事务所、资产评估机构、律师事务所等专业性机构，对其资信、资产、财务状况进行审定、评估和就有关事项出具法律意见书后，按照隶属关系，分别向省、自治区、直辖市、计划单列市人民政府（以下简称"地方政府"）或者中央企业主管部门提出公开发行股票的申请；

（二）在国家下达的发行规模内，地方政府对地方企业的发行申请进行审批，中央企业主管部门在与申请人所在地地方政府协商后对中央企业的发行申请进行审批；地方政府、中央企业主管部门应当自收到发行申请之日起30个工作日内作出审批决定，并抄报证券委；

（三）被批准的发行申请，送证监会复审；证监会应当自收到复审申请之日起20个工作日内出具复审意见书，并将复审意见书抄报证券委；经证监会复审同意的，申请人应当向证券交易所上市委员会提出申请，经上市委员会同意接受上市，方可发行股票。

第十三条 申请公开发行股票，应当向地方政府或者中央企业主管部门报送下列文件：

（一）申请报告；

（二）发起人会议或者股东大会同意公开发行股票的决议；

（三）批准设立股份有限公司的文件；

（四）工商行政管理部门颁发的股份有限公司营业执照或者股份有限公司筹建登记证明；

（五）公司章程或者公司章程草案；

（六）招股说明书；

（七）资金运用的可行性报告；需要国家提供资金或者其他条件的固定资产投资项目，还应当提供国家有关部门同意固定资产投资立项的批准文件；

（八）经会计师事务所审计的公司近3年或者成立以来的财务报告和由2名以上注册会计师及其所在事务所签字、盖章的审计报告；

（九）经2名以上律师及其所在事务所就有关事项签字、盖章的法律意见书；

（十）经2名以上专业评估人员及其所在机构签字、盖章的资产评估报告，经2名以上注册会计师及其所在事务所签字、盖章的验资报告；涉及国有资产的，还应当提供国有资产管理部门出具的确认文件；

（十一）股票发行承销方案和承销协议；

（十二）地方政府或者中央企业主管部门要求报送的其他文件。

第十四条 被批准的发行申请送证监会复审时，除应当报送本条例第十三条所列文件外，还应当报送下列文件：

（一）地方政府或者中央企业主管部门批准发行申请的文件；

（二）证监会要求报送的其他文件。

第十五条 本条例第十三条所称招股说明书应当按照证监会规定的格式制作，并载明下列事项：

（一）公司的名称、住所；

（二）发起人、发行人简况；

（三）筹资的目的；

（四）公司现有股本总额，本次发行的股票种类、总额，每股的面值、售价，发行前的每股净资产值和发行结束后每股预期净资产值，发行费用和佣金；

（五）初次发行的发起人认购股本的情况、股权结构及验资证明；

（六）承销机构的名称、承销方式与承销数量；

（七）发行的对象、时间、地点及股票认购和股款缴纳的方式；

（八）所筹资金的运用计划及收益、风险预测；

（九）公司近期发展规划和经注册会计师审核并出具审核意见的公司下一年的盈利预测文件；

（十）重要的合同；

（十一）涉及公司的重大诉讼事项；

（十二）公司董事、监事名单及其简历；

（十三）近3年或者成立以来的生产经营状况和有关业务发展的基本情况；

（十四）经会计师事务所审计的公司近3年或者成立以来的财务报告和由2名以上注册会计师及其所在事务所签字、盖章的审计报告；

（十五）增资发行的公司前次公开发行股票所筹资金的运用情况；

(十六)证监会要求载明的其他事项。

第十六条 招股说明书的封面应当载明:"发行人保证招股说明书的内容真实、准确、完整。政府及国家证券管理部门对本次发行所作出的任何决定,均不表明其对发行人所发行的股票的价值或者投资人的收益作出实质性判断或者保证。"

第十七条 全体发起人或者董事以及主承销商应当在招股说明书上签字,保证招股说明书没有虚假、严重误导性陈述或者重大遗漏,并保证对其承担连带责任。

第十八条 为发行人出具文件的注册会计师及其所在事务所、专业评估人员及其所在机构、律师及其所在事务所,在履行职责时,应当按照本行业公认的业务标准和道德规范,对其出具文件内容的真实性、准确性、完整性进行核查和验证。

第十九条 在获准公开发行股票前,任何人不得以任何形式泄露招股说明书的内容。在获准公开发行股票后,发行人应当在承销期开始前2个至5个工作日期间公布招股说明书。

发行人应当向认购人提供招股说明书。证券承销机构应当将招股说明书备置于营业场所,并有义务提醒认购人阅读招股说明书。

招股说明书的有效期为6个月,自招股说明书签署完毕之日起计算。招股说明书失效后,股票发行必须立即停止。

第二十条 公开发行的股票应当由证券经营机构承销。承销包括包销和代销两种方式。

发行人应当与证券经营机构签署承销协议。承销协议应当载明下列事项:

(一)当事人的名称、住所及法定代表人的姓名;
(二)承销方式;
(三)承销股票的种类、数量、金额及发行价格;
(四)承销期及起止日期;
(五)承销付款的日期及方式;
(六)承销费用的计算、支付方式和日期;
(七)违约责任;
(八)其他需要约定的事项。

证券经营机构收取承销费用的原则,由证监会确定。

第二十一条 证券经营机构承销股票,应当对招股说明书和其他有关宣传材料的真实性、准确性、完整性进行核查;发现含有虚假、严重误导性陈述或者重大遗漏的,不得发出要约邀请或者要约;已经发出的,应当立即停止销售活动,并采取相应的补救措施。

第二十二条 拟公开发行股票的面值总额超过人民币3000万元或者预期销售总金额超过人民币5000万元的,应当由承销团承销。

承销团由2个以上承销机构组成。主承销商由发行人按照公平竞争的原则,通过竞标或者协商的方式确定。主承销商应当与其他承销商签署承销团协议。

第二十三条 拟公开发行股票的面值总额超过人民币1亿元或者预期销售总金额超过人民币1亿5000万元的,承销团中的外地承销机构的数目以及总承销量中在外地销售的数量,应当占合理的比例。

前款所称外地是指发行人所在的省、自治区、直辖市以外的地区。

第二十四条 承销期不得少于10日,不得超过90日。

在承销期内,承销机构应当尽力向认购人出售其所承销的股票,不得为本机构保留所承销的股票。

承销期满后,尚未售出的股票按照承销协议约定的包销或者代销方式分别处理。

第二十五条 承销机构或者其委托机构向社会发放股票认购申请表,不得收取高于认购申请表印制和发放成本的费用,并不得限制认购申请表发放数量。

认购数量超过拟公开发行的总量时,承销机构应当按照公平原则,采用按比例配售、按比例累退配售或者抽签等方式销售股票。采用抽签方式时,承销机构应当在规定的日期,在公证机关监督下,按照规定的程序,对所有股票认购申请表进行公开抽签,并对中签者销售股票。

除承销机构或者其委托机构外,任何单位和个人不得发放、转售股票认购申请表。

第二十六条 承销机构应当在承销期满后的15个工作日内向证监会提交承销情况的书面报告。

第二十七条 证券经营机构在承销期结束后,将其持有的发行人的股票向发行人以外的社会公众作出要约邀请、要约或者销售,应当经证监会批准,按照规定的程序办理。

第二十八条 发行人用新股票换回其已经发行在外的股票,并且这种交换无直接或者间接的费用发生的,不适用本章规定。

第三章 股票的交易

第二十九条 股票交易必须在经证券委批准可以进行股票交易的证券交易场所进行。

第三十条 股份有限公司申请其股票在证券交易所交易,应当符合下列条件:

（一）其股票已经公开发行；

（二）发行后的股本总额不少于人民币5000万元；

（三）持有面值人民币1000元以上的个人股东人数不少于1000人,个人持有的股票面值总额不少于人民币1000万元；

（四）公司有最近3年连续盈利的记录；原有企业改组设立股份有限公司的,原企业有最近3年连续盈利的记录,但是新设立的股份有限公司除外；

（五）证券委规定的其他条件。

第三十一条 公开发行股票符合前条规定条件的股份有限公司,申请其股票在证券交易所交易,应当向证券交易所的上市委员会提出申请；上市委员会应当自收到申请之日起20个工作日内作出审批,确定具体上市时间。审批文件报证监会备案,并抄报证券委。

第三十二条 股份有限公司申请其股票在证券交易所交易,应当向证券交易所的上市委员会送交下列文件：

（一）申请书；

（二）公司登记注册文件；

（三）股票公开发行的批准文件；

（四）经会计师事务所审计的公司近3年或者成立以来的财务报告和由2名以上的注册会计师及其所在事务所签字、盖章的审计报告；

（五）证券交易所会员的推荐书；

（六）最近一次的招股说明书；

（七）证券交易所要求的其他文件。

第三十三条 股票获准在证券交易所交易后,上市公司应当公布上市公告并将本条例第三十二条所列文件予以公开。

第三十四条 上市公告的内容,除应当包括本条例第十五条规定的招股说明书的主要内容外,还应当包括下列事项：

（一）股票获准在证券交易所交易的日期和批准文号；

（二）股票发行情况、股权结构和最大的10名股东的名单及持股数额；

（三）公司创立大会或者股东大会同意公司股票在证券交易所交易的决议；

（四）董事、监事和高级管理人员简历及其持有本公司证券的情况；

（五）公司近3年或者成立以来的经营业绩和财务状况以及下一年的盈利预测文件；

（六）证券交易所要求载明的其他事项。

第三十五条 为上市公司出具文件的注册会计师及其所在事务所、专业评估人员及其所在机构、律师及其所在事务所,在履行职责时,应当按照本行业公认的业务标准和道德规范,对其出具文件内容的真实性、准确性、完整性进行核查和验证。

第三十六条 国家拥有的股份的转让必须经国家有关部门批准,具体办法另行规定。

国家拥有的股份的转让,不得损害国家拥有的股份的权益。

第三十七条 证券交易场所,证券保管、清算、过户、登记机构和证券经营机构,应当保证外地委托人与本地委托人享有同等待遇,不得歧视或者限制外地委托人。

第三十八条 股份有限公司的董事、监事、高级管理人员和持有公司百分之五以上有表决权股份的法人股东,将其所持有的公司股票在买入后6个月内卖出或者在卖出后6个月内买入,由此获得的利润归公司所有。

前款规定适用于持有公司百分之五以上有表决权股份的法人股东的董事、监事和高级管理人员。

第三十九条 证券业从业人员、证券业管理人员和国家规定禁止买卖股票的其他人员,不得直接或者间接持有、买卖股票,但是买卖经批准发行的投资基金证券除外。

第四十条 为股票发行出具审计报告、资产评估报告、法律意见书等文件的有关专业人员,在该股票承销期内和期满后6个月内,不得购买或者持有该股票。

为上市公司出具审计报告、资产评估报告、法律意见书等文件的有关专业人员,在其审计报告、资产评估报告、法律意见书等文件成为公开信息前,不得购买或者持有该公司的股票；成为公开信息后的5个工作日内,也不得购买该公司的股票。

第四十一条 未依照国家有关规定经过批准,股份有限公司不得购回其发行在外的股票。

第四十二条 未经证券委批准,任何人不得对股票及其指数的期权、期货进行交易。

第四十三条 任何金融机构不得为股票交易提供贷款。

第四十四条 证券经营机构不得将客户的股票借与他人或者作为担保物。

第四十五条 经批准从事证券自营、代理和投资基金管理业务中二项以上业务的证券经营机构,应当将不同业务的经营人员、资金、账目分开。

第四章 上市公司的收购

第四十六条 任何个人不得持有一个上市公司千分

之五以上的发行在外的普通股;超过的部分,由公司在征得证监会同意后,按照原买入价格和市场价格中较低的一种价格收购。但是,因公司发行在外的普通股总量减少,致使个人持有该公司千分之五以上发行在外的普通股的,超过的部分在合理期限内不予收购。

外国和香港、澳门、台湾地区的个人持有的公司发行的人民币特种股票和在境外发行的股票,不受前款规定的千分之五的限制。

第四十七条 任何法人直接或者间接持有一个上市公司发行在外的普通股达到百分之五时,应当自该事实发生之日起3个工作日内,向该公司、证券交易场所和证监会作出书面报告并公告。但是,因公司发行在外的普通股总量减少,致使法人持有该公司百分之五以上发行在外的普通股的,在合理期限内不受上述限制。

任何法人持有一个上市公司百分之五以上的发行在外的普通股后,其持有该种股票的增减变化每达到该种股票发行在外总额的百分之二时,应当自该事实发生之日起3个工作日内,向该公司、证券交易场所和证监会作出书面报告并公告。

法人在依照前两款规定作出报告并公告之日起2个工作日内和作出报告前,不得再行直接或者间接买入或者卖出该种股票。

第四十八条 发起人以外的任何法人直接或者间接持有一个上市公司发行在外的普通股达到百分之三十时,应当自该事实发生之日起45个工作日内,向该公司所有股票持有人发出收购要约,按照下列价格中较高的一种价格,以货币付款方式购买股票:

(一)在收购要约发出前12个月内收购要约人购买该种股票所支付的最高价格;

(二)在收购要约发出前30个工作日内该种股票的平均市场价格。

前款持有人发出收购要约前,不得再行购买该种股票。

第四十九条 收购要约人在发出收购要约前应当向证监会作出有关收购的书面报告;在发出收购要约的同时应当向受要约人、证券交易场所提供本身情况的说明和与该要约有关的全部信息,并保证材料真实、准确、完整,不产生误导。

收购要约的有效期不得少于30个工作日,自收购要约发出之日起计算。自收购要约发出之日起30个工作日内,收购要约人不得撤回其收购要约。

第五十条 收购要约的全部条件适用于同种股票的所有持有人。

第五十一条 收购要约期满,收购要约人持有的普通股未达到该公司发行在外的普通股总数的百分之五十的,为收购失败;收购要约人除发出新的收购要约外,其以后每年购买的该公司发行在外的普通股,不得超过该公司发行在外的普通股总数的百分之五。

收购要约期满,收购要约人持有的普通股达到该公司发行在外的普通股总数的百分之七十五以上的,该公司应当在证券交易所终止交易。

收购要约人要约购买股票的总数低于预受要约的总数时,收购要约人应当按照比例从所有预受收购要约的受要约人中购买该股票。

收购要约期满,收购要约人持有的股票达到该公司股票总数的百分之九十时,其余股东有权以同等条件向收购要约人强制出售其股票。

第五十二条 收购要约发出后,主要要约条件改变的,收购要约人应当立即通知所有受要约人。通知可以采用新闻发布会、登报或者其他传播形式。

收购要约人在要约期内及要约期满后30个工作日内,不得以要约规定以外的任何条件购买该种股票。

预受收购要约的受要约人有权在收购要约失效前撤回对该要约的预受。

第五章 保管、清算和过户

第五十三条 股票发行采取记名式。发行人可以发行簿记券式股票,也可以发行实物券式股票。簿记券式股票名册应当由证监会指定的机构保管。实物券式股票集中保管的,也应当由证监会指定的机构保管。

第五十四条 未经股票持有人的书面同意,股票保管机构不得将该持有人的股票借与他人或者作为担保物。

第五十五条 证券清算机构应当根据方便、安全、公平的原则,制定股票清算、交割的业务规则和内部管理规则。

证券清算机构应当按照公平的原则接纳会员。

第五十六条 证券保管、清算、过户、登记机构应当接受证监会监管。

第六章 上市公司的信息披露

第五十七条 上市公司应当向证监会、证券交易场所提供下列文件:

(一)在每个会计年度的前6个月结束后60日内提交中期报告;

（二）在每个会计年度结束后 120 日内提交经注册会计师审计的年度报告。

中期报告和年度报告应当符合国家的会计制度和证监会的有关规定，由上市公司授权的董事或者经理签字，并由上市公司盖章。

第五十八条　本条例第五十七条所列中期报告应当包括下列内容：

（一）公司财务报告；

（二）公司管理部门对公司财务状况和经营成果的分析；

（三）涉及公司的重大诉讼事项；

（四）公司发行在外股票的变动情况；

（五）公司提交给有表决权的股东审议的重要事项；

（六）证监会要求载明的其他内容。

第五十九条　本条例第五十七条所列年度报告应当包括下列内容：

（一）公司简况；

（二）公司的主要产品或者主要服务项目简况；

（三）公司所在行业简况；

（四）公司所拥有的重要的工厂、矿山、房地产等财产简况；

（五）公司发行在外股票的情况，包括持有公司百分之五以上发行在外普通股的股东的名单及前 10 名最大的股东的名单；

（六）公司股东数量；

（七）公司董事、监事和高级管理人员简况、持股情况和报酬；

（八）公司及其关联人一览表和简况；

（九）公司近 3 年或者成立以来的财务信息摘要；

（十）公司管理部门对公司财务状况和经营成果的分析；

（十一）公司发行在外债券的变动情况；

（十二）涉及公司的重大诉讼事项；

（十三）经注册会计师审计的公司最近 2 个年度的比较财务报告及其附表、注释；该上市公司为控股公司的，还应当包括最近 2 个年度的比较合并财务报告；

（十四）证监会要求载明的其他内容。

第六十条　发生可能对上市公司股票的市场价格产生较大影响、而投资人尚未得知的重大事件时，上市公司应当立即将有关该重大事件的报告提交证券交易场所和证监会，并向社会公布，说明事件的实质。但是，上市公司有充分理由认为向社会公布该重大事件会损害上市公司的利益，且不公布也不会导致股票市场价格重大变动的，经证券交易场所同意，可以不予公布。

前款所称重大事件包括下列情况：

（一）公司订立重要合同，该合同可能对公司的资产、负债、权益和经营成果中的一项或者多项产生显著影响；

（二）公司的经营政策或者经营项目发生重大变化；

（三）公司发生重大的投资行为或者购置金额较大的长期资产的行为；

（四）公司发生重大债务；

（五）公司未能归还到期重大债务的违约情况；

（六）公司发生重大经营性或者非经营性亏损；

（七）公司资产遭受重大损失；

（八）公司生产经营环境发生重要变化；

（九）新颁布的法律、法规、政策、规章等，可能对公司的经营有显著影响；

（十）董事长、百分之三十以上的董事或者总经理发生变动；

（十一）持有公司百分之五以上的发行在外的普通股的股东，其持有该种股票的增减变化每达到该种股票发行在外总额的百分之二以上的事实；

（十二）涉及公司的重大诉讼事项；

（十三）公司进入清算、破产状态。

第六十一条　在任何公共传播媒介中出现的消息可能对上市公司股票的市场价格产生误导性影响时，该公司知悉后应当立即对该消息作出公开澄清。

第六十二条　上市公司的董事、监事和高级管理人员持有该公司普通股的，应当向证监会、证券交易场所和该公司报告其持股情况；持股情况发生变化的，应当自该变化发生之日起 10 个工作日内向证监会、证券交易场所和该公司作出报告。

前款所列人员在辞职或者离职后 6 个月内负有依照本条规定作出报告的义务。

第六十三条　上市公司应当将要求公布的信息刊登在证监会指定的全国性报刊上。

上市公司在依照前款规定公布信息的同时，可以在证券交易场所指定的地方报刊上公布有关信息。

第六十四条　证监会应当将上市公司及其董事、监事、高级管理人员和持有公司百分之五以上的发行在外的普通股的股东所提交的报告、公告及其他文件及时向社会公开，供投资人查阅。

证监会要求披露的全部信息均为公开信息，但是下列信息除外：

（一）法律、法规予以保护并允许不予披露的商业秘密；

（二）证监会在调查违法行为过程中获得的非公开信息和文件；

（三）根据有关法律、法规规定可以不予披露的其他信息和文件。

第六十五条 股票持有人可以授权他人代理行使其同意权或者投票权。但是，任何人在征集25人以上的同意权或者投票权时，应当遵守证监会有关信息披露和作出报告的规定。

第六十六条 上市公司除应当向证监会、证券交易场所提交本章规定的报告、公告、信息及文件外，还应当按照证券交易场所的规定提交有关报告、公告、信息及文件，并向所有股东公开。

第六十七条 本条例第五十七条至第六十五条的规定，适用于已经公开发行股票，其股票并未在证券交易场所交易的股份有限公司。

第七章 调查和处罚

第六十八条 对违反本条例规定的单位和个人，证监会有权进行调查或者会同国家有关部门进行调查；重大的案件，由证券委组织调查。

第六十九条 证监会可以对证券经营机构的业务活动进行检查。

第七十条 股份有限公司违反本条例规定，有下列行为之一的，根据不同情况，单处或者并处警告、责令退还非法所筹款项、没收非法所得、罚款；情节严重的，停止其发行股票资格：

（一）未经批准发行或者变相发行股票的；

（二）以欺骗或者其他不正当手段获准发行股票或者获准其股票在证券交易场所交易的；

（三）未按照规定方式、范围发行股票，或者在招股说明书失效后销售股票的；

（四）未经批准购回其发行在外的股票的。

对前款所列行为负有直接责任的股份有限公司的董事、监事和高级管理人员，给予警告或者处以3万元以上30万元以下的罚款。

第七十一条 证券经营机构违反本条例规定，有下列行为之一的，根据不同情况，单处或者并处警告、没收非法获取的股票和其他非法所得、罚款；情节严重的，限制、暂停其证券经营业务或者撤销其证券经营业务许可：

（一）未按照规定的时间、程序、方式承销股票的；

（二）未按照规定发放股票认购申请表的；

（三）将客户的股票借与他人或者作为担保物的；

（四）收取不合理的佣金和其他费用的；

（五）以客户的名义为本机构买卖股票的；

（六）挪用客户保证金的；

（七）在代理客户买卖股票活动中，与客户分享股票交易的利润或者分担股票交易的损失，或者向客户提供避免损失的保证的；

（八）为股票交易提供融资的。

对前款所列行为负有责任的证券经营机构的主管人员和直接责任人员，给予警告或者处以3万元以上30万元以下的罚款。

第七十二条 内幕人员和以不正当手段获取内幕信息的其他人员违反本条例规定，泄露内幕信息、根据内幕信息买卖股票或者向他人提出买卖股票的建议的，根据不同情况，没收非法获取的股票和其他非法所得，并处以5万元以上50万元以下的罚款。

证券业从业人员、证券业管理人员和国家规定禁止买卖股票的其他人员违反本条例规定，直接或者间接持有、买卖股票的，除责令限期出售其持有的股票外，根据不同情况，单处或者并处警告、没收非法所得、5000元以上5万元以下的罚款。

第七十三条 会计师事务所、资产评估机构和律师事务所违反本条例规定，出具的文件有虚假、严重误导性内容或者有重大遗漏的，根据不同情况，单处或者并处警告、没收非法所得、罚款；情节严重的，暂停其从事证券业务或者撤销其从事证券业务许可。

对前款所列行为负有直接责任的注册会计师、专业评估人员和律师，给予警告或者处以3万元以上30万元以下的罚款；情节严重的，撤销其从事证券业务的资格。

第七十四条 任何单位和个人违反本条例规定，有下列行为之一的，根据不同情况，单处或者并处警告、没收非法获取的股票和其他非法所得、罚款：

（一）在证券委批准可以进行股票交易的证券交易场所之外进行股票交易的；

（二）在股票发行、交易过程中，作出虚假、严重误导性陈述或者遗漏重大信息的；

（三）通过合谋或者集中资金操纵股票市场价格，或者以散布谣言等手段影响股票发行、交易的；

（四）为制造股票的虚假价格与他人串通，不转移股票的所有权或者实际控制，虚买虚卖的；

（五）出售或者要约出售其并不持有的股票，扰乱股票市场秩序的；

（六）利用职权或者其他不正当手段，索取或者强行买卖股票，或者协助他人买卖股票的；

（七）未经批准对股票及其指数的期权、期货进行交易的；

（八）未按照规定履行有关文件和信息的报告、公开、公布义务的；

（九）伪造、篡改或者销毁与股票发行、交易有关的业务记录、财务账簿等文件的；

（十）其他非法从事股票发行、交易及其相关活动的。

股份有限公司有前款所列行为，情节严重的，可以停止其发行股票的资格；证券经营机构有前款所列行为，情节严重的，可以限制、暂停其证券经营业务或者撤销其证券经营业务许可。

第七十五条 本条例第七十条、第七十一条、第七十二条、第七十四条规定的处罚，由证券委指定的机构决定；重大的案件的处罚，报证券委决定。本条例第七十三条规定的处罚，由有关部门在各自的职权范围内决定。

第七十六条 上市公司和证券交易所或者其他证券业自律性管理组织的会员及其工作人员违反本条例规定，除依照本条例规定给予行政处罚外，由证券交易所或者其他证券业自律性管理组织根据章程或者自律准则给予制裁。

第七十七条 违反本条例规定，给他人造成损失的，应当依法承担民事赔偿责任。

第七十八条 违反本条例规定，构成犯罪的，依法追究刑事责任。

第八章 争议的仲裁

第七十九条 与股票的发行或者交易有关的争议，当事人可以按照协议的约定向仲裁机构申请调解、仲裁。

第八十条 证券经营机构之间以及证券经营机构与证券交易场所之间因股票的发行或者交易引起的争议，应当由证券委批准设立或者指定的仲裁机构调解、仲裁。

第九章 附则

第八十一条 本条例下列用语的含义：

（一）"股票"是指股份有限公司发行的、表示其股东按其持有的股份享受权益和承担义务的可转让的书面凭证。

"簿记券式股票"是指发行人按照证监会规定的统一格式制作的、记载股东权益的书面名册。

"实物券式股票"是指发行人在证监会指定的印制机构统一印制的书面股票。

（二）"发行在外的普通股"是指公司库存以外的普通股。

（三）"公开发行"是指发行人通过证券经营机构向发行人以外的社会公众就发行人的股票作出的要约邀请、要约或者销售行为。

（四）"承销"是指证券经营机构依照协议包销或者代销发行人所发行股票的行为。

（五）"承销机构"是指以包销或者代销方式为发行人销售股票的证券经营机构。

（六）"包销"是指承销机构在发行期结束后将未售出的股票全部买下的承销方式。

（七）"代销"是指承销机构代理发售股票，在发行期结束后，将未售出的股票全部退还给发行人或者包销人的承销方式。

（八）"公布"是指将本条例规定应当予以披露的文件刊载在证监会指定的报刊上的行为。

（九）"公开"是指将本条例规定应当予以披露的文件备置于发行人及其证券承销机构的营业地和证监会，供投资人查阅的行为。

（十）"要约"是指向特定人或者非特定人发出购买或销售某种股票的口头的或者书面的意思表示。

（十一）"要约邀请"是指建议他人向自己发出要约的意思表示。

（十二）"预受"是指受要约人同意接受要约的初步意思表示，在要约期满前不构成承诺。

（十三）"上市公司"是指其股票获准在证券交易场所交易的股份有限公司。

（十四）"内幕人员"是指任何由于持有发行人的股票，或者在发行人或者与发行人有密切联系的企业中担任董事、监事、高级管理人员，或者由于其会员地位、管理地位、监督地位和职业地位，或作为雇员、专业顾问履行职务，能够接触或者获取内幕信息的人员。

（十五）"内幕信息"是指有关发行人、证券经营机构、有收购意图的法人、证券监督管理机构、证券业自律性管理组织以及与其有密切联系的人员所知悉的尚未公开的可能影响股票市场价格的重大信息。

（十六）"证券交易场所"是指经批准设立的、进行证券交易的证券交易所和证券交易报价系统。

（十七）"证券业管理人员"是指证券管理部门和证券业自律性管理组织的工作人员。

（十八）"证券业从业人员"是指从事证券发行、交易及其他相关业务的机构的工作人员。

第八十二条 证券经营机构和证券交易所的管理规定，另行制定。

公司内部职工持股不适用本条例。

第八十三条 本条例由证券委负责解释。

第八十四条 本条例自发布之日起施行。

上市公司证券发行注册管理办法

- 2023年2月17日中国证券监督管理委员会令第206号公布
- 自公布之日起施行

第一章 总则

第一条 为了规范上海证券交易所、深圳证券交易所上市公司（以下简称上市公司）证券发行行为，保护投资者合法权益和社会公共利益，根据《中华人民共和国证券法》（以下简称《证券法》）、《中华人民共和国公司法》《国务院办公厅关于贯彻实施修订后的证券法有关工作的通知》《国务院办公厅转发证监会关于开展创新企业境内发行股票或存托凭证试点若干意见的通知》（以下简称《若干意见》）及相关法律法规，制定本办法。

第二条 上市公司申请在境内发行下列证券，适用本办法：

（一）股票；

（二）可转换公司债券（以下简称可转债）；

（三）存托凭证；

（四）国务院认定的其他品种。

前款所称可转债，是指上市公司依法发行、在一定期间内依据约定的条件可以转换成股份的公司债券。

第三条 上市公司发行证券，可以向不特定对象发行，也可以向特定对象发行。

向不特定对象发行证券包括上市公司向原股东配售股份（以下简称配股）、向不特定对象募集股份（以下简称增发）和向不特定对象发行可转债。

向特定对象发行证券包括上市公司向特定对象发行股票、向特定对象发行可转债。

第四条 上市公司发行证券的，应当符合《证券法》和本办法规定的发行条件和相关信息披露要求，依法经上海证券交易所或深圳证券交易所（以下简称交易所）发行上市审核并报中国证券监督管理委员会（以下简称中国证监会）注册，但因依法实行股权激励、公积金转为增加公司资本、分配股票股利的除外。

第五条 上市公司应当诚实守信，依法充分披露投资者作出价值判断和投资决策所必需的信息，充分揭示当前及未来可预见对上市公司构成重大不利影响的直接和间接风险，所披露信息必须真实、准确、完整，简明清晰、通俗易懂，不得有虚假记载、误导性陈述或者重大遗漏。

上市公司应当按照保荐人、证券服务机构要求，依法向其提供真实、准确、完整的财务会计资料和其他资料，配合相关机构开展尽职调查和其他相关工作。

上市公司控股股东、实际控制人、董事、监事、高级管理人员应当配合相关机构开展尽职调查和其他相关工作，不得要求或者协助上市公司隐瞒应当提供的资料或者应当披露的信息。

第六条 保荐人应当诚实守信，勤勉尽责，按照依法制定的业务规则和行业自律规范的要求，充分了解上市公司经营情况、风险和发展前景，以提高上市公司质量为导向保荐项目，对注册申请文件和信息披露资料进行审慎核查，对上市公司是否符合发行条件独立作出专业判断，审慎作出推荐决定，并对募集说明书或者其他信息披露文件及其所出具的相关文件的真实性、准确性、完整性负责。

第七条 证券服务机构应当严格遵守法律法规、中国证监会制定的监管规则、业务规则和本行业公认的业务标准和道德规范，建立并保持有效的质量控制体系，保护投资者合法权益，审慎履行职责，作出专业判断与认定，保证所出具文件的真实性、准确性和完整性。

证券服务机构及其相关执业人员应当对与本专业相关的业务事项履行特别注意义务，对其他业务事项履行普通注意义务，并承担相应法律责任。

证券服务机构及其执业人员从事证券服务业务应当配合中国证监会的监督管理，在规定的期限内提供、报送或披露相关资料、信息，并保证其提供、报送或披露的资料、信息真实、准确、完整，不得有虚假记载、误导性陈述或者重大遗漏。

证券服务机构应当妥善保存客户委托文件、核查和验证资料、工作底稿以及与质量控制、内部管理、业务经营有关的信息和资料。

第八条 对上市公司发行证券申请予以注册，不表明中国证监会和交易所对该证券的投资价值或者投资者的收益作出实质性判断或者保证，也不表明中国证监会和交易所对申请文件的真实性、准确性、完整性作出保证。

第二章 发行条件
第一节 发行股票

第九条 上市公司向不特定对象发行股票,应当符合下列规定:

(一)具备健全且运行良好的组织机构;

(二)现任董事、监事和高级管理人员符合法律、行政法规规定的任职要求;

(三)具有完整的业务体系和直接面向市场独立经营的能力,不存在对持续经营有重大不利影响的情形;

(四)会计基础工作规范,内部控制制度健全且有效执行,财务报表的编制和披露符合企业会计准则和相关信息披露规则的规定,在所有重大方面公允反映了上市公司的财务状况、经营成果和现金流量,最近三年财务会计报告被出具无保留意见审计报告;

(五)除金融类企业外,最近一期末不存在金额较大的财务性投资;

(六)交易所主板上市公司配股、增发的,应当最近三个会计年度盈利;增发还应当满足最近三个会计年度加权平均净资产收益率平均不低于百分之六;净利润以扣除非经常性损益前后孰低者为计算依据。

第十条 上市公司存在下列情形之一的,不得向不特定对象发行股票:

(一)擅自改变前次募集资金用途未作纠正,或者未经股东大会认可;

(二)上市公司或者其现任董事、监事和高级管理人员最近三年受到中国证监会行政处罚,或者最近一年受到证券交易所公开谴责,或者因涉嫌犯罪正在被司法机关立案侦查或者涉嫌违法违规正在被中国证监会立案调查;

(三)上市公司或者其控股股东、实际控制人最近一年存在未履行向投资者作出的公开承诺的情形;

(四)上市公司或者其控股股东、实际控制人最近三年存在贪污、贿赂、侵占财产、挪用财产或者破坏社会主义市场经济秩序的刑事犯罪,或者存在严重损害上市公司利益、投资者合法权益、社会公共利益的重大违法行为。

第十一条 上市公司存在下列情形之一的,不得向特定对象发行股票:

(一)擅自改变前次募集资金用途未作纠正,或者未经股东大会认可;

(二)最近一年财务报表的编制和披露在重大方面不符合企业会计准则或者相关信息披露规则的规定;最近一年财务会计报告被出具否定意见或者无法表示意见的审计报告;最近一年财务会计报告被出具保留意见的审计报告,且保留意见所涉及事项对上市公司的重大不利影响尚未消除。本次发行涉及重大资产重组的除外;

(三)现任董事、监事和高级管理人员最近三年受到中国证监会行政处罚,或者最近一年受到证券交易所公开谴责;

(四)上市公司或者其现任董事、监事和高级管理人员因涉嫌犯罪正在被司法机关立案侦查或者涉嫌违法违规正在被中国证监会立案调查;

(五)控股股东、实际控制人最近三年存在严重损害上市公司利益或者投资者合法权益的重大违法行为;

(六)最近三年存在严重损害投资者合法权益或者社会公共利益的重大违法行为。

第十二条 上市公司发行股票,募集资金使用应当符合下列规定:

(一)符合国家产业政策和有关环境保护、土地管理等法律、行政法规规定;

(二)除金融类企业外,本次募集资金使用不得为持有财务性投资,不得直接或者间接投资于以买卖有价证券为主要业务的公司;

(三)募集资金项目实施后,不会与控股股东、实际控制人及其控制的其他企业新增构成重大不利影响的同业竞争、显失公平的关联交易,或者严重影响公司生产经营的独立性;

(四)科创板上市公司发行股票募集的资金应当投资于科技创新领域的业务。

第二节 发行可转债

第十三条 上市公司发行可转债,应当符合下列规定:

(一)具备健全且运行良好的组织机构;

(二)最近三年平均可分配利润足以支付公司债券一年的利息;

(三)具有合理的资产负债结构和正常的现金流量;

(四)交易所主板上市公司向不特定对象发行可转债的,应当最近三个会计年度盈利,且最近三个会计年度加权平均净资产收益率平均不低于百分之六;净利润以扣除非经常性损益前后孰低者为计算依据。

除前款规定条件外,上市公司向不特定对象发行可转债,还应当遵守本办法第九条第(二)项至第(五)项、第十条的规定;向特定对象发行可转债,还应当遵守本办法第十一条的规定。但是,按照公司债券募集办法,上市公司通过收购本公司股份的方式进行公司债券转换的除外。

第十四条 上市公司存在下列情形之一的,不得发行可转债:

(一)对已公开发行的公司债券或者其他债务有违约或者延迟支付本息的事实,仍处于继续状态;

(二)违反《证券法》规定,改变公开发行公司债券所募资金用途。

第十五条 上市公司发行可转债,募集资金使用应当符合本办法第十二条的规定,且不得用于弥补亏损和非生产性支出。

第三章 发行程序

第十六条 上市公司申请发行证券,董事会应当依法就下列事项作出决议,并提请股东大会批准:

(一)本次证券发行的方案;

(二)本次发行方案的论证分析报告;

(三)本次募集资金使用的可行性报告;

(四)其他必须明确的事项。

上市公司董事会拟引入战略投资者的,应当将引入战略投资者的事项作为单独议案,就每名战略投资者单独审议,并提交股东大会批准。

董事会依照前二款作出决议,董事会决议日与首次公开发行股票上市日的时间间隔不得少于六个月。

第十七条 董事会在编制本次发行方案的论证分析报告时,应当结合上市公司所处行业和发展阶段、融资规划、财务状况、资金需求等情况进行论证分析,独立董事应当发表专项意见。论证分析报告应当包括下列内容:

(一)本次发行证券及其品种选择的必要性;

(二)本次发行对象的选择范围、数量和标准的适当性;

(三)本次发行定价的原则、依据、方法和程序的合理性;

(四)本次发行方式的可行性;

(五)本次发行方案的公平性、合理性;

(六)本次发行对原股东权益或者即期回报摊薄的影响以及填补的具体措施。

第十八条 股东大会就发行证券作出的决定,应当包括下列事项:

(一)本次发行证券的种类和数量;

(二)发行方式、发行对象及向原股东配售的安排;

(三)定价方式或者价格区间;

(四)募集资金用途;

(五)决议的有效期;

(六)对董事会办理本次发行具体事宜的授权;

(七)其他必须明确的事项。

第十九条 股东大会就发行可转债作出的决定,应当包括下列事项:

(一)本办法第十八条规定的事项;

(二)债券利率;

(三)债券期限;

(四)赎回条款;

(五)回售条款;

(六)还本付息的期限和方式;

(七)转股期;

(八)转股价格的确定和修正。

第二十条 股东大会就发行证券事项作出决议,必须经出席会议的股东所持表决权的三分之二以上通过,中小投资者表决情况应当单独计票。向本公司特定的股东及其关联人发行证券的,股东大会就发行方案进行表决时,关联股东应当回避。股东大会对引入战略投资者议案作出决议的,应当就每名战略投资者单独表决。

上市公司就发行证券事项召开股东大会,应当提供网络投票方式,公司还可以通过其他方式为股东参加股东大会提供便利。

第二十一条 上市公司年度股东大会可以根据公司章程的规定,授权董事会决定向特定对象发行融资总额不超过人民币三亿元且不超过最近一年末净资产百分之二十的股票,该项授权在下一年度股东大会召开日失效。

上市公司年度股东大会给予董事会前款授权的,应当就本办法第十八条规定的事项通过相关决定。

第二十二条 上市公司申请发行证券,应当按照中国证监会有关规定制作注册申请文件,依法由保荐人保荐并向交易所申报。

交易所收到注册申请文件后,五个工作日内作出是否受理的决定。

第二十三条 申请文件受理后,未经中国证监会或者交易所同意,不得改动。发生重大事项的,上市公司、保荐人、证券服务机构应当及时向交易所报告,并按要求更新申请文件和信息披露资料。

自注册申请文件申报之日起,上市公司及其控股股东、实际控制人、董事、监事、高级管理人员,以及与证券发行相关的保荐人、证券服务机构及相关责任人员,即承担相应法律责任,并承诺不得影响或干扰发行上市审核注册工作。

第二十四条 交易所审核部门负责审核上市公司证券发行上市申请；交易所上市委员会负责对上市公司向不特定对象发行证券的申请文件和审核部门出具的审核报告提出审议意见。

交易所主要通过向上市公司提出审核问询、上市公司回答问题方式开展审核工作，判断上市公司发行申请是否符合发行条件和信息披露要求。

第二十五条 上市公司应当向交易所报送审核问询回复的相关文件，并以临时公告的形式披露交易所审核问询回复意见。

第二十六条 交易所按照规定的条件和程序，形成上市公司是否符合发行条件和信息披露要求的审核意见，认为上市公司符合发行条件和信息披露要求的，将审核意见、上市公司注册申请文件及相关审核资料报中国证监会注册；认为上市公司不符合发行条件或者信息披露要求的，作出终止发行上市审核决定。

交易所应当建立重大发行上市事项请示报告制度。交易所审核过程中，发现重大敏感事项、重大无先例情况、重大舆情、重大违法线索的，应当及时向中国证监会请示报告。

第二十七条 交易所应当自受理注册申请文件之日起二个月内形成审核意见，但本办法另有规定的除外。

上市公司根据要求补充、修改申请文件，或者交易所按照规定对上市公司实施现场检查，要求保荐人、证券服务机构对有关事项进行专项核查，并要求上市公司补充、修改申请文件的时间不计算在内。

第二十八条 符合相关规定的上市公司按照本办法第二十一条规定申请向特定对象发行股票的，适用简易程序。

第二十九条 交易所采用简易程序的，应当在收到注册申请文件后，二个工作日内作出是否受理的决定，自受理之日起三个工作日内完成审核并形成上市公司是否符合发行条件和信息披露要求的审核意见。

交易所应当制定简易程序的业务规则，并报中国证监会批准。

第三十条 中国证监会在交易所收到上市公司注册申请文件之日起，同步关注其是否符合国家产业政策和板块定位。

第三十一条 中国证监会收到交易所审核意见及相关资料后，基于交易所审核意见，依法履行发行注册程序。在十五个工作日内对上市公司的注册申请作出予以注册或者不予注册的决定。

前款规定的注册期限内，中国证监会发现存在影响发行条件的新增事项的，可以要求交易所进一步问询并就新增事项形成审核意见。上市公司根据要求补充、修改注册申请文件，或者保荐人、证券服务机构等对有关事项进行核查，对上市公司现场检查，并要求上市公司补充、修改申请文件的时间不计算在内。

中国证监会认为交易所对新增事项的审核意见依据明显不充分，可以退回交易所补充审核。交易所补充审核后，认为上市公司符合发行条件和信息披露要求的，重新向中国证监会报送审核意见及相关资料，前款规定的注册期限重新计算。

中国证监会收到交易所依照本办法第二十九条规定报送的审核意见、上市公司注册申请文件及相关审核资料后，三个工作日内作出予以注册或者不予注册的决定。

第三十二条 中国证监会的予以注册决定，自作出之日起一年内有效，上市公司应当在注册决定有效期内发行证券，发行时点由上市公司自主选择。

适用简易程序的，应当在中国证监会作出予以注册决定后十个工作日内完成发行缴款，未完成的，本次发行批文失效。

第三十三条 中国证监会作出予以注册决定后、上市公司证券上市交易前，上市公司应当及时更新信息披露文件；保荐人以及证券服务机构应当持续履行尽职调查职责；发生重大事项的，上市公司、保荐人应当及时向交易所报告。

交易所应当对上述事项及时处理，发现上市公司存在重大事项影响发行条件的，应当出具明确意见并及时向中国证监会报告。

第三十四条 中国证监会作出予以注册决定后、上市公司证券上市交易前，上市公司应当持续符合发行条件，发现可能影响本次发行的重大事项的，中国证监会可以要求上市公司暂缓发行、上市；相关重大事项导致上市公司不符合发行条件的，应当撤销注册。

中国证监会撤销注册后，证券尚未发行的，上市公司应当停止发行；证券已经发行尚未上市的，上市公司应当按照发行价并加算银行同期存款利息返还证券持有人。

第三十五条 交易所认为上市公司不符合发行条件或者信息披露要求，作出终止发行上市审核决定，或者中国证监会作出不予注册决定的，自决定作出之日起六个月后，上市公司可以再次提出证券发行申请。

第三十六条 上市公司证券发行上市审核或者注册

程序的中止、终止等情形参照适用《首次公开发行股票注册管理办法》的相关规定。

上市公司证券发行上市审核或者注册程序过程中，存在重大资产重组、实际控制人变更等事项，应当及时申请中止相应发行上市审核程序或者发行注册程序，相关股份登记或资产权属登记完成后，上市公司可以提交恢复申请，因本次发行导致实际控制人变更的情形除外。

第三十七条 中国证监会和交易所可以对上市公司进行现场检查，或者要求保荐人、证券服务机构对有关事项进行专项核查并出具意见。

第四章 信息披露

第三十八条 上市公司发行证券，应当以投资者决策需求为导向，按照中国证监会制定的信息披露规则，编制募集说明书或者其他信息披露文件，依法履行信息披露义务，保证相关信息真实、准确、完整。信息披露内容应当简明清晰，通俗易懂，不得有虚假记载、误导性陈述或者重大遗漏。

中国证监会制定的信息披露规则是信息披露的最低要求。不论上述规则是否有明确规定，凡是投资者作出价值判断和投资决策所必需的信息，上市公司均应当充分披露，内容应当真实、准确、完整。

第三十九条 中国证监会依法制定募集说明书或者其他证券发行信息披露文件内容与格式准则、编报规则等信息披露规则，对申请文件和信息披露资料的内容、格式、编制要求、披露形式等作出规定。

交易所可以依据中国证监会部门规章和规范性文件，制定信息披露细则或者指引，在中国证监会确定的信息披露内容范围内，对信息披露提出细化和补充要求，报中国证监会批准后实施。

第四十条 上市公司应当在募集说明书或者其他证券发行信息披露文件中，以投资者需求为导向，有针对性地披露业务模式、公司治理、发展战略、经营政策、会计政策等信息，并充分揭示可能对公司核心竞争力、经营稳定性以及未来发展产生重大不利影响的风险因素。上市公司应当理性融资，合理确定融资规模，本次募集资金主要投向主业。

科创板上市公司还应当充分披露科研水平、科研人员、科研资金投入等相关信息。

第四十一条 证券发行议案经董事会表决通过后，应当在二个工作日内披露，并及时公告召开股东大会的通知。

使用募集资金收购资产或者股权的，应当在公告召开股东大会通知的同时，披露该资产或者股权的基本情况、交易价格、定价依据以及是否与公司股东或者其他关联人存在利害关系。

第四十二条 股东大会通过本次发行议案之日起二个工作日内，上市公司应当披露股东大会决议公告。

第四十三条 上市公司提出发行申请后，出现下列情形之一的，应当在次一个工作日予以公告：

（一）收到交易所不予受理或者终止发行上市审核决定；

（二）收到中国证监会终止发行注册决定；

（三）收到中国证监会予以注册或者不予注册的决定；

（四）上市公司撤回证券发行申请。

第四十四条 上市公司及其董事、监事、高级管理人员应当在募集说明书或者其他证券发行信息披露文件上签字、盖章，保证信息披露内容真实、准确、完整，不存在虚假记载、误导性陈述或者重大遗漏，按照诚信原则履行承诺，并声明承担相应的法律责任。

上市公司控股股东、实际控制人应当在募集说明书或者其他证券发行信息披露文件上签字、盖章，确认信息披露内容真实、准确、完整，不存在虚假记载、误导性陈述或者重大遗漏，按照诚信原则履行承诺，并声明承担相应法律责任。

第四十五条 保荐人及其保荐代表人应当在募集说明书或者其他证券发行信息披露文件上签字、盖章，确认信息披露内容真实、准确、完整，不存在虚假记载、误导性陈述或者重大遗漏，并声明承担相应的法律责任。

第四十六条 为证券发行出具专项文件的律师、注册会计师、资产评估人员、资信评级人员及其所在机构，应当在募集说明书或者其他证券发行信息披露文件上签字、盖章，确认对上市公司信息披露文件引用其出具的专业意见无异议，信息披露文件不因引用其出具的专业意见而出现虚假记载、误导性陈述或者重大遗漏，并声明承担相应的法律责任。

第四十七条 募集说明书等证券发行信息披露文件所引用的审计报告、盈利预测审核报告、资产评估报告、资信评级报告，应当由符合规定的证券服务机构出具，并由至少二名有执业资格的人员签署。

募集说明书或者其他证券发行信息披露文件所引用的法律意见书，应当由律师事务所出具，并由至少二名经办律师签署。

第四十八条 募集说明书自最后签署之日起六个月

内有效。

募集说明书或者其他证券发行信息披露文件不得使用超过有效期的资产评估报告或者资信评级报告。

第四十九条　向不特定对象发行证券申请经注册后,上市公司应当在证券发行前二至五个工作日内将公司募集说明书刊登在交易所网站和符合中国证监会规定条件的报刊依法开办的网站,供公众查阅。

第五十条　向特定对象发行证券申请经注册后,上市公司应当在证券发行前将公司募集文件刊登在交易所网站和符合中国证监会规定条件的报刊依法开办的网站,供公众查阅。

向特定对象发行证券的,上市公司应当在证券发行后的二个工作日内,将发行情况报告书刊登在交易所网站和符合中国证监会规定条件的报刊依法开办的网站,供公众查阅。

第五十一条　上市公司可以将募集说明书或者其他证券发行信息披露文件、发行情况报告书刊登于其他网站,但不得早于按照本办法第四十九条、第五十条规定披露信息的时间。

第五章　发行与承销

第五十二条　上市公司证券发行与承销行为,适用《证券发行与承销管理办法》(以下简称《承销办法》),但本办法另有规定的除外。

交易所可以根据《承销办法》和本办法制定上市公司证券发行承销业务规则,并报中国证监会批准。

第五十三条　上市公司配股的,拟配售股份数量不超过本次配售前股本总额的百分之五十,并应当采用代销方式发行。

控股股东应当在股东大会召开前公开承诺认配股份的数量。控股股东不履行认配股份的承诺,或者代销期限届满,原股东认购股票的数量未达到拟配售数量百分之七十的,上市公司应当按照发行价并加算银行同期存款利息返还已经认购的股东。

第五十四条　上市公司增发的,发行价格应当不低于公告招股意向书前二十个交易日或者前一个交易日公司股票均价。

第五十五条　上市公司向特定对象发行证券,发行对象应当符合股东大会决议规定的条件,且每次发行对象不超过三十五名。

发行对象为境外战略投资者的,应当遵守国家的相关规定。

第五十六条　上市公司向特定对象发行股票,发行价格应当不低于定价基准日前二十个交易日公司股票均价的百分之八十。

前款所称"定价基准日",是指计算发行底价的基准日。

第五十七条　向特定对象发行股票的定价基准日为发行期首日。上市公司应当以不低于发行底价的价格发行股票。

上市公司董事会决议提前确定全部发行对象,且发行对象属于下列情形之一的,定价基准日可以为关于本次发行股票的董事会决议公告日、股东大会决议公告日或者发行期首日:

(一)上市公司的控股股东、实际控制人或者其控制的关联人;

(二)通过认购本次发行的股票取得上市公司实际控制权的投资者;

(三)董事会拟引入的境内外战略投资者。

第五十八条　向特定对象发行股票发行对象属于本办法第五十七条第二款规定以外的情形的,上市公司应当以竞价方式确定发行价格和发行对象。

董事会决议确定部分发行对象的,确定的发行对象不得参与竞价,且应当接受竞价结果,并明确在通过竞价方式未能产生发行价格的情况下,是否继续参与认购、价格确定原则及认购数量。

第五十九条　向特定对象发行的股票,自发行结束之日起六个月内不得转让。发行对象属于本办法第五十七条第二款规定情形的,其认购的股票自发行结束之日起十八个月内不得转让。

第六十条　向特定对象发行股票的定价基准日为本次发行股票的董事会决议公告日或者股东大会决议公告日的,向特定对象发行股票的董事会决议公告后,出现下列情况需要重新召开董事会的,应当由董事会重新确定本次发行的定价基准日:

(一)本次发行股票股东大会决议的有效期已过;

(二)本次发行方案发生重大变化;

(三)其他对本次发行定价具有重大影响的事项。

第六十一条　可转债应当具有期限、面值、利率、评级、债券持有人权利、转换价格及调整原则、赎回及回售、转股价格向下修正等要素。

向不特定对象发行的可转债利率由上市公司与主承销商依法协商确定。

向特定对象发行的可转债应当采用竞价方式确定利率和发行对象。

第六十二条　可转债自发行结束之日起六个月后方可转换为公司股票,转股期限由公司根据可转债的存续期限及公司财务状况确定。

债券持有人对转股或者不转股有选择权,并于转股的次日成为上市公司股东。

第六十三条　向特定对象发行的可转债不得采用公开的集中交易方式转让。

向特定对象发行的可转债转股的,所转股票自可转债发行结束之日起十八个月内不得转让。

第六十四条　向不特定对象发行可转债的转股价格应当不低于募集说明书公告日前二十个交易日上市公司股票交易均价和前一个交易日均价。

向特定对象发行可转债的转股价格应当不低于认购邀请书发出前二十个交易日上市公司股票交易均价和前一个交易日的均价,且不得向下修正。

第六十五条　上市公司发行证券,应当由证券公司承销。上市公司董事会决议提前确定全部发行对象的,可以由上市公司自行销售。

第六十六条　向特定对象发行证券,上市公司及其控股股东、实际控制人、主要股东不得向发行对象做出保底保收益或者变相保底保收益承诺,也不得直接或者通过利益相关方向发行对象提供财务资助或者其他补偿。

第六章　监督管理和法律责任

第六十七条　中国证监会依法批准交易所制定的上市公司证券发行上市的审核标准、审核程序、信息披露、发行承销等方面的制度规则,指导交易所制定与发行上市审核相关的其他业务规则。

第六十八条　中国证监会建立对交易所发行上市审核工作和发行承销过程监管的监督机制,持续关注交易所审核情况和发行承销过程监管情况,监督交易所责任履行情况。

第六十九条　中国证监会对交易所发行上市审核和发行承销过程监管等相关工作进行年度例行检查。在检查过程中,可以调阅审核工作文件,提出问题、列席相关审核会议。

中国证监会选取交易所发行上市审核过程中的重大项目,定期或不定期按一定比例随机抽取交易所发行上市审核过程中的项目,同步关注交易所审核理念、标准的执行情况。中国证监会可以调阅审核工作文件、提出问题、列席相关审核会议。

对于中国证监会在检查监督过程中发现的问题,交易所应当整改。

第七十条　交易所发行上市审核工作违反本办法规定,有下列情形之一的,由中国证监会责令改正;情节严重的,追究直接责任人员相关责任:

(一)未按审核标准开展发行上市审核工作;

(二)未按审核程序开展发行上市审核工作;

(三)发现重大敏感事项、重大无先例情况、重大舆情、重大违法线索未请示报告或请示报告不及时;

(四)不配合中国证监会对发行上市审核工作和发行承销监管工作的检查监督,或者不按中国证监会的整改要求进行整改。

第七十一条　上市公司在证券发行文件中隐瞒重要事实或者编造重大虚假内容的,中国证监会可以对有关责任人员采取证券市场禁入的措施。

第七十二条　存在下列情形之一的,中国证监会可以对上市公司有关责任人员采取证券市场禁入的措施:

(一)申请文件存在虚假记载、误导性陈述或者重大遗漏;

(二)上市公司阻碍或者拒绝中国证监会、交易所依法对其实施检查、核查;

(三)上市公司及其关联方以不正当手段严重干扰发行上市审核或者发行注册工作;

(四)重大事项未报告、未披露;

(五)上市公司及其董事、监事、高级管理人员、控股股东、实际控制人的签名、盖章系伪造或者变造。

第七十三条　上市公司控股股东、实际控制人违反本办法的规定,致使上市公司所报送的申请文件和披露的信息存在虚假记载、误导性陈述或者重大遗漏,或者组织、指使上市公司进行财务造假、利润操纵或者在证券发行文件中隐瞒重要事实或者编造重大虚假内容的,中国证监会视情节轻重,可以对有关责任人员采取证券市场禁入的措施。

上市公司董事、监事和高级管理人员违反本办法规定,致使上市公司所报送的申请文件和披露的信息存在虚假记载、误导性陈述或者重大遗漏的,中国证监会视情节轻重,可以对有关责任人员采取责令改正、监管谈话、出具警示函等监管措施;情节严重的,可以采取证券市场禁入的措施。

第七十四条　保荐人及其保荐代表人等相关人员违反本办法规定,未勤勉尽责的,中国证监会视情节轻重,按照《证券发行上市保荐业务管理办法》规定采取措施。

第七十五条　证券服务机构未勤勉尽责,致使上市公司信息披露资料中与其职责有关的内容及其所出具的文件存在虚假记载、误导性陈述或者重大遗漏的，中国证监会视情节轻重，可以采取责令改正、监管谈话、出具警示函等监管措施；情节严重的，可以对有关责任人员采取证券市场禁入的措施。

第七十六条 证券服务机构及其相关人员存在下列情形之一的，中国证监会可以对有关责任人员采取证券市场禁入的措施：

（一）伪造或者变造签字、盖章；

（二）重大事项未报告或者未披露；

（三）以不正当手段干扰审核注册工作；

（四）不履行其他法定职责。

第七十七条 证券服务机构及其责任人员存在下列情形之一的，中国证监会视情节轻重，可以采取责令改正、监管谈话、出具警示函等监管措施；情节严重的，可以对有关责任人员采取证券市场禁入的措施：

（一）制作或者出具的文件不齐备或者不符合要求；

（二）擅自改动申请文件、信息披露资料或者其他已提交文件；

（三）申请文件或者信息披露资料存在相互矛盾或者同一事实表述不一致且有实质性差异；

（四）文件披露的内容表述不清，逻辑混乱，严重影响阅读理解；

（五）对重大事项未及时报告或者未及时披露。

上市公司存在前款规定情形的，中国证监会视情节轻重，可以采取责令改正、监管谈话、出具警示函等监管措施；情节严重的，可以对有关责任人员采取证券市场禁入的措施。

第七十八条 按照本办法第二十八条申请注册的，交易所和中国证监会发现上市公司或者相关中介机构及其责任人员存在相关违法违规行为的，中国证监会按照本章规定从重处罚，并可以对有关责任人员采取证券市场禁入的措施。

第七十九条 上市公司披露盈利预测，利润实现数如未达到盈利预测的百分之八十的，除因不可抗力外，其法定代表人、财务负责人应当在股东大会以及交易所网站、符合中国证监会规定条件的媒体上公开作出解释并道歉；中国证监会可以对法定代表人处以警告。

利润实现数未达到盈利预测百分之五十的，除因不可抗力外，中国证监会可以采取责令改正、监管谈话、出具警示函等监管措施。

注册会计师为上述盈利预测出具审核报告的过程中未勤勉尽责的，中国证监会视情节轻重，对相关机构和责任人员采取监管谈话等监管措施；情节严重的，给予警告等行政处罚。

第八十条 参与认购的投资者擅自转让限售期限未满的证券的，中国证监会可以责令改正，依法予以行政处罚。

第八十一条 相关主体违反本办法第六十六条规定的，中国证监会视情节轻重，可以采取责令改正、监管谈话、出具警示函等监管措施，以及证券市场禁入的措施；保荐人、证券服务机构未勤勉尽责的，中国证监会还可以对有关责任人员采取证券市场禁入的措施。

第八十二条 上市公司及其控股股东和实际控制人、董事、监事、高级管理人员，保荐人、承销商、证券服务机构及其相关执业人员、参与认购的投资者，在证券发行并上市相关的活动中存在其他违反本办法规定行为的，中国证监会视情节轻重，可以采取责令改正、监管谈话、出具警示函、责令公开说明、责令定期报告等监管措施；情节严重的，可以对有关责任人员采取证券市场禁入的措施。

第八十三条 上市公司及其控股股东、实际控制人、保荐人、证券服务机构及其相关人员违反《证券法》依法应予以行政处罚的，中国证监会依法予以处罚；涉嫌犯罪的，依法移送司法机关，追究其刑事责任。

第八十四条 交易所负责对上市公司及其控股股东、实际控制人、保荐人、承销商、证券服务机构等进行自律监管。

中国证券业协会负责制定保荐业务、发行承销自律监管规则，对保荐人、承销商、保荐代表人等进行自律监管。

交易所和中国证券业协会发现发行上市过程中存在违反自律监管规则的行为，可以对有关单位和责任人员采取一定期限不接受与证券发行相关的文件、认定为不适当人选、认定不适合从事相关业务等自律监管措施或者纪律处分。

第七章 附　则

第八十五条 符合《若干意见》等规定的红筹企业，首次公开发行股票并在交易所上市后，发行股票还应当符合本办法的规定。

符合《若干意见》等规定的红筹企业，首次公开发行存托凭证并在交易所上市后，发行以红筹企业新增证券为基础证券的存托凭证，适用《证券法》《若干意见》以及本办法关于上市公司发行股票的规定，本办法没有规定的，适用中国证监会关于存托凭证的有关规定。

发行存托凭证的红筹企业境外基础股票配股时，相关方案安排应当确保存托凭证持有人实际享有权益与境外基础股票持有人权益相当。

第八十六条 上市公司发行优先股、向员工发行证券用于激励的办法，由中国证监会另行规定。

第八十七条 上市公司向特定对象发行股票将导致上市公司控制权发生变化的，还应当符合中国证监会的其他规定。

第八十八条 依据本办法通过向特定对象发行股票取得的上市公司股份，其减持不适用《上市公司股东、董监高减持股份的若干规定》的有关规定。

第八十九条 本办法自公布之日起施行。《上市公司证券发行管理办法》（证监会令第163号）、《创业板上市公司证券发行注册管理办法（试行）》（证监会令第168号）、《科创板上市公司证券发行注册管理办法（试行）》（证监会令第171号）、《上市公司非公开发行股票实施细则》（证监会公告〔2020〕11号）同时废止。

2. 公开发行

（1）主板

首次公开发行股票注册管理办法

· 2023年2月17日中国证券监督管理委员会令第205号公布
· 自公布之日起施行

第一章 总　则

第一条 为规范首次公开发行股票并上市相关活动，保护投资者合法权益和社会公共利益，根据《中华人民共和国证券法》《中华人民共和国公司法》《国务院办公厅关于贯彻实施修订后的证券法有关工作的通知》《国务院办公厅转发证监会关于开展创新企业境内发行股票或存托凭证试点若干意见的通知》及相关法律法规，制定本办法。

第二条 在中华人民共和国境内首次公开发行并在上海证券交易所、深圳证券交易所（以下统称交易所）上市的股票的发行注册，适用本办法。

第三条 发行人申请首次公开发行股票并上市，应当符合相关板块定位。

主板突出"大盘蓝筹"特色，重点支持业务模式成熟、经营业绩稳定、规模较大、具有行业代表性的优质企业。

科创板面向世界科技前沿、面向经济主战场、面向国家重大需求。优先支持符合国家战略，拥有关键核心技术、科技创新能力突出，主要依靠核心技术开展生产经营，具有稳定的商业模式，市场认可度高，社会形象良好，具有较强成长性的企业。

创业板深入贯彻创新驱动发展战略，适应发展更多依靠创新、创造、创意的大趋势，主要服务成长型创新创业企业，支持传统产业与新技术、新产业、新业态、新模式深度融合。

第四条 中国证券监督管理委员会（以下简称中国证监会）加强对发行上市审核注册工作的统筹指导监督管理，统一审核理念，统一审核标准并公开，定期检查交易所审核标准、制度的执行情况。

第五条 首次公开发行股票并上市，应当符合发行条件、上市条件以及相关信息披露要求，依法经交易所发行上市审核，并报中国证监会注册。

第六条 发行人应当诚实守信，依法充分披露投资者作出价值判断和投资决策所必需的信息，充分揭示当前及未来可预见的、对发行人构成重大不利影响的直接和间接风险，所披露信息必须真实、准确、完整，简明清晰、通俗易懂，不得有虚假记载、误导性陈述或者重大遗漏。

发行人应当按保荐人、证券服务机构要求，依法向其提供真实、准确、完整的财务会计资料和其他资料，配合相关机构开展尽职调查和其他相关工作。

发行人的控股股东、实际控制人、董事、监事、高级管理人员、有关股东应当配合相关机构开展尽职调查和其他相关工作，不得要求或者协助发行人隐瞒应当提供的资料或者应当披露的信息。

第七条 保荐人应当诚实守信，勤勉尽责，按照依法制定的业务规则和行业自律规范的要求，充分了解发行人经营情况、风险和发展前景，以提高上市公司质量为导向，根据相关板块定位保荐项目，对注册申请文件和信息披露资料进行审慎核查，对发行人是否符合发行条件、上市条件独立作出专业判断，审慎作出推荐决定，并对招股说明书及其所出具的相关文件的真实性、准确性、完整性负责。

第八条 证券服务机构应当严格遵守法律法规、中国证监会制定的监管规则、业务规则和本行业公认的业务标准和道德规范，建立并保持有效的质量控制体系，保护投资者合法权益，审慎履行职责，作出专业判断与认定，保证所出具文件的真实性、准确性和完整性。

证券服务机构及其相关执业人员应当对与本专业相关的业务事项履行特别注意义务，对其他业务事项履行普通注意义务，并承担相应法律责任。

证券服务机构及其执业人员从事证券服务应当配合中国证监会的监督管理，在规定的期限内提供、报送或披露相关资料、信息，并保证其提供、报送或披露的资料、信息真实、准确、完整，不得有虚假记载、误导性陈述或者重大遗漏。

证券服务机构应当妥善保存客户委托文件、核查和验证资料、工作底稿以及与质量控制、内部管理、业务经营有关的信息和资料。

第九条 对发行人首次公开发行股票申请予以注册，不表明中国证监会和交易所对该股票的投资价值或者投资者的收益作出实质性判断或者保证，也不表明中国证监会和交易所对注册申请文件的真实性、准确性、完整性作出保证。

第二章 发行条件

第十条 发行人是依法设立且持续经营三年以上的股份有限公司，具备健全且运行良好的组织机构，相关机构和人员能够依法履行职责。

有限责任公司按原账面净资产值折股整体变更为股份有限公司的，持续经营时间可以从有限责任公司成立之日起计算。

第十一条 发行人会计基础工作规范，财务报表的编制和披露符合企业会计准则和相关信息披露规则的规定，在所有重大方面公允地反映了发行人的财务状况、经营成果和现金流量，最近三年财务会计报告由注册会计师出具无保留意见的审计报告。

发行人内部控制制度健全且被有效执行，能够合理保证公司运行效率、合法合规和财务报告的可靠性，并由注册会计师出具无保留结论的内部控制鉴证报告。

第十二条 发行人业务完整，具有直接面向市场独立持续经营的能力：

（一）资产完整，业务及人员、财务、机构独立，与控股股东、实际控制人及其控制的其他企业间不存在对发行人构成重大不利影响的同业竞争，不存在严重影响独立性或者显失公平的关联交易；

（二）主营业务、控制权和管理团队稳定，首次公开发行股票并在主板上市的，最近三年内主营业务和董事、高级管理人员均没有发生重大不利变化；首次公开发行股票并在科创板、创业板上市的，最近二年内主营业务和董事、高级管理人员均没有发生重大不利变化；首次公开发行股票并在科创板上市的，核心技术人员应当稳定且最近二年内没有发生重大不利变化；

发行人的股份权属清晰，不存在导致控制权可能变更的重大权属纠纷，首次公开发行股票并在主板上市的，最近三年实际控制人没有发生变更；首次公开发行股票并在科创板、创业板上市的，最近二年实际控制人没有发生变更；

（三）不存在涉及主要资产、核心技术、商标等的重大权属纠纷，重大偿债风险，重大担保、诉讼、仲裁等或有事项，经营环境已经或者将要发生重大变化等对持续经营有重大不利影响的事项。

第十三条 发行人生产经营符合法律、行政法规的规定，符合国家产业政策。

最近三年内，发行人及其控股股东、实际控制人不存在贪污、贿赂、侵占财产、挪用财产或者破坏社会主义市场经济秩序的刑事犯罪，不存在欺诈发行、重大信息披露违法或其他涉及国家安全、公共安全、生态安全、生产安全、公众健康安全等领域的重大违法行为。

董事、监事和高级管理人员不存在最近三年内受到中国证监会行政处罚，或者因涉嫌犯罪正在被司法机关立案侦查或者涉嫌违法违规正在被中国证监会立案调查且尚未有明确结论意见等情形。

第三章 注册程序

第十四条 发行人董事会应当依法就本次发行股票的具体方案、本次募集资金使用的可行性及其他必须明确的事项作出决议，并提请股东大会批准。

第十五条 发行人股东大会应当就本次发行股票作出决议，决议至少应当包括下列事项：

（一）本次公开发行股票的种类和数量；
（二）发行对象；
（三）定价方式；
（四）募集资金用途；
（五）发行前滚存利润的分配方案；
（六）决议的有效期；
（七）对董事会办理本次发行具体事宜的授权；
（八）其他必须明确的事项。

第十六条 发行人申请首次公开发行股票并上市，应当按照中国证监会有关规定制作注册申请文件，依法由保荐人保荐并向交易所申报。

交易所收到注册申请文件，五个工作日内作出是否受理的决定。

第十七条 自注册申请文件申报之日起，发行人及其控股股东、实际控制人、董事、监事、高级管理人员，以及与本次股票公开发行并上市相关的保荐人、证券服务机构及相关责任人员,即承担相应法律责任,并承诺不得影响或干扰发行上市审核注册工作。

第十八条 注册申请文件受理后,未经中国证监会或者交易所同意,不得改动。

发生重大事项的,发行人、保荐人、证券服务机构应当及时向交易所报告,并按要求更新注册申请文件和信息披露资料。

第十九条 交易所设立独立的审核部门,负责审核发行人公开发行并上市申请;设立科技创新咨询委员会或行业咨询专家库,负责为板块建设和发行上市审核提供专业咨询和政策建议;设立上市委员会,负责对审核部门出具的审核报告和发行人的申请文件提出审议意见。

交易所主要通过向发行人提出审核问询、发行人回答问题方式开展审核工作,判断发行人是否符合发行条件、上市条件和信息披露要求,督促发行人完善信息披露内容。

第二十条 交易所按照规定的条件和程序,形成发行人是否符合发行条件和信息披露要求的审核意见。认为发行人符合发行条件和信息披露要求的,将审核意见、发行人注册申请文件及相关审核资料报中国证监会注册;认为发行人不符合发行条件或者信息披露要求的,作出终止发行上市审核决定。

交易所审核过程中,发现重大敏感事项、重大无先例情况、重大舆情、重大违法线索的,应当及时向中国证监会请示报告,中国证监会及时明确意见。

第二十一条 交易所应当自受理注册申请文件之日起在规定的时限内形成审核意见。发行人根据要求补充、修改注册申请文件,或者交易所按照规定对发行人实施现场检查,要求保荐人、证券服务机构对有关事项进行专项核查,并要求发行人补充、修改申请文件的时间不计算在内。

第二十二条 交易所应当提高审核工作透明度,接受社会监督,公开下列事项:

(一)发行上市审核标准和程序等发行上市审核业务规则和相关业务细则;

(二)在审企业名单、企业基本情况及审核工作进度;

(三)发行上市审核问询及回复情况,但涉及国家秘密或者发行人商业秘密的除外;

(四)上市委员会会议的时间、参会委员名单、审议的发行人名单、审议结果及现场问询问题;

(五)对股票公开发行并上市相关主体采取的自律监管措施或者纪律处分;

(六)交易所规定的其他事项。

第二十三条 中国证监会在交易所收到注册申请文件之日起,同步关注发行人是否符合国家产业政策和板块定位。

第二十四条 中国证监会收到交易所审核意见及相关资料后,基于交易所审核意见,依法履行发行注册程序。在二十个工作日内对发行人的注册申请作出予以注册或者不予注册的决定。

前款规定的注册期限内,中国证监会发现存在影响发行条件的新增事项的,可以要求交易所进一步问询并就新增事项形成审核意见。发行人根据要求补充、修改注册申请文件,或者中国证监会要求交易所进一步问询,要求保荐人、证券服务机构等对有关事项进行核查,对发行人现场检查,并要求发行人补充、修改申请文件的时间不计算在内。

中国证监会认为交易所对新增事项的审核意见依据明显不充分,可以退回交易所补充审核。交易所补充审核后,认为发行人符合发行条件和信息披露要求的,重新向中国证监会报送审核意见及相关资料,前款规定的注册期限重新计算。

第二十五条 中国证监会的予以注册决定,自作出之日起一年内有效,发行人应当在注册决定有效期内发行股票,发行时点由发行人自主选择。

第二十六条 中国证监会作出予以注册决定后、发行人股票上市交易前,发行人应当及时更新信息披露文件内容,财务报表已过有效期的,发行人应当补充财务会计报告等文件;保荐人以及证券服务机构应当持续履行尽职调查职责;发生重大事项的,发行人、保荐人应当及时向交易所报告。

交易所应当对上述事项及时处理,发现发行人存在重大事项影响发行条件、上市条件的,应当出具明确意见并及时向中国证监会报告。

第二十七条 中国证监会作出予以注册决定后、发行人股票上市交易前,发行人应当持续符合发行条件,发现可能影响本次发行的重大事项的,中国证监会可以要求发行人暂缓发行、上市;相关重大事项导致发行人不符合发行条件的,应当撤销注册。中国证监会撤销注册后,股票尚未发行的,发行人应当停止发行;股票已经发行尚未上市的,发行人应当按照发行价并加算银行同期存款利息返还股票持有人。

第二十八条 交易所认为发行人不符合发行条件或

者信息披露要求，作出终止发行上市审核决定，或者中国证监会作出不予注册决定的，自决定作出之日起六个月后，发行人可以再次提出公开发行股票并上市申请。

第二十九条 中国证监会应当按规定公开股票发行注册行政许可事项相关的监管信息。

第三十条 存在下列情形之一的，发行人、保荐人应当及时书面报告交易所或者中国证监会，交易所或者中国证监会应当中止相应发行上市审核程序或者发行注册程序：

（一）相关主体涉嫌违反本办法第十三条第二款规定，被立案调查或者被司法机关侦查，尚未结案；

（二）发行人的保荐人以及律师事务所、会计师事务所等证券服务机构被中国证监会依法采取限制业务活动、责令停业整顿、指定其他机构托管、接管等措施，或者被证券交易所、国务院批准的其他全国性证券交易场所实施一定期限内不接受其出具的相关文件的纪律处分，尚未解除；

（三）发行人的签字保荐代表人、签字律师、签字会计师等中介机构签字人员被中国证监会依法采取认定为不适当人选等监管措施或者证券市场禁入的措施，被证券交易所、国务院批准的其他全国性证券交易场所实施一定期限内不接受其出具的相关文件的纪律处分，或者被证券业协会采取认定不适合从事相关业务的纪律处分，尚未解除；

（四）发行人及保荐人主动要求中止发行上市审核程序或者发行注册程序，理由正当且经交易所或者中国证监会同意；

（五）发行人注册申请文件中记载的财务资料已过有效期，需要补充提交；

（六）中国证监会规定的其他情形。

前款所列情形消失后，发行人可以提交恢复申请。交易所或者中国证监会按照规定恢复发行上市审核程序或者发行注册程序。

第三十一条 存在下列情形之一的，交易所或者中国证监会应当终止相应发行上市审核程序或者发行注册程序，并向发行人说明理由：

（一）发行人撤回注册申请或者保荐人撤销保荐；

（二）发行人未在要求的期限内对注册申请文件作出解释说明或者补充、修改；

（三）注册申请文件存在虚假记载、误导性陈述或者重大遗漏；

（四）发行人阻碍或者拒绝中国证监会、交易所依法对发行人实施检查、核查；

（五）发行人及其关联方以不正当手段严重干扰发行上市审核或者发行注册工作；

（六）发行人法人资格终止；

（七）注册申请文件内容存在重大缺陷，严重影响投资者理解和发行上市审核或者发行注册工作；

（八）发行人注册申请文件中记载的财务资料已过有效期且逾期三个月未更新；

（九）发行人发行上市审核程序中止超过交易所规定的时限或者发行注册程序中止超过三个月仍未恢复；

（十）交易所认为发行人不符合发行条件或者信息披露要求；

（十一）中国证监会规定的其他情形。

第三十二条 中国证监会和交易所可以对发行人进行现场检查，可以要求保荐人、证券服务机构对有关事项进行专项核查并出具意见。

中国证监会和交易所应当建立健全信息披露质量现场检查以及对保荐业务、发行承销业务的常态化检查制度。

第三十三条 中国证监会与交易所建立全流程电子化审核注册系统，实现电子化受理、审核，发行注册各环节实时信息共享，并依法向社会公开相关信息。

第四章 信息披露

第三十四条 发行人申请首次公开发行股票并上市，应当按照中国证监会制定的信息披露规则，编制并披露招股说明书，保证相关信息真实、准确、完整。信息披露内容应当简明清晰，通俗易懂，不得有虚假记载、误导性陈述或者重大遗漏。

中国证监会制定的信息披露规则是信息披露的最低要求。不论上述规则是否有明确规定，凡是投资者作出价值判断和投资决策所必需的信息，发行人均应当充分披露，内容应当真实、准确、完整。

第三十五条 中国证监会依法制定招股说明书内容与格式准则、编报规则等信息披露规则，对相关信息披露文件的内容、格式、编制要求、披露形式等作出规定。

交易所可以依据中国证监会部门规章和规范性文件，制定信息披露细则或指引，在中国证监会确定的信息披露内容范围内，对信息披露提出细化和补充要求，报中国证监会批准后实施。

第三十六条 发行人及其董事、监事、高级管理人员应当在招股说明书上签字、盖章，保证招股说明书的内容真实、准确、完整，不存在虚假记载、误导性陈述或者重大遗漏，按照诚信原则履行承诺，并声明承担相应法律责任。

发行人控股股东、实际控制人应当在招股说明书上签字、盖章，确认招股说明书的内容真实、准确、完整，不存在虚假记载、误导性陈述或者重大遗漏，按照诚信原则履行承诺，并声明承担相应法律责任。

第三十七条　保荐人及其保荐代表人应当在招股说明书上签字、盖章，确认招股说明书的内容真实、准确、完整，不存在虚假记载、误导性陈述或者重大遗漏，并声明承担相应的法律责任。

第三十八条　为证券发行出具专项文件的律师、注册会计师、资产评估人员、资信评级人员以及其所在机构，应当在招股说明书上签字、盖章，确认对发行人信息披露文件引用其出具的专业意见无异议，信息披露文件不因引用其出具的专业意见而出现虚假记载、误导性陈述或者重大遗漏，并声明承担相应的法律责任。

第三十九条　发行人应当以投资者需求为导向，基于板块定位，结合所属行业及发展趋势，充分披露业务模式、公司治理、发展战略、经营政策、会计政策、财务状况分析等相关信息。

首次公开发行股票并在主板上市的，还应充分披露业务发展过程和模式成熟度，披露经营稳定性和行业地位；首次公开发行股票并在科创板上市的，还应充分披露科研水平、科研人员、科研资金投入等相关信息；首次公开发行股票并在创业板上市的，还应充分披露自身的创新、创造、创意特征，针对性披露科技创新、模式创新或者业态创新情况。

第四十条　发行人应当以投资者需求为导向，精准清晰充分地披露可能对公司经营业绩、核心竞争力、业务稳定性以及未来发展产生重大不利影响的各种风险因素。

第四十一条　发行人尚未盈利的，应当充分披露尚未盈利的成因，以及对公司现金流、业务拓展、人才吸引、团队稳定性、研发投入、战略性投入、生产经营可持续性等方面的影响。

第四十二条　发行人应当披露募集资金的投向和使用管理制度，披露募集资金对发行人主营业务发展的贡献，未来经营战略的影响。

首次公开发行股票并在科创板上市的，还应当披露募集资金重点投向科技创新领域的具体安排。

首次公开发行股票并在创业板上市的，还应当披露募集资金对发行人业务创新、创造、创意性的支持作用。

第四十三条　符合相关规定、存在特别表决权股份的企业申请首次公开发行股票并上市的，发行人应当在招股说明书等公开发行文件中，披露并特别提示差异化表决安排的主要内容、相关风险和对公司治理的影响，以及依法落实保护投资者合法权益的各项措施。

保荐人和发行人律师应当就公司章程规定的特别表决权股份的持有人资格、特别表决权股份拥有的表决权数量与普通股份拥有的表决权数量的比例安排、持有人所持特别表决权股份能够参与表决的股东大会事项范围、特别表决权股份锁定安排以及转让限制等事项是否符合有关规定发表专业意见。

第四十四条　发行人存在申报前制定、上市后实施的期权激励计划的，应当符合中国证监会和交易所的规定，并充分披露有关信息。

第四十五条　发行人应当在招股说明书中披露公开发行股份前已发行股份的锁定期安排，特别是尚未盈利情况下发行人控股股东、实际控制人、董事、监事、高级管理人员股份的锁定期安排。

发行人控股股东和实际控制人及其亲属应当披露所持股份自发行人股票上市之日起三十六个月不得转让的锁定安排。

首次公开发行股票并在科创板上市的，还应当披露核心技术人员股份的锁定期安排。

保荐人和发行人律师应当就本条事项是否符合有关规定发表专业意见。

第四十六条　招股说明书的有效期为六个月，自公开发行前最后一次签署之日起算。

招股说明书引用经审计的财务报表在其最近一期截止日后六个月内有效，特殊情况下可以适当延长，但至多不超过三个月。财务报表应当以年度末、半年度末或者季度末为截止日。

第四十七条　交易所受理注册申请文件后，发行人应当按规定，将招股说明书、发行保荐书、上市保荐书、审计报告和法律意见书等文件在交易所网站预先披露。

第四十八条　预先披露的招股说明书及其他注册申请文件不能含有价格信息，发行人不得据此发行股票。

发行人应当在预先披露的招股说明书显要位置作如下声明："本公司的发行申请尚需经交易所和中国证监会履行相应程序。本招股说明书不具有据以发行股票的法律效力，仅供预先披露之用。投资者应当以正式公告的招股说明书作为投资决定的依据。"

第四十九条　交易所认为发行人符合发行条件和信

息披露要求,将发行人注册申请文件报送中国证监会时,招股说明书、发行保荐书、上市保荐书、审计报告和法律意见书等文件应当同步在交易所网站和中国证监会网站公开。

第五十条 发行人在发行股票前应当在交易所网站和符合中国证监会规定条件的报刊依法开办的网站全文刊登招股说明书,同时在符合中国证监会规定条件的报刊刊登提示性公告,告知投资者网上刊登的地址及获取文件的途径。

发行人可以将招股说明书以及有关附件刊登于其他网站,但披露内容应当完全一致,且不得早于在交易所网站、符合中国证监会规定条件的网站的披露时间。

保荐人出具的发行保荐书、证券服务机构出具的文件以及其他与发行有关的重要文件应当作为招股说明书的附件。

第五章 监督管理和法律责任

第五十一条 中国证监会负责建立健全以信息披露为核心的注册制规则体系,制定股票发行注册并上市的规章规则,依法批准交易所制定的有关业务规则,并监督相关业务规则执行情况。

第五十二条 中国证监会建立对交易所发行上市审核工作的监督机制,持续关注交易所审核情况,监督交易所审核责任的履行情况。

第五十三条 中国证监会对交易所发行上市审核等相关工作进行年度例行检查,在检查过程中,可以调阅审核工作文件、提出问题、列席相关审核会议。

中国证监会选取交易所发行上市审核过程中的重大项目,定期或不定期按一定比例随机抽取交易所发行上市审核过程中的项目,同步关注交易所审核理念、标准的执行情况。中国证监会可以调阅审核工作文件、提出问题、列席相关审核会议。

对于中国证监会在检查监督过程中发现的问题,交易所应当整改。

第五十四条 中国证监会建立对发行上市监管全流程的权力运行监督制约机制,对发行上市审核程序和发行注册程序相关内控制度运行情况进行督导督察,对廉政纪律执行情况和相关人员的履职尽责情况进行监督监察。

第五十五条 交易所应当建立内部防火墙制度,发行上市审核部门、发行承销监管部门与其他部门隔离运行。参与发行上市审核的人员,不得与发行人及其控股股东、实际控制人、相关保荐人、证券服务机构有利害关系,不得直接或者间接与发行人、保荐人、证券服务机构有利益往来,不得持有发行人股票,不得私下与发行人接触。

第五十六条 交易所应当建立定期报告和重大发行上市事项请示报告制度,及时总结发行上市审核和发行承销监管的工作情况,并报告中国证监会。

第五十七条 交易所发行上市审核工作违反本办法规定,有下列情形之一的,由中国证监会责令改正;情节严重的,追究直接责任人员相关责任:

(一)未按审核标准开展发行上市审核工作;

(二)未按审核程序开展发行上市审核工作;

(三)发现重大敏感事项、重大无先例情况、重大舆情、重大违法线索未请示报告或请示报告不及时;

(四)不配合中国证监会对发行上市审核工作的检查监督,或者不按中国证监会的整改要求进行整改。

第五十八条 发行人在证券发行文件中隐瞒重要事实或者编造重大虚假内容的,中国证监会可以对有关责任人员采取证券市场禁入的措施。

第五十九条 发行人存在本办法第三十一条第(三)项、第(四)项、第(五)项规定的情形,重大事项未报告、未披露,或者发行人及其董事、监事、高级管理人员、控股股东、实际控制人的签字、盖章系伪造或者变造的,中国证监会可以对有关责任人员采取证券市场禁入的措施。

第六十条 发行人的控股股东、实际控制人违反本办法规定,致使发行人所报送的注册申请文件和披露的信息存在虚假记载、误导性陈述或者重大遗漏,或者组织、指使发行人进行财务造假、利润操纵或者在证券发行文件中隐瞒重要事实或编造重大虚假内容的,中国证监会可以对有关责任人员采取证券市场禁入的措施。

发行人的董事、监事和高级管理人员及其他信息披露义务人违反本办法规定,致使发行人所报送的注册申请文件和披露的信息存在虚假记载、误导性陈述或者重大遗漏的,中国证监会可视情节轻重,可以对有关责任人员采取责令改正、监管谈话、出具警示函等监管措施;情节严重的,可以采取证券市场禁入的措施。

第六十一条 保荐人及其保荐代表人等相关人员违反本办法规定,未勤勉尽责的,中国证监会可视情节轻重,按照《证券发行上市保荐业务管理办法》规定采取措施。

第六十二条 证券服务机构未勤勉尽责,致使发行人信息披露资料中与其职责有关的内容及其所出具的文件存在虚假记载、误导性陈述或者重大遗漏的,中国证监会可以采取责令改正、监管谈话、出具警示函等监管措施;情节严重的,可以对有关责任人员采取证券市场禁入的措施。

第六十三条 证券服务机构及其相关人员存在下列情形之一的,中国证监会可以对有关责任人员采取证券市场禁入的措施:

(一)伪造或者变造签字、盖章;

(二)重大事项未报告、未披露;

(三)以不正当手段干扰审核注册工作;

(四)不履行其他法定职责。

第六十四条 证券服务机构存在以下情形之一的,中国证监会视情节轻重,可以采取责令改正、监管谈话、出具警示函等监管措施;情节严重的,可以对有关责任人员采取证券市场禁入的措施:

(一)制作或者出具的文件不齐备或者不符合要求;

(二)擅自改动注册申请文件、信息披露资料或者其他已提交文件;

(三)注册申请文件或者信息披露资料存在相互矛盾或者同一事实表述不一致且有实质性差异;

(四)文件披露的内容表述不清、逻辑混乱,严重影响投资者理解;

(五)未及时报告或者未及时披露重大事项。

发行人存在前款规定情形的,中国证监会视情节轻重,可以采取责令改正、监管谈话、出具警示函等监管措施;情节严重的,可以对有关责任人员采取证券市场禁入的措施。

第六十五条 发行人披露盈利预测,利润实现数如未达到盈利预测的百分之八十的,除因不可抗力外,其法定代表人、财务负责人应当在股东大会以及交易所网站、符合中国证监会规定条件的媒体上公开作出解释并道歉;中国证监会可以对法定代表人处以警告。

利润实现数未达到盈利预测的百分之五十的,除因不可抗力外,中国证监会可以采取责令改正、出具警示函等监管措施。

注册会计师为上述盈利预测出具审核报告的过程中未勤勉尽责的,中国证监会视情节轻重,对相关机构和责任人员采取监管谈话等监管措施;情节严重的,给予警告等行政处罚。

第六十六条 发行人及其控股股东和实际控制人、董事、监事、高级管理人员,保荐人、承销商、证券服务机构及其相关执业人员,在股票公开发行并上市相关的活动中存在其他违反本办法规定行为的,中国证监会视情节轻重,可以采取责令改正、监管谈话、出具警示函、责令公开说明、责令定期报告等监管措施;情节严重的,可以对有关责任人员采取证券市场禁入的措施。

第六十七条 发行人及其控股股东、实际控制人、保荐人、证券服务机构及其相关人员违反《中华人民共和国证券法》依法应予以行政处罚的,中国证监会将依法予以处罚;涉嫌犯罪的,依法移送司法机关,追究其刑事责任。

第六十八条 交易所负责对发行人及其控股股东、实际控制人、保荐人、承销商、证券服务机构等进行自律监管。

交易所发现发行上市过程中存在违反自律监管规则的行为,可以对有关单位和责任人员采取一定期限内不接受与证券发行相关的文件、认定为不适当人选等自律监管措施或者纪律处分。

第六十九条 中国证监会将遵守本办法的情况记入证券市场诚信档案,会同有关部门加强信息共享,依法实施守信激励与失信惩戒。

第六章 附 则

第七十条 本办法规定的"最近一年""最近二年""最近三年"以自然月计,另有规定的除外。

第七十一条 本办法自公布之日起施行。《首次公开发行股票并上市管理办法》(证监会令第 196 号)、《科创板首次公开发行股票注册管理办法(试行)》(证监会令第 174 号)、《创业板首次公开发行股票注册管理办法(试行)》(证监会令第 167 号)同时废止。

(2)创业板

境内企业申请到香港创业板上市审批与监管指引

· 1999 年 9 月 21 日
· 证监发行字〔1999〕126 号

为确保境内企业到香港创业板上市有序进行,凡符合本指引所列条件的国有企业、集体企业及其他所有制形式的企业,在依法设立股份有限公司后,均可自愿由上市保荐人代表其向中国证券监督管理委员会(以下简称"证监会")提交申请,证监会依法按程序审批,成熟一家,批准一家。

一、境内企业申请到香港创业板上市的条件

(一)经省级人民政府或国家经贸委批准、依法设立并规范运作的股份有限公司(以下简称"公司");

(二)公司及其主要发起人符合国家有关法规和政

策,在最近二年内没有重大违法违规行为;

(三)符合香港创业板上市规则规定的条件;

(四)上市保荐人认为公司具备发行上市可行性并依照规定承担保荐责任;

(五)国家科技部认证的高新技术企业优先批准。

二、境内企业申请到香港创业板上市须向证监会提交的文件

境内企业申请到香港创业板上市须向证监会提交下列文件:

(一)公司申请报告。内容应包括:公司沿革及业务概况、股本结构、筹资用途及经营风险分析、业务发展目标、筹资成本分析等;

(二)上市保荐人对公司发行上市可行性出具的分析意见及承销意向报告;

(三)公司设立批准文件;

(四)具有证券从业资格的境内律师事务所就公司及其主要发起人是否符合国家有关法规和政策以及在最近二年内是否有重大违法违规行为出具的法律意见书(参照《公开发行股票公司信息披露的内容与格式准则第六号〈法律意见书的内容与格式〉》制作);

(五)会计师事务所对公司按照中国会计准则、股份有限公司会计制度编制和按照国际会计准则调整的会计报表出具的审计报告;

(六)凡有国有股权的公司,须出具国有资产管理部门关于国有股权管理的批复文件;

(七)较完备的招股说明书;

(八)证监会要求的其他文件。

三、境内企业申请到香港创业板上市的审批程序

(一)在向香港联交所提交上市申请3个月前,保荐人须代表公司向证监会提交本指引第二部分(一)至(三)项文件(一式四份,其中一份为原件),同时抄报有关省级人民政府和国务院有关部门。如有关政府部门对公司的申请有异议,可自收到公司申请文件起15个工作日内将意见书面通知证监会。

(二)证监会就公司是否符合国家产业政策、利用外资政策以及其他有关规定会商国家经贸委。

(三)经初步审核,证监会发行监管部自收到上述申请文件之日起20个工作日内,就是否同意正式受理其申请函告公司,抄送财政部、外经贸部和外汇局;不同意受理的,说明理由。

(四)证监会同意正式受理其申请的公司,须向证监会提交本指引第二部分(四)至(八)项文件(一式二份,其中一份为原件);申请文件齐备,经审核合规,而且在正式受理期间外经贸部、外汇局和财政部(如涉及国有股权)等部门未提出书面反对意见的,证监会在10个工作日内予以批准;不予批准的,说明理由。经批准后,公司方可向香港联交所提交创业板上市申请。

四、上市后监管事宜

公司在香港创业板上市后,证监会将根据监管合作备忘录及与香港证监会签署的补充条款的要求进行监管。

五、其他有关事宜

(一)香港联交所认可的创业板上市保荐人方可担任境内企业到创业板上市的保荐人。如保荐人有违规行为或其他不适当行为,证监会可视情节轻重,决定是否受理该保荐人代表公司提出的上市申请。

(二)证监会同意正式受理其申请的公司,须在境内外中介机构确定后,将有关机构名单报证监会备案。

(三)公司须在上市后15个工作日内,将与本次发行上市有关的公开信息披露文件及发行上市情况总结报证监会备案。

(四)公司须遵守国家外汇管理的有关规定。

创业板上市公司持续监管办法(试行)

· 2020年6月12日中国证券监督管理委员会令第169号公布
· 自公布之日起施行

第一条 为了规范企业股票、存托凭证及其衍生品种在深圳证券交易所(以下简称交易所)创业板上市后相关各方的行为,支持引导企业更好地发展,保护投资者合法权益,根据《中华人民共和国证券法》(以下简称《证券法》)、《中华人民共和国公司法》《国务院办公厅转发证监会关于开展创新企业境内发行股票或存托凭证试点若干意见的通知》以及相关法律法规,制定本办法。

第二条 中国证券监督管理委员会(以下简称中国证监会)根据《证券法》等法律法规、本办法和中国证监会其他相关规定,对创业板上市公司(以下简称上市公司)及相关主体进行监督管理。

中国证监会其他相关规定与本办法规定不一致的,适用本办法。

第三条 交易所根据《证券交易所管理办法》、本办法等有关规定,建立以股票上市规则为中心的创业板持续监管规则体系,在持续信息披露、股份减持、并购重组、股权激励、退市等方面制定具体实施规则。上市公司应当遵守交易所持续监管实施规则。

第四条 上市公司应当保持健全、有效、透明的治理体系和监督机制，保证股东大会、董事会、监事会规范运作，督促董事、监事和高级管理人员履行忠实、勤勉义务，保障全体股东合法权利，积极履行社会责任，保护利益相关者的基本权益。

第五条 上市公司控股股东、实际控制人应当诚实守信，规范行使权利，严格履行承诺，维持公司独立性，维护公司和全体股东的共同利益。

第六条 上市公司应当积极回报股东，根据自身条件和发展阶段，制定并执行现金分红、股份回购等股东回报政策。

第七条 上市公司设置表决权差异安排的，应当在公司章程中规定特别表决权股份的持有人资格、特别表决权股份拥有的表决权数量与普通股份拥有的表决权数量的比例安排、持有人所持特别表决权股份能够参与表决的股东大会事项范围、特别表决权股份锁定安排及转让限制、特别表决权股份与普通股份的转换情形等事项。公司章程有关上述事项的规定，应当符合交易所的有关规定。

上市公司应当在定期报告中持续披露特别表决权安排的情况；特别表决权安排发生重大变化的，应当及时披露。

交易所应当对存在特别表决权股份公司的上市条件、表决权差异的设置、存续、调整、信息披露和投资者保护事项制定有关规定。

第八条 上市公司的控股股东、实际控制人应当配合上市公司履行信息披露义务，不得要求或者协助上市公司隐瞒应当披露的信息。

第九条 上市公司筹划的重大事项存在较大不确定性，立即披露可能会损害公司利益或者误导投资者，且有关内幕信息知情人已书面承诺保密的，上市公司可以暂不披露，但最迟应当在该重大事项形成最终决议、签署最终协议或者交易确定能够达成时对外披露；已经泄密或者确实难以保密的，上市公司应当立即披露该信息。

第十条 上市公司应当结合所属行业的特点，充分披露行业经营信息，尤其是针对性披露技术、产业、业态、模式等能够反映行业竞争力的信息，便于投资者合理决策。

第十一条 上市公司应当充分披露可能对公司核心竞争力、经营活动和未来发展产生重大不利影响的风险因素。

上市公司尚未盈利的，应当充分披露尚未盈利的成因，以及对公司现金流、业务拓展、人才吸引、团队稳定性、研发投入、战略性投入、生产经营可持续性等方面的影响。

第十二条 除依法需要披露的信息之外，上市公司和相关信息披露义务人可以自愿披露与投资者作出价值判断和投资决策有关的信息，但不得与依法披露的信息相冲突，不得误导投资者。

上市公司自愿披露的信息应当真实、准确、完整，简明清晰，通俗易懂，上市公司不得利用该等信息不当影响公司股票价格，并应当按照同一标准披露后续类似信息。

第十三条 上市公司和相关信息披露义务人确有需要的，可以在非交易时段对外发布重大信息，但应当在下一交易时段开始前披露相关公告，不得以新闻发布或者答记者问等形式代替信息披露。

第十四条 上市公司和相关信息披露义务人适用中国证监会、交易所相关信息披露规定，可能导致其难以反映经营活动的实际情况、难以符合行业监管要求或者公司注册地有关规定的，可以依照相关规定暂缓适用或者免于适用，但是应当充分说明原因和替代方案。中国证监会、交易所认为依法不应当调整适用的，上市公司和相关信息披露义务人应当执行相关规定。

第十五条 股份锁定期届满后，上市公司控股股东、实际控制人、董事、监事、高级管理人员及其他股东减持首次公开发行前已发行的股份（以下简称首发前股份）以及上市公司向特定对象发行的股份，应当遵守交易所有关减持方式、程序、价格、比例以及后续转让等事项的规定。

第十六条 上市时未盈利的上市公司，其控股股东、实际控制人、董事、监事、高级管理人员所持首发前股份的锁定期应当适当延长，具体期限由交易所规定。

第十七条 上市公司存在重大违法情形，触及重大违法强制退市标准的，控股股东、实际控制人、董事、监事、高级管理人员应当遵守交易所相关股份转让的规定。

第十八条 上市公司实施重大资产重组或者发行股份购买资产的，标的资产所属行业应当符合创业板定位，或者与上市公司处于同行业或者上下游。

第十九条 上市公司并购重组，涉及发行股票的，由交易所审核通过后报中国证监会注册。

中国证监会收到交易所报送的审核意见等相关文件后，在五个工作日内对上市公司注册申请作出予以注册或者不予注册的决定，按规定应当扣除的时间不计算在本款规定的时限内。

第二十条 上市公司实施重大资产重组的标准，按照《上市公司重大资产重组管理办法》（以下简称《重组办法》）第十二条予以认定，但其中营业收入指标执行下列标准：购买、出售的资产在最近一个会计年度所产生的营业收入占上市公司同期经审计的合并财务会计报告营业收入的比例达到百分之五十以上，且超过五千万元人民币。

上市公司实施重大资产重组，构成《重组办法》第十三条规定的交易情形的，置入资产的具体条件由交易所制定。

第二十一条 上市公司发行股份购买资产的，发行股份的价格不得低于市场参考价的百分之八十。市场参考价为本次发行股份购买资产的董事会决议公告日前二十个交易日、六十个交易日或者一百二十个交易日的公司股票交易均价之一。

第二十二条 实施重大资产重组或者发行股份购买资产的上市公司为创新试点红筹企业，或者上市公司拟购买资产涉及创新试点红筹企业的，在计算重大资产重组认定标准等监管指标时，应当采用根据中国企业会计准则编制或者调整的财务数据。

上市公司中的创新试点红筹企业实施重大资产重组或者发行股份购买资产，可以按照境外注册地法律法规和公司章程履行内部决策程序，并及时披露重组报告书、独立财务顾问报告、法律意见书以及重组涉及的审计报告、资产评估报告或者者估值报告。

第二十三条 交易所应当制定符合上市公司特点的并购重组具体实施标准和规则，报中国证监会批准，并依法对信息披露、中介机构督导等进行自律管理。

第二十四条 上市公司发行优先股、定向可转债、定向权证、存托凭证购买资产或者与其他公司合并的，参照适用本办法；本办法没有规定的，适用《重组办法》等有关规定。

第二十五条 上市公司以本公司股票为标的实施股权激励的，应当设置合理的考核指标，有利于公司持续发展。

第二十六条 单独或者合计持有上市公司百分之五以上股份的股东或者实际控制人及其配偶、父母、子女，作为上市公司董事、高级管理人员、核心技术人员或者核心业务人员的，可以成为激励对象。

上市公司应当充分说明上述人员成为激励对象的必要性、合理性。

第二十七条 上市公司授予激励对象的限制性股票，包括符合股权激励计划授予条件的激励对象在满足相应条件后分次获得并登记的本公司股票。

限制性股票的授予和登记，应当遵守交易所和证券登记结算机构的有关规定。

第二十八条 上市公司授予激励对象限制性股票的价格低于市场参考价百分之五十的，应当符合交易所有关规定，并应当说明定价依据及定价方式。

出现前款规定情形的，上市公司应当聘请独立财务顾问，对股权激励计划的可行性、相关定价依据和定价方法的合理性、是否有利于公司持续发展、是否损害股东利益等发表意见。

第二十九条 上市公司全部在有效期内的股权激励计划所涉及的标的股票总数，累计不得超过公司总股本的百分之二十。

第三十条 上市公司应当建立完善募集资金管理使用制度，按照交易所业务规则持续披露募集资金使用情况。

第三十一条 上市公司控股股东、实际控制人质押公司股份的，应当合理使用融入资金，维持公司控制权和生产经营稳定，不得侵害公司利益或者向公司转移风险，并依据中国证监会、交易所的规定履行信息披露义务。

第三十二条 上市公司及其股东、实际控制人、董事、监事、高级管理人员、其他信息披露义务人、内幕信息知情人等相关主体违反本办法的，中国证监会根据《证券法》等法律法规和中国证监会其他有关规定，依法追究其法律责任。

第三十三条 中国证监会将遵守本办法的情况记入证券市场诚信档案，会同有关部门加强信息共享，依法依规实施守信激励与失信惩戒。

第三十四条 上市公司根据自身定位和发展需要，可以申请转板至其他板块上市。具体规则另行制定。

第三十五条 本办法自公布之日起施行。

(3) 债券

企业债券管理条例

- 1993 年 8 月 2 日中华人民共和国国务院令第 121 号发布
- 根据 2011 年 1 月 8 日《国务院关于废止和修改部分行政法规的决定》修订

第一章 总 则

第一条 为了加强对企业债券的管理，引导资金的合理流向，有效利用社会闲散资金，保护投资者的合法权益,制定本条例。

第二条　本条例适用于中华人民共和国境内具有法人资格的企业(以下简称企业)在境内发行的债券。但是,金融债券和外币债券除外。

除前款规定的企业外,任何单位和个人不得发行企业债券。

第三条　企业进行有偿筹集资金活动,必须通过公开发行企业债券的形式进行。但是,法律和国务院另有规定的除外。

第四条　发行和购买企业债券应当遵循自愿、互利、有偿的原则。

第二章　企业债券

第五条　本条例所称企业债券,是指企业依照法定程序发行、约定在一定期限内还本付息的有价证券。

第六条　企业债券的票面应当载明下列内容:
(一)企业的名称、住所;
(二)企业债券的面额;
(三)企业债券的利率;
(四)还本期限和方式;
(五)利息的支付方式;
(六)企业债券发行日期和编号;
(七)企业的印记和企业法定代表人的签章;
(八)审批机关批准发行的文号、日期。

第七条　企业债券持有人有权按照约定期限取得利息、收回本金,但是无权参与企业的经营管理。

第八条　企业债券持有人对企业的经营状况不承担责任。

第九条　企业债券可以转让、抵押和继承。

第三章　企业债券的管理

第十条　国家计划委员会会同中国人民银行、财政部、国务院证券委员会拟订全国企业债券发行的年度规模和规模内的各项指标,报国务院批准后,下达各省、自治区、直辖市、计划单列市人民政府和国务院有关部门执行。

未经国务院同意,任何地方、部门不得擅自突破企业债券发行的年度规模,并不得擅自调整年度规模内的各项指标。

第十一条　企业发行企业债券必须按照本条例的规定进行审批;未经批准的,不得擅自发行和变相发行企业债券。

中央企业发行企业债券,由中国人民银行会同国家计划委员会审批;地方企业发行企业债券,由中国人民银行省、自治区、直辖市、计划单列市分行会同同级计划主管部门审批。

第十二条　企业发行企业债券必须符合下列条件:
(一)企业规模达到国家规定的要求;
(二)企业财务会计制度符合国家规定;
(三)具有偿债能力;
(四)企业经济效益良好,发行企业债券前连续3年盈利;
(五)所筹资金用途符合国家产业政策。

第十三条　企业发行企业债券应当制订发行章程。
发行章程应当包括下列内容:
(一)企业的名称、住所、经营范围、法定代表人;
(二)企业近3年的生产经营状况和有关业务发展的基本情况;
(三)财务报告;
(四)企业自有资产净值;
(五)筹集资金的用途;
(六)效益预测;
(七)发行对象、时间、期限、方式;
(八)债券的种类及期限;
(九)债券的利率;
(十)债券总面额;
(十一)还本付息方式;
(十二)审批机关要求载明的其他事项。

第十四条　企业申请发行企业债券,应当向审批机关报送下列文件:
(一)发行企业债券的申请书;
(二)营业执照;
(三)发行章程;
(四)经会计师事务所审计的企业近3年的财务报告;
(五)审批机关要求提供的其他材料。

企业发行企业债券用于固定资产投资,按照国家有关规定需要经有关部门审批的,还应当报送有关部门的审批文件。

第十五条　企业发行企业债券应当公布经审批机关批准的发行章程。

企业发行企业债券,可以向经认可的债券评信机构申请信用评级。

第十六条　企业发行企业债券的总面额不得大于该企业的自有资产净值。

第十七条　企业发行企业债券用于固定资产投资的,依照国家有关固定资产投资的规定办理。

第十八条　企业债券的利率不得高于银行相同期限居民储蓄定期存款利率的40%。

第十九条　任何单位不得以下列资金购买企业债券：

（一）财政预算拨款；

（二）银行贷款；

（三）国家规定不得用于购买企业债券的其他资金。

办理储蓄业务的机构不得将所吸收的储蓄存款用于购买企业债券。

第二十条　企业发行企业债券所筹资金应当按照审批机关批准的用途,用于本企业的生产经营。

企业发行企业债券所筹资金不得用于房地产买卖、股票买卖和期货交易等与本企业生产经营无关的风险性投资。

第二十一条　企业发行企业债券,应当由证券经营机构承销。

证券经营机构承销企业债券,应当对发行债券的企业的发行章程和其他有关文件的真实性、准确性、完整性进行核查。

第二十二条　企业债券的转让,应当在经批准的可以进行债券交易的场所进行。

第二十三条　非证券经营机构和个人不得经营企业债券的承销和转让业务。

第二十四条　单位和个人所得的企业债券利息收入,按照国家规定纳税。

第二十五条　中国人民银行及其分支机构和国家证券监督管理机构,依照规定的职责,负责对企业债券的发行和交易活动,进行监督检查。

第四章　法律责任

第二十六条　未经批准发行或者变相发行企业债券的,以及未通过证券经营机构发行企业债券的,责令停止发行活动,退还非法所筹资金,处以相当于非法所筹资金金额5%以下的罚款。

第二十七条　超过批准数额发行企业债券的,责令退还超额发行部分或者核减相当于超额发行金额的贷款额度,处以相当于超额发行部分5%以下的罚款。

第二十八条　超过本条例第十八条规定的最高利率发行企业债券的,责令改正,处以相当于所筹资金金额5%以下的罚款。

第二十九条　用财政预算拨款、银行贷款或者国家规定不得用于购买企业债券的其他资金购买企业债券的,以及办理储蓄业务的机构用所吸收的储蓄存款购买企业债券的,责令收回该资金,处以相当于所购买企业债券金额5%以下的罚款。

第三十条　未按批准用途使用发行企业债券所筹资金的,责令改正,没收其违反批准用途使用资金所获收益,并处以相当于违法使用资金金额5%以下的罚款。

第三十一条　非证券经营机构和个人经营企业债券的承销或者转让业务的,责令停止非法经营,没收非法所得,并处以承销或者转让企业债券金额5%以下的罚款。

第三十二条　本条例第二十六条、第二十七条、第二十八条、第二十九条、第三十条、第三十一条规定的处罚,由中国人民银行及其分支机构决定。

第三十三条　对有本条例第二十六条、第二十七条、第二十八条、第二十九条、第三十条、第三十一条所列违法行为的单位的法定代表人和直接责任人员,由中国人民银行及其分支机构给予警告或者处以1万元以上10万元以下的罚款；构成犯罪的,依法追究刑事责任。

第三十四条　地方审批机关违反本条例规定,批准发行企业债券的,责令改正,给予通报批评,根据情况相应核减该地方企业债券的发行规模。

第三十五条　企业债券监督管理机关的工作人员玩忽职守、徇私舞弊的,给予行政处分；构成犯罪的,依法追究刑事责任。

第三十六条　发行企业债券的企业违反本条例规定,给他人造成损失的,应当依法承担民事赔偿责任。

第五章　附则

第三十七条　企业发行短期融资券,按照中国人民银行有关规定执行。

第三十八条　本条例由中国人民银行会同国家计划委员会解释。

第三十九条　本条例自发布之日起施行。1987年3月27日国务院发布的《企业债券管理暂行条例》同时废止。

上市公司股东发行可交换公司债券试行规定

· 2008年10月17日
· 中国证券监督管理委员会公告〔2008〕41号

为规范上市公司股东发行可交换公司债券的行为,根据《公司债券发行试点办法》,就有关事项规定如下：

一、持有上市公司股份的股东，可以经保荐人保荐，向中国证监会申请发行可交换公司债券。

可交换公司债券是指上市公司的股东依法发行、在一定期限内依据约定的条件可以交换成该股东所持有的上市公司股份的公司债券。

二、申请发行可交换公司债券，应当符合下列规定：

（一）申请人应当是符合《公司法》、《证券法》规定的有限责任公司或者股份有限公司；

（二）公司组织机构健全，运行良好，内部控制制度不存在重大缺陷；

（三）公司最近一期末的净资产额不少于人民币3亿元；

（四）公司最近3个会计年度实现的年均可分配利润不少于公司债券一年的利息；

（五）本次发行后累计公司债券余额不超过最近一期末净资产额的40%；

（六）本次发行债券的金额不超过预备用于交换的股票按募集说明书公告日前20个交易日均价计算的市值的70%，且应当将预备用于交换的股票设定为本次发行的公司债券的担保物；

（七）经资信评级机构评级，债券信用级别良好；

（八）不存在《公司债券发行试点办法》第八条规定的不得发行公司债券的情形。

三、预备用于交换的上市公司股票应当符合下列规定：

（一）该上市公司最近一期末的净资产不低于人民币15亿元，或者最近3个会计年度加权平均净资产收益率平均不低于6%。扣除非经常性损益后的净利润与扣除前的净利润相比，以低者作为加权平均净资产收益率的计算依据；

（二）用于交换的股票在提出发行申请时应当为无限售条件股份，且股东在约定的换股期间转让该部分股票不违反其对上市公司或者其他股东的承诺；

（三）用于交换的股票在本次可交换公司债券发行前，不存在被查封、扣押、冻结等财产权利被限制的情形，也不存在权属争议或者依法不得转让或设定担保的其他情形。

四、可交换公司债券的期限最短为一年，最长为6年，面值每张人民币100元，发行价格由上市公司股东和保荐人通过市场询价确定。

募集说明书可以约定赎回条款，规定上市公司股东可以按事先约定的条件和价格赎回尚未换股的可交换公司债券。

募集说明书可以约定回售条款，规定债券持有人可以按事先约定的条件和价格将所持债券回售给上市公司股东。

五、可交换公司债券自发行结束之日起12个月后方可交换为预备交换的股票，债券持有人对交换股票或者不交换股票有选择权。

公司债券交换为每股股份的价格应当不低于公告募集说明书日前20个交易日公司股票均价和前一个交易日的均价。募集说明书应当事先约定交换价格及其调整、修正原则。若调整或修正交换价格，将造成预备用于交换的股票数量少于未偿还可交换公司债券全部换股所需股票的，公司必须事先补充提供预备用于交换的股票，并就该等股票设定担保，办理相关登记手续。

六、可交换公司债券的发行程序，按照《公司债券发行试点办法》第三章的规定办理。

债券受托管理和债券持有人权益保护事项，按照《公司债券发行试点办法》第四章的规定办理。

可交换公司债券的信用评级事项，按照《公司债券发行试点办法》第二章第十条的规定办理。

除用预备交换的股票设定担保外，发行人为本次发行的公司债券另行提供担保的，按照《公司债券发行试点办法》第二章第十一条的规定办理。

七、预备用于交换的股票及其孳息（包括资本公积转增股本、送股、分红、派息等），是本次发行可交换公司债券的担保物，用于对债券持有人交换股份和本期债券本息偿付提供担保。

在可交换公司债券发行前，公司债券受托管理人应当与上市公司股东就预备用于交换的股票签订担保合同，按照证券登记结算机构的业务规则设定担保，办理相关登记手续，将其专户存放，并取得担保权利证明文件。

当债券持有人按照约定条件交换股份时，从作为担保物的股票中提取相应数额用于支付；债券持有人部分或者全部未选择换股且上市公司股东到期未能清偿债务时，作为担保物的股票及其孳息处分所得的价款优先用于清偿对债券持有人的负债。

八、可交换公司债券持有人申请换股的，应当通过其托管证券公司向证券交易所发出换股指令，指令视同为债券受托管理人与发行人认可的解除担保指令。

九、申请发行可交换公司债券，应当按照本规定的要求编制申请文件，按照《证券法》的规定持续公开信息。编制募集说明书除应参照《公开发行证券的公司信息披露内容与格式准则第 23 号——公开发行公司债券募集说明书》(证监发行字〔2007〕224 号)外,还应参照上市公司发行可转换公司债券募集说明书摘要的有关要求披露上市公司的重要信息。

十、拥有上市公司控制权的股东发行可交换公司债券的,应当合理确定发行方案,不得通过本次发行直接将控制权转让给他人。持有可交换公司债券的投资者因行使换股权利增持上市公司股份的,或者因持有可交换公司债券的投资者行使换股权利导致拥有上市公司控制权的股东发生变化的,相关当事人应当履行《上市公司收购管理办法》(证监会令第 35 号)规定的义务。

十一、可交换公司债券的上市交易、换股、回售、赎回、登记结算等事项,按照证券交易所和证券登记结算机构的有关规定办理。

十二、本规定未尽事项,按照中国证监会的其他有关规定办理。

十三、本规定自公布之日起施行。

附录:发行可交换公司债券申请文件目录(略)

公司债券发行与交易管理办法

- 2023 年 10 月 20 日中国证券监督管理委员会令第 222 号公布
- 自公布之日起施行

第一章 总 则

第一条 为了规范公司债券(含企业债券)的发行、交易或转让行为,保护投资者的合法权益和社会公共利益,根据《证券法》《公司法》和其他相关法律法规,制定本办法。

第二条 在中华人民共和国境内,公开发行公司债券并在证券交易所、全国中小企业股份转让系统交易,非公开发行公司债券并在证券交易所、全国中小企业股份转让系统、证券公司柜台转让的,适用本办法。法律法规和中国证券监督管理委员会(以下简称中国证监会)另有规定的,从其规定。本办法所称公司债券,是指公司依照法定程序发行、约定在一定期限还本付息的有价证券。

第三条 公司债券可以公开发行,也可以非公开发行。

第四条 发行人及其他信息披露义务人应当及时、公平地履行披露义务,所披露或者报送的信息必须真实、准确、完整,简明清晰,通俗易懂,不得有虚假记载、误导性陈述或者重大遗漏。

第五条 发行人及其控股股东、实际控制人、董事、监事、高级管理人员应当诚实守信、勤勉尽责,维护债券持有人享有的法定权利和债券募集说明书约定的权利。

发行人及其控股股东、实际控制人、董事、监事、高级管理人员不得怠于履行偿债义务或者通过财产转移、关联交易等方式逃废债务,故意损害债券持有人权益。

第六条 为公司债券发行提供服务的承销机构、受托管理人,以及资信评级机构、会计师事务所、资产评估机构、律师事务所等专业机构和人员应当勤勉尽责,严格遵守执业规范和监管规则,按规定和约定履行义务。

发行人及其控股股东、实际控制人应当全面配合承销机构、受托管理人、证券服务机构的相关工作,及时提供资料,并确保内容真实、准确、完整。

第七条 发行人、承销机构及其相关工作人员在发行定价和配售过程中,不得有违反公平竞争、进行利益输送、直接或间接谋取不正当利益以及其他破坏市场秩序的行为。

第八条 中国证监会对公司债券发行的注册,证券交易所对公司债券发行出具的审核意见,或者中国证券业协会按照本办法对公司债券发行的报备,不表明其对发行人的经营风险、偿债风险、诉讼风险以及公司债券的投资风险或收益等作出判断或者保证。公司债券的投资风险,由投资者自行承担。

第九条 中国证监会依法对公司债券的发行及其交易或转让活动进行监督管理。证券自律组织依照相关规定对公司债券的发行、上市交易或挂牌转让、登记结算、承销、尽职调查、信用评级、受托管理及增信等进行自律管理。

证券自律组织应当制定相关业务规则,明确公司债券发行、承销、报备、上市交易或挂牌转让、信息披露、登记结算、投资者适当性管理、持有人会议及受托管理等具体规定,报中国证监会批准或备案。

第二章 发行和交易转让的一般规定

第十条 发行公司债券,发行人应当依照《公司法》或者公司章程相关规定对以下事项作出决议:

(一)发行债券的金额;

(二)发行方式;

(三)债券期限;

(四)募集资金的用途;

(五)其他按照法律法规及公司章程规定需要明确的事项。

发行公司债券,如果对增信机制、偿债保障措施作出安排的,也应当在决议事项中载明。

第十一条 发行公司债券,可以附认股权、可转换成相关股票等条款。上市公司、股票公开转让的非上市公众公司股东可以发行附可交换成上市公司或非上市公众公司股票条款的公司债券。商业银行等金融机构可以按照有关规定发行公司债券补充资本。上市公司发行附认股权、可转换成股票条款的公司债券,应当符合上市公司证券发行管理的相关规定。股票公开转让的非上市公众公司发行附认股权、可转换成股票条款的公司债券,由中国证监会另行规定。

第十二条 根据财产状况、金融资产状况、投资知识和经验、专业能力等因素,公司债券投资者可以分为普通投资者和专业投资者。专业投资者的标准按照中国证监会的相关规定执行。

证券自律组织可以在中国证监会相关规定的基础上,设定更为严格的投资者适当性要求。

发行人的董事、监事、高级管理人员及持股比例超过百分之五的股东,可视同专业投资者参与发行人相关公司债券的认购或交易、转让。

第十三条 公开发行公司债券筹集的资金,必须按照公司债券募集说明书所列资金用途使用;改变资金用途,必须经债券持有人会议作出决议。非公开发行公司债券,募集资金应当用于约定的用途;改变资金用途,应当履行募集说明书约定的程序。

鼓励公开发行公司债券的募集资金投向符合国家宏观调控政策和产业政策的项目建设。

公开发行公司债券筹集的资金,不得用于弥补亏损和非生产性支出。发行人应当指定专项账户,用于公司债券募集资金的接收、存储、划转。

第三章 公开发行及交易
第一节 注册规定

第十四条 公开发行公司债券,应当符合下列条件:
(一)具备健全且运行良好的组织机构;
(二)最近三年平均可分配利润足以支付公司债券一年的利息;
(三)具有合理的资产负债结构和正常的现金流量;
(四)国务院规定的其他条件。

公开发行公司债券,由证券交易所负责受理、审核,并报中国证监会注册。

第十五条 存在下列情形之一的,不得再次公开发行公司债券:

(一)对已公开发行的公司债券或者其他债务有违约或者延迟支付本息的事实,仍处于继续状态;
(二)违反《证券法》规定,改变公开发行公司债券所募资金用途。

第十六条 资信状况符合以下标准的公开发行公司债券,专业投资者和普通投资者可以参与认购:
(一)发行人最近三年无债务违约或者延迟支付本息的事实;
(二)发行人最近三年平均可分配利润不少于债券一年利息的1.5倍;
(三)发行人最近一期末净资产规模不少于250亿元;
(四)发行人最近36个月内累计公开发行债券不少于3期,发行规模不少于100亿元;
(五)中国证监会根据投资者保护的需要规定的其他条件。

未达到前款规定标准的公开发行公司债券,仅限于专业投资者参与认购。

第二节 注册程序

第十七条 发行人公开发行公司债券,应当按照中国证监会有关规定制作注册申请文件,由发行人向证券交易所申报。证券交易所收到注册申请文件后,在五个工作日内作出是否受理的决定。

第十八条 自注册申请文件受理之日起,发行人及其控股股东、实际控制人、董事、监事、高级管理人员,以及与本次债券公开发行并上市相关的主承销商、证券服务机构及相关责任人员,即承担相应法律责任。

第十九条 注册申请文件受理后,未经中国证监会或者证券交易所同意,不得改动。

发生重大事项的,发行人、主承销商、证券服务机构应当及时向证券交易所报告,并按要求更新注册申请文件和信息披露资料。

第二十条 证券交易所负责审核发行人公开发行公司债券并上市申请。

证券交易所主要通过向发行人提出审核问询、发行人回答问题方式开展审核工作,判断发行人是否符合发行条件、上市条件和信息披露要求。

第二十一条 证券交易所按照规定的条件和程序,提出审核意见。认为发行人符合发行条件和信息披露要求的,将审核意见、注册申请文件及相关审核资料报送中国证监会履行发行注册程序。认为发行人不符合发行条件或信息披露要求的,作出终止发行上市审核决定。

第二十二条 证券交易所应当建立健全审核机制，强化质量控制，提高审核工作透明度，公开审核工作相关事项，接受社会监督。

证券交易所在审核中发现申报文件涉嫌虚假记载、误导性陈述或者重大遗漏的，可以对发行人进行现场检查，对相关主承销商、证券服务机构执业质量开展延伸检查。

第二十三条 中国证监会收到证券交易所报送的审核意见、发行人注册申请文件及相关审核资料后，履行发行注册程序。中国证监会认为存在需要进一步说明或者落实事项的，可以问询或要求证券交易所进一步问询。

中国证监会认为证券交易所的审核意见依据不充分的，可以退回证券交易所补充审核。

第二十四条 证券交易所应当自受理注册申请文件之日起二个月内出具审核意见，中国证监会应当自证券交易所受理注册申请文件之日起三个月内作出同意注册或者不予注册的决定。发行人根据中国证监会、证券交易所要求补充、修改注册申请文件的时间不计算在内。

第二十五条 公开发行公司债券，可以申请一次注册，分期发行。中国证监会同意注册的决定自作出之日起两年内有效，发行人应当在注册决定有效期内发行公司债券，并自主选择发行时点。

公开发行公司债券的募集说明书自最后签署之日起六个月内有效。发行人应当及时更新债券募集说明书等公司债券发行文件，并在每期发行前报证券交易所备案。

第二十六条 中国证监会作出注册决定后，主承销商及证券服务机构应当持续履行尽职调查职责；发生重大事项的，发行人、主承销商、证券服务机构应当及时向证券交易所报告。

证券交易所应当对上述事项及时处理，发现发行人存在重大事项影响发行条件、上市条件的，应当出具明确意见并及时向中国证监会报告。

第二十七条 中国证监会作出注册决定后、发行人公司债券上市前，发现可能影响本次发行的重大事项的，中国证监会可以要求发行人暂缓或者暂停发行、上市；相关重大事项导致发行人不符合发行条件的，可以撤销注册。

中国证监会撤销注册后，公司债券尚未发行的，发行人应当停止发行；公司债券已经发行尚未上市的，发行人应当按照发行价并加算银行同期存款利息返还债券持有人。

第二十八条 中国证监会应当按规定公开公司债券发行注册行政许可事项相关的监管信息。

第二十九条 存在下列情形之一的，发行人、主承销商、证券服务机构应当及时书面报告证券交易所或者中国证监会，证券交易所或者中国证监会应当中止相应发行上市审核程序或者发行注册程序：

（一）发行人因涉嫌违法违规被行政机关调查，或者被司法机关侦查，尚未结案，对其公开发行公司债券行政许可影响重大；

（二）发行人的主承销商，以及律师事务所、会计师事务所、资信评级机构等证券服务机构被中国证监会依法采取限制业务活动、责令停业整顿、指定其他机构托管、接管等监管措施，或者被证券交易所实施一定期限内不接受其出具的相关文件的纪律处分，尚未解除；

（三）发行人的主承销商，以及律师事务所、会计师事务所、资信评级机构等证券服务机构签字人员被中国证监会依法采取限制从事证券服务业务等监管措施或者证券市场禁入的措施，或者被证券交易所实施一定期限内不接受其出具的相关文件的纪律处分，尚未解除；

（四）发行人或主承销商主动要求中止发行上市审核程序或者发行注册程序，理由正当且经证券交易所或者中国证监会批准；

（五）中国证监会或证券交易所规定的其他情形。

中国证监会、证券交易所根据发行人、主承销商申请，决定中止审核的，待相关情形消失后，发行人、主承销商可以向中国证监会、证券交易所申请恢复审核。中国证监会、证券交易所依据相关规定中止审核的，待相关情形消失后，中国证监会、证券交易所按规定恢复审核。

第三十条 存在下列情形之一的，证券交易所或者中国证监会应当终止相应发行上市审核程序或者发行注册程序，并向发行人说明理由：

（一）发行人主动要求撤回申请或主承销商申请撤回所出具的核查意见；

（二）发行人未在要求的期限内对注册申请文件作出解释说明或者补充、修改；

（三）注册申请文件存在虚假记载、误导性陈述或重大遗漏；

（四）发行人阻碍或者拒绝中国证监会、证券交易所依法对发行人实施检查、核查；

（五）发行人及其关联方以不正当手段严重干扰发行上市审核或者发行注册工作；

（六）发行人法人资格终止；

（七）发行人注册申请文件内容存在重大缺陷，严重影响投资者理解和发行上市审核或者发行注册工作；

（八）发行人中止发行上市审核程序超过证券交易所规定的时限或者中止发行注册程序超过六个月仍未恢复；

（九）证券交易所认为发行人不符合发行条件或信息披露要求；

（十）中国证监会或证券交易所规定的其他情形。

第三节 交 易

第三十一条 公开发行的公司债券，应当在证券交易场所交易。

公开发行公司债券并在证券交易场所交易的，应当符合证券交易场所规定的上市、挂牌条件。

第三十二条 证券交易场所应当对公开发行公司债券的上市交易实施分类管理，实行差异化的交易机制，建立相应的投资者适当性管理制度，健全风险控制机制。证券交易场所应当根据债券资信状况的变化及时调整交易机制和投资者适当性安排。

第三十三条 公开发行公司债券申请上市交易的，应当在发行前根据证券交易场所的相关规则，明确交易机制和交易环节投资者适当性安排。发行环节和交易环节的投资者适当性要求应当保持一致。

第四章 非公开发行及转让

第三十四条 非公开发行的公司债券应当向专业投资者发行，不得采用广告、公开劝诱和变相公开方式，每次发行对象不得超过二百人。

第三十五条 承销机构应当按照中国证监会、证券自律组织规定的投资者适当性制度，了解和评估投资者对非公开发行公司债券的风险识别和承担能力，确认参与非公开发行公司债券认购的投资者为专业投资者，并充分揭示风险。

第三十六条 非公开发行公司债券，承销机构或依照本办法第三十九条规定自行销售的发行人应当在每次发行完成后五个工作日内向中国证券业协会报备。

中国证券业协会在材料齐备时应当及时予以报备。报备不代表中国证券业协会实行合规性审查，不构成市场准入，也不豁免相关主体的违规责任。

第三十七条 非公开发行公司债券，可以申请在证券交易场所、证券公司柜台转让。

非公开发行公司债券并在证券交易场所转让的，应当遵守证券交易场所制定的业务规则，并经证券交易场所同意。

非公开发行公司债券并在证券公司柜台转让的，应当符合中国证监会的相关规定。

第三十八条 非公开发行的公司债券仅限于专业投资者范围内转让。转让后，持有同次发行债券的投资者合计不得超过二百人。

第五章 发行与承销管理

第三十九条 发行公司债券应当依法由具有证券承销业务资格的证券公司承销。

取得证券承销业务资格的证券公司、中国证券金融股份有限公司非公开发行公司债券可以自行销售。

第四十条 承销机构承销公司债券，应当依据本办法以及中国证监会、中国证券业协会有关风险管理和内部控制等相关规定，制定严格的风险管理和内部控制制度，明确操作规程，保证人员配备，加强定价和配售等过程管理，有效控制业务风险。

承销机构应当建立健全内部问责机制，相关业务人员因违反公司债券相关规定被采取自律监管措施、自律处分、行政监管措施、市场禁入措施、行政处罚、刑事处罚等的，承销机构应当进行内部问责。

承销机构应当制定合理的薪酬考核体系，不得以业务包干等承包方式开展公司债券承销业务，或者以其他形式实施过度激励。

承销机构应当综合评估项目执行成本与风险责任，合理确定报价，不得以明显低于行业定价水平等不正当竞争方式招揽业务。

第四十一条 主承销商应当遵守业务规则和行业规范，诚实守信、勤勉尽责、保持合理怀疑，按照合理性、必要性和重要性原则，对公司债券发行文件的真实性、准确性和完整性进行审慎核查，并有合理谨慎的理由确信发行文件披露的信息不存在虚假记载、误导性陈述或者重大遗漏。

主承销商对公司债券发行文件中证券服务机构出具专业意见的重要内容存在合理怀疑的，应当履行审慎核查和必要的调查、复核工作，排除合理怀疑。证券服务机构应当配合主承销商的相关核查工作。

第四十二条 承销机构承销公司债券，应当依照《证券法》相关规定采用包销或者代销方式。

第四十三条 发行人和主承销商应当签订承销协议，在承销协议中界定双方的权利义务关系，约定明确的承销基数。采用包销方式的，应当明确包销责任。组成承销团的承销机构应当签订承销团协议，由主承销商负责组织承销工作。公司债券发行由两家以上承销机构联合主承销的，所有担任主承销商的承销机构应当共同承担主承销责任，履行相关义务。承销团由三家以上承销机构组成的，可以设副主承销商，协助主承销商组织承销活动。承销团成员应当按照承销团协议及承销协议的约定进行承销活动，不得进行虚假承销。

第四十四条 公司债券公开发行的价格或利率以询价或公开招标等市场化方式确定。发行人和主承销商应当协商确定公开发行的定价与配售方案并予公告，明确价格或利率确定原则、发行定价流程和配售规则等内容。

第四十五条 发行人及其控股股东、实际控制人、董事、监事、高级管理人员和承销机构不得操纵发行定价、暗箱操作；不得以代持、信托等方式谋取不正当利益或向其他相关利益主体输送利益；不得直接或通过其利益相关方向参与认购的投资者提供财务资助；不得有其他违反公平竞争、破坏市场秩序等行为。

发行人不得在发行环节直接或间接认购其发行的公司债券。发行人的董事、监事、高级管理人员、持股比例超过百分之五的股东及其他关联方认购或交易、转让其发行的公司债券的，应当披露相关情况。

第四十六条 公开发行公司债券的，发行人和主承销商应当聘请律师事务所对发行过程、配售行为、参与认购的投资者资质条件、资金划拨等事项进行见证，并出具专项法律意见书。公开发行的公司债券上市后十个工作日内，主承销商应当将专项法律意见、承销总结报告等文件一并报证券交易场所。

第四十七条 发行人和承销机构在推介过程中不得夸大宣传，或以虚假广告等不正当手段诱导、误导投资者，不得披露除债券募集说明书等信息以外的发行人其他信息。承销机构应当保留推介、定价、配售等承销过程中的相关资料，并按相关法律法规规定存档备查，包括推介宣传材料、路演现场录音等，如实、全面反映询价、定价和配售过程。相关推介、定价、配售等的备查资料应当按中国证券业协会的规定制作并妥善保管。

第四十八条 中国证券业协会应当制定非公开发行公司债券承销业务的风险控制管理规定，根据市场风险状况对承销业务范围进行限制并动态调整。

第四十九条 债券募集说明书及其他信息披露文件所引用的审计报告、法律意见书、评级报告及资产评估报告等，应当由符合《证券法》规定的证券服务机构出具。

证券服务机构应当严格遵守法律法规、中国证监会制定的监管规则、执业准则、职业道德守则、证券交易场所制定的业务规则及其他相关规定，建立并保持有效的质量控制体系、独立性管理和投资者保护机制，审慎履行职责，作出专业判断与认定，并对募集说明书或者其他信息披露文件中与其专业职责有关的内容及其出具的文件的真实性、准确性、完整性负责。

证券服务机构及其相关执业人员应当对与本专业相关的业务事项履行特别注意义务，对其他业务事项履行普通注意义务，并承担相应法律责任。

证券服务机构及其执业人员从事证券服务业务应当配合中国证监会的监督管理，在规定的期限内提供、报送或披露相关资料、信息，并保证其提供、报送或披露的资料、信息真实、准确、完整，不得有虚假记载、误导性陈述或者重大遗漏。

证券服务机构应当妥善保存客户委托文件、核查和验证资料、工作底稿以及与质量控制、内部管理、业务经营有关的信息和资料。

第六章　信息披露

第五十条 发行人及其他信息披露义务人应当按照中国证监会及证券自律组织的相关规定履行信息披露义务。

第五十一条 公司债券上市交易的发行人应当按照中国证监会、证券交易所的规定及时披露债券募集说明书，并在债券存续期内披露中期报告和经符合《证券法》规定的会计师事务所审计的年度报告。非公开发行公司债券的发行人信息披露的时点、内容，应当按照募集说明书的约定及证券交易场所的规定履行。

发行人及其控股股东、实际控制人、董事、监事、高级管理人员等作出公开承诺的，应当在募集说明书等文件中披露。

第五十二条 公司债券募集资金的用途应当在债券募集说明书中披露。发行人应当在定期报告中披露公开发行公司债券募集资金的使用情况、募投项目进展情况（如涉及）。非公开发行公司债券的，应当在债券募集说明书中约定募集资金使用情况的披露事宜。

第五十三条 发行人的董事、高级管理人员应当对公司债券发行文件和定期报告签署书面确认意见。

发行人的监事会应当对董事会编制的公司债券发行文件和定期报告进行审核并提出书面审核意见。监事应当签署书面确认意见。

发行人的董事、监事和高级管理人员应当保证发行人及时、公平地披露信息，所披露的信息真实、准确、完整。

董事、监事和高级管理人员无法保证公司债券发行文件和定期报告内容的真实性、准确性、完整性或者有异议的,应当在书面确认意见中发表意见并陈述理由,发行人应当披露。发行人不予披露的,董事、监事和高级管理人员可以直接申请披露。

第五十四条 发生可能对上市交易公司债券的交易价格产生较大影响的重大事件,投资者尚未得知时,发行人应当立即将有关该重大事件的情况向中国证监会、证券交易场所报送临时报告,并予公告,说明事件的起因、目前的状态和可能产生的法律后果。

前款所称重大事件包括:

(一)公司股权结构或者生产经营状况发生重大变化;

(二)公司债券信用评级发生变化;

(三)公司重大资产抵押、质押、出售、转让、报废;

(四)公司发生未能清偿到期债务的情况;

(五)公司新增借款或者对外提供担保超过上年末净资产的百分之二十;

(六)公司放弃债权或者财产超过上年末净资产的百分之十;

(七)公司发生超过上年末净资产百分之十的重大损失;

(八)公司分配股利,作出减资、合并、分立、解散及申请破产的决定,或者依法进入破产程序、被责令关闭;

(九)涉及公司的重大诉讼、仲裁;

(十)公司涉嫌犯罪被依法立案调查,公司的控股股东、实际控制人、董事、监事、高级管理人员涉嫌犯罪被依法采取强制措施;

(十一)募投项目情况发生重大变化,可能影响募集资金投入和使用计划,或者导致项目预期运营收益实现存在较大不确定性;

(十二)中国证监会规定的其他事项。

发行人的控股股东或者实际控制人对重大事件的发生、进展产生较大影响的,应当及时将其知悉的有关情况书面告知发行人,并配合发行人履行信息披露义务。

第五十五条 资信评级机构为公开发行公司债券进行信用评级的,应当符合以下规定或约定:

(一)将评级信息告知发行人,并及时向市场公布首次评级报告、定期和不定期跟踪评级报告;

(二)公司债券的期限为一年以上的,在债券有效存续期间,应当每年至少向市场公布一次定期跟踪评级报告;

(三)应充分关注可能影响评级对象信用等级的所有重大因素,及时向市场公布信用等级调整及其他与评级相关的信息变动情况,并向证券交易场所报告。

第五十六条 公开发行公司债券的发行人及其他信息披露义务人应当将披露的信息刊登在其证券交易场所的互联网网站和符合中国证监会规定条件的媒体,同时将其置备于公司住所、证券交易场所,供社会公众查阅。

第七章 债券持有人权益保护

第五十七条 公开发行公司债券的,发行人应当为债券持有人聘请债券受托管理人,并订立债券受托管理协议;非公开发行公司债券的,发行人应当在募集说明书中约定债券受托管理事项。在债券存续期限内,由债券受托管理人按照规定或协议的约定维护债券持有人的利益。

发行人应当在债券募集说明书中约定,投资者认购或持有本期公司债券视作同意债券受托管理协议、债券持有人会议规则及债券募集说明书中其他有关发行人、债券持有人权利义务的相关约定。

第五十八条 债券受托管理人由本次发行的承销机构或其他经中国证监会认可的机构担任。债券受托管理人应当为中国证券业协会会员。为本次发行提供担保的机构不得担任本次债券发行的受托管理人。债券受托管理人应当勤勉尽责,公正履行受托管理职责,不得损害债券持有人利益。对于债券受托管理人在履行受托管理职责时可能存在的利益冲突情形及相关风险防范、解决机制,发行人应当在债券募集说明书及债券存续期间的信息披露文件中予以充分披露,并同时在债券受托管理协议中载明。

第五十九条 公开发行公司债券的受托管理人应当按规定或约定履行下列职责:

(一)持续关注发行人和保证人的资信状况、担保物状况、增信措施及偿债保障措施的实施情况,出现可能影响债券持有人重大权益的事项时,召集债券持有人会议;

(二)在债券存续期内监督发行人募集资金的使用情况;

(三)对发行人的偿债能力和增信措施的有效性进行全面调查和持续关注,并至少每年向市场公告一次受托管理事务报告;

(四)在债券存续期内持续督导发行人履行信息披露义务;

(五)预计发行人不能偿还债务时,要求发行人追加担保,并可以依法申请法定机关采取财产保全措施;

(六)在债券存续期内勤勉处理债券持有人与发行

人之间的谈判或者诉讼事务；

（七）发行人为债券设定担保的，债券受托管理人应在债券发行前或债券募集说明书约定的时间内取得担保的权利证明或其他有关文件，并在增信措施有效期内妥善保管；

（八）发行人不能按期兑付债券本息或出现募集说明书约定的其他违约事件的，可以接受全部或部分债券持有人的委托，以自己名义代表债券持有人提起、参加民事诉讼或者破产等法律程序，或者代表债券持有人申请处置抵质押物。

第六十条　非公开发行公司债券的，债券受托管理人应当按照债券受托管理协议的约定履行职责。

第六十一条　受托管理人为履行受托管理职责，有权代表债券持有人查询债券持有人名册及相关登记信息、专项账户中募集资金的存储与划转情况。证券登记结算机构应当予以配合。

第六十二条　发行公司债券，应当在债券募集说明书中约定债券持有人会议规则。

债券持有人会议规则应当公平、合理。债券持有人会议规则应当明确债券持有人通过债券持有人会议行使权利的范围，债券持有人会议的召集、通知、决策生效条件与决策程序、决策效力范围和其他重要事项。债券持有人会议按照本办法的规定及会议规则的程序要求所形成的决议对全体债券持有人有约束力，债券持有人会议规则另有约定的除外。

第六十三条　存在下列情形的，债券受托管理人应当按规定或约定召集债券持有人会议：

（一）拟变更债券募集说明书的约定；

（二）拟修改债券持有人会议规则；

（三）拟变更债券受托管理人或受托管理协议的主要内容；

（四）发行人不能按期支付本息；

（五）发行人减资、合并等可能导致偿债能力发生重大不利变化，需要决定或者授权采取相应措施；

（六）发行人分立、被托管、解散、申请破产或者依法进入破产程序；

（七）保证人、担保物或者其他偿债保障措施发生重大变化；

（八）发行人、单独或合计持有本期债券总额百分之十以上的债券持有人书面提议召开；

（九）发行人管理层不能正常履行职责，导致发行人债务清偿能力面临严重不确定性；

（十）发行人提出债务重组方案的；

（十一）发生其他对债券持有人权益有重大影响的事项。

在债券受托管理人应当召集而未召集债券持有人会议时，单独或合计持有本期债券总额百分之十以上的债券持有人有权自行召集债券持有人会议。

第六十四条　发行人可采取内外部增信机制、偿债保障措施，提高偿债能力，控制公司债券风险。内外部增信机制、偿债保障措施包括但不限于下列方式：

（一）第三方担保；

（二）商业保险；

（三）资产抵押、质押担保；

（四）限制发行人债务及对外担保规模；

（五）限制发行人对外投资规模；

（六）限制发行人向第三方出售或抵押主要资产；

（七）设置债券回售条款。

公司债券增信机构可以成为中国证券业协会会员。

第六十五条　发行人应当在债券募集说明书中约定构成债券违约的情形、违约责任及其承担方式以及公司债券发生违约后的诉讼、仲裁或其他争议解决机制。

第八章　监督管理和法律责任

第六十六条　中国证监会建立对证券交易场所公司债券业务监管工作的监督机制，持续关注证券交易场所发行审核、发行承销过程及其他公司债券业务监管情况，并开展定期或不定期检查。中国证监会在检查和抽查过程中发现问题的，证券交易场所应当整改。

证券交易场所应当建立定期报告制度，及时总结公司债券发行审核、发行承销过程及其他公司债券业务监管工作情况，并报告中国证监会。

第六十七条　证券交易场所公司债券发行上市审核工作违反本办法规定，有下列情形之一的，由中国证监会责令改正；情节严重的，追究直接责任人员相关责任：

（一）未按审核标准开展公司债券发行上市审核工作；

（二）未按程序开展公司债券发行上市审核工作；

（三）不配合中国证监会对发行上市审核工作、发行承销过程及其他公司债券业务监管工作的检查、抽查，或者不按中国证监会的整改要求进行整改。

第六十八条　中国证监会及其派出机构可以依法对发行人以及相关主承销商、受托管理人、证券服务机构等开展检查，检查对象及其工作人员应当配合，保证提供的有关文件和资料真实、准确、完整、及时，不得拒绝、阻碍

第六十九条　违反法律法规及本办法等规定的，中国证监会可以对相关机构和人员采取责令改正、监管谈话、出具警示函、责令公开说明、责令定期报告等相关监管措施；依法应予行政处罚的，依照《证券法》《行政处罚法》等法律法规和中国证监会的有关规定进行处罚；涉嫌犯罪的，依法移送司法机关，追究其刑事责任。

第七十条　非公开发行公司债券，发行人及其他信息披露义务人披露的信息存在虚假记载、误导性陈述或者重大遗漏的，中国证监会可以对发行人、其他信息披露义务人及其直接负责的主管人员和其他直接责任人员采取本办法第六十九条规定的相关监管措施；情节严重的，依照《证券法》第一百九十七条予以处罚。

第七十一条　非公开发行公司债券，发行人违反本办法第十三条规定的，中国证监会可以对发行人及其直接负责的主管人员和其他直接责任人员采取本办法第六十九条规定的相关监管措施；情节严重的，处以警告、罚款。

第七十二条　除中国证监会另有规定外，承销或自行销售非公开发行公司债券未按规定进行报备的，中国证监会可以对承销机构及其直接负责的主管人员和其他直接责任人员采取本办法第六十九条规定的相关监管措施；情节严重的，处以警告、罚款。

第七十三条　承销机构在承销公司债券过程中，有下列行为之一的，中国证监会依照《证券法》第一百八十四条予以处罚：

（一）未勤勉尽责，违反本办法第四十一条规定的行为；

（二）以不正当竞争手段招揽承销业务；

（三）从事本办法第四十五条规定禁止的行为；

（四）从事本办法第四十七条规定禁止的行为；

（五）未按本办法及相关规定要求披露有关文件；

（六）未按照事先披露的原则和方式配售公司债券，或其他未依照披露文件实施的行为；

（七）未按照本办法及相关规定要求保留推介、定价、配售等承销过程中相关资料；

（八）其他违反承销业务规定的行为。

第七十四条　发行人及其控股股东、实际控制人、债券受托管理人等违反本办法规定，损害债券持有人权益的，中国证监会可以对发行人、发行人的控股股东和实际控制人、受托管理人及其直接负责的主管人员和其他直接责任人员采取本办法第六十九条规定的相关监管措施；情节严重的，处以警告、罚款。

第七十五条　发行人及其控股股东、实际控制人、董事、监事、高级管理人员违反本办法第五条第二款的规定，严重损害债券持有人权益的，中国证监会可以依法限制其市场融资等活动，并将其有关信息纳入证券期货市场诚信档案数据库。

第九章　附则

第七十六条　发行公司债券并在证券交易场所交易或转让的，应当由中国证券登记结算有限责任公司依法集中统一办理登记结算业务。非公开发行公司债券并在证券公司柜台转让的，可以由中国证券登记结算有限责任公司或者其他依法从事证券登记、结算业务的机构办理。

第七十七条　发行公司债券，应当符合地方政府性债务管理的相关规定，不得新增政府债务。

第七十八条　证券公司和其他金融机构次级债券的发行、交易或转让，适用本办法。境外注册公司在中国证监会监管的证券交易场所的债券发行、交易或转让，参照适用本办法。

第七十九条　本办法所称证券自律组织包括证券交易所、全国中小企业股份转让系统、中国证券登记结算有限责任公司、中国证券业协会以及中国证监会认定的其他自律组织。

本办法所称证券交易场所包括证券交易所、全国中小企业股份转让系统。

第八十条　本办法自公布之日起施行。2021年2月26日发布的《公司债券发行与交易管理办法》（证监会令第180号）同时废止。

上市公司向特定对象发行可转换公司债券购买资产规则

· 2023年11月14日
· 中国证券监督管理委员会公告〔2023〕58号

第一条　为了规范上市公司以向特定对象发行的可转换公司债券（以下简称定向可转债）为支付工具的购买资产活动，保护上市公司和投资者的合法权益，根据《中华人民共和国公司法》《中华人民共和国证券法》《上市公司重大资产重组管理办法》（以下简称《重组办法》）、《可转换公司债券管理办法》（以下简称《可转债办法》）、《上市公司证券发行注册管理办法》（以下简称《再融资办法》)等有关规定,制定本规则。

第二条 上市公司发行定向可转债购买资产的,适用本规则;本规则未规定的,参照适用《重组办法》等关于发行股份购买资产的有关规定,并适用《可转债办法》和中国证监会其他相关规定。

第三条 上市公司股东大会就发行定向可转债购买资产作出的决议,除应当包括《重组办法》第二十三条规定的事项外,还应当包括下列事项:定向可转债的发行对象、发行数量、债券期限、债券利率、还本付息的期限和方式、转股价格的确定、转股股份来源、转股期等。定向可转债约定赎回条款、回售条款、转股价格向上修正条款等事项的,应当经股东大会决议。

第四条 上市公司发行定向可转债购买资产的,应当符合以下规定:

(一)符合《重组办法》第十一条、第四十三条的规定,构成重组上市的,符合《重组办法》第十三条的规定;

(二)符合《再融资办法》第十三条第一款第一项至第三项的规定,且不存在《再融资办法》第十四条规定的情形;

(三)不存在《再融资办法》第十一条第一项、第三项、第五项、第六项规定的情形。

上市公司通过收购本公司股份的方式进行公司债券转换的,不适用《重组办法》第四十三条和前款第三项规定。

第五条 上市公司发行定向可转债购买资产的,定向可转债的初始转股价格应当不低于董事会决议公告日前二十个交易日、六十个交易日或者一百二十个交易日公司股票交易均价之一的百分之八十。

本次发行定向可转债购买资产的董事会决议可以明确,在中国证监会注册前,上市公司的股票价格相比最初确定的定向可转债转股价格发生重大变化的,董事会可以按照已经设定的调整方案对定向可转债转股价格进行一次调整,转股价格调整方案应当符合《重组办法》有关股票发行价格调整方案的规定。上市公司同时发行股份购买资产的,应当明确股票发行价格是否和定向可转债转股价格一并进行调整。

第六条 上市公司购买资产所发行的定向可转债,存续期限应当充分考虑本规则第七条规定的限售期限的执行和业绩承诺义务的履行,且不得短于业绩承诺期结束后六个月。

第七条 特定对象以资产认购而取得的定向可转债,自发行结束之日起十二个月内不得转让;属于下列情形之一的,三十六个月内不得转让:

(一)特定对象为上市公司控股股东、实际控制人或者其控制的关联人;

(二)特定对象通过认购本次发行的股份或者定向可转债取得上市公司的实际控制权;

(三)特定对象取得本次发行的定向可转债时,对其用于认购定向可转债的资产持续拥有权益的时间不足十二个月。

构成重组上市的,除收购人及其关联人以外的特定对象应当公开承诺,其以资产认购而取得的定向可转债自发行结束之日起二十四个月内不得转让。

本条第一款第一项、第二项规定的特定对象应当参照《重组办法》第四十七条第二款作出公开承诺。

第八条 上市公司购买资产所发行的定向可转债,不得在本规则第七条规定的限售期限内转让,但可以根据约定实施转股。转股后的股份应当继续锁定,直至限售期限届满,转股前后的限售期限合并计算。

特定对象作出业绩承诺的,还应当承诺以资产认购取得的定向可转债,在相应年度的业绩补偿义务履行完毕前不得转让,转股后的股份继续锁定至相应年度的业绩补偿义务履行完毕。

第九条 上市公司购买资产所发行的定向可转债,不得约定在本规则第七条规定的限售期限内进行回售和赎回。特定对象作出业绩承诺的,还应当约定以资产认购取得的定向可转债,不得在相应年度的业绩补偿义务履行完毕前进行回售和赎回。

第十条 以资产认购取得定向可转债的特定对象不符合标的股票投资者适当性管理要求的,所持定向可转债可以转股,转股后仅能卖出、不能买入标的股票。

受让定向可转债的投资者,应当符合证券交易所关于定向可转债的投资者适当性管理要求。

第十一条 上市公司发行定向可转债募集部分配套资金的,审议程序、发行条件、发行对象、募集资金使用、转股价格、限售期限等应当符合《再融资办法》相关规定。

第十二条 适用《重组办法》第十一条第二项、第十三条第一款,以及本规则第七条第一款第二项等规定,计算投资者、非社会公众股东等拥有上市公司权益数量及比例的,应当将其所持有的上市公司已发行的定向可转债与其所持有的同一上市公司的其他权益合并计算,并将其持股比例与合并计算非股权类证券转为股份后的比例相比,以二者中的较高者为准。较高者的具体计算公式，参照适用《上市公司收购管理办法》第八十五条第二款的规定。

第十三条　上市公司发行定向可转债购买资产或者募集部分配套资金的，应当在定向可转债挂牌、开始转股、解除限售、转股价格调整或向上修正、赎回、回售、本息兑付、回购注销等重要时点，及时披露与定向可转债相关的信息。

第十四条　上市公司发行定向可转债购买资产或者募集部分配套资金的，应当在年度报告中披露定向可转债累计转股、解除限售、转股价格调整或向上修正、赎回、回售、本息兑付、回购注销等情况。独立财务顾问应当对上述事项出具持续督导意见。

第十五条　上市公司发行定向可转债购买资产或者募集部分配套资金的，应当在重组报告书中披露定向可转债受托管理事项和债券持有人会议规则，构成可转债违约的情形、违约责任及其承担方式，以及定向可转债发生违约后的诉讼、仲裁或其他争议解决机制等。

上市公司还应当在重组报告书中明确，投资者受让或持有本期定向可转债视作同意债券受托管理事项、债券持有人会议规则及重组报告书中其他有关上市公司、债券持有人权利义务的相关约定。

第十六条　上市公司发行定向可转债用于与其他公司合并的，按照本规则执行。

第十七条　本规则自公布之日起施行。

关于深化债券注册制改革的指导意见

· 2023 年 6 月 20 日
· 中国证券监督管理委员会公告〔2023〕46 号

为深入贯彻落实党中央、国务院决策部署，推动债券市场高质量发展，不断提升服务实体经济能力，根据《中华人民共和国证券法》《企业债券管理条例》《国务院办公厅关于贯彻实施修订后的证券法有关工作的通知》《公司债券发行与交易管理办法》等法律法规，现就深化公司（企业）债券注册制改革提出如下意见。

一、总体要求

（一）指导思想

以习近平新时代中国特色社会主义思想为指导，坚持"建制度、不干预、零容忍"，正确处理政府和市场的关系，准确把握债券注册制本质特征，按照统一公司债券和企业债券、促进协同发展的思路，进一步完善制度机制，提高审核注册工作的制度化、规范化和透明化水平，维护良好市场秩序，培育健康市场生态，激发市场创新发展活力，助力提升直接融资比重，更好服务构建新发展格局。

（二）基本原则

一是坚持市场导向。发挥好有效市场和有为政府的作用，既要把好"入口关"，又要提高审核注册工作效率和可预期性，进一步提升债券市场服务国家重大战略、现代化产业体系建设和实体经济高质量发展的能力。

二是促进归位尽责。厘清债券市场参与主体职责，强化制度约束，压实发行人主体责任和中介机构"看门人"责任，推动形成自主决策、自担风险、卖者有责、买者自负的市场约束机制。

三是依法加强监管。加快推进监管转型，促进监管职能转变，统筹抓好债券发行和存续期全链条监管，依法打击债券市场各类违法违规行为，强化立体追责，有效净化市场生态，切实保护投资者合法权益。

四是夯实制度基础。以《证券法》为核心，以完善债券管理相关条例为契机，逐步健全审核注册、发行承销、日常监管以及相关质控、廉政监督等方面的基础制度，形成系统全面、科学合理、层次清晰的注册制规则体系，夯实债券市场稳定健康发展的根基。

二、构建公开透明、规范有序、廉洁高效的债券注册体系

1. 强化以偿债能力为重点的信息披露要求。完善信息披露制度，强化信息披露要求，督促发行人及其他信息披露义务人依法及时履行信息披露义务。信息披露应当真实、准确、完整，突出重要性、强化针对性，重点披露可能影响发行人偿债能力和对投资者作出投资决策有重大影响的信息。信息披露应当简明易懂，不得出现表述不清、逻辑混乱、相互矛盾、严重影响投资者理解等情形。

2. 优化审核注册流程。建立分工明确、高效衔接的审核注册工作流程。证券交易所等承担公开发行债券审核主体责任，全面审判判断发行人是否符合发行条件、上市条件和信息披露要求并出具审核意见。中国证监会以证券交易所等审核意见为基础履行注册程序，重点关注募集资金投向是否符合国家宏观调控政策、产业政策，以及发行人是否存在重大无先例、重大敏感、重大舆情、重大影响偿债能力、重大违法违规线索等事项。

3. 完善全链条监管制度安排。强化"受理即纳入监管"要求，完善发行审核环节现场督导制度，对于审核中发现发行人或中介机构涉嫌存在违法违规情形的，及时启动现场核查。完善簿记建档规则，强化合规管理要求，严禁发行人在发行环节直接或间接认购其发行的债券，或通过返费等非市场化方式对发行定价进行不当干预。健全与注册制相适应的事中事后持续监管机制，进一步提高监管效能。

4. 加强质量控制和廉政风险防范。加强对证券交易所等债券发行审核工作的监督检查和指导，督促证券交易所等健全权责清晰、制衡有效的债券发行审核质量控制体系和廉政监督机制，提高审核工作质量。完善注册会、审核会等制度安排，坚持集体决策原则，强化会议把关作用，提高审核注册的规范性和透明度，防范廉政风险。

三、压实发行人主体责任，督促中介机构履职尽责

5. 强化偿债保障要求。发行人应当切实增强市场意识、法治意识和投资者保护意识，严格按照法律法规要求履行本息偿付义务，不得通过财产转移、关联交易等方式逃废债。发行人应当加强公司治理能力建设，做好融资统筹规划，合理把握发行规模和节奏，防范高杠杆过度融资。

6. 加强募集资金管理。发行人应当加强募集资金专户管理，规范募集资金使用，按要求定期披露募集资金使用情况，严禁挪用募集资金以及控股股东、实际控制人违规占用募集资金等行为。受托管理人或具有同等职责的机构应当持续跟踪发行人募集资金使用情况，督促发行人依法依规使用募集资金。

7. 实施发行人分类监管。按照扶优限劣原则，完善知名成熟发行人等制度，简化申报材料要求，优化工作流程，进一步提升审核效率；对存在公司治理失范、债务短期化、高杠杆过度融资等情形的发行人严格把关。强化对科技创新、绿色发展、乡村振兴等重点领域和重大项目建设的债券融资支持，提升民营企业债券融资的可得性和便利性，保持债券市场融资渠道总体稳定。

8. 压实中介机构"看门人"责任。债券承销、受托管理、评级、审计、法律服务等中介机构应当健全债券业务质量和执业风险控制机制，构建以发行人质量和偿债风险为导向的履职管理体系，提升尽职履责的有效性。完善中介机构执业能力评价体系，加强评价结果运用，强化分类监管，支持优质机构创新发展。

四、强化债券存续期管理，畅通出清渠道

9. 加强日常监管。完善债券日常监管体系，充分发挥派出机构一线监管作用，提高证券自律组织监管规范化水平，强化信息共享和监管协同。坚持问题和风险导向，结合"双随机"要求，有针对性地开展债券发行人、中介机构现场检查。加强定期报告、临时报告等信息披露监管，重点关注和核查发行人偿债能力、募集资金使用、承诺履行情况等。强化风险管理要求，督促发行人、受托管理人或具有同等职责的机构严格履行风险监测、报告、处置义务。

10. 健全债券违约风险处置机制。持续完善市场化、法治化、多元化的债券违约风险化解机制，健全违约债券转让机制，完善债券购回、债券置换、回售转售等债务管理工具相关制度安排，支持市场主体在平等协商的基础上通过债券展期、债务重组等方式化解风险，推动通过金融机构债权人委员会、破产重整等方式有效出清违约债券。加强与地方政府的沟通协作，进一步提升风险防控工作合力。

五、依法打击债券违法违规行为，切实保护投资者合法权益

11. 加强债券市场稽查执法力度。加大对债券严重违法违规行为的查处力度，以案说法、抓出典型，切实维护债券市场秩序和信用环境。推动落实中共中央办公厅、国务院办公厅《关于依法从严打击证券违法活动的意见》精神，完善行政执法与司法的协作机制，构建行政、民事、刑事立体化追责体系，推动对债券违法违规主体依法进行民事和刑事追责，形成司法震慑。

12. 完善投资者保护制度安排。着力建设以机构投资者为主的债券市场，健全专业投资者监管安排，完善适应不同债券类型和风险特征的投资者适当性管理制度。加强投资者教育服务，引导投资者强化风险意识，提高风险识别和管理能力，自主判断投资价值，理性作出投资决定。健全债券受托管理、持有人会议等投资者保护制度，推广运用投资者保护条款、持有人会议规则等示范文本，依法保护投资者权益。

(4) B 股

国务院关于股份有限公司境内上市外资股的规定

· 1995 年 12 月 25 日中华人民共和国国务院令第 189 号发布
· 自发布之日起施行

第一条 为了规范股份有限公司境内上市外资股的发行及交易，保护投资人的合法权益，根据《中华人民共和国公司法》（以下简称《公司法》）的有关规定，制定本规定。

第二条 经国务院证券委员会批准，股份有限公司

（以下简称公司）可以发行境内上市外资股；但是，拟发行境内上市外资股的面值总额超过3000万美元的，国务院证券委员会应当报国务院批准。

前款所称公司发行境内上市外资股，包括以募集方式设立公司发行境内上市外资股和公司增加资本发行境内上市外资股。

国务院证券委员会批准发行境内上市外资股的总额应当控制在国家确定的总规模之内。

第三条 公司发行的境内上市外资股，采取记名股票形式，以人民币标明面值，以外币认购、买卖，在境内证券交易所上市交易。

发行境内上市外资股的公司向境内投资人发行的股份（以下简称内资股），采取记名股票形式。

第四条 境内上市外资股投资人限于：

（一）外国的自然人、法人和其他组织；

（二）中国香港、澳门、台湾地区的自然人、法人和其他组织；

（三）定居在国外的中国公民；

（四）国务院证券委员会规定的境内上市外资股其他投资人。

境内上市外资股投资人认购、买卖境内上市外资股，应当提供证明其投资人身份和资格的有效文件。

第五条 持有同一种类股份的境内上市外资股股东与内资股股东，依照《公司法》享有同等权利和履行同等义务。

公司可以在其公司章程中对股东行使权利和履行义务的特殊事宜，作出具体规定。

第六条 公司章程对公司及其股东、董事、监事、经理和其他高级管理人员具有约束力。

公司的董事、监事、经理和其他高级管理人员对公司负有诚信和勤勉的义务。

本条第一款、第二款所称其他高级管理人员包括公司财务负责人、董事会秘书和公司章程规定的其他人员。

第七条 国务院证券委员会及其监督管理执行机构中国证券监督管理委员会（以下简称中国证监会），依照法律、行政法规的规定，对境内上市外资股的发行、交易及相关活动实施管理和监督。

第八条 以募集方式设立公司，申请发行境内上市外资股的，应当符合下列条件：

（一）所筹资金用途符合国家产业政策；

（二）符合国家有关固定资产投资立项的规定；

（三）符合国家有关利用外资的规定；

（四）发起人认购的股本总额不少于公司拟发行股本总额的百分之三十五；

（五）发起人出资总额不少于1.5亿元人民币；

（六）拟向社会发行的股份达公司股份总数的百分之二十五以上；拟发行的股本总额超过4亿元人民币的，其拟向社会发行股份的比例达百分之十五以上；

（七）改组设立公司的原有企业或者作为公司主要发起人的国有企业，在最近3年内没有重大违法行为；

（八）改组设立公司的原有企业或者作为公司主要发起人的国有企业，最近3年连续盈利；

（九）国务院证券委员会规定的其他条件。

第九条 公司增加资本，申请发行境内上市外资股的，除应当符合本规定第八条第（一）、（二）、（三）项的规定外，还应当符合下列条件：

（一）公司前一次发行的股份已经募足，所得资金的用途与募股时确定的用途相符，并且资金使用效益良好；

（二）公司净资产总值不低于1.5亿元人民币；

（三）公司从前一次发行股票到本次申请期间没有重大违法行为；

（四）公司最近3年连续盈利；原有企业改组或者国有企业作为主要发起人设立的公司，可以连续计算；

（五）国务院证券委员会规定的其他条件。

以发起方式设立的公司首次增加资本，申请发行境内上市外资股的，还应当符合本规定第八条第（六）项的规定。

第十条 申请发行境内上市外资股，按照下列程序办理：

（一）发起人或者公司向省、自治区、直辖市人民政府或者国务院有关企业主管部门提出申请，由省、自治区、直辖市人民政府或者国务院有关企业主管部门向国务院证券委员会推荐；

（二）国务院证券委员会会商国务院有关部门选定可以发行境内上市外资股的公司；

（三）被选定的公司将本规定第十一条、第十二条所列文件提交中国证监会审核；

（四）经中国证监会审核符合条件的，报经国务院证券委员会批准或者依照本规定第二条第一款的规定经国务院批准后，公司方可发行境内上市外资股。

第十一条 以募集方式设立公司，申请发行境内上市外资股的，应当向中国证监会报送下列文件：

（一）申请报告；

（二）发起人姓名或者名称，发起人认购的股份数、出资种类及验资证明；

（三）发起人会议同意公开发行境内上市外资股的决议；

（四）国务院授权的部门或者省、自治区、直辖市人民政府批准设立公司的文件；

（五）省、自治区、直辖市人民政府或者国务院有关企业主管部门的推荐文件；

（六）公司登记机关颁发的《企业名称预先核准通知书》；

（七）公司章程草案；

（八）招股说明书；

（九）资金运用的可行性报告；所筹资金用于固定资产投资项目需要立项审批的，还应当提供有关部门同意固定资产投资立项的批准文件；

（十）经注册会计师及其所在事务所审计的原有企业或者作为公司主要发起人的国有企业最近3年的财务报告和有2名以上注册会计师及其所在事务所签字、盖章的审计报告；

（十一）经2名以上专业评估人员及其所在机构签字、盖章的资产评估报告；涉及国有资产的，还应当提供国有资产管理部门出具的确认文件及国有股权的批准文件；

（十二）经2名以上律师及其所在事务所就有关事项签字、盖章的法律意见书；

（十三）股票发行承销方案和承销协议；

（十四）中国证监会要求提供的其他文件。

第十二条　公司增加资本，申请发行境内上市外资股的，应当向中国证监会报送下列文件：

（一）申请报告；

（二）股东大会同意公开发行境内上市外资股的决议；

（三）国务院授权的部门或者省、自治区、直辖市人民政府同意增资发行新股的文件；

（四）省、自治区、直辖市人民政府或者国务院有关企业主管部门的推荐文件；

（五）公司登记机关颁发的公司营业执照；

（六）公司章程；

（七）招股说明书；

（八）资金运用的可行性报告；所筹资金用于固定资产投资项目需要立项审批的，还应当提供有关部门同意固定资产投资立项的批准文件；

（九）经注册会计师及其所在事务所审计的公司最近3年的财务报告和有2名以上注册会计师及其所在事务所签字、盖章的审计报告；

（十）经2名以上律师及其所在事务所就有关事项签字、盖章的法律意见书；

（十一）股票发行承销方案和承销协议；

（十二）中国证监会要求提供的其他文件。

第十三条　公司发行境内上市外资股与发行内资股的间隔时间可以少于12个月。

第十四条　公司应当聘用符合国家规定的注册会计师及其所在事务所，对其财务报告进行审计或者复核。

第十五条　公司应当按照国家有关规定进行会计核算和编制财务报告。

公司向境内上市外资股投资人披露的财务报告，按照其他国家或者地区的会计准则进行相应调整的，应当对有关差异作出说明。

第十六条　发行境内上市外资股的公司应当依法向社会公众披露信息，并在其公司章程中对信息披露的地点、方式等事宜作出具体规定。

第十七条　发行境内上市外资股的公司的信息披露文件，以中文制作；需要提供外文译本的，应当提供一种通用的外国语言文本。中文文本、外文文本发生歧义时，以中文文本为准。

第十八条　公司发行境内上市外资股，应当委托中国人民银行依法批准设立并经中国证监会认可的境内证券经营机构作为主承销商或者主承销商之一。

第十九条　发行境内上市外资股的公司，应当在具有经营外汇业务资格的境内银行开立外汇账户。公司开立外汇账户应当按照国家有关外汇管理的规定办理。

承销境内上市外资股的主承销商应当在承销协议约定的期限内，将所筹款项划入发行境内上市外资股的公司的外汇账户。

第二十条　境内上市外资股股票的代理买卖业务，应当由中国人民银行依法批准设立并经中国证监会认可的证券经营机构办理。

第二十一条　境内上市外资股股东可以委托代理人代为行使其股东权利；代理人代行股东权利时，应当提供证明其代理资格的有效文件。

第二十二条　境内上市外资股的权益拥有人，可以将其股份登记在名义持有人名下。

境内上市外资股的权益拥有人应当依法披露其持股变动信息。

第二十三条　境内上市外资股的交易、保管、清算交割、过户和登记，应当遵守法律、行政法规以及国务院证券委员会的有关规定。

第二十四条 经国务院证券委员会批准，境内上市外资股或者其派生形式可以在境外流通转让。

前款所称派生形式，是指股票的认股权凭证和境外存股凭证。

第二十五条 公司向境内上市外资股股东支付股利及其他款项，以人民币计价和宣布，以外币支付。公司所筹集的外币资本金的管理和公司支付股利及其他款项所需的外币，按照国家有关外汇管理的规定办理。

公司章程规定由其他机构代为兑换外币并付给股东的，可以按照公司章程的规定办理。

第二十六条 境内上市外资股的股利和其他收益依法纳税后，可以汇出境外。

第二十七条 国务院证券委员会可以根据本规定制定实施细则。

第二十八条 本规定自发布之日起施行。中国人民银行、上海市人民政府1991年11月22日发布的《上海市人民币特种股票管理办法》、中国人民银行、深圳市人民政府1991年12月5日发布的《深圳市人民币特种股票管理暂行办法》同时废止。

关于企业发行B股有关问题的通知

· 1999年5月19日
· 证监发行字〔1999〕52号

为了进一步发展境内上市外资股（以下简称"B股"）市场，支持国内企业进入B股市场筹资，现将有关问题通知如下：

一、申请发行B股的企业，可以是国有企业、集体企业及其他所有制形式的企业，原则上应为已经设立并规范运作的股份有限公司，必须符合《国务院关于股份有限公司境内上市外资股的规定》所列条件，能够适应国际投资者的要求。成熟一家，发行一家。

二、申请发行B股的企业，经有关省级人民政府或国务院有关部门同意后，应按照《关于印发〈申请发行境内上市外资股（B股）公司报送材料标准格式〉的通知》（证监发〔1999〕17号）的要求，向中国证监会报送B股发行申请材料。

三、B股发行申请材料中的"承销协议"应在报送中国证监会前签署，在发行申请经中国证监会核准后生效。如有关证券经营机构在承销协议中规定的期限内未完成承销，应按照承销协议中的规定，承担相应的经济责任。

关于境内居民个人投资境内上市外资股若干问题的通知

· 2001年2月21日
· 证监发〔2001〕22号

为了促进境内上市外资股（以下简称"B"股）市场的健康发展，维护B股市场和外汇市场的正常秩序，保护投资人的合法权益，规范市场参与者的行为，现就有关问题通知如下：

一、根据1995年《国务院关于股份有限公司境内上市外资股的规定》（国务院第189号令）第四条的规定和中国证券监督管理委员会（以下简称"中国证监会"）2001年2月19日发布的境内居民可投资B股市场的决定，境内居民个人可以按照本通知从事B股投资。

二、境内居民个人从事B股交易，在2001年6月1日前，只允许使用在2001年2月19日（含2月19日，下同）前已经存入境内商业银行的现汇存款和外币现钞存款，不得使用外币现钞和其他外汇资金；境内居民个人2001年2月19日前已经存入境内商业银行，2001年2月19日后到期并转存的，可以作为从事B股交易的资金。2001年6月1日后，允许境内居民个人使用2001年2月19日后存入境内商业银行的现汇存款和外币现钞存款以及从境外汇入的外汇资金从事B股交易，但仍不允许使用外币现钞。

三、经中国证监会批准经营B股业务和经国家外汇管理局批准经营外汇业务的证券公司和信托投资公司可以凭中国证监会核发的从事B股业务资格证书和国家外汇管理局核发的经营外汇业务许可证到所在地同一城市所有经批准经营外汇存款、汇款业务的境内商业银行或其分支机构开立B股保证金账户；上述公司的分支机构可以凭加盖分支机构印章的总公司资格证书复印件和许可证复印件办理开户手续。证券公司和信托投资公司或其分支机构（以下简称"证券经营机构"）在一个境内商业银行只能开立一个B股保证金账户，不得在同一境内商业银行开立一个以上的B股保证金账户。证券经营机构应当在开户后3个工作日内将开户银行名称报所在地国家外汇管理局或其分支局（以下简称"外汇局"）备案，并通过所在地新闻媒体对外公布其开户情况。

四、境内居民个人开立B股资金账户和股票账户，应当按照下列程序办理：

（一）凭本人有效的身份证明文件到其原外汇存款

银行将其现汇存款和外币现钞存款划入证券经营机构在同城、同行的 B 股保证金账户，暂时不允许跨行或异地划转外汇资金。境内商业银行应当向境内居民个人出具进账凭证，并向证券经营机构出具对账单。

（二）凭本人有效身份证明和本人进账凭证到证券经营机构开立 B 股资金账户，开立 B 股资金账户的最低金额为等值 1000 美元。

（三）凭 B 股资金账户开户证明到该证券经营机构开立 B 股股票账户。

五、境内商业银行在为境内居民个人办理外汇划转手续时，必须严格按照本通知的规定审核存款日期和划转资金；2001 年 6 月 1 日前，从境内居民个人定期存款账户划转资金时，账户存款日期不得晚于 2001 年 2 月 19 日；从境内居民个人活期存款账户划转资金时，划转资金金额不得超过 2001 年 2 月 19 日前的账户存款余额；在办理外汇划转时，应当将划出资金币种转为与证券经营机构 B 股保证金账户相同的币种。

六、境内居民个人的 B 股资金账户的收入范围为从现汇存款账户或外币现钞存款账户划入的外汇以及从事 B 股交易所获得的外汇，支出范围为从事 B 股交易需支付的外汇以及划回境内商业银行存储，不得用于向境外支付。境内居民个人从 B 股资金账户划回境内商业银行存储的从事 B 股交易的所有外汇，按照《境内居民个人外汇管理暂行办法》中有关现钞管理的规定以及其他现钞管理规定进行管理。境内居民个人不得从 B 股资金账户提取外币现钞。

七、非居民的 B 股资金账户的收入范围为从境外汇入的外汇资金、境内商业银行的合法现汇存款以及从事 B 股交易所获得的外汇，支出范围为汇出境外、存入其在境内开立的合法外汇账户以及从事 B 股交易需支付的外汇。非居民不得从 B 股资金账户提取外币现钞。

八、境内居民个人与非居民之间不得进行 B 股协议转让。境内居民个人所购 B 股不得向境外转托管。

九、所有为证券经营机构开立 B 股保证金账户的境内商业银行，均可以办理 B 股交易项下证券经营机构与证券登记结算公司之间以及证券经营机构总分支机构之间外汇资金的收付业务。

十、证券经营机构、境内商业银行、境内居民个人、非居民应当严格按照本通知规定以及中国证监会和外汇局的其他相关规定办理 B 股交易项下的相关业务，防止逃汇、非法套汇等违法行为的发生，对违反规定的，由中国证监会或外汇局根据有关规定进行处罚。

十一、本通知自发布之日起开始施行。自本通知施行之日起，证券经营机构可以向境内商业银行申请办理开立 B 股保证金账户事宜，但境内居民个人办理资金划转和开立 B 股资金账户事宜应于 2001 年 2 月 26 日起开始。中国证监会《关于严格管理 B 股开户问题的通知》（证监发字〔1996〕75 号）和《关于清理 B 股账户的通知》（证监交字〔1996〕1 号）同时废止。

（5）科创板

科创板上市公司持续监管办法（试行）

· 2019 年 3 月 1 日中国证券监督管理委员会令第 154 号公布
· 自公布之日起施行

第一章 总则

第一条 为了规范科创企业股票、存托凭证在上海证券交易所（以下简称交易所）科创板上市后相关各方的行为，支持引导科技创新企业更好地发展，保护投资者合法权益，根据《中华人民共和国证券法》（以下简称《证券法》）、《中华人民共和国公司法》、《国务院办公厅转发证监会关于开展创新企业境内发行股票或存托凭证试点若干意见的通知》、《关于在上海证券交易所设立科创板并试点注册制的实施意见》（以下简称《实施意见》）以及相关法律法规，制定本办法。

第二条 中国证券监督管理委员会（以下简称中国证监会）根据《证券法》等法律法规、《实施意见》、本办法和中国证监会其他相关规定，对科创板上市公司（以下简称科创公司）及相关主体进行监督管理。中国证监会其他相关规定与本办法规定不一致的，适用本办法。

第三条 交易所根据《实施意见》、《证券交易所管理办法》、本办法等有关规定，建立以上市规则为中心的科创板持续监管规则体系，在持续信息披露、股份减持、并购重组、股权激励、退市等方面制定符合科创公司特点的具体实施规则。科创公司应当遵守交易所持续监管实施规则。

交易所应当履行一线监管职责，加强信息披露与二级市场交易监管联动，加大现场检查力度，强化监管问询，切实防范和打击内幕交易与操纵市场行为，督促科创公司提高信息披露质量。

第二章 公司治理

第四条 科创公司应当保持健全、有效、透明的治理体系和监督机制，保证股东大会、董事会、监事会规范运作，督促董事、监事和高级管理人员履行忠实、勤勉义务，保障全体股东合法权利，积极履行社会责任，保护利益相关者的基本权益。

第五条 科创公司控股股东、实际控制人应当诚实守信，依法行使权利，严格履行承诺，维持公司独立性，维护公司和全体股东的共同利益。

第六条 科创公司应当积极回报股东，根据自身条件和发展阶段，制定并执行现金分红、股份回购等股东回报政策。交易所可以制定股东回报相关规则。

第七条 存在特别表决权股份的科创公司，应当在公司章程中规定特别表决权股份的持有人资格、特别表决权股份拥有的表决权数量与普通股份拥有的表决权数量的比例安排、持有人所持特别表决权股份能够参与表决的股东大会事项范围、特别表决权股份锁定安排及转让限制、特别表决权股份与普通股份的转换情形等事项。公司章程有关上述事项的规定，应当符合交易所的有关规定。

科创公司应当在定期报告中持续披露特别表决权安排的情况；特别表决权安排发生重大变化的，应当及时披露。

交易所应对存在特别表决权股份科创公司的上市条件、表决权差异的设置、存续、调整、信息披露和投资者保护事项制定有关规定。

第三章　信息披露

第八条 科创公司和相关信息披露义务人应当及时、公平地披露所有可能对证券交易价格或者投资决策有较大影响的事项，保证所披露信息的真实、准确、完整，不存在虚假记载、误导性陈述或者重大遗漏。

第九条 控股股东和实际控制人应当积极配合科创公司履行信息披露义务，不得要求或者协助科创公司隐瞒应当披露的信息。

第十条 科创公司筹划的重大事项存在较大不确定性，立即披露可能会损害公司利益或者误导投资者，且有关内幕信息知情人已书面承诺保密的，公司可以暂不披露，但最迟应在该重大事项形成最终决议、签署最终协议、交易确定能够达成时对外披露。已经泄密或确实难以保密的，科创公司应当立即披露该信息。

第十一条 科创公司应当结合所属行业特点，充分披露行业经营信息，尤其是科研水平、科研人员、科研投入等能够反映行业竞争力的信息以及核心技术人员任职及持股情况，便于投资者合理决策。

第十二条 科创公司应当充分披露可能对公司核心竞争力、经营活动和未来发展产生重大不利影响的风险因素。

科创公司尚未盈利的，应当充分披露尚未盈利的成因，以及对公司现金流、业务拓展、人才吸引、团队稳定性、研发投入、战略性投入、生产经营可持续性等方面的影响。

第十三条 科创公司和相关信息披露义务人认为相关信息有助于投资者决策，但不属于依法应当披露信息的，可以自愿披露。

科创公司自愿披露的信息应当真实、准确、完整，科创公司不得利用该等信息不当影响公司股票价格，并应当按照同一标准披露后续类似事件。

第十四条 科创公司和信息披露义务人确有需要的，可以在非交易时段对外发布重大信息，但应当在下一交易时段开始前披露相关公告，不得以新闻发布或者答记者问等形式代替信息披露。

第十五条 科创公司和相关信息披露义务人适用中国证监会、交易所相关信息披露规定，可能导致其难以反映经营活动的实际情况、难以符合行业监管要求或者公司注册地有关规定的，可以依照有关规定暂缓适用或免于适用，但是应当充分说明原因和替代方案，并聘请律师事务所出具法律意见。中国证监会、交易所认为依法不应调整适用的，科创公司和相关信息披露义务人应当执行相关规定。

第四章　股份减持

第十六条 股份锁定期届满后，科创公司控股股东、实际控制人、董事、监事、高级管理人员、核心技术人员及其他股东减持首次公开发行前已发行的股份（以下简称首发前股份）以及通过非公开发行方式取得的股份的，应当遵守交易所有关减持方式、程序、价格、比例以及后续转让等事项的规定。

第十七条 上市时未盈利的科创公司，其控股股东、实际控制人、董事、监事、高级管理人员、核心技术人员所持首发前股份的股份锁定期应适当延长，具体期限由交易所规定。

第十八条 科创公司核心技术人员所持首发前股份的股份锁定期应适当延长，具体期限由交易所规定。

第五章　重大资产重组

第十九条 科创公司并购重组，由交易所统一审核；涉及发行股票的，由交易所审核通过后报经中国证监会履行注册程序。审核标准等事项由交易所规定。

第二十条 科创公司重大资产重组或者发行股份购买资产，标的资产应当符合科创板定位，并与公司主营业务具有协同效应。

第六章　股权激励

第二十一条　科创公司以本公司股票为标的实施股权激励的，应当设置合理的公司业绩和个人绩效等考核指标，有利于公司持续发展。

第二十二条　单独或合计持有科创公司5%以上股份的股东或实际控制人及其配偶、父母、子女，作为董事、高级管理人员、核心技术人员或者核心业务人员，可以成为激励对象。

科创公司应当充分说明前款规定人员成为激励对象的必要性、合理性。

第二十三条　科创公司授予激励对象的限制性股票，包括符合股权激励计划授予条件的激励对象在满足相应条件后分次获得并登记的本公司股票。

限制性股票的授予和登记等事项，应当遵守交易所和证券登记结算机构的有关规定。

第二十四条　科创公司授予激励对象限制性股票的价格，低于市场参考价50%的，应符合交易所有关规定，并应说明定价依据及定价方式。

出现前款规定情形，科创公司应当聘请独立财务顾问，对股权激励计划的可行性、相关定价依据和定价方法的合理性、是否有利于公司持续发展、是否损害股东利益等发表意见。

第二十五条　科创公司全部在有效期内的股权激励计划所涉及的标的股票总数，累计不得超过公司总股本的20%。

第七章　终止上市

第二十六条　科创公司触及终止上市标准的，股票直接终止上市，不再适用暂停上市、恢复上市、重新上市程序。

第二十七条　科创公司构成欺诈发行、重大信息披露违法或者其他涉及国家安全、公共安全、生态安全、生产安全和公众健康安全等领域的重大违法行为的，股票应当终止上市。

第二十八条　科创公司股票交易量、股价、市值、股东人数等交易指标触及终止上市标准的，股票应当终止上市，具体标准由交易所规定。

第二十九条　科创公司丧失持续经营能力，财务指标触及终止上市标准的，股票应当终止上市。

科创板不适用单一的连续亏损终止上市指标，交易所应当设置能够反映公司持续经营能力的组合终止上市指标。

第三十条　科创公司信息披露或者规范运作方面存在重大缺陷，严重损害投资者合法权益、严重扰乱证券市场秩序的，其股票应当终止上市。交易所可依据《证券法》在上市规则中作出具体规定。

第八章　其他事项

第三十一条　达到一定规模的上市公司，可以依据法律法规、中国证监会和交易所有关规定，分拆业务独立、符合条件的子公司在科创板上市。

第三十二条　科创公司应当建立完善募集资金管理使用制度，按照交易所规定持续披露募集资金使用情况和募集资金重点投向科技创新领域的具体安排。

第三十三条　科创公司控股股东、实际控制人质押公司股份的，应当合理使用融入资金，维持科创公司控制权和生产经营稳定，不得侵害科创公司利益或者向科创公司转移风险，并依据中国证监会、交易所的规定履行信息披露义务。

第三十四条　科创公司及其股东、实际控制人、董事、监事、高级管理人员、其他信息披露义务人、内幕信息知情人等相关主体违反本办法的，中国证监会根据《证券法》等法律法规和中国证监会其他有关规定，依法追究其法律责任。

第三十五条　中国证监会会同有关部门，加强对科创公司等相关市场主体的诚信信息共享，完善失信联合惩戒机制。

第九章　附　则

第三十六条　本办法自公布之日起施行。

(6) 北京证券交易所

北京证券交易所上市公司证券发行注册管理办法

- 2021年10月28日中国证券监督管理委员会第6次委务会议审议通过
- 2023年2月17日中国证券监督管理委员会第2次委务会议修订
- 2023年2月17日中国证券监督管理委员会令第211号公布
- 自公布之日起施行

第一章　总　则

第一条　为了规范北京证券交易所上市公司(以下简称上市公司)证券发行行为，保护投资者合法权益和社会公共利益，根据《中华人民共和国证券法》(以下简称

《证券法》)、《中华人民共和国公司法》《国务院办公厅关于贯彻实施修订后的证券法有关工作的通知》及相关法律法规,制定本办法。

第二条 上市公司申请在境内发行股票、可转换为股票的公司债券及国务院认定的其他证券品种,适用本办法。

第三条 上市公司发行证券,可以向不特定合格投资者公开发行,也可以向特定对象发行。

第四条 上市公司发行证券的,应当符合《证券法》和本办法规定的发行条件和相关信息披露要求,依法经北京证券交易所(以下简称北交所)发行上市审核,并报中国证券监督管理委员会(以下简称中国证监会)注册,但因依法实行股权激励、公积金转为增加公司资本、分配股票股利的除外。

第五条 上市公司应当诚实守信,依法充分披露投资者作出价值判断和投资决策所必需的信息,充分揭示当前及未来可预见对上市公司构成重大不利影响的直接和间接风险,所披露信息必须真实、准确、完整,简明清晰、通俗易懂,不得有虚假记载、误导性陈述或者重大遗漏。

上市公司应当按照保荐人、证券服务机构要求,依法向其提供真实、准确、完整的财务会计资料和其他资料,配合相关机构开展尽职调查和其他相关工作。

上市公司的控股股东、实际控制人、董事、监事、高级管理人员、有关股东应当配合相关机构开展尽职调查和其他相关工作,不得要求或者协助上市公司隐瞒应当提供的资料或应当披露的信息。

第六条 保荐人应当诚实守信,勤勉尽责,按照依法制定的业务规则和行业自律规范的要求,充分了解上市公司经营情况、风险和发展前景,以提高上市公司质量为导向保荐项目,对注册申请文件和信息披露资料进行审慎核查,对上市公司是否符合发行条件独立作出专业判断,审慎作出保荐决定,并对募集说明书、发行情况报告书或者其他信息披露文件及其所出具的相关文件的真实性、准确性、完整性负责。

第七条 证券服务机构应当严格遵守法律法规、中国证监会制定的监管规则、业务规则和本行业公认的业务标准和道德规范,建立并保持有效的质量控制体系,保护投资者合法权益,审慎履行职责,作出专业判断与认定,保证所出具文件的真实性、准确性、完整性。

证券服务机构及其相关执业人员应当对与本专业相关的业务事项履行特别注意义务,对其他业务事项履行普通注意义务,并承担相应法律责任。

证券服务机构及其执业人员从事证券服务应当配合中国证监会的监督管理,在规定的期限内提供、报送或披露相关资料、信息,并保证其提供、报送或披露的资料、信息真实、准确、完整,不得有虚假记载、误导性陈述或者重大遗漏。

证券服务机构应当妥善保存客户委托文件、核查和验证资料、工作底稿以及与质量控制、内部管理、业务经营有关的信息和资料。

第八条 对上市公司发行证券申请予以注册,不表明中国证监会和北交所对该证券的投资价值或者投资者的收益作出实质性判断或者保证,也不表明中国证监会和北交所对申请文件的真实性、准确性、完整性作出保证。

第二章　发行条件

第九条 上市公司向特定对象发行股票,应当符合下列规定:

(一)具备健全且运行良好的组织机构;

(二)具有独立、稳定经营能力,不存在对持续经营有重大不利影响的情形;

(三)最近一年财务会计报告无虚假记载,未被出具否定意见或无法表示意见的审计报告;最近一年财务会计报告被出具保留意见的审计报告,保留意见所涉及事项对上市公司的重大不利影响已经消除。本次发行涉及重大资产重组的除外;

(四)合法规范经营,依法履行信息披露义务。

第十条 上市公司存在下列情形之一的,不得向特定对象发行股票:

(一)上市公司或其控股股东、实际控制人最近三年内存在贪污、贿赂、侵占财产、挪用财产或者破坏社会主义市场经济秩序的刑事犯罪,存在欺诈发行、重大信息披露违法或者其他涉及国家安全、公共安全、生态安全、生产安全、公众健康安全等领域的重大违法行为;

(二)上市公司或其控股股东、实际控制人,现任董事、监事、高级管理人员最近一年内受到中国证监会行政处罚、北交所公开谴责;或因涉嫌犯罪正被司法机关立案侦查或者涉嫌违法违规正被中国证监会立案调查,尚未有明确结论意见;

(三)擅自改变募集资金用途,未作纠正或者未经股东大会认可;

(四)上市公司或其控股股东、实际控制人被列入失信被执行人名单且情形尚未消除;

（五）上市公司利益严重受损的其他情形。

第十一条 上市公司向不特定合格投资者公开发行股票的，除应当符合本办法第九条、第十条规定的条件外，还应当符合《北京证券交易所向不特定合格投资者公开发行股票注册管理办法》规定的其他条件。

第十二条 上市公司发行可转换为股票的公司债券，应当符合下列规定：

（一）具备健全且运行良好的组织机构；

（二）最近三年平均可分配利润足以支付公司债券一年的利息；

（三）具有合理的资产负债结构和正常的现金流量。

除前款规定条件外，上市公司向特定对象发行可转换为股票的公司债券，还应当遵守本办法第九条、第十条的规定；向不特定合格投资者公开发行可转换为股票的公司债券，还应当遵守本办法第十一条的规定。但上市公司通过收购本公司股份的方式进行公司债券转换的除外。

第十三条 上市公司存在下列情形之一的，不得发行可转换为股票的公司债券：

（一）对已公开发行的公司债券或者其他债务有违约或者延迟支付本息的事实，仍处于继续状态；

（二）违反《证券法》规定，改变公开发行公司债券所募资金用途。

第十四条 上市公司及其控股股东、实际控制人、主要股东不得向发行对象作出保底保收益或者变相保底保收益承诺，也不得直接或者通过利益相关方向发行对象提供财务资助或者其他补偿。

第十五条 上市公司应当将募集资金主要投向主业。上市公司最近一期末存在持有金额较大的财务性投资的，保荐人应当对上市公司本次募集资金的必要性和合理性审慎发表核查意见。

第三章 发行程序

第一节 上市公司审议

第十六条 董事会应当依法就本次发行证券的具体方案、本次募集资金使用的可行性及其他必须明确的事项作出决议，并提请股东大会批准。

独立董事应当就证券发行事项的必要性、合理性、可行性、公平性发表专项意见。

第十七条 监事会应当对董事会编制的募集说明书等证券发行文件进行审核并提出书面审核意见。

第十八条 股东大会就本次发行作出决议，决议应当包括下列事项：

（一）本次发行证券的种类和数量（数量上限）；

（二）发行方式、发行对象或范围、现有股东的优先认购安排（如有）；

（三）定价方式或发行价格（区间）；

（四）限售情况（如有）；

（五）募集资金用途；

（六）决议的有效期；

（七）对董事会办理本次发行具体事宜的授权；

（八）发行前滚存利润的分配方案；

（九）其他必须明确的事项。

第十九条 股东大会就发行可转换为股票的公司债券作出决议，除应当符合本办法第十八条的规定外，还应当就债券利率、债券期限、赎回条款、回售条款、还本付息的期限和方式、转股期、转股价格的确定和修正等事项作出决议。

第二十条 股东大会就发行证券事项作出决议，必须经出席会议的股东所持表决权的三分之二以上通过。上市公司应当对出席会议的持股比例在百分之五以下的中小股东表决情况单独计算并予以披露。

上市公司就发行证券事项召开股东大会，应当提供网络投票的方式，上市公司还可以通过其他方式为股东参加股东大会提供便利。

第二十一条 董事会、股东大会就向特定对象发行证券事项作出决议，应当按要求履行表决权回避制度，上市公司向原股东配售股份的除外。

第二十二条 上市公司拟引入战略投资者的，董事会、股东大会应当将引入战略投资者的事项作为单独议案，就每名战略投资者单独审议。

第二十三条 根据公司章程的规定，上市公司年度股东大会可以授权董事会向特定对象发行累计融资额低于一亿元且低于公司最近一年末净资产百分之二十的股票，该项授权的有效期不得超过上市公司下一年度股东大会召开日。

第二节 审核与注册

第二十四条 上市公司申请发行证券，应当按照中国证监会有关规定制作注册申请文件，依法由保荐人保荐并向北交所申报。北交所收到注册申请文件后，应当在五个工作日内作出是否受理的决定，本办法另有规定的除外。

第二十五条 自注册申请文件申报之日起，上市公司及其控股股东、实际控制人、董事、监事、高级管理人员,以及与本次证券发行相关的保荐人、证券服务机构及相关责任人员,即承担相应法律责任,并承诺不得影响或干扰发行上市审核注册工作。

第二十六条 注册申请文件受理后,未经中国证监会或者北交所同意,不得改动。

发生重大事项的,上市公司、保荐人、证券服务机构应当及时向北交所报告,并按要求更新注册申请文件和信息披露资料。

第二十七条 上市公司发行证券,不属于本办法第二十八条规定情形的,保荐人应当指定保荐代表人负责具体保荐工作。

保荐人及保荐代表人应当按照本办法及《证券发行上市保荐业务管理办法》以及北交所相关保荐业务规则的规定履行职责,并依法承担相应的责任。

第二十八条 上市公司向前十名股东、实际控制人、董事、监事、高级管理人员及核心员工发行股票,连续十二个月内发行的股份未超过公司总股本百分之十且融资总额不超过二千万元的,无需提供保荐人出具的保荐文件以及律师事务所出具的法律意见书。

按照前款规定发行股票的,董事会决议中应当明确发行对象、发行价格和发行数量,且不得存在以下情形:

(一)上市公司采用本办法第二十三条规定的方式发行;

(二)认购人以非现金资产认购;

(三)发行股票导致上市公司控制权发生变动;

(四)本次发行中存在特殊投资条款安排;

(五)上市公司或其控股股东、实际控制人,现任董事、监事、高级管理人员最近一年内被中国证监会给予行政处罚或采取监管措施、被北交所采取纪律处分。

第二十九条 北交所审核部门负责审核上市公司证券发行申请;北交所上市委员会负责对上市公司向不特定合格投资者公开发行证券的申请文件和审核部门出具的审核报告提出审议意见。

北交所应当根据本办法制定上市公司证券发行审核业务规则,并报中国证监会批准。

第三十条 北交所主要通过向上市公司提出审核问询、上市公司回答问题方式开展审核工作,判断上市公司是否符合发行条件和信息披露要求。

第三十一条 北交所按照规定的条件和程序,形成上市公司是否符合发行条件和信息披露要求的审核意见。认为上市公司符合发行条件和信息披露要求的,将审核意见、上市公司注册申请文件及相关审核资料报送中国证监会注册;认为上市公司不符合发行条件或者信息披露要求的,作出终止发行上市审核决定。

北交所审核过程中,发现重大敏感事项、重大无先例情况、重大舆情、重大违法线索的,应当及时向中国证监会请示报告,中国证监会及时提出明确意见。

第三十二条 北交所应当自受理注册申请文件之日起二个月内形成审核意见。

上市公司采用本办法第二十三条规定的方式向特定对象发行股票且按照竞价方式确定发行价格和发行对象的,北交所应当在二个工作日内作出是否受理的决定,并自受理注册申请文件之日起三个工作日内形成审核意见。

通过对上市公司实施现场检查、对保荐人实施现场督导、要求保荐人或证券服务机构对有关事项进行专项核查等方式要求上市公司补充、修改申请文件的时间不计算在内。

第三十三条 中国证监会在北交所收到注册申请文件之日起,同步关注本次发行是否符合国家产业政策和北交所定位。

中国证监会收到北交所报送的审核意见、上市公司注册申请文件及相关审核资料后,基于北交所审核意见,依法履行发行注册程序。中国证监会发现存在影响发行条件的新增事项的,可以要求北交所进一步问询并就新增事项形成审核意见。

中国证监会认为北交所对新增事项的审核意见依据明显不充分的,可以退回北交所补充审核。北交所补充审核后,认为上市公司符合发行条件和信息披露要求的,重新向中国证监会报送审核意见及相关资料,本办法第三十四条规定的注册期限重新计算。

第三十四条 中国证监会在十五个工作日内对上市公司的注册申请作出同意注册或不予注册的决定。通过要求北交所进一步问询、要求保荐人或证券服务机构等对有关事项进行核查、对上市公司现场检查等方式要求上市公司补充、修改申请文件的时间不计算在内。

第三十五条 中国证监会的予以注册决定,自作出之日起一年内有效,上市公司应当在注册决定有效期内发行证券,发行时点由上市公司自主选择。

第三十六条 中国证监会作出予以注册决定后、上市公司证券上市交易前,上市公司应当及时更新信息披露文件;保荐人以及证券服务机构应当持续履行尽职调查职责;发生重大事项的,上市公司、保荐人应当及时向北交所报告。北交所应当对上述事项及时处理,发现上市公司存在重大事项影响发行条件的，应当出具明确意见并及时向中国证监会报告。

中国证监会作出予以注册决定后、上市公司证券上市交易前应当持续符合发行条件，发生可能影响本次发行的重大事项的，中国证监会可以要求上市公司暂缓发行、上市；相关重大事项导致上市公司不符合发行条件的，中国证监会应当撤销注册。中国证监会撤销注册后，证券尚未发行的，上市公司应当停止发行；证券已经发行尚未上市的，上市公司应当按照发行价并加算银行同期存款利息返还证券持有人。

第三十七条 上市公司申请向特定对象发行股票，可申请一次注册，分期发行。自中国证监会予以注册之日起，公司应当在三个月内首期发行，剩余数量应当在十二个月内发行完毕。首期发行数量应当不少于总发行数量的百分之五十，剩余各期发行的数量由公司自行确定，每期发行后五个工作日内将发行情况报北交所备案。

第三十八条 北交所认为上市公司不符合发行条件或者信息披露要求，作出终止发行上市审核决定，或者中国证监会作出不予注册决定的，自决定作出之日起六个月后，上市公司可以再次提出证券发行申请。

第三十九条 上市公司证券发行上市审核或者注册程序的中止、终止等情形参照适用《北京证券交易所向不特定合格投资者公开发行股票注册管理办法》的相关规定。

上市公司证券发行上市审核或注册过程中，存在重大资产重组、实际控制人变更等事项，应当及时申请中止相应发行上市审核程序或者发行注册程序，相关股份登记或资产权属登记后，上市公司可以提交恢复申请，因本次发行导致实际控制人变更的情形除外。

第四十条 中国证监会和北交所可以对上市公司进行现场检查，可以要求保荐人、证券服务机构对有关事项进行专项核查并出具意见。

第三节 定价、发售与认购

第四十一条 上市公司发行证券，应当聘请具有证券承销业务资格的证券公司承销，但上市公司向特定对象发行证券且董事会提前确定全部发行对象的除外。

上市公司向不特定合格投资者公开发行股票的，发行承销的具体要求参照适用《北京证券交易所向不特定合格投资者公开发行股票注册管理办法》的相关规定，本办法另有规定的除外。

上市公司向特定对象发行证券的发行承销行为，适用本章规定。

第四十二条 上市公司向原股东配售股份的，应当采用代销方式发行。

控股股东应当在股东大会召开前公开承诺认配股份的数量。控股股东不履行认配股份的承诺，或者代销期限届满，原股东认购股票的数量未达到拟配售数量百分之七十的，上市公司应当按照发行价并加算银行同期存款利息返还已经认购的股东。

第四十三条 上市公司向不特定合格投资者公开发行股票的，发行价格应当不低于公告招股意向书前二十个交易日或者前一个交易日公司股票均价。

第四十四条 上市公司向特定对象发行股票的，发行价格应当不低于定价基准日前二十个交易日公司股票均价的百分之八十。

向特定对象发行股票的定价基准日为发行期首日。

上市公司董事会决议提前确定全部发行对象，且发行对象属于下列情形之一的，定价基准日可以为关于本次发行股票的董事会决议公告日、股东大会决议公告日或者发行期首日：

（一）上市公司的控股股东、实际控制人或者其控制的关联方；

（二）按照本办法第二十八条规定参与认购的上市公司前十名股东、董事、监事、高级管理人员及核心员工；

（三）通过认购本次发行的股票成为上市公司控股股东或实际控制人的投资者；

（四）董事会拟引入的境内外战略投资者。

上市公司向特定对象发行股票的定价基准日为本次发行股票的董事会决议公告日或者股东大会决议公告日的，向特定对象发行股票的董事会决议公告后，出现下列情况需要重新召开董事会的，应当由董事会重新确定本次发行的定价基准日：

（一）本次发行股票股东大会决议的有效期已过；

（二）本次发行方案发生重大变化；

（三）其他对本次发行定价具有重大影响的事项。

第四十五条 上市公司向特定对象发行股票的，发行对象属于本办法第四十四条第三款规定以外情形的，上市公司应当以竞价方式确定发行价格和发行对象。

上市公司向特定对象发行可转换为股票的公司债券的，上市公司应当采用竞价方式确定利率和发行对象，本次发行涉及发行可转换为股票的公司债券购买资产的除外。

董事会决议确定部分发行对象的，确定的发行对象不得参与竞价，且应当接受竞价结果，并明确在通过竞价方式未能产生发行价格的情况下,是否继续参与认购、价格确定原则及认购数量。

上市公司发行证券采用竞价方式的,上市公司和承销商的控股股东、实际控制人、董事、监事、高级管理人员及其控制或者施加重大影响的关联方不得参与竞价。

第四十六条 上市公司以竞价方式向特定对象发行股票的,在发行期首日前一工作日,上市公司及承销商可以向符合条件的特定对象提供认购邀请书。认购邀请书发送对象至少应当包括:

(一)已经提交认购意向书的投资者;
(二)上市公司前二十名股东;
(三)合计不少于十家证券投资基金管理公司、证券公司或保险机构。

认购邀请书发送后,上市公司及承销商应当在认购邀请书约定的时间内收集特定投资者签署的申购报价表。

在申购报价期间,上市公司及承销商应当确保任何工作人员不泄露发行对象的申购报价情况。

申购报价结束后,上市公司及承销商应当对有效申购按照报价高低进行累计统计,按照价格优先等董事会确定的原则合理确定发行对象、发行价格和发行股数。

第四十七条 上市公司向特定对象发行证券的,发行对象确定后,上市公司应当与发行对象签订认购合同,上市公司向原股东配售股份的除外。

第四十八条 向特定对象发行的股票,自发行结束之日起六个月内不得转让,做市商为取得做市库存股参与发行认购的除外,但做市商应当承诺自发行结束之日起六个月内不得申请退出为上市公司做市。

发行对象属于本办法第四十四条第三款规定情形的,其认购的股票自发行结束之日起十二个月内不得转让。法律法规、部门规章对前述股票的限售期另有规定的,同时还应当遵守相关规定。

第四十九条 上市公司向原股东配售股份的,应当向股权登记日在册的股东配售,且配售比例应当相同。

向原股东配售股份的价格由上市公司和承销商协商确定,豁免适用本节关于向特定对象发行股票定价与限售的相关规定。

第五十条 上市公司在证券发行过程中触及北交所规定的终止上市情形的,应当终止发行。

第四章 信息披露

第五十一条 上市公司应当按照中国证监会制定的信息披露规则,编制并披露募集说明书、发行情况报告书等信息披露文件。

上市公司应当以投资者需求为导向,根据自身特点,有针对性地披露上市公司基本信息、本次发行情况以及本次发行对上市公司的影响。

中国证监会制定的信息披露规则是信息披露的最低要求。不论上述规则是否有明确规定,凡是投资者作出价值判断和投资决策所必需的信息,上市公司均应当充分披露。

第五十二条 中国证监会依法制定募集说明书、发行情况报告书内容与格式准则等信息披露规则,对相关信息披露文件的内容、格式等作出规定。

北交所可以依据中国证监会部门规章和规范性文件,制定信息披露细则或指引,在中国证监会确定的信息披露内容范围内,对信息披露提出细化和补充要求。

第五十三条 上市公司应当结合现有主营业务、生产经营规模、财务状况、技术条件、发展目标、前次发行募集资金使用情况等因素合理确定募集资金规模,充分披露本次募集资金的必要性和合理性。

第五十四条 上市公司应当按照中国证监会和北交所有关规定及时披露董事会决议、股东大会通知、股东大会决议、受理通知、审核决定、注册决定等发行进展公告。

第五十五条 北交所认为上市公司符合发行条件和信息披露要求,将上市公司注册申请文件报送中国证监会时,募集说明书等文件应当同步在北交所网站和中国证监会网站公开。

第五十六条 上市公司应当在发行证券前在符合《证券法》规定的信息披露平台刊登经注册生效的募集说明书,同时将其置备于公司住所、北交所,供社会公众查阅。

第五十七条 向特定对象发行证券的,上市公司应当在发行结束后,按照中国证监会和北交所的有关要求编制并披露发行情况报告书。

申请分期发行的上市公司应在每期发行后,按照中国证监会和北交所的有关要求进行披露,并在全部发行结束或者超过注册文件有效期后按照中国证监会的有关要求编制并披露发行情况报告书。

第五十八条 上市公司可以将募集说明书以及有关附件刊登于其他报刊、网站,但披露内容应当完全一致,且不得早于在符合《证券法》规定的信息披露平台的披露时间。

第五章 监督管理与法律责任

第五十九条 中国证监会建立对发行上市监管全流

程的权力运行监督制约机制,对发行上市审核程序和发行注册程序相关内控制度运行情况进行督导督察,对廉政纪律执行情况和相关人员的履职尽责情况进行监督监察。

中国证监会建立对北交所发行上市审核工作和发行承销过程监管的监督机制,可以通过选取或抽取项目同步关注、调阅审核工作文件、提出问题、列席相关审核会议等方式对北交所相关工作进行检查或抽查。对于中国证监会检查监督过程中发现的问题,北交所应当整改。

第六十条 北交所应当建立内部防火墙制度,发行上市审核部门、发行承销监管部门与其他部门隔离运行。参与发行上市审核的人员,不得与上市公司及其控股股东、实际控制人、相关保荐人、证券服务机构有利害关系,不得直接或者间接与上市公司、保荐人、证券服务机构有利益往来,不得持有上市公司股票,不得私下与上市公司接触。

北交所应当发挥自律管理作用,对证券发行相关行为进行监督。发现上市公司及其控股股东、实际控制人、董事、监事、高级管理人员以及保荐人、承销商、证券服务机构及其相关执业人员等违反法律、行政法规和中国证监会相关规定的,应当向中国证监会报告,并采取自律管理措施。

北交所对证券发行承销过程实施自律管理。发现异常情形或者涉嫌违法违规的,中国证监会可以要求北交所对相关事项进行调查处理,或者直接责令上市公司、承销商暂停或中止发行。

北交所应当建立定期报告和重大发行上市事项请示报告制度,及时总结发行上市审核和发行承销监管的工作情况,并报告中国证监会。

第六十一条 中国证券业协会应当发挥自律管理作用,对从事证券发行业务的保荐人进行监督,督促其勤勉尽责地履行尽职调查和督导职责。发现保荐人有违反法律、行政法规和中国证监会相关规定的行为,应当向中国证监会报告,并采取自律管理措施。

中国证券业协会应当建立对承销商询价、定价、配售行为和询价投资者报价行为的自律管理制度,并加强相关行为的监督检查,发现违规情形的,应当及时采取自律管理措施。

第六十二条 北交所发行上市审核工作存在下列情形之一的,由中国证监会责令改正;情节严重的,追究直接责任人员相关责任:

(一)未按审核标准开展发行上市审核工作;

(二)未按审核程序开展发行上市审核工作;

(三)发现重大敏感事项、重大无先例情况、重大舆情、重大违法线索未请示报告或请示报告不及时;

(四)不配合中国证监会对发行上市审核工作和发行承销监管工作的检查监督,或者不按中国证监会的要求进行整改。

第六十三条 上市公司在证券发行文件中隐瞒重要事实或者编造重大虚假内容的,中国证监会可以视情节轻重,对上市公司及相关责任人员依法采取责令改正、监管谈话、出具警示函等监管措施;情节严重的,可以对相关责任人员采取证券市场禁入的措施。

第六十四条 上市公司的控股股东、实际控制人违反本办法规定,致使上市公司报送的注册申请文件和披露的信息存在虚假记载、误导性陈述或者重大遗漏,或者组织、指使上市公司进行财务造假、利润操纵或者在发行证券文件中隐瞒重要事实或编造重大虚假内容的,中国证监会可以视情节轻重,依法采取责令改正、监管谈话、出具警示函等监管措施;情节严重的,可以对相关责任人员采取证券市场禁入的措施。

上市公司的董事、监事和高级管理人员违反本办法规定,致使上市公司报送的注册申请文件和披露的信息存在虚假记载、误导性陈述或者重大遗漏的,中国证监会可以视情节轻重,依法采取责令改正、监管谈话、出具警示函等监管措施,或者采取证券市场禁入的措施。

第六十五条 保荐人、保荐代表人违反本办法规定,未勤勉尽责的,中国证监会可以视情节轻重,按照《证券发行上市保荐业务管理办法》规定采取措施。

证券服务机构未勤勉尽责,致使上市公司信息披露资料中与其职责有关的内容及其所出具的文件存在虚假记载、误导性陈述或者重大遗漏的,中国证监会可以视情节轻重,对证券服务机构及相关责任人员,依法采取责令改正、监管谈话、出具警示函等监管措施;情节严重的,可以对相关责任人员采取证券市场禁入的措施。

第六十六条 上市公司、证券服务机构存在以下情形之一的,中国证监会可以视情节轻重,依法采取责令改正、监管谈话、出具警示函等监管措施;情节严重的,可以对相关责任人员采取证券市场禁入的措施:

(一)制作或者出具的文件不齐备或者不符合要求;

(二)擅自改动注册申请文件、信息披露资料或者其他已提交文件;

(三)注册申请文件或者信息披露资料存在相互矛盾或者同一事实表述不一致且有实质性差异;

（四）文件披露的内容表述不清，逻辑混乱，严重影响投资者理解；

（五）未及时报告或者未及时披露重大事项。

第六十七条　承销商及其直接负责的主管人员和其他责任人员在承销证券过程中，存在违法违规行为的，中国证监会可以视情节轻重，依法采取责令改正、监管谈话、出具警示函等监管措施；情节严重的，可以对相关责任人员采取证券市场禁入的措施。

第六十八条　北交所按照本办法第三十二条第二款开展审核工作的，北交所和中国证监会发现上市公司或者相关中介机构及其责任人员存在相关违法违规行为的，中国证监会按照本章规定从重处罚。

第六十九条　参与认购的投资者擅自转让限售期限未满的证券的，中国证监会可以视情节轻重，依法采取责令改正、监管谈话、出具警示函等监管措施。

第七十条　相关主体违反本办法第十四条规定的，中国证监会可以视情节轻重，依法采取责令改正、监管谈话、出具警示函等监管措施；情节严重的，可以对相关责任人员采取证券市场禁入的措施。

第七十一条　上市公司及其控股股东和实际控制人、董事、监事、高级管理人员、承销商、证券服务机构及其相关执业人员，在证券发行活动中存在其他违反本办法规定行为的，中国证监会可以视情节轻重，依法采取责令改正、监管谈话、出具警示函、责令公开说明、责令定期报告等监管措施；情节严重的，可以对相关责任人员采取证券市场禁入的措施。

上市公司及其控股股东、实际控制人、董事、监事、高级管理人员以及承销商、证券服务机构及其相关执业人员等违反《证券法》依法应当予以行政处罚的，中国证监会将依法予以处罚。涉嫌犯罪的，依法移送司法机关，追究其刑事责任。

第七十二条　中国证监会将遵守本办法的情况记入证券市场诚信档案，会同有关部门加强信息共享，依法实施守信激励与失信惩戒。

第六章　附　则

第七十三条　本办法所称战略投资者，是指符合下列情形之一，且与上市公司具有协同效应，愿意长期持有上市公司较大比例股份，愿意且有能力协助上市公司提高公司治理质量，具有良好诚信记录，最近三年未受到中国证监会行政处罚或被追究刑事责任的投资者：

（一）能够为上市公司带来领先的技术资源，增强上市公司的核心竞争力和创新能力，带动上市公司产业技术升级，提升上市公司盈利能力；

（二）能够为上市公司带来市场渠道、品牌等战略性资源，促进上市公司市场拓展，推动实现上市公司销售业绩提升；

（三）具备相关产业投资背景，且自愿设定二十四个月及以上限售期的其他长期投资者。

境外战略投资者应当同时遵守国家的相关规定。

第七十四条　本办法所称的核心员工，应当由上市公司董事会提名，并向全体员工公示和征求意见，由监事会发表明确意见后，经股东大会审议批准。

第七十五条　上市公司向不特定合格投资者公开发行可转换为股票的公司债券的，还应当遵守中国证监会的相关规定。

上市公司发行优先股的，其申请、审核、注册、发行等相关程序，参照本办法相关规定执行。

第七十六条　本办法自公布之日起施行。2021年10月30日发布的《北京证券交易所上市公司证券发行注册管理办法（试行）》（证监会令第188号）同时废止。

北京证券交易所向不特定合格投资者公开发行股票注册管理办法

- 2021年10月28日中国证券监督管理委员会第6次委务会议审议通过
- 2023年2月17日中国证券监督管理委员会第2次委务会议修订
- 2023年2月17日中国证券监督管理委员会令第210号公布
- 自公布之日起施行

第一章　总　则

第一条　为了规范北京证券交易所（以下简称北交所）向不特定合格投资者公开发行股票相关活动，保护投资者合法权益和社会公共利益，根据《中华人民共和国证券法》（以下简称《证券法》）、《中华人民共和国公司法》《国务院办公厅关于贯彻实施修订后的证券法有关工作的通知》及相关法律法规，制定本办法。

第二条　股票向不特定合格投资者公开发行（以下简称公开发行）并在北交所上市的发行注册，适用本办法。

前款所称的合格投资者应当符合中国证券监督管理委员会（以下简称中国证监会）和北交所的投资者适当性管理规定。

第三条　北交所充分发挥对全国中小企业股份转让系统（以下简称全国股转系统）的示范引领作用，深入贯彻创新驱动发展战略，聚焦实体经济，主要服务创新型中小企业，重点支持先进制造业和现代服务业等领域的企业，推动传统产业转型升级，培育经济发展新动能，促进经济高质量发展。

第四条 公开发行股票并在北交所上市，应当符合发行条件、上市条件以及相关信息披露要求，依法经北交所发行上市审核，并报中国证监会注册。

第五条 发行人应当诚实守信，依法充分披露投资者作出价值判断和投资决策所必需的信息，充分揭示当前及未来可预见对发行人构成重大不利影响的直接和间接风险，所披露信息必须真实、准确、完整，简明清晰、通俗易懂，不得有虚假记载、误导性陈述或者重大遗漏。

发行人应当按保荐人、证券服务机构要求，依法向其提供真实、准确、完整的财务会计资料和其他资料，配合相关机构开展尽职调查和其他相关工作。

发行人的控股股东、实际控制人、董事、监事、高级管理人员、有关股东应当配合相关机构开展尽职调查和其他相关工作，不得要求或者协助发行人隐瞒应当提供的资料或者应当披露的信息。

第六条 保荐人应当诚实守信，勤勉尽责，按照依法制定的业务规则和行业自律规范的要求，充分了解发行人经营情况、风险和发展前景，以提高上市公司质量为导向保荐项目，对注册申请文件和信息披露资料进行审慎核查，对发行人是否符合发行条件、上市条件独立作出专业判断，审慎作出保荐决定，并对招股说明书及其所出具的相关文件的真实性、准确性、完整性负责。

第七条 证券服务机构应当严格遵守法律法规、中国证监会制定的监管规则、业务规则和本行业公认的业务标准和道德规范，建立并保持有效的质量控制体系，保护投资者合法权益，审慎履行职责，作出专业判断与认定，保证所出具的文件的真实性、准确性、完整性。

证券服务机构及其相关执业人员应当对与本专业相关的业务事项履行特别注意义务，对其他业务事项履行普通注意义务，并承担相应法律责任。

证券服务机构及其执业人员从事证券服务应当配合中国证监会的监督管理，在规定的期限内提供、报送或披露相关资料、信息，并保证其提供、报送或披露的资料、信息真实、准确、完整，不得有虚假记载、误导性陈述或者重大遗漏。

证券服务机构应当妥善保存客户委托文件、核查和验证资料、工作底稿以及与质量控制、内部管理、业务经营有关的信息和资料。

第八条 对发行人公开发行股票申请予以注册，不表明中国证监会和北交所对该股票的投资价值或者投资者的收益作出实质性判断或者保证，也不表明中国证监会和北交所对注册申请文件的真实性、准确性、完整性作出保证。

第二章 发行条件

第九条 发行人应当为在全国股转系统连续挂牌满十二个月的创新层挂牌公司。

第十条 发行人申请公开发行股票，应当符合下列规定：

（一）具备健全且运行良好的组织机构；

（二）具有持续经营能力，财务状况良好；

（三）最近三年财务会计报告无虚假记载，被出具无保留意见审计报告；

（四）依法规范经营。

第十一条 发行人及其控股股东、实际控制人存在下列情形之一的，发行人不得公开发行股票：

（一）最近三年内存在贪污、贿赂、侵占财产、挪用财产或者破坏社会主义市场经济秩序的刑事犯罪；

（二）最近三年内存在欺诈发行、重大信息披露违法或者其他涉及国家安全、公共安全、生态安全、生产安全、公众健康安全等领域的重大违法行为；

（三）最近一年内受到中国证监会行政处罚。

第三章 注册程序

第十二条 发行人董事会应当依法就本次股票发行的具体方案、本次募集资金使用的可行性及其他必须明确的事项作出决议，并提请股东大会批准。

发行人监事会应当对董事会编制的招股说明书等证券发行文件进行审核并提出书面审核意见。

第十三条 发行人股东大会就本次股票发行作出决议，决议应当包括下列事项：

（一）本次公开发行股票的种类和数量；

（二）发行对象的范围；

（三）定价方式、发行价格（区间）或发行底价；

（四）募集资金用途；

（五）决议的有效期；

（六）对董事会办理本次发行具体事宜的授权；

（七）发行前滚存利润的分配方案；

（八）其他必须明确的事项。

第十四条 发行人股东大会就本次股票发行事项作出决议，必须经出席会议的股东所持表决权的三分之二以上通过。发行人应当对出席会议的持股比例在百分之五以下的中小股东表决情况单独计票并予以披露。

发行人就本次股票发行事项召开股东大会，应当提供网络投票的方式，发行人还可以通过其他方式为股东参加股东大会提供便利。

第十五条 发行人申请公开发行股票，应当按照中国证监会有关规定制作注册申请文件，依法由保荐人保荐并向北交所申报。北交所收到注册申请文件后，应当在五个工作日内作出是否受理的决定。

保荐人应当指定保荐代表人负责具体保荐工作。

保荐人及保荐代表人应当按照本办法、《证券发行上市保荐业务管理办法》以及北交所相关保荐业务规则的规定履行职责，并依法承担相应的责任。

第十六条 自注册申请文件申报之日起，发行人及其控股股东、实际控制人、董事、监事、高级管理人员，以及与本次股票公开发行相关的保荐人、证券服务机构及相关责任人员，即承担相应法律责任，并承诺不得影响或干扰发行上市审核注册工作。

第十七条 注册申请文件受理后，未经中国证监会或者北交所同意，不得改动。

发生重大事项的，发行人、保荐人、证券服务机构应当及时向北交所报告，并按要求更新注册申请文件和信息披露资料。

第十八条 北交所设立独立的审核部门，负责审核发行人公开发行并上市申请；设立上市委员会，负责对审核部门出具的审核报告和发行人的申请文件提出审议意见。北交所可以设立行业咨询委员会，负责为发行上市审核提供专业咨询和政策建议。

北交所应当根据本办法制定发行上市审核业务规则，并报中国证监会批准。

第十九条 北交所主要通过向发行人提出审核问询、发行人回答问题方式开展审核工作，判断发行人是否符合发行条件、上市条件和信息披露要求。

第二十条 北交所按照规定的条件和程序，形成发行人是否符合发行条件和信息披露要求的审核意见。认为发行人符合发行条件和信息披露要求的，将审核意见、发行人注册申请文件及相关审核资料报送中国证监会注册；认为发行人不符合发行条件或者信息披露要求的，作出终止发行上市审核决定。

北交所审核过程中，发现重大敏感事项、重大无先例情况、重大舆情、重大违法线索的，应当及时向中国证监会请示报告，中国证监会及时提出明确意见。

第二十一条 北交所应当自受理注册申请文件之日起二个月内形成审核意见，通过对发行人实施现场检查、对保荐人实施现场督导、要求保荐人或证券服务机构对有关事项进行专项核查等方式要求发行人补充、修改申请文件的时间不计算在内。

第二十二条 中国证监会在北交所收到注册申请文件之日起，同步关注发行人是否符合国家产业政策和北交所定位。

中国证监会收到北交所报送的审核意见、发行人注册申请文件及相关审核资料后，基于北交所审核意见，依法履行发行注册程序。中国证监会发现存在影响发行条件的新增事项的，可以要求北交所进一步问询并就新增事项形成审核意见。

中国证监会认为北交所对新增事项的审核意见依据明显不充分的，可以退回北交所补充审核。北交所补充审核后，认为发行人符合发行条件和信息披露要求的，重新向中国证监会报送审核意见及相关资料，本办法第二十三条规定的注册期限重新计算。

第二十三条 中国证监会在二十个工作日内对发行人的注册申请作出同意注册或不予注册的决定，通过要求北交所进一步问询、要求保荐人或证券服务机构等对有关事项进行核查、对发行人现场检查等方式要求发行人补充、修改申请文件的时间不计算在内。

第二十四条 中国证监会的予以注册决定，自作出之日起一年内有效，发行人应当在注册决定有效期内发行股票，发行时点由发行人自主选择。

第二十五条 中国证监会作出予以注册决定后、发行人股票上市交易前，发行人应当及时更新信息披露文件内容，财务报表已过有效期的，发行人应当补充财务会计报告等文件；保荐人以及证券服务机构应当持续履行尽职调查责任；发生重大事项的，发行人、保荐人应当及时向北交所报告。北交所应当对上述事项及时处理，发现发行人存在重大事项影响发行条件、上市条件的，应当出具明确意见并及时向中国证监会报告。

中国证监会作出予以注册决定后、发行人股票上市交易前应当持续符合发行条件，发生可能影响本次发行的重大事项的，中国证监会可以要求发行人暂缓发行、上市；相关重大事项导致发行人不符合发行条件的，中国证监会应当撤销注册。中国证监会撤销注册后，股票尚未发行的，发行人应当停止发行；股票已经发行尚未上市的，发行人应当按照发行价并加算银行同期存款利息返还股票持有人。

第二十六条 北交所认为发行人不符合发行条件或者信息披露要求，作出终止发行上市审核决定，或者中国证监会作出不予注册决定的，自决定作出之日起六个月后，发行人可以再次提出公开发行股票并上市申请。

第二十七条 北交所应当提高审核工作透明度，接受社会监督，公开下列事项：

（一）发行上市审核标准和程序等发行上市审核业务规则和相关业务细则；

（二）在审企业名单、企业基本情况及审核工作进度；

（三）发行上市审核问询及回复情况，但涉及国家秘密或者发行人商业秘密的除外；

（四）上市委员会会议的时间、参会委员名单、审议的发行人名单、审议结果及现场问询问题；

（五）对股票公开发行并上市相关主体采取的自律监管措施或者纪律处分；

（六）北交所规定的其他事项。

中国证监会应当按规定公开股票发行注册相关的监管信息。

第二十八条 存在下列情形之一的，发行人、保荐人应当及时书面报告北交所或者中国证监会，北交所或者中国证监会应当中止相应发行上市审核程序或者发行注册程序：

（一）发行人及其控股股东、实际控制人涉嫌贪污、贿赂、侵占财产、挪用财产或者破坏社会主义市场经济秩序的犯罪，或者涉嫌欺诈发行、重大信息披露违法或其他涉及国家安全、公共安全、生态安全、生产安全、公众健康安全等领域的重大违法行为，被立案调查或者被司法机关侦查，尚未结案；

（二）发行人的保荐人以及律师事务所、会计师事务所等证券服务机构被中国证监会依法采取限制业务活动、责令停业整顿、指定其他机构托管、接管等措施，或者被证券交易所、国务院批准的其他全国性证券交易场所实施一定期限内不接受其出具的相关文件的纪律处分，尚未解除；

（三）发行人的签字保荐代表人、签字律师、签字会计师等中介机构签字人员被中国证监会依法采取认定为不适当人选等监管措施或者证券市场禁入的措施，被证券交易所、国务院批准的其他全国性证券交易场所实施一定期限内不接受其出具的相关文件的纪律处分，或者被证券业协会采取认定不适合从事相关业务的纪律处分，尚未解除；

（四）发行人及保荐人主动要求中止发行上市审核程序或者发行注册程序，理由正当且经北交所或者中国证监会同意；

（五）发行人注册申请文件中记载的财务资料已过有效期，需要补充提交；

（六）中国证监会规定的其他情形。

前款所列情形消失后，发行人可以提交恢复申请。北交所或者中国证监会按照规定恢复发行上市审核程序或者发行注册程序。

第二十九条 存在下列情形之一的，北交所或者中国证监会应当终止相应发行上市审核程序或者发行注册程序，并向发行人说明理由：

（一）发行人撤回注册申请或者保荐人撤销保荐；

（二）发行人未在要求的期限内对注册申请文件作出解释说明或者补充、修改；

（三）注册申请文件存在虚假记载、误导性陈述或者重大遗漏；

（四）发行人阻碍或者拒绝中国证监会、北交所依法对发行人实施检查、核查；

（五）发行人及其关联方以不正当手段严重干扰发行上市审核或者发行注册工作；

（六）发行人法人资格终止；

（七）注册申请文件内容存在重大缺陷，严重影响投资者理解和发行上市审核或者发行注册工作；

（八）发行人注册申请文件中记载的财务资料已过有效期且逾期三个月未更新；

（九）发行人发行上市审核程序中止超过北交所规定的时限或者发行注册程序中止超过三个月仍未恢复；

（十）北交所认为发行人不符合发行条件或者信息披露要求；

（十一）中国证监会规定的其他情形。

第三十条 中国证监会和北交所可以对发行人进行现场检查，可以要求保荐人、证券服务机构对有关事项进行专项核查并出具意见。

第四章 信息披露

第三十一条 发行人应当按照中国证监会制定的信息披露规则，编制并披露招股说明书。

发行人应当以投资者需求为导向，结合所属行业的特点和发展趋势，充分披露自身的创新特征。

中国证监会制定的信息披露规则是信息披露的最低要求。不论上述规则是否有明确规定，凡是投资者作出价值判断和投资决策所必需的信息，发行人均应当充分披露。

第三十二条 中国证监会依法制定招股说明书内容与格式准则等信息披露规则，对相关信息披露文件的内容、格式等作出规定。

北交所可以依据中国证监会部门规章和规范性文件，制定信息披露细则或指引，在中国证监会确定的信息披露内容范围内，对信息披露提出细化和补充要求。

第三十三条 北交所受理注册申请文件后，发行人应当按规定将招股说明书、发行保荐书、上市保荐书、审计报告和法律意见书等文件在北交所网站预先披露。

北交所将发行人注册申请文件报送中国证监会时，前款规定的文件应当同步在北交所网站和中国证监会网站公开。

预先披露的招股说明书及其他注册申请文件不能含有价格信息，发行人不得据此发行股票。

第三十四条 发行人在发行股票前应当在符合《证券法》规定的信息披露平台刊登经注册生效的招股说明书，同时将其置备于公司住所、北交所，供社会公众查阅。

发行人可以将招股说明书以及有关附件刊登于其他报刊、网站，但披露内容应当完全一致，且不得早于在符合《证券法》规定的信息披露平台的披露时间。

第五章 发行承销

第三十五条 公开发行股票并在北交所上市的发行与承销行为，适用本办法。

北交所应当根据本办法制定发行承销业务规则，并报中国证监会批准。

第三十六条 发行人公开发行股票，应当聘请具有证券承销业务资格的证券公司承销，按照《证券法》有关规定签订承销协议，确定采取代销或包销方式。

第三十七条 证券公司承销公开发行股票，应当依据本办法以及依法制定的业务规则和行业自律规范的有关风险控制和内部控制等相关规定，制定严格的风险管理制度和内部控制制度，加强定价和配售过程管理，落实承销责任。为股票发行出具相关文件的证券服务机构和人员，应当按照行业公认的业务标准和道德规范，严格履行法定职责，保证所出具文件的真实性、准确性和完整性。

第三十八条 发行人可以与主承销商自主协商直接定价，也可以通过合格投资者网上竞价，或者网下询价等方式确定股票发行价格和发行对象。发行人和主承销商应当在招股说明书和发行公告中披露本次发行股票采用的定价方式。

发行人应当对定价依据及定价方式、定价的合理性作出充分说明并披露，主承销商应当对本次发行价格的合理性、相关定价依据和定价方法的合理性、是否损害现有股东利益等发表意见。

第三十九条 发行人通过网下询价方式确定股票发行价格和发行对象的，询价对象应当是经中国证券业协会注册的网下投资者。

发行人和主承销商可以根据北交所和中国证券业协会相关自律规则的规定，设置网下投资者的具体条件，并在发行公告中预先披露。

第四十条 获中国证监会同意注册后，发行人与主承销商应当及时向北交所报送发行与承销方案。

第四十一条 公开发行股票可以向战略投资者配售。发行人的高级管理人员、核心员工可以参与战略配售。

前款所称的核心员工，应当由公司董事会提名，并向全体员工公示和征求意见，由监事会发表明确意见后，经股东大会审议批准。

发行人应当与战略投资者事先签署配售协议。发行人和主承销商应当在发行公告中披露战略投资者的选择标准、向战略投资者配售的股票总量、占本次发行股票的比例以及持有期限等。

第四十二条 发行人、承销商及相关人员不得存在以下行为：

（一）泄露询价或定价信息；

（二）以任何方式操纵发行定价；

（三）夸大宣传，或以虚假广告等不正当手段诱导、误导投资者；

（四）向投资者提供除招股意向书等公开信息以外的公司信息；

（五）以提供透支、回扣或者中国证监会认定的其他不正当手段诱使他人申购股票；

（六）以代持、信托持股等方式谋取不正当利益或向其他相关利益主体输送利益；

（七）直接或通过其利益相关方参与申购的投资者提供财务资助或者补偿；

（八）以自有资金或者变相通过自有资金参与网下配售；

（九）与投资者互相串通，协商报价和配售；

（十）收取投资者回扣或其他相关利益；

（十一）中国证监会规定的其他情形。

第六章 监督管理与法律责任

第四十三条 中国证监会建立对发行上市监管全流程的权力运行监督制约机制，对发行上市审核程序和发行注册程序相关内控制度运行情况进行督导督察，对廉政纪律执行情况和相关人员的履职尽责情况进行监督监察。

中国证监会建立对北交所发行上市审核工作和发行承销过程监管的监督机制，可以通过选取或抽取项目同步关注、调阅审核工作文件、提出问题、列席相关审核会议等方式对北交所相关工作进行检查或抽查。对于中国证监会检查监督过程中发现的问题，北交所应当整改。

第四十四条 北交所应当建立内部防火墙制度，发行上市审核部门、发行承销监管部门与其他部门隔离运行。参与发行上市审核的人员，不得与发行人及其控股股东、实际控制人、相关保荐人、证券服务机构有利害关系，不得直接或者间接与发行人、保荐人、证券服务机构有利益往来，不得持有发行人股票，不得私下与发行人接触。

北交所应当发挥自律管理作用，对公开发行并上市相关行为进行监督。发现发行人及其控股股东、实际控制人、董事、监事、高级管理人员以及保荐人、承销商、证券服务机构及其相关执业人员等违反法律、行政法规和中国证监会相关规定的，应当向中国证监会报告，并采取自律管理措施。

北交所对股票发行承销过程实施自律管理。发现异常情形或者涉嫌违法违规的，中国证监会可以要求北交所对相关事项进行调查处理，或者直接责令发行人、承销商暂停或中止发行。

北交所应当建立定期报告和重大发行上市事项请示报告制度，及时总结发行上市审核和发行承销监管的工作情况，并报告中国证监会。

第四十五条 中国证券业协会应当发挥自律管理作用，对从事股票公开发行业务的保荐人进行监督，督促其勤勉尽责地履行尽职调查和督导职责。发现保荐人有违反法律、行政法规和中国证监会相关规定的行为，应当向中国证监会报告，并采取自律管理措施。

中国证券业协会应当建立对承销商询价、定价、配售行为和询价投资者报价行为的自律管理制度，并加强相关行为的监督检查，发现违规情形的，应当及时采取自律管理措施。

第四十六条 北交所发行上市审核工作存在下列情形之一的，由中国证监会责令改正；情节严重的，追究直接责任人员相关责任：

（一）未按审核标准开展发行上市审核工作；

（二）未按审核程序开展发行上市审核工作；

（三）发现重大敏感事项、重大无先例情况、重大舆情、重大违法线索未请示报告或请示报告不及时；

（四）不配合中国证监会对发行上市审核工作和发行承销监管工作的检查监督，或者不按中国证监会的要求进行整改。

第四十七条 发行人在发行股票文件中隐瞒重要事实或者编造重大虚假内容的，中国证监会可以视情节轻重，对发行人及相关责任人员依法采取责令改正、监管谈话、出具警示函等监管措施；情节严重的，可以对相关责任人员采取证券市场禁入的措施。

第四十八条 发行人的控股股东、实际控制人违反本办法规定，致使发行人所报送的注册申请文件和披露的信息存在虚假记载、误导性陈述或者重大遗漏，或者组织、指使发行人进行财务造假、利润操纵或者在发行股票文件中隐瞒重要事实或编造重大虚假内容的，中国证监会可以视情节轻重，依法采取责令改正、监管谈话、出具警示函等监管措施；情节严重的，可以对相关责任人员采取证券市场禁入的措施。

发行人的董事、监事和高级管理人员违反本办法规定，致使发行人所报送的注册申请文件和披露的信息存在虚假记载、误导性陈述或者重大遗漏的，中国证监会可以视情节轻重，依法采取责令改正、监管谈话、出具警示函等监管措施，或者采取证券市场禁入的措施。

第四十九条 保荐人、保荐代表人违反本办法规定，未勤勉尽责的，中国证监会可以视情节轻重，按照《证券发行上市保荐业务管理办法》规定采取措施。

证券服务机构未勤勉尽责，致使发行人信息披露资料中与其职责有关的内容及其所出具的文件存在虚假记载、误导性陈述或者重大遗漏的，中国证监会可以视情节轻重，对证券服务机构及相关责任人员依法采取责令改正、监管谈话、出具警示函等监管措施；情节严重的，可以对相关责任人员采取证券市场禁入的措施。

第五十条 发行人、证券服务机构存在以下情形之一的，中国证监会可以视情节轻重，依法采取责令改正、监管谈话、出具警示函等监管措施；情节严重的，可以对有关责任人员采取证券市场禁入的措施：

（一）制作或者出具的文件不齐备或者不符合要求；

（二）擅自改动注册申请文件、信息披露资料或者其他已提交文件；

（三）注册申请文件或者信息披露资料存在相互矛盾或者同一事实表述不一致且具有实质性差异；

（四）文件披露的内容表述不清，逻辑混乱，严重影响投资者理解；

（五）未及时报告或者未及时披露重大事项。

第五十一条 承销商及其直接负责的主管人员和其他责任人员在承销证券过程中，违反本办法第四十二条规定的，中国证监会可以依法采取责令改正、监管谈话、出具警示函等监管措施；情节严重的，可以对相关责任人员采取证券市场禁入的措施。

第五十二条 发行人及其控股股东和实际控制人、董事、监事、高级管理人员，承销商、证券服务机构及其相关执业人员，在股票公开发行并上市相关的活动中存在其他违反本办法规定行为的，中国证监会可以依法采取责令改正、监管谈话、出具警示函、责令公开说明、责令定期报告等监管措施；情节严重的，可以对相关责任人员采取证券市场禁入的措施。

发行人及其控股股东、实际控制人、董事、监事、高级管理人员以及承销商、证券服务机构及其相关执业人员等违反《证券法》依法应当予以行政处罚的，中国证监会将依法予以处罚。涉嫌犯罪的，依法移送司法机关，追究其刑事责任。

第五十三条 中国证监会将遵守本办法的情况记入证券市场诚信档案，会同有关部门加强信息共享，依法实施守信激励与失信惩戒。

第七章 附 则

第五十四条 本办法自公布之日起施行。2021年10月30日发布的《北京证券交易所向不特定合格投资者公开发行股票注册管理办法（试行）》（证监会令第187号）同时废止。

证券公司北京证券交易所股票做市交易业务特别规定

·2023年9月1日
·中国证券监督管理委员会公告〔2023〕52号

为推动北京证券交易所（以下简称北交所）高质量发展，发挥做市交易机制作用，促进市场保持合理流动性水平，根据《中华人民共和国证券法》《证券公司科创板股票做市业务试点规定》等相关规定，制定本规定。

一、取得上市证券做市交易业务资格的证券公司，或符合下列条件、经中国证监会核准的证券公司，可以从事北交所股票做市交易业务：

（一）具有证券自营业务资格；

（二）最近12个月净资本持续不低于50亿元；

（三）近3年分类评级有1年为A类A级（含）以上且近1年分类评级为B类BB级（含）以上；

（四）北交所保荐上市公司家数排名前20或最近1年新三板做市成交金额排名前50；

（五）最近18个月净资本等风险控制指标持续符合规定标准；

（六）内部管理制度和风险控制制度健全并有效执行；

（七）具备与开展业务相匹配的、充足的业务人员和专职合规风控人员，公司分管做市交易业务的高级管理人员、首席风险官等具备相应的专业能力；

（八）北交所股票做市交易业务实施方案准备充分，技术系统具备开展业务条件并通过北交所组织的评估测试；

（九）公司最近1年未因重大违法违规行为受到行政处罚或被追究刑事责任；

（十）公司最近1年未发生重大及以上级别信息安全事件；

（十一）中国证监会规定的其他条件。

二、证券公司应当向中国证监会派出机构、北交所报送下列信息：

（一）北交所股票做市交易业务月度报告和季度压力测试报告；

（二）北交所股票做市交易业务年度评估报告；

（三）中国证监会根据审慎监管原则要求报送的其他材料。

三、除准入条件外，关于证券公司准入程序、义务履行、做市商源、风险管理、异常交易监控等其他规定，参照《证券公司科创板股票做市交易业务试点规定》执行。

四、中国证监会及其派出机构依照相关法律法规规定，对证券公司北交所股票做市交易业务实施监督管理，进行现场或非现场检查，并根据检查情况采取相应监管措施。

五、证券公司及其相关人员未按照相关法律法规及中国证监会规定开展北交所股票做市交易业务的，中国证监会及其派出机构可依法采取监管措施和行政处罚；情节严重的，可以依法采取证券市场禁入的措施；涉嫌犯罪的，依法移送司法机关，追究其刑事责任。

六、北交所、中国证券登记结算有限责任公司等对北交所股票做市交易业务实行自律管理。北交所应当制定业务规则,规定做市商权利、义务,明确有关交易安排、交易监控以及自律管理措施,并可通过现场检查等方式督促做市商落实有关要求。北交所至少每半年向中国证监会报告一次做市业务运行及自律管理等情况。

七、本规定自公布之日起施行。

· 文书范本

申请发行境内上市外资股(B股)公司报送材料标准格式[①]

申请发行境内上市外资股(以下简称"B股")公司向中国证券监督管理委员会(以下简称"证监会")报送申请材料时,应按下列标准格式制作:

一、发行申请材料的纸张、封面及份数

(一)纸张

应采用幅面为209×295毫米规格的纸张(相当于A4纸张规格)

(二)封面

1. 标有"发行境内上市外资股申请材料"字样;

2. 申请企业名称;

材料侧面必须标注企业名称。

(三)份数

1. 申请材料首次报送3份,其中一份为原件。

2. 申报材料经补充、修改后,发审会之前根据我会发行监督部要求的份数补报材料。发审会通过后,除原件和复印件各一份留证监会存档外,其余申请材料退该企业。

二、发行申请材料目录

第一章　省级人民政府或国务院有关部门出具的推荐文件

第二章　批准设立股份有限公司的文件

2—1　省级人民政府或国务院授权部门批准设立或确认股份有限公司规范化运行的文件

2—2　发起人的营业执照或其他身份证明文件

2—3　股份有限公司营业执照

第三章　发行授权文件

3—1　股东大会同意发行B股的决议

3—2　发行申请报告

第四章　公司章程

4—1　公司章程

4—2　股东大会批准公司章程的决议

第五章　招股说明书

5—1　招股说明书

5—2　招股说明书概要

5—3　招股说明书附件

5—3—1　审计报告

[①] 来源:《中国证监会关于申请发行境内上市外资股(B股)公司报送材料标准格式》(证监发〔1999〕17号)

5—3—2　盈利预测报告(如公开披露须报)

5—3—3　资产评估报告

5—3—4　法律意见书

5—3—5　验资报告

第六章　资金运用的可行性分析

6—1　有全体董事签字的募集资金运用可行性分析

6—2　国家有关部门同意固定资产投资立项的批准文件

6—3　被收购兼并企业或项目情况

第七章　发行方案

第八章　公司改制方案及原企业有关财务资料

8—1　证监会派出机构对公司改制运行情况的调查报告

8—2　公司改制方案、非经营性资产的处理及离退休人员的安置情况、关联关系及交易

8—3　设立不满3年的股份有限公司设立以前年份原企业会计报表；

8—4　设立不满3年的股份有限公司设立以前年份的原企业会计报表与申报会计报表各项目数据及主要财务指标的差异比较表

8—5　设立不满3年的股份有限公司设立以前年份的资产负债表各项目的剥离标准和损益表各项目的确认方法

8—6　前3年及最近一期的纳税资料及其法律依据

第九章　定向募集公司申请发行B股还须提交的文件

9—1　定向募股发行情况的报告

9—2　定向募集股票的托管情况的报告

9—3　股本演变情况的说明及相关法律文件

9—4　省级人民政府关于股票托管情况的确认文件

9—5　省级人民政府或国务院有关部门关于该公司职工内部股清理情况的文件

第十章　发行申请材料的附件

10—1　招股说明书外文文本

10—2　土地使用证或土地使用权处置方案

10—3　国有资产管理部门关于国有资产评估的确认文件(如果土地单独评估,还需提供地方或者国家土地管理部门关于土地评估结果的确认文件)

10—4　历年发放股利情况

10—5　前次发行募集资金的使用情况说明

10—6　关联交易的重要合同

10—7　承销协议

10—8　承销团协议

10—9　各中介机构的证券从业资格证书

10—10　有关中介机构出具的文件签字者的证券从业资格证书

10—11　境内外证券经营机构从事外资股业务资格证书

注:1. 每一页的页码必须与目录中的页码相符

　　2. 页码标注的举例说明

例如:第四章4—1的页码标注应为:4—1—1,4—1—2,4—1—3,……4—1—n。

3. 非公开发行

（二）上市保荐

证券发行上市保荐业务管理办法

- 2008年8月14日中国证券监督管理委员会第235次主席办公会议审议通过
- 根据2009年5月13日中国证券监督管理委员会《关于修改〈证券发行上市保荐业务管理办法〉的决定》修订
- 根据2017年12月7日中国证券监督管理委员会《关于修改〈证券登记结算管理办法〉等七部规章的决定》修正
- 2020年6月1日中国证券监督管理委员会2020年第5次委务会议修订
- 2023年2月17日中国证券监督管理委员会2023年第2次委务会议修订
- 2023年2月17日中国证券监督管理委员会令第207号公布
- 自公布之日起施行

第一章 总 则

第一条 为了规范证券发行上市保荐业务，提高上市公司质量和证券公司执业水平，保护投资者的合法权益，促进证券市场健康发展，根据《中华人民共和国证券法》（以下简称《证券法》）、《证券公司监督管理条例》等有关法律、行政法规，制定本办法。

第二条 发行人申请从事下列发行事项，依法采取承销方式的，应当聘请具有保荐业务资格的证券公司履行保荐职责：

（一）首次公开发行股票；

（二）向不特定合格投资者公开发行股票并在北京证券交易所（以下简称北交所）上市；

（三）上市公司发行新股、可转换公司债券；

（四）公开发行存托凭证；

（五）中国证券监督管理委员会（以下简称中国证监会）认定的其他情形。

发行人申请公开发行法律、行政法规规定实行保荐制度的其他证券的，依照前款规定办理。

上述已发行证券的上市保荐事项由证券交易所规定。

第三条 证券公司从事证券发行上市保荐业务，应当依照本办法规定向中国证监会申请保荐业务资格。

未经中国证监会核准，任何机构不得从事保荐业务。

第四条 保荐机构履行保荐职责，应当指定品行良好、具备组织实施保荐项目专业能力的保荐代表人具体负责保荐工作。保荐代表人应当熟练掌握保荐业务相关的法律、会计、财务管理、税务、审计等专业知识，最近五年内具备三十六个月以上保荐相关业务经历，最近十二个月持续从事保荐相关业务，最近十二个月内未受到证券交易所等自律组织的重大纪律处分或者中国证监会的重大监管措施，最近三十六个月内未受到中国证监会的行政处罚。

中国证券业协会制定保荐代表人自律管理规范，组织非准入型的水平评价测试，保障和提高保荐代表人的专业能力水平。

第五条 保荐机构及其保荐代表人、其他从事保荐业务的人员应当遵守法律、行政法规和中国证监会、证券交易所、中国证券业协会的相关规定，恪守业务规则和行业规范，诚实守信，勤勉尽责，廉洁从业，尽职推荐发行人证券发行上市，持续督导发行人履行规范运作、信守承诺、信息披露等义务。

保荐机构及其保荐代表人、其他从事保荐业务的人员不得通过从事保荐业务谋取任何不正当利益。

第六条 保荐代表人应当遵守职业道德准则，珍视和维护保荐代表人职业声誉，保持应有的职业谨慎，保持和提高专业胜任能力。

保荐代表人应当维护发行人的合法利益，对从事保荐业务过程中获知的发行人信息保密。保荐代表人应当恪守独立履行职责的原则，不因迎合发行人或者满足发行人的不当要求而丧失客观、公正的立场，不得唆使、协助或者参与发行人及证券服务机构等实施非法的或者具有欺诈性的行为。

保荐代表人及其配偶不得以任何名义或者方式持有发行人的股份。

保荐代表人、保荐业务负责人、内核负责人、保荐业务部门负责人及其他保荐业务人员应当保持独立、客观、审慎，与接受其服务的发行人及其关联方不存在利害关系，不存在妨碍其进行独立专业判断的情形。

第七条 同次发行的证券，其发行保荐和上市保荐应当由同一保荐机构承担。保荐机构依法对发行人申请文件、证券发行募集文件进行核查，向中国证监会、证券交易所出具保荐意见。保荐机构应当保证所出具的文件真实、准确、完整。

证券发行规模达到一定数量的，可以采用联合保荐，但参与联合保荐的保荐机构不得超过二家。

证券发行的主承销商可以由该保荐机构担任，也可以由其他具有保荐业务资格的证券公司与该保荐机构共同担任。

第八条　发行人及其控股股东、实际控制人、董事、监事、高级管理人员，为证券发行上市制作、出具有关文件的会计师事务所、律师事务所、资产评估机构等证券服务机构及其签字人员，应当依照法律、行政法规和中国证监会、证券交易所的规定，配合保荐机构及其保荐代表人履行保荐职责，并承担相应的责任。

保荐机构及其保荐代表人履行保荐职责，不能减轻或者免除发行人及其控股股东、实际控制人、董事、监事、高级管理人员、证券服务机构及其签字人员的责任。

第九条　中国证监会依法对保荐机构及其保荐代表人、其他从事保荐业务的人员进行监督管理。

证券交易所、中国证券业协会对保荐机构及其保荐代表人、其他从事保荐业务的人员进行自律管理。对违反相关自律管理规则的保荐机构和责任人员，证券交易所、中国证券业协会可以采取一定期限内不接受与证券发行相关的文件、认定不适合从事相关业务等自律管理措施或者纪律处分。

第二章　保荐业务的资格管理

第十条　证券公司申请保荐业务资格，应当具备下列条件：

（一）注册资本、净资本符合规定；

（二）具有完善的公司治理和内部控制制度，风险控制指标符合相关规定；

（三）保荐业务部门具有健全的业务规程、内部风险评估和控制系统，内部机构设置合理，具备相应的研究能力、销售能力等后台支持；

（四）具有良好的保荐业务团队且专业结构合理，从业人员不少于三十五人，其中最近三年从事保荐相关业务的人员不少于二十人；

（五）保荐代表人不少于四人；

（六）最近二年未因重大违法违规行为而受到处罚，最近一年未被采取重大监管措施，无因涉嫌重大违法违规正受到有关机关或者行业自律组织调查的情形；

（七）中国证监会规定的其他条件。

第十一条　证券公司应当保证申请文件真实、完整。申请期间，申请文件内容发生重大变化的，应当自变化之日起二个工作日内向中国证监会提交更新资料。

第十二条　中国证监会依法受理、审查申请文件。对保荐业务资格的申请，自受理之日起三个月内做出核准或者不予核准的书面决定。

第十三条　证券公司取得保荐业务资格后，应当持续符合本办法第十条规定的条件。保荐机构因重大违法违规行为受到行政处罚的，中国证监会撤销其保荐业务资格；不再具备第十条规定其他条件的，中国证监会可以责令其限期整改，逾期仍然不符合要求的，中国证监会撤销其保荐业务资格。

第十四条　保荐机构出现下列情况的，应当在五个工作日内向其住所地的中国证监会派出机构报告：

（一）保荐业务负责人、内核负责人、保荐业务部门负责人发生变化；

（二）保荐业务部门机构设置发生重大变化；

（三）保荐业务执业情况发生重大不利变化；

（四）中国证监会要求的其他事项。

第十五条　保荐机构应当在证券公司年度报告中报送年度执业情况。年度执业情况应当包括以下内容：

（一）保荐机构、保荐代表人年度执业情况的说明；

（二）保荐机构对保荐代表人尽职调查工作日志检查情况的说明；

（三）保荐机构对保荐代表人的年度考核、评定情况；

（四）保荐机构、保荐代表人其他重大事项的说明；

（五）保荐机构对年度执业情况真实性、准确性、完整性承担责任的承诺函，并应由其法定代表人签字；

（六）中国证监会要求的其他事项。

第三章　保荐职责

第十六条　保荐机构应当尽职推荐发行人证券发行上市。

发行人证券上市后，保荐机构应当持续督导发行人履行规范运作、信守承诺、信息披露等义务。

第十七条　保荐机构推荐发行人证券发行上市，应当遵循诚实守信、勤勉尽责的原则，按照中国证监会对保荐机构尽职调查工作的要求，对发行人进行全面调查，充分了解发行人的经营状况及其面临的风险和问题。

第十八条　保荐机构在推荐发行人首次公开发行股票并上市和推荐发行人向不特定合格投资者公开发行股票并在北交所上市前，应当对发行人进行辅导。辅导内容包括，对发行人的董事、监事和高级管理人员，持有百分之五以上股份的股东和实际控制人（或者其法定代表人）进行系统的法规知识、证券市场知识培训，使其全面掌握发行上市、规范运作等方面的有关法律法规和规则，知悉信息披露和履行承诺等方面的责任和义务，树立进入证券市场的诚信意识、自律意识和法制意识，以及中国证监会规定的其他事项。

第十九条　保荐机构辅导工作完成后，应当由发行人所在地的中国证监会派出机构进行辅导验收。发行人所在地在境外的,应当由发行人境内主营业地或境内证券事务机构所在地的中国证监会派出机构进行辅导验收。

第二十条 保荐机构应当与发行人签订保荐协议,明确双方的权利和义务,按照行业规范协商确定履行保荐职责的相关费用。

保荐协议签订后,保荐机构应当在五个工作日内向承担辅导验收职责的中国证监会派出机构报告。

第二十一条 保荐机构应当确信发行人符合法律、行政法规和中国证监会、证券交易所的有关规定,方可推荐其证券发行上市。

保荐机构决定推荐发行人证券发行上市的,可以根据发行人的委托,组织编制申请文件并出具推荐文件。

第二十二条 对发行人申请文件、证券发行募集文件中有证券服务机构及其签字人员出具专业意见的内容,保荐机构可以合理信赖,对相关内容应当保持职业怀疑、运用职业判断进行分析,存在重大异常、前后重大矛盾,或者与保荐机构获得的信息存在重大差异的,保荐机构应当对有关事项进行调查、复核,并可聘请其他证券服务机构提供专业服务。

第二十三条 对发行人申请文件、证券发行募集文件中无证券服务机构及其签字人员专业意见支持的内容,保荐机构应当获得充分的尽职调查证据,在对各种证据进行综合分析的基础上对发行人提供的资料和披露的内容进行独立判断,并有充分理由确信所作的判断与发行人申请文件、证券发行募集文件的内容不存在实质性差异。

第二十四条 保荐机构推荐发行人发行证券,应当向证券交易所提交发行保荐书、保荐代表人专项授权书以及中国证监会要求的其他与保荐业务有关的文件。发行保荐书应当包括下列内容:

(一)逐项说明本次发行是否符合《中华人民共和国公司法》《证券法》规定的发行条件和程序;

(二)逐项说明本次发行是否符合中国证监会的有关规定,并载明得出每项结论的查证过程及事实依据;

(三)发行人存在的主要风险;

(四)对发行人发展前景的评价;

(五)保荐机构内部审核程序简介及内核意见;

(六)保荐机构及其关联方与发行人及其关联方之间的利害关系及主要业务往来情况;

(七)相关承诺事项;

(八)中国证监会要求的其他事项。

第二十五条 在发行保荐书中,保荐机构应当就下列事项做出承诺:

(一)有充分理由确信发行人符合法律法规及中国证监会有关证券发行上市的相关规定;

(二)有充分理由确信发行人申请文件和信息披露资料不存在虚假记载、误导性陈述或者重大遗漏;

(三)有充分理由确信发行人及其董事在申请文件和信息披露资料中表达意见的依据充分合理;

(四)有充分理由确信申请文件和信息披露资料与证券服务机构发表的意见不存在实质性差异;

(五)保证所指定的保荐代表人及本保荐机构的相关人员已勤勉尽责,对发行人申请文件和信息披露资料进行了尽职调查、审慎核查;

(六)保证保荐书、与履行保荐职责有关的其他文件不存在虚假记载、误导性陈述或者重大遗漏;

(七)保证对发行人提供的专业服务和出具的专业意见符合法律、行政法规、中国证监会的规定和行业规范;

(八)自愿接受中国证监会依照本办法采取的监管措施;

(九)中国证监会规定的其他事项。

第二十六条 保荐机构推荐发行人证券上市,应当按照证券交易所的规定提交上市保荐书及其他与保荐业务有关的文件。

第二十七条 保荐机构提交发行保荐书、上市保荐书后,应当配合证券交易所、中国证监会的发行上市审核和注册工作,并承担下列工作:

(一)组织发行人及证券服务机构对证券交易所、中国证监会的意见进行答复;

(二)按照证券交易所、中国证监会的要求对涉及本次证券发行上市的特定事项进行尽职调查或者核查;

(三)指定保荐代表人与证券交易所、中国证监会职能部门进行专业沟通,接受上市委员会问询;

(四)证券交易所、中国证监会规定的其他工作。

第二十八条 保荐机构应当针对发行人的具体情况,确定证券发行上市后持续督导的内容,督导发行人履行有关上市公司规范运作、信守承诺和信息披露等义务,审阅信息披露文件及向中国证监会、证券交易所提交的其他文件,并承担下列工作:

(一)督导发行人有效执行并完善防止控股股东、实际控制人、其他关联方违规占用发行人资源的制度;

(二)督导发行人有效执行并完善防止其董事、监事、高级管理人员利用职务之便损害发行人利益的内控制度；

(三)督导发行人有效执行并完善保障关联交易公允性和合规性的制度，并对关联交易发表意见；

(四)持续关注发行人募集资金的专户存储、投资项目的实施等承诺事项；

(五)持续关注发行人为他人提供担保等事项，并发表意见；

(六)中国证监会、证券交易所规定及保荐协议约定的其他工作。

第二十九条 持续督导的期间由证券交易所规定。

持续督导期届满，如有尚未完结的保荐工作，保荐机构应当继续完成。

保荐机构在履行保荐职责期间未勤勉尽责的，其责任不因持续督导期届满而免除或者终止。

第四章 保荐业务规程

第三十条 保荐机构应当建立分工合理、权责明确、相互制衡、有效监督的内部控制组织体系，发挥项目承做、质量控制、内核合规风控等的全流程内部控制作用，形成科学、合理、有效的保荐业务决策、执行和监督等机制，确保保荐业务纳入公司整体合规管理和风险控制范围。

第三十一条 保荐机构应当建立健全并执行覆盖全部保荐业务流程和全体保荐业务人员的内部控制制度，包括但不限于立项制度、质量控制制度、问核制度、内核制度、反馈意见报告制度、风险事件报告制度、合规检查制度、应急处理制度等，定期对保荐业务内部控制的有效性进行全面评估，保证保荐业务负责人、内核负责人、保荐业务部门负责人、保荐代表人、项目协办人及其他保荐业务相关人员勤勉尽责，严格控制风险，提高保荐业务整体质量。

第三十二条 保荐机构应当建立健全内部问责机制，明确保荐业务人员履职规范和问责措施。

保荐业务人员被采取自律管理措施、纪律处分、监管措施、证券市场禁入措施、行政处罚、刑事处罚等的，保荐机构应当进行内部问责。

保荐机构应当在劳动合同、内部制度中明确，保荐业务人员出现前款情形的，应当退还相关违规行为发生当年除基本工资外的其他部分或全部薪酬。

第三十三条 保荐机构对外提交和报送的发行上市申请文件、反馈意见、披露文件等重要材料和文件应当履行内核程序，由内核机构审议决策。未通过内核程序的保荐业务项目不得以公司名义对外提交或者报送相关文件。

第三十四条 保荐机构应当根据保荐业务特点制定科学、合理的薪酬考核体系，综合考量业务人员的专业胜任能力、执业质量、合规情况、业务收入等各项因素，不得以业务包干等承包方式开展保荐业务，或者以其他形式实施过度激励。

第三十五条 保荐机构从事保荐业务应当综合评估项目执行成本与风险责任，合理确定报价，不得以明显低于行业定价水平等不正当竞争方式招揽业务。

第三十六条 保荐机构应当建立健全保荐业务制度体系，细化尽职调查、辅导、文件申报、持续督导等各个环节的执业标准和操作流程，提高制度的针对性和可执行性。

保荐机构应当根据监管要求、制度执行等情况，及时更新和完善保荐业务制度体系。

第三十七条 保荐机构应当建立健全廉洁从业管理内控体系，加强对工作人员的管理，不得在开展保荐业务的过程中谋取或输送不正当利益。

第三十八条 保荐机构应当根据保荐业务类型和业务环节的不同，细化反洗钱要求，加强对客户身份的识别、可疑报告、客户资料及交易记录保存、反洗钱培训与宣传等工作。

第三十九条 保荐机构应当建立健全对保荐代表人及其他保荐业务相关人员的持续培训制度。

第四十条 保荐机构应当建立健全工作底稿制度，按规定建设应用工作底稿电子化管理系统。

保荐机构应当为每一项目建立独立的保荐工作底稿。保荐代表人必须为其具体负责的每一项目建立尽职调查工作日志，作为保荐工作底稿的一部分存档备查；保荐机构应当定期对尽职调查工作日志进行检查。

保荐工作底稿应当真实、准确、完整地反映保荐工作的全过程，保存期不少于二十年。

第四十一条 保荐机构及其控股股东、实际控制人、重要关联方持有发行人股份的，或者发行人持有、控制保荐机构股份的，保荐机构在推荐发行人证券发行上市时，应当进行利益冲突审查，出具合规审核意见，并按规定充分披露。通过披露仍不能消除影响的，保荐机构应联合一家无关联保荐机构共同履行保荐职责，且该无关联保荐机构为第一保荐机构。

第四十二条 刊登证券发行募集文件前终止保荐协

议的，保荐机构和发行人应当自终止之日起五个工作日内分别向中国证监会、证券交易所报告，并说明原因。

第四十三条 刊登证券发行募集文件以后直至持续督导工作结束，保荐机构和发行人不得终止保荐协议，但存在合理理由的情形除外。发行人因再次申请发行证券另行聘请保荐机构、保荐机构被中国证监会撤销保荐业务资格的，应当终止保荐协议。

终止保荐协议的，保荐机构和发行人应当自终止之日起五个工作日内向中国证监会、证券交易所报告，说明原因。

第四十四条 持续督导期间，保荐机构被撤销保荐业务资格的，发行人应当在一个月内另行聘请保荐机构，未在规定期限内另行聘请的，中国证监会可以为其指定保荐机构。

第四十五条 另行聘请的保荐机构应当完成原保荐机构未完成的持续督导工作。

因原保荐机构被撤销保荐业务资格而另行聘请保荐机构的，另行聘请的保荐机构持续督导的时间不得少于一个完整的会计年度。

另行聘请的保荐机构应当自保荐协议签订之日起开展保荐工作并承担相应的责任。原保荐机构在履行保荐职责期间未勤勉尽责的，其责任不因保荐机构的更换而免除或者终止。

第四十六条 保荐机构应当指定二名保荐代表人具体负责一家发行人的保荐工作，出具由法定代表人签字的专项授权书，并确保保荐机构有关部门和人员有效分工协作。保荐机构可以指定一名项目协办人。

第四十七条 证券发行后，保荐机构不得更换保荐代表人，但因保荐代表人离职或者不符合保荐代表人要求的，应当更换保荐代表人。

保荐机构更换保荐代表人的，应当通知发行人，并在五个工作日内向中国证监会、证券交易所报告，说明原因。原保荐代表人在具体负责保荐工作期间未勤勉尽责的，其责任不因保荐代表人的更换而免除或者终止。

第四十八条 保荐机构法定代表人、保荐业务负责人、内核负责人、保荐业务部门负责人、保荐代表人和项目协办人应当在保荐书上签字，保荐机构法定代表人、保荐代表人应当同时在证券发行募集文件上签字。

第四十九条 保荐机构应当将履行保荐职责时发表的意见及时告知发行人，同时在保荐工作底稿中保存，并可以依照本办法规定公开发表声明、向中国证监会或者证券交易所报告。

第五十条 持续督导工作结束后，保荐机构应当在发行人公告年度报告之日起的十个工作日内向中国证监会、证券交易所报送保荐总结报告书。保荐机构法定代表人和保荐代表人应当在保荐总结报告书上签字。保荐总结报告书应当包括下列内容：

（一）发行人的基本情况；

（二）保荐工作概述；

（三）履行保荐职责期间发生的重大事项及处理情况；

（四）对发行人配合保荐工作情况的说明及评价；

（五）对证券服务机构参与证券发行上市相关工作情况的说明及评价；

（六）中国证监会、证券交易所要求的其他事项。

第五十一条 保荐代表人及其他保荐业务相关人员属于内幕信息的知情人员，应当遵守法律、行政法规和中国证监会的规定，不得利用内幕信息直接或者间接为保荐机构、本人或者他人谋取不正当利益。

第五章 保荐业务协调

第五十二条 发行人应当为保荐机构及时提供真实、准确、完整的财务会计资料和其他资料，全面配合保荐机构开展尽职调查和其他相关工作。

发行人的控股股东、实际控制人、董事、监事、高级管理人员应当全面配合保荐机构开展尽职调查和其他相关工作，不得要求或者协助发行人隐瞒应当披露的信息。

第五十三条 保荐机构及其保荐代表人履行保荐职责，可以对发行人行使下列权利：

（一）要求发行人按照本办法规定和保荐协议约定的方式，及时通报信息；

（二）定期或者不定期对发行人进行回访，查阅保荐工作需要的发行人材料；

（三）列席发行人的股东大会、董事会和监事会；

（四）对发行人的信息披露文件及向中国证监会、证券交易所提交的其他文件进行事前审阅；

（五）对有关部门关注的发行人相关事项进行核查，必要时可聘请相关证券服务机构配合；

（六）按照中国证监会、证券交易所信息披露规定，对发行人违法违规的事项发表公开声明；

（七）中国证监会、证券交易所规定或者保荐协议约定的其他权利。

第五十四条 发行人有下列情形之一的，应当及时通知或者咨询保荐机构，并将相关文件送交保荐机构：

（一）变更募集资金及投资项目等承诺事项；

（二）发生关联交易、为他人提供担保等事项；

（三）涉及重大诉讼、资产发生重大损失；

（四）公司财务状况及生产经营的外部条件发生重大变化；

（五）重大投资行为和重大购置资产的决定；

（六）股东及董事、监事、高级管理人员的变动；

（七）召开董事会、监事会、股东大会；

（八）履行信息披露义务或者向中国证监会、证券交易所报告有关事项；

（九）发生违法违规行为或者其他重大事项；

（十）中国证监会、证券交易所规定或者保荐协议约定的其他事项。

第五十五条 证券发行前，发行人及其控股股东、实际控制人、董事、监事、高级管理人员不配合保荐机构履行保荐职责的，保荐机构应当发表保留意见，并在发行保荐书中予以说明；情节严重的，应当不予保荐，已保荐的应当撤销保荐。

第五十六条 证券发行后，保荐机构有充分理由确信发行人可能存在违法违规行为以及其他不当行为的，应当督促发行人作出说明并限期纠正；情节严重的，应当向中国证监会、证券交易所报告。

第五十七条 保荐机构应当组织协调证券服务机构及其签字人员参与证券发行上市的相关工作。

发行人为证券发行上市聘用的会计师事务所、律师事务所、资产评估机构以及其他证券服务机构，保荐机构有充分理由认为其专业能力存在明显缺陷的，可以向发行人建议更换。

第五十八条 保荐机构对证券服务机构及其签字人员出具的专业意见存有疑义的，应当主动与证券服务机构进行协商，并可要求其作出解释或者出具依据。

第五十九条 保荐机构有充分理由确信证券服务机构及其签字人员出具的专业意见可能存在虚假记载、误导性陈述或重大遗漏等违法违规情形或者其他不当情形的，应当及时发表意见；情节严重的，应当向中国证监会、证券交易所报告。

第六十条 证券服务机构及其签字人员应当严格按照依法制定的业务规则和行业自律规范，审慎履行职责，作出专业判断与认定，对保荐机构提出的疑义或者意见，应当保持专业独立性，进行审慎的复核判断，并向保荐机构、发行人及时发表意见。

证券服务机构应当建立并保持有效的质量控制体系，保护投资者合法权益。证券服务机构应当妥善保存客户委托文件、核查和验证资料、工作底稿以及与质量控制、内部管理、业务经营有关的信息和资料。

第六章 监管措施和法律责任

第六十一条 中国证监会可以对保荐机构及其与发行上市保荐工作相关的人员，证券服务机构、发行人及其与证券发行上市工作相关的人员等进行定期或者不定期现场检查，相关主体应当积极配合检查，如实提供有关资料，不得拒绝、阻挠、逃避检查，不得谎报、隐匿、销毁相关证据材料。

第六十二条 中国证监会对保荐机构及其相关人员进行持续动态的跟踪管理，记录其业务资格、执业情况、违法违规行为、其他不良行为以及对其采取的监管措施等，对保荐机构业务质量进行评价。

保荐信用记录和质量评价结果向社会公开。

第六十三条 证券公司提交的保荐业务资格申请文件存在虚假记载、误导性陈述或者重大遗漏的，中国证监会不予受理或者不予核准，并给予警告；已核准的，撤销其保荐业务资格。

第六十四条 保荐机构、保荐代表人、保荐业务负责人、内核负责人、保荐业务部门负责人及其他保荐业务相关人员违反本办法，未诚实守信、勤勉尽责地履行相关义务的，中国证监会可以对其采取重点关注、责令进行业务学习、出具警示函、责令公开说明、责令改正、责令增加内部合规检查的次数并提交合规检查报告、监管谈话、责令处分有关责任人员并报告结果、依法认定为不适当人选等监管措施；依法应给予行政处罚的，依照有关规定进行处罚；情节严重涉嫌犯罪的，依法移送司法机关，追究其刑事责任。

第六十五条 出现下列情形之一的，中国证监会可以视情节轻重，对保荐机构、保荐代表人采取出具警示函、责令改正、监管谈话等监管措施；情节严重的，中国证监会可以采取暂停保荐机构的保荐业务、依法认定保荐代表人为不适当人选三个月到十二个月的监管措施：

（一）制作或者出具的文件不齐备或者不符合要求；

（二）擅自改动申请文件、信息披露资料或者其他已提交文件；

（三）申请文件或者信息披露资料存在相互矛盾或者同一事实表述不一致且有实质性差异；

（四）文件披露的内容表述不清，逻辑混乱，严重影响投资者理解；

（五）未及时报告或者未及时披露重大事项；

（六）指定不符合本办法第四条规定要求的人员具

体负责保荐工作；

（七）未通过内核程序，以公司名义对外提交或披露保荐业务项目文件；

（八）采取业务包干等承包方式或其他形式进行过度激励；

（九）以显著低于行业定价水平等不正当竞争方式招揽业务，违反公平竞争、破坏市场秩序。

第六十六条 保荐机构出现下列情形之一的，中国证监会可以视情节轻重，暂停保荐业务三个月到三十六个月，并可以责令保荐机构更换董事、监事、高级管理人员或者限制其权利；情节特别严重的，撤销其保荐业务资格：

（一）向中国证监会、证券交易所提交的与保荐工作相关的文件存在虚假记载、误导性陈述或者重大遗漏；

（二）重大事项未报告、未披露；

（三）内部控制制度存在重大缺陷或者未有效执行；

（四）尽职调查制度、内部核查制度、持续督导制度、保荐工作底稿制度等保荐业务制度存在重大缺陷或者未有效执行；

（五）廉洁从业管理内控体系、反洗钱制度存在重大缺陷或者未有效执行；

（六）保荐工作底稿存在虚假记载、误导性陈述或者重大遗漏；

（七）唆使、协助或者参与发行人及证券服务机构提供存在虚假记载、误导性陈述或者重大遗漏的文件；

（八）唆使、协助或者参与发行人干扰中国证监会、证券交易所及其上市委员会的审核、注册工作；

（九）通过从事保荐业务谋取不正当利益；

（十）伪造或者变造签字、盖章；

（十一）严重违反诚实守信、勤勉尽责、廉洁从业义务的其他情形。

第六十七条 保荐代表人出现下列情形之一的，中国证监会可以根据情节轻重，依法采取认定为不适当人选三个月到三十六个月的监管措施：

（一）尽职调查工作日志缺失或者遗漏、隐瞒重要问题；

（二）未完成或者未参加辅导工作；

（三）重大事项未报告、未披露；

（四）未参加持续督导工作，或者持续督导工作严重未勤勉尽责；

（五）因保荐业务或其具体负责保荐工作的发行人在保荐期间内受到证券交易所、中国证券业协会公开谴责；

（六）唆使、协助或者参与发行人干扰中国证监会、证券交易所及其上市委员会的审核、注册工作；

（七）伪造或者变造签字、盖章；

（八）严重违反诚实守信、勤勉尽责、廉洁从业义务的其他情形。

第六十八条 保荐代表人出现下列情形之一的，中国证监会可以依法采取认定为不适当人选的监管措施；情节严重的，对其采取证券市场禁入的措施：

（一）在与保荐工作相关文件上签字推荐发行人证券发行上市，但未参加尽职调查工作，或者尽职调查工作不彻底、不充分，明显不符合业务规则和行业规范；

（二）通过从事保荐业务谋取不正当利益；

（三）本人及其配偶以任何名义或者方式持有发行人的股份；

（四）唆使、协助或者参与发行人及证券服务机构提供存在虚假记载、误导性陈述或者重大遗漏的文件；

（五）参与组织编制的与保荐工作相关文件存在虚假记载、误导性陈述或者重大遗漏。

第六十九条 发行人出现下列情形之一的，中国证监会可以暂停保荐机构的保荐业务十二个月到三十六个月，责令保荐机构更换相关负责人，对保荐代表人依法采取认定为不适当人选的监管措施；情节严重的，撤销保荐业务资格，对相关责任人采取证券市场禁入的措施：

（一）证券发行募集文件等申请文件存在虚假记载、误导性陈述或者重大遗漏；

（二）持续督导期间信息披露文件存在虚假记载、误导性陈述或者重大遗漏。

第七十条 发行人在持续督导期间出现下列情形之一的，中国证监会可以根据情节轻重，对保荐机构及其相关责任人员采取出具警示函、责令改正、监管谈话、对保荐代表人依法认定为不适当人选、暂停保荐机构的保荐业务等监管措施：

（一）首次公开发行股票并在主板上市和主板上市公司向不特定对象公开发行证券并上市当年营业利润比上年下滑百分之五十以上；

（二）首次公开发行股票并上市、股票向不特定合格投资者公开发行并在北交所上市和上市公司向不特定对象公开发行证券并上市当年即亏损且选取的上市标准含净利润标准；

（三）首次公开发行股票并上市和股票向不特定合格投资者公开发行并在北交所上市之日起十二个月内控

股股东或者实际控制人发生变更；

（四）证券上市当年累计百分之五十以上募集资金的用途与承诺不符；

（五）首次公开发行股票并上市和股票向不特定合格投资者公开发行并在北交所上市之日起十二个月内累计百分之五十以上资产或者主营业务发生重组；

（六）上市公司向不特定对象公开发行证券并上市之日起十二个月内累计百分之五十以上资产或者主营业务发生重组，且未在证券发行募集文件中披露；

（七）实际盈利低于盈利预测达百分之二十以上；

（八）关联交易显失公允或者程序违规，涉及金额较大；

（九）控股股东、实际控制人或其他关联方违规占用发行人资源，涉及金额较大；

（十）违规为他人提供担保，涉及金额较大；

（十一）违规购买或出售资产、借款、委托资产管理等，涉及金额较大；

（十二）董事、监事、高级管理人员侵占发行人利益受到行政处罚或者被追究刑事责任；

（十三）违反上市公司规范运作和信息披露等有关法律法规，情节严重的；

（十四）中国证监会规定的其他情形。

前款涉及的净利润以扣除非经常性损益前后孰低者为计算依据。

第七十一条 保荐代表人被依法采取认定为不适当人选的监管措施的，对已受理的该保荐代表人具体负责推荐的项目，保荐机构应当更换保荐代表人，并指派与本项目无关的人员进行复核；对负有责任的保荐业务负责人、内核负责人、保荐业务部门负责人等人员，保荐机构应当根据内部管理规定进行问责惩戒，情节严重的，应当予以更换。

第七十二条 保荐机构、保荐业务负责人、内核负责人或者保荐业务部门负责人在一个自然年度内被采取本办法第六十四条规定的监管措施累计五次以上，中国证监会可以暂停保荐机构的保荐业务三个月，依法责令保荐机构更换保荐业务负责人、内核负责人或者保荐业务部门负责人。

保荐代表人在二个自然年度内被采取本办法第六十四条规定的监管措施累计二次以上，中国证监会可以依法对相关保荐代表人采取认定为不适当人选六个月的监管措施。

第七十三条 对中国证监会拟采取的监管措施，保荐机构及其保荐代表人提出申辩的，如有充分证据证明下列事实且理由成立，中国证监会予以采纳：

（一）发行人或者其董事、监事、高级管理人员故意隐瞒重大事实，保荐机构和保荐代表人已履行勤勉尽责义务；

（二）发行人已在证券发行募集文件中做出特别提示，保荐机构和保荐代表人已履行勤勉尽责义务；

（三）发行人因不可抗力致使业绩、募集资金运用等出现异常或者未能履行承诺；

（四）发行人及其董事、监事、高级管理人员在持续督导期间故意违法违规，保荐机构和保荐代表人主动予以揭示，已履行勤勉尽责义务；

（五）保荐机构、保荐代表人已履行勤勉尽责义务的其他情形。

第七十四条 发行人违反本办法规定，持续督导期间违法违规且拒不纠正，发生重大事项未及时通知保荐机构，出现应当变更保荐机构情形未及时予以变更，或者发生其他严重不配合保荐工作情形的，中国证监会可以责令改正，予以公布并可以根据情节轻重采取下列措施：

（一）要求发行人每月向中国证监会报告接受保荐机构督导的情况；

（二）要求发行人披露月度财务报告、相关资料；

（三）指定证券服务机构进行核查；

（四）要求证券交易所对发行人证券的交易实行特别提示；

（五）对有关责任人员采取证券市场禁入措施。

第七十五条 发行人及其控股股东、实际控制人、董事、监事、高级管理人员未有效配合保荐机构及其保荐代表人开展尽职调查和其他相关工作的，中国证监会可以对相关单位和责任人员采取重点关注、出具警示函、责令公开说明、责令改正、监管谈话等监管措施。情节严重的，对有关责任人员采取证券市场禁入的措施。

第七十六条 证券服务机构及其签字人员违反本办法规定的，中国证监会可以对相关机构和责任人员采取重点关注、出具警示函、责令公开说明、责令改正、监管谈话等监管措施，情节严重的可以对有关责任人员采取证券市场禁入的措施。

第七十七条 证券服务机构及其签字人员出具的专业意见存在虚假记载、误导性陈述或重大遗漏，或者因不配合保荐工作而导致严重后果的，中国证监会可以对有关责任人员采取证券市场禁入的措施，并将处理结果予以公布。

第七十八条 发行人及其控股股东、实际控制人、董事、监事、高级管理人员、证券服务机构及其签字人员违反法律、行政法规，依法应予行政处罚的，依照有关规定进行处罚；涉嫌犯罪的，依法移送司法机关，追究其刑事责任。

第七章 附 则

第七十九条 本办法所称"保荐机构"，是指《证券法》第十条所指"保荐人"。

第八十条 本办法自公布之日起施行。

证券发行上市保荐业务工作底稿指引

· 2022 年 5 月 27 日
· 中国证券监督管理委员会公告〔2022〕35 号

第一条 为了规范和指导保荐机构编制、管理证券发行上市保荐业务工作底稿（以下简称工作底稿），根据有关法律、法规以及中国证券监督管理委员会有关保荐业务管理的规定，制定本指引。

第二条 保荐机构应当按照本指引的要求编制工作底稿。

本指引所称工作底稿，是指保荐机构及其保荐代表人在从事保荐业务全部过程中获取和编写的、与保荐业务相关的各种重要资料和工作记录的总称。

第三条 工作底稿应当真实、准确、完整地反映保荐机构尽职推荐发行人证券发行上市、持续督导发行人履行相关义务所开展的主要工作，并应当成为保荐机构出具发行保荐书、发行保荐工作报告、上市保荐书、发表专项保荐意见以及验证招股说明书的基础。

工作底稿是评价保荐机构及其保荐代表人从事保荐业务是否诚实守信、勤勉尽责的重要依据。

第四条 本指引的规定，仅是对保荐机构从事证券发行上市保荐业务时编制工作底稿的一般要求。无论本指引是否有明确规定，凡对保荐机构及其保荐代表人履行保荐职责有重大影响的文件资料及信息，均应当作为工作底稿予以留存。

第五条 本指引主要针对首次公开发行股票并上市企业的保荐工作基本特征制定。保荐机构应当在参照本指引的基础上，根据发行人的板块、行业、业务、融资类型不同，在不影响保荐业务质量的前提下调整、补充、完善工作底稿。

第六条 工作底稿一般应当包括以下内容：

（一）保荐机构根据有关规定对项目进行立项、内核以及其他相关内部控制工作所形成的文件资料；

（二）保荐机构在尽职调查过程中获取和形成的文件资料；

（三）保荐机构对发行人相关人员进行辅导所形成的文件资料；

（四）保荐机构在协调发行人和证券服务机构时，以定期会议、专题会议以及重大事项临时会议的形式，为发行人分析和解决证券发行上市过程中的问题形成的会议资料、会议纪要；

（五）保荐机构，为证券发行上市制作出具有关文件的律师事务所、会计师事务所、资产评估机构等证券服务机构及相关签字人员，对发行人与发行上市相关的事项出具的备忘录及专项意见等；

（六）保荐机构根据实际情况，对发行人及其子公司、发行人的控股股东或实际控制人及其子公司等的董事、监事、高级管理人员以及其他人员进行访谈的访谈记录；

（七）保荐机构根据实际情况，对发行人的客户、供应商、开户银行，市场监督、税务、土地、环保、海关等部门、行业主管部门或行业协会以及其他相关机构或部门的相关人员等进行访谈的访谈记录；

（八）发行申请文件、反馈意见的回复、根据审核问询进行核查产生的文件、询价与配售文件以及上市申请和登记的文件；

（九）在持续督导过程中获取的文件资料、出具的保荐意见书及保荐工作报告等相关文件；

（十）保荐代表人为其保荐项目建立的尽职调查工作日志；

（十一）保荐机构对所获取资料进行分析、核查、验证所编制的文件资料；

（十二）保荐机构在了解、复核证券服务机构专业意见的过程中形成的文件资料；

（十三）其他对保荐机构及其保荐代表人履行保荐职责有重大影响的文件资料及信息。

第七条 发行人子公司对发行人业务经营或财务状况有重大影响的，保荐机构可参照本指引根据重要性和合理性原则对该子公司单独编制工作底稿。

第八条 保荐机构应当对工作底稿建立统一目录，该目录应当便于查阅与核对。对于本指引中确实不适用的部分，应当在工作底稿目录中注明"不适用"，并简要说明不适用的原因，但不能删除目录。

工作底稿目录的一般要求由中国证券业协会另行规

定。

第九条 工作底稿应当内容完整、格式规范、标识统一、记录清晰。工作底稿各章节之间应当有明显的分隔标识，不同章节中存在重复的文件资料，可以采用相互引征的方法。

第十条 保荐机构应当对招股说明书进行验证，并在验证文件与工作底稿之间建立起索引关系。

第十一条 保荐机构应当建立工作底稿管理制度，建立工作底稿电子化管理系统，为履行过立项程序的每一个保荐项目形成独立的工作底稿，明确归档保管流程、借阅程序与检查办法、变更的管理程序等。

第十二条 保荐机构应当在工作底稿中详细记录保荐项目人员配置情况、各人员从事的具体工作，以及相关人员在项目中发挥的作用，并明确工作底稿收集整理的责任人员。

第十三条 工作底稿可以纸质文档、电子文档或者其它介质形式的文档留存，其中重要的工作底稿应当采用纸质文档的形式留存。以纸质以外的其它介质形式存在的工作底稿，应当以可独立保存的形式留存。电子底稿内容与纸质底稿内容应当保持一致。

工作底稿应当至少保存 20 年。

第十四条 工作底稿应当有调查人员及其他相关负责人员的签字，并应当符合相关法律法规和监管规定的要求。

第十五条 工作底稿应根据项目进展随时收集，分阶段整理。项目终止或完成后，保荐机构应当在 45 个工作日内完成项目底稿的整理归档工作。持续督导期内，保荐机构应当在持续督导年度工作报告（意见）披露后 30 个工作日内完成相关底稿的归档工作。

第十六条 保荐机构及相关人员对工作底稿中的未公开披露的信息负有保密责任。

第十七条 保荐机构从事北京证券交易所相关保荐业务，应当结合市场定位及相关信息披露要求，参照适用本指引。

第十八条 本指引自发布之日起施行。

关于进一步加强保荐业务监管有关问题的意见

- 2012 年 3 月 15 日
- 中国证券监督管理委员会公告〔2012〕4 号

为进一步加强对保荐机构执业行为的监管，督促保荐机构强化对保荐业务的管理和风险控制，切实提高保荐业务质量，现提出如下意见：

一、保荐机构应进一步健全保荐业务内控制度，强化对保荐代表人及其他项目人员的管理，完善立项、尽职调查、内核、质量控制、保荐项目持续追踪、工作底稿、工作日志、持续督导等保荐业务相关制度和保荐业务风险控制机制，切实提高保荐项目质量。

二、保荐机构应为保荐项目配备保荐代表人和其他项目人员，相关人员应具备完成保荐项目所需要的行业、财务、法律知识及较为丰富的执业经验，有能力按照《保荐人尽职调查工作准则》(证监发行字〔2006〕15 号)的要求开展尽职调查工作。

《发行保荐工作报告》中须说明保荐代表人和其他项目人员所从事的具体工作，相关人员在项目中发挥的作用。保荐代表人和其他项目人员应在《发行保荐工作报告》上签字，并根据自己所从事的具体工作承担相应的责任。

三、保荐机构的质量控制部门应切实履行把关责任，发现保荐项目存在重大问题和风险的，应指派专人实地走访发行人并进行必要的现场尽职调查工作。

保荐机构的内核小组应切实发挥内核把关作用，对发行人存在的问题和风险进行仔细研判，确信发行人符合法定发行上市条件，信息披露真实、准确、完整。

四、保荐机构应建立对保荐代表人和其他项目人员的问核制度，由内核小组在召开内核会议时对相关人员进行问核，督促保荐代表人和其他项目人员严格按照《保荐人尽职调查工作准则》的要求做好尽职调查工作。

内核小组的问核工作须围绕尽职调查工作和内核会议讨论中发现的风险和问题进行，发现保荐代表人和其他项目人员的工作存在不足的，应提出书面整改意见并要求相关人员落实。

五、保荐机构须健全保荐项目的持续追踪机制，确保对保荐项目的全过程管理，避免保荐项目申报后可能出现的发行人新情况新问题不能及时在申请文件中补充披露以及反馈意见落实文件、发审委意见落实文件、举报信核查文件以及会后事项文件未履行保荐机构内部批准程序的风险。

六、在两名保荐代表人可在主板（含中小企业板）和创业板同时各负责一家在审企业的基础上，调整为可同时各负责两家在审企业。但下述两类保荐代表人除外：

（一）最近 3 年内有过违规记录的保荐代表人，违规记录包括被中国证监会采取过监管措施、受到过证券交易所公开谴责或中国证券业协会自律处分的；

（二）最近 3 年内未曾担任过已完成的首发、再融资项目签字保荐代表人的。

申报项目时，保荐机构应针对签字保荐代表人申报的在审企业家数及是否存在上述（一）、（二）项情况做出说明与承诺。

七、本意见自公布之日起施行。中国证监会《关于进一步做好〈证券发行上市保荐制度暂行办法〉实施工作的通知》（证监发行字〔2004〕167号）及证监会公告〔2009〕19号同时废止。

（三）承销

证券发行与承销管理办法

- 2006年9月11日中国证券监督管理委员会第189次主席办公会议审议通过
- 根据2010年10月11日、2012年5月18日中国证券监督管理委员会《关于修改〈证券发行与承销管理办法〉的决定》修正
- 2013年10月8日中国证券监督管理委员会第11次主席办公会议修订
- 根据2014年3月21日、2015年12月30日、2017年9月7日、2018年6月15日中国证券监督管理委员会《关于修改〈证券发行与承销管理办法〉的决定》修正
- 2023年2月17日中国证券监督管理委员会第2次委务会议修订
- 2023年2月17日中国证券监督管理委员会令第208号公布
- 自公布之日起施行

第一章 总则

第一条 为规范证券发行与承销行为，保护投资者合法权益，根据《中华人民共和国证券法》（以下简称《证券法》）和《中华人民共和国公司法》，制定本办法。

第二条 发行人在境内发行股票、存托凭证或者可转换公司债券（以下统称证券），证券公司在境内承销证券以及投资者认购境内发行的证券，首次公开发行证券时公司股东向投资者公开发售其所持股份（以下简称老股转让），适用本办法。中国证券监督管理委员会（以下简称中国证监会）另有规定的，从其规定。

存托凭证境外基础证券发行人应当履行本办法中发行人的义务，承担相应的法律责任。

第三条 中国证监会依法对证券发行与承销行为进行监督管理。证券交易所、证券登记结算机构和中国证券业协会应当制定相关业务规则，规范证券发行与承销行为。

中国证监会依法批准证券交易所制定的发行承销制度规则，建立对证券交易所发行承销过程监管的监督机制，持续关注证券交易所发行承销过程监管情况。

证券交易所对证券发行承销过程实施监管，对发行人及其控股股东、实际控制人、董事、监事、高级管理人员，承销商、证券服务机构、投资者等进行自律管理。

中国证券业协会负责对承销商、网下投资者进行自律管理。

第四条 证券公司承销证券，应当依据本办法以及中国证监会有关风险控制和内部控制等相关规定，制定严格的风险管理制度和内部控制制度，加强定价和配售过程管理，落实承销责任。

为证券发行出具相关文件的证券服务机构和人员，应当按本行业公认的业务标准和道德规范，严格履行法定职责，对其所出具文件的真实性、准确性和完整性承担责任。

第二章 定价与配售

第五条 首次公开发行证券，可以通过询价的方式确定证券发行价格，也可以通过发行人与主承销商自主协商直接定价等其他合法可行的方式确定发行价格。发行人和主承销商应当在招股意向书（或招股说明书，下同）和发行公告中披露本次发行证券的定价方式。

首次公开发行证券通过询价方式确定发行价格的，可以初步询价后确定发行价格，也可以在初步询价确定发行价格区间后，通过累计投标询价确定发行价格。

第六条 首次公开发行证券发行数量二千万股（份）以下且无老股转让计划的，发行人和主承销商可以通过直接定价的方式确定发行价格。发行人尚未盈利的，应当通过向网下投资者询价方式确定发行价格，不得直接定价。

通过直接定价方式确定的发行价格对应市盈率不得超过同行业上市公司二级市场平均市盈率；已经或者同时境外发行的，通过直接定价方式确定的发行价格还不得超过发行人境外市场价格。

首次公开发行证券采用直接定价方式的，除本办法第二十三条第三款规定的情形外全部向网上投资者发行，不进行网下询价和配售。

第七条 首次公开发行证券采用询价方式的，应当向证券公司、基金管理公司、期货公司、信托公司、保险公司、财务公司、合格境外投资者和私募基金管理人等专业机构投资者，以及经中国证监会批准的证券交易所规则规定的其他投资者询价。上述询价对象统称网下投资者。

网下投资者应当具备丰富的投资经验、良好的定价能力和风险承受能力,向中国证券业协会注册,接受中国证券业协会的自律管理,遵守中国证券业协会的自律规则。

发行人和主承销商可以在符合中国证监会相关规定和证券交易所、中国证券业协会自律规则前提下,协商设置网下投资者的具体条件,并在发行公告中预先披露。主承销商应当对网下投资者是否符合预先披露的条件进行核查,对不符合条件的投资者,应当拒绝或剔除其报价。

第八条 首次公开发行证券采用询价方式的,主承销商应当遵守中国证券业协会关于投资价值研究报告的规定,向网下投资者提供投资价值研究报告。

第九条 首次公开发行证券采用询价方式的,符合条件的网下投资者可以自主决定是否报价。符合条件的网下投资者报价的,主承销商无正当理由不得拒绝。网下投资者应当遵循独立、客观、诚信的原则合理报价,不得协商报价或者故意压低、抬高价格。

网下投资者参与报价时,应当按照中国证券业协会的规定持有一定金额的非限售股份或存托凭证。

参与询价的网下投资者可以为其管理的不同配售对象分别报价,具体适用证券交易所规定。首次公开发行证券发行价格或价格区间确定后,提供有效报价的投资者方可参与申购。

第十条 首次公开发行证券采用询价方式的,网下投资者报价后,发行人和主承销商应当剔除拟申购总量中报价最高的部分,然后根据剩余报价及拟申购数量协商确定发行价格。剔除部分的配售对象不得参与网下申购。最高报价剔除的具体要求适用证券交易所相关规定。

公开发行证券数量在四亿股(份)以下的,有效报价投资者的数量不少于十家;公开发行证券数量超过四亿股(份)的,有效报价投资者的数量不少于二十家。剔除最高报价部分后有效报价投资者数量不足的,应当中止发行。

第十一条 首次公开发行证券时,发行人和主承销商可以自主协商确定有效报价条件、配售原则和配售方式,并按照事先确定的配售原则在有效申购的网下投资者中选择配售证券的对象。

第十二条 首次公开发行证券采用询价方式在主板上市的,公开发行后总股本在四亿股(份)以下的,网下初始发行比例不低于本次公开发行证券数量的百分之六十;公开发行后总股本超过四亿股(份)或者发行人尚未盈利的,网下初始发行比例不低于本次公开发行证券数量的百分之七十。首次公开发行证券采用询价方式在科创板、创业板上市的,公开发行后总股本在四亿股(份)以下的,网下初始发行比例不低于本次公开发行证券数量的百分之七十;公开发行后总股本超过四亿股(份)或者发行人尚未盈利的,网下初始发行比例不低于本次公开发行证券数量的百分之八十。

发行人和主承销商应当安排不低于本次网下发行证券数量的一定比例的证券优先向公募基金、社保基金、养老金、年金基金、保险资金和合格境外投资者资金等配售,网下优先配售比例下限遵守证券交易所相关规定。公募基金、社保基金、养老金、年金基金、保险资金和合格境外投资者资金有效申购不足安排数量的,发行人和主承销商可以向其他符合条件的网下投资者配售剩余部分。

对网下投资者进行分类配售的,同类投资者获得配售的比例应当相同。公募基金、社保基金、养老金、年金基金、保险资金和合格境外投资者资金的配售比例应当不低于其他投资者。

安排战略配售的,应当扣除战略配售部分后确定网下网上发行比例。

第十三条 首次公开发行证券,网下投资者应当结合行业监管要求、资产规模等合理确定申购金额,不得超资产规模申购,承销商应当认定超资产规模的申购为无效申购。

第十四条 首次公开发行证券采用询价方式的,发行人和主承销商可以安排一定比例的网下发行证券设置一定期限的限售期,具体安排适用证券交易所规定。

第十五条 首次公开发行证券采用询价方式的,网上投资者有效申购数量超过网上初始发行数量一定倍数的,应当从网下向网上回拨一定数量的证券。有效申购倍数、回拨比例及回拨后无限售期网下发行证券占本次公开发行证券数量比例由证券交易所规定。

网上投资者申购数量不足网上初始发行数量的,发行人和主承销商可以将网上发行部分向网下回拨。

网下投资者申购数量不足网下初始发行数量的,发行人和主承销商不得将网下发行部分向网上回拨,应当中止发行。

第十六条 首次公开发行证券,网上投资者应当持有一定数量非限售股份或存托凭证,并自主表达申购意向,不得概括委托证券公司进行证券申购。采用其他方式进行网上申购和配售的,应当符合中国证监会的有关规定。

第十七条 首次公开发行证券的网下发行应当和网上发行同时进行,网下和网上投资者在申购时无需缴付申购资金。

网上申购时仅公告发行价格区间、未确定发行价格的,主承销商应当安排投资者按价格区间上限申购。

投资者应当自行选择参与网下或网上发行,不得同时参与。

第十八条 首次公开发行证券,市场发生重大变化的,发行人和主承销商可以要求网下投资者缴纳保证金,保证金占拟申购金额比例上限由证券交易所规定。

第十九条 网下和网上投资者申购证券获得配售后,应当按时足额缴付认购资金。网上投资者在一定期限内多次未足额缴款的,由中国证券业协会会同证券交易所进行自律管理。

除本办法规定的中止发行情形外,发行人和主承销商还可以在符合中国证监会和证券交易所相关规定前提下约定中止发行的其他具体情形并预先披露。中止发行后,在注册文件有效期内,经向证券交易所报备,可以重新启动发行。

第二十条 首次公开发行证券,市场发生重大变化,投资者弃购数量占本次公开发行证券数量的比例较大的,发行人和主承销商可以就投资者弃购部分向网下投资者进行二次配售,具体要求适用证券交易所规定。

第二十一条 首次公开发行证券,可以实施战略配售。

参与战略配售的投资者不得参与本次公开发行证券网上发行与网下发行,但证券投资基金管理人管理的未参与战略配售的公募基金、社保基金、养老金、年金基金除外。参与战略配售的投资者应当按照最终确定的发行价格认购其承诺认购数量的证券,并承诺获得本次配售的证券持有期限不少于十二个月,持有期限自本次公开发行的证券上市之日起计算。

参与战略配售的投资者在承诺的持有期限内,可以按规定向证券金融公司借出获得配售的证券。借出期限届满后,证券金融公司应当将借入的证券返还给参与战略配售的投资者。

参与战略配售的投资者应当使用自有资金认购,不得接受他人委托或者委托他人参与配售,但依法设立并符合特定投资目的的证券投资基金等除外。

第二十二条 首次公开发行证券实施战略配售的,参与战略配售的投资者的数量应当不超过三十五名,战略配售证券数量占本次公开发行证券数量的比例应当不超过百分之五十。

发行人和主承销商应当根据本次公开发行证券数量、证券限售安排等情况,合理确定参与战略配售的投资者数量和配售比例,保障证券上市后必要的流动性。

发行人应当与参与战略配售的投资者事先签署配售协议。主承销商应当对参与战略配售的投资者的选取标准、配售资格等进行核查,要求发行人、参与战略配售的投资者就核查事项出具承诺函,并聘请律师事务所出具法律意见书。

发行人和主承销商应当在发行公告中披露参与战略配售的投资者的选择标准、向参与战略配售的投资者配售的证券数量、占本次公开发行证券数量的比例以及持有期限等。

第二十三条 发行人的高级管理人员与核心员工可以通过设立资产管理计划参与战略配售。前述资产管理计划获配的证券数量不得超过本次公开发行证券数量的百分之十。

发行人的高级管理人员与核心员工按照前款规定参与战略配售的,应当经发行人董事会审议通过,并在招股说明书中披露参与人员的姓名、担任职务、参与比例等事项。

保荐人的相关子公司或者保荐人所属证券公司的相关子公司参与发行人证券配售的具体规则由证券交易所另行规定。

第二十四条 首次公开发行证券,发行人和主承销商可以在发行方案中采用超额配售选择权。采用超额配售选择权发行证券的数量不得超过首次公开发行证券数量的百分之十五。超额配售选择权的实施应当遵守证券交易所、证券登记结算机构和中国证券业协会的规定。

第二十五条 首次公开发行证券时公司股东公开发售股份的,公司股东应当遵循平等自愿的原则协商确定首次公开发行时公司股东之间各自公开发售股份的数量。公司股东公开发售股份的发行价格应当与公司发行股份的价格相同。

首次公开发行证券时公司股东公开发售的股份,公司股东已持有时间应当在三十六个月以上。

公司股东公开发售股份的,股份发售后,公司的股权结构不得发生重大变化,实际控制人不得发生变更。

公司股东公开发售股份的具体办法由证券交易所规定。

第二十六条 首次公开发行证券网下配售时,发行人和主承销商不得向下列对象配售证券:

(一)发行人及其股东、实际控制人、董事、监事、高级管理人员和其他员工;发行人及其股东、实际控制人、董事、监事、高级管理人员能够直接或间接实施控制、共同控制或施加重大影响的公司,以及该公司控股股东、控股子公司和控股股东控制的其他子公司;

(二)主承销商及其持股比例百分之五以上的股东、主承销商的董事、监事、高级管理人员和其他员工;主承销商及其持股比例百分之五以上的股东、董事、监事、高级管理人员能够直接或间接实施控制、共同控制或施加重大影响的公司,以及该公司控股股东、控股子公司和控股股东控制的其他子公司;

(三)承销商及其控股股东、董事、监事、高级管理人员和其他员工;

(四)本条第(一)、(二)、(三)项所述人士的关系密切的家庭成员,包括配偶、子女及其配偶、父母及配偶的父母、兄弟姐妹及其配偶、配偶的兄弟姐妹、子女配偶的父母;

(五)过去六个月内与主承销商存在保荐、承销业务关系的公司及其持股百分之五以上的股东、实际控制人、董事、监事、高级管理人员,或已与主承销商签署保荐、承销业务合同或达成相关意向的公司及其持股百分之五以上的股东、实际控制人、董事、监事、高级管理人员;

(六)通过配售可能导致不当行为或不正当利益的其他自然人、法人和组织。

本条第(二)、(三)项规定的禁止配售对象管理的公募基金、社保基金、养老金、年金基金不受前款规定的限制,但应当符合中国证监会和国务院其他主管部门的有关规定。

第二十七条 发行人和承销商及相关人员不得有下列行为:

(一)泄露询价和定价信息;

(二)劝诱网下投资者抬高报价,干扰网下投资者正常报价和申购;

(三)以提供透支、回扣或者中国证监会认定的其他不正当手段诱使他人申购证券;

(四)以代持、信托持股等方式谋取不正当利益或向其他相关利益主体输送利益;

(五)直接或通过其利益相关方向参与认购的投资者提供财务资助或者补偿;

(六)以自有资金或者变相通过自有资金参与网下配售;

(七)与网下投资者互相串通,协商报价和配售;

(八)收取网下投资者回扣或其他相关利益;

(九)以任何方式操纵发行定价。

第三章 证券承销

第二十八条 证券公司承销证券,应当依照《证券法》第二十六条的规定采用包销或者代销方式。

发行人和主承销商应当签订承销协议,在承销协议中界定双方的权利义务关系,约定明确的承销基数。采用包销方式的,应当明确包销责任;采用代销方式的,应当约定发行失败后的处理措施。

证券发行由承销团承销的,组成承销团的承销商应当签订承销团协议,由主承销商负责组织承销工作。证券发行由两家以上证券公司联合主承销的,所有担任主承销商的证券公司应当共同承担主承销责任,履行相关义务。承销团由三家以上承销商组成的,可以设副主承销商,协助主承销商组织承销活动。

证券公司不得以不正当竞争手段招揽承销业务。承销团成员应当按照承销团协议及承销协议的规定进行承销活动,不得进行虚假承销。

第二十九条 证券发行采用代销方式的,应当在发行公告或者认购邀请书中披露发行失败后的处理措施。证券发行失败后,主承销商应当协助发行人按照发行价并加算银行同期存款利息返还证券认购人。

第三十条 证券公司实施承销前,应当向证券交易所报送发行与承销方案。

第三十一条 投资者申购缴款结束后,发行人和主承销商应当聘请符合《证券法》规定的会计师事务所对申购和募集资金进行验证,并出具验资报告;应当聘请符合《证券法》规定的律师事务所对网下发行过程、配售行为、参与定价和配售的投资者资质条件及其与发行人和承销商的关联关系、资金划拨等事项进行见证,并出具专项法律意见书。

首次公开发行证券和上市公司向不特定对象发行证券在证券上市之日起十个工作日内,上市公司向特定对象发行证券在验资完成之日起十个工作日内,主承销商应当将验资报告、专项法律意见书、承销总结报告等文件一并通过证券交易所向中国证监会备案。

第四章 上市公司证券发行与承销的特别规定

第三十二条 上市公司向特定对象发行证券未采用自行销售方式或者上市公司向原股东配售股份(以下简

称配股)的,应当采用代销方式。

上市公司向特定对象发行证券采用自行销售方式的,应当遵守中国证监会和证券交易所的相关规定。

第三十三条 上市公司发行证券,存在利润分配方案、公积金转增股本方案尚未提交股东大会表决或者虽经股东大会表决通过但未实施的,应当在方案实施后发行。相关方案实施前,主承销商不得承销上市公司发行的证券。

利润分配方案实施完毕时间为股息、红利发放日,公积金转增股本方案实施完毕时间为除权日。

第三十四条 上市公司配股的,应当向股权登记日登记在册的股东配售,且配售比例应当相同。

上市公司向不特定对象募集股份(以下简称增发)或者向不特定对象发行可转换公司债券的,可以全部或者部分向原股东优先配售,优先配售比例应当在发行公告中披露。

网上投资者在申购可转换公司债券时无需缴付申购资金。

第三十五条 上市公司增发或者向不特定对象发行可转换公司债券的,经审慎评估,主承销商可以对参与网下配售的机构投资者进行分类,对不同类别的机构投资者设定不同的配售比例,对同一类别的机构投资者应当按相同的比例进行配售。主承销商应当在发行公告中明确机构投资者的分类标准。

主承销商未对机构投资者进行分类的,应当在网下配售和网上发行之间建立回拨机制,回拨后两者的获配比例应当一致。

第三十六条 上市公司和主承销商可以在增发发行方案中采用超额配售选择权,具体比照本办法第二十四条执行。

第三十七条 上市公司向不特定对象发行证券的,应当比照本办法第十三条关于首次公开发行证券网下投资者不得超资产规模申购、第二十条关于首次公开发行证券二次配售的规定执行。

第三十八条 上市公司向特定对象发行证券的,上市公司及其控股股东、实际控制人、主要股东不得向发行对象做出保底保收益或者变相保底保收益承诺,也不得直接或者通过利益相关方向发行对象提供财务资助或者其他补偿。

第三十九条 上市公司向特定对象发行证券采用竞价方式的,认购邀请书内容、认购邀请书发送对象范围、发行价格及发行对象的确定原则等应当符合中国证监会

及证券交易所相关规定,上市公司和主承销商的控股股东、实际控制人、董事、监事、高级管理人员及其控制或者施加重大影响的关联方不得参与竞价。

第四十条 上市公司发行证券期间相关证券的停复牌安排,应当遵守证券交易所的相关业务规则。

第五章 信息披露

第四十一条 发行人和主承销商在发行过程中,应当按照中国证监会规定的要求编制信息披露文件,履行信息披露义务。发行人和承销商在发行过程中披露的信息,应当真实、准确、完整、及时,不得有虚假记载、误导性陈述或者重大遗漏。

第四十二条 首次公开发行证券申请文件受理后至发行人发行申请经中国证监会注册、依法刊登招股意向书前,发行人及与本次发行有关的当事人不得采取任何公开方式或变相公开方式进行与证券发行相关的推介活动,也不得通过其他利益关联方或委托他人等方式进行相关活动。

第四十三条 首次公开发行证券招股意向书刊登后,发行人和主承销商可以向网下投资者进行推介和询价,并通过互联网等方式向公众投资者进行推介。

发行人和主承销商向公众投资者进行推介时,向公众投资者提供的发行人信息的内容及完整性应当与向网下投资者提供的信息保持一致。

第四十四条 发行人和主承销商在推介过程中不得夸大宣传,或者以虚假广告等不正当手段诱导、误导投资者,不得披露除招股意向书等公开信息以外的发行人其他信息。

承销商应当保留推介、定价、配售等承销过程中的相关资料至少三年并存档备查,包括推介宣传材料、路演现场录音等,如实、全面反映询价、定价和配售过程。

第四十五条 发行人和主承销商在发行过程中公告的信息,应当在证券交易所网站和符合中国证监会规定条件的媒体发布,同时将其置备于公司住所、证券交易所,供社会公众查阅。

第四十六条 发行人披露的招股意向书除不含发行价格、筹资金额以外,其内容与格式应当与招股说明书一致,并与招股说明书具有同等法律效力。

第四十七条 首次公开发行证券的发行人和主承销商应当在发行和承销过程中公开披露以下信息,并遵守证券交易所的相关规定:

(一)招股意向书刊登首日,应当在发行公告中披露发行定价方式、定价程序、参与网下询价投资者条件、证

券配售原则、配售方式、有效报价的确定方式、中止发行安排、发行时间安排和路演推介相关安排等信息；发行人股东进行老股转让的，还应当披露预计老股转让的数量上限、老股转让股东名称及各自转让老股数量，并明确新股发行与老股转让数量的调整机制；

（二）网上申购前，应当披露每位网下投资者的详细报价情况，包括投资者名称、申购价格及对应的拟申购数量；剔除最高报价有关情况；剔除最高报价后网下投资者报价的中位数和加权平均数以及公募基金、社保基金、养老金、年金基金、保险资金和合格境外投资者资金报价的中位数和加权平均数；有效报价和发行价格或者价格区间的确定过程；发行价格或者价格区间及对应的市盈率；按照发行价格计算的募集资金情况，所筹资金不能满足使用需求的，还应当披露相关投资风险；网下网上的发行方式和发行数量；回拨机制；中止发行安排；申购缴款要求等。已公告老股转让方案的，还应当披露老股转让和新股发行的确定数量，老股转让股东名称及各自转让老股数量，并提示投资者关注，发行人将不会获得老股转让部分所得资金；

（三）采用询价方式且存在以下情形之一的，应当在网上申购前发布投资风险特别公告，详细说明定价合理性，提示投资者注意投资风险：发行价格对应市盈率超过同行业上市公司二级市场平均市盈率的；发行价格超过剔除最高报价后网下投资者报价的中位数和加权平均数，以及剔除最高报价后公募基金、社保基金、养老金、年金基金、保险资金和合格境外投资者资金报价中位数和加权平均数的孰低值的；发行价格超过境外市场价格的；发行人尚未盈利的；

（四）在发行结果公告中披露获配投资者名称以及每个获配投资者的报价、申购数量和获配数量等，并明确说明自主配售的结果是否符合事先公布的配售原则；对于提供有效报价但未参与申购，或实际申购数量明显少于报价时拟申购量的投资者应当列表公示并着重说明；披露网上、网下投资者获配未缴款金额以及主承销商的包销比例，列表公示获得配售但未足额缴款的网下投资者；披露保荐费用、承销费用、其他中介费用等发行费用信息；

（五）实施战略配售的，应当在网下配售结果公告中披露参与战略配售的投资者的名称、认购数量及持有期限等情况。

第四十八条 发行人和主承销商在披露发行市盈率时，应当同时披露发行市盈率的计算方式。在进行市盈率比较分析时，应当合理确定发行人行业归属，并分析说明行业归属的依据。存在多个市盈率口径时，应当充分列示可供选择的比较基准，并按照审慎、充分提示风险的原则选取和披露行业平均市盈率。发行人还可以同时披露市净率等反映发行人所在行业特点的估值指标。

发行人尚未盈利的，可以不披露发行市盈率及与同行业市盈率比较的相关信息，但应当披露市销率、市净率等反映发行人所在行业特点的估值指标。

第六章 监督管理和法律责任

第四十九条 证券交易所应当建立内部防火墙制度，发行承销监管部门与其他部门隔离运行。

证券交易所应当建立定期报告制度，及时总结发行承销监管的工作情况，并向中国证监会报告。

发行承销涉嫌违法违规或者存在异常情形的，证券交易所应当及时调查处理。发现违法违规情形的，可以按照自律监管规则对有关单位和责任人员采取一定期限内不接受与证券承销业务相关的文件、认定为不适当人选等自律监管措施或纪律处分。

证券交易所在发行承销监管过程中，发现重大敏感事项、重大无先例情况、重大舆情、重大违法线索的，应当及时向中国证监会请示报告。

第五十条 中国证券业协会应当建立对承销商询价、定价、配售行为和网下投资者报价、申购行为的日常监管制度，加强相关行为的监督检查，发现违法违规情形的，可以按照自律监管规则对有关单位和责任人员采取认定不适合从事相关业务等自律监管措施或者纪律处分。

中国证券业协会应当建立对网下投资者和承销商的跟踪分析和评价体系，并根据评价结果采取奖惩措施。

第五十一条 证券公司承销擅自公开发行或者变相公开发行的证券的，中国证监会可以采取本办法第五十五条规定的措施。依法应予行政处罚的，依照《证券法》第一百八十三条的规定处罚。

第五十二条 证券公司及其直接负责的主管人员和其他直接责任人员在承销证券过程中，有下列行为之一的，中国证监会可以采取本办法第五十五条规定的监管措施；依法应予行政处罚的，依照《证券法》第一百八十四条的规定予以处罚：

（一）进行虚假的或者误导投资者的广告宣传或者其他宣传推介活动；

（二）以不正当竞争手段招揽承销业务；

（三）从事本办法第二十七条规定禁止的行为；

（四）向不符合本办法第七条规定的网下投资者配售证券，或向本办法第二十六条规定禁止配售的对象配售证券；

（五）未按本办法要求披露有关文件；

（六）未按照事先披露的原则和方式配售证券，或其他未依照披露文件实施的行为；

（七）向投资者提供除招股意向书等公开信息以外的发行人其他信息；

（八）未按照本办法要求保留推介、定价、配售等承销过程中相关资料；

（九）其他违反证券承销业务规定的行为。

第五十三条 发行人及其直接负责的主管人员和其他直接责任人员有下列行为之一的，中国证监会可以采取本办法第五十五条规定的监管措施；违反《证券法》相关规定的，依法进行行政处罚：

（一）从事本办法第二十七条规定禁止的行为；

（二）夸大宣传，或者以虚假广告等不正当手段诱导、误导投资者；

（三）向投资者提供除招股意向书等公开信息以外的发行人信息。

第五十四条 公司股东公开发售股份违反本办法第二十五条规定的，中国证监会可以采取本办法第五十五条规定的监管措施；违反法律、行政法规、中国证监会其他规定和证券交易所规则规定的，依法进行查处；涉嫌犯罪的，依法移送司法机关，追究刑事责任。

第五十五条 发行人及其控股股东和实际控制人、证券公司、证券服务机构、投资者及其直接负责的主管人员和其他直接责任人员有失诚信，存在其他违反法律、行政法规或者本办法规定的行为的，中国证监会可以视情节轻重采取责令改正、监管谈话、出具警示函、责令公开说明等监管措施；情节严重的，可以对有关责任人员采取证券市场禁入措施；依法应予行政处罚的，依照有关规定进行处罚；涉嫌犯罪的，依法移送司法机关，追究其刑事责任。

第五十六条 中国证监会发现发行承销涉嫌违法违规或者存在异常情形的，可以要求证券交易所对相关事项进行调查处理，或者直接责令发行人和承销商暂停或者中止发行。

第五十七条 中国证监会发现证券交易所自律监管措施或者纪律处分失当的，可以责令证券交易所改正。

中国证监会对证券交易所发行承销过程监管工作进行年度例行检查，定期或者不定期按一定比例对证券交易所发行承销过程监管等相关工作进行抽查。

对于中国证监会在检查和抽查过程中发现的问题，证券交易所应当整改。

证券交易所发现重大敏感事项、重大无先例情况、重大舆情、重大违法线索未向中国证监会请示报告或者请示报告不及时，不配合中国证监会对发行承销监管工作的检查、抽查或不按中国证监会的整改要求进行整改的，由中国证监会责令改正；情节严重的，追究直接责任人员相关责任。

第五十八条 中国证监会将遵守本办法的情况记入证券市场诚信档案，会同有关部门加强信息共享，依法实施守信激励与失信惩戒。

第七章 附则

第五十九条 北京证券交易所的证券发行与承销适用中国证监会其他相关规定。

上市公司向不特定对象发行优先股的发行程序参照本办法关于上市公司增发的相关规定执行，向特定对象发行优先股的发行程序参照本办法关于上市公司向特定对象发行证券的相关规定执行，《优先股试点管理办法》或者中国证监会另有规定的，从其规定。

第六十条 本办法所称"公募基金"是指通过公开募集方式设立的证券投资基金；"社保基金"是指全国社会保障基金；"养老金"是指基本养老保险基金；"年金基金"是指企业年金基金和职业年金基金；"保险资金"是指符合《保险资金运用管理办法》等规定的保险资金。

本办法所称"同行业上市公司二级市场平均市盈率"按以下原则确定：

（一）中证指数有限公司发布的同行业最近一个月静态平均市盈率；

（二）中证指数有限公司未发布本款第（一）项市盈率的，可以由主承销商计算不少于三家同行业可比上市公司的二级市场最近一个月静态平均市盈率得出。

本办法所称"以上""以下""不少于""不超过""低于"均含本数，所称"超过""不足"均不含本数。

第六十一条 本办法自公布之日起施行。

(四)资金管理

关于进一步做好清理大股东占用上市公司资金工作的通知

- 2006年11月7日
- 证监发〔2006〕128号

各省、自治区、直辖市、计划单列市人民政府,国务院各有关部委、各直属机构:

清理大股东非经营性占用上市公司资金(以下简称"资金占用"),是夯实资本市场基础、提高上市公司质量的一项重要工作。自2005年10月《国务院批转证监会关于提高上市公司质量意见的通知》(国发〔2005〕34号,以下简称《通知》)下发以来,有关省、自治区、直辖市、计划单列市人民政府,国务院有关部委及直属机构做了大量工作,成效显著。但是,由于资金占用的形成具有复杂的历史原因,资金占用的总体形势依然严峻,部分公司的资金占用清理工作面临重大困难。国务院对这项工作高度重视,强调清理上市公司资金占用是提高上市公司质量的一项重要工作,必须切实做好,要求各有关方面积极配合,抓紧解决清欠问题。为了认真贯彻落实国务院有关部署和要求,确保今年年内按时完成清欠工作任务,经国务院同意,现就有关问题通知如下:

一、要从全局和战略的高度充分认识清欠工作的重要性和紧迫性

上市公司是证券市场的基石,大量存在的大股东占用上市公司资金的行为,严重阻碍了上市公司的健康、持续发展,侵犯了上市公司法人财产权的完整性,影响了资本市场诚信建设和健康发展,是导致部分上市公司连续亏损直至退市的主要原因,是严重损害公司和广大中小股东权益的违法犯罪行为。清理大股东对上市公司资金占用,有利于维护社会主义市场经济秩序,有利于维护基本的产权制度,有利于促进资本市场乃至整个社会诚信文化的建设,是当前提高上市公司质量首要而紧迫的任务。

二、加快清欠进度,确保实现年内完成清欠任务的目标

目前,完成《通知》明确要求的大股东占用资金"务必在2006年底前偿还完毕",时间紧、任务重。各级地方政府及有关部门要认真贯彻落实国务院有关部署和要求,将本地区的清欠工作作为重要任务抓紧、抓好,确保今年年底前完成清欠任务。前期的清欠工作经验表明,综合监管体系运作越有成效,地方政府越重视、越支持,清欠问题就解决得越快越好。

各级地方政府要加强组织领导,主要负责人应直接负责清欠工作,领导、组织和协调财政、国资、工商、税务、银行、公安等各部门,协同配合清欠工作。各级地方政府要从维护当地金融环境的战略高度,采用督促有关各方市场化重组、追查大股东或实际控制人资金和资产以及追究责任人法律责任等手段,确保占用资金得到清偿。对国有企业占用上市公司资金的,各级地方政府应积极采取措施,各级国资监管部门应切实履行出资人职责,动员各方力量协调解决资金、资产来源,督促国有企业解决资金占用问题。此外,各级地方政府要抓住清欠工作的重点和难点问题,全力攻关,积极创新,综合运用各种措施,按期完成清欠任务。

中国证监会要督促上市公司及时披露资金占用及清欠进展情况,定期曝光占款单位及有关责任人员,并将清欠完成情况专报国务院。中国证监会和国务院国资委要进一步加强对重点地区和重点公司的清欠督导工作,会同地方政府逐家研究解决方案,逐一落实。大股东或实际控制人在限期内未完成清欠的,中国证监会将其不良信用记录通报中国银监会和中国人民银行,中国银监会要督促商业银行等金融机构关注上市公司及其大股东或实际控制人的信用状况,展开全面清查,并限制其授信活动。

各相关部门要积极配合清欠工作,加快有关涉及清欠工作的行政审批事项的审核进度。中国银监会应要求各商业银行在依法防范风险的情况下,积极支持清欠工作涉及的债务重组、信贷业务、解除担保等事项。各级税务部门要对清欠工作中涉及的税收问题给予配合和支持。各级工商部门应尽快办理清欠工作涉及的企业登记手续。

各相关部门还应当配合对占款方资金、资产的全面清查工作,提供信息支持和相关证据。各级工商部门要配合中国证监会查清负有清欠责任的大股东或实际控制人名下持有的企业股权及其他工商登记信息。中国银监会应要求各商业银行配合中国证监会查清大股东或实际控制人及其所属企业银行账户、资金往来、贷款、担保、信用证开证及票据贴现等情况。中国人民银行要依法及时向中国证监会提供清欠工作所需的信息。各级税务部门根据中国证监会的提请,开展对大股东或实际控制人及其所属企业缴纳税款情况的调查。各级海关要根据中国证监会的提请提供大股东或实际控制人及其所属进出口企业缴纳关税、进口环节海关代征税和已作出司法结论或海关已作出行政处罚决定的走私违规情况。

三、加大执法力度，严格追究责任

各级地方政府及各级国资监管部门对占用上市公司资金的违法犯罪行为要坚决查处。

各级地方政府对占用上市公司资金性质恶劣、情节严重涉嫌犯罪的，应及时部署地方公安机关立案侦查，对犯罪嫌疑人采取限制出境等措施，并加大刑事打击力度。对于上市公司及股东提起的民事诉讼，地方政府要采取必要措施协调地方法院尽快受理、加快审理、加大执行力度。

各级国资监管部门对国有大股东占用上市公司资金的，要查清发生占用的责任人及原因，并督导清偿不力的责任人。对相关责任人按情节轻重依法依纪进行追究，按照干部管理权限对其在国有控股股东中的任职进行调整，并通过国有控股股东提议，建议上市公司罢免其董事、高管资格。

中国证监会对限期内未完成清欠的上市公司要全面立案稽查，查清占用原因、占用责任人及未完成清欠任务的责任人，并根据占用行为性质、占用情节轻重给予行政处罚和市场禁入措施；对上市公司存在配合、掩盖大股东或实际控制人及其所属企业占用上市公司资金违规行为的，中国证监会要依法予以查处；涉嫌犯罪的移交公安机关查处，依法追究刑事责任。

中国银监会根据中国证监会的提请，对商业银行存在配合上市公司出具虚假资金证明、银行对账单等违法违规行为，掩盖大股东或实际控制人及其所属企业占用上市公司资金的，依法予以查处。

公安机关对中国证监会移交或工作中发现的占用上市公司资金的涉嫌犯罪案件和线索，要及时按照有关规定进行审查，符合立案条件的，应尽快立案侦查。

四、建立长效管理机制，防止"前清后欠"问题的发生

各级地方政府应当把防止大股东占用上市公司资金作为维护本地区金融安全和稳定，建立良好的法制、诚信环境的一件大事来抓，进一步推动实施有关赔偿制度，加大对失信行为的惩戒力度。各级地方政府及各级国资监管部门应当加强对国有控股股东的管理，建立有效的约束激励机制，规范国有控股股东的行为，切实保证上市公司规范运作。

中国证监会要进一步推动上市公司完善法人治理结构，建立健全上市公司内部控制制度，规范关联交易行为，提高上市公司透明度，加强对上市公司及其高级管理人员的监管，规范上市公司大股东或实际控制人的行为。

各相关部门要进一步强化上市公司监管协作，充分发挥上市公司综合监管体系的作用，尽快实现上市公司监管信息系统的共享，逐步建立并完善沟通顺畅、运行高效的监管协作机制。

关于推动国有股东与所控股上市公司解决同业竞争规范关联交易的指导意见

- 2013年8月20日
- 国资发产权〔2013〕202号

为进一步规范上市公司国有控股股东和实际控制人（以下简称国有股东）行为，促进国有控股上市公司持续发展，保护各类投资者合法权益，根据国有资产监管、证券监管等法律法规，提出以下指导意见。

一、国有股东与所控股上市公司要结合发展规划，明确战略定位。在此基础上，对各自业务进行梳理，合理划分业务范围与边界，解决同业竞争，规范关联交易。

二、国有股东与所控股上市公司要按照"一企一策、成熟一家、推进一家"的原则，结合企业实际以及所处行业特点与发展状况等，研究提出解决同业竞争的总体思路。要综合运用资产重组、股权置换、业务调整等多种方式，逐步将存在同业竞争的业务纳入同一平台，促进提高产业集中度和专业化水平。

三、国有股东与所控股上市公司应严格按照相关法律法规，建立健全内控体系，规范关联交易。对于正常经营范围内且无法避免的关联交易，双方要本着公开、公平、公正的原则确定交易价格，依法订立相关协议或合同，保证关联交易的公允性。上市公司应当严格按照规定履行关联交易审议程序和信息披露义务，审议时与该交易有关联关系的董事或股东应当回避表决，并不得代理他人行使表决权。

四、国有股东与所控股上市公司在依法合规、充分协商的基础上，可针对解决同业竞争、规范关联交易的解决措施和期限，向市场作出公开承诺。国有股东与所控股上市公司要切实履行承诺，并定期对市场公布承诺事项的进展情况。对于因政策调整、市场变化等客观原因确实不能履行或需要作出调整的，应当提前向市场公开做好解释说明，充分披露承诺需调整或未履行的原因，并提出相应处置措施。

五、国有股东在推动解决同业竞争、规范关联交易等事项中，要依法与上市公司平等协商。有条件的国有股东在与所控股上市公司充分协商的基础上,可利用自身品牌、资源、财务等优势,按照市场原则,代为培育符合上市公司业务发展需要、但暂不适合上市公司实施的业务或资产。上市公司与国有股东约定业务培育事宜,应经上市公司股东大会授权。国有股东在转让培育成熟的业务时,上市公司在同等条件下有优先购买的权利。上市公司对上述事项作出授权决定或者放弃优先购买权的,应经股东大会无关联关系的股东审议通过。

六、国有股东要依法行使股东权利,履行股东义务,配合所控股上市公司严格按照法律、法规和证券监管的规定,及时、公平地披露相关信息。相关信息公开披露前,应当按照规定做好内幕信息知情人的登记管理工作,严格防控内幕交易。

七、国有资产监管机构和证券监管机构,应以服务实体经济为根本出发点,充分尊重企业发展规律和证券市场规律,不断改进工作方式,完善监管手段,形成政策合力,推动国有经济和证券市场健康发展。

三、境外上市公司

境内企业境外发行证券和上市管理试行办法

- 2023年2月17日
- 中国证券监督管理委员会公告〔2023〕43号

第一章 总 则

第一条 为规范中华人民共和国境内企业直接或者间接到境外发行证券或者将其证券在境外上市交易(以下简称境外发行上市)相关活动,促进境内企业依法合规利用境外资本市场实现规范健康发展,根据《中华人民共和国证券法》等法律,制定本办法。

第二条 境内企业直接境外发行上市,是指在境内登记设立的股份有限公司境外发行上市。

境内企业间接境外发行上市,是指主要经营活动在境内的企业,以在境外注册的企业的名义,基于境内企业的股权、资产、收益或其他类似权益境外发行上市。

本办法所称证券,是指境内企业直接或者间接在境外发行上市的股票、存托凭证、可转换为股票的公司债券或者其他具有股权性质的证券。

第三条 境内企业境外发行上市活动,应当遵守外商投资、国有资产管理、行业监管、境外投资等法律、行政法规和国家有关规定,不得扰乱境内市场秩序,不得损害国家利益、社会公共利益和境内投资者合法权益。

第四条 境内企业境外发行上市活动的监督管理,应当贯彻党和国家路线方针政策、决策部署,统筹发展和安全。

中国证券监督管理委员会(以下简称中国证监会)依法对境内企业境外发行上市活动实施监督管理。中国证监会、国务院有关主管部门依法在各自职责范围内,对境外发行上市的境内企业以及在境内为其提供相应服务的证券公司、证券服务机构实施监督管理。

中国证监会会同国务院有关主管部门建立境内企业境外发行上市监督管理协调机制,加强政策规则衔接、监督管理协调和信息共享。

第五条 中国证监会、国务院有关主管部门按照对等互惠原则,加强与境外证券监督管理机构、有关主管部门的监督管理合作,实施跨境监督管理。

第二章 境外发行上市

第六条 境外发行上市的境内企业应当依照《中华人民共和国公司法》《中华人民共和国会计法》等法律、行政法规和国家有关规定制定章程,完善内部控制制度,规范公司治理和财务、会计行为。

第七条 境外发行上市的境内企业应当遵守国家保密法律制度,采取必要措施落实保密责任,不得泄露国家秘密和国家机关工作秘密。

境内企业境外发行上市涉及向境外提供个人信息和重要数据等的,应当符合法律、行政法规和国家有关规定。

第八条 存在下列情形之一的,不得境外发行上市:

(一)法律、行政法规或者国家有关规定明确禁止上市融资的;

(二)经国务院有关主管部门依法审查认定,境外发行上市可能危害国家安全的;

(三)境内企业或者其控股股东、实际控制人最近3年内存在贪污、贿赂、侵占财产、挪用财产或者破坏社会主义市场经济秩序的刑事犯罪的;

(四)境内企业因涉嫌犯罪或者重大违法违规行为正在被依法立案调查,尚未有明确结论意见的;

(五)控股股东或者受控股股东、实际控制人支配的股东持有的股权存在重大权属纠纷的。

第九条 境内企业境外发行上市活动,应当严格遵守外商投资、网络安全、数据安全等国家安全法律、行政法规和有关规定,切实履行维护国家安全的义务。涉及安全审查的,应当在向境外证券监督管理机构、交易场所等提交发行上市申请前依法履行相关安全审查程序。

境外发行上市的境内企业应当根据国务院有关主管部门要求,采取及时整改、作出承诺、剥离业务资产等措施,消除或者避免境外发行上市对国家安全的影响。

第十条 境内企业境外发行上市的发行对象应当为境外投资者,但符合本条第二款规定或者国家另有规定的除外。

直接境外发行上市的境内企业实施股权激励或者发

行证券购买资产的,可以向符合中国证监会规定的境内特定对象发行证券。

境内国有企业依照前款规定向境内特定对象发行证券的,应当同时符合国有资产管理的相关规定。

第十一条 境内企业境外发行上市的,可以以外币或者人民币募集资金、进行分红派息。

境内企业境外发行证券所募资金的用途和投向,应当符合法律、行政法规和国家有关规定。

境内企业境外发行上市相关资金的汇兑及跨境流动,应当符合国家跨境投融资、外汇管理和跨境人民币管理等规定。

第十二条 从事境内企业境外发行上市业务的证券公司、证券服务机构和人员,应当遵守法律、行政法规和国家有关规定,遵循行业公认的业务标准和道德规范,严格履行法定职责,保证所制作、出具文件的真实性、准确性和完整性,不得以对国家法律政策、营商环境、司法状况等进行歪曲、贬损的方式在所制作、出具的文件中发表意见。

第三章 备案要求

第十三条 境外发行上市的境内企业,应当依照本办法向中国证监会备案,报送备案报告、法律意见书等有关材料,真实、准确、完整地说明股东信息等情况。

第十四条 境内企业直接境外发行上市的,由发行人向中国证监会备案。

境内企业间接境外发行上市的,发行人应当指定一家主要境内运营实体为境内责任人,向中国证监会备案。

第十五条 发行人同时符合下列情形的,认定为境内企业间接境外发行上市:

(一)境内企业最近一个会计年度的营业收入、利润总额、总资产或者净资产,任一指标占发行人同期经审计合并财务报表相关数据的比例超过50%;

(二)经营活动的主要环节在境内开展或者主要场所位于境内,或者负责经营管理的高级管理人员多数为中国公民或者经常居住地位于境内。

境内企业间接境外发行上市的认定,遵循实质重于形式的原则。

第十六条 发行人境外首次公开发行或者上市的,应当在境外提交发行上市申请文件后3个工作日内向中国证监会备案。

发行人境外发行上市后,在同一境外市场发行证券的,应当在发行完成后3个工作日内向中国证监会备案。

发行人境外发行上市后,在其他境外市场发行上市的,应当按照本条第一款规定备案。

第十七条 通过一次或者多次收购、换股、划转以及其他交易安排实现境内企业资产直接或者间接境外上市,境内企业应当按照第十六条第一款规定备案,不涉及在境外提交申请文件的,应当在上市公司首次公告交易具体安排之日起3个工作日内备案。

第十八条 境内企业直接境外发行上市的,持有其境内未上市股份的股东申请将其持有的境内未上市股份转换为境外上市股份并到境外交易场所上市流通,应当符合中国证监会有关规定,并委托境内企业向中国证监会备案。

前款所称境内未上市股份,是指境内企业已发行但未在境内交易场所上市或者挂牌交易的股份。境内未上市股份应当在境内证券登记结算机构集中登记存管。境外上市股份的登记结算安排等适用境外上市地的规定。

第十九条 备案材料完备、符合规定的,中国证监会自收到备案材料之日起20个工作日内办结备案,并通过网站公示备案信息。

备案材料不完备或者不符合规定的,中国证监会在收到备案材料后5个工作日内告知发行人需要补充的材料。发行人应当在30个工作日内补充材料。在备案过程中,发行人可能存在本办法第八条规定情形的,中国证监会可以征求国务院有关主管部门意见。补充材料和征求意见的时间均不计算在备案时限内。

中国证监会依据本办法制定备案指引,明确备案操作要求、备案材料内容、格式和应当附具的文件等。

第二十条 境内企业境外发行上市的备案材料应当真实、准确、完整,不得有虚假记载、误导性陈述或者重大遗漏。境内企业及其控股股东、实际控制人、董事、监事、高级管理人员应当依法履行信息披露义务,诚实守信、勤勉尽责,保证备案材料真实、准确、完整。

证券公司、律师事务所应当对备案材料进行充分核查验证,不得存在下列情形:

(一)备案材料内容存在相互矛盾或者同一事实表述不一致且有实质性差异;

(二)备案材料内容表述不清、逻辑混乱,严重影响理解;

(三)未对企业是否符合本办法第十五条认定标准进行充分论证;

(四)未及时报告或者说明重大事项。

第二十一条 境外证券公司担任境内企业境外发行上市业务保荐人或者主承销商的,应当自首次签订业务协议之日起10个工作日内向中国证监会备案,并应当于每年1月31日前向中国证监会报送上年度从事境内企业境外发行上市业务情况的报告。

境外证券公司在本办法施行前已经签订业务协议,正在担任境内企业境外发行上市业务保荐人或者主承销商的,应当自本办法施行之日起30个工作日内进行备案。

第四章 监督管理

第二十二条 发行人境外发行上市后发生下列重大事项,应当自相关事项发生并公告之日起3个工作日内向中国证监会报告具体情况:

(一)控制权变更;

(二)被外证券监督管理机构或者有关主管部门采取调查、处罚等措施;

(三)转换上市地位或者上市板块;

(四)主动终止上市或者强制终止上市。

发行人境外发行上市后主要业务经营活动发生重大变化,不再属于备案范围的,应当自相关变化发生之日起3个工作日内,向中国证监会提交专项报告及境内律师事务所出具的法律意见书,说明有关情况。

第二十三条 中国证监会、国务院有关主管部门按照职责分工,依法对境外发行上市的境内企业,以及证券公司、证券服务机构在境内开展的境内企业境外发行上市业务进行监督检查或者调查。

第二十四条 为维护市场秩序,中国证监会、国务院有关主管部门可以按照职责分工,视情节轻重,对违反本办法的境外发行上市的境内企业以及在境内为其提供相应服务的证券公司、证券服务机构及其相关执业人员采取责令改正、监管谈话、出具警示函等措施。

第二十五条 境内企业境外发行上市前存在本办法第八条所列情形的,应当暂缓或者终止境外发行上市,并及时向中国证监会、国务院有关主管部门报告。

第二十六条 境内企业境外发行上市违反本办法,或者境外证券公司违反本办法第二十一条规定的,中国证监会可以通过跨境监督管理合作机制通报境外证券监督管理机构。

境外证券监督管理机构对境内企业境外发行上市及相关活动进行调查取证,根据跨境监督管理合作机制向中国证监会提出协查请求的,中国证监会可以依法提供必要协助。境内单位和个人按照境外证券监督管理机构调查取证要求提供相关文件和资料的,应当经中国证监会和国务院有关主管部门同意。

第五章 法律责任

第二十七条 境内企业违反本办法第十三条规定未履行备案程序,或者违反本办法第八条、第二十五条规定境外发行上市的,由中国证监会责令改正,给予警告,并处以100万元以上1000万元以下的罚款。对直接负责的主管人员和其他直接责任人员给予警告,并处以50万元以上500万元以下的罚款。

境内企业的控股股东、实际控制人组织、指使从事前款违法行为的,处以100万元以上1000万元以下的罚款。对直接负责的主管人员和其他直接责任人员,处以50万元以上500万元以下的罚款。

证券公司、证券服务机构未按照职责督促企业遵守本办法第八条、第十三条、第二十五条规定的,给予警告,并处以50万元以上500万元以下的罚款。对直接负责的主管人员和其他直接责任人员给予警告,并处以20万元以上200万元以下的罚款。

第二十八条 境内企业的备案材料存在虚假记载、误导性陈述或者重大遗漏的,由中国证监会责令改正,给予警告,并处以100万元以上1000万元以下的罚款。对直接负责的主管人员和其他直接责任人员给予警告,并处以50万元以上500万元以下的罚款。

境内企业的控股股东、实际控制人组织、指使从事前款违法行为,或者隐瞒相关事项导致发生前款情形的,处以100万元以上1000万元以下的罚款。对直接负责的主管人员和其他直接责任人员,处以50万元以上500万元以下的罚款。

第二十九条 证券公司、证券服务机构未勤勉尽责,依据境内法律、行政法规和国家有关规定制作、出具的文件存在虚假记载、误导性陈述或者重大遗漏,或者依据境外上市地规则制作、出具的文件存在虚假记载、误导性陈述或者重大遗漏扰乱境内市场秩序,损害境内投资者合法权益的,由中国证监会、国务院有关主管部门责令改正,给予警告,并处以业务收入1倍以上10倍以下的罚款;没有业务收入或者业务收入不足50万元的,处以50万元以上500万元以下的罚款。对直接负责的主管人员和其他直接责任人员给予警告,并处以20万元以上200万元以下的罚款。

第三十条 违反本办法的其他有关规定,有关法律、行政法规有处罚规定的,依照其规定给予处罚。

第三十一条 违反本办法或者其他法律、行政法规,情节严重的,中国证监会可以对有关责任人员采取证券市场禁入的措施。构成犯罪的,依法追究刑事责任。

第三十二条 中国证监会依法将有关市场主体遵守本办法的情况纳入证券市场诚信档案并共享至全国信用信息共享平台，会同有关部门加强信息共享，依法依规实施惩戒。

第六章 附 则

第三十三条 境内上市公司控股或者实际控制的境内企业境外发行上市，以及境内上市公司以境内证券为基础在境外发行可转换为境内证券的存托凭证等证券品种，应当同时符合中国证监会的其他相关规定，并按照本办法备案。

第三十四条 本办法所称境内企业，是指在中华人民共和国境内登记设立的企业，包括直接境外发行上市的境内股份有限公司和间接境外发行上市主体的境内运营实体。

本办法所称证券公司、证券服务机构，是指从事境内企业境外发行上市业务的境内外证券公司、证券服务机构。

第三十五条 本办法自2023年3月31日起施行。《关于执行〈到境外上市公司章程必备条款〉的通知》同时废止。

上市公司分拆规则（试行）

- 2022年1月5日
- 中国证券监督管理委员会公告〔2022〕5号

第一条 为规范上市公司分拆所属子公司在境内外独立上市行为，保护上市公司和投资者的合法权益，根据《中华人民共和国公司法》《中华人民共和国证券法》（以下简称《证券法》）等法律、行政法规，制定本规则。

第二条 本规则所称上市公司分拆，是指上市公司将部分业务或资产，以其直接或间接控制的子公司（以下简称所属子公司）的形式，在境内或境外证券市场首次公开发行股票并上市或者实现重组上市的行为。

第三条 上市公司分拆，应当同时符合以下条件：

（一）上市公司股票境内上市已满三年。

（二）上市公司最近三个会计年度连续盈利。

（三）上市公司最近三个会计年度扣除按权益享有的拟分拆所属子公司的净利润后，归属于上市公司股东的净利润累计不低于人民币六亿元（本规则所涉净利润计算，以扣除非经常性损益前后孰低值为依据）。

（四）上市公司最近一个会计年度合并报表中按权益享有的拟分拆所属子公司的净利润不得超过归属于上市公司股东的净利润的百分之五十；上市公司最近一个会计年度合并报表中按权益享有的拟分拆所属子公司的净资产不得超过归属于上市公司股东的净资产的百分之三十。

第四条 上市公司存在以下情形之一的，不得分拆：

（一）资金、资产被控股股东、实际控制人及其关联方占用或者上市公司权益被控股股东、实际控制人及其关联方严重损害。

（二）上市公司或其控股股东、实际控制人最近三十六个月内受到过中国证券监督管理委员会（以下简称中国证监会）的行政处罚。

（三）上市公司或其控股股东、实际控制人最近十二个月内受到过证券交易所的公开谴责。

（四）上市公司最近一年或一期财务会计报告被注册会计师出具保留意见、否定意见或者无法表示意见的审计报告。

（五）上市公司董事、高级管理人员及其关联方持有拟分拆所属子公司股份，合计超过所属子公司分拆上市前总股本的百分之十，但董事、高级管理人员及其关联方通过该上市公司间接持有的除外。

第五条 上市公司所属子公司存在以下情形之一的，上市公司不得分拆：

（一）主要业务或资产是上市公司最近三个会计年度内发行股份及募集资金投向的，但子公司最近三个会计年度使用募集资金合计不超过子公司净资产百分之十的除外。

（二）主要业务或资产是上市公司最近三个会计年度内通过重大资产重组购买的。

（三）主要业务或资产是上市公司首次公开发行股票并上市时的主要业务或资产。

（四）主要从事金融业务的。

（五）子公司董事、高级管理人员及其关联方持有拟分拆所属子公司股份，合计超过该子公司分拆上市前总股本的百分之三十，但董事、高级管理人员及其关联方通过该上市公司间接持有的除外。

前款第（一）项所称募集资金投向包括上市公司向子公司出资或者提供借款，并以子公司实际收到募集资金作为判断标准。上市公司向子公司提供借款的，子公司使用募集资金金额，可以按照每笔借款使用时间长短加权平均计算。

第六条 上市公司分拆，应当就以下事项作出充分说明并披露：

（一）有利于上市公司突出主业、增强独立性。

（二）本次分拆后，上市公司与拟分拆所属子公司均符合中国证监会、证券交易所关于同业竞争、关联交易的监管要求；分拆到境外上市的，上市公司与拟分拆所属子公司不存在同业竞争。

（三）本次分拆后，上市公司与拟分拆所属子公司的资产、财务、机构方面相互独立，高级管理人员、财务人员不存在交叉任职。

（四）本次分拆后，上市公司与拟分拆所属子公司在独立性方面不存在其他严重缺陷。

第七条 上市公司分拆，应当参照中国证监会、证券交易所关于上市公司重大资产重组的有关规定，充分披露对投资者投资决策和上市公司证券及其衍生品种交易价格可能产生较大影响的所有信息，包括但不限于：分拆的目的、商业合理性、必要性、可行性；分拆对各方股东特别是中小股东、债权人和其他利益相关方的影响；分拆预计和实际的进展过程、各阶段可能面临的相关风险，以及应对风险的具体措施、方案等。

第八条 上市公司分拆，应当由董事会依法作出决议，并提交股东大会批准。

上市公司董事会应当就所属子公司分拆是否符合相关法律法规和本规则、是否有利于维护股东和债权人合法权益、上市公司分拆后能否保持独立性及持续经营能力、分拆形成的新公司是否具备相应的规范运作能力等作出决议。

第九条 上市公司股东大会应当就董事会提案中有关所属子公司分拆是否有利于维护股东和债权人合法权益、上市公司分拆后能否保持独立性及持续经营能力等进行逐项审议并表决。

上市公司股东大会就分拆事项作出决议，必须经出席会议的股东所持表决权的三分之二以上通过，且须经出席会议的中小股东所持表决权的三分之二以上通过。

上市公司董事、高级管理人员在拟分拆所属子公司安排持股计划的，该事项应当由独立董事发表独立意见，作为独立议案提交股东大会表决，并须经出席会议的中小股东所持表决权的半数以上通过。

第十条 上市公司分拆的，应当聘请符合《证券法》规定的独立财务顾问、律师事务所、会计师事务所等证券服务机构就分拆事项出具意见。

独立财务顾问应当具有保荐业务资格，就上市公司分拆是否符合本规则、上市公司披露的相关信息是否存在虚假记载、误导性陈述或者重大遗漏等，进行尽职调查、审慎核查，出具核查意见，并予以公告。

第十一条 所属子公司上市当年剩余时间及其后一个完整会计年度，独立财务顾问应当持续督导上市公司维持独立上市地位，并承担下列工作：

（一）持续关注上市公司核心资产与业务的独立经营状况、持续经营能力等情况。

（二）针对所属子公司发生的对上市公司权益有重要影响的资产、财务状况变化，以及其他可能对上市公司股票价格产生较大影响的重要信息，督导上市公司依法履行信息披露义务。

持续督导工作结束后，自上市公司年报披露之日起十个工作日内出具持续督导意见，并予以公告。

第十二条 上市公司分拆，涉及境内首次公开发行股票并上市的，应当遵守中国证监会、证券交易所关于证券发行上市、保荐、承销等相关规定；涉及重组上市的，应当遵守中国证监会、证券交易所关于上市公司重大资产重组的规定。

上市公司分拆，涉及境外上市的，应当符合中国证监会关于境外发行上市的有关规定。

第十三条 上市公司及相关方未按照本规则及其他相关规定披露分拆信息，或者所披露的信息存在虚假记载、误导性陈述或者重大遗漏的，中国证监会依照《证券法》第一百九十七条处罚。

第十四条 上市公司及相关各方利用分拆从事内幕交易、操纵市场等证券违法行为的，中国证监会依照《证券法》予以处罚。

第十五条 本规则自公布之日起施行。2019年12月12日施行的《上市公司分拆所属子公司境内上市试点若干规定》（证监会公告〔2019〕27号）、2004年7月21日施行的《关于规范境内上市公司所属企业到境外上市有关问题的通知》（证监发〔2004〕67号）同时废止。

关于加强境内企业境外发行证券和上市相关保密和档案管理工作的规定

· 2023年2月24日
· 中国证券监督管理委员会、财政部、国家保密局、国家档案局公告〔2023〕44号

一、为保障国家经济安全，保护社会公共利益，规范中华人民共和国境内企业直接或者间接到境外发行证券或者将其证券在境外上市交易（以下简称境外发行上市）相关保密和档案管理工作，支持企业依法合规开展境

外发行上市活动,根据《中华人民共和国证券法》《中华人民共和国保守国家秘密法》《中华人民共和国档案法》《中华人民共和国会计法》《中华人民共和国注册会计师法》《中华人民共和国国家安全法》和《境内企业境外发行证券和上市管理试行办法》及相关法律法规,制定本规定。

二、境内企业境外发行上市活动中,境内企业以及提供相应服务的证券公司、证券服务机构应当严格遵守中华人民共和国相关法律法规以及本规定的要求,增强保守国家秘密和加强档案管理的法律意识,建立健全保密和档案工作制度,采取必要措施落实保密和档案管理责任,不得泄露国家秘密和国家机关工作秘密,不得损害国家和公共利益。

前款所称境内企业包括直接境外发行上市的境内股份有限公司和间接境外发行上市主体的境内运营实体;所称证券公司、证券服务机构是指从事境内企业境外发行上市业务的境内外证券公司、证券服务机构。

三、境内企业向有关证券公司、证券服务机构、境外监管机构等单位和个人提供、公开披露,或者通过其境外上市主体等提供、公开披露涉及国家秘密、国家机关工作秘密的文件、资料的,应当依法报有审批权限的主管部门批准,并报同级保密行政管理部门备案。是否属于国家秘密不明确或者有争议的,应当依法报有关保密行政管理部门确定;是否属于国家机关工作秘密不明确或者有争议的,应当报有关业务主管部门确定。

四、境内企业向有关证券公司、证券服务机构、境外监管机构等单位和个人提供、公开披露,或者通过其境外上市主体等提供、公开披露其他泄露后会对国家安全或者公共利益造成不利影响的文件、资料的,应当按照国家有关规定,严格履行相应程序。

五、境内企业向有关证券公司、证券服务机构提供文件、资料时,应按照国家相关保密规定处理相关文件、资料,并就执行本规定第三条、第四条的情况向有关证券公司、证券服务机构提供书面说明。证券公司、证券服务机构应当妥善保存上述书面说明以备查。

六、境内企业经履行相应程序后,向有关证券公司、证券服务机构等提供涉及国家秘密、国家机关工作秘密或者其他泄露后会对国家安全或者公共利益造成不利影响的文件、资料的,双方应当依照《中华人民共和国保守国家秘密法》等法律法规及本规定,签订保密协议,明确有关证券公司、证券服务机构等承担的保密义务和责任。

证券公司、证券服务机构应当遵守我国保密及档案管理的要求,妥善保管获取的上述文件、资料。存储、处理、传输上述文件、资料的信息系统、信息设备应当符合国家有关规定。证券公司、证券服务机构向境外监管机构和其他相关机构等单位和个人提供、公开披露上述文件、资料的,应当按照第三条、第四条有关规定履行相应程序。

七、境内企业、证券公司、证券服务机构发现国家秘密、国家机关工作秘密或者其他泄露后会对国家安全或者公共利益造成不利影响的文件、资料已经泄露或者可能泄露的,应当立即采取补救措施并及时向有关机关、单位报告。机关、单位接到报告后,应当立即作出处理,并及时向保密行政管理等部门报告。

八、境内企业向有关证券公司、证券服务机构、境外监管机构等单位和个人提供会计档案或会计档案复制件的,应当按照国家有关规定履行相应程序。

九、为境内企业境外发行上市提供相应服务的证券公司、证券服务机构在境内形成的工作底稿应当存放在境内。需要出境的,按照国家有关规定办理审批手续。

十、证监会、财政部、国家保密局和国家档案局等有关主管部门建立协作机制,在各自的职权范围内依法对境内企业境外发行上市活动中涉及保密和档案管理的有关事项进行规范和监督检查。

十一、境外证券监督管理机构及有关主管部门提出就境内企业境外发行上市相关活动对境内企业以及为该等企业境外发行上市提供相应服务的境内证券公司、证券服务机构进行检查或调查取证的,应当通过跨境监管合作机制进行,证监会或有关主管部门依据双多边合作机制提供必要的协助。境内有关企业、证券公司和证券服务机构,在配合境外证券监督管理机构或境外有关主管部门检查、调查或为配合检查、调查而提供文件、资料前,应当经证监会或有关主管部门同意。

十二、境内企业境外发行上市活动中,任何单位和个人违反《中华人民共和国保守国家秘密法》和《中华人民共和国档案法》等法律法规的,由有关部门依法追究法律责任;涉嫌犯罪的,移送司法机关依法追究刑事责任。

十三、本规定自2023年3月31日起施行。《关于加强在境外发行证券与上市相关保密和档案管理工作的规定》(证监会公告〔2009〕29号)同时废止。

国家外汇管理局关于境外上市外汇管理有关问题的通知

- 2014 年 12 月 26 日
- 汇发〔2014〕54 号

国家外汇管理局各省、自治区、直辖市分局、外汇管理部，深圳、大连、青岛、厦门、宁波市分局，各中资外汇指定银行总行：

为规范和完善境外上市外汇管理，根据《中华人民共和国外汇管理条例》等相关法规，现就有关事项通知如下：

一、本通知所称的境外上市，是指在境内注册的股份有限公司(以下简称境内公司)经中国证券监督管理委员会(以下简称中国证监会)许可，在境外发行股票(含优先股及股票派生形式证券)、可转换为股票的公司债券等法律、法规允许的证券(以下简称境外股份)，并在境外证券交易所公开上市流通的行为。

二、国家外汇管理局及其分支局、外汇管理部(以下简称外汇局)对境内公司境外上市涉及的业务登记、账户开立与使用、跨境收支、资金汇兑等行为实施监督、管理与检查。

三、境内公司应在境外上市发行结束之日起15个工作日内，持下列材料到其注册所在地外汇局(以下简称所在地外汇局)办理境外上市登记：

（一）书面申请，并附《境外上市登记表》(见附件1)；

（二）中国证监会许可境内公司境外上市的证明文件；

（三）境外发行结束的公告文件；

（四）前述材料内容不一致或不能说明交易真实性时，要求提供的补充材料。

所在地外汇局审核上述材料无误后，在资本项目信息系统(以下简称系统)为境内公司办理登记，并通过系统打印业务登记凭证，加盖业务印章后交境内公司。境内公司凭此登记凭证办理境外上市开户及相关业务。

四、境内公司境外上市后，其境内股东根据有关规定拟增持或减持境外上市公司股份的，应在拟增持或减持前20个工作日内，持下列材料到境内股东所在地外汇局办理境外持股登记：

（一）书面申请，并附《境外持股登记表》(见附件2)；

（二）关于增持或减持事项的董事会或股东大会决议(如有)；

（三）需经财政部门、国有资产管理部门等相关部门批准的，应提供相关部门的批准文件；

（四）前述材料内容不一致或不能说明交易真实性时，要求提供的补充材料。

所在地外汇局审核上述材料无误后，在系统为境内股东办理登记，并通过系统打印业务登记凭证，加盖业务印章后交境内股东。境内股东凭此登记凭证到银行办理增持或减持境外上市公司股份开户及相关业务。

五、境内公司(银行类金融机构除外)应当凭外上市业务登记凭证，针对其首发(或增发)、回购业务，在境内银行开立"境内公司境外上市专用外汇账户"(以下简称"境内公司境外上市专户")，办理相关业务的资金汇兑与划转(账户类型、收支范围及注意事项见附件3)。

六、境内公司(银行类金融机构除外)应在其境外上市专户开户银行开立一一对应的结汇待支付账户(人民币账户，以下简称待支付账户)，用于存放境外上市专户资金结汇所得的人民币资金、以人民币形式调回的境外上市募集资金，以及以人民币形式汇出的用于回购境外股份的资金和调回回购剩余资金(账户收支范围见附件3)。

七、境外上市公司的境内股东应当凭境外持股业务登记凭证，针对其增持、减持或转让境外上市公司股份等业务，在境内银行开立"境内股东境外持股专用账户"(以下简称"境内股东境外持股专户")，办理相关业务的资金汇兑与划转(账户类型、收支范围及注意事项见附件3)。

八、境内公司及其境内股东因办理境外上市相关业务需要，可在境外开立相应的专用账户(以下简称"境外专户")。境外专户的收支范围应当符合附件3的相关要求。

九、境内公司境外上市募集资金可调回境内或存放境外，资金用途应与招股说明文件或公司债券募集说明文件、股东通函、董事会或股东大会决议等公开披露的文件(以下简称公开披露文件)所列相关内容一致。

境内公司发行可转换为股票的公司债券所募集资金拟调回境内的，应汇入其境内外债专户并按外债管理有关规定办理相关手续；发行其他形式证券所募集资金拟调回境内的，应汇入其境外上市专户(外汇)或待支付账户(人民币)。

十、境内公司回购其境外股份，可以使用符合有关规定的境外资金和境内资金。境内公司需使用并汇出境内资金的,应凭在所在地外汇局登记回购相关信息(含变更)后取得的境外上市业务登记凭证(回购相关信息未登记的,需在拟回购前20个工作日内办理登记,取得相应业务登记凭证)及回购相关情况说明或证明性材料,到开户银行通过境外上市专户(外汇)或待支付账户(人民币)办理相关资金划转手续。

回购结束后,由境内汇出境外用于回购的资金如有剩余,应汇回境内公司境外上市专户(外汇)或待支付账户(人民币)。

十一、境内公司根据需要,可持境外上市业务登记凭证向开户银行申请将境外上市专户资金境内划转或支付,或结汇划往待支付账户。

十二、境内公司申请将待支付账户资金境内划转或支付的,应向开户银行提供境外上市公开披露文件中有关资金用途与调回及结汇资金用途是否一致的证明材料,资金用途与公开披露文件中有关资金用途不一致或公开披露文件未予明确的,应提供关于变更或明确对应资金用途的董事会或股东大会决议。其中,境内公司回购境外股份调回的剩余资金可在境内直接划转或支付。

开户银行应在对境内公司境外上市专户或待支付账户资金用途进行严格审核后,为境内公司办理有关账户资金划转及支付手续。

十三、境内股东依据有关规定增持境内公司境外股份,可以使用符合有关规定的境外资金和境内资金。境内股东需使用并汇出境内资金的,应凭境外持股业务登记凭证及增持相关情况说明或证明性材料,到开户银行通过境内股东境外持股专户办理资金汇兑手续。

增持结束后,由境内汇出境外用于增持的资金如有剩余,应汇回境内股东境外持股专户。境内股东可凭境外持股业务登记凭证到银行办理相关资金境内划转或结汇手续。

十四、境内股东因减持、转让境内公司境外股份或境内公司从境外证券市场退市等原因所得的资本项下收入,可留存境外或调回汇入境内股东境外持股专户。调回境内的,境内股东可凭境外持股业务登记凭证到银行办理相关资金境内划转或结汇手续。

十五、境内公司若发生如下变更情形,应在变更之日起15个工作日内持书面申请、最新填写的《境外上市登记表》及相关交易真实性证明材料,到所在地外汇局办理境外上市登记变更。需经主管部门审批或备案的变更事项,另需提供主管部门关于变更事项的批复或备案文件。

(一)境外上市公司名称、注册地址、主要股东信息等发生变更;

(二)增发(含超额配售)股份或资本公积、盈余公积、未分配利润转增股本等资本变动;

(三)回购境外股份;

(四)将可转换债券转为股票(需提供外债登记变更或注销凭证);

(五)境内股东增持、减持、转让、受让境外股份计划实施完毕使得境外上市公司股权结构发生变化;

(六)原登记的境外募集资金使用计划和用途发生变更;

(七)其他登记有关内容的变更。

十六、境内公司的国有股东按照《减持国有股筹集社会保障资金管理暂行办法》(国发〔2001〕22号)有关规定需将减持收入上缴全国社会保障基金(以下简称社保基金)的,应当由该境内公司代为办理,并通过该境内公司境外上市专户及待支付账户办理相应的资金汇兑与划转。

境内公司应持国有股东需上缴社保基金的减持收入情况说明(包括减持获得资金测算说明和应缴、拟缴资金数额等)、境外上市业务登记凭证等材料,向其境外上市专户及待支付账户开户银行申请将国有股东减持收入直接划转(或结汇至待支付账户后划转)至财政部在境内银行开立的对应账户。

十七、境内公司向境外的监管部门、交易所、承销机构、律师、会计师等境外机构支付与其境外上市相关的合理费用,原则上应从境外上市募集资金中扣减,确需从境内汇出(含购汇汇出)的,应持下列材料向银行申请办理:

(一)境外上市业务登记凭证;

(二)能够说明汇出(含购汇汇出)境外金额及对应事项的境外上市费用支付清单及相关证明材料;

(三)有关境外机构应向境内税务部门完税的,另需提供代扣境外企业或个人税款等相关税务证明。

十八、境内公司从境外证券市场退市的,应在退市之日起15个工作日内持主管部门相关批复复印件、退市公告等真实性证明材料及境外上市业务登记凭证、相关账户和资金处理情况说明到所在地外汇局办理境外上市登记注销。所在地外汇局同时收回该境内公司境外上市业务登记凭证。

十九、境内公司及境内股东的开户银行,应在境内公司及境内股东相关境内账户开立、变更或关闭后,按《国家外汇管理局关于发布〈金融机构外汇业务数据采集规范(1.0版)〉的通知》(汇发〔2014〕18号)要求报送账户信息。

二十、境内公司、境内股东及相关境内银行应当按照有关规定及时办理国际收支统计申报。

二十一、境内公司、境内股东及相关境内银行等违反本通知的，外汇局可依法采取相应的监管措施，并依据《中华人民共和国外汇管理条例》相应条款进行行政处罚。

二十二、境内金融机构境外上市外汇管理相关事宜应按照本通知办理，对银行类和保险类金融机构境外上市募集资金调回结汇等另有规定的除外。

二十三、本通知发布前已办理境外上市登记的境内公司，按以下原则办理：

（一）已开立相关账户，资金尚未全部调回及结汇，或发生配股、增发等涉及资金跨境及结购汇行为的，应凭业务登记凭证在开户银行开立相应的待支付账户，按本通知办理后续业务。

（二）未开立相关账户的，按本通知办理。

二十四、本通知要求报送的相关申请及登记备案材料均需提供具有法律效力的中文文本。具有中文及其他文字等多种文本的，以具有法律效力的中文文本为准。

二十五、本通知由国家外汇管理局负责解释。

二十六、本通知自发布之日起实施。《国家外汇管理局关于境外上市外汇管理有关问题的通知》（汇发〔2013〕5号）同时废止。其他相关外汇管理规定与本通知不一致的，以本通知为准。

各分局收到本通知后，应尽快转发辖内中心支局、支局、城市商业银行及外资银行。各中资外汇指定银行收到本通知后，应尽快转发所辖分支行。执行中如遇问题，请及时向国家外汇管理局资本项目管理司反馈。

附件：1. 境外上市登记表（略）
　　　2. 境外持股登记表（略）
　　　3. 境外上市相关账户管理一览表（略）

存托凭证发行与交易管理办法（试行）

- 2018年6月4日中国证券监督管理委员会第4次主席办公会议审议通过
- 2023年2月17日中国证券监督管理委员会第2次委务会议修订
- 2023年2月17日中国证券监督管理委员会令第215号公布
- 自公布之日起施行

第一章　总　则

第一条　为了规范存托凭证发行和交易行为，保护投资者合法权益，维护证券市场秩序，根据《中华人民共和国证券法》（以下简称《证券法》）、《中华人民共和国证券投资基金法》《关于开展创新企业境内发行股票或存托凭证试点的若干意见》（以下简称《若干意见》）以及相关法律、行政法规，制定本办法。

第二条　本办法所称存托凭证是指由存托人签发、以境外证券为基础在中国境内发行、代表境外基础证券权益的证券。

存托凭证的发行和交易，适用《证券法》《若干意见》、本办法以及中国证券监督管理委员会（以下简称中国证监会）的其他规定。存托凭证的境外基础证券发行人应当参与存托凭证发行，依法履行公开发行证券的公司、上市公司的义务，承担相应的法律责任。

第三条　境外基础证券发行人的股权结构、公司治理、运行规范等事项适用境外注册地公司法等法律法规规定的，应当保障对中国境内投资者权益的保护总体上不低于中国法律、行政法规以及中国证监会规定的要求，并保障存托凭证持有人实际享有的权益与境外基础证券持有人的权益相当，不得存在跨境歧视。

第四条　中国证监会依照上市公司监管的相关规定，对发行存托凭证的境外基础证券发行人进行持续监督管理。法律、行政法规或者中国证监会另有规定的除外。

证券交易所依据章程、协议和业务规则，对存托凭证上市、交易活动和境外基础证券发行人及其他信息披露义务人的信息披露行为等进行自律监管。

第二章　存托凭证的发行

第五条　公开发行以股票为基础证券的存托凭证的，境外基础证券发行人应当符合下列条件：

（一）《证券法》第十二条第一款第（一）项至第（四）项关于股票公开发行的基本条件；

（二）为依法设立且持续经营三年以上的公司，公司的主要资产不存在重大权属纠纷；

（三）最近三年内实际控制人未发生变更，且控股股东和受控股股东、实际控制人支配的股东持有的境外基础证券发行人股份不存在重大权属纠纷；

（四）境外基础证券发行人及其控股股东、实际控制人最近三年内不存在损害投资者合法权益和社会公共利益的重大违法行为；

（五）会计基础工作规范、内部控制制度健全；

（六）董事、监事和高级管理人员应当信誉良好，符合公司注册地法律规定的任职要求，近期无重大违法失信记录；

(七)中国证监会规定的其他条件。

第六条 公开发行以股票为基础证券的存托凭证的,境外基础证券发行人应当按照中国证监会规定的格式和内容,向证券交易所报送发行申请文件。

第七条 申请公开发行存托凭证的,境外基础证券发行人应当依照《证券法》《若干意见》以及中国证监会规定,依法经证券交易所审核,并报中国证监会注册,具体审核、注册程序应当符合中国证监会、证券交易所的有关规定。

第八条 申请存托凭证公开发行并上市的,境外基础证券发行人应当依照《证券法》第十条的规定,聘请具有保荐业务资格的证券公司担任保荐人。保荐人应当依照法律、行政法规以及中国证监会规定尽职履行存托凭证发行上市推荐和持续督导职责。

公开发行存托凭证的,应当依照《证券法》第二十六条至第三十四条的规定,由证券公司承销,但投资者购买以非新增证券为基础证券的存托凭证以及中国证监会规定无需由证券公司承销的其他情形除外。

第九条 存托凭证在中国境内首次公开发行并上市后,拟发行以境外基础证券发行人新增证券为基础证券的存托凭证的,适用《证券法》《若干意见》以及中国证监会关于上市公司证券发行的规定。

第三章 存托凭证的上市和交易

第十条 依法公开发行的存托凭证应当在中国境内证券交易所上市交易。境外基础证券发行人申请存托凭证上市的,应当符合证券交易所业务规则规定的上市条件,并按照证券交易所的规定提出上市申请,证券交易所审核同意后,双方签订上市协议。

证券交易所应当依据《证券法》《若干意见》以及中国证监会规定制定存托凭证上市的相关业务规则。

第十一条 存托凭证的交易应当遵守法律、行政法规、中国证监会规定以及证券交易所业务规则的规定。

存托凭证的交易可以按照有关规定采取做市商交易方式。

证券交易所应当按照《证券法》第一百一十二条规定,对存托凭证交易实行实时监控,并可以根据需要,按照业务规则对出现重大异常交易情况的证券账户的投资者限制交易,并及时报告中国证监会。

第十二条 境外基础证券发行人的股东、实际控制人、董事、监事、高级管理人员和存托凭证的其他投资者在中国境内减持其持有的存托凭证的,应当遵守法律、行政法规、中国证监会规定以及证券交易所业务规则的规定。

第十三条 境外基础证券发行人的收购及相关股份权益变动活动应当遵守法律、行政法规以及中国证监会规定。

第十四条 境外基础证券发行人实施重大资产重组、发行存托凭证购买资产的,应当符合法律、行政法规以及中国证监会规定。境外基础证券发行人不得通过发行存托凭证在中国境内重组上市。

第十五条 存托凭证应当在中国证券登记结算有限责任公司集中登记、存管和结算。

中国证券登记结算有限责任公司应当依据《证券法》《若干意见》以及中国证监会规定制定存托凭证登记结算业务规则。

第四章 存托凭证的信息披露

第十六条 境外基础证券发行人及其控股股东、实际控制人等信息披露义务人应当依照《证券法》《若干意见》、中国证监会规定以及证券交易所业务规则,及时、公平地履行信息披露义务,所披露的信息必须真实、准确、完整,简明清晰,通俗易懂,不得有虚假记载、误导性陈述或者重大遗漏。

境外基础证券发行人的董事、监事、高级管理人员应当依照《证券法》《若干意见》、中国证监会规定以及证券交易所业务规则,忠实、勤勉地履行职责,保证境外基础证券发行人及时、公平地披露信息,所披露的信息真实、准确、完整。

证券交易所对境外基础证券发行人及其他信息披露义务人披露信息进行监督,督促其依法及时、准确地披露信息。

第十七条 境外基础证券发行人应当按照中国证监会、证券交易所的规定编制并披露招股说明书、上市公告书,披露存托协议、托管协议等文件。

境外基础证券发行人应当在招股说明书中,充分披露境外注册地公司法律制度及其公司章程或者章程性文件的主要规定与《中华人民共和国公司法》等法律制度的主要差异,以及该差异对存托凭证在中国境内发行、上市和对投资者保护的影响。

境外基础证券发行人具有股东投票权差异、企业协议控制架构或者类似特殊安排的,应当在招股说明书等公开发行文件显要位置充分、详细披露相关情况特别是风险、公司治理等信息,并以专章说明依法落实保护投资者合法权益规定的各项措施。

境外基础证券发行人的董事、高级管理人员应当对招股说明书签署书面确认意见。境外基础证券发行人的监事会或者履行类似职务的机构应当对董事会编制的招股说明书进行审核并提出书面审核意见。监事应当签署书面确认意见。

第十八条 境外基础证券发行人应当按照《证券法》《若干意见》、中国证监会规定以及证券交易所业务规则，按时披露定期报告，并及时就可能对基础证券、存托凭证及其衍生品种交易价格产生较大影响的重大事件披露临时报告。

第十九条 境外基础证券发行人应当按照中国证监会和证券交易所规定的内容和格式要求，编制并披露定期报告。

境外基础证券发行人具有股东投票权差异、企业协议控制架构或者类似特殊安排的，应当在定期报告中披露相关情形及其对中国境内投资者带来的重大影响和风险。

境外基础证券发行人的董事、高级管理人员应当对定期报告签署书面确认意见。境外基础证券发行人的监事会或者履行类似职务的机构应当对董事会编制的定期报告进行审核并提出书面审核意见。监事应当签署书面确认意见。

第二十条 发生《证券法》第八十条以及《上市公司信息披露管理办法》第二十二条规定的重大事件，投资者尚未得知时，境外基础证券发行人应当立即将有关该重大事件的情况向中国证监会和证券交易所报送临时报告，并予公告，说明事件的起因、目前的状态和可能产生的法律后果。

持有或者通过持有境内外存托凭证而间接持有境外基础证券发行人发行的股份合计达到百分之五以上的投资者，属于《证券法》第八十条第二款第（八）项规定的持有公司百分之五以上股份的股东。

《上市公司信息披露管理办法》第二十二条第二款第（八）项规定的任一股东所持公司百分之五以上股份，包括持有或者通过持有境内外存托凭证而间接持有境外基础证券发行人发行的股份合计达到百分之五。

《上市公司信息披露管理办法》第二十二条第二款第（九）项规定的主要资产包括境外基础证券发行人境内实体运营企业的主要资产。

第二十一条 发生以下情形之一的，境外基础证券发行人应当及时进行披露：

（一）存托人、托管人发生变化；

（二）存托的基础财产被质押、挪用、司法冻结或者发生其他权属变化；

（三）对存托协议作出重大修改；

（四）对托管协议作出重大修改；

（五）对股东投票权差异、企业协议控制架构或者类似特殊安排作出重大调整；

（六）中国证监会规定的其他情形。

第二十二条 境外基础证券发行人及其控股股东、实际控制人等信息披露义务人应当保证其在境外市场披露的信息同时在境内市场披露。

第二十三条 中国证监会、证券交易所对证券已在境外上市的基础证券发行人及其控股股东、实际控制人等信息披露义务人，可以根据境外上市地的监管水平以及境外基础证券发行人公司治理、信息披露等合规运作情况，对其信息披露事项作出具体规定。

除前款规定外，境外基础证券发行人及其控股股东、实际控制人等信息披露义务人有其他需要免予披露或者暂缓披露相关信息特殊情况的，可以根据中国证监会规定以及证券交易所业务规则免予披露或者暂缓披露相关信息，但应当说明原因，并聘请律师事务所就上述事项出具法律意见。

免予披露或者暂缓披露相关信息的原因和律师事务所出具的法律意见应当按规定及时披露。

第二十四条 境外基础证券发行人或者其他信息披露义务人向中国证监会、证券交易所提供的文件或者信息披露文件应当使用中文，文件内容应当与其在境外市场提供的文件或者所披露的文件的内容一致。上述文件内容不一致时，以中文文件为准。

第二十五条 境外基础证券发行人应当在中国境内设立证券事务机构，聘任熟悉境内信息披露规定和要求的信息披露境内代表，负责存托凭证上市期间的信息披露与监管联络事宜。

第五章 存托凭证的存托和托管

第二十六条 下列机构可以依法担任存托人：

（一）中国证券登记结算有限责任公司及其子公司；

（二）经国务院银行业监督管理机构批准的商业银行；

（三）证券公司。

担任存托人的机构应当符合下列条件：

（一）组织机构健全，内部控制规范，风险管理有效；

（二）财务状况良好，净资产或者资本净额符合规定；

（三）信誉良好，最近三年内无重大违法行为；

（四）拥有与开展存托业务相适应的从业人员、机构配置和业务设施；

（五）法律、行政法规和规章规定的其他条件。

第二十七条 存托人应当承担以下职责：

（一）与境外基础证券发行人签署存托协议，并根据存托协议约定协助完成存托凭证的发行上市；

（二）安排存放存托凭证基础财产，可以委托具有相应业务资质、能力和良好信誉的托管人管理存托凭证基础财产，并与其签订托管协议，督促其履行基础财产的托管职责。存托凭证基础财产因托管人过错受到损害的，存托人承担连带赔偿责任；

（三）建立并维护存托凭证持有人名册；

（四）办理存托凭证的签发与注销；

（五）按照中国证监会规定和存托协议约定，向存托凭证持有人发送通知等文件；

（六）按照存托协议约定，向存托凭证持有人派发红利、股息等权益，根据存托凭证持有人意愿行使表决权等权利；

（七）境外基础证券发行人股东大会审议有关存托凭证持有人权利义务的议案时，存托人应当参加股东大会并为存托凭证持有人权益行使表决权；

（八）中国证监会规定和存托协议约定的其他职责。

第二十八条 境外基础证券发行人、存托人和存托凭证持有人通过存托协议明确存托凭证所代表权益和各方权利义务。投资者持有存托凭证即成为存托协议当事人，视为其同意并遵守存托协议约定。

存托协议应当符合法律、行政法规以及中国证监会规定，并包括以下条款：

（一）境外基础证券发行人、存托人的名称、注册地、成立依据的法律和主要经营场所；

（二）基础证券的种类；

（三）发行存托凭证的数量安排；

（四）存托凭证的签发、注销等安排；

（五）基础财产的存放和托管安排；

（六）境外基础证券发行人的权利和义务；

（七）存托人的权利和义务；

（八）存托凭证持有人的权利和义务；

（九）基础证券涉及的分红权、表决权等相应权利的具体行使方式和程序；

（十）存托凭证持有人的保护机制；

（十一）存托凭证涉及收费标准、收费对象和税费处理；

（十二）约定事项的变更方式；

（十三）存托凭证终止上市的安排；

（十四）违约责任；

（十五）解决争议的方法；

（十六）存托协议适用中国法律；

（十七）诉讼管辖法院为中国境内有管辖权的人民法院；

（十八）其他重要事项。

境外基础证券发行人、存托人修改存托协议的，应当由境外基础证券发行人提前以公告形式通知存托凭证持有人。

境外基础证券发行人应当向证券交易所提交存托协议，作为其发行、上市申请文件。存托协议修改的，应当及时向中国证监会和证券交易所报告。

第二十九条 存托人可以委托境外金融机构担任托管人。存托人委托托管人的，应当在存托协议中明确基础财产由托管人托管。托管人应当承担下列职责：

（一）托管基础财产；

（二）按照托管协议约定，协助办理分红派息、投票等相关事项；

（三）向存托人提供基础证券的市场信息；

（四）中国证监会规定和托管协议约定的其他职责。

第三十条 存托人与托管人签订的托管协议，应当包括下列条款：

（一）协议当事人的名称、注册地和主要经营场所；

（二）基础证券种类和数量；

（三）存托人指令的发送、确认和执行的程序；

（四）基础财产不得作为托管人破产财产或者清算财产，及相关资产隔离措施；

（五）托管人的报酬计算方法与支付方式；

（六）基础财产托管及解除托管的程序；

（七）约定事项的变更方式；

（八）违约责任；

（九）解决争议的方法；

（十）其他重要事项。

境外基础证券发行人应当向证券交易所提交存托人与托管人签署的托管协议，作为其发行申请文件。托管协议修改的，存托人应当及时告知境外基础证券发行人，并由境外基础证券发行人向中国证监会和证券交易所报告。

第三十一条 存托人、托管人应当忠实、勤勉地履行各项职责和义务，不得损害存托凭证持有人的合法权益。

存托人行使境外基础证券相应权利,应当按照存托协议约定的方式事先征求存托凭证持有人的意愿并按其意愿办理,不得擅自行使相应权利或者处分相应存托凭证基础财产。

第三十二条　存托人应当为存托凭证基础财产单独立户,将存托凭证基础财产与其自有财产有效隔离、分别管理、分别记账,不得将存托凭证基础财产归入其自有财产,不得侵占、挪用存托凭证基础财产。

第三十三条　存托人不得买卖其签发的存托凭证,不得兼任其履行存托职责的存托凭证的保荐人。

第六章　投资者保护

第三十四条　向投资者销售存托凭证或者提供相关服务的机构,应当遵守中国证监会关于投资者适当性管理的规定。

证券交易所应当在业务规则中明确存托凭证投资者适当性管理的相关事项。

第三十五条　境外基础证券发行人应当确保存托凭证持有人实际享有的资产收益、参与重大决策、剩余财产分配等权益与境外基础证券持有人权益相当。境外基础证券发行人不得作出任何损害存托凭证持有人合法权益的行为。

法律、行政法规以及中国证监会规定对投资者保护有强制性规定的,应当适用其规定。

第三十六条　境外基础证券发行人、存托人应当按照存托协议约定,采用安全、经济、便捷的网络或者其他方式为存托凭证持有人行使权利提供便利。

第三十七条　中证中小投资者服务中心有限责任公司可以购买最小交易份额的存托凭证,依法行使存托凭证持有人的各项权利。

中证中小投资者服务中心有限责任公司可以接受存托凭证持有人的委托,代为行使存托凭证持有人的各项权利。

中证中小投资者服务中心有限责任公司可以支持受损害的存托凭证持有人依法向人民法院提起民事诉讼。

第三十八条　境外基础证券发行人因欺诈发行、虚假陈述或者其他重大违法行为给投资者造成损失的,境外基础证券发行人的控股股东、实际控制人、相关的证券公司可以先行赔付。

第三十九条　境外基础证券发行人与其境内实体运营企业之间的关系安排,不得损害存托凭证持有人等投资者的合法权益。

第四十条　境外基础证券发行人具有股东投票权差异等特殊架构的,其持有特别投票权的股东应当按照所适用的法律以及公司章程行使权利,不得滥用特别投票权,不得损害存托凭证持有人等投资者的合法权益。

出现前款情形,损害存托凭证持有人等投资者合法权益的,境外基础证券发行人及特别投票权股东应当改正,并依法承担对投资者的损害赔偿责任。

第四十一条　存托凭证终止上市的情形和程序,由证券交易所业务规则规定。

存托凭证出现终止上市情形的,存托人应当根据存托协议的约定,为存托凭证持有人的权利行使提供必要保障。

存托凭证终止上市的,存托人应当根据存托协议的约定卖出基础证券,并将卖出所得扣除税费后及时分配给存托凭证持有人。基础证券无法卖出的,境外基础证券发行人应当在存托协议中作出合理安排,保障存托凭证持有人的合法权益。

第四十二条　存托凭证持有人与境外基础证券发行人、存托人、证券服务机构等主体发生纠纷的,可以向中证中小投资者服务中心有限责任公司及其他依法设立的调解组织申请调解。

第四十三条　投资者通过证券投资基金投资存托凭证的,基金管理人应当制定严格的投资决策流程和风险管理制度,做好制度、业务流程、技术系统等方面准备工作。

基金管理人应当根据审慎原则合理控制基金投资存托凭证的比例,在基金合同、招募说明书中明确投资存托凭证的比例、策略等,并充分揭示风险。

基金托管人应当加强对基金投资存托凭证的监督,切实保护基金份额持有人的合法权益。

第四十四条　已经获得中国证监会核准或者准予注册的公开募集证券投资基金投资存托凭证,应当遵守以下规定:

(一)基金合同已明确约定基金可投资境内上市交易的股票的,基金管理人可以投资存托凭证;

(二)基金合同没有明确约定基金可投资境内上市交易的股票的,如果投资存托凭证,基金管理人应当召开基金份额持有人大会进行表决。

公开募集证券投资基金投资存托凭证的比例限制、估值核算、信息披露等依照境内上市交易的股票执行。

第四十五条　合格境外机构投资者和人民币合格境外机构投资者投资存托凭证的比例限制按照有关管理规定执行,计算基础为境内上市的存托凭证。

第七章　监督管理和法律责任

第四十六条　中国证监会依法履行职责,对境外基础证券发行人及其控股股东、实际控制人、境内实体运营企业、存托人、托管人、保荐人、承销机构、证券服务机构及其他主体采取进行现场检查、进入涉嫌违法行为发生场所调查取证等措施的,适用《证券法》第一百七十条规定。

第四十七条　存托凭证的发行、交易等活动违反本办法规定的,中国证监会可以依法采取以下监管措施:

(一)责令改正;

(二)监管谈话;

(三)出具警示函;

(四)认定为不适当人选;

(五)依法可以采取的其他监管措施。

第四十八条　有下列行为的,中国证监会依据《证券法》相关规定进行行政处罚;构成犯罪的,依法追究刑事责任:

(一)未经中国证监会注册,擅自公开或者变相公开发行存托凭证;

(二)境外基础证券发行人在其公告的证券发行文件中隐瞒重要事实或者编造重大虚假内容;

(三)保荐人在存托凭证发行、上市中出具有虚假记载、误导性陈述或者重大遗漏的保荐书,或者不履行其他法定职责;

(四)境外基础证券发行人或者其他信息披露义务人未按照规定披露信息、报送有关报告,或者所披露的信息、报送的报告有虚假记载、误导性陈述或者重大遗漏;

(五)内幕信息知情人和非法获取内幕信息的人利用内幕信息买卖存托凭证、泄露内幕信息、建议他人买卖存托凭证;

(六)违反《证券法》的规定操纵存托凭证市场;

(七)证券服务机构在为存托凭证的发行、交易等证券业务活动提供服务中,未勤勉尽责,所制作、出具的文件有虚假记载、误导性陈述或者重大遗漏;

(八)法律、行政法规禁止参与股票交易的人员,直接或者以化名、借他人名义持有、买卖、接受他人赠送存托凭证;

(九)为存托凭证的发行出具审计报告、资产评估报告或者法律意见书等文件的证券服务机构及其从业人员,在该存托凭证承销期内和期满后六个月内,买卖该存托凭证;

(十)为境外基础证券发行人及其控股股东、实际控制人,或者收购人、重大资产交易方出具审计报告、资产评估报告或者法律意见书等文件的证券服务机构及其从业人员,自接受境外基础证券发行人委托之日起至上述文件公开后五日内,买卖该存托凭证;

(十一)境外基础证券发行人的董事、监事、高级管理人员,通过存托凭证或者其他方式持有境外基础证券发行人发行的百分之五以上股份的投资者,将其持有的存托凭证在买入后六个月内卖出,或者在卖出后六个月内又买入;

(十二)《证券法》规定的其他违法行为。

第四十九条　境外基础证券发行人的股东、实际控制人、董事、监事、高级管理人员和存托凭证的其他投资者违反本办法第十二条的规定,在中国境内减持其持有的存托凭证的,依照《证券法》第一百八十六条的规定处罚。

第五十条　收购人违反本办法第十三条规定的,依照《证券法》第一百九十六条的规定处罚。

收购人及其控股股东、实际控制人,利用对境外基础证券发行人的收购,损害被收购境外基础证券发行人及其投资者的合法权益的,依照《证券法》第一百九十六条的规定承担相应责任。

第五十一条　存托人、托管人违反本办法规定的,责令改正,给予警告,并处十万元以下的罚款,涉及金融安全且有危害后果的,并处二十万元以下的罚款。对直接负责的主管人员和其他直接责任人员给予警告,并处十万元以下的罚款,涉及金融安全且有危害后果的,并处二十万元以下的罚款。

经中国证监会责令改正后拒不改正或者违法违规情节严重的,中国证监会可以采取责令境外基础证券发行人更换存托人、责令存托人更换托管人、取消存托人资质等监管措施。

存托人中参与存托业务的人员,在任期内,直接或者以化名、借他人名义持有、买卖、接受他人赠送存托凭证的,责令改正,给予警告,并处十万元以下的罚款,涉及金融安全且有危害后果的,并处二十万元以下的罚款。

第五十二条　违反本办法情节严重的,中国证监会可以对有关责任人员采取证券市场禁入的措施。

第五十三条　境外基础证券发行人及其控股股东、实际控制人、存托人、托管人、保荐人、承销机构、证券服务机构等违反本办法规定,导致存托凭证持有人等投资者合法权益受到损害的,应当依法承担赔偿责任。

第五十四条　证券交易所发现存托凭证的发行、交易等活动中存在违反业务规则的行为,可以对有关单位和责任人员采取一定期限内不接受与证券发行相关的文件、认定为不适当人选等自律监管措施或者纪律处分。

第八章 附 则

第五十五条 境内企业在境外发行存托凭证适用《证券法》等法律、行政法规以及中国证监会关于境内企业到境外发行证券或者将其证券在境外上市交易的规定。境内上市公司以新增证券为基础在境外发行存托凭证的,还应当同时符合有关上市公司证券发行的规定。

第五十六条 存托凭证与基础证券之间的转换应当符合国家有关规定。

境内证券交易所与境外证券交易所之间互联互通业务中涉及的存托凭证发行、交易、信息披露和投资者保护等事宜,中国证监会或者证券交易所另有规定的,从其规定。

第五十七条 中国证监会与有关国家或者地区的证券监督管理机构加强跨境监管执法合作,依法查处存托凭证业务相关跨境违法违规行为。

第五十八条 本办法下列用语具有如下含义:

(一)基础证券,是指存托凭证代表的由境外基础证券发行人在境外发行的证券;

(二)基础财产,是指基础证券及其衍生权益;

(三)存托人,是指按照存托协议的约定持有境外基础证券,并相应签发代表境外基础证券权益的存托凭证的中国境内法人;

(四)托管人,是指受存托人委托,按照托管协议托管存托凭证所代表的基础证券的金融机构;

(五)控股股东,是指通过存托凭证或者其他方式持有境外基础证券发行人发行的股份合计达到百分之五十以上的股东;持有股份的比例虽然不足百分之五十,但依其持有的股份所享有的表决权已足以对股东大会或者董事会的决议产生重大影响的股东;

(六)实际控制人,是指虽不是境外基础证券发行人的股东,但通过投资关系、协议或者其他安排,能够实际支配境外基础证券发行人的人;

(七)董事、监事、高级管理人员,是指境外基础证券发行人的董事、监事、高级管理人员或者履行类似职务的人员。没有监事、监事会或者履行类似职务的人员或者机构安排的,不适用《证券法》和本办法有关监事、监事会的规定;

(八)境内实体运营企业,是指由注册地在境外、主要经营活动在境内的红筹企业通过协议方式实际控制的境内企业;

(九)内幕信息,是指《证券法》第五十二条和本办法第二十条、第二十一条规定的信息;

(十)内幕信息知情人,是指《证券法》第五十一条规定的人员及存托人、托管人的相关人员。其中,持有或者通过持有境内外存托凭证而间接持有境外基础证券发行人发行的股份合计达到百分之五以上的投资者,属于《证券法》第五十一条第(二)项规定的持有公司百分之五以上股份的股东。

第五十九条 本办法自公布之日起施行。

四、信息披露

企业信息公示暂行条例

· 2014年8月7日中华人民共和国国务院令第654号公布
· 根据2024年3月10日《国务院关于修改和废止部分行政法规的决定》修订

第一条 为了保障公平竞争，促进企业诚信自律，规范企业信息公示，强化企业信用约束，维护交易安全，提高政府监管效能，扩大社会监督，制定本条例。

第二条 本条例所称企业信息，是指在市场监督管理部门登记的企业从事生产经营活动过程中形成的信息，以及政府部门在履行职责过程中产生的能够反映企业状况的信息。

第三条 企业信息公示应当真实、及时。公示的企业信息涉及国家秘密、国家安全或者社会公共利益的，应当报请主管的保密行政管理部门或者国家安全机关批准。县级以上地方人民政府有关部门公示的企业信息涉及企业商业秘密或者个人隐私的，应当报请上级主管部门批准。

第四条 省、自治区、直辖市人民政府领导本行政区域的企业信息公示工作，按照国家社会信用信息平台建设的总体要求，推动本行政区域企业信用信息公示系统的建设。

第五条 国务院市场监督管理部门推进、监督企业信息公示工作，组织国家企业信用信息公示系统的建设。国务院其他有关部门依照本条例规定做好企业信息公示相关工作。

县级以上地方人民政府有关部门依照本条例规定做好企业信息公示工作。

第六条 市场监督管理部门应当通过国家企业信用信息公示系统，公示其在履行职责过程中产生的下列企业信息：

（一）注册登记、备案信息；
（二）动产抵押登记信息；
（三）股权出质登记信息；
（四）行政处罚信息；
（五）其他依法应当公示的信息。

前款规定的企业信息应当自产生之日起20个工作日内予以公示。

第七条 市场监督管理部门以外的其他政府部门（以下简称其他政府部门）应当公示其在履行职责过程中产生的下列企业信息：

（一）行政许可准予、变更、延续信息；
（二）行政处罚信息；
（三）其他依法应当公示的信息。

其他政府部门可以通过国家企业信用信息公示系统，也可以通过其他系统公示前款规定的企业信息。市场监督管理部门和其他政府部门应当按照国家社会信用信息平台建设的总体要求，实现企业信息的互联共享。

第八条 企业应当于每年1月1日至6月30日，通过国家企业信用信息公示系统向市场监督管理部门报送上一年度年度报告，并向社会公示。

当年设立登记的企业，自下一年起报送并公示年度报告。

第九条 企业年度报告内容包括：

（一）企业通信地址、邮政编码、联系电话、电子邮箱等信息；
（二）企业开业、歇业、清算等存续状态信息；
（三）企业投资设立企业、购买股权信息；
（四）企业为有限责任公司或者股份有限公司的，其股东或者发起人认缴和实缴的出资额、出资时间、出资方式等信息；
（五）有限责任公司股东股权转让等股权变更信息；
（六）企业网站以及从事网络经营的网店的名称、网址等信息；
（七）企业从业人数、资产总额、负债总额、对外提供保证担保、所有者权益合计、营业总收入、主营业务收入、利润总额、净利润、纳税总额信息。

前款第一项至第六项规定的信息应当向社会公示，第七项规定的信息由企业选择是否向社会公示。

经企业同意，公民、法人或者其他组织可以查询企业选择不公示的信息。

第十条 企业应当自下列信息形成之日起20个工

作日内通过国家企业信用信息公示系统向社会公示：

（一）有限责任公司股东或者股份有限公司发起人认缴和实缴的出资额、出资时间、出资方式等信息；

（二）有限责任公司股东股权转让等股权变更信息；

（三）行政许可取得、变更、延续信息；

（四）知识产权出质登记信息；

（五）受到行政处罚的信息；

（六）其他依法应当公示的信息。

市场监督管理部门发现企业未依照前款规定履行公示义务的，应当责令其限期履行。

第十一条 政府部门和企业分别对其公示信息的真实性、及时性负责。

第十二条 政府部门发现其公示的信息不准确的，应当及时更正。公民、法人或者其他组织有证据证明政府部门公示的信息不准确的，有权要求该政府部门予以更正。

企业发现其公示的信息不准确的，应当及时更正；但是，企业年度报告公示信息的更正应当在每年6月30日之前完成。更正前后的信息应当同时公示。

第十三条 公民、法人或者其他组织发现企业公示的信息虚假的，可以向市场监督管理部门举报，接到举报的市场监督管理部门应当自接到举报材料之日起20个工作日内进行核查，予以处理，并将处理情况书面告知举报人。

公民、法人或者其他组织对依照本条例规定公示的企业信息有疑问的，可以向政府部门申请查询，收到查询申请的政府部门应当自收到申请之日起20个工作日内书面答复申请人。

第十四条 国务院市场监督管理部门和省、自治区、直辖市人民政府市场监督管理部门应当按照公平规范的要求，根据企业注册号等随机摇号，确定抽查的企业，组织对企业公示信息的情况进行检查。

市场监督管理部门抽查企业公示的信息，可以采取书面检查、实地核查、网络监测等方式。市场监督管理部门抽查企业公示的信息，可以委托会计师事务所、税务师事务所、律师事务所等专业机构开展相关工作，并依法利用其他政府部门作出的检查、核查结果或者专业机构作出的专业结论。

抽查结果由市场监督管理部门通过国家企业信用信息公示系统向社会公布。

第十五条 市场监督管理部门对企业公示的信息依法开展抽查或者根据举报进行核查，企业应当配合，接受询问调查，如实反映情况，提供相关材料。

对不予配合情节严重的企业，市场监督管理部门应当通过国家企业信用信息公示系统公示。

第十六条 市场监督管理部门对涉嫌违反本条例规定的行为进行查处，可以行使下列职权：

（一）进入企业的经营场所实施现场检查；

（二）查阅、复制、收集与企业经营活动相关的合同、票据、账簿以及其他资料；

（三）向与企业经营活动有关的单位和个人调查了解情况；

（四）依法查询涉嫌违法的企业银行账户；

（五）法律、行政法规规定的其他职权。

市场监督管理部门行使前款第四项规定的职权的，应当经市场监督管理部门主要负责人批准。

第十七条 任何公民、法人或者其他组织不得非法修改公示的企业信息，不得非法获取企业信息。

第十八条 企业未按照本条例规定的期限公示年度报告或者未按照市场监督管理部门责令的期限公示有关企业信息的，由县级以上市场监督管理部门列入经营异常名录，并依法给予行政处罚。企业因连续2年未按规定报送年度报告被列入经营异常名录未改正，且通过登记的住所或者经营场所无法取得联系的，由县级以上市场监督管理部门吊销营业执照。

企业公示信息隐瞒真实情况、弄虚作假的，法律、行政法规有规定的，依照其规定；没有规定的，由市场监督管理部门责令改正，处1万元以上5万元以下罚款；情节严重的，处5万元以上20万元以下罚款，列入市场监督管理严重违法失信名单，并可以吊销营业执照。被列入市场监督管理严重违法失信名单的企业的法定代表人、负责人，3年内不得担任其他企业的法定代表人、负责人。

企业被吊销营业执照后，应当依法办理注销登记；未办理注销登记的，由市场监督管理部门依法作出处理。

第十九条 县级以上地方人民政府及其有关部门应当建立健全信用约束机制，在政府采购、工程招投标、国有土地出让、授予荣誉称号等工作中，将企业信息作为重要考量因素，对被列入经营异常名录或者市场监督管理严重违法失信名单的企业依法予以限制或者禁入。

第二十条 鼓励企业主动纠正违法失信行为、消除不良影响，依法申请修复失信记录。政府部门依法解除相关管理措施并修复失信记录的，应当及时将上述信息与有关部门共享。

第二十一条 政府部门未依照本条例规定履行职责的,由监察机关、上一级政府部门责令改正;情节严重的,对负有责任的主管人员和其他直接责任人员依法给予处分;构成犯罪的,依法追究刑事责任。

第二十二条 非法修改公示的企业信息,或者非法获取企业信息的,依照有关法律、行政法规规定追究法律责任。

第二十三条 公民、法人或者其他组织认为政府部门在企业信息公示工作中的具体行政行为侵犯其合法权益的,可以依法申请行政复议或者提起行政诉讼。

第二十四条 企业依照本条例规定公示信息,不免除其依照其他有关法律、行政法规规定公示信息的义务。

第二十五条 法律、法规授权的具有管理公共事务职能的组织公示企业信息适用本条例关于政府部门公示企业信息的规定。

第二十六条 国务院市场监督管理部门负责制定国家企业信用信息公示系统的技术规范。

个体工商户、农民专业合作社信息公示的具体办法由国务院市场监督管理部门另行制定。

第二十七条 本条例自 2014 年 10 月 1 日起施行。

上市公司信息披露管理办法

· 2021 年 3 月 18 日中国证券监督管理委员会令第 182 号公布
· 自 2021 年 5 月 1 日起施行

第一章 总 则

第一条 为了规范上市公司及其他信息披露义务人的信息披露行为,加强信息披露事务管理,保护投资者合法权益,根据《中华人民共和国公司法》(以下简称《公司法》)、《中华人民共和国证券法》(以下简称《证券法》)等法律、行政法规,制定本办法。

第二条 信息披露义务人履行信息披露义务应当遵守本办法的规定,中国证券监督管理委员会(以下简称中国证监会)对首次公开发行股票并上市、上市公司发行证券信息披露另有规定的,从其规定。

第三条 信息披露义务人应当及时依法履行信息披露义务,披露的信息应当真实、准确、完整,简明清晰、通俗易懂,不得有虚假记载、误导性陈述或者重大遗漏。

信息披露义务人披露的信息应当同时向所有投资者披露,不得提前向任何单位和个人泄露。但是,法律、行政法规另有规定的除外。

在内幕信息依法披露前,内幕信息的知情人和非法获取内幕信息的人不得公开或者泄露该信息,不得利用该信息进行内幕交易。任何单位和个人不得非法要求信息披露义务人提供依法需要披露但尚未披露的信息。

证券及其衍生品种同时在境内境外公开发行、交易的,其信息披露义务人在境外市场披露的信息,应当同时在境内市场披露。

第四条 上市公司的董事、监事、高级管理人员应当忠实、勤勉地履行职责,保证披露信息的真实、准确、完整,信息披露及时、公平。

第五条 除依法需要披露的信息之外,信息披露义务人可以自愿披露与投资者作出价值判断和投资决策有关的信息,但不得与依法披露的信息相冲突,不得误导投资者。

信息披露义务人自愿披露的信息应当真实、准确、完整。自愿性信息披露应当遵守公平原则,保持信息披露的持续性和一致性,不得进行选择性披露。

信息披露义务人不得利用自愿披露的信息不当影响公司证券及其衍生品种交易价格,不得利用自愿性信息披露从事市场操纵等违法违规行为。

第六条 上市公司及其控股股东、实际控制人、董事、监事、高级管理人员等作出公开承诺的,应当披露。

第七条 信息披露文件包括定期报告、临时报告、招股说明书、募集说明书、上市公告书、收购报告书等。

第八条 依法披露的信息,应当在证券交易所的网站和符合中国证监会规定条件的媒体发布,同时将其置备于上市公司住所、证券交易所,供社会公众查阅。

信息披露文件的全文应当在证券交易所的网站和符合中国证监会规定条件的报刊依法开办的网站披露,定期报告、收购报告书等信息披露文件的摘要应当在证券交易所的网站和符合中国证监会规定条件的报刊披露。

信息披露义务人不得以新闻发布或者答记者问等任何形式代替应当履行的报告、公告义务,不得以定期报告形式代替应当履行的临时报告义务。

第九条 信息披露义务人应当将信息披露公告文稿和相关备查文件报送上市公司注册地证监局。

第十条 信息披露文件应当采用中文文本。同时采用外文文本的,信息披露义务人应当保证两种文本的内容一致。两种文本发生歧义时,以中文文本为准。

第十一条 中国证监会依法对信息披露文件及公告的情况、信息披露事务管理活动进行监督检查,对信息披露义务人的信息披露行为进行监督管理。

证券交易所应当对上市公司及其他信息披露义务人的信息披露行为进行监督，督促其依法及时、准确地披露信息，对证券及其衍生品种交易实行实时监控。证券交易所制定的上市规则和其他信息披露规则应当报中国证监会批准。

第二章 定期报告

第十二条 上市公司应当披露的定期报告包括年度报告、中期报告。凡是对投资者作出价值判断和投资决策有重大影响的信息，均应当披露。

年度报告中的财务会计报告应当经符合《证券法》规定的会计师事务所审计。

第十三条 年度报告应当在每个会计年度结束之日起四个月内，中期报告应当在每个会计年度的上半年结束之日起两个月内编制完成并披露。

第十四条 年度报告应当记载以下内容：

（一）公司基本情况；
（二）主要会计数据和财务指标；
（三）公司股票、债券发行及变动情况，报告期末股票、债券总额、股东总数，公司前十大股东持股情况；
（四）持股百分之五以上股东、控股股东及实际控制人情况；
（五）董事、监事、高级管理人员的任职情况、持股变动情况、年度报酬情况；
（六）董事会报告；
（七）管理层讨论与分析；
（八）报告期内重大事件及对公司的影响；
（九）财务会计报告和审计报告全文；
（十）中国证监会规定的其他事项。

第十五条 中期报告应当记载以下内容：

（一）公司基本情况；
（二）主要会计数据和财务指标；
（三）公司股票、债券发行及变动情况、股东总数，公司前十大股东持股情况，控股股东及实际控制人发生变化的情况；
（四）管理层讨论与分析；
（五）报告期内重大诉讼、仲裁等重大事件及对公司的影响；
（六）财务会计报告；
（七）中国证监会规定的其他事项。

第十六条 定期报告内容应当经上市公司董事会审议通过。未经董事会审议通过的定期报告不得披露。

公司董事、高级管理人员应当对定期报告签署书面确认意见，说明董事会的编制和审议程序是否符合法律、行政法规和中国证监会的规定，报告的内容是否能够真实、准确、完整地反映上市公司的实际情况。

监事会应当对董事会编制的定期报告进行审核并提出书面审核意见。监事应当签署书面确认意见。监事会对定期报告出具的书面审核意见，应当说明董事会的编制和审议程序是否符合法律、行政法规和中国证监会的规定，报告的内容是否能够真实、准确、完整地反映上市公司的实际情况。

董事、监事无法保证定期报告内容的真实性、准确性、完整性或者有异议的，应当在董事会或者监事会审议、审核定期报告时投反对票或者弃权票。

董事、监事和高级管理人员无法保证定期报告内容的真实性、准确性、完整性或者有异议的，应当在书面确认意见中发表意见并陈述理由，上市公司应当披露。上市公司不予披露的，董事、监事和高级管理人员可以直接申请披露。

董事、监事和高级管理人员按照前款规定发表意见，应当遵循审慎原则，其保证定期报告内容的真实性、准确性、完整性的责任不仅因发表意见而当然免除。

第十七条 上市公司预计经营业绩发生亏损或者发生大幅变动的，应当及时进行业绩预告。

第十八条 定期报告披露前出现业绩泄露，或者出现业绩传闻且公司证券及其衍生品种交易出现异常波动的，上市公司应当及时披露本报告期相关财务数据。

第十九条 定期报告中财务会计报告被出具非标准审计意见的，上市公司董事会应当针对该审计意见涉及事项作出专项说明。

定期报告中财务会计报告被出具非标准审计意见，证券交易所认为涉嫌违法的，应当提请中国证监会立案调查。

第二十条 上市公司未在规定期限内披露年度报告和中期报告的，中国证监会应当立即立案调查，证券交易所应当按照股票上市规则予以处理。

第二十一条 年度报告、中期报告的格式及编制规则，由中国证监会和证券交易所制定。

第三章 临时报告

第二十二条 发生可能对上市公司证券及其衍生品种交易价格产生较大影响的重大事件，投资者尚未得知时，上市公司应当立即披露，说明事件的起因、目前的状态和可能产生的影响。

前款所称重大事件包括：

（一）《证券法》第八十条第二款规定的重大事件；

（二）公司发生大额赔偿责任；

（三）公司计提大额资产减值准备；

（四）公司出现股东权益为负值；

（五）公司主要债务人出现资不抵债或者进入破产程序，公司对相应债权未提取足额坏账准备；

（六）新公布的法律、行政法规、规章、行业政策可能对公司产生重大影响；

（七）公司开展股权激励、回购股份、重大资产重组、资产分拆上市或者挂牌；

（八）法院裁决禁止控股股东转让其所持股份；任一股东所持公司百分之五以上股份被质押、冻结、司法拍卖、托管、设定信托或者被依法限制表决权等，或者出现被强制过户风险；

（九）主要资产被查封、扣押或者冻结；主要银行账户被冻结；

（十）上市公司预计经营业绩发生亏损或者发生大幅变动；

（十一）主要或者全部业务陷入停顿；

（十二）获得对当期损益产生重大影响的额外收益，可能对公司的资产、负债、权益或者经营成果产生重要影响；

（十三）聘任或者解聘为公司审计的会计师事务所；

（十四）会计政策、会计估计重大自主变更；

（十五）因前期已披露的信息存在差错、未按规定披露或者虚假记载，被有关机关责令改正或者经董事会决定进行更正；

（十六）公司或者其控股股东、实际控制人、董事、监事、高级管理人员受到刑事处罚，涉嫌违法违规被中国证监会立案调查或者受到中国证监会行政处罚，或者受到其他有权机关重大行政处罚；

（十七）公司的控股股东、实际控制人、董事、监事、高级管理人员涉嫌严重违纪违法或者职务犯罪被纪检监察机关采取留置措施且影响其履行职责；

（十八）除董事长或者经理外的公司其他董事、监事、高级管理人员因身体、工作安排等原因无法正常履行职责达到或者预计达到三个月以上，或者因涉嫌违法违规被有权机关采取强制措施且影响其履行职责；

（十九）中国证监会规定的其他事项。

上市公司的控股股东或者实际控制人对重大事件的发生、进展产生较大影响的，应当及时将其知悉的有关情况书面告知上市公司，并配合上市公司履行信息披露义务。

第二十三条　上市公司变更公司名称、股票简称、公司章程、注册资本、注册地址、主要办公地址和联系电话等，应当立即披露。

第二十四条　上市公司应当在最先发生的以下任一时点，及时履行重大事件的信息披露义务：

（一）董事会或者监事会就该重大事件形成决议时；

（二）有关各方就该重大事件签署意向书或者协议时；

（三）董事、监事或者高级管理人员知悉该重大事件发生时。

在前款规定的时点之前出现下列情形之一的，上市公司应当及时披露相关事项的现状、可能影响事件进展的风险因素：

（一）该重大事件难以保密；

（二）该重大事件已经泄露或者市场出现传闻；

（三）公司证券及其衍生品种出现异常交易情况。

第二十五条　上市公司披露重大事件后，已披露的重大事件出现可能对上市公司证券及其衍生品种交易价格产生较大影响的进展或者变化的，上市公司应当及时披露进展或者变化情况、可能产生的影响。

第二十六条　上市公司控股子公司发生本办法第二十二条规定的重大事件，可能对上市公司证券及其衍生品种交易价格产生较大影响的，上市公司应当履行信息披露义务。

上市公司参股公司发生可能对上市公司证券及其衍生品种交易价格产生较大影响的事件的，上市公司应当履行信息披露义务。

第二十七条　涉及上市公司的收购、合并、分立、发行股份、回购股份等行为导致上市公司股本总额、股东、实际控制人等发生重大变化的，信息披露义务人应当依法履行报告、公告义务，披露权益变动情况。

第二十八条　上市公司应当关注本公司证券及其衍生品种的异常交易情况及媒体关于本公司的报道。

证券及其衍生品种发生异常交易或者在媒体中出现的消息可能对公司证券及其衍生品种的交易产生重大影响时，上市公司应当及时向相关各方了解真实情况，必要时应当以书面方式问询。

上市公司控股股东、实际控制人及其一致行动人应当及时、准确地告知上市公司是否存在拟发生的股权转让、资产重组或者其他重大事件，并配合上市公司做好信息披露工作。

第二十九条 公司证券及其衍生品种交易被中国证监会或者证券交易所认定为异常交易的，上市公司应当及时了解造成证券及其衍生品种交易异常波动的影响因素，并及时披露。

第四章 信息披露事务管理

第三十条 上市公司应当制定信息披露事务管理制度。信息披露事务管理制度应当包括：

（一）明确上市公司应当披露的信息，确定披露标准；

（二）未公开信息的传递、审核、披露流程；

（三）信息披露事务管理部门及其负责人在信息披露中的职责；

（四）董事和董事会、监事和监事会、高级管理人员等的报告、审议和披露的职责；

（五）董事、监事、高级管理人员履行职责的记录和保管制度；

（六）未公开信息的保密措施，内幕信息知情人登记管理制度，内幕信息知情人的范围和保密责任；

（七）财务管理和会计核算的内部控制及监督机制；

（八）对外发布信息的申请、审核、发布流程；与投资者、证券服务机构、媒体等的信息沟通制度；

（九）信息披露相关文件、资料的档案管理制度；

（十）涉及子公司的信息披露事务管理和报告制度；

（十一）未按规定披露信息的责任追究机制，对违反规定人员的处理措施。

上市公司信息披露事务管理制度应当经公司董事会审议通过，报注册地证监局和证券交易所备案。

第三十一条 上市公司董事、监事、高级管理人员应当勤勉尽责，关注信息披露文件的编制情况，保证定期报告、临时报告在规定期限内披露。

第三十二条 上市公司应当制定定期报告的编制、审议、披露程序。经理、财务负责人、董事会秘书等高级管理人员应当及时编制定期报告草案，提请董事会审议；董事会秘书负责送达董事审阅；董事长负责召集和主持董事会会议审议定期报告；监事会负责审核董事会编制的定期报告；董事会秘书负责组织定期报告的披露工作。

第三十三条 上市公司应当制定重大事件的报告、传递、审核、披露程序。董事、监事、高级管理人员知悉重大事件发生时，应当按照公司规定立即履行报告义务；董事长在接到报告后，应当立即向董事会报告，并敦促董事会秘书组织临时报告的披露工作。

上市公司应当制定董事、监事、高级管理人员对外发布信息的行为规范，明确非经董事会书面授权不得对外发布上市公司未披露信息的情形。

第三十四条 上市公司通过业绩说明会、分析师会议、路演、接受投资者调研等形式就公司的经营情况、财务状况及其他事件与任何单位和个人进行沟通的，不得提供内幕信息。

第三十五条 董事应当了解并持续关注公司生产经营情况、财务状况和公司已经发生的或者可能发生的重大事件及其影响，主动调查、获取决策所需要的资料。

第三十六条 监事应当对公司董事、高级管理人员履行信息披露职责的行为进行监督；关注公司信息披露情况，发现信息披露存在违法违规问题的，应当进行调查并提出处理建议。

第三十七条 高级管理人员应当及时向董事会报告有关公司经营或者财务方面出现的重大事件、已披露的事件的进展或者变化情况及其他相关信息。

第三十八条 董事会秘书负责组织和协调公司信息披露事务，汇集上市公司应予披露的信息并报告董事会，持续关注媒体对公司的报道并主动求证报道的真实情况。董事会秘书有权参加股东大会、董事会会议、监事会会议和高级管理人员相关会议，有权了解公司的财务和经营情况，查阅涉及信息披露事宜的所有文件。董事会秘书负责办理上市公司信息对外公布等相关事宜。

上市公司应当为董事会秘书履行职责提供便利条件，财务负责人应当配合董事会秘书在财务信息披露方面的相关工作。

第三十九条 上市公司的股东、实际控制人发生以下事件时，应当主动告知上市公司董事会，并配合上市公司履行信息披露义务：

（一）持有公司百分之五以上股份的股东或者实际控制人持有股份或者控制公司的情况发生较大变化，公司的实际控制人及其控制的其他企业从事与公司相同或者相似业务的情况发生较大变化；

（二）法院裁决禁止控股股东转让其所持股份，任一股东所持公司百分之五以上股份被质押、冻结、司法拍卖、托管、设定信托或者被依法限制表决权等，或者出现被强制过户风险；

（三）拟对上市公司进行重大资产或者业务重组；

（四）中国证监会规定的其他情形。

应当披露的信息依法披露前，相关信息已在媒体上传播或者公司证券及其衍生品种出现交易异常情况的，股东或者实际控制人应当及时、准确地向上市公司作出书面报告,并配合上市公司及时、准确地公告。

上市公司的股东、实际控制人不得滥用其股东权利、支配地位,不得要求上市公司向其提供内幕信息。

第四十条 上市公司向特定对象发行股票时,其控股股东、实际控制人和发行对象应当及时向上市公司提供相关信息,配合上市公司履行信息披露义务。

第四十一条 上市公司董事、监事、高级管理人员、持股百分之五以上的股东及其一致行动人、实际控制人应当及时向上市公司董事会报送上市公司关联人名单及关联关系的说明。上市公司应当履行关联交易的审议程序,并严格执行关联交易回避表决制度。交易各方不得通过隐瞒关联关系或者采取其他手段,规避上市公司的关联交易审议程序和信息披露义务。

第四十二条 通过接受委托或者信托等方式持有上市公司百分之五以上股份的股东或者实际控制人,应当及时将委托人情况告知上市公司,配合上市公司履行信息披露义务。

第四十三条 信息披露义务人应当向其聘用的证券公司、证券服务机构提供与执业相关的所有资料,并确保资料的真实、准确、完整,不得拒绝、隐匿、谎报。

证券公司、证券服务机构在为信息披露出具专项文件时,发现上市公司及其他信息披露义务人提供的材料有虚假记载、误导性陈述、重大遗漏或者其他重大违法行为的,应当要求其补充、纠正。信息披露义务人不予补充、纠正的,证券公司、证券服务机构应当及时向公司注册地证监局和证券交易所报告。

第四十四条 上市公司解聘会计师事务所的,应当在董事会决议后及时通知会计师事务所,公司股东大会就解聘会计师事务所进行表决时,应当允许会计师事务所陈述意见。股东大会作出解聘、更换会计师事务所决议的,上市公司应当在披露时说明解聘、更换的具体原因和会计师事务所的陈述意见。

第四十五条 为信息披露义务人履行信息披露义务出具专项文件的证券公司、证券服务机构及其人员,应当勤勉尽责、诚实守信,按照法律、行政法规、中国证监会规定、行业规范、业务规则等发表专业意见,保证所出具文件的真实性、准确性和完整性。

证券服务机构应当妥善保存客户委托文件、核查和验证资料、工作底稿以及与质量控制、内部管理、业务经营有关的信息和资料。证券服务机构应当配合中国证监会的监督管理,在规定的期限内提供、报送或者披露相关资料、信息,保证其提供、报送或者披露的资料、信息真

实、准确、完整,不得有虚假记载、误导性陈述或者重大遗漏。

第四十六条 会计师事务所应当建立并保持有效的质量控制体系、独立性管理和投资者保护机制,秉承风险导向审计理念,遵守法律、行政法规、中国证监会的规定,严格执行注册会计师执业准则、职业道德守则及相关规定,完善鉴证程序,科学选用鉴证方法和技术,充分了解被鉴证单位及其环境,审慎关注重大错报风险,获取充分、适当的证据,合理发表鉴证结论。

第四十七条 资产评估机构应当建立并保持有效的质量控制体系、独立性管理和投资者保护机制,恪守职业道德,遵守法律、行政法规、中国证监会的规定,严格执行评估准则或者其他评估规范,恰当选择评估方法,评估中提出的假设条件应当符合实际情况,对评估对象所涉及交易、收入、支出、投资等业务的合法性、未来预测的可靠性取得充分证据,充分考虑未来各种可能性发生的概率及其影响,形成合理的评估结论。

第四十八条 任何单位和个人不得非法获取、提供、传播上市公司的内幕信息,不得利用所获取的内幕信息买卖或者建议他人买卖公司证券及其衍生品种,不得在投资价值分析报告、研究报告等文件中使用内幕信息。

第四十九条 媒体应当客观、真实地报道涉及上市公司的情况,发挥舆论监督作用。

任何单位和个人不得提供、传播虚假或者误导投资者的上市公司信息。

第五章 监督管理与法律责任

第五十条 中国证监会可以要求信息披露义务人或者其董事、监事、高级管理人员对有关信息披露问题作出解释、说明或者提供相关资料,并要求上市公司提供证券公司或者证券服务机构的专业意见。

中国证监会对证券公司和证券服务机构出具的文件的真实性、准确性、完整性有疑义的,可以要求相关机构作出解释、补充,并调阅其工作底稿。

信息披露义务人及其董事、监事、高级管理人员,证券公司和证券服务机构应当及时作出回复,并配合中国证监会的检查、调查。

第五十一条 上市公司董事、监事、高级管理人员应当对公司信息披露的真实性、准确性、完整性、及时性、公平性负责,但有充分证据表明其已经履行勤勉尽责义务的除外。

上市公司董事长、经理、董事会秘书,应当对公司临时报告信息披露的真实性、准确性、完整性、及时性、公平

性承担主要责任。

上市公司董事长、经理、财务负责人应当对公司财务会计报告的真实性、准确性、完整性、及时性、公平性承担主要责任。

第五十二条 信息披露义务人及其董事、监事、高级管理人员违反本办法的,中国证监会为防范市场风险,维护市场秩序,可以采取以下监管措施:

(一)责令改正;

(二)监管谈话;

(三)出具警示函;

(四)责令公开说明;

(五)责令定期报告;

(六)责令暂停或者终止并购重组活动;

(七)依法可以采取的其他监管措施。

第五十三条 上市公司未按本办法规定制定上市公司信息披露事务管理制度的,由中国证监会责令改正;拒不改正的,给予警告并处国务院规定限额以下罚款。

第五十四条 信息披露义务人未按照《证券法》规定在规定期限内报送有关报告、履行信息披露义务,或者报送的报告、披露的信息有虚假记载、误导性陈述或者重大遗漏的,由中国证监会按照《证券法》第一百九十七条处罚。

上市公司通过隐瞒关联关系或者采取其他手段,规避信息披露、报告义务的,由中国证监会按照《证券法》第一百九十七条处罚。

第五十五条 为信息披露义务人履行信息披露义务出具专项文件的证券公司、证券服务机构及其人员,违反法律、行政法规和中国证监会规定的,中国证监会为防范市场风险,维护市场秩序,可以采取责令改正、监管谈话、出具警示函、责令公开说明、责令定期报告等监管措施;依法应当给予行政处罚的,由中国证监会依照有关规定进行处罚。

第五十六条 任何单位和个人泄露上市公司内幕信息,或者利用内幕信息买卖证券的,由中国证监会按照《证券法》第一百九十一条处罚。

第五十七条 任何单位和个人编造、传播虚假信息或者误导性信息,扰乱证券市场的;证券交易场所、证券公司、证券登记结算机构、证券服务机构及其从业人员、证券业协会、中国证监会及其工作人员,在证券交易活动中作出虚假陈述或者信息误导的;传播媒介传播上市公司信息不真实、不客观的,由中国证监会按照《证券法》第一百九十三条处罚。

第五十八条 上市公司董事、监事在董事会或者监事会审议、审核定期报告时投赞成票,又在定期报告披露时表示无法保证定期报告内容的真实性、准确性、完整性或者有异议的,中国证监会可以对相关人员给予警告并处国务院规定限额以下罚款;情节严重的,可以对有关责任人员采取证券市场禁入的措施。

第五十九条 利用新闻报道以及其他传播方式对上市公司进行敲诈勒索的,由中国证监会责令改正,并向有关部门发出监管建议函,由有关部门依法追究法律责任。

第六十条 信息披露义务人违反本办法的规定,情节严重的,中国证监会可以对有关责任人员采取证券市场禁入的措施。

第六十一条 违反本办法,涉嫌犯罪的,依法移送司法机关追究刑事责任。

第六章 附 则

第六十二条 本办法下列用语的含义:

(一)为信息披露义务人履行信息披露义务出具专项文件的证券公司、证券服务机构,是指为证券发行、上市、交易等证券业务活动制作、出具保荐书、审计报告、资产评估报告、估值报告、法律意见书、财务顾问报告、资信评级报告等文件的证券公司、会计师事务所、资产评估机构、律师事务所、财务顾问机构、资信评级机构等。

(二)信息披露义务人,是指上市公司及其董事、监事、高级管理人员、股东、实际控制人、收购人、重大资产重组、再融资、重大交易有关各方等自然人、单位及其相关人员,破产管理人及其成员,以及法律、行政法规和中国证监会规定的其他承担信息披露义务的主体。

(三)及时,是指自起算日起或者触及披露时点的两个交易日内。

(四)上市公司的关联交易,是指上市公司或者其控股子公司与上市公司关联人之间发生的转移资源或者义务的事项。

关联人包括关联法人(或者其他组织)和关联自然人。

具有以下情形之一的法人(或者其他组织),为上市公司的关联法人(或者其他组织):

1. 直接或者间接地控制上市公司的法人(或者其他组织);

2. 由前项所述法人(或者其他组织)直接或者间接控制的除上市公司及其控股子公司以外的法人(或者其他组织);

3. 关联自然人直接或者间接控制的、或者担任董事、

高级管理人员的,除上市公司及其控股子公司以外的法人(或者其他组织);

4. 持有上市公司百分之五以上股份的法人(或者其他组织)及其一致行动人;

5. 在过去十二个月内或者根据相关协议安排在未来十二月内,存在上述情形之一的;

6. 中国证监会、证券交易所或者上市公司根据实质重于形式的原则认定的其他与上市公司有特殊关系,可能或者已经造成上市公司对其利益倾斜的法人(或者其他组织)。

具有以下情形之一的自然人,为上市公司的关联自然人:

1. 直接或者间接持有上市公司百分之五以上股份的自然人;

2. 上市公司董事、监事及高级管理人员;

3. 直接或者间接地控制上市公司的法人的董事、监事及高级管理人员;

4. 上述第1、2项所述人士的关系密切的家庭成员,包括配偶、父母、年满十八周岁的子女及其配偶、兄弟姐妹及其配偶,配偶的父母、兄弟姐妹,子女配偶的父母;

5. 在过去十二个月内或者根据相关协议安排在未来十二个月内,存在上述情形之一的;

6. 中国证监会、证券交易所或者上市公司根据实质重于形式的原则认定的其他与上市公司有特殊关系,可能或者已经造成上市公司对其利益倾斜的自然人。

第六十三条 中国证监会可以对金融、房地产等特定行业上市公司的信息披露作出特别规定。

第六十四条 境外企业在境内发行股票或者存托凭证并上市的,依照本办法履行信息披露义务。法律、行政法规或者中国证监会另有规定的,从其规定。

第六十五条 本办法自2021年5月1日起施行。2007年1月30日发布的《上市公司信息披露管理办法》(证监会令第40号)、2016年12月9日发布的《公开发行证券的公司信息披露编报规则第13号——季度报告的内容与格式》(证监会公告〔2016〕33号)同时废止。

公司信用类债券信息披露管理办法

- 2020年12月25日
- 中国人民银行、中华人民共和国国家发展和改革委员会、中国证券监督管理委员会公告〔2020〕第22号

第一章 总 则

第一条 为规范公司信用类债券市场信息披露,维护公司信用类债券市场秩序,保护市场参与者合法权益,根据《中华人民共和国中国人民银行法》《中华人民共和国证券法》《中华人民共和国公司法》《企业债券管理条例》等相关法律法规,制定本办法。

第二条 本办法所称公司信用类债券(以下简称"债券")包括企业债券、公司债券和非金融企业债务融资工具。企业公开发行的企业债券、公司债券以及银行间债券市场非金融企业债务融资工具的发行及存续期信息披露适用本办法。

市场自律组织可以根据本办法制定公司信用类债券信息披露的实施细则,依照本办法的原则制定公司信用类债券非公开(含定向)发行的信息披露规则。

第三条 中国人民银行、国家发展和改革委员会、中国证券监督管理委员会(以下简称"公司信用类债券监督管理机构")依法对公司信用类债券的信息披露进行监督管理。

市场自律组织应当根据法律法规及自律规则对信息披露实施自律管理。

第四条 企业信息披露应当通过符合公司信用类债券监督管理机构规定条件的信息披露渠道发布。

第五条 信息披露应当遵循真实、准确、完整、及时、公平的原则,不得有虚假记载、误导性陈述或重大遗漏。

信息披露语言应简洁、平实和明确,不得有祝贺性、广告性、恭维性或诋毁性的词句。

第六条 公司信用类债券监督管理机构或市场自律组织对债券发行的注册或备案,不代表对债券的投资价值作出任何评价,也不表明对债券的投资风险作出任何判断。

债券投资者应当对披露信息进行独立分析,独立判断债券的投资价值,自行承担投资风险。

第二章 企业信息披露

第七条 企业应当及时、公平地履行信息披露义务。企业及其董事、监事、高级管理人员应当忠实、勤勉地履行信息披露职责,保证信息披露内容真实、准确、完整,不存在虚假记载、误导性陈述或重大遗漏。

企业的董事、高级管理人员应当对债券发行文件和定期报告签署书面确认意见。监事会应当对董事会编制的债券发行文件和定期报告进行审核并提出书面审核意见。监事应当签署书面确认意见。董事、监事和高级管理人员无法保证债券发行文件和定期报告内容的真实性、准确性、完整性或有异议的,应当在书面确认意见中发表意见并陈述理由,企业应当披露。企业不予披露

的,董事、监事和高级管理人员可以直接申请披露。企业控股股东、实际控制人应当诚实守信、勤勉尽责,配合企业履行信息披露义务。

第八条 企业应当建立信息披露事务管理制度。信息披露事务管理制度应当经企业董事会或其他有权决策机构审议通过。

企业发行债券应当披露信息披露事务管理制度的主要内容。企业对已披露信息披露事务管理制度进行变更的,应当在最近一期定期报告中披露变更后的主要内容。

第九条 企业应当设置并披露信息披露事务负责人。信息披露事务负责人负责组织和协调债券信息披露相关工作,接受投资者问询,维护投资者关系。信息披露事务负责人应当由企业董事、高级管理人员或具有同等职责的人员担任。

企业信息披露事务负责人发生变更的,应当及时披露。对未按规定设置并披露信息披露事务负责人或未在信息披露事务负责人变更后确定并披露接任人员的,视为由企业法定代表人担任。

第十条 企业发行债券,应当于发行前披露以下文件:

(一)企业最近三年经审计的财务报告及最近一期会计报表;

(二)募集说明书(编制要求见附件1);

(三)信用评级报告(如有);

(四)公司信用类债券监督管理机构或市场自律组织要求的其他文件。

第十一条 企业发行债券时应当披露募集资金使用的合规性、使用主体及使用金额。

企业如变更债券募集资金用途,应当按照规定和约定履行必要的变更程序,并于募集资金使用前披露拟变更后的募集资金用途。

第十二条 企业发行债券时应当披露治理结构、组织机构设置及运行情况、内部管理制度的建立及运行情况。

第十三条 企业应当披露与控股股东、实际控制人在资产、人员、机构、财务、业务经营等方面的相互独立情况。

第十四条 企业应当在投资者缴款截止日后一个工作日(交易日)内公告债券发行结果。公告内容包括但不限于本期债券的实际发行规模、价格等信息。

第十五条 债券存续期内,企业信息披露的时间应当不晚于,企业按照监管机构、市场自律组织、证券交易场所的要求或者将有关信息刊登在其他指定信息披露渠道上的时间。

债券同时在境内境外公开发行、交易的,其信息披露义务人在境外披露的信息,应当在境内同时披露。

第十六条 债券存续期内,企业应当按以下要求披露定期报告(编制要求见附件2):

(一)企业应当在每个会计年度结束之日起四个月内披露上一年度报告。年度报告应当包含报告期内企业主要情况、审计机构出具的审计报告、经审计的财务报表、附注以及其他必要信息;

(二)企业应当在每个会计年度的上半年结束之日起两个月内披露半年度报告;

(三)定期报告的财务报表部分应当至少包含资产负债表、利润表和现金流量表。编制合并财务报表的企业,除提供合并财务报表外,还应当披露母公司财务报表。

第十七条 企业无法按时披露定期报告的,应当于第十六条规定的披露截止时间前,披露未按期披露定期报告的说明文件,文件内容包括但不限于未按期披露的原因、预计披露时间等情况。

企业披露前款说明文件的,不代表豁免企业定期报告的信息披露义务。

第十八条 债券存续期内,企业发生可能影响偿债能力或投资者权益的重大事项时,应当及时披露,并说明事项的起因、目前的状态和可能产生的影响。

前款所称重大事项包括但不限于:

(一)企业名称变更、股权结构或生产经营状况发生重大变化;

(二)企业变更财务报告审计机构、债券受托管理人或具有同等职责的机构(以下简称"受托管理人")、信用评级机构;

(三)企业三分之一以上董事、三分之二以上监事、董事长、总经理或具有同等职责的人员发生变动;

(四)企业法定代表人、董事长、总经理或具有同等职责的人员无法履行职责;

(五)企业控股股东或者实际控制人变更;

(六)企业发生重大资产抵押、质押、出售、转让、报废、无偿划转以及重大投资行为或重大资产重组;

(七)企业发生超过上年末净资产百分之十的重大损失;

(八)企业放弃债权或者财产超过上年末净资产的百分之十;

(九)企业股权、经营权涉及被委托管理;

(十)企业丧失对重要子公司的实际控制权;

(十一)债券担保情况发生变更,或者债券信用评级发生变化;

(十二)企业转移债券清偿义务;

(十三)企业一次承担他人债务超过上年末净资产百分之十,或者新增借款、对外提供担保超过上年末净资产的百分之二十;

(十四)企业未能清偿到期债务或进行债务重组;

(十五)企业涉嫌违法违规被有权机关调查、受到刑事处罚、重大行政处罚或行政监管措施、市场自律组织作出的债券业务相关的处分,或者存在严重失信行为;

(十六)企业法定代表人、控股股东、实际控制人、董事、监事、高级管理人员涉嫌违法违规被有权机关调查、采取强制措施,或者存在严重失信行为;

(十七)企业涉及重大诉讼、仲裁事项;

(十八)企业出现可能影响其偿债能力的资产被查封、扣押或冻结的情况;

(十九)企业分配股利,作出减资、合并、分立、解散及申请破产的决定,或者依法进入破产程序、被责令关闭;

(二十)企业涉及需要说明的市场传闻;

(二十一)募集说明书约定或企业承诺的其他应当披露事项;

(二十二)其他可能影响其偿债能力或投资者权益的事项。

上述已披露事项出现重大进展或变化的,企业也应当及时履行信息披露义务。

第十九条 企业应当在最先发生以下任一情形的时点后,原则上不超过两个工作日(交易日)内,履行第十八条规定的重大事项的信息披露义务:

(一)董事会、监事会或者其他有权决策机构就该重大事项形成决议时;

(二)有关各方就该重大事项签署意向书或者协议时;

(三)董事、监事、高级管理人员或者具有同等职责的人员知悉该重大事项发生时;

(四)收到相关主管部门关于重大事项的决定或通知时。

重大事项出现泄露或市场传闻的,企业也应当及时履行信息披露义务。

第二十条 信息披露文件一经公布不得随意变更。确有必要进行变更的,应披露变更公告和变更后的信息披露文件。

第二十一条 企业更正已披露信息的,应及时披露更正公告和更正后的信息披露文件。

更正已披露经审计财务信息的,企业应聘请会计师事务所对更正事项出具专业意见并及时披露。前述更正事项对经审计的财务报表具有实质性影响的,企业还应当聘请会计师事务所对更正后的财务报告出具审计意见并及时披露。

第二十二条 债券附发行人或投资者选择权条款、投资者保护条款等特殊条款的,企业应当按照相关规定和约定及时披露相关条款触发和执行情况。

第二十三条 债券存续期内,企业应当在债券本金或利息兑付日前披露本金、利息兑付安排情况的公告。

第二十四条 债券发生违约的,企业应当及时披露债券本息未能兑付的公告。企业、主承销商、受托管理人应当按照规定和约定履行信息披露义务,及时披露企业财务信息、违约事项、涉诉事项、违约处置方案、处置进展及其他可能影响投资者决策的重要信息。

企业被托管组、接管组托管或接管的,企业信息披露义务由托管组、接管组承担。

第二十五条 企业进入破产程序的,企业信息披露义务由破产管理人承担,企业自行管理财产或营业事务的除外。

企业或破产管理人应当持续披露破产进展,包括但不限于破产申请受理情况、破产管理人任命情况、破产债权申报安排、债权人会议安排、人民法院裁定情况及其他破产程序实施进展,以及企业财产状况报告、破产重整计划、和解协议、破产财产变价方案和破产财产分配方案等其他影响投资者决策的重要信息。发生实施对债权人利益有重大影响的财产处分行为的,也应及时披露。

第二十六条 企业转移债券清偿义务的,承继方应当按照本办法中对企业的要求履行信息披露义务。

第二十七条 为债券提供担保的机构应当在每个会计年度结束之日起四个月内披露上一年财务报告。

为债券提供担保的机构发生可能影响其代偿能力的重大事项时,应当及时披露重大事项并说明事项的起因、目前的状态和可能产生的影响。

第二十八条 企业有充分证据证明按照本办法规定应当披露的信息可能导致其违反国家有关保密法律法规的,可以依据有关法律规定豁免披露。

第三章 中介机构信息披露

第二十九条 为债券的发行、交易、存续期管理提供中介服务的专业机构(包括但不限于债券承销机构、信用评级机构、会计师事务所、律师事务所、资产评估机构、受托管理人等)和人员,应当勤勉尽责,严格遵守相关法律法规、执业规范和自律规则,按规定和约定履行义务,对所出具的专业报告、专业意见以及其所披露的其他信息负责。

第三十条 主承销商、受托管理人应当按照规定和约定履行信息披露职责或义务,并督促企业依照本办法规定履行信息披露义务。

第三十一条 会计师事务所应当严格执行注册会计师执业准则及相关规定,合理运用职业判断,通过设计和实施恰当的程序、方法和技术,获取充分、适当的证据,并在此基础上发表独立意见。

第三十二条 信用评级机构应当按照规定和约定持续跟踪受评对象信用状况的变化情况,及时发布定期跟踪评级报告。跟踪评级期间,发生可能影响受评对象偿债能力的重大事项时,信用评级机构应当及时启动不定期跟踪评级程序,发布不定期跟踪评级报告。

第三十三条 企业应当确保其向中介机构提供的与债券相关的所有资料真实、准确、完整。

中介机构应当对企业提供的文件资料内容的真实性、准确性、完整性进行必要的核查和验证。中介机构认为企业提供的材料存在虚假记载、误导性陈述、重大遗漏或其他重大违法行为的,应当要求其补充、纠正。

第三十四条 债券承销机构应当对债券募集说明书的真实性、准确性、完整性进行核查,确认不存在虚假记载、误导性陈述和重大遗漏。

信用评级机构、会计师事务所、律师事务所、资产评估机构等中介机构应当确认债券募集说明书所引用内容与其就本期债券发行出具的相关意见不存在矛盾,对所引用的内容无异议,并对所确认的债券募集说明书引用内容承担相应法律责任。

第三十五条 中介机构应当制作并保存工作底稿。工作底稿包括出具专业文件所依据的资料、尽职调查报告以及相关会议纪要、谈话记录等。

第四章 监督管理与法律责任

第三十六条 中国人民银行、国家发展和改革委员会、中国证券监督管理委员会按照职责分工负责债券信息披露的监督管理。中国证券监督管理委员会依照证券法有关规定,对公司信用类债券信息披露违法违规行为进行认定和行政处罚,开展债券市场统一执法工作。

第三十七条 公司信用类债券监督管理机构可以对违反本办法规定的机构和人员采取责令改正、监管谈话、出具警示函、责令公开说明或定期报告等相关监管措施。

第三十八条 市场自律组织可以按照自律规则,对企业、中介机构及相关责任人员违反自律规则或相关约定、承诺的行为采取自律措施。

第三十九条 企业等信息披露义务人未按照规定履行信息披露义务或所披露信息存在虚假记载、误导性陈述或重大遗漏,给债券投资者造成损失的,应当依法承担赔偿责任。企业的控股股东、实际控制人、董事、监事、高级管理人员和其他直接责任人员,以及承销机构及其直接责任人员,应当依法与企业承担连带赔偿责任,但是能够证明自己没有过错的除外。

第四十条 为债券的发行、上市、交易等业务活动制作、出具审计报告及其他鉴证报告、资产评估报告、财务顾问报告、信用评级报告或者法律意见书等文件的证券服务机构,其制作、出具的文件有虚假记载、误导性陈述或重大遗漏,给他人造成损失的,应当依法与委托人承担连带赔偿责任,但是能证明自己没有过错的除外。

第四十一条 企业及其控股股东、实际控制人、董事、监事、高级管理人员等作出公开承诺的,应当披露。不履行承诺给投资者造成损失的,应当依法承担赔偿责任。

第四十二条 负责为信息披露发布提供服务的机构,应当做好基础设施的运营和维护,为信息披露提供必要的服务支持和技术保障,及时发布并妥善保管信息,不得发布虚假信息,不得故意隐匿、伪造、篡改或毁损信息披露文件或泄露非公开信息。

第五章 附 则

第四十三条 对违约债券、绿色债券等特殊类型债券以及境外企业在中国境内发行债券的信息披露有特殊要求的,从其规定执行。

第四十四条 本办法所称市场自律组织是指中央国债登记结算有限责任公司、中国银行间市场交易商协会、上海证券交易所、深圳证券交易所、中国证券业协会。

第四十五条 本办法所称财务报告应当按照《企业会计准则》等国家统一的会计制度编制。

第四十六条 本办法由中国人民银行会同国家发展和改革委员会、中国证券监督管理委员会负责解释。

第四十七条 本办法自2021年5月1日起施行。

附件1:募集说明书编制要求(略)

附件2:定期报告编制要求(略)

中国证券监督管理委员会关于首次公开发行股票并上市公司招股说明书财务报告审计截止日后主要财务信息及经营状况信息披露指引

- 2013年12月6日中国证券监督管理委员会公告〔2013〕45号发布
- 根据2023年8月10日《中国证券监督管理委员会关于修改、废止部分证券期货制度文件的决定》修正

为进一步提高信息披露质量,增强信息披露的及时性,保护投资者的合法权益,依据《首次公开发行股票注册管理办法》等规定,制定本指引。

申请首次公开发行股票并上市的公司(以下简称发行人)提交中国证监会注册的招股说明书,应充分披露财务报告审计截止日后的财务信息及主要经营状况,保荐机构应关注发行人在财务报告审计截止日后经营状况是否发生重大变化,并督促发行人做好信息披露工作。

一、发行人财务报告审计截止日至招股说明书签署日之间超过1个月的,应在招股说明书重大事项提示中披露审计截止日后的主要经营状况。相关情况披露的截止时点应尽可能接近招股说明书签署日。如果发行人生产经营的内外部环境发生或将要发生重大变化,应就该情况及其可能对发行人经营状况和未来经营业绩产生的不利影响进行充分分析并就相关风险作重大事项提示。

二、发行人财务报告审计截止日至招股说明书签署日之间超过4个月的,应补充提供经会计师事务所审阅的期间1个季度的财务报表;超过7个月的,应补充提供经会计师事务所审阅的期间2个季度的财务报表。发行人提供季度经审阅的财务报表的,应在招股说明书管理层分析中以列表方式披露该季度末和上年末、该季度和上年同期及年初至该季度末和上年同期的主要财务信息,包括但不限于:总资产、所有者权益、营业收入、营业利润、利润总额、净利润、归属于母公司股东的净利润、扣除非经常性损益后归属于母公司股东的净利润、经营活动产生的现金流量净额等,并披露纳入非经常性损益的主要项目和金额。若该季度的主要会计报表项目与财务报告审计截止日或上年同期相比发生较大变化,应披露变化情况、变化原因以及由此可能产生的影响,并在重大事项提示中披露相关风险。发行人应在招股说明书重大事项提示中提醒投资者,发行人已披露财务报告审计截止日后经会计师事务所审阅的主要财务信息(如有)及经营状况。

三、发行人应在招股说明书重大事项提示中补充披露下一报告期业绩预告信息,主要包括年初至下一报告期末营业收入、扣除非经常性损益前后净利润的预计情况、同比变化趋势及原因等;较上年同期可能发生重大变化的,应分析披露其性质、程度及对持续经营的影响。若审计截止日后发行人经营状况发生较大不利变化,或经营业绩呈下降趋势,应在风险因素及重大事项提示中披露相关风险。

四、为向投资者及时提供投资决策和价值判断所需信息,4月30日之后公告招股说明书、向中国证监会提交注册以及正在履行注册程序的,招股说明书中引用的财务报表应当包括上一年度经审计的财务报表。

五、发行人及其董事、监事、高级管理人员需出具专项声明,保证审计截止日后财务报表不存在虚假记载、误导性陈述或者重大遗漏,并对其内容的真实性、准确性及完整性承担相应的法律责任。发行人负责人、主管会计工作负责人及会计机构负责人(会计主管人员)应出具专项声明,保证该等财务报表的真实、准确、完整。会计师事务所就该等财务报表出具审阅意见的,应当切实履行审阅责任,保持应有的职业谨慎。经审阅财务报表与对应经审计财务报表存在重大差异的,保荐机构及申报会计师应在15个工作日内向中国证监会、证券交易所报告,说明差异原因、性质及影响程度。

六、保荐机构应督促发行人切实做好审计截止日后主要财务信息及经营状况信息披露,核查发行人生产经营的内外部环境是否发生或将要发生重大变化,包括但不限于:产业政策重大调整,进出口业务受到重大限制,税收政策出现重大变化,行业周期性变化、业务模式及竞争趋势发生重大变化,主要原材料的采购规模及采购价格或主要产品的生产、销售规模及销售价格出现大幅变化,新增对未来经营可能产生较大影响的诉讼或仲裁事项,主要客户或供应商出现重大变化,重大合同条款或实际执行情况发生重大变化,重大安全事故,以及其他可能影响投资者判断的重大事项等。保荐机构应在发行保荐书中说明相关结论,并在发行保荐工作报告中详细说明核查的过程、了解并收集到的相关情况,得出结论的依据,并在此基础上就发行人审计截止日后经营状况是否出现重大不利变化出具核查意见。

关于首发及再融资、重大资产重组摊薄即期回报有关事项的指导意见

- 2015 年 12 月 30 日
- 中国证券监督管理委员会公告〔2015〕31 号

为落实《国务院关于进一步促进资本市场健康发展的若干意见》(国发〔2014〕17 号)和《国务院办公厅关于进一步加强资本市场中小投资者合法权益保护工作的意见》(国办发〔2013〕110 号)要求,引导上市公司增强持续回报能力,制定本指导意见。

一、公司首次公开发行股票(以下简称首发)、上市公司发行股票(含优先股)和可转债(以下简称再融资)、上市公司重大资产购买、出售、置换及上市公司发行股份购买资产(以下简称重大资产重组),应披露本次融资募集资金到位或重大资产重组完成当年公司每股收益相对上年度每股收益的变动趋势。计算每股收益应按照《公开发行证券的公司信息披露编报规则第 9 号——净资产收益率和每股收益的计算及披露》的规定分别计算基本每股收益和稀释每股收益,同时扣除非经常性损益的影响。

二、如果预计本次融资募集资金到位或重大资产重组完成当年基本每股收益或稀释每股收益低于上年度,导致公司即期回报被摊薄的,公司应披露:

(一)董事会选择本次融资或重大资产重组的必要性和合理性。

(二)本次募集资金投资项目与公司现有业务的关系,公司从事募投项目在人员、技术、市场等方面的储备情况。

公司同时应根据自身经营特点制定并披露填补回报的具体措施,增强公司持续回报能力,包括但不限于以下内容:

(一)公司现有业务板块运营状况、发展态势、面临的主要风险及改进措施。

(二)提高公司日常运营效率,降低公司运营成本,提升公司经营业绩的具体措施。

三、公司的董事、高级管理人员应忠实、勤勉地履行职责,维护公司和全体股东的合法权益。根据中国证监会相关规定对公司填补回报措施能够得到切实履行作出承诺,包括但不限于:

(一)承诺不无偿或以不公平条件向其他单位或者个人输送利益,也不采用其他方式损害公司利益。

(二)承诺对董事和高级管理人员的职务消费行为进行约束。

(三)承诺不动用公司资产从事与其履行职责无关的投资、消费活动。

(四)承诺由董事会或薪酬委员会制定的薪酬制度与公司填补回报措施的执行情况相挂钩。

(五)承诺拟公布的公司股权激励的行权条件与公司填补回报措施的执行情况相挂钩。

四、公司的控股股东、实际控制人不得越权干预公司经营管理活动,不得侵占公司利益。公司通过本次融资或重大资产重组向实际控制人、控股股东及其关联人收购资产,如果对被收购资产有效益承诺的,应明确效益无法完成时的补偿责任。

五、公司董事会应对公司本次融资和重大资产重组是否摊薄即期回报进行分析、将填补即期回报措施及相关承诺主体的承诺等事项形成议案,提交股东大会表决。公司应在招股说明书、发行预案、募集说明书或重大资产重组报告中披露相关事项,同时提示投资者制定填补回报措施不等于对公司未来利润做出保证。在定期报告中持续披露填补即期回报措施的完成情况及相关承诺主体承诺事项的履行情况。

六、保荐机构和财务顾问应对公司所预计的即期回报摊薄情况的合理性、填补即期回报措施及相关承诺主体的承诺事项,是否符合《国务院办公厅关于进一步加强资本市场中小投资者合法权益保护工作的意见》中关于保护中小投资者合法权益的精神等发表核查意见。在持续督导期间,保荐机构和财务顾问应切实履行勤勉尽责义务,督促相关承诺主体履行所承诺的事项,并在定期报告中履行持续披露义务。督导责任落实不到位的,依法追究保荐机构和财务顾问责任。

七、首发及再融资、重大资产重组中存在下列事项的,相关承诺主体应在股东大会及中国证监会指定报刊公开作出解释并道歉;证券交易所、中国上市公司协会可以采取相应的自律监管措施;中国证监会可以依法给予相应监管措施,并将记入诚信档案;违反承诺给公司或者股东造成损失的,依法承担补偿责任。

(一)公司披露本次融资募集资金到位或重大资产重组完成当年公司即期回报不存在被摊薄情况的,如果利润实现数导致即期回报被摊薄。

(二)相关责任主体违反承诺或拒不履行承诺。

八、为保障本指导意见的顺利实施,上海、深圳证券交易所应制定相应的实施细则,中国上市公司协会应制定相关自律规范,强化自律管理。

五、股权变动

1. 增持与减持

上市公司股份回购规则

· 2023 年 12 月 15 日
· 中国证券监督管理委员会公告〔2023〕63 号

第一章 总 则

第一条 为规范上市公司股份回购行为，依据《中华人民共和国公司法》(以下简称《公司法》)、《中华人民共和国证券法》(以下简称《证券法》)等法律、行政法规，制定本规则。

第二条 本规则所称上市公司回购股份，是指上市公司因下列情形之一收购本公司股份的行为：

(一)减少公司注册资本；

(二)将股份用于员工持股计划或者股权激励；

(三)将股份用于转换上市公司发行的可转换为股票的公司债券；

(四)为维护公司价值及股东权益所必需。

前款第(四)项所指情形，应当符合以下条件之一：

(一)公司股票收盘价格低于最近一期每股净资产；

(二)连续二十个交易日内公司股票收盘价格跌幅累计达到百分之二十；

(三)公司股票收盘价格低于最近一年股票最高收盘价格的百分之五十；

(四)中国证监会规定的其他条件。

第三条 上市公司回购股份，应当有利于公司的可持续发展，不得损害股东和债权人的合法权益。

上市公司的董事、监事和高级管理人员在回购股份中应当忠实、勤勉地履行职责。

第四条 鼓励上市公司在章程或其他治理文件中完善股份回购机制，明确股份回购的触发条件、回购流程等具体安排。

第五条 上市公司回购股份，应当依据本规则和证券交易所的规定履行决策程序和信息披露义务。

上市公司及其董事、监事、高级管理人员应当保证所披露的信息真实、准确、完整，无虚假记载、误导性陈述或重大遗漏。

第六条 上市公司回购股份，可以结合实际，自主决定聘请财务顾问、律师事务所、会计师事务所等证券服务机构出具专业意见，并与回购股份方案一并披露。

前款规定的证券服务机构及人员应当诚实守信，勤勉尽责，对回购股份相关事宜进行尽职调查，并保证其出具的文件真实、准确、完整。

第七条 任何人不得利用上市公司回购股份从事内幕交易、操纵市场和证券欺诈等违法违规活动。

第二章 一般规定

第八条 上市公司回购股份应当同时符合以下条件：

(一)公司股票上市已满六个月；

(二)公司最近一年无重大违法行为；

(三)回购股份后，上市公司具备持续经营能力和债务履行能力；

(四)回购股份后，上市公司的股权分布原则上应符合上市条件；公司拟通过回购股份终止其股票上市交易的，应当符合证券交易所的相关规定；

(五)中国证监会、证券交易所规定的其他条件。

上市公司因本规则第二条第一款第(四)项回购股份并减少注册资本的，不适用前款第(一)项。

第九条 上市公司回购股份可以采取以下方式之一进行：

(一)集中竞价交易方式；

(二)要约方式；

(三)中国证监会认可的其他方式。

上市公司因本规则第二条第一款第(二)项、第(三)项、第(四)项规定的情形回购股份的，应当通过本条第一款第(一)项、第(二)项规定的方式进行。

上市公司采用要约方式回购股份的，参照《上市公司收购管理办法》关于要约收购的规定执行。

第十条 上市公司触及本规则第二条第二款规定条件的，董事会应当及时了解是否存在对股价可能产生较大影响的重大事件和其他因素，通过多种渠道主动与股东特别是中小股东进行沟通和交流，充分听取股东关于公司是否应实施股份回购的意见和诉求。

第十一条 上市公司因本规则第二条第一款第（一）项、第（二）项、第（三）项规定的情形回购股份的，回购期限自董事会或者股东大会审议通过最终回购股份方案之日起不超过十二个月。

上市公司因本规则第二条第一款第（四）项规定的情形回购股份的，回购期限自董事会或者股东大会审议通过最终回购股份方案之日起不超过三个月。

第十二条 上市公司用于回购的资金来源必须合法合规。

第十三条 上市公司实施回购方案前，应当在证券登记结算机构开立由证券交易所监控的回购专用账户；该账户仅可用于存放已回购的股份。

上市公司回购的股份自过户至上市公司回购专用账户之日起即失去其权利，不享有股东大会表决权、利润分配、公积金转增股本、认购新股和可转换公司债券等权利，不得质押和出借。

上市公司在计算相关指标时，应当从总股本中扣减已回购的股份数量。

第十四条 上市公司不得同时实施股份回购和股份发行行为，但依照有关规定实施优先股发行行为的除外。

前款所称实施股份回购行为，是指上市公司股东大会或者董事会通过回购股份方案后，上市公司收购本公司股份的行为。实施股份发行行为，是指上市公司自向特定对象发送认购邀请书或者取得注册批复并启动向不特定对象发行股份之日起至新增股份完成登记之日止的股份发行行为。

第十五条 上市公司相关股东、董事、监事、高级管理人员在上市公司回购股份期间减持股份的，应当符合中国证监会、证券交易所关于股份减持的相关规定。

第十六条 因上市公司回购股份，导致投资者持有或者通过协议、其他安排与他人共同持有该公司已发行的有表决权股份超过百分之三十的，投资者可以免于发出要约。

第十七条 上市公司因本规则第二条第一款第（一）项规定情形回购股份的，应当在自回购之日起十日内注销；因第（二）项、第（三）项、第（四）项规定情形回购股份的，公司合计持有的本公司股份数不得超过本公司已发行股份总额的百分之十，并应当在三年内按照依法披露的用途进行转让，未按照披露用途转让的，应当在三年期限届满前注销。

上市公司因本规则第二条第一款第（四）项规定情形回购股份的，可以按照证券交易所规定的条件和程序，在履行预披露义务后，通过集中竞价交易方式出售。

第十八条 上市公司以现金为对价，采用要约方式、集中竞价方式回购股份的，视同上市公司现金分红，纳入现金分红的相关比例计算。

第十九条 股东大会授权董事会实施股份回购的，可以依法一并授权董事会实施再融资。上市公司实施股份回购的，可以同时申请发行可转换公司债券，募集时间由上市公司按照有关规定予以确定。

第三章 回购程序和信息披露

第二十条 上市公司因本规则第二条第一款第（一）项规定情形回购股份的，应当由董事会依法作出决议，并提交股东大会审议，经出席会议的股东所持表决权的三分之二以上通过；因第（二）项、第（三）项、第（四）项规定情形回购股份的，可以依照公司章程的规定或者股东大会的授权，经三分之二以上董事出席的董事会会议决议。

上市公司股东大会对董事会作出授权的，应当在决议中明确授权实施股份回购的具体情形和授权期限等内容。

第二十一条 根据法律法规及公司章程等享有董事会、股东大会提案权的回购提议人向上市公司董事会提议回购股份的，应当遵守证券交易所的规定。

第二十二条 上市公司应当在董事会作出回购股份决议后两个交易日内，按照证券交易所的规定至少披露下列文件：

（一）董事会决议；

（二）回购股份方案。

回购股份方案须经股东大会决议的，上市公司应当及时发布召开股东大会的通知。

第二十三条 回购股份方案至少应当包括以下内容：

（一）回购股份的目的、方式、价格区间；

（二）拟回购股份的种类、用途、数量及占公司总股本的比例；

（三）拟用于回购的资金总额及资金来源；

（四）回购股份的实施期限；

（五）预计回购后公司股权结构的变动情况；

（六）管理层对本次回购股份对公司经营、财务及未来发展影响的分析；

（七）上市公司董事、监事、高级管理人员在董事会作出回购股份决议前六个月是否存在买卖上市公司股票

的行为,是否存在单独或者与他人联合进行内幕交易及市场操纵的说明;

(八)证券交易所规定的其他事项。

以要约方式回购股份的,还应当披露股东预受要约的方式和程序、股东撤回预受要约的方式和程序,以及股东委托办理要约回购中相关股份预受、撤回、结算、过户登记等事宜的证券公司名称及其通讯方式。

第二十四条 上市公司应当在披露回购股份方案后五个交易日内,披露董事会公告回购股份决议的前一个交易日登记在册的前十大股东和前十大无限售条件股东的名称及持股数量、比例。

回购方案需经股东大会决议的,上市公司应当在股东大会召开前三日,披露股东大会的股权登记日登记在册的前十大股东和前十大无限售条件股东的名称及持股数量、比例。

第二十五条 上市公司股东大会审议回购股份方案的,应当对回购股份方案披露的事项逐项进行表决。

第二十六条 上市公司应当在董事会或者股东大会审议通过最终回购股份方案后及时披露回购报告书。

回购报告书至少应包括本规则第二十三条回购股份方案所列事项及其他应说明的事项。

第二十七条 上市公司回购股份后拟予以注销的,应当在股东大会作出回购股份的决议后,依照《公司法》有关规定通知债权人。

第二十八条 未经法定或章程规定的程序授权或审议,上市公司、大股东不得对外发布回购股份的有关信息。

第二十九条 上市公司回购股份方案披露后,非因充分正当事由不得变更或者终止。确需变更或终止的,应当符合中国证监会、证券交易所的相关规定,并履行相应的决策程序。

上市公司回购股份用于注销的,不得变更为其他用途。

第四章　以集中竞价交易方式回购股份的特殊规定

第三十条 上市公司以集中竞价交易方式回购股份的,应当符合证券交易所的规定,交易申报应当符合下列要求:

(一)申报价格不得为公司股票当日交易涨幅限制的价格;

(二)不得在证券交易所开盘集合竞价、收盘集合竞价及股票价格无涨跌幅限制的交易日内进行股份回购的委托。

第三十一条 上市公司以集中竞价交易方式回购股份的,在下列期间不得实施:

(一)自可能对本公司证券及其衍生品种交易价格产生重大影响的重大事项发生之日或者在决策过程中至依法披露之日内;

(二)中国证监会规定的其他情形。

上市公司因本规则第二条第一款第(四)项规定的情形回购股份并减少注册资本的,不适用前款规定。

第三十二条 上市公司以集中竞价交易方式回购股份的,应当按照以下规定履行公告义务:

(一)上市公司应当在首次回购股份事实发生的次一交易日予以公告;

(二)上市公司回购股份占上市公司总股本的比例每增加百分之一的,应当自该事实发生之日起三个交易日内予以公告;

(三)在回购股份期间,上市公司应当在每个月的前三个交易日内,公告截至上月末的回购进展情况,包括已回购股份总额、购买的最高价和最低价、支付的总金额;

(四)上市公司在回购期间应当在定期报告中公告回购进展情况,包括已回购股份的数量和比例、购买的最高价和最低价、支付的总金额;

(五)上市公司在回购股份方案规定的回购实施期限过半时,仍未实施回购的,董事会应当公告未能实施回购的原因和后续回购安排;

(六)回购期届满或者回购方案已实施完毕的,上市公司应当停止回购行为,并在二个交易日内公告回购股份情况以及公司股份变动报告,包括已回购股份总额、购买的最高价和最低价以及支付的总金额等内容。

第五章　以要约方式回购股份的特殊规定

第三十三条 上市公司以要约方式回购股份的,要约价格不得低于回购股份方案公告日前三十个交易日该种股票每日加权平均价的算术平均值。

第三十四条 上市公司以要约方式回购股份的,应当在公告回购报告书的同时,将回购所需资金全额存放于证券登记结算机构指定的银行账户。

第三十五条 上市公司以要约方式回购股份,股东预受要约的股份数量超出预定回购的股份数量的,上市公司应当按照相同比例回购股东预受的股份;股东预受要约的股份数量不足预定回购的股份数量的,上市公司应当全部回购股东预受的股份。

第三十六条 上市公司以要约方式回购境内上市外资股的,还应当符合证券交易所和证券登记结算机构业务规则的有关规定。

第六章 监管措施和法律责任

第三十七条 上市公司及相关方违反本规则，或者未按照回购股份报告书约定实施回购的，中国证监会可以采取责令改正、出具警示函等监管措施，证券交易所可以按照业务规则采取自律监管措施或者予以纪律处分。

第三十八条 在股份回购信息公开前，该信息的知情人和非法获取该信息的人，买卖该公司的证券，或者泄露该信息，或者建议他人买卖证券的，中国证监会依照《证券法》第一百九十一条进行处罚。

第三十九条 利用上市公司股份回购，从事《证券法》第五十五条禁止行为的，中国证监会依照《证券法》第一百九十二条进行处罚。

第四十条 上市公司未按照本规则以及证券交易所规定披露回购信息的，中国证监会、证券交易所可以要求其补充披露、暂停或者终止回购股份活动。

第四十一条 上市公司未按照本规则以及证券交易所规定披露回购股份的相关信息，或者所披露的信息存在虚假记载、误导性陈述或者重大遗漏的，中国证监会依照《证券法》第一百九十七条予以处罚。

第四十二条 为上市公司回购股份出具专业文件的证券服务机构及其从业人员未履行诚实守信、勤勉尽责义务，违反行业规范、业务规则的，由中国证监会采取责令改正、监管谈话、出具警示函等监管措施。

前款规定的证券服务机构及其从业人员所制作、出具的文件存在虚假记载、误导性陈述或者重大遗漏的，依照《证券法》第二百一十三条予以处罚；情节严重的，可以采取市场禁入的措施。

第七章 附 则

第四十三条 本规则自公布之日起施行。《上市公司股份回购规则》（证监会公告〔2022〕4号）同时废止。

关于上市公司控股股东在股权分置改革后增持社会公众股份有关问题的通知

- 2005年6月16日
- 证监发〔2005〕52号

各上市公司：

为了积极稳妥地推进上市公司股权分置改革，维护市场稳定，根据《公司法》、《证券法》等有关法律的规定，现就实施股权分置改革的上市公司控股股东增持该公司社会公众股份（以下简称增持股份）所涉及的有关问题通知如下：

一、实施股权分置改革后的上市公司控股股东，为避免公司股价非理性波动，维护投资者利益，维护上市公司形象，在公司股东大会通过股权分置改革方案后的两个月内增持社会公众股份而触发要约收购义务的，可以免于履行要约收购义务。

二、拟增持股份的控股股东应当将其增持股份计划与上市公司股权分置改革方案同时公告。

增持股份计划应当包括增持股份的目的、增持股份的前提条件、拟增持股份的数量、在增持股份计划完成后的六个月内不出售所增持股份的承诺。

三、控股股东增持股份占上市公司总股本的比例每增加5%，应当自该事实发生之日起两日内予以公告，在公告前，不得再行买入该公司的股票。

四、控股股东实施增持股份计划导致上市公司的股权分布不符合《公司法》规定的上市条件的，该股东应当在增持股份计划实施完毕六个月后的一个月内实施维持公司上市地位的方案。

关于上市公司实施员工持股计划试点的指导意见

- 2014年6月20日
- 中国证券监督管理委员会公告〔2014〕33号

为了贯彻《中共中央关于全面深化改革若干重大问题的决定》中关于"允许混合所有制经济实行企业员工持股，形成资本所有者和劳动者利益共同体"的精神，落实《国务院关于进一步促进资本市场健康发展的若干意见》（国发〔2014〕17号）中关于"允许上市公司按规定通过多种形式开展员工持股计划"的要求，经国务院同意，中国证监会依照《公司法》、《证券法》相关规定，在上市公司中开展员工持股计划实施试点。上市公司实施员工持股计划试点，有利于建立和完善劳动者与所有者的利益共享机制，改善公司治理水平，提高职工的凝聚力和公司竞争力，使社会资金通过资本市场实现优化配置。为稳妥有序开展员工持股计划试点，现提出以下指导意见。

一、员工持股计划基本原则

（一）依法合规原则

上市公司实施员工持股计划，应当严格按照法律、行政法规的规定履行程序，真实、准确、完整、及时地实施信息披露。任何人不得利用员工持股计划进行内幕交易、操纵证券市场等证券欺诈行为。

（二）自愿参与原则

上市公司实施员工持股计划应当遵循公司自主决定，员工自愿参加，上市公司不得以摊派、强行分配等方式强制员工参加本公司的员工持股计划。

（三）风险自担原则

员工持股计划参与人盈亏自负，风险自担，与其他投资者权益平等。

二、员工持股计划的主要内容

（四）员工持股计划是指上市公司根据员工意愿，通过合法方式使员工获得本公司股票并长期持有，股份权益按约定分配给员工的制度安排。员工持股计划的参加对象为公司员工，包括管理层人员。

（五）员工持股计划的资金和股票来源

1. 员工持股计划可以通过以下方式解决所需资金：

（1）员工的合法薪酬；（2）法律、行政法规允许的其他方式。

2. 员工持股计划可以通过以下方式解决股票来源：

（1）上市公司回购本公司股票；（2）二级市场购买；（3）认购非公开发行股票；（4）股东自愿赠与；（5）法律、行政法规允许的其他方式。

（六）员工持股计划的持股期限和持股计划的规模

1. 每期员工持股计划的持股期限不得低于12个月，以非公开发行方式实施员工持股计划的，持股期限不得低于36个月，自上市公司公告标的股票过户至本期持股计划名下时起算；上市公司应当在员工持股计划届满前6个月公告到期计划持有的股票数量。

2. 上市公司全部有效的员工持股计划所持有的股票总数累计不得超过公司股本总额的10%，单个员工所获股份权益对应的股票总数累计不得超过公司股本总额的1%。员工持股计划持有的股票总数不包括员工在公司首次公开发行股票上市前获得的股份、通过二级市场自行购买的股份及通过股权激励获得的股份。

（七）员工持股计划的管理

1. 参加员工持股计划的员工应当通过员工持股计划持有人会议选出代表或设立相应机构，监督员工持股计划的日常管理，代表员工持股计划持有人行使股东权利或者授权资产管理机构行使股东权利。

2. 上市公司可以自行管理本公司的员工持股计划，也可以将本公司员工持股计划委托给下列具有资产管理资质的机构管理：（1）信托公司；（2）保险资产管理公司；（3）证券公司；（4）基金管理公司；（5）其它符合条件的资产管理机构。

3. 上市公司自行管理本公司员工持股计划的，应当明确持股计划的管理方，制定相应的管理规则，切实维护员工持股计划持有人的合法权益，避免产生上市公司其他股东与员工持股计划持有人之间潜在的利益冲突。

4. 员工享有标的股票的权益；在符合员工持股计划约定的情况下，该权益可由员工自身享有，也可以转让、继承。员工通过持股计划获得的股份权益的占有、使用、收益和处分的权利，可以依据员工持股计划的约定行使；参加员工持股计划的员工离职、退休、死亡以及发生不再适合参加持股计划事由等情况时，其所持股份权益依照员工持股计划约定方式处置。

5. 上市公司委托资产管理机构管理本公司员工持股计划的，应当与资产管理机构签订资产管理协议。资产管理协议应当明确当事人的权利义务，切实维护员工持股计划持有人的合法权益，确保员工持股计划的财产安全。资产管理机构应当根据协议约定管理员工持股计划，同时应当遵守资产管理业务相关规则。

6. 员工持股计划管理机构应当为员工持股计划持有人的最大利益行事，不得与员工持股计划持有人存在利益冲突，不得泄露员工持股计划持有人的个人信息。

7. 员工持股计划管理机构应当以员工持股计划的名义开立证券交易账户。员工持股计划持有的股票、资金为委托财产，员工持股计划管理机构不得将委托财产归入其固有财产。员工持股计划管理机构因依法解散、被依法撤销或者被依法宣告破产等原因进行清算的，委托财产不属于其清算财产。

三、员工持股计划的实施程序及信息披露

（八）上市公司实施员工持股计划前，应当通过职工代表大会等组织充分征求员工意见。

（九）上市公司董事会提出员工持股计划草案并提交股东大会表决，员工持股计划草案至少应包含如下内容：

1. 员工持股计划的参加对象及确定标准、资金、股票来源；2. 员工持股计划的存续期限、管理模式、持有人会议的召集及表决程序；3. 公司融资时员工持股计划的参与方式；4. 员工持股计划的变更、终止，员工发生不适合参加持股计划情况时所持股份权益的处置办法；5. 员工持股计划持有人代表或机构的选任程序；6. 员工持股计划管理机构的选任、管理协议的主要条款、管理费用的计提及支付方式；7. 员工持股计划期满后员工所持有股份的处置办法；8. 其他重要事项。

非金融类国有控股上市公司实施员工持股计划应当

符合相关国有资产监督管理机构关于混合所有制企业员工持股的有关要求。

金融类国有控股上市公司实施员工持股计划应当符合财政部关于金融类国有控股上市公司员工持股的规定。

（十）独立董事和监事会应当就员工持股计划是否有利于上市公司的持续发展，是否损害上市公司及全体股东利益，公司是否以摊派、强行分配等方式强制员工参加本公司持股计划发表意见。上市公司应当在董事会审议通过员工持股计划草案后的2个交易日内，公告董事会决议、员工持股计划草案摘要、独立董事及监事会意见及与资产管理机构签订的资产管理协议。

（十一）上市公司应当聘请律师事务所对员工持股计划出具法律意见书，并在召开关于审议员工持股计划的股东大会前公告法律意见书。员工持股计划拟选任的资产管理机构为公司股东或股东关联方的，相关主体应当在股东大会表决时回避；员工持股计划涉及相关董事、股东的，相关董事、股东应当回避表决；公司股东大会对员工持股计划作出决议的，应当经出席会议的股东所持表决权的半数以上通过。

（十二）股东大会审议通过员工持股计划后2个交易日内，上市公司应当披露员工持股计划的主要条款。

（十三）采取二级市场购买方式实施员工持股计划的，员工持股计划管理机构应当在股东大会审议通过员工持股计划后6个月内，根据员工持股计划的安排，完成标的股票的购买。上市公司应当每月公告一次购买股票的时间、数量、价格、方式等具体情况。

上市公司实施员工持股计划的，在完成标的股票的购买或将标的股票过户至员工持股计划名下的2个交易日内，以临时公告形式披露获得标的股票的时间、数量等情况。

（十四）员工因参加员工持股计划，其股份权益发生变动，依据法律应当履行相应义务的，应当依据法律履行；员工持股计划持有公司股票达到公司已发行股份总数的5%时，应当依据法律规定履行相应义务。

（十五）上市公司至少应当在定期报告中披露报告期内下列员工持股计划实施情况：
1.报告期内持股员工的范围、人数；2.实施员工持股计划的资金来源；3.报告期内员工持股计划持有的股票总额及占上市公司股本总额的比例；4.因员工持股计划持有人处分权利引起的计划股份权益变动情况；5.资产管理机构的变更情况；6.其他应当予以披露的事项。

四、员工持股计划的监管

（十六）除非公开发行方式外，中国证监会对员工持股计划的实施不设行政许可，由上市公司根据自身实际情况决定实施。

（十七）上市公司公布、实施员工持股计划时，必须严格遵守市场交易规则，遵守中国证监会关于信息敏感期不得买卖股票的规定，严厉禁止利用任何内幕信息进行交易。

（十八）中国证监会对上市公司实施员工持股计划进行监管，对利用员工持股计划进行虚假陈述、操纵证券市场、内幕交易等违法行为的，中国证监会将依法予以处罚。

（十九）法律禁止特定行业公司员工持有、买卖股票的，不得以员工持股计划的名义持有、买卖股票。

（二十）证券交易所在其业务规则中明确员工持股计划的信息披露要求；证券登记结算机构在其业务规则中明确员工持股计划登记结算业务的办理要求。

上市公司股东、董监高减持股份的若干规定

·2017年5月26日
·中国证券监督管理委员会公告〔2017〕9号

第一条 为了规范上市公司股东及董事、监事、高级管理人员（以下简称董监高）减持股份行为，促进证券市场长期稳定健康发展，根据《公司法》《证券法》的有关规定，制定本规定。

第二条 上市公司控股股东和持股5%以上股东（以下统称大股东）、董监高减持股份，以及股东减持其持有的公司首次公开发行前发行的股份、上市公司非公开发行的股份，适用本规定。

大股东减持其通过证券交易所集中竞价交易买入的上市公司股份，不适用本规定。

第三条 上市公司股东、董监高应当遵守《公司法》《证券法》和有关法律、法规，中国证监会规章、规范性文件，以及证券交易所规则中关于股份转让的限制性规定。

上市公司股东、董监高曾就限制股份转让作出承诺的，应当严格遵守。

第四条 上市公司股东、董监高可以通过证券交易所的证券交易卖出，也可以通过协议转让及法律、法规允许的其他方式减持股份。

因司法强制执行、执行股权质押协议、赠与、可交换债换股、股票权益互换等减持股份的，应当按照本规定办

理。

第五条 上市公司股东、董监高减持股份,应当按照法律、法规和本规定,以及证券交易所规则,真实、准确、完整、及时履行信息披露义务。

第六条 具有下列情形之一的,上市公司大股东不得减持股份:

(一)上市公司或者大股东因涉嫌证券期货违法犯罪,在被中国证监会立案调查或者被司法机关立案侦查期间,以及在行政处罚决定、刑事判决作出之后未满6个月的。

(二)大股东因违反证券交易所规则,被证券交易所公开谴责未满3个月的。

(三)中国证监会规定的其他情形。

第七条 具有下列情形之一的,上市公司董监高不得减持股份:

(一)董监高因涉嫌证券期货违法犯罪,在被中国证监会立案调查或者被司法机关立案侦查期间,以及在行政处罚决定、刑事判决作出之后未满6个月的。

(二)董监高因违反证券交易所规则,被证券交易所公开谴责未满3个月的。

(三)中国证监会规定的其他情形。

第八条 上市公司大股东、董监高计划通过证券交易所集中竞价交易减持股份,应当在首次卖出的15个交易日前向证券交易所报告并预先披露减持计划,由证券交易所予以备案。

上市公司大股东、董监高减持计划的内容应当包括但不限于:拟减持股份的数量、来源、减持时间区间、方式、价格区间、减持原因。减持时间区间应当符合证券交易所的规定。

在预先披露的减持时间区间内,大股东、董监高应当按照证券交易所的规定披露减持进展情况。减持计划实施完毕后,大股东、董监高应当在两个交易日内向证券交易所报告,并予公告;在预先披露的减持时间区间内,未实施减持或者减持计划未实施完毕的,应当在减持时间区间届满后的两个交易日内向证券交易所报告,并予公告。

第九条 上市公司大股东在3个月内通过证券交易所集中竞价交易减持股份的总数,不得超过公司股份总数的1%。

股东通过证券交易所集中竞价交易减持其持有的公司首次公开发行前发行的股份、上市公司非公开发行的股份,应当符合前款规定的比例限制。

股东持有上市公司非公开发行的股份,在股份限售期届满后12个月内通过集中竞价交易减持的数量,还应当符合证券交易所规定的比例限制。

适用前三款规定时,上市公司大股东与其一致行动人所持有的股份应当合并计算。

第十条 通过协议转让方式减持股份并导致股份出让方不再具有上市公司大股东身份的,股份出让方、受让方应当在减持后6个月内继续遵守本规定第八条、第九条第一款的规定。

股东通过协议转让方式减持其持有的公司首次公开发行前发行的股份、上市公司非公开发行的股份,股份出让方、受让方应当在减持后6个月内继续遵守本规定第九条第二款的规定。

第十一条 上市公司大股东通过大宗交易方式减持股份,或者股东通过大宗交易方式减持其持有的公司首次公开发行前发行的股份、上市公司非公开发行的股份,股份出让方、受让方应当遵守证券交易所关于减持数量、持有时间等规定。

适用前款规定时,上市公司大股东与其一致行动人所持有的股份应当合并计算。

第十二条 上市公司大股东的股权被质押的,该股东应当在该事实发生之日起2日内通知上市公司,并予公告。

中国证券登记结算公司应当统一制定上市公司大股东场内场外股权质押登记要素标准,并负责采集相关信息。证券交易所应当明确上市公司大股东办理股权质押登记、发生平仓风险、解除股权质押等信息披露内容。

因执行股权质押协议导致上市公司大股东股份被出售的,应当执行本规定。

第十三条 上市公司股东、董监高未按照本规定和证券交易所规则减持股份的,证券交易所应当视情节采取书面警示等监管措施和通报批评、公开谴责等纪律处分措施;情节严重的,证券交易所应当通过限制交易的处置措施禁止相关证券账户6个月内或12个月内减持股份。

证券交易所为防止市场发生重大波动,影响市场交易秩序或者损害投资者利益,防范市场风险,有序引导减持,可以根据市场情况,依照法律和交易规则,对构成异常交易的行为采取限制交易等措施。

第十四条 上市公司股东、董监高未按照本规定和证券交易所规则减持股份的,中国证监会依照有关规定采取责令改正等监管措施。

第十五条 上市公司股东、董监高未按照本规定和证券交易所规则披露信息，或者所披露的信息存在虚假记载、误导性陈述或者重大遗漏的，中国证监会依照《证券法》第一百九十三条的规定给予行政处罚。

第十六条 上市公司股东、董监高减持股份超过法律、法规、中国证监会规章和规范性文件、证券交易所规则设定的比例的，依法予以查处。

第十七条 上市公司股东、董监高未按照本规定和证券交易所规则减持股份，构成欺诈、内幕交易和操纵市场的，依法予以查处。

第十八条 上市公司股东、董监高违反本规定和证券交易所规则减持股份，情节严重的，中国证监会可以依法采取证券市场禁入措施。

第十九条 本规定自公布之日起施行。《上市公司大股东、董监高减持股份的若干规定》（证监会公告〔2016〕1号）同时废止。

上市公司创业投资基金股东减持股份的特别规定

- 2020年3月6日
- 中国证券监督管理委员会公告〔2020〕17号

第一条 为了贯彻落实《国务院关于促进创业投资持续健康发展的若干意见》要求，对专注于长期投资和价值投资的创业投资基金减持其持有的上市公司首次公开发行前的股份给予政策支持，更好地发挥创业投资对于支持中小企业、科创企业创业创新的作用，依据《公司法》《证券法》等法律法规和中国证券监督管理委员会的规定，制定本规定。

第二条 在中国证券投资基金业协会（以下简称基金业协会）备案的创业投资基金，其所投资符合条件的企业上市后，通过证券交易所集中竞价交易减持其持有的发行人首次公开发行前发行的股份，适用下列比例限制：

（一）截至发行人首次公开发行上市日，投资期限不满36个月的，在3个月内减持股份的总数不得超过公司股份总数的1%；

（二）截至发行人首次公开发行上市日，投资期限在36个月以上但不满48个月的，在2个月内减持股份的总数不得超过公司股份总数的1%；

（三）截至发行人首次公开发行上市日，投资期限在48个月以上但不满60个月的，在1个月内减持股份的总数不得超过公司股份总数的1%；

（四）截至发行人首次公开发行上市日，投资期限60个月以上的，减持股份总数不再受比例限制。

投资期限自创业投资基金投资该首次公开发行企业金额累计达到300万元之日或者投资金额累计达到投资该首次公开发行企业总投资额50%之日开始计算。

第三条 创业投资基金所投资符合条件的企业是指满足下列情形之一的企业：

（一）首次接受投资时，企业成立不满60个月；

（二）首次接受投资时，企业职工人数不超过500人，根据会计事务所审计的年度合并会计报表，年销售额不超过2亿元、资产总额不超过2亿元；

（三）截至发行申请材料受理日，企业依据《高新技术企业认定管理办法》（国科发火〔2016〕32号）已取得高新技术企业证书。

第四条 创业投资基金通过大宗交易方式减持其持有的公司首次公开发行前发行的股份，股份出让方、受让方应当遵守证券交易所关于减持数量、持有时间等规定。

第五条 在基金业协会备案的私募股权投资基金，参照本规定执行。

第六条 不符合本规定条件，通过弄虚作假等手段进行减持的，中国证监会依照有关规定可以采取行政监管措施。

第七条 本规定未规定的上市公司股东减持股份事项，适用《上市公司股东、董监高减持股份的若干规定》（证监会公告〔2017〕9号）及其他有关规定。

第八条 本规定自2020年3月31日起施行。《上市公司创业投资基金股东减持股份的特别规定》（证监会公告〔2018〕4号）同时废止。

关于支持上市公司回购股份的意见

- 2018年11月9日
- 中国证券监督管理委员会公告〔2018〕35号

为进一步提高上市公司质量，优化投资者回报机制，建立健全长效激励机制，促进资本市场长期稳定健康发展，证监会、财政部、国资委根据《公司法》《证券法》等法律法规的有关规定，就上市公司回购股份提出意见如下：

一、上市公司股份回购是国际通行的公司实施并购重组、优化治理结构、稳定股价的必要手段，已是资本市场的一项基础性制度安排。上市公司要切实增强投资者回报意识，充分有效运用法律规定的股份回购方式，积极回报投资者。鼓励上市公司在章程或其他治理文件中完善股份回购机制，明确股份回购的触发条件、回购流程等具体安排。上市公司以现金为对价,采用要约方式、集中竞价方式回购股份的,视同上市公司现金分红,纳入现金分红的相关比例计算。

二、上市公司股价低于其每股净资产的,董事会应当及时了解是否存在对股价可能产生较大影响的重大事件和其他因素,通过多种渠道主动与股东特别是中小股东进行沟通和交流,充分听取股东关于公司是否应实施股份回购等措施的意见和诉求。

三、上市公司股价低于其每股净资产,或者20个交易日内股价跌幅累计达到30%的,可以为维护公司价值及股东权益进行股份回购;上市公司因该情形实施股份回购并减少注册资本的,不适用《上市公司回购社会公众股份管理办法(试行)》第八条关于股票上市已满一年的要求和《关于上市公司以集中竞价交易方式回购股份的补充规定》第九条关于特定期间内不得回购股份的条件限制。

四、鼓励上市公司依法回购股份用于股权激励及员工持股计划。

上市金融企业可以在合理确定回购实施价格、切实防范利益输送的基础上,依法回购股份用于实施股权激励或者员工持股计划,并按有关规定做好管理。

上市证券公司实施员工持股计划的,应当依法通过资产管理计划、信托计划等形式进行。

五、继续支持上市公司通过发行优先股、债券等多种方式,为回购本公司股份筹集资金。支持实施股份回购的上市公司依法以简便快捷方式进行再融资。鼓励上市公司的控股股东、实际控制人结合自身状况,积极增持上市公司股份,推动上市公司回购公司股份,并在资金方面提供支持。

上市公司实施股份回购后申请再融资,融资规模不超过最近十二个月股份回购总金额10倍的,本次再融资发行股票的董事会决议日距前次募集资金到位日不受融资间隔期的限制,审核中对此类再融资申请给予优先支持。

股东大会授权董事会实施股份回购的,可以依法一并授权董事会实施再融资。上市公司实施股份回购的,可以同时申请发行可转换公司债券,募集时间由上市公司按照有关规定予以确定。

六、上市公司的国有股东要做积极的、负责任的股东,支持所控股上市公司完善股份回购机制、依法实施股份回购,并通过多种方式促进上市公司提高发展质量和效益,实现做强做优,努力做维护证券市场健康稳定发展的表率。

2. 并购重组

国务院关于促进企业兼并重组的意见

· 2010年8月28日
· 国发〔2010〕27号

为深入贯彻落实科学发展观,切实加快经济发展方式转变和结构调整,提高发展质量和效益,现就加快调整优化产业结构、促进企业兼并重组提出以下意见:

一、充分认识企业兼并重组的重要意义

近年来,各行业、各领域企业通过合并和股权、资产收购等多种形式积极进行整合,兼并重组步伐加快,产业组织结构不断优化,取得了明显成效。但一些行业重复建设严重、产业集中度低、自主创新能力不强、市场竞争力较弱的问题仍很突出。在资源环境约束日益严重、国际间产业竞争更加激烈、贸易保护主义明显抬头的新形势下,必须切实推进企业兼并重组,深化企业改革,促进产业结构优化升级,加快转变发展方式,提高发展质量和效益,增强抵御国际市场风险能力,实现可持续发展。各地区、各有关部门要把促进企业兼并重组作为贯彻落实科学发展观,保持经济平稳较快发展的重要任务,进一步统一思想,正确处理局部与整体、当前与长远的关系,切实抓好促进企业兼并重组各项工作部署的贯彻落实。

二、主要目标和基本原则

(一)主要目标。

通过促进企业兼并重组,深化体制机制改革,完善以公有制为主体、多种所有制经济共同发展的基本经济制度。加快国有经济布局和结构的战略性调整,健全国有资本有进有退的合理流动机制,鼓励和支持民营企业参与竞争性领域国有企业改革、改制和改组,促进非公有制经济和中小企业发展。兼并重组企业要转换经营机制,完善公司治理结构,建立现代企业制度,加强和改善内部管理,加强技术改造,推进技术进步和自主创新,淘汰落后产能,压缩过剩产能,促进节能减排,提高市场竞争力。

进一步贯彻落实重点产业调整和振兴规划,做强做大优势企业。以汽车、钢铁、水泥、机械制造、电解铝、稀土等行业为重点,推动优势企业实施强强联合、跨地区兼并重组、境外并购和投资合作,提高产业集中度,促进规模化、集约化经营,加快发展具有自主知识产权和知名品牌的骨干企业,培养一批具有国际竞争力的大型企业集团,推动产业结构优化升级。

(二)基本原则。

1. 发挥企业的主体作用。充分尊重企业意愿,充分调动企业积极性,通过完善相关行业规划和政策措施,引导和激励企业自愿、自主参与兼并重组。

2. 坚持市场化运作。遵循市场经济规则,充分发挥市场机制的基础性作用,规范行政行为,由企业通过平等协商、依法合规开展兼并重组,防止"拉郎配"。

3. 促进市场有效竞争。统筹协调,分类指导,促进提高产业集中度,促进大中小企业协调发展,促进各种所有制企业公平竞争和优胜劣汰,形成结构合理、竞争有效、规范有序的市场格局。

4. 维护企业与社会和谐稳定。严格执行相关法律法规和规章制度,妥善解决企业兼并重组中资产债务处置、职工安置等问题,依法维护债权人、债务人以及企业职工等利益主体的合法权益,促进企业、社会的和谐稳定。

三、消除企业兼并重组的制度障碍

(一)清理限制跨地区兼并重组的规定。为优化产业布局、进一步破除市场分割和地区封锁,要认真清理废止各种不利于企业兼并重组和妨碍公平竞争的规定,尤其要坚决取消各地区自行出台的限制外地企业对本地企业实施兼并重组的规定。

(二)理顺地区间利益分配关系。在不违背国家有关政策规定的前提下,地区间可根据企业资产规模和盈利能力,签订企业兼并重组后的财税利益分成协议,妥善解决企业兼并重组后工业增加值等统计数据的归属问题,实现企业兼并重组成果共享。

(三)放宽民营资本的市场准入。切实向民营资本开放法律法规未禁入的行业和领域,并放宽在股权比例等方面的限制。加快垄断行业改革,鼓励民营资本通过兼并重组等方式进入垄断行业的竞争性业务领域,支持民营资本进入基础设施、公共事业、金融服务和社会事业相关领域。

四、加强对企业兼并重组的引导和政策扶持

(一)落实税收优惠政策。研究完善支持企业兼并重组的财税政策。对企业兼并重组涉及的资产评估增值、债务重组收益、土地房屋权属转移等给予税收优惠,具体按照财政部、税务总局《关于企业兼并重组业务企业所得税处理若干问题的通知》(财税〔2009〕59号)、《关于企业改制重组若干契税政策的通知》(财税〔2008〕175号)等规定执行。

(二)加强财政资金投入。在中央国有资本经营预算中设立专项资金,通过技改贴息、职工安置补助等方式,支持中央企业兼并重组。鼓励地方人民政府通过财政贴息、信贷奖励补助等方式,激励商业银行加大对企业兼并重组的信贷支持力度。有条件的地方可设立企业兼并重组专项资金,支持本地区企业兼并重组,财政资金投入要优先支持重点产业调整和振兴规划确定的企业兼并重组。

(三)加大金融支持力度。商业银行要积极稳妥开展并购贷款业务,扩大贷款规模,合理确定贷款期限。鼓励商业银行对兼并重组后的企业实行综合授信。鼓励证券公司、资产管理公司、股权投资基金以及产业投资基金等参与企业兼并重组,并向企业提供直接投资、委托贷款、过桥贷款等融资支持。积极探索设立专门的并购基金等兼并重组融资新模式,完善股权投资退出机制,吸引社会资金参与企业兼并重组。通过并购贷款、境内外银团贷款、贷款贴息等方式支持企业跨国并购。

(四)支持企业自主创新和技术进步。支持有条件的企业建立企业技术中心,提高研发水平和自主创新能力,加快科技成果向现实生产力转化。大力支持兼并重组企业技术改造和产品结构调整,优先安排技术改造资金,对符合国家产业政策的技术改造项目优先立项。鼓励和引导企业通过兼并重组淘汰落后产能,切实防止以兼并重组为名盲目扩张产能和低水平重复建设。

(五)充分发挥资本市场推动企业重组的作用。进一步推进资本市场企业并购重组的市场化改革,健全市场化定价机制,完善相关规章及配套政策,支持企业利用资本市场开展兼并重组,促进行业整合和产业升级。支持符合条件的企业通过发行股票、债券、可转换债等方式为兼并重组融资。鼓励上市公司以股权、现金及其他金融创新方式作为兼并重组的支付手段,拓宽兼并重组融资渠道,提高资本市场兼并重组效率。

(六)完善相关土地管理政策。兼并重组涉及的划拨土地符合划拨用地条件的,经所在地县级以上人民政府批准可继续以划拨方式使用;不符合划拨用地条件的,依法实行有偿使用,划拨土地使用权价格可依法作为土地使用权人的权益。重点产业调整和振兴规划确定的企业兼并重组项目涉及的原生产经营性划拨土地,经省级以上人民政府国土资源部门批准,可以国家作价出资(入股)方式处置。

(七)妥善解决债权债务和职工安置问题。兼并重组要严格依照有关法律规定和政策妥善分类处置债权债务关系,落实清偿责任,确保债权人、债务人的合法利益。研究债务重组政策措施,支持资产管理公司、创业投资企业、股权投资基金、产业投资基金等机构参与被兼并企业的债务处置。切实落实相关政策规定，积极稳妥解决职工劳动关系、社会保险关系接续、拖欠职工工资等问题。制定完善相关政策措施，继续支持国有企业实施主辅分离、辅业改制和分流安置富余人员。认真落实积极的就业政策，促进下岗失业人员再就业，所需资金从就业专项资金中列支。

（八）深化企业体制改革和管理创新。鼓励兼并重组企业进行公司制、股份制改革，建立健全规范的法人治理结构，转换企业经营机制，创新管理理念、管理机制和管理手段，加强和改善生产经营管理，促进自主创新，提高企业市场竞争力。

五、改进对兼并重组的管理和服务

（一）做好信息咨询服务。加快引进和培养熟悉企业并购业务特别是跨国并购业务的专门人才，建立促进境内外并购活动的公共服务平台，拓宽企业兼并重组信息交流渠道，加强市场信息、战略咨询、法律顾问、财务顾问、资产评估、产权交易、融资中介、独立审计和企业管理等咨询服务，推动企业兼并重组中介服务加快专业化、规范化发展。

（二）加强风险监控。督促企业严格执行兼并重组的有关法律法规和政策，规范操作程序，加强信息披露，防范道德风险，确保兼并重组操作规范、公开、透明。深入研究企业兼并重组中可能出现的各种矛盾和问题，加强风险评估，妥善制定相应的应对预案和措施，切实维护企业、社会和谐稳定。有效防范和打击内幕交易和市场操纵行为，防止恶意收购，防止以企业兼并重组之名甩包袱、偷逃税款、逃废债务，防止国有资产流失。充分发挥境内银行、证券公司等金融机构在跨国并购中的咨询服务作用，指导和帮助企业制定境外并购风险防范和应对方案，保护企业利益。

（三）维护公平竞争和国家安全。完善相关管理办法，加强和完善对重大的企业兼并重组交易的管理，对达到经营者集中法定申报标准的企业兼并重组，依法进行经营者集中审查。进一步完善外资并购管理规定，建立健全外资并购国内企业国家安全审查制度，鼓励和规范外资以参股、并购方式参与国内企业改组改造和兼并重组，维护国家安全。

六、加强对企业兼并重组工作的领导

建立健全组织协调机制，加强对企业兼并重组工作的领导。由工业和信息化部牵头，发展改革委、财政部、人力资源社会保障部、国土资源部、商务部、人民银行、国资委、税务总局、工商总局、银监会、证监会等部门参加，成立企业兼并重组工作协调小组，统筹协调企业兼并重组工作，研究解决推进企业兼并重组工作中的重大问题，细化有关政策和配套措施，落实重点产业调整和振兴规划的相关要求，协调有关地区和企业做好组织实施。各地区要努力营造企业跨地区、跨行业、跨所有制兼并重组的良好环境，指导督促企业切实做好兼并重组有关工作。

附件：（略）

国务院关于进一步优化企业兼并重组市场环境的意见

·2014年3月7日
·国发〔2014〕14号

各省、自治区、直辖市人民政府，国务院各部委、各直属机构：

兼并重组是企业加强资源整合、实现快速发展、提高竞争力的有效措施，是化解产能严重过剩矛盾、调整优化产业结构、提高发展质量效益的重要途径。近年来，我国企业兼并重组步伐加快，但仍面临审批多、融资难、负担重、服务体系不健全、体制机制不完善、跨地区跨所有制兼并重组困难等问题。为深入贯彻党的十八大和十八届二中、三中全会精神，认真落实党中央和国务院的决策部署，营造良好的市场环境，充分发挥企业在兼并重组中的主体作用，现提出以下意见：

一、主要目标和基本原则

（一）主要目标。

1. 体制机制进一步完善。企业兼并重组相关行政审批事项逐步减少，审批效率不断提高，有利于企业兼并重组的市场体系进一步完善，市场壁垒逐步消除。

2. 政策环境更加优化。有利于企业兼并重组的金融、财税、土地、职工安置等政策进一步完善，企业兼并重组融资难、负担重等问题逐步得到解决，兼并重组服务体系不断健全。

3. 企业兼并重组取得新成效。兼并重组活动日趋活跃，一批企业通过兼并重组焕发活力，有的成长为具有国际竞争力的大企业大集团，产业竞争力进一步增强，资源配置效率显著提高，过剩产能得到化解，产业结构持续优化。

（二）基本原则。

1. 尊重企业主体地位。有效调动企业积极性，由企业自主决策、自愿参与兼并重组，坚持市场化运作，避免违背企业意愿的"拉郎配"。

2. 发挥市场机制作用。发挥市场在资源配置中的决定性作用,加快建立公平开放透明的市场规则,消除企业兼并重组的体制机制障碍,完善统一开放、竞争有序的市场体系。

3. 改善政府的管理和服务。取消限制企业兼并重组和增加企业兼并重组负担的不合理规定,解决企业兼并重组面临的突出问题,引导和激励各种所有制企业自主、自愿参与兼并重组。

二、加快推进审批制度改革

(三)取消下放部分审批事项。系统梳理企业兼并重组涉及的审批事项,缩小审批范围,对市场机制能有效调节的事项,取消相关审批。取消上市公司收购报告书事前审核,强化事后问责。取消上市公司重大资产购买、出售、置换行为审批(构成借壳上市的除外)。对上市公司要约收购义务豁免的部分情形,取消审批。地方国有股东所持上市公司股份的转让,下放地方政府审批。

(四)简化审批程序。优化企业兼并重组相关审批流程,推行并联式审批,避免互为前置条件。实行上市公司并购重组分类审核,对符合条件的企业兼并重组实行快速审核或豁免审核。简化海外并购的外汇管理,改革外汇登记要求,进一步促进投资便利化。优化国内企业境外收购的事前信息报告确认程序,加快办理相关核准手续。提高经营者集中反垄断审查效率。企业兼并重组涉及的生产许可、工商登记、资产权属证明等变更手续,从简限时办理。

三、改善金融服务

(五)优化信贷融资服务。引导商业银行在风险可控的前提下积极稳妥开展并购贷款业务。推动商业银行对兼并重组企业实行综合授信,改善对企业兼并重组的信贷服务。

(六)发挥资本市场作用。符合条件的企业可以通过发行股票、企业债券、非金融企业债务融资工具、可转换债券等方式融资。允许符合条件的企业发行优先股、定向发行可转换债券作为兼并重组支付方式,研究推进定向权证等作为支付方式。鼓励证券公司开展兼并重组融资业务,各类财务投资主体可以通过设立股权投资基金、创业投资基金、产业投资基金、并购基金等形式参与兼并重组。对上市公司发行股份实施兼并事项,不设发行数量下限,兼并非关联企业不再强制要求作出业绩承诺。非上市公众公司兼并重组,不实施全面要约收购制度。改革上市公司兼并重组的股份定价机制,增加定价弹性。非上市公众公司兼并重组,允许实行股份协商定价。

四、落实和完善财税政策

(七)完善企业所得税、土地增值税政策。修订完善兼并重组企业所得税特殊性税务处理的政策,降低收购股权(资产)占被收购企业全部股权(资产)的比例限制,扩大特殊性税务处理政策的适用范围。抓紧研究完善非货币性资产投资交易的企业所得税、企业改制重组涉及的土地增值税等相关政策。

(八)落实增值税、营业税等政策。企业通过合并、分立、出售、置换等方式,转让全部或者部分实物资产以及与其相关联的债权、债务和劳动力的,不属于增值税和营业税征收范围,不应视同销售而征收增值税和营业税。税务部门要加强跟踪管理,企业兼并重组工作牵头部门要积极协助财税部门做好相关税收政策的落实。

(九)加大财政资金投入。中央财政适当增加工业转型升级资金规模,引导实施兼并重组的企业转型升级。利用现有中央财政关闭小企业资金渠道,调整使用范围,帮助实施兼并重组的企业安置职工、转型转产。加大对企业兼并重组公共服务的投入力度。各地要安排资金,按照行政职责,解决本地区企业兼并重组工作中的突出问题。

(十)进一步发挥国有资本经营预算资金的作用。根据企业兼并重组的方向、重点和目标,合理安排国有资本经营预算资金引导国有企业实施兼并重组、做优做强,研究完善相关管理制度,提高资金使用效率。

五、完善土地管理和职工安置政策

(十一)完善土地使用政策。政府土地储备机构有偿收回企业因兼并重组而退出的土地,按规定支付给企业的土地补偿费可以用于企业安置职工、偿还债务等支出。企业兼并重组中涉及因实施城市规划需要搬迁的工业项目,在符合城乡规划及国家产业政策的条件下,市县国土资源管理部门经审核并报同级人民政府批准,可收回原国有土地使用权,并以协议出让或租赁方式为原土地使用权人重新安排工业用地。企业兼并重组涉及土地转让、改变用途的,国土资源、住房城乡建设部门要依法依规加快办理相关用地和规划手续。

(十二)进一步做好职工安置工作。落实完善兼并重组职工安置政策。实施兼并重组的企业要按照国家有关法律法规及政策规定,做好职工安置工作,妥善处理职工劳动关系。地方各级人民政府要进一步落实促进职工再就业政策,做好职工社会保险关系转移接续,保障职工合法权益。对采取有效措施稳定职工队伍的企业给予稳定岗位补贴，所需资金从失业保险基金中列支。

六、加强产业政策引导

（十三）发挥产业政策作用。提高节能、环保、质量、安全等标准，规范行业准入，形成倒逼机制，引导企业兼并重组。支持企业通过兼并重组压缩过剩产能、淘汰落后产能、促进转型转产。产能严重过剩行业项目建设，须制定产能置换方案，实施等量或减量置换。

（十四）鼓励优强企业兼并重组。推动优势企业强强联合、实施战略性重组，带动中小企业"专精特新"发展，形成优强企业主导、大中小企业协调发展的产业格局。

（十五）引导企业开展跨国并购。落实完善企业跨国并购的相关政策，鼓励具备实力的企业开展跨国并购，在全球范围内优化资源配置。规范企业海外并购秩序，加强竞争合作，推动互利共赢。积极指导企业制定境外并购风险应对预案，防范债务风险。鼓励外资参与我国企业兼并重组。

（十六）加强企业兼并重组后的整合。鼓励企业通过兼并重组优化资金、技术、人才等生产要素配置，实施业务流程再造和技术升级改造，加强管理创新，实现优势互补，做优做强。

七、进一步加强服务和管理

（十七）推进服务体系建设。进一步完善企业兼并重组公共信息服务平台，拓宽信息交流渠道。培育一批业务能力强、服务质量高的中介服务机构，提高关键领域、薄弱环节的服务能力，促进中介服务机构专业化、规范化发展。发挥行业协会在企业兼并重组中的重要作用。

（十八）建立统计监测制度。加强企业兼并重组的统计信息工作，构建企业兼并重组统计指标体系，建立和完善统计调查、监测分析和发布制度。整合行业协会、中介组织等信息资源，畅通统计信息渠道，为企业提供及时有效的信息服务。

（十九）规范企业兼并重组行为。严格依照有关法律法规和政策，保护职工、债权人和投资者的合法权益。完善国有产权转让有关规定，规范国有资产处置，防止国有资产流失。采取切实措施防止企业通过兼并重组逃废银行债务，依法维护金融债权，保障金融机构合法权益。在资本市场上，主板、中小板企业兼并重组构成借壳上市的，要符合首次公开发行条件。加强上市公司和非上市公众公司信息披露，强化事中、事后监管，严厉查处内幕交易等违法违规行为。加强外国投资者并购境内企业安全审查，维护国家安全。

八、健全企业兼并重组的体制机制

（二十）完善市场体系建设。深化要素配置市场化改革，进一步完善多层次资本市场体系。加快建立现代企业产权制度，促进产权顺畅流转。加强反垄断和反不正当竞争执法，规范市场竞争秩序，加强市场监管，促进公平竞争和优胜劣汰。行政机关和法律法规授权的具有管理公共事务职责的组织，应严格遵守反垄断法，不得滥用行政权力排除和限制竞争。

（二十一）消除跨地区兼并重组障碍。清理市场分割、地区封锁等限制，加强专项监督检查，落实责任追究制度。加大一般性转移支付力度，平衡地区间利益关系。落实跨地区机构企业所得税分配政策，协调解决企业兼并重组跨地区利益分享问题，解决跨地区被兼并企业的统计归属问题。

（二十二）放宽民营资本市场准入。向民营资本开放非明确禁止进入的行业和领域。推动企业股份制改造，发展混合所有制经济，支持国有企业母公司通过出让股份、增资扩股、合资合作引入民营资本。加快垄断行业改革，向民营资本开放垄断行业的竞争性业务领域。优势企业不得利用垄断力量限制民营企业参与市场竞争。

（二十三）深化国有企业改革。深入推进国有企业产权多元化改革，完善公司治理结构。改革国有企业负责人任免、评价、激励和约束机制，完善国有企业兼并重组考核评价体系。加大国有企业内部资源整合力度，推动国有资本更多投向关系国家安全、国民经济命脉的重要行业和关键领域。

九、切实抓好组织实施

（二十四）进一步加大统筹协调力度。充分发挥企业兼并重组工作部际协调小组的作用，解决跨地区跨所有制企业兼并重组和跨国并购中的重大问题，做好重大部署的落实，组织开展政策执行情况评估和监督检查。各有关部门要按照职责分工抓紧制定出台配套政策措施，加强协调配合，完善工作机制，扎实推进各项工作。

（二十五）切实加强组织领导。各地区要按照本意见要求，结合当地实际抓紧制定优化企业兼并重组市场环境的具体方案，建立健全协调机制和服务体系，积极协调解决本地区企业兼并重组中遇到的问题，确保各项政策措施落到实处，有关重大事项及时报告企业兼并重组工作部际协调小组。

上市公司收购管理办法

- 2006年7月31日中国证券监督管理委员会令第35号公布
- 根据2008年8月27日《中国证券监督管理委员会关于修改〈上市公司收购管理办法〉第六十三条的决定》第一次修订
- 根据2012年2月14日《中国证券监督管理委员会关于修改〈上市公司收购管理办法〉第六十二条及第六十三条的决定》第二次修订
- 根据2014年10月23日《中国证券监督管理委员会关于修改〈上市公司收购管理办法〉的决定》第三次修订
- 根据2020年3月20日《中国证券监督管理委员会关于修改部分证券期货规章的决定》第四次修订

第一章 总 则

第一条 为了规范上市公司的收购及相关股份权益变动活动,保护上市公司和投资者的合法权益,维护证券市场秩序和社会公共利益,促进证券市场资源的优化配置,根据《证券法》、《公司法》及其他相关法律、行政法规,制定本办法。

第二条 上市公司的收购及相关股份权益变动活动,必须遵守法律、行政法规及中国证券监督管理委员会(以下简称中国证监会)的规定。当事人应当诚实守信,遵守社会公德、商业道德,自觉维护证券市场秩序,接受政府、社会公众的监督。

第三条 上市公司的收购及相关股份权益变动活动,必须遵循公开、公平、公正的原则。

上市公司的收购及相关股份权益变动活动中的信息披露义务人,应当充分披露其在上市公司中的权益及变动情况,依法严格履行报告、公告和其他法定义务。在相关信息披露前,负有保密义务。

信息披露义务人报告、公告的信息必须真实、准确、完整,不得有虚假记载、误导性陈述或者重大遗漏。

第四条 上市公司的收购及相关股份权益变动活动不得危害国家安全和社会公共利益。

上市公司的收购及相关股份权益变动活动涉及国家产业政策、行业准入、国有股份转让等事项,需要取得国家相关部门批准的,应当在取得批准后进行。

外国投资者进行上市公司的收购及相关股份权益变动活动的,应当取得国家相关部门的批准,适用中国法律,服从中国的司法、仲裁管辖。

第五条 收购人可以通过取得股份的方式成为一个上市公司的控股股东,可以通过投资关系、协议、其他安排的途径成为一个上市公司的实际控制人,也可以同时采取上述方式和途径取得上市公司控制权。

收购人包括投资者及与其一致行动的他人。

第六条 任何人不得利用上市公司的收购损害被收购公司及其股东的合法权益。

有下列情形之一的,不得收购上市公司:

(一)收购人负有数额较大债务,到期未清偿,且处于持续状态;

(二)收购人最近3年有重大违法行为或者涉嫌有重大违法行为;

(三)收购人最近3年有严重的证券市场失信行为;

(四)收购人为自然人的,存在《公司法》第一百四十六条规定情形;

(五)法律、行政法规规定以及中国证监会认定的不得收购上市公司的其他情形。

第七条 被收购公司的控股股东或者实际控制人不得滥用股东权利损害被收购公司或者其他股东的合法权益。

被收购公司的控股股东、实际控制人及其关联方有损害被收购公司及其他股东合法权益的,上述控股股东、实际控制人在转让被收购公司控制权之前,应当主动消除损害;未能消除损害的,应当就其出让相关股份所得收入用于消除全部损害做出安排,对不足以消除损害的部分应当提供充分有效的履约担保或安排,并依照公司章程取得被收购公司股东大会的批准。

第八条 被收购公司的董事、监事、高级管理人员对公司负有忠实义务和勤勉义务,应当公平对待收购本公司的所有收购人。

被收购公司董事会针对收购所做出的决策及采取的措施,应当有利于维护公司及其股东的利益,不得滥用职权对收购设置不适当的障碍,不得利用公司资源向收购人提供任何形式的财务资助,不得损害公司及其股东的合法权益。

第九条 收购人进行上市公司的收购,应当聘请符合《证券法》规定的专业机构担任财务顾问。收购人未按照本办法规定聘请财务顾问的,不得收购上市公司。

财务顾问应当勤勉尽责,遵守行业规范和职业道德,保持独立性,保证其所制作、出具文件的真实性、准确性和完整性。

财务顾问认为收购人利用上市公司的收购损害被收购公司及其股东合法权益的,应当拒绝为收购人提供财务顾问服务。

财务顾问不得教唆、协助或者伙同委托人编制或披露存在虚假记载、误导性陈述或者重大遗漏的报告、公告文件，不得从事不正当竞争，不得利用上市公司的收购谋取不正当利益。

为上市公司收购出具资产评估报告、审计报告、法律意见书的证券服务机构及其从业人员，应当遵守法律、行政法规、中国证监会的有关规定，以及证券交易所的相关规则，遵循本行业公认的业务标准和道德规范，诚实守信，勤勉尽责，对其所制作、出具文件的真实性、准确性和完整性承担责任。

第十条 中国证监会依法对上市公司的收购及相关股份权益变动活动进行监督管理。

中国证监会设立由专业人员和有关专家组成的专门委员会。专门委员会可以根据中国证监会职能部门的请求，就是否构成上市公司的收购、是否有不得收购上市公司的情形以及其他相关事宜提供咨询意见。中国证监会依法做出决定。

第十一条 证券交易所依法制定业务规则，为上市公司的收购及相关股份权益变动活动组织交易和提供服务，对相关证券交易活动进行实时监控，监督上市公司的收购及相关股份权益变动活动的信息披露义务人切实履行信息披露义务。

证券登记结算机构依法制定业务规则，为上市公司的收购及相关股份权益变动活动所涉及的证券登记、存管、结算等事宜提供服务。

第二章 权益披露

第十二条 投资者在一个上市公司中拥有的权益，包括登记在其名下的股份和虽未登记在其名下但该投资者可以实际支配表决权的股份。投资者及其一致行动人在一个上市公司中拥有的权益应当合并计算。

第十三条 通过证券交易所的证券交易，投资者及其一致行动人拥有权益的股份达到一个上市公司已发行股份的5%时，应当在该事实发生之日起3日内编制权益变动报告书，向中国证监会、证券交易所提交书面报告，通知该上市公司，并予公告；在上述期限内，不得再行买卖该上市公司的股票，但中国证监会规定的情形除外。

前述投资者及其一致行动人拥有权益的股份达到一个上市公司已发行股份的5%后，通过证券交易所的证券交易，其拥有权益的股份占该上市公司已发行股份的比例每增加或者减少5%，应当依照前款规定进行报告和公告。在该事实发生之日起至公告后3日内，不得再行买卖该上市公司的股票，但中国证监会规定的情形除外。

前述投资者及其一致行动人拥有权益的股份达到一个上市公司已发行股份的5%后，其拥有权益的股份占该上市公司已发行股份的比例每增加或者减少1%，应当在该事实发生的次日通知该上市公司，并予公告。

违反本条第一款、第二款的规定买入在上市公司中拥有权益的股份的，在买入后的36个月内，对该超过规定比例部分的股份不得行使表决权。

第十四条 通过协议转让方式，投资者及其一致行动人在一个上市公司中拥有权益的股份拟达到或者超过一个上市公司已发行股份的5%时，应当在该事实发生之日起3日内编制权益变动报告书，向中国证监会、证券交易所提交书面报告，通知该上市公司，并予公告。

前述投资者及其一致行动人拥有权益的股份达到一个上市公司已发行股份的5%后，其拥有权益的股份占该上市公司已发行股份的比例每增加或者减少达到或者超过5%的，应当依照前款规定履行报告、公告义务。

前两款规定的投资者及其一致行动人在作出报告、公告前，不得再行买卖该上市公司的股票。相关股份转让及过户登记手续按照本办法第四章及证券交易所、证券登记结算机构的规定办理。

第十五条 投资者及其一致行动人通过行政划转或者变更、执行法院裁定、继承、赠与等方式拥有权益的股份变动达到前条规定比例的，应当按照前条规定履行报告、公告义务，并参照前条规定办理股份过户登记手续。

第十六条 投资者及其一致行动人不是上市公司的第一大股东或者实际控制人，其拥有权益的股份达到或者超过该公司已发行股份的5%，但未达到20%的，应当编制包括下列内容的简式权益变动报告书：

（一）投资者及其一致行动人的姓名、住所；投资者及其一致行动人为法人的，其名称、注册地及法定代表人；

（二）持股目的，是否有意在未来12个月内继续增加其在上市公司中拥有的权益；

（三）上市公司的名称、股票的种类、数量、比例；

（四）在上市公司中拥有权益的股份达到或者超过上市公司已发行股份的5%或者拥有权益的股份增减变化达到5%的时间及方式，增持股份的资金来源；

（五）在上市公司中拥有权益的股份变动的时间及方式；

（六）权益变动事实发生之日前6个月内通过证券交易所的证券交易买卖该公司股票的简要情况；

（七）中国证监会、证券交易所要求披露的其他内容。

前述投资者及其一致行动人为上市公司第一大股东

或者实际控制人,其拥有权益的股份达到或者超过一个上市公司已发行股份的5%,但未达到20%的,还应当披露本办法第十七条第一款规定的内容。

第十七条 投资者及其一致行动人拥有权益的股份达到或者超过一个上市公司已发行股份的20%但未超过30%的,应当编制详式权益变动报告书,除须披露前条规定的信息外,还应当披露以下内容:

(一)投资者及其一致行动人的控股股东、实际控制人及其股权控制关系结构图;

(二)取得相关股份的价格、所需资金额,或者其他支付安排;

(三)投资者、一致行动人及其控股股东、实际控制人所从事的业务与上市公司的业务是否存在同业竞争或者潜在的同业竞争,是否存在持续关联交易;存在同业竞争或者持续关联交易的,是否已做出相应的安排,确保投资者、一致行动人及其关联方与上市公司之间避免同业竞争以及保持上市公司的独立性;

(四)未来12个月内对上市公司资产、业务、人员、组织结构、公司章程等进行调整的后续计划;

(五)前24个月内投资者及其一致行动人与上市公司之间的重大交易;

(六)不存在本办法第六条规定的情形;

(七)能够按照本办法第五十条的规定提供相关文件。

前述投资者及其一致行动人为上市公司第一大股东或者实际控制人的,还应当聘请财务顾问对上述权益变动报告书所披露的内容出具核查意见,但国有股行政划转或者变更、股份转让在同一实际控制人控制的不同主体之间进行、因继承取得股份的除外。投资者及其一致行动人承诺至少3年放弃行使相关股份表决权的,可免于聘请财务顾问和提供前款第(七)项规定的文件。

第十八条 已披露权益变动报告书的投资者及其一致行动人在披露之日起6个月内,因拥有权益的股份变动需要再次报告、公告权益变动报告书的,可以仅就与前次报告书不同的部分作出报告、公告;自前次披露之日起超过6个月的,投资者及其一致行动人应当按照本章的规定编制权益变动报告书,履行报告、公告义务。

第十九条 因上市公司减少股本导致投资者及其一致行动人拥有权益的股份变动出现本办法第十四条规定情形的,投资者及其一致行动人免于履行报告和公告义务。上市公司应当自完成减少股本的变更登记之日起2个工作日内,就因此导致的公司股东拥有权益的股份变动情况作出公告;因公司减少股本可能导致投资者及其一致行动人成为公司第一大股东或者实际控制人的,该投资者及其一致行动人应当自公司董事会公告有关减少公司股本决议之日起3个工作日内,按照本办法第十七条第一款的规定履行报告、公告义务。

第二十条 上市公司的收购及相关股份权益变动活动中的信息披露义务人依法披露前,相关信息已在媒体上传播或者公司股票交易出现异常的,上市公司应当立即向当事人进行查询,当事人应当及时予以书面答复,上市公司应当及时作出公告。

第二十一条 上市公司的收购及相关股份权益变动活动中的信息披露义务人应当在证券交易所的网站和符合中国证监会规定条件的媒体上依法披露信息;在其他媒体上进行披露的,披露内容应当一致,披露时间不得早于前述披露的时间。

第二十二条 上市公司的收购及相关股份权益变动活动中的信息披露义务人采取一致行动的,可以以书面形式约定由其中一人作为指定代表负责统一编制信息披露文件,并同意授权指定代表在信息披露文件上签字、盖章。

各信息披露义务人应当对信息披露文件中涉及其自身的信息承担责任;对信息披露文件中涉及的与多个信息披露义务人相关的信息,各信息披露义务人对相关部分承担连带责任。

第三章 要约收购

第二十三条 投资者自愿选择以要约方式收购上市公司股份的,可以向被收购公司所有股东发出收购其所持有的全部股份的要约(以下简称全面要约),也可以向被收购公司所有股东发出收购其所持有的部分股份的要约(以下简称部分要约)。

第二十四条 通过证券交易所的证券交易,收购人持有一个上市公司的股份达到该公司已发行股份的30%时,继续增持股份的,应当采取要约方式进行,发出全面要约或者部分要约。

第二十五条 收购人依照本办法第二十三条、第二十四条、第四十七条、第五十六条的规定,以要约方式收购一个上市公司股份的,其预定收购的股份比例均不得低于该上市公司已发行股份的5%。

第二十六条 以要约方式进行上市公司收购的,收购人应当公平对待被收购公司的所有股东。持有同一种类股份的股东应当得到同等对待。

第二十七条 收购人为终止上市公司的上市地位而

发出全面要约的，或者因不符合本办法第六章的规定而发出全面要约的，应当以现金支付收购价款；以依法可以转让的证券（以下简称证券）支付收购价款的，应当同时提供现金方式供被收购公司股东选择。

第二十八条　以要约方式收购上市公司股份的，收购人应当编制要约收购报告书，聘请财务顾问，通知被收购公司，同时对要约收购报告书摘要作出提示性公告。

本次收购依法应当取得相关部门批准的，收购人应当在要约收购报告书摘要中作出特别提示，并在取得批准后公告要约收购报告书。

第二十九条　前条规定的要约收购报告书，应当载明下列事项：

（一）收购人的姓名、住所；收购人为法人的，其名称、注册地及法定代表人，与其控股股东、实际控制人之间的股权控制关系结构图；

（二）收购人关于收购的决定及收购目的，是否拟在未来12个月内继续增持；

（三）上市公司的名称、收购股份的种类；

（四）预定收购股份的数量和比例；

（五）收购价格；

（六）收购所需资金金额、资金来源及资金保证，或者其他支付安排；

（七）收购要约约定的条件；

（八）收购期限；

（九）公告收购报告书时持有被收购公司的股份数量、比例；

（十）本次收购对上市公司的影响分析，包括收购人及其关联方所从事的业务与上市公司的业务是否存在同业竞争或者潜在的同业竞争，是否存在持续关联交易；存在同业竞争或者持续关联交易的，收购人是否已作出相应的安排，确保收购人及其关联方与上市公司之间避免同业竞争以及保持上市公司的独立性；

（十一）未来12个月内对上市公司资产、业务、人员、组织结构、公司章程等进行调整的后续计划；

（十二）前24个月内收购人及其关联方与上市公司之间的重大交易；

（十三）前6个月内通过证券交易所的证券交易买卖被收购公司股票的情况；

（十四）中国证监会要求披露的其他内容。

收购人发出全面要约的，应当在要约收购报告书中充分披露终止上市的风险、终止上市后收购行为完成的时间及仍持有上市公司股份的剩余股东出售其股票的其他后续安排；收购人发出以终止公司上市地位为目的的全面要约，无须披露前款第（十）项规定的内容。

第三十条　收购人按照本办法第四十七条拟收购上市公司股份超过30%，须改以要约方式进行收购的，收购人应当在达成收购协议或者做出类似安排后的3日内对要约收购报告书摘要作出提示性公告，并按照本办法第二十八条、第二十九条的规定履行公告义务，同时免于编制、公告上市公司收购报告书；依法应当取得批准的，应当在公告中特别提示本次要约须取得相关批准方可进行。

未取得批准的，收购人应当在收到通知之日起2个工作日内，公告取消收购计划，并通知被收购公司。

第三十一条　收购人自作出要约收购提示性公告起60日内，未公告要约收购报告书的，收购人应当在期满后次一个工作日通知被收购公司，并予公告；此后每30日应当公告一次，直至公告要约收购报告书。

收购人作出要约收购提示性公告后，在公告要约收购报告书之前，拟自行取消收购计划的，应当公告原因；自公告之日起12个月内，该收购人不得再次对同一上市公司进行收购。

第三十二条　被收购公司董事会应当对收购人的主体资格、资信情况及收购意图进行调查，对要约条件进行分析，对股东是否接受要约提出建议，并聘请独立财务顾问提出专业意见。在收购人公告要约收购报告书后20日内，被收购公司董事会应当公告被收购公司董事会报告书与独立财务顾问的专业意见。

收购人对收购要约条件做出重大变更的，被收购公司董事会应当在3个工作日内公告董事会及独立财务顾问就要约条件的变更情况所出具的补充意见。

第三十三条　收购人作出提示性公告后至要约收购完成前，被收购公司除继续从事正常的经营活动或者执行股东大会已经作出的决议外，未经股东大会批准，被收购公司董事会不得通过处置公司资产、对外投资、调整公司主要业务、担保、贷款等方式，对公司的资产、负债、权益或者经营成果造成重大影响。

第三十四条　在要约收购期间，被收购公司董事不得辞职。

第三十五条　收购人按照本办法规定进行要约收购的，对同一种类股票的要约价格，不得低于要约收购提示性公告日前6个月内收购人取得该种股票所支付的最高价格。

要约价格低于提示性公告日前30个交易日该种股

票的每日加权平均价格的算术平均值的,收购人聘请的财务顾问应当就该种股票前6个月的交易情况进行分析,说明是否存在股价被操纵、收购人是否有未披露的一致行动人、收购人前6个月取得公司股份是否存在其他支付安排、要约价格的合理性等。

第三十六条 收购人可以采用现金、证券、现金与证券相结合等合法方式支付收购上市公司的价款。收购人以证券支付收购价款的,应当提供该证券的发行人最近3年经审计的财务会计报告、证券估值报告,并配合被收购公司聘请的独立财务顾问的尽职调查工作。收购人以在证券交易所上市的债券支付收购价款的,该债券的可上市交易时间应当不少于一个月。收购人以未在证券交易所上市交易的证券支付收购价款的,必须同时提供现金方式供被收购公司的股东选择,并详细披露相关证券的保管、送达被收购公司股东的方式和程序安排。

收购人聘请的财务顾问应当对收购人支付收购价款的能力和资金来源进行充分的尽职调查,详细披露核查的过程和依据,说明收购人是否具备要约收购的能力。收购人应当在作出要约收购提示性公告的同时,提供以下至少一项安排保证其具备履约能力:

(一)以现金支付收购价款的,将不少于收购价款总额的20%作为履约保证金存入证券登记结算机构指定的银行;收购人以在证券交易所上市交易的证券支付收购价款的,将用于支付的全部证券交由证券登记结算机构保管,但上市公司发行新股的除外;

(二)银行对要约收购所需价款出具保函;

(三)财务顾问出具承担连带保证责任的书面承诺,明确如要约期满收购人不支付收购价款,财务顾问进行支付。

第三十七条 收购要约约定的收购期限不得少于30日,并不得超过60日;但是出现竞争要约的除外。

在收购要约约定的承诺期限内,收购人不得撤销其收购要约。

第三十八条 采取要约收购方式的,收购人作出公告后至收购期限届满前,不得卖出被收购公司的股票,也不得采取要约规定以外的形式和超出要约的条件买入被收购公司的股票。

第三十九条 收购要约提出的各项收购条件,适用于被收购公司的所有股东。

上市公司发行不同种类股份的,收购人可以针对持有不同种类股份的股东提出不同的收购条件。

收购人需要变更收购要约的,必须及时公告,载明具体变更事项,并通知被收购公司。变更收购要约不得存在下列情形:

(一)降低收购价格;

(二)减少预定收购股份数额;

(三)缩短收购期限;

(四)中国证监会规定的其他情形。

第四十条 收购要约期限届满前15日内,收购人不得变更收购要约;但是出现竞争要约的除外。

出现竞争要约时,发出初始要约的收购人变更收购要约距初始要约收购期限届满不足15日的,应当延长收购期限,延长后的要约期应当不少于15日,不得超过最后一个竞争要约的期满日,并按规定追加履约保证。

发出竞争要约的收购人最迟不得晚于初始要约收购期限届满前15日发出要约收购的提示性公告,并应当根据本办法第二十八条和第二十九条的规定履行公告义务。

第四十一条 要约收购报告书所披露的基本事实发生重大变化的,收购人应当在该重大变化发生之日起2个工作日内作出公告,并通知被收购公司。

第四十二条 同意接受收购要约的股东(以下简称预受股东),应当委托证券公司办理预受要约的相关手续。收购人应当委托证券公司向证券登记结算机构申请办理预受要约股票的临时保管。证券登记结算机构临时保管的预受要约的股票,在要约收购期间不得转让。

前款所称预受,是指被收购公司股东同意接受要约的初步意思表示,在要约收购期限内不可撤回之前不构成承诺。在要约收购期限届满3个交易日前,预受股东可以委托证券公司办理撤回预受要约的手续,证券登记结算机构根据预受要约股东的撤回申请解除对预受要约股票的临时保管。在要约收购期限届满前3个交易日内,预受股东不得撤回其对要约的接受。在要约收购期限内,收购人应当每日在证券交易所网站上公告已预受收购要约的股份数量。

出现竞争要约时,接受初始要约的预受股东撤回全部或者部分预受的股份,并将撤回的股份售予竞争要约人的,应当委托证券公司办理撤回预受初始要约的手续和预受竞争要约的相关手续。

第四十三条 收购期限届满,发出部分要约的收购人应当按照收购要约约定的条件购买被收购公司股东预受的股份,预受要约股份的数量超过预定收购数量时,收购人应当按照同等比例收购预受的股份;以终止被收购公司上市地位为目的的,收购人应当按照收购要约约定的条件购买被收购公司股东预受的全部股份;因不符合本办法第六章的规定而发出全面要约的收购人应当购买被收购公司股东预受的全部股份。

收购期限届满后3个交易日内,接受委托的证券公司应当向证券登记结算机构申请办理股份转让结算、过户登记手续,解除对超过预定收购比例的股票的临时保管;收购人应当公告本次要约收购的结果。

第四十四条　收购期限届满,被收购公司股权分布不符合证券交易所规定的上市交易要求,该上市公司的股票由证券交易所依法终止上市交易。在收购行为完成前,其余仍持有被收购公司股票的股东,有权在收购报告书规定的合理期限内向收购人以收购要约的同等条件出售其股票,收购人应当收购。

第四十五条　收购期限届满后15日内,收购人应当向证券交易所提交关于收购情况的书面报告,并予以公告。

第四十六条　除要约方式外,投资者不得在证券交易所外公开求购上市公司的股份。

第四章　协议收购

第四十七条　收购人通过协议方式在一个上市公司中拥有权益的股份达到或者超过该公司已发行股份的5%,但未超过30%的,按照本办法第二章的规定办理。

收购人拥有权益的股份达到该公司已发行股份的30%时,继续进行收购的,应当依法向该上市公司的股东发出全面要约或者部分要约。符合本办法第六章规定情形的,收购人可以免于发出要约。

收购人拟通过协议方式收购一个上市公司的股份超过30%的,超过30%的部分,应当改以要约方式进行;但符合本办法第六章规定情形的,收购人可以免于发出要约。符合前述规定情形的,收购人可以履行其收购协议;不符合前述规定情形的,在履行其收购协议前,应当发出全面要约。

第四十八条　以协议方式收购上市公司股份超过30%,收购人拟依据本办法第六十二条、第六十三条第一款第(一)项、第(二)项、第(十)项的规定免于发出要约的,应当在与上市公司股东达成收购协议之日起3日内编制上市公司收购报告书,通知被收购公司,并公告上市公司收购报告书摘要。

收购人应当在收购报告书摘要公告后5日内,公告其收购报告书、财务顾问专业意见和律师出具的法律意见书;不符合本办法第六章规定的情形的,应当予以公告,并按照本办法第六十一条第二款的规定办理。

第四十九条　依据前条规定所作的上市公司收购报告书,须披露本办法第二十九条第(一)项至第(六)项和第(九)项至第(十四)项规定的内容及收购协议的生效条件和付款安排。

已披露收购报告书的收购人在披露之日起6个月内,因权益变动需要再次报告、公告的,可以仅就与前次报告书不同的部分作出报告、公告;超过6个月的,应当按照本办法第二章的规定履行报告、公告义务。

第五十条　收购人公告上市公司收购报告书时,应当提交以下备查文件:

(一)中国公民的身份证明,或者在中国境内登记注册的法人、其他组织的证明文件;

(二)基于收购人的实力和从业经验对上市公司后续发展计划可行性的说明,收购人拟修改公司章程、改选公司董事会、改变或者调整公司主营业务的,还应当补充其具备规范运作上市公司的管理能力的说明;

(三)收购人及其关联方与被收购公司存在同业竞争、关联交易的,应提供避免同业竞争等利益冲突、保持被收购公司经营独立性的说明;

(四)收购人为法人或者其他组织的,其控股股东、实际控制人最近2年未变更的说明;

(五)收购人及其控股股东或实际控制人的核心企业和核心业务、关联企业及主营业务的说明;收购人或其实际控制人为两个或两个以上的上市公司控股股东或实际控制人的,还应当提供其持股5%以上的上市公司以及银行、信托公司、证券公司、保险公司等其他金融机构的情况说明;

(六)财务顾问关于收购人最近3年的诚信记录、收购资金来源合法性、收购人具备履行相关承诺的能力以及相关信息披露内容真实性、准确性、完整性的核查意见;收购人成立未满3年的,财务顾问还应当提供其控股股东或者实际控制人最近3年诚信记录的核查意见。

境外法人或者境外其他组织进行上市公司收购的,除应当提交第一款第(二)项至第(六)项规定的文件外,还应当提交以下文件:

(一)财务顾问出具的收购人符合对上市公司进行战略投资的条件、具有收购上市公司的能力的核查意见;

(二)收购人接受中国司法、仲裁管辖的声明。

第五十一条　上市公司董事、监事、高级管理人员、员工或者其所控制或者委托的法人或者其他组织,拟对本公司进行收购或者通过本办法第五章规定的方式取得本公司控制权(以下简称管理层收购)的,该上市公司应当具备健全且运行良好的组织机构以及有效的内部控制制度,公司董事会成员中独立董事的比例应当达到或者超过 1/2。公司应当聘请符合《证券法》规定的资产评估机构提供公司资产评估报告,本次收购应当经董事会非关联董事作出决议,且取得 2/3 以上的独立董事同意后,提交公司股东大会审议,经出席股东大会的非关联股东所持表决权过半数通过。独立董事发表意见前,应当聘请独立财务顾问就本次收购出具专业意见,独立董事及独立财务顾问的意见应当一并予以公告。

上市公司董事、监事、高级管理人员存在《公司法》第一百四十八条规定情形,或者最近 3 年有证券市场不良诚信记录的,不得收购本公司。

第五十二条 以协议方式进行上市公司收购的,自签订收购协议起至相关股份完成过户的期间为上市公司收购过渡期(以下简称过渡期)。在过渡期内,收购人不得通过控股股东提议改选上市公司董事会,确有充分理由改选董事会的,来自收购人的董事不得超过董事会成员的 1/3;被收购公司不得为收购人及其关联方提供担保;被收购公司不得公开发行股份募集资金,不得进行重大购买、出售资产及重大投资行为或者与收购人及其关联方进行其他关联交易,但收购人为挽救陷入危机或者面临严重财务困难的上市公司的情形除外。

第五十三条 上市公司控股股东向收购人协议转让其所持有的上市公司股份的,应当对收购人的主体资格、诚信情况及收购意图进行调查,并在其权益变动报告书中披露有关调查情况。

控股股东及其关联方未清偿其对公司的负债,未解除公司为其负债提供的担保,或者存在损害公司利益的其他情形的,被收购公司董事会应当对前述情形及时予以披露,并采取有效措施维护公司利益。

第五十四条 协议收购的相关当事人应当向证券登记结算机构申请办理拟转让股份的临时保管手续,并可以将用于支付的现金存放于证券登记结算机构指定的银行。

第五十五条 收购报告书公告后,相关当事人应当按照证券交易所和证券登记结算机构的业务规则,在证券交易所就本次股份转让予以确认后,凭全部转让款项存放于双方认可的银行账户的证明,向证券登记结算机构申请解除拟转让股票的临时保管,并办理过户登记手续。

收购人未按规定履行报告、公告义务,或者未按规定提出申请的,证券交易所和证券登记结算机构不予办理股份转让和过户登记手续。

收购人在收购报告书公告后 30 日内仍未完成相关股份过户手续的,应当立即作出公告,说明理由;在未完成相关股份过户期间,应当每隔 30 日公告相关股份过户办理进展情况。

第五章 间接收购

第五十六条 收购人虽不是上市公司的股东,但通过投资关系、协议、其他安排导致其拥有权益的股份达到或者超过一个上市公司已发行股份的 5% 未超过 30% 的,应当按照本办法第二章的规定办理。

收购人拥有权益的股份超过该公司已发行股份的 30% 的,应当向该公司所有股东发出全面要约;收购人预计无法在事实发生之日起 30 日内发出全面要约的,应当在前述 30 日内促使其控制的股东将所持有的上市公司股份减持至 30% 或者 30% 以下,并自减持之日起 2 个工作日内予以公告;其后收购人或者其控制的股东拟继续增持的,应当采取要约方式;拟依据本办法第六章的规定免于发出要约的,应当按照本办法第四十八条的规定办理。

第五十七条 投资者虽不是上市公司的股东,但通过投资关系取得对上市公司股东的控制权,而受其支配的上市公司股东所持股份达到前条规定比例、且对该股东的资产和利润构成重大影响的,应当按照前条规定履行报告、公告义务。

第五十八条 上市公司实际控制人及受其支配的股东,负有配合上市公司真实、准确、完整披露有关实际控制人发生变化的信息的义务;实际控制人及受其支配的股东拒不履行上述配合义务,导致上市公司无法履行法定信息披露义务而承担民事、行政责任的,上市公司有权对其提起诉讼。实际控制人、控股股东指使上市公司及其有关人员不依法履行信息披露义务的,中国证监会依法进行查处。

第五十九条 上市公司实际控制人及受其支配的股东未履行报告、公告义务的,上市公司应当自知悉之日起立即作出报告和公告。上市公司就实际控制人发生变化的情况予以公告后,实际控制人仍未披露的,上市公司董事会应当向实际控制人和受其支配的股东查询,必要时可以聘请财务顾问进行查询,并将查询情况向中国证监会、上市公司所在地的中国证监会派出机构(以下简称派出机构)和证券交易所报告;中国证监会依法对拒不履行报告、公告义务的实际控制人进行查处。

上市公司知悉实际控制人发生较大变化而未能将有

关实际控制人的变化情况及时予以报告和公告的，中国证监会责令改正，情节严重的，认定上市公司负有责任的董事为不适当人选。

第六十条 上市公司实际控制人及受其支配的股东未履行报告、公告义务，拒不履行第五十八条规定的配合义务，或者实际控制人存在不得收购上市公司情形的，上市公司董事会应当拒绝接受受实际控制人支配的股东向董事会提交的提案或者临时议案，并向中国证监会、派出机构和证券交易所报告。中国证监会责令实际控制人改正，可以认定实际控制人通过受其支配的股东所提名的董事为不适当人选；改正前，受实际控制人支配的股东不得行使其持有股份的表决权。上市公司董事会未拒绝接受实际控制人及受其支配的股东所提出的提案的，中国证监会可以认定负有责任的董事为不适当人选。

第六章 免除发出要约

第六十一条 符合本办法第六十二条、第六十三条规定情形的，投资者及其一致行动人可以：

（一）免于以要约收购方式增持股份；

（二）存在主体资格、股份种类限制或者法律、行政法规、中国证监会规定的特殊情形，免于向被收购公司的所有股东发出收购要约。

不符合本章规定情形的，投资者及其一致行动人应当在30日内将其或者其控制的股东所持有的被收购公司股份减持到30%或者30%以下；拟以要约以外的方式继续增持股份的，应当发出全面要约。

第六十二条 有下列情形之一的，收购人可以免于以要约方式增持股份：

（一）收购人与出让人能够证明本次股份转让是在同一实际控制人控制的不同主体之间进行，未导致上市公司的实际控制人发生变化；

（二）上市公司面临严重财务困难，收购人提出的挽救公司的重组方案取得该公司股东大会批准，且收购人承诺3年内不转让其在该公司中所拥有的权益；

（三）中国证监会为适应证券市场发展变化和保护投资者合法权益的需要而认定的其他情形。

第六十三条 有下列情形之一的，投资者可以免于发出要约：

（一）经政府或者国有资产管理部门批准进行国有资产无偿划转、变更、合并，导致投资者在一个上市公司中拥有权益的股份占该公司已发行股份的比例超过30%；

（二）因上市公司按照股东大会批准的确定价格向特定股东回购股份而减少股本，导致投资者在该公司中拥有权益的股份超过该公司已发行股份的30%；

（三）经上市公司股东大会非关联股东批准，投资者取得上市公司向其发行的新股，导致其在该公司拥有权益的股份超过该公司已发行股份的30%，投资者承诺3年内不转让本次向其发行的新股，且公司股东大会同意投资者免于发出要约；

（四）在一个上市公司中拥有权益的股份达到或者超过该公司已发行股份的30%的，自上述事实发生之日起一年后，每12个月内增持不超过该公司已发行的2%的股份；

（五）在一个上市公司中拥有权益的股份达到或者超过该公司已发行股份的50%的，继续增加其在该公司拥有的权益不影响该公司的上市地位；

（六）证券公司、银行等金融机构在其经营范围内依法从事承销、贷款等业务导致其持有一个上市公司已发行股份超过30%，没有实际控制该公司的行为或者意图，并且提出在合理期限内向非关联方转让相关股份的解决方案；

（七）因继承导致在一个上市公司中拥有权益的股份超过该公司已发行股份的30%；

（八）因履行约定购回式证券交易协议购回上市公司股份导致投资者在一个上市公司中拥有权益的股份超过该公司已发行股份的30%，并且能够证明标的股份的表决权在协议期间未发生转移；

（九）因所持优先股表决权依法恢复导致投资者在一个上市公司中拥有权益的股份超过该公司已发行股份的30%；

（十）中国证监会为适应证券市场发展变化和保护投资者合法权益的需要而认定的其他情形。

相关投资者应在前款规定的权益变动行为完成后3日内就股份增持情况做出公告，律师应就相关投资者权益变动行为发表符合规定的专项核查意见并由上市公司予以披露。相关投资者按照前款第（五）项规定采用集中竞价方式增持股份的，每累计增持股份比例达到上市公司已发行股份的2%的，在事实发生当日和上市公司发布相关股东增持公司股份进展公告的当日不得再行增持股份。前款第（四）项规定的增持不超过2%的股份锁定期为增持行为完成之日起6个月。

第六十四条 收购人按照本章规定的情形免于发出要约的，应当聘请符合《证券法》规定的律师事务所等专业机构出具专业意见。

第七章 财务顾问

第六十五条 收购人聘请的财务顾问应当履行以下职责：

（一）对收购人的相关情况进行尽职调查；

（二）应收购人的要求向收购人提供专业化服务，全面评估被收购公司的财务和经营状况，帮助收购人分析收购所涉及的法律、财务、经营风险，就收购方案所涉及的收购价格、收购方式、支付安排等事项提出对策建议，并指导收购人按照规定的内容与格式制作公告文件；

（三）对收购人进行证券市场规范化运作的辅导，使收购人的董事、监事和高级管理人员熟悉有关法律、行政法规和中国证监会的规定，充分了解其应当承担的义务和责任，督促其依法履行报告、公告和其他法定义务；

（四）对收购人是否符合本办法的规定及公告文件内容的真实性、准确性、完整性进行充分核查和验证，对收购事项客观、公正地发表专业意见；

（五）与收购人签订协议，在收购完成后12个月内，持续督导收购人遵守法律、行政法规、中国证监会的规定、证券交易所规则、上市公司章程，依法行使股东权利，切实履行承诺或者相关约定。

第六十六条 收购人聘请的财务顾问就本次收购出具的财务顾问报告，应当对以下事项进行说明和分析，并逐项发表明确意见：

（一）收购人编制的上市公司收购报告书或者要约收购报告书所披露的内容是否真实、准确、完整；

（二）本次收购的目的；

（三）收购人是否提供所有必备证明文件，根据对收购人及其控股股东、实际控制人的实力、从事的主要业务、持续经营状况、财务状况和诚信情况的核查，说明收购人是否具备主体资格，是否具备收购的经济实力，是否具备规范运作上市公司的管理能力，是否需要承担其他附加义务及是否具备履行相关义务的能力，是否存在不良诚信记录；

（四）对收购人进行证券市场规范化运作辅导的情况，其董事、监事和高级管理人员是否已经熟悉有关法律、行政法规和中国证监会的规定，充分了解应当承担的义务和责任，督促其依法履行报告、公告和其他法定义务的情况；

（五）收购人的股权控制结构及其控股股东、实际控制人支配收购人的方式；

（六）收购人的收购资金来源及其合法性，是否存在利用本次收购的股份向银行等金融机构质押取得融资的情形；

（七）涉及收购人以证券支付收购价款的，应当说明有关该证券发行人的信息披露是否真实、准确、完整以及该证券交易的便捷性等情况；

（八）收购人是否已经履行了必要的授权和批准程序；

（九）是否已对收购过渡期间保持上市公司稳定经营作出安排，该安排是否符合有关规定；

（十）对收购人提出的后续计划进行分析，收购人所从事的业务与上市公司从事的业务存在同业竞争、关联交易的，对收购人解决与上市公司同业竞争等利益冲突及保持上市公司经营独立性的方案进行分析，说明本次收购对上市公司经营独立性和持续发展可能产生的影响；

（十一）在收购标的上是否设定其他权利，是否在收购价款之外还作出其他补偿安排；

（十二）收购人及其关联方与被收购公司之间是否存在业务往来，收购人与被收购公司的董事、监事、高级管理人员是否就其未来任职安排达成某种协议或者默契；

（十三）上市公司原控股股东、实际控制人及其关联方是否存在未清偿对公司的负债、未解除公司为其负债提供的担保或者损害公司利益的其他情形；存在该等情形的，是否已提出切实可行的解决方案；

（十四）涉及收购人拟免于发出要约的，应当说明本次收购是否属于本办法第六章规定的情形，收购人是否作出承诺及是否具备履行相关承诺的实力。

第六十七条 上市公司董事会或者独立董事聘请的独立财务顾问，不得同时担任收购人的财务顾问或者与收购人的财务顾问存在关联关系。独立财务顾问应当根据委托进行尽职调查，对本次收购的公正性和合法性发表专业意见。独立财务顾问报告应当对以下问题进行说明和分析，发表明确意见：

（一）收购人是否具备主体资格；

（二）收购人的实力及本次收购对被收购公司经营独立性和持续发展可能产生的影响分析；

（三）收购人是否存在利用被收购公司的资产或者由被收购公司为本次收购提供财务资助的情形；

（四）涉及要约收购的，分析被收购公司的财务状况，说明收购价格是否充分反映被收购公司价值，收购要约是否公平、合理，对被收购公司社会公众股东接受要约提出的建议；

（五）涉及收购人以证券支付收购价款的，还应当根据该证券发行人的资产、业务和盈利预测，对相关证券进行估值分析，就收购条件对被收购公司的社会公众股股东是否公平合理、是否接受收购人提出的收购条件提出专业意见；

（六）涉及管理层收购的，应当对上市公司进行估值分析，就本次收购的定价依据、支付方式、收购资金来源、融资安排、还款计划及其可行性、上市公司内部控制制度的执行情况及其有效性、上述人员及其直系亲属在最近24个月内与上市公司业务往来情况以及收购报告书披露的其他内容等进行全面核查，发表明确意见。

第六十八条 财务顾问应当在财务顾问报告中作出以下承诺：

（一）已按照规定履行尽职调查义务，有充分理由确信所发表的专业意见与收购人公告文件的内容不存在实质性差异；

（二）已对收购人公告文件进行核查，确信公告文件的内容与格式符合规定；

（三）有充分理由确信本次收购符合法律、行政法规和中国证监会的规定，有充分理由确信收购人披露的信息真实、准确、完整，不存在虚假记载、误导性陈述和重大遗漏；

（四）就本次收购所出具的专业意见已提交其内核机构审查，并获得通过；

（五）在担任财务顾问期间，已采取严格的保密措施，严格执行内部防火墙制度；

（六）与收购人已订立持续督导协议。

第六十九条 财务顾问在收购过程中和持续督导期间，应当关注被收购公司是否存在为收购人及其关联方提供担保或者借款等损害上市公司利益的情形，发现有违法或者不当行为的，应当及时向中国证监会、派出机构和证券交易所报告。

第七十条 财务顾问为履行职责，可以聘请其他专业机构协助其对收购人进行核查，但应当对收购人提供的资料和披露的信息进行独立判断。

第七十一条 自收购人公告上市公司收购报告书至收购完成后12个月内，财务顾问应当通过日常沟通、定期回访等方式，关注上市公司的经营情况，结合被收购公司定期报告和临时公告的披露事宜，对收购人与被收购公司履行持续督导职责：

（一）督促收购人及时办理股权过户手续，并依法履行报告和公告义务；

（二）督促和检查收购人及被收购公司依法规范运作；

（三）督促和检查收购人履行公开承诺的情况；

（四）结合被收购公司定期报告，核查收购人落实后续计划的情况，是否达到预期目标，实施效果是否与此前的披露内容存在较大差异，是否实现相关盈利预测或者管理层预计达到的目标；

（五）涉及管理层收购的，核查被收购公司定期报告中披露的相关还款计划的落实情况与事实是否一致；

（六）督促和检查履行收购中约定的其他义务的情况。

在持续督导期间，财务顾问应当结合上市公司披露的季度报告、半年度报告和年度报告出具持续督导意见，并在前述定期报告披露后的15日内向派出机构报告。

在此期间，财务顾问发现收购人在上市公司收购报告书中披露的信息与事实不符的，应当督促收购人如实披露相关信息，并及时向中国证监会、派出机构、证券交易所报告。财务顾问解除委托合同的，应当及时向中国证监会、派出机构作出书面报告，说明无法继续履行持续督导职责的理由，并予公告。

第八章 持续监管

第七十二条 在上市公司收购行为完成后12个月内，收购人聘请的财务顾问应当在每季度前3日内就上一季度对上市公司影响较大的投资、购买或者出售资产、关联交易、主营业务调整以及董事、监事、高级管理人员的更换、职工安置、收购人履行承诺等情况向派出机构报告。

收购人注册地与上市公司注册地不同的，还应当将前述情况的报告同时抄报收购人所在地的派出机构。

第七十三条 派出机构根据审慎监管原则，通过与承办上市公司审计业务的会计师事务所谈话、检查财务顾问持续督导责任的落实、定期或者不定期的现场检查等方式，在收购完成后对收购人和上市公司进行监督检查。

派出机构发现实际情况与收购人披露的内容存在重大差异的，对收购人及上市公司予以重点关注，可以责令收购人延长财务顾问的持续督导期，并依法进行查处。

在持续督导期间，财务顾问与收购人解除合同的，收购人应当另行聘请其他财务顾问机构履行持续督导职责。

第七十四条 在上市公司收购中，收购人持有的被收购公司的股份，在收购完成后18个月内不得转让。

收购人在被收购公司中拥有权益的股份在同一实际控制人控制的不同主体之间进行转让不受前述18个月

的限制,但应当遵守本办法第六章的规定。

第九章 监管措施与法律责任

第七十五条 上市公司的收购及相关股份权益变动活动中的信息披露义务人,未按照本办法的规定履行报告、公告以及其他相关义务的,中国证监会责令改正,采取监管谈话、出具警示函、责令暂停或者停止收购等监管措施。在改正前,相关信息披露义务人不得对其持有或者实际支配的股份行使表决权。

第七十六条 上市公司的收购及相关股份权益变动活动中的信息披露义务人在报告、公告等文件中有虚假记载、误导性陈述或者重大遗漏的,中国证监会责令改正,采取监管谈话、出具警示函、责令暂停或者停止收购等监管措施。在改正前,收购人对其持有或者实际支配的股份不得行使表决权。

第七十七条 投资者及其一致行动人取得上市公司控制权而未按照本办法的规定聘请财务顾问,规避法定程序和义务,变相进行上市公司的收购,或者外国投资者规避管辖的,中国证监会责令改正,采取出具警示函、责令暂停或者停止收购等监管措施。在改正前,收购人不得对其持有或者实际支配的股份行使表决权。

第七十八条 收购人未依照本办法的规定履行相关义务、相应程序擅自实施要约收购的,或者不符合本办法规定的免除发出要约情形,拒不履行相关义务、相应程序的,中国证监会责令改正,采取监管谈话、出具警示函、责令暂停或者停止收购等监管措施。在改正前,收购人不得对其持有或者支配的股份行使表决权。

发出收购要约的收购人在收购要约期限届满,不按照约定支付收购价款或者购买预受股份的,自该事实发生之日起3年内不得收购上市公司,中国证监会不受理收购人及其关联方提交的申报文件。

存在前二款规定情形,收购人涉嫌虚假披露、操纵证券市场的,中国证监会对收购人进行立案稽查,依法追究其法律责任;收购人聘请的财务顾问没有充分证据表明其勤勉尽责的,自收购人违规事实发生之日起1年内,中国证监会不受理该财务顾问提交的上市公司并购重组申报文件,情节严重的,依法追究法律责任。

第七十九条 上市公司控股股东和实际控制人在转让其对公司的控制权时,未清偿其对公司的负债,未解除公司为其提供的担保,或者未对其损害公司利益的其他情形作出纠正的,中国证监会责令改正、责令暂停或者停止收购活动。

被收购公司董事会未能依法采取有效措施促使公司控股股东、实际控制人予以纠正,或者在收购完成后未能促使收购人履行承诺、安排或者保证的,中国证监会可以认定相关董事为不适当人选。

第八十条 上市公司董事未履行忠实义务和勤勉义务,利用收购谋取不当利益的,中国证监会采取监管谈话、出具警示函等监管措施,可以认定为不适当人选。

上市公司章程中涉及公司控制权的条款违反法律、行政法规和本办法规定的,中国证监会责令改正。

第八十一条 为上市公司收购出具资产评估报告、审计报告、法律意见书和财务顾问报告的证券服务机构或者证券公司及其专业人员,未依法履行职责的,或者违反中国证监会的有关规定或者行业规范、业务规则的,中国证监会责令改正,采取监管谈话、出具警示函、责令公开说明、责令定期报告等监管措施。

前款规定的证券服务机构及其从业人员被责令改正的,在改正前,不得接受新的上市公司并购重组业务。

第八十二条 中国证监会将上市公司的收购及相关股份权益变动活动中的当事人的违法行为和整改情况记入诚信档案。

违反本办法的规定构成证券违法行为的,依法追究法律责任。

第十章 附则

第八十三条 本办法所称一致行动,是指投资者通过协议、其他安排,与其他投资者共同扩大其所能够支配的一个上市公司股份表决权数量的行为或者事实。

在上市公司的收购及相关股份权益变动活动中有一致行动情形的投资者,互为一致行动人。如无相反证据,投资者有下列情形之一的,为一致行动人:

(一)投资者之间有股权控制关系;

(二)投资者受同一主体控制;

(三)投资者的董事、监事或者高级管理人员中的主要成员,同时在另一个投资者担任董事、监事或者高级管理人员;

(四)投资者参股另一投资者,可以对参股公司的重大决策产生重大影响;

(五)银行以外的其他法人、其他组织和自然人为投资者取得相关股份提供融资安排;

(六)投资者之间存在合伙、合作、联营等其他经济利益关系;

(七)持有投资者30%以上股份的自然人,与投资者持有同一上市公司股份;

(八)在投资者任职的董事、监事及高级管理人员,与投资者持有同一上市公司股份；

（九）持有投资者30%以上股份的自然人和在投资者任职的董事、监事及高级管理人员，其父母、配偶、子女及其配偶、配偶的父母、兄弟姐妹及其配偶、配偶的兄弟姐妹及其配偶等亲属，与投资者持有同一上市公司股份；

（十）在上市公司任职的董事、监事、高级管理人员及其前项所述亲属同时持有本公司股份的，或者与其自己或者其前项所述亲属直接或者间接控制的企业同时持有本公司股份；

（十一）上市公司董事、监事、高级管理人员和员工与其所控制或者委托的法人或者其他组织持有本公司股份；

（十二）投资者之间具有其他关联关系。

一致行动人应当合并计算其所持有的股份。投资者计算其所持有的股份，应当包括登记在其名下的股份，也包括登记在其一致行动人名下的股份。

投资者认为其与他人不应被视为一致行动人的，可以向中国证监会提供相反证据。

第八十四条 有下列情形之一的，为拥有上市公司控制权：

（一）投资者为上市公司持股50%以上的控股股东；

（二）投资者可以实际支配上市公司股份表决权超过30%；

（三）投资者通过实际支配上市公司股份表决权能够决定公司董事会半数以上成员选任；

（四）投资者依其可实际支配的上市公司股份表决权足以对公司股东大会的决议产生重大影响；

（五）中国证监会认定的其他情形。

第八十五条 信息披露义务人涉及计算其拥有权益比例的，应当将其所持有的上市公司已发行的可转换为公司股票的证券中有权转换部分与其所持有的同一上市公司的股份合并计算，并将其持股比例与合并计算非股权类证券转为股份后的比例相比，以二者中的较高者为准；行权期限届满未行权的，或者行权条件不再具备的，无需合并计算。

前款所述二者中的较高者，应当按下列公式计算：

（一）投资者持有的股份数量/上市公司已发行股份总数

（二）（投资者持有的股份数量+投资者持有的可转换为公司股票的非股权类证券所对应的股份数量）/（上市公司已发行股份总数+上市公司发行的可转换为公司股票的非股权类证券所对应的股份总数）

前款所称"投资者持有的股份数量"包括投资者拥有的普通股数量和优先股恢复的表决权数量，"上市公司已发行股份总数"包括上市公司已发行的普通股总数和优先股恢复的表决权总数。

第八十六条 投资者因行政划转、执行法院裁决、继承、赠与等方式取得上市公司控制权的，应当按照本办法第四章的规定履行报告、公告义务。

第八十七条 权益变动报告书、收购报告书、要约收购报告书、被收购公司董事会报告书等文件的内容与格式，由中国证监会另行制定。

第八十八条 被收购公司在境内、境外同时上市的，收购人除应当遵守本办法及中国证监会的相关规定外，还应当遵守境外上市地的相关规定。

第八十九条 外国投资者收购上市公司及在上市公司中拥有的权益发生变动的，除应当遵守本办法的规定外，还应当遵守外国投资者投资上市公司的相关规定。

第九十条 本办法自2006年9月1日起施行。中国证监会发布的《上市公司收购管理办法》（证监会令第10号）、《上市公司股东持股变动信息披露管理办法》（证监会令第11号）、《关于要约收购涉及的被收购公司股票上市交易条件有关问题的通知》（证监公司字〔2003〕16号）和《关于规范上市公司实际控制权转移行为有关问题的通知》（证监公司字〔2004〕1号）同时废止。

上市公司重大资产重组管理办法

- 2008年3月24日中国证券监督管理委员会第224次主席办公会议审议通过
- 根据2011年8月1日中国证券监督管理委员会《关于修改上市公司重大资产重组与配套融资相关规定的决定》修正
- 2014年7月7日中国证券监督管理委员会第52次主席办公会议修订
- 根据2016年9月8日中国证券监督管理委员会《关于修改〈上市公司重大资产重组管理办法〉的决定》、2019年10月18日中国证券监督管理委员会《关于修改〈上市公司重大资产重组管理办法〉的决定》、2020年3月20日中国证券监督管理委员会《关于修改部分证券期货规章的决定》修正
- 2023年2月17日中国证券监督管理委员会第2次委务会议修订
- 2023年2月17日中国证券监督管理委员会令第214号公布
- 自公布之日起施行

第一章 总 则

第一条 为了规范上市公司重大资产重组行为，保护上市公司和投资者的合法权益，促进上市公司质量不

断提高,维护证券市场秩序和社会公共利益,根据《中华人民共和国公司法》《中华人民共和国证券法》(以下简称《证券法》)等法律、行政法规的规定,制定本办法。

第二条 本办法适用于上市公司及其控股或者控制的公司在日常经营活动之外购买、出售资产或者通过其他方式进行资产交易达到规定的标准,导致上市公司的主营业务、资产、收入发生重大变化的资产交易行为(以下简称重大资产重组)。

上市公司发行股份购买资产应当符合本办法的规定。

上市公司按照经中国证券监督管理委员会(以下简称中国证监会)注册的证券发行申请所披露的募集资金用途,使用募集资金购买资产、对外投资的行为,不适用本办法。

第三条 任何单位和个人不得利用重大资产重组损害上市公司及其股东的合法权益。

第四条 上市公司实施重大资产重组,有关各方必须及时、公平地披露或者提供信息,保证所披露或者提供信息的真实、准确、完整,不得有虚假记载、误导性陈述或者重大遗漏。

第五条 上市公司的董事、监事和高级管理人员在重大资产重组活动中,应当诚实守信、勤勉尽责,维护公司资产的安全,保护公司和全体股东的合法权益。

第六条 为重大资产重组提供服务的证券服务机构和人员,应当遵守法律、行政法规和中国证监会的有关规定,以及证券交易所的相关规则,遵循本行业公认的业务标准和道德规范,诚实守信、勤勉尽责,严格履行职责,对其所制作、出具文件的真实性、准确性和完整性承担责任。

前款规定的证券服务机构和人员,不得教唆、协助或者伙同委托人编制或者披露存在虚假记载、误导性陈述或者重大遗漏的报告、公告文件,不得从事不正当竞争,不得利用上市公司重大资产重组谋取不正当利益。

第七条 任何单位和个人对所知悉的重大资产重组信息在依法披露前负有保密义务。

禁止任何单位和个人利用重大资产重组信息从事内幕交易、操纵证券市场等违法活动。

第八条 中国证监会依法对上市公司重大资产重组行为进行监督管理。

证券交易所依法制定上市公司重大资产重组业务规则,并对上市公司重大资产重组行为、证券服务机构和人员履职行为等进行自律管理。

中国证监会基于证券交易所的审核意见,依法对上市公司发行股份购买资产涉及的证券发行申请履行注册程序,并对证券交易所的审核工作进行监督。

第九条 对上市公司发行股份购买资产涉及的证券发行申请予以注册,不表明中国证监会和证券交易所对该证券的投资价值或者投资者的收益作出实质性判断或者保证,也不表明中国证监会和证券交易所对申请文件的真实性、准确性、完整性作出保证。

第十条 鼓励依法设立的并购基金、股权投资基金、创业投资基金、产业投资基金等投资机构参与上市公司并购重组。

第二章 重大资产重组的原则和标准

第十一条 上市公司实施重大资产重组,应当就本次交易符合下列要求作出充分说明,并予以披露:

(一)符合国家产业政策和有关环境保护、土地管理、反垄断、外商投资、对外投资等法律和行政法规的规定;

(二)不会导致上市公司不符合股票上市条件;

(三)重大资产重组所涉及的资产定价公允,不存在损害上市公司和股东合法权益的情形;

(四)重大资产重组所涉及的资产权属清晰,资产过户或者转移不存在法律障碍,相关债权债务处理合法;

(五)有利于上市公司增强持续经营能力,不存在可能导致上市公司重组后主要资产为现金或者无具体经营业务的情形;

(六)有利于上市公司在业务、资产、财务、人员、机构等方面与实际控制人及其关联人保持独立,符合中国证监会关于上市公司独立性的相关规定;

(七)有利于上市公司形成或者保持健全有效的法人治理结构。

第十二条 上市公司及其控股或者控制的公司购买、出售资产,达到下列标准之一的,构成重大资产重组:

(一)购买、出售的资产总额占上市公司最近一个会计年度经审计的合并财务会计报告期末资产总额的比例达到百分之五十以上;

(二)购买、出售的资产在最近一个会计年度所产生的营业收入占上市公司同期经审计的合并财务会计报告营业收入的比例达到百分之五十以上,且超过五千万元人民币;

(三)购买、出售的资产净额占上市公司最近一个会计年度经审计的合并财务会计报告期末净资产额的比例达到百分之五十以上,且超过五千万元人民币。

购买、出售资产未达到前款规定标准，但中国证监会发现涉嫌违反国家产业政策、违反法律和行政法规、违反中国证监会的规定、可能损害上市公司或者投资者合法权益等重大问题的，可以根据审慎监管原则，责令上市公司暂停交易，按照本办法的规定补充披露相关信息、聘请符合《证券法》规定的独立财务顾问或者其他证券服务机构补充核查并披露专业意见。

第十三条 上市公司自控制权发生变更之日起三十六个月内，向收购人及其关联人购买资产，导致上市公司发生以下根本变化情形之一的，构成重大资产重组，应当按照本办法的规定履行相关义务和程序：

（一）购买的资产总额占上市公司控制权发生变更的前一个会计年度经审计的合并财务会计报告期末资产总额的比例达到百分之一百以上；

（二）购买的资产在最近一个会计年度所产生的营业收入占上市公司控制权发生变更的前一个会计年度经审计的合并财务会计报告营业收入的比例达到百分之一百以上；

（三）购买的资产净额占上市公司控制权发生变更的前一个会计年度经审计的合并财务会计报告期末净资产额的比例达到百分之一百以上；

（四）为购买资产发行的股份占上市公司首次向收购人及其关联人购买资产的董事会决议前一个交易日的股份的比例达到百分之一百以上；

（五）上市公司向收购人及其关联人购买资产虽未达到第（一）至第（四）项标准，但可能导致上市公司主营业务发生根本变化；

（六）中国证监会认定的可能导致上市公司发生根本变化的其他情形。

上市公司实施前款规定的重大资产重组，应当符合下列规定：

（一）符合本办法第十一条、第四十三条规定的要求；

（二）上市公司购买的资产对应的经营实体应当是股份有限公司或者有限责任公司，且符合《首次公开发行股票注册管理办法》规定的其他发行条件、相关板块定位，以及证券交易所规定的具体条件；

（三）上市公司及其最近三年内的控股股东、实际控制人不存在因涉嫌犯罪正被司法机关立案侦查或涉嫌违法违规正被中国证监会立案调查的情形。但是，涉嫌犯罪或违法违规的行为已经终止满三年，交易方案能够消除该行为可能造成的不良后果，且不影响对相关行为人追究责任的除外；

（四）上市公司及其控股股东、实际控制人最近十二个月内未受到证券交易所公开谴责，不存在其他重大失信行为；

（五）本次重大资产重组不存在中国证监会认定的可能损害投资者合法权益，或者违背公开、公平、公正原则的其他情形。

上市公司实施第一款规定的重大资产重组，涉及发行股份的，适用《证券法》和中国证监会的相关规定，应当报经中国证监会注册。

第一款所称控制权，按照《上市公司收购管理办法》第八十四条的规定进行认定。上市公司股权分散，董事、高级管理人员可以支配公司重大的财务和经营决策的，视为具有上市公司控制权。

上市公司自控制权发生变更之日起，向收购人及其关联人购买的资产属于金融、创业投资等特定行业的，由中国证监会另行规定。

第十四条 计算本办法第十二条、第十三条规定的标准时，应当遵守下列规定：

（一）购买的资产为股权的，其资产总额以被投资企业的资产总额与该项投资所占股权比例的乘积和成交金额二者中的较高者为准，营业收入以被投资企业的营业收入与该项投资所占股权比例的乘积为准，资产净额以被投资企业的净资产额与该项投资所占股权比例的乘积和成交金额二者中的较高者为准；出售的资产为股权的，其资产总额、营业收入以及资产净额分别以被投资企业的资产总额、营业收入以及净资产额与该项投资所占股权比例的乘积为准。

购买股权导致上市公司取得被投资企业控股权的，其资产总额以被投资企业的资产总额和成交金额二者中的较高者为准，营业收入以被投资企业的营业收入为准，资产净额以被投资企业的净资产额和成交金额二者中的较高者为准；出售股权导致上市公司丧失被投资企业控股权的，其资产总额、营业收入以及资产净额分别以被投资企业的资产总额、营业收入以及净资产额为准；

（二）购买的资产为非股权资产的，其资产总额以该资产的账面值和成交金额二者中的较高者为准，资产净额以相关资产与负债的账面值差额和成交金额二者中的较高者为准；出售的资产为非股权资产的，其资产总额、资产净额分别以该资产的账面值、相关资产与负债账面值的差额为准；该非股权资产不涉及负债的，不适用本办法第十二条第一款第（三）项规定的资产净额标准；

（三）上市公司同时购买、出售资产的，应当分别计算购买、出售资产的相关比例，并以二者中比例较高者为准；

（四）上市公司在十二个月内连续对同一或者相关资产进行购买、出售的，以其累计数分别计算相应数额。已按本办法的规定编制并披露重大资产重组报告书的资产交易行为，无须纳入累计计算的范围。中国证监会对本办法第十三条第一款规定的重大资产重组的累计期限和范围另有规定的，从其规定。

交易标的资产属于同一交易方所有或者控制，或者属于相同或者相近的业务范围，或者中国证监会认定的其他情形下，可以认定为同一或者相关资产。

第十五条 本办法第二条所称通过其他方式进行资产交易，包括：

（一）与他人新设企业、对已设立的企业增资或者减资；

（二）受托经营、租赁其他企业资产或者将经营性资产委托他人经营、租赁；

（三）接受附义务的资产赠与或者对外捐赠资产；

（四）中国证监会根据审慎监管原则认定的其他情形。

上述资产交易实质上构成购买、出售资产，且达到本办法第十二条、第十三条规定的标准的，应当按照本办法的规定履行相关义务和程序。

第三章 重大资产重组的程序

第十六条 上市公司与交易对方就重大资产重组事宜进行初步磋商时，应当立即采取必要且充分的保密措施，制定严格有效的保密制度，限定相关敏感信息的知悉范围。上市公司及交易对方聘请证券服务机构的，应当立即与所聘请的证券服务机构签署保密协议。

上市公司关于重大资产重组的董事会决议公告前，相关信息已在媒体上传播或者公司股票交易出现异常波动的，上市公司应当立即将有关计划、方案或者相关事项的现状以及相关进展情况和风险因素等予以公告，并按照有关信息披露规则办理其他相关事宜。

第十七条 上市公司应当聘请符合《证券法》规定的独立财务顾问、律师事务所以及会计师事务所等证券服务机构就重大资产重组出具意见。

独立财务顾问和律师事务所应当审慎核查重大资产重组是否构成关联交易，并依据核查确认的相关事实发表明确意见。重大资产重组涉及关联交易的，独立财务顾问应当就本次重组对上市公司非关联股东的影响发表明确意见。

资产交易定价以资产评估结果为依据的，上市公司应当聘请符合《证券法》规定的资产评估机构出具资产评估报告。

证券服务机构在其出具的意见中采用其他证券服务机构或者人员的专业意见的，仍然应当进行尽职调查，审慎核查其采用的专业意见的内容，并对利用其他证券服务机构或者人员的专业意见所形成的结论负责。在保持职业怀疑并进行审慎核查、开展必要调查和复核的基础上，排除职业怀疑的，可以合理信赖。

第十八条 上市公司及交易对方与证券服务机构签订聘用合同后，非因正当事由不得更换证券服务机构。确有正当事由需要更换证券服务机构的，应当披露更换的具体原因以及证券服务机构的陈述意见。

第十九条 上市公司应当在重大资产重组报告书的管理层讨论与分析部分，就本次交易对上市公司的持续经营能力、未来发展前景、当年每股收益等财务指标和非财务指标的影响进行详细分析；涉及购买资产的，还应当就上市公司对交易标的资产的整合管控安排进行详细分析。

第二十条 重大资产重组中相关资产以资产评估结果作为定价依据的，资产评估机构应当按照资产评估相关准则和规范开展执业活动；上市公司董事会应当对评估机构的独立性、评估假设前提的合理性、评估方法与评估目的的相关性以及评估定价的公允性发表明确意见。

相关资产不以资产评估结果作为定价依据的，上市公司应当在重大资产重组报告书中详细分析说明相关资产的估值方法、参数及其他影响估值结果的指标和因素。上市公司董事会应当对估值机构的独立性、估值假设前提的合理性、估值方法与估值目的的相关性发表明确意见，并结合相关资产的市场可比交易价格、同行业上市公司的市盈率或者市净率等通行指标，在重大资产重组报告书中详细分析本次交易定价的公允性。

前两款情形中，评估机构、估值机构原则上应当采取两种以上的方法进行评估或者估值；上市公司独立董事应当出席董事会会议，对评估机构或者估值机构的独立性、评估或者估值假设前提的合理性和交易定价的公允性发表独立意见，并单独予以披露。

第二十一条 上市公司进行重大资产重组，应当由董事会依法作出决议，并提交股东大会批准。

上市公司董事会应当就重大资产重组是否构成关联交易作出明确判断，并作为董事会决议事项予以披露。

上市公司独立董事应当在充分了解相关信息的基础上，就重大资产重组发表独立意见。重大资产重组构成关联交易的，独立董事可以另行聘请独立财务顾问就本次交易对上市公司非关联股东的影响发表意见。上市公司应当积极配合独立董事调阅相关材料，并通过安排实地调查、组织证券服务机构汇报等方式，为独立董事履行职责提供必要的支持和便利。

第二十二条 上市公司应当在董事会作出重大资产重组决议后的次一工作日至少披露下列文件：

（一）董事会决议及独立董事的意见；

（二）上市公司重大资产重组预案。

本次重组的重大资产重组报告书、独立财务顾问报告、法律意见书以及重组涉及的审计报告、资产评估报告或者估值报告至迟应当与召开股东大会的通知同时公告。上市公司自愿披露盈利预测报告的，该报告应当经符合《证券法》规定的会计师事务所审核，与重大资产重组报告书同时公告。

第一款第（二）项及第二款规定的信息披露文件的内容与格式另行规定。

上市公司应当在证券交易所的网站和一家符合中国证监会规定条件的媒体公告董事会决议、独立董事的意见、重大资产重组报告书及其摘要、相关证券服务机构的报告或者意见等信息披露文件。

第二十三条 上市公司股东大会就重大资产重组作出的决议，至少应当包括下列事项：

（一）本次重大资产重组的方式、交易标的和交易对方；

（二）交易价格或者价格区间；

（三）定价方式或者定价依据；

（四）相关资产自定价基准日至交割日期间损益的归属；

（五）相关资产办理权属转移的合同义务和违约责任；

（六）决议的有效期；

（七）对董事会办理本次重大资产重组事宜的具体授权；

（八）其他需要明确的事项。

第二十四条 上市公司股东大会就重大资产重组事项作出决议，必须经出席会议的股东所持表决权的三分之二以上通过。

上市公司重大资产重组事宜与本公司股东或者其关联人存在关联关系的，股东大会就重大资产重组事项进行表决时，关联股东应当回避表决。

交易对方已经与上市公司控股股东就受让上市公司股权或者向上市公司推荐董事达成协议或者合意，可能导致上市公司的实际控制权发生变化的，上市公司控股股东及其关联人应当回避表决。

上市公司就重大资产重组事宜召开股东大会，应当以现场会议形式召开，并应当提供网络投票和其他合法方式为股东参加股东大会提供便利。除上市公司的董事、监事、高级管理人员、单独或者合计持有上市公司百分之五以上股份的股东以外，其他股东的投票情况应当单独统计并予以披露。

第二十五条 上市公司应当在股东大会作出重大资产重组决议后的次一工作日公告该决议，以及律师事务所对本次会议的召集程序、召集人和出席人员的资格、表决程序以及表决结果等事项出具的法律意见书。

涉及发行股份购买资产的，上市公司应当根据中国证监会的规定委托独立财务顾问，在作出决议后三个工作日内向证券交易所提出申请。

第二十六条 上市公司全体董事、监事、高级管理人员应当公开承诺，保证重大资产重组的信息披露和申请文件不存在虚假记载、误导性陈述或者重大遗漏。

重大资产重组的交易对方应当公开承诺，将及时向上市公司提供本次重组相关信息，并保证所提供的信息真实、准确、完整，如因提供的信息存在虚假记载、误导性陈述或者重大遗漏，给上市公司或者投资者造成损失的，将依法承担赔偿责任。

前两款规定的单位和个人还应当公开承诺，如本次交易因涉嫌所提供或者披露的信息存在虚假记载、误导性陈述或者重大遗漏，被司法机关立案侦查或者被中国证监会立案调查的，在案件调查结论明确之前，将暂停转让其在该上市公司拥有权益的股份。

第二十七条 证券交易所设立并购重组委员会（以下简称并购重组委）依法审议上市公司发行股份购买资产申请，提出审议意见。

证券交易所应当在规定的时限内基于并购重组委的审议意见，形成本次交易是否符合重组条件和信息披露要求的审核意见。

证券交易所认为符合相关条件和要求的，将审核意见、上市公司注册申请文件及相关审核资料报中国证监会注册；认为不符合相关条件和要求的，作出终止审核决定。

第二十八条 中国证监会收到证券交易所报送的审

核意见等相关文件后,依照法定条件和程序,在十五个工作日内对上市公司的注册申请作出予以注册或者不予注册的决定,按规定应当扣除的时间不计算在本款规定的时限内。

中国证监会基于证券交易所的审核意见依法履行注册程序,发现存在影响重组条件的新增事项,可以要求证券交易所问询并就新增事项形成审核意见。

中国证监会认为证券交易所对前款规定的新增事项审核意见依据明显不充分的,可以退回补充审核。证券交易所补充审核后,认为符合重组条件和信息披露要求的,重新向中国证监会报送审核意见等相关文件,注册期限按照第一款规定重新计算。

第二十九条 股东大会作出重大资产重组的决议后,上市公司拟对交易对象、交易标的、交易价格等作出变更,构成对原交易方案重大调整的,应当在董事会表决通过后重新提交股东大会审议,并及时公告相关文件。

证券交易所审核或者中国证监会注册期间,上市公司按照前款规定对原交易方案作出重大调整的,应当按照本办法的规定向证券交易所重新提出申请,同时公告相关文件。

证券交易所审核或者中国证监会注册期间,上市公司董事会决议撤回申请的,应当说明原因,向证券交易所提出申请,予以公告;上市公司董事会决议终止本次交易的,应当按照公司章程的规定提交股东大会审议,股东大会就重大资产重组事项作出决议时已具体授权董事会可以决议终止本次交易的除外。

第三十条 上市公司收到中国证监会就其申请作出的予以注册或者不予注册的决定后,应当在次一工作日予以公告。

中国证监会予以注册的,上市公司应当在公告注册决定的同时,按照相关信息披露准则的规定补充披露相关文件。

第三十一条 上市公司重大资产重组不涉及发行股份的,应当根据中国证监会的规定聘请独立财务顾问和其他证券服务机构,按照本办法和证券交易所的要求履行相关程序、披露相关信息。

证券交易所通过问询、现场检查、现场督导、要求独立财务顾问和其他证券服务机构补充核查并披露专业意见等方式进行自律管理,发现重组活动明显违反本办法规定的重组条件和信息披露要求,可能因定价显失公允、不正当利益输送等问题严重损害上市公司、投资者合法权益的,可以报请中国证监会根据本办法的规定采取相关措施。

第三十二条 上市公司重大资产重组完成相关批准程序后,应当及时实施重组方案,并于实施完毕之日起三个工作日内编制实施情况报告书,向证券交易所提交书面报告,并予以公告。

上市公司聘请的独立财务顾问和律师事务所应当对重大资产重组的实施过程、资产过户事宜和相关后续事项的合规性及风险进行核查,发表明确的结论性意见。独立财务顾问和律师事务所出具的意见应当与实施情况报告书同时报告、公告。

第三十三条 自完成相关批准程序之日起六十日内,本次重大资产重组未实施完毕的,上市公司应当于期满后次一工作日将实施进展情况报告,并予以公告;此后每三十日应当公告一次,直至实施完毕。属于本办法第四十四条规定的交易情形的,自收到中国证监会注册文件之日起超过十二个月未实施完毕的,注册文件失效。

第三十四条 上市公司在实施重大资产重组的过程中,发生法律、法规要求披露的重大事项的,应当及时作出公告;该事项导致本次交易发生实质性变动的,须重新提交股东大会审议,涉及发行股份购买资产的,还须按照本办法的规定向证券交易所重新提出申请。

第三十五条 采取收益现值法、假设开发法等基于未来收益预期的方法对拟购买资产进行评估或者估值并作为定价参考依据的,上市公司应当在重大资产重组实施完毕后三年内的年度报告中单独披露相关资产的实际盈利数与利润预测数的差异情况,并由会计师事务所对此出具专项审核意见;交易对方应当与上市公司就相关资产实际盈利数不足利润预测数的情况签订明确可行的补偿协议。

预计本次重大资产重组将摊薄上市公司当年每股收益的,上市公司应当提出填补每股收益的具体措施,并将相关议案提交董事会和股东大会进行表决。负责落实该等具体措施的相关责任主体应当公开承诺,保证切实履行其义务和责任。

上市公司向控股股东、实际控制人或者其控制的关联人之外的特定对象购买资产且未导致控制权发生变更的,不适用前两款规定,上市公司与交易对方可以根据市场化原则,自主协商是否采取业绩补偿和每股收益填补措施及相关具体安排。

第三十六条 上市公司重大资产重组发生下列情形的,独立财务顾问应当及时出具核查意见,并予以公告:

(一)上市公司完成相关批准程序前,对交易对象、

交易标的、交易价格等作出变更,构成对原重组方案重大调整,或者因发生重大事项导致原重组方案发生实质性变动的;

（二）上市公司完成相关批准程序后,在实施重组过程中发生重大事项,导致原重组方案发生实质性变动的。

第三十七条 独立财务顾问应当按照中国证监会的相关规定,以及证券交易所的相关规则,对实施重大资产重组的上市公司履行持续督导职责。持续督导的期限自本次重大资产重组实施完毕之日起,应当不少于一个会计年度。实施本办法第十三条规定的重大资产重组,持续督导的期限自本次重大资产重组实施完毕之日起,应当不少于三个会计年度。持续督导期限届满后,仍存在尚未完结的督导事项的,独立财务顾问应当就相关事项继续履行持续督导职责。

第三十八条 独立财务顾问应当结合上市公司重大资产重组当年和实施完毕后的第一个会计年度的年报,自年报披露之日起十五日内,对重大资产重组实施的下列事项出具持续督导意见,并予以公告：

（一）交易资产的交付或者过户情况;

（二）交易各方当事人承诺的履行情况;

（三）已公告的盈利预测或者利润预测的实现情况;

（四）管理层讨论与分析部分提及的各项业务的发展现状,以及上市公司对所购买资产整合管控安排的执行情况;

（五）公司治理结构与运行情况;

（六）与已公布的重组方案存在差异的其他事项。

独立财务顾问还应当结合本办法第十三条规定的重大资产重组实施完毕后的第二、第三个会计年度的年报,自年报披露之日起十五日内,对前款第（二）至（六）项事项出具持续督导意见,予以公告。

第四章　重大资产重组的信息管理

第三十九条 上市公司筹划、实施重大资产重组,相关信息披露义务人应当公平地向所有投资者披露可能对上市公司股票交易价格产生较大影响的相关信息（以下简称股价敏感信息）,不得提前泄露。

第四十条 上市公司的股东、实际控制人以及参与重大资产重组筹划、论证、决策等环节的其他相关机构和人员,应当做好保密工作。对于依法应当披露的信息,应当及时通知上市公司,并配合上市公司及时、准确、完整地进行披露。相关信息发生泄露的,应当立即通知上市公司,并督促上市公司依法披露。

第四十一条 上市公司及其董事、监事、高级管理人员,重大资产重组的交易对方及其关联方,交易对方及其关联方的董事、监事、高级管理人员或者主要负责人,交易各方聘请的证券服务机构及其从业人员,参与重大资产重组筹划、论证、决策、审批等环节的相关机构和人员,以及因直系亲属关系、提供服务和业务往来等知悉或者可能知悉股价敏感信息的其他相关机构和人员,在重大资产重组的股价敏感信息依法披露前负有保密义务,禁止利用该信息进行内幕交易。

第四十二条 上市公司筹划重大资产重组事项,应当详细记载筹划过程中每一具体环节的进展情况,包括商议相关方案、形成相关意向、签署相关协议或者意向书的具体时间、地点、参与机构和人员、商议和决议内容等,制作书面的交易进程备忘录并予以妥当保存。参与每一具体环节的所有人员应当即时在备忘录上签名确认。

上市公司筹划发行股份购买资产,可以按照证券交易所的有关规定申请停牌。上市公司不申请停牌的,应当就本次交易做好保密工作,在发行股份购买资产预案、发行股份购买资产报告书披露前,不得披露所筹划交易的相关信息。信息已经泄露的,上市公司应当立即披露发行股份购买资产预案、发行股份购买资产报告书,或者申请停牌。

上市公司筹划不涉及发行股份的重大资产重组,应当分阶段披露相关情况,不得申请停牌。

上市公司股票交易价格因重大资产重组的市场传闻发生异常波动时,上市公司应当及时核实有无影响上市公司股票交易价格的重组事项并予以澄清,不得以相关事项存在不确定性为由不履行信息披露义务。

第五章　发行股份购买资产

第四十三条 上市公司发行股份购买资产,应当符合下列规定：

（一）充分说明并披露本次交易有利于提高上市公司资产质量、改善财务状况和增强持续经营能力,有利于上市公司减少关联交易、避免同业竞争、增强独立性;

（二）上市公司最近一年及一期财务会计报告被会计师事务所出具无保留意见审计报告;被出具保留意见、否定意见或者无法表示意见的审计报告的,须经会计师事务所专项核查确认,该保留意见、否定意见或者无法表示意见所涉及事项的重大影响已经消除或者将通过本次交易予以消除;

（三）上市公司及其现任董事、高级管理人员不存在因涉嫌犯罪正被司法机关立案侦查或涉嫌违法违规正被中国证监会立案调查的情形。但是,涉嫌犯罪或违法违

规的行为已经终止满三年,交易方案有助于消除该行为可能造成的不良后果,且不影响对相关行为人追究责任的除外;

(四)充分说明并披露上市公司发行股份所购买的资产为权属清晰的经营性资产,并能在约定期限内办理完毕权属转移手续;

(五)中国证监会规定的其他条件。

上市公司为促进行业的整合、转型升级,在其控制权不发生变更的情况下,可以向控股股东、实际控制人或者其控制的关联人之外的特定对象发行股份购买资产。所购买资产与现有主营业务没有显著协同效应的,应当充分说明并披露本次交易后的经营发展战略和业务管理模式,以及业务转型升级可能面临的风险和应对措施。

特定对象以现金或者资产认购上市公司发行的股份后,上市公司用同一次发行所募集的资金向该特定对象购买资产的,视同上市公司发行股份购买资产。

第四十四条 上市公司发行股份购买资产的,可以同时募集部分配套资金,其定价方式按照相关规定办理。

上市公司发行股份购买资产应当遵守本办法关于重大资产重组的规定,编制发行股份购买资产预案、发行股份购买资产报告书,并向证券交易所提出申请。

第四十五条 上市公司发行股份的价格不得低于市场参考价的百分之八十。市场参考价为本次发行股份购买资产的董事会决议公告日前二十个交易日、六十个交易日或者一百二十个交易日的公司股票交易均价之一。本次发行股份购买资产的董事会决议应当说明市场参考价的选择依据。

前款所称交易均价的计算公式为:董事会决议公告日前若干个交易日公司股票交易均价=决议公告日前若干个交易日公司股票交易总额/决议公告日前若干个交易日公司股票交易总量。

本次发行股份购买资产的董事会决议可以明确,在中国证监会注册前,上市公司的股票价格相比最初确定的发行价格发生重大变化的,董事会可以按照已经设定的调整方案对发行价格进行一次调整。

前款规定的发行价格调整方案应当明确、具体、可操作,详细说明是否相应调整拟购买资产的定价、发行股份数量及其理由,在首次董事会决议公告时充分披露,并按照规定提交股东大会审议。股东大会作出决议后,董事会按照已经设定的方案调整发行价格的,上市公司无需按照本办法第二十九条的规定向证券交易所重新提出申请。

第四十六条 特定对象以资产认购而取得的上市公司股份,自股份发行结束之日起十二个月内不得转让;属于下列情形之一的,三十六个月内不得转让:

(一)特定对象为上市公司控股股东、实际控制人或者其控制的关联人;

(二)特定对象通过认购本次发行的股份取得上市公司的实际控制权;

(三)特定对象取得本次发行的股份时,对其用于认购股份的资产持续拥有权益的时间不足十二个月。

属于本办法第十三条第一款规定的交易情形的,上市公司原控股股东、原实际控制人及其控制的关联人,以及在交易过程中从该等主体直接或间接受让该上市公司股份的特定对象应当公开承诺,在本次交易完成后三十六个月内不转让其在该上市公司中拥有权益的股份;除收购人及其关联人以外的特定对象应当公开承诺,其以资产认购而取得的上市公司股份自股份发行结束之日起二十四个月内不得转让。

第四十七条 上市公司发行股份购买资产导致特定对象持有或者控制的股份达到法定比例的,应当按照《上市公司收购管理办法》的规定履行相关义务。

上市公司向控股股东、实际控制人或者其控制的关联人发行股份购买资产,或者发行股份购买资产将导致上市公司实际控制权发生变更的,认购股份的特定对象应当在发行股份购买资产报告书中公开承诺:本次交易完成后六个月内如上市公司股票连续二十个交易日的收盘价低于发行价,或者交易完成后六个月期末收盘价低于发行价的,其持有公司股票的锁定期自动延长至少六个月。

前款规定的特定对象还应当在发行股份购买资产报告书中公开承诺:如本次交易因涉嫌所提供或披露的信息存在虚假记载、误导性陈述或者重大遗漏,被司法机关立案侦查或者被中国证监会立案调查的,在案件调查结论明确以前,不转让其在该上市公司拥有权益的股份。

第四十八条 中国证监会对上市公司发行股份购买资产的申请作出予以注册的决定后,上市公司应当及时实施。向特定对象购买的相关资产过户至上市公司后,上市公司聘请的独立财务顾问和律师事务所应当对资产过户事宜和相关后续事项的合规性及风险进行核查,并发表明确意见。上市公司应当在相关资产过户完成后三个工作日内就过户情况作出公告,公告中应当包括独立财务顾问和律师事务所的结论性意见。

上市公司完成前款规定的公告、报告后,可以到证券交易所、证券登记结算机构为认购股份的特定对象申请办理证券登记手续。

第四十九条 换股吸收合并涉及上市公司的，上市公司的股份定价及发行按照本办法有关规定执行。

上市公司发行优先股用于购买资产或者与其他公司合并，中国证监会另有规定的，从其规定。

上市公司可以向特定对象发行可转换为股票的公司债券、定向权证、存托凭证等用于购买资产或者与其他公司合并。

第六章 监督管理和法律责任

第五十条 未依照本办法的规定履行相关义务或者程序，擅自实施重大资产重组的，由中国证监会责令改正，并可以采取监管谈话、出具警示函等监管措施；情节严重的，可以责令暂停或者终止重组活动，处以警告、罚款，并可以对有关责任人员采取证券市场禁入的措施。

擅自实施本办法第十三条第一款规定的重大资产重组，交易尚未完成的，中国证监会责令上市公司暂停重组活动，补充披露相关信息，涉及发行股份的，按照本办法规定报送注册申请文件；交易已经完成的，可以处以警告、罚款，并对有关责任人员采取证券市场禁入的措施；涉嫌犯罪的，依法移送司法机关追究刑事责任。

上市公司重大资产重组因定价显失公允、不正当利益输送等问题损害上市公司、投资者合法权益的，由中国证监会责令改正，并可以采取监管谈话、出具警示函等监管措施；情节严重的，可以责令暂停或者终止重组活动，处以警告、罚款，并可以对有关责任人员采取证券市场禁入的措施。

第五十一条 上市公司或者其他信息披露义务人未按照本办法规定报送重大资产重组有关报告或者履行信息披露义务的，由中国证监会责令改正，依照《证券法》第一百九十七条予以处罚；情节严重的，可以责令暂停或者终止重组活动，并可以对有关责任人员采取证券市场禁入的措施；涉嫌犯罪的，依法移送司法机关追究刑事责任。

上市公司控股股东、实际控制人组织、指使从事前款违法违规行为，或者隐瞒相关事项导致发生前款情形的，依照《证券法》第一百九十七条予以处罚；情节严重的，可以责令暂停或者终止重组活动，并可以对有关责任人员采取证券市场禁入的措施；涉嫌犯罪的，依法移送司法机关追究刑事责任。

重大资产重组的交易对方未及时向上市公司或者其他信息披露义务人提供信息的，按照第一款规定执行。

第五十二条 上市公司或者其他信息披露义务人报送的报告或者披露的信息存在虚假记载、误导性陈述或者重大遗漏的，由中国证监会责令改正，依照《证券法》第一百九十七条予以处罚；情节严重的，可以责令暂停或者终止重组活动，并可以对有关责任人员采取证券市场禁入的措施；涉嫌犯罪的，依法移送司法机关追究刑事责任。

上市公司的控股股东、实际控制人组织、指使从事前款违法违规行为，或者隐瞒相关事项导致发生前款情形的，依照《证券法》第一百九十七条予以处罚；情节严重的，可以责令暂停或者终止重组活动，并可以对有关责任人员采取证券市场禁入的措施；涉嫌犯罪的，依法移送司法机关追究刑事责任。

重大资产重组的交易对方提供的信息有虚假记载、误导性陈述或者重大遗漏的，按照第一款规定执行。

第五十三条 上市公司发行股份购买资产，在其公告的有关文件中隐瞒重要事实或者编造重大虚假内容的，中国证监会依照《证券法》第一百八十一条予以处罚。

上市公司的控股股东、实际控制人组织、指使从事前款违法行为的，中国证监会依照《证券法》第一百八十一条予以处罚。

第五十四条 重大资产重组涉嫌本办法第五十条、第五十一条、第五十二条、第五十三条规定情形的，中国证监会可以责令上市公司作出公开说明、聘请独立财务顾问或者其他证券服务机构补充核查并披露专业意见，在公开说明、披露专业意见之前，上市公司应当暂停重组活动；上市公司涉嫌前述情形被司法机关立案侦查或者被中国证监会立案调查的，在案件调查结论明确之前应当暂停重组活动。

涉嫌本办法第五十一条、第五十二条、第五十三条规定情形，被司法机关立案侦查或者被中国证监会立案调查的，有关单位和个人应当严格遵守其所作的公开承诺，在案件调查结论明确之前，不得转让其在该上市公司拥有权益的股份。

第五十五条 上市公司董事、监事和高级管理人员未履行诚实守信、勤勉尽责义务，或者上市公司的股东、实际控制人及其有关负责人员未按照本办法的规定履行相关义务，导致重组方案损害上市公司利益的，由中国证监会责令改正，并可以采取监管谈话、出具警示函等监管措施；情节严重的，处以警告、罚款，并可以对有关责任人员采取证券市场禁入的措施；涉嫌犯罪的，依法移送司法机关追究刑事责任。

第五十六条 为重大资产重组出具独立财务顾问报告、审计报告、法律意见书、资产评估报告、估值报告及其他专业文件的证券服务机构及其从业人员未履行诚实守信、勤勉尽责义务，违反中国证监会的有关规定、行业规范、业务规则，或者未依法履行报告和公告义务、持续督导义务的，由中国证监会责令改正，并可以采取监管谈话、出具警示函、责令公开说明、责令定期报告等监管措施；情节严重的，依法追究法律责任，并可以对有关责任人员采取证券市场禁入的措施。

前款规定的证券服务机构及其从业人员所制作、出具的文件存在虚假记载、误导性陈述或者重大遗漏的，由中国证监会责令改正，依照《证券法》第二百一十三条予以处罚；情节严重的，可以采取证券市场禁入的措施；涉嫌犯罪的，依法移送司法机关追究刑事责任。

第五十七条 重大资产重组实施完毕后，凡因不属于上市公司管理层事前无法获知且事后无法控制的原因，上市公司所购买资产实现的利润未达到资产评估报告或者估值报告预测金额的百分之八十，或者实际运营情况与重大资产重组报告书中管理层讨论与分析部分存在较大差距，以及上市公司实现的利润未达到盈利预测报告预测金额的百分之八十的，上市公司的董事长、总经理以及对此承担相应责任的会计师事务所、独立财务顾问、资产评估机构、估值机构及其从业人员应当在上市公司披露年度报告的同时，在同一媒体上作出解释，并向投资者公开道歉；实现利润未达到预测金额百分之五十的，中国证监会可以对上市公司、相关机构及其责任人员采取监管谈话、出具警示函、责令定期报告等监管措施。

交易对方超期未履行或者违反业绩补偿协议、承诺的，由中国证监会责令改正，并可以采取监管谈话、出具警示函、责令公开说明等监管措施，将相关情况记入诚信档案；情节严重的，可以对有关责任人员采取证券市场禁入的措施。

第五十八条 任何知悉重大资产重组信息的人员在相关信息依法公开前，泄露该信息、买卖或者建议他人买卖相关上市公司证券、利用重大资产重组散布虚假信息、操纵证券市场或者进行欺诈活动的，中国证监会依照《证券法》第一百九十一条、第一百九十二条、第一百九十三条予以处罚；涉嫌犯罪的，依法移送司法机关追究刑事责任。

第七章 附 则

第五十九条 中国证监会对证券交易所相关板块上市公司重大资产重组另有规定的，从其规定，关于注册时限的规定适用本办法。

第六十条 实施重大资产重组的上市公司为创新试点红筹企业，或者上市公司拟购买资产涉及创新试点红筹企业的，在计算本办法规定的重大资产重组认定标准等监管指标时，应当采用根据中国企业会计准则编制或者调整的财务数据。

上市公司中的创新试点红筹企业实施重大资产重组，可以按照境外注册地法律法规和公司章程履行内部决策程序，并及时披露重大资产重组报告书、独立财务顾问报告、法律意见书以及重组涉及的审计报告、资产评估报告或者估值报告。

第六十一条 本办法自公布之日起施行。

关于规范上市公司重大资产重组若干问题的规定

- 2008年4月16日中国证券监督管理委员会公告〔2008〕14号公布
- 根据2016年9月9日《中国证券监督管理委员会关于修改〈关于规范上市公司重大资产重组若干问题的规定〉的决定》修订

第一条 上市公司拟实施重大资产重组的，全体董事应当严格履行诚信义务，切实做好信息保密及停复牌工作。

重大资产重组的首次董事会决议经表决通过后，上市公司应当在决议当日或者次一工作日的非交易时间向证券交易所申请公告。董事会应当按照《上市公司重大资产重组管理办法》及相关的信息披露准则编制重大资产重组预案或者报告书，并将该预案或者报告书作为董事会决议的附件，与董事会决议同时公告。

重大资产重组的交易对方应当承诺，保证其所提供信息的真实性、准确性和完整性，保证不存在虚假记载、误导性陈述或者重大遗漏，并声明承担个别和连带的法律责任。该等承诺和声明应当与上市公司董事会决议同时公告。

第二条 上市公司首次召开董事会审议重大资产重组事项的，应当在召开董事会的当日或者前一日与相应的交易对方签订附条件生效的交易合同。交易合同应当载明本次重大资产重组事项一经上市公司董事会、股东大会批准并经中国证监会核准，交易合同即应生效。

重大资产重组涉及发行股份购买资产的，交易合同应当载明特定对象拟认购股份的数量或者数量区间、认购价格或者定价原则、限售期,以及目标资产的基本情况、交易价格或者定价原则、资产过户或交付的时间安排和违约责任等条款。

第三条 发行股份购买资产的首次董事会决议公告后,董事会在 6 个月内未发布召开股东大会通知的,上市公司应当重新召开董事会审议发行股份购买资产事项,并以该次董事会决议公告日作为发行股份的定价基准日。

发行股份购买资产事项提交股东大会审议未获批准的,上市公司董事会如再次作出发行股份购买资产的决议,应当以该次董事会决议公告日作为发行股份的定价基准日。

第四条 上市公司拟实施重大资产重组的,董事会应当就本次交易是否符合下列规定作出审慎判断,并记载于董事会决议记录中:

(一)交易标的资产涉及立项、环保、行业准入、用地、规划、建设施工等有关报批事项的,应当在重大资产重组预案和报告书中披露是否已取得相应的许可证书或有关主管部门的批复文件;本次交易行为涉及有关报批事项的,应当在重大资产重组预案和报告书中详细披露已向有关主管部门报批的进展情况和尚需呈报批准的程序。重大资产重组预案和报告书中应当对报批事项可能无法获得批准的风险作出特别提示。

(二)上市公司拟购买资产的,在本次交易的首次董事会决议公告前,资产出售方必须已经合法拥有标的资产的完整权利,不存在限制或者禁止转让的情形。

上市公司拟购买的资产为企业股权,该企业应当不存在出资不实或者影响其合法存续的情况;上市公司在交易完成后成为持股型公司的,作为主要标的资产的企业股权应当为控股权。

上市公司拟购买的资产为土地使用权、矿业权等资源类权利的,应当已取得相应的权属证书,并具备相应的开发或者开采条件。

(三)上市公司购买资产应当有利于提高上市公司资产的完整性(包括取得生产经营所需要的商标权、专利权、非专利技术、采矿权、特许经营权等无形资产),有利于上市公司在人员、采购、生产、销售、知识产权等方面保持独立。

(四)本次交易应当有利于上市公司改善财务状况、增强持续盈利能力,有利于上市公司突出主业、增强抗风险能力,有利于上市公司增强独立性、减少关联交易、避免同业竞争。

第五条 上市公司拟实施重大资产重组的,董事会、交易对方、证券服务机构及相关人员应当严格遵守《关于规范上市公司信息披露及相关各方行为的通知》(证监公司字[2007]128号)的相关规定,切实履行信息披露等义务和程序。

重大资产重组的首次董事会决议公告后,上市公司董事会和交易对方非因充分正当事由,撤销、中止重组方案或者对重组方案作出实质性变更(包括但不限于变更主要交易对象、变更主要标的资产等)的,中国证监会将依据有关规定对上市公司、交易对方、证券服务机构等单位和相关人员采取监管措施,并依法追究法律责任。

上市公司并购重组财务顾问业务管理办法

·2008 年 6 月 3 日中国证券监督管理委员会令第 54 号公布
·自 2008 年 8 月 4 日起施行

第一章 总 则

第一条 为了规范证券公司、证券投资咨询机构及其他财务顾问机构从事上市公司并购重组财务顾问业务活动,保护投资者的合法权益,促进上市公司规范运作,维护证券市场秩序,根据《证券法》和其他相关法律、行政法规的规定,制定本办法。

第二条 上市公司并购重组财务顾问业务是指为上市公司的收购、重大资产重组、合并、分立、股份回购等对上市公司股权结构、资产和负债、收入和利润等具有重大影响的并购重组活动提供交易估值、方案设计、出具专业意见等专业服务。

经中国证券监督管理委员会(以下简称中国证监会)核准具有上市公司并购重组财务顾问业务资格的证券公司、证券投资咨询机构或者其他符合条件的财务顾问机构(以下简称财务顾问),可以依照本办法的规定从事上市公司并购重组财务顾问业务。

未经中国证监会核准,任何单位和个人不得从事上市公司并购重组财务顾问业务。

第三条 财务顾问应当遵守法律、行政法规、中国证监会的规定和行业规范,诚实守信,勤勉尽责,对上市公司并购重组活动进行尽职调查,对委托人的申报文件进行核查,出具专业意见,并保证其所出具的意见真实、准确、完整。

第四条 财务顾问的委托人应当依法承担相应的责任,配合财务顾问履行职责,并向财务顾问提供有关文件及其他必要的信息，不得拒绝、隐匿、谎报。

财务顾问履行职责，不能减轻或者免除委托人、其他专业机构及其签名人员的责任。

第五条 中国证监会依照法律、行政法规和本办法的规定，对财务顾问实行资格许可管理，对财务顾问及其负责并购重组项目的签名人员（以下简称财务顾问主办人）的执业情况进行监督管理。

中国证券业协会依法对财务顾问及其财务顾问主办人进行自律管理。

第二章 业务许可

第六条 证券公司从事上市公司并购重组财务顾问业务，应当具备下列条件：

（一）公司净资本符合中国证监会的规定；

（二）具有健全且运行良好的内部控制机制和管理制度，严格执行风险控制和内部隔离制度；

（三）建立健全的尽职调查制度，具备良好的项目风险评估和内核机制；

（四）公司财务会计信息真实、准确、完整；

（五）公司控股股东、实际控制人信誉良好且最近3年无重大违法违规记录；

（六）财务顾问主办人不少于5人；

（七）中国证监会规定的其他条件。

第七条 证券投资咨询机构从事上市公司并购重组财务顾问业务，应当具备下列条件：

（一）已经取得中国证监会核准的证券投资咨询业务资格；

（二）实缴注册资本和净资产不低于人民币500万元；

（三）具有健全且运行良好的内部控制机制和管理制度，严格执行风险控制和内部隔离制度；

（四）公司财务会计信息真实、准确、完整；

（五）控股股东、实际控制人在公司申请从事上市公司并购重组财务顾问业务资格前一年未发生变化，信誉良好且最近3年无重大违法违规记录；

（六）具有2年以上从事公司并购重组财务顾问业务活动的执业经历，且最近2年每年财务顾问业务收入不低于100万元；

（七）有证券从业资格的人员不少于20人，其中，具有从事证券业务经验3年以上的人员不少于10人，财务顾问主办人不少于5人；

（八）中国证监会规定的其他条件。

第八条 其他财务顾问机构从事上市公司并购重组财务顾问业务，除应当符合前条第（二）至（四）项及第（七）项的条件外，还应当具备下列条件：

（一）具有3年以上从事公司并购重组财务顾问业务活动的执业经历，且最近3年每年财务顾问业务收入不低于100万元；

（二）董事、高级管理人员应当正直诚实，品行良好，熟悉证券法律、行政法规，具有从事证券市场工作3年以上或者金融工作5年以上的经验，具备履行职责所需的经营管理能力；

（三）控股股东、实际控制人信誉良好且最近3年无重大违法违规记录；

（四）中国证监会规定的其他条件。

资产评估机构、会计师事务所、律师事务所或者相关人员从事上市公司并购重组财务顾问业务，应当另行成立专门机构。

第九条 证券公司、证券投资咨询机构和其他财务顾问机构有下列情形之一的，不得担任财务顾问：

（一）最近24个月内存在违反诚信的不良记录；

（二）最近24个月内因执业行为违反行业规范而受到行业自律组织的纪律处分；

（三）最近36个月内因违法违规经营受到处罚或者因涉嫌违法违规经营正在被调查。

第十条 财务顾问主办人应当具备下列条件：

（一）具有证券从业资格；

（二）具备中国证监会规定的投资银行业务经历；

（三）参加中国证监会认可的财务顾问主办人胜任能力考试且成绩合格；

（四）所任职机构同意推荐其担任本机构的财务顾问主办人；

（五）未负有数额较大到期未清偿的债务；

（六）最近24个月无违反诚信的不良记录；

（七）最近24个月未因执业行为违反行业规范而受到行业自律组织的纪律处分；

（八）最近36个月未因执业行为违法违规受到处罚；

（九）中国证监会规定的其他条件。

第十一条 证券公司、证券投资咨询机构和其他财务顾问机构申请从事上市公司并购重组财务顾问业务资格，应当提交下列文件：

（一）申请报告；

（二）营业执照复印件和公司章程；

（三）董事长、高级管理人员及并购重组业务负责人的简历；

（四）符合本办法规定条件的财务顾问主办人的证明材料；

（五）关于公司控股股东、实际控制人信誉良好和最近3年无重大违法违规记录的说明；

（六）公司治理结构和内控制度的说明，包括公司风险控制、内部隔离制度及内核部门人员名单和最近3年从业经历；

（七）经具有从事证券业务资格的会计师事务所审计的公司最近2年的财务会计报告；

（八）律师出具的法律意见书；

（九）中国证监会规定的其他文件。

第十二条　证券投资咨询机构申请从事上市公司并购重组财务顾问业务资格，除提交本办法第十一条规定的申报材料外，还应当提交下列文件：

（一）中国证监会核准的证券投资咨询业务许可证复印件；

（二）从事公司并购重组财务顾问业务2年以上执业经历的说明，以及最近2年每年财务顾问业务收入不低于100万元的证明文件，包括相关合同和纳税证明；

（三）申请资格前一年控股股东、实际控制人未发生变化的说明。

第十三条　其他财务顾问机构申请从事上市公司并购重组财务顾问业务资格，除提交本办法第十一条规定的申报材料外，还应当提交下列文件：

（一）从事公司并购重组财务顾问业务3年以上执业经历的说明，以及最近3年每年财务顾问业务收入不低于100万元的证明文件，包括相关合同和纳税证明；

（二）董事、高级管理人员符合本办法规定条件的说明；

（三）申请资格前一年控股股东、实际控制人未发生变化的说明。

第十四条　财务顾问申请人应当提交有关财务顾问主办人的下列证明文件：

（一）证券从业资格证书；

（二）中国证监会规定的投资银行业务经历的证明文件；

（三）中国证监会认可的财务顾问主办人胜任能力考试且成绩合格的证书；

（四）财务顾问申请人推荐其担任本机构的财务顾问主办人的推荐函；

（五）不存在数额较大到期未清偿的债务的说明；

（六）最近24个月无违反诚信的不良记录的说明；

（七）最近24个月未受到行业自律组织的纪律处分的说明；

（八）最近36个月未因执业行为违法违规受到处罚的说明；

（九）中国证监会规定的其他文件。

第十五条　财务顾问申请人应当保证申请文件真实、准确、完整。申请期间，文件内容发生重大变化的，财务顾问申请人应当自变化之日起5个工作日内向中国证监会提交更新资料。

第十六条　中国证监会对财务顾问申请人的上市公司并购重组财务顾问业务资格申请进行审查、做出决定。

中国证监会及时公布和更新财务顾问及其财务顾问主办人的名单。

第十七条　证券公司、证券投资咨询机构或者其他财务顾问机构受聘担任上市公司独立财务顾问的，应当保持独立性，不得与上市公司存在利害关系；存在下列情形之一的，不得担任独立财务顾问：

（一）持有或者通过协议、其他安排与他人共同持有上市公司股份达到或者超过5%，或者选派代表担任上市公司董事；

（二）上市公司持有或者通过协议、其他安排与他人共同持有财务顾问的股份达到或者超过5%，或者选派代表担任财务顾问的董事；

（三）最近2年财务顾问与上市公司存在资产委托管理关系、相互提供担保，或者最近一年财务顾问为上市公司提供融资服务；

（四）财务顾问的董事、监事、高级管理人员、财务顾问主办人或者其直系亲属有在上市公司任职等影响公正履行职责的情形；

（五）在并购重组中为上市公司的交易对方提供财务顾问服务；

（六）与上市公司存在利害关系、可能影响财务顾问及其财务顾问主办人独立性的其他情形。

第十八条　上市公司并购重组活动涉及公开发行股票的，应当按照有关规定聘请具有保荐资格的证券公司从事相关业务。

第三章　业务规则

第十九条　财务顾问从事上市公司并购重组财务顾问业务，应当履行以下职责：

（一）接受并购重组当事人的委托，对上市公司并购重组活动进行尽职调查，全面评估相关活动所涉及的风险；

（二）就上市公司并购重组活动向委托人提供专业服务，帮助委托人分析并购重组相关活动所涉及的法律、财务、经营风险，提出对策和建议，设计并购重组方案，并指导委托人按照上市公司并购重组的相关规定制作申报文件；

（三）对委托人进行证券市场规范化运作的辅导，使其熟悉有关法律、行政法规和中国证监会的规定，充分了解其应承担的义务和责任，督促其依法履行报告、公告和其他法定义务；

（四）在对上市公司并购重组活动及申报文件的真实性、准确性、完整性进行充分核查和验证的基础上，依据中国证监会的规定和监管要求，客观、公正地发表专业意见；

（五）接受委托人的委托，向中国证监会报送有关上市公司并购重组的申报材料，并根据中国证监会的审核意见，组织和协调委托人及其他专业机构进行答复；

（六）根据中国证监会的相关规定，持续督导委托人依法履行相关义务；

（七）中国证监会要求的其他事项。

第二十条 财务顾问应当与委托人签订委托协议，明确双方的权利和义务，就委托人配合财务顾问履行其职责的义务、应提供的材料和责任划分、双方的保密责任等事项做出约定。财务顾问接受上市公司并购重组多方当事人委托的，不得存在利益冲突或者潜在的利益冲突。

接受委托的，财务顾问应当指定2名财务顾问主办人负责，同时，可以安排一名项目协办人参与。

第二十一条 财务顾问应当建立尽职调查制度和具体工作规程，对上市公司并购重组活动进行充分、广泛、合理的调查，核查委托人提供的为出具专业意见所需的资料，对委托人披露的内容进行独立判断，并有充分理由确信所作的判断与委托人披露的内容不存在实质性差异。

委托人应当配合财务顾问进行尽职调查，提供相应的文件资料。委托人不能提供必要的材料、不配合进行尽职调查或者限制调查范围的，财务顾问应当终止委托关系或者相应修改其结论性意见。

第二十二条 财务顾问利用其他证券服务机构专业意见的，应当进行必要的审慎核查，对委托人提供的资料和披露的信息进行独立判断。

财务顾问对同一事项所作的判断与其他证券服务机构的专业意见存在重大差异的，应当进一步调查、复核，并可自行聘请相关专业机构提供专业服务。

第二十三条 财务顾问应当采取有效方式对新进入上市公司的董事、监事和高级管理人员、控股股东和实际控制人的主要负责人进行证券市场规范化运作的辅导，包括上述人员应履行的责任和义务、上市公司治理的基本原则、公司决策的法定程序和信息披露的基本要求，并对辅导结果进行验收，将验收结果存档。验收不合格的，财务顾问应当重新进行辅导和验收。

第二十四条 财务顾问对上市公司并购重组活动进行尽职调查应当重点关注以下问题，并在专业意见中对以下问题进行分析和说明：

（一）涉及上市公司收购的，担任收购人的财务顾问，应当关注收购人的收购目的、实力、收购人与其控股股东和实际控制人的控制关系结构、管理经验、资信情况、诚信记录、资金来源、履约能力、后续计划、对上市公司未来发展的影响、收购人的承诺及是否具备履行相关承诺的能力等事项；因国有股行政划转或者变更、在同一实际控制人控制的不同主体之间转让股份、继承取得上市公司股份超过30%的，收购人可免于聘请财务顾问；

（二）涉及对上市公司进行要约收购的，收购人的财务顾问除关注本条第（一）项所列事项外，还应当关注要约收购的目的、收购人的支付方式和支付条件、履约能力、是否将导致公司退市、对收购完成后剩余中小股东的保护机制是否适当等事项；

收购人公告要约收购报告书摘要后15日内未能发出要约的，财务顾问应当督促收购人立即公告未能如期发出要约的原因及中国证监会提出的反馈意见；

（三）涉及上市公司重大资产重组的，财务顾问应当关注重组目的、重组方案、交易定价的公允性、资产权属的清晰性、资产的完整性、重组后上市公司是否具备持续经营能力和持续盈利能力、盈利预测的可实现性、公司经营独立性、重组方是否存在利用资产重组侵害上市公司利益的问题等事项；

（四）涉及上市公司发行股份购买资产的，财务顾问应当关注本次发行的目的、发行方案、拟购买资产的估值分析及定价的公允性、拟购买资产的完整性、独立性、盈利能力、对上市公司影响的量化分析、拟发行股份的定价模式、中小股东合法权益是否受到侵害、上市公司股票交易是否存在异常等事项；涉及导致公司控制权发生变化的，还应当按照本条第（一）项有关收购人的关注要点对本次发行的特定对象进行核查；

（五）涉及上市公司合并的，财务顾问应当关注合并的目的、合并的可行性、合并方案、合并方与被合并方的估值分析、折股比例的确定原则和公允性、对上市公司的业务和财务结构的影响、对上市公司持续盈利能力的影响、合并后的整合安排等事项；

（六）涉及上市公司回购本公司股份的，财务顾问应当关注回购目的的适当性、回购必要性、回购方案、回购价格的定价模式和公允性、对上市公司现金流的影响、是否存在不利于上市公司持续发展的问题等事项；

（七）财务顾问应当关注上市公司并购重组活动中，相关各方是否存在利用并购重组信息进行内幕交易、市场操纵和证券欺诈等事项；

（八）中国证监会要求的其他事项。

第二十五条　财务顾问应当设立由专业人员组成的内部核查机构，内部核查机构应当恪尽职守，保持独立判断，对相关业务活动进行充分论证与复核，并就所出具的财务顾问专业意见提出内部核查意见。

第二十六条　财务顾问应当在充分尽职调查和内部核查的基础上，按照中国证监会的相关规定，对并购重组事项出具财务顾问专业意见，并作出以下承诺：

（一）已按照规定履行尽职调查义务，有充分理由确信所发表的专业意见与委托人披露的文件内容不存在实质性差异；

（二）已对委托人披露的文件进行核查，确信披露文件的内容与格式符合要求；

（三）有充分理由确信委托人委托财务顾问出具意见的并购重组方案符合法律、法规和中国证监会及证券交易所的相关规定，所披露的信息真实、准确、完整，不存在虚假记载、误导性陈述或者重大遗漏；

（四）有关本次并购重组事项的财务顾问专业意见已提交内部核查机构审查，并同意出具此专业意见；

（五）在与委托人接触后到担任财务顾问期间，已采取严格的保密措施，严格执行风险控制和内部隔离制度，不存在内幕交易、操纵市场和证券欺诈问题。

第二十七条　财务顾问的法定代表人或者其授权代表人、部门负责人、内部核查机构负责人、财务顾问主办人和项目协办人应当在财务顾问专业意见上签名，并加盖财务顾问单位公章。

第二十八条　财务顾问代表委托人向中国证监会提交申请文件后，应当配合中国证监会的审核，并承担以下工作：

（一）指定财务顾问主办人与中国证监会进行专业沟通，并按照中国证监会提出的反馈意见作出回复；

（二）按照中国证监会的要求对涉及本次并购重组活动的特定事项进行尽职调查或者核查；

（三）组织委托人及其他专业机构对中国证监会的意见进行答复；

（四）委托人未能在行政许可的期限内公告相关并购重组报告全文的，财务顾问应当督促委托人及时公开披露中国证监会提出的问题及委托人未能如期公告的原因；

（五）自申报至并购重组事项完成前，对于上市公司和其他并购重组当事人发生较大变化对本次并购重组构成较大影响的情况予以高度关注，并及时向中国证监会报告；

（六）申报本次担任并购重组财务顾问的收费情况；

（七）中国证监会要求的其他事项。

第二十九条　财务顾问应当建立健全内部报告制度，财务顾问主办人应当就中国证监会在反馈意见中提出的问题按照内部程序向部门负责人、内部核查机构负责人等相关负责人报告，并对中国证监会提出的问题进行充分的研究、论证，审慎回复。回复意见应当由财务顾问的法定代表人或者其授权代表人、财务顾问主办人和项目协办人签名，并加盖财务顾问单位公章。

第三十条　财务顾问将申报文件报中国证监会审核期间，委托人和财务顾问终止委托协议的，财务顾问和委托人应当自终止之日起5个工作日内向中国证监会报告，申请撤回申报文件，并说明原因。委托人重新聘请财务顾问就同一并购重组事项进行申报的，应当在报送中国证监会的申报文件中予以说明。

第三十一条　根据中国证监会有关并购重组的规定，自上市公司收购、重大资产重组、发行股份购买资产、合并等事项完成后的规定期限内，财务顾问承担持续督导责任。

财务顾问应当通过日常沟通、定期回访等方式，结合上市公司定期报告的披露，做好以下持续督导工作：

（一）督促并购重组当事人按照相关程序规范实施并购重组方案，及时办理产权过户手续，并依法履行报告和信息披露的义务；

（二）督促上市公司按照《上市公司治理准则》的要求规范运作；

（三）督促和检查申报人履行对市场公开作出的相关承诺的情况；

（四）督促和检查申报人落实后续计划及并购重组方案中约定的其他相关义务的情况；

（五）结合上市公司定期报告，核查并购重组是否按计划实施、是否达到预期目标；其实施效果是否与此前公告的专业意见存在较大差异，是否实现相关盈利预测或者管理层预计达到的业绩目标；

（六）中国证监会要求的其他事项。

在持续督导期间，财务顾问应当结合上市公司披露的定期报告出具持续督导意见，并在前述定期报告披露后的15日内向上市公司所在地的中国证监会派出机构报告。

第三十二条 财务顾问应当建立健全内部检查制度，确保财务顾问主办人切实履行持续督导责任，按时向中国证监会派出机构提交持续督导工作的情况报告。

在持续督导期间，财务顾问解除委托协议的，应当及时向中国证监会派出机构作出书面报告，说明无法继续履行持续督导职责的理由，并予以公告。委托人应当在一个月内另行聘请财务顾问对其进行持续督导。

第三十三条 财务顾问应当建立并购重组工作档案和工作底稿制度，为每一项目建立独立的工作档案。

财务顾问的工作档案和工作底稿应当真实、准确、完整，保存期不少于10年。

第三十四条 财务顾问及其财务顾问主办人应当严格履行保密责任，不得利用职务之便买卖相关上市公司的证券或者牟取其他不当利益，并应当督促委托人、委托人的董事、监事和高级管理人员及其他内幕信息知情人严格保密，不得进行内幕交易。

财务顾问应当按照中国证监会的要求，配合提供上市公司并购重组相关内幕信息知情人买卖、持有相关上市公司证券的文件，并向中国证监会报告内幕信息知情人的违法违规行为，配合中国证监会依法进行的调查。

第三十五条 财务顾问从事上市公司并购重组财务顾问业务，应当公平竞争，按照业务复杂程度及所承担的责任和风险与委托人商议财务顾问报酬，不得以明显低于行业水平等不正当竞争手段招揽业务。

第三十六条 中国证券业协会可以根据本办法的规定，制定财务顾问执业规范，组织财务顾问主办人进行持续培训。

财务顾问可以申请加入中国证券业协会。财务顾问主办人应当参加中国证券业协会组织的相关培训，接受后续教育。

第四章 监督管理与法律责任

第三十七条 中国证监会及其派出机构可以根据审慎监管原则，要求财务顾问提供已按照本办法的规定履行尽职调查义务的证明材料、工作档案和工作底稿，并对财务顾问的公司治理、内部控制、经营运作、风险状况、从业活动等方面进行非现场检查或者现场检查。

财务顾问及其有关人员应当配合中国证监会及其派出机构的检查工作，提交的材料应当真实、准确、完整，不得以任何理由拒绝、拖延提供有关材料，或者提供不真实、不准确、不完整的材料。

第三十八条 中国证监会建立监管信息系统，对财务顾问及其财务顾问主办人进行持续动态监管，并将以下事项记入其诚信档案：

（一）财务顾问及其财务顾问主办人被中国证监会采取监管措施的；

（二）在持续督导期间，上市公司或者其他委托人违反公司治理有关规定、相关资产状况及上市公司经营成果等与财务顾问的专业意见出现较大差异的；

（三）中国证监会认定的其他事项。

第三十九条 财务顾问及其财务顾问主办人出现下列情形之一的，中国证监会对其采取监管谈话、出具警示函、责令改正等监管措施：

（一）内部控制机制和管理制度、尽职调查制度以及相关业务规则存在重大缺陷或者未得到有效执行的；

（二）未按照本办法规定发表专业意见的；

（三）在受托报送申报材料过程中，未切实履行组织、协调义务、申报文件制作质量低下的；

（四）未依法履行持续督导义务的；

（五）未按照本办法的规定向中国证监会报告或者公告的；

（六）违反其就上市公司并购重组相关业务活动所作承诺的；

（七）违反保密制度或者未履行保密责任的；

（八）采取不正当竞争手段进行恶性竞争的；

（九）唆使、协助或者伙同委托人干扰中国证监会审核工作的；

（十）中国证监会认定的其他情形。

责令改正的，财务顾问及其财务顾问主办人在改正期间，或者按照要求完成整改并经中国证监会验收合格之前，不得接受新的上市公司并购重组财务顾问业务。

第四十条 上市公司就并购重组事项出具盈利预测报告的，在相关并购重组活动完成后，凡不属于上市公司管理层事前无法获知且事后无法控制的原因，上市公司或者购买资产实现的利润未达到盈利预测报告或者资产评估报告预测金额80%的，中国证监会责令财务顾问及其财务顾问主办人在股东大会及中国证监会指定报刊上公开说明未实现盈利预测的原因并向股东和社会公众投资者道歉;利润实现数未达到盈利预测50%的,中国证监会可以同时对财务顾问及其财务顾问主办人采取监管谈话、出具警示函、责令定期报告等监管措施。

第四十一条 财务顾问不再符合本办法规定条件的,应当在5个工作日内向中国证监会报告并依法进行公告,由中国证监会责令改正。责令改正期满后,仍不符合本办法规定条件的,中国证监会撤销其从事上市公司并购重组财务顾问业务资格。

财务顾问主办人发生变化的,财务顾问应当在5个工作日内向中国证监会报告。财务顾问主办人不再符合本办法规定条件的,中国证监会将其从财务顾问主办人名单中去除,财务顾问不得聘请其作为财务顾问主办人从事相关业务。

第四十二条 财务顾问及其财务顾问主办人或者其他责任人员所发表的专业意见存在虚假记载、误导性陈述或者重大遗漏的,中国证监会责令改正并依据《证券法》第二百二十三条的规定予以处罚。

第四十三条 财务顾问及其财务顾问主办人在相关并购重组信息未依法公开前,泄漏该信息、买卖或者建议他人买卖该公司证券,利用相关并购重组信息散布虚假信息、操纵证券市场或者进行证券欺诈活动的,中国证监会依据《证券法》第二百零二条、第二百零三条、第二百零七条等相关规定予以处罚;涉嫌犯罪的,依法移送司法机关追究刑事责任。

第四十四条 中国证券业协会对财务顾问及其财务顾问主办人违反自律规范的行为,依法进行调查,给予纪律处分。

第五章 附 则

第四十五条 本办法自2008年8月4日起施行。

最高人民法院关于人民法院为企业兼并重组提供司法保障的指导意见

- 2014年6月3日
- 法发〔2014〕7号

各省、自治区、直辖市高级人民法院,解放军军事法院,新疆维吾尔自治区高级人民法院生产建设兵团分院:

企业兼并重组是调整优化产业结构,淘汰落后产能,化解过剩产能,提高经济发展质量和效益的重要手段,也是转变经济发展方式,提升我国综合经济实力的有效途径。当前,我国经济处于增长速度换档期、结构调整阵痛期,同时也是推进企业兼并重组的重要机遇期。党的十八大和十八届三中全会部署了全面深化改革的各项任务,国务院《关于进一步优化企业兼并重组市场环境的意见》(国发〔2014〕14号,以下简称《意见》)明确了推动企业兼并重组的主要目标、基本原则和相关措施。企业兼并重组是今后一个时期推进企业改革的重要任务。各级人民法院要充分认识司法审判工作在企业兼并重组中的重要职能作用,依法有序推进企业兼并重组工作的顺利进行。

一、坚持围绕中心服务大局,以法治方式保障企业兼并重组工作依法有序推进

1. 要自觉将司法审判工作置于党和国家全局工作中,积极回应企业兼并重组工作的司法需求。企业兼并重组工作是党中央、国务院在新时期深化经济体制改革、转变经济发展方式、调整优化产业结构的重要举措。随着中央和地方各级政府部门关于企业兼并重组任务的逐步落实,一些纠纷将不可避免地通过诉讼程序进入人民法院。各级人民法院要充分认识到企业兼并重组涉及的矛盾复杂、主体广泛和利益重大,要强化大局意识和责任意识,紧密结合党的十八大、十八届三中全会精神和《意见》要求,依法充分发挥人民法院的职能作用,切实保障企业兼并重组工作的稳步推进。

2. 要正确处理贯彻党的方针政策与严格执法的关系,实现企业兼并重组法律效果和社会效果的有机统一。党的十八大和十八届三中全会作出的重大战略部署是我国在新的历史起点上全面深化改革的科学指南和行动纲领。党的方针政策和国家法律都是人民根本意志的反映,二者在本质上是一致的。不断完善和发展中国特色社会主义制度,推进国家治理体系和治理能力现代化,对人民法院正确贯彻党的方针政策与严格执法提出了更高的要求。人民法院要从强化国家战略的高度深刻认识为转变经济发展方式、调整优化产业结构提供司法保障的重大意义,通过严格执行法律,公正高效地审理案件,实现兼并重组案件审理法律效果和社会效果的有机统一。

3. 要高度重视企业兼并重组工作,依法保障企业兼并重组政策的顺利实施。企业兼并重组不仅关涉企业自身,还广泛涉及依法平等保护非公经济、防止国有资产流失、维护金融安全、职工再就业和生活保障以及社会稳定等一系列问题。人民法院要提前研判、分类评估、适时介入,依法保障企业兼并重组工作有序进行。要加强与政府部门沟通,根据需要推动建立企业兼并重组工作协调

机制,实现信息共享、程序通畅。在案件审理执行中发现的重大性、苗头性问题,要及时向有关职能部门反馈或者提出司法建议。

4.要依法及时受理审理兼并重组相关案件,通过司法审判化解企业兼并重组中的各类纠纷。人民法院要依法及时受理审理企业兼并重组过程中出现的合同效力认定、股权转让、投资权益确认、民间融资、金融债权保障、职工权益维护、企业清算、企业重整、经济犯罪等案件,无法定理由不得拒绝受理,不得拖延审理。

5.要按照利益衡平原则,依法妥善处理各种利益冲突。企业兼并重组广泛涉及参与兼并重组的各方企业、出资人、债权人、企业职工等不同主体的切身利益,在此期间的利益博弈与权利冲突无法回避。人民法院要注意透过个案的法律关系,分析利益冲突实质,识别其背后的利益主体和利益诉求,依法确定利益保护的优先位序。法律法规没有明文规定的情形下,在个体利益冲突中应当优先寻找共同利益,尽可能实现各方的最大利益;在个体利益与集体利益、社会公共利益,地方利益与全局利益等不同主体利益的并存与冲突中,要在保护集体利益、社会公共利益和全局利益的同时兼顾个体利益、地方利益。坚决克服地方保护主义、行业及部门保护主义对司法审判工作的不当干扰。

二、强化商事审判理念,充分发挥市场在资源配置中的决定性作用

6.依法认定兼并重组行为的效力,促进资本合法有序流转。要严格依照合同法第五十二条关于合同效力的规定,正确认定各类兼并重组合同的效力。结合当事人间交易方式和市场交易习惯,准确认定兼并重组中预约、意向协议、框架协议等的效力及强制执行力。要坚持促进交易进行,维护交易安全的商事审判理念,审慎认定企业估值调整协议、股份转换协议等新类型合同的效力,避免简单以法律没有规定为由认定合同无效。要尊重市场主体的意思自治,维护契约精神,恰当认定兼并重组交易行为与政府行政审批的关系。要处理好公司外部行为与公司内部意思自治之间的关系。要严格依照公司法第二十二条的规定,从会议召集程序、表决方式、决议内容等是否违反法律、行政法规或公司章程方面,对兼并重组中涉及的企业合并、分立、新股发行、重大资产变化等决议的法律效力进行审查。对交叉持股表决方式、公司简易合并等目前尚无明确法律规定的问题,应结合个案事实和行为结果,审慎确定行为效力。

7.树立平等保护意识,鼓励、支持和引导非公经济积极参与企业兼并重组。非公经济是社会主义市场经济的重要组成部分,要依法保障非公经济平等使用生产要素,公开公平参与市场竞争。要统一适用法律规则,优化非公经济投资的司法环境,促进公平、竞争、自由的市场环境形成。要积极配合市场准入负面清单管理方式的实施,推动非公经济进入法律法规未禁入的行业和领域。保护各种所有制企业在投融资、税收、土地使用和对外贸易等方面享受同等待遇,提升非公经济参与国有企业混合所有制兼并重组的动力。要充分尊重企业的经营自主权,反对各种形式的强制交易,最大限度地激发非公经济的活力和创造力。

8.正确适用公司资本法律规则,消除对出资行为的不当限制。要准确把握修改后的公司法中公司资本制度的立法精神,正确认识公司资本的作用与功能,支持企业正常合理的资金运用行为。要按照新修改的公司法有关放宽资本结构的精神审慎处理股东出资问题。职工持股会、企业工会等组织代为持有投资权益是目前部分企业资本结构中的特殊形态,企业兼并重组中涉及投资权益变动的,人民法院要依法协调好名义股东与实际出资人间的利益关系。除法律法规有明确规定外,要注重方便企业设立和发展,在企业资本数额设定、投资义务履行期限等方面要充分尊重投资者的约定和选择,保障投资者顺利搭建重组平台。

9.促进融资方式的多元化,有效解决企业兼并重组的资金瓶颈。对于符合条件的企业发行优先股、定向发行可转换债券作为兼并重组支付方式,要依法确认其效力。审慎处理发行定向权证等衍生品作为支付方式问题。积极支持上市公司兼并重组中股份定价机制改革,依法保障非上市公司兼并重组中的股份协商定价。要依法督促企业尤其是上市公司规范履行信息披露义务,增强市场主体投资信心,切实保障中小投资者合法权益。同时,要积极配合金融监管部门依法履职。

三、加强国有资产保护,依法保障企业资产的稳定与安全

10.依法正确审理国有企业兼并重组案件,实现国有资产的保值增值。要正确认识国有企业深化改革与企业兼并重组之间的关系,切实保障有条件的国有企业改组为国有资本投资公司,不断增强国有经济的控制力和影响力。在现行法律框架范围内支持有利于企业壮大规模、增强实力的企业发展模式。要注意防范企业借管理者收购、合并报表等形式侵占、私分国有资产。严格遵循评估、拍卖法律规范,通过明晰和落实法律责任促进中介服务机构专业化、规范化发展,提升关键领域、薄弱环节的服务能力,防范和避免企业兼并重组过程中的国有资产流失。

11. 依法规制关联交易,严厉禁止不当利益输送。严格防范以关联交易的方式侵吞国有资产。要依照公司法等法律法规的规定依法妥当处理企业兼并重组中的关联交易行为。公司股东、董事、高级管理人员与公司之间从事的交易,符合法律法规规定的关联交易程序规则且不损害公司利益的,应当认定行为有效。对公司大股东、实际控制人或者公司董事等公司内部人员在兼并重组中利用特殊地位将不良资产注入公司,或者与公司进行不公平交易从而损害公司利益的行为,应当严格追究其法律责任。

12. 严厉打击企业兼并重组中的违法犯罪行为。各级人民法院要充分发挥刑事审判职能,坚持依法从严惩处的方针,严厉打击国有企业兼并重组中的贪污贿赂、挪用公款、滥用职权、非法经营等犯罪行为,依法严厉惩处非国有企业兼并重组中的职务侵占、挪用企业资金等犯罪行为,维护企业资产安全,同时,要努力挽回相关主体的经济损失。

四、维护金融安全,有效防控各类纠纷可能引发的区域性、系统性金融风险

13. 依法保障金融债权,有效防范通过不当兼并重组手段逃废债务。对涉及兼并重组的企业合并、分立案件,要明确合并分立前后不同企业的责任关系、责任承担方式及诉讼时效,避免因兼并重组导致金融债权落空。要依法快审快执涉兼并重组企业的金融借款案件,降低商业银行等金融机构的并购贷款风险,实现兼并重组中并购贷款融资方式可持续进行。要引导当事人充分运用民事诉讼法中的担保物权实现程序,减轻债权人的诉讼维权成本,促进担保物权快捷和便利地实现。

14. 加强民间金融案件审理,有效化解金融风险。要妥善审理兼并重组引发的民间融资纠纷,依法保护合法的借贷利息,坚决遏制以兼并重组为名的民间高利贷和投机化倾向,有效降低企业融资成本。依法支持和规范金融机构在企业兼并重组领域的金融创新行为,依法审慎认定金融创新产品的法律效力。在审判执行工作中要注意发现和防范因诉讼纠纷引发的区域性、系统性风险,切实避免金融风险在金融领域和实体经济领域的相互传导。严厉打击和制裁非法吸收或变相吸收公众存款、集资诈骗等金融违法犯罪行为,为企业兼并重组创造良好的融资环境。

五、完善市场退出机制,促进企业资源的优化整合

15. 依法审理企业清算、破产案件,畅通企业退出渠道。要充分发挥企业清算程序和破产程序在淘汰落后企业或产能方面的法律功能,依法受理企业清算、破产案件,督促市场主体有序退出。人民法院判决解散企业后应当告知有关人员依法及时组织企业清算。企业解散后债权人或股东向人民法院提出强制清算申请的,人民法院应当审查并依法受理。公司清算中发现符合破产清算条件的,应当及时转入破产清算。当事人依法主张有关人员承担相应清算责任的,人民法院应予支持。

16. 有效发挥破产重整程序的特殊功能,促进企业资源的流转利用。要积极支持符合产业政策调整目标、具有重整希望和可能的企业进行破产重整。通过合法高效的破产重整程序,帮助企业压缩和合并过剩产能,优化资金、技术、人才等生产要素配置。要注重结合企业自身特点,及时指定重整案件管理人,保障企业业务流程再造和技术升级改造。在企业重整计划的制定和批准上,要着眼建立健全防范和化解过剩产能长效机制,防止借破产重整逃避债务、不当耗费社会资源,避免重整程序空转。

17. 遵循企业清算破产案件审判规律,完善审判工作机制。审理企业清算和破产案件,既是认定事实和适用法律的过程,也是多方积极协调、整体推进的系统工程。有条件的人民法院可以成立企业清算破产案件审判庭或者合议庭,专门审理兼并重组中的企业清算破产案件。要高度重视企业清算破产案件法官的培养和使用,结合实际努力探索科学合理的企业清算破产案件绩效考评机制,充分调动审判人员依法审理企业清算破产案件的积极性。

18. 认真总结破产案件审判经验,逐步完善企业破产配套制度。上市公司破产重整中涉及行政许可的,应当按照行政许可法和最高人民法院《关于审理上市公司破产重整案件工作座谈会纪要》的精神,做好司法程序与行政许可程序的衔接。要协调好企业破产法律程序与普通执行程序就债务人企业财产采取的保全执行措施间的关系,维护债务人企业财产的稳定和完整。要积极协调解决破产程序中企业税款债权问题,要在与税务机关积极沟通的基础上结合实际依法减免相应税款。要适应经济全球化趋势,加快完善企业跨境清算、重整司法制度。

六、充分保障职工合法权益,全力维护社会和谐稳定

19. 依法保护劳动者合法权益,切实保障民生。实现改革发展成果更多更公平惠及全体人民是我们各项事业的出发点和落脚点。企业职工虽然不是企业兼并重组协议的缔约方,但其是利益攸关方。人民法院在审判执行中要及时发现和注意倾听兼并重组企业职工的利益诉求,依法保障企业职工的合法权益,引导相关企业积极承担社会责任,有效防范兼并重组行为侵害企业职工的合法权益。

20.建立大要案通报制度,制定必要的风险处置预案。对于众多债权人向同一债务企业集中提起的系列诉讼案件、企业破产清算案件、群体性案件等可能存在影响社会和谐稳定因素的案件,人民法院要及时启动大要案工作机制,特别重大的案件要及时向地方党委和上级人民法院报告。上级人民法院要及时指导下级人民法院开展工作,对各方矛盾突出、社会关注度高的案件要作出必要的预判和预案,增强司法处置的前瞻性和针对性。

21.加强司法新闻宣传,创造良好的社会舆论环境。要高度重视舆论引导和网络宣传工作,针对企业兼并重组审判工作中涉及到的敏感热点问题逐一排查,周密部署。要进一步推进司法公开,有力推动司法审判工作与外界舆论环境的良性互动,着力打造有利于企业兼并重组司法工作顺利开展的社会舆论环境。

当前,我国经济体制改革正向纵深发展。各级人民法院要进一步深入学习习近平总书记一系列重要讲话精神,牢牢坚持司法为民公正司法,坚持迎难而上,勇于担当,为优化企业兼并重组司法环境,保障经济社会持续健康发展,推进法治中国、美丽中国建设作出新的更大贡献。

外国投资者对上市公司战略投资管理办法

· 2005 年 12 月 31 日商务部、中国证券监督管理委员会、国家税务总局、国家工商行政管理总局、国家外汇管理局令 2005 年第 28 号公布
· 根据 2015 年 10 月 28 日《商务部关于修改部分规章和规范性文件的决定》修订

第一条 为了规范股权分置改革后外国投资者对 A 股上市公司(以下简称上市公司)进行战略投资,维护证券市场秩序,引进境外先进管理经验、技术和资金,改善上市公司治理结构,保护上市公司和股东的合法权益,按照《关于上市公司股权分置改革的指导意见》的要求,根据国家有关外商投资、上市公司监管的法律法规以及《外国投资者并购境内企业暂行规定》,制定本办法。

第二条 本办法适用于外国投资者(以下简称投资者)对已完成股权分置改革的上市公司和股权分置改革后新上市公司通过具有一定规模的中长期战略性并购投资(以下简称战略投资),取得该公司 A 股股份的行为。

第三条 经商务部批准,投资者可以根据本办法对上市公司进行战略投资。

第四条 战略投资应遵循以下原则:

(一)遵守国家法律、法规及相关产业政策,不得危害国家经济安全和社会公共利益;

(二)坚持公开、公正、公平的原则,维护上市公司及其股东的合法权益,接受政府、社会公众的监督及中国的司法和仲裁管辖;

(三)鼓励中长期投资,维护证券市场的正常秩序,不得炒作;

(四)不得妨碍公平竞争,不得造成中国境内相关产品市场过度集中、排除或限制竞争。

第五条 投资者进行战略投资应符合以下要求:

(一)以协议转让、上市公司定向发行新股方式以及国家法律法规规定的其他方式取得上市公司 A 股股份;

(二)投资可分期进行,首次投资完成后取得的股份比例不低于该公司已发行股份的百分之十,但特殊行业有特别规定或经相关主管部门批准的除外;

(三)取得的上市公司 A 股股份三年内不得转让;

(四)法律法规对外商投资持股比例有明确规定的行业,投资者持有上述行业股份比例应符合相关规定;属法律法规禁止外商投资的领域,投资者不得对上述领域的上市公司进行投资;

(五)涉及上市公司国有股股东的,应符合国有资产管理的相关规定。

第六条 投资者应符合以下要求:

(一)依法设立、经营的外国法人或其他组织,财务稳健、资信良好且具有成熟的管理经验;

(二)境外实有资产总额不低于 1 亿美元或管理的境外实有资产总额不低于 5 亿美元;或其母公司境外实有资产总额不低于 1 亿美元或管理的境外实有资产总额不低于 5 亿美元;

(三)有健全的治理结构和良好的内控制度,经营行为规范;

(四)近三年内未受到境内外监管机构的重大处罚(包括其母公司)。

第七条 通过上市公司定向发行方式进行战略投资的,按以下程序办理:

(一)上市公司董事会通过向投资者定向发行新股及公司章程修改草案的决议;

(二)上市公司股东大会通过向投资者定向发行新股及修改公司章程的决议;

（三）上市公司与投资者签订定向发行的合同；

（四）上市公司根据本办法第十二条向商务部报送相关申请文件，有特殊规定的从其规定；

（五）定向发行完成后，上市公司到商务部领取外商投资企业批准证书，并凭该批准证书到工商行政管理部门办理变更登记。

第八条 通过协议转让方式进行战略投资的，按以下程序办理：

（一）上市公司董事会通过投资者以协议转让方式进行战略投资的决议；

（二）上市公司股东大会通过投资者以协议转让方式进行战略投资的决议；

（三）转让方与投资者签订股份转让协议；

（四）投资者根据本办法第十二条向商务部报送相关申请文件，有特殊规定的从其规定；

（五）投资者参股上市公司的，获得前述批准后向证券交易所办理股份转让确认手续、向证券登记结算机构申请办理登记过户手续，并报中国证监会备案；

（六）协议转让完成后，上市公司到商务部领取外商投资企业批准证书，并凭该批准证书到工商行政管理部门办理变更登记。

第九条 投资者拟通过协议转让方式构成对上市公司的实际控制，按照第八条第（一）、（二）、（三）、（四）项的程序获得批准后，向中国证监会报送上市公司收购报告书及相关文件，经中国证监会审核无异议后向证券交易所办理股份转让确认手续、向证券登记结算机构申请办理登记过户手续。完成上述手续后，按照第八条第（六）项办理。

第十条 投资者对上市公司进行战略投资，应按《证券法》和中国证监会的相关规定履行报告、公告及其他法定义务。

第十一条 投资者对其已持有股份的上市公司继续进行战略投资的，需按本办法规定的方式和程序办理。

第十二条 上市公司或投资者应向商务部报送以下文件：

（一）战略投资申请书（格式见附件1）；

（二）战略投资方案（格式见附件2）；

（三）定向发行合同或股份转让协议；

（四）保荐机构意见书（涉及定向发行）或法律意见书；

（五）投资者持续持股的承诺函；

（六）投资者三年内未受到境内外监管机构重大处罚的声明，以及是否受到其他非重大处罚的说明；

（七）经依法公证、认证的投资者的注册登记证明、法定代表人（或授权代表）身份证明；

（八）经注册会计师审计的该投资者近三年来的资产负债表；

（九）上述（一）、（二）、（三）、（五）、（六）项中规定提交的文件均需经投资者法定代表人或其授权代表签署，由授权代表签署的还应提交经法定代表人签署的授权书及相应的公证、认证文件；

（十）商务部规定的其他文件。

前款所列文件，除第七项、第八项所列文件外，必须报送中文本原件，第七项、第八项所列文件应报送原件及中文译件。

商务部收到上述全部文件后应在30日内作出原则批复，原则批复有效期180日。

第十三条 符合本办法第六条规定的外国公司（"母公司"）可以通过其全资拥有的境外子公司（"投资者"）进行战略投资，投资者除提交本办法第十二条所列文件外，还应向商务部提交其母公司对投资者投资行为承担连带责任的不可撤销的承诺函。

第十四条 投资者应在商务部原则批复之日起15日内根据外商投资并购的相关规定开立外汇账户。投资者从境外汇入的用于战略投资的外汇资金，应当根据外汇管理的有关规定，到上市公司注册所在地外汇局申请开立外国投资者专用外汇账户（收购类），账户内资金的结汇及账户注销手续参照相关外汇管理规定办理。

第十五条 投资者可以持商务部对该投资者对上市公司进行战略投资的批准文件和有效身份证明，向证券登记结算机构办理相关手续。

对于投资者在上市公司股权分置改革前持有的非流通股份或在上市公司首次公开发行前持有的股份，证券登记结算机构可以根据投资者申请为其开立证券账户。

证券登记结算机构应根据本管理办法制定相应规定。

第十六条 投资者应在资金结汇之日起15日内启动战略投资行为，并在原则批复之日起180日内完成战略投资。

投资者未能在规定时间内按战略投资方案完成战略投资的，审批机关的原则批复自动失效。投资者应在原则批复失效之日起45日内，经外汇局核准后将结汇所得人民币资金购汇并汇出境外。

第十七条 战略投资完成后，上市公司应于10日内凭以下文件到商务部领取外商投资企业批准证书：

（一）申请书；
（二）商务部原则批复函；
（三）证券登记结算机构出具的股份持有证明；
（四）上市公司营业执照和法定代表人身份证明；
（五）上市公司章程。

商务部在收到上述全部文件之日5日内颁发外商投资企业批准证书，加注"外商投资股份公司（A股并购）"。

如投资者取得单一上市公司25%或以上股份并承诺在10年内持续持股不低于25%，商务部在颁发的外商投资企业批准证书上加注"外商投资股份公司（A股并购25%或以上）"。

第十八条 上市公司应自外商投资企业批准证书签发之日起30日内，向工商行政管理机关申请办理公司类型变更登记，并提交下列文件：
（一）公司法定代表人签署的申请变更申请书；
（二）外商投资企业批准证书；
（三）证券登记结算机构出具的股份持有证明；
（四）经公证、认证的投资者的合法开业证明；
（五）国家工商行政管理总局规定应提交的其他文件。

经核准变更的，工商行政管理机关在营业执照企业类型栏目中加注"外商投资股份公司（A股并购）"字样，其中，投资者进行战略投资取得单一上市公司25%或以上股份并承诺在10年内持续持股不低于25%的，加注"外商投资股份公司（A股并购25%或以上）"。

第十九条 上市公司应自外商投资企业营业执照签发之日起30日内，到税务、海关、外汇管理等有关部门办理相关手续。外汇管理部门在所颁发的外汇登记证上加注"外商投资股份公司（A股并购）"。如投资者进行战略投资取得单一上市公司25%或以上股份并承诺在10年内持续持股不低于25%的，外汇管理部门在外汇登记证上加注"外商投资股份公司（A股并购25%或以上）"。

第二十条 除以下情形外，投资者不得进行证券买卖（B股除外）：
（一）投资者进行战略投资所持上市公司A股股份，在其承诺的持股期限届满后可以出售；
（二）投资者根据《证券法》相关规定须以要约方式进行收购的，在要约期间可以收购上市公司A股股东出售的股份；
（三）投资者在上市公司股权分置改革前持有的非流通股份，在股权分置改革完成且限售期满后可以出售；
（四）投资者在上市公司首次公开发行前持有的股份，在限售期满后可以出售；

（五）投资者承诺的持股期限届满前，因其破产、清算、抵押等特殊原因需转让其股份的，经商务部批准可以转让。

第二十一条 投资者减持股份使上市公司外资股比低于25%，上市公司应在10日内向商务部备案并办理变更外商投资企业批准证书的相关手续。

投资者减持股份使上市公司外资股比低于10%，且该投资者非为单一最大股东，上市公司应在10日内向审批机关备案并办理注销外商投资企业批准证书的相关手续。

第二十二条 投资者减持股份使上市公司外资股比低于25%，上市公司应自外商投资企业批准证书变更之日起30日内到工商行政管理机关办理变更登记，工商行政管理机关在营业执照上企业类型调整为"外商投资股份公司（A股并购）"。上市公司应自营业执照变更之日起30日内到外汇管理部门办理变更外汇登记，外汇管理部门在外汇登记证上加注"外商投资股份公司（A股并购）"。

投资者减持股份使上市公司外资股比低于10%，且投资者非为单一最大股东，上市公司自外商投资企业批准证书注销之日起30日内到工商行政管理机关办理变更登记，企业类型变更为股份有限公司。上市公司应自营业执照变更之日起30日内到外汇管理部门办理外汇登记注销手续。

第二十三条 母公司通过其全资拥有的境外子公司进行战略投资并已按期完成的，母公司转让上述境外子公司前应向商务部报告，并根据本办法所列程序提出申请。新的受让方仍应符合本办法所规定的条件，承担母公司及其子公司在上市公司中的全部权利和义务，并依法履行向中国证监会报告、公告及其他法定义务。

第二十四条 投资者通过A股市场将所持上市公司股份出让的，可凭以下文件向上市公司注册所在地外汇局申请购汇汇出：
（一）书面申请；
（二）为战略投资目的所开立的外国投资者专用外汇账户（收购类）内资金经外汇局核准结汇的核准件；
（三）证券经纪机构出具的有关证券交易证明文件。

第二十五条 投资者持股比例低于25%的上市公司，其举借外债按照境内中资企业举借外债的有关规定办理。

第二十六条 相关政府机构工作人员必须忠于职守、依法履行职责，不得利用职务便利牟取不正当利益，并对知悉的商业秘密负有保密义务。

第二十七条 香港特别行政区、澳门特别行政区、台湾地区的投资者进行战略投资,参照本办法办理。

第二十八条 本办法自发布之日起30日后施行。

附件1

战略投资申请书

一、投资者名称

二、目标上市公司名称

三、投资意向

(投资者及授权代表签章)
年　月　日

附件2

战略投资方案

一、投资者名称及自身情况简介(母公司通过其全资拥有的境外子公司进行战略投资的还应提供母公司的相关材料)

二、目标上市公司名称、经营范围、拟取得公司股份的具体方式、拟取得的股份数量及取得后占上市公司已发行股份的比例、战略投资时限

三、持续持股期限

四、投资者与目标上市公司控股股东的关联关系说明

(投资者及授权代表签章)
年　月　日

商务部关于外国投资者并购境内企业的规定

· 2006年8月8日商务部、国务院国有资产监督管理委员会、国家税务总局、国家工商行政管理总局、中国证券监督管理委员会、国家外汇管理局令第10号公布
· 根据2009年6月22日《商务部关于修改〈关于外国投资者并购境内企业的规定〉的决定》修订

第一章　总　则

第一条 为了促进和规范外国投资者来华投资,引进国外的先进技术和管理经验,提高利用外资的水平,实现资源的合理配置,保证就业、维护公平竞争和国家经济安全,依据外商投资企业的法律、行政法规及《公司法》和其他相关法律、行政法规,制定本规定。

第二条 本规定所称外国投资者并购境内企业,系指外国投资者购买境内非外商投资企业(以下称"境内公司")股东的股权或认购境内公司增资,使该境内公司变更设立为外商投资企业(以下称"股权并购");或者,外国投资者设立外商投资企业,并通过该企业协议购买境内企业资产且运营该资产,或,外国投资者协议购买境内企业资产,并以该资产投资设立外商投资企业运营该资产(以下称"资产并购")。

第三条 外国投资者并购境内企业应遵守中国的法律、行政法规和规章,遵循公平合理、等价有偿、诚实信用的原则,不得造成过度集中、排除或限制竞争,不得扰乱社会经济秩序和损害社会公共利益,不得导致国有资产流失。

第四条 外国投资者并购境内企业,应符合中国法律、行政法规和规章对投资者资格的要求及产业、土地、环保等政策。

依照《外商投资产业指导目录》不允许外国投资者独资经营的产业,并购不得导致外国投资者持有企业的全部股权;需由中方控股或相对控股的产业,该产业的企业被并购后,仍应由中方在企业中占控股或相对控股地位;禁止外国投资者经营的产业,外国投资者不得并购从事该产业的企业。

被并购境内企业原有所投资企业的经营范围应符合有关外商投资产业政策的要求;不符合要求的,应进行调整。

第五条 外国投资者并购境内企业涉及企业国有产权转让和上市公司国有股权管理事宜的,应当遵守国有资产管理的相关规定。

第六条 外国投资者并购境内企业设立外商投资企业,应依照本规定经审批机关批准,向登记管理机关办理

变更登记或设立登记。

如果被并购企业为境内上市公司,还应根据《外国投资者对上市公司战略投资管理办法》,向国务院证券监督管理机构办理相关手续。

第七条 外国投资者并购境内企业所涉及的各方当事人应当按照中国税法规定纳税,接受税务机关的监督。

第八条 外国投资者并购境内企业所涉及的各方当事人应遵守中国有关外汇管理的法律和行政法规,及时向外汇管理机关办理各项外汇核准、登记、备案及变更手续。

第二章 基本制度

第九条 外国投资者在并购后所设外商投资企业注册资本中的出资比例高于25%的,该企业享受外商投资企业待遇。

外国投资者在并购后所设外商投资企业注册资本中的出资比例低于25%的,除法律和行政法规另有规定外,该企业不享受外商投资企业待遇,其举借外债按照境内非外商投资企业举借外债的有关规定办理。审批机关向其颁发加注"外资比例低于25%"字样的外商投资企业批准证书(以下称"批准证书")。登记管理机关、外汇管理机关分别向其颁发加注"外资比例低于25%"字样的外商投资企业营业执照和外汇登记证。

境内公司、企业或自然人以其在境外合法设立或控制的公司名义并购与其有关联关系的境内公司,所设立的外商投资企业不享受外商投资企业待遇,但该境外公司认购境内公司增资,或者该境外公司向并购后所设企业增资,增资额占所设企业注册资本比例达到25%以上的除外。根据该款所述方式设立的外商投资企业,其实际控制人以外的外国投资者在企业注册资本中的出资比例高于25%的,享受外商投资企业待遇。

外国投资者并购境内上市公司后所设外商投资企业的待遇,按照国家有关规定办理。

第十条 本规定所称的审批机关为中华人民共和国商务部或省级商务主管部门(以下称"省级审批机关"),登记管理机关为中华人民共和国国家工商行政管理总局或其授权的地方工商行政管理局,外汇管理机关为中华人民共和国国家外汇管理局或其分支机构。

并购后所设外商投资企业,根据法律、行政法规和规章的规定,属于应由商务部审批的特定类型或行业的外商投资企业的,省级审批机关应将申请文件转报商务部审批,商务部依法决定批准或不批准。

第十一条 境内公司、企业或自然人以其在境外合法设立或控制的公司名义并购与其有关联关系的境内的公司,应报商务部审批。

当事人不得以外商投资企业境内投资或其他方式规避前述要求。

第十二条 外国投资者并购境内企业并取得实际控制权,涉及重点行业、存在影响或可能影响国家经济安全因素或者导致拥有驰名商标或中华老字号的境内企业实际控制权转移的,当事人应就此向商务部进行申报。

当事人未予申报,但其并购行为对国家经济安全造成或可能造成重大影响的,商务部可以会同相关部门要求当事人终止交易或采取转让相关股权、资产或其他有效措施,以消除并购行为对国家经济安全的影响。

第十三条 外国投资者股权并购的,并购后所设外商投资企业承继被并购境内公司的债权和债务。

外国投资者资产并购的,出售资产的境内企业承担其原有的债权和债务。

外国投资者、被并购境内企业、债权人及其他当事人可以对被并购境内企业的债权债务的处置另行达成协议,但是该协议不得损害第三人利益和社会公共利益。债权债务的处置协议应报送审批机关。

出售资产的境内企业应当在投资者向审批机关报送申请文件之前至少15日,向债权人发出通知书,并在全国发行的省级以上报纸上发布公告。

第十四条 并购当事人应以资产评估机构对拟转让的股权价值或拟出售资产的评估结果作为确定交易价格的依据。并购当事人可以约定在中国境内依法设立的资产评估机构。资产评估应采用国际通行的评估方法。禁止以明显低于评估结果的价格转让股权或出售资产,变相向境外转移资本。

外国投资者并购境内企业,导致以国有资产投资形成的股权变更或国有资产产权转移时,应当符合国有资产管理的有关规定。

第十五条 并购当事人应对并购各方是否存在关联关系进行说明,如果有两方属于同一个实际控制人,则当事人应向审批机关披露其实际控制人,并就并购目的和评估结果是否符合市场公允价值进行解释。当事人不得以信托、代持或其他方式规避前述要求。

第十六条 外国投资者并购境内企业设立外商投资企业,外国投资者应自外商投资企业营业执照颁发之日起3个月内向转让股权的股东,或出售资产的境内企业支付全部对价。对特殊情况需要延长者,经审批机关批准后,应自外商投资企业营业执照颁发之日起6个月内支付全部对价的60%以上,1年内付清全部对价,并按实际缴付的出资比例分配收益。

外国投资者认购境内公司增资,有限责任公司和以发起方式设立的境内股份有限公司的股东应当在公司申请外商投资企业营业执照时缴付不低于20%的新增注册资本,其余部分的出资时间应符合《公司法》、有关外商投资的法律和《公司登记管理条例》的规定。其他法律和行政法规另有规定的,从其规定。股份有限公司为增加注册资本发行新股时,股东认购新股,依照设立股份有限公司缴纳股款的有关规定执行。

外国投资者资产并购的,投资者应在拟设立的外商投资企业合同、章程中规定出资期限。设立外商投资企业,并通过该企业协议购买境内企业资产且运营该资产的,对与资产对价等额部分的出资,投资者应在本条第一款规定的对价支付期限内缴付;其余部分的出资应符合设立外商投资企业出资的相关规定。

外国投资者并购境内企业设立外商投资企业,如果外国投资者出资比例低于企业注册资本25%,投资者以现金出资的,应自外商投资企业营业执照颁发之日起3个月内缴清;投资者以实物、工业产权等出资的,应自外商投资企业营业执照颁发之日起6个月内缴清。

第十七条 作为并购对价的支付手段,应符合国家有关法律和行政法规的规定。外国投资者以其合法拥有的人民币资产作为支付手段的,应经外汇管理机关核准。外国投资者以其拥有处置权的股权作为支付手段的,按照本规定第四章办理。

第十八条 外国投资者协议购买境内公司股东的股权,境内公司变更设立为外商投资企业后,该外商投资企业的注册资本为原境内公司注册资本,外国投资者的出资比例为其所购买股权在原注册资本中所占比例。

外国投资者认购境内有限责任公司增资的,并购后所设外商投资企业的注册资本为原境内公司注册资本与增资额之和。外国投资者与被并购境内公司原其他股东,在境内公司资产评估的基础上,确定各自在外商投资企业注册资本中的出资比例。

外国投资者认购境内股份有限公司增资的,按照《公司法》有关规定确定注册资本。

第十九条 外国投资者股权并购的,除国家另有规定外,对并购后所设外商投资企业应按照以下比例确定投资总额的上限:

(一)注册资本在210万美元以下的,投资总额不得超过注册资本的10/7;

(二)注册资本在210万美元以上至500万美元的,投资总额不得超过注册资本的2倍;

(三)注册资本在500万美元以上至1200万美元的,投资总额不得超过注册资本的2.5倍;

(四)注册资本在1200万美元以上的,投资总额不得超过注册资本的3倍。

第二十条 外国投资者资产并购的,应根据购买资产的交易价格和实际生产经营规模确定拟设立的外商投资企业的投资总额。拟设立的外商投资企业的注册资本与投资总额的比例应符合有关规定。

第三章 审批与登记

第二十一条 外国投资者股权并购的,投资者应根据并购后所设外商投资企业的投资总额、企业类型及所从事的行业,依照设立外商投资企业的法律、行政法规和规章的规定,向具有相应审批权限的审批机关报送下列文件:

(一)被并购境内有限责任公司股东一致同意外国投资者股权并购的决议,或被并购境内股份有限公司同意外国投资者股权并购的股东大会决议;

(二)被并购境内公司依法变更设立为外商投资企业的申请书;

(三)并购后所设外商投资企业的合同、章程;

(四)外国投资者购买境内公司股东股权或认购境内公司增资的协议;

(五)被并购境内公司上一财务年度的财务审计报告;

(六)经公证和依法认证的投资者的身份证明文件或注册登记证明及资信证明文件;

(七)被并购境内公司所投资企业的情况说明;

(八)被并购境内公司及其所投资企业的营业执照(副本);

(九)被并购境内公司职工安置计划;

(十)本规定第十三条、第十四条、第十五条要求报送的文件。

并购后所设外商投资企业的经营范围、规模、土地使用权的取得等,涉及其他相关政府部门许可的,有关的许可文件应一并报送。

第二十二条 股权购买协议、境内公司增资协议应适用中国法律,并包括以下主要内容:

(一)协议各方的状况,包括名称(姓名),住所,法定代表人姓名、职务、国籍等;

(二)购买股权或认购增资的份额和价款;

（三）协议的履行期限、履行方式；
（四）协议各方的权利、义务；
（五）违约责任、争议解决；
（六）协议签署的时间、地点。

第二十三条　外国投资者资产并购的，投资者应根据拟设立的外商投资企业的投资总额、企业类型及所从事的行业，依照设立外商投资企业的法律、行政法规和规章的规定，向具有相应审批权限的审批机关报送下列文件：

（一）境内企业产权持有人或权力机构同意出售资产的决议；
（二）外商投资企业设立申请书；
（三）拟设立的外商投资企业的合同、章程；
（四）拟设立的外商投资企业与境内企业签署的资产购买协议，或外国投资者与境内企业签署的资产购买协议；
（五）被并购境内企业的章程、营业执照（副本）；
（六）被并购境内企业通知、公告债权人的证明以及债权人是否提出异议的说明；
（七）经公证和依法认证的投资者的身份证明文件或开业证明、有关资信证明文件；
（八）被并购境内企业职工安置计划；
（九）本规定第十三条、第十四条、第十五条要求报送的文件。

依照前款的规定购买并运营境内企业的资产，涉及其他相关政府部门许可的，有关的许可文件应一并报送。

外国投资者协议购买境内企业资产并以该资产投资设立外商投资企业的，在外商投资企业成立之前，不得以该资产开展经营活动。

第二十四条　资产购买协议应适用中国法律，并包括以下主要内容：

（一）协议各方的状况，包括名称（姓名）、住所，法定代表人姓名、职务、国籍等；
（二）拟购买资产的清单、价格；
（三）协议的履行期限、履行方式；
（四）协议各方的权利、义务；
（五）违约责任、争议解决；
（六）协议签署的时间、地点。

第二十五条　外国投资者并购境内企业设立外商投资企业，除本规定另有规定外，审批机关应自收到规定报送的全部文件之日起30日内，依法决定批准或不批准。决定批准的，由审批机关颁发批准证书。

外国投资者协议购买境内公司股东股权，审批机关决定批准的，应同时将有关批准文件分别抄送股权转让方、境内公司所在地外汇管理机关。股权转让方所在地外汇管理机关为其办理转股收汇外资外汇登记并出具相关证明，转股收汇外资外汇登记证明是证明外方已缴付的股权收购对价已到位的有效文件。

第二十六条　外国投资者资产并购的，投资者应自收到批准证书之日起30日内，向登记管理机关申请办理设立登记，领取外商投资企业营业执照。

外国投资者股权并购的，被并购境内公司应依照本规定向原登记管理机关申请变更登记，领取外商投资企业营业执照。原登记管理机关没有登记管辖权的，应自收到申请文件之日起10日内转送有管辖权的登记管理机关办理，同时附送该境内公司的登记档案。被并购境内公司在申请变更登记时，应提交以下文件，并对其真实性和有效性负责：

（一）变更登记申请书；
（二）外国投资者购买境内公司股东股权或认购境内公司增资的协议；
（三）修改后的公司章程或原章程的修正案和依法需要提交的外商投资企业合同；
（四）外商投资企业批准证书；
（五）外国投资者的主体资格证明或者自然人身份证明；
（六）修改后的董事会名单，记载新增董事姓名、住所的文件和新增董事的任职文件；
（七）国家工商行政管理总局规定的其他有关文件和证件。

投资者自收到外商投资企业营业执照之日起30日内，到税务、海关、土地管理和外汇管理等有关部门办理登记手续。

第四章　外国投资者以股权作为支付手段并购境内公司

第一节　以股权并购的条件

第二十七条　本章所称外国投资者以股权作为支付手段并购境内公司，系指境外公司的股东以其持有的境外公司股权，或者境外公司以其增发的股份，作为支付手段，购买境内公司股东的股权或者境内公司增发股份的行为。

第二十八条　本章所称的境外公司应合法设立并且其注册地具有完善的公司法律制度，且公司及其管理层最近3年未受到监管机构的处罚；除本章第三节所规定的特殊目的公司外,境外公司应为上市公司,其上市所在地应具有完善的证券交易制度。

第二十九条 外国投资者以股权并购境内公司所涉及的境内外公司的股权,应符合以下条件:

(一)股东合法持有并依法可以转让;

(二)无所有权争议且没有设定质押及任何其他权利限制;

(三)境外公司的股权应在境外公开合法证券交易市场(柜台交易市场除外)挂牌交易;

(四)境外公司的股权最近1年交易价格稳定。

前款第(三)、(四)项不适用于本章第三节所规定的特殊目的公司。

第三十条 外国投资者以股权并购境内公司,境内公司或其股东应当聘请在中国注册登记的中介机构担任顾问(以下称"并购顾问")。并购顾问应就并购申请文件的真实性、境外公司的财务状况以及并购是否符合本规定第十四条、第二十八条和第二十九条的要求作尽职调查,并出具并购顾问报告,就前述内容逐项发表明确的专业意见。

第三十一条 并购顾问应符合以下条件:

(一)信誉良好且有相关从业经验;

(二)无重大违法违规记录;

(三)应有调查并分析境外公司注册地和上市所在地法律制度与境外公司财务状况的能力。

第二节 申报文件与程序

第三十二条 外国投资者以股权并购境内公司应报送商务部审批,境内公司除报送本规定第三章所要求的文件外,另须报送以下文件:

(一)境内公司最近1年股权变动和重大资产变动情况的说明;

(二)并购顾问报告;

(三)所涉及的境内外公司及其股东的开业证明或身份证明文件;

(四)境外公司的股东持股情况说明和持有境外公司5%以上股权的股东名录;

(五)境外公司的章程和对外担保的情况说明;

(六)境外公司最近年度经审计的财务报告和最近半年的股票交易情况报告。

第三十三条 商务部自收到规定报送的全部文件之日起30日内对并购申请进行审核,符合条件的,颁发批准证书,并在批准证书上加注"外国投资者以股权并购境内公司,自营业执照颁发之日起6个月内有效"。

第三十四条 境内公司应自收到加注的批准证书之日起30日内,向登记管理机关、外汇管理机关办理变更登记,由登记管理机关、外汇管理机关分别向其颁发加注"自颁发之日起8个月内有效"字样的外商投资企业营业执照和外汇登记证。

境内公司向登记管理机关办理变更登记时,应当预先提交旨在恢复股权结构的境内公司法定代表人签署的股权变更申请书、公司章程修正案、股权转让协议等文件。

第三十五条 自营业执照颁发之日起6个月内,境内公司或其股东应就其持有境外公司股权事项,向商务部、外汇管理机关申请办理境外投资开办企业核准、登记手续。

当事人除向商务部报送《关于境外投资开办企业核准事项的规定》所要求的文件外,另须报送加注的外商投资企业批准证书和加注的外商投资企业营业执照。商务部在核准境内公司或其股东持有境外公司的股权后,颁发中国企业境外投资批准证书,并换发无加注的外商投资企业批准证书。

境内公司取得无加注的外商投资企业批准证书后,应在30日内向登记管理机关、外汇管理机关申请换发无加注的外商投资企业营业执照、外汇登记证。

第三十六条 自营业执照颁发之日起6个月内,如果境内外公司没有完成其股权变更手续,则加注的批准证书和中国企业境外投资批准证书自动失效。登记管理机关根据境内公司预先提交的股权变更登记申请文件核准变更登记,使境内公司股权结构恢复到股权并购之前的状态。

并购境内公司增发股份而未实现的,在登记管理机关根据前款予以核准变更登记之前,境内公司还应当按照《公司法》的规定,减少相应的注册资本并在报纸上公告。

境内公司未按照前款规定办理相应的登记手续的,由登记管理机关按照《公司登记管理条例》的有关规定处理。

第三十七条 境内公司取得无加注的外商投资企业批准证书、外汇登记证之前,不得向股东分配利润或向有关联关系的公司提供担保,不得对外支付转股、减资、清算等资本项目款项。

第三十八条 境内公司或其股东凭商务部和登记管理机关颁发的无加注批准证书和营业执照,到税务机关办理税务变更登记。

第三节 对于特殊目的公司的特别规定

第三十九条 特殊目的公司系指中国境内公司或自然人为实现以其实际拥有的境内公司权益在境外上市而直接或间接控制的境外公司。

特殊目的公司为实现在境外上市,其股东以其所持公司股权,或者特殊目的公司以其增发的股份,作为支付手段,购买境内公司股东的股权或者境内公司增发的股份的,适用本节规定。

当事人以持有特殊目的公司权益的境外公司作为境外上市主体的,该境外公司应符合本节对于特殊目的公司的相关要求。

第四十条 特殊目的公司境外上市交易,应经国务院证券监督管理机构批准。

特殊目的公司境外上市所在国家或者地区应有完善的法律和监管制度,其证券监管机构已与国务院证券监督管理机构签订监管合作谅解备忘录,并保持着有效的监管合作关系。

第四十一条 本节所述的权益在境外上市的境内公司应符合下列条件:

(一)产权明晰,不存在产权争议或潜在产权争议;
(二)有完整的业务体系和良好的持续经营能力;
(三)有健全的公司治理结构和内部管理制度;
(四)公司及其主要股东近3年无重大违法违规记录。

第四十二条 境内公司在境外设立特殊目的公司,应向商务部申请办理核准手续。办理核准手续时,境内公司除向商务部报送《关于境外投资开办企业核准事项的规定》要求的文件外,另须报送以下文件:

(一)特殊目的公司实际控制人的身份证明文件;
(二)特殊目的公司境外上市商业计划书;
(三)并购顾问就特殊目的公司未来境外上市的股票发行价格所作的评估报告。

获得中国企业境外投资批准证书后,设立人或控制人应向所在地外汇管理机关申请办理相应的境外投资外汇登记手续。

第四十三条 特殊目的公司境外上市的股票发行价总值,不得低于其所对应的经中国有关资产评估机构评估的被并购境内公司股权的价值。

第四十四条 特殊目的公司以股权并购境内公司的,境内公司除向商务部报送本规定第三十二条所要求的文件外,另须报送以下文件:

(一)设立特殊目的公司时的境外投资开办企业批准文件和证书;
(二)特殊目的公司境外投资外汇登记表;
(三)特殊目的公司实际控制人的身份证明文件或开业证明、章程;
(四)特殊目的公司境外上市商业计划书;
(五)并购顾问就特殊目的公司未来境外上市的股票发行价格所作的评估报告。

如果以持有特殊目的公司权益的境外公司作为境外上市主体,境内公司还须报送以下文件:

(一)该境外公司的开业证明和章程;
(二)特殊目的公司与该境外公司之间就被并购的境内公司股权所作的交易安排和折价方法的详细说明。

第四十五条 商务部对本规定第四十四条所规定的文件初审同意的,出具原则批复函,境内公司凭该批复函向国务院证券监督管理机构报送申请上市的文件。国务院证券监督管理机构于20个工作日内决定是否核准。

境内公司获得核准后,向商务部申领批准证书。商务部向其颁发加注"境外特殊目的公司持股,自营业执照颁发之日起1年内有效"字样的批准证书。

并购导致特殊目的公司股权等事项变更的,持有特殊目的公司股权的境内公司或自然人,凭加注的外商投资企业批准证书,向商务部就特殊目的公司相关事项办理境外投资开办企业变更核准手续,并向所在地外汇管理机关申请办理境外投资外汇登记变更。

第四十六条 境内公司应自收到加注的批准证书之日起30日内,向登记管理机关、外汇管理机关办理变更登记,由登记管理机关、外汇管理机关分别向其颁发加注"自颁发之日起14个月内有效"字样的外商投资企业营业执照和外汇登记证。

境内公司向登记管理机关办理变更登记时,应当预先提交旨在恢复股权结构的境内公司法定代表人签署的股权变更申请书、公司章程修正案、股权转让协议等文件。

第四十七条 境内公司应自特殊目的公司或与特殊目的公司有关联关系的境外公司完成境外上市之日起30日内,向商务部报告境外上市情况和融资收入调回计划,并申请换发无加注的外商投资企业批准证书。同时,境内公司应自完成境外上市之日起30日内,向国务院证券监督管理机构报告境外上市情况并提供相关的备案文件。境内公司还应向外汇管理机关报送融资收入调回计划,由外汇管理机关监督实施。境内公司取得无加注的批准证书后,应在30日内向登记管理机关、外汇管理机关申请换发无加注的外商投资企业营业执照、外汇登记证。

如果境内公司在前述期限内未向商务部报告,境内公司加注的批准证书自动失效,境内公司股权结构恢复到股权并购之前的状态,并应按本规定第三十六条办理变更登记手续。

第四十八条 特殊目的公司的境外上市融资收入,应按照报送外汇管理机关备案的调回计划,根据现行外汇管理规定调回境内使用。融资收入可采取以下方式调回境内:

(一)向境内公司提供商业贷款;
(二)在境内新设外商投资企业;
(三)并购境内企业。

在上述情形下调回特殊目的公司境外融资收入,应遵守中国有关外商投资及外债管理的法律和行政法规。如果调回特殊目的公司境外融资收入,导致境内公司和自然人增持特殊目的公司权益或特殊目的公司净资产增加,当事人应如实披露并报批,在完成审批手续后办理相应的外资外汇登记和境外投资登记变更。

境内公司及自然人从特殊目的公司获得的利润、红利及资本变动所得外汇收入,应自获得之日起6个月内调回境内。利润或红利可以进入经常项目外汇账户或者结汇。资本变动外汇收入经外汇管理机关核准,可以开立资本项目专用账户保留,也可经外汇管理机关核准后结汇。

第四十九条 自营业执照颁发之日起1年内,如果境内公司不能取得无加注批准证书,则加注的批准证书自动失效,并应按本规定第三十六条办理变更登记手续。

第五十条 特殊目的公司完成境外上市且境内公司取得无加注的批准证书和营业执照后,当事人继续以该公司股份作为支付手段并购境内公司的,适用本章第一节和第二节的规定。

第五章 附 则

第五十一条 依据《反垄断法》的规定,外国投资者并购境内企业达到《国务院关于经营者集中申报标准的规定》规定的申报标准的,应当事先向商务部申报,未申报不得实施交易。

第五十二条 外国投资者在中国境内依法设立的投资性公司并购境内企业,适用本规定。

外国投资者购买境内外商投资企业股东的股权或认购境内外商投资企业增资的,适用现行外商投资企业法律、行政法规和外商投资企业投资者股权变更的相关规定,其中没有规定的,参照本规定办理。

外国投资者通过其在中国设立的外商投资企业合并或收购境内企业的,适用关于外商投资企业合并与分立的相关规定和关于外商投资企业境内投资的相关规定,其中没有规定的,参照本规定办理。

外国投资者并购境内有限责任公司并将其改制为股份有限公司的,或者境内公司为股份有限公司的,适用关于设立外商投资股份有限公司的相关规定,其中没有规定的,适用本规定。

第五十三条 申请人或申报人报送文件,应依照本规定对文件进行分类,并附文件目录。规定报送的全部文件应用中文表述。

第五十四条 被股权并购境内公司的中国自然人股东,经批准,可继续作为变更后所设外商投资企业的中方投资者。

第五十五条 境内公司的自然人股东变更国籍的,不改变该公司的企业性质。

第五十六条 相关政府机构工作人员必须忠于职守、依法履行职责,不得利用职务之便牟取不正当利益,并对知悉的商业秘密负有保密义务。

第五十七条 香港特别行政区、澳门特别行政区和台湾地区的投资者并购境内其他地区的企业,参照本规定办理。

第五十八条 本规定自公布之日起施行。

国务院办公厅关于建立外国投资者并购境内企业安全审查制度的通知

· 2011年2月3日
· 国办发〔2011〕6号

各省、自治区、直辖市人民政府,国务院各部委、各直属机构:

近年来,随着经济全球化的深入发展和我国对外开放的进一步扩大,外国投资者以并购方式进行的投资逐步增多,促进了我国利用外资方式多样化,在优化资源配置、推动技术进步、提高企业管理水平等方面发挥了积极作用。为引导外国投资者并购境内企业有序发展,维护国家安全,经国务院同意,现就建立外国投资者并购境内企业安全审查(以下简称并购安全审查)制度有关事项通知如下:

一、并购安全审查范围

(一)并购安全审查的范围为:外国投资者并购境内

军工及军工配套企业,重点、敏感军事设施周边企业,以及关系国防安全的其他单位;外国投资者并购境内关系国家安全的重要农产品、重要能源和资源、重要基础设施、重要运输服务、关键技术、重大装备制造等企业,且实际控制权可能被外国投资者取得。

(二)外国投资者并购境内企业,是指下列情形:

1. 外国投资者购买境内非外商投资企业的股权或认购境内非外商投资企业增资,使该境内企业变更设立为外商投资企业。

2. 外国投资者购买境内外商投资企业中方股东的股权,或认购境内外商投资企业增资。

3. 外国投资者设立外商投资企业,并通过该外商投资企业协议购买境内企业资产并且运营该资产,或通过该外商投资企业购买境内企业股权。

4. 外国投资者直接购买境内企业资产,并以该资产投资设立外商投资企业运营该资产。

(三)外国投资者取得实际控制权,是指外国投资者通过并购成为境内企业的控股股东或实际控制人。包括下列情形:

1. 外国投资者及其控股母公司、控股子公司在并购后持有的股份总额在50%以上。

2. 数个外国投资者在并购后持有的股份总额合计在50%以上。

3. 外国投资者在并购后所持有的股份总额不足50%,但依其持有的股份所享有的表决权已足以对股东会或股东大会、董事会的决议产生重大影响。

4. 其他导致境内企业的经营决策、财务、人事、技术等实际控制权转移给外国投资者的情形。

二、并购安全审查内容

(一)并购交易对国防安全,包括对国防需要的国内产品生产能力、国内服务提供能力和有关设备设施的影响。

(二)并购交易对国家经济稳定运行的影响。

(三)并购交易对社会基本生活秩序的影响。

(四)并购交易对涉及国家安全关键技术研发能力的影响。

三、并购安全审查工作机制

(一)建立外国投资者并购境内企业安全审查部际联席会议(以下简称联席会议)制度,具体承担并购安全审查工作。

(二)联席会议在国务院领导下,由发展改革委、商务部牵头,根据外资并购所涉及的行业和领域,会同相关部门开展并购安全审查。

(三)联席会议的主要职责是:分析外国投资者并购境内企业对国家安全的影响;研究、协调外国投资者并购境内企业安全审查工作中的重大问题;对需要进行安全审查的外国投资者并购境内企业交易进行安全审查并作出决定。

四、并购安全审查程序

(一)外国投资者并购境内企业,应按照本通知规定,由投资者向商务部提出申请。对属于安全审查范围内的并购交易,商务部应在5个工作日内提请联席会议进行审查。

(二)外国投资者并购境内企业,国务院有关部门、全国性行业协会、同业企业及上下游企业认为需要进行并购安全审查的,可以通过商务部提出进行并购安全审查的建议。联席会议认为确有必要进行并购安全审查的,可以决定进行审查。

(三)联席会议对商务部提请安全审查的并购交易,首先进行一般性审查,对未能通过一般性审查的,进行特别审查。并购交易当事人应配合联席会议的安全审查工作,提供安全审查需要的材料、信息,接受有关询问。

一般性审查采取书面征求意见的方式进行。联席会议收到商务部提请安全审查的并购交易申请后,在5个工作日内,书面征求有关部门的意见。有关部门在收到书面征求意见函后,应在20个工作日内提出书面意见。如有关部门均认为并购交易不影响国家安全,则不再进行特别审查,由联席会议在收到全部书面意见后5个工作日内提出审查意见,并书面通知商务部。

如有部门认为并购交易可能对国家安全造成影响,联席会议应在收到书面意见后5个工作日内启动特别审查程序。启动特别审查程序后,联席会议组织对并购交易的安全评估,并结合评估意见对并购交易进行审查,意见基本一致的,由联席会议提出审查意见;存在重大分歧的,由联席会议报请国务院决定。联席会议自启动特别审查程序之日起60个工作日内完成特别审查,或报请国务院决定。审查意见由联席会议书面通知商务部。

(四)在并购安全审查过程中,申请人可向商务部申请修改交易方案或撤销并购交易。

(五)并购安全审查意见由商务部书面通知申请人。

(六)外国投资者并购境内企业行为对国家安全已经造成或可能造成重大影响的,联席会议应要求商务部会同有关部门终止当事人的交易,或采取转让相关股权、资产或其他有效措施,消除该并购行为对国家安全的影响。

五、其他规定

（一）有关部门和单位要树立全局观念，增强责任意识，保守国家秘密和商业秘密，提高工作效率，在扩大对外开放和提高利用外资水平的同时，推动外资并购健康发展，切实维护国家安全。

（二）外国投资者并购境内企业涉及新增固定资产投资的，按国家固定资产投资管理规定办理项目核准。

（三）外国投资者并购境内企业涉及国有产权变更的，按国家国有资产管理的有关规定办理。

（四）外国投资者并购境内金融机构的安全审查另行规定。

（五）香港特别行政区、澳门特别行政区、台湾地区的投资者进行并购，参照本通知的规定执行。

（六）并购安全审查制度自本通知发布之日起30日后实施。

3. 股权分置改革

上市公司股权分置改革管理办法

- 2005年9月4日
- 证监发〔2005〕86号

第一章 总 则

第一条 为规范上市公司股权分置改革工作，促进资本市场改革开放和稳定发展，保护投资者的合法权益，依据《公司法》《证券法》《股票发行与交易管理暂行条例》《国务院关于推进资本市场改革开放和稳定发展的若干意见》以及证监会、国资委、财政部、人民银行、商务部《关于上市公司股权分置改革的指导意见》的有关规定，制定本办法。

第二条 上市公司股权分置改革，是通过非流通股股东和流通股股东之间的利益平衡协商机制，消除A股市场股份转让制度性差异的过程。

第三条 上市公司股权分置改革遵循公开、公平、公正的原则，由A股市场相关股东在平等协商、诚信互谅、自主决策的基础上进行。中国证券监督管理委员会（以下简称中国证监会）依法对股权分置改革各方主体及其相关活动实行监督管理，组织、指导和协调推进股权分置改革工作。

第四条 证券交易所根据中国证监会的授权和本办法的规定，对上市公司股权分置改革工作实施一线监管，协调指导上市公司股权分置改革业务，办理非流通股份可上市交易的相关手续。

证券交易所和证券登记结算公司应当根据本办法制定操作指引，为进行股权分置改革的上市公司（以下简称"公司"）办理相关业务提供服务，对相关当事人履行信息披露义务、兑现改革承诺以及公司原非流通股股东在改革完成后出售股份的行为实施持续监管。

第二章 操作程序

第五条 公司股权分置改革动议，原则上应当由全体非流通股股东一致同意提出；未能达成一致意见的，也可以由单独或者合并持有公司三分之二以上非流通股份的股东提出。非流通股股东提出改革动议，应以书面形式委托公司董事会召集A股市场相关股东举行会议（以下简称相关股东会议），审议上市公司股权分置改革方案（以下简称改革方案）。

相关股东会议的召开、表决和信息披露等事宜，参照执行上市公司股东大会的有关规定，并由相关股东对改革方案进行分类表决。

第六条 公司董事会收到非流通股股东的书面委托后，应当聘请保荐机构协助制定改革方案并出具保荐意见书，聘请律师事务所对股权分置改革操作相关事宜的合规性进行验证核查并出具法律意见书。

第七条 公司董事会、非流通股股东、保荐机构及其保荐代表人、律师事务所及其经办律师，应当签订书面协议明确保密义务，约定各方在改革方案公开前不得泄露相关事宜。

第八条 公司董事会应当委托保荐机构就改革方案的技术可行性以及召开相关股东会议的时间安排，征求证券交易所的意见。

证券交易所对股权分置改革进行业务指导，均衡控制改革节奏，协商确定相关股东会议召开时间。

第九条 根据与证券交易所商定的时间安排，公司董事会发出召开相关股东会议的通知，公布改革说明书、独立董事意见函、保荐意见书、法律意见书，同时申请公司股票停牌。

第十条 自相关股东会议通知发布之日起十日内，公司董事会应当协助非流通股股东，通过投资者座谈会、媒体说明会、网上路演、走访机构投资者、发放征求意见函等多种方式，与A股市场流通股股东（以下简称"流通股股东"）进行充分沟通和协商，同时公布热线电话、传真及电子信箱，广泛征求流通股股东的意见，使改革方案的形成具有广泛的股东基础。

第十一条 非流通股股东与流通股股东按照前条要求完成沟通协商程序后，不对改革方案进行调整的，董事会应当做出公告并申请公司股票复牌；对改革方案进行调整的，应当在改革说明书、独立董事意见函、保荐意见书、法律意见书等文件做出相应调整或者补充说明并公告后，申请公司股票复牌。

公司股票复牌后，不得再次调整改革方案。

第十二条 召开相关股东会议，公司董事会应当申请公司股票停牌。停牌期间自本次相关股东会议股权登记日的次日起，至改革规定程序结束之日止。

第十三条 公司董事会在相关股东会议召开前，应当在指定报刊上刊载不少于两次召开相关股东会议的提示公告。

相关股东会议征集投票委托事宜，由公司董事会负责办理。

第十四条 公司董事会应当为参加相关股东会议的股东进行表决提供网络投票技术安排。网络投票时间不得少于三天。

第十五条 非流通股股东执行股权分置改革利益平衡对价安排（以下简称对价安排）需经国有资产监督管理机构批准的，应当在相关股东会议网络投票开始前取得并公告批准文件。

第十六条 相关股东会议投票表决改革方案，须经参加表决的股东所持表决权的三分之二以上通过，并经参加表决的流通股股东所持表决权的三分之二以上通过。

第十七条 改革方案获得相关股东会议表决通过的，董事会应当在两个工作日内公告相关股东会议的表决结果。

董事会应当按照与证券交易所商定的时间安排，公告改革方案实施及公司股票复牌事宜。

持有外商投资企业批准证书的公司、含有外资股份的银行类公司，改革方案涉及外资管理审批事项的，公司应在公告改革方案实施前取得国务院有关部门的审批文件。

第十八条 改革方案未获相关股东会议表决通过的，董事会应当在两个工作日内公告相关股东会议表决结果，并申请公司股票于公告次日复牌。

改革方案未获相关股东会议表决通过的，非流通股股东可以在三个月后，按照本办法第五条的规定再次委托公司董事会就股权分置改革召集相关股东会议。

第十九条 存在异常情况的上市公司进行股权分置改革，按以下原则进行：

（一）相关当事人涉嫌利用公司股权分置改革信息进行内幕交易正在被立案调查的，在调查结束后方可进行改革；

（二）公司股票交易涉嫌市场操纵正在被立案调查的，或者公司股票涉嫌被机构或个人非法集中持有的，在风险消除后可以进行改革；

（三）公司控股股东涉嫌侵占公司利益正在被立案调查，但有可行的解决侵占问题方案的，可以进行改革；

（四）存在其他异常情况的，经中国证监会认可，可以进行改革。

第二十条 发行境外上市外资股、境内上市外资股的A股市场上市公司，由A股市场相关股东协商解决非流通股股东所持股份在A股市场的可上市交易问题。

第二十一条 持有A股市场上市公司非流通股的境外上市公司，其关于对价安排的决策程序应当符合公司章程和境外上市地有关公司资产处置的规定。

持有A股市场上市公司非流通股的境内上市公司，其关于对价安排的决策程序应当符合公司章程和证券交易所业务规则有关公司资产处置的规定。

第三章 改革方案

第二十二条 改革方案应当兼顾全体股东的即期利益和长远利益，有利于公司发展和市场稳定，并可根据公司实际情况，采用控股股东增持股份、上市公司回购股份、预设原非流通股股份实际出售的条件、预设回售价格、认沽权等具有可行性的股价稳定措施。

第二十三条 非流通股股东在改革方案中做出的承诺，应当与证券交易所和证券登记结算公司实施监管的技术条件相适应，或者由承诺方提供履行承诺事项的担保措施。非流通股股东应当以书面形式做出忠实履行承诺的声明。

第二十四条 非流通股股东未完全履行承诺之前不得转让其所持有的股份。但是受让人同意并有能力代其履行承诺的除外。

第二十五条 改革方案应当对表示反对或者未明确表示同意的非流通股股东所持有股份的处理，提出合法可行的解决办法并予以说明。

第二十六条 股权分置改革与公司资产重组结合，重组方通过注入优质资产、承担债务等方式，以实现公司盈利能力或者财务状况改善作为对价安排的，其资产重组程序与股权分置改革程序应当遵循本办法和中国证监会的相关规定。

第四章 改革后公司原非流通股股份的出售

第二十七条 改革后公司原非流通股股份的出售，

应当遵守下列规定：

（一）自改革方案实施之日起，在十二个月内不得上市交易或者转让；

（二）持有上市公司股份总数百分之五以上的原非流通股股东，在前项规定期满后，通过证券交易所挂牌交易出售原非流通股股份，出售数量占该公司股份总数的比例在十二个月内不得超过百分之五，在二十四个月内不得超过百分之十。

第二十八条　原非流通股股东出售所持股份数额较大的，可以采用向特定投资者配售的方式。

第二十九条　改革方案实施后，外资股东所持股份的管理办法另行规定。

第五章　信息披露

第三十条　股权分置改革信息披露相关义务人，应当及时履行信息披露义务，真实、准确、完整地披露信息，保证所披露的信息不存在虚假记载、误导性陈述或者重大遗漏。

第三十一条　相关股东会议通知应当列明流通股股东参与股权分置改革的权利及行使权利的方式、条件和期间。

第三十二条　股权分置改革说明书应当包括下列内容：

（一）公司设立以来股本结构的形成及历次变动情况；

（二）提出进行股权分置改革动议的非流通股股东，关于其持有公司股份的数量、比例以及有无权属争议、质押、冻结情况的说明；

（三）非流通股股东关于其持有公司股份的数量、比例及相互之间关联关系的说明；

（四）非流通股股东、持有公司股份总数百分之五以上的非流通股股东的实际控制人，关于在公司董事会公告改革说明书的前两日持有公司流通股股份的情况以及前六个月内买卖公司流通股股份的情况的说明；

（五）股权分置改革方案的具体内容；

（六）非流通股股东关于其为履行承诺义务提供担保措施的说明；

（七）股权分置改革对公司治理可能产生的影响；

（八）股权分置改革可能涉及的风险及相应处理方案；

（九）为股权分置改革提供专业服务的保荐机构、律师事务所的名称和联系方式；

（十）保荐机构、律师事务所关于其在公司董事会公告改革说明书的前两日持有公司流通股股份的情况以及前六个月内买卖公司流通股股份情况的说明；

（十一）其他需要说明的事项。

第三十三条　保荐意见书应当包括下列内容：

（一）上市公司非流通股股份有无权属争议、质押、冻结情况及上述情况对改革方案实施的影响；

（二）实施改革方案对公司流通股股东权益影响的评价；

（三）对股权分置改革相关文件的核查结论；

（四）改革方案中相关承诺的可行性分析；

（五）关于保荐机构有无可能影响其公正履行保荐职责情形的说明；

（六）保荐机构认为应当说明的其他事项；

（七）保荐结论及理由。

第三十四条　独立董事意见函应当包括改革方案对公司治理结构的完善、股东合法权益的保护、公司长远发展的影响等情况及其他重要事项的说明。

第三十五条　相关股东会议通知、相关股东会议表决结果、投票委托征集函、股权分置改革说明书摘要，应当在指定报刊上披露。

股权分置改革说明书、独立董事意见函、保荐意见书、法律意见书、股权分置改革实施方案，应当在公司网站和公司上市地交易所网站全文披露。

证券交易所应当在其网站设置专栏，免费提供上市公司股权分置改革信息披露服务。

第三十六条　实施股权分置改革方案涉及股东减持或者增持股份，导致股东持有、控制的股份总数发生变动的，应当遵守《上市公司收购管理办法》、《上市公司股东持股变动信息披露管理办法》及本办法的规定；因实施改革方案引发要约收购义务的，经申请可免予履行要约收购义务。

第三十七条　公司应当在非流通股可上市交易变更登记完成后两个工作日内，在指定报刊上刊登公司股权分置改革后的股份结构变动报告书。

第三十八条　股权分置改革方案实施后，原非流通股股东持有的股份限售期届满，公司应当提前三个交易日刊登相关提示公告。

第三十九条　持有、控制公司股份百分之五以上的原非流通股股东，通过证券交易所挂牌交易出售的股份数量，每达到该公司股份总数百分之一时，应当在该事实发生之日起两个工作日内做出公告，公告期间无须停止出售股份。

第六章 中介机构

第四十条 为股权分置改革提供专业服务的中介机构，应当遵守法律法规，忠实履行职责，诚实守信，勤勉尽责，维护公司和股东的利益，不得利用职业地位为本单位和个人牟取不正当利益。

第四十一条 保荐机构应当履行下列职责：

（一）协助制定改革方案；

（二）对改革方案有关事宜进行尽职调查；

（三）对改革方案有关文件进行核查验证；

（四）对非流通股股东执行对价安排、履行承诺事项的能力发表意见；

（五）出具保荐意见书；

（六）协助实施改革方案；

（七）协助制定和实施稳定股价措施；

（八）对相关当事人履行承诺义务进行持续督导。

第四十二条 保荐机构与公司及其大股东、实际控制人、重要关联方存在下列关联关系的，不得成为该公司股权分置改革的保荐机构：

（一）保荐机构及其大股东、实际控制人、重要关联方持有上市公司的股份合计超过百分之七；

（二）上市公司及其大股东、实际控制人、重要关联方持有或者控制保荐机构的股份合计超过百分之七；

（三）保荐机构的保荐代表人或者董事、监事、经理、其他高级管理人员持有上市公司的股份、在上市公司任职等可能影响其公正履行保荐职责的情形。

第四十三条 保荐机构应当指定一名保荐代表人具体负责一家公司股权分置改革的保荐工作。该保荐代表人在相关股东会议表决程序未完成前，不得同时负责其他上市公司的股权分置改革保荐工作。

第四十四条 保荐机构的法定代表人、保荐代表人应当在保荐意见书上签字，承担相应的法律责任。

第四十五条 律师事务所及在法律意见书上签字的律师应当履行下列职责：

（一）对股权分置改革参与主体的合法性进行核查；

（二）对与改革方案有关的法律事项进行核查；

（三）对与改革方案有关的法律文件进行核查；

（四）对改革方案的内容与实施程序的合法性发表意见；

（五）出具法律意见书。

第四十六条 律师事务所、在法律意见书上签字的律师，不得与其所提供股权分置改革专业服务的上市公司存在可能影响其公正履行职责的关系。

第四十七条 保荐机构及其保荐代表人、律师事务所及在法律意见书上签字的律师，应当保证其所出具的保荐意见书、法律意见书不存在虚假记载、误导性陈述或者重大遗漏。

第七章 监管措施与法律责任

第四十八条 任何单位和个人不得利用上市公司股权分置改革的内幕信息进行证券交易，不得利用上市公司股权分置改革操纵市场，不得编造、传播有关上市公司股权分置改革的虚假信息。有上述行为的，中国证监会依法进行查处；情节严重涉嫌犯罪的，依法移送司法机关追究刑事责任。

第四十九条 证券交易所应当对股权分置改革期间市场交易异常情况实施专项监控，发现涉嫌内幕交易和操纵市场行为的，应当及时制止并报告中国证监会查处。

第五十条 在股权分置改革中做出承诺的股东未能履行承诺的，证券交易所对其进行公开谴责，中国证监会责令其改正并采取相关行政监管措施；给其他股东的合法权益造成损害的，依法承担相关法律责任。

第五十一条 保荐机构及其保荐代表人为股权分置改革提交的相关文件中存在虚假记载、误导性陈述或者重大遗漏的，或者未能履行尽职调查、持续督导义务的，证券交易所对其进行公开谴责，中国证监会责令其改正；情节严重的，将其从保荐机构及保荐代表人名单中去除。

第五十二条 律师事务所及在法律意见书上签字的律师，为股权分置改革出具的法律意见书中存在虚假记载、误导性陈述或者重大遗漏的，或者未履行核查义务的，中国证监会责令其改正；情节严重的，暂停接受其出具的证券相关业务的法律文件。

第五十三条 公司及其非流通股股东、基金管理公司、证券公司、保险公司、资产管理公司，利用不正当手段干扰其他投资者正常决策，操纵相关股东会议表决结果，或者进行不正当利益交换的，中国证监会责令其改正；情节严重的，认定主要责任人员为市场禁入者，一定时期或者永久不得担任上市公司和证券业务机构的高级管理职务。

第八章 附 则

第五十四条 本办法由中国证监会负责解释和修订。

第五十五条 本办法自发布之日起施行。《关于上市公司股权分置改革试点有关问题的通知》（证监发〔2005〕32号）、《关于做好第二批上市公司股权分置改革试点工作有关问题的通知》（证监发〔2005〕42号）同时废止。

上市公司股权分置改革相关会计处理暂行规定

- 2005年11月14日
- 财会〔2005〕18号

为了进一步贯彻国务院《关于推进资本市场改革开放和稳定发展的若干意见》(国发〔2004〕3号),根据上市公司股权分置改革等相关文件,现就股权分置改革中非流通股股东(以下简称企业)有关会计处理规定如下:

一、会计科目设置及支付对价的会计处理

企业应当设置"股权分置流通权"和"应付权证"科目,分别核算企业以各种方式支付对价取得的在证券交易所挂牌交易的流通权(以下简称流通权)和企业为取得流通权而发行权证的价值。

(一)以支付现金方式取得的流通权。

企业根据经批准的股权分置方案,以支付现金的方式取得的流通权,应当按照所支付的金额,借记"股权分置流通权"科目,贷记"银行存款"等科目。

(二)以送股或缩股方式取得的流通权。

企业根据经批准的股权分置方案,以送股或缩股的方式取得的流通权,以成本法核算该项长期投资的,应当按照送股或缩股部分所对应的长期股权投资账面价值,借记"股权分置流通权"科目,贷记"长期股权投资"科目;以权益法核算该项长期投资的,在贷记"长期股权投资"科目时应当按比例贷记相关明细科目(下同)。

(三)以发行认购权证方式取得的流通权。

1. 将认购权证直接送给流通股股东的。

企业根据经批准的股权分置方案,通过发行认购权证直接送给流通股股东方式取得的流通权,发行的认购权证在相关备查登记簿中予以登记。

认购权证持有人行使认购权向企业购买股份时,企业应按照收到的价款,借记"银行存款"科目,按照行权价低于股票市场价格的差额,借记"股权分置流通权"科目,按照减少股份部分所对应的长期股权投资账面价值,贷记"长期股权投资"科目,按其差额,贷记或借记"投资收益"科目。

认购权证持有人行使认购权,要求以现金结算行权价低于股票市场价格的差价部分的,企业应按照实际支付的金额,借记"股权分置流通权"科目,贷记"银行存款"科目。在备查登记簿中应同时注销相关认购权证的记录。

2. 将认购权证以一定价格出售给流通股股东的。

企业根据经批准的股权分置方案,以一定价格发行认购权证方式取得的流通权,应按照实际收到的金额,借记"银行存款"科目,贷记"应付权证"科目。

认购权证持有人行使认购权向企业购买股份时,企业应按照收到的价款,借记"银行存款"科目,按照行权价低于股票市场价格的差额,借记"股权分置流通权"科目,按照行权部分对应全部发行权证的比例计算的金额,借记"应付权证"科目,按照减少股份部分所对应的长期股权投资账面价值,贷记"长期股权投资"科目,按其差额,贷记或借记"投资收益"科目。

认购权证持有人行使认购权,要求以现金结算行权价低于股票市场价格的差价部分的,应按照行权部分对应全部发行权证的比例计算的金额,借记"应付权证"科目,按照实际支付的金额,贷记"银行存款"科目,按其差额,借记"股权分置流通权"科目。

认购权证存续期满,"应付权证"科目的余额应首先冲减"股权分置流通权"科目,"股权分置流通权"科目的余额冲减至零后,"应付权证"科目的余额计入"资本公积"科目。

(四)以发行认沽权证方式取得的流通权。

1. 将认沽权证直接送给流通股股东的。

企业根据经批准的股权分置方案,通过发行认沽权证直接送给流通股股东的方式取得的流通权,发行的认沽权证在相关备查登记簿中予以登记。

认沽权证持有人行使出售权将股份出售给企业时,企业应按行权价高于股票市场价格的差额,借记"股权分置流通权"科目,按照支付的价款,贷记"银行存款"科目,按其差额,借记"长期股权投资"或"短期投资"科目。

认沽权证持有人行使出售权,要求以现金结算行权价高于股票市场价格的差价部分的,企业应按照实际支付的金额,借记"股权分置流通权"科目,贷记"银行存款"科目。在备查登记簿中应同时注销相关认沽权证的记录。

2. 将认沽权证以一定价格出售给流通股股东的。

企业根据经批准的股权分置方案,以一定价格发行认沽权证方式取得的流通权,应按照实际收到的金额,借记"银行存款"科目,贷记"应付权证"科目。

认沽权证持有人行使出售权将股份出售给企业时,企业应按行权价高于股票市场价格的差额,借记"股权分置流通权"科目,按照行权部分对应全部发行权证的比例计算的金额,借记"应付权证"科目,按照支付的价款,贷记"银行存款"科目,按其差额,借记"长期股权投资"或"短期投资"科目。

认沽权证持有人行使出售权,要求以现金结算行权价高于股票市场价格的差额部分的,应按照行权部分对应全部发行权证的比例计算的金额,借记"应付权证"科目,按照实际支付的金额,贷记"银行存款"科目,按其差额,借记"股权分置流通权"科目。

认沽权证存续期满,"应付权证"科目的余额应首先冲减"股权分置流通权"科目,"股权分置流通权"科目的余额冲减至零后,"应付权证"科目的余额计入"资本公积"科目。

(五)以上市公司资本公积转增或派发股票股利形成的股份,送给流通股股东的方式取得的流通权。

企业根据经过批准的股权分置方案,将上市公司资本公积转增或派发股票股利形成的股份中非流通股股东分得的部分,送给流通股股东,应首先按照上市公司资本公积金转增或派发股票股利进行会计处理。然后,企业比照本规定第(二)款的规定对向流通股股东赠送股份进行会计处理。

(六)以向上市公司注入优质资产、豁免上市公司债务、替上市公司承担债务的方式取得的流通权。

企业根据经过批准的股权分置方案,向上市公司注入优质资产、豁免上市公司债务、替上市公司承担债务的,应按照注入资产、豁免债务、承担债务的账面价值,借记"股权分置流通权"科目,贷记相关资产或负债科目。

(七)以承诺方式取得的流通权。

企业根据股权分置方案,以承诺的方式,取得非流通股的流通权,只在相关备查簿中予以登记,待承诺实现时再按照本规定的原则进行相关的会计处理。

二、取得流通权的非流通股份出售的会计处理

企业取得的流通权,平时不进行结转,一般也不计提减值准备,待取得流通权的非流通股出售时,再按出售的部分按比例予以结转。企业出售取得流通权的非流通股时,按照收到的金额,借记"银行存款"科目,按照出售股份部分所对应的长期股权投资账面价值,贷记"长期股权投资"科目,按其差额,贷记或借记"投资收益"科目。同时,按应结转的股权分置流通权成本,借记"投资收益"科目,贷记"股权分置流通权"科目。

三、财务报表的列报

企业应在其资产负债表中的长期资产项目内单列"股权分置流通权"项目反映;应在流动负债项目内单列"应付权证"项目反映。对于以承诺方式或发行权证方式取得的非流通股的流通权,应在财务报表附注中予以披露,说明承诺的具体内容;对于发行的认购权证或认沽权证,也应在财务报表附注中说明发行的认购权证或认沽权证的具体内容。

关于上市公司股权分置改革的指导意见

· 2005 年 8 月 23 日
· 证监发〔2005〕80 号

各省、自治区、直辖市人民政府,国务院有关部门:

《国务院关于推进资本市场改革开放和稳定发展的若干意见》(国发〔2004〕3 号,以下简称《若干意见》)发布以来,资本市场各项改革和制度建设取得重要进展,市场运行机制和运行环境正在得到改善,一些制约资本市场功能充分发挥的基础性、制度性问题逐步得到解决。按照国务院关于"积极稳妥解决股权分置问题"的要求,在国务院的正确领导和有关部门、地方人民政府的大力支持下,股权分置改革试点工作已经顺利完成,改革的操作原则和基本做法得到了市场认同,改革的政策预期和市场预期逐渐趋于稳定,总体上具备了转入积极稳妥推进的基础和条件。经国务院同意,现就下一步上市公司股权分置改革提出如下指导意见:

一、正确认识股权分置改革

1. 全面落实《若干意见》,完善资本市场运行机制,要从解决基础性、制度性问题入手,重视完善和发挥资本市场功能,改善资本市场投资回报水平,逐步提高直接融资能力和资源配置效率。既要通过健全资本市场体系,丰富证券投资品种,提高上市公司质量,规范证券公司经营和加强证券市场法制建设,解决新兴市场要素缺失、制度不完善、运行不规范、监管不到位等问题,又要不失时机地解决好体制转轨背景下遗留下来的股权分置等诸多问题,妥善化解风险隐患,为资本市场长期稳定发展创造条件。

2. 股权分置是指 A 股市场的上市公司股份按能否在证券交易所上市交易被区分为非流通股和流通股,这是我国经济体制转轨过程中形成的特殊问题。股权分置扭曲资本市场定价机制,制约资源配置功能的有效发挥;公司股价难以对大股东、管理层形成市场化的激励和约束,公司治理缺乏共同的利益基础;资本流动存在非流通股协议转让和流通股竞价交易两种价格,资本运营缺乏市场化操作基础。股权分置不能适应当前资本市场改革开放和稳定发展的要求,必须通过股权分置改革,消除非流通股和流通股的流通制度差异。

3. 股权分置改革是一项完善市场基础制度和运行

机制的改革,其意义不仅在于解决历史问题,更在于为资本市场其他各项改革和制度创新创造条件,是全面落实《若干意见》的重要举措。为此,要将股权分置改革、维护市场稳定、促进资本市场功能发挥和积极稳妥推进资本市场对外开放统筹考虑。改革要积极稳妥、循序渐进,成熟一家,推出一家,实现相关各方利益关系的合理调整,同时要以改革为契机,调动多种积极因素,维护市场稳定,提高上市公司质量,规范证券公司经营,配套推进各项基础性制度建设、完善市场体系和促进证券产品创新,形成资本市场良性循环、健康发展的新局面。

4. 股权分置改革是为非流通股可上市交易作出的制度安排,并不以通过资本市场减持国有股份为目的,当前国家也没有通过境内资本市场减持上市公司国有股份筹集资金的考虑。非流通股可上市交易后,国有控股上市公司控股股东应根据国家关于国有经济布局和结构性调整的战略性要求,合理确定在所控股上市公司的最低持股比例,对关系国计民生及国家经济命脉的重要行业和关键领域,以及国民经济基础性和支柱性行业中的国有控股上市公司,国家要保证国有资本的控制力、影响力和带动力,必要时国有股东可通过证券市场增持股份。其他上市公司的控股股东,也要保证公司的稳定发展和持续经营。证券监管部门要通过必要的制度安排和技术创新,有效控制可流通股份进入流通的规模和节奏。

二、股权分置改革的指导思想

5. 积极稳妥推进股权分置改革的指导思想是,坚持股权分置改革与维护市场稳定发展相结合的总体原则,进一步明确改革预期,改进和加强协调指导,调动多种积极因素,抓紧落实《若干意见》提出的各项任务,制定、修改和完善相关法规和政策措施,加强市场基础性建设,完善改革和发展的市场环境,实现资本市场发展的重要转折,使市场进入良性发展的轨道。

6. 贯彻落实《若干意见》提出的"尊重市场规律,有利于市场的稳定和发展,切实保护投资者特别是公众投资者的合法权益"的总体要求。尊重市场规律,就是要坚持市场化的决策机制和价格形成机制,完善改革的推动机制,通过政策扶持和市场引导,形成上市公司改革的持续稳定动力。有利于市场稳定和发展,就是按照改革的力度、发展的速度和市场可承受程度相统一的原则,注重发挥改革所形成的机制优势和良好的市场效应,使资本市场各项改革协调推进,各项政策措施综合配套,以改革促进市场稳定发展,以市场稳定发展保障改革的顺利进行。保护投资者特别是公众投资者合法权益,就是要通过相关程序规则和必要的政策指导,保障投资者的知情权、参与权和表决权,使改革方案有利于形成流通股股东和非流通股股东的共同利益基础,并形成改革后公司稳定的价格预期。

三、股权分置改革的总体要求

7. 股权分置改革要坚持统一组织。中国证监会要制定《上市公司股权分置改革管理办法》,以"公开、公平、公正"的操作程序和监管要求,规范股权分置改革工作,保障投资者特别是公众投资者的合法权益。国务院有关部门要加强协调配合,按照有利于推进股权分置改革的原则,完善促进资本市场稳定发展的相关政策,调整和完善国资管理、企业考核、会计核算、信贷政策、外商投资等方面的规定,使股权分置改革相关政策衔接配套。地方人民政府要加强对本地区上市公司股权分置改革的组织领导工作,充分发挥本地区综合资源优势,把股权分置改革与优化上市公司结构、促进区域经济发展和维护社会稳定结合起来,统筹安排适合当地情况的改革工作。

8. 股权分置改革方案要实行分散决策。上市公司非流通股股东依据现行法律、法规和股权分置改革的管理办法,广泛征求A股市场相关流通股股东意见,协商确定切合本公司实际情况的股权分置改革方案,参照股东大会的程序,由A股市场相关股东召开会议分类表决。非流通股股东与流通股股东之间以对价方式平衡股东利益,是股权分置改革的有益尝试,要在改革实践中不断加以完善。

9. 上市公司股权分置改革方案要有利于市场稳定和上市公司的长远发展。鼓励公司或大股东采取稳定价格预期的相关措施;鼓励在股权分置改革方案中做出提高上市公司业绩和价值增长能力的组合安排。监管部门和证券交易所在不干预改革主体自主协商决定改革方案的前提下,加强对方案实现形式及相关配套安排的协调指导。

10. 坚持改革的市场化导向,注重营造有利于积极稳妥解决股权分置问题的市场机制。根据股权分置改革进程和市场整体情况,择机实行"新老划断",对首次公开发行公司不再区分流通股和非流通股。完成股权分置改革的上市公司优先安排再融资,可以实施管理层股权激励,同时改革再融资监管方式,提高再融资效率。上市公司管理层股权激励的具体实施和考核办法,以及配套的监督制度由证券监管部门会同有关部门另行制定。涉及A股股权的拟境外上市公司,以及A股上市公司分拆下属企业拟境外上市的,应在完成股权分置改革后实施。

上市公司非流通股协议转让，要对股权分置改革做出相应安排，或与公司股权分置改革组合运作。

11. 妥善处理存在特殊情况的上市公司股权分置改革问题。股权分置改革是解决 A 股市场相关股东之间的利益平衡问题，对于同时存在 H 股或 B 股的 A 股上市公司，由 A 股市场相关股东协商解决股权分置问题。对于持有外商投资企业批准证书及含有外资股份的银行类 A 股上市公司，其股权分置改革方案在相关股东会议表决通过后，由国务院有关部门按照法律法规办理审批手续。股权分置改革方案中外资股比例变化原则上不影响该上市公司已有的相关优惠政策，股份限售期满后外资股东减持股份的，按国家有关规定办理，具体办法由国务院商务主管部门和证券监管部门会同有关部门另行规定。对于绩差公司，鼓励以注入优质资产、承担债务等作为对价解决股权分置问题。

四、严格规范股权分置改革秩序

12. 上市公司及其董事会要严格按照管理办法规定的程序进行股权分置改革，认真履行信息披露义务，切实维护投资者特别是公众投资者的知情权、参与权和表决权。鼓励公众投资者积极参与股权分置改革，依法行使股东权利。非流通股股东要严格履行在股权分置改革中做出的承诺，并对违约行为承担相应的责任。

13. 保荐机构及其保荐代表人应当诚实守信、公正客观、勤勉尽责，深入了解公司存在的各种情况，充分发挥协调平衡作用，认真履行核查义务，协助上市公司及其股东制定切合公司实际的股权分置改革方案，督促做好信息披露工作，督导相关当事人履行改革方案中有关承诺义务。对于未能尽到保荐责任的，要采取必要的监管措施。

14. 基金管理公司、证券公司、保险公司及其资产管理公司等机构投资者，要积极参与股权分置改革，自觉维护投资者特别是公众投资者合法权益和市场稳定发展的长远利益。对于干扰其他投资者正常决策，操纵相关股东会议表决结果，或者以持股优势进行利益交换的，监管机构要予以严肃查处。

15. 证券交易所要发挥作为自律组织贴近市场的灵活性，以及在组织市场和产品创新方面的功能优势，加强对上市公司改革方案实现形式和组合措施的协调指导，会同证券登记结算机构为改革方案创新及改革后的市场制度和产品创新提供技术支持。

16. 加强对上市公司及其控股股东、保荐机构、基金管理公司，以及上述机构的关联人、高管人员的监管，防范和打击利用股权分置改革进行欺诈、内幕交易和市场操纵的违法犯罪行为。

17. 新闻媒体要坚持正确的舆论导向，积极宣传股权分置改革的重要意义，客观真实报道改革进程和相关信息，遵守新闻纪律，做好正面引导工作。

五、调动多种积极因素，促进资本市场稳定发展

18. 以股权分置改革为契机，推动上市公司完善法人治理结构，提高治理水平，切实解决控股股东或实际控制人占用上市公司资金问题，遏制上市公司违规对外担保，禁止利用非公允关联交易侵占上市公司利益的行为。在解决股权分置问题后，支持绩优大型企业通过其控股的上市公司定向发行股份实现整体上市；支持上市公司以股份等多样化支付手段，通过吸收合并、换股收购等方式进行兼并重组，推动上市公司做优做强。

19. 通过大股东股份质押贷款、发行短期融资券、债券等商业化方式，为上市公司大股东增持股份提供资金支持。将股权分置改革、证券公司优化重组和拓宽证券公司融资渠道相结合，积极支持证券公司综合利用各种可行的市场化融资方式，有效改善流动性状况，加强公司治理和内部风险控制机制建设，强化监管，推进行业资源整合，妥善处理好高风险证券公司的重组或退出问题，鼓励优质证券公司壮大发展。

20. 鼓励证券交易机制和产品创新，推出以改革后公司股票作为样本的独立股价指数，研究开发指数衍生产品。完善协议转让和大宗交易制度，在首次公开发行和再融资中引入权证等产品，平衡市场供求。

21. 继续完善鼓励社会公众投资的税收政策。推动企业年金入市，扩大社会保障基金、合格境外机构投资者入市规模，放宽保险公司等大型机构投资者股票投资比例限制。对于股权分置改革后境外投资者对上市公司进行战略性投资问题，国务院证券监管部门和商务主管部门应会同有关部门研究出台相关规定。

22. 积极推动《证券法》、《公司法》和《刑法》等法律的修订。研究、拟定《证券公司监管条例》、《证券公司风险处置条例》和《上市公司监管条例》等行政法规。调整和完善与积极稳妥推进股权分置改革不相适应的政策法规。针对改革后出现的新情况、新问题，及时制定和完善相应的管理办法。要完善监管手段、提高执法效力，拓展市场发展和创新空间，为资本市场改革开放和稳定发展创造良好的法制环境。

关于上市公司股权分置改革涉及外资管理有关问题的通知

- 2005年10月26日
- 商资发〔2005〕565号

各省、自治区、直辖市、计划单列市及新疆生产建设兵团商务主管部门，中国证监会各地证监局，上海证券交易所，深圳证券交易所，中国证券登记结算公司：

为落实《关于上市公司股权分置改革的指导意见》（证监发〔2005〕80号）的要求，积极稳妥推进股权分置改革工作，根据外商投资法律法规及外商投资股份公司的有关规定，现就股权分置改革涉及的与外资管理有关的问题通知如下：

一、持有外商投资企业批准证书的A股上市公司（以下简称外商投资上市公司）股权分置改革涉及的股权变更程序

外商投资上市公司的董事会应在发出召开相关股东会议通知后的两个工作日内将股权分置改革方案直接报送商务部备案。股权分置改革方案在相关股东会议表决通过后，外商投资上市公司董事会应在1个工作日内通过各省、自治区、直辖市、计划单列市及新疆建设兵团商务主管部门（以下简称省级商务主管部门）报送下列文件：

（一）申请书；
（二）相关股东会议的表决结果；
（三）股权分置改革说明书；
（四）保荐机构意见书；
（五）法律意见书；
（六）涉及国家股或国有法人股的，应提交国有资产管理部门有关处置相关非流通股股份的批准文件；
（七）拟处置股份已设立质押的，应提交质权人的同意函；
（八）法律、法规要求的其它文件。

省级商务主管部门应在收到申请文件后两个工作日内向商务部转报。商务部在收到上报文件之日起两个工作日内征求证监会意见，证监会于两个工作日内向商务部书面确认无异议后，商务部于5个工作日内依法就外商投资上市公司股权变更事项作出批复。

二、外商投资上市公司股权分置改革后的企业性质和企业待遇

（一）外商投资上市公司股权分置改革方案实施后，在原外资法人股股东承诺不出售股票的期限（以下简称限售期）内，上市公司继续持有外商投资企业批准证书，享受的外商投资企业优惠待遇不变。由于股权分置改革引起外资股比例变化原则上不影响该上市公司已有的相关政策。

（二）限售期满后，原外资法人股股东不出售其股份的，上市公司继续持有外商投资企业批准证书，享受的外商投资企业待遇不变。

（三）限售期满后，原外资法人股股东出售其股份的：

1. 原外资股股东出售股份后外资股比不低于25%的，上市公司继续持有外商投资企业批准证书，享受的外商投资企业待遇不变。

2. 原外资股股东出售股份导致公司外资股比低于25%但高于10%的，上市公司继续持有外商投资企业批准证书，公司已享受的外商投资企业优惠分别按税务、海关、外汇管理等部门的有关规定办理相关手续。

3. 原外资股股东出售股份导致上市公司外资股比低于10%的，上市公司需在3个工作日内到商务部和工商管理部门等相关单位依法办理相关变更手续，上市公司不再持有外商投资企业批准证书。

三、境外投资者向上市公司战略性投资

根据《关于上市公司股权分置改革的指导意见》和外资并购的有关规定，允许境外投资者对上市公司进行战略性投资。股权分置改革后上市公司因实施发展战略需要引进境外战略投资者的，经商务部等有关部门批准，境外战略投资者可以购买并承诺在一定年限内持有一定比例（原则上参照国际货币基金组织关于外商直接投资的定义，有明确规定的从其规定）的上市公司A股股份。境外战略投资者购买上市公司股份的审批程序、股票账户管理等，由商务部、证监会另行制定管理办法。

四、持有外商投资企业批准证书的含H股或B股的A股上市公司，股权分置改革后继续持有外商投资企业批准证书。

五、股权分置改革后，外商投资上市公司应按要求及时向商务部报送外资股比例变动情况，中国证券登记结算公司根据商务部要求提供相关的数据查询服务。

六、暂未进行股权分置改革的外商投资上市公司，其股权变更仍按现行有关规定办理。

七、本通知由商务部和证监会负责解释。

八、本通知自发布之日起执行。

六、上市公司治理

1. 综合

上市公司章程指引

- 2022年1月5日修订公布
- 根据2023年12月15日中国证券监督管理委员会《关于修改〈上市公司章程指引〉的决定》修正

第一章 总则

第一条 为维护公司、股东和债权人的合法权益,规范公司的组织和行为,根据《中华人民共和国公司法》(以下简称《公司法》)、《中华人民共和国证券法》(以下简称《证券法》)和其他有关规定,制订本章程。

第二条 公司系依照【法规名称】和其他有关规定成立的股份有限公司(以下简称公司)。

公司【设立方式】设立;在【公司登记机关所在地名】市场监督管理局注册登记,取得营业执照,营业执照号【营业执照号码】。

注释:依法律、行政法规规定,公司设立必须报经批准的,应当说明批准机关和批准文件名称。

第三条 公司于【批/核准/注册日期】经【批/核准/注册机关全称】批/核准,首次向社会公众发行人民币普通股【股份数额】股,于【上市日期】在【证券交易所全称】上市。公司于【批/核准/注册日期】经【批/核准/注册机关全称】批/核准,发行优先股【股份数额】股,于【上市日期】在【证券交易所全称】上市。公司向境外投资人发行的以外币认购并且在境内上市的境内上市外资股为【股份数额】,于【上市日期】在【证券交易所全称】上市。

注释:本指引所称优先股,是指依照《公司法》,在一般规定的普通种类股份之外,另行规定的其他种类股份,其股份持有人优先于普通股股东分配公司利润和剩余财产,但参与公司决策管理等权利受到限制。

没有发行(或拟发行)优先股或者境内上市外资股的公司,无需就本条有关优先股或者境内上市外资股的内容作出说明。以下同。

第四条 公司注册名称:【中文全称】【英文全称】。

第五条 公司住所:【公司住所地址全称,邮政编码】。

第六条 公司注册资本为人民币【注册资本数额】元。

注释:公司因增加或者减少注册资本而导致注册资本总额变更的,可以在股东大会通过同意增加或减少注册资本的决议后,再就因此而需要修改公司章程的事项通过一项决议,并说明授权董事会具体办理注册资本的变更登记手续。

第七条 公司营业期限为【年数】或者【公司为永久存续的股份有限公司】。

第八条 【董事长或经理】为公司的法定代表人。

第九条 公司全部资产分为等额股份,股东以其认购的股份为限对公司承担责任,公司以其全部资产对公司的债务承担责任。

第十条 本公司章程自生效之日起,即成为规范公司的组织与行为、公司与股东、股东与股东之间权利义务关系的具有法律约束力的文件,对公司、股东、董事、监事、高级管理人员具有法律约束力的文件。依据本章程,股东可以起诉股东,股东可以起诉公司董事、监事、经理和其他高级管理人员,股东可以起诉公司,公司可以起诉股东、董事、监事、经理和其他高级管理人员。

第十一条 本章程所称其他高级管理人员是指公司的副经理、董事会秘书、财务负责人。

注释:公司可以根据实际情况,在章程中确定属于公司高级管理人员的人员。

第十二条 公司根据中国共产党章程的规定,设立共产党组织、开展党的活动。公司为党组织的活动提供必要条件。

第二章 经营宗旨和范围

第十三条 公司的经营宗旨:【宗旨内容】。

第十四条 经依法登记,公司的经营范围:【经营范围内容】。

注释:公司的经营范围中属于法律、行政法规规定须经批准的项目,应当依法经过批准。

第三章 股 份

第一节 股份发行

第十五条 公司的股份采取股票的形式。

第十六条 公司股份的发行,实行公开、公平、公正的原则,同种类的每一股份应当具有同等权利。

存在特别表决权股份的公司,应当在公司章程中规定特别表决权股份的持有人资格、特别表决权股份拥有的表决权数量与普通股份拥有的表决权数量的比例安排、持有人所持特别表决权股份能够参与表决的股东大会事项范围、特别表决权股份锁定安排及转让限制、特别表决权股份与普通股份的转换情形等事项。公司章程有关上述事项的规定,应当符合交易所的有关规定。

同次发行的同种类股票,每股的发行条件和价格应当相同;任何单位或者个人所认购的股份,每股应当支付相同价额。

注释:发行优先股的公司,应当在章程中明确以下事项:(1)优先股股息率采用固定股息率或浮动股息率,并相应明确固定股息率水平或浮动股息率的计算方法;(2)公司在有可分配税后利润的情况下是否必须分配利润;(3)如果公司因本会计年度可分配利润不足而未向优先股股东足额派发股息,差额部分是否累积到下一会计年度;(4)优先股股东按照约定的股息率分配股息后,是否有权同普通股股东一起参加剩余利润分配,以及参与剩余利润分配的比例、条件等事项;(5)其他涉及优先股股东参与公司利润分配的事项;(6)除利润分配和剩余财产分配外,优先股是否在其他条款上具有不同的设置;(7)优先股表决权恢复时,每股优先股股份享有表决权的具体计算方法。

其中,公开发行优先股的,应当在公司章程中明确:(1)采取固定股息率;(2)在有可分配税后利润的情况下必须向优先股股东分配股息;(3)未向优先股股东足额派发股息的差额部分应当累积到下一会计年度;(4)优先股股东按照约定的股息率分配股息后,不再同普通股股东一起参加剩余利润分配。商业银行发行优先股补充资本的,可就第(2)项和第(3)项事项另作规定。

第十七条 公司发行的股票,以人民币标明面值。

第十八条 公司发行的股份,在【证券登记机构名称】集中存管。

第十九条 公司发起人为【各发起人姓名或者名称】、认购的股份数分别为【股份数量】、出资方式和出资时间为【具体方式和时间】。

注释:已成立一年或一年以上的公司,发起人已将所持股份转让的,无需填入发起人的持股数额。

第二十条 公司股份总数为【股份数额】,公司的股本结构为:普通股【数额】股,其他种类股【数额】股。

注释:公司发行优先股等其他种类股份的,应作出说明。

第二十一条 公司或公司的子公司(包括公司的附属企业)不得以赠与、垫资、担保、补偿或贷款等形式,对购买或者拟购买公司股份的人提供任何资助。

第二节 股份增减和回购

第二十二条 公司根据经营和发展的需要,依照法律、法规的规定,经股东大会分别作出决议,可以采用下列方式增加资本:

(一)公开发行股份;

(二)非公开发行股份;

(三)向现有股东派送红股;

(四)以公积金转增股本;

(五)法律、行政法规规定以及中国证券监督管理委员会(以下简称中国证监会)批准的其他方式。

注释:发行优先股的公司,应当在章程中对发行优先股的以下事项作出规定:公司已发行的优先股不得超过公司普通股股份总数的百分之五十,且筹资金额不得超过发行前净资产的百分之五十,已回购、转换的优先股不纳入计算。

公司不得发行可转换为普通股的优先股。但商业银行可以根据商业银行资本监管规定,非公开发行触发事件发生时强制转换为普通股的优先股,并遵守有关规定。

发行可转换公司债券的公司,还应当在章程中对可转换公司债券的发行、转股程序和安排以及转股所导致的公司股本变更等事项作出具体规定。

第二十三条 公司可以减少注册资本。公司减少注册资本,应当按照《公司法》以及其他有关规定和本章程规定的程序办理。

第二十四条 公司不得收购本公司股份。但是,有下列情形之一的除外:

(一)减少公司注册资本;

(二)与持有本公司股份的其他公司合并;

(三)将股份用于员工持股计划或者股权激励;

(四)股东因对股东大会作出的公司合并、分立决议持异议,要求公司收购其股份;

(五)将股份用于转换公司发行的可转换为股票的公司债券;

（六）公司为维护公司价值及股东权益所必需。

注释：发行优先股的公司，还应当在公司章程中对回购优先股的选择权由发行人或股东行使、回购的条件、价格和比例等作出具体规定。发行人按章程规定要求回购优先股的，必须完全支付所欠股息，但商业银行发行优先股补充资本的除外。

第二十五条 公司收购本公司股份，可以通过公开的集中交易方式，或者法律、行政法规和中国证监会认可的其他方式进行。

公司因本章程第二十四条第一款第（三）项、第（五）项、第（六）项规定的情形收购本公司股份的，应当通过公开的集中交易方式进行。

第二十六条 公司因本章程第二十四条第一款第（一）项、第（二）项规定的情形收购本公司股份的，应当经股东大会决议；公司因本章程第二十四条第一款第（三）项、第（五）项、第（六）项规定的情形收购本公司股份的，可以依照本章程的规定或者股东大会的授权，经三分之二以上董事出席的董事会会议决议。

公司依照本章程第二十四条第一款规定收购本公司股份后，属于第（一）项情形的，应当自收购之日起十日内注销；属于第（二）项、第（四）项情形的，应当在六个月内转让或者注销；属于第（三）项、第（五）项、第（六）项情形的，公司合计持有的本公司股份数不得超过本公司已发行股份总额的百分之十，并应当在三年内转让或者注销。

注释：公司按本条规定回购优先股后，应当相应减记发行在外的优先股股份总数。

第三节　股份转让

第二十七条 公司的股份可以依法转让。

第二十八条 公司不接受本公司的股票作为质押权的标的。

第二十九条 发起人持有的本公司股份，自公司成立之日起一年内不得转让。公司公开发行股份前已发行的股份，自公司股票在证券交易所上市交易之日起一年内不得转让。

公司董事、监事、高级管理人员应当向公司申报所持有的本公司的股份（含优先股股份）及其变动情况，在任职期间每年转让的股份不得超过其所持有本公司同一种类股份总数的百分之二十五；所持本公司股份自公司股票上市交易之日起一年内不得转让。上述人员离职后半年内，不得转让其所持有的本公司股份。

注释：若公司章程对公司董事、监事、高级管理人员转让其所持有的本公司股份（含优先股股份）作出其他限制性规定的，应当进行说明。

第三十条 公司持有百分之五以上股份的股东、董事、监事、高级管理人员，将其持有的本公司股票或者其他具有股权性质的证券在买入后六个月内卖出，或者在卖出后六个月内又买入，由此所得收益归本公司所有，本公司董事会将收回其所得收益。但是，证券公司因购入包销售后剩余股票而持有百分之五以上股份的，以及有中国证监会规定的其他情形的除外。

前款所称董事、监事、高级管理人员、自然人股东持有的股票或者其他具有股权性质的证券，包括其配偶、父母、子女持有的及利用他人账户持有的股票或者其他具有股权性质的证券。

公司董事会不按照本条第一款规定执行的，股东有权要求董事会在三十日内执行。公司董事会未在上述期限内执行的，股东有权为了公司的利益以自己的名义直接向人民法院提起诉讼。

公司董事会不按照本条第一款的规定执行的，负有责任的董事依法承担连带责任。

第四章　股东和股东大会
第一节　股　东

第三十一条 公司依据证券登记机构提供的凭证建立股东名册，股东名册是证明股东持有公司股份的充分证据。股东按其所持有股份的种类享有权利，承担义务；持有同一种类股份的股东，享有同等权利，承担同种义务。

注释：公司应当与证券登记机构签订股份保管协议，定期查询主要股东资料以及主要股东的持股变更（包括股权的出质）情况，及时掌握公司的股权结构。

第三十二条 公司召开股东大会、分配股利、清算及从事其他需要确认股东身份的行为时，由董事会或股东大会召集人确定股权登记日，股权登记日收市后登记在册的股东为享有相关权益的股东。

第三十三条 公司股东享有下列权利：

（一）依照其所持有的股份份额获得股利和其他形式的利益分配；

（二）依法请求、召集、主持、参加或者委派股东代理人参加股东大会，并行使相应的表决权；

（三）对公司的经营进行监督，提出建议或者质询；

（四）依照法律、行政法规及本章程的规定转让、赠与或质押其所持有的股份；

（五）查阅本章程、股东名册、公司债券存根、股东大会会议记录、董事会会议决议、监事会会议决议、财务会计报告；

（六）公司终止或者清算时，按其所持有的股份份额参加公司剩余财产的分配；

（七）对股东大会作出的公司合并、分立决议持异议的股东，要求公司收购其股份；

（八）法律、行政法规、部门规章或本章程规定的其他权利。

注释：发行优先股的公司，应当在章程中明确优先股股东不出席股东大会会议，所持股份没有表决权，但以下情况除外：(1)修改公司章程中与优先股相关的内容；(2)一次或累计减少公司注册资本超过百分之十；(3)公司合并、分立、解散或变更公司形式；(4)发行优先股；(5)公司章程规定的其他情形。

发行优先股的公司，还应当在章程中明确规定：公司累计三个会计年度或者连续两个会计年度未按约定支付优先股股息的，优先股股东有权出席股东大会，每股优先股股份享有公司章程规定的表决权。对于股息可以累积到下一会计年度的优先股，表决权恢复直至公司全额支付所欠股息。对于股息不可累积的优先股，表决权恢复直至公司全额支付当年股息。公司章程可以规定优先股表决权恢复的其他情形。

第三十四条　股东提出查阅前条所述有关信息或者索取资料的，应当向公司提供证明其持有公司股份的种类以及持股数量的书面文件，公司经核实股东身份后按照股东的要求予以提供。

第三十五条　公司股东大会、董事会决议内容违反法律、行政法规的，股东有权请求人民法院认定无效。

股东大会、董事会的会议召集程序、表决方式违反法律、行政法规或者本章程，或者决议内容违反本章程的，股东有权自决议作出之日起六十日内，请求人民法院撤销。

第三十六条　董事、高级管理人员执行公司职务时违反法律、行政法规或者本章程的规定，给公司造成损失的，连续一百八十日以上单独或合并持有公司百分之一以上股份的股东有权书面请求监事会向人民法院提起诉讼；监事会执行公司职务时违反法律、行政法规或者本章程的规定，给公司造成损失的，股东可以书面请求董事会向人民法院提起诉讼。

监事会、董事会收到前款规定的股东书面请求后拒绝提起诉讼，或自收到请求之日起三十日内未提起诉讼，或者情况紧急、不立即提起诉讼将会使公司利益受到难以弥补的损害的，前款规定的股东有权为了公司的利益以自己的名义直接向人民法院提起诉讼。

他人侵犯公司合法权益，给公司造成损失的，本条第一款规定的股东可以依照前两款的规定向人民法院提起诉讼。

第三十七条　董事、高级管理人员违反法律、行政法规或者本章程的规定，损害股东利益的，股东可以向人民法院提起诉讼。

第三十八条　公司股东承担下列义务：

（一）遵守法律、行政法规和本章程；

（二）依其所认购的股份和入股方式缴纳股金；

（三）除法律、法规规定的情形外，不得退股；

（四）不得滥用股东权利损害公司或者其他股东的利益；不得滥用公司法人独立地位和股东有限责任损害公司债权人的利益；

（五）法律、行政法规及本章程规定应当承担的其他义务。

公司股东滥用股东权利给公司或者其他股东造成损失的，应当依法承担赔偿责任。公司股东滥用公司法人独立地位和股东有限责任，逃避债务，严重损害公司债权人利益的，应当对公司债务承担连带责任。

第三十九条　持有公司百分之五以上有表决权股份的股东，将其持有的股份进行质押的，应当自该事实发生当日，向公司作出书面报告。

第四十条　公司的控股股东、实际控制人不得利用其关联关系损害公司利益。违反规定给公司造成损失的，应当承担赔偿责任。

公司控股股东及实际控制人对公司和公司社会公众股股东负有诚信义务。控股股东应严格依法行使出资人的权利，控股股东不得利用利润分配、资产重组、对外投资、资金占用、借款担保等方式损害公司和社会公众股股东的合法权益，不得利用其控制地位损害公司和社会公众股股东的利益。

第二节　股东大会的一般规定

第四十一条　股东大会是公司的权力机构，依法行使下列职权：

（一）决定公司的经营方针和投资计划；

（二）选举和更换非由职工代表担任的董事、监事，决定有关董事、监事的报酬事项；

（三）审议批准董事会的报告；

（四）审议批准监事会报告；

（五）审议批准公司的年度财务预算方案、决算方案；

（六）审议批准公司的利润分配方案和弥补亏损方案；

（七）对公司增加或者减少注册资本作出决议；

（八）对发行公司债券作出决议；

（九）对公司合并、分立、解散、清算或者变更公司形式作出决议；

（十）修改本章程；

（十一）对公司聘用、解聘会计师事务所作出决议；

（十二）审议批准第四十二条规定的担保事项；

（十三）审议公司在一年内购买、出售重大资产超过公司最近一期经审计总资产百分之三十的事项；

（十四）审议批准变更募集资金用途事项；

（十五）审议股权激励计划和员工持股计划；

（十六）审议法律、行政法规、部门规章或本章程规定应当由股东大会决定的其他事项。

注释：上述股东大会的职权不得通过授权的形式由董事会或其他机构和个人代为行使。

第四十二条 公司下列对外担保行为，须经股东大会审议通过：

（一）本公司及本公司控股子公司的对外担保总额，超过最近一期经审计净资产的百分之五十以后提供的任何担保；

（二）公司的对外担保总额，超过最近一期经审计总资产的百分之三十以后提供的任何担保；

（三）公司在一年内担保金额超过公司最近一期经审计总资产百分之三十的担保；

（四）为资产负债率超过百分之七十的担保对象提供的担保；

（五）单笔担保额超过最近一期经审计净资产百分之十的担保；

（六）对股东、实际控制人及其关联方提供的担保。

公司应当在章程中规定股东大会、董事会审批对外担保的权限和违反审批权限、审议程序的责任追究制度。

第四十三条 股东大会分为年度股东大会和临时股东大会。年度股东大会每年召开一次，应当于上一会计年度结束后的六个月内举行。

第四十四条 有下列情形之一的，公司在事实发生之日起两个月以内召开临时股东大会：

（一）董事人数不足《公司法》规定人数或者本章程所定人数的三分之二时；

（二）公司未弥补的亏损达实收股本总额三分之一时；

（三）单独或者合计持有公司百分之十以上股份的股东请求时；

（四）董事会认为必要时；

（五）监事会提议召开时；

（六）法律、行政法规、部门规章或本章程规定的其他情形。

注释：公司应当在章程中确定本条第（一）项的具体人数。计算本条第（三）项所称持股比例时，仅计算普通股和表决权恢复的优先股。

第四十五条 本公司召开股东大会的地点为：【具体地点】。股东大会将设置会场，以现场会议形式召开。公司还将提供网络投票的方式为股东参加股东大会提供便利。股东通过上述方式参加股东大会的，视为出席。

注释：公司章程可以规定召开股东大会的地点为公司住所地或其他明确地点。现场会议时间、地点的选择应当便于股东参加。发出股东大会通知后，无正当理由，股东大会现场会议召开地点不得变更。确需变更的，召集人应当在现场会议召开日前至少两个工作日公告并说明原因。

第四十六条 本公司召开股东大会时将聘请律师对以下问题出具法律意见并公告：

（一）会议的召集、召开程序是否符合法律、行政法规、本章程；

（二）出席会议人员的资格、召集人资格是否合法有效；

（三）会议的表决程序、表决结果是否合法有效；

（四）应本公司要求对其他有关问题出具的法律意见。

第三节 股东大会的召集

第四十七条 独立董事有权向董事会提议召开临时股东大会。对独立董事要求召开临时股东大会的提议，董事会应当根据法律、行政法规和本章程的规定，在收到提议后十日内提出同意或不同意召开临时股东大会的书面反馈意见。董事会同意召开临时股东大会的，将在作出董事会决议后的五日内发出召开股东大会的通知；董事会不同意召开临时股东大会的，将说明理由并公告。

第四十八条 监事会有权向董事会提议召开临时股东大会，并应当以书面形式向董事会提出。董事会应当根据法律、行政法规和本章程的规定，在收到提案后十日内提出同意或不同意召开临时股东大会的书面反馈意见。

董事会同意召开临时股东大会的,将在作出董事会决议后的五日内发出召开股东大会的通知,通知中对原提议的变更,应征得监事会的同意。

董事会不同意召开临时股东大会,或者在收到提案后十日内未作出反馈的,视为董事会不能履行或者不履行召集股东大会会议职责,监事会可以自行召集和主持。

第四十九条 单独或者合计持有公司百分之十以上股份的股东有权向董事会请求召开临时股东大会,并应当以书面形式向董事会提出。董事会应当根据法律、行政法规和本章程的规定,在收到请求后十日内提出同意或不同意召开临时股东大会的书面反馈意见。

董事会同意召开临时股东大会的,应当在作出董事会决议后的五日内发出召开股东大会的通知,通知中对原请求的变更,应当征得相关股东的同意。

董事会不同意召开临时股东大会,或者在收到请求后十日内未作出反馈的,单独或者合计持有公司百分之十以上股份的股东有权向监事会提议召开临时股东大会,并应当以书面形式向监事会提出请求。

监事会同意召开临时股东大会的,应在收到请求五日内发出召开股东大会的通知,通知中对原请求的变更,应当征得相关股东的同意。

监事会未在规定期限内发出股东大会通知的,视为监事会不召集和主持股东大会,连续九十日以上单独或者合计持有公司百分之十以上股份的股东可以自行召集和主持。

注释:计算本条所称持股比例时,仅计算普通股和表决权恢复的优先股。

第五十条 监事会或股东决定自行召集股东大会的,须书面通知董事会,同时向证券交易所备案。

在股东大会决议公告前,召集股东持股比例不得低于百分之十。

监事会或召集股东应在发出股东大会通知及股东大会决议公告时,向证券交易所提交有关证明材料。

注释:计算本条所称持股比例时,仅计算普通股和表决权恢复的优先股。

第五十一条 对于监事会或股东自行召集的股东大会,董事会和董事会秘书将予配合。董事会将提供股权登记日的股东名册。

第五十二条 监事会或股东自行召集的股东大会,会议所必需的费用由本公司承担。

第四节 股东大会的提案与通知

第五十三条 提案的内容应当属于股东大会职权范围,有明确议题和具体决议事项,并且符合法律、行政法规和本章程的有关规定。

第五十四条 公司召开股东大会,董事会、监事会以及单独或者合并持有公司百分之三以上股份的股东,有权向公司提出提案。

单独或者合计持有公司百分之三以上股份的股东,可以在股东大会召开十日前提出临时提案并书面提交召集人。召集人应当在收到提案后两日内发出股东大会补充通知,公告临时提案的内容。

除前款规定的情形外,召集人在发出股东大会通知公告后,不得修改股东大会通知中已列明的提案或增加新的提案。

股东大会通知中未列明或不符合本章程第五十三条规定的提案,股东大会不得进行表决并作出决议。

注释:计算本条所称持股比例时,仅计算普通股和表决权恢复的优先股。

第五十五条 召集人将在年度股东大会召开二十日前以公告方式通知各股东,临时股东大会将于会议召开十五日前以公告方式通知各股东。

注释:公司在计算起始期限时,不应当包括会议召开当日。公司可以根据实际情况,决定是否在章程中规定催告程序。

第五十六条 股东大会的通知包括以下内容:

(一)会议的时间、地点和会议期限;

(二)提交会议审议的事项和提案;

(三)以明显的文字说明:全体普通股股东(含表决权恢复的优先股股东)均有权出席股东大会,并可以书面委托代理人出席会议和参加表决,该股东代理人不必是公司的股东;

(四)有权出席股东大会股东的股权登记日;

(五)会务常设联系人姓名,电话号码;

(六)网络或其他方式的表决时间及表决程序。

注释:1.股东大会通知和补充通知中应当充分、完整披露所有提案的全部具体内容。拟讨论的事项需要独立董事发表意见的,发布股东大会通知或补充通知时将同时披露独立董事的意见及理由。

2.股东大会网络或其他方式投票的开始时间,不得早于现场股东大会召开前一日下午3:00,并不得迟于现场股东大会召开当日上午9:30,其结束时间不得早于现场股东大会结束当日下午3:00。

3. 股权登记日与会议日期之间的间隔应当不多于七个工作日。股权登记日一旦确认，不得变更。

第五十七条 股东大会拟讨论董事、监事选举事项的,股东大会通知中将充分披露董事、监事候选人的详细资料,至少包括以下内容：

（一）教育背景、工作经历、兼职等个人情况；

（二）与本公司或本公司的控股股东及实际控制人是否存在关联关系；

（三）披露持有本公司股份数量；

（四）是否受过中国证监会及其他有关部门的处罚和证券交易所惩戒。

除采取累积投票制选举董事、监事外,每位董事、监事候选人应当以单项提案提出。

第五十八条 发出股东大会通知后,无正当理由,股东大会不应延期或取消,股东大会通知中列明的提案不应取消。一旦出现延期或取消的情形,召集人应当在原定召开日前至少两个工作日公告并说明原因。

第五节 股东大会的召开

第五十九条 本公司董事会和其他召集人将采取必要措施,保证股东大会的正常秩序。对于干扰股东大会、寻衅滋事和侵犯股东合法权益的行为,将采取措施加以制止并及时报告有关部门查处。

第六十条 股权登记日登记在册的所有普通股股东（含表决权恢复的优先股股东）或其代理人,均有权出席股东大会。并依照有关法律、法规及本章程行使表决权。

股东可以亲自出席股东大会,也可以委托代理人代为出席和表决。

第六十一条 个人股东亲自出席会议的,应出示本人身份证或其他能够表明其身份的有效证件或证明、股票账户卡；委托代理他人出席会议的,应出示本人有效身份证件、股东授权委托书。

法人股东应由法定代表人或者法定代表人委托的代理人出席会议。法定代表人出席会议的,应出示本人身份证、能证明其具有法定代表人资格的有效证明；委托代理人出席会议的,代理人应出示本人身份证、法人股东单位的法定代表人依法出具的书面授权委托书。

第六十二条 股东出具的委托他人出席股东大会的授权委托书应当载明下列内容：

（一）代理人的姓名；

（二）是否具有表决权；

（三）分别对列入股东大会议程的每一审议事项投赞成、反对或弃权票的指示；

（四）委托书签发日期和有效期限；

（五）委托人签名（或盖章）。委托人为法人股东的,应加盖法人单位印章。

第六十三条 委托书应当注明如果股东不作具体指示,股东代理人是否可以按自己的意思表决。

第六十四条 代理投票授权委托书由委托人授权他人签署的,授权签署的授权书或者其他授权文件应当经过公证。经公证的授权书或者其他授权文件,和投票代理委托书均需备置于公司住所或者召集会议的通知中指定的其他地方。

委托人为法人的,由其法定代表人或者董事会、其他决策机构决议授权的人作为代表出席公司的股东大会。

第六十五条 出席会议人员的会议登记册由公司负责制作。会议登记册载明参加会议人员姓名（或单位名称）、身份证号码、住所地址、持有或者代表有表决权的股份数额、被代理人姓名（或单位名称）等事项。

第六十六条 召集人和公司聘请的律师将依据证券登记结算机构提供的股东名册共同对股东资格的合法性进行验证,并登记股东姓名（或名称）及其所持有表决权的股份数。在会议主持人宣布现场出席会议的股东和代理人人数及所持有表决权的股份总数之前,会议登记应当终止。

第六十七条 股东大会召开时,本公司全体董事、监事和董事会秘书应当出席会议,经理和其他高级管理人员应当列席会议。

第六十八条 股东大会由董事长主持。董事长不能履行职务或不履行职务时,由副董事长（公司有两位或两位以上副董事长的,由半数以上董事共同推举的副董事长主持)主持,副董事长不能履行职务或者不履行职务时,由半数以上董事共同推举的一名董事主持。

监事会自行召集的股东大会,由监事会主席主持。监事会主席不能履行职务或不履行职务时,由监事会副主席主持,监事会副主席不能履行职务或者不履行职务时,由半数以上监事共同推举的一名监事主持。

股东自行召集的股东大会,由召集人推举代表主持。召开股东大会时,会议主持人违反议事规则使股东大会无法继续进行的,经现场出席股东大会有表决权过半数的股东同意,股东大会可推举一人担任会议主持人,继续开会。

第六十九条 公司制定股东大会议事规则,详细规定股东大会的召开和表决程序,包括通知、登记、提案的审议、投票、计票、表决结果的宣布、会议决议的形成、会议记录及其签署、公告等内容,以及股东大会对董事会的授权原则,授权内容应明确具体。股东大会议事规则应作为章程的附件,由董事会拟定,股东大会批准。

第七十条 在年度股东大会上,董事会、监事会应当就其过去一年的工作向股东大会作出报告。每名独立董事也应作出述职报告。

第七十一条 董事、监事、高级管理人员在股东大会上就股东的质询和建议作出解释和说明。

第七十二条 会议主持人应当在表决前宣布现场出席会议的股东和代理人人数及所持有表决权的股份总数,现场出席会议的股东和代理人人数及所持有表决权的股份总数以会议登记为准。

第七十三条 股东大会应有会议记录,由董事会秘书负责。

会议记录记载以下内容:

(一)会议时间、地点、议程和召集人姓名或名称;

(二)会议主持人以及出席或列席会议的董事、监事、经理和其他高级管理人员姓名;

(三)出席会议的股东和代理人人数、所持有表决权的股份总数及占公司股份总数的比例;

(四)对每一提案的审议经过、发言要点和表决结果;

(五)股东的质询意见或建议以及相应的答复或说明;

(六)律师及计票人、监票人姓名;

(七)本章程规定应当载入会议记录的其他内容。

注释:既发行内资股又发行境内上市外资股的公司,会议记录的内容还应当包括:(1)出席股东大会的内资股股东(包括股东代理人)和境内上市外资股股东(包括股东代理人)所持有表决权的股份数,各占公司总股份的比例;(2)在记载表决结果时,还应当记载内资股股东和境内上市外资股股东对每一决议事项的表决情况。

未完成股权分置改革的公司,会议记录还应该包括:

(1)出席股东大会的流通股股东(包括股东代理人)和非流通股股东(包括股东代理人)所持有表决权的股份数,各占公司总股份的比例;

(2)在记载表决结果时,还应当记载流通股股东和非流通股股东对每一决议事项的表决情况。

公司应当根据实际情况,在章程中规定股东大会会议记录需要记载的其他内容。

第七十四条 召集人应当保证会议记录内容真实、准确和完整。出席会议的董事、监事、董事会秘书、召集人或其代表、会议主持人应当在会议记录上签名。会议记录应当与现场出席股东的签名册及代理出席的委托书、网络及其他方式表决情况的有效资料一并保存,保存期限不少于十年。

注释:公司应当根据具体情况,在章程中规定股东大会会议记录的保管期限。

第七十五条 召集人应当保证股东大会连续举行,直至形成最终决议。因不可抗力等特殊原因导致股东大会中止或不能作出决议的,应采取必要措施尽快恢复召开股东大会或直接终止本次股东大会,并及时公告。同时,召集人应向公司所在地中国证监会派出机构及证券交易所报告。

第六节 股东大会的表决和决议

第七十六条 股东大会决议分为普通决议和特别决议。

股东大会作出普通决议,应当由出席股东大会的股东(包括股东代理人)所持表决权的过半数通过。

股东大会作出特别决议,应当由出席股东大会的股东(包括股东代理人)所持表决权的三分之二以上通过。

第七十七条 下列事项由股东大会以普通决议通过:

(一)董事会和监事会的工作报告;

(二)董事会拟定的利润分配方案和弥补亏损方案;

(三)董事会和监事会成员的任免及其报酬和支付方法;

(四)公司年度预算方案、决算方案;

(五)公司年度报告;

(六)除法律、行政法规规定或者本章程规定应当以特别决议通过以外的其他事项。

第七十八条 下列事项由股东大会以特别决议通过:

(一)公司增加或者减少注册资本;

(二)公司的分立、分拆、合并、解散和清算;

(三)本章程的修改;

(四)公司在一年内购买、出售重大资产或者担保金额超过公司最近一期经审计总资产百分之三十的;

(五)股权激励计划;

(六)法律、行政法规或本章程规定的,以及股东大会以普通决议认定会对公司产生重大影响的、需要以特别决议通过的其他事项。

注释:股东大会就以下事项作出特别决议,除须经出席会议的普通股股东(含表决权恢复的优先股股东,包括股东代理人)所持表决权的三分之二以上通过之外,还须经出席会议的优先股股东(不含表决权恢复的优先股股东,包括股东代理人)所持表决权的三分之二以上通过:(1)修改公司章程中与优先股相关的内容;(2)一次或累计减少公司注册资本超过百分之十;(3)公司合并、分立、解散或变更公司形式;(4)发行优先股;(5)公司章程规定的其他情形。

第七十九条 股东(包括股东代理人)以其所代表的有表决权的股份数额行使表决权,每一股份享有一票表决权。

股东大会审议影响中小投资者利益的重大事项时,对中小投资者表决应当单独计票。单独计票结果应当及时公开披露。

公司持有的本公司股份没有表决权,且该部分股份不计入出席股东大会有表决权的股份总数。

股东买入公司有表决权的股份违反《证券法》第六十三条第一款、第二款规定的,该超过规定比例部分的股份在买入后的三十六个月内不得行使表决权,且不计入出席股东大会有表决权的股份总数。

公司董事会、独立董事、持有百分之一以上有表决权股份的股东或者依照法律、行政法规或者中国证监会的规定设立的投资者保护机构可以公开征集股东投票权。征集股东投票权应当向被征集人充分披露具体投票意向等信息。禁止以有偿或者变相有偿的方式征集股东投票权。除法定条件外,公司不得对征集投票权提出最低持股比例限制。

注释:若公司有发行在外的其他股份,应当说明是否享有表决权。优先股表决权恢复的,应当根据章程规定的具体计算方法确定每股优先股股份享有的表决权。

第八十条 股东大会审议有关关联交易事项时,关联股东不应当参与投票表决,其所代表的有表决权的股份数不计入有效表决总数;股东大会决议的公告应当充分披露非关联股东的表决情况。

注释:公司应当根据具体情况,在章程中制订有关联关系股东的回避和表决程序。

第八十一条 除公司处于危机等特殊情况外,非经股东大会以特别决议批准,公司将不与董事、经理和其它高级管理人员以外的人订立将公司全部或者重要业务的管理交予该人负责的合同。

第八十二条 董事、监事候选人名单以提案的方式提请股东大会表决。

股东大会就选举董事、监事进行表决时,根据本章程的规定或者股东大会的决议,可以实行累积投票制。

前款所称累积投票制是指股东大会选举董事或者监事时,每一股份拥有与应选董事或者监事人数相同的表决权,股东拥有的表决权可以集中使用。董事会应当向股东公告候选董事、监事的简历和基本情况。

注释:1.公司应当在章程中规定董事、监事提名的方式和程序,以及累积投票制的相关事宜。

2.单一股东及其一致行动人拥有权益的股份比例在百分之三十及以上的公司,应当采用累积投票制,并在公司章程中规定实施细则。

第八十三条 除累积投票制外,股东大会将对所有提案进行逐项表决,对同一事项有不同提案的,将按提案提出的时间顺序进行表决。除因不可抗力等特殊原因导致股东大会中止或不能作出决议外,股东大会将不会对提案进行搁置或不予表决。

第八十四条 股东大会审议提案时,不会对提案进行修改,否则,有关变更应当被视为一个新的提案,不能在本次股东大会上进行表决。

第八十五条 同一表决权只能选择现场、网络或其他表决方式中的一种。同一表决权出现重复表决的以第一次投票结果为准。

第八十六条 股东大会采取记名方式投票表决。

第八十七条 股东大会对提案进行表决前,应当推举两名股东代表参加计票和监票。审议事项与股东有关联关系的,相关股东及代理人不得参加计票、监票。

股东大会对提案进行表决时,应当由律师、股东代表与监事代表共同负责计票、监票,并当场公布表决结果,决议的表决结果载入会议记录。

通过网络或其他方式投票的公司股东或其代理人,有权通过相应的投票系统查验自己的投票结果。

第八十八条 股东大会现场结束时间不得早于网络或其他方式,会议主持人应当宣布每一提案的表决情况和结果,并根据表决结果宣布提案是否通过。

在正式公布表决结果前,股东大会现场、网络及其他表决方式中所涉及的公司、计票人、监票人、主要股东、网络服务方等相关各方对表决情况均负有保密义务。

第八十九条 出席股东大会的股东,应当对提交表决的提案发表以下意见之一:同意、反对或弃权。证券登记结算机构作为内地与香港股票市场交易互联互通机制股票的名义持有人,按照实际持有人意思表示进行申报的除外。

未填、错填、字迹无法辨认的表决票、未投的表决票均视为投票人放弃表决权利,其所持股份数的表决结果应计为"弃权"。

第九十条 会议主持人如果对提交表决的决议结果有任何怀疑,可以对所投票数组织点票;如果会议主持人未进行点票,出席会议的股东或者股东代理人对会议主持人宣布结果有异议的,有权在宣布表决结果后立即要求点票,会议主持人应当立即组织点票。

第九十一条 股东大会决议应当及时公告,公告中应列明出席会议的股东和代理人人数、所持有表决权的股份总数及占公司有表决权股份总数的比例、表决方式、每项提案的表决结果和通过的各项决议的详细内容。

注释:发行境内上市外资股的公司,应当对内资股股东和外资股股东出席会议及表决情况分别统计并公告。

第九十二条 提案未获通过,或者本次股东大会变更前次股东大会决议的,应当在股东大会决议公告中作特别提示。

第九十三条 股东大会通过有关董事、监事选举提案的,新任董事、监事就任时间在【就任时间】。

注释:新任董事、监事就任时间确认方式应在公司章程中予以明确。

第九十四条 股东大会通过有关派现、送股或资本公积转增股本提案的,公司将在股东大会结束后两个月内实施具体方案。

第五章 董事会
第一节 董 事

第九十五条 公司董事为自然人,有下列情形之一的,不能担任公司的董事:

(一)无民事行为能力或者限制民事行为能力;

(二)因贪污、贿赂、侵占财产、挪用财产或者破坏社会主义市场经济秩序,被判处刑罚,执行期满未逾五年,或者因犯罪被剥夺政治权利,执行期满未逾五年;

(三)担任破产清算的公司、企业的董事或者厂长、经理,对该公司、企业的破产负有个人责任的,自该公司、企业破产清算完结之日起未逾三年;

(四)担任因违法被吊销营业执照、责令关闭的公司、企业的法定代表人,并负有个人责任的,自该公司、企业被吊销营业执照之日起未逾三年;

(五)个人所负数额较大的债务到期未清偿;

(六)被中国证监会采取证券市场禁入措施,期限未满的;

(七)法律、行政法规或部门规章规定的其他内容。

违反本条规定选举、委派董事的,该选举、委派或者聘任无效。董事在任职期间出现本条情形的,公司解除其职务。

第九十六条 董事由股东大会选举或者更换,并可在任期届满前由股东大会解除其职务。董事任期【年数】,任期届满可连选连任。

董事任期从就任之日起计算,至本届董事会任期届满时为止。董事任期届满未及时改选,在改选出的董事就任前,原董事仍应当依照法律、行政法规、部门规章和本章程的规定,履行董事职务。

董事可以由经理或者其他高级管理人员兼任,但兼任经理或其他高级管理人员职务的董事以及由职工代表担任的董事,总计不得超过公司董事总数的二分之一。

注释:公司章程应规定规范、透明的董事选聘程序。董事会成员中可以有公司职工代表,公司章程应明确本公司董事会是否可以由职工代表担任董事,以及职工代表担任董事的名额。董事会中的职工代表由公司职工通过职工代表大会、职工大会或者其他形式民主选举产生后,直接进入董事会。

第九十七条 董事应当遵守法律、行政法规和本章程,对公司负有下列忠实义务:

(一)不得利用职权收受贿赂或者其他非法收入,不得侵占公司的财产;

(二)不得挪用公司资金;

(三)不得将公司资产或者资金以其个人名义或者其他个人名义开立账户存储;

(四)不得违反本章程的规定,未经股东大会或董事会同意,将公司资金借贷给他人或者以公司财产为他人提供担保;

(五)不得违反本章程的规定或未经股东大会同意,与本公司订立合同或者进行交易;

(六)未经股东大会同意,不得利用职务便利,为自己或他人谋取本应属于公司的商业机会,自营或者为他人经营与本公司同类的业务;

(七)不得接受与公司交易的佣金归为己有;

(八)不得擅自披露公司秘密;

(九)不得利用其关联关系损害公司利益;

(十)法律、行政法规、部门规章及本章程规定的其他忠实义务。

董事违反本条规定所得的收入,应当归公司所有;给公司造成损失的,应当承担赔偿责任。

注释:除以上各项义务要求外,公司可以根据具体情况，在章程中增加对本公司董事其他义务的要求。

第九十八条 董事应当遵守法律、行政法规和本章程，对公司负有下列勤勉义务：

（一）应谨慎、认真、勤勉地行使公司赋予的权利，以保证公司的商业行为符合国家法律、行政法规以及国家各项经济政策的要求，商业活动不超过营业执照规定的业务范围；

（二）应公平对待所有股东；

（三）及时了解公司业务经营管理状况；

（四）应当对公司定期报告签署书面确认意见。保证公司所披露的信息真实、准确、完整；

（五）应当如实向监事会提供有关情况和资料，不得妨碍监事会或者监事行使职权；

（六）法律、行政法规、部门规章及本章程规定的其他勤勉义务。

注释：公司可以根据具体情况，在章程中增加对本公司董事勤勉义务的要求。

第九十九条 董事连续两次未能亲自出席，也不委托其他董事出席董事会会议，视为不能履行职责，董事会应当建议股东大会予以撤换。

第一百条 董事可以在任期届满以前提出辞职。董事辞职应向董事会提交书面辞职报告。董事会将在两日内披露有关情况。

如因董事的辞职导致公司董事会低于法定最低人数时，在改选出的董事就任前，原董事仍应当依照法律、行政法规、部门规章和本章程规定，履行董事职务。

除前款所列情形外，董事辞职自辞职报告送达董事会时生效。

第一百零一条 董事辞职生效或者任期届满，应向董事会办妥所有移交手续，其对公司和股东承担的忠实义务，在任期结束后并不当然解除，在本章程规定的合理期限内仍然有效。

注释：公司章程应规定董事辞职生效或者任期届满后承担忠实义务的具体期限。

第一百零二条 未经本章程规定或者董事会的合法授权，任何董事不得以个人名义代表公司或者董事会行事。董事以其个人名义行事时，在第三方会合理地认为该董事在代表公司或者董事会行事的情况下，该董事应当事先声明其立场和身份。

第一百零三条 董事执行公司职务时违反法律、行政法规、部门规章或本章程的规定，给公司造成损失的，应当承担赔偿责任。

第一百零四条 独立董事应按照法律、行政法规、中国证监会和证券交易所的有关规定执行。

第二节 董事会

第一百零五条 公司设董事会，对股东大会负责。

第一百零六条 董事会由【人数】名董事组成，设董事长一人，副董事长【人数】人。

注释：公司应当在章程中确定董事会人数。

第一百零七条 董事会行使下列职权：

（一）召集股东大会，并向股东大会报告工作；

（二）执行股东大会的决议；

（三）决定公司的经营计划和投资方案；

（四）制订公司的年度财务预算方案、决算方案；

（五）制订公司的利润分配方案和弥补亏损方案；

（六）制订公司增加或者减少注册资本、发行债券或其他证券及上市方案；

（七）拟订公司重大收购、收购本公司股票或者合并、分立、解散及变更公司形式的方案；

（八）在股东大会授权范围内，决定公司对外投资、收购出售资产、资产抵押、对外担保事项、委托理财、关联交易、对外捐赠等事项；

（九）决定公司内部管理机构的设置；

（十）决定聘任或者解聘公司经理、董事会秘书及其他高级管理人员，并决定其报酬事项和奖惩事项；根据经理的提名，决定聘任或者解聘公司副经理、财务负责人等高级管理人员，并决定其报酬事项和奖惩事项；

（十一）制订公司的基本管理制度；

（十二）制订本章程的修改方案；

（十三）管理公司信息披露事项；

（十四）向股东大会提请聘请或更换为公司审计的会计师事务所；

（十五）听取公司经理的工作汇报并检查经理的工作；

（十六）法律、行政法规、部门规章或本章程授予的其他职权。

公司董事会设立【审计委员会】，并根据需要设立【战略】、【提名】、【薪酬与考核】等相关专门委员会。专门委员会对董事会负责，依照本章程和董事会授权履行职责，提案应当提交董事会审议决定。专门委员会成员全部由董事组成，其中【审计委员会】、【提名委员会】、【薪酬与考核委员会】中独立董事占多数并担任召集人，【审计委员会】的召集人为会计专业人士。董事会负责制定专门委员会工作规程，规范专门委员会的运作。

注释:公司股东大会可以授权公司董事会按照公司章程的约定向优先股股东支付股息。

超过股东大会授权范围的事项,应当提交股东大会审议。

第一百零八条 公司董事会应当就注册会计师对公司财务报告出具的非标准审计意见向股东大会作出说明。

第一百零九条 董事会制定董事会议事规则,以确保董事会落实股东大会决议,提高工作效率,保证科学决策。

注释:该规则规定董事会的召开和表决程序,董事会议事规则应列入公司章程或作为章程的附件,由董事会拟定,股东大会批准。

第一百一十条 董事会应当确定对外投资、收购出售资产、资产抵押、对外担保事项、委托理财、关联交易、对外捐赠等权限,建立严格的审查和决策程序;重大投资项目应当组织有关专家、专业人员进行评审,并报股东大会批准。

注释:公司董事会应当根据相关的法律、法规及公司实际情况,在章程中确定符合公司具体要求的权限范围,以及涉及资金占公司资产的具体比例。

第一百一十一条 董事会设董事长一人,可以设副董事长。董事长和副董事长由董事会以全体董事的过半数选举产生。

第一百一十二条 董事长行使下列职权:
（一）主持股东大会和召集、主持董事会会议;
（二）督促、检查董事会决议的执行;
（三）董事会授予的其他职权。

注释:董事会应谨慎授予董事长职权,例行或长期授权须在章程中明确规定。

第一百一十三条 公司副董事长协助董事长工作,董事长不能履行职务或者不履行职务的,由副董事长履行职务(公司有两位或两位以上副董事长的,由半数以上董事共同推举的副董事长履行职务);副董事长不能履行职务或者不履行职务的,由半数以上董事共同推举一名董事履行职务。

第一百一十四条 董事会每年至少召开两次会议,由董事长召集,于会议召开十日以前书面通知全体董事和监事。

第一百一十五条 代表十分之一以上表决权的股东、三分之一以上董事或者监事会,可以提议召开董事会临时会议。董事长应当自接到提议后十日内,召集和主持董事会会议。

第一百一十六条 董事会召开临时董事会会议的通知方式为:【具体通知方式】;通知时限为:【具体通知时限】。

第一百一十七条 董事会会议通知包括以下内容:
（一）会议日期和地点;
（二）会议期限;
（三）事由及议题;
（四）发出通知的日期。

第一百一十八条 董事会会议应有过半数的董事出席方可举行。董事会作出决议,必须经全体董事的过半数通过。

董事会决议的表决,实行一人一票。

第一百一十九条 董事与董事会会议决议事项所涉及的企业有关联关系的,不得对该项决议行使表决权,也不得代理其他董事行使表决权。该董事会会议由过半数的无关联关系董事出席即可举行,董事会会议所作决议须经无关联关系董事过半数通过。出席董事会的无关联董事人数不足三人的,应将该事项提交股东大会审议。

第一百二十条 董事会决议表决方式为:【具体表决方式】。

董事会临时会议在保障董事充分表达意见的前提下,可以用【其他方式】进行并作出决议,并由参会董事签字。

注释:此项为选择性条款,公司可自行决定是否在其章程中予以采纳。

第一百二十一条 董事会会议,应由董事本人出席;董事因故不能出席,可以书面委托其他董事代为出席,委托书中应载明代理人的姓名,代理事项、授权范围和有效期限,并由委托人签名或盖章。代为出席会议的董事应当在授权范围内行使董事的权利。董事未出席董事会会议,亦未委托代表出席的,视为放弃在该次会议上的投票权。

第一百二十二条 董事会应当对会议所议事项的决定做成会议记录,出席会议的董事应当在会议记录上签名。

董事会会议记录作为公司档案保存,保存期限不少于十年。

注释:公司应当根据具体情况,在章程中规定会议记录的保管期限。

第一百二十三条 董事会会议记录包括以下内容:
（一）会议召开的日期、地点和召集人姓名;

（二）出席董事的姓名以及受他人委托出席董事会的董事（代理人）姓名；

（三）会议议程；

（四）董事发言要点；

（五）每一决议事项的表决方式和结果（表决结果应载明赞成、反对或弃权的票数）。

第六章 经理及其他高级管理人员

第一百二十四条 公司设经理一名，由董事会聘任或解聘。

公司设副经理【人数】名，由董事会聘任或解聘。

公司经理、副经理、财务负责人、董事会秘书和【职务】为公司高级管理人员。

注释：公司可以根据具体情况，在章程中规定属于公司高级管理人员的其他人选。

第一百二十五条 本章程第九十五条关于不得担任董事的情形，同时适用于高级管理人员。

本章程第九十七条关于董事的忠实义务和第九十八条第（四）项、第（五）项、第（六）项关于勤勉义务的规定，同时适用于高级管理人员。

第一百二十六条 在公司控股股东单位担任除董事、监事以外其他行政职务的人员，不得担任公司的高级管理人员。

公司高级管理人员仅在公司领薪，不由控股股东代发薪水。

第一百二十七条 经理每届任期【年数】年，经理连聘可以连任。

第一百二十八条 经理对董事会负责，行使下列职权：

（一）主持公司的生产经营管理工作，组织实施董事会决议，并向董事会报告工作；

（二）组织实施公司年度经营计划和投资方案；

（三）拟订公司内部管理机构设置方案；

（四）拟订公司的基本管理制度；

（五）制定公司的具体规章；

（六）提请董事会聘任或者解聘公司副经理、财务负责人；

（七）决定聘任或者解聘除应由董事会决定聘任或者解聘以外的负责管理人员；

（八）本章程或董事会授予的其他职权。

经理列席董事会会议。

注释：公司应当根据自身情况，在章程中制订符合公司实际要求的经理的职权和具体实施办法。

第一百二十九条 经理应制订经理工作细则，报董事会批准后实施。

第一百三十条 经理工作细则包括下列内容：

（一）经理会议召开的条件、程序和参加的人员；

（二）经理及其他高级管理人员各自具体的职责及其分工；

（三）公司资金、资产运用，签订重大合同的权限，以及向董事会、监事会的报告制度；

（四）董事会认为必要的其他事项。

第一百三十一条 经理可以在任期届满以前提出辞职。有关经理辞职的具体程序和办法由经理与公司之间的劳务合同规定。

第一百三十二条 公司根据自身情况，在章程中应当规定副经理的任免程序、副经理与经理的关系，并可以规定副经理的职权。

第一百三十三条 公司设董事会秘书，负责公司股东大会和董事会会议的筹备、文件保管以及公司股东资料管理，办理信息披露事务等事宜。

董事会秘书应遵守法律、行政法规、部门规章及本章程的有关规定。

第一百三十四条 高级管理人员执行公司职务时违反法律、行政法规、部门规章或本章程的规定，给公司造成损失的，应当承担赔偿责任。

第一百三十五条 公司高级管理人员应当忠实履行职务，维护公司和全体股东的最大利益。公司高级管理人员因未能忠实履行职务或违背诚信义务，给公司和社会公众股股东的利益造成损害的，应当依法承担赔偿责任。

第七章 监事会

第一节 监事

第一百三十六条 本章程第九十五条关于不得担任董事的情形，同时适用于监事。

董事、经理和其他高级管理人员不得兼任监事。

第一百三十七条 监事应当遵守法律、行政法规和本章程，对公司负有忠实义务和勤勉义务，不得利用职权收受贿赂或者其他非法收入，不得侵占公司的财产。

第一百三十八条 监事的任期每届为三年。监事任期届满，连选可以连任。

第一百三十九条 监事任期届满未及时改选，或者监事在任期内辞职导致监事会成员低于法定人数的，在改选出的监事就任前，原监事仍应当依照法律、行政法规和本章程的规定,履行监事职务。

第一百四十条 监事应当保证公司披露的信息真实、准确、完整,并对定期报告签署书面确认意见。

第一百四十一条 监事可以列席董事会会议,并对董事会决议事项提出质询或者建议。

第一百四十二条 监事不得利用其关联关系损害公司利益,若给公司造成损失的,应当承担赔偿责任。

第一百四十三条 监事执行公司职务时违反法律、行政法规、部门规章或本章程的规定,给公司造成损失的,应当承担赔偿责任。

第二节 监事会

第一百四十四条 公司设监事会。监事会由【人数】名监事组成,监事会设主席一人,可以设副主席。监事会主席和副主席由全体监事过半数选举产生。监事会主席召集和主持监事会会议;监事会主席不能履行职务或者不履行职务的,由监事会副主席召集和主持监事会会议;监事会副主席不能履行职务或者不履行职务的,由半数以上监事共同推举一名监事召集和主持监事会会议。

监事会应当包括股东代表和适当比例的公司职工代表,其中职工代表的比例不低于三分之一。监事会中的职工代表由公司职工通过职工代表大会、职工大会或者其他形式民主选举产生。

监事会成员不得少于三人。公司章程应规定职工代表在监事会中的具体比例。

第一百四十五条 监事会行使下列职权:

(一)应当对董事会编制的公司定期报告进行审核并提出书面审核意见;

(二)检查公司财务;

(三)对董事、高级管理人员执行公司职务的行为进行监督,对违反法律、行政法规、本章程或者股东大会决议的董事、高级管理人员提出罢免的建议;

(四)当董事、高级管理人员的行为损害公司的利益时,要求董事、高级管理人员予以纠正;

(五)提议召开临时股东大会,在董事会不履行《公司法》规定的召集和主持股东大会职责时召集和主持股东大会;

(六)向股东大会提出提案;

(七)依照《公司法》第一百五十一条的规定,对董事、高级管理人员提起诉讼;

(八)发现公司经营情况异常,可以进行调查;必要时,可以聘请会计师事务所、律师事务所等专业机构协助

其工作,费用由公司承担。

注释:公司章程可以规定监事的其他职权。

第一百四十六条 监事会每六个月至少召开一次会议。监事可以提议召开临时监事会会议。

监事会决议应当经半数以上监事通过。

第一百四十七条 监事会制定监事会议事规则,明确监事会的议事方式和表决程序,以确保监事会的工作效率和科学决策。

注释:监事会议事规则规定监事会的召开和表决程序。监事会议事规则应列入公司章程或作为章程的附件,由监事会拟定,股东大会批准。

第一百四十八条 监事会应当将所议事项的决定做成会议记录,出席会议的监事应当在会议记录上签名。

监事有权要求在记录上对其在会议上的发言作出某种说明性记载。监事会会议记录作为公司档案至少保存十年。

注释:公司应当根据具体情况,在章程中规定会议记录的保管期限。

第一百四十九条 监事会会议通知包括以下内容:

(一)举行会议的日期、地点和会议期限;

(二)事由及议题;

(三)发出通知的日期。

第八章 财务会计制度、利润分配和审计

第一节 财务会计制度

第一百五十条 公司依照法律、行政法规和国家有关部门的规定,制定公司的财务会计制度。

第一百五十一条 公司在每一会计年度结束之日起四个月内向中国证监会和证券交易所报送并披露年度报告,在每一会计年度上半年结束之日起两个月内向中国证监会派出机构和证券交易所报送并披露中期报告。

上述年度报告、中期报告按照有关法律、行政法规、中国证监会及证券交易所的规定进行编制。

第一百五十二条 公司除法定的会计账簿外,将不另立会计账簿。公司的资产,不以任何个人名义开立账户存储。

第一百五十三条 公司分配当年税后利润时,应当提取利润的百分之十列入公司法定公积金。公司法定公积金累计额为公司注册资本的百分之五十以上的,可以不再提取。

公司的法定公积金不足以弥补以前年度亏损的,在依照前款规定提取法定公积金之前,应当先用当年利润

弥补亏损。

公司从税后利润中提取法定公积金后，经股东大会决议，还可以从税后利润中提取任意公积金。

公司弥补亏损和提取公积金后所余税后利润，按照股东持有的股份比例分配，但本章程规定不按持股比例分配的除外。

股东大会违反前款规定，在公司弥补亏损和提取法定公积金之前向股东分配利润的，股东必须将违反规定分配的利润退还公司。

公司持有的本公司股份不参与分配利润。

公司应当在公司章程中明确现金分红相对于股票股利在利润分配方式中的优先顺序，并载明以下内容：

（一）公司董事会、股东大会对利润分配尤其是现金分红事项的决策程序和机制，对既定利润分配政策尤其是现金分红政策作出调整的具体条件、决策程序和机制，以及为充分听取中小股东意见所采取的措施。

（二）公司的利润分配政策尤其是现金分红政策的具体内容，利润分配的形式，利润分配尤其是现金分红的具体条件，发放股票股利的条件，年度、中期现金分红最低金额或比例（如有）等。

注释：公司应当以现金的形式向优先股股东支付股息，在完全支付约定的股息之前，不得向普通股股东分配利润。鼓励上市公司在符合利润分配的条件下增加现金分红频次，稳定投资者分红预期。

第一百五十四条 公司的公积金用于弥补公司的亏损、扩大公司生产经营或者转为增加公司资本。但是，资本公积金将不用于弥补公司的亏损。

法定公积金转为资本时，所留存的该项公积金将不少于转增前公司注册资本的百分之二十五。

第一百五十五条 公司股东大会对利润分配方案作出决议后，或公司董事会根据年度股东大会审议通过的下一年中期分红条件和上限制定具体方案后，须在两个月内完成股利（或股份）的派发事项。

第一百五十六条 公司利润分配政策为【具体政策】。其中，现金股利政策目标为【稳定增长股利/固定股利支付率/固定股利/剩余股利/低正常股利加额外股利/其他】。

当公司【最近一年审计报告为非无保留意见或带与持续经营相关的重大不确定性段落的无保留意见/资产负债率高于一定具体比例/经营性现金流低于一定具体水平/其他】的，可以不进行利润分配。

注释：发行境内上市外资股的公司应当按照《境内上市外资股规定实施细则》中的有关规定补充本节的内容。

第二节　内部审计

第一百五十七条 公司实行内部审计制度，配备专职审计人员，对公司财务收支和经济活动进行内部审计监督。

第一百五十八条 公司内部审计制度和审计人员的职责，应当经董事会批准后实施。审计负责人向董事会负责并报告工作。

第三节　会计师事务所的聘任

第一百五十九条 公司聘用符合《证券法》规定的会计师事务所进行会计报表审计、净资产验证及其他相关的咨询服务等业务，聘期一年，可以续聘。

第一百六十条 公司聘用会计师事务所必须由股东大会决定，董事会不得在股东大会决定前委任会计师事务所。

第一百六十一条 公司保证向聘用的会计师事务所提供真实、完整的会计凭证、会计账簿、财务会计报告及其他会计资料，不得拒绝、隐匿、谎报。

第一百六十二条 会计师事务所的审计费用由股东大会决定。

第一百六十三条 公司解聘或者不再续聘会计师事务所时，提前【天数】天事先通知会计师事务所，公司股东大会就解聘会计师事务所进行表决时，允许会计师事务所陈述意见。

会计师事务所提出辞聘的，应当向股东大会说明公司有无不当情形。

第九章　通知和公告

第一节　通　知

第一百六十四条 公司的通知以下列形式发出：

（一）以专人送出；

（二）以邮件方式送出；

（三）以公告方式进行；

（四）本章程规定的其他形式。

第一百六十五条 公司发出的通知，以公告方式进行的，一经公告，视为所有相关人员收到通知。

第一百六十六条 公司召开股东大会的会议通知，以【具体通知方式】进行。

第一百六十七条 公司召开董事会的会议通知，以【具体通知方式】进行。

第一百六十八条 公司召开监事会的会议通知，以【具体通知方式】进行。

注释:公司应当根据实际情况,在章程中确定公司各种会议的具体通知方式。

第一百六十九条 公司通知以专人送出的,由被送达人在送达回执上签名(或盖章),被送达人签收日期为送达日期;公司通知以邮件送出的,自交付邮局之日起第【天数】个工作日为送达日期;公司通知以公告方式送出的,第一次公告刊登日为送达日期。

第一百七十条 因意外遗漏未向某有权得到通知的人送出会议通知或者该等人没有收到会议通知,会议及会议作出的决议并不因此无效。

第二节 公 告

第一百七十一条 公司指定【媒体名称】为刊登公司公告和其他需要披露信息的媒体。

注释:公司应当在符合中国证监会规定条件的媒体范围内确定公司披露信息的媒体。

第十章 合并、分立、增资、减资、解散和清算
第一节 合并、分立、增资和减资

第一百七十二条 公司合并可以采取吸收合并或者新设合并。

一个公司吸收其他公司为吸收合并,被吸收的公司解散。两个以上公司合并设立一个新的公司为新设合并,合并各方解散。

第一百七十三条 公司合并,应当由合并各方签订合并协议,并编制资产负债表及财产清单。公司应当自作出合并决议之日起十日内通知债权人,并于三十日内在【报纸名称】上公告。

债权人自接到通知书之日起三十日内,未接到通知书的自公告之日起四十五日内,可以要求公司清偿债务或者提供相应的担保。

第一百七十四条 公司合并时,合并各方的债权、债务,由合并后存续的公司或者新设的公司承继。

第一百七十五条 公司分立,其财产作相应的分割。

公司分立,应当编制资产负债表及财产清单。公司应当自作出分立决议之日起十日内通知债权人,并于三十日内在【报纸名称】上公告。

第一百七十六条 公司分立前的债务由分立后的公司承担连带责任。但是,公司在分立前与债权人就债务清偿达成的书面协议另有约定的除外。

第一百七十七条 公司需要减少注册资本时,必须编制资产负债表及财产清单。

公司应当自作出减少注册资本决议之日起十日内通知债权人,并于三十日内在【报纸名称】上公告。债权人自接到通知书之日起三十日内,未接到通知书的自公告之日起四十五日内,有权要求公司清偿债务或者提供相应的担保。

公司减资后的注册资本将不低于法定的最低限额。

第一百七十八条 公司合并或者分立,登记事项发生变更的,应当依法向公司登记机关办理变更登记;公司解散的,应当依法办理公司注销登记;设立新公司的,应当依法办理公司设立登记。

公司增加或者减少注册资本,应当依法向公司登记机关办理变更登记。

第二节 解散和清算

第一百七十九条 公司因下列原因解散:

(一)本章程规定的营业期限届满或者本章程规定的其他解散事由出现;

(二)股东大会决议解散;

(三)因公司合并或者分立需要解散;

(四)依法被吊销营业执照、责令关闭或者被撤销;

(五)公司经营管理发生严重困难,继续存续会使股东利益受到重大损失,通过其他途径不能解决的,持有公司全部股东表决权百分之十以上的股东,可以请求人民法院解散公司。

第一百八十条 公司有本章程第一百七十九条第(一)项情形的,可以通过修改本章程而存续。

依照前款规定修改本章程,须经出席股东大会会议的股东所持表决权的三分之二以上通过。

第一百八十一条 公司因本章程第一百七十九条第(一)项、第(二)项、第(四)项、第(五)项规定而解散的,应当在解散事由出现之日起十五日内成立清算组,开始清算。清算组由董事或者股东大会确定的人员组成。逾期不成立清算组进行清算的,债权人可以申请人民法院指定有关人员组成清算组进行清算。

第一百八十二条 清算组在清算期间行使下列职权:

(一)清理公司财产,分别编制资产负债表和财产清单;

(二)通知、公告债权人;

(三)处理与清算有关的公司未了结的业务;

(四)清缴所欠税款以及清算过程中产生的税款;

(五)清理债权、债务;

(六)处理公司清偿债务后的剩余财产;

(七)代表公司参与民事诉讼活动。

第一百八十三条 清算组应当自成立之日起十日内通知债权人，并于六十日内在【报纸名称】上公告。债权人应当自接到通知书之日起三十日内，未接到通知书的自公告之日起四十五日内，向清算组申报其债权。

债权人申报债权，应当说明债权的有关事项，并提供证明材料。清算组应当对债权进行登记。

在申报债权期间，清算组不得对债权人进行清偿。

第一百八十四条 清算组在清理公司财产、编制资产负债表和财产清单后，应当制定清算方案，并报股东大会或者人民法院确认。

公司财产在分别支付清算费用、职工的工资、社会保险费用和法定补偿金，缴纳所欠税款，清偿公司债务后的剩余财产，公司按照股东持有的股份比例分配。

清算期间，公司存续，但不能开展与清算无关的经营活动。

公司财产在未按前款规定清偿前，将不会分配给股东。

注释：已发行优先股的公司因解散、破产等原因进行清算时，公司财产在按照公司法和破产法有关规定进行清偿后的剩余财产，应当优先向优先股股东支付未派发的股息和公司章程约定的清算金额，不足以全额支付的，按照优先股股东持股比例分配。

第一百八十五条 清算组在清理公司财产、编制资产负债表和财产清单后，发现公司财产不足清偿债务的，应当依法向人民法院申请宣告破产。

公司经人民法院裁定宣告破产后，清算组应当将清算事务移交给人民法院。

第一百八十六条 公司清算结束后，清算组应当制作清算报告，报股东大会或者人民法院确认，并报送公司登记机关，申请注销公司登记，公告公司终止。

第一百八十七条 清算组成员应当忠于职守，依法履行清算义务。

清算组成员不得利用职权收受贿赂或者其他非法收入，不得侵占公司财产。

清算组成员因故意或者重大过失给公司或者债权人造成损失的，应当承担赔偿责任。

第一百八十八条 公司被依法宣告破产的，依照有关企业破产的法律实施破产清算。

第十一章 修改章程

第一百八十九条 有下列情形之一的，公司应当修改章程：

（一）《公司法》或有关法律、行政法规修改后，章程规定的事项与修改后的法律、行政法规的规定相抵触；

（二）公司的情况发生变化，与章程记载的事项不一致；

（三）股东大会决定修改章程。

第一百九十条 股东大会决议通过的章程修改事项应经主管机关审批的，须报主管机关批准；涉及公司登记事项的，依法办理变更登记。

第一百九十一条 董事会依照股东大会修改章程的决议和有关主管机关的审批意见修改本章程。

第一百九十二条 章程修改事项属于法律、法规要求披露的信息，按规定予以公告。

第十二章 附 则

第一百九十三条 释义：

（一）控股股东，是指其持有的普通股（含表决权恢复的优先股）占公司股本总额百分之五十以上的股东；持有股份的比例虽然不足百分之五十，但依其持有的股份所享有的表决权已足以对股东大会的决议产生重大影响的股东。

（二）实际控制人，是指虽不是公司的股东，但通过投资关系、协议或者其他安排，能够实际支配公司行为的人。

（三）关联关系，是指公司控股股东、实际控制人、董事、监事、高级管理人员与其直接或者间接控制的企业之间的关系，以及可能导致公司利益转移的其他关系。但是，国家控股的企业之间不仅因为同受国家控股而具有关联关系。

第一百九十四条 董事会可依照章程的规定，制订章程细则。章程细则不得与章程的规定相抵触。

第一百九十五条 本章程以中文书写，其他任何语种或不同版本的章程与本章程有歧义时，以在【公司登记机关全称】最近一次核准登记后的中文版章程为准。

第一百九十六条 本章程所称"以上"、"以内"、"以下"，都含本数；"以外"、"低于"、"多于"不含本数。

第一百九十七条 本章程由公司董事会负责解释。

第一百九十八条 本章程附件包括股东大会议事规则、董事会议事规则和监事会议事规则。

第一百九十九条 国家对优先股另有规定的，从其规定。

第二百条 本章程指引自公布之日起施行。2019年4月17日施行的《上市公司章程指引》（证监会公告〔2019〕10号）同时废止。

上市公司治理准则

- 2018 年 9 月 30 日
- 中国证券监督管理委员会公告〔2018〕29 号

第一章 总 则

第一条 为规范上市公司运作，提升上市公司治理水平，保护投资者合法权益，促进我国资本市场稳定健康发展，根据《中华人民共和国公司法》（以下简称《公司法》）、《中华人民共和国证券法》及相关法律、行政法规等确定的基本原则，借鉴境内外公司治理实践经验，制定本准则。

第二条 本准则适用于依照《公司法》设立且股票在中国境内证券交易所上市交易的股份有限公司。

上市公司应当贯彻本准则所阐述的精神，改善公司治理。上市公司章程及与治理相关的文件，应当符合本准则的要求。鼓励上市公司根据自身特点，探索和丰富公司治理实践，提升公司治理水平。

第三条 上市公司应当贯彻落实创新、协调、绿色、开放、共享的发展理念，弘扬优秀企业家精神，积极履行社会责任，形成良好公司治理实践。

上市公司治理应当健全、有效、透明，强化内部和外部的监督制衡，保障股东的合法权利并确保其得到公平对待，尊重利益相关者的基本权利，切实提升企业整体价值。

第四条 上市公司股东、实际控制人、董事、监事、高级管理人员，应当依照法律、行政法规、部门规章、规范性文件（以下统称法律法规）和自律规则行使权利、履行义务，维护上市公司利益。董事、监事、高级管理人员应当持续学习，不断提高履职能力，忠实、勤勉、谨慎履职。

第五条 在上市公司中，根据《公司法》的规定，设立中国共产党的组织，开展党的活动。上市公司应当为党组织的活动提供必要条件。

国有控股上市公司根据《公司法》和有关规定，结合企业股权结构、经营管理等实际，把党建工作有关要求写入公司章程。

第六条 中国证监会及其派出机构依法对上市公司治理活动及相关主体的行为进行监督管理，对公司治理存在重大问题的，督促其采取有效措施予以改善。

证券交易所、中国上市公司协会以及其他证券基金期货行业自律组织，依照本准则规定，制定相关自律规则，对上市公司加强自律管理。

中国证监会及其派出机构和有关自律组织，可以对上市公司治理状况进行评估，促进其不断改善公司治理。

第二章 股东与股东大会

第一节 股东权利

第七条 股东依照法律法规和公司章程享有权利并承担义务。

上市公司章程、股东大会决议或者董事会决议等应当依法合规，不得剥夺或者限制股东的法定权利。

第八条 在上市公司治理中，应当依法保障股东权利，注重保护中小股东合法权益。

第九条 上市公司应当建立与股东畅通有效的沟通渠道，保障股东对公司重大事项的知情、参与决策和监督等权利。

第十条 上市公司应当积极回报股东，在公司章程中明确利润分配办法尤其是现金分红政策。上市公司应当披露现金分红政策制定及执行情况，具备条件而不进行现金分红的，应当充分披露原因。

第十一条 股东有权依照法律、行政法规的规定，通过民事诉讼或者其他法律手段维护其合法权利。

第二节 股东大会的规范

第十二条 上市公司应当在公司章程中规定股东大会的召集、召开和表决等程序。

上市公司应当制定股东大会议事规则，并列入公司章程或者作为章程附件。

第十三条 股东大会提案的内容应当符合法律法规和公司章程的有关规定，属于股东大会职权范围，有明确议题和具体决议事项。

第十四条 上市公司应当在公司章程中规定股东大会对董事会的授权原则，授权内容应当明确具体。股东大会不得将法定由股东大会行使的职权授予董事会行使。

第十五条 股东大会会议应当设置会场，以现场会议与网络投票相结合的方式召开。现场会议时间、地点的选择应当便于股东参加。上市公司应当保证股东大会会议合法、有效，为股东参加会议提供便利。股东大会应当给予每个提案合理的讨论时间。

股东可以本人投票或者依法委托他人投票，两者具有同等法律效力。

第十六条 上市公司董事会、独立董事和符合有关条件的股东可以向公司股东征集其在股东大会上的投票权。上市公司及股东大会召集人不得对股东征集投票权设定最低持股比例限制。

投票权征集应当采取无偿的方式进行，并向被征集人充分披露具体投票意向等信息。不得以有偿或者变相有偿的方式征集股东投票权。

第十七条 董事、监事的选举，应当充分反映中小股东意见。股东大会在董事、监事选举中应当积极推行累积投票制。单一股东及其一致行动人拥有权益的股份比例在30%及以上的上市公司，应当采用累积投票制。采用累积投票制的上市公司应当在公司章程中规定实施细则。

第三章　董事与董事会
第一节　董事的选任

第十八条 上市公司应当在公司章程中规定规范、透明的董事提名、选任程序，保障董事选任公开、公平、公正。

第十九条 上市公司应当在股东大会召开前披露董事候选人的详细资料，便于股东对候选人有足够的了解。

董事候选人应当在股东大会通知公告前作出书面承诺，同意接受提名，承诺公开披露的候选人资料真实、准确、完整，并保证当选后切实履行董事职责。

第二十条 上市公司应当和董事签订合同，明确公司和董事之间的权利义务、董事的任期、董事违反法律法规和公司章程的责任以及公司因故提前解除合同的补偿等内容。

第二节　董事的义务

第二十一条 董事应当遵守法律法规及公司章程有关规定，忠实、勤勉、谨慎履职，并履行其作出的承诺。

第二十二条 董事应当保证有足够的时间和精力履行其应尽的职责。

董事应当出席董事会会议，对所议事项发表明确意见。董事本人确实不能出席的，可以书面委托其他董事按其意愿代为投票，委托人应当独立承担法律责任。独立董事不得委托非独立董事代为投票。

第二十三条 董事应当对董事会的决议承担责任。董事会的决议违反法律法规或者公司章程、股东大会决议，致使上市公司遭受严重损失的，参与决议的董事对公司负赔偿责任。但经证明在表决时曾表明异议并记载于会议记录的，该董事可以免除责任。

第二十四条 经股东大会批准，上市公司可以为董事购买责任保险。责任保险范围由合同约定，但董事因违反法律法规和公司章程规定而导致的责任除外。

第三节　董事会的构成和职责

第二十五条 董事会的人数及人员构成应当符合法律法规的要求，专业结构合理。董事会成员应当具备履行职责所必需的知识、技能和素质。鼓励董事会成员的多元化。

第二十六条 董事会对股东大会负责，执行股东大会的决议。

董事会应当依法履行职责，确保上市公司遵守法律法规和公司章程的规定，公平对待所有股东，并关注其他利益相关者的合法权益。

第二十七条 上市公司应当保障董事会依照法律法规和公司章程的规定行使职权，为董事正常履行职责提供必要的条件。

第二十八条 上市公司设董事会秘书，负责公司股东大会和董事会会议的筹备及文件保管、公司股东资料的管理、办理信息披露事务、投资者关系工作等事宜。

董事会秘书作为上市公司高级管理人员，为履行职责有权参加相关会议，查阅有关文件，了解公司的财务和经营等情况。董事会及其他高级管理人员应当支持董事会秘书的工作。任何机构及个人不得干预董事会秘书的正常履职行为。

第四节　董事会议事规则

第二十九条 上市公司应当制定董事会议事规则，报股东大会批准，并列入公司章程或者作为章程附件。

第三十条 董事会应当定期召开会议，并根据需要及时召开临时会议。董事会会议议题应当事先拟定。

第三十一条 董事会会议应当严格依照规定的程序进行。董事会应当按规定的时间事先通知所有董事，并提供足够的资料。两名及以上独立董事认为资料不完整或者论证不充分的，可以联名书面向董事会提出延期召开会议或者延期审议该事项，董事会应当予以采纳，上市公司应当及时披露相关情况。

第三十二条 董事会会议记录应当真实、准确、完整。出席会议的董事、董事会秘书和记录人应当在会议记录上签名。董事会会议记录应当妥善保存。

第三十三条 董事会授权董事长在董事会闭会期间行使董事会部分职权的，上市公司应当在公司章程中明确规定授权的原则和具体内容。上市公司重大事项应当由董事会集体决策，不得将法定由董事会行使的职权授予董事长、总经理等行使。

第五节 独立董事

第三十四条 上市公司应当依照有关规定建立独立董事制度。独立董事不得在上市公司兼任除董事会专门委员会委员外的其他职务。

第三十五条 独立董事的任职条件、选举更换程序等，应当符合有关规定。独立董事不得与其所受聘上市公司及其主要股东存在可能妨碍其进行独立客观判断的关系。

第三十六条 独立董事享有董事的一般职权，同时依照法律法规和公司章程针对相关事项享有特别职权。

独立董事应当独立履行职责，不受上市公司主要股东、实际控制人以及其他与上市公司存在利害关系的组织或者个人影响。上市公司应当保障独立董事依法履职。

第三十七条 独立董事应当依法履行董事义务，充分了解公司经营运作情况和董事会议题内容，维护上市公司和全体股东的利益，尤其关注中小股东的合法权益保护。独立董事应当按年度向股东大会报告工作。

上市公司股东间或者董事间发生冲突、对公司经营管理造成重大影响的，独立董事应当主动履行职责，维护上市公司整体利益。

第六节 董事会专门委员会

第三十八条 上市公司董事会应当设立审计委员会，并可以根据需要设立战略、提名、薪酬与考核等相关专门委员会。专门委员会对董事会负责，依照公司章程和董事会授权履行职责，专门委员会的提案应当提交董事会审议决定。

专门委员会成员全部由董事组成，其中审计委员会、提名委员会、薪酬与考核委员会中独立董事应当占多数并担任召集人，审计委员会的召集人应当为会计专业人士。

第三十九条 审计委员会的主要职责包括：

（一）监督及评估外部审计工作，提议聘请或者更换外部审计机构；

（二）监督及评估内部审计工作，负责内部审计与外部审计的协调；

（三）审核公司的财务信息及其披露；

（四）监督及评估公司的内部控制；

（五）负责法律法规、公司章程和董事会授权的其他事项。

第四十条 战略委员会的主要职责是对公司长期发展战略和重大投资决策进行研究并提出建议。

第四十一条 提名委员会的主要职责包括：

（一）研究董事、高级管理人员的选择标准和程序并提出建议；

（二）遴选合格的董事人选和高级管理人员人选；

（三）对董事人选和高级管理人员人选进行审核并提出建议。

第四十二条 薪酬与考核委员会的主要职责包括：

（一）研究董事与高级管理人员考核的标准，进行考核并提出建议；

（二）研究和审查董事、高级管理人员的薪酬政策与方案。

第四十三条 专门委员会可以聘请中介机构提供专业意见。专门委员会履行职责的有关费用由上市公司承担。

第四章 监事与监事会

第四十四条 监事选任程序、监事会议事规则制定、监事会会议参照本准则对董事、董事会的有关规定执行。职工监事依照法律法规选举产生。

第四十五条 监事会的人员和结构应当确保监事会能够独立有效地履行职责。监事应当具有相应的专业知识或者工作经验，具备有效履职能力。上市公司董事、高级管理人员不得兼任监事。

上市公司可以依照公司章程的规定设立外部监事。

第四十六条 监事有权了解公司经营情况。上市公司应当采取措施保障监事的知情权，为监事正常履行职责提供必要的协助，任何人不得干预、阻挠。监事履行职责所需的有关费用由公司承担。

第四十七条 监事会依法检查公司财务，监督董事、高级管理人员履职的合法合规性，行使公司章程规定的其他职权，维护上市公司及股东的合法权益。监事会可以独立聘请中介机构提供专业意见。

第四十八条 监事会可以要求董事、高级管理人员、内部及外部审计人员等列席监事会会议，回答所关注的问题。

第四十九条 监事会的监督记录以及进行财务检查的结果应当作为对董事、高级管理人员绩效评价的重要依据。

第五十条 监事会发现董事、高级管理人员违反法律法规或者公司章程的，应当履行监督职责，并向董事会通报或者向股东大会报告，也可以直接向中国证监会及其派出机构、证券交易所或者其他部门报告。

第五章　高级管理人员与公司激励约束机制
第一节　高级管理人员

第五十一条　高级管理人员的聘任，应当严格依照有关法律法规和公司章程的规定进行。上市公司控股股东、实际控制人及其关联方不得干预高级管理人员的正常选聘程序，不得越过股东大会、董事会直接任免高级管理人员。

鼓励上市公司采取公开、透明的方式，选聘高级管理人员。

第五十二条　上市公司应当和高级管理人员签订聘任合同，明确双方的权利义务关系。

高级管理人员的聘任和解聘应当履行法定程序，并及时披露。

第五十三条　上市公司应当在公司章程或者公司其他制度中明确高级管理人员的职责。高级管理人员应当遵守法律法规和公司章程，忠实、勤勉、谨慎地履行职责。

第五十四条　高级管理人员违反法律法规和公司章程规定，致使上市公司遭受损失的，公司董事会应当采取措施追究其法律责任。

第二节　绩效与履职评价

第五十五条　上市公司应当建立公正透明的董事、监事和高级管理人员绩效与履职评价标准和程序。

第五十六条　董事和高级管理人员的绩效评价由董事会或者其下设的薪酬与考核委员会负责组织，上市公司可以委托第三方开展绩效评价。

独立董事、监事的履职评价采取自我评价、相互评价等方式进行。

第五十七条　董事会、监事会应当向股东大会报告董事、监事履行职责的情况、绩效评价结果及其薪酬情况，并由上市公司予以披露。

第三节　薪酬与激励

第五十八条　上市公司应当建立薪酬与公司绩效、个人业绩相联系的机制，以吸引人才，保持高级管理人员和核心员工的稳定。

第五十九条　上市公司对高级管理人员的绩效评价应当作为确定高级管理人员薪酬以及其他激励的重要依据。

第六十条　董事、监事报酬事项由股东大会决定。在董事会或者薪酬与考核委员会对董事个人进行评价或者讨论其报酬时，该董事应当回避。

高级管理人员的薪酬分配方案应当经董事会批准，向股东大会说明，并予以充分披露。

第六十一条　上市公司章程或者相关合同中涉及提前解除董事、监事和高级管理人员任职的补偿内容应当符合公平原则，不得损害上市公司合法权益，不得进行利益输送。

第六十二条　上市公司可以依照相关法律法规和公司章程，实施股权激励和员工持股等激励机制。

上市公司的激励机制，应当有利于增强公司创新发展能力，促进上市公司可持续发展，不得损害上市公司及股东的合法权益。

第六章　控股股东及其关联方与上市公司
第一节　控股股东及其关联方行为规范

第六十三条　控股股东、实际控制人对上市公司及其他股东负有诚信义务。控股股东对其所控股的上市公司应当依法行使股东权利，履行股东义务。控股股东、实际控制人不得利用其控制权损害上市公司及其他股东的合法权益，不得利用对上市公司的控制地位谋取非法利益。

第六十四条　控股股东提名上市公司董事、监事候选人的，应当遵循法律法规和公司章程规定的条件和程序。控股股东不得对股东大会人员选举结果和董事会人事聘任决议设置批准程序。

第六十五条　上市公司的重大决策应当由股东大会和董事会依法作出。控股股东、实际控制人及其关联方不得违反法律法规和公司章程干预上市公司的正常决策程序，损害上市公司及其他股东的合法权益。

第六十六条　控股股东、实际控制人及上市公司有关各方作出的承诺应当明确、具体、可执行，不得承诺根据当时情况判断明显不可能实现的事项。承诺方应当在承诺中作出履行承诺声明、明确违反承诺的责任，并切实履行承诺。

第六十七条　上市公司控制权发生变更的，有关各方应当采取有效措施保持上市公司在过渡期间内稳定经营。出现重大问题的，上市公司应当向中国证监会及其派出机构、证券交易所报告。

第二节　上市公司的独立性

第六十八条　控股股东、实际控制人与上市公司应当实行人员、资产、财务分开，机构、业务独立，各自独立核算、独立承担责任和风险。

第六十九条　上市公司人员应当独立于控股股东。上市公司的高级管理人员在控股股东不得担任除董事、监事以外的其他行政职务。控股股东高级管理人员兼任上市公司董事、监事的,应当保证有足够的时间和精力承担上市公司的工作。

第七十条　控股股东投入上市公司的资产应当独立完整、权属清晰。

控股股东、实际控制人及其关联方不得占用、支配上市公司资产。

第七十一条　上市公司应当依照法律法规和公司章程建立健全财务、会计管理制度,坚持独立核算。

控股股东、实际控制人及其关联方应当尊重上市公司财务的独立性,不得干预上市公司的财务、会计活动。

第七十二条　上市公司的董事会、监事会及其他内部机构应当独立运作。控股股东、实际控制人及其内部机构与上市公司及其内部机构之间没有上下级关系。

控股股东、实际控制人及其关联方不得违反法律法规、公司章程和规定程序干涉上市公司的具体运作,不得影响其经营管理的独立性。

第七十三条　上市公司业务应当独立于控股股东、实际控制人。

控股股东、实际控制人及其控制的其他单位不应从事与上市公司相同或者相近的业务。控股股东、实际控制人应当采取有效措施避免同业竞争。

第三节　关联交易

第七十四条　上市公司关联交易应当依照有关规定严格履行决策程序和信息披露义务。

第七十五条　上市公司应当与关联方就关联交易签订书面协议。协议的签订应当遵循平等、自愿、等价、有偿的原则,协议内容应当明确、具体、可执行。

第七十六条　上市公司应当采取有效措施防止关联方以垄断采购或者销售渠道等方式干预公司的经营,损害公司利益。关联交易应当具有商业实质,价格应当公允,原则上不偏离市场独立第三方的价格或者收费标准等交易条件。

第七十七条　上市公司及其关联方不得利用关联交易输送利益或者调节利润,不得以任何方式隐瞒关联关系。

第七章　机构投资者及其他相关机构

第七十八条　鼓励社会保障基金、企业年金、保险资金、公募基金的管理机构和国家金融监督管理机构依法监管的其他投资主体等机构投资者,通过依法行使表决权、质询权、建议权等相关股东权利,合理参与公司治理。

第七十九条　机构投资者依照法律法规和公司章程,通过参与重大事项决策,推荐董事、监事人选,监督董事、监事履职情况等途径,在上市公司治理中发挥积极作用。

第八十条　鼓励机构投资者公开其参与上市公司治理的目标与原则、表决权行使的策略、股东权利行使的情况及效果。

第八十一条　证券公司、律师事务所、会计师事务所等中介机构在为上市公司提供保荐承销、财务顾问、法律、审计等专业服务时,应当积极关注上市公司治理状况,促进形成良好公司治理实践。

上市公司应当审慎选择为其提供服务的中介机构,注重了解中介机构诚实守信、勤勉尽责状况。

第八十二条　中小投资者保护机构应当在上市公司治理中发挥积极作用,通过持股行权等方式多渠道保护中小投资者合法权益。

第八章　利益相关者、环境保护与社会责任

第八十三条　上市公司应当尊重银行及其他债权人、员工、客户、供应商、社区等利益相关者的合法权利,与利益相关者进行有效的交流与合作,共同推动公司持续健康发展。

第八十四条　上市公司应当为维护利益相关者的权益提供必要的条件,当其合法权益受到侵害时,利益相关者应当有机会和途径依法获得救济。

第八十五条　上市公司应当加强员工权益保护,支持职工代表大会、工会组织依法行使职权。董事会、监事会和管理层应当建立与员工多元化的沟通交流渠道,听取员工对公司经营、财务状况以及涉及员工利益的重大事项的意见。

第八十六条　上市公司应当积极践行绿色发展理念,将生态环保要求融入发展战略和公司治理过程,主动参与生态文明建设,在污染防治、资源节约、生态保护等方面发挥示范引领作用。

第八十七条　上市公司在保持公司持续发展、提升经营业绩、保障股东利益的同时,应当在社区福利、救灾助困、公益事业等方面,积极履行社会责任。

鼓励上市公司结对帮扶贫困县或者贫困村,主动对接、积极支持贫困地区发展产业、培养人才、促进就业。

第九章　信息披露与透明度

第八十八条　上市公司应当建立并执行信息披露事务管理制度。上市公司及其他信息披露义务人应当严格依照法律法规、自律规则和公司章程的规定,真实、准确、完整、及时、公平地披露信息,不得有虚假记载、误导性陈

述、重大遗漏或者其他不正当披露。信息披露事项涉及国家秘密、商业机密的，依照相关规定办理。

第八十九条 董事、监事、高级管理人员应当保证上市公司披露信息的真实、准确、完整、及时、公平。

上市公司应当制定规范董事、监事、高级管理人员对外发布信息的行为规范，明确未经董事会许可不得对外发布的情形。

第九十条 持股达到规定比例的股东、实际控制人以及收购人、交易对方等信息披露义务人应当按照相关规定进行信息披露，并配合上市公司的信息披露工作，及时告知上市公司控制权变更、权益变动、与其他单位和个人的关联关系及其变化等重大事项，答复上市公司的问询，保证所提供的信息真实、准确、完整。

第九十一条 鼓励上市公司除依照强制性规定披露信息外，自愿披露可能对股东和其他利益相关者决策产生影响的信息。

自愿性信息披露应当遵守公平原则，保持信息披露的持续性和一致性，不得进行选择性披露，不得利用自愿性信息披露从事市场操纵、内幕交易或者其他违法违规行为，不得违反公序良俗、损害社会公共利益。自愿披露具有一定预测性质信息的，应当明确预测的依据，并提示可能出现的不确定性和风险。

第九十二条 信息披露义务人披露的信息，应当简明清晰、便于理解。上市公司应当保证使用者能够通过经济、便捷的方式获得信息。

第九十三条 董事长对上市公司信息披露事务管理承担首要责任。

董事会秘书负责组织和协调公司信息披露事务，办理上市公司信息对外公布等相关事宜。

第九十四条 上市公司应当建立内部控制及风险管理制度，并设立专职部门或者指定内设部门负责对公司的重要营运行为、下属公司管控、财务信息披露和法律法规遵守执行情况进行检查和监督。

上市公司依照有关规定定期披露内部控制制度建设及实施情况，以及会计师事务所对上市公司内部控制有效性的审计意见。

第九十五条 上市公司应当依照法律法规和有关部门的要求，披露环境信息以及履行扶贫等社会责任相关情况。

第九十六条 上市公司应当依照有关规定披露公司治理相关信息，定期分析公司治理状况，制定改进公司治理的计划和措施并认真落实。

第十章 附 则

第九十七条 中国证监会及其他部门依法对相关上市公司治理安排有特别规定的，应当遵守其规定。试点红筹企业在境内发行股票或者存托凭证并上市的，除适用境外注册地法律法规的事项外，公司治理参照本准则执行。

第九十八条 本准则自公布之日起施行。2002年1月7日发布的《上市公司治理准则》（证监发〔2002〕1号）同时废止。

国务院批转证监会关于提高上市公司质量意见的通知

· 2005年10月19日
· 国发〔2005〕34号

各省、自治区、直辖市人民政府，国务院各部委、各直属机构：

国务院同意证监会《关于提高上市公司质量的意见》，现转发给你们，请认真贯彻执行。

上市公司是资本市场发展的基石。提高上市公司质量是提高资本市场投资价值的源泉，对于增强资本市场的吸引力和活力，充分发挥资本市场优化资源配置功能，保护投资者特别是中小投资者的合法权益，促进我国资本市场健康稳定发展，具有十分重要的意义。十多年来，我国上市公司不断发展壮大，已成为推动企业改革和带动行业成长的中坚力量。但由于受体制、机制、环境等因素影响，相当一批上市公司法人治理结构不完善、运作不规范、质量不高，严重影响了投资者的信心，制约了资本市场健康稳定发展。贯彻落实《国务院关于推进资本市场改革开放和稳定发展的若干意见》（国发〔2004〕3号），提高上市公司质量，是摆在我们面前的一项十分重要而紧迫的任务。

地方各级人民政府要承担起处置本地区上市公司风险的责任，有效防范和化解上市公司风险，必要时可对陷入危机、可能对社会稳定造成重大影响的上市公司组织实施托管。证券监管部门要强化对上市公司的监管，及时查处违法违规行为，对负有责任的人员，视情节轻重，责成上市公司予以撤换或实行市场禁入，涉嫌犯罪的，及时移交公安、司法机关。各有关部门要统一思想，提高认识，密切配合，建立高效、灵活的协作机制和信息共享机制，加大工作力度，综合运用经济、法律和必要的行政手段,营造有利于上市公司规范发展的环境,支持和督促上市公司全面提高质量,为资本市场的健康稳定发展奠定良好的基础。

中国证券监督管理委员会
关于提高上市公司质量的意见
（证监会）

为全面深入贯彻落实《国务院关于推进资本市场改革开放和稳定发展的若干意见》（国发〔2004〕3号）,切实保护投资者的合法权益,促进资本市场持续健康发展,现就提高上市公司质量有关问题提出以下意见：

一、提高认识,高度重视提高上市公司质量工作

（一）充分认识提高上市公司质量的重要意义。上市公司是我国经济运行中最具发展优势的群体,是资本市场投资价值的源泉。提高上市公司质量,是强化上市公司竞争优势,实现可持续发展的内在要求；是夯实资本市场基础,促进资本市场健康稳定发展的根本；是增强资本市场吸引力和活力,充分发挥资本市场优化资源配置功能的关键。提高上市公司质量,就是要立足于全体股东利益的最大化,不断提高公司治理和经营管理水平,不断提高诚信度和透明度,不断提高公司盈利能力和持续发展能力。

（二）提高上市公司质量是推进资本市场改革发展的一项重要任务。经过十多年的培育,上市公司不断发展壮大、运作日趋规范、质量逐步提高,已经成为推动企业改革和带动行业成长的中坚力量。但是,由于受体制、机制、环境等多种因素的影响,相当一批上市公司在法人治理结构、规范运作等方面还存在一些问题,盈利能力不强,对投资者回报不高,严重影响了投资者的信心,制约了资本市场的健康稳定发展。随着社会主义市场经济体制的不断完善和资本市场改革的不断深入,提高上市公司质量已经成为当前和今后一个时期推进资本市场健康发展的一项重要任务。提高上市公司质量,关键在于公司董事会、监事会和经理层要诚实守信、勤勉尽责,努力提高公司竞争能力、盈利能力和规范运作水平；同时,各有关方面要营造有利于上市公司规范发展的环境,支持和督促上市公司全面提高质量。通过切实的努力,使上市公司法人治理结构更加完善,内部控制制度合理健全,激励约束机制规范有效,公司透明度、竞争力和盈利能力显著提高。

二、完善公司治理,提高上市公司经营管理和规范运作水平

（三）完善法人治理结构。上市公司要严格按照《公司法》、外商投资相关法律法规和现代企业制度的要求,完善股东大会、董事会、监事会制度,形成权力机构、决策机构、监督机构与经理层之间权责分明、各司其职、有效制衡、科学决策、协调运作的法人治理结构。股东大会要认真行使法定职权,严格遵守表决事项和表决程序的有关规定,科学民主决策,维护上市公司和股东的合法权益。董事会要对全体股东负责,严格按照法律和公司章程的规定履行职责,把好决策关,加强对公司经理层的激励、监督和约束。要设立以独立董事为主的审计委员会、薪酬与考核委员会并充分发挥其作用。公司全体董事必须勤勉尽责,依法行使职权。监事会要认真发挥好对董事会和经理层的监督作用。经理层要严格执行股东大会和董事会的决定,不断提高公司管理水平和经营业绩。

（四）建立健全公司内部控制制度。上市公司要加强内部控制制度建设,强化内部管理,对内部控制制度的完整性、合理性及其实施的有效性进行定期检查和评估,同时要通过外部审计对公司的内部控制制度以及公司的自我评估报告进行核实评价,并披露相关信息。通过自查和外部审计,及时发现内部控制制度的薄弱环节,认真整改,堵塞漏洞,有效提高风险防范能力。

（五）提高公司运营的透明度。上市公司要切实履行作为公众公司的信息披露义务,严格遵守信息披露规则,保证信息披露内容的真实性、准确性、完整性和及时性,增强信息披露的有效性。要制定并严格执行信息披露管理制度和重要信息的内部报告制度,明确公司及相关人员的信息披露职责和保密责任,保障投资者平等获取信息的权利。公司股东及其他信息披露义务人,要积极配合和协助上市公司履行相应的信息披露义务。上市公司要积极做好投资者关系管理工作,拓宽与投资者的沟通渠道,培育有利于上市公司健康发展的股权文化。

（六）加强对高级管理人员及员工的激励和约束。上市公司要探索并规范激励机制,通过股权激励等多种方式,充分调动上市公司高级管理人员及员工的积极性。要强化上市公司高级管理人员、公司股东之间的共同利益基础,提高上市公司经营业绩。要健全上市公司高级管理人员的工作绩效考核和优胜劣汰机制,强化责任目标约束,不断提高上市公司高级管理人员的进取精神和责任意识。

（七）增强上市公司核心竞争力和盈利能力。上市公司要优化产品结构，努力提高创新能力，提升技术优势和人才优势，不断提高企业竞争力。要大力提高管理效率和管理水平，努力开拓市场，不断增强盈利能力。上市公司要高度重视对股东的现金分红，努力为股东提供良好的投资回报。

三、注重标本兼治，着力解决影响上市公司质量的突出问题

（八）切实维护上市公司的独立性。上市公司必须做到机构独立、业务独立，与股东特别是控股股东在人员、资产、财务方面全面分开。控股股东要依法行使出资人权利，不得侵犯上市公司享有的由全体股东出资形成的法人财产权。控股股东或实际控制人不得利用控制权，违反上市公司规范运作程序，插手上市公司内部管理，干预上市公司经营决策，损害上市公司和其他股东的合法权益。

（九）规范募集资金的运用。上市公司要加强对募集资金的管理。对募集资金投资项目必须进行认真的可行性分析，有效防范投资风险，提高募集资金使用效益。经由股东大会决定的投资项目，公司董事会或经理层不得随意变更。确需变更募集资金用途的，投资项目应符合国家产业政策和固定资产投资管理的有关规定，并经股东大会审议批准后公开披露。

（十）严禁侵占上市公司资金。控股股东或实际控制人不得以向上市公司借款、由上市公司提供担保、代偿债务、代垫款项等各种名目侵占上市公司资金。对已经侵占的资金，控股股东尤其是国有控股股东或实际控制人要针对不同情况，采取现金清偿、红利抵债、以股抵债、以资抵债等方式，加快偿还速度，务必在2006年底前偿还完毕。

（十一）坚决遏制违规对外担保。上市公司要根据有关法规明确对外担保的审批权限，严格执行对外担保审议程序。上市公司任何人员不得违反公司章程规定，未经董事会或股东大会批准或授权，以上市公司名义对外提供担保。上市公司要认真履行对外担保情况的信息披露义务，严格控制对外担保风险，采取有效措施化解已形成的违规担保、连环担保风险。

（十二）规范关联交易行为。上市公司在履行关联交易的决策程序时要严格执行关联方回避制度，并履行相应的信息披露义务，保证关联交易的公允性和交易行为的透明度。要充分发挥独立董事在关联交易决策和信息披露程序中的职责和作用。公司董事、监事和高级管理人员不得通过隐瞒甚至虚假披露关联方信息等手段，规避关联交易决策程序和信息披露要求。对因非公允关联交易造成上市公司利益损失的，上市公司有关人员应承担责任。

（十三）禁止编报虚假财务会计信息。上市公司应严格执行有关会计法规、会计准则和会计制度，加强会计核算和会计监督，真实、公允地反映公司的财务状况、经营成果及现金流量。不得伪造会计凭证等会计资料、提供虚假财务报表；不得利用会计政策、会计估计变更和会计差错更正等手段粉饰资产、收入、成本、利润等财务指标；不得阻碍审计机构正常开展工作，限制其审计范围；不得要求审计机构出具失真或不当的审计报告。上市公司董事会及其董事、总经理、财务负责人对公司财务报告的真实性、完整性承担主要责任。

四、采取有效措施，支持上市公司做优做强

（十四）支持优质企业利用资本市场做优做强。地方政府要积极支持优质企业改制上市，推动国有企业依托资本市场进行改组改制，使优质资源向上市公司集中，支持具备条件的优质大型企业实现整体上市。有关部门要优化公司股票发行上市制度，规范企业改制行为，支持优质大型企业和高成长的中小企业在证券市场融资，逐步改善上市公司整体结构。积极推出市场化创新工具，支持上市公司通过多样化的支付手段进行收购兼并，提升公司的核心竞争力，实现可持续发展。

（十五）提高上市公司再融资效率。要进一步调整和完善上市公司再融资的相关制度，增加融资品种，简化核准程序，充分发挥市场发现价格和合理配置资源的功能，提高上市公司再融资效率。积极培育公司债券市场，制订和完善公司债券发行、交易、信息披露和信用评级等规章制度。鼓励符合条件的上市公司发行公司债券。

（十六）建立多层次市场体系。在加强主板市场建设的同时，积极推动中小企业板块制度创新，为适时推出创业板创造条件。要进一步完善股份代办转让系统，健全多层次资本市场体系和不同层次市场间的准入、退出机制，发挥资本市场优胜劣汰功能，满足不同企业的融资需求。

（十七）积极稳妥地推进股权分置改革。通过股权分置改革消除非流通股和流通股的流通制度差异，有利于形成流通股股东和非流通股股东的共同利益基础，对提高上市公司质量具有重要作用。有关方面要按照总体安排、分类指导、完善制度的要求，加强对改革的组织领导，积极稳妥地推进股权分置改革。

五、完善上市公司监督管理机制，强化监管协作

（十八）强化上市公司监管。有关部门要完善相关法律法规体系,抓紧制订上市公司监管条例,积极推进相关法律的修改,为广大投资者维护自身权益和上市公司规范运作提供法律保障。要进一步加强上市公司监管制度建设,建立累积投票制度和征集投票权制度,完善股东大会网络投票制度、独立董事制度及信息披露相关规则,规范上市公司运作。要落实和完善监管责任制,不断改进监管方式和监管手段,完善上市公司风险监控体系。进一步健全证券监督管理机构与公安、司法部门的协作机制,及时将涉嫌犯罪人员移送公安、司法机关,严肃查处违法犯罪行为,增强上市公司监管的威慑力,提高监管的有效性和权威性,切实维护市场和社会稳定。

(十九)加强上市公司诚信建设。有关部门要建立上市公司及其控股股东或实际控制人的信贷、担保、信用证、商业票据等信用信息及监管信息的共享机制;完善上市公司控股股东、实际控制人、上市公司及其高级管理人员的监管信息系统,对严重失信和违规者予以公开曝光;督促商业银行严格审查上市公司董事会或股东大会批准对外担保的文件和信息披露资料,严格审查上市公司对外担保的合规性和担保能力,切实防范上市公司违规对外担保的风险。

(二十)规范上市公司控股股东或实际控制人的行为。有关方面要督促控股股东或实际控制人加快偿还侵占上市公司的资金,国有控股股东限期内未偿清或出现新增侵占上市公司资金问题的,对相关负责人和直接责任人要给予纪律处分,直至撤销职务;非国有控股股东或实际控制人限期内未偿清或出现新增侵占上市公司资金问题的,有关部门对其融资活动应依法进行必要的限制。要依法查处上市公司股东、实际控制人利用非公允的关联交易侵占上市公司利益、掏空上市公司的行为。加大对侵犯上市公司利益的控股股东或实际控制人的责任追究力度,对构成犯罪的,依法追究刑事责任。

(二十一)加强对上市公司高级管理人员的监管。要制定上市公司高级管理人员行为准则,对违背行为准则并被证券监督管理机构认定为不适当人选的上市公司高级管理人员,要责成上市公司及时按照法定程序予以撤换。对严重违规的上市公司高级管理人员,要实行严格的市场禁入;对构成犯罪的,依法追究刑事责任。

(二十二)加强对证券经营中介机构的监管。要严格保荐机构、保荐代表人的资质管理,督促其忠实履行尽职推荐、持续督导的职责。有关部门要加强对会计师事务所、资产评估机构、律师事务所等中介机构执业行为的监管,完善执业标准体系,督促其勤勉尽责,规范执业行为,提高执业质量。要建立和完善市场禁入制度,加大对中介机构及其责任人违法违规行为的责任追究力度,及时公布其失信和违规记录,强化社会监督。

(二十三)充分发挥自律监管的作用。充分发挥自律组织在促进上市公司提高公司治理、规范运作水平等方面的积极作用。加强对上市公司高级管理人员的培训和持续教育,培养诚信文化,提高高级管理人员的法制意识、责任意识和诚信意识,增强上市公司高级管理人员规范经营的自觉性。

六、加强组织领导,营造促进上市公司健康发展的良好环境

(二十四)加强对提高上市公司质量工作的组织领导。各省(区、市)人民政府要加强组织领导,建立有效的协调机制,统筹研究解决工作中遇到的重大问题,切实采取有效措施,促进上市公司质量全面提高。当前,要着重督促和帮助上市公司切实解决控股股东或实际控制人侵占资金、违规担保等突出问题,研究建立上市公司突发重大风险的处置机制,积极稳妥地推进上市公司股权分置改革。

(二十五)防范和化解上市公司风险。地方各级人民政府要切实承担起处置本地区上市公司风险的责任,建立健全上市公司风险处置应急机制,及时采取有效措施,维护上市公司的经营秩序、财产安全和社会稳定,必要时可对陷入危机、可能对社会稳定造成重大影响的上市公司组织实施托管。支持绩差上市公司特别是国有控股上市公司按照市场化原则进行资产重组和债务重组,改善经营状况。要做好退市公司的风险防范工作,依法追究因严重违法违规行为导致上市公司退市的相关责任人的责任。

(二十六)营造有利于上市公司规范发展的舆论氛围。有关方面要加强对涉及上市公司新闻报道的管理,引导媒体客观、真实、全面地报道上市公司情况,切实防范并及时纠正对上市公司的失实报道,严肃惩处违背事实、蓄意美化或诋毁上市公司的行为,避免误导投资者。切实发挥好媒体的舆论引导和监督作用。

国务院关于进一步提高上市公司质量的意见

· 2020 年 10 月 5 日
· 国发〔2020〕14 号

各省、自治区、直辖市人民政府,国务院各部委、各直属机构:

资本市场在金融运行中具有牵一发而动全身的作用,上市公司是资本市场的基石。提高上市公司质量是推动资本市场健康发展的内在要求,是新时代加快完善社会主义市场经济体制的重要内容。《国务院批转证监会关于提高上市公司质量意见的通知》(国发〔2005〕34号)印发以来,我国上市公司数量显著增长、质量持续提升,在促进国民经济发展中的作用日益凸显。但也要看到,上市公司经营和治理不规范、发展质量不高等问题仍较突出,与建设现代化经济体系、推动经济高质量发展的要求还存在差距。同时,面对新冠肺炎疫情影响,上市公司生产经营和高质量发展面临新的考验。为进一步提高上市公司质量,现提出如下意见。

一、总体要求

以习近平新时代中国特色社会主义思想为指导,全面贯彻党的十九大和十九届二中、三中、四中全会精神,认真落实党中央、国务院决策部署,贯彻新发展理念,坚持市场化、法治化方向,按照深化金融供给侧结构性改革要求,加强资本市场基础制度建设,大力提高上市公司质量。坚持存量与增量并重、治标与治本结合,发挥各方合力,强化持续监管,优化上市公司结构和发展环境,使上市公司运作规范性明显提升,信息披露质量不断改善,突出问题得到有效解决,可持续发展能力和整体质量显著提高,为建设规范、透明、开放、有活力、有韧性的资本市场,促进经济高质量发展提供有力支撑。

二、提高上市公司治理水平

(一)规范公司治理和内部控制。完善公司治理制度规则,明确控股股东、实际控制人、董事、监事和高级管理人员的职责界限和法律责任。控股股东、实际控制人要履行诚信义务,维护上市公司独立性,切实保障上市公司和投资者的合法权益。股东大会、董事会、监事会、经理层要依法合规运作,董事、监事和高级管理人员要忠实勤勉履职,充分发挥独立董事、监事会作用。建立董事会与投资者的良好沟通机制,健全机构投资者参与公司治理的渠道和方式。科学界定国有控股上市公司治理相关方的权责,健全具有中国特色的国有控股上市公司治理机制。严格执行上市公司内控制度,加快推行内控规范体系,提升内控有效性。强化上市公司治理底线要求,倡导最佳实践,加强治理状况信息披露,促进提升决策管理的科学性。开展公司治理专项行动,通过公司自查、现场检查、督促整改,切实提高公司治理水平。(证监会、国务院国资委、财政部、银保监会等单位负责)

(二)提升信息披露质量。以提升透明度为目标,优化规则体系,督促上市公司、股东及相关信息披露义务人真实、准确、完整、及时、公平披露信息。以投资者需求为导向,完善分行业信息披露标准,优化披露内容,增强信息披露针对性和有效性。严格执行企业会计准则,优化信息披露编报规则,提升财务信息质量。上市公司及其他信息披露义务人要充分披露投资者作出价值判断和投资决策所必需的信息,并做到简明清晰、通俗易懂。相关部门和机构要按照资本市场规则,支持、配合上市公司依法依规履行信息披露义务。(证监会、国务院国资委、工业和信息化部、财政部等单位负责)

三、推动上市公司做优做强

(三)支持优质企业上市。全面推行、分步实施证券发行注册制。优化发行上市标准,增强包容性。加强对拟上市企业的培育和辅导,提升拟上市企业规范化水平。鼓励和支持混合所有制改革试点企业上市。发挥股权投资机构在促进公司优化治理、创新创业、产业升级等方面的积极作用。大力发展创业投资,培育科技型、创新型企业,支持制造业单项冠军、专精特新"小巨人"等企业发展壮大。发挥全国中小企业股份转让系统、区域性股权市场和产权交易市场在培育企业上市中的积极作用。(证监会、国务院国资委、国家发展改革委、财政部、工业和信息化部等单位与各省级人民政府负责)

(四)促进市场化并购重组。充分发挥资本市场的并购重组主渠道作用,鼓励上市公司盘活存量、提质增效、转型发展。完善上市公司资产重组、收购和分拆上市等制度,丰富支付及融资工具,激发市场活力。发挥证券市场价格、估值、资产评估结果在国有资产交易定价中的作用,支持国有企业依托资本市场开展混合所有制改革。支持境内上市公司发行股份购买境外优质资产,允许更多符合条件的外国投资者对境内上市公司进行战略投资,提升上市公司国际竞争力。研究拓宽社会资本等多方参与上市公司并购重组的渠道。(证监会、工业和信息化部、国务院国资委、国家发展改革委、财政部、人民银行、商务部、市场监管总局、国家外汇局等单位与各省级人民政府负责)

(五)完善上市公司融资制度。加强资本市场融资端和投资端的协调平衡,引导上市公司兼顾发展需要和市场状况优化融资安排。完善上市公司再融资发行条件,研究推出更加便捷的融资方式。支持上市公司通过发行债券等方式开展长期限债务融资。稳步发展优先股、股债结合产品。大力发展权益类基金。丰富风险管理工具。探索建立对机构投资者的长周期考核机制,吸

引更多中长期资金入市。(证监会、财政部、人民银行、国家发展改革委、银保监会等单位负责)

(六)健全激励约束机制。完善上市公司股权激励和员工持股制度,在对象、方式、定价等方面作出更加灵活的安排。优化政策环境,支持各类上市公司建立健全长效激励机制,强化劳动者和所有者利益共享,更好吸引和留住人才,充分调动上市公司员工积极性。(证监会、国务院国资委、财政部等单位负责)

四、健全上市公司退出机制

(七)严格退市监管。完善退市标准,简化退市程序,加大退市监管力度。严厉打击通过财务造假、利益输送、操纵市场等方式恶意规避退市行为,将缺乏持续经营能力、严重违法违规扰乱市场秩序的公司及时清出市场。加大对违法违规主体的责任追究力度。支持投资者依法维权,保护投资者合法权益。(证监会、最高人民法院、公安部、国务院国资委等单位与各省级人民政府负责)

(八)拓宽多元化退出渠道。完善并购重组和破产重整等制度,优化流程、提高效率,畅通主动退市、并购重组、破产重整等上市公司多元化退出渠道。有关地区和部门要综合施策,支持上市公司通过并购重组、破产重整等方式出清风险。(证监会、最高人民法院、司法部、国务院国资委等单位与各省级人民政府负责)

五、解决上市公司突出问题

(九)积极稳妥化解上市公司股票质押风险。坚持控制增量、化解存量,建立多部门共同参与的上市公司股票质押风险处置机制,强化场内外一致性监管,加强质押信息共享。强化对金融机构、上市公司大股东及实际控制人的风险约束机制。严格执行分层次、差异化的股票质押信息披露制度。严格控制限售股质押。支持银行、证券、保险、私募股权基金等机构参与上市公司股票质押风险化解。(证监会、最高人民法院、人民银行、银保监会、国务院国资委等单位与各省级人民政府负责)

(十)严肃处置资金占用、违规担保问题。控股股东、实际控制人及相关方不得以任何方式侵占上市公司利益。坚持依法监管、分类处置,对已形成的资金占用、违规担保问题,要限期予以清偿或化解;对限期未整改或新发生的资金占用、违规担保问题,要严厉查处,构成犯罪的依法追究刑事责任。依法依规认定上市公司对违规担保合同不承担担保责任。上市公司实施破产重整的,应当提出解决资金占用、违规担保问题的切实可行方案。(证监会、最高人民法院、公安部等单位与各省级人民政府负责)

(十一)强化应对重大突发事件政策支持。发生自然灾害、公共卫生等重大突发事件,对上市公司正常生产经营造成严重影响的,证券监管部门要在依法合规前提下,作出灵活安排;有关部门要依托宏观政策、金融稳定等协调机制,加强协作联动,落实好产业、金融、财税等方面政策;各级政府要及时采取措施,维护劳务用工、生产资料、公用事业品供应和物流运输渠道,支持上市公司尽快恢复正常生产经营。(国家发展改革委、财政部、工业和信息化部、商务部、税务总局、人民银行、银保监会、证监会等单位与各省级人民政府负责)

六、提高上市公司及相关主体违法违规成本

(十二)加大执法力度。严格落实证券法等法律规定,加大对欺诈发行、信息披露违法、操纵市场、内幕交易等违法违规行为的处罚力度。加强行政机关与司法机关协作,实现涉刑案件快速移送、快速查办,严厉查处违法犯罪行为。完善违法违规行为认定规则,办理上市公司违法违规案件时注意区分上市公司责任、股东责任与董事、监事、高级管理人员等个人责任;对涉案证券公司、证券服务机构等中介机构及从业人员一并查处,情节严重、性质恶劣的,依法采取暂停、撤销、吊销业务或从业资格等措施。(证监会、公安部、最高人民法院、财政部、司法部等单位与各省级人民政府负责)

(十三)推动增加法制供给。推动修订相关法律法规,加重财务造假、资金占用等违法违规行为的行政、刑事法律责任,完善证券民事诉讼和赔偿制度,大幅提高相关责任主体违法违规成本。支持投资者保护机构依法作为代表人参加诉讼。推广证券期货纠纷示范判决机制。(证监会、最高人民法院、司法部、公安部、财政部等单位负责)

七、形成提高上市公司质量的工作合力

(十四)持续提升监管效能。坚持服务实体经济和保护投资者合法权益方向,把提高上市公司质量作为上市公司监管的重要目标。加强全程审慎监管,推进科学监管、分类监管、专业监管、持续监管,提高上市公司监管有效性。充分发挥证券交易所一线监督及自律管理职责、上市公司协会自律管理作用。(证监会负责)

(十五)强化上市公司主体责任。上市公司要诚实守信、规范运作,专注主业、稳健经营,不断提高经营水平和发展质量。上市公司控股股东、实际控制人、董事、监事和高级管理人员要各尽其责,公平对待所有股东。对损害上市公司利益的行为,上市公司要依法维权。鼓励上市公司通过现金分红、股份回购等方式回报投资者,切

实履行社会责任。（证监会、国务院国资委、财政部、全国工商联等单位负责）

（十六）督促中介机构归位尽责。健全中介机构执业规则体系，明确上市公司与各类中介机构的职责边界，压实中介机构责任。相关中介机构要严格履行核查验证、专业把关等法定职责，为上市公司提供高质量服务。相关部门和机构要配合中介机构依法依规履职，及时、准确、完整地提供相关信息。（证监会、财政部、司法部、银保监会等单位与各省级人民政府负责）

（十七）凝聚各方合力。完善上市公司综合监管体系，推进上市公司监管大数据平台建设，建立健全财政、税务、海关、金融、市场监管、行业监管、地方政府、司法机关等单位的信息共享机制。增加制度供给，优化政策环境，加强监管执法协作，协同处置上市公司风险。充分发挥新闻媒体的舆论引导和监督作用，共同营造支持上市公司高质量发展的良好环境。（各相关单位与各省级人民政府负责）

2. 股东与股东大会

上市公司投资者关系管理工作指引

- 2022年4月11日
- 中国证券监督管理委员会公告〔2022〕29号

第一章 总 则

第一条 为规范上市公司投资者关系管理工作，加强上市公司与投资者之间的有效沟通，促进上市公司完善治理，提高上市公司质量，切实保护投资者特别是中小投资者合法权益，根据《中华人民共和国公司法》《中华人民共和国证券法》及《国务院关于进一步提高上市公司质量的意见》《关于进一步加强资本市场中小投资者合法权益保护工作的意见》《关于全面推进证券期货纠纷多元化解机制建设的意见》等有关法律法规和规章等，制定本指引。

第二条 本指引适用于依照《中华人民共和国公司法》设立且股票在中国境内证券交易所上市交易的股份有限公司。

境外企业在境内发行股票或者存托凭证并上市的，除适用境外注册地、上市地法律法规的事项外，对境内的投资者关系管理工作参照本指引执行。法律、行政法规或者中国证监会另有规定的，从其规定。

第三条 投资者关系管理是指上市公司通过便利股东权利行使、信息披露、互动交流和诉求处理等工作，加强与投资者及潜在投资者之间的沟通，增进投资者对上市公司的了解和认同，以提升上市公司治理水平和企业整体价值，实现尊重投资者、回报投资者、保护投资者目的的相关活动。

第四条 上市公司投资者关系管理的基本原则是：

（一）合规性原则。上市公司投资者关系管理应当在依法履行信息披露义务的基础上开展，符合法律、法规、规章及规范性文件、行业规范和自律规则、公司内部规章制度，以及行业普遍遵守的道德规范和行为准则。

（二）平等性原则。上市公司开展投资者关系管理活动，应当平等对待所有投资者，尤其为中小投资者参与活动创造机会、提供便利。

（三）主动性原则。上市公司应当主动开展投资者关系管理活动，听取投资者意见建议，及时回应投资者诉求。

（四）诚实守信原则。上市公司在投资者关系管理活动中应当注重诚信、坚守底线、规范运作、担当责任，营造健康良好的市场生态。

第五条 本指引是上市公司投资者关系管理的基本行为指南。上市公司应当按照本指引的精神和要求开展投资者关系管理工作。

上市公司控股股东、实际控制人以及董事、监事和高级管理人员应当高度重视、积极参与和支持投资者关系管理工作。

第六条 倡导投资者提升股东意识，积极参与上市公司开展的投资者关系管理活动，依法行使股东权利，理性维护自身合法权益。

倡导投资者坚持理性投资、价值投资和长期投资的理念，形成理性成熟的投资文化。

第二章 投资者关系管理的内容和方式

第七条 投资者关系管理中上市公司与投资者沟通的内容主要包括：

（一）公司的发展战略；

（二）法定信息披露内容；

（三）公司的经营管理信息；

（四）公司的环境、社会和治理信息；

（五）公司的文化建设；

（六）股东权利行使的方式、途径和程序等；

（七）投资者诉求处理信息；

（八）公司正在或者可能面临的风险和挑战；

（九）公司的其他相关信息。

第八条 上市公司应当多渠道、多平台、多方式开展投资者关系管理工作。通过公司官网、新媒体平台、电话、传真、电子邮箱、投资者教育基地等渠道,利用中国投资者网和证券交易所、证券登记结算机构等的网络基础设施平台,采取股东大会、投资者说明会、路演、分析师会议、接待来访、座谈交流等方式,与投资者进行沟通交流。沟通交流的方式应当方便投资者参与,上市公司应当及时发现并清除影响沟通交流的障碍性条件。

鼓励上市公司在遵守信息披露规则的前提下,建立与投资者的重大事件沟通机制,在制定涉及股东权益的重大方案时,通过多种方式与投资者进行充分沟通和协商。

第九条 上市公司需要设立投资者联系电话、传真和电子邮箱等,由熟悉情况的专人负责,保证在工作时间线路畅通,认真友好接听接收,通过有效形式向投资者反馈。号码、地址如有变更应及时公布。

第十条 上市公司应当加强投资者网络沟通渠道的建设和运维,在公司官网开设投资者关系专栏,收集和答复投资者的咨询、投诉和建议等诉求,及时发布和更新投资者关系管理相关信息。

上市公司应当积极利用中国投资者网、证券交易所投资者关系互动平台等公益性网络基础设施开展投资者关系管理活动。

鼓励上市公司通过新媒体平台开展投资者关系管理活动。已开设的新媒体平台及其访问地址,应当在上市公司官网投资者关系专栏公示,及时更新。

第十一条 上市公司可以安排投资者、基金经理、分析师等到公司现场参观、座谈沟通。

上市公司应当合理、妥善地安排活动,避免让来访人员有机会得到内幕信息和未公开的重大事件信息。

第十二条 上市公司可以通过路演、分析师会议等方式,沟通交流公司情况,回答问题并听取相关意见建议。

第十三条 上市公司及其他信息披露义务人应当严格按照法律法规、自律规则和公司章程的规定及时、公平地履行信息披露义务,披露的信息应当真实、准确、完整、简明清晰,通俗易懂,不得有虚假记载、误导性陈述或者重大遗漏。

第十四条 上市公司应当充分考虑股东大会召开的时间、地点和方式,为股东特别是中小股东参加股东大会提供便利,为投资者发言、提问以及与公司董事、监事和高级管理人员等交流提供必要的时间。股东大会应当提供网络投票的方式。

上市公司可以在按照信息披露规则作出公告后至股东大会召开前,与投资者充分沟通,广泛征求意见。

第十五条 除依法履行信息披露义务外,上市公司应当按照中国证监会、证券交易所的规定积极召开投资者说明会,向投资者介绍情况、回答问题、听取建议。投资者说明会包括业绩说明会、现金分红说明会、重大事项说明会等情形。一般情况下董事长或者总经理应当出席投资者说明会,不能出席的应当公开说明原因。

上市公司召开投资者说明会应当事先公告,事后及时披露说明会情况,具体由各证券交易所规定。投资者说明会应当采取便于投资者参与的方式进行,现场召开的鼓励通过网络等渠道进行直播。

第十六条 存在下列情形的,上市公司应当按照中国证监会、证券交易所的规定召开投资者说明会:

(一)公司当年现金分红水平未达相关规定,需要说明原因;

(二)公司在披露重组预案或重组报告书后终止重组;

(三)公司证券交易出现相关规则规定的异常波动,公司核查后发现存在未披露重大事件;

(四)公司相关重大事件受到市场高度关注或质疑;

(五)其他应当召开投资者说明会的情形。

第十七条 上市公司在年度报告披露后应当按照中国证监会、证券交易所的规定,及时召开业绩说明会,对公司所处行业状况、发展战略、生产经营、财务状况、分红情况、风险与困难等投资者关心的内容进行说明。上市公司召开业绩说明会应当提前征集投资者提问,注重与投资者交流互动的效果,可以采用视频、语音等形式。

第十八条 投资者依法行使股东权利的行为,以及投资者保护机构持股行权、公开征集股东权利、纠纷调解、代表人诉讼等维护投资者合法权益的各项活动,上市公司应当积极支持配合。

投资者与上市公司发生纠纷的,双方可以向调解组织申请调解。投资者提出调解请求的,上市公司应当积极配合。

第十九条 投资者向上市公司提出的诉求,上市公司应当承担处理的首要责任,依法处理、及时答复投资者。

第二十条 上市公司应当明确区分宣传广告与媒体报道,不应以宣传广告材料以及有偿手段影响媒体的客观独立报道。

上市公司应当及时关注媒体的宣传报道,必要时予以适当回应。

第三章 投资者关系管理的组织与实施

第二十一条 上市公司投资者关系管理工作的主要职责包括：

（一）拟定投资者关系管理制度，建立工作机制；

（二）组织与投资者沟通联络的投资者关系管理活动；

（三）组织及时妥善处理投资者咨询、投诉和建议等诉求，定期反馈给公司董事会以及管理层；

（四）管理、运行和维护投资者关系管理的相关渠道和平台；

（五）保障投资者依法行使股东权利；

（六）配合支持投资者保护机构开展维护投资者合法权益的相关工作；

（七）统计分析公司投资者的数量、构成以及变动等情况；

（八）开展有利于改善投资者关系的其他活动。

第二十二条 上市公司应当结合本公司实际制定投资者关系管理制度，明确工作原则、职责分工、工作机制、主要内容、方式渠道和工作要求等。

第二十三条 董事会秘书负责组织和协调投资者关系管理工作。上市公司控股股东、实际控制人以及董事、监事和高级管理人员应当为董事会秘书履行投资者关系管理工作职责提供便利条件。

第二十四条 上市公司需要设立或者指定专职部门，配备专门工作人员，负责开展投资者关系管理工作。

第二十五条 上市公司及其控股股东、实际控制人、董事、监事、高级管理人员和工作人员不得在投资者关系管理活动中出现下列情形：

（一）透露或者发布尚未公开的重大事件信息，或者与依法披露的信息相冲突的信息；

（二）透露或者发布含有误导性、虚假性或者夸大性的信息；

（三）选择性透露或者发布信息，或者存在重大遗漏；

（四）对公司证券价格作出预测或承诺；

（五）未得到明确授权的情况下代表公司发言；

（六）歧视、轻视等不公平对待中小股东或者造成不公平披露的行为；

（七）违反公序良俗，损害社会公共利益；

（八）其他违反信息披露规定，或者影响公司证券及其衍生品种正常交易的违法违规行为。

第二十六条 上市公司从事投资者关系管理工作的人员需要具备以下素质和技能：

（一）良好的品行和职业素养，诚实守信；

（二）良好的专业知识结构，熟悉公司治理、财务会计等相关法律、法规和证券市场的运作机制；

（三）良好的沟通和协调能力；

（四）全面了解公司以及公司所处行业的情况。

第二十七条 上市公司可以定期对董事、监事、高级管理人员和工作人员开展投资者关系管理工作的系统性培训。鼓励参加中国证监会及其派出机构和证券交易所、证券登记结算机构、上市公司协会等举办的相关培训。

第二十八条 上市公司建立健全投资者关系管理档案，可以创建投资者关系管理数据库，以电子或纸质形式存档。

上市公司开展投资者关系管理各项活动，应当采用文字、图表、声像等方式记录活动情况和交流内容，记入投资者关系管理档案。档案的内容分类、利用公布、保管期限等由各证券交易所具体规定。

第二十九条 中国证监会及其派出机构依法对上市公司投资者关系管理及相关主体的行为进行监督管理，对存在重大问题的，督促其采取有效措施予以改善；对违法违规的，依据《证券法》等法律法规的相关规定采取监督管理措施或实施行政处罚。

第三十条 证券交易所、上市公司协会等自律组织，可以依照本指引规定，制定相关自律规则，对上市公司投资者关系管理进行自律管理。

第三十一条 中国证监会及其派出机构，证券交易所、上市公司协会等自律组织和投资者保护机构，可以对上市公司投资者关系管理状况进行评估评价，发布投资者关系管理的良好实践案例和经验，促进上市公司不断提升投资者关系管理水平。

第四章 附 则

第三十二条 本指引自2022年5月15日起施行。《上市公司与投资者关系工作指引》（证监公司字〔2005〕52号）同时废止。

上市公司股东大会规则

· 2022年1月5日

· 中国证券监督管理委员会公告〔2022〕13号公布

第一章 总 则

第一条 为规范上市公司行为，保证股东大会依法行使职权,根据《中华人民共和国公司法》(以下简称《公司法》)、《中华人民共和国证券法》(以下简称《证券法》)的规定,制定本规则。

第二条 上市公司应当严格按照法律、行政法规、本规则及公司章程的相关规定召开股东大会,保证股东能够依法行使权利。

公司董事会应当切实履行职责,认真、按时组织股东大会。公司全体董事应当勤勉尽责,确保股东大会正常召开和依法行使职权。

第三条 股东大会应当在《公司法》和公司章程规定的范围内行使职权。

第四条 股东大会分为年度股东大会和临时股东大会。年度股东大会每年召开一次,应当于上一会计年度结束后的六个月内举行。临时股东大会不定期召开,出现《公司法》第一百条规定的应当召开临时股东大会的情形时,临时股东大会应当在二个月内召开。

公司在上述期限内不能召开股东大会的,应当报告公司所在地中国证券监督管理委员会(以下简称中国证监会)派出机构和公司股票挂牌交易的证券交易所(以下简称证券交易所),说明原因并公告。

第五条 公司召开股东大会,应当聘请律师对以下问题出具法律意见并公告:

(一)会议的召集、召开程序是否符合法律、行政法规、本规则和公司章程的规定;

(二)出席会议人员的资格、召集人资格是否合法有效;

(三)会议的表决程序、表决结果是否合法有效;

(四)应公司要求对其他有关问题出具的法律意见。

第二章 股东大会的召集

第六条 董事会应当在本规则第四条规定的期限内按时召集股东大会。

第七条 独立董事有权向董事会提议召开临时股东大会。对独立董事要求召开临时股东大会的提议,董事会应当根据法律、行政法规和公司章程的规定,在收到提议后十日内提出同意或不同意召开临时股东大会的书面反馈意见。

董事会同意召开临时股东大会的,应当在作出董事会决议后的五日内发出召开股东大会的通知;董事会不同意召开临时股东大会的,应当说明理由并公告。

第八条 监事会有权向董事会提议召开临时股东大会,并应当以书面形式向董事会提出。董事会应当根据法律、行政法规和公司章程的规定,在收到提议后十日内提出同意或不同意召开临时股东大会的书面反馈意见。

董事会同意召开临时股东大会的,应当在作出董事会决议后的五日内发出召开股东大会的通知,通知中对原提议的变更,应当征得监事会的同意。

董事会不同意召开临时股东大会,或者在收到提议后十日内未作出书面反馈的,视为董事会不能履行或者不履行召集股东大会会议职责,监事会可以自行召集和主持。

第九条 单独或者合计持有公司百分之十以上股份的普通股股东(含表决权恢复的优先股股东)有权向董事会请求召开临时股东大会,并应当以书面形式向董事会提出。董事会应当根据法律、行政法规和公司章程的规定,在收到请求后十日内提出同意或不同意召开临时股东大会的书面反馈意见。

董事会同意召开临时股东大会的,应当在作出董事会决议后的五日内发出召开股东大会的通知,通知中对原请求的变更,应当征得相关股东的同意。

董事会不同意召开临时股东大会,或者在收到请求后十日内未作出反馈的,单独或者合计持有公司百分之十以上股份的普通股股东(含表决权恢复的优先股股东)有权向监事会提议召开临时股东大会,并应当以书面形式向监事会提出请求。

监事会同意召开临时股东大会的,应在收到请求五日内发出召开股东大会的通知,通知中对原请求的变更,应当征得相关股东的同意。

监事会未在规定期限内发出股东大会通知的,视为监事会不召集和主持股东大会,连续九十日以上单独或者合计持有公司百分之十以上股份的普通股股东(含表决权恢复的优先股股东)可以自行召集和主持。

第十条 监事会或股东决定自行召集股东大会的,应当书面通知董事会,同时向证券交易所备案。

在股东大会决议公告前,召集普通股股东(含表决权恢复的优先股股东)持股比例不得低于百分之十。

监事会和召集股东应在发出股东大会通知及发布股东大会决议公告时,向证券交易所提交有关证明材料。

第十一条 对于监事会或股东自行召集的股东大会,董事会和董事会秘书应予配合。董事会应当提供股权登记日的股东名册。董事会未提供股东名册的,召集人可以持召集股东大会通知的相关公告,向证券登记结算机构申请获取。召集人所获取的股东名册不得用于除召开股东大会以外的其他用途。

第十二条 监事会或股东自行召集的股东大会,会议所必需的费用由公司承担。

第三章 股东大会的提案与通知

第十三条 提案的内容应当属于股东大会职权范围，有明确议题和具体决议事项，并且符合法律、行政法规和公司章程的有关规定。

第十四条 单独或者合计持有公司百分之三以上股份的普通股股东（含表决权恢复的优先股股东），可以在股东大会召开十日前提出临时提案并书面提交召集人。召集人应当在收到提案后二日内发出股东大会补充通知，公告临时提案的内容。

除前款规定外，召集人在发出股东大会通知后，不得修改股东大会通知中已列明的提案或增加新的提案。

股东大会通知中未列明或不符合本规则第十三条规定的提案，股东大会不得进行表决并作出决议。

第十五条 召集人应当在年度股东大会召开二十日前以公告方式通知各普通股股东（含表决权恢复的优先股股东），临时股东大会应当于会议召开十五日前以公告方式通知各普通股股东（含表决权恢复的优先股股东）。

第十六条 股东大会通知和补充通知中应当充分、完整披露所有提案的具体内容，以及为使股东对拟讨论的事项作出合理判断所需的全部资料或解释。拟讨论的事项需要独立董事发表意见的，发出股东大会通知或补充通知时应当同时披露独立董事的意见及理由。

第十七条 股东大会拟讨论董事、监事选举事项的，股东大会通知中应当充分披露董事、监事候选人的详细资料，至少包括以下内容：

（一）教育背景、工作经历、兼职等个人情况；

（二）与公司或其控股股东及实际控制人是否存在关联关系；

（三）披露持有上市公司股份数量；

（四）是否受过中国证监会及其他有关部门的处罚和证券交易所惩戒。

除采取累积投票制选举董事、监事外，每位董事、监事候选人应当以单项提案提出。

第十八条 股东大会通知中应当列明会议时间、地点，并确定股权登记日。股权登记日与会议日期之间的间隔应当不多于七个工作日。股权登记日一旦确认，不得变更。

第十九条 发出股东大会通知后，无正当理由，股东大会不得延期或取消，股东大会通知中列明的提案不得取消。一旦出现延期或取消的情形，召集人应当在原定召开日前至少二个工作日公告并说明原因。

第四章 股东大会的召开

第二十条 公司应当在公司住所地或公司章程规定的地点召开股东大会。

股东大会应当设置会场，以现场会议形式召开，并应当按照法律、行政法规、中国证监会或公司章程的规定，采用安全、经济、便捷的网络和其他方式为股东参加股东大会提供便利。股东通过上述方式参加股东大会的，视为出席。

股东可以亲自出席股东大会并行使表决权，也可以委托他人代为出席和在授权范围内行使表决权。

第二十一条 公司应当在股东大会通知中明确载明网络或其他方式的表决时间以及表决程序。

股东大会网络或其他方式投票的开始时间，不得早于现场股东大会召开前一日下午3:00，并不得迟于现场股东大会召开当日上午9:30，其结束时间不得早于现场股东大会结束当日下午3:00。

第二十二条 董事会和其他召集人应当采取必要措施，保证股东大会的正常秩序。对于干扰股东大会、寻衅滋事和侵犯股东合法权益的行为，应当采取措施加以制止并及时报告有关部门查处。

第二十三条 股权登记日登记在册的所有普通股股东（含表决权恢复的优先股股东）或其代理人，均有权出席股东大会，公司和召集人不得以任何理由拒绝。

优先股股东不出席股东大会会议，所持股份没有表决权，但出现以下情况之一的，公司召开股东大会会议应当通知优先股股东，并遵循《公司法》及公司章程通知普通股股东的规定程序。优先股股东出席股东大会会议时，有权与普通股股东分类表决，其所持每一优先股有一表决权，但公司持有的本公司优先股没有表决权：

（一）修改公司章程中与优先股相关的内容；

（二）一次或累计减少公司注册资本超过百分之十；

（三）公司合并、分立、解散或变更公司形式；

（四）发行优先股；

（五）公司章程规定的其他情形。

上述事项的决议，除须经出席会议的普通股股东（含表决权恢复的优先股股东）所持表决权的三分之二以上通过之外，还须经出席会议的优先股股东（不含表决权恢复的优先股股东）所持表决权的三分之二以上通过。

第二十四条 股东应当持股票账户卡、身份证或其他能够表明其身份的有效证件或证明出席股东大会。代理人还应当提交股东授权委托书和个人有效身份证件。

第二十五条 召集人和律师应当依据证券登记结算

机构提供的股东名册共同对股东资格的合法性进行验证,并登记股东姓名或名称及其所持有表决权的股份数。在会议主持人宣布现场出席会议的股东和代理人人数及所持有表决权的股份总数之前,会议登记应当终止。

第二十六条　公司召开股东大会,全体董事、监事和董事会秘书应当出席会议,经理和其他高级管理人员应当列席会议。

第二十七条　股东大会由董事长主持。董事长不能履行职务或不履行职务时,由副董事长主持;副董事长不能履行职务或者不履行职务时,由半数以上董事共同推举的一名董事主持。

监事会自行召集的股东大会,由监事会主席主持。监事会主席不能履行职务或不履行职务时,由监事会副主席主持;监事会副主席不能履行职务或者不履行职务时,由半数以上监事共同推举的一名监事主持。

股东自行召集的股东大会,由召集人推举代表主持。

公司应当制定股东大会议事规则。召开股东大会时,会议主持人违反议事规则使股东大会无法继续进行的,经现场出席股东大会有表决权过半数的股东同意,股东大会可推举一人担任会议主持人,继续开会。

第二十八条　在年度股东大会上,董事会、监事会应当就其过去一年的工作向股东大会作出报告,每名独立董事也应作出述职报告。

第二十九条　董事、监事、高级管理人员在股东大会上应就股东的质询作出解释和说明。

第三十条　会议主持人应当在表决前宣布现场出席会议的股东和代理人人数及所持有表决权的股份总数,现场出席会议的股东和代理人人数及所持有表决权的股份总数以会议登记为准。

第三十一条　股东与股东大会拟审议事项有关联关系时,应当回避表决,其所持有表决权的股份不计入出席股东大会有表决权的股份总数。

股东大会审议影响中小投资者利益的重大事项时,对中小投资者的表决应当单独计票。单独计票结果应当及时公开披露。

公司持有自己的股份没有表决权,且该部分股份不计入出席股东大会有表决权的股份总数。

股东买入公司有表决权的股份违反《证券法》第六十三条第一款、第二款规定的,该超过规定比例部分的股份在买入后的三十六个月内不得行使表决权,且不计入出席股东大会有表决权的股份总数。

公司董事会、独立董事、持有百分之一以上有表决权股份的股东或者依照法律、行政法规或者中国证监会的规定设立的投资者保护机构可以公开征集股东投票权。征集股东投票权应当向被征集人充分披露具体投票意向等信息。禁止以有偿或者变相有偿的方式征集股东投票权。除法定条件外,公司不得对征集投票权提出最低持股比例限制。

第三十二条　股东大会就选举董事、监事进行表决时,根据公司章程的规定或者股东大会的决议,可以实行累积投票制。单一股东及其一致行动人拥有权益的股份比例在百分之三十及以上的上市公司,应当采用累积投票制。

前款所称累积投票制是指股东大会选举董事或者监事时,每一普通股(含表决权恢复的优先股)股份拥有与应选董事或者监事人数相同的表决权,股东拥有的表决权可以集中使用。

第三十三条　除累积投票制外,股东大会对所有提案应当逐项表决。对同一事项有不同提案的,应当按提案提出的时间顺序进行表决。除因不可抗力等特殊原因导致股东大会中止或不能作出决议外,股东大会不得对提案进行搁置或不予表决。

股东大会就发行优先股进行审议,应当就下列事项逐项进行表决:

(一)本次发行优先股的种类和数量;

(二)发行方式、发行对象及向原股东配售的安排;

(三)票面金额、发行价格或定价区间及其确定原则;

(四)优先股股东参与分配利润的方式,包括:股息率及其确定原则、股息发放的条件、股息支付方式、股息是否累积、是否可以参与剩余利润分配等;

(五)回购条款,包括回购的条件、期间、价格及其确定原则、回购选择权的行使主体等(如有);

(六)募集资金用途;

(七)公司与相应发行对象签订的附条件生效的股份认购合同;

(八)决议的有效期;

(九)公司章程关于优先股股东和普通股股东利润分配政策相关条款的修订方案;

(十)对董事会办理本次发行具体事宜的授权;

(十一)其他事项。

第三十四条　股东大会审议提案时,不得对提案进行修改,否则,有关变更应当被视为一个新的提案,不得在本次股东大会上进行表决。

第三十五条 同一表决权只能选择现场、网络或其他表决方式中的一种。同一表决权出现重复表决的以第一次投票结果为准。

第三十六条 出席股东大会的股东,应当对提交表决的提案发表以下意见之一:同意、反对或弃权。证券登记结算机构作为内地与香港股票市场交易互联互通机制股票的名义持有人,按照实际持有人意思表示进行申报的除外。

未填、错填、字迹无法辨认的表决票或未投的表决票均视为投票人放弃表决权利,其所持股份数的表决结果应计为"弃权"。

第三十七条 股东大会对提案进行表决前,应当推举二名股东代表参加计票和监票。审议事项与股东有关联关系的,相关股东及代理人不得参加计票、监票。

股东大会对提案进行表决时,应当由律师、股东代表与监事代表共同负责计票、监票。

通过网络或其他方式投票的公司股东或其代理人,有权通过相应的投票系统查验自己的投票结果。

第三十八条 股东大会会议现场结束时间不得早于网络或其他方式,会议主持人应当在会议现场宣布每一提案的表决情况和结果,并根据表决结果宣布提案是否通过。

在正式公布表决结果前,股东大会现场、网络及其他表决方式中所涉及的公司、计票人、监票人、主要股东、网络服务方等相关各方对表决情况均负有保密义务。

第三十九条 股东大会决议应当及时公告,公告中应列明出席会议的股东和代理人人数、所持有表决权的股份总数及占公司有表决权股份总数的比例、表决方式、每项提案的表决结果和通过的各项决议的详细内容。

发行优先股的公司就本规则第二十三条第二款所列情形进行表决的,应当对普通股股东(含表决权恢复的优先股股东)和优先股股东(不含表决权恢复的优先股股东)出席会议及表决的情况分别统计并公告。

发行境内上市外资股的公司,应当对内资股股东和外资股股东出席会议及表决情况分别统计并公告。

第四十条 提案未获通过,或者本次股东大会变更前次股东大会决议的,应当在股东大会决议公告中作特别提示。

第四十一条 股东大会会议记录由董事会秘书负责,会议记录应记载以下内容:

(一)会议时间、地点、议程和召集人姓名或名称;

(二)会议主持人以及出席或列席会议的董事、监事、董事会秘书、经理和其他高级管理人员姓名;

(三)出席会议的股东和代理人人数、所持有表决权的股份总数及占公司股份总数的比例;

(四)对每一提案的审议经过、发言要点和表决结果;

(五)股东的质询意见或建议以及相应的答复或说明;

(六)律师及计票人、监票人姓名;

(七)公司章程规定应当载入会议记录的其他内容。

出席会议的董事、监事、董事会秘书、召集人或其代表、会议主持人应当在会议记录上签名,并保证会议记录内容真实、准确和完整。会议记录应当与现场出席股东的签名册及代理出席的委托书、网络及其他方式表决情况的有效资料一并保存,保存期限不少于十年。

第四十二条 召集人应当保证股东大会连续举行,直至形成最终决议。因不可抗力等特殊原因导致股东大会中止或不能作出决议的,应采取必要措施尽快恢复召开股东大会或直接终止本次股东大会,并及时公告。同时,召集人应向公司所在地中国证监会派出机构及证券交易所报告。

第四十三条 股东大会通过有关董事、监事选举提案的,新任董事、监事按公司章程的规定就任。

第四十四条 股东大会通过有关派现、送股或资本公积转增股本提案的,公司应当在股东大会结束后二个月内实施具体方案。

第四十五条 公司以减少注册资本为目的回购普通股公开发行优先股,以及以非公开发行优先股为支付手段向公司特定股东回购普通股的,股东大会就回购普通股作出决议,应当经出席会议的普通股股东(含表决权恢复的优先股股东)所持表决权的三分之二以上通过。

公司应当在股东大会作出回购普通股决议后的次日公告该决议。

第四十六条 公司股东大会决议内容违反法律、行政法规的无效。

公司控股股东、实际控制人不得限制或者阻挠中小投资者依法行使投票权,不得损害公司和中小投资者的合法权益。

股东大会的会议召集程序、表决方式违反法律、行政法规或者公司章程,或者决议内容违反公司章程的,股东可以自决议作出之日起六十日内,请求人民法院撤销。

第五章 监管措施

第四十七条 在本规则规定期限内,上市公司无正当理由不召开股东大会的，证券交易所有权对该公司挂牌交易的股票及衍生品种予以停牌，并要求董事会作出解释并公告。

第四十八条 股东大会的召集、召开和相关信息披露不符合法律、行政法规、本规则和公司章程要求的，中国证监会及其派出机构有权责令公司或相关责任人限期改正，并由证券交易所采取相关监管措施或予以纪律处分。

第四十九条 董事、监事或董事会秘书违反法律、行政法规、本规则和公司章程的规定，不切实履行职责的，中国证监会及其派出机构有权责令其改正，并由证券交易所采取相关监管措施或予以纪律处分；对于情节严重或不予改正的，中国证监会可对相关人员实施证券市场禁入。

第六章 附 则

第五十条 上市公司制定或修改章程应依照本规则列明股东大会有关条款。

第五十一条 对发行外资股的公司的股东大会，相关法律、行政法规或文件另有规定的，从其规定。

第五十二条 本规则所称公告、通知或股东大会补充通知，是指在符合中国证监会规定条件的媒体和证券交易所网站上公布有关信息披露内容。

第五十三条 本规则所称"以上"、"内"，含本数；"过"、"低于"、"多于"，不含本数。

第五十四条 本规则自公布之日起施行。2016年9月30日施行的《上市公司股东大会规则（2016年修订）》（证监会公告〔2016〕22号）同时废止。

关于进一步落实上市公司现金分红有关事项的通知

· 2012年5月4日
· 证监发〔2012〕37号

中国证监会各省、自治区、直辖市、计划单列市监管局，上海、深圳专员办，各证券、期货交易所，中国证券登记结算公司，中国证券投资者保护基金公司，中国证券金融公司，中国期货保证金监控中心公司，中国证券业、期货业、上市公司协会，会内各部门：

上市公司是资本市场发展的基石。随着上市公司的成长和发展，给予投资者合理的投资回报，为投资者提供分享经济增长成果的机会，是上市公司应尽的责任和义务。现金分红是实现投资回报的重要形式，更是培育资本市场长期投资理念，增强资本市场活力和吸引力的重要途径。为进一步增强上市公司现金分红的透明度，便于投资者形成稳定的回报预期，现就进一步落实上市公司现金分红有关事项通知如下：

一、上市公司应当进一步强化回报股东的意识，严格依照《公司法》和公司章程的规定，自主决策公司利润分配事项，制定明确的回报规划，充分维护公司股东依法享有的资产收益等权利，不断完善董事会、股东大会对公司利润分配事项的决策程序和机制。

二、上市公司制定利润分配政策尤其是现金分红政策时，应当履行必要的决策程序。董事会应当就股东回报事宜进行专项研究论证，详细说明规划安排的理由等情况。上市公司应当通过多种渠道充分听取独立董事以及中小股东的意见，做好现金分红事项的信息披露，并在公司章程中载明以下内容：

（一）公司董事会、股东大会对利润分配尤其是现金分红事项的决策程序和机制，对既定利润分配政策尤其是现金分红政策作出调整的具体条件、决策程序和机制，以及为充分听取独立董事和中小股东意见所采取的措施。

（二）公司的利润分配政策尤其是现金分红政策的具体内容，利润分配的形式，利润分配尤其是现金分红的期间间隔，现金分红的具体条件，发放股票股利的条件，各期现金分红最低金额或比例（如有）等。

首次公开发行股票公司应当合理制定和完善利润分配政策，并按照本通知的要求在公司章程（草案）中载明相关内容。保荐机构在从事首次公开发行股票保荐业务中，应当督促首次公开发行股票公司落实本通知的要求。

三、上市公司在制定现金分红具体方案时，董事会应当认真研究和论证公司现金分红的时机、条件和最低比例、调整的条件及其决策程序要求等事宜，独立董事应当发表明确意见。股东大会对现金分红具体方案进行审议时，应当通过多种渠道主动与股东特别是中小股东进行沟通和交流，充分听取中小股东的意见和诉求，并及时答复中小股东关心的问题。

四、上市公司应当严格执行公司章程确定的现金分红政策以及股东大会审议批准的现金分红具体方案。确有必要对公司章程确定的现金分红政策进行调整或者变更的，应当满足公司章程规定的条件，经过详细论证后，履行相应的决策程序，并经出席股东大会的股东所持表决权的2/3以上通过。

五、上市公司应当在定期报告中详细披露现金分红政策的制定及执行情况，说明是否符合公司章程的规定或者股东大会决议的要求，分红标准和比例是否明确和清晰，相关的决策程序和机制是否完备，独立董事是否尽职履责并发挥了应有的作用，中小股东是否有充分表达意见和诉求的机会，中小股东的合法权益是否得到充分维护等。对现金分红政策进行调整或变更的，还要详细说明调整或变更的条件和程序是否合规和透明等。

六、首次公开发行股票公司应当在招股说明书中做好利润分配相关信息披露工作：

（一）披露公司章程（草案）中利润分配相关内容。

（二）披露董事会关于股东回报事宜的专项研究论证情况以及相应的规划安排理由等信息。

（三）披露公司利润分配政策制定时的主要考虑因素及已经履行的决策程序。利润分配政策中明确不采取现金分红或者有现金分红最低比例安排的，应当进一步披露制定相关政策或者比例时的主要考虑因素。发行人利润主要来源于控股子公司的，应当披露控股子公司的财务管理制度、章程中利润分配条款内容以及能否保证发行人未来具备现金分红能力。发行人应结合自身生产经营情况详细说明未分配利润的使用安排情况。

（四）披露公司是否有未来3年具体利润分配计划。如有，应当进一步披露计划的具体内容、制定的依据和可行性。发行人应结合自身生产经营情况详细说明未分配利润的使用安排情况。

（五）披露公司长期回报规划的具体内容，以及规划制定时主要考虑因素。分红回报规划应当着眼于公司的长远和可持续发展，在综合分析企业经营发展实际、股东要求和意愿、社会资金成本、外部融资环境等因素的基础上，充分考虑公司目前及未来盈利规模、现金流量状况、发展所处阶段、项目投资资金需求、本次发行融资、银行信贷及债权融资环境等情况，建立对投资者持续、稳定、科学的回报机制，保持利润分配政策的连续性和稳定性。

（六）在招股说明书中作"重大事项提示"，提醒投资者关注公司发行上市后的利润分配政策、现金分红的最低比例（如有）、未来3年具体利润分配计划（如有）和长期回报规划，并提示详细参阅招股说明书中的具体内容。

保荐机构应当在保荐工作报告中反映发行人利润分配政策的完善情况，对发行人利润分配的决策机制是否符合本规定，对发行人利润分配政策和未来分红规划是否注重给予投资者合理回报、是否有利于保护投资者合法权益等发表明确意见。

七、拟发行证券的上市公司应制定对股东回报的合理规划，对经营利润用于自身发展和回报股东要合理平衡，要重视提高现金分红水平，提升对股东的回报。

上市公司应当在募集说明书或发行预案中增加披露利润分配政策尤其是现金分红政策的制定及执行情况、最近3年现金分红金额及比例、未分配利润使用安排情况，并作"重大事项提示"，提醒投资者关注上述情况。保荐机构应当在保荐工作报告中对上市公司利润分配政策的决策机制是否合规，是否建立了对投资者持续、稳定、科学的回报机制，现金分红的承诺是否履行，本通知的要求是否已经落实发表明确意见。

对于最近3年现金分红水平较低的上市公司，发行人及保荐机构应结合不同行业和不同类型公司的特点和经营模式、公司所处发展阶段、盈利水平、资金需求等因素说明公司现金分红水平较低的原因，并对公司是否充分考虑了股东要求和意愿、是否给予了投资者合理回报以及公司的现金分红政策是否符合上市公司股东利益最大化原则发表明确意见。

八、当事人进行借壳上市、重大资产重组、合并分立或者因收购导致上市公司控制权发生变更的，应当按照本通知的要求，在重大资产重组报告书、权益变动报告书或者收购报告书中详细披露重组或者控制权发生变更后上市公司的现金分红政策及相应的规划安排、董事会的情况说明等信息。

九、各证监局应当将本通知传达至辖区内各上市公司，督促其遵照执行。各证监局、上海及深圳证券交易所、会内相关部门应当加强对上市公司现金分红政策的决策过程、执行情况以及信息披露等事项的监管。

资本市场各参与主体要齐心协力，提升上市公司经营管理和规范运作水平，增强市场运行的诚信度和透明度，提高上市公司盈利能力和持续发展能力，不断提高上市公司质量，夯实分红回报的基础，共同促进资本市场健康稳定发展。

3. 董事、监事与高级管理人员

关于上市公司总经理及高层管理人员不得在控股股东单位兼职的通知

- 1999年5月6日
- 证监公司字〔1999〕22号

为保证上市公司与控股股东在人员、资产、财务上严格分开，现就上市公司总经理及高层管理人员不得在控股股东单位兼职等问题通知如下：

一、上市公司的总经理必须专职，总经理在集团等控股股东单位不得担任除董事以外的其他职务。

二、总经理及高层管理人员（副总经理、财务主管和董事会秘书）必须在上市公司领薪，不得由控股股东代发薪水。

上市公司独立董事管理办法

· 2023年8月1日中国证券监督管理委员会令第220号公布
· 自2023年9月4日起施行

第一章 总 则

第一条 为规范独立董事行为，充分发挥独立董事在上市公司治理中的作用，促进提高上市公司质量，依据《中华人民共和国公司法》《中华人民共和国证券法》《国务院办公厅关于上市公司独立董事制度改革的意见》等规定，制定本办法。

第二条 独立董事是指不在上市公司担任除董事外的其他职务，并与其所受聘的上市公司及其主要股东、实际控制人不存在直接或者间接利害关系，或者其他可能影响其进行独立客观判断关系的董事。

独立董事应当独立履行职责，不受上市公司及其主要股东、实际控制人等单位或者个人的影响。

第三条 独立董事对上市公司及全体股东负有忠实与勤勉义务，应当按照法律、行政法规、中国证券监督管理委员会（以下简称中国证监会）规定、证券交易所业务规则和公司章程的规定，认真履行职责，在董事会中发挥参与决策、监督制衡、专业咨询作用，维护上市公司整体利益，保护中小股东合法权益。

第四条 上市公司应当建立独立董事制度。独立董事制度应当符合法律、行政法规、中国证监会规定和证券交易所业务规则的规定，有利于上市公司的持续规范发展，不得损害上市公司利益。上市公司应当为独立董事依法履职提供必要保障。

第五条 上市公司独立董事占董事会成员的比例不得低于三分之一，且至少包括一名会计专业人士。

上市公司应当在董事会中设置审计委员会。审计委员会成员应当为不在上市公司担任高级管理人员的董事，其中独立董事应当过半数，并由独立董事中会计专业人士担任召集人。

上市公司可以根据需要在董事会中设置提名、薪酬与考核、战略等专门委员会。提名委员会、薪酬与考核委员会中独立董事应当过半数并担任召集人。

第二章 任职资格与任免

第六条 独立董事必须保持独立性。下列人员不得担任独立董事：

（一）在上市公司或者其附属企业任职的人员及其配偶、父母、子女、主要社会关系；

（二）直接或者间接持有上市公司已发行股份百分之一以上或者是上市公司前十名股东中的自然人股东及其配偶、父母、子女；

（三）在直接或者间接持有上市公司已发行股份百分之五以上的股东或者在上市公司前五名股东任职的人员及其配偶、父母、子女；

（四）在上市公司控股股东、实际控制人的附属企业任职的人员及其配偶、父母、子女；

（五）与上市公司及其控股股东、实际控制人或者其各自的附属企业有重大业务往来的人员，或者在有重大业务往来的单位及其控股股东、实际控制人任职的人员；

（六）为上市公司及其控股股东、实际控制人或者其各自附属企业提供财务、法律、咨询、保荐等服务的人员，包括但不限于提供服务的中介机构的项目组全体人员、各级复核人员、在报告上签字的人员、合伙人、董事、高级管理人员及主要负责人；

（七）最近十二个月内曾经具有第一项至第六项所列举情形的人员；

（八）法律、行政法规、中国证监会规定、证券交易所业务规则和公司章程规定的不具备独立性的其他人员。

前款第四项至第六项中的上市公司控股股东、实际控制人的附属企业，不包括与上市公司受同一国有资产管理机构控制且按照相关规定未与上市公司构成关联关系的企业。

独立董事应当每年对独立性情况进行自查，并将自查情况提交董事会。董事会应当每年对在任独立董事独立性情况进行评估并出具专项意见，与年度报告同时披露。

第七条 担任独立董事应当符合下列条件：

（一）根据法律、行政法规和其他有关规定，具备担任上市公司董事的资格；

（二）符合本办法第六条规定的独立性要求；

（三）具备上市公司运作的基本知识，熟悉相关法律法规和规则；

（四）具有五年以上履行独立董事职责所必需的法

律、会计或者经济等工作经验；

（五）具有良好的个人品德，不存在重大失信等不良记录；

（六）法律、行政法规、中国证监会规定、证券交易所业务规则和公司章程规定的其他条件。

第八条 独立董事原则上最多在三家境内上市公司担任独立董事，并应当确保有足够的时间和精力有效地履行独立董事的职责。

第九条 上市公司董事会、监事会、单独或者合计持有上市公司已发行股份百分之一以上的股东可以提出独立董事候选人，并经股东大会选举决定。

依法设立的投资者保护机构可以公开请求股东委托其代为行使提名独立董事的权利。

第一款规定的提名人不得提名与其存在利害关系的人员或者有其他可能影响独立履职情形的关系密切人员作为独立董事候选人。

第十条 独立董事的提名人在提名前应当征得被提名人的同意。提名人应当充分了解被提名人职业、学历、职称、详细的工作经历、全部兼职、有无重大失信等不良记录等情况，并对其符合独立性和担任独立董事的其他条件发表意见。被提名人应当就其符合独立性和担任独立董事的其他条件作出公开声明。

第十一条 上市公司在董事会中设置提名委员会的，提名委员会应当对被提名人任职资格进行审查，并形成明确的审查意见。

上市公司应当在选举独立董事的股东大会召开前，按照本办法第十条以及前款的规定披露相关内容，并将所有独立董事候选人的有关材料报送证券交易所，相关报送材料应当真实、准确、完整。

证券交易所依照规定对独立董事候选人的有关材料进行审查，审慎判断独立董事候选人是否符合任职资格并有权提出异议。证券交易所提出异议的，上市公司不得提交股东大会选举。

第十二条 上市公司股东大会选举两名以上独立董事的，应当实行累积投票制。鼓励上市公司实行差额选举，具体实施细则由公司章程规定。

中小股东表决情况应当单独计票并披露。

第十三条 独立董事每届任期与上市公司其他董事任期相同，任期届满，可以连选连任，但是连续任职不得超过六年。

第十四条 独立董事任期届满前，上市公司可以依照法定程序解除其职务。提前解除独立董事职务的，上市公司应当及时披露具体理由和依据。独立董事有异议的，上市公司应当及时予以披露。

独立董事不符合本办法第七条第一项或者第二项规定的，应当立即停止履职并辞去职务。未提出辞职的，董事会知悉或者应当知悉该事实发生后应当立即按规定解除其职务。

独立董事因触及前款规定情形提出辞职或者被解除职务导致董事会或者其专门委员会中独立董事所占的比例不符合本办法或者公司章程的规定，或者独立董事中欠缺会计专业人士的，上市公司应当自前述事实发生之日起六十日内完成补选。

第十五条 独立董事在任期届满前可以提出辞职。独立董事辞职应当向董事会提交书面辞职报告，对任何与其辞职有关或者其认为有必要引起上市公司股东和债权人注意的情况进行说明。上市公司应当对独立董事辞职的原因及关注事项予以披露。

独立董事辞职将导致董事会或者其专门委员会中独立董事所占的比例不符合本办法或者公司章程的规定，或者独立董事中欠缺会计专业人士的，拟辞职的独立董事应当继续履行职责至新任独立董事产生之日。上市公司应当自独立董事提出辞职之日起六十日内完成补选。

第十六条 中国上市公司协会负责上市公司独立董事信息库建设和管理工作。上市公司可以从独立董事信息库选聘独立董事。

第三章 职责与履职方式

第十七条 独立董事履行下列职责：

（一）参与董事会决策并对所议事项发表明确意见；

（二）对本办法第二十三条、第二十六条、第二十七条和第二十八条所列上市公司与其控股股东、实际控制人、董事、高级管理人员之间的潜在重大利益冲突事项进行监督，促使董事会决策符合上市公司整体利益，保护中小股东合法权益；

（三）对上市公司经营发展提供专业、客观的建议，促进提升董事会决策水平；

（四）法律、行政法规、中国证监会规定和公司章程规定的其他职责。

第十八条 独立董事行使下列特别职权：

（一）独立聘请中介机构，对上市公司具体事项进行审计、咨询或者核查；

（二）向董事会提议召开临时股东大会；

（三）提议召开董事会会议；

（四）依法公开向股东征集股东权利；

（五）对可能损害上市公司或者中小股东权益的事项发表独立意见；

（六）法律、行政法规、中国证监会规定和公司章程规定的其他职权。

独立董事行使前款第一项至第三项所列职权的，应当经全体独立董事过半数同意。

独立董事行使第一款所列职权的，上市公司应当及时披露。上述职权不能正常行使的，上市公司应当披露具体情况和理由。

第十九条　董事会会议召开前，独立董事可以与董事会秘书进行沟通，就拟审议事项进行询问、要求补充材料、提出意见建议等。董事会及相关人员应当对独立董事提出的问题、要求和意见认真研究，及时向独立董事反馈议案修改等落实情况。

第二十条　独立董事应当亲自出席董事会会议。因故不能亲自出席会议的，独立董事应当事先审阅会议材料，形成明确的意见，并书面委托其他独立董事代为出席。

独立董事连续两次未能亲自出席董事会会议，也不委托其他独立董事代为出席的，董事会应当在该事实发生之日起三十日内提议召开股东大会解除该独立董事职务。

第二十一条　独立董事对董事会议案投反对票或者弃权票的，应当说明具体理由及依据、议案所涉事项的合法合规性、可能存在的风险以及对上市公司和中小股东权益的影响等。上市公司在披露董事会决议时，应当同时披露独立董事的异议意见，并在董事会决议和会议记录中载明。

第二十二条　独立董事应当持续关注本办法第二十三条、第二十六条、第二十七条和第二十八条所列事项相关的董事会决议执行情况，发现存在违反法律、行政法规、中国证监会规定、证券交易所业务规则和公司章程规定，或者违反股东大会和董事会决议等情形的，应当及时向董事会报告，并可以要求上市公司作出书面说明。涉及披露事项的，上市公司应当及时披露。

上市公司未按前款规定作出说明或者及时披露的，独立董事可以向中国证监会和证券交易所报告。

第二十三条　下列事项应当经上市公司全体独立董事过半数同意后，提交董事会审议：

（一）应当披露的关联交易；

（二）上市公司及相关方变更或者豁免承诺的方案；

（三）被收购上市公司董事会针对收购所作出的决策及采取的措施；

（四）法律、行政法规、中国证监会规定和公司章程规定的其他事项。

第二十四条　上市公司应当定期或者不定期召开全部由独立董事参加的会议（以下简称独立董事专门会议）。本办法第十八条第一款第一项至第三项、第二十三条所列事项，应当经独立董事专门会议审议。

独立董事专门会议可以根据需要研究讨论上市公司其他事项。

独立董事专门会议应当由过半数独立董事共同推举一名独立董事召集和主持；召集人不履职或者不能履职时，两名及以上独立董事可以自行召集并推举一名代表主持。

上市公司应当为独立董事专门会议的召开提供便利和支持。

第二十五条　独立董事在上市公司董事会专门委员会中应当依照法律、行政法规、中国证监会规定、证券交易所业务规则和公司章程履行职责。独立董事应当亲自出席专门委员会会议，因故不能亲自出席会议的，应当事先审阅会议材料，形成明确的意见，并书面委托其他独立董事代为出席。独立董事履职中关注到专门委员会职责范围内的上市公司重大事项，可以依照程序及时提请专门委员会进行讨论和审议。

上市公司应当按照本办法规定在公司章程中对专门委员会的组成、职责等作出规定，并制定专门委员会工作规程，明确专门委员会的人员构成、任期、职责范围、议事规则、档案保存等相关事项。国务院有关主管部门对专门委员会的召集人另有规定的，从其规定。

第二十六条　上市公司董事会审计委员会负责审核公司财务信息及其披露、监督及评估内外部审计工作和内部控制，下列事项应当经审计委员会全体成员过半数同意后，提交董事会审议：

（一）披露财务会计报告及定期报告中的财务信息、内部控制评价报告；

（二）聘用或者解聘承办上市公司审计业务的会计师事务所；

（三）聘任或者解聘上市公司财务负责人；

（四）因会计准则变更以外的原因作出会计政策、会计估计变更或者重大会计差错更正；

（五）法律、行政法规、中国证监会规定和公司章程规定的其他事项。

审计委员会每季度至少召开一次会议，两名及以上成员提议，或者召集人认为有必要时，可以召开临时会议。审计委员会会议须有三分之二以上成员出席方可举行。

第二十七条 上市公司董事会提名委员会负责拟定董事、高级管理人员的选择标准和程序，对董事、高级管理人员人选及其任职资格进行遴选、审核，并就下列事项向董事会提出建议：

（一）提名或者任免董事；

（二）聘任或者解聘高级管理人员；

（三）法律、行政法规、中国证监会规定和公司章程规定的其他事项。

董事会对提名委员会的建议未采纳或者未完全采纳的，应当在董事会决议中记载提名委员会的意见及未采纳的具体理由，并进行披露。

第二十八条 上市公司董事会薪酬与考核委员会负责制定董事、高级管理人员的考核标准并进行考核，制定、审查董事、高级管理人员的薪酬政策与方案，并就下列事项向董事会提出建议：

（一）董事、高级管理人员的薪酬；

（二）制定或者变更股权激励计划、员工持股计划，激励对象获授权益、行使权益条件成就；

（三）董事、高级管理人员在拟分拆所属子公司安排持股计划；

（四）法律、行政法规、中国证监会规定和公司章程规定的其他事项。

董事会对薪酬与考核委员会的建议未采纳或者未完全采纳的，应当在董事会决议中记载薪酬与考核委员会的意见及未采纳的具体理由，并进行披露。

第二十九条 上市公司未在董事会中设置提名委员会、薪酬与考核委员会的，由独立董事专门会议按照本办法第十一条对被提名人任职资格进行审查，就本办法第二十七条第一款、第二十八条第一款所列事项向董事会提出建议。

第三十条 独立董事每年在上市公司的现场工作时间应当不少于十五日。

除按规定出席股东大会、董事会及其专门委员会、独立董事专门会议外，独立董事可以通过定期获取上市公司运营情况等资料、听取管理层汇报、与内部审计机构负责人和承办上市公司审计业务的会计师事务所等中介机构沟通、实地考察、与中小股东沟通等多种方式履行职责。

第三十一条 上市公司董事会及其专门委员会、独立董事专门会议应当按规定制作会议记录，独立董事的意见应当在会议记录中载明。独立董事应当对会议记录签字确认。

独立董事应当制作工作记录，详细记录履行职责的情况。独立董事履行职责过程中获取的资料、相关会议记录、与上市公司及中介机构工作人员的通讯记录等，构成工作记录的组成部分。对于工作记录中的重要内容，独立董事可以要求董事会秘书等相关人员签字确认，上市公司及相关人员应当予以配合。

独立董事工作记录及上市公司向独立董事提供的资料，应当至少保存十年。

第三十二条 上市公司应当健全独立董事与中小股东的沟通机制，独立董事可以就投资者提出的问题及时向上市公司核实。

第三十三条 独立董事应当向上市公司年度股东大会提交年度述职报告，对其履行职责的情况进行说明。年度述职报告应当包括下列内容：

（一）出席董事会次数、方式及投票情况，出席股东大会次数；

（二）参与董事会专门委员会、独立董事专门会议工作情况；

（三）对本办法第二十三条、第二十六条、第二十七条、第二十八条所列事项进行审议和行使本办法第十八条第一款所列独立董事特别职权的情况；

（四）与内部审计机构及承办上市公司审计业务的会计师事务所就公司财务、业务状况进行沟通的重大事项、方式及结果等情况；

（五）与中小股东的沟通交流情况；

（六）在上市公司现场工作的时间、内容等情况；

（七）履行职责的其他情况。

独立董事年度述职报告最迟应当在上市公司发出年度股东大会通知时披露。

第三十四条 独立董事应当持续加强证券法律法规及规则的学习，不断提高履职能力。中国证监会、证券交易所、中国上市公司协会可以提供相关培训服务。

第四章 履职保障

第三十五条 上市公司应当为独立董事履行职责提供必要的工作条件和人员支持，指定董事会办公室、董事会秘书等专门部门和专门人员协助独立董事履行职责。

董事会秘书应当确保独立董事与其他董事、高级管理人员及其他相关人员之间的信息畅通，确保独立董事履行职责时能够获得足够的资源和必要的专业意见。

第三十六条 上市公司应当保障独立董事享有与其他董事同等的知情权。为保证独立董事有效行使职权，上市公司应当向独立董事定期通报公司运营情况，提供资料，组织或者配合独立董事开展实地考察等工作。

上市公司可以在董事会审议重大复杂事项前，组织独立董事参与研究论证等环节，充分听取独立董事意见，并及时向独立董事反馈意见采纳情况。

第三十七条 上市公司应当及时向独立董事发出董事会会议通知，不迟于法律、行政法规、中国证监会规定或者公司章程规定的董事会会议通知期限提供相关会议资料，并为独立董事提供有效沟通渠道；董事会专门委员会召开会议的，上市公司原则上应当不迟于专门委员会会议召开前三日提供相关资料和信息。上市公司应当保存上述会议资料至少十年。

两名及以上独立董事认为会议材料不完整、论证不充分或者提供不及时的，可以书面向董事会提出延期召开会议或者延期审议该事项，董事会应当予以采纳。

董事会及专门委员会会议以现场召开为原则。在保证全体参会董事能够充分沟通并表达意见的前提下，必要时可以依照程序采用视频、电话或者其他方式召开。

第三十八条 独立董事行使职权的，上市公司董事、高级管理人员等相关人员应当予以配合，不得拒绝、阻碍或者隐瞒相关信息，不得干预其独立行使职权。

独立董事依法行使职权遭遇阻碍的，可以向董事会说明情况，要求董事、高级管理人员等相关人员予以配合，并将受到阻碍的具体情形和解决状况记入工作记录；仍不能消除阻碍的，可以向中国证监会和证券交易所报告。

独立董事履职事项涉及应披露信息的，上市公司应当及时办理披露事宜；上市公司不予披露的，独立董事可以直接申请披露，或者向中国证监会和证券交易所报告。

中国证监会和证券交易所应当畅通独立董事沟通渠道。

第三十九条 上市公司应当承担独立董事聘请专业机构及行使其他职权时所需的费用。

第四十条 上市公司可以建立独立董事责任保险制度，降低独立董事正常履行职责可能引致的风险。

第四十一条 上市公司应当给予独立董事与其承担的职责相适应的津贴。津贴的标准应当由董事会制订方案，股东大会审议通过，并在上市公司年度报告中进行披露。

除上述津贴外，独立董事不得从上市公司及其主要股东、实际控制人或者有利害关系的单位和人员取得其他利益。

第五章 监督管理与法律责任

第四十二条 中国证监会依法对上市公司独立董事及相关主体在证券市场的活动进行监督管理。

证券交易所、中国上市公司协会依照法律、行政法规和本办法制定相关自律规则，对上市公司独立董事进行自律管理。

有关自律组织可以对上市公司独立董事履职情况进行评估，促进其不断提高履职效果。

第四十三条 中国证监会、证券交易所可以要求上市公司、独立董事及其他相关主体对独立董事有关事项作出解释、说明或者提供相关资料。上市公司、独立董事及相关主体应当及时回复，并配合中国证监会的检查、调查。

第四十四条 上市公司、独立董事及相关主体违反本办法规定的，中国证监会可以采取责令改正、监管谈话、出具警示函、责令公开说明、责令定期报告等监管措施。依法应当给予行政处罚的，中国证监会依照有关规定进行处罚。

第四十五条 对独立董事在上市公司中的履职尽责情况及其行政责任，可以结合独立董事履行职责与相关违法违规行为之间的关联程度，兼顾其董事地位和外部身份特点，综合下列方面进行认定：

（一）在信息形成和相关决策过程中所起的作用；

（二）相关事项信息来源和内容、了解信息的途径；

（三）知情程度及知情后的态度；

（四）对相关异常情况的注意程度，为核验信息采取的措施；

（五）参加相关董事会及其专门委员会、独立董事专门会议的情况；

（六）专业背景或者行业背景；

（七）其他与相关违法违规行为关联的方面。

第四十六条 独立董事能够证明其已履行基本职责，且存在下列情形之一的，可以认定其没有主观过错，依照《中华人民共和国行政处罚法》不予行政处罚：

（一）在审议或者签署信息披露文件前，对不属于自身专业领域的相关具体问题，借助会计、法律等专门职业的帮助仍然未能发现问题的；

（二）对违法违规事项提出具体异议，明确记载于董事会、董事会专门委员会或者独立董事专门会议的会议记录中，并在董事会会议中投反对票或者弃权票的；

（三）上市公司或者相关方有意隐瞒，且没有迹象表明独立董事知悉或者能够发现违法违规线索的；

（四）因上市公司拒绝、阻碍独立董事履行职责，导致其无法对相关信息披露文件是否真实、准确、完整作出判断，并及时向中国证监会和证券交易所书面报告的；

（五）能够证明勤勉尽责的其他情形。

在违法违规行为揭露日或者更正日之前，独立董事发现违法违规行为后及时向上市公司提出异议并监督整改，且向中国证监会和证券交易所书面报告的，可以不予行政处罚。

独立董事提供证据证明其在履职期间能够按照法律、行政法规、部门规章、规范性文件以及公司章程的规定履行职责的，或者在违法违规行为被揭露后及时督促上市公司整改且效果较为明显的，中国证监会可以结合违法违规行为事实和性质、独立董事日常履职情况等综合判断其行政责任。

第六章 附 则

第四十七条 本办法下列用语的含义：

（一）主要股东，是指持有上市公司百分之五以上股份，或者持有股份不足百分之五但对上市公司有重大影响的股东；

（二）中小股东，是指单独或者合计持有上市公司股份未达到百分之五，且不担任上市公司董事、监事和高级管理人员的股东；

（三）附属企业，是指受相关主体直接或者间接控制的企业；

（四）主要社会关系，是指兄弟姐妹、兄弟姐妹的配偶、配偶的父母、配偶的兄弟姐妹、子女的配偶、子女配偶的父母等；

（五）违法违规行为揭露日，是指违法违规行为在具有全国性影响的报刊、电台、电视台或者监管部门网站、交易场所网站、主要门户网站、行业知名的自媒体等媒体上，首次被公开揭露并为证券市场知悉之日；

（六）违法违规行为更正日，是指信息披露义务人在证券交易场所网站或者符合中国证监会规定条件的媒体上自行更正之日。

第四十八条 本办法自2023年9月4日起施行。2022年1月5日发布的《上市公司独立董事规则》（证监会公告〔2022〕14号）同时废止。

自本办法施行之日起的一年为过渡期。过渡期内，上市公司董事会及专门委员会的设置、独立董事专门会议机制、独立董事的独立性、任职条件、任职期限及兼职家数等事项与本办法不一致的，应当逐步调整至符合本办法规定。

《上市公司股权激励管理办法》《上市公司收购管理办法》《上市公司重大资产重组管理办法》等本办法施行前中国证监会发布的规章与本办法的规定不一致的，适用本办法。

上市公司董事、监事和高级管理人员所持本公司股份及其变动管理规则

· 2022年1月5日
· 中国证券监督管理委员会公告〔2022〕19号

第一条 为加强对上市公司董事、监事和高级管理人员所持本公司股份及其变动的管理，维护证券市场秩序，根据《中华人民共和国公司法》《中华人民共和国证券法》等法律、行政法规和规章的规定，制定本规则。

第二条 上市公司及其董事、监事和高级管理人员，应当遵守本规则。

第三条 上市公司董事、监事和高级管理人员所持本公司股份，是指登记在其名下的所有本公司股份。

上市公司董事、监事和高级管理人员从事融资融券交易的，还包括记载在其信用账户内的本公司股份。

第四条 上市公司董事、监事和高级管理人员所持本公司股份在下列情形下不得转让：

（一）本公司股票上市交易之日起一年内；

（二）董事、监事和高级管理人员离职后半年内；

（三）董事、监事和高级管理人员承诺一定期限内不转让并在该期限内的；

（四）法律、法规、中国证监会和证券交易所规定的其他情形。

第五条 上市公司董事、监事和高级管理人员在任职期间，每年通过集中竞价、大宗交易、协议转让等方式转让的股份不得超过其所持本公司股份总数的百分之二十五，因司法强制执行、继承、遗赠、依法分割财产等导致股份变动的除外。

上市公司董事、监事和高级管理人员所持股份不超过一千股的，可一次全部转让，不受前款转让比例的限制。

第六条 上市公司董事、监事和高级管理人员以上年末其所持有本公司发行的股份为基数，计算其中可转让股份的数量。

上市公司董事、监事和高级管理人员在上述可转让

股份数量范围内转让其所持有本公司股份的,还应遵守本规则第四条的规定。

第七条 因上市公司公开或非公开发行股份、实施股权激励计划,或因董事、监事和高级管理人员在二级市场购买、可转债转股、行权、协议受让等各种年内新增股份,新增无限售条件股份当年可转让百分之二十五,新增有限售条件的股份计入次年可转让股份的计算基数。

因上市公司进行权益分派导致董事、监事和高级管理人员所持本公司股份增加的,可同比例增加当年可转让数量。

第八条 上市公司董事、监事和高级管理人员当年可转让但未转让的本公司股份,应当计入当年末其所持有本公司股份的总数,该总数作为次年可转让股份的计算基数。

第九条 上市公司章程可以对董事、监事和高级管理人员转让其所持本公司股份规定比本规则更长的禁止转让期限、更低的可转让股份比例或者附加其他限制转让条件。

第十条 上市公司董事、监事和高级管理人员应在下列时点或期间内委托上市公司通过证券交易所网站申报其个人信息(包括但不限于姓名、职务、身份证号、证券账户、离任时间等):

(一)新上市公司的董事、监事和高级管理人员在公司申请股票初始登记时;

(二)新任董事、监事在股东大会(或职工代表大会)通过其任职事项、新任高级管理人员在董事会通过其任职事项后二个交易日内;

(三)现任董事、监事和高级管理人员在其已申报的个人信息发生变化后的二个交易日内;

(四)现任董事、监事和高级管理人员在离任后二个交易日内;

(五)证券交易所要求的其他时间。

第十一条 上市公司董事、监事和高级管理人员所持本公司股份发生变动的,应当自该事实发生之日起二个交易日内,向上市公司报告并由上市公司在证券交易所网站进行公告。公告内容包括:

(一)上年末所持本公司股份数量;

(二)上年末至本次变动前每次股份变动的日期、数量、价格;

(三)本次变动前持股数量;

(四)本次股份变动的日期、数量、价格;

(五)变动后的持股数量;

(六)证券交易所要求披露的其他事项。

第十二条 上市公司董事、监事和高级管理人员在下列期间不得买卖本公司股票:

(一)上市公司年度报告、半年度报告公告前三十日内;

(二)上市公司季度报告、业绩预告、业绩快报公告前十日内;

(三)自可能对本公司证券及其衍生品种交易价格产生较大影响的重大事件发生之日或在决策过程中,至依法披露之日内;

(四)证券交易所规定的其他期间。

第十三条 上市公司应当制定专项制度,加强对董事、监事和高级管理人员持有本公司股份及买卖本公司股票行为的申报、披露与监督。

上市公司董事会秘书负责管理公司董事、监事和高级管理人员的身份及所持本公司股份的数据和信息,统一为董事、监事和高级管理人员办理个人信息的网上申报,并定期检查董事、监事和高级管理人员买卖本公司股票的披露情况。

第十四条 上市公司董事、监事和高级管理人员应当保证本人申报数据的及时、真实、准确、完整。

第十五条 上市公司董事、监事和高级管理人员买卖本公司股票违反本规则,中国证监会依照《中华人民共和国证券法》的有关规定予以处罚。

第十六条 本规则自公布之日起施行。2007年4月5日施行的《上市公司董事、监事和高级管理人员所持本公司股份及其变动管理规则》(证监公司字〔2007〕56号)同时废止。

4. 股权激励

上市公司股权激励管理办法

· 2016年5月4日中国证券监督管理委员会令第126号公布
· 根据2018年8月15日《中国证券监督管理委员会关于修改〈上市公司股权激励管理办法〉的决定》修正

第一章 总 则

第一条 为进一步促进上市公司建立健全激励与约束机制,依据《中华人民共和国公司法》(以下简称《公司法》)、《中华人民共和国证券法》(以下简称《证券法》)及其他法律、行政法规的规定,制定本办法。

第二条 本办法所称股权激励是指上市公司以本公司股票为标的,对其董事、高级管理人员及其他员工进行的长期性激励。

上市公司以限制性股票、股票期权实行股权激励的，适用本办法；以法律、行政法规允许的其他方式实行股权激励的，参照本办法有关规定执行。

第三条 上市公司实行股权激励，应当符合法律、行政法规、本办法和公司章程的规定，有利于上市公司的持续发展，不得损害上市公司利益。

上市公司的董事、监事和高级管理人员在实行股权激励中应当诚实守信，勤勉尽责，维护公司和全体股东的利益。

第四条 上市公司实行股权激励，应当严格按照本办法和其他相关规定的要求履行信息披露义务。

第五条 为上市公司股权激励计划出具意见的证券中介机构和人员，应当诚实守信，勤勉尽责，保证所出具的文件真实、准确、完整。

第六条 任何人不得利用股权激励进行内幕交易、操纵证券市场等违法活动。

第二章 一般规定

第七条 上市公司具有下列情形之一的，不得实行股权激励：

（一）最近一个会计年度财务会计报告被注册会计师出具否定意见或者无法表示意见的审计报告；

（二）最近一个会计年度财务报告内部控制被注册会计师出具否定意见或无法表示意见的审计报告；

（三）上市后最近36个月内出现过未按法律法规、公司章程、公开承诺进行利润分配的情形；

（四）法律法规规定不得实行股权激励的；

（五）中国证监会认定的其他情形。

第八条 激励对象可以包括上市公司的董事、高级管理人员、核心技术人员或者核心业务人员，以及公司认为应当激励的对公司经营业绩和未来发展有直接影响的其他员工，但不应当包括独立董事和监事。外籍员工任职上市公司董事、高级管理人员、核心技术人员或者核心业务人员的，可以成为激励对象。

单独或合计持有上市公司5%以上股份的股东或实际控制人及其配偶、父母、子女，不得成为激励对象。下列人员也不得成为激励对象：

（一）最近12个月内被证券交易所认定为不适当人选；

（二）最近12个月内被中国证监会及其派出机构认定为不适当人选；

（三）最近12个月内因重大违法违规行为被中国证监会及其派出机构行政处罚或者采取市场禁入措施；

（四）具有《公司法》规定的不得担任公司董事、高级管理人员情形的；

（五）法律法规规定不得参与上市公司股权激励的；

（六）中国证监会认定的其他情形。

第九条 上市公司依照本办法制定股权激励计划的，应当在股权激励计划中载明下列事项：

（一）股权激励的目的；

（二）激励对象的确定依据和范围；

（三）拟授出的权益数量，拟授出权益涉及的标的股票种类、来源、数量及占上市公司股本总额的百分比；分次授出的，每次拟授出的权益数量、涉及的标的股票数量及占股权激励计划涉及的标的股票总额的百分比、占上市公司股本总额的百分比；设置预留权益的，拟预留权益的数量、涉及标的股票数量及占股权激励计划的标的股票总额的百分比；

（四）激励对象为董事、高级管理人员的，其各自可获授的权益数量、占股权激励计划拟授出权益总量的百分比；其他激励对象（各自或者按适当分类）的姓名、职务、可获授的权益数量及占股权激励计划拟授出权益总量的百分比；

（五）股权激励计划的有效期，限制性股票的授予日、限售期和解除限售安排，股票期权的授权日、可行权日、行权有效期和行权安排；

（六）限制性股票的授予价格或者授予价格的确定方法，股票期权的行权价格或者行权价格的确定方法；

（七）激励对象获授权益、行使权益的条件；

（八）上市公司授出权益、激励对象行使权益的程序；

（九）调整权益数量、标的股票数量、授予价格或者行权价格的方法和程序；

（十）股权激励会计处理方法、限制性股票或股票期权公允价值的确定方法、涉及估值模型重要参数取值合理性、实施股权激励应当计提费用及对上市公司经营业绩的影响；

（十一）股权激励计划的变更、终止；

（十二）上市公司发生控制权变更、合并、分立以及激励对象发生职务变更、离职、死亡等事项时股权激励计划的执行；

（十三）上市公司与激励对象之间相关纠纷或争端解决机制；

（十四）上市公司与激励对象的其他权利义务。

第十条　上市公司应当设立激励对象获授权益、行使权益的条件。拟分次授出权益的,应当就每次激励对象获授权益分别设立条件;分期行权的,应当就每次激励对象行使权益分别设立条件。

激励对象为董事、高级管理人员的,上市公司应当设立绩效考核指标作为激励对象行使权益的条件。

第十一条　绩效考核指标应当包括公司业绩指标和激励对象个人绩效指标。相关指标应当客观公开、清晰透明,符合公司的实际情况,有利于促进公司竞争力的提升。

上市公司可以公司历史业绩或同行业可比公司相关指标作为公司业绩指标对照依据,公司选取的业绩指标可以包括净资产收益率、每股收益、每股分红等能够反映股东回报和公司价值创造的综合性指标,以及净利润增长率、主营业务收入增长率等能够反映公司盈利能力和市场价值的成长性指标。以同行业可比公司相关指标作为对照依据的,选取的对照公司不少于3家。

激励对象个人绩效指标由上市公司自行确定。

上市公司应当在公告股权激励计划草案的同时披露所设定指标的科学性和合理性。

第十二条　拟实行股权激励的上市公司,可以下列方式作为标的股票来源:

(一)向激励对象发行股份;

(二)回购本公司股份;

(三)法律、行政法规允许的其他方式。

第十三条　股权激励计划的有效期从首次授予权益日起不得超过10年。

第十四条　上市公司可以同时实行多期股权激励计划。同时实行多期股权激励计划的,各期激励计划设立的公司业绩指标应当保持可比性,后期激励计划的公司业绩指标低于前期激励计划的,上市公司应当充分说明其原因与合理性。

上市公司全部在有效期内的股权激励计划所涉及的标的股票总数累计不得超过公司股本总额的10%。非经股东大会特别决议批准,任何一名激励对象通过全部在有效期内的股权激励计划获授的本公司股票,累计不得超过公司股本总额的1%。

本条第二款所称股本总额是指股东大会批准最近一次股权激励计划时公司已发行的股本总额。

第十五条　上市公司在推出股权激励计划时,可以设置预留权益,预留比例不得超过本次股权激励计划拟授予权益数量的20%。

上市公司应当在股权激励计划经股东大会审议通过后12个月内明确预留权益的授予对象;超过12个月未明确激励对象的,预留权益失效。

第十六条　相关法律、行政法规、部门规章对上市公司董事、高级管理人员买卖本公司股票的期间有限制的,上市公司不得在相关限制期间内向激励对象授出限制性股票,激励对象也不得行使权益。

第十七条　上市公司启动及实施增发新股、并购重组、资产注入、发行可转债、发行公司债券等重大事项期间,可以实行股权激励计划。

第十八条　上市公司发生本办法第七条规定的情形之一的,应当终止实施股权激励计划,不得向激励对象继续授予新的权益,激励对象根据股权激励计划已获授但尚未行使的权益应当终止行使。

在股权激励计划实施过程中,出现本办法第八条规定的不得成为激励对象情形的,上市公司不得继续授予其权益,其已获授但尚未行使的权益应当终止行使。

第十九条　激励对象在获授限制性股票或者对获授的股票期权行使权益前后买卖股票的行为,应当遵守《证券法》《公司法》等相关规定。

上市公司应当在本办法第二十条规定的协议中,就前述义务向激励对象作出特别提示。

第二十条　上市公司应当与激励对象签订协议,确认股权激励计划的内容,并依照本办法约定双方的其他权利义务。

上市公司应当承诺,股权激励计划相关信息披露文件不存在虚假记载、误导性陈述或者重大遗漏。

所有激励对象应当承诺,上市公司因信息披露文件中有虚假记载、误导性陈述或者重大遗漏,导致不符合授予权益或行使权益安排的,激励对象应当在相关信息披露文件被确认存在虚假记载、误导性陈述或者重大遗漏后,将由股权激励计划所获得的全部利益返还公司。

第二十一条　激励对象参与股权激励计划的资金来源应当合法合规,不得违反法律、行政法规及中国证监会的相关规定。

上市公司不得为激励对象依股权激励计划获取有关权益提供贷款以及其他任何形式的财务资助,包括为其贷款提供担保。

第三章　限制性股票

第二十二条　本办法所称限制性股票是指激励对象按照股权激励计划规定的条件,获得的转让等部分权利受到限制的本公司股票。

限制性股票在解除限售前不得转让、用于担保或偿还债务。

第二十三条 上市公司在授予激励对象限制性股票时，应当确定授予价格或授予价格的确定方法。授予价格不得低于股票票面金额，且原则上不得低于下列价格较高者：

（一）股权激励计划草案公布前1个交易日的公司股票交易均价的50%；

（二）股权激励计划草案公布前20个交易日、60个交易日或者120个交易日的公司股票交易均价之一的50%。

上市公司采用其他方法确定限制性股票授予价格的，应当在股权激励计划中对定价依据及定价方式作出说明。

第二十四条 限制性股票授予日与首次解除限售日之间的间隔不得少于12个月。

第二十五条 在限制性股票有效期内，上市公司应当规定分期解除限售，每期时限不得少于12个月，各期解除限售的比例不得超过激励对象获授限制性股票总额的50%。

当期解除限售的条件未成就的，限制性股票不得解除限售或递延至下期解除限售，应当按照本办法第二十六条规定处理。

第二十六条 出现本办法第十八条、第二十五条规定情形，或者其他终止实施股权激励计划的情形或激励对象未达到解除限售条件的，上市公司应当回购尚未解除限售的限制性股票，并按照《公司法》的规定进行处理。

对出现本办法第十八条第一款情形负有个人责任的，或出现本办法第十八条第二款情形的，回购价格不得高于授予价格；出现其他情形的，回购价格不得高于授予价格加上银行同期存款利息之和。

第二十七条 上市公司应当在本办法第二十六条规定的情形出现后及时召开董事会审议回购股份方案，并依法将回购股份方案提交股东大会批准。回购股份方案包括但不限于以下内容：

（一）回购股份的原因；

（二）回购股份的价格及定价依据；

（三）拟回购股份的种类、数量及占股权激励计划所涉及的标的股票的比例、占总股本的比例；

（四）拟用于回购的资金总额及资金来源；

（五）回购后公司股本结构的变动情况及对公司业绩的影响。

律师事务所应当就回购股份方案是否符合法律、行政法规、本办法的规定和股权激励计划的安排出具专业意见。

第四章 股票期权

第二十八条 本办法所称股票期权是指上市公司授予激励对象在未来一定期限内以预先确定的条件购买本公司一定数量股份的权利。

激励对象获授的股票期权不得转让、用于担保或偿还债务。

第二十九条 上市公司在授予激励对象股票期权时，应当确定行权价格或者行权价格的确定方法。行权价格不得低于股票票面金额，且原则上不得低于下列价格较高者：

（一）股权激励计划草案公布前1个交易日的公司股票交易均价；

（二）股权激励计划草案公布前20个交易日、60个交易日或者120个交易日的公司股票交易均价之一。

上市公司采用其他方法确定行权价格的，应当在股权激励计划中对定价依据及定价方式作出说明。

第三十条 股票期权授权日与获授股票期权首次可行权日之间的间隔不得少于12个月。

第三十一条 在股票期权有效期内，上市公司应当规定激励对象分期行权，每期时限不得少于12个月，后一行权期的起算日不得早于前一行权期的届满日。每期可行权的股票期权比例不得超过激励对象获授股票期权总额的50%。

当期行权条件未成就的，股票期权不得行权或递延至下期行权，并应当按照本办法第三十二条第二款规定处理。

第三十二条 股票期权各行权期结束后，激励对象未行权的当期股票期权应当终止行权，上市公司应当及时注销。

出现本办法第十八条、第三十一条规定情形，或者其他终止实施股权激励计划的情形或激励对象不符合行权条件的，上市公司应当注销对应的股票期权。

第五章 实施程序

第三十三条 上市公司董事会下设的薪酬与考核委员会负责拟订股权激励计划草案。

第三十四条 上市公司实行股权激励，董事会应当依法对股权激励计划草案作出决议，拟作为激励对象的董事或与其存在关联关系的董事应当回避表决。

董事会审议本办法第四十六条、第四十七条、第四十八条、第四十九条、第五十条、第五十一条规定中有关股权激励计划实施的事项时,拟作为激励对象的董事或与其存在关联关系的董事应当回避表决。

董事会应当在依照本办法第三十七条、第五十四条的规定履行公示、公告程序后,将股权激励计划提交股东大会审议。

第三十五条 独立董事及监事会应当就股权激励计划草案是否有利于上市公司的持续发展,是否存在明显损害上市公司及全体股东利益的情形发表意见。

独立董事或监事会认为有必要的,可以建议上市公司聘请独立财务顾问,对股权激励计划的可行性、是否有利于上市公司的持续发展、是否损害上市公司利益以及对股东利益的影响发表专业意见。上市公司未按照建议聘请独立财务顾问的,应当就此事项作特别说明。

第三十六条 上市公司未按照本办法第二十三条、第二十九条定价原则,而采用其他方法确定限制性股票授予价格或股票期权行权价格的,应当聘请独立财务顾问,对股权激励计划的可行性、是否有利于上市公司的持续发展、相关定价依据和定价方法的合理性、是否损害上市公司利益以及对股东利益的影响发表专业意见。

第三十七条 上市公司应当在召开股东大会前,通过公司网站或者其他途径,在公司内部公示激励对象的姓名和职务,公示期不少于10天。

监事会应当对股权激励名单进行审核,充分听取公示意见。上市公司应当在股东大会审议股权激励计划前5日披露监事会对激励名单审核及公示情况的说明。

第三十八条 上市公司应当对内幕信息知情人在股权激励计划草案公告前6个月内买卖本公司股票及其衍生品种的情况进行自查,说明是否存在内幕交易行为。

知悉内幕信息而买卖本公司股票的,不得成为激励对象,法律、行政法规及相关司法解释规定不属于内幕交易的情形除外。

泄露内幕信息而导致内幕交易发生的,不得成为激励对象。

第三十九条 上市公司应当聘请律师事务所对股权激励计划出具法律意见书,至少对以下事项发表专业意见:

(一)上市公司是否符合本办法规定的实行股权激励的条件;

(二)股权激励计划的内容是否符合本办法的规定;

(三)股权激励计划的拟订、审议、公示等程序是否符合本办法的规定;

(四)股权激励对象的确定是否符合本办法及相关法律法规的规定;

(五)上市公司是否已按照中国证监会的相关要求履行信息披露义务;

(六)上市公司是否为激励对象提供财务资助;

(七)股权激励计划是否存在明显损害上市公司及全体股东利益和违反有关法律、行政法规的情形;

(八)拟作为激励对象的董事或与其存在关联关系的董事是否根据本办法的规定进行了回避;

(九)其他应当说明的事项。

第四十条 上市公司召开股东大会审议股权激励计划时,独立董事应当就股权激励计划向所有的股东征集委托投票权。

第四十一条 股东大会应当对本办法第九条规定的股权激励计划内容进行表决,并经出席会议的股东所持表决权的2/3以上通过。除上市公司董事、监事、高级管理人员、单独或合计持有上市公司5%以上股份的股东以外,其他股东的投票情况应当单独统计并予以披露。

上市公司股东大会审议股权激励计划时,拟为激励对象的股东或者与激励对象存在关联关系的股东,应当回避表决。

第四十二条 上市公司董事会应当根据股东大会决议,负责实施限制性股票的授予、解除限售和回购以及股票期权的授权、行权和注销。

上市公司监事会应当对限制性股票授予日及期权授予日激励对象名单进行核实并发表意见。

第四十三条 上市公司授予权益与回购限制性股票、激励对象行使权益前,上市公司应当向证券交易所提出申请,经证券交易所确认后,由证券登记结算机构办理登记结算事宜。

第四十四条 股权激励计划经股东大会审议通过后,上市公司应当在60日内授予权益并完成公告、登记;有获授权益条件的,应当在条件成就后60日内授出权益并完成公告、登记。上市公司未能在60日内完成上述工作的,应当及时披露未完成的原因,并宣告终止实施股权激励,自公告之日起3个月内不得再次审议股权激励计划。根据本办法规定上市公司不得授出权益的期间不计算在60日内。

第四十五条 上市公司应当按照证券登记结算机构的业务规则,在证券登记结算机构开设证券账户,用于股权激励的实施。

激励对象为外籍员工,可以向证券登记结算机构申请开立证券账户。

尚未行权的股票期权,以及不得转让的标的股票,应当予以锁定。

第四十六条　上市公司在向激励对象授出权益前,董事会应当就股权激励计划设定的激励对象获授权益的条件是否成就进行审议,独立董事及监事会应当同时发表明确意见。律师事务所应当对激励对象获授权益的条件是否成就出具法律意见。

上市公司向激励对象授出权益与股权激励计划的安排存在差异时,独立董事、监事会(当激励对象发生变化时)、律师事务所、独立财务顾问(如有)应当同时发表明确意见。

第四十七条　激励对象在行使权益前,董事会应当就股权激励计划设定的激励对象行使权益的条件是否成就进行审议,独立董事及监事会应当同时发表明确意见。律师事务所应当对激励对象行使权益的条件是否成就出具法律意见。

第四十八条　因标的股票除权、除息或者其他原因需要调整权益价格或者数量的,上市公司董事会应当按照股权激励计划规定的原则、方式和程序进行调整。

律师事务所应当就上述调整是否符合本办法、公司章程的规定和股权激励计划的安排出具专业意见。

第四十九条　分次授出权益的,在每次授出权益前,上市公司应当召开董事会,按照股权激励计划的内容及首次授出权益时确定的原则,决定授出的权益价格、行使权益安排等内容。

当次授予权益的条件未成就时,上市公司不得向激励对象授予权益,未授予的权益也不得递延下期授予。

第五十条　上市公司在股东大会审议通过股权激励方案之前可对其进行变更。变更需经董事会审议通过。

上市公司对已通过股东大会审议的股权激励方案进行变更的,应当及时公告并提交股东大会审议,且不得包括下列情形:

(一)导致加速行权或提前解除限售的情形;

(二)降低行权价格或授予价格的情形。

独立董事、监事会应当就变更后的方案是否有利于上市公司的持续发展,是否存在明显损害上市公司及全体股东利益的情形发表独立意见。律师事务所应当就变更后的方案是否符合本办法及相关法律法规的规定、是否存在明显损害上市公司及全体股东利益的情形发表专业意见。

第五十一条　上市公司在股东大会审议股权激励计划之前拟终止实施股权激励的,需经董事会审议通过。

上市公司在股东大会审议通过股权激励计划之后终止实施股权激励的,应当由股东大会审议决定。

律师事务所应当就上市公司终止实施激励是否符合本办法及相关法律法规的规定、是否存在明显损害上市公司及全体股东利益的情形发表专业意见。

第五十二条　上市公司股东大会或董事会审议通过终止实施股权激励计划决议,或者股东大会审议未通过股权激励计划的,自决议公告之日起3个月内,上市公司不得再次审议股权激励计划。

第六章　信息披露

第五十三条　上市公司实行股权激励,应当真实、准确、完整、及时、公平地披露或者提供信息,不得有虚假记载、误导性陈述或者重大遗漏。

第五十四条　上市公司应当在董事会审议通过股权激励计划草案后,及时公告董事会决议、股权激励计划草案、独立董事意见及监事会意见。

上市公司实行股权激励计划依照规定需要取得有关部门批准的,应当在取得有关批复文件后的2个交易日内进行公告。

第五十五条　股东大会审议股权激励计划前,上市公司拟对股权激励方案进行变更的,变更议案经董事会审议通过后,上市公司应当及时披露董事会决议公告,同时披露变更原因、变更内容及独立董事、监事会、律师事务所意见。

第五十六条　上市公司在发出召开股东大会审议股权激励计划的通知时,应当同时公告法律意见书;聘请独立财务顾问的,还应当同时公告独立财务顾问报告。

第五十七条　股东大会审议通过股权激励计划及相关议案后,上市公司应当及时披露股东大会决议公告、经股东大会审议通过的股权激励计划、以及内幕信息知情人买卖本公司股票情况的自查报告。股东大会决议公告中应当包括中小投资者单独计票结果。

第五十八条　上市公司分次授出权益的,分次授出权益的议案经董事会审议通过后,上市公司应当及时披露董事会决议公告,对拟授出的权益价格、行使权益安排、是否符合股权激励计划的安排等内容进行说明。

第五十九条　因标的股票除权、除息或者其他原因调整权益价格或者数量的,调整议案经董事会审议通过后,上市公司应当及时披露董事会决议公告,同时公告律师事务所意见。

第六十条 上市公司董事会应当在授予权益及股票期权行权登记完成后、限制性股票解除限售前，及时披露相关实施情况的公告。

第六十一条 上市公司向激励对象授出权益时，应当按照本办法第四十四条规定履行信息披露义务，并再次披露股权激励会计处理方法、公允价值确定方法、涉及估值模型重要参数取值的合理性、实施股权激励应当计提的费用及对上市公司业绩的影响。

第六十二条 上市公司董事会按照本办法第四十六条、第四十七条规定对激励对象获授权益、行使权益的条件是否成就进行审议的，上市公司应当及时披露董事会决议公告，同时公告独立董事、监事会、律师事务所意见以及独立财务顾问意见（如有）。

第六十三条 上市公司董事会按照本办法第二十七条规定审议限制性股票回购方案的，应当及时公告回购股份方案及律师事务所意见。回购股份方案经股东大会批准后，上市公司应当及时公告股东大会决议。

第六十四条 上市公司终止实施股权激励的，终止实施议案经股东大会或董事会审议通过后，上市公司应当及时披露股东大会决议公告或董事会决议公告，并对终止实施股权激励的原因、股权激励已筹划及实施进展、终止实施股权激励对上市公司的可能影响等作出说明，并披露律师事务所意见。

第六十五条 上市公司应当在定期报告中披露报告期内股权激励的实施情况，包括：

（一）报告期内激励对象的范围；

（二）报告期内授出、行使和失效的权益总额；

（三）至报告期末累计已授出但尚未行使的权益总额；

（四）报告期内权益价格、权益数量历次调整的情况以及经调整后的最新权益价格与权益数量；

（五）董事、高级管理人员各自的姓名、职务以及在报告期内历次获授、行使权益的情况和失效的权益数量；

（六）因激励对象行使权益所引起的股本变动情况；

（七）股权激励的会计处理方法及股权激励费用对公司业绩的影响；

（八）报告期内激励对象获授权益、行使权益的条件是否成就的说明；

（九）报告期内终止实施股权激励的情况及原因。

第七章 监督管理

第六十六条 上市公司股权激励不符合法律、行政法规和本办法规定，或者上市公司未按照本办法、股权激励计划的规定实施股权激励的，上市公司应当终止实施股权激励，中国证监会及其派出机构责令改正，并书面通报证券交易所和证券登记结算机构。

第六十七条 上市公司未按照本办法及其他相关规定披露股权激励相关信息或者所披露的信息有虚假记载、误导性陈述或者重大遗漏的，中国证监会及其派出机构对公司及相关责任人员采取责令改正、监管谈话、出具警示函等监管措施；情节严重的，依照《证券法》予以处罚；涉嫌犯罪的，依法移交司法机关追究刑事责任。

第六十八条 上市公司因信息披露文件有虚假记载、误导性陈述或者重大遗漏，导致不符合授予权益或行使权益安排的，未行使权益应当统一回购注销，已经行使权益的，所有激励对象应当返还已获授权益。对上述事宜不负有责任的激励对象因返还已获授权益而遭受损失的，可按照股权激励计划相关安排，向上市公司或负有责任的对象进行追偿。

董事会应当按照前款规定和股权激励计划相关安排收回激励对象所得收益。

第六十九条 上市公司实施股权激励过程中，上市公司独立董事及监事未按照本办法及相关规定履行勤勉尽责义务的，中国证监会及其派出机构采取责令改正、监管谈话、出具警示函、认定为不适当人选等措施；情节严重的，依照《证券法》予以处罚；涉嫌犯罪的，依法移交司法机关追究刑事责任。

第七十条 利用股权激励进行内幕交易或者操纵证券市场的，中国证监会及其派出机构依照《证券法》予以处罚；情节严重的，对相关责任人员实施市场禁入等措施；涉嫌犯罪的，依法移交司法机关追究刑事责任。

第七十一条 为上市公司股权激励计划出具专业意见的证券服务机构和人员未履行勤勉尽责义务，所发表的专业意见存在虚假记载、误导性陈述或者重大遗漏的，中国证监会及其派出机构对相关机构及签字人员采取责令改正、监管谈话、出具警示函措施；情节严重的，依照《证券法》予以处罚；涉嫌犯罪的，依法移交司法机关追究刑事责任。

第八章 附 则

第七十二条 本办法下列用语具有如下含义：

标的股票：指根据股权激励计划，激励对象有权获授或者购买的上市公司股票。

权益：指激励对象根据股权激励计划获得的上市公司股票、股票期权。

授出权益(授予权益、授权)：指上市公司根据股权激励计划的安排，授予激励对象限制性股票、股票期权的行为。

行使权益(行权)：指激励对象根据股权激励计划的规定，解除限制性股票的限售、行使股票期权购买上市公司股份的行为。

分次授出权益(分次授权)：指上市公司根据股权激励计划的安排，向已确定的激励对象分次授予限制性股票、股票期权的行为。

分期行使权益(分期行权)：指根据股权激励计划的安排，激励对象已获授的限制性股票分期解除限售、已获授的股票期权分期行权的行为。

预留权益：指股权激励计划推出时未明确激励对象、股权激励计划实施过程中确定激励对象的权益。

授予日或者授权日：指上市公司向激励对象授予限制性股票、股票期权的日期。授予日、授权日必须为交易日。

限售期：指股权激励计划设定的激励对象行使权益的条件尚未成就，限制性股票不得转让、用于担保或偿还债务的期间，自激励对象获授限制性股票完成登记之日起算。

可行权日：指激励对象可以开始行权的日期。可行权日必须为交易日。

授予价格：上市公司向激励对象授予限制性股票时所确定的、激励对象获得上市公司股份的价格。

行权价格：上市公司向激励对象授予股票期权时所确定的、激励对象购买上市公司股份的价格。

标的股票交易均价：标的股票交易总额/标的股票交易总量。

本办法所称的"以上""以下"含本数，"超过""低于""少于"不含本数。

第七十三条 国有控股上市公司实施股权激励，国家有关部门对其有特别规定的，应当同时遵守其规定。

第七十四条 本办法适用于股票在上海、深圳证券交易所上市的公司。

第七十五条 本办法自2016年8月13日起施行。原《上市公司股权激励管理办法(试行)》(证监公司字〔2005〕151号)及相关配套制度同时废止。

国有控股上市公司(境内)实施股权激励试行办法

- 2006年9月30日
- 国资发分配〔2006〕175号

第一章 总 则

第一条 为指导国有控股上市公司(境内)规范实施股权激励制度，建立健全激励与约束相结合的中长期激励机制，进一步完善公司法人治理结构，依据《中华人民共和国公司法》、《中华人民共和国证券法》、《企业国有资产监督管理暂行条例》等有关法律、行政法规的规定，制定本办法。

第二条 本办法适用于股票在中华人民共和国境内上市的国有控股上市公司(以下简称上市公司)。

第三条 本办法主要用于指导上市公司国有控股股东依法履行相关职责，按本办法要求申报上市公司股权激励计划，并按履行国有资产出资人职责的机构或部门意见，审议表决上市公司股权激励计划。

第四条 本办法所称股权激励，主要是指上市公司以本公司股票为标的，对公司高级管理等人员实施的中长期激励。

第五条 实施股权激励的上市公司应具备以下条件：

(一)公司治理结构规范，股东会、董事会、经理层组织健全，职责明确。外部董事(含独立董事，下同)占董事会成员半数以上；

(二)薪酬委员会由外部董事构成，且薪酬委员会制度健全，议事规则完善，运行规范；

(三)内部控制制度和绩效考核体系健全，基础管理制度规范，建立了符合市场经济和现代企业制度要求的劳动用工、薪酬福利制度及绩效考核体系；

(四)发展战略明确，资产质量和财务状况良好，经营业绩稳健；近三年无财务违法违规行为和不良记录；

(五)证券监管部门规定的其他条件。

第六条 实施股权激励应遵循以下原则：

(一)坚持激励与约束相结合，风险与收益相对称，强化对上市公司管理层的激励力度；

(二)坚持股东利益、公司利益和管理层利益相一致，有利于促进国有资本保值增值，有利于维护中小股东利益，有利于上市公司的可持续发展；

(三)坚持依法规范，公开透明，遵循相关法律法规和公司章程规定；

(四)坚持从实际出发，审慎起步，循序渐进，不断完善。

第二章 股权激励计划的拟订

第七条 股权激励计划应包括股权激励方式、激励对象、激励条件、授予数量、授予价格及其确定的方式、行权时间限制或解锁期限等主要内容。

第八条 股权激励的方式包括股票期权、限制性股票以及法律、行政法规允许的其他方式。上市公司应以期权激励机制为导向，根据实施股权激励的目的，结合本行业及本公司的特点确定股权激励的方式。

第九条 实施股权激励计划所需标的股票来源，可以根据本公司实际情况，通过向激励对象发行股份、回购本公司股份及法律、行政法规允许的其他方式确定，不得由单一国有股股东支付或擅自无偿量化国有股权。

第十条 实施股权激励计划应当以绩效考核指标完成情况为条件，建立健全绩效考核体系和考核办法。绩效考核目标应由股东大会确定。

第十一条 股权激励对象原则上限于上市公司董事、高级管理人员以及对上市公司整体业绩和持续发展有直接影响的核心技术人员和管理骨干。

上市公司监事、独立董事以及由上市公司控股公司以外的人员担任的外部董事，暂不纳入股权激励计划。

证券监管部门规定的不得成为激励对象的人员，不得参与股权激励计划。

第十二条 实施股权激励的核心技术人员和管理骨干，应根据上市公司发展的需要及各类人员的岗位职责、绩效考核等相关情况综合确定，并须在股权激励计划中就确定依据、激励条件、授予范围及数量等情况作出说明。

第十三条 上市公司母公司（控股公司）的负责人在上市公司担任职务的，可参加股权激励计划，但只能参与一家上市公司的股权激励计划。

在股权授予日，任何持有上市公司5%以上有表决权的股份的人员，未经股东大会批准，不得参加股权激励计划。

第十四条 在股权激励计划有效期内授予的股权总量，应结合上市公司股本规模的大小和股权激励对象的范围、股权激励水平等因素，在0.1%—10%之间合理确定。但上市公司全部有效的股权激励计划所涉及的标的股票总数累计不得超过公司股本总额的10%。

上市公司首次实施股权激励计划授予的股权数量原则上应控制在上市公司股本总额的1%以内。

第十五条 上市公司任何一名激励对象通过全部有效的股权激励计划获授的本公司股权，累计不得超过公司股本总额的1%，经股东大会特别决议批准的除外。

第十六条 授予高级管理人员的股权数量按下列办法确定：

（一）在股权激励计划有效期内，高级管理人员个人股权激励预期收益水平，应控制在其薪酬总水平（含预期的期权或股权收益）的30%以内。高级管理人员薪酬总水平应参照国有资产监督管理机构或部门的原则规定，依据上市公司绩效考核与薪酬管理办法确定。

（二）参照国际通行的期权定价模型或股票公平市场价，科学合理测算股票期权的预期价值或限制性股票的预期收益。

按照上述办法预测的股权激励收益和股权授予价格（行权价格），确定高级管理人员股权授予数量。

第十七条 授予董事、核心技术人员和管理骨干的股权数量比照高级管理人员的办法确定。各激励对象薪酬总水平和预期股权激励收益占薪酬总水平的比例应根据上市公司岗位分析、岗位测评和岗位职责按岗位序列确定。

第十八条 根据公平市场价原则，确定股权的授予价格（行权价格）。

（一）上市公司股权的授予价格应不低于下列价格较高者：

1. 股权激励计划草案摘要公布前一个交易日的公司标的股票收盘价；

2. 股权激励计划草案摘要公布前30个交易日内的公司标的股票平均收盘价。

（二）上市公司首次公开发行股票时拟实施的股权激励计划，其股权的授予价格在上市公司首次公开发行上市满30个交易日以后，依据上述原则规定的市场价格确定。

第十九条 股权激励计划的有效期自股东大会通过之日起计算，一般不超过10年。股权激励计划有效期满，上市公司不得依据此计划再授予任何股权。

第二十条 在股权激励计划有效期内，应采取分次实施的方式，每期股权授予方案的间隔期应在一个完整的会计年度以上。

第二十一条 在股权激励计划有效期内，每期授予的股票期权，均应设置行权限制期和行权有效期，并按设定的时间表分批行权：

（一）行权限制期为股权自授予日（授权日）至股权生效日（可行权日）止的期限。行权限制期原则上不得少于2年，在限制期内不可以行权。

（二）行权有效期为股权生效日至股权失效日止的期限，由上市公司根据实际确定，但不得低于3年。在行权有效期内原则上采取匀速分批行权办法。超过行权有效期的，其权利自动失效，并不可追溯行使。

第二十二条　在股权激励计划有效期内，每期授予的限制性股票，其禁售期不得低于2年。禁售期满，根据股权激励计划和业绩目标完成情况确定激励对象可解锁（转让、出售）的股票数量。解锁期不得低于3年，在解锁期内原则上采取匀速解锁办法。

第二十三条　高级管理人员转让、出售其通过股权激励计划所得的股票，应符合有关法律、行政法规的相关规定。

第二十四条　在董事会讨论审批或公告公司定期业绩报告等影响股票价格的敏感事项发生时不得授予股权或行权。

第三章　股权激励计划的申报

第二十五条　上市公司国有控股股东在股东大会审议批准股权激励计划之前，应将上市公司拟实施的股权激励计划报履行国有资产出资人职责的机构或部门审核（控股股东为集团公司的由集团公司申报），经审核同意后提请股东大会审议。

第二十六条　国有控股股东申报的股权激励报告应包括以下内容：

（一）上市公司简要情况，包括公司薪酬管理制度、薪酬水平等情况；

（二）股权激励计划和股权激励管理办法等应由股东大会审议的事项及其相关说明；

（三）选择的期权定价模型及股票期权的公平市场价值的测算、限制性股票的预期收益等情况的说明；

（四）上市公司绩效考核评价制度及发展战略和实施计划的说明等。绩效考核评价制度应当包括岗位职责核定、绩效考核评价指标和标准、年度及任期绩效考核目标、考核评价程序以及根据绩效考核评价办法对高管人员股权的授予和行权的相关规定。

第二十七条　国有控股股东应将上市公司按股权激励计划实施的分期股权激励方案，事前报履行国有资产出资人职责的机构或部门备案。

第二十八条　国有控股股东在下列情况下应按本办法规定重新履行申报审核程序：

（一）上市公司终止股权激励计划并实施新计划或变更股权激励计划相关事项的；

（二）上市公司因发行新股、转增股本、合并、分立、回购等原因导致总股本发生变动或其他原因需要调整股权激励对象范围、授予数量等股权激励计划主要内容的。

第二十九条　股权激励计划应就公司控制权变更、合并、分立，以及激励对象辞职、调动、被解雇、退休、死亡、丧失民事行为能力等事项发生时的股权处理依法作出行权加速、终止等相应规定。

第四章　股权激励计划的考核、管理

第三十条　国有控股股东应依法行使股东权利，要求和督促上市公司制定严格的股权激励管理办法，并建立与之相适应的绩效考核评价制度，以绩效考核指标完成情况为基础对股权激励计划实施动态管理。

第三十一条　按照上市公司股权激励管理办法和绩效考核评价办法确定对激励对象股权的授予、行权或解锁。

对已经授予的股票期权，在行权时可根据年度绩效考核情况进行动态调整。

对已经授予的限制性股票，在解锁时可根据年度绩效考核情况确定可解锁的股票数量，在设定的解锁期内未能解锁，上市公司应收回或以激励对象购买时的价格回购已授予的限制性股票。

第三十二条　参与上市公司股权激励计划的上市公司母公司(控股公司)的负责人，其股权激励计划的实施应符合《中央企业负责人经营业绩考核暂行办法》或相应国有资产监管机构或部门的有关规定。

第三十三条　授予董事、高级管理人员的股权，应根据任期考核或经济责任审计结果行权或兑现。授予的股票期权，应有不低于授予总量的20%留至任职（或任期）考核合格后行权；授予的限制性股票，应将不低于20%的部分锁定至任职（或任期）期满后兑现。

第三十四条　国有控股股东应依法行使股东权利，要求上市公司在发生以下情形之一时，中止实施股权激励计划，自发生之日起一年内不得向激励对象授予新的股权，激励对象也不得根据股权激励计划行使权利或获得收益：

（一）企业年度绩效考核达不到股权激励计划规定的绩效考核标准；

（二）国有资产监督管理机构或部门、监事会或审计部门对上市公司业绩或年度财务会计报告提出重大异议；

（三）发生重大违规行为，受到证券监管及其他有关部门处罚。

第三十五条　股权激励对象有以下情形之一的，上

市公司国有控股股东应依法行使股东权利,提出终止授予新的股权并取消其行权资格:

(一)违反国家有关法律法规、上市公司章程规定的;

(二)任职期间,由于受贿索贿、贪污盗窃、泄露上市公司经营和技术秘密、实施关联交易损害上市公司利益、声誉和对上市公司形象有重大负面影响等违法违纪行为,给上市公司造成损失的。

第三十六条 实施股权激励计划的财务、会计处理及其税收等问题,按国家有关法律、行政法规、财务制度、会计准则、税务制度规定执行。

上市公司不得为激励对象按照股权激励计划获取有关权益提供贷款以及其他任何形式的财务资助,包括为其贷款提供担保。

第三十七条 国有控股股东应按照有关规定和本办法的要求,督促和要求上市公司严格履行信息披露义务,及时披露股权激励计划及董事、高级管理人员薪酬管理等相关信息。

第三十八条 国有控股股东应在上市公司年度报告披露后5个工作日内将以下情况报履行国有资产出资人职责的机构或部门备案:

(一)公司股权激励计划的授予、行权或解锁等情况;

(二)公司董事、高级管理等人员持有股权的数量、期限、本年度已经行权(或解锁)和未行权(或解锁)的情况及其所持股权数量与期初所持数量的变动情况;

(三)公司实施股权激励绩效考核情况、实施股权激励对公司费用及利润的影响等。

第五章 附 则

第三十九条 上市公司股权激励的实施程序和信息披露、监管和处罚应符合中国证监会《上市公司股权激励管理办法》(试行)的有关规定。上市公司股权激励计划应经履行国有资产出资人职责的机构或部门审核同意后,报中国证监会备案以及在相关机构办理信息披露、登记结算等事宜。

第四十条 本办法下列用语的含义:

(一)国有控股上市公司,是指政府或国有企业(单位)拥有50%以上股本,以及持有股份的比例虽然不足50%,但拥有实际控制权或依其持有的股份已足以对股东大会的决议产生重大影响的上市公司。

其中控制权,是指根据公司章程或协议,能够控制企业的财务和经营决策。

(二)股票期权,是指上市公司授予激励对象在未来一定期限内以预先确定的价格和条件购买本公司一定数量股票的权利。激励对象有权行使这种权利,也有权放弃这种权利,但不得用于转让、质押或者偿还债务。

(三)限制性股票,是指上市公司按照预先确定的条件授予激励对象一定数量的本公司股票,激励对象只有在工作年限或业绩目标符合股权激励计划规定条件的,才可出售限制性股票并从中获益。

(四)高级管理人员,是指对公司决策、经营、管理负有领导职责的人员,包括经理、副经理、财务负责人(或其他履行上述职责的人员)、董事会秘书和公司章程规定的其他人员。

(五)外部董事,是指由国有控股股东依法提名推荐、由任职公司或控股公司以外的人员(非本公司或控股公司员工的外部人员)担任的董事。对主体业务全部或大部分进入上市公司的企业,其外部董事应为任职公司或控股公司以外的人员;对非主业部分进入上市公司或只有一部分主业进入上市公司的子公司,以及二级以下的上市公司,其外部董事应为任职公司以外的人员。

外部董事不在公司担任除董事和董事会专门委员会有关职务外的其他职务,不负责执行层的事务,与其担任董事的公司不存在可能影响其公正履行外部董事职务的关系。

外部董事含独立董事。独立董事是指与所受聘的公司及其主要股东没有任何经济上的利益关系且不在上市公司担任除独立董事外的其他任何职务。

(六)股权激励预期收益,是指实行股票期权的预期收益为股票期权的预期价值,单位期权的预期价值参照国际通行的期权定价模型进行测算;实行限制性股票的预期收益为授予的限制性股票的价值,单位限制性股票的价值为其授予价格扣除激励对象的购买价格。

第四十一条 本办法自印发之日起施行。

关于规范国有控股上市公司实施股权激励制度有关问题的通知

·2008年10月21日
·国资发分配〔2008〕171号

各省、自治区、直辖市及计划单列市和新疆生产建设兵团国资委、财政厅(局),各中央企业:

国资委、财政部《关于印发〈国有控股上市公司(境外)实施股权激励试行办法〉的通知》(国资发分配

〔2006〕8号)和《关于印发〈国有控股上市公司(境内)实施股权激励试行办法〉的通知》(国资发分配〔2006〕175号)印发后,境内、外国有控股上市公司(以下简称上市公司)积极探索试行股权激励制度。由于上市公司外部市场环境和内部运行机制尚不健全,公司治理结构有待完善,股权激励制度尚处于试点阶段,为进一步规范实施股权激励,现就有关问题通知如下:

一、严格股权激励的实施条件,加快完善公司法人治理结构

上市公司国有控股股东必须切实履行出资人职责,并按照国资发分配〔2006〕8号、国资发分配〔2006〕175号文件的要求,建立规范的法人治理结构。上市公司在达到外部董事(包括独立董事)占董事会成员一半以上、薪酬委员会全部由外部董事组成的要求之后,要进一步优化董事会的结构,健全通过股东大会选举和更换董事的制度,按专业化、职业化、市场化的原则确定董事会成员人选,逐步减少国有控股股东的负责人、高级管理人员及其他人员担任上市公司董事的数量,增加董事会中由国有资产出资人代表提名的、由公司控股股东以外人员任职的外部董事或独立董事数量,督促董事提高履职能力,恪守职业操守,使董事会真正成为各类股东利益的代表和重大决策的主体,董事会选聘、考核、激励高级管理人员的职能必须到位。

二、完善股权激励业绩考核体系,科学设置业绩指标和水平

(一)上市公司实施股权激励,应建立完善的业绩考核体系和考核办法。业绩考核指标应包含反映股东回报和公司价值创造等综合性指标,如净资产收益率(ROE)、经济增加值(EVA)、每股收益等;反映公司赢利能力及市场价值等成长性指标,如净利润增长率、主营业务收入增长率、公司总市值增长率等;反映企业收益质量的指标,如主营业务利润占利润总额比重、现金营运指数等。上述三类业绩考核指标原则上至少各选一个。相关业绩考核指标的计算应符合现行会计准则等相关要求。

(二)上市公司实施股权激励,其授予和行使(指股票期权和股票增值权的行权或限制性股票的解锁,下同)环节均应设置应达到的业绩目标,业绩目标的设定应具有前瞻性和挑战性,并切实以业绩考核指标完成情况作为股权激励实施的条件。

1. 上市公司授予激励对象股权时的业绩目标水平,应不低于公司近3年平均业绩水平及同行业(或选取的同行业境内、外对标企业,行业参照证券监管部门的行业分类标准确定,下同)平均业绩(或对标企业50分位值)水平。

2. 上市公司激励对象行使权利时的业绩目标水平,应结合上市公司所处行业特点和自身战略发展定位,在授予时业绩水平的基础上有所提高,并不得低于公司同行业平均业绩(或对标企业75分位值)水平。凡低于同行业平均业绩(或对标企业75分位值)水平以下的不得行使。

(三)完善上市公司股权激励对象业绩考核体系,切实将股权的授予、行使与激励对象业绩考核结果紧密挂钩,并根据业绩考核结果分档确定不同的股权行使比例。

(四)对科技类上市公司实施股权激励的业绩指标,可以根据企业所处行业的特点及成长规律等实际情况,确定授予和行使的业绩指标及其目标水平。

(五)对国有经济占控制地位的、关系国民经济命脉和国家安全的行业以及依法实行专营专卖的行业,相关企业的业绩指标,应通过设定经营难度系数等方式,剔除价格调整、宏观调控等政策因素对业绩的影响。

三、合理控制股权激励收益水平,实行股权激励收益与业绩指标增长挂钩浮动

按照上市公司股价与其经营业绩相关联、激励对象股权激励收益增长与公司经营业绩增长相匹配的原则,实行股权激励收益兑现与业绩考核指标完成情况挂钩的办法。即在达到实施股权激励业绩考核目标要求的基础上,以期初计划核定的股权激励预期收益为基础,按照股权行使时间限制表,综合上市公司业绩和股票价格增长情况,对股权激励收益增幅进行合理调控。具体方法如下:

(一)对股权激励收益在计划期初核定收益水平以内且达到考核标准的,可按计划予以行权。

(二)对行权有效期内股票价格偏高,致使股票期权(或股票增值权)的实际行权收益超出计划核定的预期收益水平的上市公司,根据业绩考核指标完成情况和股票价格增长情况合理控制股权激励实际收益水平。即在行权有效期内,激励对象股权激励收益占本期股票期权(或股票增值权)授予时薪酬总水平(含股权激励收益,下同)的最高比重,境内上市公司及境外H股公司原则上不得超过40%,境外红筹股公司原则上不得超过50%。股权激励实际收益超出上述比重的,尚未行权的股票期权(或股票增值权)不再行使或将行权收益上交公司。

(三)上述条款应在上市公司股权激励管理办法或股权授予协议上予以载明。随着资本市场的逐步完善以及上市公司市场化程度和竞争性的不断提高,将逐步取消股权激励收益水平限制。

四、进一步强化股权激励计划的管理,科学规范实施股权激励

(一)完善限制性股票授予方式,以业绩考核结果确定限制性股票的授予水平。

1. 上市公司应以严格的业绩考核作为实施限制性股票激励计划的前提条件。上市公司授予限制性股票时的业绩目标应不低于下列业绩水平的高者:公司前3年平均业绩水平;公司上一年度实际业绩水平;公司同行业平均业绩(或对标企业50分位值)水平。

2. 强化对限制性股票激励对象的约束。限制性股票激励的重点应限于对公司未来发展有直接影响的高级管理人员。限制性股票的来源及价格的确定应符合证券监管部门的相关规定,且股权激励对象个人出资水平不得低于按证券监管规定确定的限制性股票价格的50%。

3. 限制性股票收益(不含个人出资部分的收益)的增长幅度不得高于业绩指标的增长幅度(以业绩目标为基础)。

(二)严格股权激励对象范围,规范股权激励对象离职、退休等行为的处理方法。

上市公司股权激励的重点应是对公司经营业绩和未来发展有直接影响的高级管理人员和核心技术骨干,不得随意扩大范围。未在上市公司任职、不属于上市公司的人员(包括控股股东公司的员工)不得参与上市公司股权激励计划。境内、境外上市公司监事不得成为股权激励的对象。

股权激励对象正常调动、退休、死亡、丧失民事行为能力时,授予的股权当年已达到可行使时间限制和业绩考核条件的,可行使的部分可在离职之日起的半年内行使,尚未达到可行使时间限制和业绩考核条件的不再行使。股权激励对象辞职、被解雇时,尚未行使的股权不再行使。

(三)规范股权激励公允价值计算参数,合理确定股权激励预期收益。

对实行股票期权(或股票增值权)激励方式的,上市公司应根据企业会计准则等有关规定,结合国际通行做法,选取适当的期权定价模型进行合理估值。其相关参数的选择或计算应科学合理。

对实行限制性股票激励方式的,在核定股权激励预期收益时,除考虑限制性股票赠与部分价值外,还应参考期权估值办法考虑赠与部分未来增值收益。

(四)规范上市公司配股、送股、分红后股权激励授予数量的处理。

上市公司因发行新股、转增股本、合并、分立、回购等原因导致总股本发生变动或其他原因需要调整股权授予数量或行权价格的,应重新报国有资产监管机构备案后由股东大会或授权董事会决定。对于其他原因调整股票期权(或股票增值权)授予数量、行权价格或其他条款的,应由董事会审议后经股东大会批准;同时,上市公司应聘请律师就上述调整是否符合国家相关法律法规、公司章程以及股权激励计划规定出具专业意见。

(五)规范履行相应程序,建立社会监督和专家评审工作机制。

建立上市公司国有控股股东与国有资产监管机构沟通协调机制。上市公司国有控股股东在上市公司董事会审议其股权激励计划之前,应与国有资产监管机构进行沟通协调,并应在上市公司股东大会审议公司股权激励计划之前,将上市公司董事会审议通过的股权激励计划及相应的管理考核办法等材料报国有资产监管机构审核,经股东大会审议通过后实施。

建立社会监督和专家评审工作机制。上市公司董事会审议通过的股权激励计划草案除按证券监管部门的要求予以公告外,同时还应在国有资产监管机构网站上予以公告,接受社会公众的监督和评议。同时国有资产监管机构将组织有关专家对上市公司股权激励方案进行评审。社会公众的监督、评议意见与专家的评审意见,将作为国有资产监管机构审核股权激励计划的重要依据。

建立中介服务机构专业监督机制。为上市公司拟订股权激励计划的中介咨询机构,应对股权激励计划的规范性、合规性、是否有利于上市公司的持续发展以及对股东利益的影响发表专业意见。

(六)规范国有控股股东行为,完善股权激励报告、监督制度。

国有控股股东应增强法制观念和诚信意识,带头遵守法律法规,规范执行国家政策,维护出资人利益。

国有控股股东应按照国资发分配〔2006〕8号、国资发分配〔2006〕175号文件及本通知的要求,完善股权激励报告制度。国有控股股东向国有资产监管机构报送上市公司股东大会审议通过的股权激励计划时,应同时抄送财政部门。国有控股股东应当及时将股权激励计划的实施进展情况以及激励对象年度行使情况等报国有资产监管机构备案;国有控股股东有监事会的,应同时报送公司控股企业监事会。

国有控股股东应监督上市公司按照《企业财务通则》和企业会计准则的规定,为股权激励的实施提供良好的财务管理和会计核算基础。

国有资产监管机构将对上市公司股权激励的实施进展情况,包括公司的改革发展、业绩指标完成情况以及激励对象薪酬水平、股权行使及其股权激励收益、绩效考核等信息实行动态管理和对外披露。

在境外和境内同时上市的公司,原则上应当执行国资发分配〔2006〕175号文件。公司高级管理人员和管理技术骨干应在同一个资本市场(境外或境内)实施股权激励。

对本通知印发之前已经实施股权激励的国有控股上市公司,其国有控股股东应按照本通知要求,督促和要求上市公司对股权激励计划进行修订完善并报国资委备案,经股东大会(或董事会)审议通过后实施。

七、上市公司监管

上市公司现场检查规则

- 2022年1月5日
- 中国证券监督管理委员会公告〔2022〕21号

第一章 总 则

第一条 为了规范上市公司现场检查行为，加强对上市公司及相关各方的监督管理，进一步提高上市公司质量，保护投资者合法权益，维护证券市场秩序，根据《中华人民共和国证券法》《中华人民共和国公司法》等法律、行政法规，制定本规则。

第二条 本规则所称现场检查，是指中国证券监督管理委员会及其派出机构（以下统称中国证监会），对上市公司及其他信息披露义务人的信息披露行为、以及上市公司的公司治理合规性等情况进行实地验证核实的监管执法行为。

证券交易所依法开展上市公司现场检查，可参照适用本规则。

第三条 中国证监会依法履行职责，进行现场检查，检查对象及其工作人员应当配合，保证提供的有关文件和资料真实、准确、完整、及时，不得拒绝、阻碍和隐瞒。

第四条 中国证监会实施现场检查的人员（以下简称检查人员）必须忠于职守，依法办事，廉洁自律，确保现场检查独立、客观、公正、高效，不得干预检查对象正常的生产经营活动，不得利用职务便利牟取不正当利益，不得泄露所知悉的检查对象的商业秘密。

前款规定适用于中国证监会根据需要聘请的证券服务机构及相关人员。

第二章 现场检查内容及方式

第五条 现场检查应当重点关注下列内容：

（一）信息披露的真实性、准确性、完整性、及时性和公平性；

（二）公司治理的合规性；

（三）控股股东、实际控制人行使股东权利或控制权的规范性；

（四）会计核算和财务管理的合规性；

（五）中介机构的尽责履职情况；

（六）中国证监会认定的其他事项。

第六条 根据现场检查内容，检查人员可以采取全面检查和专项检查的方式对检查对象实施检查。

第七条 全面检查是对公司信息披露、公司治理等情况实行的全面性、例行性的常规检查。专项检查是针对公司存在的问题或者易发风险的重大事项进行的专门检查。

第三章 现场检查程序

第八条 中国证监会依法组织实施现场检查工作，现场检查时，检查人员不得少于二人。必要时，可以聘请证券服务机构予以协助。

第九条 检查对象认为检查人员与其存在利害关系的，有权申请检查人员回避。

检查人员认为自己与检查对象有利害关系的，应当回避。

对检查对象提出的回避申请，中国证监会应当在三个工作日内以口头或者书面形式作出决定。

第十条 中国证监会原则应提前以书面形式告知检查对象，要求检查对象准备有关文件和资料，要求相关人员在场配合检查。

在出现重大紧急情况或者有显著证据证明提前告知检查对象可能影响检查效果的情况下，经中国证券监督管理委员会或其派出机构的负责人批准，可以不提前告知，实施突击检查。

第十一条 检查人员进行现场检查时，应当出示合法证件和现场检查通知书。

第十二条 实施现场检查时，检查对象应当按照要求及时向检查人员提供检查所需的文件和资料，并对所提供的文件和资料的真实性、准确性、完整性作出书面承诺。

第十三条 现场检查中发现的问题涉及上市公司控股股东或实际控制人、并购重组当事人、中介机构等有关单位和个人的，中国证监会可在检查事项范围内一并实施检查，并要求其提供情况说明、工作底稿及其他相关文件和资料。

前款规定的有关单位和个人应当配合检查,保证提供的有关文件和资料真实、准确、完整、及时,不得拒绝、阻碍和隐瞒。

第十四条 中国证监会实施现场检查,发现相关中介机构存在执业违规线索的,可以将该中介机构纳入检查范围进行检查。

第十五条 检查人员可以采取询问的方式,要求检查对象及相关人员对与检查工作有关的事项作出说明,制作询问笔录并由被询问人签名确认。

第十六条 实施现场检查时,检查人员可以对有关文件、资料和情况进行查阅、复制、记录、录音、录像、照相,相关单位和个人应当确认并保证提供文件和资料的真实、准确、完整。

第十七条 实施现场检查时,检查人员可以对检查对象的生产、经营、管理场所进行查看,并检查有关采购、生产、销售、仓储、物流等文件和资料。检查人员需走访客户、供应商等相关方的,上市公司应予以协助。

第十八条 检查人员应当按照要求制作检查工作报告。在形成检查报告前,检查人员应当就现场检查中发现的主要问题及情况听取检查对象及中介机构的解释说明,检查对象及中介机构可以就相关问题提供书面说明材料及相关证据。

第四章 监督管理

第十九条 检查结果公布之前,检查人员、检查对象及其相关人员负有保密义务,不得泄露与检查结果有关的任何信息。

第二十条 现场检查中发现检查对象存在应披露而未披露的重大事项或者披露事项与事实不符的,检查对象应当按照中国证监会的要求及时进行披露。

第二十一条 发现检查对象在规范运作等方面存在问题的,中国证监会可以对检查对象采取责令改正措施。

第二十二条 中国证监会采取前条规定的责令改正措施的,应当向检查对象发出责令改正决定书并抄送证券交易所。检查对象应当在收到责令改正决定书后二个工作日内披露并通报控股股东、实际控制人。

第二十三条 检查对象应当自收到责令改正决定书之日起三十日内向中国证监会提交整改报告。

整改报告应当包括对照责令改正决定书逐项落实整改的措施、预计完成时间、整改责任人等内容。

第二十四条 整改报告经报中国证监会无异议后,报送证券交易所予以披露,并同时披露董事会关于整改工作的决议和监事会的意见。

第二十五条 检查对象应当按照要求对存在的问题在限定期限内进行整改,并在定期报告中披露截至上一报告期末尚未完成整改工作的进展情况。

检查对象未按照要求进行整改的,中国证监会依法采取监管谈话、出具警示函、责令公开说明、责令定期报告、以及可以采取的其他监管措施。

第二十六条 中国证监会应当跟踪监督检查对象的整改情况,可以采取回访检查方式检查整改措施的落实情况。

第二十七条 检查对象以及现场检查中涉及的上市公司控股股东或实际控制人、并购重组当事人、中介机构等有关单位和个人(以下统称当事人)存在不配合检查、不如实反映情况或者拒绝检查等违反本规则规定的情形的,中国证监会可以区别情形和视情节轻重,依法采取下列监督管理措施:

(一)责令改正;

(二)监管谈话;

(三)出具警示函;

(四)责令公开说明;

(五)责令定期报告;

(六)依法可以采取的其他监督管理措施。

第二十八条 当事人对监督管理措施不服的,可以依法提出行政复议申请或者提起诉讼。复议和诉讼期间,监督管理措施不停止执行。

第二十九条 中国证监会根据现场检查情况对相关中介机构的执业情况进行评价,评价结果作为对其执业情况的考核内容。

第三十条 中国证监会在现场检查中发现或者掌握涉嫌违反法律、行政法规及有关规定的证据时,根据法律、行政法规及有关规定在职权范围内进行立案查处。发现其他违法违规线索的,依法移交有关部门处理。

第三十一条 检查人员实施现场检查,有下列情形之一的,由中国证监会责令改正,依法给予行政处分;构成犯罪的,依法移送司法机关追究刑事责任:

(一)玩忽职守造成严重后果;

(二)利用职权打击报复;

(三)利用职务便利谋取不正当利益;

(四)泄露当事人商业秘密或者个人隐私;

(五)依规定应当回避不回避,影响公正执法,造成不良后果;

(六)应当追究法律责任的其他行为。

第五章 附 则

第三十二条 中国证监会对上市公司的检查结果并不代表对其投资价值的实质性判断,投资者应自行判断投资风险。

第三十三条 本规则自公布之日起施行。2010年5月20日施行的《上市公司现场检查办法》(证监会公告〔2010〕12号)同时废止。

中国证券监督管理委员会限制证券买卖实施办法

· 2007年5月18日中国证券监督管理委员会令第45号公布
· 根据2020年10月30日中国证券监督管理委员会《关于修改、废止部分证券期货规章的决定》修订

第一条 为维护证券市场正常秩序,保护投资者合法权益,有效打击证券违法行为,依据《中华人民共和国证券法》第一百七十条第(七)项,制订本办法。

第二条 限制证券买卖是指中国证券监督管理委员会(以下简称中国证监会)在调查操纵证券市场、内幕交易等重大证券违法行为时,对被调查事件当事人受限账户的证券买卖行为采取的限制措施。

限制证券买卖措施由中国证监会调查部门(以下简称调查部门)具体实施。

第三条 受限账户包括被调查事件当事人及其实际控制的资金账户、证券账户和与当事人有关的其他账户。

与当事人有关的其他账户包括:
(一)有资金往来的;
(二)资金存取人为相同人员或机构的;
(三)交易代理人为相同人员或机构的;
(四)有转托管或交叉指定关系的;
(五)有抵押关系的;
(六)受同一监管协议控制的;
(七)下挂同一个或多个股东账户的;
(八)属同一控制人控制的;
(九)调查部门通过调查认定的其他情况。

第四条 限制证券买卖措施包括:
(一)不得买入指定交易品种,但允许卖出;
(二)不得卖出指定交易品种,但允许买入;
(三)不得买入和卖出指定交易品种;
(四)不得办理转托管或撤销指定交易;
(五)调查部门认为应采取的其他限制措施。

第五条 调查部门限制证券买卖的时间不得超过三个月。案情复杂的,经批准可延长三个月。

第六条 调查部门实施本措施,应当制作《限制/解除限制证券买卖申请书》,经法律部门审核,报中国证监会主要负责人或者其授权的其他负责人批准。

第七条 《限制/解除限制证券买卖申请书》应当载明以下事项:
(一)案由;
(二)受限账户的基本情况;
(三)采取限制/解除限制措施的原因;
(四)采取限制/解除限制措施的法律依据;
(五)限制措施的主要内容,包括受限账户名称、代码、限制品种、限制方式和限制期限。

同时,应当附带下列材料:
(一)证明调查部门正在对被调查事件当事人的证券违法行为进行调查的材料;
(二)证明受限账户基本情况的材料;
(三)证明受限账户符合本办法第三条规定的材料;
(四)调查部门认为受限账户符合采取限制/解除限制措施的原因的证据。

《限制/解除限制证券买卖申请书》应当经调查部门主要负责人签字批准、加盖公章。

第八条 实施限制证券买卖措施,调查部门应当向证券交易所、证券登记结算公司、证券经营机构等协助实施限制证券买卖的机构发出《限制/解除限制证券买卖通知书》。

第九条 《限制/解除限制证券买卖通知书》应当载明以下事项:
(一)实施依据;
(二)受限账户;
(三)限制方式;
(四)限制品种;
(五)限制期限;
(六)协助执行单位。

第十条 协助实施限制证券买卖的机构应当按要求及时、有效地执行限制措施。限制期满,应及时解除。

第十一条 调查部门应将实施限制证券买卖措施的情况通知当事人或托管受限账户的证券经营机构。

当事人有权申请复议。复议期间,限制证券买卖措施不停止执行。

第十二条 限制期限届满前,需解除限制证券买卖措施的,经中国证监会主要负责人或者其授权的其他负责人批准,可予以解除。

第十三条　根据需要，有关部门可对限制证券买卖情况予以公告。

第十四条　协助实施限制证券买卖的机构未按要求及时、有效地执行限制措施，依有关法规追究责任。

第十五条　调查部门未按规定程序实施限制证券买卖措施的，将依法追究责任。

第十六条　本办法自公布之日起施行。

中国证券监督管理委员会冻结、查封实施办法

· 2005年12月30日中国证券监督管理委员会令第28号公布
· 根据2011年5月23日《中国证券监督管理委员会关于修改〈中国证券监督管理委员会冻结、查封实施办法〉的决定》第一次修订
· 根据2020年3月20日《中国证券监督管理委员会关于修改部分证券期货规章的决定》第二次修订

第一条　为了保护投资者和当事人的合法权益，及时有效查处证券违法行为，规范冻结、查封工作，维护市场秩序，根据《中华人民共和国证券法》及相关法律法规，制定本办法。

第二条　中国证券监督管理委员会及其派出机构依法履行职责，有权冻结、查封涉案当事人的违法资金、证券等涉案财产或者重要证据。

第三条　冻结、查封违法资金、证券等涉案财产或者重要证据，必须依照本办法规定的程序提交申请，经法律部门审查，报中国证券监督管理委员会主要负责人或者其授权的其他负责人批准，制作决定书、通知书，由执法人员实施。

第四条　中国证券监督管理委员会案件调查部门、案件审理部门及派出机构在对证券违法案件进行调查、审理或者执行时，发现存在下列情形之一的，可以申请冻结、查封：

（一）已经转移、隐匿违法资金、证券等涉案财产的；
（二）可能转移、隐匿违法资金、证券等涉案财产的；
（三）已经隐匿、伪造、毁损重要证据的；
（四）可能隐匿、伪造、毁损重要证据的；
（五）其他需要及时冻结、查封的情形。

第五条　有下列情形之一的，视为可能转移或者隐匿违法资金、证券等涉案财产：

（一）涉案当事人本人开立的资金账户、证券账户和银行账户或由其实际控制的资金账户、证券账户和银行账户，以及与其有关联的资金账户、证券账户和银行账户中存放的违法资金、证券，部分已经被转移或者隐匿的；
（二）被举报的违法资金、证券等涉案财产已经或者将要被转移、隐匿并提供具体的转移或者隐匿线索的；
（三）通过与他人签订合同等形式，拟将违法资金、证券等涉案财产作为合同标的物或者以偿还贷款、支付合同价款等名义转移占有的；
（四）当事人因涉嫌严重违法而被立案调查，且其涉案场所、账户或者人员已经被执法部门调查的；
（五）其他有证据证明有转移或者隐匿违法资金、证券等涉案财产迹象的。

第六条　有下列特征之一的，视为重要证据：
（一）对案件调查有重大影响的；
（二）对案件定性有关键作用的；
（三）不可替代或者具有唯一性的；
（四）其他重要证据。

第七条　中国证券监督管理委员会案件调查部门、案件审理部门及派出机构需要实施冻结、查封时，应当提交申请，经部门或者派出机构主要负责人批准，交法律部门审查。业务监管部门在履行监管职责中发现需要采取冻结、查封措施的，应当及时通报案件调查部门实施冻结、查封。

第八条　冻结、查封申请书应当载明下列事项：
（一）被冻结、查封当事人姓名或者名称、地址等基本情况；
（二）申请冻结、查封的具体事项，包括涉案财产或者重要证据的名称、代码、数量、金额、地址等；
（三）主要违法事实与申请冻结、查封的理由；
（四）其他需要说明的事项。

第九条　负责审查的法律部门应当及时处理冻结、查封申请，出具审核意见，并制作冻结、查封决定书，报中国证券监督管理委员会主要负责人或者其授权的其他负责人批准。

第十条　冻结、查封决定书应当载明下列事项：
（一）被冻结、查封当事人姓名或者名称、地址等基本情况；
（二）冻结、查封的理由和依据；
（三）冻结、查封财产或者证据的名称、数量和期限；
（四）申请行政复议的途径；
（五）中国证券监督管理委员会公章和日期。

第十一条　申请书、决定书经批准后，由申请部门负责实施。实施冻结、查封的部门应当制作冻结通知书或者查封通知书，通知书应当载明下列事项：

（一）协助冻结、查封的单位名称；

（二）冻结、查封的法律依据；

（三）冻结、查封的财产或者证据所在机构的名称或者地址；

（四）冻结、查封的财产或者证据的名称、数额等；

（五）冻结、查封的起止时间；

（六）其他需要说明的事项；

（七）中国证券监督管理委员会公章和日期。

第十二条 实施冻结，应当依照有关规定，向协助执行部门出示冻结决定书，送达冻结通知书，并在实施冻结后及时向当事人送达冻结决定书。当事人应当将被冻结情况告知其控制的涉案财产的名义持有人。

第十三条 实施查封，应当依照有关规定向当事人送达查封决定书。需要有关部门协助的，还应当向协助执行部门送达查封通知书。

实施查封后，应当制作现场笔录和查封清单。查封清单一式两份，由当事人和实施部门分别保存。

第十四条 冻结或者查封应当由两名以上执法人员实施。

执法人员在实施冻结或者查封时应当出示有效证件。

第十五条 现场笔录应当载明下列事项：

（一）冻结、查封的时间、地点；

（二）实施冻结、查封的单位和个人；

（三）被冻结、查封的单位和个人；

（四）协助冻结、查封的单位和个人；

（五）冻结、查封的具体事项，包括涉案财产或者重要证据的名称、代码、数量、金额、地址等；

（六）当事人的陈述和申辩；

（七）其他应当载明的事项。

现场笔录和清单由当事人、见证人和执法人员签名或者盖章，当事人不在现场或者当事人、见证人拒绝签名或者盖章的，应当在笔录中予以注明。

第十六条 查封可以采取下列方式：

（一）查封动产的，应当在该动产上加贴封条或者采取其他足以公示查封的适当方式；

（二）查封已登记的不动产、特定动产及其他财产权的，应当张贴封条或者公告，并通知有关登记机关办理查封登记手续；

（三）查封未登记的不动产、特定动产及其他财产权的，应当张贴封条或者公告，并告知法定权属登记机关；

（四）查封重要证据的，应当加贴封条或者采取其他足以公示查封的适当方式；

（五）其他合法的方式。

第十七条 冻结、查封的期限为六个月。因特殊原因需要延长的，应当在冻结、查封期满前十日内办理继续冻结、查封手续。每次延长期限不得超过三个月，冻结、查封期限最长不超过二年。

逾期未办理继续冻结、查封手续的，视为自动解除冻结、查封。

第十八条 冻结证券，其金额应当以冻结实施日前一交易日收市后的市值计算。

冻结证券时，中国证券监督管理委员会及其派出机构可以明确被冻结的证券是否限制卖出。

限制证券卖出的，由证券公司或者证券登记结算机构协助执行冻结。冻结期间，证券持有人可以提出出售部分或者全部被冻结证券的请求，经申请部门审查认为确有必要的，可以解除卖出限制，并监督证券持有人依法出售，同时将所得资金转入相关资金账户予以冻结。

不限制证券卖出的，由证券公司等控制资金账户的单位协助执行冻结。冻结期间，证券持有人可以依法出售部分或者全部被冻结的证券，同时将所得资金转入相关资金账户予以冻结。

证券公司协助执行冻结的，应当于当日将冻结信息发送证券登记结算机构。

证券被冻结后，不得进行转托管或转指定，不得设定抵押、质押等权利，不得进行非交易过户，不得进行重复冻结。

第十九条 有下列情形之一的，经中国证券监督管理委员会主要负责人或者其授权的其他负责人批准，应当及时解除冻结、查封措施：

（一）已经完成调查、处罚的；

（二）经查证，确实与案件无关的；

（三）当事人提供相应担保的；

（四）其他应当及时解除冻结、查封的情形。

第二十条 冻结、查封财产的数额应当与违法行为的情节或者行政处罚决定的金额相适应。

第二十一条 案件调查结束后，当事人的违法行为涉嫌犯罪需要移送公安机关的，应当将冻结、查封的证据、材料一并移送。

第二十二条 当事人逾期不履行处罚决定的，中国证券监督管理委员会可以依法申请人民法院强制执行冻结、查封的涉案财产。

第二十三条 解除冻结、查封参照实施冻结、查封程序办理。

第二十四条 当事人对冻结、查封决定不服的，可以依法向中国证券监督管理委员会申请行政复议。

行政复议期间，冻结、查封措施不停止执行，但是有下列情形之一的，可以停止执行：

（一）实施部门认为需要停止执行并批准的；
（二）当事人申请停止执行并批准的；
（三）法律、法规规定应当停止执行的。

第二十五条 未按规定程序实施冻结、查封，给当事人的合法财产造成重大损失的，依法给予赔偿；对直接负责的主管人员和直接责任人员给予行政处分；构成犯罪的，依法追究刑事责任。

第二十六条 当事人和协助执行单位拒绝、阻碍中国证券监督管理委员会及其执法人员实施冻结、查封措施，由中国证券监督管理委员会责令改正，处以十万元以上一百万元以下的罚款，并由公安机关依法给予治安管理处罚；构成犯罪的，依法追究刑事责任。

第二十七条 本办法由中国证券监督管理委员会负责解释。

第二十八条 本办法自2006年1月1日起施行。

国务院批转国务院证券委、中国人民银行、国家经贸委《关于严禁国有企业和上市公司炒作股票的规定》的通知

- 1997年5月21日
- 国发〔1997〕16号

各省、自治区、直辖市人民政府，国务院各部委、各直属机构：

国务院同意国务院证券委、中国人民银行、国家经贸委《关于严禁国有企业和上市公司炒作股票的规定》，现发给你们，请认真贯彻执行。

附：

关于严禁国有企业和上市公司炒作股票的规定

我国证券市场尚处于发展初期，过度投机和违规现象比较严重。打击违规活动，抑制过度投机，对于促进社会主义市场经济健康发展和维护社会稳定关系重大，必须予以高度重视。最近一段时间以来，国有商业银行资金通过各种渠道，不断流入股市。有的国有企业和上市公司用银行信贷资金炒作股票；有的上市公司把募股资金用于生产经营的资金投入股市炒作股票；有的国有企业把用于自身发展的自有资金投入股市炒作股票。这种状况一方面助长了股市的投机，另一方面使国有资产处于高风险状态，严重危及国有资产的安全。为了发挥社会主义股票市场为经济建设筹集资金和促进企业转换经营机制的功能，维护正常的市场秩序，必须制止国有企业和上市公司在股票市场上的炒作行为。现作如下规定：

一、国有企业不得炒作股票，不得提供资金给其他机构炒作股票，也不得动用国家银行信贷资金买卖股票。

本规定所称炒作股票是指在国务院主管部门规定的期限内买入股票又卖出，或者卖出股票又买入的行为。

二、上市公司不得动用银行信贷资金买卖股票，不得用股票发行募集资金炒作股票，也不得提供资金给其他机构炒作股票。

三、国有企业和上市公司为长期投资而持有已上市流通股票（在国务院主管部门规定的期限以上），应向证券交易所报告。交易所应采取措施，加强管理，监督国有企业和上市公司遵守本规定的有关要求。

四、国有企业和上市公司只能在交易所开设一个股票账户（A股），必须用本企业（法人）的名称。严禁国有企业和上市公司以个人名义开设股票账户或者为个人买卖股票提供资金。存在上述问题的单位，必须在本规定发布之日起1个月内纠正；拒不纠正的，将从严处罚并追究法定代表人和直接责任人的责任。

五、证券交易所、证券登记清算机构和证券经营机构，要对已开设的股票账户和资金账户进行检查，如发现国有企业和上市公司炒作股票，或者以个人名义开设股票账户以及为个人股票账户提供资金的，应要求其立即纠正并及时向中国证监会报告。

六、各省、自治区、直辖市人民政府，国务院各部门应立即组织对所属国有企业参与股票炒作的情况进行检查，各地方证券管理部门要组织对辖区内的上市公司参与股票炒作的情况进行检查，检查结果要向国务院证券委报告。对本规定发布后继续炒作股票的国有企业和上市公司，一经查实，其收入一律没收并处以罚款；对挪用银行信贷资金买卖股票的企业，银行要停止新增贷款，限期收回被挪用的贷款；对国有企业的主要负责人和直接责任人，由其主管部门给予撤职或开除的处分；对上市公司的主要负责人和直接责任人，由中国证监会认定并宣布为市场禁入者。

以上规定的实施细则，由国务院主管部门另行发布。

国务院办公厅关于严厉打击非法发行股票和非法经营证券业务有关问题的通知

- 2006 年 12 月 12 日
- 国办发〔2006〕99 号

各省、自治区、直辖市人民政府，国务院各部委、各直属机构：

近年来，非法发行股票和非法经营证券业务（以下简称非法证券活动）在我国部分地区时有发生，个别地区甚至出现蔓延势头，严重危害社会稳定和金融安全。为贯彻落实公司法和证券法有关规定，维护证券市场正常秩序和广大投资者的合法权益，经国务院同意，现就严厉打击非法证券活动有关问题通知如下：

一、提高认识，统一思想，坚决遏制非法证券活动蔓延势头

非法证券活动具有手段隐蔽、欺骗性强、蔓延速度快、易反复等特点，涉及人数众多，投资者多为退休人员、下岗职工等困难群众，容易引发群体事件。当前，非法证券活动的主要形式为：一是编造公司即将在境内外上市或股票发行获得政府部门批准等虚假信息，诱骗社会公众购买所谓"原始股"；二是非法中介机构以"投资咨询机构"、"产权经纪公司"、"外国资本公司或投资公司驻华代表处"的名义，未经法定机关批准，向社会公众非法买卖或代理买卖未上市公司股票；三是不法分子以证券投资为名，以高额回报为诱饵，诈骗群众钱财。

地方各级人民政府、国务院有关部门要进一步统一思想，高度重视，充分认识非法证券活动的危害性，增强政治责任感。要完善打击非法证券活动的政策法规和联合执法机制，查处一批大案要案，依法追究有关人员的责任，建立健全防范和打击非法证券活动的长效机制，从根本上遏制非法证券活动蔓延势头。

二、明确分工，加强配合，形成打击非法证券活动的执法合力

为加强组织领导，由证监会牵头，公安部、工商总局、银监会并邀请高法院、高检院等有关单位参加，成立打击非法证券活动协调小组，负责打击非法证券活动的组织协调、政策解释、性质认定等工作。协调小组办公室设在证监会。证监会要组织专门机构和得力人员，明确职责，加强沟通，与相关部门和省级人民政府建立反应灵敏、配合密切、应对有力的工作机制。

非法证券活动查处和善后处理工作按属地原则由各省、自治区、直辖市及计划单列市人民政府负责。非法证券活动经证监会及其派出机构认定后，省级人民政府要负责做好本地区案件查处和处置善后工作。涉及多个省（区、市）的，由公司注册地的省级人民政府牵头负责，相关省（区、市）要予以积极支持配合。发现涉嫌犯罪的，应及时移送公安机关立案查处，并依法追究刑事责任。未构成犯罪的，由证券监管部门、工商行政管理部门根据各自职责依法作出行政处罚。

地方各级人民政府要高度重视，统筹安排，周密部署，建立起群众举报、媒体监督、日常监管和及时查处相结合的非法证券活动防范和预警机制，制订风险处置预案。对近年来案件多发的地区，有关地方人民政府要迅速开展查处、取缔工作，果断处置，集中查处一批典型案件并公开报道，震慑犯罪分子，教育人民群众，维护社会稳定。

三、明确政策界限，依法进行监管

（一）严禁擅自公开发行股票。向不特定对象发行股票或向特定对象发行股票后股东累计超过 200 人的，为公开发行，应依法报经证监会核准。未经核准擅自发行的，属于非法发行股票。

（二）严禁变相公开发行股票。向特定对象发行股票后股东累计不超过 200 人的，为非公开发行。非公开发行股票及其股权转让，不得采用广告、公告、广播、电话、传真、信函、推介会、说明会、网络、短信、公开劝诱等公开方式或变相公开方式向社会公众发行。严禁任何公司股东自行或委托他人以公开方式向社会公众转让股票。向特定对象转让股票，未依法报经证监会核准的，转让后，公司股东累计不得超过 200 人。

（三）严禁非法经营证券业务。股票承销、经纪（代理买卖）、证券投资咨询等证券业务由证监会依法批准设立的证券机构经营，未经证监会批准，其他任何机构和个人不得经营证券业务。

违反上述三项规定的，应坚决予以取缔，并依法追究法律责任。

证监会要根据公司法和证券法有关规定，尽快研究制订有关公开发行股票但不在证券交易所上市的股份有限公司（以下简称非上市公众公司）管理规定，明确非上市公众公司设立和发行的条件、发行审核程序、登记托管及转让规则等，将非上市公众公司监管纳入法制轨道。

四、加强舆论引导和对投资者教育

证监会、公安部等有关部门要指导地方各级人民政府，广泛利用报纸、电视、广播、互联网等传媒手段，多方位、多角度地宣传非法证券活动的表现形式、特点、典型

案例及其严重危害，提高广大投资者对非法证券活动的风险意识和辨别能力，预防非法证券活动的发生，防患于未然。

国务院办公厅转发证监会等部门关于依法打击和防控资本市场内幕交易意见的通知

· 2010年11月16日
· 国办发〔2010〕55号

证监会、公安部、监察部、国资委、预防腐败局《关于依法打击和防控资本市场内幕交易的意见》已经国务院同意，现转发给你们，请认真贯彻执行。

关于依法打击和防控资本市场内幕交易的意见

为维护市场秩序，保护投资者合法权益，促进我国资本市场稳定健康发展，现就依法打击和防控资本市场内幕交易提出以下意见：

一、统一思想，提高认识

内幕交易，是指上市公司高管人员、控股股东、实际控制人和行政审批部门等方面的知情人员，利用工作之便，在公司并购、业绩增长等重大信息公布之前，泄露信息或者利用内幕信息买卖证券谋取私利的行为。这种行为严重违反了法律法规，损害投资者和上市公司合法权益。证券法第五条规定，"禁止欺诈、内幕交易和操纵证券市场的行为"，第七十三条规定，"禁止证券交易内幕信息的知情人和非法获取内幕信息的人利用内幕信息从事证券交易活动"。刑法第一百八十条、第一百八十二条对内幕交易、利用信息优势操纵证券交易价格等行为的量刑和处罚作出了明确规定。

当前，打击和防控资本市场内幕交易面临的形势较为严峻。一些案件参与主体复杂，交易方式多样，操作手段隐蔽，查处工作难度很大。随着股指期货的推出，内幕交易更具隐蔽性、复杂性。各地区、各相关部门要充分认识内幕交易的危害性，统一思想，高度重视，根据刑法和证券法等法律法规规定，按照齐抓共管、打防结合、综合防治的原则，采取针对性措施，切实做好有关工作。

打击和防控资本市场内幕交易工作涉及面广，社会关注度高，需要动员各方面力量，促进全社会参与。要通过法制宣传、教育培训等多种形式，普及刑法、证券法等法律知识，帮助相关人员和社会公众提高对内幕交易危害性的认识，增强遵纪守法意识。要坚持正确的舆论导向，增强舆论引导的针对性和实效性，充分发挥社会舆论监督作用，形成依法打击和防控资本市场内幕交易的社会氛围。

二、完善制度，有效防控

内幕信息，是指上市公司经营、财务、分配、投融资、并购重组、重要人事变动等对证券价格有重大影响但尚未正式公开的信息。加强内幕信息管理是防控内幕交易的重要环节，对从源头上遏制内幕交易具有重要意义。各地区、各相关部门要建立完善内幕信息登记管理制度，提高防控工作的制度化、规范化水平。

一是抓紧制定涉及上市公司内幕信息的保密制度，包括国家工作人员接触内幕信息管理办法，明确内幕信息范围、流转程序、保密措施和责任追究要求，并指定负责内幕信息管理的机构和人员。二是尽快建立内幕信息知情人登记制度，要求内幕信息知情人按规定实施登记，落实相关人员的保密责任和义务。三是完善上市公司信息披露和停复牌等相关制度，督促上市公司等信息披露义务人严格依照法律法规，真实、准确、完整、及时地披露信息。四是健全考核评价制度，将内幕交易防控工作纳入企业业绩考核评价体系，明确考核的原则、内容、标准、程序和方式。五是细化、充实依法打击和防控内幕交易的规定，完善内幕交易行为认定和举证规则，积极探索内幕交易举报奖励制度。

所有涉及上市公司重大事项的决策程序，都要符合保密制度要求，简化决策流程，缩短决策时限，尽可能缩小内幕信息知情人范围。研究论证上市公司重大事项，原则上应在相关证券停牌后或非交易时间进行。

三、明确职责，重点打击

证券监督管理部门要切实负起监管责任，对涉嫌内幕交易的行为，要及时立案稽查，从快作出行政处罚；对涉嫌犯罪的，要移送司法机关依法追究刑事责任，做到有法必依，执法必严，违法必究；对已立案稽查的上市公司，要暂停其再融资、并购重组等行政许可；对负有直接责任的中介机构及相关人员，要依法依规采取行政措施，暂停或取消其业务资格。公安机关在接到依法移送的案件后，要及时立案侦查。各级监察机关、各国有资产监督管理部门要依据职责分工，对泄露内幕信息或从事内幕交易的国家工作人员、国有（控股）企业工作人员进行严肃处理。

各地区要按照依法打击和防控资本市场内幕交易工作的部署和要求，加强组织领导，落实责任主体，进一步细化和落实各项制度，完善配套措施和办法，强化监督，严格问责,积极支持和配合有关方面做好相关工作。

各地区、各相关部门要认真按照法律法规规定,各司其职,协同配合,建立和完善案件移送、执法合作、信息管理、情况沟通等工作机制,形成上下联动、部门联动、地区联动的综合防治体系和强大打击合力。证监会要会同公安部、监察部、国资委、预防腐败局等部门抓紧开展一次依法打击和防控内幕交易专项检查,查办一批典型案件并公开曝光,震慑犯罪分子。

关于整治非法证券活动有关问题的通知

· 2008年1月2日
· 证监发〔2008〕1号

各省、自治区、直辖市高级人民法院、人民检察院、公安厅(局),解放军军事法院、军事检察院,新疆维吾尔自治区高级人民法院生产建设兵团分院,新疆生产建设兵团人民检察院、公安局,中国证监会各省、自治区、直辖市、计划单列市监管局:

国务院办公厅《关于严厉打击非法发行股票和非法经营证券业务有关问题的通知》(国办发〔2006〕99号,以下简称"国办发99号文")和国务院《关于同意建立整治非法证券活动协调小组工作制度的批复》(国函〔2007〕14号)下发后,整治非法证券活动协调小组(以下简称"协调小组")各成员单位和地方人民政府高度重视,周密部署,重点查处了一批大案要案,初步遏制了非法证券活动的蔓延势头,各类非法证券活动新发量明显减少,打击非法证券活动工作取得了明显成效,相当一部分案件已进入司法程序。但在案件办理过程中,相关单位也遇到了一些分工协作、政策法律界限不够明确等问题。为此,协调小组专门召开会议对这些问题进行了研究。根据协调小组会议精神,现就打击非法证券活动工作中的有关问题通知如下:

一、统一思想,高度重视非法证券类案件办理工作

非法证券活动是一种典型的涉众型的违法犯罪活动,严重干扰正常的经济金融秩序,破坏社会和谐与稳定。从近期办理的一些案件看,非法证券活动具有以下特征:一是按照最高人民检察院、公安部《关于经济犯罪案件追诉标准的规定》(公发〔2001〕11号),绝大多数非法证券活动都涉嫌犯罪。二是花样不断翻新,隐蔽性强,欺骗性大,仿效性高。三是案件涉及地域广,涉案金额大,涉及人员多,同时资产易被转移,证据易被销毁,人员易潜逃,案件办理难度大。四是不少案件涉及到境外资本市场,办理该类案件政策性强,专业水平要求高。五是投资者多为离退休人员、下岗职工等困难群众,承受能力差,极易引发群体事件。各有关部门要进一步统一思想,高度重视,充分认识此类违法犯罪活动的严重性、危害性,增强政治责任感,密切分工协作,提高工作效率,及时查处一批大案要案,维护法律法规权威,维护社会公平正义,维护投资者的合法权益。

二、明确法律政策界限,依法打击非法证券活动

(一)关于公司及其股东向社会公众擅自转让股票行为的性质认定。证券法第十条第三款规定:"非公开发行证券,不得采用广告、公开劝诱和变相公开方式。"国办发99号文规定:"严禁任何公司股东自行或委托他人以公开方式向社会公众转让股票。向特定对象转让股票,未依法报经证监会核准的,转让后,公司股东累计不得超过200人。"公司、公司股东违反上述规定,擅自向社会公众转让股票,应当追究其擅自发行股票的责任。公司与其股东合谋,实施上述行为的,公司与其股东共同承担责任。

(二)关于擅自发行证券的责任追究。未经依法核准,擅自发行证券,涉嫌犯罪的,依照刑法第一百七十九条之规定,以擅自发行股票、公司、企业债券罪追究刑事责任。未经依法核准,以发行证券为幌子,实施非法证券活动,涉嫌犯罪的,依照刑法第一百七十六条、第一百九十二条等规定,以非法吸收公众存款罪、集资诈骗罪等罪名追究刑事责任。未构成犯罪的,依照证券法和有关法律的规定给予行政处罚。

(三)关于非法经营证券业务的责任追究。任何单位和个人经营证券业务,必须经证监会批准。未经批准的,属于非法经营证券业务,应予以取缔;涉嫌犯罪的,依照刑法第二百二十五条之规定,以非法经营罪追究刑事责任。对于中介机构非法代理买卖非上市公司股票,涉嫌犯罪的,应当依照刑法第二百二十五条之规定,以非法经营罪追究刑事责任;所代理的非上市公司涉嫌擅自发行股票,构成犯罪的,应当依照刑法第一百七十九条之规定,以擅自发行股票罪追究刑事责任。非上市公司和中介机构共谋擅自发行股票,构成犯罪的,以擅自发行股票罪的共犯论处。未构成犯罪的,依照证券法和有关法律的规定给予行政处罚。

(四)关于非法证券活动性质的认定。非法证券活动是否涉嫌犯罪,由公安机关、司法机关认定。公安机关、司法机关认为需要有关行政主管机关进行性质认定的,行政主管机关应当出具认定意见。对因案情复杂、意见分歧,需要进行协调的,协调小组应当根据办案部门的要求,组织有关单位进行研究解决。

（五）关于修订后的证券法与修订前的证券法中针对擅自发行股票和非法经营证券业务规定的衔接。修订后的证券法与修订前的证券法针对擅自发行股票和非法经营证券业务的规定是一致的,是相互衔接的,因此在修订后的证券法实施之前发生的擅自发行股票和非法经营证券业务行为,也应予以追究。

（六）关于非法证券活动受害人的救济途径。根据1998年3月25日《国务院办公厅转发证监会关于清理整顿场外非法股票交易方案的通知》（国办发〔1998〕10号）的规定,最高人民法院于1998年12月4日发布了《关于中止审理、中止执行涉及场外非法股票交易经济纠纷案件的通知》（法〔1998〕145号）,目的是为配合国家当时解决STAQ、NET交易系统发生的问题,而非针对目前非法证券活动所产生的纠纷。如果非法证券活动构成犯罪,被害人应当通过公安、司法机关刑事追赃程序追偿;如果非法证券活动仅是一般违法行为而没有构成犯罪,当事人符合民事诉讼法规定的起诉条件的,可以通过民事诉讼程序请求赔偿。

三、加强协作配合,提高办案效率

涉嫌犯罪的非法证券类案件从调查取证到审理终结,主要涉及证监、公安、检察、法院四个部门。从工作实践看,大部分地区的上述四个部门能够做到既有分工,也有协作,案件办理进展顺利,但也有部分地区的一些案件久拖不决,有的甚至出现"踢皮球"的现象,案件办理周期过长。究其原因,有的是工作不扎实,有的是认识上存在差距,有的是协调沟通不畅。协调小组工作会议高度重视存在的问题,并对各相关部门的工作分工及协调配合做了总体部署。

证监系统要督促、协调、指导各地落实已出台的贯彻国办发99号文实施意见,将打击非法证券活动长效机制落到实处;根据司法机关需要,对非法证券类案件及时出具性质认定意见;创新办案模式,在当地政府的领导下,密切与其他行政执法机关的联合执法,提高快速反应能力;根据工作需要,可组织当地公、检、法等部门相关人员进行业务培训或案情会商;加强对境外资本市场的跟踪研究。

公安机关对涉嫌犯罪的非法证券类案件要及时进行立案侦查,并做好与证监、工商等部门的工作衔接;上级公安机关要加强案件的协调、指导、督办工作,提高办案效率;密切与检察院、法院的协调配合,及时交流信息,通报情况,加大对大要案的侦办力度。

检察机关要及时做好此类案件的批捕、起诉和诉讼监督工作;加强与相关部门的沟通联系,及时处理需要协调的事项。

人民法院要加强与相关部门的沟通协调,及时受理、审理各类涉及非法证券活动的民事、刑事案件,对性质恶劣、社会危害大的案件依法予以严惩。

各相关部门在办理非法证券类案件过程中遇到重大问题的,可提请协调小组协助解决。

国务院国有资产监督管理委员会关于加强上市公司国有股东内幕信息管理有关问题的通知

· 2011年10月28日
· 国资发产权〔2011〕158号

国务院各部委、各直属机构,各省、自治区、直辖市、计划单列市和新疆生产建设兵团国有资产监督管理机构,各中央企业:

为进一步加强上市公司国有股东内幕信息管理,防控内幕交易,根据《国务院办公厅转发证监会等部门关于依法打击和防控资本市场内幕交易意见的通知》（国办发〔2010〕55号）及证券和国有资产监督管理有关法律法规的规定,现将有关问题通知如下:

一、上市公司国有股东、实际控制人应明确本单位内幕信息管理机构,负责内幕信息管理,督促、协调上市公司信息披露,配合上市公司实施内幕信息知情人登记等事项。

本通知所称上市公司国有股东,是指直接持有上市公司股份的国有及国有控股企业、有关机构、部门、事业单位等;所称上市公司实际控制人,是指虽不是公司股东,但能够实际支配公司行为的国家出资企业。

二、上市公司国有股东、实际控制人应当建立健全内幕信息管理规章制度,对涉及上市公司重大事项的决策程序、内幕信息的流转与保密、信息披露、内幕信息知情人登记等方面作出明确规定。

三、上市公司国有股东、实际控制人在涉及上市公司重大事项的策划、研究、论证、决策过程中,应当在坚持依法合规的前提下,采取必要且充分的保密措施,严格控制参与人员范围,减少信息知悉及传递环节;简化决策流程,缩短决策时间,并建立责任追究制度。有关事项的决策原则上应在相关股票停牌后或非交易时间进行。

四、上市公司国有股东、实际控制人就涉及内幕信息的相关事项决策后,应当按照相关规定及时书面通知上市公司，由上市公司依法披露。

五、在相关信息披露前，上市公司国有股东、实际控制人中的内幕信息知情人不得在公司内部网站、或以内部讲话、接受访谈、发表文章等形式将信息向外界泄露，也不得利用内幕信息为本人、亲属或他人牟利。一旦出现市场传闻或上市公司证券及其衍生品异常交易等情况，应当及时督促、配合上市公司披露或澄清相关信息。必要时，应当督促上市公司依照有关规定及时申请股票停牌。

六、上市公司国有股东、实际控制人应支持和配合上市公司按规定做好内幕信息知情人登记工作，保证内幕信息知情人登记信息的真实、准确、完整。由上市公司国有股东或实际控制人研究、发起涉及上市公司的重大事项并可能产生内幕信息时，上市公司国有股东或实际控制人应按照证券监管机构要求填写内幕信息知情人档案，及时记录重要信息，并在通知上市公司相关事项时将知情人档案一并抄送。

七、上市公司国有股东、实际控制人就涉及内幕信息的有关事项向有关政府部门、监管机构汇报、沟通时，应告知其保密义务，并将情况记录备查。

八、上市公司国有股东、实际控制人应通过多种形式，加强内幕信息管理及规范股东行为等方面的教育培训工作，强化守法合规意识。

九、国有资产监督管理机构、政府有关部门直接持有上市公司股份的，按照本通知规定执行。

十、国有资产监督管理机构、上市公司国有股东、实际控制人应依据职责分工，对泄露内幕信息或从事内幕交易的相关人员进行处分；涉嫌犯罪的，依法移送司法机关处理。

十一、本通知印发后，上市公司国有股东、实际控制人要按照国办发〔2010〕55号文件及本通知要求，对本单位内幕信息管理工作开展一次全面梳理与自查，抓紧完善制度、落实责任，并将内幕信息管理制度和负责机构及联系人报省级或省级以上人民政府国有资产监督管理机构。

创新企业境内发行股票或存托凭证上市后持续监管实施办法（试行）

· 2018年6月14日
· 中国证券监督管理委员会公告〔2018〕19号

第一章 总 则

第一条 为规范试点创新企业在境内证券市场公开发行股票或者存托凭证上市后相关各方的行为，支持引导试点创新企业更好地发展，保护试点创新企业和投资者的合法权益，根据《中华人民共和国证券法》（以下简称《证券法》）、《中华人民共和国公司法》（以下简称《公司法》）、《关于开展创新企业境内发行股票或存托凭证试点的若干意见》（以下简称《若干意见》）以及相关法律法规、《存托凭证发行与交易管理办法（试行）》（以下简称《存托办法》），制定本办法。

第二条 本办法所称试点创新企业，是指按照《若干意见》规定，经中国证券监督管理委员会（以下简称中国证监会）核准公开发行股票或者存托凭证并上市的企业，包括境内注册的试点创新企业（以下简称境内企业）和注册地在境外、主要经营活动在境内的试点创新企业（以下简称红筹企业）。

红筹企业包括已在境外上市的红筹企业（以下简称境外已上市红筹企业）和尚未在境外上市的红筹企业（以下简称境外未上市红筹企业）。

第三条 境内企业及其股东、实际控制人、董事、监事、高级管理人员（以下简称董监高）、收购人、内幕信息知情人等相关各方应当遵守《证券法》《公司法》等法律、行政法规和《若干意见》的相关规定，以及中国证监会关于境内上市公司及相关各方持续监管的一般规定。中国证监会依法对境内企业及相关各方持续监管另有规定的，从其规定。

红筹企业及其股东或者存托凭证持有人、实际控制人、董监高、收购人、内幕信息知情人等相关各方应当遵守《证券法》等法律、行政法规、《若干意见》和《存托办法》的相关规定，以及中国证监会关于境内上市公司及相关各方持续监管的一般规定。中国证监会依法对红筹企业及相关各方持续监管另有规定的，从其规定。

证券交易所依据其章程、协议和依法制定的业务规则，对试点创新企业及相关各方实行自律监管。

第四条 红筹企业在境内公开发行股票或者存托凭证上市后，相关各方适用中国证监会关于境内上市公司及相关各方持续监管的一般规定，可能导致其难以符合公司注册地有关规定，依法可以暂缓适用或者免于适用境内相关规定的，红筹企业及相关各方可以按规定调整适用有关规定，但应当充分说明具体情况及境外有关规则依据，并聘请律师事务所就上述事项出具法律意见。中国证监会认为依法不应调整适用的，红筹企业及相关各方应当执行境内有关规定。

第二章 公司治理

第五条 试点创新企业应当保持健全有效的公司治

理结构,督促董监高忠实、勤勉地履行职责,切实保护投资者合法权益。

第六条 红筹企业股权结构、公司治理、运行规范等事项适用境外注册地公司法等法律法规,该等事项在上市后发生较大变化的,红筹企业应当及时披露,并充分说明其关于投资者权益保护的安排总体上仍不低于境内法律要求。

第七条 红筹企业召开股东大会的,应当采用安全、经济、便捷的网络或者其他方式为境内股东或者存托凭证持有人行使权利提供便利。

红筹企业应当按照公司章程、存托协议和其他公开披露的文件中载明的有关安排,履行股东大会的召集、召开和表决等程序和相关义务。

第八条 除首次申请境内公开发行股票或者存托凭证时公司章程已明确的投票权差异等特殊安排外,红筹企业上市后应当确保境内外投资者对其拥有权益的同种类股份享有同等权利,不得以修改公司章程等任何方式剥夺、限制境内股东或者存托凭证持有人权利。

红筹企业境内上市后,投票权差异的存续、调整等安排应当符合证券交易所的有关规定。

第九条 红筹企业境内上市后就相关事项进行内部决策的,按照其已披露的境外注册地公司法等法律法规和公司章程规定的权限、程序执行,法律、行政法规以及中国证监会另有规定的除外。

第十条 中国证监会的规定要求境内上市公司董事会、独立董事就相关事项发表意见或者履行特定职责的,试点创新企业的董事会、独立董事应当遵照执行。

境外注册地公司法等法律法规或者实践中普遍认同的标准对红筹企业董事会、独立董事职责有不同规定或者安排,导致董事会、独立董事无法按照前款规定发表意见或者履行职责的,红筹企业应当详细说明情况和原因,并聘请律师事务所就上述事项出具法律意见。

境外已上市红筹企业及其董监高等相关各方按照境内有关规定签署书面确认意见、作出声明或者承诺的,在不改变实质内容的前提下,可以结合境外上市地有关规则要求或者实践中普遍认同的标准,对确认意见、声明或者承诺的表述作出适当调整。

第三章 信息披露

第十一条 试点创新企业及其控股股东、实际控制人等信息披露义务人应当按照《证券法》、中国证监会和证券交易所关于信息披露的有关规定,真实、准确、完整、及时、公平地披露信息,不得有虚假记载、误导性陈述或重大遗漏。

第十二条 红筹企业及其控股股东、实际控制人等信息披露义务人在境外披露的信息,应当以中文在境内同步披露,披露内容应当与其在境外市场披露的内容一致。

第十三条 红筹企业及其控股股东、实际控制人等信息披露义务人报送和发布信息披露公告文稿及相关备查文件,按照中国证监会、证券交易所有关规定执行。

第十四条 红筹企业应当按照中国证监会关于红筹企业财务报告信息披露的规定编制、披露财务报告信息。

红筹企业首次申请境内公开发行股票或者存托凭证时已经按照中国企业会计准则编制财务报告的,境内上市后应当继续按照中国企业会计准则编制年度报告等涉及的财务报告信息。

第十五条 境外已上市红筹企业的年度报告应当包括《证券法》《上市公司信息披露管理办法》(以下简称《披露办法》)、《存托办法》《公开发行证券的公司信息披露内容与格式准则第2号——年度报告的内容与格式》(以下简称《2号准则》)和本办法要求披露的内容。

境外已上市红筹企业的中期报告应当至少包括《证券法》《披露办法》《存托办法》要求披露的内容。

境外已上市红筹企业应当在每个会计年度第3个月、第9个月结束之日起45日内披露季度报告,其中应当至少包括《披露办法》要求披露的内容。

境外已上市红筹企业已经按照境外上市地规则要求的格式披露年度报告、中期报告或者季度报告的,在确保具备本条前三款要求披露的内容、不影响信息披露完整性的前提下,可以继续按照境外原有格式编制对应的定期报告,但应当对境内外报告格式的主要差异作出必要说明和提示,以便于境内投资者阅读理解。

第十六条 境外已上市红筹企业按照境内有关规定披露定期报告,在不影响信息披露完整性的前提下,可以就下列事项适当调整披露方式或者简化披露内容:

(一)应披露的重大关联交易事项,因关联交易众多,有足够证据证明相关关联交易对公司财务状况、经营成果、业务发展等不产生重大影响,且不影响投资者决策的,可以对该部分关联交易汇总披露;

(二)应披露的主要控股参股公司情况,因子公司众多且地域分布广泛的,可以按照《2号准则》的要求披露重要子公司的相关信息,对其他子公司分类或者汇总披露;

(三)应披露的公司前10名股东持股情况,因该等股东在境外没有申报义务等原因导致红筹企业确实难以获取有关信息的，可以简化披露；

（四）应披露的公司董监高薪酬等个人信息，可以参照红筹企业首次申请境内公开发行时的披露标准，按照重要性原则简化或者汇总披露；

（五）定期报告中应披露的其他信息，在红筹企业首次申请境内公开发行时就同类信息已获准按照重要性原则简化或汇总披露的，在定期报告中可以作同等处理。

第十七条　境外已上市红筹企业的关联方和关联关系认定、重要子公司的判断等，参照红筹企业首次申请境内公开发行股票或存托凭证时的披露标准执行。

第十八条　红筹企业存在投票权差异、协议控制架构或者类似特殊安排的，应当在年度报告的公司治理内容中披露该等安排在报告期内的实施和变化情况，以及该等安排下保护境内投资者合法权益有关措施的实施情况。

红筹企业发行存托凭证的，应当在年度报告中披露存托、托管的相关安排在报告期内的实施和变化情况。

第十九条　境外上市地规则未要求披露业绩预告或者其他预测性信息的，境外已上市红筹企业可以不披露。

境外已上市红筹企业按照境外上市地规则要求或者自愿披露业绩预告、其他预测性信息的，应当在境内同步披露。

第二十条　红筹企业应当根据《证券法》《披露办法》《存托办法》的规定就重大事件及时履行信息披露义务。

前款规定的重大事件存在较大不确定性，立即披露可能会损害公司利益或者误导投资者，并且同时符合下列条件的，境外已上市红筹企业可以暂不披露，直至就该事件形成最终决议、签署最终协议或者虽未签署协议但已确定交易能够达成：

（一）拟披露的事件未泄露且能够保密；

（二）有关内幕信息知情人已书面承诺保密；

（三）公司证券及其衍生产品交易价格未发生异常波动。

第二十一条　试点创新企业应当建立健全信息披露事务管理制度，包括但不限于未公开信息的保密措施、内幕信息知情人的范围和保密责任、信息披露相关文件的编制、审议、报送、发布流程等。境外已上市红筹企业已经建立信息披露事务管理制度且符合境外上市地规则要求的，可以继续执行。

红筹企业应当在境内设立证券事务机构，聘任熟悉境内信息披露规定和要求的信息披露境内代表，负责信息披露与监管联络事宜。

第二十二条　境外已上市红筹企业应当按照中国证监会、证券交易所关于境内上市公司重大事项自查内幕信息知情人买卖股票情况的规定，自查内幕信息知情人买卖本企业境内股票或者存托凭证的情况，并按照证券交易所有关规定填写、报送内幕信息知情人档案。

相关内幕信息知情人还应当承诺不存在利用该等事项的内幕信息买卖本企业股票或者存托凭证的情形。

第四章　收购及股份权益变动

第一节　境内外合并计算的股份权益变动

第二十三条　红筹企业的境内外收购及相关股份权益变动活动中，相关各方应当遵守《证券法》《上市公司收购管理办法》（以下简称《收购办法》），以及中国证监会关于境内上市公司收购及股份权益变动的其他规定。

第二十四条　本章所称投资者在一个红筹企业中拥有权益的股份，包括登记在其名下的有表决权股份或者存托凭证对应的有表决权基础股份，以及虽未登记在其名下但该投资者可以实际支配表决权的股份。

投资者及其一致行动人涉及计算其拥有权益的股份比例时，应当将其通过境内和境外市场拥有权益的股份合并计算。

第二十五条　投资者及其一致行动人在一个红筹企业中拥有权益的股份达到或超过《证券法》《收购办法》规定的比例时，应当依法履行报告、公告和其他法定义务。

存托人因存托安排而持有一个红筹企业境外基础证券的，不适用前款规定。

第二十六条　通过境内证券交易所的证券交易，投资者及其一致行动人拥有权益的股份达到一个红筹企业已发行的有表决权股份5%时，不得在《收购办法》第十三条规定的期限内再行买卖该企业在境内证券市场已发行的股票或者存托凭证。

投资者及其一致行动人拥有权益的股份达到一个红筹企业已发行的有表决权股份5%后，通过境内证券交易所的证券交易，其拥有权益的股份占该红筹企业已发行的有表决权股份比例每增加或者减少5%（即其拥有权益的股份每达到5%的整数倍时），不得在《收购办法》第十三条规定的期限内再行买卖该企业在境内证券市场已发行的股票或者存托凭证。

第二十七条　投资者及其一致行动人在一个红筹企

业中拥有权益的股份达到《证券法》规定的应当发出收购要约的比例，继续增持有表决权股份的，应当遵守《证券法》《收购办法》，以及中国证监会关于上市公司收购的其他规定。

前款规定的投资者及其一致行动人应当按规定向红筹企业境内所有股东或者存托凭证持有人发出收购要约。

第二十八条 收购期限届满，红筹企业不符合境内上市条件的，该企业境内发行的股票或者存托凭证应当由证券交易所依照有关规定终止上市交易；其余仍持有被收购公司股票的股东或者存托凭证持有人，有权向收购人以收购要约的同等条件出售其股票或者存托凭证，收购人应当收购。

第二十九条 投资者与他人根据境外上市地规则、公司注册地法律法规构成一致行动人的，在境内市场也应当视为一致行动人。

第三十条 外国投资者在境内证券市场进行红筹企业的收购及相关股份权益变动活动的，应当遵守国家关于外资管理的相关规定。

第三十一条 红筹企业董监高持有本公司境内发行的股票或者存托凭证及其变动的，应当遵守《上市公司董事、监事和高级管理人员所持本公司股份及其变动管理规则》《上市公司股东、董监高减持股份的若干规定》及证券交易所有关规定。

第三十二条 红筹企业控股股东、持有或通过持有境内外存托凭证而间接持有红筹企业股份合计达到5%以上的投资者减持境内股份或者存托凭证，以及相关主体减持红筹企业在境内市场非公开发行的股份或者存托凭证的，适用《上市公司股东、董监高减持股份的若干规定》。

第二节 境内股票或存托凭证的持有变动

第三十三条 通过境内证券交易所的证券交易，投资者及其一致行动人持有一个红筹企业境内已发行的股票或者存托凭证达到该企业境内发行总数的5%时，应当在该事实发生之日起2日内披露提示性公告。

投资者及其一致行动人持有一个红筹企业境内已发行的股票或者存托凭证达到该企业境内发行总数的5%后，通过境内证券交易所的证券交易，导致其持有的境内股票或者存托凭证每达到该企业境内发行总数5%的整数倍时，应当按照前款规定的时限披露提示性公告。

第三十四条 通过协议转让或者类似安排，投资者及其一致行动人持有一个红筹企业境内已发行的股票或者存托凭证拟达到或者超过该企业境内发行总数的5%时，应当在该事实发生之日起2日内披露提示性公告。

投资者及其一致行动人持有一个红筹企业境内已发行的股票或者存托凭证达到该企业境内发行总数的5%后，通过协议转让或者类似安排，导致其持有的境内股票或者存托凭证拟达到或者跨过该企业境内发行总数5%的整数倍时，应当按照前款规定的时限披露提示性公告。

第三十五条 本办法第三十三条和第三十四条规定的提示性公告的格式和内容由证券交易所规定。

第五章 重大资产重组

第三十六条 红筹企业及其控股或者控制的公司在日常经营活动之外购买、出售资产或者通过其他方式进行资产交易达到《上市公司重大资产重组管理办法》（以下简称《重组办法》）规定的有关比例时，应当依照《重组办法》和中国证监会关于境内上市公司重大资产重组的其他有关规定履行报告、公告等义务。

第三十七条 红筹企业涉及计算《重组办法》第十二条、第十三条规定的财务指标时，应当采用根据中国企业会计准则编制或调整后的财务数据。

第三十八条 红筹企业实施重大资产重组，不得导致红筹企业不符合其在境内证券市场上市的条件。

第三十九条 红筹企业实施重大资产重组、在境内市场发行股票或者存托凭证购买资产的，应当聘请律师事务所、具有相关证券业务资格的独立财务顾问、会计师事务所等境内证券服务机构就重大资产重组出具意见。

第四十条 红筹企业实施重大资产重组、在境内市场发行股份或者存托凭证购买资产，按照境外注册地公司法等法律法规和公司章程的规定无须就相关事项提交股东大会审议的，至迟应当在董事会形成最终决议或者相关各方签署最终协议后及时披露重组报告书、独立财务顾问报告、法律意见书以及重组涉及的审计报告、资产评估报告或者估值报告。

第四十一条 红筹企业在境内市场发行股份或者存托凭证购买资产的，应当遵守《重组办法》第五章关于上市公司发行股份购买资产的规定。

第四十二条 试点创新企业实施重大资产重组、在境内市场发行股份或者存托凭证购买资产的，应当符合国家产业政策，有利于促进所在行业、产业的整合升级。

试点创新企业自控制权发生变更之日起，向收购人及其关联人购买资产，不得导致《重组办法》第十三条第一款规定的任一情形。

第四十三条 红筹企业编制重大资产重组报告书、

发行股份或者存托凭证购买资产报告书的,应当按照《公开发行证券的公司信息披露内容与格式准则第26号——上市公司重大资产重组》编制。

第六章 其他事项

第四十四条 试点创新企业境内发行的股票或存托凭证暂停上市、终止上市的有关事宜,以及红筹企业境内发行的股票或存托凭证停牌、复牌的有关事宜,由证券交易所根据《证券法》和中国证监会的有关规定制定具体规则。

第四十五条 红筹企业以其在境内证券市场发行的股票或者存托凭证为标的实施股权激励的,应当遵守中国证监会关于境内上市公司股权激励的规定。

红筹企业根据境外注册地公司法等法律法规和公司章程的规定无须由股东大会审议股权激励计划的,应当在董事会审议通过股权激励计划后,及时公告董事会决议、股权激励计划等信息披露文件。

第四十六条 红筹企业回购境内已发行股份或者存托凭证的,应当遵守《上市公司回购社会公众股份管理办法(试行)》《关于上市公司以集中竞价交易方式回购股份的补充规定》等关于境内上市公司回购股份的规定。

红筹企业根据境外注册地公司法等法律法规和公司章程的规定,无须由股东大会审议回购境内已发行股份或者存托凭证事项的,应当在董事会审议通过回购方案后及时披露董事会决议、回购报告书等信息披露文件。

第四十七条 红筹企业及其控股子公司、境内运营实体对外提供担保的,红筹企业应当按照中国证监会关于境内上市公司对外担保的相关规定以及证券交易所规则履行信息披露义务。

第四十八条 红筹企业可以按照境外注册地公司法等法律法规和公司章程的规定实施利润分配,但应当按照中国证监会关于境内上市公司现金分红的规定披露现金分红政策的制定和执行情况。

第四十九条 红筹企业在境内发行股票或者存托凭证募集资金的,应当按照募集发行有关文件披露的计划和安排,管理、使用所募集的资金。

第五十条 试点创新企业及其股东或者存托凭证持有人、实际控制人、董事高管,收购人,内幕信息知情人等相关各方违反本规定的,中国证监会根据《证券法》等法律法规、《披露办法》《存托办法》和中国证监会其他相关规定进行监督管理。

第七章 附 则

第五十一条 本办法下列用语的含义:

(一)董事、监事、高级管理人员、独立董事,包括试点创新企业的董事、监事、高级管理人员、独立董事或者实际执行类似职权的人员。

(二)董事会、监事会,包括试点创新企业的董事会、监事会或者执行类似职权的机构。

(三)公司章程,包括公司章程或者与章程具有同等效力的其他组织文件。

(四)内幕信息知情人,包括存托人、托管人及其有关人员。

(五)境外实践中普遍认同的标准,包括境外自律组织或协会团体等发布的并已被广泛遵循的行为准则或指引,以及境外法律法规未作明确禁止或规定但境外上市公司实践中普遍采用、且不违反中国法律、行政法规和规章强制性规定的习惯性做法。

第五十二条 本办法自公布之日起实施。

北京证券交易所上市公司持续监管办法(试行)

· 2021年10月30日中国证券监督管理委员会令第189号公布
· 自2021年11月15日起施行

第一章 总 则

第一条 为了规范企业股票在北京证券交易所(以下简称北交所)上市后相关各方的行为,支持引导创新型中小企业更好地发展,保护投资者合法权益,根据《中华人民共和国证券法》(以下简称《证券法》)、《中华人民共和国公司法》以及相关法律法规,制定本办法。

第二条 中国证券监督管理委员会(以下简称中国证监会)根据《证券法》等法律法规、本办法和中国证监会的其他相关规定,对北交所上市公司(以下简称上市公司)及相关主体进行监督管理。

中国证监会其他相关规定与本办法规定不一致的,适用本办法。

中国证监会根据北交所以服务创新型中小企业为主的特点和市场运行情况,适时完善相关具体制度安排。

第三条 北交所根据《证券交易所管理办法》、本办法等有关规定,建立以上市规则为中心的持续监管规则体系,在公司治理、持续信息披露、股份减持、股权激励、员工持股计划、重大资产重组、退市等方面制定具体实施规则。上市公司应当遵守北交所持续监管实施规则。

北交所应当履行一线监管职责,加强信息披露与二级市场交易监管联动,加大现场检查力度,强化监管问询、切实防范和打击内幕交易与操纵市场行为，督促上市公司提高信息披露质量。

第二章 公司治理

第四条 上市公司应当增强公众公司意识，保持健全、有效、透明的治理体系和监督机制，保证股东大会、董事会、监事会规范运作，督促董事、监事和高级管理人员履行忠实、勤勉义务，明确纠纷解决机制，保障全体股东合法权利，积极履行社会责任，保护利益相关者的基本权益。

上市公司控股股东、实际控制人应当诚实守信，依法行使权利，严格履行承诺，维持公司独立性，维护公司和全体股东的共同利益。

第五条 上市公司设独立董事，独立董事的选任、履职应当符合中国证监会和北交所的有关规定。

第六条 鼓励上市公司根据需要设立审计、战略、提名、薪酬与考核等专门委员会，专门委员会对董事会负责，依照公司章程和董事会授权履行职责。专门委员会成员全部由董事构成，其中审计委员会、提名委员会、薪酬与考核委员会中独立董事应当占多数并担任召集人，审计委员会的召集人应当为会计专业人士。

第七条 上市公司应当积极回报股东，根据自身条件和发展阶段，在公司章程中规定现金分红、股份回购等股东回报政策并严格执行。北交所可以制定股东回报相关规则。

第八条 上市公司应当建立完善募集资金管理使用制度。募集资金的存放、使用、变更和持续披露等具体规则由北交所制定。

第九条 上市公司存在特别表决权股份的，应当在公司章程中规定特别表决权股份的持有人资格、特别表决权股份拥有的表决权数量与普通股份拥有的表决权数量的比例安排，持有人所持特别表决权股份能够参与表决的股东大会事项范围、特别表决权股份锁定安排及转让限制、特别表决权股份与普通股份的转换情形等事项。

上市公司应当在定期报告中持续披露特别表决权安排的情况；特别表决权安排发生重大变化的，应当及时披露。

北交所应对存在特别表决权股份公司的上市条件、表决权差异的设置、存续、调整、信息披露和投资者保护事项制定有关规定。

第三章 信息披露

第十条 上市公司和相关信息披露义务人应当及时、公平地披露所有可能对证券交易价格或者投资决策有较大影响的事项，保证所披露信息的真实、准确、完整，不存在虚假记载、误导性陈述或者重大遗漏。

上市公司应当建立并执行信息披露事务管理制度，增强信息披露的透明度。上市公司董事长对信息披露事务管理承担首要责任，董事会秘书负责组织和协调公司信息披露事务、办理信息对外公布等相关事宜。

第十一条 上市公司筹划的重大事项存在较大不确定性，立即披露可能会损害公司利益或者误导投资者，且有关内幕信息知情人已书面承诺保密的，上市公司可以暂不披露，但最迟应当在该重大事项形成最终决议、签署最终协议或者交易确定能够达成时对外披露；已经泄密或者确实难以保密的，上市公司应当立即披露该信息。

第十二条 上市公司应当结合所属行业的特点，充分披露行业经营信息，便于投资者合理决策。

第十三条 上市公司应当充分披露可能对公司核心竞争力、经营活动和未来发展产生重大不利影响的风险因素。

上市公司尚未盈利的，应当充分披露尚未盈利的成因，以及对公司现金流、业务拓展、人才吸引、团队稳定性、研发投入、战略性投入、生产经营可持续性等方面的影响。

第十四条 上市公司和相关信息披露义务人确有需要的，可以在非交易时段对外发布重大信息，但应当在下一交易时段开始前披露相关公告，不得以新闻发布或者答记者问等形式代替信息披露。

第十五条 上市公司和相关信息披露义务人适用中国证监会、北交所相关信息披露规定，可能导致其难以反映经营活动的实际情况、难以符合行业监管要求等有关规定的，可以依照相关规定暂缓适用或者免于适用，但是应当充分说明原因和替代方案。中国证监会、北交所认为依法不应当调整适用的，上市公司和相关信息披露义务人应当执行相关规定。

第十六条 上市公司的控股股东、实际控制人应当配合上市公司履行信息披露义务，不得要求或者协助上市公司隐瞒应当披露的信息。

第十七条 上市公司应当在符合《证券法》规定的信息披露平台发布信息，在其他媒体披露信息的时间不得早于在符合《证券法》规定的信息披露平台披露的时间，并确保披露内容的一致性。

第四章 股份减持

第十八条 股份锁定期届满后，上市公司控股股东、实际控制人、董事、监事、高级管理人员及其他股东减持向不特定合格投资者公开发行并上市前的股份以及上市公司向特定对象发行的股份，应当遵守北交所有关减持方式、程序、价格、比例以及后续转让等事项的规定。

第十九条　上市时未盈利的公司，其控股股东、实际控制人、董事、监事、高级管理人员所持向不特定合格投资者公开发行并上市前的股份锁定期应当适当延长，具体期限由北交所规定。

第二十条　上市公司股东、实际控制人、董事、监事、高级管理人员减持股份应当按照中国证监会和北交所的要求及时履行信息披露义务。

持股百分之五以上股东、实际控制人、董事、监事、高级管理人员计划通过北交所集中竞价交易减持股份，应当在首次卖出的十五个交易日前预先披露减持计划，并按照北交所的规定披露减持计划实施情况；拟在三个月内减持股份的总数超过公司股份总数百分之一的，还应当在首次卖出的三十个交易日前预先披露减持计划。

持股百分之五以上股东、实际控制人减持其通过北交所和全国股转系统竞价或做市交易买入的上市公司股份，不适用前款规定。

第五章　股权激励

第二十一条　上市公司以本公司股票为标的实施股权激励的，应当设置合理的考核指标，有利于促进公司持续发展。

第二十二条　单独或合计持有上市公司百分之五以上股份的股东或实际控制人及其配偶、父母、子女，作为董事、高级管理人员、核心技术人员或者核心业务人员的，可以成为激励对象。

上市公司应当充分说明前款规定人员成为激励对象的必要性、合理性。

第二十三条　上市公司向激励对象授予的限制性股票的价格低于市场参考价百分之五十的，或者股票期权的行权价格低于市场参考价的，应当符合北交所相关规定，并应当说明定价依据及定价方式。

出现前款规定情形的，上市公司应当聘请独立财务顾问，对股权激励计划的可行性、相关定价依据和定价方法的合理性、是否有利于公司持续发展、是否损害股东利益等发表意见。

第二十四条　上市公司全部在有效期内的股权激励计划所涉及的标的股票总数，累计不得超过公司股本总额的百分之三十。经股东大会特别决议批准，单个激励对象通过全部在有效期内的股权激励计划获授的本公司股票，累计可以超过公司股本总额的百分之一。

第二十五条　上市公司开展员工持股计划的具体实施规则，由北交所根据中国证监会的相关规定另行制定。

第六章　重大资产重组

第二十六条　上市公司实施重大资产重组或者发行股份购买资产的，标的资产应当符合北交所相关行业要求，或者与上市公司处于同行业或上下游。

第二十七条　上市公司实施重大资产重组的标准，按照《上市公司重大资产重组管理办法》（以下简称《重组办法》）第十二条予以认定，其中营业收入指标执行下列标准：购买、出售的资产在最近一个会计年度所产生的营业收入占上市公司同期经审计的合并财务会计报告营业收入的比例达到百分之五十以上，且超过五千万元人民币。

上市公司实施重大资产重组，构成《重组办法》第十三条规定的交易情形的，置入资产的具体条件由北交所制定。

第二十八条　上市公司发行股份购买资产的，发行股份的价格不得低于市场参考价的百分之八十，市场参考价按《重组办法》的规定计算。

第二十九条　北交所对重大资产重组进行审核，并对信息披露、持续督导等进行自律管理。

涉及发行股份购买资产的，北交所审核通过后，报中国证监会履行注册程序。

第七章　其他事项

第三十条　上市公司控股股东、实际控制人质押公司股份的，应当合理使用融入资金，维持公司控制权和生产经营稳定，不得侵害公司利益或者向公司转移风险，并依据中国证监会、北交所的规定履行信息披露义务。

第三十一条　上市公司及其股东、实际控制人、董事、监事、高级管理人员、其他信息披露义务人、内幕信息知情人等相关主体违反本办法，证券公司、证券服务机构及其人员未勤勉尽责且情节严重的，中国证监会根据《证券法》等法律法规和中国证监会其他有关规定，依法追究其法律责任。

第三十二条　中国证监会将遵守本办法的情况记入证券市场诚信档案，会同有关部门加强信息共享，依法依规实施守信激励与失信惩戒。

第八章　附则

第三十三条　本办法自2021年11月15日起施行。

欺诈发行上市股票
责令回购实施办法(试行)

· 2023年2月17日中国证券监督管理委员会令第216号公布
· 自公布之日起施行

第一条 为了规范股票发行相关活动,保护投资者合法权益和社会公共利益,根据《中华人民共和国证券法》及相关法律法规,制定本办法。

第二条 股票的发行人在招股说明书等证券发行文件中隐瞒重要事实或者编造重大虚假内容,已经发行并上市的,中国证券监督管理委员会(以下简称中国证监会)可以依法责令发行人回购欺诈发行的股票,或者责令负有责任的控股股东、实际控制人买回股票(以下统称回购),但发行人和负有责任的控股股东、实际控制人明显不具备回购能力,或者存在其他不适合采取责令回购措施情形的除外。

第三条 发行人或者负有责任的控股股东、实际控制人按照中国证监会的决定回购欺诈发行的股票,应当向自本次发行至欺诈发行揭露日或者更正日期间买入欺诈发行的股票,且在回购时仍然持有股票的投资者发出要约。

下列股票不得纳入回购范围:
(一)对欺诈发行负有责任的发行人的董事、监事、高级管理人员、控股股东、实际控制人持有的股票;
(二)对欺诈发行负有责任的证券公司因包销买入的股票;
(三)投资者知悉或者应当知悉发行人在证券发行文件中隐瞒重要事实或者编造重大虚假内容后买入的股票。

第四条 发行人或者负有责任的控股股东、实际控制人回购股票的,应当以基准价格回购。投资者买入股票价格高于基准价格的,以买入股票价格作为回购价格。

发行人或者负有责任的控股股东、实际控制人在证券发行文件中承诺的回购价格高于前款规定的价格的,应当以承诺的价格回购。

本办法所称的揭露日、更正日与基准价格,参照《最高人民法院关于审理证券市场虚假陈述侵权民事赔偿案件的若干规定》确定。投资者买入价格,按照该投资者买入股票的平均价格确定。

第五条 中国证监会认定发行人构成欺诈发行并作出责令回购决定的,应当查明事实情况,听取发行人或者其控股股东、实际控制人等相关当事人的陈述、申辩,并经中国证监会主要负责人批准,制作责令回购决定书。

责令回购决定书应当包括回购方案的制定期限、回购对象范围、回购股份数量、发行人和负有责任的控股股东、实际控制人各自需要承担的回购股份比例、回购价格或者价格确定方式等内容。

第六条 中国证监会作出责令回购决定的,证券交易所可以按照业务规则对发行人股票实施停牌。

对有证据证明已经或者可能转移或者隐匿违法资金等涉案财产的,中国证监会可以依法予以冻结、查封。

第七条 发行人或者负有责任的控股股东、实际控制人被采取责令回购措施的,应当在收到责令回购决定书后二个交易日内披露有关信息,并在责令回购决定书要求的期限内,根据本办法规定及责令回购决定书的要求制定股票回购方案。

发行人或者负有责任的控股股东、实际控制人可以委托依照法律、行政法规或者中国证监会规定设立的投资者保护机构(以下简称投资者保护机构),协助制定、实施股票回购方案。

第八条 股票回购方案应当包含以下内容:
(一)拟回购股票的对象范围;
(二)可能回购的最大股票数量和占公司总股本的比例;
(三)回购价格和可能涉及的最高资金总额;
(四)回购股票的资金来源、资金到位期限;
(五)根据责令回购决定书确定的回购比例,发行人和负有责任的控股股东、实际控制人各自需要承担的回购资金数额;
(六)投资者开始申报时间和结束申报的时间,且申报期不得少于十五日;
(七)回购股票的实施程序;
(八)中国证监会要求的其他内容。

第九条 发行人或者负有责任的控股股东、实际控制人应当在制定股票回购方案后二个交易日内公告,向中国证监会和证券交易所报送股票回购方案,并按照方案发出回购要约。

股票回购方案不符合本办法规定或者责令回购决定书要求的,中国证监会可以要求发行人或者负有责任的控股股东、实际控制人重新制定。

第十条 证券交易所、证券登记结算机构、投资者保护机构应当为发行人或者负有责任的控股股东、实际控制人制定、实施回购方案提供数据查询、交易过户、清算交收和其他必要的协助,并配合相关机构执行责令回购决定。

第十一条 发行人或者负有责任的控股股东、实际控制人应当在股票回购方案实施完毕后二个交易日内,公告回购方案的实施情况,并向中国证监会报告。

发行人实施回购的,应当自股票回购方案实施完毕之日起十日内注销其回购的股票。

第十二条 中国证监会依法对股票回购方案的制定和实施进行监督指导。

第十三条 发行人或者负有责任的控股股东、实际控制人不服责令回购决定的,可以在法定期限内申请行政复议或者提起行政诉讼,但复议或者诉讼期间责令回购决定不停止执行。

发行人或者负有责任的控股股东、实际控制人履行责令回购决定,主动消除或者减轻欺诈发行行为危害后果的,中国证监会依法对其从轻或者减轻行政处罚。

第十四条 发行人或者负有责任的控股股东、实际控制人拒不按照责令回购决定制定股票回购方案的,投资者可以依据责令回购决定确定的回购对象范围、回购价格等向人民法院提起民事诉讼,要求履行回购义务。

投资者对发行人或者负有责任的控股股东、实际控制人制定的股票回购方案有争议,或者要求发行人及负有责任的控股股东、实际控制人按照股票回购方案履行回购义务的,可以依法向人民法院提起民事诉讼,并可以在取得生效判决、裁定后申请强制执行。

第十五条 发行人或者负有责任的控股股东、实际控制人按照本办法规定回购股票的,不适用《中华人民共和国证券法》第四十四条的规定和《上市公司收购管理办法》《上市公司股份回购规则》的规定。

第十六条 本办法自公布之日起施行。

八、法律责任

1. 民事

最高人民法院关于冻结、拍卖上市公司国有股和社会法人股若干问题的规定

- 2001年8月28日最高人民法院审判委员会1188次会议通过
- 2001年9月21日最高人民法院公告公布
- 自2001年9月30日起施行
- 法释〔2001〕28号

为了保护债权人以及其他当事人的合法权益,维护证券市场的正常交易秩序,根据《中华人民共和国证券法》、《中华人民共和国公司法》、《中华人民共和国民事诉讼法》,参照《中华人民共和国拍卖法》等法律的有关规定,对人民法院在财产保全和执行过程中,冻结、拍卖上市公司国有股和社会法人股(以下均简称股权)等有关问题,作如下规定:

第一条 人民法院在审理民事纠纷案件过程中,对股权采取冻结、评估、拍卖和办理股权过户等财产保全和执行措施,适用本规定。

第二条 本规定所指上市公司国有股,包括国家股和国有法人股。国家股指有权代表国家投资的机构或部门向股份有限公司出资或依据法定程序取得的股份;国有法人股指国有法人单位,包括国有资产比例超过50%的国有控股企业,以其依法占有的法人资产向股份有限公司出资形成或者依据法定程序取得的股份。

本规定所指社会法人股是指非国有法人资产投资于上市公司形成的股份。

第三条 人民法院对股权采取冻结、拍卖措施时,被保全人和被执行人应当是股权的持有人或者所有权人。被冻结、拍卖股权的上市公司非依据法定程序确定为案件当事人或者被执行人,人民法院不得对其采取保全或执行措施。

第四条 人民法院在审理案件过程中,股权持有人或者所有权人作为债务人,如有偿还能力的,人民法院一般不应对其股权采取冻结保全措施。

人民法院已对股权采取冻结保全措施的,股权持有人、所有权人或者第三人提供了有效担保,人民法院经审查符合法律规定的,可以解除对股权的冻结。

第五条 人民法院裁定冻结或者解除冻结股权,除应当将法律文书送达负有协助执行义务的单位以外,还应当在作出冻结或者解除冻结裁定后7日内,将法律文书送达股权持有人或者所有权人并书面通知上市公司。

人民法院裁定拍卖上市公司股权,应当于委托拍卖之前将法律文书送达股权持有人或者所有权人并书面通知上市公司。

被冻结或者拍卖股权的当事人是国有股份持有人的,人民法院在向该国有股份持有人送达冻结或者拍卖裁定时,应当告其于5日内报主管财政部门备案。

第六条 冻结股权的期限不超过一年。如申请人需要延长期限的,人民法院应当根据申请,在冻结期限届满前办理续冻手续,每次续冻期限不超过6个月。逾期不办理续冻手续的,视为自动撤销冻结。

第七条 人民法院采取保全措施,所冻结的股权价值不得超过股权持有人或者所有权人的债务总额。股权价值应当按照上市公司最近期报表每股资产净值计算。

股权冻结的效力及于股权产生的股息以及红利、红股等孳息,但股权持有人或者所有权人仍可享有因上市公司增发、配售新股而产生的权利。

第八条 人民法院采取强制执行措施时,如果股权持有人或者所有权人在限期内提供了方便执行的其他财产,应当首先执行其他财产。其他财产不足以清偿债务的,方可执行股权。

本规定所称可供方便执行的其他财产,是指存款、现金、成品和半成品、原材料、交通工具等。

人民法院执行股权,必须进行拍卖。

股权的持有人或者所有权人以股权向债权人质押的,人民法院执行时也应当通过拍卖方式进行,不得直接将股权执行给债权人。

第九条 拍卖股权之前,人民法院应当委托具有证券从业资格的资产评估机构对股权价值进行评估。资产评估机构由债权人和债务人协商选定。不能达成一致意

见的，由人民法院召集债权人和债务人提出候选评估机构，以抽签方式决定。

第十条 人民法院委托资产评估机构评估时，应当要求资产评估机构严格依照国家规定的标准、程序和方法对股权价值进行评估，并说明其应当对所作出的评估报告依法承担相应责任。

人民法院还应当要求上市公司向接受人民法院委托的资产评估机构如实提供有关情况和资料；要求资产评估机构对上市公司提供的情况和资料保守秘密。

第十一条 人民法院收到资产评估机构作出的评估报告后，须将评估报告分别送达债权人和债务人以及上市公司。债权人和债务人以及上市公司对评估报告有异议的，应当在收到评估报告后7日内书面提出。人民法院应当将异议书交资产评估机构，要求该机构在10日之内作出说明或者补正。

第十二条 对股权拍卖，人民法院应当委托依法成立的拍卖机构进行。拍卖机构的选定，参照本规定第九条规定的方法进行。

第十三条 股权拍卖保留价，应当按照评估值确定。

第一次拍卖最高应价未达到保留价时，应当继续进行拍卖，每次拍卖的保留价应当不低于前次保留价的90%。经三次拍卖仍不能成交时，人民法院应当将所拍卖的股权按第三次拍卖的保留价折价抵偿给债权人。

人民法院可以在每次拍卖未成交后主持调解，将所拍卖的股权参照该次拍卖保留价折价抵偿给债权人。

第十四条 拍卖股权，人民法院应当委托拍卖机构于拍卖日前10天，在《中国证券报》、《证券时报》或者《上海证券报》上进行公告。

第十五条 国有股权竞买人应当具备依法受让国有股权的条件。

第十六条 股权拍卖过程中，竞买人已经持有的该上市公司股份数额和其竞买的股份数额累计不得超过该上市公司已经发行股份数额的30%。如竞买人累计持有该上市公司股份数额已达到30%仍参与竞买的，须依照《中华人民共和国证券法》的相关规定办理，在此期间应当中止拍卖程序。

第十七条 拍卖成交后，人民法院应当向证券交易市场和证券登记结算公司出具协助执行通知书，由买受人持拍卖机构出具的成交证明和财政主管部门对股权性质的界定等有关文件，向证券交易市场和证券登记结算公司办理股权变更登记。

最高人民法院关于审理证券市场虚假陈述侵权民事赔偿案件的若干规定

- 2021年12月30日最高人民法院审判委员会第1860次会议通过
- 2022年1月21日最高人民法院公告公布
- 自2022年1月22日起施行
- 法释〔2022〕2号

为正确审理证券市场虚假陈述侵权民事赔偿案件，规范证券发行和交易行为，保护投资者合法权益，维护公开、公平、公正的证券市场秩序，根据《中华人民共和国民法典》《中华人民共和国证券法》《中华人民共和国公司法》《中华人民共和国民事诉讼法》等法律规定，结合审判实践，制定本规定。

一、一般规定

第一条 信息披露义务人在证券交易场所发行、交易证券过程中实施虚假陈述引发的侵权民事赔偿案件，适用本规定。

按照国务院规定设立的区域性股权市场中发生的虚假陈述侵权民事赔偿案件，可以参照适用本规定。

第二条 原告提起证券虚假陈述侵权民事赔偿诉讼，符合民事诉讼法第一百二十二条规定，并提交以下证据或者证明材料的，人民法院应当受理：

（一）证明原告身份的相关文件；
（二）信息披露义务人实施虚假陈述的相关证据；
（三）原告因虚假陈述进行交易的凭证及投资损失等相关证据。

人民法院不得仅以虚假陈述未经监管部门行政处罚或者人民法院生效刑事判决的认定为由裁定不予受理。

第三条 证券虚假陈述侵权民事赔偿案件，由发行人住所地的省、自治区、直辖市人民政府所在地的市、计划单列市和经济特区中级人民法院或者专门人民法院管辖。《最高人民法院关于证券纠纷代表人诉讼若干问题的规定》等对管辖另有规定的，从其规定。

省、自治区、直辖市高级人民法院可以根据本辖区的实际情况，确定管辖第一审证券虚假陈述侵权民事赔偿案件的其他中级人民法院，报最高人民法院备案。

二、虚假陈述的认定

第四条 信息披露义务人违反法律、行政法规、监管部门制定的规章和规范性文件关于信息披露的规定，在披露的信息中存在虚假记载、误导性陈述或者重大遗漏的，人民法院应当认定为虚假陈述。

虚假记载，是指信息披露义务人披露的信息中对相关财务数据进行重大不实记载，或者对其他重要信息作出与真实情况不符的描述。

误导性陈述，是指信息披露义务人披露的信息隐瞒了与之相关的部分重要事实，或者未及时披露相关更正、确认信息，致使已经披露的信息因不完整、不准确而具有误导性。

重大遗漏，是指信息披露义务人违反关于信息披露的规定，对重大事件或者重要事项等应当披露的信息未予披露。

第五条 证券法第八十五条规定的"未按照规定披露信息"，是指信息披露义务人未按照规定的期限、方式等要求及时、公平披露信息。

信息披露义务人"未按照规定披露信息"构成虚假陈述的，依照本规定承担民事责任；构成内幕交易的，依照证券法第五十三条的规定承担民事责任；构成公司法第一百五十二条规定的损害股东利益行为的，依照该法承担民事责任。

第六条 原告以信息披露文件中的盈利预测、发展规划等预测性信息与实际经营情况存在重大差异为由主张发行人实施虚假陈述的，人民法院不予支持，但有下列情形之一的除外：

（一）信息披露文件未对影响该预测实现的重要因素进行充分风险提示的；

（二）预测性信息所依据的基本假设、选用的会计政策等编制基础明显不合理的；

（三）预测性信息所依据的前提发生重大变化时，未及时履行更正义务的。

前款所称的重大差异，可以参照监管部门和证券交易场所的有关规定认定。

第七条 虚假陈述实施日，是指信息披露义务人作出虚假陈述或者发生虚假陈述之日。

信息披露义务人在证券交易场所的网站或者符合监管部门规定条件的媒体上公告发布具有虚假陈述内容的信息披露文件，以披露日为实施日；通过召开业绩说明会、接受新闻媒体采访等方式实施虚假陈述的，以该虚假陈述的内容在具有全国性影响的媒体上首次公布之日为实施日。信息披露文件或者相关报导内容在交易日收市后发布的，以其后的第一个交易日为实施日。

因未及时披露相关更正、确认信息构成误导性陈述，或者未及时披露重大事件或者重要事项等构成重大遗漏的，以应当披露相关信息期限届满后的第一个交易日为实施日。

第八条 虚假陈述揭露日，是指虚假陈述在具有全国性影响的报刊、电台、电视台或监管部门网站、交易场所网站、主要门户网站、行业知名的自媒体等媒体上，首次被公开揭露并为证券市场知悉之日。

人民法院应当根据公开交易市场对相关信息的反应等证据，判断投资者是否知悉了虚假陈述。

除当事人有相反证据足以反驳外，下列日期应当认定为揭露日：

（一）监管部门以涉嫌信息披露违法为由对信息披露义务人立案调查的信息公开之日；

（二）证券交易场所等自律管理组织因虚假陈述对信息披露义务人等责任主体采取自律管理措施的信息公布之日。

信息披露义务人实施的虚假陈述呈连续状态的，以首次被公开揭露并为证券市场知悉之日为揭露日。信息披露义务人实施多个相互独立的虚假陈述的，人民法院应当分别认定其揭露日。

第九条 虚假陈述更正日，是指信息披露义务人在证券交易场所网站或者符合监管部门规定条件的媒体上，自行更正虚假陈述之日。

三、重大性及交易因果关系

第十条 有下列情形之一的，人民法院应当认定虚假陈述的内容具有重大性：

（一）虚假陈述的内容属于证券法第八十条第二款、第八十一条第二款规定的重大事件；

（二）虚假陈述的内容属于监管部门制定的规章和规范性文件中要求披露的重大事件或者重要事项；

（三）虚假陈述的实施、揭露或者更正导致相关证券的交易价格或者交易量产生明显的变化。

前款第一项、第二项所列情形，被告提交证据足以证明虚假陈述并未导致相关证券交易价格或者交易量明显变化的，人民法院应当认定虚假陈述的内容不具有重大性。

被告能够证明虚假陈述不具有重大性，并以此抗辩不应当承担民事责任的，人民法院应当予以支持。

第十一条 原告能够证明下列情形的，人民法院应当认定原告的投资决定与虚假陈述之间的交易因果关系成立：

（一）信息披露义务人实施了虚假陈述；

（二）原告交易的是与虚假陈述直接关联的证券；

（三）原告在虚假陈述实施日之后、揭露日或更正日之前实施了相应的交易行为，即在诱多型虚假陈述中买入了相关证券，或者在诱空型虚假陈述中卖出了相关证券。

第十二条　被告能够证明下列情形之一的，人民法院应当认定交易因果关系不成立：

（一）原告的交易行为发生在虚假陈述实施前，或者是在揭露或更正之后；

（二）原告在交易时知道或者应当知道存在虚假陈述，或者虚假陈述已经被证券市场广泛知悉；

（三）原告的交易行为是受到虚假陈述实施后发生的上市公司的收购、重大资产重组等其他重大事件的影响；

（四）原告的交易行为构成内幕交易、操纵证券市场等证券违法行为的；

（五）原告的交易行为与虚假陈述不具有交易因果关系的其他情形。

四、过错认定

第十三条　证券法第八十五条、第一百六十三条所称的过错，包括以下两种情形：

（一）行为人故意制作、出具存在虚假陈述的信息披露文件，或者明知信息披露文件存在虚假陈述而不予指明、予以发布；

（二）行为人严重违反注意义务，对信息披露文件中虚假陈述的形成或者发布存在过失。

第十四条　发行人的董事、监事、高级管理人员和其他直接责任人员主张对虚假陈述没有过错的，人民法院应当根据其工作岗位和职责、在信息披露资料的形成和发布等活动中所起的作用、取得和了解相关信息的渠道、为核验相关信息所采取的措施等实际情况进行审查认定。

前款所列人员不能提供勤勉尽责的相应证据，仅以其不从事日常经营管理、无相关职业背景和专业知识、相信发行人或者管理层提供的资料、相信证券服务机构出具的专业意见等理由主张其没有过错的，人民法院不予支持。

第十五条　发行人的董事、监事、高级管理人员依照证券法第八十二条第四款的规定，以书面方式发表附具体理由的意见并依法披露的，人民法院可以认定其主观上没有过错，但在审议、审核信息披露文件时投赞成票的除外。

第十六条　独立董事能够证明下列情形之一的，人民法院应当认定其没有过错：

（一）在签署相关信息披露文件之前，对不属于自身专业领域的相关具体问题，借助会计、法律等专门职业的帮助仍然未能发现问题的；

（二）在揭露日或更正日之前，发现虚假陈述后及时向发行人提出异议并监督整改或者向证券交易场所、监管部门书面报告的；

（三）在独立意见中对虚假陈述事项发表保留意见、反对意见或者无法表示意见并说明具体理由的，但在审议、审核相关文件时投赞成票的除外；

（四）因发行人拒绝、阻碍其履行职责，导致无法对相关信息披露文件是否存在虚假陈述作出判断，并及时向证券交易场所、监管部门书面报告的；

（五）能够证明勤勉尽责的其他情形。

独立董事提交证据证明其在履职期间能够按照法律、监管部门制定的规章和规范性文件以及公司章程的要求履行职责的，或者在虚假陈述被揭露后及时督促发行人整改且效果较为明显的，人民法院可以结合案件事实综合判断其过错情况。

外部监事和职工监事，参照适用前两款规定。

第十七条　保荐机构、承销机构等机构及其直接责任人员提交的尽职调查工作底稿、尽职调查报告、内部审核意见等证据能够证明下列情形的，人民法院应当认定其没有过错：

（一）已经按照法律、行政法规、监管部门制定的规章和规范性文件、相关行业执业规范的要求，对信息披露文件中的相关内容进行了审慎尽职调查；

（二）对信息披露文件中没有证券服务机构专业意见支持的重要内容，经过审慎尽职调查和独立判断，有合理理由相信该部分内容与真实情况相符；

（三）对信息披露文件中证券服务机构出具专业意见的重要内容，经过审慎核查和必要的调查、复核，有合理理由排除了职业怀疑并形成合理信赖。

在全国中小企业股份转让系统从事挂牌和定向发行推荐业务的证券公司，适用前款规定。

第十八条　会计师事务所、律师事务所、资信评级机构、资产评估机构、财务顾问等证券服务机构制作、出具的文件存在虚假陈述的，人民法院应当按照法律、行政法规、监管部门制定的规章和规范性文件，参考行业执业规范规定的工作范围和程序要求等内容，结合其核查、验证工作底稿等相关证据，认定其是否存在过错。

证券服务机构的责任限于其工作范围和专业领域。证券服务机构依赖保荐机构或者其他证券服务机构的基础工作或者专业意见致使其出具的专业意见存在虚假陈述，能够证明其对所依赖的基础工作或者专业意见经过审慎核查和必要的调查、复核，排除了职业怀疑并形成合理信赖的，人民法院应当认定其没有过错。

第十九条 会计师事务所能够证明下列情形之一的，人民法院应当认定其没有过错：

（一）按照执业准则、规则确定的工作程序和核查手段并保持必要的职业谨慎，仍未发现被审计的会计资料存在错误的；

（二）审计业务必须依赖的金融机构、发行人的供应商、客户等相关单位提供不实证明文件，会计师事务所保持了必要的职业谨慎仍未发现的；

（三）已对发行人的舞弊迹象提出警告并在审计业务报告中发表了审慎审计意见的；

（四）能够证明没有过错的其他情形。

五、责任主体

第二十条 发行人的控股股东、实际控制人组织、指使发行人实施虚假陈述，致使原告在证券交易中遭受损失的，原告起诉请求直接判令该控股股东、实际控制人依照本规定赔偿损失的，人民法院应当予以支持。

控股股东、实际控制人组织、指使发行人实施虚假陈述，发行人在承担赔偿责任后要求该控股股东、实际控制人赔偿实际支付的赔偿款、合理的律师费、诉讼费用等损失的，人民法院应当予以支持。

第二十一条 公司重大资产重组的交易对方所提供的信息不符合真实、准确、完整的要求，导致公司披露的相关信息存在虚假陈述，原告起诉请求判令该交易对方与发行人等责任主体赔偿由此导致的损失的，人民法院应当予以支持。

第二十二条 有证据证明发行人的供应商、客户，以及为发行人提供服务的金融机构等明知发行人实施财务造假活动，仍然为其提供相关交易合同、发票、存款证明等予以配合，或者故意隐瞒重要事实致使发行人的信息披露文件存在虚假陈述，原告起诉请求判令其与发行人等责任主体赔偿由此导致的损失的，人民法院应当予以支持。

第二十三条 承担连带责任的当事人之间的责任分担与追偿，按照民法典第一百七十八条的规定处理，但本规定第二十条第二款规定的情形除外。

保荐机构、承销机构等责任主体以存在约定为由，请求发行人或者其控股股东、实际控制人补偿其因虚假陈述所承担的赔偿责任的，人民法院不予支持。

六、损失认定

第二十四条 发行人在证券发行市场虚假陈述，导致原告损失的，原告有权请求按照本规定第二十五条的规定赔偿损失。

第二十五条 信息披露义务人在证券交易市场承担民事赔偿责任的范围，以原告因虚假陈述而实际发生的损失为限。原告实际损失包括投资差额损失、投资差额损失部分的佣金和印花税。

第二十六条 投资差额损失计算的基准日，是指在虚假陈述揭露或更正后，为将原告应获赔偿限定在虚假陈述所造成的损失范围内，确定损失计算的合理期间而规定的截止日期。

在采用集中竞价的交易市场中，自揭露日或更正日起，被虚假陈述影响的证券集中交易累计成交量达到可流通部分100%之日为基准日。

自揭露日或更正日起，集中交易累计换手率在10个交易日内达到可流通部分100%的，以第10个交易日为基准日；在30个交易日内未达到可流通部分100%的，以第30个交易日为基准日。

虚假陈述揭露日或更正日起至基准日期间每个交易日收盘价的平均价格，为损失计算的基准价格。

无法依前款规定确定基准价格的，人民法院可以根据有专门知识的人的专业意见，参考对相关行业进行投资时的通常估值方法，确定基准价格。

第二十七条 在采用集中竞价的交易市场中，原告因虚假陈述买入相关股票所造成的投资差额损失，按照下列方法计算：

（一）原告在实施日之后、揭露日或更正日之前买入，在揭露日或更正日之后、基准日之前卖出的股票，按买入股票的平均价格与卖出股票的平均价格之间的差额，乘以已卖出的股票数量；

（二）原告在实施日之后、揭露日或更正日之前买入，基准日之前未卖出的股票，按买入股票的平均价格与基准价格之间的差额，乘以未卖出的股票数量。

第二十八条 在采用集中竞价的交易市场中，原告因虚假陈述卖出相关股票所造成的投资差额损失，按照下列方法计算：

（一）原告在实施日之后、揭露日或更正日之前卖出，在揭露日或更正日之后、基准日之前买回的股票，按买回股票的平均价格与卖出股票的平均价格之间的差额，乘以买回的股票数量；

（二）原告在实施日之后、揭露日或更正日之前卖出，基准日之前未买回的股票，按基准价格与卖出股票的平均价格之间的差额，乘以未买回的股票数量。

第二十九条 计算投资差额损失时，已经除权的证券，证券价格和证券数量应当复权计算。

第三十条 证券公司、基金管理公司、保险公司、信托公司、商业银行等市场参与主体依法设立的证券投资产品，在确定因虚假陈述导致的损失时，每个产品应当单独计算。

投资者及依法设立的证券投资产品开立多个证券账户进行投资的，应当将各证券账户合并，所有交易按照成交时间排序，以确定其实际交易及损失情况。

第三十一条 人民法院应当查明虚假陈述与原告损失之间的因果关系，以及导致原告损失的其他原因等案件基本事实，确定赔偿责任范围。

被告能够举证证明原告的损失部分或者全部是由他人操纵市场、证券市场的风险、证券市场对特定事件的过度反应、上市公司内外部经营环境等其他因素所导致的，对其关于相应减轻或者免除责任的抗辩，人民法院应当予以支持。

七、诉讼时效

第三十二条 当事人主张以揭露日或更正日起算诉讼时效的，人民法院应当予以支持。揭露日与更正日不一致的，以在先的为准。

对于虚假陈述责任人中的一人发生诉讼时效中断效力的事由，应当认定对其他连带责任人也发生诉讼时效中断的效力。

第三十三条 在诉讼时效期间内，部分投资者向人民法院提起人数不确定的普通代表人诉讼的，人民法院应当认定该起诉行为对所有具有同类诉讼请求的权利人发生时效中断的效果。

在普通代表人诉讼中，未向人民法院登记权利的投资者，其诉讼时效自权利登记期间届满后重新开始计算。向人民法院登记权利后申请撤回权利登记的投资者，其诉讼时效自撤回权利登记之次日重新开始计算。

投资者保护机构依照证券法第九十五条第三款的规定作为代表人参加诉讼后，投资者声明退出诉讼的，其诉讼时效自声明退出之次日起重新开始计算。

八、附 则

第三十四条 本规定所称证券交易场所，是指证券交易所、国务院批准的其他全国性证券交易场所。

本规定所称监管部门，是指国务院证券监督管理机构、国务院授权的部门及有关主管部门。

本规定所称发行人，包括证券的发行人、上市公司或者挂牌公司。

本规定所称实施日之后、揭露日或更正日之后、基准日之前，包括该日；所称揭露日或更正日之前，不包括该日。

第三十五条 本规定自2022年1月22日起施行。《最高人民法院关于受理证券市场因虚假陈述引发的民事侵权纠纷案件有关问题的通知》《最高人民法院关于审理证券市场因虚假陈述引发的民事赔偿案件的若干规定》同时废止。《最高人民法院关于审理涉及会计师事务所在审计业务活动中民事侵权赔偿案件的若干规定》与本规定不一致的，以本规定为准。

本规定施行后尚未终审的案件，适用本规定。本规定施行前已经终审，当事人申请再审或者按照审判监督程序决定再审的案件，不适用本规定。

最高人民法院、中国证券监督管理委员会关于适用《最高人民法院关于审理证券市场虚假陈述侵权民事赔偿案件的若干规定》有关问题的通知

- 2022年1月21日
- 法〔2022〕23号

各省、自治区、直辖市高级人民法院，新疆维吾尔自治区高级人民法院生产建设兵团分院；中国证券监督管理委员会各派出机构、各交易所、各下属单位、各协会：

《最高人民法院关于审理证券市场虚假陈述侵权民事赔偿案件的若干规定》（以下简称《若干规定》）已于2021年12月30日由最高人民法院审判委员会第1860次会议通过。为更好地发挥人民法院和监管部门的协同作用，依法保护投资者合法权益，维护公开、公平、公正的资本市场秩序，促进资本市场健康发展，现就《若干规定》实施中的有关问题通知如下：

一、人民法院受理证券市场虚假陈述侵权民事赔偿案件后，应当在十个工作日内将案件基本情况向发行人、上市或者挂牌公司所在辖区的中国证券监督管理委员会（以下简称中国证监会）派出机构通报，相关派出机构接到通报后应当及时向中国证监会报告。

二、当事人对自己的主张，应当提供证据加以证明。为了查明事实，人民法院可以依法向中国证监会有关部门或者派出机构调查收集有关证据。

人民法院和中国证监会有关部门或者派出机构在调

查收集证据时要加强协调配合,以有利于监管部门履行监管职责与人民法院查明民事案件事实为原则。在充分沟通的基础上,人民法院依照《中华人民共和国民事诉讼法》及相关司法解释等规定调查收集证据,中国证监会有关部门或者派出机构依法依规予以协助配合。

人民法院调查收集的证据,应当按照法定程序当庭出示并由各方当事人质证。但是涉及国家秘密、工作秘密、商业秘密和个人隐私或者法律规定其他应当保密的证据,不得公开质证。

三、人民法院经审查,认为中国证监会有关部门或者派出机构对涉诉虚假陈述的立案调查不影响民事案件审理的,应当继续审理。

四、案件审理过程中,人民法院可以就诉争虚假陈述行为违反信息披露义务规定情况、对证券交易价格的影响、损失计算等专业问题征求中国证监会或者相关派出机构、证券交易场所、证券业自律管理组织、投资者保护机构等单位的意见。征求意见的时间,不计入案件审理期限。

五、取消前置程序后,人民法院要根据辖区内的实际情况,在法律规定的范围内积极开展专家咨询和专业人士担任人民陪审员的探索,中国证监会派出机构和有关部门要做好相关专家、专业人士担任人民陪审员的推荐等配合工作,完善证券案件审理体制机制,不断提升案件审理的专业化水平。

六、在协调沟通过程中,相关人员要严格遵守保密纪律和工作纪律,不得泄露国家秘密、工作秘密、商业秘密和个人隐私,不得对民事诉讼案件的审理和行政案件的调查施加不正当影响。

七、地方各级人民法院、中国证监会各派出机构和相关单位要积极组织学习培训,拓宽培训形式,尽快准确掌握《若干规定》的内容与精神,切实提高案件审理和监管执法水平。对于适用中存在的问题,请按隶属关系及时层报最高人民法院和中国证监会。

最高人民法院关于审理与企业改制相关的民事纠纷案件若干问题的规定

- 2002年12月3日最高人民法院审判委员会第1259次会议通过
- 根据2020年12月23日最高人民法院审判委员会第1823次会议通过的《最高人民法院关于修改〈最高人民法院关于破产企业国有划拨土地使用权应否列入破产财产等问题的批复〉等二十九件商事类司法解释的决定》修正
- 2020年12月29日最高人民法院公告公布
- 自2021年1月1日起施行
- 法释〔2020〕18号

为了正确审理与企业改制相关的民事纠纷案件,根据《中华人民共和国民法典》《中华人民共和国公司法》《中华人民共和国全民所有制工业企业法》《中华人民共和国民事诉讼法》等法律、法规的规定,结合审判实践,制定本规定。

一、案件受理

第一条 人民法院受理以下平等民事主体间在企业产权制度改造中发生的民事纠纷案件:
(一)企业公司制改造中发生的民事纠纷;
(二)企业股份合作制改造中发生的民事纠纷;
(三)企业分立中发生的民事纠纷;
(四)企业债权转股权纠纷;
(五)企业出售合同纠纷;
(六)企业兼并合同纠纷;
(七)与企业改制相关的其他民事纠纷。

第二条 当事人起诉符合本规定第一条所列情形,并符合民事诉讼法第一百一十九条规定的起诉条件的,人民法院应当予以受理。

第三条 政府主管部门在对企业国有资产进行行政性调整、划转过程中发生的纠纷,当事人向人民法院提起民事诉讼的,人民法院不予受理。

二、企业公司制改造

第四条 国有企业依公司法整体改造为国有独资有限责任公司的,原企业的债务,由改造后的有限责任公司承担。

第五条 企业通过增资扩股或者转让部分产权,实现他人对企业的参股,将企业整体改造为有限责任公司或者股份有限公司的,原企业债务由改造后的新设公司承担。

第六条　企业以其部分财产和相应债务与他人组建新公司，对所转移的债务债权人认可的，由新组建的公司承担民事责任；对所转移的债务未通知债权人或者虽通知债权人，而债权人不予认可的，由原企业承担民事责任。原企业无力偿还债务，债权人就此向新设公司主张债权的，新设公司在所接收的财产范围内与原企业承担连带民事责任。

第七条　企业以其优质财产与他人组建新公司，而将债务留在原企业，债权人以新设公司和原企业作为共同被告提起诉讼主张债权的，新设公司应当在所接收的财产范围内与原企业共同承担连带责任。

三、企业股份合作制改造

第八条　由企业职工买断企业产权，将原企业改造为股份合作制的，原企业的债务，由改造后的股份合作制企业承担。

第九条　企业向其职工转让部分产权，由企业与职工共同组建股份合作制企业的，原企业的债务由改造后的股份合作制企业承担。

第十条　企业通过其职工投资增资扩股，将原企业改造为股份合作制企业的，原企业的债务由改造后的股份合作制企业承担。

第十一条　企业在进行股份合作制改造时，参照公司法的有关规定，公告通知了债权人。企业股份合作制改造后，债权人就原企业资产管理人（出资人）隐瞒或者遗漏的债务起诉股份合作制企业的，如债权人在公告期内申报过该债权，股份合作制企业在承担民事责任后，可再向原企业资产管理人（出资人）追偿。如债权人在公告期内未申报过该债权，则股份合作制企业不承担民事责任，人民法院可告知债权人另行起诉原企业资产管理人（出资人）。

四、企业分立

第十二条　债权人向分立后的企业主张债权，企业分立时对原企业的债务承担有约定，并经债权人认可的，按照当事人的约定处理；企业分立时对原企业债务承担没有约定或者约定不明，或者虽然有约定但债权人不予认可的，分立后的企业应当承担连带责任。

第十三条　分立的企业在承担连带责任后，各分立的企业间对原企业债务承担有约定的，按照约定处理；没有约定或者约定不明的，根据企业分立时的资产比例分担。

五、企业债权转股权

第十四条　债权人与债务人自愿达成债权转股权协议，且不违反法律和行政法规强制性规定的，人民法院在审理相关的民事纠纷案件中，应当确认债权转股权协议有效。

政策性债权转股权，按照国务院有关部门的规定处理。

第十五条　债务人以隐瞒企业资产或者虚列企业资产为手段，骗取债权人与其签订债权转股权协议，债权人在法定期间内行使撤销权的，人民法院应当予以支持。

债权转股权协议被撤销后，债权人有权要求债务人清偿债务。

第十六条　部分债权人进行债权转股权的行为，不影响其他债权人向债务人主张债权。

六、国有小型企业出售

第十七条　以协议转让形式出售企业，企业出售合同未经有审批权的地方人民政府或其授权的职能部门审批的，人民法院在审理相关的民事纠纷案件时，应当确认该企业出售合同不生效。

第十八条　企业出售中，当事人双方恶意串通，损害国家利益的，人民法院在审理相关的民事纠纷案件时，应当确认该企业出售行为无效。

第十九条　企业出售中，出卖人实施的行为具有法律规定的撤销情形，买受人在法定期限内行使撤销权的，人民法院应当予以支持。

第二十条　企业出售合同约定的履行期限届满，一方当事人拒不履行合同，或者未完全履行合同义务，致使合同目的不能实现，对方当事人要求解除合同并要求赔偿损失的，人民法院应当予以支持。

第二十一条　企业出售合同约定的履行期限届满，一方当事人未完全履行合同义务，对方当事人要求继续履行合同并要求赔偿损失的，人民法院应当予以支持。双方当事人均未完全履行合同义务的，应当根据当事人的过错，确定各自应当承担的民事责任。

第二十二条　企业出售时，出卖人对所售企业的资产负债状况、损益状况等重大事项未履行如实告知义务，影响企业出售价格，买受人就此向人民法院起诉主张补偿的，人民法院应当予以支持。

第二十三条　企业出售合同被确认无效或者被撤销的，企业售出后买受人经营企业期间发生的经营盈亏，由买受人享有或者承担。

第二十四条　企业售出后，买受人将所购企业资产纳入本企业或者将所购企业变更为所属分支机构的，所购企业的债务，由买受人承担。但买卖双方另有约定，并经债权人认可的除外。

第二十五条 企业售出后,买受人将所购企业资产作价入股与他人重新组建新公司,所购企业法人予以注销的,对所购企业出售前的债务,买受人应当以其所有财产,包括在新组建公司中的股权承担民事责任。

第二十六条 企业售出后,买受人将所购企业重新注册为新的企业法人,所购企业法人被注销的,所购企业出售前的债务,应当由新注册的企业法人承担。但买卖双方另有约定,并经债权人认可的除外。

第二十七条 企业售出后,应当办理而未办理企业法人注销登记,债权人起诉该企业的,人民法院应当根据企业资产转让后的具体情况,告知债权人追加责任主体,并判令责任主体承担民事责任。

第二十八条 出售企业时,参照公司法的有关规定,出卖人公告通知了债权人。企业售出后,债权人就出卖人隐瞒或者遗漏的原企业债务起诉买受人的,如债权人在公告期内申报过该债权,买受人在承担民事责任后,可再行向出卖人追偿。如债权人在公告期内未申报过该债权,则买受人不承担民事责任。人民法院可告知债权人另行起诉出卖人。

第二十九条 出售企业的行为具有民法典第五百三十八条、第五百三十九条规定的情形,债权人在法定期限内行使撤销权的,人民法院应当予以支持。

七、企业兼并

第三十条 企业兼并协议自当事人签字盖章之日起生效。需经政府主管部门批准的,兼并协议自批准之日起生效;未经批准的,企业兼并协议不生效。但当事人在一审法庭辩论终结前补办报批手续的,人民法院应当确认该兼并协议有效。

第三十一条 企业吸收合并后,被兼并企业的债务应当由兼并方承担。

第三十二条 企业新设合并后,被兼并企业的债务由新设合并后的企业法人承担。

第三十三条 企业吸收合并或新设合并后,被兼并企业应当办理而未办理工商注销登记,债权人起诉被兼并企业的,人民法院应当根据企业兼并后的具体情况,告知债权人追加责任主体,并判令责任主体承担民事责任。

第三十四条 以收购方式实现对企业控股的,被控股企业的债务,仍由其自行承担。但因控股企业抽逃资金、逃避债务,致被控股企业无力偿还债务的,被控股企业的债务则由控股企业承担。

八、附则

第三十五条 本规定自二〇〇三年二月一日起施行。在本规定施行前,本院制定的有关企业改制方面的司法解释与本规定相抵触的,不再适用。

2. 行政

证券期货行政执法当事人承诺制度实施办法

· 2021年10月26日中华人民共和国国务院令第749号公布
· 自2022年1月1日起施行

第一条 为了规范证券期货领域行政执法当事人承诺制度的实施,保护投资者合法权益,维护市场秩序,提高行政执法效能,根据《中华人民共和国证券法》(以下简称《证券法》)等法律,制定本办法。

第二条 本办法所称行政执法当事人承诺,是指国务院证券监督管理机构对涉嫌证券期货违法的单位或者个人进行调查期间,被调查的当事人承诺纠正涉嫌违法行为、赔偿有关投资者损失、消除损害或者不良影响并经国务院证券监督管理机构认可,当事人履行承诺后国务院证券监督管理机构终止案件调查的行政执法方式。

第三条 行政执法当事人承诺制度的实施应当遵循公平、自愿、诚信原则,不得损害国家利益、社会公共利益和他人合法权益。

第四条 国务院证券监督管理机构应当确定专门的内设部门负责行政执法当事人承诺工作,并将该内设部门与负责案件调查的内设部门分别设置。

国务院证券监督管理机构应当建立健全内部监督和社会监督制度,加强对负责行政执法当事人承诺工作的内设部门以及相关人员执行法律、行政法规和遵守纪律情况的监督。

第五条 当事人自收到国务院证券监督管理机构案件调查法律文书之日至国务院证券监督管理机构作出行政处罚决定前,可以依照《证券法》等法律和本办法的规定,申请适用行政执法当事人承诺。国务院证券监督管理机构应当在送达当事人的案件调查法律文书中告知其有权依法申请适用行政执法当事人承诺。

第六条 当事人申请适用行政执法当事人承诺,应当提交申请书以及相关申请材料。申请书应当载明下列事项:

(一)当事人的基本情况;

(二)提出申请的主要事实和理由;

（三）当事人已采取或者承诺采取的纠正涉嫌违法行为、赔偿有关投资者损失、消除损害或者不良影响的措施；

（四）国务院证券监督管理机构规定的其他事项。

当事人应当对其所提交材料的真实性、准确性、完整性负责。

第七条 有下列情形之一的，国务院证券监督管理机构对适用行政执法当事人承诺的申请不予受理：

（一）当事人因证券期货犯罪被判处刑罚，自刑罚执行完毕之日起未逾3年，或者因证券期货违法行为受到行政处罚，自行政处罚执行完毕之日起未逾1年；

（二）当事人涉嫌证券期货犯罪，依法应当移送司法机关处理；

（三）当事人涉嫌证券期货违法行为情节严重、社会影响恶劣；

（四）当事人已提出适用行政执法当事人承诺的申请但未被受理，或者其申请已被受理但其作出的承诺未获得国务院证券监督管理机构认可，没有新事实、新理由，就同一案件再次提出申请；

（五）当事人因自身原因未履行或者未完全履行经国务院证券监督管理机构认可的承诺，就同一案件再次提出申请；

（六）国务院证券监督管理机构基于审慎监管原则认为不适用行政执法当事人承诺的其他情形。

第八条 国务院证券监督管理机构应当自收到当事人完整的申请材料之日起20个工作日内，作出受理或者不予受理的决定。决定受理的，发给受理通知书；决定不予受理的，应当书面通知当事人并说明理由。

第九条 国务院证券监督管理机构受理申请后，在与当事人签署承诺认可协议前，不停止对案件事实的调查。

第十条 国务院证券监督管理机构自受理申请之日起，可以根据当事人涉嫌违法行为造成的损失、损害或者不良影响等情况，就适用行政执法当事人承诺相关事项与当事人进行沟通协商。

当事人提交的材料以及在沟通协商时所作的陈述，只能用于实施行政执法当事人承诺。

第十一条 国务院证券监督管理机构与当事人进行沟通协商的期限为6个月。经国务院证券监督管理机构主要负责人或者其授权的其他负责人批准，可以延长沟通协商的期限，但延长的期限最长不超过6个月。

国务院证券监督管理机构与当事人沟通协商应当当面进行，并制作笔录。国务院证券监督管理机构与当事人进行沟通协商的工作人员不得少于2人，并应当向当事人出示执法证件。

国务院证券监督管理机构与当事人进行沟通协商的工作人员不得违反规定会见当事人及其委托的人。

第十二条 国务院证券监督管理机构相关工作人员与案件有直接利害关系或者有其他关系，可能影响公正执法的，应当回避。

当事人认为国务院证券监督管理机构相关工作人员有前款规定情形的，有权申请其回避。当事人提出回避申请，应当说明理由。国务院证券监督管理机构应当自当事人提出回避申请之日起3日内作出决定，并书面告知当事人。决定作出之前，被申请回避的人员不停止相关工作。

第十三条 国务院证券监督管理机构经与当事人沟通协商，认可当事人作出的承诺的，应当与当事人签署承诺认可协议。承诺认可协议应当载明下列事项：

（一）申请适用行政执法当事人承诺的事由；

（二）当事人涉嫌违法行为的主要事实；

（三）当事人承诺采取的纠正涉嫌违法行为、赔偿有关投资者损失、消除损害或者不良影响的具体措施；

（四）承诺金数额及交纳方式；

（五）当事人履行承诺的期限；

（六）保障当事人商业秘密、个人隐私等权利的措施；

（七）需要载明的其他事项。

本办法所称承诺金，是指当事人为适用行政执法当事人承诺而交纳的资金。

第十四条 国务院证券监督管理机构确定承诺金数额应当综合考虑下列因素：

（一）当事人因涉嫌违法行为可能获得的收益或者避免的损失；

（二）当事人涉嫌违法行为依法可能被处以罚款、没收违法所得的金额；

（三）投资者因当事人涉嫌违法行为所遭受的损失；

（四）签署承诺认可协议时案件所处的执法阶段；

（五）需要考虑的其他因素。

国务院证券监督管理机构可以就适用行政执法当事人承诺涉及的专业问题征求证券期货交易场所、证券登记结算机构、投资者保护机构等相关机构或者专家学者的意见。

第十五条 国务院证券监督管理机构与当事人签署

承诺认可协议后,应当中止案件调查,向当事人出具中止调查决定书,并予以公告。

当事人完全履行承诺认可协议后,国务院证券监督管理机构应当终止案件调查,向当事人出具终止调查决定书,并予以公告。国务院证券监督管理机构出具终止调查决定书后,对当事人涉嫌实施的同一个违法行为不再重新调查。

申请适用行政执法当事人承诺的当事人为《证券法》等法律、行政法规和国务院证券监督管理机构规定的信息披露义务人的,应当依法履行信息披露义务。

第十六条 有下列情形之一的,国务院证券监督管理机构应当终止适用行政执法当事人承诺:

(一)当事人在签署承诺认可协议前撤回适用行政执法当事人承诺的申请;

(二)未能在本办法第十一条规定的期限内签署承诺认可协议;

(三)承诺认可协议签署后,当事人因自身原因未履行或者未完全履行承诺;

(四)承诺认可协议履行完毕前,发现当事人提交的材料存在虚假记载或者重大遗漏;

(五)承诺认可协议履行完毕前,当事人因涉嫌证券期货犯罪被依法立案。

发生前款规定情形的,国务院证券监督管理机构应当向当事人出具终止适用行政执法当事人承诺通知书;发生前款第一项至第四项情形的,还应当及时恢复案件调查。国务院证券监督管理机构在决定终止适用行政执法当事人承诺前,应当听取当事人的意见。

第十七条 国务院证券监督管理机构应当建立集体决策制度,讨论决定行政执法当事人承诺实施过程中的申请受理、签署承诺认可协议、中止或者终止案件调查等重大事项,并经国务院证券监督管理机构主要负责人或者其授权的其他负责人批准后执行。

第十八条 投资者因当事人涉嫌违法行为遭受损失的,可以向承诺金管理机构申请合理赔偿,也可以通过依法对当事人提起民事赔偿诉讼等其他途径获得赔偿。承诺金管理机构向投资者支付的赔偿总额不得超过涉及案件当事人实际交纳并用于赔偿的承诺金总额。投资者已通过其他途径获得赔偿的,不得就已获得赔偿的部分向承诺金管理机构申请赔偿。

承诺金管理和使用的具体办法由国务院证券监督管理机构会同国务院财政部门另行制定。

第十九条 当事人有下列情形之一的,由国务院证券监督管理机构记入证券期货市场诚信档案数据库,纳入全国信用信息共享平台,按照国家规定实施联合惩戒:

(一)因自身原因未履行或者未完全履行承诺;

(二)提交的材料存在虚假记载或者重大遗漏;

(三)违背诚信原则的其他情形。

第二十条 国务院证券监督管理机构工作人员违反规定适用行政执法当事人承诺,或者泄露履行职责中知悉的商业秘密、个人隐私的,依法给予处分;构成犯罪的,依法追究刑事责任。

第二十一条 本办法自2022年1月1日起施行。

证券期货行政执法当事人承诺制度实施规定

· 2021年12月22日中国证券监督管理委员会2021年第8次委务会议审议通过
· 2022年1月1日中国证券监督管理委员会令第194号公布
· 自公布之日起施行

第一条 为了规范开展证券期货领域行政执法当事人承诺工作,充分发挥行政执法当事人承诺制度在保护投资者合法权益,提高执法效率,维护市场秩序等方面的积极作用,根据《证券法》《证券期货行政执法当事人承诺制度实施办法》(以下简称《办法》)等法律法规,制定本规定。

第二条 中国证监会设立行政执法当事人承诺审核委员会(以下简称委员会),负责组织开展行政执法当事人承诺工作,并就受理行政执法当事人承诺申请、签署承诺认可协议、中止或者终止案件调查等重大事项进行集体决策。

委员会下设行政执法当事人承诺审核办公室(以下简称办公室),负责办理行政执法当事人承诺具体工作。

办公室与中国证监会案件调查部门(以下简称调查部门)、中国证监会案件审理部门(以下简称审理部门)相互独立。

第三条 当事人申请适用行政执法当事人承诺,存在《办法》第七条规定的不得适用情形的,不予受理。

对于未经过必要的调查的案件,当事人提交行政执法当事人承诺申请材料的,不予接收。

第四条 当事人申请适用行政执法当事人承诺的,应当以纸质和电子两种形式向中国证监会提交以下申请材料:

(一)申请书;

(二)营业执照复印件或者身份证明文件复印件;

（三）调查通知书复印件；
（四）立案告知书复印件（如有）；
（五）行政处罚事先告知书复印件（如有）；
（六）提出申请的内部决议（如当事人为单位）；
（七）委托书及受托人身份证明文件复印件（如有）；
（八）当事人或者受托人的联系方式、通讯地址；
（九）中国证监会要求提供的其他材料。

第五条　申请书应当载明以下事项：
（一）当事人的基本信息；
（二）当事人接受调查的情况；
（三）当事人涉嫌违法的主要事实；
（四）案件不存在不得适用行政执法当事人承诺情形的详细说明；
（五）当事人已采取或者承诺采取的纠正涉嫌违法行为、赔偿有关投资者损失、消除损害或者不良影响的措施；
（六）中国证监会要求载明的其他事项。

第六条　办公室在收到当事人提交的行政执法当事人承诺申请材料后，应当抄送调查部门；如果案件已进入审理阶段，还应当抄送审理部门。

办公室经审核认为申请材料完整的，应当向当事人出具申请材料接收凭证；认为申请材料不完整的，应当告知当事人补正的内容。

办公室可以就申请材料的完整性与当事人进行沟通。

第七条　办公室在向当事人出具申请材料接收凭证后，应当就案件适用行政执法当事人承诺相关事项征求调查部门的意见；如果案件已进入审理阶段，还应当征求审理部门的意见。

调查部门、审理部门应当自收到办公室征求意见书面材料之日起5个工作日内反馈意见。反馈意见应当包括以下内容：
（一）调查过程或者审理过程；
（二）现阶段掌握的案件事实、证据以及相关报告；
（三）当事人可能涉嫌的违法行为以及可能给予的处理；
（四）是否发现当事人存在不得适用行政执法当事人承诺的情形；
（五）办公室请求提供的其他材料。

第八条　决定受理行政执法当事人承诺申请的，应当经委员会集体决策同意并报中国证监会主要负责人或者其授权的其他负责人批准。

决定不予受理行政执法当事人承诺申请的，应当经中国证监会主要负责人或者其授权的其他负责人批准。

办公室应当自向当事人出具申请材料接收凭证之日起20个工作日内向当事人出具受理通知书或者不予受理通知书。不予受理的，应当说明理由。

第九条　向当事人出具受理通知书的，办公室应当抄送调查部门、审理部门、中国证监会投资者保护部门（以下简称投资者保护部门）、承诺金管理机构；向当事人出具不予受理通知书的，办公室应当抄送调查部门、审理部门。

第十条　调查部门在收到办公室抄送的受理通知书后不中止调查。调查部门经调查发现新事实、新证据，认为案件不应继续适用行政执法当事人承诺或者对当事人承诺内容的沟通有重大影响的，应当及时告知办公室。

审理部门在收到办公室抄送的受理通知书后，应当中止审理。

承诺金管理机构在收到办公室抄送的受理通知书后，应当及时按照规定开展投资者损失测算工作，并将有关结果函告办公室、投资者保护部门。调查部门、审理部门、证券期货交易场所、证券登记结算机构、投资者保护机构等部门单位应当为投资者损失测算工作提供必要的支持。

第十一条　办公室自向当事人出具受理通知书之日起，可以就案件适用行政执法当事人承诺相关事项与当事人进行沟通协商。

当事人申请延长沟通协商期限的，应当在期限届满15日前向中国证监会提交书面申请。

第十二条　承诺金数额的确定应当符合《办法》第十四条规定；当事人自行赔偿投资者的，承诺金数额可以不包括已向投资者赔偿损失的金额，但是应当向中国证监会提交以下赔偿证明材料：
（一）受偿投资者的姓名、身份证明文件号码（或名称、统一社会信用代码）及联系方式、通讯地址；
（二）赔偿金额明细及凭证；
（三）受偿投资者本人签署的谅解书；
（四）中国证监会要求提交的其他材料。

第十三条　办公室经与当事人沟通协商，认可当事人作出的承诺的，应当按照规定与当事人签署承诺认可协议。

当事人为单位的，应当提交同意签署承诺认可协议的内部决议。

决定签署承诺认可协议的，应当经委员会集体决策同意并报中国证监会主要负责人或者其授权的其他负责人批准。

第十四条 在签署承诺认可协议后，中国证监会向当事人出具中止调查决定书，在中国证监会网站予以公告。

办公室应当将中止调查决定书抄送调查部门、审理部门、投资者保护部门、承诺金管理机构和相应的中国证监会派出机构。调查部门在收到抄送的中止调查决定书后，应当中止调查。

第十五条 办公室负责组织监督当事人履行承诺认可协议约定的义务。

承诺金管理机构应当做好承诺金的收取工作，并及时将承诺金的收取情况函告办公室。承诺金管理机构在收到承诺金后，应当及时制定承诺金管理使用方案，并报中国证监会备案，投资者保护部门负责具体备案工作。

当事人所在地的中国证监会派出机构应当对当事人履行承诺认可协议的情况进行核查验收，并及时将核查验收结果函告办公室。办公室可以根据情况派员参与核查验收工作。

第十六条 当事人完全履行承诺认可协议后，中国证监会向当事人出具终止调查决定书，在中国证监会网站予以公告。

办公室应当将终止调查决定书抄送调查部门、审理部门、投资者保护部门、承诺金管理机构和相应的中国证监会派出机构。调查部门、审理部门在收到抄送的终止调查决定书后，应当终止调查、审理，并且对当事人涉嫌实施的同一违法行为不再重新调查、审理。

第十七条 在向当事人出具终止调查决定书前，发现案件存在《办法》第十六条规定的应当终止适用行政执法当事人承诺情形的，经中国证监会主要负责人或者其授权的其他负责人批准，办公室应当向当事人出具终止适用行政执法当事人承诺通知书。在决定终止适用行政执法当事人承诺前，办公室应当听取当事人的意见。

第十八条 办公室应当将终止适用行政执法当事人承诺通知书抄送调查部门、审理部门、投资者保护部门、承诺金管理机构和相应的中国证监会派出机构。已中止调查、审理的案件，调查部门、审理部门应当及时按照规定恢复调查、审理。

第十九条 当事人因自身原因未完全履行承诺或者提交的材料存在虚假记载或者重大遗漏，导致行政执法当事人承诺终止的，已交纳的承诺金不予返还，但在中国证监会恢复对该案件的调查、审理并作出行政处罚时可以抵扣行政罚没款。

第二十条 当事人为《证券法》等法律、行政法规和中国证监会规定的信息披露义务人的，应当及时按照中国证监会、证券交易场所等的规定履行信息披露义务。

第二十一条 中国证监会工作人员在办理行政执法当事人承诺工作中存在下列情形之一的，根据情节轻重，依法给予处分；构成犯罪的，依法追究刑事责任：

（一）违反规定适用行政执法当事人承诺；

（二）违反规定泄露国家秘密、工作秘密或者履行职责中知悉的商业秘密、个人隐私；

（三）违反规定会见当事人及其委托的人；

（四）滥用职权、玩忽职守或者利用职务便利牟取不正当利益。

第二十二条 中国证监会派出机构查处的案件适用行政执法当事人承诺的，由办公室统一办理。

中国证监会可以开展派出机构自行办理行政执法当事人承诺工作的试点，具体办法另行规定。

第二十三条 本规定自公布之日起施行。在本规定施行前启动调查且尚未作出行政处罚的案件，当事人可以依照本规定申请适用行政执法当事人承诺。2015年2月17日中国证监会公布的《行政和解试点实施办法》（证监会令第114号）同时废止。

证券期货违法行为行政处罚办法

· 2021年7月14日中国证券监督管理委员会令第186号公布
· 自公布之日起施行

第一条 为了规范中国证券监督管理委员会（以下简称中国证监会）及其派出机构行政处罚的实施，维护证券期货市场秩序，保护公民、法人和其他组织的合法权益，根据《中华人民共和国行政处罚法》《中华人民共和国证券法》《中华人民共和国证券投资基金法》《期货交易管理条例》等法律、法规，制定本办法。

第二条 中国证监会依法对全国证券期货市场实行集中统一监督管理。中国证监会派出机构按照授权，依法履行行政处罚职责。

第三条 自然人、法人或者其他组织违反证券期货法律、法规和规章规定，应当给予行政处罚的，中国证监会及其派出机构依照有关法律、法规、规章和本办法规定的程序实施。

第四条 中国证监会及其派出机构实施行政处罚，遵循公开、公平、公正、效率和审慎监管原则，依法、全面、客观地调查、收集有关证据。

第五条 中国证监会及其派出机构作出的行政处罚决定,应当事实清楚、证据确凿、依据正确、程序合法、处罚适当。

第六条 中国证监会及其派出机构发现自然人、法人或者其他组织涉嫌违反证券期货法律、法规和规章,符合下列条件,且不存在依法不予行政处罚等情形的,应当立案:

(一)有明确的违法行为主体;
(二)有证明违法事实的证据;
(三)法律、法规、规章规定有明确的行政处罚法律责任;
(四)尚未超过二年行政处罚时效。涉及金融安全且有危害后果的,尚未超过五年行政处罚时效。

第七条 中国证监会及其派出机构通过文字记录等形式对行政处罚进行全过程记录,归档保存。根据需要,可以对容易引发争议的行政处罚过程进行音像记录,被调查的单位和个人不配合的,执法人员对相关情况进行文字说明。

第八条 中国证监会及其派出机构执法人员必须忠于职守,依法办事,公正廉洁,不得滥用权力,或者利用职务便利牟取不正当利益;严格遵守保密规定,不得泄露案件查办信息,不得泄露所知悉的国家秘密、商业秘密和个人隐私;对于依法取得的个人信息,应当确保信息安全。

第九条 中国证监会及其派出机构进行调查时,执法人员不得少于二人,并应当出示执法证和调查通知书等执法文书。执法人员少于二人或者未出示执法证和调查通知书等执法文书的,被调查的单位和个人有权拒绝。

执法人员应当在询问笔录或现场笔录等材料中对出示情况进行记录。

第十条 被调查的单位和个人应当配合调查,如实回答询问,按要求提供有关文件和资料,不得拒绝、阻碍和隐瞒。

第十一条 中国证监会及其派出机构调查、收集的证据包括:

(一)书证;
(二)物证;
(三)视听资料;
(四)电子数据;
(五)证人证言;
(六)当事人的陈述;
(七)鉴定意见;
(八)勘验笔录、现场笔录。

证据必须经查证属实,方可作为认定案件事实的根据。

以非法手段取得的证据,不得作为认定案件事实的根据。

第十二条 书证原则上应当收集原件。收集原件确有困难的,可以收集与原件核对无误的复印件、照片、节录本。复印件、照片、节录本由证据提供人核对无误后注明与原件一致,同时由证据提供人逐页签名或者盖章。提供复印内容较多且连续编码的,可以在首尾页及骑缝处签名、盖章。

第十三条 物证原则上应当收集原物。收集原物确有困难的,可以收集与原物核对无误的复制品或者证明该物证的照片、录像等其他证据。原物为数量较多的种类物的,可以收集其中一部分。收集复制品或者影像资料的,应当在现场笔录中说明取证情况。

第十四条 视听资料原则上应当收集有关资料的原始载体。收集原始载体确有困难的,可以收集与原始载体核对无误的复制件,并以现场笔录或其他方式注明制作方法、制作时间、制作人和证明对象等。声音资料应当附有该录音内容的文字记录。

第十五条 电子数据原则上应当收集有关数据的原始载体。收集电子数据原始载体确有困难的,可以制作复制件,并以现场笔录或其他方式记录参与人员、技术方法、收集对象、步骤和过程等。具备条件的,可以采取拍照或录像等方式记录取证过程。对于电子数据的关键内容,可以直接打印或者截屏打印,并由证据提供人签字确认。

第十六条 当事人的陈述、证人证言可以通过询问笔录、书面说明等方式调取。询问应当分别单独进行。询问笔录应当由被询问人员及至少二名参与询问的执法人员逐页签名并注明日期;如有修改,应当由被询问人签字确认。

通过书面说明方式调取的,书面说明应当由提供人逐页签名或者盖章并注明日期。

第十七条 对于涉众型违法行为,在能够充分证明基本违法事实的前提下,执法人员可以按一定比例收集和调取书证、证人证言等证据。

第十八条 下列证据材料,经审查符合真实性、合法性及关联性要求的,可以作为行政处罚的证据:

(一)中国证监会及其派出机构在立案前调查或者监督检查过程中依法取得的证据材料;

（二）司法机关、纪检监察机关、其他行政机关等保存、公布、移交的证据材料；

（三）中国证监会及其派出机构通过依法建立的跨境监督管理合作机制获取的证据材料；

（四）其他符合真实性、合法性及关联性要求的证据材料。

第十九条　中国证监会及其派出机构根据案情需要，可以委托下列单位和人员提供协助：

（一）委托具有法定鉴定资质的鉴定机构对涉案相关事项进行鉴定，鉴定意见应有鉴定人签名和鉴定机构盖章；

（二）委托会计师事务所、资产评估事务所、律师事务所等中介机构以及专家顾问提供专业支持；

（三）委托证券期货交易场所、登记结算机构等检验、测算相关数据或提供与其职能有关的其他协助。

第二十条　中国证监会及其派出机构可以依法要求当事人或与被调查事件有关的单位和个人，在指定的合理期限内，通过纸质、电子邮件、光盘等指定方式报送与被调查事件有关的文件和资料。

第二十一条　中国证监会及其派出机构依法需要采取冻结、查封、扣押、限制证券买卖等措施的，按照《中华人民共和国行政强制法》等法律、法规以及中国证监会的有关规定办理。

第二十二条　中国证监会及其派出机构依法需要采取封存、先行登记保存措施的，应当经单位负责人批准。

遇有紧急情况，需要立即采取上述措施的，执法人员应当在二十四小时内向单位负责人报告，并补办批准手续。单位负责人认为不应当采取的，应当立即解除。

第二十三条　采取封存、先行登记保存措施的，应当当场清点，出具决定书或通知书，开列清单并制作现场笔录。

对于封存、先行登记保存的证据，中国证监会及其派出机构可以自行或采取委托第三方等其他适当方式保管，当事人和有关人员不得隐藏、转移、变卖或者毁损。

第二十四条　对于先行登记保存的证据，应当在七日内采取下列措施：

（一）根据情况及时采取记录、复制、拍照、录像、提取电子数据等证据保全措施；

（二）需要检查、检验、鉴定、评估的，送交检查、检验、鉴定、评估；

（三）依据有关法律、法规可以采取查封、扣押、封存等措施的，作出查封、扣押、封存等决定；

（四）违法事实不成立，或者违法事实成立但依法不应予以查封、扣押、封存的，决定解除先行登记保存措施。

第二十五条　执法人员制作现场笔录的，应当载明时间、地点和事件等内容，并由执法人员和当事人等在场有关人员签名或者盖章。

当事人或者有关人员拒绝或不能在现场笔录、询问笔录、证据材料上签名、盖章的，执法人员应当在现场笔录、询问笔录、证据材料上说明或以录音录像等形式加以证明。必要时，执法人员可以请无利害关系第三方作为见证人签名。

第二十六条　实施行政处罚过程中，有下列情形之一的，中国证监会可以通知出境入境管理机关依法阻止涉嫌违法人员、涉嫌违法单位的主管人员和其他直接责任人员出境：

（一）相关人员涉嫌违法行为情节严重、影响恶劣，或存在本办法第三十八条规定的行为，出境后可能对行政处罚的实施产生不利影响的；

（二）相关人员涉嫌构成犯罪，可能承担刑事责任的；

（三）存在有必要阻止出境的其他情形的。

阻止出境的期限按照出境入境管理机关的规定办理，需要延长期限的，应当通知出境入境管理机关。到期不通知的，由出境入境管理机关按规定解除阻止出境措施。

经调查、审լ，被阻止出境人员不属于涉嫌违法人员或责任人员，或者中国证监会认为没有必要继续阻止出境的，应当通知出境入境管理机关依法解除对相关人员的阻止出境措施。

第二十七条　案件调查终结，中国证监会及其派出机构根据案件不同情况，依法报单位负责人批准后，分别作出如下决定：

（一）确有应受行政处罚的违法行为的，根据情节轻重及具体情况，作出行政处罚决定；

（二）违法行为轻微，依法可以不予行政处罚的，不予行政处罚；

（三）违法事实不能成立的，不予行政处罚；

（四）违法行为涉嫌犯罪的，依法移送司法机关。

对情节复杂或者重大违法行为给予行政处罚，中国证监会及其派出机构负责人应当集体讨论决定。

第二十八条　中国证监会设立行政处罚委员会，对按照规定向其移交的案件提出审理意见、依法进行法制审核，报单位负责人批准后作出处理决定。

中国证监会派出机构负责人作出行政处罚的决定之前，依法由从事行政处罚决定法制审核的人员进行法制审核。

第二十九条　中国证监会及其派出机构在行政处罚过程中发现违法行为涉嫌犯罪的，应当依法、及时将案件移送司法机关处理。

司法机关依法不追究刑事责任或者免予刑事处罚，但应当给予行政处罚的，中国证监会及其派出机构依法作出行政处罚决定。

第三十条　行政处罚决定作出前，中国证监会及其派出机构应当向当事人送达行政处罚事先告知书，载明下列内容：

（一）拟作出行政处罚的事实、理由和依据；

（二）拟作出的行政处罚决定；

（三）当事人依法享有陈述和申辩的权利；

（四）符合《中国证券监督管理委员会行政处罚听证规则》所规定条件的，当事人享有要求听证的权利。

第三十一条　当事人要求听证的，按照听证相关规定办理。

当事人要求陈述、申辩但未要求听证的，应当在行政处罚事先告知书送达后五日内提出，并在行政处罚事先告知书送达后十五日内提出陈述、申辩意见。当事人书面申请延长陈述、申辩期限的，经同意后可以延期。

当事人存在下列情形的，视为明确放弃陈述、申辩、听证权利：

（一）当事人未按前两款规定提出听证要求或陈述、申辩要求的；

（二）要求听证的当事人未按听证通知书载明的时间、地点参加听证，截至听证当日也未提出陈述、申辩意见的；

（三）要求陈述、申辩但未要求听证的当事人，未在规定时间内提出陈述、申辩意见的。

第三十二条　中国证监会及其派出机构对已经送达的行政处罚事先告知书认定的主要事实、理由、依据或者拟处罚决定作出调整的，应当重新向当事人送达行政处罚事先告知书，但作出对当事人有利变更的除外。

第三十三条　当事人收到行政处罚事先告知书后，可以申请查阅涉及本人行政处罚事项的证据，但涉及国家秘密、他人的商业秘密和个人隐私的内容除外。

第三十四条　证券期货违法行为的违法所得，是指通过违法行为所获利益或者避免的损失，应根据违法行为的不同性质予以认定，具体规则由中国证监会另行制定。

第三十五条　中国证监会及其派出机构应当自立案之日起一年内作出行政处罚决定。有特殊情况需要延长的，应当报经单位负责人批准，每次延长期限不得超过六个月。

中国证监会及其派出机构作出行政处罚决定的，应当依照《中华人民共和国行政处罚法》的规定，在七日内将行政处罚决定书送达当事人，并按照政府信息公开等规定予以公开。

第三十六条　行政执法文书可以采取《中华人民共和国民事诉讼法》规定的方式送达当事人。当事人同意的，可以采用传真、电子邮件等方式送达。

第三十七条　申请适用行政执法当事人承诺制度的，按照有关规定办理。

第三十八条　有下列拒绝、阻碍执法情形之一的，按照《证券法》第二百一十八条的规定追究责任：

（一）殴打、围攻、推搡、抓挠、威胁、侮辱、谩骂执法人员的；

（二）限制执法人员人身自由的；

（三）抢夺、毁损执法装备及执法人员个人物品的；

（四）抢夺、毁损、伪造、隐藏证据材料的；

（五）不按要求报送文件资料，且无正当理由的；

（六）转移、变卖、毁损、隐藏被依法冻结、查封、扣押、封存的资金或涉案财产的；

（七）躲避推脱、拒不接受、无故离开等不配合执法人员询问，或在询问时故意提供虚假陈述、谎报案情的；

（八）其他不履行配合义务的情形。

第三十九条　本办法所称派出机构，是指中国证监会派驻各省、自治区、直辖市和计划单列市监管局。

中国证监会稽查总队、证券监管专员办事处根据职责或授权对证券期货违法行为进行立案、调查的，依照本办法执行。

第四十条　行政处罚相关信息记入证券期货市场诚信档案数据库。

第四十一条　本办法自公布之日起施行。

中国证券监督管理委员会行政处罚听证规则

· 2015年11月2日中国证券监督管理委员会令第119号公布
· 自2015年12月4日起施行

第一条　为了规范证券期货违法案件的行政处罚听证程序，保障和监督中国证券监督管理委员会（以下简称中国证监会）及其派出机构依法实施行政处罚，维护公民、法人和其他组织的合法权益,根据《中华人民共和国行政处罚法》、《中华人民共和国证券法》、《中华人民共和国证券投资基金法》和《期货交易管理条例》等法律、行政法规有关规定,制定本规则。

第二条 中国证监会及其派出机构作出行政处罚决定前组织的听证,适用本规则。

第三条 中国证监会及其派出机构组织听证,应当遵循公正、公开的原则,保障当事人的各项权利。

第四条 听证依法实行回避制度。

听证主持人、听证员认为自己与本案有利害关系或者有其他关系可能影响案件公正处理的,应当自行回避。当事人认为听证主持人、听证员与本案有利害关系或者有其他关系可能影响案件公正处理的,有权以口头或者书面形式申请听证主持人、听证员回避。

当事人提出回避申请,应当说明理由,在听证开始前提出;回避事由在听证开始后知道的,也可以在听证辩论终结前提出。被申请回避的人员在决定作出前,应当暂停参与案件听证工作,但案件需要采取紧急措施的除外。

听证主持人、听证员的回避,由中国证监会负责组织听证部门的负责人或者派出机构的负责人决定;其他人员的回避,由听证主持人决定。

本条规定适用于书记员、翻译人员、鉴定人。

第五条 中国证监会或其派出机构拟对当事人作出以下一项或者一项以上行政处罚的,应当在向当事人送达的《行政处罚事先告知书》中载明当事人享有要求听证的权利:

(一)责令停止发行证券;

(二)责令停业整顿;

(三)暂停、撤销或者吊销证券、期货、基金相关业务许可;

(四)暂停或者撤销任职资格、从业资格;

(五)对个人没收业务收入、没收违法所得、罚款,单独或者合计5万元以上;

(六)对单位没收业务收入、没收违法所得、罚款,单独或者合计30万元以上;

(七)法律、行政法规和规章规定或者中国证监会及其派出机构认为可以听证的其他情形。

第六条 除下列情况外,听证公开举行:

(一)案件涉及国家秘密、商业秘密或者个人隐私;

(二)案件涉及可能对证券、期货交易价格产生重大影响的尚未公开的信息;

(三)法律规定的其他情况。

第七条 当事人要求听证的,应当在《行政处罚事先告知书》送达后3日内提出听证要求。当事人逾期未提出听证要求的,视为放弃听证权利。

行政处罚涉及多个当事人,部分当事人放弃听证权利的,不影响其他当事人要求听证。

第八条 同一案件中,符合本规则第五条规定情形的当事人要求听证的,其他当事人可以在《行政处罚事先告知书》送达后3日内提出一并参加听证的申请,是否准许,由中国证监会或其派出机构决定。

第九条 中国证监会或其派出机构应当及时组织听证,并在举行听证7日前向当事人送达《听证通知书》。

《听证通知书》应当载明以下事项:

(一)举行听证的时间、地点;

(二)听证主持人、听证员和书记员名单;

(三)当事人在听证中的权利和义务;

(四)举行听证的程序;

(五)中国证监会或其派出机构指定的听证联系人和联系方式;

(六)其他应当载明的事项。

第十条 当事人具有正当理由的,应当在收到《听证通知书》后3日内以书面形式提出延期举行听证的申请,是否准许,由中国证监会或其派出机构决定。

第十一条 当事人在听证程序中享有以下权利:

(一)亲自参加听证,或者委托1至2名代理人参加听证;

(二)在听证召开前书面撤回听证申请;

(三)在听证召开前向中国证监会或其派出机构申请查阅对其作出行政处罚决定所依据的证据;

(四)根据本规则第四条的规定申请相关人员回避;

(五)根据本规则第十条的规定申请延期举行听证;

(六)带相关人员作为证人到听证现场为其作证;

(七)对案件事实认定、法律适用、处罚幅度等进行陈述和申辩;

(八)对案件调查人员提出的证据进行质证,并提出新的证据;

(九)与案件调查人员进行辩论和作最后陈述;

(十)法律、行政法规和规章规定的其他权利。

第十二条 中国证监会或其派出机构同意当事人查阅证据申请的,当事人及其代理人可以按照规定查阅涉及本人行政处罚事项的证据,但涉及国家秘密、商业秘密和个人隐私的内容除外。

第十三条 当事人在听证程序中应当履行以下义务:

（一）按时出席或者委托代理人出席听证；

（二）如实陈述案件事实和回答提问，举证客观、真实；

（三）遵守听证纪律，服从听证主持人的要求；

（四）听证结束后，在确认无误的听证笔录上签名或者盖章；

（五）对获知的国家秘密、商业秘密和个人隐私应予保密；

（六）法律、行政法规和规章规定的其他义务。

第十四条 听证前，当事人及其代理人可以向中国证监会或其派出机构提交陈述申辩意见和证据。

第十五条 中国证监会及其派出机构应当保障当事人充分行使在听证中的各项权利，履行下列职责：

（一）组织召开听证；

（二）向当事人送达《听证通知书》；

（三）对当事人查阅证据申请作出决定；

（四）决定回避、延期举行听证、中止听证、终止听证等程序事项；

（五）接收并复核当事人及其代理人提交的陈述申辩意见和证据；

（六）法律、行政法规和规章规定应当履行的其他职责。

第十六条 听证按照以下程序进行：

（一）听证开始前，由书记员查明当事人及其代理人、案件调查人员等听证参加人是否到场，并宣布听证纪律；

（二）听证主持人核对听证参加人，宣布出席听证的听证员、书记员名单，告知听证参加人在听证中的权利义务，询问当事人及其代理人是否申请回避；

（三）听证主持人宣布听证开始，宣布案由；

（四）案件调查人员提出当事人违法的具体事实、证据和行政处罚建议；

（五）当事人及其代理人进行陈述和申辩，并可以提出相关事实、理由和证据；

（六）当事人及其代理人和案件调查人员双方对有关证据进行质证。经听证主持人允许，双方可以向证人、鉴定人发问；

（七）当事人及其代理人和案件调查人员双方进行辩论，经听证主持人允许，双方可以相互发问；

（八）当事人及其代理人作最后陈述；

（九）听证主持人宣布听证结束。

听证过程中，听证主持人、听证员可以向案件调查人员、当事人及其代理人、证人、鉴定人等提问，有关人员应当如实回答。

第十七条 有下列情形之一的，延期举行听证：

（一）因不可抗力致使听证无法按期举行的；

（二）当事人及其代理人听证开始时申请回避理由成立，且因无法即时更换被申请回避人员致使听证无法按期举行的；

（三）当事人及其代理人申请延期举行听证，并有正当理由的；

（四）中国证监会或其派出机构认为需要延期举行听证的其他情形。

除当事人及其代理人申请延期举行听证并经同意的以外，中国证监会或其派出机构应当将延期举行听证的理由及时告知当事人。

延期举行听证的情形消除后，中国证监会或其派出机构应当及时组织听证。

第十八条 有下列情形之一的，中止听证：

（一）当事人及其代理人在听证过程中提出的回避申请理由成立，且因无法即时更换被申请回避人员致使听证无法继续举行的；

（二）当事人及其代理人因不可抗拒的事由，无法继续参加听证的；

（三）因不可抗拒的事由，致使听证无法继续举行的；

（四）其他应当中止听证的情形。

中止听证的情形消除后，中国证监会或其派出机构应当及时组织听证。

第十九条 当事人及其代理人有下列情形之一的，中国证监会或其派出机构可以终止听证，并将相关情形记录在案：

（一）书面撤回听证申请的；

（二）无正当理由不出席听证的；

（三）未经听证主持人允许中途退场的；

（四）严重违反听证纪律，被听证主持人责令退场的；

（五）其他符合终止听证的情形。

部分当事人及其代理人因上述情形被终止听证的，不影响其他当事人及其代理人继续行使听证权利。

第二十条 在听证过程中，听证参加人、旁听人员等应当遵守听证纪律，保证听证有序举行。

听证主持人对违反听证纪律、妨碍听证秩序的人员，有权予以制止、口头警告，情节严重的，可以责令其退场。

第二十一条 听证应当制作笔录。听证笔录应当当场交由当事人及其代理人、证人及其他有关人员确认无误后签名或者盖章。相关人员认为对自己陈述的记录有遗漏或者差错的，有权要求补正。相关人员拒绝签名或者盖章的，中国证监会或其派出机构应当在听证笔录中予以注明。

第二十二条 听证结束，当事人及其代理人应当将陈述申辩意见和有关证据提交中国证监会或其派出机构。

第二十三条 听证结束后，中国证监会或其派出机构应当对当事人提出的事实、理由和证据进行复核，当事人提出的事实和理由成立的，应当采纳。

中国证监会或其派出机构应当根据听证复核情况，依据《中华人民共和国行政处罚法》第三十八条的规定，对当事人作出相应的处理决定。

中国证监会或其派出机构不得因当事人申辩和听证而加重处罚。

第二十四条 中国证监会及其派出机构举行听证，不向当事人收取费用。

当事人委托代理人、证人出席听证等所产生的费用以及其他己方支出，由当事人自行承担。

第二十五条 中国证监会及其派出机构拟对当事人采取市场禁入措施的，当事人可以要求举行听证，听证程序参照本规则的规定执行。

中国证监会及其派出机构在对当事人采取注销业务许可、关闭分支机构等重大监管措施之前，认为需要组织听证或者根据当事人申请决定听证的，听证程序参照本规则的规定执行。

第二十六条 本规则规定的期间以日计算。期间开始当日，不计算在期间内。

期间届满的最后一日是节假日的，以节假日后的第一日为期间届满的日期。

第二十七条 本规则自2015年12月4日起施行。《中国证券监督管理委员会行政处罚听证规则》（证监法律字〔2007〕8号）同时废止。

中国证券监督管理委员会行政复议办法

· 2010年5月4日中国证券监督管理委员会令第67号公布
· 自2010年7月1日起施行

第一章 总 则

第一条 为了保护公民、法人或者其他组织的合法权益，保障和监督中国证券监督管理委员会（以下简称中国证监会）依法行使监管职权，进一步发挥行政复议制度在解决证券期货行政争议中的作用，不断提高证券期货监督管理机构的依法行政水平，根据《中华人民共和国行政复议法》（以下简称《行政复议法》）、《中华人民共和国证券法》、《中华人民共和国行政复议法实施条例》（以下简称《行政复议法实施条例》）等法律、行政法规，制定本办法。

第二条 公民、法人或者其他组织认为中国证监会或其派出机构、授权组织的具体行政行为侵犯其合法权益的，依照《行政复议法》、《行政复议法实施条例》和本办法的规定向中国证监会申请行政复议。

中国证监会作为行政复议机关，受理行政复议申请，对被申请行政复议的具体行政行为进行审查并作出决定。

对中国证监会具体行政行为不服申请原级行政复议的，原承办具体行政行为有关事项的部门或者机构（以下简称原承办部门）负责向行政复议机构作出答复。

对中国证监会派出机构或者授权组织的具体行政行为不服申请行政复议的，由派出机构或者授权组织负责向行政复议机构作出答复。

第三条 中国证监会负责法制工作的机构作为行政复议机构具体办理行政复议事项，除应当依照《行政复议法》第三条、《行政复议法实施条例》第三条的规定履行职责外，还应当履行下列职责：

（一）组织行政复议听证；

（二）根据需要提请召开行政复议委员会工作会议；

（三）提出审查意见；

（四）办理行政复议和解、组织行政复议调解等事项；

（五）指导派出机构的行政应诉工作；

（六）法律、行政法规规定的其他职责。

第四条 专职行政复议人员应当具备以下条件：

（一）正直诚实，品行良好；

（二）受过法律专业教育；

（三）从事证券期货业工作2年以上或者取得法律、会计等专业资格；

（四）法律、行政法规规定的其他条件。

第五条 中国证监会设立行政复议委员会，审查重大复杂行政复议案件。

重大行政应诉案件，可以提交行政复议委员会进行讨论。

第六条 中国证监会通过适当的形式，公布中国证监会管辖的行政复议案件受理范围、受理条件、行政复议申请书样式、行政复议案件审理程序，以及接受行政复议申请书的地址、传真号码等事项。

第二章 行政复议范围

第七条 公民、法人或者其他组织对中国证监会或其派出机构、授权组织作出的具体行政行为不服，有下列情形之一的，可以向中国证监会申请行政复议：

（一）对中国证监会或其派出机构作出的警告、罚款、没收违法所得、责令关闭、撤销任职资格或者证券从业资格、暂停或者撤销业务许可、吊销业务许可证等行政处罚决定不服的；

（二）对中国证监会或其派出机构作出的证券、期货市场禁入决定不服的；

（三）对中国证监会或其派出机构作出的冻结、查封、限制交易等行政强制措施不服的；

（四）对中国证监会或其派出机构作出的限制业务活动、限期撤销境内分支机构、限制分配红利、限制转让财产、责令限制股东行使股东权利以及责令更换董事、监事、高级管理人员或者限制其权利等行政监管措施不服的；

（五）认为中国证监会或其派出机构、授权组织侵犯其合法的经营自主权的；

（六）认为符合法定条件，申请办理证券、期货行政许可事项，中国证监会或其派出机构没有依法办理的；

（七）认为中国证监会或其派出机构在政府信息公开工作中的具体行政行为侵犯其合法权益的；

（八）认为中国证监会或其派出机构、授权组织的其他具体行政行为侵犯其合法权益的。

第八条 中国证监会或其派出机构、授权组织的下列行为不属于行政复议申请的范围：

（一）中国证监会或其派出机构、授权组织对其工作人员作出的行政处分以及其他人事处理决定；

（二）中国证监会或其派出机构、授权组织对证券、期货民事争议所作的调解行为；

（三）由中国证监会或其派出机构作出的行政调解和行政和解行为；

（四）不具有强制力的证券、期货行政指导行为；

（五）中国证监会或其派出机构对公民、法人或者其他组织提起申诉的重复处理行为；

（六）证券、期货交易所或证券、期货业协会依据自律规则，对公民、法人或者其他组织作出的决定；

（七）对公民、法人或者其他组织的权利义务不产生实际影响的行为。

第三章 行政复议申请

第九条 依照《行政复议法》、《行政复议法实施条例》以及本办法提起行政复议申请的公民、法人或者其他组织是行政复议的申请人。

第十条 依据《行政复议法实施条例》第七条的规定申请行政复议的，申请人应当同时向行政复议机构提交股份制企业的股东大会、股东代表大会、董事会作出的申请行政复议的决议和授权委托书。

第十一条 向行政复议机构申请作为第三人参加行政复议的，应当证明其与被审查的具体行政行为有利害关系。

经行政复议机构审查同意或者认为第三人有必要参加行政复议的，行政复议机构可以书面通知第三人。

第三人不参加行政复议，不影响行政复议案件的审理。

第十二条 申请人、第三人委托代理人向行政复议机构提交的授权委托书应当载明下列事项：

（一）委托人姓名或者名称，委托人为法人或者其他组织的，还应当载明法定代表人或者主要负责人的姓名、职务；

（二）代理人姓名、身份证号码、工作单位、通讯地址、邮政编码及电话等联系方式；

（三）委托事项和代理期间；

（四）代理人代为提起、变更、撤回行政复议申请、参加行政复议调解、达成行政复议和解、参加行政复议听证、递交证据材料、收受行政复议法律文书等代理权限；

（五）委托日期及委托人签字或者盖章。

提交授权委托书，应当提供委托人和代理人身份证明，以律师身份代理参加行政复议的，还应当提供律师执业证明文件。

第十三条 申请人对中国证监会或其派出机构、授权组织的具体行政行为不服申请行政复议的，作出该具体行政行为的中国证监会或其派出机构、授权组织是被申请人。

中国证监会或其派出机构委托其他组织作出具体行政行为的，中国证监会或其派出机构是被申请人。

第十四条 申请人对两个以上派出机构或授权组织共同作出的具体行政行为不服申请行政复议的，共同作出具体行政行为的机构或组织是共同被申请人。

第十五条 派出机构或者其他组织依照法律、行政法规、规章规定，报经中国证监会批准作出具体行政行为的，中国证监会是被申请人。

第四章 行政复议受理

第十六条 对符合《行政复议法实施条例》第十八条、第二十八条的规定，属于行政复议机关受理的行政复议申请，自行政复议机构收到之日起即为受理。

行政复议机构收到行政复议申请的日期，属于申请人当面递交的，由行政复议机构经办人在申请书上注明收到日期，并且由递交人签字确认；属于直接从邮递渠道收取或者其他单位、部门转来的，由行政复议机构签收确认；属于申请人以传真方式提交的，以行政复议机构接收传真之日为准。

第十七条 依照《行政复议法实施条例》第二十九条的规定，行政复议机构可以自收到该行政复议申请之日起5日内书面通知申请人补正，有下列情形之一的，属于行政复议申请材料不齐全或者表述不清楚：

（一）未依照《行政复议法实施条例》第十九条第（一）项的规定提供申请人基本情况；

（二）无申请人身份证明文件；

（三）无明确的被申请人；

（四）行政复议请求不具体、不明确；

（五）委托代理申请复议的手续不全或者权限不明确；

（六）未依照《行政复议法实施条例》第二十一条的规定提供证明材料；

（七）其他行政复议申请材料不齐全或者表述不清楚的情形。

申请人收到补正通知后，无正当理由逾期不补正的，视为放弃行政复议申请。

第十八条 申请人采取传真方式提出行政复议申请的，行政复议机构可以要求申请人依照《行政复议法实施条例》第二十九条、本办法第十七条的规定补充提交申请材料的原件。

第十九条 行政复议申请材料不齐全或者表述不清楚，或者采取传真方式提出行政复议申请，行政复议机构书面通知申请人补正或者提交原件的，受理的审查期限应当自收到补正后的行政复议申请材料或者原件之日起算。

第二十条 下列情形不视为申请行政复议，行政复议机构可以告知申请人处理结果或者转由其他机构处理并告知申请人：

（一）对中国证监会工作人员的个人违法违纪行为进行举报、控告的；

（二）不涉及中国证监会具体行政行为，只对中国证监会规章或者规范性文件有异议的；

（三）对行政处罚认定的事实、适用的依据、处罚种类、处罚幅度及处罚程序等没有异议，仅因经济困难，请求减、免、缓缴罚款的；

（四）请求解答法律、行政法规、规章的；

（五）其他以行政复议申请名义，进行信访投诉的情形。

第五章 行政复议审理

第一节 行政复议答复

第二十一条 行政复议机构应当自受理行政复议申请之日起7日内，将行政复议答复通知书、行政复议申请书副本或者行政复议申请笔录复印件以及申请人提交的证据、有关材料的副本发送被申请人或者原承办部门。

第二十二条 被申请人或者原承办部门应当自收到申请书副本或者申请笔录复印件之日起10日内，向行政复议机构提交行政复议答复意见书，并同时提交当初作出具体行政行为的全部证据、依据和其他有关材料。

行政复议答复意见书应当载明下列内容：

（一）被申请人当初作出具体行政行为时所认定的事实、证据及适用的法律、行政法规、规章及规范性文件，对有关事实的陈述应当注明相应的证据及证据的来源；

（二）对申请人行政复议申请中陈述的事实和理由逐条进行答辩并进行相应的举证；

（三）对有关具体行政行为建议维持、变更、撤销或者确认违法，建议驳回行政复议申请，进行行政复议调解等结论；

（四）作出书面答复的时间。

被申请人或者原承办部门应当按照行政执法案卷的要求提交单独装订的行政复议答复证据案卷，并明确申请人、第三人可以查阅的案卷材料范围。

第二节 行政复议审理

第二十三条 一般行政复议案件，由行政复议机构负责审查并提出复议意见；重大复杂的行政复议案件，由行政复议机构提请行政复议委员会进行审查，由行政复议委员会提出复议意见。

行政复议机构审查复议案件，必须有2名以上行政复议人员共同进行。行政复议委员会通过委员会工作会议审查行政复议案件。行政复议委员会的组成和工作规则另行规定。

第二十四条 案件审理人员或者出席会议的复议委员与本案有利害关系或者有其他关系可能影响公正审理

行政复议案件的,应当进行回避。

第二十五条　对于案件事实复杂、申请人与被申请人就同一认定事实提交的证据不一致或者行政复议机构认为必要的,行政复议机构可以依照《行政复议法实施条例》第三十四条的规定向有关组织和人员调查取证。

行政复议机构采用询问方式进行调查取证的,应当制作询问笔录,由被调查单位和人员签字或者盖章确认。

第二十六条　行政复议机关提供必要的条件,方便申请人、第三人查阅有关材料。

申请人、第三人查阅有关材料应当遵守下列规定:

(一)申请人、第三人向行政复议机构提出书面阅卷请求,阅卷不得违反相关保密的规定;

(二)申请人、第三人应当按照指定的时间、地点和阅卷范围进行查阅;

(三)查阅时,申请人、第三人应当出示身份证件;

(四)申请人、第三人可以摘抄查阅材料的内容;

(五)申请人、第三人不得有涂改、替换、毁损、隐匿查阅的材料等行为。

申请人、第三人违反前款第(五)项的,行政复议机构应当立即终止其查阅。情节严重的,依法移送公安机关处理。

第三节　行政复议听证

第二十七条　申请人、被申请人或者原承办部门对案件事实争议较大或者案件重大复杂的,行政复议机构可以采取听证的方式审理。

被申请人在作出原具体行政行为时,已经采取听证方式的或者采取书面审查可以查明事实、证据的,行政复议机构不再采取听证方式审理。

第二十八条　行政复议机构决定举行听证的,按照下列程序和要求进行:

(一)行政复议机构应当将听证的时间、地点、具体要求等事项提前3日通知有关当事人;

(二)行政复议听证人员为不得少于3人的单数,由行政复议机构负责人确定,并且指定其中1人为听证主持人;

(三)举行听证时,被申请人或者原承办部门的工作人员应当提供行政复议答复意见书以及相应的证据、依据,申请人、第三人可以提出证据,并进行申辩和质证;

(四)听证应当制作笔录,听证笔录应当交听证参加人确认无误后签字或者盖章。

第六章　行政复议决定

第二十九条　行政复议机关对行政复议机构或者行政复议委员会提出的复议意见进行审查,经行政复议机关的负责人同意或者集体讨论通过后,依法作出行政复议决定。

第三十条　依照《行政复议法》第三十一条的规定,有下列情况之一的,可以视为案件情况复杂,经行政复议机关的负责人批准,行政复议期限可以适当延长,但是延长期限最多不超过30日:

(一)需要举行行政复议听证的;

(二)申请人、第三人提出新的事实、理由或者证据需进一步调查核实的;

(三)申请人与被申请人进行和解或者行政复议机构进行调解的;

(四)情况复杂,不能在规定期限内作出行政复议决定的其他情况。

延长复议期限,应当制作决定延期通知书,告知有关当事人。

第三十一条　行政复议机关作出行政复议决定,应当制作行政复议决定书,送达申请人和第三人,抄送被申请人。

行政复议决定书应当载明下列内容:

(一)申请人、第三人基本情况:自然人姓名、性别、工作单位及职务(原工作单位及职务)、住址;法人或者其他组织的名称、地址、法定代表人或者主要负责人的姓名、职务;

(二)被申请人名称、地址;

(三)申请人申请复议的请求、事实和理由;

(四)被申请人答复的事实、理由、证据和依据;

(五)行政复议认定的事实和相应的证据;

(六)作出行政复议决定的具体理由和法律依据;

(七)行政复议决定的结论;

(八)行政复议决定的救济途径;

(九)作出行政复议决定的日期。

行政复议决定书应当加盖行政复议机关的印章。

第三十二条　行政复议决定书一经送达,即发生法律效力。行政复议机关可以通过中国证监会门户网站、中国证监会公告等方式公布生效的行政复议决定书。

第七章　行政复议和解和调解

第三十三条　经被申请人同意,原承办部门、派出机构或者授权组织和申请人可以依照《行政复议法实施条例》第四十条的规定在作出行政复议决定之前自愿达成和解,并向行政复议机构提交书面和解协议。

和解协议应当载明行政复议请求、事实、理由、和解的条件和达成和解的结果。

和解协议应当由申请人和被申请人或者原承办部门签字或者盖章。

第三十四条 行政复议机构应当对申请人和作出具体行政行为的机构提交的和解协议进行备案。和解确属双方真实意思表示，和解内容不损害社会公共利益和他人合法权益的，行政复议机构应当准许和解，终止行政复议案件的审理。

在行政复议期间内未达成和解协议的，行政复议机关应当及时作出行政复议决定。

第三十五条 经行政复议机构准许和解的，申请人和被申请人应当履行和解协议。

第三十六条 有下列情形之一的，行政复议机关可以进行调解：

（一）公民、法人或者其他组织对中国证监会行使自由裁量权作出的具体行政行为不服申请行政复议的；

（二）行政赔偿或者行政补偿纠纷。

第三十七条 调解应当符合以下要求：

（一）查明案件事实，充分尊重申请人和被申请人的意愿；

（二）调解应当按照自愿、合法的原则，调解结果不得损害国家利益、社会公共利益或者他人合法权益。

第三十八条 申请人和被申请人经调解达成协议的，行政复议机关应当制作行政复议调解书。行政复议调解书应当载明下列内容：

（一）申请人基本情况：自然人姓名、性别、工作单位及职务（原工作单位及职务）、住址；法人或者其他组织的名称、地址、法定代表人或者主要负责人的姓名、职务；

（二）被申请人名称、地址；

（三）申请人申请行政复议的请求、事实和理由；

（四）被申请人答复的事实、理由、证据和依据；

（五）进行调解的基本情况；

（六）调解协议的主要内容和调解结果；

（七）申请人、被申请人履行调解书的义务；

（八）日期。

行政复议调解书应当加盖行政复议专用章。行政复议调解书经申请人、被申请人签字或者盖章，即具有法律效力。申请人和被申请人应当履行生效的行政复议调解书。

第八章 行政复议指导和监督

第三十九条 行政复议机关在行政复议期间发现相关行政行为违法或者需要做好善后工作等情况的，可以向被申请人或者原承办部门制作行政复议意见书，并抄报中国证监会监察部门。

行政复议意见书由行政复议机构具体承办，应当包括具体行政行为存在的问题、认定事实、理由和依据、整改意见等。

被申请人或者原承办部门应当自收到行政复议意见书之日起60日内将纠正相关行政违法行为、改进执法工作或者做好善后工作的情况报告行政复议机构。

对突出问题不予整改导致重复违法的，行政复议机关要予以通报。

第四十条 行政复议机构在行政复议期间发现法律、行政法规、规章的实施中带有普遍性的问题，可以向有关立法机关或其他有关行政机关提出完善立法的建议。

行政复议建议书应包括法律、行政法规、规章等存在的问题，相关事实、理由和依据、工作建议等。

第四十一条 中国证监会应当建立行政复议统计报告制度，定期对行政复议、行政应诉案件情况进行分析、研究，总结工作中的经验及不足，提出改进意见。

第四十二条 行政复议人员应当每年参加至少2次行政复议机构或者中国证监会业务部门组织的监管业务培训，提高行政复议人员的专业素质。

业务培训包括以下内容：

（一）行政复议及行政应诉业务培训；

（二）证券期货案件调查、审理等业务培训；

（三）证券期货日常监管及创新业务培训；

（四）涉及证券期货市场监管的政治、经济理论培训等。

第四十三条 行政复议机构对于在办理行政复议、行政应诉案件过程中成绩显著的单位和个人，可以提请中国证监会依照有关规定给予表彰和奖励。

第九章 附 则

第四十四条 行政复议机关在受理、审查、决定行政复议申请过程中，可使用行政复议专用章。在中国证监会行政复议活动中，行政复议专用章和行政复议机关的印章具有同等法律效力。

第四十五条 外国人、无国籍人、外国组织在中华人民共和国境内向中国证监会申请行政复议，适用本办法。

第四十六条 本办法自2010年7月1日起施行。2002年11月25日发布的《中国证券监督管理委员会行政复议办法》（证监会令第13号）同时废止。

信息披露违法行为行政责任认定规则

- 2011年4月29日
- 中国证券监督管理委员会公告〔2011〕11号

第一章 总 则

第一条 为规范信息披露违法行政责任认定工作，引导、督促发行人、上市公司及其控股股东、实际控制人、收购人等信息披露义务人（以下统称信息披露义务人）及其有关责任人员依法履行信息披露义务，保护投资者合法权益，根据《中华人民共和国证券法》（以下简称《证券法》）、《中华人民共和国行政处罚法》（以下简称《行政处罚法》）和其他相关法律、行政法规等，结合证券监管实践，制定本规则。

第二条 《证券法》规定的信息披露违法行为行政责任认定适用本规则。

第三条 信息披露义务人应当按照有关信息披露法律、行政法规、规章和规范性文件，以及证券交易所业务规则等规定，真实、准确、完整、及时、公平披露信息。

发行人、上市公司的董事、监事、高级管理人员应当为公司和全体股东的利益服务，诚实守信，忠实、勤勉地履行职责，独立作出适当判断，保护投资者的合法权益，保证信息披露真实、准确、完整、及时、公平。

第四条 认定信息披露违法行为行政责任，应当根据有关信息披露法律、行政法规、规章和规范性文件，以及证券交易所业务规则等规定，遵循专业标准和职业道德，运用逻辑判断和监管工作经验，审查运用证据，全面、客观、公正地认定事实，依法处理。

第五条 信息披露违法行为情节严重，涉嫌犯罪的，证监会依法移送司法机关追究刑事责任。

依法给予行政处罚或者采取市场禁入措施的，按照规定记入证券期货诚信档案。

依法不予处罚或者市场禁入的，可以根据情节采取相应的行政监管措施并记入证券期货诚信档案。

第六条 在信息披露中保荐人、证券服务机构及其人员未勤勉尽责，或者制作、出具的文件有虚假记载、误导性陈述或者重大遗漏的，证监会依法认定其责任和予以行政处罚。

第二章 信息披露违法行为认定

第七条 信息披露义务人未按照法律、行政法规、规章和规范性文件，以及证券交易所业务规则规定的信息披露（包括报告，下同）期限、方式等要求及时、公平披露信息，应当认定构成未按照规定披露信息的信息披露违法行为。

第八条 信息披露义务人在信息披露文件中对所披露内容进行不真实记载，包括发生业务不入账、虚构业务入账、不按照相关规定进行会计核算和编制财务会计报告，以及其他在信息披露中记载的事实与真实情况不符的，应当认定构成所披露的信息有虚假记载的信息披露违法行为。

第九条 信息披露义务人在信息披露文件中或者通过其他信息发布渠道、载体，作出不完整、不准确陈述，致使或者可能致使投资者对其投资行为发生错误判断的，应当认定构成所披露的信息有误导性陈述的信息披露违法行为。

第十条 信息披露义务人在信息披露文件中未按照法律、行政法规、规章和规范性文件以及证券交易所业务规则关于重大事件或者重要事项信息披露要求披露信息，遗漏重大事项的，应当认定构成所披露的信息有重大遗漏的信息披露违法行为。

第三章 信息披露义务人信息披露违法的责任认定

第十一条 信息披露义务人行为构成信息披露违法的，应当根据其违法行为的客观方面和主观方面等综合审查认定其责任。

第十二条 认定信息披露违法行为的客观方面通常要考虑以下情形：

（一）违法披露信息包括重大差错更正信息中虚增或者虚减资产、营业收入及净利润的数额及其占当期所披露数的比重，是否因此资不抵债，是否因此发生盈亏变化，是否因此满足证券发行、股权激励计划实施、利润承诺条件，是否因此避免被特别处理，是否因此满足取消特别处理要求，是否因此满足恢复上市交易条件等；

（二）未按照规定披露的重大担保、诉讼、仲裁、关联交易以及其他重大事项所涉及的数额及其占公司最近一期经审计总资产、净资产、营业收入的比重，未按照规定及时披露信息时间长短等；

（三）信息披露违法所涉及事项对投资者投资判断的影响大小；

（四）信息披露违法后果，包括是否导致欺诈发行、欺诈上市、骗取重大资产重组许可、收购要约豁免、暂停上市、终止上市，给上市公司、股东、债权人或者其他人造成直接损失数额大小，以及未按照规定披露信息造成该公司证券交易的异动程度等；

（五）信息披露违法的次数，是否多次提供虚假或者隐瞒重要事实的财务会计报告，或者多次对依法应当披露的其他重要信息不按照规定披露；

（六）社会影响的恶劣程度；

（七）其他需要考虑的情形。

第十三条 认定信息披露义务人信息披露违法主观方面通常要考虑以下情形：

（一）信息披露义务人为单位的，在单位内部是否存在违法共谋，信息披露违法所涉及的具体事项是否是经董事会、公司办公会等会议研究决定或者由负责人员决定实施的，是否只是单位内部个人行为造成的；

（二）信息披露义务人的主观状态，信息披露违法是否是故意的欺诈行为，是否是不够谨慎、疏忽大意的过失行为；

（三）信息披露违法行为发生后的态度，公司董事、监事、高级管理人员知道信息披露违法后是否继续掩饰，是否采取适当措施进行补救；

（四）与证券监管机构的配合程度，当发现信息披露违法后，公司董事、监事、高级管理人员是否向证监会报告，是否在调查中积极配合，是否对调查机关欺诈、隐瞒，是否有干扰、阻碍调查情况；

（五）其他需要考虑的情形。

第十四条 其他违法行为引起信息披露义务人信息披露违法的，通常综合考虑以下情形认定责任：

（一）信息披露义务人是否存在过错，有无实施信息披露违法行为的故意，是否存在信息披露违法的过失；

（二）信息披露义务人是否因违法行为直接获益或者以其他方式获取利益，是否因违法行为止损或者避损，公司投资者是否因该项违法行为遭受重大损失；

（三）信息披露违法责任是否能被其他违法行为责任所吸收，认定其他违法行为行政责任、刑事责任是否能更好体现对违法行为的惩处；

（四）其他需要考虑的情形。

前款所称其他违法行为，包括上市公司的董事、监事、高级管理人员违背对公司的忠实义务，利用职务便利，操纵上市公司从事损害公司利益行为；上市公司的控股股东或者实际控制人，指使上市公司董事、监事、高级管理人员从事损害公司利益行为；上市公司董事、监事、高级管理人员和持股5%以上股东违法买卖公司股票行为；公司工作人员挪用资金、职务侵占等行为；配合证券市场内幕交易、操纵市场以及其他可能致使信息披露义务人信息披露违法的行为。

第四章　信息披露违法行为责任人员及其责任认定

第十五条 发生信息披露违法行为的，依照法律、行政法规、规章规定，对负有保证信息披露真实、准确、完整、及时和公平义务的董事、监事、高级管理人员，应当视情形认定其为直接负责的主管人员或者其他直接责任人员承担行政责任，但其能够证明已尽忠实、勤勉义务，没有过错的除外。

第十六条 信息披露违法行为的责任人员可以提交公司章程，载明职责分工和职责履行情况的材料，相关会议纪要或者会议记录以及其他证据来证明自身没有过错。

第十七条 董事、监事、高级管理人员之外的其他人员，确有证据证明其行为与信息披露违法行为具有直接因果关系，包括实际承担或者履行董事、监事或者高级管理人员的职责，组织、参与、实施了公司信息披露违法行为或者直接导致信息披露违法的，应当视情形认定其为直接负责的主管人员或者其他直接责任人员。

第十八条 有证据证明因信息披露义务人受控股股东、实际控制人指使，未按照规定披露信息，或者所披露的信息有虚假记载、误导性陈述或者重大遗漏的，在认定信息披露义务人责任的同时，应当认定信息披露义务人控股股东、实际控制人的信息披露违法责任。信息披露义务人的控股股东、实际控制人是法人的，其负责人应当认定为直接负责的主管人员。

控股股东、实际控制人直接授意、指挥从事信息披露违法行为，或者隐瞒应当披露信息、不告知应当披露信息的，应当认定控股股东、实际控制人指使从事信息披露违法行为。

第十九条 信息披露违法责任人员的责任大小，可以从以下方面考虑责任人员与案件中认定的信息披露违法的事实、性质、情节、社会危害后果的关系，综合分析认定：

（一）在信息披露违法行为发生过程中所起的作用。对于认定的信息披露违法事项是起主要作用还是次要作用，是否组织、策划、参与、实施信息披露违法行为，是积极参加还是被动参加。

（二）知情程度和态度。对于信息披露违法所涉事项及其内容是否知情，是否反映、报告，是否采取措施有效避免或者减少损害后果，是否放任违法行为发生。

（三）职务、具体职责及履行职责情况。认定的信息披露违法事项是否与责任人员的职务、具体职责存在直接关系，责任人员是否忠实、勤勉履行职责，有无懈怠、放弃履行职责，是否履行职责预防、发现和阻止信息披露违法行为发生。

（四）专业背景。是否存在责任人员有专业背景，对于信息披露中与其专业背景有关违法事项应当发现而未予指出的情况，如专业会计人士对于会计问题、专业技术人员对于技术问题等未予指出。

（五）其他影响责任认定的情况。

第二十条 认定从轻或者减轻处罚的考虑情形：

（一）未直接参与信息披露违法行为；

（二）在信息披露违法行为被发现前，及时主动要求公司采取纠正措施或者向证券监管机构报告；

（三）在获悉公司信息披露违法后，向公司有关主管人员或者公司上级主管提出质疑并采取了适当措施；

（四）配合证券监管机构调查且有立功表现；

（五）受他人胁迫参与信息披露违法行为；

（六）其他需要考虑的情形。

第二十一条 认定为不予行政处罚的考虑情形：

（一）当事人对认定的信息披露违法事项提出具体异议记载于董事会、监事会、公司办公会会议记录等，并在上述会议中投反对票的；

（二）当事人在信息披露违法事实所涉及期间，由于不可抗力、失去人身自由等无法正常履行职责的；

（三）对公司信息披露违法行为不负有主要责任的人员在公司信息披露违法行为发生后及时向公司和证券交易所、证券监管机构报告的；

（四）其他需要考虑的情形。

第二十二条 任何下列情形，不得单独作为不予处罚情形认定：

（一）不直接从事经营管理；

（二）能力不足、无相关职业背景；

（三）任职时间短、不了解情况；

（四）相信专业机构或者专业人员出具的意见和报告；

（五）受到股东、实际控制人控制或者其他外部干预。

第二十三条 下列情形认定为应当从重处罚情形：

（一）不配合证券监管机构监管，或者拒绝、阻碍证券监管机构及其工作人员执法，甚至以暴力、威胁及其他手段干扰执法；

（二）在信息披露违法案件中变造、隐瞒、毁灭证据，或者提供伪证，妨碍调查；

（三）两次以上违反信息披露规定并受到行政处罚或者证券交易所纪律处分；

（四）在信息披露上有不良诚信记录并记入证券期货诚信档案；

（五）证监会认定的其他情形。

第五章　附　则

第二十四条 本规则自公布之日起施行。本规则施行前尚未做出处理决定的案件适用本规则。

3. 刑事

中华人民共和国刑法（节录）

·1979年7月1日第五届全国人民代表大会第二次会议通过

·1997年3月14日第八届全国人民代表大会第五次会议修订

·根据1998年12月29日第九届全国人民代表大会常务委员会第六次会议通过的《全国人民代表大会常务委员会关于惩治骗购外汇、逃汇和非法买卖外汇犯罪的决定》、1999年12月25日第九届全国人民代表大会常务委员会第十三次会议通过的《中华人民共和国刑法修正案》、2001年8月31日第九届全国人民代表大会常务委员会第二十三次会议通过的《中华人民共和国刑法修正案（二）》、2001年12月29日第九届全国人民代表大会常务委员会第二十五次会议通过的《中华人民共和国刑法修正案（三）》、2002年12月28日第九届全国人民代表大会常务委员会第三十一次会议通过的《中华人民共和国刑法修正案（四）》、2005年2月28日第十届全国人民代表大会常务委员会第十四次会议通过的《中华人民共和国刑法修正案（五）》、2006年6月29日第十届全国人民代表大会常务委员会第二十二次会议通过的《中华人民共和国刑法修正案（六）》、2009年2月28日第十一届全国人民代表大会常务委员会第七次会议通过的《中华人民共和国刑法修正案（七）》、2009年8月27日第十一届全国人民代表大会常务委员会第十次会议通过的《全国人民代表大会常务委员会关于修改部分法律的决定》、2011年2月25日第十一届全国人民代表大会常务委员会第十九次会议通过的《中华人民共和国刑法修正案（八）》、2015年8月29日第十二届全国人民代表大会常务委员会第十六次会议通过的《中华人民共和国刑法修正案（九）》、2017年11月4日第十二届全国人民代表大会常务委员会第三十次会议通过的《中华人民共和国刑法修正案（十）》、2020年12月26日第十三届全国人民代表大会常务委员会第二十四次会议通过的《中华人民共和国刑法修正案（十一）》和2023年12月29日第十四届全国人民代表大会常务委员会第七次会议通过的《中华人民共和国刑法修正案（十二）》修正) [1]

---

[1] 刑法、历次刑法修正案、涉及修改刑法的决定的施行日期，分别依据各法律所规定的施行日期确定。

……

第二编 分 则

……

第三章 破坏社会主义市场经济秩序罪

……

第三节 妨害对公司、企业的管理秩序罪

第一百五十八条 【虚报注册资本罪】申请公司登记使用虚假证明文件或者采取其他欺诈手段虚报注册资本,欺骗公司登记主管部门,取得公司登记,虚报注册资本数额巨大、后果严重或者有其他严重情节的,处三年以下有期徒刑或者拘役,并处或者单处虚报注册资本金额百分之一以上百分之五以下罚金。

单位犯前款罪的,对单位判处罚金,并对其直接负责的主管人员和其他直接责任人员,处三年以下有期徒刑或者拘役。

第一百五十九条 【虚假出资、抽逃出资罪】公司发起人、股东违反公司法的规定未交付货币、实物或者未转移财产权,虚假出资,或者在公司成立后又抽逃其出资,数额巨大、后果严重或者有其他严重情节的,处五年以下有期徒刑或者拘役,并处或者单处虚假出资金额或者抽逃出资金额百分之二以上百分之十以下罚金。

单位犯前款罪的,对单位判处罚金,并对其直接负责的主管人员和其他直接责任人员,处五年以下有期徒刑或者拘役。

第一百六十条 【欺诈发行证券罪】在招股说明书、认股书、公司、企业债券募集办法等发行文件中隐瞒重要事实或者编造重大虚假内容,发行股票或者公司、企业债券、存托凭证或者国务院依法认定的其他证券,数额巨大、后果严重或者有其他严重情节的,处五年以下有期徒刑或者拘役,并处或者单处罚金;数额特别巨大、后果特别严重或者有其他特别严重情节的,处五年以上有期徒刑,并处罚金。

控股股东、实际控制人组织、指使实施前款行为的,处五年以下有期徒刑或者拘役,并处或者单处非法募集资金金额百分之二十以上一倍以下罚金;数额特别巨大、后果特别严重或者有其他特别严重情节的,处五年以上有期徒刑,并处非法募集资金金额百分之二十以上一倍以下罚金。

单位犯前两款罪的,对单位判处非法募集资金金额百分之二十以上一倍以下罚金,并对其直接负责的主管人员和其他直接责任人员,依照第一款的规定处罚。

第一百六十一条 【违规披露、不披露重要信息罪】依法负有信息披露义务的公司、企业向股东和社会公众提供虚假的或者隐瞒重要事实的财务会计报告,或者对依法应当披露的其他重要信息不按照规定披露,严重损害股东或者其他人利益,或者有其他严重情节的,对其直接负责的主管人员和其他直接责任人员,处五年以下有期徒刑或者拘役,并处或者单处罚金;情节特别严重的,处五年以上十年以下有期徒刑,并处罚金。

前款规定的公司、企业的控股股东、实际控制人实施或者组织、指使实施前款行为的,或者隐瞒相关事项导致前款规定的情形发生的,依照前款的规定处罚。

犯前款罪的控股股东、实际控制人是单位的,对单位判处罚金,并对其直接负责的主管人员和其他直接责任人员,依照第一款的规定处罚。

第一百六十二条 【妨害清算罪】公司、企业进行清算时,隐匿财产,对资产负债表或者财产清单作虚伪记载或者在未清偿债务前分配公司、企业财产,严重损害债权人或者其他人利益的,对其直接负责的主管人员和其他直接责任人员,处五年以下有期徒刑或者拘役,并处或者单处二万元以上二十万元以下罚金。

第一百六十二条之一 【隐匿、故意销毁会计凭证、会计账簿、财务会计报告罪】隐匿或者故意销毁依法应当保存的会计凭证、会计帐簿、财务会计报告,情节严重的,处五年以下有期徒刑或者拘役,并处或者单处二万元以上二十万元以下罚金。

单位犯前款罪的,对单位判处罚金,并对其直接负责的主管人员和其他直接责任人员,依照前款的规定处罚。

第一百六十二条之二 【虚假破产罪】公司、企业通过隐匿财产、承担虚构的债务或者以其他方法转移、处分财产,实施虚假破产,严重损害债权人或者其他人利益的,对其直接负责的主管人员和其他直接责任人员,处五年以下有期徒刑或者拘役,并处或者单处二万元以上二十万元以下罚金。

第一百六十三条 【非国家工作人员受贿罪】公司、企业或者其他单位的工作人员,利用职务上的便利,索取他人财物或者非法收受他人财物,为他人谋取利益,数额较大的,处三年以下有期徒刑或者拘役,并处罚金;数额巨大或者有其他严重情节的,处三年以上十年以下有期徒刑,并处罚金;数额特别巨大或者有其他特别严重情节的,处十年以上有期徒刑或者无期徒刑,并处罚金。

公司、企业或者其他单位的工作人员在经济往来中,利用职务上的便利,违反国家规定,收受各种名义的回扣、手续费，归个人所有的，依照前款的规定处罚。

国有公司、企业或者其他国有单位中从事公务的人员和国有公司、企业或者其他国有单位委派到非国有公司、企业以及其他单位从事公务的人员有前两款行为的，依照本法第三百八十五条、第三百八十六条的规定定罪处罚。

第一百六十四条 【对非国家工作人员行贿罪】为谋取不正当利益，给予公司、企业或者其他单位的工作人员以财物，数额较大的，处三年以下有期徒刑或者拘役，并处罚金；数额巨大的，处三年以上十年以下有期徒刑，并处罚金。

【对外国公职人员、国际公共组织官员行贿罪】为谋取不正当商业利益，给予外国公职人员或者国际公共组织官员以财物的，依照前款的规定处罚。

单位犯前两款罪的，对单位判处罚金，并对其直接负责的主管人员和其他直接责任人员，依照第一款的规定处罚。

行贿人在被追诉前主动交待行贿行为的，可以减轻处罚或者免除处罚。

第一百六十五条 【非法经营同类营业罪】国有公司、企业的董事、监事、高级管理人员，利用职务便利，自己经营或者为他人经营与其所任职公司、企业同类的营业，获取非法利益，数额巨大的，处三年以下有期徒刑或者拘役，并处或者单处罚金；数额特别巨大的，处三年以上七年以下有期徒刑，并处罚金。

其他公司、企业的董事、监事、高级管理人员违反法律、行政法规规定，实施前款行为，致使公司、企业利益遭受重大损失的，依照前款的规定处罚。

第一百六十六条 【为亲友非法牟利罪】国有公司、企业、事业单位的工作人员，利用职务便利，有下列情形之一，致使国家利益遭受重大损失的，处三年以下有期徒刑或者拘役，并处或者单处罚金；致使国家利益遭受特别重大损失的，处三年以上七年以下有期徒刑，并处罚金：

（一）将本单位的盈利业务交由自己的亲友进行经营的；

（二）以明显高于市场的价格从自己的亲友经营管理的单位采购商品、接受服务或者以明显低于市场的价格向自己的亲友经营管理的单位销售商品、提供服务的；

（三）从自己的亲友经营管理的单位采购、接受不合格商品、服务的。

其他公司、企业的工作人员违反法律、行政法规规定，实施前款行为，致使公司、企业利益遭受重大损失的，依照前款的规定处罚。

第一百六十七条 【签订、履行合同失职被骗罪】国有公司、企业、事业单位直接负责的主管人员，在签订、履行合同过程中，因严重不负责任被诈骗，致使国家利益遭受重大损失的，处三年以下有期徒刑或者拘役；致使国家利益遭受特别重大损失的，处三年以上七年以下有期徒刑。

第一百六十八条 【国有公司、企业、事业单位人员失职罪】【国有公司、企业、事业单位人员滥用职权罪】国有公司、企业的工作人员，由于严重不负责任或者滥用职权，造成国有公司、企业破产或者严重损失，致使国家利益遭受重大损失的，处三年以下有期徒刑或者拘役；致使国家利益遭受特别重大损失的，处三年以上七年以下有期徒刑。

国有事业单位的工作人员有前款行为，致使国家利益遭受重大损失的，依照前款的规定处罚。

国有公司、企业、事业单位的工作人员，徇私舞弊，犯前两款罪的，依照第一款的规定从重处罚。

第一百六十九条 【徇私舞弊低价折股、出售国有资产罪】国有公司、企业或者其上级主管部门直接负责的主管人员，徇私舞弊，将国有资产低价折股或者低价出售，致使国家利益遭受重大损失的，处三年以下有期徒刑或者拘役；致使国家利益遭受特别重大损失的，处三年以上七年以下有期徒刑。

其他公司、企业直接负责的主管人员，徇私舞弊，将公司、企业资产低价折股或者低价出售，致使公司、企业利益遭受重大损失的，依照前款的规定处罚。

第一百六十九条之一 【背信损害上市公司利益罪】上市公司的董事、监事、高级管理人员违背对公司的忠实义务，利用职务便利，操纵上市公司从事下列行为之一，致使上市公司利益遭受重大损失的，处三年以下有期徒刑或者拘役，并处或者单处罚金；致使上市公司利益遭受特别重大损失的，处三年以上七年以下有期徒刑，并处罚金：

（一）无偿向其他单位或者个人提供资金、商品、服务或者其他资产的；

（二）以明显不公平的条件，提供或者接受资金、商品、服务或者其他资产的；

（三）向明显不具有清偿能力的单位或者个人提供资金、商品、服务或者其他资产的；

（四）为明显不具有清偿能力的单位或者个人提供担保，或者无正当理由为其他单位或者个人提供担保的；

(五)无正当理由放弃债权、承担债务的；
(六)采用其他方式损害上市公司利益的。

上市公司的控股股东或者实际控制人,指使上市公司董事、监事、高级管理人员实施前款行为的,依照前款的规定处罚。

犯前款罪的上市公司的控股股东或者实际控制人是单位的,对单位判处罚金,并对其直接负责的主管人员和其他直接责任人员,依照第一款的规定处罚。

第四节 破坏金融管理秩序罪

第一百七十条 【伪造货币罪】伪造货币的,处三年以上十年以下有期徒刑,并处罚金；有下列情形之一的,处十年以上有期徒刑或者无期徒刑,并处罚金或者没收财产：
(一)伪造货币集团的首要分子；
(二)伪造货币数额特别巨大的；
(三)有其他特别严重情节的。

第一百七十一条 【出售、购买、运输假币罪】出售、购买伪造的货币或者明知是伪造的货币而运输,数额较大的,处三年以下有期徒刑或者拘役,并处二万元以上二十万元以下罚金；数额巨大的,处三年以上十年以下有期徒刑,并处五万元以上五十万元以下罚金；数额特别巨大的,处十年以上有期徒刑或者无期徒刑,并处五万元以上五十万元以下罚金或者没收财产。

【金融工作人员购买假币、以假币换取货币罪】银行或者其他金融机构的工作人员购买伪造的货币或者利用职务上的便利,以伪造的货币换取货币的,处三年以上十年以下有期徒刑,并处二万元以上二十万元以下罚金；数额巨大或者有其他严重情节的,处十年以上有期徒刑或者无期徒刑,并处二万元以上二十万元以下罚金或者没收财产；情节较轻的,处三年以下有期徒刑或者拘役,并处或者单处一万元以上十万元以下罚金。

伪造货币并出售或者运输伪造的货币的,依照本法第一百七十条的规定定罪从重处罚。

第一百七十二条 【持有、使用假币罪】明知是伪造的货币而持有、使用,数额较大的,处三年以下有期徒刑或者拘役,并处或者单处一万元以上十万元以下罚金；数额巨大的,处三年以上十年以下有期徒刑,并处二万元以上二十万元以下罚金；数额特别巨大的,处十年以上有期徒刑,并处五万元以上五十万元以下罚金或者没收财产。

第一百七十三条 【变造货币罪】变造货币,数额较大的,处三年以下有期徒刑或者拘役,并处或者单处一万元以上十万元以下罚金；数额巨大的,处三年以上十年以下有期徒刑,并处二万元以上二十万元以下罚金。

第一百七十四条 【擅自设立金融机构罪】未经国家有关主管部门批准,擅自设立商业银行、证券交易所、期货交易所、证券公司、期货经纪公司、保险公司或者其他金融机构的,处三年以下有期徒刑或者拘役,并处或者单处二万元以上二十万元以下罚金；情节严重的,处三年以上十年以下有期徒刑,并处五万元以上五十万元以下罚金。

【伪造、变造、转让金融机构经营许可证、批准文件罪】伪造、变造、转让商业银行、证券交易所、期货交易所、证券公司、期货经纪公司、保险公司或者其他金融机构的经营许可证或者批准文件的,依照前款的规定处罚。

单位犯前两款罪的,对单位判处罚金,并对其直接负责的主管人员和其他直接责任人员,依照第一款的规定处罚。

第一百七十五条 【高利转贷罪】以转贷牟利为目的,套取金融机构信贷资金高利转贷他人,违法所得数额较大的,处三年以下有期徒刑或者拘役,并处违法所得一倍以上五倍以下罚金；数额巨大的,处三年以上七年以下有期徒刑,并处违法所得一倍以上五倍以下罚金。

单位犯前款罪的,对单位判处罚金,并对其直接负责的主管人员和其他直接责任人员,处三年以下有期徒刑或者拘役。

第一百七十五条之一 【骗取贷款、票据承兑、金融票证罪】以欺骗手段取得银行或者其他金融机构贷款、票据承兑、信用证、保函等,给银行或者其他金融机构造成重大损失的,处三年以下有期徒刑或者拘役,并处或者单处罚金；给银行或者其他金融机构造成特别重大损失或者有其他特别严重情节的,处三年以上七年以下有期徒刑,并处罚金。

单位犯前款罪的,对单位判处罚金,并对其直接负责的主管人员和其他直接责任人员,依照前款的规定处罚。

第一百七十六条 【非法吸收公众存款罪】非法吸收公众存款或者变相吸收公众存款,扰乱金融秩序的,处三年以下有期徒刑或者拘役,并处或者单处罚金；数额巨大或者有其他严重情节的,处三年以上十年以下有期徒刑,并处罚金；数额特别巨大或者有其他特别严重情节的,处十年以上有期徒刑,并处罚金。

单位犯前款罪的,对单位判处罚金,并对其直接负责的主管人员和其他直接责任人员,依照前款的规定处罚。

有前两款行为,在提起公诉前积极退赃退赔,减少损害结果发生的,可以从轻或者减轻处罚。

第一百七十七条 【伪造、变造金融票证罪】有下列情形之一，伪造、变造金融票证的，处五年以下有期徒刑或者拘役，并处或者单处二万元以上二十万元以下罚金；情节严重的，处五年以上十年以下有期徒刑，并处五万元以上五十万元以下罚金；情节特别严重的，处十年以上有期徒刑或者无期徒刑，并处五万元以上五十万元以下罚金或者没收财产：

（一）伪造、变造汇票、本票、支票的；

（二）伪造、变造委托收款凭证、汇款凭证、银行存单等其他银行结算凭证的；

（三）伪造、变造信用证或者附随的单据、文件的；

（四）伪造信用卡的。

单位犯前款罪的，对单位判处罚金，并对其直接负责的主管人员和其他直接责任人员，依照前款的规定处罚。

第一百七十七条之一 【妨害信用卡管理罪】有下列情形之一，妨害信用卡管理的，处三年以下有期徒刑或者拘役，并处或者单处一万元以上十万元以下罚金；数量巨大或者有其他严重情节的，处三年以上十年以下有期徒刑，并处二万元以上二十万元以下罚金：

（一）明知是伪造的信用卡而持有、运输的，或者明知是伪造的空白信用卡而持有、运输，数量较大的；

（二）非法持有他人信用卡，数量较大的；

（三）使用虚假的身份证明骗领信用卡的；

（四）出售、购买、为他人提供伪造的信用卡或者以虚假的身份证明骗领的信用卡的。

【窃取、收买、非法提供信用卡信息罪】窃取、收买或者非法提供他人信用卡信息资料的，依照前款规定处罚。

银行或者其他金融机构的工作人员利用职务上的便利，犯第二款罪的，从重处罚。

第一百七十八条 【伪造、变造国家有价证券罪】伪造、变造国库券或者国家发行的其他有价证券，数额较大的，处三年以下有期徒刑或者拘役，并处或者单处二万元以上二十万元以下罚金；数额巨大的，处三年以上十年以下有期徒刑，并处五万元以上五十万元以下罚金；数额特别巨大的，处十年以上有期徒刑或者无期徒刑，并处五万元以上五十万元以下罚金或者没收财产。

【伪造、变造股票、公司、企业债券罪】伪造、变造股票或者公司、企业债券，数额较大的，处三年以下有期徒刑或者拘役，并处或者单处一万元以上十万元以下罚金；数额巨大的，处三年以上十年以下有期徒刑，并处二万元以上二十万元以下罚金。

单位犯前两款罪的，对单位判处罚金，并对其直接负责的主管人员和其他直接责任人员，依照前两款的规定处罚。

第一百七十九条 【擅自发行股票、公司、企业债券罪】未经国家有关主管部门批准，擅自发行股票或者公司、企业债券，数额巨大、后果严重或者有其他严重情节的，处五年以下有期徒刑或者拘役，并处或者单处非法募集资金金额百分之一以上百分之五以下罚金。

单位犯前款罪的，对单位判处罚金，并对其直接负责的主管人员和其他直接责任人员，处五年以下有期徒刑或者拘役。

第一百八十条 【内幕交易、泄露内幕信息罪】证券、期货交易内幕信息的知情人员或者非法获取证券、期货交易内幕信息的人员，在涉及证券的发行、证券、期货交易或者其他对证券、期货交易价格有重大影响的信息尚未公开前，买入或者卖出该证券，或者从事与该内幕信息有关的期货交易，或者泄露该信息，或者明示、暗示他人从事上述交易活动，情节严重的，处五年以下有期徒刑或者拘役，并处或者单处违法所得一倍以上五倍以下罚金；情节特别严重的，处五年以上十年以下有期徒刑，并处违法所得一倍以上五倍以下罚金。

单位犯前款罪的，对单位判处罚金，并对其直接负责的主管人员和其他直接责任人员，处五年以下有期徒刑或者拘役。

内幕信息、知情人员的范围，依照法律、行政法规的规定确定。

【利用未公开信息交易罪】证券交易所、期货交易所、证券公司、期货经纪公司、基金管理公司、商业银行、保险公司等金融机构的从业人员以及有关监管部门或者行业协会的工作人员，利用因职务便利获取的内幕信息以外的其他未公开的信息，违反规定，从事与该信息相关的证券、期货交易活动，或者明示、暗示他人从事相关交易活动，情节严重的，依照第一款的规定处罚。

第一百八十一条 【编造并传播证券、期货交易虚假信息罪】编造并且传播影响证券、期货交易的虚假信息，扰乱证券、期货交易市场，造成严重后果的，处五年以下有期徒刑或者拘役，并处或者单处一万元以上十万元以下罚金。

【诱骗投资者买卖证券、期货合约罪】证券交易所、期货交易所、证券公司、期货经纪公司的从业人员，证券业协会、期货业协会或者证券期货监督管理部门的工作人员，故意提供虚假信息或者伪造、变造、销毁交易记录，诱骗投资者买卖证券、期货合约，造成严重后果的，处五年以下有期徒刑或者拘役,并处或者单处一万元以上十万元以下罚金;情节特别恶劣的,处五年以上十年以下有期徒刑,并处二万元以上二十万元以下罚金。

单位犯前两款罪的,对单位判处罚金,并对其直接负责的主管人员和其他直接责任人员,处五年以下有期徒刑或者拘役。

第一百八十二条 【操纵证券、期货市场罪】有下列情形之一,操纵证券、期货市场,影响证券、期货交易价格或者证券、期货交易量,情节严重的,处五年以下有期徒刑或者拘役,并处或者单处罚金;情节特别严重的,处五年以上十年以下有期徒刑,并处罚金:

(一)单独或者合谋,集中资金优势、持股或者持仓优势或者利用信息优势联合或者连续买卖的;

(二)与他人串通,以事先约定的时间、价格和方式相互进行证券、期货交易的;

(三)在自己实际控制的帐户之间进行证券交易,或者以自己为交易对象,自买自卖期货合约的;

(四)不以成交为目的,频繁或者大量申报买入、卖出证券、期货合约并撤销申报的;

(五)利用虚假或者不确定的重大信息,诱导投资者进行证券、期货交易的;

(六)对证券、证券发行人、期货交易标的公开作出评价、预测或者投资建议,同时进行反向证券交易或者相关期货交易的;

(七)以其他方法操纵证券、期货市场的。

单位犯前款罪的,对单位判处罚金,并对其直接负责的主管人员和其他直接责任人员,依照前款的规定处罚。

第一百八十三条 【职务侵占罪】保险公司的工作人员利用职务上的便利,故意编造未曾发生的保险事故进行虚假理赔,骗取保险金归自己所有的,依照本法第二百七十一条的规定定罪处罚。

【贪污罪】国有保险公司工作人员和国有保险公司委派到非国有保险公司从事公务的人员有前款行为的,依照本法第三百八十二条、第三百八十三条的规定定罪处罚。

第一百八十四条 【金融机构工作人员受贿犯罪如何定罪处罚的规定】银行或者其他金融机构的工作人员在金融业务活动中索取他人财物或者非法收受他人财物,为他人谋取利益的,或者违反国家规定,收受各种名义的回扣、手续费,归个人所有的,依照本法第一百六十三条的规定定罪处罚。

国有金融机构工作人员和国有金融机构委派到非国有金融机构从事公务的人员有前款行为的,依照本法第三百八十五条、第三百八十六条的规定定罪处罚。

第一百八十五条 【挪用资金罪】商业银行、证券交易所、期货交易所、证券公司、期货经纪公司、保险公司或者其他金融机构的工作人员利用职务上的便利,挪用本单位或者客户资金的,依照本法第二百七十二条的规定定罪处罚。

【挪用公款罪】国有商业银行、证券交易所、期货交易所、证券公司、期货经纪公司、保险公司或者其他国有金融机构的工作人员和国有商业银行、证券交易所、证券公司、期货经纪公司、保险公司或者其他国有金融机构委派到前款规定中的非国有机构从事公务的人员有前款行为的,依照本法第三百八十四条的规定定罪处罚。

第一百八十五条之一 【背信运用受托财产罪】商业银行、证券交易所、期货交易所、证券公司、期货经纪公司、保险公司或者其他金融机构,违背受托义务,擅自运用客户资金或者其他委托、信托的财产,情节严重的,对单位判处罚金,并对其直接负责的主管人员和其他直接责任人员,处三年以下有期徒刑或者拘役,并处三万元以上三十万元以下罚金;情节特别严重的,处三年以上十年以下有期徒刑,并处五万元以上五十万元以下罚金。

【违法运用资金罪】社会保障基金管理机构、住房公积金管理机构等公众资金管理机构,以及保险公司、保险资产管理公司、证券投资基金管理公司,违反国家规定运用资金的,对其直接负责的主管人员和其他直接责任人员,依照前款的规定处罚。

第一百八十六条 【违法发放贷款罪】银行或者其他金融机构的工作人员违反国家规定发放贷款,数额巨大或者造成重大损失的,处五年以下有期徒刑或者拘役,并处一万元以上十万元以下罚金;数额特别巨大或者造成特别重大损失的,处五年以上有期徒刑,并处二万元以上二十万元以下罚金。

银行或者其他金融机构的工作人员违反国家规定,向关系人发放贷款的,依照前款的规定从重处罚。

单位犯前两款罪的,对单位判处罚金,并对其直接负责的主管人员和其他直接责任人员,依照前两款的规定处罚。

关系人的范围,依照《中华人民共和国商业银行法》和有关金融法规确定。

第一百八十七条 【吸收客户资金不入账罪】银行或者其他金融机构的工作人员吸收客户资金不入帐,数额巨大或者造成重大损失的,处五年以下有期徒刑或者拘役,并处二万元以上二十万元以下罚金;数额特别巨大或者造成特别重大损失的,处五年以上有期徒刑,并处五万元以上五十万元以下罚金。

单位犯前款罪的,对单位判处罚金,并对其直接负责的主管人员和其他直接责任人员,依照前款的规定处罚。

第一百八十八条 【违规出具金融票证罪】银行或者其他金融机构的工作人员违反规定,为他人出具信用证或者其他保函、票据、存单、资信证明,情节严重的,处五年以下有期徒刑或者拘役;情节特别严重的,处五年以上有期徒刑。

单位犯前款罪的,对单位判处罚金,并对其直接负责的主管人员和其他直接责任人员,依照前款的规定处罚。

第一百八十九条 【对违法票据承兑、付款、保证罪】银行或者其他金融机构的工作人员在票据业务中,对违反票据法规定的票据予以承兑、付款或者保证,造成重大损失的,处五年以下有期徒刑或者拘役;造成特别重大损失的,处五年以上有期徒刑。

单位犯前款罪的,对单位判处罚金,并对其直接负责的主管人员和其他直接责任人员,依照前款的规定处罚。

第一百九十条 【逃汇罪】公司、企业或者其他单位,违反国家规定,擅自将外汇存放境外,或者将境内的外汇非法转移到境外,数额较大的,对单位判处逃汇数额百分之五以上百分之三十以下罚金,并对其直接负责的主管人员和其他直接责任人员,处五年以下有期徒刑或者拘役;数额巨大或者有其他严重情节的,对单位判处逃汇数额百分之五以上百分之三十以下罚金,并对其直接负责的主管人员和其他直接责任人员,处五年以上有期徒刑。

第一百九十一条 【洗钱罪】为掩饰、隐瞒毒品犯罪、黑社会性质的组织犯罪、恐怖活动犯罪、走私犯罪、贪污贿赂犯罪、破坏金融管理秩序犯罪、金融诈骗犯罪的所得及其产生的收益的来源和性质,有下列行为之一的,没收实施以上犯罪的所得及其产生的收益,处五年以下有期徒刑或者拘役,并处或者单处罚金;情节严重的,处五年以上十年以下有期徒刑,并处罚金:

(一)提供资金帐户的;
(二)将财产转换为现金、金融票据、有价证券的;
(三)通过转帐或者其他支付结算方式转移资金的;
(四)跨境转移资产的;
(五)以其他方法掩饰、隐瞒犯罪所得及其收益的来源和性质的。

单位犯前款罪的,对单位判处罚金,并对其直接负责的主管人员和其他直接责任人员,依照前款的规定处罚。

第五节 金融诈骗罪

第一百九十二条 【集资诈骗罪】以非法占有为目的,使用诈骗方法非法集资,数额较大的,处三年以上七年以下有期徒刑,并处罚金;数额巨大或者有其他严重情节的,处七年以上有期徒刑或者无期徒刑,并处罚金或者没收财产。

单位犯前款罪的,对单位判处罚金,并对其直接负责的主管人员和其他直接责任人员,依照前款的规定处罚。

第一百九十三条 【贷款诈骗罪】有下列情形之一,以非法占有为目的,诈骗银行或者其他金融机构的贷款,数额较大的,处五年以下有期徒刑或者拘役,并处二万元以上二十万元以下罚金;数额巨大或者有其他严重情节的,处五年以上十年以下有期徒刑,并处五万元以上五十万元以下罚金;数额特别巨大或者有其他特别严重情节的,处十年以上有期徒刑或者无期徒刑,并处五万元以上五十万元以下罚金或者没收财产:

(一)编造引进资金、项目等虚假理由的;
(二)使用虚假的经济合同的;
(三)使用虚假的证明文件的;
(四)使用虚假的产权证明作担保或者超出抵押物价值重复担保的;
(五)以其他方法诈骗贷款的。

第一百九十四条 【票据诈骗罪】有下列情形之一,进行金融票据诈骗活动,数额较大的,处五年以下有期徒刑或者拘役,并处二万元以上二十万元以下罚金;数额巨大或者有其他严重情节的,处五年以上十年以下有期徒刑,并处五万元以上五十万元以下罚金;数额特别巨大或者有其他特别严重情节的,处十年以上有期徒刑或者无期徒刑,并处五万元以上五十万元以下罚金或者没收财产:

(一)明知是伪造、变造的汇票、本票、支票而使用的;
(二)明知是作废的汇票、本票、支票而使用的;
(三)冒用他人的汇票、本票、支票的;
(四)签发空头支票或者与其预留印鉴不符的支票,骗取财物的;
(五)汇票、本票的出票人签发无资金保证的汇票、本票或者在出票时虚假记载,骗取财物的。

【金融凭证诈骗罪】使用伪造、变造的委托收款凭证、汇款凭证、银行存单等其他银行结算凭证的,依照前款的规定处罚。

第一百九十五条 【信用证诈骗罪】有下列情形之一,进行信用证诈骗活动的,处五年以下有期徒刑或者拘役,并处二万元以上二十万元以下罚金;数额巨大或者有其他严重情节的,处五年以上十年以下有期徒刑,并处五万元以上五十万元以下罚金;数额特别巨大或者有其他特别严重情节的,处十年以上有期徒刑或者无期徒刑,并处五万元以上五十万元以下罚金或者没收财产:

(一)使用伪造、变造的信用证或者附随的单据、文件的;

(二)使用作废的信用证的;

(三)骗取信用证的;

(四)以其他方法进行信用证诈骗活动的。

第一百九十六条 【信用卡诈骗罪】有下列情形之一,进行信用卡诈骗活动,数额较大的,处五年以下有期徒刑或者拘役,并处二万元以上二十万元以下罚金;数额巨大或者有其他严重情节的,处五年以上十年以下有期徒刑,并处五万元以上五十万元以下罚金;数额特别巨大或者有其他特别严重情节的,处十年以上有期徒刑或者无期徒刑,并处五万元以上五十万元以下罚金或者没收财产:

(一)使用伪造的信用卡,或者使用以虚假的身份证明骗领的信用卡的;

(二)使用作废的信用卡的;

(三)冒用他人信用卡的;

(四)恶意透支的。

前款所称恶意透支,是指持卡人以非法占有为目的,超过规定限额或者规定期限透支,并且经发卡银行催收后仍不归还的行为。

盗窃信用卡并使用的,依照本法第二百六十四条的规定定罪处罚。

第一百九十七条 【有价证券诈骗罪】使用伪造、变造的国库券或者国家发行的其他有价证券,进行诈骗活动,数额较大的,处五年以下有期徒刑或者拘役,并处二万元以上二十万元以下罚金;数额巨大或者有其他严重情节的,处五年以上十年以下有期徒刑,并处五万元以上五十万元以下罚金;数额特别巨大或者有其他特别严重情节的,处十年以上有期徒刑或者无期徒刑,并处五万元以上五十万元以下罚金或者没收财产。

第一百九十八条 【保险诈骗罪】有下列情形之一,进行保险诈骗活动,数额较大的,处五年以下有期徒刑或者拘役,并处一万元以上十万元以下罚金;数额巨大或者有其他严重情节的,处五年以上十年以下有期徒刑,并处二万元以上二十万元以下罚金;数额特别巨大或者有其他特别严重情节的,处十年以上有期徒刑,并处二万元以上二十万元以下罚金或者没收财产:

(一)投保人故意虚构保险标的,骗取保险金的;

(二)投保人、被保险人或者受益人对发生的保险事故编造虚假的原因或者夸大损失的程度,骗取保险金的;

(三)投保人、被保险人或者受益人编造未曾发生的保险事故,骗取保险金的;

(四)投保人、被保险人故意造成财产损失的保险事故,骗取保险金的;

(五)投保人、受益人故意造成被保险人死亡、伤残或者疾病,骗取保险金的。

有前款第四项、第五项所列行为,同时构成其他犯罪的,依照数罪并罚的规定处罚。

单位犯第一款罪的,对单位判处罚金,并对其直接负责的主管人员和其他直接责任人员,处五年以下有期徒刑或者拘役;数额巨大或者有其他严重情节的,处五年以上十年以下有期徒刑;数额特别巨大或者有其他特别严重情节的,处十年以上有期徒刑。

保险事故的鉴定人、证明人、财产评估人故意提供虚假的证明文件,为他人诈骗提供条件的,以保险诈骗的共犯论处。

第一百九十九条 (删去)

第二百条 【单位犯金融诈骗罪的处罚规定】单位犯本节第一百九十四条、第一百九十五条规定之罪的,对单位判处罚金,并对其直接负责的主管人员和其他直接责任人员,处五年以下有期徒刑或者拘役,可以并处罚金;数额巨大或者有其他严重情节的,处五年以上十年以下有期徒刑,并处罚金;数额特别巨大或者有其他特别严重情节的,处十年以上有期徒刑或者无期徒刑,并处罚金。

……

全国人民代表大会常务委员会关于《中华人民共和国刑法》第一百五十八条、第一百五十九条的解释

· 2014年4月24日第十二届全国人民代表大会常务委员会第八次会议通过

全国人民代表大会常务委员会讨论了公司法修改后刑法第一百五十八条、第一百五十九条对实行注册资本实

缴登记制、认缴登记制的公司的适用范围问题，解释如下：

刑法第一百五十八条、第一百五十九条的规定，只适用于依法实行注册资本实缴登记制的公司。

现予公告。

最高人民法院、最高人民检察院、公安部、中国证监会关于办理证券期货违法犯罪案件工作若干问题的意见

- 2011年4月27日
- 证监发〔2011〕30号

为加强办理证券期货违法犯罪案件工作，完善行政执法与刑事司法的衔接机制，进一步依法有效惩治证券期货违法犯罪，提出如下意见：

一、证券监管机构依据行政机关移送涉嫌犯罪案件的有关规定，在办理可能移送公安机关查处的证券期货违法案件过程中，经履行批准程序，可商请公安机关协助查询、复制被调查对象的户籍、出入境信息等资料，对有关涉案人员按照相关规定采取边控、报备措施。证券监管机构向公安机关提出请求时，应当明确协助办理的具体事项，提供案件情况及相关材料。

二、证券监管机构办理证券期货违法案件，案情重大、复杂、疑难的，可商请公安机关就案件性质、证据等问题提出参考意见；对有证据表明可能涉嫌犯罪的行为人可能逃匿或者销毁证据的，证券监管机构应当及时通知公安机关；涉嫌犯罪的，公安机关应当及时立案侦查。

三、证券监管机构与公安机关建立和完善协调会商机制。证券监管机构依据行政机关移送涉嫌犯罪案件的有关规定，在向公安机关移送重大、复杂、疑难的涉嫌证券期货犯罪案件前，应当启动协调会商机制，就行为性质认定、案件罪名适用、案件管辖等问题进行会商。

四、公安机关、人民检察院和人民法院在办理涉嫌证券期货犯罪案件过程中，可商请证券监管机构指派专业人员配合开展工作，协助查阅、复制有关专业资料。证券监管机构可以根据司法机关办案需要，依法就案件涉及的证券期货专业问题向司法机关出具认定意见。

五、司法机关对证券监管机构随案移送的物证、书证、鉴定结论、视听资料、现场笔录等证据要及时审查，作出是否立案的决定；随案移送的证据，经法定程序查证属实的，可作为定案的根据。

六、证券监管机构依据行政机关移送涉嫌犯罪案件的有关规定向公安机关移交证据，应当制作证据移交清单，双方经办人员应当签字确认，加盖公章，相关证据随证据移交清单一并移交。

七、对涉众型证券期货犯罪案件，在已收集的证据能够充分证明基本犯罪事实的前提下，公安机关可在被调查对象范围内按一定比例收集和调取书证、被害人陈述、证人证言等相关证据。

八、以证券交易所、期货交易所、证券登记结算机构、期货保证金监控机构以及证券公司、期货公司留存的证券期货委托记录和交易记录、登记存管结算资料等电子数据作为证据的，数据提供单位应以电子光盘或者其他载体记录相关原始数据，并说明制作方法、制作时间及制作人等信息，并由复制件制作人和原始电子数据持有人签名或盖章。

九、发行人、上市公司或者其他信息披露义务人在证券监管机构指定的信息披露媒体、信息披露义务人或证券交易所网站发布的信息披露公告，其打印件或据此制作的电子光盘，经核对无误后，说明其来源、制作人、制作时间、制作地点等的，可作为刑事证据使用，但有其他证据证明打印件或光盘内容与公告信息不一致的除外。

十、涉嫌证券期货犯罪的第一审案件，由中级人民法院管辖，同级人民检察院负责提起公诉，地(市)级以上公安机关负责立案侦查。

最高人民法院、最高人民检察院关于办理内幕交易、泄露内幕信息刑事案件具体应用法律若干问题的解释

- 2011年10月31日最高人民法院审判委员会第1529次会议、2012年2月27日最高人民检察院第十一届检察委员会第72次会议通过
- 2012年3月29日最高人民法院、最高人民检察院公告公布
- 自2012年6月1日起施行
- 法释〔2012〕6号

为维护证券、期货市场管理秩序，依法惩治证券、期货犯罪，根据刑法有关规定，现就办理内幕交易、泄露内幕信息刑事案件具体应用法律的若干问题解释如下：

第一条 下列人员应当认定为刑法第一百八十条第一款规定的"证券、期货交易内幕信息的知情人员"：

（一）证券法第七十四条规定的人员；

（二）期货交易管理条例第八十五条第十二项规定的人员。

第二条 具有下列行为的人员应当认定为刑法第一

百八十条第一款规定的"非法获取证券、期货交易内幕信息的人员"：

（一）利用窃取、骗取、套取、窃听、利诱、刺探或者私下交易等手段获取内幕信息的；

（二）内幕信息知情人员的近亲属或者其他与内幕信息知情人员关系密切的人员，在内幕信息敏感期内，从事或者明示、暗示他人从事，或者泄露内幕信息导致他人从事与该内幕信息有关的证券、期货交易，相关交易行为明显异常，且无正当理由或者正当信息来源的；

（三）在内幕信息敏感期内，与内幕信息知情人员联络、接触，从事或者明示、暗示他人从事，或者泄露内幕信息导致他人从事与该内幕信息有关的证券、期货交易，相关交易行为明显异常，且无正当理由或者正当信息来源的。

第三条 本解释第二条第二项、第三项规定的"相关交易行为明显异常"，要综合以下情形，从时间吻合程度、交易背离程度和利益关联程度等方面予以认定：

（一）开户、销户、激活资金账户或者指定交易（托管）、撤销指定交易（转托管）的时间与该内幕信息形成、变化、公开时间基本一致的；

（二）资金变化与该内幕信息形成、变化、公开时间基本一致的；

（三）买入或者卖出与内幕信息有关的证券、期货合约时间与内幕信息的形成、变化和公开时间基本一致的；

（四）买入或者卖出与内幕信息有关的证券、期货合约时间与获悉内幕信息的时间基本一致的；

（五）买入或者卖出证券、期货合约行为明显与平时交易习惯不同的；

（六）买入或者卖出证券、期货合约行为，或者集中持有证券、期货合约行为与该证券、期货公开信息反映的基本面明显背离的；

（七）账户交易资金进出与该内幕信息知情人员或者非法获取人员有关联或者利害关系的；

（八）其他交易行为明显异常情形。

第四条 具有下列情形之一的，不属于刑法第一百八十条第一款规定的从事与内幕信息有关的证券、期货交易：

（一）持有或者通过协议、其他安排与他人共同持有上市公司百分之五以上股份的自然人、法人或者其他组织收购该上市公司股份的；

（二）按照事先订立的书面合同、指令、计划从事相关证券、期货交易的；

（三）依据已被他人披露的信息而交易的；

（四）交易具有其他正当理由或者正当信息来源的。

第五条 本解释所称"内幕信息敏感期"是指内幕信息自形成至公开的期间。

证券法第六十七条第二款所列"重大事件"的发生时间，第七十五条规定的"计划"、"方案"以及期货交易管理条例第八十五条第十一项规定的"政策"、"决定"等的形成时间，应当认定为内幕信息的形成之时。

影响内幕信息形成的动议、筹划、决策或者执行人员，其动议、筹划、决策或者执行初始时间，应当认定为内幕信息的形成之时。

内幕信息的公开，是指内幕信息在国务院证券、期货监督管理机构指定的报刊、网站等媒体披露。

第六条 在内幕信息敏感期内从事或者明示、暗示他人从事或者泄露内幕信息导致他人从事与该内幕信息有关的证券、期货交易，具有下列情形之一的，应当认定为刑法第一百八十条第一款规定的"情节严重"：

（一）证券交易成交额在五十万元以上的；

（二）期货交易占用保证金数额在三十万元以上的；

（三）获利或者避免损失数额在十五万元以上的；

（四）三次以上的；

（五）具有其他严重情节的。

第七条 在内幕信息敏感期内从事或者明示、暗示他人从事或者泄露内幕信息导致他人从事与该内幕信息有关的证券、期货交易，具有下列情形之一的，应当认定为刑法第一百八十条第一款规定的"情节特别严重"：

（一）证券交易成交额在二百五十万元以上的；

（二）期货交易占用保证金数额在一百五十万元以上的；

（三）获利或者避免损失数额在七十五万元以上的；

（四）具有其他特别严重情节的。

第八条 二次以上实施内幕交易或者泄露内幕信息行为，未经行政处理或者刑事处理的，应当对相关交易数额依法累计计算。

第九条 同一案件中，成交额、占用保证金额、获利或者避免损失额分别构成情节严重、情节特别严重的，按照处罚较重的数额定罪处罚。

构成共同犯罪的，按照共同犯罪行为人的成交总额、占用保证金总额、获利或者避免损失总额定罪处罚，但判处各被告人罚金的总额应掌握在获利或者避免损失总额的一倍以上五倍以下。

第十条 刑法第一百八十条第一款规定的"违法所得"，是指通过内幕交易行为所获利益或者避免的损失。

内幕信息的泄露人员或者内幕交易的明示、暗示人员未实际从事内幕交易的,其罚金数额按照因泄露而获悉内幕信息人员或者被明示、暗示人员从事内幕交易的违法所得计算。

第十一条 单位实施刑法第一百八十条第一款规定的行为,具有本解释第六条规定情形之一的,按照刑法第一百八十条第二款的规定定罪处罚。

附 录

1. 发行监管问答

发行监管问答——关于《证券发行与承销管理办法》第十七条相关问题的解答

· 2014年8月1日

关于《证券发行与承销管理办法》(以下简称《承销办法》)第十七条"上市公司发行证券,存在利润分配方案、公积金转增股本方案尚未提交股东大会表决或者虽经股东大会表决通过但未实施的,应当在方案实施后发行。相关方案实施前,主承销商不得承销上市公司发行的证券"相关问题的解答。

1.《承销办法》第十七条适用于哪些再融资品种？H股公司等境外上市公司在境内发行证券是否执行该规定？

答：《证券发行与承销管理办法》对此实际上已有明确的规定。《证券发行与承销管理办法》第二条规定："发行人在境内发行股票或者可转换公司债券……适用本办法",第四十一条规定："其他证券的发行与承销比照本办法执行。中国证监会另有规定的,从其规定。"因此,在没有特别规定的前提下,《承销办法》第十七条目前既适用于上市公司发行普通股、优先股,也适用于上市公司发行公司债、可转换公司债券；既适用于A股上市公司发行证券,也适用于H股公司等境外上市公司在境内发行证券。未来如果对某类上市公司融资品种的发行承销另行制定规则,则按新的规则执行。

2. 如何掌握利润分配方案或公积金转增股本方案实施完毕的具体时间？

答：利润分配方案实施完毕时间为股息、红利发放日,公积金转增股本方案实施完毕时间为除权日。上市公司发行证券,应当在上述日期后,方可启动发行。

发行监管问答——中小商业银行发行上市审核

· 2015年5月29日

1. 证监会审核中小商业银行发行上市时重点关注哪些问题？

答：证监会在审核中小商业银行发行上市时,重点关注下列问题：

(1) 中小商业银行是否符合产权清晰、公司治理健全、风险管控能力强、资产质量好、有一定规模且业务较为全面、竞争力和盈利能力较强的要求。

(2) 最近两年银行业监管部门监管评级的综合评级结果。

(3) 最近三年年末及最近一期末风险监管核心指标是否符合银行业监管部门的相关规定。

(4) 持续经营能力。

(5) 最近一年及最近一期末存款或贷款规模在主要经营地中小商业银行的市场份额排名中是否居于前列。

(6) 最近三年内是否进行过重大不良资产处置、剥离,或发生过重大银行案件。

(7) 报告期内监管评级、风险监管核心指标的变动情况及变动原因。

(8) 内部职工持股是否符合财政部、人民银行、银监会、证监会、保监会《关于规范金融企业内部职工持股的通知》(财金[2010]97号)的规定。

(9) 银行设立、历次增资和股权转让是否按规定向银行业监管部门履行了必要的审批或者备案等手续。

(10) 是否已结合资本状况、股权结构、业务现状及其发展状况等因素,合理确定资本金补充机制,并在招股说明书中予以披露。

(11) 是否参照《公开发行证券的公司信息披露编报规则第26号——商业银行信息披露特别规定》(证监会公告[2008]33号)的规定编制招股说明书。

2. 保荐机构在推荐中小商业银行发行上市时应履行哪些核查义务？

答：保荐机构应结合所推荐中小商业银行的实际情况,重点对下列事项的核查：

(1) 贷款风险分类制度的健全性和执行的有效性,确认所推荐的中小商业银行已根据银行业监管部门要求制定贷款分类制度并在报告期内得到有效执行；

(2) 公司治理结构、风险管理体系和内部控制制度的健全性和有效性,确认所推荐的中小商业银行已建立健全的公司治理结构、完善的风险管理体系和内部控制制度,并确认其报告期内各项风险管理与内部控制措施得到全面有效执行；

(3) 重点风险领域相关业务的风险与合法、合规性,

确认所推荐的中小商业银行相关业务合法、合规,不存在重大风险;

(4)贷款集中度和关联贷款,确认所推荐中小商业银行不存在重大信用风险。

发行监管问答——首次公开发行股票申请审核过程中有关中止审查等事项的要求

·2017年12月7日

为进一步规范发行审核流程、有序推进发行审核工作、明确和稳定市场预期,根据《中华人民共和国证券法》《中华人民共和国行政许可法》《中国证券监督管理委员会行政许可实施程序规定》等法律法规的有关规定,现就首次公开发行股票申请的反馈回复时间、中止审查、恢复审查、终止审查等有关事项规定如下:

一、中国证监会书面反馈意见发出之后,发行人及保荐机构应当何时回复?

答:发行人及保荐机构应当在中国证监会第一次书面反馈意见发出之日起1个月内提交书面回复意见,确有困难的,可以申请延期,延期原则上不超过2个月。3个月内未提交书面回复意见且未说明理由或理由不充分的,发行监管部门将视情节轻重对发行人及保荐机构依法采取相应的措施。

发行人及保荐机构应当在中国证监会第二次书面反馈意见、告知函发出之日起30个工作日内提交书面回复意见,30个工作日内未提交的,发行监管部门将视情节轻重对发行人及保荐机构依法采取相应的措施。

二、发行人及保荐机构应当何时报送上会材料?

答:发行人及保荐机构按要求提交第一次书面反馈意见的书面回复意见后,中国证监会发行监管部门根据审核进程在中国证监会网站对外公示书面反馈意见,并于公示当日通知保荐机构报送上会材料。

发行人及保荐机构应当在书面反馈意见公示之日起10个工作日内将上会材料报送至发行监管部门,确有困难的,可以申请延期,延期原则上不超过20个工作日。30个工作日内未报送且未说明理由或理由不充分的,发行监管部门将视情节轻重对发行人及保荐机构依法采取相应的措施。

三、发行人的申请受理后至通过发审会期间,发生何种情形时将中止审查?

答:1.发行人,或者发行人的控股股东、实际控制人因涉嫌违法违规被中国证监会立案调查,或者被司法机关侦查,尚未结案。

2.发行人的保荐机构、律师事务所等中介机构因首发、再融资、并购重组业务涉嫌违法违规,或其他业务涉嫌违法违规且对市场有重大影响被中国证监会立案调查,或者被司法机关侦查,尚未结案。

3.发行人的签字保荐代表人、签字律师等中介机构签字人员因首发、再融资、并购重组业务涉嫌违法违规,或其他业务涉嫌违法违规且对市场有重大影响被中国证监会立案调查,或者被司法机关侦查,尚未结案。

4.发行人的保荐机构、律师事务所等中介机构被中国证监会依法采取限制业务活动、责令停业整顿、指定其他机构托管、接管等监管措施,尚未解除。

5.发行人的签字保荐代表人、签字律师等中介机构签字人员被中国证监会依法采取市场禁入、限制证券从业资格等监管措施,尚未解除。

6.对有关法律、行政法规、规章的规定,需要请求有关机关作出解释,进一步明确具体含义。

7.发行人发行其他证券品种导致审核程序冲突。

8.发行人及保荐机构主动要求中止审查,理由正当且经中国证监会批准。

发行人、保荐机构及其他相关中介机构在应当获知上述情况之日起2个工作日内提交中止审查申请,发行监管部门经核实符合中止审查情形的,履行中止审查程序;发行人、保荐机构及其他相关中介机构未提交中止审查申请,发行监管部门经核实符合中止审查情形的,直接履行中止审查程序;对于发行人、保荐机构及其他相关中介机构应当获知上述情况而未及时报告的,发行监管部门将视情节轻重依法采取相应的措施。

四、发行人更换中介机构或中介机构签字人员的,应当履行何种程序?

答:1.发行人更换保荐机构的,除本监管问答第三条所列保荐机构存在被立案调查或者执业受限等非发行人原因的情形外,需重新履行申报及受理程序。

2.发行人更换律师事务所、会计师事务所、资产评估机构无需中止审查。

相关中介机构应当做好更换的衔接工作,更换后的中介机构完成尽职调查并出具专业意见后,应当将齐备的文件及时提交发行监管部门,并办理中介机构更换手续。更换手续完成前,原中介机构继续承担相应法律责任。

本监管问答发布之前发生中介机构更换的,应当在本监管问答发布之日起30个工作日内提交完成更换的相关文件。

3. 发行人更换签字保荐代表人、签字律师、签字会计师、签字资产评估师无需中止审查。

相关中介机构应当做好更换的衔接工作，更换后的中介机构签字人员完成尽职调查并出具专业意见后，相关中介机构应当将齐备的文件及时提交发行监管部门，并办理中介机构签字人员更换手续。更换手续完成前，中介机构原签字人员继续承担相应法律责任。

本监管问答发布之前发生签字人员更换的，应当在本监管问答发布之日起10个工作日内提交完成更换的相关文件。

五、发行人中止审查后如何申请恢复审查，恢复审查后是否影响排队顺序？

答：发行人中止审查事项消失后，发行人及中介机构应当在5个工作日内提交恢复审查申请，履行以下程序：

1. 发行人、或者发行人的控股股东、实际控制人因涉嫌违法违规被中国证监会立案调查，或者被司法机关侦查，已结案且不影响发行条件的，由发行人、保荐机构及发行人律师提交恢复审查申请。

2. 发行人的保荐机构、律师事务所等中介机构因首发、再融资、并购重组业务涉嫌违法违规，或其他业务涉嫌违法违规且对市场有重大影响被中国证监会立案调查，或者被司法机关侦查，已结案且不影响发行条件的，由发行人及保荐机构提交恢复审查申请。

3. 发行人的保荐机构等中介机构因首发、再融资、并购重组业务涉嫌违法违规被中国证监会立案调查，或者被司法机关侦查，尚未结案的，经履行复核程序后，由发行人及保荐机构提交恢复审查申请。

4. 发行人的签字保荐代表人等中介机构签字人员因首发、再融资、并购重组业务涉嫌违法违规被中国证监会立案调查，或者被司法机关侦查，尚未结案，经履行复核程序后，由发行人及保荐机构提交恢复审查申请。

5. 发行人的保荐机构、律师事务所等中介机构被中国证监会依法采取限制业务活动、责令停业整顿、指定其他机构托管、接管等监管措施已解除的，由发行人及保荐机构提交恢复审查申请。

6. 发行人其他证券品种已完成相关发行程序的，由发行人及保荐机构提交恢复审查申请。

7. 发行人中止审查后更换保荐机构、律师事务所等中介机构或签字人员，完成更换程序后由发行人及保荐机构提交恢复审查申请，更换前的相关中介机构或签字人员涉嫌违法违规被中国证监会立案调查、被司法机关侦查、或执业受限等情形的，需履行复核程序。

恢复审查后，发行监管部门按照发行人申请的受理时间安排其审核顺序。

六、首发公开发行的申请文件财务资料过期如何处理？

答：首发公开发行的申请文件中记载的财务资料已过有效期且逾期3个月未更新的，终止审查。

七、哪些情形需要中介机构履行复核程序，如何履行复核程序？

答：1. 发行人保荐机构等中介机构因首发、再融资、并购重组业务涉嫌违法违规被中国证监会立案调查，或者被司法机关侦查，尚未结案拟申请恢复审查的。

2. 发行人的中介机构或中介机构签字人员涉嫌违法违规被中国证监会立案调查、被司法机关侦查、或执业受限等情形，更换相关中介机构或签字人员后拟申请恢复审查的。

3. 发行人中介机构最近6个月内被中国证监会行政处罚的。

4. 发行人的签字保荐代表人、签字律师、签字会计师、签字资产评估师最近6个月内被中国证监会行政处罚的。

涉及的中介机构应对其推荐的所有在审发行申请项目进行全面复核，由独立复核人员（非专业报告签字人员）重新履行内核程序和合规程序，最终出具复核报告。复核报告需明确复核的范围、对象、程序、实施过程和相关结论，明确发表复核意见。涉及保荐机构的，保荐机构董事长或总经理、合规总监、内核负责人、独立复核人员应在复核报告上签字确认；涉及律师事务所的，律师事务所负责人、内核负责人、独立复核人员应在复核报告上签字确认；涉及会计师事务所的，会计师事务所负责人、质控负责人、独立复核人员应在复核报告上签字确认；涉及资产评估机构的，资产评估机构负责人、质控负责人、独立复核人员应在复核报告上签字确认。

八、再融资发行审核是否适用本监管问答？

答：再融资发行审核申请参照本监管问答执行，中国证监会对再融资发行审核有特别规定的，从其规定。

九、本监管问答何时实施，尚处于中止审查状态、未及时提交书面回复意见、未及时报送上会材料的企业如何执行？

答：本监管问答自发布之日起实施，《发行监管问答—关于首次公开发行股票中止审查的情形》、《发行监管问答—在审首发企业中介机构被行政处罚、更换等的处理》同时废止。

本监管问答发布之日尚处于中止审查状态企业，不属于本监管问答规定的中止审查情形的，中国证监会在本监管问答发布之日起10个工作日内予以恢复审查。

本监管问答发布之日，第一次书面反馈意见发出之日起已超过3个月未提交书面回复意见的，第二次书面反馈意见、告知函发出之日起已超过30个工作日未提交书面回复意见的，发行人及保荐机构应当在本监管问答发布之日起10个工作日内补充提交。10个工作日内未补充提交且未说明理由或理由不充分的，发行监管部门将视情节轻重对发行人及保荐机构依法采取相应的措施。

本监管问答发布之日，自通知之日起已超过30个工作日未报送上会材料的，发行人及保荐机构应当在本监管问答发布之日起10个工作日内补充报送。10个工作日内未补充报送且未说明理由或理由不充分的，发行监管部门将视情节轻重对发行人及保荐机构依法采取相应的措施。

发行监管问答——关于申请首发企业执行新收入准则相关事项的问答

· 2020年1月16日

一、2017年，财政部发布修订后的《企业会计准则第14号—收入》(以下简称新收入准则)，申请首发企业应于何时开始执行新收入准则？应如何做好执行新收入准则的衔接？

答：申请首发企业应当自2020年1月1日起执行新收入准则。

申请首发企业已在境外上市且其财务报表按照新收入准则或新收入准则相对应的国际财务报告准则或香港财务报告准则编制的，或者母公司在境外上市且其境外财务报表按照新收入准则或新收入准则相对应的国际财务报告准则或香港财务报告准则编制的，或者子公司在境外上市且其境外财务报表按照新收入准则或新收入准则相对应的国际财务报告准则或香港财务报告准则编制的，可以将首次执行日提前至2018年1月1日。其他申请首发企业原则上不允许提前执行新收入准则。

申请首发企业应当按照新收入准则第七章有关规定做好执行新收入准则的衔接，对首次执行日前可比期间信息不予调整。

二、申请首发企业应如何做好实施新收入准则相关信息披露？

答：对于申报财务报表审计截止日在2019年12月31日及之后，且首次执行日晚于可比期间最早期初的申请首发企业，应当在招股说明书"财务会计信息"(创业板及科创板为"财务会计信息与管理层分析"，以下统称"财务会计信息")部分，披露新收入准则实施前后收入确认会计政策的主要差异以及实施新收入准则在业务模式、合同条款、收入确认等方面产生的影响，如有重大影响，应当作"重大事项提示"。

同时，企业应披露实施新收入准则对首次执行日前各年合并财务报表主要财务指标的影响，即假定自申报财务报表期初开始全面执行新收入准则，对首次执行日前各年(末)营业收入、归属于公司普通股股东的净利润、资产总额、归属于公司普通股股东的净资产的影响程度。

如报告期任意一年上述一项指标的影响程度超过10%，企业应当假定自申报财务报表期初开始全面执行新收入准则并编制备考合并财务报表(合并资产负债表及合并利润表)，同时，在招股说明书"财务会计信息"部分披露；此外，还应分析披露备考财务报表与申报财务报表之间的主要差异及形成原因，如有重大影响，应当作"重大事项提示"。

备考财务报表可以作为申报财务报表的附注，也可以单独作为申请文件并由会计师出具审阅意见。

2. 信息披露规则

(1)公开发行证券的公司信息披露内容与格式准则第2号——年度报告的内容与格式

· 2021年6月28日
· 中国证券监督管理委员会公告〔2021〕15号

第一章 总 则

第一条 为规范上市公司年度报告的编制及信息披露行为，保护投资者合法权益，根据《中华人民共和国公司法》(以下简称《公司法》)、《中华人民共和国证券法》(以下简称《证券法》)等法律、行政法规及中国证券监督管理委员会(以下简称中国证监会)的有关规定，制定本准则。

第二条 根据《公司法》《证券法》在中华人民共和国境内公开发行股票并在证券交易所上市的股份有限公司(以下简称公司)应当按照本准则的要求编制和披露年度报告。

第三条 本准则的规定是对公司年度报告信息披露

的最低要求;对投资者作出价值判断和投资决策有重大影响的信息,不论本准则是否有明确规定,公司均应当披露。

公司可以结合自身特点,以简明清晰、通俗易懂的方式披露对投资者特别是中小投资者决策有用的信息,但披露的信息应当保持持续性,不得选择性披露。

第四条 本准则某些具体要求对公司确实不适用的,公司可以根据实际情况在不影响披露内容完整性的前提下做出适当修改,并说明修改原因。

本准则某些具体要求已在临时报告披露且后续无进展或变化的,公司可以仅披露相关情况概述,并提供临时报告披露网站的查询索引和披露日期。

第五条 由于国家秘密、商业秘密等特殊原因导致本准则规定的某些信息确实不便披露的,公司可以不予披露,但应当在相关章节详细说明未按本准则要求进行披露的原因。中国证监会和证券交易所认为需要披露的,公司应当披露。公司在编制和披露年度报告时应当严格遵守国家有关保密的法律法规,不得泄露国家保密信息。

第六条 在不影响信息披露完整性和不致引起阅读不便的前提下,公司可以采取相互引证的方法,对年度报告相关部分进行适当的技术处理,以避免不必要的重复和保持文字简洁。

第七条 公司年度报告的全文应当遵循本准则第二章的要求进行编制和披露。

公司年度报告的摘要应当遵循本准则第三章的要求,并按照附件的格式进行编制和披露。

第八条 同时在境内和境外证券市场上市的公司,如果境外证券市场对年度报告的编制和披露要求与本准则不同,应当遵循报告内容从多不从少、报告要求从严不从宽的原则,并应当在同一日公布年度报告。

发行境内上市外资股及其衍生证券并在证券交易所上市的公司,应当同时编制年度报告的外文译本。

第九条 公司年度报告中的财务报告应当经符合《证券法》规定的会计师事务所审计,审计报告应当由该所至少两名注册会计师签字。

第十条 公司在编制年度报告时应当遵循如下一般要求:

(一)年度报告中引用的数字应当采用阿拉伯数字,货币金额除特别说明外,通常指人民币金额,并以元、千元、万元、百万元或亿元为单位。

(二)公司根据有关规定或其他需求编制年度报告外文译本的,应当保证中外文文本的一致性,并在外文文本上注明:"本报告分别以中(英(或日、法、俄))文编制,在对中外文文本的理解上发生歧义时,以中文文本为准。"

(三)年度报告封面应当载明公司的中文名称、"年度报告"字样、报告期年份,也可以载明公司的外文名称、徽章、图案等。年度报告的目录应当编排在显著位置。

(四)公司可以在年度报告正文前刊载宣传本公司的照片、图表或致投资者信,但不得刊登任何祝贺性、恭维性或推荐性的词句、题字或照片,不得含有夸大、欺诈、误导或内容不准确、不客观的词句。

(五)公司编制年度报告时可以图文并茂,采用柱状图、饼状图等统计图表,以及必要的产品、服务和业务活动图片进行辅助说明,提高报告的可读性。

(六)公司编制年度报告应当遵循中国证监会上市公司行业分类的有关规定,公司可以增加披露所使用的其他的行业分类数据、资料作为参考。

第十一条 公司应当在每个会计年度结束之日起四个月内将年度报告全文在证券交易所的网站和符合中国证监会规定条件的报刊依法开办的网站披露,将年度报告摘要在证券交易所的网站和符合中国证监会规定条件的报刊披露。

公司可以将年度报告刊登在其他媒体上,但不得早于在证券交易所的网站和符合中国证监会规定条件的媒体披露的时间。

第十二条 年度报告内容应当经公司董事会审议通过。未经董事会审议通过的年度报告不得披露。

公司董事、高级管理人员应当对年度报告签署书面确认意见,说明董事会的编制和审议程序是否符合法律、行政法规和中国证监会的规定,报告的内容是否能够真实、准确、完整地反映公司的实际情况。

监事会应当对董事会编制的年度报告进行审核并提出书面审核意见。监事应当签署书面确认意见。监事会对年度报告出具的书面审核意见,应当说明董事会的编制和审议程序是否符合法律、行政法规和中国证监会的规定,报告的内容是否能够真实、准确、完整地反映公司的实际情况。

董事、监事无法保证年度报告内容的真实性、准确性、完整性或者有异议的,应当在董事会或者监事会审议、审核年度报告时投反对票或者弃权票。

董事、监事和高级管理人员无法保证年度报告内容的真实性、准确性、完整性或者有异议的,应当在书面确认意见中发表意见并陈述理由，公司应当披露。公司不予披露的，董事、监事和高级管理人员可以直接申请披露。

董事、监事和高级管理人员按照前款规定发表意见，应当遵循审慎原则，其保证年度报告内容的真实性、准确性、完整性的责任不仅因发表意见而当然免除。

第十三条 中国证监会、证券交易所对特殊行业公司信息披露另有规定的，公司应当遵循其规定。

行业主管部门对特殊行业公司信息披露另有规定的，公司在编制和披露年度报告时应当遵循其规定。

第二章 年度报告正文
第一节 重要提示、目录和释义

第十四条 公司应当在年度报告文本扉页刊登如下重要提示：公司董事会、监事会及董事、监事、高级管理人员保证年度报告内容的真实、准确、完整，不存在虚假记载、误导性陈述或重大遗漏，并承担个别和连带的法律责任。

公司负责人、主管会计工作负责人及会计机构负责人（会计主管人员）保证年度报告中财务报告的真实、准确、完整。

如有董事、监事、高级管理人员对年度报告内容存在异议或无法保证其真实、准确、完整，年度报告重要提示中应当声明××无法保证本报告内容的真实、准确、完整，并陈述理由，请投资者特别关注。同时，单独列示未出席董事会审议年度报告的董事姓名及原因。

如执行审计的会计师事务所对公司出具了非标准审计报告，年度报告重要提示中应当声明××会计师事务所为本公司出具了带有强调事项段、持续经营重大不确定性段落、其他信息段落中包含其他信息未更正重大错报说明的无保留意见、保留意见、否定意见或无法表示意见的审计报告，本公司董事会、监事会对相关事项已有详细说明，请投资者注意阅读。

如年度报告涉及未来计划等前瞻性陈述，同时附有相应的警示性陈述，年度报告重要提示中应当声明该计划不构成公司对投资者的实质承诺，投资者及相关人士均应当对此保持足够的风险认识，并且应理解计划、预测与承诺之间的差异。

创业板、科创板公司上市时未盈利的，在实现盈利前，应当提示公司未盈利的情况。

第十五条 公司应当提示需要投资者特别关注的重大风险，并提示投资者注意阅读。

第十六条 公司应当提示经董事会审议的报告期利润分配预案或公积金转增股本预案。

第十七条 公司应当对可能造成投资者理解障碍以及有特定含义的术语作出通俗易懂的解释，年度报告的释义应当在目录次页排印。

年度报告目录应当标明各章、节的标题及其对应的页码。

公司应当披露备查文件的目录，包括：

（一）载有公司负责人、主管会计工作负责人、会计机构负责人（会计主管人员）签名并盖章的财务报表。

（二）载有会计师事务所盖章、注册会计师签名并盖章的审计报告原件。

（三）报告期内公开披露过的所有公司文件的正本及公告的原稿。

（四）在其他证券市场公布的年度报告。

第二节 公司简介和主要财务指标

第十八条 公司应当披露如下内容：

（一）公司的中文名称及简称，外文名称及缩写（如有）。

（二）公司的法定代表人。

（三）公司董事会秘书及证券事务代表的姓名、联系地址、电话、传真、电子信箱。

（四）公司注册地址及历史变更情况，公司办公地址及其邮政编码，公司网址、电子信箱。

（五）公司披露年度报告的证券交易所网站和媒体名称及网址，公司年度报告备置地。

（六）公司股票上市交易所、股票简称和股票代码。

（七）其他有关资料：公司聘请的会计师事务所名称、办公地址及签字会计师姓名；公司聘请的报告期内履行持续督导职责的保荐机构或财务顾问的名称、办公地址以及签字的保荐代表人或财务顾问主办人的姓名，以及持续督导的期间。

第十九条 公司应当采用数据列表方式，提供截至报告期末公司近3年的主要会计数据和财务指标，包括但不限于：总资产、营业收入、归属于上市公司股东的净利润、归属于上市公司股东的扣除非经常性损益的净利润、归属于上市公司股东的净资产、经营活动产生的现金流量净额、净资产收益率、每股收益。

公司报告期扣除非经常性损益前后归属于上市公司股东的净利润孰低者为负值的，应当披露营业收入扣除与主营业务无关的业务收入和不具备商业实质的收入情况，以及扣除后的营业收入金额。公司应当同时披露负责审计的会计师事务所对营业收入扣除事项及扣除后营业收入金额出具的专项核查意见。

同时发行人民币普通股及境内上市外资股或（和）境外上市外资股的公司，若按不同会计准则计算的归属于上市公司股东的净利润和归属于上市公司股东的净资产存在重大差异，应当列表披露差异情况并说明主要原因。

公司应当采用数据列表方式，分季度提供营业收入、归属于上市公司股东的净利润、归属于上市公司股东的扣除非经常性损益后的净利润、经营活动产生的现金流量净额。上述财务指标或其加总数与公司已披露半年度报告相关财务指标存在重大差异的，应当说明主要原因。

公司在披露"归属于上市公司股东的扣除非经常性损益后的净利润"时，应当同时说明报告期内非经常性损益的项目及金额。

第二十条 公司主要会计数据和财务指标的计算和披露应当遵循如下要求：

（一）因会计政策变更及会计差错更正等追溯调整或重述以前年度会计数据的，应当同时披露调整前后的数据。

（二）对非经常性损益、净资产收益率和每股收益的确定和计算，中国证监会另有规定的，应当遵照执行。

（三）编制合并财务报表的公司应当以合并财务报表数据填列或计算以上数据和指标。

（四）如公司成立未满 3 年，应当披露公司成立后完整会计年度的上述会计数据和财务指标。

（五）财务数据按照时间顺序自左至右排列，左起为报告期的数据，向右依次列示前一期的数据。

第三节 管理层讨论与分析

第二十一条 公司管理层讨论与分析中应当对业务经营信息和财务报告数据，以及报告期内发生和未来将要发生的重大事项，进行讨论与分析，以有助于投资者了解其经营成果、财务状况及未来可能的变化。公司可以运用逐年比较、数据列表或其他方式对相关事项进行列示，以增进投资者的理解。披露应当遵守以下的原则：

（一）披露内容应当具有充分的可靠性。引用的数据、资料应当有充分的依据，如果引用第三方的数据、资料作为讨论与分析的依据，应当注明来源，并判断第三方的数据、资料是否具有足够的权威性。

（二）披露内容应当具有充分的相关性。公司应当充分考虑并尊重投资者的投资需要，披露的内容应当能够帮助投资者更加充分地理解公司未来变化的趋势。公司应当重点讨论和分析重大的投资项目、资产购买、兼并重组、在建工程、研发项目、人才培养和储备等方面在报告期内的执行情况和未来的计划。

（三）披露内容应当具有充分的关联性。分析与讨论公司的外部环境、市场格局、风险因素等内容时，所述内容应当与公司的经营成果、财务状况具有足够的关联度，应当充分考虑公司的外部经营环境（包括但不限于经济环境、行业环境等）和内部资源条件（包括但不限于资产、技术、人员、经营权等），结合公司的战略和营销等管理政策，以及公司所从事的业务特征，进行有针对性的讨论与分析，并且保持逻辑的连贯性。

（四）鼓励公司披露管理层在经营管理活动中使用的关键业绩指标。可以披露指标的假定条件和计算方法以及公司选择这些指标的依据，重点讨论与分析指标变化的原因和趋势。关键业绩指标由公司根据行业、自身特点，选择对业绩敏感度较高且公司有一定控制能力的要素确定。

（五）讨论与分析应当从业务层面充分解释导致财务数据变动的根本原因及其反映的可能趋势，而不能只是重复财务报告的内容。

（六）公司应当保持业务数据统计口径的一致性、可比性，如确需调整，公司应当披露变更口径的理由，并同时提供调整后的过去 1 年的对比数据。

（七）语言简明清晰、通俗易懂，力戒空洞、模板化。

第二十二条 公司应当介绍报告期内公司所处行业情况，包括但不限于以下内容：

（一）所处行业基本情况、发展阶段、周期性特点以及公司所处的行业地位情况，应当重点突出报告期内发生的重大变化。

（二）新公布的法律、行政法规、部门规章、行业政策对所处行业的重大影响。

创业板公司还应当结合所属行业的特点，针对性披露技术、产业、业态、模式等能够反映行业竞争力的信息。

科创板公司还应当结合所属行业的特点，针对性披露科研水平、科研人员、科研投入等能够反映行业竞争力的信息。

第二十三条 公司应当介绍报告期内公司从事的业务情况，包括但不限于以下内容：

（一）报告期内公司所从事的主要业务、主要产品及其用途、经营模式等内容，应当重点突出报告期内发生的重大变化。

（二）报告期内公司产品市场地位、竞争优势与劣势、主要的业绩驱动因素、业绩变化是否符合行业发展状况等内容。

第二十四条 公司应当披露报告期内核心竞争力（包括核心管理团队、关键技术人员、专有设备、专利、非专利技术、特许经营权、土地使用权、水面养殖权、探矿权、采矿权、独特经营方式和盈利模式、允许他人使用自己所有的资源要素或作为被许可方使用他人资源要素等）的重要变化及对公司所产生的影响。发生因核心管理团队或关键技术人员离职、设备或技术升级换代、特许经营权丧失等导致公司核心竞争力受到严重影响的，公司应当详细分析，并说明拟采取的相应措施。

第二十五条 公司应当分析报告期内的主要经营情况，并应当披露对报告期内的主要经营情况产生重大影响以及未来会产生重大影响的事项。对重大事项的披露应当完整全面，不能有选择地披露。内容包括但不限于：

（一）主要经营业务。应当包括（但不限于）收入、成本、费用、研发投入、现金流等项目，需要提示变化并结合行业发展、业务经营等情况分析变化的原因。若公司业务类型、利润构成或利润来源发生重大变动，应当详细说明。

1. 收入与成本：公司应当结合行业特征和自身实际情况，分别按行业、产品、地区、销售模式说明报告期内公司营业收入构成情况。对于占公司营业收入或营业利润10%以上的行业、产品、地区、销售模式，应当分项列示其营业收入、营业成本、毛利率，并分析其变动情况。对实物销售收入大于劳务收入的公司，应当按行业口径，披露报告期内的生产量、销售量和库存量情况。若相关数据同比变动在30%以上，应当说明原因。公司应当披露已签订的重大销售合同、重大采购合同截至本报告期的履行情况。

公司应当披露本年度营业成本的主要构成项目，如原材料、人工工资、折旧、能源和动力等在成本总额中的占比情况。如果涉及商业秘密，公司可以仅披露占比最高或最主要的单个项目。

如果因主要子公司股权变动导致合并范围变化，应当提供上年同口径的数据供投资者参考。若报告期内业务、产品或服务发生重大变化或调整，公司应当介绍已推出或宣布推出的新产品及服务，并说明对公司经营及业绩的影响。

公司应当披露主要销售客户和主要供应商的情况，以汇总方式披露公司向前5名客户销售额占年度销售总额的比例，向前5名供应商采购额占年度采购总额的比例，以及前5名客户销售额中关联方销售额占年度销售总额的比例和前5名供应商采购额中关联方采购额占年度采购总额的比例。鼓励公司分别披露前5名客户名称和销售额，前5名供应商名称和采购额，以及其是否与上市公司存在关联关系。若报告期内向单个客户的销售比例超过总额的50%、前5名客户中存在新增客户的或严重依赖于少数客户，应披露其名称和销售额；若报告期内向单个供应商的采购比例超过总额的50%、前5名供应商中存在新增供应商的或严重依赖于少数供应商，应披露其名称和采购额。属于同一控制人控制的客户或供应商视为同一客户或供应商合并列示，受同一国有资产管理机构实际控制的除外。

2. 费用：若报告期内公司销售费用、管理费用、财务费用等财务数据同比发生重大变动，应当结合业务模式和费用构成，说明产生变化的主要驱动因素。

3. 研发投入：公司应当说明本年度所进行主要研发项目的目的、项目进展和拟达到的目标，并预计对公司未来发展的影响。公司应当披露报告期末研发人员的数量、占比、学历结构和年龄结构等信息，公司研发人员构成发生重大变化的，应当说明原因及对公司未来发展的影响；说明本年度研发投入总额及占营业收入的比重，如数据较上年发生显著变化，还应当解释变化的原因。公司应当披露研发投入资本化的比重及变化情况，并对其合理性进行分析。

4. 现金流：结合公司现金流量表相关数据，说明公司经营活动、投资活动和筹资活动产生的现金流量的构成情况，若相关数据同比发生重大变动，公司应当分析主要影响因素。若报告期公司经营活动产生的现金净流量与报告期净利润存在重大差异，公司应当解释原因。

（二）若本期公司利润构成或利润来源的重大变化源自非主要经营业务，包括但不限于投资收益、公允价值变动损益、资产减值、营业外收支等，应当详细说明涉及金额、形成原因、是否具有可持续性。

（三）资产及负债状况。若报告期内公司资产构成（货币资金、应收款项、合同资产、存货、投资性房地产、长期股权投资、固定资产、在建工程、使用权资产、短期借款、合同负债、长期借款、租赁负债等占总资产的比重）同比发生重大变动，应当说明产生变化的主要影响因素。若境外资产占比较高，应当披露境外资产的形成原因、资产规模、运营模式、收益状况等。鼓励公司结合各项营运能力和偿债能力的财务指标进行分析。

公司应当披露截至报告期末的主要资产被查封、扣押、冻结或者被抵押、质押，必须具备一定条件才能变现、无法变现、无法用于抵偿债务的情况，以及主要资产占有、使用、收益和处分权利受到其他限制的情况和安排。

（四）创业板、科创板公司上市时未盈利的，在实现盈利前应当披露尚未盈利的原因及影响，公司核心竞争力和经营活动面临的重大风险。

（五）投资状况。公司应当介绍本年度投资情况，分析报告期内公司投资额同比变化情况。

1.对报告期内获取的重大的股权投资，公司应当披露被投资公司名称、主要业务、投资份额和持股比例、资金来源、合作方、投资期限、产品类型、预计收益、本期投资盈亏、是否涉诉等信息。

2.对报告期内正在进行的重大的非股权投资，公司应当披露项目本年度和累计实际投入情况、资金来源、项目的进度及预计收益。若项目已产生收益，应当说明收益情况；未达到计划进度和收益的，应当说明原因。

3.对报告期内持有的以公允价值计量的境内外股票、基金、债券、信托产品、期货、金融衍生工具等金融资产的初始投资成本、资金来源、报告期内购入或售出及投资收益情况、公允价值变动情况等进行披露。

（六）重大资产和股权出售。公司应当简要分析重大资产和股权出售事项对公司业务连续性、管理层稳定性的影响。公司应当说明上述事项是否按计划如期实施，如已实施完毕，应当说明其对财务状况和经营成果的影响，以及所涉及的金额及其占利润总额的比例；如未按计划实施，应当说明原因及公司已采取的措施。

（七）主要控股参股公司分析。公司应当详细介绍主要子公司的主要业务、注册资本、总资产、净资产、净利润，本年度取得和处置子公司的情况，包括取得和处置的方式及对公司整体生产经营和业绩的影响。如来源于单个子公司的净利润或单个参股公司的投资收益对公司净利润影响达到10%以上，还应当介绍该公司主营业务收入、主营业务利润等数据。若单个子公司或参股公司的经营业绩同比出现大幅波动，且对公司合并经营业绩造成重大影响，公司应当对其业绩波动情况及其变动原因进行分析。主要子公司或参股公司的经营情况的披露应当参照上市公司管理层讨论与分析的要求。

对于与公司主业关联较小的子公司，应当披露持有目的和未来经营计划；对本年度内投资收益占公司净利润比例达50%以上的公司，应当披露投资收益中占比在10%以上的股权投资项目。

若主要子公司或参股公司的经营业绩未出现大幅波动，但其资产规模、构成或其他主要财务指标出现显著变化，并可能在将来对公司业绩造成影响，也应当对变化情况和原因予以说明。

（八）公司控制的结构化主体情况。公司存在其控制下的结构化主体时，应当介绍公司对其控制权方式和控制权内容，并说明公司从中可以获取的利益和对其所承担的风险。另外，公司还应当介绍结构化主体对其提供融资、商品或劳务以支持自身主要经营活动的相关情况。公司控制的结构化主体是指《企业会计准则第41号——在其他主体中权益的披露》中所规定的"结构化主体"。

第二十六条 公司应当对未来发展进行展望。应当讨论和分析公司未来发展战略、下一年度的经营计划以及公司可能面对的风险，鼓励进行量化分析，主要包括但不限于：

（一）行业格局和趋势。公司应当结合自身的业务规模、经营区域、产品类别以及竞争对手等情况，介绍与公司业务关联的宏观经济层面或行业环境层面的发展趋势，以及公司的行业地位或区域市场地位的变动趋势。公司应当结合主要业务的市场变化情况、营业成本构成的变化情况、市场份额变化情况等因素，分析公司的主要行业优势和劣势，并说明变化对公司未来经营业绩和盈利能力的影响。

（二）公司发展战略。公司应当围绕行业壁垒、核心技术替代或扩散、产业链整合、价格竞争、成本波动等方面向投资者提示未来公司发展机遇和挑战，披露公司发展战略，以及拟开展的新业务、拟开发的新产品、拟投资的新项目等。若公司存在多种业务，还应当说明各项业务的发展规划。分析和讨论应当提供数据支持，并说明数据来源。

公司对未来发展战略的披露，应当结合投资者关注较多的问题，以及公司现阶段所面临的特定环境、公司所处行业及所从事业务特征来进行。重点对公司未来主要经营模式或业务模式是否会发生重大变化，新技术、新产品的开发计划及进展，产能扩张、资产收购等重大投资计划，投资者回报安排等发展战略、发展步骤进行有针对性的描述，以助于投资者了解公司未来发展方向及经营风格。

（三）经营计划。公司应当回顾总结前期披露的发展战略和经营计划在报告期内的进展，对未达到计划目标的情况进行解释。若公司实际经营业绩低于或高于曾公开披露过的本年度盈利预测20%以上，应当从收入、成本、费用、税负等相关方面说明造成差异的原因。公司应当披露下一年度的经营计划,包括(但不限于)收入、费用、成本计划,及下一年度的经营目标,如销售额的提升、市场份额的扩大、成本下降、研发计划等,为达到上述经营目标拟采取的策略和行动。公司应当同时说明该经营计划并不构成公司对投资者的业绩承诺,提示投资者对此保持足够的风险意识,并且应当理解经营计划与业绩承诺之间的差异。公司应当披露维持公司当前业务并完成在建投资项目所需的资金需求,对公司经营计划涉及的投资资金的来源、成本及使用情况进行简要说明。

(四)可能面对的风险。公司应当针对自身特点,遵循关联性原则和重要性原则披露可能对公司未来发展战略和经营目标的实现产生不利影响的风险因素(例如政策性风险、行业特有风险、业务模式风险、经营风险、环保风险、汇率风险、利率风险、技术风险、产品价格风险、原材料价格及供应风险、财务风险、单一客户依赖风险、商誉等资产的减值风险,以及因设备或技术升级换代、核心技术人员辞职、特许经营权丧失等导致公司核心竞争能力受到严重影响等),披露的内容应当充分、准确、具体,应当尽量采取定量的方式分析各风险因素对公司当期及未来经营业绩的影响,并介绍已经或计划采取的应对措施。

对于本年度较上一年度的新增风险因素,公司应当对其产生的原因、对公司的影响以及已经采取或拟采取的措施及效果等进行分析。若分析表明相关变化趋势已经、正在或将要对公司的财务状况和经营成果产生重大影响,公司应当提供管理层对相关变化的基本判断,尽可能定量分析对公司的影响程度。

第四节　公司治理

第二十七条　公司应当披露公司治理的基本状况,说明公司治理的实际状况与法律、行政法规和中国证监会关于上市公司治理的规定是否存在重大差异,如有重大差异,应当说明具体情况及原因。

第二十八条　公司应当说明控股股东、实际控制人在保证公司资产、人员、财务、机构、业务等方面独立性的具体措施,存在影响公司独立性的,应当说明相应的解决方案、工作进度及后续工作计划。

公司应当说明控股股东、实际控制人及其控制的其他单位从事与公司相同或者相近业务的情况,存在同业竞争或者同业竞争情况发生较大变化的,公司应当说明对公司的影响、已采取的解决措施、解决进展以及后续解决计划。

创业板、科创板公司应当说明控股股东、实际控制人及其控制的其他单位从事对公司构成重大不利影响的同业竞争情况、变化及其具体影响等。

第二十九条　公司应当介绍报告期内召开的年度股东大会、临时股东大会的有关情况,包括会议届次、召开日期及会议决议等内容,以及表决权恢复的优先股股东请求召开临时股东大会、召集和主持股东大会、提交股东大会临时提案的情况(如有)。

第三十条　公司具有表决权差异安排的,应当披露该等安排在报告期内的实施和变化情况,包括但不限于:

(一)持有特别表决权股份的主体所持普通表决权股份数量及特别表决权股份数量,以及报告期内的变化情况。

(二)特别表决权股份拥有的表决权数量与普通股份拥有的表决权数量的比例安排,持有人所持特别表决权股份能够参与表决的股东大会事项范围。

(三)持有特别表决权股份的主体及特别表决权比例是否持续符合中国证监会及证券交易所的规定。

(四)报告期内特别表决权股份转换为普通股份的情况及原因。

(五)保护投资者合法权益承诺措施的实施情况。

(六)特别表决权股份锁定安排及转让限制情况。

(七)持有特别表决权股份的股东是否存在滥用特别表决权或者其他损害投资者合法权益的情形。

第三十一条　公司应当披露董事、监事和高级管理人员的情况,包括:

(一)基本情况。现任及报告期内离任董事、监事、高级管理人员的姓名、性别、年龄、任期起止日期(连任的从首次聘任日起算)、年初和年末持有本公司股份、股票期权、被授予的限制性股票数量、年度内股份增减变动量及增减变动的原因。如为独立董事,需单独注明。报告期如存在任期内董事、监事离任和高级管理人员解聘,应当说明原因。

(二)现任董事、监事、高级管理人员专业背景、主要工作经历,目前在公司的主要职责。董事、监事、高级管理人员如在股东单位任职,应当说明其职务及任职期间,以及在除股东单位外的其他单位的任职或兼职情况。公司应当披露现任及报告期内离任董事、监事和高级管理人员近三年受证券监管机构处罚的情况。

(三)年度报酬情况

董事、监事和高级管理人员报酬的决策程序、报酬确定依据以及实际支付情况。披露每一位现任及报告期内离任董事、监事和高级管理人员在报告期内从公司获得的税前报酬总额(包括基本工资、奖金、津贴、补贴、职工福利费和各项保险费、公积金、年金以及以其他形式从公司获得的报酬)及其全体合计金额,并说明是否在公司关联方获取报酬。

第三十二条 公司应当介绍报告期内召开的董事会有关情况,包括会议届次、召开日期及会议决议等内容。

公司应当介绍报告期内每位董事履行职责的情况,包括但不限于:每位董事出席董事会的次数、方式,曾提出异议的有关事项及异议的内容,出席股东大会的次数,每位董事对公司有关建议是否被采纳的说明。

第三十三条 公司应当披露董事会下设专门委员会的成员情况,报告期内召开会议次数、召开日期、会议内容、提出的重要意见和建议、以及其他履行职责的情况。存在异议事项的,应当披露具体情况。

第三十四条 监事会在报告期内的监督活动中发现公司存在风险的,公司应当披露监事会就有关风险的简要意见、监事会会议召开日期、会议届次、参会监事以及临时报告披露网站的查询索引等信息;若未发现公司存在风险,公司应当披露监事会对报告期内的监督事项无异议。

第三十五条 公司应当披露母公司和主要子公司的员工情况,包括报告期末在职员工的数量、专业构成(如生产人员、销售人员、技术人员、财务人员、行政人员)、教育程度、员工薪酬政策、培训计划以及需公司承担费用的离退休职工人数。

对于劳务外包数量较大的,公司应当披露劳务外包的工时总数和支付的报酬总额。

第三十六条 公司应当披露报告期内利润分配政策,特别是现金分红政策的制定、执行或调整情况,说明利润分配政策是否符合公司章程及审议程序的规定,是否充分保护中小投资者的合法权益,是否由独立董事发表意见,是否有明确的分红标准和分红比例;以及利润分配政策调整或变更的条件和程序是否合规、透明。

公司应当披露报告期内现金分红政策的制定及执行情况,并对下列事项进行专项说明:

(一)是否符合公司章程的规定或者股东大会决议的要求;

(二)分红标准和比例是否明确和清晰;

(三)相关的决策程序和机制是否完备;

(四)独立董事是否履职尽责并发挥了应有的作用;

(五)中小股东是否有充分表达意见和诉求的机会,中小股东的合法权益是否得到了充分保护等。

对于报告期内盈利且母公司可供股东分配利润为正但未提出现金利润分配方案预案的公司,应当详细说明原因,同时说明公司未分配利润的用途和使用计划。

优先股股息分配政策及分配情况按第八节的要求进行披露。

第三十七条 公司应当披露股权激励计划、员工持股计划或其他员工激励措施在报告期的具体实施情况。

对于董事、高级管理人员获得的股权激励,公司应当按照已解锁股份、未解锁股份、可行权股份、已行权股份、行权价以及报告期末市价单独列示。

鼓励公司详细披露报告期内对高级管理人员的考评机制,以及激励机制的建立、实施情况。

第三十八条 公司应当披露报告期内的内部控制制度建设及实施情况。报告期内若发现公司内部控制存在重大缺陷,应当披露具体情况,包括缺陷发生的时间、对缺陷的具体描述、缺陷对财务报告的潜在影响、已实施或拟实施的整改措施、整改时间、整改责任人及整改效果。

第三十九条 公司应当披露报告期内对子公司的管理控制情况。报告期内因购买新增子公司的,公司应当详细说明在资产、人员、财务、机构、业务等方面的整合计划、整合进展、整合中遇到的问题、已采取的解决措施、解决进展以及后续解决计划。

第四十条 按照规定要求披露内部控制自我评价报告的公司,应当提供披露相关信息的网站查询索引。按照规定要求对内部控制进行审计的公司,应当提供披露内部控制审计报告的网站查询索引。

会计师事务所出具非标准意见的内部控制审计报告或者内部控制审计报告与公司内部控制评价报告意见不一致的,公司应当解释原因。

第五节 环境和社会责任

第四十一条 属于环境保护部门公布的重点排污单位的公司或其主要子公司,应当根据法律、行政法规、部门规章及规范性文件的规定披露以下主要环境信息:

(一)排污信息。包括但不限于主要污染物及特征污染物的名称、排放方式、排放口数量和分布情况、排放浓度和总量、超标排放情况、执行的污染物排放标准、核定的排放总量。

(二)防治污染设施的建设和运行情况。

(三)建设项目环境影响评价及其他环境保护行政许可情况。

(四)突发环境事件应急预案。

（五）环境自行监测方案。

（六）报告期内因环境问题受到行政处罚的情况。

（七）其他应当公开的环境信息。

重点排污单位之外的公司应当披露报告期内因环境问题受到行政处罚的情况，并可以参照上述要求披露其他环境信息，若不披露其他环境信息，应当充分说明原因。

鼓励公司自愿披露有利于保护生态、防治污染、履行环境责任的相关信息。环境信息核查机构、鉴证机构、评价机构、指数公司等第三方机构对公司环境信息存在核查、鉴定、评价的，鼓励公司披露相关信息。

鼓励公司自愿披露在报告期内为减少其碳排放所采取的措施及效果。

第四十二条 鼓励公司结合行业特点，主动披露积极履行社会责任的工作情况，包括但不限于：公司履行社会责任的宗旨和理念、股东和债权人权益保护、职工权益保护、供应商、客户和消费者权益保护、环境保护与可持续发展、公共关系、社会公益事业等方面情况。公司已披露社会责任报告全文的，仅需提供相关的查询索引。

第四十三条 鼓励公司积极披露报告期内巩固拓展脱贫攻坚成果、乡村振兴等工作具体情况。

第六节 重要事项

第四十四条 公司应当披露报告期内履行完毕的，以及截至报告期末尚未履行完毕的，由公司实际控制人、股东、关联方、收购人以及公司等承诺相关方作出的以下承诺事项，包括但不限于：股权分置改革承诺、收购报告书或权益变动报告书中所作承诺、资产重组所作承诺、首次公开发行或再融资所作承诺、股权激励时所作的承诺，以及其他对公司中小股东所作承诺。公司董事会应当说明上述承诺事项在报告期内的履行情况，详细列示承诺方、承诺类型、承诺事项、承诺时间、承诺期限、承诺的履行情况等。承诺超期未履行完毕的，应当详细说明未完成履行的原因及下一步的工作计划。

如公司资产或项目存在盈利预测，且报告期仍处在盈利预测期间内，公司董事会、相关股东和负责持续督导的中介机构应当就资产或项目是否达到原盈利预测及其原因作出说明。同时，公司应当提供原盈利预测的相关披露查询索引。

第四十五条 公司发生控股股东及其他关联方非经营性占用资金情况的，应当充分披露相关的决策程序，以及占用资金的期初金额、发生额、期末余额、占用原因、预计偿还方式及清偿时间。

公司应当同时披露会计师事务所对资金占用的专项审核意见。若公司年度报告披露的控股股东及其他关联方非经营性占用资金情况与专项审核意见不一致，应当说明原因。

第四十六条 公司违反法律、行政法规和中国证监会规定的对外担保决议程序订立担保合同的，应当详细披露担保金额、担保对象、违规原因、已采取的解决措施及进展、后续解决措施及预计解决时间。

第四十七条 公司年度财务报告被会计师事务所出具非标准意见审计报告的，公司董事会应当按照《公开发行证券的公司信息披露编报规则第 14 号—非标准审计意见及其涉及事项的处理》规定，针对非标准意见涉及的事项作出专项说明。

公司作出会计政策、会计估计变更或重大会计差错更正的，公司应当披露变更、更正的原因及影响，涉及追溯调整或重述的，应当披露对以往各年度经营成果和财务状况的影响金额。如涉及更换会计师事务所，应当披露是否就相关事项与前任会计师事务所进行了必要的沟通。

同时适用境内外会计准则的公司应当对产生差异的情况进行详细说明。

第四十八条 公司应当披露年度财务报告审计聘任、解聘会计师事务所的情况，报告期内支付给聘任会计师事务所的报酬情况，及目前的审计机构和签字会计师已为公司提供审计服务的连续年限，年限从审计机构与公司首次签订审计业务约定书之日起开始计算。

公司报告期内若聘请了内部控制审计会计师事务所、财务顾问或保荐人，应当披露聘任内部控制审计会计师事务所、财务顾问或保荐人的情况，报告期内支付给内部控制审计会计师事务所、财务顾问或保荐人的报酬情况。

第四十九条 年度报告披露后面临退市风险警示情形的公司，应当披露导致退市风险警示的原因以及公司拟采取的应对措施。年度报告披露后面临终止上市情形的公司、因重大违法或规范类原因面临终止上市风险的公司和已披露主动终止上市方案的公司，应当单独披露退市情况专项报告，并提醒投资者予以关注。

第五十条 公司应当披露报告期内发生的破产重整相关事项，包括相关主体向法院申请重整、和解或破产清算，法院受理重整、和解或破产清算，以及公司重整期间发生的法院裁定结果及其他重大事项。执行重整计划的公司应当说明计划的具体内容及执行情况。

第五十一条 公司应当披露报告期内重大诉讼、仲裁事项。已在上一年度报告中披露，但尚未结案的重大诉讼、仲裁事项，公司应当披露案件进展情况、涉及金额、是否形成预计负债，以及对公司未来的影响。对已经结案的重大诉讼、仲裁事项，公司应当披露案件执行情况。

如报告期内公司无重大诉讼、仲裁，应当明确说明"本年度公司无重大诉讼、仲裁事项"。

第五十二条 报告期内公司存在以下情形的，应当说明原因或结论：

（一）公司涉嫌犯罪被依法立案调查，公司的控股股东、实际控制人、董事、监事、高级管理人员涉嫌犯罪被依法采取强制措施。

（二）公司或者公司的控股股东、实际控制人、董事、监事、高级管理人员受到刑事处罚，涉嫌违法违规被中国证监会立案调查或者受到中国证监会行政处罚，或者受到其他有权机关重大行政处罚。

（三）公司的控股股东、实际控制人、董事、监事、高级管理人员涉嫌严重违纪违法或者职务犯罪被纪检监察机关采取留置措施且影响其履行职责。

（四）公司董事、监事、高级管理人员因涉嫌违法违规被其他有权机关采取强制措施且影响其履行职责。

公司应当披露报告期内公司或者公司的控股股东、实际控制人、董事、监事、高级管理人员被中国证监会采取行政监管措施和被证券交易所采取纪律处分的情况，若涉及限期整改要求，公司应当披露整改责任人、整改期限、整改措施、整改完成情况。

第五十三条 公司应当披露报告期内公司及其控股股东、实际控制人的诚信状况，包括但不限于：是否存在未履行法院生效法律文书确定的义务、所负数额较大的债务到期未清偿等情况。

第五十四条 公司应当披露报告期内发生的重大关联交易事项。若对于某一关联方，报告期内累计关联交易总额在3000万元以上且占公司报告期末净资产值5%以上（科创板公司披露标准为报告期内累计关联交易总额在3000万元以上且占公司报告期末总资产或市值1%以上），应当按照以下发生关联交易的不同类型分别披露：

（一）与日常经营相关的关联交易，至少应当披露以下内容：关联交易方、交易内容、定价原则、交易价格、交易金额、占同类交易金额的比例、结算方式；可获得的同类交易市价，如实际交易价与市价存在较大差异，应当说明原因。大额销货退回需披露详细情况。

公司按类别对报告期内发生的日常关联交易进行总额预计的，应当披露日常关联交易事项在报告期内的实际履行情况。

（二）资产或股权收购、出售发生的关联交易，至少应当披露以下内容：关联交易方、交易内容、定价原则、资产的账面价值、评估价值、交易价格、结算方式及交易对公司经营成果和财务状况的影响情况，交易价格与账面价值或评估价值差异较大的，应当说明原因。如相关交易涉及业绩约定，应当披露报告期内的业绩实现情况。

（三）公司与关联方共同对外投资发生关联交易的，应当至少披露以下内容：共同投资方、被投资企业的名称、主营业务、注册资本、总资产、净资产、净利润、重大在建项目的进展情况。

（四）公司与关联方存在债权债务往来或担保等事项的，应当披露形成原因，债权债务期初余额、本期发生额、期末余额，及其对公司的影响。

（五）公司与存在关联关系的财务公司、公司控股的财务公司与关联方之间存在存款、贷款、授信或其他金融业务的，应当至少披露以下内容：每日最高存款限额、存款利率范围、期初余额、发生额、期末余额；贷款额度、贷款利率范围、期初余额、发生额、期末余额；授信总额、其他金融业务额度及实际发生额等情况。

（六）其他重大关联交易。

第五十五条 公司应当披露重大合同及其履行情况，包括但不限于：

（一）在报告期内发生或以前期间发生但延续到报告期的托管、承包、租赁其他公司资产或其他公司托管、承包、租赁公司资产的事项，且该事项为公司带来的损益额达到公司当年利润总额的10%以上时，应当详细披露有关合同的主要内容，包括但不限于：有关资产的情况，涉及金额、期限、损益及确定依据，同时应当披露该损益对公司的影响。

（二）重大担保。报告期内履行的及尚未履行完毕的担保合同，包括担保金额、担保期限、担保对象、担保类型（一般担保或连带责任担保）、担保物（如有）、反担保情况（如有）、担保的决策程序等。对于未到期担保合同，如果报告期内发生担保责任或有证据表明有可能承担连带清偿责任，应当明确说明。

公司应当披露报告期内公司及其子公司对外担保（不含对子公司的担保）的发生额和报告期末的担保余额，以及报告期内公司及其子公司对子公司提供担保的发生额和报告期末的担保余额。

公司应当披露全部担保总额及其占公司净资产的比

例,并分别列示:公司及其子公司为股东、实际控制人及其关联方提供担保的余额,公司及其子公司直接或间接为资产负债率超过70%的被担保对象提供的担保余额,以及公司及其子公司担保总额超过报告期末净资产50%部分的金额。

公司担保总额包括报告期末公司及其子公司对外担保余额(不含对子公司的担保)和公司及其子公司对子公司的担保余额,其中子公司的担保余额为该子公司对外担保总额乘以公司持有该子公司的股权比例。

(三)公司应当按照下列类型分别披露报告期内委托理财的资金来源、发生额、未到期余额及逾期未收回金额情况。具体类型包括但不限于银行理财产品、券商理财产品、信托理财产品、其他类(如公募基金产品、私募基金产品)等。

对于单项金额重大的委托理财,或安全性较低、流动性较差的高风险委托理财,应披露委托理财发生额、未到期余额及逾期未收回金额的具体情况,包括:资金来源、受托机构名称(或受托人姓名)及类型、金额、产品期限、资金投向、报酬确定方式、参考年化收益率、预期收益(如有)、当年度实际收益或损失和实际收回情况;公司还应说明该项委托是否经过法定程序,未来是否还有委托理财计划。公司若就该项委托计提投资减值准备,应当披露当年度计提金额。

若委托理财出现预期无法收回本金或存在其他可能导致减值的情形,预计对公司具有较大影响,公司应当说明对财务状况或当期利润的影响。

若公司存在委托贷款事项,也应当比照上述委托行为予以披露。

(四)其他重大合同。列表披露合同订立双方的名称、签订日期、合同标的所涉及资产的账面价值、评估价值、相关评估机构名称、评估基准日、定价原则以及最终交易价格等,并披露截至报告期末合同的执行情况。

第五十六条 公司应当披露其他在报告期内发生的《证券法》《上市公司信息披露管理办法》所规定的重大事件,以及公司董事会判断为重大事件的事项。

第五十七条 公司的子公司发生的本节所列重大事项,对投资者作出价值判断和投资决策有重大影响的,应当视同公司的重大事项予以披露。

第七节 股份变动及股东情况

第五十八条 公司应当按以下要求披露报告期内的证券变动情况:

(一)公司股份变动情况,按照中国证监会对公司股份变动报告规定的内容与格式进行编制。

(二)证券发行与上市情况

1. 介绍报告期内证券发行(不含优先股)情况,包括股票、可转换公司债券、分离交易的可转换公司债券、债券(包括企业债券、公司债券以及非金融企业债务融资工具)、存托凭证及其他衍生证券的种类、发行日期、发行价格(或利率)、发行数量、上市日期、获准上市交易数量、交易终止日期等。

2. 对报告期内因送股、转增股本、配股、增发新股、向特定对象发行股票(非公开发行)、权证行权、实施股权激励计划、企业合并、可转换公司债券转股、减资、内部职工股上市、债券发行或其他原因引起公司股份总数及股东结构的变动、公司资产和负债结构的变动,应当予以说明。

报告期内优先股的股本变动、发行与上市情况按照第八节的要求予以披露。

3. 现存的内部职工股的发行日期、发行价格、发行数量等。

第五十九条 公司应当按照以下要求披露股东和实际控制人情况:

(一)公司股东数量及持股情况,按照中国证监会对公司股份变动报告规定的格式进行编制,应当披露以下内容:

1. 截至报告期末以及年度报告披露日前上一月末的普通股股东总数、表决权恢复的优先股股东总数(如有)及持有特别表决权股份的股东总数(如有)。

2. 截至报告期末持有本公司5%以上股份的股东的名称、报告期内股份增减变动的情况、报告期末持股数量、所持股份类别及所持股份质押、标记或冻结的情况。如持股5%以上的股东少于10人,则应当列出至少前10名股东的持股情况。如所持股份中包括无限售条件股份(或已上市流通股份)、有限售条件股份(或未上市流通股份),应当分别披露其数量。

如前10名股东中存在回购专户,应当予以特别说明,但不纳入前10名股东列示。

如前10名股东存在委托表决权、受托表决权、放弃表决权,应当予以说明。

如前10名股东之间存在关联关系或属于《上市公司收购管理办法》规定的一致行动人,应当予以说明。

如有战略投资者或一般法人因配售新股成为前10名股东,应当予以注明,并披露约定持股期间的起止日期。

如公司具有表决权差异安排,应当披露截至报告期末拥有公司5%以上表决权的股东的名称、报告期内表决权变动的情况、报告期末表决权数量、表决权类别及表决权受到限制的情况。如拥有公司5%以上表决权的股东少于10人,则应当至少列出公司表决权比例前10名的股东情况。

以上列出的股东情况中应当注明代表国家持有股份的单位和外资股东。

(二)公司控股股东情况

若控股股东为法人,应当披露名称、单位负责人或法定代表人、成立日期、主要经营业务等;若控股股东为自然人,应当披露其姓名、国籍、是否取得其他国家或地区居留权、主要职业及职务。

公司应当披露控股股东报告期内控股和参股的其他境内外上市公司的股权情况。

如不存在控股股东,公司应当予以特别说明。

如报告期内控股股东发生变更,公司应当就变更情况予以特别说明。

(三)公司实际控制人情况

公司应当比照本条第二款有关控股股东披露的要求,披露公司实际控制人的情况,并以方框图及文字的形式披露公司与实际控制人之间的产权和控制关系。实际控制人应当披露到自然人、国有资产管理机构、集体组织,或者股东之间达成某种协议或安排的其他机构或自然人,包括以信托方式形成实际控制的情况。

若实际控制人为自然人,应当披露其过去10年曾控股的境内外上市公司情况。

如实际控制人通过信托或其他资产管理方式控制公司,应当披露信托合同或者其他资产管理安排的主要内容,包括信托或其他资产管理的具体方式、信托管理权限(包括公司股份表决权的行使等)、涉及的股份数量及占公司已发行股份的比例、信托或资产管理费用、信托资产处理安排、合同签订的时间、期限及变更、终止的条件,以及其他特别条款等。

如不存在实际控制人的情况,公司应当就认定依据予以特别说明。

如公司最终控制层面存在多位自然人或自然人控制的法人共同持股的情形,且其中没有一人的持股比例(直接或间接持有下一级控制层面公司的股份比例)超过50%,各自的持股比例比较接近,公司无法确定实际控制人的,应当披露最终控制层面持股比例在10%以上的股东情况;如公司没有持股10%以上的股东,则应当披露持股比例5%以上的股东情况。

若报告期内公司控制权发生变更,公司应当就变更情况予以特别说明。

(四)公司控股股东或第一大股东及其一致行动人累计质押股份数量占其所持公司股份数量比例达到80%以上的,应当披露股票质押融资总额、具体用途、偿还期限、还款资金来源、是否存在偿债或平仓风险,以及是否会存在影响公司控制权稳定的情况。

(五)其他持股在10%以上的法人股东,应当披露其名称、单位负责人或法定代表人、成立日期、注册资本、主要经营业务或管理活动等情况。

(六)公司前10名无限售流通股股东的名称全称、年末持有无限售流通股的数量和种类(A、B、H股或其他)。投资者通过客户信用交易担保证券账户持有的股票不应计入证券公司自有证券,并与其通过普通证券账户持有的同一家上市公司的证券数量合并计算。

如前10名无限售流通股股东之间,以及前10名无限售流通股股东和前10名股东之间存在关联关系或属于《上市公司收购管理办法》规定的一致行动人,应当予以说明。

(七)报告期末完成股权分置改革的公司应当按照中国证监会对公司股份变动报告规定的格式披露前十名股东中原非流通股股东持有股份的限售条件。

(八)报告期间,上市公司首次公开发行股票、再融资、发行股份购买资产或者构成重组上市的重大资产重组申请或者相关披露文件存在虚假记载、误导性陈述或者重大遗漏,被中国证监会立案稽查的,应当披露控股股东、实际控制人、重组方及其他承诺主体股份限制减持情况。

公司在计算上述持股比例时,仅计算普通股、表决权恢复的优先股和特别表决权股份数量。

第六十条 公司应当披露股份回购在报告期的具体实施情况,包括回购股份方案披露时间、拟回购股份数量及占总股本的比例、拟回购金额、拟回购期间、回购用途、已回购数量、已回购数量占股权激励计划所涉及的标的股票的比例(如有)。公司采用集中竞价交易方式减持回购股份的,应披露减持的进展情况。

第八节 优先股相关情况

第六十一条 发行优先股的公司披露年度报告时,应当以专门章节披露优先股有关情况,具体要求参见本准则第六十二条至第六十六条的规定。年度报告其他章节与上述规定要求披露的部分内容相同的,公司可以建立相关查询索引,避免重复。

第六十二条 公司应当披露截至报告期末近3年优先股的发行与上市情况，包括公开发行或向特定对象发行(非公开发行)的发行日期、发行价格和票面股息率、发行数量、上市日期、获准上市交易数量、终止上市日期、募集资金使用及变更情况等。

符合《上市公司重大资产重组管理办法》规定的条件发行优先股购买资产的，参照前款规定进行披露。

公司优先股股东数量及持股情况，按照中国证监会对公司股份变动报告规定的格式进行编制，应当披露以下内容：

（一）截至报告期末以及年度报告披露日前一个月末的优先股股东总数。

（二）截至报告期末持有本公司5%以上优先股股份的股东名称、报告期内股份增减变动的情况、报告期末持股数量、所持股份类别及所持股份质押或冻结的情况。如持股5%以上的优先股股东少于10人，则应当列出至少前10名优先股股东的持股情况。如股东所持优先股在除股息分配和剩余财产分配以外的其他条款上具有不同设置，应当分别披露其持股数量。

如前10名优先股股东之间，前10名优先股股东与前10名普通股股东之间存在关联关系或属于《上市公司收购管理办法》规定的一致行动人，应予以说明。

以上列出的优先股股东情况中应当注明代表国家持有股份的单位和外资股东。

第六十三条 公司应当披露报告期内优先股的利润分配情况，包括股息率及分配金额、是否符合分配条件和相关程序、股息支付方式、股息是否累积、是否参与剩余利润分配等。对于因本会计年度可分配利润不足而累积到下一会计年度的差额或可参与剩余利润分配的部分应当单独说明。

优先股的利润分配政策调整或变更的，公司应当披露原因和变更的程序。报告期内盈利且母公司未分配利润为正，但未对优先股进行利润分配的，公司应当详细披露原因以及未分配利润的用途和使用计划。

如公司章程中涉及优先股分配的其他事项，公司应当予以说明。

第六十四条 报告期内公司进行优先股回购或商业银行发行的优先股转换成普通股的，应当按照以下要求披露相关的回购或转换情况：

（一）优先股的回购情况，包括回购期间、回购价格和定价原则、回购数量和比例、回购的资金总额以及资金来源、回购股份的期限、回购选择权的行使主体、对公司股本结构的影响等，并披露相关的程序。

（二）优先股的转换情况，包括转股条件、转股价格、转换比例、转换选择权的行使主体，对公司股本结构的影响等，并披露相关的程序。

第六十五条 报告期内存在优先股表决权恢复的，公司应当按照以下要求披露相关情况：

（一）公司应当披露相关表决权的恢复、行使情况，包括恢复表决权的优先股数量、比例、有效期间、对公司股本结构的影响等，并披露相关的决议与程序。如果存在公司章程规定的优先股表决权恢复的其他情形，应当予以说明。

（二）如前10名股东、持有5%以上股份的股东或实际控制人所持股份中包含表决权恢复的优先股，公司应当按照本准则第五十九条的规定单独披露表决权恢复的优先股涉及的股东和实际控制人情况。

第六十六条 公司应当披露对优先股采取的会计政策及理由，财务报表及附注中的相关内容应当按照中国证监会制定的有关财务报告规定进行编制。

第九节 债券相关情况

第六十七条 公开发行企业债券、公司债券以及银行间债券市场非金融企业债务融资工具的公司披露年度报告时，应当以专门章节披露债券相关情况，具体要求参见本准则第六十八条至第六十九条的规定。年度报告其他章节与上述规定要求披露的部分内容相同的，公司可以建立相关查询索引，避免重复。公司发行多只债券的，披露本章节相关事项时应当指明与债券的对应关系。

第六十八条 公司应当披露所有在年度报告批准报出日存续的债券情况，包括：

（一）债券名称、简称、代码、发行日、起息日、到期日、债券余额、利率、还本付息方式、交易场所、投资者适当性安排(如有)、适用的交易机制、是否存在终止上市交易的风险(如有)和应对措施。

公司有逾期未偿还债券的，应当说明未偿还余额、未按期偿还的原因及处置进展等情况。

（二）债券附发行人或投资者选择权条款、投资者保护条款等特殊条款的，公司应当披露报告期内相关条款的触发和执行情况。

（三）为对应债券发行及存续期业务提供服务的中介机构名称、办公地址、签字会计师姓名、联系人及联系电话。

报告期内上述中介机构发生变更的，应当披露变更的原因、履行的程序及对债券投资者权益的影响等。

（四）按债项逐一披露截至报告期末的募集资金使用情况，包括募集资金总金额、已使用金额、未使用金额、募集资金专项账户运作情况（如有）、募集资金违规使用的整改情况（如有）等，并说明是否与募集说明书承诺的用途、使用计划及其他约定一致。

募集资金用于建设项目的，公司应当披露项目的进展情况及运营效益。

公司报告期内变更上述债券募集资金用途的，需说明募集资金变更履行的程序、信息披露情况及变更后用途的合法合规性。

（五）报告期内信用评级机构（如有）对公司或债券作出的信用评级结果调整情况，包括但不限于信用评级级别及评级展望变动，以及信用评级结果变化的原因等。

（六）担保情况、偿债计划及其他偿债保障措施在报告期内的现状、执行、变化情况及变化情况对债券投资者权益的影响。

报告期内上述担保情况、偿债计划及其他偿债保障措施发生变更的，公司应当披露变更后情况，说明变更原因，变更是否已取得有权机构批准，以及相关变更对债券投资者权益的影响。

第六十九条　公司应当披露以下相关情况，包括：

（一）公司报告期内合并报表范围亏损超过上年末净资产10%的，应当披露亏损情况、亏损原因以及对公司生产经营和偿债能力的影响。

（二）公司应当披露报告期末除债券外的有息债务逾期情况，包括但不限于金额、发生原因及处置进展。

（三）报告期内是否有违反法律法规、公司章程、信息披露事务管理制度规定的情况以及债券募集说明书约定或承诺的情况，并披露相关情况对债券投资者权益的影响。

（四）公司存续面向普通投资者交易的债券的，应当采用数据列表方式，披露截至报告期末公司近两年的主要会计数据和财务指标，包括但不限于：扣除非经常性损益后净利润、EBITDA 全部债务比（EBITDA/全部债务）、利息保障倍数［息税前利润/（计入财务费用的利息支出+资本化的利息支出）］、现金利息保障倍数［（经营活动产生的现金流量净额+现金利息支出+所得税付现）/现金利息支出］、EBITDA 利息保障倍数［EBITDA/（计入财务费用的利息支出+资本化的利息支出）］、贷款偿还率（实际贷款偿还额/应偿还贷款额）、利息偿付率（实际支付利息/应付利息）等财务指标。

第十节　财务报告

第七十条　公司应当披露审计报告正文和经审计的财务报表。

财务报表包括公司近两年的比较式资产负债表、比较式利润表和比较式现金流量表，以及比较式所有者权益（股东权益）变动表和财务报表附注。编制合并财务报表的公司，除提供合并财务报表外，还应当提供母公司财务报表，但中国证监会另有规定的除外。

财务报表附注应当按照中国证监会制定的有关财务报告的规定编制。

第三章　年度报告摘要
第一节　重要提示

第七十一条　公司应当在年度报告摘要显要位置刊登如下（但不限于）重要提示：

"本年度报告摘要来自年度报告全文，为全面了解本公司的经营成果、财务状况及未来发展规划，投资者应当到××网站仔细阅读年度报告全文。"

如有个别董事、监事、高级管理人员对年度报告内容的真实性、准确性、完整性无法保证或存在异议，重要提示中应当声明："××董事、监事、高级管理人员无法保证本报告内容的真实性、准确性和完整性，理由是：……，请投资者特别关注。"如有董事未出席董事会，应当单独列示其姓名。

如果执行审计的会计师事务所对公司出具了非标准审计报告，重要提示中应当增加以下陈述："××会计师事务所为本公司出具了带有强调事项段、持续经营重大不确定性段落、其他信息段落中包含其他信息未更正重大错报说明的无保留意见、保留意见、否定意见、无法表示意见的审计报告，本公司董事会、监事会对相关事项亦有详细说明，请投资者注意阅读。"

创业板、科创板公司上市时未盈利的，在实现盈利前，应当提示公司未盈利的情况。

第七十二条　公司应当提示董事会决议通过的本报告期利润分配预案或公积金转增股本预案。

第二节　公司基本情况

第七十三条　公司应当以简易图表形式披露如下内容：

（一）公司股票简称、股票代码、股票上市交易所（若报告期初至报告披露日期间公司股票简称发生变更，还应当同时披露变更前的股票简称）。

（二）公司董事会秘书及证券事务代表的姓名、办公地址、电话、电子邮箱。

第七十四条　公司应当对报告期公司从事的主要业

务进行简要介绍，包括报告期公司所从事的主要业务和主要产品简介、行业发展变化、市场竞争格局以及公司行业地位等内容。

第七十五条 公司应当采用数据列表方式，提供截至报告期末公司近3年的主要会计数据和财务指标，包括但不限于：总资产、营业收入、归属于上市公司股东的净利润、归属于上市公司股东的扣除非经常性损益的净利润、归属于上市公司股东的净资产、经营活动产生的现金流量净额、净资产收益率、每股收益。

公司应当采用数据列表方式，分季度提供营业收入、归属于上市公司股东的净利润、归属于上市公司股东的扣除非经常性损益的净利润、经营活动产生的现金流量净额。如上述财务指标或其加总数与公司已披露半年度报告相关财务指标存在重大差异，应当说明主要原因。

表格中金额和股本的计量单位可采用万、亿（元、股）等，减少数据位数；基本原则是小数点前最多保留5位，小数点后保留两位。

第七十六条 公司应当披露报告期末及年报披露前一个月末公司普通股股东总数、表决权恢复的优先股股东总数（如有）及持有特别表决权股份的股东总数（如有）、前10名股东情况，以方框图形式披露公司与实际控制人之间的产权及控制关系。公司在计算前述持股比例时，仅计算普通股、表决权恢复的优先股和特别表决权股份数量。

公司应当披露报告期末公司优先股股东总数及前10名股东情况。

如公司具有表决权差异安排，应当披露截至报告期末公司表决权比例前10名的股东情况。

第七十七条 公司应当披露所有在年度报告批准报出日存续的债券情况，包括简称、代码、到期日、债券余额、利率，报告期内债券的付息兑付情况，报告期内信用评级机构（如有）对公司或债券作出的信用评级结果调整情况。公司存续面向普通投资者交易的债券的，还应当采用数据列表方式，披露截至报告期末公司近两年的主要会计数据和财务指标，包括但不限于：资产负债率、扣除非经常性损益后净利润、EBITDA全部债务比（EBITDA/全部债务）、利息保障倍数［息税前利润/（计入财务费用的利息支出+资本化的利息支出）］。

第三节 重要事项

第七十八条 公司应当根据重要性原则，披露报告期内公司经营情况的重大变化，以及报告期内发生的对公司经营情况有重大影响和预计未来会有重大影响的事项。

第七十九条 公司年度报告披露后存在退市风险警示或终止上市情形的，应当披露导致退市风险警示或终止上市情形的原因。

第四章 附 则

第八十条 本准则所称"控股股东""实际控制人""关联方""关联交易""高级管理人员""重大""累计"等的界定，按照《公司法》《证券法》等法律法规以及《上市公司信息披露管理办法》《优先股试点管理办法》等相关规定执行。

第八十一条 本准则所称"以上""以内"包含本数，"超过""少于""低于""以下"不含本数。

第八十二条 本准则自公布之日起施行。《公开发行证券的公司信息披露内容与格式准则第2号——年度报告的内容与格式（2017年修订）》（证监会公告〔2017〕17号）同时废止。

附件：1. 年度报告摘要披露格式（略）
　　　2. 退市情况专项报告格式（略）

第3号——半年度报告的内容与格式

- 2021年6月28日
- 中国证券监督管理委员会公告〔2021〕16号

第一章 总 则

第一条 为规范上市公司半年度报告的编制及信息披露行为，保护投资者合法权益，根据《中华人民共和国公司法》（以下简称《公司法》）、《中华人民共和国证券法》（以下简称《证券法》）等法律、行政法规及中国证券监督管理委员会（以下简称中国证监会）的有关规定，制定本准则。

第二条 根据《公司法》《证券法》在中华人民共和国境内公开发行股票并在证券交易所上市的股份有限公司（以下简称公司）应当按照本准则的要求编制和披露半年度报告。

第三条 本准则的规定是对公司半年度报告信息披露的最低要求；对投资者作出价值判断和投资决策有重大影响的信息，不论本准则是否有明确规定，公司均应当披露。

公司可以结合自身特点，以简明清晰、通俗易懂的方式披露对投资者特别是中小投资者决策有用的信息，但披露的信息应当保持持续性，不得选择性披露。

第四条 本准则某些具体要求对公司确实不适用

的，公司可以根据实际情况在不影响披露内容完整性的前提下做出适当修改，并说明修改原因。

本准则某些具体要求已在临时报告披露且后续无进展或变化的，公司可以仅披露相关情况概述，并提供临时报告披露网站的查询索引和披露日期。

第五条 由于国家秘密、商业秘密等特殊原因导致本准则规定的某些信息确实不便披露的，公司可以不予披露，但应当在相关章节详细说明未按本准则要求进行披露的原因。中国证监会和证券交易所认为需要披露的，公司应当披露。公司在编制和披露半年度报告时应当严格遵守国家有关保密的法律法规，不得泄露国家保密信息。

第六条 在不影响信息披露完整性和不致引起阅读不便的前提下，公司可以采用相互引证的方法，对半年度报告相关部分进行适当的技术处理，以避免不必要的重复和保持文字简洁。

第七条 公司半年度报告的全文应当遵循本准则第二章的要求进行编制和披露。

公司半年度报告摘要应当遵循本准则第三章的要求，并按照附件的格式进行编制和披露。

半年度报告的报告期是指年初至半年度期末的期间。

第八条 同时在境内和境外证券市场上市的公司，如果境外证券市场对半年度报告的编制和披露要求与本准则不同，应当遵循报告内容从多不从少、报告要求从严不从宽的原则，并应当在同一日公布半年度报告。

发行境内上市外资股及其衍生证券并在证券交易所上市的公司，应当同时编制半年度报告的外文译本。

第九条 公司半年度报告中的财务报告可以不经审计，但中国证监会和证券交易所另有规定的除外。

第十条 公司在编制半年度报告时应当遵循如下一般要求：

（一）半年度报告中引用的数字应当采用阿拉伯数字，货币金额除特别说明外，通常指人民币金额，并以元、千元、万元、百万元或亿元为单位。

（二）公司根据有关规定或其他需求编制半年度报告外文译本的，应当保证中外文文本的一致性，并在外文文本上注明："本报告分别以中（英（或日、法、俄）文编制，在对中外文文本的理解发生歧义时，以中文文本为准。"

（三）半年度报告封面应当载明公司的中文名称、"半年度报告"字样、报告期间，也可以载明公司的外文名称、徽章、图案等。半年度报告的目录应当编排在显著位置。

（四）公司可以在半年度报告正文前刊载宣传本公司的照片、图表或致投资者信，但不得刊登任何祝贺性、恭维性或推荐性的词句、题字或照片，不得含有夸大、欺诈、误导或内容不准确、不客观的词句。

（五）公司编制半年度报告时可以图文并茂，采用柱状图、饼状图等统计图表，以及必要的产品、服务和业务活动图片进行辅助说明，提高报告的可读性。

（六）公司编制半年度报告应当遵循中国证监会上市公司行业分类的有关规定，公司可以增加披露所使用的其他的行业分类数据、资料作为参考。

第十一条 公司应当在每个会计年度的上半年结束之日起两个月内将半年度报告全文在证券交易所的网站和符合中国证监会规定条件的报刊依法开办的网站披露，将半年度报告摘要在证券交易所的网站和符合中国证监会规定条件的报刊披露。

公司可以将半年度报告刊登在其他媒体上，但不得早于在证券交易所的网站和符合中国证监会规定条件的媒体披露的时间。

第十二条 半年度报告内容应当经公司董事会审议通过。未经董事会审议通过的半年度报告不得披露。

公司董事、高级管理人员应当对半年度报告签署书面确认意见，说明董事会的编制和审议程序是否符合法律、行政法规和中国证监会的规定，报告的内容是否能够真实、准确、完整地反映公司的实际情况。

监事会应当对董事会编制的半年度报告进行审核并提出书面审核意见。监事应当签署书面确认意见。监事会对半年度报告出具的书面审核意见，应当说明董事会的编制和审议程序是否符合法律、行政法规和中国证监会的规定，报告的内容是否能够真实、准确、完整地反映公司的实际情况。

董事、监事无法保证半年度报告内容的真实性、准确性、完整性或者有异议的，应当在董事会或者监事会审议、审核半年度报告时投反对票或者弃权票。

董事、监事和高级管理人员无法保证半年度报告内容的真实性、准确性、完整性或者有异议的，应当在书面确认意见中发表意见并陈述理由，公司应当披露。公司不予披露的，董事、监事和高级管理人员可以直接申请披露。

董事、监事和高级管理人员按照前款规定发表意见，应当遵循审慎原则，其保证半年度报告内容的真实性、准确性、完整性的责任不仅因发表意见而当然免除。

第十三条　中国证监会、证券交易所对特殊行业公司信息披露另有规定的，公司应当遵循其规定。

行业主管部门对特殊行业公司信息披露另有规定的，公司在编制和披露半年度报告时应当遵循其规定。

第二章　半年度报告正文
第一节　重要提示、目录和释义

第十四条　公司应当在半年度报告文本扉页刊登如下重要提示：公司董事会、监事会及董事、监事、高级管理人员保证半年度报告内容的真实、准确、完整，不存在虚假记载、误导性陈述或重大遗漏，并承担个别和连带的法律责任。

公司负责人、主管会计工作负责人及会计机构负责人（会计主管人员）保证半年度报告中财务报告的真实、准确、完整。

如有董事、监事、高级管理人员对半年度报告内容存在异议或无法保证其真实、准确、完整，半年度报告重要提示中应当声明××无法保证本报告内容的真实、准确、完整，并陈述理由，请投资者特别关注。同时，单独列示未出席董事会审议半年度报告的董事姓名及原因。

如半年度财务报告已经审计并被出具非标准审计报告，半年度报告重要提示中应当声明××会计师事务所为本公司出具了带有强调事项段、持续经营重大不确定性段落、其他信息段落中包含其他信息未更正重大错报说明的无保留意见、保留意见、否定意见或无法表示意见的审计报告，本公司董事会、监事会对相关事项已有详细说明，请投资者注意阅读。

如半年度报告涉及未来计划等前瞻性陈述，同时附有相应的警示性陈述，半年度报告重要提示中应当声明该计划不构成公司对投资者的实质承诺，投资者及相关人士均应当对此保持足够的风险认识，并且应当理解计划、预测与承诺之间的差异。

第十五条　公司应当提示需要投资者特别关注的重大风险，并提示投资者注意阅读。

第十六条　公司应当提示经董事会审议的报告期内的半年度利润分配预案或公积金转增股本预案。

第十七条　公司应当对可能造成投资者理解障碍以及具有特定含义的术语作出通俗易懂的解释，半年度报告的释义应当在目录次页排印。

半年度报告目录应当标明各章、节的标题及其对应的页码。

公司应当披露备查文件的目录，包括：

（一）载有公司负责人、主管会计工作负责人、会计机构负责人（会计主管人员）签名并盖章的财务报表。

（二）载有会计师事务所盖章、注册会计师签名并盖章的审计报告原件（如有）。

（三）报告期内公开披露过的所有公司文件的正本及公告的原稿。

（四）在其他证券市场公布的半年度报告。

第二节　公司简介和主要财务指标

第十八条　公司应当披露如下内容：

（一）公司的中文名称及简称，外文名称及缩写（如有）。

（二）公司的法定代表人。

（三）公司董事会秘书及证券事务代表的姓名、联系地址、电话、传真、电子信箱。

（四）公司股票上市交易所、股票简称和股票代码。

以下事项在报告期内发生变更并已在临时报告披露的，公司应当列明披露相关信息的网站查询索引及日期：

（一）公司注册地址及历史变更情况，公司办公地址及其邮政编码，公司网址、电子信箱。

（二）公司披露半年度报告的证券交易所网站和媒体名称及网址，公司半年度报告备置地。

（三）其他有关资料。

第十九条　公司应当采用数据列表方式，提供报告期末和上年末（或报告期和上年相同期间）主要会计数据和财务指标及变动比率，包括但不限于：总资产、营业收入、归属于上市公司股东的净利润、归属于上市公司股东的扣除非经常性损益的净利润、归属于上市公司股东的净资产、经营活动产生的现金流量净额、净资产收益率、每股收益。

同时发行人民币普通股及境内上市外资股或（和）境外上市外资股的公司，若按不同会计准则计算的归属于上市公司股东的净利润和归属于上市公司股东的净资产存在重大差异，应当列表披露差异情况并说明主要原因。

公司在披露"归属于上市公司股东的扣除非经常性损益后的净利润"时，应当同时说明报告期内非经常性损益的项目及金额。

上述会计数据和财务指标应当按照《公开发行证券的公司信息披露内容与格式准则第2号—年度报告的内容与格式（2021年修订）》（以下简称《年度报告准则》）以及中国证监会颁布的其他有关信息披露规范的相关规定计算和披露。

第三节 管理层讨论与分析

第二十条 公司管理层讨论与分析中应当对业务经营信息和财务报告的数据,以及报告期内发生和未来将要发生的重大事项,进行讨论与分析,以有助于投资者了解其经营成果、财务状况和未来可能的变化。公司可以运用逐年比较、数据列表或其他方式对相关事项进行列示,以增进投资者的理解。公司披露管理层讨论与分析应当遵守《年度报告准则》第二十一条所列原则。

第二十一条 公司应当简要介绍报告期内公司所属行业发展情况、主要业务、主要产品及其用途、经营模式、市场地位、主要的业绩驱动因素等发生的主要变化情况。

第二十二条 公司应当披露报告期内核心竞争力(包括核心管理团队、关键技术人员、专有设备、专利、非专利技术、特许经营权、土地使用权、水面养殖权、探矿权、采矿权、独特经营方式和盈利模式、允许他人使用自己所有的资源要素或作为被许可方使用他人资源要素等)的重要变化及对公司所产生的影响。发生因核心管理团队或关键技术人员离职、设备或技术升级换代、特许经营权丧失等导致公司核心竞争力受到严重影响的,公司应当详细分析,并说明拟采取的相应措施。

第二十三条 公司应当分析报告期内的主要经营情况,并应当披露对报告期内的主要经营情况产生重大影响以及未来会产生重大影响的事项。对重大事项的披露应当完整全面,不能有选择地披露。内容包括但不限于:

(一)主要经营业务。应当包括(不限于)收入、成本、费用、研发投入、现金流等项目,需要提示变化并结合行业发展、业务经营等情况分析变化的原因。若公司业务类型、利润构成或利润来源发生重大变动,应当详细说明。

(二)若本期公司利润构成或利润来源的重大变化源自非主要经营业务,包括但不限于投资收益、公允价值变动损益、资产减值、营业外收支等,应当详细说明涉及金额、形成原因、是否具有可持续性。

(三)资产及负债状况。若报告期内公司资产构成(货币资金、应收款项、合同资产、存货、投资性房地产、长期股权投资、固定资产、在建工程、使用权资产、短期借款、合同负债、长期借款、租赁负债等占总资产的比重)与上年末相比发生重大变动,应当说明产生变化的主要影响因素。若境外资产占比较高,应当披露境外资产的形成原因、资产规模、运营模式、收益状况等。鼓励公司结合各项营运能力和偿债能力的财务指标进行分析。

公司应当披露截至报告期末的主要资产被查封、扣押、冻结或者被担保、质押,必须具备一定条件才能变现、无法变现、无法用于抵偿债务的情况,以及主要资产占有、使用、收益和处分权利受到其他限制的情况和安排。

(四)投资状况。公司应当介绍本半年度投资情况,分析报告期内公司投资额同比变化情况。

1. 对报告期内获取的重大的股权投资,公司应当披露被投资公司名称、主要业务、投资份额和持股比例、资金来源、合作方、投资期限、产品类型、预计收益、本期投资盈亏、是否涉诉等信息。

2. 对报告期内正在进行的重大的非股权投资,公司应当披露项目本半年度和累计实际投入情况、资金来源、项目的进度及预计收益。若项目已产生收益,应当说明收益情况;未达到计划进度和收益的,应当说明原因。

3. 对报告期内持有的以公允价值计量的境内外股票、基金、债券、信托产品、期货、金融衍生工具等金融资产的初始投资成本、资金来源、报告期内购入或售出及投资收益情况、公允价值变动情况等进行披露。

(五)重大资产和股权出售。公司应当简要分析重大资产和股权出售事项对公司业务连续性、管理层稳定性的影响。公司应当说明上述事项是否按计划如期实施,如已实施完毕,应当说明其对财务状况和经营成果的影响,以及所涉及的金额及其占利润总额的比例;如未按计划实施,应当说明原因及公司已采取的措施。

(六)主要控股参股公司分析。公司应当介绍主要子公司的主要业务、注册资本、总资产、净资产、净利润,本半年度取得和处置子公司的情况,包括取得和处置的方式及对公司整体生产经营和业绩的影响。如来源于单个子公司的净利润或单个参股公司的投资收益对公司净利润影响达到10%以上,还应当介绍该公司主营业务收入、主营业务利润等数据。若单个子公司或参股公司的经营业绩同比出现大幅波动,且对公司合并经营业绩造成重大影响,公司应当对其业绩波动情况及其变动原因进行分析。

若主要子公司或参股公司的经营业绩未出现大幅波动,但其资产规模、构成或其他主要财务指标出现显著变化,并可能在将来对公司业绩造成影响,也应当对变化情况和原因予以说明。

(七)公司控制的结构化主体情况。公司存在其控制下的结构化主体时,应当介绍公司对其控制权方式和控制权内容,并说明公司从中可以获取的利益和对其所承担的风险。另外,公司还应当介绍结构化主体对其提供融资、商品或劳务以支持自身主要经营活动的相关情况。公司控制的结构化主体是指《企业会计准则第41号—在其他主体中权益的披露》中所规定的"结构化主体"。

第二十四条 公司应当针对自身特点,遵循关联性原则和重要性原则披露可能对公司未来发展战略和经营目标的实现产生不利影响的风险因素,披露的内容应当充分、准确、具体,应当尽量采取定量的方式分析各风险因素对公司当期及未来经营业绩的影响,并介绍已经或计划采取的应对措施。

对于报告期内新增的风险因素,公司应当对其产生的原因、对公司的影响以及已经采取或拟采取的措施及效果等进行分析。若分析表明相关变化趋势已经、正在或将要对公司的财务状况和经营成果产生重大影响,公司应当提供管理层对相关变化的基本判断,尽可能定量分析对公司的影响程度。

第四节 公司治理

第二十五条 公司应当介绍报告期内召开的年度股东大会、临时股东大会的有关情况,包括会议届次、召开日期及会议决议等内容,以及表决权恢复的优先股股东请求召开临时股东大会、召集和主持股东大会、提交股东大会临时提案的情况(如有)。

第二十六条 报告期如存在任期内董事、监事离任和高级管理人员解聘,应当说明原因。

第二十七条 公司董事会在审议半年度报告时拟定利润分配预案、资本公积金转增股本预案的,公司应当说明上述预案是否符合公司章程及审议程序的规定,是否充分保护中小投资者的合法权益,是否由独立董事发表意见。

第二十八条 公司应当披露股权激励计划、员工持股计划或其他员工激励措施在本报告期的具体实施情况。

第五节 环境和社会责任

第二十九条 属于环境保护部门公布的重点排污单位的公司或其主要子公司,应当根据法律、行政法规、部门规章及规范性文件的规定披露以下主要环境信息:

(一)排污信息。包括但不限于主要污染物及特征污染物的名称、排放方式、排放口数量和分布情况、排放浓度和总量、超标排放情况、执行的污染物排放标准、核定的排放总量。

(二)防治污染设施的建设和运行情况。

(三)建设项目环境影响评价及其他环境保护行政许可情况。

(四)突发环境事件应急预案。

(五)环境自行监测方案。

(六)报告期内因环境问题受到行政处罚的情况。

(七)其他应当公开的环境信息。

重点排污单位之外的公司应当披露报告期内因环境问题受到行政处罚的情况,并可以参照上述要求披露其他环境信息,若不披露其他环境信息,应当充分说明原因。

公司在报告期内以临时报告的形式披露环境信息内容的,应当说明后续进展或变化情况。

鼓励公司自愿披露有利于保护生态、防治污染、履行环境责任的相关信息。环境信息核查机构、鉴证机构、评价机构、指数公司等第三方机构对公司环境信息存在核查、鉴定、评价的,鼓励公司披露相关信息。

鼓励公司自愿披露在报告期内为减少其碳排放所采取的措施及效果。

第三十条 鼓励公司积极披露报告期内巩固拓展脱贫攻坚成果、乡村振兴等工作具体情况。

第六节 重要事项

第三十一条 公司应当披露报告期内履行完毕的,以及截至报告期末超期未履行完毕的,由公司实际控制人、股东、关联方、收购人以及公司等承诺相关方作出的承诺事项。承诺超期未履行完毕的,应当详细说明未完成履行的原因及下一步的工作计划。

第三十二条 公司发生控股股东及其他关联方非经营性占用资金情况的,应当充分披露相关的决策程序,以及占用资金的期初金额、发生额、期末余额、占用原因、预计偿还方式及清偿时间。

第三十三条 公司违反法律、行政法规和中国证监会规定的对外担保决议程序订立担保合同的,应当详细披露担保金额、担保对象、违规原因、已采取的解决措施及进展、后续解决措施及预计解决时间。

第三十四条 公司半年度财务报告已经审计的,公司应当披露聘任审计半年度财务报告的会计师事务所的情况及报告期内支付给会计师事务所的报酬情况。更换会计师事务所的,公司应当披露解聘原会计师事务所的原因,以及是否履行了必要的程序。

公司半年度财务报告已经审计,并被出具非标准意见审计报告的,公司董事会应当按照《公开发行证券的公司信息披露编报规则第14号—非标准审计意见及其涉及事项的处理》规定,针对非标准意见涉及的事项作出专项说明。

上年年度报告中的财务报告被注册会计师出具非标准意见审计报告的,公司应当就所涉事项的变化及处理情况作出说明。

第三十五条 公司应当披露报告期内发生的破产重

整相关事项,包括相关主体向法院申请重整、和解或破产清算,法院受理重整、和解或破产清算,以及公司重整期间发生的法院裁定结果及其他重大事项。执行重整计划的公司应当说明计划的具体内容及执行情况。

第三十六条 公司应当披露报告期内重大诉讼、仲裁事项。已在上一年度报告中披露,但尚未结案的重大诉讼、仲裁事项,公司应当披露案件进展情况、涉及金额、是否形成预计负债,以及对公司未来的影响。对已经结案的重大诉讼、仲裁事项,公司应当披露案件执行情况。

如报告期内公司无重大诉讼、仲裁,应当明确说明"本报告期内无重大诉讼、仲裁事项"。

第三十七条 报告期内公司存在以下情形的,应当说明原因或结论:

(一)公司涉嫌犯罪被依法立案调查,公司的控股股东、实际控制人、董事、监事、高级管理人员涉嫌犯罪被依法采取强制措施。

(二)公司或者公司的控股股东、实际控制人、董事、监事、高级管理人员受到刑事处罚,涉嫌违法违规被中国证监会立案调查或者受到中国证监会行政处罚,或者受到其他有权机关重大行政处罚。

(三)公司的控股股东、实际控制人、董事、监事、高级管理人员涉嫌严重违纪违法或者职务犯罪被纪检监察机关采取留置措施且影响其履行职责。

(四)公司董事、监事、高级管理人员因涉嫌违法违规被其他有权机关采取强制措施且影响其履行职责。

公司应当披露报告期内公司或者公司的控股股东、实际控制人、董事、监事、高级管理人员被中国证监会采取行政监管措施和被证券交易所采取纪律处分的情况,若涉及限期整改要求,公司应当披露整改责任人、整改期限、整改措施、整改完成情况。

第三十八条 公司应当披露报告期内公司及其控股股东、实际控制人的诚信状况,包括但不限于:是否存在未履行法院生效法律文书确定的义务、所负数额较大的债务到期未清偿等情况。

第三十九条 公司应当披露报告期内发生的重大关联交易事项。若对于某一关联方,报告期内累计关联交易总额在3000万元以上且占公司报告期末净资产值5%以上(科创板公司披露标准为报告期内累计关联交易总额在3000万元以上且占公司报告期末总资产或市值1%以上),应按照以下发生关联交易的不同类型分别披露:

(一)与日常经营相关的关联交易,至少应当披露以下内容:关联交易方、交易内容、定价原则、交易价格、交易金额、占同类交易金额的比例、结算方式;可获得的同类交易市价,如实际交易价与市价存在较大差异,应当说明原因。大额销货退回需披露详细情况。

公司按类别对报告期内发生的日常关联交易进行总额预计的,应当披露日常关联交易事项在报告期内的实际履行情况。

(二)资产或股权收购、出售发生的关联交易,至少应当披露以下内容:关联交易方、交易内容、定价原则、资产的账面价值、评估价值、交易价格、结算方式及交易对公司经营成果和财务状况的影响情况,交易价格与账面价值或评估价值差异较大的,应当说明原因。如相关交易涉及业绩约定,应当披露报告期内的业绩实现情况。

(三)公司与关联方共同对外投资发生关联交易的,应当至少披露以下内容:共同投资方、被投资企业的名称、主营业务、注册资本、总资产、净资产、净利润、重大在建项目的进展情况。

(四)公司与关联方存在债权债务往来或担保等事项的,应当披露形成原因,债权债务期初余额、本期发生额、期末余额,及其对公司的影响。

(五)公司与存在关联关系的财务公司、公司控股的财务公司与关联方之间存在存款、贷款、授信或其他金融业务的,应当至少披露以下内容:每日最高存款限额、存款利率范围、期初余额、发生额、期末余额;贷款额度、贷款利率范围、期初余额、发生额、期末余额;授信总额、其他金融业务额度及实际发生额等情况。

(六)其他重大关联交易。

第四十条 公司应当披露重大合同及其履行情况,包括但不限于:

(一)在报告期内发生或以前期间发生但延续到报告期的托管、承包、租赁其他公司资产或其他公司托管、承包、租赁公司资产的事项,且该事项为公司带来的损益额达到公司当年利润总额的10%以上时,应当详细披露有关合同的主要内容,包括但不限于:有关资产的情况,涉及金额、期限、损益及确定依据,同时应当披露该损益对公司的影响。

(二)重大担保。报告期内履行的及尚未履行完毕的担保合同,包括担保金额、担保期限、担保对象、担保类型(一般担保或连带责任担保)、担保物(如有)、反担保情况(如有)、担保的决策程序等。对于未到期担保合同,如果报告期内发生担保责任或有证据表明有可能承担连带清偿责任,应当明确说明。

(三)其他重大合同。列表披露合同订立双方的名称、签订日期、合同标的所涉及资产的账面价值、评估价值、相关评估机构名称、评估基准日、定价原则以及最终交易价格等，并披露截至报告期末合同的执行情况。

第四十一条 公司应当披露其他在报告期内发生的《证券法》《上市公司信息披露管理办法》所规定的重大事件，以及公司董事会判断为重大事件的事项。

第四十二条 公司的子公司发生的本节所列重大事项，对投资者作出价值判断和投资决策有重大影响的，应当视同公司的重大事项予以披露。

第七节 股份变动及股东情况

第四十三条 公司应当按照中国证监会对公司股份变动报告规定的内容与格式编制并披露公司股份变动情况。

如报告期内公司存在证券发行与上市情况，应当列明披露相关信息的网站查询索引及日期。

第四十四条 公司股东数量及持股情况，按照中国证监会对公司股份变动报告规定的格式进行编制，应当披露以下内容：

（一）截至报告期末的普通股股东总数、表决权恢复的优先股股东总数（如有）及持有特别表决权股份的股东总数（如有）。

（二）截至报告期末持有本公司5%以上股份的股东的名称、报告期内股份增减变动的情况、报告期末持股数量、所持股份类别及所持股份质押、标记或冻结的情况。如持股5%以上的股东少于10人，则应当列出至少前10名股东的持股情况。投资者通过客户信用交易担保证券账户持有的股票不应计入证券公司自有证券，并与其通过普通证券账户持有的同一家上市公司的证券数量合并计算。

如所持股份中包括无限售条件股份（或已上市流通股份）、有限售条件股份（或未上市流通股份），应当分别披露其数量。

如前10名股东中存在回购专户，应予以特别说明，但不纳入前10名股东列示。

如前10名股东存在委托表决权、受托表决权、放弃表决权，应当予以说明。

如前10名股东之间存在关联关系或属于《上市公司收购管理办法》规定的一致行动人，应当予以说明。

如有战略投资者或一般法人因配售新股成为前10名股东，应当予以注明，并披露约定持股期间的起止日期。

如公司具有表决权差异安排，应当披露截至报告期末拥有公司5%以上表决权的股东的名称、报告期内表决权变动的情况、报告期末表决权数量、表决权类别及表决权受到限制的情况。如拥有公司5%以上表决权的股东少于10人，则应当至少列出公司表决权比例前10名的股东情况。

以上列出的股东情况中应当注明代表国家持有股份的单位和外资股东。

公司在计算本条所指股东持股数额或比例时，仅计算普通股、表决权恢复的优先股和特别表决权股份数量。

（三）现任及报告期内离任董事、监事、高级管理人员在报告期内持有本公司股份、股票期权、被授予的限制性股票数量的变动情况。如为独立董事，需单独注明。

第四十五条 公司控股股东或实际控制人报告期内发生变化的，应当简要披露相关变化情况，并列明临时报告披露相关信息的网站查询索引及日期。

第八节 优先股相关情况

第四十六条 发行优先股的公司披露半年度报告，应当以专门章节披露优先股有关情况，具体要求参见本准则第四十七条至第五十条的规定。半年度报告其他章节与上述规定要求披露的部分内容相同的，公司可以建立相关查询索引，避免重复。

第四十七条 公司应当披露报告期内优先股的发行与上市情况，包括公开发行或向特定对象发行（非公开发行）的发行日期、发行价格和票面股息率、发行数量、上市日期、获准上市交易数量、终止上市日期、募集资金使用进展及变更情况等。

符合《上市公司重大资产重组管理办法》规定的条件发行优先股购买资产的，参照前款规定进行披露。

公司优先股股东数量及持股情况，按照中国证监会对公司股份变动报告规定的格式进行编制，应当披露以下内容：

（一）截至报告期末的优先股股东总数。

（二）截至报告期末持有本公司5%以上优先股股份的股东名称、报告期内股份增减变动的情况、报告期末持股数量、所持股份类别及所持股份质押或冻结的情况。如持股5%以上的优先股股东少于10人，则应当列出至少前10名优先股股东的持股情况。如所持优先股在除股息分配和剩余财产分配以外的其他条款上具有不同设置，应当分别披露其数量。

如前10名优先股股东之间，前10名优先股股东与前10名普通股股东之间存在关联关系或属于《上市公司收购管理办法》规定的一致行动人，应当予以说明。

以上列出的优先股股东情况中应当注明代表国家持有股份的单位和外资股东。

第四十八条 报告期内公司进行优先股回购或商业

银行发行的优先股转换成普通股的,应当按照以下要求披露相关的回购或转换情况:

(一)优先股的回购情况,包括回购期间、回购价格和定价原则、回购数量和比例、回购的资金总额以及资金来源、回购股份的期限、回购选择权的行使主体、对公司股本结构的影响等,并披露相关的程序。

(二)优先股的转换情况,包括转股条件、转股价格、转换比例、转换选择权的行使主体,对公司股本结构的影响等,并披露相关的程序。

第四十九条 报告期内存在优先股表决权恢复的,公司应当披露相关表决权的恢复、行使情况,包括恢复表决权的优先股数量、比例、有效期间、对公司股本结构的影响等,并披露相关的决议与程序。如果存在公司章程规定的优先股表决权恢复的其他情形,应当予以说明。

第五十条 公司应当披露对优先股采取的会计政策及理由,财务报表及附注中的相关内容应当按照中国证监会制定的有关财务报告规定进行编制。

第九节 债券相关情况

第五十一条 本准则所称债券包括企业债券、公司债券和非金融企业债务融资工具。公开发行企业债券、公司债券以及银行间债券市场非金融企业债务融资工具的公司披露半年度报告时,应当以专门章节披露债券相关情况,具体要求参见本准则第五十二条至第五十三条的规定。半年度报告其他章节与上述规定要求披露的部分内容相同的,公司可以建立相关查询索引,避免重复。公司发行多只债券的,披露本章节相关事项应当指明与债券的对应关系。

第五十二条 公司应当披露所有在半年度报告批准报出日存续的债券情况,包括:

(一)债券名称、简称、代码、发行日、起息日、到期日、债券余额、利率、还本付息方式、交易场所、投资者适当性安排(如有)、适用的交易机制、是否存在终止上市交易的风险(如有)和应对措施。

公司有逾期未偿还债券的,应当说明未偿还余额、未按期偿还的原因及处置进展等情况。

(二)债券附发行人或投资者选择权条款、投资者保护条款等特殊条款的,公司应当披露报告期内相关条款的触发和执行情况。

(三)报告期内信用评级机构(如有)对公司或债券作出的信用评级结果调整情况,包括但不限于信用评级级别及评级展望变动,以及信用评级结果变化的原因等。

(四)担保情况、偿债计划及其他偿债保障措施在报告期内的现状、执行、变化情况及变化情况对债券投资者权益的影响。

报告期内上述担保情况、偿债计划及其他偿债保障措施发生变更的,公司应当披露变更后情况,说明变更原因,变更是否已取得有权机构批准,以及相关变更对债券投资者权益的影响。

第五十三条 公司应当披露公司的相关下列情况,包括:

(一)公司报告期内合并报表范围亏损超过上年末净资产10%的,应当披露亏损情况、亏损原因以及对公司生产经营和偿债能力的影响。

(二)公司存续面向普通投资者交易的债券的,应当采用数据列表方式,披露截至报告期末和上年末(或报告期和上年相同期间)的主要会计数据和财务指标,包括但不限于:扣除非经常性损益后净利润、EBITDA全部债务比(EBITDA/全部债务)、利息保障倍数[息税前利润/(计入财务费用的利息支出+资本化的利息支出)]、现金利息保障倍数[(经营活动产生的现金流量净额+现金利息支出+所得税付现)/现金利息支出]、EBITDA利息保障倍数[EBITDA/(计入财务费用的利息支出+资本化的利息支出)]、贷款偿还率(实际贷款偿还额/应偿还贷款额)、利息偿付率(实际支付利息/应付利息)等财务指标。

第十节 财务报告

第五十四条 公司应当在半年度报告中披露比较式资产负债表、比较式利润表和比较式现金流量表,以及比较式所有者权益(股东权益)变动表和财务报表附注,各报表项目应包括报告期末数和上年末数(或报告期间数及上年同期数)。除提供合并财务报表外,还应当提供母公司财务报表,但中国证监会另有规定的除外。

财务报表附注应当按照中国证监会制定的有关财务报告的规定编制。

第五十五条 半年度财务报告未经审计的,公司应当注明"未经审计"字样。半年度财务报告已经审计的,公司应当披露审计意见类型;若被注册会计师出具非标准审计报告,公司还应当披露审计报告正文。

第三章 半年度报告摘要

第一节 重要提示

第五十六条 公司应当在半年度报告摘要显著位置刊登如下重要提示:

"本半年度报告摘要来自半年度报告全文,为全面了解本公司的经营成果、财务状况及未来发展规划,投资者应当到××网站仔细阅读半年度报告全文。"

如有个别董事、监事、高级管理人员对半年度报告内容的真实性、准确性、完整性无法保证或存在异议，重要提示中应当声明："××董事、监事、高级管理人员无法保证本报告内容的真实性、准确性和完整性，理由是：，请投资者特别关注。"如有董事未出席董事会，应当单独列示其姓名。

如果执行审计的会计师事务所对公司出具了非标准审计报告，重要提示中应当增加以下陈述："××会计师事务所为本公司出具了带有强调事项段、持续经营重大不确定性段落、其他信息段落中包含其他信息未更正重大错报说明的无保留意见、保留意见、否定意见、无法表示意见的审计报告，本公司董事会、监事会对相关事项亦有详细说明，请投资者注意阅读。"

第五十七条　公司应当提示董事会决议通过的本报告期利润分配预案或公积金转增股本预案。

第二节　公司基本情况

第五十八条　公司应当以简易图表形式披露如下内容：

（一）公司股票简称、股票代码、股票上市交易所（若报告期初至报告披露日期间公司股票简称发生变更，还应当同时披露变更前的股票简称）。

（二）公司董事会秘书及证券事务代表的姓名、办公地址、电话、电子信箱。

第五十九条　公司应当采用列表方式，提供截至报告期末和上年末（或报告期和上年相同期间）公司的主要会计数据和财务指标，包括但不限于：总资产、营业收入、归属于上市公司股东的净利润、归属于上市公司股东的扣除非经常性损益的净利润、归属于上市公司股东的净资产、经营活动产生的现金流量净额、净资产收益率、每股收益。表格中金额和股本的计量单位可采用万、亿（元、股）等，减少数据位数；基本原则是小数点前最多保留5位，小数点后保留两位。

第六十条　公司应当披露报告期末普通股股东总数、表决权恢复的优先股股东总数（如有）及持有特别表决权股份的股东总数（如有）、前10名股东情况。公司在计算上述持股比例时，仅计算普通股、表决权恢复的优先股和特别表决权股份数量。公司控股股东或实际控制人报告期内发生变化的，应当列明披露相关信息的网站查询索引及日期。

公司应当披露报告期末公司优先股股东总数及前10名股东情况。

如公司具有表决权差异安排，应当披露截至报告期末公司表决权比例前10名的股东情况。

第六十一条　公司应当列表披露所有在半年度报告批准报出日存续的债券名称、简称、代码、发行日、到期日、债券余额、利率，并披露公司报告期末和上年末资产负债率等财务指标。

第三节　重要事项

第六十二条　公司应当根据重要性原则，披露报告期内公司经营情况的重大变化，以及报告期内发生的对公司经营情况有重大影响和预计未来会有重大影响的事项。

第四章　附　则

第六十三条　本准则所称"控股股东""实际控制人""关联方""关联交易""高级管理人员""重大""累计"等的界定，按照《公司法》《证券法》等法律法规以及《上市公司信息披露管理办法》《优先股试点管理办法》等相关规定执行。

第六十四条　本准则所称"以上""以内"包含本数，"超过""少于""低于""以下"不含本数。

第六十五条　本准则自公布之日起施行。《公开发行证券的公司信息披露内容与格式准则第3号—半年度报告的内容与格式（2017年修订）》（证监会公告〔2017〕18号）同时废止。

附件：半年度报告摘要披露格式（略）

第5号——公司股份变动报告的内容与格式

·2022年1月5日
·中国证券监督管理委员会公告〔2022〕8号

一、根据《中华人民共和国公司法》（以下简称《公司法》）、《中华人民共和国证券法》《上市公司股权分置改革管理办法》等相关法律、行政法规和部门规章制定本准则。

二、公司因发行新股、派发股份股利、实施股权激励计划、将股份奖励给本公司职工、可转换公司债券转股、股份限售期满等事项导致股份总额、股份结构（指各类股份的数量和比例）、股票面值发生变化，按照有关法律、法规、规章、规则需编制并披露股份变动报告，或在定期报告中披露股份变动情况，应遵守本准则的规定。

三、股份变动报告和定期报告披露股份变动情况应包括以下内容：

（一）股份变动的原因。

（二）股份变动的批准情况（如适用）。

（三）股份总额、股份结构变动情况。

未完成股权分置改革的公司应按表1的格式披露，已完成股权分置改革的公司应按表2、表3和表4的格式披露。

（四）股份变动的过户情况。

（五）股份变动后股东持股情况或报告期末股东持股情况。

未完成股权分置改革的公司应按表5的格式披露前十名股东和前十名流通股股东的持股情况，已完成股权分置改革的公司应按表6的格式披露前十名股东和前十名无限售条件股东的持股情况。

（六）股份变动对最近一年和最近一期基本每股收益和稀释每股收益、归属于公司普通股股东的每股净资产等财务指标的影响(如有)。

（七）公司认为必要或证券监管机构要求披露的其他内容。

（八）备查文件。

四、本准则自公布之日起施行。2007年6月28日施行的《公开发行股票公司信息披露的内容与格式准则第5号——公司股份变动报告的内容与格式》(证监公司字〔2007〕98号)同时废止。

表1

股份变动情况表(适用未完成股权分置改革的公司)

单位：股

	本次变动前		本次变动增减(+,−)					本次变动后	
	数量	比例	发行新股	送股	公积金转股	其他	小计	数量	比例
一、未上市流通股份									
1. 发起人股份									
其中：									
国家持有股份境内法人持有股份									
境外法人持有股份									
其他									
2. 募集法人股份									
3. 内部职工股									
4. 优先股或其他									
二、已上市流通股份									
1. 人民币普通股									
2. 境内上市的外资股									
3. 境外上市的外资股									
4. 其他									
三、股份总数									

注：

1."未上市流通股份"系指尚未在证券交易所上市交易的股份。

2."已上市流通股份"系指已在证券交易所上市交易的股份。

3. 发起人股份中的"国家持有股份"系指有权代表国家投资的政府部门或机构以国有资产投入公司形成的股份及其增量。

4. 发起人股份中的"境内法人持有股份"系指发起人为境内法人时持有的股份。

5. 发起人股份中的"境外法人持有股份"系指按照《公司法》设立的股份有限公司，其发起人为适用外资法律的法人(外商，港、澳、台商等)所持有的股份。

6. 发起人股份中的"其他"系指个别公司发起人与以上分类有区别的特殊情况，如有数字填报，应另附文字说明。

7."募集法人股份"系指在《公司法》实施之前成立的定向募集公司所发行的、发起人以外的法人认购的股份。

8."内部职工股"系指在《公司法》实施之前成立的定向募集公司所发行的、在报告时尚未上市的内部职工股。

9. "优先股及其他"为上市公司发行的优先股或无法计入其他类别的股份,如有数字填写,应另附文字说明。

10. "境内上市的人民币普通股"即 A 股,含向社会公开发行股票时向公司职工配售的公司职工股。若报告时有尚未上市的公司职工股,应另附文字说明该部分股份数量和预计上市时间。

11. "境内上市的外资股"即 B 股。

12. "境外上市的外资股"即在境外证券市场上市的普通股,如 H 股。

13. "本次变动增减"项下"其他"栏指除发行新股、送股、公积金转股外其他原因引起的股份变动,如有数字填写,应另附文字说明。

14. 上市公司在编制本表时,对没有的项目可以省略。

表 2

股份变动情况表(适用已完成股权分置改革的公司)

单位:股

	本次变动前		本次变动增减(+,-)					本次变动后	
	数量	比例	发行新股	送股	公积金转股	其他	小计	数量	比例
一、有限售条件股份									
1. 国家持股									
2. 国有法人持股									
3. 其他内资持股									
其中:									
境内非国有法人持股境内自然人持股									
4. 外资持股									
其中:									
境外法人持股									
境外自然人持股									
二、无限售条件股份									
1. 人民币普通股									
2. 境内上市的外资股									
3. 境外上市的外资股									
4. 其他									
三、股份总数									

注:

1. 有限售条件股份是指股份持有人依照法律、法规规定或按承诺有转让限制的股份,包括因股权分置改革暂时锁定的股份、内部职工股、机构投资者配售股份、董事、监事、高级管理人员持有股份等。

2. 国家持股是指有权代表国家投资的机构或部门(如国有资产授权投资机构)持有的上市公司股份。

3. 国有法人持股是指国有企业、国有独资公司、事业单位以及第一大股东为国有及国有控股企业且国有股权比例合计超过百分之五十的有限责任公司或股份有限公司持有的上市公司股份

4. 其他内资持股是指境内非国有及国有控股单位(包括民营企业、中外合资企业、外商独资企业等)及境内自然人持有的上市公司股份。

5. 外资持股是指境外股东持有的上市公司股份。

表3

有限售条件股份可上市交易时间

单位:股

时间	限售期满新增可上市交易股份数量	有限售条件股份数量余额	无限售条件股份数量余额	说明
×年×月×日				
×年×月×日				
……	……	……	……	
×年×月×日				

表4

前十名有限售条件股东持股数量及限售条件

单位:股

序号	有限售条件股东名称	持有的有限售条件股份数量	可上市交易时间	新增可上市交易股份数量	限售条件
1			×年×月×日		
			×年×月×日		
			……		
			×年×月×日		
2			×年×月×日		
			×年×月×日		
			……		
			×年×月×日		
……					

表5

股东数量和持股情况(适用未完成股权分置改革的公司)

单位:股

股东总数					
前十名股东情况					
股东名称	股东性质	持股比例	持股总数	持有非流通股数量	质押或冻结的股份数量

续表

前十名流通股东持股情况			
股东名称		持有流通股数量	股份种类
上述股东关联关系或一致行动的说明			

注:股东性质包括国家、国有法人、境内非国有法人、境内自然人、境外法人、境外自然人等;股份种类包括人民币普通股、境内上市外资股、境外上市外资股和其他。

表 6

股东数量和持股情况(适用已完成股权分置改革的公司)

单位:股

股东总数				
前十名股东持股情况				
股东名称	股东性质	持股比例	持股总数	持有有限售条件股份数量	质押或冻结的股份数量

前十名无限售条件股东持股情况		
股东名称	持有无限售条件股份数量	股份种类
上述股东关联关系或一致行动的说明		

注：股东性质包括国家、国有法人、境内非国有法人、境内自然人、境外法人、境外自然人等；股份种类包括人民币普通股、境内上市外资股、境外上市外资股和其他。

第15号——权益变动报告书

· 2014年5月28日中国证券监督管理委员会公告〔2014〕24号发布
· 根据2020年3月20日《中国证券监督管理委员会关于修改部分证券期货规范性文件的决定》修正

第一章 总 则

第一条 为了规范上市公司的收购及相关股份权益变动活动中的信息披露行为，保护投资者的合法权益，维护证券市场秩序，根据《证券法》、《上市公司收购管理办法》（以下简称《收购办法》）及其他相关法律、行政法规及部门规章的有关规定，制订本准则。

第二条 根据《证券法》、《收购办法》须履行信息披露义务的自然人、法人或其他组织（以下简称信息披露义务人），应当按照本准则的要求编制和披露权益变动报告书。

第三条 信息披露义务人是多人的，可以书面形式约定由其中一人作为指定代表以共同名义负责统一编制和报送权益变动报告书，依照《收购办法》及本准则的规定披露相关信息，并同意授权指定代表在信息披露文件上签字盖章。

第四条 本准则的规定是对投资者在一个上市公司中拥有权益的股份变动的信息披露的最低要求。不论本准则中是否有明确规定，凡对投资者做出投资决策有重大影响的信息，信息披露义务人均应当予以披露。

第五条 本准则某些具体要求对信息披露义务人确实不适用的，信息披露义务人可以针对实际情况，在不影响披露内容完整性的前提下做适当修改，但应当在报送时作书面说明。

第六条 在不影响信息披露的完整性和不致引起阅读不便的前提下，信息披露义务人可以采用相互引证的方法，对各相关部分的内容进行适当的技术处理，以避免重复和保持文字简洁。

第七条 信息披露义务人在编制权益变动报告书时，应当遵循以下一般要求：

（一）文字应当简洁、通俗、平实和明确，引用的数据应当提供资料来源，事实应有充分、客观、公正的依据；

（二）引用的数字应当采用阿拉伯数字，货币金额除特别说明外，应指人民币金额，并以元、千元或百万元为单位；

（三）信息披露义务人可以根据有关规定或其他需求，编制权益变动报告书外文译本，但应当保证中、外文本的一致性，并在外文文本上注明："本权益变动报告书分别以中、英（或日、法等）文编制，在对中外文本的理解上发生歧义时，以中文文本为准"；

（四）权益变动报告书文本应当采用质地良好的纸张印刷，幅面为209×295毫米（相当于标准的A4纸规格）；

（五）在报刊刊登的权益变动报告书最小字号为标准6号字，最小行距为0.02；

（六）不得刊载任何有祝贺性、广告性和恭维性的词句。

第八条 信息披露义务人如在权益变动报告书中援引财务顾问、律师等专业机构出具的专业报告或意见的内容，应当说明相关专业机构已书面同意上述援引。

第九条 信息披露义务人在报送权益变动报告书的同时，应当提交按照本准则附表一或附表二的要求所编制的简式或详式权益变动报告书附表及有关备查文件。有关备查文件应当为原件或有法律效力的复印件。

第十条 信息披露义务人因增加其在一个上市公司中拥有权益的股份，导致其在该上市公司中拥有权益的股份达到或超过该上市公司已发行股份的20%但未超过30%，或者虽未超过20%但成为该上市公司第一大股东或者实际控制人的，应当按照本准则第三章的规定编制详式权益变动报告书。

除依法须编制收购报告书、要约收购报告书、详式权益变动报告书的情形外，信息披露义务人增加或减少其在一个上市公司中拥有权益的股份变动达到法定比例的，应当按照本准则第二章的规定编制简式权益变动报告书。

第十一条 信息披露义务人应当在《收购办法》规定的期限内将权益变动报告书及附表刊登于证券交易所的网站和符合中国证监会规定条件的媒体；在其他媒体上进行披露的，披露内容应当一致，披露时间不得早于前述披露的时间。

信息披露义务人应当将权益变动报告书、附表和备查文件备置于上市公司住所和证券交易所，以备查阅。

第十二条 信息披露义务人董事会及其董事或者主要负责人，应当保证权益变动报告书及相关申报文件内容的真实性、准确性、完整性，承诺其中不存在虚假记载、误导性陈述或重大遗漏，并就其保证承担个别和连带的法律责任。

第二章 简式权益变动报告书
第一节 封面、扉页、目录、释义

第十三条 简式权益变动报告书全文文本封面应标有"××公司(上市公司名称)简式权益变动报告书"字样，并应载明以下内容：

（一）上市公司的名称、股票上市地点、股票简称、股票代码；

（二）信息披露义务人的姓名或名称、住所、通讯地址；

（三）简式权益变动报告书签署日期。

第十四条 信息披露义务人应当在简式权益变动报告书的扉页刊登如下声明：

（一）编写本报告书的法律依据；

（二）信息披露义务人签署本报告书已获得必要的授权和批准；

（三）依据《证券法》、《收购办法》的规定，本报告书已全面披露信息披露义务人在××公司中拥有权益的股份变动情况；

截至本报告书签署之日，除本报告书披露的信息外，上述信息披露义务人没有通过任何其他方式增加或减少其在××公司中拥有权益的股份；

（四）信息披露义务人应当声明本次在××公司中拥有权益的股份变动的生效条件(如有)。

第十五条 权益变动报告书目录应当标明各章、节的标题及相应的页码，内容编排也应符合通行的中文惯例。

第十六条 信息披露义务人应就投资者理解可能有障碍及有特定含义的术语做出释义。权益变动报告书的释义应在目录次页排印。

第二节 信息披露义务人介绍

第十七条 信息披露义务人是法人或者其他组织的，应当披露如下基本情况：

（一）名称、注册地、法定代表人、注册资本、工商行政管理部门或者其他机构核发的注册号码及代码、企业类型及经济性质、主要经营范围、经营期限、主要股东或者发起人的姓名或者名称(如为有限责任公司或者股份有限公司)、通讯方式；

（二）信息披露义务人的董事及其主要负责人的姓名(包括曾用名)、性别、身份证件号码(可不在媒体披露)、国籍、长期居住地及是否取得其他国家或者地区的居留权、在公司任职或在其他公司兼职情况；

（三）信息披露义务人还应当简要披露其在境内、境外其他上市公司中拥有权益的股份达到或超过该公司已发行股份5%的情况。

第十八条 信息披露义务人或其一致行动人是自然人的，应当披露以下基本情况：

（一）姓名(包括曾用名)、性别、国籍、身份证件号码、住所、通讯地址、通讯方式以及是否取得其他国家或者地区的居留权等；其中，身份证件号码、住所、通讯方式可以不在媒体公告；

（二）信息披露义务人还应当简要披露其在境内、境外其他上市公司中拥有权益的股份达到或超过该公司已发行股份 5% 的情况。

第十九条 信息披露义务人为多人的，除应当分别按照本准则第十七条和第十八条披露各信息披露义务人的情况外，还应当披露：

（一）各信息披露义务人之间在股权、资产、业务、人员等方面的关系，并以方框图的形式加以说明；

（二）信息披露义务人应当说明其采取一致行动的目的、达成一致行动协议或者意向的时间、一致行动协议或者意向的内容（特别是一致行动人行使股份表决权的程序和方式）。

第三节 持股目的

第二十条 增加其在上市公司中拥有权益的股份的信息披露义务人，应当披露其持股目的，并披露其是否有意在未来 12 个月内继续增加其在上市公司中拥有权益的股份。

减少其在上市公司中拥有权益的股份的信息披露义务人，应当披露其是否有意在未来 12 个月内增加或继续减少其在上市公司中拥有权益的股份。

第四节 权益变动方式

第二十一条 信息披露义务人应当按照《收购办法》及本准则的规定计算其在上市公司中拥有权益的股份种类、数量和比例。

信息披露义务人为多人的，还应当分别披露各信息披露义务人在上市公司中拥有权益的股份种类、数量、占上市公司已发行股份的比例。

信息披露义务人持有表决权未恢复的优先股的，还应当披露持有数量和比例。

第二十二条 通过证券交易所的集中交易导致其在上市公司中拥有权益的股份达到法定比例的，信息披露义务人应当披露以下基本情况：

（一）其拥有权益的股份增减变动达到法定比例的日期、增持股份的资金来源；

（二）在上市公司中拥有权益的股份的详细名称、种类、数量、比例，以及该类股份变动的时间及方式。

第二十三条 通过协议转让导致信息披露义务人在上市公司中拥有权益的股份变动达到法定比例的，信息披露义务人（包括出让人和受让人）应当披露以下基本情况：

（一）转让协议的主要内容，包括协议转让的当事人、转让股份的种类、数量、比例、股份性质及性质变动情况、转让价款、股份转让的支付对价（如现金、资产、债权、股权或其他安排）及其来源、付款安排、协议签订时间、生效时间及条件、特别条款等；

（二）本次拟转让的股份是否存在被限制转让的情况、本次股份转让是否附加特殊条件、是否存在补充协议、协议双方是否就股份表决权的行使存在其他安排、是否就出让人在该上市公司中拥有权益的其余股份存在其他安排；

（三）本次协议转让导致信息披露义务人在上市公司中拥有权益的股份变动的时间及方式；

（四）如本次股份转让须经有关部门批准，应当说明批准部门的名称、批准进展情况。

第二十四条 通过信托或其他资产管理方式导致信息披露义务人在上市公司中拥有权益的股份变动达到法定比例的双方当事人，应当披露信托合同或者其他资产管理安排的主要内容，包括信托或其他资产管理的具体方式、信托管理权限（包括上市公司股份表决权的行使等）、涉及的股份种类、数量及占上市公司已发行股份的比例、导致信息披露义务人在上市公司中拥有权益的股份变动的时间及方式、信托或资产管理费用、合同的期限及变更、终止的条件、信托资产处理安排、合同签订的时间及其他特别条款等。

第二十五条 虽不是上市公司股东，但通过股权控制关系、协议或其他安排在上市公司中拥有权益的股份变动达到法定比例的，信息披露义务人应当披露其形成股权控制关系或者达成协议或其他安排的时间、其在上市公司中拥有权益的股份变动的时间及方式、与控制关系相关的协议（如取得对上市公司股东的控制权所达成的协议）的主要内容及其生效和终止条件、控制方式（包括相关股份表决权的行使权限）、控制关系结构图及各层控制关系下的各主体及其持股比例、以及是否存在其他共同控制人及其身份介绍等。

第二十六条 出让人为上市公司股东的股东，通过证券交易所以外的市场采用公开征集受让人方式出让其所持有的上市公司股东的股份的，应当在该市场挂牌出让之日起 3 日内通知上市公司进行提示性公告，并予以披露。与受让人签署协议后，出让人应当按照本准则第二十三条的规定披露相关信息。

第二十七条 因国有股份行政划转、变更、国有单位合并等导致信息披露义务人拥有权益的股份变动达到法定比例的，信息披露义务人（国有单位包括划出方和划入方、合并双方）应当在上市公司所在地国资部门批准之日起 3 日内披露股权划出方及划入方（变更方、合并双方）

的名称、划转(变更、合并)股份的种类、数量、比例及性质、批准划转(变更、合并)的时间及机构,其在上市公司中拥有权益的股份变动的时间及方式,如需进一步取得有关部门批准的,说明其批准情况。

第二十八条 信息披露义务人拟取得上市公司向其发行的新股而导致其在上市公司中拥有权益的股份变动达到法定比例的,应当在上市公司董事会作出向信息披露义务人发行新股决议之日起3日内,按照本准则的规定编制简式或详式权益变动报告书,说明取得本次发行新股的种类、数量和比例、发行价格和定价依据、支付条件和支付方式、已履行及尚未履行的批准程序、转让限制或承诺、最近一年及一期内与上市公司之间的重大交易情况及未来与上市公司之间的其他安排,并予以公告,在权益变动报告书的扉页应当声明"本次取得上市公司发行的新股尚须经股东大会批准及中国证监会核准"。

信息披露义务人以其非现金资产认购上市公司发行的新股的,还应当披露非现金资产最近两年经符合《证券法》规定的会计师事务所审计的财务会计报告,或经符合《证券法》规定的评估机构出具的有效期内的资产评估报告。

经中国证监会核准后,上市公司负责办理股份过户手续,公告发行结果。

上市公司董事会作出发行新股决议时未确定发行对象,信息披露义务人因取得上市公司发行新股导致其在公司拥有权益的股份变动达到法定比例的,应当在上市公司公告发行结果之日起3日内,按照本条第一款的要求予以公告。

第二十九条 因执行法院裁定对上市公司股份采取公开拍卖措施,导致申请执行人在上市公司中拥有权益的股份变动达到法定比例的,申请执行人应当在收到裁定之日起3日内披露作出裁定决定的法院名称、裁定的日期、案由、申请执行人收到裁定的时间、裁定书的主要内容、拍卖机构名称、拍卖事由、拍卖结果。

第三十条 因继承或赠与导致信息披露义务人在上市公司中拥有权益的股份变动达到法定比例的,信息披露义务人应当披露其与被继承人或赠与人之间的关系、继承或赠与开始的时间,是否为遗嘱继承、遗嘱执行情况的说明等。

第三十一条 信息披露义务人为上市公司董事、监事、高级管理人员及员工或其所控制或委托的法人或者其他组织的,应当披露以下基本情况:

(一)上市公司董事、监事、高级管理人员及员工在上市公司中拥有权益的股份种类、数量、比例,以及董事、监事、高级管理人员个人持股的种类、数量、比例;

如通过上市公司董事、监事、高级管理人员及员工所控制或委托的法人或者其他组织持有上市公司股份,还应当披露该控制或委托关系、相关法人或其他组织的股本结构、内部组织架构、内部管理程序、公司章程的主要内容、所涉及的人员范围等;

(二)在上市公司中拥有权益的股份变动达到法定比例的时间、方式及定价依据,该类股份变动的时间及方式;

(三)支付方式及资金来源,如资金来源于向第三方借款,应当披露借款协议的主要内容,包括借款方、借款的条件、金额、还款计划及资金来源;

(四)除上述借款协议外,如就该股份的取得、处分及表决权的行使与第三方存在特殊安排,应当披露该安排的具体内容;

(五)如该股份通过赠与方式取得,应当披露赠与的具体内容及是否附加条件;

(六)上市公司实行董事、监事、高级管理人员及员工持股的目的及后续计划,包括是否将于近期提出利润分配方案等;

(七)上市公司董事、监事、高级管理人员是否在其他公司任职,是否存在《公司法》第一百四十八条规定的情形;

(八)上市公司董事、监事、高级管理人员最近3年是否有证券市场不良诚信记录的情形;

(九)上市公司是否已履行必要的批准程序;

(十)上市公司董事会、监事会声明其已经履行诚信义务,有关本次董事、监事、高级管理人员及员工持股符合上市公司及其他股东的利益,不存在损害上市公司及其他股东权益的情形。

第三十二条 协议转让股份的出让人或国有股权行政划转的划出方为上市公司控股股东或者实际控制人的,还应当披露以下内容:

(一)本次股权转让或划转后是否失去对上市公司的控制权;在本次转让控制权前,是否对受让人的主体资格、资信情况、受让意图等已进行合理调查和了解,说明相关调查情况;

(二)出让人或者划出方及其关联方是否存在未清偿其对上市公司的负债,未解除上市公司为其负债提供的担保,或者损害上市公司利益的其他情形;如有前述情形,应披露具体的解决方案。

第三十三条 因商业银行发行的可转换优先股转换为普通股导致信息披露义务人在上市公司中拥有权益的股份变动达到法定比例的，信息披露义务人应当披露可转换优先股的转股条件、转股价格、转股比例及占上市公司已发行股份的比例。

因优先股表决权恢复导致信息披露义务人在上市公司中拥有权益的股份变动达到法定比例的，信息披露义务人应当披露表决权恢复的条件和原因，及其在上市公司中拥有权益的股份变动的时间及方式。

第三十四条 信息披露义务人应当披露其在上市公司中拥有权益的股份是否存在任何权利限制，包括但不限于股份被质押、冻结等。

第三十五条 按照《收购办法》规定仅须就拥有权益的股份变动予以公告，但无须编制权益变动报告书的，信息披露义务人应当披露以下情况：

（一）信息披露义务人的姓名或者名称；

（二）信息披露义务人在上市公司中拥有权益的股份的详细名称、股份性质、股份种类、股份数量、占上市公司已发行股份的比例；

（三）本次拥有权益的股份变动达到法定比例的日期及方式。

第三十六条 如已经编制并披露权益变动报告书，信息披露义务人除按照本节要求就股份变动情况予以披露外，还应当简要提示前次权益变动报告书披露的日期、前次持股种类和数量。

第五节 前6个月内买卖上市交易股份的情况

第三十七条 信息披露义务人自事实发生之日起前6个月内有通过证券交易所的集中交易买卖上市公司股票行为的，应当披露如下情况：

（一）每个月买卖股票的种类和数量（按买入和卖出分别统计）；

（二）交易的价格区间（按买入和卖出分别统计）。

第六节 其他重大事项

第三十八条 信息披露义务人应当披露为避免对报告书内容产生误解而必须披露的其他信息，以及中国证监会或者证券交易所依法要求信息披露义务人提供的其他信息。

第三十九条 各信息披露义务人（如为法人或者其他组织）的法定代表人（或者主要负责人）或者自然人（如信息披露义务人为自然人）应当在权益变动报告书上签字、盖章、签注日期，并载明以下声明：

"本人（以及本人所代表的机构）承诺本报告不存在虚假记载、误导性陈述或重大遗漏，并对其真实性、准确性、完整性承担个别和连带的法律责任"。

第七节 备查文件

第四十条 信息披露义务人应当将备查文件的原件或有法律效力的复印件报送证券交易所及上市公司。备查文件包括：

（一）各信息披露义务人的法人营业执照；信息披露义务人为自然人的，应提供其身份证明文件；

（二）信息披露义务人董事及其主要负责人的名单及其身份证明文件；

（三）专业机构出具的专业意见（如有）；

（四）本报告书所提及的有关合同、协议以及其他相关文件；

（五）中国证监会或证券交易所要求报送的其他备查文件。

第三章 详式权益变动报告书

第四十一条 根据《收购办法》规定须编制详式权益变动报告书的信息披露义务人，应当比照《公开发行证券的公司信息披露内容与格式准则第16号——上市公司收购报告书》第二章对收购人的要求编制详式权益变动报告书，同时说明信息披露义务人是否存在《收购办法》第六条规定的情形、是否能够按照《收购办法》第五十条的规定提供相关文件。

第四十二条 根据《收购办法》第十七条的规定，信息披露义务人须聘请财务顾问机构对详式权益变动报告书中所披露的内容出具核查意见的，核查意见须作为详式权益变动报告书的备查文件同时报送证券交易所及上市公司。财务顾问机构及其法定代表人或授权代表人、财务顾问主办人还应当在详式权益变动报告书上签字、盖章、签注日期，并载明以下声明：

"本人及本人所代表的机构已履行勤勉尽责义务，对信息披露义务人的权益变动报告书的内容已进行核查和验证，未发现虚假记载、误导性陈述或者重大遗漏，并对此承担相应的责任"。

第四十三条 信息披露义务人应当按照本准则附表二的要求编制详式权益变动报告书的附表。

第四章 附则

第四十四条 本准则所称拥有权益的股份，是指普通股（含表决权恢复的优先股），不包括表决权未恢复的优先股。

第四十五条　本准则由中国证监会负责解释。

第四十六条　本准则自公布之日起施行。《公开发行证券的公司信息披露内容与格式准则第15号——权益变动报告书》(证监公司字〔2006〕156号)同时废止。

附表一：简式权益变动报告书(略)

附表二：详式权益变动报告书(略)

第16号——上市公司收购报告书

·2014年5月28日中国证券监督管理委员会公告〔2014〕25号发布

·根据2020年3月20日《中国证券监督管理委员会关于修改部分证券期货规范性文件的决定》修正

第一章　总　则

第一条　为了规范上市公司收购活动中的信息披露行为，保护投资者的合法权益，维护证券市场秩序，根据《证券法》《上市公司收购管理办法》(以下简称《收购办法》)及其他相关法律、行政法规及部门规章的有关规定，制订本准则。

第二条　通过协议收购、间接收购和其他合法方式，在上市公司中拥有权益的股份超过该上市公司已发行股份的30%的投资者及其一致行动人(以下简称收购人)，应当按照本准则的要求编制和披露上市公司收购报告书(以下简称收购报告书)。

第三条　收购人是多人的，可以书面形式约定由其中一人作为指定代表以共同名义负责统一编制和报送收购报告书，依照《收购办法》及本准则的规定披露相关信息，并同意授权指定代表在信息披露文件上签字盖章。

第四条　本准则的规定是对上市公司收购信息披露的最低要求。不论本准则中是否有明确规定，凡对上市公司投资者做出投资决策有重大影响的信息，收购人均应当予以披露。

第五条　本准则某些具体要求对收购人确实不适用的，收购人可以针对实际情况，在不影响披露内容完整性的前提下做适当修改，但应在报送时作书面说明。

第六条　由于商业秘密(如核心技术的保密资料、商业合同的具体内容等)等特殊原因，本准则规定的某些信息确实不便披露的，收购人可以向中国证监会申请免予披露，经中国证监会同意后，可以不予披露。

第七条　在不影响信息披露的完整性和不致引起阅读不便的前提下，收购人可以采用相互引证的方法，对各相关部分的内容进行适当的技术处理，以避免重复和保持文字简洁。

第八条　收购人在编制收购报告书时，应当遵循以下一般要求：

(一)文字应当简洁、通俗、平实和明确，引用的数据应当提供资料来源，事实应有充分、客观、公正的依据；

(二)引用的数字应当采用阿拉伯数字，货币金额除特别说明外，应指人民币金额，并以元、千元或百万元为单位；

(三)收购人可以根据有关规定或其他需求，编制收购报告书外文译本，但应当保证中、外文本的一致性，并在外文文本上注明："本收购报告书分别以中、英(或日、法等)文编制，在对中外文本的理解上发生歧义时，以中文文本为准"；

(四)收购报告书全文文本应当采用质地良好的纸张印刷，幅面为209×295毫米(相当于标准的A4纸规格)；

(五)在报刊刊登的收购报告书最小字号为标准6号字，最小行距为0.02；

(六)不得刊载任何有祝贺性、广告性和恭维性的词句。

第九条　收购人在收购报告书中援引律师、注册会计师、财务顾问及其他相关专业机构出具的专业报告或意见的内容，应当说明相关专业机构已书面同意上述援引。

第十条　收购人在报送收购报告书的同时，应当提交按照本准则附表的要求所编制的收购报告书附表及有关备查文件。有关备查文件应当为原件或有法律效力的复印件。

第十一条　收购人应当按照《收购办法》的规定将收购报告书摘要、收购报告书及附表刊登于证券交易所的网站和符合中国证监会规定条件的媒体；在其他媒体上进行披露的，披露内容应当一致，披露时间不得早于前述披露的时间。

收购人应当将收购报告书、附表和备查文件备置于上市公司住所和证券交易所，以备查阅。

第十二条　收购人董事会及其董事或者主要负责人，应当保证收购报告书及相关申报文件内容的真实性、准确性、完整性，承诺其中不存在虚假记载、误导性陈述或重大遗漏，并就其保证承担个别和连带的法律责任。

如个别董事或主要负责人对报告内容的真实性、准确性、完整性无法做出保证或者存在异议的，应当单独陈述理由和发表意见。

第二章 上市公司收购报告书

第一节 封面、书脊、扉页、目录、释义

第十三条 收购报告书全文文本封面应标有"××公司(上市公司名称)收购报告书"字样,并应载明以下内容:

(一)上市公司的名称、股票上市地点、股票简称、股票代码;

(二)收购人的名称或姓名、住所、通讯地址;

(三)收购报告书签署日期。

第十四条 收购报告书全文文本书脊应标明"××公司收购报告书"字样。

第十五条 收购报告书扉页应当刊登收购人如下声明:

(一)编写本报告书的法律依据;

(二)依据《证券法》《收购办法》的规定,本报告书已全面披露收购人(包括投资者及与其一致行动的他人)在××公司拥有权益的股份;

截至本报告书签署之日,除本报告书披露的持股信息外,上述收购人没有通过任何其他方式在××公司拥有权益;

(三)收购人签署本报告已获得必要的授权和批准,其履行亦不违反收购人章程或内部规则中的任何条款,或与之相冲突;

(四)涉及须经批准方可进行的收购行为,收购人应当声明本次收购在获得有关主管部门批准后方可进行、有关批准的进展情况;是否符合《收购办法》第六章规定的免除发出要约的情形;涉及其他法律义务的,应当声明本次收购生效的条件;

(五)本次收购是根据本报告所载明的资料进行的。除本收购人和所聘请的专业机构外,没有委托或者授权任何其他人提供未在本报告书中列载的信息和对本报告书做出任何解释或者说明。

第十六条 收购报告书目录应当标明各章、节的标题及相应的页码,内容编排也应符合通行的中文惯例。

第十七条 收购人应就投资者理解可能有障碍及有特定含义的术语作出释义。收购报告书的释义应在目录次页排印。

第二节 收购人介绍

第十八条 收购人为法人或者其他组织的,应当披露如下基本情况:

(一)收购人的名称、注册地、法定代表人、注册资本、工商行政管理部门或者其他机构核发的注册号码及代码、企业类型及经济性质、经营范围、经营期限、股东或者发起人的姓名或者名称(如为有限责任公司或者股份有限公司)、通讯地址、通讯方式(包括联系电话);

(二)收购人应当披露其控股股东、实际控制人的有关情况,并以方框图或者其他有效形式,全面披露与其控股股东、实际控制人之间的股权控制关系,实际控制人原则上应披露到自然人、国有资产管理部门或者股东之间达成某种协议或安排的其他机构;

收购人应当说明其控股股东、实际控制人所控制的核心企业和核心业务、关联企业及主营业务的情况;

(三)收购人从事的主要业务及最近3年财务状况的简要说明,包括总资产、净资产、收入及主营业务收入、净利润、净资产收益率、资产负债率等;如收购人设立不满3年或专为本次收购而设立的公司,应当介绍其控股股东或实际控制人所从事的业务及最近3年的财务状况;

(四)收购人最近5年受过行政处罚(与证券市场明显无关的除外)、刑事处罚、或者涉及与经济纠纷有关的重大民事诉讼或者仲裁的,应当披露处罚机关或者受理机构的名称,处罚种类,诉讼或者仲裁结果,以及日期、原因和执行情况;

(五)收购人董事、监事、高级管理人员(或者主要负责人)的姓名(包括曾用名)、身份证号码(可以不在媒体公告)、国籍,长期居住地,是否取得其他国家或者地区的居留权;

前述人员最近5年受过行政处罚(与证券市场明显无关的除外)、刑事处罚或者涉及与经济纠纷有关的重大民事诉讼或者仲裁的,应当按照本款第(四)项的要求披露处罚的具体情况;

(六)收购人及其控股股东、实际控制人在境内、境外其他上市公司拥有权益的股份达到或超过该公司已发行股份5%的简要情况;收购人或其实际控制人为两个或两个以上上市公司的控股股东或实际控制人的,还应当披露持股5%以上的银行、信托公司、证券公司、保险公司等其他金融机构的简要情况。

第十九条 收购人是自然人的,应当披露如下基本情况:

(一)姓名(包括曾用名)、性别、国籍、身份证号码、住所、通讯地址、通讯方式以及是否取得其他国家或者地区的居留权等,其中,身份证号码、住所、通讯方式可以不在媒体公告;

(二)最近5年内的职业、职务,应注明每份职业的起

止日期以及所任职单位的名称、主营业务及注册地以及是否与所任职单位存在产权关系；

（三）最近5年受过行政处罚（与证券市场明显无关的除外）、刑事处罚或者涉及与经济纠纷有关的重大民事诉讼或仲裁的，应披露处罚机关或者受理机构的名称，所受处罚的种类，诉讼或者仲裁的结果，以及日期、原因和执行情况；

（四）收购人所控制的核心企业和核心业务、关联企业及主营业务的情况说明；

（五）收购人在境内、境外其他上市公司拥有权益的股份达到或超过该公司已发行股份5%的简要情况；收购人为两个或两个以上上市公司控股股东或实际控制人的，还应当披露持股5%以上的银行、信托公司、证券公司、保险公司等其他金融机构的简要情况。

第二十条 收购人为多人的，除应当分别按照本准则第十八条和第十九条的规定披露各收购人的情况外，还应当披露：

（一）各收购人之间在股权、资产、业务、人员等方面的关系，并以方框图的形式加以说明；

（二）收购人应当说明采取一致行动的目的、达成一致行动协议或者意向的时间、一致行动协议或者意向的内容（特别是一致行动人行使股份表决权的程序和方式）、是否已向证券登记结算机构申请临时保管各自持有的该上市公司的全部股票以及保管期限。

第三节 收购决定及收购目的

第二十一条 收购人应当披露其关于本次收购的目的、是否拟在未来12个月内继续增持上市公司股份或者处置其已拥有权益的股份。

第二十二条 收购人为法人或者其他组织的，还应当披露其做出本次收购决定所履行的相关程序及具体时间。

第四节 收购方式

第二十三条 收购人应当按照《收购办法》及本准则的规定计算其在上市公司中拥有权益的股份种类、数量和比例。

收购人为多人的，还应当分别披露其一致行动人在上市公司中拥有权益的股份种类、数量、占上市公司已发行股份的比例。

收购人持有表决权未恢复的优先股的，还应当披露持有数量和比例。

第二十四条 通过协议收购方式进行上市公司收购的，收购人应当披露以下基本情况：

（一）转让协议的主要内容，包括协议转让的当事人、转让股份的种类、数量、比例、股份性质及性质变动情况、转让价款、股份转让的支付对价（如现金、资产、债权、股权或其他安排）、付款安排、协议签订时间、生效时间及条件、特别条款等；

（二）本次拟转让的股份是否存在被限制转让的情况、本次股份转让是否附加特殊条件、是否存在补充协议、协议双方是否就股份表决权的行使存在其他安排、是否就出让人在该上市公司中拥有权益的其余股份存在其他安排；

（三）本次协议转让导致信息披露义务人在上市公司中拥有权益的股份变动的时间及方式；

（四）如本次股份转让需要有关部门批准的，应当说明批准部门的名称、批准进展情况。

第二十五条 通过信托或其他资产管理方式进行上市公司收购的双方当事人，应当披露信托合同或者其他资产管理安排的主要内容，包括信托或其他资产管理的具体方式、信托管理权限（包括上市公司股份表决权的行使等）、涉及的股份的种类、数量及占上市公司已发行股份的比例、导致双方当事人在上市公司中拥有权益的股份变动的时间及方式、信托或资产管理费用、合同的期限及变更、终止的条件、信托资产处理安排、合同签订的时间及其他特别条款等。

第二十六条 虽不是上市公司股东，但通过股权控制关系、协议或其他安排进行上市公司收购的，收购人应当披露形成股权控制关系或者达成协议或其他安排的时间，其在上市公司中拥有权益的股份变动的时间及方式、与控制关系相关的协议（如取得对上市公司股东的控制权所达成的协议）的主要内容及其生效和终止条件、控制方式（包括相关股份表决权的行使权限）、控制关系结构图及各层控制关系下的各主体及其持股比例、以及是否存在其他共同控制人及其身份介绍等。

第二十七条 通过国有股份行政划转、变更、国有单位合并等进行上市公司收购的，收购人应当在上市公司所在地国资部门批准之日起3日内披露股权划出方及划入方（变更方、合并双方）的名称、划转（变更、合并）股份的种类、数量、比例及性质、批准划转（变更、合并）的时间及机构，其在上市公司中拥有权益的股份变动的时间及方式，如需进一步取得有关部门批准的，说明其批准情况。

第二十八条 收购人拟取得上市公司向其发行的新股而导致其拥有权益的股份超过上市公司股本总额

30%，且公司控制权发生改变的，应当在上市公司董事会作出向收购人发行新股决议之日起 3 日内，按照本准则的规定编制收购报告书，说明取得本次发行新股的种类、数量和比例、发行价格及定价依据、支付条件和支付方式、已履行及尚未履行的批准程序、转让限制或承诺、与上市公司之间的其他安排等，并予以公告，在收购报告书的扉页应当声明"本次取得上市公司发行的新股尚须经股东大会批准及中国证监会核准"。

收购人以其非现金资产认购上市公司发行的新股的，还应当披露非现金资产最近两年经符合《证券法》规定的会计师事务所审计的财务会计报告，或经符合《证券法》规定的评估机构出具的有效期内的资产评估报告。

经中国证监会核准后，上市公司负责办理股份过户手续，公告发行结果。

第二十九条 因执行法院裁定对上市公司股份采取公开拍卖措施，导致申请执行人在上市公司中拥有权益的股份超过上市公司股本总额 30%，且公司控制权发生改变的，申请执行人应当在收到裁定之日起 3 日内披露作出裁定决定的法院名称、裁定的日期、案由、申请执行人收到裁定的时间、裁定书的主要内容、拍卖机构名称、拍卖事由、拍卖结果。

第三十条 因继承或赠与取得上市公司股份而进行上市公司收购的，收购人应当披露其与被继承人或赠与人之间的关系、继承或赠与开始的时间、是否为遗嘱继承、遗嘱执行情况的说明等。

第三十一条 上市公司董事、监事、高级管理人员及员工或者其所控制或委托的法人或其他组织收购本公司股份并取得控制权，或者通过投资关系、协议或其他安排导致其拥有权益的股份超过本公司已发行股份 30% 的，应当披露以下基本情况：

（一）上市公司是否具备健全且运行良好的组织机构以及有效的内部控制制度、公司董事会成员中独立董事的比例是否达到或者超过一半；

（二）上市公司董事、监事、高级管理人员及员工在上市公司中拥有权益的股份种类、数量、比例，该类股份变动的时间及方式，以及董事、监事、高级管理人员个人持股的种类、数量、比例；

如通过上市公司董事、监事、高级管理人员及员工所控制或委托的法人或其他组织持有上市公司股份，还应当披露该控制或委托关系、相关法人或其他组织的股本结构、内部组织架构、内部管理程序、公司章程的主要内容、所涉及的人员范围、数量、比例等；

（三）收购的定价依据、资产评估方法和评估结果；

（四）支付方式及资金来源，如资金来源于向第三方借款，应当披露借款协议的主要内容，包括借款方、借款的条件、金额、还款计划及资金来源；

（五）除上述借款协议外，如果就该股份的取得、处分及表决权的行使与第三方存在特殊安排的，应当披露该安排的具体内容；

（六）如该股份通过赠与方式取得，应当披露赠与的具体内容及是否附加条件；

（七）上市公司实行董事、监事、高级管理人员及员工收购的后续计划，包括是否将于近期提出利润分配方案等；

（八）上市公司董事、监事、高级管理人员是否在其他公司任职，是否存在《公司法》第一百四十八条规定的情形；

（九）上市公司董事、监事、高级管理人员最近 3 年是否有证券市场不良诚信记录情形；

（十）上市公司是否已履行必要的批准程序；

（十一）上市公司董事会、监事会声明其已经履行诚信义务，有关本次管理层收购符合上市公司及其他股东的利益，不存在损害上市公司及其他股东权益的情形。

第三十二条 因可转换优先股转换为普通股导致收购人取得商业银行控制权，或者导致其拥有权益的股份超过商业银行已发行股份 30% 的，收购人应当披露可转换优先股的转股条件、转股价格、转股比例及占商业银行已发行股份的比例。

因优先股表决权恢复导致收购人取得上市公司控制权，或者导致其拥有权益的股份超过上市公司已发行股份 30% 的，收购人应当披露表决权恢复的条件和原因，及其在上市公司中拥有权益的股份变动的时间及方式。

第三十三条 收购人应当披露其拥有权益的上市公司股份是否存在任何权利限制，包括但不限于股份被质押、冻结。

第五节 资金来源

第三十四条 收购人应当披露本次为取得上市公司中拥有权益的股份所支付的资金总额、资金来源及支付方式，并就下列事项做出说明：

（一）如果其资金或者其他对价直接或者间接来源于借贷，应简要说明借贷协议的主要内容，包括借贷方、借贷数额、利息、借贷期限、担保及其他重要条款；

（二）收购人应当声明其收购资金是否直接或者间接来源于上市公司及其关联方，如通过与上市公司进行

资产置换或者其他交易取得资金;如收购资金直接或者间接来源于上市公司及其关联方,应当披露相关的安排;

(三)上述资金或者对价的支付或者交付方式(一次或分次支付的安排或者其他条件)。

第六节 免于发出要约的情况

第三十五条 收购人拟根据《收购办法》第六章的规定免于发出要约的,应当详细披露以下情况:

(一)免于发出要约的事项及理由;

(二)本次收购前后上市公司股权结构;

(三)中国证监会或证券交易所要求披露的其他内容。

第三十六条 收购人通过协议方式收购上市公司的,如存在被收购公司原控股股东及其关联方未清偿对被收购公司的负债、未解除被收购公司为其负债提供的担保或者其他损害公司利益情形的,应当披露原控股股东和其他实际控制人就上述问题提出的解决方案。

被收购公司董事会、独立董事应当对解决方案是否切实可行发表意见。

第三十七条 为挽救出现严重财务困难的上市公司而进行收购的,收购人应当在披露公告的同时提出切实可行的重组方案,并披露上市公司董事会的意见及独立财务顾问对该方案出具的专业意见。

第三十八条 收购人应当披露有关本次股权变动的证明文件,表明本次受让的股份是否存在质押、担保等限制转让的情形。

第三十九条 收购人应当聘请律师事务所就本次免于发出要约事项出具法律意见书,该法律意见书至少应当就下列事项发表明确的法律意见,并就本次免除发出要约事项发表整体结论性意见:

(一)收购人是否具有合法的主体资格;

(二)本次收购是否属于《收购办法》规定的免除发出要约情形;

(三)本次收购是否已经履行法定程序;

(四)本次收购是否存在或者可能存在法律障碍;

(五)收购人是否已经按照《收购办法》履行信息披露义务;

(六)收购人在本次收购过程中是否存在证券违法行为等。

第四十条 涉及国家授权机构持有的股份或者必须取得相关主管部门批准的,应当按照国务院和有关部门的相关规定,提供相关批准文件作为备查文件。

第七节 后续计划

第四十一条 收购人应当披露其收购上市公司的后续计划,包括:

(一)是否拟在未来12个月内改变上市公司主营业务或者对上市公司主营业务作出重大调整;

(二)未来12个月内是否拟对上市公司或其子公司的资产和业务进行出售、合并、与他人合资或合作的计划,或上市公司拟购买或置换资产的重组计划;

(三)是否拟改变上市公司现任董事会或高级管理人员的组成,包括更改董事会中董事的人数和任期、改选董事的计划或建议、更换上市公司高级管理人员的计划或建议;如果拟更换董事或者高级管理人员的,应当披露拟推荐的董事或者高级管理人员的简况;说明收购人与其他股东之间是否就董事、高级管理人员的任免存在任何合同或者默契;

(四)是否拟对可能阻碍收购上市公司控制权的公司章程条款进行修改及修改的草案;

(五)是否拟对被收购公司现有员工聘用计划作重大变动及其具体内容;

(六)上市公司分红政策的重大变化;

(七)其他对上市公司业务和组织结构有重大影响的计划。

第八节 对上市公司的影响分析

第四十二条 收购人应当就本次收购完成后,对上市公司的影响及风险予以充分披露,包括:

(一)本次收购完成后,收购人与上市公司之间是否人员独立、资产完整、财务独立;

上市公司是否具有独立经营能力,在采购、生产、销售、知识产权等方面是否保持独立;

(二)收购人及其关联方所从事的业务与上市公司的业务之间是否存在同业竞争或潜在的同业竞争,是否存在关联交易;如存在,收购人已做出的确保收购人及其关联方与上市公司之间避免同业竞争以及保持上市公司独立性的相应安排。

第九节 与上市公司之间的重大交易

第四十三条 收购人应当披露各成员以及各自的董事、监事、高级管理人员(或者主要负责人)在报告日前24个月内,与下列当事人发生的以下重大交易:

(一)与上市公司及其子公司进行资产交易的合计金额高于3000万元或者高于被收购公司最近经审计的合并财务报表净资产5%以上的交易的具体情况(前述交

易按累计金额计算）；

（二）与上市公司的董事、监事、高级管理人员进行的合计金额超过人民币 5 万元以上的交易；

（三）是否存在对拟更换的上市公司董事、监事、高级管理人员进行补偿或者存在其他任何类似安排；

（四）对上市公司有重大影响的其他正在签署或者谈判的合同、默契或者安排。

第十节　前 6 个月内买卖上市交易股份的情况

第四十四条　收购人在事实发生之日前 6 个月内有通过证券交易所的证券交易买卖被收购公司股票的，应当披露如下情况：

（一）每个月买卖股票的种类和数量（按买入和卖出分别统计）；

（二）交易的价格区间（按买入和卖出分别统计）。

第四十五条　收购人及各自的董事、监事、高级管理人员（或者主要负责人），以及上述人员的直系亲属在事实发生之日起前 6 个月内有通过证券交易所的证券交易买卖被收购公司股票行为的，应当按照第四十四条的规定披露其具体的交易情况。

前款所述收购人的关联方未参与收购决定、且未知悉有关收购信息的，收购人及关联方可以向中国证监会提出免于披露相关交易情况的申请。

第十一节　收购人的财务资料

第四十六条　收购人为法人或者其他组织的，收购人应当披露最近 3 年财务会计报表，并提供最近一个会计年度经符合《证券法》规定的会计师事务所审计的财务会计报告，注明审计意见的主要内容及采用的会计制度及主要会计政策、主要科目的注释等。会计师应当说明公司前两年所采用的会计制度及主要会计政策与最近一年是否一致，如不一致，应做出相应的调整。

如截止收购报告书摘要公告之日，收购人的财务状况较最近一个会计年度的财务会计报告有重大变动的，收购人应提供最近一期财务会计报告并予以说明。

如果该法人或其他组织成立不足一年或者是专为本次收购而设立的，则应当比照前款披露其实际控制人或者控股公司的财务资料。

收购人为境内上市公司的，可以免于披露最近 3 年财务会计报表，但应当说明发布其年报的媒体名称及时间。

收购人为境外投资者的，应当提供依据中国会计准则或国际会计准则编制的财务会计报告。

收购人因业务规模巨大、下属子公司繁多等原因，难以按照前述要求提供相关财务资料的，须请财务顾问就其具体情况进行核查，在所出具的核查意见中说明收购人无法按规定提供财务资料的原因、收购人具备收购上市公司的实力、且没有规避信息披露义务的意图。

第十二节　其他重大事项

第四十七条　收购人应当披露为避免对报告书内容产生误解而必须披露的其他信息，以及中国证监会或者证券交易所依法要求收购人披露的其他信息。

第四十八条　各收购人的法定代表人（或者主要负责人）或者其指定代表应当在收购报告书上签字、盖章、签注日期，并载明以下声明：

"本人（以及本人所代表的机构）承诺本报告及其摘要不存在虚假记载、误导性陈述或重大遗漏，并对其真实性、准确性、完整性承担个别和连带的法律责任。"

第四十九条　财务顾问及其法定代表人或授权代表人、财务顾问主办人应当在上市公司收购报告书上签字、盖章、签注日期，并载明以下声明：

"本人及本人所代表的机构已履行勤勉尽责义务，对收购报告书的内容进行了核查和验证，未发现虚假记载、误导性陈述或者重大遗漏，并对此承担相应的责任。"

第五十条　收购人聘请的律师及其所就职的律师事务所应当在上市公司收购报告书上签字、盖章、签注日期，并载明以下声明：

"本人及本人所代表的机构已按照执业规则规定的工作程序履行勤勉尽责义务，对收购报告书的内容进行核查和验证，未发现虚假记载、误导性陈述或者重大遗漏，并对此承担相应的责任。"

第十三节　备查文件

第五十一条　收购人应当将备查文件的原件或有法律效力的复印件报送证券交易所及上市公司。备查文件包括：

（一）收购人为自然人的，提供其身份证明文件；收购人为法人或其他组织的，在中国境内登记注册的法人或者其他组织的工商营业执照，或在中国境外登记注册的文件；

（二）收购人的董事、监事、高级管理人员（或者主要负责人）的名单及其身份证明；

（三）收购人关于收购上市公司的相关决定；通过协议方式进行上市公司收购的，有关当事人就本次股份转让事宜开始接触的时间、进入实质性洽谈阶段的具体情况说明；

（四）与本次收购有关的法律文件，包括股份转让协议、行政划转（变更、合并）的决定、法院裁决的有关判决或裁决书、公开拍卖、遗产继承、赠与等有关法律文件，以及做出其他安排的书面文件，如质押、股份表决权行使的委托或其他安排等；

（五）涉及收购资金来源的协议，包括借贷协议、资产置换及其他协议；

（六）收购人与上市公司、上市公司的关联方之间在报告日前24个月内发生的相关交易的协议、合同；

收购人与上市公司、上市公司的关联方之间已签署但尚未履行的协议、合同，或者正在谈判的其他合作意向；

（七）收购人为法人或其他组织的，其控股股东、实际控制人最近两年未发生变化的证明；

（八）在事实发生之日起前6个月内，收购人及各自的董事、监事、高级管理人员（或者主要负责人）以及上述人员的直系亲属的名单及其持有或买卖该上市公司股份的说明；

（九）收购人所聘请的专业机构及相关人员在事实发生之日起前6个月内持有或买卖被收购公司、收购人（如收购人为上市公司）股票的情况；

（十）收购人就本次股份转让协议收购应履行的义务所做出的承诺（如有）；

（十一）收购人不存在《收购办法》第六条规定情形及符合《收购办法》第五十条规定的说明；

（十二）按照本准则第四十六条要求提供的收购人的财务资料，包括但不限于收购人最近3年财务会计报告及最近一个会计年度经审计的财务会计报告；最近一年经审计的财务会计报告应包括审计意见、财务报表和附注；

（十三）财务顾问意见；

（十四）法律意见书；

（十五）中国证监会及证券交易所要求的其他材料。

第五十二条 收购人应列示上述备查文件目录，并告知投资者备置地点。备查文件上网的，应披露网址。

第三章 上市公司收购报告书摘要

第五十三条 收购人应当在收购报告书摘要的显著位置，按照本准则第十三条的规定披露有关本次收购的重要事项。

第五十四条 收购人应当按照本准则第十五条规定在收购报告书摘要中披露有关声明。

第五十五条 收购报告书摘要应当至少包括本准则第二章第二节、第三节、第四节及第六节的内容。

第四章 附 则

第五十六条 本准则所称拥有权益的股份，是指普通股（含表决权恢复的优先股），不包括表决权未恢复的优先股。

第五十七条 本准则由中国证监会负责解释。

第五十八条 本准则自公布之日起施行。《公开发行证券的公司信息披露内容与格式准则第16号——上市公司收购报告书》（证监公司字〔2006〕156号）同时废止。

附表： 收购报告书（略）

第17号——要约收购报告书

· 2022年1月5日
· 中国证券监督管理委员会公告〔2022〕9号

第一章 总 则

第一条 为了规范要约收购活动中的信息披露行为，保护投资者的合法权益，维护证券市场秩序，根据《中华人民共和国证券法》（以下简称《证券法》）、《上市公司收购管理办法》（以下简称《收购办法》）及其他相关法律、行政法规及部门规章的规定，制定本准则。

第二条 以要约收购方式增持被收购上市公司股份的收购人（以下简称收购人）应当按照本准则的要求编制要约收购报告书。

收购人应当自公告收购要约文件之日起三十日内就本次要约收购在证券交易所的网站和符合中国证监会规定条件的媒体上至少做出三次提示性公告。

第三条 收购人为多人或者通过成为上市公司实际控制人方式取得公司控制权的，各成员可以书面约定推选其中一人作为指定代表以共同名义统一编制并公告要约收购报告书，并同意授权指定代表在要约收购报告书上签字盖章。

第四条 本准则的规定是对要约收购报告书有关信息披露的最低要求。不论本准则是否有明确规定，凡对上市公司投资者做出投资决策有重大影响的信息，均应当予以披露。

第五条 本准则某些具体要求对收购人确实不适用的，收购人可以针对实际情况，在不影响披露内容完整性的前提下做适当修改，但应在公告时作出说明。收购人认为无本准则要求披露的情况，必须明确注明无此类情形的字样。

第六条 由于商业秘密(如核心技术的保密资料、商业合同的具体内容等)等特殊原因,本准则规定某些信息确实不便披露的,收购人可以免于披露,并在要约收购报告书中予以说明。但中国证监会认为需要披露的,收购人应当披露。

第七条 在不影响信息披露的完整性和不致引起阅读不便的前提下,收购人可采用相互引证的方法,以避免重复和保持文字简洁。

第八条 收购人在编制要约收购报告书时,应当遵循以下一般要求:

(一)文字应当简洁、通俗、平实和明确,引用的数据应提供资料来源,事实应有充分、客观、公正的依据;

(二)引用的数字应采用阿拉伯数字,货币金额除特别说明外,应指人民币金额,并以元、千元或万元为单位;

(三)收购人可根据有关规定或其他需求,编制要约收购报告书外文译本,但应保证中、外文本的一致性,并在外文文本上注明:"本要约收购报告书分别以中、英(或日、法等)文编制,在对中外文本的理解上发生歧义时,以中文文本为准";

(四)不得刊载任何有祝贺性、广告性和恭维性的词句。

第九条 收购人在要约收购报告书中援引律师、注册会计师、财务顾问及其他相关的专业机构出具的专业报告或意见的内容,应当说明相关专业机构已书面同意上述援引。

第十条 收购人应当按照《收购办法》的规定将要约收购报告书摘要、要约收购报告书及附表刊登于证券交易所的网站和符合中国证监会规定条件的媒体;在其他媒体上进行披露的,披露内容应当一致,披露时间不得早于前述披露的时间。

收购人应当将要约收购报告书、附表和备查文件备置于上市公司住所和证券交易所,以备查阅。

第十一条 收购人在公告要约收购报告书的同时,应当准备按照本准则附表的要求所编制的要约收购报告书附表及有关备查文件。有关备查文件应当为原件或有法律效力的复印件。

第十二条 收购人聘请的律师事务所或财务顾问受收购人委托编制要约收购报告书,应对要约收购报告书及相关文件进行核查和验证,并就其负有法律责任的部分承担相应的责任。

第十三条 收购人董事会及全体董事(或者主要负责人)应保证要约收购报告书及相关公告文件内容的真实性、准确性、完整性,并承诺其中不存在虚假记载、误导性陈述或重大遗漏,并就其保证承担个别和连带的法律责任。

如个别董事或主要负责人对报告内容的真实性、准确性、完整性无法做出保证或者存在异议的,应当单独陈述理由和发表意见。

第二章 要约收购报告书

第一节 封面、书脊、扉页、目录、释义

第十四条 要约收购报告书全文文本封面至少应标有"××公司(上市公司名称)要约收购报告书"字样,并应载明收购人的名称和住所及签署要约收购报告书的日期。

第十五条 要约收购报告书全文文本书脊应标明"××公司要约收购报告书"字样。

第十六条 要约收购报告书全文文本扉页应当刊登如下内容:

(一)被收购公司的名称、股票上市地点、股票简称、股票代码、股本结构;

(二)收购人的姓名或者名称、住所、通讯地址;

(三)收购人关于要约收购的决定;

(四)要约收购的目的;

(五)是否拟在未来十二个月内继续增持上市公司股份;

(六)要约收购的股份的种类、要约价格、要约收购数量、占被收购公司已发行股份的比例;

(七)要约收购所需资金总额,以及保证其具备履约能力的安排,包括以下至少一项:1.存放履约保证金的银行、委托保管收购所需证券的机构名称及证券数量;2.出具保函的银行及保函金额;3.出具承担连带保证责任书面承诺的财务顾问。

(八)要约收购的有效期限;

(九)收购人聘请的财务顾问及律师事务所的名称、通讯方式;

(十)要约收购报告书签署日期。

第十七条 要约收购报告书扉页应当刊登收购人如下声明:

(一)编写本报告书的法律依据;

(二)依据《证券法》《收购办法》的规定,本报告书已全面披露收购人在××公司拥有权益的股份的情况;

截止本报告书签署之日,除本报告书披露的持股信息外,上市收购人没有通过任何其他方式在××公司拥有

权益；

（三）收购人签署本报告已获得必要的授权和批准，其履行亦不违反收购人章程或者内部规则中的任何条款，或与之相冲突；

（四）本次针对不同种类股份的要约收购条件；收购人履行要约收购义务的，须特别提示可能导致被收购公司终止上市的风险；以终止被收购公司上市地位为目的的，还应当说明终止上市后收购行为完成的合理时间、仍持有上市公司股份的剩余股东出售其股份的其他后续安排；

（五）本次要约收购是根据本报告所载明的资料进行的。除收购人和所聘请的财务顾问外，没有委托或者授权任何其他人提供未在本报告中列载的信息和对本报告做出任何解释或者说明。

第十八条 收购报告书目录应当标明各章、节的标题及相应的页码，内容编排也应符合通行的中文惯例。

第十九条 收购人应对可能对投资者理解有障碍及有特定含义的术语做出释义。要约收购报告书的释义应在目录次页排印。

第二节 收购人的基本情况

第二十条 收购人为法人或者其他组织的，应当披露如下基本情况：

（一）收购人名称、注册地、法定代表人、主要办公地点、注册资本、工商行政管理部门或者其他机构核发的注册号及代码、企业类型及经济性质、经营范围、经营期限、股东或者发起人的姓名或者名称（如为有限责任公司或者股份有限公司）、通讯方式；

（二）收购人应当披露其控股股东、实际控制人的有关情况，并以方框图或者其他有效形式，全面披露其与其控股股东、实际控制人之间的股权及控制关系，包括自然人、国有资产管理部门或者股东之间达成某种协议或安排的其他机构；

收购人应当说明其控股股东、实际控制人所控制的核心企业和核心业务、关联企业及主营业务的情况；

（三）收购人已经持有上市公司股份的种类、数量、比例，包括但不限于表决权未恢复的优先股的数量、比例和表决权恢复的条件，以及已经持有的商业银行发行的可转换优先股的数量、比例、转股比例及转股条件；

（四）收购人从事的主要业务及最近三年财务状况的简要说明，包括总资产、净资产、收入及主营业务收入、净利润、净资产收益率、资产负债率等；如收购人设立不满三年或专为本次收购而设立的公司，应当介绍其控股股东或实际控制人所从事的业务及最近三年的财务状况；

（五）收购人最近五年内受过行政处罚（与证券市场明显无关的除外）、刑事处罚或者涉及与经济纠纷有关的重大民事诉讼或者仲裁的，应当披露处罚机关或者受理机构的名称，所受处罚的种类，诉讼或者仲裁的结果，以及日期、原因和执行情况；

（六）收购人董事、监事、高级管理人员（或者主要负责人）的姓名（包括曾用名）、身份证件号码（可以不在媒体公告）、国籍，长期居住地，是否取得其他国家或者地区的居留权；

前述人员在最近五年之内受过行政处罚（与证券市场明显无关的除外）、刑事处罚或者涉及与经济纠纷有关的重大民事诉讼或者仲裁的，应当按照本条第（五）项的要求披露处罚的具体情况；

（七）收购人及其控股股东、实际控制人在境内、境外其他上市公司拥有权益的股份达到或超过该公司已发行股份百分之五的简要情况；收购人或其实际控制人为两个或两个以上上市公司的控股股东或实际控制人的，还应当披露持股百分之五以上的银行、信托公司、证券公司、保险公司等其他金融机构的简要情况。

第二十一条 收购人是自然人的，应当披露如下基本情况：

（一）姓名（包括曾用名）、国籍、身份证件号码、住所、通讯地址、通讯方式、是否取得其他国家或者地区的居留权，其中，身份证件号码、住所、通讯方式可以不在媒体上公告；

（二）收购人已经持有的上市公司股份的种类、数量、比例，包括但不限于表决权未恢复的优先股的数量、比例和表决权恢复的条件，以及已经持有的商业银行发行的可转换优先股的数量、比例、转股比例及转股条件；

（三）最近五年内的职业、职务，应当注明每份职业的起止日期以及所任职的单位名称、主营业务及注册地以及是否与所任职单位存在产权关系；

（四）最近五年内受过行政处罚（与证券市场明显无关的除外）、刑事处罚或者涉及与经济纠纷有关的重大民事诉讼或者仲裁的，应当披露处罚机关或者受理机构的名称，所受处罚的种类，诉讼或者仲裁的结果，以及日期、原因和执行情况；

（五）收购人所控制的核心企业和核心业务、关联企业及主营业务的情况说明；

（六）收购人在境内、境外其他上市公司拥有权益的股份达到或超过该公司已发行股份百分之五的简要情况；收购人为两个或两个以上上市公司控股股东或实际控制人的，还应当披露持股百分之五以上的银行、信托公司、证券公司、保险公司等其他金融机构的简要情况。

第二十二条　收购人为多人的，除应当分别按照本准则第二十条和第二十一条披露各收购人的情况外，还应当披露：

（一）各收购人之间在股权、资产、业务、人员等方面的关系，并以方框图形式列示并做出说明；

（二）收购人为一致行动人的，应当说明采取一致行动的目的、达成一致行动协议或者意向的时间、一致行动协议或者意向的内容（特别是一致行动人行使股份表决权的程序和方式）、是否已向证券登记结算机构申请临时保管各自持有的该上市公司的全部股票及保管期限。

第三节　要约收购目的

第二十三条　收购人要约收购上市公司的目的，包括是否为了取得上市公司控制权、是否为履行法定要约收购义务、是否为终止上市公司的上市地位，是否拟在未来十二个月内继续增持上市公司股份或者处置其已拥有权益的股份。

第二十四条　收购人为法人或者其他组织的，应当披露其做出本次收购决定所履行的相关程序及具体时间。

第四节　要约收购方案

第二十五条　收购人应当详细披露要约收购的方案，包括：

（一）被收购公司名称、收购股份的种类、预定收购的股份数量及其占被收购公司已发行股份的比例；涉及多人收购的，还应当注明每个成员预定收购股份的种类、数量及其占被收购公司已发行股份的比例；

（二）要约价格及其计算基础：在要约收购报告书摘要提示性公告日前六个月内，收购人买入该种股票所支付的最高价格；在提示性公告日前三十个交易日内，该种股票的每日加权平均价格的算术平均值；

（三）收购资金总额、资金来源及资金保证、其他支付安排及支付方式；

（四）要约收购期限；

（五）要约收购的约定条件；

（六）受要约人预受要约的方式和程序；

（七）受要约人撤回预受要约的方式和程序；

（八）受要约人委托办理要约收购中相关股份预受、撤回、结算、过户登记等事宜的证券公司名称及其通讯方式；

（九）本次要约收购以终止被收购公司的上市地位为目的的，说明终止上市后收购行为完成的合理时间及仍持有上市公司股份的剩余股东出售其股票的其他后续安排。

第五节　收购资金来源

第二十六条　收购人应当披露要约收购的资金来源，并就下列事项做出说明：

（一）收购资金是否直接或者间接来源于被收购公司或者其关联方；

（二）如果收购资金或者其他对价直接或者间接来源于借贷，应当简要说明以下事项：借贷协议的主要内容，包括借贷方、借贷数额、利息、借贷期限、担保、其他重要条款；

（三）采用证券支付方式的，收购人应当比照《公开发行证券的公司信息披露内容与格式准则第11号——上市公司公开发行证券募集说明书》第二章第二节至第八节的要求披露证券发行人及本次证券发行的有关信息，提供相关证券的估值分析。

（四）收购人保证其具备履约能力的安排：

1. 如采取缴纳履约保证金方式：

采用现金支付方式的，应当在要约收购报告书中做出如下声明：

"收购人已将××元（相当于收购资金总额的百分之二十）存入××银行××账户作为定金。收购人承诺具备履约能力。要约收购期限届满，收购人将按照××证券公司根据××证券登记结算机构临时保管的预受要约的股份数量确认收购结果，并按照要约条件履行收购要约"；

采用证券支付方式的，收购人应当在要约收购报告书中做出如下声明：

"收购人已将履行本次要约所需的证券（名称及数量）委托××证券登记结算机构保存。收购人承诺具备履约能力。要约收购期限届满，收购人将按照××证券公司根据××证券登记结算机构临时保管的预受要约的股份数量确认收购结果，并按照要约条件履行收购要约"。

2. 如采取银行保函方式：

收购人应当在要约收购报告书中做出如下声明：

"收购人承诺具备履约能力。要约收购期限届满，收购人将按照××证券公司根据××证券登记结算机构临时保管的预受要约的股份数量确认收购结果,并按照要约条件履行收购要约。××银行已经对本次要约收购所需××价款出具保函"。

出具保函的银行应当在要约收购报告书中做出如下声明:

"如收购要约期限届满,收购人不按照约定支付收购价款或者购买预受股份的,本银行将在接到××证券登记结算机构书面通知后三日内,无条件在保函保证金额内代为履行付款义务"。

3. 如采取财务顾问出具承担连带保证责任的书面承诺方式的:

收购人应当在要约收购报告书中做出如下声明:

"收购人承诺具备履约能力。要约收购期限届满,收购人将按照××证券公司根据××证券登记结算机构临时保管的预受要约的股份数量确认收购结果,并按照要约条件履行收购要约。××公司(财务顾问名称)已经对本次要约收购所需××价款出具承担连带保证责任的书面承诺"。

出具承担连带保证责任书面承诺的财务顾问应当在要约收购报告书中做出如下声明:

"如收购要约期限届满,收购人不按照约定支付收购价款或者购买预受股份的,本财务顾问将在接到××证券登记结算机构书面通知后三日内,无条件代为履行付款义务"。

第六节 后续计划

第二十七条 收购人应当如实披露要约收购完成后的后续计划,包括:

(一)是否拟在未来十二个月内改变上市公司主营业务或者对上市公司主营业务作出重大调整;

(二)未来十二个月内是否拟对上市公司或其子公司的资产和业务进行出售、合并、与他人合资或合作的计划,或上市公司拟购买或置换资产的重组计划;

(三)是否拟改变上市公司现任董事会或高级管理人员的组成,包括更改董事会中董事的人数和任期、改选董事的计划或建议、更换上市公司高级管理人员的计划或建议;如果拟更换董事或者高级管理人员的,应当披露拟推荐的董事或者高级管理人员的简况;说明收购人与其他股东之间是否就董事、高级管理人员的任免存在任何合同或者默契;

(四)是否拟对可能阻碍收购上市公司控制权的公司章程条款进行修改及修改的草案;

(五)是否拟对被收购公司现有员工聘用计划作重大变动及其具体内容;

(六)上市公司分红政策的重大变化;

(七)其他对上市公司业务和组织结构有重大影响的计划。

第七节 对上市公司的影响分析

第二十八条 收购人应当就本次收购完成后,对上市公司的影响及风险予以充分披露,包括:

(一)本次收购完成后,收购人与上市公司之间是否人员独立、资产完整、财务独立;上市公司是否具有独立经营能力,在采购、生产、销售、知识产权等方面是否保持独立;

(二)收购人及其关联方所从事的业务与上市公司的业务之间是否存在同业竞争或潜在的同业竞争,是否存在关联交易;如存在,收购人已做出的确保收购人及其关联方与上市公司之间避免同业竞争以及保持上市公司独立性的相应安排。

第八节 与被收购公司之间的重大交易

第二十九条 收购人应当披露各成员以及各自的董事、监事、高级管理人员(或者主要负责人)在报告日前二十四个月内,与下列当事人发生的以下交易:

(一)与被收购公司及其子公司进行的合计金额超过三千万元或者高于被收购公司最近经审计净资产值百分之五以上的交易的具体情况(前述交易按累计数额计算);

(二)与被收购公司的董事、监事、高级管理人员进行的合计金额超过人民币五万元以上的交易;

(三)是否存在对拟更换的上市公司董事、监事、高级管理人员进行补偿或者其他任何类似安排;

(四)对被收购公司股东是否接受要约的决定有重大影响的其他已签署或正在谈判的合同、默契或者安排。

第九节 前六个月内买卖上市交易股份的情况

第三十条 收购人应当如实披露要约收购报告书摘要公告日的以下持股情况:

(一)在被收购公司中合计拥有权益的股份种类、数量和占被收购公司已发行股份的比例;

(二)各收购人(如涉及多人)在被收购公司中单独拥有权益的股份的种类、数量和占被收购公司已发行股份的比例。

第三十一条 收购人及其各自董事、监事、高级管理人员(或者主要负责人),以及上述人员的直系亲属,应当如实披露在要约收购报告书摘要公告日各自在被收购公司中拥有权益的股份的详细名称、数量及占被收购公司已发行股份的比例。

前款所述关联方未参与要约收购决定、且未知悉有关要约收购信息的,收购人及关联方可以免于披露。但中国证监会认为需要披露的,收购人及关联方应当披露。

第三十二条 收购人应当如实披露其与被收购公司股份有关的全部交易。

如就被收购公司股份的转让、质押、表决权行使的委托或者撤销等方面与他人存在其他安排,应予以披露。

第三十三条 收购人在要约收购报告书摘要公告之日起前六个月内有通过证券交易所的证券交易买卖被收购公司上市交易股票的,应当披露交易的起始期间、每月交易的股票种类、交易数量、价格区间(按买入和卖出分别统计)。

第三十四条 收购人及其各自董事、监事、高级管理人员(或者主要负责人),以及上述人员的直系亲属,在要约收购报告书摘要公告之日起前六个月内有通过证券交易所的证券交易买卖被收购公司股票行为的,应按照第三十三条的规定披露具体的交易情况。

前款所述关联方未参与要约收购决定、且未知悉有关要约收购信息的,收购人及关联方可以免于披露。但中国证监会认为需要披露的,收购人及关联方应当披露。

第三十五条 收购人公告要约收购报告书时,可以不公告具体交易记录,但应将该记录报送证券交易所备查,并在公告中予以说明。

第十节 专业机构的意见

第三十六条 收购人应当列明参与本次收购的各专业机构名称,说明各专业机构与收购人、被收购公司以及本次要约收购行为之间是否存在关联关系及其具体情况。

第三十七条 收购人聘请的财务顾问就本次要约收购是否合法合规、收购人是否具备实际履行收购要约的能力所发表的结论性意见。

第三十八条 律师在法律意见书中就本要约收购报告书内容的真实性、准确性、完整性所发表的结论性意见。

第十一节 收购人的财务资料

第三十九条 收购人为法人或其他组织的,收购人应当披露其最近三年的财务会计报表,注明是否经审计及审计意见的主要内容;其中最近一个会计年度财务会计报告应当经符合《证券法》规定的会计师事务所审计,并注明审计意见的主要内容、采用的会计制度及主要会计政策、主要科目的注释等。会计师应当说明公司前两年所采用的会计制度及主要会计政策与最近一年是否一致,如不一致,应做出相应的调整。

如截至要约收购报告书摘要公告之日,收购人的财务状况较最近一个会计年度的财务会计报告有重大变动的,收购人应当公告最近一期财务会计报告并予以说明。

如果该法人或其他组织成立不足一年或者是专为本次上市公司收购而设立的,则应当比照前述规定披露其实际控制人或者控股公司的财务资料。

收购人是境内上市公司的,可以免于披露最近三年财务会计报告;但应当说明刊登其年报的媒体名称及时间。

收购人为境外投资者的,应当公告依据中国会计准则或国际会计准则编制的财务会计报告。

第十二节 其他重大事项

第四十条 收购人应当详细说明其实际控制人或者其他关联方是否已经采取或者拟采取对本次要约存在重大影响的行动,或者存在对本次要约产生重大影响的事实。

第四十一条 除上述规定应当披露的有关内容外,收购人还应当披露:

(一)为避免对本报告内容产生误解而必须披露的其他信息;

(二)任何其他对被收购公司股东做出是否接受要约的决定有重大影响的信息;

(三)中国证监会或者证券交易所依法要求披露的其他信息。

第四十二条 各收购人的法定代表人(或者主要负责人)或者其指定代表应当在要约收购报告书上签字、盖章、签注日期,并载明以下声明:

"本人(以及本人所代表的机构)已经采取审慎合理的措施,对本要约收购报告书及其摘要所涉及内容均已进行详细审查,报告内容真实、准确、完整,并对此承担个别和连带的法律责任"。

第四十三条 财务顾问及其法定代表人应当在本报告上签字、盖章、签注日期,并载明以下声明:

"本人及本人所代表的机构已按照执业规则规定的工作程序履行尽职调查义务,经过审慎调查,本人及本人所代表的机构确认收购人有能力按照收购要约所列条件实际履行收购要约,并对此承担相应的法律责任"。

第四十四条 对要约收购报告书出具法律意见的律师事务所及签字律师应当在本报告上签字、盖章、签注日期,并载明以下声明:

"本人及本人所代表的机构已履行勤勉尽责义务,对要约收购报告书的内容进行核查和验证,未发现虚假记载、误导性陈述或者重大遗漏,并对此承担相应的责任"。

第十三节 备查文件

第四十五条 收购人应当将备查文件的原件或有法律效力的复印件报送证券交易所及上市公司。备查文件包括:

(一)收购人为自然人的,提供其身份证明文件;收购人为法人或其他组织的,在中国境内登记注册的法人或者其他组织的工商营业执照,或在中国境外登记注册的文件;

(二)收购人董事、监事及高级管理人员、以及上述人员直系亲属的名单及身份证明文件;

(三)收购人就要约收购做出的相关决定;

(四)如以现金支付收购要约价款的,有关资金来源及相关协议,包括借贷协议、资产置换或其他交易协议;

(五)下列文件之一:1.收购人将履约保证金存入并冻结于指定商业银行的存单或者收购人将用以支付的全部证券委托证券登记结算机构保管的证明文件;2.银行对要约收购所需价款出具的保函;3.财务顾问出具承担连带保证责任的书面承诺;

(六)收购人与上市公司及上市公司关联方之间在报告日前二十四个月内发生的相关交易的协议、合同;

收购人与上市公司、上市公司的关联方之间已签署但尚未履行的协议、合同,或者正在谈判的其他合作意向;

(七)要约收购报告书摘要公告之日起前六个月内收购人及其关联方、各方的高级管理人员(或者主要负责人)、以及上述人员的直系亲属的名单及其持有或买卖被收购公司、收购公司(如收购人为上市公司)股票的说明及相关证明;

(八)收购人所聘请的专业机构及相关人员在要约收购报告书摘要公告之日起前六个月内持有或买卖被收购公司、收购人(如收购人为上市公司)股票的情况;

(九)任何与本次要约收购有关的合同、协议和其他安排的文件;

(十)收购人不存在《收购办法》第六条规定的情形及符合《收购办法》第五十条规定的说明;

(十一)按照本准则第三十九条要求公告的收购人的财务资料,包括但不限于收购人最近三年财务会计报告及最近一个会计年度经审计的财务会计报告;最近一年经审计的财务会计报告应包括审计意见、财务报表和附注;

(十二)财务顾问报告;

(十三)法律意见书;

(十四)中国证监会或者证券交易所依法要求的其他备查文件。

第四十六条 收购人应当列示上述备查文件目录,并告知投资者备置地点。备查文件上网的,应披露网址。

第三章 要约收购报告书摘要

第四十七条 收购人应当在要约收购报告书摘要的显著位置做出如下声明:

"本要约收购报告书摘要的目的仅为向社会公众投资者提供本次要约收购的简要情况,投资者在做出是否预受要约的决定之前,应当仔细阅读要约收购报告书全文,并以此作为投资决定的依据。要约收购报告书全文将于×年×月×日刊登于×××。"

本次要约收购依法应当取得批准的,应当在公告中特别提示:

"本次要约收购文件尚须取得×××的批准(尚须满足×××条件),本收购要约并未生效,具有相当的不确定性。要约收购报告书全文将在取得×××的批准(满足×××条件)后刊登于×××。"

第四十八条 收购人在要约收购报告书摘要中,应当按照本准则第十六条、第十七条的规定披露有关本次要约的重要事项,以及本准则第二章第二节、第三节的内容和专业机构的结论性意见。

第四章 附 则

第四十九条 本准则由中国证监会负责解释。

第五十条 本准则自公布之日起施行。2020年3月20日施行的《公开发行证券的公司信息披露内容与格式准则第17号——要约收购报告书》(证监会公告〔2020〕20号)同时废止。

附表:要约收购报告书(略)

第18号——被收购公司董事会报告书

- 2006年8月4日证监公司字〔2006〕156号发布
- 根据2020年3月20日《中国证券监督管理委员会关于修改部分证券期货规范性文件的决定》修正

第一章 总 则

第一条 为规范上市公司收购活动中的信息披露行为,促使上市公司董事会切实履行诚信义务,保护投资者合法权益,根据《证券法》《上市公司收购管理办法》(以下简称《收购办法》)及其他相关法律、行政法规及部门规章的规定,制订本准则。

第二条 被收购公司董事会(以下简称董事会)应当在收购人要约收购上市公司或管理层收购本公司时,按照本准则的要求编制被收购公司董事会报告书(以下简称董事会报告书)。

第三条 本准则的规定是对董事会报告书信息披露的最低要求。不论本准则是否有明确规定,凡对投资者做出投资决策有重大影响的信息,均应披露。

第四条 本准则某些具体要求确实不适用的,董事会可针对实际情况,在不影响披露内容完整性的前提下做出适当修改,但应在报送时作书面说明。

董事会认为无本准则要求披露的情况的,必须明确注明无此类情形的字样。

第五条 在不影响信息披露的完整性和不致引起阅读不便的前提下,董事会可采用相互引证的方法,以避免重复和保持文字简洁。

第六条 董事会在董事会报告书中披露的所有信息应当真实、准确、完整,尤其要确保所披露的财务会计资料有充分的依据。

第七条 董事会报告书还应满足如下一般要求:

(一)引用的数据应提供资料来源,事实应有充分、客观、公正的依据;

(二)引用的数字应采用阿拉伯数字,货币金额除特别说明外,应指人民币金额,并以元、千元或万元为单位;

(三)董事会可根据有关规定或其他需求,编制董事会报告书外文译本,但应保证中、外文本的一致性,并在外文文本上注明:"本董事会报告书分别以中、英(或日、法等)文编制,在对中外文本的理解上发生歧义时,以中文文本为准";

(四)董事会报告书全文文本应采用质地良好的纸张印刷,幅面为209×295毫米(相当于标准的A4纸规格);

(五)不得刊载任何有祝贺性、广告性和恭维性的词句。

第八条 董事会报告书全文应按本准则有关章节的要求编制。文字应简洁、通俗、平实和明确,格式应符合本准则的要求。在报刊刊登的董事会报告书最小字号为标准6号字,最小行距为0.02。

第九条 董事会应在《收购办法》规定的期限内将董事会报告书刊登于证券交易所的网站和符合中国证监会规定条件的媒体,并将董事会报告书全文文本及备查文件备置于董事会住所、证券交易所,以备查阅。

第十条 董事会可将董事会报告书刊登于其他网站和报刊,但不得早于按照本准则第九条规定披露的时间。

第十一条 董事会及全体董事(或者主要负责人)应保证董事会报告书内容的真实性、准确性、完整性,并承诺其中不存在虚假记载、误导性陈述或重大遗漏,并就其保证承担个别和连带的法律责任。

第十二条 董事会在董事会报告书中援引律师、注册会计师、财务顾问及其他相关专业机构出具的专业报告或意见的内容,应当说明相关专业机构已书面同意上述援引。

第二章 被收购公司董事会报告书

第一节 封面、扉页、目录、释义

第十三条 董事会报告书封面至少应标有"××公司董事会关于×××(收购人名称)收购事宜致全体股东的报告书"字样,并应载明公司的名称和住所及签署日期。

第十四条 董事会报告书扉页应当刊登如下内容:

(一)上市公司(指被收购公司)的名称、地址、联系人、通讯方式;

(二)收购人的姓名或名称;

(三)独立财务顾问的名称、地址、联系人、通讯方式;

(四)董事会报告书签署日期。

第十五条 董事会报告书扉页应当刊登董事会如下声明:

(一)本公司全体董事确信本报告不存在任何虚假记载、误导性陈述或重大遗漏,并对其内容的真实性、准确性、完整性负个别的和连带的责任;

(二)本公司全体董事已履行诚信义务,向股东所提出的建议是基于公司和全体股东的整体利益客观审慎做出的;

(三)本公司全体董事没有任何与本次收购相关的利益冲突,如有利益冲突,相关的董事已经予以回避。

第十六条 董事会报告书目录应当标明各章、节的标题及相应的页码,内容编排也应符合通行的中文惯例。

第十七条 报告人应对可能对投资者理解有障碍及有特定含义的术语做出释义。董事会报告书的释义应在目录次页排印。

第二节 被收购公司的基本情况

第十八条 董事会应当披露被收购公司的如下基本情况:

(一)被收购公司的名称、股票上市地点、股票简称、股票代码;

(二)被收购公司注册地、主要办公地点、联系人、通讯方式;

(三)被收购公司的主营业务及最近3年的发展情况,并以列表形式介绍其最近3年主要会计数据和财务指标,包括:总资产、净资产、主营业务收入、净利润、净资产收益率、资产负债率等,注明最近3年年报刊登的媒体名称及时间;

(四)被收购公司在本次收购发生前,其资产、业务、人员等与最近一期披露的情况相比是否发生重大变化。

第十九条 董事会应当披露与被收购公司股本相关的如下情况:

(一)被收购公司已发行股本总额、股本结构;

(二)收购人在被收购公司中拥有权益的股份的种类、数量、比例;

(三)收购人公告要约收购报告书摘要或者收购报告书摘要之日的被收购公司前10名股东名单及其持股数量、比例;

(四)被收购公司持有或通过第三人持有收购人的股份数量、比例(如有)。

第二十条 被收购公司如在本次收购发生前未就前次募集资金使用情况做出说明的,应当披露前次募集资金的使用情况及会计师所出具的专项核查报告。

第三节 利益冲突

第二十一条 董事会应当说明被收购公司及其董事、监事、高级管理人员是否与收购人存在关联方关系。

第二十二条 董事会报告书中应当说明被收购公司董事、监事、高级管理人员在收购报告书摘要或者要约收购报告书摘要公告之前12个月内是否持有或通过第三人持有收购人的股份,持有股份的数量及最近6个月的交易情况;上述人员及其家属是否在收购人及其关联企业任职等。

第二十三条 董事会应当说明公司董事、监事、高级管理人员是否存在与收购相关的利益冲突,该利益冲突的重要细节,包括是否订有任何合同以及收购成功与否将对该合同产生重大影响。

董事会应当披露收购人是否存在对拟更换的上市公司董事、监事、高级管理人员进行补偿或者其他任何类似安排。

第二十四条 董事会应当说明公司董事、监事、高级管理人员及其直系亲属在收购报告书摘要或者要约收购报告书摘要公告之日是否持有被收购公司股份,如持有被收购公司股份的,应当披露其最近6个月的交易情况。

如果本准则要求披露的交易情况过于复杂,董事会在本准则第九条所列媒体公告本报告时,无须公告具体交易记录,但应将该记录报送证券交易所备查,并在公告时予以说明。

第二十五条 董事会应当对下列情形予以详细披露:

(一)被收购公司的董事将因该项收购而获得利益,以补偿其失去职位或者其他有关损失;

(二)被收购公司的董事与其他任何人之间的合同或者安排取决于收购结果;

(三)被收购公司的董事在收购人订立的重大合同中拥有重大个人利益;

(四)被收购公司董事及其关联方与收购人及其董事、监事、高级管理人员(或者主要负责人)之间有重要的合同、安排以及利益冲突;

(五)最近12个月内作出的涉及可能阻碍收购上市公司控制权的公司章程条款的修改。

第四节 董事建议或声明

第二十六条 在要约收购中,被收购公司董事会应当按照下列要求就收购人的要约提出建议或者发表声明:

(一)就本次收购要约向股东提出接受要约或者不接受要约的建议;

董事会确实无法依前款要求发表意见的,应当充分说明理由;

(二)披露董事会表决情况、持不同意见的董事姓名及其理由;

(三)独立董事应当就本次收购单独发表意见;

(四)董事会做出上述建议或者声明的理由。

第二十七条 在管理层收购中,被收购公司的独立董事应当就收购的资金来源、还款计划、管理层收购是否符合《收购办法》规定的条件和批准程序、收购条件是否公平合理、是否存在损害上市公司和其他股东利益的行为、对上市公司可能产生的影响等事项发表独立意见。

第二十八条 被收购公司董事会或独立董事聘请的独立财务顾问对本次收购发表的结论性意见。

第五节 重大合同和交易事项

第二十九条 董事会应当披露被收购公司及其关联方在公司收购发生前24个月内发生的、对公司收购产生重大影响的以下事件：

（一）被收购公司订立的重大合同；

（二）被收购公司进行资产重组或者其他重大资产处置、投资等行为；

（三）第三方拟对被收购公司的股份以要约或者其他方式进行收购，或者被收购公司对其他公司的股份进行收购；

（四）正在进行的其他与上市公司收购有关的谈判。

第六节 其他重大事项

第三十条 除上述规定要求披露的有关内容外，董事会还应披露以下信息：

（一）为避免对董事会报告书内容产生误解必须披露的其他信息；

（二）任何对被收购公司股东是否接受要约的决定有重大影响的信息；

（三）中国证监会或者证券交易所要求披露的其他信息。

第三十一条 董事会全体成员应当在本报告签字、盖章、签注日期，并声明：

"董事会已履行诚信义务，采取审慎合理的措施，对本报告书所涉及的内容均已进行详细审查；

董事会向股东提出的建议是基于公司和全体股东的利益做出的，该建议是客观审慎的（本项声明仅限于要约收购）；

董事会承诺本报告书不存在虚假记载、误导性陈述或重大遗漏，并对其真实性、准确性、完整性承担个别和连带的法律责任。"

第三十二条 独立董事除应当签字、盖章外，还应当声明是否与要约收购（或管理层收购）存在利益冲突、是否已履行诚信义务、基于公司和全体股东的利益向股东提出建议，该建议是否客观审慎。

第七节 备查文件

第三十三条 董事会应当按照规定将备查文件的原件或有法律效力的复印件备置于其住所或办公场所以及证券交易所等方便公众查阅的地点。备查文件包括：

（一）载有法定代表人签字并盖章的独立财务顾问报告；

（二）被收购公司的公司章程；

（三）报告中所涉及的所有合同及其他书面文件；

（四）中国证监会或者证券交易所依法要求的其他备查文件。

第三十四条 董事会应列示上述备查文件目录，并告知投资者查阅地点、联系人。董事会将上述备查文件在互联网上发布的，应披露网址。

第三章 附则

第三十五条 本准则由中国证监会负责解释。

第三十六条 本准则自2006年9月1日起施行。

第24号—公开发行公司债券申请文件（2023年修订）

· 2023年10月20日
· 中国证券监督管理委员会公告〔2023〕53号

第一条 为规范公开发行公司债券（含企业债券）申请文件的报送行为，根据《公司法》《证券法》《公司债券发行与交易管理办法》，制定本准则。

第二条 申请公开发行公司债券的，应按本准则的规定制作申请文件，并通过证券交易所债券项目申报系统报送电子文件。

报送的电子文件应和预留原件一致。发行人律师应对报送的电子文件和预留原件的一致性出具鉴证意见。报送的电子文件和预留原件具有同等的法律效力。

第三条 中国证券监督管理委员会（以下简称中国证监会）和证券交易所根据需要，可以要求发行人和中介机构提供补充文件。补充文件和相关说明也应通过证券交易所债券项目申报系统报送。

中国证监会或证券交易所认可的发行人，可按规定适当简化发行申请文件。

第四条 如果申请文件目录中某些内容对发行人不适用，可不必提供，但应作出说明。

第五条 申请文件一经受理，未经同意不得增加、撤回或更换。

第六条 发行人应根据证券交易所对发行申请文件的审核问询以及中国证监会对申请文件的注册反馈问题提供补充材料。主承销商和相关证券服务机构应对相关问题进行尽职调查并出具专业意见。

第七条 发行人向证券交易所债券项目申报系统报送的申请文件应采用标准".doc"".docx"或".pdf"格式文件,按幅面为209毫米*295毫米规格的纸张(标准A4纸张规格)进行排版,并应采用合适的字体、字号、行距,以便于投资者阅读。

第八条 发行人应确保申请文件的原始纸质文件已存档。

对于申请文件的原始纸质文件,发行人不能提供有关文件原件的,应由发行人律师提供鉴证意见,或由出文单位盖章,以保证与原件一致。如原出文单位不再存续,由承继其职权的单位或作出撤销决定的单位出文证明文件的真实性。

第九条 申请文件的原始纸质文件所有需要签名处,应载明签名字样的印刷体,并由签名人亲笔签名,不得以名章、签名章等代替。

申请文件的原始纸质文件中需要由发行人律师鉴证的文件,发行人律师应在该文件首页注明"以下第XX页至第XX页与原件一致",并签名和签署鉴证日期,律师事务所应在该文件首页加盖公章,并在第XX页至第XX页侧面以公章加盖骑缝章。

第十条 申请文件的封面应标明"XXX公司(面向普通投资者/面向专业投资者)公开发行公司债券申请文件"字样。

发行申请文件的扉页上应标明发行人信息披露事务负责人(或履行同等职责的相关人员)以及有关中介机构项目负责人的姓名、电话、传真、电子信箱及其他有效的联系方式。

第十一条 未按本准则的要求制作和报送发行申请文件的,证券交易所可不予受理。

第十二条 本准则由中国证监会负责解释。

第十三条 本准则自发布之日起施行。2021年12月23日发布的《公开发行证券的公司信息披露内容与格式准则第24号——公开发行公司债券申请文件(2021年修订)》(证监会公告〔2021〕47号)同时废止。

附件:公开发行公司债券申请文件目录(略)

第26号——上市公司重大资产重组

- 2023年2月17日中国证券监督管理委员会公告〔2023〕35号公布
- 根据2023年10月27日中国证券监督管理委员会《关于修改〈公开发行证券的公司信息披露内容与格式准则第26号——上市公司重大资产重组〉的决定》修正

第一章 总 则

第一条 为规范上市公司重大资产重组的信息披露行为,根据《中华人民共和国证券法》(以下简称《证券法》)、《上市公司重大资产重组管理办法》(以下简称《重组办法》)及其他相关法律、行政法规及部门规章的规定,制定本准则。

第二条 上市公司进行《重组办法》规定的资产交易行为(以下简称重大资产重组),应当按照本准则编制重大资产重组报告书(以下简称重组报告书)等信息披露文件,并按《重组办法》等相关规定予以披露。

上市公司进行需经中国证券监督管理委员会(以下简称中国证监会)注册的资产交易行为,还应当按照本准则的要求制作并向证券交易所报送申请文件。上市公司未按照本准则的要求制作、报送申请文件的,证券交易所可不予受理或者要求其重新制作、报送。

第三条 本准则的规定是对上市公司重大资产重组信息披露或申请文件的最低要求。不论本准则是否有明确规定,凡对上市公司股票及其衍生品交易价格可能产生较大影响或对投资者做出投资决策有重大影响的信息,均应当披露或提供。

本准则某些具体要求对当次重大资产重组确实不适用的,上市公司可根据实际情况,在不影响内容完整性的前提下予以适当调整,但应当在披露或申请时作出说明。

中国证监会、证券交易所可以根据监管实际需要,要求上市公司补充披露其他有关信息或提供其他有关文件。

第四条 由于涉及国家机密、商业秘密(如核心技术的保密资料、商业合同的具体内容等)等特殊原因,本准则规定的某些信息或文件确实不便披露或提供的,上市公司可以不予披露或提供,但应当在相关章节中详细说明未按本准则要求进行披露或提供的原因。中国证监会、证券交易所认为需要披露或提供的,上市公司应当披露或提供。

第五条 重大资产重组有关各方应当及时、公平地披露或提供信息,披露或提供的所有信息应当真实、准确、完整,所描述的事实应当有充分、客观、公正的依据,所引用的数据应当注明资料来源，不得有虚假记载、误导性陈述或者重大遗漏。

上市公司全体董事、监事、高级管理人员及相关证券服务机构及其人员应当按要求在重大资产重组信息披露或申请文件中发表声明，确保披露或提供文件的真实性、准确性和完整性。

交易对方应当按要求在重大资产重组信息披露或申请文件中发表声明，确保为本次重组所提供的信息的真实性、准确性和完整性。

第六条 重大资产重组信息披露文件应当便于投资者阅读，在充分披露的基础上做到逻辑清晰、简明扼要，具有可读性和可理解性。

在不影响信息披露的完整性和不致引起阅读不便的前提下，上市公司可以采用相互引证的方法，对重大资产重组信息披露文件和申请文件(如涉及)相关部分进行适当的技术处理，以避免重复，保持文字简洁。

第二章 重组预案

第七条 上市公司编制的重组预案应当至少包括以下内容：

(一)重大事项提示、重大风险提示；

(二)本次交易的背景和目的；

(三)本次交易的方案概况。方案介绍中应当披露本次交易是否构成《重组办法》第十三条规定的交易情形(以下简称重组上市)及其判断依据；

(四)上市公司最近三十六个月的控制权变动情况，最近三年的主营业务发展情况以及因本次交易导致的股权控制结构的预计变化情况；

(五)主要交易对方基本情况。主要交易对方为法人的，应当披露其名称、注册地、法定代表人、与其控股股东、实际控制人之间的产权及控制关系结构图；主要交易对方为自然人的，应当披露其姓名(包括曾用名)、性别、国籍、是否取得其他国家或者地区的居留权等；主要交易对方为其他主体的，应当披露其名称、性质，如为合伙企业，还应当披露合伙企业相关的产权及控制关系、主要合伙人等情况。

上市公司以公开招标、公开拍卖等方式购买或出售资产的，如确实无法在重组预案中披露交易对方基本情况，应当说明无法披露的原因及影响；

(六)交易标的基本情况，包括报告期(本准则所述报告期指最近两年及一期，如初步估算为重组上市的情形，报告期指最近三年及一期)主营业务(主要产品或服务、盈利模式、核心竞争力等概要情况)、主要财务指标(可为未审计数)、预估值及拟定价(如有)等。未披露预估值及拟定价的，应当说明原因及影响。

相关证券服务机构未完成审计、评估或估值、盈利预测审核(如涉及)的，上市公司应当作出"相关资产经审计的财务数据、评估或估值结果以及经审核的盈利预测数据(如涉及)将在重大资产重组报告书中予以披露"的特别提示以及"相关资产经审计的财务数据、评估或估值最终结果可能与预案披露情况存在较大差异"的风险揭示。

交易标的属于境外资产或者通过公开招标、公开拍卖等方式购买的，如确实无法披露财务数据，应当说明无法披露的原因和影响，并提出解决方案；

(七)重组支付方式情况。上市公司支付现金购买资产的，应当披露资金来源。上市公司发行股份购买资产的，应当披露发行股份的定价及依据、本次发行股份购买资产的董事会决议明确的发行价格调整方案等相关信息。上市公司通过发行优先股、向特定对象发行可转换为股票的公司债券(以下简称可转债)、定向权证、存托凭证等购买资产的，应当比照前述发行股份的要求披露相关信息。

交易方案涉及吸收合并的，应当披露换股价格及确定方法、本次吸收合并的董事会决议明确的换股价格调整方案、异议股东权利保护安排、债权人权利保护安排等相关信息。

交易方案涉及募集配套资金的，应当简要披露募集配套资金的预计金额及相当于发行证券购买资产交易价格的比例、证券发行情况、用途等相关信息；

(八)本次交易存在其他重大不确定性因素，包括尚需取得有关主管部门的批准等情况的，应当对相关风险作出充分说明和特别提示；

(九)上市公司的控股股东及其一致行动人对本次重组的原则性意见，以及上市公司控股股东及其一致行动人、董事、监事、高级管理人员自本次重组预案披露之日起至实施完毕期间的股份减持计划。上市公司披露为无控股股东的，应当比照前述要求，披露第一大股东及持股百分之五以上股东的意见及减持计划；

(十)相关证券服务机构对重组预案已披露内容发表的核查意见(如有)。

第三章 重组报告书

第一节 封面、目录、释义

第八条 上市公司应当在重组报告书全文文本封面

列明重组报告书的标题。重组报告书标题应当明确具体交易形式,包括但不限于:×××公司重大资产购买报告书、×××公司重大资产出售报告书、×××公司重大资产置换报告书、×××公司发行股份购买资产报告书或×××公司吸收合并×××公司报告书。

资产重组采取两种以上交易形式组合的,应当在标题中列明,如"×××公司重大资产置换及发行股份购买资产报告书";发行股份购买资产同时募集配套资金的,应当在标题中标明"并募集配套资金",如"×××公司发行股份购买资产并募集配套资金报告书";资产重组构成关联交易的,还应当在标题中标明"暨关联交易"的字样,如"×××公司重大资产购买暨关联交易报告书"。

同时,封面中应当载明以下内容:
(1)上市公司的名称、股票上市地点、股票简称、股票代码;
(2)交易对方的名称或姓名;
(3)独立财务顾问名称;
(4)重组报告书签署日期。

第九条 重组报告书的目录应当标明各章、节的标题及相应的页码,内容编排应当符合通行的中文惯例。

第十条 上市公司应当在重组报告书中对可能造成投资者理解障碍及有特定含义的术语作出释义,释义应当在目录次页排印。

第二节 重大事项提示

第十一条 上市公司应当在重组报告书扉页中,遵循重要性和相关性原则,以简明扼要的方式,就与本次重组有关的重大事项,进行"重大事项提示"。包括但不限于:

(一)本次重组方案简要介绍,主要包括:
1. 以表格形式简介重组方案概况,参考格式如下:

交易形式					
交易方案简介					
交易价格 (不含募集配套资金金额)					
交易标的一	名称				
	主营业务				
	所属行业				
	其他(如为拟购买资产)	符合板块定位	□是	□否	□不适用
		属于上市公司的同行业或上下游	□是	□否	
		与上市公司主营业务具有协同效应	□是	□否	
交易标的二	名称				
	主营业务				
	所属行业				
	其他(如为拟购买资产)	符合板块定位	□是	□否	□不适用
		属于上市公司的同行业或上下游	□是	□否	
		与上市公司主营业务具有协同效应	□是	□否	

续表

交易性质	构成关联交易	□是 □否
	构成《重组办法》第十二条规定的重大资产重组	□是 □否
	构成重组上市	□是 □否
本次交易有无业绩补偿承诺		□有 □无
本次交易有无减值补偿承诺		□有 □无
其它需特别说明的事项		

2. 以表格形式简介交易标的评估或估值情况，参考格式如下：

交易标的名称	基准日	评估或估值方法	评估或估值结果	增值率/溢价率	本次拟交易的权益比例	交易价格	其他说明
合计	-	-	-	-	-		

注：①交易标的如使用两种或两种以上评估或估值方法的，表格中填写最终采用的评估或估值情况；
②如涉及加期评估或估值的，表格中填写作为最终作价参考依据的评估或估值情况；加期评估或估值情况及是否存在评估或估值减值情况应当备注说明。

3. 以表格形式简介本次重组支付方式：

1) 如涉及购买资产，参考格式如下：

序号	交易对方	交易标的名称及权益比例	支付方式				向该交易对方支付的总对价
			现金对价	股份对价	可转债对价	其他	
1							
2							
合计	-	-					

2) 如涉及出售资产，参考格式如下：

序号	交易对方	交易标的名称及权益比例	支付方式		向该交易对方收取的总对价
			现金对价	其他	
1					

续表

序号	交易对方	交易标的名称及权益比例	支付方式		向该交易对方收取的总对价
			现金对价	其他	
2					
合计		–	–		

4. 上市公司发行股份购买资产的，应当以表格形式简介发行情况，参考格式如下：

股票种类		每股面值	
定价基准日		发行价格	（　）元/股，不低于定价基准日前（　）个交易日的上市公司股票交易均价的（　）%
发行数量	（　）股，占发行后上市公司总股本的比例为（　）%		
是否设置发行价格调整方案	□是	□否	
锁定期安排			

上市公司发行可转债购买资产的，应当以表格形式简介可转债发行情况，参考格式如下：

证券种类	可转换为普通股A股的公司债券	每张面值	
票面利率		存续期限	
发行数量	（　　　）张	评级情况（如有）	
初始转股价格	（　）元/股，不低于定价基准日前（　）个交易日的上市公司股票交易均价的（　）%	转股期限	
是否约定转股价格调整条款	□是	□否	
是否约定赎回条款	□是	□否	
是否约定回售条款	□是	□否	
锁定期安排			

上市公司发行优先股、定向权证、存托凭证等购买资产的，应当比照上述要求以表格形式简介发行情况；

5. 本次交易属于吸收合并的，不适用上述要求，参考格式如下：

交易形式	
交易方案简介	

续表

吸收合并方	公司名称				
	主营业务				
	所属行业				
	换股价格（发行价格）	是否设置换股价格调整方案		□是 □否	
	定价原则				
被吸收合并方	公司名称				
	主营业务				
	所属行业				
	换股价格/交易价格				
	溢价率				
	定价原则				
吸收合并方与被吸收合并方之间的关联关系					
评估或估值情况（如有）	评估/估值对象	吸收合并方		被吸收合并方	
	评估/估值方法				
	基准日				
	评估/估值结果				
	增值率				
吸收合并方异议股东现金选择权价格					
		是否设置现金选择权价格调整方案		□是 □否	
被吸收合并方异议股东现金选择权价格					
		是否设置现金选择权价格调整方案		□是 □否	
股份锁定期安排					
本次交易有无业绩补偿承诺				□有 □无	
本次交易有无减值补偿承诺				□有 □无	
本次交易是否符合中国证监会关于板块定位的要求				□是 □否	
吸收合并方与被吸收合并方是否属于同行业或上下游				□是 □否	
吸收合并方与被吸收合并方是否具有协同效应				□是 □否	
其他需要特别说明的事项					

(二)募集配套资金情况(如涉及)的简要介绍,主要包括:

1. 以表格形式简介募集配套资金安排,参考格式如下:

募集配套资金金额	发行股份	
	发行可转债(如有)	
	发行其他证券(如有)	
	合计	
发行对象	发行股份	示例:不超过三十五名特定对象/包含×××在内的不超过三十五名特定对象/×××
	发行可转债(如有)	
	发行其他证券(如有)	
募集配套资金用途	项目名称	拟使用募集资金金额	使用金额占全部募集配套资金金额的比例

2. 上市公司发行股份、可转债等募集配套资金的,应当比照第(一)项第4目以表格形式简介发行情况;

(三)本次重组对上市公司影响的简要介绍,主要包括:

1. 简要介绍本次重组对上市公司主营业务的影响;
2. 列表披露本次重组对上市公司股权结构的影响;
3. 列表披露本次重组对上市公司主要财务指标的影响;

(四)本次重组尚未履行的决策程序及报批程序,本次重组方案实施前尚需取得的有关批准。涉及并联审批的,应当明确取得批准前不得实施本次重组方案;

(五)上市公司的控股股东及其一致行动人对本次重组的原则性意见,以及上市公司控股股东及其一致行动人、董事、监事、高级管理人员自本次重组预案或重组报告书披露之日起至实施完毕期间的股份减持计划。上市公司披露为无控股股东的,应当比照前述要求,披露第一大股东及持股百分之五以上股东的意见及减持计划;

(六)简要介绍本次重组对中小投资者权益保护的安排,包括但不限于股东大会表决情况、网络投票安排、并购重组摊薄当期每股收益的填补回报安排等;

(七)其他需要提醒投资者重点关注的事项。

第三节 重大风险提示

第十二条 上市公司应当在重组报告书扉页中针对本次重组的实际情况,遵循重要性和相关性原则,在本章第十三节"风险因素"基础上,选择若干可能直接或间接对本次重组及重组后上市公司生产经营状况、财务状况和持续经营能力等产生严重不利影响的风险因素,进行"重大风险提示"。不得简单重复第十三节"风险因素"的相关内容。

第四节 本次交易概况

第十三条 本次重组的交易概况,包括但不限于:

(一)交易背景及目的;

(二)本次交易具体方案。如交易方案发生重大调整,应当披露调整内容、调整原因及已履行的审议程序;

(三)本次交易的性质:

1. 本次交易是否构成《重组办法》第十二条规定的重大资产重组,以及按《重组办法》规定计算的相关指标;

2. 本次交易是否构成关联交易。如构成关联交易,应当披露构成关联交易的原因、涉及董事和股东的回避表决安排;

3. 本次交易是否构成重组上市及判断依据。如披露本次交易不构成重组上市,但交易完成后,持有上市公司百分之五以上股份的股东或者实际控制人持股情况或者控制公司的情况以及上市公司的业务构成都将发生较大变化，应当披露未来三十六个月上市公司是否存在维持或变更控制权、调整主营业务的相关安排、承诺、协议等，如存在，应当详细披露主要内容；

（四）本次重组对上市公司的影响；

（五）本次交易决策过程和批准情况；

（六）列表披露本次重组相关方作出的重要承诺，已在重组报告书扉页载明的承诺除外。

第五节 交易各方

第十四条 上市公司基本情况，包括最近三十六个月的控制权变动情况，最近三年重大资产重组的基本情况、效果及相关承诺违反情况（如有），最近三年的主营业务发展情况和主要财务指标，以及控股股东、实际控制人概况。

上市公司是否因涉嫌犯罪被司法机关立案侦查或者涉嫌违法违规被中国证监会立案调查，最近三年是否受到行政处罚或者刑事处罚，如存在，应当披露相关情况，并说明对本次重组的影响。

第十五条 交易对方情况：

（一）交易对方为法人的，应当披露其名称、企业性质、注册地、主要办公地点、法定代表人、注册资本、统一社会信用代码、历史沿革、经营范围、最近三年注册资本变化情况、主要业务发展状况和最近两年主要财务指标，最近一年简要财务报表并注明是否已经审计。

以方框图或者其他有效形式，全面披露交易对方相关的产权及控制关系，包括交易对方的主要股东或权益持有人、股权或权益的间接控制人及各层之间的产权关系结构图，直至自然人、国有资产管理部门或者股东之间达成某种协议或安排的其他机构，并披露是否存在影响交易对方独立性的协议或其他安排（如协议控制架构、让渡经营管理权、收益权等），如存在，披露具体情况；以文字简要介绍交易对方的主要股东及其他关联人的基本情况；列示交易对方按产业类别划分的下属企业名目。

交易对方成立不足一个完整会计年度、没有具体经营业务或者是专为本次交易而设立的，还应当按照上述要求披露交易对方的实际控制或者控股公司的相关资料；

（二）交易对方为自然人的，应当披露其姓名（包括曾用名）、性别、国籍、身份证号码、住所、通讯地址、是否取得其他国家或者地区的居留权、最近三年的职业和职务，并注明每份职业的起止日期和任职单位，是否与任职单位存在产权关系，以及其控制的企业和关联企业的基本情况；

（三）交易对方为其他主体的，应当披露其名称、性质及相关协议安排，并比照第（一）项相关要求，披露该主体的基本情况及其相关产权及控制关系，以及该主体下属企业名目等情况。

如为合伙企业，应当穿透披露至最终出资人，同时还应当披露合伙人、最终出资人与参与本次交易的其他有关主体的关联关系（如有）。交易完成后合伙企业成为上市公司第一大股东或持股百分之五以上股东的，还应当披露最终出资人的资金来源、合伙企业利润分配、亏损负担及合伙事务执行（含表决权行使）的有关协议安排，上市公司董事会就本次交易申请停牌前或首次作出决议前（孰早）六个月内及停牌期间（如有）合伙人入伙、退伙、转让财产份额、有限合伙人与普通合伙人转变身份的情况及未来存续期间内的类似变动安排（如有）。如为契约型私募基金、券商资产管理计划、基金专户或基金子公司产品、信托计划、理财产品、保险资管计划、专为本次交易设立的公司等，应当比照对合伙企业的上述要求进行披露；

（四）交易对方为多个主体的，应当披露交易对方之间是否存在关联关系及情况说明；

（五）交易对方与上市公司及其控股股东、实际控制人之间是否存在关联关系及情况说明，交易对方是否属于上市公司控股股东、实际控制人控制的关联人及情况说明，交易对方向上市公司推荐董事或者高级管理人员的情况；

（六）交易对方及其主要管理人员最近五年内受过行政处罚（与证券市场明显无关的除外）、刑事处罚、涉及与经济纠纷有关的重大民事诉讼或者仲裁的，应当披露处罚机关或者受理机构的名称、处罚种类、诉讼或者仲裁结果、日期、原因和执行情况；

（七）交易对方及其主要管理人员最近五年的诚信情况，包括但不限于：交易对方及其主要管理人员未按期偿还大额债务、未履行承诺、被中国证监会采取行政监管措施或受到证券交易所纪律处分的情况等。

第六节 交易标的

第十六条 交易标的为完整经营性资产的（包括股权或其他构成可独立核算会计主体的经营性资产），应当披露：

（一）该经营性资产的名称、企业性质、注册地、主要办公地点、法定代表人、注册资本、成立日期、统一社会信用代码；

（二）该经营性资产的历史沿革，包括设立情况、历次增减资或股权转让情况、是否存在出资瑕疵或影响其合法存续的情况。

该经营性资产最近三年增减资及股权转让的原因、作价依据及其合理性，股权变动相关方的关联关系，是否履行必要的审议和批准程序，是否符合相关法律法规及公司章程的规定，是否存在违反限制或禁止性规定而转让的情形。

该经营性资产最近三年申请首次公开发行股票并上市的情况及终止原因（如有），以及该经营性资产最近三年作为上市公司重大资产重组交易标的的情况及终止原因（如有）；

（三）该经营性资产的产权及控制关系，包括其主要股东或权益持有人及其持有股权或权益的比例，公司章程或相关投资协议中可能对本次交易产生影响的主要内容，高级管理人员的安排。是否存在影响该资产独立性的协议或其他安排（如协议控制架构、让渡经营管理权、收益权等），如存在，披露具体情况；

（四）该经营性资产及其对应的主要资产的权属状况，对外担保情况及主要负债、或有负债情况，说明产权是否清晰，是否存在抵押、质押等权利限制，是否涉及诉讼、仲裁、司法强制执行等重大争议或者存在妨碍权属转移的其他情况；

（五）该经营性资产的违法违规情况，包括是否因涉嫌犯罪被司法机关立案侦查或者涉嫌违法违规被中国证监会立案调查，最近三年内是否受到行政处罚或者刑事处罚，如存在，应当披露相关情况，并说明对本次重组的影响；

（六）最近三年主营业务发展情况。如果该经营性资产的主营业务和产品（或服务）分属不同行业，则应当按不同行业分别披露相关信息；

（七）报告期经审计的主要财务指标；

（八）上市公司在交易完成后将成为持股型公司的，应当披露作为主要交易标的的企业股权是否为控股权。交易标的为有限责任公司股权的，应当披露是否已取得该公司其他股东的同意或者符合公司章程规定的股权转让前置条件；

（九）该经营性资产的权益最近三年曾进行与交易、增资或改制相关的评估或估值的，应当披露相关评估或估值的方法、评估或估值结果及其与账面值的增减情况、交易价格、交易对方和增资改制的情况，并列表说明该经营性资产最近三年评估或估值情况与本次重组评估或估值情况的差异原因；

（十）该经营性资产的下属企业构成该经营性资产最近一期经审计的资产总额、营业收入、净资产额或净利润来源百分之二十以上且有重大影响的，应当参照上述要求披露该下属企业的相关信息。

第十七条　交易标的不构成完整经营性资产的，应当披露：

（一）相关资产的名称、类别；

（二）相关资产的权属状况，包括产权是否清晰，是否存在抵押、质押等权利限制，是否涉及诉讼、仲裁、司法强制执行等重大争议或者存在妨碍权属转移的其他情况；

（三）相关资产最近三年的运营情况和报告期经审计的财务数据，包括但不限于资产总额、净资产额、可准确核算的收入或费用额；

（四）相关资产在最近三年曾进行评估、估值或者交易的，应当披露评估或估值结果、交易价格、交易对方等情况，并列表说明相关资产最近三年评估或估值情况与本次重组评估或估值情况的差异原因。

第十八条　交易标的涉及土地使用权、矿业权等资源类权利的，应当披露是否已取得相应的权属证书、是否已具备相应的开发或开采条件，以及土地出让金、矿业权价款等费用的缴纳情况。

交易标的涉及立项、环保、行业准入、用地、规划、施工建设等有关报批事项的，应当披露是否已取得相应的许可证书或相关主管部门的批复文件。

交易标的未取得许可证书或相关主管部门的批复文件的（如涉及），上市公司应当作出"标的资产×××许可证书或相关主管部门的批复文件尚未取得，本次重组存在重大不确定性"的特别提示。

第十九条　交易标的涉及许可他人使用自己所有的资产，或者作为被许可方使用他人资产的，应当简要披露许可合同的主要内容，包括许可人、被许可人、许可使用的具体资产内容、许可方式、许可年限、许可使用费等，以及合同履行情况；充分说明本次重组对上述许可合同效力的影响，该等资产对交易标的的持续经营的影响，并就许可的范围、使用的稳定性、协议安排的合理性等进行说明。

第二十条　资产交易涉及债权债务转移的，应当披露该等债权债务的基本情况、已取得债权人书面同意的情况，说明未获得同意部分的债务金额、债务形成原因、到期日,以及处理该部分债务的具体安排,说明交易完成后上市公司是否存在偿债风险和其他或有风险及应对措施。

第二十一条 资产交易涉及重大资产购买的,上市公司应当根据重要性原则,结合行业特点,披露拟购买资产主营业务的具体情况,包括:

(一)主要产品(或服务)所处行业的主管部门、监管体制、主要法律法规及政策等。涉及境外业务的,披露境外主要法律法规及政策;

(二)主要产品(或服务)的用途及报告期的变化情况。如从事多种产品(或服务)生产经营的,产品(或服务)分类的口径应当前后一致。如产品(或服务)分属不同行业,则应当按不同行业分别披露相关信息;

(三)主要产品的工艺流程图或主要服务的流程图;

(四)主要经营模式(通常包括采购模式、生产或服务模式、销售模式)、盈利模式和结算模式。

科创板、创业板上市公司拟购买资产的业务及其模式具有创新性的,还应当披露其独特性、创新内容及持续创新机制;

(五)列表披露报告期各期主要产品(或服务)的产能、产量、期初及期末库存、销量、销售收入,产品(或服务)的主要消费群体、销售价格的变动情况。存在多种销售模式的,应当披露各种销售模式的销售额及占当期销售总额的比重。报告期各期向前五名客户合计的销售额占当期销售总额的百分比,向单个客户的销售比例超过总额的百分之五十的、新增属于前五名客户或严重依赖于少数客户的,应当披露其名称及销售比例。如该客户为交易对方及其关联方,则应当披露产品最终实现销售的情况。

受同一实际控制人控制的销售客户,应当合并计算销售额;

(六)报告期主要产品的原材料和能源及其供应情况,主要原材料和能源的价格变动趋势、主要原材料和能源占成本的比重。报告期各期向前五名供应商合计的采购额占当期采购总额的百分比,向单个供应商的采购比例超过总额的百分之五十的、新增属于前五名供应商或严重依赖于少数供应商的,应当披露其名称及采购比例。受同一实际控制人控制的供应商,应当合并计算采购额;

(七)拟购买资产报告期内的董事、监事、高级管理人员和核心技术人员,其他主要关联方或持股百分之五以上的股东在前五名供应商或客户中所占的权益。如无,亦应当明确说明;

(八)如在境外进行生产经营,应当对有关业务活动进行地域性分析。如在境外拥有资产,应当详细披露主要资产的规模、所在地、经营管理和盈利情况等具体内容;

(九)存在高危险、重污染、高耗能情况的,应当披露安全生产、污染治理和节能管理制度及执行情况,因安全生产、环境保护和能源消耗原因受到处罚的情况,相关审批备案手续的履行情况,最近三年相关费用成本支出及未来支出的情况,说明是否符合国家关于安全生产、环境保护和节约能源的要求;

(十)主要产品和服务的质量控制情况,包括质量控制标准、质量控制措施、出现的质量纠纷等;

(十一)主要产品生产技术所处的阶段,如处于基础研究、试生产、小批量生产或大批量生产阶段。

科创板、创业板上市公司还应当披露拟购买资产主要产品(或服务)核心技术的技术来源、是否取得专利或其他技术保护措施、在主营业务及产品(或服务)中的应用和贡献情况,以及报告期内研发投入的构成、占营业收入的比例。结合行业技术水平和对行业的贡献,披露拟购买资产技术先进性及具体表征;

(十二)报告期核心技术人员特点分析及变动情况。

科创板、创业板上市公司还应当披露核心技术人员、研发人员占员工总数的比例,核心技术人员的学历背景构成、取得的专业资质及重要科研成果和获得奖项情况、对拟购买资产研发的具体贡献,拟购买资产对核心技术人员实施的约束激励措施。

第二十二条 资产交易涉及重大资产购买的,上市公司应当列表披露与拟购买资产业务相关的主要固定资产、无形资产及特许经营权的具体情况,包括:

(一)生产经营所使用的主要生产设备、房屋建筑物及其取得和使用情况、成新率或尚可使用年限;

(二)商标、专利、非专利技术、土地使用权、水面养殖权、探矿权、采矿权等主要无形资产的数量、取得方式和时间、使用情况、使用期限或保护期、最近一期期末账面价值,以及上述资产对拟购买资产生产经营的重要程度;

(三)拥有的特许经营权的情况,主要包括特许经营权的取得情况、期限、费用标准,以及对拟购买资产持续生产经营的影响。

第二十三条 资产交易涉及重大资产购买的,上市公司应当披露拟购买资产报告期内财务报表编制基础、会计政策、会计估计及相关会计处理,但不应简单重述一般会计原则或《企业会计准则》的相关规定：

（一）结合拟购买资产自身业务活动实质、经营模式特点及关键审计事项等，披露对其财务状况和经营成果有重大影响的会计政策及其关键判断、会计估计及其关键假设的衡量标准等。

上市公司应当根据拟购买资产的不同销售模式、结算政策、重要合同条款等因素，披露各类业务的收入成本确认政策。详细披露对单项履约义务的识别，对某一时点或某一时段内履约义务的判断，对控制权转移的考量与分析，对履约进度的确定方法（如有）；

（二）比较分析会计政策和会计估计与同行业或同类资产之间的差异及对拟购买资产利润的影响；

（三）财务报表编制基础，确定合并报表时的重大判断和假设，合并财务报表范围、变化情况及变化原因；

（四）报告期存在资产转移剥离调整的，还应当披露资产转移剥离调整的原则、方法和具体情况，以及对拟购买资产利润产生的影响；

（五）拟购买资产的重大会计政策或会计估计与上市公司存在较大差异的，报告期发生变更的或者按规定将要进行变更的，应当分析重大会计政策或会计估计的差异或变更对拟购买资产利润产生的影响；

（六）行业特殊的会计处理政策。

第七节　交易标的评估或估值

第二十四条　重大资产重组中相关资产以资产评估结果或估值报告结果作为定价依据的，应当至少披露以下信息：

（一）评估或估值的基本情况（包括账面价值、所采用的评估或估值方法、评估或估值结果、增减值幅度，下同），分析评估或估值增减值主要原因，不同评估或估值方法的评估或估值结果的差异及其原因，最终确定评估或估值方法、结论的理由；

（二）对评估或估值结论有重要影响的评估或估值假设，如宏观和外部环境假设及根据交易标的自身状况所采用的特定假设等；

（三）选用的评估或估值方法和重要评估或估值参数以及相关依据。具体如下：

1. 收益法：具体模型、未来预期收益现金流、折现率确定方法、评估或估值测算过程、非经营性和溢余资产的分析与确认等。逐项披露重要评估或估值参数的预测依据及合理性。对于预测期数据与报告期、同行业可比公司存在较大差异的，应当逐项分析差异原因及合理性；

2. 市场法：具体模型、价值比率的选择及理由、可比对象或可比案例的选取原则、调整因素和流动性折扣的考虑测算等；

3. 资产基础法：主要资产的评估或估值方法及选择理由、评估或估值结果等，如：房地产企业的存货，矿产资源类企业的矿业权，生产型企业的主要房屋和关键设备等固定资产，对未来经营存在重大影响的在建工程，科技创新企业的核心技术等无形资产，以及持股型企业的长期股权投资等。主要资产采用收益法、市场法评估或估值的，应当参照上述收益法或市场法的相关要求进行披露；

（四）引用其他评估机构或估值机构报告内容（如矿业权评估报告、土地估价报告等）、特殊类别资产（如珠宝、林权、生物资产等）相关第三方专业鉴定等资料的，应当对相关专业机构、业务资质、签字评估师或鉴定师、评估或估值情况进行必要披露；

（五）存在评估或估值特殊处理、对评估或估值结论有重大影响事项，应当进行说明并分析其对评估或估值结论的影响。存在前述情况或因评估或估值程序受限造成评估报告或估值报告使用受限的，应当提请报告使用者关注；

（六）评估或估值基准日至重组报告书签署日的重要变化事项及其对评估或估值结果的影响；

（七）该交易标的的下属企业构成该交易标的最近一期经审计的资产总额、营业收入、净资产额或净利润来源百分之二十以上且有重大影响的，应当参照上述要求披露。交易标的涉及其他长期股权投资的，应当列表披露评估或估值的基本情况。

第二十五条　上市公司董事会应当对本次交易标的的评估或估值的合理性以及定价的公允性做出分析。包括但不限于：

（一）对资产评估机构或估值机构的独立性、假设前提的合理性、评估或估值方法与目的的相关性发表意见；

（二）结合报告期及未来财务预测的相关情况（包括各产品产销量、销售价格、毛利率、净利润等）、所处行业地位、行业发展趋势、行业竞争及经营情况等，详细说明评估或估值依据的合理性。如果未来预测与报告期财务情况差异较大的，应当分析说明差异的原因及其合理性；

（三）分析交易标的后续经营过程中政策、宏观环境、技术、行业、重大合作协议、经营许可、技术许可、税收优惠等方面的变化趋势、董事会拟采取的应对措施及其对评估或估值的影响；

（四）结合交易标的经营模式，分析报告期变动频繁

且影响较大的指标(如成本、价格、销量、毛利率等方面)对评估或估值的影响,并进行敏感性分析;

(五)分析说明交易标的与上市公司现有业务是否存在显著可量化的协同效应。如有,说明对未来上市公司业绩的影响,交易定价中是否考虑了上述协同效应;

(六)结合交易标的的市场可比交易价格、同行业上市公司的市盈率或者市净率等指标,分析交易定价的公允性;

(七)说明评估或估值基准日至重组报告书签署日交易标的发生的重要变化事项,分析其对交易作价的影响;

(八)如交易定价与评估或估值结果存在较大差异,分析说明差异的原因及其合理性。

第二十六条 上市公司独立董事对评估机构或者估值机构的独立性、评估或者估值假设前提的合理性和交易定价的公允性发表的独立意见。

第八节 本次交易主要合同

第二十七条 上市公司应当披露本次交易合同的主要内容,包括但不限于:

(一)资产出售或购买协议:

1. 合同主体、签订时间;
2. 交易价格及定价依据;
3. 支付方式(一次或分次支付的安排或特别条款、股份发行条款等);
4. 资产交付或过户的时间安排;
5. 交易标的自定价基准日至交割日期间损益的归属;
6. 与资产相关的人员安排;
7. 合同的生效条件和生效时间;
8. 合同附带的任何形式的保留条款、补充协议和前置条件;
9. 违约责任条款。

(二)业绩补偿协议(如有);

(三)募集配套资金证券认购协议(如有);

(四)其他重要协议。

第九节 交易的合规性分析

第二十八条 上市公司应当对照《重组办法》第十一条,逐项说明本次交易是否符合《重组办法》的规定。

科创板上市公司应当说明本次交易是否符合《科创板上市公司持续监管办法(试行)》第二十条的规定。

创业板上市公司应当说明本次交易是否符合《创业板上市公司持续监管办法(试行)》第十八条的规定。

第二十九条 独立财务顾问和律师事务所对本次交易是否符合《重组办法》等规定发表的明确意见。

其他证券服务机构出具的相关报告的结论性意见。

第十节 管理层讨论与分析

第三十条 上市公司董事会就本次交易对上市公司的影响进行的讨论与分析。该讨论与分析的内容应当着重于董事会已知的、从一般性财务报告分析难以取得且对上市公司未来经营具有影响的重大事项。

第三十一条 上市公司应当使用投资者可理解的语言,采用定量与定性相结合的方法,清晰披露本次交易相关的所有重大财务会计信息,并结合上市公司、交易标的业务特点和投资者决策需要,分析重要财务会计信息的构成、来源与变化等情况,保证财务会计信息与业务经营信息的逻辑一致性。

第三十二条 本次交易前上市公司财务状况和经营成果的讨论与分析;上市公司主要资产或利润构成在本次交易前一年发生重大变动的,应当详细说明具体变动情况及原因。

第三十三条 结合上市公司情况,对交易标的所属细分行业特点和经营情况的讨论与分析:

(一)行业特点:

1. 行业竞争格局和市场化程度,行业内主要企业及其市场份额,市场供求状况及变动原因,行业利润水平的变动趋势及变动原因等;
2. 影响行业发展的有利和不利因素,如境内外产业政策、技术替代、行业发展瓶颈、国际市场冲击等;
3. 进入该行业的主要障碍;
4. 行业技术水平及技术特点,经营模式,以及行业在技术、产业、业态、模式等方面的发展情况和未来发展趋势等;
5. 行业周期性,以及区域性或季节性特征;
6. 所处行业与上下游行业之间的关联性,上下游行业发展状况对该行业及其发展前景的有利和不利影响;
7. 交易标的的境外购销业务比例较大的,还应当披露产品进出口国的有关对外贸易政策,相关贸易政策对交易标的的生产经营的影响,以及进口国同类产品的竞争格局等情况;

(二)交易标的核心竞争力及行业地位:

技术及管理水平、产品(或服务)的市场占有率最近三年的变化情况及未来变化趋势等体现交易标的的核心竞争力与行业地位的相关情况;

（三）交易标的财务状况分析：

1. 资产、负债的主要构成。对于报告期各期末占比较高的资产、负债项目，应当逐项分析各项资产或者负债项目的具体构成、形成原因，对于重要资产类项目（如应收款项、存货、固定资产、商誉、其他应收款等），应当充分论证其减值损失计提的充分性。报告期内，资产结构、负债结构发生重大变化的，还应当分析说明导致变化的主要因素。对于报告期各期末变动较大的资产、负债项目，还应当逐项分析变动原因及合理性；

2. 报告期流动比率、速动比率、资产负债率、息税折旧摊销前利润、利息保障倍数的变动趋势以及与同行业可比公司的对比情况。交易标的报告期经营活动产生的现金流量净额为负数或者远低于当期净利润的，应当分析原因；

3. 报告期应收账款周转率、存货周转率等反映资产周转能力的财务指标的变动趋势，并结合市场发展、行业竞争状况、生产模式及物流管理、销售模式及赊销政策等情况，分析说明交易标的的资产周转能力；

4. 最近一期末持有金额较大的财务性投资的，应当分析其投资目的、对交易标的资金安排的影响、投资期限、交易标的对投资的监管方案、投资的可回收性及减值准备的计提是否充足；

（四）交易标的盈利能力分析：

1. 基于交易标的报告期营业收入的分部数据，结合交易标的具体情况，分别按各产品（或服务）类别及各业务、各地区的收入构成，分析营业收入变化的情况及原因。营业收入存在季节性波动的，应当分析季节性因素对各季度经营成果的影响。如交易标的存在经销模式、线上销售、境外销售等特殊情形的，应当进行针对性分析，并说明终端销售情况；

2. 报告期营业成本的分部数据、主要成本项目构成及变动原因。结合主要原材料、能源等采购对象的数量与价格变动，分析营业成本变化的影响因素；

3. 结合交易标的所从事主营业务、采用的经营模式及行业竞争情况，分析报告期利润的主要来源、可能影响盈利能力持续性和稳定性的主要因素；

4. 结合利润构成及资产周转能力等说明盈利能力的驱动要素及其可持续性；

5. 按照利润表项目逐项分析报告期经营成果变化的原因，对于变动幅度较大的项目应当重点说明；

6. 列表披露并分析报告期交易标的综合毛利率、分产品（或服务）毛利率的数据及变动情况。报告期发生重大变化的，还应当用数据说明相关因素对毛利率变动的影响程度。存在同行业可比公司相同或相近产品（或服务）的，应当对比分析毛利率差异和原因；

7. 报告期非经常性损益的构成及原因，非经常性损益（如财政补贴）是否具备持续性，非经常性损益对盈利稳定性的影响及影响原因；

8. 报告期投资收益、少数股东损益对经营成果有重大影响的，应当分析原因及对盈利稳定性的影响；

9. 报告期销售费用、管理费用、研发费用、财务费用的主要构成，如存在较大变动的，应当披露变动原因。期间费用水平的变动趋势，与同行业可比公司存在显著差异的，应当结合业务特点和经营模式分析原因；

（五）交易标的报告期财务指标变化较大或报告期财务数据不足以真实、准确、完整反映交易标的经营状况的情况下，应当披露反映交易标的经营状况的其他信息。

第三十四条　上市公司应当披露并分析对拟购买资产的整合管控安排，包括在业务、资产、财务、人员、机构等方面的具体整合管控计划。

第三十五条　就本次交易对上市公司的持续经营能力、未来发展前景、当期每股收益等财务指标和非财务指标的影响进行详细分析：

（一）本次交易对上市公司的持续经营能力影响的分析：

1. 从本次交易完成后的规模效应、产业链整合、运营成本、销售渠道、技术或资产整合等方面，分析本次交易对上市公司盈利能力驱动因素及持续经营能力的影响；

2. 本次交易完成后形成多主业的，结合财务指标分析说明未来各业务构成、经营发展战略、业务管理模式以及对上市公司持续经营能力的影响；

3. 结合本次交易完成后将从事的新业务的市场情况、风险因素等，分析说明上市公司未来经营中的优势和劣势；

4. 结合本次交易完成后的资产、负债的主要构成及行业分析说明交易后上市公司资产负债率是否处于合理水平。结合上市公司的现金流量状况、可利用的融资渠道及授信额度、或有负债（如担保、诉讼、承诺）等情况，分析说明上市公司的财务安全性；

5. 结合与本次交易有关的企业合并的会计政策及会计处理，分析本次交易对上市公司财务状况、持续经营能力的影响；

6. 本次交易前交易标的商誉的形成过程、金额及减值情况，本次交易完成后上市公司商誉的金额及相当于净利润、净资产额、资产总额的比例，以及后续商誉减值的具体应对措施；

7. 科创板上市公司还应当披露本次交易对上市公司科研创新能力的影响；

（二）本次交易对上市公司未来发展前景影响的分析：

1. 结合本次交易的具体整合管控计划，分析对上市公司未来发展的影响；

2. 交易当年和未来两年拟执行的发展计划，包括提高竞争能力、市场和业务开拓等方面；

（三）本次交易对上市公司当期每股收益等财务指标和非财务指标影响的分析：

1. 分析本次交易对上市公司主要财务指标及反映上市公司未来持续经营能力的其他重要非财务指标（如每股储量、每股产能或每股用户数等）的影响。如预计交易后将摊薄上市公司当年每股收益的，根据《重组办法》第三十五条披露填补每股收益的具体措施；

2. 预计本次交易对上市公司未来资本性支出的影响，以及上市公司为满足该等资本性支出初步拟定的融资计划；

3. 结合本次交易职工安置方案及执行情况，分析其对上市公司的影响；

4. 结合本次交易成本（包括但不限于交易税费、中介机构费用等）的具体情况，分析其对上市公司的影响。

第十一节 财务会计信息

第三十六条 交易标的为完整经营性资产的，报告期的简要财务报表。

第三十七条 依据交易完成后的资产、业务架构编制的上市公司最近一年及一期的简要备考财务报表。

第三十八条 上市公司或相关资产盈利预测的主要数据（如有，包括主营业务收入、利润总额、净利润等）。

第十二节 同业竞争和关联交易

第三十九条 交易标的在报告期是否存在关联交易、关联交易的具体内容、必要性及定价公允性。

第四十条 列表披露本次交易前后上市公司最近一年及一期关联交易的金额及占比；本次交易完成后，上市公司与实际控制人及其关联企业之间是否存在同业竞争或关联交易、同业竞争或关联交易的具体内容和拟采取的具体解决、规范措施。

第十三节 风险因素

第四十一条 上市公司应当以简明扼要的方式，遵循重要性原则，对本次重组及重组后上市公司的相关风险予以揭示，并进行定量分析，无法进行定量分析的，应当有针对性地作出定性描述。

第四十二条 上市公司应当披露的风险包括但不限于以下内容：

（一）本次重组审批风险。本次重组尚未履行的决策程序及报批程序未能获得批准的风险；

（二）交易标的的权属风险。如抵押、质押等权利限制，诉讼、仲裁或司法强制执行等重大争议或者妨碍权属转移的其他情形，可能导致本次重组存在的潜在不利影响和风险等；

（三）债权债务转移风险。资产交易涉及债权债务转移的，未获得债权人同意的债务可能给上市公司带来的偿债风险或其他或有风险；

（四）交易标的的评估或估值风险。本次评估或估值存在报告期变动频繁且对评估或估值影响较大的指标，该指标的预测对本次评估或估值的影响，进而对交易价格公允性的影响等；

（五）交易标的对上市公司持续经营影响的风险。由于政策、市场、技术、汇率等因素引起的风险：

1. 政策风险。交易标的的经营环境和法律环境发生变化导致的政策风险，如财政、金融、税收（如所得税优惠、出口退税等）、贸易、土地使用、产业政策（如属国家限制发展的范围）、行业管理、环境保护等，或可能因重组后生产经营情况发生变化不能继续适用原有的相关政策引致的风险；

2. 市场风险。交易标的的主要产品（或服务）的市场前景、行业经营环境的变化、商业周期或产品生命周期的影响、市场饱和或市场分割、过度依赖单一市场、市场占有率下降和市场竞争的风险等；

3. 经营风险。经营模式发生变化，经营业绩不稳定，主要产品或主要原材料价格波动，过度依赖某一重要原材料、产品（或服务），经营场所过度集中或分散，非经常性损益或投资收益金额较大等；

4. 技术风险。交易标的涉及的技术不成熟、技术尚未产业化、技术缺乏有效保护或保护期限短或保护期到期、缺乏核心技术或核心技术依赖他人、产品或技术的快速更新换代可能导致现有产品或技术面临被淘汰、核心技术人员流失及核心技术失密等风险；

5. 可能严重影响上市公司持续经营的其他因素，如自然灾害、安全生产、汇率变化、外贸环境等；

（六）整合风险。上市公司管理水平不能适应重组后上市公司规模扩张或业务变化的风险，交易标的与上市公司原有业务、资产、财务、人员、机构等方面的整合风险；

（七）业务转型风险。上市公司所购买资产与现有主营业务没有显著协同效应的，涉及的业务转型升级可能面临的风险；

（八）财务风险。本次重组导致上市公司财务结构发生重大变化的风险。

上市公司和相关各方应当全面、审慎评估可能对本次重组以及重组后上市公司产生重大不利影响的所有因素，如有除上述风险之外的因素，应当予以充分披露。

第十四节 其他重要事项

第四十三条 报告期内，拟购买资产的股东及其关联方、资产所有人及其关联方是否存在对拟购买资产的非经营性资金占用。

本次交易完成后，上市公司是否存在资金、资产被实际控制人或其他关联人占用的情形；上市公司是否存在为实际控制人或其他关联人提供担保的情形。

第四十四条 上市公司负债结构是否合理，是否存在因本次交易大量增加负债（包括或有负债）的情况。

第四十五条 上市公司在最近十二个月内曾发生资产交易的，应当说明与本次交易的关系。

第四十六条 本次交易对上市公司治理机制的影响。

第四十七条 本次交易后上市公司的现金分红政策及相应的安排、董事会对上述情况的说明。

第四十八条 本次交易涉及的相关主体买卖上市公司股票的自查情况。

第四十九条 其他能够影响股东及其他投资者做出合理判断的有关本次交易的所有信息。

上市公司已披露的媒体说明会、对证券交易所问询函的回复中有关本次交易的信息，应当在重组报告书相应章节进行披露。

第五十条 独立财务顾问和律师事务所对本次交易出具的结论性意见。

第五十一条 本次交易所聘请的独立财务顾问、律师事务所、会计师事务所、资产评估机构（如有）、估值机构（如有）等专业机构名称、法定代表人、住所、联系电话、传真，以及有关经办人员的姓名。

第五十二条 中国证监会、证券交易所要求披露的其他信息。

第五十三条 上市公司应当在重组报告书的扉页载明：

"本公司及全体董事、监事、高级管理人员保证本报告书内容的真实、准确、完整，对报告书的虚假记载、误导性陈述或重大遗漏负相应的法律责任。"

第五十四条 上市公司控股股东、实际控制人、董事、监事、高级管理人员及交易对方应当公开承诺：如本次交易所披露或提供的信息涉嫌虚假记载、误导性陈述或者重大遗漏，被司法机关立案侦查或者被中国证监会立案调查的，在形成调查结论以前，不转让在该上市公司拥有权益的股份，并于收到立案稽查通知的两个交易日内将暂停转让的书面申请和股票账户提交上市公司董事会，由董事会代其向证券交易所和证券登记结算机构申请锁定；未在两个交易日内提交锁定申请的，授权董事会核实后直接向证券交易所和证券登记结算机构报送本人或本单位的身份信息和账户信息并申请锁定；董事会未向证券交易所和证券登记结算机构报送本人或本单位的身份信息和账户信息的，授权证券交易所和证券登记结算机构直接锁定相关股份。如调查结论发现存在违法违规情节，本人或本单位承诺锁定股份自愿用于相关投资者赔偿安排。

第十五节 重组上市

第五十五条 上市公司重大资产重组构成重组上市的，除应当按本章第一节至第十四节规定编制重组报告书外，还应当按照《公开发行证券的公司信息披露内容与格式准则第 57 号——招股说明书》（以下简称《57 号准则》）相关章节的要求，对重组报告书的相关内容加以补充或调整。

需要补充或调整披露的内容包括但不限于：

（一）在"风险因素"部分，按照《57 号准则》"风险因素"相关要求予以调整；

（二）在"交易标的"部分，补充《57 号准则》"发行人基本情况""业务与技术"相关内容；

（三）在"管理层讨论与分析"和"财务会计信息"部分，分别补充《57 号准则》"财务会计信息与管理层分析"相关内容；

（四）在"管理层讨论与分析"部分，补充《57 号准则》第六十八条规定的相关内容；

（五）在"同业竞争和关联交易"部分，补充《57 号准则》第七十四条至第七十八条规定的相关内容；

（六）在"其他重要事项"部分，补充《57 号准则》"公司治理与独立性""投资者保护""其他重要事项"相关内容。

第五十六条 上市公司重大资产重组构成重组上市的，还应当在本章第九节规定的"交易的合规性分析"部分，逐项说明本次交易是否符合《重组办法》第十三条的规定。

第十六节 重组支付方式

第五十七条 上市公司拟支付现金购买资产的，应当在本章第四节规定的"本次交易概况"部分披露资金来源及具体支付安排。如资金来源于借贷，应当披露借贷协议的主要内容，包括借款方、借贷数额、利息、借贷期限、担保及其他重要条款，并披露还款计划及还款资金来源。如涉及分期支付，应当披露分期支付的条件、金额及付款期限等。

第五十八条 上市公司拟发行股份购买资产的，重组报告书中还应当包括以下内容：

（一）在本章第六节规定的"交易标的"部分后，加入一节"发行股份情况"，其以下各部分依次顺延。在"发行股份情况"部分应当披露以下内容：

1. 上市公司发行股份的价格、定价原则及合理性分析。上市公司应当披露按照《重组办法》第四十五条计算的、董事会就发行股份购买资产作出决议公告日前二十个交易日、六十个交易日或者一百二十个交易日的公司股票交易均价，以及发行股份市场参考价的选择依据及理由，并进行合理性分析；

2. 本次发行股份购买资产的董事会决议明确的发行价格调整方案及可能产生的影响，是否有利于股东保护；如发行价格仅单向调整，应当说明理由。

如董事会已决定对发行价格进行调整的，还应当说明发行价格调整结果、调整程序、是否相应调整交易标的定价及理由、发行股份数量的变化情况等；

3. 上市公司拟发行股份的种类、每股面值；

4. 上市公司拟发行股份的数量、占发行后总股本的比例；

5. 特定对象所持股份的转让或交易限制，股东关于锁定所持股份的相关承诺。

（二）在本章第七节规定的"交易标的评估或估值"部分，披露董事会结合股份发行价对应的市盈率、市净率水平以及本次发行对上市公司盈利能力、持续发展能力的影响等对股份发行定价合理性所作的分析；

（三）在本章第九节规定的"交易的合规性分析"部分，逐项说明是否符合《重组办法》第四十三条的规定。

第五十九条 上市公司拟发行优先股购买资产的，重组报告书中除包括本准则第五十八条第（二）项、第（三）项规定的内容外，还应当在"发行股份情况"部分，比照本准则第五十八条第（一）项相关要求，并结合《公开发行证券的公司信息披露内容与格式准则第34号——发行优先股募集说明书》第四节、第六节第三十五条相关要求，披露相关信息。

如本次优先股发行涉及公司章程的，还应当披露公司章程相应修订情况。

第六十条 上市公司拟发行可转债购买资产的，重组报告书还应当包括以下内容：

（一）在本章第六节规定的"交易标的"部分后，加入一节"发行可转换为股票的公司债券情况"，其以下各部分依次顺延。在"发行可转换为股票的公司债券情况"部分应当披露以下内容：

1. 上市公司拟发行可转债的种类、面值；

2. 上市公司拟发行可转债的数量；

3. 可转债的期限、利率及确定方式、还本付息期限及方式、评级情况（如有）；

4. 可转债的初始转股价格及确定方式、转股期限、转股价格调整的原则及方式；

5. 可转债的其他基本条款，包括赎回条款（如有）、回售条款（如有）等；

6. 债券持有人保护的相关约定，包括受托管理事项安排，债券持有人会议规则，构成可转债违约的情形、违约责任及其承担方式，以及可转债发生违约后的诉讼、仲裁或其他争议解决机制等；

7. 特定对象所持可转债及转股后股份的转让或交易限制，股东关于锁定所持股份的相关承诺；

（二）在本章第九节规定的"交易的合规性分析"部分，逐项说明是否符合《证券法》第十五条第三款及中国证监会关于发行可转换为股票的公司债券购买资产的相关规定。

第六十一条 上市公司拟通过定向权证、存托凭证等其他支付方式购买资产的，应当比照上述要求，披露相关内容。

第十七节 换股吸收合并

第六十二条 换股吸收合并涉及上市公司的，重组报告书还应当在本章第六节规定的"交易标的"部分后，加入一节"换股吸收合并方案"，其以下各部分依次顺延。"换股吸收合并方案"部分应当比照本准则第五十八条相关要求进行披露，此外还应当包括以下内容：

（一）换股各方名称；

（二）换股价格及确定方法；

（三）本次换股吸收合并的董事会决议明确的换股价格调整方案；

（四）本次换股吸收合并对异议股东权利保护的相关安排，如为提供现金选择权，应当披露其安排，包括定价及定价原则、被提供现金选择权的股东范围（异议股东或全体股东）、现金选择权提供方、与换股价格的差异及差异原因；

（五）本次换股吸收合并涉及的债权债务处置及债权人权利保护的相关安排；

（六）本次换股吸收合并涉及的相关资产过户或交付的安排；

（七）本次换股吸收合并涉及的员工安置。

第六十三条 上市公司发行优先股、可转债、定向权证、存托凭证用于与其他公司合并的，应当比照上述要求，披露相关内容。

第十八节 募集配套资金

第六十四条 上市公司发行股份购买资产同时发行股份募集部分配套资金的，在重组报告书"发行股份情况"部分还应当披露以下内容：

（一）募集配套资金的金额及相当于发行证券购买资产交易价格的比例；

（二）募集配套资金的股份发行情况。比照本准则第五十八条相关要求，披露上市公司募集配套资金的股份发行情况，包括发行股份的种类、每股面值、发行价格、定价原则、发行数量及占本次发行前总股本的比例、占发行后总股本的比例、限售期；

（三）募集配套资金的用途。包括具体用途、资金安排、测试依据、使用计划进度和预期收益，如募集配套资金用于投资项目的，应当披露项目是否取得相应的许可证书或者有关主管部门的批复文件；

（四）募集配套资金的必要性。结合行业特点、资金用途、前次募集资金使用效率、上市公司及交易标的现有生产经营规模、财务状况等方面，说明募集配套资金的必要性及配套金额是否与之相匹配；

（五）其他信息。本次募集配套资金管理和使用的内部控制制度，募集配套资金使用的分级审批权限、决策程序、风险控制措施及信息披露程序。本次募集配套资金失败的补救措施。对交易标的采取收益法评估时，预测现金流中是否包含了募集配套资金投入带来的收益；

（六）上市公司董事会决议确定具体发行对象的，应当披露发行对象的基本情况、认购数量或者数量区间。上市公司董事会决议确定部分发行对象的，还应当披露发行对象在没有通过竞价方式产生发行价格的情况下是否继续参与认购、认购数量及价格确定原则；

（七）科创板上市公司募集配套资金的，应当披露相关资金是否用于科技创新领域，以及募投项目实施促进上市公司科技创新水平提升的方式；

（八）在本章第九节规定的"交易的合规性分析"部分，上市公司还应当逐项说明是否符合《上市公司证券发行注册管理办法》第十一条的规定。

第六十五条 上市公司发行可转债募集配套资金的，应当比照本准则第六十条第（一）项和第六十四条相关要求，披露相关内容，并在本章第九节规定的"交易的合规性分析"部分逐项说明是否符合《上市公司证券发行注册管理办法》第十三条、第十四条及《可转换公司债券管理办法》相关规定。

第十九节 重组报告书摘要

第六十六条 编制重组报告书摘要的目的是为向公众提供有关本次重组的简要情况，摘要内容必须忠实于重组报告书全文，不得出现与全文相矛盾之处。上市公司编制的重组报告书摘要应当至少包括以下内容：

（一）本准则第三章第一节到第三节部分的内容；

（二）上市公司应当在重组报告书摘要的显著位置载明：

"本重大资产重组报告书摘要的目的仅为向公众提供有关本次重组的简要情况，并不包括重大资产重组报告书全文的各部分内容。重大资产重组报告书全文同时刊载于×××网站。"

"本公司及全体董事、监事、高级管理人员保证重大资产重组报告书及其摘要内容的真实、准确、完整，对报告书及其摘要的虚假记载、误导性陈述或重大遗漏负相应的法律责任。"

第四章 证券服务机构报告

第一节 独立财务顾问报告

第六十七条 上市公司应当披露由独立财务顾问按照本准则及有关业务准则的规定出具的独立财务顾问报告。独立财务顾问应当至少就以下事项发表明确的结论性意见：

（一）结合对本准则第三章规定的内容进行核查的实际情况，逐项说明本次重组是否符合《重组办法》第十一条的规定。拟发行股份购买资产的，还应当结合核查的实际情况,逐项说明是否符合《重组办法》第四十三条的规定。拟发行可转债购买资产的,还应当逐项说明是否符合《证券法》第十五条第三款及中国证监会关于发行可转换为股票的公司债券购买资产的规定;

(二)本次交易是否构成重组上市。如构成,还应当结合核查的实际情况,逐项说明是否符合《重组办法》第十三条的规定;

(三)上市公司拟发行股份募集配套资金的,应当结合核查的实际情况,逐项说明是否符合《上市公司证券发行注册管理办法》第十一条的规定。拟发行可转债募集配套资金的,应当逐项说明是否符合《上市公司证券发行注册管理办法》第十三条、第十四条及《可转换公司债券管理办法》的相关规定;

(四)对本次交易所涉及的资产定价和股份定价(如涉及)进行全面分析,说明定价是否合理;

(五)本次交易以资产评估结果作为定价依据的,应当对所选取的评估方法的适当性、评估假设前提的合理性、重要评估参数取值的合理性发表明确意见。本次交易不以资产评估结果作为定价依据的,应当对相关资产的估值方法、参数选择的合理性及其他影响估值结果的指标和因素发表明确意见;

(六)结合上市公司管理层讨论与分析以及盈利预测(如有),分析说明本次交易完成后上市公司的持续经营能力和财务状况,本次交易是否有利于上市公司的持续发展,是否存在损害股东合法权益的问题;

(七)对交易完成后上市公司的市场地位、经营业绩、持续发展能力、公司治理机制进行全面分析;

(八)对交易合同约定的资产交付安排是否可能导致上市公司交付现金或其他资产后不能及时获得对价的风险、相关的违约责任是否切实有效,发表明确意见;

(九)对本次重组是否构成关联交易进行核查,并依据核查确认的相关事实发表明确意见。涉及关联交易的,还应当充分分析本次交易的必要性及本次交易是否损害上市公司及非关联股东的利益;

(十)交易对方与上市公司根据《重组办法》第三十五条的规定,就相关资产实际盈利数不足利润预测数的情况签订补偿协议或提出填补每股收益具体措施的,独立财务顾问应当对补偿安排或具体措施的可行性、合理性发表意见(如有)。

第二节 法律意见书

第六十八条 上市公司应当披露由律师事务所按照本准则及有关业务规则的规定出具的法律意见书。律师事务所应当对照中国证监会的各项规定,在充分核查验证的基础上,至少就上市公司本次重组涉及的以下法律问题和事项发表明确的结论性意见:

(一)上市公司和交易对方是否具备相应的主体资格、是否依法有效存续;

(二)本次交易是否构成重组上市。如构成,还应当结合核查的实际情况,逐项说明是否符合《重组办法》第十三条的规定;

(三)本次交易是否已履行必要的批准或授权程序,相关的批准和授权是否合法有效。本次交易是否构成关联交易。构成关联交易的,是否已依法履行必要的信息披露义务和审议批准程序。本次交易涉及的须报有关主管部门批准的事项是否已获得有效批准。本次交易的相关合同和协议是否合法有效;

(四)交易标的(包括标的股权所涉及企业的主要资产)的权属状况是否清晰,权属证书是否完备有效。尚未取得完备权属证书的,应当说明取得权属证书是否存在法律障碍。交易标的是否存在产权纠纷或潜在纠纷,如有,应当说明对本次交易的影响。交易标的是否存在抵押、担保或其他权利受到限制的情况,如有,应当说明对本次交易的影响;

(五)本次交易所涉及的债权债务的处理及其他相关权利、义务的处理是否合法有效,其实施或履行是否存在法律障碍和风险;

(六)上市公司、交易对方和其他相关各方是否已履行法定的披露和报告义务,是否存在应当披露而未披露的合同、协议、安排或其他事项;

(七)本次交易是否符合《重组办法》等规章、规范性文件规定的原则和实质性条件;

(八)参与上市公司本次交易活动的证券服务机构是否已履行《证券法》规定的审批或备案程序;

(九)本次交易是否符合相关法律、法规、规章和规范性文件的规定,是否存在法律障碍,是否存在其他可能对本次交易构成影响的法律问题和风险。

第三节 相关财务资料

第六十九条 上市公司应当披露本次交易所涉及的相关资产的财务报告和审计报告。经审计的最近一期财务资料在财务报告截止日后六个月内有效;本次交易涉及发行股份的,特别情况下可适当延长,但延长时间至多不超过三个月。

交易标的的财务资料虽处于第一款所述有效期内,但截至重组报告书披露之日,该等资产的财务状况和经营成果发生重大变动的,应当补充披露最近一期的相关财务资料(包括该等资产的财务报告、备考财务资料等)。

交易标的财务报告截止日至提交中国证监会注册的重组报告书披露日之间超过七个月的,应当补充披露截止日后至少六个月的财务报告和审阅报告。

有关财务报告和审计报告应当按照与上市公司相同的会计制度和会计政策编制。如不能披露完整财务报告,应当解释原因,并出具对相关资产财务状况、经营成果的说明及审计报告。交易标的涉及红筹企业的,应当按照《公开发行证券的公司信息披露编报规则第24号——注册制下创新试点红筹企业财务报告信息特别规定》及其他相关业务规则披露交易标的财务会计信息。

上市公司拟进行重组上市的,还应当披露依据重组完成后的资产架构编制的上市公司最近一年及一期的备考财务报告和审计报告。其他重大资产重组,应当披露最近一年及一期的备考财务报告和审阅报告。

发生第二款规定情形的,上市公司应当在重组报告书管理层讨论与分析中披露相关变动情况、变动原因和由此可能产生的影响,并作重大事项提示。发生第三款规定情形的,上市公司应当在重组报告书管理层讨论与分析中披露交易标的财务报告截止日后财务信息和主要经营状况变动情况。发生第二款和第三款规定情形的,独立财务顾问还应当就交易标的财务状况和经营成果是否发生重大不利变动及对本次交易的影响出具核查意见。

第七十条 根据《重组办法》第二十二条规定,披露盈利预测报告。

盈利预测报告数据包含了非经常性损益项目的,应当特别说明。

第四节 资产评估报告及估值报告

第七十一条 上市公司重大资产重组以评估值为交易标的定价依据的,应当披露相关资产的资产评估报告及评估说明。

上市公司重大资产重组不以资产评估结果作为定价依据的,应当披露相关资产的估值报告;估值报告应当包括但不限于以下内容:估值目的、估值对象和估值范围、价值类型、估值基准日、估值假设、估值依据、估值方法、估值参数及其他影响估值结果的指标和因素、估值结论、特别事项说明、估值报告日;估值人员需在估值报告上签字并由所属机构加盖公章。

资产评估机构或估值机构为本次重组而出具的评估或估值资料应当明确声明在评估或估值基准日后×月内(最长十二个月)有效。

第五章 二级市场自查报告

第七十二条 上市公司董事会应当就本次重组申请股票停牌前或首次作出决议前(孰早)六个月至重组报告书披露之前一日止,上市公司及其董事、监事、高级管理人员,上市公司控股股东、实际控制人及其董事、监事、高级管理人员(或主要负责人),交易对方及其控股股东、实际控制人、董事、监事、高级管理人员(或主要负责人),相关专业机构及其他知悉本次重大资产交易内幕信息的法人和自然人,以及上述相关人员的直系亲属买卖该上市公司股票及其他相关证券情况进行自查,并制作自查报告。

法人的自查报告应当列明法人的名称、股票账户、有无买卖股票行为并盖章确认;自然人的自查报告应当列明自然人的姓名、职务、身份证号码、股票账户、有无买卖股票行为,并经本人签字确认。

前述法人及自然人在第一款规定的期限内存在买卖上市公司股票行为的,当事人应当书面说明其买卖股票行为是否利用了相关内幕信息;上市公司及相关方应当书面说明相关重组事项的动议时间,买卖股票人员是否参与决策,买卖行为是否与本次重组事项有关;律师事务所应当对相关当事人及其买卖股票行为进行核查,对该行为是否涉嫌内幕交易、是否对本次交易构成法律障碍发表明确意见。

第六章 重组实施情况报告书

第七十三条 上市公司编制的重大资产重组实施情况报告书应当至少披露以下内容:

(一)本次重组的实施过程,相关资产过户或交付、相关债权债务处理以及证券发行登记等事宜的办理状况;

(二)相关实际情况与此前披露的信息是否存在差异(包括相关资产的权属情况及历史财务数据是否如实披露,相关盈利预测、利润预测或者管理层预计达到的目标是否实现,控股股东及其一致行动人、董事、监事、高级管理人员等特定主体自本次重组预案或重组报告书披露之日起至实施完毕期间的股份减持情况是否与计划一致等);

(三)交易标的董事、监事、高级管理人员的更换情况及其他相关人员的调整情况;

(四)重组实施过程中,是否发生上市公司资金、资

产被实际控制人或其他关联人占用的情形,或上市公司为实际控制人或其他关联人提供担保的情形;

(五)相关协议及承诺的履行情况;

(六)相关后续事项的合规性及风险;

(七)其他需要披露的事项。

独立财务顾问应当对前款所述内容逐项进行核查,并发表明确意见。律师事务所应当对前款所述内容涉及的法律问题逐项进行核查,并发表明确意见。

第七章 重大资产重组申请文件格式和报送方式

第七十四条 上市公司进行需经中国证监会注册的资产交易行为,应当通过证券交易所审核业务系统报送申请文件。

报送的电子文件应当和原始纸质文件一致。律师事务所应当对所报送电子文件与原始纸质文件的一致性出具鉴证意见。报送的电子文件与原始纸质文件具有同等的法律效力。

第七十五条 申请文件的原始纸质文件所有需要签名处,应当载明签名字样的印刷体,并由签名人亲笔签名,不得以名章、签名章等代替。

对于申请文件的原始纸质文件,如上市公司不能提供有关文件原件,应当由上市公司聘请的律师事务所提供鉴证意见,或由出文单位盖章,以保证与原件一致。如原出文单位不再存续,可由承继其职权的单位或做出撤销决定的单位出文证明文件的真实性。

需要由律师事务所鉴证的文件,律师应当在该文件首页注明"以下第×页至第×页与原件一致",并签名和签署鉴证日期,律师事务所应当在该文件首页加盖公章,并在第×页至第×页侧面以公章加盖骑缝章。

上市公司应当确保申请文件的原始纸质文件已存档。

第七十六条 上市公司应当根据证券交易所对申请文件的审核问询提供补充和修改材料。相关证券服务机构应当对审核问询相关问题进行尽职调查或补充出具专业意见。

上市公司重大资产重组申请获得中国证监会注册的,上市公司及相关证券服务机构应当根据中国证监会的注册情况重新修订并披露重组报告书及相关证券服务机构的报告或意见。上市公司及相关证券服务机构应当在修订的重组报告书及相关证券服务机构报告或意见的首页就补充或修改的内容作出特别提示。

第七十七条 上市公司向证券交易所审核业务系统报送的申请文件应当采用标准".doc"".docx"或".pdf"

格式文件,按幅面为209毫米×295毫米规格的纸张(标准A4纸张规格)进行排版,并应当采用合适的字体、字号、行距,以便于阅读。

申请文件的正文文字应当为宋体小四,1.5倍行距。一级标题应当为黑体三号,二级标题应当为黑体四号,三级标题应当为黑体小四号,且各级标题应当分别采用一致的段落间距。

第七十八条 申请文件的封面应当标有"×××公司重大资产重组申请文件"字样及重大资产重组报告书标题。

第七十九条 申请文件章与章之间、章与节之间应当有明显的分隔标识。为便于阅读,".doc"".docx"文档应当根据各级标题建立文档结构图,".pdf"文档应当建立书签。

第八十条 申请文件中的页码应当与目录中的页码相符。例如,第四部分4-1的页码标注为4-1-1,4-1-2,4-1-3,……4-1-n。

第八章 附则

第八十一条 本准则由中国证监会负责解释。

第八十二条 本准则自公布之日起施行。2022年1月5日施行的《公开发行证券的公司信息披露内容与格式准则第26号——上市公司重大资产重组(2022年修订)》(证监会公告〔2022〕10号)同时废止。

附件:上市公司重大资产重组申请文件目录(略)

第32号——发行优先股申请文件

· 2023年2月17日
· 中国证券监督管理委员会公告〔2023〕9号

第一条 为规范上市公司发行优先股申请文件的报送行为,根据《中华人民共和国证券法》《优先股试点管理办法》(证监会令第209号)制定本准则。

第二条 申请发行优先股的上市公司(以下简称发行人),应按本准则的规定制作申请文件,并通过证券交易所发行上市审核业务系统报送电子文件。

报送的电子文件应和预留原件一致。发行人律师应对报送的电子文件和预留原件的一致性出具鉴证意见。报送的电子文件和预留原件具有同等的法律效力。

第三条 本准则规定的申请文件目录是对发行申请文件的最低要求,中国证券监督管理委员会(以下简称中国证监会)和证券交易所根据审核需要,可以要求发行人和中介机构补充材料。如果某些材料对发行人不适用，可不必提供，但应向中国证监会和证券交易所作出列表说明。补充文件和相关说明也应通过证券交易所发行上市审核业务系统报送。

第四条 申请文件一经受理，未经中国证监会或者证券交易所同意不得增加、减少、撤回或更换。

第五条 对于申请文件的原始纸质文件，发行人不能提供有关文件原件的，应由发行人律师提供鉴证意见，或由出文单位盖章，以保证与原件一致。如原出文单位不再存续，由承继其职权的单位或作出撤销决定的单位出文证明文件的真实性。

申请文件的原始纸质文件所有需要签名处，应载明签名字样的印刷体，并由签名人亲笔签名，不得以名章、签名章等代替。

申请文件的原始纸质文件中需要由发行人律师鉴证的文件，发行人律师应在该文件首页注明"以下第××页至第×××页与原件一致"，并签名和签署鉴证日期，律师事务所应在该文件首页加盖公章，并在第××页至第×××页侧面以公章加盖骑缝章。

第六条 发行人向证券交易所发行上市审核业务系统报送的申请文件应采用标准".doc"".docx"或".pdf"格式文件，按幅面为209毫米×295毫米规格的纸张（标准A4纸张规格）进行排版，并应采用合适的字体、字号、行距，以便于投资者阅读。

申请文件的正文文字应为宋体小四，1.5倍行距。一级标题应为黑体三号，二级标题应为黑体四号，三级标题应为黑体小四号，且各级标题应分别采用一致的段落间距。

申请文件章与章之间、节与节之间应有明显的分隔标识。为便于阅读，".doc"".docx"文档应根据各级标题建立文档结构图，".pdf"文档应建立书签。

申请文件中的页码应与目录中的页码相符。例如，第四部分4-1的页码标注为：4-1-1,4-1-2,4-1-3,……4-1-n。

第七条 未按本准则的要求制作和报送发行申请文件的，证券交易所可不予受理。

第八条 本准则由中国证监会负责解释。

第九条 本准则自公布之日起施行。

附录：上市公司发行优先股申请文件目录（略）

第33号——发行优先股预案和发行情况报告书

- 2023年2月17日
- 中国证券监督管理委员会公告〔2023〕10号

第一章 总 则

第一条 为规范上市公司发行优先股的信息披露行为，保护投资者合法权益，根据《中华人民共和国公司法》《中华人民共和国证券法》《优先股试点管理办法》等法律、法规及中国证券监督管理委员会（以下简称中国证监会）的有关规定，制定本准则。

第二条 申请发行优先股的上市公司（以下简称发行人），应当按照本准则第二章的要求编制发行优先股预案（以下简称发行预案），作为董事会决议的附件，与董事会决议同时披露。

第三条 向不特定对象发行优先股发行结束后，发行人应按证券交易所有关规定披露上市公告书；向特定对象发行优先股发行结束后，发行人应当按照本准则第三章的要求编制并披露发行情况报告书。

第四条 在不影响信息披露的完整性并保证阅读方便的前提下，对于已在公司日常信息披露文件中披露过的信息，如事实未发生变化，发行人可以采用索引的方法进行披露，并须提供查询网址。

本准则某些具体要求对发行人确不适用的，发行人可以根据实际情况调整，并在发行预案中作出说明。

本次发行涉及重大资产重组的，发行预案的信息披露内容还应当符合中国证监会有关重大资产重组的规定。

第二章 发行优先股预案

第五条 发行预案应当包括以下内容：

（一）本次优先股发行的目的；

（二）本次优先股发行方案；

（三）本次优先股发行带来的主要风险；

（四）本次发行募集资金使用计划；

（五）董事会关于本次发行对公司影响的讨论与分析；

（六）本次优先股发行涉及的公司章程修订情况；

（七）其他有必要披露的事项。

发行预案披露后，公司发生与本次发行相关的重大事项，发行人应按有关规定及时履行信息披露义务。

第六条 发行预案披露本次发行目的时，应结合公司行业特点、业务发展和资本结构等情况，说明确定本次发行品种和融资规模的依据。

第七条 公司确定发行方案时,应符合相关法律法规的要求,披露内容包括:

(一)本次发行优先股的种类和数量;

(二)发行方式、发行对象或发行对象范围及向原股东配售的安排、是否分次发行;

(三)票面金额、发行价格或定价原则;

(四)票面股息率或其确定原则;

(五)优先股股东参与分配利润的方式,包括:股息发放的条件及设定条件所依据的财务报表口径、股息支付方式、股息是否累积、是否可以参与剩余利润分配等;

(六)回购条款,包括发行人要求赎回和投资者要求回售的条件、期间、价格或其确定原则、回购选择权的行使主体等;

(七)商业银行在触发事件发生时,将优先股强制转换为普通股的转换价格的确定方式(如有);

(八)表决权的限制和恢复,包括表决权恢复的情形及恢复的具体计算方法;

(九)清偿顺序及清算方法;

(十)信用评级情况及跟踪评级安排(如有);

(十一)担保方式及担保主体(如有);

(十二)本次优先股发行后上市交易或转让的安排。

第八条 向特定对象发行优先股,发行对象属于下列情形之一的,发行预案应披露具体发行对象及其认购价格或定价原则:

(一)上市公司的控股股东、实际控制人或其控制的关联人;

(二)董事会已确定的发行对象。

第九条 向特定对象发行优先股且发行对象已确定的,发行预案还应包括以下内容:

(一)发行对象的基本情况,并明确发行对象与发行人是否存在关联关系;

(二)优先股认购合同的主要内容,例如:

1. 合同主体、签订时间;

2. 认购价格、认购方式、支付方式;

3. 合同的生效条件和生效时间;

4. 违约责任条款。

第十条 发行人应当遵循重要性原则,披露可能直接或间接对发行人及原股东产生重大不利影响的所有因素。发行人应结合自身的实际情况及优先股的条款设置,充分、准确、具体地揭示相关风险因素,可以量化分析的,应披露具体影响程度。例如:

(一)分红减少的风险。量化分析本次优先股股息发放对普通股及已发行优先股股息发放的影响;

(二)表决权被摊薄的风险。优先股表决权恢复导致的原股东表决权被摊薄的风险,特别是可能发生控制权变更的风险;

(三)普通股股东的清偿顺序风险;

(四)税务风险。

第十一条 发行人应列表披露本次募集资金的使用计划。

第十二条 本次发行募集资金用于补充流动资金的,应当分析与同行业上市公司对流动资金的需求水平是否相当;募集资金用于偿还银行贷款的,应当结合市场利率水平、公司融资成本说明偿还银行贷款后公司负债结构是否合理;银行、证券、保险等金融行业公司募集资金补充资本的,应结合行业监管指标、对普通股现金分红的影响分析本次融资规模的合理性。

第十三条 募集资金用于项目投资的,应披露项目需要资金数额、项目内容及进度和涉及的审批情况。

募集资金投入项目导致发行人生产经营模式发生变化的,发行人应结合其在新模式下的经营管理能力、技术准备情况、产品市场开拓情况等,对项目的可行性进行分析。

第十四条 募集资金用于收购资产并以评估作为价格确定依据的,应披露评估报告,用于收购企业或股权的,还应披露拟收购资产前一年度经审计的资产负债表、利润表及最近一期的经营状况。

拟收购的资产在首次董事会前尚未进行审计、评估的,发行人应当在审计、评估完成后再次召开董事会,对相关事项作出补充决议,并编制优先股发行预案的补充公告。

第十五条 募集资金用于收购资产的,发行预案应披露以下内容:

(一)目标资产的主要情况,如资产构成、成新率、适用情况;

(二)资产转让合同主要内容,如交易价格及确定依据、资产交付、合同的生效条件和生效时间、违约责任条款等;

(三)资产权属是否清晰、是否存在权利受限、权属争议或者妨碍权属转移的其他情况;

(四)董事会对资产收购价格公允性的分析说明、相关评估机构对其执业独立性的意见和独立董事对收购价格公允性的意见;相关资产在最近三年曾进行资产评估或者交易的，还应当说明评估价值和交易价格、交易对方；

（五）如收购企业或股权的，还应披露因收购而新增的重要债务，分析说明给公司增加的偿债风险及是否取得债权人的书面同意或经债券持有人会议审议通过；发行人尚须履行的义务，包括员工安置及潜在负债情况；资产自评估截止日至资产交付日所产生收益的归属等。

第十六条 发行人董事会应分析本次优先股发行对公司的影响，例如：

（一）本次发行优先股相关的会计处理方法；

（二）本次发行的优先股发放的股息能否在所得税前列支及政策依据；

（三）本次发行对公司股本、净资产（净资本）、营运资金、资产负债率、净资产收益率、归属于普通股股东的每股收益等主要财务数据和财务指标的影响，并注明财务数据和财务指标的相关报表口径；

（四）本次发行对金融行业发行人资本监管指标的影响及相关行业资本监管要求；

（五）最近三年内利用募集资金投资已完工项目的实施效果及尚未完工重大投资项目的资金来源、进度和与本次发行的关系；

（六）本次发行募集资金进行项目投资或购买资产的，应披露项目实施后上市公司与控股股东及其关联人之间的关联交易及同业竞争等变化情况；向控股股东或其关联方购买的，还应披露本次发行完成后，公司是否存在资金、资产被控股股东及其关联人占用的情形，或公司为控股股东及其关联人提供担保的情形；

（七）最近三年现金分红情况，并结合母公司及重要子公司的现金分红政策、发行人股东依法享有的未分配利润、已发行优先股的票面股息率及历史实际支付情况、未来需要偿还的大额债务和重大资本支出计划等，分析披露发行人本次优先股股息或优先股回购的支付能力；

（八）与本次发行相关的董事会声明及承诺事项：

1. 董事会关于除本次发行外未来十二个月内是否有其他股权融资计划的声明；

2. 本次发行摊薄即期回报的，发行人董事会按照国务院、中国证监会和证券交易所有关规定作出的关于承诺并兑现填补回报的具体措施。

第十七条 发行预案应说明本次优先股发行涉及的公司章程修订情况，例如：

（一）利润分配条款，包括票面股息率、是否强制分红、是否可累积、是否参与剩余利润分配；

（二）剩余财产分配条款；

（三）表决权限制与恢复条款；

（四）回购优先股的具体条件、优先股转换为普通股的具体条件(如有)；

（五）与优先股股东权利义务相关的其他内容。

第三章 发行情况报告书

第十八条 发行情况报告书应列表说明本次向特定对象发行的基本情况。

（一）本次发行履行的相关程序，参考格式如下：

序号	相关程序	相关程序的说明	时间
1	董事会决议	（会议届次、相关议案）	（董事会召开的时间）
2	股东大会决议	（会议届次、相关议案）	（股东大会召开的时间）
3	其他需履行的程序（如国资委批复、主管部门的批复）	（批复文号、文件名称）	（取得相关批复的时间）
4	证券交易所审核	/	（审核意见形成的时间）
5	中国证监会注册	（注册文件的文号）	（取得注册批复的时间）
6	募集资金到账	（到账金额、发行费用）	（到账时间）
7	募集资金验资	（验资机构、验资报告）	（验资时间）
8	登记托管	（登记机构）	（登记托管的时间）
9	转让安排	（转让的平台）	（可转让的时间）

(二)各发行对象的名称、类型和认购数量,并备注与发行人的关联方及关联交易情况,参考格式如下:

序号	发行对象名称	性质	认购金额	是否为关联方	最近一年是否存在关联交易
1					
2					
3					
……					

注:①发行对象性质按《优先股试点管理办法》所规定的合格投资者类别列示;
②最近一年存在重大关联交易的,需按照偶发性和经常性进一步披露关联交易的信息。

(三)本次发行优先股的类型及主要条款,参考格式如下:

	本次发行方案要点				
1	面值		2	发行价格	
3	发行数量		4	发行规模	
5	是否累积		6	是否参与	
7	是否调息		8	股息支付方式	
9	票面股息率的确定原则				
10	股息发放的条件				
11	转换安排				
12	回购安排				
13	评级安排				
14	担保安排				
15	表决权恢复的安排				
16	其他特别条款	(如:为满足行业监管所设定的发行条款)			
		(如:本次发行的特别安排等)			

(四)本次发行相关机构及经办人员。

第十九条 发行情况报告书应当披露保荐人关于本次向特定对象发行过程和发行对象合规性报告的结论意见及持续督导责任。内容至少包括:

(一)本次发行定价过程合规性的说明;

(二)发行对象的选择是否公平、公正,是否符合上市公司及其全体股东的利益的说明;

(三)持续督导责任的内容及履行方式。

第二十条 发行情况报告书应当披露发行人律师关于本次向特定对象发行过程和发行对象合规性报告的结论意见。内容至少包括:

(一)发行对象资格的合规性的说明;

(二)本次发行相关合同等法律文件的合规性的说明;

(三)本次发行涉及资产转让或者其他后续事项的,应当陈述办理资产过户或者其他后续事项的程序、期限,并进行法律风险评估。

第二十一条 发行人全体董事应在发行情况报告书的首页披露声明和承诺:

"本公司全体董事承诺本发行情况报告书不存在虚

假记载、误导性陈述或重大遗漏，并对其真实性、准确性、完整性承担相应的法律责任。"

本次发行摊薄即期回报的，董事会关于填补回报具体措施的承诺。

声明和承诺应由全体董事签名，并由发行人加盖公章。

第二十二条 发行情况报告书应将募集说明书作为备查文件，并在证券交易所的网站和符合中国证监会规定条件的报刊依法开办的网站披露。

第四章 附 则

第二十三条 本准则由中国证监会负责解释。

第二十四条 本准则自公布之日起施行。

第34号——发行优先股募集说明书

· 2023年2月17日
· 中国证券监督管理委员会公告〔2023〕11号

第一章 总 则

第一条 为规范上市公司发行优先股的信息披露行为，保护投资者合法权益，根据《中华人民共和国公司法》《中华人民共和国证券法》（以下简称《证券法》）、《优先股试点管理办法》等法律、法规及中国证券监督管理委员会（以下简称中国证监会）的有关规定，制定本准则。

第二条 申请发行优先股的上市公司（以下简称发行人），应当按照本准则的要求编制优先股募集说明书（以下简称募集说明书），作为申请发行优先股的必备文件。向不特定对象发行优先股，募集说明书应按规定披露；向特定对象发行优先股，应按本准则的规定编制募集说明书并于注册后二个工作日内，在证券交易所网站和符合中国证监会规定条件的报刊依法开办的网站披露。

第三条 募集说明书的信息披露应当以投资者需求为导向，本准则的规定是对募集说明书信息披露的最低要求。不论本准则是否有明确规定，凡对投资者做出投资决策有重大影响的信息，

均应披露。本准则某些具体要求对发行人确不适用的，发行人可以根据实际情况调整，并在申报时作书面说明。

募集说明书涉及未公开重大信息的，发行人应按有关规定及时履行信息披露义务。

本次发行涉及重大资产重组的，募集说明书的信息披露还应当符合中国证监会有关重大资产重组的规定。

第四条 募集说明书的编制应遵循以下要求：

（一）表述通俗易懂，并采用表格或其他较为直观的方式披露公司及其产品、财务等情况，定性分析与定量分析方法应相互结合；

（二）引用的资料应注明来源，事实依据应充分、客观；

（三）引用的数字应采用阿拉伯数字，货币金额除特别说明外，应指人民币金额，并以元、千元、万元或百万元为单位；

（四）涉及财务数据或财务指标的，应注明相关报表口径；

（五）发行人可编制募集说明书外文译本，但应保证中、外文文本的一致性，在对中外文本的理解上发生歧义时，以中文文本为准；

（六）募集说明书概览的内容，应摘自募集说明书，并与其保持一致。

第五条 在不影响信息披露的完整性并保证阅读方便的前提下，发行人可以采用相互引征的方法，对各相关部分的内容进行适当的技术处理。对于已在本次优先股发行预案及公司日常信息披露文件中披露过的信息，如事实未发生变化，发行人可以采用索引的方法进行披露，并须提供查询网址。

发行人在募集说明书中索引公司其他信息披露文件的内容，为募集说明书的有效组成部分，发行人及中介机构应承担相应的法律责任。

第二章 募集说明书

第一节 封面、扉页、目录、释义

第六条 募集说明书文本封面应标明"×××公司向不特定对象发行（或向特定对象发行）优先股募集说明书"字样，封面还应载明已经上市普通股简称和代码、发行人注册地、保荐机构、主承销商、募集说明书公告时间（向不特定对象发行适用）。

向特定对象发行优先股的，募集说明书文本封面还应注明："本募集说明书仅供拟认购的合格投资者使用，不得利用本募集说明书及申购从事内幕交易或操纵证券市场"。

第七条 募集说明书文本扉页应当刊载如下声明：

"本公司全体董事、监事、高级管理人员承诺募集说明书及其概览不存在任何虚假记载、误导性陈述或重大遗漏，并保证所披露信息的真实、准确、完整。

"公司负责人、主管会计工作负责人及会计机构负责

人(会计主管人员)保证募集说明书及其概览中财务会计报告真实、完整。

"中国证监会、证券交易所对本次发行所作的任何决定或意见,均不表明其对上市公司所披露信息的真实性、准确性和完整性作出实质性判断或保证,也不表明其对本次优先股的价值或投资者的收益作出实质性判断或者保证。任何与之相反的声明均属虚假不实陈述。

"根据《证券法》的规定,证券依法发行后,发行人经营与收益的变化,由发行人自行负责,由此变化引致的投资风险,由投资者自行负责。"

第八条 发行人应针对实际情况在募集说明书文本扉页作"重大事项提示",提醒投资者需特别关注的与本次发行相关的重大风险或重大事项,例如:

(一)本次发行的优先股是否上市交易。如果上市交易,其与公司普通股分属不同的股份类别,将以不同股份代码进行交易,存在交易不活跃或价格大幅波动的风险;如果不上市交易,存在交易受限的风险;

(二)本次发行的优先股的票面股息率或其确定原则、股息发放条件、股息是否累积、是否参与剩余利润分配;

(三)是否设有回购或强制转换为普通股的条款;

(四)本次发行的优先股的会计处理方法;

(五)表决权限制与恢复的约定;

(六)公司生产经营中存在的其他重大事项。

第九条 募集说明书目录应标明各章、节的标题及其对应的页码。发行人应对投资者理解可能有障碍及有特定含意的术语作出释义。募集说明书释义应在目录次页排印。

第十条 特殊行业的发行人编制募集说明书及其概览,还应遵循中国证监会关于该行业的信息披露特别规定。

第二节 本次发行概况

第十一条 发行人应披露本次发行的基本情况,主要包括:

(一)发行的审批文件和本次优先股的名称和发行总额。如发行人分次发行的,披露各次发行安排;

(二)本次发行优先股的种类和数量;

(三)发行方式、发行对象或发行对象范围及向原股东配售的安排;

(四)票面金额、发行价格或定价原则;

(五)票面股息率或其确定原则;

(六)承销方式;

(七)发行费用概算。

第十二条 发行人应披露本次优先股发行和上市交易或转让的时间安排,披露至上市交易或转让前的有关重要日期,主要包括:

(一)发行公告刊登日期(向不特定对象发行适用);

(二)预计发行日期;

(三)申购日期;

(四)资金冻结日期(如有);

(五)上市交易或转让安排。

第十三条 发行人应披露本次发行涉及的下列机构的名称、法定代表人、经办人员、住所、联系电话、传真:

(一)发行人;

(二)保荐机构和承销团成员;

(三)发行人律师事务所;

(四)审计机构;

(五)申请上市交易或转让的证券交易所;

(六)股票登记机构;

(七)收款银行;

(八)资产评估机构(如有);

(九)资信评级机构(如有);

(十)担保人(如有);

(十一)其他与本次发行相关的机构。

第十四条 发行人应披露其与本次发行有关的中介机构及其负责人、高级管理人员及经办人员之间存在的直接或间接的股权关系或其他利害关系。

第三节 风险因素

第十五条 发行人应当遵循重要性原则,披露可能直接或间接对优先股投资者、发行人及原股东、公司生产经营产生重大不利影响的所有因素。发行人应当结合自身的实际情况及优先股的条款设置,充分、准确、具体地揭示相关风险因素,可以量化分析的,应披露具体影响程度。例如:

(一)本次优先股的投资风险

1. 股息不可累积,或者不参与剩余利润分配;

2. 不能足额派息的风险。发行人应列明可能导致实际股息

率低于票面股息率的各种影响因素;

3. 表决权限制的风险;

4. 市价波动风险和交易风险。因价格波动或交易不活跃而可能受到的不利影响;

5. 回购风险。发行人应列明可能导致公司赎回优先股的各种影响因素;

6. 强制转换风险。商业银行在触发事件发生时强制将优先股转为普通股的风险；

7. 优先股股东的清偿顺序风险；

8. 提供信用评级的，评级下降的风险；

9. 提供担保的，担保资产或担保人财务状况发生重大不利变化的风险。

（二）发行人及原股东面临的与本次发行有关的风险

1. 分红减少的风险。量化分析本次优先股股息发放对普通股及已发行优先股股息发放的影响；

2. 表决权被摊薄的风险。优先股表决权恢复导致的原股东表决权被摊薄的风险，特别是可能发生控制权变更的风险；

3. 普通股股东的清偿顺序风险；

4. 税务风险；

5. 其他风险。例如：利率风险、流动性风险、与本次优先股相关的公允价值波动风险。

（三）与发行人生产经营有关的风险

1. 行业风险。例如，可能涉及行业前景、行业经营环境的不利变化，公司行业地位下降的风险；

2. 财务风险。应结合公司财务状况具体分析面临的风险因素；

3. 管理风险。例如，内部控制存在的缺陷；因营业规模、营业范围扩大或者业务转型而导致的管理风险；

4. 政策风险。例如，产业政策、行业管理、环境保护、税收制度等发生变化对公司的影响。

第四节 本次发行的优先股与已发行的优先股

第十六条 发行人应披露本次发行方案的主要内容，包括：

（一）本次发行优先股的种类和数量；

（二）发行方式、发行对象或发行对象范围及向原股东配售的安排、发行对象资格要求；

（三）票面金额、发行价格或定价原则；

（四）票面股息率或其确定原则；

（五）优先股股东参与分配利润的方式，包括：股息发放的条件、股息支付方式、股息是否累积、是否可以参与剩余利润分配等；

（六）回购条款，包括发行人要求赎回和投资者要求回售的条件、期间、价格或其确定原则、回购选择权的行使主体等；

（七）商业银行在触发事件发生时，将优先股强制转换为普通股的转换价格确定方式（如有）；

（八）表决权的限制和恢复，包括表决权恢复的情形及恢复的具体计算方法；

（九）清偿顺序及清算方法；

（十）信用评级情况及跟踪评级安排（如有）；

（十一）担保方式及担保主体（如有）；

（十二）本次优先股发行后上市交易或转让的安排。

第十七条 发行人应披露本次发行优先股相关的会计处理方法。

第十八条 发行人应披露本次发行的优先股发放的股息能否在所得税前列支及政策依据。

第十九条 发行人应披露本次发行对公司股本、净资产（净资本）、营运资金、资产负债率、净资产收益率、归属于普通股股东的每股收益等主要财务数据和财务指标的影响。

第二十条 金融行业发行人应披露本次发行对公司资本监管指标的影响及相关行业资本监管要求。

第二十一条 发行人应披露投资者与本次发行的优先股交易、股息发放、回购、转换等相关的税费、征收依据及缴纳方式。

第二十二条 发行人应披露已发行在外的优先股的简要情况，包括发行时间、发行总量及融资总额、现有发行在外数量、已回购或转换为普通股的数量、各期股息实际发放情况等。

发行人应列表披露本次发行的优先股与已发行在外优先股主要条款的差异比较。

第二十三条 发行人聘请资信评级机构对本次发行的优先股进行信用评级的，应披露其信用评级情况及跟踪评级安排。

第二十四条 本次发行的优先股提供担保的，应披露担保及授权情况。

第五节 发行人基本情况及主要业务

第二十五条 发行人应提请投资者可在公司日常信息披露文件中查阅公司的基本情况，包括股本变动及股东情况、董事、监事、高级管理人员及其持股情况等。

第二十六条 发行人应披露控股股东和实际控制人的基本情况、发行人组织架构和管理模式以及发行人董事、监事、高级管理人员名单。实际控制人应披露到最终的国有控股主体、集体企业或自然人为止。

第二十七条 发行人应结合所处的行业特点、财务信息、分部报告、主要对外投资等情况披露公司从事的主要业务、主要产品及各业务板块的经营状况。

第六节　财务会计信息及管理层讨论与分析

第二十八条　发行人应提请投资者，欲完整了解公司财务会计信息，应查阅公司日常信息披露文件。

第二十九条　审计机构曾对发行人最近三年财务报表出具非标准审计报告的，发行人应披露董事会和审计机构关于非标准审计报告涉及事项对公司是否有重大不利影响或重大不利影响是否已经消除的说明。

第三十条　发行人应简要披露财务会计信息，主要包括：

（一）最近三年及一期的资产负债表、利润表及现金流量表。编制合并财务报表的，仅需披露合并财务报表。最近三年及一期合并财务报表范围发生重大变化的，应披露具体变化情况。最近三年内发生重大资产重组的，披露的最近三年及一期财务报表应包括：重组完成后各年的资产负债表、利润表和现金流量表，以及重组时编制的重组前模拟利润表和模拟报表的编制基础；

（二）最近三年及一期的主要财务指标。

第三十一条　发行人应主要依据最近三年及一期的合并财务报表分析公司财务状况、盈利能力和现金流量。

第三十二条　发行人在分析财务状况时，应披露最近三年及一期末资产、负债的重要项目和重大变化情况及原因。

第三十三条　发行人在分析盈利能力时，应披露以下内容：

（一）最近三年及一期营业收入、营业成本、营业利润、利润总额和净利润的重大变化情况及原因；

（二）最近三年及一期综合毛利率和分产品或服务的毛利率的重大变化情况及原因；

（三）最近三年及一期非经常性损益和投资收益的主要构成、重大变化情况及原因；上述项目金额占占净利润比重较高的，还应分析对公司盈利能力的影响；

（四）最近三年及一期税收政策及变化对公司盈利能力的影响。

第三十四条　发行人在分析现金流量时，应披露最近三年及一期经营活动产生的现金流量净额的构成、变动情况及原因。经营活动产生的现金流量净额为负数或者远低于当期净利润的，应披露原因及对公司盈利能力的影响。

第三十五条　发行人应披露最近三年现金分红情况。并应结合母公司及重要子公司的现金分红政策、发行人股东依法享有的未分配利润、已发行优先股的票面股息率及历史实际支付情况、未来需要偿还的大额债务

和重大资本支出计划等，分析披露发行人本次优先股股息或优先股回购的支付能力。

第三十六条　发行人披露盈利预测报告的，应在募集说明书中简要披露预测数，同时应声明："本公司盈利预测报告是管理层在最佳估计假设的基础上编制的，但所依据的各种假设具有不确定性，投资者进行投资决策时应谨慎使用"。

第七节　募集资金运用

第三十七条　发行人应提请投资者，欲完整了解公司募集资金运用情况，应查阅公司本次优先股发行预案。

第三十八条　发行人应列表披露本次募集资金的用途。

第三十九条　发行人应披露本次优先股发行预案公布后的募集资金投资项目的进展情况。

第八节　其他重要事项

第四十条　发行人应披露公司最近一期末的对外担保情况，并披露对公司财务状况、经营成果、声誉、业务活动、未来前景等可能产生较大影响的未决诉讼或仲裁事项，可能出现的处理结果或已生效法律文书的执行情况。

第四十一条　发行人应披露与本次发行相关的董事会声明及承诺事项。例如：

（一）董事会关于除本次发行外未来十二个月内是否有其他股权融资计划的声明；

（二）本次发行摊薄即期回报的，发行人董事会按照国务院、中国证监会和证券交易所有关规定作出的关于承诺并兑现填补回报的具体措施。

第九节　董事、监事、高级管理人员及有关中介机构声明

第四十二条　发行人全体董事、监事及高级管理人员应在募集说明书正文的尾页声明：

"本公司全体董事、监事及高级管理人员承诺本募集说明书及其概览不存在虚假记载、误导性陈述或重大遗漏，并对其真实性、准确性、完整性承担相应的法律责任。"

声明应由全体董事、监事及高级管理人员签名，并由发行人加盖公章。

第四十三条　保荐机构（主承销商）应在募集说明书正文后声明：

"本公司已对募集说明书及其概览进行了核查，确认不存在虚假记载、误导性陈述或重大遗漏，并对其真实性、准确性和完整性承担相应的法律责任。"

声明应由项目协办人、保荐代表人、法定代表人或其

授权代表签名,并由保荐机构加盖公章。

第四十四条 发行人律师应在募集说明书正文后声明:

"本所及签字的律师已阅读募集说明书及其概览,确认募集说明书及其概览与本所出具的法律意见书不存在矛盾。本所及签字律师对发行人在募集说明书及其概览中引用的法律意见书的内容无异议,确认募集说明书及其概览不致因所引用内容出现虚假记载、误导性陈述或重大遗漏,并对其真实性、准确性和完整性承担相应的法律责任。"

声明应由签字的律师、所在律师事务所负责人签名,并由律师事务所加盖公章。

第四十五条 承担审计业务的会计师事务所应在募集说明书正文后声明:

"本所及签字注册会计师已阅读募集说明书及其概览,确认募集说明书及其概览与本所出具的报告不存在矛盾。本所及签字注册会计师对发行人在募集说明书及其概览中引用的审计报告的内容无异议(或盈利预测已经本所审核),确认募集说明书及其概览不致因所引用内容而出现虚假记载、误导性陈述或重大遗漏,并对其真实性、准确性和完整性承担相应的法律责任。"

声明应由签字注册会计师及所在会计师事务所负责人签名,并由会计师事务所加盖公章。

第四十六条 承担资信评级业务或者资产评估业务的机构(如有)应在募集说明书正文后声明:

"本机构及签字的资信评级人员(或资产评估人员)已阅读募集说明书及其概览,确认募集说明书及其概览与本机构出具的报告不存在矛盾。本机构及签字的资信评级人员(或资产评估人员)对发行人在募集说明书及其概览中引用的报告的内容无异议,确认募集说明书及其概览不致因所引用内容而出现虚假记载、误导性陈述或重大遗漏,并对其真实性、准确性和完整性承担相应的法律责任。"

声明应由签字的资信评级人员(或资产评估人员)及单位负责人签名,并由资信评级机构或者资产评估机构加盖公章。

第十节 备查文件

第四十七条 募集说明书结尾应列明备查文件,并在证券交易所的网站和符合中国证监会规定条件的报刊依法开办的网站披露备查文件。

第四十八条 备查文件包括下列文件:

(一)最近三年的财务报告、审计报告及最近一期的财务报告;

(二)本次优先股发行预案;

(三)保荐机构出具的发行保荐书;

(四)法律意见书;

(五)公司章程;

(六)发行人对本次发行优先股作出的有关声明和承诺;

(七)中国证监会对本次发行予以注册的文件。

如有下列文件,应作为备查文件披露:

(一)发行人董事会、审计机构关于报告期内非标准审计报告涉及事项对公司是否有重大不利影响或重大不利影响是否已经消除的说明;

(二)最近三年内发生重大资产重组的,重组时编制的重组前模拟财务报告及审计报告;

(三)盈利预测及审核报告;

(四)资信评级报告;

(五)担保合同;

(六)拟收购资产的资产评估报告及有关批复文件;

(七)其他与本次发行有关的重要文件。

第三章 募集说明书概览

第四十九条 发行人向不特定对象发行优先股的,应当将募集说明书概览刊登在符合中国证监会规定条件的报刊,并提示可以查询募集说明书全文的网址。

第五十条 发行人应在募集说明书概览的显要位置声明本准则第七条的内容及以下内容:

"本概览的编制主是为了方便投资者快速浏览,投资者如欲申购,务请在申购前认真阅读募集说明书全文及发行人的日常信息披露文件。"

第五十一条 募集说明书概览的内容至少包括下列各部分:

(一)发行人及本次发行的中介机构基本情况,参考格式如下:

（一）发行人基本情况				
发行人名称		股票简称		
注册资本		法定代表人		
注册地址		控股股东或实际控制人		
行业分类		主要产品及服务		
（二）本次发行的有关中介机构				
保荐机构、主承销商		承销团成员		
发行人律师		审计机构		
评估机构（如有）		评级机构（如有）		
（三）发行人的重大事项				
未决诉讼、未决仲裁、对外担保等重大事项				

（二）本次发行方案要点、重大事项提示、发行安排、本次优先股的会计处理及税项安排，参考格式如下：

（一）本次发行方案要点				
1	面值		2	发行价格	
3	发行数量		4	发行规模	
5	是否累积		6	是否参与	
7	是否调息		8	股息支付方式	
9	票面股息率的确定原则				
10	股息发放的条件				
11	转换安排				
12	回购安排				
13	评级安排				
14	担保安排				
15	向原股东配售的安排	（适用于向不特定对象发行）			
16	交易或转让的安排				
17	表决权恢复的安排				
18	募集资金投资项目				
19	其他特别条款的说明	（如：为满足行业监管所设定的发行条款）			
		（如：本次发行的特别安排等）			

续表

(二)本次发行的重大事项提示(如已在本概览中专门披露的事项外,此处须与募集说明书正文中的重大事项提示保持一致,具体表述可适当简化)		
1	交易安排的风险、交易不活跃的风险	
2	影响股息支付的因素	
3	设置回购条款或强制转换为普通股条款带来的风险	
4	本次发行的其他重大事项	
(三)本次发行的时间安排		
1	发行公告刊登日期	(适用于向不特定对象发行)
2	预期发行日期	
3	申购日期	
4	资金冻结日期(如有)	
5	上市交易或转让的安排	
(四)本次优先股的会计处理及税项安排		
1	本次优先股的会计处理	
2	本次优先股股息的税务处理及相关税项安排	

注:金融行业发行人可根据行业监管的要求和行业特点对本概览进行适当调整。

(三)发行人最近三年及一期的主要财务数据及财务指标,参考格式如下:

项目				
资产总额(万元)				
归属于母公司所有者权益(万元)				
资产负债率(母公司)				
营业收入(万元)				
净利润(万元)				
归属于母公司所有者的净利润(万元)				
扣除非经常性损益后归属于母公司所有者的净利润(万元)				
基本每股收益(元)				
稀释每股收益(元)				
加权平均净资产收益率(%)				
经营活动产生的现金流量净额(万元)				
现金分红(万元)				

注:需注明财务数据及财务指标的相关填报口径。

第四章 附 则

第五十二条 本准则由中国证监会负责解释。

第五十三条 本准则自公布之日起施行。

第 40 号——试点红筹企业公开发行存托凭证并上市申请文件

- 2023年2月17日
- 中国证券监督管理委员会公告〔2023〕13号

第一条 为了规范试点红筹企业公开发行存托凭证并上市申请文件的格式和报送方式，根据《中华人民共和国证券法》《关于开展创新企业境内发行股票或存托凭证试点的若干意见》《存托凭证发行与交易管理办法（试行）》的规定，制定本准则。

第二条 申请在中华人民共和国境内公开发行存托凭证并上市的公司（以下简称境外基础证券发行人）应按本准则的要求制作和报送申请文件，并通过上海证券交易所或深圳证券交易所（以下简称交易所）发行上市审核业务系统报送电子文件。

报送的电子文件应和预留原件一致。发行人律师应对报送的电子文件与预留原件的一致性出具鉴证意见。报送的电子文件和预留原件具有同等的法律效力。

第三条 本准则附录规定的申请文件目录是对发行申请文件的最低要求。根据审核需要，中国证券监督管理委员会（以下简称中国证监会）和交易所可以要求境外基础证券发行人、保荐人和相关证券服务机构补充文件。如果某些文件对境外基础证券发行人不适用，应作出书面说明。补充文件和相关说明也应通过交易所发行上市审核业务系统报送。

第四条 申请文件一经受理，未经同意，不得增加、撤回或更换。

第五条 境外基础证券发行人和相关信息披露义务人提供的所有文件和信息披露文件应当使用简体中文。

第六条 境外基础证券发行人应确保申请文件的原始纸质文件已存档。

对于申请文件的原始纸质文件，境外基础证券发行人不能提供有关文件原件的，应由境外基础证券发行人律师提供鉴证意见，或由出文单位盖章，以保证与原件一致。如原出文单位不再存续，由承继其职权的单位或作出撤销决定的单位出文证明文件的真实性。

第七条 申请文件的原始纸质文件所有需要签名处，应载明签名字样的印刷体，并由签名人亲笔签名，不得以名章、签名章等代替。

申请文件的原始纸质文件中需要由境外基础证券发行人律师鉴证的文件，律师应在该文件首页注明"以下第××页至第××页与原件一致"，并签名和签署鉴证日期，律师事务所应在该文件首页加盖公章，并在第××页至第××页侧面以公章加盖骑缝章。

第八条 境外基础证券发行人应根据交易所对申请文件的问询及中国证监会对申请文件的反馈问题提供补充材料。保荐人和相关证券服务机构应对相关问题进行尽职调查并补充出具专业意见。

第九条 境外基础证券发行人向交易所发行上市审核业务系统报送的申请文件应采用标准".doc"、".docx"或".pdf"格式文件，按幅面为209毫米×295毫米规格的纸张（相当于标准A4纸张规格）进行排版，并应采用合适的字体、字号、行距，易于投资者阅读。

第十条 境外基础证券发行人向交易所发行上市审核业务系统报送的申请文件应标明境外基础证券发行人董事会秘书、存托人、保荐人和相关证券服务机构项目负责人的姓名、电话、传真及其他方便的联系方式。

第十一条 申请文件章与章之间、节与节之间应有明显的分隔标识。文档应根据各级标题建立文档结构图以便于阅读。

申请文件中的页码应与目录中标识的页码相符。例如，第四章4-1的页码标注为4-1-1，4-1-2，4-1-3，……4-1-n。

第十二条 未按本准则的要求制作和报送申请文件的，交易所按照有关规定不予受理。

第十三条 本准则自公布之日起施行。《公开发行证券的公司信息披露内容与格式准则第40号——试点红筹企业公开发行存托凭证并上市申请文件》（证监会公告〔2018〕15号）同时废止。

附录：试点红筹企业公开发行存托凭证并上市申请文件目录（略）

第 46 号——北京证券交易所公司招股说明书

- 2023年2月17日
- 中国证券监督管理委员会公告〔2023〕16号

第一章 总 则

第一条 为了规范北京证券交易所（以下简称北交

所)向不特定合格投资者公开发行股票(以下简称公开发行)的信息披露行为,保护投资者的合法权益,根据《中华人民共和国证券法》(以下简称《证券法》)、《中华人民共和国公司法》(以下简称《公司法》)和《北京证券交易所向不特定合格投资者公开发行股票注册管理办法》的规定,制定本准则。

第二条　申请公开发行并在北交所上市的公司(以下简称发行人)应当按本准则编制招股说明书,作为申请公开发行的必备法律文件,并按本准则规定进行披露。

第三条　本准则的规定是对招股说明书信息披露的最低要求。不论本准则是否有明确规定,凡对投资者作出价值判断和投资决策有重大影响的信息,均应当披露。国家有关部门对发行人信息披露另有规定的,发行人还应当遵守其规定并履行信息披露义务。

招股说明书涉及未公开重大信息的,发行人应当按有关规定及时履行信息披露义务。

第四条　发行人在招股说明书中披露预测性信息及其他涉及发行人未来经营和财务状况信息,应当谨慎、合理。

第五条　发行人作为信息披露第一责任人,应当以投资者投资需求为导向编制招股说明书,为投资者作出价值判断和投资决策提供充分且必要的信息,保证相关信息的内容真实、准确、完整。

第六条　发行人应当加强投资者权益保护,在招股说明书中充分披露投资者权益保护的情况,说明在保障投资者尤其是中小投资者依法享有获取公司信息、享有资产收益、参与重大决策和选择管理者等权利方面采取的措施。

第七条　本准则某些具体要求对发行人确实不适用的,发行人可根据实际情况,在不影响披露内容完整性的前提下作适当调整,但应当在申报时作书面说明。

第八条　发行人有充分依据证明本准则要求披露的信息涉及国家秘密、商业秘密及其他因披露可能导致其违反国家有关保密法律法规或严重损害公司利益的,发行人可申请豁免按本准则披露。

第九条　招股说明书的编制应当符合下列一般要求:

(一)信息披露内容应当简明易懂,语言应当浅白平实,便于投资者阅读、理解,应当使用事实描述性语言,尽量采用图表、图片或其他较为直观的方式披露公司及其产品、财务等情况;

(二)应当准确引用与本次发行有关的中介机构专业意见或报告,引用第三方数据或结论的,应当注明资料来源,确保有权威、客观、独立的依据并符合时效性要求;

(三)引用的数字应当采用阿拉伯数字,有关金额的资料除特别说明之外,应当指人民币金额,并以元、千元、万元或亿元为单位;

(四)发行人可根据有关规定或其他需求,编制招股说明书外文译本,但应当保证中外文文本的一致性,在对中外文本的理解上发生歧义时,以中文文本为准。

第十条　在不影响信息披露的完整性并保证阅读方便的前提下,发行人可采用相互引征的方法,对各相关部分的内容进行适当的技术处理;对于曾在全国中小企业股份转让系统(以下简称全国股转系统)挂牌期间公开披露过的信息,如事实未发生变化,发行人可以采用索引的方式进行披露。

第十一条　信息披露事项涉及重要性水平判断的,发行人应当结合自身业务特点,披露重要性水平的确定标准和依据。

第十二条　发行人下属企业的资产、收入或利润规模对发行人有重大影响的,应当参照本准则的规定披露相关信息。

第十三条　发行人在报送申请文件后,发生应予披露事项的,应当按规定及时履行信息披露义务。

第十四条　发行人应当按照中国证券监督管理委员会(以下简称中国证监会)和北交所的规定披露招股说明书(申报稿)。

发行人应当在招股说明书(申报稿)显要位置作如下声明:"本公司的发行申请尚未经中国证监会注册。本招股说明书申报稿不具有据以发行股票的法律效力,投资者应当以正式公告的招股说明书全文作为投资决定的依据。"

"本次股票发行后拟在北京证券交易所上市,该市场具有较高的投资风险。北京证券交易所主要服务创新型中小企业,上市公司具有经营风险高、业绩不稳定、退市风险高等特点,投资者面临较大的市场风险。投资者应当充分了解北京证券交易所市场的投资风险及本公司所披露的风险因素,审慎作出投资决定。"

第十五条　发行人应当在符合《证券法》规定的信息披露平台披露招股说明书及其备查文件和中国证监会要求披露的其他文件,供投资者查阅。

发行人可以将招股说明书及其备查文件刊登于其他报刊、网站,但披露内容应当完全一致,且不得早于在符合《证券法》规定的信息披露平台的披露时间。

第十六条 招股意向书除发行数量、发行价格及筹资金额等内容可不确定外，其内容和格式应当与招股说明书一致。

招股意向书应当载明"本招股意向书的所有内容构成招股说明书不可撤销的组成部分，与招股说明书具有同等法律效力。"

第二章 招股说明书

第一节 封面、书脊、扉页、目录、释义

第十七条 招股说明书文本封面应当标有"×××公司招股说明书"字样，并载明发行人名称、证券简称、证券代码和住所，保荐人、主承销商的名称和住所。

第十八条 招股说明书纸质文本书脊应当标有"×××公司招股说明书"字样。

第十九条 招股说明书扉页应当载明下列内容：

（一）发行股票类型；

（二）发行股数；

（三）每股面值；

（四）定价方式；

（五）每股发行价格；

（六）预计发行日期；

（七）发行后总股本，发行境外上市外资股的公司还应当披露在境内上市流通的股份数量和在境外上市流通的股份数量；

（八）保荐人、主承销商；

（九）招股说明书签署日期。

第二十条 发行人应当在招股说明书扉页的显要位置载明：

"中国证监会和北京证券交易所对本次发行所作的任何决定或意见，均不表明其对注册申请文件及所披露信息的真实性、准确性、完整性作出保证，也不表明其对发行人的盈利能力、投资价值或者对投资者的收益作出实质性判断或者保证。任何与之相反的声明均属虚假不实陈述。

根据《证券法》的规定，股票依法发行后，发行人经营与收益的变化，由发行人自行负责；投资者自主判断发行人的投资价值，自主作出投资决策，自行承担股票依法发行后因发行人经营与收益变化或者股票价格变动引致的投资风险。"

第二十一条 发行人应当在招股说明书扉页作出如下声明：

"发行人及全体董事、监事、高级管理人员承诺招股说明书及其他信息披露资料不存在虚假记载、误导性陈述或者重大遗漏，并对其真实性、准确性、完整性承担相应的法律责任。

发行人控股股东、实际控制人承诺招股说明书不存在虚假记载、误导性陈述或者重大遗漏，并对其真实性、准确性、完整性承担相应的法律责任。

公司负责人和主管会计工作的负责人、会计机构负责人保证招股说明书中财务会计资料真实、准确、完整。

发行人及全体董事、监事、高级管理人员、发行人的控股股东、实际控制人以及保荐人、承销商承诺因发行人招股说明书及其他信息披露资料有虚假记载、误导性陈述或者重大遗漏，致使投资者在证券发行和交易中遭受损失的，将依法承担法律责任。

保荐人及证券服务机构承诺因其为发行人本次公开发行股票制作、出具的文件有虚假记载、误导性陈述或者重大遗漏，给投资者造成损失的，将依法承担法律责任。"

第二十二条 发行人应当根据本准则及相关规定，针对实际情况在招股说明书首页作"重大事项提示"，提醒投资者需特别关注的重要事项，并提醒投资者认真阅读招股说明书正文内容。

第二十三条 招股说明书的目录应当标明各章、节的标题及相应的页码，内容编排应当符合通行的惯例。

第二十四条 发行人应当对可能造成投资者理解障碍及有特定含义的术语作出释义。招股说明书的释义应当在目录次页列示。

第二节 概 览

第二十五条 发行人应当声明："本概览仅对招股说明书作扼要提示。投资者作出投资决策前，应当认真阅读招股说明书全文。"

第二十六条 发行人应当披露本次发行所履行的决策程序。本次发行依照法律法规的规定应当取得其他监管机关审批的，应当披露审批程序的办理情况。

第二十七条 发行人应当披露本次发行的基本情况，主要包括：

（一）发行股票类型；

（二）每股面值；

（三）发行股数、占发行后总股本的比例；

（四）定价方式；

（五）每股发行价格；

（六）发行市盈率、市净率；

（七）预测净利润及发行后每股收益（如有）；

(八)发行前和发行后的每股净资产、净资产收益率;

(九)本次发行股票上市流通情况,包括各类投资者持有期的限制或承诺;

(十)发行方式和发行对象;

(十一)战略配售情况(如有);

(十二)预计募集资金总额和净额,发行费用概算(包括保荐费用、承销费用、律师费用、审计费用、评估费用、发行手续费用等);

(十三)承销方式及承销期;

(十四)询价对象范围及其他报价条件(如有);

(十五)优先配售对象及条件(如有)。

第二十八条　发行人应当披露下列机构的名称、法定代表人、住所、联系电话、传真,同时应当披露有关经办人员的姓名:

(一)保荐人、承销商;

(二)律师事务所;

(三)会计师事务所;

(四)资产评估机构(如有);

(五)股票登记机构;

(六)收款银行;

(七)其他与本次发行有关的机构。

第二十九条　发行人应当披露其与本次发行有关的保荐人、承销商、证券服务机构及其负责人、高级管理人员、经办人员之间存在的直接或间接的股权关系或其他利害关系。

第三十条　发行人应当简要披露发行人及其控股股东、实际控制人的情况,概述发行人主营业务的情况。

发行人应当列表披露最近三年及一期的主要会计数据及财务指标,主要包括:资产总额、股东权益合计、归属于母公司所有者的股东权益、资产负债率(母公司)、营业收入、毛利率、净利润、归属于母公司所有者的净利润、归属于母公司所有者的扣除非经常性损益后的净利润、加权平均净资产收益率、扣除非经常性损益后净资产收益率、基本每股收益、稀释每股收益、经营活动产生的现金流量净额、研发投入占营业收入的比例。除特别指出外,上述财务指标应当以合并财务报表的数据为基础进行计算。相关指标的计算应当执行中国证监会的有关规定。

第三十一条　简要披露发行人自身的创新特征,包括但不限于技术创新、模式创新和科技成果转化等情况。

第三十二条　披露发行人选择的具体上市标准及对上市标准的分析说明。

第三十三条　发行人应当简要披露公司治理特殊安排等重要事项。

第三十四条　发行人应当简要披露募集资金用途。

第三节　风险因素

第三十五条　发行人应当遵循重要性原则披露可能直接或间接对发行人及本次发行产生重大不利影响的所有风险因素。

第三十六条　发行人应当针对自身实际情况描述相关风险因素,描述应当充分、准确、具体,并作定量分析,无法进行定量分析的,应当有针对性地作出定性描述,但不得采用普遍适用的模糊表述;有关风险因素对发行人生产经营状况和持续盈利能力有严重不利影响的,应当作"重大事项提示";风险因素中不得包含风险对策、发行人竞争优势及任何可能减轻风险因素的类似表述。

第三十七条　发行人应当结合自身实际情况,披露由于技术、产品、政策、经营模式变化等可能导致的风险,包括但不限于:

(一)经营风险,包括市场或经营前景或行业政策变化,商业周期变化,经营模式失败,依赖单一客户、单一技术、单一原材料等风险;

(二)财务风险,包括现金流状况不佳,资产周转能力差,重大资产减值,重大担保或偿债风险等;

(三)技术风险,包括技术升级迭代、研发失败、技术专利许可或授权不具排他性、技术未能形成产品或实现产业化等风险;

(四)人力资源风险,公司董事、监事、高级管理人员或核心技术(业务)人员存在违反保密、竞业禁止等方面规定的情形,公司人力资源无法匹配公司发展需求,关键岗位人才流失,管理经验不足,公司业务依赖单一人员等;

(五)尚未盈利或存在累计未弥补亏损的风险,包括未来一定期间无法盈利或无法进行利润分配的风险,对发行人资金状况、业务拓展、人才引进、团队稳定、研发投入、市场拓展等方面产生不利影响的风险等;

(六)法律风险,包括重大技术、产品纠纷或诉讼风险、土地、资产权属瑕疵,股权纠纷,行政处罚等方面对发行人合法合规性及持续经营的影响;

(七)发行失败风险,包括发行认购不足等风险;

(八)特别表决权股份或类似公司治理特殊安排的风险;

(九)可能严重影响公司持续经营的其他因素。

第四节　发行人基本情况

第三十八条　发行人应当披露其基本信息,主要包括：

(一)注册中、英文名称；

(二)统一社会信用代码；

(三)注册资本；

(四)法定代表人；

(五)成立日期；

(六)住所和邮政编码；

(七)电话、传真号码；

(八)互联网网址；

(九)电子信箱；

(十)负责信息披露和投资者关系的部门、负责人和电话号码。

第三十九条　发行人应当披露在全国股转系统挂牌期间的基本情况,主要包括：

(一)证券简称、证券代码、挂牌日期和目前所属层级；

(二)主办券商及其变动情况；

(三)报告期内年报审计机构及其变动情况；

(四)股票交易方式及其变更情况；

(五)报告期内发行融资情况,包括但不限于发行方式、金额、资金用途等；

(六)报告期内重大资产重组情况,对发行人业务和管理、股权结构及经营业绩的影响；

(七)报告期内控制权变动情况；

(八)报告期内股利分配情况。

第四十条　发行人应当采用图表等形式全面披露持有发行人百分之五以上股份或表决权的主要股东、实际控制人,控股股东、实际控制人所控制的其他企业,发行人的分公司、控股子公司、参股公司以及其他有重要影响的关联方。

第四十一条　发行人应当披露持有发行人百分之五以上股份或表决权的主要股东及发行人实际控制人的基本情况,主要包括：

(一)持有发行人百分之五以上股份或表决权的主要股东及发行人实际控制人为法人的,应当披露成立时间、注册资本、实收资本、注册地和主要生产经营地、股东构成、主营业务及其与发行人主营业务的关系；为自然人的,应当披露其国籍及拥有境外居留权情况、身份证件类型及号码和其在发行人处担任的职务；为合伙企业等非法人组织的,应当披露该合伙企业的合伙人构成、出资比例等。

发行人的控股股东及实际控制人为法人的,还应当披露其最近一年及一期末的总资产和净资产、最近一年及一期的净利润,并标明有关财务数据是否经过审计及审计机构名称；

(二)控股股东和实际控制人及持有发行人百分之五以上股份或表决权的主要股东直接或间接持有发行人的股份是否存在涉诉、质押、冻结或其他有争议的情况；

(三)实际控制人应当披露至最终的国有控股主体、集体组织、自然人等；

(四)无控股股东、实际控制人的,应当参照本条对发行人控股股东及实际控制人的要求披露对发行人有重大影响的股东情况。

第四十二条　发行人应当披露有关股本的情况,主要包括：

(一)本次发行前的总股本、本次拟发行的股份及占发行后总股本的比例；

(二)本次发行前的前十名股东持股数量、股份性质及其限售情况。

第四十三条　发行人应当披露本次公开发行申报前已经制定或实施的股权激励及相关安排(如限制性股票、股票期权等),发行人控股股东、实际控制人与其他股东签署的特殊投资约定等可能导致股权结构变化的事项,并说明其对公司经营状况、财务状况、控制权变化等方面的影响。

第四十四条　发行人应当简要披露其控股子公司、有重大影响的参股公司的情况,主要包括成立时间、注册资本、实收资本、注册地和主要生产经营地、股东构成及控制情况、主营业务及其与发行人主营业务的关系、主要产品或服务、最近一年及一期末的总资产和净资产、最近一年及一期的净利润,并标明有关财务数据是否经过审计及审计机构名称。

发行人应当列表简要披露其他参股公司的情况,包括出资金额、持股比例、入股时间、控股方及主营业务情况等。

第四十五条　发行人应当披露董事、监事、高级管理人员的简要情况,主要包括:姓名,国籍及境外居留权,性别,出生年月,学历及专业背景,职称,职业经历(应当包含曾经担任的重要职务及任期、主要负责内容及重大工作成果),现任职务及任期,兼职情况及兼职单位与发行人的关联关系,与其他董事、监事、高级管理人员的亲属关系,薪酬情况(应当包含薪酬组成、确定依据、报告期内薪酬总额占各期发行人利润总额的比重等)。

第四十六条 发行人应当列表披露董事、监事、高级管理人员及其近亲属直接或间接持有发行人股份的情况、持有人姓名、所持股份的涉诉、质押或冻结情况,以及是否履行相关信息披露义务。

发行人应当披露董事、监事、高级管理人员与发行人业务相关的对外投资情况,包括投资金额、持股比例、有关承诺和协议,对于存在利益冲突情形的,应当披露解决情况。

第四十七条 发行人应当充分披露报告期内发行人、控股股东、实际控制人、持股百分之五以上股东以及发行人的董事、监事、高级管理人员等责任主体所作出的重要承诺及承诺的履行情况,以及其他与本次发行相关的承诺事项,如规范或避免同业竞争承诺、减持意向或价格承诺、稳定公司股价预案以及相关约束措施等。

第五节 业务和技术

第四十八条 发行人应当清晰、准确、客观地披露主营业务、主要产品或服务的情况,包括:

(一)主营业务、主要产品或服务的基本情况,主营业务收入的主要构成;

(二)主要经营模式,如盈利模式、采购模式、生产或服务模式、营销及管理模式等,分析采用目前经营模式的原因、影响经营模式的关键因素、经营模式及其影响因素在报告期内的变化情况及未来变化趋势。发行人的业务及其模式具有创新性的,还应当披露其独特性、创新内容及持续创新机制;

(三)设立以来主营业务、主要产品或服务、主要经营模式的演变情况;

(四)发行人应当结合内部组织结构(包括部门、生产车间、子公司、分公司等)披露主要生产或服务流程、方式;

(五)生产经营中涉及的主要环境污染物、主要处理设施及处理能力。

第四十九条 发行人应当结合所处行业基本情况披露其竞争状况,主要包括:

(一)所属行业及确定所属行业的依据;

(二)发行人所处行业的主管部门、监管体制、主要法律法规和政策及对发行人经营发展的影响等;

(三)行业技术水平及技术特点、主要技术门槛和技术壁垒、衡量核心竞争力的关键指标、行业技术的发展趋势、行业特有的经营模式、周期性、区域性或季节性特征等;

(四)发行人产品或服务的市场地位、行业内的主要企业、竞争优势与劣势、行业发展态势、面临的机遇与挑战,以及上述情况在报告期内的变化及未来可预见的变化趋势;

(五)发行人与同行业可比公司在经营情况、市场地位、技术实力、衡量核心竞争力的关键业务数据、指标等方面的比较情况。

第五十条 发行人应当根据重要性原则披露主营业务的具体情况,主要包括:

(一)销售情况和主要客户:报告期内各期主要产品或服务的规模(产能、产量、销量,或服务能力、服务量)、销售收入、产品或服务的主要客户群体、销售价格的总体变动情况;存在多种销售模式的,应当披露各销售模式的规模及占当期销售总额的比重。报告期内各期向前五名客户合计的销售额占各期销售总额的百分比,向单个客户的销售比例超过总额的百分之五十的、前五名客户中存在新增客户的或严重依赖于少数客户的,应当披露其名称或姓名、销售比例,该客户为发行人关联方的,应当披露产品最终实现销售的情况。受同一实际控制人控制的客户,应当合并计算销售额;

(二)采购情况和主要供应商:报告期内采购产品、原材料、能源或接受服务的情况,相关价格变动趋势;报告期内各期向前五名供应商合计的采购额占当期采购总额的百分比,向单个供应商的采购比例超过总额的百分之五十的、前五名供应商中存在新增供应商的或严重依赖于少数供应商的,应当披露其名称或姓名、采购比例。受同一实际控制人控制的供应商,应当合并计算采购额;

(三)董事、监事、高级管理人员、主要关联方在上述客户或供应商中所占的权益;若无,应当明确说明;

(四)报告期内对持续经营有重要影响的合同的基本情况,包括合同当事人、合同标的、合同价款或报酬、履行期限、实际履行情况等;与同一交易主体在一个会计年度内连续发生的相同内容或性质的合同应当累计计算。发行人还应当披露重大影响的判断标准。

第五十一条 发行人应当遵循重要性原则披露与其业务相关的关键资源要素,主要包括:

(一)产品或服务所使用的主要技术、技术来源及所处阶段(如处于基础研究、试生产、小批量生产或大批量生产阶段),说明技术属于原始创新、集成创新或引进消化吸收再创新的情况;披露核心技术与已取得的专利及非专利技术的对应关系,以及在主营业务及产品或服务中的应用,并披露核心技术产品收入占营业收入的比例。

产品或服务所使用的主要技术为外购的,应当披露相关协议中的权利义务安排;

(二)取得的业务许可资格或资质情况,主要包括名称、内容、授予机构、有效期限;

(三)拥有的特许经营权的情况,主要包括特许经营权的取得、特许经营权的期限、费用标准、对发行人业务的影响;

(四)对主要业务有重大影响的主要固定资产、无形资产的构成,分析其与所提供产品或服务的内在联系,是否存在瑕疵、纠纷和潜在纠纷,是否对发行人持续经营存在重大不利影响。发行人允许他人使用自己所有的资产,或作为被许可方使用他人资产的,应当披露许可合同的主要内容,主要包括许可人、被许可人、许可使用的具体资产内容、许可方式、许可年限、许可使用费等;

(五)员工情况,包括人数、年龄分布、专业构成、学历结构等。核心技术(业务)人员的姓名、年龄、主要业务经历及职务、现任职务与任期、所取得的专业资质及重要科研成果、获得的奖项、持有发行人的股份情况、对外投资情况及兼职情况,核心技术(业务)人员是否存在侵犯第三方知识产权或商业秘密、违反与第三方的竞业限制约定或保密协议的情况,报告期内核心技术(业务)人员的主要变动情况及对发行人的影响;

(六)正在从事的研发项目、所处阶段及进展情况、相应人员、经费投入、拟达到的目标;结合行业技术发展趋势,披露相关科研项目与行业技术水平的比较;披露报告期内研发投入的构成、占营业收入的比例。与其他单位合作研发的,还应当披露合作协议的主要内容,权利义务划分约定及采取的保密措施等。

第五十二条 发行人在境外进行生产经营的,应当对有关业务活动进行地域性分析。发行人拥有境外资产的,应当详细披露该项资产的规模、所在地、经营管理情况等。

第六节 公司治理

第五十三条 发行人应当披露股东大会、董事会、监事会、独立董事、董事会秘书制度的建立健全及运行情况,说明上述机构和人员履行职责的情况。

第五十四条 发行人存在特别表决权股份或类似安排的,应当披露相关安排的基本情况,包括设置特别表决权安排的股东大会决议、特别表决权安排运行期限、持有人资格、特别表决权股份拥有的表决权数量与普通股份拥有表决权数量的比例安排、持有人所持特别表决权股份能够参与表决的股东大会事项范围、特别表决权股份锁定安排及转让限制等,还应当披露特别表决权安排可能导致的相关风险、对公司治理的影响、相关投资者保护措施,以及保荐人和发行人律师针对上述事项是否合法合规发表的专业意见。

第五十五条 发行人应当结合内部控制的要素简要说明公司内部控制的基本情况,并披露公司管理层对内部控制完整性、合理性及有效性的自我评估意见以及注册会计师对公司内部控制的鉴证意见。注册会计师指出公司内部控制存在缺陷的,发行人应予披露并说明改进措施。

第五十六条 发行人应当披露报告期内存在的违法违规行为及受到的行政处罚情况,并说明对发行人的影响。

第五十七条 发行人应当披露报告期内是否存在资金被控股股东、实际控制人及其控制的其他企业以借款、代偿债务、代垫款项或者其他方式占用的情况,固定资产、无形资产等资产被控股股东、实际控制人及其控制的其他企业转移的情况,或者为控股股东、实际控制人及其控制的其他企业担保的情况。

第五十八条 发行人应当披露是否存在与控股股东、实际控制人及其控制的其他企业从事相同、相似业务的情况,如存在的,应当对不存在对发行人构成重大不利影响的同业竞争作出合理解释,并披露发行人防范利益输送、利益冲突及保持独立性的具体安排。

发行人控股股东、实际控制人作出规范或避免同业竞争承诺的,发行人应当披露承诺的履行情况。

第五十九条 发行人应当根据《公司法》、企业会计准则及中国证监会有关规定进行关联方认定,充分披露关联方、关联关系和关联交易。

发行人应当披露报告期内发生的关联交易是否已履行《公司法》、公司章程规定的决策程序,以及是否履行相关信息披露义务。

发行人应当根据交易的性质和频率,按照经常性和偶发性分类披露关联交易及关联交易对其财务状况和经营成果的影响。

购销商品、提供劳务等经常性关联交易,应当分别披露报告期内关联方名称、交易内容、交易价格的确定方法、交易金额、占当期营业收入或营业成本的比重、占当期同类型交易的比重以及关联交易增减变化的趋势,与交易相关应收应付款项的余额及增减变化的原因,以及上述关联交易是否仍将持续进行。

偶发性关联交易,应当披露关联方名称、交易时间、交易内容、交易金额、交易价格的确定方法、资金结算情况、交易产生的利润及对发行人当期经营成果的影响、交易对公司主营业务的影响。

发行人应当披露报告期内关联方的变化情况。由关联方变为非关联方的，发行人应当比照关联交易的要求持续披露与上述原关联方的后续交易情况，以及相关资产、人员的去向等。

发行人应当披露报告期内所发生的全部关联交易的简要汇总表。

第七节　财务会计信息

第六十条　发行人应当披露报告期内的资产负债表、利润表和现金流量表，以及会计师事务所的审计意见类型。发行人编制合并财务报表的，原则上只需披露合并财务报表，同时说明合并财务报表的编制基础、合并范围及变化情况。但合并财务报表与母公司财务报表存在显著差异的，应当披露母公司财务报表。

第六十一条　发行人应当结合业务活动实质、经营模式、关键审计事项等充分披露对公允反映公司财务状况和经营成果有重大影响的会计政策和会计估计。发行人重大会计政策或会计估计与可比公司存在较大差异的，应当分析重大会计政策或会计估计的差异产生的原因及对公司的影响。

第六十二条　发行人存在多个业务或地区分部的，应当披露分部信息。发行人分析公司财务会计信息时，应当利用分部信息。

第六十三条　发行人应当依据经注册会计师鉴证的非经常性损益明细表，以合并财务报表的数据为基础，披露报告期非经常性损益的具体内容、金额及对当期经营成果的影响，并计算报告期扣除非经常性损益后的净利润金额。

第六十四条　发行人应当列表披露最近三年及一期的主要会计数据及财务指标，主要包括：资产总额、股东权益合计、归属于母公司所有者的股东权益、每股净资产、归属于母公司所有者的每股净资产、资产负债率、营业收入、毛利率、净利润、归属于母公司所有者的净利润、扣除非经常性损益后的净利润、归属于母公司所有者扣除非经常性损益后的净利润、息税折旧摊销前利润、加权平均净资产收益率、扣除非经常性损益后净资产收益率、基本每股收益、稀释每股收益、经营活动产生的现金流量净额、每股经营活动产生的现金流量净额、研发投入占营业收入的比例、应收账款周转率、存货周转率、流动比率、速动比率。除特别指出外，上述财务指标应当以合并财务报表的数据为基础进行计算。相关指标的计算应当执行中国证监会的有关规定。

第六十五条　发行人认为提供盈利预测报告将有助于投资者对发行人及投资于发行人的股票作出正确判断，且发行人确信能对最近的未来期间的盈利情况作出比较切合实际的预测的，发行人可以披露盈利预测报告。

发行人披露盈利预测报告的，应当声明："本公司盈利预测报告是管理层在最佳估计假设的基础上编制的，但所依据的各种假设具有不确定性，投资者进行投资决策时应当谨慎使用。"发行人应当提示投资者阅读盈利预测报告及审核报告全文。发行人应当在"重大事项提示"中提醒投资者关注已披露的盈利预测信息。

第八节　管理层讨论与分析

第六十六条　发行人应当主要依据最近三年及一期的合并财务报表分析发行人财务状况、盈利能力及现金流量等情况。分析时不应仅以引述方式重复财务报表的内容，应当选择使用逐年比较、与同行业对比分析等便于理解的形式。选择同行业公司对比分析时，发行人应当披露选择相关公司的原因，分析所选公司与发行人之间的可比性。分析影响因素时不应仅限于财务因素，还应当包括非财务因素，并将财务会计信息与业务经营信息对比印证。

第六十七条　发行人应当结合"业务和技术"中披露的自身业务特点等要素深入分析影响收入、成本、费用和利润的主要因素，以及对发行人具有核心意义或其变动对业绩变动具有较强预示作用的财务或非财务指标；分析报告期内上述因素和指标对财务状况和盈利能力的影响程度，及其对公司未来财务状况和盈利能力可能产生的影响。目前已经存在新的趋势或变化，可能对公司未来财务状况和盈利能力产生重大影响的，发行人应当分析具体的影响。

第六十八条　发行人财务状况分析应当结合最近三年及一期末资产、负债的主要构成，对资产、负债结构变动的主要原因、影响因素及程度进行充分说明，包括但不限于下列内容：

（一）最近三年及一期末应收款项的账面原值、坏账准备、账面价值，结合应收款项的构成、账龄、信用期、主要债务人等，分析说明报告期内应收款项的变动情况及原因、期后回款进度；坏账准备的计提比例是否与实际状况相符、是否与同行业可比公司存在显著差异；最近三年及一期末主要客户和新增主要客户的应收款项金额、占比情况；

（二）最近三年及一期末存货的类别、账面价值、存货跌价准备，结合业务模式、内控制度、存货构成等因素，分析说明报告期内存货余额的变动情况及原因，并对存货跌价准备计提的充分性进行分析；

（三）最近一期末持有金额较大的金融资产、借与他人款项、委托理财等财务性投资的，应当分析其投资目的、对发行人资金安排的影响、投资期限、发行人对投资的监管方案、投资的可回收性及减值准备计提的充足性；

（四）结合报告期内产能、业务量或生产经营情况等因素，说明固定资产结构与变动原因，重要固定资产折旧年限与同行业可比公司相比是否合理；报告期内大额在建工程的具体情况，包括项目名称、预算金额、实际金额及变动情况、利息资本化的情况、资金来源、预计未来转入固定资产的时间与条件、项目建设完成后相关产能情况等；固定资产与在建工程是否存在重大减值因素；

（五）最近三年及一期末无形资产的主要类别与变动原因，无形资产减值测试的方法与结果；报告期内存在研发支出资本化的，应当披露开发阶段资本化及开发支出结转无形资产的具体时点和条件，研发支出资本化对公司损益的影响以及发行人在研发支出资本化方面的内控制度等，并说明具体项目、依据、时间及金额；

（六）最近一期末商誉的形成原因、增减变动情况，商誉减值测试过程与方法；

（七）最近一期末的主要债项，包括银行借款、关联方借款、合同承诺债务、或有负债等主要债项的金额、期限、利率及利息费用等情况。有逾期未偿还债项的，应当说明其金额、利率、用途、未按期偿还的原因、预计还款期等。结合主要债项的构成、比例、用途等，分析说明报告期内债项的变动情况及原因，并说明借款费用资本化情况。发行人应当分析可预见的未来需偿还的负债金额及相应利息金额，并结合发行人的现金流量状况、在银行的资信状况、可利用的融资渠道及授信额度、表内负债、表外融资情况及或有负债情况，分析发行人的偿债能力和流动性风险。

第六十九条　发行人盈利能力分析应当按照利润表项目对最近三年及一期经营成果变化的原因、影响因素、程度和风险趋势进行充分说明，包括但不限于下列内容：

（一）最近三年及一期营业收入构成情况，并分别按照产品或服务类别及业务、地区分布分类列示；分析营业收入增减变化的情况及原因；披露主要产品或服务的销售价格、销售量的变化情况及原因；营业收入存在季节性波动的，应分析说明其原因及合理性；

（二）最近三年及一期营业成本的主要构成情况；结合主要原材料和能源的采购数量及采购价格等，披露营业成本增减变化情况及原因；

（三）最近三年及一期的综合毛利率、分产品或服务的毛利率及变动情况；报告期内毛利率发生重大变化的，以数据分析方式说明相关因素对毛利率变动的影响程度；

（四）最近三年及一期销售费用、管理费用、财务费用的构成及变动情况，说明上述费用占同期营业收入的比例，以及与主营业务的匹配情况，并解释异常波动的原因；与同行业可比公司相比如存在显著差异，应当结合业务特点和经营模式分析原因；

（五）最近三年及一期营业利润、利润总额和净利润金额，分析发行人净利润的主要来源及净利润增减变化情况及原因；

（六）最近三年及一期非经常性损益、合并财务报表范围以外的投资收益对公司经营成果有重大影响的，应当分析原因及对公司经营成果及盈利能力稳定性的影响；区分并分析与收益相关或与资产相关政府补助对发行人报告期与未来期间的影响。

第七十条　现金流量的分析一般应当包括下列内容：

（一）最近三年及一期经营活动产生的现金流量、投资活动产生的现金流量、筹资活动产生的现金流量的基本情况和变动原因；

（二）最近三年及一期经营活动产生的现金流量净额为负数或者与净利润存在较大差异的，应当分析披露原因。

第七十一条　资本性支出分析一般应当包括：

（一）最近三年及一期重大资本性支出的情况；如果资本性支出导致发行人固定资产大规模增加或进行跨行业投资的，应当分析资本性支出对发行人主要业务和经营成果的影响；

（二）截至报告期末的重大资本性支出决议以及未来可预见的重大资本性支出计划及资金需求量，如涉及跨行业投资的，应当说明其与发行人业务发展规划的关系。

第七十二条　发行人应当披露最近三年及一期执行的税收政策、缴纳的税种，并按税种分项说明执行的税率。存在税收减、免、返、退或其他税收优惠的，应当按税种分项说明相关法律法规或政策依据、批准或备案认定情况、具体幅度及有效期限。报告期内发行人税收政策存在重大变化或者税收优惠政策对发行人经营成果有重大影响的，发行人应当披露税收政策变化对经营成果的影响情况或者报告期内每期税收优惠占税前利润的比例，并对发行人是否对税收优惠存在严重依赖、未来税收优惠的可持续性等进行分析。

第七十三条 发行人最近三年及一期存在会计政策变更、会计估计变更的，应当披露变更的性质、内容、原因、变更影响数的处理方法及对发行人财务状况、经营成果的影响；发行人最近三年及一期存在会计差错更正的，应当披露前期差错的性质、影响。

第七十四条 发行人存在重大期后事项和其他或有事项的，应当说明其对发行人财务状况、盈利能力及持续经营的影响。

第七十五条 发行人应当披露本次发行完成前滚存利润的分配安排和已履行的决策程序。若发行前的滚存利润归发行前的股东享有，应当披露滚存利润的审计和实际派发情况，同时在招股说明书首页对滚存利润中由发行前股东单独享有的金额以及是否派发完毕作"重大事项提示"。

第九节 募集资金运用

第七十六条 发行人应当结合公司现有主营业务、生产经营规模、财务状况、技术条件、管理能力、发展目标合理确定本次发行募集资金用途和规模。发行人应当披露募集资金的具体用途和使用安排、募集资金管理制度、专户存储安排等情况。

第七十七条 发行人应当根据重要性原则披露募集资金运用情况：

（一）募集资金拟用于项目建设的，应当说明资金需求和资金投入安排，是否符合国家产业政策和法律、行政法规的规定；并披露所涉及审批或备案程序、土地、房产和环保事项等相关情况；

（二）募集资金拟用于购买资产的，应当对标的资产的情况进行说明，并列明收购后对发行人资产质量及持续经营能力的影响、是否构成重大资产重组，如构成，应当说明是否符合重大资产重组的有关规定并披露相关信息；募集资金拟用于向发行人控股股东、实际控制人或其关联方收购资产的，如对被收购资产有效益承诺，应当披露效益无法完成时的补偿责任；

（三）募集资金拟用于补充流动资金的，应当说明主要用途及合理性；

（四）募集资金拟用于偿还银行贷款的，应当列明拟偿还贷款的明细情况及贷款的使用情况；

（五）募集资金拟用于其他用途的，应当明确披露募集资金用途、资金需求的测算过程及募集资金的投入安排。

第七十八条 发行人应当披露报告期内募集资金运用的基本情况。如存在变更募集资金用途的，应当列表披露历次变更情况、披露募集资金的变更金额及占所募集资金净额的比例，并说明变更事项是否已经公司董事会、股东大会审议以及变更后的具体用途。

第十节 其他重要事项

第七十九条 发行人尚未盈利或存在累计未弥补亏损的，应当披露成因、影响及改善措施，包括但不限于：

（一）发行人应当结合行业特点分析该等情形的成因，充分披露尚未盈利或存在累计未弥补亏损对公司现金流、业务拓展、人才吸引、团队稳定性、研发投入、战略性投入、生产经营可持续性等方面的影响；

（二）发行人改善盈利状况的经营策略，未来是否可实现盈利的前瞻性信息及其依据、基础假设等。

披露前瞻性信息的，发行人应当声明："本公司前瞻性信息是建立在推测性假设的数据基础上的预测，具有重大不确定性，投资者进行投资决策时应当谨慎使用。"

第八十条 发行人应当披露当前对外担保的情况，主要包括：

（一）被担保人的名称、注册资本、实收资本、住所、生产经营情况、与发行人的关系以及最近一年及一期末的总资产、净资产和最近一年及一期的净利润，并标明有关财务数据是否经过审计及审计机构名称；

（二）主债务的种类、金额和履行债务的期限；

（三）担保方式：采用保证方式还是抵押、质押方式；采用抵押、质押方式的，应当披露担保物的种类、数量、价值等相关情况；

（四）担保范围；

（五）担保期间；

（六）争议解决安排；

（七）其他对担保人有重大影响的条款；

（八）担保履行情况；

（九）如存在反担保的，应当简要披露相关情况；

（十）该等担保对发行人业务经营与财务状况的影响。

第八十一条 发行人应当披露对财务状况、经营成果、声誉、业务活动、未来前景等可能产生重大影响的诉讼或仲裁事项，以及控股股东或实际控制人、控股子公司、发行人董事、监事、高级管理人员和核心技术（业务）

人员作为一方当事人可能对发行人产生影响的刑事诉讼、重大诉讼或仲裁事项，主要包括：

（一）案件受理情况和基本案情；

（二）诉讼或仲裁请求；

（三）判决、裁决结果及执行情况；

（四）诉讼、仲裁案件对发行人的影响。

第八十二条 发行人应当披露控股股东、实际控制人、董事、监事、高级管理人员报告期内是否存在重大违法行为。

第十一节 声明与承诺

第八十三条 发行人全体董事、监事、高级管理人员应当在招股说明书正文的尾页声明：

"本公司全体董事、监事、高级管理人员承诺本招股说明书不存在虚假记载、误导性陈述或者重大遗漏，并对其真实性、准确性、完整性承担相应的法律责任。"

声明应当由发行人全体董事、监事、高级管理人员签名，并由发行人加盖公章。

第八十四条 发行人控股股东、实际控制人应当在招股说明书正文后声明：

"本公司或本人承诺本招股说明书不存在虚假记载、误导性陈述或者重大遗漏，并对其真实性、准确性、完整性承担相应的法律责任。"

声明应当由控股股东、实际控制人签名，加盖公章。

第八十五条 保荐人（主承销商）应当在招股说明书正文后声明：

"本公司已对招股说明书进行了核查，确认不存在虚假记载、误导性陈述或者重大遗漏，并对其真实性、准确性、完整性承担相应的法律责任。"

声明应当由法定代表人、保荐代表人、项目协办人签名，并由保荐人（主承销商）加盖公章。

第八十六条 发行人律师应当在招股说明书正文后声明：

"本所及经办律师已阅读招股说明书，确认招股说明书与本所出具的法律意见书和律师工作报告无矛盾之处。本所及经办律师对发行人在招股说明书中引用的法律意见书和律师工作报告的内容无异议，确认招股说明书不致因上述内容而出现虚假记载、误导性陈述或者重大遗漏，并对其真实性、准确性、完整性承担相应的法律责任。"

声明应当由经办律师及所在律师事务所负责人签名，并由律师事务所加盖公章。

第八十七条 承担审计业务的会计师事务所应当在招股说明书正文后声明：

"本所及签字注册会计师已阅读招股说明书，确认招股说明书与本所出具的审计报告、盈利预测审核报告（如有）、内部控制鉴证报告、发行人前次募集资金使用情况的报告（如有）及经本所鉴证的非经常性损益明细表等无矛盾之处。本所及签字注册会计师对发行人在招股说明书中引用的审计报告、盈利预测审核报告（如有）、内部控制鉴证报告、发行人前次募集资金使用情况的报告（如有）及经本所鉴证的非经常性损益明细表内容无异议，确认招股说明书不致因上述内容而出现虚假记载、误导性陈述或者重大遗漏，并对其真实性、准确性、完整性承担相应的法律责任。"

声明应当由签字注册会计师及所在会计师事务所负责人签名，并由会计师事务所加盖公章。

第八十八条 承担评估业务的资产评估机构应当在招股说明书正文后声明：

"本机构及签字注册资产评估师已阅读招股说明书，确认招股说明书与本机构出具的资产评估报告无矛盾之处。本机构及签字注册资产评估师对发行人在招股说明书中引用的资产评估报告的内容无异议，确认招股说明书不致因上述内容而出现虚假记载、误导性陈述或者重大遗漏，并对其真实性、准确性、完整性承担相应的法律责任。"

声明应当由签字注册资产评估师及所在资产评估机构负责人签名，并由资产评估机构加盖公章。

第八十九条 本准则所要求的有关人员的签名下方应当以印刷体形式注明其姓名。

第十二节 备查文件

第九十条 招股说明书结尾应当列明备查文件，应当包括下列文件：

（一）发行保荐书；

（二）上市保荐书；

（三）法律意见书；

（四）财务报告及审计报告；

（五）资产评估报告（如有）；

（六）公司章程（草案）；

（七）发行人及其他责任主体作出的与发行人本次发行相关的承诺事项；

（八）盈利预测报告及审核报告（如有）；

（九）内部控制鉴证报告；

（十）经注册会计师鉴证的发行人前次募集资金使用情况报告；

（十一）经注册会计师鉴证的非经常性损益明细表；
（十二）中国证监会同意本次公开发行注册的文件；
（十三）其他与本次发行有关的重要文件。

第三章 附 则

第九十一条 本准则自公布之日起施行。《公开发行证券的公司信息披露内容与格式准则第46号——北京证券交易所公司招股说明书》（证监会公告〔2021〕26号）同时废止。

第47号——向不特定合格投资者公开发行股票并在北京证券交易所上市申请文件

· 2023年2月17日
· 中国证券监督管理委员会公告〔2023〕17号

第一条 为了规范向不特定合格投资者公开发行股票（以下简称公开发行）并在北京证券交易所上市申请文件的格式和报送行为，根据《中华人民共和国证券法》《中华人民共和国公司法》《北京证券交易所向不特定合格投资者公开发行股票注册管理办法》的规定，制定本准则。

第二条 申请公开发行并在北京证券交易所上市的公司（以下简称发行人）应当按本准则的规定制作和报送申请文件，并通过北京证券交易所（以下简称北交所）发行上市审核业务系统报送电子文件。

报送的电子文件应当和预留原件一致。发行人律师应当对所报送电子文件与预留原件的一致性出具鉴证意见。报送的电子文件和预留原件具有同等的法律效力。

第三条 本准则规定的申请文件目录是对发行申请文件的最低要求，中国证券监督管理委员会（以下简称中国证监会）和北交所可以要求发行人和中介机构补充及更新材料。如果某些材料对发行人不适用，可不提供，但应当作出书面说明。

第四条 招股说明书的有效期为六个月，自公开发行前最后一次签署之日起计算。

招股说明书引用的财务报告在其最近一期截止日后六个月内有效，特殊情况下发行人可申请适当延长，但最多不超过三个月。

第五条 申请文件一经受理，未经同意，不得增加、撤回或更换。

第六条 发行人应当确保申请文件的原始纸质文件已存档。

发行人不能提供有关文件原件的，应当由发行人律师提供鉴证意见，或由出文单位盖章，以保证与原件一致。如原出文单位不再存续，由承继其职能的单位或作出撤销决定的单位出文证明文件的真实性。

第七条 申请文件所有需要签名处，应当载明签名字样的印刷体，并由签名人亲笔签名，不得以名章、签名章等代替。

申请文件中需要由发行人律师鉴证的文件，发行人律师应当在该文件首页注明"以下第×××页至第×××页与原件一致"，并签名和签署鉴证日期，律师事务所应当在该文件首页加盖公章，并在第×××页至第×××页侧面以公章加盖骑缝章。

第八条 发行人应当根据北交所对申请文件的问询及中国证监会对申请文件的反馈问题提供补充材料或更新材料。有关中介机构应当对相关问题进行尽职调查并补充出具专业意见。

第九条 未按本准则的要求制作和报送申请文件的，北交所按照有关规定不予受理。

第十条 本准则自公布之日起施行。《公开发行证券的公司信息披露内容与格式准则第47号——向不特定合格投资者公开发行股票并在北京证券交易所上市申请文件》（证监会公告〔2021〕27号）同时废止。

附件：向不特定合格投资者公开发行股票并在北京证券交易所上市申请文件目录（略）

第48号——北京证券交易所上市公司向不特定合格投资者公开发行股票募集说明书

· 2023年2月17日
· 中国证券监督管理委员会公告〔2023〕18号

第一章 总 则

第一条 为了规范北京证券交易所（以下简称北交所）上市公司向不特定合格投资者公开发行股票（以下简称公开发行）的信息披露行为，保护投资者的合法权益，根据《中华人民共和国证券法》（以下简称《证券法》）、《中华人民共和国公司法》（以下简称《公司法》）和《北京证券交易所上市公司证券发行注册管理办法》的规定，制定本准则。

第二条 北交所上市公司（以下简称上市公司）申请公开发行的，应当按照本准则编制上市公司向不特定合格投资者公开发行股票募集说明书（以下简称募集说明书），作为公开发行的必备法律文件，并按本准则的规定进行披露。

第三条 本准则的规定是对募集说明书信息披露的最低要求。不论本准则是否有明确规定，凡对投资者作出价值判断和投资决策有重大影响的信息，均应当披露。国家有关部门对上市公司信息披露另有规定的，上市公司还应当遵守其规定并履行信息披露义务。

募集说明书涉及未公开重大信息的，上市公司应当按有关规定及时履行信息披露义务。

第四条 上市公司在募集说明书中披露预测性信息及其他涉及上市公司未来经营和财务状况信息，应当谨慎、合理。

第五条 上市公司作为信息披露第一责任人，应当以投资者投资需求为导向编制募集说明书，为投资者作出价值判断和投资决策提供充分且必要的信息，保证相关信息的内容真实、准确、完整。

第六条 本准则某些具体要求对上市公司确实不适用的，上市公司可根据实际情况，在不影响披露内容完整性的前提下作适当调整，但应当在申报时作书面说明。

第七条 上市公司有充分依据证明本准则要求披露的信息涉及国家秘密、商业秘密及其他因披露可能导致其违反国家有关保密法律法规或严重损害公司利益的，上市公司可申请豁免按本准则披露。

第八条 募集说明书的编制应当符合下列一般要求：

（一）信息披露内容应当简明易懂，语言应当浅白平实，便于投资者阅读、理解，应当使用事实描述性语言，尽量采用图表、图片或其他较为直观的方式披露公司及其产品、财务等情况；

（二）应当准确引用与本次发行有关的中介机构的专业意见或报告，引用第三方数据或结论的，应当注明资料来源，确保有权威、客观、独立的依据并符合时效性要求；

（三）引用的数字应当采用阿拉伯数字，有关金额的资料除特别说明之外，应当指人民币金额，并以元、千元、万元或亿元为单位；

（四）上市公司可根据有关规定或其他需求，编制募集说明书外文译本，但应当保证中外文文本的一致性，在对中外文本的理解上发生歧义时，以中文文本为准。

第九条 在不影响信息披露的完整性并保证阅读方便的前提下，上市公司可采用相互引征的方法，对各相关部分的内容进行适当的技术处理；对于曾在定期报告、临时报告和其他信息披露文件中披露过的信息，如事实未

发生变化，上市公司可以采用索引的方式进行披露。

第十条 信息披露事项涉及重要性水平判断的，上市公司应当结合自身业务特点，披露重要性水平的确定标准和依据。

第十一条 上市公司下属企业的资产、收入或利润规模对上市公司有重大影响的，应当参照本准则的规定披露相关信息。

第十二条 上市公司在报送申请文件后，发生应予披露事项的，应当按规定及时履行信息披露义务。

第十三条 上市公司应当按照中国证券监督管理委员会（以下简称中国证监会）规定披露募集说明书（申报稿）。

上市公司应当在募集说明书（申报稿）显要位置作如下声明："本公司的发行申请尚未经中国证监会注册。本募集说明书申报稿不具有据以发行股票的法律效力，投资者应当以正式公告的募集说明书全文作为投资决定的依据。"

第十四条 上市公司应当在符合《证券法》规定的信息披露平台披露募集说明书及其备查文件和中国证监会要求披露的其他文件，供投资者查阅。

上市公司可以将募集说明书及其备查文件刊登于其他报刊、网站，但披露内容应当完全一致，且不得早于在符合《证券法》规定的信息披露平台的披露时间。

第十五条 上市公司公开发行招股意向书除发行数量、发行价格及筹资金额等内容可不确定外，其内容和格式应当与募集说明书一致。

招股意向书应当载明"本招股意向书的所有内容构成募集说明书不可撤销的组成部分，与募集说明书具有同等法律效力。"

第二章　募集说明书

第一节　封面、书脊、扉页、目录、释义

第十六条 募集说明书文本封面应当标有"×××公司向不特定合格投资者公开发行股票募集说明书"字样，并载明上市公司名称、证券简称、证券代码和住所，保荐人、主承销商的名称和住所。

第十七条 募集说明书纸质文本书脊应当标有"×××公司向不特定合格投资者公开发行股票募集说明书"字样。

第十八条 募集说明书扉页应当载明下列内容：

（一）发行股票类型；

（二）发行股数；

（三）每股面值；
（四）定价方式；
（五）每股发行价格；
（六）预计发行日期；
（七）发行后总股本，发行境外上市外资股的公司还应当披露在境内上市流通的股份数量和在境外上市流通的股份数量；
（八）保荐人、主承销商；
（九）募集说明书签署日期。

第十九条 上市公司应当在募集说明书扉页的显要位置载明：

"中国证监会和北京证券交易所对本次发行所作的任何决定或意见，均不表明其对公开发行申请文件及所披露信息的真实性、准确性、完整性作出保证，也不表明其对上市公司的盈利能力、投资价值或者对投资者的收益作出实质性判断或者保证。任何与之相反的声明均属虚假不实陈述。

根据《证券法》的规定，股票依法发行后，上市公司经营与收益的变化，由上市公司自行负责；投资者自主判断上市公司的投资价值，自主作出投资决策，自行承担股票依法发行后因上市公司经营与收益变化或者股票价格变动引致的投资风险。"

第二十条 上市公司应当在募集说明书扉页作出如下声明：

"上市公司及全体董事、监事、高级管理人员承诺募集说明书及其他信息披露资料不存在虚假记载、误导性陈述或者重大遗漏，并对其真实性、准确性、完整性承担相应的法律责任。

上市公司控股股东、实际控制人承诺募集说明书不存在虚假记载、误导性陈述或者重大遗漏，并对其真实性、准确性、完整性承担相应的法律责任。

公司负责人和主管会计工作的负责人、会计机构负责人保证募集说明书中财务会计资料真实、准确、完整。

上市公司及全体董事、监事、高级管理人员、上市公司的控股股东、实际控制人以及保荐人、承销商承诺因上市公司募集说明书及其他信息披露资料有虚假记载、误导性陈述或者重大遗漏，致使投资者在证券发行和交易中遭受损失的，将依法承担法律责任。

保荐人及证券服务机构承诺因其为上市公司本次公开发行股票制作、出具的文件有虚假记载、误导性陈述或者重大遗漏，给投资者造成损失的，将依法承担法律责任。"

第二十一条 上市公司应当根据本准则及相关规定，针对实际情况在募集说明书首页作"重大事项提示"，提醒投资者需特别关注的重要事项，并提醒投资者认真阅读募集说明书正文内容。

第二十二条 募集说明书的目录应当标明各章、节的标题及相应的页码，内容编排应当符合通行的惯例。

第二十三条 上市公司应当对可能造成投资者理解障碍及有特定含义的术语作出释义。募集说明书的释义应当在目录次页列示。

第二节 本次发行概览

第二十四条 上市公司应当声明："本概览仅对募集说明书作扼要提示。投资者作出投资决策前，应当认真阅读募集说明书全文。"

第二十五条 上市公司应当披露本次发行所履行的决策程序。本次发行依照法律法规的规定应当取得其他监管机关审批的，应当披露审批程序的办理情况。

第二十六条 上市公司应当披露本次发行的基本情况，主要包括：

（一）发行股票类型；
（二）每股面值；
（三）发行股数、占发行后总股本的比例；
（四）定价方式；
（五）每股发行价格；
（六）发行市盈率、市净率；
（七）预测净利润及发行后每股收益（如有）；
（八）发行前和发行后的每股净资产、净资产收益率；
（九）本次发行股票的上市流通情况，包括各类投资者持有期的限制或承诺；
（十）发行方式和发行对象；
（十一）预计募集资金总额和净额，发行费用概算（包括保荐费用、承销费用、律师费用、审计费用、评估费用、发行手续费用等）；
（十二）承销方式及承销期；
（十三）承销期间的停牌、复牌及本次发行股份上市的时间安排；
（十四）询价对象范围及其他报价条件（如有）；
（十五）优先配售对象及条件（如有）。

第二十七条 上市公司应当披露下列机构的名称、法定代表人、住所、联系电话、传真，同时应当披露有关经办人员的姓名：

（一）保荐人、承销商；

(二)律师事务所；

(三)会计师事务所；

(四)资产评估机构(如有)；

(五)股票登记机构；

(六)收款银行；

(七)其他与本次发行有关的机构。

第二十八条 上市公司应当披露其与本次发行有关的保荐人、承销商、证券服务机构及其负责人、高级管理人员、经办人员之间存在的直接或间接的股权关系或其他利害关系。

第二十九条 上市公司应当简要披露上市公司及其控股股东、实际控制人的情况，概述上市公司主营业务的情况。

上市公司应当列表披露最近三年及一期的主要会计数据及财务指标，主要包括：资产总额、股东权益合计、归属于母公司所有者的股东权益、资产负债率(母公司)、营业收入、毛利率、净利润、归属于母公司所有者的净利润、扣除非经常性损益后的净利润、归属于母公司所有者的扣除非经常性损益后的净利润、加权平均净资产收益率、扣除非经常性损益后净资产收益率、基本每股收益、稀释每股收益、经营活动产生的现金流量净额、研发投入占营业收入的比例。除特别指出外，上述财务指标应当以合并财务报表的数据为基础进行计算。相关指标的计算应当执行中国证监会的有关规定。

第三十条 上市公司应当简要披露公司治理特殊安排等重要事项。

第三十一条 上市公司应当简要披露募集资金用途。

第三节 风险因素

第三十二条 上市公司应当遵循重要性原则披露可能直接或间接对上市公司及本次发行产生重大不利影响的所有风险因素。

第三十三条 上市公司应当针对自身实际情况描述相关风险因素，描述应当充分、准确、具体，并作定量分析，无法进行定量分析的，应当有针对性地作出定性描述，但不得采用普遍适用的模糊表述；有关风险因素对上市公司生产经营状况和持续盈利能力有严重不利影响的，应当作"重大事项提示"；风险因素中不得包含风险对策、上市公司竞争优势及任何可能减轻风险因素的类似表述。

第三十四条 上市公司应当结合自身实际情况，披露由于技术、产品、政策、经营模式变化等可能导致的风险，包括但不限于：

(一)经营风险；

(二)财务风险；

(三)技术风险；

(四)人力资源风险；

(五)尚未盈利或存在累计未弥补亏损的风险，包括未来一定期间无法盈利或无法进行利润分配的风险，对上市公司资金状况、业务拓展、人才引进、团队稳定、研发投入、市场拓展等方面产生不利影响的风险等；

(六)法律风险；

(七)发行失败风险；

(八)特别表决权股份或类似公司治理特殊安排的风险；

(九)可能严重影响公司持续经营的其他因素。

第四节 上市公司基本情况

第三十五条 上市公司应当披露其基本信息，主要包括：

(一)注册中、英文名称，证券简称、证券代码；

(二)统一社会信用代码；

(三)注册资本；

(四)法定代表人；

(五)成立日期；

(六)住所和邮政编码；

(七)电话、传真号码；

(八)互联网网址；

(九)电子信箱；

(十)负责信息披露和投资者关系的部门、负责人和电话号码。

第三十六条 上市公司应当披露在北交所上市期间的基本情况，主要包括：

(一)报告期内发行融资情况，包括但不限于发行方式、金额、资金用途等；

(二)报告期内重大资产重组情况，对上市公司业务和管理、股权结构及经营业绩的影响；

(三)报告期内控制权变动情况；

(四)报告期内股利分配情况。

第三十七条 上市公司应当采用图表等形式全面披露持有上市公司百分之五以上股份或表决权的主要股东、实际控制人，控股股东、实际控制人所控制的其他企业，上市公司的分公司、控股子公司、参股公司以及其他有重要影响的关联方。

第三十八条 上市公司应当披露控股股东、实际控

制人的基本情况及上市以来(上市超过三年的为最近三年)的变化情况,具体如下:

(一)实际控制人应当披露至最终的国有控股主体、集体组织、自然人;

(二)上市公司的控股股东或实际控制人为自然人的,应当披露其国籍及拥有境外居留权情况、身份证件类型及号码和其在上市公司处担任的职务;

(三)上市公司的控股股东或实际控制人为合伙企业等非法人组织的,应当披露该合伙企业的合伙人构成、出资比例;

(四)上市公司的控股股东或实际控制人为法人的,应当披露其最近一年及一期末的总资产和净资产、最近一年及一期的净利润,并标明有关财务数据是否经过审计及审计机构名称;

(五)控股股东和实际控制人直接或间接持有上市公司的股份是否存在涉诉、质押、冻结或其他有争议的情况;

(六)无控股股东、实际控制人的,应当参照本条对上市公司控股股东及实际控制人的要求披露对上市公司有重大影响的股东情况。

第三十九条 上市公司应当披露本次发行前的股本总额及前十大股东的姓名或名称、持股数量、股份性质、股份限售的有关情况。

第四十条 上市公司应当披露本次公开发行申报前已经制定或实施的股权激励及相关安排(如限制性股票、股票期权等),上市公司控股股东、实际控制人与其他股东签署的特殊投资约定等可能导致股权结构变化的事项,并说明其对公司经营状况、财务状况、控制权变化等方面的影响。

第四十一条 上市公司应当简要披露其控股子公司、有重大影响的参股公司的情况,主要包括成立时间、注册资本、实收资本、注册地和主要生产经营地、股东构成及控制情况、主营业务及其与上市公司主营业务的关系、主要产品或服务、最近一年及一期末的总资产和净资产、最近一年及一期的净利润,并标明有关财务数据是否经过审计及审计机构名称。

第四十二条 上市公司应当披露董事、监事、高级管理人员的简要情况,主要包括:姓名、国籍及境外居留权,性别、出生年月、学历及专业背景,职称、职业经历、现任职务及任期,兼职情况及兼职单位与上市公司的关联关系,与其他董事、监事、高级管理人员的亲属关系,薪酬情况。

第四十三条 上市公司应当列表披露董事、监事、高级管理人员及其近亲属直接或间接持有上市公司股份的情况,持有人姓名,所持股份的涉诉、质押或冻结情况,以及是否履行相关信息披露义务。

第四十四条 上市公司应当充分披露报告期内上市公司、控股股东、实际控制人、持股百分之五以上的股东以及上市公司的董事、监事、高级管理人员等责任主体所作出的重要承诺及承诺的履行情况,以及其他与本次发行相关的承诺事项。

第五节 业务和技术

第四十五条 上市公司应当清晰、准确、客观地披露主营业务、主要产品或服务的情况,包括:

(一)主营业务、主要产品或服务的基本情况,主营业务收入的主要构成;

(二)主要经营模式,如盈利模式、采购模式、生产或服务模式、营销及管理模式等;上市公司的业务及其模式具有创新性的,还应当披露其独特性、创新内容及持续创新机制;

(三)上市以来(上市超过三年的为最近三年)主营业务、主要产品或服务、主要经营模式是否发生变化,以及演变情况;

(四)上市公司应当结合内部组织结构(包括部门、生产车间、子公司、分公司等)披露主要生产或服务流程、方式;

(五)存在高危险、重污染情况的,还应当披露生产经营中涉及的主要环境污染物、主要处理设施及处理能力。

第四十六条 上市公司应当结合所处行业基本情况披露其竞争状况,主要包括:

(一)所属行业及确定所属行业的依据,最近三年是否发生变化及变化情况;

(二)上市公司所处行业的主管部门、监管体制、主要法律法规和政策最近三年的变化情况,以及对上市公司经营发展的影响等;

(三)行业技术水平及技术特点、主要技术门槛和技术壁垒,衡量核心竞争力的关键指标,行业技术的发展趋势,行业特有的经营模式、周期性、区域性或季节性特征等;

(四)上市公司产品或服务的市场地位、行业内的主要企业、竞争优势与劣势、行业发展态势、面临的机遇与挑战,以及上述情况在报告期内的变化及未来可预见的变化趋势。

第四十七条 上市公司应当根据重要性原则披露主营业务的具体情况，主要包括：

（一）销售情况和主要客户：报告期内各期主要产品或服务的规模（产能、产量、销量，或服务能力、服务量）、销售收入、产品或服务的主要客户群体、销售价格的总体变动情况，以及向前五大客户的销售金额及占比；

（二）采购情况和主要供应商：报告期内采购产品、原材料、能源或接受服务的情况，相关价格变动趋势，以及向前五大供应商采购的金额及占比；

（三）董事、监事、高级管理人员、主要关联方在上述客户或供应商中所占的权益；若无，应当明确说明；

（四）报告期内对持续经营有重要影响的合同的基本情况，包括合同当事人、合同标的、合同价款或报酬、履行期限、实际履行情况等；与同一交易主体在一个会计年度内连续发生的相同内容或性质的合同应当累计计算。上市公司还应当披露重大影响的判断标准。

第四十八条 上市公司应当遵循重要性原则披露与其业务相关的关键资源要素，主要包括：

（一）产品或服务所使用的主要技术、技术来源及所处阶段（如处于基础研究、试生产、小批量生产或大批量生产阶段），说明技术属于原始创新、集成创新或引进消化吸收再创新的情况；披露核心技术与已取得的专利及非专利技术的对应关系，以及在主营业务及产品或服务中的应用，并披露核心技术产品收入占营业收入的比例。产品或服务所使用的主要技术为外购的，应当披露相关协议中的权利义务安排；

（二）取得的业务许可资格或资质情况，主要包括名称、内容、授予机构、有效期限；

（三）拥有的特许经营权的情况，主要包括特许经营权的取得、特许经营权的期限、费用标准、对上市公司业务的影响；

（四）对主要业务有重大影响的主要固定资产、无形资产的构成，分析其与所提供产品或服务的内在联系，是否存在瑕疵、纠纷和潜在纠纷，是否对上市公司持续经营存在重大不利影响。上市公司允许他人使用自己所有的资产，或作为被许可方使用他人资产的，应当披露许可合同的主要内容，主要包括许可人、被许可人、许可使用的具体资产内容、许可方式、许可年限、许可使用费等；

（五）核心技术（业务）人员占员工总数的比例，报告期内前述人员的主要变动情况及对上市公司的影响；

（六）正在从事的研发项目、所处阶段及进展情况、相应人员、经费投入、拟达到的目标；结合行业技术发展趋势，披露相关科研项目与行业技术水平的比较；披露报告期内研发投入的构成、占营业收入的比例。与其他单位合作研发的，还应当披露合作协议的主要内容，权利义务划分约定及采取的保密措施等。

第四十九条 上市公司在境外进行生产经营的，应当对有关业务活动进行地域性分析。上市公司拥有境外资产的，应当详细披露该项资产的规模、所在地、经营管理情况等。

第六节 公司治理

第五十条 上市公司应当披露报告期内存在的违法违规行为及受到的行政处罚情况，并说明对上市公司的影响。

上市公司应当披露报告期内上市公司及其董事、监事、高级管理人员、控股股东、实际控制人被中国证监会行政处罚或采取监管措施及整改情况，被证券交易所公开谴责的情况，以及因涉嫌犯罪正在被司法机关立案侦查或者涉嫌违法违规正在被中国证监会立案调查的情况。

第五十一条 上市公司应当结合内部控制的要素简要说明公司内部控制的基本情况，并披露公司管理层对内部控制完整性、合理性及有效性的自我评估意见以及注册会计师对公司内部控制的鉴证意见。注册会计师指出公司内部控制存在缺陷的，上市公司应予披露并说明改进措施。

第五十二条 上市公司应当披露报告期内是否存在资金被控股股东、实际控制人及其控制的其他企业以借款、代偿债务、代垫款项或者其他方式占用的情况，固定资产、无形资产等资产被控股股东、实际控制人及其控制的其他企业转移的情况，或者为控股股东、实际控制人及其控制的其他企业担保的情况。

第五十三条 上市公司应当披露是否存在与控股股东、实际控制人及其控制的其他企业从事相同、相似业务的情况，如存在的，应当对不存在对上市公司构成重大不利影响的同业竞争作出合理解释，并披露上市公司防范利益输送、利益冲突及保持独立性的具体安排。

上市公司控股股东、实际控制人作出规范或避免同业竞争承诺的，上市公司应当披露承诺的履行情况。

第五十四条 上市公司应当根据《公司法》、企业会计准则及中国证监会有关规定进行关联方认定，充分披露关联方、关联关系和关联交易。上市公司控股子公司可免于作为关联方披露。

上市公司应当披露报告期内发生的关联交易是否已

履行《公司法》、公司章程规定的决策程序，以及是否履行相关信息披露义务。

上市公司应当根据交易的性质和频率，按照经常性和偶发性分类披露关联交易及关联交易对其财务状况和经营成果的影响。

购销商品、提供劳务等经常性关联交易，应当分别披露报告期内关联方名称、交易内容、交易价格的确定方法、交易金额、占当期营业收入或营业成本的比重，与交易相关应收应付款项的余额及增减变化的原因。

偶发性关联交易，应当披露关联方名称、交易时间、交易内容、交易金额、交易价格的确定方法、资金结算情况、交易产生的利润及对上市公司当期经营成果的影响、交易对公司主营业务的影响。

第七节 财务会计信息

第五十五条 上市公司应当披露最近三年及一期的资产负债表、利润表、现金流量表和所有者权益变动表，以及会计师事务所的审计意见类型。上市公司编制合并财务报表的，应当同时披露合并财务报表和母公司财务报表。最近三年及一期合并财务报表范围发生重大变化的，还应当披露合并财务报表范围的具体变化情况、变化原因及其影响。

第五十六条 上市公司应当结合业务活动实质、经营模式、关键审计事项等充分披露对公允反映公司财务状况和经营成果有重大影响的会计政策和会计估计。上市公司重大会计政策或会计估计与可比公司存在较大差异的，应当分析重大会计政策或会计估计的差异产生的原因及对公司的影响。

第五十七条 上市公司存在多个业务或地区分部的，应当披露分部信息。上市公司分析公司财务会计信息时，应当利用分部信息。

第五十八条 上市公司应当依据经注册会计师鉴证的非经常性损益明细表，以合并财务报表的数据为基础，披露报告期非经常性损益的具体内容、金额及对当期经营成果的影响，并计算报告期扣除非经常性损益后的净利润金额。

第五十九条 上市公司应当列表披露最近三年及一期的主要会计数据及财务指标，主要包括：资产总额、股东权益合计、归属于母公司所有者的股东权益、每股净资产、归属于母公司所有者的每股净资产、资产负债率、营业收入、毛利率、净利润、归属于母公司所有者的净利润、扣除非经常性损益后的净利润、归属于母公司所有者的扣除非经常性损益后的净利润、息税折旧摊销前利润、加权平均净资产收益率、扣除非经常性损益后净资产收益率、基本每股收益、稀释每股收益、经营活动产生的现金流量净额、每股经营活动产生的现金流量净额、研发投入占营业收入的比例、应收账款周转率、存货周转率、流动比率、速动比率。除特别指出外，上述财务指标应当以合并财务报表的数据为基础进行计算。相关指标的计算应当执行中国证监会的有关规定。

第六十条 上市公司认为提供盈利预测报告将有助于投资者对上市公司及投资于上市公司的股票作出正确判断，且上市公司确信能对最近的未来期间的盈利情况作出比较切合实际的预测的，上市公司可以披露盈利预测报告。

第六十一条 上市公司披露盈利预测报告的，应当声明："本公司盈利预测报告是管理层在最佳估计假设的基础上编制的，但所依据的各种假设具有不确定性，投资者进行投资决策时应当谨慎使用。"上市公司应当提示投资者阅读盈利预测报告及审核报告全文。上市公司应当在"重大事项提示"中提醒投资者关注已披露的盈利预测信息。

第八节 管理层讨论与分析

第六十二条 上市公司应当主要依据最近三年及一期的合并财务报表分析上市公司财务状况、盈利能力及现金流量等情况。分析时不应仅以引述方式重复财务报表的内容，应当选择使用逐年比较、与同行业对比分析等便于理解的形式。选择同行业公司对比分析时，上市公司应当披露选择相关公司的原因，分析所选公司与上市公司之间的可比性。分析影响因素时不应仅限于财务因素，还应当包括非财务因素，并将财务会计信息与业务经营信息对比印证。

第六十三条 上市公司应当结合"业务和技术"中披露的自身业务特点等要素深入分析影响收入、成本、费用和利润的主要因素，以及对上市公司具有核心意义或其变动对业绩变动具有较强预示作用的财务或非财务指标；分析报告期内上述因素和指标对财务状况和盈利能力的影响程度，及其对公司未来财务状况和盈利能力可能产生的影响。目前已经存在新的趋势或变化，可能对公司未来财务状况和盈利能力产生重大影响的，上市公司应当分析具体的影响。

第六十四条 上市公司财务状况分析应当结合最近三年及一期末资产、负债的主要构成，对资产、负债结构变动的主要原因、影响因素及程度进行充分说明，包括但不限于下列内容：

（一）最近三年及一期末应收款项的账面原值、坏账准备、账面价值，结合应收款项的构成、比例、账龄、信用期、主要债务人等，分析说明报告期内应收款项的变动情况及原因、期后回款进度；坏账准备的计提比例是否与实际状况相符、是否与同行业可比公司存在显著差异；最近三年及一期末主要客户和新增主要客户的应收款项金额、占比情况；

（二）最近三年及一期末存货的类别、账面价值、存货跌价准备，结合业务模式、内控制度、存货构成等因素，分析说明报告期内存货余额的变动情况及原因；

（三）最近一期末持有金额较大的金融资产、借与他人款项、委托理财等财务性投资的，应当分析其投资目的、对上市公司资金安排的影响、投资期限、上市公司对投资的监管方案、投资的可回收性及减值准备的计提充足性；

（四）结合报告期内产能、业务量或生产经营情况等因素，说明固定资产结构与变动原因，重要固定资产折旧年限与同行业可比公司相比是否合理；报告期内大额在建工程的具体情况，包括项目名称、预算金额、实际金额及变动情况、利息资本化的情况、资金来源、预计未来转入固定资产的时间与条件、项目建设完成后相关产能情况等；固定资产与在建工程是否存在重大减值因素；

（五）最近三年及一期末无形资产的主要类别与变动原因，无形资产减值测试的方法与结果；报告期内存在研发支出资本化的，应当披露开发阶段资本化及开发支出结转无形资产的具体时点和条件，研发支出资本化对公司损益的影响以及上市公司在研发支出资本化方面的内控制度等，并说明具体项目、依据、时间及金额；

（六）最近一期末商誉的形成原因、增减变动情况、商誉减值测试过程与方法；

（七）最近一期末的主要债项，包括银行借款、关联方借款、合同承诺债务、或有负债等主要债项的金额、期限、利率及利息费用等情况。有逾期未偿还债项的，应当说明其金额、利率、用途、未按期偿还的原因、预计还款期等。结合主要债项的构成、比例、借款费用资本化情况、用途等，分析说明报告期内债项的变动情况及原因。上市公司应当分析可预见的未来需偿还的负债金额及相应利息金额，并结合上市公司的现金流量状况、在银行的资信状况、可利用的融资渠道及授信额度、表内负债、表外融资情况及或有负债等情况，分析上市公司的偿债能力和流动性风险。

第六十五条 上市公司盈利能力分析应当按照利润表项目对最近三年及一期经营成果变化的原因、影响因素、程度和风险趋势进行充分说明，包括但不限于下列内容：

（一）最近三年及一期营业收入构成情况，并分别按照产品或服务类别及业务、地区分布分类列示；分析营业收入增减变化的情况及原因；披露主要产品或服务的销售价格、销售量的变化情况及原因；营业收入存在季节性波动的，应当分析说明其影响情况；

（二）最近三年及一期营业成本的主要构成情况；结合主要原材料和能源的采购数量及采购价格等，披露营业成本增减变化情况及原因；

（三）最近三年及一期的综合毛利率、分产品或服务的毛利率及变动情况；报告期内毛利率发生重大变化的，以数据分析方式说明相关因素对毛利率变动的影响程度；

（四）最近三年及一期销售费用、管理费用、财务费用的构成及变动情况，说明上述费用占同期营业收入的比例，以及与主营业务的匹配情况，并解释异常波动的原因；与同行业可比公司相比如存在显著差异，应当结合业务特点和经营模式分析原因；

（五）最近三年及一期营业利润、利润总额和净利润金额，分析上市公司净利润的主要来源及净利润增减变化情况及原因；

（六）最近三年及一期非经常性损益、合并财务报表范围以外的投资收益对公司经营成果有重大影响的，应当分析原因及对公司经营成果及盈利能力稳定性的影响；区分并分析与收益相关或与资产相关政府补助对上市公司报告期与未来期间的影响。

第六十六条 现金流量的分析一般应当包括下列内容：

（一）最近三年及一期经营活动产生的现金流量、投资活动产生的现金流量、筹资活动产生的现金流量的基本情况和变动原因；

（二）最近三年及一期经营活动产生的现金流量净额为负数或者与净利润存在较大差异的，应当分析披露原因。

第六十七条 资本性支出分析一般应当包括：

（一）最近三年及一期重大资本性支出的情况；如果资本性支出导致上市公司固定资产大规模增加或进行跨行业投资的，应当分析资本性支出对上市公司主要业务和经营成果的影响；

（二）截至报告期末的重大资本性支出决议以及未

来可预见的重大资本性支出计划及资金需求量,如涉及跨行业投资的,应当说明其与上市公司业务发展规划的关系。

第六十八条 上市公司尚未盈利或存在累计未弥补亏损的,应当披露成因、影响及改善措施,包括但不限于:

(一)上市公司应当结合行业特点分析该等情形的成因,充分披露尚未盈利或存在累计未弥补亏损对公司现金流、业务拓展、人才吸引、团队稳定性、研发投入、战略性投入、生产经营可持续性等方面的影响;

(二)上市公司改善盈利状况的经营策略,未来是否可实现盈利的前瞻性信息及其依据、基础假设等。

第六十九条 上市公司最近三年及一期存在会计政策变更、会计估计变更的,应当披露变更的性质、内容、原因、变更影响数的处理方法及对上市公司财务状况、经营成果的影响;上市公司最近三年及一期存在会计差错更正的,应当披露前期差错的性质、影响。

第七十条 上市公司存在重大担保、诉讼、仲裁,重大期后事项和其他或有事项的,应当说明其对上市公司财务状况、盈利能力及持续经营的影响。

第七十一条 上市公司应当披露本次发行完成前滚存利润的分配安排和已履行的决策程序。若发行前的滚存利润归发行前的股东享有,应当披露滚存利润的审计和实际派发情况,同时在募集说明书首页对滚存利润中由发行前股东单独享有的金额以及是否派发完毕作"重大事项提示"。

第九节 募集资金运用

第七十二条 上市公司应当结合公司现有主营业务、生产经营规模、财务状况、技术条件、管理能力、发展目标合理确定本次发行募集资金用途和规模。上市公司应当披露募集资金的具体用途和使用安排、必要性、合理性、可行性及募集资金管理制度、专户存储安排等情况。

第七十三条 上市公司应当根据重要性原则披露本次发行募集资金运用情况:

(一)募集资金拟用于项目建设的,应当说明资金需求和资金投入安排,是否符合国家产业政策和法律、行政法规的规定,并披露所涉及审批或备案程序、土地、房产和环保事项等相关情况;

(二)募集资金拟用于购买资产的,应当对标的资产的情况进行说明,并列明资产定价的合理性、收购后对上市公司资产质量及持续经营能力的影响;相关资产独立运营的,披露其最近一年一期的业务发展情况和经审计的财务信息摘要,分析主要财务指标状况及发展趋势;按照本次发行前最近一期经审计的财务数据,是否构成重大资产重组,如构成,应当说明是否符合重大资产重组的有关规定并披露相关信息;

(三)募集资金拟用于补充流动资金的,应当说明主要用途及合理性;

(四)募集资金拟用于偿还银行贷款的,应当列明拟偿还贷款的明细情况及贷款的使用情况;

(五)募集资金拟用于其他用途的,应当明确披露募集资金用途、资金需求的测算过程及募集资金的投入安排;形成商誉的,应当披露商誉相关情况。

第七十四条 上市公司应当披露报告期内募集资金运用的基本情况。如存在变更募集资金用途的,应当列表披露历次变更情况、披露募集资金的变更金额及占所募集资金净额的比例,并说明变更事项是否已经公司董事会、股东大会审议以及变更后的具体用途。

第十节 声明与承诺

第七十五条 上市公司全体董事、监事、高级管理人员应当在募集说明书正文的尾页声明:

"本公司全体董事、监事、高级管理人员承诺本募集说明书不存在虚假记载、误导性陈述或者重大遗漏,并对其真实性、准确性、完整性承担相应的法律责任。"

声明应当由上市公司全体董事、监事、高级管理人员签名,并由上市公司加盖公章。

第七十六条 上市公司控股股东、实际控制人应当在募集说明书正文后声明:

"本公司或本人承诺本募集说明书不存在虚假记载、误导性陈述或者重大遗漏,并对其真实性、准确性、完整性承担相应的法律责任。"

声明应当由控股股东、实际控制人签名,加盖公章。

第七十七条 保荐人(主承销商)应当在募集说明书正文后声明:

"本公司已对募集说明书进行了核查,确认不存在虚假记载、误导性陈述或者重大遗漏,并对其真实性、准确性、完整性承担相应的法律责任。"

声明应当由法定代表人、保荐代表人、项目协办人签名,并由保荐人(主承销商)加盖公章。

第七十八条 上市公司律师应当在募集说明书正文后声明:

"本所及经办律师已阅读募集说明书,确认募集说明书与本所出具的法律意见书和律师工作报告无矛盾之处。本所及经办律师对上市公司在募集说明书中引用的法律意见书和律师工作报告的内容无异议,确认募集说明书不致因上述内容而出现虚假记载、误导性陈述或者重大遗漏，并对其真实性、准确性、完整性承担相应的法律责任。"

声明应当由经办律师及所在律师事务所负责人签名，并由律师事务所加盖公章。

第七十九条 承担审计业务的会计师事务所应当在募集说明书正文后声明：

"本所及签字注册会计师已阅读募集说明书，确认募集说明书与本所出具的审计报告、盈利预测审核报告（如有）、内部控制鉴证报告、上市公司前次募集资金使用情况的报告（如有）及经本所鉴证的非经常性损益明细表等无矛盾之处。本所及签字注册会计师对上市公司在募集说明书中引用的审计报告、盈利预测审核报告（如有）、内部控制鉴证报告、上市公司前次募集资金使用情况的报告（如有）及经本所鉴证的非经常性损益明细表内容无异议，确认募集说明书不致因上述内容而出现虚假记载、误导性陈述或者重大遗漏，并对其真实性、准确性、完整性承担相应的法律责任。"

声明应当由签字注册会计师及所在会计师事务所负责人签名，并由会计师事务所加盖公章。

第八十条 承担评估业务的资产评估机构应当在募集说明书正文后声明：

"本机构及签字注册资产评估师已阅读募集说明书，确认募集说明书与本机构出具的资产评估报告无矛盾之处。本机构及签字注册资产评估师对上市公司在募集说明书中引用的资产评估报告的内容无异议，确认募集说明书不致因上述内容而出现虚假记载、误导性陈述或者重大遗漏，并对其真实性、准确性、完整性承担相应的法律责任。"

声明应当由签字注册资产评估师及所在资产评估机构负责人签名，并由资产评估机构加盖公章。

第八十一条 本准则所要求的有关人员的签名下方应当以印刷体形式注明其姓名。

第十一节 备查文件

第八十二条 募集说明书结尾应当列明备查文件，应当包括下列文件：

（一）发行保荐书；
（二）上市保荐书；
（三）法律意见书；
（四）财务报告及审计报告；
（五）上市公司及其他责任主体作出的与上市公司本次发行相关的承诺事项；
（六）盈利预测报告及审核报告（如有）；
（七）内部控制鉴证报告；
（八）经注册会计师鉴证的非经常性损益明细表；
（九）中国证监会对本次发行予以注册的文件；
（十）其他与本次发行有关的重要文件。

第三章 附 则

第八十三条 本准则由中国证监会负责解释。

第八十四条 本准则自公布之日起施行。《公开发行证券的公司信息披露内容与格式准则第48号——北京证券交易所上市公司向不特定合格投资者公开发行股票募集说明书》（证监会公告〔2021〕28号）同时废止。

第49号——北京证券交易所上市公司向特定对象发行股票募集说明书和发行情况报告书

· 2023年2月17日
· 中国证券监督管理委员会公告〔2023〕19号

第一章 总 则

第一条 为了规范北京证券交易所（以下简称北交所）上市公司向特定对象发行（以下简称定向发行）股票的信息披露行为，根据《中华人民共和国证券法》（以下简称《证券法》）、《中华人民共和国公司法》和《北京证券交易所上市公司证券发行注册管理办法》的规定，制定本准则。

第二条 北交所上市公司（以下简称上市公司）进行定向发行，应当按照本准则编制向特定对象发行股票募集说明书（以下简称募集说明书），作为定向发行股票的必备法律文件，并按本准则的规定进行披露。

第三条 上市公司定向发行股票结束后，应当按照本准则的要求编制并披露发行情况报告书。

第四条 在不影响信息披露的完整性并保证阅读方便的前提下，对于曾在定期报告、临时公告或者其他信息披露文件中披露过的信息，如事实未发生变化，上市公司可以采用索引的方法进行披露。

第五条 本准则的规定是对信息披露的最低要求。不论本准则是否有明确规定，凡对投资者作出价值判断和投资决策有重大影响的信息，上市公司均应当予以披露。国家有关部门对上市公司信息披露另有规定的，上市公司还应当遵守其相关规定并履行信息披露义务。

本准则某些具体要求对本次定向发行股票确实不适用的，上市公司可以根据实际情况调整，但应当在提交申请文件时作出专项说明。

本次发行涉及重大资产重组的，募集说明书的信息披露内容还应当符合中国证券监督管理委员会（以下简称中国证监会）关于重大资产重组的规定。

第六条 上市公司应当在符合《证券法》规定的信息披露平台披露募集说明书及其备查文件、发行情况报告书和中国证监会要求披露的其他文件，供投资者查阅。

第二章 募集说明书

第七条 募集说明书扉页应当载有如下声明：

"本公司及控股股东、实际控制人、全体董事、监事、高级管理人员承诺募集说明书不存在虚假记载、误导性陈述或者重大遗漏，并对其真实性、准确性、完整性承担相应的法律责任。

本公司负责人和主管会计工作的负责人、会计机构负责人保证募集说明书中财务会计资料真实、准确、完整。

对本公司发行证券申请予以注册，不表明中国证监会和北京证券交易所对该证券的投资价值或者投资者的收益作出实质性判断或者保证。任何与之相反的声明均属虚假不实陈述。

根据《证券法》的规定，本公司经营与收益的变化，由本公司自行负责，由此变化引致的投资风险，由投资者自行负责。"

第八条 上市公司应当披露以下内容：

（一）上市公司基本情况，包括股权结构、控股股东及实际控制人情况、所处行业的主要特点及行业竞争情况、主要业务模式、产品或服务的主要内容；

（二）本次定向发行的目的；

（三）发行对象及公司现有股东优先认购安排。如董事会未确定具体发行对象的，应当披露股票发行对象的范围和确定方法；董事会已确定发行对象的，应当披露发行对象的基本情况、资金来源，以及本募集说明书披露前十二个月内，发行对象及其控股股东、实际控制人与上市公司之间的重大交易情况。发行对象是战略投资者的，还应当披露战略投资者符合相关规定的情况；

（四）发行价格或定价方式；

（五）股票发行数量或数量上限；

（六）发行对象关于持有本次定向发行股票的限售安排及自愿锁定的承诺。如无限售安排，应当说明；

（七）本次发行是否构成关联交易；

（八）本次发行是否将导致公司控制权发生变化；

（九）报告期内募集资金的使用情况；

（十）本次募集资金用途及募集资金的必要性、合理性、可行性。本次募集资金用于补充流动资金的，应当按照用途进行列举披露或测算相应需求量；用于偿还银行贷款的，应当列明拟偿还贷款的明细情况及贷款的使用情况；用于项目建设的，应当说明资金需求和资金投入安排，是否符合国家产业政策和法律、行政法规的规定；用于购买资产的，应当按照本准则第九条至第十三条的规定披露相关内容；用于其他用途的，应当明确披露募集资金用途、资金需求的测算过程及募集资金的投入安排；

（十一）本次发行募集资金专项账户的设立情况以及保证募集资金合理使用的措施；

（十二）本次发行前滚存未分配利润的处置方案；

（十三）本次定向发行需要履行的国资、外资等相关主管部门审批、核准或备案等程序的情况。

除上述内容外，上市公司还应当按照本准则第十四条有关规定进行披露。

第九条 通过本次发行拟引入的资产为非股权资产的，上市公司应当披露相关资产的下列基本情况：

（一）资产名称、类别以及所有者和经营管理者的基本情况；

（二）资产权属是否清晰、是否存在权利受限、权属争议或者妨碍权属转移的其他情况；

相关资产涉及许可他人使用，或者上市公司作为被许可方使用他人资产的，应当简要披露许可合同的主要内容；资产交易涉及债权债务转移的，应当披露相关债权债务的基本情况、债权人同意转移的证明及与此相关的解决方案；所从事业务需要取得许可资格或资质的，还应当披露当前许可资格或资质的状况；涉及需有关主管部门批准的，应当说明是否已获得有效批准；

（三）资产独立运营和核算的，披露最近一年及一期（如有）经会计师事务所审计的财务信息摘要及审计意见；被出具非标准审计意见的，应当披露涉及事项及其影响；

（四）资产的交易价格及定价依据。披露相关资产经审计的账面值；交易价格以资产评估结果作为依据的，应当披露资产评估方法和资产评估结果。

第十条 通过本次发行拟引入的资产为股权的，上市公司应当披露相关股权的下列基本情况：

（一）股权所在公司的名称、企业性质、注册地、主要办公地点、法定代表人、注册资本；股权及控制关系，包括公司的主要股东及其持股比例、最近二年控股股东或实际控制人的变化情况、股东出资协议及公司章程中可能对本次交易产生影响的主要内容以及原董事、监事、高级管理人员的安排；

（二）股权权属是否清晰、是否存在权利受限、权属争议或者妨碍权属转移的其他情况；

股权资产为有限责任公司股权的，股权转让是否已取得其他股东同意，或有证据表明其他股东已放弃优先购买权；股权对应公司所从事业务需要取得许可资格或资质的，还应当披露当前许可资格或资质的状况；涉及需有关主管部门批准的，应当说明是否已获得批准；

（三）股权所在公司主要资产的权属状况及对外担保和主要负债情况，重要专利或关键技术的纠纷情况；

（四）股权所在公司最近一年及一期（如有）的业务发展情况和经符合《证券法》规定的会计师事务所审计的财务信息摘要及审计意见，被出具非标准审计意见的应当披露涉及事项及其影响，分析主要财务指标状况及发展趋势；

（五）股权的评估方法及资产评估价值（如有）、交易价格及定价依据；

（六）本次收购完成后是否可能导致股权所在公司的现有管理团队、核心技术人员、主要客户及供应商、公司发展战略等产生重大变化。

第十一条　资产交易根据资产评估结果定价的，在评估机构出具资产评估报告后，公司董事会应当对评估机构的独立性、评估假设前提和评估结论的合理性、评估方法的适用性、主要参数的合理性、未来收益预测的谨慎性等问题发表意见，并说明定价的合理性，资产定价是否存在损害公司和股东合法权益的情形。

资产交易价格不以资产评估结果作为定价依据的，董事会应当具体说明收购定价的过程、定价方法的合理性及定价结果的公允性。收购价格与评估报告结果存在显著差异的，上市公司应当就差异的原因进行分析，并就收购价格是否可能损害上市公司及其中小股东的利益进行说明。

本次拟收购资产在最近三年曾进行过评估或交易的，上市公司应当披露评估的目的、方法及结果，以及交易双方的名称、定价依据及交易价格。交易未达成的，也应当披露上述信息。

第十二条　资产出让方存在业绩承诺的，上市公司应当披露业绩承诺的金额、业绩口径及计算方法、补偿保障措施及保障措施的可行性。

第十三条　本次收购预计形成较大金额商誉的，上市公司应当说明本次收购产生的协同效应以及能够从协同效应中受益的资产组或资产组组合。上市公司应当同时说明预计形成商誉的金额及其确定方法，形成大额商誉的合理性以及该商誉对未来经营业绩的影响。

如本次收购的购买对价或盈利预测中包含已作出承诺的重要事项的，应当披露该承诺事项的具体内容、预计发生时间及其对未来现金流的影响。

第十四条　附生效条件的股票认购合同的内容摘要应当包括：

（一）合同主体、签订时间；

（二）认购方式、认购数量及价格、支付方式；

（三）合同的生效条件和生效时间；

（四）合同附带的任何保留条款、前置条件；

（五）相关股票限售安排；

（六）违约责任条款及纠纷解决机制。

附生效条件的资产转让合同的内容摘要除前款内容外，至少还应当包括：

（一）目标资产及其价格或定价依据；

（二）资产交付或过户时间安排；

（三）资产自评估截止日至资产交付日所产生收益的归属；

（四）与资产相关的人员安排；

（五）与目标资产相关的业绩补偿安排（如有）。

第十五条　上市公司应当披露报告期内的主要财务数据和指标，并对其进行逐年比较。主要包括总资产、总负债、归属于母公司所有者的净资产、应收账款、预付账款、存货、应付账款、营业收入、归属于母公司所有者的净利润、经营活动产生的现金流量净额、资产负债率、归属于母公司所有者的每股净资产、流动比率、速动比率、应收账款周转率、存货周转率、毛利率、净资产收益率、每股收益等。除特别指出外，上述财务指标应当以合并财务报表的数据为基础进行计算，相关指标的计算应当执行中国证监会的有关规定。

第十六条　上市公司在定向发行股票前存在特别表决权股份的，应当充分披露并特别提示特别表决权股份的具体安排。

第十七条　本次定向发行股票对上市公司的影响。上市公司应当披露以下内容：

（一）本次定向发行对上市公司经营管理的影响，上市公司的业务及资产的变动或整合计划；

（二）本次定向发行后，上市公司财务状况、持续经营能力及现金流量的变动情况；

（三）本次定向发行后，上市公司与发行对象及其控股股东、实际控制人存在同业竞争、潜在同业竞争以及可能存在关联交易等变化情况；

（四）通过本次发行引入资产的，是否导致增加本公司的债务或者或有负债；

（五）本次定向发行前后上市公司控制权变动情况；

（六）本次定向发行对其他股东权益的影响；

（七）本次定向发行相关特有风险的说明。

第十八条 上市公司应当披露下列机构的名称、法定代表人、住所、联系电话、传真，同时应当披露有关经办人员的姓名：

（一）保荐人；

（二）律师事务所；

（三）会计师事务所；

（四）资产评估机构（如有）；

（五）股票登记机构；

（六）其他与定向发行有关的机构。

第十九条 上市公司全体董事、监事、高级管理人员应当在募集说明书正文的尾页声明：

"本公司全体董事、监事、高级管理人员承诺本募集说明书不存在虚假记载、误导性陈述或者重大遗漏，并对其真实性、准确性、完整性承担相应的法律责任。"

声明应当由全体董事、监事、高级管理人员签名，并由上市公司加盖公章。

第二十条 上市公司控股股东、实际控制人应当在募集说明书正文的尾页声明：

"本公司或本人承诺本募集说明书不存在虚假记载、误导性陈述或者重大遗漏，并对其真实性、准确性、完整性承担相应的法律责任。"

声明应当由控股股东、实际控制人签名，加盖公章。

第二十一条 保荐人应当对上市公司募集说明书的真实性、准确性、完整性进行核查，并在募集说明书正文后声明：

"本公司已对募集说明书进行了核查，确认不存在虚假记载、误导性陈述或者重大遗漏，并对其真实性、准确性和完整性承担相应的法律责任。"

声明应当由法定代表人、保荐代表人、项目协办人签名，并由保荐人加盖公章。

第二十二条 为上市公司定向发行提供服务的证券服务机构应当在募集说明书正文后声明：

"本机构及经办人员（经办律师、签字注册会计师、签字注册资产评估师）已阅读募集说明书，确认募集说明书与本机构出具的专业报告（法律意见书、审计报告、资产评估报告等）无矛盾之处。本机构及经办人员对上市公司在募集说明书中引用的专业报告的内容无异议，确认募集说明书不致因上述内容而出现虚假记载、误导性陈述或者重大遗漏，并对其真实性、准确性和完整性承担相应的法律责任。"

声明应当由经办人员及所在机构负责人签名，并由机构加盖公章。

第二十三条 募集说明书结尾应当列明备查文件，备查文件应当包括：

（一）发行保荐书、发行保荐工作报告；

（二）法律意见书和律师工作报告；

（三）其他与本次定向发行有关的重要文件。

第三章　发行情况报告书

第二十四条 上市公司应当在发行情况报告书中至少披露以下内容：

（一）本次发行履行的相关程序，包括但不限于董事会和股东大会表决的时间、中国证监会予以注册的时间、资金到账和验资时间，以及办理股份登记的时间；

（二）本次定向发行股票的数量、发行价格、认购方式、认购对象基本情况及与上市公司的关联关系、认购股票数量、认购资金来源、实际募集资金总额及投入安排、发行费用等；

（三）采用竞价方式发行的，说明各认购对象的申购报价及其获配情况，发行价格与基准价格（如有）的比率；

（四）新增股份限售安排；

（五）募集资金三方监管协议的签订情况；

（六）募集资金用于置换前期自有资金投入的，应当说明前期自有资金投入的具体使用情况等相关信息；

（七）本次发行涉及的国资、外资等相关主管部门核准、登记、备案程序等；

（八）本次发行相关机构的名称、法定代表人、经办人员、办公地址、联系电话、传真；相关机构包括保荐人和承销商、律师事务所、会计师事务所、资产评估机构、资信评级机构等。

第二十五条 上市公司应当披露本次定向发行前后相关对比情况：

（一）本次定向发行前后前十名股东持股数量、持股比例、股份性质及限售等比较情况；

（二）本次定向发行前后股本结构、资产结构、业务结构、公司治理、关联交易、同业竞争、公司控制权、董事、监事和高级管理人员持股的变动情况；

（三）本次定向发行前后主要财务指标变化情况，包括但不限于上市公司最近二年主要财务指标、按定向发行完成后总股本计算的每股收益、归属于母公司所有者的每股净资产、资产负债率等指标。

第二十六条　上市公司定向发行股票导致公司控制权变动的，应当披露控制权变动的基本情况、是否按照《北京证券交易所上市公司持续监管办法（试行）》《上市公司收购管理办法》等有关规定履行信息披露义务。

第二十七条　由于情况发生变化，导致董事会决议中关于本次定向发行的有关事项需要修正或者补充说明的，上市公司应当在发行情况报告书中作出专门说明，并披露调整的内容及履行的审议程序。

第二十八条　上市公司全体董事、监事、高级管理人员应当在发行情况报告书的扉页声明：

"本公司全体董事、监事、高级管理人员承诺本发行情况报告书不存在虚假记载、误导性陈述或者重大遗漏，并对其真实性、准确性、完整性承担相应的法律责任。"

声明应当由全体董事、监事、高级管理人员签名，并由上市公司加盖公章。

第二十九条　上市公司控股股东、实际控制人应当在发行情况报告书正文后声明：

"本公司或本人承诺本发行情况报告书不存在虚假记载、误导性陈述或者重大遗漏，并对其真实性、准确性和完整性承担相应的法律责任。"

声明应当由控股股东、实际控制人签名，加盖公章。

第四章　中介机构意见

第三十条　上市公司进行定向发行聘请的保荐人应当按照本准则及有关规定出具发行保荐书、发行保荐工作报告，对以下事项进行说明和分析，并逐项发表明确意见：

（一）上市公司是否符合《北京证券交易所上市公司证券发行注册管理办法》规定的发行条件；

（二）上市公司的公司治理规范性；

（三）上市公司本次定向发行是否规范履行了信息披露义务；上市公司对其或相关责任主体在报告期内曾因信息披露违规或违法被中国证监会采取监管措施或给予行政处罚、被北交所依法采取自律管理措施或纪律处分的整改情况；

（四）本次定向发行对象或范围是否符合投资者适当性要求；核心员工参与认购的，上市公司是否已经履行相关认定程序；参与认购的私募投资基金管理人或私募投资基金完成登记或备案情况。上市公司向原股东配售股份的除外；

（五）本次定向发行对象认购资金来源的合法合规性，上市公司向原股东配售股份的除外；

（六）本次定向发行决策程序是否合法合规，是否已按规定履行了国资、外资等相关主管部门的审批、核准或备案等程序；

（七）本次发行定价的合法合规性、合理性；本次定向发行是否涉及股份支付；

（八）本次定向发行相关认购协议等法律文件的合法合规性，上市公司向原股东配售股份的除外；

（九）本次定向发行新增股份限售安排的合法合规性；

（十）上市公司建立健全募集资金内部控制及管理制度的情况；上市公司本次募集资金的必要性、合理性及可行性，本次募集资金用途的合规性；报告期内募集资金的管理及使用情况，如存在违规情形，应当对违规事实、违规处理结果、相关责任主体的整改情况等进行核实并说明；

（十一）本次定向发行引入资产的合法合规性；

（十二）本次定向发行对上市公司的影响；

（十三）保荐人认为应当发表的其他意见。

第三十一条　上市公司进行定向发行聘请的律师应当按照本准则及有关规定出具法律意见书，并对照中国证监会的各项规定，在充分核查验证的基础上，对以下事项进行说明和分析，并逐项发表明确意见：

（一）上市公司是否符合《北京证券交易所上市公司证券发行注册管理办法》规定的发行条件；

（二）本次定向发行对象或范围是否符合投资者适当性要求；核心员工参与认购的，上市公司是否已经履行相关认定程序；参与认购的私募投资基金管理人或私募投资基金完成登记或备案的情况。上市公司向原股东配售股份的除外；

（三）本次定向发行对象认购资金来源的合法合规性，上市公司向原股东配售股份的除外；

（四）本次定向发行决策程序是否合法合规，是否已按规定履行了国资、外资等相关主管部门的审批、核准或备案等程序；

（五）本次定向发行相关认购协议等法律文件的合法合规性，上市公司向原股东配售股份的除外；

（六）本次定向发行新增股份限售安排的合法合规性；

（七）本次发行涉及资产转让或者其他后续事项的，关于办理资产过户或其他后续事项的程序、期限及法律

（八）律师认为应当发表的其他意见。

第五章 附 则

第三十二条 上市公司定向发行符合《北京证券交易所上市公司证券发行注册管理办法》第二十八条规定的，无需提供保荐人出具的保荐文件以及律师事务所出具的法律意见书。

上市公司定向发行依法未聘请保荐人的，无需提供保荐人出具的保荐文件。

第三十三条 本准则自公布之日起施行。《公开发行证券的公司信息披露内容与格式准则第49号——北京证券交易所上市公司向特定对象发行股票募集说明书和发行情况报告书》（证监会公告〔2021〕29号）同时废止。

第50号——北京证券交易所上市公司向特定对象发行可转换公司债券募集说明书和发行情况报告书

· 2023年2月17日
· 中国证券监督管理委员会公告〔2023〕20号

第一章 总 则

第一条 为规范北京证券交易所（以下简称北交所）上市公司向特定对象发行可转换公司债券（以下简称定向发行可转债）的信息披露行为，保护投资者合法权益，根据《中华人民共和国证券法》（以下简称《证券法》）、《中华人民共和国公司法》《北京证券交易所上市公司证券发行注册管理办法》《可转换公司债券管理办法》等规定，制定本准则。

第二条 北交所上市公司（以下简称上市公司）定向发行可转债，应当按照本准则编制定向发行可转债募集说明书，作为定向发行可转债的必备法律文件，并按本准则的规定进行披露。

第三条 上市公司定向发行可转债结束后，应当按照本准则的要求编制并披露发行情况报告书。

第四条 在不影响信息披露的完整性并保证阅读方便的前提下，对于曾在定期报告、临时公告或者其他信息披露文件中披露过的信息，如事实未发生变化，上市公司可以采用索引的方式进行披露。

第五条 本准则的规定是对信息披露的最低要求。不论本准则是否有明确规定，凡对投资者作出价值判断和投资决策有重大影响的信息，上市公司均应当予以披露。

本准则某些具体要求对本次定向发行可转债确实不适用的，上市公司可以根据实际情况适当调整，但应当在提交申请文件时作出专项说明。

第六条 上市公司应当在符合《证券法》规定的信息披露平台披露定向发行可转债募集说明书及其备查文件、发行情况报告书和中国证券监督管理委员会（以下简称中国证监会）要求披露的其他文件，供投资者查阅。

第二章 定向发行可转债募集说明书

第七条 定向发行可转债募集说明书扉页应当载有如下声明：

"本公司及控股股东、实际控制人、全体董事、监事、高级管理人员承诺定向发行可转债募集说明书不存在虚假记载、误导性陈述或者重大遗漏，并对其真实性、准确性、完整性承担相应的法律责任。

公司负责人和主管会计工作的负责人、会计机构负责人保证定向发行可转债募集说明书中财务会计资料真实、准确、完整。

对本公司发行证券申请予以注册，不表明中国证监会和北京证券交易所对该证券的投资价值或者投资者的收益作出实质性判断或者保证。任何与之相反的声明均属虚假不实陈述。

根据《证券法》的规定，本公司经营与收益的变化，由本公司自行负责，由此变化引致的投资风险，由投资者自行负责。"

第八条 上市公司应当披露本次定向发行可转债的基本情况：

（一）上市公司基本情况，包括股权结构、控股股东及实际控制人情况、所处行业的主要特点及行业竞争情况、主要业务模式、产品或服务的主要内容；

（二）本次定向发行可转债的目的；

（三）发行对象及公司现有股东优先认购安排。如董事会未确定具体发行对象的，应当披露发行对象的范围和确定方法；董事会已确定发行对象的，应当披露发行对象的资金来源；

（四）发行价格、发行数量或者数量上限；

（五）本次定向发行可转债发行对象的自愿锁定承诺及转股后新增股份的限售安排；

（六）本次定向发行可转债约定的受托管理事项；

（七）本次募集资金用途及募集资金的必要性、合理性、可行性。本次募集资金用于补充流动资金的，应当按照用途进行列举披露或测算相应需求量；用于偿还银行贷款的，应当列明拟偿还贷款的明细情况及贷款的使用情况；用于项目建设的，应当说明资金需求和资金投入安排，是否符合国家产业政策和法律、行政法规的规定；用于购买资产的，应当按照《公开发行证券的公司信息披露内容与格式准则第49号——北京证券交易所上市公司向特定对象发行股票募集说明书和发行情况报告书》第九条至第十三条的规定披露相关内容；用于其他用途的，应当明确披露募集资金用途、资金需求的测算过程及募集资金的投入安排；

（八）本次发行募集资金专项账户的设立情况以及保证募集资金合理使用的措施；

（九）报告期内募集资金的使用情况；

（十）本次定向发行可转债需要履行的国资、外资等相关主管部门审批、核准或备案等程序的情况。

除上述内容外，上市公司还应当按向特定对象发行股票的规定披露附生效条件的可转债认购合同的内容摘要。

第九条 上市公司应当披露可转债的基本条款，包括：

（一）期限，最短为一年，最长为六年；

（二）面值，每张面值一百元；

（三）利率确定方式；

（四）转股价格或其确定方式；

（五）转股期限，可转债自发行结束之日起六个月后方可转换为公司股票；

（六）转股价格调整的原则及方式。发行可转债后，因配股、增发、送股、派息、分立、减资及其他原因引起公司股份变动的，应当同时调整转股价格；

（七）转股时不足转换成一股的补偿方式；

（八）评级、担保情况（如有）；

（九）赎回条款（如有）；

（十）回售条款（如有），但公司改变公告的募集资金用途的，应当赋予债券持有人一次回售权利；

（十一）还本付息期限、方式等，应当约定可转债期满后五个工作日内办理完毕偿还债券余额本息的事项；

（十二）转换年度有关股利的归属安排；

（十三）其他中国证监会认为有必要明确的事项。

第十条 上市公司应当披露保护债券持有人权利的具体安排，以及债券持有人会议的权利、程序和决议生效条件。存在下列事项之一的，应当召开债券持有人会议：拟变更定向发行可转债募集说明书的约定，上市公司不能按期支付本息，上市公司减资、合并、分立、解散或者申请破产，保证人或者担保物发生重大变化，以及其他影响债券持有人重大权益的事项。

第十一条 除应当按向特定对象发行股票的规定披露报告期内主要财务数据和指标外，上市公司还应当披露报告期各期利息保障倍数、贷款偿还率、利息偿付率等财务指标。

上市公司应当披露报告期内发行债券和债券偿还情况，以及资信评级情况（如有）。

第十二条 上市公司应当披露已发行在外可转债的简要情况，包括发行时间、发行总量及融资总额、已转股金额、转股数量、已赎回或回售可转债的数量等。

上市公司应当列表披露本次可转债与已发行在外可转债主要条款的差异比较。

第十三条 上市公司在定向发行可转债前存在特别表决权股份的，应当充分披露并特别提示特别表决权股份的具体安排。

第十四条 本次定向发行可转债对上市公司的影响。上市公司应当披露以下内容：

（一）本次定向发行可转债对上市公司经营管理的影响，上市公司的业务及资产的变动或整合计划；

（二）本次定向发行可转债后上市公司财务状况、持续经营能力及现金流量的变动情况，上市公司应当重点披露本次定向发行可转债后公司负债结构的变化；

（三）本次定向发行后，上市公司与发行对象及其控股股东、实际控制人存在同业竞争、潜在同业竞争以及可能存在关联交易等变化情况；

（四）本次定向发行可转债部分或全部转股后对公司控制权结构的影响；

（五）本次定向发行可转债相关特有风险的说明。上市公司应当有针对性、差异化地披露属于本公司或者本行业的特有风险以及经营过程中的不确定性因素。

第十五条 上市公司应当披露下列机构的名称、法定代表人、住所、联系电话、传真，同时应当披露有关经办人员的姓名：

（一）保荐人；

（二）律师事务所；

（三）会计师事务所；

（四）资产评估机构（如有）；

（五）登记机构；

（六）评级机构/担保机构（如有）；

（七）其他与本次发行有关的机构。

第十六条 上市公司全体董事、监事、高级管理人员应当在定向发行可转债募集说明书正文的尾页声明：

"本公司全体董事、监事、高级管理人员承诺本定向发行可转债募集说明书不存在虚假记载、误导性陈述或者重大遗漏，并对其真实性、准确性、完整性承担相应的法律责任。"

声明应当由全体董事、监事、高级管理人员签名，并由上市公司加盖公章。

第十七条 上市公司控股股东、实际控制人应当在定向发行可转债募集说明书正文的尾页声明：

"本公司或本人承诺本定向发行可转债募集说明书不存在虚假记载、误导性陈述或者重大遗漏，并对其真实性、准确性和完整性承担相应的法律责任。"

声明应当由控股股东、实际控制人签名，并加盖公章。

第十八条 保荐人应当对上市公司定向发行可转债募集说明书的真实性、准确性、完整性进行核查，并在定向发行可转债募集说明书正文后声明：

"本公司已对定向发行可转债募集说明书进行了核查，确认不存在虚假记载、误导性陈述或者重大遗漏，并对其真实性、准确性和完整性承担相应的法律责任。"

声明应当由法定代表人、保荐代表人、项目协办人签名，并由保荐人加盖公章。

第十九条 为上市公司定向发行可转债提供服务的证券服务机构应当在定向发行可转债募集说明书正文后声明：

"本机构及经办人员（经办律师、签字注册会计师、签字注册资产评估师、签字资信评级人员）已阅读定向发行可转债募集说明书，确认定向发行可转债募集说明书与本机构出具的专业报告（法律意见书、审计报告、资产评估报告、资信评级报告等）无矛盾之处。本机构及经办人员对上市公司在定向发行可转债募集说明书中引用的专业报告的内容无异议，确认定向发行可转债募集说明书不致因上述内容而出现虚假记载、误导性陈述或者重大遗漏，并对其真实性、准确性和完整性承担相应的法律责任。"

声明应当由经办人员及所在机构负责人签名，并由机构加盖公章。

第二十条 定向发行可转债募集说明书结尾应当列明备查文件，备查文件应当包括：

（一）发行保荐书、发行保荐工作报告；

（二）法律意见书和律师工作报告；

（三）中国证监会同意本次定向发行可转债注册的文件；

（四）其他与本次定向发行可转债有关的重要文件。

如有下列文件，也应当作为备查文件披露：

（一）资信评级报告；

（二）担保合同和担保函；

（三）上市公司董事会关于近一年保留意见审计报告涉及事项处理情况的说明；

（四）会计师事务所及注册会计师关于近一年保留意见审计报告的专项说明。

第三章 发行情况报告书

第二十一条 上市公司应当在发行情况报告书中至少披露以下内容：

（一）本次发行履行的相关程序，包括但不限于董事会和股东大会表决的时间、中国证监会予以注册的时间、资金到账和验资时间，以及办理证券登记的时间；

（二）本次定向发行可转债的数量、票面金额、利率、期限、转股期、转股价格及其调整安排、认购方式、认购人、认购数量、认购资金来源、限售安排、现有股东优先认购情况、实际募集资金总额、发行费用等；

（三）本次发行实际募集金额未达到预计募集金额时，实际募集资金的投入安排；

（四）限售安排及自愿锁定承诺；

（五）募集资金三方监管协议的签订情况；

（六）募集资金用于置换前期自有资金投入的，应当说明前期自有资金投入的具体使用情况等相关信息；

（七）本次发行涉及的国资、外资等相关主管部门核准、登记、备案程序等。

第二十二条 上市公司应当披露本次发行前后可转债数量、资产负债结构、业务结构、主要财务指标等变化情况，以及可转债部分或全部转股后对公司控制权结构的影响。

上市公司应当披露本次可转债部分或全部转股后关联交易、同业竞争、公司控制权、董事、监事和高级管理人员持股的变动情况。

第二十三条 由于情况发生变化，导致董事会决议中关于本次定向发行可转债的有关事项需要修正或者补充说明的，上市公司应当在发行情况报告书中作出专门说明，并披露调整的内容及履行的审议程序。

第二十四条 上市公司全体董事、监事、高级管理人员应当在发行情况报告书的首页声明：

"公司全体董事、监事、高级管理人员承诺本发行情况报告书不存在虚假记载、误导性陈述或者重大遗漏，并对其真实性、准确性、完整性承担相应的法律责任。"

声明应当由全体董事、监事、高级管理人员签名，并由上市公司加盖公章。

第二十五条 上市公司控股股东、实际控制人应当在发行情况报告书正文后声明：

"本公司或本人承诺本发行情况报告书不存在虚假记载、误导性陈述或者重大遗漏，并对其真实性、准确性和完整性承担相应的法律责任。"

声明应当由控股股东、实际控制人签名，并加盖公章。

第四章 中介机构意见

第二十六条 上市公司进行定向发行可转债聘请的保荐人应当按照本准则及有关规定出具发行保荐书、发行保荐工作报告，对以下事项进行说明和分析，并逐项发表明确意见：

（一）上市公司是否符合《北京证券交易所上市公司证券发行注册管理办法》规定的发行条件；

（二）上市公司的公司治理规范性；

（三）上市公司本次定向发行可转债是否规范履行了信息披露义务；上市公司对其或相关责任主体在报告期内曾因信息披露违规或违法被中国证监会采取监管措施或给予行政处罚、被北交所依法采取自律管理措施或纪律处分的整改情况；

（四）上市公司对现有股东优先认购安排的合法合规性；

（五）本次定向发行可转债发行对象或范围是否符合投资者适当性要求；参与认购的私募投资基金管理人或私募投资基金完成登记或备案情况；

（六）本次定向发行可转债发行对象认购资金来源的合法合规性；

（七）本次定向发行可转债决策程序是否合法合规，是否已按规定履行了国资、外资等相关主管部门的审批、核准或备案等程序；

（八）本次定向发行可转债的转股价格、利率及其他条款内容的合法合规性、合理性；

（九）本次定向发行可转债相关认购协议等法律文件的合法合规性；

（十）本次定向发行可转债转股后新增股份限售安排的合法合规性；

（十一）上市公司建立健全募集资金内部控制及管理制度的情况；上市公司本次募集资金的必要性及合理性，本次募集资金用途的合规性；

（十二）本次定向发行可转债对上市公司的影响；

（十三）保荐人认为应当发表的其他意见。

第二十七条 上市公司聘请的律师应当按照本准则及有关规定出具法律意见书，并对照中国证监会的各项规定，在充分核查验证的基础上，对以下事项进行说明和分析，并逐项发表明确意见：

（一）上市公司是否符合《北京证券交易所上市公司证券发行注册管理办法》规定的发行条件；

（二）上市公司对现有股东优先认购安排的合法合规性；

（三）本次定向发行可转债发行对象或范围是否符合投资者适当性要求；参与认购的私募投资基金管理人或私募投资基金完成登记或备案的情况；

（四）本次定向发行可转债发行对象认购资金来源的合法合规性；

（五）本次定向发行可转债决策程序是否合法合规，是否已按规定履行了国资、外资等相关主管部门的审批、核准或备案等程序；

（六）本次定向发行可转债的转股价格、利率及其他条款内容的合法合规性、合理性；

（七）本次定向发行可转债相关认购协议等法律文件的合法合规性；

（八）本次定向发行可转债转股后新增股份限售安排的合法合规性；

（九）律师认为应当发表的其他意见。

第五章 附则

第二十八条 以资产认购本次定向发行可转债的，还应当根据中国证监会及北交所其他相关规定进行信息披露。

第二十九条 国家有关部门对上市公司信息披露另有规定的，上市公司还应当遵守相关规定并履行信息披露义务。

第三十条 上市公司定向发行可转债依法未聘请保荐人的，无需提供保荐人出具的保荐文件。

第三十一条 本准则由中国证监会负责解释。

第三十二条 本准则自公布之日起施行。《公开发行证券的公司信息披露内容与格式准则第50号——北京证券交易所上市公司向特定对象发行可转换公司债券募集说明书和发行情况报告书》（证监会公告〔2021〕30号）同时废止。

第 51 号——北京证券交易所上市公司向特定对象发行优先股募集说明书和发行情况报告书

- 2023 年 2 月 17 日
- 中国证券监督管理委员会公告〔2023〕21 号

第一章 总 则

第一条 为了规范北京证券交易所(以下简称北交所)上市公司向特定对象发行(以下简称定向发行)优先股的信息披露行为,根据《中华人民共和国证券法》(以下简称《证券法》)、《中华人民共和国公司法》《优先股试点管理办法》《北京证券交易所上市公司证券发行注册管理办法》的规定,制定本准则。

第二条 北交所上市公司(以下简称上市公司)定向发行优先股,应当按照本准则编制定向发行优先股募集说明书(以下简称募集说明书),作为定向发行优先股的必备法律文件,并按本准则的规定进行披露。

第三条 上市公司定向发行优先股结束后,应当按照本准则的要求编制并披露发行情况报告书。

第四条 在不影响信息披露的完整性并保证阅读方便的前提下,对于曾在定期报告、临时公告或者其他信息披露文件中披露过的信息,如事实未发生变化,上市公司可以采用索引的方法进行披露。

第五条 本准则某些具体要求对本次定向发行优先股确实不适用或者需要豁免适用的,上市公司可以根据实际情况调整,但应当在提交申请文件时作出专项说明。

第六条 上市公司应当在符合《证券法》规定的信息披露平台披露募集说明书及其备查文件、发行情况报告书和中国证券监督管理委员会(以下简称中国证监会)要求披露的其他文件,供投资者查阅。

国家有关部门对上市公司信息披露另有规定的,上市公司还应当遵守其规定并履行信息披露义务。

第二章 募集说明书

第七条 募集说明书扉页应当载有如下声明:

"本公司及控股股东、实际控制人、全体董事、监事、高级管理人员承诺募集说明书不存在虚假记载、误导性陈述或者重大遗漏,并对其真实性、准确性、完整性承担相应的法律责任。

本公司负责人和主管会计工作的负责人、会计机构负责人保证募集说明书中财务会计资料真实、准确、完整。

中国证监会、北京证券交易所对本公司定向发行优先股所作的任何决定或意见,均不表明其对本公司优先股的价值或投资者的收益作出实质性判断或者保证。任何与之相反的声明均属虚假不实陈述。

根据《证券法》的规定,本公司经营与收益的变化,由本公司自行负责,由此变化引致的投资风险,由投资者自行负责。"

第八条 上市公司应当披露本次定向发行优先股的基本情况:

(一)发行目的和发行总额。拟分次发行的,披露分次发行安排;

(二)发行方式、发行对象及公司现有股东认购安排(如有)。如董事会未确定具体发行对象的,应当披露发行对象的范围和确定方法;

(三)票面金额、发行价格或定价原则;

(四)本次发行优先股的种类、数量或数量上限;

(五)募集资金的必要性、合理性、可行性及募集投向;

(六)本次发行涉及的主管部门审批、核准、注册或备案事项情况。

除上述内容外,上市公司还应当披露本准则第十五条规定的附生效条件的优先股认购合同的内容摘要。

第九条 上市公司应当在基本情况中披露本次定向发行优先股的具体条款设置:

(一)优先股股东参与利润分配的方式,包括:票面股息率或其确定原则、股息发放的条件、股息支付方式、股息是否累积、是否可以参与剩余利润分配等;涉及财务数据或财务指标的,应当注明相关报表口径;

(二)优先股的回购条款,包括:回购选择权的行使主体、回购条件、回购期间、回购价格或确定原则及其调整方法等;

(三)表决权的限制和恢复,包括表决权恢复的情形及恢复的具体计算方法;

(四)清偿顺序及每股清算金额的确定方法;

(五)有评级安排的,需披露信用评级情况;

(六)有担保安排的,需披露担保及授权情况;

(七)其他中国证监会认为有必要披露的重大事项。

第十条 上市公司应当列表披露本次募集资金的使用计划:

(一)募集资金拟用于补充流动资金的,应当分析与同行业上市公司对流动资金的需求水平是否相当;

(二)募集资金拟用于偿还银行贷款的,应当结合市场利率水平、公司融资成本说明偿还银行贷款后公司负债结构是否合理;

(三)募集资金拟用于项目投资的,应当披露项目所需的资金数额、项目内容及进度和涉及的审批情况,是否符合国家产业政策和法律、行政法规的规定。募集资金投入项目导致上市公司生产经营模式发生变化的,上市公司应当结合其在新模式下的经营管理能力、技术准备情况、产品市场开拓情况等,对项目的可行性进行分析。

　　第十一条　通过本次发行引入资产的,上市公司还应当按照本准则第十二条、第十三条、第十四条的规定披露相关内容,同时披露本准则第十五条规定的附生效条件的资产转让合同的内容摘要。

　　第十二条　通过本次发行拟引入的资产为非股权资产的,上市公司应当披露相关资产的下列基本情况:
　　(一)资产名称、类别以及所有者和经营管理者的基本情况;
　　(二)资产权属是否清晰、是否存在权利受限、权属争议或者妨碍资产转移的其他情况;
　　(三)资产独立运营和核算的,披露最近一年及一期经会计师事务所审计的主要财务数据;
　　(四)资产的交易价格及定价依据。披露相关资产经审计的账面值;交易价格以资产评估结果作为依据的,应当披露资产评估方法和资产评估结果。

　　第十三条　通过本次发行拟引入的资产为股权的,上市公司应当披露相关股权的下列基本情况:
　　(一)股权所在的公司的名称、企业性质、注册地、主要办公地点、法定代表人、注册资本;股权及控制关系,包括公司的主要股东及其持股比例、最近二年控股股东或实际控制人的变化情况、股东出资协议及公司章程中可能对本次交易产生影响的主要内容、原高管人员的安排;
　　(二)股权所在的公司主要资产的权属状况及对外担保和主要负债情况;
　　(三)股权所在的公司最近一年及一期的业务发展情况和经会计师事务所审计的主要财务数据和财务指标;
　　(四)股权的资产评估价值(如有)、交易价格及定价依据。

　　第十四条　资产交易根据资产评估结果定价的,在评估机构出具资产评估报告后,公司董事会应当对评估机构的独立性、评估假设前提和评估结论的合理性、评估方法的适用性、主要参数的合理性、未来收益预测的谨慎性等问题发表意见,并说明定价的合理性,资产定价是否存在损害公司和股东合法权益的情形。

　　资产交易价格不以资产评估结果作为定价依据的,董事会应当具体说明收购定价的过程、定价方法的合理性及定价结果的公允性。收购价格与评估报告结果存在显著差异的,上市公司应当就差异的原因进行分析,并就收购价格是否可能损害上市公司及其中小股东的利益进行说明。

　　本次拟收购资产在最近三年曾进行过评估或交易的,上市公司应当披露评估的目的、方法及结果,以及交易双方的名称、定价依据及交易价格。交易未达成的,也应当披露上述信息。

　　第十五条　董事会决议确定具体发行对象的,应当披露附生效条件的优先股认购合同内容摘要,认购合同内容摘要应当包括以下内容:
　　(一)合同主体、签订时间;
　　(二)认购价格、认购方式、支付方式;
　　(三)合同的生效条件和生效时间;
　　(四)合同附带的任何保留条款、前置条件;
　　(五)违约责任条款;
　　(六)优先股股东参与利润分配和剩余财产分配的相关约定;
　　(七)优先股回购的相关约定;
　　(八)优先股股东表决权限制与恢复的约定;
　　(九)其他与定向发行相关的条款。
　　附生效条件的资产转让合同的内容摘要除前款第一项至第五项内容外,至少还应当包括:
　　(一)目标资产及其价格或定价依据;
　　(二)资产交付或过户时间安排;
　　(三)资产自评估截止日至资产交付日所产生收益的归属(如有);
　　(四)与资产相关的人员安排。

　　第十六条　上市公司应当披露已发行在外优先股的简要情况,包括发行时间、发行总量及融资总额、现有发行在外数量、已回购优先股的数量、各期股息实际发放情况等。
　　上市公司应当列表披露本次定向发行优先股与已发行在外优先股主要条款的差异比较。

　　第十七条　上市公司应当结合以下方面详细披露本次定向发行优先股对上市公司的影响:
　　(一)本次发行对上市公司经营管理的影响;
　　(二)本次发行后上市公司财务状况、盈利能力、偿债能力及现金流量的变动情况,上市公司应当重点披露本次发行优先股后公司资产负债结构的变化;
　　(三)本次发行对公司股本、净资产(净资本)、资产负债率、净资产收益率、归属于普通股股东的每股收益等主要财务数据和财务指标的影响；

（四）上市公司与控股股东及其关联人之间的业务关系、管理关系、关联交易及同业竞争等变化情况；

（五）以资产认购优先股的行为是否导致增加本公司的债务或者或有负债；

（六）本次发行对上市公司的税务影响；

（七）上市公司应当有针对性、差异化地披露属于本公司或者本行业的特有风险以及经营过程中的不确定性因素。

第十八条 上市公司应当披露最近三年的现金分红情况，并分析披露对本次定向发行优先股股息或优先股回购的支付能力。

第十九条 上市公司应当披露本次定向发行优先股对上市公司普通股股东权益的影响；已发行优先股的，还应当说明对其他优先股股东权益的影响。

第二十条 上市公司应当结合自身的实际情况及优先股的条款设置，披露可能直接或间接对上市公司以及优先股投资者产生重大不利影响的相关风险因素，如不能足额派息的风险、表决权受限的风险、回购风险、交易风险、分红减少和权益摊薄风险、税务风险等。

第二十一条 上市公司应当披露本次定向发行优先股相关的会计处理方法以及本次发行的优先股发放的股息是否在所得税前列支及政策依据。

第二十二条 上市公司应当披露投资者与本次发行的优先股转让、股息发放、回购等相关的税费、征收依据及缴纳方式。

第二十三条 上市公司应当披露公司最近一期末的对外担保情况，并披露对公司财务状况、经营成果、声誉、业务活动、未来前景等可能产生较大影响的未决诉讼或仲裁事项，可能出现的处理结果或已生效法律文书的执行情况。

第二十四条 上市公司应当披露下列机构的名称、法定代表人、住所、联系电话、传真，同时应当披露有关经办人员的姓名：

（一）保荐人；

（二）律师事务所；

（三）会计师事务所；

（四）资产评估机构（如有）；

（五）资信评级机构（如有）；

（六）优先股登记机构；

（七）担保人（如有）；

（八）其他与本次发行有关的机构。

第二十五条 上市公司全体董事、监事、高级管理人员应当在募集说明书正文的尾页声明：

"本公司全体董事、监事、高级管理人员承诺本募集说明书不存在虚假记载、误导性陈述或者重大遗漏，并对其真实性、准确性、完整性承担相应的法律责任。"

声明应当由全体董事、监事、高级管理人员签名，并由上市公司加盖公章。

第二十六条 上市公司控股股东、实际控制人应当在募集说明书正文的尾页声明：

"本公司或本人承诺本募集说明书不存在虚假记载、误导性陈述或者重大遗漏，并对其真实性、准确性和完整性承担相应的法律责任。"

声明应当由控股股东、实际控制人签名，加盖公章。

第二十七条 保荐人应当对募集说明书的真实性、准确性、完整性进行核查，并在募集说明书正文后声明：

"本公司已对募集说明书进行了核查，确认不存在虚假记载、误导性陈述或者重大遗漏，并对其真实性、准确性和完整性承担相应的法律责任。"

声明应当由法定代表人、保荐代表人、项目协办人签名，并加盖保荐人公章。

第二十八条 为上市公司定向发行优先股提供服务的证券服务机构应当在募集说明书正文后声明：

"本机构及经办人员（经办律师、签字注册会计师、签字注册资产评估师、资信评级人员）已阅读募集说明书，确认募集说明书与本机构出具的专业报告（法律意见书、审计报告、资产评估报告或资产估值报告、资信评级报告等）无矛盾之处。本机构及经办人员对上市公司在募集说明书中引用的专业报告的内容无异议，确认募集说明书不致因上述内容而出现虚假记载、误导性陈述或者重大遗漏，并对其真实性、准确性和完整性承担相应的法律责任。"

声明应当由经办人员及所在机构负责人签名，并加盖所在机构公章。

第二十九条 募集说明书结尾应当列明备查文件，备查文件应当包括：

（一）上市公司最近二年的财务报告和审计报告及最近一期（如有）的财务报告；

（二）定向发行优先股发行保荐书；

（三）法律意见书；

（四）中国证监会同意本次定向发行注册的文件；

（五）公司章程及其修订情况的说明；

（六）其他与本次定向发行有关的重要文件。

如有下列文件，也应当作为备查文件披露：

（一）资产评估报告或资产估值报告；

（二）资信评级报告；

（三）担保合同和担保函；

（四）上市公司董事会关于非标准无保留意见审计报告涉及事项处理情况的说明；

（五）会计师事务所及注册会计师关于非标准无保留意见审计报告的补充意见；

（六）通过本次定向发行拟引入资产的资产评估报告或资产估值报告及有关审核文件。

第三章　发行情况报告书

第三十条　上市公司应当在发行情况报告书中至少披露以下内容：

（一）本次定向发行优先股的类型及主要条款，包括发行数量、发行价格、票面股息率、转换安排、回购安排等；

（二）本次发行履行的相关程序；

（三）各发行对象的名称、类型和认购数量，并备注与上市公司的关联关系及关联交易情况；

（四）限售安排及自愿锁定承诺；

（五）募集资金三方监管协议的签订情况；

（六）本次发行实际募集金额未达到预计募集金额时，实际募集资金的投入安排；

（七）募集资金用于置换前期自有资金投入的，应当说明前期自有资金投入的具体使用情况等相关信息；

（八）本次发行涉及的国资、外资等相关主管机关审批、核准、注册或备案程序等。

第三十一条　上市公司应当披露本次发行前后股本结构、资产结构、业务结构、主要财务指标的变化情况。

第三十二条　认购人以非现金资产认购定向发行优先股的，上市公司应当披露非现金资产的过户或交付情况，并说明资产相关实际情况与募集说明书中披露的信息是否存在差异。

第三十三条　由于情况发生变化，导致董事会决议中关于本次定向发行的有关事项需要修正或者补充说明的，上市公司应当在发行情况报告书中作出专门说明。

第三十四条　上市公司全体董事、监事、高级管理人员应当在发行情况报告书的首页声明：

"本公司全体董事、监事、高级管理人员承诺本发行情况报告书不存在虚假记载、误导性陈述或者重大遗漏，并对其真实性、准确性、完整性承担相应的法律责任。"

声明应当由全体董事、监事、高级管理人员签名，并加盖上市公司公章。

第三十五条　上市公司控股股东、实际控制人应当在发行情况报告书正文后声明：

"本公司或本人承诺本发行情况报告书不存在虚假记载、误导性陈述或者重大遗漏，并对其真实性、准确性和完整性承担相应的法律责任。"

声明应当由控股股东、实际控制人签名，加盖公章。

第四章　中介机构意见

第三十六条　保荐人应当按照本准则及有关规定出具发行保荐书，对以下事项进行说明和分析，并逐项发表明确意见：

（一）上市公司是否符合《优先股试点管理办法》规定的发行条件；

（二）上市公司是否存在《优先股试点管理办法》规定的不得发行优先股的情形；

（三）上市公司的财务状况、偿付能力；

（四）上市公司的对外担保情况、未决诉讼或仲裁事项；

（五）本次发行优先股决策程序是否合法合规，是否已按规定履行了国资、外资等相关主管部门的审批、核准、注册或备案等程序；

（六）本次优先股发行的规模、募集金额、票面股息率或发行价格的合法合规性；

（七）本次发行优先股具体条款设置的合法合规性；

（八）上市公司建立健全募集资金内部控制及管理制度的情况；上市公司本次募集资金的必要性、合理性和可行性，本次募集资金用途的合规性；报告期内募集资金的管理及使用情况，如存在违规情形，应当对违规事实、违规处理结果、相关责任主体的整改情况等进行核实并说明；

（九）本次优先股发行对象的投资者适当性；

（十）本次优先股发行对象认购资金来源的合法合规性；

（十一）本次发行优先股的风险因素；

（十二）本次发行优先股对上市公司、普通股股东、其他优先股股东（如有）的影响；

（十三）本次发行涉及公司章程修改的事项；

（十四）本次发行优先股的会计处理方法，以及相关税费政策和依据；

（十五）非现金资产认购的相关事项（如有）；

（十六）保荐人认为需要说明的其他事项。

第三十七条　上市公司进行定向发行优先股聘请的律师应当按照本准则及有关规定出具法律意见书，并对照中国证监会的各项规定，在充分核查验证的基础上，对以下事项进行说明和分析，并逐项发表明确意见：

（一）上市公司是否符合《优先股试点管理办法》规定的发行条件；

（二）上市公司是否存在《优先股试点管理办法》规定的不得发行优先股的情形；

（三）本次定向发行对象或范围是否符合投资者适当性要求；

（四）本次定向发行对象认购资金来源的合法合规性；

（五）本次定向发行决策程序是否合法合规，是否已按规定履行了国资、外资等相关主管部门的审批、核准、注册或备案等程序；

（六）本次定向发行相关认购协议、公司章程等法律文件的合法合规性；

（七）本次定向发行的规模、募集金额、票面股息率或发行价格及具体条款设置的合法合规性；

（八）律师认为应当发表的其他意见。

第五章　附　则

第三十八条　上市公司定向发行优先股依法未聘请保荐人的，无需提供保荐人出具的保荐文件。

第三十九条　本准则自公布之日起施行。《公开发行证券的公司信息披露内容与格式准则第 51 号——北京证券交易所上市公司向特定对象发行优先股募集说明书和发行情况报告书》（证监会公告〔2021〕31 号）同时废止。

第 52 号——北京证券交易所上市公司发行证券申请文件

· 2023 年 2 月 17 日
· 中国证券监督管理委员会公告〔2023〕22 号

第一条　为了规范北京证券交易所（以下简称北交所）上市公司发行证券申请文件的报送行为，根据《中华人民共和国证券法》《中华人民共和国公司法》《北京证券交易所上市公司证券发行注册管理办法》《优先股试点管理办法》《可转换公司债券管理办法》规定，制定本准则。

第二条　北交所上市公司（以下简称上市公司）进行证券发行，应当按本准则要求制作和报送申请文件。

需要报送电子文件的，电子文件应当和预留原件一致。上市公司律师应当对报送的电子文件与原件的一致性出具鉴证意见。

报送的电子文件和原件具有同等的法律效力。

第三条　本准则规定的申请文件目录（见附件）是证券发行申请文件的最低要求。根据审核需要，中国证券监督管理委员会（以下简称中国证监会）和北交所可以要求上市公司和相关证券服务机构补充文件。上市公司认为某些文件对其不适用的，应当作出书面说明。

第四条　上市公司发行证券募集说明书自最后签署之日起六个月内有效。

募集说明书引用的财务报告在其最近一期截止日后六个月内有效，特殊情况下上市公司可以申请适当延长，但最多不超过一个月。

第五条　申请文件一经受理，未经同意，不得增加、撤回或者更换。

第六条　对于申请文件的原始纸质文件，上市公司不能提供有关文件原件的，应当由上市公司律师提供鉴证意见，或由出文单位盖章，以保证与原件一致。如原出文单位不再存续，由承继其职权的单位或作出撤销决定的单位出文证明文件的真实性。

第七条　申请文件所有需要签名处，应当载明签名字样的印刷体，并由签名人亲笔签名，不得以名章、签名章等代替。

申请文件中需要由上市公司律师鉴证的文件，上市公司律师应当在该文件首页注明"以下第×××页至第×××页与原件一致"，并签名和签署鉴证日期，律师事务所应当在该文件首页加盖公章，并在第×××页至第×××页侧面以公章加盖骑缝章。

第八条　上市公司应当根据北交所对发行申请文件的审核问询以及中国证监会对申请文件的注册反馈问题，提供补充材料。保荐人和相关证券服务机构应当对相关问题进行尽职调查并补充出具专业意见。

第九条　申请文件的扉页应当标明上市公司信息披露事务负责人、保荐人及相关证券服务机构项目负责人的姓名、电话、传真及其他方便的联系方式。

第十条　未按本准则的要求制作和报送申请文件的，北交所按照有关规定不予受理。

第十一条　上市公司发行证券依法未聘请保荐人的，无需提供保荐人出具的保荐文件。

第十二条　本准则自公布之日起施行。《公开发行证券的公司信息披露内容与格式准则第52号——北京证券交易所上市公司发行证券申请文件》(证监会公告〔2021〕32号)同时废止。

附件：1. 北交所上市公司向不特定合格投资者公开发行股票申请文件(略)

2. 北交所上市公司向特定对象发行股票申请文件(略)

3. 北交所上市公司向特定对象发行可转换公司债券申请文件(略)

4. 北交所上市公司向特定对象发行优先股申请文件(略)

第53号——北京证券交易所上市公司年度报告

· 2021年10月30日
· 中国证券监督管理委员会公告〔2021〕33号

第一章 总 则

第一条 为规范北京证券交易所(以下简称北交所)上市公司年度报告的编制及信息披露行为,保护投资者合法权益,根据《公司法》《证券法》等法律、法规及中国证券监督管理委员会(以下简称中国证监会)的有关规定,制定本准则。

第二条 北交所上市公司(以下简称公司)年度报告的全文应当遵循本准则的要求进行编制和披露。

公司年度报告的摘要应当按照北交所的相关规定进行编制和披露。

第三条 本准则的规定是对公司年度报告信息披露的最低要求;凡是对投资者作出投资决策有重大影响的信息,不论本准则是否有明确规定,公司均应当披露。

鼓励公司结合自身特点,以简明易懂的方式披露对投资者特别是中小投资者决策有用的信息,但披露的信息应当保持持续性和一致性,不得选择性披露。

第四条 本准则某些具体要求对公司确实不适用的,公司可以根据实际情况在不影响披露内容完整性的前提下做出适当修改,并说明修改原因。

第五条 同时在境外证券市场上市的公司,如果境外证券市场对年度报告的编制和披露要求与本准则不同,应当遵循报告内容从多不从少、报告要求从严不从宽的原则,并应当同时公布年度报告。

年度报告应当采用中文文本。同时采用外文文本的,公司应当保证两种文本的内容一致。两种文本发生歧义时,以中文文本为准。

第六条 公司年度报告中的财务会计报告应经符合《证券法》规定的会计师事务所审计,审计报告须由该所至少两名注册会计师签字。

第七条 公司在编制年度报告时应遵循以下一般要求：

(一)年度报告中引用的数字应当采用阿拉伯数字,有关货币金额除特别说明外,通常指人民币金额,并以元、万元或亿元为单位。

(二)年度报告正文前可刊载宣传本公司的照片、图表或致投资者信,但不得刊登任何祝贺性、推荐性的词句、题字或照片,不得含有夸大、欺诈、误导或内容不准确、不客观的词句。

(三)年度报告中若涉及行业分类,应遵循中国证监会、北交所行业分类的有关规定。

(四)年度报告披露内容应侧重说明本准则要求披露事项与上一年度披露内容上的重大变化之处,如无变化,亦应说明。

(五)在不影响信息披露完整性和不致引起阅读不便的前提下,公司可以采取相互引证的方法,对年度报告相关部分进行适当的技术处理,以避免不必要的重复和保持文字简洁。

第八条 中国证监会、北交所对特殊行业公司信息披露另有规定的,公司应当遵循其规定。

国家有关部门对公司另有规定的,公司在编制年度报告时还应当遵循其规定。

第九条 由于国家秘密、商业秘密等特殊原因导致本准则规定的某些信息确实不便披露的,公司可以不予披露,但应当在相关章节详细说明未按本准则要求进行披露的原因。中国证监会、北交所认为需要披露的,公司应当披露。公司在编制和披露年度报告时应当严格遵守国家有关保密的法律法规,不得泄露国家保密信息。

第十条 公司的年度报告披露时间应不晚于母公司及合并报表范围内的控股子公司的年度报告披露时间。

第十一条 公司董事、监事、高级管理人员应当保证年度报告内容的真实、准确、完整,不存在虚假记载、误导性陈述或重大遗漏,并承担个别和连带的法律责任。

如董事、监事无法保证年度报告内容的真实性、准确性、完整性或者有异议的,应当在董事会或者监事会审议、审核年度报告时投反对票或者弃权票。

如公司董事、监事、高级管理人员对年度报告内容存在异议或无法保证其真实、准确、完整的,应当在书面确认意见中发表意见并陈述理由,公司应当披露。公司不予披露的,董事、监事和高级管理人员可以直接申请披露。

董事、监事和高级管理人员按照前款规定发表意见,应当遵循审慎原则,其保证年度报告内容的真实性、准确性、完整性的责任不仅因发表意见而当然免除。

第二章 年度报告正文
第一节 重要提示、目录和释义

第十二条 公司董事、监事、高级管理人员对年度报告内容无异议并能够保证其真实性、准确性、完整性的,公司应在年度报告文本扉页刊登如下重要提示:公司董事、监事、高级管理人员保证本报告所载资料不存在虚假记载、误导性陈述或者重大遗漏,并对其内容的真实性、准确性和完整性承担个别及连带责任。

公司负责人、主管会计工作负责人及会计机构负责人(会计主管人员)应当声明并保证年度报告中财务会计报告的真实、准确、完整。

如有董事、监事、高级管理人员对年度报告内容存在异议或无法保证其真实、准确、完整,应当声明××无法保证本报告内容的真实、准确、完整,并说明理由,请投资者特别关注。同时,单独列示未出席董事会审议年度报告的董事姓名及原因。

如执行审计的会计师事务所对公司出具了非标准审计报告,重要提示中应当声明××会计师事务所为本公司出具了非无保留意见(保留意见、否定意见、无法表示意见),或带有解释性说明的无保留意见(带有强调事项段、持续经营重大不确定性段落、其他信息段落中包含其他信息未更正重大错报说明的无保留意见)的审计报告,本公司董事会、监事会对相关事项已有详细说明,请投资者注意阅读。

如年度报告涉及未来计划等前瞻性陈述,同时附有相应的警示性陈述,则应当具有合理的预测基础或依据,并声明该计划不构成公司对投资者的实质承诺,投资者及相关人士均应当对此保持足够的风险认识,并且应当理解计划、预测与承诺之间的差异。

第十三条 公司应当单独刊登重大风险提示。公司对风险因素的描述应当围绕自身经营状况展开,遵循关联性原则和重要性原则,客观披露公司重大特有风险,如技术风险、经营风险、内部控制风险、财务风险、法律风险、尚未盈利或存在累计未弥补亏损的风险、特别表决权股份相关安排可能产生的风险等。公司应当重点说明与上一年度所提示重大风险的变化之处。

公司如存在退市风险,应当进行特别提示。

第十四条 公司应当对可能造成投资者理解障碍以及具有特定含义的术语作出通俗易懂的解释,年度报告的释义应当在目录次页排印。

年度报告目录应当标明各章、节的标题及其对应的页码。

第二节 公司概况

第十五条 公司应当披露如下内容:

(一)公司的中文名称及证券简称、证券代码,外文名称及缩写(如有)。

(二)公司的法定代表人。

(三)公司董事会秘书的姓名、联系地址、电话、传真、电子信箱。

(四)公司注册地址,公司办公地址及其邮政编码,公司网址、电子信箱。

(五)公司披露年度报告的证券交易所网站和媒体名称及网址,公司年度报告备置地。

(六)公司股票上市交易所、上市时间。

(七)公司行业分类、主要产品与服务项目。

(八)公司普通股总股本、优先股总股本、控股股东、实际控制人。

(九)公司年度内的注册变更情况,包括统一社会信用代码、注册资本变更情况。

(十)其他有关信息:公司聘请的会计师事务所名称、办公地址及签字会计师姓名;保荐机构或财务顾问名称、办公地址、签字的保荐代表人或财务顾问主办人的姓名及持续督导的期间(如有)。

第三节 会计数据和财务指标

第十六条 公司应采用数据列表方式,提供截至本年度末公司近三年的主要会计数据和财务指标,包括但不限于:

(一)营业收入、毛利率、归属于上市公司股东的净利润、归属于上市公司股东的扣除非经常性损益后的净利润、净资产收益率、每股收益。

(二)资产总计、负债总计、归属于上市公司股东的净资产、归属于上市公司股东的每股净资产、资产负债率、流动比率、利息保障倍数。

(三)经营活动产生的现金流量净额、应收账款周转率、存货周转率。

(四)总资产增长率、营业收入增长率、净利润增长率。公司报告期扣除非经营性损益前后归属于上市公司股东的净利润孰低者为负值的，应当披露营业收入扣除与主营业务无关的业务收入、不具备商业实质的收入情况，以及扣除后的营业收入金额。公司应当同时披露负责审计的会计师事务所对营业收入扣除事项及扣除后营业收入金额出具的专项核查意见。

公司在披露"归属于上市公司股东的扣除非经常性损益后的净利润"时，应当同时说明报告期内非经常性损益的项目及金额。

同时发行境外上市外资股的公司，若按不同会计准则计算的归属于上市公司股东的净利润和归属于上市公司股东的净资产存在重大差异的，应当列表披露差异情况并说明主要原因。

第十七条 公司披露业绩预告、业绩快报的，应当说明年度报告中披露的财务数据与最近一次业绩预告、业绩快报中披露的财务数据是否存在差异，若存在差异且差异幅度达到20%以上的，应说明差异的原因。

第十八条 公司主要会计数据和财务指标的计算和披露应当遵循如下要求：

（一）因会计政策变更及会计差错更正等追溯调整或重述以前年度会计数据的，应当同时披露调整前后的数据。

（二）编制合并财务报表的公司应当以合并财务报表数据填列或计算以上数据和指标。

（三）财务数据按照时间顺序自左至右排列，左起为本年度的数据，向右依次列示前一期的数据。

（四）对非经常性损益、净资产收益率和每股收益的确定和计算，中国证监会另有规定的，应当遵照执行。

第四节 管理层讨论与分析

第十九条 公司应结合财务会计报告进一步解释和分析公司本年度财务报表及附注中的重要历史信息，对本年度公司经营情况进行回顾，对下一年度的经营计划或目标进行说明。

第二十条 公司可以运用逐年比较、数据列表或其他方式对相关事项进行列示，以增进投资者的理解。披露应当遵守以下原则：

（一）披露内容应当具有充分的可靠性。引用的数据、资料应当有充分的依据，如果引用第三方的数据、资料作为讨论与分析的依据，应当注明来源，并判断第三方的数据、资料是否具有足够的权威性。

（二）披露内容应当具有充分的相关性。公司应充分考虑并尊重投资者的投资需要，披露的内容应能够帮助投资者更加充分地理解公司未来变化的趋势。公司应当重点讨论和分析重大的投资项目、资产购买、兼并重组、在建工程、研发项目、人才培养和储备等方面在报告期内的执行情况和未来的计划。

（三）披露内容应当具有充分的关联性。分析与讨论公司的外部环境、市场格局、风险因素等内容时，所述内容应当与公司的经营成果、财务状况具有足够的关联度，应当充分考虑公司的外部经营环境（包括但不限于经济环境、行业环境等）和内部资源条件（包括但不限于资产、技术、人员、经营权等），结合公司的战略和营销等管理政策，以及公司所从事的业务特征，进行有针对性的讨论与分析，并且保持逻辑的连贯性。

（四）鼓励公司披露管理层在经营管理活动中使用的关键业绩指标。可以披露指标的假定条件和计算方法以及公司选择这些指标的依据，重点讨论与分析指标变化的原因和趋势。关键业绩指标由公司根据行业、自身特点，选择对业绩敏感度较高且公司有一定控制能力的要素确定。

（五）讨论与分析应当从业务层面充分解释导致财务数据变动的根本原因及其反映的可能趋势，而不能只是重复财务会计报告的内容。

（六）公司应当保持业务数据统计口径的一致性、可比性，如确需调整的，公司应当披露变更口径的理由，并同时提供调整后的过去一年的对比数据。

（七）语言表述应便于投资者阅读，浅白易懂、简明扼要、突出重点、逻辑清晰，尽量使用图表、图片或其他较为直观的披露方式，具有可读性和可理解性。

第二十一条 公司应当简要介绍报告期内公司从事的主要业务，包括但不限于公司的产品与服务、经营模式、客户类型、销售渠道、收入模式等，并说明报告期内的变化情况。

公司应当披露报告期内核心竞争力（包括核心管理团队、关键技术人员、关键资源、专有设备、专利、非专利技术、特许经营权等）的重要变化及对公司所产生的影响。如发生因核心管理团队或关键技术人员离职、设备或技术升级换代、特许经营权丧失等导致公司核心竞争力受到严重影响的，公司应当详细分析，并说明拟采取的相应措施。

第二十二条 公司应回顾分析报告期内的主要经营情况，尤其应着重分析导致公司财务状况、经营成果、现金流量发生重大变化的事项或原因。分析内容包括但不限于：

（一）报告期内业务、产品或服务有关经营计划的实现情况；业务、产品或服务的重大变化及对公司经营情况的影响。公司在以前年度披露的经营计划或目标延续到本年度的，公司应对计划或目标的实施进度进行分析，实施进度与计划不符的，应说明原因。

（二）报告期内行业发展、周期波动等情况；应说明行业发展因素、行业法律法规等的变动及对公司经营情况的影响。

（三）对财务报表中主要财务数据进行讨论、分析，可以采用逐年比较、数据列表或其他方式。对与上一年度相比变动达到或超过30%的重要财务数据或指标，公司应充分解释导致变动的原因，以便于投资者充分了解其财务状况、经营成果、现金流量及未来变化情况。内容包括但不限于：

1. 公司资产、负债构成（货币资金、应收款项、存货、投资性房地产、长期股权投资、固定资产、在建工程、无形资产、商誉、短期借款、长期借款等占总资产的比重）同比发生重大变动的，应当说明产生变化的主要影响因素。若境外资产占比较高的，应当披露境外资产的形成原因、资产规模、运营模式、收益状况等。

2. 公司应当结合行业特征和自身实际情况，分别按产品、地区说明报告期内公司营业收入、营业成本及毛利率情况。若公司的收入构成、营业成本构成同比发生重大变动的，应当详细说明具体变动情况及原因。

公司应当披露报告期内主要客户与主要供应商的情况，包括公司向前五名客户的销售额及占当期销售总额的百分比，向前五名供应商的采购额及占当期采购总额的百分比，并说明前五名客户和供应商与公司是否存在关联关系。受同一控制人控制的客户或供应商，应合并计算其销售额或采购额，受同一国有资产管理机构控制的除外。

3. 公司销售费用、管理费用、财务费用、研发费用等财务数据同比发生重大变动的，应当结合业务模式和费用构成，说明产生变化的原因。

4. 若公司的利润构成或利润来源同比发生重大变动的，应当详细说明具体变动情况及原因；若公司利润构成或利润来源的重大变化源自非主要经营业务，包括但不限于投资收益、公允价值变动损益、资产减值、信用减值、营业外收支等，应当详细说明涉及金额、形成原因、是否具有可持续性。

5. 结合公司现金流量表相关数据，说明公司经营活动、投资活动和筹资活动产生的现金流量的构成情况，若相关数据同比发生重大变动，公司应当分析主要影响因素。若本年度公司经营活动产生的现金流量与本年度净利润存在重大差异的，公司应当详细解释原因。

（四）主要控股子公司、参股公司经营情况及业绩分析。其中对于参股公司应当重点披露其与公司从事业务的关联性，并说明持有目的。如来源于单个子公司的净利润或单个参股公司的投资收益对公司净利润影响达到10%以上，还应当介绍该公司主营业务收入、主营业务利润等数据。若单个子公司或参股公司的经营业绩同比出现大幅波动，且对公司合并经营业绩造成重大影响的，公司应当对其业绩波动情况及其变动原因进行分析。

本年度取得和处置子公司导致合并范围变化的，应说明取得和处置的方式及对公司整体生产经营和业绩的影响。

公司存在其控制的结构化主体时，应介绍公司对其的控制方式和控制权内容，并说明从中可以获取的利益及承担的风险。公司控制的结构化主体为《企业会计准则第41号——在其他主体中权益的披露》中所规定的"结构化主体"。

（五）公司应当介绍本年度投资情况，分析报告期内公司投资额同比变化情况。

1. 对报告期内获取的重大的股权投资，公司应当披露被投资公司名称、主要业务、投资份额和持股比例、资金来源、合作方、投资期限、产品类型、预计收益、本期投资盈亏、是否涉诉等信息。

2. 对报告期内正在进行的重大的非股权投资，公司应当披露项目本年度和累计实际投入情况、资金来源、项目的进度及预计收益。若项目已产生收益，应当说明收益情况；未达到计划进度和收益的，应当说明原因。

3. 对报告期内持有的以公允价值计量的境内外股票、基金、债券、信托产品、期货、金融衍生工具等金融资产的初始投资成本、资金来源、报告期内购入或售出及投资收益情况、公允价值变动情况等进行披露。

（六）公司应当按照银行理财产品、券商理财产品、信托理财产品、其他等类型分别披露报告期内委托理财的资金来源、发生额、未到期余额及逾期未收回金额情况。

对于单项金额重大的委托理财，或安全性较低、流动性较差的高风险委托理财，应披露委托理财发生额、未到期余额及逾期未收回金额的具体情况，包括资金来源、受托机构名称（或受托人姓名）及类型、金额、产品期限、资金投向、报酬确定方式、参考年化收益率、预期收益（如有）、当年度实际收益或损失和实际收回情况等；公司还应说明该项委托是否经过法定程序，未来是否还有委托理财计划。公司若就该项委托计提投资减值准备，应当披露当年度计提金额。

若委托理财出现预期无法收回本金或存在其他可能导致减值的情形，预计对公司具有较大影响的，公司应当说明对财务状况或当期利润的影响。

若公司存在委托贷款事项，也应当比照上述委托行为予以披露。

（七）报告期内存在税收减、免、返、退或其他税收优惠的，应按税种分项说明相关法律法规或政策依据、批准或备案认定情况、具体幅度及有效期限。报告期内税收政策存在重大变化或者税收优惠政策对公司经营成果有重大影响的，应披露税收政策变化对经营成果的影响情况或者报告期内每期税收优惠占税前利润的比例，并对公司是否对税收优惠存在严重依赖、未来税收优惠的可持续性等进行分析。

（八）公司应当说明核心技术的科研实力和成果情况，包括获得重要奖项、承担的重大科研项目、核心学术期刊论文发表情况等；本年度所进行研发项目的目的、所处阶段及进展情况和拟达到的目标，并预计对公司未来发展的影响，同时结合行业技术发展趋势，分析相关科研项目与行业技术水平的比较。公司应当披露研发人员的数量、占比及学历情况；说明本年度研发投入总额及占营业收入的比重，如数据较上年发生重大变化，还应当解释变化的原因；应当披露研发投入资本化的比重及变化情况，并对其合理性进行分析。与其他单位合作研发的，还应披露合作协议的主要内容，权利义务划分约定及采取的保密措施等。

（九）公司本年度财务会计报告被会计师事务所出具非标准审计意见的，董事会应当根据《公开发行证券的公司信息披露编报规则第 14 号——非标准审计意见及其涉及事项的处理》规定，就所涉及事项作出说明。说明中应当明确说明非标准审计意见涉及事项是否违反企业会计准则及其相关信息披露规范性规定。

公司应当披露关键审计事项的具体内容，并分析对公司的影响。

（十）公司作出会计政策、会计估计变更或重大会计差错更正的，应当披露变更、更正的原因及影响；涉及追溯调整或重述的，应当披露对以往各年度经营成果和财务状况的影响金额。

同时适用境内外会计准则的公司应当对产生差异的情况进行详细说明。

（十一）公司应披露承担社会责任的工作情况，包括公司在保护债权人、职工、消费者、供应商、社区等利益相关者合法权益方面所承担的社会责任；鼓励公司积极披露报告期内巩固拓展脱贫攻坚成果、乡村振兴等工作具体情况。

（十二）属于环境保护部门公布的重点排污单位的公司或其重要子公司，应当根据法律、法规及部门规章的规定披露主要环境信息，包括排污信息、防治污染设施的建设和运行情况、建设项目环境影响评价及其他环境保护行政许可情况、突发环境事件应急预案、环境自行监测方案及其他应当公开的环境信息。鼓励公司自愿披露报告期内为减少其碳排放所采取的措施及效果。

（十三）公司在报告期内未盈利或存在累计未弥补亏损的，公司应结合行业特点分析未盈利的成因，对公司现金流、业务拓展、人才吸引、团队稳定性、研发投入、战略性投入、生产经营可持续性等方面的影响。公司还应披露改善盈利状况的经营策略，未来是否可实现盈利的前瞻性信息及其依据、基础假设等。

如本条规定披露的部分内容与财务报表附注相同的，公司可以建立相关查询索引，避免重复。

第二十三条 公司应对下一年度经营计划或目标进行说明。说明应当结合行业发展趋势、公司发展战略及其他可能影响经营计划或目标实现的不确定性因素展开。说明包括但不限于：

（一）行业发展趋势。公司可介绍与公司业务关联的宏观经济层面或行业环境层面的发展趋势、公司的行业地位或区域市场地位的变动趋势，并说明上述发展趋势对公司未来经营业绩和盈利能力的影响。

（二）公司发展战略。公司应披露公司发展战略或规划，以及拟开展的新业务、拟开发的新产品、拟投资的新项目等。若公司存在多种业务的，还应当说明各项业务的发展战略或规划。

（三）经营计划或目标。披露经营计划或目标的，公司应同时简要披露公司经营计划涉及的投资资金的来源、成本及使用情况。

（四）不确定性因素。公司应遵循关联性原则和重要性原则披露对未来发展战略或经营计划有重大影响的不确定性因素并进行说明与分析。

第二十四条 公司应当对存续到本年度的重大风险因素、本年度较上一年度新增的重大风险因素进行逐一分析，说明其持续或产生的原因、对公司的影响、已经采取或拟采取的措施及风险管理效果。在分析影响程度时公司应当尽可能定量分析。

第五节 重大事件

第二十五条 公司应当分类披露报告期内发生的所有诉讼、仲裁事项涉及的累计金额。

对于以临时报告形式披露，但尚未在报告期内结案的重大诉讼、仲裁事项，公司应当披露案件进展情况、涉及金额、是否形成预计负债，以及对公司未来的影响；对在报告期内结案的重大诉讼、仲裁事项，公司应当披露案件执行情况，以及对公司的影响。

如报告期内无应当披露的重大诉讼、仲裁事项，应当明确说明"本年度公司无重大诉讼、仲裁事项"。

第二十六条 公司应当披露报告期内履行的及尚未履行完毕的对外担保合同，包括担保金额、担保期限、担保对象、担保类型、担保的决策程序，以及对公司的影响等；对于未到期担保合同，如有明显迹象表明有可能承担连带清偿责任，应明确说明。

公司应当披露公司及其控股子公司为股东、实际控制人及其关联方提供担保的金额，公司直接或间接为资产负债率超过70%（不含本数）的被担保对象提供的债务担保金额，公司担保总额超过净资产50%（不含本数）部分的金额，以及对公司的影响。

公司应当说明本年度公司及其控股子公司是否存在未经内部审议程序而实施的担保事项，如有应当说明具体情况，包括但不限于担保对象、提供担保的发生额和报告期末的担保余额，以及对公司的影响。

第二十七条 公司应当披露报告期内对外提供借款情形，包括与债务人的关联关系、债权的期初余额、本期发生额、期末余额、抵质押情况以及对公司的影响。

第二十八条 报告期内发生股东及其关联方以各种形式占用或者转移公司的资金、资产及其他资源的，公司应当说明发生原因、整改情况及对公司的影响，其中发生控股股东、实际控制人及其关联方占用资金情况的，应当充分披露相关的决策程序，以及占用资金的期初金额、发生额、期末余额、日最大占用额、占用资金原因、预计归还方式及时间。

如果不存在上述情形，公司应当予以明确说明。

公司应当同时披露会计师事务所对资金占用的专项审核意见。

第二十九条 公司应当披露报告期内发生的重大关联交易事项。若对于某一关联方，报告期内累计关联交易总额高于3000万元且占公司最近一期经审计总资产值2%以上，应当按照以下发生关联交易的不同类型分别披露：

（一）日常性关联交易，至少应当披露以下内容：关联交易方、交易内容、定价原则、交易价格、交易金额、结算方式；可获得的同类交易市价，如实际交易价与市价存在较大差异，应当说明原因。大额销货退回需披露详细情况。

公司按类别对报告期内发生的日常性关联交易进行总额预计的，应当披露报告期内的日常性关联交易的预计及执行情况，预计金额与发生金额存在较大差异的，应当说明具体原因。

（二）资产或股权收购、出售发生的关联交易，至少应当披露以下内容：关联交易方、交易内容、定价原则、资产的账面价值、评估价值、交易价格、结算方式及交易对公司经营成果和财务状况的影响情况，交易价格与账面价值或评估价值差异较大的，应当说明原因。如相关交易涉及业绩约定的，应当披露报告期内的业绩实现情况。

（三）公司与关联方共同对外投资发生关联交易的，应当至少披露以下内容：共同投资方、被投资企业的名称、主营业务、注册资本、总资产、净资产、净利润、重大在建项目的进展情况。

（四）公司与关联方存在债权债务往来或担保等事项的，应当披露形成原因，债权债务期初余额、本期发生额、期末余额，及其对公司的影响。

（五）公司与存在关联关系的财务公司、公司控股的财务公司与关联方之间存在存款、贷款、授信或其他金融业务的，应当至少披露以下内容：每日最高存款限额、存款利率范围、期初余额、发生额、期末余额；贷款额度、贷款利率范围、期初余额、发生额、期末余额；授信总额、其他金融业务额度及实际发生额等情况。

（六）其他重大关联交易。

第三十条 公司应当披露报告期内经股东大会审议通过的收购及出售资产、对外投资，以及报告期内发生的企业合并事项的简要情况及进展，分析上述事项对公司业务连续性、管理层稳定性及其他方面的影响。

第三十一条 公司如在报告期内存在其他重大合同的，还应当披露该重大合同及履行情况，包括合同订立双方的名称、签订日期、合同标的所涉及资产的账面价值、评估价值、相关评估机构名称、评估基准日、定价原则以及最终交易价格等，并披露截至报告期末合同的执行情况。

第三十二条 公司应当披露股权激励计划、员工持股计划或其他员工激励措施在本报告期的具体实施情况。

第三十三条 公司应披露报告期内的股份回购情况,包括已履行的审议程序和回购股份方案的主要内容,并说明回购进展情况(包括已回购股份数量、比例、价格、已支付的总金额等)或回购结果情况(包括实际回购股份的数量、比例、价格、使用资金总额等,并与回购股份方案相应内容进行对照),以及已回购股份的处理或后续安排等。

第三十四条 公司及其董事、监事、高级管理人员或股东、实际控制人及其他承诺相关方如存在本年度或持续到本年度已披露的承诺,应当披露承诺的具体情况,详细列示承诺方、承诺类型、承诺事项、承诺时间、承诺期限、承诺的履行情况等。如承诺超期未履行完毕,应当详细说明未完成履行的原因及下一步的工作计划。

在股票发行、收购或重大资产重组中,如果公司、认购对象、收购方或重大资产重组交易对手方等存在业绩承诺等事项,需说明承诺相关方在报告期内履行完毕及截至报告期末尚未履行完毕的承诺事项。

如果没有已披露承诺事项,公司亦应予以说明。

第三十五条 公司应披露本年度末资产中被查封、扣押、冻结或者被抵押、质押的资产类别、发生原因、账面价值和累计值及其占总资产的比例,并说明对公司的影响。

第三十六条 年度报告披露后面临退市风险警示情形的公司,应当披露导致退市风险警示的原因以及公司拟采取的应对措施。年度报告披露后面临终止上市情形的公司、因重大违法或规范类原因面临终止上市风险的公司和已披露主动终止上市方案的公司,应当披露公司存在的具体终止上市的情形,退市对公司生产经营及股票交易状态的影响、投资者保护的安排计划等。

第三十七条 报告期内存在以下情形的,公司应当说明相关情况:公司涉嫌违法违规被中国证监会或其他有权机关立案调查,被移送司法机关或追究刑事责任,被中国证监会采取行政监管措施或行政处罚,受到其他对公司生产经营有重大影响的行政处罚,或被北交所公开纪律处分;公司董事、监事、高级管理人员、控股股东或实际控制人涉嫌违法违规被中国证监会或其他有权机关调查、采取留置措施或强制措施或者追究重大刑事责任,被中国证监会处以证券市场禁入、认定为不适当人选,受到对公司生产经营有重大影响的行政处罚,或被北交所公开纪律处分。

第三十八条 公司应当披露报告期内公司及其控股股东、实际控制人、董事、监事、高级管理人员以及控股子公司是否被纳入失信联合惩戒对象,如有应说明具体情况。

第三十九条 公司应当披露其他在报告期内发生的可能对上市公司股票及其他证券品种交易价格产生较大影响,或者对投资者作出投资决策有较大影响的重大事件,以及公司董事会判断为重大事件的事项。

第四十条 公司的控股子公司发生的本节所列重大事项,可能对投资者决策或者公司股票及其他证券品种交易价格产生较大影响的,公司应当视同公司的重大事项予以披露。

第四十一条 若上述事项已在临时报告披露且后续实施无变化的,仅需披露该事项概述,并提供所披露的临时报告的相关查询索引。

第六节 股份变动及股东情况

第四十二条 公司应当披露本年度期初、期末的股本结构,以及报告期内股份限售解除情况。对报告期内因送股、转增股本、增发新股、实施股权激励计划、可转换公司债券(以下简称可转债)转股、股份回购等原因引起公司股份总数及股东结构的变动、公司资产和负债结构的变动,应当予以说明。

第四十三条 公司应当披露股东总数、持有本公司5%以上股份的股东、持股数量及占总股本比例、报告期内持股变动情况、本年度末持有的无限售股份数量,并对持股5%以上的股东相互间关系及持股变动情况进行说明。如持股5%以上的股东少于十人,则应当列出至少前十名股东的持股情况。如所持股份中包括无限售条件股份、有限售条件股份、质押或司法冻结股份,应当分别披露其数量。

如有战略投资者或其他投资者认购公司公开发行的股票成为前十名股东的,应当予以注明,并披露约定持股期间的起止日期(如有)。

第四十四条 公司发行优先股的,应当披露优先股的总股本,包括计入权益的优先股及计入负债的优先股情况。

第四十五条 公司如存在控股股东,应对控股股东进行介绍,内容包括但不限于:若控股股东为法人或非法人组织的,应当披露名称、单位负责人或法定代表人、成立日期、统一社会信用代码、注册资本或注册资金、主要经营业务;若控股股东为自然人的,应当披露其姓名、国籍、是否取得其他国家或地区居留权、职业经历。首次披露后控股股东上述信息没有变动时,可以索引披露。

如不存在控股股东，公司应当就认定依据予以特别说明。

第四十六条 公司应当比照第四十五条披露公司实际控制人的情况，并以方框图及文字的形式披露公司与实际控制人之间的产权和控制关系。实际控制人应当披露到自然人、国有资产管理部门，或者股东之间达成某种协议或安排的其他机构或自然人，包括以信托或其他资产管理方式形成实际控制的情况。首次披露后实际控制人上述信息没有变动时，可以索引披露。

如不存在实际控制人，公司应当就认定依据予以特别说明。

第七节 融资与利润分配情况

第四十七条 公司应当披露报告期内的股票发行情况，包括但不限于发行价格、发行时间、发行数量、募集金额、发行对象、募集资金的使用情况等。

如存在募集资金用途变更的，应当说明变动的具体情况以及履行的决策程序。

第四十八条 如公司报告期内存在存续至本期的优先股，应当披露优先股发行的基本情况、前十名股东情况、利润分配情况、回购情况、转换情况、表决权恢复及行使情况等。

第四十九条 如公司存在存续至年度报告批准报出日的债券，应当披露债券的类型、简称、存续时间、债券余额、利率、还本付息方式、相关中介机构情况等。存在债券违约的，应当说明违约的具体情况、偿债措施以及对公司的影响。

如存续公开发行的债券，还应当披露报告期内信用评级结果调整情况、各债项募集资金使用情况、债券特殊条款触发和执行情况（如有）、偿债保障措施情况等。存在募集资金用途变更的，应当说明变动的具体情况以及履行的决策程序。如存续面向普通投资者交易的债券，应当列表披露公司近两年的 EBITDA 全部债务比、现金利息保障倍数、利息偿付率等财务指标。

第五十条 如公司报告期内存在未到期可转债的，应当披露可转债的相关情况，包括但不限于可转债的期初数量、期末数量、期限、转股价格及其历次调整或者修正情况，可转债发行后累计转股情况，期末前十名可转债持有人的名单和持有量，可转债赎回和回售情况，募集说明书约定的契约条款履行情况，以及可转债上市或挂牌的证券交易场所规定的其他事项。

第五十一条 公司应当披露报告期内的利润分配政策以及利润分配的执行情况，说明是否符合公司章程及审议程序的规定。如存在利润分配预案的，应披露预案的情况。报告期内盈利且未分配利润为正，但未提出现金红利分配预案的，公司应当详细披露原因以及未分配利润的用途和使用计划。

第八节 董事、监事、高级管理人员及员工情况

第五十二条 公司应当披露现任及报告期内离任的董事、监事和高级管理人员的情况，内容包括但不限于：姓名、职务、性别、出生年月、任期起止日期、年度税前报酬、年初和年末持有本公司股份、股票期权、被授予的限制性股票数量、报告期内股份增减变动量、持股比例、与股东之间的关系。

公司应当披露报告期内董事、监事、高级管理人员的变动情况；新任董事、监事和高级管理人员的专业背景、主要工作经历等情况；董事、监事和高级管理人员报酬的决策程序，报酬确定依据、实际支付情况，以及是否在公司关联方获取报酬。如为独立董事，需单独注明。

对于董事、高级管理人员获得的股权激励，公司应当按照已解锁股份、未解锁股份、可行权股份、已行权股份、行权价以及报告期末市价单独列示。

第五十三条 公司应披露公司及其控股子公司的核心员工的基本情况（包括任职和持股情况）和变动情况，并说明变动对公司经营的影响及公司采取的应对措施。

第五十四条 公司应当披露公司及其控股子公司员工情况，包括在职员工的数量、人员构成（如管理人员、生产人员、销售人员、技术人员、财务人员、行政人员等）、教育程度、员工薪酬政策、培训计划以及需公司承担费用的离退休职工人数。

对于劳务外包数量较大的，公司应当披露劳务外包的工时总数和支付的报酬总额。

第九节 行业信息

第五十五条 公司应遵循中国证监会、北交所关于特定行业公司信息披露的有关规定，履行与年度报告相关的信息披露义务。

第十节 公司治理、内部控制和投资者保护

第五十六条 公司应当披露公司治理的基本状况，列示公司报告期内建立的各项公司治理制度，董事会应当对公司治理机制是否给所有股东提供合适的保护和平等权利等情况进行评估。

第五十七条 公司应当披露对公司治理的改进情况，包括来自控股股东及实际控制人以外的股东或其代表参与公司经营管理的情况，以及公司管理层是否引入

职业经理人等情况。

第五十八条 公司在董事会下设专门委员会的,应当披露专门委员会在报告期内履行职责时所提出的重要意见和建议。存在异议事项的,应当披露具体情况。

公司应当披露报告期内每位独立董事履行职责的情况,包括但不限于:独立董事的姓名、出席董事会和股东大会的次数、方式,独立董事曾提出异议的有关事项及异议的内容,独立董事对公司所提建议及是否被采纳的说明。

第五十九条 监事会在报告期内的监督活动中发现公司存在风险的,公司应当披露监事会就有关风险的简要意见;否则,公司应当披露监事会对报告期内的监督事项无异议。

第六十条 公司应当就与控股股东或实际控制人在业务、人员、资产、机构、财务等方面存在的不能保证独立性、不能保持自主经营能力的情况进行说明。存在同业竞争的,公司应当披露相应的解决措施、工作进度及后续工作计划。

第六十一条 公司应当披露报告期内的内部控制制度建设及实施情况。报告期内若发现公司内部控制存在重大缺陷,应当披露具体情况,包括缺陷发生的时间、对缺陷的具体描述、缺陷对财务会计报告的潜在影响、已实施或拟实施的整改措施、时间、责任人及效果。

第六十二条 公司应当披露年度报告重大差错责任追究制度的建立与执行情况,披露董事会对有关责任人采取的问责措施及处理结果。

第六十三条 鼓励公司详细披露报告期内对高级管理人员的考评机制,以及激励机制的建立、实施情况。

第六十四条 公司股东大会实行累积投票制和网络投票安排的,应当披露具体实施情况。

第六十五条 公司存在特别表决权股份的,应当披露特别表决权股份的持有和变化情况,以及相关投资者合法权益保护措施的实施情况。

第六十六条 鼓励公司披露投资者关系的主要安排,包括信息披露制度和流程、投资者沟通渠道的建立情况以及未来开展投资者关系管理的规划等。

第十一节 财务会计报告

第六十七条 公司的财务会计报告包括财务报表和其他应当在财务会计报告中披露的相关信息和资料。

第六十八条 公司应当披露审计报告正文和经审计的财务报表。

财务报表包括公司近两年的比较式资产负债表、比较式利润表和比较式现金流量表,以及比较式所有者权益(股东权益)变动表和财务报表附注。编制合并财务报表的公司,除提供合并财务报表外,还应提供母公司财务报表。

第六十九条 公司应披露审计机构连续服务年限和审计报酬。

第七十条 财务报表附注应当按照企业会计准则、中国证监会制定的有关财务会计报告的规定编制。

第七十一条 公司应结合自身业务活动实质、经营模式特点及关键审计事项等,披露对公司财务状况和经营成果有重大影响的会计政策和会计估计,针对性披露相关会计政策和会计估计的具体执行标准,不应简单重述一般会计原则。

第十二节 备查文件目录

第七十二条 公司应当披露备查文件的目录,包括:

(一)载有公司负责人、主管会计工作负责人、会计机构负责人(会计主管人员)签名并盖章的财务报表。

(二)载有会计师事务所盖章、注册会计师签名并盖章的审计报告原件。

(三)年度内在指定信息披露平台上公开披露过的所有公司文件的正本及公告的原稿。

公司应当在公司住所、证券交易所置备上述文件。中国证监会、北交所要求提供时,或股东依据法律、法规或公司章程要求查阅时,公司应当及时提供。

第三章 附则

第七十三条 本准则自2021年11月15日起施行。

第54号——北京证券交易所上市公司中期报告

·2021年10月30日
·中国证券监督管理委员会公告〔2021〕34号

第一章 总则

第一条 为规范北京证券交易所(以下简称北交所)上市公司中期报告的编制及信息披露行为,保护投资者合法权益,根据《公司法》《证券法》等法律、法规及中国证券监督管理委员会(以下简称中国证监会)的有关规定,制定本准则。

第二条 北交所上市公司(以下简称公司)中期报告的全文应当遵循本准则的要求进行编制和披露。

公司中期报告的摘要应当按照北交所的相关规定进行编制和披露。

第三条 本准则的规定是对公司中期报告信息披露的最低要求;凡是对投资者作出投资决策有重大影响的

信息，不论本准则是否有明确规定，公司均应当披露。

鼓励公司结合自身特点，以简明易懂的方式披露对投资者特别是中小投资者决策有用的信息，但披露的信息应当保持持续性和一致性，不得选择性披露。

第四条 本准则某些具体要求对公司确实不适用的，公司可以根据实际情况在不影响披露内容完整性的前提下做出适当修改，并说明修改原因。

第五条 同时在境外证券市场上市的公司，如果境外证券市场对中期报告的编制和披露要求与本准则不同，应当遵循报告内容从多不从少、报告要求从严不从宽的原则，并应当同时公布中期报告。

中期报告应当采用中文文本。同时采用外文文本的，公司应当保证两种文本的内容一致。两种文本发生歧义时，以中文文本为准。

第六条 公司中期报告中的财务会计报告可以不经审计，但中国证监会、北交所另有规定的除外。

第七条 公司在编制中期报告时应遵循以下一般要求：

（一）中期报告中引用的数字应当采用阿拉伯数字，有关货币金额除特别说明外，通常指人民币金额，并以元、万元或亿元为单位。

（二）中期报告正文前可刊载宣传本公司的照片、图表或致投资者信，但不得刊登任何祝贺性、推荐性的词句、题字或照片，不得含有夸大、欺诈、误导或内容不准确、不客观的词句。

（三）中期报告中若涉及行业分类，应遵循中国证监会、北交所行业分类的有关规定。

（四）中期报告披露内容应侧重说明本准则要求披露事项与上年同期或上年期末披露内容上的重大变化之处，如无变化，亦应说明。

（五）在不影响信息披露完整性和不致引起阅读不便的前提下，公司可以采取相互引证的方法，对中期报告相关部分进行适当的技术处理，以避免不必要的重复和保持文字简洁。

第八条 中国证监会、北交所对特殊行业公司信息披露另有规定的，公司应当遵循其规定。

国家有关部门对公司另有规定的，公司在编制和披露中期报告时还应当遵循其规定。

第九条 由于国家秘密、商业秘密等特殊原因导致本准则规定的某些信息确实不便披露的，公司可以不予披露，但应当在相关章节详细说明未按本准则要求进行披露的原因。中国证监会、北交所认为需要披露的，公司应当披露。公司在编制和披露中期报告时应当严格遵守国家有关保密的法律法规，不得泄露国家保密信息。

第十条 公司的中期报告披露时间应不晚于母公司及合并报表范围内的控股子公司的中期报告披露时间。

第十一条 公司董事、监事、高级管理人员应当保证中期报告内容的真实、准确、完整，不存在虚假记载、误导性陈述或重大遗漏，并承担个别和连带的法律责任。

如董事、监事无法保证中期报告内容的真实性、准确性、完整性或者有异议的，应当在董事会或者监事会审议、审核中期报告时投反对票或者弃权票。

如公司董事、监事、高级管理人员对中期报告内容存在异议或无法保证其真实、准确、完整的，应当在书面确认意见中发表意见并陈述理由，公司应当披露。公司不予披露的，董事、监事和高级管理人员可以直接申请披露。

董事、监事和高级管理人员按照前款规定发表意见，应当遵循审慎原则，其保证中期报告内容的真实性、准确性、完整性的责任不仅因发表意见而当然免除。

第二章 中期报告正文

第一节 重要提示、目录和释义

第十二条 公司董事、监事、高级管理人员对中期报告内容无异议并能够保证其真实性、准确性、完整性的，公司应在中期报告文本扉页刊登如下重要提示：公司董事、监事、高级管理人员保证本报告所载资料不存在虚假记载、误导性陈述或者重大遗漏，并对其内容的真实性、准确性和完整性承担个别及连带责任。

公司负责人、主管会计工作负责人及会计机构负责人（会计主管人员）应当声明并保证中期报告中财务会计报告的真实、准确、完整。

如有董事、监事、高级管理人员对中期报告内容存在异议或无法保证其真实、准确、完整的，应当声明××无法保证本报告内容的真实、准确、完整，并说明理由，请投资者特别关注。同时，单独列示未出席董事会审议中期报告的董事姓名及原因。

如中期报告中的财务会计报告已经审计并被出具非标准审计报告，重要提示中应当声明××会计师事务所为本公司出具了非无保留意见（保留意见、否定意见、无法表示意见），或带有解释性说明的无保留意见（带有强调事项段、持续经营重大不确定性段落、其他信息段落中包含其他信息未更正重大错报说明的无保留意见）的审计报告，本公司董事会、监事会对相关事项已有详细说明，请投资者注意阅读。

如中期报告涉及未来计划等前瞻性陈述，同时附有相应的警示性陈述，则应当具有合理的预测基础或依据，并声明该计划不构成公司对投资者的实质承诺，投资者及相关人士均应当对此保持足够的风险认识，并且应当理解计划、预测与承诺之间的差异。

第十三条　公司应当单独刊登重大风险提示。公司对风险因素的描述应当围绕自身经营状况展开，遵循关联性原则和重要性原则，客观披露公司重大特有风险，如技术风险、经营风险、内部控制风险、财务风险、法律风险、尚未盈利或存在累计未弥补亏损的风险、特别表决权股份相关安排可能产生的风险等。公司应当重点说明与上一年度所提示重大风险的变化之处。

公司如存在退市风险，应当进行特别提示。

第十四条　公司应当对可能造成投资者理解障碍以及具有特定含义的术语作出通俗易懂的解释，中期报告的释义应当在目录次页排印。

中期报告目录应当标明各章、节的标题及其对应的页码。

第二节　公司概况

第十五条　公司应当披露如下内容：

（一）公司的中文名称及证券简称、证券代码，外文名称及缩写（如有）。

（二）公司的法定代表人。

（三）公司董事会秘书的姓名、联系地址、电话、传真、电子信箱。

（四）公司注册地址，公司办公地址及其邮政编码，公司网址、电子信箱。

（五）公司披露中期报告的证券交易所网站和媒体名称及网址，公司中期报告备置地。

（六）公司股票上市交易所、上市时间。

（七）公司行业分类、主要产品与服务项目。

（八）公司普通股总股本、优先股总股本、控股股东、实际控制人。

（九）公司报告期内的注册变更情况，包括统一社会信用代码、注册资本变更情况。

（十）其他有关信息：公司聘请的会计师事务所名称、办公地址及签字会计师姓名（如有）；保荐机构或财务顾问名称、办公地址、签字的保荐代表人或财务顾问主办人的姓名及持续督导的期间（如有）。

第三节　会计数据和经营情况

第十六条　公司应采用数据列表方式，提供截至报告期末和上年期末（或报告期和上年同期）的主要会计数据和财务指标，包括但不限于：

（一）营业收入、毛利率、归属于上市公司股东的净利润、归属于上市公司股东的扣除非经常性损益后的净利润、净资产收益率、每股收益。

（二）资产总计、负债总计、归属于上市公司股东的净资产、归属于上市公司股东的每股净资产、资产负债率、流动比率、利息保障倍数。

（三）经营活动产生的现金流量净额、应收账款周转率、存货周转率。

（四）总资产增长率、营业收入增长率、净利润增长率。

公司在披露"归属于上市公司股东的扣除非经常性损益后的净利润"时，应当同时说明报告期内非经常性损益的项目及金额。

同时发行境外上市外资股的公司，若按不同会计准则计算的归属于上市公司股东的净利润和归属于上市公司股东的净资产存在重大差异的，应当列表披露差异情况并说明主要原因。

第十七条　公司主要会计数据和财务指标的计算和披露应当遵循如下要求：

（一）因会计政策变更及会计差错更正等追溯调整或重述以前年度会计数据的，应当同时披露调整前后的数据。

（二）编制合并财务报表的公司应当以合并财务报表数据填列或计算以上数据和指标。

（三）财务数据按照时间顺序自左至右排列，左起为本报告期的数据，向右依次列示前一期的数据。

（四）对非经常性损益、净资产收益率和每股收益的确定和计算，中国证监会另有规定的，应当遵照执行。

第十八条　公司披露内容应具有充分的可靠性。分析中如引用第三方资料及数据，应注明来源及发布者，并判断第三方资料、数据是否拥有足够的权威性；公司自行整理编制的资料及数据，应说明并注明编制依据。披露内容应突出重要性，避免过多披露不重要的信息而掩盖重要信息。

第十九条　公司作出会计政策、会计估计变更或重大会计差错更正的，应当披露变更、更正的原因及影响；涉及追溯调整或重述的，应当披露对以往各年度经营成果和财务状况的影响金额。

第二十条　公司应当简要介绍报告期内公司从事的主要业务，包括但不限于公司的产品与服务、经营模式、客户类型、销售渠道、收入模式等，并说明报告期内的变化情况。

公司应当披露报告期内核心竞争力（包括核心管理团队、关键技术人员、关键资源、专有设备、专利、非专利技术、特许经营权等）的重要变化及对公司所产生的影响。如发生因核心管理团队或关键技术人员离职、设备或技术升级换代、特许经营权丧失等导致公司核心竞争力受到严重影响的，公司应当详细分析，并说明拟采取的相应措施。

第二十一条 公司应回顾分析报告期内的主要经营情况，尤其应着重分析导致公司财务状况、经营成果、现金流量发生重大变化的事项或原因。分析内容包括但不限于：

（一）报告期内业务、产品或服务有关经营计划的实现情况；业务、产品或服务的重大变化及对公司经营情况的影响。公司在以前年度披露的经营计划或目标延续到本报告期的，公司应对计划或目标的实施进度进行分析，实施进度与计划不符的，应说明原因。

（二）报告期内行业发展、周期波动等情况；应说明行业发展因素、行业法律法规等的变动及对公司经营情况的影响。

（三）对财务报表中主要财务数据进行讨论、分析，可以采用逐年比较、数据列表或其他方式。对与上年同期或上年期末相比变动达到或超过30%的重要财务数据或指标，公司应充分解释导致变动的原因，以便于投资者充分了解其财务状况、经营成果、现金流量及未来变化情况。讨论与分析应当从业务层面充分解释导致财务数据变动的根本原因及其反映的可能趋势，而不能只是重复财务会计报告的内容。内容包括但不限于：

1. 公司资产、负债构成（货币资金、应收款项、存货、投资性房地产、长期股权投资、固定资产、在建工程、无形资产、商誉、短期借款、长期借款等占总资产的比重）同比发生重大变动的，应当说明产生变化的主要影响因素。

2. 公司应当结合行业特征和自身实际情况，分别按产品、地区说明报告期内公司营业收入、营业成本及毛利率情况。若公司的收入构成、利润构成和利润来源发生重大变动的，应当详细说明具体变动情况及原因。

3. 结合公司现金流量表相关数据，说明公司经营活动、投资活动和筹资活动产生的现金流量的构成情况，若相关数据同比发生重大变动，公司应当分析主要影响因素。若报告期内公司经营活动产生的现金流量与本报告期净利润存在重大差异的，公司应当详细解释原因。

（四）主要控股子公司、参股公司经营情况及业绩分析。其中对于参股公司应当重点披露其与公司从事业务的关联性，并说明持有目的。

本报告期取得和处置子公司导致合并范围变化的，应说明取得和处置的方式及对公司整体生产经营和业绩的影响。

公司存在其控制的结构化主体时，应介绍公司对其的控制方式和控制权内容，并说明从中可以获取的利益及承担的风险。公司控制的结构化主体为《企业会计准则第41号——在其他主体中权益的披露》中所规定的"结构化主体"。

（五）公司中期报告的财务会计报告被会计师事务所出具非标准审计意见的，董事会应当根据《公开发行证券的公司信息披露编报规则第14号——非标准审计意见及其涉及事项的处理》规定，就所涉及事项作出说明。说明中应当明确说明非标准审计意见涉及事项是否违反企业会计准则及其相关信息披露规范性规定。

中期报告中的财务会计报告已经审计的，公司应当披露关键审计事项的具体内容，并分析对公司的影响。

（六）鼓励公司披露报告期内承担社会责任、巩固拓展脱贫攻坚成果、乡村振兴等工作的具体情况。

（七）属于环境保护部门公布的重点排污单位的公司或其重要子公司，应当根据法律、法规及部门规章的规定披露主要环境信息，包括排污信息、防治污染设施的建设和运行情况、建设项目环境影响评价及其他环境保护行政许可情况、突发环境事件应急预案、环境自行监测方案及其他应当公开的环境信息。鼓励公司自愿披露报告期内为减少其碳排放所采取的措施及效果。

（八）公司在报告期内未盈利或存在累计未弥补亏损的，公司应结合行业特点分析未盈利的成因，对公司现金流、业务拓展、人才吸引、团队稳定性、研发投入、战略性投入、生产经营可持续性等方面的影响。公司还应披露改善盈利状况的经营策略，未来是否可实现盈利的前瞻性信息及其依据、基础假设等。

如本条规定披露的部分内容与财务报表附注相同的，公司可以建立相关查询索引，避免重复。

第二十二条 公司如果预测年初至下一报告期期末的累计净利润可能为亏损、扭亏为盈或者与上年同期相比发生重大变动，应当予以警示并说明原因。

第二十三条 公司应当说明重大风险因素对公司的影响、已经采取或拟采取的措施及风险管理效果。在分析影响程度时公司应当尽可能定量分析。

第四节　重大事件

第二十四条　公司应当分类披露报告期内发生的所有诉讼、仲裁事项涉及的累计金额。

对于以临时报告形式披露，但尚未在报告期内结案的重大诉讼、仲裁事项，公司应当披露案件进展情况、涉及金额、是否形成预计负债，以及对公司未来的影响；对在报告期内结案的重大诉讼、仲裁事项，公司应当披露案件执行情况，以及对公司的影响。

如报告期内无应当披露的重大诉讼、仲裁事项，应当明确说明"本报告期公司无重大诉讼、仲裁事项"。

第二十五条　公司应当披露报告期内履行的及尚未履行完毕的对外担保合同，包括担保金额、担保期限、担保对象、担保类型、担保的决策程序，以及对公司的影响等；对于未到期担保合同，如有明显迹象表明有可能承担连带清偿责任，应明确说明。

公司应当披露公司及其控股子公司为股东、实际控制人及其关联方提供担保的金额，公司直接或间接为资产负债率超过70%（不含本数）的被担保对象提供的债务担保金额，公司担保总额超过净资产50%（不含本数）部分的金额，以及对公司的影响。

公司应当说明本报告期公司及其控股子公司是否存在未经内部审议程序而实施的担保事项，如有应说明具体情况，包括但不限于担保对象、提供担保的发生额和报告期末的担保余额，以及对公司的影响。

第二十六条　公司应当披露报告期内对外提供借款情形，包括与债务人的关联关系、债权的期初余额、本期发生额、期末余额、抵质押情况以及对公司的影响。

第二十七条　报告期内发生股东及其关联方以各种形式占用或者转移公司的资金、资产及其他资源的，公司应当说明发生原因、整改情况及对公司的影响，其中发生控股股东、实际控制人及其关联方占用资金情形的，应当充分披露相关的决策程序，以及占用资金的期初金额、发生额、期末余额、日最大占用额、占用资金原因、预计归还方式及时间。

如果不存在上述情形，公司应当予以明确说明。

第二十八条　公司应当披露报告期内发生的重大关联交易事项。若对于某一关联方，报告期内累计关联交易总额高于3000万元且占公司最近一期经审计总资产值2%以上，应当按照以下发生关联交易的不同类型分别披露：

（一）日常性关联交易，至少应当披露以下内容：关联交易方、交易内容、定价原则、交易价格、交易金额、结算方式；可获得的同类交易市价，如实际交易价与市价存在较大差异，应当说明原因。大额销货退回需披露详细情况。

公司按类别对报告期内发生的日常性关联交易进行总额预计的，应当披露报告期内的日常性关联交易的预计及执行情况。

（二）资产或股权收购、出售发生的关联交易，至少应当披露以下内容：关联交易方、交易内容、定价原则、资产的账面价值、评估价值、交易价格、结算方式及交易对公司经营成果和财务状况的影响情况，交易价格与账面价值或评估价值差异较大的，应当说明原因。如相关交易涉及业绩约定的，应当披露报告期内的业绩实现情况。

（三）公司与关联方共同对外投资发生关联交易的，应当至少披露以下内容：共同投资方、被投资企业的名称、主营业务、注册资本、总资产、净资产、净利润、重大在建项目的进展情况。

（四）公司与关联方存在债权债务往来或担保等事项的，应当披露形成原因、债权债务期初余额、本期发生额、期末余额，及其对公司的影响。

（五）公司与存在关联关系的财务公司、公司控股的财务公司与关联方之间存在存款、贷款、授信或其他金融业务的，应当至少披露以下内容：每日最高存款限额、存款利率范围、期初余额、发生额、期末余额；贷款额度、贷款利率范围、期初余额、发生额、期末余额；授信总额、其他金融业务额度及实际发生额等情况。

（六）其他重大关联交易。

第二十九条　公司应当披露报告期内经股东大会审议通过的收购及出售资产、对外投资，以及报告期内发生的企业合并事项的简要情况及进展，分析上述事项对公司业务连续性、管理层稳定性及其他方面的影响。

第三十条　公司如在报告期内存在其他重大合同的，还应当披露该重大合同及履行情况，包括合同订立双方的名称、签订日期、合同标的所涉及资产的账面价值、评估价值、相关评估机构名称、评估基准日、定价原则以及最终交易价格等，并披露截至报告期末合同的执行情况。

第三十一条　公司应当披露股权激励计划、员工持股计划或其他员工激励措施在本报告期的具体实施情况。

第三十二条　公司应披露报告期内的股份回购情况，包括已履行的审议程序和回购股份方案的主要内容，并说明回购进展情况（包括已回购股份数量、比例、价格、已支付的总金额等）或回购结果情况（包括实际回购股份的数量、比例、价格、使用资金总额等，并与回购股份方案相应内容进行对照），以及已回购股份的处理或后续安排等。

第三十三条 公司及其董事、监事、高级管理人员或股东、实际控制人及其他承诺相关方如存在报告期或持续到报告期已披露的承诺，公司应当披露承诺的具体情况，详细列示承诺方、承诺类型、承诺事项、承诺时间、承诺期限、承诺的履行情况等。如承诺超期未履行完毕的，应当详细说明未完成履行的原因及下一步的工作计划。

在股票发行、收购或重大资产重组中，如果公司、认购对象、收购方或重大资产重组交易对手方等存在业绩承诺等事项，需说明承诺相关方在报告期内履行完毕及截至报告期末尚未履行完毕的承诺事项。

如果没有已披露承诺事项，公司亦应予以说明。

第三十四条 公司应披露本报告期末资产中被查封、扣押、冻结或者被抵押、质押的资产类别、发生原因、账面价值和累计值及其占总资产的比例，并说明对公司的影响。

第三十五条 报告期内存在以下情形的，公司应当说明相关情况：公司涉嫌违法违规被中国证监会或其他有权机关调查，被移送司法机关或追究刑事责任，被中国证监会采取行政监管措施或行政处罚，受到其他对公司生产经营有重大影响的行政处罚，或被北交所公开纪律处分；公司董事、监事、高级管理人员、控股股东或实际控制人涉嫌违法违规被中国证监会或其他有权机关调查、采取留置措施或强制措施或者追究重大刑事责任，被中国证监会处以证券市场禁入、认定为不适当人选，受到对公司生产经营有重大影响的行政处罚，或被北交所公开纪律处分。

第三十六条 公司应当披露报告期内公司及其控股股东、实际控制人、董事、监事、高级管理人员以及控股子公司是否被纳入失信联合惩戒对象，如有应当说明具体情况。

第三十七条 公司应当披露其他在报告期内发生的可能对上市公司股票及其他证券品种交易价格产生较大影响，或者对投资者作出投资决策有较大影响的重大事件，以及公司董事会判断为重大事件的事项。

第三十八条 公司的控股子公司发生的本节所列重大事项，可能对投资者决策或者公司股票及其他证券品种交易价格产生较大影响的，公司应当视同公司的重大事项予以披露。

第三十九条 若上述事项已在临时报告披露且后续实施无变化的，仅需披露该事项概述，并提供所披露的临时报告的相关查询索引。

第五节　股份变动和融资

第四十条 公司应当披露本报告期期初、期末的股本结构，以及报告期内股份限售解除情况。对报告期内因送股、转增股本、增发新股、实施股权激励计划、可转换公司债券（以下简称可转债）转股、股份回购等原因引起公司股份总数及股东结构的变动、公司资产和负债结构的变动，应当予以说明。

第四十一条 公司应当披露股东总数、持有本公司5%以上股份的股东、持股数量及占总股本比例、报告期内持股变动情况、本报告期末持有的无限售股份数量，并对持股5%以上的股东相互间关系及持股变动情况进行说明。如持股5%以上的股东少于十人，则应当列出至少前十名股东的持股情况。如所持股份中包括无限售条件股份、有限售条件股份、质押或司法冻结股份，应当分别披露其数量。

如有战略投资者或其他投资者认购公司公开发行的股票成为前十名股东的，应当予以注明，并披露约定持股期间的起止日期（如有）。

第四十二条 公司控股股东及实际控制人报告期内发生变化的，应当披露变化情况。

第四十三条 公司应当披露报告期内的股票发行情况，包括但不限于发行价格、发行时间、发行数量、募集金额、发行对象、募集资金的使用情况等。

如存在募集资金用途变更的，应当说明变动的具体情况以及履行的决策程序。

第四十四条 如公司报告期内存在存续至本期的优先股，应当披露优先股发行的基本情况、前十名股东情况、利润分配情况、回购情况、转换情况、表决权恢复及行使情况等。

公司发行优先股的，应当披露优先股的总股本，包括计入权益的优先股及计入负债的优先股情况。

第四十五条 如公司存在存续至中期报告批准报出日的债券，应当披露债券的类型、简称、存续时间、债券余额、利率、还本付息方式等。存在债券违约的，应当说明违约的具体情况、偿债措施以及对公司的影响。

如存续公开发行的债券，还应当披露报告期内信用评级结果调整情况、债券特殊条款触发和执行情况（如有）、偿债保障措施情况等。如存续面向普通投资者交易的债券，应当列表披露公司近两年的 EBITDA 全部债务比、现金利息保障倍数、利息偿付率等财务指标。

第四十六条 如公司报告期内存在未到期可转债的，应当披露可转债的相关情况，包括但不限于可转债的期初数量、期末数量、期限、转股价格及其历次调整或者修正情况，可转债发行后累计转股情况，期末前十名可转债持有人的名单和持有量，可转债赎回和回售情况，募集说明书约定的契约条款履行情况，以及可转债上市或挂牌的证券交易场所规定的其他事项。

第四十七条 公司应当披露报告期内的利润分配政策以及利润分配的执行情况，说明是否符合公司章程及审议程序的规定。如存在利润分配预案的，应披露预案和财务会计报告审计情况（如需）。

第四十八条 公司存在特别表决权股份的，应当在中期报告中披露表决权差异安排的运行情况、特别表决权股份的变动情况以及投资者保护措施的落实情况等。

第六节 董事、监事、高级管理人员及员工变动情况

第四十九条 公司应当披露现任及报告期内离任的董事、监事和高级管理人员的情况，内容包括但不限于：姓名、职务、性别、出生年月、任期起止日期、期初和期末持有本公司股份、股票期权、被授予的限制性股票数量、报告期内股份增减变动量、持股比例、与股东之间的关系。

公司应当披露报告期内董事、监事、高级管理人员的变动情况；新任董事、监事和高级管理人员的专业背景、主要工作经历等情况。如为独立董事，需单独注明。

对于董事、高级管理人员获得的股权激励，公司应当按照已解锁股份、未解锁股份、可行权股份、已行权股份、行权价以及报告期末市价单独列示。

第五十条 公司应披露公司及其控股子公司的核心员工的变动情况，并说明变动对公司经营的影响及公司采取的应对措施。

公司应当披露公司及其控股子公司在职员工的数量、人员构成（如管理人员、生产人员、销售人员、技术人员、财务人员、行政人员等）变动情况。

第七节 财务会计报告

第五十一条 公司应当注明财务会计报告是否已经审计。已经审计的，公司应当披露审计意见类型；若被注册会计师出具非标准审计报告，公司还应当披露审计报告正文。

第五十二条 公司的财务会计报告包括财务报表和其他应当在财务报告中披露的相关信息和资料。

第五十三条 公司应当在中期报告中披露比较式资产负债表、比较式利润表和比较式现金流量表，以及比较式所有者权益（股东权益）变动表和财务报表附注。编制合并财务报表的公司，除提供合并财务报表外，还应提供母公司财务报表。

第五十四条 财务报表附注应当按照企业会计准则、中国证监会制定的有关财务会计报告的规定编制。

第八节 备查文件目录

第五十五条 公司应当披露备查文件的目录，包括：

（一）载有公司负责人、主管会计工作负责人、会计机构负责人（会计主管人员）签名并盖章的财务报表。

（二）载有会计师事务所盖章、注册会计师签名并盖章的审计报告原件（如有）。

（三）报告期内在指定信息披露平台上公开披露过的所有公司文件的正本及公告的原稿。

公司应当在公司住所、证券交易所备上述文件。中国证监会、北交所要求提供时，或股东依据法律、法规或公司章程要求查阅时，公司应当及时提供。

第三章 附 则

第五十六条 本准则自2021年11月15日起施行。

第55号——北京证券交易所上市公司权益变动报告书、上市公司收购报告书、要约收购报告书、被收购公司董事会报告书

· 2021年10月30日
· 中国证券监督管理委员会公告〔2021〕35号

第一章 总 则

第一条 为了规范北京证券交易所上市公司（以下简称上市公司）的收购及相关股份权益变动活动中的信息披露行为，保护投资者的合法权益，维护证券市场秩序，根据《证券法》《公司法》《上市公司收购管理办法》（证监会令第166号，以下简称《收购办法》）、《北京证券交易所上市公司持续监管办法（试行）》（证监会令第189号）及其他相关法律、行政法规及部门规章的有关规定，制订本准则。

第二条 《证券法》《收购办法》规定的信息披露义务人，应当按照《收购办法》、本准则的要求编制和披露权益变动报告书、上市公司收购报告书（以下简称收购报告书）、要约收购报告书或者被收购公司董事会报告书（以下简称董事会报告书）。

第三条 信息披露义务人是多人的,可以书面形式约定由其中一人作为指定代表以共同名义负责统一编制和报送权益变动报告书、收购报告书或者要约收购报告书,依照《收购办法》及本准则的规定披露相关信息,并同意授权指定代表在信息披露文件上签字、盖章。

各信息披露义务人应当对信息披露文件中涉及其自身的信息承担责任;对信息披露文件中涉及的与多个信息披露义务人相关的信息,各信息披露义务人对相关部分承担连带责任。

第四条 本准则的规定是对上市公司收购及相关股份权益变动信息披露的最低要求。不论本准则中是否有明确规定,凡对投资者作出投资决策有重大影响的信息,信息披露义务人均应当予以披露。

第五条 本准则某些具体要求对信息披露义务人确实不适用的,信息披露义务人可以针对实际情况,在不影响披露内容完整性的前提下作适当修改,但应在报送时作书面说明。信息披露义务人认为无本准则要求披露的情况,必须明确注明"无此类情形"的字样。

由于商业秘密(如核心技术的保密资料、商业合同的具体内容等)等特殊原因,本准则规定的某些信息确实不便披露的,信息披露义务人可以免于披露,并在报告书中予以说明。但中国证券监督管理委员会(以下简称中国证监会)认为需要披露的,应当披露。

第六条 在不影响信息披露的完整性和不致引起阅读不便的前提下,信息披露义务人可以采用相互引证的方法,对各相关部分的内容进行适当的技术处理,以避免重复和保持文字简洁。

第七条 信息披露义务人在编制本准则第二条规定的报告书时,应当遵循以下一般要求:

(一)文字应当简洁、通俗、平实和明确,引用的数据应当提供资料来源,事实应有充分、客观、公正的依据;

(二)引用的数字应当采用阿拉伯数字,货币金额除特别说明外,应指人民币金额,并以元、千元或百万元为单位;

(三)信息披露义务人可以根据有关规定或其他需求,编制报告书外文译本,但应当保证中、外文本的一致性,并在外文文本上注明:"本报告书分别以中、英(或日、法等)文编制,在对中外文本的理解上发生歧义时,以中文文本为准";

(四)不得刊载任何有祝贺性、广告性和恭维性的词句。

第八条 信息披露义务人如在权益变动报告书、收购报告书、要约收购报告书或者董事会报告书中援引财务顾问、律师等专业机构出具的专业报告或意见的内容,应当说明相关专业机构已书面同意上述援引。

第九条 信息披露义务人董事会及其董事或者主要负责人,应当保证权益变动报告书、收购报告书、要约收购报告书和董事会报告书内容的真实性、准确性、完整性,承诺其中不存在虚假记载、误导性陈述或者重大遗漏,并就其保证承担个别和连带的法律责任。

如个别董事或主要负责人对报告内容的真实性、准确性、完整性无法做出保证或者存在异议的,应当单独陈述理由和发表意见。

第十条 信息披露义务人应在符合《证券法》规定的信息披露平台(在其他媒体上进行披露的,披露内容应当一致,披露时间不得早于前述披露的时间)上披露权益变动报告书、收购报告书、要约收购报告书或者董事会报告书及中国证监会要求披露的其他文件,并列示备查文件目录,同时将其置备于公司住所、北京证券交易所(以下简称北交所),供社会公众查阅。

信息披露义务人应告知投资者备查文件的备置地点或披露网址。

第二章 基本情况

第十一条 信息披露义务人应当按照如下要求披露其基本情况:

(一)信息披露义务人为法人或者其他经济组织的,应当披露公司名称、法定代表人、设立日期、注册资本、注册地、邮编、所属行业、主要业务、经营范围、统一社会信用代码、企业类型及经济性质、主要股东或者发起人的姓名或者名称(如为有限责任公司或者股份有限公司)、通讯方式等;董事及其主要负责人的姓名(包括曾用名)、性别、身份证件号码(可不公开披露)、国籍、长期居住地及是否取得其他国家或者地区的居留权、在公司任职或在其他公司兼职情况;以及做出本次收购及相关股份权益变动决定所履行的相关程序及具体时间;

(二)信息披露义务人为自然人的,应当披露姓名(包括曾用名)、性别、国籍、身份证件号码、住所、通讯地址、通讯方式以及是否拥有永久境外居留权等,其中,身份证件号码、住所、通讯方式可不公开披露;

(三)信息披露义务人还应当简要披露其在境内、境外其他上市公司中拥有权益的股份达到或超过该公司已发行股份5%的情况。

第十二条 信息披露义务人为多人的,除应当分别按照本准则第十一条披露各信息披露义务人的情况外,还应当披露：

（一）各信息披露义务人之间在股权、资产、业务、人员等方面的关系，并以方框图的形式加以说明；

（二）信息披露义务人为一致行动人的，应当说明一致行动的目的、达成一致行动协议或者意向的时间、一致行动协议或者意向的内容(特别是一致行动人行使股份表决权的程序和方式)、是否已向证券登记结算机构申请临时保管各自持有的该上市公司的全部股票以及保管期限；

（三）各信息披露义务人在上市公司中拥有权益的股份详细名称、种类、数量、占上市公司已发行股份的比例。

第十三条 上市公司收购及相关股份权益变动活动需要取得国家相关部门批准的，信息披露义务人应当披露须履行的批准程序及相关批准情况。

第十四条 信息披露义务人应当披露其在上市公司中拥有权益的股份是否存在任何权利限制，包括但不限于股份被质押、冻结等。

第三章　权益变动报告书

第十五条 信息披露义务人因增加其在一个上市公司中拥有权益的股份，导致其在该上市公司中拥有权益的股份达到或超过该上市公司已发行股份的20%但未超过30%，或者虽未超过20%但成为该上市公司第一大股东或者实际控制人的，应当按照本准则的规定编制详式权益变动报告书。

除依法须编制收购报告书、要约收购报告书、详式权益变动报告书的情形外，信息披露义务人(包括出让人和受让人)增加或减少其在一个上市公司中拥有权益的股份变动达到法定比例的，应当按照本准则第十六条至第二十七条的规定编制简式权益变动报告书。

第十六条 信息披露义务人除应当披露本准则第二章要求的基本情况外，还应当按照《收购办法》的规定计算并披露其持有、控制上市公司股份的详细名称、种类、数量、占上市公司已发行股份的比例、所持股份性质及性质变动情况，以及该类股份变动的时间及方式；其拥有权益的股份增减变动达到法定比例的日期；增持目的及资金来源，是否有意在未来12个月内继续增加或减少其在上市公司中拥有权益的股份；权益变动事实发生之日起前6个月通过证券交易所的集中交易买卖该上市公司股票的简要情况。

信息披露义务人应披露权益变动涉及的相关协议、行政划转或变更、法院裁定、继承或赠与等文件的主要内容。

信息披露义务人持有表决权未恢复的优先股的，还应当披露持有数量和比例。

信息披露义务人应当在报告书中声明："除本报告书披露的信息外，没有通过任何其他方式增加或减少其在上市公司中拥有权益的股份。"

第十七条 通过协议转让导致信息披露义务人在上市公司中拥有权益的股份变动达到法定比例的，信息披露义务人还应当披露转让协议的主要内容，包括协议转让的当事人、转让股份的种类、数量、比例、股份性质及性质变动情况、转让价款、股份转让的支付对价(如现金、资产、债权、股权或其他安排)及其来源、付款安排、协议签订时间、生效时间及条件、特别条款等；本次拟转让的股份是否存在被限制转让的情况、本次股份转让是否附加特殊条件、是否存在补充协议、协议双方是否就股份表决权的行使存在其他安排、是否就出让人在该上市公司中拥有权益的其余股份存在其他安排。

第十八条 通过信托或其他资产管理方式导致信息披露义务人在上市公司中拥有权益的股份变动达到法定比例的双方当事人，还应当披露信托合同或者其他资产管理安排的主要内容，包括信托或其他资产管理的具体方式、信托管理权限(包括上市公司股份表决权的行使等)、涉及的股份种类、数量及占上市公司已发行股份的比例、信托或资产管理费用、合同的期限及变更、终止的条件、信托资产处理安排、合同签订的时间及其他特别条款等。

第十九条 虽不是上市公司股东，但通过股权控制关系、协议或其他安排在上市公司中拥有权益的股份变动达到法定比例的，信息披露义务人还应当披露其形成股权控制关系或者达成协议或其他安排的时间、与控制关系相关的协议(如取得对上市公司股东的控制权所达成的协议)的主要内容及其生效和终止条件、控制方式(包括相关股份表决权的行使权限)、控制关系结构图及各层控制关系下的各主体及其持股比例、以及是否存在其他共同控制人及其身份介绍等。

第二十条 出让人为上市公司股东的股东，通过证券交易所以外的市场采用公开征集受让人方式出让其所持有的上市公司股东的股份的，应当在该市场挂牌出让之日起3日内通知上市公司进行提示性公告，并予以披露。与受让人签署协议后，出让人应当按照本准则第十七条的规定披露相关信息。

第二十一条 因国有股行政划转、变更、国有单位合并等导致信息披露义务人拥有权益的股份变动达到法定比例的，信息披露义务人(国有单位包括划出方和划入方、合并双方)还应当在上市公司所在地国资部门批准之日起3日内披露股权划出方及划入方(变更方、合并双方)的名称、划转(变更、合并)股份的种类、数量、比例及性质、批准划转(变更、合并)的时间及机构,如需进一步取得有关部门批准的,说明其批准情况。

第二十二条 信息披露义务人拟取得上市公司向其发行的新股而导致其在上市公司中拥有权益的股份变动达到法定比例的,应当在上市公司董事会作出向信息披露义务人发行新股决议之日起3日内,按照本准则的规定编制简式或详式权益变动报告书,说明取得本次发行新股的种类、数量和比例、发行价格和定价依据、支付条件和支付方式、已履行及尚未履行的批准程序、转让限制或承诺、最近一年及一期内与上市公司之间的重大交易情况及未来与上市公司之间的其他安排,并予以公告,在报告书中应当声明"本次取得上市公司发行的新股尚须经股东大会批准及中国证监会注册"。

信息披露义务人以其非现金资产认购上市公司发行的新股的,还应当披露非现金资产最近两年经符合《证券法》规定的会计师事务所审计的财务会计报告,或经符合《证券法》规定的评估机构出具的有效期内的资产评估报告。

经中国证监会注册后,上市公司负责办理股份过户手续,公告发行结果。

上市公司董事会作出发行新股决议时未确定发行对象,信息披露义务人因取得上市公司发行新股导致其在公司拥有权益的股份变动达到法定比例的,应当在上市公司公告发行结果之日起3日内,按照本条第一款的要求予以公告。

第二十三条 因执行法院裁定对上市公司股份采取公开拍卖措施,导致申请执行人在上市公司中拥有权益的股份变动达到法定比例的,申请执行人还应当在收到裁定之日起3日内披露作出裁定决定的法院名称、裁定的日期、案由、申请执行人收到裁定的时间、裁定书的主要内容、拍卖机构名称、拍卖事由、拍卖结果。

第二十四条 因继承或赠与导致信息披露义务人在上市公司中拥有权益的股份变动达到法定比例的,信息披露义务人还应当披露其与被继承人或赠与人之间的关系、继承或赠与开始的时间、是否为遗嘱继承、遗嘱执行情况的说明等。

第二十五条 信息披露义务人为上市公司董事、监事、高级管理人员及员工或者其所控制或委托的法人或者其他组织的,还应当披露上市公司董事、监事、高级管理人员及员工在上市公司中拥有权益的股份种类、数量、比例,以及董事、监事、高级管理人员个人持股的种类、数量、比例,如通过上市公司董事、监事、高级管理人员及员工所控制或委托的法人或者其他组织持有上市公司股份,还应当披露该控制或委托关系、相关法人或其他组织的股本结构、内部组织架构、内部管理程序、公司章程的主要内容、所涉及的人员范围等;在上市公司中拥有权益的股份变动达到法定比例的时间、方式及定价依据、支付方式及资金来源,是否向第三方借款,该股份取得、处分及表决权的行使是否与第三方存在特殊安排,是否通过赠与方式取得股份;董事、监事、高级管理人员是否在其他公司任职、是否存在《公司法》第一百四十八条规定的情形,最近3年是否有证券市场不良诚信记录的情形;上市公司是否已履行必要的批准程序;上市公司实行董事、监事、高级管理人员及员工持股的目的及后续计划,是否将于近期提出利润分配方案等;上市公司董事会、监事会声明等。

第二十六条 因可转换优先股转换为普通股导致信息披露义务人在上市公司中拥有权益的股份变动达到法定比例的,信息披露义务人应当披露可转换优先股的转股条件、转股价格、转股比例及占上市公司已发行股份的比例。

因优先股表决权恢复导致信息披露义务人在上市公司中拥有权益的股份变动达到法定比例的,信息披露义务人应当披露表决权恢复的条件和原因,及其在公司中拥有权益的股份变动的时间及方式。

第二十七条 协议转让股份的出让人或国有股权行政划转的划出方为上市公司控股股东或者实际控制人的,还应当披露以下内容:

(一)本次股权转让或划转后是否失去对上市公司的控制权;在本次转让控制权前,是否对受让人的主体资格、资信情况、受让意图等已进行合理调查和了解,说明相关调查情况;

(二)出让人或者划出方及其关联方是否存在未清偿其对上市公司的负债,未解除上市公司为其负债提供的担保,或者损害上市公司利益的其他情形;如有前述情形,应披露具体的解决方案。

第二十八条 根据本准则规定须编制详式权益变动报告书的信息披露义务人,应当比照本准则对收购报告书的要求编制详式权益变动报告书,同时说明信息披露义务人是否存在《收购办法》第六条规定的情形、是否能够按照《收购办法》第五十条的规定提供相关文件。

第二十九条　信息披露义务人在披露之日前6个月内，已经披露过权益变动报告书或收购报告书的，因拥有权益的股份变动需要再次披露权益变动报告书的，可以仅就与前次报告书不同的部分作出披露。自前次披露之日起超过6个月的，信息披露义务人应当按照《收购办法》和本准则的规定编制并披露权益变动报告书。

第三十条　按照《收购办法》规定仅须就拥有权益的股份变动予以公告，但无须编制权益变动报告书的，信息披露义务人应当披露以下情况：

（一）信息披露义务人的姓名或者名称；

（二）信息披露义务人在上市公司中拥有权益的股份的详细名称、股份性质、股份种类、股份数量、占上市公司已发行股份的比例；

（三）本次拥有权益的股份变动达到法定比例的日期及方式。

第三十一条　如已经编制并披露权益变动报告书，信息披露义务人除按照本章要求就股份变动情况予以披露外，还应当重要提示前次权益变动报告书披露的日期、前次持股种类和数量。

第四章　收购报告书

第三十二条　通过协议收购、间接收购和其他合法方式，在上市公司中拥有权益的股份超过该上市公司已发行股份的30%的投资者及其一致行动人（以下简称收购人），应当按照本准则的要求编制和披露收购报告书。

第三十三条　收购人应当按照《收购办法》以及本准则第二章和第三章的要求，披露收购人基本情况和权益变动等相关内容。

收购人为法人或者其他组织的，还应当披露其控股股东、实际控制人的有关情况，并以方框图或者其他有效方式，全面披露与控股股东、实际控制人之间的股权控制关系，实际控制人原则上应披露到自然人、国有资产管理部门或者股东之间达成某种协议或安排的其他机构；控股股东、实际控制人所控制的核心企业和核心业务、关联企业及主营业务的情况；收购人最近3年财务状况的简要说明；收购人最近5年受到的行政处罚（与证券市场明显无关的除外）、刑事处罚、或者涉及与经济纠纷有关的重大民事诉讼或者仲裁；收购人董事、监事、高级管理人员（或者主要负责人）的姓名、最近5年受到的行政处罚（与证券市场明显无关的除外）、刑事处罚、或者涉及与经济纠纷有关的重大民事诉讼或者仲裁；收购人为两个或两个以上上市公司控股股东、实际控制人的，还应当披露持股5%以上的银行、信托公司、证券公司、保险公司等其他金融机构的简要情况。

收购人是自然人的，还应当披露最近5年内的职业、职务、所任职单位的名称、主营业务及注册地，以及是否与所任职单位存在产权关系；其所控制的核心企业和核心业务、关联企业及主营业务的情况说明；最近5年受到的行政处罚（与证券市场明显无关的除外）、刑事处罚、或者涉及与经济纠纷有关的重大民事诉讼或者仲裁；收购人为两个或两个以上上市公司控股股东或实际控制人的，还应当披露持股5%以上的银行、信托公司、证券公司、保险公司等其他金融机构的简要情况。

第三十四条　收购人应披露是否具备收购人资格且不存在《收购办法》第六条规定的情形，并作出相应的承诺。

第三十五条　上市公司董事、监事、高级管理人员及员工或者其所控制或委托的法人或其他组织收购本公司股份并取得控制权，或者通过投资关系、协议或其他安排导致其拥有权益的股份超过本公司已发行股份30%的，还应当披露上市公司是否具备健全且运行良好的组织机构以及有效的内部控制制度、公司董事会成员中独立董事的比例是否达到或者超过一半，收购的定价依据、资产评估方法和评估结果等基本情况。

第三十六条　收购人应当披露本次为取得在上市公司中拥有权益的股份所支付的资金总额、资金来源及支付方式，并就下列事项作出说明：

（一）如果其资金或者其他对价直接或者间接来源于借贷，应简要说明借贷协议的主要内容，包括借贷方、借贷数额、利息、借贷期限、担保及其他重要条款；

（二）收购人应当声明其收购资金是否直接或者间接来源于上市公司及其关联方，如通过与上市公司进行资产置换或者其他交易取得资金；如收购资金直接或者间接来源于上市公司及其关联方，应当披露相关的安排；

（三）上述资金或者对价的支付或者交付方式（一次或分次支付的安排或者其他条件）。

第三十七条　收购人应当披露各成员以及各自的董事、监事、高级管理人员（或者主要负责人），以及上述人员的直系亲属，在收购事实发生之日前6个月内有通过证券交易所的证券交易买卖被收购公司股票的情况；每个月买卖股票的种类和数量（按买入和卖出分别统计）、交易的价格区间（按买入和卖出分别统计）。

前款所述收购人的关联方未参与收购决定且未知悉有关收购信息的，收购人及关联方可以向中国证监会提出免于披露相关交易情况的申请。

第三十八条 收购人应当披露各成员以及各自的董事、监事、高级管理人员（或者主要负责人），在报告日前24个月内，与下列当事人发生的以下重大交易：

（一）与上市公司及其子公司进行资产交易的合计金额高于3000万元或者高于被收购公司最近经审计的合并财务报表总资产的2%以上的交易的具体情况（前述交易按累计金额计算）；

（二）与上市公司的董事、监事、高级管理人员进行的合计金额超过人民币5万元以上的交易；

（三）是否存在对拟更换的上市公司董事、监事、高级管理人员进行补偿或者存在其他任何类似安排；

（四）对上市公司有重大影响的其他正在签署或者谈判的合同、默契或者安排。

第三十九条 收购人为法人或者其他组织的，收购人应当披露最近3年的财务会计报表，并提供最近1个会计年度经符合《证券法》规定的会计师事务所审计的财务会计报告，注明审计意见的主要内容及采用的会计制度及主要会计政策、主要科目的注释等。会计师应当说明公司前2年所采用的会计制度及主要会计政策与最近1年是否一致，如不一致，应做出相应的调整。

如截至收购报告书摘要公告之日，收购人的财务状况较最近一个会计年度的财务会计报告有重大变动的，收购人应当提供最近一期财务会计报告并予以说明。

如果该法人或其他组织成立不足1年或者是专为本次上市公司收购而设立的，则应当比照前述规定披露其实际控制人或者控股公司的财务资料。

收购人是境内上市公司的，可以免于披露最近3年的财务会计报表，但应当说明刊登其年度报告的网站地址及时间。

收购人为境外投资者的，应当提供依据中国会计准则或国际会计准则编制的财务会计报告。

收购人因业务规模巨大、下属子公司繁多等原因，难以按照前述要求提供相关财务资料的，须请财务顾问就其具体情况进行核查，在所出具的核查意见中说明收购人无法按规定提供财务资料的原因、收购人具备收购上市公司的实力、且没有规避信息披露义务的意图。

第四十条 收购人应当披露本次收购的目的、后续计划，包括是否拟在未来12个月内对上市公司或其子公司的主营业务、资产作出重大调整，是否拟改变上市公司现有董事会及管理层的组成，可能阻碍收购上市公司控制权的公司章程条款，被收购公司现有员工聘用计划、分红政策、业务及组织结构等。

收购人应充分披露收购完成后对上市公司的影响和风险，并披露上市公司与收购人之间是否人员独立、资产完整、财务独立，上市公司是否具有独立经营能力，收购人所从事的业务与上市公司的业务之间是否存在同业竞争或潜在的同业竞争，是否存在关联交易；如存在，收购人已做出的确保收购人及其关联方与上市公司之间避免同业竞争以及保持上市公司独立性的相应安排。

第四十一条 收购人应当披露所作公开承诺事项及未能履行承诺事项时的约束措施。

第四十二条 收购人拟根据《收购办法》第六章的规定免于发出要约的，应当详细披露免于发出要约的事项及理由，本次收购前后上市公司股权结构，有关本次股权变动的证明文件，本次受让的股份是否存在质押、担保等限制转让的情形，以及中国证监会或北交所要求披露的其他内容。

第四十三条 收购人应当聘请律师事务所就本次免于发出要约事项出具法律意见书，该法律意见书至少应当就下列事项发表明确的法律意见，并就本次免除发出要约事项发表整体结论性意见：

（一）收购人是否具有合法的主体资格；

（二）本次收购是否属于《收购办法》规定的免除发出要约情形；

（三）本次收购是否已经履行法定程序；

（四）本次收购是否存在或者可能存在法律障碍；

（五）收购人是否已经按照《收购办法》履行信息披露义务；

（六）收购人在本次收购过程中是否存在证券违法行为等。

第四十四条 收购人通过协议方式收购上市公司的，如存在被收购公司原控股股东及其关联方未清偿对被收购公司的负债、未解除被收购公司为其负债提供的担保或者其他损害公司利益情形的，应当披露原控股股东和其他实际控制人就上述问题提出的解决方案，被收购公司董事会、独立董事应当对解决方案是否切实可行发表意见。

为挽救出现严重财务困难的上市公司而进行收购的，收购人应当在披露公告的同时提出切实可行的重组方案，并披露上市公司董事会的意见及独立财务顾问对该方案出具的专业意见。

第四十五条 收购人应当列明参与本次收购的各专业机构名称，说明各专业机构与收购人、被收购公司以及本次收购行为之间是否存在关联关系及其具体情况。

第四十六条 收购人应当按照《收购办法》及本准则的相关要求披露收购报告书摘要,并在该摘要中披露被收购公司和收购人基本情况、收购决定和目的、收购方式和免于发出要约的情况等本次收购的重要事项,以及收购人声明。

第五章 要约收购报告书

第四十七条 以要约收购方式增持被收购上市公司股份的收购人应当按照本准则的要求编制要约收购报告书。

收购人应当自公告收购要约文件之日起30日内就本次要约收购在符合《证券法》规定的信息披露平台上至少做出3次提示性公告。

第四十八条 收购人应当按照本准则第二章、第三章及第四章的要求,披露收购人基本情况、收购方式、财务信息以及后续计划等相关内容。

第四十九条 收购人应当披露要约收购上市公司的目的,包括是否为了取得上市公司控制权、是否为履行法定要约收购义务、是否为终止上市公司的上市地位,是否拟在未来12个月内继续增持上市公司股份或者处置其已拥有权益的股份。

第五十条 采取要约收购方式的,收购人应当详细披露要约收购的方案,包括:

(一)被收购公司名称、收购股份的种类、预定收购的股份数量及其占被收购公司已发行股份的比例;涉及多人收购的,还应当注明每个成员预定收购股份的种类、数量及其占被收购公司已发行股份的比例;

(二)要约价格及其计算基础:在要约收购报告书摘要提示性公告日前6个月内,收购人买入该种股票所支付的最高价格;在提示性公告日前30个交易日内,该种股票的每日加权平均价格的算术平均值;

(三)收购资金总额、资金来源及资金保证、其他支付安排及支付方式;

(四)要约收购的约定条件;

(五)要约收购期限;

(六)受要约人预受要约的方式和程序;

(七)受要约人撤回预受要约的方式和程序;

(八)受要约人委托办理要约收购中相关股份预受、撤回、结算、过户登记等事宜的证券公司名称及其通讯方式;

(九)本次要约收购以终止被收购公司的上市地位为目的的,说明终止上市后收购行为完成的合理时间及仍持有上市公司股份的剩余股东出售其股票的其他后续安排。

第五十一条 收购人除应当按照本准则第三十六条的规定披露要约收购的资金来源,还应当就以下事项作出说明:

(一)采用证券支付方式的,收购人应当披露证券发行人及本次证券发行的有关信息,提供相关证券的估值分析;

(二)收购人保证其具备履约能力的安排:

1.如采取缴纳履约保证金方式,应按现金支付方式或者证券支付方式,在要约收购报告书中做出承诺具备履约能力的相关声明;

2.如采取银行保函方式,收购人和出具保函的银行应当在要约收购报告书中做出承诺具备履约能力的相关声明;

3.如采取财务顾问出具承担连带保证责任的书面承诺方式的,收购人和出具承担连带保证责任书面承诺的财务顾问均应当在要约收购报告书中做出承诺具备履约能力的相关声明。

第五十二条 收购人各成员及其各自董事、监事、高级管理人员(或者主要负责人),以及上述人员的直系亲属,应当如实披露在要约收购报告书摘要公告日各自在被收购公司中拥有权益的股份的详细名称、数量及占被收购公司已发行股份的比例。

收购人应当披露各成员以及各自的董事、监事、高级管理人员(或者主要负责人),以及上述人员的直系亲属,在要约收购报告书摘要公告之日起前6个月内有通过证券交易所的证券交易买卖被收购公司股票行为的,应当按本准则第三十七条的规定披露其具体的交易情况。

前两款所述关联方未参与要约收购决定、且未知悉有关要约收购信息的,收购人及关联方可以免于披露。但中国证监会认为需要披露的,收购人及关联方应当披露。

第五十三条 收购人应当如实披露其与被收购公司股份有关的全部交易。

如就被收购公司股份的转让、质押、表决权行使的委托或者撤销等方面与他人存在其他安排,应当予以披露。

第五十四条 收购人应当按照《收购办法》及本准则的相关要求披露要约收购报告书摘要,在该摘要中披露收购人及被收购公司基本情况、要约收购目的、要约价格及数量等本次要约的重要事项,收购人声明,以及专业机构的结论性意见。

第六章 董事会报告书

第五十五条 被收购公司董事会（以下简称董事会）应当在收购人要约收购上市公司或管理层收购本公司时，按照本准则本章的要求编制董事会报告书。

第五十六条 董事会应当披露被收购公司的如下基本情况：

（一）被收购公司的名称、股票上市地点、股票简称、股票代码；

（二）被收购公司注册地、主要办公地点、联系人、通讯方式；

（三）被收购公司的主营业务及最近3年的发展情况，并以列表形式介绍其最近3年主要会计数据和财务指标，包括：总资产、净资产、主营业务收入、净利润、净资产收益率、资产负债率等，注明最近3年年报披露的信息披露平台或者刊登的媒体名称及时间；

（四）被收购公司在本次收购发生前，其资产、业务、人员等与最近一期披露的情况相比是否发生重大变化。

被收购公司如在本次收购发生前未就前次募集资金使用情况做出说明的，应当披露前次募集资金的使用情况及会计师所出具的专项核查报告。

第五十七条 董事会应当披露与被收购公司股本相关的如下情况：

（一）被收购公司已发行股本总额、股本结构；

（二）收购人在被收购公司中拥有权益的股份的种类、数量、比例；

（三）收购人公告要约收购报告书摘要或者收购报告书摘要之日的被收购公司前10名股东名单及其持股数量、比例；

（四）被收购公司持有或通过第三人持有收购人的股份数量、比例（如有）。

第五十八条 董事会应当说明被收购公司及其董事、监事、高级管理人员是否与收购人存在关联方关系。

董事会报告书中应当说明被收购公司董事、监事、高级管理人员在收购报告书摘要或者要约收购报告书摘要公告之前12个月内是否持有或通过第三人持有收购人的股份，持有股份的数量及最近6个月的交易情况；上述人员及其家属是否在收购人及其关联企业任职等。

第五十九条 董事会应当说明公司董事、监事、高级管理人员是否存在与收购相关的利益冲突，该利益冲突的重要细节，包括是否订有任何合同以及收购成功与否将对该合同产生重大影响。

董事会应当披露收购人是否存在对拟更换的上市公司董事、监事、高级管理人员进行补偿或者其他任何类似安排。

第六十条 董事会应当说明公司董事、监事、高级管理人员及其直系亲属在收购报告书摘要或者要约收购报告书摘要公告之日是否持有被收购公司股份，如持有被收购公司股份的，应当披露其最近6个月的交易情况。

如果本准则要求披露的交易情况过于复杂，董事会在其他媒体公告本报告时，无须公告具体交易记录，但应将该记录报送北交所备查，并在公告时予以说明。

第六十一条 董事会应当对下列情形予以详细披露：

（一）被收购公司的董事将因该项收购而获得利益，以补偿其失去职位或者其他有关损失；

（二）被收购公司的董事与其他任何人之间的合同或者安排取决于收购结果；

（三）被收购公司的董事在收购人订立的重大合同中拥有重大个人利益；

（四）被收购公司董事及其关联方与收购人及其董事、监事、高级管理人员（或者主要负责人）之间有重要的合同、安排以及利益冲突；

（五）最近12个月内作出的涉及可能阻碍收购上市公司控制权的公司章程条款的修改。

第六十二条 在要约收购中，被收购公司董事会应当按照下列要求就收购人的要约提出建议或者发表声明：

（一）就本次收购要约向股东提出接受要约或者不接受要约的建议；董事会确实无法依前款要求发表意见的，应当充分说明理由；

（二）披露董事会表决情况、持不同意见的董事姓名及其理由；

（三）独立董事应当就本次收购单独发表意见；

（四）董事会做出上述建议或者声明的理由。

第六十三条 在管理层收购中，被收购公司的独立董事应当就收购的资金来源、还款计划、管理层收购是否符合《收购办法》规定的条件和批准程序、收购条件是否公平合理、是否存在损害上市公司和其他股东利益的行为，对上市公司可能产生的影响等事项发表独立意见。

第六十四条 董事会应当披露被收购公司及其关联方在公司收购发生前24个月内发生的、对公司收购产生重大影响的以下事件：

（一）被收购公司订立的重大合同；

（二）被收购公司进行资产重组或者其他重大资产

处置、投资等行为；

（三）第三方拟对被收购公司的股份以要约或者其他方式进行收购，或者被收购公司对其他公司的股份进行收购；

（四）正在进行的其他与上市公司收购有关的谈判。

第七章 其他重大事项

第六十五条 各信息披露义务人（如为法人或者其他组织）的董事会及其董事（或者主要负责人）或者自然人（如信息披露义务人为自然人）应当在权益变动报告书、收购报告书、要约收购报告书或者董事会报告书上签字、盖章、签注日期，并载明相关声明。

权益变动报告书及收购报告书应载明以下声明：

"本人（以及本人所代表的机构）承诺本报告不存在虚假记载、误导性陈述或重大遗漏，并对其真实性、准确性、完整性承担个别和连带的法律责任。"

要约收购报告书应载明以下声明：

"本人（以及本人所代表的机构）已经采取审慎合理的措施，对本要约收购报告书及其摘要所涉及内容均已进行详细审查，报告内容真实、准确、完整，并对此承担个别和连带的法律责任。"

董事会报告书应载明以下声明：

"董事会已履行诚信义务，采取审慎合理的措施，对本报告书所涉及的内容均已进行详细审查；

董事会向股东提出的建议是基于公司和全体股东的利益做出的，该建议是客观审慎的（本项声明仅限于要约收购）；

董事会承诺本报告书不存在虚假记载、误导性陈述或重大遗漏，并对其真实性、准确性、完整性承担个别和连带的法律责任。"

第六十六条 各信息披露义务人应当在报告书中披露聘请的财务顾问就本次收购或权益变动所发表的结论性意见。

财务顾问及其法定代表人或授权代表人、财务顾问主办人应当在相应报告书上签字、盖章、签注日期，并作出相应声明。

要约收购报告书应载明以下声明：

"本人及本人所代表的机构已按照执业规则规定的工作程序履行尽职调查义务，经过审慎调查，本人及本人所代表的机构确认收购人有能力按照收购要约所列条件实际履行收购要约，并对此承担相应的法律责任。"

其他报告书应载明以下声明：

"本人及本人所代表的机构已履行勤勉尽责义务，对本报告书的内容进行了核查和验证，未发现虚假记载、误导性陈述或重大遗漏，并对此承担相应的责任。"

第六十七条 各信息披露义务人应当在报告书中披露聘请的律师在法律意见书中就本报告书内容的真实性、准确性、完整性所发表的结论性意见。

律师及其所就职的律师事务所应当在报告书上签字、盖章、签注日期，并载明以下声明：

"本人及本人所代表的机构已按照执业规则规定的工作程序履行勤勉尽责义务，对本报告书的内容进行核查和验证，未发现虚假记载、误导性陈述或重大遗漏，并对此承担相应的责任。"

第六十八条 涉及权益变动报告书、收购报告书或要约收购报告书的，信息披露义务人应当将备查文件报送北交所及上市公司，并告知投资者披露方式。涉及董事会报告书的，董事会应当按照规定将备查文件备置于其住所或办公场所以及证券交易所等方便公众查阅的地方。该备查文件应当为原件或有法律效力的复印件。备查文件范围包括：

（一）信息披露义务人为法人或其他组织的，提供营业执照和税务登记证或在中国境外登记注册的文件；信息披露义务人为自然人的，提供身份证明文件；

（二）权益变动信息披露义务人董事及其主要负责人的名单及其身份证明文件，收购人董事、监事、高级管理人员（或者主要负责人）的名单及其身份证明文件，要约收购人董事、监事、高级管理人员（或者主要负责人）直系亲属的名单及身份证明文件；

（三）信息披露义务人关于收购上市公司的相关决定；通过协议方式进行上市公司收购的，有关当事人就本次股份转让事宜开始接触的时间、进入实质性洽谈阶段的具体情况说明；

（四）涉及收购资金来源的协议（如有）；

（五）收购人将履约保证金存入并冻结于指定银行等金融机构的存单、收购人将用以支付的全部证券委托中国证券登记结算有限责任公司保管的证明文件、银行对于要约收购所需价款出具的保函或者财务顾问出具承担连带担保责任的书面承诺；

（六）收购人所聘请的专业机构及相关人员在要约收购报告书摘要公告之日起前6个月内持有或买卖被收购公司、收购人（如收购人为上市公司）股票的情况；

（七）收购人与上市公司、上市公司的关联方之间在报告日前24个月内发生的相关交易的协议、合同；收购人与上市公司、上市公司的关联方之间已签署但尚未履行的协议、合同，或者正在谈判的其他合作意向；

（八）收购人为法人或其他组织的，其控股股东、实际控制人最近2年未发生变化的证明；

（九）在事实发生之日前6个月内，收购人各成员及各自的董事、监事、高级管理人员（或者主要负责人）以及上述人员的直系亲属的名单及其持有或买卖该上市公司股份的说明；

（十）收购人就本次股份转让协议收购应履行的义务所做出的承诺（如有）；

（十一）收购人不存在《收购办法》第六条规定情形及符合《收购办法》第五十条规定的说明；

（十二）按照本准则第三十九条要求提供的收购人的财务资料，包括但不限于收购人最近3年财务会计报告及最近一个会计年度经审计的财务会计报告；最近1年经审计的财务会计报告应包括审计意见、财务报表和附注；

（十三）任何与本次收购及相关股份权益活动有关的合同、协议和其他安排的文件；

（十四）被收购公司的公司章程（如适用）；

（十五）财务顾问意见或者载有法定代表人签字并盖章的独立财务顾问报告（如适用）；

（十六）法律意见书（如适用）；

（十七）中国证监会或者北交所依法要求的其他备查文件。

第八章 附 则

第六十九条 本准则由中国证监会负责解释。

第七十条 国家有关部门对上市公司信息披露另有规定的，上市公司还应当遵守相关规定并履行信息披露义务。

第七十一条 本准则自2021年11月15日起施行。

第56号——北京证券交易所上市公司重大资产重组

- 2023年2月17日
- 中国证券监督管理委员会公告〔2023〕23号

第一章 总 则

第一条 为了规范北京证券交易所上市公司（以下简称上市公司）重大资产重组的信息披露行为，根据《中华人民共和国证券法》（以下简称《证券法》）、《中华人民共和国公司法》《上市公司重大资产重组管理办法》（以下简称《重组办法》）、《北京证券交易所上市公司持续监管办法（试行）》及其他相关法律、行政法规及部门规章的规定，制定本准则。

第二条 上市公司实施《重组办法》规定的资产交易行为（以下简称重大资产重组），应当按照《重组办法》、本准则的要求编制并披露重大资产重组报告书（以下简称重组报告书）及其他相关信息披露文件。上市公司披露的所有信息应当真实、准确、完整，简明清晰、通俗易懂，不得有虚假记载、误导性陈述或者重大遗漏。

上市公司发行股份购买资产的，还应当按照本准则的要求制作和报送申请文件。

第三条 本准则的规定是对重组报告书及其他相关信息披露文件的最低要求。不论本准则是否有明确规定，凡对上市公司股票及其衍生品交易价格可能产生较大影响或对投资者投资决策有重大影响的信息，均应当披露。

上市公司根据自身及所属行业或业态特征，可在本准则基础上增加有利于投资者判断和信息披露完整性的相关内容。本准则某些具体要求对上市公司不适用的，上市公司可根据实际情况，在不影响内容完整性的前提下作适当调整，但应当在披露时作出相应说明。

中国证券监督管理委员会（以下简称中国证监会）、北京证券交易所（以下简称北交所）可以根据监管实际需要，要求上市公司补充披露其他有关信息或提供其他有关文件。

有充分依据证明本准则要求披露的信息涉及国家秘密、商业秘密及其他因披露可能导致其违反国家有关保密法律法规或严重损害公司利益的，上市公司可不予披露或提供，但应当在相关章节中详细说明未按本准则要求进行披露或提供的原因。

第四条 重大资产重组有关各方应当及时、公平地披露或提供信息，披露或提供的所有信息应当真实、准确、完整，所描述的事实应当有充分、客观、公正的依据，所引用的数据应当注明资料来源，不得有虚假记载、误导性陈述或者重大遗漏。

上市公司全体董事、监事、高级管理人员及相关证券服务机构及其人员应当按要求在所披露或提供的有关文件上发表声明，确保披露或提供文件的真实性、准确性和完整性。

交易对方应当按要求在所披露或申请的有关文件上发表声明，确保为本次重组所提供的信息的真实性、准确性和完整性。

第五条 上市公司应当在符合《证券法》规定的信

息披露平台披露重组报告书及其备查文件，以及中国证监会、北交所要求披露的其他文件，供投资者查阅。

第二章 重组预案

第六条 上市公司披露重大资产重组预案（以下简称重组预案），应当至少包括以下内容：

（一）重大事项提示、重大风险提示；

（二）公司基本情况、交易对方基本情况、本次交易的背景和目的、本次交易的方案概况、交易标的基本情况，披露本次交易是否构成《重组办法》第十三条规定的交易情形（以下简称重组上市）及其判断依据。

以公开招标、公开拍卖等方式购买或出售资产的，如确实无法在重组预案中披露交易对方基本情况，应当说明无法披露的原因及影响。交易标的属于境外资产或者通过公开招标、公开拍卖等方式购买的，如确实无法披露财务数据，应当说明无法披露的原因和影响，并提出解决方案；

（三）重组支付方式、募集配套资金等情况（如涉及）；

（四）公司最近三十六个月的控制权变动情况，最近三年的主营业务发展情况以及因本次交易导致的股权控制结构的预计变化情况；

（五）本次交易对公司的影响以及交易过程中对保护投资者合法权益的相关安排；

（六）本次交易存在其他重大不确定性因素，应当对相关风险作出充分说明和特别提示，涉及有关报批事项的，应当详细说明已向有关主管部门报批的进展情况和尚需呈报批准的程序，并对可能无法获得批准的风险作出特别提示；

（七）独立财务顾问、律师事务所、会计师事务所等证券服务机构的结论性意见；证券服务机构尚未出具意见的，应当作出关于"证券服务机构意见将在重大资产重组报告书中予以披露"的特别提示；

（八）上市公司的控股股东及其一致行动人对本次重组的原则性意见，及控股股东及其一致行动人、董事、监事、高级管理人员自本次重组预案披露之日起至实施完毕期间的股份减持计划。上市公司披露为无控股股东的，应当比照前述要求，披露第一大股东及持股百分之五以上股东的意见及减持计划。

第三章 重大资产重组报告书

第七条 上市公司披露重组报告书，应当就与本次重组有关的重大事项进行"重大事项提示"，至少包括以下内容：

（一）本次重组方案简要介绍，以及按《重组办法》规定计算的相关指标、是否构成关联交易、是否构成重组上市及判断依据、重组支付方式及募集配套资金安排（如涉及）、交易标的的评估或估值情况、重组对上市公司影响等简要介绍；

（二）如披露本次交易不构成重组上市，但交易完成后，持有上市公司百分之五以上股份的股东或者实际控制人持股情况或者控制公司的情况以及上市公司的业务构成都将发生较大变化的，应当披露未来三十六个月上市公司维持或变更控制权、调整主营业务的相关安排、承诺、协议等，如存在，应当详细披露主要内容；

（三）本次重组已履行的和尚未履行的决策程序及报批程序，本次重组方案实施前尚需取得的有关批准。涉及并联审批的，应当明确取得批准前不得实施本次重组方案；

（四）披露本次重组相关方作出的重要承诺；

（五）上市公司的控股股东及其一致行动人对本次重组的原则性意见，及控股股东及其一致行动人、董事、监事、高级管理人员自本次重组预案或重组报告书披露之日起至实施完毕期间的股份减持计划。上市公司披露为无控股股东的，应当比照前述要求，披露第一大股东及持股百分之五以上股东的意见及减持计划；

（六）本次重组对中小投资者权益保护的安排；

（七）其他需要提醒投资者重点关注的事项。

第八条 上市公司应当在重组报告书中针对本次重组的实际情况，遵循重要性和相关性原则，在所披露的"风险因素"基础上选择若干可能直接或间接对本次重组及重组后上市公司生产经营状况、财务状况和持续经营能力等产生严重不利影响的风险因素，进行"重大风险提示"。

第九条 重组报告书中应当介绍本次重组的基本情况，包括交易背景及目的、交易决策过程和批准情况、交易具体方案、重组对上市公司的影响。

第十条 重组报告书中应当披露本次交易各方情况，包括：

（一）上市公司基本情况，包括公司设立情况及曾用名称、最近三十六个月的控制权变动情况及重大资产重组情况、主要业务发展情况和主要财务指标，以及控股股东、实际控制人概况。

上市公司是否因涉嫌犯罪被司法机关立案侦查或者涉嫌违法违规被中国证监会立案调查，最近三年是否受到行政处罚或者刑事处罚，如存在，应当披露相关情况，并说明对本次重组的影响。构成重组上市的，还应当说明上市公司及其最近三年内的控股股东、实际控制人是否存在因涉嫌犯罪正被司法机关立案侦查或涉嫌违法违规被中国证监会立案调查的情形，如存在，涉嫌犯罪或违法违规的行为终止是否已满三年，交易方案是否能够消除该行为可能造成的不良后果，是否影响对相关行为人追究责任。上市公司及其控股股东、实际控制人最近十二个月内是否受到证券交易所公开谴责，是否存在其他重大失信行为；

（二）交易对方基本情况及其与上市公司之间的关联关系情况、向上市公司推荐董事或者高级管理人员的情况，交易对方及其主要管理人员最近三年内的违法违规情况及说明（与证券市场明显无关的除外）、诚信情况以及涉及与经济纠纷有关的重大民事诉讼或者仲裁的情况说明。交易对方为多个主体的，应当披露交易对方之间是否存在关联关系及其情况说明。交易对方成立不足一个完整会计年度、没有具体经营业务或者专为本次交易而设立的，应当充分披露交易对方的实际控制人或者相关控股公司的相关资料。

第十一条 交易标的为完整经营性资产的（包括股权或其他构成可独立核算会计主体的经营性资产），应当披露：

（一）该经营性资产的名称、企业性质、注册地、主要办公地点、法定代表人、注册资本、成立日期、统一社会信用代码、历史沿革情况；

（二）该经营性资产的产权或控制关系，包括其主要股东或权益持有人及持有股权或权益的比例、公司章程中可能对本次交易产生影响的主要内容或相关投资协议、原高级管理人员的安排、是否存在影响该资产独立性的协议或其他安排（如让渡经营管理权、收益权等）；

（三）主要资产的权属状况、对外担保情况、主要负债情况、或有负债情况、权利限制情况、违法违规、涉及诉讼等重大争议或存在妨碍权属转移的其他情况；

（四）最近三年业务发展情况及报告期经审计的主要财务指标；

（五）交易标的为企业股权的，应当披露该企业是否存在出资瑕疵或影响其合法存续的情况；上市公司在交易完成后将成为持股型公司的，应当披露作为主要交易标的的企业股权是否为控股权；交易标的为有限责任公司股权的，应当披露是否已取得该公司其他股东的同意或者符合公司章程规定的股权转让前置条件；

（六）该经营性资产的权益最近三年曾进行与交易、增资或改制相关的评估或估值的，应当披露相关评估或估值的方法、评估或估值结果及其与账面值的增减情况，交易价格、交易对方和增资改制的情况，并列表说明该经营性资产最近三年评估或估值情况与本次重组评估或估值情况的差异原因；

（七）该经营性资产的下属企业构成该经营性资产最近一期经审计的资产总额、营业收入、净资产额或净利润来源百分之二十以上且有重大影响的，应当参照上述要求披露该下属企业的相关信息。

第十二条 交易标的不构成完整经营性资产的，应当披露：

（一）相关资产的名称、类别及最近三年的运营情况和报告期经审计的财务数据，包括但不限于资产总额、资产净额、可准确核算的收入或费用额；

（二）相关资产的权属状况，包括产权是否清晰，是否存在抵押、质押等权利限制，是否涉及诉讼、仲裁、司法强制执行等重大争议或存在妨碍权属转移的其他情况；

（三）相关资产在最近三年曾进行资产评估、估值或者交易的，应当披露评估或估值结果、交易价格、交易对方等情况。

第十三条 重大资产重组中相关资产以资产评估结果或估值报告结果作为定价依据的，应当至少披露以下信息：

（一）评估或估值的基本情况，分析评估或估值增减值主要原因、不同评估或估值方法的评估或估值结果的差异及其原因、最终确定评估或估值结论的理由；

（二）对评估或估值结论有重要影响的评估或估值假设；

（三）选用的评估或估值方法和重要评估或估值参数以及相关依据；

（四）引用其他评估机构或估值机构报告内容、特殊类别资产相关第三方专业鉴定等资料的，应当对其相关专业机构、业务资质、签字评估师或鉴定师、评估或估值情况进行必要披露；

（五）存在评估或估值特殊处理、对评估或估值结论有重大影响事项的，应当进行说明并分析其对评估或估值结论的影响；存在前述情况或因评估或估值程序受限造成评估报告或估值报告使用受限的，应当提请报告使用者关注；

（六）评估或估值基准日至重组报告书签署日的重要变化事项及其对评估或估值结果的影响；

（七）该交易标的的下属企业构成该交易标的最近一期经审计的资产总额、营业收入、净资产额或净利润来源百分之二十以上且有重大影响的，应当参照上述要求披露。交易标的涉及其他长期股权投资的，应当列表披露评估或估值的基本情况。

第十四条 上市公司董事会应当对本次交易标的评估或估值的合理性以及定价的公允性做出分析，包括但不限于：

（一）资产评估机构或估值机构的独立性、假设前提的合理性、评估或估值方法与目的的相关性；

（二）评估或估值依据的合理性；

（三）交易标的后续经营中行业、技术等方面的变化趋势、拟采取的应对措施及其对评估或估值的影响；

（四）报告期变动频繁且影响较大的指标对评估或估值的影响，并进行敏感性分析；

（五）交易标的与上市公司现有业务的协同效应、对未来上市公司业绩的影响，对交易定价的影响；

（六）结合交易标的的市场可比交易价格、同行业上市公司的市盈率或者市净率等指标，分析交易定价的公允性；

（七）说明评估或估值基准日至重组报告书披露日交易标的发生的重要变化事项，分析其对交易作价的影响；

（八）如交易定价与评估或估值结果存在较大差异，分析说明差异的原因及其合理性。

上市公司独立董事对评估机构或者估值机构的独立性、评估或者估值假设前提的合理性和交易定价的公允性发表的独立意见。

第十五条 资产交易涉及重大资产购买的，上市公司应当根据重要性原则披露拟购买资产主要业务的具体情况，包括：

（一）主要业务、主要产品或服务及其用途、报告期内的变化情况；

（二）业务模式或商业模式；

（三）与主要业务相关的情况，主要包括：

1. 报告期内各期主要产品或服务的规模、产能、产量、期初及期末库存、销售收入，产品或服务的主要消费群体、销售价格的变动情况，报告期内各期向前五名客户的销售及关联关系情况，如前五大客户为交易对方及其关联方的，应当披露产品最终实现销售的情况；

2. 报告期内主要产品或服务的原材料、能源及其供应情况，价格变动趋势及占成本的比重，报告期内各期向前五名供应商的采购及关联关系情况；

3. 报告期董事、监事、高级管理人员和核心技术人员，其他关联方或持有拟购买资产百分之五以上股份的股东在前五名供应商或客户中所占的权益情况；

4. 主要产品或服务所处行业的主管部门、监管体制、主要法律法规及政策，所从事的业务需要取得许可资格或资质的，还应当披露当前许可资格或资质的情况；

5. 安全生产、环保、质量控制等合规经营情况。

（四）与其业务相关的资源要素，主要包括：

1. 产品或服务所使用的主要技术及其所处阶段；

2. 主要生产设备、房屋建筑物的取得和使用情况、成新率或尚可使用年限等；

3. 主要无形资产的取得方式和时间、使用情况、使用期限或保护期、最近一期末账面价值及上述资产对拟购买资产生产经营的重要程度；

4. 拟购买所从事的业务需要取得许可资格或资质的，还应当披露当前许可资格或资质的情况；

5. 特许经营权的取得、期限、费用标准及对拟购买资产持续生产经营的影响；

6. 员工的简要情况，其中核心业务和技术人员应当披露姓名、年龄、主要业务经历及职务、现任职务及任期以及持有上市公司股份情况；

7. 其他体现所属行业或业态特征的资源要素。

（五）拟购买资产报告期的会计政策及相关会计处理，主要包括：

1. 收入成本的确认原则和计量方法；

2. 比较分析会计政策和会计估计与同行业或同类资产之间的差异及对拟购买资产利润的影响；

3. 财务报表编制基础，确定合并报表时的重大判断和假设，合并财务报表范围、变化情况及变化原因；

4. 报告期内存在资产转移剥离调整的，还应当披露资产转移剥离调整的原则、方法和具体剥离情况，及对拟购买资产利润产生的影响；

5. 拟购买资产的重大会计政策或会计估计与上市公司存在较大差异的，报告期发生变更的或者按规定将要进行变更的，应当分析重大会计政策或会计估计的差异或变更对拟购买资产利润产生的影响；

6. 行业特殊的会计处理政策。

第十六条 资产交易涉及重大资产出售的，上市公司应当按照本准则第十五条（一）、（二）的要求进行披露，简要介绍拟出售资产主要业务及与其相关的资源要素的基本情况。

第十七条 资产交易涉及债权债务转移的,应当披露该等债权债务的基本情况、债权人同意转移的情况及与此相关的解决方案,交易完成后上市公司是否存在偿债风险和其他或有风险及应对措施。

第十八条 上市公司应当披露本次交易合同的主要内容,包括但不限于:

(一)资产出售或购买协议:

1. 合同主体、签订时间;

2. 交易价格、定价依据以及支付方式(一次或分次支付的安排及特别条款、股份发行条款等);

3. 资产交付或过户的时间安排;

4. 交易标的自定价基准日至交割日期间损益的归属和实现方式;

5. 合同的生效条件和生效时间;合同附带的任何形式的保留条款、补充协议和前置条件;

6. 与资产相关的人员安排;

7. 违约责任条款。

(二)业绩补偿协议(如有);

(三)募集配套资金证券认购协议(如有);

(四)其他重要协议。

上市公司应当披露本次资产交易中相关当事人的公开承诺事项及提出的未能履行承诺时的约束措施(如有)。

第十九条 上市公司应当对照《重组办法》第十一条,逐项说明本次交易是否符合《重组办法》的规定。

独立财务顾问和律师对本次交易是否符合《重组办法》等规章的规定发表的明确意见。

其他证券服务机构出具的相关报告的结论性意见。

第二十条 上市公司应当按照《重组办法》第十九条披露管理层就本次交易对上市公司影响的讨论与分析,包括且不限于:

(一)本次交易前上市公司财务状况和经营成果的讨论与分析;上市公司主要资产或利润构成在本次交易前一年发生重大变动的,应当详细说明具体变动情况及原因;

(二)交易标的的行业特点,包括但不限于行业的竞争格局、发展影响因素、行业特征、进入壁垒、上下游发展状况、进出口相关政策与环境影响等;交易标的的技术及管理水平等核心竞争力情况、产品的市场占有率及变化等行业地位情况;

(三)交易标的的财务状况及盈利能力分析,至少包括:

1. 资产、负债的主要构成及其变动情况;

2. 主要财务指标的变动分析;

3. 结合交易标的具体情况,分别按各产品或服务类别及各业务、各地区的收入构成,分析营业收入增减变化的情况及原因;

4. 逐项分析报告期利润表项目变化的原因,列表披露报告期交易标的的毛利率的数据及变动情况;报告期上述指标发生重大变化的,应当重点分析;

5. 其他可能影响其财务状况和盈利能力的主要情况。

(四)本次交易对上市公司的持续经营能力、未来发展前景、当期每股收益等财务指标和非财务指标的影响。

上市公司应当披露并分析对拟购买资产的整合管控安排,包括在业务、资产、财务、人员、机构等方面的具体整合管控计划。

第二十一条 交易标的为完整经营性资产的,应当披露报告期的简要财务报表。

上市公司可自愿披露拟购买资产盈利预测的主要数据。

第二十二条 上市公司应当披露交易标的在报告期是否存在关联交易、关联交易的具体内容、必要性及定价公允性。

本次交易完成后,上市公司与实际控制人及其关联企业之间是否存在同业竞争或关联交易、同业竞争或关联交易的具体内容和拟采取的具体解决或规范措施。

第二十三条 上市公司应当以简明扼要的方式,遵循重要性原则,对本次重组及重组后上市公司的相关风险予以揭示,并进行定量分析,无法进行定量分析的,应当有针对性地作出定性描述。

上市公司应当披露的风险包括但不限于本次重组审批风险、交易标的的权属风险、债权债务转移风险、交易标的的评估或估值风险、交易标的的由于政策、市场、经营、技术、汇率等因素对上市公司持续经营影响的风险,以及整合风险、业务转型风险、财务风险等。

上市公司和相关各方应当全面、审慎评估可能对本次重组以及重组后上市公司产生重大不利影响的所有因素,如有除上述风险之外的因素,应当予以充分披露。

第二十四条 上市公司应当披露重组涉及的其他重要事项,包括:

(一)本次交易完成后,上市公司是否存在资金、资产被实际控制人或其他关联人占用的情形;上市公司是否存在为实际控制人或其他关联人提供担保的情形;

（二）上市公司负债结构是否合理，是否存在因本次交易大量增加负债（包括或有负债）的情况；

（三）上市公司在最近十二个月内曾发生资产交易的，应当说明与本次交易的关系；

（四）本次交易对上市公司治理机制的影响；

（五）本次交易后上市公司的现金分红政策及相应的安排、董事会对上述情况的说明；

（六）本次交易涉及的相关主体买卖上市公司股票的自查情况；

（七）独立财务顾问和律师事务所对本次交易出具的结论性意见；

（八）本次交易聘请的独立财务顾问、律师事务所、会计师事务所、资产评估机构（如有）等专业机构名称、法定代表人、住所、联系电话、传真，以及有关经办人员的姓名；

（九）其他能够影响股东及其他投资者做出合理判断的、有关本次交易的所有信息，以及中国证监会及北交所要求披露的其他信息。

第二十五条 上市公司重大资产重组构成重组上市的，除应当按本章规定编制重组报告书外，还应当按照《公开发行证券的公司信息披露内容与格式准则第46号——北京证券交易所公司招股说明书》第二章第三节至第八节等相关章节的要求，对重组报告书的相关内容加以补充。上市公司应当逐项说明其购买的资产对应的经营实体是否符合《北京证券交易所向不特定合格投资者公开发行股票注册管理办法》（以下简称《注册管理办法》）规定的发行条件和北交所规定的置入资产的条件，证券服务机构应当发表明确的结论性意见。

第二十六条 上市公司以发行普通股作为对价向特定对象购买资产（以下简称发行股份购买资产）的，重组报告书中除包括本准则第二十五条规定的内容外，还应当包括以下内容：

（一）披露发行股份情况：

1. 上市公司发行股份的价格、定价原则、发行价格调整方案（如有），并充分说明定价的依据及合理性；

2. 上市公司拟发行股份的种类、每股面值、拟发行股份的数量及占发行后总股本的比例；

3. 特定对象所持股份的转让或交易限制，股东关于自愿锁定所持股份的相关承诺，本次重组涉及的业绩承诺；

4. 上市公司发行股份前后主要财务数据（如每股收益、每股净资产等）和其他重要财务指标的对照表；

5. 本次发行股份前后上市公司的股权结构，说明本次发行股份是否导致上市公司控制权发生变化。

（二）披露董事会结合股份发行价对应的市盈率、市净率水平以及本次发行对上市公司盈利能力、持续发展能力的影响等对股份发行定价合理性所作的分析；

（三）逐项说明是否符合《重组办法》第四十三条的规定。

上市公司重大资产重组以优先股、可转换公司债券等支付手段作为支付对价的，应当比照上述要求，并按照中国证监会及北交所的相关规定进行披露。

第二十七条 换股吸收合并涉及上市公司的，除比照本准则第二十六条相关要求进行披露之外，还应当包括以下内容：

（一）换股各方名称；

（二）换股价格及确定方法、换股价格调整方案；

（三）异议股东权利保护及现金选择权的相关安排；

（四）债权债务处置及债权人权利保护的相关安排；

（五）相关资产过户或交付的安排、员工安置情况。

上市公司发行优先股、向特定对象发行可转换公司债券等用于与其他公司合并的，应当比照上述要求，并按照中国证监会及北交所的相关规定进行披露。

第二十八条 上市公司发行股份购买资产同时募集部分配套资金的，在重组报告书"发行股份情况"部分还应当披露以下内容：

（一）募集配套资金的金额及占交易总金额的比例；

（二）募集配套资金发行股份的种类、每股面值、定价原则、发行数量及占本次交易前总股本的比例、占发行后总股本的比例；

（三）募集配套资金的必要性、具体用途、资金安排、测试依据、使用计划进度和预期收益；

（四）其他信息。本次募集配套资金管理和使用的内部控制制度，募集配套资金使用的分级审批权限、决策程序、风险控制措施及信息披露程序；本次募集配套资金失败的补救措施；对交易标的采取收益法评估时，预测现金流中是否包含了募集配套资金投入带来的收益。

第二十九条 上市公司应当编制重组报告书摘要，向公众提供有关本次重组的简要情况。摘要内容必须忠实于重组报告书全文，不得出现与全文相矛盾之处。上市公司编制的重组报告书摘要应当至少包括以下内容：

（一）本准则第七条到第九条的内容；

（二）上市公司应当在重组报告书摘要的显著位置载明：

"本重大资产重组报告书摘要的目的仅为向公众提供有关本次重组的简要情况,并不包括重大资产重组报告书全文的各部分内容。重大资产重组报告书全文同时刊载于×××网站;备查文件的查阅方式为:×××。"

"本公司及全体董事、监事、高级管理人员保证重大资产重组报告书及其摘要内容的真实、准确、完整,对报告书及其摘要的虚假记载、误导性陈述或者重大遗漏负相应的法律责任。"

第四章　中介机构的意见

第三十条　独立财务顾问应当按照本准则及有关业务准则的规定出具独立财务顾问报告,报告应当至少包括以下内容:

(一)说明本次重组是否符合《重组办法》的规定;是否构成重组上市,如构成,购买的资产对应的经营实体是否符合《注册管理办法》规定的发行条件和北交所规定的置入资产的条件;

(二)全面分析本次交易所涉及的资产定价和支付手段定价,并对定价的合理性发表明确意见;

(三)本次交易根据资产评估结果定价,应当对所选取的评估方法的适当性、评估假设前提的合理性、重要评估参数取值的合理性发表明确意见;本次交易不以资产评估结果作为定价依据的,应当对相关资产的估值方法、参数选择的合理性及其他影响估值结果的指标和因素发表明确意见;

(四)说明本次交易完成后上市公司的持续经营能力、市场地位、持续发展能力、公司治理机制、财务状况及是否存在损害股东合法权益的问题;

(五)对交易合同约定的资产交付安排是否可能导致上市公司交付现金或其他资产后不能及时获得对价的风险、相关的违约责任是否切实有效发表明确意见;

(六)对本次重组是否构成关联交易进行核查,并依据核查确认的相关事实发表明确意见。涉及关联交易的,还应当充分分析本次交易的必要性及本次交易是否损害上市公司及非关联股东的利益;

(七)交易对方与上市公司就相关资产实际盈利数不足利润预测数的情况签订补偿协议或提出填补每股收益具体措施的,独立财务顾问应当对补偿安排或具体措施的可行性、合理性发表意见(如有)。

第三十一条　上市公司应当提供由律师事务所按照本准则及有关业务准则的规定出具的法律意见书。律师事务所应当对照中国证监会的各项规定,在充分核查验证的基础上,至少就上市公司本次重组涉及的以下法律问题和事项发表明确的结论性意见:

(一)上市公司和交易对方是否具备相应的主体资格、是否依法有效存续;

(二)本次交易是否构成重组上市,如构成,购买的资产对应的经营实体是否符合《注册管理办法》规定的发行条件和北交所规定的置入资产的条件;

(三)本次交易是否已履行必要的批准或授权程序,相关的批准和授权是否合法有效;本次交易是否构成关联交易,构成关联交易的,是否已依法履行必要的审议批准程序和信息披露义务;本次交易涉及的须呈报有关主管部门批准的事项是否已获得有效批准;本次交易的相关合同和协议是否合法有效;

(四)标的资产(包括标的股权所涉及企业的主要资产)的权属状况是否清晰,权属证书是否完备有效,尚未取得完备权属证书的,应当说明取得权属证书是否存在法律障碍;标的资产是否存在产权纠纷或潜在纠纷,如有,应当说明对本次交易的影响;标的资产是否存在抵押、担保或其他权利受到限制的情况,如有,应当说明对本次交易的影响;

(五)本次交易所涉及的债权债务的处理及其他相关权利、义务的处理是否合法有效,其实施或履行是否存在法律障碍和风险;

(六)上市公司、交易对方和其他相关各方是否已履行法定的披露和报告义务,是否存在应当披露而未披露的合同、协议、安排或其他事项;

(七)本次交易是否符合《重组办法》等规章和相关规范性文件规定的原则和实质性条件;

(八)参与上市公司本次交易活动的证券服务机构是否具备必要的资格;

(九)本次交易是否符合相关法律、行政法规、部门规章和规范性文件的规定,是否存在法律障碍,是否存在其他可能对本次交易构成影响的法律问题和风险。

第三十二条　上市公司应当提供本次交易所涉及的相关资产的财务报告和审计报告。经审计的最近一期财务资料在财务会计报表截止日后六个月内有效,特别情况下可申请适当延长,但延长时间至多不超过一个月。

财务报告和审计报告应当按照与上市公司相同的会计制度和会计政策编制。

上市公司拟进行《重组办法》第十三条规定的重大资产重组的,还应当披露依据重组完成后的资产架构编制的上市公司最近一年及一期的备考财务报告和审计报告。其他重大资产重组,应当披露最近一年及一期的备考财务报告和审阅报告。

截至重组报告书披露之日，交易标的资产的财务状况和经营成果发生重大变动的，应当补充披露最近一期相关财务资料。

第三十三条 上市公司重大资产重组以评估值或资产估值报告中的估值金额作为交易标的定价依据的，应当披露相关资产的资产评估报告或资产估值报告。

资产评估机构或估值机构为本次重组而出具的评估或估值资料中应当明确声明在评估或估值基准日后××月内（最长十二个月）有效。

第五章 声明及附件

第三十四条 上市公司全体董事、监事、高级管理人员应当在重组报告书正文的尾页声明：

"本公司全体董事、监事、高级管理人员承诺本重大资产重组报告书不存在虚假记载、误导性陈述或者重大遗漏，并对其真实性、准确性、完整性承担个别和连带的法律责任。"

声明应当由全体董事、监事、高级管理人员签名，并加盖上市公司公章。

第三十五条 独立财务顾问应当对重组报告书的真实性、准确性、完整性进行核查，并在重组报告书正文后声明：

"本公司已对重大资产重组报告书进行了核查，确认不存在虚假记载、误导性陈述或者重大遗漏，并对其真实性、准确性和完整性承担相应的法律责任。"

声明应当由法定代表人或授权代表人、项目负责人、独立财务顾问主办人签名，并由独立财务顾问加盖公章。

第三十六条 为上市公司重大资产重组提供服务的其他证券服务机构应当在重组报告书正文后声明：

"本机构及经办人员（经办律师、签字注册会计师、签字注册资产评估师）已阅读重大资产重组报告书，确认重大资产重组报告书与本机构出具的专业报告（法律意见书、审计报告、资产评估报告）无矛盾之处。本机构及经办人员对上市公司在重大资产重组报告书中引用的专业报告的内容无异议，确认重大资产重组报告书不致因上述内容而出现虚假记载、误导性陈述或者重大遗漏，并对其真实性、准确性和完整性承担相应的法律责任。"

声明应当由经办人员及所在机构负责人签名，并由机构加盖公章。

第三十七条 重组报告书结尾应当列明附件并披露。附件应当包括下列文件：

（一）独立财务顾问报告；

（二）财务会计报表及审计报告；

（三）法律意见书；

（四）资产评估报告、资产估值报告（如有）；

（五）拟购买资产盈利预测报告（如有）；

（六）自查报告及相关说明；

（七）其他与本次重组有关的重要文件。

第三十八条 上市公司董事会应当就本次重组申请股票停止交易前或首次作出决议前（孰早）六个月至重组报告书披露之前一日止，上市公司及其董事、监事、高级管理人员，上市公司控股股东、实际控制人及其董事、监事、高级管理人员（或主要负责人），交易对方及其控股股东、实际控制人、董事、监事、高级管理人员（或主要负责人），相关专业机构及其他知悉本次重大资产交易内幕信息的法人和自然人，以及上述相关人员的直系亲属买卖上市公司股票及其他相关证券情况进行自查并制作自查报告。

前述主体在上述期限内存在买卖上市公司股票行为的，当事人应当书面说明其买卖股票行为是否利用了相关内幕信息；上市公司及相关方应当书面说明相关申请事项的动议时间，买卖股票人员是否参与决策，买卖行为与本次申请事项是否存在关联关系；律师事务所应当对相关当事人及其买卖行为进行核查，对该行为是否涉嫌内幕交易、是否对本次交易构成法律障碍发表明确意见。

第六章 持续披露

第三十九条 上市公司重大资产重组申请经中国证监会同意注册的，上市公司及相关证券服务机构应当根据中国证监会的注册情况重新修订重组报告书及相关证券服务机构的报告或意见，并作出补充披露。

第四十条 上市公司重大资产重组实施完毕后应当编制并披露至少包含以下内容的重大资产重组实施情况报告书：

（一）本次重组的实施过程，相关资产过户或交付、相关债权债务处理以及证券发行登记等事宜的办理状况；

（二）相关实际情况与此前披露的信息是否存在差异，包括相关资产的权属情况及历史财务数据是否如实披露、相关盈利预测或者管理层预计达到的目标是否实现、控股股东及其一致行动人、董事、监事、高级管理人员等特定主体自本次重组预案或重组报告书披露之日起至实施完毕期间的股份减持情况是否与计划一致等；

（三）董事、监事、高级管理人员的更换情况及其他相关人员的调整情况；重组过程中，是否存在上市公司资产被实际控制人及其他关联人占用、为实际控制人及其关联方提供担保的情形；

（四）相关协议、承诺的履行情况及未能履行承诺时相关约束措施的执行情况、后续事项的合规性及风险；

（五）其他需要披露的事项。

独立财务顾问应当对前款所述内容逐项进行核查，并发表明确意见。律师事务所应当对前款所述内容涉及的法律问题逐项进行核查，并发表明确意见。

第七章　附　则

第四十一条　本准则所述报告期指最近二年及一期，涉及重组上市情形的，报告期指最近三年及一期。

第四十二条　国家有关部门对上市公司信息披露另有规定的，上市公司还应当遵守相关规定并履行信息披露义务。

第四十三条　本准则由中国证监会负责解释。

第四十四条　本准则自公布之日起施行。《公开发行证券的公司信息披露内容与格式准则第 56 号——北京证券交易所上市公司重大资产重组》（证监会公告〔2021〕36 号）同时废止。

附件：上市公司重大资产重组申请文件目录（略）

第 57 号——招股说明书

- 2023 年 2 月 17 日
- 中国证券监督管理委员会公告〔2023〕4 号

第一章　总　则

第一条　为规范首次公开发行股票的信息披露行为，保护投资者合法权益，根据《中华人民共和国公司法》（以下简称《公司法》）、《中华人民共和国证券法》（以下简称《证券法》）、《国务院办公厅关于贯彻实施修订后的证券法有关工作的通知》《首次公开发行股票注册管理办法》（证监会令第 205 号）的规定，制定本准则。

第二条　申请在中华人民共和国境内首次公开发行股票并在上海证券交易所、深圳证券交易所（以下统称交易所）上市的公司（以下简称发行人或公司）应按本准则编制招股说明书，作为申请首次公开发行股票并上市的必备法律文件，并按本准则的规定进行披露。

第三条　本准则的规定是对招股说明书信息披露的最低要求。不论本准则是否有明确规定，凡对投资者作出价值判断和投资决策所必需的信息，均应披露。

本准则某些具体要求对发行人确实不适用的，发行人可根据实际情况，在不影响披露内容完整性前提下作适当调整，并在提交申请时作出说明。

第四条　发行人应以投资者投资需求为导向编制招股说明书，为投资者作出价值判断和投资决策提供充分且必要的信息，保证相关信息真实、准确、完整。

第五条　发行人在招股说明书中披露的财务会计信息应有充分依据，引用的财务报表、盈利预测报告（如有）应由符合《证券法》规定的会计师事务所审计、审阅或审核。

第六条　发行人在招股说明书中应谨慎、合理地披露盈利预测及其他涉及发行人未来经营和财务状况信息。

第七条　发行人有充分依据证明本准则要求披露的某些信息涉及国家秘密、商业秘密及其他因披露可能导致违反国家有关保密法律法规规定或严重损害公司利益的，可按程序申请豁免披露。

第八条　招股说明书应便于投资者阅读，简明清晰，通俗易懂，尽量使用图表、图片或其他较为直观的披露方式，具有可读性和可理解性：

（一）应客观、全面，使用事实描述性语言，突出事件实质，不得选择性披露，不得使用市场推广和宣传用语；

（二）应使用直接、简洁、确定的语句，尽可能使用日常用语、短句和图表，避免使用艰深晦涩、生僻难懂的专业术语或公文用语，避免直接从法律文件中摘抄复杂信息而不对相关内容作出清晰正确解释；

（三）披露内容应具有相关性，围绕发行人实际情况作出充分、准确、具体的分析描述；

（四）应充分利用索引和附件等方式，不同章节或段落披露同一语词、表述、事项应具有一致性，在不影响信息披露完整性和不致引起阅读不便前提下，可以相互引征；

（五）披露内容不得简单罗列、堆砌，避免冗余、格式化、模板化。

第九条　招股说明书引用相关意见、数据或有外文译本的，应符合下列要求：

（一）应准确引用与本次发行有关的中介机构专业意见或报告；

（二）引用第三方数据或结论，应注明资料来源，确保权威、客观、独立并符合时效性要求，应披露第三方数据是否专门为本次发行准备以及发行人是否为此支付费用或提供帮助；

（三）引用数字应采用阿拉伯数字，货币金额除特别说明外应指人民币金额，并以元、千元、万元或百万元为单位；

（四）应保证中、外文文本一致，并在外文文本上注明："本招股说明书分别以中、英（或日、法等）文编制，对中外文本理解发生歧义时，以中文文本为准。"

第十条　信息披露事项涉及重要性水平判断的，发行人应结合自身业务特点，区分合同、子公司及参股公司、关联交易、诉讼或仲裁、资源要素等不同事项，披露重要性水平确定标准和选择依据。

第十一条　特定行业发行人，除执行本准则外，还应执行中国证券监督管理委员会（以下简称中国证监会）制定的该行业信息披露特别规定。

第十二条　发行人在境内外同时发行股票的，应遵循"就高不就低"原则编制招股说明书，并保证同一事项披露内容一致。

第十三条　发行人报送申请文件后发生应披露事项的，应按规定及时履行信息披露义务。

第十四条　发行人发行股票前应在交易所网站和符合中国证监会规定条件的报刊依法开办的网站全文刊登招股说明书，同时在符合中国证监会规定条件的报刊刊登提示性公告，告知投资者网上刊登地址及获取文件途径。

发行人可以将招股说明书以及有关附件刊登于其他网站，但披露内容应完全一致，且不得早于在交易所网站、符合中国证监会规定条件的网站的披露时间。

保荐人出具的发行保荐书、证券服务机构出具的文件以及其他与发行有关的重要文件应作为招股说明书的附件。

第二章　一般规定

第一节　封面、扉页、目录、释义

第十五条　招股说明书文本封面应标有"×××公司首次公开发行股票并在主板/科创板/创业板上市招股说明书"字样，并载明发行人、保荐人、主承销商的名称和住所。

第十六条　发行人应在招股说明书扉页显要位置载明：

"中国证监会、交易所对本次发行所作的任何决定或意见，均不表明其对发行人注册申请文件及所披露信息的真实性、准确性、完整性作出保证，也不表明其对发行人的盈利能力、投资价值或者对投资者的收益作出实质性判断或保证。任何与之相反的声明均属虚假不实陈述。"

"根据《证券法》规定，股票依法发行后，发行人经营与收益的变化，由发行人自行负责；投资者自主判断发行人的投资价值，自主作出投资决策，自行承担股票依法发行后因发行人经营与收益变化或者股票价格变动引致的投资风险。"

第十七条　招股说明书扉页应列表载明下列内容：

（一）发行股票类型；

（二）发行股数，股东公开发售股数（如有）；

（三）每股面值；

（四）每股发行价格；

（五）预计发行日期；

（六）拟上市的证券交易所和板块；

（七）发行后总股本，发行境外上市外资股的还应披露境内上市流通的股份数量和境外上市流通的股份数量；

（八）保荐人、主承销商；

（九）招股说明书签署日期。

发行人股东公开发售股份的，应载明发行人拟发行新股和股东拟公开发售股份的数量，提示股东公开发售股份所得资金不归发行人所有。

第十八条　招股说明书目录应标明各章、节的标题及相应页码，内容编排应符合通行惯例。

第十九条　发行人应在招股说明书目录次页对可能造成投资者理解障碍及有特定含义的术语作出释义。

第二节　概　览

第二十条　发行人应对招股说明书作精确、扼要的概览，确保概览内容具体清晰、易于理解，以便投资者整体把握企业概况，不应重复列示招股说明书其他章节的内容，不得披露招股说明书其他章节披露内容以外的其他信息。

第二十一条　发行人应在招股说明书概览显要位置声明：

"本概览仅对招股说明书全文作扼要提示。投资者作出投资决策前，应认真阅读招股说明书全文。"

第二十二条　发行人应结合业务情况披露有助于投资者了解其业务特征及本次发行相关的重要信息，并根据重要性原则对披露内容进行排序，概览内容包括但不限于：

（一）遵循重要性和相关性原则，根据实际情况作"重大事项提示"，简明扼要披露重大风险和其他应提醒投资者特别关注的重要事项，并索引至相关章节内容；

(二)列表披露发行人及本次发行的中介机构基本情况,参考格式如下:

(一)发行人基本情况			
发行人名称		成立日期	
注册资本		法定代表人	
注册地址		主要生产经营地址	
控股股东		实际控制人	
行业分类		在其他交易场所(申请)挂牌或上市的情况	
(二)本次发行的有关中介机构			
保荐人		主承销商	
发行人律师		其他承销机构	
审计机构		评估机构(如有)	
发行人与本次发行有关的保荐人、承销机构、证券服务机构及其负责人、高级管理人员、经办人员之间存在的直接或间接的股权关系或其他利益关系			
(三)本次发行其他有关机构			
股票登记机构		收款银行	
其他与本次发行有关的机构			

(三)列表披露本次发行概况,参考格式如下:

(一)本次发行的基本情况			
股票种类			
每股面值			
发行股数		占发行后总股本比例	
其中:发行新股数量		占发行后总股本比例	
股东公开发售股份数量		占发行后总股本比例	
发行后总股本			
每股发行价格			
发行市盈率(标明计算基础和口径)			
发行前每股净资产		发行前每股收益	
发行后每股净资产		发行后每股收益	
发行市净率(标明计算基础和口径)			
预测净利润(如有)			

发行方式	
发行对象	
承销方式	
募集资金总额	
募集资金净额	
募集资金投资项目	
发行费用概算	
高级管理人员、员工拟参与战略配售情况（如有）	
保荐人相关子公司拟参与战略配售情况（如有）	
拟公开发售股份股东名称、持股数量及拟公开发售股份数量、发行费用的分摊原则（如有）	

（二）本次发行上市的重要日期

刊登发行公告日期	
开始询价推介日期	
刊登定价公告日期	
申购日期和缴款日期	
股票上市日期	

（四）结合主要经营和财务数据概述发行人主营业务经营情况，包括主要业务、主要产品或服务及其用途、所需主要原材料及重要供应商、主要生产模式、销售方式和渠道及重要客户、行业竞争情况及发行人在行业中的竞争地位（如市场份额或排名数据）等；

（五）简要披露发行人板块定位情况；

（六）列表披露发行人报告期主要财务数据和财务指标，参考格式如下：

项目					
资产总额（万元）					
归属于母公司所有者权益（万元）					
资产负债率（母公司）（*）					
营业收入（万元）					
净利润（万元）					

归属于母公司所有者的净利润(万元)				
扣除非经常性损益后归属于母公司所有者的净利润(万元)				
基本每股收益(元)				
稀释每股收益(元)				
加权平均净资产收益率(＊)				
经营活动产生的现金流量净额(万元)				
现金分红(万元)				
研发投入占营业收入的比例(＊)				

（七）简要披露发行人财务报告审计截止日后主要财务信息及经营状况、盈利预测信息(如有)；

（八）披露发行人选择的具体上市标准；

（九）简要披露发行人公司治理特殊安排等重要事项(如有)；

（十）简要披露募集资金运用与未来发展规划；

（十一）其他对发行人有重大影响的事项(如重大诉讼等)。

第三节 风险因素

第二十三条 发行人应遵循重要性原则，简明易懂且具逻辑性地披露当前及未来可预见对发行人构成重大不利影响的直接和间接风险。

发行人应按方便投资者投资决策原则将风险因素分类为与发行人相关的风险、与行业相关的风险和其他风险。

第二十四条 发行人应结合行业特征、自身情况等，针对性、个性化披露实际面临的风险因素，应避免笼统、模板化表述，不应披露可适用任何发行人的风险。

第二十五条 发行人应使用恰当标题概括描述具体风险点，精准清晰充分地揭示每项风险因素的具体情形、产生原因、目前发展阶段和对发行人的影响。风险因素所依赖的事实应与招股说明书其他章节信息保持一致。

第二十六条 发行人应对风险因素作定量分析，对导致风险的变动性因素作敏感性分析。无法定量分析的，应针对性作出定性描述，清晰告知投资者可能发生的最不利情形。

第二十七条 一项风险因素不得描述多个风险。披露风险因素不得包含风险对策、发行人竞争优势及类似表述。

第四节 发行人基本情况

第二十八条 发行人应披露基本情况，主要包括：

（一）注册名称(中、英文)；

（二）注册资本；

（三）法定代表人；

（四）成立日期；

（五）住所和邮政编码；

（六）电话、传真号码；

（七）互联网网址；

（八）电子信箱；

（九）负责信息披露和投资者关系的部门、负责人和联系方式。

第二十九条 发行人应以时间轴、图表或其他有效形式简要披露公司设立情况和报告期内股本、股东变化情况。发行人属于有限责任公司整体变更为股份有限公司的，应披露有限责任公司设立情况。

发行人应简要披露成立以来重要事件(含报告期内重大资产重组)，包括具体内容、所履行的法定程序以及对管理层、控制权、业务发展及经营业绩的影响。

发行人应披露公司在其他证券市场的上市/挂牌情况，包括上市/挂牌时间、地点、期间受处罚情况、退市情况等(如有)。

第三十条 发行人应采用方框图或其他有效形式，全面披露持有发行人百分之五以上股份或表决权的主要股东、实际控制人，发行人的分公司、子公司及参股公司。

第三十一条 发行人应简要披露重要子公司及对发行人有重大影响的参股公司情况，主要包括成立时间、注册资本、实收资本、注册地和主要生产经营地、主营业务情况、在发行人业务板块中定位、股东构成及控制情况、最近一年及一期末的总资产和净资产、最近一年及一期的营业收入和净利润,并标明财务数据是否经过审计及审计机构名称。

发行人确定子公司是否重要时,应考虑子公司的收入、利润、总资产、净资产等财务指标占合并报表相关指标的比例,以及子公司经营业务、未来发展战略、持有资质或证照等对公司的影响等因素。

发行人应列表简要披露其他子公司及参股公司情况,包括股权结构、出资金额、持股比例、入股时间、控股方及主营业务情况等。

第三十二条 发行人应披露持有发行人百分之五以上股份或表决权的主要股东及实际控制人的基本情况,主要包括:

(一)控股股东、实际控制人的基本情况。控股股东、实际控制人为法人的,应披露成立时间、注册资本、实收资本、注册地和主要生产经营地、股东构成、主营业务及其与发行人主营业务的关系、最近一年及一期末的总资产和净资产、最近一年及一期的营业收入和净利润,并标明财务数据是否经过审计及审计机构名称;控股股东、实际控制人为自然人的,应披露国籍、是否拥有永久境外居留权、身份证号码;控股股东、实际控制人为合伙企业等非法人组织的,应披露出资人构成、出资比例及实际控制人;

(二)控股股东和实际控制人直接或间接持有发行人的股份是否存在被质押、冻结或发生诉讼纠纷等情形,上述情形产生的原因及对发行人可能产生的影响;

(三)实际控制人应披露至最终的国有控股主体、集体组织、自然人等;

(四)无控股股东、实际控制人的,应参照本条对发行人控股股东及实际控制人的要求披露对发行人有重大影响的股东情况;

(五)其他持有发行人百分之五以上股份或表决权的主要股东的基本情况。主要股东为法人的,应披露成立时间、注册资本、实收资本、注册地和主要生产经营地、股东构成、主营业务及其与发行人主营业务的关系;主要股东为自然人的,应披露国籍、是否拥有永久境外居留权、身份证号码;主要股东为合伙企业等非法人组织的,应披露出资人构成、出资比例。

第三十三条 发行人存在特别表决权股份或类似安排的,应披露相关安排的基本情况,包括设置特别表决权安排的股东大会决议、特别表决权安排运行期限、持有人资格、特别表决权股份拥有的表决权数量与普通股份拥有表决权数量的比例安排、持有人所持特别表决权股份参与表决的股东大会事项范围、特别表决权股份锁定安排及转让限制等,应披露差异化表决安排可能导致的相关风险和对公司治理的影响,以及相关投资者保护措施。

第三十四条 发行人存在协议控制架构的,应披露协议控制架构的具体安排,包括协议控制架构涉及的各方法律主体的基本情况、主要合同核心条款等。

第三十五条 发行人应披露控股股东、实际控制人报告期内是否存在贪污、贿赂、侵占财产、挪用财产或者破坏社会主义市场经济秩序的刑事犯罪,是否存在欺诈发行、重大信息披露违法或者其他涉及国家安全、公共安全、生态安全、生产安全、公众健康安全等领域的重大违法行为。

第三十六条 发行人应披露股本有关情况,主要包括:

(一)本次发行前总股本、本次发行及公开发售的股份,以及本次发行及公开发售的股份占发行后总股本的比例;

(二)本次发行前的前十名股东;

(三)本次发行前的前十名自然人股东及其担任发行人职务情况;

(四)发行人股本有国有股份或外资股份的,应根据有关主管部门对股份设置的批复文件披露相应的股东名称、持股数量、持股比例。涉及国有股的,应在国有股东之后标注"SS"、"CS",披露前述标识的依据及含义;

(五)发行人申报前十二个月新增股东的基本情况、入股原因、入股价格及定价依据,新增股东与发行人其他股东、董事、监事、高级管理人员是否存在关联关系,新增股东与本次发行的中介机构及其负责人、高级管理人员、经办人员是否存在关联关系,新增股东是否存在股份代持情形等。属于战略投资者的,应予注明并说明具体战略关系;

(六)本次发行前各股东间的关联关系、一致行动关系及关联股东各自持股比例;

(七)发行人股东公开发售股份的,应披露公开发售股份对发行人的控制权、治理结构及生产经营的影响,并提示投资者关注上述事项。

第三十七条 发行人应披露董事、监事、高级管理人员及其他核心人员的简要情况,主要包括:

(一)姓名、国籍及境外居留权;

(二)性别、年龄;

(三)学历及专业背景、职称;

(四)主要业务经历及实际负责的业务活动;对发行

人设立、发展有重要影响的董事、监事、高级管理人员及其他核心人员,还应披露其创业或从业历程;

(五)曾经担任的重要职务及任期;

(六)现任发行人的职务及任期;对于董事、监事,应披露其提名人;

(七)兼职情况及所兼职单位与发行人的关联关系,与发行人其他董事、监事、高级管理人员及其他核心人员的亲属关系;

(八)最近三年涉及行政处罚、监督管理措施、纪律处分或自律监管措施、被司法机关立案侦查、被中国证监会立案调查情况。

第三十八条 发行人应披露与董事、监事、高级管理人员及其他核心人员签订的对投资者作出价值判断和投资决策有重大影响的协议,以及有关协议履行情况。

发行人应列表披露董事、监事、高级管理人员、其他核心人员及其配偶、父母、配偶的父母、子女、子女的配偶以任何方式直接或间接持有发行人股份的情况,持有人姓名及所持股份被质押、冻结或发生诉讼纠纷的情况。股份被质押、冻结或发生诉讼纠纷的,应披露原因及对发行人可能产生的影响。

第三十九条 发行人董事、监事、高级管理人员及其他核心人员最近三年内发生变动的,应以列表方式汇总披露变动情况、原因及影响。

第四十条 发行人应披露董事、监事、高级管理人员及其他核心人员与发行人及其业务相关的对外投资情况,包括投资金额、持股比例、有关承诺和协议、利益冲突解决情况。

第四十一条 发行人应披露董事、监事、高级管理人员及其他核心人员的薪酬组成、确定依据、所履行程序及报告期内薪酬总额占发行人各期利润总额的比例,最近一年从发行人及其关联企业获得收入情况,以及其他待遇和退休金计划等。

发行人应简要披露本次公开发行申报前已经制定或实施的股权激励或期权激励及相关安排,披露其对公司经营状况、财务状况、控制权变化等方面的影响,以及上市后行权安排。

第四十二条 发行人应简要披露员工情况,包括员工人数及报告期内变化情况,员工专业结构,报告期内社会保险和住房公积金缴纳情况。

第五节 业务与技术

第四十三条 发行人应按照业务重要性顺序,清晰、准确、客观、完整披露主营业务、主要产品或服务及演变情况。发行人经营多种业务、产品或服务的,分类口径应前后一致。发行人的主营业务、主要产品或服务分属不同行业的,应分行业分别披露相关信息。主要包括:

(一)主营业务、主要产品或服务的基本情况,主营业务收入的主要构成及特征;

(二)主要经营模式,如采购模式、生产或服务模式、营销及管理模式等,分析采用目前经营模式的原因、影响经营模式的关键因素、经营模式和影响因素在报告期内的变化情况及未来变化趋势。发行人的业务及模式具有创新性的,应披露其独特性、创新内容及持续创新机制;

(三)成立以来主营业务、主要产品或服务、主要经营模式的演变情况;

(四)结合主要经营和财务数据,分析发行人主要业务经营情况和核心技术产业化情况;

(五)主要产品或服务的工艺流程图或服务的流程图,结合流程图关键节点说明核心技术的具体使用情况和效果;相关业务无固定流程的,发行人应结合业务和产品特征针对性分析业务关键环节和核心技术在业务中的具体表现;

(六)结合所属行业特点,披露报告期各期具有代表性的业务指标,并分析变动情况及原因;

(七)结合主要产品和业务,披露符合产业政策和国家经济发展战略的情况。

第四十四条 发行人应结合所处行业情况披露业务竞争状况,主要包括:

(一)所属行业及确定所属行业的依据;

(二)结合行业特征及发行人自身情况,针对性、个性化简要披露所属细分行业的行业主管部门、行业监管体制、行业主要法律法规政策;发行人应避免简单重述行业共性法律法规政策,应重点结合报告期初以来新制定或修订、预期近期出台的与发行人生产经营密切相关、对目前或未来经营有重大影响的法律法规、行业政策,披露对发行人经营资质、准入门槛、运营模式、行业竞争格局等方面的主要影响;

(三)所属细分行业技术水平及特点、进入本行业主要壁垒、行业发展态势、面临机遇与风险、行业周期性特征,以及上述情况在报告期内的变化和未来可预见的变化趋势;发行人所属行业在产业链中的地位和作用,与上、下游行业之间的关联性;

(四)所属细分行业竞争格局、行业内主要企业,发行人产品或服务的市场地位、竞争优势与劣势,发行人与同行业可比公司在经营情况、市场地位、技术实力、衡量核心竞争力的关键业务数据、指标等方面的比较情况；

发行人应披露同行业可比公司的选择依据及相关业务可比程度；可以结合不同业务选择不同可比公司，但同一业务可比公司应保持一致；

（五）发行人描述竞争状况、市场地位及竞争优劣势应有最新市场数据支持，可从主要产品或服务的生产链、具体架构、产品模块、参数等方面运用图表结合数据，分析披露主要产品或服务竞争优劣势；

（六）发行人在披露主要产品或服务特点、业务模式、行业竞争程度、外部市场环境等影响因素时，应说明相关因素如何影响盈利和财务状况。

第四十五条 发行人应披露销售情况和主要客户，主要包括：

（一）报告期各期主要产品或服务的规模（产能、产量、销量，或服务能力、服务量）、销售收入、产品或服务的主要客户群体、销售价格的总体变动情况。存在多种销售模式的，应披露各销售模式的规模及占当期销售总额的比例；

（二）报告期各期向前五名客户合计销售额占当期销售总额的比例；向单个客户的销售占比超过百分之五十的、新增属于前五名客户或严重依赖少数客户的，应披露客户名称或姓名、销售比例；上述客户为发行人关联方的，应披露产品最终实现销售情况；受同一实际控制人控制的客户，应合并计算销售额。

第四十六条 发行人应披露采购情况和主要供应商，主要包括：

（一）报告期各期采购产品、原材料、能源或接受服务的情况，相关价格变动情况及趋势；

（二）报告期各期向前五名供应商合计采购额占当期采购总额的比例；向单个供应商的采购占比超过百分之五十的、新增属于前五名供应商或严重依赖少数供应商的，应披露供应商名称或姓名、采购比例；受同一实际控制人控制的供应商，应合并计算采购额。

第四十七条 发行人应披露对主要业务有重大影响的主要固定资产、无形资产等资源要素的构成，分析各要素与所提供产品或服务的内在联系（如分析各要素的充分性、适当性、相关产能及利用程度），对生产经营的重要程度，是否存在瑕疵及瑕疵资产占比，是否存在纠纷或潜在纠纷，是否对发行人持续经营存在重大不利影响。

发行人与他人共享资源要素（如特许经营权）的，应披露共享的方式、条件、期限、费用等。

第四十八条 发行人应披露主要产品或服务的核心技术及技术来源，相关技术所处阶段（如处于基础研究、试生产、小批量生产或大批量生产阶段）；披露核心技术是否取得专利或其他技术保护措施。

发行人应按重要性原则披露正在从事对发行人目前或未来经营有重大影响的研发项目、进展情况及拟达到目标，报告期研发费用占营业收入的比例等。与他人合作研发的，应披露合作协议主要内容、权利义务划分约定及采取的保密措施等。

发行人应披露保持技术持续创新的机制、技术储备及创新安排等。

第四十九条 发行人应披露生产经营涉及的主要环境污染物、主要处理设施及处理能力。

存在高危险、重污染情况的，应披露安全生产及污染治理情况、安全生产及环境保护方面受处罚情况、最近三年相关成本费用支出及未来支出情况，是否符合安全生产和环境保护要求。

发行人应依法披露法律法规强制披露的环境信息。

第五十条 发行人在中华人民共和国境外生产经营的，应披露经营的总体情况，并对有关业务活动进行地域性分析。发行人在境外拥有资产的，应披露主要资产的具体内容、资产规模、所在地、经营管理和盈利情况等。

第六节 财务会计信息与管理层分析

第五十一条 发行人应使用投资者可理解的语言，采用定量与定性相结合的方法，清晰披露所有重大财务会计信息，并结合自身业务特点和投资者决策需要，分析重要财务会计信息的构成、来源与变化等情况，保证财务会计信息与业务经营信息的逻辑一致性。

发行人应披露与财务会计信息相关的重大事项及重要性水平的判断标准。

发行人应提示投资者阅读财务报告、审计报告和审阅报告（如有）全文。

第五十二条 发行人应披露报告期的资产负债表、利润表和现金流量表，以及会计师事务所的审计意见类型和关键审计事项；编制合并财务报表的，原则上只披露合并财务报表，同时说明合并财务报表的编制基础、合并范围及变化情况；存在协议控制架构或类似特殊安排的，应披露其是否纳入合并范围及依据；存在多个业务或地区分部的，应披露分部信息。

第五十三条 发行人应结合自身业务活动实质、经营模式特点等，重点披露与行业相关、与同行业可比公司存在重大差异或对发行人财务状况、经营成果及财务报表理解具有重大影响的会计政策及其关键判断、会计估计及其假设的衡量标准、会计政策及会计估计的具体执行标准及选择依据,并分析是否符合一般会计原则。发行人不应简单重述一般会计原则。

发行人重大会计政策或会计估计与可比上市公司存在较大差异的,应分析差异原因及影响。发行人报告期存在重大会计政策变更、会计估计变更、会计差错更正的,应披露变更或更正的具体内容、原因及对发行人财务状况和经营成果的影响。

第五十四条 发行人应依据经注册会计师鉴证的非经常性损益明细表,以合并财务报表数据为基础,披露报告期非经常性损益的具体内容、金额及对当期经营成果的影响、扣除非经常性损益后的净利润金额。

第五十五条 发行人应披露报告期母公司及重要子公司、各主要业务适用的主要税种、税率。存在税收优惠的,应按税种分项说明相关法律法规或政策依据、批准或备案情况、具体幅度及有效期限。

报告期发行人税收政策存在重大变化或税收优惠政策对发行人经营成果有重大影响的,发行人应披露税收政策变化对经营成果的影响及报告期各期税收优惠占税前利润的比例,并分析发行人是否对税收优惠存在严重依赖、未来税收优惠是否可持续。

第五十六条 发行人应结合所在行业特征,针对性披露报告期的主要财务指标,包括流动比率、速动比率、资产负债率、利息保障倍数、应收账款周转率、存货周转率、息税折旧摊销前利润、归属于发行人股东的净利润、归属于发行人股东扣除非经常性损益后的净利润、研发投入占营业收入的比例、每股经营活动产生的现金流量、每股净现金流量、基本每股收益、稀释每股收益、归属于发行人股东的每股净资产、净资产收益率。净资产收益率和每股收益的计算应执行中国证监会有关规定。

第五十七条 发行人的管理层分析一般应包括发行人的经营成果、资产质量、偿债能力、流动性与持续经营能力、重大资本性支出与资产业务重组等方面。发行人应明确披露对上述方面有重大影响的关键因素及影响程度,并分析该等因素对公司未来财务状况和盈利能力可能产生的影响;目前已存在新的趋势或变化的,应分析可能对公司未来财务状况和盈利能力产生重大影响的情况。

影响因素的分析应包括财务因素和非财务因素,发行人应将财务会计信息与业务经营信息互为对比印证;不应简单重述财务报表或附注内容,应采用逐年比较、差异因素量化计算、同行业对比等易于理解的分析方式。

发行人对经营成果、资产质量、偿债能力及流动性与持续经营能力、重大资本性支出与资产业务重组的分析一般应包括但不限于第五十八条至第六十一条的内容,可结合实际情况按照重要性原则针对性增减。

第五十八条 发行人应以管理层视角,结合"业务与技术"中披露的业务、经营模式、技术水平、竞争力等要素披露报告期内取得经营成果的逻辑,应披露主要影响项目、事项或因素在数值与结构变动方面的原因、影响程度及风险趋势,一般应包括下列内容:

(一)报告期营业收入以及主营业务收入的构成与变动原因;按产品或服务的类别及地区分布,结合客户结构及销售模式,分析主要产品或服务的销售数量、价格与结构变化情况、原因及对营业收入变化的具体影响;产销量或合同订单完成量等业务数据与财务数据的一致性;营业收入存在季节性波动的,应分析季节性因素对各季度经营成果的影响;

(二)报告期营业成本的分部信息、主要成本项目构成及变动原因;结合主要原材料、能源等采购对象的数量与价格变动情况及原因,分析营业成本变化的影响因素;

(三)报告期毛利的构成与变动情况;综合毛利率、分产品或服务毛利率的变动情况;以数据分析方式说明毛利率的主要影响因素及变化趋势;存在同行业可比公司相同或相近产品或服务的,应对比分析毛利率差异和原因;

(四)报告期销售费用、管理费用、研发费用、财务费用的主要构成及变动原因;与同行业可比公司存在显著差异的,应结合业务特点和经营模式分析原因;

按重要性原则披露研发费用对应研发项目的整体预算、费用支出、实施进度等情况;

(五)对报告期经营成果有重大影响的非经常性损益项目、少数股东损益、未纳入合并报表范围的对外投资形成的投资收益或价值变动对公司经营成果及盈利能力稳定性的影响;区分与收益相关或与资产相关的政府补助,分析披露对发行人报告期与未来期间的影响;

(六)按税种分项披露报告期公司应缴与实缴税额及各期变化原因;

(七)尚未盈利或存在累计未弥补亏损的,应充分披露该情形成因,以及对公司现金流、业务拓展、人才吸引、团队稳定、研发投入、战略性投入、生产经营可持续性等方面的影响。

第五十九条 发行人应结合经营管理政策分析资产质量,披露对发行人存在重大影响的主要资产项目的质量特征、风险状况、变动原因及趋势，一般应包括下列内容：

（一）结合应收款项主要构成、账龄结构、预期信用损失的确定方法、信用政策、主要债务人等因素，分析披露报告期应收款项的变动原因及期后回款进度，说明是否存在较大坏账风险；应收款项坏账准备计提比例明显低于同行业可比公司的，应分析披露具体原因；

（二）结合业务模式、存货管理政策、经营风险控制等因素，分析披露报告期末存货的分类构成及变动原因，说明是否存在异常的存货余额或结构变动情形；结合存货减值测试的方法和结果，分析存货减值计提是否充分；

（三）报告期末持有金额较大的以摊余成本计量的金融资产、以公允价值计量且其变动计入其他综合收益的金融资产、以公允价值计量且其变动计入当期损益的金融资产以及借与他人款项、委托理财等财务性投资的，应分析投资目的、期限、管控方式、可回收性、减值准备计提充分性及对发行人资金安排或流动性的影响；

（四）结合产能、业务量或经营规模变化等因素，分析披露报告期末固定资产的分布特征与变动原因，重要固定资产折旧年限与同行业可比公司相比是否合理；报告期存在大额在建工程转入固定资产的，应说明其内容、依据及影响，尚未完工交付项目转入固定资产的条件和预计时间；固定资产与在建工程是否存在重大减值迹象；

（五）报告期末主要对外投资项目的投资期限、投资金额和价值变动、股权投资占比等情况，对发行人报告期及未来的影响；对外投资项目已计提减值或存在减值迹象的，应披露减值测试的方法和结果，分析减值准备计提是否充分；

（六）报告期末无形资产、开发支出的主要类别与变动原因，重要无形资产对发行人业务和财务的影响；无形资产减值测试的方法和结果，减值准备计提的充分性；存在开发支出资本化的，应披露具体项目、资本化依据、时间及金额；

（七）报告期末商誉的形成原因、变动与减值测试依据等。

第六十条 发行人应分析偿债能力、流动性与持续经营能力，一般应包括下列内容：

（一）最近一期末银行借款、关联方借款、合同承诺债务、或有负债等主要债项的金额、期限、利率及利息费用等情况；逾期未偿还债项原因及解决措施；借款费用资本化情况及依据、时间和金额。发行人应分析可预见的未来需偿还的负债金额及利息金额，重点说明未来十二个月内的情况，并结合公司相关偿债能力指标、现金流、融资能力与渠道、表内负债、表外融资及或有负债等情况，分析公司偿债能力；

（二）报告期股利分配的具体实施情况；

（三）报告期经营活动产生的现金流量、投资活动产生的现金流量、筹资活动产生的现金流量的基本情况、主要构成和变动原因。报告期经营活动产生的现金流量净额为负数或者与当期净利润存在较大差异的，应分析披露原因及主要影响因素；

（四）截至报告期末的重大资本性支出决议以及未来其他可预见的重大资本性支出计划和资金需求量；涉及跨行业投资的，应说明与公司未来发展战略的关系；存在较大资金缺口的，应说明解决措施及影响；

（五）结合长短期债务配置期限、影响现金流量的重要事件或承诺事项以及风险管理政策，分析披露发行人的流动性已经或可能产生的重大变化或风险趋势，以及发行人应对流动性风险的具体措施；

（六）结合公司的业务或产品定位、报告期经营策略以及未来经营计划，分析披露发行人持续经营能力是否存在重大不利变化的风险因素，以及管理层自我评判的依据。

第六十一条 发行人报告期存在重大投资或资本性支出、重大资产业务重组或股权收购合并等事项的，应分析披露该等重大事项的必要性与基本情况，对发行人生产经营战略、报告期及未来期间经营成果和财务状况的影响。

第六十二条 发行人披露的财务会计信息或业绩预告信息应满足及时性要求。

发行人应扼要披露资产负债表日后事项、或有事项、其他重要事项以及重大担保、诉讼等事项在招股说明书签署日的进展情况，披露该等事项对发行人未来财务状况、经营成果及持续经营能力的影响。

第六十三条 发行人认为提供盈利预测信息有助于投资者对发行人作出正确判断，且确信能对未来期间盈利情况作出比较切合实际预测的，可以披露盈利预测信息，并声明："本公司盈利预测报告是管理层在最佳估计假设基础上编制的，但所依据的各种假设具有不确定性，投资者应谨慎使用。"

发行人应提示投资者阅读盈利预测报告及审核报告全文。

第六十四条 发行人尚未盈利的，应披露未来是否可实现盈利的前瞻性信息及其依据、基础假设等。

发行人应声明:"本公司前瞻性信息是建立在推测性假设数据基础上的预测,具有重大不确定性,投资者应谨慎使用。"

第六十五条 发行人已境外上市或拟同时境内外上市的,因适用不同会计准则导致财务报告存在差异的,应披露差异事项产生原因及差异调节表,并注明境外会计师事务所的名称。境内外会计师事务所的审计意见类型存在差异的,应披露境外会计师事务所的审计意见类型及差异原因。

第七节 募集资金运用与未来发展规划

第六十六条 发行人应披露募集资金的投向和使用管理制度,披露募集资金对发行人主营业务发展的贡献、未来经营战略的影响。

发行人应结合公司主营业务、生产经营规模、财务状况、技术条件、管理能力、发展目标等情况,披露募集资金投资项目的确定依据,披露相关项目实施后是否新增构成重大不利影响的同业竞争,是否对发行人的独立性产生不利影响。

第六十七条 发行人应按照重要性原则披露募集资金运用情况,主要包括:

(一)募集资金的具体用途,简要分析可行性及与发行人主要业务、核心技术之间的关系;

(二)募集资金的运用和管理安排,所筹资金不能满足预计资金使用需求的,应披露缺口部分的资金来源及落实情况;

(三)募集资金运用涉及审批、核准或备案程序的,应披露相关程序履行情况;

(四)募集资金运用涉及与他人合作的,应披露合作方基本情况、合作方式、各方权利义务关系;

(五)募集资金拟用于收购资产的,应披露拟收购资产的内容、定价情况及与发行人主营业务的关系;向实际控制人、控股股东及其关联方收购资产,对被收购资产有效益承诺的,应披露承诺效益无法完成时的补偿责任;

(六)募集资金拟用于向其他企业增资或收购其他企业股份的,应披露拟增资或收购企业的基本情况、主要经营情况及财务情况,增资资金折合股份或收购股份定价情况,增资或收购前后持股比例及控制情况,增资或收购行为与发行人业务发展规划的关系;

(七)募集资金用于偿还债务的,应披露该项债务的金额、利率、到期日、产生原因及用途,对发行人偿债能力、财务状况和财务费用的具体影响。

第六十八条 发行人应披露制定的战略规划,报告期内为实现战略目标已采取的措施及实施效果,未来规划采取的措施等。

第八节 公司治理与独立性

第六十九条 发行人应结合《公司法》、中国证监会关于公司治理的有关规定及公司章程,披露报告期内发行人公司治理存在的缺陷及改进情况。

第七十条 发行人应披露公司管理层对内部控制完整性、合理性及有效性的自我评估意见以及注册会计师对公司内部控制的鉴证意见。报告期内公司内部控制存在重大缺陷的,发行人应披露相关内控缺陷及整改情况。

第七十一条 发行人应披露报告期内存在的违法违规行为及受到处罚、监督管理措施、纪律处分或自律监管措施的情况,并说明对发行人的影响。

发行人可汇总或分类披露情节显著轻微的违法违规行为及受到处罚、监督管理措施、纪律处分或自律监管措施的情况。

第七十二条 发行人应披露报告期内是否存在资金被控股股东、实际控制人及其控制的其他企业以借款、代偿债务、代垫款项或者其他方式占用的情况,或者为控股股东、实际控制人及其控制的其他企业担保的情况。

第七十三条 发行人应分析披露其具有直接面向市场独立持续经营的能力,主要包括:

(一)资产完整方面。生产型企业具备与生产经营有关的主要生产系统、辅助生产系统和配套设施,合法拥有与生产经营有关的主要土地、厂房、机器设备以及商标、专利、非专利技术的所有权或者使用权,具有独立的原料采购和产品销售系统;非生产型企业具备与经营有关的业务体系及主要相关资产;

(二)人员独立方面。发行人的总经理、副总经理、财务负责人和董事会秘书等高级管理人员不在控股股东、实际控制人及其控制的其他企业担任除董事、监事以外的其他职务,不在控股股东、实际控制人及其控制的其他企业领薪;发行人的财务人员不在控股股东、实际控制人及其控制的其他企业兼职;

(三)财务独立方面。发行人已建立独立的财务核算体系、能够独立作出财务决策;具有规范的财务会计制度和对分公司、子公司的财务管理制度;发行人未与控股股东、实际控制人及其控制的其他企业共用银行账户;

(四)机构独立方面。发行人已建立健全内部经营管理机构,独立行使经营管理职权,与控股股东和实际控制人及其控制的其他企业不存在机构混同的情形;

(五)业务独立方面。发行人的业务独立于控股股东、实际控制人及其控制的其他企业，与控股股东、实际控制人及其控制的其他企业不存在对发行人构成重大不利影响的同业竞争，以及严重影响独立性或者显失公平的关联交易；

（六）发行人主营业务、控制权、管理团队稳定，最近三年内主营业务和董事、高级管理人员均没有发生重大不利变化；发行人的股份权属清晰，不存在导致控制权可能变更的重大权属纠纷，最近三年实际控制人没有发生变更；

（七）发行人不存在主要资产、核心技术、商标有重大权属纠纷，重大偿债风险，重大担保、诉讼、仲裁等或有事项，经营环境已经或将要发生重大变化等对持续经营有重大影响的事项。

报告期内发行人独立持续经营能力存在瑕疵的，发行人应披露瑕疵情形及整改情况。

第七十四条 发行人应披露与控股股东、实际控制人及其控制的其他企业从事相同、相似业务的情况，并论证是否对发行人构成重大不利影响，披露发行人防范利益输送、利益冲突及保持独立性的具体安排等。

控股股东、实际控制人控制的其他企业报告期内与发行人发生重大关联交易或与发行人从事相同、相似业务的，发行人应披露该企业的基本情况，包括主营业务、与发行人业务关系、最近一年及一期末总资产和净资产、最近一年及一期营业收入和净利润，并标明是否经审计及审计机构名称。

第七十五条 发行人应根据《公司法》《企业会计准则》及中国证监会有关规定披露关联方、关联关系和关联交易。

第七十六条 发行人应披露报告期内关联交易总体情况，并根据交易性质和频率，按照经常性和偶发性分类披露关联交易及关联交易对发行人财务状况和经营成果的影响。

发行人应区分重大关联交易和一般关联交易，并披露重大关联交易的判断标准及依据。

重大经常性关联交易，应分别披露报告期内关联方名称、交易内容、交易价格确定方法及公允性、交易金额及占当期营业收入或营业成本的比例、占当期同类型交易比例以及关联交易变化趋势，与交易相关应收应付款项余额及变化原因，以及上述关联交易是否将持续发生。

重大偶发性关联交易，应披露报告期内关联方名称、交易时间、交易内容、交易价格确定方法及公允性、交易金额、资金结算情况、交易产生的利润及对发行人当期经营成果、主营业务的影响。

发行人应列表汇总简要披露报告期内发生的全部一般关联交易。

第七十七条 发行人应披露关联交易的原因，简要披露报告期内关联交易是否履行公司章程规定的审议程序，以及独立董事对关联交易履行的审议程序是否合法及交易价格是否公允的意见。

第七十八条 发行人应披露报告期内关联方变化情况。关联方变为非关联方的，发行人应比照关联交易的要求持续披露与原关联方的后续交易情况，以及原关联方相关资产、人员的去向等。

第九节 投资者保护

第七十九条 发行人应简要披露本次发行完成前滚存利润的分配安排和已履行的决策程序。发行前滚存利润归发行前股东享有的，应披露滚存利润审计和派发情况。

第八十条 发行人应披露本次发行前后股利分配政策差异情况，有关现金分红的股利分配政策、决策程序及监督机制。发行人分红资金主要来源于重要子公司的，应披露子公司分红政策。

第八十一条 发行人存在特别表决权股份、协议控制架构或类似特殊安排，尚未盈利或存在累计未弥补亏损的，应披露保护投资者合法权益的各项措施，包括但不限于下列内容：

（一）发行人存在特别表决权股份等特殊架构的，持有特别表决权的股东应按照所适用的法律以及公司章程行使权利，不得滥用特别表决权，不得损害投资者的合法权益。损害投资者合法权益的，发行人及持有特别表决权的股东应改正，并依法承担对投资者的损害赔偿责任；

（二）尚未盈利企业的控股股东、实际控制人和董事、监事、高级管理人员关于减持股票的特殊安排或承诺。

第十节 其他重要事项

第八十二条 发行人应披露对报告期经营活动、财务状况或未来发展等具有重要影响的已履行、正在履行和将要履行的合同情况，包括合同当事人、合同标的、合同价款或报酬、履行期限、实际履行情况等，并分析对发行人的影响及存在的风险。与同一交易主体在一个会计年度内连续发生的相同内容或性质的合同应累计计算。

第八十三条 发行人应披露对外担保情况，主要包括：

(一)被担保人的名称、注册资本、实收资本、住所、生产经营情况、与发行人有无关联关系、最近一年及一期末总资产和净资产、最近一年及一期营业收入和净利润;

(二)主债务的种类、金额和履行期限;

(三)担保方式;采用抵押、质押方式的,应披露担保物的种类、数量、价值等相关情况;

(四)担保范围;

(五)担保期间;

(六)解决争议方法;

(七)其他对担保人有重大影响的条款;

(八)担保履行情况;

(九)存在反担保的,应简要披露相关情况;

(十)该等担保对发行人业务经营和财务状况的影响。

第八十四条 发行人应披露对财务状况、经营成果、声誉、业务活动、未来前景等可能产生较大影响的诉讼或仲裁事项,以及控股股东或实际控制人、子公司,发行人董事、监事、高级管理人员和其他核心人员作为一方当事人可能对发行人产生影响的刑事诉讼、重大诉讼或仲裁事项,主要包括:

(一)案件受理情况和基本案情;

(二)诉讼或仲裁请求;

(三)判决、裁决结果及执行情况;

(四)诉讼、仲裁案件对发行人的影响。

第十一节 声 明

第八十五条 发行人及其全体董事、监事、高级管理人员应在招股说明书正文的尾页声明:

"本公司及全体董事、监事、高级管理人员承诺本招股说明书的内容真实、准确、完整,不存在虚假记载、误导性陈述或重大遗漏,按照诚信原则履行承诺,并承担相应的法律责任。"

声明应由全体董事、监事、高级管理人员签字,并由发行人盖章。

第八十六条 发行人控股股东、实际控制人应在招股说明书正文后声明:

"本公司(或本人)承诺本招股说明书的内容真实、准确、完整,不存在虚假记载、误导性陈述或重大遗漏,按照诚信原则履行承诺,并承担相应的法律责任。"

声明应由控股股东、实际控制人签字、盖章。

第八十七条 保荐人(主承销商)应在招股说明书正文后声明:

"本公司已对招股说明书进行核查,确认招股说明书的内容真实、准确、完整,不存在虚假记载、误导性陈述或重大遗漏,并承担相应的法律责任。"

声明应由法定代表人、保荐代表人、项目协办人签字,并由保荐人(主承销商)盖章。

第八十八条 发行人律师应在招股说明书正文后声明:

"本所及经办律师已阅读招股说明书,确认招股说明书与本所出具的法律意见书无矛盾之处。本所及经办律师对发行人在招股说明书中引用的法律意见书的内容无异议,确认招股说明书不致因上述内容而出现虚假记载、误导性陈述或重大遗漏,并承担相应的法律责任。"

声明应由经办律师及所在律师事务所负责人签字,并由律师事务所盖章。

第八十九条 为本次发行承担审计业务的会计师事务所应在招股说明书正文后声明:

"本所及签字注册会计师已阅读招股说明书,确认招股说明书与本所出具的审计报告、审阅报告(如有)、盈利预测审核报告(如有)、内部控制鉴证报告及经本所鉴证的非经常性损益明细表等无矛盾之处。本所及签字注册会计师对发行人在招股说明书中引用的审计报告、审阅报告(如有)、盈利预测审核报告(如有)、内部控制鉴证报告及经本所鉴证的非经常性损益明细表等的内容无异议,确认招股说明书不致因上述内容而出现虚假记载、误导性陈述或重大遗漏,并承担相应的法律责任。"

声明应由签字注册会计师及所在会计师事务所负责人签字,并由会计师事务所盖章。

第九十条 为本次发行承担评估业务的资产评估机构应在招股说明书正文后声明:

"本机构及签字资产评估师已阅读招股说明书,确认招股说明书与本机构出具的资产评估报告无矛盾之处。本机构及签字资产评估师对发行人在招股说明书中引用的资产评估报告的内容无异议,确认招股说明书不致因上述内容而出现虚假记载、误导性陈述或重大遗漏,并承担相应的法律责任。"

声明应由签字资产评估师及所在资产评估机构负责人签字,并由资产评估机构盖章。

第九十一条 为本次发行承担验资业务的机构应在招股说明书正文后声明:

"本机构及签字注册会计师已阅读招股说明书,确认招股说明书与本机构出具的验资报告无矛盾之处。本机构及签字注册会计师对发行人在招股说明书中引用的验资报告的内容无异议,确认招股说明书不致因上述内容而出现虚假记载、误导性陈述或重大遗漏,并承担相应的法律责任。"

声明应由签字注册会计师及所在验资机构负责人签字,并由验资机构盖章。

第九十二条 本准则要求的有关人员签名下方应以印刷体形式注明其姓名。

第十二节 附 件

第九十三条 发行人应按本准则规定披露以下附件:

(一)发行保荐书;

(二)上市保荐书;

(三)法律意见书;

(四)财务报告及审计报告;

(五)公司章程(草案);

(六)落实投资者关系管理相关规定的安排、股利分配决策程序、股东投票机制建立情况;

(七)与投资者保护相关的承诺。应充分披露发行人、股东、实际控制人、发行人的董事、监事、高级管理人员以及本次发行的保荐人及证券服务机构等作出的重要承诺、未能履行承诺的约束措施以及已触发履行条件承诺事项的履行情况。承诺事项主要包括:

1. 本次发行前股东所持股份的限售安排、自愿锁定股份、延长锁定期限以及股东持股及减持意向等承诺;

2. 稳定股价的措施和承诺;

3. 发行人因欺诈发行、虚假陈述或者其他重大违法行为给投资者造成损失的,发行人控股股东、实际控制人、相关证券公司自愿作出先行赔付投资者的承诺(如有);

4. 股份回购和股份买回的措施和承诺;

5. 对欺诈发行上市的股份回购和股份买回承诺;

6. 填补被摊薄即期回报的措施及承诺;

7. 利润分配政策的承诺;

8. 依法承担赔偿责任的承诺;

9. 控股股东、实际控制人避免新增同业竞争的承诺;

10. 其他承诺事项。

(八)发行人及其他责任主体作出的与发行人本次发行上市相关的其他承诺事项;

(九)发行人审计报告基准日至招股说明书签署日之间的相关财务报告及审阅报告(如有);

(十)盈利预测报告及审核报告(如有);

(十一)内部控制鉴证报告;

(十二)经注册会计师鉴证的非经常性损益明细表;

(十三)股东大会、董事会、监事会、独立董事、董事会秘书制度的建立健全及运行情况说明;

(十四)审计委员会及其他专门委员会的设置情况说明;

(十五)募集资金具体运用情况(如募集资金投向和使用管理制度、募集资金投入的时间周期和进度、投资项目可能存在的环保问题及新取得的土地或房产等);

(十六)子公司、参股公司简要情况(包括成立时间、注册资本、实收资本、注册地和主要生产经营地、主营业务情况、在发行人业务板块中定位、股东构成及控制情况、最近一年及一期末的总资产和净资产、最近一年及一期的营业收入和净利润,并标明财务数据是否经过审计及审计机构名称);

(十七)其他与本次发行有关的重要文件。

第三章 特别规定

第九十四条 拟在科创板上市的发行人应在招股说明书显要位置提示科创板投资风险,作如下声明:

"本次发行股票拟在科创板上市,科创板公司具有研发投入大、经营风险高、业绩不稳定、退市风险高等特点,投资者面临较大的市场风险。投资者应充分了解科创板的投资风险及本公司所披露的风险因素,审慎作出投资决定。"

拟在创业板上市的发行人应在招股说明书显要位置提示创业板投资风险,作如下声明:

"本次发行股票拟在创业板上市,创业板公司具有创新投入大、新旧产业融合存在不确定性、尚处于成长期、经营风险高、业绩不稳定、退市风险高等特点,投资者面临较大的市场风险。投资者应充分了解创业板的投资风险及本公司所披露的风险因素,审慎作出投资决定。"

第九十五条 发行人应在"业务与技术"中详细披露以下内容:

拟在主板上市的,应披露业务发展过程和模式成熟度、经营稳定性和行业地位;拟在科创板上市的,应披露科研水平、科研人员、科研资金投入等相关信息;拟在创业板上市,应披露自身的创新、创造、创意特征,针对性披露科技创新、模式创新或者业态创新情况。

第九十六条 拟在科创板或创业板上市的发行人适用本准则第三十九条和第七十三条第(六)款相关规定时披露"最近二年"情况。

第九十七条 拟在科创板或创业板上市的发行人应在"业务与技术"中结合行业技术水平和对行业的贡献,

披露发行人的技术先进性及具体表征；披露发行人的核心技术在主营业务及产品或服务中的应用和贡献情况；披露核心技术人员、研发人员占员工总数的比例，核心技术人员的学历背景构成，取得的专业资质及重要科研成果和获得奖项情况，对公司研发的具体贡献，发行人对核心技术人员实施的约束激励措施，报告期内核心技术人员的主要变动情况及对发行人的影响。

拟在科创板上市的发行人应披露核心技术的科研实力和成果情况，包括获得重要奖项、承担重大科研项目、核心学术期刊发表论文等情况；披露发行人新技术新产品商业化情况。

第九十八条 拟在科创板上市的发行人应披露募集资金重点投向科技创新领域的具体安排。

拟在创业板上市的发行人应披露募集资金对其业务创新、创造、创意性的支持作用。

第九十九条 拟在科创板上市且尚未盈利的发行人应在"投资者保护"中披露核心技术人员关于减持股票的特殊安排或承诺。

第一百条 拟在科创板上市的发行人应在"附件"中充分披露核心技术人员的重要承诺、未能履行承诺的约束措施以及已触发履行条件承诺事项的履行情况。

第四章 附 则

第一百零一条 红筹企业申请首次公开发行股票或发行存托凭证并在主板/科创板/创业板上市的，应同时遵循本准则以及《公开发行证券的公司信息披露编报规则第 23 号——试点红筹企业公开发行存托凭证招股说明书内容与格式指引》等规定。

第一百零二条 本准则自公布之日起施行。《公开发行证券的公司信息披露内容与格式准则第 1 号——招股说明书（2015 年修订）》（证监会公告〔2015〕32 号）、《公开发行证券的公司信息披露内容与格式准则第 41 号——科创板公司招股说明书》（证监会公告〔2019〕6 号）、《公开发行证券的公司信息披露内容与格式准则第 28 号——创业板公司招股说明书（2020 年修订）》（证监会公告〔2020〕31 号）同时废止。

第 58 号——首次公开发行股票并上市申请文件

· 2023 年 2 月 17 日
· 中国证券监督管理委员会公告〔2023〕5 号

第一条 为规范首次公开发行股票并上市申请文件的格式和报送方式，根据《中华人民共和国证券法》《国务院办公厅关于贯彻实施修订后的证券法有关工作的通知》《首次公开发行股票注册管理办法》（证监会令第 205 号）的规定，制定本准则。

第二条 申请在中华人民共和国境内首次公开发行股票并在上海证券交易所、深圳证券交易所（以下统称交易所）上市的公司（以下简称发行人）应按本准则的要求制作和报送申请文件，并通过交易所发行上市审核业务系统报送电子文件。

报送的电子文件应和预留原件一致。发行人律师应对报送的电子文件与预留原件的一致性出具鉴证意见。报送的电子文件和预留原件具有同等的法律效力。

第三条 本准则附件规定的申请文件目录是对发行申请文件的最低要求。中国证券监督管理委员会（以下简称中国证监会）和交易所根据审核需要可以要求发行人、保荐人和相关证券服务机构补充文件。如果某些文件对发行人不适用，发行人应作出书面说明。补充文件和相关说明也应通过交易所发行上市审核业务系统报送。

第四条 申请文件一经受理，未经中国证监会或者交易所同意，不得改动。

第五条 发行人应确保申请文件的原始纸质文件已存档。

对于申请文件的原始纸质文件，发行人不能提供有关文件原件的，应由发行人律师提供鉴证意见，或由出文单位盖章，以保证与原件一致。如原出文单位不再存续，由承继其职权的单位或作出撤销决定的单位出文证明文件的真实性。

第六条 申请文件的原始纸质文件所有需要签名处，应载明签名字样的印刷体，并由签名人亲笔签名，不得以名章、签名章等代替。

申请文件的原始纸质文件中需要由发行人律师鉴证的文件，发行人律师应在该文件首页注明"以下第××页至第××页与原件一致"，并签名和签署鉴证日期，律师事务所应在该文件首页加盖公章，并在第××页至第××页侧面以公章加盖骑缝章。

第七条 发行人应根据交易所对申请文件的问询及中国证监会对申请文件的反馈问题补充、修改材料。保荐人和相关证券服务机构应对相关问题进行尽职调查并补充出具专业意见。

第八条 发行人向交易所发行上市审核业务系统报送的申请文件应采用标准".doc"、".docx"或".pdf"格式，按幅面为209毫米×295毫米规格的纸张（相当于标准A4纸张规格）进行排版，并应采用合适的字体、字号、行距，易于投资者阅读。

申请文件的正文文字应为宋体小四号，1.5倍行距。一级标题应为黑体三号，二级标题应为黑体四号，三级标题应为黑体小四号，各级标题采用一致的段落间距。

申请文件章与章之间、节与节之间应有明显的分隔标识。文档应根据各级标题建立文档结构图以便于阅读。

申请文件中的页码应与目录中标识的页码相符。例如，第四部分4-1的页码标注为4-1-1，4-1-2，4-1-3，……4-1-n。

第九条 未按本准则的要求制作和报送申请文件的，交易所可以按照有关规定不予受理。

第十条 红筹企业申请首次公开发行股票或发行存托凭证并上市，应同时按照本准则和相关规定制作和报送申请文件。

第十一条 本准则自公布之日起施行。《公开发行证券的公司信息披露内容与格式准则第9号——首次公开发行股票并上市申请文件》（证监发行字〔2006〕6号）、《公开发行证券的公司信息披露内容与格式准则第42号——首次公开发行股票并在科创板上市申请文件》（证监会公告〔2019〕7号）、《公开发行证券的公司信息披露内容与格式准则第29号——首次公开发行股票并在创业板上市申请文件（2020年修订）》（证监会公告〔2020〕32号）同时废止。

附：首次公开发行股票并上市申请文件目录（略）

第59号——上市公司发行证券申请文件

- 2023年2月17日
- 中国证券监督管理委员会公告〔2023〕6号

第一条 为规范上海证券交易所、深圳证券交易所（以下统称交易所）上市公司（以下简称发行人）发行证券申请文件的报送行为，根据《中华人民共和国公司法》《中华人民共和国证券法》《上市公司证券发行注册管理办法》，制定本准则。

第二条 发行人申请发行证券的，应按本准则的规定制作申请文件，并通过交易所发行上市审核业务系统报送电子文件。

报送的电子文件应和预留原件一致。发行人律师应对报送的电子文件和预留原件的一致性出具鉴证意见。

报送的电子文件和预留原件具有同等的法律效力。

第三条 本准则规定的申请文件目录是对发行申请文件的最低要求，中国证券监督管理委员会（以下简称中国证监会）和交易所根据需要，可以要求发行人、保荐人和相关证券服务机构提供补充文件。补充文件和相关说明也应通过交易所发行上市审核业务系统报送。

第四条 发行人认为申请文件目录中的某些内容对其不适用的，应就不适用的内容作出列表说明。

第五条 保荐人应对科创板上市公司募集资金投向属于科技创新领域出具专项意见。

第六条 申请文件一经受理，未经中国证监会或者交易所同意，不得改动。

第七条 发行人应确保申请文件的原始纸质文件已存档。

对于申请文件的原始纸质文件，发行人不能提供有关文件原件的，应由发行人律师提供鉴证意见，或由出文单位盖章，以保证与原件一致。如原出文单位不再存续，由承继其职权的单位或作出撤销决定的单位出文证明文件的真实性。

第八条 申请文件的原始纸质文件所有需要签名处，应载明签名字样的印刷体，并由签名人亲笔签名，不得以名章、签名章等代替。

申请文件的原始纸质文件中需要由发行人律师鉴证的文件，发行人律师应在该文件首页注明"以下第××页至第××页与原件一致"，并签名和签署鉴证日期，律师事务所应在该文件首页加盖公章，并在第××页至第××页侧面以公章加盖骑缝章。

第九条 发行人应根据交易所对发行申请文件的审核问询以及中国证监会对申请文件的注册反馈问题提供补充和修改材料。保荐人和相关证券服务机构应对相关问题进行尽职调查并出具专业意见。

第十条 发行人向交易所发行上市审核业务系统报送的申请文件应采用标准".doc"".docx"或".pdf"格式文件，按幅面为209毫米×295毫米规格的纸张（标准A4纸张规格）进行排版，并应采用合适的字体、字号、行距，以便于投资者阅读。

申请文件的正文文字应为宋体小四，1.5倍行距。一级标题应为黑体三号，二级标题应为黑体四号，三级标题应为黑体小四号，且各级标题应分别采用一致的段落间距。

申请文件章与章之间、节与节之间应有明显的分隔标识。为便于阅读，".doc"".docx"文档应根据各级标题建立文档结构图,".pdf"文档应建立书签。

申请文件中的页码应与目录中的页码相符。例如,第四部分4-1的页码标注为:4-1-1,4-1-2,4-1-3,……4-1-n。

第十一条 未按本准则的要求制作和报送发行申请文件的,交易所可按有关规定不予受理。

第十二条 红筹企业发行证券的,应按本准则和相关规定制作和报送申请文件。

第十三条 本准则由中国证监会负责解释。

第十四条 本准则自公布之日起施行。《公开发行证券的公司信息披露内容与格式准则第10号——上市公司公开发行证券申请文件》(证监发行字〔2006〕1号)、《公开发行证券的公司信息披露内容与格式准则第37号——创业板上市公司发行证券申请文件(2020年修订)》(证监会公告〔2020〕35号)、《公开发行证券的公司信息披露内容与格式准则第45号——科创板上市公司发行证券申请文件》(证监会公告〔2020〕39号)同时废止。

附件:上市公司发行证券申请文件目录(略)

第60号——上市公司向不特定对象发行证券募集说明书

· 2023年2月17日
· 中国证券监督管理委员会公告〔2023〕7号

第一章 总 则

第一条 为规范上海证券交易所、深圳证券交易所(以下统称交易所)上市公司(以下简称发行人)发行证券的信息披露行为,保护投资者合法权益,根据《中华人民共和国公司法》(以下简称《公司法》)、《中华人民共和国证券法》(以下简称《证券法》)、《上市公司证券发行注册管理办法》的规定,制定本准则。

第二条 本准则所称证券包括股票、可转换公司债券(以下简称可转债)、存托凭证以及国务院认定的其他品种。

第三条 申请向不特定对象发行证券并上市的公司,应按本准则的规定编制募集说明书并予以披露。

前款规定的募集说明书包括配股说明书、增发招股意向书、增发招股说明书、可转债募集说明书等募集文件。

第四条 发行人应以投资者投资需求为导向编制募集说明书,为投资者作出价值判断和投资决策提供充分且必要的信息,保证相关信息的内容真实、准确、完整。

募集说明书涉及应公开而未公开重大信息的,发行人应按有关规定及时履行信息披露义务。

本次发行涉及重大资产重组的,募集说明书的信息披露还应符合中国证券监督管理委员会(以下简称中国证监会)有关重大资产重组的规定。

第五条 募集说明书的编制应遵循以下要求:

(一)应客观、全面,使用事实描述性语言,突出事件实质,不得选择性披露,不得使用市场推广的宣传用语;

(二)应使用直接、简洁、确定的语句,尽可能使用短句、解释性句子和表单,尽量避免使用艰深晦涩、生僻难懂的专业术语或公文用语,避免直接从法律文件中摘抄复杂信息而不对相关内容作出清晰正确解释;

(三)披露的内容应具有相关性,围绕发行人实际情况作出充分、准确、具体的分析描述;

(四)对不同章节或段落出现的同一语词、表述、事项的披露应具有一致性,在不影响信息披露的完整性和不致引起阅读不便的前提下,可以相互引征;

(五)应准确引用与本次发行有关的中介机构的专业意见或报告;

(六)引用第三方数据或结论,应注明资料来源并真实、准确、完整引用,确保依据权威、客观、独立并符合时效性要求,应披露第三方数据是否专门为本次发行准备以及发行人是否为此支付费用或提供帮助;

(七)引用的数字应采用阿拉伯数字,货币金额除特别说明外,应指人民币金额,并以元、千元、万元或百万元为单位;

(八)对于曾在定期报告、临时报告或其他信息披露文件中披露过的信息,如事实未发生变化,发行人可采用索引的方法进行披露,并提供查询网址;

(九)发行人可编制募集说明书外文译本,但应保证中、外文文本一致,并在外文文本上注明:"本募集说明书分别以中、英(或日、法等)文编制,对中外文本理解发生歧义时,以中文文本为准。"

第六条 增发招股意向书除发行数量、发行价格等内容可不确定外,其它内容和格式应与增发招股说明书一致。

增发招股意向书应载明"本招股意向书的所有内容均构成招股说明书不可撤销的组成部分,与招股说明书具有同等法律效力。"

发行价格确定后,发行人应编制增发招股说明书,刊登于交易所网站和符合中国证监会规定条件的报刊依法开办的网站。

第七条 发行人应在交易所网站和符合中国证监会规定条件的报刊依法开办的网站披露本次发行募集说明书,并在符合中国证监会规定条件的报刊依法开办的网站刊登上市公司发行证券提示性公告,告知投资者网上刊登的地址及获取文件的途径。

提示性公告应载有下列内容:

(一)发行证券的类型;

(二)发行数量;

(三)面值;

(四)发行方式与发行对象;

(五)承销方式(如有);

(六)发行日期(预计);

(七)发行人、保荐人、主承销商的联系地址及联系电话。

第八条 发行人将募集说明书披露于其他渠道的,其内容应完全一致,且不得早于在交易所网站、符合中国证监会规定条件的报刊依法开办的网站的披露时间。

第九条 本准则某些具体要求对发行人不适用的,发行人可根据实际情况,在不影响内容完整性的前提下作适当调整,但应在提交申请时作书面说明。

第十条 发行人有充分证据证明本准则要求披露的某些信息涉及国家秘密、商业秘密及其他因披露可能导致违反国家有关保密法律法规规定或严重损害公司利益的,可申请豁免按本准则披露。

第十一条 特殊行业的发行人编制募集说明书,还应遵循中国证监会关于该行业信息披露的特别规定。

第二章 募集说明书

第一节 封面、扉页、目录、释义

第十二条 募集说明书文本封面应标有"×××公司×××说明书"字样,并载明已上市证券简称和代码、发行人注册地、保荐人、主承销商、募集说明书公告时间。

第十三条 募集说明书文本扉页应刊载如下声明:

"中国证监会、交易所对本次发行所作的任何决定或意见,均不表明其对申请文件及所披露信息的真实性、准确性、完整性作出保证,也不表明其对发行人的盈利能力、投资价值或者对投资者的收益作出实质性判断或保证。任何与之相反的声明均属虚假不实陈述。"

"根据《证券法》的规定,证券依法发行后,发行人经营与收益的变化,由发行人自行负责。投资者自主判断发行人的投资价值,自主作出投资决策,自行承担证券依法发行后因发行人经营与收益变化或者证券价格变动引致的投资风险。"

第十四条 发行人应在募集说明书文本扉页中,就对投资者作出投资决策或价值判断有重大影响的事项作"重大事项提示",提醒投资者注意。

第十五条 募集说明书目录应标明各章、节的标题及相应的页码。发行人应在目录次页对投资者理解可能造成障碍或有特定含意的术语作出释义。

第二节 本次发行概况

第十六条 发行人应披露本次发行的基本情况,包括:

(一)发行人的中英文名称及注册地、境内上市证券简称和代码、上市地;

(二)本次发行的背景和目的;

(三)本次发行的证券类型、发行数量、证券面值、发行价格或定价方式、预计募集资金量(含发行费用)及募集资金净额、募集资金专项存储的账户;

(四)募集资金投向;

(五)发行方式与发行对象;

(六)承销方式及承销期;

(七)发行费用;

(八)证券上市的时间安排、申请上市的证券交易所;

(九)本次发行证券的上市流通,包括各类投资者持有期的限制或承诺。

第十七条 向不特定对象发行可转债的,发行人应披露可转债的基本条款,包括:

(一)期限,最短为一年,最长为六年;

(二)面值,每张面值一百元;

(三)利率;

(四)转股期限;

(五)评级情况,资信评级机构进行信用评级和跟踪评级,资信评级机构每年至少公告一次跟踪评级报告;

(六)保护债券持有人权利的办法,以及债券持有人会议的权利、程序和决议生效条件。存在下列事项之一的,应召开债券持有人会议:拟变更募集说明书的约定,发行人不能按期支付本息,发行人减资、合并、分立、解散或者申请破产,保证人或者担保物发生重大变化,以及其他影响债券持有人重大权益的事项;

(七)转股价格调整的原则及方式。发行可转债后,因配股、增发、送股、派息、分立及其他原因引起上市公司股份变动的,应同时调整转股价格;如果约定转股价格向下修正条款的,应同时约定转股价格修正方案须提交公司股东大会表决且须经出席会议的股东所持表决权的三分之二以上同意,持有公司可转债的股东回避表决,修正后的转股价格不低于通过修正方案的股东大会召开日前二十个交易日上市公司股票交易均价和前一个交易日的均价;

(八)赎回条款,规定上市公司可按事先约定的条件和价格赎回尚未转股的可转债;

(九)回售条款,债券持有人可以按事先约定的条件和价格将所持债券回售给上市公司的回售条款;上市公司改变公告的募集资金用途的,应赋予债券持有人一次回售权利的条款;

(十)还本付息期限、方式等,应约定可转债期满后五个工作日内办理完毕偿还债券余额本息的事项;

(十一)构成可转债违约的情形、违约责任及其承担方式以及可转债发生违约后的诉讼、仲裁或其他争议解决机制。

第十八条　发行人应列表披露下列机构的名称、法定代表人、住所、经办人员姓名、联系电话、传真:

(一)发行人;
(二)保荐人和承销机构;
(三)律师事务所;
(四)会计师事务所;
(五)申请上市的证券交易所;
(六)收款银行;
(七)资产评估机构(如有);
(八)资信评级机构(如有);
(九)债券担保人(如有);
(十)其他与本次发行有关的机构。

第十九条　发行人应列表披露其与本次发行有关的保荐人、承销机构、证券服务机构及其负责人、高级管理人员、经办人员之间存在的直接或间接的股权关系或其他利益关系。

第三节　风险因素

第二十条　发行人应遵循重要性原则按顺序简明易懂且具逻辑性地披露当前及未来可预见对发行人及本次发行产生重大不利影响的直接和间接风险。

发行人应以方便投资者投资决策参考的原则,将风险因素分类为与发行人相关的风险、与行业相关的风险和其他风险。

第二十一条　发行人应结合行业特征、自身情况等,针对性、个性化披露其实际面临的风险因素,应避免笼统、模板化表述,所披露内容不应是可适用于任何发行人的风险。

第二十二条　发行人应使用恰当标题概括描述具体风险点,清晰、充分、准确揭示每项风险因素的具体情形、产生原因、目前发展阶段和对发行人的影响程度。风险因素所依赖的事实应与募集说明书其他章节信息保持一致。

第二十三条　发行人应对风险因素作定量分析,对导致风险的变动性因素作敏感性分析。无法定量分析的,应针对性作出定性描述,以清晰方式告知投资者可能发生的最不利情形。

第二十四条　一项风险因素不得描述多个风险。披露风险因素不得包含风险对策、发行人竞争优势及类似表述。

第四节　发行人基本情况

第二十五条　发行人应披露本次发行前的股本总额及前十名股东的名称、持股数量、股份性质、股份限售的有关情况。

第二十六条　科创板上市公司应披露科技创新水平以及保持科技创新能力的机制或措施。

第二十七条　发行人应以图表方式披露其组织结构和对其他企业的重要权益投资情况。

列表披露发行人重要子公司的成立时间、注册资本、实收资本、发行人持有的权益比例、主要业务及主要生产经营地、最近一年该企业总资产、净资产、营业收入、净利润等财务数据,并注明有关财务数据是否经过审计及审计机构名称。发行人确定子公司是否重要时,应考虑子公司的收入、利润、总资产、净资产等财务指标占合并报表相关指标的比例,以及子公司经营业务、未来发展战略、持有资质或证照等对公司的影响等因素。

第二十八条　发行人应披露控股股东和实际控制人的基本情况及最近三年(上市不足三年的为上市以来)的变化情况;无控股股东、实际控制人的,应披露对发行人有重大影响的股东情况。

实际控制人应披露到最终的国有控股主体、集体组织或自然人为止。若发行人的控股股东或实际控制人为自然人,应披露其姓名、简要背景及所持有的发行人股票被质押的情况,同时披露该自然人对其他企业的投资情况。若发行人的控股股东或实际控制人为法人,应披露该法人的名称及其股东。披露该法人的成立日期、注册资本、主要业务、主要资产的规模及分布、最近一年每公司财务报表的主要财务数据、所持有的发行人股票被质押的情况。

第二十九条 发行人应披露报告期内发行人、控股股东、实际控制人以及发行人董事、监事、高级管理人员、其他核心人员作出的重要承诺及其履行情况，以及与本次发行相关的承诺事项。

第三十条 发行人应列表披露现任董事、监事、高级管理人员、其他核心人员的基本情况，包括姓名、性别、年龄、主要从业经历、兼职、薪酬、持有本公司的股份及最近三年的变动情况等。

发行人应披露其对董事、高级管理人员及其他员工的激励情况。

科创板上市公司应披露核心技术人员的基本情况。

第三十一条 发行人存在特别表决权股份或类似安排的，应披露相关安排的基本情况，包括设置特别表决权安排的股东大会决议、特别表决权安排运行期限、持有人资格、特别表决权股份拥有的表决权数量与普通股份拥有表决权数量的比例安排、持有人所持特别表决权股份参与表决的股东大会事项范围、特别表决权股份锁定安排及转让限制等，还应披露差异化表决安排可能导致的相关风险和对公司治理的影响，以及相关投资者保护措施。

第三十二条 发行人存在协议控制架构的，应披露协议控制架构的具体安排，包括协议控制架构涉及的各方法律主体的基本情况、主要合同核心条款等。

第三十三条 发行人应披露所处行业的基本情况，包括：

（一）行业监管体制及最近三年监管政策的变化；

（二）创业板上市公司应披露该行业近三年在新技术、新产业、新业态、新模式方面的发展情况和未来发展趋势；科创板上市公司应披露该行业近三年在科技创新方面的发展情况和未来发展趋势；

（三）行业整体竞争格局及市场集中情况，发行人产品或服务的市场地位、主要竞争对手、行业技术壁垒或主要进入障碍；

（四）发行人所处行业与上下游行业之间的关联性及上下游行业发展状况。

第三十四条 发行人应清晰、准确、客观、完整披露其主要业务的有关情况，包括：

（一）主营业务、产品或服务的主要内容或用途；

（二）主要经营模式，如采购模式、生产或服务模式、营销及管理模式等；

（三）报告期各期主要产品或服务的规模（产能、产量、销量，或服务能力、服务量），以及向前五大客户的销售金额及占比，向前五大客户的销售占比超过百分之五十、向单个客户的销售占比超过百分之三十或新增属于前五大客户的，应重点分析说明；

（四）报告期各期采购产品、原材料、能源或接受服务的情况，以及向前五大供应商的采购金额及占比，向前五大供应商采购占比超过百分之五十、向单个供应商的采购占比超过百分之三十或新增属于前五大供应商的，应重点分析说明；

（五）董事、监事、高级管理人员和其他核心人员，主要关联方或持有发行人百分之五以上股份的股东在上述供应商或客户中所占的权益，若无，亦应说明；

（六）境内外采购、销售金额及占比情况，境外购销业务占比较大的发行人，应披露产品进出口国的有关对外贸易政策对发行人生产经营的影响；

（七）存在高危险、重污染情况的，应披露安全生产及污染治理情况，并说明是否符合国家关于安全生产和环境保护的要求；

（八）现有业务发展安排及未来发展战略。

第三十五条 发行人应披露与产品或服务有关的技术情况，包括：

（一）报告期各期研发投入的构成及占营业收入的比例，报告期内研发形成的重要专利及非专利技术，以及其应用情况；

（二）现有核心技术人员、研发人员占员工总数的比例，报告期内前述人员的变动情况；

（三）核心技术来源及其对发行人的影响。

第三十六条 发行人应披露与其业务相关的主要固定资产及无形资产，主要包括：

（一）生产经营所需的主要生产设备、房屋及其取得和使用情况、成新率或尚可使用年限、在发行人及下属公司中分布情况等；

（二）商标、专利、非专利技术、土地使用权等主要无形资产的价值、取得方式和时间、使用情况、使用期限或保护期，以及对发行人生产经营的重大影响。

发行人主要固定资产及无形资产较多的，可分类汇总披露资产类型、价值、取得方式、已使用及尚可使用期限等情况。

若发行人所有或使用的资产存在纠纷或潜在纠纷的，应明确提示。

第三十七条 发行人应简要披露最近三年（上市不足三年的为上市以来）发生的重大资产重组的有关情况，

包括重组内容、重组进展、对发行人的影响,以及重组资产的运营情况。

第三十八条 发行人在境外进行生产经营的,应披露经营的总体情况,并对有关业务活动进行地域性分析。发行人在境外拥有资产的,应详细披露主要资产的具体内容、资产规模、所在地、经营管理和盈利情况等。

第三十九条 发行人应披露报告期内的分红情况,说明其现金分红能力、影响分红的因素,以及实际分红情况与公司章程及资本支出需求的匹配性。

第四十条 发行人发行可转债的,还应披露最近三年已公开发行公司债券或者其他债务是否有违约或者延迟支付本息的情形,是否仍处于继续状态;最近三年平均可分配利润是否足以支付公司债券一年的利息。

第五节 财务会计信息与管理层分析

第四十一条 发行人应披露与财务会计信息相关的重大事项或重要性水平的判断标准。发行人应提示投资者阅读财务报告及审计报告全文。

第四十二条 发行人应披露最近三年审计意见的类型。存在非标准无保留意见的,应说明强调事项段和其他事项段的主要内容及影响。

第四十三条 发行人应披露最近三年及一期的资产负债表、利润表和现金流量表。

发行人编制合并财务报表的,原则上只需披露合并财务报表,同时说明合并财务报表的编制基础、合并范围及变化情况。

第四十四条 发行人应列表披露最近三年及一期的流动比率、速动比率、母公司及合并口径资产负债率、应收账款周转率、存货周转率、每股经营活动现金流量、每股净现金流量、基本每股收益、净资产收益率等财务指标以及非经常性损益明细表。

上述财务指标除特别说明外以合并财务报表的数据为基础进行计算,其中净资产收益率和每股收益的计算执行中国证监会的有关规定。

第四十五条 发行人最近三年及一期存在会计政策变更、会计估计变更的,应披露变更的原因、内容、影响数的处理方法及对报告期发行人财务状况、经营成果的影响。发行人最近三年及一期存在重大会计差错更正的,应披露前期差错的性质及影响。

第四十六条 发行人应以管理层的视角,结合"发行人基本情况"中披露的业务、经营模式、行业及技术等要素,对其财务状况、经营成果、资本性支出、技术创新等方面进行分析。

第四十七条 财务状况分析包括:

(一)发行人应披露公司资产、负债的主要构成,说明应收款项、存货、商誉等主要资产项目相关的减值准备的计提情况是否与资产实际状况相符,以及资产、负债项目金额发生重大变动或趋势性变化的原因;

(二)发行人应结合流动资产、非流动资产的构成及变化情况,以及流动比率、速动比率水平,分析说明公司偿债能力、资产结构的合理性,以及流动资金的占用情况及成因;偿债能力较低的公司,应分析公司偿债能力的变化趋势、影响及应对措施;

发行人应结合公司的现金流量、银行授信及其他渠道融资情况,说明未来到期有息负债的偿付能力及风险;

(三)发行人应披露其截至最近一期末,持有财务性投资余额的具体明细、持有原因及未来处置计划,不存在金额较大的财务性投资的基本情况。

第四十八条 经营成果分析包括:

(一)发行人应结合营业收入的构成及占比,分析说明地域性因素或季节性因素对公司营业收入的影响;

(二)发行人应结合毛利或利润的主要来源,说明影响盈利能力的主要因素;

(三)发行人应对照利润表重要科目的波动情况,分析说明波动原因及对经营成果的影响;

(四)发行人应列表披露最近三年及一期公司综合毛利率、分业务毛利率的数据及变动情况;最近三年及一期毛利率发生重大变化的,应披露具体影响因素及其影响程度;

(五)报告期内投资收益及非经常性损益对公司经营成果有重大影响的,发行人应分析投资收益及非经常性损益的来源、可持续性;

(六)发行人报告期亏损或存在累计未弥补亏损的,应结合业务发展情况分析公司盈利能力的预计变化,以及当前盈利状况对公司可持续经营的影响。

第四十九条 资本性支出分析包括:

(一)发行人应披露最近三年及一期重大资本性支出概况;

(二)发行人应说明已公布或可预见将实施的重大资本性支出的支出内容、支出目的及资金需求的解决方式;

(三)科创板上市公司应分析说明重大资本性支出与科技创新之间的关系;

(四)资本性支出涉及跨行业投资的,应分析有关支出对公司经营业务的影响。

第五十条　技术创新分析包括：

（一）技术先进性及具体表现；

（二）正在从事的研发项目及进展情况；

（三）保持持续技术创新的机制和安排。

第五十一条　发行人认为提供盈利预测信息有助于投资者对发行人作出正确判断，且发行人确信能对未来期间盈利情况作出比较切合实际预测的，发行人可以披露盈利预测信息，并声明："本公司盈利预测报告是管理层在最佳估计假设基础上编制的，但所依据的各种假设具有不确定性，投资者投资决策时应谨慎使用。"盈利预测报告应由符合《证券法》规定的会计师事务所审核。

发行人应提示投资者阅读盈利预测报告及审核报告全文。

第五十二条　发行人存在重大担保、仲裁、诉讼、其他或有事项和重大期后事项的，应同时说明其对发行人财务状况、盈利能力及持续经营的影响。

第五十三条　发行人应分析说明本次发行的影响，包括：

（一）本次发行完成后，上市公司业务及资产的变动或整合计划；

（二）本次发行完成后，创业板上市公司新旧产业融合情况的变化；

（三）本次发行完成后，科创板上市公司科技创新情况的变化；

（四）本次发行完成后，上市公司控制权结构的变化。

第六节　合规经营与独立性

第五十四条　发行人应披露报告期内与生产经营相关的重大违法违规行为及受到处罚的情况，并说明对发行人的影响。

发行人应披露报告期内发行人及其董事、监事、高级管理人员、控股股东、实际控制人被中国证监会行政处罚或采取监管措施及整改情况，被证券交易所公开谴责的情况，以及因涉嫌犯罪正在被司法机关立案侦查或者涉嫌违法违规正在被中国证监会立案调查的情况。

第五十五条　发行人应披露报告期内是否存在资金被控股股东、实际控制人及其控制的其他企业以借款、代偿债务、代垫款项或者其他方式占用的情况，或者为控股股东、实际控制人及其控制的其他企业担保的情况。

第五十六条　发行人应披露是否存在与控股股东、实际控制人及其控制的企业从事相同、相似业务的情况，说明上市以来是否发生新的同业竞争或影响发行人独立性的关联交易，是否存在违反同业竞争及关联交易相关承诺的情况。

对存在相同、相似业务的，发行人应对是否存在同业竞争做出合理解释。对于已存在或可能存在的具有重大不利影响的同业竞争，发行人应披露解决同业竞争的具体措施。

第五十七条　发行人应根据《公司法》《企业会计准则》及中国证监会有关规定披露关联方、关联关系和关联交易的有关情况。

发行人根据交易性质和频率，按照经常性和偶发性分类披露关联交易及关联交易对发行人财务状况和经营成果的影响。

发行人应区分重大关联交易和一般关联交易，并披露重大关联交易的判断标准及依据。

重大经常性的关联交易，应披露报告期内关联方名称、交易内容、交易价格的确定方法、交易金额、占当期营业收入或营业成本的比重，以及与交易相关应收应付款项的余额。

重大偶发性的关联交易，应披露报告期内关联方名称、交易内容、交易价格的确定方法、交易金额、交易产生的利润及对发行人当期经营成果的影响。

发行人应以汇总表形式简要披露报告期内发生的全部一般关联交易。

第五十八条　发行人应披露说明关联交易的必要性、交易价格的公允性、履行的程序及独立董事的有关意见。

第七节　本次募集资金运用

第五十九条　董事会关于本次募集资金使用的可行性分析包括：

（一）本次募集资金投资项目的基本情况和经营前景，与现有业务或发展战略的关系，项目的实施准备和进展情况，预计实施时间，整体进度安排，发行人的实施能力及资金缺口的解决方式；

（二）募投项目效益预测的假设条件及主要计算过程；

（三）科创板上市公司应披露本次募集资金投资于科技创新领域的说明，以及募投项目实施促进公司科技创新水平提升的方式；

（四）本次募集资金投资项目涉及立项、土地、环保等有关审批、批准或备案事项的进展、尚需履行的程序及是否存在重大不确定性。

第六十条　募集资金用于扩大既有业务的，发行人应披露既有业务的发展概况,并结合市场需求及未来发展预期说明扩大业务规模的必要性,新增产能规模的合理性。

募集资金用于拓展新业务的,发行人应结合公司发展战略及项目实施前景,说明拓展新业务的考虑以及未来新业务与既有业务的发展安排,新业务在人员、技术、市场等方面的储备及可行性。

第六十一条 募集资金用于研发投入的,发行人应披露研发投入的主要内容、技术可行性、研发预算及时间安排、目前研发投入及进展、预计未来研发费用资本化情况、已取得及预计取得的研发成果等。

第六十二条 募集资金用于补充流动资金、偿还债务的,发行人应结合公司经营情况,说明本次融资的原因及融资规模的合理性。

第六十三条 募集资金用于对外投资或合作经营的,发行人应披露:

(一)合资或合作方的基本情况,包括名称、法定代表人、住所、注册资本、主要股东、主要业务,与发行人是否存在关联关系,投资规模及各方投资比例,合资或合作方的出资方式,合资协议的主要条款以及可能对发行人不利的条款;

(二)拟组建的企业法人的基本情况,包括设立、注册资本、主要业务,组织管理和发行人对其的控制情况。

第六十四条 本次募集资金用于收购资产的,发行人应披露以下内容:

(一)标的资产的基本情况;

(二)附生效条件的资产转让合同的内容摘要;

(三)资产定价方式及定价结果合理性的讨论与分析。

第六十五条 收购的资产为非股权资产的,标的资产的基本情况包括:

(一)相关资产的名称、所有者、主要用途及其技术水平;

(二)资产权属是否清晰,是否存在权利受限、权属争议或者妨碍权属转移的其他情况;

(三)相关资产独立运营的,应披露其最近一年一期的业务发展情况和经审计的财务信息摘要,分析主要财务指标状况及发展趋势。

第六十六条 收购的资产为其他企业股权的(含增资方式收购),标的资产的基本情况包括:

(一)股权所在公司的名称、企业性质、注册地、主要办公地点、法定代表人、注册资本;股权及控制关系,包括公司的主要股东及其持股比例、股东出资协议及公司章程中可能对本次交易产生影响的主要内容以及原董事、监事、高级管理人员的安排;

(二)本次收购或增资的背景和目的;

(三)股权所在公司重要经营性资产的权属状况、主要负债内容、对外担保以及重要专利或关键技术的纠纷情况;对于科创板上市公司,应披露股权所在公司的科技创新水平;

(四)股权所在公司最近一年一期的业务发展情况和经审计的财务信息摘要,分析主要财务指标状况及发展趋势;

(五)本次收购完成后是否可能导致股权所在公司的现有管理团队、其他核心人员、主要客户及供应商、公司发展战略等产生重大变化。

第六十七条 附生效条件的资产转让合同的内容摘要包括:

(一)目标资产及其价格或定价依据;

(二)资产交付或过户时间安排;

(三)资产自评估截止日至资产交付日所产生收益的归属;

(四)与资产相关的人员安排。

第六十八条 资产定价合理性的讨论与分析包括:

(一)资产交易价格以资产评估结果作为定价依据的,发行人应披露董事会就评估机构的独立性、评估假设前提的合理性、评估方法与评估目的的相关性以及评估定价的公允性所发表的意见;

(二)采取收益现值法等基于未来收益预期的方法对拟购买资产进行评估,且评估结果与经审计的账面值存在显著差异的,发行人应披露董事会就评估机构对增长期、收入增长率、毛利率、费用率、折现率等关键评估参数的选取依据及上述参数合理性所发表的意见;

(三)资产交易价格不以资产评估结果作为定价依据的,发行人应披露董事会就收购定价的过程、定价方法的合理性及定价结果的公允性所发表的意见。收购价格与评估报告结果存在显著差异的,发行人应分析差异的原因,并说明收购价格是否可能损害上市公司及其中小股东的利益。

第六十九条 本次收购的资产在最近三年曾进行过评估或交易的,发行人应披露评估的目的、方法及结果,以及交易双方的名称、定价依据及交易价格。交易未达成的,也应披露上述信息。

第七十条 资产出让方存在业绩承诺的,发行人应披露业绩承诺的金额、业绩口径及计算方法、补偿保障措施及保障措施的可行性。

第七十一条 本次收购预计形成较大金额商誉的，发行人应说明本次收购产生的协同效应以及能够从协同效应中受益的资产组或资产组组合。发行人应同时说明预计形成商誉的金额及其确定方法，形成大额商誉的合理性以及该商誉对未来经营业绩的影响。

如本次收购的购买对价或盈利预测中包含已作出承诺的重要事项的，应披露该承诺事项的具体内容、预计发生时间及其对未来现金流的影响。

第八节 历次募集资金运用

第七十二条 发行人应披露最近五年内募集资金运用的基本情况，包括实际募集资金金额、募投项目及其变更情况、资金投入进度及效益等。

第七十三条 前次募集资金用途发生变更或项目延期的，发行人应披露变更或延期的原因、内容、履行的决策程序，及其实施进展和效益。科创板上市公司还应说明变更后募投项目是否属于科技创新领域。

第七十四条 科创板上市公司应披露前次募集资金使用对发行人科技创新的作用。

第七十五条 发行人应披露会计师事务所对前次募集资金运用所出具的报告结论。

第九节 声 明

第七十六条 发行人及全体董事、监事、高级管理人员应在募集说明书正文后声明：

"本公司及全体董事、监事、高级管理人员承诺本募集说明书内容真实、准确、完整，不存在虚假记载、误导性陈述或重大遗漏，按照诚信原则履行承诺，并承担相应的法律责任。"

声明应由全体董事、监事、高级管理人员签名，并由发行人加盖公章。

第七十七条 发行人控股股东、实际控制人应在募集说明书正文后声明：

"本公司或本人承诺本募集说明书内容真实、准确、完整，不存在虚假记载、误导性陈述或重大遗漏，按照诚信原则履行承诺，并承担相应的法律责任。"

声明应由控股股东、实际控制人签名，并加盖公章（自然人除外）。

第七十八条 保荐人及其保荐代表人应在募集说明书正文后声明：

"本公司已对募集说明书进行了核查，确认本募集说明书内容真实、准确、完整，不存在虚假记载、误导性陈述或重大遗漏，并承担相应的法律责任。"

声明应由法定代表人、保荐代表人、项目协办人签名，并由保荐人加盖公章。

第七十九条 发行人律师应在募集说明书正文后声明：

"本所及经办律师已阅读募集说明书，确认募集说明书内容与本所出具的法律意见书不存在矛盾。本所及经办律师对发行人在募集说明书中引用的法律意见书的内容无异议，确认募集说明书不因引用上述内容而出现虚假记载、误导性陈述或重大遗漏，并承担相应的法律责任。"

声明应由经办律师及所在律师事务所负责人签名，并由律师事务所加盖公章。

第八十条 为本次发行承担审计业务的会计师事务所应在募集说明书正文后声明：

"本所及签字注册会计师已阅读募集说明书，确认募集说明书内容与本所出具的审计报告、盈利预测审核报告（如有）等文件不存在矛盾。本所及签字注册会计师对发行人在募集说明书中引用的审计报告、盈利预测审核报告（如有）等文件的内容无异议，确认募集说明书不因引用上述内容而出现虚假记载、误导性陈述或重大遗漏，并承担相应的法律责任。"

声明应由签字注册会计师及所在会计师事务所负责人签名，并由会计师事务所加盖公章。

第八十一条 为本次发行承担评估业务的资产评估机构应在募集说明书正文后声明：

"本机构及签字资产评估师已阅读募集说明书，确认募集说明书内容与本机构出具的评估报告不存在矛盾。本机构及签字资产评估师对发行人在募集说明书中引用的评估报告的内容无异议，确认募集说明书不因引用上述内容而出现虚假记载、误导性陈述或重大遗漏，并承担相应的法律责任。"

声明应由签字资产评估师及单位负责人签名，并由资产评估机构加盖公章。

第八十二条 为本次发行承担债券信用评级业务的机构应在募集说明书正文后声明：

"本机构及签字资信评级人员已阅读募集说明书，确认募集说明书内容与本机构出具的资信评级报告不存在矛盾。本机构及签字资信评级人员对发行人在募集说明书中引用的资信评级报告的内容无异议，确认募集说明书不因引用上述内容而出现虚假记载、误导性陈述或重大遗漏，并承担相应的法律责任。"

声明应由签字资信评级人员及单位负责人签名，并由评级机构加盖公章。

第八十三条 发行人董事会应在募集说明书正文后声明：

本次发行摊薄即期回报的，发行人董事会按照国务院和中国证监会有关规定作出的承诺并兑现填补回报的具体措施。

第八十四条 本准则所要求的有关人员的签名下方，应以印刷体形式注明其签名。

第十节 备查文件

第八十五条 募集说明书结尾应列明备查文件，并在交易所网站和符合中国证监会规定条件的报刊依法开办的网站上披露，包括：

（一）发行人最近三年的财务报告及审计报告，以及最近一期的财务报告；

（二）保荐人出具的发行保荐书、发行保荐工作报告和尽职调查报告；

（三）法律意见书和律师工作报告；

（四）董事会编制、股东大会批准的关于前次募集资金使用情况的报告以及会计师出具的鉴证报告；

（五）盈利预测报告及其审核报告（如有）；

（六）拟收购资产的评估报告及有关审核文件（如有）；

（七）资信评级报告（如有）；

（八）中国证监会对本次发行予以注册的文件；

（九）其他与本次发行有关的重要文件。

第三章 附 则

第八十六条 依照法律法规、规章和交易所规则的规定，本次发行证券需要披露其他信息的，应按照各有关规定予以披露。

第八十七条 符合规定的红筹企业申请向不特定对象发行证券的，其募集说明书的编制应遵循本准则和其他有关规定的要求。

第八十八条 本准则由中国证监会负责解释。

第八十九条 本准则自公布之日起施行。《公开发行证券的公司信息披露内容与格式准则第11号——上市公司公开发行证券募集说明书》（证监发行字〔2006〕2号）、《公开发行证券的公司信息披露内容与格式准则第35号——创业板上市公司向不特定对象发行证券募集说明书（2020年修订）》（证监会公告〔2020〕33号）、《公开发行证券的公司信息披露内容与格式准则第43号——科创板上市公司向不特定对象发行证券募集说明书》（证监会公告〔2020〕37号）同时废止。

第61号——上市公司向特定对象发行证券募集说明书和发行情况报告书

·2023年2月17日
中国证券监督管理委员会公告〔2023〕8号

第一章 总 则

第一条 为规范上海证券交易所、深圳证券交易所（以下统称交易所）上市公司（以下简称发行人）发行证券的信息披露行为，保护投资者合法权益，根据《中华人民共和国公司法》（以下简称《公司法》）、《中华人民共和国证券法》（以下简称《证券法》）、《上市公司证券发行注册管理办法》的规定，制定本准则。

第二条 本准则所称证券包括股票、可转换公司债券（以下简称可转债）、存托凭证以及国务院认定的其他品种。

第三条 申请向特定对象发行证券并上市的公司，应按本准则的规定编制募集说明书并于注册后两个工作日内，在交易所网站和符合中国证券监督管理委员会（以下简称中国证监会）规定条件的报刊依法开办的网站披露。

第四条 上市公司向特定对象发行证券结束后，应在两个工作日内，按本准则第三章的要求编制发行情况报告书，并在交易所网站和符合中国证监会规定条件的报刊依法开办的网站披露。

第五条 在不影响信息披露的完整并保证阅读方便的前提下，对于曾在定期报告、临时公告或者其他信息披露文件中披露过的信息，如事实未发生变化，发行人可以采用索引的方法进行披露，并提供查询网址。

募集说明书涉及应公开而未公开重大信息的，发行人应按有关规定及时履行信息披露义务。

本准则某些具体要求对发行人确不适用的，发行人可以根据实际情况调整，并在募集说明书中作出说明。

发行人有充分证据证明本准则要求披露的某些信息涉及国家秘密、商业秘密及其他因披露可能导致其违反国家有关保密法律法规规定或严重损害公司利益的，发行人可申请豁免按本准则披露。

本次发行涉及重大资产重组的，募集说明书的信息披露内容还应符合中国证监会有关重大资产重组的规定。

第二章 募集说明书

第六条 发行人应在募集说明书文本扉页中,就对投资者作出投资决策或价值判断有重大影响的事项作"重大事项提示",提醒投资者注意。

第七条 募集说明书应披露:

(一)发行人基本情况;

(二)本次证券发行概要;

(三)董事会关于本次募集资金使用的可行性分析;

(四)本次募集资金收购资产的有关情况(如有);

(五)董事会关于本次发行对公司影响的讨论与分析;

(六)与本次发行相关的风险因素;

(七)与本次发行相关的声明;

(八)其他事项。

第八条 发行人基本情况包括:

(一)股权结构、控股股东及实际控制人情况;

(二)所处行业的主要特点及行业竞争情况;

(三)主要业务模式、产品或服务的主要内容;

(四)现有业务发展安排及未来发展战略;

(五)截至最近一期末,不存在金额较大的财务性投资的基本情况;

(六)科创板上市公司应披露科技创新水平以及保持科技创新能力的机制或措施。

第九条 本次证券发行概要包括:

(一)本次发行的背景和目的;

(二)发行对象及与发行人的关系;

(三)发行证券的价格或定价方式、发行数量、限售期;

(四)募集资金金额及投向;

(五)本次发行是否构成关联交易;

(六)本次发行是否将导致公司控制权发生变化;

(七)本次发行方案取得有关主管部门批准的情况以及尚需呈报批准的程序。

第十条 向特定对象发行可转债的,发行人应披露可转债的基本条款,包括:

(一)期限,最短为一年,最长为六年;

(二)面值,每张面值一百元;

(三)利率确定方式;

(四)转股期限;

(五)评级情况(如有);

(六)保护债券持有人权利的办法,以及债券持有人会议的权利、程序和决议生效条件。存在下列事项之一的,应召开债券持有人会议:拟变更募集说明书的约定,发行人不能按期支付本息,发行人减资、合并、分立、解散或者申请破产,保证人或者担保物发生重大变化,以及其他影响债券持有人重大权益的事项;

(七)转股价格调整的原则及方式,发行可转债后,因配股、增发、送股、派息、分立及其他原因引起上市公司股份变动的,应同时调整转股价格;

(八)赎回条款,规定上市公司可按事先约定的条件和价格赎回尚未转股的可转债;

(九)回售条款,债券持有人可以按事先约定的条件和价格将所持债券回售给上市公司的回售条款;上市公司改变公告的募集资金用途的,应赋予债券持有人一次回售权利的条款;

(十)还本付息期限、方式等,应约定可转债期满后五个工作日内办理完毕偿还债券余额本息的事项;

(十一)构成可转债违约的情形、违约责任及其承担方式以及可转债发生违约后的诉讼、仲裁或其他争议解决机制;

(十二)可转债受托管理事项。

第十一条 发行对象为上市公司控股股东、实际控制人及其控制的关联人、境内外战略投资者,或者发行对象认购本次发行的证券将导致公司实际控制权发生变化的,关于发行对象的披露内容包括:

(一)发行对象的基本情况,包括:

1. 发行对象是法人的,应披露发行对象的名称、注册地、法定代表人、控股股东及实际控制人;

2. 发行对象是自然人的,应披露姓名、住所及最近三年的主要任职经历;

3. 发行对象是战略投资者的,应披露战略投资者符合相关规定的情况;

4. 本募集说明书披露前十二个月内,发行对象及其控股股东、实际控制人与上市公司之间的重大交易情况。

(二)附生效条件的认购合同内容摘要,包括:

1. 合同主体、签订时间;

2. 认购方式、认购数量及价格、限售期;

3. 合同的生效条件和生效时间;

4. 合同附带的保留条款、前置条件;

5. 违约责任条款。

第十二条 董事会关于本次募集资金使用的可行性分析包括:

(一)本次募集资金投资项目的基本情况和经营前

景,与现有业务或发展战略的关系,项目的实施准备和进展情况,预计实施时间,整体进度安排,发行人的实施能力及资金缺口的解决方式;

(二)募投项目效益预测的假设条件及主要计算过程;

(三)本次募集资金投资项目涉及立项、土地、环保等有关审批、批准或备案事项的进展、尚需履行的程序及是否存在重大不确定性;

(四)募集资金用于扩大既有业务的,发行人应披露既有业务的发展概况,并结合市场需求及未来发展预期说明扩大业务规模的必要性,新增产能规模的合理性;募集资金用于拓展新业务的,发行人应结合公司发展战略及项目实施前景,披露拓展新业务的考虑以及未来新业务与既有业务的发展安排,新业务在人员、技术、市场等方面的储备及可行性;

(五)募集资金用于研发投入的,发行人应披露研发投入的主要内容、技术可行性、研发预算及时间安排、目前研发投入及进展、预计未来研发费用资本化的情况、已取得及预计取得的研发成果等;

(六)募集资金用于补充流动资金、偿还债务的,发行人应结合公司经营情况,说明本次融资的原因及融资规模的合理性;

(七)科创板上市公司应披露本次募集资金投资于科技创新领域的主营业务的说明,以及募投项目实施促进公司科技创新水平提升的方式。

第十三条 募集资金用于对外投资或合作经营的,发行人应披露:

(一)合资或合作方的基本情况,包括名称、法定代表人、住所、注册资本、主要股东、主要业务,与发行人是否存在关联关系,投资规模及各方投资比例,合资或合作方的出资方式,合资协议的主要条款以及可能对发行人不利的条款;

(二)拟组建的企业法人的基本情况,包括设立、注册资本、主要业务,组织管理和发行人对其的控制情况。

第十四条 本次募集资金收购资产的有关情况包括:

(一)标的资产的基本情况;

(二)附生效条件的资产转让合同的内容摘要;

(三)董事会关于资产定价方式及定价结果合理性的讨论与分析。

第十五条 本次募集资金收购非股权资产的,标的资产的基本情况包括:

(一)相关资产的名称、所有者、主要用途及其技术水平;

(二)资产权属是否清晰,是否存在权利受限、权属争议或者妨碍权属转移的其他情况;

(三)相关资产独立运营的,应披露其最近一年一期的业务发展情况和经审计的财务信息摘要,分析主要财务指标状况及发展趋势。

第十六条 募集资金收购其他企业股权的(含增资方式收购),标的资产的基本情况包括:

(一)股权所在公司的名称、企业性质、注册地、主要办公地点、法定代表人、注册资本;股权及控制关系,包括公司的主要股东及其持股比例、股东出资协议及公司章程中可能对本次交易产生影响的主要内容以及原董事、监事、高级管理人员的安排;

(二)本次增资或收购的背景和目的;

(三)股权所在公司重要经营性资产的权属状况、主要负债内容、对外担保以及重要专利或关键技术的纠纷情况;对于科创板上市公司,应披露股权所在公司的科技创新水平;

(四)股权所在公司最近一年一期的业务发展情况和经审计的财务信息摘要,分析主要财务指标状况及发展趋势;

(五)本次收购完成后是否可能导致股权所在公司的现有管理团队、核心技术人员、主要客户及供应商、公司发展战略等产生重大变化。

第十七条 附生效条件的资产转让合同的内容摘要包括:

(一)目标资产及其价格或定价依据;

(二)资产交付或过户时间安排;

(三)资产自评估截止日至资产交付日所产生收益的归属;

(四)与资产相关的人员安排。

第十八条 董事会关于资产定价方式及定价结果合理性的讨论与分析,包括:

(一)资产交易价格以资产评估结果作为定价依据的,发行人应披露董事会就评估机构的独立性、评估假设前提的合理性、评估方法与评估目的的相关性以及评估定价的公允性所发表的意见;

(二)采取收益现值法等基于未来收益预期的方法对拟购买资产进行评估,且评估结果与经审计的账面值存在显著差异的,发行人应披露董事会就评估机构对增长期、收入增长率、毛利率、费用率、折现率等关键评估参数的选取依据及上述参数合理性所发表的意见；

（三）资产交易价格不以资产评估结果作为定价依据的，发行人应披露董事会就收购定价的过程、定价方法的合理性及定价结果的公允性所发表的意见。收购价格与评估报告结果存在显著差异的，发行人应分析差异的原因，并说明收购价格是否可能损害上市公司及其中小股东的利益。

第十九条　本次收购资产在最近三年曾进行过评估或交易的，发行人应披露评估的目的、方法及结果，以及交易双方的名称、定价依据及交易价格。交易未达成的，也应披露上述信息。

第二十条　资产出让方存在业绩承诺的，发行人应披露业绩承诺的金额、业绩口径及计算方法、补偿保障措施及保障措施的可行性。

第二十一条　本次收购预计形成较大金额商誉的，发行人应说明本次收购产生的协同效应以及能够从协同效应中受益的资产组或资产组组合。发行人应同时说明预计形成商誉的金额及其确定方法，形成大额商誉的合理性以及该商誉对未来经营业绩的影响。

如本次收购的购买对价或盈利预测中包含已作出承诺的重要事项，应披露该承诺事项的具体内容、预计发生时间及其对未来现金流的影响。

第二十二条　董事会关于本次发行对公司影响的讨论与分析部分包括：

（一）本次发行完成后，上市公司的业务及资产的变动或整合计划；

（二）本次发行完成后，上市公司控制权结构的变化；

（三）本次发行完成后，上市公司与发行对象及发行对象的控股股东和实际控制人从事的业务存在同业竞争或潜在同业竞争的情况；

（四）本次发行完成后，上市公司与发行对象及发行对象的控股股东和实际控制人可能存在的关联交易的情况；

（五）科创板上市公司应披露本次发行完成后，上市公司科研创新能力的变化。

第二十三条　发行人应披露最近五年内募集资金运用的基本情况，包括实际募集资金金额、募投项目及其变更情况、资金投入进度及效益等。

前次募集资金用途发生变更或项目延期的，发行人应披露原因、内容、履行的决策程序及其实施进展和效益。科创板上市公司还应说明变更后募投项目是否属于科技创新领域。

科创板上市公司应披露前次募集资金使用对发行人科技创新的作用。

发行人应披露会计师事务所对前次募集资金运用所出具的报告结论。

第二十四条　与本次发行相关的风险因素包括：

（一）对公司核心竞争力、经营稳定性及未来发展可能产生重大不利影响的因素；

（二）可能导致本次发行失败或募集资金不足的因素；

（三）对本次募投项目的实施过程或实施效果可能产生重大不利影响的因素。

第二十五条　与本次发行相关的声明应当包括以下内容：

（一）发行人及全体董事、监事、高级管理人员应在募集说明书正文的尾页声明：

"本公司及全体董事、监事、高级管理人员承诺本募集说明书内容真实、准确、完整，不存在虚假记载、误导性陈述或重大遗漏，按照诚信原则履行承诺，并承担相应的法律责任。"

声明应由全体董事、监事、高级管理人员签名，并由发行人加盖公章。

（二）发行人控股股东、实际控制人应在募集说明书正文后声明：

"本公司或本人承诺本募集说明书内容真实、准确、完整，不存在虚假记载、误导性陈述或重大遗漏，按照诚信原则履行承诺，并承担相应的法律责任。"

声明应由控股股东、实际控制人签名，并加盖公章（自然人除外）。

（三）保荐人及其保荐代表人应在募集说明书正文后声明：

"本公司已对募集说明书进行了核查，确认本募集说明书内容真实、准确、完整，不存在虚假记载、误导性陈述或重大遗漏，并承担相应的法律责任。"

声明应由法定代表人、保荐代表人、项目协办人签名，并由保荐人加盖公章。

（四）发行人律师应在募集说明书正文后声明：

"本所及经办律师已阅读募集说明书，确认募集说明书内容与本所出具的法律意见书不存在矛盾。本所及经办律师对发行人在募集说明书中引用的法律意见书的内容无异议，确认募集说明书不因引用上述内容而出现虚假记载、误导性陈述或重大遗漏，并承担相应的法律责任。"

声明应由经办律师及所在律师事务所负责人签名,并由律师事务所加盖公章。

(五)为本次发行承担审计业务的会计师事务所应在募集说明书正文后声明:

"本所及签字注册会计师已阅读募集说明书,确认募集说明书内容与本所出具的审计报告、盈利预测审核报告(如有)等文件不存在矛盾。本所及签字注册会计师对发行人在募集说明书中引用的审计报告、盈利预测审核报告(如有)等文件的内容无异议,确认募集说明书不因引用上述内容而出现虚假记载、误导性陈述或重大遗漏,并承担相应的法律责任。"

声明应由签字注册会计师及所在会计师事务所负责人签名,并由会计师事务所加盖公章。

(六)为本次发行承担评估业务的资产评估机构应在募集说明书正文后声明:

"本机构及签字资产评估师已阅读募集说明书,确认募集说明书与本机构出具的评估报告不存在矛盾。本机构及签字资产评估师对发行人在募集说明书中引用的评估报告的内容无异议,确认募集说明书不因引用上述内容而出现虚假记载、误导性陈述或重大遗漏,并承担相应的法律责任。"

声明应由签字资产评估师及单位负责人签名,并由资产评估机构加盖公章。

(七)为本次发行承担债券信用评级业务的机构应在募集说明书正文后声明:

"本机构及签字资信评级人员已阅读募集说明书,确认募集说明书与本机构出具的资信评级报告不存在矛盾。本机构及签字资信评级人员对发行人在募集说明书中引用的资信评级报告的内容无异议,确认募集说明书不因引用上述内容而出现虚假记载、误导性陈述或重大遗漏,并承担相应的法律责任。"

声明应由签字资信评级人员及单位负责人签名,并由评级机构加盖公章。

(八)发行人董事会应在募集说明书正文后声明:

本次发行摊薄即期回报的,发行人董事会按照国务院和中国证监会有关规定作出的承诺并兑现填补回报的具体措施。

第三章 发行情况报告书

第二十六条 发行情况报告书包括:
(一)本次发行的基本情况;
(二)发行前后相关情况对比;

(三)保荐人关于本次发行过程和发行对象合规性的结论性意见;

(四)发行人律师关于本次发行过程和发行对象合规性的结论性意见;

(五)与本次发行相关的声明;

(六)备查文件。

第二十七条 由于情况发生变化,导致董事会决议中关于本次发行对公司影响的讨论与分析需要修正或补充的,董事会应在发行情况报告书中作专项说明。

第二十八条 本次发行的基本情况包括:

(一)本次发行履行的相关程序,包括但不限于董事会和股东大会表决的时间、中国证监会予以注册的时间、资金到账和验资时间,以及办理证券登记的时间;

(二)本次发行证券的类型、发行数量、证券面值、发行价格、募集资金量、发行费用等;本次发行的证券为可转债的,还应披露可转债的利率、期限、转股期及转股价格;

(三)各发行对象的名称、企业性质、注册地、注册资本、主要办公地点、法定代表人、主要经营范围及其认购数量与限售期,应同时示限售期的截止日;与发行人的关联关系,该发行对象及其关联方与发行人最近一年重大交易情况(按照偶发性和经常性分别列示)以及未来交易的安排;发行对象是自然人的,应当披露其姓名、住所;

(四)采用竞价方式发行证券的,说明各认购对象的申购报价及其获配情况,发行价格与基准价格(如有)的比率;

(五)本次发行相关机构的名称、法定代表人、经办人员、办公地址、联系电话、传真;相关机构包括保荐人和承销机构、律师事务所、会计师事务所、资产评估机构、资信评级机构等。

第二十九条 发行前后相关情况对比包括:

(一)本次发行前后前十名股东持股数量、持股比例、股份性质及其股份限售比较情况;

(二)本次发行对公司的影响,包括股本结构、资产结构、业务结构、公司治理、关联交易和同业竞争以及董事、监事、高级管理人员和科研人员结构等的变动情况。

第三十条 保荐人关于本次发行过程和发行对象合规性的结论性意见包括:

(一)关于本次发行定价过程合规性的说明;

(二)关于发行对象的选择是否公平、公正,是否符合上市公司及其全体股东的利益的说明。

第三十一条 发行人律师关于本次发行过程和发行

对象合规性的结论性意见包括：

（一）关于发行对象资格合规性的说明；

（二）关于本次发行相关合同等法律文件合规性的说明；

（三）本次发行涉及资产转让或者其他后续事项的，关于办理资产过户或其他后续事项的程序、期限及法律风险的说明。

第三十二条 发行人全体董事、监事及高级管理人员应在发行情况报告书的首页声明：

"本公司全体董事、监事及高级管理人员承诺本发行情况报告书不存在虚假记载、误导性陈述或重大遗漏，并对其真实性、准确性、完整性承担相应的法律责任。"

声明应由全体董事、监事及高级管理人员签名，并由发行人加盖公章。

第三十三条 发行情况报告书的备查文件包括：

（一）保荐人出具的发行保荐书、发行保荐工作报告和尽职调查报告；

（二）发行人律师出具的法律意见书和律师工作报告。

第四章 附 则

第三十四条 依照法律法规、规章和交易所规则的规定，本次发行证券需要披露其他信息的，应按照各有关规定予以披露。

第三十五条 符合规定的红筹企业申请向特定对象发行证券的，应遵循本准则和其他有关规定的要求。

第三十六条 本准则由中国证监会负责解释。

第三十七条 本准则自公布之日起施行。《公开发行证券的公司信息披露内容与格式准则第25号——上市公司非公开发行股票预案和发行情况报告书》（证监发行字〔2007〕303号）、《公开发行证券的公司信息披露内容与格式准则第36号——创业板上市公司向特定对象发行证券募集说明书和发行情况报告书（2020年修订）》（证监会公告〔2020〕34号）、《公开发行证券的公司信息披露内容与格式准则第44号——科创板上市公司向特定对象发行证券募集说明书和发行情况报告书》（证监会公告〔2020〕38号）同时废止。

（2）公开发行证券的公司信息披露编报规则

第4号——保险公司信息披露特别规定

· 2022年1月5日
· 中国证券监督管理委员会公告〔2022〕11号

第一条 为了规范公开发行证券并上市的保险公司（以下简称保险公司）的信息披露行为，保护投资者的合法权益，根据《中华人民共和国公司法》《中华人民共和国证券法》《中华人民共和国保险法》《上市公司信息披露管理办法》等法律、行政法规和部门规章，制定本规定。

第二条 保险公司除应遵循中国证券监督管理委员会（以下简称中国证监会）有关定期报告和临时公告等信息披露的一般规定外，还应遵循本规定的要求。

上市公司的控股子公司是保险公司的，上市公司保险业务的信息披露也应当遵循本规定的要求。

第三条 保险公司在定期报告中披露会计数据、财务指标时，应当包括以下内容：已赚保费、投资资产、未决赔款准备金（非寿险）、未到期责任准备金（非寿险）、赔付支出；已赚保费增长率、投资收益率、综合成本率（非寿险）、综合赔付率（非寿险）及退保率（寿险）。

第四条 保险公司（涉及人寿保险、健康保险、养老保险业务的）应当按照《公开发行证券的公司信息披露编报规则第3号——保险公司招股说明书内容与格式特别规定》第13条的规定，在年度报告中披露有关内含价值信息。

第五条 保险公司在披露董事、监事及高级管理人员的信息时，应当同时披露总精算师的信息。

总精算师应当对公司定期报告签署书面确认意见，保证上市公司所披露的信息真实、准确、完整。

第六条 保险公司在按照有关定期报告的内容与格式准则及编报规则的要求对相关经营情况进行回顾时，应当包括以下内容：

（一）经营状况与成果分析。包括但不限于以下内容：

区分寿险业务与非寿险业务，并按主要险种类别分析其经营状况与成果，其中寿险业务应区分个人与团体业务。

（二）赔付支出、手续费及佣金支出情况。按主要险种类别披露赔付支出、手续费及佣金支出的构成，并分析其增减变动情况及原因。

（三）准备金计提情况。按主要险种类别披露各项准备金余额,分析其变动情况及原因,并披露准备金充足性测试情况。

(四)投资资产情况。披露公司投资政策、投资资产构成,并分析其变动情况及原因。投资资产应按投资对象和持有目的进行分类,根据投资对象分类时,应分为现金及现金等价物、定期存款、债券、基金、股票、基础设施投资、贷款及其他资金运用方式;根据持有目的分类时,应分为以公允价值计量且其变动计入当期损益的金融资产、持有至到期投资、可供出售金融资产、长期股权投资、贷款及其它。

(五)再保业务情况。按主要险种类别披露分出保费、分入保费及分保准备金等增减变动情况及原因;再保险业务的相关政策及主要业务伙伴、主要分保类型;尚处有效期的重大分保事项的有关情况。

再保险公司应按主要险种类别披露分保费收入、转分保分出保费等。

财产保险公司应披露报告期末承担重大保险责任的保单情况及其分保安排。

(六)偿付能力状况。分析本期末偿付能力情况,包括但不限于实际偿付能力额度、最低偿付能力额度及偿付能力充足率。实际偿付能力额度低于最低偿付能力额度时,应予相应说明并提出解决措施。

第七条 保险公司应在年度报告正文中披露内部控制制度的建立健全及其执行情况,包括但不限于以下控制环节:

1. 销售、核保、核赔、再保险等业务控制;
2. 预算、费用管理、财务报告等财务控制;
3. 资金调度、投资决策、投资风险管理等资金控制;
4. 信息技术、信息安全管理等信息技术控制。

第八条 保险公司应当在年度报告正文中从定性和定量的角度披露风险管理状况,包括风险管理组织框架与工作模式、风险类别(如承保风险、资产负债不匹配风险、市场风险、利率风险、信用风险及经营风险等)、风险管理流程与手段、风险管理效果评估与说明。

第九条 保险公司在定期报告中披露会计政策和会计估计时,应当包括以下内容:

(一)主要保险业务类别保费收入(含分保费收入)确认和计量的具体方法;

(二)提取各项准备金及进行准备金充足性测试的主要精算假设和方法。

再保险公司应重点披露各项分保准备金的核算方法。

第十条 保险公司应当按主要险种类别及账龄披露报告期末应收保费构成。应收保费中如有持有保险公司百分之五及以上股份的股东单位欠款,应予以说明。

第十一条 保险公司应当按主要分保公司及账龄披露报告期末应收、应付分保账款金额。应收分保账款中如有持保险公司百分之五及以上股份的股东单位欠款,应予以说明。

第十二条 保险公司应当披露报告期内应付手续费及佣金、保单质押贷款及抵债物资的变化情况,并对增减变动原因予以说明。

第十三条 保险公司应当披露存出资本保证金、保险保障基金的计提依据及金额。

第十四条 保险公司应当聘请拥有专业精算人员的审计机构对年度报告进行审计。

第十五条 保险公司发生特定项目或股权投资时,如间接投资基础设施项目、商业银行等,应当及时进行信息披露。

第十六条 保险公司发生与保险经营相关的重大财产保险合同、重大人寿保险合同、重大分保合同、重大赔付事项、重大退保事项等重大合同或事项时,应当按照有关规定及时进行信息披露。

第十七条 保险公司与关联方发生委托资金运用、保险、赔付、分保等关联交易时,应当按照有关规定履行关联方回避表决等决策程序并及时进行信息披露。

第十八条 保险公司出现下列情形之一的,应当及时进行信息披露:

(一)总精算师发生变动;

(二)偿付能力不足;

(三)设立、撤销、合并省级或计划单列市一级的分支机构,设立、撤销、合并国外分支机构;

(四)险种费率发生重大变化;

(五)中国银行保险监督管理委员会对保险公司出具有关监管处罚意见;

(六)国家、政府主管部门颁布有关保险行业的重要政策、法律、法规,可能对保险公司的市场环境、财务状况、经营成果产生影响的,包括但不限于利率、汇率、资金运用限额、市场准入等政策;

(七)中国证监会认为可能会对保险公司财务状况、经营成果产生重大影响的其他事项。

第十九条 保险公司信息披露违反本规定的,依照《证券法》第一百九十七条、《上市公司信息披露管理办法》第五章的有关规定,依法追究法律责任。

第二十条 本规定自公布之日起施行。2007年8月28日施行的《公开发行证券的公司信息披露编报规则第4号——保险公司信息披露特别规定》(证监公司字〔2007〕139号)同时废止。

第10号——从事房地产开发业务的公司招股说明书内容与格式特别规定

·2001年2月6日
·证监发〔2001〕17号

第一条 为规范从事房地产开发业务的公司(包括专营房地产业务公司及兼营房地产业务公司,以下简称发行人)公开发行股票的信息披露行为,保护投资者的合法权益,依据《中华人民共和国公司法》、《中华人民共和国证券法》等法律法规,制定本规定。

第二条 发行人为首次公开发行股票而编制招股说明书时,除应遵循中国证券监督管理委员会(以下简称中国证监会)有关招股说明书内容与格式准则的一般规定外,还应遵循本规定的要求。

第三条 发行人应针对自身实际情况披露风险因素。对这些风险因素能够作出定量分析的,应进行定量分析;不能作出定量分析的,应进行定性描述。

(一)结合自身具体情况,披露以下风险因素,包括但不限于:

项目开发风险。应披露在房地产开发过程中,因为设计、施工条件,环境条件变化等因素导致开发成本提高的风险。

筹资风险。应披露公司筹措资金时,受经济周期、产业政策、银行贷款政策、预售情况等因素影响的风险。

销售风险。应披露开发项目销售受项目定位、销售价格变动、竞争楼盘供应情况等因素影响的风险。

土地风险。应披露土地开发时面临的各种风险,包括市政规划调整的风险、土地闲置风险、地价变化的风险。

合作和合资项目的控制风险。应披露对合作、合资开发项目,如果没有实际控制权将增加不确定性的风险。

工程质量风险。应披露已完工项目或在建项目如果存在质量缺陷,将会对公司产生不利影响的风险。

其他风险。应披露税收制度、房改制度和购房贷款政策、对房地产投资开发方面的其他政策变化对公司的不利影响的风险。

(二)项目开发中如存在"停工""烂尾""空置"的情况,应做特别风险提示。

(三)披露的风险对策应是已采取的或拟采取的切实可行的具体措施。

第四条 发行人应专节披露公司资质等级取得情况和相关证书,持有房地产专业或建筑工程专业资格专职技术人员数目,公司开发建设中采用的新工艺和新技术等情况。

第五条 发行人应披露公司的主要经营策略及市场推广模式,包括但不限于:

(一)房地产经营的市场定位及主要消费者群体;

(二)主要从事房地产项目的类型:如主要以出售为主,还以出租为主;经营模式是自主经营开发,还是合作、合资开发;主要从事住宅开发还是办公楼开发等;

(三)房地产项目的定价模式和销售理念;

(四)采用的主要融资方式;

(五)采用的主要销售模式;

(六)采用的物业管理模式;

(七)公司经营管理、品牌建设、员工素质、企业文化等方面的竞争力。

第六条 发行人应专节披露公司经营管理体制及内控制度。包括但不限于:

(一)房地产开发项目决策程序;

(二)开发项目管理架构的设置;

(三)公司质量控制体系,包括对施工单位的质量考核办法;采用新材料、新工艺的质量控制办法;对特殊环境的项目的质量控制。

第七条 发行人应专节披露房地产行业概况及业务特点,包括但不限于:

(一)房地产行业概况;

(二)房地产业务的性质和特点;

(三)主要开发项目所处地区的市场分析;

(四)房地产开发流程图。

第八条 发行人应专节详细披露在开发过程中涉及的各项具体业务的运行情况,包括但不限于:

(一)如何选择房地产项目的设计单位、设计方案;

(二)如何选择施工单位,如何管理、监督施工单位;

(三)如何选择监理单位;

(四)对出租物业的经营方式。

第九条 发行人应专节披露公司所开发的主要房地业务项目的情况。可按照已开发完工项目、开发建设中项目、拟开发项目的顺序披露各项目基本情况,包括但不限于下列情况:

(一)项目应具备的资格文件(含土地使用证、建设

地规划许可证、建设工程规划许可证、建设工程开工证、商品房销售许可证、房产证等)取得情况;

(二)项目经营模式,如属合作、合资开发,应简要说明合作方情况、合作方式、协议履行情况等;

(三)披露项目位置及土地的取得手续是否完备;

(四)对完工或开工项目应披露主体工程施工是自律还是出包方式,承包方是否分包。并披露施工单位的资质等级及基本情况;

(五)对在建项目应披露预计总投资和已投资额,工程进度(包括开工时间、预计竣工时间,实际进度与计划进度出现的较大差异及原因,项目是否存在停工可能);

(六)工程质量情况,如监理单位的意见及质量监管部门的验收报告。对已交付使用的商品房是否有质量纠纷;

(七)项目的销售情况,对采用预售方式的,应披露预售比例;

(八)代为收取的住宅共用部分、共用设施设备维修基金的执行情况。

第十条 发行人应参照第十条的要求披露募股资金拟投资项目,及募投资金占项目总投资的比例,缺口资金的解决方式。

第十一条 发行人应专节披露公司的土地资源。包括但不限于项目名称、所处地理位置、占地面积、规划建筑面积、土地用途、相关法律手续是否完备等。

第十二条 发行人发行上市前应聘请具有证券从业资源的资产评估机构对公司存货,包括开发成本及开发产品(但不包括代建工程)、出租开发产品、周转房等进行资产评估。在招股说明书中披露资产评估结果和主要项目的资产评估方法,并注明本次资产评估仅为投资者提供参考,有关评估结果不进行帐务调整。

第十三条 发行人应根据本规定编制招股说明书概要。

第十四条 本规定由中国证监会负责解释。

第十五条 本规定自发布之日起施行。

第11号——从事房地产开发业务的公司财务报表附注特别规定

· 2001年2月6日
· 证监发〔2001〕17号

第一条 为规范从事房地产开发业务的公司(包括专营房地产业务公司及兼营房地产业务公司,以下简称发行人)公开发行股票的信息披露行为,保护投资者的合法权益,依据《中华人民共和国公司法》、《中华人民共和国证券法》等法律法规,制定本规定。

第二条 发行人编制财务报表附注明,除应遵循中国证券监督管理委员会(以下简称中国证监会)有关财务报表附注的一般规定外,还应遵循本规定的要求。

第三条 发行人在主要会计政策中披露如下内容:

(一)在合并会计报表编制方法中说明对合作开发项目编制合并报表时采用的方法。

(二)在存货的核算方法中增加披露:

开发用土地的核算方法;

披露公共配套设施费用的核算方法;

披露出租开发产品、周转房的摊销方法;

对不同类别存货(如:库存设备、开发成本、开发产品、出租开发产品、周转房)计提跌价准备的比例及依据。

(三)披露维修基金的核算方法。

(四)披露质量保证金的核算方法。

(五)披露各类型业务收入的确认原则及方法:

房地产销售收入的确认原则及方法。应根据行业特点确定具体的确认标准。对采用分期收款方式销售、出售自用房屋、代建房屋和工程业务,应单独披露有关收入确认方法。

出租物业收入的确认原则及方法。

建筑施工收入的确认原则及方法。

物业管理收入的确认原则及方法。

其他业务收入的确认原则及方法。

(六)为房地产开发项目借入资金所发生的利息及有关费用的会计处理方法。

第四条 发行人在存货项目注释应披露:

(一)按性质(如:库存设备、开发成本、开发产品、分期收款开发产品、出租开发产品、周转房)分类列示存货余额。

(二)按下列格式分项目披露"开发成本":

项目名称	开工时间	预计竣工时间	预计总投资	期初余额	期末余额
合计					

注:对尚未开发的土地,应披露预计开工时间。

(三) 按下列格式分项目披露"开发产品"：

项目名称	竣工时间	期初余额	本期增加	本期减少	期末余额
合计					

(四) 按下列格式分项目披露"分期收款开发产品"、"出租开发产品"、"周转房"：

项目名称	期初余额	本期增加	本期减少	期末余额
合计				

(五) 应按下列格式披露存货跌价准备金计提情况；对于开发中项目，可以合并列示。对"停工"、"烂尾""空置"项目，如果不计提或计提跌价比例较低，应详细说明理由。

项目名称	期初余额	本期增加	本期减少	期末余额	备注
合计					

第五条 发行人在预收帐款项目注释中，除按账龄列示余额外，对预售房产收款，应按下列格式分项目披露。

项目名称	期初余额	期末余额	预计竣工时间	预售比例
合计				

第六条 发行人在主营业务收入项目注释中，应分项目披露报告期内各期间金额。

第七条 发行人的经营业务涉及不同行业和地区时，应按行业和地区披露收入、营业利润、资产的分部资料。行业可以按照房地产、施工、物业管理、商业等分类；地区可以按境内、境外披露，对经营环境存在差异的省、直辖市，也应分别披露。

第八条 发行人为商品房承购人向银行提供抵押贷款担保的，应披露尚未结清的担保金额，并说明风险程度。

第九条 本规则由中国证监会负责解释。

第十条 本规则自发布之日起施行。

第 12 号——公开发行证券的法律意见书和律师工作报告

· 2001 年 3 月 1 日
· 证监发〔2001〕37 号

第一章 法律意见书和律师工作报告的基本要求

第一条 根据《中华人民共和国证券法》（以下简称《证券法》）、《中华人民共和国公司法》（以下简称《公司法》）等法律、法规的规定，制定本规则。

第二条 拟首次公开发行股票公司和已上市公司增发股份、配股，以及已上市公司发行可转换公司债券等，拟首次公开发行股票公司或已上市公司（以下简称"发行人"）所聘请的律师事务所及其委派的律师（以下"律师"均指签名律师及其所任职的律师事务所）应按本规则的要求出具法律意见书、律师工作报告并制作工作底稿。本规则的部分内容不适用于增发股份、配股、发行可转换公司债券等的，发行人律师应结合实际情况，根据有关规定进行调整，并提供适当的补充法律意见。

第三条 法律意见书和律师工作报告是发行人向中国证券监督管理委员会（以下简称"中国证监会"）申请公开发行证券的必备文件。

第四条 律师在法律意见书中应对本规则规定的事项及其他任何与本次发行有关的法律问题明确发表结论性意见。

第五条 律师在律师工作报告中应详尽、完整地阐述所履行尽职调查的情况，在法律意见书中所发表意见或结论的依据、进行有关核查验证的过程、所涉及的必要资料或文件。

第六条 法律意见书和律师工作报告的内容应符合本规则的规定。本规则的某些具体规定确实对发行人不适用的，律师可根据实际情况作适当变更，但应向中国证监会书面说明变更的原因。本规则未明确要求，但对发行人发行上市有重大影响的法律问题，律师应发表法律意见。

第七条 律师签署的法律意见书和律师工作报告报送后，不得进行修改。如律师认为需补充或更正，应另行出具补充法律意见书和律师工作报告。

第八条 律师出具法律意见书和律师工作报告所用的语词应简洁明晰，不得使用"基本符合条件"或"除XXX以外，基本符合条件"一类的措辞。对不符合有关法律、法规和中国证监会有关规定的事项，或已勤勉尽责仍不能对其法律性质或其合法性作出准确判断的事项，律师应发表保留意见，并说明相应的理由。

第九条 提交中国证监会的法律意见书和律师工作报告应是经二名以上具有执行证券期货相关业务资格的经办律师和其所在律师事务所的负责人签名，并经该律师事务所加盖公章、签署日期的正式文本。

第十条 发行人申请文件报送后，律师应关注申请文件的任何修改和中国证监会的反馈意见，发行人和主承销商也有义务及时通知律师。上述变动和意见如对法律意见书和律师工作报告有影响的，律师应出具补充法律意见书。

第十一条 发行人向中国证监会报送申请文件前，或在报送申请文件后且证券尚未发行前更换为本次发行证券所聘请的律师或律师事务所的，更换后的律师或律师事务所及发行人应向中国证监会分别说明。

更换后的律师或律师事务所应对原法律意见书和律师工作报告的真实性和合法性发表意见。如有保留意见，应明确说明。在此基础上更换后的律师或律师事务所应出具新的法律意见书和律师工作报告。

第十二条 律师应在法律意见书和律师工作报告中承诺对发行人的行为以及本次申请的合法、合规进行了充分的核查验证，并对招股说明书及其摘要进行审慎审阅，并在招股说明书及其概要中发表声明："本所及经办律师保证由本所同意发行人在招股说明书及其摘要中引用的法律意见书和律师工作报告的内容已经本所审阅，确认招股说明书及其摘要不致因上述内容出现虚假记载、误导性陈述及重大遗漏引致的法律风险，并对其真实性、准确性和完整性承担相应的法律责任"。

第十三条 律师在制作法律意见书和律师工作报告的同时，应制作工作底稿。

前款所称工作底稿是指律师在为证券发行人制作法律意见书和律师工作报告过程中形成的工作记录及在工作中获取的所有文件、会议纪要、谈话记录等资料。

第十四条 律师应及时、准确、真实地制作工作底稿，工作底稿的质量是判断律师是否勤勉尽责的重要依据。

第十五条 工作底稿的正式文本应由两名以上律师签名，其所在的律师事务所加盖公章，其内容应真实、完整、记录清晰，并标明索引编号及顺序号码。

第十六条 工作底稿应包括（但不限于）以下内容：

（一）律师承担项目的基本情况，包括委托单位名称、项目名称、制作项目的时间或期间、工作量统计。

（二）为制作法律意见书和律师工作报告制定的工作计划及其操作程序的记录。

（三）与发行人（包括发起人）设立及历史沿革有关的资料，如设立批准证书、营业执照、合同、章程等文件或变更文件的复印件。

（四）重大合同、协议及其他重要文件和会议记录的摘要或副本。

（五）与发行人及相关人员相互沟通情况的记录，对发行人提供资料的检查、调查访问记录、往来函件、现场勘察记录、查阅文件清单等相关的资料及详细说明。

（六）发行人及相关人员的书面保证或声明书的复印件。

（七）对保留意见及疑难问题所作的说明。

（八）其他与出具法律意见书和律师工作报告相关的重要资料。

上述资料应注明来源。凡涉及律师向有关当事人调查所作的记录，应由当事人和律师本人签名。

第十七条 工作底稿由制作人所在的律师事务所保存，保存期限至少7年。中国证监会根据需要可随时调阅、检查工作底稿。

第二章 法律意见书的必备内容

第十八条 法律意见书开头部分应载明，律师是否根据《证券法》、《公司法》等有关法律、法规和中国证监会的有关规定，按照律师行业公认的业务标准、道德规范和勤勉尽责精神，出具法律意见书。

第一节 律师应声明的事项

第十九条 律师应承诺已依据本规则的规定及本法律意见书出具日以前已发生或存在的事实和我国现行法律、法规和中国证监会的有关规定发表法律意见。

第二十条 律师应承诺已严格履行法定职责，遵循了勤勉尽责和诚实信用原则，对发行人的行为以及本次申请的合法、合规、真实、有效进行了充分的核查验证，保证法律意见书和律师工作报告不存在虚假记载、误导性陈述及重大遗漏。

第二十一条 律师应承诺同意将法律意见书和律师工作报告作为发行人申请公开发行股票所必备的法律文

件,随同其他材料一同上报,并愿意承担相应的法律责任。

第二十二条 律师应承诺同意发行人部分或全部在招股说明书中自行引用或按中国证监会审核要求引用法律意见书或律师工作报告的内容,但发行人作上述引用时,不得因引用而导致法律上的歧义或曲解,律师应对有关招股说明书的内容进行再次审阅并确认。

第二十三条 律师可作出其他适当声明,但不得做出违反律师行业公认的业务标准、道德规范和勤勉尽责精神的免责声明。

第二节 法律意见书正文

第二十四条 律师应在进行充分核查验证的基础上,对本次股票发行上市的下列(包括但不限于)事项明确发表结论性意见。所发表的结论性意见应包括是否合法合规、是否真实有效、是否存在纠纷或潜在风险。

(一)本次发行上市的批准和授权
(二)发行人本次发行上市的主体资格
(三)本次发行上市的实质条件
(四)发行人的设立
(五)发行人的独立性
(六)发起人或股东(实际控制人)
(七)发行人的股本及其演变
(八)发行人的业务
(九)关联交易及同业竞争
(十)发行人的主要财产
(十一)发行人的重大债权债务
(十二)发行人的重大资产变化及收购兼并
(十三)发行人公司章程的制定与修改
(十四)发行人股东大会、董事会、监事会议事规则及规范运作
(十五)发行人董事、监事和高级管理人员及其变化
(十六)发行人的税务
(十七)发行人的环境保护和产品质量、技术等标准
(十八)发行人募集资金的运用
(十九)发行人业务发展目标
(二十)诉讼、仲裁或行政处罚
(二十一)原定向募集公司增资发行的有关问题(如有)
(二十二)发行人招股说明书法律风险的评价
(二十三)律师认为需要说明的其他问题

第三节 本次发行上市的总体结论性意见

第二十五条 律师应对发行人是否符合股票发行上市条件、发行人行为是否存在违法违规、以及招股说明书及其摘要引用的法律意见书和律师工作报告的内容是否适当,明确发表总体结论性意见。

第二十六条 律师已勤勉尽责仍不能发表肯定性意见的,应发表保留意见,并说明相应的理由及其对本次发行上市的影响程度。

第三章 律师工作报告的必备内容

第二十七条 律师工作报告开头部分应载明,律师是否根据《证券法》、《公司法》等有关法律、法规和中国证监会的有关规定,按照律师行业公认的业务标准、道德规范和勤勉尽责精神,出具律师工作报告。

第一节 律师工作报告引言

第二十八条 简介律师及律师事务所,包括(但不限于)注册地及时间、业务范围、证券执业律师人数、本次签名律师的证券业务执业记录及其主要经历、联系方式等。

第二十九条 说明律师制作法律意见书的工作过程,包括(但不限于)与发行人相互沟通的情况,对发行人提供材料的查验、走访、谈话记录、现场勘查记录、查阅文件的情况,以及工作时间等。

第二节 律师工作报告正文

第三十条 本次发行上市的批准和授权
(一)股东大会是否已依法定程序作出批准发行上市的决议。
(二)根据有关法律、法规、规范性文件以及公司章程等规定,上述决议的内容是否合法有效。
(三)如股东大会授权董事会办理有关发行上市事宜,上述授权范围、程序是否合法有效。

第三十一条 发行人发行股票的主体资格
(一)发行人是否具有发行上市的主体资格。
(二)发行人是否依法有效存续,即根据法律、法规、规范性文件及公司章程,发行人是否有终止的情形出现。

第三十二条 本次发行上市的实质条件
分别就不同类别或特征的发行人,对照《证券法》、《公司法》等法律、法规和规范性文件的规定,逐条核查发行人是否符合发行上市条件。

第三十三条 发行人的设立
(一)发行人设立的程序、资格、条件、方式等是否符合当时法律、法规和规范性文件的规定,并得到有权部门的批准。
(二)发行人设立过程中所签定的改制重组合同是否符合有关法律、法规和规范性文件的规定,是否因此引

致发行人设立行为存在潜在纠纷。

（三）发行人设立过程中有关资产评估、验资等是否履行了必要程序，是否符合当时法律、法规和规范性文件的规定。

（四）发行人创立大会的程序及所议事项是否符合法律、法规和规范性文件的规定。

第三十四条 发行人的独立性

（一）发行人业务是否独立于股东单位及其他关联方。

（二）发行人的资产是否独立完整。

（三）如发行人属于生产经营企业，是否具有独立完整的供应、生产、销售系统。

（四）发行人的人员是否独立。

（五）发行人的机构是否独立。

（六）发行人的财务是否独立。

（七）概括说明发行人是否具有面向市场自主经营的能力。

第三十五条 发起人和股东（追溯至发行人的实际控制人）

（一）发行人或股东是否依法存续，是否具有法律、法规和规范性文件规定担任发起人或进行出资的资格。

（二）发行人的发起人或股东人数、住所、出资比例是否符合有关法律、法规和规范性文件的规定。

（三）发起人已投入发行人的资产的产权关系是否清晰，将上述资产投入发行人是否存在法律障碍。

（四）若发起人将其全资附属企业或其他企业先注销再以其资产折价入股，应说明发起人是否已通过履行必要的法律程序取得了上述资产的所有权，是否已征得相关债权人同意，对其原有债务的处置是否合法、合规、真实、有效。

（五）若发起人以在其他企业中的权益折价入股，是否已征得该企业其他出资人的同意，并已履行了相应的法律程序。

（六）发起人投入发行人的资产或权利的权属证书是否已由发起人转移给发行人，是否存在法律障碍或风险。

第三十六条 发行人的股本及演变

（一）发行人设立时的股权设置、股本结构是否合法有效，产权界定和确认是否存在纠纷及风险。

（二）发行人历次股权变动是否合法、合规、真实、有效。

（三）发起人所持股份是否存在质押，如存在，说明质押的合法性及可能引致的风险。

第三十七条 发行人的业务

（一）发行人的经营范围和经营方式是否符合有关法律、法规和规范性文件的规定。

（二）发行人是否在中国大陆以外经营，如存在，应说明其经营的合法、合规、真实、有效。

（三）发行人的业务是否变更过，如变更过，应说明具体情况及其可能存在的法律问题。

（四）发行人主营业务是否突出。

（五）发行人是否存在持续经营的法律障碍。

第三十八条 关联交易及同业竞争

（一）发行人是否存在持有发行人股份5%以上的关联方，如存在，说明发行人与关联方之间存在何种关联关系。

（二）发行人与关联方之间是否存在重大关联交易，如存在，应说明关联交易的内容、数量、金额，以及关联交易的相对比重。

（三）上述关联交易是否公允，是否存在损害发行人及其他股东利益的情况。

（四）若上述关联交易的一方是发行人股东，还需说明是否已采取必要措施对其他股东的利益进行保护。

（五）发行人是否在章程及其他内部规定中明确了关联交易公允决策的程序。

（六）发行人与关联方之间是否存在同业竞争。如存在，说明同业竞争的性质。

（七）有关方面是否已采取有效措施或承诺采取有效措施避免同业竞争。

（八）发行人是否对有关关联交易和解决同业竞争的承诺或措施进行了充分披露，以及有无重大遗漏或重大隐瞒，如存在，说明对本次发行上市的影响。

第三十九条 发行人的主要财产

（一）发行人拥有房产的情况。

（二）发行人拥有土地使用权、商标、专利、特许经营权等无形资产的情况。

（三）发行人拥有主要生产经营设备的情况。

（四）上述财产是否存在产权纠纷或潜在纠纷，如有，应说明对本次发行上市的影响。

（五）发行人以何种方式取得上述财产的所有权或使用权，是否已取得完备的权属证书，若未取得，还需说明取得这些权属证书是否存在法律障碍。

（六）发行人对其主要财产的所有权或使用权的行使有无限制，是否存在担保或其他权利受到限制的情况。

（七）发行人有无租赁房屋、土地使用权等情况，如有，应说明租赁是否合法有效。

第四十条 发行人的重大债权债务

（一）发行人将要履行、正在履行以及虽已履行完毕但可能存在潜在纠纷的重大合同的合法性、有效性，是否存在潜在风险，如有风险和纠纷，应说明对本次发行上市的影响。

（二）上述合同的主体是否变更为发行人，合同履行是否存在法律障碍。

（三）发行人是否有因环境保护、知识产权、产品质量、劳动安全、人身权等原因产生的侵权之债，如有，应说明对本次发行上市的影响。

（四）发行人与关联方之间是否存在重大债权债务关系及相互提供担保的情况。

（五）发行人金额较大的其他应收、应付款是否因正常的生产经营活动发生，是否合法有效。

第四十一条 发行人重大资产变化及收购兼并

（一）发行人设立至今有无合并、分立、增资扩股、减少注册资本、收购或出售资产等行为，如有，应说明是否符合当时法律、法规和规范性文件的规定，是否已履行必要的法律手续。

（二）发行人是否拟进行资产置换、资产剥离、资产出售或收购等行为，如拟进行，应说明其方式和法律依据，以及是否履行了必要的法律手续，是否对发行人发行上市的实质条件及本规定的有关内容产生实质性影响。

第四十二条 发行人章程的制定与修改

（一）发行人章程或章程草案的制定及近三年的修改是否已履行法定程序。

（二）发行人的章程或章程草案的内容是否符合现行法律、法规和规范性文件的规定。

（三）发行人的章程或章程草案是否按有关制定上市公司章程的规定起草或修订。如无法执行有关规定的，应说明理由。发行人已在香港或境外上市的，是否符合到境外上市公司章程的有关规定。

第四十三条 发行人股东大会、董事会、监事会议事规则及规范运作

（一）发行人是否具有健全的组织机构。

（二）发行人是否具有健全的股东大会、董事会、监事会议事规则，该议事规则是否符合相关法律、法规和规范性文件的规定。

（三）发行人历次股东大会、董事会、监事会的召开、决议内容及签署是否合法、合规、真实、有效。

（四）股东大会或董事会历次授权或重大决策等行为是否合法、合规、真实、有效。

第四十四条 发行人董事、监事和高级管理人员及其变化

（一）发行人的董事、监事和高级管理人员的任职是否符合法律、法规和规范性文件以及公司章程的规定。

（二）上述人员在近三年尤其是企业发行上市前一年是否发生过变化，若存在，应说明这种变化是否符合有关规定，履行了必要的法律程序。

（三）发行人是否设立独立董事，其任职资格是否符合有关规定，其职权范围是否违反有关法律、法规和规范性文件的规定。

第四十五条 发行人的税务

（一）发行人及其控股子公司执行的税种、税率是否符合现行法律、法规和规范性文件的要求。若发行人享受优惠政策、财政补贴等政策，该政策是否合法、合规、真实、有效。

（二）发行人近三年是否依法纳税，是否存在被税务部门处罚的情形。

第四十六条 发行人的环境保护和产品质量、技术等标准

（一）发行人的生产经营活动和拟投资项目是否符合有关环境保护的要求，有权部门是否出具意见。

（二）近三年是否因违反环境保护方面的法律、法规和规范性文件而被处罚。

（三）发行人的产品是否符合有关产品质量和技术监督标准。近三年是否因违反有关产品质量和技术监督方面的法律法规而受到处罚。

第四十七条 发行人募股资金的运用

（一）发行人募股资金用于哪些项目，是否需要得到有权部门的批准或授权。如需要，应说明是否已经得到批准或授权。

（二）若上述项目涉及与他人进行合作的，应说明是否已依法订立相关的合同，这些项目是否会导致同业竞争。

（三）如发行人是增资发行的，应说明前次募集资金的使用是否与原募集计划一致。如发行人改变前次募集资金的用途，应说明该改变是否依法定程序获得批准。

第四十八条 发行人业务发展目标

（一）发行人业务发展目标与主营业务是否一致。

（二）发行人业务发展目标是否符合国家法律、法规和规范性文件的规定，是否存在潜在的法律风险。

第四十九条　诉讼、仲裁或行政处罚

（一）发行人、持有发行人5%以上（含5%）的主要股东（追溯至实际控制人）、发行人的控股公司是否存在尚未了结的或可预见的重大诉讼、仲裁及行政处罚案件。如存在，应说明对本次发行、上市的影响。

（二）发行人董事长、总经理是否存在尚未了结的或可预见的重大诉讼、仲裁及行政处罚案件。如存在，应说明对发行人生产经营的影响。

（三）如上述案件存在，还应对案件的简要情况作出说明（包括但不限于受理该案件的法院名称、提起诉讼的日期、诉讼的当事人和代理人、案由、诉讼请求、可能出现的处理结果或已生效法律文书的主要内容等）。

第五十条　原定向募集公司增资发行的有关问题

（一）公司设立及内部职工股的设置是否得到合法批准。

（二）内部职工股是否按批准的比例、范围及方式发行。

（三）内部职工股首次及历次托管是否合法、合规、真实、有效。

（四）内部职工股的演变是否合法、合规、真实、有效。

（五）如内部职工股涉及违法违规行为，是否该行为已得到清理，批准内部职工股的部门是否出具对有关情况及对有关责任和潜在风险承担责任进行确认的文件。

第五十一条　发行人招股说明书法律风险的评价

是否参与招股说明书的编制及讨论，是否已审阅招股说明书，特别对发行人引用法律意见书和律师工作报告相关内容是否已审阅，对发行人招股说明书及其摘要是否存在虚假记载、误导性陈述或重大遗漏引致的法律风险进行评价。

第五十二条　律师认为需要说明的其他问题

本规则未明确要求，但对发行上市有重大影响的法律问题，律师应当发表法律意见。

第四章　附　则

第五十三条　本规则由中国证监会负责解释。

第五十四条　本规则自公布之日起施行。1999年6月15日发布的《公开发行股票公司信息披露的内容与格式准则第六号—法律意见书的内容与格式（修订）》（证监法律字〔1999〕2号）同时废止。

第14号——非标准审计意见及其涉及事项的处理

- 2001年12月22日证监发〔2001〕157号发布
- 2018年4月19日中国证券监督管理委员会公告〔2018〕7号修订
- 根据2020年3月20日《中国证券监督管理委员会关于修改部分证券期货规范性文件的决定》修正

第一条　为进一步提高公开发行证券的公司（以下简称"公司"）信息披露质量，规范与公司财务报表非标准审计意见及涉及事项有关的信息披露行为，保护投资者合法权益，根据《中华人民共和国公司法》、《中华人民共和国证券法》（以下简称《证券法》）等法律法规及中国证券监督管理委员会（以下简称"证监会"）的有关规定，制定本规定。

第二条　本规定所称非标准审计意见是指注册会计师对财务报表发表的非无保留意见或带有解释性说明的无保留意见。上述非无保留意见，是指注册会计师对财务报表发表的保留意见、否定意见或无法表示意见。

上述带有解释性说明的无保留意见，是指对财务报表发表的带有强调事项段、持续经营重大不确定性段落的无保留意见或者其他信息段落中包含其他信息未更正重大错报说明的无保留意见。

第三条　符合《证券法》规定的会计师事务所应当建立健全完善的内部质量控制机制，以保证注册会计师发表恰当的审计意见。

第四条　公司应当严格执行会计准则及相关信息披露规范的规定。

对于公司因未严格执行会计准则及相关信息披露规范造成的财务报表错报，注册会计师在审计过程中应及时与公司进行沟通并要求其更正。如果公司未恰当更正部分或全部错报，注册会计师应评价财务报表整体是否存在重大错报并在此基础上形成审计意见。如果审计范围受到限制导致无法获取充分、适当的审计证据，注册会计师也需要确定其对审计意见的影响。

注册会计师应当恪守专业标准，结合审计业务的具体情况发表恰当的审计意见。不得以带解释性说明的无保留意见或审计报告中的关键审计事项段代替非无保留意见、以保留意见代替否定意见或无法表示意见、以无法表示意见代替否定意见。

第五条　如公司财务报表被注册会计师发表否定意见或无法表示意见，公司董事会应当针对该审计意见涉及的事项作出专项说明，包括（但不限于）：

（一）否定意见或无法表示意见涉及事项的详细情况；

（二）相关事项对公司财务报表的影响金额；如确认影响金额不可行，应详细说明不可行的原因；

（三）公司董事会、独立董事和监事会对该事项的意见；

（四）消除相关事项及其影响的具体措施、预期消除影响的可能性及时间。

发表否定意见或无法表示意见的注册会计师应当针对审计意见中涉及的相关事项出具专项说明，包括(但不限于)：

（一）发表否定意见或无法表示意见的详细理由和依据；

（二）如注册会计师出具无法表示意见的审计报告，应说明无法表示意见涉及的事项中是否存在注册会计师依据已获取的审计证据能够确定存在重大错报的情形；如存在，进一步说明相关事项未导致注册会计师发表否定意见的理由和依据；

（三）相关事项对报告期内公司财务状况、经营成果和现金流量可能的影响金额，并说明考虑影响金额后公司盈亏性质是否发生变化；如提供相关事项可能的影响金额不可行，应详细解释不可行的原因。

盈亏性质改变是指更正事项导致公司相关年度合并报表中归属于母公司股东净利润，或者扣除非经常性损益后归属于母公司股东净利润由盈利转为亏损或者由亏损转为盈利。

第六条 如公司财务报表被注册会计师发表保留意见，公司董事会应当针对审计意见涉及的相关事项作出专项说明，包括(但不限于)：

（一）保留意见涉及事项的详细情况；

（二）相关事项对公司财务报表的影响金额；如确认影响金额不可行，应详细说明不可行的原因；

（三）公司董事会、独立董事和监事会对该事项的意见；

（四）消除相关事项及其影响的具体措施、预期消除影响的可能性及时间。

发表保留意见的注册会计师应当针对保留意见中涉及的相关事项出具专项说明，包括(但不限于)：

（一）发表保留意见的详细理由和依据，包括注册会计师认为保留意见涉及事项对财务报表不具有审计准则所述的广泛性影响的原因；

（二）相关事项对报告期内公司财务状况、经营成果和现金流量可能的影响金额，并说明考虑影响金额后公司盈亏性质是否发生变化；如提供相关事项可能的影响金额不可行，应详细解释不可行的原因。

第七条 如公司财务报表被注册会计师出具带有解释性说明的审计报告，公司董事会应当针对解释性说明涉及的相关事项作出专项说明，包括(但不限于)：

（一）解释性说明涉及事项的详细情况；

（二）公司董事会、独立董事和监事会对该事项的意见；

（三）如存在其他信息重大错报或者持续经营重大不确定性段落，进一步说明消除相关事项及其影响的具体措施、预期消除影响的可能性及时间。

出具带有解释性说明的审计报告的注册会计师应当针对解释性说明中涉及的相关事项出具专项说明，包括但不限于出具解释性说明的理由和依据，以及解释性说明涉及事项不影响注册会计师所发表审计意见的详细依据。

第八条 公司应当在向交易所报送定期报告的同时，提交董事会及注册会计师依据本规则第五条、第六条、第七条作出的相关专项说明。

第九条 如公司未按照其披露的时间及时消除相关事项影响，证券交易所有权对其采取进一步监督管理措施或报中国证监会调查处理。

第十条 本规定自公布之日起实施，由中国证监会负责解释。

第15号——财务报告的一般规定(2023年修订)

· 2023年12月22日
· 中国证券监督管理委员会公告〔2023〕64号

第一章 总 则

第一条 为规范公开发行证券的公司财务信息披露行为，保护投资者合法权益，根据《公司法》《证券法》《企业会计准则》及中国证券监督管理委员会(以下简称中国证监会)的有关规定，制定本规则。

第二条 在中华人民共和国境内公开发行股票并在证券交易所上市的公司披露年度财务报告、首次公开发行股票的公司和向不特定合格投资者公开发行股票并在北京证券交易所上市的公司(以下均简称公司)申报财务报告、以及按照有关规定需要参照年度财务报告披露有关财务信息时，应遵循本规则。

第三条 凡对投资者作出价值判断和投资决策有重

要影响的财务信息,不论本规则是否有明确规定,公司均应充分披露。

第四条 公司在编制和披露财务报告时应遵循重要性原则,披露事项涉及重要性标准判断的,应披露重要性标准确定方法和选择依据。

第五条 对于需要根据实质重于形式原则作出专业判断的相关交易和事项,公司应充分披露具体情况、相关专业判断的理由及依据、以及与之相关的具体会计处理。

第六条 特殊行业财务报告披露另有规定的,公司还应当遵循其规定。本规则的某些具体要求对特殊行业确实不适用的,公司应予以说明。

第七条 公司在编制和披露财务报告时应当严格遵守保密相关法律法规。

第二章 财务报表

第八条 公司应根据实际发生的交易和事项,按照《企业会计准则》的规定进行确认和计量,在此基础上编制财务报表。公司不应以披露代替确认和计量,不恰当的确认和计量不能通过充分披露来纠正。

第九条 本规则要求披露的财务报表包括资产负债表、利润表、现金流量表和所有者权益变动表。

第十条 编制合并财务报表的公司,除提供合并财务报表外,还应提供母公司财务报表,但中国证监会另有规定的除外。

第十一条 财务报表中会计数据的排列应自左至右,最左侧为最近一期数据。表内各重要报表项目应标有附注编号,并与财务报表附注编号一致。

第三章 财务报表附注

第十二条 公司应按照本规则的要求,编制和披露财务报表附注。财务报表附注应当对财务报表中相关数据涉及的交易和事项作出真实、充分、明晰的说明。除特别提及母公司财务报表附注披露事项外,均为合并财务报表附注披露的事项。

第一节 公司的基本情况

第十三条 公司应简要披露基本情况,包括注册地、总部地址、实际从事的主要经营活动以及财务报告批准报出日。

第二节 财务报表的编制基础

第十四条 公司应披露财务报表的编制基础。

第十五条 公司应评价自报告期末起至少12个月的持续经营能力。评价结果表明对持续经营能力产生重大怀疑的,公司应披露导致对持续经营能力产生重大怀疑的因素,以及公司拟采取的改善措施。

第三节 重要会计政策及会计估计

第十六条 公司应制定与实际生产经营特点相适应的具体会计政策,并充分披露重要会计政策和会计估计。公司根据实际生产经营特点制定的具体会计政策和会计估计,应在本节开始部分对相关事项进行提示。公司不应简单照搬会计准则相关规定原文,应结合所属行业特点和自身情况进行披露。

(一)遵循企业会计准则的声明。

(二)会计期间。

(三)营业周期。公司的营业周期不同于12个月,并以营业周期作为资产和负债的流动性划分标准的,应披露营业周期及确定依据。

(四)记账本位币。

(五)同一控制下和非同一控制下企业合并的会计处理方法。

(六)控制的判断标准和合并财务报表的编制方法。

(七)合营安排的分类及共同经营的会计处理方法。

(八)编制现金流量表时现金及现金等价物的确定标准。

(九)发生外币交易时折算汇率的确定方法,在资产负债表日对外币货币性项目采用的折算方法,汇兑损益的处理方法以及外币报表折算的会计处理方法。

(十)金融工具的分类、确认依据和计量方法,金融资产转移的确认依据和计量方法,金融负债终止确认条件,金融资产和金融负债的公允价值确定方法,金融资产减值的测试方法及会计处理方法。

(十一)应收票据、应收账款、应收款项融资、其他应收款、合同资产等应收款项坏账准备的确认标准和计提方法。应收款项按照信用风险特征组合计提坏账准备的,应披露组合类别及确定依据。基于账龄确认信用风险特征组合的,应披露账龄计算方法。应收款项按照单项计提坏账准备的,应披露认定单项计提的判断标准。

(十二)存货类别,发出存货的计价方法,存货的盘存制度,低值易耗品和包装物的摊销方法。存货跌价准备的确认标准和计提方法,按照组合计提存货跌价准备的,应披露组合类别及确定依据以及不同类别存货可变现净值的确定依据。基于库龄确认存货可变现净值的,应披露各库龄组合可变现净值的计算方法和确定依据。

(十三)划分为持有待售的非流动资产或处置组的确认标准和会计处理方法,终止经营的认定标准和列报方法。

（十四）共同控制、重大影响的判断标准，长期股权投资的初始投资成本确定、后续计量及损益确认方法。

（十五）投资性房地产计量模式。采用成本模式的，披露各类投资性房地产的折旧或摊销方法；采用公允价值模式的，披露选择公允价值计量的依据。

（十六）固定资产的确认条件、公司根据自身实际情况确定的分类、折旧方法，各类固定资产的折旧年限、估计残值率和年折旧率。

（十七）按类别披露在建工程结转为固定资产的标准和时点。

（十八）借款费用资本化的确认原则、资本化期间、暂停资本化期间、借款费用资本化率以及资本化金额的计算方法。

（十九）生物资产的分类及确定标准。各类生产性生物资产的使用寿命和预计净残值及其确定依据、折旧方法。采用公允价值模式的，披露选择公允价值计量的依据。

（二十）各类油气资产相关支出的资本化标准，各类油气资产的折耗或摊销方法，采矿许可证等执照费用的会计处理方法以及油气储量估计的判断依据等。

（二十一）无形资产的计价方法。使用寿命有限的无形资产，应披露其使用寿命的确定依据、估计情况以及摊销方法；使用寿命不确定的无形资产，应披露其使用寿命不确定的判断依据以及对其使用寿命进行复核的程序。

结合公司自身业务模式和研发项目特点，披露研发支出的归集范围，划分研究阶段和开发阶段的具体标准，以及开发阶段支出资本化的具体条件。

（二十二）长期股权投资、采用成本模式计量的投资性房地产、固定资产、在建工程、使用权资产、采用成本模式计量的生产性生物资产、油气资产、无形资产、商誉等长期资产的减值测试方法及会计处理方法。

（二十三）长期待摊费用的性质、摊销方法及摊销年限。

（二十四）职工薪酬的分类及会计处理方法。

（二十五）预计负债的确认标准和各类预计负债的计量方法。

（二十六）股份支付计划的会计处理方法，包括修改或终止股份支付计划的相关会计处理。

（二十七）优先股、永续债等其他金融工具的会计处理方法。

（二十八）收入确认原则和计量方法。公司应结合实际生产经营特点制定收入确认会计政策，按照业务类型(如建筑施工、贸易等)披露具体收入确认方式及计量方法，同类业务采用不同经营模式涉及不同收入确认方式及计量方法的，应当分别披露。

公司披露的收入确认会计政策应包括但不限于：

1. 识别履约义务涉及重大会计判断的，应披露具体判断依据。

2. 确定交易价格、估计可变对价、分摊交易价格以及计量预期退还给客户的款项等类似义务所采用的方法。

3. 履约义务实现方式，收入确认时点及判断依据，履约进度计量方法及判断依据。

4. 主要责任人认定涉及重大会计判断的，应披露具体判断依据。

（二十九）合同取得成本、合同履约成本的确认标准、减值测试等会计处理方法。

（三十）政府补助的类型及会计处理方法。

（三十一）递延所得税资产和递延所得税负债的确认及净额抵销列示的依据。

（三十二）租赁的会计处理方法。承租人对短期租赁和低价值资产租赁进行简化处理的，应披露判断依据和会计处理方法。

出租人应披露租赁分类标准和会计处理方法。

（三十三）其他重要的会计政策和会计估计，包括但不限于：采用套期会计的依据、会计处理方法，与回购公司股份相关的会计处理方法，资产证券化业务会计处理方法和判断依据，债务重组损益确认时点和会计处理方法等。

（三十四）本期发生重要会计政策和会计估计变更的，公司应充分披露变更的内容和原因、受重要影响的报表项目名称和金额，以及会计估计变更开始适用的时点。

第四节 税 项

第十七条 公司应按税种分项说明报告期执行的税率。存在执行不同企业所得税税率纳税主体的，应按纳税主体分别披露。

第十八条 公司应披露重要的税收优惠政策及依据。

第五节 合并财务报表项目附注

第十九条 资产项目应按以下要求进行披露：

（一）按库存现金、银行存款、其他货币资金、存放财务公司款项等分类列示货币资金期初余额、期末余额。披露存放在境外的款项总额。公司应单独披露存放在境外且资金汇回受到限制的款项。

（二）分类列示交易性金融资产期初余额、期末余额。对于指定为以公允价值计量且其变动计入当期损益的金融资产，应单独列示期初余额、期末余额，并披露指定的理由和依据。

（三）分类列示衍生金融资产期初余额、期末余额，披露其产生的原因以及相关会计处理。

（四）分类列示应收票据、应收账款、应收款项融资、其他应收款、合同资产等应收款项期初余额、期末余额。

对各类应收款项应分别说明以下事项，包括但不限于：

1. 区分单项和按信用风险特征组合计提坏账准备的应收款项，列示各类应收款项期初余额、期末余额，分别占应收款项期初余额合计数、期末余额合计数的比例，以及各类应收款项的坏账准备期初余额、期末余额和计提比例。

2. 按信用风险特征组合计提坏账准备的应收款项，应区分不同组合方式披露该组合中各类应收款项期末余额、坏账准备期末余额，以及坏账准备的计提比例。

3. 对于重要的单项计提坏账准备的应收款项，应逐项披露各类应收款项期初余额、期末余额，坏账准备期初余额、期末余额，坏账准备计提比例及依据。

4. 披露各类应收款项本期计提、收回或转回的坏账准备金额。本期坏账准备收回或转回金额重要的，应披露转回原因、收回方式、确定原坏账准备计提比例的依据及其合理性。

5. 采用一般预期信用损失模型计提坏账准备的应收款项，应分三阶段披露坏账准备计提情况，以及各阶段划分依据和坏账准备计提比例。

6. 列示本期实际核销的应收款项金额。对于其中重要的款项，应逐项披露款项性质、核销原因、履行的核销程序及核销金额。实际核销的款项由关联交易产生的，应单独披露。

7. 按欠款方集中度，汇总或分别披露期末余额前5名的应收账款和合同资产的期末余额及占应收账款和合同资产期末余额合计数的比例，以及相应计提的坏账准备期末余额。如果公司对同一客户存在合同资产的，应将合同资产与应收账款合并计算。

8. 按款项性质列示其他应收款期初、期末账面余额。按欠款方归集的期末余额前五名的其他应收款，应分别披露欠款方名称、期末余额及占其他应收款期末余额合计数的比例、款项的性质、对应的账龄、坏账准备期末余额。披露因资金集中管理而列报于其他应收款的金额及相关情况。

9. 对于应收票据、应收款项融资，应列示期末已质押的应收票据、应收款项融资金额。区分终止确认和未终止确认情况列示已背书或贴现但在资产负债表日尚未到期的应收票据、应收款项融资金额。

10. 对于重要的逾期应收利息，应按借款单位披露应收利息的期末余额、逾期时间和逾期原因、是否发生减值的判断。对于重要的账龄超过1年的应收股利，应披露未收回的原因和对相关款项是否发生减值的判断。

11. 对于合同资产，公司应披露报告期内账面价值发生重大变动的金额和原因。

（五）按账龄区间列示预付款项期初余额、期末余额及各账龄区间预付款项余额占预付款项余额合计数的比例。账龄超过1年且金额重要的预付款项，应说明未及时结算的原因。

按预付对象集中度，汇总或分别披露期末余额前五名的预付款项的期末余额及占预付款项期末余额合计数的比例。

（六）按存货类别列示存货期初余额、期末余额，以及对应的跌价准备的期初余额、期末余额及本期计提、转回或转销金额。披露确定可变现净值的具体依据及本期转回或转销存货跌价准备的原因。按组合计提存货跌价准备的，应分类披露不同组合存货的期初余额、期末余额，对应的跌价准备的期初余额、期末余额、计提标准和比例。披露存货期末余额中含有的借款费用资本化金额及其计算标准和依据。

（七）披露划分为持有待售的资产的原因。列示划分为持有待售的资产类别、期末账面价值、公允价值、预计处置费用及预计处置时间等。存在持有待售负债的，应参照本款披露。

（八）对于债权投资、其他债权投资，分类列示期初余额、期末余额、以及对应减值准备期初余额和期末余额及本期变动金额。对于重要的债权投资、其他债权投资，应分别列示其面值、票面利率、实际利率、到期日、逾期本金等信息。

此外，还应说明以下事项，包括但不限于：

1. 采用一般预期信用损失模型计提减值准备的，应分三阶段披露减值准备计提情况，以及各阶段划分依据和减值准备计提比例。

2. 列示本期实际核销的债权投资、其他债权投资金额。对于其中重要的款项，应逐项披露款项性质、核销原因、履行的核销程序及核销金额。实际核销的款项由关联交易产生的，应单独披露。

3. 对于其他债权投资，应披露成本、应计利息、本期公允价值变动、累计公允价值变动、累计在其他综合收益中确认的减值准备。

4. 将在一年内到期的债权投资、其他债权投资应参照本款要求披露。

（九）分项列示其他权益工具投资期初余额、期末余额、本期计入其他综合收益的利得和损失、本期末累计入其他综合收益的利得和损失、本期确认的股利收入以及指定为以公允价值计量且其变动计入其他综合收益的原因。本期存在终止确认的，应分项披露终止确认的原因，以及因终止确认转入留存收益的累计利得和损失。

（十）按款项性质列示长期应收款期初余额、期末余额，坏账准备期初余额、期末余额及本期变动金额，采用的折现率区间等。长期应收款减值、转回、核销情况，应参照本条第（四）款关于应收款项的相关要求披露。

（十一）按被投资单位披露长期股权投资的期初余额、本期增减变动情况、期末余额、减值情况。

（十二）采用成本计量模式的投资性房地产，分类列示其账面原值、累计折旧、减值准备累计金额以及账面价值的期初余额、期末余额和本期增减变动情况。采用公允价值计量模式的投资性房地产，分类列示期初余额、期末余额和本期增减变动情况。对于转换为投资性房地产并采用公允价值计量模式的，应披露转换的理由、审批程序，以及对损益、其他综合收益的影响。公司应披露未办妥产权证书投资性房地产账面价值及原因。

（十三）分类列示固定资产的账面原值、累计折旧、减值准备累计金额以及账面价值的期初余额、期末余额和本期增减变动情况。

公司应披露本期在建工程完工转入固定资产的情况，期末暂时闲置固定资产的账面原值、累计折旧、减值准备累计金额以及账面价值，期末未办妥产权证书的固定资产账面价值及原因。

公司通过经营租赁租出的固定资产，应分类披露租出固定资产的期末账面价值。

（十四）分项列示在建工程账面余额、减值准备累计金额以及账面价值的期初余额、期末余额。列示重要在建工程项目的本期变动情况，包括在建工程名称、预算数、期初余额、本期增加金额、本期转入固定资产金额、本

期其他减少金额、期末余额、工程累计投入占预算的比例、工程进度和工程资金来源。其中工程资金来源应区分募集资金、金融机构贷款和其他来源等。在建工程账面价值中包含资本化利息的，应披露利息资本化累计金额、本期利息资本化率及资本化金额。

分项列示在建工程减值准备的期初余额、期末余额和本期增减变动情况。

（十五）采用成本计量模式的生产性生物资产，分类列示账面原值、累计折旧、减值准备累计金额以及账面价值的期初余额、期末余额和本期增减变动情况。

采用公允价值计量模式的生产性生物资产，分类列示期初余额、期末余额和本期增减变动情况。

（十六）分类列示油气资产的账面原值、累计折旧、减值准备累计金额以及账面价值的期初余额、期末余额和本期增减变动情况。

（十七）分类列示使用权资产的账面原值、累计折旧、减值准备累计金额以及账面价值的期初余额、期末余额和本期增减变动情况。

（十八）分类列示无形资产账面原值、累计摊销、减值准备累计金额以及账面价值的期初余额、期末余额和本期增减变动情况。披露期末无形资产中通过公司内部研发形成的无形资产占无形资产余额的比例。

公司应披露未办妥产权证书的土地使用权账面价值及原因。

（十九）分项披露长期股权投资、采用成本计量模式的投资性房地产、固定资产、在建工程、采用成本计量模式的生产性生物资产、油气资产、使用权资产、无形资产等长期资产的减值测试情况。

上述长期资产本期进行减值测试的，应披露可收回金额的具体确定方法。可收回金额按公允价值减去处置费用后的净额确定的，应披露公允价值和处置费用的确定方式、关键参数及其确定依据。可收回金额按预计未来现金流量的现值确定的，应披露预测期的年限、预测期及稳定期的关键参数及其确定依据。前述信息与以前年度减值测试采用的信息或外部信息明显不一致的，或公司以前年度减值测试采用信息与当年实际情况明显不一致的，应披露差异原因。

（二十）按被投资单位或项目列示产生商誉的事项，对应商誉的期初余额、期末余额和本期增减变动情况，以及减值准备的期初余额、期末余额和本期增减变动情况。

公司应披露商誉减值测试过程、参数及商誉减值损失的确认方法，包括但不限于以下内容：

1. 商誉所属资产组或资产组合的构成、所属经营分部和依据，以及是否与以前年度保持一致。资产组或资产组组合发生变化的，应披露变化前后的构成，以及导致变化的客观事实及依据。

2. 可收回金额的具体确定方法。可收回金额按公允价值减去处置费用后的净额确定的，应披露公允价值和处置费用的确定方式、关键参数及其确定依据；若可收回金额按预计未来现金流量的现值确定的，应披露预测期的年限及预测期内的收入增长率、利润率等参数及其确定依据，以及稳定期增长率、利润率、折现率等参数及其确定依据。前述信息与以前年度减值测试采用的信息或外部信息明显不一致的，或公司以前年度减值测试采用信息与当年实际情况明显不一致的，应披露差异原因。

3. 形成商誉时存在业绩承诺，且报告期或报告期上一期间处于业绩承诺期内的，应披露业绩承诺完成情况，以及报告期或报告期上一期间商誉减值情况。

（二十一）分类列示长期待摊费用的期初余额、期末余额和本期增减变动情况。

（二十二）按暂时性差异的类别列示未经抵销的递延所得税资产或递延所得税负债期初余额、期末余额，以及相应的暂时性差异金额。

以抵销后净额列示的，还应披露递延所得税资产和递延所得税负债期初、期末互抵金额及抵销后期初余额、期末余额。

存在未确认为递延所得税资产的可抵扣暂时性差异和可抵扣亏损的，应列示期初余额、期末余额及可抵扣亏损到期年度。

（二十三）按资产类别分项披露用于抵押、质押、查封、冻结、扣押等所有权或使用权受限资产的账面余额、账面价值及受限情况。

第二十条 负债项目应按以下要求进行披露：

（一）按借款条件分类列示短期借款期初余额、期末余额。

汇总披露逾期借款（包括从长期借款转入的）的期末余额。对于重要的逾期借款，还应按借款单位列示借款期末余额、借款利率、逾期时间、逾期利率。

（二）分类列示交易性金融负债期初余额、期末余额。对于指定为以公允价值计量且其变动计入当期损益的金融负债，应单独列示期初余额、期末余额，并披露指定的理由和依据。

（三）分类列示衍生金融负债期初余额、期末余额，披露其形成的原因以及相关会计处理。

（四）分类列示应付票据、应付账款、其他应付款期初余额、期末余额。

对于账龄超过1年的重要应付账款、其他应付款，应披露未偿还或未结转的原因。对于逾期的重要应付利息，应披露逾期金额及原因。

公司应披露到期未付的应付票据期末余额的汇总金额及原因。

（五）分类列示预收款项、合同负债的期初余额、期末余额。

账龄超过1年的重要预收款项、合同负债，应披露未偿还或未结转的原因。

公司应披露报告期内预收款项、合同负债账面价值发生重大变动的金额和原因。

（六）按薪酬类别列示应付职工薪酬期初余额、本期增加金额、本期减少金额及期末余额。

（七）按税种列示应交税费期初余额、期末余额。

（八）分项列示1年内到期的非流动负债期初余额、期末余额。

（九）按借款条件分类列示长期借款期初余额、期末余额及利率区间。

（十）分项列示应付债券期初余额、期末余额。

按应付债券名称（不包括划分为金融负债的优先股、永续债等其他金融工具），分别列示其面值、票面利率、发行日期、债券期限、发行金额、期初余额、期末余额和本期增减变动情况、是否违约等信息。披露可转换公司债券的转股条件、转股时间、转股权会计处理及相关判断依据等。

公司发行其他金融工具并划分为金融负债的，应分项披露其基本情况、期初余额、期末余额和本期增减变动情况，以及划分至金融负债的依据。

存在短期应付债券的，公司应在其他流动负债中参照本款进行披露。

（十一）按流动性列示租赁负债期初余额、期末余额。

（十二）按款项性质列示长期应付款期初余额、期末余额。

（十三）分类列示长期应付职工薪酬期初余额、期末余额。

存在设定受益计划的，公司应说明设定受益计划的内容及相关风险，在财务报表中确认的期初余额、期末余额及本期各类增减变动金额，设定受益计划对公司未来现金流量的金额、时间和不确定性的影响，以及义务现值所依赖的重要精算假设和有关敏感性分析的结果。

（十四）分类列示预计负债期初余额、期末余额以及形成原因。重要的预计负债，应披露相关重要假设、估计。

（十五）分类列示递延收益期初余额、期末余额和本期增减变动情况，以及形成递延收益的原因。

第二十一条 所有者权益项目应按以下要求进行披露：

（一）列示股本期初余额、期末余额和本期各类增减变动金额。

（二）分项披露其他权益工具的基本情况、期初余额、期末余额和本期增减变动情况、变动原因，以及相关会计处理依据。

（三）分类列示资本公积期初余额、期末余额、本期增减变动情况和变动原因。

（四）存在库存股的，应列示期初余额、期末余额、本期增减变动情况和变动原因。

（五）分类列示其他综合收益期初余额、期末余额和本期增减变动情况。

（六）分类列示专项储备期初余额、期末余额、本期增减变动情况和变动原因。

（七）分类列示盈余公积期初余额、期末余额、本期增减变动情况和变动原因。

（八）列示未分配利润期初余额、期末余额和本期各类增减变动金额。对期初未分配利润进行调整的，应披露调整前、调整后金额，各项调整原因及金额。

第二十二条 利润表项目应按以下要求进行披露：

（一）按主营业务收入和其他业务收入分别列示营业收入、营业成本本期发生额、上期发生额。

此外，还应披露以下信息，包括但不限于：

1. 收入分解信息。可以按照业务类型、经营地区、客户类型、合同类型、商品转让时间、销售渠道等类别披露营业收入、营业成本的分解信息，以及分解信息与报告分部营业收入、营业成本之间的关系等。

2. 履约义务相关的信息，包括但不限于：履行履约义务的时间、重要的支付条款、公司承诺转让商品的性质、是否为主要责任人、公司承担的预期将退还给客户的款项等类似义务、公司提供的质量保证类型及相关义务等。

3. 与分摊至剩余履约义务的交易价格相关的信息，包括分摊至本期末尚未履行履约义务的交易价格总额及其确认为收入的预计时间、可变对价等。

4. 重大合同变更或重大交易价格调整相关的信息、会计处理方法及对收入的影响金额。

（二）按税金及附加项目列示各项税金及附加本期发生额、上期发生额。

（三）按费用性质列示管理费用、销售费用及财务费用本期发生额、上期发生额。

（四）按性质分类列示其他收益的本期发生额、上期发生额。

（五）分类列示净敞口套期收益本期发生额、上期发生额。

（六）按产生公允价值变动收益的来源分类列示本期发生额、上期发生额。

（七）分类列示投资收益本期发生额、上期发生额。

（八）按照金融资产、财务担保等信用减值损失项目分别列示信用减值损失本期发生额、上期发生额。

（九）按照资产减值损失项目分别列示资产减值损失本期发生额、上期发生额。

（十）分项列示资产处置收益本期发生额、上期发生额。

（十一）分项列示营业外收入和营业外支出本期发生额、上期发生额。

（十二）披露所得税费用的相关信息，包括按税法及相关规定计算的当期企业所得税费用、递延所得税费用本期发生额、上期发生额，以及本期会计利润与所得税费用的调整过程。

（十三）按以后不能重分类进损益的其他综合收益和以后将重分类进损益的其他综合收益，分类列示本期其他综合收益的税前金额、所得税金额及税后金额，以及前期计入其他综合收益当期转出计入当期损益和留存收益的金额。

第二十三条 现金流量表项目应披露：

（一）分项列示收到或支付的重要的投资活动有关的现金性质、本期发生额、上期发生额。其中，对于本期取得或处置子公司的，还应分别总额披露取得或处置价格中以现金及现金等价物支付的部分，以及取得或处置收到的子公司持有的现金及现金等价物等。

（二）分项列示收到或支付的其他与经营活动、投资活动及筹资活动中有关的现金性质、本期发生额、上期发生额。

（三）将净利润调节为经营活动现金流量的信息。

（四）本期及上期现金和现金等价物的构成情况。披露公司持有的使用范围受限但仍作为现金和现金等价物列示的金额及理由。分类披露不属于现金及现金等价物的货币资金的本期金额、上期金额及理由。

（五）分类列示筹资活动产生的各项负债从期初余额到期末余额所发生的变动情况，包括因现金和非现金变动产生的负债的变动。

（六）按照规定以净额列报现金流量的，应披露相关事实情况、采用净额列报的依据及财务影响。

（七）不涉及当期现金收支、但影响企业财务状况或在未来可能影响企业现金流量的重大活动及财务影响。

第二十四条 披露所有者权益变动表中对上年年末余额进行调整的"其他"项目的性质及调整金额。

第二十五条 合并财务报表项目附注中应披露的其他信息：

（一）外币货币性项目，应列示其原币金额以及折算汇率。合并财务报表中包含重要境外经营实体的，应披露其境外主要经营地、记账本位币及选择依据。记账本位币发生变化的还应披露原因及其会计处理。

（二）租赁相关信息，包括但不限于：

1. 公司作为承租人的租赁，应披露未纳入租赁负债计量的可变租赁付款额、简化处理的短期租赁费用和低价值资产租赁费用、与租赁相关的现金流出总额等相关信息。涉及售后租回交易的，应披露是否满足销售及其判断依据。

2. 公司作为出租人的经营租赁，应披露租赁收入及其中包含的未计入租赁收款额的可变租赁付款额相关的收入。公司作为出租人的融资租赁，应披露销售损益、融资收益及未纳入租赁投资净额的可变租赁付款额相关的收入、未折现租赁收款额与租赁投资净额的调节表。出租人还应当披露未来五年每年未折现租赁收款额以及五年后未折现租赁收款额总额。

3. 公司作为生产商或经销商确认融资租赁销售损益的，应分别披露销售收入及销售成本金额。

第六节 研发支出

第二十六条 按费用性质披露研发支出本期发生额、上期发生额，包括费用化研发支出和资本化研发支出。

第二十七条 公司存在符合资本化条件的研发项目的，应分项披露开发支出期初余额、期末余额和本期增减变动情况。

对于重要的资本化研发项目，应结合研发进度、预计完成时间、预计经济利益产生方式等情况，分项说明开始资本化的时点和具体依据。分项列示开发支出减值准备的期初余额、期末余额和本期增减变动情况，以及减值测试情况。

第二十八条 本期存在重要外购在研项目的，应结合预期产生经济利益的方式等情况，分项说明外购在研项目资本化或费用化的判断标准和具体依据。

第七节 在其他主体中的权益

第二十九条 公司应披露企业集团的构成，包括子公司的名称、注册资本、主要经营地及注册地、业务性质、公司的持股比例、取得方式。子公司的持股比例不同于表决权比例的，应说明表决权比例及差异原因。

公司持有其他主体半数或以下表决权但仍控制该主体、以及公司持有其他主体半数以上表决权但不控制该主体的，公司应披露相关判断和依据。披露确定公司是代理人还是委托人的判断和依据。对于纳入合并范围的重要的结构化主体，应披露控制的相关判断和依据。

第三十条 本期发生非同一控制下企业合并的交易应披露以下信息：

（一）被购买方的名称、企业合并中取得的被购买方的权益比例。

（二）购买日的确定依据。

（三）购买日至报告期末被购买方的收入、净利润及现金流量。

（四）合并成本的构成、公允价值及公允价值的确定方法。

（五）或有对价的安排、购买日确认的或有对价的金额及其确定方法和依据，购买日后或有对价的变动、原因以及业绩承诺的完成情况。被购买方未达到业绩承诺的，应说明该事项对相关商誉减值测试的影响。

（六）商誉的金额、因合并成本小于合并中取得被购买方可辨认净资产公允价值的份额计入当期损益的金额，以及上述金额的计算过程。对于合并中形成的大额商誉，应说明形成的主要原因。

（七）购买日被购买方可辨认资产、负债的账面价值及公允价值，公允价值的确定方法，以及承担的被购买方或有负债的情况。

（八）购买日或合并当期期末无法合理确定合并对价或被购买方可辨认资产、负债公允价值的，应披露该事实和原因，按照暂估价值入账的项目，以及本期对以前期间企业合并相关项目暂估价值进行的调整和相关会计处理。

（九）分步实现企业合并的，除上述信息之外，还应披露以下信息：

1. 购买日之前原持有股权的取得时点、取得比例、取得成本和取得方式。

2. 购买日之前原持有股权在购买日的账面价值、公允价值，以及按照公允价值重新计量所产生的利得或损失的金额。

3. 购买日之前原持有股权在购买日公允价值的确定方法及主要假设。

4. 购买日之前与原持有股权相关的其他综合收益转入投资收益或留存收益的金额。

第三十一条 公司以发行股份购买资产等方式实现非上市公司或业务借壳上市并构成反向购买的，还应说明构成反向购买的依据、交易之前公司的资产是否构成业务及其判断依据、合并成本的确定方法、交易中确认的商誉或计入当期的损益或调整权益的金额及其计算过程。

第三十二条 本期发生同一控制下企业合并的公司应披露以下信息：

（一）被合并方的名称、企业合并中取得的被合并方的权益比例。

（二）参与合并的企业在合并前后均受同一方或相同的多方最终控制，以及该控制是非暂时性的依据。

（三）合并日的确定依据。

（四）合并当期期初至合并日以及比较期间被合并方的收入及净利润。

（五）合并成本的构成及其账面价值。

（六）或有对价的安排、合并日确认的或有对价的金额及其确定方法和依据，合并日后或有对价的变动及其原因。

（七）被合并方的资产、负债在比较期间期末及合并日的账面价值，以及承担的被合并方或有负债的情况。

第三十三条 本期发生丧失子公司控制权交易或事项的，应披露以下信息：

（一）丧失控制权的时点及判断依据、处置价款、处置比例、处置方式。

（二）处置价款与处置投资所对应的合并财务报表层面享有该子公司净资产份额的差额；及与原子公司股权投资相关的其他综合收益转入投资损益或留存收益的金额。

（三）丧失控制权之日，合并财务报表层面剩余股权的账面价值、公允价值，以及按照公允价值重新计量所产生的利得或损失的金额。

（四）在丧失控制权之日，合并财务报表层面剩余股权的公允价值的确定方法及主要假设。

通过多次交易分步处置对子公司投资至丧失控制权的，还应披露以下信息：判断各项交易是否构成"一揽子交易"的原则，前期处置股权的处置时点以及处置价款、处置比例、处置方式、处置价款与处置投资所对应的合并财务报表层面享有该子公司净资产份额的差额等。

第三十四条 对于其他原因导致的合并范围的变动，公司应说明相关情况。

第三十五条 公司在子公司的所有者权益份额发生变化且该变化未影响公司对子公司的控制权的，应披露在子公司所有者权益份额的变化情况、对归属于母公司所有者权益和少数股东权益的影响金额，以及上述金额的计算依据。

第三十六条 子公司少数股东持有的权益对公司重要的，应按子公司披露以下信息：

（一）子公司少数股东的持股比例。持股比例不同于表决权比例的，应说明表决权比例及差异原因。

（二）当期归属于子公司少数股东的损益、当期向少数股东宣告分派的股利、当期期末少数股东权益余额。

（三）子公司（划分为持有待售的除外）的重要财务信息。

第三十七条 公司应披露使用资产和清偿债务存在的重大限制，以及该限制涉及的资产和负债的金额。

第三十八条 公司向纳入合并财务报表范围的结构化主体提供了财务支持或其他支持，或者有提供此类支持意向的，应披露相关信息。

第三十九条 对于重要的合营企业或联营企业，公司应披露以下信息：

（一）合营企业或联营企业的名称、主要经营地及注册地、业务性质、公司的持股比例。持股比例不同于表决权比例的，应说明表决权比例及差异原因。

（二）公司持有其他主体20%以下表决权但具有重大影响，或者持有其他主体20%或以上表决权但不具有重大影响的，应披露相关判断和依据。

（三）公司对合营企业或联营企业投资的会计处理方法。

（四）本期从合营企业或联营企业收到的股利。

（五）合营企业或联营企业的净资产、营业收入、净利润等重要财务信息（划分为持有待售的除外）。对于按照权益法进行会计处理的合营企业或联营企业，应披露上述财务信息调整至公司对合营企业或联营企业投资账面价值的调节过程。

（六）对合营企业或联营企业投资存在公开报价的，应披露相关信息。

第四十条 对于不重要的合营企业或联营企业，公司应区分合营企业和联营企业，披露汇总财务信息。

第四十一条 合营企业或联营企业向公司转移资金的能力存在重大限制的，公司应披露该限制的具体情况。

第四十二条 采用权益法核算的合营企业或联营企业发生超额亏损且公司未予以确认的，公司应披露未确认的合营企业或联营企业的超额亏损份额，包括当期份额和累积份额。

第四十三条 公司应披露与其对合营企业投资相关的未确认承诺，以及与其对合营企业或联营企业投资相关的或有负债。

第四十四条 对于重要的共同经营，公司应披露共同经营的名称、主要经营地及注册地、业务性质、公司的持股比例或享有的份额。持股比例或享有的份额不同于表决权比例的，应说明表决权比例及差异原因。

共同经营为单独主体的，应披露判断为共同经营的依据。

第四十五条 对于未纳入合并财务报表范围的结构化主体，公司应披露结构化主体的基础信息、财务报表中确认的与在结构化主体中权益相关的资产及负债的账面价值及列报项目、在结构化主体中权益的最大损失敞口及其确定方法，并分析该最大损失敞口与财务报表中确认的资产和负债的差异及原因。

公司发起设立未纳入合并财务报表范围的结构化主体，且资产负债表日在该结构化主体中没有权益的，公司应披露相关原因，以及当期从结构化主体获得的收益及收益类型、当期转移至结构化主体的所有资产在转移时的账面价值。

公司有向未纳入合并报表范围的结构化主体提供财务支持或其他支持的意向的，或者在没有合同约定的情况下向未纳入合并财务报表范围的结构化主体提供了支持，应披露提供支持的相关信息。

公司应披露有助于投资者充分理解未纳入合并财务报表范围的结构化主体相关的风险及对公司影响的其他信息。

第八节 政府补助

第四十六条 对于报告期末按应收金额确认的政府补助，应披露应收款项的期末余额。如公司未能在预计时点收到预计金额的政府补助，公司应披露原因。

第四十七条 对涉及政府补助的负债项目，在财务报表附注的相关项目下，披露相关期初余额、本期新增补助金额、本期计入营业外收入金额、本期转入其他收益等金额以及期末余额。

第四十八条 对于计入当期损益的政府补助，披露本期发生额及上期发生额。

第九节 与金融工具相关的风险

第四十九条 公司应披露金融工具产生的信用风险、流动性风险、市场风险等各类风险，包括风险敞口及其形成原因、风险管理目标、政策和程序、计量风险的方法，以及上述信息在本期发生的变化；期末风险敞口的量化信息，以及有助于投资者评估风险敞口的其他数据。

第五十条 公司开展套期业务进行风险管理的，应根据实际情况披露相应风险管理策略和目标、被套期风险的定性和定量信息、被套期项目及相关套期工具之间的经济关系、预期风险管理目标有效实现情况以及相应套期活动对风险敞口的影响。

公司开展符合条件套期业务并应用套期会计的，应按照套期风险类型、套期类别披露与被套期项目以及套期工具相关账面价值、已确认的被套期项目账面价值中所包含的被套期项目累计公允价值套期调整、套期有效性和套期无效部分来源以及套期会计对公司的财务报表相关影响。

公司开展套期业务进行风险管理、预期能实现风险管理目标但未应用套期会计的，可结合相关套期业务情况披露未应用套期会计的原因以及对财务报表的影响。

第五十一条 公司发生金融资产转移的，应按照金融资产转移方式分类列示已转移金融资产性质及金额、终止确认情况及其判断依据。

因转移而终止确认的金融资产，应分项列示金融资产转移的方式、终止确认的金融资产金额，及与终止确认相关的利得或损失。

转移金融资产且继续涉入的，应披露资产转移方式、分项列示继续涉入形成的资产、负债的金额。

第十节 公允价值的披露

第五十二条 公司应按持续和非持续的公允价值计量，分项披露期末公允价值金额和公允价值计量的层次。

第五十三条 对于持续和非持续的第一层次公允价值计量，公司应披露相关市价依据。

第五十四条 对于持续和非持续的第二、三层次公允价值计量，公司应披露使用的估值技术和重要参数的定性和定量信息。

第五十五条 对于持续的第三层次公允价值计量，公司应披露期初余额与期末余额之间的调节信息。改变不可观察参数可能导致公允价值显著变化的，公司应分项披露相关的敏感性分析。

第五十六条 对于持续的公允价值计量，公司应披露公允价值计量各层次之间转换的金额、原因及确定转换时点的政策。

第五十七条 对于涉及估值技术变更的，公司应披露该变更及其原因。

第五十八条 对于未以公允价值计量的金融资产和金融负债，分类披露其账面价值和公允价值的期初和期末金额、公允价值所属的层次。对于第二层次和第三层次的公允价值，披露使用的估值技术和输入值的信息。对于涉及估值技术变更的，披露该变更及其原因。

第十一节 关联方及关联交易

第五十九条 公司应按照《企业会计准则》及中国证监会有关规定中界定的关联方，披露关联方情况。

第六十条 按照购销商品、提供和接受劳务、关联托管、关联承包、关联租赁、关联担保、关联方资金拆借、关联方资产转让、债务重组、关键管理人员薪酬、关联方承诺等关联交易类型，分别披露各类关联交易的金额。披露应收、应付关联方等未结算项目情况，以及未结算应收项目的坏账准备计提情况。

第十二节 股份支付

第六十一条 公司应按授予对象类别披露本期授予、行权、解锁和失效的各项权益工具数量和金额，期末发行在外的股票期权或其他权益工具行权价格的范围和合同剩余期限。

第六十二条 以权益结算的股份支付，公司应披露授予日权益工具公允价值的确定方法和重要参数，等待期内每个资产负债表日可行权权益工具数量的确定依据。本期估计与上期估计有重要差异的，应说明原因。公司还应披露以权益结算的股份支付计入资本公积的累计金额。

第六十三条 以现金结算的股份支付，公司应披露承担的、以股份或其他权益工具为基础计算确定的负债的公允价值确定方法和重要参数。公司应披露负债中以现金结算的股份支付产生的累计负债金额。

第六十四条 公司应按授予对象类别分别披露本期以权益结算的股份支付和以现金结算的股份支付确认的费用总额。

第六十五条 公司对股份支付进行修改的，应披露修改原因、内容及其财务影响。公司终止股份支付计划的，应披露终止原因、内容及其财务影响。

第十三节 或有事项

第六十六条 公司应披露资产负债表日存在的重要或有事项。

第六十七条 公司没有重要或有事项的，也应说明。

第十四节 资产负债表日后事项

第六十八条 公司应披露资产负债表日后存在的股票和债券的发行、重要的对外投资、重要的债务重组、自然灾害导致的资产损失以及外汇汇率发生重要变动等非调整事项，分析其对财务状况、经营成果的影响。无法作出量化分析的，应说明原因。

第六十九条 公司应披露资产负债表日后利润分配情况，包括拟分配的利润或股利、经审议批准宣告发放的利润或股利金额等。

第七十条 在资产负债表日后发生重要销售退回的，公司应披露相关情况及对报表的影响。

第十五节 其他重要事项

第七十一条 本期发现的前期会计差错，采用追溯重述法处理的，公司应披露前期会计差错内容、处理程序、受影响的各比较期间报表项目名称、累积影响数。采用未来适用法处理的，公司应披露重要会计差错更正的内容、批准程序、采用未来适用法的原因。

第七十二条 本期发生重要债务重组的公司，应披露债务重组的详细情况，包括：债务重组方式、原重组债权债务账面价值、确认的债务重组利得（或损失）金额、债务转为资本导致的股本增加额（或债权转为股份导致的投资增加额及该投资占债务人股份总额的比例）、或有应付（或有应收）金额，以及债务重组中公允价值的确定方法和依据。

第七十三条 公司本期发生重要资产置换（包括非货币性资产交换）、重要资产转让及出售的，应披露相关交易的详细情况，包括资产账面价值、转让金额、转让原因以及对公司财务状况、经营成果的影响等。

公司本期发生非货币性资产交换的，应披露换入资产的类别、成本确定方式和公允价值，换出资产的类别、账面价值和公允价值，以及非货币性资产交换确认的损益。

第七十四条 公司应披露年金计划的主要内容及重

要变化。

第七十五条 公司应披露终止经营的收入、费用、利润总额、所得税费用和净利润，以及归属于母公司所有者的终止经营利润。

第七十六条 公司应披露报告分部的确定依据、分部会计政策、报告分部的财务信息（包括主营业务收入、主营业务成本等），以及分部财务信息合计金额与对应合并财务报表项目的调节过程。公司无报告分部的，应说明原因。

第七十七条 其他对投资者决策有影响的重要交易和事项，公司应披露具体情况、判断依据及相关会计处理。

第十六节 母公司财务报表的重要项目附注

第七十八条 公司提供母公司财务报表的，应披露母公司财务报表的重要项目附注，包括但不限于应收账款、其他应收款、长期股权投资、营业收入和营业成本、投资收益等。母公司财务报表的项目附注应参照本规则第五节进行披露。

第四章 补充资料

第七十九条 公司应根据中国证监会的有关规定，披露非经常性损益相关信息。

第八十条 公司应根据中国证监会的有关规定，披露净资产收益率及每股收益。

第八十一条 同时适用境内外会计准则的公司，应分项披露适用境内外准则产生差异的事项和原因，及其对净资产、净利润的影响。

第五章 附 则

第八十二条 本规则自公布之日起施行。2014年12月25日发布的《公开发行证券的公司信息披露编报规则第15号——财务报告的一般规定（2014年修订）》（证监会公告〔2014〕54号）、2013年9月12日发布的《公开发行证券的公司信息披露解释性公告第2号——财务报表附注中政府补助相关信息的披露》（证监会公告〔2013〕38号）、2013年12月23日发布的《公开发行证券的公司信息披露解释性公告第4号——财务报表附注中分步实现企业合并相关信息的披露》（证监会公告〔2013〕48号）、2013年12月23日发布的《公开发行证券的公司信息披露解释性公告第5号——财务报表附注中分步处置对子公司投资至丧失控制权相关信息的披露》（证监会公告〔2013〕48号）同时废止。

上市公司在披露定期报告时，应当在财务报表附注中披露执行本规则对可比会计期间主要财务数据的影响数。

第19号——财务信息的更正及相关披露

- 2003年12月1日证监会计字〔2003〕16号发布
- 2018年4月24日中国证券监督管理委员会公告〔2018〕8号修订
- 根据2020年3月20日《中国证券监督管理委员会关于修改部分证券期货规范性文件的决定》修正

第一条 为规范公开发行证券的公司（以下简称"公司"）披露其更正后财务信息的行为，提高财务信息披露的可靠性和及时性，保护投资者的合法权益，根据《中华人民共和国公司法》《中华人民共和国证券法》（以下简称"《证券法》"）等法律、法规及中国证券监督管理委员会（以下简称"中国证监会"）的有关规定，制定本规定。

第二条 本规定适用于下列情形：
（一）公司已公开披露的定期报告中财务信息存在差错被责令改正；
（二）公司已公开披露的定期报告中财务信息存在差错，经董事会决定更正的；
（三）中国证监会认定的对定期报告中的财务信息进行更正的其他情形。

第三条 公司出现第二条规定情形，应当单独以临时报告的方式及时披露更正后的财务信息及本规定所要求披露的其他信息。

第四条 更正后财务信息及其他信息的格式应当符合中国证监会和证券交易所有关信息披露规范的要求。

第五条 公司对已经公布的年度财务报表进行更正，需要聘请符合《证券法》规定的会计师事务所对更正后的财务报表进行全面审计或对相关更正事项进行专项鉴证。

（一）如果会计差错更正事项对财务报表具有广泛性影响，或者该事项导致公司相关年度盈亏性质发生改变，会计师事务所应当对更正后财务报表进行全面审计并出具新的审计报告；
（二）除上述情况外，会计师事务所可以仅对更正事项执行专项鉴证并出具专项鉴证报告。

上述广泛性是指以下情形：
1. 不限于对财务报表的特定要素、账户或项目产生影响；

2. 虽然仅对财务报表的特定要素、账户或项目产生影响，但这些要素、账户或项目是或可能是财务报表的主要组成部分；

3. 当与披露相关时，产生的影响对财务报表使用者理解财务报表至关重要。

盈亏性质改变是指更正事项导致公司相关年度合并报表中归属于母公司股东净利润，或者扣除非经常性损益后归属于母公司股东净利润由盈利转为亏损或者由亏损转为盈利。

第六条 公司在临时报告中应当披露的内容包括：

（一）公司董事会对更正事项的性质及原因的说明；

（二）更正事项对公司财务状况、经营成果和现金流量的影响及更正后的财务指标；

如果更正事项涉及公司资产重组相关业绩承诺的，还应当说明更正事项对业绩承诺完成情况的影响；

（三）更正后经审计年度财务报表和涉及更正事项的相关财务报表附注，以及会计师事务所出具的审计报告或专项鉴证报告；

如果公司对年度财务报表进行更正，但不能及时披露更正后经审计的财务报表及审计报告或专项鉴证报告，公司应就此更正事项及时刊登"提示性公告"，并应当在该临时公告公布之日起两个月内完成披露；

（四）更正后的中期财务报表及涉及更正事项的相关财务报表附注；

（五）公司独立董事和监事会对更正事项的相关意见。

第七条 第六条所指更正后的财务报表包括三种情况：

（一）若公司对已披露的以前期间财务信息（包括年度、半年度、季度财务信息）作出更正，应披露受更正事项影响的最近一个完整会计年度更正后的年度财务报表以及受更正事项影响的最近一期更正后的中期财务报表；

（二）若公司仅对本年度已披露的中期财务信息作出更正，应披露更正后的本年度受到更正事项影响的中期财务报表（包括季度财务报表、半年度财务报表，下同）；

（三）若公司对上一会计年度已披露的中期财务信息作出更正，且上一会计年度财务报表尚未公开披露，应披露更正后的受到更正事项影响的中期财务报表。

第八条 更正后的财务报表中受更正事项影响的数据应以黑色加粗字显示。

第九条 如果公司对三年以前财务信息作出更正，且更正事项对最近三年年度财务报表没有影响，可以免于按本规定进行披露。

第十条 本规定所述财务信息，是指按照中国证监会和证券交易所有关信息披露规范要求编制的定期报告（包括年度、中期报告和季度报告）所含的财务信息，包括财务报表及定期报告中的其他财务信息。

本规定所述财务报表，是指公司按照企业会计准则及相关规定编制的财务报表，包括财务报表附注。

第十一条 本规定自公布之日起实施，由中国证监会负责解释。

第21号——年度内部控制评价报告的一般规定

· 2014年1月3日
· 中国证券监督管理委员会公告〔2014〕1号

第一条 为规范公开发行证券的公司内部控制信息披露行为，保护投资者的合法权益，依据《公司法》、《证券法》、《企业内部控制基本规范》及其配套指引，以及中国证券监督管理委员会有关规定，制定本规则。

第二条 凡在中华人民共和国境内公开发行证券并在证券交易所上市的股份有限公司（以下简称公司），按照有关规定需要披露年度内部控制评价报告或需要参照年度内部控制评价报告披露有关内部控制信息时，应遵循本规则。

第三条 本规则是对年度内部控制评价报告披露的最低要求。不论本规则是否有明确要求，凡对投资者投资决策有重大影响的内部控制信息，公司均应充分披露。

第四条 公司应当以内部控制评价工作获取的测试、评价证据为基础，如实编制和对外提供年度内部控制评价报告，不得含有虚假的信息或者隐瞒重要事实。公司董事会及全体董事应保证提供的年度内部控制评价报告不存在虚假记载、误导性陈述或重大遗漏，并就年度内部控制评价报告的真实性、准确性、完整性承担个别和连带的法律责任。

第五条 公司编制的年度内部控制评价报告经董事会审议通过，并按定期报告相关要求审核后，与年度报告一并对外披露。

第六条 公司内部控制评价结论认定公司于内部控制评价报告基准日存在内部控制重大缺陷，或者公司内部控制被会计师事务所出具了非标准内部控制审计报告，以及标准内部控制审计报告披露了非财务报告内部控制重大缺陷的，公司应当在年度报告"重要提示"中对以上情况作出声明，并提示投资者注意阅读年度报告内部控制相关章节中内部控制评价和审计的相关信息。

第七条 公司年度内部控制评价报告应包括以下要素：

（一）标题
（二）收件人
（三）引言段
（四）重要声明
（五）内部控制评价结论
（六）内部控制评价工作情况
（七）其他内部控制相关重大事项说明

第八条 年度内部控制评价报告标题统一为"××股份有限公司××年度内部控制评价报告"。

第九条 年度内部控制评价报告收件人统一为"××股份有限公司全体股东"。

第十条 年度内部控制评价报告引言段应当说明评价工作主要依据、内部控制评价报告基准日等内部控制评价基本信息。

第十一条 年度内部控制评价报告重要声明应当说明董事会、监事会及董事、监事、高级管理人员对内部控制及年度内部控制评价报告的相关责任，以及内部控制的目标和固有的局限性。

第十二条 年度内部控制评价报告内部控制评价结论应当分别披露对财务报告内部控制有效性的评价结论，以及是否发现非财务报告内部控制重大缺陷，并披露自内部控制评价基准日至内部控制评价报告发出日之间是否发生影响内部控制有效性评价结论的因素。

公司对财务报告内部控制有效性的评价结论与注册会计师对财务报告内部控制有效性的审计意见存在差异的，以及公司与注册会计师对非财务报告内部控制重大缺陷的披露存在差异的，公司应在年度报告内部控制的相关章节中予以说明，并解释差异原因。

第十三条 年度内部控制评价报告内部控制评价工作情况应当披露内部控制评价范围、内部控制评价工作依据及内部控制缺陷认定标准，以及内部控制缺陷认定及整改情况。

第十四条 内部控制评价范围应当从纳入评价范围的主要单位、业务和事项以及高风险领域三个方面进行披露，并对评价范围是否存在重大遗漏形成明确结论。如果评价范围存在重大遗漏或法定豁免，则应当披露评价范围重大遗漏的具体情况及对评价结论产生的影响以及法定豁免的相关情况。

第十五条 内部控制评价工作依据及缺陷认定标准应当披露公司开展内部控制评价工作的具体依据以及进行缺陷认定的具体标准及其变化情况。公司应当区分财务报告内部控制和非财务报告内部控制，分别披露重大缺陷、重要缺陷和一般缺陷的认定标准。

第十六条 内部控制缺陷认定及整改情况应当区分财务报告内部控制和非财务报告内部控制，分别披露报告期内部控制重大缺陷和重要缺陷的认定结果及缺陷的性质、影响、整改情况、整改计划等内容。

第十七条 公司应当在年度内部控制评价报告其他内部控制相关重大事项说明段中披露可能对投资者理解内部控制评价报告、评价内部控制情况或进行投资决策产生重大影响的其他内部控制信息。

第十八条 本规则自发布之日起施行。

附件：年度内部控制评价报告披露参考格式（略）

第23号——试点红筹企业公开发行存托凭证招股说明书内容与格式指引

· 2018年6月6日中国证券监督管理委员会公告〔2018〕14号发布
· 根据2020年3月20日《中国证券监督管理委员会关于修改部分证券期货规范性文件的决定》修正

第一条 为规范在境内发行存托凭证的试点红筹企业（以下简称境外基础证券发行人）及相关主体的信息披露行为，保护投资者的合法权益，根据《中华人民共和国证券法》（以下简称《证券法》）、《关于开展创新企业境内发行股票或存托凭证试点的若干意见》（以下简称《若干意见》）、《存托凭证发行与交易管理办法（试行）》以及中国证监会的其他规定，制定本指引。

第二条 境外基础证券发行人为公开发行存托凭证编制招股说明书时，应遵循中国证监会有关招股说明书内容与格式准则的一般规定以及本指引的要求。

第三条 招股说明书全文文本封面应标有"×××公司公开发行存托凭证招股说明书"字样，并载明境外基础证券发行人、存托人、托管人、保荐人、主承销商的名称和住所。

第四条 招股说明书扉页应载有如下声明：

"本存托凭证系由存托人签发、以本公司境外证券为基础在中国境内发行、代表境外基础证券权益的证券。"

"存托凭证的发行、上市、交易等相关行为，适用《证券法》《若干意见》《存托凭证发行与交易管理办法（试行)》以及中国证监会的其他相关规定。本公司作为境外基础证券发行人参与存托凭证发行,依法履行发行人、上市公司的义务,接受中国证监会依照试点红筹企业监管的相关法律法规、规定,对本公司进行的监管。"

"存托人、托管人遵守中国证监会相关规定及证券交易所、证券登记结算机构业务规则,按照存托协议、托管协议的约定,签发存托凭证,履行各项职责和义务。"

第五条 境外基础证券发行人应在"本次发行概况"一节披露存托人、托管人的名称、住所、联系方式及有关经办人员的姓名。

第六条 招股说明书"本次发行概况"一节后新增一节"存托托管安排"。境外基础证券发行人应在该部分披露存托凭证的存托托管安排和相关主体的主要权利与义务,包括但不限于下列内容:

(一)每份存托凭证所代表的基础股票的类别及数量;

(二)存托凭证持有人的权利及义务;

(三)存托凭证持有人行使表决权、获得利润分配的方式和程序;

(四)与存托凭证持有人行使权利相关的通知、公告等信息传递程序;

(五)存托人的权利及义务,存托协议关于免除或限制存托人责任的具体约定;

(六)存托凭证持有人需直接或间接支付的费用(包括支付对象、金额或计算方法、服务内容、费用收取方式等);

(七)存托凭证与基础股票之间的转换安排及限制;

(八)存托凭证的托管安排,托管人的主要职责;

(九)存托协议的修改及终止;

(十)存托协议关于因存托凭证发生的纠纷适用中国法律,由中国境内有管辖权的人民法院管辖的约定。

存托凭证、存托凭证所代表的基础证券具有面值的,境外基础证券发行人应披露面值信息。

第七条 招股说明书"存托托管安排"一节后新增一节"存托凭证持有人权益保护"。境外基础证券发行人应在该部分披露保护存托凭证持有人合法权益的具体措施,包括但不限于下列内容:

(一)境外基础证券发行人确保存托凭证持有人实际享有的资产收益、参与重大决策、剩余财产分配等权益与境外基础证券持有人权益相当的措施;

(二)境外基础证券发行人、存托人按照存托协议的约定,采用安全、经济、便捷的网络或者其他方式为存托凭证持有人行使权利提供便利的安排;

(三)关于确保存托凭证持有人在合法权益受到损害时,能够获得与境外投资者相当赔偿的保障性措施;

(四)尚未盈利的境外基础证券发行人的控股股东、实际控制人和董事、高级管理人员在企业实现盈利前的股份锁定安排;

(五)因增发基础股票导致存托凭证持有人的权益可能被摊薄时,相关事项的表决机制、信息披露方式等方面的具体安排;

(六)存托凭证持有人能否依据境内法律或境外基础证券发行人注册地法律向境外基础证券发行人及相关主体提起民事诉讼程序,以及相关民事判决、裁定的可执行性;

(七)境外基础证券发行人聘请的信息披露境内证券事务机构和信息披露境内代表;

(八)境外基础证券发行人有关对境内投资者权益的保护总体上不低于境内法律、行政法规及中国证监会要求的说明以及保荐人和律师的结论性意见。

第八条 境外基础证券发行人应在"风险因素"一节充分披露与存托凭证有关的风险因素,包括但不限于下列内容:

(一)存托凭证持有人与持有基础股票的股东在法律地位、享有权利等方面存在差异可能引发的风险;

(二)存托凭证持有人在分红派息、行使表决权等方面的特殊安排可能引发的风险;

(三)存托凭证持有人持有存托凭证即成为存托协议当事人,视为同意并遵守存托协议的约定;

(四)境外基础证券发行人由于多地上市、证券交易规则差异、基础股票价格波动等因素造成存托凭证市场价格波动的风险;

(五)增发基础证券可能导致的存托凭证持有人权益被摊薄的风险;

(六)存托凭证退市的风险及后续相关安排;

(七)已在境外上市的基础证券发行人,在持续信息披露监管方面与境内可能存在差异的风险;

(八)境内外法律制度、监管环境差异可能引发的其他风险。

第九条 境外基础证券发行人应在"风险因素"一节充分披露与投票权差异或类似安排、协议控制架构、投票协议或其他公司治理特殊安排有关的风险因素。

第十条 境外基础证券发行人应在"风险因素"一节,结合创新企业投入大、迭代快、风险高、易被颠覆等特点,披露由于重大技术、产品、政策、经营模式变化等可能导致的经营风险,充分揭示业绩下滑或亏损的风险。

尚未盈利或存在累计未弥补亏损的境外基础证券发行人,应在招股说明书显要位置充分、详细披露相关情况,特别是未来三年无法盈利、无法进行利润分配的风险,并在"存托凭证持有人权益保护"一节披露依法落实保护投资者合法权益规定的各项措施。

第十一条 境外基础证券发行人应在"境外基础证券发行人基本情况"一节合并或汇总披露本次发行前已发行的股票和存托凭证的简要情况,包括证券类别、发行时间、发行数量及占总股本的比例、融资总额。

境外基础证券发行人已在境外上市的,应披露申报前120个交易日以来证券价格和市值等境外证券交易信息变动情况。

境外基础证券发行人尚未在境外上市的,应披露符合试点企业估值条件的相关依据。

第十二条 境外基础证券发行人应在"业务和技术"一节,结合行业特点披露其商业模式、核心竞争力及市场地位,包括但不限于下列内容:

(一)所处行业在新技术、新产业、新业态、新模式等方面近三年的发展情况和未来发展趋势;境外基础证券发行人在互联网、大数据、云计算、人工智能、软件和集成电路、高端装备制造或生物医药等方面取得的科技成果与产业深度融合的具体情况;

(二)境外基础证券发行人的商业模式、经营模式及盈利模式;核心竞争力的具体体现;核心经营团队的竞争力及研发团队的研发能力;报告期内的研发投入、核心技术储备,现有及未来研发产品的应用前景;研发失败的风险及对境外基础证券发行人的影响;境外基础证券发行人未来的成长性;

(三)所处行业的基本特点、主要技术门槛和技术壁垒,衡量核心竞争力的关键指标;境外基础证券发行人在所属产业中的创新地位和引领作用,发展战略、研发能力是否符合行业发展趋势;

(四)尚未盈利或存在累计未弥补亏损的境外基础证券发行人,应结合行业特点分析该等情形的成因,充分披露尚未盈利或存在累计未弥补亏损对公司现金流、业务拓展、人才吸引、团队稳定性、研发投入、战略性投入、生产经营可持续性等方面的影响。

第十三条 境外基础证券发行人应在"公司治理"一节,充分披露注册地公司法律制度及其公司章程或章程性文件的主要规定与境内《公司法》等法律制度的主要差异,以及该差异对其在境内发行、上市和投资者保护的影响。

境外基础证券发行人公司章程及相关协议中存在反收购条款等特殊条款或类似安排的,应披露相关安排的具体内容,以及对存托凭证持有人权益的影响。

第十四条 境外基础证券发行人存在投票权差异或类似安排的,应在"公司治理"一节充分披露相关具体安排及风险,包括但不限于下列内容:

(一)投票权差异或类似安排下的股权种类、每股所具有的投票权数量及上限;

(二)不适用投票权差异或类似安排下的表决机制的特殊事项;

(三)投票权差异或类似安排对存托凭证持有人在提名和选举公司董事、参与公司决策等方面的限制和影响;

(四)拥有特殊投票权的股东因存在利益冲突而损害公司或其他股东合法权益的风险;

(五)投票权差异结构下保护存托凭证持有人合法权益的保障性措施,例如在公司章程中限制转让具有特殊投票权的股份,出现控制权变更、创始人退休等情形时,特殊投票权股份自动转换为普通投票权股份的情形等;

(六)境外基础证券发行人关于在境内公开发行存托凭证后不通过任何方式提高特殊投票权股份比重及其所代表投票权比重的安排,境内公开发行存托凭证前公司章程已有约定的除外。

第十五条 境外基础证券发行人存在协议控制架构的,应在"公司治理"一节充分披露协议控制架构的具体安排及相关风险,包括但不限于下列内容:

(一)协议控制架构涉及的各方法律主体的基本情况、主要合同的核心条款;

(二)境内外有关协议控制架构的法律法规、政策环境发生变化可能引发的境外基础证券发行人受到处罚、需调整相关架构、协议控制无法实现或成本大幅上升的风险;

(三)境外基础证券发行人依赖协议控制架构而非通过股权直接控制经营实体可能引发的控制权风险;

(四)协议控制架构下相关主体的违约风险;

(五)境外基础证券发行人丧失对通过协议控制架构下可变经营实体获得的经营许可、业务资质及相关资产的控制的风险;

(六)协议控制架构及相关安排可能引发的税务风

第十六条 境外基础证券发行人应在"公司治理"一节披露近三年是否存在违反境内及其注册地、主要经营地法律法规的行为，若存在违法违规行为，应披露违规事实和受到处罚的情况，并说明对本次发行的影响。

境外基础证券发行人已在境外上市的，应披露近三年受到境外监管机构处罚或被证券交易所采取监管措施和纪律处分的情况，并说明对境外基础证券发行人的影响；境外基础证券发行人应说明本次发行的信息披露与其在境外上市期间的信息披露内容是否存在重大实质性差异。

第十七条 境外基础证券发行人按照中国企业会计准则或经财政部认可与中国企业会计准则等效的会计准则编制财务报告的，如同时在境外上市，还应当在会计报表附注中披露境内财务信息与境外财务信息的差异调整情况。

境外基础证券发行人按照国际财务报告准则或美国会计准则编制财务报告的，应提供并披露按照中国企业会计准则调整的差异调节信息。所提供的差异调节信息，应由中国境内符合《证券法》规定的会计师事务所按照中国注册会计师审计准则进行审计，并出具审计报告。境外基础证券发行人应在"管理层讨论与分析"中披露主要的差异调节事项及对主要财务指标和估值的影响；境外基础证券发行人如存在重大差异调节事项并可能对投资者决策产生重大影响的，还应当在"风险因素"中披露并进行"重大事项提示"。

第十八条 境外基础证券发行人未以公历年度作为会计年度的，应提供充足理由，并在招股说明书中对会计年度的起止期间进行"重大事项提示"，在招股说明书"财务会计信息"一节披露会计年度的确定依据和考虑因素。

第十九条 境外基础证券发行人应披露公司管理层对内部控制有效性的自我评价意见，并披露由境内符合《证券法》规定的会计师事务所根据《企业内部控制基本规范》及配套指引等规定出具的内部控制鉴证意见。

第二十条 境外基础证券发行人应在招股说明书"股利分配政策"中披露公司章程中与利润分配相关的条款。境外基础证券发行人为控股型公司的，应当披露主要控股子公司的章程和财务管理制度中利润分配条款内容以及能否有效保证境外基础证券发行人未来具备现金分红能力。境外基础证券发行人利润分配能力受外汇管制、注册地法规政策要求、债务合同约束、盈利水平、期末未弥补亏损等方面限制的，应充分披露相关因素对利润分配的具体影响、解决或改善措施，充分提示风险。境外基础证券发行人未来三年内没有利润分配或者现金分红计划的，应详细披露具体情况和原因，并进行"重大事项提示"。

第二十一条 境外基础证券发行人应披露每份存托凭证对应的收益、经营活动产生的现金流量、净现金流量、归属于境外基础证券发行人股东的净资产。其中，每份存托凭证对应的收益应分别按照基本和稀释后两种口径计算披露，计算方法参照中国证监会对每股收益计算有关规定执行。

第二十二条 境外基础证券发行人应披露境内存托凭证持有人所适用的税收相关规定，包括但不限于境外基础证券发行人从向存托凭证持有人的分配中扣减的税项（如有），境外基础证券发行人注册地与中国是否有税收互惠条约等。

第二十三条 对于下列事项，境外基础证券发行人可在不影响信息披露完整性的前提下，在招股说明书内容与格式准则的基础上适当调整披露方式或简化披露：

（一）境外基础证券发行人确实无法事先确定募集资金数额或投资项目的，应简要披露募集资金的投资方向、存放与使用安排、闲置募集资金管理安排、改变募集资金用途的程序以及募集资金运用对公司财务状况及经营成果的影响。募集资金投资方向应符合国家产业政策、环境保护、土地管理以及其他法律、法规和规章的规定，不得用于财务性投资及直接或间接向以买卖有价证券为主要业务公司的投资；

（二）境外基础证券发行人应按照招股说明书内容与格式准则等相关规则要求披露关联方和关联关系。对于关联方众多，且部分与境外基础证券发行人关联交易金额较小的，如有足够证据证明相关关联交易对发行人财务状况、经营成果、业务发展等不产生重大影响，且不影响投资者决策，可对该部分关联方及关联交易进行分类或汇总披露；

（三）境外基础证券发行人应按照招股说明书内容与格式准则的要求披露主要股东的相关信息，对于其他股东可以简化披露；

（四）境外基础证券发行人应按照招股说明书内容与格式准则的要求披露其控股子公司、参股子公司的简要情况。子公司众多且地域分布广泛的，可按照招股说明书内容与格式准则的要求披露重要子公司的相关信息，对其他子公司进行分类或汇总披露。重要子公司包括但不限于下列范围：

1. 对境外基础证券发行人收入、利润、资产、净资产等财务指标影响较大的子公司；

2. 现有经营业务、未来发展战略、持有资质或证照等对境外基础证券发行人影响较大的子公司；

3. 有关信息对投资者决策影响较大的子公司。

（五）董事、监事、高级管理人员与核心技术人员的个人信息、对外投资、薪酬等事项，可按照重要性原则简化或汇总披露。

第二十四条 境外基础证券发行人及其董事、高级管理人员对招股说明书签署的书面确认意见、作出的声明或承诺，可在不改变实质内容的前提下，对相关表述作出适当调整。

已在境外上市的基础证券发行人可不适用发行人及相关主体稳定股价的承诺、填补回报措施能够得到切实履行的承诺等披露事项。

第二十五条 境外基础证券发行人应在"其他重要事项"一节披露存托协议、投票协议、协议控制架构涉及的重要协议的主要内容。

第二十六条 存托人应在招股说明书正文后声明：

"本公司将忠实、勤勉地履行法律、行政法规、中国证监会的相关规定及证券交易所、证券登记结算机构业务规则的规定，以及存托协议、托管协议约定的各项职责和义务，不得有任何损害存托凭证持有人合法权益的行为。"

第二十七条 境外基础证券发行人应将存托协议、托管协议作为招股说明书的备查文件。

第二十八条 符合条件的试点红筹企业为在境内首次公开发行股票编制招股说明书时，应遵守本指引的要求，但仅适用于存托凭证发行的披露事项除外。

第二十九条 本指引自公布之日起施行。

第24号——注册制下创新试点红筹企业财务报告信息特别规定

· 2020年4月28日
· 中国证券监督管理委员会公告〔2020〕25号

第一条 为规范适用注册制公开发行证券并上市的创新试点红筹企业（以下简称红筹企业）财务信息披露行为，支持引导红筹企业更好地发展，保护红筹企业和投资者的合法权益，根据《中华人民共和国证券法》（以下简称《证券法》）《关于开展创新企业境内发行股票或存托凭证试点的若干意见》（以下简称《若干意见》）《存托凭证发行与交易管理办法》以及相关法律法规，制定本规定。

第二条 本规定所称红筹企业，是指按照《证券法》和《若干意见》等规定，经交易所和中国证券监督管理委员会（以下简称中国证监会）审核和注册，在境内公开发行股票或者存托凭证并上市的创新试点红筹企业。

第三条 在境内公开发行股票或存托凭证并上市的红筹企业披露年度财务报告、首次发行股票或存托凭证的红筹企业申报财务报告，以及按照相关规定需要参照年度财务报告披露有关财务信息时，应遵循本规定和其他相关规定的要求。

第四条 红筹企业披露的财务报告信息，可按照中国企业会计准则或经财政部认可与中国企业会计准则等效的会计准则（以下简称等效会计准则）编制，也可在按照国际财务报告准则或美国会计准则（以下简称境外会计准则）编制的同时，提供按照中国企业会计准则调整的差异调节信息。

红筹企业在财务报告信息披露中应明确所采用的会计准则类型。红筹企业首次申请境内公开发行股票或者存托凭证时按照中国企业会计准则编制财务报告的，境内上市后不得变更。

第五条 红筹企业在境内公开发行股票或存托凭证，应在发行上市安排中明确会计年度期间，一经确定、不得随意变更。未以公历年度作为会计年度的，应提供充分理由并予以披露。

第六条 采用中国企业会计准则编制财务报告的红筹企业应遵循《公开发行证券的公司信息披露编报规则第15号—财务报告的一般规定》（以下简称《15号文》），本规定另有规定的除外。

第七条 对于编制合并财务报表的红筹企业，无需提供母公司层面财务信息。

第八条 采用中国企业会计准则编制财务报告的红筹企业，执行《15号文》时，在不影响投资者决策判断和使用的情况下，可基于简便性原则对以下特定信息予以分类汇总或简化披露：

（一）在财务报告附注中披露子公司信息时，需要按要求披露重要的子公司信息，对不重要的子公司可以分类汇总披露。在确定子公司是否重要时，应考虑子公司的收入、利润、资产、净资产等财务指标占合并报表相关指标的比例，以及子公司经营业务、未来发展战略、持有资质或证照等对公司的影响等因素。

公司确定子公司是否重要的标准应予披露，并且不得随意变更。

（二）在财务报告附注中披露应收款项信息时，可以分类汇总披露按欠款方归集的期末余额前五名的应收款项相关信息，包括期末余额汇总数及占应收款项期末余额合计数的比例，以及相应计提的坏账准备期末余额。

（三）在财务报告附注中披露在建工程信息时，需要披露重要在建工程项目的期初余额、本期增加额、本期转入固定资产金额、本期其他减少金额、期末余额，对于不重要的在建工程项目，可以按性质分类汇总披露。

（四）在财务报告附注中披露开发支出时，需要披露重要开发支出项目的期初余额、期末余额和本期增减变动情况，对于不重要的开发支出项目可以按性质分类汇总披露。

（五）在财务报告附注中披露政府补助信息时，可以按性质分类汇总披露。

（六）中国证监会认可的其他情形。

第九条 红筹企业采用等效会计准则编制财务报告时，应当在遵循等效会计准则要求提供的信息基础上，提供满足证券市场各类主体和监管需要的补充财务信息。

补充财务信息主要包括按照中国企业会计准则调节的关键财务指标，包括但不限于：净利润、净资产、流动资产、非流动资产、流动负债、非流动负债、归属于母公司的所有者权益、营业收入、营业成本、利润总额、归属于母公司的净利润、经营和投资与筹资活动产生的现金流量。

交易所应制定补充财务信息涉及的财务指标及其调节信息的披露指引，报中国证监会同意后颁布实施。

第十条 红筹企业采用境外会计准则编制财务报告时，除提供按境外会计准则编制的财务报告外，还应提供按照中国企业会计准则调整的差异调节信息，具体包括按照中国企业会计准则重述的资产负债表、利润表、现金流量表和所有者权益变动表。

对于重述的符合中国企业会计准则的财务报表，不需要提供中国企业会计准则要求的附注信息，但需要提供与按境外会计准则编制财务报表的主要差异及调节过程信息。

交易所应制定按中国企业会计准则重述财务报表主要差异及调节过程信息的披露指引，报中国证监会同意后颁布实施。

第十一条 适用等效或境外会计准则的红筹企业按照本规定编制补充财务信息或差异调节信息，存在实际困难导致不切实可行的，可以向交易所申请调整适用，但应当说明原因和替代方案。

第十二条 红筹企业采用等效会计准则和境外会计准则编制财务报告时，可不执行《15号文》规定，但应遵照中国证监会相关要求披露非经常性损益、净资产收益率和每股收益等相关信息。

第十三条 红筹企业编制的财务报表，按有关规定需要审计的，应当由符合《证券法》规定的会计师事务所根据中国审计准则进行审计，并出具审计报告。

采用等效或境外会计准则编制财务报表的红筹企业，按有关规定提供的补充财务信息或按照中国企业会计准则重述的财务报表，应当由符合《证券法》规定的会计师事务所根据中国审计准则及配套审计指引、监管规定进行鉴证，并独立发表鉴证意见。

第十四条 为充分保护境内投资者合法权益，红筹企业境内财务信息披露应遵循"就高不就低"原则，对于在境外财务报告中披露的信息，在其境内上市财务报告中也应予以披露。

第十五条 采用等效或境外会计准则编制财务报表的红筹企业，在中期报告中提供财务信息时，仅需要提供按中国企业会计准则调节的净资产和净利润。

第十六条 本规定自公布之日起实施。

第25号——从事药品及医疗器械业务的公司招股说明书内容与格式指引

· 2022年7月29日
· 中国证券监督管理委员会公告〔2022〕41号

第一条 为规范从事药品及医疗器械业务的公司（以下简称发行人或公司）公开发行股票或存托凭证的信息披露行为，保护投资者的合法权益，依据《中华人民共和国公司法》《中华人民共和国证券法》等法律法规规定，制定本指引。

第二条 申请首次公开发行股票或存托凭证并在上海证券交易所、深圳证券交易所上市的发行人编制招股说明书时，除应遵循中国证监会有关招股说明书、财务报告的一般规定外，还应遵循本指引的要求。

第三条 本指引所称药品及医疗器械业务是指按照《中华人民共和国药品管理法》《医疗器械监督管理条例》规定从事药品及医疗器械研发、生产、销售业务，不包括原料药生产、医药行业外包服务（CRO、CMO、CDMO等）、医药流通业务等。

发行人及其控股子公司从事药品及医疗器械业务的

收入或净利润占公司最近一个会计年度经审计的合并财务报表营业收入或净利润30%以上，或者发行人及其控股子公司主要从事药品及医疗器械业务，尚未形成销售收入但主要在研产品属于药品及医疗器械的，应当按照本指引规定履行信息披露义务。

第四条　发行人应结合行业特点及自身业务披露特定风险因素，例如产品进入国家医保目录具有不确定性、产品被移出国家医保目录而导致销量下降、集中采购未中标或销量提升无法弥补中标价格下降影响、产品被纳入药品重点监控目录、产品研发进度不及预期甚至研发失败、新产品商业化不达预期、一致性评价未通过或进展不达预期、产品发生质量事故或不良事件、发生被列入医药价格和招采失信事项目录清单的失信行为、知识产权侵权等风险。

发行人尚未盈利或存在累计未弥补亏损的，应结合公司核心产品研发进展、产品市场空间、流动性安排等情况针对性披露相关风险，例如尚无产品获批上市销售、短期内无法盈利或无法进行利润分配、营运资金不足、新产品研发存在较高不确定性、上市后商业化不及预期、附条件或加速获批上市的产品批准后被撤销等风险。预计未盈利状态持续存在或累计未弥补亏损继续扩大的，应分析触发退市条件的可能性，并充分披露相关风险。

第五条　发行人应重点结合对发行人具有重大影响的医药行业相关的已施行的法律法规、行业政策及其变化情况，披露下列对公司经营发展的具体影响，以及公司已经或计划采取的应对措施：

（一）医药监管、医药改革及医疗机构改革政策法规；

（二）药品或医疗器械研发、注册、生产、销售、流通政策法规；

（三）医保与支付政策法规；

（四）药品或医疗器械质量安全和产品责任、环保政策法规；

（五）药品或医疗器械产品、技术进出口政策法规；

（六）与发行人主营业务有关的外资准入、生物安全相关的政策法规；

（七）与发行人主营业务有关的境外主要国家和地区医药监管、进出口政策法规；

（八）其他可能对公司产生直接或重要影响的行业政策法规。

发行人可以结合对发行人具有重大影响的医药行业相关的已公开征求意见且预计短期内将施行的法律法规、行业政策及其变化情况，参照前款规定披露对公司经营发展的具体影响，以及公司已经或计划采取的应对措施。

第六条　发行人应披露报告期内公司主要产品所处药品或医疗器械细分行业的基本情况，包括市场空间、发展趋势、竞争格局等，结合行业情况具体分析公司及其产品的技术水平及特点、市场地位、竞争优劣势等。

主要产品属于创新药、改良型新药、创新医疗器械的，发行人应披露相关产品的目标市场及竞争形势，例如产品适应症、目标患者群，适应症在目标市场的患病率及发病率、现有治疗方案、发行人相关产品与目标市场及其他市场可比较产品在安全性、有效性、可及性等方面的比较情况等。相关产品符合加快上市注册等特殊注册程序的，发行人应披露纳入相关程序的原因和获得的政策支持情况。

主要产品属于仿制药的，发行人应披露该产品对应的原研药情况、是否为首仿产品、通过一致性评价的时间、未通过产品的一致性评价计划及进展情况、同类竞品通过一致性评价情况、发行人是否存在无法在规定时间内完成一致性评价情况等。

主要产品是指其营业收入或毛利占发行人最近一年营业收入或毛利的10%以上的产品，或其营业收入、毛利为最近一年营业收入、毛利排名前五的产品，或进入临床试验的核心在研产品。公司可以根据自身实际经营情况，或对未来研发、生产、销售情况的判断，增加其他主要产品的标准。

第七条　发行人应按照药品或医疗器械的细分行业、主要应用领域和公司认为更有利于满足投资者行业信息需求的其他分类标准，披露报告期内下列与主营业务、主要产品基本情况有关的信息：

（一）销售的主要产品基本信息，包括名称、注册或备案分类、应用领域、是否属于处方药；

（二）销售的主要产品是否纳入《国家基本药物目录》以及国家级、省级《基本医疗保险、工伤保险和生育保险药品目录》，以及新进入及退出情况；

（三）销售的主要产品涉及技术授权引进、主营业务收入涉及对外技术授权的，发行人应披露相关技术授权协议的授权范围、收益分配机制、合作里程碑约定、付款条件等基本情况，相关协议实际履约情况等。

第八条　发行人应披露报告期内下列与公司销售模式有关的信息：

（一）按照主要客户类型、销售渠道、境内外主要销售区域等分类披露对应的营业收入及其占比和同比变动，说明主要药品或医疗器械终端市场定价原则及其可能存在的经营风险；

（二）报告期内经销商存在由发行人股东或前员工控制等特殊关系的，披露该等经销商基本情况及销售价格公允性；

（三）发行人采取与医院合作共建大型医疗设备、设备投放耗材盈利等特定商业模式的，应披露涉及产品类别、具体盈利模式、主要协议安排、业务开展情况等信息。

第九条 发行人应披露报告期内下列与公司采购模式、生产模式有关的信息：

（一）发行人产品生产模式、主要原材料采购模式、生产质量管理体系的建立及执行情况；

（二）发行人主要产品采用委托生产模式的，应披露相关产品名称、发行人与受托生产企业签订委托协议和质量协议的重要条款及履行情况、对受托生产企业生产行为的监督管理情况等；

（三）发行人产品主要原料来源于植物、动物、矿物的，应按照涉及的重要原料品种分别披露相关情况，包括供求情况、采购及存储模式、所对应的产成品，以及价格波动对公司存货及产品成本的影响情况。

第十条 发行人应披露报告期内公司主要药品或医疗器械在国家级、省级集中招标带量采购中的中标情况，例如产品名称、中标前平均销售价格、中标价格区间、中标价格较中标前价格的变化幅度、采购周期、医疗机构的合计预计采购量、实际采购量及对公司的影响等。

第十一条 发行人应披露报告期内下列与公司研发情况有关的信息：

（一）公司药品或医疗器械研发的总体情况，包括主要研发领域及发展方向、研发管线及其所处阶段、来源、研发模式等；

（二）核心技术人员的专业或技术背景、取得的学术或研发成果、从业经历等，在发行人核心技术形成、核心产品的研发和生产中发挥的作用，发行人的核心技术是否依赖个别人员；发行人针对核心技术人员实施的约束激励机制，在发行人核心技术和产品研发过程中发挥重要作用的人员，其目前是否仍在发行人任职及对发行人的影响；

（三）使用管线图等方式披露主要研发项目的基本信息、应用领域、研发所处阶段等，主要研发项目属于创新药、改良型新药、创新医疗器械的，还应披露作用机制，存在重大研发项目取消、变更情形的，应说明原因并分析对公司的影响；

（四）主要研发项目已进入或已完成临床试验的，披露临床试验情况，包括：主要临床前研究数据、临床试验境内外获批和准许情况，临床试验进展、试验方案重大调整或变更、临床试验暂停或终止、临床试验期间是否发现存在安全性问题或者其他风险等；发行人应对临床试验进度、安全性、有效性等进行分析；

（五）主要研发产品的注册情况，包括：目前所处的阶段，获批上市还需履行的审批程序；存在向相关国家的药品监管部门申请上市注册但未获批准、未能按照原计划获得批准而调整、变更申请或试验方案情形的，应披露基本情况，分析原因和影响；

（六）主要研发项目涉及发行人与其他单位合作研发或技术授权的，应披露相关协议的主要内容，发行人核心技术是否对合作研发或技术授权存在依赖，发行人持续经营能力是否依赖于合作研发单位或技术授权方，是否存在纠纷或潜在纠纷。

发行人主要产品以自主研发以外方式取得的，应披露取得时该产品所处的研发阶段，发行人取得该产品后的研发进展、研发方式及发行人核心技术所起的作用；

（七）发行人与同类（如同类靶点、相同通用名称等行业内公认的界定标准）药品或医疗器械研发进度的比较情况，同类药品或医疗器械已上市的，还应披露相关公开信息显示的销售、使用情况等市场状况。

第十二条 发行人应披露下列与公司知识产权有关的信息：

（一）发行人的核心技术在主要产品中的应用和贡献情况，核心发明专利（如有）的保护期、是否面临专利权到期导致营业收入或净利润大幅下降的情况，主要研发项目的专利申请进展；

（二）主要产品涉及技术授权引进、主营业务收入涉及对外技术授权、主要研发项目涉及合作研发或技术授权的，应披露相关协议涉及知识产权的主要安排、权利义务划分约定；

（三）主要产品及主要研发项目的知识产权的独立性、稳定性情况，是否存在侵权或可能涉及侵权纠纷及应对情况（如有）。

第十三条 发行人应披露报告期内下列与公司经营资质及业务合规性有关的信息：

（一）取得药品或医疗器械生产经营所应具备的相关资质情况，主要产品取得必需的备案、批文或注册证书情况，是否均在有效期内且合法有效；

(二)发行人主要产品采用委托生产模式的,报告期内相关委托生产企业许可或资格情况,委托生产产品是否存在重大质量问题或其他产品纠纷等;

(三)产品生产涉及麻醉药品、精神药品、医疗用毒性药品、放射性药品、药品类易制毒化学品、野生动物等特殊药品的,特殊药品的采购、保管、使用及销售是否符合相关规定;

(四)报告期内药品信息化追溯系统的建设应用和药品信息化追溯相关管理制度的建立实施是否符合相关规定;

(五)报告期内是否发生产品召回、导致医疗事故或医疗纠纷及其他质量和安全性事项,是否受到行政处罚,并披露具体情况;

(六)报告期内生产经营和募投项目是否符合国家和地方关于环境保护的相关规定,是否按规定取得环评批复文件,是否发生环境污染事件,是否存在生态安全领域的重大违法行为;

(七)报告期内产品或发行人是否存在因商业贿赂等医药购销领域违法违规行为受到的行政、刑事处罚事项,是否存在控股股东、实际控制人、董事、监事、高级管理人员等因医药购销领域违法违规行为受到处罚或被立案调查。

第十四条 发行人应结合行业特点、销售模式等,披露报告期内下列与收入确认有关的信息:

(一)不同销售模式的收入确认政策,收入确认具体时点及合理性;退换货的相关约定、发生金额、会计处理方式,对发行人销售收入及收入确认的具体影响;

(二)销售折让及销售返利相关约定、发生金额、会计处理方式,对发行人销售收入的具体影响。

第十五条 发行人应结合行业特点、研发模式、管线进展等,披露报告期内下列与研发投入有关的信息:

(一)研究阶段和开发阶段的划分标准,研发支出资本化与临床进展、注册申请、上市审批等相关的具体条件,研发支出资本化的起点和终点;

(二)公司研发投入情况,包括研发投入总额、主要管线的研发投入、研发投入费用化和资本化的金额;

(三)结合主要产品商业化前景、竞争格局、研发进度等,披露与研发相关的无形资产摊销年限确定依据,是否存在减值风险,无形资产摊销对产品销售所形成损益的影响;

(四)主要研发项目涉及合作研发的,披露合作研发相关费用承担分配机制及核算方式。

第十六条 发行人应结合行业特点、销售模式、推广模式等,披露报告期内下列与销售费用有关的信息:

(一)销售费用的具体构成,包括市场(学术)推广费、广告费、职工薪酬等的金额及比重情况;其中,市场(学术)推广费需说明与上述费用具体相关的工作情况、支付对象、第三方推广机构的经营资质及能力等,并分析相关支出是否合法合规;

(二)销售费用率高于销售毛利率或者显著高于同行业平均水平的,应说明销售费用发生的合理性及控制费用措施的有效性。

第十七条 上海证券交易所、深圳证券交易所上市公司向不特定对象发行证券编制募集说明书时,除应遵循中国证监会有关向不特定对象发行证券募集说明书的一般规定外,还应参照适用本指引的要求。

第十八条 本指引自公布之日施行。

第26号——商业银行信息披露特别规定

· 2022年1月5日
· 中国证券监督管理委员会公告〔2022〕12号

第一条 为了规范公开发行证券并上市的商业银行(以下简称商业银行)的信息披露行为,保护投资者的合法权益,依据《中华人民共和国公司法》《中华人民共和国证券法》《中华人民共和国商业银行法》《上市公司信息披露管理办法》等法律、行政法规和部门规章,制定本规定。

第二条 商业银行除应遵循中国证券监督管理委员会有关定期报告和临时报告等信息披露的一般规定外,还应遵循本规定的要求。

第三条 商业银行应在定期报告中披露截至报告期末前三年的主要会计数据,包括资产总额及结构、负债总额及结构、股东权益、存款总额及结构、贷款总额及结构、资本净额及结构(包括核心一级资本、其他一级资本和二级资本)、加权风险资产净额、贷款损失准备。

第四条 商业银行应在定期报告中披露截至报告期末前三年合并财务报表口径的主要财务指标,包括营业收入、利润总额、归属于本行股东的净利润、归属于本行股东的扣除非经常性损益后的净利润、资本充足率、一级资本充足率、核心一级资本充足率、不良贷款率、存贷比、流动性比例、单一最大客户贷款比率、最大十家客户贷款比率、正常类贷款迁徙率、关注类贷款迁徙率、次级类贷款迁徙率、可疑类贷款迁徙率、拨备覆盖率、拨贷比、成本收入比。

第五条 商业银行应根据自身经营管理特点在定期报告中合理确定并披露分级管理情况及各层级分支机构数量和地区分布，包括名称、地址、职员数、资产规模等。

第六条 商业银行应在定期报告中披露报告期信贷资产质量情况，包括按五级分类中的正常类贷款、关注类贷款、次级类贷款、可疑类贷款和损失类贷款的数额和占比，以及与上年末相比的增减变动情况。还应披露报告期公司重组贷款、逾期贷款的期初、期末余额以及占比情况。商业银行应对上述增减变动情况进行分析。

第七条 商业银行应在定期报告中披露报告期内贷款损失准备的计提和核销情况，包括贷款损失准备的计提方法、贷款损失准备的期初余额、本期计提、本期转出、本期核销、期末余额、回收以前年度已核销贷款损失准备的数额。

第八条 商业银行应在定期报告中披露报告期应收利息的增减变动情况，包括期初余额、本期增加数额、本期收回数额和期末余额，应收利息坏账准备的提取情况，坏账核销程序与政策。商业银行应对应收利息和坏账准备的增减变动情况进行分析。

第九条 商业银行应在定期报告中披露报告期营业收入中贷款利息净收入、拆放同业利息收入、存放中央银行款项利息收入、存放同业利息收入、债券投资利息收入、手续费及佣金净收入及其他项目的数额、占比及同比变动情况并予以分析。

第十条 商业银行应在定期报告中披露贷款投放的前十个行业和主要地区分布情况、贷款担保方式分布情况、金额及占比，前十大贷款客户的贷款余额以及占贷款总额的比例。

第十一条 商业银行应在定期报告中披露截至报告期末抵债资产情况，包括抵债资产金额、计提减值准备情况等。

第十二条 商业银行应在定期报告中分类披露计息负债的平均余额和平均利率，生息资产的平均余额和平均利率。包括但不限于企业活期存款、企业定期存款、储蓄活期存款、储蓄定期存款的平均余额和利率以及合计数；企业贷款、零售贷款、一般性短期贷款利率、中长期贷款利率；存放中央银行款项、存放同业、债券投资的平均余额和平均利率；同业拆入、已发行债券平均成本。

第十三条 商业银行应在定期报告中披露持有的金融债券的类别和金额，面值最大的十只金融债券的面值、年利率及到期日，计提减值准备情况。

第十四条 商业银行应在定期报告中披露报告期理财业务、资产证券化、托管、信托、财富管理等业务的开展和损益情况，包括但不限于披露为开展该业务而设立的载体的性质、目的、融资方式以及是否将该载体纳入合并范围的判断原则，并区分是否纳入合并财务报表的合并范围和业务类型，披露所涉及业务的规模。对于未纳入合并范围的载体，还应披露在该载体中权益的最大损失敞口及其确定方法。

第十五条 商业银行应在定期报告中披露对财务状况和经营成果造成重大影响的表外项目余额，包括但不限于信贷承诺（不可撤消的贷款承诺、银行承兑汇票、开出保函、开出信用证）、租赁承诺、资本性支出承诺等项目的具体情况。

第十六条 商业银行应在定期报告中披露下列各类风险的计量方法，风险计量体系的重大变更，以及相应的资本要求变化：

（一）信用风险状况。商业银行应披露信用风险管理、信用风险暴露、逾期贷款总额、信用风险资产组合缓释后风险暴露余额、信贷资产质量和收益的情况，包括产生信用风险的业务活动、信用风险管理和控制政策、信用风险管理的组织结构和职责划分、资产风险分类的程序和方法、信用风险分布情况、信用风险集中程度、不良贷款分析、贷款重组、不良贷款的地区分布和行业分布等情况。

（二）流动性风险状况。商业银行应披露能反映其流动性状况的有关指标，分析资产与负债在期限、结构上的匹配情况，分析影响流动性的因素，说明本行流动性管理策略。

（三）市场风险状况。商业银行应披露其市场风险状况的定量和定性信息，包括所承担市场风险的类别、总体市场风险水平及不同类别市场风险的风险头寸和风险水平；所承担各类市场风险的识别、计量和控制方法；有关市场风险的敏感性分析，包括利率、汇率、股票及其他价格变动对商业银行经济价值或财务状况和盈利能力的影响；市场风险管理的政策和程序；市场风险资本状况等。

（四）操作风险状况。商业银行应披露由于内部程序、人员、系统的不完善或失误，或外部事件造成损失的风险。

（五）其他风险状况。其他可能对本行造成严重不利影响的风险因素。

第十七条 商业银行董事会应向年度股东大会就关联交易管理制度的执行情况，关联交易控制委员会的运作情况,以及当年发生关联交易情况作出专项报告并披露。

第十八条 除日常经营范围的对外担保外,商业银行的对外担保事项,单笔担保金额超过经审计的上一年度合并财务报表中归属于上市公司股东的净资产金额百分之五或单笔担保金额超过二十亿元的,公司应及时公告。

第十九条 商业银行涉及的诉讼事项,单笔金额超过经审计的上一年度合并财务报表中归属于本行股东的净资产金额百分之一的,公司应及时公告。

第二十条 商业银行发生的股权投资、收购和出售资产等事项,单笔金额超过经审计的上一年度合并财务报表中归属于本行股东的净资产金额百分之五或单笔金额超过二十亿元的,公司应及时公告。

商业银行发生的资产和设备采购事项,单笔金额超过经审计的上一年度合并财务报表中归属于本行股东的净资产金额百分之一的,公司应及时公告。

第二十一条 商业银行发生重大突发事件(包括但不限于银行挤兑、重大诈骗、分支机构和个人的重大违规事件),涉及金额达到最近一期经审计的合并财务报表中归属于本行股东的净利润百分之一以上的,公司应按要求及时进行公告。

第二十二条 商业银行的关联交易包括与关联方之间发生的各类贷款、信贷承诺、证券回购、拆借、担保、债券投资等表内、外业务,资产转移和向商业银行提供服务等交易。

商业银行应在定期报告中披露与关联自然人发生关联交易的余额及其风险敞口。还应当及时披露与关联法人发生的交易金额占商业银行最近一期经审计净资产的百分之零点五以上的关联交易,应当及时披露。如果交易金额在三千万元以上且占最近一期经审计净资产百分之一以上的关联交易,除应当及时披露外,还应当提交董事会审议。如果交易金额占商业银行最近一期经审计净资产百分之五的关联交易,除应当及时披露外,还应当将该交易提交股东大会审议。商业银行的独立董事应当对关联交易的公允性以及内部审批程序履行情况发表书面意见。如商业银行根据相关规则,对日常发生的关联交易进行了合理预计,并履行了相应的董事会或股东大会审批和披露程序,则在预计范围内无需重复履行董事会和股东大会审批和披露程序。

第二十三条 商业银行的信用风险状况、流动性风险状况、市场风险状况、操作风险状况和其他风险状况发生变动,对公司的经营或盈利能力造成重大影响的,商业银行应及时进行公告。

第二十四条 商业银行应在定期报告中披露推出的创新业务品种情况。对银行有重大影响的业务创新,在得到有关部门批准之日起,应在两个工作日内按要求进行公告。

第二十五条 利率、汇率、税率发生变化以及新的政策、法规对商业银行经营业务和盈利能力构成重大影响的,商业银行应按要求及时公告政策、法规的变化对商业银行业务和盈利能力所造成的影响。

第二十六条 本规定要求披露的部分内容如与财务报表附注相同的,在不影响信息披露完整性和不妨碍阅读的情况下,公司可采取相互印证的方法对年度报告进行合理的技术处理,避免不必要的重复。

第二十七条 本规定所提及的监管指标和该等指标的计算口径,如中国银行业监督管理机构有相应规定规范的,按照中国银行业监督管理机构的标准执行。

第二十八条 商业银行信息披露违反本规定的,依照《中华人民共和国证券法》第一百九十七条、《上市公司信息披露管理办法》第五章的有关规定,依法追究法律责任。

第二十九条 本规定自公布之日起施行。2014年1月6日施行的《公开发行证券的公司信息披露编报规则第26号——商业银行信息披露特别规定》(证监会公告〔2014〕3号)同时废止。

(3)公开发行证券的公司信息披露解释性公告

第1号——非经常性损益
(2023年修订)

· 2023年12月22日
· 中国证券监督管理委员会公告〔2023〕65号

一、非经常性损益的定义

非经常性损益是指与公司正常经营业务无直接关系,以及虽与正常经营业务相关,但由于其性质特殊和偶发性,影响报表使用人对公司经营业绩和盈利能力做出正常判断的各项交易和事项产生的损益。

二、非经常性损益的界定,应以非经常性损益的定义为依据。在界定非经常性损益项目时,应遵循以下原则:

(一)非经常性损益的认定应基于交易和事项的经济性质判断;

(二)非经常性损益的认定应基于行业特点和业务

模式判断；

（三）非经常性损益的认定应遵循重要性原则。

三、非经常性损益通常包括以下项目：

（一）非流动性资产处置损益，包括已计提资产减值准备的冲销部分；

（二）计入当期损益的政府补助，但与公司正常经营业务密切相关，符合国家政策规定、按照确定的标准享有、对公司损益产生持续影响的政府补助除外；

（三）除同公司正常经营业务相关的有效套期保值业务外，非金融企业持有金融资产和金融负债产生的公允价值变动损益以及处置金融资产和金融负债产生的损益；

（四）计入当期损益的对非金融企业收取的资金占用费；

（五）委托他人投资或管理资产的损益；

（六）对外委托贷款取得的损益；

（七）因不可抗力因素，如遭受自然灾害而产生的各项资产损失；

（八）单独进行减值测试的应收款项减值准备转回；

（九）企业取得子公司、联营企业及合营企业的投资成本小于取得投资时应享有被投资单位可辨认净资产公允价值产生的收益；

（十）同一控制下企业合并产生的子公司期初至合并日的当期净损益；

（十一）非货币性资产交换损益；

（十二）债务重组损益；

（十三）企业因相关经营活动不再持续而发生的一次性费用，如安置职工的支出等；

（十四）因税收、会计等法律、法规的调整对当期损益产生的一次性影响；

（十五）因取消、修改股权激励计划一次性确认的股份支付费用；

（十六）对于现金结算的股份支付，在可行权日之后，应付职工薪酬的公允价值变动产生的损益；

（十七）采用公允价值模式进行后续计量的投资性房地产公允价值变动产生的损益；

（十八）交易价格显失公允的交易产生的收益；

（十九）与公司正常经营业务无关的或有事项产生的损益；

（二十）受托经营取得的托管费收入；

（二十一）除上述各项之外的其他营业外收入和支出；

（二十二）其他符合非经常性损益定义的损益项目。

四、公司在编报招股说明书、定期报告或发行证券的申报材料时，应对照非经常性损益的定义和原则，综合考虑相关损益同公司正常经营业务的关联程度以及持续性，结合自身实际情况做出合理判断，并做出充分披露。

五、公司除应披露非经常性损益项目和金额外，还应当对重大非经常性损益项目的内容增加必要的附注说明。

六、公司根据定义和原则将本规定列举的非经常性损益项目界定为经常性损益的，应当在附注中单独披露该项目的名称、金额及原因；公司将本规定未列举的项目认定为非经常性损益的，若金额重大，则应单列其项目名称和金额，同时在附注中单独披露该项目的名称、金额及原因，若金额不重大，可将其计入"其他符合非经常性损益定义的损益项目"列报。

七、公司在披露非经常性损益时应严格遵守保密相关法律法规。

八、公司计算同非经常性损益相关的财务指标时，如涉及少数股东损益和所得税影响的，应当予以扣除。

九、注册会计师为公司招股说明书、定期报告、申请发行证券材料中的财务报告出具审计报告或审核报告时，应对非经常性损益项目、金额和附注说明予以充分关注，并对公司披露的非经常性损益及其说明的真实性、准确性、完整性及合理性进行核实。

十、本规则自公布之日起施行。2008年10月31日发布的《公开发行证券的公司信息披露解释性公告第1号——非经常性损益（2008年修订）》（证监会公告〔2008〕43号）同时废止。上市公司在披露定期报告时，应在财务报表附注中披露执行本规则对可比会计期间非经常性损益的影响情况。

第2号——财务报表附注中政府补助相关信息的披露

· 2013年9月12日
· 中国证券监督管理委员会公告〔2013〕38号

为规范上市公司、拟首次公开发行股票并上市的公司和其他公开发行证券的公司（以下简称公司）在年度财务报表附注中涉及政府补助的信息披露，进一步提高公司关于政府补助的财务信息披露质量，根据《公开发行证券的公司信息披露编报规则第15号——财务报告的一般规定》的相关规定，制订本解释性公告。

一、公司应在财务报表附注的会计政策部分披露下列与政府补助相关的具体会计政策：

（一）区分与资产相关政府补助和与收益相关政府补助的具体标准。若政府文件未明确规定补助对象，还需说明将该政府补助划分为与资产相关或与收益相关的判断依据；

（二）与政府补助相关的递延收益的摊销方法以及摊销期限的确认方法；

（三）政府补助的确认时点。

二、对于报告期末按应收金额确认的政府补助，公司应按补助单位和补助项目逐项披露应收款项的期末余额、账龄以及预计收取的时间、金额及依据。如公司未能在预计时点收到预计金额的政府补助，公司应披露原因。

单位名称	政府补助项目名称	期末余额	期末账龄	预计收取的时间、金额及依据
合计				

三、公司应当遵循重要性原则，对涉及政府补助的负债项目，在财务报表附注的相关项目下，逐项披露相关期初余额、本期新增补助金额、本期计入营业外收入金额、本期转入资本公积金额以及期末余额。对于相关文件未明确规定补助对象的政府补助项目，公司还应单独说明其划分依据。

负债项目	期初余额	本期新增补助金额	本期计入营业外收入金额	其他变动	期末余额	与资产相关/与收益相关
合计						

四、公司应当遵循重要性原则，对于计入当期损益的政府补助，分项披露本期发生额及上期发生额。对于相关文件未明确规定补助对象的政府补助项目，公司还应单独说明其划分依据。

补助项目	本期发生额	上期发生额	与资产相关/与收益相关
合计			

五、公司应根据《公开发行证券的公司信息披露解释性公告第1号——非经常性损益》的相关规定披露计入当期损益的政府补助是否属于非经常性损益，如作为经常性损益，则应在财务报表补充资料中逐项披露理由。

六、本解释性公告自公布之日起施行。

第4号——财务报表附注中分步实现企业合并相关信息的披露

· 2013年12月23日
· 中国证券监督管理委员会公告〔2013〕48号

为规范上市公司、拟首次公开发行股票并上市的公司和其他公开发行证券的公司（以下统称公司）分步实现企业合并的交易在年度财务报表附注中的信息披露，进一步提高财务信息披露质量，根据《公开发行证券的公司信息披露编报规则第15号——财务报告的一般规定》的相关规定，制订本解释性公告。

公司通过多次交易分步实现企业合并的，除应满足《公开发行证券的公司信息披露编报规则第15号——财务报告的一般规定》中，关于企业合并及合并财务报表的一般披露要求外，还应在取得控制权的报告期补充披露以下信息：

一、公司应在财务报表附注的会计政策部分，区分非同一控制下企业合并和同一控制下企业合并，分别披露在母公司财务报表和合并财务报表中的会计处理方法。

二、对于分步实现的非同一控制下企业合并，公司应当遵循重要性原则，在财务报表附注中与企业合并及合并财务报表相关的附注部分，披露以下信息：

（一）前期和本期取得股权的取得时点、取得成本、取得比例和取得方式；

（二）取得控制权的时点及判断依据；

（三）购买日之前原持有股权在购买日的账面价值、公允价值，以及按照公允价值重新计量所产生的利得或损失的金额；

（四）购买日之前原持有股权在购买日的公允价值的确定方法及主要假设；

（五）购买日之前与原持有股权相关的其他综合收益转入投资收益的金额。

三、本解释性公告自公布之日起施行。

第 5 号——财务报表附注中分步处置对子公司投资至丧失控制权相关信息的披露

· 2013 年 12 月 23 日
· 中国证券监督管理委员会公告〔2013〕48 号

为规范上市公司、拟首次公开发行股票并上市的公司和其他公开发行证券的公司（以下统称公司）分步处置对子公司投资至丧失控制权的交易在年度财务报表附注中的信息披露，进一步提高财务信息披露质量，根据《公开发行证券的公司信息披露编报规则第 15 号——财务报告的一般规定》的相关规定，制订本解释性公告。

公司通过多次交易分步处置对子公司投资至丧失控制权的，除应满足《公开发行证券的公司信息披露编报规则第 15 号——财务报告的一般规定》中，关于处置子公司股权和合并范围发生变化的一般披露要求外，还应在丧失控制权的报告期补充披露以下信息：

一、公司应在财务报表附注的会计政策部分，披露下列与分步处置股权至丧失控制权相关的具体会计政策：

（一）判断分步处置股权至丧失控制权过程中的各项交易是否属于"一揽子交易"的原则；

（二）对于属于"一揽子交易"的，在母公司财务报表和合并财务报表中的会计处理方法；

（三）对于不属于"一揽子交易"的，在母公司财务报表和合并财务报表中的会计处理方法。

二、公司应当遵循重要性原则，在财务报表附注中与企业合并及合并财务报表相关的附注部分，区分是否属于"一揽子交易"分别进行披露。

（一）属于"一揽子交易"的，至少应披露判断为"一揽子交易"的理由及以下信息：

1. 前期和本期所处置股权的处置时点、处置价款、处置比例、处置方式，以及处置价款与处置投资所对应的合并财务报表层面享有该子公司净资产份额的差额；

2. 丧失控制权的时点及判断依据；

3. 在丧失控制权之日，合并财务报表层面剩余股权的账面价值、公允价值，以及按照公允价值重新计量所产生的利得或损失的金额；

4. 在丧失控制权之日，合并财务报表层面剩余股权的公允价值的确定方法及主要假设；

5. 与原先子公司股权投资相关的其他综合收益转入投资损益的金额，以及上述金额中属于丧失控制权之前的各步交易中，处置价款与处置投资所对应的合并财务报表层面享有该子公司净资产份额之间差额的金额。

（二）不属于"一揽子交易"的，至少应披露判断不属于"一揽子交易"的理由及以下信息：

1. 前期和本期所处置股权的处置时点、处置价款、处置比例、处置方式，以及处置价款与处置投资所对应的合并财务报表层面享有该子公司净资产份额的差额；

2. 丧失控制权的时点及判断依据；

3. 在丧失控制权之日，合并财务报表层面剩余股权的账面价值、公允价值，以及按照公允价值重新计量所产生的利得或损失的金额；

4. 在丧失控制权之日，合并财务报表层面剩余股权的公允价值的确定方法及主要假设；

5. 与原先子公司股权投资相关的其他综合收益转入投资损益的金额。

三、本解释性公告自公布之日起施行。

3. 上市公司监管指引

第 1 号——上市公司实施重大资产重组后存在未弥补亏损情形的监管要求

· 2012 年 3 月 23 日
· 中国证券监督管理委员会公告〔2012〕6 号

上市公司发行股份购买资产实施重大资产重组后，新上市公司主体全额承继了原上市公司主体存在的未弥补亏损，根据《公司法》、《上市公司证券发行管理办法》等法律法规的规定，新上市公司主体将由于存在未弥补亏损而长期无法向股东进行现金分红和通过公开发行证券进行再融资。对于上市公司因实施上述重组事项可能导致长期不能弥补亏损，进而影响公司分红和公开发行证券的情形，现明确监管要求如下：

一、相关上市公司应当遵守《公司法》规定，公司的资本公积金不得用于弥补公司的亏损。

二、相关上市公司不得采用资本公积金转增股本同时缩股以弥补公司亏损的方式规避上述法律规定。

三、相关上市公司应当在临时公告和年报中充分披露不能弥补亏损的风险并作出特别风险提示。

四、相关上市公司在实施重大资产重组时，应当在重组报告书中充分披露全额承继亏损的影响并作出特别风险提示。

第 2 号——上市公司募集资金管理和使用的监管要求

· 2022 年 1 月 5 日
· 中国证券监督管理委员会公告〔2022〕15 号

第一条 为了加强对上市公司募集资金的监管，提高募集资金使用效益，根据《中华人民共和国证券法》以及《上市公司证券发行管理办法》《首次公开发行股票并上市管理办法》《科创板首次公开发行股票注册管理办法（试行）》《创业板首次公开发行股票注册管理办法（试行）》《科创板上市公司证券发行注册管理办法（试行）》《创业板上市公司证券发行注册管理办法（试行）》等规定，制定本指引。

第二条 上市公司董事会应当对募集资金投资项目的可行性进行充分论证，确信投资项目具有较好的市场前景和盈利能力，有效防范投资风险，提高募集资金使用效益。

第三条 上市公司的董事、监事和高级管理人员应当勤勉尽责，督促上市公司规范使用募集资金，自觉维护上市公司募集资金安全，不得参与、协助或纵容上市公司擅自或变相改变募集资金用途。

第四条 上市公司应当建立并完善募集资金存储、使用、变更、监督和责任追究的内部控制制度，明确募集资金使用的分级审批权限、决策程序、风险控制措施及信息披露要求。

第五条 上市公司应当将募集资金存放于经董事会批准设立的专项账户集中管理和使用，并在募集资金到位后一个月内与保荐机构、存放募集资金的商业银行签订三方监管协议。募集资金专项账户不得存放非募集资金或用作其他用途。

第六条 上市公司募集资金应当按照招股说明书或者其他公开发行募集文件所列用途使用。上市公司改变招股说明书或者其他公开发行募集文件所列资金用途的，必须经股东大会作出决议。

第七条 上市公司募集资金原则上应当用于主营业务。除金融类企业外，募集资金投资项目不得为持有交易性金融资产和可供出售的金融资产、借予他人、委托理财等财务性投资，不得直接或间接投资于以买卖有价证券为主要业务的公司。

科创板上市公司募集资金使用应符合国家产业政策和相关法律法规，并应当投资于科技创新领域。

第八条 暂时闲置的募集资金可进行现金管理，其投资的产品须符合以下条件：

（一）结构性存款、大额存单等安全性高的保本型产品；

（二）流动性好，不得影响募集资金投资计划正常进行。投资产品不得质押，产品专用结算账户（如适用）不得存放非募集资金或用作其他用途，开立或注销产品专用结算账户的，上市公司应当及时报证券交易所备案并公告。

使用闲置募集资金投资产品的，应当经上市公司董事会审议通过，独立董事、监事会、保荐机构发表明确同意意见。上市公司应当在董事会会议后二个交易日内公告下列内容：

（一）本次募集资金的基本情况，包括募集时间、募集资金金额、募集资金净额及投资计划等；

（二）募集资金使用情况；

（三）闲置募集资金投资产品的额度及期限，是否存在变相改变募集资金用途的行为和保证不影响募集资金项目正常进行的措施；

（四）投资产品的收益分配方式、投资范围及安全性；

（五）独立董事、监事会、保荐机构出具的意见。

第九条 暂时闲置的募集资金可暂时用于补充流动资金。暂时补充流动资金，仅限于与主营业务相关的生产经营使用，不得通过直接或间接安排用于新股配售、申购，或用于股票及其衍生品种、可转换公司债券等的交易。闲置募集资金暂时用于补充流动资金的，应当经上市公司董事会审议通过，独立董事、监事会、保荐机构发表明确同意意见并披露。单次补充流动资金最长不得超过十二个月。

第十条 上市公司实际募集资金净额超过计划募集资金金额的部分（下称超募资金）可用于永久补充流动资金和归还银行借款，每十二个月内累计金额不得超过超募资金总额的百分之三十。

超募资金用于永久补充流动资金和归还银行借款的，应当经上市公司股东大会审议批准，并提供网络投票表决方式，独立董事、保荐机构应当发表明确同意意见并披露。上市公司应当承诺在补充流动资金后的十二个月内不进行高风险投资以及为他人提供财务资助并披露。

第十一条 上市公司以自筹资金预先投入募集资金投资项目的，可以在募集资金到账后六个月内，以募集资金置换自筹资金。置换事项应当经董事会审议通过，会计师事务所出具鉴证报告，并由独立董事、监事会、保荐机构发表明确同意意见并披露。

第十二条 上市公司应当真实、准确、完整地披露募集资金的实际使用情况。董事会应当每半年度全面核查募集资金投资项目的进展情况，出具《公司募集资金存放与实际使用情况的专项报告》并披露。

年度审计时，上市公司应聘请会计师事务所对募集资金存放与使用情况出具鉴证报告。募集资金投资项目实际投资进度与投资计划存在差异的，上市公司应当解释具体原因。当期存在使用闲置募集资金投资产品情况的，上市公司应当披露本报告期的收益情况以及期末的投资份额、签约方、产品名称、期限等信息。

第十三条 独立董事应当关注募集资金实际使用情况与上市公司信息披露情况是否存在差异。经二分之一以上独立董事同意，独立董事可以聘请会计师事务所对募集资金存放与使用情况出具鉴证报告，上市公司应当积极配合，并承担必要的费用。

第十四条 保荐机构应当按照《证券发行上市保荐业务管理办法》的规定，对上市公司募集资金的管理和使用履行保荐职责，做好持续督导工作。保荐机构应当至少每半年度对上市公司募集资金的存放与使用情况进行一次现场核查。每个会计年度结束后，保荐机构应当对上市公司年度募集资金存放与使用情况出具专项核查报告并披露。

第十五条 本指引自公布之日起施行。2012年12月19日施行的《上市公司监管指引第2号——上市公司募集资金管理和使用的监管要求》（证监会公告〔2012〕44号）同时废止。

第3号——上市公司现金分红（2023年修订）

- 2023年12月15日
- 中国证券监督管理委员会公告〔2023〕61号

第一条 为规范上市公司现金分红，增强现金分红透明度，维护投资者合法权益，根据《中华人民共和国公司法》（以下简称《公司法》）、《中华人民共和国证券法》（以下简称《证券法》）及《上市公司信息披露管理办法》《上市公司证券发行注册管理办法》等规定，制定本指引。

第二条 上市公司应当牢固树立回报股东的意识，严格依照《公司法》《证券法》和公司章程的规定，健全现金分红制度，保持现金分红政策的一致性、合理性和稳定性，保证现金分红信息披露的真实性。

第三条 上市公司制定利润分配政策时，应当履行公司章程规定的决策程序。董事会应当就股东回报事宜进行专项研究论证，制定明确、清晰的股东回报规划，并详细说明规划安排的理由等情况。上市公司应当在公司章程中载明以下内容：

（一）公司董事会、股东大会对利润分配尤其是现金分红事项的决策程序和机制，对既定利润分配政策尤其是现金分红政策作出调整的具体条件、决策程序和机制，以及为充分听取中小股东意见所采取的措施。

（二）公司的利润分配政策尤其是现金分红政策的具体内容，利润分配的形式，利润分配尤其是现金分红的具体条件，发放股票股利的条件，年度、中期现金分红最低金额或者比例（如有）等。鼓励上市公司在符合利润分配的条件下增加现金分红频次，稳定投资者分红预期。

第四条 上市公司应当在章程中明确现金分红相对于股票股利在利润分配方式中的优先顺序。

具备现金分红条件的，应当采用现金分红进行利润分配。

采用股票股利进行利润分配的，应当具有公司成长性、每股净资产的摊薄等真实合理因素。

第五条 上市公司董事会应当综合考虑所处行业特点、发展阶段、自身经营模式、盈利水平、债务偿还能力、是否有重大资金支出安排和投资者回报等因素，区分下列情形，并按照公司章程规定的程序，提出差异化的现金分红政策：

（一）公司发展阶段属成熟期且无重大资金支出安排的，进行利润分配时，现金分红在本次利润分配中所占比例最低应当达到百分之八十；

（二）公司发展阶段属成熟期且有重大资金支出安排的，进行利润分配时，现金分红在本次利润分配中所占比例最低应当达到百分之四十；

（三）公司发展阶段属成长期且有重大资金支出安排的，进行利润分配时，现金分红在本次利润分配中所占

比例最低应当达到百分之二十;

公司发展阶段不易区分但有重大资金支出安排的,可以按照前款第三项规定处理。

现金分红在本次利润分配中所占比例为现金股利除以现金股利与股票股利之和。

第六条 上市公司在制定现金分红具体方案时,董事会应当认真研究和论证公司现金分红的时机、条件和最低比例、调整的条件及其决策程序要求等事宜。

独立董事认为现金分红具体方案可能损害上市公司或者中小股东权益的,有权发表独立意见。董事会对独立董事的意见未采纳或者未完全采纳的,应当在董事会决议中记载独立董事的意见及未采纳的具体理由,并披露。

股东大会对现金分红具体方案进行审议前,上市公司应当通过多种渠道主动与股东特别是中小股东进行沟通和交流,充分听取中小股东的意见和诉求,及时答复中小股东关心的问题。

第七条 上市公司召开年度股东大会审议年度利润分配方案时,可审议批准下一年中期现金分红的条件、比例上限、金额上限等。年度股东大会审议的下一年中期分红上限不应超过相应期间归属于上市公司股东的净利润。董事会根据股东大会决议在符合利润分配的条件下制定具体的中期分红方案。

上市公司应当严格执行公司章程确定的现金分红政策以及股东大会审议批准的现金分红方案。确有必要对公司章程确定的现金分红政策进行调整或者变更的,应当满足公司章程规定的条件,经过详细论证后,履行相应的决策程序,并经出席股东大会的股东所持表决权的三分之二以上通过。

第八条 上市公司应当在年度报告中详细披露现金分红政策的制定及执行情况,并对下列事项进行专项说明:

(一)是否符合公司章程的规定或者股东大会决议的要求;

(二)分红标准和比例是否明确和清晰;

(三)相关的决策程序和机制是否完备;

(四)公司未进行现金分红的,应当披露具体原因,以及下一步为增强投资者回报水平拟采取的举措等;

(五)中小股东是否有充分表达意见和诉求的机会,中小股东的合法权益是否得到了充分保护等。

对现金分红政策进行调整或者变更的,还应当对调整或者变更的条件及程序是否合规和透明等进行详细说明。

第九条 拟发行证券的上市公司应当制定对股东回报的合理规划,对经营利润用于自身发展和回报股东要合理平衡,要重视提高现金分红水平,提升对股东的回报。

上市公司应当在募集说明书或者发行预案中增加披露利润分配政策尤其是现金分红政策的制定及执行情况、最近三年现金分红金额及比例、未分配利润使用安排情况,并作"重大事项提示",提醒投资者关注上述情况。保荐机构应当在保荐工作报告中对上市公司利润分配政策的决策机制是否合规、是否建立了对投资者持续、稳定、科学的回报机制、现金分红的承诺是否已履行,本指引相关要求是否已经落实发表明确意见。

对于最近三年现金分红水平较低的上市公司,发行人及保荐机构应当结合不同行业和不同类型公司的特点和经营模式、公司所处发展阶段、盈利水平、资金需求等因素说明公司现金分红水平较低的原因,并对公司是否充分考虑了股东要求和意愿、是否给予了投资者合理回报以及公司的现金分红政策是否符合上市公司股东利益最大化原则发表明确意见。

第十条 拟发行证券、重大资产重组、合并分立或者因收购导致上市公司控制权发生变更的,应当在募集说明书或发行预案、重大资产重组报告书、权益变动报告书或者收购报告书中详细披露募集或发行、重组或者控制权发生变更后上市公司的现金分红政策及相应的安排、董事会对上述情况的说明等信息。

第十一条 上市公司可以依法发行优先股、回购股份。

支持上市公司在其股价低于每股净资产的情形下回购股份。

第十二条 上市公司应当采取有效措施鼓励广大中小投资者以及机构投资者主动参与上市公司利润分配事项的决策。充分发挥中介机构的专业引导作用。

第十三条 中国证券监督管理委员会及其派出机构(以下统称中国证监会)在日常监管工作中,应当对下列情形予以重点关注:

(一)公司章程中没有明确、清晰的股东回报规划或者具体的现金分红政策的,重点关注其中的具体原因,相关决策程序是否合法合规,董事、监事、高级管理人员是否勤勉尽责等;

（二）公司章程规定不进行现金分红的，重点关注该等规定是否符合公司的实际情况，是否进行了充分的自我评价等；

（三）公司章程规定了现金分红政策，但无法按照既定现金分红政策确定当年利润分配方案的，重点关注公司是否按照要求在年度报告中披露了具体原因，相关原因与实际情况是否相符等；

（四）上市公司在年度报告期内有能力分红但不分红尤其是连续多年不分红或者分红占当期归属于上市公司股东净利润的比例较低的，以及财务投资较多但分红占当期归属于上市公司股东净利润的比例较低的，重点关注其有关审议通过年度报告的董事会公告中是否详细披露了未进行现金分红或者现金分红水平较低的原因，相关原因与实际情况是否相符合，持续关注留存未分配利润的确切用途以及收益情况，是否按照规定为中小股东参与决策提供了便利等；

（五）上市公司存在现金分红占当期归属于上市公司股东净利润的比例较高等情形的，重点关注公司现金分红政策是否稳定。其中，对于资产负债率较高且经营性现金流不佳的，重点关注相关决策程序是否合法合规，是否会对生产经营、偿债能力产生不利影响，是否存在过度依赖新增融资分红的情形，董事、监事及高级管理人员是否勤勉尽责，是否按照规定为中小股东参与决策提供了便利，是否存在明显不合理或者相关股东滥用股东权利不当干预公司决策等情形。

第十四条　上市公司有下列情形的，中国证监会依法采取相应的监管措施：

（一）未按照规定制定明确的股东回报规划；

（二）未针对现金分红等利润分配政策制定并履行必要的决策程序；

（三）未在定期报告或者其他报告中详细披露现金分红政策的制定及执行情况；

（四）章程有明确规定但未按照规定分红；

（五）超出能力分红损害持续经营能力；

（六）现金分红监管中发现的其他违法违规情形。

上市公司在有关利润分配政策的陈述或者说明中有虚假或者重大遗漏的，中国证监会应当依法采取相应的监管措施；依法应当行政处罚的，依照《证券法》第一百九十七条予以处罚。

第十五条　中国证监会应当将现金分红监管中的监管措施实施情况按照规定记入上市公司诚信档案。上市公司涉及再融资、资产重组事项时，其诚信状况应当在审核中予以重点关注。

第十六条　本指引由中国证监会负责解释。

第十七条　本指引自公布之日起施行。2022年1月5日施行的《上市公司监管指引第3号——上市公司现金分红》（证监会公告〔2022〕3号）同时废止。

第4号——上市公司及其相关方承诺

· 2022年1月5日
· 中国证券监督管理委员会公告〔2022〕16号

第一条　【目的】为了规范上市公司及其相关方的承诺行为，保护上市公司和投资者的合法权益，根据《中华人民共和国公司法》《中华人民共和国证券法》（以下简称《证券法》）等法律、行政法规的规定，制定本指引。

第二条　【适用范围】本指引适用于上市公司及其实际控制人、股东、关联方、董事、监事、高级管理人员、收购人、资产交易对方、破产重整投资人等（以下统称承诺人）在首次公开发行股票、再融资、并购重组、破产重整以及日常经营过程中作出解决同业竞争、资产注入、股权激励、解决产权瑕疵等各项承诺的行为（以下简称承诺）。

第三条　【总体要求】任何单位和个人不得利用承诺损害上市公司及其股东的合法权益。

第四条　【监管职责】中国证券监督管理委员会（以下简称中国证监会）依法对承诺人的承诺行为进行监督管理。

第五条　【原则】承诺人作出的承诺应当明确、具体、可执行，不得承诺根据当时情况判断明显不能实现的事项。

承诺事项需要主管部门审批的，承诺人应当明确披露需要取得的审批，并明确如无法取得审批的补救措施。

第六条　【要件】承诺人的承诺事项应当包括以下内容：

（一）承诺的具体事项；

（二）履约方式、履约时限、履约能力分析、履约风险及防范对策；

（三）履约担保安排，包括担保方、担保方资质、担保方式、担保协议（函）主要条款、担保责任等（如有）；

（四）履行承诺声明和违反承诺的责任；

（五）中国证监会要求的其他内容。

承诺事项应当有明确的履约时限，不得使用"尽快"

"时机成熟时"等模糊性词语。承诺履行涉及行业限制的,应当在政策允许的基础上明确履约时限。

第七条 【承诺作出时的信息披露要求】承诺人作出承诺,有关各方必须及时、公平地披露或者提供相关信息,保证所披露或者提供信息的真实、准确、完整,不得有虚假记载、误导性陈述或者重大遗漏。

第八条 【承诺人的信息披露配合义务】承诺人应当关注自身经营、财务状况及承诺履行能力,在其经营财务状况恶化、担保人或者担保物发生变化导致或者可能导致其无法履行承诺时,应当及时告知上市公司,说明有关影响承诺履行的具体情况,同时提供新的履行担保,并由上市公司予以披露。

第九条 【持续信息披露要求】承诺履行条件已经达到时,承诺人应当及时通知公司,并履行承诺和信息披露义务。

第十条 【定期报告披露要求】上市公司应当在定期报告中披露报告期内发生或者正在履行中的所有承诺事项及具体履行情况。

第十一条 【董事会督促义务】上市公司董事会应当积极督促承诺人遵守承诺。承诺人违反承诺的,上市公司董事、监事、高级管理人员应当勤勉尽责,主动、及时要求承诺人承担相应责任。

第十二条 【不得变更、豁免的承诺】承诺人应当严格履行其作出的各项承诺,采取有效措施确保承诺的履行,不得擅自变更或者豁免。

下列承诺不得变更或豁免:

(一)依照法律法规、中国证监会规定作出的承诺;

(二)除中国证监会明确的情形外,上市公司重大资产重组中按配业绩补偿协议作出的承诺;

(三)承诺人已明确不可变更或撤销的承诺。

第十三条 【可以变更、豁免的情形】出现以下情形的,承诺人可以变更或者豁免履行承诺:

(一)因相关法律法规、政策变化、自然灾害等自身无法控制的客观原因导致承诺无法履行的;

(二)其他确已无法履行或者履行承诺不利于维护上市公司权益的。

上市公司及承诺人应充分披露变更或者豁免履行承诺的原因,并及时提出替代承诺或者提出豁免履行承诺义务。

第十四条 【变更、豁免的程序】除因相关法律法规、政策变化、自然灾害等自身无法控制的客观原因外,变更、豁免承诺的方案应提交股东大会审议,上市公司应向股东提供网络投票方式,承诺人及其关联方应回避表决。独立董事、监事会应就承诺人提出的变更方案是否合法合规、是否有利于保护上市公司或其他投资者的利益发表意见。

第十五条 【违反承诺的情形】违反承诺是指未按承诺的履约事项、履约方式、履约时限、履约条件等履行承诺的行为。

变更、豁免承诺的方案未经股东大会审议通过且承诺到期的,视同超期未履行承诺。

第十六条 【承诺的承继】收购人成为上市公司新的实际控制人时,如原实际控制人承诺的相关事项未履行完毕,相关承诺义务应予以履行或由收购人予以承接,相关事项应在收购报告书或权益变动报告书中明确披露。

承诺人作出股份限售等承诺的,其所持有股份因司法强制执行、继承、遗赠等原因发生非交易过户的,受让方应当遵守原股东作出的相关承诺。

第十七条 【监管措施】承诺人违反承诺的,由中国证监会采取责令改正、监管谈话、出具警示函、责令公开说明等监管措施,将相关情况记入诚信档案。

第十八条 【限制权利】在承诺履行完毕或替代方案经股东大会批准前,中国证监会将依据《证券期货市场诚信监督管理办法》及相关法规的规定,对承诺人提交的行政许可申请,以及其作为上市公司交易对手方的行政许可申请(例如上市公司向其购买资产、募集资金等)审慎审核或作出不予许可的决定。

有证据表明承诺人在作出承诺时已知承诺不可履行的,中国证监会将对承诺人依据《证券法》等有关规定予以处理。相关问题查实后,在对责任人作出处理前及按本办法进行整改前,依据《证券法》《上市公司收购管理办法》的有关规定,限制承诺人对其持有或者实际支配的股份行使表决权。

第十九条 【衔接】本指引自公布之日起施行。2013年12月27日施行的《上市公司监管指引第4号——上市公司实际控制人、股东、关联方、收购人以及上市公司承诺及履行》(证监会公告〔2013〕55号)同时废止。

第 5 号——上市公司内幕信息知情人登记管理制度

- 2022 年 1 月 5 日
- 中国证券监督管理委员会公告〔2022〕17 号

第一条 为完善上市公司内幕信息管理制度，做好内幕信息保密工作，有效防范和打击内幕交易等证券违法违规行为，根据《中华人民共和国证券法》（以下简称《证券法》）、《上市公司信息披露管理办法》等法律法规和规章，制定本指引。

第二条 本指引所称内幕信息知情人，是指《证券法》第五十一条规定的有关人员。

第三条 本指引所称内幕信息，是指根据《证券法》第五十二条规定，涉及上市公司的经营、财务或者对上市公司证券市场价格有重大影响的尚未公开的信息。

《证券法》第八十条第二款、第八十一条第二款所列重大事件属于内幕信息。

第四条 内幕信息知情人在内幕信息公开前负有保密义务。

第五条 上市公司应当根据本指引，建立并完善内幕信息知情人登记管理制度，对内幕信息的保密管理及在内幕信息依法公开披露前内幕信息知情人的登记管理作出规定。

第六条 在内幕信息依法公开披露前，上市公司应当按照规定填写上市公司内幕信息知情人档案，及时记录商议筹划、论证咨询、合同订立等阶段及报告、传递、编制、决议、披露等环节的内幕信息知情人名单，及其知悉内幕信息的时间、地点、依据、方式、内容等信息。内幕信息知情人应当进行确认。

证券交易所根据内幕交易防控需要，对内幕信息知情人档案填报所涉重大事项范围、填报的具体内容、填报人员范围等作出具体规定。

第七条 上市公司董事会应当按照本指引以及证券交易所相关规则要求及时登记和报送内幕信息知情人档案，并保证内幕信息知情人档案真实、准确和完整，董事长为主要责任人。董事会秘书负责办理上市公司内幕信息知情人的登记入档和报送事宜。董事长与董事会秘书应当对内幕信息知情人档案的真实、准确和完整签署书面确认意见。

上市公司监事会应当对内幕信息知情人登记管理制度实施情况进行监督。

第八条 上市公司的股东、实际控制人及其关联方研究、发起涉及上市公司的重大事项，以及发生对上市公司证券交易价格有重大影响的其他事项时，应当填写本单位内幕信息知情人档案。

证券公司、证券服务机构接受委托开展相关业务，该受托事项对上市公司证券交易价格有重大影响的，应当填写本机构内幕信息知情人档案。

收购人、重大资产重组交易对方以及涉及上市公司并对上市公司证券交易价格有重大影响事项的其他发起方，应当填写本单位内幕信息知情人档案。

上述主体应当保证内幕信息知情人档案的真实、准确和完整，根据事项进程将内幕信息知情人档案分阶段送达相关上市公司，完整的内幕信息知情人档案的送达时间不得晚于内幕信息公开披露的时间。内幕信息知情人档案应当按照规定要求进行填写，并由内幕信息知情人进行确认。

上市公司应当做好其所知悉的内幕信息流转环节的内幕信息知情人的登记，并做好第一款至第三款涉及各方内幕信息知情人档案的汇总。

第九条 行政管理部门人员接触到上市公司内幕信息的，应当按照相关行政部门的要求做好登记工作。

上市公司在披露前按照相关法律法规和政策要求需经常性向相关行政管理部门报送信息的，在报送部门、内容等未发生重大变化的情况下，可将其视为同一内幕信息事项，在同一张表格中登记行政管理部门的名称，并持续登记报送信息的时间。除上述情况外，内幕信息流转涉及到行政管理部门时，上市公司应当按照一事一记的方式在知情人档案中登记行政管理部门的名称、接触内幕信息的原因以及知悉内幕信息的时间。

第十条 上市公司进行收购、重大资产重组、发行证券、合并、分立、分拆上市、回购股份等重大事项，或者披露其他可能对上市公司证券交易价格有重大影响的事项时，除按照规定填写上市公司内幕信息知情人档案外，还应当制作重大事项进程备忘录，内容包括但不限于筹划决策过程中各个关键时点的时间、参与筹划决策人员名单、筹划决策方式等。上市公司应当督促重大事项进程备忘录涉及的相关人员在重大事项进程备忘录上签名确认。上市公司股东、实际控制人及其关联方等相关主体应当配合制作重大事项进程备忘录。

证券交易所根据重大事项的性质、影响程度，对需要制作重大事项进程备忘录的事项、填报内容等作出具体规定。

第十一条 上市公司内幕信息知情人登记管理制度中应当包括对公司下属各部门、分公司、控股子公司及上市公司能够对其实施重大影响的参股公司的内幕信息管理的内容,明确上述主体的内部报告义务、报告程序和有关人员的信息披露职责。

上市公司内幕信息知情人登记管理制度中应当明确内幕信息知情人的保密义务、违反保密规定责任、保密制度落实要求等内容。

第十二条 上市公司根据中国证券监督管理委员会(以下简称中国证监会)及证券交易所的规定,对内幕信息知情人买卖本公司证券的情况进行自查。发现内幕信息知情人进行内幕交易、泄露内幕信息或者建议他人进行交易的,上市公司应当进行核实并依据其内幕信息知情人登记管理制度对相关人员进行责任追究,并在二个工作日内将有关情况及处理结果报送公司注册地中国证监会派出机构和证券交易所。

第十三条 上市公司应当及时补充完善内幕信息知情人档案及重大事项进程备忘录信息。内幕信息知情人档案及重大事项进程备忘录自记录(含补充完善)之日起至少保存十年。中国证监会及其派出机构、证券交易所可调取查阅内幕信息知情人档案及重大事项进程备忘录。

上市公司应当在内幕信息依法公开披露后五个交易日内将内幕信息知情人档案及重大事项进程备忘录报送证券交易所。证券交易所可视情况要求上市公司披露重大事项进程备忘录中的相关内容。

上市公司披露重大事项后,相关事项发生重大变化的,公司应当及时补充报送内幕信息知情人档案及重大事项进程备忘录。

第十四条 证券公司、证券服务机构应当协助配合上市公司及时报送内幕信息知情人档案及重大事项进程备忘录,并依照执业规则的要求,对相关信息进行核实。

第十五条 证券交易所应当将上市公司报送的内幕信息知情人档案及重大事项进程备忘录等信息及时与中国证监会及其派出机构共享。

中国证监会及其派出机构可以根据《上市公司现场检查规则》《上市公司信息披露管理办法》的规定,对上市公司内幕信息知情人登记管理制度的建立、执行和上市公司内幕信息知情人档案及重大事项进程备忘录保管情况进行现场检查。证券交易所应当对上市公司内幕信息知情人档案和重大事项进程备忘录的填报实施自律监管。

第十六条 有下列情形之一的,中国证监会及其派出机构可以依据《上市公司信息披露管理办法》等规定对上市公司及相关主体采取责令改正、监管谈话、出具警示函等监督管理措施;情节严重的,对其采取市场禁入措施:

(一)未按照本指引的要求建立并执行内幕信息知情人登记管理制度;

(二)未按照本指引的要求报送内幕信息知情人档案、重大事项进程备忘录;

(三)内幕信息知情人档案、重大事项进程备忘录存在虚假、重大遗漏和重大错误;

(四)拒不配合进行内幕信息知情人登记、重大事项备忘录制作。

中国证监会依照前款规定采取监督管理措施,涉及国有控股上市公司或其控股股东的,通报有关国有资产监督管理机构。

发现内幕信息知情人泄露内幕信息、进行内幕交易或者建议他人进行交易等情形的,中国证监会及其派出机构对有关单位和个人进行查处,涉嫌犯罪的,依法移送司法机关追究刑事责任。

第十七条 本指引自公布之日起施行。2021年2月3日施行的《关于上市公司内幕信息知情人登记管理制度的规定》(证监会公告〔2021〕5号)同时废止。

第6号——上市公司董事长谈话制度实施办法

· 2022年1月5日
· 中国证券监督管理委员会公告〔2022〕22号

第一条 为加强上市公司监管,促进上市公司依法规范运作,保护投资者的合法权益,制定本指引。

第二条 本指引适用于股票在上海证券交易所和深圳证券交易所上市交易的股份有限公司。

第三条 中国证监会派出机构具体实施辖区内上市公司董事长谈话工作。

中国证监会主管业务部门认为必要时可直接约见上市公司董事长谈话。

(中国证监会派出机构和主管业务部门以下统称为"中国证监会"。)

第四条 上市公司存在下列情形之一的,应当约见上市公司董事长谈话:

(一)严重资不抵债或主要资产被查封、冻结、拍卖导致公司失去持续经营能力的;

(二)控制权发生重大变动的;

（三）未履行招股说明书承诺事项的；

（四）公司或其董事会成员存在不当行为，但不构成违反国家证券法律、法规及中国证监会有关规定的；

（五）中国证监会认为确有必要的。

第五条 中国证监会约见上市公司董事长，按照下列程序进行：

（一）中国证监会认为有必要约见上市公司董事长谈话时，应当履行内部审批程序，经批准后方可进行。

（二）中国证监会约见上市公司董事长谈话时，应确定主谈人员和记录人员，谈话使用专门的谈话记录纸（谈话记录格式附后）。谈话结束时应要求谈话对象复核、签字。

（三）中国证监会根据需要决定谈话时间、地点和谈话对象应提供的书面材料，并提前三天以书面形式通知该上市公司的董事会秘书。谈话对象确因特殊情况不能参加的，应事先报告，经同意后委托相应人员代理。中国证监会认为必要时，可以要求上市公司其他有关人员、上市公司控股股东的高级管理人员、相关中介机构执业人员参加谈话。谈话对象不得无故拒绝、推托。

（四）中国证监会在约见谈话时，主谈人员应确认谈话对象的身份，宣布谈话制度、谈话目的，告知谈话对象应当真实、完整地向主谈人员说明有关情况，并对所说明的情况和作出的保证承担责任。

（五）谈话对象应对有关情况进行说明、解释，并提供相应说明材料，对公司情况说明不清、说明材料欠完备的，应当限期补充，谈话对象不得作出虚假陈述或故意隐瞒事实真相。

第六条 经中国证监会两次书面通知，谈话对象无正当理由不参加谈话，中国证监会将对其进行公开批评。

第七条 谈话对象对谈话所涉及的重要事项说明不清，提供的材料不完整，在限期内又未能进行充分补充的，中国证监会可以对其进行公开批评。

谈话对象在谈话中虚假陈述或故意隐瞒事实真相的，中国证监会将视其情节轻重依据有关规定对其进行处理。

第八条 中国证监会的谈话人员，应遵守法律、法规及有关规定，认真履行职责，对在谈话中知悉的有关单位和个人的商业秘密负有保密义务。未经许可，参加谈话人员不得透露与谈话结果有关的任何信息。

第九条 谈话对象应当根据谈话结果及时整改，纠正不当行为，中国证监会将对整改情况进行监督检查。

第十条 中国证监会为谈话和整改情况建立专项档案，做为上市公司董事长及其他高管人员是否忠实履行职务的记录。

第十一条 在执行谈话制度中发现上市公司或高级管理人员有违法违规行为的，中国证监会将依法查处。谈话记录将作为进一步调查的证据。

第十二条 本指引自公布之日起施行。2001年3月19日施行的《上市公司董事长谈话制度实施办法》（证监发〔2001〕47号）同时废止。

附件：谈话记录要素（略）

第7号——上市公司重大资产重组相关股票异常交易监管

· 2023年2月17日
· 中国证券监督管理委员会公告〔2023〕39号

第一条 为加强与上市公司重大资产重组相关股票异常交易监管，防控和打击内幕交易，维护证券市场秩序，保护投资者合法权益，根据《中华人民共和国证券法》《中华人民共和国行政许可法》《国务院办公厅转发证监会等部门关于依法打击和防控资本市场内幕交易意见的通知》《上市公司信息披露管理办法》《上市公司重大资产重组管理办法》，制定本指引。

第二条 上市公司和交易对方，以及其控股股东、实际控制人，为本次重大资产重组提供服务的证券公司、证券服务机构等重大资产重组相关主体，应当严格按照法律、行政法规、规章的规定，做好重大资产重组信息的管理和内幕信息知情人登记工作，增强保密意识。

第三条 上市公司及其控股股东、实际控制人等相关方研究、筹划、决策涉及上市公司重大资产重组事项的，原则上应当在非交易时间进行，并应当简化决策流程、提高决策效率、缩短决策时限，尽可能缩小内幕信息知情人范围。

如需要向有关部门进行政策咨询、方案论证的，应当做好相关保密工作。

第四条 上市公司因发行股份购买资产事项首次披露后，证券交易所立即启动二级市场股票交易核查程序，并在后续各阶段对二级市场股票交易情况进行持续监管。

第五条 上市公司向证券交易所提出发行股份购买资产申请，如该重大资产重组事项涉嫌内幕交易被中国证券监督管理委员会(以下简称中国证监会)立案调查或者被司法机关立案侦查,尚未受理的,证券交易所不予受理;已经受理的,证券交易所暂停审核、中国证监会暂停注册。

第六条 按照本指引第五条不予受理或暂停审核、注册的发行股份购买资产申请,如符合以下条件,未受理的,恢复受理程序;暂停审核、注册的,恢复审核、注册:

(一)中国证监会或者司法机关经调查核实未发现上市公司、占本次重组总交易金额比例在百分之二十以上的交易对方(如涉及多个交易对方违规的,交易金额合并计算),及上述主体的控股股东、实际控制人及其控制的机构存在内幕交易的;

(二)中国证监会或者司法机关经调查核实未发现上市公司董事、监事、高级管理人员,上市公司控股股东、实际控制人的董事、监事、高级管理人员,交易对方的董事、监事、高级管理人员,占本次重组总交易金额比例在百分之二十以下的交易对方及其控股股东、实际控制人及上述主体控制的机构,为本次重大资产重组提供服务的证券公司、证券服务机构及其经办人员,参与本次重大资产重组的其他主体等存在内幕交易的;或者上述主体虽涉嫌内幕交易,但已被撤换或者退出本次重大资产重组交易的;

(三)被立案调查或者立案侦查的事项未涉及第(一)项、第(二)项所列主体的。

依据前款第(二)项规定撤换独立财务顾问的,上市公司应当撤回原发行股份购买资产申请,重新向证券交易所提出申请。

上市公司对交易对象、交易标的等作出变更导致重大资产重组方案重大调整的,还应当重新履行相应的决策程序。

第七条 证券交易所、中国证监会根据掌握的情况,确认不予受理或暂停审核、注册的上市公司发行股份购买资产申请符合本指引第六条规定条件的,及时恢复受理、审核或者恢复注册。

上市公司有证据证明其发行股份购买资产申请符合本指引第六条规定条件的,经聘请的独立财务顾问和律师事务所对本次重大资产重组有关的主体进行尽职调查,并出具确认意见,可以向证券交易所、中国证监会提出恢复受理、审核或者恢复注册的申请。证券交易所、中国证监会根据掌握的情况,决定是否恢复受理、审核或者恢复注册。

第八条 因本次重大资产重组事项存在重大市场质疑或者有明确线索的举报,上市公司及涉及的相关机构和人员应当就市场质疑及时作出说明或澄清;中国证监会、证券交易所应当对该项举报进行核查。如果该涉嫌内幕交易的重大市场质疑或者举报涉及事项已被中国证监会立案调查或者被司法机关立案侦查,按照本指引第五条至第七条的规定执行。

第九条 证券交易所受理发行股份购买资产申请后,本指引第六条第一款第(一)项所列主体因本次重大资产重组相关的内幕交易被中国证监会行政处罚或者被司法机关依法追究刑事责任的,证券交易所终止审核、中国证监会终止注册。

第十条 发行股份购买资产申请被证券交易所不予受理、恢复受理程序、暂停审核、恢复审核或者终止审核,被中国证监会暂停注册、恢复注册或者终止注册的,上市公司应当及时公告并作出风险提示。

第十一条 上市公司披露重大资产重组预案或者草案后主动终止重大资产重组进程的,上市公司应当同时承诺自公告之日起至少一个月内不再筹划重大资产重组,并予以披露。

发行股份购买资产申请因上市公司控股股东及其实际控制人存在内幕交易被证券交易所、中国证监会依照本指引第九条的规定终止审核或者终止注册的,上市公司应当同时承诺自公告之日起至少十二个月内不再筹划重大资产重组,并予以披露。

第十二条 本指引第六条所列主体因涉嫌本次重大资产重组相关的内幕交易被立案调查或者立案侦查的,自立案之日起至责任认定前不得参与任何上市公司的重大资产重组。中国证监会作出行政处罚或者司法机关依法追究刑事责任的,上述主体自中国证监会作出行政处罚决定或者司法机关作出相关裁判生效之日起至少三十六个月内不得参与任何上市公司的重大资产重组。

第十三条 上市公司及其控股股东、实际控制人和交易相关方、证券公司及证券服务机构,其他信息披露义务人,应当配合中国证监会的监管执法工作。拒不配合的,中国证监会将依法采取监管措施,并将实施监管措施的情况对外公布。

第十四条 关于上市公司吸收合并、分立的审核、注册事项,参照本指引执行。

第十五条 证券交易所可以根据本指引相关规定,就不涉及发行股份的上市公司重大资产重组制定股票异常交易监管业务规则。

第十六条　本指引自公布之日起施行。2022年1月5日施行的《上市公司监管指引第7号——上市公司重大资产重组相关股票异常交易监管》(证监会公告〔2022〕23号)同时废止。

第8号——上市公司资金往来、对外担保的监管要求

· 2022年1月28日
· 中国证券监督管理委员会公告〔2022〕26号

第一章　总　则

第一条　为进一步规范上市公司与控股股东、实际控制人及其他关联方的资金往来,有效控制上市公司对外担保风险,保护投资者合法权益,根据《中华人民共和国民法典》(以下简称《民法典》)、《中华人民共和国公司法》(以下简称《公司法》)、《中华人民共和国证券法》(以下简称《证券法》)、《中华人民共和国银行业监督管理法》《企业国有资产监督管理暂行条例》等法律、行政法规,制定本指引。

第二条　上市公司应建立有效的内部控制制度,防范控股股东、实际控制人及其他关联方的资金占用,严格控制对外担保产生的债务风险,依法履行关联交易和对外担保的审议程序和信息披露义务。

第三条　控股股东、实际控制人及其他关联方不得以任何方式侵占上市公司利益。

第二章　资金往来

第四条　控股股东、实际控制人及其他关联方与上市公司发生的经营性资金往来中,不得占用上市公司资金。

第五条　上市公司不得以下列方式将资金直接或者间接地提供给控股股东、实际控制人及其他关联方使用:

(一)为控股股东、实际控制人及其他关联方垫支工资、福利、保险、广告等费用、承担成本和其他支出;

(二)有偿或者无偿地拆借公司的资金(含委托贷款)给控股股东、实际控制人及其他关联方使用,但上市公司参股公司的其他股东同比例提供资金的除外。前述所称"参股公司",不包括由控股股东、实际控制人控制的公司;

(三)委托控股股东、实际控制人及其他关联方进行投资活动;

(四)为控股股东、实际控制人及其他关联方开具没有真实交易背景的商业承兑汇票,以及在没有商品和劳务对价情况下或者明显有悖商业逻辑情况下以采购款、资产转让款、预付款等方式提供资金;

(五)代控股股东、实际控制人及其他关联方偿还债务;

(六)中国证券监督管理委员会(以下简称中国证监会)认定的其他方式。

第六条　注册会计师在为上市公司年度财务会计报告进行审计工作中,应当根据本章规定,对上市公司存在控股股东、实际控制人及其他关联方占用资金的情况出具专项说明,公司应当就专项说明作出公告。

第三章　对外担保

第七条　上市公司对外担保必须经董事会或者股东大会审议。

第八条　上市公司的《公司章程》应当明确股东大会、董事会审批对外担保的权限及违反审批权限、审议程序的责任追究制度。

第九条　应由股东大会审批的对外担保,必须经董事会审议通过后,方可提交股东大会审批。须经股东大会审批的对外担保,包括但不限于下列情形:

(一)上市公司及其控股子公司的对外担保总额,超过最近一期经审计净资产百分之五十以后提供的任何担保;

(二)为资产负债率超过百分之七十的担保对象提供的担保;

(三)单笔担保额超过最近一期经审计净资产百分之十的担保;

(四)对股东、实际控制人及其关联方提供的担保。

股东大会在审议为股东、实际控制人及其关联方提供的担保议案时,该股东或者受该实际控制人支配的股东,不得参与该项表决,该项表决由出席股东大会的其他股东所持表决权的半数以上通过。

第十条　应由董事会审批的对外担保,必须经出席董事会的三分之二以上董事审议同意并做出决议。

第十一条　上市公司为控股股东、实际控制人及其关联方提供担保的,控股股东、实际控制人及其关联方应当提供反担保。

第十二条　上市公司董事会或者股东大会审议批准的对外担保,必须在证券交易所的网站和符合中国证监会规定条件的媒体及时披露,披露的内容包括董事会或

者股东大会决议、截止信息披露日上市公司及其控股子公司对外担保总额、上市公司对控股子公司提供担保的总额。

第十三条 上市公司在办理贷款担保业务时，应向银行业金融机构提交《公司章程》、有关该担保事项董事会决议或者股东大会决议原件、该担保事项的披露信息等材料。

第十四条 上市公司独立董事应在年度报告中，对上市公司报告期末尚未履行完毕和当期发生的对外担保情况、执行本章规定情况进行专项说明，并发表独立意见。

第十五条 上市公司控股子公司对于向上市公司合并报表范围之外的主体提供担保的，应视同上市公司提供担保，上市公司应按照本章规定执行。

第四章 上市公司提供担保的贷款审批

第十六条 各银行业金融机构应当严格依据《民法典》《公司法》《最高人民法院关于适用〈中华人民共和国民法典〉有关担保制度的解释》等法律法规、司法解释，加强对由上市公司提供担保的贷款申请的审查，切实防范相关信贷风险，并及时将贷款、担保信息登录征信管理系统。

第十七条 各银行业金融机构必须依据本指引、上市公司《公司章程》及其他有关规定，认真审核以下事项：

（一）由上市公司提供担保的贷款申请的材料齐备性及合法合规性；

（二）上市公司对外担保履行董事会或者股东大会审批程序的情况；

（三）上市公司对外担保履行信息披露义务的情况；

（四）上市公司的担保能力；

（五）贷款人的资信、偿还能力等其他事项。

第十八条 各银行业金融机构应根据相关法律法规和监管规定完善内部控制制度，控制贷款风险。

第十九条 对由上市公司控股子公司提供担保的贷款申请，比照本章规定执行。

第五章 资金占用和违规担保的整改

第二十条 上市公司应对其与控股股东、实际控制人及其他关联方已经发生的资金往来、对外担保情况进行自查。对于存在资金占用、违规担保问题的公司，应及时完成整改，维护上市公司和中小股东的利益。

第二十一条 上市公司被控股股东、实际控制人及其他关联方占用的资金，原则上应当以现金清偿。严格控制控股股东、实际控制人及其他关联方以非现金资产清偿占用的上市公司资金。控股股东、实际控制人及其他关联方拟用非现金资产清偿占用的上市公司资金，应当遵守以下规定：

（一）用于抵偿的资产必须属于上市公司同一业务体系，并有利于增强上市公司独立性和核心竞争力，减少关联交易，不得是尚未投入使用的资产或者没有客观明确账面净值的资产。

（二）上市公司应当聘请符合《证券法》规定的中介机构对符合以资抵债条件的资产进行评估，以资产评估值或者经审计的账面净值作为以资抵债的定价基础，但最终定价不得损害上市公司利益，并充分考虑所占用资金的现值予以折扣。审计报告和评估报告应当向社会公告。

（三）独立董事应当就上市公司关联方以资抵债方案发表独立意见，或者聘请符合《证券法》规定的中介机构出具独立财务顾问报告。

（四）上市公司关联方以资抵债方案须经股东大会审议批准，关联方股东应当回避投票。

第六章 资金占用和违规担保的处置

第二十二条 中国证监会与公安部、国资委、中国银保监会等部门加强监管合作，实施信息共享，共同建立监管协作机制，严厉查处资金占用、违规担保等违法违规行为，涉嫌犯罪的依法追究刑事责任。

第二十三条 上市公司及其董事、监事、高级管理人员，控股股东、实际控制人及其他关联方违反本指引的，中国证监会根据违规行为性质、情节轻重依法给予行政处罚或者采取行政监管措施。涉嫌犯罪的移交公安机关查处，依法追究刑事责任。

第二十四条 国有资产监督管理机构应当指导督促国有控股股东严格落实本指引要求。对违反本指引的，按照管理权限给予相应处理；造成国有资产损失或者其他严重不良后果的，依法依规追究相关人员责任。

第二十五条 银行保险机构违反本指引的，中国银保监会依法对相关机构及当事人予以处罚；涉嫌犯罪的，移送司法机关追究法律责任。

第二十六条 公安机关对中国证监会移交的上市公司资金占用和违规担保涉嫌犯罪案件或者工作中发现的

相关线索，要及时按照有关规定进行审查，符合立案条件的，应尽快立案侦查。

第七章 附 则

第二十七条 本指引下列用语的含义：

（一）本指引所称"对外担保"，是指上市公司为他人提供的担保，包括上市公司对控股子公司的担保。

（二）本指引所称"上市公司及其控股子公司的对外担保总额"，是指包括上市公司对控股子公司担保在内的上市公司对外担保总额与上市公司控股子公司对外担保总额之和。

第二十八条 金融类上市公司不适用本指引第三章、第四章的规定。金融监管部门对金融类上市公司资金往来另有规定的，从其规定。

第二十九条 本指引自公布之日起施行。2017年12月7日施行的《关于规范上市公司与关联方资金往来及上市公司对外担保若干问题的通知》（证监会公告〔2017〕16号）、2005年11月14日施行的《关于规范上市公司对外担保行为的通知》（证监发〔2005〕120号）、2005年6月6日施行的《关于集中解决上市公司资金被占用和违规担保问题的通知》（证监公司字〔2005〕37号）同步废止。

第9号——上市公司筹划和实施重大资产重组的监管要求

· 2023年2月17日
· 中国证券监督管理委员会公告〔2023〕40号

第一条 上市公司拟实施重大资产重组的，全体董事应当严格履行诚信义务，切实做好信息保密等工作。

重大资产重组的首次董事会决议经表决通过后，上市公司应当在决议当日或者次一工作日的非交易时间向证券交易所申请公告。董事会应当按照《上市公司重大资产重组管理办法》及相关的信息披露准则编制重大资产重组预案或者报告书，并将该预案或者报告书作为董事会决议的附件，与董事会决议同时公告。

重大资产重组的交易对方应当承诺，保证其所提供信息的真实性、准确性和完整性，保证不存在虚假记载、误导性陈述或者重大遗漏，并声明承担相应的法律责任。该等承诺和声明应当与上市公司董事会决议同时公告。

第二条 上市公司首次召开董事会审议重大资产重组事项的，应当在召开董事会的当日或者前一日与相应的交易对方签订附生效条件的交易合同。

重大资产重组涉及发行股份购买资产的，交易合同应当载明本次重大资产重组事项一经上市公司董事会、股东大会批准并经中国证券监督管理委员会（以下简称中国证监会）注册，交易合同即应生效；交易合同应当载明特定对象拟认购股份的数量或者数量区间、认购价格或者定价原则、限售期，以及目标资产的基本情况、交易价格或者定价原则、资产过户或交付的时间安排和违约责任等条款。

第三条 发行股份购买资产的首次董事会决议公告后，董事会在六个月内未发布召开股东大会通知的，上市公司应当重新召开董事会审议发行股份购买资产事项，并以该次董事会决议公告日作为发行股份的定价基准日。

发行股份购买资产事项提交股东大会审议未获批准的，上市公司董事会如再次作出发行股份购买资产的决议，应当以该次董事会决议公告日作为发行股份的定价基准日。

第四条 上市公司拟实施重大资产重组的，董事会应当就本次交易是否符合下列规定作出审慎判断，并记载于董事会决议中：

（一）交易标的资产涉及立项、环保、行业准入、用地、规划、建设施工等有关报批事项的，应当在重大资产重组预案和报告书中披露是否已取得相应的许可证书或有关主管部门的批复文件。本次交易行为涉及有关报批事项的，应当在重大资产重组预案和报告书中详细披露已向有关主管部门报批的进展情况和尚需呈报批准的程序。重大资产重组预案和报告书中应当对报批事项可能无法获得批准的风险作出特别提示；

（二）上市公司拟购买资产的，在本次交易的首次董事会决议公告前，资产出售方必须已经合法拥有标的资产的完整权利，不存在限制或者禁止转让的情形。

上市公司拟购买的资产为企业股权的，该企业应当不存在出资不实或者影响其合法存续的情况；上市公司在交易完成后成为持股型公司的，作为主要标的资产的企业股权应当为控股权。

上市公司拟购买的资产为土地使用权、矿业权等资源类权利的，应当已取得相应的权属证书，并具备相应的开发或者开采条件；

（三）上市公司购买资产应当有利于提高上市公司

资产的完整性（包括取得生产经营所需要的商标权、专利权、非专利技术、采矿权、特许经营权等无形资产），有利于上市公司在人员、采购、生产、销售、知识产权等方面保持独立；

（四）本次交易应当有利于上市公司改善财务状况、增强持续经营能力，有利于上市公司突出主业、增强抗风险能力，有利于上市公司增强独立性、减少关联交易、避免同业竞争。

第五条 重大资产重组的首次董事会决议公告后，上市公司董事会和交易对方非因充分正当事由，撤销、中止重组方案或者对重组方案作出重大调整（包括但不限于变更主要交易对象、变更主要标的资产等）的，中国证监会将依据有关规定对上市公司、交易对方、证券服务机构等单位和相关人员采取监管措施，并依法追究法律责任。

第六条 上市公司重大资产重组时，标的资产存在被其股东及其关联方、资产所有人及其关联方非经营性资金占用的，前述有关各方应当在证券交易所受理申请材料前，解决对标的资产的非经营性资金占用问题。

前述重大资产重组无需向证券交易所提出申请的，有关各方应当在重组方案提交上市公司股东大会审议前，解决对标的资产的非经营性资金占用问题。

第七条 本指引自公布之日起施行。2016年9月9日施行的《关于规范上市公司重大资产重组若干问题的规定》（证监会公告〔2016〕17号）、2022年1月5日施行的《〈上市公司重大资产重组管理办法〉第三条有关标的资产存在资金占用问题的适用意见——证券期货法律适用意见第10号》（证监会公告〔2022〕18号）同时废止。

4. 监管规则适用指引

监管规则适用指引——上市类第1号

·2020年7月31日

1-1 募集配套资金

现就上市公司发行股份购买资产同时募集配套资金相关事项明确如下：

一、募集配套资金规模的计算

《〈上市公司重大资产重组管理办法〉第十四条、第四十四条的适用意见——证券期货法律适用意见第12号》规定："上市公司发行股份购买资产同时募集配套资金，所配套资金比例不超过拟购买资产交易价格100%的，一并由并购重组审核委员会予以审核"。其中，"拟购买资产交易价格"指本次交易中以发行股份方式购买资产的交易价格，不包括交易对方在本次交易停牌前六个月内及停牌期间以现金增资入股except的资产部分对应的交易价格，但上市公司董事会首次就重大资产重组作出决议前该等现金增资部分已设定明确、合理资金用途的除外。

二、通过认购募集配套资金或取得标的资产权益巩固上市公司控制权

在认定是否构成《上市公司重大资产重组管理办法》第十三条规定的交易情形时，上市公司控股股东、实际控制人及其一致行动人拟认购募集配套资金的，相应股份在认定控制权是否变更时剔除计算，但已就认购股份所需资金和所得股份锁定作出切实、可行安排，能够确保按期、足额认购且取得股份后不会出现变相转让等情形的除外。

上市公司控股股东、实际控制人及其一致行动人在本次交易停牌前六个月内及停牌期间取得标的资产权益的，以该部分权益认购的上市公司股份，相应股份在认定控制权是否变更时剔除计算，但上市公司董事会首次就重大资产重组作出决议前，前述主体已通过足额缴纳出资、足额支付对价获取标的资产权益的除外。

独立财务顾问应就前述主体是否按期、足额认购配套募集资金相应股份，取得股份后是否变相转让，取得标的资产权益后有无抽逃出资等开展专项核查。

三、募集配套资金用途

考虑到募集资金的配套性，所募资金可以用于支付本次并购交易中的现金对价，支付本次并购交易税费、人员安置费用等并购整合费用和投入标的资产在建项目建设，也可以用于补充上市公司和标的资产流动资金、偿还债务。

募集配套资金用于补充公司流动资金、偿还债务的比例不应超过交易作价的25%；或者不超过募集配套资金总额的50%。

四、财务性投资的认定

对上市公司募集资金投资产业基金以及其他类似基金或产品的，如同时属于以下情形的，应当认定为财务性投资：

（一）上市公司为有限合伙人或其投资身份类似于有限合伙人，不具有该基金（产品）的实际管理权或控制权；

（二）上市公司以获取该基金（产品）或其投资项目的投资收益为主要目的。

1-2 业绩补偿及奖励

现就上市公司重大资产重组中的业绩补偿及奖励相关事项明确如下：

一、业绩补偿

（一）业绩补偿范围

1. 交易对方为上市公司控股股东、实际控制人或者其控制关联人，无论标的资产是否为其所有或控制，也无论其参与此次交易是否基于过桥等暂时性安排，上市公司控股股东、实际控制人或者其控制的关联人均应以获得的股份和现金进行业绩补偿。

2. 在交易定价采用资产基础法估值结果的情况下，如果资产基础法中对一项或几项资产采用了基于未来收益预期的方法，上市公司控股股东、实际控制人或者其控制的关联人也应就此部分进行业绩补偿。

（二）业绩补偿方式

交易对方为上市公司控股股东、实际控制人或者其控制的关联人，应当以其获得的股份和现金进行业绩补偿。构成重组上市的，应当以拟购买资产的价格进行业绩补偿计算，且股份补偿不低于本次交易发行股份数量的90%。业绩补偿应当先以股份补偿，不足部分以现金补偿。

交易对方以股份方式进行业绩补偿时，按照下列原则确定应补偿股份的数量及期限：

1. 补偿股份数量的计算

（1）基本公式

1）以收益现值法、假设开发法等基于未来收益预期的估值方法对拟购买资产进行评估或估值的，每年补偿的股份数量为：

当期补偿金额=（截至当期期末累积承诺净利润数-截至当期期末累积实现净利润数）÷补偿期限内各年的预测净利润数总和×拟购买资产交易作价-累积已补偿金额

当期应当补偿股份数量=当期补偿金额/本次股份的发行价格

当期股份不足补偿的部分，应现金补偿。

采用现金流量法对拟购买资产进行评估或估值的，交易对方计算出现金流量对应的税后净利润数，并据此计算补偿股份数量。

此外，在补偿期限届满时，上市公司应当对拟购买资产进行减值测试，如：期末减值额/拟购买资产交易作价>补偿期限内已补偿股份总数/认购股份总数，则交易对方需另行补偿股份，补偿的股份数量为：

期末减值额/每股发行价格-补偿期限内已补偿股份总数

2）以市场法对拟购买资产进行评估或估值的，每年补偿的股份数量为：期末减值额/每股发行价格-补偿期限内已补偿股份总数

当期股份不足补偿的部分，应现金补偿。

（2）其他事项

按照前述第1）、2）项的公式计算补偿股份数量时，遵循下列原则：

前述净利润数均应当以拟购买资产扣除非经常性损益后的利润数确定。

前述减值额为拟购买资产交易作价减去期末拟购买资产的评估值并扣除补偿期限内拟购买资产股东增资、减资、接受赠与以及利润分配的影响。会计师应当对减值测试出具专项审核意见，同时说明与本次评估选取重要参数的差异及合理性，上市公司董事会、独立董事及独立财务顾问应当对此发表意见。

在逐年补偿的情况下，在各年计算的补偿股份数量小于0时，按0取值，即已经补偿的股份不冲回。

拟购买资产为非股权资产的，补偿股份数量比照前述原则处理。

拟购买资产为房地产、矿业公司或房地产、矿业类资产的，上市公司董事会可以在补偿期限届满时，一次确定补偿股份数量，无需逐年计算。

（3）上市公司董事会及独立董事应当关注拟购买资产折现率、预测期收益分布等其他评估参数取值的合理性，防止交易对方利用降低折现率、调整预测期收益分布等方式减轻股份补偿义务，并对此发表意见。独立财务顾问应当进行核查并发表意见。

2. 业绩补偿期限

业绩补偿期限不得少于重组实施完毕后的三年。

二、业绩补偿承诺变更

上市公司重大资产重组中，重组方业绩补偿承诺是基于其与上市公司签订的业绩补偿协议作出的，该承诺是重组方案重要组成部分。因此，重组方应当严格按照业绩补偿协议履行承诺。除我会明确的情形外，重组方不得适用《上市公司监管指引第4号——上市公司实际控制人、股东、关联方、收购人以及上市公司承诺及履行》

第五条的规定,变更其作出的业绩补偿承诺。

三、业绩补偿保障措施

上市公司重大资产重组中,交易对方拟就业绩承诺作出股份补偿安排的,应当确保相关股份能够切实用于履行补偿义务。如业绩承诺方拟在承诺期内质押重组中获得的、约定用于承担业绩补偿义务的股份(以下简称对价股份),重组报告书应当载明业绩承诺方保障业绩补偿实现的具体安排,包括但不限于就以下事项作出承诺:

业绩承诺方保证对价股份优先用于履行业绩补偿承诺,不通过质押股份等方式逃废补偿义务;未来质押对价股份时,将书面告知质权人根据业绩补偿协议上述股份具有潜在业绩承诺补偿义务情况,并在质押协议中就相关股份用于支付业绩补偿事项等与质权人作出明确约定。

上市公司发布股份质押公告时,应当明确披露拟质押股份是否负担业绩补偿义务,质权人知悉相关股份具有潜在业绩补偿义务的情况,以及上市公司与质权人就相关股份在履行业绩补偿义务时处置方式的约定。

独立财务顾问应就前述事项开展专项核查,并在持续督导期间督促履行相关承诺和保障措施。

四、业绩奖励

(一)上市公司重大资产重组方案中,对标的资产交易对方、管理层或核心技术人员设置业绩奖励安排时,应基于标的资产实际盈利数大于预测数的超额部分,奖励总额不应超过其超额业绩部分的100%,且不超过其交易作价的20%。

(二)上市公司应在重组报告书中充分披露设置业绩奖励的原因、依据及合理性,相关会计处理及对上市公司可能造成的影响。

(三)上市公司应在重组报告书中明确业绩奖励对象的范围、确定方式。交易对方为上市公司控股股东、实际控制人或者其控制的关联人的,不得对上述对象做出奖励安排。

(四)涉及国有资产的,应同时符合国有资产管理部门的规定。

五、业绩补偿、奖励相关会计政策

并购重组中交易双方有业绩承诺、业绩奖励等安排的,如标的资产业绩承诺、业绩奖励期适用的收入准则等会计准则发生变更,交易双方应当充分考虑标的资产业绩承诺、业绩奖励期适用不同会计准则的影响,就标的资产业绩承诺、业绩奖励的计算基础以及调整方式做出明确约定,并对争议解决作出明确安排。上述安排应当在重组报告书中或是以其他规定方式予以披露。

业绩承诺期内上市公司还应当在每年《收购资产业绩承诺实现情况的专项说明》中明确披露标的资产当年实现业绩计算是否受会计政策变更影响;如有,需详细说明具体影响情况。财务顾问、会计师等相关中介机构应当就业绩完成情况发表明确意见。业绩承诺未完成的,相关方应履行承诺予以补偿。

1-3 收购少数股权、资产净额的认定

一、收购少数股权

《上市公司重大资产重组管理办法》第四十三条第一款第(四)项规定,"充分说明并披露上市公司发行股份所购买的资产为权属清晰的经营性资产,并能在约定期限内办理完毕权属转移手续;"。上市公司发行股份拟购买资产为企业股权时,原则上在交易完成后应取得标的企业控股权,如确有必要购买少数股权的,应当同时符合以下条件:

(一)少数股权与上市公司现有主营业务具有显著协同效应,或者与本次拟购买的主要标的资产属于同行业或紧密相关的上下游行业,通过本次交易一并注入有助于增强上市公司独立性、提升上市公司整体质量。

(二)交易完成后上市公司需拥有具体的主营业务和相应的持续经营能力,不存在净利润主要来自合并财务报表范围以外投资收益的情况。

少数股权对应的经营机构为金融企业的,需符合金融监管机构及其他有权机构的相关规定;且最近一个会计年度对应的营业收入、资产总额、资产净额三项指标,均不得超过上市公司同期合并报表对应指标的20%。

上市公司重大资产重组涉及购买股权的,也应当符合前述条件。

二、资产净额的认定

上市公司根据《上市公司重大资产重组管理办法》第十二条、十四条等条款,计算购买、出售的资产净额占上市公司最近一个会计年度经审计的合并财务会计报告期末资产净额的比例时,应当参照《公开发行证券的公司信息披露编报规则第9号——净资产收益率和每股收益的计算及披露》相关规定,前述净资产额不应包括少数股东权益。

1-4 发行对象

上市公司发行股份购买资产的,应当在董事会首次决议后公告的预案或报告书中披露确定的发行对象。

上市公司发行股份购买资产的发行对象数量超过200人的，标的资产应符合《非上市公众公司监督管理办法》及《非上市公众公司监管指引第4号——股东人数超过200人的未上市股份有限公司申请行政许可有关问题的审核指引》中关于公司依法设立、合法存续、股权清晰、经营规范、持股处理等的相关要求。

发行对象为股东人数超200人非上市股份有限公司（以下简称"200人公司"）的，上市公司应当聘请财务顾问、律师，参照《非上市公众公司监管指引第4号——股东人数超过200人的未上市股份有限公司申请行政许可有关问题的审核指引》要求，对"200人公司"合规性问题开展核查并发表明确意见。"200人公司"为标的资产控股股东、实际控制人，或者在交易完成后成为上市公司控股股东、实际控制人的，还应当按照《非上市公众公司监督管理办法》相关规定，申请纳入监管范围。

1-5 IPO 被否企业参与重组

企业申报IPO被我会作出不予核准或注册决定后，拟作为标的资产参与上市公司重组交易，构成重组上市的，企业自中国证监会作出不予核准或注册决定之日起6个月后方可筹划重组上市；不构成重组上市的其他交易，上市公司及中介机构应重点披露IPO未获核准或注册的具体原因及整改情况、相关财务数据及经营情况与IPO申报时相比是否发生重大变动及原因等情况。

1-6 过渡期损益安排及相关时点认定

一、过渡期损益安排

上市公司重大资产重组中，对以收益现值法、假设开发法等基于未来收益预期的估值方法作为主要评估方法的，拟购买资产在过渡期间（自评估基准日至资产交割日）等相关期间的收益应当归上市公司所有，亏损应当由交易对方补足。具体收益及亏损金额应按收购资产比例计算。

二、持续拥有标的资产权益的起算时点

根据《上市公司重大资产重组管理办法》第四十六条，"特定对象取得本次发行的股份时，对其用于认购股份的资产持续拥有权益的时间不足12个月"的，特定对象以资产认购而取得的上市公司股份，自股份发行结束之日起36个月内不得转让。上市公司发行股份购买的标的资产为公司股权时，"持续拥有权益的时间"自公司登记机关就特定对象持股办理完毕相关登记手续之日起算。特定对象足额缴纳出资晚于相关登记手续办理完毕之日的，自其足额缴纳出资之日起算。

三、"实施完毕"的认定

《上市公司重大资产重组管理办法》第三十五条规定"上市公司应当在重大资产重组实施完毕后的有关年度报告中单独披露上市公司及相关资产的实际盈利数与利润预测数的差异情况"，前述"实施完毕"是指资产过户实施完毕。

1-7 私募投资基金及资产管理计划

上市公司并购重组中，涉及私募投资基金备案及资产管理计划设立的相关事项明确如下：

一、资产重组行政许可申请中，独立财务顾问和律师事务所应当对本次重组是否涉及私募投资基金以及备案情况进行核查并发表明确意见。涉及私募投资基金的，应当在重组方案实施前完成备案程序。

如提交申请材料时尚未完成私募投资基金备案，申请人应当在重组报告书中充分提示风险，并对备案事项作出专项说明，承诺在完成私募投资基金备案前，不能实施本次重组方案。

二、私募投资基金作为收购人拟免于发出要约的，应当在披露《收购报告书摘要》前完成备案程序。财务顾问（如有）、律师事务所应当在《财务顾问报告》《法律意见书》中对涉及的私募投资基金以及备案完成情况进行核查并发表明确意见。

三、资产管理计划参与配套募集资金且尚未成立的，在重组方案提交上市公司股东大会审议时，应当已有明确的认购对象以及确定的认购份额。

1-8 构成重大资产重组的再融资募投项目披露

根据《上市公司重大资产重组管理办法》（以下简称《重组办法》）第二条第三款的规定，如果上市公司发行预案披露的募投项目，在我会核准或注册之后实施，或者该项目的实施与发行获得我会核准或注册互为前提，可以不再适用《重组办法》的相关规定。

如果募投项目不以发行获得我会核准或注册为前提，且在我会核准或注册之前即单独实施，则应当视为单独的购买资产行为。如达到重大资产重组标准，应当按照《公开发行证券的公司信息披露内容与格式准则第26号——上市公司重大资产重组》的规定编制、披露相关文件。

1-9 VIE 协议控制架构的信息披露

上市公司重大资产重组中，标的资产在预案公告前曾拆除VIE协议控制架构的，重组报告书应当对以下事项进行专项披露：

一、VIE 协议控制架构搭建和拆除过程，VIE 协议执行情况，以及拆除前后的控制关系结构图；

二、标的资产是否曾筹划境外资本市场上市。如是，应当披露筹划上市进展、未上市原因等情况；

三、VIE 协议控制架构的搭建和拆除过程是否符合外资、外汇、税收等有关规定，是否存在行政处罚风险；

四、VIE 协议控制架构是否彻底拆除，拆除后标的资产股权权属是否清晰，是否存在诉讼等法律风险；

五、VIE 协议控制架构拆除后，标的资产的生产经营是否符合国家产业政策相关法律法规等规定；

六、如构成重组上市，还应当重点说明 VIE 协议控制架构拆除是否导致标的资产近 3 年主营业务和董事、高级管理人员发生重大变化、实际控制人发生变更，是否符合《首次公开发行股票并上市管理办法》第十二条的规定。

独立财务顾问应当对以上情况进行核查并发表明确意见。

1-10 并购重组内幕交易核查要求

上市公司及其股东、实际控制人、董事、监事、高级管理人员和其他交易各方，以及提供服务的证券公司、证券服务机构等相关主体，应当切实履行保密义务，做好重组信息管理和内幕信息知情人登记工作。

上市公司应当于首次披露重组事项时向证券交易所提交内幕信息知情人名单。前述首次披露重组事项是指首次披露筹划重组、披露重组预案或披露重组报告书孰早时点。上市公司首次披露重组事项至披露重组报告书期间重组方案重大调整、终止重组的，或者首次披露重组事项未披露标的资产主要财务指标、预估值、拟定价等重要要素的，应当于披露重组方案重大变化或披露重要要素时补充提交内幕信息知情人名单。上市公司首次披露重组事项后股票交易异常波动的，证券交易所可以视情况要求上市公司更新内幕信息知情人名单。

上市公司首次披露重组报告书时，独立财务顾问和律师应对内幕信息知情人登记制度的制定和执行情况发表核查意见；在相关交易方案提交股东大会审议之前，上市公司完成内幕信息知情人股票交易自查报告，独立财务顾问和律师进行核查并发表明确意见。股票交易自查期间为首次披露重组事项或就本次重组申请股票停牌（孰早）前 6 个月至披露重组报告书。上市公司披露重组报告书后重组方案重大调整、终止重组的，应当在相关交易方案提交股东大会审议之前补充披露股票交易自查报告，独立财务顾问和律师应核查并发表明确意见；股票交易自查期间为披露重组报告书至披露重组方案重大调整或终止重组。

上市公司披露股票交易自查报告，暂无法及时提供证券登记结算机构就相关单位及自然人二级市场交易情况出具的文件的，可在后续取得相关文件时补充提交。

上市公司向证券交易所提交内幕信息知情人名单时，应一并向所在派出机构报告名单。各派出机构可根据需要对辖区上市公司重组过程中的内幕知情人登记管理制度执行情况等防控工作实施专项现场检查。

1-11 上市公司重组前业绩异常或拟置出资产的核查要求

上市公司重大资产重组前一会计年度净利润下降 50% 以上、由盈转亏，或本次重组拟置出资产超过现有资产 50% 的，为避免相关方通过本次重组逃避有关义务、责任，独立财务顾问、律师、会计师和评估师应当勤勉尽责，对上市公司以下事项（包括但不限于）进行专项核查并发表明确意见：

一、上市后承诺履行情况，是否存在不规范承诺、承诺未履行或未履行完毕的情形。

二、最近三年规范运作情况，是否存在违规资金占用、违规对外担保等情形，上市公司及其控股股东、实际控制人、现任董事、监事、高级管理人员是否曾受到行政处罚、刑事处罚，是否曾被交易所采取监管措施、纪律处分或者被我会派出机构采取行政监管措施，是否有正被司法机关立案侦查、被我会立案调查或者被其他有权部门调查等情形。

三、最近三年业绩真实性和会计处理合规性，是否存在虚假交易、虚构利润，是否存在关联方利益输送，是否存在调节会计利润以符合或规避监管要求的情形，相关会计处理是否符合企业会计准则规定，是否存在滥用会计政策、会计差错更正或会计估计变更等对上市公司进行"大洗澡"的情形，尤其关注应收账款、存货、商誉大幅计提减值准备的情形等。

四、拟置出资产的评估（估值）作价情况（如有），相关评估（估值）方法、评估（估值）假设、评估（估值）参数预测是否合理，是否符合资产实际经营情况，是否履行必要的决策程序等。

上市公司应当在公布重组报告书的同时，披露上述专项核查意见。

1-12 分类审核安排

核准制下，并购重组的分类审核安排如下：

一、"分道制"审核

"分道制"是指我会审核并购重组行政许可申请时，根据财务顾问执业能力、上市公司规范运作和诚信状况、产业政策和交易类型的不同，实行差异化的审核制度安排。其中，对符合标准的并购重组申请，实行快速审核。具体实施方案为：由证券交易所和证监局、证券业协会、财务顾问分别对上市公司合规情况、中介机构执业能力、产业政策及交易类型三个分项进行评价，之后根据分项评价的汇总结果，将并购重组申请划入快速、正常、审慎三条审核通道。其中，实行快速审核的，取消预审环节，直接提请并购重组审核委员会审议。进入正常通道的项目，按照现有流程审核。进入审慎通道的项目，依据《证券期货市场诚信监督管理暂行办法》，综合考虑诚信状况等相关因素，审慎审核申请人提出的并购重组申请事项，必要时加大核查力度。

适用快速审核通道的并购重组项目需符合以下条件：

（一）沪、深证券交易所及上市公司所属证监局对上市公司信息披露和规范运作水平的评价以及证券业协会对财务顾问执业质量评价结果均为A类；

（二）重组项目属于以下行业产业的：汽车、钢铁、水泥、船舶、电解铝、稀土、电子信息、医药、农业产业化龙头企业、高档数控机床和机器人、航空航天装备、海洋工程装备及高技术船舶、先进轨道交通装备、电力装备、新一代信息技术、新材料、环保、新能源、生物产业；党中央、国务院要求的其他亟需加快整合、转型升级的产业；

（三）交易类型属于同行业或上下游并购、不构成重组上市。

独立财务顾问应就前述事项开展专项核查并发表明确意见。

二、"小额快速"审核

上市公司发行股份购买资产，满足下列情形之一的，即可适用"小额快速"审核，证监会受理后直接交并购重组委审议：

（一）最近12个月内累计交易金额不超过5亿元；

（二）最近12个月内累计发行的股份不超过本次交易前上市公司总股本的5%且最近12个月内累计交易金额不超过10亿元。

"累计交易金额"是指以发行股份方式购买资产的交易金额；"累计发行的股份"是指用于购买资产而发行的股份。未适用"小额快速"审核的发行股份购买资产行为，无需纳入累计计算的范围。

按照"分道制"分类结果属于审慎审核类别的，不适用"小额快速"审核。

适用"小额快速"审核的，独立财务顾问应当对以上情况进行核查并发表明确意见。

1-13　中介机构相关要求

一、财务顾问

财务顾问应当遵守法律、行政法规、中国证监会的规定和行业规范，诚实守信，勤勉尽责，对上市公司并购重组活动进行尽职调查，对委托人的申报文件进行核查，出具专业意见，并保证其所出具的意见真实、准确、完整。

财务顾问应进一步强化重组项目内部控制，重组项目内部控制应当纳入财务顾问公司整体层面的合规和内部控制体系。反馈意见回复报告、重组委意见回复报告等文件的财务顾问专业意见，举报信核查报告等均应履行内核程序。

重组报告书、财务顾问报告等申报文件，反馈意见回复报告、重组委意见回复等文件的财务顾问专业意见，举报信核查报告等原则上应当由财务顾问法定代表人签字。

在法定代表人授权其代表人签字时，应当建立明确的授权制度，不得概括授权，而应针对具体项目环节履行授权程序，且被授权对象应当为内控、风控、投行等业务条线的公司负责人，授权委托书应当与签字文件一并提供。

二、审计机构和评估机构

为上市公司重大资产重组活动提供服务的审计机构及其人员、评估机构及其人员应当在以下方面保持独立性：

（一）不存在主要股东相同、主要经营管理人员双重任职、受同一实际控制人控制等情形；

（二）不存在由同一人员对同一标的资产既执行审计业务又执行评估、估值业务的情形。

1-14　重组被否后相关程序

上市公司重大资产重组方案被否决的程序要求如下：

一、上市公司董事会可以在重组委审议结果公告后，就是否修改或终止本次重组方案做出决议并予以公告。

二、上市公司应当在收到中国证监会不予核准或注册的决定后次一工作日予以公告。

三、上市公司董事会应当根据股东大会的授权，在收到中国证监会不予核准或注册的决定后10日内，就是否修改或终止本次重组方案做出决议并予以公告;决定终止方案的,应当在以上董事会的公告中明确向投资者说明;准备重新上报的,应当在以上董事会公告中明确说明重新上报的原因、计划等。

1-15 上市公司收购相关事项

一、《上市公司收购管理办法》及《公开发行证券的公司信息披露内容与格式准则第16号——上市公司收购报告书》有"事实发生之日"起3日内披露上市公司收购报告书(摘要)的原则规定,对此规定应当理解如下:

(一)协议收购的,在达成收购协议之日起3日内,其中共同出资设立新公司的,在达成出资协议之日起3日内;

(二)以协议等方式一致行动的,在达成一致行动协议或者其他安排之日起3日内;

(三)行政划转的,在获得上市公司所在地国资部门批准之日起3日内;

(四)司法裁决的,在收到法院就公开拍卖结果裁定之日起3日内;

(五)继承、赠与的,在法律事实发生之日起3日内;

(六)认购上市公司发行新股的,在上市公司董事会作出向收购人发行新股的具体发行方案的决议之日起3日内。

二、《上市公司收购管理办法》第六十二条第一款第(一)项规定,"收购人与出让人能够证明本次股份转让是在同一实际控制人控制的不同主体之间进行,未导致上市公司的实际控制人发生变化",对此规定应当理解如下:

(一)存在以下情形之一的,属于股权转让完成后上市公司的实际控制人未发生变化:

1. 收购人与出让人在同一控股集团内,受同一自然人或法人控制。

2. 收购人与出让人属于同一出资人出资且控制。对于国有控股的,同一出资人系指同属于国务院国资委或者同属于同一省、自治区、直辖市地方人民政府。

(二)上市公司国有股在不同省、自治区、直辖市的国有企业之间,国务院国资委和地方国有企业之间进行转让时,视为实际控制人发生变化。

三、《上市公司收购管理办法》第七十四条第一款规定:"在上市公司收购中,收购人持有的被收购公司的股份,在收购完成后18个月内不得转让。"结合实践,投资者收购上市公司股份成为第一大股东但持股比例低于30%的,也应当遵守上述规定。

四、《上市公司收购管理办法》第十三条第二款"占该上市公司已发行股份的比例每增加或者减少5%",对此规定应当理解如下:

(一)该条"占该上市公司已发行股份的比例每增加或者减少5%"是指通过证券交易所的证券交易,投资者及其一致行动人拥有权益的股份"变动数量"达到上市公司已发行股份的5%时(如从11%降至9%,虽然跨越10%刻度,也不触发相关义务),应当依照相关规定进行公告。在公告后3日内,不得再行买卖该上市公司的股票。

(二)根据《证券法》第六十三条规定,如通过证券交易所的证券交易,投资者及其一致行动人拥有权益的股份降至5%以下时,即使"变动数量"未达到上市公司已发行股份的5%(如从5.5%降至4%),也应当披露权益变动报告书、履行相关限售义务。但上市公司披露的上市公告书中已包含权益变动信息的,可不再单独披露权益变动报告书。对于因增发股份等原因导致持股比例被动降至5%以下后又主动减持股份的,应当披露权益变动报告书、履行相关限售义务。

(三)该条中时间是指交易日,不含公告日当天。

五、自然人及其配偶、兄弟姐妹等近亲属符合《上市公司收购管理办法》第八十三条第二款第(九)项规定以及第(十二)项"投资者之间具有其他关联关系"的情形,如无相反证据,应当被认定为一致行动人。

1-16 沪港通、深港通权益变动相关信息披露

沪港通、深港通下,相关信息披露应注意以下事项:

一、根据《公开发行证券的公司信息披露内容与格式准则第2号——年度报告的内容与格式》的规定,年报中应当披露报告期末股东总数、持股5%以上股份的股东名称等,若持股5%以上股东少于10人,则应列出至少前10名股东的持股情况。目前,A股市场是依照记载于登记结算机构的股东名册确认股东身份的,也即按名义持有人进行确认。在沪港通、深港通实施初期,以名义持有人披露前十大股东是确保市场效率的重要制度安排。

二、《证券法》第八十条规定,"持有公司百分之五以上股份的股东或者实际控制人持有股份或者控制公司的情况发生较大变化"时,上市公司需要报告、公告临时报告。《上市公司收购管理办法》第十二条规定,投资者在一个上市公司中拥有的权益,包括登记在其名下的股份和虽未登记在其名下但该投资者可以实际支配表决权的股份。投资者及其一致行动人在一个上市公司中拥有的

权益应当合并计算。持股5%以上的股东、控股股东或实际控制人应按照上述规定切实履行权益披露义务。

根据《内地与香港股票市场交易互联互通机制若干规定》第十三条第四款规定：香港投资者通过沪股通、深股通买卖股票达到信息披露要求的，应当依法履行报告和信息披露义务。因此，通过沪股通、深股通买入内地市场上市公司股票的香港投资者，是信息披露的义务人。

三、根据《上市公司收购管理办法》第十二条、第八十三条，"投资者及其一致行动人在一个上市公司中拥有的权益应当合并计算"。"本办法所称一致行动，是指投资者通过协议、其他安排，与其他投资者共同扩大其所能够支配的一个上市公司股份表决权数量的行为或者事实。""在上市公司的收购及相关股份权益变动活动中有一致行动情形的投资者，互为一致行动人"。

合格境外投资者、沪深股通下投资者以及其他境外投资者应当按照《证券法》、《上市公司收购管理办法》、合格境外投资者有关规定等，切实履行信息披露等义务，合并计算持有的同一上市公司的境内上市股票和境外上市外资股，境外投资者及其一致行动人持股应当合并计算，同一境外投资者管理的不同产品的持股应当合并计算。

四、《上市公司收购管理办法》第十二条规定，投资者在一个上市公司中拥有的权益，包括登记在其名下的股份和虽未登记在其名下但该投资者可以实际支配表决权的股份。投资者及其一致行动人在一个上市公司中拥有的权益应当合并计算。沪港通、深港通下，资产管理公司或者集团公司按照上述规定履行权益披露义务。

本指引自发布之日起施行。

《上市公司监管法律法规常见问题与解答修订汇编》、《关于并购重组申报文件相关问题与解答》、《关于再融资募投项目达到重大资产重组标准时相关监管要求的问题与解答》、《关于上市不满三年进行重大资产重组（构成借壳）信息披露要求的相关问题与解答》、《关于重大资产重组中标的资产曾拆除VIE协议控制架构的信息披露要求的相关问题与解答》、《关于并购重组业绩奖励有关问题与解答》、《关于并购重组业绩补偿相关问题与解答》、《关于上市公司监管指引第2号有关财务性投资认定的问题》、《关于上市公司业绩补偿承诺的相关问题与解答》、《关于上市公司重大资产重组前发生业绩"变脸"或本次重组存在拟置出资产情形的相关问题与解答》、《关于强化财务顾问管理层对上市公司并购重组项目签字责任的问题与解答》、《关于上市公司指定报刊披露的问题与解答》、《关于发行股份购买资产发行价格调整机制的相关问题与解答》、《关于〈上市公司重大资产重组管理办法〉第四十三条"经营性资产"的相关问题与解答（2018年修订）》、《关于并购重组交易对方为"200人公司"的相关问题与解答》、《关于并购重组"小额快速"审核适用情形的相关问题与解答》、《关于上市公司发行股份购买资产同时募集配套资金的相关问题与解答（2018年修订）》、《关于并购重组审核分道制"豁免/快速通道"产业政策要求的相关问题与解答》、《关于IPO被否企业作为标的资产参与上市公司重组交易的相关问题与解答》、《关于强化上市公司并购重组内幕交易防控相关问题与解答》、《关于业绩承诺方质押对价股份的相关问题与解答》同时废止。

监管规则适用指引——关于申请首发上市企业股东信息披露

·2021年2月9日

申请首次公开发行股票或存托凭证的发行人应当按照本指引，充分做好股东信息披露等相关工作。

一、发行人应当真实、准确、完整地披露股东信息，发行人历史沿革中存在股份代持等情形的，应当在提交申请前依法解除，并在招股说明书中披露形成原因、演变情况、解除过程、是否存在纠纷或潜在纠纷等。

二、发行人在提交申报材料时应当出具专项承诺，说明发行人股东是否存在以下情形，并将该承诺对外披露：（一）法律法规规定禁止持股的主体直接或间接持有发行人股份；（二）本次发行的中介机构或其负责人、高级管理人员、经办人员直接或间接持有发行人股份；（三）以发行人股权进行不当利益输送。

三、发行人提交申请前12个月内新增股东的，应当在招股说明书中充分披露新增股东的基本情况、入股原因、入股价格及定价依据，新股东与发行人其他股东、董事、监事、高级管理人员是否存在关联关系，新股东与本次发行的中介机构及其负责人、高级管理人员、经办人员是否存在关联关系，新增股东是否存在股份代持情形。

上述新增股东应当承诺所持新增股份自取得之日起36个月内不得转让。

四、发行人的自然人股东入股交易价格明显异常的，中介机构应当核查该股东基本情况、入股背景等信息，说明是否存在本指引第一项、第二项的情形。发行人应当说明该自然人股东基本情况。

五、发行人股东的股权架构为两层以上且为无实际经营业务的公司或有限合伙企业的，如该股东入股交易价格明显异常，中介机构应当对该股东层层穿透核查到最终持有人，说明是否存在本指引第一项、第二项的情形。最终持有人为自然人的，发行人应当说明自然人基本情况。

六、私募投资基金等金融产品持有发行人股份的，发行人应当披露金融产品纳入监管情况。

七、发行人及其股东应当及时向中介机构提供真实、准确、完整的资料，积极和全面配合中介机构开展尽职调查，依法履行信息披露义务。

八、保荐机构、证券服务机构等中介机构应当勤勉尽责，依照本指引要求对发行人披露的股东信息进行核查。中介机构发表核查意见不能简单以相关机构或者个人承诺作为依据，应当全面深入核查包括但不限于股东入股协议、交易对价、资金来源、支付方式等客观证据，保证所出具的文件真实、准确、完整。

九、发行人在全国中小企业股份转让系统挂牌、境外证券交易所上市交易期间通过集合竞价、连续竞价交易方式增加的股东，以及因继承、执行法院判决或仲裁裁决、执行国家法规政策要求或由省级及以上人民政府主导取得发行人股份的股东，可以申请豁免本指引的核查和股份锁定要求。

十、发行人股东存在涉嫌违规入股、入股交易价格明显异常等情形的，证监会和证券交易所可以要求相关股东报告其基本情况、入股背景等，并就反洗钱管理、反腐败要求等方面征求有关部门意见，共同加强监管。

十一、本指引自发布之日起实施。发布之日前已受理的企业不适用本指引第三项的股份锁定要求。

监管规则适用指引——机构类第 1 号
（2021 年 11 月修订）

· 2021 年 11 月 26 日

为了准确理解与适用《证券发行上市保荐业务管理办法》（证监会令第 170 号，以下简称《保荐办法》），现就保荐机构对发行人投资、联合保荐相关事项明确如下：

一、关于证券公司保荐和投资

发行人拟公开发行并在北京证券交易所上市的，在保荐机构对发行人提供保荐服务前后，保荐机构或者控股该保荐机构的证券公司，及前述机构的相关子公司，均可对发行人进行投资。

二、关于联合保荐

综合考虑市场发展情况和注册制推进安排，发行人拟公开发行并在上海证券交易所和深圳证券交易所上市的，《保荐办法》第四十二条所指"通过披露仍不能消除影响"暂按以下标准掌握：即保荐机构及其控股股东、实际控制人、重要关联方持有发行人股份合计超过 7%，或者发行人持有、控制保荐机构股份超过 7% 的，保荐机构在推荐发行人证券发行上市时，应联合 1 家无关联保荐机构共同履行保荐职责，且该无关联保荐机构为第一保荐机构。发行人拟公开发行并在北京证券交易所上市的，保荐机构及关联方的持股比例不适用上述标准。

附件：关于《监管规则适用指引——机构类第 1 号（2021 年修订版）》的说明（略）

监管规则适用指引——发行类第 8 号：股票发行上市注册工作规程

· 2023 年 2 月 17 日

第一章 总 则

第一条 为规范股票发行上市注册工作，把好股票市场准入关口，提高上市公司质量，保护投资者合法权益和社会公众利益，根据《证券法》《首次公开发行股票注册管理办法》《上市公司证券发行注册管理办法》等规定，制定本规程。

第二条 注册工作坚持职责明确、协作高效、分级把关、集体决策、公开透明、有效制衡的原则。

第三条 上海、深圳证券交易所（以下简称交易所）受理公开发行股票申请，承担发行上市审核主体责任，全面审核判断企业是否符合发行条件、上市条件和信息披露要求。

审核工作主要通过提出问题、回答问题方式展开，督促发行人切实承担信息披露第一责任，压实中介机构责任，要求发行人及中介机构确保信息披露真实、准确、完整。涉及本规程第六条规定的，应当及时向中国证监会（以下简称证监会）或者其有关职能部门请示报告。

交易所审核通过后，将审核意见、相关审核资料和发行人注册申请文件报送证监会履行注册程序。

第四条 证监会在交易所受理项目后，开展注册准备工作。

证监会基于交易所的审核意见，依法履行注册程序，在规定时限内作出是否予以注册的决定。

第五条 证监会发行监管部（以下简称发行监管部）具体承担交易所股票发行上市的注册职责。

第六条 本规程所称"两符合"，是指申请股票发行上市的项目是否符合国家产业政策、是否符合拟上市板块定位；"四重大"是指项目是否涉及重大敏感事项、重大无先例情况、重大舆情、重大违法线索。

第七条 证监会依法对交易所审核工作开展监督。

第八条 交易所、发行监管部在审核注册工作过程中，发现项目涉及重大事项的，应当履行相关请示报告程序。

第九条 发行监管部按照规定与交易所、证监会各派出机构以及相关部门加强工作协同，发挥监管合力。

第二章 注册准备程序

第十条 对于交易所审核阶段的项目，发行监管部应当召开注册准备会进行研究。注册准备会主要讨论以下内容：

（一）项目的"两符合"情况；

（二）项目的"四重大"情况以及交易所在审核过程中的其他请示事项；

（三）其他需要注册准备会讨论的事项。

第十一条 首发项目首次问询回复后，以及再融资项目受理后，交易所应当及时对项目"两符合"情况形成明确意见。交易所认为项目满足"两符合"要求的，应当及时向发行监管部作专门报告。发行监管部收到报告后5个工作日内召开注册准备会进行研究。

交易所在本规程第十四条第一款作出的会议结论解决之后，召开审核中心审议会。

第十二条 交易所在审核过程中，发现项目涉及"四重大"事项或其他重要审核事项，交易所审核中心应当及时向发行监管部进行请示。涉及重大事项的，适用本规程第八条。

发行监管部原则上应当在收到交易所请示后5个工作日之内，召开注册准备会研究明确意见。

第十三条 注册准备会参加人员包括发行监管部负责人、注册处室负责人、经办人员。

注册准备会由发行监管部负责人主持，会议依次由经办人员报告项目情况、注册处室负责人发表意见、部门负责人发言，就相关事项进行充分讨论，最后由主持人总结形成会议意见。

注册准备会可以视情况，要求交易所审核中心人员参会并说明情况。

第十四条 注册准备会可以作出以下结论：

（一）项目符合或者不符合国家产业政策、拟上市板块定位；

（二）同意或者不同意交易所请示意见；

（三）要求交易所进一步问询或补充材料；

（四）就相关事项征求其他相关单位部门意见；

（五）建议交易所进行现场督导、提请现场检查或专项核查；

（六）其他相关结论。

发行监管部应当在2个工作日内，将注册准备会会议结论书面通知交易所审核中心。

第十五条 注册准备会认为项目不满足"两符合"要求的，发行监管部应履行报批程序。

注册准备会认为相关事项需要征求其他单位部门意见的，原则上由发行监管部履行后续征求意见程序。

注册准备会作出本规程第十四条第一款第（三）（四）（五）（六）项结论的，相关事项落实后，发行监管部再次召开注册准备会。

第三章 注册程序

第十六条 对于交易所提请证监会注册的项目，发行监管部召开注册审议会，基于交易所审核意见，依法履行发行注册程序。根据项目情况，注册审议会可以作出建议予以注册、不予注册、要求交易所进一步落实、退回交易所补充审核等意见。

对于已作出注册决定的项目，根据相关法律规定，注册审议会可以作出建议撤销注册的意见。

第十七条 交易所提交注册申请后5个工作日内，发行监管部组织召开注册审议会。注册审议会程序参照本规程第十三条。

交易所向证监会报送的注册申请文件，应当包括交易所审核报告、发行人注册申请文件及相关审核资料。交易所审核报告应当有专门部分，对发行人"两符合""四重大"情况发表明确意见。

第十八条 发行申请项目提交注册后，交易所应当持续关注是否发生影响发行上市的新增事项。发现新增事项的，应当及时向发行监管部报告，并在进一步落实新增事项后，形成审核意见报送发行监管部。

在注册阶段证监会发现存在影响发行条件的新增事项的，可以要求交易所进一步落实并就新增事项形成审核意见。

第十九条 交易所认为新增事项不改变原审核意见的，发行监管部在交易所重新报送审核意见后，召开注册审议会进行讨论并形成结论。

会议认为交易所对新增事项的审核意见依据明显不充分的，可以退回交易所补充审核。交易所补充审核后，认为符合发行上市条件和信息披露要求，同时不存在"两符合""四重大"方面问题的，重新向证监会报送专门审核意见及相关资料。

交易所认为新增事项构成发行上市实质性障碍的，发行监管部在交易所重新报送审核意见后，退回交易所重新审核。

第二十条 交易所出具发行人符合发行条件、上市条件和信息披露要求的审核意见，未报告新增事项或者新增事项已落实，且证监会未发现新增事项或者新增事项已落实的，注册审议会可以建议予以注册。

第二十一条 注册审议会建议予以注册的，经办人员应当在当日发起注册许可签报流程。

第二十二条 注册审议会根据讨论情况，可以作出建议不予注册的结论。

注册审议会拟作出建议不予注册结论的，应当提请发行监管部对相关事项进一步集体研究决定，认为应当不予注册的，应履行报批程序。

第二十三条 对于证监会已经注册的项目，发现不符合法定条件或者法定程序，尚未发行证券或者已发行未上市的，发行监管部应重新召开注册审议会，依照《证券法》第二十四条作出建议撤销注册的意见，并履行报批程序。

第四章 同步监督程序

第二十四条 发行监管部在交易所审核的同时，对重点项目和随机抽取项目进行重点监督。

第二十五条 交易所应当于每两周的最后1个工作日，向发行监管部报送各板块新受理项目的名单。

发行监管部在收到名单后1个工作日内，以首发和再融资项目总和为基数，区分交易所，随机抽取确定同步监督项目名单。

已提交注册的上市公司向特定对象发行股票项目，以及已经过上市委审核的项目，不纳入抽取范围。

第二十六条 项目抽取通过计算机软件系统进行，每两周至少抽取1家，当期无新受理项目的除外。

第二十七条 同步监督项目名单确定后，发行监管部应当书面通知交易所。

第二十八条 对于同步监督项目，经办人员应当全程跟进交易所审核进程，通过主要关注以下内容，同步监督交易所审核要求落实情况、审核标准执行情况以及审核责任履行情况：

（一）交易所审核内容有无重大遗漏，审核程序是否符合规定；

（二）发行人在发行上市条件和信息披露要求的重大方面是否符合相关规定；

（三）是否存在"两符合""四重大"问题。

第二十九条 在交易所首轮审核问询回复后5个工作日内，发行监管部应当召开注册准备会，讨论同步监督关注事项。具体程序适用本规程第十三条。

交易所审核中心的审核报告形成当日，应当向发行监管部报送。发行监管部收到报告5个工作日内，再次召开注册准备会。

交易所在本规程第三十条第一款作出的会议结论解决之后，提请召开上市委会议。

对于适用同步监督程序的项目，交易所无需专门就"两符合"事项报送报告，审核过程中如发现需请示的事项，按照本规程第十二条的程序办理。

第三十条 注册准备会可以作出以下结论：

（一）对交易所审核工作无异议；

（二）同意或者不同意交易所请示意见；

（三）要求交易所进一步问询或补充材料；

（四）就相关事项征求其他相关单位部门意见；

（五）建议交易所进行现场督导、提请现场检查或专项核查；

（六）其他相关结论。

发行监管部应当在2个工作日内，将注册准备会会议结论书面通知交易所审核中心。

同步监督程序的注册准备会会议结论落实流程，适用本规程第十五条。

第三十一条 对于同步监督项目，交易所在审核过程中，召开过专题会、咨询过专家意见或者开展过现场督导的，发行监管部应对相关事项进行关注并在注册准备会上讨论。

第三十二条 发行申请提交注册后，适用同步监督程序项目的注册工作,依照普通项目的注册程序进行,具体要求同本规程第三章。

第五章 其他规定

第三十三条 注册准备会、注册审议会认为有必要的,可以提请发行监管部对相关事项进一步集体研究决定。

发行监管部注册处室负责注册准备会、注册审议会的组织工作,同时撰写会议纪要,记录参会人员、会议讨论问题、会议审议结果。注册准备会、注册审议会纪要由发行监管部主要负责人审定。

注册准备会、注册审议会全程录音录像。会议情况形成纪要存档备查。

第三十四条 发行监管部相关会议认为需要进行现场督导、现场检查、专项核查等的,依照有关规定进行。

第三十五条 证监会在20个工作日内对发行人的首发注册申请作出予以注册或者不予注册的决定。

发行人根据要求补充、修改注册申请文件,或者证监会要求交易所进一步问询,要求保荐人、证券服务机构等对有关事项进行核查,对发行人现场检查,并要求发行人补充、修改申请文件的时间不计入注册时限;退回交易所补充审核后,交易所再次报送的,注册期限重新计算。

第三十六条 参与注册工作的相关人员应当严格遵守国家保密规定和证监会保密纪律,不得泄露工作中接触的国家秘密、商业秘密以及相关工作秘密。

参与注册工作的相关人员应当严格遵守有关回避要求。需要回避的,应当在项目分配时提出,后续工作中发现需要回避的,应当及时提出。

第三十七条 对于适用简易程序的再融资项目,交易所应当要求保荐人在申报时就项目"两符合""四重大"事项出具明确核查意见。

对于适用简易程序的再融资项目,可以不召开注册准备会、注册审议会,不纳入同步监督项目抽取范围。

第三十八条 对于未适用同步监督程序的项目,发行监管部对交易所发行审核工作进行检查时,应当从该类项目中确定具体检查项目。检查过程中,关注交易所审核要求落实情况、审核标准执行情况以及审核责任履行情况,并对交易所审核工作进行评价。

第三十九条 注册过程应当全程电子化留痕,公开注册流程、注册结果,详细注明注册状态,接受社会监督。

第四十条 对证监会系统离职人员入股等项目的审核注册需进行复核的,由证监会有关部门根据相关规定办理。

第四十一条 发行存托凭证、上市公司发行可转换为股票的公司债券的,参照适用本规程。

北京证券交易所股票发行上市注册工作参照适用本规程。

第四十二条 本规程自发布之日起施行。

5. 人大代表建议、政协委员提案答复

对十三届全国人大四次会议第3534号建议的答复
——关于优化我国上市公司中小股东权益保障机制的建议

· 2021年7月5日

《关于优化我国上市公司中小股东权益保障机制的建议》收悉。经认真研究并商最高人民法院、人民银行和银保监会,现就有关问题答复如下:

目前,我国证券市场投资者人数超过1.8亿人,投资者对资本市场发展至关重要。投资者是市场流动性的提供者、市场预期的影响者、公司治理的参与者,是维系资本市场运行的基石,具有不可替代的地位和作用。投资者保护工作直接关系到亿万人民群众的切身利益,尊重投资者、敬畏投资者、保护投资者是各类市场主体义不容辞的责任,是资本市场践行以人民为中心发展理念的重要体现,也是证券监管部门的根本使命。您提出的优化我国上市公司中小股东权益保障机制的建议,对于推动相关工作具有重要和积极意义。

一、证券投资者保护制度体系建设情况

(一)推进完善投资者保护制度

2013年,国务院办公厅出台《关于进一步加强资本市场中小投资者合法权益保护工作的意见》(国办发〔2013〕110号),紧紧围绕中小投资者最关心的收益回报权、知情权、参与监督权和求偿权等基本权利,全面加强中小投资者保护,做出了有针对性的制度安排。2020年3月,新《证券法》正式施行,新设"投资者保护"专章,将保护投资者合法权益作为核心目标,对长期以来投资者保护工作中的重点难点问题进行了系统性规定。刑法修正案(十一)的实施,中央深改委审议通过《关于依法从严打击证券违法活动的若干意见》,进一步夯实了投资者保护制度基础。此外,证监会陆续制定修订了《证券期货

投资者适当性管理办法》等十余项投资者保护专项法规文件，会同最高人民法院发布《关于全面推进证券期货纠纷多元化解机制建设的意见》等文件。

为充分发挥人民法院审判职能作用，保障科创板、创业板改革顺利推进，最高人民法院先后印发了《关于为设立科创板并试点注册制改革提供司法保障的若干意见》《关于为创业板改革并试点注册制改革提供司法保障的若干意见》，共同促进发行、上市、信息披露、交易、退市等资本市场基础制度改革统筹推进，维护公开、公平、公正的资本市场秩序，保护投资者合法权益。

（二）协力构建投资者权益保护监管协作机制

证监会与人民银行、银保监会、市场监管总局等部委在消费者权益保护工作部际联席会、金融监管协调部际联席会等会议上就金融消费者及投资者权益保护工作建立了相关统筹协调机制，在投资者教育、诉求处理、打击金融产品违法违规广告等工作上建立了常态化联系机制。在国务院金融稳定发展委员会的领导下，证监会将进一步完善投资者权益保护制度和机制，加强与人民银行、银保监会之间的协调联系。

（三）积极构建投资者行权维权机制

证监会始终把解决投资者维权难、赔偿难作为保护投资者合法权益的重要目标。自2012年起，在全国人大法工委、最高人民法院等相关单位指导和支持下，证监会陆续推动实施了证券期货纠纷多元化解、持股行权、支持诉讼、先行赔付、示范判决等多项行之有效的投资者行权维权机制。新《证券法》确立了证券纠纷代表人诉讼制度，并明确投资者保护机构受五十名以上投资者委托，可以作为代表人参加诉讼。在最高人民法院发布《关于证券纠纷代表人诉讼若干问题的规定》（以下简称《规定》）的同时，证监会于2020年7月31日专门发布《关于做好投资者保护机构参加证券纠纷特别代表人诉讼相关工作的通知》，对投保机构、登记结算机构等单位参加特别代表人诉讼进行总体规范，对工作保障机制、协调合作机制、工作纪律等进行了规定。

二、关于优化我国上市公司中小股东权益保障机制的建议答复

（一）关于进一步完善证券投资者保护制度的建议考虑

人民银行持续推进金融消费权益保护相关工作，2020年9月18日以人民银行第5号令的形式，将原规范性文件《中国人民银行金融消费者权益保护实施办法》（银发〔2016〕314号）升格为部门规章。消保规章丰富了包括金融消费者知情权在内的八项权利内容，并对侵犯金融消费者合法权益的行为增设罚则，强化对金融机构的监管，压实金融机构在保护金融消费者合法权益方面的主体责任。人民银行考虑证券投资者权益保护为证监会职责，根据人民银行法定职责范围，不建议将证券投资者权益保障纳入《金融消费者权益保护实施办法》。考虑证券投资者具有特殊性，除了作为客户与证券经营机构构成金融服务法律关系外，还存在上市公司股东、债权人、基金份额持有人等多重属性，与金融消费者相关的权利义务关系、监管要求等不宜一概而论。证券市场专门立法已经或正在加强投资者保护有关规定，证监会将持续构建和完善证券投资者保护制度，保护投资者尤其是广大中小投资者的合法权益。

（二）关于上市公司以及证券公司等中介机构购买责任保险的建议考虑

您提出关于上市公司以及证券公司等中介机构购买责任保险的建议，对于保障投资者合法权益、弥补投资者因上市公司违法违规造成的损失具有积极意义。银保监会表示，将积极鼓励保险公司开发相关责任保险。保险公司已通过董事监事及高级管理人员责任保险、保荐机构先行赔付责任保险等在相关领域开展实践。由于《保险法》第十一条明确规定"除法律、行政法规规定必须保险的外，保险合同自愿订立"。在我国，只有法律或者行政法规才能规定强制保险，其他行政规章、规范性文件等都不得创设强制保险。

目前，上市公司董责险投保率偏低，证券公司购买相关责任保险的意愿不强。当前仍有少数上市公司守法意识、规则意识和契约精神淡漠，存在虚假陈述等违法违规行为；部分上市公司治理不规范，存在通过非法关联交易输送利益等问题。鉴此，如强制要求上市公司、中介机构投保相关责任保险，将法律风险转嫁至保险方，容易引发上市公司道德风险；另外，还可能导致保险公司提供同质化产品，难以发挥风险分担的作用。证监会将以提高上市公司法治意识、风控意识为主线，引导上市公司正确认识市场风险，督促中介机构严格履行资本市场"看门人"职责，做好投资者权益保护工作。

（三）关于使用罚没款项设立损害赔偿专项资金的建议考虑

您建议的建立投资者保护专项赔偿基金意义重大。由于证监会对违规主体的罚没款项属于《行政处罚法》

第九条第二款规定的罚款、没收违法所得,具有惩戒性质。根据《预算法》《国家金库条例》《罚款决定与罚款收缴分离实施办法》《关于行政事业性收费和罚没收入实行"收支两条线"管理的若干规定》等相关法律制度,罚没收入应全额上缴国库。在现行法律制度下,尚未建立证券罚没款暂缓入库制度或申请退库制度,或针对证券罚没款项设立用于投资者损害赔偿的专项基金。目前,投资者保护机构能够为中小投资者提供公益咨询、支持诉讼、纠纷调解、特别代表人诉讼等公益援助,帮助投资者更好维护自身合法权益。证监会将对投资者赔偿问题进行持续研究,推动投资者损害赔偿救济机制不断取得新的进展。

(四)关于简化中小股东集体诉讼流程的建议考虑

代表人诉讼的最大制度功效在于"一人胜诉、众人获赔",为投资者搭"代表人诉讼便车"打开了方便之门,对于特别代表人诉讼,《规定》规定了投资者"默示加入、明示退出"的诉讼参加方式,法院的判决、裁定对未声明退出的投资者发生效力,具有诉讼成本低、判决覆盖面广、节省司法资源等显著特点。同时,《规定》还明确了特别代表人诉讼过程中投资者有两次"退出"的选择权,充分体现诉讼效率与尊重投资者个人意愿、保障个体诉讼权利的平衡。

具有中国特色的证券纠纷特别代表人诉讼制度与其他国家集团诉讼制度的重要区别之一就是赋予了保护投资者合法权益的公益机构诉代表人资格,并在诉讼过程中接受人民法院、监管机构及投资者等多方监督,充分保障投资者的表决权、知情权、异议权和退出权,这样的制度安排能够有效避免一个或多个投资者因利益驱动可能导致的滥诉问题。同时,投资者保护机构具有专业优势,积累了较为丰富的纠纷解决经验,享有一定的声誉,通过公益化、科技化的运作方式提高维权效率、降低维权成本,能够在诉讼中有效维护投资者合法权益。

(五)关于中小股东诉讼费用承担灵活化的建议考虑

最高人民法院在制定《规定》时,已充分关注到证券市场中的众多中小投资者在诉讼上处于弱势地位的实际情况。第二十五条规定:"代表人请求败诉的被告赔偿合理的公告费、通知费、律师费等费用的,人民法院应当予以支持。"第三十九条规定:"特别代表人诉讼案件不预交案件受理费。败诉或者部分败诉的原告申请减交或者免交诉讼费的,人民法院应当依照《诉讼费用交纳办法》的规定,视原告的经济状况和案件的审理情况决定是否准许。"原告胜诉,除诉讼费由被告承担外,还可请求被告赔偿合理的公告费、通知费、律师费等费用;即便原告败诉,亦允许人民法院根据具体情况酌情减免原告方的诉讼费。若限定上市公司承担诉讼费用,将可能涉及诉讼前原告的"善意"判定问题,且因为诉讼成本大幅降低可能导致"滥诉"现象,进而影响到上市公司的经营及其他股东权益。

综上,证监会将在国务院金融稳定发展委员会的领导下,进一步完善投资者权益保护制度和机制;继续加强与最高人民法院的紧密沟通,充分发挥证券纠纷特别代表人诉讼的制度优势,依法稳妥推进相关诉讼常态化开展;同时,依托金融消费者及投资者权益保护协调机制与人民银行、银保监会等积极沟通协调,共同推进金融消费者及投资者权益保护工作。

感谢对资本市场发展的关心和支持,欢迎继续提出意见和建议。

对十三届全国人大四次会议第3757号建议的答复

——关于完善上市公司经营质量评价和相关信息披露的建议

· 2021 年 7 月 6 日

《关于完善上市公司经营质量评价和相关信息披露的建议》收悉。经认真研究,现就有关问题答复如下:

一、关于在年报中增加主业经营质量评价指标的建议

为规范上市公司年度报告的编制及信息披露行为,我会发布了《公开发行证券的公司信息披露内容与格式准则第2号—年度报告的内容与格式》(以下简称《年报格式准则》)。《年报格式准则》为全面反映上市公司年度经营成果、财务状况及未来经营计划的情况,方便投资者看懂、看清、看透上市公司,系统性构建了上市公司主业经营质量披露内容,其中包含对公司营业收入、净利润、现金流等财务指标和下一年度提高经营质量计划的分析要求。

《年报格式准则》第19条规定,公司应以列表方式提供近3年营业收入、归属于上市公司股东的净利润、归属于上市公司股东的扣除非经营性损益的净利润、经营活动产生的现金流量净额等主要财务数据;第25条规定,公司应分别按行业、产品、地区和销售模式说明营业收入构成情况,分析经营活动产生的现金流量构成情况及变动影响因素,若本期公司利润构成或利润来源的重大变化源自非主要经营业务,还应详细说明涉及金额、形成原因、是否具有可持续性;第 26 条规定,公司应披露下一年度的经营计划,包括(但不限于)收入、费用、成本计划,及下一年度的经营目标,如销售额的提升、市场份额的扩大、成本下降、研发计划等,为达到上述经营目标拟采取的策略和行动。

6月28日,我会发布修订后的《年报格式准则》,本次修订进一步强化了上市公司主业经营质量的披露内容,要求上市公司结合行业发展、业务经营等信息有针对性的分析营业收入、净利润、现金流等主要财务数据变化的原因。上述信息披露内容有效反映了上市公司年度主业经营质量情况,有助于投资者有效作出价值判断和投资决策。

二、关于增加发债企业偿付能力信息披露要求的建议

我会坚决贯彻落实国家相关政策要求,督促沪深交易所构建全方位立体化的制衡约束机制,重点强化对发行人资产负债结构和现金流量的研判把关,有效约束过度融资,优化债券市场结构,提升发债企业信息披露质量。同时,我会联合人民银行、发展改革委发布《公司信用类债券信息披露管理办法》,统一明确了发行和存续期信息披露要求。

根据现行信息披露要求,发行人应当在募集说明书或年报中披露企业基本情况、经营财务状况、债券发行条款、募集资金用途、投资者权益保护安排等债券投资人作出价值判断和投资决策的必要信息,其中,也包括了经营活动产生的现金净流量,以及债券发行规模、期限、偿付安排等内容。上述信息有效反映了企业债券偿付能力。

三、关于在年报中增加经营活动现金净流量承担付息分红相关信息的建议

为反映上市公司付息能力情况,《年报格式准则》构建了相关财务指标披露体系。《年报格式准则》第 25 条规定,公司应说明经营活动、投资活动和筹资活动产生的现金流量构成及变动影响因素;第 26 条规定,公司应披露未来可能存在的财务风险和应对措施,其中财务风险包括资金短缺风险;第 69 条规定,存续面向普通投资者交易的债券的公司应披露近两年的现金利息保障倍数、利息偿付率等付息能力指标。另外,《年报格式准则》还要求公司在财务报告附注中披露货币资金余额、应付利息期初、期末余额等情况,对于重要的逾期未付利息,还需披露逾期金额及原因。上述信息有效反映了上市公司付息资金来源、本年度及未来的付息能力等情况。

为规范上市公司大比例现金分红情况,我会于 2013 年 11 月发布《上市公司监管指引第 3 号—上市公司现金分红》,要求上市公司董事会综合考虑发展阶段、自身经营模式、盈利水平以及是否有重大资金支出安排等因素提出现金分红政策,研究和认证现金分红的时机和条件,并充分听取中小股东的意见和诉求。同时,要求证券监管机构在日常监管中重点关注上市公司是否存在大比例现金分红情形。另外,为反映上市公司现金分红能力,《年报格式准则》除要求详细披露现金流、货币资金等情况外,还要求在年报中提示报告期利润分配预案,说明现金分红政策是否符合公司章程及审议程序的规定,是否充分保护中小投资者的合法权益。上述规定从现金分红方案制定、信息披露等方面规范上市公司大比例现金分红情形,有效反映了上市公司留存资金能否承担分红的情况。

下一步,我会将继续以提升上市公司透明度为目标,以投资者需求为导向,优化信息披露监管规则体系,提高上市公司信息披露的针对性和有效性。

感谢对资本市场发展的关心和支持,欢迎继续提出意见和建议。

对十三届全国人大四次会议第 4642 号建议的答复

——关于企业上市相关条款解限的建议

・2021 年 7 月 2 日

《关于企业上市相关条款解限的建议》收悉。经认真研究,现就有关问题答复如下:

新《证券法》(2019 年修订)第九条规定,公开发行证券必须符合法律、行政法规规定的条件,并依法报经注册;有下列情形之一的,为公开发行:(一)向不特定对象发行证券;(二)向特定对象发行证券累计超过二百人,但依法实施员工持股计划的员工人数不计算在内。据此,除员工持股计划外,企业未经有权机关注册或核准向特定对象发行股份导致股东人数超 200 人,属于《证券法》规定的禁止事项。

《首发业务若干问题解答(2020 年 6 月修订)》规定,依法以公司制企业、合伙制企业、资产管理计划等持股平台实施的员工持股计划,在计算公司股东人数时,按一名股东计算。对于国有改制企业,如员工持股人数较多,可按照《证券法》等相关规定规范为依法实施的员工持股计划。

《首发业务若干问题解答(2020年6月修订)》同时规定,对于间接股东存在职工持股会或工会持股情形的,如不涉及发行人实际控制人控制的各级主体,发行人不需要清理。据此,国有改制企业投资的控股或参股的公司,如职工持股会或工会持股不涉及实际控制人控制的各级主体,则无需清理。

感谢对资本市场发展的关心和支持,欢迎继续提出意见和建议。

关于十三届全国人大四次会议第6457号建议的答复

——关于规范《中华人民共和国企业破产法》中的重整拯救机制持续优化营商环境的建议

·2021年7月2日

《关于规范〈中华人民共和国企业破产法〉中的重整拯救机制持续优化营商环境的建议》收悉。经认真研究,现就涉及我会职责范围的有关问题答复如下:

企业逃废债行为严重损害社会信用体系,扰乱市场秩序,影响金融稳定。证监会在国务院金融委的统一指挥协调下,落实"零容忍"要求,履行监管职责,从严打击资本市场逃废债行为。

一、加强债券市场监管执法,打击逃废债等违法行为

(一)完善相关规则,明确禁止逃废债行为。2021年2月,按照新《证券法》要求,修订发布的《公司债券发行与交易管理办法》新增专门规定"发行人及其控股股东、实际控制人、董事、监事、高级管理人员不得怠于履行偿债义务或者通过财产转移、关联交易等方式逃废债务,蓄意损害债券持有人权益。"

(二)加强监管协作,防范逃废债行为。加强与人民银行、发展改革委、国资委等相关部门的监管合力,建立国有企业债券风险监测预警协作机制,共同推动地方政府落实属地责任,维护区域金融生态,防范各种逃废债行为。

(三)从严打击逃废债等各类违法行为。落实"零容忍"要求,严肃查处欺诈发行、虚假信息披露、逃废债,以及中介机构不尽责等债券市场违法违规行为。落实债券市场统一执法机制,对4起案件启动跨市场执法程序,切实保护投资者合法权益,维护债券市场秩序。同时,注重行政监管与民事赔偿、刑事追责的有序衔接,推动了厦门圣达威等6起私募债券欺诈发行案件刑事追责,五洋建设民事赔偿案件已作出一审判决,对逃废债等违法违规行为形成震慑。

二、加强上市公司监管,防范逃废债行为

《国务院关于进一步提高上市公司质量的意见》(国发〔2020〕14号)规定:"对已形成的资金占用、违规担保问题,要限期予以清偿或化解;对限期未整改或新发生的资金占用、违规担保问题,要严厉查处,构成犯罪的依法追究刑事责任。"我会坚决落实相关要求,持续加强对上市公司资金占用、违规担保的监管力度,规范上市公司治理,对于防范上市公司及关联公司的逃废债行为起到一定积极作用。同时,对于上市公司实施破产重整的,我会要求其提出解决资金占用、违规担保问题的切实可行方案。

下一步,我会将加强与相关部门协调配合,推动明确打击逃废债行为的法律依据,进一步落实"零容忍"的要求,严肃查处逃废债等资本市场违法违规行为,保持高压执法态势,不断提升违法成本,维护良好市场生态和信用环境,促进资本市场持续健康发展。

感谢对资本市场发展的关心和支持,欢迎继续提出意见和建议。

对十四届全国人大一次会议第2424号建议的答复

——关于进一步推进证券行业数字化转型的建议

·2023年7月10日

《关于进一步推进证券行业数字化转型的建议》收悉。经认真研究并商中国人民银行,现就有关问题答复如下:

中国证监会等部门高度重视证券期货业数字化转型工作,不断加强顶层设计和统筹规划,持续推动相关工作健康有序发展。2021年中国证监会发布《证券期货业科技发展"十四五"规划》,明确证券期货业数字化转型的基本思路,涵盖了建设一体化行业基础设施、推进科技赋能行业数字化转型、推进数据治理体系优化、塑造领先的安全可控体系、提高科技标准化水平、完善科技治理体系、释放金融科技创新动能、提升金融科技研究水平等方面内容。同年中国人民银行发布实施《金融科技发展规划(2022-2025年)》,明确金融数字化转型总体思路、发展目标、重点任务和实施保障,引导金融机构充分发挥"数字技术+数据要素"双轮驱动作用,培育技术先进、业务高效、渠道融合、风控精准的数字化能力。

一、关于引导证券行业不断提高科技自主水平

中国证监会稳妥推进行业关键信息基础设施领域自主可控进程，统筹推进一体化行业云及行业新型区块链基础设施建设，陆续完成注册制、沪深港通等基础设施支撑建设，完成诸多核心系统的改造升级，上海证券交易所、深圳证券交易所、中国证券登记结算有限责任公司等陆续推出新一代交易、结算及监察等重要核心系统，自主研发能力及工程建设能力不断增强。通过成立专项攻关组、开展"揭榜挂帅"等科技攻关，推进行业信息技术应用创新及商用密码应用。同时，鼓励有条件的证券公司加强自主研发投入，按照《证券公司分类监管规定》对证券公司加大信息技术投入给予适当鼓励。在证券公司申请首发上市时，支持证券公司主动承诺，在募集资金使用安排上统筹考虑信息系统建设方面的投入。据统计，2017年至2022年期间证券公司在信息技术领域累计投入近1500亿元。

二、关于进一步扩大线上证券业务覆盖面

中国证监会指导中国证券登记结算有限责任公司推出非现场开户，持续优化投资者账户制度机制建设，着力提升客户业务办理体验、提升证券公司服务水平。允许13家证券公司开展综合账户试点，打通了同一客户不同类型账户的资金划转功能，客户便利性和体验感进一步提升。考虑到融资融券、股票期权等业务具有较强的杠杆特征，交易过程中亏损及收益均有放大可能，较普通交易风险偏高，通过现场业务办理的形式可更全面地对投资者进行风险揭示及投资者教育。基于审慎监管原则，结合目前的投资者结构情况，暂未允许线上办理信用账户开立和股票期权首次开户。下一步，我们将结合市场发展和风险评估情况，积极研究完善投资者适当性管理及账户开立流程，增强证券服务便捷性，引导业务规范有序开展，维护投资者权益。

三、关于支持证券公司增强智能化风控能力

中国证监会积极推动证券公司加强网络和信息安全，增强智能化风控能力。指导中国证券业协会发布《证券公司网络和信息安全三年提升计划（2023-2025）》，引导证券公司从持续提升科技治理水平、建立科学合理的科技投入机制、增强技术架构规划掌控能力、强化系统研发测试能力、夯实系统运行保障能力、健全信息安全防护体系等方面，加强网络与信息安全稳定运行保障体系和能力建设。2021年以来，按照"依法合规、有序创新、风险可控"基本原则，在北京、上海、深圳、广州、南京、济南等6地开展了资本市场金融科技创新试点，启动了业务创新、公共服务、技术创新和科技赋能4个类别77个项目，覆盖了金融服务、业务辅助、合规科技、监管科技、行业信息基础设施等领域。积极支持证券公司参与资本市场金融科技创新试点，推动大数据、云计算、人工智能、区块链等新一代信息技术在智能舆情分析、风险监测等场景的落地应用，提升机构合规风控水平。

四、关于通过数字化手段提升投资者服务水平

中国证监会持续倡导科技赋能投资者保护工作，积极引导证券经营机构不断提升科技服务水平。一方面不断强化科技在投资者适当性管理领域的重要功能，在《证券期货投资者适当性管理办法》中明确要求证券经营机构应当建立投资者适当性评估数据库，科学评估投资者类型并及时更新。另一方面不断推动提升投教基地、市场机构投资者教育的科技化水平。目前，一些证券经营机构将投资者教育内容嵌入移动交易端，提供"指尖"投教服务，根据投资者的生命周期、投资理财需求、认知深度等特征，综合运用云计算、大数据分析等手段，了解和细分投资者需求和偏好，为投资者提供精准化的投教服务。

下一步，中国证监会等相关部门将以落实《证券期货业科技发展"十四五"规划》《金融科技发展规划（2022-2025年）》为契机，全面推进证券期货业数字化转型，助力资本市场高质量发展。

感谢对资本市场发展的关心和支持，欢迎继续提出意见和建议。

关于政协十三届全国委员会第四次会议第0187号（财税金融类35号）提案答复的函
——关于试点"一带一路"沿线国家优质企业在我国A股上市的提案

· 2021年7月5日

《关于试点"一带一路"沿线国家优质企业在我国A股上市的提案》收悉。经认真研究并商商务部、国家发展改革委，现答复如下：

一、关于外资企业A股上市法律地位

一是我会支持符合条件的外资企业在A股上市融资，外资企业在境内上市并无特殊条件限制。《外商投资法》第十七条明确规定,外资企业可以依法通过公开发行股票、公司债券等证券和其他方式进行融资。《证券法》《首次公开发行股票并上市管理办法》《科创板首次公开发行股票注册管理办法(试行)》《创业板首次公开发行股票注册管理办法(试行)》等相关规定中,对外资企业并未设置特殊条件限制。符合国家产业政策及符合发行上市条件的外资企业,均可按法定程序提出发行上市申请,外资企业在发行上市条件、程序、标准等方面与内资企业均保持一致。2018年至2020年,共有成都先导、微芯生物、迈瑞医疗等36家外资控股企业在A股上市,募资总额合计442亿元。

二是积极推进符合条件的红筹企业境内发行试点。2018年3月,国务院办公厅转发我会《关于开展创新企业境内发行股票或存托凭证试点的若干意见》,允许境外注册的试点红筹企业在境内发行股票或存托凭证。2019年1月,经党中央、国务院同意,我会发布了《关于在上海证券交易所设立科创板并试点注册制的实施意见》,允许符合相关要求的红筹企业在科创板上市。

下一步,我会将继续贯彻落实党中央、国务院有关决策部署,在国务院金融稳定发展委员会的统一指挥协调下,按照内外资一致的原则,支持符合条件的外资企业及"一带一路"沿线国家企业在A股上市,促进资本市场制度型高水平对外开放,深化共建"一带一路"国际合作。

二、注册制改革试点情况和主要成效

我会持续推进科创板改革并试点注册制,着眼于落实创新驱动发展战略,重点支持新一代信息技术、高端装备、新材料、新能源、节能环保以及生物医药等高新技术产业和战略性新兴产业,推动互联网、大数据、云计算、人工智能和制造业深度融合,引领中高端消费,推动质量变革、效率变革、动力变革。同时,坚持"建制度、不干预、零容忍"的工作方针,坚持市场化法治化国际化的改革理念,通过注册制改革增强资本市场对科创企业的包容性,允许未盈利企业、同股不同权企业、红筹企业发行上市,大幅放宽了股权激励的实施条件。符合科创板相关领域要求的外资企业,均可按法定程序提出发行上市申请。目前,已有中芯国际、华润微等多家红筹架构企业在科创板发行上市,拥有特别表决权的红筹架构企业九号公司在科创板发行上市。

科创板、创业板试点注册制改革以来,总体成效明显,有效激发了资本市场主体活力,充分调动了企业上市积极性,有力推动了要素资源向科技创新和创新创业领域集聚。同时,注册制下审核效率明显提高,各环节都有明确的时限要求,审核周期大幅缩短,可预期性显著提高。目前科创板、创业板审核注册周期已经大幅缩减到5个多月。

下一步,我会将按照中央关于稳步推进全市场注册制改革的部署,坚持稳中求进、稳字当头,坚持市场化法治化方向,坚持尊重注册制基本内涵、借鉴国际最佳实践、体现中国特色和发展阶段三原则,全力推进完善配套制度规则,进一步健全以信息披露为核心,坚持市场化定价和落实中介机构责任,优化审核注册机制,加大证券期货违法犯罪行为打击力度,切实维护良好的发行秩序。

三、关于上市公司信息披露持续监管

(一)完善信披规则体系

一是修订《上市公司信息披露管理办法》,完善信息披露原则规定、临时报告事项、董监高等相关主体责任等,明确"境外企业在境内发行股票或者存托凭证并上市的,依照本办法履行信息披露义务。法律、行政法规或者中国证监会另有规定的,从其规定。"对境外企业在境内发行上市信息披露监管做出了衔接安排。二是修订上市公司定期报告准则,建立完善上市公司强制性环境信息披露制度,以投资者需求为导向,进一步完善信息披露规则体系。三是推进分行业监管,协调沪深交易所持续发布分行业信息披露指引,提高监管的精细化水平。四是对股份增减持、股票质押及送转股监管等事项,支持交易所细化披露内容与要求,形成与法律法规和证监会规则相配套,全方位、立体化、分层次的规则体系。五是积极支持符合条件的境外上市中资企业参与A股上市公司并购重组。对中概股公司通过上市公司并购重组回归A股市场,采取同境内企业并购同类标准,一视同仁,不设任何额外门槛。

(二)强化信息披露监管

一是全面落实"零容忍"要求,加大对信息披露违法违规行为的打击力度,强化全面追责,体现从严要求;压实中介机构责任,对上市公司监管中发现中介机构存在违法违规行为的,同步追责,形成合力。2019-2020年,我会共查办上市公司及相关主体财务造假、信披违规等各类案件134起,传递了坚决维护市场纪律、净化市场生态的强烈信号。二是加强现场检查力度,优化"双随机"现场检查抽查机制,调整抽查比例,突出问题导向,提高精准打击能力;针对重组上市、年度报告、高送转、业绩承诺等事项组织开展专项检查,提升监管针对性。三是提升非现场监管效能,协调交易所加强信息披露问询力度,明确传递从严监管要求;加强信息披露与二级市场交易的监管联动,提升监管效能。

下一步,我会将继续认真贯彻落实习近平新时代中国特色社会主义思想和总书记对资本市场一系列重要指示批示精神,结合资本市场实际,建立健全科学合理的上市公司信息披露制度和监管机制。一方面,从注册制理念出发,进一步完善信息披露规则体系,引导上市公司提高信息披露的有效性和针对性,帮助投资者发现、挖掘上市公司内在价值。另一方面,不断深化分类监管,提高重大案件线索发现的精准度和及时性,对市场影响恶劣的严重违法违规行为精准打击,对选择性披露、不披露或者不及时披露的行为加大处罚力度,维护资本市场良好秩序。

感谢对资本市场发展的关心和支持,欢迎继续提出意见和建议。

关于政协十三届全国委员会第四次会议第1514号(财税金融类150号)提案答复的函

——关于对上市公司的财务造假责任人,必须予以刑事与民事并处的提案

· 2021年8月9日

《关于对上市公司的财务造假责任人,必须予以刑事与民事并处的提案》(以下简称《提案》)收悉。经认真研究并商最高人民法院、公安部、财政部,现就有关问题答复如下:

上市公司真实、准确、完整、及时、公平地披露信息是证券市场健康有序运行的重要基础。财务造假严重挑战信息披露制度的严肃性,严重破坏市场诚信基础,严重损害投资者利益,是证券市场的"毒瘤",必须坚决依法从严打击,追究相关人员的法律责任。我们赞同您提出的对于上市公司财务造假的责任人必须严厉追究刑事与民事责任的提案,一直以来,我会对财务造假等重大违法违规行为坚决依法从严查处,依法应予以行政处罚的,追究其责任主体的行政责任;涉及民事责任的,依法推动支持诉讼、代表人诉讼等民事责任追究机制,切实保护投资者合法权益;涉嫌犯罪的,依法移送司法机关,追究其刑事责任。

一、民事责任

2020年3月1日,新《证券法》正式施行,强化了对财务造假、欺诈发行等违法行为的民事责任:一是确立控股股东、实际控制人、董事、监事、高级管理人员和其他直接责任人员以及保荐人、承销的证券公司及其直接责任人员,应当在虚假陈述中与发行人承担连带赔偿责任,但是能够证明自己没有过错的除外,强化了对控股股东、实际控制人的民事责任,进一步压实了中介机构市场"看门人"职责。建立了欺诈发行责令回购制度,股票的发行人在招股说明书等证券发行文件中隐瞒重要事实或者编造重大虚假内容,已经发行并上市的,我会可以责令发行人回购证券,或者责令负有责任的控股股东、实际控制人买回证券,强化了投资者权益保护。

二是建立了适应我国国情的证券民事诉讼制度。投资者保护机构可以作为诉讼代表人,按照"默认加入、明示退出"的原则,依法为受害投资者提起民事损害赔偿诉讼。目前,投保机构已就"康美药业"虚假陈述案启动特别代表人诉讼,我会将继续指导投保机构积极参与康美药业代表人诉讼相关工作,推动案件诉讼进程依法及时推进,有效保护广大投资者合法权益。

三是司法审判方面,2019年高法院发布《全国法院民商事审判工作会议纪要》,明确指出在虚假陈述纠纷案件审理过程中,对于需要借助其他学科领域的专业知识进行职业判断的问题,要充分发挥专家证人的作用,使得案件的事实认定符合证券市场的基本常识和普遍认知或者认可的经验法则,责任承担与侵权行为及其主观过错程度相匹配,切实维护投资者合法权益的同时,通过民事责任追究实现震慑违法的功能。

二、刑事责任

刑事责任方面,我会在推动出台刑法修正案(十一)、《关于依法从严打击证券违法的意见》的同时,依法将重大财务造假案件移送至公安机关,依法从重从快惩治证券期货违法犯罪:

一是推动出台刑法修正案(十一)。刑法修正案(十一)坚持问题导向、突出重点,以防范化解金融风险、保障金融改革、维护金融秩序为目标,与以信息披露为核心的注册制改革相适应,和证券法修改相衔接,全面提高了对资本市场财务造假的处罚力度。首先,大幅提高了欺诈发行、信息披露造假、中介机构提供虚假证明文件和操纵市场等四类证券期货犯罪的刑事惩戒力度。其次,强化

对控股股东、实际控制人等"关键少数"的刑事责任追究，将控股股东、实际控制人组织、指使实施欺诈发行、信息披露造假，以及控股股东、实际控制人隐瞒相关事项导致公司披露虚假信息等行为纳入刑法规制范围。最后，明确将保荐人作为提供虚假证明文件罪和出具证明文件重大失实罪的犯罪主体，并规定律师、会计师等中介机构人员在证券发行、重大资产交易活动中出具虚假证明文件、情节特别严重的情形，明确适用更高一档的刑期，最高可判处10年有期徒刑。

二是推动出台《关于依法从严打击证券违法活动的意见》（以下简称《意见》）。7月6日，中办、国办公布《意见》，对加快健全证券执法司法体制机制，加大重大违法案件查处惩治力度，夯实资本市场法治和诚信基础，推动形成崇法守信的良好市场生态作出重要部署。在完善资本市场违法犯罪法律责任制度体系方面，提出要贯彻实施刑法修正案（十一），健全民事赔偿制度，抓紧推进证券纠纷代表人诉讼制度实施等；在建立健全依法从严打击证券违法活动的执法司法体制机制方面，提出要成立打击资本市场违法活动协调工作小组，进一步发挥公安部证券犯罪侦查局派驻证监会的体制优势，完善证券案件检察和审判体制机制，进一步强化打击证券违法活动合力；在强化重点领域执法方面，提出要坚持分类监管、精准打击，从严、从快、从重查处欺诈发行、虚假陈述等重大违法案件，加大对发行人控股股东、实际控制人、董监高等的追责力度；加强对中介机构的监管，存在证券违法行为的，依法严肃追究机构及其从业人员责任，对参与、协助财务造假等违法行为依法从重处罚。《意见》的出台，对加大重大违法案件查处力度，切实提高财务造假刑事责任发挥了重要作用。

三是依法将重大财务造假案件移送至公安机关，追究刑事责任。自2020年1月1日至2021年8月9日，我会依法决定处罚并移送公安机关追究刑事责任的上市公司财务造假案件共计24起。按照规定，将"獐子岛"、"乐视网"等重大案件同步抄送检察机关。加强执法司法协同，不断健全行政执法、民事追偿和刑事惩戒的立体式追责体系，让造假者付出惨痛代价，积极塑造良性市场生态，有效维护市场"三公"秩序。

下一步，证监会将坚决贯彻中办、国办发布的《意见》，全面落实"零容忍"的工作方针，用足用好法律赋予的职责，重拳打击财务造假、欺诈发行等恶性行为，坚决追究相关机构和人员的违法责任。同时，会同最高人民检察院、公安部，研究完善证券期货刑事案件立案追诉标准，进一步增强刑事立案追诉标准的科学性、合理性。会同高法院研究制定办理欺诈发行证券、违规披露、不披露重要信息等刑事案件适用法律问题的司法解释，进一步明确有关定罪量刑标准，依法严惩财务造假犯罪。

感谢对资本市场发展的关心和支持，欢迎继续提出意见和建议。

关于政协十四届全国委员会第一次会议第01265号（财税金融类094号）提案答复的函

——关于支持中小型民营企业上市融资助推企业科技创新的提案

· 2023年8月18日

《关于支持中小型民营企业上市融资助推企业科技创新的提案》收悉。经认真研究并商中国人民银行、金融监管总局，现答复如下：

一、关于加大力度支持具有科技实力的专精特新中小型民营企业上市

近年来，中国证监会坚持"两个毫不动摇"，不断扩大各项政策的覆盖面和包容性，支持包括民营企业在内的各种所有制企业利用资本市场发展壮大，助力"专精特新"中小企业利用多层次资本市场茁壮成长。

一是全面实行股票发行注册制。2023年2月17日，全面实行股票发行注册制改革制度规则发布实施，精简发行上市条件，完善审核注册程序，提高审核注册效率和可预期性，优化发行承销制度，支持符合条件企业通过融资、并购重组等方式提质增效、做大做强。截至2023年3月底，沪深两市IPO中，中小企业占比28%；北交所上市公司184家，中小企业占比83%。

二是健全多层次资本市场体系，推动形成各市场板块错位发展、适度竞争的格局，持续提升资本市场服务覆盖面。科创板坚守"硬科技"定位，立足创新驱动发展战略，服务于战略新兴产业和高新技术产业。创业板服务成长型创新创业企业，支持传统产业与新技术、新产业、新业态、新模式深度融合。北交所服务创新型中小企业，聚焦"更早、更小、更新"。沪深北交易所各有侧重，较好满足了不同类型、不同阶段中小企业的差异化发展需求。同时，沪深北交易所积极利用各服务基地，提升对中小企业的市场培育和服务能力，积极引导私募股权、创投基金加大对中小企业投融资支持力度，促进私募股权、创投基金积极投早、投小、投科技。

三是积极推动构建科技创新企业全生命周期债券融资支持体系，推动科创债高质量发展。2022年5月，推动科技创新公司债券由试点转为常规化发展，指导沪深交易所发布科创债有关制度安排，重点支持包括高端装备制造业在内的高新技术产业、战略性新兴产业及引领产业转型升级领域的科技创新发展。2023年4月，中国证监会印发《推动科技创新公司债券高质量发展工作方案》，加快提升科技创新企业服务质效，促进科技、产业和金融良性循环，更好支持高水平科技自立自强。截至2023年4月底，交易所市场共发行科创债319只，发行规模2457亿元，募集资金主要投向集成电路、人工智能、高端制造等前沿领域，在支持各类科技企业加快发展方面取得了积极效果。

下一步，中国证监会将创造更加公开、透明、可预期的政策环境，继续发挥好资本市场支持"专精特新"中小企业、民营企业融资的作用，进一步健全资本市场服务科技创新的支持机制，促进中小企业技术创新生力军作用的发挥。

二、关于鼓励银行与有科技实力的专精特新中小型民营实体企业构建中长期银企关系

中国人民银行高度重视推进中小民营企业专精特新发展，持续完善政策措施，从多个层面加大支持力度。一是创新货币政策工具。2022年4月联合相关部门设立科技创新再贷款，激励银行加大对"专精特新"中小民营企业的信贷支持力度。二是推动金融产品和服务创新。指导银行创新推出"专精特新贷""小巨人贷"等各类专属信贷产品，推广知识产权质押贷款，探索扩大投贷联动和供应链金融，满足"专精特新"中小民营企业多元化、中长期融资需求。截至2023年一季度末，高技术制造业中长期贷款余额2.23万亿元，连续五年保持30%以上的较高增速；科技型中小企业贷款余额1.8万亿元，五年年均增长24%。三是拓宽企业发债融资渠道。创新推出科创票据、高成长型企业债券融资工具等债券品种，提升科技型企业发债融资效率。扩大"双创"（创新创业）领域债券发行规模，丰富"专精特新"中小民营企业贷款中长期资金来源。截至2023年4月末，支持133家科创企业累计发行科创票据2817亿元，"双创"金融债发行653亿元。四是优化金融服务保障。联合工业和信息化部、原银保监会印发《加强产融对接 促进专精特新中小企业高质量发展的通知》（工信厅联企业函〔2022〕137号），梳理"专精特新"中小民营企业融资需求，建立政银企常态化对接机制，推动银行与企业双向推介、"一对一"深度对接。推动各地政府建设地方征信平台，推进涉企信息依法共享，提升中小民营企业融资可得性。

金融监管总局（原银保监会）推动银行业保险业优化科技金融服务，完善多层次、专业化、特色化科技金融体系。一是推动商业银行科技金融服务提质增效。要求商业银行将高水平科技自立自强作为重点服务领域，努力实现科技企业贷款余额、有贷款户数持续增长，提升综合金融服务水平。积极支持高新技术企业、"专精特新"中小企业等创新发展，保持高技术制造业中长期贷款合理增长，加大科技型中小企业知识产权质押融资、信用贷款、首贷和续贷支持力度。二是完善专业机构体系，提升专业服务能力。鼓励银行机构在科技资源集聚的地区设立科技金融专营机构和科技支行，适当下放授信审批和产品创新权限。鼓励保险机构设立科技金融事业部或专营部门，探索构建科技保险共保体机制，为关键核心技术企业提供全方位保险保障。三是健全专门风险管理制度。鼓励银行机构对科技企业执行差异化"三查"（贷前调查、贷时审查、贷后检查）标准，贷前调查可适用差异化评级要求，不完全以企业历史业绩和担保条件作为放贷标准，提高企业股权投资可获得性、研发能力、技术优势、专利质量、团队稳定性与市场前景等要素的权重。四是改进专门考核机制。鼓励银行机构适当提高科技企业贷款不良容忍度，从长期收益覆盖长期风险的角度制定科技金融业务考核方案，延长科技信贷人员绩效考核周期，细化落实激励约束和尽职免责政策。五是健全风险分担补偿机制。鼓励银行机构与保险机构、融资担保机构加强合作，强化科技金融风险分担和补偿。支持地方政府对科技企业贷款、知识产权质押融资等设立专门风险补偿基金，完善保险支持政策，加大科技型中小企业支持力度。

下一步，中国人民银行和金融监管总局将继续支持中小民营企业科技创新、专精特新发展，不断优化服务模式，强化资金支持和风险保障，加强与直接融资有机衔接，引导金融资源精准匹配小微企业科技创新服务需求。

感谢对资本市场发展的关心和支持，欢迎继续提出意见和建议。

关于政协十四届全国委员会第一次会议第04483号（财税金融类277号）提案答复的函

——关于分类统一制定地方交易场所监管规则的提案

· 2023年8月3日

《关于分类统一制定地方交易场所监管规则的提案》收悉。经认真研究，现答复如下：

一、关于清理整顿地方交易场所的基本情况

前期，部分地区滥批乱设交易场所，缺乏规范管理，交易场所违规违法问题突出，风险不断暴露，甚至影响社会稳定。2011年以来，为规范市场秩序，维护社会稳定，国务院陆续印发《国务院关于清理整顿各类交易场所切实防范金融风险的决定》（国发〔2011〕38号）、《国务院办公厅关于清理整顿各类交易场所的实施意见》（国办发〔2012〕37号）等文件，并建立清理整顿各类交易场所部际联席会议（办公室设在中国证监会，以下简称联席会议），部署开展清理整顿各类交易场所工作。清理整顿工作启动以来，联席会议统筹协调，各地和有关部门共同努力，积极开展大宗商品、邮币卡、金融资产、产权交易场所等各类交易场所整顿工作，叫停违规活动，稳妥化解风险，取得明显成效，交易场所乱办金融、"金融泛化"、投机炒作等乱象得到全面整治。

二、关于统筹做好交易场所整体规划的建议

交易场所的基本功能是为市场参与者提供平等、透明的交易机会，促进要素和商品的有序流转和公平交易，具有较强的社会性和公开性，必须依法规范管理，确保安全运行。清理整顿的工作实践证明，只有按照"总量控制、合理布局、审慎审批"的原则统筹规划各类交易场所的数量规模和区域布局，建立健全交易场所管理规则体系，完善长效监管机制，才能巩固清理整顿工作成果，有效防范交易场所违规活动回潮反弹。

三、关于分类制定交易场所监管规则的建议

近年来，国家及有关部门陆续出台有关交易场所的政策文件和管理办法，加强相关领域交易场所总体布局规划，鼓励交易场所整合优化，初步建立相关类别交易场所的管理规则和指导意见。各地区出台了本区域交易场所管理办法，并根据实践发展需要不断完善，初步构建了本区域的交易场所管理规则体系，交易场所无序发展局面逐步改变。

如在数据交易场所领域，2022年12月，党中央、国务院印发的《关于构建数据基础制度更好发挥数据要素作用的意见》提出，统筹构建规范高效的数据交易场所，加强数据交易场所体系设计，统筹优化数据交易场所的规划布局，严控交易场所数量，出台数据交易场所管理办法，建立健全数据交易规则，制定全国统一的数据交易、安全等标准体系，降低交易成本。碳排放权交易场所领域，2021年5月，生态环境部发布《碳排放权登记管理规则（试行）》《碳排放权交易管理规则（试行）》《碳排放权结算管理规则（试行）》。2021年3月，生态环境部就《碳排放权交易管理暂行条例（草案修改稿）》公开征求意见。

我国地方交易场所总体数量较大，涉及大宗商品、文化产权及艺术品、国有产权、农村产权、林权、矿权、知识产权、碳排放权、排污权等多个类别，交易品种多样，具体情况复杂。因此，建立完善的地方交易场所管理制度，需要充分考虑相关交易场所的类别特征，发挥行业主管部门的规范指导作用。总的来看，在国家层面，由相关行业部门分类制定统一的交易场所规则，符合目前我国地方交易场所的发展实际。

下一步，中国证监会作为联席会议牵头单位，将认真贯彻落实党中央、国务院的决策部署，协调推动有关部门和地方政府，总结清理整顿工作实践经验，实现央地协同、部际联动，健全完善交易场所监管规则和指导意见，进一步增加制度供给，构建完整、协调、统一的交易场所规则体系，推动地方各类交易场所逐步走上规范发展道路，切实发挥服务实体经济功能。

感谢对资本市场发展的关心和支持，欢迎继续提出意见和建议。

图书在版编目（CIP）数据

中华人民共和国上市公司法律法规全书：含发行监管问答：2024年版／中国法制出版社编 .—北京：中国法制出版社，2024.3

（法律法规全书系列）

ISBN 978-7-5216-4163-9

Ⅰ．①中… Ⅱ．①中… Ⅲ．①上市公司-公司法-汇编-中国 Ⅳ．①D922.291.919

中国国家版本馆CIP数据核字（2024）第032901号

策划编辑：袁笋冰　　　　责任编辑：刘晓霞　　　　封面设计：李　宁

中华人民共和国上市公司法律法规全书：含发行监管问答：2024年版
ZHONGHUA RENMIN GONGHEGUO SHANGSHI GONGSI FALÜ FAGUI QUANSHU：HAN FAXING JIANGUAN WENDA：2024 NIAN BAN

经销/新华书店
印刷/三河市国英印务有限公司
开本/787毫米×960毫米　16开　　　　　　印张/52　字数/1461千
版次/2024年3月第1版　　　　　　　　　　2024年3月第1次印刷

中国法制出版社出版
书号 ISBN 978-7-5216-4163-9　　　　　　　　　定价：118.00元

北京市西城区西便门西里甲16号西便门办公区
邮政编码：100053　　　　　　　　　　　　　传真：010-63141600
网址：http：//www.zgfzs.com　　　　　　　　编辑部电话：010-63141675
市场营销部电话：010-63141612　　　　　　　印务部电话：010-63141606

（如有印装质量问题，请与本社印务部联系。）